KARL DIETRICH BRACHER

WOLFGANG SAUER

GERHARD SCHULZ

Die nationalsozialistische Machtergreifung

Studien zur Errichtung des totalitären Herrschaftssystems
in Deutschland 1933/34

Zweite, durchgesehene Auflage

WESTDEUTSCHER VERLAG · KÖLN UND OPLADEN · 1962

Verlags-Nr. 053014
© 1960 Westdeutscher Verlag · Köln und Opladen
Gesamtherstellung Gerhard Stalling AG · Oldenburg (Oldb)
Printed in Germany

INHALT

EINLEITUNG
Voraussetzungen des nationalsozialistischen Aufstiegs
Von Karl Dietrich Bracher

ERSTER TEIL
Stufen der Machtergreifung
Von Karl Dietrich Bracher

kritik und Durchsetzung des Schriftleitergesetzes – Standesorganisation und zentrale
Regie im Kulturleben – Max Amann und die Zeitungsverlage – Reichspressekonferenz
und Presseregie – Die methodische Tendenz: suppressio veri, suggestio falsi

ginn der Aufrüstung: Abbau der legalen Kontrollorgane und erste Pläne – Rüstungs-
politische Akzentuierung des Arbeitsbeschaffungs-Programms – Neue Phase ab Herbst
1933: Beschleunigung und Übergang zur allgemeinen Wehrpflicht

Das Problem des totalen Krieges: organisatorische, psychologische und wirtschaftspolitische Aspekte – Konzentration auf die psychologische Mobilmachung in Deutschland – Ernst Jünger und Adolf Hitler – Reichswehr und Nationalsozialismus im Kampf
um die totale Mobilmachung – Der Führungsapparat – Psychologische Kriegsvorbereitung – Wirtschaftliche Mobilmachung – Ursprünge des Vierjahresplans

Hitlers Konzeption der SA: Propaganda durch Gewalt und Terror – Ihre Verfälschung
durch Röhms Wehrverbands-Konzeption 1923 – Neuaufbau der SA ab 1926: Hauptmann v. Pfeffer realisiert Hitlers Ideen – Organisation, Kampfziele und Kampftaktik,
soziale Zusammensetzung – SA-Krise und SA-Reform von 1930 – Die zweite Ära
Röhm 1931–1932: provisorischer Kompromiß

Das Problem des totalitären Terrors – Seine Wurzeln in Deutschland – Die politische
Kriminalität in der Weimarer Republik – Ihre Systematisierung durch die Nationalsozialisten – Der nationalsozialistische Terrorfeldzug 1933: Ziele, Organisation, Lenkung und Taktik – Morde und Konzentrationslager – Widerstand – Indizien des permanenten Terrors: Judenverfolgung, Abbau des Rechtsstaats zugunsten des SS-Staats

Das Problem der SA im Sommer 1933 – Röhms Ziele: SA-Heer und politische Vorherrschaft über die Partei – SA-Sozialismus? – Zurückhaltung Hitlers, Widerstand der
Reichswehr – Reichenaus militärische Kompromißlösung: SA-Miliz – Die Reichenhaller
Vereinbarungen Juli 1933 – Erste organisatorische Maßnahmen: Wehrverbände, Sport-
vereine, Studenten, Jugendbewegung – Die Überwältigung des „Stahlhelms" – Die Organisation „Chef des Ausbildungswesens"

Abbau der bisherigen staatlichen Institutionen: Verfassung, Rechtsordnung, rationeller
Staatsapparat – Hitlers Ziel: der charismatische Personenverband – Permanenter Aus-
nahmezustand und permanente Mobilisierung als Mittel der Stabilisierung – Die
„Schwächeperiode" nach dem Sieg im Innern – Die Gefahr der zweiten Revolution

Ablösung der demokratischen Parteien durch totalitäre Dominien – Chancen und
Schwächen der monarchischen Restauration – Die Haltung der Reichswehr – Schacht
und die Wirtschaft – Nationalsozialistische Staaten im Staate – Görings Hausmacht –
Anfänge des SS-Staats – Heß – Der Aufbau des SA-Staats

ERLÄUTERUNGEN

1. Zitierweise der Anmerkungen

Im Interesse einer schnellen Orientierung wird einer mehrfach zitierten Schrift in Klammern der Ort des ersten, vollständigen Zitats beigefügt. Dabei gibt die römische Ziffer das Kapitel, die arabische Ziffer die Anmerkung selbst an. Die Anmerkungen der einzelnen Teile sind jedoch unabhängig voneinander eingerichtet. Die Abkürzung *a. a. O.* wird nur verwendet, wenn sich die Angaben auf die gleiche Quelle wie in der unmittelbar vorhergehenden Anmerkung beziehen; *ebda.* bedeutet nicht nur die gleiche Quelle, sondern auch dieselbe Seitenzahl.

2. Wichtigste Abkürzungen

AA	Auswärtiges Amt
ADGB	Allgemeiner Deutscher Gewerkschaftsbund
ADIK	Archiv des Deutschen Industrieinstituts Köln
ADST	Archiv beim Deutschen Städtetag im Ernst-Reuter-Haus zu Berlin
AfA	Allgemeiner freier Angestelltenbund
AWA	Akademisches Wissenschaftliches Arbeitsamt
BA	Bundesarchiv Koblenz
BNSDJ	Bund Nationalsozialistischer Deutscher Juristen
BVP	Bayerische Volkspartei
DAF	Deutsche Arbeitsfront
DAZ	*Deutsche Allgemeine Zeitung*
DDP	Deutsche Demokratische Partei
DGO	Deutsche Gemeindeordnung
DGT	Deutscher Gemeindetag
DHV	Deutschnationaler Handlungsgehilfen-Verband
Dienatag	Dienst nationaler Tageszeitungen
DIHT	Deutscher Industrie- und Handelstag
DJZ	*Deutsche Juristenzeitung*
DNVP	Deutschnationale Volkspartei
Doc. C.	Document Centre Berlin
DVP	Deutsche Volkspartei
Egelhaaf	*Egelhaafs historisch-politische Jahresübersicht für 1933*, Stuttgart 1934
GGO	Gemeinsame Geschäftsordnung der Reichsministerien
GRUSA	Grundsätzliche Anordnung (der SA-Führung)
HAB	Hauptarchiv Berlin
HDv	Heeres-Druckvorschrift
HJ	Hitler-Jugend
Horkenbach	Cuno Horkenbach, Hrsg., *Das Deutsche Reich von 1918 bis heute*, Berlin 1933
HZ	*Historische Zeitschrift*
IMT	*Der Prozeß gegen die Hauptkriegsverbrecher vor dem Internationalen Militärgerichtshof. Nürnberg. 14. November 1945 bis 1. Oktober 1946*, Nürnberg 1947
KPD	Kommunistische Partei Deutschlands
MGN	Militärgerichtshof Nürnberg. Ungedr. Prozeßakten der sog. Nachfolgeprozesse vor dem US-Militärgerichtshof in Nürnberg

NSBO	Nationalsozialistische Betriebszellenorganisation
NSDAP	Nationalsozialistische Deutsche Arbeiterpartei
NSDStB	Nationalsozialistischer Deutscher Studentenbund
NSRB	Nationalsozialistischer Rechtswahrerbund
OSAF	Oberster SA-Führer
P. O.	Politische Organisation der NSDAP
RFSS	Reichsführer SS
RGBl.	*Reichsgesetzblatt*
RLM	Reichsluftfahrtministerium
RMinBl.	*Reichsministerialblatt*
RVA	Reichsverteidigungsausschuß
RWM	Reichswehrministerium
RWiM	Reichswirtschaftsministerium
SA	Sturm-Abteilung der NSDAP
SABE	SA-Befehl
SADV	SA-Dienstvorschrift
Schultheß	*Schultheß' Europäischer Geschichtskalender 1933*, München 1934
SD	Sicherheitsdienst
SPD	Sozialdemokratische Partei Deutschlands
SS	Schutz-Staffel der NSDAP
SWR	Kampffront Schwarz-Weiß-Rot
VB	*Völkischer Beobachter*

VORWORT

Der Gedanke zu diesem Buch gewann während der Niederschrift der *Auflösung der Weimarer Republik* in den Jahren 1952/53 erste Gestalt. Es erwies sich als notwendig, die Endphase und zugleich das Gegenbild dieses Auflösungsprozesses in einem gesonderten Band zu behandeln. Eine dankenswert großzügige Unterstützung der Rockefeller Foundation ermöglichte es, den ersten Entwurf zu einem umfassenderen Forschungsprojekt der seinerzeit von mir geleiteten historischen Abteilung des Instituts für politische Wissenschaft auszuweiten, in dessen Rahmen meine Mitarbeiter Dr. Wolfgang Sauer und Dr. Gerhard Schulz die Bearbeitung eigener Teilgebiete übernommen haben. Unter drei großen Aspekten ist der Prozeß der nationalsozialistischen Machtergreifung in jenem zeitlich und sachlich weiteren Sinne, wie ihn ein vorangehender Aufsatz (*Vierteljahrshefte für Zeitgeschichte* 4, S. 30 ff.) umrissen hat, untersucht und beschrieben worden. Der erste Teil des Buches behandelt die Errichtung des Einparteienstaates nach der innen- und außenpolitischen sowie der ideologischen Seite; im zweiten Teil wird ein differenziertes Bild der verwaltungs- und wirtschaftspolitischen Begründung des totalitären Staatsaufbaus vermittelt; der dritte Teil beschreibt die rüstungs- und militärpolitische Entfaltung der terroristischen Gewaltpolitik, die jenes Regime getragen hat. Im Rahmen dieser Gliederung haben wir uns zugleich bemüht, das Problem einer Verzahnung von historischer und systematischer Darstellung so gut wie möglich zu lösen. Die Koordinierung der verschiedenen Teile mußte dort ihre Grenze finden, wo die besondere Fragestellung und die eigene thematische Konzeption des jeweiligen Verfassers den Rückgriff auf den Gesamtzusammenhang notwendig machten oder bestimmte Ereignisse in den Gedankengang mehrerer Kapitel gehörten; gewisse Überschneidungen in der Sache und in der Interpretation erscheinen von daher gerechtfertigt.

Wir waren um eine sorgfältige Erfassung und Auswertung der zugänglichen Quellen und Literatur besorgt. Eine Benutzung der in der „DDR" lagernden Aktenbestände hat das dortige Innenministerium allerdings nicht gestattet. Um so mehr haben die Verfasser und das Institut den Herren vom Bundesarchiv Koblenz, vom Hauptarchiv Berlin-Dahlem und vom Institut für Zeitgeschichte München für Entgegenkommen und Hilfe zu danken. Vor allem gilt unser Dank den Mitarbeitern und der Leitung des Instituts für politische Wissenschaft Berlin unter Prof. Stammer, das die Durchführung der Arbeit ermöglichte; ferner, wie schon bei der Weimar-Studie, Prof. Herzfeld und einer Reihe weiterer Kollegen für ihre stete Hilfsbereitschaft und ihre wertvolle Kritik. An der technischen Herstellung des Manuskripts und des Registers haben Albrecht Schultz, Cäcilie Stange und Barbara Voelker mitgewirkt.

Wir sind uns bewußt, daß es angesichts des Zwischenzustands der Forschung, die erst jetzt in vollen Fluß gekommen ist, ein Wagnis bedeutet, die Gesamtdarstellung zu diesem Zeitpunkt abzuschließen. Doch erscheint es im Interesse der wissenschaftlichen und der politisch-pädagogischen Bemühungen unserer Zeit gerechtfertigt und zugleich notwendig, eine Zwischenbilanz der Kenntnisse und Erkenntnisse zu ziehen

und auch den Versuch einer klaren Gesamtbeurteilung nicht länger zu verzögern, so
gewiß eine Reihe anderer im Gang befindlicher Arbeiten das Bild in absehbarer Zeit
noch vertiefen und bereichern wird. Als Beitrag zur „Aufarbeitung" einer die Gegenwart mitbestimmenden Vergangenheit mag die Untersuchung, deren Umfang durch
die Notwendigkeit sorgfältiger Detailforschung und Dokumentation auf einem
noch immer so umstrittenen Gebiet bedingt ist, die weitere Auseinandersetzung um
deutsche Geschichte und Politik im 20. Jahrhundert anregen und fördern.

Bonn und Berlin, im Frühjahr 1960   *Prof. Dr. K. D. Bracher*

ZUR ZWEITEN AUFLAGE

Rascher als erwartet ist eine Neuauflage notwendig geworden. Die Verfasser haben die
Gelegenheit benutzt, eine Reihe von Druckfehlern zu berichtigen und kleinere Korrekturen anzubringen, mußten sich aus verlagstechnischen Gründen jedoch darauf beschränken, die wichtigsten neuen Forschungsergebnisse nur ganz knapp und zumeist in den
Anmerkungen zu berücksichtigen.

Im Frühjahr 1962   *K. D. Bracher*

VORAUSSETZUNGEN
DES NATIONALSOZIALISTISCHEN AUFSTIEGS

1. Das Problem

Es bedarf wohl kaum einer Erklärung, warum sich Geschichte und politische Wissenschaft gleichermaßen mit dem Thema dieses Buches zu beschäftigen haben. Die Herrschaft des Nationalsozialismus in Deutschland und ihre Wirkungen weltgeschichtlichen und weltpolitischen Ausmaßes haben schmerzhaft nachdrücklich die Notwendigkeit einer gründlichen und kritischen Beschäftigung mit der Politik deutlich gemacht, die sich nicht in der Hinnahme politischer Deklarationen und Programme oder, mit Goethe zu sprechen, in der täglichen Lektüre der Journale oder gar in der emotionalen Reaktion auf bestimmte Tagesereignisse erschöpft. Der scheinbar so unbegreiflich leichte Sieg des Nationalsozialismus über die erste deutsche Republik war nicht einfach das Ergebnis eines gewaltsamen Umsturzes oder die Folge eines Versagens der Institutionen: Verfassungs- und Staatskonstruktion der Weimarer Republik waren so gut oder besser als die Einrichtungen anderer Demokratien.

Wie also war es möglich? So hat sich der kritische Zeitgenosse der nationalsozialistischen Machtergreifung gefragt, so fragt sich der rückschauende Betrachter auch heute noch im Blick auf die 12jährige Realität des „Dritten Reiches". Wie war es möglich, daß in einem hochzivilisierten, traditionsreichen und kulturerfüllten Land in geschichtlich so kurzer Frist, ohne nennenswerten Widerstand und auch nicht über einen blutigen Gewaltstreich die totale Diktatur eines Mannes und einer Partei hingenommen wurde, über deren innere Substanzlosigkeit und deren radikalen Grundcharakter es nach der Überfülle der vorliegenden Zeugnisse keinen Zweifel geben kann? Wie ist unter solchen Bedingungen der stürmische Aufstieg und die ausschließende Machtergreifung einer Gruppe von politisch unerprobten Abenteurern, Führern von eigener Gnade zu erklären? Wie kam es, daß eine radikale Splitterpartei aus gänzlich unbedeutenden Anfängen und nach dem offenbar vernichtenden Mißerfolg des Hitlerputsches von 1923 schließlich innerhalb von kaum drei Jahren zur großen Massenpartei anzuwachsen und auf scheinbar regulärem, legalem Wege die gesamte Macht in Staat und Gesellschaft an sich zu reißen vermochte? Die traditionellen Anschauungen vom Wesen politischer Krisen und Revolutionen reichen nicht aus, um die Frage zu beantworten, wie Hitler zur Macht und zu einer Machtfülle gelangte, der gegenüber alle politischen und rechtlichen, alle gesellschaftlichen und auch geistigen Sicherungen vollständig versagten.

Nun gehört zu den geschichtlichen Erfahrungen und politischen Lehren, die eine recht verstandene Betrachtung unserer jüngsten Vergangenheit vermittelt, in der Tat die Einsicht, daß die Errichtung einer totalen Diktatur moderner Prägung sich nicht einfach mittels eines gewaltsamen Staatsstreichs, auf dem gleichsam klassischen Wege einer putschistischen Verschwörung vollzieht. Charakteristischer, zugleich wirkungsvoller und in seiner Schwerdurchschaubarkeit viel gefährlicher ist jener Prozeß einer stufenweisen Zersetzung, Durchdringung und betont legalen Gleichschaltung aller politisch relevanten Lebensbereiche, der in unserem Zeitalter den traditionellen Begriff des Staatsstreichs weitgehend verdrängt hat. Die nationalsozialistische Machtergrei-

fung und die Errichtung des totalen Führerstaates in Deutschland sind zum eindringlichen Zeugnis dafür geworden, wie sich auf dem Rücken und mit den Mitteln eines
demokratischen Rechtsstaats auf scheinbar demokratischem Wege ein durchaus gegen-
sätzliches Herrschaftssystem durchzusetzen vermag. Dieser Vorgang war schon für
den Aufstieg des Nationalsozialismus zur Alleinherrschaft charakteristisch. Nach
dem Mißlingen des Putschversuches von 1923 hat das Ziel einer legalen oder doch
pseudolegalen Machtergreifung Hitlers politische Taktik und seinen Weg durch die
Krisen der Weimarer Republik bestimmt. In der Aufhellung dieser Zusammenhänge liegt eine große Aufgabe der deutschen politischen Wissenschaft. Sie hat ihren
Teil zu der oft geforderten Bewältigung der jüngsten Vergangenheit beizutragen,
in deren Mittelpunkt – mit Friedrich Meineckes wegweisendem Buch zu sprechen – die
„deutsche Katastrophe" des Nationalsozialismus steht. [1]

Damit hängt es zusammen, daß auch die Notwendigkeit einer umfassenden politischen Bildung und Erziehung wesentlich in der Erfahrung des doppelten deutschen
Zusammenbruchs begründet ist, dessen Eckdaten, 1933 und 1945, zugleich den Beginn
und das Ende des nationalsozialistischen Herrschaftssystems bezeichnen. Hier
zielt die politische Wissenschaft auch auf die tieferliegenden Ursachen der politischen
Entwicklung, auf die Verantwortung der Intelligenz, der Wissenschaft und Bildung
in Universität und Schule, auf die politische Haltung auch des Beamtentums: Sie
setzt sich mit jenen geistigen und psychischen Erscheinungen des „Unbehagens an der
Politik" auseinander, mit jener Trennung von Macht und Geist, jener Diffamierung
des „politisch Lied, garstig Lied", die auf eine verantwortliche geistige Aneignung
und wissenschaftliche Durchdringung der politischen Sphäre verzichtet und sich damit
abfindet, daß „die da oben" auf ihre Weise das leidige Geschäft schon tun und für
Ordnung sorgen werden. Rudolf Smend hat dies Problem in einer ahnungsvollen
Diagnose des Zeitbewußtseins treffend formuliert, als er noch vor dem erneuten
Aufstieg des Nationalsozialismus 1928 die „beiden politischen Hauptmängel der Deutschen" in einer doppelt unpolitischen Grundeinstellung erblickte: in der Verkoppelung
einer unpolitischen Staatsenthaltung mit einer nicht minder unpolitischen Macht-
anbetung.[2] Hier hat man die klassischen Merkmale einerseits der passiven Obrigkeits-
staats-Mentalität, anderseits des romantischen Aktivismusdranges, denen beiden das
nüchterne, realistische Wissen vom Wesen und den Grenzen der Politik fehlte. Der
Wissenschaft von der Politik, die sich im Deutschland der Weimarer Republik noch
wenig Wirkungsmöglichkeit zu verschaffen vermochte, sind heute die lebendige Erfahrung und das methodische Rüstzeug an die Hand gegeben, um die Politik aus der
Sphäre des unbegreiflichen Geschehens, der undurchsichtigen Machtmanipulationen
herauszuheben auf die Ebene besonnener Betrachtung und nüchterner Analyse.

Aber zu dieser unmittelbaren Aktualität einer Beschäftigung mit dem nationalsozialistischen Regime kommt noch ein zweiter, wissenschaftstheoretischer Grund.
Die Themen der politischen Wissenschaft gehören im wesentlichen drei großen Bereichen an. Neben der Theorie der Politik und der Geschichte der politischen Ideen
und neben den Themen der Außenpolitik, der im angelsächsischen Kulturraum soviel
intensiver gepflegten Wissenschaft von den *international relations,* ist dies vor allem
die Lehre von den Herrschaftsformen in ihren geschichtlichen und gegenwärtigen
Ausprägungen. Gewiß begleitet die wissenschaftliche Betrachtung der Politik seit den
Bemühungen Platons und Aristoteles' die ganze abendländische Wissenschaftsgeschichte
im Auf und Ab ihres Verlaufs. Aber tatsächlich ist der große Neuaufschwung der
modernen *political science* und *science politique* in den außerdeutschen Ländern der

---

[1] Friedrich Meinecke, *Die deutsche Katastrophe,* Wiesbaden 1946.
[2] Rudolf Smend, *Verfassung und Verfassungsrecht,* München – Leipzig 1928, S. 3.

westlichen Welt aufs engste verknüpft mit der Anschauung des Aufstiegs neuartiger totalitärer Herrschaftssysteme und mit der Besinnung auf das Wesen, das Funktionieren, die Krisenelemente der modernen Demokratie angesichts ihrer totalitären Bedrohung. Diese politische Wissenschaft kann nur im Raum der freiheitlichen Demokratie existieren, weil nur diese Herrschaftsform eine kritische Analyse ihrer eigenen Elemente zuläßt; sonst wird sie, wie auch die Geschichte der Deutschen Hochschule für Politik in der NS-Zeit beweist, nur noch als Propagandainstrument des herrschenden Regimes geduldet. Und sie wird sich um so mehr auch um eine Einsicht in das Wesen und die Technik der Herrschaft in der Diktatur bemühen, als sie daraus wiederum vertieftes Wissen von den Grundlagen und der Wirkungsweise demokratischer Politik gewinnen kann.

Für den deutschen Ansatz einer politischen Wissenschaft ist, ganz abgesehen von den schon erwähnten politisch-pädagogischen Gesichtspunkten, das Phänomen des nationalsozialistischen Herrschaftssystems noch aus anderem Grunde von erster Bedeutung: Während das sowjetische Beispiel in seinen regionalen Differenzierungen bis hin zur Sowjetzone noch durchaus im Fluß ist, steht hier eine geschichtlich abgeschlossene Gesamterscheinung vor Augen; eine Überfülle authentischen Materials ermöglicht es der Analyse, hinter die offiziellen Bekundungen und bloßen Vermutungen in die Wirklichkeit totalitärer Herrschaftspraxis einzudringen. Hier kann die politische Wissenschaft, getreu der induktiven Methode moderner wissenschaftlicher Forschung und Lehre, die Legitimität ihres Bemühens durch eine unmittelbare, empirische· Arbeit am konkreten Gegenstand erweisen, bevor sie zu theoretischen Entwürfen und allgemeinen Aussagen über die Natur und die Formen des Politischen fortzuschreiten sucht.

2. Geschichtliche Stellung der nationalsozialistischen Machtergreifung

Aufstieg und Triumph des Nationalsozialismus in Deutschland tragen ein Doppelgesicht. Nach der historischen Dimension umschließen sie den Prozeß einer revolutionären Umwälzung. Auf der Ebene politischer Gestaltung münden sie in die Errichtung eines totalitären Herrschaftssystems. Die Beurteilung der nationalsozialistischen Machtergreifung und die Bestimmung ihres geschichtlichen Orts sind durch diesen Doppelaspekt gekennzeichnet; sie schwanken zwischen relativierenden, historisierenden Erklärungsversuchen und systematischen, typologisierenden Strukturanalysen soziologischer oder politisch-wissenschaftlicher Art. Mit den großen zeitgeschichtlichen Parallelen – der russischen Oktoberrevolution von 1917 und der Machtergreifung des italienischen Faschismus fünf Jahre später – wird man das Phänomen durch eine historische Einordnung in ein „Zeitalter der Revolutionen", im weiteren Zusammenhang abgeleitet aus dem Weltereignis der Französischen Revolution, zu erfassen und zu deuten suchen. Zugleich aber steht man einem neuartigen, ganz unserem Jahrhundert der industriellen Massengesellschaft angehörenden Prozeß der Staats- und Herrschaftsgestaltung gegenüber, der sich historischen Vergleichsmöglichkeiten weitgehend zu entziehen scheint. Der totale Staat ist die konsequenteste Ausprägung der Tendenz zur Zentralisierung, Uniformierung und einseitiger Reglementierung nicht nur des politischen, sondern auch des gesellschaftlichen und geistigen Lebens, die unter den geschichtlichen Triebkräften unseres Jahrhunderts eine besondere Durchschlagskraft gewonnen hat, und er strebt deshalb auch weit über die älteren Formen autokratischer und diktatorischer Herrschaft hinaus. Sein Siegeszug setzt die Bedingungen des technisierten Massenzeitalters mit seinen Möglichkeiten durchgängiger Kontrolle, völliger „Erfassung" und propagandistisch-ideologischer „Gleichschaltung" des Lebens und Denkens des Staatsbürgers voraus; man hat den Totalitarismus des-

halb zu Recht als „das politische Phänomen des 20. Jahrhunderts" bezeichnet.[3] Sein
Aufstieg hat sich durchweg im Gefolge des ersten Weltkriegs und jener ihn begleiten-
den politischen und sozialökonomischen Katastrophen, jener geistig-ideologischen
Krisengefühle vollzogen, deren Erforschung den Historiker wie den Soziologen und
Politikwissenschaftler mit 'augenscheinlich neuartigen, geschichtlich unvergleichlichen
Entwicklungsformen politisch-gesellschaftlicher Wirklichkeit konfrontiert.

Dies gilt besonders für die Erscheinung des Nationalsozialismus in Deutschland. Denn
während das sowjetrussische Beispiel nach Vorgeschichte und Verlauf noch Merkmale
des „klassischen" Revolutionsbegriffs enthält, ist mit dem Phänomen der revolutionären, doch gleichwohl „legal" oder pseudolegal durchgeführten Machtergreifung
faschistischer und nationalsozialistischer Prägung ein Vorgang besonderer Art in die
Wirklichkeit getreten, der weder einfach unter das Schlagwort von der „Gegenrevolution" noch unter den Begriff des Bonapartismus gefaßt und so ohne weiteres
in eine bestehende Tradition der Revolutionsgeschichte oder Revolutionssoziologie
eingeordnet werden könnte. Daran liegt es auch, daß alle Versuche zur Darstellung
und Erklärung unter einer bezeichnenden Unsicherheit der geistesgeschichtlichen Ableitung leiden und, mehr noch als im Falle des sowjetrussischen Vorgangs, weder den
revolutionshistorischen noch den herrschaftssoziologischen Zusammenhang des faschistischen und des nationalsozialistischen Totalitarismus zureichend zu begründen vermocht haben. Die Ursachen sind freilich nicht nur in dem Stand der theoretischen
Auseinandersetzung mit den Phänomenen der modernen Revolution und des totalen
Staates selbst zu suchen; man hat sie mehrfach schon als eine besondere, dem 20. Jahrhundert eigentümliche Erscheinungsform der geschichtlichen Umwälzung und der
terroristischen Einherrschaft begriffen und analysiert. Wie die fortdauernde Auseinandersetzung mit dem sowjet-kommunistischen Herrschaftsanspruch, so hat auch
die Konfrontierung mit dem nationalsozialistischen Expansionismus seit der Mitte
der dreißiger Jahre, zunächst vornehmlich in den angelsächsischen Ländern, eine Fülle
von Einzel- und auch Gesamtuntersuchungen hervorgetrieben, die mit der Bekämpfung
des Nationalsozialismus zugleich seine historische und soziologische Analyse als ein
zentrales Thema wissenschaftlicher Staats- und Gesellschaftsbetrachtung begründet
haben. Gesamtstudien wie die Bücher von Sigmund Neumann und Franz L. Neumann,
von William Ebenstein, Hannah Arendt und zuletzt Carl J. Friedrich haben hier,
jedes auf seine Art vom nationalsozialistischen Beispiel zur Frage nach den Ursprüngen und dem Wesen totalitärer Herrschaft durchstoßend, einen breit fundierten
und vielfach schon durchaus soliden Grund gelegt.[4] Aber noch ist die Erforschung der

[3] Gerhard Leibholz, „Das Phänomen des totalen Staates", in: *Mensch und Staat in Recht und Geschichte* (Festschrift für Herbert Kraus), Kitzingen/Main 1954, S. 156; jetzt abgedr. in: Leibholz, *Strukturprobleme der modernen
Demokratie*, Karlsruhe 1958, S. 225.

[4] Sigmund Neumann, *Permanent Revolution. The Total State in a World at War*, New York – London 1942;
Franz Neumann, *Behemoth. The Structure and Practice of National Socialism*, 2. Aufl., New York 1944; William
Ebenstein, *The Nazi State*, New York 1942; Hannah Arendt, *The Origins of Totalitarianism*, New York 1951
(deutsch u. d. T.: *Elemente und Ursprünge totaler Herrschaft*, Frankfurt/M. 1955); Carl Joachim Friedrich,
Totalitarian Dictatorship and Autocracy, Cambridge (Mass.) 1956 (deutsch u. d. T.: *Totalitäre Diktatur*, Stutt-
gart 1957); William L. Shirer, *The Rise and Fall of the Third Reich. A History of Nazi Germany*, London 1960.
Eine sehr abgewogene Kritik der Literatur zu den Voraussetzungen des Nationalsozialismus gibt Andrew G. Whiteside, "The Nature and Origins of National Socialism", in: *Journal of Central European Affairs* 17 (1957), S. 48 ff.
Von deutscher Seite ist leider bis heute noch keine zureichende Gesamtstudie des nationalsozialistischen Herrschafts-
systems erschienen. Das Institut für Zeitgeschichte in München und die *Vierteljahrshefte für Zeitgeschichte* haben
sich auf verdienstvolle Spezialuntersuchungen konzentriert; die dort entstandenen Bücher von Hermann Mau und
Helmut Krausnick, *Deutsche Geschichte der jüngsten Vergangenheit. 1933–1945*, Stuttgart 1956, Hans Buchheim,
Das Dritte Reich, München 1958, Martin Broszat, *Der Nationalsozialismus*, Stuttgart 1960, und Helga Grebing,
Der Nationalsozialismus, München 1959, geben einen knappen historischen Überblick, Walther Hofers *Der Nationalsozialismus* (Fischer-Bücherei), Frankfurt/M. 1958, eine Dokumentenauswahl mit kurzem Kommentar. Die Machtergreifung im Spiegel der deutschen und internationalen Presse vergegenwärtigt jetzt die instruktive Dokumentation
von Alfred Grosser, *Hitler, la presse et la naissance d'une dictature*, Paris 1959.

tatsächlichen Zusammenhänge unzureichend. Die Totalitarismus-Theorien der Soziologie, Staatslehre und Philosophie bedürfen noch der belebenden Konkretisierung durch eine quellenmäßig weitgespannte, in Einzelanalysen verankerte Erforschung jenes fast unübersehbaren Materials, das uns der Zusammenbruch des „Dritten Reiches" hinterlassen und zur Verarbeitung aufgegeben hat.[5]

Auch die Frage nach dem geschichtlichen Ort der nationalsozialistischen Machtergreifung wird erst durch eine genaue Analyse der politischen Wirklichkeit selbst ausreichend beantwortet werden können. Denn das Phänomen des totalen Staates bietet einer exakten, allgemeingültigen Definition beträchtliche Schwierigkeiten. So zahlreich die Versuche sind, von verfassungsrechtlichen, soziologischen oder politikwissenschaftlichen Kategorien her zu einer generellen Bestimmung zu kommen, so wenig können sie doch befriedigen. Es zeigt sich auch hier, daß man nicht vorweg von Definitionen ausgehen kann, ohne der geschichtlich-politischen Wirklichkeit in ihrer ganzen Komplexität Gewalt anzutun. Erst auf dem empirischen Weg historisch differenzierender Bestandsaufnahme und durch die Analyse konkreter Erscheinungsformen werden bestimmte Grundelemente totaler Herrschaft erschlossen, die allgemeinere Aussagen über Bedingungen, Wesen und Grenzen des Totalitarismus erlauben. Denn so gewiß er als Produkt und Entartungsform eines bestimmten Zeitalters begriffen werden muß, so sehr wird ein Verständnis seiner Besonderheit von einer Einsicht in die historischen Bedingungen gefördert; sie erst vermitteln einen Begriff von den vielfältigen Möglichkeiten totalitärer Herrschaftsprägung, von ihren Wurzeln, ihren Vorläufern, ihren Nebenformen, ihren geschichtlichen Elementen und zugleich Grenzen.

So tritt uns der Totalitarismus zwar als ein spezifisches Phänomen unseres Jahrhunderts entgegen, das die durchaus neuartigen gesellschaftlichen und politischen Bedingungen des industriellen Massenzeitalters voraussetzt; ein Phänomen *sui generis*, das mit früheren Erscheinungen autokratischer oder diktatorischer Herrschaft gar nicht oder doch nur sehr bedingt verglichen und in Beziehung gesetzt werden kann. In den bedeutendsten neueren Studien des Gegenstandes sind daher auch die drei großen Ausprägungen totalitärer Herrschaft – die kommunistische, faschistische und nationalsozialistische – nachdrücklich von den historischen Formen der Autokratie, der unbeschränkten Selbstherrschaft seit der Antike, abgehoben.[6] Doch werden gerade angesichts solcher Vorbehalte die besonderen, neuartigen Züge totalitärer Herrschafts- und Staatsgestaltung noch deutlicher, wenn auch dem Problem der geschichtlichen Vorformen einige Aufmerksamkeit gewidmet wird. Es war eine ganze Reihe bedeutender historischer Erfahrungen, Reminiszenzen und Vorbilder, die, bei aller geschichtlich bedingten Verschiedenheit, der ideologischen und politischen Begründung totalitärer Herrschaftsformen in unserem Jahrhundert wesentliche Impulse vermittelt haben; besonders Nationalsozialismus und Faschismus haben sich in Prophetie und Rechtfertigung, je nach dem Stand ihres Selbstverständnisses, emphatisch auf jene historische Substanz berufen, ohne daß sie natürlich ihr Wesen enthielten oder gar erschöpften.

---

[5] An bibliographischen Zusammenfassungen der fast unübersehbaren Literatur vgl. dazu: *Bibliographie zur Zeitgeschichte und zum Zweiten Weltkrieg für die Jahre 1945–1950*, München 1955; daran anschließend „Bibliographie zur Zeitgeschichte" in: *Vierteljahrshefte für Zeitgeschichte*, fortlaufend seit 1953; *Books on Persecution. Terror and Resistance in Nazi Germany*, und: *From Weimar to Hitler. Germany 1918–1933*, hrsgg. von The Wiener Library, Catalogue Series No. 1 und 2, London 1953 (2. Aufl.) und 1951; Hans Herzfeld, *Die moderne Welt 1789–1945*, Teil II, 2. Aufl., Braunschweig 1957, S. 204 ff.; Karl Dietrich Erdmann, *Die Zeit der Weltkriege* (Bruno Gebhardt, *Handbuch der deutschen Geschichte*, 8. Aufl., hrsgg. von H. Grundmann, Bd. IV), Stuttgart 1959, S. 80 ff.; S. 177 ff.

[6] So insbesondere Friedrich (Anm. Einl./4).

Am nächsten verwandt mag die uralte Traditionsform der Diktatur, der zeitweilig unbeschränkten Herrschaft eines einzelnen erscheinen, die ihre klassische Ausprägung schon in der griechischen Tyrannis und im römischen Cäsarismus gefunden hat und von diesem Beispiel her immer wieder in den verschiedensten Formen aufgelebt ist. Freilich hat sie erst durch den Anspruch auf Permanenz jene moderne Form gewonnen, in der die konstitutionelle Diktatur – zur Überbrückung von Krisenzeiten [7] – der totalitären Diktatur als Ordnung *sui generis* Platz macht; eher ist hier die Erinnerung an die Herrschaftsformen der orientalischen Despotien angebracht, deren Kontinuität, aber auch Zeitbedingtheit jüngst eine eigenwillige Studie im Hinblick auf die Umwälzungen im Nahen Osten deutlich gemacht hat.[8]

Ein anderes bedeutsames Element enthalten die im Begriff des „Imperialismus" zusammengefaßten Herrschaftsansprüche wirtschaftlicher, politischer und ideologischer Art bestimmter Länder, Völker oder sozialer und ökonomischer Interessengruppen, die gewiß vielfach, aber doch keineswegs notwendig mit diktaturförmigen Staatsformen einhergehen; auch sie können, historisch gesehen, bis zu den vielfältigen Hegemonialbestrebungen in der antiken Welt zurückverfolgt werden.

Eine weitere mögliche Komponente, die speziell für die Vorgeschichte der faschistischen und nationalsozialistischen Herrschaft bedeutsam war, liegt in dem Gedanken einer ständischen Ordnung. Im mittelalterlichen Abendland mit religiös-weltanschaulicher Sanktion vorgeprägt, wurde der ständische Ordnungsgedanke durch die Entwicklung des modernen Staates und die Nivellierung der Gesellschaft als politische Gliederungsform wohl durch den Parteienstaat abgelöst; er ist aber von starken konservativen Reaktionsbewegungen immer wieder als utopisch-propagandistisches Leitbild aufgenommen und auch in unserem Jahrhundert mit Erfolg den Herrschaftsbestrebungen einer antiliberalen, antidemokratischen Minderheit dienstbar gemacht worden: in der Idee des Korporativstaates besonders, wie sie etwa im Portugal Salazars noch jetzt gegenwärtig ist.

Ebenso hat freilich die Herrschaftsform des Absolutismus, die dem ständischen Gedanken ursprünglich in vielem entgegengesetzt war, eine eigene Rolle im Prozeß der modernen Herrschaftsformung gespielt. Als eine Form mehr oder minder aufgeklärter Diktatur hat die absolutistische Herrschaft eines kaum beschränkten Monarchen seinerzeit jene Straffung des in ständische Konflikte zerfallenen mittelalterlichen Staates zum rationalen modernen Verwaltungsstaat ermöglicht, die der gewandelten gesellschaftlichen und geistigen Situation der Nachrenaissance- und Nachreformationszeit entsprach.

Dies freilich nur bis zu dem Punkt, an dem sich mit den sozialen Umwälzungen des industriellen Zeitalters eine neue politische Leidenschaft ankündigte, die nach der bürgerlichen Intelligenz nun auch die Massen einer rasch anwachsenden Bevölkerung erfaßte und in revolutionärem Drang den eng gezogenen Rahmen monarchisch-absolutistischer Herrschaft sprengte. Die Französische Revolution als Geburtsstunde und Signal für das Zeitalter der Massenbewegungen, der revolutionären Auflehnung gegen eine traditionsgefügte Ordnung und der demokratischen Ausweitung politischen Lebens auf alle Bereiche und Schichten hat in der Tat eine große, wenn auch im einzelnen schwer bestimmbare Bedeutung im Kreis der Entwicklungselemente totaler Herrschaft erlangt. Die moderne totalitäre Diktatur erscheint als ein Kind dieses

---

[7] Vgl. zu dieser Abgrenzung Clinton L. Rossiter, *Constitutional Dictatorship. Crisis Government in the Modern Democracies*, Princeton 1948; etwas allgemein und zugespitzt die Gesamtskizze von George Wolfgang F. Hallgarten, *Dämonen oder Retter. Eine Geschichte der Diktatur*, Frankfurt/M. 1957 (vorher ders.: *Why Dictators? The Causes and Forms of Tyrannical Rule since 600 b. C.*, New York 1954).

[8] Karl August Wittfogel, *Oriental Despotism. A Comparative Study of Total Power*, New Haven 1957.

demokratischen Zeitalters.[9] Sie hat sich wesentlich aus den Entartungserscheinungen der Massendemokratie zu entfalten vermocht, und darin liegt auch der grundlegende Unterschied zur Genesis und Herrschaftsform des vorrevolutionären und vordemokratischen Absolutismus, der auf pseudodemokratische und massenpsychologische Manipulationen verzichten und sich auf die Macht an der Spitze und die Kontrolle des Adels beschränken konnte. Seit dem politischen Erwachen der Volksmassen wurde die Erringung und Behauptung diktatorischer Macht von neuen, umfassenderen Formen der Machtentfaltung und Lenkung abhängig. Dazu gehörte die Berufung auf den Volkswillen, die pseudolegale Form der Machtergreifung, die pseudodemokratische und pseudoplebiszitäre Verkleidung der Alleinherrschaft, die breite propagandistische Fundierung einer Volksdiktatur, die als wahre, totale Demokratie sich bewußt von Autokratie, Absolutismus, Despotie einer Minderheit distanzierte. Der Begriff der „Volksdemokratie" drückt diesen doppelt demokratischen Anspruch einer totalitären Diktatur neuer Prägung besonders kraß und paradox aus.

Aber die zumal von der konservativen Kritik vertretene Neigung, in diesem Zusammenhang überhaupt *die* wesentliche Voraussetzung des modernen Totalitarismus bolschewistischer wie faschistischer Prägung zu erblicken und also den nationalsozialistischen Exzeß mit seinen nichtdeutschen Ursprüngen und Antrieben als quasi europäisches Vergehen „westlichen" Ursprungs zu entschuldigen, geht doch am geschichtlichen Sachverhalt ebensoweit vorbei wie die eklektische Zusammenstellung einer jahrhundertelangen Ahnengalerie des Nationalsozialismus. Solche Deutungen übersehen zudem die Tatsache, daß der Nationalsozialismus samt seinen Vor- und Mitläufern – ganz wie der reaktionäre Konservatismus in seiner Nähe – gerade mit Emphase als weltgeschichtlicher Gegenschlag gegen die Französische Revolution, gegen ihre ideologischen Ursprünge wie ihre geschichtlich-politischen Folgewirkungen, gegen Liberalismus und Demokratie, egalitäre Bürger- und Menschenrechte und westliche „Zivilisation" verstanden sein wollte.[10] So hat auch schon in den ersten Wochen des Hitler-Regimes Goebbels mit Nachdruck über den Rundfunk verkündet, der Sinn der nationalsozialistischen Revolution sei in erster Linie die Beseitigung von Liberalismus und Individualismus: „Damit wird das Jahr 1789 aus der Geschichte gestrichen." [11] Auch geistesgeschichtlich hat sich der Nationalsozialismus stets auf Strömungen gestützt, die – besonders sichtbar im Fall des „Klassikers" der Rassendoktrin Gobineau – auf die leidenschaftliche Ablehnung der Französischen Revolution und des Gedankens der Menschenrechte, der Gleichheit, der Demokratie eingeschworen waren. Wohl hat die totale Mobilisierung von Gesellschaft und Staat im Zeichen militanter Massenbewegungen ihre moderne Ausprägung erst durch den Siegeszug des Nationalismus erhalten, der aus einer engen Wechselwirkung mit jenen Revolutionsbewegungen hervorgewachsen ist. Doch hat der Nationalismus ihren ursprünglich auf international-menschheitliche Ziele gerichteten Sinn rasch denaturiert und geradezu ins Gegenteil verkehrt: Seine Bewegungs- und Sprengkräfte sind denn auch schließlich zu den entscheidenden Gefühls- und Propagandapotenzen der autoritären und totalitären Bestrebungen unserer Zeit geworden.

Von hier fällt der Blick schließlich auf eine weitere bedeutsame Komponente, die, anders als die vorgenannten geschichtlichen Elemente, nun ganz nachdrücklich auf

[9] So vor allem die geistesgeschichtliche Ableitung (schon im Titel enthalten) bei J. L. Talmon, *The Origins of Totalitarian Democracy*, London 1952. Tatsächlich wird auch der Begriff des totalen Krieges erstmals bei Robespierre greifbar.

[10] So neben vielen „weltanschaulichen" Grundbüchern des Nationalsozialismus besonders ausführlich dann Wilhelm Ihde, *Wegscheide 1789*, 4. Aufl., Leipzig – Berlin 1940, S. 323 ff. (Friedrich der Große und das Preußentum als Gegenprinzip zur Französischen Revolution); S. 515 ff.: „Deutschland überwand das Prinzip von 1789" – 1933!

[11] Rundfunkrede zum Judenboykott am 1. April 1933, abgedr. in: Joseph Goebbels, *Revolution der Deutschen*, Oldenburg 1933, S. 155; ähnlich seine Rede auf dem Nürnberger Parteitag am 2. September 1933, abgedr. in: ders., *Signale der neuen Zeit*, 2. Aufl., München 1934, S. 208 f.

die wirtschaftliche und gesellschaftliche Umwälzung des letzten Jahrhunderts bezogen ist. Sie fällt unter das Schlagwort des Sozialismus. Als Ausdruck der von der industriellen Revolution ausgelösten Emanzipationsbewegung hat der revolutionäre Sozialismus die fortgehende Mobilisierung der Massen unter schärfer, konkreter und militanter entworfene Ziele zu stellen und das politisch-gesellschaftliche Gefüge grundlegend umzuwandeln gesucht. Das ist geschichtlich in doppeltem Sinne wirksam geworden. Die neuen Ideologien von einer künftigen Diktatur des Proletariats, vom revolutionären Klassenkampf, vom totalen sozialen Emanzipationsprozeß und von der egalitären Massengesellschaft als vermeintlicher Vollendung wahrer Demokratie haben die herrschaftsformenden Geschichtselemente der Zeit in neues Licht gerückt; sie wurden mit verstärkter, zugleich verwandelter Dynamik ausgestattet und neuen Zielvorstellungen dienstbar gemacht, um schließlich in der russischen Oktoberrevolution von 1917 zum ersten Verwirklichungsversuch eines totalen Staates durchzustoßen, der alle diese Herrschaftselemente in sich zu verbinden und zugleich aufzuheben suchte. Nicht minder bedeutsam ist jedoch die Kehrseite dieser Entwicklung und Entartung des sozialistischen Gedankens. Der Sozialismus hat gleichzeitig militante Gegenbewegungen hervorgerufen, die aus tastenden Ansätzen zu Ende des 19. Jahrhunderts über die Erschütterungen des ersten Weltkrieges und seiner revolutionären Folgewirkungen schließlich zur extremen Gegenideologie des faschistischen und nationalsozialistischen Totalitarismus führten. Dem international akzentuierten, weltrevolutionären Sozialismus wurde hier ein national-revolutionär verstandener, „nationaler Sozialismus", in Deutschland das Schlagwort vom preußischen, vom „deutschen Sozialismus" entgegengesetzt, so wie der Diktatur des Proletariats die totale Führerschaft, dem Klassenkampf ein Rassenkampf. Es war denn auch ein ehemaliger *Sozialist*, Mussolini, dem der Begriff des „totalitären Staates" zugeschrieben wird, womit er meinte: „Alles im Staat, nichts außerhalb des Staates, nichts gegen den Staat" [12] – also die Regelung alles öffentlichen wie privaten Lebens der Bürger durch den zentral geführten und durchgeplanten Staat als Ziel dieser totalen Herrschaft im Falle des Faschismus, die Totalität des völkisch-rassischen Gemeinschaftsanspruchs im Falle des Nationalsozialismus.

Zeitgeschichtlich gesehen, vollzog sich die Ausbildung dieser neuartigen Synthese vielfältiger Strömungen zum Totalitarismus moderner Prägung in den vom ersten Weltkrieg und den unbefriedigenden Friedensschlüssen ausgelösten bürgerkriegsförmigen Krisen des entscheidenden Jahrfünfts von 1917 bis 1922. Während die Diktatur neuer Prägung in Rußland zu Beginn, in Italien am Ende dieser fünfjährigen Periode zur Macht gelangte und den Umbau des Staates begann, hat sich auch im Deutschland dieser Jahre aus dem großen Reservoir gegenrevolutionärer Strömungen der erste Aufmarsch einer nationalsozialistischen Sammelbewegung totalitärer Prägung vollzogen; ihr erster Griff nach der Macht im Bürgerbräukeller-Putsch von 1923 scheiterte zwar, doch hat sie in der Folge über das italienische Vorbild hinaus eine eigene Taktik und Stoßkraft zu entwickeln und schließlich vor dem Hintergrund der Weltwirtschaftskrise und – wie in Italien – des Versagens der letzten demokratischen Regierungen auf pseudolegalem Weg die Macht zu ergreifen vermocht.

Auch aus diesen knappen, unvollständigen Andeutungen wird deutlich, wie vielfältig die Voraussetzungen und Elemente des modernen Totalitarismus sind. Das gilt auch von seinen Erscheinungsformen selbst; Zeitpunkt, nationale Bindung und politisch-ideologische Zielvorstellungen wirken zweifellos differenzierend, so sehr die

---

[12] Vgl. Theodor Eschenburg, *Staat und Gesellschaft in Deutschland*, Stuttgart 1956, S. 113, sowie die Faschismus-Artikel (mit der Literatur) von K. D. Bracher in: *Die Religion in Geschichte und Gegenwart*, 3. Aufl., Tübingen 1958, S. 877 ff.; Albert Mirgeler in: *Staatslexikon. Recht, Wirtschaft, Gesellschaft*, hrsgg. von der Görres-Gesellschaft, 6. Aufl., Bd. III, Freiburg 1959, S. 323 ff.

beiden wichtigsten Ausprägungen, die kommunistische und die nationalsozialistisch-faschistische, zugleich eine weitgehende Ähnlichkeit in der Technik der Herrschaftsausübung sichtbar machen, die auf gemeinsame, vom politisch-ideologischen Gehalt unabhängige Grundprinzipien totalitärer Staatspraxis hinweist.

3. Grundzüge totalitärer Herrschaftsgestaltung

Die Erörterung historischer Elemente und Vergleichserscheinungen wird also immer wieder in die Betrachtung der besonderen Voraussetzungen münden, die das moderne Europa dem Aufstieg totalitärer Herrschaftsformen geboten hat. Zu diesen so gänzlich neuartigen Voraussetzungen gehören das gewaltige Anwachsen der Bevölkerung und die Industrialisierung mit ihren unabsehbaren sozialen Folgen; der Siegeszug der Technik auf allen Gebieten mit den Konsequenzen, die sich daraus auch für politische Organisation, Lenkung der Massen, ihre intensive Beeinflussung, Führung und Verführung durch eine alles erfassende Propaganda ergaben; die Verbreitung der Bildung, aber zugleich auch einer Halbbildung, die die sittlichen und religiösen Bindungen zersetzte, ohne den Menschen doch damit politisch schon mündig und gegen gewissenlose Verführung, sei sie nun obrigkeitsstaatlich oder revolutionspolitisch legitimiert, immun zu machen; dies alles im Zeichen jener allgemeinen demokratischen Umwälzung der traditionellen Staatsordnungen, die sich nur unter schweren inneren Krisen vollzog und im ersten Weltkrieg mit einem äußeren Zusammenprall weltpolitischer Führungsansprüche von bisher unerhörter Erbitterung und Zerstörungskraft zusammentraf.[13] In der sozialen und politischen Revolution, die sich gegenwärtig im asiatischen Raum vollzieht und im afrikanischen Kontinent fühlbar anbahnt, haben wir eine eindringliche Anschauung für die noch fortdauernde Tragweite und Problematik jener scheinbar unaufhaltsamen Entwicklung.

Wie die Errichtung und Selbstrechtfertigung des totalitären Staates ohne diese Voraussetzungen, ohne die modernen politischen und sozialen Entwicklungen nicht zu denken sind, die ihn in grundlegenden Zügen von den Formen der Diktatur und Autokratie früherer Jahrhunderte unterscheiden, so ist im Totalitarismus auch nicht mehr die vorübergehende Tyrannis eines einzelnen, sondern weit darüber hinausgehend die systematisch organisierte, alle Bereiche des Lebens erfassende Gewaltherrschaft einer praktisch unkontrollierbaren, allen Rechtsbindungen entzogenen Minderheit verwirklicht. Hier liegt der grundsätzliche Unterschied gegenüber der verfassungsgebundenen, konstitutionellen Herrschaftsform des demokratischen Rechtsstaats, der auf überschaubarer Verteilung der Macht, sich gegenseitig kontrollierender Gewaltenteilung und Verantwortung der Regierung gegenüber freigewählten Parlamenten und unabhängiger Verfassungsgerichtsbarkeit beruht und auch die Regierenden, die Machthaber, stets den Regeln des Rechts unterworfen hält. Der totale Staat kehrt dies Verhältnis um; er schafft sich ausdrücklich und bewußt nach dem Willen und den Herrschaftsbedürfnissen seiner Führung sein eigenes „Recht", das zum reinen Werkzeug unkontrollierbarer Herrschaft erklärt wird:[14] Der totalitäre Zweck steht als Staatsräson über allen sittlichen, natur- und menschenrechtlich oder religiös begründeten Rechtsvorstellungen.

Bedenkt man die Funktion der erklärt „parteilichen" Klassenjustiz im System der kommunistischen Machtpolitik, dann wird deutlich, daß kommunistische und faschistische bzw. nationalsozialistische Herrschaftsform in wesentlichen Grundmerkmalen

---

[13] Vgl. dazu die Skizze bei Sigmund Neumann (Anm. Einl./4), S. 6 ff.

[14] So besonders pointiert nach dem Blutbad vom 30. Juni 1934 auch juristisch begründet von Carl Schmitt, „Der Führer schützt das Recht", in: *DJZ* 1934, abgedr. in: *Positionen und Begriffe im Kampf mit Weimar – Genf – Versailles. 1923–1939*, Hamburg 1940, S. 199 ff.

ihrer totalitären Struktur und in der Funktion ihrer Herrschaftsmittel durchaus vergleichbar sind. Gewiß steht hier der Einwand, die kommunistische Theorie besitze dank ihrem marxistisch-philosophischen Ausgangspunkt ein intellektuell höheres Niveau, sie sei im Kern rationaler, in ihrer ursprünglichen Form auch demokratischer und humaner als der ideologisch so verworrene Machiavellismus der Nationalsozialisten. Doch schlägt dies unterscheidende Argument im Blick auf die konkrete totalitäre Erscheinungsform beider Bewegungen nicht durch, so betont es bis zur Gegenwart mit all den fragwürdigen Konsequenzen solcher Unterscheidungsversuche sowohl in der kommunistischen Antifaschismuspropaganda wie in gewissen halbfaschistischen Spielarten der Antikommunismuspropaganda vorgebracht wird — für die wiederum der nationalsozialistische Ansatzpunkt ungleich positiver zu bewerten ist als die kommunistischen Gewaltexperimente. Denn so entschieden die nach außen propagierten „idealen" Herrschaftsziele auseinandergehen mochten (Vor- und Weltherrschaft einer überlegenen Nation und Rasse für die einen, Weltdiktatur des internationalen Proletariats für die anderen), so verschieden ihre historischen Wurzeln und ihre theoretisch-ideologischen Vorläufer oder Klassiker sein mochten, so weitgehend gleichartig sind doch sowohl die negativen, antidemokratischen wie die „positiven", totalitären Hauptmerkmale der konkreten Herrschaftssysteme selbst, die sich allen unterschiedlichen Wurzeln, Theorien und Zielvorstellungen zum Trotz in Rußland, Italien, Deutschland und zuletzt im Rahmen der Volksdemokratien entwickelt und verwirklicht haben. Der Unterschied liegt nur darin, daß im faschistischen und nationalsozialistischen Falle der Diktator sich mit wesentlichen Teilen der bisher führenden Herrschaftsschichten in Wirtschaft und Bürokratie, Armee und Gesellschaft verbünden und so von vornherein ein höheres Prestige ausnützen konnte, dafür freilich auch auf scheinlegale Tarnung, auf Salonfähigkeit bedacht sein mußte.

Vor dem Hintergrund dieser Vorüberlegungen über die politischen, sozialen und geistigen Komponenten totalitärer Herrschaft kann eine erste allgemeine Bestimmung des Phänomens versucht werden. Sie geht von der Erkenntnis aus, daß zwar nicht die Entstehungsbedingungen, wohl aber die Ausbildung der Herrschaftstechnik in allen bisher bekannten Beispielen durchaus gleichartige Züge aufweist. Carl Joachim Friedrich hat diesen Sachverhalt auf sechs grundlegende Strukturmerkmale totalitärer Herrschaft zurückzuführen gesucht.[15]

1. An der Spitze steht eine einheitliche offizielle Ideologie, die sämtliche Denk- und Lebensbereiche zu erfassen, zu durchdringen und sie auf ein überschwengliches Zukunftsideal auszurichten, zu verpflichten oder auch (im Fall unvermeidlicher Schwierigkeiten oder allzu offensichtlicher Diskrepanz von Ideal und Wirklichkeit) zu vertrösten strebt.

2. Die Grundlage bildet die monopolartige Vorherrschaft einer einzigen, hierarchisch von oben gelenkten Partei unter einem herausgehobenen Führer, die nur einen kleinen Teil der Bevölkerung umfaßt und als Träger der Elite, als Kaderpartei von unbedingt zuverlässigen Anhängern zugleich mehr oder minder eng mit der Verwaltung und Beherrschung des Staates verschmilzt.

3. Unentbehrliches Herrschaftsmittel ist ein terroristisches Polizeisystem zur totalen Kontrolle von Gesellschaft, Staat und auch Partei, zugleich zur radikalen Bekämpfung feindlicher oder für feindlich erklärter Bevölkerungsgruppen wie Juden oder Klassenfeinde, in Verbindung damit ein System von Konzentrationslagern zur weiteren Abschreckung, Durchführung von Zwangsarbeit oder auch physischer Vernichtung aller potentiellen Gegner oder für mißliebig erklärten Menschengruppen.

4. Die Meinungs- und Stimmungslenkung der Bevölkerung besorgt ein mit allen Mitteln moderner Technik durchorganisierter Einsatz gleichgeschalteter Massenbeein-

---

[15] Friedrich (Anm. Einl./4), S. 9 f.

flussung, wie sie durch Presse, Rundfunk, Film und Propaganda im weitesten Sinne heute zur „Erfassung" auch des letzten Staatsbürgers möglich ist.

5. Sehr wesentlich zur machtpolitischen Sicherung der Herrschaft ist die unbeschränkte Verfügung über das militärische Potential und damit über die stärksten Gewaltmittel des Staates nach innen wie nach außen — entweder durch Aufbau einer gänzlich neuen Armee, wie im Fall der Roten Armee, oder durch möglichst weitgehende Gleichschaltung und Durchsetzung der alten Armee und den gleichzeitigen Ausbau von Parteiarmeen, wie im nationalsozialistischen Fall mit dem Ausbau der SS.

6. Eine überaus wichtige Rolle spielt schließlich auch die zentrale Kontrolle und Lenkung bzw. Planung der Wirtschaft; dies geschieht durch eine bürokratische Gleichschaltung ihrer verschiedenen Verbände und ihre Ausrichtung auf den totalen Primat der politischen Zwecke hin. Auch dies erfüllt eine doppelte Aufgabe: Es verschärft mit der zentralen Erfassung aller menschlichen Tätigkeiten im totalen Staat die Kontrolle über die Untertanen, und es garantiert gleichzeitig die rücksichtslose Mobilisierung des gesamten Potentials dieses Staates für die Herrschaftsziele der Machthaber.

Diese Bestimmung genügt freilich noch nicht ganz. Die Gesichtspunkte, die Franz Neumann in seinen nachgelassenen Bemerkungen zur Theorie der Diktatur [16] als konstituierende Merkmale totalitärer Herrschaft herausgestellt hat, sind zu Recht noch betonter auf die Gleichschaltung der Gesellschaft und also auf die Neuartigkeit der Führungs- und Kontrollelemente bezogen. Gewiß enthält das Phänomen des modernen Totalitarismus eine Reihe von Komponenten, die auch für die cäsaristische Diktatur wie für die absolute Monarchie zu einem gewissen Grad charakteristisch waren: Es verwandelt (1) den Rechtsstaat in einen Polizeistaat ohne Schutz des einzelnen gegenüber den Herrschaftsträgern, und es hebt (2) die Trennung der politischen Gewalten zugunsten einer Konzentration der Macht auf. Spezifisch und kennzeichnend für die totalitäre Diktatur ist jedoch (3) die Existenz einer einzigen Staatspartei, die erst die volle und bewegliche Kontrolle über die komplizierte, ausgedehnte moderne Massengesellschaft verbürgt. Daraus ergibt sich zugleich (4), daß der moderne Totalitarismus nicht nur in vielen Fällen aus dem Zusammenbruch der Demokratie erwächst, sondern, wie es diese Entstehungsbedingungen und zugleich das allgemeine Signum des massendemokratischen Zeitalters, der Siegeszug des demokratischen Gedankens ihm vorschreiben, nicht mehr als klassischer Staatsstreich, sondern in scheindemokratischen Formen an die Macht kommt, seine Herrschaft hinter der Fassade demokratischer Zustimmung und plebiszitärer Akklamation ausbaut und ausübt. Totalitäre Diktatur ist gezwungen (wie man es ausgedrückt hat), [17] den Ritus der Demokratie zu praktizieren, obwohl sie deren Substanz total verneint. Dasselbe geschieht auch (5) im Hinblick auf die Gleichschaltung der Gesellschaft. Die Beseitigung des sozialen Pluralismus ist das Gegenstück und die Ergänzung zur verfassungspolitischen Beseitigung der Gewaltenteilung. Denn im Unterschied zum demokratischen Rechtsstaat wie zur alten Diktatur ist die totalitäre Herrschaft weit über die bloße Konzentrierung der Staatsmacht hinaus auf die volle Erfassung und Gleichschaltung der Gesellschaft, des Menschen in all seinen möglichen gesellschaftlichen Funktionen hingewiesen. Dem dient der Einsatz folgender Herrschaftsmittel:

Das Führerprinzip im Sinne der Führung von oben und der Verantwortung nach oben statt nach unten; die „Synchronisierung" aller sozialen Organisationen, nicht nur zum Zwecke ihrer Kontrolle, sondern im Sinne ihrer Dienstbarmachung für die Zwecke des Staates; die Schaffung einer Parteielite innerhalb und neben der staat-

---

[16] Franz Neumann, "Notes on the Theory of Dictatorship", in: ders., *The Democratic and the Authoritarian State. Essays in Political and Legal Theory*, ed. Herbert Marcuse, Glencoe (Ill.) 1957, S. 244 f.

[17] *Ebda.*

lichen Bürokratie, die zugleich die Kontrolle der Massen von innen und ihre Manipulierung von außen verbürgt; die Atomisierung und Isolierung des Individuums durch eine Schwächung oder Zerstörung der natürlichen sozialen Gruppierungen und Bindungen (Familie, Tradition, Religion, Berufs- und Kulturgemeinschaft) und durch eine Aufzwingung riesiger, undifferenzierter Massenorganisationen, die den Einzelmenschen isoliert und lenksam machen; die Verwandlung von Kultur in Propaganda, von geistigen Werten in verkäufliche Gebrauchsware.

Nimmt man diese Bestimmungen zusammen, so wird sowohl die terroristische wie die manipulatorische Komponente aller totalitären Herrschaftsgestaltung deutlich; vor allem aber die Tatsache, daß Totalitarismus weder einfach als ein Gewaltregime definiert, noch daß er allein von der Funktion des Staates her begriffen werden kann. Nicht die absolute Scheidung von Herrschern und Beherrschten, sondern ein ständig neu manipuliertes System pseudoplebiszitärer, pseudolegaler Zustimmung, und nicht einfach eine Vereinheitlichung und Verschärfung des Staatswillens, sondern seine Ausdehnung in die gesellschaftlichen und privaten Sphären und deren fortschreitende, einheitlich ausgerichtete „Politisierung" im Sinne des diktatorischen Autoritätsstaates machen das Wesen der totalitären Herrschaftsordnung aus. Hier, in der Manipulierung von Staat und Gesellschaft zugleich liegen denn auch die tiefsten Unterschiede sowohl zum autokratischen Absolutismus oder Cäsarismus früherer Prägung wie zum bloß autoritären Staat, der auch unter den Bedingungen des 20. Jahrhunderts noch in der Mitte zwischen den beiden Herrschaftsformen — monarchischem Absolutismus und pseudodemokratischem Totalitarismus — stehenbleibt.

Vor allem aber stehen Gedanke und Wirklichkeit des totalen Staates im Banne jenes Zwangs zur fortwährend gesteigerten, immer neue Bereiche ergreifenden Dynamik, den man im Anschluß an die frühsowjetische Herrschaftsdoktrin treffend in den scheinbar paradoxen Begriff der „permanenten Revolution" gefaßt hat.[18] Als Kernprinzip jeder totalitären Herrschaft verstanden, bedient sich der Zwang zur unbegrenzten, unbegrenzbaren Expansion nach innen und außen aller greifbaren Unruhe- und Gärungselemente der modernen Gesellschaft, um sie dann nach dem Einsatz für die eigene Machtpolitik bedenkenlos zu unterdrücken und sich neuen Bewegungskräften zuzuwenden. Der eingangs gekennzeichnete Doppelaspekt der nationalsozialistischen Machtergreifung löst sich zu einheitlicher Beurteilung des Phänomens, wenn man mit Sigmund Neumann das erste Anliegen totalitärer Herrschaft in dem Bestreben erkennt, die Revolution zum Dauerzustand und zur Institution zu erheben. Das schließt nicht aus, daß Träger und Objekte dieser permanenten Revolution wechseln, daß nach der ersten Machtergreifung — wie schon im Sommer 1933, dann wieder ein Jahr später — emphatisch das „Ende der Revolution" erklärt wird: Es verlagern sich nur die Schwerpunkte und Hilfsmittel der revolutionären Dynamik, es wechseln die Begriffe und Schlagworte, und neue Bewegungselemente treten an die Stelle der alten, die inzwischen entweder eingeschmolzen und institutionalisiert oder abgestoßen und unterdrückt sind. Tatsächlich wird in dieser Tendenz zur immer neuen Institutionalisierung einer gleichwohl bewußt perpetuierten Umsturz- und Revolutionssituation der Unterschied zwischen der älteren, persongebundenen Diktatur und dem modernen, kollektiven Totalitarismus am deutlichsten sichtbar. Die Analyse Sigmund Neumanns stellt dementsprechend fünf grundlegende Elemente der modernen totalitären Diktatur heraus,[19] die mit verschiedener Betonung und Funktion die Struktur der Herrschaft und die Ausübung der Macht tragen: das Versprechen wirtschaftlicher und sozialer Sicherheit im weitesten, das ganze Leben umfassenden Sinne einer neuen Gesellschaft der „Ordnung"; der Primat der Aktion vor dem Programm; die quasidemo-

---

[18] Sigmund Neumann (Anm. Einl./4), S. VIII f.
[19] A. a. O., S. 36 ff.

kratische Begründung der Herrschaft durch „legale" Machtergreifung und plebiszitäre Akklamationsformen; eine an kriegerischen Werten orientierte Massenpsychologie und Propaganda; schließlich das Führerprinzip mit dem Anspruch auf absolute Unfehlbarkeit der aller Kontrolle enthobenen, selbstverantwortlichen Ordnungshierarchie der totalitären Diktatur.

Es bedarf keiner Versicherung, daß mit diesen allgemeinen Bemerkungen und an dieser Stelle nur die wichtigsten Grundmerkmale einer totalitären Herrschaftsform angedeutet werden: Merkmale, die sie zugleich von allen früheren Formen der Diktatur oder des Absolutismus grundlegend unterscheiden und zu einem eigenen Phänomen unseres Zeitalters machen. Wollte man es unternehmen, von daher Erscheinung und Wesen nationalsozialistischer, faschistischer und kommunistischer Herrschaftstechnik gleichermaßen und vergleichend zu beschreiben, so könnte man auch in der Differenzierung die Zahl der gemeinsamen Merkmale fast unendlich erweitern und den in der Praxis überraschend einheitlichen Charakter totalitärer Herrschaft noch deutlicher herausarbeiten.

Aber nicht dieser Weg systematischer Analyse soll hier beschritten werden. Die vorliegende Studie setzt sich die Aufgabe, den nationalsozialistischen Fall dieser Erscheinung in jener ersten Phase zu analysieren, die unter dem Schlagwort der „Machtergreifung" den Vorgang und die Stufen eines totalitären Herrschaftssystems bis zu seiner endgültigen Konsolidierung begreift: die Ausprägung des Totalitarismus also in einem bestimmten Land, unter bestimmten Bedingungen und in einem ganz bestimmten Stadium der Entstehung und ersten Verfestigung. Bei einer solchen Betrachtung treten nun freilich auch die Besonderheiten zutage, das Abweichende und Untypische, das jede Ausprägung totalitärer Herrschaft im Rahmen der skizzierten Gemeinsamkeiten kennzeichnet. Schon die Entstehungsbedingungen können recht verschieden sein. Der deutsche Fall ist vom italienischen oder vom russischen in dieser Beziehung deutlich zu trennen: Wie auch der Faschismus ohne den Duce nicht unvermeidlich, wesentlich „Mussolinismus" war,[20] so gehören zum Aufstieg des Nationalsozialismus als eigenbestimmende Faktoren Persönlichkeit und Auftreten Hitlers, das spezifische Gesicht des nationalsozialistischen Führungskorps,[21] die Schwäche der demokratischen Tradition und ihre besonderen Ursachen in Deutschland, geschichtlich und soziologisch bestimmte ideologische Anfälligkeiten der deutschen Staatstradition, schließlich Versailles und die Dauerkrise der Weimarer Republik, die spezifischen Wirkungen der Wirtschaftskrise in einem besonders hoch industrialisierten, gesellschaftlich komplexen, konfessionell zerspaltenen und zugleich von starken feudalistisch-traditionalistischen Restbeständen bestimmten Land und nicht zuletzt die allgemeine Furcht vor dem Kommunismus in seiner deutschen Ausprägung. Dies waren Antriebe, die vom italienischen oder gar vom russischen Fall recht verschieden waren und auch dem weiteren Charakter der deutschen Version des Totalitarismus seine besondere Ausprägung gegeben haben.

Mit der Frage nach den politischen, sozialen und geistigen Strömungen, die den Nationalsozialismus vorbereitet und seinen Aufstieg in der Weimarer Zeit getragen haben, begibt man sich freilich auf ein noch immer vielfach umkämpftes Feld, das von Vorurteilen, Hypothesen, Erklärungsversuchen aller Art überwuchert ist. Wie sehr die Erhellung zeitgeschichtlicher Ursachen- und Funktionszusammenhänge der Unterstützung durch soziologische und ökonomische, durch geistesgeschichtliche und psychologische Analyse bedarf, zeigt ein Blick auf die ebenso zahlreichen wie heterogenen Deutungsversuche, die eine Antwort auf die Frage nach den Voraussetzungen des

---

[20] *A. a. O.*, S. 21.
[21] Dazu als gründliche Modelluntersuchung, allerdings auf die SS zugeschnitten, das Buch von François Bayle, *Psychologie et Éthique du National-Socialisme. Étude Anthropologique des Dirigeants SS*, Paris 1953.

Nationalsozialismus zu geben versucht haben. Dafür vorweg nur ein Beispiel. In einem von der UNESCO veranstalteten Sammelwerk haben sich vor einigen Jahren englische, amerikanische, französische und deutsche Forscher mit dem Problem beschäftigt. [22] Dies reichhaltige, aber recht unterschiedlich akzentuierte Werk gibt einen nachhaltigen Eindruck von den methodischen wie interpretatorischen Differenzen, die das wissenschaftliche Bemühen um Beschreibung und Deutung des Nationalsozialismus noch heute kennzeichnen. Charakteristisch dafür erscheinen die beiden Aufsätze, in denen sich ein deutscher und ein französischer Kenner des Gegenstandes mit den historischen und geistigen Grundlagen des Phänomens auseinandersetzen. [23] Während Vermeil in einem geistesgeschichtlichen Abriß die Entwicklungslinien eines deutschen Nationalismus von der mittelalterlichen Reichsidee über den Patriotismus des Reformationszeitalters bis hin zur Ausbildung einer modernen Nationalismus-Ideologie mit ihren Übersteigerungen im Pangermanismus, Imperialismus und völkischen Antisemitismus zieht, also im Nationalsozialismus das spezifische Endergebnis einer zum totalen Herrschaftsanspruch übersteigerten deutschen Nationalismus-Ideologie erblickt, betont Ritter mit Nachdruck die bedeutungslosen Anfänge des Nationalsozialismus, dessen Aufstieg nach seiner Meinung nur auf dem Hintergrund einer allgemeinen europäischen Krise und im Rahmen der gleichzeitigen Diktaturerscheinungen in anderen Ländern zu verstehen ist; im übrigen erscheint Deutschland in dieser Schau als innerlich weitgehend unvorbereitet für die Vorgänge, die zur Machtstellung und dann zur Machtergreifung des Nationalsozialismus geführt haben.

Diese beiden Grundlagendiskussionen sind in ihrer gegenseitigen Widersprüchlichkeit geradezu Modellfälle für die Breite und Vielschichtigkeit des Interpretationsraums, in dem sich das Bemühen um Aufhellung des nationalsozialistischen Aufstiegs bewegt. [24] Es ist geschichtlich richtig, daß der Nationalsozialismus erst nach dem Katastropheneinschnitt von 1918 und sehr wesentlich als Reaktion auf seine Begleiterscheinungen und Folgen politisch wirksame und parteiorganisatorisch verankerte Gestalt gewonnen hat. Und gewiß vermochte er erst im Verfolg der sozialen Erschütterungen der Inflation zu politischer Aktionsfähigkeit größeren Stils und erst mit dem Einbruch der Weltwirtschaftskrise zu einer umfassenden Massen- und Sammelbewegung von politisch bestimmendem Gewicht durchzustoßen. Die gespannten Verhältnisse der Kriegs- und Nachkriegsjahre und die Position der Weimarer Republik in der krisenerschütterten europäischen Gesellschafts- und Staatenwelt haben den Strömungen wesentlichen Auftrieb vermittelt, in deren Bereich und Schutz sich erst der Aufstieg des Nationalsozialismus vollziehen konnte.

Aber nicht minder wichtig bleibt doch die ergänzende Einsicht, daß jene politischen und ideologischen Strömungen, die zu Beginn und besonders dann in der Endphase der Weimarer Republik ihre politische Verdichtung und Sprengkraft erhielten, auf bedeutsamen Voraussetzungen vorrepublikanischer Prägung beruhten; sie wurden nun teils in einfacher Anknüpfung aufgenommen, teils unter neuen Vorzeichen wesentlich elaboriert, teils auch nur taktisch vorgeschoben und gänzlich andersartigen Zielen dienstbar gemacht. So ist es auch in diesem Fall das für die geschichtliche Dynamik so

[22] The Third Reich, London 1955; ein Teil der folgenden Gedankengänge wurde vom Verf. bei den Hessischen Hochschulwochen für staatswissenschaftliche Fortbildung vorgetragen und u. d. T. Der Aufstieg des Nationalsozialismus als Problem der Zeitgeschichte 1958 als Manuskript gedruckt.

[23] Gerhard Ritter, "The Historical Foundations of the Rise of National-Socialism", in: The Third Reich, a. a. O., S. 381 ff.; Edmond Vermeil, "The Origin, Nature and Development of German Nationalist Ideology in the 19th and 20th Centuries", a. a. O., S. 3 ff.

[24] Dazu noch an wichtigen neueren Analysen Jean Neurohr, Der Mythos vom Dritten Reich. Zur Geistesgeschichte des Nationalsozialismus, Stuttgart 1957; Klemens v. Klemperer, Germany's New Conservativism, Princeton 1957; Walter Bußmann, „Politische Ideologien zwischen Monarchie und Weimarer Republik", in: HZ 190 (1960), S. 55 ff.

charakteristische Zusammentreffen lange gewachsener Bewußtseinsströmungen mit einer spezifischen politischen und sozialen Realsituation, das erst die geschichtlich wirksame Steigerung solcher Tendenzen herbeigeführt hat; es hat sie gleichsam aus einer latenten Potentialität in die konkrete Aktualität gehoben und vor allem jene Anfälligkeit verschiedenster Bevölkerungs-, Besitz- und Bildungsschichten verschärft, die schließlich die Machtergreifung und unbestrittene Herrschaftsausübung einer militanten Minderheit möglich gemacht hat. Denn es bleibt doch das entscheidende Kennzeichen des Aufstiegs des Nationalsozialismus, daß die Gegenkräfte allen Wahlziffern zum Trotz schon zu einem Zeitpunkt erlahmten, als selbst die nominellen Parteigenossen und Mitläufer des Nationalsozialismus nur eine mäßige Minderheit bildeten – wie 1929/ 1930 –, und daß auch die eigentliche Machtergreifung von 1933 sich nur mittels einer ebenso geschickten wie skrupellosen Ausnützung der inneren Unsicherheit nicht-nationalsozialistischer Bevölkerungskreise vollziehen konnte.

Aus solchen allgemeinen Vorüberlegungen ergeben sich drei Folgerungen, von denen diese einleitende Betrachtung ausgehen kann:

1. Die vieldeutigen Strömungen, deren sich der Nationalsozialismus bei seinem Aufstieg bedienen konnte, besaßen offenbar eine psychologische Breitenwirkung und zugleich eine geschichtliche Verankerung, ohne die ihre Anziehungskraft auf die verschiedensten Schichten und Gruppen, zugleich deren Anfälligkeit oder Wehrlosigkeit den nationalsozialistischen Herrschaftskonzeptionen gegenüber nicht erklärbar wären.

2. Die weitere Entfaltung und politische Umsetzung dieser Strömungen erscheinen jedoch gebunden an die Auseinandersetzung mit einer konkreten geschichtlichen Situation, d. h. der Epoche nach einem verlorenen Krieg und dem Experiment einer parlamentarischen Republik in Deutschland.

3. Der Nationalsozialismus entstand zu einem Zeitpunkt und mit einer Blickrichtung, die dieser Konstellation, diesem Zusammentreffen bestimmter ideologischer Traditionsstränge mit heftigen sozialen Reaktionsweisen eine ungeahnte politische Dynamik verliehen; zugleich hat er sie erfolgreich für eigene Zwecke zu manipulieren verstanden, die von ihren Anfangspunkten und ihrem ursprünglichen Gehalt weit entfernt waren.

Im Sinne dieser dreifachen Fragestellung – nach der ideologischen Einbettung, dem politisch-sozialen Aktionsraum und der Manipulationstaktik des Nationalsozialismus – erscheint sein Aufstieg nicht zuletzt auch als ein bedeutsames zeitgeschichtliches Beispiel für die Art und Weise, wie allgemeine historische Möglichkeiten unter bestimmten konkreten Bedingungen in die politische Wirklichkeit umgesetzt werden.

4. Strukturkrise der deutschen Demokratie

Das politische Milieu und die sozialen Antriebe, die Entstehung und Aufstieg des Nationalsozialismus ermöglicht haben, widerstreben einer einfachen Definitionsformel. Sie sind so kompliziert wie die Entstehungs- und Lebensbedingungen der Weimarer Republik selbst. An ihrem Beginn stand ein unerwartet verlorener Krieg, der propagandistisch mit so siegesgewisser Intensität durchgehalten worden war, daß sein unbegreiflicher Verlust sogleich mit dem Entstehen einer Dolchstoßlegende beantwortet wurde; die ersten tastenden Schritte der davon betroffenen parlamentarisch-republikanischen Neuordnung wurden durch eine von der Mehrheit nicht gewollte, eigentlich fast zufällige Revolution diktiert. Die außenpolitische Situation war, auch in der Folge, von bestürzender Problematik, und es erscheint bezeichnend, daß die vernehmlichste Einigungsparole, der sichtbarste Integrationspunkt im zersplitterten politischen Leben von einem Negativum bestimmt war: von der einhelligen Empörung über den Versailler Vertrag, dessen massenpsychologische Wirkungen noch schwerer wogen als die materiellen Belastungen. Mit der Propagandawirkung dieses nie akzeptierten „Friedens" mußten auch *die* Parteien und Politiker rechnen, die sich unter dem Druck der Verhältnisse und in realpolitischer Einsicht für seine Annahme geopfert hatten.

Nicht minder erschwerend wirkte die nur teilweise begründete Furcht vor bolschewistischen Umsturzversuchen, die Eberts waffenlose Revolutionsregierung nicht nur zum Bündnis mit der alten Armee, sondern auch zur Beschwörung nicht-republikanischer Gegenkräfte, zur Duldung und Förderung von Freikorps und Selbstschutzbewegungen und in der Folge zu ständig wechselnden Kompromissen und Notlösungen auch im außerparlamentarischen Bereich gezwungen hatte. Die innere Dauerkrise der jungen Republik spitzte sich dann erneut zu, als die Folgewirkungen des Krieges, der Friedensbestimmungen und einer zögernden Wirtschafts- und Finanzpolitik in der sozialen Krise der Inflation gipfelten, und schließlich schien nach allzu kurzen Jahren der Erholung der Einbruch der Weltwirtschaftskrise die Ausweglosigkeit der 1918 angebahnten Entwicklung und also die Ohnmacht der parlamentarischen Demokratie selbst endgültig zu bestätigen. [25]

Es ging hierbei nicht um einzelne Mängel institutioneller oder auch personeller Art, sondern um psychische Neigungen und eine Anfälligkeit für politische Ressentiments, die sich von den realen Gegebenheiten trotzig distanzierten und oft genug das Verhältnis von Ursache und Wirkung verkehrten. Denn neben der erbitterten Kritik an 'den ehemaligen Feindstaaten war die politisch entscheidende Folgerung, die die „öffentliche Meinung" aus den Eindrücken und Geschehnissen dieser Krisenjahre zog, nicht so sehr eine Auseinandersetzung mit den eigenen geschichtlichen Voraussetzungen der deutschen Zwangslage als vielmehr eine Wendung gegen das neue „System", gegen parlamentarische Demokratie und internationale Kooperation. Man kann diesen so schwerwiegenden wie folgenreichen Kurzschluß – gleichsam nicht den kaiserlichen Erblasser, sondern den republikanischen Erbverwalter für eine enttäuschende und belastende Erbschaft verantwortlich zu machen – keinesfalls aus tatsächlichen oder vorgeblichen Konstruktionsfehlern der Weimarer Republik und ihrer Verfassung erklären. Man hat den Gedanken der Demokratie treffend eine „schwere Ideologie" genannt [26] und damit ausgedrückt, daß autoritäre oder diktatorische Herrschaftsformen dem ordnungs- und schutzbedürftigen Bürger einleuchtender erscheinen als das komplizierte Kompromiß- und Kooperationssystem parlamentarischer Demokratien. Im deutschen Fall waren hier zudem vorgeprägte Gefühls- und Ideologiekräfte am Werk, die teils zurück zur Restauration des monarchischen Obrigkeitsstaates wilhelminischer Prägung, teils voraus zur Weiterentwicklung autoritäts- und diktaturstaatlicher Tendenzen drängten. Gewiß war dem äußeren „Feind", der die harten Bedingungen des Friedensvertrages diktiert hatte, viel Unverständnis und Unbeweglichkeit vorzuwerfen. Aber unendlich bedeutungsvoller erscheint doch die Wendung nach innen, die alle Kritik an den politischen und sozialen Schwierigkeiten der Nachkriegsjahre sogleich genommen hat. Hier lagen die Einsatzstellen für die radikale „Staatsopposition" einer militanten, parlamentsfeindlichen Minderheit, die auch als zersplitterte Sektenbewegung schon früh mit der Sympathie oder Lethargie weiter Bevölkerungskreise rechnen, bald eine Reihe bedrohlicher Putschversuche auslösen und schließlich im Zeichen neuer Kriseneinbrüche eine umfassende Sammelbewegung neuen Stils organisieren und bis zur kalten Revolution von 1933 führen konnte.

[25] Vgl. zum Folgenden Erich Eyck, *Geschichte der Weimarer Republik*, 2 Bde., Erlenbach – Zürich – Stuttgart 1954–56; K. D. Bracher, *Die Auflösung der Weimarer Republik. Eine Studie zum Problem des Machtverfalls in der Demokratie (Schriften des Instituts für politische Wissenschaft*, Bd. 4), 3. Aufl., Stuttgart–Düsseldorf 1960; ders., „Weimar, Erfahrung und Gefahr", in: *Die Politische Meinung* 2, H. 15 (August 1957), S. 35. ff.; ders., „Zum Verständnis der Weimarer Republik", in: *Politische Literatur* 1 (1952), Heft 2 und 3.

[26] Eva Gabriele Reichmann, *Die Flucht in den Haß. Die Ursachen der deutschen Judenkatastrophe*, Frankfurt/M. 1956, S. 129 ff. (Titel des amerikanischen Orig.: *Hostages of Civilisation*).

Hat also wirklich schon die Entstehung der Weimarer Republik und ihre erste Prägung durch nachträglich fast zwangsläufig erscheinende Faktoren der weiteren Entwicklung ihre Richtung und ihre Grenzen gesetzt? Für die erste kritisch fundierte Darstellung dieser Geschichte aus der Feder des linkssozialistischen Historikers Arthur Rosenberg[27] ergab sich eine geradezu deterministisch fixierte Entwicklungslinie von der mißglückten Gründung der Republik nach einer „versäumten" Revolution im sozialistischen Sinne bis zu ihrem unvermeidlichen „gegenrevolutionären" Sturz, und auch eine weniger zugespitzte Betrachtung der Auflösungserscheinungen im einzelnen kann nicht umhin, die frühen und tiefverwurzelten Ansätze, das lähmende Gewicht eines fast kontinuierlichen Zerfallsprozesses anzuerkennen. Man neigt heute sogar dazu, in der Weimarer Republik überhaupt keinen geschichtlichen Neuanfang, sondern ein schmerzhaftes, durch eine letzte Katastrophe jäh beendetes Abklingen der wilhelminischen Epoche zu erblicken[28] und ihre tragenden Parteien und Politiker als „geformt und durchtränkt von dem Geist des Kaiserreichs" zu deuten.[29] Man hat dazu auch mit einem gewissen Recht auf die resignierenden Schlußfolgerungen in den Memoiren führender Weimarer Staatsmänner wie Otto Braun, Severing, Brüning hingewiesen, die letztlich auf den Ton unausweichlichen Verhängnisses gestimmt sind.[30]

In der Tat kann man das Dilemma der ersten deutschen Republik auf eine Reihe geschichtlich-politischer Grundtatsachen zurückführen, deren scheinbar logische Verkettung einer echten Handlungs- und Entscheidungsfreiheit der Weimarer Politik, einer Selbstverwirklichung der von der Weimarer Nationalversammlung gesetzten parlamentarischen Demokratie gegenüber ihren Feinden enge Grenzen gesteckt hat. Der neue Staat ruhte machtpolitisch auf einer Reihe von kaum ausgereiften, überstürzt forcierten Scheinkompromissen zwischen Altem und Neuem: zwischen kaiserlicher Armee und Revolutionsregierung, zwischen auf Bewahrung bedachten Arbeitgebern und dem gesteigerten Kraftbewußtsein der Gewerkschaften, zwischen föderalistischen und zentralistischen Tendenzen, zwischen wenig beweglichen, nach Tradition, „Weltanschauung" und Interessenbindung scharf voneinander getrennten Parteien. Eine Bevölkerungsmehrheit hatte diesen schwachen Notbau – wie sich schon bei den ersten Parlamentswahlen nach Verabschiedung der Verfassung erwies – nur widerwillig und unter dem Zwang der Verhältnisse hingenommen; die staats- und herrschaftsbildenden Kompromisse der Machtträger zeigten sich wenig dauerhaft; und die von der Umwälzung betroffenen Gegner auf der Rechten und Linken vermochten ihre prinzipielle Obstruktionshaltung schon nach wenigen Wochen zur staatsbedrohenden Kampfansage zu verschärfen. Die Republik von Weimar fand sich von Anfang an in eine Abwehrstellung gedrängt, die in der Folge durch eine kaum begreifliche Nachsicht gegenüber den erklärten Gegnern, mehr noch durch die Tatsache geschwächt war, daß die Demokratie mit einem vom obrigkeitlichen Verwaltungsstaat geprägten Ordnungs- und Autoritätsbedürfnis rechnen mußte, das sie nicht hinreichend zu befriedigen vermochte. Grundzug der Problematik war also, daß eine labile Bewußtseinsstruktur einer nicht minder labilen institutionellen Machtstruktur begegnete. Die wesentlichen Bereiche und Stationen dieser negativen Begegnung bezeichnen zugleich die wichtigsten Glieder in der Kette der Ursachen, die den Aufstieg des Nationalsozialismus wenn nicht besiegelt, so doch möglich gemacht haben.

---

[27] Erschienen Karlsbad 1935. Jetzt Neuaufl. u. d. T.: Arthur Rosenberg, *Entstehung und Geschichte der Weimarer Republik*, Frankfurt/M. 1955.

[28] Theodor Eschenburg, *Die improvisierte Demokratie der Weimarer Republik*, Laupheim o. J. [1954].

[29] Michael Freund, „Geschichte ohne Distanz", in: *Deutscher Geist zwischen gestern und morgen. Bilanz der kulturellen Entwicklung seit 1945*, hrsgg. von Joachim Moras und Hans Paeschke, Stuttgart 1954, S. 316.

[30] Dazu K. D. Bracher, „Die Weimarer Republik im Spiegel der Memoiren-Literatur", in: *Politische Literatur* 2 (1953), H. 9, S. 339 ff.

Das Verharren in einer den neuen Formen widersprechenden Tradition des autoritären Obrigkeitsstaates manifestierte sich auch an der zentralen Stelle demokratischer Politik, nämlich in der fortdauernden Schwäche und raschen weiteren Entmachtung der parlamentarischen Regierungspraxis. Es spiegelte sich in dem raschen und nur vorübergehend aufgehaltenen Rückgang der demokratischen Wählerstimmen wider und wurde schließlich durch einen vom Hindenburg-Mythos getragenen Drang zum Präsidialsystem erneut aktiviert; einen Drang zu einem Ersatzkaisertum gleichsam, in dem sich wilhelminisch-autoritäre und national-diktatorische Bedürfnisse verbanden. Dahinter stand ein Mangel an Willen zur politischen Kooperation, der sich besonders auf parlamentarischer Ebene als Koalitionsunfähigkeit der Parteien und Zersplitterung auch der demokratischen Gruppen auswirkte. Die Folge war, daß nicht nur eine verläßliche Regierungsmehrheit, sondern auch eine konstruktive parlamentarische Opposition fehlte. Statt dessen wuchs die Staatsopposition, d. h. eine Front prinzipiell republikfeindlicher Gruppen, die sich mit dem Aufstieg totalitär-staatlich gerichteter Massenbewegungen zur Linken wie besonders dann zur Rechten des Parteienfeldes gewaltig erweiterte und schließlich eine arbeitsfähige Mehrheitsbildung endgültig blockiert, die integrierende Mitte zerrieben hat. Die Weimarer Republik war nach einem zeitgenössischen Bild wie eine Kerze, die an beiden Enden brannte; vom Radikalismus der Rechten wie der Linken gleichzeitig verzehrt, fiel ihr eingeschrumpfter Rest dann freilich nicht den überschätzten kommunistischen Aspirationen, sondern der aufflammenden Dynamik des nationalsozialistischen Totalanspruchs zum Opfer. Vorbereitend und Hand in Hand damit ging eine hektische Aktivität von militanten Bünden und Kampfverbänden im außerparlamentarischen, antidemokratischen Sinne, gleichsam eine „Militarisierung" des politisch-gesellschaftlichen Raums; auch die Ära der Massenaufmärsche begann mit Freikorps, Stahlhelm und SA schon in den Frühjahren der Weimarer Zeit; sie erfaßten Hunderttausende von disziplin- und autoritätsbedürftigen Bürgern und vor allem die Jugend, ohne daß republikeigene Gegenbestrebungen etwa in Gestalt des Reichsbanners Schwarz-Rot-Gold diese Entwicklung zum militarisierten Autoritätsstaat hin abzufangen oder aufzuhalten vermochten.

Ideologisch lebten solche Neigungen von einer terroristischen Machtphilosophie, für die alle Politik urbarbarisch im Gegensatz Freund–Feind begründet war; im Sinne dieser pseudojuristisch verkleideten Lehre Carl Schmitts [31] lag es, daß eine ausgedehnte weimarfeindliche Publizistik das Wesen des Politischen im gnadenlosen Kampf, in der Gewalt, im Recht des Stärkeren begründete und das Toleranzprinzip, den Kooperations- und Kompromißgedanken der Demokratie verächtlich abwertete. Solche Philosophie des Terrors, die den Gegner zum absoluten Feind übersteigert, erhielt ihre Wirkungs- und Sprengkraft durch die Anfälligkeit der wirtschaftlich und sozial bedrängten Mittelschichten gegenüber einer demagogischen Simplifizierung politischer Probleme, die den autoritären oder totalen Staat als Lösung aller Schwierigkeiten anbot; auch hier die Neigung zur Aufgabe des Selbstbestimmungs- und Selbstgestaltungsrechts zugunsten einer vermeintlichen Geborgenheit im Führerkult und im Schoß einer pseudoreligiös verklärten Volksgemeinschaft nationalistischer und schließlich nationalsozialistischer Prägung, in der man unter dem Druck der sozialen und wirtschaftlichen Krisen Schutz vor dem überspannten Antagonismus und der schwer durchschaubaren Aktivität politischer und ökonomischer Interessengruppen suchte. Der Ruf nach der Ordnung der Diktatur war Ausdruck eines Glaubens- und Autori-

---

[31] Besonders in Carl Schmitts Schrift *Der Begriff des Politischen*, München – Leipzig 1932, S. 14, mit der Formulierung, die in der ursprünglichen Fassung von 1927 noch nicht enthalten war: „Die spezifisch politische Unterscheidung, auf welche sich die politischen Handlungen und Motive zurückführen lassen, ist die Unterscheidung von Freund und Feind."

tätsbedürfnisses, das in den Krisen der Anfangsjahre und besonders gegen Ende der Weimarer Republik tatsächlich auch jenseits der bloßen Wahlziffern einen sehr großen Teil der deutschen Bevölkerung erfaßt hatte.

Dieser Prozeß der Aushöhlung der demokratischen Staatsordnung und der Bewahrung und Neubelebung obrigkeits-, autoritäts- und diktaturstaatlicher Bedürfnisse ist freilich auch vom Staatsapparat her gefördert worden: nicht zuletzt durch den zwiespältigen „Neutralismus" einer staatlichen Bürokratie, die doch Rückgrat und Stütze der demokratischen Exekutive sein sollte, in Wirklichkeit jedoch dieser Republik weithin mißtrauisch gegenüberstand; wie sie sich 1918 nur äußerlich den neuen Verhältnissen angepaßt hatte, so ließ sie sich 1933 im wesentlichen auch mühelos gleichschalten, nicht nur aus Furcht, Opportunismus oder falsch verstandener Legalitätsbindung, sondern zugleich aus Mißvergnügen gegenüber einer Demokratie, die den hierarchisch-autoritären Staatsaufbau vermissen ließ, jenen fiktiven „Staat über den Parteien", der ihre besondere Stellung gemäß der Prestige-Tradition des deutschen Beamtentums gesichert hätte. Das von Arnold Brecht beschriebene Phänomen der „bürokratischen Sabotage",[32] das auch politisch so überaus bedeutsam sein kann, hat sich jedenfalls eher gegen die Weimarer Republik als dann gegen ihre autoritären Überwinder ausgewirkt, so sehr hier im Sinne der These Herbert v. Borchs später auch mögliche Ansatzpunkte für eine Opposition gegen die nationalsozialistische Herrschaft liegen mochten.[33]

Ein solcher Überblick wäre unvollständig ohne einen Hinweis auf die eigenwillige, autonomistische Sonderpolitik der Reichswehr in der Weimarer Republik. Es liegt im Wesen einer Wehrmacht, daß sie mehr noch als die Bürokratie auf strikte Befehlsstruktur gegründet ist und demgemäß zu autoritären Ordnungsvorstellungen auch im politischen Bereich neigt. Im Fall der Weimarer Reichswehr war diese Tendenz noch verstärkt: einmal durch eine fast ungebrochen übernommene monarchische Militärtradition, und zum anderen durch den Charakter des Berufs- und Eliteheers, den die Beschränkungen des Versailler Vertrags der Reichswehr auferlegten. Die Folge war ein stetes Mißtrauen gegen den demokratischen Staat, gepaart mit einer Neigung zur Abschließung nach außen und zur absoluten, widerspruchslosen Geschlossenheit nach innen. Es mußte unter diesen Umständen alles auf die Führung und den Einsatz einer solchen Truppe ankommen. Daß diese Führung zunächst unter Seeckt in einer bewußten und selbstbewußten Distanz zur zivilen Gewalt gehalten wurde, in der Staatskrise seit 1930 dann erneut zur politischen Eigenmacht aufstieg und sich schließlich mit Blomberg dem nationalsozialistischen Staat willig zur Verfügung stellte, nachdem sie der Republik immer nur mit Reserve gegenübergestanden hatte: das machte ihre Rolle im Auflösungsprozeß des Weimarer Staates so problematisch und zugleich bedeutsam. Auch hier liegt freilich zugleich ein Versagen der politischen Führung vor, insofern die zivilen Machtträger der Republik mangels einer konstruktiven Wehrpolitik die Reichswehr in jener Atmosphäre des Mißtrauens ließen, sie nicht zur selbstverständlichen Unterordnung oder doch ehrlichen Zusammenarbeit zwangen und sich mit der Entwicklung eines „Staats im Staate" abfanden.[34]

Auch die beiden Parteien, die im Rahmen dieser Entwicklung den politischen Radikalismus in sich aufzunehmen und derart zu steigern vermochten, daß sie 1932 schließlich auch ein parlamentarisches Übergewicht erlangten und so die Demokratie in scheinbar ausweglose Lähmung versetzten, ohne natürlich selbst zu konstruktiver

[32] Arnold Brecht, "Bureaucratic Sabotage", in: *Annals of the American Academy of Political Science*, Jan. 1937, S. 48 ff.
[33] Herbert v. Borch, *Obrigkeit und Widerstand. Zur politischen Soziologie des Beamtentums*, Tübingen 1954.
[34] Vgl. Wolfgang Sauer in: Bracher, *Die Auflösung*. . . (Anm. Einl./25), S. 229 ff., mit der fast unübersehbaren Literatur, sowie als Überblick K. D. Bracher, „Die deutsche Armee zwischen Republik und Diktatur", in: *Schicksalsfragen der Gegenwart*, hrsgg. vom Bundesministerium für Verteidigung, Bd. III, Tübingen 1958.

Zusammenarbeit fähig zu sein, – auch KPD und NSDAP verdankten jede auf ihre Weise Entstehung und Profil dem Problemzusammenhang der Revolution von 1918. Man könnte etwas vereinfachend sagen, daß die KPD als Protest gegen das – vom linksradikalen Standpunkt und gemessen am russischen Vorbild – Zuwenig der Revolution, die NSDAP wie generell die Bewegungen der Rechten hingegen als Protest gegen die Tatsache der Revolution überhaupt entstanden ist. Im Unterschied zur gemäßigten Rechten lehnte sie auch den taktischen Kompromiß mit der Republik ab, die ihr die verhaßte Frucht einer verbrecherischen Revolution und eines durch Verrat verlorenen Krieges war und blieb.

Auch an diesem Spezialfall kann eine moderne politische Wissenschaft, die ihre Methoden und Gesichtspunkte wesentlich an der kritischen Erforschung der totalitären Bewegungen unserer Zeit gewonnen und geschärft hat, die Ähnlichkeiten zwischen kommunistischen und nationalsozialistischen Erscheinungsformen politischer Aktivität und Organisation herausheben. Typisch für beide erscheint vor allem die scharfe Abgrenzung gegenüber den parlamentarisch noch koalitionsfähigen Flügelparteien: den Sozialdemokraten im einen, den Deutschnationalen im anderen Fall. In beiden Fällen ist bezeichnend auch die Orientierung an dogmatisch festgehaltenen Leitbildern von plakathafter Einfachheit und Gleichförmigkeit, die massenpsychologisch virtuos manipuliert, zugleich aber auch elastisch verändert, je nach Bedürfnissen anspruchsvoll differenziert oder den primitivsten materiellen und psychischen Interessen der Massengesellschaft angepaßt werden. Dem Pluralismus der Demokratie wird eine geschlossene Befehlsstruktur, der parlamentarischen Kompromißdynamik ein einheitliches Diktaturkonzept entgegengesetzt. Aber hier liegt zugleich ein wichtiger Unterschied. Die KPD hat die traditionelle Apparatstruktur der sozialistischen Parteien ins Extreme übersteigert und sich der Moskauer Befehlsstelle, mithin auch den Schwankungen der sowjetrussischen Außenpolitik, unterworfen. Die NSDAP hingegen entwickelte aus den oligarchischen Tendenzen der modernen Parteiorganisation einen strikt auf eine Person ausgerichteten, quasimilitärischen Befehlsapparat, dessen Rückgrat der Messianismus eines allwissenden Führers bildete und nicht so sehr, wie im kommunistischen Falle, der Missionsglaube einer weltverändernden Ideologie. Vor allem aber war die KPD zunächst als eine sozialistische Abspaltung entstanden, während die NSDAP sich als eindeutige Neugründung, als „Volkspartei", Integrationspartei neuen Stils verstanden wissen wollte. Dem entsprach auch ihre Ideologie der überparteilichen, nationalen Sammelbewegung, die im Gegensatz zur Klassenkampfidee den nationalistischen Mystizismus einer alle Klassen umspannenden Einheitspartei in den Vordergrund rückte.

Entstehung und Geschichte des Nationalsozialismus waren aber vor allem personalistisch bestimmt. Schon vor dem ersten Weltkrieg finden wir den Namen zwar in bedeutungslosen Parteigründungen in Böhmen und Österreich. Aber zu der spezifischen Nachkriegssituation mußte – wie im Fall des italienischen Faschismus – noch die spektakuläre politische Karriere eines unumstrittenen „Führers" kommen. Der Aufstieg Hitlers, des gescheiterten Kunstmalers, der sich in den Jahren berufslosen Herumirrens in Wien und München mit psychopathisch übersteigerten sozialen, nationalistischen, antisemitischen Ressentiments der kleinbürgerlichen Schichten erfüllt, der sich vom österreichischen Heeresdienst gedrückt, dann aber als deutscher Freiwilliger von 1914 in der militärisch-kriegerischen Ordnung zum Selbstbewußtsein gefunden hatte, – seine Karriere begann mit dem zufälligen Besuch als Reichswehrspitzel bei einer rechtsradikalen Kleingruppe, die sich „Die Arbeiterpartei" nannte. Seit der Verkündigung des Parteiprogramms der 25 Punkte verstand es der rasch zum alleinigen Führer Avancierte, sich zunächst im Durcheinander der bayerischen rechtsradikalen Gruppen, dann auch bei den norddeutschen Parallelorganisationen durchzusetzen. Zwar endete der Putsch von 1923, am Vorbild von Mussolinis Marsch auf Rom orientiert, mit einem scheinbar definitiven Rückschlag. Aber die 1925 neu aufgebaute Partei, die jetzt in Hitlers schwülstigem Bekenntnisbuch *Mein Kampf* und in des Baltendeutschen Alfred Rosenberg *Mythus des 20. Jahrhunderts* auch ihre politisch-ideologischen Wegweiser besaß, konzentrierte sich nun viel zielbewußter auf den straffen Ausbau ihrer Organisationen und ihres Propagandaapparats. Vor allem aber verstand sie es, durch die neue Taktik des Legalitätskurses ihre verfassungsfeindlichen Umsturzziele zu verhüllen und die terroristische Aktivität ihrer Stoßtrupps – SA und SS – abzuschirmen. Was von dieser Legalitätstaktik wirklich zu halten war, hat z. B. Goebbels in seiner Zeitung *Der Angriff* schon 1928 deutlich genug ausgesprochen.[35]

Die parlamentarische Demokratie zeigte sich dieser Methode des indirekten, pseudolegalen Umsturzes nicht gewachsen, und auch scharfsinnige Beobachter wie etwa Curzio Malaparte in seinem Buch über den Staatsstreich haben noch 1932 eine nationalsozialistische Machtergreifung auf diesem Wege für unmöglich gehalten. In Malapartes Buch ist das entsprechende Kapitel überschrieben: „Der Diktator, der es nicht wird: Hitler".[36] Und auch auf demokratischer Seite herrschte die Meinung vor, Hitler werde sich totlaufen, nachdem er einen gewaltsamen, also den „klassischen" Staatsstreich nach 1923 nicht mehr wagen könne. Die Taktik der schleichenden, pseudolegalen Machtergreifung und Gleichschaltung, wie sie sich dann 1933 abgespielt hat, war eine völlig neuartige Erfahrung, die alle nichtnationalsozialistischen Parteien, Gruppen und Verbände fast unvorbereitet getroffen hat.

Mit der auch heute noch weitverbreiteten Legende, Hitler sei legal zur Macht gekommen, hat man nun sogar in neueren Analysen die These verbunden, Hitler sei geradezu „die Konsequenz der Demokratie" gewesen.[37] Das ist gewiß auch äußerlich gesehen nicht richtig: Der Nationalsozialismus hat in freien Wahlen nie mehr als ein gutes Drittel der Bevölkerung hinter sich gebracht. Und die Wirklichkeit seiner Machtergreifung auf dem Wege der Irreführung, des Terrors und der ständigen Verletzung aller rechtsstaatlichen Prinzipien spricht eindeutig gegen die noch heute übliche Ansicht von einer lückenlosen, legalen Kontinuität im Übergang von der parlamentarischen Republik zum totalitären Einparteienstaat. Dennoch bleibt freilich die Tatsache, daß der Nationalsozialismus gerade in der Form der Sammelpartei seit 1929 einen neuerlichen stürmischen Aufstieg, nun zur beherrschenden Massenbewegung, erlebt hat, der zwar durch den katastrophalen Einbruch der Weltwirtschaftskrise wesentlich beschleunigt, aber eben doch nicht einfach kausal verursacht worden ist.

So genügt es hier auch nicht, sich lediglich die wirtschaftlichen Schwierigkeiten oder auch die nationalsozialistische Propaganda- und Organisationskunst zu vergegenwärtigen. Ohne die wenigstens latente Bereitschaft eines großen Teils der Bevölkerung wäre die Kapitulation von 1933 nicht zu verstehen. Die geistige und psychologische

[35] Joseph Goebbels, „Was wollen wir im Reichstag", in: *Der Angriff* v. 30. April 1928; diese und andere Stellen zum Problem der Legalitätstaktik bei Bracher, *Die Auflösung*. . . (Anm. Einl./25), S. 375 f. Besonders enthüllend dann das Fazit, mit dem die amtliche Ausgabe der Goebbels-Aufsätze nach gelungenem Umsturz eingeleitet wurde (Joseph Goebbels, *Der Angriff. Aufsätze aus der Kampfzeit*, München 1935, S. 61): „Die Dummheit der Demokratie. Das wird immer einer der besten Witze der Demokratie bleiben, daß sie ihren Todfeinden die Mittel selber stellte, durch die sie vernichtet wurde. Die verfolgten Führer der NSDAP traten als Abgeordnete in den Genuß der Immunität, der Diäten und der Freifahrtkarte. Dadurch waren sie vor dem polizeilichen Zugriff gesichert, durften sich mehr zu sagen erlauben als gewöhnliche Staatsbürger und ließen sich außerdem die Kosten ihrer Tätigkeit vom Feinde bezahlen. Aus der demokratischen Dummheit ließ sich vortrefflich Kapital schlagen. Auch die Anhängerschaft der NSDAP begriff das sofort und hatte ihre helle Freude daran."

[36] Curzio Malaparte, *Der Staatsstreich*, Leipzig – Wien 1932, S. 5; S. 219 ff. So aber auch z. B. der scharfsinnige Theoretiker der englischen Linken, Harold Laski, noch in *Daily Herald* v. 21. November 1932. Vgl. auch die Auseinandersetzung besonders mit Malaparte bei Franz Neumann, *Behemoth* (Anm. Einl./4), S. 41 ff.

[37] So besonders (sogar als Kapitelüberschrift) Winfried Martini, *Das Ende aller Sicherheit. Eine Kritik des Westens*, Stuttgart 1954, S. 94 ff.

Seite dieses Phänomens kann schwerlich überschätzt werden.[38] Man könnte den Nationalsozialismus unter diesem Gesichtspunkt auf drei Hauptwurzeln zurückführen:
Ideologisch lebte er vom doppelten Protest des Nationalismus (nach außen) und des
Antiparlamentarismus (nach innen); ökonomisch gesehen war der nationalsozialistische
Aufstieg in jener Panik des Mittelstands verwurzelt, die den Kampf gegen wirtschaft-
lich-soziales und prestigemäßiges Absinken auf die Ebene von Chauvinismus, Imperialismus, auch des Antisemitismus zu verschieben pflegte. Und psychologisch machte
sich der Nationalsozialismus vor allem das Generationsproblem und die romantische
Proteststimmung der Jugend zunutze.

5. Geistige Voraussetzungen

Die Analyse der Voraussetzungen gelangt damit an den Punkt, an dem die Frage nach
den politischen Einsatzstellen des Nationalsozialismus vertieft werden muß durch
einen Blick auf die Vorstellungskreise, deren er sich zur Fundierung seines politischen
Machtwillens bedienen oder die er doch so nahe an sich heranziehen konnte, daß
ihm im entscheidenden Augenblick – 1933 – tatsächlich ein Heer von Mitläufern auch
außerhalb der Partei und nicht zuletzt unter den deutschen Kultur- und Bildungs-
trägern, ja, im Bereich der Kirchen zugefallen ist.

Ein Blick auf die literarischen Äußerungen der Zeit lehrt in der Tat, daß die Kapitulation von 1933 nicht nur ein politisches, sondern ganz wesentlich auch ein soziales
und geistiges Ereignis darstellte, das aus einer beträchtlichen Vorbereitungs- und
Inkubationsperiode hervorgegangen war. Gewiß haben Opportunismus und Furcht
vor dem beginnenden Terror mitgewirkt; aber Gleichschaltung und Selbstidentifizie-
rung mit dem totalitären Regime geschahen in so erstaunlichem Maße und mit solcher
Schnelligkeit, daß man nicht umhin kann, mit Theodor Litt[39] von einer hohen Prä-
disponiertheit und Anfälligkeit eines Großteils der geistigen Elite zu sprechen.

Dies Phänomen erscheint um so bedeutsamer, als der Nationalsozialismus selbst
gerade auch in dieser Hinsicht ursprünglich keineswegs über die „Fachkräfte" verfügte, die der proklamierte Ausbau einer neuen Weltanschauung und ihre pseudowissenschaftliche Fundierung erfordert hätten. Daß er sich solcher Anfälligkeit erfolgreich zu bedienen und so auch der *ideologischen* Machtergreifung Autorität und
Prestige zu verschaffen vermochte, ist nicht nur symptomatisch für kulturpolitische
Fehlentwicklungen und für eine Verschiebung und Korrumpierung der sittlichen Maßstäbe im Denken auch vieler Nicht-Nationalsozialisten. Es erweist zugleich den tiefen
Einfluß älterer Vorstellungskreise, die unter den gewandelten Bedingungen eines
unerwartet verlorenen Weltkriegs, einer ungewollten Revolution, einer ungeliebten
Republik, einschneidender sozialer Krisen und durch unerfüllte Hoffnungen mobili-
sierter Kampfinstinkte seit 1918 ganz neue Dimensionen gewannen. Gewiß war es
ein überaus heterogenes Konglomerat von halbdurchdachten Ideen, nationalistischen
und sozialen Ressentiments, romantischen Gefühlswallungen und aggressiv-revolutio-
nären Aktivismustheorien, die sich in dem philosophisch kaum erfaßbaren Gebilde
der „nationalsozialistischen Weltanschauung" zusammenfanden. Aber eben diese Inkonsistenz und Unklarheit der Theorie, des Programms, der „Weltanschauung" im
bombastischen Sinn des Wortes waren es, die dem Nationalsozialismus den Appell an

[38] Vgl. dazu schon Theodor Heuss, *Hitlers Weg. Eine historisch-politische Studie über den Nationalsozialismus*,
9. Aufl., Stuttgart–Berlin–Leipzig 1932, S. 22 ff.; dann vor allem Meinecke (Anm. Einl./1); Alan Bullock,
Hitler, Düsseldorf 1953, und die vorangegangenen Pionierstudien Konrad Heidens (*Adolf Hitler. Das Zeitalter
der Verantwortungslosigkeit.*·*Eine Biographie*, Zürich 1936–37; *Der Führer. Hitler's Rise to Power*, Boston 1944).
[39] Theodor Litt, "The National-Socialist Use of Moral Tendencies in Germany", in: *The Third Reich* (Anm.
Einl./22), S. 439 ff.; vgl. ausführlicher u. V. Kapitel.

alle Schichten und schließlich den Durchbruch zur Massenpartei ermöglicht haben, eben weil sie vielen vieles zu geben, die verschiedensten Instinkte, Bedürfnisse, Vorstellungen, Sehnsüchte zu befriedigen schienen.

Wie ihre Verwirklichung im Zuge der geistigen Gleichschaltungspolitik des „Dritten Reiches" ausgesehen hat, wird ausführlich zu erörtern sein. Diese Anwendung nationalsozialistischer Weltanschauungspostulate auf den totalitären Umbau der Staatsordnung hatte in den Augen Hitlers jedenfalls vor allem eine machttaktische, also instrumentale Funktion; sie wurde zur kultur- und geistespolitischen Stütze der machtpolitischen und institutionellen Gleichschaltung. In seinen Tischgesprächen hat Hitler später z. B. selbst bekannt, er habe nur einen ganz kleinen Teil von Rosenbergs *Mythus des 20. Jahrhunderts* gelesen [40] — von anderem zu schweigen. Es wäre deshalb irreführend, würde die wissenschaftliche Analyse auch heute noch von dieser Instrumentalfunktion nationalsozialistischer Weltanschauung einfach absehen und sich abstrahierend nur um ihre geistesgeschichtlich verstandene Substanz oder um ihre philosophie- und ideengeschichtlich begründeten Ursprünge bemühen — mit der fragwürdigen Scheidung in angeblich gute und schlechte Komponenten des Nationalsozialismus und allen apologetischen Mißdeutungen, die davon herrühren. Vielmehr steht am Beginn jeder Analyse die historisch bestätigte Einsicht, daß das als nationalsozialistische Weltanschauung auftretende Ideenkonglomerat auf wenige einprägsame Prämissen abgehoben war, von deren unaufhörlicher Wiederholung man sich nach Hitlers freimütigem Geständnis höchste Wirkkraft für die Gewinnung und den Ausbau totaler Herrschaft versprach. [41] Denn darum, um herrschaftstechnische Manipulation gängiger Ideen, und nicht um einen emphatisch vorgeschobenen idealistischen Geisteskampf ging es der nationalsozialistischen Führung, mochte sie sich dafür auch gutgläubig verstiegener Weltanschauungsapostel und wohlmeinender Erneuerungsbewegungen verschiedenster Herkunft bedienen.

Damit ist nun freilich nicht gesagt, daß derart mißbrauchte Ideengebilde gleichsam wertfrei, dem Konstruktiven wie dem Destruktiven gleichermaßen unentschieden preisgegeben gewesen seien und erst durch eine Reihe politischer Zufälle den im weiteren so verhängnisvollen Akzent bekommen hätten. Auch zahlreiche ältere Grundvorstellungen, die vielen Nicht-Nationalsozialisten konservativer, nationalliberaler oder jugendbewegter Prägung mit den nationalsozialistischen Weltanschauungsparolen gemein waren, ließen sich schon im Augenblick der nationalsozialistischen Parteigründung nur negativ bestimmen und traten vorwiegend als Gegenstellung gegen das „System" von Weimar in Erscheinung. Es war eine Protest- und Ressentimentbewegung von Enttäuschten — am sichtbarsten am Werdegang Hitlers selbst —, die ihre Leitbilder aus der Kampfstellung *gegen* einen verabsolutierten Feind bezog: gegen Judentum und Marxismus, gegen Liberalismus, Parlamentarismus und Mehrparteiendemokratie, dann gegen Novemberrevolution und angeblichen Dolchstoß, gegen Kapitalismus, Sozialismus und internationale Bindungen aller Art.

Solche Negationen, in denen die allgemeinere Bewegung gegen die Weimarer Republik groß geworden und schließlich von der militantesten Spielart überrollt worden ist, waren nun allerdings von einer Fülle groß aufgemachter, ins Unbedingte gesteigerter Umgestaltungs- und Zukunftsvisionen überwölbt. Die erste Rolle spielte zunächst ein zu äußerster Absolutheit, zum letzten Wert fortgetriebener Nationalismus. Er ging aus vom Kampf gegen die Beschränkungen des Versailler Vertrags und hat sich besonders in der ständig erweiterten Forderung nach Expansion des deutschen

---

[40] Henry Picker, *Hitlers Tischgespräche im Führerhauptquattier 1941–42*, hrsgg. von Gerhard Ritter, Bonn 1951, S. 275.
[41] Adolf Hitler, *Mein Kampf*, Volksausgabe, 18. Aufl., München 1933, S. 197 ff.; S. 526 ff.

Lebensraums manifestiert: Man findet ihn z. B. mit dem Buchschlagwort vom *Volk ohne Raum* in weiteste Kreise des Bürgertums hineingetragen.[42] Auch hinter dieser Übersteigerung des bürgerlichen Nationalismus stand mit der Proklamation eines weltgeschichtlichen, weltpolitischen deutschen Führungsanspruchs eine ältere Tradition deutschen Sonderbewußtseins und Hegemonialdenkens, die mindestens literarisch schon eine mehr als hundertjährige Vorgeschichte hatte.[43]

Solchem Sonderbewußtsein entsprachen die bewußt jeder Form von parlamentarischer Mehrparteiendemokratie und liberaler Gesellschaftspolitik entgegengesetzten Ideen von einer geschlossenen deutschen Volksgemeinschaft. Statt durch Grundrechte und individuelle Freiheit sollte diese Gemeinschaftsordnung durch Treue, Dienstbereitschaft, Unterordnung unter gesetzte, nicht gewählte Rangordnung bestimmt sein: auch hier die Anknüpfung an einen seit den Freiheitskriegen entwickelten deutschen Nationalismus und an sein Postulat vom unvergleichlichen Eigenwert deutscher Gemeinschafts- und Staatsart, auch hier also die Aufnahme älterer Ideologien, die unter den Reaktionsbedingungen der Weimarer Republik freilich in Übersteigerung, ja, Verkehrung ihres Ausgangspunkts bis zur radikalen Ablehnung und Kampfansage an alle Menschenrechte und Freiheitsprinzipien fortgetrieben wurden; der nationalistische Akzent wird auch darin sichtbar, daß ein Hauptargument gegen die Weimarer Republik hergeleitet wurde aus der Diffamierung ihrer demokratischen Verfassung und ihrer parteienstaatlich-egalitären Struktur, die als „undeutsche westliche Überfremdung" der automatischen Ablehnung verfiel.

Eine scheinbare Kehrseite, in Wirklichkeit konsequente Folge solcher Gedankengänge war jenes Bekenntnis zum Führerprinzip in allen Bereichen politischen, gesellschaftlichen und selbst des geistig-kulturellen Lebens, das als ein drittes Element scheinbar positiven Gestaltungswillens über die negativen Kampfparolen gestülpt war. In einer Betrachtung über „Grundlagen und Grundfragen des deutschen religiösen und politischen Irrationalismus" ist jüngst die psychologisch-geschichtliche Genesis dieses Führer-Retter-Heilsgedankens im deutschen Raum verdeutlicht worden.[44] Auch hier haben wir eine Anknüpfung an ältere Idealkonstruktionen zumal literarischer Art, wobei nun der Führergedanke im Vakuum eines monarchenberaubten Staates, dessen Schwäche nach dem von oben gesetzten Führer zu verlangen schien, neuartige Bedeutung erlangt hat. Und auch hier schließlich derselbe Vorgang: die Ausnützung und Pervertierung solcher in unzähligen Bünden, in Jugendbewegungen, Wehrverbänden, Kampfbünden, Kriegervereinen und einer ausgedehnten Publizistik verfochtenen Führerideologie durch den Nationalsozialismus. Ausgehend von der in der Freund–Feind-Philosophie vollzogenen Verabsolutierung des politischen Gegners zum Teufel, hat die Führerideologie die pseudoreligiösen Rettungs- und Glaubensbedürfnisse der Massen auf die Partei neuen Stils zu beziehen und im bedingungslosen Führerkult und in der strikten hierarchischen Führerverfassung von oben zu verankern gewußt. Es ist bezeichnend für die darin wirksame Taktik, daß Hitler selbst in den ersten Auflagen von *Mein Kampf* noch gewisse parlamentarische Merkmale der Führungsstruktur beibehalten und sich in Anlehnung an romantisch-konservative Reformideen für die Verwirklichung einer „germanischen Demokratie" ausgesprochen hatte; erst in den späteren Auflagen des Buches wurde dieser taktische Kompromiß in Hitlers Worten durch das Prinzip der „unbedingten Führerautorität"

---

[42] Der Bestseller von Hans Grimm, *Volk ohne Raum*, 1. Aufl. 1926, wirkte in zahlreichen Auflagen vor allem durch den Titel; er hat übrigens 1956 eine Neuauflage erfahren.

[43] Vgl. die materialreiche Zusammenstellung in der Baseler Diss. von Helmut Theisen, *Die Entwicklung zum nihilistischen Nationalismus in Deutschland 1918–1933. Eine historisch-soziologische Studie*, München 1955, S. 24 ff.

[44] Abgedr. in: Friedrich Heer, *Koexistenz, Zusammenarbeit, Widerstand. Grundfragen europäischer und christlicher Einigung*, Zürich 1956, S. 51 ff.

ersetzt, die „Wahl des Führers" durch seine alleinige Einsetzung „von oben" – mit einer einzigen legalitätstaktischen Einschränkung, daß zum Schein der Führer der Gesamtpartei „aus vereinsgesetzlichen Gründen [!] in der Generalmitgliederversammlung gewählt", aber eben doch „der ausschließliche Führer der Bewegung" sein sollte.[45]

Die Handhabung und Verwirklichung des nationalsozialistischen Führerprinzips ist ein besonders instruktives Beispiel für die Art der Rezeption, der Umwandlung und Manipulation romantisch-konservativer und ständischer Reformideen durch eine primär machtpolitisch gesteuerte Bewegung, die sie zuvorderst als Mittel zum Zweck absoluter Herrschaftserringung benutzt. Man bedenke nur, wie vielschichtig die Ausprägungen und Erscheinungsformen des Führergedankens waren, die sich, anknüpfend an das Autoritätsbedürfnis eines obrigkeitlich geprägten Staatsbewußtseins und unter dem Eindruck des vielbeschworenen Fronterlebnisses, d. h. einer militärischen Gemeinschaftsstruktur, in der Nachkriegszeit entwickelt hatten. Die Frage ist umstritten, wieweit die Freikorps, Wehrverbände oder Teile der Jugendbewegung im Zuge der Tendenzen, den Parteien geschlossene Gemeinschafts- und Gesinnungsverbände entgegenzustellen, den unmittelbaren Vortrupp des Nationalsozialismus gebildet haben, der ja auch neue „Bewegung", nicht Partei im alten Sinne sein wollte. Rein personell gesehen, ist ihr wichtiger Anteil nach neueren Untersuchungen nicht zu bestreiten: Die Führungskader der NSDAP sind auch nach Ausweis der offiziellen NS-Handbücher nicht unwesentlich aus solche Elemente gestellt.[46] Aber sowenig eine Mehrzahl dieser Freikorpskämpfer schon vor 1933 den Weg zum Nationalsozialismus gegangen ist, so viel weniger geht die Gleichung in ideologisch-weltanschaulicher Hinsicht auf.[47] Es bleibt vielmehr bezeichnend, daß zwar vieles von der Begriffswelt der bündischen Führerbewegungen äußerlich in die NS-Terminologie übernommen wurde – wie Moeller van den Brucks Mythos vom „Dritten Reich" –, daß ihr innerer Gehalt aber nie rezipiert worden ist, vielmehr eben gerade in Richtung auf gänzlich andere, durch Gewalt, Terror und totale Kriegsplanung bestimmte Herrschaftsziele hin *manipuliert* worden ist.[48] So hat etwa die Hitlerjugend ihrer rein parteipolitischen Funktion nach sich von der bürgerlichen Jugendbewegung ebenso grundlegend unterschieden wie die SA und SS von den Wehrverbänden, von denen Hitler sich schon in *Mein Kampf* mit der ausdrücklichen Begründung distanziert hatte, daß sie sich nicht als bedingungslose Werkzeuge totaler „Erneuerungspolitik" eigneten.[49]

Und doch war der Zulauf zur NSDAP aus jenen Gruppen und Organisationen und dann ihre großenteils rasche Gleichschaltung mehr als ein tragisches Mißverständnis, wie uns nachträglich von dieser Seite immer wieder versichert wird. Der besonderen Rolle dieser „Trotzkisten des Nationalsozialismus"[50] entspricht doch auch eine Verwandtschaft ihrer Begriffswelt, die diesen Vorgang im entscheidenden Augenblick so sehr erleichtert hat. Die in Sprache und Leitbildern greifbare Verwandtschaft auch der Vorstellungswelt erscheint besonders deutlich, wenn man sie an der gemeinsamen Kluft zu den demokratischen Parteien und zur liberal-parlamentarischen

[45] Vgl. schon Bracher, *Die Auflösung*... (Anm. Einl./25), S. 118; zum Problem der Änderungen Hermann Hammer, „Die deutschen Ausgaben von Hitlers ‚Mein Kampf'", in: *Vierteljahrshefte für Zeitgeschichte* 4 (1956), S. 166 ff.

[46] Vgl. *Das deutsche Führerlexikon 1934/35*, Berlin 1934, und die darauf aufbauende Analyse von Daniel Lerner, *The Nazi Elite*, Stanford 1951, S. 53 ff.

[47] Allzu vereinfachend (schon im Titel) die verdienstvolle Studie von Robert G. L. Waite, *Vanguard of Nazism. The Free Corps Movement in Postwar Germany 1918–1923*, Cambridge (Mass.) 1952, S. 264 ff.; vgl. die Rezension des Verf. in: *Neue Politische Literatur* 3 (1958), S. 246 ff.

[48] Dies erweist auch die Analyse von Neurohr (Anm. Einl./24, S. 264 ff.) vom Inhaltlichen her.

[49] Hitler (Anm. Einl./41), S. 603 ff.

[50] So Armin Mohler, *Die konservative Revolution in Deutschland 1918–1932. Grundriß ihrer Weltanschauungen*, Stuttgart 1950, S. 12.

Verfassungsordnung Weimarer Prägung mißt. Die Anziehungskraft der Sammel-
parole einer „Nationalen Opposition", aus der dann auch nach dem präludierenden
Paukenschlag der Harzburger Front die nationalsozialistische Machtergreifung überhaupt erst möglich geworden ist, hat ihre Wirkung auf ein konservativ-monarchi-
stisches, romantisch-bündisches und ständisches Sonderbewußtsein schon deshalb nicht
verfehlt, als man sich dort an geistiger Substanz und politischer Originalität der
ideologisch so verwaschenen nationalsozialistischen Massenbewegung bis zuletzt unendlich überlegen glaubte.

Solches Überlegenheitsgefühl bestimmte auch das Selbstbewußtsein der deutschnationalen Politiker um Hugenberg, Hindenburg, Papen oder auch das Machtbewußt-
sein der Reichswehrführung, die mit dem Glauben an eine mögliche Zähmung der
NSDAP deren Potenzen ohne Gefahr für die eigenen Zwecke einzusetzen und auszunützen sich zutraute. Auch der Kronprinz hat 1932 in einem Protestbrief gegen das
SA-Verbot das „wunderbare Menschenmaterial", das in der SA und SS vereinigt sei
und dort eine wertvolle Erziehung genieße, im Sinne dieses illusionistischen Selbstbewußtseins gefeiert.[51] Hier glaubte man in einer schlagkräftigen Massenorganisation
die eigenen Leitbilder wiederzufinden: zwar vielfach übertrieben, demagogisch verzerrt
und mit zu weitgehenden Revolutions- und Herrschaftszielen; aber damit würde man
schon fertig werden, hatte man sich nur einmal die Dynamik und das zahlenmäßige
Gewicht dieser Bewegung dienstbar gemacht. Hatte nicht Hitler selbst immer wieder
beteuert, er wolle nichts als der „Trommler" einer nationalen Erneuerung sein, deren
Leitbilder auch die der „Nationalen Opposition" im weitesten Sinne des Wortes
waren: also jene allgemeine Tendenz zum Autoritären und Nationalen, zur großen
und starken Einheit, zur gesinnungsmäßig geschlossenen Volksgemeinschaft; zugleich
als entschiedener Gegenschlag gegen Liberalismus und Demokratie, gegen das Gedankengut der modernen Revolutionen überhaupt gemeint; dafür das Eintreten für
eine ständisch gegliederte, soldatischer Gesinnung verpflichtete, völkisch eigenbewußte
Neuordnung: für eine *Revolution von rechts,* wie sich 1931 eine vielbeachtete Broschüre
des Philosophen Hans Freyer betitelte, für einen barbarischen Cäsarismus, wie ihn
Oswald Spenglers *Untergang des Abendlandes* mit noch größerer Wirkung als weltgeschichtliche Tendenz der Zeit prophezeit hatte.

Die frühe Voraussetzung dafür wie für den Aufstieg des Nationalsozialismus überhaupt bildete die innere Auflösung liberaler und humanistischer Gesinnungswerte
durch biologistische Geschichtslehren und politische Philosophismen, die alles Gesellschaftsleben auf den gewalttätigen Kampf ums Dasein reduzierten, durch eine ver-
fälscht von Nietzsche abgeleitete Popularphilosophie mit den Schlagwortidealen des
Übermenschen, des Willens zur Macht, der starken und aggressiven Vitalität einer
militanten Elite und ihres Führers. Geistiges Wertgefühl und politisches Vernunft-
und Kompromißdenken waren hier als Ausdruck feiger Intelligenz, satter Bürgerlich-
keit abgewertet. Statt dessen galten romantische Abenteuerlust und vermeintlicher
Idealismus im Dienste eines unbedingten Einsatz fordernden politischen Mythos, Anbetung einer Dynamik der Tat, robuste Willens- und Entschlußkraft gegen die nüchterne Wirklichkeit mühseliger Parlamentsdebatten und Ausgleichspolitik. Zu der wichtigen Funktion des Antisemitismus (u. V. Kapitel) kam noch der Einsatz des uralten
Generationsproblems, das vielbeschworene Lebensrecht der Jugend gegenüber einer
demokratischen Herrschaft der mäßigenden Erfahrung – Parolen, durch die der Nationalsozialismus im Einklang mit den bündischen Parolen und unter Berufung auf sein

---

[51] Brief des Kronprinzen an Groener vom 14. April 1932; abgedr. bei Dorothea Groener-Geyer, *General
Groener. Soldat und Staatsmann,* Frankfurt/M. 1955, S. 311 ff.; vgl. Paul Herre, *Kronprinz Wilhelm. Seine Rolle
in der deutschen Politik,* München 1954, S. 200 f.

wahrhaft jugendliches Funktionärkorps sich nicht zuletzt auch an den Universitäten Widerhall zu verschaffen wußte.

Blickt man auf die verwirrende Szenerie zurück, vor der sich diese Impulse geschichtlich entfalten konnten, so bleibt die immer neu bestätigte Erkenntnis, daß die Bewegung zum Autoritären, Diktatorischen, Totalitären hin aus dem vielschichtigen Phänomen einer allgemeinen Vertrauenskrise erwächst, die ihre geistigen wie ihre sozialen und politischen Seiten hat. Auch bei der Beurteilung der Weimarer Republik und im Sinn der Frage nach den vorbereitenden Strömungen, die in die nationalsozialistische Machtergreifung einmündeten oder ihr mit schwerwiegendem Erfolg dienstbar gemacht wurden, kann gewiß eine einfache Schwarz-Weiß-Zeichnung die Wirklichkeit nicht treffen. Immer von neuem stellt sich die Frage, wieweit bestimmte Ideen auch für eine ihnen nicht entsprechende Verwirklichung verantwortlich gemacht werden können. Freilich: daß Geistiges auch für politisches Verhalten, für die Rückwirkung auf die Wirklichkeit Verantwortung trägt, ist im Zeitalter der ideologisch gestimmten Weltkonflikte gewiß geworden. Auch wenn es in den meisten Fällen nicht Hitler, nicht der Nationalsozialismus war, dem die Anstrengungen und Prophezeiungen rechtsrevolutionärer Erneuerungssekten galten, so haben sie doch faktisch den politischen Boden und die geistige Atmosphäre für ihn bereitet, indem sie unablässig die rigorose „Nationale Revolution" eines großen Volksführers und einer militärisch disziplinierten Volksbewegung als höchsten Wert proklamierten.

Das gilt für die Beurteilung der sozialen und politischen Strömungen der „nationalen Rechten", in deren Nachbarschaft der Nationalsozialismus entstanden und herangewachsen ist: zuerst empfangend und rivalisierend, dann im Zeichen der Harzburger Front im ungleichen Bündnis mit Papen und Hugenberg stehend und zuletzt sie ganz absorbierend, verdrängend oder vernichtend. Und das gilt auch für die Beurteilung einer geradezu unübersehbaren zeitgenössischen Literatur und Publizistik samt ihren mißgeleiteten oder mißbrauchten Exponenten, die man etwas vereinfachend unter das programmatische Schlagwort von der „Konservativen Revolution" gefaßt hat. Spezialuntersuchungen haben deutlich gemacht, wieviele Strömungen, Intentionen, Gehalte hier durcheinander oder nebeneinanderher laufen – mit oder ohne direkte Beziehung zum politischen Phänomen des Nationalsozialismus, aber in einem weiteren Sinne eben doch vorbereitend, nicht widerstehend, bedenkenloser Manipulierung ausgesetzt und auch zugänglich.[52] Der Erfolg der nationalsozialistischen Machtergreifung ist als Ergebnis bloßer äußerer Machtpolitik nicht zu erklären; ein Verständnis der inneren Verursachung wird stets aufs neue jene geistigen Voraussetzungen ins Licht rücken müssen.

Karl Dietrich Bracher

---

[52] Im Anschluß an seine Abhandlung in den *Vierteljahrsheften für Zeitgeschichte* 5, 1957 („Antidemokratisches Denken in der Weimarer Republik") hat Kurt Sontheimer jetzt eine umfassende Untersuchung dieser Zusammenhänge abgeschlossen, die demnächst im Rahmen der Veröffentlichungen des Instituts für Zeitgeschichte München erscheinen wird.

Erster Teil

STUFEN DER MACHTERGREIFUNG

Von Karl Dietrich Bracher

Erstes Kapitel

DIE „NATIONALE REVOLUTION"

1. Die Auflösung der Republik

Die Berufung Hitlers zum Reichskanzler erfolgte vor dem Hintergrund eines Zerfallsprozesses des demokratischen Rechtsstaats, der nicht auf eine einfache Ursachenformel
gebracht werden kann. Weder genügt es, nach einer weitverzweigten Verschwörung
gegen die Demokratie zu suchen, noch reicht die Analyse der verfassungs- und wirtschaftspolitischen Strukturprobleme zu einer Erklärung der Vertrauenskrise, die den
Aufstieg der nationalsozialistischen Diktaturbewegung ermöglicht und getragen hat.
Neben Konstruktionsfehlern im Aufbau der Republik und ihrer Verfassung hat die
Belastung durch historische, soziale und ideologische Hemmnisse ein Ausreifen jenes
politisch wachen Bürgersinns gestört, ohne den demokratische Ordnung nicht bestehen
kann, weil nicht institutionelle Sicherung, sondern erst eine fortwährend lebendige,
von allen Teilen der Bevölkerung getragene Gestaltung des öffentlichen Lebens demokratische Politik verbürgt. Überwiegendes Bedürfnis nach bloßer Ordnung, Geborgenheit, Unterwerfung, Sicherheit auch um den Preis der Freiheit hatte schon den Verlauf der Revolution von 1918 bestimmend beeinflußt. Es beherrschte die innenpolitische Atmosphäre der Republik und besiegelte dann auch ihre Wehrlosigkeit gegenüber der Drohung einer autoritären oder gar totalitären Umwandlung des Staates, die
sich seit dem Einbruch der Wirtschaftskrise abzeichnete. Denn im Augenblick der
krisenhaften Verschärfung dieser vielschichtigen Dynamik, die fast durchweg gegen
die parlamentarische Demokratie als Sündenbock gerichtet war, begann dann auch der
äußere Rahmen abzubröckeln und Stück für Stück einzustürzen.

Auch die Details der Parteien- und Wahlentwicklung deuten darauf hin, daß vor
allem im protestantischen Bürgertum und bei den Bauern der Drang von der Mitte zu
den Flügeln, von den Demokraten über die Volkspartei zu den Deutschnationalen und
schließlich Nationalsozialisten die Geschichte der Weimarer Republik bestimmt hat.
Das Dilemma wurde durch die Haltung der größten Partei noch vertieft. In den kritischen Aufzeichnungen, die Julius Leber 1933 in der Haft zum Schicksal der sozialdemokratischen Partei gemacht hat, steht Gültiges über die Hemmnisse ihrer Repräsentanten;[1] seit dem Verzicht auf Regierungsbeteiligung im Sommer 1920 hat die
politische Abstinenz der SPD auf Reichsebene die Koalitionsverhältnisse ständig kompliziert. Da war die Furcht, durch Beteiligung an unpopulären Regierungen Anhänger
an die linksradikale Konkurrenz zu verlieren, dahinter stand die allgemeinere Tatsache, daß sich Führung, Funktionärkorps und Stammanhänger nur schwer von der
langen Oppositionstradition der Kaiserzeit zu lösen, das Kompromißgebilde von Weimar kaum halben Herzens zu bejahen vermochten. Nur zögernd stellte man sich auf
jene neuartige staatspolitische Funktion ein, die den Parteien 1918 zugefallen war;
wenige sind wie Friedrich Ebert über die alten Traditions- und Denkschranken hinaus-
gewachsen, vor allem auf Länderebene (Otto Braun, Carl Severing) oder in der jün-

---

[1] Julius Leber, *Ein Mann geht seinen Weg. Schriften, Reden und Briefe,* hrsgg. von seinen Freunden, Berlin-
Schöneberg–Frankfurt/M. 1952, S. 187 ff. Genauere Nachweise zu diesem resumierenden Abschnitt bei Bracher,
Die Auflösung. . . (Anm. Einl /25).

geren Generation der Leber oder Schumacher, Haubach oder Mierendorff. Trotz den ursprünglich so guten Aussichten, die Schranken der Klassen- zur Volkspartei zu durchbrechen und, wie etwa in Skandinavien, zur Majoritätspartei zu werden, blieb der demokratische Sozialismus in Deutschland in den Turm der 30 % eingesperrt.

Aus all diesen Gründen haben auch so einsichtsvolle Beteiligte wie Arnold Brecht die schicksalhafte Entwicklung dieses Staatswesens in einem scheinbar von Anfang an ausweglosen Dilemma determiniert gesehen.[2] Daß weite Kreise der Bevölkerung der neuen Ordnung alle Schuld an den Schwierigkeiten gaben, die in Wahrheit aus dem Erbe der Monarchie, eines vierjährigen Krieges, aus den harten Bedingungen eines unvermeidlichen Friedens erwuchsen, daß sie mit der Erinnerung an eine glückliche Vorkriegszeit das Verlangen verbanden, statt der schwerfälligeren und glanzlosen parlamentarischen Demokratie wenn nicht das verlorene Kaiserreich, so doch eine straffere Staatsführung zu erlangen – diese Tatsache hatte doch dazu geführt, daß kaum zehn Monate nach Inkrafttreten der Weimarer Verfassung, schon in der ersten Reichstagswahl vom Juni 1920, die Anhänger der Republik – SPD, Zentrum, Demokraten – in die Minderheit geraten waren und auch in den Folgejahren nie wieder eine Mehrheit im Reichstag erlangt haben. Den schwarz-rot-goldenen Verfassungsanhängern stand nun eine schwarz-weiß-rote und eine rote Verfassungsopposition gegenüber, deren Existenz tatsächlich das normale Wechselspiel von Regierung und Opposition ausschloß. Die Bildung einer stabilen demokratischen Regierung blieb für alle Folgezeit in Frage gestellt; entweder regierten nun unwillig tolerierte Minderheitenkabinette oder innerlich labile Große Koalitionen oder schließlich außer- oder sogar antiparlamentarische Präsidialkabinette autoritären ˙Zuschnitts. Die 20 Weimarer Kabinette konnten sich meist nur wenige, durchschnittlich 8 ½ Monate halten, und die absolut längste Frist von 21 Monaten war der mühselig operierenden Großen Koalition von 1928 vergönnt, deren Sturz die letzte große Staatskrise einleitete. So ging die Tendenz bis hin zu Brüning und Papen fast folgerichtig auf Bürgerblockregierungen mit Einbeziehung der Rechten: zunächst der Volkspartei, die bis zum Tode Stresemanns kooperationsfähig blieb, dann zeitweilig sogar der Deutschnationalen, schließlich jener Konservativen um den Grafen Westarp, die Hugenbergs Radikalkurs widerstrebten. Es war ein fragwürdiger Zustand, der meist die Tolerierung durch die SPD erforderte, ohne daß man daraus aber die Konsequenz stetiger sozialdemokratischer Regierungsbeteiligung gezogen hätte. Zu stark waren die Hemmnisse auf beiden Seiten; vieles lag gewiß an den traditionellen Ressentiments der bürgerlichen Parteien, aber nicht weniger an der unbeweglichen Oppositionsneigung und dem allzu schwachen Machtinstinkt der sozialdemokratischen Führung, die der Funktion der größten Partei in einer parlamentarischen Demokratie nicht gerecht zu werden vermochten.

Insgesamt gesehen, prägte sich in der Leidensgeschichte der Kabinettsbildungen während der ganzen Dauer der Republik der starre, weltanschaulich verkrampfte, von sozialem Prestigebedürfnis und obrigkeitsstaatlicher Bewußtseinstradition bestimmte Charakter der deutschen Parteien aus. Ihre geringe Koalitions- und Kompromißfähigkeit erscheint als eine Folge jener teils von oben erzwungenen, teils selbstverschuldeten Zurückdrängung von Parlament und Parteien in der Kaiserzeit, deren negative Aspekte Max Weber schon vor dem Ende des ersten Weltkriegs so klar gesehen hat. In seiner vorausweisenden Abhandlung über „Parlament und Regierung im neugeordneten Deutschland" hat er damals betont, nicht das Fehlen eines Zweiparteiensystems sei das bedeutendste Hindernis: „Weit wichtiger ist eine andere Schwierigkeit: parlamentarische Regierung ist nur möglich, wenn die größten Parteien prinzipiell zur Übernahme

² Arnold Brecht, *Vorspiel zum Schweigen. Das Ende der deutschen Republik*, Wien 1948, S. 170 ff.; so auch wieder: ders., „Die Auflösung der Weimarer Republik und die politische Wissenschaft", in: *Zeitschrift für Politik* 2 (1955), S. 296 f.

der verantwortlichen Leitung der Staatsgeschäfte *überhaupt bereit* sind. Und das war freilich bisher bei uns keineswegs der Fall." [3] Nun, seit der Durchsetzung eines vollparlamentarischen Regierungssystems war diese Entwöhnung von positiver Verantwortungsfunktion noch fühlbarer, weil politisch unmittelbar wirksam, hervorgetreten. So blieb eine Neigung zu überparlamentarischer, bürokratisch-verwaltungstechnischer Bewältigung der Politik bestimmend. Sie beherrschte nicht nur die staatsrechtliche Diskussion und Kritik am parlamentarischen Mehrparteienstaat, sondern auch das Verhalten und die innere Unsicherheit der Parteien. Auch die folgenschwere Geschichte von Einsatz, Ausweitung und Mißbrauch der präsidialen Diktaturvollmachten wäre ohne diese Grundstimmung, ohne diese Hilflosigkeit gegenüber einer fatalisierten Krise des Parteienstaats seit seiner Begründung in Deutschland nicht denkbar. Selbst die bedenkliche Wahlentwicklung erscheint demgegenüber fast als etwas Sekundäres, gewissermaßen Abgeleitetes, als Folge, nicht Ursache, auch wenn sie dann die Verantwortungsscheu der Parteien noch steigern mochte.

Man mag es unter diesen Umständen geradezu erstaunlich finden, daß die Republik nicht nur das Jahrfünft der Anfangskrisen überstand, sondern sogar in ein Jahrfünft der Stabilisierung gelangte. Der politische Radikalismus ging zurück, es wuchsen die Aussichten auf eine allmähliche Gewöhnung der Bevölkerung an den neuen Staat, auch wenn Stresemanns außenpolitische Revisionsbemühungen nur langsame Fortschritte erzielten und die inneren Probleme durchaus fortbestanden. Bedenklich freilich, daß auch während der gesamten Reichstagsperiode von 1924 bis 1928 die SPD in der Opposition blieb und dem Bürgerblock einer Minderheit, der sich wiederholt um die Deutschnationalen nach rechts erweiterte, Regierung, Macht und also weitere Gestaltung der Republik überließ: Noch immer wirkten die Traditionen der Staatsenthaltung und bürgerlich-antimarxistischen Affekte mit der geradezu notorisch gewordenen Hoffnung zusammen, in der Opposition noch stärker zu werden, zugleich mit der Furcht, durch Regierungsbeteiligung Wähler an die kommunistische Konkurrenz zu verlieren. In Wahrheit war damit das große Potential der sozialdemokratischen Anhängerschaft von der politischen Mitbestimmung in der eigenen Republik ferngehalten, und das zu einer Zeit, da nicht mehr ein sozialdemokratischer Präsident, sondern ein vorrepublikanischer Marschall an der Spitze dieser Republik stand. Zwar stellte die SPD bis zur Kapitulation vor dem Papen-Putsch von 1932 im größten deutschen Land den Ministerpräsidenten und partizipierte auch in anderen Ländern sowie auf kommunaler Ebene an der Macht. Aber auf Reichsebene blieb die Situation dadurch gekennzeichnet, daß die größte Partei entgegen der Hitlerschen Propagandalegende von der SPD-Republik nur in 4 der 20 Regierungen das Kanzleramt besetzt und sich auch nur an 8 Kabinetten überhaupt mit eigenen Ministern beteiligt hat. Zwar hat die SPD nach den Wahlen von 1928 dann eindreiviertel Jahre lang den Reichskanzler gestellt, aber nur ungern und ständig auf Rückkehr in die Opposition bedacht. Und die verhängnisvolle Flucht aus der Regierung im Frühjahr 1930, die die Schlußkrise der parlamentarischen Demokratie in Deutschland eingeleitet und mit der größten Partei auch die Weimarer Republik selbst in eine ausweglose Situation manövriert hat, ist nicht zuletzt aus diesem Verhalten und der Gewöhnung daran zu erklären.

Diese Entwicklung war doppelt schwerwiegend, weil der Einbruch der Wirtschaftskrise und das Ansteigen der Arbeitslosigkeit seit 1929 eine soziale Unruhe über Stadt und Land brachte, die, wie schon 1923, der Propaganda der radikalen Gruppen nun auch wieder greifbare politische Erfolge vermittelte. Schon die Kommunal- und Landtagswahlen von 1929 zeigten allenthalben eine Kräfteverschiebung, die in erster Linie

---

[3] Max Weber, „Parlament und Regierung im neugeordneten Deutschland", in: ders., *Gesammelte Politische Schriften*, München 1921, S. 184 (Auszeichnung i. Orig.).

dem nationalsozialistischen, erst in zweiter dem kommunistischen Radikalismus zugute kam. Dazu trat nun die illusionsreiche Unterstützung des Nationalsozialismus durch die industrie- und pressemächtige Hugenberg-Gruppe, die Hitler den Zugang zu neuen Einflußbereichen geöffnet und die Deutschnationalen entgegen dem Willen der gemäßigten Konservativen in die lärmende Front einer „Nationalen Opposition" mit dem Nationalsozialismus gebracht hat, die schon seit Herbst 1929 mit allen Mitteln auf eine endgültige Zerstörung der parlamentarischen Demokratie hinwirkte.

Es ist also richtig, daß die neuerliche Wende zum endgültigen Zerfall sich anbahnte, als die zeitweilig verdrängten, aber nie überwundenen Zerstörungskräfte gleichsam in dem Brennglas der 1929 einbrechenden Wirtschafts- und Arbeitskrise gesammelt und konzentrisch auf die schwachen Stellen der erst zehnjährigen Demokratie gerichtet wurden. Aber hier nun zeigen sich auch die Grenzen einer kausal-deterministischen Erklärungsweise, die von den skizzierten Strukturfehlern allein den Untergang der Republik abzuleiten sucht oder gar so weit geht, in Nichtachtung auch der Wahlergebnisse, die bis zuletzt eine stattliche nicht-nationalsozialistische Mehrheit ausweisen, Hitlers Triumph als „die Konsequenz der Demokratie" zu interpretieren.[4] Sowenig die Rettung der Republik im Jahre 1923 in dies Schema paßt und so bedeutsam etwa die Rolle Eberts in diesem Zusammenhang erscheint, sowenig ist der andersartige Verlauf der Schlußkrise allein ökonomisch von den Verhältnissen her oder gar politisch als „Konsequenz der Demokratie" zu erklären. Erste Bedeutung gewannen in dieser Situation vielmehr die konkrete politische Aktivität und der Entscheidungsspielraum einflußreicher, individuell handelnder Kritiker und Gegner der Republik. Dies trifft nicht nur auf Hitler und Hugenberg zu, sondern fast noch mehr auf die Personen an der Spitze des Staates: Von den wohlgemeinten Fehlentscheidungen Brünings ausgehend, spannt sich der Bogen der Männer, die auf ehrgeizige und irregeleitete Art „Geschichte machten", von Schleicher und Papen über Hindenburg Vater und Sohn bis zu dem alle Regimewechsel überdauernden Adlatus Meißner.

Gewiß hat der Ausbruch der Weltwirtschaftskrise, die seit 1930 mit dem Sturz der Produktionsziffern die wirtschaftspolitische, mit dem riesigen Anwachsen der Arbeitslosigkeit die soziale und psychologische Situation aufs bedrohlichste veränderte, auch das politische Leben schwer belastet. Aber während die Krisenjahre von 1920/23 mit ihrer gewiß nicht geringeren inneren, gewiß größeren äußeren Belastung dank der ausgleichenden Führung des ersten Reichspräsidenten Ebert ohne Schaden für die demokratische Ordnung überstanden worden waren, fiel diese Aufgabe jetzt einem legendär glorifizierten (wenngleich militärisch besiegten und politisch wenig erfahrenen) kaiserlichen Feldmarschall zu, der trotz anfänglicher Loyalität von einer tiefen Abneigung gegen zivile und vollends republikanische Politik erfüllt blieb und sich denn auch seit Ausbruch der neuen Krise durch seine Ratgeber zunehmend auf den Weg autoritärer, außerparlamentarischer Regierungsexperimente drängen ließ.

Der Diktaturartikel 48, der dafür den Einsatzpunkt bot, war zwar zum Schutz der Republik konzipiert, doch verhängnisvollerweise ohne ausreichende Umgrenzung geblieben; zwar konnte der Reichstag die Aufhebung solcher Maßnahmen verlangen, doch saß der Präsident dank seiner Auflösungsbefugnis gegenüber dem Parlament am längeren Hebel. Da er überdies das Recht besaß, ohne Mitwirkung des Reichstags Reichskanzler und Regierung zu ernennen oder zu entlassen, konnte er praktisch ohne parlamentarische Kontrolle regieren. Die Kopplung dieser drei präsidialen Befugnisse, die in der Ebert-Ära durchaus dem Schutz der demokratischen Ordnung zugute gekommen waren, hat seit 1930 in der Hand Hindenburgs zunächst die Ausschaltung des Reichstags, dann die autoritären Experimente Papens und Schleichers, die Gleichschal-

---

[4] Martini (Anm. Einl./37).

tung Preußens und zuletzt auch den terroristischen Machtergreifungskurs einer Minderheitsregierung unter Hitler ermöglicht. Schon hier tritt also die Bedeutung des persönlichen Moments klar hervor. Denn man mag wohl feststellen, daß der Übergang von der parlamentarischen Demokratie zum Einparteienstaat mit dem Sturz der Großen Koalition im Frühjahr 1930, also mit dem Versagen der beiden Flügelgruppen der Koalition vor der Aufgabe des politischen Kompromisses begann. Und man mag auch betonen, daß hier der Einfluß antagonistischer Interessengruppen auf die auseinanderstrebenden Parteien ganz besonders wirksam geworden war: einerseits der Unternehmerverbände, die wesentlich hinter der DVP standen und jetzt nicht mehr von Stresemann zurückgehalten, vielmehr von dem neuen deutschnationalen Parteichef Hugenberg mobilisiert wurden, anderseits der freien Gewerkschaften, die die SPD aus der unpopulären Regierung drängten und auf den Kurs einer noch viel unpopuläreren Tolerierungspolitik ohne politische Entwicklungsmöglichkeit zurückwarfen. Aber diese Regierungskrise erhielt ihre verhängnisvolle Bedeutung erst durch die Tatsache, daß die prinzipielle Kritik vieler Staatsrechtler und Publizisten an der parteienstaatlichen Demokratie und am Parlamentarismus eben erst von der Reichswehrführung und von den konservativen Ratgebern Hindenburgs aufgegriffen und verdichtet wurde zu dem konkreten Plan einer autoritären Reform der Weimarer Staatsstruktur, zur Schaffung eines strafferen Präsidialregimes „über den Parteien" – das sich freilich deutlich nach rechts orientieren sollte.

Das waren Bestrebungen, die mit allem Nachdruck und all den darin liegenden Gefahren der ungenügenden Kontrolle und der Zersetzung demokratischer Willensbildung darauf ausgingen, der lange angebahnten Steigerung der Exekutivgewalt gegenüber der parlamentarischen Legislative zum Durchbruch zu verhelfen. Mit der Regierung Brüning, die nun zwei Jahre lang in steter Steigerung ihres autoritären Charakters allein mit präsidialen Notverordnungen amtete, wurde das Parlament auf eine negative Funktion beschränkt und das Übergewicht der bürokratischen Instanzen besiegelt. Reichspräsident und Reichswehr waren die Stützen eines Kurses, dem mit der Ausschaltung der parlamentarischen Willensbildung auch die Kontrolle der öffentlichen Meinung und politischen Stimmung der regierten Bevölkerung mehr und mehr entglitten. Im entsprechenden Verhältnis wuchs die Anziehungskraft radikalistischer Propaganda, beschleunigte sich der Aufstieg extremistischer Massenbewegungen, die an die verschiedensten Interessen und Instinkte appellierten, allen aber die starke Ordnung einer Klassen- oder Führerdiktatur versprachen.

An diesem Punkt nun scheiden sich auch heute noch die Meinungen. Viele Interpreten in Publizistik und Wissenschaft, vielleicht die Mehrheit, neigen im Hinblick auf die ständigen Koalitionsschwierigkeiten und Regierungswechsel noch immer dazu, diese autoritäre Zwischenstufe als unvermeidliche Folge einer ausweglosen Strukturkrise der Parteiendemokratie überhaupt zu fatalisieren.[5] Es scheint geboten, demgegen-

---

[5] So im Anschluß an Werner Conze („Die Krise des Parteienstaats in Deutschland 1929/30" in: *HZ* 178 [1954], S. 63 ff.) jetzt auch Waldemar Besson, *Württemberg und die deutsche Staatskrise 1928–1933*, Stuttgart 1959, S. 139 ff. Bessons allgemeiner Vorwurf, der Verf. der *Auflösung der Weimarer Republik* (Anm. Einl./25) sei auf die These von der „Notwendigkeit der Entwicklung" zur Katastrophe hin festgelegt (Besson, S. 10 ff.; S. 358 ff.), ist gerade auch in diesem Punkt (wie bei Behandlung der Schlußphase der Republik) unzutreffend. Dem Nachweis der bis zuletzt vorhandenen Alternativen, auf den der Verf. entschiedenen Wert legt, setzt vielmehr Besson seinerseits die zweifelhafte Behauptung von der Unausweichlichkeit der Brüning-Lösung entgegen; er übersieht (vgl. Besson, S. 160 f.) mit seiner auch begrifflich fragwürdigen Konfrontierung von Demokratie und „Staat", von Politik und „Sachlichkeit" die brüske Form der Hindenburg-Brüningschen Regierungsbildung vom März 1930 wie die – eben politische – Bedeutung der Reichstagsauflösung vom Juli 1930. Insbesondere auf die nebulose Kategorie der „Sachlichkeit", mit der Besson durchgehend gegen den Gesichtspunkt der politischen, demokratischen und parlamentarischen Prozedur polemisiert, scheint mir der Vorwurf der unzureichend spezifizierenden Begriffsbildung (Besson, S. 19 und anderwärts) mit größerem Recht zuzutreffen als auf den in der *Auflösung der Weimarer Republik* unternommenen Versuch, die Entwicklung der Weimarer Republik an dem

über nachdrücklich zu betonen, daß die parlamentarische Alternative zum Präsidial-
experiment seit Ende 1929 gar nicht mehr ernsthaft geprüft worden ist. Die Kabinette
wurden von jetzt an ohne Parteienverhandlungen und mit verblüffender Schnelligkeit
bewußt als überparlamentarische Hindenburg-Regierungen ins Leben gehoben. Parlament und Parteien waren dadurch ohne weiteres jener Verpflichtung zur konstruktiven Zusammenarbeit, jenes Zwangs zum Kompromiß und zur Gruppierung arbeits-
fähiger Mehrheit enthoben, die doch das Fundament ihrer Existenz in der Demokratie
ist. Der bequeme Ausweg des Präsidialregimes hat ihre Aktivität abgelenkt und ihr
Verantwortungsbewußtsein gelähmt. Er hat zugleich jener antidemokratischen Re-
form- und Diktaturpropaganda, die jetzt unter Berufung auf Wirtschafts- und Parla-
mentskrise den autoritären Umbau des Staates zur Forderung der Stunde erheben
konnte, die sichtbarsten Ansatzpunkte verschafft. Und er hat schließlich den willkommenen Vorwand geliefert für die nationalsozialistische Taktik, den totalitären
Umsturz auf pseudolegalem Wege zu erreichen. Wie die Berufung Brünings ganz
auf präsidiales Diktum hin und bewußt über den Kopf des Reichstags hinweg erfolgt
war, so hat Brüning wenig später auch das Parlament, das ihm auf dem Weg autoritärer Notverordnungspolitik nicht folgen wollte, um zwei Jahre vorzeitig und ausgerechnet im Augenblick der sich ständig verschärfenden Krise auflösen lassen. Der
Reichstag war damit endgültig auf eine bloße Tolerierungsrolle beschränkt: Die Wahl
vom September 1930 hat seine Zusammensetzung aufs ungünstigste verändert und
mit der gewaltigen Zunahme nationalsozialistischer Abgeordneter (von 12 auf 107)
bestätigt, wie verhängnisvoll unzeitig Brünings Entschluß war – vielleicht auch, daß
die moderne Demokratie auf Meinungs- und Wahlbeobachtung nicht verzichten kann.
Hier wird schon eine Reihe krisenverschärfender Faktoren sichtbar: die vorzeitige
Auflösung eines dem Notverordnungskurs wohl widerstrebenden, aber noch keineswegs radikalisierten Parlaments im Augenblick der Krise und mit dem Erfolg einer
ersten schweren Niederlage der demokratischen durch die radikalen Parteien; das
fatale Nebeneinander von halbdiktatorischer Regierung, ausgeschaltetem Parlament
und auf die Straße verdrängter Radikalisierung der Öffentlichkeit; der Glaube endlich, man könne durch einen außenpolitischen Erfolg den Wettlauf mit der innenpolitischen Krise gewinnen: All dies verschärfte nur noch die Krisenlage und war nicht
einfach, wie immer wieder behauptet wird, ihre natürliche Folge oder gar das einzig
mögliche „staatspolitische" Gegenmittel.

Denn nun war der Reichstag erst recht eigentlich handlungsunfähig geworden, während
das Präsidialkabinett, von Anfang an keine echte Repräsentation des Bevölkerungs-
willens, noch stärker als bürokratischer Fremdkörper empfunden wurde. Gewiß, die
Meinung bleibt weitverbreitet, eine Krisensituation erfordere ein parlamentarisch un-
gebundenes Fachkabinett. Aber die Erfahrung von Weimar setzt hier ein Fragezeichen.
Seit 1930 jedenfalls hat die Existenz einer autoritär abgestützten, von der Öffentlich-

Begriff der parlamentarischen Demokratie, doch wohl dem Verfassungs- und Strukturgesetz dieses Staatswesens,
zu messen. Unbeschadet seiner Berufung auf deutsche Autoritäten der „historischen Methode", die freilich nur
nur *eine* (oft nur theoretisch postulierte) Richtung der Geschichtsschreibung repräsentiert, verläßt auch Besson
selbst in durchaus gelungenen Strukturanalysen an vielen Punkten den „klassischen" Weg der individualisierenden,
spezifizierenden Darstellung (so auch, wenn er S. 362 feststellt, ihre Intentionen stellten die Ära Brüning schon
auf eine „prinzipiell antidemokratische Ebene"; oder wenn er an gleicher Stelle die These anerkennt, „die im
Präsidialstaat eine wichtige Voraussetzung der nationalsozialistischen Revolution sieht). Im Anschluß an Friedrich
Meinecke betont er dann selbst, daß die Problematik des modernen Staates nur in der Zusammenschau von
Individuellem und Generellem „zugleich" erfaßt werden könne (S. 18 f.). Warum dann ein Zusammenwirken
von Geschichte und politischer Wissenschaft oder Soziologie, eine Verbindung von spezifizierender und typologi-
sierender Methode nicht möglich sein soll, wie Besson in Verkennung großer Beispiele ausländischer und auch
deutscher Wissenschaft (Max Weber, Otto Hintze) und der Tendenz der modernen Sozialwissenschaft einschließlich
der Historie behauptet (S. 11), ist nicht ganz einzusehen. Vgl. jetzt die Rezension von Hans Herzfeld in: *Neue
Politische Literatur* 5 (1960), H. 5, S. 435 ff.

keit distanzierten Präsidialregierung den Zug zum Radikalismus noch fühlbar verstärkt. Da im Unterschied zur englischen Krisenpolitik auf den Versuch einer breitfundierten Regierungsbildung endgültig verzichtet wurde, erschien der Öffentlichkeit eine Einwirkung auf die Politik über demokratische Parteien und Parlament jetzt weniger denn je möglich. Auf der Suche nach demonstrativen Oppositionsmöglichkeiten strömten vor allem der krisenanfällige Mittelstand und die Bauern der alles versprechenden nationalsozialistischen Sammelbewegung, verelendete Arbeitermassen dem kommunistischen Antipoden zu.

Was in diesem Zusammenhang bedeutsam erscheint, ist die Reaktion der Demokratie auf den stürmischen Aufstieg der totalitären Parteien, die es dann tatsächlich im Sommer 1932 zu einer freilich unechten Mehrheit destruktiver Oppositionsstimmen im Reichstag gebracht haben. Es gab im Grunde zwei Wege, dieser Drohung zu begegnen: entweder die Erwägung, die Nationalsozialisten unter vorsichtiger Absicherung an einer parlamentarischen Regierung zu beteiligen und dadurch ihre bequemen Oppositionsmöglichkeiten einzuschränken; oder aber entschieden, politisch wie auch juristisch, gegen ihre antidemokratische Aktivität vorzugehen. Tatsächlich aber geschah nichts, sowenig Zweifel auch über die legalistische Verschleierungstaktik der nationalsozialistischen Führung erlaubt waren. Wie immer man das Problem eines Parteienverbots unter einer Demokratie beurteilen mag, der antidemokratische und antiparlamentarische Grundcharakter der nationalsozialistischen Bewegung war auch juristisch und verfassungsrechtlich mühelos zu erfassen. Das Versagen der Justiz wurde wohl am eklatantesten sichtbar, als im Herbst 1931 der Oberreichsanwalt eine Klageerhebung gegen die Urheber der Boxheimer Dokumente ablehnte, obgleich in ihnen doch die terroristischen Umsturzplanungen der Nationalsozialisten klar zutage getreten waren.

Dies war die Wirklichkeit. Wohl gab es Pläne, Entwürfe, eindeutige Materialsammlungen bei der Reichsregierung und den Länderregierungen, kam es auch zu einzelnen Maßregelungen und regionalen Gegenmaßnahmen. Aber eine wirksame Gegenwehr unterblieb, nicht nur von den Präsidialkabinetten, sondern auch bei den demokratisch regierten Ländern. Welche Folgen diese Immobilität für die rasche innere Aushöhlung der Republik hatte, freilich auch, welche Konsequenzen sich aus den autoritären Ansätzen der Regierung Brüning ergaben, das zeigte sich geradezu schlagartig im Frühjahr 1932. Durch eine keineswegs zufällige Koinzidenz der Ereignisse verlor Brüning die beiden Hauptstützen seiner halbparlamentarischen, halbautoritären Fachkabinettspolitik: den Reichspräsidenten und die Reichswehrführung. Es mag noch umstritten sein, wie stark an diesem verhängnisvollen Regierungssturz die verschiedenen Urheber beteiligt waren: Reichswehrführung, agrarische Interessengruppen und ehrgeizige Einzelpersonen. Brüning selbst hatte, als die siebenjährige Amtsperiode Hindenburgs ablief, sogar den Gedanken einer Restauration der Monarchie über eine vorläufige Regentschaft Hindenburgs erwogen und war schließlich nach erfolglosen Verhandlungen mit Hitler und Hugenberg für die Wiederwahl des nun 84jährigen Reichspräsidenten eingetreten. Es war sein letzter Erfolg, daß er dafür die Parteien seiner Tolerierungsmehrheit von den Sozialdemokraten bis zur gemäßigten Rechten gewinnen und damit im April 1932 doch noch einen eindeutigen Sieg über den nationalsozialistischen Machtanspruch sichern konnte. Scheinbar paradox, in Wirklichkeit bezeichnend für das ungenutzte Fortbestehen einer parlamentarischen Alternative ist auch die Tatsache, daß die Mehrheit des Reichstags bis zuletzt alle Mißtrauensvoten gegen die Regierung zu Fall brachte. Ihre Bedrohung kam vielmehr gerade von den sie bisher stützenden autoritären Kritikern einer parlamentarischen Lösung.

Denn als nun der amtierende Innenminister General Groener mit dem SA-Verbot endlich zu dem lange verzögerten Schlag gegen die NSDAP ausholte, wurde plötz-

lich das ganze Ausmaß des Machtverlusts deutlich. Mit Groener stürzte die Reichswehrführung durch die eigenwillige Initiative Schleichers zunächst einen machtpolitischen Eckpfeiler der Regierung, dann unter Mitwirkung der durch Siedlungsprojekte
beunruhigten großagrarischen Umgebung Hindenburgs auch Brüning selbst und mit
ihm die demokratisch-halbparlamentarische Version des Präsidialsystems. Für die
Reichswehrführung war Brünings Unvermögen zur Einbeziehung des nationalsozialistischen Potentials in die autoritäre Lösung, für die Umgebung Hindenburgs mit den
Interessenmotiven das Streben nach einer stärkeren Forcierung des antiparlamentarischen Kurses Hauptantrieb zu dem verhängnisvollen Kabinettssturz von Ende Mai
1932, der erstmals ohne jede Mitwirkung von Parlament und Parteien, allein durch
das interessengesteuerte Diktum des Reichspräsidenten erfolgte. Hindenburg hatte
sich nur sechs Wochen nach seiner Wiederwahl in brüsker Weise vom Votum seiner
demokratischen Wähler distanziert und seine Unterstützung einer Gruppierung zugewandt, die seine Kandidatur soeben noch entschieden bekämpft hatte.

Es ist bezeichnend, daß das neue Kabinett des abtrünnigen Zentrumspolitikers
Papen ebensoschnell wie die Regierung Brüning ins Leben gehoben und ungeachtet
seiner einseitigen Orientierung nach rechts noch ausdrücklicher als „nationale" Regierung *über* den Parteien deklariert wurde. Sein Ziel war eine verstärkte Konkretisierung des autoritären Umbaus, die nun aber mit gänzlich anderen Mitteln vorangetrieben wurde als das Experiment Brüning. Mag man die Notverordnungs- und
Deflationspolitik Brünings noch so scharf kritisieren, so ist doch dem Urteil Arnold
Brechts zu folgen, daß „selten ... eine Regierung in ihrem Urteil mit besserem Gewissen geirrt [hat] als die Regierung Brüning".[6] Während auch Brüning kurioser-
weise ausgerechnet vom Parlament, das er doch so entschieden zurückgedrängt hatte,
in seiner Mehrheit bis zuletzt toleriert, von seinen ursprünglichen Verbündeten dagegen gestürzt worden war, hatte Papen die parlamentarische Tolerierungstaktik
seines Vorgängers verlassen, um nun die Errichtung eines auf Hindenburgs Macht-
prestige und die „nationalen Kräfte" gegründeten „Neuen Staates" zu proklamieren,
der endlich die lange verfolgte autoritäre Lösung politisch wie institutionell verwirklichen sollte. Nach den zeitgenössischen Äußerungen der Umgebung Papens sollte
dieser „Neue Staat", als ständisch gegliederter aristokratischer Präsidial-Führerstaat
mit einem von Hindenburg berufenen Oberhaus und einem über pluralistisches statt
allgemeines Wahlrecht gewonnenen Unterhaus, eine Herrschaft der „Besten" anstelle
der demokratisch-parlamentarischen „Herrschaft der Minderwertigen" verbürgen.
Soweit es die verschwommenen ideologischen Konstruktionen der Vorkämpfer dieses
„Neuen Staates" erkennen lassen, war damit einer unkontrollierten Selbstherrschaft
Hindenburgs und der von ihm betrauten Führungsschicht alle Entscheidungsgewalt
zugesprochen (euphemistisch als „Selbstverantwortung" deklariert), während die parlamentarischen Residuen in Gestalt der beiden Kammern auf eine beratend-deklama-
torische Rolle beschränkt sein sollten. Die Idee einer derartigen autoritären Reform
der Demokratie, die gleichzeitig die totalitären Bestrebungen nationalsozialistischer
Prägung abfangen und blockieren sollte, ist zwar nie verwirklicht worden, hat aber
bei den Versuchen zur Eingrenzung und Zähmung der nationalsozialistischen Revolution noch eine verhängnisvolle Rolle gespielt.

Vor allem aber bemühte sich Papen sogleich um eine Zusammenarbeit mit Hitler.
Zu diesem Zweck konzedierte er der NSDAP eine Reihe von Vorleistungen, die zugleich den grundsätzlichen Bruch mit Brünings gemäßigtem Autoritätskurs offenbar
machten. Das erste war die Auflösung des Reichstags, bevor dieser überhaupt zu-

---

[6] Brecht, *Vorspiel...* (Anm. I/2), S. 61.

sammentreten und sich – mit allerdings unzweifelhaft negativem Votum – zum Kurs der neuen Regierung äußern konnte. Die Ära der parlamentarisch tolerierten Notverordnungen war damit zu Ende; eine Periode folgte, in der der Notverordnungskurs gänzlich abseits der demokratischen Willensträger, auf dem Weg über die direkte Ausschaltung des Reichstags mittels wiederholter Auflösung durchgeführt wurde. Anders als Brüning hat Papen selbst auch den neuen Reichstag nur einmal, während seiner einzigen Arbeitssitzung im September 1932, betreten und hier nur, um — ohne je zu Wort gekommen zu sein — einem vernichtenden Mißtrauensvotum (512 : 42 Stimmen) mit der erneuten Reichstagsauflösung zuvorzukommen.

Die zweite überstürzte Vorleistung an die umworbene NSDAP, die Aufhebung des SA-Verbots, brachte Papen sogleich in Konflikt mit all den Länderregierungen, die Groener seinerzeit zum SA-Verbot veranlaßt hatten; da aller Polizeieinsatz auf Länderebene verankert war, trugen die Länder ja auch die Hauptverantwortung für die blutigen Straßenkämpfe, die zwischen den Bürgerkriegsarmeen der radikalen Linken und Rechten jetzt sofort mit bislang ungekannter Heftigkeit entbrannten. Schon hier zeigte sich die Hilflosigkeit dieser Regierung, die ohne nennenswerten Rückhalt in der Bevölkerung ihre weitgehenden Reformpläne durchzuführen suchte. Wie andersgeartet ihre Methoden waren, verglichen mit der noch strikt rechtsstaatlich orientierten Brüning-Ära, zeigte besonders eindringlich dann die dritte Aktion, die allerdings mehr als nur eine Vorleistung an die NSDAP, vielmehr selbst eigenster Bestandteil des Papen-Kurses war: der Staatsstreich in Preußen am 20. Juli 1932. Denn als die Hoffnung auf eine nationalsozialistische Unterstützung des Papen-Experiments sich als trügerisch zu erweisen und der „Neue Staat" schon vor der Verwirklichung seiner autoritären Postulate in einen hoffnungslosen Engpaß der allgemeinen Isolierung zu geraten begann, suchte Papen kurz vor den für ihn bedrohlichen Reichstagsneuwahlen, gestützt auf Reichspräsident und Reichswehr als seine einzigen Machtquellen, durch eine erfolgreiche Gewaltaktion den Ring der politischen Isolierung zu sprengen und mit der Eroberung der Macht in Preußen seine autoritäre Stellung wenigstens in diesem drei Fünftel Deutschlands umfassenden Raum auch ganz konkret zu verankern.

Gewiß rührte der alte Streit um das Problem der Reichsreform gerade im Hinblick auf den Dualismus von Reich und Preußen an einen gewichtigen Strukturfehler der Weimarer Republik. Das Problem war doppelt brennend durch die fragwürdige Lage, in der sich die Regierung der Weimarer Koalition in Preußen unter den Sozialdemokraten Braun und Severing befand; seit den Landtagswahlen vom April 1932 hatte sie nur noch eine parlamentarische Minderheit hinter sich, war nur noch geschäftsführend, ohne daß sich doch eine auf konstruktive Mehrheit gegründete Regierung zu ihrer Ablösung gefunden hätte. Aber das entscheidende politische Motiv bei der Durchführung der auf den Artikel 48 gestützten Reichsexekution gegen die preußische Regierung war doch Papens verzweifeltes Bemühen, die machtpolitische Basis seines hoffnungslos isolierten Regimes durch einen – wie er rechnete – mit Bewunderung, Sympathie oder Schrecken aufgenommenen Akt autoritären Selbstbewußtseins demonstrativ zu verstärken und damit doch noch Respekt und Unterstützung von nationalsozialistischer Seite zu gewinnen.

Der Preußen-Putsch vom 20. Juli 1932 erwies durch das auch für Papens Begriffe überraschend schnelle und kampflose Zurückweichen der bisherigen Machtträger, die den Widerstand gegen ihre rechtswidrige Absetzung auf ein langwieriges, politisch wirkungsloses Gerichtsverfahren beschränkten, wie weit tatsächlich und psychologisch der Machtverlust der verbliebenen demokratischen Instanzen schon fortgeschritten war und wie wenig es zur autoritären und dann totalitären Überwindung der Demokratie noch bedurfte. Was immer gegen die Erfolgsaussichten eines politischen Streiks eingewandt werden mag: Für die weitergehenden nationalsozialistischen Absichten war dieser erste 20. Juli ein ermutigendes Vorbild. Und in den folgenden Säuberungs- und Verdrängungsaktionen in der Verwaltung Preußens warf dann auch schon die Technik der Gleichschaltung, die Degradierung aller politischen Organe zu gehorsamen Verwaltungsträgern in den Händen unkontrollierbarer Führungscliquen ihre Schatten voraus. Aber sowenig wie die übrigen Vorleistungen hat dies Entgegenkommen gegenüber der „Nationalen Opposition" der extremen Rechten dem „Neuen Staat" seinen laut proklamierten Weg zwischen Demokratie und Diktatur bahnen können. Neue Möglichkeiten zur Stabilisierung einer autoritären Rechtsregierung Papenscher Prägung wurden auch damit nicht eröffnet, und der Ausgang der Wahl vom 31. Juli 1932 hat Papens Experiment erst recht in die äußerste Isolierung gedrängt.

Hier wird aufs eindringlichste sichtbar, wie sehr diese Monate nach Brünings Sturz im Zeichen einer unentschiedenen wechselseitigen Blockierung der Machtgruppen standen. Drei große Tendenzen lagen sich im Kampf um die Macht gegenüber, lähmten sich in ihrer Bewegungsfreiheit und waren zugleich außerstande, über dies Machtvakuum wirkliche Kontrolle zu gewinnen. Das galt erstens für die ausmanövrierten demokratischen Gruppen, die noch immer eine beträchtliche Macht darstellten, auch wenn sie ganz auf negative Widerstandsfunktionen zurückgedrängt und jeder Möglichkeit eines konstruktiven Eingriffs in den politischen Ablauf beraubt schienen. Es galt aber nicht minder auch für die kompromißunfähigen totalitären Bestrebungen nationalsozialistischer und kommunistischer Prägung. Zusammengenommen verfügten NSDAP und KPD jetzt zwar über eine destruktive Mehrheit von 53 % aller Reichstagssitze und konnten damit jede demokratische Regierungsbildung verhindern. Aber über diese rein negative Zusammenarbeit hinaus waren sie natürlich absolut kooperationsunfähig und standen ratlos vor den Toren der Macht. Bewegungsunfähig war aber auch allen selbstbewußten Äußerungen Papens zum Trotz das autoritäre Regime einer winzigen Minderheit, das zwar seine vorübergehende Machtausübung auf den Reichspräsidenten und die Reichswehr, auf fortgesetzte Reichstagsauflösungen und schließlich Staatsstreichpläne stützen konnte, das aber die gewünschte autoritäre Definitivlösung gegen neun Zehntel der deutschen Wählerschaft und gegen die demokratischen und totalitären Gegengruppierungen doch nicht durchzusetzen vermochte.

Gewiß bemühten sich die verschiedenen Gruppen damals fieberhaft, diesen Zustand der allgemeinen Lähmung zu überwinden oder doch im Interesse der eigenen Ziele auszunutzen. Besonders drei Initiativen, die alle noch im August 1932 entwickelt wurden, gingen in diese Richtung. Unter dem Eindruck des jüngsten nationalsozialistischen Wahlsieges unternahmen Papen und Schleicher Anfang August einen neuerlichen Versuch, Hitler zur Regierungsteilnahme unter gemäßigten Bedingungen zu bewegen. Da sie und besonders auch Hindenburg selbst jedoch auf erheblichen Sicherungen bestanden und Hitler selbst nur das Vizekanzleramt konzedierten, kam es zum erneuten Bruch mit der nationalsozialistischen Führung; diese hatte Papens Absicht, die NSDAP durch harmlose Regierungsbeteiligung zu zähmen, ihre Popularität so abzunutzen und gleichzeitig ihr Wählerpotential auszunutzen, natürlich längst durchschaut. Um so unbequemer für das Papen-Regime war eine zweite Initiative, die wenige Tage später schon von nationalsozialistischer Seite folgte. Durch Verhandlungen mit der Zentrumsführung erweckte Hitler tatsächlich vorübergehend den Eindruck, als arbeite er auf die Bildung einer regulären parlamentarischen Mehrheitsregierung hin, die ja automatisch das Ende des Papen-Intermezzos bedeutet hätte. Angesichts der unüberbrückbaren Gegensätze der beiden Partner blieb dies zwar eine rein taktisch ausgespielte Drohung, die in der Mißstimmung aller Parteien außer der Papen stützenden DNVP ihre gemeinsame, rein negative Basis hatte. Aber es genügte, um Papen den Zusammentritt des neuen Reichstags mit äußerster Furcht erwarten zu lassen.

Um weiteren Überraschungen zuvorzukommen, erwirkte er dann *noch vor* der Eröffnungssitzung dieses Reichstags von Hindenburg ein neues Auflösungsdekret – ein wahrhaft einzigartiges Ereignis in der Geschichte des Parlamentarismus überhaupt. Diese Pauschalvollmacht, in die Papen nur noch Datum und vage Begründung einzusetzen brauchte, macht offenbar, wieweit dies parlamentarische Verfahren jetzt faktisch durch eine kontrollfreie autoritäre Regierungsprozedur ersetzt war. Sie schloß zugleich eine dritte Initiative zur Durchbrechung des Machtvakuums ein: nämlich den gleichzeitig mit Hindenburg erörterten Plan, den unbequemen, nach jeder Neuwahl doch ähnlich oppositionell gestimmten Reichstag jetzt langfristig auszuschalten und die kontrollfreie Periode dann zu der oft erwogenen autoritären Verfassungsreform zu benutzen, wobei die Diktaturvollmachten des Reichspräsidenten entsprechend großzügig ausgelegt werden sollten. Als nun Papen in der ersten Arbeitssitzung vom September 1932 dem vernichtenden Mißtrauensvotum des neuen Reichstags mit der vorbereiteten Auflösungsorder zuvorkam, schien in der Tat der Augenblick für eine solche Reform durch Staatsstreich gekommen. Aber nun waren es Hindenburg und die Reichswehrführung, die für diesen Fall eine Explosion der gespannten Lage, gleichsam den Übergang vom kalten in den heißen Bürgerkrieg befürchteten und der Initiative Papens und seines Innenministers Gayl die Unterstützung versagten.

Die Reichstagsneuwahl vom 6. November 1932 – fünfte Wahl in der Reihe der aufwühlenden Wahlgänge dieses Jahres – hat zwar diese Situation auch nicht zu ändern und keine neuen Lösungsmöglichkeiten aufzuzeigen vermocht. Als nun aber Hitler trotz deutlichem Schwund der nationalsozialistischen Stimmen, der eine absolute Grenze der in freier Wahl erreichbaren Anhängerschaft setzte und der nationalsozialistischen Führung den Weg zur Macht über eine parlamentarische Mehrheit verbaute, doch bei seinen von Hindenburg erneut abgelehnten Forderungen blieb, geriet die NSDAP doch in eine ernsthafte Krise. Ihre Bewegung war deutlich rückläufig geworden, und der Weg zur Macht schien durch Hindenburgs Abneigung gegen ein Präsidialkabinett Hitler hoffnungslos blockiert. Ihre zur Macht drängenden Funktionäre wurden unruhig, die finanzielle Situation verschlechterte sich, einflußreiche Gönner drohten sich abzuwenden. Und vor allem: Das Tief der Wirtschaftskrise war nachweislich durchschritten, der bevorstehende Neuaufschwung drohte die rasch zugeflossenen Wählermassen wieder ins Bett der traditionellen Gruppierungen zurückströmen zu lassen.

In dieser für nationalsozialistische Begriffe alarmierenden Situation erblickte nun der Reichswehrminister, General Schleicher, eine ernsthafte Chance für sein Bemühen, den Plan zur Zähmung und Abnutzung der NSDAP doch noch, beim dritten Anlauf gewissermaßen, erfolgreich durchzuführen. Jetzt freilich mit erheblichen Modifikationen. Als nämlich Papen zunächst formal seinen Rücktritt erklärte und dadurch Hindenburg energisch zur Billigung seiner autoritären Staatsstreichpläne zu drängen suchte, distanzierte sich Schleicher von dem Kanzler, den er bislang gefördert hatte, indem er einen innenpolitischen Einsatz der Reichswehr zur Stützung des geplanten Staatsnotstands verweigerte und dafür auch die Unterstützung anderer Kabinettsmitglieder gewann. Schleicher dachte nach all seinen eigenen Intrigen und Experimenten doch in letzter Stunde realpolitisch genug, um der gefährlichen Illusion einer autoritären Diktatur Papenscher Prägung entgegenzutreten. Statt dessen stellte er dem ohnehin kampfesmüden Reichspräsidenten die Möglichkeit einer friedlichen Lösung der Krise in Aussicht. Er entwickelte den Plan, durch eine Spaltung der NSDAP und eine Versöhnungspolitik gegenüber den anderen Gruppen bis hin zu SPD und Gewerkschaften wieder eine echte Basis für die Regierungspolitik zu gewinnen und von hier aus den Radikalismus einzudämmen – wenn nötig auch unter Verzicht auf allzu unpopuläre autoritätsstaatliche Projekte.

Das Ergebnis war – nach vorsichtigem Zögern Hindenburgs – die Betrauung Schleichers mit der Kanzlerschaft am 2. Dezember 1932. Freilich blieb im Reichspräsidentenpalais eine Verstimmung zurück, die sich wenig später in einer letzten Regierungskrise Luft schaffte und mit Schleicher und seinem Plan die sorgfältig errichteten Dämme gegen eine nationalsozialistische Machtergreifung überraschend schnell beseitigte. Entgegen Schleichers Bemühungen, Papen auf den Botschafterposten nach Paris zu schaffen, blieb der Exkanzler als Hindenburgs Vertrauensmann maßgebend im Spiel der Wilhelmstraße eingeschaltet. Von ihm ging dann auch die letzte Initiative aus, die der NSDAP schließlich im unerwarteten Augenblick, als sie schon mit ernsten Krisenerscheinungen kämpfte, den Durchbruch durchs Machtvakuum und in die entscheidende Phase der *Machtergreifung* ermöglichte.

Noch heute ist das spezifische Gewicht der verwirrenden Vorgänge umstritten, die der dramatisch beschleunigten unmittelbaren Vorgeschichte des 30. Januar 1933 die entscheidende Richtung gegeben haben. Den wichtigsten Orientierungspunkt inmitten der Fülle der sich überstürzenden Ereignisse vermittelt die Einsicht, daß diese Endphase ungleich mehr noch als die vorangehenden Stufen von individuellen Neigungen und Entscheidungen bestimmt war. Gewiß konnten sie sich nur aus einer Situation heraus entfalten, die von den allgemeinen politischen Bedingungen, von einer die ganze Geschichte und Vorgeschichte der Weimarer Republik umfassenden Problementwicklung getragen und zu einem gewissen Grade auch determiniert war. Aber auch jetzt noch trug der weitere Gang der Ereignisse keine zwingende Notwendigkeit in sich, war mehr denn je zuvor von den Aktionen eines kleinen Personenkreises abhängig. Denn gemäß der Verfassungswirklichkeit wie der allgemeinen Entwicklung zum autoritären Staat hin lag der Hebel zu dem entscheidenden Umschwung bei Hindenburg. Er konnte nach Lage der Dinge nur von Personen in Bewegung gesetzt werden, die zum innersten Kreis des Reichspräsidentenpalais gehörten und schon seit Jahren ihre autoritären Reformpläne betrieben. Neben Exkanzler v. Papen, dem Präsidentensohn und Adjutanten Oskar v. Hindenburg und dem präsidialen Staatssekretär Meißner was dies bislang sehr wesentlich auch Schleicher gewesen. Der neue Reichskanzler, der nun endlich selbst aus dem Dunkel der Planungen und Intrigen ins Licht der Öffentlichkeit getreten war, sah seinen Zwischenlösungsversuch aber sogleich den größten Schwierigkeiten ausgesetzt. Auf der einen Seite nahmen die plötzlich wieder umworbenen demokratischen Parteien Schleichers rasche Schwenkung vom autoritären zum kooperativen Kurs nur mit Mißtrauen hin; die sozialistischen Gewerkschaften, die auf Schleichers Annäherungsversuche zunächst positiv reagierten, sahen sich sogleich einem entschiedenen Veto der unbeweglichen sozialdemokratischen Führung gegenüber. Auf der anderen Seite gewann Schleicher mit Gregor Strasser wohl den wichtigsten Mann der NS-Parteiorganisation vorübergehend für seinen Kooperationsplan, sah sich aber in der Hoffnung auf eine Spaltung der NSDAP getäuscht.

Zwar verzichtete der neue Reichstag einschließlich der immerhin schwer getroffenen Nationalsozialisten bei seiner ersten Sitzung auf ein Mißtrauensvotum; eine Rückkehr zur Brüningschen Tolerierungspraxis schien vorübergehend möglich. Aber Schleichers Bemühungen um eine Überwindung der von Papen ererbten Isolierung des autoritären Präsidialsystems machten angesichts der Unentschlossenheit Strassers und der fortdauernden Immobilität der demokratischen Parteien nur langsame und unbefriedigende Fortschritte. Und bald zeigte es sich, daß die Gegenseite nicht untätig geblieben war und durch die Initiative weniger Schlüsselpersonen eine neue Alternative zu entwickeln vermochte, die dann auch Schleicher und mit ihm den letzten Versuch zur Verhinderung der nationalsozialistischen Machtergreifung zu Fall gebracht hat. Gewiß muß betont werden, daß Hindenburg sich gegen die schließliche Lösung vom

30. Januar 1933 bis fast zuletzt gewehrt hat, mindestens soweit es die Betrauung Hitlers mit dem Reichskanzleramt anging. Aber zugleich zeigte er sich schon seit Anfang Januar über die vorläufige Erfolglosigkeit der Schleicherschen Bemühungen enttäuscht und beunruhigt, und eben dies war die Stelle, an der nun Papens Gegenaktion einsetzte.

Die Motive des Exkanzlers, den Hindenburg damals als seinen *„homo regius"* zu bezeichnen pflegte, waren persönlicher wie sachlicher Art. Verärgerung und Mißgunst seinem einstigen Freund und Gönner Schleicher gegenüber paarten sich mit dem politischen Ehrgeiz, wieder ins Spiel zu kommen, und verbanden sich seinem unveränderten Wunschbild vom autoritären Staat, den er nun, nach dem Verlust der Schleicherschen Unterstützung, nur noch über ein Bündnis mit der NSDAP endgültig zu verwirklichen hoffen konnte. In diesem Zusammenhang liegt die historische Bedeutung der mehrwöchigen geheimen Vermittlungstätigkeit zwischen Hindenburg und Hitler, die Papen seit dem berühmten Kölner Treffen vom 4. Januar 1933 zuerst mit großindustrieller Unterstützung, dann mit Hilfe Ribbentrops und Oskar v. Hindenburgs, zuletzt auch noch durch den Beitritt Hugenbergs, des Reichslandbunds und des Stahlhelms entfaltete. Die Wiederkunft der nach mancherlei Unstimmigkeiten zwischen den Partnern zerbrochenen Harzburger Front war in erster Linie eine Folge dieser Papenschen Initiative, und angesichts der erdrückenden Beweislast aller Quellen kann der vehementen Apologetik der Papen-Memoiren auch in diesem Punkte nicht mehr gefolgt werden. Tatsache ist, daß eine vom Dilemma des Machtvakuums gelähmte und durch Wählerverluste, interne Konflikte und Finanzprobleme geschwächte NSDAP plötzlich – und für sie selbst überraschend – wieder ins politische Spiel auf höchster Ebene eingeschaltet, dadurch der Bedrohung durch Schleichers Gegenpläne entzogen und an der Macht beteiligt wurde – und dies zu einem Augenblick, als die Wirtschaftskrise endgültig zurückzuschwingen begann. Die Machtbetrauung Hitlers und die folgende Machtergreifung durch eine bereits sichtbar vom Abstieg bedrohte Partei konnte nun ebenso von dem neuen Aufstieg der weltwirtschaftlichen Konjunktur profitieren, wie zuvor dem Aufstieg des Nationalsozialismus in einer destruktiven Opposition die Verschlechterung der allgemeinen Verhältnisse zugute gekommen war. Das mag als schicksalhafte Verkettung der Umstände betrachtet werden, war aber eben nicht minder auch eine direkte Folge der Papen-Initiative vom Januar 1933 und der autoritären Umgestaltungspläne, über die man sich mit Hitler verständigen, die man mit nationalsozialistischer Hilfe, aber in eigener Regie verwirklichen zu können hoffte.

Die Gegenwehr Schleichers war entgegen den Befürchtungen der neuen Bündnispartner nur noch schwach. Ein Grund dafür lag in dem verständlichen Zögern der demokratischen Parteien, die eine lange parlaments- und regierungspolitische Abstinenz auch innerlich stark geschwächt hatte. Mit äußerstem Mißtrauen verfolgten sie auch jetzt die Annäherungsversuche des vielgewandten Generals, dem man nach seiner bisherigen Intrigentaktik eine echte Rückkehr zu geregelten Regierungsverhältnissen, einen ehrlichen Verzicht auf autoritäre Experimente und eine entschlossene Abwehr der nationalsozialistischen Machtansprüche nicht zutraute. Ein zweiter Grund für die Schwäche Schleichers lag in der Einsicht, daß trotz der bereitwilligen Unterstützung, die General v. Hammerstein als Chef der Heeresleitung dem Reichskanzler zuteil werden ließ, ein Einsatz der Reichswehr gegen die Papen-Initiative und mithin gegen Hindenburg nicht in Frage kam. Das hinderte allerdings nicht, daß noch am 29. Januar von interessierter Seite das Gerücht von einem bevorstehenden Putsch der Reichswehr lanciert und dann auch von Hindenburgs Umgebung zur Beschleunigung der letzten Verhandlungen und des Regierungswechsels selbst benutzt wurde. Ein dritter Grund endlich war die mangelnde Klarheit, die Schleicher trotz mancherlei Einzel-

informationen von dem Ausmaß und der wahren Richtung der Gegenaktion hatte.
Er hielt bis zuletzt eine Einigung von der dann erfolgten Art für unmöglich, verließ
sich auf Hindenburgs Abneigung gegen Hitler und richtete seine ganze Aufmerksamkeit auf die Drohung eines neuen Papen-Kabinetts. Vor allem aber erwartete er keineswegs, selbst als Reichswehrminister durch den für nationalsozialistische Ideen anfälligen General v. Blomberg ersetzt und dadurch jeder Kontrolle und Einwirkung auf
die kommende Regierung beraubt zu werden.

Dies waren die entscheidenden Zusammenhänge, in deren Rahmen die dramatische
Schlußentwicklung sich vollzogen hat. In diesen Schlußmonaten der Republik war der
Einfluß persönlicher Initiativen in der Tat geschichtlich entscheidend geworden. Wie sie
die Krise um das SA-Verbot, den Sturz Brünings und die Abwendung Hindenburgs
von der demokratischen Version der Präsidialregierung, schließlich Papens Staatsstreich in Preußen und seine leichtfertigen Diktaturexperimente bestimmt hatten, so
führten sie zuletzt auch die unerwartete Berufung Hitlers zum Reichskanzler in einem
Augenblick herbei, da das Tief der Wirtschaftskrise durchschritten war und die NSDAP
schon fühlbare Rückschläge erlitten hatte. Gewiß wäre es unsachliche Vereinfachung,
wollte man die dramatisch verwickelten Ereignisse und Zusammenhänge dieser Monate
zwischen Juni 1932 und Januar 1933 auf *einen* gültigen Nenner zu bringen suchen.
Und gewiß hat die Zuspitzung der Strukturprobleme der Republik in dem scheinbar
ausweglosen „Machtvakuum" von 1932 (mit der gegenseitigen Blockierung demokratischer Parteien, totalitärer Umsturzbewegungen und autoritärer Machthaber) den
nationalsozialistischen Aufstieg erst möglich gemacht. Aber ebenso unbestreitbar ist
doch die letztlich entscheidende Bedeutung, die vor diesem historisch-politischen Hintergrund das selbstherrliche Intrigenspiel einer winzigen Minderheit um den einzig
verbliebenen Machtpfeiler, den (politischer Einsicht baren) Reichspräsidenten, erlangt
hat. Daß das überhaupt möglich war und so wenig aktiven Widerstand mehr fand,
mag bestätigen, daß die parlamentarische Republik jetzt, nach ihrer Überfremdung
durch autoritäre Experimente, nicht länger funktionsfähig war. Aber eben dies war
die fatale Kehrseite des Präsidialregimes. Und es bleibt bedenkenswert, was auch
Friedrich Meinecke in einem eigenen Kapitel seiner *Deutschen Katastrophe* über das
Verhältnis des „Zufalls" zum „Allgemeinen" in der Entwicklung zur nationalsozialistischen Diktatur geschrieben hat.

So haben sich Unglück und Fehler, Konsequenz und Zufall im Ereignis der nationalsozialistischen Machtergreifung zu einem fast unentwirrbaren Ursachenknäuel verbunden. Aber der „Notwendigkeit" blieb, auch *in extremis*, die Freiheit zugeordnet,
eine Freiheit der Wahl freilich, die schließlich mit dem Großteil der Bevölkerung auch
die politische und geistige Führungsschicht teils müde resignierend, teils leichtfertig
verführt, teils bewußt zerstörend preisgegeben hat. Die Umstände dieses Vorgangs
bestätigen, daß in der frühen Neigung zu autoritären Lösungsversuchen jenseits der
ungewohnten Demokratie eine Fülle determinierender Faktoren ausgebildet wurde,
die dann den 30. Januar 1933 und seine Folgewirkungen wesentlich ermöglicht haben.
Und doch existierten noch unter Schleicher fast bis zum letzten Augenblick Alternativen,
die geschichtlich kaum minder begründet waren. Den Ausschlag gaben erst das leichtfertige Spiel mit weitergehenden Projekten und die daran geknüpfte Aktivität der
Papen-Hugenberg-Hindenburg-Gruppe. Indem sich diese winzige Minderheit in ehr-
geizigem Selbstbewußtsein eine Zähmung und Ausnützung der totalitären Massenbewegung zutraute, verhalf sie der nationalsozialistischen Führung recht eigentlich
erst in die Machtpositionen, die sie aus eigener Kraft nicht zu erreichen vermochte.
Statt der erhofften Restauration autoritärer Herrschaft kam der totalitäre Staat, der
nicht nur die Weimarer Republik, sondern auch die Verfechter einer „dritten" Lösung
zwischen parlamentarischer Demokratie und totaler Diktatur überwältigte.

2. Anfänge der Regierung Hitler

Das neue Kabinett, das nach Tagen und Stunden dramatischer Verhandlungen und vielfach wechselnder Gerüchte am 30. Januar 1933 um 12 Uhr 40 durch amtliche Bekanntmachung der Öffentlichkeit vorgestellt wurde, trug nach seiner Zusammensetzung durchaus den Charakter einer zwar rechtsgerichteten, doch keineswegs eindeutig nationalsozialistischen Regierung. Viel eher stand es in der Kontinuität der vorangegangenen Präsidialkabinette: Sowohl politisch und verfassungsrechtlich wie personell stellte es sich ganz als im Willen und in der besonderen Vollmacht des Reichspräsidenten begründet dar. Als Vizekanzler und zugleich Reichskommissar für Preußen besetzte der ehemalige Reichskanzler Franz v. Papen, der entscheidenden Anteil am Zustandekommen der Regierung und an der Überwindung der Bedenken Hindenburgs hatte, die Schlüsselstellung neben dem neuen Regierungschef. Außenminister blieb wie unter Papen und Schleicher Konstantin Frhr. v. Neurath, Finanzminister desgleichen Lutz Graf Schwerin v. Krosigk. Der deutschnationale Parteiführer Alfred Hugenberg vereinte zum Zeichen der paritätischen Zusammenarbeit aller „nationalen Kräfte" und der Einschränkung des nationalsozialistischen Machtanspruchs als vielberufener „Wirtschaftsdiktator" die Reichsministerien für Wirtschaft, Ernährung und Landwirtschaft; dieselbe Tendenz verfolgte die Ernennung des Stahlhelmführers Franz Seldte zum Reichsarbeitsminister, die Beibehaltung des bisherigen Post- und Verkehrsministers Frhr. v. Eltz-Rübenach und, nach einigem Zögern, auch die Bestätigung des ebenfalls deutschnational orientierten Justizministers Franz Gürtner in seinem Amt. Innenminister freilich wurde der nationalsozialistische Fraktionsvorsitzende Frick, der 1930 als thüringischer Volksbildungsminister schon Diskussionen und Skandale entfacht hatte, als er nationalvölkische Schulgebete einzuführen versucht und dem nationalsozialistischen Rassetheoretiker Hans F. K. Günther eine Hochschulprofessur verschafft hatte; und daß nach vergeblicher Gegenwehr der Reichswehrführung an Schleichers Stelle überraschend der Generalleutnant v. Blomberg rückte, der jeden Gedanken an eine Opposition der Reichswehr gegen den Hitler-Kurs verdrängte, hat Hitlers Position auch nach dieser zuletzt so gefürchteten Seite gesichert. Außer durch Frick und Hitler war die nationalsozialistische Führung im Kabinett nur noch durch Hermann Göring vertreten, der als Minister ohne Geschäftsbereich zum Reichskommissar für den Luftverkehr und zum kommissarischen preußischen Innenminister unter Papen ernannt wurde.

Eine Beurteilung des Kabinetts vom 30. Januar, das sich als ausgeprägt autoritäre Rechtsregierung mit den Machtmitteln des seit 1930 entwickelten Präsidialregimes nicht grundlegend von den Kabinetten Papen und Schleicher zu unterscheiden schien, darf freilich nicht einfach von der zahlenmäßigen Verteilung der Ministerien ausgehen. Gewiß wurde das scheinbare Übergewicht der konservativ-deutschnationalen Kräfte noch durch eine Kabinettsvereinbarung verstärkt, nach der Papen bei allen Besprechungen Hindenburgs mit Hitler zugegen sein sollte; damit schien ein weiterer wirksamer Kontrollfaktor eingebaut. Aber nicht nur kam es bald zu einschneidenden Umbesetzungen des Kabinetts.[7] Es waren in Wirklichkeit, wie sich sogleich ganz konkret zeigen sollte, die für eine „Machtergreifung" entscheidenden Schlüsselstellungen, die schon jetzt in die Hand der nationalsozialistischen Minderheit geraten waren. Auch Hitler

---

[7] Als Reichskommissar für Preußen konnte sich Papen nur bis zum 10. April 1933, als Vizekanzler bis zum 26. Juli 1934 behaupten, wobei vermerkt sei, daß Göring in seinem noch 1933 verfaßten Machtergreifungsbuch betont, die Übergabe des preußischen Ministerpräsidenten-Postens sei „vorher übrigens abgesprochen" gewesen (Hermann Göring, *Aufbau einer Nation*, Berlin 1934, S. 95). Hugenberg verlor seine Ministerien am 27. Juni 1933, Eltz-Rübenach schied am 2. Februar 1937, Blomberg und Neurath schließlich am 4. Februar 1938 aus. In dieselbe Richtung zielte auch die Errichtung neuer, rein nationalsozialistisch beherrschter Ministerien (Propaganda, Erziehung, Luftfahrt).

selbst war zunächst freilich nachdrücklich bemüht, solche Illusionen der Öffentlichkeit wie seiner deutschnationalen Partner noch zu stärken und propagandistisch für
eine Verbreiterung der Regierungsbasis zu nützen: Noch konnte sich die NSDAP kaum
auf ein Drittel der deutschen Wählerstimmen berufen, verfügte nach den letzten
Parlamentswahlen vom November 1932 nur über 33,6 % der Reichstagssitze. Mittel
dieser Anfangstaktik war das Schlagwort von der „Nationalen Erhebung", nicht etwa
einer nationalsozialistischen Revolution, unter das sogleich der neue Regierungskurs
gestellt wurde. Solche Propaganda, die sich auf den vorwiegend deutschnationalen
Grundcharakter der Kabinettsbildung, auf die Stützung des „Neuen Kurses" durch
den zum nationalen Mythos erhobenen Hindenburg, auf eine enge Zusammenarbeit
der ganzen politischen Rechten von der NSDAP über die DNVP bis zum Stahlhelm
berief, beherrschte alle Verlautbarungen der ersten Wochen. Sie waren demonstrativ
auf eine Taktik der verschleierten, der „schleichenden" Machtergreifung abgestellt,
die denn auch tatsächlich ihre Wirkung auf weite und einflußreiche Kreise der nicht-
nationalsozialistischen Rechten, des „nationalen Bürgertums", nicht verfehlt hat.[8]
Man kann die fast mühelose Gleichschaltung des Staatsapparats und weithin auch
der „öffentlichen Meinung" nicht verstehen, wenn man nicht diese nationalsozialistische
Anfangstaktik einer „nationalen Erhebung" in Rechnung stellt. In ihrem Zeichen standen die ersten Bekundungen und Maßnahmen des neuen Regimes, das so ganz betont
nicht als revolutionärer Bruch, sondern als Durchbruch einer längst bestehenden inneren Gegenregierung, der wirklichen Regierung des wahren Deutschland, als durchaus legale Erfüllung einer „nationalen" Reformbewegung – weg von der diskreditierten
Demokratie von Weimar, hin zum starken autoritären Staat – verstanden sein wollte.
Selbst für viele „unpolitische" Zeitgenossen war diese Erwartung der bestimmende
Maßstab, an dem die Ereignisse der ersten Wochen gemessen wurden, und nur wenige
selbst der Gegner des Nationalsozialismus haben damals den wirklichen politischen Gehalt und die tieferen revolutionären Zusammenhänge des Geschehens zu erkennen vermocht. Das wird deutlich, wenn man neben den offiziellen Akten und Bekundungen
des neuen Regimes, neben den amtlichen Erlassen, Verfügungen und Kundgebungen
auch die vielfältigen zeitgenössischen Äußerungen und Darstellungen samt umfangreicher Memoirenliteratur heranzieht. Sie sind geprägt von einem geradezu chiliastischen Gefühl der Erfüllung, das eine offiziöse dokumentarische Darstellung dieser
Tage in den Satz faßte: „Zum erstenmal in unserer Geschichte hat das Leben der Nation über die leidvollen Irrwege eines vergangenen Jahrtausends gesiegt."[9]
Schon am Nachmittag des 30. Januar, noch bevor ein vielstündiger Fackelzug von
SA und Stahlhelm die „Nationale Revolution" demonstrierte, hielt die neue Regierung
ihre erste Sitzung ab.[10] Hitlers Ansprache feierte die Bedeutung des Tages, der endlich
die Einigung der nationalen Kräfte Deutschlands in einem Kabinett unter seiner Führung gebracht habe. Ein Ausbruch des Jubels gehe jetzt durch die Millionen von Men-

---

[8] Ein Beispiel für viele bieten die interessanten Informationsberichte des *Dienatag*, des „Dienstes nationaler
Tageszeitungen", die eine Reihe von Zeitungen der gemäßigten Rechten mit Nachrichten und Interpretationen aus
Berliner Regierungskreisen versahen; sie sind jetzt im Rahmen der *Sammlung Brammer* im Bundesarchiv Koblenz
aufbewahrt. Die meist von Georg Dertinger gezeichneten Kommentare zum Regierungswechsel (*Sammlung
Brammer*, Informationsberichte vom 31. März und 2. Februar 1933) zeichnen ein Bild, nach dem sowohl bei der
Kabinettsbildung wie bei der schließlichen Machtverteilung Papen mit Hugenberg und Seldte im Vordergrund
stehen: „Wir haben ein Duumvirat, sozusagen eine Art Konsularverfassung, bei der nur die beiden Kanzler
gemeinsam handeln können... Ich habe das Empfinden, daß das Vertrauen, das Papen bei Hindenburg genießt,
doch so stark ist, daß es schwerer wiegt als die Macht, die parteipolitisch hinter Hitler steht..."

[9] Gerd Rühle, *Das Dritte Reich. Dokumentarische Darstellung des Aufbaues der Nation*, Bd. I, 3. Aufl.,
Berlin 1934, S. 17.

[10] „Niederschrift über die Ministerbesprechung am 30. Januar 1933...", in: *Der Prozeß gegen die Hauptkriegsverbrecher vor dem Internationalen Militärgerichtshof. Nürnberg. 14. November 1945 – 1. Oktober 1946 (IMT)*,
Nürnberg 1947, Bd. XXV, S. 372 ff. (Doc. Nr. PS 351).

schen in Deutschland, ihm müsse man gerecht werden durch eine im Geiste nationaler Einheit geführte Politik. Nach der öffentlichen Verlautbarung wurde in einer eingehenden Aussprache völlige Übereinstimmung innerhalb des Kabinetts erzielt. Tatsächlich kam es zunächst jedoch nur zu dem Beschluß, Schleichers Staatssekretär Erwin Planck durch den Ministerialdirektor Lammers sowie Schleichers Pressechef Marcks durch Walther Funk, Hitlers wirtschaftspolitischen Verbindungsmann, zu ersetzen. Dagegen traten schon in der ersten Aussprache über die politische Lage und die vordringlichsten Maßnahmen erhebliche Meinungsverschiedenheiten zutage.

Drängendstes Problem war das weitere Verhalten gegenüber dem Reichstag, in dem diese Regierung ja keine Mehrheit besaß. Die einfachste Zwischenlösung, die im Vorjahr schon Papen zweimal gewählt hatte, lag in einer neuerlichen Auflösung des erst 12 Wochen zuvor gewählten Parlaments. Dies war auch die einzige Forderung gewesen, an der Hitler seit Beginn der Regierungsverhandlungen mit aller Konsequenz festgehalten hatte. Noch kurz vor dem Empfang bei Hindenburg am Mittag des 30. Januar wären Regierungsbildung und Vereidigung daran beinahe gescheitert, als Hugenberg aus richtigem Instinkt heraus Hitlers Auflösungsplan entschieden widersprach. Er war dabei aber allein geblieben, seine konservativen Kollegen samt Papen hatten ihm ihre Unterstützung versagt, um eben die Regierungsbildung nicht zu gefährden: Schon in diesem Augenblick hatte das Konzept einer Zähmung und Eindämmung der NSDAP durch eine konservative Ministermehrheit seine Brüchigkeit erwiesen.[11]

In jener ersten Kabinettssitzung vom Nachmittag des 30. Januar nun zeigte sich sogleich, daß an eine Erweiterung des Kabinetts zur echten Mehrheitsregierung durch Einbeziehung des Zentrums nicht gedacht wurde, obgleich auch von Hindenburgs Seite diese Möglichkeit ausdrücklich nahegelegt und noch am Abend des 30. Januar offiziell mitgeteilt worden war, Hitler werde sofort Verhandlungen mit Zentrum und BVP aufnehmen.[12] Göring, der mit der Fühlungnahme beauftragt worden war, berichtete lakonisch, das Zentrum sei verstimmt, weil es über die Entwicklung der Regierungsverhandlungen nicht orientiert worden sei. Und Hugenberg warnte zwar vor einer Brüskierung des Zentrums, sprach sich jedoch ebenfalls gegen eine Vertretung dieser Partei im Reichskabinett aus, „weil dadurch die Einheitlichkeit der Willensbildung gefährdet sei".[13] Da aber eine weitere Vertagung des Reichstags, in dem das Kabinett nur von einer Minderheit der Abgeordneten unterstützt wurde,[14] ohne Mithilfe des Zentrums unmöglich war, stellte Hitler schon jetzt die Erwägung an, die KPD zu verbieten, ihre Reichstagsmandate zu kassieren und „auf diese Weise die Mehrheit im Reichstag [zu] erreichen". Freilich befürchtete Hitler zu diesem Zeitpunkt für den Fall eines Verbots der KPD noch den Ausbruch eines Generalstreiks und beharrte statt dessen auf seiner Forderung nach Reichstagsauflösung und Neuwahlen als Lösung des Dilemmas. Hugenberg hingegen setzte sich für ein Verbot der KPD ein; er vertrat die Ansicht, es werde auch nach Neuwahlen „nicht möglich sein, um die Unterdrückung

---

[11] Vgl. dazu die Berichte der Beteiligten, besonders Hugenbergs Aussage: *IMT. a. a. O.,* XL, S. 575 ff.; *Hugenbergs Ringen in deutschen Schicksalsstunden. Tatsachen und Entscheidungen in den Verfahren zu Detmold und Düsseldorf 1949/50,* Detmold 1951, S. 27 ff.; Theodor Duesterberg, *Der Stahlhelm und Hitler,* Wolfenbüttel-Hannover 1949, S. 40 f.; Franz v. Papen, *Der Wahrheit eine Gasse,* München 1952, S. 275 f.; Otto Meißner, *Staatssekretär unter Ebert – Hindenburg – Hitler,* Hamburg 1950, S. 269 f.; Ewald v. Kleist-Schmenzin, „Die letzte Möglichkeit. Zur Ernennung Hitlers zum Reichskanzler am 30. Januar 1933", in: *Politische Studien* 10 (1959), H. 106, S. 89 ff., berichtet die Äußerung Papens: „Was wollen Sie denn. Ich habe das Vertrauen Hindenburgs. In zwei Monaten haben wir Hitler in die Ecke gedrückt, daß er quietscht" (S. 92); Görings Aussage: *IMT, a. a. O.,* IX, S. 283; zusammenfassend Bracher, *Die Auflösung. . .* (Anm. Einl./25), S. 726 ff. Zum folgenden auch die Vorstudie des Verf., „Stufen totalitärer Gleichschaltung", in: *Vierteljahrshefte für Zeitgeschichte* 4 (1956), S. 30 ff.

[12] Vgl. Papen, *a. a. O.,* S. 276.

[13] „Niederschrift . . , 30. Januar 1933" (Anm. I/10), S. 374.

[14] Die NSDAP verfügte über 33,6 %, die DNVP über 8,7 %, die Regierung insgesamt also über 42,3 % der Reichstagssitze; erst die Abgeordneten des Zentrums hätten eine Mehrheit gesichert. Vgl. die Analyse der parlamentarischen Situation bei Bracher, *Die Auflösung. . .* (Anm. Einl./25), S. 645 ff.

der KPD herumzukommen", und er ziehe dies jedenfalls Neuwahlen vor.[15] Zwar waren über die Möglichkeit eines Generalstreiks die Meinungen im Kabinett durchaus geteilt. Auch Göring hielt nach dem Verbot einer für den Abend des 30. Januar geplanten kommunistischen Demonstration eine sozialdemokratische Streikbeteiligung für unwahrscheinlich; er glaubte, die SPD dränge vielmehr auf eine Aussprache im Reichstag. Aber die Mehrheit der Minister stellte sich erneut auf Hitlers Seite: auch Seldte, Papen, Blomberg, Neurath und Schwerin-Krosigk rieten zu einem Aufschub des KPD-Verbots und befürworteten statt dessen eine Auflösung des Reichstags, zumal ihnen Göring und Hitler versicherten, auch nach Neuwahlen werde die jetzige Zusammensetzung des Kabinetts nicht geändert werden.[16] Im Hintergrund freilich gewann schon jener Plan Gestalt, den nach Hitlers früheren Ankündigungen jetzt auch Papen und Meißner zur Erwägung stellten: die durch die Reichstagsauflösung gewonnene parlamentsfreie Atempause zur Schaffung vollzogener Tatsachen zu nutzen, den Wahlkampf mit den neu gewonnenen Machtmitteln im eigenen Sinne zu manipulieren und schließlich von einem dergestalt umgeformten und durch die vollzogenen Machtergreifungsakte eingeschüchterten Reichstag ein Ermächtigungsgesetz zu erzwingen, das die Aktionsfreiheit der Regierung entscheidend vergrößern, ihre Gesetzgebung statt auf den überbeanspruchten Art. 48 auf eine völlig neue Legalitätsbasis stellen und die parlamentarischen Sicherungen des Verfassungsstaates endgültig beseitigen würde.

Nach diesem ersten Auftakt, dem am Abend die in sentimentalen Farben oft genug geschilderten Fackelzüge der organisierten Massen der „nationalen Rechten" folgten, begann die Regierung ihre eigentliche Tätigkeit am Morgen des 31. Januar mit einer neuerlichen Kabinettssitzung.[17] Zunächst stimmte das Kabinett schon jetzt dem von Hugenberg befürworteten und in abenteuerlichen Sondervorschlägen Papens vorbereiteten Entwurf einer Verordnung zur Übertragung der preußischen Kommissariatsbefugnisse auf Papen zu, die dann wenige Tage später freilich durch die Gleichschaltung Preußens neue Bedeutung gewann.[18] Dann berichtete Hitler über seine Verhandlungen mit den Zentrumsführern Kaas und Perlitius: Sie wollten zum jetzigen Zeitpunkt wohl nicht in die Regierung eintreten, hielten aber eine Tolerierung des Kabinetts nicht für unmöglich; ferner hätten sie sich geweigert, sofort in eine Vertagung des Reichstags auf ein Jahr einzuwilligen, doch einer Vertagung um jeweils zwei Monate zugestimmt, – die u. U. auf dasselbe hinauslaufen könnte. Hitlers Folgerung: Da er es nach Rücksprache mit einer Reihe von NS-Gauleitern für möglich halte, durch Neuwahlen eine Mehrheit des Reichstags hinter die Regierung zu bringen, schlage er dies statt weiterer Verhandlungen vor. Darauf nun erfolgte ein weiteres Beispiel jener verhängnisvollen Auftritte Papens im Kabinett, die den fragwürdigen Charakter des Zähmungskonzepts deutlich machten und darüber hinaus Hitler alle möglichen Hindernisse erst aus dem Wege räumten. „Es sei am besten", führte Papen aus, „schon jetzt festzulegen, daß die kommende Wahl zum Reichstag die letzte sein solle und eine Rückkehr zum parlamentarischen System für immer zu vermeiden sei."[19] Nun konnte Hitler, indem er dieser Forderung nur zuzustimmen brauchte, seinerseits zur Beruhigung der konservativen Partner versichern, Neuwahlen würden nichts an der Zusammensetzung der Regierung ändern. Ohne daß Bedenken geäußert wurden, gab auch

---

[15] „Niederschrift . . . 30. Januar 1933" (Anm. I/10), S. 374.

[16] A. a. O., S. 375.

[17] Niederschrift der Kabinettssitzung vom 31. Januar 1933, im Mikrofilm (T – 120, Rolle 1711/791609 ff.) von den National Archives, Washington DC., freundlicherweise verfügbar gemacht.

[18] Vgl. u. S. 56 f. Papen hatte vorgeschlagen (a. a. O., 791614), Hindenburg solle sich selbst zum Staatspräsidenten in Preußen ernennen, doch war Meißner diesem unglaublichen Plan mit der dann allgemein akzeptierten Anregung entgegengetreten, man solle den preußischen Landtag entweder zur Selbstauflösung bringen oder eben durch Art. 48 auflösen, wie es dann geschah.

[19] Vgl. dann auch die programmatischen Äußerungen Hitlers und Görings vor den Wirtschaftsführern: u. S. 70 f.

Schwerin-Krosigk mit dem Vorschlag, die unbequemen Reichstagsausschüsse durch Vertagung oder Auflösung „beschlußunfähig [zu] machen", seinen Beitrag zu den Absichten Hitlers.

Dies war die Realität gegenüber Papens Behauptung, hier hätten sich die neuen Männer zusammengefunden, „um die programmatischen Ziele unserer neuen Koalition zu umreißen".[20] Im Licht der unmittelbar folgenden Entwicklung betrachtet, handelte es sich dabei, soweit Papen und Hugenberg nicht selbst durchaus radikale Forderungen stellten, um weitere Beruhigungsmanöver der nationalsozialistischen Kabinettsminderheit, die ihre eigenen Ziele mit der konservativ-christlich-nationalen Phraseologie der Regierungspartner zu verkleiden und zunächst nur wenige bedeutsame Nahziele tatkräftig anzusteuern suchte: in erster Linie die Auflösung des Reichstags und seine Neuwahl nach einer Wahlkampagne, für die man jetzt über unendlich gesteigerte Machtmittel verfügen würde. Selbst Papens Bericht über diese Kabinettssitzung, der übrigens in den amtlichen Niederschriften keinen Anhalt findet und eher eine (recht unzuverlässige) Zusammenfassung seiner Eindrücke und Wunschträume in diesen Tagen ist, läßt entgegen den Beteuerungen des Vizekanzlers keinen Zweifel über Hitlers taktische Linie. Gegen äußere Konzessionen in der programmatischen Formulierung des geplanten Regierungsaufrufs gelang es der nationalsozialistischen Kabinettsminderheit, ihre Nahziele – Reichstagsauflösung, Einbringung eines weitgehenden Ermächtigungsgesetzes und Vorbereitung eines staatsdirigistischen Vierjahresplans – den konservativen Ministerkollegen einleuchtend und unbedenklich erscheinen zu lassen und so die ersten Grundlagen für den konkreten Machtergreifungs- und Gleichschaltungsprozeß zu schaffen.

Das schloß nicht aus, daß Hitler selbst, um das Gesicht zu wahren, tatsächlich noch am 31. Januar Verhandlungen mit der Zentrumsführung aufgenommen hatte. Kaas und Perlitius hatten ihm bei dieser Gelegenheit eine Reihe von Fragen vorgelegt, von deren Beantwortung das Zentrum seine weitere Stellungnahme abhängig machte.[21] Sie wünschten generell einen genaueren Aufschluß über das Arbeitsprogramm der neuen Regierung und verlangten darüber hinaus die Klärung einer ganzen Reihe von Einzelfragen. Besonders forderten sie bindende Sicherheiten, daß die künftigen Regierungsmaßnahmen sich im Rahmen der Verfassung hielten, daß keinesfalls durch Erweiterung und Mißbrauch eines „Staatsnotstands" die Grundrechte angetastet würden, daß in Preußen verfassungsmäßige Verhältnisse wiederhergestellt, Koalitionsrecht, Sozialversicherung und Tarifvertragsrecht nicht angetastet und daß endlich keine sozial- und finanzpolitischen Experimente unternommen würden, die zur Rechtsunsicherheit und zu inflationistischen Erscheinungen führen könnten.[22]

Daß Hitler die Verhandlungen nur zum Schein führte und auch weiterhin führen ließ, sollte sich bald genug zeigen. Immerhin scheint er damit in konservativen Kreisen die Befürchtung erweckt zu haben, er könne nach Neuwahlen „die Deutschnationalen und den Stahlhelm aus dem Kabinett herausmanövrieren, um allein mit dem Zentrum

---

[20] Papen (Anm. I/11), S. 298.

[21] Vgl. *Kölnische Zeitung* vom 1. Februar 1933, Abendausgabe, Nr. 63; der folgende Briefwechsel Kaas–Hitler a. a. O., 3. Februar 1933, Morgenausgabe, Nr. 66. Eine grundlegende Analyse und Dokumentation der Zentrumspolitik in diesem Endstadium gibt Rudolf Morsey in dem Sammelwerk *Das Ende der Parteien 1933*, hrsgg. von Erich Matthias und Rudolf Morsey (*Veröffentlichung der Kommission für Geschichte des Parlamentarismus und der politischen Parteien*), das gleichzeitig mit dem vorliegenden Band erschienen ist (Düsseldorf 1960); hier Kapitel 8. Vgl. jetzt auch ders., „Hitlers Verhandlungen mit der Zentrumsführung am 31. Januar 1933", in: *Vierteljahrshefte für Zeitgeschichte* 9 (1961), S. 182 ff. mit der Dokumentation.

[22] In dieser Forderung klang die deflationistische Grundanschauung des Brüning-Kurses nach mit ihrem notorischen Mißtrauen gegen jede Milderung der Wirtschafts- und Beschäftigungskrise auf dem Wege der Krediterweiterung: vgl. Bracher, *Die Auflösung...* (Anm. Einl./25), S. 341 ff., sowie jetzt Gerhard Kroll, *Von der Weltwirtschaftskrise zur Staatskonjunktur*, Berlin 1958; Rolf E. Lüke, *Von der Stabilisierung zur Krise*, hrsgg. vom Basle Centre for Economic and Financial Research, Series B, No. 3, Zürich 1958.

zu regieren, um sich aus der Bevormundung von Papen und Hugenberg zu befreien".[23] Sieben Wochen später, mit der Zustimmung des Zentrums zum Ermächtigungsgesetz und der Ausmanövrierung der Deutschnationalen, hatte diese Taktik ihre Schuldigkeit getan; zugleich war damit endgültig deutlich geworden, daß – wie schon die Kabinettssitzung vom 30. Januar erwiesen hatte – an eine Einbeziehung des Zentrums in die „nationale Konzentration" nie gedacht wurde und daß man die parlamentarische Opposition einer Reichstagsmehrheit nicht durch Koalitionsverhandlungen mit den Mittelparteien zu vermindern, sondern die parlamentarischen Verhältnisse durch sofortige Wiederauflösung des Reichstags grundlegend zu ändern entschlossen war.

Dafür war nur noch Hindenburgs Zustimmung notwendig. Im Prinzip scheint sie Hitler schon zum Zeitpunkt seiner Ernennung sicher gewesen zu sein,[24] und da lediglich Hugenberg noch schwindende Gegenwehr leistete, ohne selbst eine andere Alternative als eben Parteiverbote und ein autoritäres Regieren gegen den Reichstag vorzuschlagen, war auch von seiten des Reichspräsidenten kein ernsthafter Widerstand zu erwarten. Mit Papen und Meißner unterstützten Hindenburgs engste Berater nachdrücklich Hitlers Forderung, als der Reichskanzler noch am 31. Januar auch offiziell bei seinem ersten Vortrag im Reichspräsidentenpalais die neuerliche Auflösung eines Reichstags erbat,[25] der es nur zu zwei kurzen Sitzungen gebracht hatte. Hitler begründete seine Bitte mit dem Argument, dem Volk müsse Gelegenheit zur Bestätigung der neuen Regierung gegeben werden; man könnte zwar auch im bestehenden Reichstag eine Mehrheit erreichen, werde aber doch leichter durch eine Neuwahl zu jener breiteren Reichstagsmehrheit gelangen, die dann ein generelles Ermächtigungsgesetz und damit eine großzügigere und raschere Aufbauarbeit gewähren und stützen würde. Nach einem letzten, offenbar von Meißner geschickt beseitigten Zögern[26] genehmigte Hindenburg denn auch die von seiner ganzen Umgebung befürwortete Maßnahme und verfügte mit Wirkung vom 1. Februar 1933 die Auflösung des Reichstags, nachdem er sie vier Tage zuvor Hitlers Vorgänger Schleicher noch verweigert und dadurch den Regierungswechsel beschworen hatte.

Die offizielle Begründung, die diesmal gewählt wurde, widersprach nicht nur den Erklärungen Hitlers zur Frage der Mehrheitsbildung, sondern stellte erneut, wie schon nach Berufung der Papen-Regierung im Juni 1932, das reguläre Verhältnis von Parlament und Regierung auf den Kopf, indem sie Neuwahlen zur Folge, nicht zur Ursache einer Regierungsbildung erklärte.[27] Der Übergang zur plebiszitären Diktatur war auch hierin, wie dann in den Wahlaufrufen der Regierungsparteien, unmißverständlich vorgezeichnet. Indem hier „dem Volk die Entscheidung in einer Frage über-

[23] So der Informationsbericht Dertingers vom 7. Februar 1933 (*Sammlung Brammer*). Hier findet sich auch die damals und später viel vertretene Meinung, Hitler sei weitgehend Gefangener seiner radikaleren Unterführer; auch die Anberaumung der Neuwahlen wurde in diesem Sinne dem Drängen der Parteifunktionäre und nicht so sehr der Forcierung der „legalen Machtergreifung" zugeschrieben: „Hitler hat diese Maßnahme nur durchgesetzt, weil er damit rechnen mußte, daß seine Anhänger sich sonst in anderer legaler Form Luft verschaffen und das Dritte Reich zerbrechen lassen würden. . ." (*ebda.*).

[24] Vgl. o. Anm. I/11; dazu jetzt auch die u. Anm. I/64 zitierte Darstellung von Hiller v. Gaertringen (Kap. 7).

[25] Meißner (Anm. I/11), S. 279.

[26] In Meißners und Papens Memoiren findet sich hierüber natürlich nichts, während Hans Otto Meißner und Harry Wildes etwas salopper Bericht (*Die Machtergreifung. Ein Bericht über die Technik des nationalsozialistischen Staatsstreichs*, Stuttgart 1958, S. 198 ff.) die Initiative auf Papen schiebt. Vgl. jedoch Erich Kordt, *Wahn und Wirklichkeit. Die Außenpolitik des Dritten Reiches*, 2. Aufl., Stuttgart 1948, S. 27 f.; sowie *Hugenbergs Ringen. . .* (Anm. 1/11), S. 28 f.

[27] RGBl., I, 1933, S. 45: „Nachdem sich die Bildung einer arbeitsfähigen Mehrheit als nicht möglich herausgestellt hat, löse ich auf Grund des Artikels 25 der Reichsverfassung den Reichstag auf, damit das deutsche Volk durch Wahl eines neuen Reichstags zu der neugebildeten Regierung des nationalen Zusammenschlusses Stellung nehmen kann."

tragen wurde, die verfassungsmäßig dem Parlament obliegt",[28] waren Buchstabe und Sinn der Verfassung verletzt und schon vor Ermächtigungsgesetz und Besiegelung des Einparteienstaats der Weg zum antiparlamentarischen, plebiszitären Akklamationsregime beschritten. Schon dieser erste Herrschaftsakt hat die legalen Formen nur noch in einem ganz äußerlichen Sinne gewahrt: Er war in seinem Kern staatsstreichförmig oder – wie die nationalsozialistische Selbstbetrachtung dies wenden mochte – durchaus revolutionär. Auch Protestbriefe an Hindenburg, in denen Kaas und Schäffer als Vorsitzende von Zentrum und BVP die Begründung der Reichstagsauflösung mit der Feststellung widerlegten, daß die Regierung die Gespräche um eine Mehrheitsbildung gar nicht ernsthaft geführt hatte,[29] vermochten daran nichts zu ändern.

So begann sich nach einer neuerlichen Kabinettssitzung,[30] in der die Durchführung der Wahl diskutiert wurde, die umfassende Propagandakampagne, mit der die neue Regierung ihre Machtübernahme kundgetan hatte, sogleich auf die Vorbereitung der für den 5. März angesetzten Reichstagswahlen zu konzentrieren. Den Auftakt bildete ein wortreicher „Aufruf an das deutsche Volk", mit dem die Reichsregierung am Abend des 1. Februar durch den Mund Hitlers das Ergebnis ihrer ersten Beratungen und die Richtung ihrer Planungen über den Rundfunk der Öffentlichkeit unterbreitete. Als offizielles Manifest der „nationalen Erhebung" betrachtet, spiegelt diese von allen Kabinettsmitgliedern unterzeichnete Erklärung die ganze Zweideutigkeit des Konzepts einer „nationalen Revolution" wider: die Illusionsbereitschaft der konservativen „Kontrolleure" von Hindenburgs Gnaden wie die nationalsozialistische Taktik der verschleierten Machtergreifung. Der Aufruf verband in geschickter Mischung eine scharfe allgemeine Kritik an der Weimarer Republik mit wohltönenden nationalen, christlich-konservativ moderierten Phrasen. Am Eingang stand ein scharfer, doch religiös getönter Angriff auf die Revolution von 1918: „Seit diesem Tage hat der Allmächtige unserem Volk seinen Segen entzogen."[31] Die Weimarer Republik war als ein einziges Chaos der Zwietracht und Würdelosigkeit pauschal abgewertet, die politische Situation ganz in Schwarz-Weiß-Manier gezeichnet. Auch der Stil des Aufrufs läßt erkennen, daß seine Thesen trotz Papens stolz betonter Beihilfe im wesentlichen von Hitler formuliert waren.[32] Mit Pathos beklagte der Kanzler den Zerfall einer „zweitausendjährigen Erbmasse an hohen und höchsten Gütern menschlicher Kultur und Zivilisation", beschwor die unmittelbare Drohung eines kommunistischen Umsturzes und begründete mit dem Schlagwort: „14 Jahre Marxismus haben Deutschland ruiniert" seine Mission zur Rettung von Familie, Ehre und Treue, Volk und Vaterland, Kultur und Wirtschaft – „bis zum ewigen Fundament unserer Moral und unseres Glaubens". Hindenburgs Mythos und Gott wurden dazu angerufen, „das Christentum als Basis unserer gesamten Moral" gefeiert und die „nationale Disziplin zum Regenten unseres Lebens" erhoben.

Sachlich kündigte der Aufruf neben verstärkter Siedlungs- und Sozialpolitik sowie der Arbeitsdienstpflicht zwei große Vierjahrespläne an, zur „Rettung des deutschen Bauern" der eine, der andere zum „gewaltigen und umfassenden Angriff gegen die

---

[28] So ganz offen die „dem Führer" gewidmete Rostocker jur. Diss. von Konrad Steinbrink, *Die Revolution Adolf Hitlers. Eine staatsrechtliche und politische Betrachtung der Machtergreifung des Nationalsozialismus*, Berlin 1934, S. 23.

[29] *Kölnische Zeitung* vom 3. Februar 1933, Morgenausgabe, Nr. 66.

[30] Niederschrift *Akten des AA*, 3598/791617 ff.; Auszug in: *Documents on German Foreign Policy 1918–1945*, Series C (*The Third Reich: First Phase*), vol. I, Washington 1957, S. 15 ff.

[31] Der Text des Aufrufs ist vielfach abgedruckt: *Die Gesetzgebung des Kabinetts Hitler*, hrsgg. von Werner Hoche, Heft 1, Berlin 1933, S. 18 ff.; Rühle (Anm. I/9), I, S. 29 ff.; *Dokumente der Deutschen Politik*, Bd. I: *Die nationalsozialistische Revolution 1933*, Berlin 1939, S. 5 ff.

[32] Papen (Anm. I/11), S. 298. An den schwer erträglichen Rede-Schreibstil von *Mein Kampf* erinnern vor allem die „Allein-Sätze": „Allein auch die übrige Welt wird seitdem nicht minder von großen Krisen durchrüttelt."

Arbeitslosigkeit". Eine neue Blüte der Wirtschaft, eine Sanierung der durch die Wirtschaftskrise bedrohten Verwaltung wurden als Folge dieser Maßnahmen prophezeit. Die agitatorische Taktik wohlklingender, aber unverbindlich allgemeiner Formulierungen vor dem Hintergrund grober Geschichtsklitterung trat auch in der außenpolitischen Programmatik hervor. Zwar war sie von jener nationalistischen Terminologie beherrscht, die den Kampf der „Nationalen Opposition" gegen die Verständigungspolitik der Weimarer Republik seit je getragen hatte. Doch war man sich der Aufmerksamkeit des Auslands, das die deutschen Vorgänge mit begreiflichem Mißtrauen beobachtete, durchaus bewußt. So endete jeder der auf die Gleichberechtigung und die Lebensrechte Deutschlands pochenden Sätze mit einer pathetischen Versicherung des Versöhnungs- und Friedenswillens der Regierung, die ihre Bereitschaft zur Fortsetzung und Intensivierung allgemeiner Abrüstungsverhandlungen beteuerte. Kein Wort natürlich hier wie in den folgenden Reden des Reichskanzlers von jenem absoluten Primat der militärischen Aufrüstung und dem darauf aufbauenden Expansionismus, den Hitler fast gleichzeitig in vertraulicher Ansprache vor den militärischen Befehlshabern [33] und dann auch vor dem Kabinett in unmißverständlicher Schärfe betonte;[34] nirgends wird deutlicher als hier, wie wenig die wohltönenden nationalen und sozialen Phrasen der ersten Woche, die so viele Illusionen geweckt und genährt haben, den tatsächlichen Gedanken und Zielen Hitlers entsprachen, wie sehr sie bloße Taktik waren und blieben. Um so schärfer war der Ton im Blick auf die innenpolitischen Absichten der neuen Regierung. Ihr Aufruf schloß mit der pauschalen Verdammung des Weimarer Systems, das „14 Jahre lang die deutsche Nation zugrunde gerichtet" habe; mit dem Versprechen, „in vier Jahren die Schuld von 14 Jahren wieder gutzumachen"; mit der auf eine Ausschaltung der Parteien und des Parlaments hinweisenden Ankündigung, daß die „nationale Regierung" über die Proteste der bisherigen Machtträger hinweggehen werde,[35] und mit einem gebetsförmigen Appell an die Unterstützung des „allmächtigen Gottes".[36]

Die Regierungserklärung vom 1. Februar stellte den bevorstehenden Wahlkampf schon unter völlig gewandelte Vorzeichen. Vor allem bekundete die scharfe Abgrenzung der „nationalen Regierung" gegen alle Regierungen der Weimarer Republik das revolutionäre Ausschließlichkeitsbewußtsein der neuen Machthaber. Die Verhandlungen mit dem Zentrum waren auch damit von Beginn an *ad absurdum* geführt, obwohl sie zum Schein und aus taktischen Erwägungen immer wieder aufgenommen wurden, bis acht Wochen später der Ausschließlichkeitsanspruch des neuen Regimes nicht nur machtpolitisch, sondern auch verfassungsgesetzlich verankert war. Hatte nicht gerade die Zentrumspartei bis zur Papen-Ära sämtliche Regierungen der Weimarer Republik wesentlich bestimmt, während doch der „Marxismus", meinte man damit die SPD, kaum ein Viertel der Weimarer Kabinette mit getragen hatte? Aber vereinzelte Proteste führender Weimarer Politiker gegen den pauschalen Diffamierungston der Regierungserklärung, wie etwa ein Brief des ehemaligen Zentrums-Reichskanzlers Wirth an Hin-

---

[33] Vgl. u. S. 239 f.

[34] Kabinettssitzung vom 8. Februar 1933: *Akten des AA*, 3598/791669 ff. (Auszug in: *Documents*. . ., Anm. I/30, S. 36).

[35] „Allein [!] sie kann nicht die Arbeit des Wiederaufbaus der Genehmigung derer unterstellen, die den Zusammenbruch verschuldeten. Die Parteien des Marxismus und seiner Mitläufer haben 14 Jahre lang Zeit gehabt, ihr Können zu beweisen. Das Ergebnis ist ein Trümmerfeld. . ."

[36] „Getreu dem Befehl des Generalfeldmarschalls wollen wir beginnen: Möge der allmächtige Gott unsere Arbeit in seine Gnade nehmen, unseren Willen recht gestalten, unsere Einsicht segnen und uns mit dem Vertrauen unseres Volkes beglücken." – Zur Ideologie vom „christlichen" Charakter der NS-Machtergreifung jetzt eine Fülle von Nachweisen bei Karl-Heinz Götte, *Die Propaganda der Glaubensbewegung „Deutsche Christen" und ihre Beurteilung in der deutschen Tagespresse*, Diss. Münster 1957, S. 192 ff.; vgl. auch u. S. 330 ff. mit den sprechenden Beispielen.

denburg, tat Hitler bestenfalls mit hämischen Randnotizen ab.[37] Der entschiedene Protest, den Zentrumsführer Kaas in einem Schreiben an Hindenburg am 2. Februar gegen die unrichtige Begründung der Reichstagsauflösung erhob, machte zwar den Scheincharakter der nationalsozialistischen Verhandlungsmanöver deutlich; dies unterstrich noch der Briefwechsel zwischen Hitler und Kaas, der gleichzeitig veröffentlicht wurde und erkennen ließ, wie einseitig Hitler auf der Erteilung einer Pauschalvollmacht auch durch das Zentrum bestand und wie rasch er die Verhandlungen abgebrochen hatte.[38] Aber auf den tatsächlichen Ablauf der Ereignisse und die machtpolitische Situation hatte dies Intermezzo eben keinen Einfluß mehr. Denn zugleich mit der Eröffnung des Wahlkampfes begannen auch schon jene weiteren Maßnahmen zum Ausbau der totalen Herrschaft, mit denen hinter der Fassade einer „nationalen Erhebung" die Wirklichkeit der nationalsozialistischen Machtergreifung besiegelt wurde.

3. Erste Stationen der Machtausweitung

Die nationalsozialistische Führung war sich nach den triumphierenden Kommentaren ihres vorläufig noch auf die Parteiarbeit beschränkten Propagandachefs durchaus bewußt, daß eine vierwöchige Vorbereitungszeit für die Neuwahlen ihr mit der Verfügungsgewalt über die wichtigsten staatlichen Hilfsmittel eine einzigartige Chance nicht nur zur Korrektur der letzten Wahlniederlage vom November 1932, sondern vor allem auch zur direkten Machterweiterung gab. Zwar wurde in der Kabinettssitzung vom 2. Februar Fricks Vorschlag, eine Million RM für die Wahlkampagne der Regierung vorzusehen, auf Schwerin-Krosigks Einwand verworfen.[39] Aber der offizielle Weg der Wahlfinanzierung erwies sich ohnehin als überflüssig. Ein „Meisterstück der Agitation" kündigte Goebbels schon in seiner Tagebuchnotiz vom 3. Februar an, nicht ohne vielsagend hinzuzufügen, daß es dieses Mal auch an den nötigen Finanzen „natürlich" nicht fehlen werde.[40] Es waren vor allem zwei Faktoren, die dieser Entwicklung zustatten kamen, ohne daß freilich die Erwartungen so rasch und so vollständig erfüllt werden sollten, wie die nationalsozialistischen Strategen es erhofft hatten: einmal die mehr und mehr zutage tretende Hilflosigkeit der konservativen Partner, zum anderen der Sog, der jetzt von der siegreichen NSDAP auf breite Schichten der Bevölkerung und nicht zuletzt auch auf zahlreiche Machtträger in Wirtschaft und Bürokratie ausging. So schwer es erscheinen mag, das Phänomen des Massenzulaufs zur NSDAP im Frühjahr 1933 zu erklären und die opportunistischen und illusionär-idealistischen Motive und Zusammenhänge voneinander zu scheiden, so unbestreitbar ist doch, daß ohne dies Maß an „Selbstbewegung" von unten, das den Machtergreifungsmaßnahmen von oben entgegenkam, der rasche Zusammenbruch aller demokratischen Widerstandspositionen nicht verständlich wäre. Gestützt auf eine Welle von teils opportunistisch-adulatorischen, teils auch ehrlich mitgerissenen Akklamationen „von unten", gelang es den nationalsozialistischen Führungsgremien, jene Ausgangsposition zu erreichen, die der Wahl vom 5. März dann schon den Stempel eines gelenkten Plebiszits aufprägen sollte.

[37] Wirths Brief vom 10. Februar 1933 war vom Präsidentenpalais am 15. Februar an die Reichskanzlei weitergeleitet und von Hitler mit Ausfällen gegen die Zentrumspolitik kommentiert worden: *Akten des AA*, 8443/E 594144 ff. (*Documents. . .*, Anm. I/30, I, S. 44 f.).

[38] Vgl. o. Anm. I/21.

[39] *Akten des AA*, 3598/791631 ff. (Auszug in: *Documents. . .*, Anm. I/30, I, S. 18).

[40] Joseph Goebbels, *Vom Kaiserhof zur Reichskanzlei. Eine historische Darstellung in Tagebuchblättern*, Berlin 1933, S. 256: „Nun ist es leicht, den Kampf zu führen, denn wir können alle Mittel des Staates für uns in Anspruch nehmen. Rundfunk und Presse stehen uns zur Verfügung. Wir werden ein Meisterstück der Agitation liefern. Auch an Geld fehlt es natürlich diesmal nicht. . ." Und schon zum 2. Februar (S. 255): „Diesmal geht es auf Hauen und Stechen. Wir werden keinen Pardon geben und uns mit allen Mitteln durchzusetzen wissen."

Man hat es hier mit jenem Phänomen des „freiwilligen Zwanges",[41] jener Wechselwirkung von „oben" und „unten", von Lenkung und Stimmung, von Befehl und Akklamation zu tun, die von der römischen Kaiserzeit [42] bis hin zu den beiden Napoleons
für die Überzeugungstechnik eines autoritären, charismatisch legitimierten Führerstaats schon immer charakteristisch war. Es war denn auch die Berufung auf eine neue,
pseudodemokratische Volkssouveränität, auf die sich das Herrschaftsbewußtsein der
nationalsozialistischen Führung im Blick auf das wachsende Verehrungsbedürfnis der
Massen stützen konnte. Solche Technik gelenkter Akklamation, die sich nun freilich
der ungleich wirksameren Mittel moderner Massenwerbung bedienen konnte, war mit
steigendem Erfolg schon seit Jahren im pseudoreligiösen Führerkult der NSDAP erprobt und genützt worden.[43] Der Ruf nach dem Retter aus aller Not, der sich einem
obrigkeitsstaatlich verwöhnten politischen Bewußtsein als bequemer Ausweg aus der
Krise einer Verantwortung fordernden Demokratie bot, hatte sich schon seit 1930 auf
Hitler zu richten begonnen. Seit dieser Führer nun mit dem Regierungswechsel vom
30. Januar 1933 auch an dem Mythos Hindenburgs zu partizipieren vermochte, konnte
die Sehnsucht nach obrigkeitsstaatlicher Ordnung ganz ungehemmt in die weit geöffne-
ten nationalsozialistischen Kanäle einmünden. Ohne ein Verständnis dieses Phänomens
reicht eine noch so eindringliche Analyse der nationalsozialistischen Propaganda-,
Terror- und Staatsstreichtechnik zur Erklärung des schnellen und dauerhaften Erfolgs-
prozesses nicht aus.

Aber so sehr eine Betrachtung schon der frühen Herrschaftsakte dies Phänomen der
gelenkten Akklamation und ihre geistige Verwurzelung in der weit ausstrahlenden
Vorstellung von der „Nationalen Revolution" berücksichtigen muß, so gewiß war die
politische Wirkung dieser noch durchaus schwankenden, vielgestaltigen Stimmungen
wesentlich von den öffentlich spürbaren Maßnahmen abhängig, die sogleich in fast
überstürzt rascher Folge auf den wichtigsten Sektoren des politischen Lebens anliefen
und den wirklichen Kurs der neuen Regierung von Anfang an vorzeichneten. Einer
der führenden Propagandafunktionäre des Regimes hat es schon damals ganz offen
als wichtiges Axiom bezeichnet, daß „Propaganda und abgestufte Gewaltanwendung
in ganz besonders kluger Form zusammenwirken".[44]

Es waren die drei vorentscheidenden Notverordnungsakte vom 4., 6. und 28. Februar 1933, die der engen Verkoppelung von stetig expandierender Machtergreifung
und einseitig manipuliertem Wahlkampf im nationalsozialistischen Sinne die Grundlage gaben. Nachdem Göring schon am 30. Januar und noch umfassender am 2. Februar
in seiner Eigenschaft als kommissarischer Innenminister Preußens im größten deutschen
Land ein Demonstrationsverbot für die KPD erlassen hatte und dann auch der sozialdemokratische *Vorwärts* zunächst für drei Tage verboten worden war, als er einen
gegen die neue Regierung gerichteten Aufruf der SPD veröffentlicht hatte, erging nach
Vorbesprechungen in der Kabinettssitzung vom 2. Februar [45] schon am 4. Februar die
erste jener Notverordnungen, durch die dann Zug um Zug Grundrechte und Verfas-

[41] Vgl. Fritz v. Hippel, *Die nationalsozialistische Herrschaftsordnung als Warnung und Lehre. Eine juristische Betrachtung*, 2. Aufl., Tübingen 1947, S. 6; S. 25.

[42] Zu dem Ineinander von selbstherrlicher Lenkung und pseudoreligiösem Verehrungsbedürfnis der Massen als Grundlage des imperialen Prinzipats vgl. K. D. Bracher, *Verfall und Fortschritt im Denken der frühen römischen Kaiserzeit. Studien zum Zeitgefühl und Geschichtsbewußtsein des Jahrhunderts nach Augustus*, Diss. Tübingen 1948 (ungedr.), S. 228 ff.

[43] Vgl. jetzt besonders die systematische Analyse bei Karlheinz Schmeer, *Die Regie des öffentlichen Lebens im Dritten Reich*, München 1956, S. 9 ff.; ferner die Gesichtspunkte und Literatur bei Bracher, *Die Auflösung. . .* (Anm. Einl./25), S. 118 ff.

[44] Eugen Hadamovsky, *Propaganda und nationale Macht. Die Organisation der öffentlichen Meinung für die nationale Politik*, Oldenburg 1933, S. 39; S. 22.

[45] Niederschrift in: *Akten des AA*, 3598/791631 ff. (Auszug in: *Documents. . .*, Anm. I/30, I, S. 17 f.).

sung ausgeschaltet und eine pseudolegale Basis für die Eroberung weiterer Machtpositionen und die Gleichschaltung der konkurrierenden Kräfte geschaffen wurden.
Unter ihrer feierlichen Überschrift verfügte diese „Verordnung des Reichspräsidenten
zum Schutze des deutschen Volkes", [46] die sich auf den besonders seit Brünings Zeiten
viel strapazierten Ausnahmeartikel 48 der Weimarer Verfassung berief, in ihrem
I. Abschnitt eine Vorkontrolle sowie ein Verbot aller politischen Versammlungen und
Aufzüge unter freiem Himmel, durch die, wie es in bequemer Unbestimmtheit hieß,
„eine unmittelbare Gefahr für die öffentliche Sicherheit zu besorgen" sei (§ 1); auch
die weiteren Ausführungen dieses Abschnitts (§§ 2–6) waren nicht geeignet, die Ermessensfreiheit substantiell einzuschränken, die hier den „zuständigen" Polizeibehörden sowie dem Reichsinnenminister – also dem vorläufig einzigen nationalsozialistischen Ressortminister Frick – zugesprochen war.

Dasselbe gilt auch für die einschneidenden Beschränkungen der Pressefreiheit, die der
II. Abschnitt dieser Notverordnung verfügte. Mit Formulierungen von ähnlicher Unbestimmtheit wurde hier die politische Beschlagnahme sowie das Verbot von Druckschriften aller Art gerechtfertigt, „deren Inhalt geeignet ist, die öffentliche Sicherheit
oder Ordnung zu gefährden" (§ 7) bzw. sich gegen Anordnungen oder Organe des
neuen Staates wendet; auch die Aufforderung zum Streik in einem „lebenswichtigen
Betriebe", was immer man darunter verstehen mochte, sollte mit Verbot geahndet werden können (§ 9), das zwar zeitlich beschränkt war, im Wiederholungsfalle aber bis
zu einem Jahr (Tageszeitungen 6 Monate) ausgedehnt werden konnte. Da mögliche
Beschwerden gegen Versammlungs- und Presseverbote, wie ausdrücklich verfügt
wurde, keine aufschiebende Wirkung haben sollten und überdies erst auf dem Instanzenweg von unten nach oben über Frick das zuständige Reichsgericht erreichen konnten
(§ 10), war schon mit dieser ersten Verordnung die einseitige Kontrolle des Wahlkampfes, im weiteren Sinne der öffentlichen Meinungsbildung und jeder politischen
Opposition, in die Hände eines Staates übergegangen, dessen Beherrschung sich die
nationalsozialistische Führung durch die Besetzung der wichtigsten Innenministerien
– im Reich und in Preußen – schon jetzt weitgehend gesichert hatte. Die langen Ver-
botsfristen sorgten überdies dafür, daß solche Maßnahmen weit über den Zeitraum
des Wahlkampfes hinauswirken und zu einem dauernd wirksamen Instrument endgültiger politischer Gleichschaltung werden konnten. Die Verordnung verfügte ferner
– auch dies nach dem Ermessen der zuständigen Stellen – bei Gefängnis das Verbot
von Geldsammlungen zu politischen Zwecken (§ 14), und sie verkündete schließlich
Gefängnisstrafen für alle Personen, die an verbotenen Versammlungen leitend oder
redend teilnehmen, die verbotene Druckschriften herausgeben, verlegen oder verbreiten
oder die von der Existenz solcher Schriften wissen, ohne Anzeige zu erstatten (§§ 16
bis 21). Damit war schon im voraus aufs bequemste auch eine Inhaftierung aller politischen Gegner ermöglicht, ohne daß der Rahmen der „legalen Machtergreifung" ge-
sprengt zu werden brauchte. [47]

Indem die Notverordnung vom 4. Februar 1933 lange schon vor dem Ermächtigungsgesetz und auch vor den Reichstagsbrandverordnungen einer Minderheitsregierung
kraft eigenen Ermessens die Vollmacht zur Ausschaltung der konkurrierenden Gruppen und Politiker, zur Gleichschaltung der öffentlichen Meinungsbeeinflussung, zur
Institutionalisierung der auf Ausnahmerecht gegründeten Herrschaft verschaffte, legte
sie die Grundlage für jenen Prozeß pseudolegaler Machtbefestigung, dessen erstes Ziel
dann mit der Manipulierung des Ermächtigungsgesetzes durch Drohung und Zwang

---

[46] *RGBl.*, I, 1933, S. 35 ff.
[47] Auch die Möglichkeit einer Schließung aller Räumlichkeiten, die in diesem Zusammenhang (Versammlungen,
Druck usw.) „verdächtig" erscheinen mochten (§ 23), sollte für die Zerschlagung aller nicht nationalsozialistischen
Organisationen und Oppositionsansätze von Bedeutung werden; vgl. u. S. 179, Anm. 37.

erreicht war. Die Bewegungsfreiheit im politischen Raum, die Hitler durch die Reichstagsauflösung erlangt hatte, hat hier schon die ersten Früchte gezeigt, ohne daß namhafte Gegenkräfte, und vor allem, ohne daß die Papen-Gruppe und Hindenburg, der
die Verordnungen routinemäßig unterzeichnete, irgendeinen wirksamen Einspruch im
Sinne ihrer Kontroll- und Eindämmungsfunktion erhoben hätten. Im Gegenteil! Sie
erwiesen sich schon zwei Tage später, als sich die nächsten Maßnahmen auf die Machteroberung zunächst im größten deutschen Staat richteten, aufs neue als brauchbare und
willige Werkzeuge.

Unter dem Vorwand einer untragbaren politischen Verwirrung in Preußen, für die
doch in erster Linie Papens auf nationalsozialistischen Druck hin erfolgter Staatsstreich
vom 20. Juli 1932 verantwortlich war,[48] griff die Reichsregierung am 6. Februar 1933
rigoros in den fortschwelenden Streit um die Abgrenzung der Befugnisse zwischen der
alten Regierung Braun–Severing und der neuen Kommissariatsregierung Papen–Göring
ein. Zwar war die Restposition der Regierung Braun durch umfangreiche personelle
„Säuberungen" weiter geschwächt worden, denen auch einige von Papens Vertrauensleuten geopfert wurden. So wurde Prof. Kähler als Kommissar für Wissenschaft, Kunst
und Volksbildung von dem suspendierten Studienrat Bernhard Rust abgelöst; Rust
benutzte diese Stellung als Sprungbrett für seinen weiteren Aufstieg zum Reichsminister für eine zentralisierte Wissenschaft, Erziehung und Volksbildung, der dann am
1. Mai 1934 mit der Neuerrichtung eines entsprechenden Reichsministeriums zum Ziel
führte.[49]

Deutlicher noch trat die pseudolegale Taktik der anlaufenden Gleichschaltungspolitik jedoch in dem Gewaltakt zutage, der zur Wiederauflösung des kaum 10 Monate
zuvor gewählten preußischen Landtags führte. Auch im Parlament dieses größten
Landes waren die Parteien der „nationalen Erhebung" so deutlich wie im Reichstag
noch in der Minderheit. Am 4. Februar 1933 erst hatte der preußische Landtag den
nationalsozialistischen Auflösungsantrag mit 214 : 196 Stimmen abgelehnt, obgleich
er nicht nur die Stimmen der DNVP, sondern auch der DVP und der Christlich-
Sozialen erhielt. Ein Dreimännerkollegium, dem nach der Verfassung ebenfalls das
Auflösungsrecht zustand, hatte am selben Tag mit den Stimmen des Ministerpräsidenten Otto Braun und des Staatsratspräsidenten Konrad Adenauer gegen den Willen des
Dritten, des nationalsozialistischen Landtagspräsidenten Hanns Kerrl, dieselbe Entscheidung getroffen.[50] Dessenungeachtet hatte die Papen unterstellte kommissarische
Preußenregierung in Präjudizierung der weiteren Maßnahmen zunächst einmal sämtliche kommunalen Vertretungskörperschaften aufgelöst, und am selben 6. Februar erging dann unter Papens erneuter Mitwirkung eine weitere präsidiale Notverordnung,
die – nach dem 20. Juli 1932 – einen zweiten Staatsstreich in Preußen zu sanktionieren bestimmt war.[51] In dieser von Hindenburg und Papen unterzeichneten „Verordnung des Reichspräsidenten zur Herstellung geordneter Regierungsverhältnisse"

---

[48] Dazu jetzt Eyck (Anm. Einl./25), II, S. 507 ff.; Bracher, *Die Auflösung. . .* (Anm. Einl./25), S. 574 ff.;
S. 635 ff., und die im Anschluß daran von Arnold Brecht („Die Auflösung. . .", Anm. I/2) angeregte Kontroverse
mit Beiträgen von Eberhard Pikart (*Zeitschrift für Politik* 3 [1956], S. 181 ff.), K. D. Bracher („Der 20. Juli
1932", *a. a. O.*, S. 243 ff.), Karl Löwenstein („Zum Machtverfall der Weimarer Republik", *a. a. O.* 4 [1957],
S. 199 f.); vgl. auch Erich Matthias, „Der Untergang der Sozialdemokratie", in: *Vierteljahrshefte für Zeitgeschichte*
4 (1956), S. 252 ff., und jetzt zusammenfassend Matthias' Untersuchung in: *Das Ende. . .* (Anm. I/21), Kap. 4.
[49] Vgl. u. S. 565 ff.
[50] Dazu die Schilderung bei Otto Braun, *Von Weimar zu Hitler*, 2. Aufl., New York 1940, S. 441 f.; S. 445.
[51] Vgl. den Briefwechsel Brauns mit Hindenburg am 5. und 6. Februar 1933, abgedr. *a. a. O.*, S. 442 f.: Braun
ersuchte dringend um Rücksprache und forderte, die geplante Verordnung vor Erlaß dem Staatsgerichtshof vorzulegen. Hindenburgs ablehnende Antwort (6. 2. 33) läßt den starken Einfluß erkennen, den neben Papen in
dieser Frage auch Meißner auf den Reichspräsidenten ausübte. Die lakonische Begründung war, das bisherige Verhältnis zwischen Reich und Preußen sei „mit dem Staatswohl unvereinbar . . . und daher eine sofortige Entscheidung notwendig. . . "

wurde pauschal die alte preußische Regierung für die „Verwirrung im Staatsleben" verantwortlich gemacht, „die das Staatswohl gefährdet".[52] Und mit dieser Begründung wurde nun entgegen dem ausdrücklichen Spruch des Staatsgerichtshofs vom 25. Oktober 1932 auch der Rest der Befugnisse, die der rechtmäßigen Regierung Braun laut Staatsgerichtsurteil ausdrücklich verblieben waren, „kurzerhand"[53] Papen und seinen von Hitler, Göring und Frick instruierten Beauftragten übertragen.

Es war der durchsichtige Zweck dieses kaum noch getarnten Rechtsbruches,[54] daß nun auch im Dreimännerkollegium Papen an die Stelle des rechtmäßigen Ministerpräsidenten Braun treten und dort noch am Nachmittag desselben 6. Februar im Verein mit Kerrl und unter Protest Adenauers nun doch die Auflösung des preußischen Landtags verfügen konnte. Die Neuwahl des preußischen Landtages wurde, in Anlehnung an die Reichstagswahl, auf den 5. März festgelegt. Obwohl besonders in den noch demokratisch regierten süddeutschen Ländern sogleich starke und – wie sich zeigen sollte – berechtigte Befürchtungen wegen der Folgen entstanden, die der erneute Eingriff in Preußen für die politische Integrität aller Länder haben mußte, konnten an diesem kaum verhüllten Gleichschaltungscoup weder die gerichtliche Klage der alten preußischen Regierung noch ein Briefwechsel zwischen dem bayerischen Ministerpräsidenten Held und Reichspräsident Hindenburg noch irgend etwas ändern. Die teils offen gewaltsame, teils pseudolegal manipulierte Unterwerfung aller Länderregierungen warf hier ihre Schatten voraus, und es rundet nur das Bild dieser verfassungswidrigen, den rechtsstaatlichen Prinzipien widersprechenden Verletzung einer höchsten Gerichtsentscheidung, daß die neuerliche Klage der verdrängten Preußenregierung auch nie mehr gerichtlich behandelt, schließlich von den resignierenden Altministern auch faktisch zurückgenommen[55] worden ist. Damit hatte vor allem Göring völlig freie Hand im preußischen Innenministerium und insbesondere in der Verfügung über die preußische Polizei, entsprechend dem Übergewicht Preußens also über den Großteil der deutschen Polizeitruppen gewonnen. Eine weitere Ausgangsposition für die stufenweise Erweiterung der Machtergreifung war gesichert und ausgebaut.

Auch nach der vorläufigen Ausschaltung des Reichstags und des preußischen Landtags war freilich ein mit der Mehrheit oppositionell gerichtetes politisches Gremium geblieben, das die unumschränkte Verordnungstätigkeit der neuen Machthaber behindern konnte. Denn noch war im Reichsrat die Überzahl der noch nicht gleichgeschalteten Länderregierungen repräsentiert. Auch hier bediente sich die neue Regierung zunächst einer Taktik der Beschwichtigung. Noch am 31. Januar versicherte Frick dem Reichsrat, daß er größten Wert darauf lege, vertrauensvoll mit den Ländern

---

[52] *RGBl.*, I, 1933, S. 43.

[53] So in aller Offenheit die Formulierung der parteioffiziösen Darstellung bei Rühle (Anm. I/9), I, S. 34.

[54] Die Vorgänge in nationalsozialistischer Sicht bei Steinbrink (Anm. I/28), S. 30 ff., mit den zeitgenössischen Kommentaren; vgl. dagegen den Einspruch der Zentrumspartei, abgedr. in: *Vossische Zeitung*, Nr. 69 vom 10. Februar 1933.

[55] Schreiben des preußischen Staatsministeriums vom 25. März 1933: Die preußischen Staatsminister „haben bereits im vorigen Jahr wiederholt erklärt, daß sie nach ihrem Rücktritt im Mai 1932 die Geschäfte nur deshalb weitergeführt haben, weil ihnen dies die Vorschrift des Artikels 59 Abs. 2 der preuß. Verfassung solange zur Pflicht macht, bis der Landtag einen neuen Ministerpräsidenten gewählt hat. Diese verfassungsrechtl. Verpflichtung war auch nach den Verordnungen des Reichspräsidenten vom 20. Juli 1932 und vom 6. Februar 1933 dafür maßgebend, daß die Staatsminister ihre Ämter nicht endgültig niederlegen zu dürfen glaubten. Nachdem sich jedoch nunmehr der am 5. März 1933 gewählte Landtag durch ausdrücklichen Beschluß vom 22. März damit einverstanden erklärt hat, daß die Geschäfte der preußischen Landesregierung vorläufig durch die vom Herrn Reichspräsidenten eingesetzten Reichskommissare wahrgenommen werden, sind die unterzeichneten Staatsminister der Auffassung, daß sie ... nunmehr für die Zukunft von der Verpflichtung aus der Vorschrift des Art. 59 Abs. 2 der preußischen Verfassung entbunden sind... " Unterschrieben von Hirtsiefer, Schreiber, Schmidt, Steiger und Grimme; die bereits erteilte Zustimmung von Braun, Severing und Klepper sollte schriftlich nachgeholt werden.

zusammenzuarbeiten, als Bayer auch Verständnis für den föderalistischen Reichs-
aufbau habe und nur für die Einheit nach außen, nicht aber für kulturelle Gleichschaltung eintrete.[56] Und schon am 2. Februar stellte sich auch Hitler in bewußter Einhaltung des Brauches mit einer kurzen, durchaus maßvollen Ansprache ähnlichen
Inhalts im Reichsratsgebäude vor.[57] Die Rede, mit der Ministerialdirektor Brecht als
Vertreter Preußens, des größten Landes, für den Reichsrat antwortete, wies nachdrücklich auf die Tradition und das Gewicht dieses Gremiums hin; Brecht warnte vor
seiner Ausschaltung, vor Gewaltaktionen besonders in der preußischen Frage, und er
erinnerte Hitler betont an seinen Verfassungseid, worauf der Reichskanzler freilich
sofort und offenbar verärgert den Raum verließ.[58] Sogleich entfesselte die nationalsozialistische Presse nun auch eine Kampagne gegen den Reichsrat, der dann auch durch
den zweiten Preußenstreich vom 6. Februar und die folgende Umbesetzung der preußischen Reichsratssitze eine erste entscheidende Schwächung erfuhr.

Freilich war noch nicht abzusehen, daß die Aktion vom 6. Februar zusammen mit
der ebenso willkürlichen Generalgleichschaltung aller Länder einen Monat später die
auch von hier aus rechtlich so zweifelhafte Grundlage für die Zustimmung des Reichsrats zum Ermächtigungsgesetz geschaffen hat. Zunächst stand vielmehr alles im Zeichen eines Wahlkampfes, der zugleich mit der scharfen Herausbildung der Fronten
auch die ersten Spannungen zwischen den verschiedenartigen Partnern der „nationalen
Erhebung" fühlbar zu machen begann. Immer brennender wurde die Frage, ob und
wieweit die zuvor so oft verkündeten Möglichkeiten einer Einzäunung, Pazifizierung
oder gar Assimilierung der nationalsozialistischen Bewegung auch unter den neuen
Bedingungen noch politische Realität werden könnten, ob also die Gruppen um Papen,
Hugenberg, Seldte in einem entscheidenden Augenblick, wie es die bevorstehende Wahl
doch war, noch als Eigengewicht oder gar Gegengewicht gegenüber dem alles an sich
ziehenden nationalsozialistischen Partner bestehen und funktionieren konnten.

4. Die Partner Hitlers

Der Gedanke einer durchgreifenden „Reform" der parlamentarischen Demokratie, der
besonders seit Beginn der Notverordnungsregierung in steigendem Maße das Verhalten
auch der gemäßigten Rechten bestimmt hatte, war nun plötzlich viel schärfer von rechts
als von links bedroht. Schon die Regierung Papen war ja seinerzeit mit ihrem Projekt
einer autoritären Staatsreform „zwischen Demokratie und Diktatur" vor allem an
der nationalsozialistischen Opposition gescheitert. Noch zweifelhafter war, ob dieser
zweite Anlauf, nun bewußt im Bündnis mit der nationalsozialistischen Massenbewegung unternommen, ohne existentielle Gefahr für den Rechtsstaat sein Doppelziel
erreichen würde: 1. unter dem Schlagwort der „Nationalen Revolution" die Ablösung
des parlamentarischen Kontrollsystems durch eine autoritäre Reform; 2. gestützt auf
Hindenburgs Autorität und konservative Fachleute die Zähmung der nationalsozialistischen Dynamik in der politisch-staatlichen Verantwortung. Dies war die eine Seite
der Problematik, die der 30. Januar 1933 aufgeworfen hatte. Dazu tritt folgerichtig
die weitere Überlegung, in welcher Form sich jetzt der Widerstand aller Gegner solcher bloßen Eindämmungspläne zu äußern vermochte, die an dem Leitbild der parlamentarischen Demokratie festhielten. Im Verhalten dieser Gruppen gilt es, das Gegenbild zu der ausgreifenden nationalsozialistischen Machtergreifungstaktik: neben den
Illusionen der nichtnationalsozialistischen Partner Hitlers das Verhalten und die Absichten der bisherigen Machtträger, zu untersuchen.

[56] *Schultheß, 1933*, S. 33.
[57] Abgedr. in: *Reichsanzeiger*, 1933, Nr. 30.
[58] Wortlaut der Rede und Schilderung der Situation bei Brecht, *Vorspiel. . .* (Anm. I/2), S. 113 ff.

Nach dem formal so reibungslosen Verlauf des Regierungswechsels war zunächst nicht zu erwarten, daß die Beamten, Richter, der Staatsapparat überhaupt, aber auch die auswärtigen Diplomaten sich in irgendeiner Form gegen den neuen Reichskanzler wenden würden. Gewiß hätte eine „bürokratische Sabotage" den neuen Machthabern angesichts ihres Mangels an fachkundigen Parteigängern die Beherrschung des Staates ernstlich erschwert und mit dem Funktionieren des Staates zugleich die neue Herrschaft in Frage gestellt.[59] Daß ein entschiedener Widerstand der Bürokratie gegen eine fragwürdige Staatsführung entscheidende Bedeutung gewinnen könnte, ist angesichts des komplizierten Charakters des modernen Großstaats unbestreitbar. Die Frage ist nur, ob eine solche Widerstandserwartung, auch wenn sie bis zu einer Theorie der Widerstandspflicht fortschreitet,[60] sehr viel Wirklichkeitsgehalt besitzt. Die Geschichte lehrt, nicht nur im obrigkeitsstaatlich bestimmten deutschen Raum, viel eher das Gegenteil, und besonders für den Beginn des „Dritten Reiches" gilt diese Beobachtung: Eine vom monarchischen Verwaltungsstaat geprägte Bürokratie, die der Republik weitgehend mißtrauisch gegenübergestanden hatte, hat die neue Ordnung in ihren autoritären Grundzügen teils geradezu begrüßt, teils sich ihr doch in fast reibungsloser Anpassung gehorsam unterworfen. Auch alle zahlenmäßigen Feststellungen zur Frage der nationalsozialistischen Beamtenpolitik erweisen, daß nur eine gewiß ansehnliche Minderheit sich schließlich dem nationalsozialistischen Gleichschaltungsprozeß greifbar widersetzt oder doch entzogen hat.[61] Vor allem wurde ein flagranter Verfassungsbruch, der einem solchen Widerstand Ansätze hätte geben können, durch die nationalsozialistische Legalitätstaktik vorläufig geschickt vermieden, obgleich nach den jahrelangen nationalsozialistischen Ankündigungen weder bei Gegnern noch bei Anhängern ein Zweifel daran bestehen konnte, daß Hitler über die Weimarer Verfassung hinweggehen würde.

Es war ohne Zweifel eine schwierige Situation: Eine Erhebung gegen Hitler hätte zu diesem Zeitpunkt formal dieselbe Verfassung verletzen müssen, die sie doch schützen wollte; ein Zuwarten bis zum offenen Verfassungsbruch Hitlers wiederum konnte das „Zuspät" einer endgültig gefestigten Machtergreifung bedeuten, hatte doch die „nationale Regierung" schon jetzt mit SA, SS, Wehrmacht, Stahlhelm, Polizei und Beamtenapparat neben der „Legalität" auch alle reale Machtverfügung für sich. So schien zunächst nur die Konzentration auf die bevorstehenden Wahlen und die Verhinderung einer nationalsozialistischen Mehrheit zu bleiben, vielleicht auch noch die Hoffnung auf eine Gegenwehr der nichtnationalsozialistischen Machtteilhaber um Hindenburg, Hugenberg, Papen, die Reichswehr.[62] Unter solchen Vorzeichen begann sich der Aufmarsch zum Wahlkampf, der im nationalsozialistischen Propagandazentrum schon seit dem 1. Februar vorbereitet wurde,[63] am 9. Februar endgültig abzuzeichnen. Zu diesem Zeitpunkt war nicht nur

---

[59] Dazu besonders Brecht, *a. a. O.*, S. 107, und ders., "Bureaucratic Sabotage" (Anm. Einl./32).

[60] So die Grundthese des beachtenswerten Buches von Herbert v. Borch (Anm. Einl./33); ders., „Obrigkeit und Widerstand", in: *Vierteljahrshefte für Zeitgeschichte* 3 (1955), S. 297 ff.

[61] Vgl. Franz L. Neumann, *Behemoth* (Anm. Einl./4), Teil III ("The Ruling Class") mit den Zahlen.

[62] Die *Notizen des Generals Liebmann* über die Befehlshaberbesprechungen im Reichswehrministerium (im Archiv des Instituts für Zeitgeschichte, München, ungedr.), die u. Teil III ausführlicher ausgewertet werden, geben einen Eindruck von dem Selbstbewußtsein, aber auch der Sinneswandlung der Wehrmachtführung. So war in den Besprechungen vom Februar und März 1933 sowohl die von außen kommende Kritik an Schleicher abgelehnt wie ihre „wohlwollende Neutralität" als „erste Macht im Staate und Diener des Volks anzen" betont worden; auch hatte man sich von Hakenkreuzfahne, Hitlergruß und Horst-Wessel-Lied distanziert (Bl. 42 f.). Wenige Monate später (1. Juni 1933) bezeichnete es Blomberg jedoch vor diesem inneren Führungskreis als wünschenswert, „daß Deutschnationale und Zentrum bald verschwinden"; er verkündete das Ende der „unpolitischen" Distanz der Reichswehr und ihre neue Aufgabe: „der nationalsozialistischen Bewegung mit voller Hingabe zu dienen" (Bl. 53).

[63] Dazu die Notizen bei Goebbels, *Vom Kaiserhof...* (Anm. I/40), S. 255 f.; die Tag-für-Tag-Berichte spiegeln deutlich das nervöse Auf und Ab der Wahlerwartungen.

die von nationalsozialistischer Seite versuchte Bildung einer „nationalen Einheitsliste"
bis hin zur DVP gescheitert, sondern auch ein weiterer Versuch mißlungen, wenigstens
alle Rechtsgruppen nebén der NSDAP in einem christlich-nationalen Wahlblock zusammenzufassen. Besonders Papen hatte hinter solchen Bestrebungen gestanden, die
zugleich einen ersten – und praktisch letzten – Versuch darstellten, das Zähmungs-
konzept durch die Schaffung eines DNVP, DVP, Christlich-Soziale, Bauernpartei,
Landbund und Stahlhelm umschließenden nationalen „Gegengewichts" zur NSDAP
auf der Ebene der Wahl und der Parteienpolitik zu verwirklichen.[64] Nachdem dies umfassende Projekt früh und vor allem an der Eigenwilligkeit und dem Selbstbewußtsein
der DNVP und Hugenbergs gescheitert war, marschierte die nicht-nationalsozialistische
Rechte in zwei Gruppen in den Wahlkampf. Neben dem Wahlbündnis von DVP,
Christlich-Sozialen und Bauernpartei bildete sich am 10. Februar der „Kampfblock
Schwarz-Weiß-Rot", der an der Spitze seines Wahlvorschlags die Namen Papen,
Hugenberg, Seldte trug und sich auf die bisherige DNVP und den Stahlhelm stützte.

In seinen Erinnerungen sucht Papen heute den Eindruck zu vermitteln, als habe
Hitler die Bildung des „Kampfblocks" als eine ernsthafte Konkurrenz aufgefaßt;
Papen selbst fügt freilich sogleich hinzu: „Aber natürlich wünschte ich die Gemeinsamkeit der übernommenen Aufgabe zu betonen."[65] „Der Dynamik der NS-Bewegung
etwas entgegenzusetzen, das von Gewicht und Wirkung war", also „eine geschlossene
Opposition zur NSDAP zu schaffen, ohne jedoch – trotz der Betonung der gemeinsamen Aufgabe – allzu offen davon sprechen zu können"[66] – dieser von Papen heute
betont herausgestellte Versuch war von Anbeginn nach Anlage und politischen Bedingungen ebenso zum Scheitern verurteilt wie alle selbstbewußten Zähmungsexperi-
mente des vorangegangenen Jahres. Dagegen sprach nicht nur das starre „Beharrungs-
vermögen", das Hugenberg und sein Parteiapparat bei allen Kandidatenverhandlun-
gen an den Tag legte, sondern auch die politische Naivität, mit der Papen auch zu
diesem Zeitpunkt noch erwartete, vom „deutschen Bürgertum" als echter Gegenspieler
zur NSDAP anerkannt und durch ein entsprechendes Wahlergebnis honoriert zu werden. Er hatte wenig getan, um sich deutlich von Hitlers Interpretation der „nationalen
Erhebung" abzugrenzen; statt dessen war er sowohl bei Hindenburg als auch in der
Öffentlichkeit entschieden als Protagonist jener neuen, antiliberalen und antiparlamentarischen „Zeitenwende" aufgetreten,[67] die doch ganz ähnlich und nur wesentlich wirkungsvoller auch die nationalsozialistischen Partner verkündeten. Wie also sollte die
Öffentlichkeit aus Papens Wirken auf eine „geschlossene Opposition" zur NSDAP
schließen können, wo doch nach wie vor so betont der Schein absoluter Einmütigkeit
der „nationalen Regierung" herausgestellt wurde?

Was Papen nachträglich als „Programm" dieses nationalen, aber antinationalsozialistischen Kampfblocks darlegt, bewegt sich in der Tat so unverbindlich und unklar in
der Nähe der nationalsozialistischen Verlautbarungen, daß es – selbst wenn es damals
entschiedener verkündet worden wäre – weder als ein starkes Gegengewicht noch
gar als eine echte Alternative betrachtet werden konnte. Eine Opposition zur nationalsozialistischen Propaganda hätten auch aufmerksame Zeitbetrachter daraus kaum
herauszulesen vermocht, und wenig im tatsächlichen Kurs und Verhalten der „natio-

---

[64] *Schultheß, 1933*, S. 41 f. Eine genaue und abgewogene Gesamtdarstellung der deutschnationalen Schlußentwicklung gibt jetzt die materialreiche Studie von Friedrich Frhr. Hiller v. Gaertringen in: *Das Ende. . .* (Anm. I/21),
hier Kap. 7 und 8.

[65] Papen, *Der Wahrheit. . .* (Anm. I/11), S. 298.

[66] *A. a. O.*, S. 298 f.

[67] So der Vortrag: „Sinn der Zeitenwende", gehalten am 21. Februar 1933 in der Berliner Universität, mit
dem Papen sich, selbstbewußt wie je, „an die gesamte Nation zu wenden" versuchte (*a. a. O.*, S. 300 ff.). Sein
Tenor: gegen Marxismus und Liberalismus im weitesten Sinne, für die „natürlichen, gottgewollten" Bindungen
und für die nationale und „geistige Revolution" der Gegenwart.

nalen Konzentration" kann diese Interpretation unterstützen. Papen selbst gesteht: „Die Schwäche meiner Position war, daß ich an dem neuen Koalitionspartner nicht offene Kritik üben konnte." Um so weniger überzeugt Papens nachträglicher Versuch, den Wählern alle Schuld aufzubürden und sich selbst zu entlasten, der doch Regierungsbildung wie Reichstagsauflösung Seite an Seite mit Hitler herbeigeführt hatte, seiner und seiner Freunde Verdrängung aber jetzt wie künftig auch im Kabinett keinen Widerstand entgegensetzte.[68] War nicht der Vizekanzler am 30. Januar mit dem selbstsicheren Anspruch aufgetreten, die wenigen Nationalsozialisten im Kabinett seien sicher „engagiert" und das Gewicht ihrer Macht durch die Verteilung der Ressorts und besonders durch seine und Hugenbergs Sonderstellung durchaus beschränkt? Und nun, wenige Tage später, muß sich Papen schon auf die Unmöglichkeit berufen, an dem nationalsozialistischen Partner überhaupt noch offene Kritik üben zu können.

Während Hitler am 10. Februar mit einer großen Kundgebung der NSDAP im Berliner Sportpalast den Wahlkampf eröffnete,[69] trat der „Kampfblock Schwarz-Weiß-Rot" am selben Tag mit einem Presseempfang des Stahlhelmführers und Reichsarbeitsministers Seldte an die Öffentlichkeit. Seldte dementierte alle Gerüchte über sozialreaktionäre Absichten seines Ministeriums und erklärte, die „Kampffront" sei mit Einverständnis Hindenburgs und Wissen Hitlers gebildet worden. Er unterstrich jedoch gleichzeitig, wie gut das neue Kabinett zu funktionieren begonnen habe, da alle Partner prinzipiell die gleiche Grundeinstellung besäßen und dies keineswegs nur bis zum Wahltag, zum 5. März also, dauern werde.[70] Vor allem legte auch er den größten Wert darauf, die grundsätzliche Gemeinsamkeit des Stahlhelm mit den Zielen der NSDAP zu betonen und nicht etwa eine „klare Abgrenzung" im Sinne der nachträglichen Behauptungen Papens zu treffen. Einen Tag später folgte die „Kampffront" ihrem ungleichen Verbündeten mit der ersten Kundgebung im Berliner Sportpalast.[71] Wieder war es Hugenberg, der als Eröffnungsredner zum ersten Mal vernehmbar gewisse Unterschiede und Grenzen zwischen den Koalitionspartnern andeutete. Er wandte sich gegen die These vom Übergangszustand der gegenwärtigen Machtverteilung und mahnte die nationalsozialistischen Verbündeten zur Einhaltung des am 30. Januar geschlossenen Vertrages. Freilich führte auch er die Kritik an Hitlers Wahl- und Regierungstaktik nicht zu einer Kritik an den nationalsozialistischen Machtmethoden und Machtabsichten fort. Vielmehr schwächte er ihren Widerstandsgehalt durch eine Absage an jede Art von Parlamentarismus, mit dem er auch seine Bedenken hinsichtlich der erneuten Wahlen begründete: Nicht um eine parlamentarische Regierung nach bisherigem Brauch, sondern um die Hindenburg-Regierung der nationalen Sammlung handle es sich jetzt, nur deshalb sei er in das Kabinett eingetreten, und deshalb hoffe er auch, daß dies zugleich mit dem Ende des parlamentarischen Parteienstaats die letzten Wahlen seien.

Papen wiederum, der ihm als Redner folgte, schwächte diese eigenwilligen, wenngleich kaum minder illusionistischen Erklärungen erneut ganz merkbar ab, indem er den Akzent auf die Gemeinsamkeit aller „nationalen" Kräfte hinter der „nationalen Regierung" legte. Zwar forderte er eine große christlich-konservative nationale

---

[68] Papen (*a. a. O.*, S. 302) fährt fort: „Ich konnte nur versuchen, den Wählern die positive Seite meines Programms zu entwickeln – in der Hoffnung, sie würden es mit den negativen Punkten der NS-Doktrin vergleichen. Die Wähler haben das versäumt, sei es aus mangelnder Intelligenz oder aus Denkträgheit: viele scheinen geglaubt zu haben, Hitler vertrete das gleiche konservative Programm wie ich – und so gaben sie ihre Stimme Hitler."

[69] *VB* vom 11./12. Februar 1933 (vgl. u. S. 67); es war die erste nationalsozialistische Kundgebung, die über den Rundfunk verbreitet wurde.

[70] *Schultheß, 1933*, S. 45.

[71] Die Reden auszugsweise *a. a. O.*, S. 45 f. Näheres zum deutschnationalen Wahlkampf bei Hiller v. Gaertringen (Anm. I/64), Kap. 7.

Bewegung als das eigentlich Neue gegenüber allem Parteitreiben, doch betonte er gleichzeitig, daß die „Wahltruppen der Regierung" wenn nicht unter einheitlichem Oberbefehl, so doch mit einheitlicher Parole in den Wahlkampf zögen. Nach einem Kompliment vor Hitlers Kompromißbereitschaft bei der Machtverteilung schloß Papen mit dem Appell, Seite an Seite mit den nationalsozialistischen Verbündeten zu kämpfen, ihre konservative Ergänzung zu bilden und dem Führerprinzip zum Sieg zu verhelfen. Zum Schluß richtete noch Seldte einen ähnlichen Aufruf an seinen Stahlhelm, der noch durch die Bekanntmachung unterstrichen wurde, daß sich der alte Generalfeldmarschall v. Mackensen an die Spitze des Wahlausschusses der Kampffront gestellt habe. Vier Tage später billigte zwar auch der deutschnationale Parteitag Hugenbergs politischen Kurs, doch zeigte sich bald, daß der „Kampfblock" in keiner Phase des Wahlkampfes auch nur leidlich mit der NSDAP in Konkurrenz zu treten vermochte. Wie wenig seinen Führern auch innerhalb des Kabinetts die oft verheißene Kontrolle der nationalsozialistischen Minderheit gelang, sollte sich bald genug erweisen. Von dieser Seite ist dem stufenweisen Ausbau der „Machtergreifung" in der Tat kein ernsthafter Widerstand mehr erwachsen.

5. Probleme einer legalen Opposition

Um so brennender stellte sich die Frage nach der Lage und den politischen Möglichkeiten jener Kräfte der Mitte und der Linken, die der Überraschungsakt vom 30. Januar in die Opposition verwiesen hatte. Schon die ersten Regierungsaktionen drohten sie nicht nur von jeder politischen Mitbestimmung gänzlich auszuschalten, sondern griffen spürbar an ihre Existenz selbst. Dies galt vor allem von dem totalitären Gegenspieler des Nationalsozialismus auf der äußersten Linken. Entgegen ihren Verkündungen, entgegen auch den allgemeinen Erwartungen und den gegnerischen Schreckensprognosen hatte die KPD die Ereignisse wie gelähmt hingenommen. Wohl kam es in diesen Wochen noch zu blutigen Zusammenstößen, doch war jetzt durchweg die SA der aktive Teil. Nur in Flugblättern, nirgends aber in der politischen Wirklichkeit ereignete sich jener revolutionäre Aufstand gegen den Faschismus, von dem in den vorangegangenen Jahren wieder und wieder die Rede gewesen war. Vieles verhinderten möglicherweise die brutalen Sofortmaßnahmen des neuen Regimes: die pausenlosen Verbote kommunistischer Zeitungen, Versammlungen und Umzüge, die Haussuchungen und schließlich die Durchsuchung und Schließung der Parteizentrale im Berliner Karl-Liebknecht-Haus am 2. und 23. Februar. Nicht minder wichtig jedoch erscheint die Abhängigkeit dieser drittgrößten deutschen Partei von der Außenpolitik der Sowjetunion: Realpolitische Überlegungen bestimmten das Verhalten Moskaus gegenüber einer nationalsozialistischen Machtergreifung,[72] in der das Parteidogma ohnehin nur das letzte Verzweiflungsstadium des zerbrechenden Kapitalismus erblickte. Auch die russische Presse erwartete nun den Machtkampf der kapitalistischen Faktionen und seine Wendung zum offenen Klassenkampf; die NS-Revolution wurde als illusionärer Sieg empfunden [73] und als notwendige Übergangsperiode, die bis zum endgültigen Sieg einer die faschistische Endphase ablösenden kommunistischen Revolution hingenommen, erduldet, überlebt werden mußte. Tatsächlich ließ die Sowjetunion in den ersten Monaten eine abwartende, ja im Blick auf die betonte Fortsetzung der bestehenden wirtschafts- und militärpolitischen Kontakte eine fast positive Einstellung erkennen.

In Deutschland selbst rief die kommunistische Führung durch die Parteipresse, soweit diese nicht verboten war, jetzt wieder und wieder zur Bildung einer antifaschi-

[72] Vgl. u. S. 246 f.
[73] So Radek noch im März 1933 in der *Izvestya:* bei Gustav Hilger and Alfred G. Meyer, *The Incompatible Allies. A Memoir-History of German-Soviet Relations 1918–1941*, New York 1953, S. 252.

stischen Einheitsfront auf.[74] Aber ein solches Bündnis war nicht nur an den tiefen Gegensätzen in Zielsetzung und Taktik, an dem sturen Obstruktionskurs der KPD gegenüber allen sozialdemokratischen Regierungen, sondern mehr noch an der zweideutigen Haltung der kommunistischen Führung immer wieder gescheitert. Daß dieselbe Partei, die der SA im Zeichen des „Kampfes gegen den Faschismus" erbitterte Straßenschlachten geliefert hatte, sich in parlamentarischen Abstimmungen und Streiks wie in der bedingungslosen Opposition gegen die parlamentarische Republik wie gegen die als „Sozialfaschisten" denunzierten Sozialdemokraten immer wieder zu einer totalitären Einheitsfront mit den Nationalsozialisten – zuletzt noch beim Berliner Verkehrsstreik vom November 1932 – zusammengefunden hatte, das verlieh ihren Aufrufen zu einer „Aktionseinheit der Arbeiterklasse" auch zu diesem Zeitpunkt wenig Glaubwürdigkeit. Wohl kam es, wie schon in den letzten Monaten der Republik,[75] in der Folge zu manchen Kontakten in beschränktem Kreis. Doch konnte nach den Erfahrungen der Weimarer Zeit keine Partei geneigt sein, die kommunistische Alternative zur nationalsozialistischen Diktatur als Grundlage für eine Einheitsfront zu betrachten, in der sich die Verteidiger des demokratischen Rechtsstaats hätten zusammenfinden können. An eine „Volksfront" war nicht zu denken, und längst hatte sich denn auch die KPD für eine Periode der Illegalität und ausschließlichen Untergrundaktivität vorzubereiten begonnen.[76] Der Aufruf zum gemeinsam mit der SPD zu proklamierenden Generalstreik, den Thälmann und Pieck noch einmal auf der letzten legalen Kundgebung der KPD im Berliner Sportpalast am 25. Februar ausgaben, bedeutete nichts als den lauten Abgang von einer politischen Bühne, von der aus die KPD auch der SPD gegenüber stets nur Obstruktion betrieben hatte.

Aber SPD und Gewerkschaften, von denen die Entscheidung über einen letzten Widerstandsversuch großen Stils in Form eines Generalstreiks abhängen mußte, zeigten sich nicht weniger gelähmt und passiv. Sie befanden sich auf einem Rückzug, der im Grunde schon drei Jahre währte, seit sich die Linke freiwillig aus der politischen Verantwortung zurückzuziehen begonnen hatte.[77] Seit 1930 in selbstgewählter Isolierung, hatte die SPD den Staatsstreich Papens in Preußen widerstandslos hingenommen, und auch die sozialistischen Gewerkschaften glaubten angesichts einer Massenarbeitslosigkeit von bisher nicht erlebtem Ausmaß, einen Streik nicht mehr riskieren zu können, solange die Gefahr bestand, daß Nationalsozialisten ihre Plätze einnähmen und mit der politischen Existenz der Gewerkschaften zugleich die wirtschaftliche Existenz ihrer Mitglieder vernichtet würde. Gewiß schien ihre zahlenmäßige Macht noch gewaltig; aber unter den gegebenen Umständen spiegelte sie ebensowenig die wirklichen Machtverhältnisse wider wie die Tatsache, daß rein zahlenmäßig die NSDAP bei der letzten freien Wahl nur über ein Drittel der deutschen Wählerstimmen verfügt hatte. Nur unter der Fiktion freier demokratischer Verhältnisse konnten solche Zahlenverhältnisse noch ernst genommen werden. Wie die Dinge nun lagen – nach der

---

[74] Dazu das freilich tendenziös im Sinne der kommunistischen Apologetik zusammengestellte Material bei Walter Bartel, „Probleme des antifaschistischen Widerstandskampfes in Deutschland", in: *Zeitschrift für Geschichtswissenschaft* 6 (1958), S. 999 ff. Dagegen jetzt die gründliche Analyse von Siegfried Bahne in: *Das Ende...* (Anm. I/21), Kap. 2 ff.; dort z. B. die Resolution des Exekutivkomitees der Komintern vom 1. April 1933 (Dok. Nr. 3): „Die Errichtung der offenen faschistischen Diktatur, die alle demokratischen Illusionen in den Massen zunichte macht und die Massen aus dem Einfluß der Sozialdemokratie befreit, beschleunigt das Tempo der Entwicklung Deutschlands zur proletarischen Revolution."

[75] Vgl. auch die Nachweise bei Matthias (Anm. I/48), S. 261 ff.

[76] Dazu Ossip K. Flechtheim, *Die Kommunistische Partei Deutschlands in der Weimarer Republik*, Offenbach 1948, S. 183 f.

[77] Matthias (Anm. I/48), S. 250 ff.; Bracher, *Die Auflösung...* (Anm. Einl./25), S. 295 ff.; und besonders die sozialdemokratische Selbstkritik bei Leber (Anm. I/1), S. 233 ff. u. a. Umfassendste Analyse der sozialdemokratischen Politik und ihres Widerstandsgehalts jetzt bei Erich Matthias in: *Das Ende...* (Anm. I/21) mit wichtigen neuen Aufschlüssen, die dies Bild bestätigen.

Reichstagsauflösung, der Notverordnung vom 4. Februar, dem zweiten Staatsstreich in Preußen, dem frühen Rückzug der konservativen Kabinettsmitglieder, Görings Terrorregime in Preußen und der raschen Unterdrückung der Presse [78] –, hatte sich die Situation binnen weniger Tage grundlegend geändert.

Die immer neue Frage, warum eine nichtnationalsozialistische Mehrheit so rasch und fast lautlos kapitulierte, warum insbesondere die SPD, über vier Jahrzehnte die größte deutsche Partei, dies ohne einen ernsthaften Widerstandsversuch hinnahm, ist ohne ein rechtes Verständnis der völlig gewandelten staatlich-politischen Gesamtsituation nicht zu beantworten. An eben diesem Verständnis hat es den Führungsgremien aller demokratischen Gruppen gefehlt. Noch immer bauten sie auf die Sicherungen der Verfassung, noch immer vertrauten sie auf die Gegengewichte in Gestalt Hindenburgs und der Armee, noch immer glaubten sie schließlich an die Möglichkeit, die NSDAP entweder durch parlamentarische Oppositionspolitik auszumanövrieren oder in einer neuen Wahlentscheidung an der Erringung einer Mehrheit hindern zu können – was ja tatsächlich gelang –, mit parlamentarischem Mißtrauensvotum oder Wahlentscheid also die Machtverschiebung wieder unter Kontrolle bringen und die Rückkehr zu verfassungsmäßigem Regierungsmodus erzwingen zu können. In diesem Sinne hat ein erster Leitartikel im *Vorwärts* schon am Abend des 30. Januar betont: „Gegenüber dieser Regierung der Staatsstreichdrohung stellt sich die Sozialdemokratie und die ganze Eiserne Front mit beiden Füßen auf den Boden der Verfassung und der Gesetzlichkeit. Sie wird den ersten Schritt von diesem Boden nicht tun." Folgerichtig beschloß die sozialdemokratische Reichstagsfraktion noch am selben Tag die Einbringung eines Mißtrauensantrages gegen das Hitler-Kabinett.[79] Wohl hatte eine kleine Minderheit Einsichtiger schon damals die revolutionäre Beschleunigung einer Entwicklung erkannt, der durch die Berufung auf Legalität, Verfassung und parlamentarisch-demokratische Gewohnheiten nicht mehr zu steuern war. Aber sowenig die sozialdemokratische Führung es verstanden hatte, sich in die Entwicklung der Staatskrise seit 1930 und in die politischen Entscheidungen der Endphase noch wirksam einzuschalten, sowenig hat sie auch in den kritischen Tagen um den 30. Januar 1933 noch einen wesentlichen Einfluß auf die Geschehnisse auszuüben vermocht.[80]

Man hat die verschiedensten Gründe dafür verantwortlich gemacht. Unzweifelhaft war die Partei durch die steigende Überalterung der Mitgliedschaft im Vergleich zu dem jugendlichen Anhänger- und Funktionärkörper der radikalen Parteien — nicht weniger Symptom als Ursache dieser Lage — stark behindert.[81] Zugleich hatte der schwankend-resignierende, wenig begeisternde Defensivkurs der Partei auf den verschiedensten politischen Ebenen längst zu einem psychologischen Machtverlust geführt, dessen Ausmaß auch durch den noch immer beträchtlichen Besitz an formalen politischen Machtpositionen im Reich wie besonders in den Ländern und Gemeinden kaum mehr verdeckt werden konnte. Erneuerungsbestrebungen jüngerer militanter Kräfte, besonders um die jungen Reichstagsabgeordneten Julius Leber, Carlo Mierendorff, Kurt Schumacher, hatten ihre Grenze in der Unbeweglichkeit einer bürokratisch erstarrten Organisation und Führung der Partei gefunden, und alle Gedanken an eine außerparlamentarische Widerstandsaktion waren, am sichtbarsten schon anläßlich des

---

[78] Interessante Details auf Grund neuer Quellen bei Kurt Koszyk, *Zwischen Kaiserreich und Diktatur. Die sozialdemokratische Presse von 1914 bis 1933*, Heidelberg 1958, S. 210 ff.

[79] Vgl. Matthias (Anm. I/48), S. 264.

[80] Dazu und zum folgenden auch Lewis J. Edinger, "German Social Democracy and Hitlers' 'National Revolution' of 1933: A Study in Democratic Leadership", in: *World Politics* 5 (1953), S. 330 ff.; ders., *German Exile Politics. The Social Democratic Executive Committee in the Nazi Era*, Berkeley–Los Angeles 1956, S. 7 ff.

[81] Zur ungünstigen Struktur der SPD-Mitgliedschaft im Vergleich mit den „jungen" totalitären Parteien (NSDAP und KPD) schon Hans Gerth, "The Nazi Party: Its Leadership and Composition", in: *American Journal of Sociology* 14 (Jan. 1940), S. 530.

Papen-Putschs vom 20. Juli 1932, durch das Festhalten an einer absoluten „Legalität" entscheidend gehemmt.

Das galt auch für die äußere Reaktion auf den 30. Januar 1933. Zwar hatte die sozialdemokratische Führung noch an diesem Tage eine Sitzung abgehalten und einen Aufruf formuliert, in dem die neue Regierung scharf abgelehnt und alle Werktätigen und Republikaner zur Wachsamkeit ermahnt wurden. Aber auch dies Manifest, das am 31. Januar auf der ersten Seite aller sozialdemokratischen Zeitungen erschien,[82] beschränkte sich auf eine Ablehnung des kapitalistischen und agrarisch reaktionären Charakters der neuen Regierung; und das Referat, das der Fraktionsvorsitzende Breitscheid am 31. Januar vor dem Parteiausschuß hielt, war ganz auf die ökonomisch determinierte Entwicklung, auf die gleichsam naturnotwendige Vergänglichkeit des neuen Regimes gestimmt, dessen rasches Ende es nur in Disziplin zu erwarten gelte.[83] Es mündete wohl in die Ankündigung, die SPD sei bereit, mit allen Mitteln Angriffe gegen die verfassungsmäßigen politischen und sozialen Rechte des Volkes abzuwehren. Auch folgte eine ähnlich gefaßte, entschiedene Ankündigung, durch die das Reichsbanner seine Kampfbereitschaft betonte.[84] Aber bei solchen vielfach wiederholten Deklamationen blieb es auch diesmal, obwohl selbst nach Ansicht des langjährigen sozialdemokratischen Reichstagspräsidenten Löbe die Mehrheit der SPD-Anhänger offenen Widerstand erwartete und besonders die Kampforganisationen der „Eisernen Front", aber auch spontane Arbeiterdemonstrationen schon am 30. und 31. Januar zur Aktion drängten.[85] Nicht nur die Furcht vor einem vergeblichen Blutbad, sondern vor allem ein noch immer ungebrochener legalistischer Optimismus und eine Verkennung des wahren machtpolitischen Charakters der „nationalen Erhebung" haben die SPD-Führung dazu bestimmt, eine Politik des strikt legalen Abwartens, des Vertrauens auf Gerichts- und Wahlentscheidungen beizubehalten. Dazu kam eine Reihe von Argumenten, die auch in den nachträglichen Apologien der Beteiligten wiederzufinden sind. Man beklagte besonders das Versagen der Reichswehrführung[86] und die fatale „Legalität" der nationalsozialistischen Machtübernahme, die jeden Aufstand verfassungsrechtlich ins Unrecht gesetzt[87] und Hitler den erwünschten Vorwand zur Vernichtung der SPD gegeben hätte, und man verweist auf den seit langem friedlich-evolutionären Charakter dieser Partei;[88] auch deshalb lehnte ihre Führung eine revolutionäre Aktionseinheit mit den Kommunisten ab und schob den Entschluß zum Generalstreik immer wieder auf, um ihn nur als letztes Mittel für den äußersten Fall der Verfassungsverletzung durch die Regierung zur Verfügung zu haben und jede vorschnelle isolierte Aktion zu vermeiden.[89]

Daß die NSDAP – eine andere Taktik verfolgend – den erwarteten „Marsch auf Rom" nach faschistischem Vorbild unterließ, verstärkte nur noch die Illusionen. Trotz allen Behinderungen erblickte man in dem bevorstehenden Wahlgang eine echte Chance für die Erhaltung der Demokratie, nicht etwa eine neuartige, wirkungsvollere Realisierung der Machtergreifung auf pseudolegalem Wege. — Sowenig man diesen Weg schon kannte, sowenig glaubte man an eine Revolution. Die neue Regierung erschien

[82] *Vorwärts* vom 31. Januar 1933, Morgenausgabe.
[83] Matthias (Anm. I/48), S. 264.
[84] *Vorwärts* vom 31. Januar 1933, Abendausgabe.
[85] Paul Löbe, *Der Weg war lang. Lebenserinnerungen*, 2. Aufl., Berlin 1954, S. 211 f. Einzelheiten jetzt bei Matthias in: *Das Ende...* (Anm. I/21), Kap. 6 ff.
[86] So Carl Severing, *Mein Lebensweg*, Bd. II, Köln 1950, S. 378 f.
[87] Brecht, *Vorspiel...* (Anm. I/2), S. 106 ff.
[88] Friedrich Stampfer, *Die ersten 14 Jahre der Deutschen Republik*, 2. Aufl., Offenbach 1947, S. 632.
[89] So der Grundtenor des *Vorwärts* vom 30. (Abendausgabe) und 31. Januar 1933 (Morgenausgabe) sowie vom 1., 2. (Morgenausgabe) und 8. Februar 1933; vgl. auch die weiteren Nachweise bei Edinger, *German Exile...* (Anm. I/80), S. 8 ff.; S. 267 f.; Matthias in: *Das Ende...* (Anm. I/21), Kap. 8 f.

der Linken viel eher als eine verschärfte Fortsetzung der reaktionär-konservativen Kabinettspolitik Papenscher Prägung, die über keine stabile Massenbasis verfügen konnte und rasch abwirtschaften würde. Die sozialdemokratische Kampagne beschränkte sich demgemäß auch auf eine Wahlpropaganda, die sich im traditionellen Stil der Klassenkampfideologie in erster Linie gegen „Monopolkapitalismus" und „soziale Reaktion", also fast stärker gegen die Hugenberg-Komponente der „Nationalen Konzentration" richtete.[90] Man hat denn auch im Hinblick auf den ersten Wahlaufruf der SPD vom 2. Februar, der mit seinen radikalen Enteignungsparolen an den Ton der Vorkriegssozialdemokratie erinnerte und der politischen Fehleinschätzung geradezu grotesken Ausdruck verlieh, treffend festgestellt, daß die politische Sterilität zur Flucht in die Tradition verführte.[91] Es war eine grandiose Verkennung der Machtlage wie des eigentlichen Charakters der Geschehnisse, und sie wich nur schrittweise einer Einsicht in die wahren Fronten, als nun in riesigem Maßstab die nationalsozialistische Wahlkampagne anlief und mit ihr schon die Monopolisierung des Rundfunks, der Presse, der Straßendemonstrationen sich abzeichnete. Dann aber war es zu spät: Die Zeitungsverbote überstürzten sich, die Gewerkschaften zeigten die ersten Auflösungserscheinungen, die politisch-bürokratischen Machtpositionen im Reich und besonders in Preußen fielen Stück um Stück dem nationalsozialistischen Einfluß anheim, und vor allem die preußische Polizei war schon, nach wenigen Wochen einseitig im nationalsozialistischen Sinne gereinigt und ergänzt, ein nachdrückliches Mittel in der Hand der wirklichen Machthaber.

Noch weniger Raum ließ der ungleiche Kampf zwischen der Rechten und Linken den Parteien der Mitte. Die liberalen Gruppen waren seit Jahren von einem unaufhaltsamen Schrumpfungsprozeß erfaßt, der die Abwendung des Bürgertums von der Republik manifestierte und bezeichnenderweise nicht mehr der deutschnationalen Rechten, sondern fast ausschließlich dem Aufstieg der NSDAP zugute gekommen war.[92] Sie mochten wohl immer noch wichtige Positionen besetzt halten, ihre Bewegungsfreiheit war gleichwohl durch den nationalsozialistischen Sog und die Anfälligkeit ihrer Anhänger für Hitlers Antimarxismuspropaganda so stark eingeschränkt, daß sie für eigene politische Initiative nicht mehr in Frage kamen. Allein die Zentrumspartei hatte eine geschlossene Anhängerschaft durch die große Krise in die neue Ära hinüberzuretten vermocht. Aber auch in der Führung dieser Partei begannen sich, als sie den Weg zu einer Regierungsbeteiligung versperrt und jede parlamentarische Alternative blockiert sah, die Meinungen zu scheiden. Wenn auch die Mehrheit nicht die Neigung jener Parteifreunde billigte, die sich sogleich für Kompromisse mit Hitler einsetzten und schließlich sogar die Auflösung des Zentrums als Hospitanten der NSDAP im Reichstag überlebten, so ging die Bereitschaft zur Opposition doch über ein Bekenntnis zum Rechtsstaat nicht hinaus; einige unverbindliche Zusicherungen Hitlers haben schließlich genügt, sämtliche Mittelparteien zur Billigung des Ermächtigungsgesetzes und zur Selbstauflösung zu treiben.

6. Wahlkampagne neuen Stils

Vor dem Hintergrund einer Ratlosigkeit und Resignation, die alle Gruppen der Mitte und der Linken schon früh bestimmten, hat sich seit Mitte Februar die allumfassende Aktivität und der Machtzuwachs der NSDAP bestürzend beschleunigt. Am 10. Februar hatte Hitler selbst den Wahlkampf mit einer Riesenkundgebung im Berliner Sportpalast eröffnet. Gemäß dem stets gleichbleibenden Aufbau seiner Reden konfrontierte

---

[90] Vgl. die Zeugnisse bei Edinger, "German Social Democracy. . ." (Anm. I/80), S. 339 ff.
[91] Matthias (Anm. I/48), S. 265, zum *Vorwärts* vom 2. Februar 1933, Abendausgabe.
[92] Vgl. die Wahlergebnisse u. S. 93 ff.

er erneut das düstere Zerrbild von „Novemberverbrechern" und Republik, von Mehrparteienstaat und Parlamentarismus, von „Marxismus" und Pazifismus, von „Finanzkapital" und „entarteter" Kultur mit den kommenden Segnungen der „Nationalen
Revolution". Er verkündete die Rettung des Bauernstandes, der Arbeiterschaft und
des Mittelstandes, er versprach die Sicherung des Weltfriedens, er forderte die unabdingbare Grundlage einer starken eigenen Wehrmacht. Dieser Stil glühender Prophezeiung vor dem Hintergrund hemmungsloser Geschichtsklitterung gipfelte wieder in
dem oft wiederholten Wort: „14 Jahre lang haben die Parteien des Zerfalls, des
Novembers, der Revolution das deutsche Volk geführt und mißhandelt, 14 Jahre
lang zerstört, zersetzt und aufgelöst. Es ist nicht vermessen, wenn ich heute vor die
Nation hintrete und sie beschwöre: ‚Deutsches Volk! gib uns vier Jahre Zeit – dann
richte und urteile über uns! Deutsches Volk, gib uns vier Jahre, und ich schwöre dir,
so wie wir und wie ich dieses Amt antrat, so will ich dann wieder gehen...'" Der
Schlußsatz steigerte sich zu der pseudoreligiösen Überhöhung nationalsozialistischen
Herrschaftswillens: Es werde wieder auferstehen ein Deutsches Reich „der Größe und
der Ehre und der Kraft, der Herrlichkeit und der Gerechtigkeit. Amen." [93]
  Inzwischen war die Propagandamaschine des künftigen Propagandaministers Goebbels schon auf volle Touren gekommen. „Die Parole heißt: ‚Gegen den November
1918.' Sie wird eindeutig durchgeführt." [94] Daß der Wahlkampf diesmal zwar „mit
allen Mitteln" bestritten, doch noch keineswegs als gewonnen betrachtet werden
konnte, geht aus den Goebbelsschen Aufzeichnungen deutlich hervor. Gewiß reichten
die Überlegungen im nationalsozialistischen Hauptquartier – anders als bei den übrigen Parteien – schon weit über die Wahl hinaus. Doch ging es zunächst, wie Goebbels
schon den am 2. Februar in Berlin versammelten Gauleitern erklärt hatte, nur um
eine Mehrheit der Regierungskoalition: „Das weitere wird sich dann finden." [95] Für
die Kampagne selbst, die um der „ganz konzentrischen" Führung willen von Berlin
aus organisiert wurde, sahen Goebbels' Pläne vor allem einen möglichst weitreichenden Einsatz des Rundfunks vor. Hitler sollte in allen Städten mit Sendeeinrichtungen
sprechen: „Wir verlegen die Rundfunkübertragungen mitten ins Volk und geben so
dem Hörer ein plastisches Bild von dem, was sich in unseren Versammlungen abspielt.
Ich selbst", so fügt Goebbels hinzu, der selbst eine weitere Großkundgebung im Berliner Sportpalast am 21. Februar bestritt,[96] „werde zu jeder Rede des Führers eine
Einleitung sprechen, in der ich versuchen will, dem Hörer den Zauber und die Atmosphäre unserer Massenkundgebungen zu vermitteln." [97]
  Entscheidende Bedeutung gewann daher die Tatsache, daß der deutsche Rundfunk
insgesamt schon jetzt fast ausschließlich zum Instrument der nationalsozialistischen
Propagandakampagne wurde. Eine wichtige institutionelle Ursache war der durchgängig staatliche Charakter des deutschen Rundfunkwesens – auch hier also die Kehrseite der von gutgläubigen Demokraten im Interesse der Weimarer Republik betriebenen zentralistischen Verstaatlichung gesellschaftlich-politischer Bereiche und Organe.
Zwar wurden auch hier nicht, wie allzu saloppe Reportagen wollen, „über Nacht" die
Leiter der Rundfunkstationen durch nationalsozialistische Funktionäre ersetzt.[98] Die

---

[93] Amtlicher Text der Rede in: *Dokumente der Deutschen Politik* (Anm. I/31), I, S. 11 ff. Zur massenpsychologischen Wirkung dieser Redetechnik Goebbels, *Vom Kaiserhof*... (Anm. I/40), S. 260.

[94] Goebbels, *a. a. O.*, S. 255.

[95] *A. a. O.*, S. 256.

[96] Seine Rede ist abgedruckt in Goebbels, *Revolution der Deutschen* (Anm. Einl./11), S. 125 ff.

[97] Goebbels, *Vom Kaiserhof*... (Anm. I/40), S. 256 f.

[98] So Curt Rieß, *Joseph Goebbels. Eine Biographie*, Baden-Baden 1950, S. 137. Vgl. dagegen Goebbels selbst
(*a. a. O.*, S. 257): „Der Rundfunk macht mir einige Sorgen. An allen entscheidenden Stellen sitzen noch immer
die alten Systembonzen. Sie müssen möglichst schnell ausgebootet werden, und zwar bis zum 5. März so weit, daß
der Schluß unserer Wahlaktion nicht mehr gefährdet werden kann."

allgemeine Situation und der Gang der Gleichschaltung standen unter ähnlichen Gesetzen wie im Bereich der staatlichen Bürokratie: Hier wie dort verfügte die NSDAP
weder organisatorisch noch personell über genügend parteieigene Kräfte, um sofort
den gesamten Apparat zu besetzen, und hier wie dort verfolgte sie die eigenwillige
Taktik, von wenigen Schlüsselstellungen aus und unter Belassung und Ausnutzung der
bürokratischen Fachkräfte eine verschleierte Monopolisierung der politischen Ent-
scheidungsorgane zu erreichen. So richtig es also ist, daß erst nach Monaten, im Falle
Bayerns sogar erst nach Jahren, die Sendegesellschaften der Länder der Reichsrundfunkgesellschaft unterstellt werden konnten,[99] so spürbar begann sich die nationalsozialistische Kontrolle und Manipulierung schon nach wenigen Tagen auszuwirken.
Von der ersten großen Wahlkundgebung Hitlers am 10. Februar an wurde der ganze
deutsche Rundfunk mit einseitigem Übergewicht für die nationalsozialistische Kampagne eingesetzt. Goebbels hat sich hier die letzten Sporen für die Errichtung eines
Reichspropagandaministeriums zu verdienen gewußt, auf das er sich, der am 30. Januar
noch leer ausgegangen war, schon seit dem 5. Februar vorbereitet hatte.[100] Man muß
ihm jedenfalls zugestehen, daß er besser als jeder andere die Bedeutung des Rundfunks als „Instrument der Massenpropaganda [erkannte], das man in seiner Wirksamkeit heute noch gar nicht abschätzen kann".

Hier begann, gemessen an der Zurückhaltung der politischen Führung in der Weimarer Republik, wahrhaft eine neue Ära der Massenlenkung: „Jedenfalls haben unsere Gegner nichts damit anzufangen gewußt. Um so besser müssen wir lernen, damit
umzugehen."[101] Zwar verblieben zunächst, wie auch sonst in Regierung und Bürokratie, „neutrale" oder rechtsstehende Direktoren, Intendanten und Abteilungsleiter
in den Spitzenpositionen des Rundfunks; nur einige besonders wichtig erscheinende
Umbesetzungen wurden auch nach außen hin erkennbar, wobei vielfach ebenfalls noch
auf nichtnationalsozialistische, aber leichter lenkbare Nurfachleute zurückgegriffen
wurde.[102] Auch hier also die typische Technik der verschleierten Machtergreifung, die
sich der Fachleute, des Scheins einer rein sachlich-national bedingten Säuberung zu
bedienen wußte. Fast das einzige wirklich demonstrative Ereignis war der spontane
Rücktritt des Schöpfers des deutschen Rundfunks, des ehemaligen Staatssekretärs Hans
Bredow, der dann auch schon am 15. Februar von der Leitung der Reichsrundfunkgesellschaft entbunden wurde. Die übrigen „entscheidenden" Maßnahmen auf diesem
Gebiet stellte man bis zur Wahl bewußt zurück, ließ die Dinge in der Schwebe, erneuerte die laufenden Verträge nicht mehr oder sprach vorsorglich Kündigungen aus:
Kurz, man ließ die Bedrohung wirken, vor die alle auch indirekt Betroffenen damit gestellt waren, und man verließ sich auch hier mit Erfolg auf die Angst vor Entlassung
und Berufsschwierigkeiten, diesen ersten Schrittmacher der Gleichschaltung. Nach Errichtung des Propagandaministeriums und Verkündung des Ermächtigungsgesetzes
freilich gab Goebbels diese Zurückhaltung auf und „begann die große Säuberung im
deutschen Rundfunk"[103] – getreu seinem damals schon offen verkündeten Endziel,
„daß der Rundfunk von der höchsten Spitze bis zum letzten Mann im Senderaum nun
ganz eindeutig nationalsozialistisch eingestellt zu sein hat".[104] Schon am 27. März
verkündete er vor den versammelten Direktoren und Intendanten sämtlicher Rundfunkgesellschaften lapidar: „Wer Fahnenträger der vergangenen vierzehn Jahre war,

[99] In diesem abschwächenden Sinne auch die materialreiche Analyse von Heinz Pohle, *Der Rundfunk als In-*
strument der Politik. Zur Geschichte des deutschen Rundfunks von 1923–1938, Hamburg 1955, S. 154 ff.
[100] Goebbels, *Vom Kaiserhof.* . . (Anm. I/40), S. 258 f.; S. 263.
[101] *A. a. O.,* S. 260.
[102] Dazu ausführlich Pohle (Anm. I/99), S. 169 ff.
[103] Rühle (Anm. I/9), I, S. 74.
[104] Goebbels, zit. *a. a. O.,* S. 325.

kann heute nicht Fahnenträger der kommenden Jahrzehnte werden."[105] Acht Tage vorher war bereits der Intendant des Deutschlandsenders ausgewechselt worden, viele andere folgten, die Ausschuß- und Beiratsverfassungen wurden durch das Führerprinzip unter dem allein verantwortlichen Intendanten ersetzt.

Die gewaltige Welle von Hitler-Kundgebungen, die nach dem Goebbelsschen Propagandaplan seit dem 10. Februar über die großen Städte und von dort über die Rundfunksender in deren weiteren Ausstrahlungskreis ging,[106] stand aber auch finanziell auf einer ungleich stabileren Basis als alle vorangegangenen Propagandakampagnen der NSDAP. Goebbels selbst machte ganz offen einige Andeutungen über Geldzufluß an die neuen Machthaber und über den wachsend guten Stand der „Wahlkasse", die schließlich auch trotz riesigen Ausgaben noch mit einem Überschuß abschließen konnte.[107] Die stete Steigerung der Kampagne wurde besonders gefördert durch ein Ereignis, das Goebbels am 20. Februar notiert: „Wir treiben für die Wahl eine ganz große Summe auf, die uns mit einem Schlage aller Geldsorgen enthebt."[108] Der Propagandachef, der seinen Apparat darauf sogleich in noch schnellere Bewegung setzte, schweigt sich freilich über alle Details aus. In Wirklichkeit fand an diesem 20. Februar auf Einladung Görings sowie des ehemaligen Demokraten und Reichsbankpräsidenten Schacht, der Hitler schon vor 1933 wichtige Vermittlerdienste zu Finanz und Industrie geleistet hatte, im Dienstsitz des Reichstagspräsidenten ein geheimgehaltenes Treffen von etwa 25 führenden Industriellen statt.[109] Unter ihnen befanden sich, während Hitler, Göring sowie Hitlers wirtschaftspolitischer Verbindungsmann Walther Funk die NSDAP vertraten, neben Schacht selbst der Präsident des Reichsverbandes der Deutschen Industrie, Gustav Krupp v. Bohlen, führende Vertreter der Eisen-, Metall- und Textilindustrie, die Generaldirektoren Vögler von den Vereinigten Stahlwerken und v. Schnitzler vom I. G. Farben-Konzern, Repräsentanten des Braun- und Steinkohlenbergbaus, der AEG und Siemens, bekannte Bankiers und nicht zuletzt Kurt v. Schröder, der Schwiegersohn v. Schnitzlers und Wegbereiter der Papen–Hitler-Koalition vom Januar 1933, in dessen Kölner Haus das grundlegende Gespräch zwischen Papen und Hitler am 4. Januar 1933 stattgefunden hatte.[110]

Man sollte dies Ereignis zwar nicht überschätzen und auch nicht nach der maßlosen Manier der kommunistischen Faschismusinterpretation die Zusammenarbeit des „Monopolkapitalismus" mit der NSDAP in erster Linie für den Sieg des Nationalsozialismus verantwortlich machen.[111] Es bedeutet aber auch eine Verdrängung wesentlicher Ursachenzusammenhänge, wenn heute von betroffenen industrienahen Kreisen und neuerdings sogar von der ausländischen Forschung die wirtschaftlichen und politischen Aspekte des Treffens vom 20. Februar 1933 ebenso wie der früheren und späteren Zusammenarbeit weitgehend bagatellisiert werden.[112] Mit ähnlichen Argumenten wie

---

[105] *A. a. O.*, S. 74.

[106] Vgl. die Notizen bei Goebbels, *Vom Kaiserhof...* (Anm. I/40), S. 259 f.; S. 263; S. 265 ff.

[107] *A. a. O.*, S. 262; S. 267; S. 276 (7. 3. 33): „Die Finanzen sind trotz der vielen Wahlkämpfe in bester Balance."

[108] *A. a. O.*, S. 267.

[109] Die Zusammenhänge wurden erst in den Nürnberger Prozessen auch dokumentarisch weitgehend aufgedeckt. Vgl. besonders *IMT* (Anm. I/10), V, S. 177 ff.; XII, S. 497 ff.; S. 624 f.; XIX, S. 451; XXXII, S. 555 f.; XXXV, S. 42 ff.; XXXVI, S. 520 ff.

[110] Vgl. Bracher, *Die Auflösung...* (Anm. Einl./25), S. 689 ff.

[111] So unter Vernachlässigung der übrigen Faktoren Fritz Klein, „Zur Vorbereitung der faschistischen Diktatur durch die deutsche Großbourgeoisie (1929–1932)", in: *Zeitschrift für Geschichtswissenschaft* 1 (1953), S. 874 ff.; in noch gröberer Form der SED-Ideologe Albert Norden, *Lehren deutscher Geschichte. Zur politischen Rolle des Finanzkapitals und der Junker*, Berlin (Ost) 1947, S. 88 ff.

[112] So auch in dem Buch des amerikanischen Deutschland-Journalisten Louis Paul Lochner, *Die Mächtigen und der Tyrann. Die deutsche Industrie von Hitler bis Adenauer*, Darmstadt 1955, S. 167 ff. Lochner beruft sich besonders auf zahlreiche Gespräche mit beteiligten Industriellen, die ihm denn auch – *post festum* freilich – ein

schon ein Jahr zuvor bei seiner Rede vor dem Industrieklub in Düsseldorf bearbeitete Hitler zunächst eine halbe Stunde lang dies Gremium von einfluß- und finanzkräftigen Wirtschaftsführern.[113] Mit seinem düsteren Bild von Revolution und Weimarer Republik appellierte er an die „nationale" Gesinnung der Versammelten und berief sich dabei auf die Auffassung seines einflußreichsten Förderers aus ihrem Kreis, des Geheimrats Kirdorf. Die „Demokratie" denunzierte er als Bedrohung der Privatwirtschaft, da doch eine „tragende Idee von Autorität und Persönlichkeit" ihre unabdingbare Voraussetzung sei.[114] So verband Hitler in geschickter Wendung das eigene autoritärdiktatorische Wirtschaftskonzept mit den antidemokratischen Autoritätsansprüchen einer mehrheits- und gewerkschaftsfeindlichen Unternehmerideologie: „Wird die Verteidigung des Geschaffenen, seine politische Verwaltung, aber einer Majorität überantwortet, so geht es rettungslos unter."

Vor diesem Hintergrund entwarf Hitler ein Bild des politisch und weltanschaulich strikt disziplinierten autoritären Staates, den er als die einzige Alternative zum Sieg des Kommunismus in der Wirtschaft wie in der Politik pries. „Ablehnung der Völkerversöhnung, ... Kraft und Macht der Einzelpersönlichkeit" anstelle einer Ordnung, „in der das Gesetz zum Schutze des Schwachen und Dekadenten galt", Komplimente für die „starke" Unternehmerpersönlichkeit und ihre Autorität: mit solchen Argumenten setzte sich der Reichskanzler für eine Zerstörung der Weimarer Verfassung ein, auf die er drei Wochen zuvor sich noch feierlich hatte vereidigen lassen. _In nuce_ war hier schon mit zynischer Offenheit der antidemokratische Charakter der „legalen" Machtergreifung und der gewalttätige Weg zum terroristischen Einparteienstaat bekannt. So dann auch in den Sätzen Hitlers: „Die Gnade des Zentrums, uns zu tolerieren, haben wir abgelehnt. Hugenberg besitzt eine zu kleine Bewegung. Er hat nur unsere Entwicklung sehr aufgehalten. Wir müssen erst die ganzen Machtmittel in die Hand bekommen, wenn wir die andere Seite ganz zu Boden werfen wollen. Solange man an Kraft zunimmt, soll man den Kampf gegen den Gegner nicht aufnehmen. Erst wenn man weiß, daß man auf dem Höhepunkt der Macht angelangt ist, daß es keine weitere Aufwärtsentwicklung gibt, soll man losschlagen." Daraus ergibt sich die weitere Taktik und zugleich der eigentliche Zweck des Treffens: „Wir müssen in Preußen noch 10, im Reich noch 33 Mandate erringen. Das ist, wenn wir alle Kräfte einsetzen, nicht unmöglich. Dann beginnt erst die zweite Aktion gegen den Kommunismus."

Ausschaltung der Weimarer Verfassung, Ende der parlamentarischen Demokratie und des Mehrparteienstaats – mit solchen Ankündigungen appellierte Hitler an das Wohlwollen und die finanzielle Unterstützung seiner prominenten Hörer, indem er, der auf die demokratische Verfassung vereidigte Reichskanzler, die lapidaren, unmißverständlichen Sätze folgen ließ: „Wir stehen jetzt vor der letzten Wahl. Sie mag ausfallen, wie sie will, einen Rückfall gibt es nicht mehr, auch wenn die kommende Wahl keine Entscheidung bringt. So oder so, wenn die Wahl nicht entscheidet, muß die Entscheidung eben auf einem anderen Wege fallen... Bringt die Wahl keine Lösung, gut. Deutschland wird nicht zugrunde gehen..." Abschließend versprach Hitler der Wirtschaft eine „ruhige Zukunft" sowie den Aufbau einer Wehrmacht, der „nicht in Genf, sondern in Deutschland" entschieden werde, sobald mit der Vernichtung des

---

teils harmloses, teils von „dämonischen" Zwangsläufigkeiten diktiertes Bild vermittelt haben. Das Ergebnis ist ein höchst unkritischer Entlastungsversuch, von dem nur Schacht und Thyssen teilweise ausgenommen werden. In peinlich eindeutigen Fällen, wie eben beim Treffen am 20. Februar 1933, begnügt sich Lochner mit der Erklärung der Beteiligten, daß Hitler seine Zuhörer eben „verzaubert" oder „hypnotisiert" habe.

[113] Text der Rede in: _IMT_ (Anm. I/10), XXXV, S. 42 ff. Zur Düsseldorfer Rede vom 27. Januar 1932: Lochner, _a. a. O._, S. 99 ff. (apologetisch verzeichnet); vgl. Bracher, _Die Auflösung_... (Anm. Einl./25), S. 441.

[114] Zu den wirtschaftspolitischen Aspekten dieser Ausführungen vgl. u. Teil II, S. 629 ff.

„Marxismus" die innenpolitischen Gegner ausgeschaltet seien. Fazit der Rede war die Versicherung, dies sei eine Wahlentscheidung von höchster Bedeutung für die „nächsten zehn, ja vielleicht hundert Jahre". Denn wenn die Gegner nicht auf dem Boden der Verfassung, also in dieser letzten Wahl zurückgedrängt werden könnten, dann werde „ein Kampf mit anderen Waffen geführt werden, der vielleicht größere Opfer fordert".

Nach Hitler sprach Göring.[115] Er unterstrich Hitlers wirtschaftspolitische Versicherungen und forderte ebenso nachhaltig den vollen Einsatz für den 5. März, wobei die NSDAP „ohne Zweifel ... die meiste Arbeit zu leisten" habe. Göring leitete dann, wie es in der Niederschrift heißt, „sehr geschickt über zu der Notwendigkeit, daß andere nicht im politischen Kampf stehende Kreise wenigstens die nun mal erforderlichen finanziellen Opfer bringen müßten... Das erbetene Opfer" – so schloß Göring nicht minder zynisch und zugleich etwas unzutreffend im Hinblick auf die endlose Kette von „Industriespenden" und Plebisziten während der nächsten zwölf Jahre – „würde der Industrie sicherlich um so leichter fallen, wenn sie wüßte, daß die Wahl am 5. März die letzte sicherlich innerhalb zehn Jahren, voraussichtlich [!] aber in hundert Jahren sei."

Für die Industrieführer antwortete Krupp als Präsident des Reichsverbandes der Deutschen Industrie, wenn man seiner zwei Tage später niedergelegten Notiz folgen will,[116] mit dem Dank der 25 Herren für Hitlers Ausführungen und mit der Unterstreichung der Forderung nach „Klarheit in den innerpolitischen Fragen" und nach einem „politisch starken, unabhängigen Staat", in dem allein Wirtschaft und Gewerbe blühen könnten. Das Ergebnis des Treffens war die Zeichnung namhafter Geldbeträge durch die beteiligten Industriellen bzw. die von ihnen vertretenen Betriebe, wobei sich Schacht als Eintreiber und Verwalter dieser Wahlkasse noch besonders hervortat,[117] um dann vier Wochen später als neuer Reichsbankpräsident (seit 17. März) zum ersten Handlanger der nationalsozialistischen Finanzmanipulation zu werden. Diese „Wahlkasse", an der nach Schachts Aussage die gesamte Schwerindustrie beteiligt war, erbrachte mindestens 3 Millionen RM, möglicherweise das Zwei- oder Dreifache.[118] Schacht verfügte über das Konto, indem er Schecks auf Rudolf Heß ausstellte: „Was Herr Heß mit dem Geld tatsächlich tat, weiß ich nicht." [119] Wie hoch man immer den Anteil der verschiedenen Spenden bemessen mag, sicher ist, daß Schachts Ansehen und Initiative bei der ganzen Transaktion eine entscheidende Rolle spielten;[120] nicht umsonst soll er sich gerade in diesen Wochen, noch vor seiner Ernennung.also, seiner einflußreichen Stellung als Finanzberater Hitlers gerühmt haben, derzufolge die national-

---

[115] *IMT* (Anm. I/10), XXXV, S. 47 f.

[116] *A. a.* O., S. 48.

[117] Nach Lochner (Anm. I/112), S. 172, richtete Schacht unmittelbar nach der Göring-Rede die spontane Aufforderung an die Versammelten: „Und nun, meine Herren, an die Kasse!" Vgl. Schachts Aussage in: *IMT* (Anm. I/10), XII, S. 497 f.: „. . . bat mich Hitler, ob ich bei einer Versammlung, die Göring einberufen wollte und die den Zweck haben sollte, Gelder für die Wahlen zusammenzubringen, nicht freundlichst für ihn den Bankier machen möchte. Ich hatte gar keine Veranlassung, das abzulehnen." Und *a. a.* O., S. 624: Hitler „brauchte Geld für seine Wahlpropaganda. Er ersuchte mich darum, das Geld aufzubringen, und das tat ich auch." Nach Hitlers Rede „bat ich sie [die Industriellen], die Beiträge aufzuschreiben und für die Wahlen zu zeichnen. Das taten sie auch. . ."

[118] *Ebda.* sowie das Affidavit v. Schnitzlers: *a. a.* O., XXXVI, S. 521 f.; von der Summe sollte die I.G. Farben etwa 10 % tragen.

[119] Eidesstattliche Erklärung Schachts vom 20. August 1947: *MGN* 6, Doc. No. NI–9550 (*HAB*, Rep. 335, Fall 6, Nr. 203); dort auch (Doc. No. NI–391) ein entsprechender Bankauszug.

[120] Hjalmar Schachts apologetischen Bemerkungen in Nürnberg sowie in seinen Memoiren (*76 Jahre meines Lebens*, Bad Wörishofen 1953, S. 380; dort ist auch das Treffen fälschlich auf den 25. Februar datiert) steht z. B. auch die Aussage Funks entgegen (*IMT*, Anm. I/10, V, S. 178): „Geld wurde nicht von Göring, sondern von Schacht verlangt. Hitler hatte den Raum verlassen, und dann hielt Schacht eine Rede und bat um Geldspenden für die Wahlen." Vgl. auch Funks Aussage: *a. a.* O., XIII, S. 163.

sozialistische Führung keine wirtschaftlichen und finanziellen Maßnahmen ohne seine, Schachts, Billigung ergreifen würde.[121]

Heute beteuert Schacht ungeachtet des aktenkundigen Redetenors und der kaum verbrämten Ankündigung der nationalsozialistischen Diktatur, Hitler habe „in einer derart maßvollen Weise" gesprochen, daß eben alle einschließlich des kurz zuvor noch recht kritisch eingestellten Krupp zur Unterstützung bereit gewesen seien.[122] Daß der Wahlfonds dann tatsächlich, wie Schacht hinzufügt, nur zu vier Fünfteln ausgeschöpft wurde, ist kein Beweis für die Schachtsche Behauptung, daß die NSDAP vor dem 30. Januar keinerlei Finanzsorgen gehabt habe, sondern höchstens für die Tatsache, daß sie im Besitz der Macht durch Versprechen und Drohung zahlreiche neue Quellen zu erschließen und insbesondere staatliche Finanzen für die Wahlkampagne einzusetzen verstand, indem sie ihre Kundgebungen zu „Staatsakten" erklärte und die Propagandamittel des staatlichen Rundfunks unentgeltlich in Anspruch nahm.

Es bleibt freilich festzustellen, daß mit der politischen und finanziellen Heranziehung wichtiger Wirtschafts- und Finanzmagnaten, der bald genug weitergehende Gleichschaltungsmaßnahmen auf diesem Sektor folgen sollten,[123] nur einer von vielen Faktoren der ersten Machtkonsolidierung gegeben war. Von ungleich größerer Bedeutung für die Forcierung der Wahlkampagne wurde die Fortsetzung der Sondermaßnahmen, die Göring als preußischer Innenminister in steter Steigerung betrieb. „Göring räumt in Preußen auf mit einer herzerfrischenden Forschheit. Er hat das Zeug dazu, ganz radikale Sache zu machen..."[124] Mit dieser Bemerkung quittierte Goebbels schon am 13. Februar die Serie von Aktionen, die über die Ablösung zahlreicher (übrigens in den Schlüsselstellungen auch konservativer) Beamter und besonders die Einsetzung nationalsozialistischer Polizeipräsidenten, über pausenlose Presseverbote und Einspannung aller staatlichen Mittel für die nationalsozialistische Wahlkampagne, über die bombastische Erklärung des Wahltages zum „Tag der erwachenden Nation" bis hin zu Görings unscheinbarem, in Wirklichkeit bedeutungsschweren Erlaß über die Schaffung einer Hilfspolizei führten.[125] Dieser Erlaß vom 22. Februar bedeutete nichts weniger als die Betrauung der nationalsozialistischen Parteiarmee mit Polizeifunktionen, also einen besonders wichtigen Schritt zur Gleichschaltung und zum einseitigen Einsatz der staatlichen Gewaltmittel durch die nationalsozialistische Führung.

Bereits die Besetzung wichtiger Polizeipräsidien durch hohe SA-Führer wies in diese Richtung. Dazu erließ Göring schon am 17. Februar seinen bekannten „Schießbefehl", nach dem die Polizei bei den — meist nachweislich von nationalsozialistischen Trupps organisierten — Zusammenstößen jeden Anschein einer feindlichen Haltung gegen SA und Stahlhelmer zu vermeiden, deren „nationale" Propaganda vielmehr zu unterstützen und gegen deren Gegner mit allen Mitteln der Gewalt ohne Rücksicht auf die Folgen des Schußwaffengebrauchs vorzugehen hatte.[126] Der Erlaß vom 22. Februar

[121] *IMT*, a. a. O., S. 556 ff. mit der leicht widerlegbaren Behauptung Schachts, er, der sich schon lange vor der Machtergreifung Hitler vorbehaltlos zur Verfügung gestellt hatte (vgl. Bracher, *Die Auflösung*..., Anm. Einl./25, S. 622 f.), sei nur „Fachmann" ohne politische Interessen gewesen.

[122] Schacht (Anm. I/120), S. 380.

[123] Vgl. u. S. 186 ff.

[124] Goebbels, *Vom Kaiserhof*... (Anm. I/40), S. 262.

[125] Zu diesen Aspekten der Machtbefestigung vgl. die Aussagen Görings in: *IMT* (Anm. I/10), IX, S. 284 ff. Einzelheiten zu den Umbesetzungen im preußischen Innenministerium, freilich subjektiv-apologetisch gefärbt, bei Rudolf Diels, *Lucifer ante portas... es spricht der erste Chef der Gestapo*..., Stuttgart 1950, S. 171 ff.; S. 176 ff.; Daten zu den Maßnahmen in den verschiedenen Ländern vermittelt Hans Buchheim in: *Gutachten des Instituts für Zeitgeschichte*, München 1958, S. 294 ff.; dort auch (S. 307 f.) eine Liste der preußischen Polizeipräsidenten und -direktoren 1933 sowie (S. 336 f.) der Wortlaut des Hilfspolizeierlasses. Vgl. zum folgenden die ausführlicheren Analysen u. II. Teil, S. 536 ff.

[126] Konrad Heiden, *Geburt des Dritten Reiches. Die Geschichte des Nationalsozialismus bis Herbst 1933*, 2. Aufl., Zürich 1934, S. 116 f.; vgl. Diels, a. a. O., S. 180 ff.

endlich, demzufolge zahlreiche Angehörige rechtsradikaler Kampfverbände ohne weiteres mit Hilfspolizeifunktionen betraut und dazu einfach in Parteiuniform mit weißer Armbinde eingesetzt wurden, war sehr allgemein gehalten und sagte nichts über den SA-Einsatz selbst, er sprach nur von der notwendigen Einstellung neuer Hilfspolizisten, die auf „nationalem" Boden stehen sollten und die Uniform ihrer Verbände tragen dürften. Damit war in Preußen der terroristische Einsatz von Parteitruppen durch eine weiße Armbinde als gesetzliches Vorgehen im Dienst des Staates legitimiert und für alle Bürger verbindlich gemacht. Zugleich hatte man damit für eine erste Unterbringung der aktivitäts- und postenhungrigen Parteigänger auf der Straße gesorgt. Nach dem Aufteilungsschlüssel durfte nur ein Fünftel dieser etwa 50 000 Hilfspolizisten sich aus dem Stahlhelm rekrutieren; die Hälfte allein stellte die SA, das restliche Drittel die kleinere Elitetruppe der SS. Sie alle waren mit Gummiknüppel und Pistole gerüstet und damit auch ganz handgreiflich die Herren der Straße: Bald häuften sich die wilden Verhaftungen, wurden Mißliebige von SA-Kommandos „auf der Flucht erschossen". Es ist kein Zweifel, daß das Terrorregime dieser zur Polizei erhobenen Parteisöldner in den folgenden Wochen ganz wesentlich zur Einschüchterung all jener beigetragen hat, die sich von der nationalsozialistischen Wahlkampagne noch nicht hatten freiwillig gewinnen lassen.

Während Göring diesen Apparat nun zum rücksichtslosen Kampf gegen alle offenen Gegner einsetzte, schuf er sich gleichzeitig mit dem Umbau der bisherigen politischen Polizei zur Geheimen Staatspolizei (Gestapo) die wirkungsvolle Waffe für den inneren Terror- und Gleichschaltungskurs. Aus einer kleinen Untergruppe der Polizeiabteilung im Berliner Polizeipräsidium, die sich bislang mit der Überwachung verfassungsfeindlicher rechts- und linksradikaler Bestrebungen befaßt hatte, wurde nun unter führender Mitwirkung jenes Oberregierungsrats Diels, der schon bei Papens Preußenputsch von 1932 eine so intrigante Rolle gespielt hatte,[127] das riesige nationalsozialistische Machtinstrument der Gestapo. Sie beschäftigte dann schon 1937 allein in Berlin etwa 4000 Funktionäre, während schließlich 1945 das Verdikt gegen die Gestapo, das vom Nürnberger Gericht verhängt wurde, rund 50 000 Personen betraf.[128] Auf dem Weg über umfangreiche Neueinstellungen, die den alten Personalbestand der politischen Polizei teils durch Nationalsozialisten, teils einfach durch bedenkenlose Karrieristen durchlöcherten und überschwemmten, wurde diese Entwicklung schon im Februar 1933 entschieden angebahnt. Im Rahmen der ausgreifenden Welle von Bespitzelung und Verhaftung schon vor und besonders nach dem Ereignis des Reichstagsbrands gewann diese Kontroll- und Terrorinstanz bereits ihren wichtigen Platz als Instrument der revolutionären Machtsicherung gegenüber allen tatsächlichen oder auch nur potentiellen Gegnern – zunächst im politischen, dann auch im gesellschaftlich-kulturellen Raum.

Auch darin wird sichtbar, wie nicht so sehr Frick mit dem ohne breiten Verwaltungsunterbau und ohne Polizeigewalt arbeitenden Reichsinnenministerium, sondern Göring in seiner Stellung als kommissarischer Innenminister Preußens zur wichtigsten Stütze der „ersten" nationalsozialistischen Revolution, der Phase der Einschüchterung und wachsenden Gleichschaltung wurde. Zwei Wochen später, nach den Massenverfolgungen anläßlich des Reichstagsbrands, der Wahlen und der Staatsstreiche in den Ländern, hat er in einer Rede in Essen geradezu bekannt: „Ich habe erst angefangen zu säubern,

---

[127] Bracher, *Die Auflösung...* (Anm. Einl./25), S. 578 ff. Zur Begründung der Gestapo vgl. im übrigen u. II. Teil, S. 536 ff.

[128] Vgl. die aufschlußreiche Skizze bei Diels (Anm. I/125), S. 165 ff., nach dessen Angaben die Kosten der Gestapo allein zwischen 1933 und 1937 von 1 Million auf 40 Millionen RM angestiegen sind (S. 167). Eine vorläufige Gesamtanalyse gibt jetzt das Buch von Edward Crankshaw, *Gestapo. Instrument of Tyranny*, London 1956, S. 39 ff. (dt. unter dem Titel: *Die Gestapo*, Berlin 1959).

es ist noch längst nicht fertig. Für uns gibt es zwei Teile des Volkes: einen, der sich zum Volk bekennt, ein anderer Teil, der zersetzen und zerstören will. Ich danke meinem Schöpfer, daß ich nicht weiß, was objektiv ist. Ich bin subjektiv . . ., ich lehne es ab, daß die Polizei eine Schutztruppe jüdischer Warenhäuser ist . . . Wenn Sie sagen, da und dort sei einer abgeholt und mißhandelt worden, so kann man nur erwidern: wo gehobelt wird, fallen Späne. . . Wenn wir auch vieles falsch machen, wir werden jedenfalls handeln und die Nerven behalten. Lieber schieße ich ein paarmal zu kurz oder zu weit, aber ich schieße wenigstens." [129] Bei Göring, dem Reichstagspräsidenten, lag denn auch die fühlbare Initiative für die noch vielfach gesteigerte Aktivität, die durch das Ereignis des Reichstagsbrands ausgelöst und zugleich im weiteren Sinne „legalisiert" wurde. Von daher und zugleich im Licht der unabsehbaren Bedeutung der großen Notverordnung, die in diesem Ereignis ihren Anlaß und ihre Scheinlegalisierung fand, muß auch der Zusammenhang zwischen nationalsozialistischer Machtergreifung und Reichstagsbrand gesehen werden.

---

[129] Johannes Hohlfeld, Hrsg., *Deutsche Reichsgeschichte in Dokumenten. Urkunden und Aktenstücke zur inneren und äußeren Politik des Deutschen Reiches*, Bd. IV: *Die nationalsozialistische Revolution. 1931–1934*, 2. Aufl., Berlin 1934, S. 596 f.

Zweites Kapitel

DIE „LEGALISIERUNG" DER DIKTATUR

1. Die Bedeutung des Reichstagsbrands

Die Memoiren und Bekundungen der damaligen Machtträger gehen allgemein entschieden darauf aus, die völlige Überraschung und Bestürzung zu beteuern, in die sie durch die Nachricht vom Ausbruch des Reichstagsbrandes versetzt worden seien. Goebbels, Papen, Meißner, Göring [1] – sie alle betonen nachdrücklich, wie unerwartet sie das Ereignis vom Abend des 27. Februar getroffen habe. So schildert Papen, wie er und seine Gäste von dem Essen aufgeschreckt worden seien, das er für Hindenburg an diesem Abend gegeben habe. Hindenburg selbst „schien wenig bewegt" und begab sich sogleich nach Hause, während Papen zum Reichstag eilte, wo ihn Göring schon mit der Sofort-Version von der kommunistischen Brandstiftung empfing. Auch Papen teilte die Meinung, daß „hier zweifellos ein politischer Akt vorliege", und er war daher auch voll mit dem Göringschen Vorschlag einverstanden, jetzt „mit schärfsten Maßnahmen gegen verbrecherische Elemente der KPD vorzugehen". Papen wiederholt auch heute noch die offizielle nationalsozialistische Version samt allen ihren Argumenten, ohne sich offenbar über einen scharfen Bruch in seiner Gedankenführung klar zu sein. Während er nämlich zunächst in dem Ereignis einen „politischen Akt" erblickt, konzediert er wenige Sätze später angesichts der Unwahrscheinlichkeit der nationalsozialistischen Version, auf die er sich doch zu seiner eigenen Rechtfertigung zu stützen sucht, den geradezu entgegengesetzten Sachverhalt, wenn er schreibt: „Aus dieser rein kriminellen [sic!] Angelegenheit machte nun die NSDAP eine politische Affäre größten Stils, um damit ein propagandistisches Mittel zur Verfolgung der Kommunisten in der Hand zu haben. Hierzu hat sie sich offenbar teilweise falscher Zeugen bedient..." [2] Es ist deutlich und zugleich bezeichnend, wie wenig Papen damals wie später an einer klaren Beurteilung der Affäre lag und wie sehr er sich wider bessere Einsicht durch sein apologetisches Bedürfnis eine sachliche Distanzierung von der nationalsozialistischen Version erschwert.

Nach seinen geradezu unabsehbaren Folgewirkungen im Rahmen der nationalsozialistischen Machtergreifung stellt der Reichstagsbrand ein entschieden politisches Ereignis dar. Er ist von den neuen Machthabern bewußt zur legalen Rechtfertigung verschärfter Terror- und Gleichschaltungsmaßnahmen benutzt worden. Eine Fülle von Äußerungen macht deutlich, wie entschieden die nationalsozialistische Machtergreifungstaktik darauf ausging, den am 30. Januar 1933 eingeschlagenen Weg der Scheinlegalität beizubehalten, also die gegnerischen Organisationen nicht nach dem Muster eines gewaltsamen Umsturzes durch sofortige Verbots- und Verhaftungsmaßnahmen pauschal zu beseitigen, sondern sie zu Verstößen gegen die Staatsordnung zu provozieren und so Handhabe und Rechtfertigung für die „legale" Unterdrückung zu gewinnen, oder aber, da dies offensichtlich an der Passivität der oppositionellen

---

[1] Vgl. Goebbels, *Vom Kaiserhof*. . . (Anm. I/40), S. 269 ff.; Papen (Anm. I/11), S. 302 ff.; Meißner (Anm. I/11), S. 281 ff.; Göring (Anm. I/7), S. 92 ff.

[2] Papen, *a. a. O.*, S. 302 ff.

Kräfte scheiterte, durch gestellte Situationen der gewünschten Art wenigstens den Vorwand für eine solche Forcierung des Machtergreifungskurses zu gewinnen. In diesen Zusammenhang gehört ohne Zweifel der Reichstagsbrand, ganz gleich, wie man die kriminalistischen Details und die unmittelbare Schuldfrage auch dabei beurteilen mag.

Man kann zunächst von den Notizen ausgehen, die Goebbels in diesem Zusammenhang gemacht hat. Schon unter dem Datum des 31. Januar ist recht offen der Plan wiedergegeben, den Hitler damals seinem Propagandachef entwickelt hatte. Seinen Kern umreißen die verräterischen Sätze: „Vorläufig wollen wir von direkten Gegenmaßnahmen [gegen die KPD] absehen. Der bolschewistische Revolutionsversuch muß zuerst einmal aufflammen. Im geeigneten Moment werden wir dann zuschlagen." [3] Hier war die Grundlinie der nationalsozialistischen Legalitätstaktik unmißverständlich formuliert. Die Ähnlichkeit mit dem totalitären Gegenstück, der kommunistischen Revolutionsdoktrin, ist frappierend. Nur unter verkehrten Vorzeichen stand dies Konzept: Statt des faschistischen war es nun der kommunistische Umsturzversuch, der die Dinge ins Rollen bringen, die verfassungs- und rechtsstaatlichen Sicherungen beseitigen und so das Feld freimachen sollte für die totale Herrschaft. Man mag sich erinnern, daß schon jener nationalsozialistische Umsturzplan, der unter dem Namen des „Boxheimer Dokuments" im Herbst 1931 durch einen nationalsozialistischen Überläufer bekanntgeworden war, den aber die höchste republikanische Justiz in bezeichnender Passivität ungeahndet gelassen hatte, davon ausgegangen war, daß die nationalsozialistische Diktatur auf dem Rücken eines kommunistischen Umsturzversuchs errichtet werden würde. [4]

Man erinnert sich gleichzeitig der ähnlichen Erwägungen und Argumente, mit denen Hitler, unterstützt von Göring, in der ersten Kabinettssitzung gegen Hugenbergs Wunsch ein Verbot der KPD abgelehnt und auf einen späteren Zeitpunkt nach der Wahl verschoben hatte. [5] Tatsächlich erfolgte die reguläre Unterdrückung der KPD dann ja auch erst nach der Wahl – aus parlamentstaktischen Gründen, die noch näher zu erörtern sind. Daß aber der Augenblick zum Eingreifen, die Fiktion eines kommunistischen Aufstandsversuchs, doch jetzt schon Ende Februar beschworen wurde, hat die letzte Phase des Wahlkampfes für die Machthaber wesentlich erleichtert und ihnen jene terroristische Steigerung der gewaltsamen Beeinflussung, der Lenkung und Einschüchterung ermöglicht, die dann auch prompt im unmittelbaren Anschluß an den Reichstagsbrand gesetzlich verankert wurde. Dies könnte sowohl die Andeutungen von Goebbels wie auch die Vermutung verständlich machen, daß das Ereignis des Brandes selbst tatsächlich für Hitler und seine nächste Umgebung zu diesem Zeitpunkt überraschend gekommen ist; es würde zugleich aber auch die Tatsache erklären, daß sich der Machtergreifungskurs der nationalsozialistischen Führung sofort der Chance zu bemächtigen und sie politisch bis zum letzten auszunützen verstand, längst bevor irgendwelche Umstände des Brandes aufgeklärt sein konnten.

Ein besonders charakteristisches Beispiel ist die unmittelbare Reaktion, die Goebbels aufgezeichnet hat. Am Abend des 27. Februar war Hitler bei ihm zum Abendessen; die Schilderung betont das Moment der Überraschung: plötzlicher Anruf des nationalsozialistischen Pressefunktionärs Hanfstaengl, dessen Brandnachricht Goebbels für eine „tolle Phantasiemeldung" hält und deshalb Hitler zunächst vorenthält, dann

---

[3] Goebbels, *Vom Kaiserhof.* . . (Anm. I/40), S. 254.
[4] Näheres bei Bracher, *Die Auflösung.* . . (Anm. Einl./25), S. 431 ff. Übrigens ist der hessische Landtagsabgeordnete Wilhelm Schäfer, der gleichzeitig mit seinem Austritt aus der NSDAP das Dokument der Polizei ausgeliefert hatte, nach der Machtergreifung durch seine ehemaligen Parteigenossen umgebracht worden; über eine Wiederaufnahme des Prozesses gegen die Mörder haben 1955 verschiedene Zeitungen berichtet.
[5] Vgl. o. S. 47 f.

lassen sich Hitler und Goebbels aber doch „im 100-km-Tempo" zum Reichstag fahren, wo sie schon Göring und bald auch Papen treffen. Und hier sogleich die Folgerung: „Es besteht kein Zweifel, daß die Kommune hier einen letzten Versuch unternimmt, durch Brand und Terror Verwirrung zu stiften, um so in der allgemeinen Panik die Macht an sich zu reißen." Man muß sich der Goebbelsschen Notiz vom 31. Januar erinnern („Der bolschewistische Revolutionsversuch muß zuerst einmal aufflammen. Im geeigneten Moment werden wir dann zuschlagen."), wenn man die folgenden Sätze in ihrer ganzen Bedeutung verstehen will: „Nun ist der entscheidende Augenblick gekommen. Göring ist ganz groß in Fahrt." Und nach einer triumphierenden Notiz über die Massenverhaftungen, die noch in dieser Nacht schlagartig über Kommunisten wie auch Sozialdemokraten hereinbrachen, skizziert Goebbels dann die nationalsozialistische Propagandalinie, die er bis zum Morgen mit Hitler vereinbart hatte: „Pressemäßig ist nun alles in Ordnung. Die Linie unserer Agitation ist durch die Ereignisse selbst festgelegt. Nun können wir aufs Ganze gehen." [6]

In der Tat verrieten die Kommentare aus dem nationalsozialistischen Führungszentrum eher Genugtuung als Schrecken ob der neuen Situation. Aber während Goebbels die Notizen zum folgenden Tag (28. Februar), die die gewaltige Verbots- und Verhaftungswelle registrieren, mit dem Satz beschließt: „Es ist wieder eine Lust zu leben", tauchten allen massiven offiziellen Beteuerungen zum Trotz sogleich auch Stimmen auf, die aus jenen Umständen und zugleich des auffälligen Nutzens wegen, den das Ereignis allein für die nationalsozialistische Politik besaß, die amtliche Version entschieden anzweifelten. Auch die in der Sache wohl gutgläubigen zeitgenössischen Kommentare aus Kreisen der nicht-nationalsozialistischen Rechten weisen in diese Richtung.[7] Vor allem ist der Frage nach dem *cui bono*, diesem wichtigen Erfahrungsargument jeder kriminalistischen Untersuchung, in diesem Fall ein besonderes Gewicht beigemessen worden. Daß KPD oder gar SPD nach ihrem bisherigen Verhalten gegenüber der neuen Regierung durch einen solchen politisch sinnlosen Akt die gegen sie gerichtete Verfolgung nur noch verschärfen und die förmliche Legalisierung des Terrors entscheidend erleichtern mußten, bewog sogleich die gesamte außerdeutsche Presse zur Vermutung einer nationalsozialistischen Brandstiftung; auch die folgenden Untersuchungen und Erwägungen führten zu dem Schluß, daß die Belastungsmomente für eine Mittäterschaft der Nationalsozialisten schwerer wogen als die Verdachtsmomente gegenüber irgendwelchen anderen Gruppen oder Personen.

Auch neuere Untersuchungen des Problems haben, selbst wenn sie zu einer endgültigen Klärung nicht gelangten, zunächst noch weitere Indizien zu dieser Auffassung beizutragen versucht.[8] Darüber hinaus findet sich in noch unveröffentlichten Akten des Göring-Ministeriums eine Reihe von Vorgängen, die schon durch die Form ihrer „Erledigung" in dieselbe Richtung weisen.[9] Schon Anfang März 1933 hatte ein Zwischenträger dem preußischen Innenministerium berichtet, der sozialdemokratische

---

[6] Goebbels, *Vom Kaiserhof.* . . (Anm. I/40), S. 270 f.

[7] Vgl. etwa den Informationsbericht Dertingers vom 2. März 1933 (*Sammlung Brammer*): „Der Brand des Reichstages hat für die Reichsregierung politisch im ganzen betrachtet eine erhebliche Erleichterung gebracht." Die Parole „Kampf dem Marxismus" habe nun „einen Inhalt erfahren, der ihr bisher im wesentlichen mangelte", und es seien „die Kreise der Mitte . . . an die Seite der Regierung gedrückt worden, die bisher geneigt waren, der Regierung Widerstand zu leisten". Im übrigen „beschäftigt die Aktion die Gemüter des deutschen Volkes so stark, daß darüber die Regierung die Inangriffnahme sachlicher Entscheidungen, ohne psychologisch Schaden zu erleiden, zurückstellen kann, soweit die Dinge noch nicht reif sind, und unpopuläre Entscheidungen durchführen kann, ohne daß sie allzusehr sofort in das Bewußtsein des deutschen Volkes treten. . . "

[8] Richard Wolff, *Der Reichstagsbrand 1933. Ein Forschungsbericht* (*Aus Politik und Zeitgeschehen*, Beilage zu: *Das Parlament*, B III), Bonn 1956, S. 26 ff.; Meißner/Wilde (Anm. I/26), S. 204 ff. Dagegen jetzt die Reichstagsbrand-Serie im *Spiegel*; vgl. u. Anm. II/25 sowie das Buch von F. Tobias (Anm. II/19).

[9] Fotokopien der im folgenden zitierten Aktenstücke wurden freundlicherweise vom Institut für Zeitgeschichte, München, zur Verfügung gestellt.

Vorwärts sei im Besitz von Material, durch das bewiesen werde, „daß der Minister Göhring [*sic!*] den Brand des Reichstages veranlaßt habe".[10] Wenige Tage später ging die briefliche Anzeige einer Fürsorgerin beim Gesundheitsamt Berlin-Mitte ein, nach der am Tage nach dem Brand von leitenden Persönlichkeiten ihrer Dienststelle die nationalsozialistische Manipulation des Brandes behauptet worden war.[11] Am 5. Mai unterrichtete der Obmann der Fachgruppe der NS-Beamtenabteilung im preußischen Innenministerium Göring von einer weiteren Denunziation: Die Frau eines Ministerialamtsgehilfen in der Beamtensiedlung zu Berlin-Dahlem habe ihren Hauswart, das Stahlhelm-Mitglied Krause, beschuldigt, er habe am 9. März Göring als den Reichstagsbrandstifter bezeichnet;[12] die Sache wurde scharf weiterverfolgt, dann als persönliche Intrige abgetan und Krauses Entlassung als Hauswart des staatseigenen Gebäudes wegen einer „anderen Sache" angekündigt.[13] Andere Vorgänge hielten sich in ähnlichen Formen: Stets war das Interesse auf Widerruf und Verfolgung der betreffenden Personen, nie auf eine sachliche Untersuchung der Tatbestände und Argumente gerichtet.

Vor allem aber war in der nationalsozialistischen Interpretation der Ereignisse selbst eine Fülle von Unstimmigkeiten zu erkennen, die schon damals sogleich das Argument von der kommunistischen Verschwörung unglaubhaft und die daran geknüpften gesetzlich-politischen Zwangs- und Terrormaßnahmen als illegal erscheinen ließen. Im Laufe des Februar war schon mehrmals mit offensichtlich geringem Erfolg das kommunistische Hauptquartier in Berlin durchsucht worden. Nach der Ablösung des offenbar nicht genügend gefügigen Polizeipräsidenten Melcher [14] durch den nationalsozialistischen Admiral a. D. v. Levetzow unternahm Göring am 24. Februar eine weitere groß aufgemachte Durchsuchung des Karl-Liebknecht-Hauses. Schon am nächsten Tag kündeten Presse und Rundfunk von sensationellen Funden. Nun war kaum anzunehmen, daß eine Parteiführung wie die kommunistische, die im Untergrundkampf geübt und der NSDAP, ihrem totalitären Gegenbild, an skrupelloser Taktik ebenbürtig war, tatsächlich ihre wichtigsten Geheimakten und Aufstandsplanungen in dem schon mehrfach ergebnislos durchsuchten, wenn auch noch offiziellen Parteihauptquartier, für Görings Polizei so bequem griffbereit, zurückgelassen hatte. Die Meldung über einen Fund von „vielen hundert Zentnern hochverräterischen Materials", die jetzt in verdächtiger Unbestimmtheit den nationalsozialistischen Propagandarummel verstärken mußte, beschwor das wirkungsvoll ausgemalte Schreckensbild einer unmittelbar bevorstehenden kommunistischen Revolution: „Mordanschläge usw. gegen einzelne Führer des Volkes und Staates, Attentate gegen lebenswichtige Betriebe und öffentliche Gebäude, Vergiftung ganzer Gruppen besonders gefürchteter Personen, das Abfangen von Geiseln, von Frauen und Kindern hervorragender Männer sollten Furcht und Entsetzen über das Volk bringen und jeden Widerstandswillen des Bürgertums lähmen." Solche Meldungen wurden noch wirkungsvoll umrahmt durch geheimnisvolle Hinweise auf „zahlreiche unterirdische Gewölbe mit großen Mengen hochverräterischen Materials", auf „Katakomben" und einen „unterirdischen Gang...", durch den bei allen Durchsuchungen von der Polizei gesuchte Personen verschwunden sind", kurz, auf bolschewistische Aufstandsprojekte blutrünstigster Art.

---

[10] Aktennotiz vom 10. März 1933; Eingang im preußischen Innenministerium (Daluege) am selben Tag bestätigt.

[11] Bericht von Erika Schwendy vom 9. März 1933, weitergeleitet am 15. März an Daluege.

[12] Brief an Göring persönlich, dort eingegangen am 10. März 1933.

[13] Schreiben Daluges an die preußische Bau- und Finanzdirektion vom 10. Mai 1933 und die Vernehmung Krauses (27. 5.), der angeblichen Denunziantin und ihres Mannes (29. 5.), des Zwischenträgers (29. 5.), schließlich das Schreiben des Präsidenten der Bau- und Finanzdirektion an Göring vom 3. Juni 1933.

[14] Melcher war nach Papens Staatsstreich in Preußen am 20. Juli 1932 eingesetzt worden: Bracher, *Die Auflösung.* . . (Anm. Einl./25), S. 588.

Im offiziellen Kommuniqué, das dem verängstigten Bürgertum aus solchen Andeutungen die unmittelbare Gefahr einer kommunistischen Revolution erschloß, wurde ausdrücklich eine Veröffentlichung der „Dokumente" selbst „in allerkürzester Frist" angekündigt.[15] Das ist nie geschehen, der Reichstagsbrand hat Göring diese Sorge abgenommen. Es beweist – da doch die Enthüllung „kommunistischer" Verschwörungen bis zuletzt zum wichtigsten Propagandaarsenal des „Dritten Reiches" gehörte und mindestens im Reichstagsbrandprozeß jene „Dokumente" eine zentrale Rolle hätten spielen müssen –, wie wenig stichhaltig die Funde gewesen sein mußten. Es hinderte aber nicht, daß die nationalsozialistische Taktik dadurch mit Erfolg die psychologischen Voraussetzungen in der verängstigten Öffentlichkeit für den bevorstehenden Schlag gegen alle politischen Gegner schuf. Als am 25. Februar im Berliner Schloß eine kleine Brandstiftung entdeckt wurde, wurde dies nach einer zunächst kommentarlosen Meldung später im Sinne dieser Propagandalinie als erste Aktion des drohenden kommunistischen Aufstands interpretiert. Umstrittene Gerüchte wollten sogar von einem fingierten Attentatsversuch auf Hitler wissen, mit dem dann die KPD belastet werden sollte,[16] und schließlich hat sich die geschickt genährte Spannung in jenen erregten und erregenden Meldungen vom Brand des deutschen Reichstags entladen, die in der Nacht vom 27. zum 28. Februar über alle deutschen Sender gingen und, bevor von irgendwelchen Untersuchungsergebnissen die Rede sein konnte, mit kommunistischer und sogar sozialdemokratischer Konspiration in Verbindung gesetzt wurden,[17] wofür dann auch später nicht die geringsten Beweise erbracht werden konnten. Göring selbst hat diese Taktik wenig später in einem für das Ausland bestimmten Bericht unfreiwillig bloßgestellt: „Man hat mir vorgeworfen, ich hätte alte Anweisungen als kommunistische Bürgerkriegsparolen ausgegeben. Glaubt man wirklich, daß eine Parole weniger gefährlich ist, weil sie jahrelang vorher herausgegeben worden ist . . .?"[18]

Beide Versionen[19] gehen davon aus, daß der 24jährige ehemalige holländische Kommunist Marinus van der Lubbe, der als einziger Täter in einer Wandelhalle des brennenden Reichstags ergriffen wurde, den Brand weder allein noch auch nur maßgeblich gelegt haben könne. Die Verlautbarung des amtlichen preußischen Pressedienstes in den frühen Morgenstunden des 28. Februar betonte ausdrücklich, „daß im gesamten Reichstagsgebäude vom Erdgeschoß bis zur Kuppel Brandherde angelegt waren", nämlich durch „Teerpräparate und Brandfackeln, die man in Ledersesseln,

[15] Die wesentlichen Verlautbarungen schon bei Heiden, *Geburt*. . . (Anm. I/126), S. 119 f.
[16] Bullock (Anm. Einl./38), S. 237; Meißner/Wilde (Anm. I/26), S. 201; Nachweise S. 297.
[17] So dann offiziell Görings Rundfunkrede „über den kommunistischen Aufstandsversuch" am 1. März 1933 (abgedr. in: *VB* vom 2. März 1933), die alle „Entdeckungen" der letzten Februarwochen noch einmal beschwor. – Auch in einer vorangegangenen Befehlshaberbesprechung war die Wehrmacht zur Nichteinmischung in nationalsozialistische Terroraktionen gegen den Marxismus verpflichtet worden: *Liebmann-Notizen* (Anm. I/62), S. 42; *Zeugenschrifttum des Instituts für Zeitgeschichte*, Nr. 279, I (Ott), S. 19.
[18] Göring, *Aufbau einer Nation* (Anm. I/7), S. 93; das zunächst als englische Originalausgabe unter dem Titel *Germany Reborn* veröffentlichte Buch ist laut Vorwort im Dezember 1933 abgeschlossen worden.
[19] Vgl. das Material in: *IMT* (Anm. I/10), II, S. 129; V, S. 402 f.; IX, S. 481 f.; XII, S. 277 f.; XXXII, S. 429 f. Wichtiges, aber unzuverlässiges Material enthält das kommunistisch inspirierte, im einzelnen überprüfungsbedürftige *Braunbuch über Reichstagsbrand und Hitlerterror*, Basel 1933; dasselbe gilt von den weiteren zeitgenössischen Auslandspublikationen: *Dimitroff contra Göring. Enthüllungen über die wahren Brandstifter* (*Braunbuch* 2), Paris 1934; Georgi Dimitroff, *Briefe und Aufzeichnungen aus der Zeit der Haft und des Leipziger Prozesses*, Paris 1935 (Neuausgabe unter dem Titel: *Reichstagsbrandprozeß. Dokumente, Briefe und Aufzeichnungen*, Berlin 1946). Von nationalsozialistischer Seite besonders das Buch des Verteidigers von Ernst Torgler, Alfons Sack, *Der Reichstagsbrand-Prozeß*, Vorwort von Professor Grimm, Berlin 1934. Zusammenfassend damals Rudolf Olden, *Hitler*, Amsterdam 1936, S. 269 ff. Die scharfe Kritik der bisherigen Thesen, die auf Grund einer umfangreichen Materialsammlung neuestens Fritz Tobias (*Der Reichstagsbrand. Legende und Wirklichkeit*, Rastatt 1961) bietet, leidet freilich unter der unzulänglichen politischen Einordnung und neuen Einseitigkeiten der Interpretation. Vgl. dazu vorläufig Heinrich Fraenkel, „Zu viel und zu wenig. Kritische Bemerkungen zu ,Der Reichstagsbrand' von F. Tobias", in: *Der Monat* 14/164 (1962), S. 19 ff.; Harry Wilde, „Legenden um den Reichstagsbrand", in: *Politische Studien* 13/143 (1962), S. 295 ff., sowie auch die *Neue Zürcher Zeitung* v. 7. 4. 1962.

unter Reichstagsdrucksachen, an Türen, Vorhängen, Holzverkleidungen und andern leicht brennbaren Stellen gelegt hatte". Man habe mehrere Täter mit brennenden Fackeln beobachtet, und das Ganze sei „der bisher ungeheuerlichste Terrorakt des Kommunismus in Deutschland". [20] Man erkennt die Diskrepanzen im amtlichen Bericht, der auch in wesentlichen Punkten durch den späteren Prozeß nicht bestätigt worden ist. Vor allem aber hat eine Verbindung Lubbes — der als Einzeltäter demnach nicht in Frage gekommen wäre — zur Führung der KPD allen Deklamationen und Bemühungen zum Trotz nie nachgewiesen werden können; auch das höchste deutsche Gericht mußte dies nachträglich durch den Freispruch der vier mitangeklagten kommunistischen Funktionäre anerkennen. Auf der anderen Seite wurde die These vertreten, Lubbe sei, von krankhafter Geltungssucht besessen oder gar psychopathisch und homosexuell veranlagt,[21] nach seinem Bruch mit der holländischen KP (1931) von nationalsozialistischen Funktionären und besonders Kreisen der Berliner SA-Führung, die auf eine solche Gelegenheit warteten, durch zwielichtige Verbindungsmänner ohne sein Wissen als Werkzeug und Alibi für die Version von der kommunistischen Brandstiftung benutzt worden. Diese freilich kaum besser fundierte Argumentation ging davon aus, daß eine Brandstiftung von solchem Ausmaß langwierig und sorgfältig vorbereitet und von Leuten ausgeführt worden sei, die ungehindert durch Pförtner und Kontrollen des Reichstagsgebäudes arbeiten konnten. Man wies besonders auf den unterirdischen Heizungsgang hin, der von Görings Reichstagspräsidentenpalais unter der trennenden Straße hindurch in den Reichstag selbst führte. Von nationalsozialistischer wie von kommunistischer Seite ist ein solcher Weg der Brandstifter immer wieder zur Diskussion gestellt worden, obwohl stichhaltige Beweise nicht zu führen waren.

Unklar blieb freilich, wie Kommunisten oder Nationalsozialisten ohne Wissen Görings oder seiner Mitarbeiter mit zentnerschwerem Brandstiftungsmaterial in das hermetisch bewachte Reichstagspräsidentenpalais und von da in den Kellergang hätten gelangen können. Aber eben deshalb hielten viele eine nationalsozialistische Aktion für möglich, zumal weder den Machthabern noch dem Gericht ein überzeugender Nachweis anderer möglicher Zugänge für die Brandstifter gelingen wollte. So blieb auch trotz Görings betontem Dementi die erst jetzt ernsthaft erschütterte Meinung vorherrschend, daß ein mit oder ohne Wissen Hitlers von Goebbels und Göring beauftragter SA-Trupp von etwa 10 Mann, vermutlich unter dem Kommando des am 30. Juni 1934 — als Mitwisser? — umgebrachten SA-Führers von Berlin, Karl Ernst, den Brand auf diese Weise gelegt und dann auf demselben Weg wieder den Reichstag verlassen habe,[22] während van der Lubbe zurückgelassen oder zu diesem Zeitpunkt erst an den Brandort lanciert worden sei. Für diese Version schien auch zu sprechen, daß sich die nationalsozia-

---

[20] Wortlaut bei Heiden, *Geburt. . .* (Anm. I/126), S. 121 f. Auch hier fehlte bezeichnenderweise nicht der ebenso bestimmte wie zugleich vage Hinweis auf die Aufstandspläne im Karl-Liebknecht-Haus, die ohne nähere Erörterung in direkte Beziehung zu der Brandstiftung gesetzt wurden: der Brand als „Fanal zum blutigen Aufruhr und zum Bürgerkrieg", zur „bolschewistischen Revolution" — mit der Behauptung: „Schon für Dienstag [28. Februar] 4 Uhr waren in Berlin große Plünderungen angesetzt. . ."

[21] Zum Problem seiner Zurechnungsfähigkeit vgl. dagegen schon das Gutachten von Karl Bonhoeffer und J. Zutt, „Über den Geisteszustand des Reichstagsbrandstifters Marinus van der Lubbe", in: *Monatsschrift für Psychiatrie und Neurologie* 89 (1934), S. 185 ff. Die noch heute nicht geklärte, in vielen Darstellungen bejahte Frage, ob van der Lubbe in der Haft mit Drogen behandelt worden sei, wird darin negativ beantwortet.

[22] So besonders entschieden auch die Aussage von Gisevius, dessen Kenntnis aus dem Bereich der Kriminalpolizei bzw. der Gestapo stammte: *IMT* (Anm. I/10), XII, S. 277 f. Er betonte zugleich die maßgebliche Beteiligung von Goebbels bei der Planung sowie die Tatsache, daß alle unmittelbar Beteiligten am 30. Juni 1934 liquidiert worden seien, mit Ausnahme eines angeblich im Kriege gefallenen SA-Mannes. Vgl. jetzt auch mit weiteren korrigierenden Details die Darstellung in: *Die Zeit* 15, Nr. 10 ff. (März/April 1960 mit den Zuschriften), in der Gisevius der *Spiegel*-Serie (u. Anm. II/25) entgegentritt. Dagegen aber die Darlegungen von Tobias (Anm. II/19), S. 530 ff.

listische Parteiführung, die seit Wochen Abend für Abend durch die Wahlkampagne beschäftigt war, zum fraglichen Zeitpunkt in seltener Vollzähligkeit in Berlin aufhielt und überraschend schnell am Brandort versammelt war — eine Tatsache, die freilich auch mit der Kabinettssitzung am 27. Februar zusammenhängen konnte. Ferner wurde geltend gemacht, daß der langjährige Chef der Berliner Feuerwehr, Oberbranddirektor Gempp, dem von der offiziellen Version abweichende Äußerungen zugeschrieben wurden,[23] schon vier Wochen später, übrigens unter lebhaftem Bedauern der noch nicht gänzlich gleichgeschalteten bürgerlichen Presse,[24] von seinem Amt suspendiert, dann entlassen wurde; daß dies, obwohl Gempp keineswegs der Linken nahestand, mit der Begründung geschah, er habe „marxistische und kommunistische Wühlarbeit" geduldet und „national eingestellte Feuerwehrbeamte" benachteiligt; daß Gempp gleichzeitig mit dem üblichen Vorwurf von Amtsverfehlungen unter Druck gesetzt und des weiteren mit Verhören und Haft verfolgt wurde; daß er sich seit Juli 1938 erneut in fester Untersuchungshaft befand und daß er schließlich wegen „Amtsvergehen" verurteilt und kurz vor dem Berufungsverfahren, das er noch erreichen konnte, am 2. Mai 1939 in seiner Zelle erdrosselt aufgefunden wurde.

Inzwischen ist diesen Thesen wieder die Möglichkeit einer Alleintäterschaft van der Lubbes entgegengestellt worden.[25] Aber trotz Klärung mancher Details wird sich eine volle Sicherheit der Beurteilung vielleicht nie erreichen lassen. Auch bleiben nach wie vor die politischen Konsequenzen des Reichstagsbrands das eigentliche Problem. Weder die Manipulierung der Zeugenaussagen im Prozeß, wo doch alle Mittel der Beeinflussung eingesetzt wurden und Goebbels und Göring selbst mit wilden Drohungen auftraten, weder der Freispruch der drei in Berlin verhafteten bulgarischen Kommunisten und des noch vom Oberreichsanwalt auf Todesstrafe angeklagten kommunistischen Reichstagsabgeordneten Ernst Torgler noch die isolierte Hinrichtung van der Lubbes, die dann entgegen allen Rechtsgrundsätzen auf Grund eines erst nach der Tat erlassenen Gesetzes in betont unauffälliger Weise erfolgte,[26] weder die Tatsache, daß die sensationellen „Beweise" für eine bolschewistische Revolution entgegen den pausenlosen Ankündigungen Görings in Öffentlichkeit und Kabinett[27] niemals veröffentlicht wurden, noch der merkwürdige Umstand, daß auch der Reichstagsbrand selbst, allen ungeklärten

---

[23] Vgl. jetzt auch das Interview mit zwei Beteiligten in: *Berliner Morgenpost* vom 27. Februar 1958, S. 5, das diese damaligen Gerüchte erneut bekräftigt.

[24] Vgl. besonders die *Vossische Zeitung* vom 25. März 1933.

[25] Nach einer groß aufgemachten Artikelserie des *Spiegel* (13 [1959], H. 43—52; [1960], H. 1/2) hat das Buch von Tobias (Anm. II/19) dargetan, daß weder eine kommunistische noch eine nationalsozialistische Brandstiftung nachweisbar ist. Sie kann freilich auch jetzt nicht überzeugend auf einen Fall Lubbe reduziert werden. Auch bleibt zweifelhaft, ob im Fall Gempp die Darstellung eines Korruptionsprozesses der Art, wie sie damals gegen zahlreiche republikanische Politiker eingeleitet oder angedroht wurden, zu dem Schluß ausreicht, die Affäre sei völlig unpolitisch gewesen, Gempp habe im Reichstagsbrandprozeß völlig frei die Gerüchte über seine ursprüngliche Stellungnahme dementiert, und er habe schließlich Selbstmord begangen, um seiner Familie die Beamtenpension zu erhalten. Für die Skizze Gempps (in: *Das Gewissen steht auf. 64 Lebensbilder aus dem deutschen Widerstand, 1933—1945,* ges. von Annedore Leber, hrsgg. in Zusammenarbeit mit Willy Brandt und Karl Dietrich Bracher, Berlin—Frankfurt a. M. 1954, S. 106 ff., sowie in den *Vierteljahrsheften für Zeitgeschichte* 4 [1956], S. 36 f.), gegen die sich die Polemik des *Spiegel* sowie in seinem Gefolge des rechtsradikalen *Reichsruf* richtete (unter dem reißerischen Titel „Todesstoß für Jahrhundertlegende" im Sinne der Rehabilitierung des Nationalsozialismus aus der Feder eines alten Goebbels-Funktionärs: *Reichsruf* 8, Nr. 47 vom 21. November 1959, S. 3), waren den Verfassern s. Zt. Unterlagen der Familie Gempp zur Verfügung gestellt worden.

[26] Laut Anweisung des Propagandaministeriums vom 10. Januar 1934 waren Kommentare zur Hinrichtung Lubbes unerwünscht (*Sammlung Brammer* 3, Anw. Nr. 166).

[27] So besonders in der Kabinettssitzung am 2. März 1933: 3598/791954 ff. (*Documents. . .,* Anm. I/30, I, S. 93 ff.).

Fragen zum Trotz, nach dem erfolglosen Prozeß nie weiter untersucht oder auch nur propagandistisch ausgewertet wurde: All dies war eben nicht mehr wichtig, nachdem die Affäre einmal ihren Zweck erfüllt und den Machthabern die politisch-psychologische Begründung und die formale Legalisierung der längst geplanten Terror- und Unterdrückungsmaßnahmen ermöglicht hatte. Und darauf eben kommt es für eine Beurteilung des Reichstagsbrandes selbst an, mag nun die jüngste These einer Alleintäterschaft Lubbes überzeugender erscheinen als die einst weitverbreitete Auffassung einer nationalsozialistischen Brandstiftung. Göring selbst hat schließlich auch eingeräumt, daß die Verhaftungs- und Verfolgungswelle, die damals schlagartig einsetzte und einzig durch die „Reichstagsbrandverordnungen" vom 28. Februar sanktioniert wurde, so oder so durchgeführt worden wäre, nachdem sie schon lange vorher in allen Details vorbereitet war.[28] Damit hat auch der dafür in erster Linie verantwortliche Mann die unmittelbare Ableitung der folgenden Maßnahmen aus dem Ereignis des Brandes, wie sie dann die Endphase der nationalsozialistischen Wahlkampagne beherrschte, zu guter Letzt doch noch mit zynischer Geste preisgegeben. Wie immer man die kriminalistischen Einzelheiten beurteilen mag, so macht doch jedenfalls die schlagartige Ausnutzung der Reichstagsbrand-Konstellation deutlich, wie willkommen und nützlich sie den Machthabern war.

2. Permanenter Ausnahmezustand über Deutschland

Von daher muß auch die unerhört gesteigerte Aktivität beurteilt werden, mit der die nationalsozialistische Propaganda und der legalisierte Terror der Machthaber unter Berufung auf einen drohenden bolschewistischen Aufstand jetzt auf alle Bereiche des politischen und sozialen Lebens auszugreifen begann. Diese Entwicklung erreichte nach der gängigen Auffassung wohl ihren nächsten äußeren Höhepunkt in der Annahme des Ermächtigungsgesetzes vom 23. März, sie gründete jedoch recht eigentlich schon in den vom Reichstagsbrand abgeleiteten Aktionen, vor allem in den Notverordnungen vom 28. Februar 1933. Sie bedeuten das grundlegende Ausnahmegesetz, auf das sich die nationalsozialistische Diktatur bis zu ihrem Zusammenbruch in erster Linie stützte. Ihnen muß die erste Beachtung zuteil werden, nicht dem berühmten Ermächtigungsgesetz drei Wochen später, das so gerne zitiert wird, wenn man den Parteien der Mitte die Hauptlast der Verantwortung zuschieben will, und das doch ganz wesentlich Folge und Ausdruck der am 28. Februar unter Mitwirkung Hindenburgs und seiner konservativen Berater verfügten Verfassungsdurchbrechung war.

---

[28] Aussagen Görings in: *IMT* (Anm. I/10), IX, S. 481 f.; ferner in: PS-3593, jetzt abgedr. bei Wolff (Anm. II/8), S. 43 ff. Göring konzedierte, daß die Verhaftungslisten unabhängig vom Reichstagsbrand „vorher bereits zum großen Teil schon festgelegt waren; dann jedoch wünschte der Führer in der Nacht [des Brandes], daß nun die Verhaftungen sofort und augenblicklich erfolgen sollten". Göring entzog sich jedoch allen Versuchen der Vernehmer, ihn als Urheber (und die SA-Führer Ernst, Heines, Graf Helldorf als Anführer) der Brandstiftung zu überführen (S. 482 f.). Er dementierte entsprechende Aussagen von Rauschning und Halder, denen gegenüber er sich seiner Brandstiftung gerühmt haben soll, und er verhinderte so als letzter Mitwisser eine endgültige schlüssige Aufklärung von dieser Seite. Vgl. damals schon Göring (Anm. I/7), S. 93 f.: „Wenn man mir weiter vorwirft, ich hätte den Reichstag anzünden lassen, um ein Mittel zum Vorgehen gegen die Kommunisten in die Hand zu bekommen, so muß ich das als grotesk und lächerlich zurückweisen. Um gegen den Kommunismus vorzugehen, hätte es keinerlei besonderer Anlässe bedurft. Das Schuldkonto war so groß, ihr Verbrechen ein solch gewaltiges, daß ich ohne weitere Veranlassung entschlossen und gewillt war, mit allen mir zu Gebote stehenden Machtmitteln den rücksichtslosen Ausrottungskrieg gegen diese Pest zu beginnen. Im Gegenteil, wie ich schon im Reichstagsbrandprozeß ausgesagt habe, war mir der Brand, der mich zu so raschem Vorgehen zwang, sogar äußerst unangenehm, da er mich zwang, schneller zu handeln, wie beabsichtigt, und loszuschlagen, bevor ich mit allen umfassenden Vorbereitungen fertig war."

Es ist im einzelnen noch nicht hinreichend geklärt, auf welche Weise Hindenburg
nach einer Nacht, die von Löscharbeiten, Propagandavorbereitungen und Massenverhaftungen erfüllt war, zur sofortigen Unterschrift unter die für Machtergreifung und
Herrschaftspraxis des „Dritten Reiches" gleichermaßen zentrale „Verordnung des
Reichspräsidenten zum Schutze von Volk und Staat" vom 28. Februar 1933 gebracht
wurde. [29] Papen beschränkt sich darauf, dies mit Hindenburgs „glaubhafter Meinung"
zu begründen, „das Fanal des brennenden Reichstags sollte einen kommunistischen
Aufstand auslösen", und er rechtfertigt seine und seiner konservativen Freunde Haltung in diesem Zusammenhang — unter neuerlicher Berufung auf eine vorgebliche
„kommunistische Bedrohung" — mit der resignierenden Feststellung: „Jedenfalls hat
die NSDAP es damals meisterhaft verstanden, ihre konservativen Partner mit Furcht
vor dem erwarteten Gegenschlag der KPD zu erfüllen. Mag ihre Verantwortung für
die Brandstiftung auch bestritten sein, dieser erste Akt Goebbelsscher Theaterkunst
mit ständig wechselnden Kulissen war ein unbestreitbarer Erfolg über die verblüfften
und ahnungslosen Zuschauer." [30]

Die Argumente, mit denen Hitler am Vormittag des 28. Februar, als die Massenverhaftung schon seit neun Stunden im Gang war, diesen entscheidenden Gewaltakt
vor dem Kabinett begründete,[31] lagen freilich ganz auf der Linie der nationalsozialistischen Reichstagsbrandthesen. Hitler stellte fest, der psychologisch richtige Augenblick für eine durch keine rechtlichen Erwägungen mehr behinderte rücksichtslose Abrechnung mit dem Kommunismus sei nun gekommen; seit der Brandstiftung zweifle
er nicht mehr, daß die Regierung die Mehrheit der Wähler gewinnen werde. Er versprach dann die sofortige Wiederherstellung des Reichstagsgebäudes, für die er zwei
Jahre veranschlagte. Auch das war ein psychologischer Trick: Trotz den exzessiven
Bauambitionen der Folgezeit ist daran sowenig gedacht worden wie an die versprochene Einberufung einer Nationalversammlung; die Zerschlagung des Parlamentarismus hat beide Probleme gelöst. Anschließend bekräftigte Göring den Befund, daß van
der Lubbe mindestens sechs oder sieben Mittäter gehabt haben müsse, freilich im Sinne
einer kommunistischen Verschwörung und in Anlehnung an die Schreckgeschichten aus
dem Karl-Liebknecht-Haus. Zu Hitlers Forderung nach einer scharfen Verordnung
erklärte dann Frick, er habe ursprünglich die Verordnung vom 4. Februar ergänzen
wollen, habe nun aber, ausgehend von der Verordnung vom 20. Juli 1932, eine eigene
Verordnung „zum Schutze von Volk und Staat" entworfen. Die so rasch aus dem
Boden gestampfte Verordnung, gegen deren § 2 [32] allein Papen schwachen Einspruch
erhob, ist vom Kabinett schon wenige Stunden später, nachmittags, endgültig verabschiedet worden.[33] So kam es, wiederum ohne jeden Widerstand derer, die Hitler einst
hatten „engagieren" und „einzäunen" wollen, zu dem ersten großen Legalisierungsakt
der Diktatur, zur entscheidenden Durchlöcherung der Verfassung in jener Notverordnung vom 28. Februar, die Papen noch heute lediglich mit dem lakonischen Satz
kommentiert: „Sie beseitigte einige der wesentlichsten Grundrechte." [34]

Auch die „Reichstagsbrandverordnung" vom 28. Februar 1933 gründete sich auf
den Artikel 48 Abs. 2 der Weimarer Verfassung. Damit war, wenn auch unter recht
verschiedenen Vorzeichen, eine Kontinuität jener unheilvollen Notverordnungspraxis
deklariert, die Brüning drei Jahre zuvor begonnen hatte — mit gänzlich anderen Ab-

[29] *RGBl.*, I, 1933, S. 83; vgl. auch u. Teil II, S. 417 ff.
[30] Papen (Anm. I/11), S. 304 f.
[31] Niederschrift der Kabinettssitzung vom 28. Februar 1933, 11 Uhr: *Akten des AA*, 3598/791917 ff. (*Documents...*, Anm. I/30, I, S. 88 ff.).
[32] Er betraf das Recht zum Eingriff in die Länder; vgl. u. S. 136 ff.; S. 427 ff.
[33] 28. Februar 1933, 16.15 Uhr: *Akten des AA*, 3598/791923 ff.
[34] Papen (Anm. I/11), S. 305.

sichten und Erwartungen freilich, aber eben doch mit all den bedenklichen und gefährlichen Begleiterscheinungen und Ausweitungsmöglichkeiten, die ein ohne oder gegen das Parlament amtierendes Notverordnungsregime in sich bergen mußte. Es bleibt eine unbestreitbare Tatsache, daß hier – wie bereits die Willkürmaßnahmen der Regierung Papen erwiesen – Ausgangs- und Anknüpfungspunkte geschaffen worden waren, deren sich die ausgreifende nationalsozialistische Herrschaft jetzt, wie schon in den ersten einschneidenden Verordnungen des Februar 1933, aufs bequemste zur formalen Legalisierung ihrer totalitären Diktaturpläne bedienen konnte. Es bleibt diese verhängnisvolle Bedeutung der präsidialstaatlichen Entwicklung seit 1930, wie immer man die darauf aufbauenden Reformpläne der Brüning-Papen-Schleicher-Ära beurteilen mag und soweit auch der Einsatz des „Diktaturparagraphen" in der Weimarer Republik von der Manipulierung der Notverordnungspraxis durch die nationalsozialistische Machtergreifungspolitik entfernt sein mochte.[35] Die schrankenlos erweiterte Notverordnungspolitik war die wichtigste Stütze dieses Kurses. In den sieben Wochen Hitlerscher Kanzlerschaft, die dem Ermächtigungsgesetz vorangingen, wurden 20 Notverordnungen auf Grund des Art. 48 erlassen; erst sie haben die machtpolitischen Voraussetzungen für die pseudoparlamentarische Legalisierung der Diktatur im Ermächtigungsgesetz geschaffen.

Nach dem Wortlaut des Art. 48 Abs. 2, auf den sich die Notverordnung vom 28. Februar 1933 „zur Abwehr kommunistischer staatsgefährdender Gewaltakte" bezog, konnte der Reichspräsident, „wenn im Deutschen Reiche die öffentliche Sicherheit und Ordnung erheblich gestört oder gefährdet wird, die zur Wiederherstellung der öffentlichen Sicherheit und Ordnung nötigen Maßnahmen treffen, erforderlichenfalls mit Hilfe der bewaffneten Macht einschreiten. Zu diesem Zwecke darf er vorübergehend die in den Artikeln 114 [Freiheit der Person], 115 [Unverletzlichkeit der Wohnung], 117 [Unverletzlichkeit des Briefgeheimnisses], 118 [Recht der freien Meinungsäußerung], 123 [Versammlungsrecht], 124 [Recht zur Gründung von Vereinen usw.] und 153 [Unverletzlichkeit des Eigentums] festgesetzten Grundrechte ganz oder zum Teil außer Kraft setzen." Die nationalsozialistische Führung hat sich dieser unter gänzlich anderen Voraussetzungen zum Schutze der Demokratie gemeinten Verfassungsbestimmung, deren gefährlich allgemeiner, entgegen ursprünglicher Absicht nie näher präzisierter Gehalt die generelle Problematik bei der Formulierung eines Notstandsrechts sichtbar gemacht hat, unter dem pauschalen Vorwand eines drohenden kommunistischen Aufstands bedient, um mit den verfassungsmäßig verankerten Grundrechten das entscheidende Hindernis für alle weiteren Diktaturpläne endgültig beiseite zu räumen (§ 1): denn die Notverordnung vom 28. Februar 1933 blieb, ergänzt dann noch durch die Verordnung „Zur Abwehr heimtückischer Angriffe gegen die Regierung der nationalen Erhebung" vom 21. März 1933[36] und durch das Gesetz „gegen heimtückische Angriffe auf Staat und Partei und zum Schutze der Parteiuniformen" vom 20. Dezember 1934,[37] bis zum Ende des „Dritten Reiches" bestehen. Gleichzeitig wurde damit aber auch noch die Handhabe zu einem zweiten großen Anliegen der Machtergreifungsstrategie geschaffen: das Recht zur „vorüber-

---

[35] Zur Problematik im ganzen Bracher, Die Auflösung. . . (Anm. Einl./25), S. 51 ff.; S. 304 f. u. a.; ders., „Die lehrreiche Geschichte des Artikels 48", in: Deutsche Zeitung 15, Nr. 43 (20./21. Februar 1960), S. 8. Noch Gerhard Ritter (Anm. Einl./23), S. 398, übersieht (ebenso wie jetzt noch Michael Freund, Deutsche Geschichte, Gütersloh 1960, S. 532) die entscheidende Tatsache und Bedeutung der nationalsozialistischen Notverordnungspolitik vom Februar/März 1933, wenn er behauptet, der Art. 48 habe nichts mit der NS-Machtergreifung zu tun, da diese sich auf ein parlamentarisch verabschiedetes Ermächtigungsgesetz habe stützen können. Vgl. dagegen die Zusammenhänge u. S. 152 ff.

[36] RGBl., I, 1933, S. 135.

[37] RGBl., I, 1934, S. 1269.

gehenden" Ablösung der Länderregierungen (§§ 2, 3) und also, wie sich zeigen sollte, zur Beseitigung der bundesstaatlichen Grundstruktur zugunsten einer Gleichschaltung auf die nationalsozialistische Zentrale. Die Androhung schwerster Strafen bildete den wirkungsvollen Hintergrund: unter anderem wurde die Todesstrafe für Verbrechen eingeführt, die nach dem Strafgesetzbuch mit Gefängnis oder höchstens mit lebenslangem Zuchthaus bestraft werden konnten (§ 5).

Die Notverordnung ruhte mithin auf zwei Stützen, deren Beschaffenheit für das Problem der Legalität von großer Bedeutung ist. Den einen Pfeiler bildete ihre Begründung mit „kommunistischen staatsgefährdenden Gewaltakten". Hierin, nicht in den kriminalistischen Details, liegt die zentrale Bedeutung des Reichstagsbrands; der entscheidende Punkt ist denn auch, daß diese Begründung ohne genügende Klärung des Sachverhalts pauschal und vorschnell benutzt wurde. Nicht nur die historische Analyse entzieht der Verordnung jedoch diese Legalitätsbasis; auch die Entscheidung des Reichsgerichts im Prozeß hat allen Manipulationen zum Trotz ergeben, daß ein Zusammenhang zwischen der Brandstiftung und angeblichen kommunistischen Aufstandsaktionen nicht nachweisbar ist. Daß trotzdem die Notverordnung bis 1945 als gültig genommen und sogar ausdrücklich zu Maßnahmen des Kirchenkampfs [38] oder zur Verurteilung der Männer des 20. Juli 1944 benutzt wurde – Zusammenhänge, die mit kommunistischen Aktionen nicht das Geringste zu tun hatten –, daß man also trotz dem entgegenstehenden Urteil sogar des offiziellen Reichstagsbrandprozesses nicht nur die vollzogenen Tatsachen, sondern auch ihre falsche gesetzliche Begründung mit der generellen Beseitigung der Grundrechte beibehielt: das allein würde schon genügen, um den nationalsozialistischen Staat auch formal als einen Unrechtsstaat zu bestimmen, der sich auf eine tatsachenwidrig begründete, permanente Ausnahmegesetzgebung stützte. Die weitverbreitete Behauptung von der Legalität der nationalsozialistischen Machtergreifung mag im Hinblick auf die Regierungsübernahme vom 30. Januar 1933 als schwieriges Problem erscheinen. Doch trägt die Durchführung der Machtergreifung selbst schon in ihren ersten, alle weiteren Diktaturakte fundierenden Gewaltdekreten, lange vor dem darauf aufbauenden Ermächtigungsgesetz, das klare Signum des Rechts- und Verfassungsbruches.

Aber auch die äußere Kontinuität des Präsidialregimes war damit zerbrochen. Wohl ruhte diese zweite Stütze der Reichstagsbrandverordnung auf einem verfassungspolitisch längst erprobten Fundament. Der Art. 48 WV enthielt nach den Ansätzen der Brüning-Papen-Ära die gefährliche Möglichkeit, die Verfassung in ihren wichtigsten Punkten mit Hilfe eines einzigen Artikels derselben Verfassung zu durchlöchern und schließlich zu zerstören. Und es ist unbestreitbar, daß gerade angesehene, loyale Interpreten der Weimarer Verfassung durchaus diese Möglichkeit konzediert und entgegen der heutigen Auffassung keine unaufhebbare Grundsubstanz der Verfassung von der Möglichkeit der Änderung (durch Notverordnung oder qualifizierten Mehrheitsentscheid) ausgeschlossen haben. Hitler und seine Helfer haben diese Chance zur „legalen" Begründung der Illegalität konsequent wahrgenommen. Aber auch hieraus läßt sich, selbst wenn man von der Brüchigkeit der primären Fehlbegründung der Notverordnung mit den „kommunistischen Gewaltakten" absieht, weder eine rechtsstaatliche Kontinuität noch die Legalität der nationalsozialistischen Ausnahmeherrschaft ableiten. Auch die pseudojuristischen Kommentare von nationalsozialistischer Seite haben bei aller Betonung der formalen Legalität doch stets er-

---

[38] Auf sie stützten sich z. B. Göring, Heydrich mit der „Preußischen Polizeiverordnung gegen die konfessionellen Jugendverbände" vom 23. Juli 1935 oder Himmler mit seinem Verbot der „von den Organen der sogenannten bekennenden Kirche errichteten Ersatzhochschulen, Arbeitsgemeinschaften und Lehr-, Studenten- und Prüfungsämter" (29. 8. 37): *Die Gesetzgebung. . .* (Anm. I/31), H. 14, S. 274; vgl. auch Walter Conrad, *Der Kampf um die Kanzeln. Erinnerungen und Dokumente aus der Hitlerzeit*, Berlin 1957, S. 137 f.

klärt, die Verordnung sei „dennoch aus stärkstem revolutionärem Geiste geboren". [39] Und selbst der höchste nationalsozialistische Partei-Jurist, Hauptinitiator der kommenden Gleichschaltung der Justiz, hat sie nachträglich, wie später das Ermächtigungsgesetz selbst, als „rechtstraditionswidrige Staatsaktion Hitlers" bezeichnet. [40]

Von einer gewohnheitsrechtlichen Fortsetzung der bisherigen Notverordnungspraxis kann deshalb in keiner Beziehung die Rede sein. Wohl hatte Hindenburg, wie schon Ebert, verfassungsmäßig die Befugnis, die Grundrechte „vorübergehend" außer Kraft zu setzen. Aber in zwei entscheidenden Punkten unterschied sich diese Verordnung mit ihren Folgerungen von allen Vorgängen früherer Art. Durch die ausdrückliche Aufnahme eines 1916 beschlossenen Schutzhaftgesetzes in seine Notverordnung hatte Ebert die Aufhebung der Grundrechte unter allgemeine Rechtsgrundsätze gestellt: Sie schlossen staatlich-politische Willkür aus, indem sie die Vorführung des Verhafteten vor den Richter innerhalb von 24 Stunden, das Recht auf den Verteidiger und auf Einsicht in die Akten, das Berufungsrecht sowie einen Entschädigungsanspruch an den Staat im Fall ungerechtfertigter Verhaftung garantierten. [41] Solche Sicherungen, die ein toleranter Rechtsstaat ja auch Hitler nach seinem Putsch von 1923 hatte zugute kommen lassen, fehlten in der Verordnung vom 28. Februar 1933 jedoch gänzlich; sie sind während der ganzen Dauer der nationalsozialistischen Herrschaft auch bewußt und ausgesprochen nicht wieder anerkannt und wirksam geworden. [42] Mehr noch: die bedeutsame, wenngleich allzu unbestimmte Einschränkung, nach der die Grundrechte nur *vorübergehend* außer Kraft gesetzt werden durften, ist weder in dieser Verordnung noch in der weiteren Herrschaftspraxis des Nationalsozialismus je berücksichtigt oder auch nur von den Staatsrechtlern der Zeit geltend gemacht worden.

Der Sinn der Weimarer Verfassung war damit bewußt übergangen, die absolute Rechtlosigkeit des Individuums für die nächsten 12 Jahre besiegelt. Denn diese wahrhafte „Ermächtigung" blieb, ohne wirksame Bindungen und Begrenzungen für die Auslegung und Anwendung der pauschalen Machtbefugnisse durch den Staat, die Polizei und schließlich „die" Partei, neben aller späteren Verordnungsflut voll in Kraft. Geheime Verhaftung, Festhalten jeder verdächtigen oder mißliebigen Person auf unbestimmte Zeit und ohne Anklage, ohne Beweise, ohne Verhör, ohne Rechtsbeistand waren ohne weiteres möglich geworden. Es war die unwiderrufliche Ablösung des Rechtsstaats durch den Polizeistaat; sie bedeutete das Ende der Freiheit und den Rückfall in die Barbarei, die Aufgabe aller Rechte, die sich der Bürger im modernen Staat seit Beginn der Verfassungsbewegung errungen hatte, und es sanktionierte den primitiven Urzustand einer willkürlichen Diktatur inmitten hochentwickelter Zivilisation. Denn hier waren auch die Gerichte ausgeschaltet, erlosch jede Kontrollmöglichkeit, gewann schon die Praxis der allem Rechtsverfahren entzogenen Konzentrationslager ihre pseudolegale Basis.

Die Bedeutung der Reichstagsbrandaffäre war damit noch nicht erschöpft. Noch am selben 28. Februar 1933 erging, abschreckende Ergänzung gleichsam der mit der Verordnung vom 4. Februar angebahnten, der vom 28. Februar besiegelten Ausschaltung der Verfassung, eine weitere „Verordnung des Reichspräsidenten gegen Verrat am Deutschen Volke und hochverräterische Umtriebe". [43] Sie enthielt eine allgemeine Ver-

---

[39] So Steinbrink (Anm. I/28), S. 36, der in bezeichnender Fehlformulierung die Verordnung versch.edentlich zum „Gesetz" erhebt.

[40] Hans Frank, *Im Angesicht des Galgens. Deutung Hitlers und seiner Zeit auf Grund eigener Erlebnisse und Erkenntnisse*, München-Gräfelfing 1953, S. 143.

[41] Vgl. dazu Mau/Krausnick (Anm. Einl./4), S. 26 f.; Brecht, *Vorspiel...* (Anm. I/2), S. 125 ff.

[42] Vgl. dazu die Himmler gewidmete Dissertation von Otto Geigenmüller, *Die politische Schutzhaft im nationalsozialistischen Deutschland*, Würzburg 1937, S. 12 ff.; S. 27 ff. mit der zeitgenössischen Literatur.

[43] *RGBl.*, I, 1933, S. 85.

schärfung der Vorschriften gegen Landesverrat und Verrat militärischer Geheimnisse und bot durch die überaus weitgefaßten Strafbestimmungen noch zusätzliche Handhaben zur pseudolegalen Rechtfertigung der kommenden Massenverhaftungen und Kollektivbedrohung, nicht ohne gleichzeitig die oft geäußerten Wünsche der Reichswehrführung zu befriedigen und so die militärische Macht in diesem wichtigen Stadium näher an die Machthaber zu binden. Auch in dieser Verordnung spielte die Einführung der Todesstrafe eine dominierende Rolle (§ 1); hohe Zuchthausstrafen wurden in unbestimmtester Weise für jeden „Verrat" angedroht, wobei unter „Verrat" auch die Ausstreuung von Gerüchten und falschen Nachrichten gefaßt wurde (§§ 2, 3). Auch dadurch war dem Ermessen der Regierung unbegrenzter Spielraum für Verhaftung und Anklage gegeben, während die Gerichte selbst bei gerechter Verhandlungsführung in allen diesen Fällen von Gesetzes wegen auf schärfste Strafurteile festgelegt waren. Angesichts der vagen Unbestimmtheit der Begriffe konnte dann unter dem Generalbegriff vom Verstoß gegen das „Wohl des Reiches" in der Tat fast jede mißliebige Äußerung geahndet und als „Mitteilung an eine ausländische Regierung" ohnehin jede schriftlich oder mündlich verbreitete und nach außen dringende Meinungsäußerung interpretiert werden. Weitere scharfe Strafen wurden in einem zweiten Abschnitt für „hochverräterische Umtriebe" angedroht. Darunter fiel auch die Abfassung, Herstellung, Verbreitung und sogar Lagerung von Schriften, die – jeweils eben nach Meinung der Regierung – zum Aufstand oder auch zum „Streik in einem lebenswichtigen Betrieb, Generalstreik oder anderen Massenstreik" aufreizten, und in bezeichnender Unbestimmtheit war noch hinzugefügt: „oder in anderer Weise" hochverräterisch sind (§ 6).

Es waren diese „Reichstagsbrandverordnungen" und nicht erst das vielbeschworene Ermächtigungsgesetz Wochen später, die die Verfassung durch den permanenten Ausnahmezustand ersetzt und den großen Rahmen für Gleichschaltung und Dauerterror geschaffen und „legalisiert" haben. Durchaus zutreffend konnte damals ein nationalsozialistischer Verfassungsrechtler in seiner Hitler gewidmeten Dissertation[44] kommentieren: „Die Überwindung des Staates von Weimar mit seinen eigenen Mitteln gelang hauptsächlich mit Hilfe dieser rechtlichen Handhabe"; auch der instrumentale Charakter der Manipulation ist damit unmißverständlich gekennzeichnet. Aus den Verordnungen vom 28. Februar 1933 hat Hitler die Machtbefugnisse gewonnen, mit deren Hilfe er seine Gegner auszuschalten, die Partner zu überspielen und die totale Alleinherrschaft zu besiegeln vermochte. Denn sie erlaubten der Polizei ohne richterliche Kontrolle jeden Eingriff, und diese Polizei war in den Händen Fricks und Görings, also Hitlers. Die Notverordnungen bezeichnen deshalb einen entscheidenden Einschnitt. Ihre Pseudolegalität, die viele Zeitgenossen getäuscht und verführt hat, ist eine Frucht jener Pseudokontinuität, mit der sich das neue Regime in opportunistischer Widersprüchlichkeit von der Weimarer Republik zugleich revolutionär distanziert und scheinlegal abgeleitet hat. Daß es so direkt und bequem an die Notverordnungstradition der Weimarer Republik anknüpfen und die Substanz der Verfassung mit Hilfe eines einzigen strapazierten Verfassungsartikels aufheben konnte, mag die Fragwürdigkeit der ganzen vorangegangenen Notverordnungsgesetzgebung nach Art. 48 erweisen. Daß es sich freilich um eine bloße Scheinkontinuität handelt, machen die politischen Aspekte jener Verordnungen deutlich. Ihre bleibende Bedeutung für das Gefüge des „Dritten Reiches" ist kaum zu überschätzen. Auch formal gesehen blieb damit der nationalsozialistische Staat bis zu seinem Ende auf ein Ausnahmerecht gegründet, das durch eine politische Manipulation grandiosen Stils zustande gekommen war: die Ausnutzung des Reichstagsbrands.

---

[44] Steinbrink (Anm. I/28), S. 36.

Nach den Gleichschaltungsvorbereitungen des Februar 1933 sind so die beiden Not-verordnungen vom 28. Februar zur wichtigsten Grundlage für die Umschmelzung der „nationalen Revolution" in die nationalsozialistische Herrschaftsordnung geworden. Hier war der Ausnahmezustand – nun zivil und nicht auf Hindenburg angewiesen – permanent legalisiert; hier waren die grundrechtlichen Freiheiten dem Belieben einer kontrollfreien Staatsführung unterworfen; hier war nach dem fatalen Vorbild des Papenschen Preußenputsches vom 20. Juli 1932 die bundesstaatliche Struktur durch eine praktisch unumschränkte Eingriffsbefugnis in Länderrechte beseitigt und damit die unmittelbar folgende Gleichschaltung der Länder zu Reichskommissariaten und dann Statthaltereien schon besiegelt. Das Problem der „legalen Revolution" im Sinne der zynischen Definition der NS-Juristen [45] war damit noch vor dem endgültigen Akt des Ermächtigungsgesetzes mit dem doppelten Ergebnis gelöst: Einerseits war die gänzliche Verschiedenheit von nationalsozialistischer und Weimarer Staatskonzeption konstatiert, anderseits war eine „formale Brücke der Legalität" errichtet, aus der freilich, wie ein staatsrechtlicher Kommentator freimütig formuliert hat, „wegen ihres formalen Charakters und ihres geschichtlich-politischen Sinnes – reibungsloses Weiter-arbeiten des Staatsapparates trotz der Revolution – keine Schlüsse auf den Inhalt der nationalsozialistischen Verfassung gezogen werden können". [46] So ist denn auch in späteren Jahren das Problem der Fortgeltung des Restbestandes der Weimarer Ver-fassung durchaus in der Schwebe geblieben: [47] Ein Teil – vor allem Grundrechte, par-lamentarische Ordnung und föderalistische Struktur – wurde zwar in der Folge aus-drücklich aufgehoben, ein anderer jedoch entweder ausdrücklich oder stillschweigend übernommen und von Fall zu Fall modifiziert, wie es eben zu einer eigenen national-sozialistischen Verfassung auch versuchsweise nie gekommen ist, weil dies als mögliche „Vorwegnahme künftiger Führerentscheidungen" dem totalen Führerprinzip wider-sprochen hätte. [48]

Die praktisch-politischen Aspekte der Ereignisse und Verordnungen vom 27. und 28. Februar sind demnach unübersehbar: nicht nur im Blick auf die institutionelle und juristische Festigung der nationalsozialistischen Herrschaft, sondern auch für jeden Versuch, die Gründe für die zustimmende oder doch passive Haltung einer Bevölkerungsmehrheit zur fortschreitenden, nun erneut beschleunigten nationalsozia-listischen Machtergreifung zu erkennen und zu erklären. Dies gilt schon für die un-mittelbar folgenden Tage. Eine Betrachtung der Reichstags- und Landtagswahlen, die nur fünf Tage später stattfanden, ist auch für die Beurteilung dieses Problems auf-schlußreich, ja, ohne sein Verständnis gar nicht befriedigend durchzuführen.

3. Die letzte Mehrparteien-Wahl

Die Vorbereitung und Durchführung der Wahlen war durch die unbegrenzten Aus-nahmegewalten der Regierung in ein gänzlich neues Stadium gerückt. Die Frage war, wie die Machthaber ihre neuen Möglichkeiten nutzen würden. Sie konnten sofort die KPD verbieten und damit noch in letzter Stunde von den bevorstehenden Reichstags-wahlen ausschalten. Offenbar gab es Gründe, dies Verbot noch einmal, wie am 30. Januar 1933, aufzuschieben und sich mit Verfolgung und Verhaftung der kommu-nistischen Führer zu begnügen, zu der die neuen Verordnungen jede Handhabe boten.

[45] Vgl. besonders Ernst Rudolf Huber, *Verfassungsrecht des Großdeutschen Reiches*, Hamburg 1939, S. 44 f.
[46] Reinhold Horneffer, „Das Problem der Rechtsgeltung und der Restbestand der Weimarer Verfassung", in: *Zeitschrift für die gesamte Staatswissenschaft* 99 (1938), S. 154 f.
[47] Zur fortdauernden Kontroverse, besonders zwischen Ernst Rudolf Huber und Carl Schmitt: *a. a. O.*, S. 155 ff.
[48] *A. a. O.*, S. 177.

Dieser neuerliche Aufschub des Verbots ist besonders aufschlußreich für die Wahl- und Parlamentstaktik der nationalsozialistischen Machtergreifungsstrategie. Daß tatsächlich die kommunistische Kandidatur bestehenblieb und auch ihren Platz auf den von der Regierung gedruckten Stimmzetteln erhielt, war gewiß eine Farce, da schon zwei Wochen vor dem Wahltag alle kommunistischen Versammlungen verboten und zahlreiche Ausschreitungen und Repressalien gegen Kommunisten von oben geduldet oder sogar inszeniert wurden. Überdies waren fast alle kommunistischen Kandidaten verhaftet und blieben es auch, soweit sie nicht geflüchtet oder in die Illegalität gegangen waren; jedenfalls dachte die Regierung nicht daran, sie im Reichstag überhaupt noch einmal auftreten zu lassen.[49]

Die Motive zur Tolerierung der kommunistischen Kandidatur auch nach dem Reichstagsbrand waren sowohl koalitions- als auch parlamentstaktischer Art. Die parlamentstaktischen Überlegungen sollten dann bei der Vorbereitung des Ermächtigungsgesetzes sichtbar werden. Der koalitionstaktische Gesichtspunkt ergab sich aus der Rücksicht auf die konservativ-deutschnationalen Partner in der Regierung. Denn während die „preußische Regierung" in Gestalt des Kommissariatsregimes zunächst befristet, dann „bis auf weiteres" und tatsächlich durch immer neue Verbotsverlängerung endgültig die gesamte kommunistische und sozialdemokratische Presse verbot – auch letztere mit der falschen Begründung, van der Lubbe habe seine Verbindung mit sozialdemokratischen Zeitungen zugegeben[50] –, während sich weiterhin Frick unter Berufung auf die soeben erlassene Verordnung „zum Schutze von Volk und Staat" um eine Ausdehnung dieser Maßnahme auf alle Länder bemühte und von diesen erneut das Verbot aller Versammlungen und Aufzüge der KPD zu erwirken suchte, führten die Blitzaktionen im Anschluß an den Reichstagsbrand noch einmal zu Meinungsverschiedenheiten innerhalb der Koalitionspartner. Tatsächlich mußte die drohende Ausschaltung der KPD jetzt auch die Position der DNVP entscheidend verschlechtern. Mit höchster Wahrscheinlichkeit wäre dadurch der NSDAP die absolute Mehrheit zugefallen, hätte die DNVP also ihre Schlüsselstellung, ihre Unentbehrlichkeit für die NSDAP eingebüßt, zumal sich die Reichstagsbrandpropaganda einseitig zugunsten der Nationalsozialisten auswirkte. Hugenberg selbst ließ sich durch diese Gefahr zwar nicht davon abhalten, mit selbstsicherer Unbeweglichkeit noch am 2. März auf einer Wahlkundgebung in Bielefeld die nationalsozialistische These vom kommunistischen Aufstand zu verkünden. Aber ein Flügel der DNVP um den einst so hugenbergtreuen Fraktionsvorsitzenden Oberfohren scheint schon damals Zweifel an der offiziellen Version gefaßt zu haben.[51]

Hier bahnte sich ein später Versuch wenigstens eines Teiles der deutschnationalen Partner an, in Opposition zu dem koalitionstaktisch so offensichtlich erfolglosen Hugenberg-Kurs ihre drohende Ausschaltung durch die nationalsozialistischen Verbündeten zu verhindern. Höhepunkt und zugleich Rückschlag dieses Versuchs bezeichnete die demonstrative Ausschaltung Oberfohrens, der am 11. April auf Betreiben Hugenbergs als Fraktionsvorsitzender durch den Hugenberg-Mann Schmidt-Hannover abgelöst wurde, auch sein Mandat niederlegte und am 6. Mai in seiner Kieler Wohnung angeblich Selbstmord beging.[52] Möglicherweise haben diese Komplikationen die nationalsozialistische Führung mit dazu bewogen, sich auf vorläufige Maßnahmen

[49] Vgl. die Belege o. S. 47 f.; u. S. 145; S. 193 f.

[50] *Egelhaaf, 1933*, S. 97 f.; Details bei Koszyk (Anm. I/78), S. 213 ff.; S. 251 ff.

[51] Zu diesen Zusammenhängen schon Heiden, *Geburt...* (Anm. I/126), S. 125 ff. mit Material, das weiterer Nachprüfung bedarf. Auch ein Informationsbericht Dertingers vom 2. März 1933 (*Sammlung Brammer*) spricht von entsprechenden Gerüchten im bürgerlich-nationalen Lager, schreibt sie aber Intrigen der Exminister Schleicher und Treviranus zu.

[52] Vgl. Otto Schmidt-Hannover, *Umdenken oder Anarchie*, Göttingen 1959, S. 349, sowie jetzt die abwägende Behandlung der Vorgänge und Motive bei Hiller v. Gaertringen (Anm. I/64), Kap. 8 ff.

gegen KPD und SPD zu beschränken und eine Liquidation des „Marxismus" auf die Zeit nach den Wahlen, auf eine – wie man rechnete – Phase total gesicherter Herrschaftsverfügung ohne deutschnationale Einspruchsmöglichkeiten zu verschieben. Dazu kam erneut die geschickte Beibehaltung der Legalitätstaktik, der Fiktion einer „Legalität", die durch die Zulassung der kommunistischen Kandidatur trotz Reichstagsbrand erneut demonstriert werden sollte.[53]

Auch unter diesen Gesichtspunkten tritt freilich der Scheincharakter solcher „Legalität", der Scheincharakter einer „freien" Wahlentscheidung der deutschen Bevölkerung deutlich genug zutage. Wohl war diese Wahl ein letztes Mal nach dem Brauch parlamentarisch-demokratischer Wahlentscheidungen veranstaltet, wohl konnten noch einmal miteinander konkurrierende Parteien kandidieren und die Wählerschaft scheinbar vor politische Alternativen stellen. Aber eine politische Analyse wird den Korrektheitsanspruch dieser letzten halbfreien Wahl doch erheblich einschränken.[54] – In Wirklichkeit hatten diese parteiförmigen Alternativen zum Herrschaftsanspruch der NSDAP, seien sie sozialistischer oder kommunistischer, liberaler oder konservativer, katholischer oder protestantischer Richtung, schon viel von ihrer konkreten politischen Bedeutung eingebüßt.[55] Selbst dem arglosen Betrachter war in den stürmischen Tagen um den Reichstagsbrand und angesichts der drakonischen Justiz- und Verhaftungsanordnungen die wahre Machtverteilung plausibel geworden. Auch war nach den Ankündigungen Hitlers beim Industriellentreffen vom 20. Februar[56] und ähnlichen Bekundungen Goebbels' und Fricks[57] keinesfalls damit zu rechnen, daß sich die Machthaber durch das Wahlergebnis, sollte es ihren Erwartungen nicht entsprechen, von der Weiterführung ihres Machtergreifungs- und Machtbefestigungskurses auch auf staatsstreichförmigem Wege würden abhalten lassen.[58] Auch deshalb konnte von einer Freiheit in der Wahlentscheidung einer teils opportunistisch mitgerissenen, teils verängstigt resignierenden Bevölkerung nicht die Rede sein.

Daß die nationalsozialistische Führung, wie auch die Ereignisse nach der Wahl bestätigten, keinesfalls gesonnen war, ihr Schicksal von einer im freien politischen Kräftespiel zustande gekommenen Wahlentscheidung abhängig zu machen, erwies sich besonders in der Schlußetappe des Wahlkampfes, in der die Gegner mit allen verfügbaren Mitteln des Presse- und Versammlungsverbots, der Verfolgung und Verhaftung, des Straßen- und Polizeiterrors, der individuellen Drohung und des staatlich gestützten Massenrummels niedergehalten wurden. Schon in einem Aufruf am 28. Februar hatte Goebbels als Reichspropagandaleiter der NSDAP den Wahltag zum „Tag der erwachenden Nation" proklamiert;[59] es sei der Sinn der Wahl, daß sich das Volk „in einem noch nie dagewesenen Massenbekenntnis für die jetzige Regierung, für ihre Männer und ihre Taten entscheiden" solle: „Mit einer gewaltigen Propagandawelle hat die nationalsozialistische Bewegung in den letzten Wochen das deutsche Land überflutet... Und unter den harten Hammerschlägen unserer Massenagitation ist allmählich jene Eiswand gebrochen, die uns so lange von Millionen deutscher Volksgenossen trennte." Die Krönung sollte dann Hitlers Rede am Vorabend

---

[53] Dazu auch u. S. 152 f.

[54] Vgl. das Material u. S. 91 ff., das auch in einem besonderen Aufsatz des Verf. über die plebiszitäre Begründung der nationalsozialistischen Machtergreifung (Festschrift für die Wiener Library, London, im Erscheinen) zusammengefaßt ist.

[55] Vgl. auch den offiziösen Kommentar bei Rühle (Anm. I/9), I, S. 50: „Noch niemals war eine Reichstagswahl so großartig vorbereitet, war der Wahlkampf so großartig organisiert worden wie bei der im Grunde unparlamentarischen, aber im besten Sinne demokratischen Volksbefragung vom 5. März 1933."

[56] Vgl. o. S. 70 f.

[57] *Berliner Tageblatt* vom 20. Februar 1933, Nr. 86.

[58] In diesem Sinne auch ganz offen Steinbrink (Anm. I/28), S. 18 f.

[59] *VB* vom 28. Februar 1933.

der Wahl in Königsberg sein:[60] „Von der blutenden Ostgrenze aus wird das Evangelium des erwachenden Deutschlands verkündet, und das ganze deutsche Volk wird Ohrenzeuge dieses einzigartigen, in der gesamten Geschichte noch nie dagewesenen Massenereignisses sein." Es sei deshalb „dafür zu sorgen, daß mindestens 30 bis 35 Millionen Menschen die Rede des Reichskanzlers hören. . ." Ja, „jeder, der dazu die Möglichkeit hat, wird die Stimme des Kanzlers auf die Straße übertragen". Noch einmal zeigte sich hier, in welchem Maße inzwischen Radio und Lautsprecher den Sieg der brutal-einheitlichen Massenbeeinflussung über die geistige Auseinandersetzung vollendet und eine völlig veränderte Beziehung der modernen Millionenvölker zu ihrer Führung angebahnt haben.[61]

Auch in den dringenden Vorschlägen und Klagen, die von den nationalsozialistischen Gauleitungen in diesen Tagen an das Reichsinnenministerium gerichtet wurden, treten das Drängen der Partei auf beschleunigte Gleichschaltung und das Maß ihres Anspruches auf Herrschafts- und Propagandamonopol, aber zugleich auch die staatliche Eingriffsbereitschaft, deutlich hervor. So hatte sich schon am Vortag des Reichstagsbrands der Gauleiter der „Ostmark", Kube, bei Daluege darüber beschwert, daß der „rote" Bürgermeister von Spremberg, Richard Bruder, eine nationalsozialistische Demonstration verboten, die gleichfalls von ihm verbotene Demonstration der „Eisernen Front" jedoch zugelassen habe: „Schon die Gleichstellung unsererseits mit einer Demonstration der SPD ist ein unerhörter Wahlterror [!] gegen die stärkste Regierungspartei in Preußen." [62] Nicht anders wurde die aufrechte Haltung des Landrats von Spremberg beurteilt.[63] Aus Randnotizen von Fricks Staatssekretär Grauert geht hervor, daß mit sofortigen Absetzungen reagiert wurde. Ähnlich hat sich der Gauleiter Schlesiens in einem an Göring gerichteten Schreiben am 1. März über den in Oberschlesien herrschenden Widerstand beschwert: Dies Gebiet sei dank dem Wirken des dem Zentrum angehörenden Oberpräsidenten Lukaschek zum Rückzugsort vieler „Vertreter des schwarz-roten Systems" geworden; alle mißliebigen Beamten säßen dort noch fest in ihren alten Stellungen, und es habe „sich dort seit dem 30. 1. 33 noch gar nichts geändert". Der Vorschlag des Gauleiters ging dahin, in Vorwegnahme der Ländergleichschaltung eine Woche später sofort durchzugreifen: „Ich schlage daher pflichtgemäß vor: Die sofortige Beurlaubung der roten [!] Armbindenträger von einst, des Oberpräsidenten Lukaschek in Oppeln und des Oberpräsidenten Graf v. Degenfeld-Schomburg in Breslau und die Berufung eines Staatskommissars für Gesamt-Schlesien, damit endlich in diesem Grenzland an Ort und Stelle und heimatkundig im Sinne unserer Bewegung und der preußischen Regierung so durchgegriffen werden kann, daß wir viel Arbeit den Berliner Stellen abnehmen können. Weiteres Material folgt. Jedoch ist schnelles Eingreifen notwendig, um dem hämisch grinsenden Zentrum die Sabotage zu verleiden."

Noch deutlicher kommt der Charakter der Auseinandersetzung, die die letzten Tage vor der Wahl beherrschte, in den an Fricks Ministerium gerichteten Parteiberichten über Konflikte mit der SPD zum Ausdruck. So behauptete der Ortsgruppenleiter von Bernsdorf (Oberlausitz), [64] die Besucher einer nationalsozialistischen Versammlung seien am 2. März vor Betreten des Versammlungslokals mit Schneebällen und Steinen beworfen worden; bei der folgenden Schlägerei mit der SA hätten in-

---

[60] Abgedr. in: *VB* vom 8. März 1933; vgl. auch die Analyse der Technik nationalsozialistischer Versammlungs- und Wahlkampagnen bei Schmeer (Anm. I/43), S. 17 ff.

[61] So Ferdinand Friedensburg, *Die Weimarer Republik*, Neuaufl., Hannover—Frankfurt 1957, S. 252.

[62] *HAB*, Rep. 320/Nr. 32, Staatssekretär Grauert, auch für das folgende.

[63] *Ebda.:* „Der sozialdemokratische Landrat des Kreises Spremberg Rudolf Sachs hat am 26. 2. 33, 11 Uhr vormittags einen Demonstrationszug der ‚Eisernen Front' von seinem Landratsgebäude aus mit erhobener Faust und zahlreichen Rufen: ‚Freiheit, Freiheit' gegrüßt."

[64] *A. a. O.*, Bericht vom 4. März 1933.

folge Zögerns der Polizei die „Provikateure [*sic!*]" entkommen können. Und nun
wieder der aufschlußreiche Hinweis auf die Art der nationalsozialistischen Selbsthilfe, ihren Anspruch auf staatliche Unterstützung und den wahren Sinn der „Schutzhaft", mittels derer die nationalsozialistische Wahlkampagne sich aller Konkurrenten
entledigte: „Festgenommen ist von uns der Arbeiter Idler, der mit einem Knüppel in
der Hand hinter einem Baum stehend, angetroffen wurde und nach langem Drängen [!] auch zugegeben hat, mit dem Knüppel auf SA-Leute einschlagen zu wollen
[!]... Auf meine Veranlassung und da ich wußte, daß die Überfälle von den SPD-
und KPD-Führern systematisch vorbereitet sind, habe ich am 3. 3. morgens gegen 6 Uhr
veranlaßt, daß diese in Schutzhaft genommen werden... Die Verhaftungen sind
dann durch die Beamten des inzwischen eingetroffenen Überfallkommandos aus Görlitz erfolgt und zwar in Höhe von 26 Personen. In den frühen Nachmittagsstunden
des gleichen Tages sind sie dann auf Veranlassung des Staatsanwaltes Görlitz, der
nach hierhergekommen ist, wieder auf freien Fuß gesetzt, da ihnen angeblich keine
strafbare Handlung nachgewiesen werden konnte." Deshalb erfolgte schließlich das
Telegramm an Göring: „Seit gestern systematische Überfälle von SPD und KPD auf
Nationalsozialisten, hatten gestern fünf Verletzte. Führer dieser Parteien, die dauernd
hetzen, sind nach kurzer Verhaftung wieder freigelassen. Überfälle drohen jeden
Augenblick erneut. Bitten um Anweisung sofortiger Schutzhaft [„Verhaftung" zuerst,
dann durchgestrichen] der Führer bis nach den Wahlen im Interesse der Sicherheit,
sofortige Beurlaubung des unfähigen Amtsvorstehers..."
  Der lokale und regionale Terror ging nach der Wahl noch in verschärfter Form
fort, wobei die Polizei selbst ihre Passivität wieder mit dem ausdrücklichen Befehl
entschuldigte, sich nicht einzumischen. So erklärte z. B. ein diensthabender Offizier
in einem entsprechenden Fall, „er hätte Befehl erhalten, in keiner Angelegenheit, an
der ein SA-Mann beteiligt sei, einzugreifen... Er fügte hinzu, er sei absolut machtlos
und stände unter der Leitung der SA, und daß in der Polizei selbst SA-Sturmabtei-
lungen seien." [65]
  Es ist kaum verständlich, wie Darstellungen, Statistiken und Beurteilungen bis
heute die Wahlen vom 5. März 1933 noch in die Kontinuität der Weimarer Wahlentscheidungen einordnen können, wenn eine Woche zuvor schon die gesamte Presse-
und Versammlungsaktivität der politischen Linken unterbunden war, die immer noch
mehr als ein Drittel der deutschen Bevölkerung zu ihren Anhängern zählen konnte,
wenn – wie im Fall der KPD – fast die gesamte Führungs- und Funktionärsschicht
oder doch – wie im Falle der SPD – erhebliche Teile verhaftet, verfolgt, pauschal
diffamiert wurden, und wenn all dies von Staats wegen und mit Hilfe einer „legalen"
Ausschaltung der verfassungsmäßigen Grundrechte geschah, zu der eine noch völlig
unaufgeklärte Brandstiftung die einseitige Begründung liefern mußte. Wenn Papen
heute die schlichte Bemerkung macht, es sei wohl möglich, daß in Preußen die Wahlkampagne der Opposition eingeschränkt wurde,[66] so ist daran zu erinnern, daß derselbe Papen damals noch immer als Reichskommissar die höchste Instanz in Preußen
war. Aber er war es eben nur noch nominell; in Wahrheit regierte Göring, ohne daß
der Vizekanzler irgendwelche Konsequenzen daraus gezogen hätte. Deutlicher hat
sich auch zu diesem Punkt Goebbels ausgedrückt. Am 2. März 1933: „Wir werden in
einer noch nie dagewesenen Konzentration all unsere Propagandamöglichkeiten ausspielen... Göring räumt in Preußen auf, mit sehr viel Schneid und Zivilcourage."
Am Vorabend der Wahl: „Die SA marschiert in langen Zügen durch Berlin." Und
für Hamburg, wo noch keine Rechtsmehrheit zu erwarten war: „Gleich nach der
Wahl soll hier durchgegriffen werden" – zugleich ein Beweis mehr für die Tatsache,

---

[65] *MGN* 11, Doc. No. PS–1759 (*HAB*, Rep. 335, Fall 11, Nr. 480 ff. [mehrere Fälle]).
[66] Papen (Anm. I/11), S. 305.

daß die Nationalsozialisten die Wahlentscheidung gar nicht zu respektieren gedachten.
Von den Führerkundgebungen notiert sich der Propagandachef: „Die Massen rasen."
Und die letzte Manipulation war die pomphaft-pathetische Erhebung des Wahltages
selbst zum „Tag der erwachenden Nation"; so wurde der Wahlgang selbst noch suggestiv in eine einzige Kundgebung für die neuen nationalsozialistischen Machthaber
als die wahren Träger der „Nationalen Revolution" verwandelt: „Es wird ein ganz
großer Sieg werden." [67]

Um so erstaunlicher war das Ergebnis der Wahlen vom 5. März 1933. Allem
Terror und selbst einzelnen greifbaren Wahlfälschungen zum Trotz gelang es der
NSDAP auch dieses Mal bei weitem nicht, eine Mehrheit unter der aufgepeitschten
und zu höchster Wahlbeteiligung mobilisierten Bevölkerung zu erringen. Mehr als
56 % der Wähler stimmten noch nach fünf Wochen Hitlerscher Kanzlerschaft und
im Angesicht der stürmischen Werbungs- und Gleichschaltungsaktionen einer sieges-
trunkenen NSDAP gegen die Alleinherrschaft der totalitären Partei; selbst dies widerlegt die wieder und wieder propagierte, bis in unsere Tage gehegte Behauptung, eine
„überwältigende" Mehrheit des deutschen Volkes habe in Begeisterung für Hitler
noch aus demokratischer Freiheit den nationalsozialistischen Führerstaat und die
totalitäre Herrschaft verlangt. Wenn auch heute Kritiker der parlamentarischen
Demokratie und Liebhaber einer autoritären Staatsordnung unter Verweis auf Hitlers
angeblich demokratische Machtergreifung durch den Stimmzettel behaupten, die
Demokratie habe sich selbst auf ganz demokratische Art zerstört, nämlich durch
das — wie sie meinen — ominöse Prinzip der Mehrheitsentscheidung,[68] dann übersehen
sie neben der besonderen, halbautoritären Vorgeschichte der nationalsozialistischen
Machtergreifung auch die Tatsache, daß selbst die letzte nur halbfreie Mehrparteien-
wahl unter nationalsozialistischer Ägide Hitler keine Mehrheit gebracht hat. Auch
die überschwenglichsten Kommentare der nationalsozialistischen Propaganda konnten
nicht darüber hinwegtäuschen. Die Partei hatte nicht den Wähleranteil erreichen
können, den die Sozialisten 1919 oder die CDU seit 1953 unter demokratischen Verhältnissen und mit demokratischen Konsequenzen auf sich vereinigt haben.

Die Wahlergebnisse, die für Reichstag und preußischen Landtag fast die gleichen
Kräfteverhältnisse schufen, sind auch deshalb bemerkenswert, weil die Rekordwahl-
beteiligung von 89 % in erster Linie der NSDAP zugute kam. Sie erreichte 43,9 %
der Stimmen und 44,5 % der Mandate im Reichstag, nachdem sie zwischen dem
31. Juli und dem 6. November 1932 von rund 37,2 % auf 33,1 % der Stimmen zurückgegangen war. Aber auch die am schärfsten bekämpften Gegner hatten allem
Terror zum Trotz nur mäßige Verluste, jedenfalls keine entscheidende Niederlage
erlitten: Die SPD ging von 20,7 % auf 18,2 %, die KPD von 16,9 % auf 12,2 % zurück; obwohl viele ihrer Kandidaten verhaftet und in der Schlußphase jede Propaganda von dieser Seite unterdrückt worden war, hatten die Linksparteien noch immer
über 30 % einer teils aufgeputschten, teils eingeschüchterten Bevölkerung hinter sich zu
bringen vermocht. Auch in der Mitte behaupteten sich Zentrum und BVP mit 14,1 %
der Stimmen (gegenüber bisher 15,0 %) bemerkenswert stabil. Es erwies sich noch
einmal, daß die wichtigsten Widerstandszentren gegen den nationalsozialistischen

[67] Goebbels, *Vom Kaiserhof*. . . (Anm. I/40), S. 272 ff.

[68] So jetzt noch, entsprechend seinem Versuch, das Hitlerregime als „Konsequenz der Demokratie" und die
Notwendigkeit eines dritten, autoritären Weges zwischen Demokratie und Totalitarismus zu erweisen, Martini
(Anm. Einl./37), S. 94 ff.; und besonders natürlich Papen (Anm. I/11), S. 305 f.: „Das deutsche Volk hat [am
5. März] ein unzweideutiges Votum für Hitler abgegeben. Die Verantwortung dafür — das sollte der Sinn der
Demokratie sein — kann es auf niemand abwälzen. Der von mir geforderte starke Gegenblock war nicht zustande
gekommen, seine Notwendigkeit offenbar nicht erkannt worden." – Diese Behauptungen samt der Anklage gegen
SPD und Zentrum, sie hätten sich nicht mit Papens Kampfblock verständigt, sind geradezu unsinnig angesichts
der Tatsache, daß ja Papen als zweiter Mann in Hitlers Regierung saß und alle Entschlüsse Hitlers mitmachte.

Wählersog nach wie vor in den Domänen der Arbeiterparteien und des politischen Katholizismus lagen, während die liberal-bürgerlichen bzw. protestantisch-konservativen Kräfte weiterhin die geringere Widerstandskraft zeigten. Hier wirkte sich auch aus, daß der NSDAP von großen Teilen der evangelischen Kirche, in der sie den zur Machtergreifung bereiten „Stoßtrupp" der „Deutschen Christen" ausgebaut hatte, starke Wahlhilfe zuteil geworden war, während die katholische Kirche erst nach Verabschiedung des Ermächtigungsgesetzes ihre ausdrückliche und fast geschlossene Gegenstellung gegen den Nationalsozialismus aufgab.[69] Zwar gelang es der NSDAP erstmals, auch in den katholisch-föderalistischen Gebieten Bayerns und des Rheinlands zur größten Partei aufzusteigen. Aber Hitler selbst hatte, wie er in der ersten Kabinettssitzung nach der Wahl konzedierte, durchaus erkannt, daß die „nationalen Parteien" erst dann die Wählerschaft des Zentrums und der BVP gewinnen könnten, wenn diese Parteien von der Kurie aufgegeben würden;[70] es mag offenbleiben, ob man darin schon einen ersten Hinweis auf die bevorstehenden Konkordatsverhandlungen und ihre noch immer umstrittene Bedeutung für die Ausschaltung des politischen Katholizismus erblicken kann.[71] Auf der anderen Seite war aber sogar der jahrelange Rückgang der bürgerlichen Parteien zu einem gewissen Halt gekommen. Diese Gruppen vermochten im wesentlichen den allerdings geringen Restbestand vom November 1932 (4 %), offenbar die stabile Substanz ihrer Wählerschaft, zu bewahren. Und insgesamt hatten alle Parteien außer der KPD ihre Stimmenzahl gehalten. Die Zunahme der NSDAP resultierte fast ausschließlich aus bisherigen Nicht- und Neuwählern. Dazu kam eine Anzahl kommunistischer Überläufer; die wechselseitige Fluktuation zwischen Rechts- und Linksradikalismus war, besonders auch in der SA, die Betätigungs- und Versorgungsmöglichkeiten versprach, zumal in den Industriestädten kein neues Phänomen.

Eine Einzelanalyse der kleineren Wahleinheiten, die übrigens selbst für die folgenden pseudo-plebiszitären Abstimmungen noch gewisse Aufschlüsse gibt,[72] bestätigt diese Feststellung. Diese letzte ausführliche Veröffentlichung der Wahlstatistik stand zwar schon ganz im Zeichen parteilicher, die eigene Arbeit verleugnender Interpretation,[73] doch hat sie formal noch im ganzen einwandfreie Zahlen vermittelt. Statt eines Vergleichs mit der allgemeinen Wahlentwicklung[74] seien deshalb nachfolgend in regionaler Gruppierung die Wahleinheiten aufgeführt, *in denen die NSDAP noch immer nicht an die erste Stelle zu rücken vermochte*, die also entweder angesichts der relativen Schwäche der nationalsozialistischen Position oder im Hinblick auf die be-

---

[69] Vgl. die minutiöse Analyse der Zentrums-Wahlkampagne bei Morsey (Anm. I/21), Kap. 9, sowie u. V. Kap., Abschn. 5; zur Rolle der „Deutschen Christen" in der Wahlkampagne auch Götte (Anm. I/36), S. 230 ff.

[70] Sitzung vom 7. März 1933: *Akten des AA*, 3598/791989 ff. (*Documents. . .*, Anm. I/30, I, S. 114).

[71] Vgl. u. S. 156; S. 161 f.; S. 262 ff.; S. 342 ff.

[72] Vgl. die Analyse u. V. Kap., Abschn. 6.

[73] *Statistik des Deutschen Reiches*, bearbeitet im Statistischen Reichsamt, Bd. 434, Berlin 1935, Vorbemerkung: „Der alte Parteienstaat, die Zeiten des Parlamentarismus, in denen zahllose Parteien um die Stimmen der Wähler rangen und sich gegenseitig mit Erbitterung befehdeten, sind überwunden. Eine Epoche im politischen Leben des deutschen Volkes ist damit zu Ende gegangen. Unter diesen Umständen könnte es fast müßig erscheinen, die Ergebnisse der Reichstagswahlen vom 31. Juli 1932, 6. November 1932 und 5. März 1933, bei denen zum letzten Male die alten Parteien auf dem Plane erschienen, zur Veröffentlichung zu bringen; denn das Interesse der Allgemeinheit an dem Ausfall dieser Wahlen, an der Zusammensetzung der Reichstage usw. dürfte in erheblichem Maße erlahmt sein. Trotzdem erscheint es nicht angängig, von einer Bekanntgabe der Statistik der letzten Wahlen überhaupt abzusehen. Die Ergebnisse der Reichstagswahlen sind seit dem Jahre 1871 laufend in mehr oder minder ausführlicher Form von der amtlichen Statistik veröffentlicht worden. Im Interesse der Kontinuität und der Vollständigkeit dieser Veröffentlichungsreihe erschien es daher geboten, auch die Statistik der letzten Wahlen – wenn auch in verkürzter und gedrängter Form – zum Abdruck zu bringen und damit gewissermaßen den Schlußstrich unter eine mehr als 60jährige politische Entwicklung zu ziehen. . ."

[74] Vgl. u. S. 367 sowie die Wahlanalyse bei Bracher, *Die Auflösung. . .* (Anm. Einl./25), S. 645 ff.

merkenswerte Stärke einer bestimmten nicht-nationalsozialistischen Partei aufschluß-reich erscheinen.

In *Ostpreußen*, das als exponiertes Grenzland der „nationalen Revolution" beson-ders rasch verfiel, gehörten dazu in erster Linie die katholischen Kreise und Gemein-den: Die absolute Mehrheit erreichte das Zentrum im Kreis Braunsberg insgesamt und besonders in der Gemeinde Frauenburg, während der freilich kleine Ort Palmnicken eine starke Mehrheit der Linksparteien und zugleich eine besonders schwache Position der NSDAP aufwies.

Wahlkreis 1 (Ostpreußen)

Reg.Bez.	Kreis	Gemeinde	Gültige Stimmen	NSDAP	SPD	KPD	Z	SWR
				in % der gültigen Stimmen				
Königs-berg	Braunsberg		29 209	29,2	9,5	3,3	52,3	4,9
		Braunsberg	8 467	29,3	14,0	3,2	47,1	5,1
		Frauenburg	1 648	26,7	10,7	2,3	57,8	1,9
		Mehlsack	2 430	29,6	13,0	5,2	47,2	3,6
		Wormditt	3 633	30,0	12,9	8,5	45,3	2,6
	Fisch-hausen	Palmnicken	1 363	21,4	46,9	10,9	0,6	7,3
	Heilsberg		26 278	36,8	6,6	3,8	41,0	11,4
		Guttstadt	3 029	24,2	9,3	11,5	48,2	6,0
		Heilsberg	4 667	34,6	9,6	5,2	37,2	12,4
Allenstein	Lkr. Allenstein	Wartenburg/ Opr.	2 624	34,6	17,1	4,1	37,2	6,2
	Rößel		25 733	38,7	11,0	5,1	38,8	5,9
		Bischofsburg	3 703	38,2	8,3	9,2	38,4	4,7
		Bischofstein	1 841	36,5	4,9	6,4	46,1	5,8
		Rößel	2 704	30,0	15,0	5,4	39,3	9,4
		Seeburg	1 786	38,3	3,8	5,2	45,9	6,0
	Lkr. Elbing	Tolkemit	1 863	25,7	9,6	15,0	46,4	2,9

Auch in den Arbeiterbezirken der Wahlkreise *Berlin* und *Potsdam* war der Ein-bruch der NSDAP noch keineswegs gelungen; eine solide, z. T. (Wedding) die 60 % überschreitende Linksmehrheit blieb auch unter dem Verbots- und Verfolgungsdruck der Wahlwochen erhalten.

Wahlkreis 2 (Berlin)

Reg.Bez.	Kreis	Gemeinde	Gültige Stimmen	NSDAP	SPD	KPD	Z	SWR
				in % der gültigen Stimmen				
	BA 3	Wedding	237 264	25,9	22,8	39,2	3,6	6,6
	BA 5	Friedrichs-hain (Teil)	211 510	28,9	22,8	34,8	4,5	7,2

Wahlkreis 3 (Potsdam II)

Reg.Bez.	Kreis	Gemeinde	Gültige Stimmen	NSDAP	SPD	KPD	Z	SWR
				in % der gültigen Stimmen				
	BA 14	Neukölln	224 070	29,7	25,9	31,9	3,4	6,8
Potsdam	Teltow	Wildau	2 990	28,0	36,0	23,0	2,7	6,7

Wahlkreis 4 (Potsdam I)

Reg.Bez.	Kreis	Gemeinde	Gültige Stimmen	NSDAP	SPD	KPD	Z	SWR
				in % der gültigen Stimmen				
Potsdam	Jüterbog-Lucken-walde	Lucken-walde	18 208	30,6	41,8	15,3	2,0	6,4
	Osthavel-land	Velten	5 317	31,7	33,0	25,2	2,7	5,2

Selbst im Wahlkreis *Frankfurt/O.*, der drei Gemeinden mit hohem deutschnationalem Anteil aufwies (Brieske, Dobristroh, Sedlitz), blieb in einer Reihe von Orten, in Kostebrau und Slamen sogar mit absoluter Mehrheit, die SPD vor der NSDAP führend; im benachbarten *Pommern* mit seiner überwiegend agrarischen Struktur beschränkte sich dies allerdings auf zwei Gemeinden.

Wahlkreis 5 (Frankfurt/O.)

Reg.Bez.	Kreis	Gemeinde	Gültige Stimmen	NSDAP	SPD	KPD	Z	SWR
				in % der gültigen Stimmen				
Frankfurt	Calau	Brieske	2 039	35,9	40,7	6,1	1,1	15,6
		Dobristroh	1 293	34,6	35,0	4,5	8,7	16,3
		Groß Räschen	4 387	34,1	38,0	13,5	7,9	5,1
		Kostebrau	1 371	39,8	50,1	4,9	0,4	4,4
		Lauta	3 106	27,7	43,8	17,1	4,5	4,1
		Neu Peters-hain	1 943	31,9	47,7	13,2	1,0	5,2
		Särchen	2 042	25,0	40,6	18,7	6,2	8,3
		Sedlitz	1 785	37,6	37,7	7,3	3,6	13,3
		Zschipkau	1 155	30,7	48,5	7,6	5,0	7,3
	Lebus	Brieskow	1 694	31,3	32,5	26,6	1,6	6,3
	Sorau (Nd. Lau-sitz)	Seifersdorf	2 132	38,8	44,5	6,1	1,3	7,2
	Spremberg (Lausitz)	Slamen	1 704	27,9	54,6	13,0	0,4	3,0
Schneide-mühl	Deutsch Krone	Tütz	1 687	34,6	5,5	3,6	52,5	3,7

Wahlkreis 6 (Pommern)

Reg.Bez.	Kreis	Gemeinde	Gültige Stimmen	NSDAP	SPD	KPD	Z	SWR
				in % der gültigen Stimmen				
Stettin	Randow	Pommerens-dorf	3 130	27,0	36,1	27,3	0,2	8,8
Köslin	Lkr. Stolp	Raths-damnitz	1 700	37,0	46,1	5,4	0,6	8,2

Bemerkenswert war auch im Wahlkreis *Breslau* die Widerstandsfähigkeit einiger sozialistisch oder katholisch bestimmter Gemeinden. Neben der über 60 %/o umfassenden Linksmehrheit in Peisterwitz erscheinen besonders die Wahlziffern von Ludwigsdorf interessant: Dort vermochten sowohl Zentrum wie SPD den nationalsozialistischen Stimmenanteil zu übertreffen; auch die KPD hat ihn fast erreicht, so daß hier die Regierungsparteien auch zusammen nicht einmal ein Viertel der Wählerschaft für sich zu mobilisieren vermochten.

Wahlkreis 7 (Breslau)

Reg.Bez.	Kreis	Gemeinde	Gültige Stimmen	NSDAP	SPD	KPD	Z	SWR
				in % der gültigen Stimmen				
Breslau	Lkr. Breslau	Groß Mochbern	1 522	32,3	33,1	18,1	11,0	4,4
	Lkr. Brieg	Peisterwitz	1 816	30,6	29,7	32,0	5,0	1,4
	Franken-stein	Kamenz	1 437	27,1	18,1	2,7	42,0	8,5
	Glatz	Hausdorf b. Neurode	2 885	26,8	40,6	11,8	14,8	5,0
		Kunzendorf	2 799	30,4	36,3	14,7	14,5	3,5
		Ludwigsdorf (Grafsch. Glatz)	2 183	22,7	25,7	19,3	30,4	1,4
		Schlegel	2 116	26,2	37,1	9,3	22,6	3,7
		Volpersdorf	1 445	27,3	38,1	13,0	15,9	5,4
		Wünschel-burg	1 526	36,4	16,3	1,8	38,7	6,3
	Oels	Sakrau	1 778	39,4	39,7	7,4	8,3	3,3
	Lkr. Wal-denburg	Fellhammer	3 927	33,5	43,3	11,6	9,4	1,1
		Nieder Hermsdorf	7 618	32,0	32,5	16,1	13,9	2,7
		Weißstein	11 589	34,4	35,2	17,7	7,5	2,3

Kaum anders die Lage in *Liegnitz,* wo in zwei Fällen die Linksmehrheit über 60 % lag (Bernsdorf und Weißwasser) und sich in einem Fall (Wittichenau) das Zentrum, in einem anderen (Laubusch) die Kampffront Schwarz-Weiß-Rot erstaunlich gut behauptete.

Wahlkreis 8 (Liegnitz)

Reg.Bez.	Kreis	Gemeinde	Gültige Stimmen	NSDAP	SPD	KPD	Z	SWR
				in % der gültigen Stimmen				
Liegnitz	Bunzlau	Tillendorf	1 323	38,5	45,0	8,6	1,5	4,7
	Lkr. Görlitz	Penzig	4 702	31,8	40,7	14,4	5,1	5,5
	Hoyers-werda	Bernsdorf	2 495	25,6	50,5	11,3	2,8	5,7
		Laubusch	1 894	26,1	36,8	13,6	2,7	20,4
		Wittichenau	1 477	32,3	12,7	6,0	44,5	4,3
	Rothen-burg (Ob. Lausitz)	Weißwasser	8 193	27,8	43,8	18,7	4,2	3,9
	Sprottau	Freiwaldau	1 936	38,9	42,8	9,5	0,9	5,1

Vor allem aber blieb das Zentrum im oberschlesischen Grenzland-Wahlkreis *Oppeln* weithin über die NSDAP siegreich; in Branitz, Dammratsch, Gräflich Wiese und Schönwald fiel ihm erneut die absolute Mehrheit zu, in Alt Schalkowitz behauptete sich überdies auch noch die KPD neben der NSDAP.

Wahlkreis 9 (Oppeln)

Reg.Bez.	Kreis	Gemeinde	Gültige Stimmen	NSDAP	SPD	KPD	Z	SWR
				in % der gültigen Stimmen				
Oppeln	Falken-berg	Falkenberg OS.	1 555	33,1	3,3	9,8	39,1	12,2
	Groß Strehlitz	Gogolin	1 989	36,8	3,7	10,9	41,0	7,4
		Sandowitz	1 093	29,7	6,0	20,1	35,8	6,4
	Kreuzburg	Kuhnau	1 151	25,2	10,5	13,3	49,4	1,4
	Leob-schütz	Bauerwitz	2 437	35,8	12,6	2,2	45,6	3,6
		Branitz	1 831	23,0	7,8	1,4	65,8	1,6
		Katscher	4 834	39,2	6,3	7,2	40,2	6,6
	Stkr.Neiße		20 615	29,9	8,4	6,9	45,9	7,7
	Lkr. Neiße		36 201	38,4	8,1	6,0	42,4	4,8
		Ziegenhals	5 366	34,6	10,0	10,0	38,3	6,1
	Neustadt/ OS.	Deutsch Rasselwitz	1 888	29,4	23,6	6,3	37,7	2,9
		Gräflich Wiese	1 231	33,5	1,9	4,9	57,0	2,4
		Neustadt/ OS.	10 542	29,2	6,8	13,1	45,3	4,5
		Oberglogau	4 103	33,3	4,7	5,0	48,4	7,7
	Lkr. Oppeln	Alt Poppelau	1 478	29,6	8,1	9,3	40,9	11,8
		Alt Schalko-witz	1 557	22,7	5,9	22,5	46,1	2,2
		Chrosczütz	1 587	35,4	2,6	17,1	41,7	2,5
		Dammratsch	1 123	24,6	4,4	12,6	56,0	2,1
		Goslawitz	1 669	31,2	2,0	18,6	38,3	9,5
		Großdöbern	1 492	24,5	8,8	15,5	47,5	3,4
		Proskau	1 310	30,3	6,2	3,5	47,4	11,9
	Lkr. Ratibor	Buchenau	1 257	33,7	9,7	11,5	34,4	10,5
		Kranowitz	2 123	28,5	7,4	8,5	46,4	8,7
		Ratibor-hammer	1 521	29,0	4,4	23,7	38,8	3,7
	Rosenberg/ OS.		26 871	37,1	7,2	7,7	39,6	7,8
		Bodland	1 167	28,8	20,4	10,5	38,0	2,1
		Rosenberg/ OS.	3 762	33,8	4,4	7,5	47,2	6,4
	Tost-Gleiwitz	Laband	3 816	37,2	4,3	11,4	42,6	3,9
		Ostroppa	1 802	34,0	2,3	21,9	34,2	7,1
		Schönwald	2 588	31,1	2,8	2,9	53,0	10,0
		Tost	1 628	40,5	5,3	3,9	42,9	6,9

Im Wahlkreis *Magdeburg* waren es wiederum die Linksparteien, die sich in zahl-reichen Gemeinden (in Hoym und Unseburg sogar die SPD allein) überlegen gegen den nationalsozialistischen Machtanspruch durchsetzten; in fünf Fällen (Groß Otters-leben, Unseburg, Olvenstedt, Hoym und Jeßnitz) lag der Stimmanteil der „Marxisten" sogar weit über der 60 %-Grenze.

Wahlkreis 10 (Magdeburg)

Reg.Bez.	Kreis	Gemeinde	Gültige Stimmen	NSDAP	SPD	KPD	Z	SWR
				in % der gültigen Stimmen				
Magde-	Stkr. Burg		16 616	37,9	38,1	14,1	2,0	5,0
burg	Calbe	Barby	3 532	35,8	38,8	17,5	0,7	6,0
		Förderstedt	2 049	32,9	37,5	18,0	1,3	9,8
		Löderburg	2 272	33,8	43,8	12,5	2,1	6,6
	Jerichow	Kirchmöser	2 931	32,0	37,4	17,1	3,6	6,3
	Neuhal-densleben	Althaldens-leben	2 798	34,7	35,8	12,9	10,7	4,9
		Hötensleben	2 683	32,4	35,6	10,1	14,8	6,4
	Lkr. Qued-linburg	Preußisch Börnecke	1 765	37,6	39,2	12,1	0,3	10,1
	Lkr. Stendal	Tangerhütte	3 806	38,3	43,6	8,1	0,7	7,8
		Tangermünde	8 608	34,7	39,5	14,4	4,9	5,3
	Wanzleben	Groß Otters-leben	7 103	25,7	33,1	32,5	4,2	2,9
		Unseburg	1 467	28,6	54,0	10,6	1,9	3,4
		Wolmirsleben	1 350	39,0	43,6	5,6	8,9	2,5
	Wolmir-stedt	Colbitz	1 443	37,8	47,7	9,4	0,3	4,0
		Olvenstedt	2 996	26,8	40,0	26,8	0,5	4,8
		Rogätz	1 465	38,8	38,9	13,9	0,3	5,5
		Wolmirstedt	3 090	37,2	42,1	8,3	1,3	8,8
Anhalt	Ballen-stedt	Harzgerode	2 736	39,2	46,9	8,0	0,3	3,7
		Hoym	2 130	29,4	52,8	10,3	0,3	5,9
	Dessau-Köthen	Jeßnitz	4 094	27,4	26,2	39,9	0,4	3,6
		Osternienburg	1 325	28,9	46,9	11,2	6,8	4,8
	Zerbst	Coswig	6 732	33,9	38,1	19,4	0,6	6,4
		Roßlau	8 687	40,0	41,4	11,4	0,9	4,0

Eine nicht minder deutliche Grenze fand die Behauptung von der „restlosen Zerschlagung des Marxismus" in den Ergebnissen des benachbarten Wahlkreises *Merseburg*. Dort hat besonders die KPD in ihren traditionellen Domänen den nationalsozialistischen Einbruchsversuchen weitgehend zu widerstehen, ja, zweimal (Greppin und Wörmlitz-Böllberg) sogar die absolute Mehrheit zu behaupten und die NSDAP auf den kleinen Stimmanteil von 16,2 % bzw. 17,6 % zu beschränken vermocht. In mehreren Gemeinden überschritt die Stimmenzahl der Linksparteien sogar die Zweidrittelmehrheit (Zipsendorf 72,4 %; Piesteritz 69,6 %; Holzweißig 69,4 %; Wörmlitz-Böllberg 69,4 %; Greppin 67,1 %; Teuchern 66,6 %); in Zipsendorf, wo sich beinahe eine Dreiviertelmehrheit zur verfolgten Linken, weniger als ein Fünftel zur NSDAP bekannte, hat auch die SPD allein eine überzeugende Mehrheit erreicht.

Wahlkreis 11 (Merseburg)

Reg.Bez.	Kreis	Gemeinde	Gültige Stimmen	NSDAP	SPD	KPD	Z	SWR
				in % der gültigen Stimmen				
Merseburg	Bitterfeld	Brehna	1 698	31,0	17,0	36,4	0,6	13,3
		Greppin	3 031	16,2	12,8	54,3	10,1	4,1
		Holzweißig	4 406	20,3	23,4	46,0	4,9	2,7
		Roitzsch	2 264	32,2	28,4	32,3	0,5	5,1

Wahlkreis 11 (Merseburg) (Fortsetzung)

Reg.Bez.	Kreis	Gemeinde	Gültige Stimmen	NSDAP	SPD	KPD	Z	SWR
				in % der gültigen Stimmen				
Merseburg	Bitterfeld	Sandersdorf	2 753	26,1	13,4	44,7	10,8	3,0
		Wolfen	3 782	29,6	20,3	34,8	2,9	8,9
		Zschornewitz	1 867	27,3	34,0	26,5	3,7	6,7
	Mansfelder Gebirgskreis	Ahlsdorf	1 318	26,7	43,4	19,5	4,5	4,9
	Saalkreis	Ammendorf	8 248	28,2	16,9	43,0	1,7	8,8
		Döllnitz	1 373	31,6	12,3	46,5	1,2	6,8
		Löbejün	1 948	36,4	9,0	43,7	0,4	9,2
		Wörmlitz-Böllberg	1 330	17,6	11,2	58,2	2,0	9,8
	Torgau	Annaburg	2 495	35,6	14,0	37,1	0,8	9,5
	Lkr. Weißenfels	Großkayna	1 955	31,4	37,2	17,2	3,0	9,1
		Luckenau	1 527	27,7	42,0	22,0	0,9	6,2
		Teuchern	3 590	24,5	17,5	49,1	0,4	6,2
		Trebnitz Kr. Weißenf.	1 219	31,3	41,6	22,2	0,9	3,0
	Lkr. Wittenberg	Kleinwittenberg/Elbe	1 241	31,6	19,3	38,0	1,5	7,7
		Piesteritz	4 441	20,1	22,1	47,5	2,9	5,0
	Lkr. Zeitz		23 664	(38,9	38,0	15,8	0,5	5,4)
		Zipsendorf	1 859	18,8	55,1	17,3	2,2	3,6

Das Gesamtbild von *Thüringen* zeigte ähnliche Züge. Teils hat sich die SPD (Zechau-Leesen), teils die KPD (Geraberg, Neuhaus-Schierschnitz), in vielen Gemeinden jedenfalls die Linke insgesamt mit großen Mehrheiten gegen den Herrschaftsanspruch der NSDAP behauptet: In 12 Gemeinden entschieden sich mehr als 60 %, in drei Gemeinden (Salza 73,5 %, Zechau-Leesen 71,0 %, Wintersdorf 66,8 %) sogar eine Zweidrittelmehrheit für die Parteien der Linken, während sich im katholischen Teil des Landes zahlreiche Gemeinden mit absoluter, in zwei Fällen mit erdrückender Zweidrittel- bzw. sogar Dreiviertelmehrheit (Niederorschel 66,7 %, Küllstedt 78,7 %!) zum Zentrum bekannten und die NSDAP in Salza und Küllstedt besonders vernichtend geschlagen wurde.

Wahlkreis 12 (Thüringen)

Reg.Bez.	Kreis	Gemeinde	Gültige Stimmen	NSDAP	SPD	KPD	Z	SWR
				in % der gültigen Stimmen				
	Stkr. Altenburg		29 291	36,4	42,4	9,0	0,8	6,8
	Lkr. Altenburg		55 264	(37,6	37,5	13,4	1,1	7,9)
		Lucka	1 983	31,3	34,7	25,3	0,7	5,2
		Meuselwitz	6 806	28,2	39,5	19,7	1,2	6,1
		Rositz	2 619	30,7	33,6	15,7	9,2	8,2
		Wintersdorf	2 194	24,5	40,7	26,1	0,5	6,7
		Zechau-Leesen	1 206	21,0	57,5	13,5	0,9	5,1
	Lkr. Arnstadt	Geraberg	1 819	38,9	2,4	55,1	0,4	2,5
		Geschwenda	1 684	35,2	16,5	46,7	0,1	0,9

Wahlkreis 12 (Thüringen) (Fortsetzung)

Reg.Bez.	Kreis	Gemeinde	Gültige Stimmen	NSDAP	SPD	KPD	Z	SWR
				in % der gültigen Stimmen				
	Lkr. Arnstadt	Großbreiten-bach	2 462	29,5	23,7	41,7	0,1	4,3
		Ichtershausen	1 551	34,4	14,7	46,6	0,3	3,4
	Lkr. Eisenach	Creuzburg	1 302	27,9	29,6	30,3	0,2	10,3
		Ruhla	4 923	41,4	7,6	42,3	0,8	4,2
		Stadtlengs-feld	1 217	28,4	39,5	22,8	3,2	3,0
		Tiefenort	1 964	31,8	38,2	22,3	0,3	5,1
	Lkr. Gotha	Tambach-Dietharz	2 768	30,7	10,5	48,4	0,5	4,8
	Lkr. Rudolstadt	Katzhütte	1 293	24,4	24,6	41,1	–	8,1
		Königsee	2 167	27,2	32,3	12,5	0,2	25,0
	Lkr. Son-dershausen	Oldisleben	1 347	36,2	9,0	38,8	–	14,3
		Schlotheim	2 376	36,3	17,1	40,0	0,4	4,8
	Lkr. Sonneberg	Neuhaus-Schierschnitz	1 536	34,4	12,1	50,2	0,1	2,5
	Lkr. Stadtroda	Bürgel	1 290	35,7	17,2	40,8	0,1	3,8
		Kahla	4 690	28,7	40,4	17,4	0,1	9,6
Erfurt	Grafsch. Hohenstein	Salza	2 827	16,3	44,4	29,1	0,6	7,1
	Heiligenstadt		26 877	21,9	6,0	5,1	63,1	3,4
		Dingelstädt (Eichsfeld)	2 826	26,6	10,9	9,9	50,7	1,3
		Heiligenstadt	5 512	23,4	6,1	8,6	53,5	7,5
		Uder	1 238	27,5	5,7	6,2	56,6	3,2
	Lkr. Mühlhausen	Heyerode	1 342	25,0	6,5	3,0	63,9	1,3
		Küllstedt	1 225	16,4	1,4	2,7	78,7	0,7
	Schleu-singen	Heinrichs	1 818	30,6	21,0	41,3	1,0	2,6
	Worbis		27 211	29,0	10,6	4,1	52,9	2,6
		Breitenworbis	1 495	20,6	21,9	2,0	54,0	1,0
		Leinefelde	1 394	30,8	3,1	3,1	56,8	4,9
		Nieder-orschel	1 248	27,7	2,0	1,7	66,7	1,5
		Worbis	1 495	20,5	8,6	6,4	53,8	7,8
Kassel	Herrsch. Schmalkalden	Barchfeld	2 138	39,2	45,7	11,4	0,0	2,5

Geringer ist die Zahl der Gemeinden, die in *Schleswig-Holstein,* der alten Hochburg des Nationalsozialismus in den letzten Jahren der Weimarer Republik,[75] noch immer der NSDAP überzeugenden Widerstand entgegensetzten. Immerhin erreichten auch hier in vier Fällen die Parteien der Linken eine über 60 % liegende Mehrheit (Düneberg, Lägerdorf, Lohbrügge und Rensefeld), obwohl die rein protestantische Struktur des Gebietes eine Verstärkung der Opposition durch das Zentrum ausschloß.

[75] Dazu die Analyse bei Rudolf Heberle, *From Democracy to Nazism. A Regional Case Study on Political Parties in Germany,* Baton Rouge 1945, S. 90 ff.

Wahlkreis 13 (Schleswig-Holstein)

Reg.Bez.	Kreis	Gemeinde	Gültige Stimmen	NSDAP	SPD	KPD	Z	SWR
				in % der gültigen Stimmen				
Schleswig	Eckern-förde	Borby	1 444	34,6	39,6	14,0	0,3	9,2
	Herzogt. Lauenburg	Düneberg	1 261	28,5	28,5	31,5	5,2	2,5
	Pinneberg	Langelohe	1 565	34,8	37,6	17,6	0,1	7,2
	Plön	Elmschen-hagen	3 058	37,6	40,1	15,2	0,6	5,8
		Tungendorf	2 508	35,3	41,7	14,6	0,7	3,1
	Rendsburg	Büdelsdorf	3 383	37,6	39,4	16,4	1,1	4,0
	Steinburg	Lägerdorf	1 875	28,7	23,1	41,4	1,1	3,7
	Stormarn	Billstedt	7 558	27,5	33,3	26,4	5,0	5,5
		Lohbrügge	5 296	32,3	45,0	15,2	1,2	3,6
Olden-burg	Landest. Lübeck	Rensefeld	2 092	29,0	43,9	21,2	0,4	4,2

Dagegen kam die ungebrochene Macht der Zentrumspartei in zahlreichen Gemein-den des Wahlkreises *Weser-Ems* voll zur Geltung. Während die Linke hier mit fünf Ausnahmen unter der 50 %-Grenze blieb, allerdings auch in katholischen Gemeinden die NSDAP in fünf Orten noch hinter sich lassen konnte und in Osterholz sogar die 60 %-Grenze überschritt, hat das Zentrum in 31 Gemeinden und 4 Kreisen die abso-lute Mehrheit, in 15 die Zweidrittel- und in 10 Fällen sogar die Dreiviertelmehrheit überschritten (Börger, Haren, Amt Vechta mit Bakum, Damme, Dinklage, Lohne Stadt und Land, Steinfeld, Visbeck). Hier waren denn auch die Niederlagen der NSDAP besonders eklatant; sie blieb in 15 Fällen beträchtlich unter 20 %, fünfmal sogar unter 10 % (Bakum, Dinklage, Lohne Stadt und Land, Steinfeld) und hatte in Bakum und Lohne Land, wo das Zentrum das 13- bzw. 15fache der nationalsozialistischen Stim-menzahl erreichte, eine geradezu vernichtende Ablehnung der Wähler hinzunehmen.

Wahlkreis 14 (Weser-Ems)

Reg.Bez.	Kreis	Gemeinde	Gültige Stimmen	NSDAP	SPD	KPD	Z	SWR
				in % der gültigen Stimmen				
Osnabrück			258 884	36,0	12,5	4,7	37,5	5,4
	Aschendorf-Hümmling		24 043	20,1	2,2	3,8	69,2	3,9
		Aschendorf	1 704	28,6	3,3	6,6	58,2	3,2
		Börger	1 362	16,5	0,6	3,1	75,0	4,3
		Papenburg	5 185	14,0	6,2	10,7	62,8	5,5
	Bersen-brück	Bramsche	3 233	34,9	45,1	7,3	4,5	4,0
		Fürstenau	1 497	37,7	9,7	1,5	43,6	5,1
	Lingen		23 105	22,3	3,9	4,1	64,9	3,8
		Lingen	6 088	27,9	13,0	12,1	39,3	5,4
	Meppen		19 712	22,1	1,2	2,2	69,0	4,8
		Haren	1 104	19,0	0,7	1,1	76,4	2,2
		Haselünne	1 594	33,5	1,1	1,1	60,7	2,3
		Meppen	3 688	23,5	2,9	6,8	61,3	4,3
	Lkr. Osnabrück		41 826	29,8	15,0	5,6	42,8	4,2
		Haste	2 434	13,9	9,9	6,7	67,1	1,5
		Ösede	1 825	15,4	17,6	6,3	53,6	3,0

Wahlkreis 14 (Weser-Ems) (Fortsetzung)

Reg.Bez.	Kreis	Gemeinde	Gültige Stimmen	NSDAP	SPD	KPD	Z	SWR
				in % der gültigen Stimmen				
Oldenburg	Amt Brake	Brake	4 215	28,5	41,9	5,8	2,1	17,7
	Amt But-	Blexen	3 261	33,9	43,8	13,5	0,9	7,0
	jadingen	Nordenham	5 571	35,7	37,3	14,4	1,6	8,8
	Amt Cloppen-		20 690	28,2	1,2	1,2	61,2	7,6
	burg	Cappeln	1 184	13,1	–	0,1	72,9	13,5
		Cloppenburg	3 197	28,2	2,3	3,3	58,0	6,7
		Emstek	2 313	25,7	1,0	1,5	65,1	6,5
		Essen	2 465	24,0	2,9	1,1	66,2	5,6
		Garrel	1 484	36,9	0,3	0,5	58,4	3,4
		Krapendorf	2 015	29,0	1,6	2,3	57,1	9,7
		Lastrup	1 633	27,4	0,5	0,8	63,5	7,8
		Lindern	1 507	30,9	0,1	0,3	61,8	6,4
		Löningen	3 590	27,5	1,0	0,9	60,3	9,9
		Molbergen	1 302	42,7	0,2	0,4	50,1	6,1
	Amt Del-menhorst	Hasbergen	3 063	41,9	44,0	6,5	0,9	5,4
	Amt Friesoythe		9 924	32,9	3,7	7,0	53,4	2,2
		Barßel	2 567	37,6	3,4	7,0	48,8	2,1
		Friesoythe	1 542	34,2	2,3	2,3	56,7	3,6
		Strücklingen	1 377	28,0	8,1	15,6	45,5	2,0
	Stadt Rüstringen		29 334	35,9	39,6	10,3	2,3	10,7
	Amt Vechta		25 661	13,3	1,7	1,7	77,7	5,1
		Bakum	1 268	6,5	0,2	1,1	87,0	5,1
		Damme	3 241	12,7	0,6	0,6	82,4	3,4
		Dinklage	2 671	8,7	3,8	2,7	78,8	5,4
		Goldenstedt	1 820	26,3	0,9	5,2	60,9	6,3
		Lohne (Stadt)	1 715	9,1	2,0	2,7	78,5	7,2
		Lohne (Ldgm.)	2 283	5,9	1,0	1,8	87,9	3,2
		Neuenkirchen	1 125	24,6	0,3	0,4	69,4	4,2
		Steinfeld	2 050	7,4	1,0	1,4	85,3	4,7
		Vechta	3 203	16,1	4,8	1,7	70,9	5,5
		Visbeck	2 257	16,0	0,7	0,5	78,3	4,5
Bremen	Landgeb.		10 846	33,5	40,9	7,4	0,5	12,5
	Bremen	Osterholz	1 498	24,2	52,0	8,5	0,4	9,1

Während im rein protestantischen *Osthannover* nur eine Gemeinde (Aumund) eine über 60 % liegende Linksmehrheit aufwies, wobei die SPD allerdings in der Stadt Wesermünde selbst siegreich blieb und die NSDAP in zwei Gemeinden hinter der SPD und der KPD zurückblieb, ragten in *Südhannover-Braunschweig* aus dem im ganzen durchschnittlichen Ergebnis besonders die Linksmehrheiten in sieben Gemeinden sowie die Zentrumsmehrheiten und zugleich die nationalsozialistischen Niederlagen in Twistringen, im Kreis Duderstadt, in Gieboldehausen, Harsum und Himmelsthür, wo die NSDAP an dritter Stelle blieb, heraus.

Wahlkreis 15 (Osthannover)

Reg.Bez.	Kreis	Gemeinde	Gültige Stimmen	NSDAP	SPD	KPD	Z	SWR
					in % der gültigen Stimmen			
Stade	Land Hadeln	Altenbruch	1 554	32,8	44,7	2,2	0,4	15,9
	Osterholz	Aumund	6 573	24,5	38,5	25,3	3,5	4,8
		Grohn	2 972	25,4	29,4	29,7	7,1	6,0
		Ritterhude	1 640	28,3	40,9	15,0	0,3	13,3
	Verden	Hemelingen	7 681	33,1	39,7	13,7	3,9	6,4
	Stkr. Wesermünde		46 343	34,4	37,0	12,0	2,0	11,6
Hannover	Grafsch. Hoya	Twistringen	2 243	17,3	3,0	7,4	63,0	8,1
	Lkr. Hameln-Pyrmont	Holzhausen	1 719	37,9	45,1	8,8	1,9	5,2
	Lkr. Hannover	Barsinghausen	3 404	37,7	40,0	10,7	0,3	5,4
		Gehrden	1 750	35,0	45,1	8,3	2,8	6,4
		Laatzen	2 048	33,7	46,9	8,9	4,1	3,5
		Misburg	4 403	24,8	38,8	20,0	11,0	3,8
	Nienburg	Nienburg/Weser	7 536	37,6	39,4	9,4	1,3	8,3
Hildes-heim	Duderstadt		16 524	25,1	7,8	3,2	60,0	2,7
		Duderstadt	3 983	33,9	11,0	5,6	41,5	6,2
		Giebolde-hausen	1 285	20,9	10,9	6,1	57,6	3,4
	Lkr. Göttingen	Grone	1 883	40,5	42,6	9,6	0,5	2,8
	Lkr. Hildes-heim		18 927	29,0	19,8	8,6	33,8	5,2
		Harsum	1 342	15,1	9,5	2,8	63,1	8,5
		Himmelsthür	1 018	17,7	24,0	7,6	45,1	2,8
	Marien-burg i. Hann.	Bad Salzdetfurth	1 647	40,4	42,0	5,9	2,8	5,1
Braun-schweig	Holz-minden	Stadt-oldendorf	2 630	38,8	40,2	8,8	1,1	7,8
	Wolfen-büttel	Harlinge-rode	1 608	38,6	46,9	9,5	0,7	3,7

Dagegen erreichte besonders in dem katholisch bestimmten *Westfalen-Nord*, aber auch in *Westfalen-Süd* der Wahlsieg des Zentrums und zugleich der Mißerfolg der NSDAP ein nirgendwo sonst auch nur annähernd vergleichbares Ausmaß. Auf Einzelheiten braucht angesichts der Überzahl an Gemeinden, in denen die NSDAP sich mit dem zweiten oder dritten Rang begnügen mußte, kaum mehr hingewiesen zu werden; der Umfang des Auszugs, der hier nach dem gewählten Prinzip notwendig wurde, macht den Tatbestand deutlich genug. Besonders in der Gemeinde Wenden (Westfalen-Süd), wo das Zentrum das 17fache der nationalsozialistischen Stimmen verbuchen konnte, mußte die NSDAP sich mit der Rolle einer unbedeutenden Splittergruppe begnügen.

Wahlkreis 17 (Westfalen-Nord)

Reg.Bez.	Kreis	Gemeinde	Gültige Stimmen	NSDAP	SPD	KPD	Z	SWR
				in % der gültigen Stimmen				
Münster			835 854	28,7	9,3	13,8	39,0	7,0
	Ahaus		38 227	21,5	7,0	4,3	59,8	5,0
		Ahaus	3 210	17,9	15,0	4,7	54,6	6,6
		Ammeloe	2 436	13,2	0,6	1,4	82,0	2,6
		Epe, Kirchspiel	2 882	13,8	3,1	3,1	76,3	3,1
		Gronau i. W.	9 484	25,3	18,7	10,3	32,0	6,0
		Heek	1 409	16,1	0,5	0,4	80,3	2,6
		Legden	1 460	19,9	0,9	1,0	68,3	9,2
		Schöppingen, Kirchspiel	1 251	34,8	0,4	0,6	55,1	8,2
		Stadtlohn	3 378	24,3	3,3	3,6	63,6	4,5
		Südlohn, Wiegbold	1 124	13,2	0,9	0,7	77,0	7,7
		Vreden	2 327	18,9	2,0	4,6	68,0	5,8
		Wüllen	1 069	21,5	1,3	2,2	71,8	2,9
	Beckum		48 963	25,4	9,0	12,0	46,8	5,9
		Ahlen	12 934	24,4	11,9	24,0	33,2	5,5
		Beckum, Stadt	6 433	23,7	9,4	9,4	52,1	4,5
		Beckum, Kirchsp.	1 283	18,0	5,6	7,0	57,8	10,9
		Ennigerloh	2 572	25,8	15,4	13,9	40,6	3,7
		Heeßen	4 654	23,7	19,8	16,7	30,0	7,9
		Herzfeld	1 086	38,7	0,6	1,1	52,9	6,4
		Liesborn	1 726	30,9	1,9	1,2	61,4	4,3
		Lippborg	995	19,2	1,8	2,1	71,4	5,2
		Neubeckum	2 415	29,6	5,1	17,1	41,4	5,2
		Oelde, Stadt	3 914	19,7	12,3	6,2	55,8	5,5
		Oelde, Kirchsp.	1 199	21,7	2,3	2,1	68,6	5,0
		Sendenhorst Stadt	1 447	26,1	3,5	4,4	62,6	3,1
		Wadersloh	1 793	32,5	0,9	0,7	59,1	6,3
	Stkr. Bocholt		17 687	13,7	12,7	11,7	54,5	6,1
	Borken		27 694	23,4	1,9	1,8	64,8	7,5
		Borken	4 017	26,6	4,9	1,8	55,3	10,6
		Dingden	1 593	13,1	2,2	0,9	78,6	5,0
		Groß Reken	1 759	38,8	1,0	5,9	47,8	5,6
		Heiden	1 383	44,8	0,4	0,3	48,2	5,9
		Raesfeld	1 260	17,7	0,4	0,2	75,6	6,0
		Rhede	1 803	13,3	4,0	2,1	69,9	10,2
		Weseke	1 100	30,8	0,4	0,5	58,8	8,8
	Stkr. Bottrop		44 297	24,4	8,7	27,4	31,0	4,9
	Coesfeld		29 496	21,5	3,7	3,3	58,6	12,1
		Billerbeck, Stadt	1 517	30,7	1,6	1,6	52,3	13,4
		Billerbeck, Ldgm.	1 227	26,6	0,9	1,7	56,7	13,7

Wahlkreis 17 (Westfalen-Nord) (Fortsetzung)

Reg.Bez.	Kreis	Gemeinde	Gültige Stimmen	NSDAP	SPD	KPD	Z	SWR
				in % der gültigen Stimmen				
Münster	Coesfeld	Coesfeld, Stadt	6 728	20,5	5,9	5,8	56,5	10,2
		Coesfeld, Kirchsp.	1 497	13,7	0,8	1,1	66,4	17,0
		Darfeld	1 049	29,1	0,6	1,1	64,7	4,0
		Dülmen, Stadt	5 465	20,0	9,0	6,6	52,7	10,8
		Dülmen, Kirchsp.	2 225	19,3	0,9	1,2	62,7	15,2
		Gescher	1 642	18,6	2,2	2,4	72,0	4,6
		Osterwick	1 217	18,1	1,6	1,2	67,4	11,2
	Lüdinghausen		43 872	25,0	8,7	13,2	45,3	6,4
		Altlünen	2 355	23,3	11,8	6,8	49,1	6,9
		Ascheberg	1 889	29,2	0,8	0,4	60,5	8,7
		Bockum	4 164	15,2	22,6	30,9	25,6	3,7
		Bork	2 060	33,1	4,1	3,1	50,5	8,0
		Herbern	1 524	19,9	2,3	1,4	64,0	11,8
		Hövel	4 734	15,2	20,3	30,6	25,6	5,7
		Lüdinghausen, Stadt	2 662	30,8	3,3	4,6	50,9	10,0
		Lüdinghausen, Ldgm.	1 340	35,0	0,5	1,1	52,0	10,8
		Olfen, Stadt	1 477	38,1	0,8	3,2	55,1	2,6
		Selm	5 309	18,2	15,7	28,3	31,2	4,4
		Senden	1 467	38,9	1,6	2,9	45,6	10,6
		Seppenrade	1 623	31,1	1,5	1,8	58,2	6,8
		Werne a. d. Lippe	6 211	25,3	5,4	14,0	48,6	5,0
	Stkr. Münster		73 439	36,1	7,2	4,4	41,6	9,0
	Lkr. Münster		29 532	26,9	3,5	2,7	59,4	6,7
		Albersloh	1 258	28,1	1,0	1,4	57,2	12,0
		Amelsbüren	1 067	27,3	0,8	0,9	67,6	2,9
		Greven	4 222	13,5	10,1	5,4	64,0	6,4
		Greven, rechts d. Ems	1 061	15,0	4,4	3,5	69,7	5,8
		Havixbeck	2 671	33,9	0,9	0,7	57,4	6,3
		Hiltrup	1 997	31,5	8,7	2,2	51,6	5,3
		Nottuln	2 426	39,9	0,9	0,9	52,3	5,5
		Sankt Mauritz	1 903	29,6	1,7	1,5	60,1	6,0
		Telgte, Stadt	1 792	25,3	2,8·	3,1	59,5	7,8
		Telgte, Kirchsp.	1 289	22,5	1,5	1,2	66,2	8,0
		Westbevern	1 326	30,5	0,2	0,8	62,6	5,6
	Lkr. Recklinghausen		97 101	27,6	11,4	18,2	32,0	8,0

Wahlkreis 17 (Westfalen-Nord) (Fortsetzung)

Reg.Bez.	Kreis	Gemeinde	Gültige Stimmen	NSDAP	SPD	KPD	Z	SWR
				in % der gültigen Stimmen				
Münster	Lkr.	Datteln	10 920	24,1	16,9	20,9	25,6	10,0
	Reckling-	Dorsten	5 711	31,3	4,6	8,2	45,7	8,8
	hausen	Haltern, Stadt	5 023	37,4	5,0	7,4	42,3	6,9
		Haltern, Kirchsp.	1 233	33,0	1,9	2,8	49,9	11,4
		Henrichenburg	1 228	20,7	13,3	8,6	48,9	7,8
		Hervest	4 126	27,3	9,0	24,8	27,6	9,8
		Holsterhausen	3 146	16,9	13,8	29,6	35,1	3,2
		Kirchhellen	3 065	29,1	1,2	3,5	56,3	9,3
		Lembeck	1 378	19,7	0,2	1,5	65,7	12,4
		Polsum	2 196	21,9	10,7	26,8	32,0	3,1
		Waltrop	6 260	27,3	13,6	14,5	34,6	9,2
	Steinfurt		57 323	22,5	5,8	5,9	55,9	8,3
		Altenberge	1 832	34,4	0,7	0,5	56,7	6,7
		Borghorst	5 411	21,4	4,4	6,4	57,8	9,7
		Emsdetten	8 077	11,3	2,0	8,7	70,4	7,2
		Laer	1 403	17,7	0,3	1,1	73,7	6,4
		Mesum	1 450	8,9	1,6	2,8	72,6	14,1
		Neuenkirchen	2 808	30,6	0,7	1,4	61,5	5,3
		Nordwalde	2 092	38,0	1,1	0,7	53,6	5,9
		Ochtrup	4 571	14,4	4,8	4,5	68,4	7,3
		Rheine, Stadt	18 036	22,9	8,8	9,4	47,3	10,6
		Wettringen	1 867	20,2	0,9	0,8	72,9	4,8
	Tecklen-	Hörstel	1 460	14,5	9,5	9,1	62,7	3,0
	burg	Hopsten	1 290	20,5	0,6	0,2	69,9	8,6
		Ibbenbüren, Stadt	4 824	26,3	10,8	6,5	45,5	7,3
		Ibbenbüren, Ldgm.	4 651	25,0	6,7	7,8	55,2	3,2
		Mettingen	2 648	20,9	2,1	4,6	67,5	4,3
		Recke	1 833	16,9	1,9	2,0	73,6	5,2
		Riesenbeck	1 325	13,7	3,5	4,3	70,0	7,8
	Warendorf		20 101	29,6	2,6	2,0	61,2	3,8
		Beelen	1 309	32,0	0,5	0,2	65,9	1,1
		Everswinkel	1 187	26,7	0,2	0,5	67,1	5,4
		Füchtorf	1 017	33,4	0,2	1,0	62,5	2,0
		Ostbevern	1 533	40,1	0,3	0,6	53,9	4,8
		Warendorf	4 857	18,9	7,2	4,3	64,3	4,2
Minden	Lkr.	Brackwede	8 572	31,9	42,6	11,4	5,6	3,5
	Bielefeld	Quelle	1 836	30,7	48,2	7,6	0,9	4,6
	Büren		21 805	19,7	2,9	4,6	67,5	4,7
		Büren	2 011	16,6	2,8	5,9	64,7	9,0
		Salzkotten	2 073	14,3	7,2	9,6	63,5	4,6
	Lkr. Herford	EnniglOh	3 445	40,5	40,9	9,3	0,8	5,0
		Schweicheln	1 293	38,8	46,5	6,7	0,4	3,1
		Südlengern	1 984	29,7	41,4	20,7	0,9	4,8
	Höxter		36 615	25,0	4,8	6,0	59,9	3,2
		Bad Driburg (Westf.)	2 470	26,3	4,0	4,0	61,9	2,8

Wahlkreis 17 (Westfalen-Nord) (Fortsetzung)

Reg.Bez.	Kreis	Gemeinde	Gültige Stimmen	NSDAP	SPD	KPD	Z	SWR
				in % der gültigen Stimmen				
Minden	Höxter	Beverungen	1 731	18,8	5,3	14,2	59,3	1,7
		Brakel	2 346	22,5	3,9	5,7	61,7	4,7
		Lüchtringen	1 184	9,2	11,8	5,7	67,3	5,7
		Lügde	1 879	22,9	7,4	6,8	60,3	2,2
		Steinheim	2 189	34,7	6,5	9,0	46,6	2,1
	Minden	Hahlen	1 539	31,6	42,4	9,2	0,1	5,5
		Hausberge a. d. Porta, Stadt	1 601	37,6	44,4	7,7	1,6	5,0
		Rehme	2 473	31,4	39,5	13,8	1,5	4,1
	Paderborn		44 429	23,7	4,4	3,7	62,9	4,4
		Altenbeken	1 451	20,1	7,3	4,3	65,4	2,0
		Bad Lippspringe	3 241	32,2	5,1	5,9	48,6	6,1
		Elsen	1 603	20,8	1,7	5,7	69,1	2,0
		Hövelhof	1 766	28,7	1,9	1,5	64,9	2,6
		Neuhaus	3 180	33,7	3,5	4,6	53,8	3,6
		Ostenland	1 234	17,0	0,5	0,5	80,1	1,7
		Paderborn	21 412	21,8	6,3	4,2	61,2	5,6
		Stukenbrock	1 352	23,6	4,6	1,2	65,6	4,6
	Warburg		19 296	21,8	2,9	2,9	67,2	4,6
		Scherfede	1 077	19,9	3,3	2,0	70,4	3,7
		Warburg	3 808	27,0	2,9	3,5	59,8	5,7
	Wiedenbrück		45 453	33,3	7,3	4,0	46,5	5,6
		Avenwedde	1 941	20,6	4,9	3,7	67,3	2,3
		Bornholte	1 076	34,6	2,4	2,9	57,9	2,0
		Clarholz	1 303	35,1	0,5	0,6	60,8	2,8
		Herzebrock	2 018	31,2	1,9	1,3	61,3	3,6
		Langenberg	1 224	15,0	4,3	2,6	73,3	4,3
		Liemke	1 873	20,4	7,3	2,7	68,2	1,2
		Rietberg	1 692	25,9	3,0	3,6	65,4	1,5
		Sende	1 510	37,3	8,6	4,3	38,2	5,9
		Verl	1 340	28,7	3,9	5,4	58,4	3,1
		Wiedenbrück	3 772	25,7	3,8	5,0	61,4	2,3
Reg.-Bez. Hannover	Grafsch. Schaumburg	Obernkirchen	2 616	35,3	35,5	16,1	2,7	7,0
Lippe	Detmold	Schlangen	1 323	34,4	50,0	8,3	0,3	2,4
	Lemgo	Oerlinghausen	2 245	33,5	45,1	10,9	0,5	3,1
		Werl-Aspe	1 423	28,3	49,9	13,8	0,4	1,4
Schaumburg-Lippe	Bückeburg		9 718	37,2	46,4	7,4	0,2	6,0
	Stadt Stadthagen		5 539	35,8	46,0	7,7	0,7	4,9

Wahlkreis 18 (Westfalen-Süd)

Reg.Bez.	Kreis	Gemeinde	Gültige Stimmen	NSDAP	SPD	KPD	Z	SWR
				in % der gültigen Stimmen				
Arnsberg	Arnsberg		44 077	20,9	10,4	8,5	54,6	4,9
		Arnsberg	7 547	28,4	8,8	6,8	46,4	7,6
		Freienohl	1 335	22,6	30,3	10,3	34,6	1,6

Wahlkreis 18 (Westfalen-Süd) (Fortsetzung)

Reg.Bez.	*Kreis*	*Gemeinde*	*Gültige Stimmen*	*NSDAP*	*SPD*	*KPD*	*Z*	*SWR*
				in % der gültigen Stimmen				
Arnsberg	Arnsberg	Hüsten	4 386	19,4	13,3	11,8	51,2	3,7
		Neheim	7 860	19,7	12,8	8,5	52,5	5,8
		Öventrop	1 802	12,8	19,0	16,0	49,2	2,4
		Sundern	1 987	18,3	2,7	7,1	66,5	4,7
		Warstein, Stadt	2 930	17,4	16,7	21,5	41,8	2,0
	Brilon		24 920	22,6	2,6	6,3	64,1	3,7
		Brilon	3 391	24,4	3,9	11,9	55,7	3,1
		Medebach	1 321	36,3	0,8	1,1	53,7	7,7
		Nieder-marsberg	2 276	26,3	2,8	5,0	60,7	4,4
	Ennepe-Ruhrkreis	Altendorf	2 287	21,8	11,1	9,6	52,4	4,5
		Ende	2 268	33,3	36,9	15,2	5,0	5,6
		Niedersprock-hövel	2 853	39,3	41,0	5,5	3,7	6,6
		Welper	3 913	20,0	32,6	16,2	22,4	2,7
		Wetter (Ruhr)	6 276	28,7	30,4	16,4	13,4	3,7
	Lkr. Iserlohn	Böingsen	2 498	17,7	12,0	11,4	54,9	3,0
		Letmathe	5 070	23,1	15,4	11,6	43,4	5,4
		Menden	8 603	23,0	7,6	8,7	53,8	5,4
	Lippstadt		30 782	24,3	5,3	9,5	54,2	5,8
		Anröchte	1 324	26,5	4,3	12,3	53,1	3,3
		Geseke	3 796	20,3	5,8	11,3	55,5	6,5
		Lippstadt	11 975	26,7	7,9	13,1	44,5	6,5
		Rüthen	1 277	30,2	2,3	5,4	55,1	6,7
		Suttrop	1 010	11,1	10,3	25,3	50,0	2,5
	Meschede		26 116	23,1	3,1	6,5	61,0	5,7
		Eslohe	1 637	25,7	1,4	3,2	64,9	4,1
		Kalle	1 698	29,7	4,5	13,4	47,7	4,2
		Meschede	2 955	26,3	6,2	9,0	48,6	8,6
		Oberkirchen	1 334	25,2	0,5	0,5	69,3	4,4
		Schmallenbg.	1 205	23,8	2,0	5,9	64,6	3,2
		Schönholt-hausen	3 528	17,4	3,1	7,5	68,6	2,9
		Velmede	1 399	21,4	4,0	7,6	60,2	6,2
	Olpe		34 132	14,3	6,9	5,8	69,1	3,3
		Attendorn, Stadt	3 311	19,1	18,5	9,8	47,8	3,4
		Attendorn, Ldgm.	2 863	16,1	5,6	8,1	68,5	1,3
		Drolshagen	3 033	9,2	2,1	3,4	83,3	1,7
		Elspe	3 424	18,9	10,5	16,2	49,7	4,1
		Grevenbrück	1 697	26,3	4,3	6,9	56,4	5,5
		Helden	1 377	13,7	1,7	2,9	78,9	2,7
		Kirchhundem	4 201	18,2	4,2	4,5	69,1	3,4
		Olpe	4 481	11,2	8,3	1,0	71,7	7,3
		Wenden	2 820	5,0	4,4	2,6	85,9	1,8
	Soest	Eickelborn	605	14,4	1,0	1,0	79,8	2,8
		Werl	4 548	22,1	6,9	6,3	57,7	6,7
		Wickede	1 472	24,4	7,0	17,7	47,2	2,9
	Unna	Altenbögge	2 079	26,3	25,2	28,7	12,1	2,5

Wahlkreis 18 (Westfalen-Süd) (Fortsetzung)

Reg.Bez.	Kreis	Gemeinde	Gültige Stimmen	NSDAP	SPD	KPD	Z	SWR
				in % der gültigen Stimmen				
Arnsberg	Unna	Bergkamen	4 760	32,9	38,2	14,6	8,0	4,0
		Bönen	1 916	30,5	37,4	16,8	8,7	3,5
		Herringen	5 718	22,4	15,7	40,5	10,7	9,4
		Massen	3 490	31,4	39,9	11,9	9,1	3,8
		Rünthe	3 376	19,0	24,6	36,6	15,3	3,4
		Westick b. Kamen	1 566	28,0	46,0	12,9	7,6	4,4

Auch im konfessionell und sozial gemischten *Hessen-Nassau* haben vor allem das Zentrum, aber in einigen Fällen auch die Linksparteien (viermal über 50 %, davon zweimal über 60 %), noch eine beachtliche Standfestigkeit bewiesen. Mit der Stadt Fulda insgesamt hat sich in 12 Gemeinden eine absolute Mehrheit für das Zentrum entschieden; davon lagen sieben über 60 %, drei sogar über der Zweidrittelmehrheit; die Wähler von Niederbrechen haben nicht nur mit Dreiviertelmehrheit für das Zentrum, sondern, wie in vier anderen Gemeinden,[76] mit einem stattlichen Rest auch für die SPD als zweitstärkste Partei gestimmt, so daß die NSDAP hier — absoluter Tiefpunkt für ganz Deutschland — über die Rolle einer winzigen Splitterpartei von 3,1 % nicht hinauskam.

Wahlkreis 19 (Hessen-Nassau)

Reg.Bez.	Kreis	Gemeinde	Gültige Stimmen	NSDAP	SPD	KPD	Z	SWR
				in % der gültigen Stimmen				
Kassel	Fritzlar-Homburg	Fritzlar	2 331	32,4	10,7	6,3	43,8	5,3
	Stkr. Fulda		16 905	26,9	9,1	7,3	51,6	3,1
	Lkr. Fulda		39 006	28,4	5,9	3,9	60,0	1,1
		Flieden	1 274	13,0	10,8	4,7	69,3	1,6
		Neuhof	1 559	16,2	18,5	2,4	60,6	1,2
	Geln-hausen	Bad Orb	3 083	27,2	21,1	13,4	35,4	1,7
		Somborn	1 579	11,8	8,0	11,2	67,1	0,9
	Lkr. Hanau	Dörnigheim	1 782	34,0	18,9	41,4	2,9	1,2
		Großauheim	4 918	30,4	7,4	33,7	25,0	1,3
		Großkrotzen-burg	1 532	10,9	12,1	31,2	44,5	0,6
		Langen-diebach	1 719	28,3	51,1	14,9	0,9	2,7
		Langen-selbold	3 688	37,2	8,2	48,8	1,2	1,2
	Hünfeld		13 987	37,8	4,6	1,3	52,9	1,8
		Hünfeld	1 597	29,6	1,6	0,4	64,4	1,5
	Lkr. Kassel	Großenritte	1 395	41,6	48,0	7,1	—	1,1

---

[76] In Großkrotzenburg rangierte die NSDAP sogar hinter dem Zentrum und den Linksparteien erst an vierter Stelle.

Wahlkreis 19 (Hessen-Nassau) (Fortsetzung)

Reg.Bez.	Kreis	Gemeinde	Gültige Stimmen	NSDAP	SPD	KPD	Z	SWR
				in % der gültigen Stimmen				
Kassel	Lkr. Marburg	Neustadt (Lkr. Marburg)	1 380	42,8	2,0	3,4	49,6	1,3
	Wolfhagen	Volkmarsen	1 442	19,3	10,6	5,4	60,7	1,7
Wiesbaden	Limburg		37 178	31,8	11,9	4,1	47,9	2,5
		Elz	2 155	22,8	25,1	5,5	45,3	1,0
		Hadamar	1 468	29,0	9,1	1,4	55,5	2,5
		Kamberg	1 541	36,9	6,7	3,6	48,3	2,7
		Limburg/L.	7 896	32,1	9,3	2,9	47,7	3,6
		Niederbrechen	1 250	3,1	16,5	2,6	75,4	1,9
	Main-Taunuskreis	Flörsheim	3 565	26,1	11,1	22,6	37,8	1,3
		Hattersheim	1 919	28,3	16,5	21,1	29,3	1,5
		Hochheim/M.	2 756	31,6	19,5	9,0	34,5	2,9
	Rheingaukreis		24 368	30,9	16,5	4,8	41,5	3,8
		Erbach	1 164	36,9	15,5	4,7	37,5	3,2
		Geisenheim	2 775	22,6	29,6	4,9	36,2	3,8
		Kiedrich	1 194	18,8	26,2	13,6	38,4	1,2
		Lorch	1 397	27,6	8,9	1,1	56,0	5,4
		Östrich	1 836	26,3	25,2	5,7	38,7	1,7
		Rüdesheim	2 896	36,2	9,7	1,9	37,1	9,3
		Winkel	1 646	28,3	23,8	12,5	32,1	2,4
	St. Goarshausen	Niederlahnstein	3 231	29,6	9,0	21,0	35,6	3,4
	Unterwesterwaldkreis		33 471	30,1	7,1	10,4	48,9	2,5
		Höhr	2 318	26,9	6,7	27,1	36,1	2,2
		Montabaur	2 414	30,2	6,1	4,1	51,6	6,5
		Wirges	2 022	17,1	3,6	31,0	46,0	1,7

Das über Westfalen Gesagte gilt auch für die Wahlkreise *Köln-Aachen* und *Koblenz-Trier,* freilich mit der Einschränkung, daß in diesen bisher am Ende der nationalsozialistischen Wahlstatistik liegenden Gebieten zwar das Zentrum seine führende Stellung auch jetzt zu behaupten, aber doch sichtbare Verluste und eine fühlbare Stärkung der nationalsozialistischen Position nicht ganz zu verhindern vermocht hat. Auch wenn in vielen Fällen die NSDAP auch hier auf den dritten (29mal) oder vierten Rang (8mal), einmal sogar hinter der „Kampffront" an die fünfte Stelle (Quadrath-Ichendorf) verdrängt wurde, so hat sie doch nur in zwei Gemeinden von Koblenz-Trier die 10 %-Grenze nicht erreicht und ist nur in Niederfischbach (4,3 %) von Zentrum und SPD zugleich vernichtend geschlagen worden. Auch hier macht jedoch die Länge des Auszugs das große Ausmaß der Widerstandsfähigkeit katholisch bestimmter Gebiete sichtbar.

Wahlkreis 20 (Köln-Aachen)

Reg.Bez.	Kreis	Gemeinde	Gültige Stimmen	NSDAP	SPD	KPD	Z	SWR
				in % der gültigen Stimmen				
Gesamtsumme			1 320 137	30,0	12,0	14,2	35,9	5,7
Köln			896 158	31,7	13,2	14,6	32,1	6,2
	Bergheim		36 753	20,5	13,9	14,8	42,9	6,9
		Bedburg, Stadt	3 330	25,6	6,8	14,4	46,3	5,4
		Bergheim (Erft), Stadt	1 451	20,1	11,2	9,4	45,1	12,4
		Elsdorf	1 586	24,9	8,9	9,6	43,9	11,5
		Heppendorf	2 314	19,9	10,2	12,1	51,8	5,2
		Horrem	2 472	18,0	15,2	17,2	39,6	8,3
		Hüchelhoven	1 598	28,3	15,0	11,9	35,0	9,3
		Kerpen, Stadt	2 147	22,1	18,0	19,1	33,3	6,6
		Königshoven	1 089	21,9	2,3	12,4	59,4	3,4
		Oberaußem	1 861	16,3	23,1	19,5	37,7	1,7
		Pütz	1 698	30,5	3,2	13,0	49,1	3,9
		Quadrath-Ichendorf	1 910	10,1	21,7	18,0	38,1	11,1
		Türnich	4 561	12,8	22,2	23,2	35,9	5,1
	Stkr. Bonn		57 774	31,6	10,5	10,7	33,6	10,1
	Lkr. Bonn		59 558	31,6	9,1	8,4	42,0	7,3
		Alfter	1 863	40,5	4,0	7,7	44,6	2,7
		Bad Godes-berg	15 138	29,7	10,4	8,4	35,3	12,9
		Beuel	11 935	30,1	13,2	14,2	36,4	4,5
		Bornheim-Brenig	2 182	34,7	5,5	3,1	51,6	4,0
		Duisdorf	1 739	28,2	9,8	13,5	41,1	6,7
		Meckenheim, Stadt	1 265	30,1	7,6	1,7	49,6	9,2
		Merten	957	37,4	2,8	4,2	46,7	8,4
		Rheinbach	1 908	34,2	7,9	3,5	45,8	6,8
		Roisdorf	1 144	34,7	9,1	5,7	45,6	3,1
	Euskirchen		41 921	32,8	10,0	7,1	42,3	7,0
		Gymnich	1 339	25,1	17,6	10,0	41,2	5,5
		Kommern	1 036	31,6	6,3	7,1	48,9	5,9
		Lechenich, Stadt	2 218	28,5	14,0	5,4	44,3	6,8
		Liblar	2 552	10,9	25,8	16,5	40,1	4,8
		Münstereifel	1 667	33,2	7,5	5,1	44,9	8,2
		Zülpich	1 940	21,2	4,7	2,2	55,4	16,1
	Lkr. Köln		60 050	23,5	14,6	21,5	35,1	3,7
		Brühl	12 958	19,2	13,0	17,6	43,7	5,2
		Efferen	1 974	28,2	14,7	25,0	29,2	1,6
		Frechen	8 646	24,7	16,8	24,5	30,7	2,3
		Hürth	12 603	19,2	20,6	27,7	29,1	2,5
		Lövenich	5 099	28,2	15,2	12,7	37,1	5,1
		Rondorf	8 429	25,4	10,5	28,4	29,3	3,6
		Wesseling	2 650	20,8	12,2	18,6	40,0	3,3
	Ober-bergischer Kreis	Morsbach	2 995	24,2	5,1	6,7	59,9	3,6

Wahlkreis 20 (Köln-Aachen) (Fortsetzung)

Reg.Bez.	Kreis	Gemeinde	Gültige Stimmen	NSDAP	SPD	KPD	Z	SWR
				in % der gültigen Stimmen				
Köln	Rheinisch-Bergischer Kreis		60 507	25,0	11,6	12,1	46,4	3,4
		Bensberg	8 391	22,1	12,0	13,0	47,7	3,5
		Bergisch Gladbach	12 933	22,6	15,7	14,2	41,8	3,6
		Engelskirchen	2 843	13,7	16,1	8,2	58,2	2,3
		Klüppelberg	2 586	31,8	3,1	2,2	54,2	7,9
		Kürten	1 304	29,3	3,1	2,8	63,7	0,8
		Lindlar	3 980	17,9	6,4	10,7	61,3	3,1
		Odenthal	2 334	28,6	6,9	15,7	44,7	3,1
		Overath	3 606	18,9	6,0	9,5	62,0	2,4
		Porz	12 117	29,2	18,2	14,7	33,4	2,9
		Wipperfürth	4 251	20,9	4,1	6,8	62,9	3,5
	Siegkreis		87 448	29,6	9,5	8,5	45,9	5,2
		Dattenfeld	1 940	20,4	4,8	6,0	65,0	2,7
		Eitorf	4 417	21,8	10,2	4,7	56,4	5,5
		Geistingen	4 443	25,2	15,9	9,0	43,5	5,7
		Honnef	5 483	33,1	2,8	10,7	40,9	9,5
		Königswinter	2 897	35,4	3,0	5,5	43,3	10,9
		Much	3 098	23,0	3,2	2,0	69,6	1,6
		Neunkirchen	1 655	26,8	1,3	1,8	67,9	1,9
		Niedermenden	2 475	21,7	17,7	19,6	38,3	2,4
		Obercassel	2 287	30,0	8,7	12,5	37,1	8,0
		Oberdollendorf	1 594	17,3	12,5	11,8	54,9	1,2
		Oberpleis	2 513	21,3	8,8	10,1	53,5	5,8
		Rheidt	1 247	27,2	12,0	4,1	55,2	1,3
		Ruppichteroth	1 927	29,9	4,9	1,9	59,4	3,4
		Siegburg	12 541	29,4	10,6	8,6	44,0	5,9
		Sieglar	6 648	23,5	13,4	12,8	47,5	2,1
		Stieldorf	1 557	27,1	4,4	13,6	49,5	4,5
		Troisdorf	5 709	29,1	12,9	9,5	41,6	5,3
Aachen			423 979	26,7	9,5	13,6	43,7	4,7
	Stkr. Aachen		102 506	27,0	9,4	16,4	38,3	5,5
	Lkr. Aachen		108 764	23,0	13,6	21,8	36,4	3,9
		Alsdorf	9 533	24,3	13,8	28,3	29,1	3,3
		Bardenberg	2 664	19,6	12,8	25,6	39,3	2,1
		Brand	3 384	28,2	5,5	12,4	50,5	2,1
		Broich	1 960	24,8	4,2	12,9	52,6	4,3
		Büsbach	4 747	25,0	14,5	18,5	38,8	2,4
		Eilendorf	6 024	21,1	6,7	23,6	42,9	4,5
		Eschweiler	18 811	21,6	16,8	24,7	31,0	4,0
		Gressenich	3 626	20,0	26,8	11,4	38,5	2,5
		Haaren	2 966	16,8	8,9	35,1	32,1	5,3
		Herzogenrath	5 731	24,8	10,6	23,5	35,9	3,4
		Höngen	4 928	26,3	13,3	21,1	29,3	9,0
		Kinzweiler	1 453	18,0	18,4	19,3	41,6	2,1
		Kohlscheid	7 139	16,6	20,4	22,6	36,0	3,3
		Kornelimünster	2 763	32,7	8,3	14,7	40,3	3,5

Wahlkreis 20 (Köln-Aachen) (Fortsetzung)

Reg.Bez.	Kreis	Gemeinde	Gültige Stimmen	NSDAP	SPD	KPD	Z	SWR
				in % der gültigen Stimmen				
Aachen	Lkr. Aachen	Laurensberg	2 764	29,3	5,4	4,4	50,5	8,1
		Merkstein	4 514	19,0	12,8	35,2	26,3	5,7
		Richterich	2 673	27,1	14,0	12,9	41,1	3,7
		Stolberg, Rhld.	10 101	24,2	15,7	18,6	35,7	3,9
		Walheim	2 107	36,5	2,7	10,1	47,9	2,1
		Weiden	1 987	20,7	5,2	19,8	48,2	4,9
		Würselen	8 889	21,7	14,4	22,8	37,7	2,4
	Düren		66 543	21,7	14,9	8,8	46,4	5,6
		Arnolds-weiler	1 251	13,7	19,6	11,0	46,5	4,2
		Birkesdorf	3 478	15,5	21,7	13,3	42,0	2,0
		Düren	23 473	25,2	13,2	11,8	38,7	6,7
		Gürzenich	1 931	22,5	19,5	5,4	48,8	2,3
		Kreuzau	1 364	17,5	19,9	1,5	56,2	3,4
		Langerwehe	1 504	25,8	10,6	7,9	48,6	5,1
		Lendersdorf-Krauthausen	1 680	19,9	16,4	2,9	54,9	4,6
		Merken	1 329	9,3	42,7	4,7	35,4	7,3
		Merzenich	1 342	16,0	24,6	8,7	44,8	4,9
		Rölsdorf	1 289	30,6	19,1	7,9	32,8	6,7
		Weisweiler	1 659	18,3	16,6	26,3	29,7	7,3
	Erkelenz		31 155	34,7	3,3	8,5	48,8	3,9
		Beeck	1 940	33,8	1,0	2,4	60,6	2,0
		Erkelenz	4 076	29,0	3,1	8,6	52,0	5,9
		Hückelhoven	2 173	23,5	9,1	36,7	26,0	2,5
		Klein Gladbach	1 257	38,8	2,2	6,7	49,0	2,5
		Lövenich	1 582	24,1	7,9	11,2	52,0	4,0
		Nieder Krüchten	2 144	37,8	0,5	3,2	55,1	2,9
		Wegberg	2 982	35,3	2,0	2,8	55,4	3,6
	Geilen-kirchen		48 235	30,2	4,0	10,5	51,6	3,1
		Baesweiler	3 665	23,8	7,7	27,4	34,9	4,9
		Dremmen	1 368	42,8	3,4	3,2	48,0	2,2
		Frelenberg	2 717	23,7	7,8	40,5	25,1	2,0
		Gangelt	1 942	21,0	2,0	4,9	69,4	2,2
		Geilen-kirchen	3 226	34,2	3,1	4,4	50,5	6,7
		Heinsberg	2 094	34,4	3,5	5,3	48,9	6,1
		Oberbruch	1 808	33,1	5,6	4,4	51,8	4,0
		Randerath	1 099	37,7	2,3	2,1	50,1	7,3
		Übach	3 344	28,7	8,9	32,5	27,9	1,4
		Waldenrath	1 211	25,4	0,7	1,3	69,0	3,6
	Jülich		27 928	29,9	7,4	8,5	46,2	7,1
		Jülich	6 099	25,6	13,6	11,6	39,5	8,4
		Linnich	1 237	26,4	4,6	8,3	52,9	3,3
		Titz	1 479	42,5	1,4	3,3	42,6	9,9
	Monschau		11 982	28,2	2,5	2,2	63,2	3,0
		Rötgen	1 288	37,7	7,1	5,8	46,4	1,2
	Schleiden		26 866	32,2	2,2	3,1	56,2	5,3

Wahlkreis 20 (Köln-Aachen) (Fortsetzung)

Reg.Bez.	Kreis	Gemeinde	Gültige Stimmen	NSDAP	SPD	KPD	Z	SWR
				in % der gültigen Stimmen				
Aachen	Schleiden	Dreiborn	1 600	32,4	0,6	2,3	57,4	6,3
		Gemünd	1 212	29,5	3,1	6,5	51,7	7,8
		Hellenthal	1 911	33,7	1,5	1,4	56,4	5,1
		Mechernich	2 850	19,3	7,7	11,5	58,5	2,5

Wahlkreis 21 (Koblenz-Trier)

Reg.Bez.	Kreis	Gemeinde	Gültige Stimmen	NSDAP	SPD	KPD	Z	SWR
				in % der gültigen Stimmen				
Gesamtsumme			736 925	38,4	7,0	6,0	40,9	6,1
Koblenz			440 937	37,1	8,4	6,7	39,6	6,4
	Ahrweiler		37 492	24,1	3,8	4,9	61,4	4,7
		Adenau	1 611	31,8	2,5	0,6	58,8	5,5
		Ahrweiler	4 029	18,7	3,6	11,7	58,2	6,4
		Heimersheim	1 330	15,3	5,3	6,9	70,8	1,2
		Remagen	3 178	21,2	8,3	8,4	52,9	7,3
		Sinzig	2 425	26,1	8,7	4,5	56,7	2,8
	Alten-kirchen		51 308	37,2	9,1	2,9	41,3	7,6
		Betzdorf	5 261	29,9	8,6	3,3	47,4	8,5
		Herdorf	2 657	21,7	13,2	5,5	54,3	4,3
		Kirchen	1 665	30,5	6,9	1,8	47,4	11,7
		Mudersbach	2 488	21,9	17,8	3,9	48,0	2,0
		Niederfisch-bach	1 175	4,3	18,2	1,4	71,6	3,9
		Wehbach	1 854	36,1	10,6	1,0	36,2	13,6
		Wissen, links der Sieg	2 727	22,4	10,9	5,9	53,8	6,2
		Wissen, rechts der Sieg	2 165	13,8	6,4	2,4	73,9	2,7
	Cochem		22 482	41,5	1,7	2,5	48,4	5,3
		Cochem	2 992	36,6	3,2	3,5	46,4	9,2
	Lkr. Koblenz		41 596	30,6	11,8	12,3	39,9	4,5
		Bendorf	5 866	22,8	14,7	23,4	34,9	2,5
		Ehrenbreit-stein	1 886	39,3	3,9	8,3	38,4	8,1
		Güls	1 706	14,3	18,7	14,4	47,1	4,8
		Horchheim	2 025	19,3	19,7	14,1	41,4	4,8
		Metternich	2 838	27,4	16,1	19,6	29,4	6,6
		Pfaffendorf	2 383	33,5	15,4	3,0	33,7	11,8
		Vallendar	3 236	23,1	9,7	20,6	42,7	3,3
		Weißenthurm	2 196	18,4	18,4	13,3	43,2	4,9
	Kreuznach	Münster-Sarmsheim	1 368	15,5	26,2	5,3	49,9	1,2
	Mayen		54 622	30,6	10,7	8,6	44,7	4,7
		Andernach	6 857	24,1	13,9	16,4	36,6	6,2
		Ettringen	1 273	14,7	14,1	28,0	41,3	1,7
		Kottenheim	1 163	23,6	20,8	7,3	44,6	2,7
		Kruft	1 632	23,7	15,6	7,4	47,1	5,8

Wahlkreis 21 (Koblenz-Trier) (Fortsetzung)

Reg.Bez.	Kreis	Gemeinde	Gültige Stimmen	NSDAP	SPD	KPD	Z	SWR
				in % der gültigen Stimmen				
Koblenz	Mayen	Nieder-mendig	2 031	23,3	12,2	17,4	40,6	6,0
		Obermendig	1 284	9,8	11,7	28,2	46,0	4,0
		Plaidt	1 645	12,2	35,1	5,8	42,0	4,2
	Neuwied		63 241	33,8	12,9	8,3	36,5	6,0
		Engers	2 533	13,3	10,3	15,7	54,7	4,7
		Heimbach	1 580	17,2	14,4	26,6	39,9	1,3
		Hönningen	2 390	19,5	12,2	17,0	43,3	6,5
		Irlich	1 588	11,1	24,1	7,2	55,1	1,8
		Linz/Rhein	3 190	20,9	3,8	7,2	58,3	7,3
		Rheinbrohl	1 822	25,1	15,3	8,8	47,5	2,0
	Sankt Goar		24 390	37,2	4,0	3,5	46,9	7,1
		Boppard	3 720	29,0	2,8	9,0	46,8	10,7
		Oberwesel	1 791	25,0	11,6	4,0	54,2	4,4
	Zell	Zell Mosel	1 702	40,7	1,5	2,1	50,2	5,1
Trier			262 591	38,5	4,0	4,6	46,4	5,4
	Bernkastel	Bernkastel-Cues	2 940	35,6	5,7	0,4	47,1	9,8
		Zeltingen-Rachtig	1 701	32,9	0,8	0,5	62,2	3,3
	Bitburg		24 819	36,2	2,8	2,4	49,6	7,8
		Bitburg	2 215	34,5	5,1	2,8	42,7	13,2
		Speicher	1 139	27,1	3,4	13,8	43,8	7,7
	Daun		18 158	32,5	2,6	1,3	52,6	10,4
		Gerolstein	1 668	23,9	1,6	0,9	57,9	15,0
	Merzig-Wadern (Rest)		13 927	19,5	6,0	13,9	57,5	2,8
		Losheim	1 700	21,2	1,9	13,8	59,3	3,6
	Prüm		18 428	30,7	1,2	1,8	60,2	5,3
		Prüm	1 649	25,8	2,3	3,2	59,1	8,2
	Saarburg		20 547	41,8	2,1	1,4	49,7	4,3
	Stkr. Trier		43 480	31,9	8,1	8,3	43,5	6,5
	Lkr. Trier		50 226	38,8	4,2	3,9	49,4	3,0
		Ehrang	2 566	30,0	7,8	15,8	42,4	2,8
		Hermeskeil	2 059	39,7	8,6	3,5	46,3	1,3
		Konz-Kart-haus	3 826	44,8	3,7	1,7	45,0	4,2
		Pfalzel	2 003	31,9	11,6	7,4	42,4	5,7
	Wittlich	Wittlich	3 680	33,5	4,0	9,5	43,4	8,4

Noch eindrucksvoller haben sich die beiden *Düsseldorfer* Wahlkreise gegen den Sog der NSDAP behauptet; hier ist bemerkenswert, daß in vielen Gemeinden, in denen sich das Zentrum als stärkste Partei durchzusetzen vermochte, auch die KPD noch immer vor der SPD, viermal sogar noch vor der NSDAP rangierte; in einem Fall (Lintfort) blieb sie sogar selbst an der Spitze.

Wahlkreis 22 (Düsseldorf Ost)

Reg.Bez.	*Kreis*	*Gemeinde*	*Gültige Stimmen*	*NSDAP*	*SPD*	*KPD*	*Z*	*SWR*
				in % der gültigen Stimmen				
Düsseldorf (Teil)	Düssel-dorf-Mettmann	Erkrath	3 671	32,5	5,5	22,8	32,6	4,9
		Lintorf	1 740	31,8	6,0	18,2	36,0	7,1
		Ratingen	11 229	29,6	10,3	22,0	30,1	6,3
		Wittlaer	1 317	34,5	3,6	6,6	44,4	9,4
	Rhein-Wupper-Kreis	Hitdorf	1 313	22,1	6,5	29,2	37,3	3,7
		Monheim	1 924	28,8	7,6	18,0	37,6	6,1
		Richrath-Reusrath	9 085	34,1	3,8	21,4	36,8	2,4

Wahlkreis 23 (Düsseldorf West)

Reg.Bez.	*Kreis*	*Gemeinde*	*Gültige Stimmen*	*NSDAP*	*SPD*	*KPD*	*Z*	*SWR*
				in % der gültigen Stimmen				
Düsseldorf (Teil)	Cleve		46 736	26,7	5,7	6,3	53,8	6,6
		Calcar, Stadt	1 425	21,4	2,9	4,2	62,2	8,9
		Cleve	14 560	27,5	6,6	8,6	50,6	5,0
		Cranenburg	2 228	23,6	2,7	3,1	67,8	2,6
		Goch	6 937	23,8	9,7	12,2	46,7	6,3
		Hau	1 242	24,8	10,3	6,9	52,9	3,9
		Kellen	2 180	27,4	11,1	4,3	50,9	5,1
		Materborn	1 457	18,3	9,4	7,4	61,7	2,8
		Schneppen-baum	1 159	26,9	6,0	7,7	55,2	3,9
		Udem	1 579	23,7	3,8	4,6	62,3	4,9
	Geldern		33 584	33,6	3,5	4,3	50,5	7,7
		Geldern	4 336	32,5	2,5	13,0	42,3	9,1
		Kevelaer	4 906	30,5	3,0	4,3	54,7	7,3
		Nieukerk	1 910	33,2	16,9	2,5	42,4	5,0
		Sevelen	1 374	37,7	5,0	5,2	47,7	4,0
		Straelen, Stadt	3 719	22,6	3,5	1,2	68,0	4,2
		Wachtendonk	1 337	34,0	2,2	2,4	53,3	8,1
		Walbeck	1 305	44,4	0,8	1,3	47,5	5,6
		Weeze	2 877	27,2	1,4	5,3	57,2	8,5
	Greven-broich-Neuß		58 564	36,2	4,1	11,7	40,1	7,0
		Bedburdyck	1 882	32,1	1,8	13,1	46,3	6,6
		Elsen	2 355	20,5	2,0	26,3	48,1	2,6
		Garzweiler	1 444	30,0	3,9	9,8	50,2	5,7
		Grevenbroich	4 456	28,5	3,9	13,9	43,5	8,6
		Gustorf	1 794	26,9	3,9	31,9	35,1	1,8
		Hochneukirch	2 998	26,0	4,6	15,4	49,2	3,3
		Holzheim	1 504	29,9	8,4	16,5	35,6	9,1
		Jüchen	1 909	29,5	5,0	13,4	42,6	8,3
		Kaarst	1 498	37,0	2,9	5,9	40,4	13,5
		Kleinenbroich	1 398	29,6	5,3	2,8	51,9	9,9

Wahlkreis 23 (Düsseldorf West) (Fortsetzung)

Reg.Bez.	Kreis	Gemeinde	Gültige Stimmen	NSDAP	SPD	KPD	Z	SWR
				in % der gültigen Stimmen				
		Korschenbroich	2 523	27,1	4,4	7,8	55,3	5,1
		Rommerskirchen	1 329	31,1	4,1	12,6	44,5	7,3
	Kempen-Krefeld		81 205	30,1	7,5	11,3	43,8	6,4
		Amern Sankt Georg	1 398	26,0	1,6	4,7	53,6	13,7
		Anrath	2 858	33,0	3,2	9,3	47,5	5,8
		Breyell	3 072	36,5	6,4	8,7	42,4	5,6
		Dülken	9 174	23,8	7,4	20,8	39,2	6,3
		Grefrath b. Krefeld	2 995	17,5	20,8	10,1	46,6	3,7
		Hinsbeck	1 478	34,5	2,8	6,2	41,3	14,6
		Hüls	4 997	25,9	9,0	13,1	45,6	6,1
		Kaldenkirchen	4 340	27,2	7,5	4,8	56,6	2,6
		Kempen-Rhein	5 099	24,7	10,9	7,4	48,4	7,6
		Lank-Latum	1 692	29,0	3,1	8,7	52,5	6,2
		Lobberich	4 312	30,3	8,2	10,5	44,3	6,1
		Neersen	1 567	37,2	2,8	13,0	42,8	3,6
		Oedt	2 790	20,7	13,0	11,8	50,9	2,9
		Sankt Hubert	2 236	29,0	4,9	7,7	47,4	10,7
		Schiefbahn	2 573	30,9	6,5	17,6	39,4	4,7
		Süchteln	5 788	26,6	9,6	12,3	45,4	5,1
		Waldniel	2 604	27,6	3,1	7,4	57,9	3,7
	Mörs	Büderich, Flecken	1 972	19,1	4,8	11,1	57,9	6,7
		Lintfort	6 814	22,9	22,1	31,3	17,9	4,7
		Rheinberg	2 816	27,7	5,1	4,0	57,2	5,1
		Wardt	1 141	17,2	4,6	2,4	69,1	6,6
		Xanten	2 933	31,4	4,9	5,4	53,8	3,9
	Rees		48 992	36,4	6,0	8,0	39,5	8,6
		Bislich	1 230	16,7	1,8	4,5	67,7	9,3
		Elten, Flecken	1 825	31,0	7,1	4,2	48,9	7,8
		Emmerich	8 857	27,2	9,5	11,2	42,1	7,4
		Haffen-Mehr	1 279	25,9	4,8	2,3	62,8	4,1
		Haldern	1 339	25,1	1,9	2,1	66,2	4,5
		Hüthum	1 468	25,4	8,7	6,8	53,7	5,2
		Isselburg	1 268	36,9	3,0	7,1	48,2	4,0
		Rees	2 794	17,0	10,5	14,0	51,7	6,1
Stkr. Oberhausen			107 803	31,6	9,8	17,0	31,7	7,2
Stkr. Viersen			20 243	32,0	5,0	16,5	40,9	4,4

Eine neuerliche Wendung hat sich in den Wahlkreisen *Ober-* und *Niederbayerns* abgezeichnet. Das Ursprungsland des Nationalsozialismus war seit dem Wiederaufstieg der Hitler-Partei entgegen der anfänglichen Rolle hinter der allgemeinen Entwicklung zurückgeblieben. Jetzt hingegen gelangen den Nationalsozialisten spürbare Einbrüche in die Domänen der BVP. Das hinderte zwar nicht, daß sich der politische Katholizismus in vielen Gemeinden noch einmal als stärkste Gruppierung behauptete, doch errang er nur in wenigen Fällen (Aichach, Altötting, Dillingen, Wemding, Heimenkirch, Amberg, Beilngries, Eschenbach, Nabburg, Neumarkt, Neunburg, Riedenburg, Roding) die absolute, nirgends mehr eine Zweidrittelmehrheit. Da auch die Linksparteien mit vier Ausnahmen (Hausham, Penzberg, Sankt Oswald, Lindberg) weit unter der 50 %-Grenze verharrten, blieb die NSDAP nirgends unter 15 %, nur sechsmal (Altötting, Peißenberg, Penzberg, Metten, Auerbach, Lindberg) unter 20 % der Stimmen; der norddeutsche Katholizismus hat sich zuletzt doch als widerstandsfähiger erwiesen.

Wahlkreis 24 (Oberbayern-Schwaben)

Reg.Bez.	Kreis	Gemeinde	Gültige Stimmen	NSDAP	SPD	KPD	BVP	SWR
				in % der gültigen Stimmen				
Ober-bayern	Kreis-unmittel-bare Städte							
	Freising		9 713	25,9	24,9	4,2	39,6	3,7
	Traunstein		5 601	31,3	13,6	10,6	34,1	7,3
	B. A. Aichach		15 860	38,1	3,2	1,5	54,5	0,9
	B. A. Altötting		24 880	25,6	12,6	5,9	45,5	1,3
		Altötting	3 651	17,9	10,5	3,3	64,4	2,6
		Burghausen	3 140	22,4	18,8	11,2	42,5	2,8
		Neuötting	2 526	27,5	19,8	8,7	40,9	1,7
	B. A. Dachau		17 564	29,5	13,2	6,0	41,1	1,6
		Dachau	4 802	24,0	28,2	14,7	29,2	2,3
	B. A. Erding	Dorfen	1 548	32,8	10,1	4,3	46,4	5,4
		Erding	2 715	31,8	14,8	5,5	41,1	3,2
	B. A. Friedberg		11 291	33,7	8,6	3,3	45,8	0,9
		Friedberg	2 761	34,0	21,1	6,2	35,5	1,4
	B. A. Fürsten-feldbruck	Fürsten-feldbruck	3 453	33,1	15,0	4,6	38,3	6,8

Wahlkreis 24 (Oberbayern-Schwaben) (Fortsetzung)

Reg.Bez.	Kreis	Gemeinde	Gültige Stimmen	NSDAP	SPD	KPD	BVP	SWR
				in % der gültigen Stimmen				
Ober-bayern	B. A. Ingolstadt		15 016	37,5	11,6	6,0	41,7	1,6
		Kösching	1 183	28,0	25,8	10,2	32,4	1,4
		Unsernherrn	1 859	29,2	20,2	11,9	37,2	0,9
	B. A. Laufen		20 125	29,7	10,1	2,6	44,2	2,3
		Laufen	1 380	33,5	14,1	1,8	42,4	5,9
	B. A. Miesbach	Hausham	3 108	21,7	43,3	15,2	17,8	1,4
	B. A. Mühldorf		23 385	31,6	7,4	3,4	47,6	1,5
	B. A. München	Allach	1 813	32,8	33,6	14,7	14,8	1,6
	B. A. Schroben-hausen		11 451	37,3	5,7	3,3	44,7	2,0
	B. A. Wasser-burg/Inn		20 998	38,4	4,6	1,3	43,6	1,2
		Wasserburg/ Inn	2 598	34,7	17,7	3,9	37,1	4,9
	B. A. Weilheim	Peißenberg	3 162	17,7	34,2	15,2	23,9	2,0
		Penzberg	3 766	16,1	31,9	34,0	14,1	2,2
Schwaben	Kreis-unmittel-bare Städte							
		Dillingen/ Donau	3 670	29,6	6,7	1,0	56,0	5,1
		Kaufbeuren	5 671	28,3	19,5	7,1	34,2	9,2
	B. A. Augsburg		24 162	38,1	13,5	4,8	38,9	2,6
		Gersthofen	1 790	23,3	30,7	11,1	30,6	2,8
	B. A. Donauwörth	Wemding	1 435	31,1	13,0	2,9	52,1	0,4
	B. A. Illertissen	Vöhringen	1 545	25,6	20,6	27,6	20,6	1,6
	B. A. Kempten	Sankt Mang	3 089	29,7	13,5	20,1	31,2	2,7
	B. A. Lindau (Bodensee)	Heimenkirch	1 224	38,4	0,9	0,7	57,1	1,6
	B. A. Mem-mingen	Ottobeuren	1 702	39,1	6,6	0,6	40,5	3,3
	B. A. Mindelheim	Türkheim	1 437	21,4	22,8	1,1	41,7	2,6

Wahlkreis 24 (Oberbayern-Schwaben) (Fortsetzung)

Reg.Bez.	Kreis	Gemeinde	Gültige Stimmen	NSDAP	SPD	KPD	BVP	SWR
				in % der gültigen Stimmen				
B. A. Schwabmünchen	Bobingen	1 447	29,4	26,5	5,9	32,4	3,5
		Schwabmünchen	2 169	35,6	15,4	1,9	40,8	3,1

Wahlkreis 25 (Niederbayern)

Reg.Bez.	Kreis	Gemeinde	Gültige Stimmen	NSDAP	SPD	KPD	BVP	SWR
				in % der gültigen Stimmen				
Niederbayern und Oberpfalz	Kreisunmittelbare Städte							
	Amberg		15 777	28,2	20,8	6,1	38,6	4,7
	Deggendorf		4 209	31,8	13,2	10,3	39,7	3,8
	Landshut		18 830	34,4	20,6	5,3	35,2	3,4
	Neumarkt/OPf.		5 351	33,5	15,6	8,2	37,9	2,6
	Regensburg		47 774	30,6	18,1	5,8	40,1	3,4
	Schwandorf/Bay.		5 122	35,5	14,2	10,4	37,3	1,5
	Weiden		13 074	31,8	21,9	4,8	37,2	3,4
	B. A. Amberg		16 393	26,2	10,7	4,0	56,3	1,7
	B. A. Amberg	Hirschau	1 462	20,2	33,1	4,7	38,4	3,4
	B. A. Beilngries		7 625	38,2	1,6	1,3	55,5	1,8
	B. A. Burglengenfeld		14 391	23,1	13,8	16,0	44,2	1,8
		Burglengenfeld	2 500	23,6	15,2	24,4	34,4	1,8
	B. A. Cham		14 690	33,0	6,5	10,7	36,2	1,2
		Cham	2 807	35,4	4,1	11,0	41,6	3,3
	B. A. Deggendorf	Metten	1 145	15,3	20,8	12,2	44,0	1,6
	B. A. Eggenfelden	Eggenfelden	2 029	34,1	17,5	3,4	37,7	3,5
	B. A. Eschenbach		13 650	27,4	16,1	0,8	50,6	4,0
		Auerbach	1 875	15,5	39,7	1,2	32,3	10,7
		Grafenwöhr	1 175	35,6	11,7	1,4	48,2	2,5
	B. A. Grafenau	Sankt Oswald	778	28,0	35,9	17,6	15,9	0,9
	B. A. Kelheim	Kelheim	2 464	27,1	18,8	19,8	29,5	3,0

Wahlkreis 25 (Niederbayern) (Fortsetzung)

Reg.Bez.	Kreis	Gemeinde	Gültige Stimmen	NSDAP	SPD	KPD	BVP	SWR
					in % der gültigen Stimmen			
Nieder-bayern und Oberpfalz	B. A. Kemnath		8 761	36,5	8,3	3,4	48,4	2,1
	B. A. Kötzting	Lam	949	32,3	5,5	24,1	34,1	1,2
	B. A. Landau/ Isar		12 820	26,5	5,7	7,0	28,2	1,4
		Landau/Isar	2 166	25,0	11,6	5,3	40,6	4,1
	B. A. Landshut		13 565	39,6	5,7	2,6	41,1	0,4
	B. A. Nabburg		9 777	34,3	3,9	3,3	55,3	1,5
		Nabburg	1 479	41,8	5,1	2,2	46,0	4,3
	B. A. Neumarkt/ OPf.		14 223	39,8	1,3	0,7	54,7	1,0
	B. A. Neunburg vorm Wald		7 633	33,8	4,3	3,8	54,9	1,1
	B. A. Neustadt a. d. Wald-naab		18 969	30,5	18,4	3,5	44,9	1,7
		Neustadt a. d. Waldnaab	1 483	20,4	26,4	3,8	46,8	2,0
		Windisch-eschenbach	1 531	26,3	18,7	14,2	38,8	0,8
	B. A. Parsberg		16 450	44,0	3,5	1,0	44,1	0,7
	B. A. Passau	Hacklberg	1 229	34,8	13,8	7,2	39,9	2,0
	B. A. Regen	Frauenau	1 045	27,6	10,6	39,0	20,6	0,9
		Lindberg	755	18,0	25,7	32,1	22,3	1,9
	B. A. Regens-burg		32 095	38,5	11,0	5,7	40,1	1,0
	B. A. Rieden-burg		7 825	43,4	1,9	1,0	50,2	1,0
	B. A. Roding		12 526	30,0	3,7	4,6	53,7	0,6
	B. A. Sulzbach	Rosenberg	2 035	26,7	13,7	4,4	30,2	23,2
	B. A. Tirschen-reuth		24 191	30,1	12,9	7,6	46,6	1,3
		Mitterteich	2 289	23,7	16,0	24,2	34,2	1,2
		Tirschenreuth	3 016	25,0	16,8	11,1	43,3	2,6
		Wiesau	1 519	26,4	23,0	2,6	45,8	1,5
	B. A. Viechtach	Teisnach	1 018	25,0	32,6	7,9	24,8	0,6

Wahlkreis 25 (Niederbayern) (Fortsetzung)

Reg.Bez.	Kreis	Gemeinde	Gültige Stimmen	NSDAP	SPD	KPD	BVP	SWR
				in % der gültigen Stimmen				
	B. A. Vilsbiburg		17 216	32,3	5,5	1,4	45,6	0,9
		Vilsbiburg	2 045	29,6	13,3	2,8	48,1	3,9
	B. A. Vohenstrauß		11 072	34,5	15,3	2,1	45,1	1,2
	B. A. Waldmünchen		7 505	38,7	5,6	3,8	45,6	1,5

Dagegen haben *Franken* und die *Pfalz*, bislang stets zu den nationalsozialistischen Spitzenwahlkreisen zählend, Hitlers Anspruch auf Alleinherrschaft nicht in dem erwarteten Maße bestätigt. 27mal hat dort die BVP in Gemeinden und ganzen Bezirksämtern die absolute, fünfmal (Mömbris, Dahn, Rülzheim, Hauenstein, Kleinostheim) sogar die Zweidrittel- oder Dreiviertelmehrheit behauptet, wobei die Gemeinde Hauenstein (B. A. Pirmasens) mit 92,6 % der Stimmen für die BVP gegenüber 4,8 % für die Nationalsozialisten das absolut höchste Ergebnis einer nicht-nationalsozialistischen Partei in diesen Wahlen erreichte. Auch den Parteien der Linken gelang es in sechs Fällen (Marktleuthen, Kahl, Frammersbach, Höchberg, Oppau, Hösbach), die absolute Mehrheit wenigstens ungefähr zu behaupten, während sich die NSDAP in 13 Gemeinden mit Stimmanteilen unter 20 %, in drei Fällen (Rimpar, Rülzheim, Hauenstein) sogar unter 10 % begnügen mußte.

Wahlkreis 26 (Franken)

Reg.Bez.	Kreis	Gemeinde	Gültige Stimmen	NSDAP	SPD	KPD	BVP	SWR
				in % der gültigen Stimmen				
Oberfranken und Mittelfranken	Kreisunmittelbare Städte							
	Eichstätt		4 682	33,3	9,0	1,5	52,2	3,4
	Forchheim		6 513	31,7	22,2	3,2	39,9	1,9
	B. A. Bamberg		32 937	31,7	9,6	2,1	55,1	0,7
		Gaustadt	1 746	22,0	30,2	8,0	38,8	0,3
		Hallstadt	1 570	35,5	21,5	3,7	38,3	0,2
	B. A. Eichstätt		13 053	40,5	5,8	2,4	48,7	1,0
	B. A. Forchheim		17 779	39,3	5,3	0,5	50,1	4,1
	B. A. Hipoltstein		13 747	39,3	3,5	0,6	53,3	2,2
	B. A. Höchstadt a. d. Aisch	Herzogenaurach	2 334	24,6	29,6	3,4	41,0	0,9
		Höchstadt a. d. Aisch	1 406	25,1	12,2	2,8	58,0	1,2
	B. A. Kronach	Wallenfels	1 276	28,6	29,9	3,0	36,9	1,0
	B. A. Lauf	Schnaittach	1 402	29,5	33,5	3,4	28,1	4,3

Wahlkreis 26 (Franken) (Fortsetzung)

Reg.Bez.	Kreis	Gemeinde	Gültige Stimmen	NSDAP	SPD	KPD	BVP	SWR
					in % der gültigen Stimmen			
	B. A. Lichtenfels	Burgkunstadt	1 551	31,1	28,0	2,0	35,8	1,6
		Lichtenfels	4 279	40,8	8,5	5,3	40,9	3,0
	B. A. Pegnitz	Pegnitz	1 841	37,0	44,3	1,1	10,2	3,4
	B. A. Staffelstein		11 163	45,7	2,1	0,4	47,3	3,4
	B. A. Wunsiedel	Marktleuthen	1 492	40,7	46,9	6,4	3,4	2,2
Unter-franken	Kreis-unmittel-bare Städte							
		Aschaffen-burg	21 647	34,7	16,5	4,5	39,2	2,8
		Würzburg	61 142	31,5	16,7	5,8	36,1	6,5
	B. A. Alzenau/ Ufr.		17 233	25,2	20,0	7,1	46,7	0,4
		Kahl/Main	1 769	21,6	28,4	21,5	27,6	0,4
		Mömbris	1 549	11,1	19,4	2,6	66,6	0,1
	B. A. Aschaffen-burg		23 706	19,5	24,2	10,5	44,7	0,5
		Goldbach	1 950	25,2	30,9	4,3	38,7	0,4
		Großostheim	1 937	27,7	6,9	26,2	37,3	1,0
		Haibach	1 206	17,0	39,7	5,4	37,6	–
		Hösbach	1 834	17,4	34,5	16,1	30,6	0,4
		Kleinostheim	1 256	10,4	14,5	4,7	69,8	0,2
		Schweinheim	2 338	30,5	20,7	4,1	43,1	0,8
		Stockstadt/ Main	1 410	21,9	31,4	12,6	32,6	1,1
	B. A. Gemünden		8 655	32,8	9,5	5,7	49,3	1,4
		Gemünden	1 330	38,6	7,6	4,4	43,8	3,6
	B. A. Gerolz-hofen		18 349	41,2	3,7	0,8	50,1	2,3
		Volkach	1 161	33,6	9,1	4,1	48,1	2,1
	B. A. Hammel-burg		11 110	36,2	5,9	1,7	54,1	0,8
	B. A. Haßfurt		17 217	35,7	10,1	2,3	49,4	1,4
		Zeil	1 338	27,4	17,6	5,7	47,5	0,9
	B. A. Karlstadt		17 376	30,0	6,0	2,9	59,0	0,9
		Karlstadt	1 875	30,8	14,1	8,4	43,7	1,6
	B. A. Kissingen		18 248	29,0	10,6	2,8	56,0	0,7
		Dettelbach	1 196	42,2	12,4	1,3	43,3	0,6
		Münnerstadt	1 404	32,3	8,0	1,6	54,8	2,0

Wahlkreis 26 (Franken) (Fortsetzung)

Reg.Bez.	Kreis	Gemeinde	Gültige Stimmen	NSDAP	SPD	KPD	BVP	SWR
					in % der gültigen Stimmen			
Unter-franken	B. A. Lohr		13 374	22,9	19,2	6,8	49,3	1,1
		Frammers-bach	1 338	19,6	42,2	7,0	30,4	0,4
		Lohr	3 448	30,2	16,3	8,8	40,9	2,8
	B. A. Markt-heidenfeld	Marktheiden-feld	1 147	39,9	5,1	2,8	47,0	3,0
	B. A. Mellrich-stadt		8 364	39,5	4,5	1,5	51,6	1,7
	B. A. Miltenberg		13 345	25,8	15,3	6,1	49,3	1,8
		Amorbach	1 442	26,6	14,9	9,1	45,2	2,8
		Großheubach	1 103	17,0	19,1	12,6	50,0	0,5
		Miltenberg	2 656	35,5	15,5	3,0	38,5	4,6
	B. A. Neustadt/ Saale		12 729	27,6	6,3	0,7	63,4	0,8
	B. A. Obernburg		17 515	22,6	14,9	5,6	54,7	0,6
	B. A. Ochsen-furt		16 138	33,1	7,6	2,2	52,6	3,2
		Ochsenfurt	2 204	33,3	11,6	5,4	41,6	6,9
	B. A. Schwein-furt		22 534	30,5	11,0	3,0	51,9	1,9
	B. A. Würzburg		25 778	21,5	23,1	8,1	44,1	1,8
		Höchberg	1 482	10,1	48,6	14,9	23,9	1,1
		Rimpar	1 847	8,4	28,4	17,6	45,0	0,3

Wahlkreis 27 (Pfalz)

Reg.Bez.	Kreis	Gemeinde	Gültige Stimmen	NSDAP	SPD	KPD	BVP	SWR
					in % der gültigen Stimmen			
Pfalz	B. A. Franken-thal	Bobenheim/ Rhein	1 464	24,9	27,9	10,1	35,0	0,3
		Hettenleidel-heim	1 221	22,2	16,8	4,7	52,2	4,0
		Oppau	7 238	30,3	38,4	16,0	12,6	0,9
		Roxheim	1 587	18,9	29,7	13,4	36,5	0,6
	B. A. Germers-heim	Bellheim	2 487	31,3	22,6	2,1	42,8	0,6
		Hagenbach	1 129	26,0	29,0	7,7	36,0	0,7
		Lingenfeld	1 351	36,6	7,3	8,4	47,1	0,4

Wahlkreis 27 (Pfalz) (Fortsetzung)

Reg.Bez.	Kreis	Gemeinde	Gültige Stimmen	NSDAP	SPD	KPD	BVP	SWR
					in % der gültigen Stimmen			
Pfalz	B. A. Germers- heim	Pfortz	1 537	20,1	23,2	13,6	40,0	1,0
		Rheinzabern	1 245	39,1	10,8	4,5	44,6	0,9
		Rülzheim	2 264	9,8	4,3	8,9	76,3	0,4
	B. A. Kaisers- lautern	Enkenbach	1 309	40,1	14,1	2,3	41,3	1,6
		Landstuhl	3 220	38,0	6,7	6,3	43,8	3,4
		Otterbach	1 431	31,2	14,7	4,5	47,4	0,9
		Ramstein	1 741	14,2	10,8	8,4	65,1	1,0
	B. A. Landau/Pf.	Edesheim	1 491	34,9	11,0	2,7	49,4	1,0
		Herxheim	3 000	29,8	1,4	1,6	65,7	0,8
		Maikammer- Alsterweiler	2 268	38,5	10,4	1,5	46,7	2,0
		Offenbach a. d. Queich	1 402	27,3	11,1	2,6	57,8	0,5
		Queichheim	1 201	37,1	14,3	0,7	46,7	0,6
	B. A. Ludwigs- hafen/Rh.	Maudach	1 443	33,1	18,8	7,9	38,0	1,0
	B. A. Neustadt/ Haardt	Deidesheim	1 595	34,4	7,1	1,3	52,9	2,8
		Hambach	1 639	35,6	12,8	1,5	47,5	1,5
	B. A. Pirmasens		33 210	41,7	10,6	3,5	42,0	1,4
		Dahn	1 325	26,4	0,8	4,0	66,6	1,3
		Hauenstein	1 521	4,8	1,2	0,7	92,6	0,3
		Rodalben	3 108	25,8	10,8	4,4	57,5	0,5
	B. A. Speyer		13 560	29,3	12,4	12,3	44,6	0,8
		Dudenhofen	1 348	33,2	22,6	4,4	39,0	0,3
		Schifferstadt	5 694	26,8	10,4	15,3	45,4	1,3
		Waldsee	1 666	32,5	13,7	18,4	34,5	0,4

Auch in den Domänen der Linksparteien im industrialisierten Sachsen, in den Wahlkreisen *Dresden-Bautzen* und *Leipzig*, ist den Nationalsozialisten zwar ein weiterer Einbruch, aber keineswegs die „Vernichtung des Marxismus" gelungen. Das gilt sogar von dem bisherigen Spitzenwahlkreis *Chemnitz-Zwickau*, wo der nationalsozialistische Siegeszug nun auf feste Widerstandszentren traf. Während in einer der wenigen katholischen Gemeinden das Zentrum die Nationalsozialisten überzeugend schlug (Schirgiswalde), haben SPD und KPD in 42 Fällen die absolute Mehrheit, in 6 (2) Fällen sogar Zweidrittel- bzw. Dreiviertelmehrheiten errungen und die NSDAP mehrfach unter der 20 %-Grenze gehalten. Dabei gelang der SPD auch allein in vier Gemeinden des Wahlkreises Dresden-Bautzen die Behauptung der absoluten Mehrheit, den Linksparteien zusammen in Gittersee mit 76,4 % und besonders in Bannewitz mit 77,4 % der Stimmen der für ganz Deutschland zahlenmäßig höchste Erfolg über einen Gegner, der im Besitz aller Propaganda- und Zwangsmittel war.

Wahlkreis 28 (Dresden-Bautzen)

Reg.Bez.	*Kreis*	*Gemeinde*	*Gültige Stimmen*	*NSDAP*	*SPD*	*KPD*	*Z*	*SWR*
				in % der gültigen Stimmen				
Sachsen Kreish. Dresden- Bautzen	Stadt Freital		24 944	25,5	40,1	25,5	1,3	3,8
	Stadt Meißen		31 981	35,6	42,0	9,7	1,3	8,0
	Stadt Riesa		17 359	32,5	34,1	16,7	1,6	11,0
	Amtsh. Bautzen	Schirgiswalde	2 423	18,4	9,3	5,4	62,2	3,0
	Amtsh. Dippoldis- walde	Schmiedeberg	1 612	28,3	53,3	9,7	0,1	3,7
	Amtsh. Dresden	Bannewitz	2 484	17,5	45,5	31,9	0,2	1,7
		Coßmanns- dorf	1 811	27,2	37,8	25,3	0,4	5,1
		Dölzschen	1 613	33,2	38,9	16,1	1,9	4,3
		Gittersee	2 878	17,7	50,9	25,5	0,6	1,4
		Hainsberg	1 414	33,4	34,5	19,5	1,2	6,6
		Ottendorf- Okrilla	3 297	28,0	50,7	15,9	0,3	2,7
		Wurgwitz	1 627	28,1	52,2	14,4	0,6	1,8
	Amtsh. Großen- hain	Nünchritz	1 390	36,3	47,6	8,8	0,4	5,0
		Zeithain	2 005	33,2	46,2	8,3	1,2	8,8
	Amtsh. Kamenz	Großröhrs- dorf	5 710	35,8	35,8	11,7	0,7	8,5
		Pulsnitz, Ldgm.	1 445	33,6	46,4	10,2	0,4	3,2
	Amtsh. Löbau	Cunewalde	2 100	30,9	33,2	20,9	0,7	6,5
	Amtsh. Meißen	Brockwitz	1 843	30,3	40,7	21,6	0,9	4,1
	Amtsh. Pirna	Dohna	2 953	34,4	19,7	35,8	0,9	4,0
		Heidenau	10 625	26,5	28,4	34,7	1,5	4,2
		Zschachwitz	4 219	25,8	32,3	35,4	0,8	2,3
	Amtsh. Zittau	Leutersdorf	2 364	30,5	30,5	15,4	9,9	4,3
		Seitendorf	1 477	21,9	21,9	19,2	33,1	2,4

Wahlkreis 29 (Leipzig)

Reg.Bez.	*Kreis*	*Gemeinde*	*Gültige Stimmen*	*NSDAP*	*SPD*	*KPD*	*Z*	*SWR*
				in % der gültigen Stimmen				
Kreish. Leipzig	Amtsh. Borna	Groitzsch	3 912	27,8	46,6	16,7	0,4	3,6
	Amtsh. Grimma	Brandis	2 652	27,7	23,0	38,1	0,4	5,9

Wahlkreis 29 (Leipzig) (Fortsetzung)

Reg.Bez.	*Kreis*	*Gemeinde*	*Gültige Stimmen*	*NSDAP*	*SPD*	*KPD*	*Z*	*SWR*
					in % der gültigen Stimmen			
Kreish. Leipzig	Amtsh. Leipzig	Engelsdorf	4 951	28,0	37,7	22,2	1,3	2,6
		Liebertwolk-witz	3 316	30,0	38,1	22,9	0,5	3,8
		Lindenthal	3 007	31,9	39,0	21,1	0,9	3,4
		Lützschena	2 109	28,2	37,9	21,9	1,0	6,3
		Markranstädt	5 956	25,9	43,8	19,9	1,1	4,2
		Zwenkau	5 080	28,4	28,3	33,2	1,3	2,9
	Amtsh. Oschatz	Strehla	2 281	38,5	40,7	11,8	1,1	4,9
	Amtsh. Rochlitz	Burkersdorf	2 247	32,2	21,1	36,2	0,5	5,5

Wahlkreis 30 (Chemnitz-Zwickau)

Reg.Bez.	*Kreis*	*Gemeinde*	*Gültige Stimmen*	*NSDAP*	*SPD*	*KPD*	*Z*	*SWR*
					in % der gültigen Stimmen			
Kreish. Chemnitz	Amtsh. Chemnitz	Glösa	2 619	26,7	47,0	19,1	0,4	4,4
		Gornsdorf	2 304	24,4	40,5	22,0	0,1	1,6
		Harthau	4 292	32,5	20,5	39,4	0,7	2,2
		Mittelfrohna	1 724	40,8	9,3	42,5	0,3	5,7
		Rußdorf	2 454	33,4	14,5	42,4	0,4	6,5
Kreish. Zwickau	Amtsh. Schwarzen-berg	Bermsgrün	1 690	37,3	9,3	42,8	0,4	2,7
	Amtsh. Zwickau	Cainsdorf	2 951	28,6	36,9	25,3	0,5	2,2
		Franken-hausen	1 711	33,3	44,3	17,7	0,6	2,6
		Neukirchen a. d. Pl.	2 597	39,7	41,5	11,3	1,5	2,7
		Niederhaßlau	3 878	29,6	43,6	21,7	0,4	2,1
		Oberhohndorf	2 160	36,2	40,8	15,5	0,4	3,9
		Reinsdorf	4 619	39,9	40,5	14,1	0,2	2,6
		Vielau	2 786	37,4	39,5	17,7	0,1	3,1

Im Gebiet *Württembergs* stellten die katholischen Gemeinden besonders Oberschwa-bens den Hauptanteil an Oppositionskräften, ohne daß freilich irgendwo noch ein Sieg mit Zweidrittelmehrheit gelang; Herlazhofen, Wolfegg und Ellwangen kamen dieser traditionellen Wahlziffer noch am nächsten. Immerhin ist die Liste der lokalen Wahlniederlagen der NSDAP stattlich, obwohl es hier den Linksparteien auch in den protestantisch und industriell bestimmten Gebieten nur in sieben Fällen glückte, die absolute Mehrheit zu erreichen, und nur in Neckargartach, wo die SPD allein schon in der Mehrheit blieb, mehr als zwei Drittel der Stimmen auf sich zu vereinen. Dem entsprach es auch, daß die NSDAP ihre tiefsten Wahlziffern (sechsmal unter 20 %) mit der Ausnahme von Neckargartach in jenen Gemeinden hinnehmen mußte, die katholisch *und* industriell bestimmt, d. h. von einem starken Wählerstamm sowohl des Zentrums als auch der Linken getragen waren.

Wahlkreis 31 (Württemberg)

Reg.Bez.	Kreis	Gemeinde	Gültige Stimmen	NSDAP	SPD	KPD	Z	SWR
				in % der gültigen Stimmen				
Württemberg	Ob.-Amt Aalen		21 196	29,9	15,8	6,8	37,2	3,2
		Unterkochen	1 781	21,9	15,3	3,1	52,9	2,3
		Unterrombach	1 038	13,6	37,2	10,1	22,6	1,6
		Wasseralfingen	2 843	15,2	28,1	12,3	39,0	1,4
	Ob.-Amt Balingen	Geislingen	1 147	26,9	5,3	7,5	57,6	0,8
	Ob.-Amt Biberach		22 337	38,9	3,9	2,2	51,0	1,8
		Ochsenhausen	1 566	44,3	1,3	1,1	50,9	1,2
	Ob.-Amt Ehingen		15 580	37,9	2,2	2,6	50,7	3,3
		Ehingen	3 010	31,6	4,2	7,6	50,0	4,4
	Ob.-Amt Ellwangen		16 910	29,4	1,0	1,8	63,5	1,0
		Ellwangen	3 579	25,0	2,4	3,0	63,1	3,0
	Ob.-Amt Eßlingen	Neuhausen a. d. Fildern	1 392	17,6	25,9	13,6	40,5	0,8
	Ob.-Amt Geislingen	Donzdorf	1 618	27,1	10,6	5,9	51,3	2,0
	Ob.-Amt Gmünd		25 086	29,5	5,0	10,0	46,7	2,9
		Gmünd	11 903	26,6	6,8	12,8	43,1	4,9
		Waldstetten	1 132	29,3	2,9	11,0	54,9	0,8
	Ob.-Amt Göppingen	Faurndau	1 355	25,8	30,8	17,7	1,8	2,9
		Göppingen	14 497	(26,9	26,7	14,3	10,3	6,4)
		Großeislingen	2 607	18,5	18,9	14,6	35,5	1,9
		Kleineislingen	2 552	21,7	17,5	39,1	2,4	3,0
		Salach	1 781	26,2	9,4	12,1	41,3	1,8
	Ob.-Amt Heilbronn		60 487	30,2	32,1	10,1	6,7	4,8
		Böckingen	7 346	20,4	45,1	19,6	4,3	1,3
		Frankenbach	1 237	22,8	42,8	16,0	0,2	1,2
		Großgartach	1 551	32,0	34,5	11,1	–	1,7
		Heilbronn	30 406	31,6	31,7	9,4	6,5	7,5
		Neckargartach	3 080	15,8	53,5	16,0	0,7	0,7
		Sontheim	2 072	19,1	27,7	10,0	33,3	2,6
	Ob.-Amt Horb		11 050	40,0	3,9	3,2	45,1	0,7
		Horb	1 677	36,1	7,1	3,5	43,9	1,7
	Ob.-Amt Laupheim		15 404	36,0	3,6	1,2	54,1	1,9
		Laupheim	3 638	34,4	7,9	1,8	49,5	2,6
	Ob.-Amt Leutkirch		15 475	39,3	1,6	1,3	55,0	0,9
		Herlazhofen	1 186	31,8	0,1	0,8	66,1	0,2
		Leutkirch	2 801	41,6	4,3	2,4	45,1	2,6
	Ob.-Amt Ludwigsburg	Kornwestheim	(5 956	32,6	32,3	11,5	7,3	3,4)
		Stammheim	2 073	28,2	33,2	27,0	2,1	1,7

Wahlkreis 31 (Württemberg) (Fortsetzung)

Reg.Bez.	Kreis	Gemeinde	Gültige Stimmen	NSDAP	SPD	KPD	Z	SWR
					in % der gültigen Stimmen			
Württem-berg	Ob.-Amt Mergent-heim	Mergentheim	3 683	35,9	4,7	1,9	41,2	7,8
	Ob.-Amt Neckars-ulm	Kochendorf	1 441	26,4	45,2	7,5	1,5	3,1
		Neckarsulm	4 197	23,0	23,3	6,8	40,4	2,6
	Ob.-Amt Neresheim		11 323	32,6	1,9	2,5	54,7	1,6
	Ob.-Amt Oberndorf	Lauterbach	1 823	30,1	9,7	8,8	47,0	1,5
		Schramberg	6 878	25,9	17,2	14,9	32,6	1,9
	Ob.-Amt Ravensburg		29 659	42,2	3,5	5,5	42,8	2,8
		Eschach	1 265	43,7	2,4	3,0	47,5	0,9
		Ravensburg	11 448	37,3	6,0	8,5	40,1	5,2
	Ob.-Amt Reutlingen	Eningen unter Achalm	2 514	27,3	25,1	35,4	1,4	1,6
	Ob.-Amt Riedlingen		14 387	37,5	1,8	1,1	55,0	2,2
		Buchau	1 321	37,9	6,8	2,5	47,3	1,7
		Riedlingen	1 562	36,1	2,2	2,4	50,1	7,5
	Ob.-Amt Rottenburg	Rottenburg	4 146	24,0	4,9	9,1	56,9	2,5
	Ob.-Amt Rottweil	Deißlingen	1 426	25,0	21,1	8,8	37,4	0,9
		Rottweil	6 085	27,5	4,4	6,9	50,9	5,0
	Ob.-Amt Saulgau		17 146	40,8	1,9	2,3	51,9	0,9
		Altshausen	1 565	40,8	1,2	0,8	52,4	2,8
		Saulgau	3 189	37,1	4,5	6,2	50,5	0,6
	Ob.-Amt Spaichin-gen		10 365	25,4	7,9	4,6	57,5	1,0
		Spaichingen	1 905	32,2	9,9	7,1	45,8	1,5
	Ob.-Amt Tettnang		21 793	37,6	6,4	5,1	46,3	2,5
		Friedrichs-hafen	7 848	31,5	12,8	9,1	38,7	4,7
		Tettnang	1 781	33,0	3,1	3,2	56,2	3,1
	Ob.-Amt Tübingen	Lustnau	1 753	36,9	37,1	6,0	1,9	3,9
	Ob.-Amt Waldsee		16 688	37,9	2,8	2,2	53,8	0,9
		Aulendorf	1 792	28,8	7,5	6,7	53,9	0,8
		Schussenried	1 782	38,2	5,1	3,4	50,3	2,4
		Waldsee	2 104	38,2	4,1	3,3	51,0	1,9
		Wolfegg	1 307	30,0	1,7	2,2	64,3	1,2
	Ob.-Amt Wangen		16 711	35,9	4,8	3,2	53,5	1,0
		Wangen	4 179	36,7	13,4	7,8	39,1	2,0

Wahlkreis 31 (Württemberg) (Fortsetzung)

Reg.Bez.	Kreis	Gemeinde	Gültige Stimmen	NSDAP	SPD	KPD	Z	SWR
				in % der gültigen Stimmen				
Hohen-zollerische Lande Sigmarin-gen			40 106	40,0	3,1	3,2	47,6	3,5
	Kr. Hechingen	Burladingen	1 309	39,2	2,8	3,8	52,1	1,1
	Kr. Sigma-ringen		19 771	35,9	3,0	2,4	52,3	3,7
		Sigmaringen	3 298	31,5	3,9	1,6	52,2	8,2

Fast dasselbe Bild bot das benachbarte, ähnlich strukturierte Land *Baden*. Die größte Zahl der Gemeinden, in denen der NSDAP der Durchbruch zum ersten Rang mißlang, gehören den katholisch bestimmten Gebieten an. Dort hatte das Zentrum in drei Fällen sogar über 70 % der Stimmen zu behaupten vermocht (Prechtal, Rot und Dielheim), doch gelang ihm auch in Baden – wie in Württemberg und Bayern – nicht durchweg jener überzeugende Erfolg, mit dem katholische Gebiete Norddeutschlands rechnen konnten. Dagegen erwies sich die SPD hier durchweg als besonders schwach; nur in einem einzigen Fall (Schönau) gelang ihr der Sprung über die 30 %-Grenze. Dem entsprach es, daß die NSDAP wie in Württemberg nur in sechs Gemeinden unter 20 % blieb.

Wahlkreis 32 (Baden)

Reg.Bez.	Kreis	Gemeinde	Gültige Stimmen	NSDAP	SPD	KPD	Z	SWR
				in % der gültigen Stimmen				
Lkr.-Bez. Konstanz	A.-Bez. Donau-eschingen	Donau-eschingen	2 957	32,6	9,6	7,2	35,2	7,9
	A. B. Meßkrich		7 834	43,9	2,9	2,7	45,3	2,6
		Meßkirch	1 341	34,7	9,0	2,4	44,4	4,1
	A. B. Pfullendorf	Pfullendorf	1 773	44,4	2,2	4,0	44,8	2,8
	A. B. Säckingen	Säckingen	3 163	30,3	12,2	7,1	44,2	3,4
	A. B. Überlingen	Markdorf	1 292	35,6	3,6	5,3	52,1	1,0
	A. B. Villingen	Bad Dürrheim	1 292	31,9	14,6	4,3	44,4	1,8
		Tennenbronn	1 061	32,3	4,0	5,7	51,3	0,9
		Villingen	8 665	(33,3	11,7	12,2	33,1	2,4)
	A. B. Waldshut	Waldshut	4 603	29,4	10,9	13,5	34,9	4,7

Wahlkreis 32 (Baden) (Fortsetzung)

Reg.Bez.	Kreis	Gemeinde	Gültige Stimmen	NSDAP	SPD	KPD	Z	SWR
				in % der gültigen Stimmen				
Ldk.-Bez. Freiburg	A. B. Emmendingen	Endingen	1 801	34,0	15,2	1,2	45,4	1,2
		Herbolzheim	1 908	38,2	7,3	1,3	49,1	2,4
		Wyhl	1 181	48,3	0,6	0,7	49,5	0,3
	A. B. Lahr	Seelbach	1 391	21,9	2,9	11,4	61,5	0,9
	A. B. Lörrach	Wyhlen	1 639	28,2	10,9	31,1	24,8	2,1
	A. B. Neustadt	Neustadt	2 927	27,4	17,8	6,1	34,7	10,2
	A. B. Offenburg	Gengenbach	2 347	29,5	14,2	3,2	48,5	1,9
		Oberharmersbach	1 008	44,2	1,6	1,1	49,7	2,7
		Schutterwald	1 696	38,9	3,6	8,6	46,9	1,5
		Zell a. H.	1 184	23,2	11,6	15,0	41,9	3,5
	A. B. Schopfheim	Todtnau	1 454	35,8	10,0	4,7	44,4	3,2
		Wehr	2 347	37,1	8,9	11,2	39,5	0,9
		Zell i. W.	2 274	24,5	11,9	20,8	34,0	6,1
	A. B. Waldkirch		13 101	34,2	6,5	7,1	48,3	2,2
		Kollnau	1 779	18,0	18,9	12,5	47,0	1,0
		Prechtal	1 026	23,5	1,6	1,5	71,2	1,9
		Waldkirch	3 354	35,6	8,1	12,4	37,0	4,4
	A. B. Wolfach	Haslach	1 901	32,2	7,6	15,1	41,9	0,9
		Hausach	1 152	36,0	12,7	5,6	42,3	2,0
		Wolfach	1 408	36,3	13,0	4,0	40,0	3,1
Ldk.-Bez. Karlsruhe	A. B. Bruchsal	Forst	1 650	33,5	6,8	20,4	38,8	0,2
		Kirrlach	1 951	36,2	3,6	16,0	43,7	0,1
		Mingolsheim	1 302	44,2	1,9	6,8	44,7	1,0
		Neudorf	1 205	37,4	1,6	4,5	55,6	0,3
		Oberhausen	2 013	33,7	2,2	20,2	42,5	0,5
		Östringen	2 010	36,7	9,6	7,8	44,8	0,4
		Rheinsheim	1 040	35,9	3,6	20,5	38,1	1,0
		Untergrombach	1 668	29,5	21,9	5,8	41,5	0,4
	A. B. Bühl	Achern	2 978	36,1	11,8	6,4	36,1	3,7
		Bühl	2 784	38,8	4,9	2,0	43,8	5,9
		Oberachern	1 259	28,1	10,0	9,8	49,1	0,6
	A. B.		18 993	30,9	14,1	10,5	39,9	2,6
	Ettlingen	Ettlingen	6 038	32,0	16,4	8,2	33,3	6,2
		Malsch	2 534	28,3	10,9	17,8	41,9	0,5
		Mörsch	2 049	15,6	19,1	27,2	37,0	0,1
	A. B. Karlsruhe	Forchheim	1 530	14,6	25,4	14,6	40,9	0,2
	A. B. Pforzheim	Ersingen	1 234	13,6	19,0	12,4	53,5	0,4

Wahlkreis 32 (Baden) (Fortsetzung)

Reg.Bez.	Kreis	Gemeinde	Gültige Stimmen	NSDAP	SPD	KPD	Z	SWR
				in % der gültigen Stimmen				
Ldk.-Bez. Karlsruhe	A. B. Rastatt	Forbach	1 533	29,7	18,0	11,4	33,0	5,3
		Kuppenheim	1 509	22,2	20,1	5,0	50,2	1,1
		Muggens-turm	1 506	26,8	12,7	23,0	35,9	1,3
		Rotenfels	1 240	36,9	16,2	4,0	41,0	1,5
Ldk.-Bez. Mannheim	A. B. Buchen		14 850	38,2	4,0	2,2	52,6	1,8
		Buchen	1 399	33,2	4,1	1,9	53,8	4,6
		Hardheim	1 160	32,5	3,6	3,5	56,6	1,2
	A. B. Heidelberg	Schönau	1 218	26,9	38,6	19,2	6,7	2,2
		Ziegelhausen	2 418	25,5	22,3	15,3	29,2	1,8
	A. B. Mannheim	Ilvesheim	1 562	24,4	23,2	24,3	24,5	0,5
		Ketsch	2 028	17,0	8,9	45,7	26,6	0,3
		Neckarhausen	1 354	20,7	11,7	27,4	35,2	1,6
		Plankstadt	3 350	35,7	9,1	16,9	36,1	0,8
	A. B. Tauber-bischofs-heim		21 216	41,2	2,0	1,0	51,7	2,4
		Lauda	1 578	34,7	3,7	3,4	52,0	2,4
		Tauber-bischofsheim	2 153	39,2	5,0	2,0	46,1	2,0
	A. B. Wiesloch		16 969	35,9	4,2	8,3	46,9	2,1
		Dielheim	1 188	18,1	2,6	3,5	75,3	0,3
		Rot	1 297	25,4	0,5	1,2	72,5	0,3
		St. Leon	1 339	39,4	2,8	8,3	49,1	0,1

Stärker differenziert waren die Ergebnisse, zugleich ausgeprägter die Widerstands-fähigkeit in *Hessen-Darmstadt;* die Stärke des Zentrums und der Linksparteien wirkte hier vielfach zusammen, um die NSDAP in zahlreichen Gemeinden nicht nur auf den zweiten, sondern auch auf den dritten und in Einzelfällen sogar auf den vierten Platz (Klein Auheim, Klein Krotzenburg, Dietesheim) zu verweisen; sie blieb denn auch in neun Orten unter 20 %. Zwar gelangten, nicht zuletzt infolge der konfessio-nellen Mischlage, weder Zentrum noch SPD in die absolute Mehrheitsposition; allein die KPD konnte in einer einzelnen Gemeinde (Mörfelden) auch diese Wahl noch mit absoluter Mehrheit entscheiden. Doch hielt sich in 14 Gemeinden eine absolute Mehr-heit der Linksparteien, in sechs Fällen (Wixhausen, Mörfelden, Dietzenbach, Drei-eichenhain, Egelsbach, Wieseck) sogar als Zweidrittelmehrheit, so daß auch hier der „Kampf gegen den Marxismus" keinesfalls als entschieden gelten konnte.

Wahlkreis 33 (Hessen-Darmstadt)

Reg.Bez.	Kreis	Gemeinde	Gültige Stimmen	NSDAP	SPD	KPD	Z	SWR
				in % der gültigen Stimmen				
Prov. Starkenburg	Bensheim	Biblis	1 945	35,9	8,4	14,1	38,3	2,1
		Bürstadt	4 397	24,2	12,1	14,5	48,1	0,5
		Lorsch	3 473	25,7	14,2	13,2	45,8	0,4
	Darmstadt	Arheilgen	5 299	32,6	45,6	12,2	2,6	0,8
		Griesheim	5 063	37,0	40,3	17,4	1,5	1,2
		Wixhausen	1 501	28,6	43,0	25,2	0,7	0,4
	Dieburg	Dieburg	3 899	23,4	17,5	16,3	41,1	0,6
		Groß Zimmern	2 769	26,1	10,9	38,2	19,2	0,5
		Münster	2 007	17,4	21,8	14,1	45,8	0,3
		Ober Roden	2 076	16,8	31,9	10,5	40,2	0,2
		Urberach	1 644	16,5	26,9	15,4	40,9	0,1
	Groß Gerau	Gernsheim	2 795	25,9	13,5	16,8	40,5	1,7
		Kelsterbach	3 304	31,4	24,9	34,6	5,5	0,8
		Mörfelden	2 923	23,1	19,1	54,5	0,5	1,0
	Heppenheim	Heppenheim	4 964	26,3	13,2	17,2	39,5	1,2
		Hirschhorn	1 223	27,0	14,0	10,1	43,7	2,9
		Viernheim	6 278	21,3	10,8	23,0	43,5	0,4
	Offenbach		121 840	(30,4	30,1	18,1	16,4	1,7)
		Dietesheim	1 871	15,7	29,1	21,0	33,2	0,4
		Dietzenbach	2 071	29,0	33,4	35,2	0,3	0,9
		Dreieichenhain	1 555	26,2	27,1	42,4	0,3	0,8
		Egelsbach	2 340	26,9	47,5	21,8	1,8	0,5
		Groß Steinheim	1 950	25,5	17,3	14,6	39,8	1,2
		Hainstadt	1 783	13,6	13,3	26,9	44,9	0,6
		Heusenstamm	2 160	18,9	28,8	14,6	36,2	0,7
		Jügesheim	1 678	25,0	24,7	8,0	41,5	0,1
		Klein Auheim	2 306	13,6	36,8	17,8	30,5	0,4
		Klein Krotzenburg	1 577	11,4	35,1	13,5	39,1	0,5
		Klein Steinheim	2 250	26,5	23,5	20,3	28,1	0,4
		Mühlheim	4 529	32,9	35,1	16,0	14,2	0,3
		Obertshausen	1 513	27,3	29,5	11,4	31,1	0,5
		Offenbach	55 690	(32,0	30,4	18,5	11,5	2,8)
		Seligenstadt	3 416	19,4	20,1	14,2	44,1	0,8
Prov. Oberhessen	Friedberg	Ober Mörlen	1 496	24,5	25,7	9,4	39,1	0,3
		Vilbel	4 056	33,7	45,0	11,1	6,4	0,7
	Gießen	Heuchelheim	1 820	44,3	45,1	5,7	0,6	1,5
		Lollar	1 495	43,1	44,4	3,1	1,1	3,9
		Wieseck	2 354	28,2	37,0	32,3	0,7	0,7
Prov. Rheinhessen	Bingen	Bingen	9 064	27,5	12,1	7,1	46,0	3,2
		Gau Algesheim	2 011	26,5	16,2	6,9	46,6	2,5
	Mainz	Hechtsheim	2 258	26,6	27,8	16,6	27,7	0,5
		Nieder Olm	1 357	28,2	18,3	3,8	46,5	1,7

Wahlkreis 33 (Hessen-Darmstadt) (Fortsetzung)

Reg.Bez.	*Kreis*	*Gemeinde*	*Gültige Stimmen*	*NSDAP*	*SPD*	*KPD*	*Z*	*SWR*
				in % der gültigen Stimmen				
Prov.	Worms	Herrnsheim	1 917	28,7	17,4	6,9	40,5	4,8
Rheinhessen		Horchheim	1 648	34,5	13,8	10,9	36,7	1,6

Schließlich sind auch in *Hamburg* und *Bremen* wie in Berlin (s. o.) der NSDAP zwar erheblichere Einbrüche in die Domänen der Linken gelungen, doch hat sie auch in diesen Städten keinen überzeugenden Sieg oder gar die Mehrheit, nicht einmal den Reichsdurchschnitt zu erreichen vermocht. Nur ein einziger Wahlkreis blieb, in dem die Wähler sämtlicher Gemeinden die NSDAP zur stärksten Partei erhoben: In *Mecklenburg,* wo die Partei Hitlers nach ihrem bayerischen Fiasko schon früh eine besonders stattliche Stimmenzahl erreicht hatte, ist ihr in der Tat am 5. März 1933 ein voller Sieg zugefallen.

Wahlkreis 34 (Hamburg)

			Gültige Stimmen	*NSDAP*	*SPD*	*KPD*	*Z*	*SWR*
				in % der gültigen Stimmen				
Hamburg								
Stadt Cuxhaven			13 303	32,1	33,2	7,9	1,4	18,6
Stadt Geesthacht			3 745	33,4	21,9	35,3	0,6	4,0
	Geestlande	Farmsen mit Berne	2 897	27,3	45,0	15,1	0,9	4,7
		Ritzebüttel ohne Cuxhaven	3 048	35,3	37,3	4,4	0,2	19,2
Bremen			239 587	(32,7	30,3	13,2	2,3	14,5)

Angesichts dieser Gesamtlage mußte es doppelt bedeutsam erscheinen, daß die „Kampffront Schwarz-Weiß-Rot" Hugenbergs, Papens und Seldtes zwar in keiner Weise den von den Verfechtern des Zähmungskonzeptes erhofften Wählerzulauf erhalten hatte, aber mit 8 % der Stimmen (DNVP bisher 8,3 %) doch, sowenig sie zahlenmäßig als Konkurrenz ihrer nationalsozialistischen Partner auftreten konnte, ihre Unentbehrlichkeit im Rahmen der Regierungskoalition scheinbar zwingend erwiesen hatte. Nur mit deutschnationaler Hilfe verfügte Hitler über eine schwache Mehrheit von knapp 52 % der Wählerstimmen, und rein theoretisch schien sich hier noch einmal die Schlüsselstellung jener „nationalen" Kräfte zu erweisen, die Papen bei der Regierungsbildung fünf Wochen zuvor zu der selbstsicheren Feststellung ermuntert hatte: „Wir haben ihn [Hitler] uns engagiert." [77] Daß dies freilich von Anfang an eine verfassungstheoretische Fiktion gewesen war, mit der die nationalsozialistische Führung schon in diesen ersten Wochen weitgehend fertiggeworden war, und daß die Spekulation auf einen parlamentstaktischen Engpaß der in der Minderheit ver-

[77] Vgl. Lutz Graf Schwerin v. Krosigk, *Es geschah in Deutschland. Menschenbilder unseres Jahrhunderts,* Tübingen–Stuttgart 1951, S. 47, sowie die o. S. 47 zitierte Bemerkung Papens zu Kleist-Schmenzin.

bliebenen NSDAP in der Folge noch weniger praktisch-politische Bedeutung hatte,
weil eben die Verfassung der parlamentarischen Demokratie als Hindernis *de facto*
schon durchlöchert und weitgehend ausgeschaltet war – das konnte auch nach den
jüngsten Erfahrungen nicht zweifelhaft sein, wenn man es schon kurzsichtigerweise
nicht aus Werdegang, Charakter und Zielen der NSDAP überhaupt von vornherein
erkannt hatte. Statt dessen hat Papen, der nachträglich alle Schuld auf die Wähler zu
schieben und sich immer als Gegengewicht zum nationalsozialistischen Herrschaftsanspruch darzustellen sucht,[78] in der ersten Kabinettssitzung nach der Wahl ebenso wie
Stahlhelmführer Seldte nichts anderes als seinen emphatischen Dank an Hitler und
die NSDAP für ihre bewundernswerte Durchführung der Wahl ausgedrückt.[79] Wohl
haben informierte Kreise der Rechten schon damals die Zuspitzung des Machtkampfs
und seinen drohenden Ausgang in vielen Einzelheiten erkannt; man war sich im
klaren, daß durch die Vorgänge vor und um die Märzwahlen Struktur und Voraussetzungen der Regierung vom 30. Januar entscheidend berührt würden.[80] Aber es war
noch ein verhängnisvoll weiter Weg, bis ein größerer Teil der „nationalen" Partner
Hitlers Machtergreifungstechnik im ganzen durchschaute und daraus auch die Konsequenzen zu ziehen suchte. Dann, im Sommer 1933, war es schon zu spät, war die
parlamentarische Schlüsselstellung der deutschnationalen und konservativen Partner
Hitlers längst bedeutungslos geworden, waren Reichstag und Parteien längst gleichgeschaltet und ausgeschaltet.

In der Tat hat die nationalsozialistische Propaganda die Wahl sogleich zu einem
„gewaltigen, entscheidenden Sieg" der NSDAP, nicht etwa der Regierungskoalition,
gestempelt. Unter geradezu zynischem Hinweis auf die Tatsache, daß sich hier „zum
ersten Male die propagandistischen Kräfte der nationalsozialistischen Bewegung frei
und ungehindert auswirken konnten" – ein Vorgehen, das sich auch in den wilden
Beschlagnahme- und Plünderungsaktionen nach der Wahl fortsetzte [81] –, wandte sich

---

[78] Vgl. o. I. Kapitel, Abschnitt 4 mit den Anmerkungen.

[79] Kabinettssitzung vom 7. März 1933 (Anm. II/70), S. 115 f.

[80] Dafür sehr aufschlußreich die Informationsberichte Dertingers vom 9. und 11. März 1933 (*Sammlung Brammer*).

[81] Vgl. auch die Details in den zusammenfassenden Berichten des englischen Botschafters in Berlin vom 5. April 1933: *Documents on British Foreign Policy,* ed. by E. L. Woodward and Rohan Butler, Second Series, Bd. V, London, S. 19 ff. (Im folgenden zit.: *British Documents*.) Ein eklatantes Beispiel für viele enthalten die Akten von Staatssekretär Grauert (*HAB*, Rep. 320/Nr. 32) mit den Berichten über die Besetzung des Druckerei-gebäudes der sozialdemokratischen *Volkszeitung* in Liegnitz am 10. März 1933. Laut Bericht des Untergauleiters Niederschlesien vom 11. März an Göring hat diese Druckerei auch „während Verbotszeit kleinere Auflage der verbotenen Zeitung wie auch Flugblätter" gedruckt und „geheim zur Verteilung" gebracht. Das Gebäude stehe deshalb jetzt „unter dem Schutz aus SS gebildeter Hilfspolizei". Aber noch am selben Tag geht ein Bericht des Kreisleiters Liegnitz ein: „Am 10. März wurde nach Rücksprache mit mir als Kreisleiter und dem zuständigen Standartenführer der Polizeidezernent unter Druck gesetzt und veranlaßt, das hiesige Volkshaus zu besetzen und zu durchsuchen. . ." (mit einem „Parteiaufgebot von SA als Hilfspolizei"). Er habe in einer beruhigenden Ansprache der Bevölkerung versichert, die Rechte und das Vermögen der Arbeiter werde nicht angetastet, nur die „marxistische" Führung beseitigt. Da sei nachts 2 Uhr aus Breslau Oberführer Koch mit SA-Männern erschienen und habe die versiegelten Räume gewaltsam öffnen lassen. Die Männer hätten Schränke und Schreibtische aus-geräumt, unersetzliche Akten über Wohlfahrt, Unterstützung usw. vernichtet, Inventar wie Schreibmaschinen weggeschleppt und die vorhandenen Zigaretten- und Alkoholvorräte beseitigt: „Als ich am Morgen des 11. 3. im Volkshaus erschien, war ich erschüttert von dem Bild, was sich hier bot. Viel schlimmer hatten die Spartakisten 18 auch nicht gehaust. Die Bevölkerung ist empört über diese Vorfälle, da diese bereits in die Öffentlichkeit gedrungen sind. Als politischer Führer der Liegnitzer Nationalsozialisten muß ich mich heute schämen, auf die Straße zu gehen. Die Verantwortung für den Ausgang der heutigen Kommunalwahlen muß ich ablehnen. . ." Fest stehe auch, „daß die Gewerkschaften, falls man ihnen die Räume wieder zur Verfügung stellt, nicht mehr weiterarbeiten können, da das gesamte Material, mit Ausnahme der Karteien, vernichtet ist". Zu diesem Bericht des Kreisleiters schrieb der Untergauführer Niederschlesien an Göring: „Die Aktion des Oberführers wird von uns in der Presse propagandistisch gedeckt. Um weiteren Schaden zu verhüten, habe ich den zuständigen Kreis-leiter Liegnitz beauftragt, vorläufig über die Verwaltung des ‚Volkshauses' zu wachen. Ein genaues Inventar-verzeichnis wird angefertigt und von den zuständigen SA-Führern gegengezeichnet." Ähnliche Vorgänge und

die Reichspressestelle der NSDAP in ihrem Kommentar zugleich gegen die Mitansprüche der deutschnationalen Koalitionspartner, propagierte den „elementaren Aufbruch der Nation" als Verdienst einzig Hitlers und seiner Bewegung, als eindeutigen Auftrag des Volkes an den Führer und interpretierte die Wahlentscheidung im ganzen ohne jedes Bemühen um eine echte Analyse – die anders hätte lauten müssen – als einen Sieg über den „Marxismus": „Der Nationalsozialismus hat die Macht, den Urteilsspruch, den das Volk heute über den Marxismus gefällt hat, zu vollziehen... Er wird sie zum Segen des Volkes zu nutzen wissen." [82] Deutlicher noch hat es wenige Wochen später Goebbels in einer Rundfunkrede ausgedrückt: „Es würde uns keineswegs zufriedenstellen, mit einer Mehrheit von 52 Prozent zu arbeiten; wir wollen das ganze Volk umspannen und es hineinschmelzen in die neue Form des Staates. . ." [83]

So war schon am Wahltag, unabhängig vom Wahlergebnis, der nationalsozialistische Alleinherrschaftsanspruch und der weitere Weg der Machtergreifung vorgezeichnet, die Tatsache einer parlamentarischen Schlüsselstellung der deutschnationalen Koalitionspartner einfach ignoriert. Auch vor dem Kabinett hat Hitler sogleich betont, er betrachte die Ereignisse des 5. März als eine „Revolution". [84] Die unmittelbar folgenden Tage brachten den praktischen Beweis für diesen Anspruch. Auf den Amtsgebäuden wurden gegen alle Proteste der nicht-nationalsozialistischen Parteien und Amtsbehörden [85] die Fahnen der „Nationalen Revolution" aufgezogen, noch bevor Hindenburgs Flaggenerlaß vom 12. März Schwarz-Weiß-Rot und Hakenkreuz gemeinsam zu Staatsfahnen erklärt hatte, die „die ruhmreiche Vergangenheit des Deutschen Reiches und die kraftvolle Wiedergeburt der Nation verbinden" sollten. [86] Am 9. März beendete eine Verordnung des Reichsinnenministeriums vorfristig die formale Einspruchsfrist zu den Wahlen, [87] und schon zwischen dem 6. und dem 10. März hat die nationalsozialistische Minderheit mit Gewalt und Drohung und unter tatkräftiger Steuerung durch Frick, Hitler und Göring auch in den deutschen Ländern die Macht an sich gerissen, wiederum – da es ja auf parlamentarisch-verfassungsmäßigem Wege nicht möglich war – in erster Linie unter Berufung auf die Reichstagsbrandverordnung vom 28. Februar. So ging es in Hamburg, Bremen, Lübeck, Baden, in Bayern, Sachsen und Württemberg. Neben dem bedenkenlosen Einsatz der Reichstagsbrandverordnung war es die auch Hindenburg suggerierte bewußte Fehlinterpretation der Reichstagswahl [88] und ihre verfassungswidrige Übertragung auf die Länderpolitik, die den nationalsozialistischen Machthabern den Vorwand für diesen nächsten großen Gewaltakt lieferten. Von „Legalität" kann hier selbst im formalen Sinne nicht mehr die Rede sein, und man muß sich diese Situation vor Augen halten, wenn man die Entwick-

Kompetenzstreitigkeiten zwischen Partei, SA und Polizei anläßlich der Besetzung der sozialdemokratischen Volksdruckerei Stettin am 18. März 1933 (ebda.).

[82] Verlautbarung der Reichspressestelle der NSDAP vom 5. März 1933: *Schultheß, 1933*, S. 54 f.

[83] Rede vom 1. April 1933, abgedr. in: Goebbels, *Revolution*. . . (Anm. Einl./11), S. 155 ff.

[84] Kabinettssitzung vom 7. März 1933 (Anm. II/70). S. 114.

[85] Z. B. Telegramm des Zentrumsabgeordneten Joos an Göring wegen Flaggenhissungen in Köln. Antwort Görings: „Ich bin dafür verantwortlich, daß der Wille des deutschen Volkes gewahrt wird, nicht aber die Wünsche einer Gruppe, die anscheinend die Zeichen der Zeit noch nicht verstanden hat" (*DAZ* vom 9. März 1933, Nr. 113/114; vgl. Rühle, Anm. I/9, I, S. 51).

[86] Vgl. u. S. 147 f.

[87] *RGBl.*, I, 1933, S. 99.

[88] Beim Staatsakt in Potsdam verkündete der Reichspräsident, daß „unser Volk sich mit einer klaren Mehrheit hinter diese durch mein Vertrauen berufene Regierung gestellt" habe: *Verhandlungen des Reichstags*, Bd. 457, 21. März 1933, S. 5. Ähnlich behauptete dann auch der staatsrechtliche Kommentar im *Jahrbuch für öffentliches Recht* mit begrifflicher wie sachlicher Leichtfertigkeit, daß im „Plebiszit [!] vom 5. 3. 33 das deutsche Volk mit überwältigender Mehrheit ein Bekenntnis zum neuen Ideengut ablegte und seinen Trägern die bisher [!] beim Reichstag liegende Gewalt anvertraute"; Fritz Poetzsch-Heffter, „Vom deutschen Staatsleben", in: *Jahrbuch für öffentliches Recht* 22 (1935), S. 9.

lung hin zum Ermächtigungsgesetz, zu diesem vieldiskutierten Akt endgültiger Selbstaufgabe der demokratischen Mitte, verstehen und gerecht würdigen will.

4. Staatsstreich in den Ländern

In der Tat ist der gewaltsame Charakter des nationalsozialistischen Machtergreifungskurses besonders augenfällig in den stürmischen Tagen nach der Wahl vom 5. März
hervorgetreten. Er war freilich schon im Februar kaum noch auf Widerstand gestoßen,
zumal die Gleichschaltungspolitik Görings in Preußen vollen Erfolg hatte. Einzig in
Bayern, dem größten deutschen Teilstaat nach Preußen, waren früh ernsthafte Gegenbestrebungen sichtbar geworden. Sie gingen keineswegs von der Linken aus, sondern
hatten ihren Rückhalt in alten konservativ-monarchistischen Restaurationstendenzen,
die sich nun im Verein mit den starken föderalistischen Traditionen dieses Landes zu
der Hoffnung und dem Versuch verdichteten, an die Stelle der drohenden nationalsozialistischen Herrschaft die konstitutionelle Monarchie des populären Kronprinzen
Rupprecht zu setzen. Die Sache hatte also zwei Aspekte: Einmal ging es darum, den
Sturz der Weimarer Republik für die monarchistische Restauration zu benutzen und
damit zugleich gegenüber dem Übergewicht Preußens und den Zentralisierungstendenzen der Reichsregierung das Eigengewicht Bayerns zu betonen. Zum anderen aber
erschien dies als eine letzte mögliche Grundlage für einen Widerstand gegen die
drohende nationalsozialistische Gleichschaltung auch aller Länder und gegen den spezifisch nationalsozialistischen Zentralisierungskurs.

Gewiß machten die neuen Machthaber keine klaren Aussagen, in welcher Form sie
das alte Problem der „Reichsreform" und der Neugliederung des deutschen Staats-
raums anpacken wollten. Doch war nicht daran zu zweifeln, daß sie es für eine
Gleichschaltung der noch nicht nationalsozialistisch regierten Länder ausnutzen würden. [89] So unbestimmt die programmatischen Äußerungen zur Reichsreform im nationalsozialistischen Parteiprogramm und in Hitlers *Mein Kampf* waren – sie gingen
nicht über ein vages Bekenntnis zu einer „starken Zentralgewalt" hinaus und vermieden dadurch einen Konflikt innerhalb ihrer vielgestaltigen Anhängerschaft –, so
deutlich dominierten doch die Zentralisierungstendenzen. Nur so konnte es zu einer
raschen Gleichschaltung der Länder von der nationalsozialistisch kontrollierten Reichsregierung her kommen. Nach der Gleichschaltung Preußens am 6. Februar durch die
endgültige Absetzung der alten Regierung fühlte sich denn auch Bayern unmittelbar
bedroht. Im Einvernehmen mit den Regierungen Württembergs, Badens, Hessens,
Sachsens und mehreren preußischen Provinzen beschloß der bayerische Ministerrat,
auf der Reichsratssitzung am 16. Februar gegen das Auftreten der preußischen Reichskommissare im Reichsrat zu protestieren.

Aber schon jetzt scheute man angesichts der tatsächlichen Machtverhältnisse einen
offenen Konflikt, beschränkte sich auf Rechtsverwahrungen und vertraute trotz allen
negativen Erfahrungen auf den Spruch des Staatsgerichtshofs, den man angerufen
hatte, der aber dann angesichts der raschen gewaltsamen Entwicklung überhaupt nicht
mehr zum Eingreifen kam. Schon zu diesem Zeitpunkt, also Mitte Februar, war neben
den übrigen preußischen Provinzen eine Reihe kleinerer Länder, in denen die Nationalsozialisten in die Regierung gelangt waren, praktisch gleichgeschaltet: so Thüringen,
Mecklenburg-Schwerin, Oldenburg, Braunschweig, Anhalt, Lippe und Mecklenburg-
Strelitz. Auch dann waren die nationalsozialistischen Vertreter im Reichsrat zwar noch

---

[89] Zum folgenden besonders Albert Lepawski, "The Nazis Reform the Reich", in: *American Political Science
Review* 30 (1936), S. 324 ff.; Roger H. Wells, "The Liquidation of the German Länder", *a. a. O.*, S. 350 ff.;
Walter Baum, „Reichsreform im Dritten Reich", in: *Vierteljahrshefte für Zeitgeschichte* 3 (1955), S. 36 ff., und
die ausführliche Darstellung u. II. Teil, S. 427 ff.

immer beträchtlich in der Minderheit. Aber sowenig die tatsächliche Gleichschaltung Preußens unter Görings rigorosen Maßnahmen dadurch beeinträchtigt wurde, so drohend hing jetzt über allen noch nicht gleichgeschalteten Ländern das Damoklesschwert der Gleichschaltung durch Reichskommissare, das zuerst Papen und jetzt Hitler und Göring so erfolgreich in Preußen bereits eingesetzt hatten.

Um zu verhindern, was in Preußen vorexerziert worden war, stellten besonders die bayerische Regierung unter Ministerpräsident Heinrich Held von der BVP und die Führung dieser stärksten Partei unter Fritz Schäffer den Wahlkampf seit Mitte Februar ganz unter das Zeichen einer Kampagne gegen die Einsetzung von Reichskommissaren: Kein Reichskommissar, so tönten die Parolen, dürfe die Mainlinie ungestraft überschreiten. [90] So war der süddeutsche Föderalismus zum letzten Ansatzpunkt des Widerstands gegen den Nationalsozialismus geworden, der in dieser Lage seinerseits als Vorkämpfer des Zentralismus und einer starken Reichsgewalt auftrat. Aber auch die Hoffnungen dieses Widerstands richteten sich vor allem auf Hindenburg. Schon 1932 hatte der Reichspräsident wiederholt versprochen, keine Reichskommissare nach Bayern zu schicken. Eine erneute Anfrage Helds vom 4. Februar hatte Hindenburg schon am 6. Februar im selben beruhigenden Sinne beantwortet: Weder Reichspräsident noch Reichsregierung dächten daran, einen Reichskommissar nach Bayern zu entsenden. Dasselbe Dementi gab auch Papen in einer Besprechung mit Schäffer am 5. Februar ab; Papen ließ dabei allerdings durchblicken, daß in nationalsozialistischen Kreisen der Gedanke erörtert werde, in Ländern mit sozialdemokratischen Innenministern (Polizei) wie in Hessen und Sachsen mit einem Reichskommissar einzugreifen. Schon am 12. Februar entsandte dann Frick in der Tat zunächst einen Ministerialrat zur hessischen Regierung. Auf dies erste Sturmzeichen reagierte der bayerische Ministerpräsident mit energischen Protesten. Am 17. Februar nahm Schäffer von einer Aussprache mit dem Reichspräsidenten selbst das erneute Versprechen mit, man werde nie einen Reichskommissar nach Bayern entsenden. Die Folge war Schäffers öffentliche Ankündigung in bayerischen Wahlversammlungen, man werde einen Reichskommissar, der entgegen Hindenburgs Versprechen nach Bayern komme, unverzüglich verhaften lassen.

Gleichzeitig gab freilich Frick, selbst ja bayerischer Herkunft, in einer Rede zu Hamburg (24. Februar) mit Nachdruck bekannt, man werde rücksichtslos gegen alle Länder vorgehen, die sich nicht gutwillig fügen wollten. Sie sollten endlich den Sinn der neuen Zeit erkennen und einsehen, daß die Reichsregierung ihre Autorität überall durchsetzen werde. Zwar bemühte sich Papen in diesen Tagen noch einmal, durch ein Lippenbekenntnis zum Föderalismus die Wogen der Auseinandersetzung zu glätten. Und gleichzeitig beteuerte Hitler in einer Großkundgebung in München, er sei doch selbst Bayer und werde deshalb Bayern nicht schlecht behandeln. Aber er fügte auch hinzu: „Ich habe mich in der Opposition nicht unterkriegen lassen, ich werde nun als Träger der staatlichen Gewalt auch die Energie besitzen, die Einheit des Reiches in Schutz zu nehmen." Die „Einheit des Reiches" blieb die taktische Formel für nationalsozialistische Gleichschaltung.

In diese Situation hinein fiel die Verordnung vom 28. Februar, deren zweiter Absatz lange vor dem Ermächtigungsgesetz alle notwendigen Handhaben bot: „Werden in einem Lande die zur Wiederherstellung der öffentlichen Sicherheit und

---

[90] Vgl. die Darstellung der Vorgänge bei Karl Schwend, *Bayern zwischen Monarchie und Diktatur. Beiträge zur bayerischen Frage in der Zeit von 1918 bis 1933*, München 1954, S. 506 ff.; Kurt Sendtner, *Rupprecht von Wittelsbach Kronprinz von Bayern*, München 1954, S. 550 ff.; Erwein v. Aretin, *Krone und Ketten. Erinnerungen eines bayerischen Edelmannes*, hrsgg. von Karl Buchheim und Karl Otmar v. Aretin, München 1955, S. 155 ff. Dazu jetzt die zusammenfassende Abhandlung über das Endstadium der BVP von Karl Schwend in: *Das Ende...* (Anm. I/21), Kap. 4 ff.

Ordnung nötigen Maßnahmen nicht getroffen, so kann die Reichsregierung insoweit die Befugnisse der obersten Landesbehörde vorübergehend wahrnehmen." [91] In Verbindung mit den rigorosen Bestimmungen über die Suspendierung der Grundrechte war damit jeder willkürliche Eingriff in die Länderpolitik und damit in die bundesstaatliche Struktur Deutschlands möglich geworden. Zwar deckte die Verordnung nur vorübergehende Eingriffe, aber in Wirklichkeit trugen sie Dauercharakter, ebenso wie die Verordnung vom 28. Februar selbst, die nie mehr aufgehoben wurde. Die Gleichschaltung vollzog sich nun in kürzester Frist; die Ereignisse folgten Schlag auf Schlag. Die Interpretation der Verordnung blieb ganz dem Gutdünken des nationalsozialistischen Innenministers Frick vorbehalten: Falls er der Meinung war, eine ihm mißliebige, weil noch nicht gleichgeschaltete Landesregierung gehe nicht scharf genug gegen die Gegner des herrschenden Kurses vor, konnte er, anders als bisher, ohne Mitwirken Hindenburgs die Exekution gegen das betreffende Land anordnen und rechtfertigen. So geschah es dann auch, ohne daß man jetzt Hindenburgs Notverordnungsrecht noch eigens benötigte, der damit eine weitere Machtbefugnis aufgegeben hatte. Kein Wunder, daß der bayerische Ministerpräsident Held noch am selben 28. Februar Hindenburg erneut seine Bedenken unterbreitete. Und erneut wurde ihm die jetzt geradezu unglaublich klingende Versicherung gegeben, der Reichspräsident denke nicht daran, Reichskommissare zu schicken. Aber Proteste rechtsstaatlicher Art waren in diesem Stadium eben schon gänzlich zwecklos, weil sie von einer verhängnisvollen Verkennung der Machtlage ausgingen und sich noch immer an die Fiktion des unantastbaren Rechtsstaats klammerten. Diese Art des legalen Widerstands mit den gewohnten Mitteln war der Technik der pseudolegalen Machtergreifung von Anbeginn hoffnungslos unterlegen. – In dieser Situation war es der Gedanke einer Restauration der Monarchie in Bayern, der sich als letzte Widerstandsmöglichkeit gegen die nationalsozialistische Gleichschaltung anbot. Monarchistische Traditionen und Bestrebungen hatten gerade in Bayern – nicht immer zum Vorteil der Weimarer Republik – auch nach 1918 eine gewichtige Rolle gespielt. Ungleich den übrigen deutschen Königshäusern hatte der bayerische Kronprinz Rupprecht auch nie abgedankt oder offiziell auf den Thron verzichtet, der in der Revolution von 1918 verlorengegangen war. Er genoß in der Tat echte Popularität in allen Bevölkerungskreisen, so sehr er sich selbst politisch zurückhielt. Daran knüpfte sich der Plan, durch eine Erneuerung der Monarchie auf legalem Wege Bayern gegen die drohende nationalsozialistische Gleichschaltung abzuschirmen. [92] Nun war Ministerpräsident Held zwar selbst monarchisch gesinnt. Zugleich hielt er jedoch strikt an seinem republikanischen Verfassungseid fest – ein Zwiespalt, der auch durch die ganze Haltung und die Überlegungen der BVP zur Restaurationsfrage hindurchging, obgleich Fritz Schäffer als ihr Vorsitzender sich schon im Januar in die Aktivität eingeschaltet hatte. Aber auch die bayerische SPD war, anders als die übrigen Landesverbände, keineswegs geschlossen antimonarchistisch, und selbst in der NSDAP Bayerns waren die Meinungen zunächst hin- und hergegangen; erst Rupprechts entschiedene Ablehnung der NSDAP machte hier die Nationalsozialisten zu seinen Feinden.

Schon im Dezember 1932, am Vorabend der nationalsozialistischen Machtergreifung, war eine Sondernummer der *Süddeutschen Monatshefte* mit der Überschrift „König [!] Rupprecht" erschienen. Sie enthielt den Artikel eines militanten bayerischen Monarchisten, Erwein Frhr. v. Aretin, der zur Wiedererrichtung der bayerischen Monarchie aufrief und bis zu der kühnen Feststellung ging, eine Monarchie innerhalb des republikanischen Reiches sei durchaus möglich – sie sei „mehr für die Welt der

---

[91] *RGBl.*, I, 1933, S. 83.
[92] Zum folgenden besonders Aretin (Anm. II/90), S. 143 ff.; Schwend (Anm. II/90), S. 114 f.; ders. in: *Das Ende...* (Anm. II/90), Kap. 5 und 6.

Zeremonienmeister ein Problem als für das Staatsrecht". Darüber konnte man sich streiten, aber jedenfalls schienen jetzt, wenige Wochen später, solche Überlegungen durch die akute Gleichschaltungsgefahr unmittelbar und überraschend aktuell geworden. Überall hielt der monarchische bayerische „Heimat-, und Königsbund" Versammlungen ab, die jetzt einen Zulauf wie nie zuvor hatten. Es kam zu stürmischen Entschließungen, die freilich mehr von überschwenglicher, vielfach offen antinationalsozialistischer Stimmung als von echten Verwirklichungschancen getragen waren. Die Pläne gingen im wesentlichen dahin, die bayerische Regierung solle den Kronprinzen ersuchen, sich für den Staatsnotstand als Generalstaatskommissar mit erweiterten Vollmachten zur Verfügung zu stellen. Daraus sollte sich dann die Proklamierung der Monarchie ergeben. Es war ein überstürzter, problematischer Plan. Trotzdem setzte sich nun auch der Führer der BVP, Fritz Schäffer, selbst entschieden dafür ein, und es gelang auch, die Bereitschaft Kronprinz Rupprechts zu erwirken.

Aber Held schwankte vor einer Entscheidung, die formal gesehen ohne Zweifel verfassungswidrig war, mochte sie auch den Geist der rechtsstaatlichen Verfassung weit eher bewahren als die Pseudolegalität des nationalsozialistischen Machtergreifungskurses. Sein juristischer Berater, der den Deutschnationalen nahestand, wußte die Gefahren einer Verfassungsverletzung so drastisch auszumalen, daß sich Helds Schwanken verstärkte. Und als dann auch Vertrauensleute des Kronprinzen aus Berlin meldeten, Hitlers Stellung sei wesentlich stärker und auch ausschlaggebender als die Hindenburgs und Papens – Hindenburg hatte auf Andeutungen dieser bayerischen Mittelsmänner in einer Audienz am 24. Februar größte Zurückhaltung gezeigt –, da fiel auch die wichtige Hoffnung, eine bayerische Aktion könne auf deutschnationale und präsidiale Unterstützung selbst aus Berlin rechnen. Auch hier also wurde der Illusionskurs und die Schwäche Papens und Hugenbergs gegenüber Hitler von verhängnisvoller Bedeutung. Zwar konnte sich der bayerische Gesandte recht offen mit Neurath, Krosigk und Gürtner über die Möglichkeit einer monarchischen Restauration als Damm gegen die nationalsozialistische Alleinherrschaft aussprechen. Aber diese nicht-nationalsozialistischen Minister rieten zum Warten, und so konnte sich die bayerische Regierung doch nicht zu dem Kronprinzenplan entschließen, zumal jetzt das Reichswehrministerium mit einer Ablösung des bayerischen Landeskommandanten General v. Leeb drohte und damit auch die Unterstützung der bayerischen Reichswehr in Frage gestellt war. Schon am 1. März wurde Held nach Berlin gerufen und in einem förmlichen Verhör von Hitler selbst in aller Schärfe gewarnt; der Reichskanzler drohte sogar einen Einsatz der Reichswehr gegen die bayerischen Pläne an. So wich Held zurück, um Hitler nicht den lange gesuchten Vorwand zum Eingreifen in Bayern zu liefern. Erneut wurde damit das Dilemma legaler Oppositionshaltung spürbar: Man konnte auch damit den letzten Akt nicht verhindern, der nicht mehr lange auf sich warten ließ.

Die Wahlen vom 5. März setzten den entscheidenden Einschnitt. Auf dem Rücken ihres maßlos überbewerteten Wahlerfolgs holte die nationalsozialistische Führung schon am nächsten Tag zum letzten Schlag gegen die Länder aus, die noch nicht nationalsozialistisch regiert waren. Zwar war die NSDAP auch in Bayern mit 43 % der Stimmen zur stärksten Partei geworden, sie hatte aber nach wie vor kaum Aussicht, auf parlamentarischem Weg legal an die Macht zu kommen. Um so drohender wurden die Nachrichten aus Berlin. Am 8. März, als die gewaltsame Gleichschaltung der anderen Länder schon in vollem Gang war, versicherte zwar Hindenburg dem bayerischen Gesandten erneut geradezu entrüstet, man solle doch endlich seinem Versprechen trauen, daß kein Reichskommissar nach Bayern komme, und selbst Hitler gab gleichzeitig eine ähnliche Erklärung ab; er fügte aber hinzu, auch in Bayern könne eben der Druck von unten so stark werden, daß ein Eingreifen des Reiches nötig

werde. Auch hier zeichnete sich jetzt jenes Ineinander einer gelenkten „Revolution
von oben" und einer manipulierten „Revolution von unten" ab, das für den Prozeß
der Machtergreifung und Gleichschaltung so bedeutsam gewesen ist. Da die „einheitliche politische Linie in Reich und Ländern", die Hitler und die nationalsozialistische
Führung jetzt kategorisch verlangten, auf normalem parlamentarischem Weg nicht zu
erreichen war, griff man auf revolutionär-putschistische Mittel zurück, eben den
„Druck von unten" in Hitlers Worten, während man gleichzeitig mit Hilfe der Verordnung vom 28. Februar für die pseudolegale Absicherung der Aktionen von oben
sorgte.

So griffen die Maßnahmen ineinander, und es war kein Zufall, daß der Münchener
Gauleiter Adolf Wagner als wichtigster Regisseur des Putsches in der Nacht zum
9. März nach München zurückfuhr, nachdem er in Berlin alles Notwendige abgesprochen hatte. Während Hindenburg noch beruhigende Versicherungen abgab und
Hitler sich auf dringende Anfragen hin unwissend stellte, war schon die Münchener
SA alarmiert, um die bayerische Regierung von der Straße her zum Rücktritt zu
zwingen. Am Morgen des 9. März gingen telephonisch neue bayerische Proteste
nach Berlin. Auch jetzt gab man dort noch vor, von nichts zu wissen, obwohl inzwischen allein Bayern noch eine nicht-nationalsozialistische Regierung besaß – gerade
umgekehrt als 1923, als der nationalsozialistische Putschversuch von München auf das
Reich übergreifen sollte. Der Vormittag des 9. März stand im Zeichen fieberhafter
Beratungen Helds mit seinem Polizeiminister und dem Münchener Polizeipräsidenten.
Aber gleichzeitig holte die SA zum ersten Schlag aus; ihr Stabschef Röhm erschien zusammen mit Gauleiter Wagner in voller Uniform bei Held und verlangte ultimativ
die Einsetzung des Altnationalsozialisten General Ritter v. Epp zum Generalstaatskommissar. Er drohte mit der angeblichen Aufstandsstimmung der SA, vermied es
allerdings, sich auf Berliner Anweisungen zu berufen. Das paßte in Hitlers Taktik,
sich scheinbar zurückzuhalten und die Dinge in München sich „von selbst" – in Wirklichkeit natürlich eindeutig gesteuert – entwickeln zu lassen. Denn zweifellos wäre
eine solche Selbstbeseitigung der bayerischen Regierung für die nationalsozialistische
Legalitätstaktik der bequemste Weg gewesen.

Held suchte die Entscheidung zu verzögern. Aber inzwischen marschierten überall
bewaffnete SA- und SS-Abteilungen auf, wurde auf dem Rathausturm die Hakenkreuzfahne aufgezogen, nahmen die Vorgänge offen revolutionären Charakter an.
Am Nachmittag verhandelte Held daraufhin mit den zuständigen Offizieren der
Reichswehr wegen der Möglichkeit eines Widerstands. Aber auf eine Anfrage in
Berlin kam aus dem Reichswehrministerium der ablehnende Befehl, „die Reichswehr
müsse Gewehr bei Fuß stehen, da die Angelegenheit in Bayern als eine rein innenpolitische betrachtet würde, aus der die Reichswehr sich vollständig herauszuhalten
habe".[93] Damit war auch ein Einsatz der Landespolizei fragwürdig geworden. Trotzdem lehnte der bayerische Ministerrat auch jetzt noch den sofortigen Rücktritt der
Regierung und die Ernennung Epps ab. Noch einmal mußten Röhm, Epp, Wagner
und Himmler unverrichteterdinge wieder abziehen. Aber nun griff Berlin ein. Es steht
fest, daß um diese Zeit schon längst die Ernennungsurkunde für Epp im Reichsinnenministerium bereit lag. Damit trat die Verordnung vom 28. Februar in Aktion. Epps
Ernennung wurde dem bayerischen Gesandten abends um 7 Uhr über die Presseabteilung der Reichsregierung bekannt, obwohl die bayerische Regierung noch keine offizielle Mitteilung erhalten hatte. Held protestierte sogleich telegrafisch beim Reichspräsidenten: Frick habe seine Kompetenzen überschritten, da die Verhältnisse in
Bayern einen Eingriff keineswegs rechtfertigten und Hindenburgs Versprechungen
damit gebrochen seien. Als einzige Antwort kam ein Telegramm Fricks an Held, das

---

[93] Schwend, *Bayern*. . . (Anm. II/90), S. 538.

die offizielle Benachrichtigung enthielt und Bayern als letztes deutsches Land der nationalsozialistischen Gleichschaltung unterwarf.[94] Ein ähnliches Telegramm mit der entsprechenden Beauftragung ging an Epp.[95] Unter energischem Protest mußte Held jetzt nachgeben, wobei er gleichzeitig in einem Telegramm an Hindenburg seine bittere Enttäuschung ausdrückte. Hindenburgs Antwort (durch Meißner) am nächsten Tag (10. März) enthüllte die wahre Situation, die Machtlosigkeit des Reichspräsidenten: Epps Einsetzung sei „von der Reichsregierung in eigener Zuständigkeit erfolgt", und er, Hindenburg, bitte Held, von einem Besuch bei ihm abzusehen und die Beschwerden Hitler selbst vorzutragen. Auch dies ist ein wichtiges Dokument der Selbstausschaltung Hindenburgs und der fortschreitenden Hitlerhörigkeit des präsidialen Staatssekretärs Meißner.

Epps Ernennung bedeutete die Machtergreifung, nicht etwa eine vorübergehende polizeiliche Notmaßnahme. Das beweist das Ausmaß der Ein- und Übergriffe, mit denen er sich personalpolitisch und legislativ sogleich in die hohe bayerische Staatsverwaltung einschaltete. Wohl fristeten Regierung und Landtag noch ein kurzes Schattendasein, aber die Entscheidung war schon gefallen mit der Eroberung der eigentlichen Exekutive – nicht durch Volksrevolution, wie man behauptete, sondern durch den Eingriff von Berlin her. Auch hier bleibt die Lehre wichtig, daß alle parlamentarisch-demokratischen Einrichtungen funktionsunfähig und bedeutungslos werden, sobald sie nicht mehr über eine aktionsfähige Exekutive verfügen. Alle wichtigen Machtmittel waren jetzt in Händen der Nationalsozialisten, die sich rasch ihre eigene neue Exekutive aufbauten, wobei Heinrich Himmler – Beginn seiner einschlägigen Staatskarriere – als SS-Führer die Polizeigewalt übernahm. Schon in der Nacht zum 10. März kam es auch zu tätlichen Ausschreitungen der SA-Trupps, in deren Verfolg mit anderen hohen BVP-Politikern auch Fritz Schäffer ins Braune Haus geschleppt, widerspenstige Zeitungen gewaltsam gleichgeschaltet und aufrechte Redakteure und Herausgeber verhaftet wurden.[96] Die Abdankung Helds war nur noch eine Formalität. Am 16. März übertrug Epp den nationalsozialistischen „kommissarischen Ministern" endgültig die gesamte Regierungsgewalt;[97] der Regierung Held wurden phantastische Anschuldigungen von Landesverrat und Separatismus nachgeschleudert und mit allen Mitteln der Propaganda verbreitet.

Den staatsstreichförmigen Vorgängen in Bayern, die typische Züge der nationalsozialistischen Gleichschaltungspolitik widerspiegeln, entsprachen durchaus die Vorgänge in Württemberg, Baden, Sachsen, Hessen, Hamburg, Bremen und Lübeck. Gewaltdrohung (von unten) und telegraphische Intervention Fricks griffen ineinander, bis die Regierungsablösung, meist über Reichskommissare, erreicht war. In Württem-

---

[94] Wortlaut *a. a. O.*, S. 539: „Da die infolge Umgestaltung politischer Verhältnisse in Deutschland hervorgerufene Beunruhigung in der Bevölkerung die öffentliche Sicherheit und Ordnung in Bayern gegenwärtig nicht mehr gewährleistet erscheinen läßt, übernehme ich für die Reichsregierung gemäß § 2 der Verordnung zum Schutze von Volk und Staat die Befugnisse der Obersten Landesbehörde Bayerns, soweit zur Erhaltung öffentlicher Sicherheit und Ordnung notwendig, und übertrage Wahrnehmung dieser Befugnisse Generalleutnant Ritter von Epp in München. Ich ersuche, diesem sofort die Geschäfte zu übergeben."

[95] Text in: *VB* vom 10. März 1933.

[96] Vgl. etwa die entsprechenden Vorgänge um die Gleichschaltung der *Münchener Neuesten Nachrichten*, deren antinationalsozialistischen Kurs die großindustriellen Besitzer des Gesellschaftskapitals (Carl Haniel und Paul Reusch) schon seit Frühjahr 1932 zu ändern gesucht hatten; das Ergebnis war die Verhaftung der maßgebenden Herausgeber Anton Betz, Erwein Frhr. v. Aretin, Paul W. Cossmann samt dem Chefredakteur Fritz Büchner und seines Vorgängers Fritz Gerlich. Dazu der Vortrag von Anton Betz vor der Universität München, wiedergegeben in: *Süddeutsche Zeitung* vom 14./15. Februar 1959, Nr. 39 (S. 10); ferner Aretin (Anm. II/90), S. 167 ff.; S. 192 ff.; zu Fritz Gerlich: *Prophetien wider das Dritte Reich. Aus den Schriften des Dr. Fritz Gerlich und des Pastors Ingbert Naab*, ges. von Johannes Steiner, München 1946, S. 581 f.; Erwein Frhr. v. Aretin, *Fritz Michael Gerlich. Ein Märtyrer unserer Tage*, München 1949. Dazu jetzt Schwend, „BVP" (Anm. II/90), Kap. 7 ff. sowie die Dokumente Nr. 6 und 7 (Anhang).

[97] Vgl. u. II. Teil, S. 433 ff.

berg amtierte nach dem 30. Januar eine geschäftsführende Regierung unter dem Zentrumspolitiker Eugen Bolz.[98] Aber auch hier stand an der Spitze des mehrheitsunfähigen Landtags mit dem fanatischen Physiklehrer Mergenthaler schon ein Nationalsozialist, über dessen einseitige Geschäftsführung es bereits mehrfach zu scharfen Auseinandersetzungen im Parlament gekommen war. Der Wahlkampf brachte noch einmal erbitterte Rededuelle, wobei Bolz nicht weniger entschieden als seine bayerischen Kollegen gegen die neue „Harzburger Front" und den Nationalsozialismus auftrat,[99] während Hitler selbst eine große Gegenkundgebung in der Stuttgarter Stadthalle anführte.[100]

Die Position der Regierung, zu der auch Reinhold Maier (Staatspartei) gehörte, wurde freilich auch in Stuttgart immer schwächer: nicht nur infolge des Sogs, den die siegreiche NSDAP auch hier auf opportunistische Teile des Staats- und Beamtenapparats ausübte, sondern vor allem deswegen, weil die Verordnungsaktivität der Reichsregierung tief in die Länderbefugnisse eingriff. Überdies veranlaßte Blomberg, der Ende Februar zu einem Staatsbesuch in Stuttgart eintraf, daß auch die in Württemberg stationierten Truppen im Fall von Auseinandersetzungen keinesfalls zur Stützung der Regierung gegen die Nationalsozialisten eingesetzt würden. Als aber trotz stärksten Propagandaanstrengungen am 5. März die Regierungsparteien in Württemberg, anders als im Reich, durchaus in der Minderheit (46,9 %) blieben – Zentrum und Staatspartei hatten sogar Gewinne erzielt –, bereitete sich die NSDAP zur gewaltsamen Regierungsablösung vor. Am Abend des 6. März forderten Mergenthaler und Gauleiter Wilhelm Murr vor einer aufgeputschten Massenversammlung auf dem Stuttgarter Marktplatz den Sturz der Regierung Bolz, und am folgenden Tag zogen nationalsozialistische Trupps auf dem Landtag, den Ministerien und den öffentlichen Gebäuden die Hakenkreuzfahne auf. Schließlich bestellte Frick entgegen seinen feierlichen Versprechungen am Abend des 8. März den nationalsozialistischen Oberleutnant a. D. v. Jagow zum Reichspolizeikommissar – mit der stereotypen Begründung, die „Aufrechterhaltung öffentlicher Sicherheit und Ordnung in Wüttemberg [sei] unter gegenwärtiger Leitung der Polizei nicht mehr gewährleistet". Das unterstellte eben einfach, daß „öffentliche Sicherheit und Ordnung" identisch mit nationalsozialistischer Machtergreifung und Gleichschaltung sei: Kein Zweifel auch hier, wie die nationalsozialistischen Erlasse und Begründungen zu sehen sind, wenn man ihren wahren Sinn erkennen und sich nicht unter Berufung auf formale Äußerlichkeiten mit der Version von der legalen Machtergreifung begnügen will. Der Sinn der Verfassung war hier ebenso verletzt wie zuvor in Preußen und dann in Bayern, als Bolz unter Protest den Amtsantritt v. Jagows hinnehmen mußte.[101]

Sogleich sollte sich zeigen, daß es den Nationalsozialisten auch in Württemberg nicht um Wiederherstellung der verfassungsmäßigen Ordnung, sondern um die eigene Machteroberung ging. Denn v. Jagow beeilte sich, die auf den 11. März angesetzte Staatspräsidentenwahl zu verhindern, mit der Regierung und Landtag sich doch ausgesprochen rasch für eine verfassungsmäßige Lösung des Konflikts bereitgefunden hatten. Statt dessen beließ man die machtlosen Minister nominell noch im Amt, bis unter dem Druck der wirklichen Machthaber Wilhelm Murr zum neuen Staatspräsi-

---

[98] Zu den Vorgängen besonders Wilhelm Keil, *Erlebnisse eines Sozialdemokraten*, Bd. II, Stuttgart 1948, S. 487 ff.; Max Miller, *Eugen Bolz. Staatsmann und Bekenner*, Stuttgart 1951, S. 433 ff.; Besson (Anm. I/5), S. 344 ff. Lebensskizze von Bolz, der im Zusammenhang mit dem 20. Juli 1944 hingerichtet wurde, in: *Das Gewissen entscheidet. Bereiche des deutschen Widerstandes von 1933–1945 in Lebensbildern*, hrsgg. von Annedore Leber in Zusammenarbeit mit Willy Brandt und Karl Dietrich Bracher, Berlin-Frankfurt/M. 1957, S. 192 ff.

[99] Besonders in seiner Rede am 12. Februar in Ulm: Miller, *a. a. O.*, S. 434 f.

[100] Die Benutzung des großen Stuttgarter Schloßhofes hat ihm die württembergische Regierung noch zu diesem Zeitpunkt zu verwehren gewagt: *a. a. O.*, S. 435.

[101] Zu diesen Zusammenhängen vgl. u. II. Teil, S. 432 ff.

denten gewählt werden konnte, wobei auch die Abgeordneten des Zentrums und der Staatspartei weiße Zettel abgaben. Neben einem deutschnationalen Überläufer der bisherigen Regierung (Finanzminister Dehlinger) berief Murr dann seinen Rivalen Mergenthaler in das neue Kabinett. Nun erst war die faktische Machtergreifung auch legalisiert. Wie es aber um den Willen zur Legalität bestellt war, beweist die Rede, die Murr bei der großen öffentlichen Siegeskundgebung hielt: „Die Regierung wird mit aller Brutalität jeden niederschlagen, der sich ihr entgegenstellt. Wir sagen nicht: Aug um Aug, Zahn um Zahn; nein, wer uns ein Auge ausschlägt, dem werden wir den Kopf abschlagen, und wer uns einen Zahn ausschlägt, dem werden wir den Kiefer einschlagen." [102]

Auch in den übrigen Ländern hatte sich inzwischen die nationalsozialistische Gleichschaltungswelle auf ähnliche Weise durchgesetzt: im Zusammenwirken des gelenkten Terrors der regionalen nationalsozialistischen Organisationen mit dem Einsatz von Reichskommissaren, also der Reichstagsbrandverordnung, von Berlin aus. [103] Am frühesten in Hamburg, wo noch am Abend des Wahltags selbst und in eklatant rechtswidrigem Gewaltakt SA und SS das Rathaus besetzten, während gleichzeitig das Reichsinnenministerium telegrafisch anordnete, der bisherige Senat müsse den Wünschen der Nationalsozialisten Rechnung tragen. [104] Dem langjährigen demokratischen Bürgermeister Petersen blieb nur noch der demonstrative Rücktritt, und schon am 7. März übernahm ein neuer Senat aus sechs Nationalsozialisten, zwei Deutschnationalen und zwei Stahlhelmern unter nationalsozialistischer Führung (Krogmann) die Macht, dessen „Bestätigung" durch die Bürgerschaft nur noch Formsache war. Einen Tag später wurden auch in Bremen nach einer ähnlichen Anordnung des Reichsinnenministeriums die sozialdemokratischen Senatoren zum Rücktritt gezwungen, während Frick einen Polizeikommissar ernannte und die SA das Rathaus besetzt hielt; der Bürgerschaft als dem Parlament blieb nur die Selbstauflösung. [105] Ähnlich in Lübeck: Rücktritt des sozialdemokratischen Bürgermeisters und der SPD-Senatoren, nachdem Frick hier ebenfalls telegrafisch eingegriffen hatte; Frick übertrug dann die entscheidende Polizeigewalt dem nationalsozialistischen Gauinspekteur Schröder. In Baden sah es zunächst noch nach einer regulären Umbildung der Regierung aus, als am 7. März Koalitionsverhandlungen zwischen Zentrum und NSDAP angebahnt wurden. Aber schon am 9. März wurde auch hier einem nationalsozialistischen Reichskommissar (Robert Wagner) die Leitung der Polizei übertragen und zwei Tage später eine nationalsozialistisch geführte neue Regierung durchgesetzt. Auch in Sachsen wurde diese „Lösung" dank der Regie eines Polizeikommissars (v. Killinger) am 10. März erreicht, obwohl die SA zunächst nach Ausschreitungen auf der Straße und im Landtag zurückgepfiffen worden war. Ähnlich die Vorgänge in Hessen, wo Frick am 8. März eingegriffen hatte. [106] Mit der Einsetzung eines nationalsozialistischen Polizeikommissars durch Frick, der Selbstausschaltung des Landtags durch ein regionales Ermächtigungsgesetz und der Wahl eines NS-Staatspräsidenten an der Seite des neuen hessischen Staatskommissars, des jugendlichen Verfassers der berüchtigten Boxheimer Dokumente, Werner Best, war die Gleichschaltung der deutschen Länder faktisch Mitte März schon vollendet. Die weiteren Maßnahmen zur Sicherung und zum Ausbau dieser regionalen Machtergreifung zogen sich freilich lange hin. Daß sie letztlich nie zu einer klaren Lösung des Problems der Reichsgliederung führten, [107] bewies, wie wenig es den natio-

---

[102] Miller (Anm. II/98), S. 440.

[103] Zusammenfassungen bei *Schultheß, 1933*, S. 55 f.; Poetzsch-Heffter (Anm. II/88), S. 129 ff.

[104] Vgl. den Bericht der *DAZ* vom 7. März 1933, Nr. 109/110.

[105] Vgl. *DAZ* vom 8. März 1933, Nr. 111/112.

[106] Vgl. *DAZ* vom 9. März 1933, Nr. 113/114.

[107] Vgl. u. II. Teil, IV. Kapitel sowie zur früheren Diskussion Bracher, *Die Auflösung...* (Anm. Einl./25), S. 559 ff.

nalsozialistischen Machthabern um die Sache selbst gegangen und wie sehr auch hier
alle Entscheidungen vom Gesichtspunkt der Machtsteigerung her bestimmt waren, wie
sehr also alle Reformen und Reformpläne nur den Vorwand für die totale Erfassung
und Durchdringung des öffentlichen Lebens im Sinne der nationalsozialistischen Diktatur liefern sollten.

5. Der Tag von Potsdam

Auch in seiner neuen Zusammensetzung konnte die nationalsozialistische Führung den
Reichstag keineswegs als bedingungslos brauchbares Werkzeug ansehen. Es gab zwei
Wege, dies zu ändern und die verfassungsändernde Zweidrittelmehrheit zu sichern.
Man konnte die Linksparteien verbieten und die oppositionellen Abgeordneten entweder ausschalten oder einschüchtern, den Reichstag also sofort gleichschalten. Eine
zweite Möglichkeit bestand darin, durch ein verfassungsänderndes Gesetz das Übergewicht der nationalsozialistisch kontrollierten Exekutive über die Mehrparteien-
Legislative auch formal zu bestätigen, den Reichstag in eine gänzlich passive Rolle zu
versetzen und damit auch verfassungspolitisch jenen revolutionären Schlag gegen den
demokratischen Parlamentarismus zu führen, der zu den Grundforderungen der nationalsozialistischen Diktaturbewegung gehörte. Die nationalsozialistische Führung beschritt beide Wege gleichzeitig. Sie konnte sich bei der Planung eines tiefgreifenden
Ermächtigungsgesetzes auf die Tatsache berufen, daß eine allzu relativistische Ver-
fassungsinterpretation gerade durch demokratische Staatsrechtler die Möglichkeit einer
legalen Selbstzerstörung der Weimarer Verfassung eingeräumt und in diesem Fall
bemerkenswerterweise gegen die Meinung ausgerechnet Carl Schmitts festgestellt
hat,[108] Verfassungsänderungen mit Zweidrittelmehrheit des Parlaments (Art. 76 WV)
dürften sich auch auf jene Bestimmungen erstrecken, die für das ganze Verfassungs-
werk grundlegend waren: In diesem Fall hielt sich die nationalsozialistische Interpretation – gegen ihren Parade-Juristen Carl Schmitt – verständlicherweise durchaus
an die verfemte „liberalistische" Verfassungslehre. Sie durfte dabei auch der deutschnationalen Unterstützung sicher sein, war diese Partei doch *ex origine* und besonders
nach der Verdrängung des gemäßigten Flügels aus der Parteiführung durch die Hugenberg-Gruppe (1929/30) kaum weniger auf einen prinzipiell antiparlamentarischen
Kurs festgelegt, auch wenn jetzt mancher ihrer Exponenten mit Recht besorgt war,
eine Ausschaltung des Parlaments möchte zugleich die eigene Ausschaltung und also
den Verlust ihrer vermeintlichen Schlüsselstellung bedeuten. Es war ein Verhängnis,
daß sich eine Partei und Männer die Kontrolle der NSDAP zutrauten, die ihrer
eigenen politischen Doktrin nach das Prinzip der politischen Kontrolle als Grundprinzip der parlamentarischen Demokratie stets abgelehnt hatten. Übrigens hatten die
Exponenten beider Parteien ja schon vor dem 5. März versichert, daß dies die endgültig letzte Wahl sei, und es hatte auch nicht an Andeutungen gefehlt, daß man vom
neuen Reichstag nur noch ein Ermächtigungsgesetz verlangen werde, das ihn überflüssig und die Regierung zum alleinigen Herrn machen würde.

Aber auch mit der knappen Mehrheit der Koalitionspartner war formal gesehen
nichts Entscheidendes auszurichten. Man mußte dazu noch eine ansehnliche Gruppe
von oppositionellen Abgeordneten für jene Verfassungsänderung gewinnen, die als
Ermächtigungsgesetz das Parlament seiner legislativen Funktionen entäußern konnte.
Entsprechend der Zusammensetzung des neuen Reichstags bedurfte es dazu in erster
Linie der Unterstützung der Zentrumspartei, ohne die, da doch die Linke noch immer

---

[108] So der maßgebende Kommentar von Gerhard Anschütz, *Die Verfassung des Deutschen Reichs vom 11. August
1919*, 12. Aufl., Berlin 1930, zu Art. 76 Abs. 3 WV; dagegen Carl Schmitt, *Verfassungslehre*, Berlin 1928, S. 20 ff.
Freilich hat sich Schmitt dann so geholfen (*DJZ*, 1933, Sp. 456), daß er jetzt die Möglichkeit einer Beseitigung
durch den Verfassungsgesetzgeber selbst für gegeben ansah.

über fast ein Drittel der Sitze verfügte, eine Zweidrittelmehrheit nicht denkbar war. Nach den brüskierenden Scheinverhandlungen Hitlers mit der Zentrumsführung war dies jedoch kaum zu erwarten, selbst wenn nicht alle Abgeordneten der Zentrumspartei dem nationalsozialistischen Sog und Terror widerstehen würden. Auch hier gewann deshalb der erste Weg, der Weg der Gewalt und des Verbots, entscheidende Bedeutung, wenngleich letztlich dann nur als Drohmittel, das die Zentrumsabgeordneten schließlich zur Kapitulation bewog. Und auch hier, wie für das Zustandekommen des Ermächtigungsgesetzes überhaupt, war deshalb die Reichstagsbrandverordnung vom 28. Februar und nicht etwa die mangelnde Standfestigkeit der Zentrumsfraktion das primäre Moment. Denn diese Verordnung gab der Regierung nach ihrer sofort erprobten Auffassung die Möglichkeit, beliebig viele Abgeordnete zu verhaften und durch solche Verringerung der Reichstagssitze auch ohne das Zentrum zur Zweidrittelmehrheit zu kommen. Ein erster sichtbarer Anfang war schon damit gemacht, daß die kommunistischen Kandidaten lange vor der Wahl der Verfolgung und Verhaftung ausgesetzt waren und dadurch das zahlenmäßige Verhältnis schon bei Zusammentritt des neuen Reichstags erheblich zuungunsten der Opposition verändert sein mußte. Frick hat dann auch am 10. März vor einer nationalsozialistischen Massenversammlung in der Frankfurter Festhalle im Anschluß an eine Rede des SA-Führers Prinz August Wilhelm v. Preußen unmißverständlich erklärt,[109] es müsse „Schluß damit gemacht werden, daß die Kommunisten in den Parlamenten der Städte, Länder und des Reiches noch etwas zu sagen haben. Wenn am 21. März der neue Reichstag zusammentritt, werden die Kommunisten durch dringende und nützlichere Arbeit verhindert sein, an der Sitzung teilzunehmen. Diese Herrschaften müssen wieder an fruchtbringende Arbeit gewöhnt werden. Dazu werden wir ihnen in *Konzentrationslagern* Gelegenheit geben. Wenn sie sich dann wieder zu nützlichen Mitgliedern der Nation erziehen lassen, wollen wir sie als vollwertige Volksgenossen willkommen heißen, sonst werden wir sie auf die Dauer unschädlich machen." Dieselbe Drohung hing, wie die nach dem Reichstagsbrand noch ständig gesteigerte Propaganda gegen den „Marxismus" bewies, auch über den sozialdemokratischen Abgeordneten. Unter diesem Gesichtspunkt muß man die zweiwöchige Entwicklung betrachten, die zu der durch Drohungen und Versprechen manipulierten Selbstaufgabe des letzten freigewählten Parlaments führte und damit auch sichtbar das Ende der Weimarer Republik besiegelte.

Es erscheint folgerichtig, daß gerade am Vorabend dieser Entscheidung und gleichzeitig mit den Gleichschaltungsaktionen in den Ländern auch der Plan eines Reichspropagandaministeriums zur Verwirklichung reifte. Hitler hatte Entsprechendes schon in der Kabinettssitzung am 7. März angekündigt, wobei er sich ausdrücklich auf den Erfolg der Wahl und auf die Gewinnung der „sonstigen Nichtwähler" berufen hatte: „Nunmehr müsse eine großzügige Propaganda- und Aufklärungsarbeit einsetzen, damit keine politische Lethargie aufkomme."[110] Vier Tage später faßte das Kabinett dann nach einer Debatte außerhalb der Tagesordnung den entsprechenden Beschluß,[111] wobei Hitler geschickt auf ganz unverdächtige Funktionen des neuen Ministeriums (vor allem bei der Vorbereitung der Bevölkerung auf die anstehende Lösung der Öl- und Fettfrage) und auf den geringen Kostenaufwand hinwies;[112] Hugenbergs Einwände, die sich offenbar hauptsächlich auf das Anzeigenmonopol be-

[109] *VB* vom 11./12. März 1933, Nr. 70/71, S. 7 (Auszeichnung i. Orig.).

[110] Auszug aus der Niederschrift über die Ministerbesprechung vom 7. März 1933: *MGN* 11, Doc. No. NG–2287 (*HAB*, Rep. 335, Fall 11, Nr. 454, S. 9 ff.).

[111] A. a. O., 11. März 1933 (NG–3946; Nr. 455, S. 72 ff.).

[112] „Es sei sogar wahrscheinlich, daß es in Verbindung mit dem Anzeigenmonopol erhebliche Überschüsse abwerfen würde."

zogen, erwiesen sich erneut als unwirksam, als Hitler, nun schon offener, die Beschleunigung mit der Bemerkung begründete, daß „die Reichstagseröffnung bevorstünde und vor dieser eine Aufklärungs- und Propagandaarbeit geleistet werden müßte". Goebbels' lange gehegten und emsig verfolgten Ambitionen kamen damit, nicht zuletzt als Frucht der jüngsten Propagandastrategie, zu ihrem Ziel.[113] Die Bedeutung dieser staatlichen Institutionalisierung der nationalsozialistischen Propagandastrategie liegt nicht nur in ihren sachlich-politischen, sondern auch in ihren personellen Konsequenzen. Der ehrgeizige Paladin war jetzt nicht länger hinter Frick und Göring zurückgesetzt und überdies die Machtverteilung innerhalb der Regierung erstmals nachhaltig zugunsten des nationalsozialistischen Flügels geändert, als am 12. März Hindenburg seine Unterschrift unter einen Kabinettsbeschluß setzte, der die Errichtung eines neuen und überhaupt revolutionär neuartigen Ministeriums für die Aufgaben der nationalen und kulturellen Propaganda verfügte.[114] Das Staatssekretariat in diesem ganz auf Goebbels zugeschnittenen Ministerium wurde mit Walther Funk besetzt, der bemerkenswerterweise seine Funktionen als nationalsozialistischer Reichspressechef beibehielt; Aufbau und Zielsetzung ruhten also, anders als in den übrigen Ministerien, von Anfang an personell wie sachlich gänzlich auf nationalsozialistischen Grundlagen. Auf der pseudolegalen Basis der Verordnungen vom 4. und 28. Februar mit ihrer Ausschaltung der Presse- und Meinungsfreiheit konnte es sogleich praktisch uneingeschränkt zum einseitig gehandhabten Werkzeug für die nationalsozialistische Massenbeeinflussungspolitik werden. Schon in seiner ersten programmatischen Rede vor der Presse hat es Goebbels unumwunden als Aufgabe vor allem seines Ministeriums bezeichnet, für die „Gleichschaltung zwischen der revolutionären Regierung und dem Volke" zu sorgen.[115]

Wie einschneidend diese Vorgänge auch für die Kräfteverteilung innerhalb des Kabinetts waren, ging schon aus der offiziellen Verlautbarung des entsprechenden Erlasses hervor. Danach bestimmte der Reichskanzler, d. h. der Führer der NSDAP, „die einzelnen Aufgaben" des neuen Ministeriums zwar „im Einvernehmen mit den betroffenen Reichsministerien", aber vor allem „auch dann, wenn hierdurch der Geschäftsbereich der betroffenen Ministerien in den Grundzügen berührt wird".[116] Praktisch bedeutete dies, daß Goebbels nicht nur die Leitung des Gaues Berlin und des Propagandaapparates der NSDAP beibehielt, sondern gleichzeitig große Stücke aus den Arbeitsbereichen seiner Ministerkollegen herausriß. So nahm er dem Außenministerium die Presseabteilung, dem Reichspostministerium den Rundfunk, dem Innenministerium das Filmwesen und schließlich dem preußischen Kultusministerium die jetzt zum bloßen Propagandainstitut verwandelte Deutsche Hochschule für Politik.[117] Es war ein neuer bedeutsamer Schritt hin zur Gleichschaltung nicht nur der öffentlichen Meinung, sondern auch des Reichskabinetts. Er fand wenige Tage später (16. März) seine Ergänzung durch die Auflösung der „Reichszentrale für Heimat-

---

[113] Vgl. dazu auch die Äußerungen und Notizen von Goebbels selbst: *Vom Kaiserhof...* (Anm. I/40), S. 258 f. (schon am 5. und 9. Februar 1933); S. 263; S. 276 f.; S. 280 ff.

[114] „Erlaß des Reichspräsidenten über die Errichtung des Reichsministeriums für Volksaufklärung und Propaganda" vom 13. März 1933: *RGBl.*, I, 1933, S. 104; vgl. auch Schmeer (Anm. I/43), S. 38 ff.

[115] *Dokumente...* (Anm. I/31), I, S. 292; auch abgedr. in: Goebbels, *Revolution...* (Anm. Einl./11), S. 135 ff.

[116] „Erlaß..." (Anm. II/114), S. 104.

[117] Verordnung Hitlers über die Aufgaben des Reichsministeriums für Volksaufklärung und Propaganda vom 30. Juni 1933: *RGBl.*, I, 1933, S. 449; vgl. auch den noch detaillierteren Entwurf, der der Kabinettssitzung vom 11. März 1933 vorgelegen hatte (*HAB*, Rep. 335, Fall 11, Nr. 455, S. 6 ff. des Originals). Danach sollte das neue Ministerium „eine bestimmte Willensbildung im Reich, in Österreich [!], Danzig und dem Grenz- und Auslandsdeutschtum durchsetzen", alle bisherigen Instanzen auf diesem Gebiet gleich- oder ausschalten, besonders die Reichszentrale für Heimatdienst und den Reichskunstwart beseitigen und die „völlig umzugestaltende Hochschule für Politik, die ein Mittelpunkt der inneren Werbung werden müßte", sich eingliedern, schließlich die Kulturpolitik im weitesten Sinne gleichschalten. Vgl. auch ausführlich u. II. Teil, III. Kapitel, Abschn. 4.

dienst", der alten republikanischen Informations- und Aufklärungsstelle von allerdings ungleich bescheidenerem Zuschnitt. Und mit der Errichtung von 13 „Landesstellen für Volksaufklärung und Propaganda" am 13. Juli 1933, die meist mit erprobten NS-Gaupropagandaleitern besetzt wurden, vermochte Goebbels die Propagandaarbeit dann auch regional stark zu verdichten.

Ein gewisses Gleichgewicht zwischen den deutschnationalen und nationalsozialistischen Komponenten der „Nationalen Revolution" blieb aber gerade jetzt nach
außen hin noch immer demonstrativ gewahrt. Es sollte die Abwendung des „nationalen" Bürgertums von der durchlöcherten Republik erleichtern, ohne es sogleich ins
nationalsozialistische Lager zu zwingen, und es sollte zweifellos auch die Bedenken
der Hindenburg-Umgebung beschwichtigen. Dem entsprach, daß nun durch einen auch
formal gegen Art. 3 WV verstoßenden Akt – und ohne Zuhilfenahme des Art. 48 – die
schwarz-rot-goldene Fahne als Staatssymbol beseitigt, zugleich aber durch „Erlaß" des
Reichspräsidenten zum 12. März 1933 „bis zur endgültigen Regelung der Reichsfarben"
bestimmt wurde, daß „die schwarz-weiß-rote und die Hakenkreuzflagge gemeinsam zu
hissen sind".[118] Noch in der Kabinettssitzung vom 7. März hatte Frick für die offizielle
Beflaggung an jenem Tag, den die NS-Propaganda vom Reminiscere und Volkstrauer-
tag zum „Heldengedenktag" umwandelte, lediglich zusätzlich die schwarz-weiß-rote
Fahne vorgeschlagen und das Kabinett schließlich der Anregung Schwerin-Krosigks
zugestimmt, daß auf den Regierungsgebäuden neben der schwarz-rot-goldenen auch
die schwarz-weiß-rote Fahne gezeigt werden müsse. Aus einer entsprechenden Anmerkung des protokollführenden Ministerialrats, der die Niederschrift am 11. März
ausgefertigt hat, ist zu schließen, daß auch diese gewiß schon verfassungswidrige Kom-
promißentscheidung bereits kurz nach der Sitzung zugunsten des nationalsozialistisch
akzentuierten Verfassungsbruchs „überholt" war.[119] Die mystische Erhebungsideologie
der „Nationalen Revolution", mit der Hindenburg diesen Bruch seines Reichspräsi-
denteneides begründete,[120] beherrscht überhaupt mehr denn je zuvor und nachher
(denn dann war sie nicht mehr nötig) die Wochen zwischen den Reichstagswahlen und
dem sogenannten Tag von Potsdam: Das ruhmreiche Alte und das revolutionäre Neue,
Hindenburg und Hitler haben sich gefunden und verbunden, aus diesem Bündnis er-
steht der neue Staat, dem deshalb alle „national" Gesinnten unbeschadet der Partei-
richtung zustimmen können.

Wohl konnte dem aufmerksamen Beobachter im konservativen Lager, auch wenn
er seine Sympathien bereits den vollzogenen Machttatsachen zuwenden mochte, die
wahre Bedeutung solcher Maßnahmen und Manifeste kaum verborgen bleiben.[121]

[118] *RGBl.*, I, 1933, S. 107.

[119] Niederschrift der Kabinettssitzung vom 7. März 1933 (Anm. II/70), S. 116; zur nationalsozialistischen
Regie des Heldengedenktages vgl. Schmeer (Anm. I/43), S. 83 ff.

[120] *RGBl.*, I, 1933, S. 103: „Diese Flaggen verbinden die ruhmreiche Vergangenheit des Deutschen Reichs und
die kraftvolle Wiedergeburt der Deutschen Nation. Vereint sollen sie die Macht des Staates und die innere Verbundenheit aller nationalen Kreise des deutschen Volkes verkörpern." Schon sprachlich wirkt dies als absonder-
licher Fremdkörper im nüchtern-bürokratischen Reichsgesetzblatt. Aber gerade die nationalsozialistische Staatsrechtstheorie hat auch, soweit sie die „Revolution" nicht schon in den Februar 1933 verlegte, den Erlaß als den
„ersten revolutionären gesetzgeberischen Akt" des neuen Regimes und Hindenburgs Begründung als „offen
revolutionären Geist . . . in Sprache, Gesinnung und politischer Haltung" bezeichnet: so Gustav Adolf Walz,
Das Ende der Zwischenverfassung. Betrachtungen zur Entstehung des nationalsozialistischen Staates, Stuttgart
1933, S. 15; vgl. Steinbrink (Anm. I/28), S. 48 f.

[121] Vgl. etwa den Informationsbericht Dertingers vom 15. März 1933 (*Sammlung Brammer*): „Mit der Erklärung Hitlers am 12. März und den Flaggenerlassen des Reichspräsidenten ist der Begriff des revolutionären
Geschehens amtlich geworden und durch den Flaggenerlaß der eklatante Verfassungsbruch zweifellos vollzogen
worden. . . Mit der Gleichstellung der Fahnen ist nach außen die Tatsache feierlich vom Reichspräsidenten
dokumentiert worden, daß der Träger des neuen Staates in nahezu ausschließlichem Maße die nationalsozialistische Gedankenwelt sein wird. Das konservative Element, das durch schwarz-weiß-rot verkörpert wird, hat
grundsätzlich und auch tatsächlich nicht viel mehr Bedeutung als die einer regulierenden Bremse, während die

Aber tatsächlich hatte in den vorangehenden Wochen eine umfangreiche national-bürgerliche Literatur von Aufsätzen und Broschüren diese Ideologie, die auch Hitler in einer Rundfunkerklärung zum Flaggenerlaß vom 12. März ausdrücklich unterstrichen hat,[122] mit Erfolg vorbereitet. Hier schien sich – in größerem Maßstab und unter ungleich verhängnisvolleren Umständen freilich – der nationalliberale „Umfall" dem Bismarck-Staat gegenüber zu wiederholen, soweit man die vielfach wohlgemeinten, von den Nationalsozialisten freilich rücksichtslos benutzten Erhebungs-, Einheits-, Wiedergeburtsparolen national-christlich-idealistischer Stilprägung in diesen Tagen ernst zu nehmen hat.[123] Den „vernünftigen" Kompromiß vom 30. Januar 1933, durch den die „nationalen" Männer den nationalsozialistischen Überschwang für ihre gemäßigten Ziele meinten einsetzen und bändigen zu können, glaubte die Literatur der „nationalen Erhebung" an diesem Vorabend des Ermächtigungsgesetzes trotz allen trüben Erfahrungen der letzten Wochen doch noch retten oder gar bekräftigen zu können. Und während die Gleichschaltungswelle in den Ländern weiterging, suchte in diesem Sinne auch die nationalsozialistische Führung, besonders der Hauptverantwortliche Göring, durch zynische Ermahnungen zur strikten Einhaltung der „Legalität" die Furcht vor einer „ungeordneten" Revolution von unten zu zerstreuen,[124] nicht ohne dafür die „planmäßige" Revolution von oben zu versprechen. Auch Hitler selbst hatte mit einem Aufruf an seine Parteigenossen und SA-SS-Männer schon am 10. März befohlen, die Revolution in geordnete Bahnen – wie er es verstand – zu lenken und zu halten, wobei er nationalsozialistische Übergriffe und Gewaltaktionen als Provokationen „kommunistischer Spitzel" entschuldigte. Zwar rechtfertigte er nachdrücklich die Politik der vollzogenen Tatsachen, insbesondere die Machtergreifung in den Ländern; er versprach aber gleichzeitig, da ja die Gewaltaktionen ihr Ziel bereits erreicht hatten, „mit dem heutigen Tage" werde „der weitere Vollzug der nationalen Erhebung ein von oben geleiteter, planmäßiger sein".[125] Und gewissermaßen als Beweis konzedierte er gleichzeitig, daß der bevorstehende Gefallenengedenktag nur mit schwarz-weiß-roter Beflaggung begangen, also auch in dieser Beziehung die rein nationalsozialistische Machtergreifung zurückgestellt werde.

Dies alles war jedoch wesentlich taktisch zu verstehen, ganz auf die bevorstehenden Festakte ausgerichtet, die noch einmal das einträchtige Zusammenwirken von „nationalem" und nationalsozialistischem Erhebungsgeist feierlich demonstrieren sollten. Dabei ist nicht zu leugnen, daß auf der anderen Seite auch die nationalsozialistische Führung gewisse Schwierigkeiten hatte, ihre taktische Linie der „legalen Machtergreifung" ihren militantesten Anhängern plausibel zu machen und revolutionäre Ge-

wesentliche Gestaltung der Dinge vornehmlich in den Händen des Nationalsozialismus liegen wird... Die reine Revolution von oben her auf christlich-konservativer Grundlage, wie sie von Papen angestrebt wurde, ist durch die anschließende Revolution von unten überrannt und der Staat und die Neugestaltung der inneren Verhältnisse den Kräften des Nationalsozialismus maßgeblich überantwortet worden."

[122] Abgedr. im *VB* vom 14. März 1933: „Damit ist nach außen hin sichtbar durch diese Vermählung der Sieg der nationalen Revolution gekennzeichnet."

[123] Vgl. etwa Hans Wendt, *Die Märzrevolution von 1933*, Oldenburg 1933; ders., *Hitler regiert*, 4. Aufl., Berlin 1933; Hans Hinkel und Wulf Bley, *Kabinett Hitler*, 2. Aufl., Berlin 1933; *Die Nationalversammlung von Potsdam. Deutschlands große Tage 21. bis 23. März 1933*, mit verbindendem Text von Hans Wendt, Berlin 1933. Dazu kam dann die im engeren Sinne nationalsozialistische Broschürenflut. Zu den geistigen Aspekten dieses Phänomens ausführlicher u. S. 263 ff.

[124] Vgl. Görings Bekanntmachung vom 12. März 1933 mit der bezeichnenden Begründung (*Schultheß, 1933*, S. 57 f.): „In den letzten Tagen sind aus zwingenden Gründen von seiten der nationalsozialistischen Verbände unmittelbare Eingriffe in Kommunalverwaltung, Rechtspflege, Kunstinstitute, insbesondere in Theaterbetriebe vorgekommen. Auf Grund des Erlasses des Herrn Reichskanzlers vom 10. März sind derartige Eingriffe unnötig geworden [!]. Die Reinigungsaktion innerhalb meines Ressorts wird von mir selbst planmäßig vorgenommen werden... Ich bin überzeugt, daß die nationale Bevölkerung zu meinen Maßnahmen das notwendige Vertrauen besitzt und unmittelbare Handlungen in Zukunft aus diesem Grunde für unnötig halten wird."

[125] *Schultheß, 1933*, S. 56 f.

waltakte von unten diesem Kurs einzuordnen, also jenes Zusammenwirken von unten und oben in der revolutionären Szene zu erreichen und unter Kontrolle zu halten, das so typisch ist für den Ablauf der nationalsozialistischen Machtergreifung.[126] Das folgende Jahr hat, gipfelnd im Blutbad vom 30. Juni, noch einmal jene Problematik aufgeworfen und zugleich ihre gewaltsame Lösung herbeigeführt.

Inzwischen rückte das entscheidende Ereignis, die erste Reichstagssitzung, heran. Hitler hatte sie zunächst erst zwischen dem 3. und 8. April einberufen und also länger noch den Notverordnungskurs benutzen wollen,[127] sie dann aber offenbar im Interesse einer raschen Entmachtung des Parlaments durch das Ermächtigungsgesetz noch um zwei Wochen vorverlegt. Wie schon zur letzten Wahl sollte das Pathos eines feierlichen Staatsaktes dazu dienen, aus diesem Anlaß eine „historische Stunde"[128] der „nationalen Erhebung" zu machen. Hatte man den 5. März pathetisch, wenn auch im Blick auf die Resultate etwas voreilig, von Staats wegen zum „Tag der erwachenden Nation" erhoben, so beschloß man nun, der ersten Reichstagssitzung des „Dritten Reiches" sinnfällig am Jahrestag der feierlichen Eröffnung des ersten Reichstags des „Zweiten Reiches" (21. März 1871) einen großartigen Staatsakt mit Kranzniederlegung in der traditionsreichen Potsdamer Garnisonkirche, dem Begräbnisort Friedrichs des Großen, vorangehen zu lassen[129] und diesen Tag durch eine öffentliche Kundgebung Hindenburgs zum „Tag der nationalen Erhebung" zu deklarieren, ihn gleichsam als Vollendung der am 30. Januar begonnenen „Nationalen Revolution" zu feiern. Der Tag von Potsdam bedeutete die höchste und zugleich eigentlich schon letzte Stufe in der Entwicklung des verhängnisvollen, von einem Nebelschleier „nationaler" Phrasen und irrationaler Mystifizierung verdeckten Bündnisses zwischen deutschnationalen und nationalsozialistischen Aspirationen. Nach diesem Staatsakt, der dann auch rasch zur „symbolischen Krönung der nationalsozialistischen Revolution"[130] erhoben wurde, zerriß rasch der Schleier der Illusionen und gab den Blick frei auf die Wirklichkeit der nationalsozialistischen Alleinherrschaft. Aber in der sentimental-pathetischen „Potsdamer Rührkomödie"[131] vereinigten sich noch einmal alle jene Illusionen, die das Zusammenwirken der „Nationalen Opposition" gegen die Weimarer Republik bis zur Harzburger Front getragen hatten; sie hatten den Gedanken der Zähmung der NSDAP in einer von nationalkonservativen Kräften kontrollierten Koalitionsregierung nach Art des am 30. Januar begründeten Kabinetts bestimmt und beeinflußten auch die schwankende Anfangshaltung der christlichen Kirchen zum nationalsozialistischen Regime. Denn auch „die Benützung einer Kirche für eine politische Veranstaltung wurde von den meisten nicht als Schändung eines Kirchenraumes, sondern eher als Bekenntnis zur Kirche gewertet, verbunden mit einer Treuekundgebung für alles, was Tradition hieß".[132]

---

[126] Vgl. auch Hitlers vor allem an die Partei sowie SA und SS gerichtete Rundfunkerklärung zum Flaggenerlaß vom 12. März 1933 (abgedr. in: *VB* vom 14. März 1933): „Mit dem heutigen Tage, da nun auch symbolisch die gesamte vollziehende Gewalt [!] in die Hände des nationalen Deutschland gelegt wurde, beginnt der zweite Abschnitt unseres Ringens. Von nun an wird der Kampf der Säuberung und Inordnungbringung des Reichs ein planmäßiger und von oben geleiteter sein. Ich befehle Euch daher von jetzt an strengste und blindeste Disziplin! Alle Einzelaktionen haben zu unterbleiben. . . Im übrigen aber ist es nun unsere Aufgabe, dem ganzen deutschen Volk und vor allem auch unserer Wirtschaft das Gefühl der unbedingten Sicherheit zu geben. . ."

[127] So Hitlers Vorschlag noch in der Kabinettssitzung vom 7. März 1933 (Anm. II/70), S. 113 f.

[128] „Historisch" ist eines jener Füllwörter, deren sich die nationalsozialistische Propaganda zur pathetischen Unterstreichung auch der vergänglichsten Maßnahmen und Behauptungen bediente: vgl. Victor Klemperer, *LTI [lingua tertii imperii]. Notizbuch eines Philologen*, 2. Aufl., Berlin 1949, S. 50.

[129] Hitlers Ankündigung in der Kabinettssitzung vom 7. März (Anm. II/70), S. 114.

[130] Steinbrink (Anm. I/28), S. 50.

[131] So Meinecke (Anm. Einl./1), S. 25.

[132] Conrad (Anm. II/38), S. 7.

Vor allem bedeutete der Tag von Potsdam eine willkommene Talentprobe für den neuen Propagandaminister, der dies Schauspiel erhebender nationaler Einigkeit glänzend inszeniert hat.[133] Mit der Garnisonkirche und dem Sarg Friedrichs des Großen hatte man einen Ort von symbolträchtiger Bedeutung zu wählen gewußt; den Rahmen bildete eine dichte Beflaggung mit den beiden rivalisierenden, hier scheinbar einträchtig vereinten Fahnengattungen und ein imposanter Aufmarsch von SA, SS, Stahlhelm und Reichswehr vor der Kirche. Die national-bürgerliche Publizistik erging sich in feierlichen Betrachtungen etwa der Art: „Dem Umsturz von 1918 folgte die Nationalversammlung von Weimar. Der Umwälzung von 1933 folgte die Nationalversammlung von Potsdam. . . Die Weimarer Nationalversammlung schuf die demokratisch-parlamentarische Republik. Die Potsdamer Nationalversammlung, der Reichstag von 1933, liquidierte diesen Staat und legte den Grundstein zum Dritten Reich."[134] So oder ähnlich deuteten es die zeitgenössischen Kommentatoren, die im Weg von Weimar nach Potsdam die feierliche Sanktionierung der Symbiose von nationalem Traditionsbewußtsein und nationalsozialistischem Revolutionswillen sehen wollten, jener Scheinsynthese allzu selbstbewußter Konservativer und Nationalisten, die das wahre Wesen ihres nationalsozialistischen Partners noch immer nicht erkannt oder in seinem Gewicht ermessen hatten.

So verlief auch die erste Hälfte des Tages. Gewaltige Wagenkolonnen zogen vormittags von Berlin nach Potsdam. Festgottesdienste bildeten den Beginn; auch die Kirchen, die bald selbst so angefochten wurden, standen im Bann des Neuen. In seiner alten Marschallsuniform erschien Hindenburg zum protestantischen Festgottesdienst in der Nikolaikirche, wo Otto Dibelius predigte, dann fuhr er durch die geschmückte, von Beifall, Uniformen, Marschieren erfüllte Preußenstadt. Im katholischen Gottesdienst fehlten zwar Hitler und Goebbels, nicht jedoch Himmler. Um 12 Uhr fuhr auch Hitler unter dem Jubel seiner dichtgedrängten Anhänger mit Papen und der Regierung durch die Straßen, während Hindenburg mit der Generalität die Ehrenkompanie vor dem Kirchenportal abschritt. In der Garnisonkirche saßen zahlreiche Generale und Offiziere der kaiserlichen Armee wie der Reichswehr; hinter der Regierung hatten die Reichstagsabgeordneten der Rechts- und Mittelparteien Platz genommen, es fehlten SPD und KPD. Versammelt waren also alle, die dann auch der Regierung mit dem Ermächtigungsgesetz zwei Tage später ihre pauschale Diktaturgewalt bestätigen sollten. Wie und warum es gelungen ist, auch die Zentrumsabgeordneten einschließlich Brüning, allerdings, symbolisch genug, durch eine Nebentür, an diesen Ort und dann auch zur Billigung des Ermächtigungsgesetzes zu bringen, wird noch zu untersuchen sein. In der Mitte des Altarraums war Hindenburgs Platz, ihm zur Seite saßen, im ungewohnten schwarzen Staatsrock, Hitler und, diesmal als Reichstagspräsident, Göring. Als Sprecher der Rundfunkübertragung fungierte Baldur v. Schirach, Führer der HJ und pathetischer Dichter der Partei. Ein Stuhl war für Kaiser Wilhelm II. freigehalten, er war leer, doch hinter ihm saß in preußischer Generaluniform der Kronprinz mit seiner Frau. Auch der Monarchismus war noch einmal in die nationale Schaustellung einbezogen, bevor Hitler dann zwei Tage später erklärte, die Wiedererrichtung der Monarchie sei derzeit nicht diskutabel.

Zunächst ertönten Orgel und Gesang – der „Choral von Leuthen": Nun danket alle Gott –, dann verlas Hindenburg das Dokument, das ihm Meißner überreicht hatte. Wieder die Behauptung, das Volk habe sich „mit einer klaren Mehrheit hinter diese durch mein Vertrauen berufene Regierung gestellt und ihr dadurch die verfassungs-

---

[133] Heiden, *Geburt*. . . (Anm. I/126), S. 146; jetzt auch die Schilderung des Tages bei Meißner/Wilde (Anm. I/26), S. 244 ff. Zum Einsatz der „dramatisierten Symbolik" durch die NS-Propaganda vgl. die systematische Analyse bei Schmeer (Anm. I/43), S. 48 ff.
[134] *Die Nationalversammlung von Potsdam* (Anm. II/123), S. 2 f.

mäßige Grundlage für ihre Arbeit gegeben". Neben der fragwürdigen Interpretation des (knappen) Wahlergebnisses schloß dies das Zugeständnis ein, daß erst jetzt der neue Kurs auch „verfassungsmäßig" vorangebracht werden könne. Dann sprach Hindenburg von den schweren Aufgaben dieser Regierung, appellierte an alle Abgeordneten, sich hinter sie zu stellen, beschwor den preußischen Geist des Orts und erteilte schließlich Hitler das Wort, der seine Ansprache von einem Pult am Altar gegenüber dem Sitz Hindenburgs hielt. Hitlers Rede [135] war bewußt mäßig, recht allgemeinfeierlich gehalten, folgte aber ganz dem gewohnten Schema: Rückblick auf den Glanz und die Brüchigkeit des Reiches, dann der Verfall auf allen Gebieten, für den Revolution und Weimarer Republik die Schuld tragen, schließlich die neue Sammlung der nationalen Kräfte und jetzt ihr Sieg. Dank dem Vertrauen, das Hindenburg zuguterletzt ihnen entgegengebracht hat, sei jetzt, versicherte Hitler, „die Vermählung vollzogen zwischen den Symbolen der alten Größe und der jungen Kraft". Auf dieser Grundlage verkündete er sein wohlklingendes Programm der „nationalen Wiedererhebung", das freilich keine faßbaren Details enthielt, forderte den Reichstag zur Gefolgschaft auf und schloß mit einer Verherrlichung Hindenburgs als des Inbegriffs des nationalen Mythos. Man erhob sich, Hindenburg stieg hinunter in die Gruft Friedrichs des Großen, draußen hallten Salutschüsse, man sang: „Wir treten zum Beten". Auf dem Vorplatz, wo eine große Parade der Truppen, der Polizei und der „nationalen Verbände" den Beschluß machte, begrüßte der Reichspräsident noch einmal demonstrativ den Kronprinzen.

Das Schauspiel hat seine Wirkung auch auf ausländische Beobachter, Diplomaten, Journalisten nicht verfehlt.[136] Geradezu berühmt in seiner feierlichen Scheinsymbolik wurde das Bild, das Hitler im Frack mit tiefer Verbeugung beim Händedruck mit dem ehrfurchtgebietenden Feldmarschall-Präsidenten zeigt. Hier schien sich noch einmal, allen problematischen Erfahrungen der letzten Wochen zum Trotz, die endgültige Bändigung des wilden Nationalsozialismus durch jenen nationalen Konservatismus zu erweisen, den man in der mythosverklärten Gestalt Hindenburgs verkörpert glaubte. Auch Papen versäumt diese Gelegenheit zur Rechtfertigung nicht, wenn er in diesem Sinne in seinen Memoiren schreibt: „Mit solchen hoffenden Augen sahen wir Anwesenden den Akt."[137] Groß war die Zahl derer, die von daher ihr Mitläufertum begründeten; auch das Phänomen der „Märzgefallenen" ist damit aufs engste verknüpft. Wenn sich hier tatsächlich ein neuer Kniefall des Bürgertums vor der machtpolitisch vollzogenen „Einigung" der Nation ereignete, dann doch mit ungleich schwereren Folgen. Denn der Tag von Potsdam führte nicht, wie die Begründung des „Zweiten Reiches", in eine konservativ-autoritäre Staatsentwicklung, sondern in die totale Herrschaft einer Partei und ihrer jeder Kontrolle entzogenen Führungsclique hinein. Das war längst sichtbar geworden, nicht nur in der terroristischen Praxis der wahren Machthaber vor und nach dem Reichstagsbrand, sondern mit noch gefährlicheren Konsequenzen in den großen Notverordnungen vom Februar, die doch schon die Weimarer Verfassung in wichtigsten Teilen *de facto* ausgeschaltet und den „legalen", kaum widerrufbaren Grund für die totalitäre Herrschaftspraxis gelegt hatten. Und es wurde unwiderruflich durch die nächsten politischen Akte der Regierung, für die Potsdam nur schöne Verbrämung, nicht etwa Verpflichtung war. Die rigorose Ausschaltung und gnadenlose Verfolgung aller Gegner: dies war die politische Wirklichkeit, nicht der gestellte Staatsakt mit einem

---

[135] *Verhandlungen des Reichstags*, Bd. 457, 21. März 1933, S. 6 ff.; Hindenburgs und Hitlers Reden auch in: *Die Reden Hitlers als Kanzler. Das junge Deutschland will Arbeit und Frieden*, 4. Aufl., München 1934, S. 9 f.

[136] Vgl. André François-Poncet, *Als Botschafter in Berlin. 1931–1938*, 2. Aufl., Mainz 1949, S. 106 ff. (Titel des franz. Orig.: *Souvenirs d'une ambassade à Berlin*).

[137] Papen (Anm. I/11), S. 307.

Rumpfparlament in einer Potsdamer Kirche, der doch gar nichts legitimieren und sich – selbst nach Ausweis der jüngsten Wahlen – doch nur an eine Hälfte des deutschen Volkes richten konnte. Der „Tag der nationalen Erhebung" bedeutete zugleich die Unterdrückung der anderen Hälfte des Volkes und war nur möglich durch sie: Mit kaum geringerem Recht könnte er Tag der nationalen Unterdrückung genannt werden.

6. Der Weg zum Ermächtigungsgesetz

Am selben Tag noch, wenige Stunden später, wurden dann die hochgetönten Erwartungen wieder auf den Boden der Wirklichkeit zurückgeführt, als Göring, wichtigster Mann der frühen Machtergreifungs- und Terrorphase, den neuen Reichstag eröffnete. Hier ging es nicht mehr um feierlich-kultische Verbrämung, sondern um realistische Machtpolitik, hier wurde wieder deutlich, daß dieser 21. März nur eine taktische Durchgangsstation und nicht Ausdruck der neuen Ordnung, ein Werkzeug in der Hand nationalsozialistischer Machtergreifungsstrategen, nicht ein Siegel auf das vermeintliche Bündnis Hindenburg–Hitler war. Denn in der Kontinuität der nationalsozialistischen Machtergreifungspolitik bedeutete der Tag von Potsdam keinen Bruch, sondern nur einen wirksamen Theatercoup, hinter dessen Illusionsbereich sich der Weg zur totalen Herrschaft um so wirkungsvoller entfalten konnte.

Schauplatz der Eröffnungssitzung des Reichstags war die Krolloper; sie sollte dann für die ganze Dauer der nationalsozialistischen Herrschaft Sitz des gleichgeschalteten Scheinparlaments bleiben, da das sonst so baulustige „Dritte Reich" an eine Wiederherstellung des ausgebrannten Reichstagsgebäudes nicht dachte; der Zweck hätte in einem diktatorisch verwalteten Einparteienstaat auch den Aufwand kaum gelohnt. In dem hermetisch abgesperrten, von einem gewaltigen Hakenkreuz an der Stirnseite beherrschten Opernsaal hob sich am Nachmittag des 21. März der Vorhang vor dem letzten Akt des deutschen Parlamentarismus. Im Bild des Sitzungssaals dominierten die braunen NS-Uniformen. Denn die nationalsozialistischen Abgeordneten waren schon jetzt, entgegen dem Wahlresultat, eindeutig in der Überzahl. Allein die Tatsache, daß die stattliche kommunistische Fraktion (81 Abgeordnete) zwar ins amtliche Verzeichnis der Reichstagsmitglieder aufgenommen,[138] jedoch entgegen der Verfassung (Art. 20) vom Reichstagspräsidenten überhaupt nicht eingeladen, ja, durch Verfolgung und Verhaftung bewußt völlig ausgeschaltet war[139] – und dies einfach auf Grund der fatalen Notverordnungen und noch ohne ein förmliches Verbot der KPD –, allein diese erst nachträglich „legalisierte"[140] Tatsache versetzte die nationalsozialistische Fraktion mit 10 Sitzen in die Mehrheit. Ihren 288 Abgeordneten standen, wie der *Völkische Beobachter* schon einige Tage zuvor triumphierend verkündet hatte, in einem KPD-freien Reichstag (647 — 81 = 566 Abgeordnete) nur noch 278 nicht-nationalsozialistische Abgeordnete gegenüber; ähnlich war die Situation auch im Preußischen Landtag,[141] während das Problem der Zweidrittelmehrheit allerdings noch zu lösen war.[142] Jetzt wurde auch der zweite, ungleich bedeutsamere Grund deutlich, warum auf ein Verbot der KPD verzichtet und die kommunistische Kandidatur zu-

[138] *Deutscher Reichs- und Preußischer Staatsanzeiger*, Nr. 66 vom 18. März 1933.

[139] Schon in der Kabinettssitzung vom 7. März 1933 (Anm. II/70), S. 114, hatte Hitler, von Göring sekundiert, im Hinblick auf die Durchsetzung des Ermächtigungsgesetzes kurzweg konstatiert, die kommunistischen Abgeordneten würden zur Eröffnung des Reichstags nicht erscheinen, weil sie im Gefängnis seien.

[140] Durch das „Vorläufige Gesetz zur Gleichschaltung der Länder mit dem Reich" vom 31. März 1933: *RGBl.*, I, 1933, S. 153 (§ 10). Vgl. u. S. 169 f.

[141] So auch der *VB* vom 17. März 1933, Süddeutsche Ausgabe A.

[142] Vgl. dazu die Kabinettssitzung vom 15. März 1933, amtliche Niederschrift abgedr. in: *IMT* (Anm. I/10), XXI, S. 402 ff.

gelassen worden war. Zweifellos hätten im Verbotsfalle viele der KPD-Wähler die
SPD verstärkt, eine Oppositionspartei also, deren Ausschaltung trotz allen Verfolgungsmaßnahmen doch wesentlich schwieriger war. Dies wirft freilich auch ein Licht
auf die Kurzsichtigkeit der KPD-Führung, die trotz der offensichtlichen Aussichts-
losigkeit ihrer Position, die sichere Ausschaltung vor Augen, doch auf ihrer Kandidatur bestanden und dadurch die Wählerschaft der Linken zersplittert, ja, der NSDAP
ungewollt zur Mehrheit verholfen hat. Jedenfalls war in diesem dezimierten Reichstag die deutschnationale „Kampffront" ihrer Schlüsselstellung schon jetzt verlustig
gegangen. Noch mehr galt dies für den Reichsrat: Schon am 17. März hatte der
Völkische Beobachter verkündet, daß mit der Verschiebung der Mehrheitsverhältnisse
durch die regionale Gleichschaltung der Reichsrat nun ausschließlich von Nationalsozialisten und Deutschnationalen besetzt sei.

Besonders sinnfällig wurde der Szenenwechsel in den wenigen Stunden seit dem
Staatsakt von Potsdam dadurch demonstriert, daß der Reichskanzler jetzt nicht mehr
im Frack, sondern wie auch Frick im Braunhemd unter stürmischem Beifall den Saal
betrat. Es war Hitlers parlamentarisches Debüt; am 5. März hatte er sich zum ersten
Mal in den Reichstag wählen lassen, nachdem er vorher seine Fraktion wirkungsvoll
von außen dirigiert hatte, ohne für seine Person die antiparlamentarische Grundkonzeption aufgeben zu müssen. Man hatte auf den Brauch verzichtet, den Alterspräsiden-
ten[143] die Sitzung eröffnen zu lassen. In der Uniform eines SA-Führers präsidierte
Göring dem dezimierten Reichstag. Gemäß der vorangegangenen Vereinbarung wurde
zunächst das Präsidium gewählt, in dem zwar neben zwei Nationalsozialisten ein
Deutschnationaler (Graef) und ein Zentrumsabgeordneter (Esser) saßen, die SPD als
noch immer zweitstärkste Partei aber entgegen dem Brauch nicht mehr vertreten war.
Ihre völlige Isolierung, die Situation des Ermächtigungs-Reichstags zwei Tage später,
zeichnete sich schon hier ab. Dann sprach Göring, während an allen Saaleingängen,
vor allem auch zunächst den sozialdemokratischen Bänken, SA, SS und Stahlhelm in
drohender Zahl und Bewaffnung als „Schutzwachen" aufgezogen waren.

Ohne sich um den völlig ungeklärten Tatbestand des Reichstagsbrandes zu kümmern,
begann Göring seine Rede [144] mit der erneuten Anklage gegen das „fluchwürdige Verbrechen", durch das „eine staatsfeindliche Partei" den Reichstag zum Umzug gezwungen habe: „Dieses Attentat sollte ein Signal sein, um in Deutschland Anarchie
und Chaos eintreten zu lassen." Auf diesem Hintergrund malte er nun in pathetischen
Farben aus, wie stark „in wenigen Wochen ... die heilige Flamme der nationalen
Revolution das deutsche Volk ergriffen" habe, pries in Verfälschung des Wahlergebnisses die „überwältigende Mehrheit", die das neue Regime gefunden habe, erinnerte
an den 21. März 1871, die Eröffnung des ersten Deutschen Reichstags durch Bismarck,
beschwor die „14 Jahre der Not, ... der Schande ... hinter uns" und sang das über-
schwengliche Lob Hitlers, dessen „gewaltiges Ringen" schließlich mit Potsdam den
„Anbruch einer neuen Zeit" herbeigeführt habe: „Nun ist Weimar überwunden",
durch die Rückkehr zum „Geist von Potsdam". Aber, beeilte sich Göring hinzufügen, „die nationale Revolution ist noch nicht beendet, sie schreitet weiter fort". Der
Beschimpfung der – wie Göring sich ausdrückte – „Fahne Schwarz-Rot-Gelb" „als
Zeichen der Unterwerfung, der Unterdrückung, der Schande und der Ehrlosigkeit"
folgte der Preis der beiden neuen Embleme, der Dank an den „greisen Feldmarschall"
und an den „Volkskanzler" und ein von Beifall begleiteter Chor von Heilrufen. Nach
einer halben Stunde schon war die Sitzung zu Ende; stundenlange Fackelzüge der SA

---

[143] Auch das wäre freilich, wie schon bei der Reichstagseröffnung im Dezember 1932, ein Nationalsozialist, der
85jährige General Litzmann, gewesen.
[144] *Verhandlungen des Reichstags*, Bd. 457, 21. März 1933, S. 15 ff.

durchs Brandenburger Tor und der Besuch einer Wagner-Oper („Die Meistersinger") durch die Regierung beschlossen den Tag.

Auf der Tagesordnung der ersten Arbeitssitzung des Reichstags zwei Tage später stand das Ermächtigungsgesetz. Die Regierung hatte es – ein geglückter Überraschungshandstreich, wie die Kommentatoren meldeten – „in hervorragender politischer Regie am Vorabend von Potsdam der Öffentlichkeit übermittelt".[145] Doch ist deutlich geworden, wie stark es schon die Überlegungen der ersten Wochen bestimmt hatte. Dabei sei vorweg noch einmal betont, daß Rahmen und Bedeutung des sogenannten Ermächtigungsgesetzes noch immer vielfach unzutreffend beurteilt werden. Auch die heutige Diskussion wird noch weitgehend von dem Mißverständnis beherrscht, dies „Gesetz zur Behebung der Not von Volk und Reich" – und also das Versagen der demokratischen Parteien vor ihrer parlamentarischen Verantwortung – sei das entscheidende Ereignis.[146] In Wirklichkeit hat die vieldiskutierte Reichstagsentscheidung vom 23. März 1933 in erster Linie formale Bedeutung. Sie lieferte die juristisch wie psychologisch gewiß wichtige, legalistische Staffage für jene Ausschaltung der Verfassung, die Hitler schon drei Wochen zuvor mit den entscheidenden Verordnungen vom 28. Februar gesichert hatte. Dennoch oder gerade deshalb darf freilich ihr Gewicht nicht unterschätzt werden.

Zunächst ist daran zu erinnern, daß Hindenburg der Bürde, die ihm die Notverordnungsgesetzgebung nach Art. 48 sachlich wie gewissensmäßig auferlegte, schon seit den Zeiten der Reichskanzlerschaft Brünings überdrüssig geworden war. Am deutlichsten war dies bei den Verhandlungen geworden, die er nach dem Sturz der Regierung Papen im November 1932 mit Hitler geführt hatte. Nicht als Chef eines neuen Präsidialkabinetts, sondern nur als Kanzler einer echten Mehrheitsregierung, die ihn von der Notverordnungspraxis befreien würde, war Hindenburg damals gesonnen gewesen, Hitler zu akzeptieren. Schon damals hatte Hitler demgegenüber erklärt, daß er zwar dieselben präsidialen Vollmachten wie seine Vorgänger Papen und Brüning fordern müsse, dann aber in der Lage sein werde, auf parlamentarischem Wege ein Ermächtigungsgesetz durchzubringen, das seiner Regierung die legislative Generalvollmacht sichern, sie vom Reichstag unabhängig machen und den Reichspräsidenten gleichzeitig von der Last der Notverordnungspraxis befreien würde.[147] Dieser Gedanke hatte geradezu ein Kernstück der nach dem mißglückten Putschversuch von 1923 verfolgten nationalsozialistischen Legalitätspolitik gebildet, und er bestimmte seit Hitlers Regierungsantritt auch die Taktik einer „legalen" Durchführung der weiteren Machtergreifung im Zuge der Beseitigung der parlamentarischen Demokratie auf parlamentarisch-demokratischem Wege.

Damals hatte sich Hindenburg, auch unter dem Einfluß Papens und Meißners, solchen Plänen noch verweigert. Aber als er auf den Vorschlag derselben Ratgeber zwei Monate später Hitler dann schließlich zum Reichskanzler ernannte, geschah es nun doch unter den gleichen Bedingungen: Berufung eines Präsidialkabinetts Hitler, seine Verwandlung in eine „nationale" Mehrheitsregierung durch Neuwahlen und seine Ausstattung mit einer neuen, nicht-präsidialen Diktaturgewalt durch ein Ermächtigungsgesetz, das, mit parlamentarischer Zweidrittelmehrheit angenommen, sowohl die Reichstagsgesetzgebung als auch die präsidiale Notverordnungpraxis nach Art. 48

---

[145] *Die Nationalversammlung von Potsdam* (Anm. II/123), S. 19.

[146] Dieser Einwand ist auch gegen die wichtigste neuere Behandlung des Gegenstandes zu erheben: Daß Hans Schneider, „Das Ermächtigungsgesetz vom 24. März 1933. Bericht über das Zustandekommen und die Anwendung des Gesetzes", in: *Vierteljahrshefte für Zeitgeschichte* 1 (1953), S. 197 ff., sich auf die juristischen Aspekte beschränkt und auf eine weitergespannte politische Analyse verzichtet, führt zu einer Überbewertung des Ermächtigungsgesetzes selbst gegenüber den konkreten Herrschaftsakten, die es tragen.

[147] Zu den historischen Zusammenhängen Bracher, *Die Auflösung...* (Anm. Einl./25), S. 663 ff.; über Hindenburgs Haltung auch Meißner (Anm. I/11), S. 297.

überflüssig machen sollte. Dies Ziel hat die nationalsozialistische Politik dann seit dem 30. Januar konsequent verfolgt, wenngleich die ursprünglichen Erwägungen die wichtigste Zwischenstufe stets verschwiegen hatten. Denn zunächst bedurfte es der Ausnahmeverordnungen besonders des 28. Februar; sie erst schufen die konkreten machtpolitischen Voraussetzungen für die Durchsetzung eines Ermächtigungsgesetzes. Erst diese faktische Ausschaltung der Weimarer Verfassung sanktionierte das System der Drohung, Verfolgung, Verhaftung, das durch tatsächlichen oder potentiellen Terror und Einschüchterung die nötige Zustimmungsbereitschaft des Reichstags bewirken konnte.

So haben denn auch Hitler und Göring die rasche Durchsetzung eines Ermächtigungsgesetzes in der Kabinettssitzung vom 7. März bereits mit dem ausdrücklichen Hinweis auf die Verhaftung aller erreichbaren kommunistischen Abgeordneten und die mögliche Erzwingung einer Zweidrittelmehrheit durch entsprechende Drohungen angekündigt.[148] Und schon am 15. März, 10 Tage nach den Wahlen, fand die entscheidende Kabinettssitzung statt, an der neben Hitler sämtliche Minister (Justizminister Gürtner war durch seinen Staatssekretär Schlegelberger vertreten), die Reichskommissare Popitz und Gereke, der neuernannte Reichsbankpräsident Schacht sowie die Staatssekretäre Funk, Lammers und Meißner teilnahmen.[149] Hitler eröffnete die Sitzung mit der gewalttätigen Feststellung, die politische Lage sei nach den jüngsten Wahlen „vollständig geklärt"; er machte einige irreführende Bemerkungen über die Machtergreifung in den Ländern und ließ den für die nationalsozialistische Massenpsychologie so bezeichnenden Satz fallen: „Es sei nunmehr notwendig, die gesamte Aktivität des Volkes auf das rein Politische abzulenken, weil die wirtschaftlichen Entschlüsse noch abgewartet werden müßten." Das war ein offenes Bekenntnis der nationalsozialistischen Machttaktik zum Regierungsprinzip des *panem et circenses:* durch rastlose politische Betriebsamkeit und demonstratives Gepräge – nach Art des Tages von Potsdam – zunächst einmal für die *circenses* zu sorgen, bevor es möglich war, die andere Grundlage der Diktatur, *panem,* zu organisieren.

Dann aber führte Hitler sogleich in das Zentrum der Sache selbst, indem er im nächsten Satz erklärte, „die Durchbringung des Ermächtigungsgesetzes im Reichstag mit Zweidrittelmehrheit werde nach seiner Auffassung keinerlei Schwierigkeiten begegnen".[150] Frick nahm den Faden auf und berichtete von der Sitzung des Ältestenrates, in der er „die fünf noch vorhandenen Fraktionen des Reichstags" – also ebenfalls unter Ausschluß der KPD – unterrichtet habe, „daß der Reichstag ein Ermächtigungsgesetz mit verfassungsändernder Mehrheit binnen drei Tagen verabschieden müsse. Das Zentrum habe sich keinesfalls ablehnend geäußert" und nur um eine Unterredung mit Hitler gebeten. In aller Form schlug Frick dann vor, auch die noch unerledigten Gesetzentwürfe „nicht dem Reichsrat und Reichstag zuzuleiten, sondern ... [sie] nachher auf Grund des Ermächtigungsgesetzes zu verabschieden", also schon jetzt vorweg auf den doch noch verfassungsmäßigen Weg zu verzichten. Und dann folgte aus dem Munde des für alle Verfassungsfragen zuständigen Innenministers der entscheidende Satz, der den verfassungsfeindlichen Zweck des Vorgehens und also den Scheincharakter dieser „legalen" Prozedur, die Pseudolegalität der gesamten Machtergreifung enthüllte: „Das Ermächtigungsgesetz werde so weit gefaßt werden müssen, daß von jeder Bestimmung der Reichsverfassung abgewichen werden könne." Frick erläuterte dann seinen Entwurf des Gesetzes: Es müsse zeitlich auf die Dauer von 4 Jahren begrenzt werden. Er denke an ungefähr folgenden Gesetzestext: „Die Reichsregierung wird ermächtigt, die Maßnahmen zu treffen, die sie im Hinblick auf

---

[148] Kabinettssitzung vom 7. März 1933 (Anm. II/70), S. 114; S. 116.
[149] Kabinettssitzung vom 15. März 1933 (Anm. II/142), S. 402 ff.
[150] *A. a. O.,* S. 404.

die Not von Volk und Staat für erforderlich hält. Dabei kann von den Bestimmungen der Reichsverfassung abgewichen werden." Zu überlegen sei noch, ob ein Zusatz des Inhalts zweckmäßig sei, wonach die Gültigkeit des Ermächtigungsgesetzes von der jetzigen Zusammensetzung der Reichsregierung abhänge. Was nun die nach der Reichsverfassung erforderlichen Zweidrittelmehrheiten anlange, so müßten insgesamt 432 Abgeordnete für die Annahme des Ermächtigungsgesetzes anwesend sein, wenn die Kommunisten hinzugerechnet würden und man von der Zahl von 647 gewählten Reichstagsabgeordneten ausgehe. Rechne man jedoch die Zahl der kommunistischen Abgeordneten ab, so komme man auf insgesamt 566 Abgeordnete. Dann brauchten nur 378 Abgeordnete für die Annahme des Ermächtigungsgesetzes anwesend zu sein. Er halte es für besser, die kommunistischen Mandate *nicht* zu kassieren. Dagegen sei ein Verbot der KPD zweckmäßig. Die Folge des Verbots werde in der Auflösung der Organisationen bestehen. Eventuell müsse man die Personen, die sich nach wie vor zum Kommunismus bekennen wollten, in Arbeitslagern unterbringen.

Im weiteren gab auch Göring, der ja mit seiner Wiederwahl zum Parlamentspräsidenten rechnen konnte, „seiner Überzeugung Ausdruck, daß das Ermächtigungsgesetz mit der erforderlichen Zweidrittelmehrheit angenommen werden würde. Eventuell könne man ja die Mehrheit dadurch erreichen, daß einige Sozialdemokraten aus dem Saal verwiesen würden. Möglicherweise .werde jedoch die Sozialdemokratie bei der Abstimmung über das Ermächtigungsgesetz sich der Stimme enthalten. Bei der Wahl des Reichstagspräsidenten werde die Sozialdemokratie bestimmt weiße Zettel abgeben." Die weitere Debatte zeigt, daß zwar gewisse Einschränkungsversuche gemacht, aber auch von den nicht-nationalsozialistischen Kabinettsmitgliedern keine grundsätzlichen Einwendungen erhoben wurden. Hitler selbst versicherte, die Reichsregierung werde verkünden müssen, daß sie nicht daran denke, den Reichstag zu beseitigen. Er wolle das in seiner Regierungserklärung betonen. Darauf Papens Meinung, daß es von entscheidender Bedeutung sei, die hinter den Parteien stehenden Massen in den neuen Staat einzuordnen. Von besonderer Bedeutung sei die Frage der Eingliederung des politischen Katholizismus in den neuen Staat.[151] Vielleicht könne man die Parteien von Fall zu Fall über die von der Reichsregierung beabsichtigten Maßnahmen orientieren. Auch solle die Flaggenfrage „am besten durch ein vom Reichstag zu verabschiedendes Gesetz, nicht auf Grund des Ermächtigungsgesetzes, geregelt werden"; Papen war sich also der Fragwürdigkeit des vorangegangenen Hindenburg-Erlasses durchaus bewußt. Ebenso schwach war der Einschränkungsversuch, mit dem Neurath desgleichen „die Notwendigkeit einer Regelung der Flaggenfrage durch den Reichstag" betonte und fragte, „ob es nicht zweckmäßiger sei, die internationalen Verträge gleichfalls durch den Reichstag verabschieden zu lassen". Auch er begnügte sich freilich mit dem Vorschlag, „dem Reichstag lediglich einen Katalog der Verträge zur Verabschiedung zuzuleiten", und als Frick darauf energisch einwandte, daß dann „der Reichstag in eine uferlose Debatte über den Inhalt der Verträge eintreten werde", versicherte Neurath sogleich, „daß er die Bedenken des Reichsministers des Innern als berechtigt ansehen müsse".

Einen letzten Diskussionsversuch machte Hugenberg mit der Frage, „ob eine Mitwirkung des Herrn Reichspräsidenten bei den Gesetzen vorgesehen sei, die auf Grund des Ermächtigungsgesetzes von der Reichsregierung erlassen würden". Hier schaltete

---

[151] Die Bedeutung dieser Äußerung ist noch so umstritten wie die Vorgeschichte und die politische Beurteilung des späteren Konkordats. Papen mochte hier vielleicht an Hitlers Wort in der Kabinettssitzung vom 7. März denken, die Wählerschaft von Zentrum und BVP sei erst zu gewinnen, wenn die Kurie diese beiden Parteien fallenlasse (vgl. o. S. 94). Er mochte sich aber auch auf sein neues Gespräch mit Kaas und vielleicht auch schon auf die noch immer kontroversen Zusammenhänge um die Einleitung und den politischen Gehalt der Konkordatsverhandlungen drei Wochen später beziehen; vgl. dazu u. S. 161 f. mit Anm. II/164 sowie u. S. 202 ff.; S. 342 ff.

sich sofort Meißner mit der Bemerkung ein, „daß die Mitwirkung des Herrn Reichspräsidenten nicht erforderlich sei. Der Herr Reichspräsident werde die Mitwirkung auch nicht verlangen." Vielleicht sei „bei einigen Gesetzen, die von besonderer Bedeutung seien, auch die Autorität des Herrn Reichspräsidenten einzuschalten", auch lägen wohl „noch gewisse Gefahrenmomente für die Annahme des Ermächtigungsgesetzes im Reichsrat", was Hitler im Bewußtsein der erfolgten Gleichschaltung der Länder mit der Versicherung beantwortete, „daß er etwa im Reichsrat vorhandene Schwierigkeiten bestimmt zu überwinden hoffe". Im weiteren Verlauf der Sitzung, die sich auch mit der Behandlung der Reichstagsbrandaffäre befaßte, wagte lediglich Meißner noch vorzubringen, Hindenburg habe „nach wie vor unüberwindliche Bedenken dagegen . . ., eine Verordnung zu erlassen, die für die Brandstiftung im Reichstag die Todesstrafe festsetze".[152]

Auch die knappen Bemerkungen des Protokolls vermitteln einen eindeutigen Eindruck davon, wie offen nun der nationalsozialistische Machtergreifungsweg zutage lag, wie gering der Widerstand der Koalitionspartner war und wie wenig sie vor allem gegen die Ausschaltung Hindenburgs protestierten, die doch hier deutlich vorgezeichnet war. Und dies, obwohl mit der Position des Reichspräsidenten ihr ganzer Zähmungsplan, ja, ihre Koexistenz neben dem übermächtigen nationalsozialistischen Partner stand und fiel.

Die nächste Aufgabe mußte darin bestehen, sich auch noch die nach Fricks Überlegungen notwendige Zustimmung des Zentrums zu sichern und durch weitere Vorkehrungen einen reibungslosen Ablauf der Verabschiedung des Ermächtigungsgesetzes vorzubereiten. Aufschluß gibt die Niederschrift einer weiteren Ministerbesprechung, die am Tag vor dem Potsdamer Staatsakt (20. März) mit denselben Teilnehmern einberufen wurde.[153] Hitler berichtete hier, er habe soeben in einer Unterredung mit Vertretern der Zentrumspartei „die Notwendigkeit des Ermächtigungsgesetzes begründet" und dafür auch Verständnis gefunden: Die Vertreter des Zentrums hätten lediglich die Bitte geäußert, es möge ein kleines Gremium gebildet werden, das über die Maßnahmen fortlaufend unterrichtet sein solle, welche die Reichsregierung auf Grund des Ermächtigungsgesetzes treffen wolle. Nach seiner Ansicht solle man diese Bitte erfüllen; dann sei auch nicht daran zu zweifeln, daß das Zentrum dem Ermächtigungsgesetz zustimmen werde: „Die Annahme des Ermächtigungsgesetzes auch durch das Zentrum werde eine Prestigestärkung gegenüber dem Ausland bedeuten." Mit diesem unmißverständlichen Hinweis auf die rein taktischen Ziele solcher Scheinverhandlungen, die er am 22. März fortzusetzen versprach, bestätigte Hitler erneut den Manipulationscharakter der bevorstehenden Reichstagsbeschlusses. Wieder wurde ein schwacher Versuch Neuraths, wenigstens die schriftliche Fixierung der Verhandlungen mit dem Zentrum anzuregen, ohne weiteres übergangen. Und wieder mündeten Fricks Erklärungen zur technischen Durchführung der Ermächtigungsprozedur in ein offenes Eingeständnis der Manipulationstaktik: Durch eine Änderung der Geschäftsordnung des Reichstags sei festzulegen, „daß als anwesend auch die unentschuldigt fehlenden Abgeordneten gelten sollten". Selbst dieser Vorschlag, nach dem es Frick für möglich hielt, „das Ermächtigungsgesetz am Donnerstag in allen drei Lesungen zu verabschieden", passierte ohne Widerspruch. Papen regte lediglich an, „daß ein neues Staatsgrundgesetz geschaffen werden müsse, das vor allem von dem übertriebenen Parlamentarismus befreit werde", worauf Hitler versicherte, „er habe bereits den Vertretern des Zentrums erklärt, daß der Reichstag sich als Nationalversammlung konstituieren könne, wenn die Vorarbeiten für den Entwurf einer neuen Reichsver-

---

[152] Zum weiteren Gang dieser rechtspolitischen Diskussion über die Durchbrechung des Prinzips vgl. u. Teil II, S. 523 ff.

[153] Kabinettssitzung vom 20. März 1933; amtliche Niederschrift in: *IMT* (Anm. I/10), XXXI, S. 411 f.

fassung fertiggestellt seien". Als Hugenberg dies nie verwirklichte Versprechen dahingehend zu präzisieren suchte, „daß der Entwurf des Ermächtigungsgesetzes vielleicht ausdrücklich einen Passus des Inhalts bekommen könne, wonach der Reichstag zur Nationalversammlung erklärt werde", wandte Göring ein, er halte es nach eingehender Prüfung der Frage „für zweckmäßiger, eine solche Fassung nicht zu wählen". So stimmte das gesamte Kabinett unter Verzicht auf alle vorgeschlagenen Modifikationen dem Frickschen Entwurf des Ermächtigungsgesetzes zu.

Die Besprechung vom 20. März zeigte dasselbe Auf und Ab wie die Sitzung fünf Tage vorher, mit demselben Ergebnis, daß die nationalsozialistische Minderheit ihre Ziele in vollem Ausmaß gegen den schwachen Widerstand derer durchsetzte, die einst optimistisch und selbstbewußt geglaubt hatten, mit Hindenburg und ihrer größeren Ministerzahl die Nationalsozialisten einrahmen und verläßlich kontrollieren zu können.

7. Die Kapitulation des Reichstags

Die Verabschiedung des Ermächtigungsgesetzes ist freilich nicht nur von den Entschlüssen der Regierung, sondern auch von den allgemeinen Kräfteverhältnissen, insbesondere von der Haltung des Zentrums und dem Problem bestimmt, welche Alternativen überhaupt noch bestanden. Die Meinungen prallen hier noch immer hart aufeinander, zumal Untersuchung und Deutung in diesem Punkt besonders stark durch das Rechtfertigungsbedürfnis der überlebenden Zeugen behindert erscheinen. Man wird davon auszugehen haben, daß das Zustandekommen des Ermächtigungsgesetzes zwar tatsächlich große Bedeutung für die formale Legalisierung der nationalsozialistischen Diktatur besaß, daß es aber nur einen *de facto* bereits bestehenden Zustand besiegelte und daß es vor allem auch auf einem anderen Weg als dem eingeschlagenen zuverlässig und äußerlich „legal" hätte erzwungen werden können. Probleme bot ja nur noch der Reichstag, nachdem die Gleichschaltung der Länder den Reichsrat inzwischen zum gefügigen Werkzeug gemacht hatte.

Die Reichstagsbrandverordnungen gaben die Möglichkeit, die erforderliche Anzahl gegnerischer Abgeordneter zu verhaften. Man konnte sie, wie Göring schon vor dem Kabinett vorgeschlagen hatte, auch einfach aus dem Sitzungssaal verweisen. Dem Reichstagspräsidenten war diese Manipulation zweifellos zuzutrauen: Göring hatte schon in der Kabinettssitzung am 7. März vorgeschlagen, allen Abgeordneten, die durch Verlassen der Sitzung eine Abstimmung verhindern wollten, die Freifahrtscheine und Diäten zu entziehen und die Geschäftsordnung in diesem Sinne zu ändern.[154] Man konnte weiterhin, wie Frick bei derselben Gelegenheit angeregt hatte, über die rechtswidrige, erst nachträglich (31. März) mit Hilfe des Ermächtigungsgesetzes selbst legalisierte Kassierung der kommunistischen Mandate hinaus die Abgeordnetenzahl so reduzieren, daß nur noch 378 Abgeordnete (zwei Drittel der verbliebenen 566) anwesend waren: Eine Zweidrittelmehrheit war nach dieser gewiß höchst anfechtbaren Rechnung dann gegeben, wenn 252 Abgeordnete dem Ermächtigungsgesetz zustimmten, und die nationalsozialistische Fraktion allein besaß 36 Sitze mehr, als dabei benötigt worden wären. Diese glatte Rechnung setzte nun allerdings auf der anderen Seite wiederum voraus, daß nicht mehr Abgeordnete als das zulässige Drittel der Sitzung fernblieben. Aber es blieb doch ein Spielraum von 36 Stimmen oder sogar mehr (da man mit der deutschnationalen Fraktion rechnen konnte). Und überdies trat in diesem Fall die von Frick angekündigte Änderung der Geschäftsordnung in Funktion, nach der Anwesenheitszwang bestehen und „als anwesend auch die unentschuldigt fehlenden Abgeordneten gelten sollten". Da der Be-

[154] Kabinettssitzung vom 7. März 1933 (Anm. II/70), S. 116.

griff „unentschuldigt" der willkürlichen Interpretation des Reichstagspräsidenten Göring überlassen blieb, der frei darüber entscheiden konnte, hätte demnach auch ein Rumpfparlament bindende Beschlüsse fassen können. Die Verabschiedung dieser Änderung ist tasächlich noch vor der Sitzung vom 23. März und ebenfalls mit Zustimmung des Zentrums erfolgt. Danach wäre selbst ein Fernbleiben der SPD und BVP bei Ausschluß der KPD wirkungslos gewesen, da praktisch auch alle fehlenden Abgeordneten jetzt als „anwesend" deklariert werden konnten. Die beiden Änderungen, die diese Farce pseudoparlamentarischer Manipulation legalisiert haben, wurden recht unscheinbar in zwei Paragraphen der Geschäftsordnung untergebracht.[155] § 2 a: „Wer ohne Urlaub oder infolge einer Erkrankung, die dem Abgeordneten die Teilnahme nicht tatsächlich unmöglich macht, an Vollsitzungen, Ausschußsitzungen und Abstimmungen nicht teilnimmt, kann durch den Präsidenten bis zu 60 Sitzungstagen von der Teilnahme an den Verhandlungen ausgeschlossen werden." Das Entscheidende war nun die Koppelung mit dem neuformulierten § 98 Abs. 3: „Als anwesend gelten auch die Mitglieder, die nach § 2 a ausgeschlossen werden können."

Diese unglaubliche Fiktion, die eine eindeutige Verletzung der Weimarer Verfassung (Art. 76) darstellte, vermehrte noch die bereits geschaffenen Möglichkeiten, das Ermächtigungsgesetz „legal" durchzupeitschen, wie man dies „legal" eben verstand, nachdem wesentliche Voraussetzungen ohnehin den Stempel der Illegalität trugen. Immerhin mußte es angenehmer sein und vor allem auch nach Hitlers Erkenntnis „eine Prestigestärkung gegenüber dem Ausland" bedeuten,[156] wenn man auf Gewaltakte verzichten und eine ganz ordentliche und reguläre Zweidrittelmehrheit mit Hilfe des Zentrums zustande bringen konnte. Man sieht auch aus dieser Bemerkung Hitlers, daß man sich auch auf nationalsozialistischer Seite ganz klar darüber war, wie wenig die Legalisierungsakrobatik der vergangenen Machtergreifungswochen mit echter Legalität zu tun hatte und wie wichtig deshalb ein formal einwandfreier Verlauf des Schlußaktes war, der am 23. März abrollen sollte.

Unter diesem Gesichtspunkt kam allerdings der Entscheidung des Zentrums doch noch großes Gewicht zu. Es war deutlich geworden, daß einerseits eine Zustimmung der Zentrumsfraktion nicht nur im Ausland, sondern gerade auch im nicht-nationalsozialistischen Deutschland viel schwerer wiegen mußte als ein gegen ihren Willen manipulierter Abstimmungssieg Hitlers. Anderseits ist unbestreitbar, daß Stellungnahme und schließliche Kapitulation des Zentrums wie der kleinen Mittelparteien erst durch weitere nationalsozialistische Täuschungsmanöver besiegelt worden sind. Einen ersten Eindruck von dieser Zwangslage vermittelt die freilich allzu knappe und in wichtigen Punkten zurückhaltende Darstellung, die Brüning in seinem bekannten Brief an Rudolf Pechel gegeben hat;[157] sie ist leider bis heute die einzige ausführliche Äußerung des ehemaligen Reichskanzlers und Zentrumsführers geblieben. Nach Brünings nicht gänzlich schlüssigen Andeutungen hielt man in nicht-nationalsozialistischen Kreisen noch immer an der Erwartung fest, die offizielle Verantwortlichkeit mit all ihren Problemen werde Hitlers Popularität schnell zerstören. Vor allem aber wurde, wie Brünings entschiedener Hinweis auf die Reichstagsbrandverordnung und auf die geplante Manipulation der parlamentarischen Kräfteverhältnisse deutlich macht, die Resignation des Zentrums wesentlich durch das Fehlen einer wirklichen Alternative bestimmt. Das Ermächtigungsgesetz erschien als das kleinere Übel gegenüber einer

---

[155] *Reichstags-Handbuch. VIII. Wahlperiode 1933*, hrsgg. vom Büro des Reichstags, Berlin 1933, S. 8; S. 32.
[156] Vgl. o. S. 157.
[157] Heinrich Brüning, „Ein Brief", in: *Deutsche Rundschau* 70 (1947), S. 15 ff. Vgl. jetzt aber die detaillierte Gesamtanalyse der Ereignisse und Motive bei Morsey (Anm. I/21), Kap. 10; zu den ergebnislosen Kontakten Zentrum–DNVP wegen eines Änderungsantrags zum Ermächtigungsgesetz auch Hiller v. Gaertringen (Anm. I/64), Kap. 9.

sonst befürchteten Politik der Gewaltsamkeit und des nackten Terrors, die man mittels der Ersetzung der Reichstagsbrandverordnung durch ein Ermächtigungsgesetz noch mildern zu können glaubte, während man überzeugende Beweise dafür besaß, daß die nationalsozialistische Führung ihr Ziel auch auf andere Weise erreicht und dann um so radikalere Maßnahmen nicht nur gegen die Partei, sondern auch gegen ihre Exponenten in der Beamtenschaft ergriffen hätte.[158] Es war ein innenpolitisches Vorspiel zu jener Besänftigungstaktik und Befriedungspolitik, mit der in der Folge auch ausländische Regierungen jeder Richtung Hitler durch Konzessionen zu beschwichtigen, seine Machtergreifung durch Vertragsbindung einzudämmen und gleichzeitig ihrerseits Konzessionen zu erlangen suchten:[159] ein vielleicht verständlicher, aber nichtsdestoweniger verhängnisvoller Fehler. Denn mit der Vertragsfähigkeit war auch der Legalitätsanspruch wenn nicht sanktioniert, so doch hingenommen. Dies war auch das Kernproblem der parlamentarischen Entscheidung vom 23. März 1933. Eine Opposition des Zentrums hätte wohl die „Annahme" des Ermächtigungsgesetzes nicht endgültig verhindern können, sie hätte aber die Nationalsozialisten zu Maßnahmen gezwungen, deren „Legalität" noch anfechtbarer war als alles Bisherige; dies hätte auch die moralische Autorität und Rechtsgültigkeit des Ermächtigungsgesetzes und damit das nationalsozialistische Prestige wie den Schein der „Legalität" der Machtergreifung noch ernsthafter beeinträchtigt. Es machte eben einen entscheidenden Unterschied, ob die Zweidrittelmehrheit durch reguläre Zustimmung einer angesehenen Partei wie des Zentrums oder durch die terroristische Ausschließung der gesamten Linken einschließlich der SPD aus dem Reichstag zustande kam.

So bleibt als Hauptmotiv neben Brünings Überzeugung vom raschen Scheitern des NS-Regimes aus finanz- und wirtschaftspolitischen Gründen[160] auch hier der Glaube, durch Konzessionen wenigstens „das Schlimmste verhüten" zu können, vor allem aber die subjektiv nicht unbegründete Meinung, daß die Notverordnung vom 28. Februar noch viel gefährlicher war. Denn das Ermächtigungsgesetz enthielt immerhin eine Reihe von Einschränkungen, die wenigstens ein Minimum an rechtsstaatlichen Sicherungen zu bewahren schienen:

1. Es bestimmte, daß nicht Hitler selbst, sondern das bestehende Kabinett die Ermächtigung erhielt, und zwar nur so lange, wie die gegenwärtige Regierung bestand; und noch immer waren ja zwei Drittel der Ministerien formal in nichtnationalsozialistischer Hand. Wie wenig dies tatsächlich bedeutete und wie rasch sich die Kräfteverhältnisse, bis hin zu Hugenbergs Rücktritt, verschoben, erwies sich freilich täglich aufs neue.
2. Das Gesetz hatte, anders als die Reichstagsbrandverordnung, eine zeitliche Begrenzung auf vier Jahre. Dagegen steht die Tatsache, daß ein durch dasselbe Ermächtigungsgesetz wenige Monate später gleichgeschalteter Reichstag erwartungsgemäß ohne weiteres bereit war, es nach Wunsch wieder und wieder zu verlängern.
3. Das Gesetz durfte nicht von der Weimarer Verfassung abweichen, soweit dadurch die Existenz des Reichstags und des Reichsrats angetastet wurde. Auch diese Einschränkung mußte freilich durch die totale Gleichschaltung dieser Institutionen und die demnach verfassungswidrige Beseitigung des Reichsrats im Februar 1934 bedeutungslos werden.

[158] Schon in der Kabinettssitzung vom 7. März 1933 (Anm. II/70, S. 116) hatte Göring berichtet, der preußische Fraktionsvorsitzende des Zentrums (Grass) habe ihm Zusammenarbeit angeboten, falls weitere Personaländerungen unterblieben: eine Zusammenarbeit mit der DNVP würde sich dann erübrigen. Göring hatte dem Kabinett darauf vorgeschlagen, dem Zentrum zu erklären, alle seine Beamten würden entlassen, wenn das Zentrum nicht dem Ermächtigungsgesetz zustimme. Im übrigen müsse auch künftig die Taktik sein, diese Partei höflich zu ignorieren.
[159] Vgl. u. IV. Kapitel.
[160] So Brüning in einem Vortrag an der Universität Chicago (1947), zit. bei R. S. [Rudolf Schäfer], „Die Vorgänge um das Ermächtigungsgesetz von 1933", in: *Frankfurter Hefte* 2 (1947), S. 984 f.

4. Dasselbe gilt schließlich auch von der Einschränkung, das Ermächtigungsgesetz dürfe nicht die „Rechte des Reichspräsidenten" beeinträchtigen. Wie weitgehend Hindenburg von den tatsächlichen Entscheidungen ausgeschlossen war, hatten schon die ersten drei Wochen der Machtergreifung erwiesen; die endgültige Ignorierung dieser Einschränkung nach Hindenburgs Tod hat diesen Tatbestand nur noch besiegelt. Damit ist auch gesagt, wie die Überlegungen der Zentrumsführung nachträglich zu beurteilen sind.[161] Damals freilich standen sie ganz im Bann der Überzeugung, es sei immer noch besser, einer „eingeschränkten Ermächtigung" zuzustimmen, als Hitler durch revolutionären Akt zu einer absoluten Diktatur gelangen zu lassen, die dann keinen Rest von Kontrollen und Garantien mehr enthalten würde. Was den wichtigsten Punkt betraf, die Sicherung der durch die Reichstagsbrandverordnung suspendierten Grundrechte, so hat das Zentrum Hitlers Versprechungen und seine Zusage, dies schriftlich zu bestätigen, allzu gutgläubig hingenommen. Hitler hat sich nie dazu verstanden, hier auch nur das geringste Zugeständnis zu machen und im Ermächtigungsgesetz etwas anderes als das umfassende, über alle menschlichen Rechte und Freiheiten hinweggehende Grundgesetz des totalitären Polizei- und Führerstaates zu sehen. Es galt als ausreichende Legalisierung der unumschränkten Diktatur, auch wenn, als erste Voraussetzung dafür, die ursprüngliche Bedeutung der vorangegangenen Reichstagsbrandverordnung vom 28. Februar höher einzuschätzen ist.

So hat denn auch die Zentrumsfraktion ihren Platz im Schauspiel von Potsdam eingenommen. Nachdem offenbar die Sitzung des Fraktionsvorstandes am 20. März zwar von ernsten Bedenken gegenüber dem Inhalt des Ermächtigungsgesetzes, aber zugleich noch von Hoffnungen bestimmt war, mußte einer der Beteiligten, der württembergische Staatspräsident Bolz, schon am folgenden Tag notieren,[162] das Zentrum sei nun „in die schwierigste Situation seit der Annahme des Versailler Vertrags" gekommen: „Was wir auch tun, ist verhängnisvoll." Und am 22. März schrieb Bolz: „Hier ringen wir, jeder für sich, mit der Stellungnahme zu dem unerhörten Ermächtigungsgesetz... Die Zwangslage wird uns wohl zu einer Zustimmung bringen."

Die letzte Fraktionssitzung am 23. März selbst, die über die Haltung bei der Ermächtigungsabstimmung entscheiden mußte, hat diese innere Entwicklung der Zentrumshaltung, der ohne Wissen des Zentrums eine Wiederversöhnung von Kaas und Papen vorangegangen war[163] und der ein enges Zusammenwirken beider bei den wenig später beginnenden Konkordatsverhandlungen nachgefolgt ist,[164] endgültig bestätigt. Der kurzgehaltene Protokollentwurf des Schriftführers der Fraktion, der überliefert ist,[165] läßt auch ohne letzte Klärung der Vorgänge erkennen, daß wohl

---

[161] Zur Diskussion im ganzen besonders Brecht, Vorspiel... (Anm. I/2), S. 133 ff. Über die weiteren Verhandlungen Kaas–Hitler (22. März 1933) unterrichtet jetzt Morsey (Anm. I/21), Kap. 10 sowie Anhang (Dok. Nr. 12).

[162] Miller (Anm. II/98), S. 449 f.

[163] So hatte Papen schon in der Kabinettssitzung vom 7. März 1933 (Anm. II/70), S. 115, berichtet, Kaas habe ihn am Vortage aufgesucht; der Zentrumsvorsitzende habe ihm gesagt, er komme ohne vorherige Beratung mit seiner Partei und sei nun bereit, Vergangenes zu vergessen, und habe ihm die Mitarbeit der Zentrumspartei angeboten. Die Zentrumsführung hatte ihren abtrünnigen Parteifreund Papen seit dessen Alleingang in die Reichskanzlerschaft (Juni 1932) scharf bekämpft; vgl. Bracher, Die Auflösung... (Anm. Einl./25), S. 535 f. u. a.

[164] Vgl. neben der Anmerkung II/151 u. S. 202 ff.; S. 342 ff. und die vorläufigen Hinweise schon bei K. D. Bracher, Nationalsozialistische Machtergreifung und Reichskonkordat. Ein Gutachten zur Frage des geschichtlichen Zusammenhangs und der politischen Verknüpfung von Reichskonkordat und nationalsozialistischer Revolution, Wiesbaden 1956, S. 44 ff.; jetzt in: Der Konkordatsprozeß (Veröffentlichungen des Instituts für Staatslehre und Politik, Bd. VII), München 1957 ff., S. 984 ff. Untersuchungen über Kaas selbst und besonders über seine Rolle 1932/33, die auch Brüning bewußt zu übergehen scheint, sind im Gange. Wichtige Aufschlüsse dazu wie zur Schlußphase des Zentrums vermittelt R. Morsey in: Das Ende der Parteien... (Anm. I/21).

[165] Bundesarchiv Koblenz, jetzt veröffentlicht von Erich Matthias, „Die Sitzung der Reichstagsfraktion des Zentrums am 23. März 1933", in: Vierteljahrshefte für Zeitgeschichte 4 (1956), S. 302 ff.; es ergeben sich, wie auch Matthias ausführt, vor allem wesentliche Differenzen mit Brünings („Ein Brief", Anm. II/157) Schilderung. Vgl. jetzt auch Josef Becker, „Zentrum und Ermächtigungsgesetz", in: Vierteljahrshefte für Zeitgeschichte 9 (1961), S. 195 ff.

noch immer eine Gruppe von Abgeordneten um Brüning in Opposition stand, daß aber wie bei allen demokratischen Parteien die Furcht vor einer Vernichtung der eigenen Existenz maßgebend blieb; sie hat denn auch zum Beschluß des Fraktionszwangs für die Zustimmung zum Ermächtigungsgesetz geführt. In diesem Sinne betonte Kaas, daß Hitler mündlich zugesichert habe, daß keine Maßnahmen gegen Hindenburgs Willen durchgeführt, die künftigen Gesetze durch einen Arbeitsausschuß durchberaten, die Gleichheit vor dem Gesetz „nur den Kommunisten nicht zugestanden", Zentrumsbeamte nicht verfolgt, das Richtertum unabhängig bleiben, das Bestehen der Länder und die kirchlichen Rechte nicht angetastet würden. Sein Hinweis, man müsse sich durch Zustimmung „gegen das Schlimmste ... sichern", da die Regierung ihr Ziel auch „auf anderem Weg" erreichen könne, Hindenburg sich damit abgefunden habe und auch von den Deutschnationalen kein Widerspruch zu erwarten sei, wurde noch von Stegerwald, der an den Gesprächen mit Hitler teilgenommen hatte, durch die Erklärung unterstützt, „es sei beabsichtigt, den Reichstag jedes Jahr einige Male zusammentreten zu lassen. Man wolle ihn nicht ausschalten, falls er der Regierung keine Schwierigkeiten mache." War hier noch einmal jenes verhängnisvolle Legalitätsdenken bestimmend, das, wie schon im Übergang von der Weimarer Republik, an der Existenz demokratischer Institutionen hing und nicht ihren Gehalt, ihre Wirksamkeit und den Sinn der Verfassung bedachte, so zeigte Stegerwalds abschließende Bemerkung, „die Gewerkschaften müßten sich vom Marxismus freimachen, sonst gäbe es keinen Frieden", wie wenig auch ein alter Kenner des Gewerkschaftswesens die nationalsozialistische Antimarxismus-Propaganda in ihrer machtpolitischen Funktion durchschaute. Und selbst die kritische Stellungnahme, in der anschließend Brüning das Ermächtigungsgesetz als „das Ungeheuerlichste" bezeichnete, „was je von einem Parlamente gefordert worden wäre", wurde durch den Rückzug auf die technischbürokratische Bemerkung entwertet, „man habe keinerlei Garantie für eine solide Finanzgebarung der nächsten Jahre". Immerhin betonte Brüning, der offenbar noch immer nicht an die finanz-, kredit- und rüstungspolitischen Möglichkeiten einer bedenkenlosen Diktatur glauben konnte, „die Garantien, die die Reichsregierung geben wolle, seien keinesfalls gesichert". Auch machte er nachdrücklich auf die Gefahr einer Zerschlagung der Zentrumspartei und zugleich auf die Tatsache aufmerksam, daß Hindenburgs Sichabfinden mit dem Ermächtigungsgesetz die gesamte Verfassung bedrohe. Aber die Opposition des Brüning-Flügels, der so gewichtige Zentrumspolitiker wie Wirth, Joos, Bolz, Dessauer, Frau Weber, vielleicht auch Stegerwald, beitraten, hat den Beschluß der geschlossenen Fraktionszustimmung nicht mehr zu hindern vermocht. Man hoffte, die Deutschnationalen würden einen Zusatzantrag zur Wiederherstellung der Grundrechte einbringen, wie er in Gesprächen zwischen Brüning und Hugenberg zuvor vereinbart, aber nicht mehr realisiert worden ist.[166]

So konnte das Schauspiel vom 23. März programmgemäß ablaufen. Zuvor hatte der zuständige Ausschuß — bereits mit Zustimmung des Zentrums — und dann auch das Reichstagsplenum die Geschäftsordnung im Sinne Fricks geändert: Danach bestand Anwesenheitszwang, und ein unentschuldigt fehlender Abgeordneter sollte als anwesend gelten. Dies sicherte die Machthaber auch gegen die letzte Möglichkeit eines passiven Widerstands der Art, daß nach Ausschaltung der KPD ein Fernbleiben der SPD und schon der BVP den Reichstag beschlußunfähig gemacht hätte. Nun mochten beliebig viele Abgeordnete fehlen; sie konnten kurzerhand als „anwesend" deklariert werden.[167] Der zeitgenössische Kommentator konnte ganz zutreffend feststellen, daß

---

[166] Vgl. Brüning, a. a. O., S. 17 ff.; Schneider (Anm. II/146), S. 11; Morsey (Anm. I/21), Kap. 10 und Anhang (Dok. Nr. 16) mit Nachweisen zum Konflikt Brüning-Kaas über die Stellung zum Hitler-Regime; Hiller v. Gaertringen (Anm. I/64), Kap. 9.
[167] Vgl. o. S. 158 f.

„die neuen Geschäftsordnungsänderungen . . . mit dem Anwesenheitszwang für die Abgeordneten und mit anderen neuartigen Bestimmungen wiederum den alten Charakter des Reichstags gründlich umgestalten und ihn seiner neuen Bestimmung näherbringen".[168] Und er pries die sich anbahnende Gleichschaltung als „neue parlamentarische Sachlichkeit"; es war freilich eine Sachlichkeit des bloßen Gehorchens, die dem Reichstag jetzt auferlegt war. Sie zeigte sich schon darin, daß der preußische Landtag, der sich am 22. März konstituierte, sich sogleich bis auf weiteres vertagte und dann in der Tat auch praktisch überhaupt nicht mehr in Erscheinung getreten ist. „Wichtigstes Ergebnis" dieser Sitzung, so lauteten dann die Kommentare, war „die Vertagung der Ministerpräsidentenwahl, für die neben taktischen und personellen Fragen auch die Rücksicht auf die in Sachen Reichsreform schwebenden großzügigen Pläne maßgebend ist".[169] Eine geradezu groteske Begründung, nachdem man bisher immer gerade umgekehrt argumentiert und zuletzt den Parlamentarismus mit der Begründung bekämpft hatte, er sei zu keiner Ministerpräsidentenwahl fähig. Aber auch hier wie in allen Ländern waren die entscheidenden Machtpositionen inzwischen schon auf anderem Weg besetzt; man wollte sich diesen Prozeß durch parlamentarische Wahlen und Kontrollen nicht mehr stören lassen, zumal dies die NSDAP erneut gezwungen hätte, die Unterstützung der DNVP und vielleicht sogar des Zentrums zu erreichen.

Am frühen Nachmittag des 23. März begann in der von SA- und SS-„Schutzwachen" drohend umstellten Kroll-Oper die entscheidende Reichstagssitzung. Nach der raschen Annahme der neuen Geschäftsordnung und der Ablehnung eines Antrags auf Entlassung der verhafteten SPD-Abgeordneten — alles ging unter Görings Regie schon mit „militärischer Knappheit", mit „unparlamentarischer Schnelligkeit" vor sich[170] — ergriff Hitler zum ersten Mal in seinem Leben das Wort vor dem Reichstag. Hinter ihm bedeckte wieder ein riesiges Hakenkreuz die Wand, flankiert von schwarz-weißroten Fahnentüchern. Der Reichskanzler selbst trat wieder im Braunhemd auf, das Potsdamer Schauspiel im Frack war, wie der ganze „Tag von Potsdam", eine taktische Episode gewesen. Presse- und Diplomatentribünen waren überfüllt, über alle deutschen Sender wurde die Sitzung übertragen. Nachdem die nationalsozialistische Fraktion und viele Zuschauer noch mit vielfachen Heilrufen die wirkungsvolle Massenversammlungsatmosphäre hergestellt hatten, begann Hitler seine Begründung des von NSDAP und DNVP gemeinsam eingebrachten Ermächtigungsgesetzes.[171]

Wieder entwarf er zunächst nach seinem rhetorischen Geschichtsschema ein dunkles Bild des Gewesenen: 1918 sei „die Verfassung gebrochen" und ein System der „verdammenswerten" Irreführungen und Illusionen, des 14jährigen Verfalls „auf allen Gebieten des Lebens" geschaffen worden; deshalb habe schließlich „nurmehr ein Bruchteil der gesamten Nation" die Weimarer Verfassung bejaht; der Aufstieg und Sieg der NSDAP habe endlich „innerhalb weniger Wochen die seit dem November

[168] *Die Nationalversammlung von Potsdam* (Anm. II/123), S. 20 f. In einem Brief Paul Löbes (Meißner/Wilde, Anm. I/26, S. 313) ist übrigens folgender, im Protokoll nicht festgehaltener Vorgang vermerkt: „Wegen sehr kurzfristig einberufener Sitzung war eine größere Zahl der nationalsozialistischen Abgeordneten noch nicht anwesend. Darauf verkündete der Präsident Hermann Göring, er ermächtige die im Saal anwesenden Amtsträger der NSDAP, die Plätze der Abgeordneten einzunehmen und sich an den etwaigen Abstimmungen zu beteiligen, was im Laufe der Sitzung auch geschah. . ." Zum Gesamtzusammenhang jetzt auch Hans Buchheim, „Die Liquidation des Deutschen Reichstags", in: *Politische Studien* 9, Heft 95 (1958), S. 155 ff.

[169] *Die Nationalversammlung. . .* (Anm. II/123), S. 21.

[170] *Ebda.*; verhaftet waren neben den meisten kommunistischen die sozialdemokratischen Abgeordneten Finke, Fleißner, Kuhut, Dr. Marum, Meier-Baden, Puchta, Seger, Soldmann und Wagner. Noch auf dem Weg zum Reichstag wurden Severing und Leber verhaftet, während NS-Vizepräsident Stöhr zynisch begründete, es sei „unzweckmäßig, die Herren des Schutzes zu berauben, der ihnen durch Verhängung der Haft zuteil geworden ist". Vgl. Matthias in: *Das Ende. . .* (Anm. I/21), Kap. 10.

[171] *Verhandlungen des Reichstags*, Bd. 457, 23. März 1933, S. 25–37; auch abgedr. in: *Die Reden Hitlers. . .* (Anm. II/135), S. 13 ff.; *Dokumente. . .* (Anm. I/31), I, S. 41 ff. (Auszeichnung i. Orig.).

1918 herrschenden Mächte beseitigt und in einer Revolution die Gewalt in die Hände
der nationalen Regierung gelegt", und am 5. März habe „das deutsche Volk" dem
zugestimmt. Jetzt müsse alles für den „Wiederaufbau" eingesetzt, müßten alle „Gebrechen aus unserem völkischen Leben", besonders die „marxistische Irrlehre", aber
auch der Liberalismus beseitigt werden. Des weiteren rückte „die Brandstiftung im
Reichstag als mißglückter Versuch einer großangelegten Aktion" in die Mitte der An-
klagerede gegen das Weimarer „System", das Hitler kurzerhand mit Kommunismus
und Sozialdemokratie identifizierte. Der Reichskanzler kündigte gleichzeitig an, er
werde als Antwort auf die ausländischen Behauptungen von einer nationalsozialistischen Brandstiftung „nichts unversucht lassen, um in kürzester Zeit dieses Verbrechen
durch die *öffentliche Hinrichtung des schuldigen Brandstifters und seiner Komplicen
zu sühnen!* (Stürmisches Händeklatschen bei den Regierungsparteien)".

Nach dieser unmißverständlichen Drohung, dem ersten wirkungsvollen Höhepunkt
seiner Rede, rechtfertigte Hitler in langen erregten Ausführungen das „blitzschnelle
Zuschlagen der Regierung" und kündigte die Ausrottung der Marxisten, die „Gewinnung des deutschen Arbeiters für den nationalen Staat" in einer „wirklichen Volksgemeinschaft" und die „Erringung einer ... weltanschaulichen Geschlossenheit des
deutschen Volkskörpers" an, also auch die totale geistige Gleichschaltung. Zu diesem
Zweck also das Ermächtigungsgesetz: zur vollen Legalisierung der putschistisch eingeleiteten Gleichschaltung der Länder, die nach Hitlers Worten „die Gleichmäßigkeit
der politischen Intentionen im Reich und in den Ländern gewährleisten" soll; zur
Abschaffung der Wahlen und zur Vorbereitung einer (nie verwirklichten) Verfassungsreform; zur Ausschaltung und Bestrafung aller Personen, die die „nationale Regierung" nicht unterstützten; in ihrem Fall könne man keine Rücksicht auf „demokratische Doktrinen" nehmen, ihnen dürfe man auch keine Gleichheit vor dem Gesetz
zubilligen. Auch darin war ausgesprochen, daß das Ermächtigungsgesetz das Ende des
Rechtsstaats herbeiführen werde.

Dann ließ Hitler Warnungen an die Adresse der Befürworter einer Erneuerung
einer Monarchie folgen, die eine jähe Enttäuschung sowohl für die Hoffnungen seiner
konservativen Partner wie für die Widerstandspläne bayerischer Monarchisten bedeuten mußten: Er sehe „die Frage einer monarchistischen Restauration ... zurzeit
als indiskutabel an".[172] Dieses Mal hatte er nur nationalsozialistischen, keinen deutschnationalen Beifall. Weiterhin kündigte er eine „durchgreifende moralische Sanierung"
an, bezeichnete im Sinne der kulturpolitischen Gleichschaltung „das gesamte Erziehungswesen, das Theater, Film, Literatur, Presse, Rundfunk ... [als] Mittel zu diesem Zweck": „Heroismus", „Blut und Rasse" sollten die erste „Quelle der künstlerischen Intuition" und Leitbild der künftigen Kunst sein. Es folgten die Sätze, die so
bestürzend viel innere Verwirrung angerichtet haben, weil sie die schwankend sym-
pathisierende Haltung der Kirchen, zugleich den Masseneintritt von SA-Leuten in
diese Kirchen in den ersten Monaten der nationalsozialistischen Herrschaft verursacht
haben: „Die nationale Regierung sieht in den beiden christlichen Konfessionen die
wichtigsten Faktoren zur Erhaltung unseres Volkstums..." Sie werde die Verträge
und Rechte der Kirchen respektieren, erhoffe und erwarte dafür aber auch gleiches
Entgegenkommen. Offener war Hitler bei seinem Angriff auf das Rechtswesen, wenn
er unter wiederholtem Beifall den furchtbaren Satz vom „Recht ist, was dem Volke
nützt" folgendermaßen umschrieb: „Der Unabsetzbarkeit der Richter auf der einen
Seite muß eine Elastizität der Urteilsfindung zum Zweck der Erhaltung der Gesellschaft entsprechen. Nicht das Individuum kann der Mittelpunkt der gesetzlichen Sorge
sein, sondern das Volk! Landes- und Volksverrat [was immer man darunter ver-

---

172 *Die Reden...*, *a. a. O.*, S. 18.

stand], sollen künftig *mit barbarischer Rücksichtslosigkeit* ausgetilgt werden. Der Boden der Existenz der Justiz kann kein anderer sein als der Boden der Existenz der Nation."[173] Daran sollte die Justiz denken, wenn sie es mit Entschlüssen der Regierung zu tun habe, fügte Hitler mit deutlicher Drohung gegen die Entscheidungsfreiheit der Richter hinzu.

Es folgten Zusicherungen an die Adresse der Gönner von der Wirtschaft: Privatinitiative und Eigentum sollten bei den künftigen wirtschaftspolitischen Großplanungen gefördert werden; das war vom „Sozialismus" der NSDAP nach Ausschaltung des Strasser-Flügels übriggeblieben. Ein weiteres Versprechen galt der „Vermeidung von Währungsexperimenten", und das angesichts der weitgespannten Expansions- und Rüstungspläne. Schließlich verkündete Hitler mit Pathos die „Rettung des deutschen Bauern", versprach einen „Gesamtangriff" auf die Arbeitslosigkeit durch Arbeitsbeschaffung und Arbeitsdienstpflicht und verfuhr im übrigen nach dem bewährten Rezept, fast jedem Stand und jeder Gruppe die Erfüllung seiner Wünsche zu versprechen. Keiner wurde vergessen. Es folgte das Lob der Reichswehr, die Forderung nach Gleichberechtigung auch in der Abrüstungsfrage, zugleich mit deutlichem Bedürfnis nach Beschwichtigung des Auslands die Versicherung eines absoluten Friedenswillens der neuen Regierung, mit Verbeugungen vor den Nachbarländern, besonders natürlich vor dem faschistischen Italien, aber auch vor Frankreich, dem doch der ganze Haß in *Mein Kampf* gegolten hatte; sogar gegenüber der Sowjetunion versprach Hitler „freundschaftliche, für beide Teile nutzbringende Beziehungen zu pflegen. Gerade die Regierung der nationalen Revolution sieht sich zu einer solchen positiven Politik gegenüber Sowjetrußland in der Lage. Der Kampf gegen den Kommunismus in Deutschland ist unsere innere Angelegenheit", der die auswärtigen Beziehungen nicht störe.

Abschließend hob auch Hitler ausdrücklich die Einschränkungen hervor, auf die sich die nicht-nationalsozialistischen Parteien verlassen zu können glaubten. (1) Die Regierung beabsichtige von dieser Ermächtigung nur insoweit Gebrauch zu machen, als es zur Durchführung der lebensnotwendigen Maßnahmen erforderlich sei: In Wirklichkeit beruhte alle künftige Gesetzgebung praktisch *allein* auf dem Ermächtigungsgesetz. (2) Weder die Existenz des Reichstags noch des Reichsrats sollte dadurch bedroht sein: Der Reichstag wurde schon wenige Monate später mit Hilfe desselben Ermächtigungsgesetzes und unter Ausschluß auch der sozialdemokratischen und staatsparteilichen Abgeordneten zum Einparteien-Akklamationsorgan ohne echte Befugnisse degradiert, der Reichsrat, schon jetzt gleichgeschaltet, im Februar 1934 völlig beseitigt. (3) „Die Stellung und die Rechte des Herrn Reichspräsidenten bleiben unberührt": Auch den Manipulationen vor und nach Hindenburgs Tod, durch die sich Hitler dieser Rechte bemächtigte, lagen die Möglichkeiten und der Mißbrauch des Ermächtigungsgesetzes zugrunde. (4) „Der Bestand der Länder wird nicht beseitigt": Aber nach dem Gewaltschlag ihrer Gleichschaltung erfolgte schon sieben Monate später die Beseitigung ihrer Parlamente, besiegelte die Reichsstatthalterverfassung ihre Degradierung zu bloßen Verwaltungseinheiten. (5) „Die Rechte der Kirchen werden nicht geschmälert, ihre Stellung zum Staate nicht geändert": In Wahrheit begann wenig später der durch staatliche Interventionen forcierte Kampf um die Gleichschaltung der evangelischen Kirche, konnte und sollte auch der politisch akzentuierte Abschluß eines Reichskonkordats schwere Eingriffe in den Bereich der katholischen Kirche nicht hindern. (6) „Die Zahl der Fälle, in denen eine innere Notwendigkeit vorliegt, zu einem solchen Gesetz die Zuflucht zu nehmen, ist an sich eine begrenzte": Unbegrenzt aber war der Einsatz des Ermächtigungsgesetzes, das trotz formalem Fortbestand der

---

[173] *Die Reden...*, *a. a. O.*, der vorletzte Satz im „offiziellen Wortlaut": „Landes- und Volksverrat sollen künftig mit aller Rücksichtslosigkeit ausgetilgt werden" (S. 19).

Weimarer Verfassung jeder ordentlichen parlamentarischen wie sogar der außerordentlichen Gesetzgebung nach Art. 48 WV bis zum Zusammenbruch des „Dritten Reiches" ein Ende setzte. So ist in Wahrheit nicht *eine* der verbindlich im Text verankerten und feierlich verkündeten Beschränkungen eingehalten worden. Auch der künftigen Staatslehre blieb nur das Bekenntnis zur „souveränen Diktatur" [174] der Regierung Hitler und zur politischen Funktionalität allen Rechtslebens im neuen Staat.[175]

Als Hitler unter stürmischen Heilrufen, Ovationen und dem Gesang des Deutschlandlieds seine Rede beendet hatte, ohne daß die Opposition, neben der sich drohend die SA- und SS-„Schutzwachen" aufgebaut hatten, noch Zwischenrufe gewagt hätte, zogen sich die Fraktionen zu einer dreistündigen Pause zurück, während überall die nationalsozialistischen Uniformen dominierten und vom Vorplatz her Sprechchöre in das Haus hineinklangen: „Wir fordern das Ermächtigungsgesetz, sonst gibt es Zunder." Auch im Fraktionszimmer des Zentrums fiel jetzt die endgültige Entscheidung. Das Protokoll verzeichnet zunächst eine Probeabstimmung, „die kein einmütiges Votum der Fraktion ergibt". Aber eine längere Aussprache endet dann doch mit dem Beschluß, „mit Rücksicht auf die Partei und ihre Zukunft der Mehrheit der Fraktion zu folgen und für das Ermächtigungsgesetz zu stimmen".

Kurz nach 6 Uhr abends nahm dann die Reichstagssitzung unter allgemeiner Spannung ihren Fortgang. Im Namen der sozialdemokratischen Restopposition sprach der Parteivorsitzende Otto Wels jene mutigen Worte, die mit der Ablehnung des Ermächtigungsgesetzes das für zwölf lange Jahre letzte öffentliche Bekenntnis zu Demokratie und Rechtsstaat verbanden und in einen Gruß an die Verfolgten ausklangen.[176] Aber wie die Vorgeschichte, so stand auch die Verabschiedung dieses Gesetzes unter dem Druck der nackten Gewalt, der eine freie Entscheidung verhinderte. So auch, wenn Hitler in seiner stürmisch umjubelten Antwort auf die einzige Oppositionsrede die SPD des Verrats bezichtigte, ihr mit brutalen Drohungen jede nationale Existenzberechtigung absprach und sich schließlich, während sozialdemokratische Proteste niedergeschrien wurden, zu dem enthüllenden Ausruf steigerte, die Nationalsozialisten appellierten „des Rechtes wegen" an den Reichstag, „uns zu genehmigen, was wir auch ohnedem hätten nehmen können". Auch dieser Satz aus dem Mund des verantwortlichen, vereidigten Reichskanzlers gab einen Blick hinter die formalen Erwägungen und auf den wahren Gehalt der nationalsozialistischen Legalitätstaktik frei.

Was noch folgte, waren Formalitäten, die programmäßig abliefen. In einer vorsichtig zustimmenden, die Erwartungen der Fraktionssitzung betonenden Rede kündigte zunächst Kaas als Führer der entscheidenden Partei die Annahme des Ermächtigungsgesetzes an, obwohl die von der nationalsozialistischen Führung angeblich versprochenen Garantien, die Brünings Bericht erwähnt, nicht schriftlich bestätigt worden waren. Der Erklärung von Kaas folgten die übrigen Rumpfparteien der Mitte. Für die BVP stimmte Ritter v. Lex, [177] für den Christlich-sozialen Volksdienst Simp-

---

[174] So Steinbrink (Anm. I/28), S. 66.

[175] So besonders Otto Koellreutter, *Vom Sinn und Wesen der nationalen Revolution (Recht und Staat in Geschichte und Gegenwart*, Bd. 101), Tübingen 1933, S. 11 ff.

[176] *Verhandlungen des Reichstags*, Bd. 457, 23. März 1933, S. 38 ff. Die vielgerühmte Schlagfertigkeit der Hitlerschen Replik wurde durch die Tatsache begünstigt, daß die sozialdemokratische Fraktionserklärung schon vorher an die Presse gelangt und auch Hitler bekannt geworden war; vgl. Friedrich Stampfer, *Erfahrungen und Erkenntnisse*, Köln 1957, S. 268; Matthias in: *Das Ende. . .* (Anm. I/21), Kap. 10.

[177] Lex sprach dabei die Hoffnung aus, „daß die Durchführung und die Handhabung des Ermächtigungsgesetzes sich in den Schranken des christlichen Sittengesetzes hält": „Kein Ermächtigungsgesetz kann irgendeine Regierung oder Einzelperson von dieser Pflicht befreien" (*Verhandlungen des Reichstags*, a. a. O., S. 37 f.); Maier beanstandete, „daß den verfassungsmäßigen Grundrechten des Volkes und den Grundlagen der bürgerlichen Rechtsordnung keine ausdrückliche Sicherung vor Eingriffen gegeben wurde": aber „im Interesse von Volk und Vaterland und in der Erwartung einer gesetzmäßigen Entwicklung" habe sich die Staatspartei entschlossen, ihre „ernsten Bedenken" zurückzustellen (*a. a. O.*, S. 38). Vgl. auch Schneider (Anm. II/146), S. 204 ff.

fendörfer und für die Staatspartei Reinhold Maier zu. Allein die dezimierte SPD-Fraktion blieb fest, und so errang die Regierung einen eindeutigen Abstimmungssieg von 441 : 94 Stimmen, den Göring schon kurz vor 8 Uhr abends verkünden konnte, nachdem er die drei Lesungen in wenigen Minuten durchgepeitscht hatte: Das Ermächtigungsgesetz war angenommen, denn auch der gleichgeschaltete Reichsrat ließ es unter Fricks Regie ohne Diskussion noch am selben Abend einstimmig passieren. Die Diktatur war legalisiert, der Reichstag hatte seine Schuldigkeit getan und konnte sich auf unbestimmte Zeit vertagen. Die Regierung allein war nun unumschränkter Gesetzgeber und Vollzieher, Exekutive und Legislative zugleich. Gewaltenteilung und Rechtsstaat waren beseitigt, die vollzogenen Tatsachen nachträglich *ad hoc* in Form gebracht. Mit den Worten der offiziösen Darstellung: „Auch [!] verfassungsmäßig war nun für die Regierung Adolf Hitler der Weg frei."[178] Unter dem Gesang des Horst-Wessel-Liedes verließ Hitler, nachdem er mit Papen und Neurath unter Handschlag Glückwünsche getauscht hatte, das von begeisterten Anhängern umlagerte Gebäude der Kroll-Oper.

Die „Legalität" dieses vielfach verletzten und durchlöcherten Ermächtigungsgesetzes, das unter der Drohung der SA- und SS-„Schutzwachen" gegen die Stimmen der durch Verfolgung und Verhaftungen geschwächten SPD verabschiedet wurde, konnte nach rechtsstaatlichen Begriffen nicht verbindlich sein. Dagegen sprechen neben zahlreichen Rechtsbrüchen der vergangenen Wochen, die es erst ermöglicht haben, auch die rechtswidrige Kassierung der Stimmen aller verhafteten und gewaltsam verhinderten Abgeordneten und die darauf aufgebauten falschen Verlautbarungen, die Göring bei der Schlußzählung machte. Möglicherweise hätte auch die Anwesenheit dieser Abgeordneten die Zweidrittelmehrheit nicht verhindert: In dieser Form aber war die ganze Abstimmung rechtswidrig. Auch der nationalsozialistische Vorsitzende des zuständigen Reichstagsausschusses („zur Wahrung der Rechte der Volksvertretung") hat nachträglich zugegeben, daß es sich hier um „einen absolut verfassungswidrigen, also einen rein revolutionären Akt" gehandelt habe.[179] Die Durchführung und Anwendung des Ermächtigungsgesetzes endlich war nicht minder fragwürdig als seine Voraussetzungen. Obwohl es durch das Parteigesetz vom 14. Juli 1933, durch die Beseitigung des Reichsrats im Februar 1934, durch die Vereinigung von Reichspräsidentschaft und Reichskanzleramt im August 1934, durch die dreimalige Verlängerung von eigenen Gnaden, zuletzt kurzerhand von Hitler selbst, schwerwiegend verletzt wurde, blieb es in unveränderter Form Grundlage praktisch der gesamten nationalsozialistischen Gesetzgebung.[180] Seine Voraussetzungen waren Gewalt, Täuschung und Lüge im Gewand scheinlegaler Verordnungen, seine Durchführung stand von Anbeginn im Zeichen offener Verletzung des Gesetzes selbst und seiner fundamentalen Einschränkungen. Und doch hat es, gestützt und ergänzt durch die noch weitergehenden, alle Grundrechte und rechtsstaatlichen Sicherungen ausschaltenden Bestimmungen der Reichstagsbrandverordnung, die gesamte Diktatur der folgenden zwölf Jahre getragen. Hitler hat nie daran gedacht, gemäß seinem Versprechen und einer echten Legalität durch eine neue Nationalversammlung eine neue Verfassung ausarbeiten zu lassen. Ausbau und Vollendung der totalitären Herrschaft waren nun durch keine verfassungsrechtliche Einschränkung mehr gebunden — ebensowenig wie Hitler selbst —, obwohl die Weimarer Verfassung nie förmlich außer Kraft gesetzt wurde. Wohl wurde der weitere Prozeß der Machtergreifung und Machtbefestigung von einer Reihe weiterer Gesetze und Verordnungen begleitet und notdürftig in Form gebracht. Aber

[178] Rühle (Anm. I/9), I, S. 62; vgl. *Die Nationalversammlung...* (Anm. II/123), S. 48; Goebbels, *Vom Kaiserhof...* (Anm. I/40), S. 287: „Jetzt sind wir auch [!] verfassungsmäßig die Herren des Reiches."
[179] Frank (Anm. II/40), S. 143.
[180] Vgl. Schneider (Anm. II/146), S. 213 f., der auch über die wenigen Ausnahmen unterrichtet.

mit entwaffnender Bündigkeit konnte – oder mußte – das offiziöse Dokumentenwerk der gleichgeschalteten Berliner Hochschule für Politik im Rückblick sechs Jahre später feststellen: „Die Umwandlung des deutschen Verfassungswesens hat nicht allzu viele staatsrechtliche Dokumente... hervorgebracht, da der nationalsozialistische Staat mehr Augenmerk auf die tatsächlichen Umwälzungen als auf Wandlungen im Buchstaben des Rechtes richtete."[181] Ganz treffend haben schon damals nationalsozialistische Kommentatoren betont, daß dies „Gesetz zur Behebung der Not von Volk und Reich" verfassungspolitisch einen ganz anderen Charakter besaß als die voraufgegangenen Ermächtigungsgesetze der Weimarer Zeit.[182] Jetzt war nicht mehr von Notmaßnahmen zur Erhaltung der Verfassung der Rede. Während frühere Ermächtigungsgesetze der Reichsregierung lediglich das gesetzesvertretende Verordnungsrecht einräumten, war die Reichsregierung jetzt ausdrücklich zum Erlaß von Reichsgesetzen im formellen Sinn und abweichend von der Verfassung ermächtigt, war also ein neuer Gesetzgeber und ein neuer Verfassungsgeber eingesetzt. Das bedeutete auch formal die Beseitigung des parlamentarisch-konstitutionellen Gesetzesbegriffes, und dies ausdrücklich selbst im Urbereich des Verfassungsstaates, in der Haushalts- und Kreditbewilligung. Auch die Bestimmung, daß künftig statt des Reichspräsidenten der Reichskanzler seine eigenen Gesetze auch ausfertigte und verkündete, war ohne Vorgang und symbolisierte die Zerbrechung des Weimarer Verfassungsgefüges selbst. Tatsächlich sind auch die früheren Ermächtigungsgesetze nie zur Auslegung des Gesetzes vom 24. März 1933 herangezogen worden.

---

[181] *Dokumente*... (Anm. I/31), I, S. 172.
[182] Walz (Anm. II/120), S. 16; vorher schon Carl Schmitt in: *DJZ*, 1933, S. 455.

Drittes Kapitel

DIE BESIEGELUNG DES EINPARTEIENSTAATES

Mit dem Ermächtigungsgesetz hatte Hitler sich nicht nur vom Reichstag und von der parlamentarischen Kontrolle, sondern auch vom Reichspräsidenten unabhängig gemacht. Die wichtigsten Sicherungen der deutschnationalen Einzäunungspolitik waren damit gefallen. Denn nun bedurfte es nicht länger des Rückgriffs auf jenen Artikel 48, der die Notverordnungspolitik der vergangenen Jahre eng an den Willen Hindenburgs geknüpft hatte; nicht länger brauchte man sich der präsidialen Verordnungsmacht zu bedienen. Damit war Hindenburg recht eigentlich schon jetzt ausgeschaltet. Daß er noch länger als ein Jahr lebte, mochte unbequem sein; ein ernsthaftes Hindernis für die Vollendung der Machtergreifung bedeutete es nicht mehr. Ihr weiterer Gang auf den verschiedenen Gebieten des öffentlichen wie halböffentlichen Lebens ist durch die stetig verschärfte Gleichschaltungspolitik bestimmt, die in diesen Wochen von den Länderregierungen über Verwaltung und Beamtenschaft auf sämtliche sozialen und wirtschaftlichen Verbände und Organisationen übergriff. Auch sie hatte schon im Februar begonnen und ihren ersten Höhepunkt mit der Machtergreifung in den Ländern im März erreicht; durch die Gleichschaltungs- und Beamtengesetze des April besiegelt, mündete sie in die Zerschlagung der Gewerkschaften, die Gleichschaltung der wirtschaftspolitischen Organisationen und die Auslöschung aller nicht-nationalsozialistischen Parteien.

1. Der Staat im Griff der Gesetze neuen Stils

Der umfassende Gleichschaltungsprozeß, dem die Verabschiedung des Ermächtigungsgesetzes den Weg geebnet hat, war seit Ende März 1933 ganz dem konsequenten Ausbau des nationalsozialistischen Regimes zum totalitären Herrschaftssystem gewidmet. Er richtete sich jetzt, im Sinne gesetzlicher Zusammenfassung und Konsolidierung der vielfältigen, bislang nur notdürftig legalisierten Machtergreifungsakte, fast gleichzeitig auf Länder und Verwaltung, Verbände und Parteien, Justiz und Kultur. Tatsächlich war die dauernde Unterwerfung der Länder auf der Grundlage der nur „vorübergehend" gültigen, in sich fragwürdigen Verordnung vom 28. Februar schon abgeschlossen, als am 31. März das „Vorläufige Gesetz zur Gleichschaltung der Länder mit dem Reich"[1] erging, das die Regierung auf Grund des Ermächtigungsgesetzes schon ohne Mitwirkung des Reichstags und des Reichspräsidenten erließ. Nachträgliche Legalisierung und Besiegelung der vollzogenen Gleichschaltung der Länder, hat es mit seinen Folgegesetzen auch den nationalsozialistisch geführten Landesregierungen die legislative Macht überantwortet und sie vom Weg über das Parlament oder über Notverordnungen befreit.

Die demokratisch-parlamentarische Verfassung wurde damit auch auf diesem Sektor kurzerhand verlassen, die bisher parlamentarisch regierten Länder in reine Verwaltungskörper nach nationalsozialistischem Gutdünken verwandelt. Es entsprach der

---

[1] *RGBl.*, I, 1933, S. 153.

pseudolegalen Taktik des Ermächtigungsgesetzes, wenn auch hier zwar die institutionelle Fassade noch gewahrt blieb: „Die Einrichtung der gesetzgebenden Körperschaften als solche darf nicht berührt werden", wenn aber im selben Paragraphen verfügt wurde, zur „Neuordnung der Verwaltung, einschließlich der gemeindlichen Verwaltung... können die von den Landesregierungen beschlossenen Landesgesetze von den Landesverfassungen abweichen" (§ 2). Wie der Reichstag, so konnten auch die Landtage unter diesen Umständen nur noch als Dekoration und Fassade für die uneingeschränkte Diktatur existieren. Dem entsprachen auch die weiteren Bestimmungen dieses Gleichschaltungsgesetzes. Indem es die Auflösung nicht nur aller Landtage außer dem neugewählten preußischen, sondern auch aller kommunalen Selbstverwaltungskörper von den Kreistagen über die Stadtverordnetenversammlungen bis hinab zu den Gemeinderäten verfügte, die entgegen der parlamentarischen Struktur des deutschen Bundesstaates nicht etwa neu gewählt, sondern kurzerhand nach dem Ergebnis der Reichstagswahl vom 5. März in verkleinerter Form neu gebildet werden sollten – wobei wie im Reichstag die Sitze der mißliebigen Parteien kassiert wurden –, verschaffte es den Nationalsozialisten allenthalben ein Übergewicht. Auch hat die nationalsozialistische Führung selbst in diesem Fall ihr eigenes Gesetz, das eine Auflösung der neugebildeten Landtage vor Ablauf der Vierjahresperiode verbot, bald genug verletzt. Durch weitere Verordnungen Fricks (5., 8. und 11. April 1933) ergänzt,[2] erfuhr dieser Prozeß eine Steigerung noch mit dem „Zweiten Gesetz zur Gleichschaltung der Länder mit dem Reich" vom 7. April 1933,[3] das an die Spitze der Länder „Reichsstatthalter" mit der Aufgabe setzte, „für die Beobachtung der vom Reichskanzler aufgestellten Richtlinien der Politik zu sorgen". In Preußen allerdings behielt sich Hitler selbst dies Amt vor, während Papen gleichzeitig als Reichskommissar für Preußen auch offiziell zurücktrat und damit auch hier seinen Einzäunungsplan ohne weiteres preisgab.[4] Damit war die Entmachtung der Länderparlamente wirklich vollendet, die Gleichschaltung von der obersten zur untersten Instanz aufs konsequenteste garantiert.[5] So absolut der Reichsstatthalter mit seiner Macht zur Ernennung und Entlassung der Regierung herrschen konnte, einer Regierung, die ja ihrerseits wiederum ohne Mitwirkung des Landtags Gesetze beschließen konnte und gegen alle parlamentarischen Mißtrauensvoten geschützt war (§ 4), so abhängig war er wiederum von der Berliner Zentrale, d. h. von Hitler selbst: Der Reichsstatthalter wurde zwar vorläufig für die Dauer der Landtagsperiode ernannt,[6] konnte aber „auf Vorschlag des Reichskanzlers vom Reichspräsidenten jederzeit abberufen werden" (§ 3).

Die Befehlsreihe war damit geschlossen. Kein Parlament, keine Länderregierung, keine kommunale Instanz sollte die Gesetzesmacht einer diktatorischen, von jeder parlamentarischen Kontrolle freien Regierung mehr stören können. Die Weimarer Verfassung war auch in diesem Punkt gründlich zerstört, zumal am Schluß des zweiten Gleichschaltungsgesetzes kurzerhand erklärt war: „Entgegenstehende Bestimmungen der Reichsverfassung vom 11. August 1919 und der Landesverfassungen sind aufgehoben" (§ 6). Die Verordnungen und Gesetze vom 28. Februar, 23. März und 31. März bzw. 7. April können nicht mehr mit dem Begriff der „legalen Machtergreifung", sondern nur noch mit dem Begriff der „Revolution" erfaßt werden, und zwar nicht mehr der „nationalen", sondern der nationalsozialistischen Revolution. Denn da die Reichsregierung trotz ihrer nicht-nationalsozialistischen Mehrheit Hitler die Ver-

---

[2] *A. a. O.*, S. 171; S. 185; S. 195.
[3] *A. a. O.*, S. 173.
[4] Vgl. o. S. 45, Anm. 7, sowie u. S. 205 f.
[5] Über diesen Umbildungsprozeß im einzelnen u. II. Teil, S. 464 ff.
[6] Wenige Monate später fiel im Zusammenhang mit der neuerlichen Reichstagsauflösung und der Suspendierung der Landtage auch diese Einschränkung; vgl. u. S. 352.

fügung über die Reichsstatthalter übertrug (Hindenburg war auch hier nur noch Vollzugsorgan), rückten ausschließlich nationalsozialistische Führer, meist die betreffenden Gauleiter, in die neuen Reichsstatthaltereien ein. So war es auch bedeutungslos, daß – trotz völliger Ausschaltung der KPD – die NSDAP in den Landtagen Bayerns und Württembergs auch nach der Neubildung noch immer eine Minderheit darstellte. Auch das Schicksal der politischen Parteien insgesamt konnte jetzt kaum mehr zweifelhaft sein.

Freilich war dies nur die eine Seite der fortschreitenden nationalsozialistischen Machtbefestigung. Den Kern des Prozesses bildete jene Großsäuberung und Kollektiveinschüchterung der Beamtenschaft, die auf die nationalsozialistische Beherrschung und Manipulierung aller Zweige der Verwaltung, auf die Gleichschaltung des Staatsapparats bis in seine kleinsten Verästelungen abzielte. Die Analyse des Personal- und Verwaltungsumbaus wird diesen Vorgang im einzelnen bloßlegen.[7] Gleichschaltung konnte auch jetzt nicht heißen, daß alle bedeutenden Posten mit alten Nationalsozialisten besetzt wurden. Es mußte im Interesse der nationalsozialistischen Legalitätstaktik liegen, direkte gewaltsame Massenentlassungen zu vermeiden. Auch besaß die NSDAP weder unter ihren eigenen Leuten noch auch mit den neuen Zuläufern schon die routinierten Fachleute, die das reibungslose Weiterfunktionieren des Staatsapparats garantieren konnten. Das Gros der bisherigen Beamtenschaft war unentbehrlich, es galt nur, durch Einschüchterungspolitik oder Appell an den Opportunismus ihre Mitarbeit zu sichern und von einigen entscheidenden Positionen aus, in die Nationalsozialisten einrückten, die ganze Bürokratie in die neue Richtung zu dirigieren.

Wie stark der Druck, aber auch der Sog war, den das neue Regime ausübte, hat sich auch hier bestätigt. Es war die nationale, obrigkeitsstaatliche, ja, monarchistische Tradition, die das Beamtentum unter dem Schlagwort von der „Überparteilichkeit" und „Neutralität" der Weimarer Republik weithin mißtrauisch hatte gegenüberstehen lassen, es war dieses selbe Mißtrauen, das die Beamtenideologie schon in den vergangenen Jahren nahe an die autoritären Pläne und Bestrebungen zur Reform oder Überwindung der parlamentarischen Demokratie gerückt hatte: das Streben nach dem reinen monokratischen Verwaltungsstaat anstelle der pluralistischen Demokratie. Mit der Ausschaltung der Parlamente und des Einflusses konkurrierender Parteien schien nun mindestens ein wichtiger Teil dieser alten Bestrebungen, denen die Weimarer Republik nur ein Intermezzo bedeutete, der Verwirklichung nahe. Wenn Max Weber in seinen soziologischen Analysen der Bürokratie einmal darauf hingewiesen hat, daß das „Einschnappen" des bürokratischen Mechanismus unabdingbare Voraussetzung für jede Machtergreifung im modernen Staat sei, dann stellt das Jahr 1933 dafür tatsächlich ein unvergleichliches Beispiel dar. Anders wäre die nationalsozialistische Führung nicht fähig gewesen, den Staatsapparat so funktionsbereit in die Hand zu bekommen, ihn sogleich für ihre Ziele einzusetzen und die antiparlamentarische, antidemokratische „Revolution" ohne äußeren Bruch gleichsam auf dem Verwaltungswege durchzuführen.

Gewiß hat nur ein Teil der Beamtenschaft aus traditioneller Abneigung gegen die für jede Verwaltung unbequeme parlamentarische Demokratie das Millionenheer jener „Märzgefallenen" verstärkt, die rasch den Anschluß an die neuen Machthaber gesucht hatten und vor Erlaß der neuen Mitgliedersperre am 1. Mai 1933 zu Parteigenossen geworden waren.[8] Aber auf der negativen Ebene, in der Ablehnung des „Systems" war sich doch eine Mehrheit der „neutralen" Beamtenschaft mit den Trägern der „nationalen Revolution" einig, auch wenn sie nicht den Nationalsozialismus selbst mit

---

[7] Vgl. u. II. Teil, II. und III. Kapitel.

[8] Dazu Wolfgang Schäfer, *NSDAP. Entwicklung und Struktur der Staatspartei des Dritten Reiches (Schriftenreihe des Instituts für wissenschaftliche Politik in Marburg,* Lahn), Hannover–Frankfurt/M. 1956, S. 35 ff.

seinen totalitärstaatlichen Zielen anerkennen oder Parteimitglieder werden wollten. Dazu kam die ganz konkrete Sorge um Stellung und Existenz in einem Staat, dem man als Beamter deutscher Prägung auf Lebenszeit ergeben war – mit all den engen Bindungen, wohlerworbenen Rechten, mit der Entwöhnung auch von der Möglichkeit „freier" Berufstätigkeit. Diese Sorge war durchaus begründet. Beginnend mit Görings Säuberungsaktivität in Preußen, waren nicht nur die „politischen Beamten", sondern auch zahlreiche sonstige mißliebige Beamte schon im Verlauf des Februar und März 1933 den halb planmäßigen, halb willkürlichen Säuberungswellen zum Opfer gefallen, die sich nach Verabschiedung des Ermächtigungsgesetzes und Gleichschaltung der Länder noch ständig erweiterten und steigerten. Das Ausmaß der Suspendierungen beweist, daß das „Einschnappen" des bürokratischen Mechanismus und die Anpassung des Beamtentums keineswegs reibungslos und ohne Widerstand vor sich gegangen sind, daß sich daran viele persönliche Schicksale entschieden und daß es durchaus einen beträchtlichen Stamm demokratisch gesinnter Beamten gab, den die neuen Machthaber keineswegs einfach beseitigen konnten. Sie hatten genug andere Probleme, brauchten eine funktionsfähige Verwaltung und beließen deshalb sogar zahlreiche hohe Beamte im Amt, deren nicht-nationalsozialistische Einstellung fortdauerte und viele Härten der nationalsozialistischen Verwaltungspolitik auch in den folgenden Jahren zu mildern vermochte. Zwar steht dem subjektiven Motiv dieser Beamten, die im Dienst blieben, „um Schlimmeres zu verhüten", die objektive Tatsache gegenüber, daß ein für die nationalsozialistische Machtergreifung gefährlicher Widerstand in diesen entscheidenden Monaten vom Staatsapparat selbst her nicht wirksam werden konnte. Doch hatte auf der anderen Seite die Gleichschaltung der Verwaltung bis zum Schluß des „Dritten Reiches" ihre erheblichen Lücken, weil das System zu keinem Zeitpunkt die „Fachleute" entbehren und sich nur dadurch helfen konnte, daß es ihnen nationalsozialistische Funktionäre und Vertrauensmänner vor die Nase oder ins Vorzimmer setzte. Es war die Methode einer Kontrolle und Überwachung der nicht-nationalsozialistischen Fachkräfte anstelle einer undurchführbaren Massenentlassung, die auch fürderhin Grundprinzip der nationalsozialistischen Verwaltungs- und Beamtenpolitik blieb.

Die Säuberungsaktion erreichte immerhin beträchtliche Ausmaße. Nachdem sie im Februar und März 1933 teilweise gewaltsam, jedenfalls unter ständiger Verletzung beamtenrechtlicher und rechtsstaatlicher Prinzipien vor sich gegangen war, kam nun auch hier gemäß der allgemeinen Taktik der Machtergreifung der Akt der – für viele Maßnahmen nachträglichen – Legalisierung. Diese scheinrechtliche *justificatio post eventum*, zugleich als Rechtfertigung für alle kommenden Willkürmaßnahmen geeignet, war der Inhalt und Zweck des am 7. April 1933 verfügten „Gesetzes zur Wiederherstellung des Berufsbeamtentums".[9] Gleichzeitig mit dem Gesetz über die Reichsstatthalter erlassen und durch sechs Abänderungsgesetze und zahlreiche Durchführungsverordnungen ergänzt,[10] war es entgegen seiner euphemistischen Überschrift dazu bestimmt, die Beamtenpolitik der Weimarer Republik als Korrumpierung des Beamtentums zu diffamieren, auf dieser Grundlage die jüngste Personalpolitik zu legalisieren und durch rücksichtslose Säuberung oder doch Drohung die gesamte Staatsbürokratie der nationalsozialistischen Herrschaftsordnung gefügig zu machen.

„Zur Wiederherstellung eines nationalen Berufsbeamtentums und zur Vereinfachung der Verwaltung", begründete das Gesetz in lapidarer Eindeutigkeit, „können

---

[9] *RGBl.*, I, 1933, S. 175; eine Zusammenfassung der wichtigsten Daten zur Mitgliedschaft bei der NSDAP bei Buchheim in: *Gutachten*. . . (Anm. I/125), S. 315 ff.

[10] Gesetze vom 23. Juni, 20. Juli und 22. September 1933 (*RGBl.*, I, 1933, S. 389; S. 518; S. 655); 22. März, 11. Juli und 26. September 1934 (*RGBl.*, I, 1934, S. 203; S. 604; S. 845). Vgl. *Dokumente*. . . (Anm. I/31), I, S. 142 ff.

Beamte ... aus dem Amt entlassen werden, auch wenn die nach dem geltenden Recht hierfür erforderlichen Voraussetzungen nicht vorliegen" (§ 1). Solche Entlassung – und zwar ohne jeden Anspruch auf Ruhegeld – sollte alle seit November 1918 angestellten Beamten treffen, die nicht die vorgeschriebene oder übliche Vorbildung „oder sonstige Eignung" besäßen (§ 2). Alle Beamten „nicht arischer Abstammung" sollten, sofern sie nicht Frontkämpfer des ersten Weltkrieges (oder ihre Söhne oder Väter gefallen) waren, sofort pensioniert werden (§ 3). Besonders schwerwiegend war die folgende Bestimmung, die tatsächlich dem Ermessen der nationalsozialistischen Säuberung den denkbar größten Spielraum gab und jede Entlassung rechtfertigte: „Beamte, die nach ihrer bisherigen politischen Betätigung nicht die Gewähr dafür bieten, daß sie jederzeit rückhaltlos für den nationalen Staat eintreten, können aus dem Dienst entlassen werden." Sie sollten nur drei Viertel des Ruhegelds erhalten, und auch dies nur bei mindestens zehnjähriger Dienstzeit, selbst wenn nach der bestehenden Gesetzgebung Ruhegeld schon früher gewährt wurde. Solche Begründungen, die im klaren Widerspruch zu grundlegenden Bestimmungen der Weimarer Verfassung standen,[11] enthüllten den wahren Zweck des Gesetzes: nicht zur Wiederherstellung, sondern zur Einschüchterung und politischen Ausrichtung des Berufsbeamtentums im nationalsozialistischen Sinne. Nicht minder einschneidend war, daß die Beamten „zur Vereinfachung der Verwaltung" beliebig versetzt (§ 5) oder gar pensioniert werden konnten, „auch wenn sie noch nicht dienstunfähig sind" (§ 6), worüber „die oberste Reichs- und Landesbehörde ... endgültig unter Ausschluß des Rechtsweges entscheidet" (§ 7). Auch sollten alle diese Bestimmungen die bereits pensionierten Beamten so treffen, als seien sie noch im Dienst – also in krasser Weise rückwirkende Geltung haben und die Betroffenen zwingen, alle danach erhaltenen Mehrbeträge seit dem 1. April 1932 – ein volles Jahr – zurückzuzahlen (§§ 9 und 10).

Politische Säuberung, Antisemitismus, Drohung und Rache waren hier verbunden zum Prinzip erhoben und verbürgten die äußerste Manipulierbarkeit der ganzen Bürokratie im Sinne der neuen Machthaber. Dies Prinzip beherrschte auch die Bestimmungen über die Neufestsetzung der Bezüge früherer Reichs- und Landesminister, denen ähnliche Rückzahlungen auferlegt wurden (§ 12), oder die lapidare Bestimmung, gegen alle jetzt oder im vorangehenden Jahr pensionierten oder entlassenen Beamten sei „auch nach ihrer Versetzung in den Ruhestand oder nach ihrer Entlassung die Einleitung eines Dienststrafverfahrens wegen der während des Dienstverhältnisses begangenen Verfehlungen [was immer man darunter verstehen wollte] mit dem Ziele der Aberkennung des Ruhegeldes, der Hinterbliebenenversorgung, der Amtsbezeichnung, der Dienstkleidung und der Dienstabzeichen zulässig". Damit waren fast alle nationalsozialistischen Kampf-, Willkür- und Racheakte nachträglich legalisierbar geworden – und dies eben war der tiefste Zweck des Gesetzes. Es sollte bis Herbst bzw. Jahresende durchgeführt werden; dann sollten „die für das Berufsbeamtentum geltenden allgemeinen Vorschriften wieder voll wirksam werden". Auch damit war – abgesehen davon, daß dies nicht eingehalten wurde – der Ausnahmecharakter der daraus abgeleiteten Maßnahmen offen bestätigt. Das trifft auch auf die Ausführungsverordnungen zu, mit denen Frick einzelne Aspekte des Gesetzes konkretisierte und ergänzte. In einer Verordnung vom 11. April[12] wurde die Entlassung aller kommunistischen Organisationen angehörenden Beamten verfügt und vor allem erstmals amtlich der Begriff „nicht arisch" definiert. Danach „genügte" es, „wenn ein Elternteil oder Großelternteil nicht arisch ist. Das ist insbesondere dann anzunehmen, wenn ein Elternteil oder ein Großelternteil der jüdischen Religion angehört hat." Schon hier

---

[11] Besonders auch zu Art. 128 und 129 WV, die allen Staatsbürgern gleichen Zugang zu den öffentlichen Ämtern und die Unverletzlichkeit der „wohlerworbenen Rechte" der Beamten garantierten.

[12] *RGBl.*, I, 1933, S. 195.

wird deutlich, wie fragwürdig und unwissenschaftlich ein rassisch bestimmter Antisemitismus war, der sich letztlich dann doch nur auf die Ermittlung der Religionszugehörigkeit stützen konnte. Dieselbe Durchführungsverordnung verfügte auch, daß zur Feststellung der „nationalen" Zuverlässigkeit „die gesamte politische Betätigung des Beamten, insbesondere seit dem 9. November 1918, in Betracht zu ziehen" sei und daß alle Beamten auf Anforderung ihre Zugehörigkeit zu politischen Parteien einschließlich des Reichsbanners Schwarz-Rot-Gold, des Republikanischen Richterbundes und der Liga für Menschenrechte anzugeben hätten. Es entsprach dieser Personalpolitik, daß sich Göring als preußischer Ministerpräsident durch Erlaß vom 17. Juli 1933[13] die Ernennung der Staatsräte, Ministerialdirektoren und Ministerialräte, der leitenden Beamten in der Provinzial-, Justiz- und Finanzverwaltung, der Universitätsprofessoren und Theaterintendanten selbst vorbehielt.

Vor allem haben sich die Einschüchterungs- und Entlassungsaktionen auf den Bereich der Justiz erstreckt. Schon am gleichen 7. April 1933 erfuhren auch die Eingriffe in das Rechtswesen ihre generelle Legalisierung. Nach den Suspendierungsaktionen gegen Teile der Richterschaft, der insbesondere in Preußen von Kerrl und seinem Staatssekretär Freisler durchgeführten „Säuberung der Justiz"[14], wurde im „Gesetz über die Zulassung zur Rechtsanwaltschaft", das zugleich eine weitere einschneidende Manifestation des staatlich betriebenen Antisemitismus war, nun auch die Anwaltschaft reglementiert, die dank ihrer relativen Freiheit von staatlicher Bevormundung eine Stütze demokratischer Rechtspraxis in der Weimarer Republik gewesen war; besonders jüdische Rechtsanwälte waren dabei hervorgetreten. Um so tiefer griff das neue Rechtsanwaltsgesetz vom 7. April 1933[15] in diese Freizügigkeit ein. Auch hier stand der „Arierparagraph" am Beginn (§ 1) – mit dem bezeichnenden Zusatz, daß auf die Zulassung zur Rechtsanwaltschaft die Grundsätze des gleichzeitig verfügten Berufsbeamtengesetzes auch dann zuträfen, „wenn die in der Rechtsanwaltsordnung hierfür vorgesehenen Gründe nicht vorliegen" (§ 2). Ferner wurde in ebenso allgemeiner Form der Ausschluß aller Personen verfügt, „die sich im kommunistischen Sinne betätigt haben", und schließlich schufen sich die Machthaber eine Möglichkeit zur zeitweiligen Ausschaltung aller Mißliebigen, indem § 4 bestimmte: „Die Justizverwaltung kann gegen einen Rechtsanwalt bis zur Entscheidung darüber, ob von der Befugnis zur Zurücknahme der Zulassung ... Gebrauch gemacht wird, ein Vertretungsverbot erlassen." Da sie zeitlich nicht beschränkt waren, war der willkürlichen Interpretation und Anwendung auch dieser Bestimmungen Tür und Tor geöffnet. Als wichtiger Ansatzpunkt für die weitere Beeinflussung, Einschüchterung und Manipulierung der Justiz hat dies Gesetz eine objektive Verteidigung schon empfindlich eingeschränkt; der Staatsbürger war gegenüber staatlichen Übergriffen bis in den privaten Sektor hinein nur noch bedingt verteidigungsfähig.

Wenig später haben sich die Berufsvereinigungen der deutschen Richter, Anwälte, Notare dem Bund nationalsozialistischer Juristen angeglichen; als Dachorganisation wurde eine „Front des deutschen Rechts" unter Führung des altnationalsozialistischen und bayerischen Justizministers Hans Frank gegründet, die es in verschwommener, aber doch eindeutiger Sprache als ihre Hauptaufgabe bezeichnete, „die Kluft zwischen Justiz und Volk zu schließen". Es lief auf die Durchsetzung der Generalklausel hinaus, daß höchster Maßstab des Rechts künftig das „gesunde Volksempfinden" sein sollte. Am 22. April schon war analog zu der Kommissarsinflation auf allen Gebieten Hans Frank zum Reichskommissar für die „Gleichschaltung der Justiz in den Ländern und für die Erneuerung der Rechtsordnung" ernannt worden. Frank entwickelte dann auf

---

[13] *Die Gesetzgebung...* (Anm. I/31), Heft 3, S. 198 ff.
[14] Vgl. Rühle (Anm. I/9), I, S. 101 f.
[15] *RGBl.*, I, 1933, S. 188.

dem Deutschen Juristentag in Leipzig am 30. September sein Programm einer national-sozialistischen Neugestaltung des Rechts;[16] es ließ keinen Zweifel, daß reines Zweck-recht zur Durchsetzung der nationalsozialistischen Machtziele die deutsche Justiz künftig leiten sollte – popularisiert getroffen in dem furchtbaren Schlagwort: „Recht ist, was dem Volke nützt." Aber es gab kein Parlament und keine Freiheit der öffent-lichen Meinungsäußerung mehr, die, „was dem Volke nützt", hätte wirklich zum Ausdruck bringen und kontrollieren können. Die ebenfalls Frank unterstellte „Aka-demie für deutsches Recht", in der auch Carl Schmitt eine führende Rolle spielte, wirkte in umfangreichen Veröffentlichungen auf die Verwirklichung des Rechts-denkens in diesem Sinne hin.

So war auch in diesem Bereich an der Grenze von Kultur und Staat der Grund für jene Manipulierung des Rechts, jene Beeinflussung der Richter und Anwälte gelegt, die dann in steter Steigerung trotz Regungen des Widerstands zur Recht-fertigung und juristischen Durchführung des diktaturstaatlichen Terrorismus mit seiner letzten Übersteigerung in den Sondergerichten und im Volksgerichtshof, in den tausendfachen Todesurteilen gegen „Verräter und Saboteure" geführt hat. Wohl blieb noch lange Raum für aufrechte Richter. Die Gerichtspraxis bot dem Staatsbürger in vielen Fällen noch bis in den Krieg einen gewissen Schutz vor der eklatanten Will-kür der Staats- und Parteiorgane. Doch war Voraussetzung, daß er überhaupt noch ein ordentliches Gerichtsverfahren erwirken konnte und nicht – mit oder ohne Zu-hilfenahme der Reichstagsbrandverordnung – kurzerhand von den Verhaftungs-organen der Partei ohne Gerichtsprüfung und Gerichtsverfahren in Konzentrations-lagern festgehalten wurde, wie das in fast allen politischen Fällen geschah. Man trifft auch hier auf den Kern jenes seltsamen dualistischen Nebeneinanders von rechtsstaat-lichen und polizeistaatlichen Verfahrensweisen, die sich oft sogar in die Quere kamen, gegenseitig behinderten und aufhoben, jenes eigenartige Doppelsystem von Rechts-und Maßnahmestaat, dessen charakteristische Züge Ernst Fraenkel früh schon anhand einer grundlegenden Analyse der nationalsozialistischen Rechts- und Staatspraxis in ihrer Bedeutung für die nationalsozialistische Herrschaftsordnung herausgearbeitet hat.[17] Entsprechend dem Nebeneinander von Partei und Staat hat dieser Dualismus die ersten Jahre des „Dritten Reiches" bestimmt, um freilich später mehr und mehr zugunsten des totalitär-polizeistaatlichen Elements, der absoluten Herrschaft der ein-zigen Partei über den Staat zurückzutreten, bis in der Endphase des „Dritten Reiches" der letzte Rest an rechtsstaatlichen, juristisch-objektiven Verfahrensweisen aufgelöst, der Schutz des Individuums durch unabhängige Gerichte völlig beseitigt wurde.

2. Zerschlagung der Gewerkschaften

Auch sachkundige Zeitgenossen lassen keinen Zweifel daran, daß seit Anfang April 1933 das Kabinett Hitler den gesamten Staatsapparat völlig kontrollfrei und zugleich monokratisch für seine unumschränkte Gesetzes- und Verordnungstätigkeit zur Ver-fügung hatte.[18] Doch bestanden neben den bereits von der aktiven Mitwirkung aus-geschalteten Parteien noch äußerlich machtvolle Wirtschafts- und Standesorgani-sationen fort, die einer weiteren Expansion der Machtergreifung im Wege zu stehen schienen. Allenfalls der autoritäre, nicht aber der totalitäre Staat kann noch halb-autonome Verbände im außer- oder vorpolitischen Raum dulden. Auf sie richtete sich jetzt mit konzentrierter Kraft die Aufmerksamkeit der nationalsozialistisch bestimm-

[16] *Schultheß, 1933*, S. 215 f.
[17] Ernst Fraenkel, *The Dual State. A Contribution to the Theory of Dictatorship*, London—New York—Toronto 1941; vgl. jetzt das Material bei Hubert Schorn, *Der Richter im Dritten Reich*, Frankfurt/M. 1959.
[18] So auch Brecht, *Vorspiel. . .* (Anm. I/2), S. 144.

ten Staatsführung. Die Wochen bis Anfang Mai 1933 standen zunächst vor allem im Zeichen der Zerschlagung der Gewerkschaften und der Errichtung einer nationalsozialistisch geführten und staatlich reglementierten „Deutschen Arbeitsfront", die, verschieden selbst vom faschistischen Vorbild, Arbeitgeber und Arbeitnehmer in eine riesige Zwangsorganisation zusammensperrte.

Anders als auf dem politischen Sektor hatte der Nationalsozialismus vor 1933 im Bereich der gewerkschaftspolitischen „Erfassung" der Massen keine bedeutende und wirklich umfassende Organisation zu entwickeln vermocht. Entgegen seinem Anspruch, als „Deutsche Arbeiterpartei" zu gelten – so der ursprüngliche Parteiname –,[19] war der Nationalsozialismus wesentlich als kleinbürgerliche Protestbewegung zur Massenpartei geworden.[20] Die 1929 begründete „Nationalsozialistische Betriebszellen-Organisation" (NSBO)[21] fristete noch bei Hitlers Regierungsantritt mit etwa 400 000 Mitgliedern eine zahlenmäßig kümmerliche Existenz, auch wenn sie sich als propagandistischer Stoßtrupp der Partei in den Betrieben, ganz nach dem kommunistischen Vorbild der RGO, dem verlängerten Arm der KPD, gegenüber den großen sozialistischen, christlichen und liberalen Gewerkschaften überaus militant und aggressiv gebärden mochte.[22] Sowenig die NSDAP in den eigentlichen Arbeiterbezirken tiefere Einbrüche zu erzielen und den Kernbestand der politischen Linken ernstlich zu gefährden vermocht hatte, sowenig konnte die NSBO als echte Konkurrenz der Gewerkschaften auftreten – schon wegen ihrer mehr als unklaren Einstellung zu den Problemen kapitalistischer oder sozialistischer Wirtschafts- und Sozialpolitik,[23] vor allem aber angesichts des Widerstands des finanzkräftigeren, arbeitgebernahen rechten Parteiflügels.[24] Dafür war auch der permanente Konflikt bezeichnend, der sich zwischen einem stärker „sozialistisch" orientierten Flügel um den Wirtschaftsprogrammatiker Gottfried Feder und besonders um den NSBO-Führer Reinhold Muchow und den Parteiorganisationschef Gregor Strasser (dem bis zu seinem Sturz im Dezember 1932 zweitmächtigsten Mann in der nationalsozialistischen Organisation) und nationalsozialistischen Kontaktmännern zur Unternehmerschaft und besonders Schwerindustrie wie Robert Ley und Walther Funk abgespielt hat,[25] deren Zuwendungen gerade durch das Versprechen einer Ausschaltung der Gewerkschaften nach einer nationalsozialistischen Machtergreifung stimuliert wurden. So hatte denn auch die große Kampagne der NSBO, die unter dem Goebbels-Schlagwort „Hinein in die Betriebe" (Hib-Aktion) seit Januar 1932 den Arbeiter zu gewinnen suchte, wenig Boden gewonnen.

Unter diesen Umständen blieb nach der Ersetzung Strassers durch Ley nur die Zerschlagung der Gewerkschaften; eine einfache Gleichschaltung im Stil der übrigen Machtergreifungsmaßnahmen war in diesem Falle nicht möglich. Zwar gingen im Lager Hitlers über die Art und den Zeitpunkt des Vorgehens seit dem Dezember 1932 die Meinungen weit auseinander.[26] Auch war das Interesse des neuen Regimes am

---

[19] Vgl. Hitler (Anm. Einl./41), S. 228 ff.; Wolfgang Schäfer (Anm. III/8), S. 5 ff.

[20] Vgl. die soziologischen Analysen bei Theodor Geiger, *Die soziale Schichtung des deutschen Volkes. Soziographischer Versuch auf statistischer Grundlage*, Stuttgart 1932, S. 106 ff., und Bracher, *Die Auflösung. . .* (Anm. Einl./25), S. 170 ff. mit der weiteren Literatur.

[21] Vgl. *VB* vom 12. September 1929.

[22] Zur eigenen Ortsbestimmung der NSBO vgl. verschiedene Artikel in ihrem Organ *Arbeitertum* 3 (1931), S. 16 ff. usw.

[23] Vgl. dazu auch François Perroux, *Des Mythes Hitlériens à l'Europe Allemande*, 2. Aufl., Paris 1940, S. 158 ff.

[24] Dazu auch die parteioffiziöse Skizze der NSBO-Entwicklung bei Gerhard Starcke, *NSBO und Deutsche Arbeitsfront*, Berlin 1934, S. 10 ff.

[25] Die daraus resultierenden innerparteilichen Spannungen sind jetzt in der materialreichen Arbeit von Hans-Gerd Schumann, *Nationalsozialismus und Gewerkschaftsbewegung. Die Vernichtung der deutschen Gewerkschaften und der Aufbau der „Deutschen Arbeitsfront"*, Hannover–Frankfurt/M. 1958, S. 31 ff., eingehend untersucht.

[26] Vgl. die Aussage Sauckels im Nürnberger Prozeß: *IMT* (Anm. I/10), XIV, S. 671.

Fortgang des Arbeitsprozesses und an der Vermeidung größerer Proteststreiks, zugleich die Einsicht in die tiefe Verwurzelung des Gewerkschaftsgedankens groß genug, um dem Vorgehen zunächst bis zur Überwindung der Winter-Arbeitslosigkeit größte Vorsicht aufzuerlegen. [27] Doch wurde die nationalsozialistische Taktik auch hier durch eine Reihe von Faktoren erleichtert, die ganz überwiegend zu Lasten der unsicheren Politik und der inneren Schwäche der Gewerkschaften gehen.[28] Zweifellos hat die von der Hib-Aktion angebahnte nationalsozialistische Infiltration in den bestehenden Gewerkschaften unter der Wucht der vollzogenen Tatsachen und auch der weitgehenden arbeits- und sozialpolitischen Versprechungen im Zusammenhang mit Vierjahresplan und Arbeitsbeschaffung seit dem 30. Januar doch erhebliche Einbrüche in die Gewerkschaftsfront zu erzielen vermocht; auch sind, ganz analog dem kommunistischen Zulauf zur SA, im Zuge der ständig wechselseitigen Fluktuation von Rechts- und Linksradikalismus ganze kommunistische Betriebszellen geschlossen zur NSBO übergetreten. [29] Dazu kam die Tatsache, daß das Fehlen einer einheitlichen Dachorganisation die in sich zerspaltenen Gewerkschaften an einem gemeinsamen Widerstand hinderte. Neben den sozialistischen „freien Gewerkschaften", dem mit etwa viereinhalb Millionen Mitgliedern größten Verband, verfolgten die christlichen und die liberalen (Hirsch-Dunckerschen) Gewerkschaftsorganisationen – eine Million bzw. 500 000 Mitglieder – sowie die verschiedenen Angestellten- und Beamtenverbände auch weiterhin eifersüchtig je ihre eigene Politik. Es war nicht zuletzt diese schwerwiegende Erfahrung, die Gewerkschaftsführer verschiedenster Richtung dann in der Widerstandsbewegung gegen das NS-Regime zur engen Zusammenarbeit und bei der Neugründung 1945 zur Schaffung der Einheitsgewerkschaft veranlaßt hat.

Der zunächst geschickt verzögerte, dann jedoch folgerichtig eingeleitete Angriff gegen die dergestalt zersplitterte Front der Gewerkschaften wurde ferner wesentlich begünstigt und erleichtert durch die innere Schwäche und Krisenstimmung innerhalb der Organisationen selbst, die durch die langjährige Wirtschaftskrise und die Massenarbeitslosigkeit, durch Mitgliederschwund und nicht zuletzt das unentschiedene Schwanken der demokratischen Parteien hervorgerufen und von Monat zu Monat gesteigert worden waren. Schon beim Papen-Putsch in Preußen am 20. Juli 1932 hatte sich die Führung der sozialistischen Gewerkschaften für außerstande erklärt, nach dem so erfolgreichen Vorbild des Kapp-Putschstreiks zwölf Jahre vorher durch einen Generalstreik die leichtfertige Beseitigung der demokratischen Preußenregierung zu verhindern. [30] Der Kritik an dieser Kapitulation der noch immer mächtigen Organisation – wieder zugleich auch der SPD – vor den Drohungen Papens steht zwar die Feststellung beteiligter Gewerkschaftsführer entgegen, ein Generalstreik hätte schon daran scheitern müssen, daß sofort eine Armee von vielfach nationalsozialistischen oder kommunistischen Arbeitslosen an die freiwerdenden Plätze gerückt wäre; dadurch sei die Wirkung des Streiks problematisch und zugleich die Existenz der gewerkschaftlich organisierten streikenden Arbeiter und damit der Gewerkschaften selbst bedroht gewesen.[31] Aber dies Ereignis hat jedenfalls, indem es die Schwäche, Immobilität und Entschlußlosigkeit der Gewerkschaftsorganisation und ihrer Führung demonstrierte,

---

[27] So bestätigt auch von nationalsozialistischer Seite Starcke (Anm. III/24, S. 29), daß der Gewerkschaftsgedanke „zu tief in den Herzen der deutschen Arbeiter verwurzelt [war], als daß der neue Staat das Experiment einer Zerschlagung der Gewerkschaften leichtfertig hätte unternehmen können".

[28] Zu diesen Hintergründen zusammenfassend Schumann (Anm. III/25), S. 53 ff.

[29] Vgl. die laufende Berichterstattung des NSBO-Organs *Arbeitertum* zwischen Januar und Mai 1933.

[30] Matthias, „Der Untergang. . . " (Anm. I/48), S. 253 f.; *Das Ende. . .* (Anm. I/21), Kap. 4; Bracher, *Die Auflösung. . .* (Anm. Einl./25), S. 598 f.; zur politischen Problematik der Gewerkschaften in der Weimarer Republik jetzt besonders Wolfgang Hirsch-Weber, *Gewerkschaften in der Politik. Von der Massenstreikdebatte zum Kampf um das Mitbestimmungsrecht (Schriften des Instituts für politische Wissenschaft,* Bd. 13), Köln-Opladen 1959, S. 21 ff.

[31] So besonders auch Franz Josef Furtwängler, *ÖTV. Die Geschichte einer Gewerkschaft,* Stuttgart 1955, S. 554 ff.

die Nationalsozialisten erheblich in ihrer Zuversicht bestärkt, eine erfolgreiche Eroberung der legendären gewerkschaftlichen Bastion und damit die Sicherung der Kontrolle auch über die Arbeitermassen sei durchaus möglich. Diese Umstände zeigen auch mit aller Deutlichkeit, daß entgegen vielfachen Behauptungen gemäßigt sozialistische Oppositionsgruppen wie die SPD und besonders demokratische Gewerkschaften durch eine Wirtschaftskrise nicht etwa begünstigt, sondern nachhaltig geschwächt werden, während allein die extrem radikalen Gruppen zur Linken und zur Rechten daraus Nutzen ziehen.

Die Hilflosigkeit, mit der die Gewerkschaften der nationalsozialistischen Kampfansage gegenüberstanden, wurde noch durch persönliche Einzelmomente verschärft. In der Gewerkschaftsführung selbst hatten mit dem 30. Januar 1933 tiefe Ratlosigkeit, Furcht, Resignation um sich gegriffen; vom oft angekündigten Generalstreik war kaum mehr die Rede, „kühles Blut und ernste Besonnenheit" empfahl der Aufruf des ADGB zur Regierungsübernahme Hitlers.[32] Darüber hinaus hatten gewisse Funktionäre sogleich mit dem Regierungsantritt Hitlers begonnen, teils aus Illusion, teils aus Opportunismus heraus Brücken zu den arbeits- und sozialpolitischen Exponenten und Bestrebungen der NSDAP zu schlagen. Da die konservativen Partner Hitlers, voran Hugenberg, ohnehin gewerkschaftsfeindlich orientiert waren, schien in der Tat, wenn man schon die eigene Gewerkschaftsposition aufgab, nur noch die freilich wenig fundierte Hoffnung auf die oft proklamierte „sozialistische" Komponente dieser Partei zu bleiben, die neben dem „nationalen" doch noch immer zugleich (verdoppelt) das verheißungsvolle Signum einer „sozialistischen Arbeiterpartei" in ihrem Namen trug. Die Ende 1933 erschienene Schrift des Leiters der Bundesschule der freien Gewerkschaften in Bernau, eines freilich besonders eiligen Überläufers, gibt in Tagebuchform einen erschütternden Einblick in den beginnenden Zusammenbruch, so subjektiv und zeitbedingt sie auch sein mag.[33] Weitere Einzelheiten sind nach wie vor schwer zutage zu fördern; teils sind die Beteiligten dann doch dem Regime zum Opfer gefallen, teils wird in gewerkschaftlichen Kreisen darüber noch immer bewußtes Schweigen bewahrt oder mit einigen allgemeinen Worten hinweggegangen – ganz wie es mit noch mehr Grund von seiten der Industrie, der Unternehmer geschieht. Aus Seelbachs opportunistischen Aufzeichnungen, die von frühen Verhandlungen und Kollaborationsversuchen mit hohen NS-Potentaten bis hin zu Göring zeugen, geht die Ratlosigkeit und Brüchigkeit der Gewerkschaftsführung, ihre weitreichende Resignation gegenüber einer unvermeidbaren Gleichschaltung deutlich hervor.

Zwar bleibt auch richtig, daß weiterhin angesehene Gewerkschaftsführer wie Wilhelm Leuschner oder Jakob Kaiser und eine große Zahl kleiner Funktionäre, z. B. in den bis zuletzt unerschütterten Organisationen Schlesiens und Sachsens, sich durch den Zwang der Ereignisse nicht verführen ließen. Doch erscheint für den weiteren Gang, den die Zerstörung der Gewerkschaften nahm,[34] die Tatsache bezeichnend, daß schon am 30. Januar Theodor Leipart als erster Vorsitzender der Freien Gewerkschaften durch die Parole, nicht Demonstration, sondern Organisation sei die Forderung der Stunde, das Bestreben bekundet hatte, mit den neuen Machthabern in Frieden auszukommen. Weder diese dem SPD-Kurs angeglichene Legalitätspolitik noch gelegentliche Kampfansagen [35] konnten verhindern, daß schon nach der Märzwahl

[32] Zit. nach Schumann (Anm. III/25), S. 55.

[33] Hermann Seelbach, *Das Ende der Gewerkschaften. Aufzeichnungen über den geistigen Zusammenbruch eines Systems*, Berlin 1934; Seelbach ist nach dem Krieg mit einigen Erklärungen in der Zeitschrift *Der Arbeitgeber* 5, Heft 9 vom 1. Mai 1953, S. 375 ff., wieder aufgetreten.

[34] Vgl. zum folgenden auch Heiden, *Geburt*. . . (Anm. I/126), S. 174 ff.

[35] So eine heftig akklamierte Kampfrede des 2. Vorsitzenden des ADGB (Peter Graßmann) auf dem Führerappell der republikanischen *Eisernen Front* in Berlin am 12. Februar 1933 oder ein Vortrag Leiparts vor Ge-

SA- und NSBO-Gruppen in recht ungeregelter Form einzelne Gewerkschaftshäuser zu besetzen begannen – so nach Verbot von Reichsbanner und Eiserner Front am 8. und 9. März in Dresden, Berlin und München [36] –, wobei Gewaltakte von unten und Manipulierung von oben, ähnlich wie bei der Gleichschaltung der Länder und Gemeinden, ineinandergriffen, ohne daß schon eine einheitliche Linie eingehalten worden wäre. Beschwerden bei Hindenburg halfen nicht.[37] Am 17. März hatte sich der Vorsitzende der christlichen Gewerkschaften (Otte) zu der Erklärung verstanden, die Gewerkschaften könnten sich jetzt auf ihre eigensten wirtschafts- und sozialpolitischen Aufgaben konzentrieren und die Staatspolitik anderen überlassen; es sei die Zeit für ein großes berufsständisches Volk gekommen;[38] zusammen mit Vertretern der Hirsch-Dunckerschen Gewerkschaften hatten sie bei Goebbels vorgesprochen, um „über die Teilnahme ihrer Anhänger am neuen Staat zu verhandeln".[39] Am 21. März folgte eine tags zuvor vom Bundesvorstand des ADGB beschlossene Denkschrift Leiparts an Hitler, in der die Bereitschaft zur Zusammenarbeit mit der Unternehmerschaft und zur Anerkennung staatlicher Aufsicht ausgesprochen, zugleich alle politischen Funktionen und Interessen der Gewerkschaften preisgegeben und ihre Aufgaben auf den rein sozialen Bereich beschränkt wurden – „gleichviel welcher Art das Staatsregime ist".[40] In einem zweiten Schreiben acht Tage später versprach Leipart die gänzliche Trennung der Gewerkschaften von der SPD und ihre weitgehende Zusammenarbeit mit den Unternehmern.[41] Und am 7. April formulierte Leipart vor dem Bundesausschuß des ADGB erneut die Bereitschaft, alle Prinzipien der Erhaltung der Organisation zu opfern, indem er die Anerkennung der Gewerkschaften durch die Regierung forderte – mit der Begründung, sie erkennten ihrerseits auch die großen Ziele der Regierung an. Es war die traditionelle pragmatische Einstellung, die diese Anpassungsneigung der Gewerkschaften bestimmte und sie für einen Widerstand in letzter Stunde untauglich machte.

Am meisten traf dies auf die Angestelltenverbände zu, zumal hier der weit rechts stehende und am stärksten bereits unterwanderte Deutschnationale Handlungsgehilfenverband (DHV) den Ton angab. Seit Anfang April fiel ein Verband nach dem anderen: meist nach dem Schema, daß eine nationalsozialistische Minderheit terroristisch den Rücktritt des Vorstands erzwang oder kurzerhand den Anschluß an nationalsozialistische Auffangorganisationen erklärte.[42] Aber selbst der den Sozial-

werkschaftsmitgliedern am 21. Februar 1933, der notfalls einen „Kampf auf Leben und Tod" ankündigte (*Vossische Zeitung* vom 23. Februar 1933).

[36] Vgl. die Nachweise bei Schumann (Anm. III/25), S. 64 ff., sowie einzelne in den Akten des preußischen Innenministeriums greifbare Vorfälle.

[37] Vgl. das Schreiben des ADGB-Bundesvorstandes an Hindenburg vom 5. April 1933: *MGN*, Doc. No. NG–4830. Darin werden die Maßnahmen gegen die Gewerkschaften als Beweis für die herrschende Rechtsunsicherheit beklagt: Nach Berichten von Ortsausschüssen und Verbandsvorständen waren am 25. März bereits 39 Verwaltungsgebäude und Büros durch SA, SS oder Polizei besetzt (Aufzählung), 6 weitere beschlagnahmt und seither weitere 22 im einzelnen beschriebene Besetzungen (Solingen 31. März, Hannover 1. April, Frankfurt/M. und Greifswald 29. März usw.) vorgekommen. Dadurch sei die Verwaltungs- und Unterstützungstätigkeit der Gewerkschaften lahmgelegt. Hinzu kommen ein „ungeheurer Terror. . . insbesondere in der Zeit nach den abgeschlossenen politischen Wahlen. . ." Es hätten hunderte von grundlosen Verhaftungen und Mißhandlungen stattgefunden. Man appellierte an Hindenburg, der wohl zu wenig von all dieser Ungesetzlichkeit unterrichtet sei, „alles einzusetzen, um Recht und Gerechtigkeit in Deutschland wieder zur Geltung zu bringen". Das in den Anlagen mit zahlreichen Beweisen und Beispielen für die Verhaftungs- und Mißhandlungsaktionen ausgestattete Schreiben nimmt auch Bezug auf frühere Zuschriften ähnlicher Art (8., 11., 13., 15., 20. März). Vgl. auch die Hinweise bei Leber/Brandt/Bracher, *Das Gewissen entscheidet* (Anm. II/98), S. 73 ff.

[38] Rühle (Anm. I/9), I, S. 128.

[39] Goebbels, *Vom Kaiserhof. . .* (Anm. I/40), S. 283.

[40] Rühle (Anm. I/9), I, S. 128 f.; vgl. Matthias, „Der Untergang. . ." (Anm. I/48), S. 272.

[41] Schumann (Anm. III/25), S. 57. Zum Verhältnis SPD–Gewerkschaften jetzt auch Matthias in: *Das Ende. . .* (Anm. I/21), Kap. 12.

[42] Vgl. die Beispiele (mit Literatur) bei Schumann, *a. a. O.*, S. 57 ff.

demokraten nahestehende Allgemeine Freie Angestelltenbund (AfA) zeigte organisatorisch und personell früh Zerfallserscheinungen; er löste sich, nachdem sein Gründer und Vorsitzender, der SPD-Abgeordnete Aufhäuser, als Befürworter eines Widerstands demonstrativ schon Ende März zurückgetreten war, einen Monat später (30. 4.) endgültig auf. Anders zunächst die Arbeiterorganisationen, die in den Betriebsrätewahlen in Berliner städtischen Werken am 2. März ihre beherrschende Position noch durchaus hatten behaupten können; während die Nationalsozialisten damals nur wenige Prozent Stimmen bekamen, zeigten sich einen Monat später freilich auch hier schwere Einbrüche und Verfallserscheinungen. So überflügelte am 7. April bei Betriebsratswahlen im Ruhrbergbau die nationalsozialistische NSBO mit über 30 % der Stimmen bereits die sozialistischen Gewerkschaften. Man darf freilich nicht vergessen, daß dies, auch abgesehen von den allgemeinen politischen Zwangs- und Terrormaßnahmen jener Wochen, schon keine freien Wahlen mehr waren. Den Arbeitern war nämlich mitgeteilt worden, daß sozialdemokratische Betriebsratsmitglieder unter aktiver Bedrohung durch die SA überhaupt nicht mehr zum Amt zugelassen würden, so daß es vielen sinnlos erschien, noch freigewerkschaftliche Vertreter zu wählen.

Dazu griffen nun, getreu der nationalsozialistischen Machtergreifungstaktik, die Machthaber selbst noch von oben ein. Schon am 4. April 1933 erließ die Reichsregierung ein „Gesetz über Betriebsvertretungen und über wirtschaftliche Vereinigungen",[43] das nicht nur die Verschiebung der Betriebsratswahlen um ein halbes Jahr legalisierte, sondern vor allem dem Arbeitgeber die Macht gab, Untergebene bei „Verdacht staatsfeindlicher Betätigung" zu entlassen; dagegen sollte auch, entgegen allen arbeitsrechtlichen und sozialpolitischen Bestimmungen (§ 84 des Betriebsrätegesetzes), kein Protest möglich sein. Falls nun dadurch die Betriebsvertretungen – in denen sich viele von Entlassung und Verhaftung bedrohte Sozialdemokraten befanden – allzu stark dezimiert waren, sollten die Betriebsräte nicht etwa durch Wahl, sondern kurzerhand durch Neuernennung von der obersten Landesbehörde oder einer „von ihr bestimmten Behörde" ergänzt werden. Dies Gesetz mußte um so mehr der Willkür und Manipulation Tür und Tor öffnen, als es gleichzeitig bestimmte: „Die oberste Landesbehörde oder die von ihr bestimmte Behörde kann das Erlöschen der Mitgliedschaft solcher Betriebsvertretungsmitglieder anordnen, die in staats- oder wirtschaftsfeindlichem Sinne eingestellt sind. Anstelle der ausgeschlossenen Mitglieder kann sie aus den wählbaren Arbeitnehmern der Belegschaft neue Betriebsvertretungsmitglieder ernennen." Die nationalsozialistische Obrigkeit konnte demnach in praktisch unbegrenzter Ermessensfreiheit machen, was sie wollte. Die Institution der Betriebsvertretung war damit sowie durch weitere an Reichsarbeitsminister Seldte übertragene Vollmachten völlig bedeutungslos, praktisch gleichgeschaltet, den Arbeitnehmerrechten und mit ihnen den Gewerkschaften überhaupt *de facto* schon der Boden entzogen. Schließlich wurde noch durch eine eigene Verordnung Seldtes vom 8. April[44] der NSBO und der Stahlhelm-Selbsthilfe weitere Starthilfe für den manipulierten Sieg über die Gewerkschaften gewährt. Jedenfalls kann man sagen, daß dies Gesetz wesentlich dazu beitrug, den Widerstand in den Betrieben zu brechen – sowohl durch die Gleichschaltung vieler Betriebsräte als auch durch die Entlassung der „Marxisten", zu der sich viele Arbeitgeber oft auch wider besseren Willen unter dem Druck der Behörden und der SA-Trupps verstehen mußten.

Freilich war man sich im nationalsozialistischen Lager über die Form der geplanten Gleichschaltungsmaßnahmen auch zu diesem Zeitpunkt noch nicht gänzlich klar und einig. Trotz dem Ausscheiden Gregor Strassers und der Zurückdrängung des „linken" Flügels gab es auch auf nationalsozialistischer Seite noch Neigungen, die gewerkschaft-

[43] *RGBl.*, I, 1933, S. 161.

[44] *A. a. O.*, S. 193.

liche Organisation zu erhalten und nur die führenden Positionen selbst zu besetzen. Darauf zielten auch die Verhandlungen, die mit dem unschlüssigen Gewerkschaftsführer Theodor Leipart mit dem Ziel seines freiwilligen Rücktritts geführt wurden. Zwar widerstand die Gewerkschaftsführung dieser Art der kalten Gleichschaltung, doch glaubte sie ihrerseits durch Kontaktaufnahme mit NSBO-Funktionären, an der von seiten des ADGB Leipart, Graßmann, Eggert und Leuschner beteiligt waren, in äußerster Konzessionsbereitschaft – Bejahung der Einsetzung eines Reichskommissars für die Gewerkschaften [45] – noch in letzter Stunde (13. April) die organisatorische Substanz „legal" retten zu können. Um so rascher und, kampfloser erlagen sie dem wirkungsvollen propagandistischen Coup, den inzwischen Goebbels ausgedacht und organisiert hatte.[46] Das war – ganz analog der schon am Wahltag vom 5. März und am Tag von Potsdam erprobten Taktik der Nationalfeiertage – der Entschluß, den alten, selbst in der Republik nie offiziell anerkannten Arbeiterfeiertag, den 1. Mai, als „Tag der nationalen Arbeit" durch Gesetz vom 10. April 1933 [47] zum Nationalfeiertag mit (bezahlter) allgemeiner Arbeitsruhe zu erklären, während gleichzeitig durch Aktionskomitees unter Ley und Muchow streng geheimgehaltene Aktionspläne ausgearbeitet wurden.[48]

Der Eindruck auf die Arbeiterschaft war unbestreitbar groß, den Gewerkschaften war weiterer Wind aus den Segeln genommen, und sie glaubten darum auch nicht mehr die schicksalsschwere Entschließung vom 20. April vermeiden zu können, die die Einführung des „Tags der nationalen Arbeit" begrüßte und alle Gewerkschaftsmitglieder aufforderte, „im vollen Bewußtsein ihrer Pionierdienste für den Maigedanken, für die Ehrung der schaffenden Arbeit und für die vollberechtigte Eingliederung der Arbeiterschaft in den Staat sich allerorts an der von der Regierung veranlaßten Feier festlich zu beteiligen"; [49] dem entsprach auch eine Reihe regierungsfreundlicher, wenngleich taktisch gemeinter Artikel in der Gewerkschaftspresse dieser Tage, die die „völkische Grundlage" der neuen Ordnung, [50] die „Reichseinheit nach dreihundert Jahren", [51] den 1. Mai als „Tag des Sieges" [52] feierten. Damit hatten sie sich freilich der letzten Chance einer eigenen Unternehmung und jeden Rests an wirklicher Selbständigkeit gegenüber den Veranstaltungen und Parolen der Machthaber begeben – endgültig, wie sich zeigen sollte. Denn nun ließ auch der Internationale Gewerkschaftsbund, der bisher auf die taktischen Überlegungen der deutschen Verbände weitgehend Rücksicht genommen hatte, die politische Zurückhaltung fallen. Er verlegte das Zentralbüro, dem Leipart als Sekretär angehört hatte, von Berlin nach Paris und gab die allzu lange bewahrte Stillhaltepolitik gegenüber dem Nationalsozialismus auf; für eine Einwirkung auf die deutschen Verhältnisse war es freilich zu spät, als es nach der Mai-Erklärung am 22. April zum offenen Bruch zwischen ADGB und IGB kam.

Inzwischen hatte Ley jedoch in seiner Eigenschaft als Stabsleiter der Parteiorganisation der NSDAP schon ein Aktionskomitee gebildet, das durch geheimes Rundschreiben vom 21. April global bestimmte: [53] „Dienstag, den 2. Mai 1933, vormittags

---

[45] So die Erklärung des ADGB-Bundesvorstandes an die Reichsregierung vom 9. April 1933, zit. nach Willy Müller, *Das soziale Leben im neuen Deutschland unter besonderer Berücksichtigung der Deutschen Arbeitsfront*, Berlin 1938, S. 39, und die Nachweise bei Schumann (Anm. III/25), S. 58.
[46] Aus Goebbels Aufzeichnungen (*Vom Kaiserhof. . .*, Anm. I/40, S. 297; S. 299 ff.; S. 304 ff.) geht hervor, wie bewußt organisatorisch, psychologisch und propagandistisch alles dafür vorbereitet wurde.
[47] *RGBl.*, I, 1933, S. 191.
[48] Vgl. Schumann (Anm. III/25), S. 67.
[49] Heiden, *Geburt. . .* (Anm. I/126), S. 176.
[50] Franz Grosse in: *Gewerkschaftszeitung* vom 15. April 1933, S. 225 ff.
[51] Franz Josef Furtwängler in: *Gewerkschaftszeitung* vom 22. April 1933, S. 242 ff.
[52] Walter Pahl in: *Gewerkschaftszeitung* vom 29. April 1933, S. 259 ff.
[53] Abgedr. bei Müller (Anm. III/45), S. 51 f.

10 Uhr, beginnt die Gleichschaltungsaktion gegen die Freien Gewerkschaften"; die Durchführung sollte in den Händen der Gauleiter liegen, als „Träger der Aktion" fungierte die NSBO, die Besetzung der Gewerkschaftshäuser und „Inschutznahme der in Frage kommenden Persönlichkeiten" wurde der SA und SS anvertraut, wobei alle Verbandsvorsitzenden, Bezirkssekretäre und Filialleiter der Bank der Arbeiter, Angestellten und Beamten AG in „Schutzhaft" genommen, die Ortsausschußvorsitzenden sowie die Angestellten der Verbände jedoch zur Weiterarbeit veranlaßt werden sollten. Zwar wurde diese Vorbereitung streng geheimgehalten. Aber auch in dem öffentlichen Aufruf, mit dem Goebbels am 24. April die gesamte Bevölkerung zur Teilnahme an den staatlichen Maifeiern aufrief, war unmißverständlich die Zerschlagung der bisherigen Arbeiterorganisationen und die Maxime verkündet, „das deutsche Arbeitertum zum sozialen Frieden zurückzuführen": „Geschlossen marschieren wir in die neue Zeit hinein!"[54] Und alle bloß taktischen Anpassungsversuche noch in letzter Stunde verhinderten nicht, daß tatsächlich der 1. Mai 1933 gemäß der nationalsozialistischen Planung allerorts als Feiertag mit gewaltigen Massenkundgebungen und Umzügen begangen wurde: in ganz anderem Ausmaß nun als der Potsdamer „Tag der Nationalen Erhebung" vom 21. März. Dies war das eigentlich erste in der unabsehbaren Reihe betäubender Massenfeste,[55] mit denen das nationalsozialistische Regime in der Folge seine plebiszitär-akklamatorische Legitimität zu begründen und zugleich die Massen an sich als den „Staat der Volksgemeinschaft" zu binden suchte. Ein Tagesbefehl Blombergs verknüpfte den Tag mit der „Wehrhaftigkeit" des neuen Deutschland.[56] In Berlin erreichten die Veranstaltungen das größte Ausmaß. Schon am Vormittag des 1. Mai wurde mit Schulkindern eine riesige „Feier der Jugend" im Lustgarten veranstaltet, bei der nach Goebbels sogar Hindenburg sprach, den man dazu noch einmal einzusetzen vermocht hatte.[57] Anschließend zogen dann eineinhalb Millionen Menschen mit den geschlossenen Belegschaften ganzer Betriebe – auch Generaldirektoren in Reih und Glied – aufs Tempelhofer Feld, teils aus Begeisterung, teils aus Opportunismus und „freiwilligem Zwang", teils wohl auch aus Neugierde.[58] Und abends folgte dann in geschickter Steigerung nach der Eröffnung der Hauptkundgebung durch Goebbels jene lange Rede, in der Hitler programmatisch das Ende aller Klassenunterschiede und die Volksgemeinschaft aller „Arbeiter der Faust und der Stirn" verkündete.

Ohne allen Wendungen der Hitler-Rede vom 1. Mai zu folgen [59] – für Aufbau und Charakter solcher Reden sind schon genügend Beispiele gegenwärtig –, kann man ihren Inhalt etwa folgendermaßen zusammenfassen: Der 1. Mai ist nun wieder aus einem Symbol des Klassenkampfes zu einem solchen der Erhebung und Einigung des

[54] *VB* vom 25. April 1933.

[55] Zur Technik der nationalsozialistischen Massenkundgebungen vgl. Schmeer (Anm. I/43), S. 19 ff.; S. 24 ff. Die Jahresliste der Massenfeste, das NS-Feierjahr, umfaßt folgende 14 Höhepunkte: 30. Januar als „Tag der Machtergreifung"; 24. Februar als Parteigründungsfeier und Aufnahmefeier in die NSDAP; Mitte März Heldengedenktag und Verpflichtung der Jugend (HJ); 20. April als „Führers Geburtstag"; 1. Mai als „Nationaler Feiertag des deutschen Volkes"; Mitte Mai Muttertag; Ende Juni Sommersonnenwende; September Reichsparteitag; Oktober Erntedankfest; 9. November Gedenktag für die „Gefallenen der Bewegung"; Wintersonnenwende und „Volksweihnachten" („Deutsche Weihnacht") (S. 68 ff.). Dazu kamen später die Versuche, auch weitere populäre christliche Feiertage wie Ostern und Pfingsten in die politisch-weltanschauliche Festliste des Nationalsozialismus einzuordnen (S. 93 ff.).

[56] *VB* vom 1. Mai 1933.

[57] *VB* vom 2. Mai 1933.

[58] Schumanns Meinung (Anm. III/25, S. 70), die „Masse der freigewerkschaftlich geschulten Arbeiterschaft" habe sich nicht blenden lassen und sei den Feiern fern geblieben, ja, habe teilweise dagegen demonstriert, erscheint in dieser weitgehenden Form kaum begründet; der Hinweis auf den sehr subjektiven Bericht des emigrierten KP-Funktionärs Paul Merker, *Deutschland. Sein oder nicht sein?* Bd. I, Mexico 1944, S. 333 f., reicht dafür nicht aus.

[59] *VB* vom 2. Mai 1933; *Dokumente*. . . (Anm. I/31), I, S. 158 ff.

ganzen Volkes, zu einem Tag der Kraft und Stärke, der schaffenden Arbeit überhaupt, ohne Unterschied des Berufes geworden; nicht ungenügende Arbeitsleistung, sondern ein falsches politisches System ist schuld an der Not, ein System, das die „Kraft zur Lebensbehauptung" im inneren Kampf zerstört hat, dem „70 Jahre lang die Zerstörung der Volksgemeinschaft politisches Gebot war"; diese Zerklüftung zu überwinden ist Sinn des 1. Mai und Aufgabe der nationalsozialistischen Zukunft, nämlich alle Klassen und Stände zu lehren, „daß sie alle zusammen eine Gemeinschaft bilden müssen, Geist, Stirn und Faust, Arbeiter, Bauern und Bürger"; jetzt endlich ist, was den marxistischen Vorkämpfern der 1. Mai-Feier nie gelang, das ganze Volk und sein Staat an diesem Tag „erfaßt" zu einem neuen Selbstbewußtsein unter der Idee des Nationalsozialismus. Die Rede war ebenso reich an erhabenen Phrasen wie arm an konkretem Inhalt. Sie mußte alle enttäuschen, die endlich nach jahrelang vagen Versprechungen ein greifbares Programm des „nationalen Sozialismus", des wirtschaftlichsozialen Aufbaus, der Arbeitsbeschaffung usw. erwartet hatten. Die einzigen Anhaltspunkte dieser Art enthielt die Ankündigung der Arbeitsdienstpflicht und des Baus von Autobahnen, aber auch nur in einem vagen Satze. Statt dessen klang auch diese Rede wieder mit der Anrufung Gottes und religiöser Rechtfertigung der nationalsozialistischen Revolution aus: „Herr, Du siehst, wir haben uns geändert, das deutsche Volk ist nicht mehr das Volk der Ehrlosigkeit, der Schande, der Selbstzerfleischung, der Kleinmütigkeit und Kleingläubigkeit, nein, Herr, das deutsche Volk ist wieder stark geworden in seinem Geiste, stark in seinem Willen, stark in seiner Beharrlichkeit, stark im Ertragen aller Opfer, Herr, wir lassen nicht von Dir, nun segne unseren Kampf um unsere Freiheit und damit um unser deutsches Volk und Vaterland." [60]

Wie dieser Schluß, so war der Grundgedanke der Rede, der die Befreiung der Handarbeit aus ihrer sozialen Geringschätzung verkündete, rein ideologisch. Denn dahinter standen Gedankengänge, die mit ihrer romantischen Verklärung der Wirklichkeit stärker auf die nicht handarbeitenden Schichten als auf die Arbeiterschaft wirkten, denen gewiß mehr an konkreten Fragen der Lohnzumessung, der sicheren Beschäftigung und der erträglichen Arbeitszeit als an Phrasen wie: „Ehret die Arbeit und achtet den Arbeiter" gelegen war. Auch diese Rede drückte sich in der für die nationalsozialistische Ideologie charakteristischen pseudoidealistischen Versprechungstaktik an den Kernpunkten der sozialen Frage vorbei und flüchtete sich statt dessen in den klassischen gewerkschaftsfeindlichen Appell zum Arbeiterfrieden aus nationaler Gesinnung.[61] Es blieb der „deutsche Sozialismus" der Phrase und der Gleichschaltung, wie ihn die nationalsozialistischen Soziologen in der Folge feilboten, wenn sie den „Aufstieg des Arbeiters durch Rasse und Meisterschaft" verkündeten. [62] Freilich: als imposantes Schauspiel hat dieses erste große Massenfest des „Dritten Reiches" seine Wirkung nicht verfehlt. [63] Selbst ein so kritischer Beobachter wie der französische Botschafter hat noch nachträglich bemerkt, Deutsche und Ausländer hätten den Eindruck mitgenommen, „daß ein Hauch der Versöhnung und der Einigkeit über das Dritte Reich wehe". [64]

Um so weniger zögerte die nationalsozialistische Führung jetzt noch, die geschickt manipulierte Hochstimmung der Massen und die Unsicherheit und Resignation der

[60] *A. a. O.*, S. 166.

[61] Reiche Belegsammlung zu dieser Ideologie in: *Sozialismus, wie ihn der Führer sieht. Worte des Führers zu sozialen Fragen,* zusammengestellt von Fritz Meystre, München 1935, S. 1 ff.

[62] So dann die Schrift des NS-Professors Karl Valentin Müller, *Aufstieg des Arbeiters durch Rasse und Meisterschaft,* München 1935; zum „deutschen Sozialismus" auch o. S. 8; u. S. 223 f.; S. 268 ff.

[63] Vgl. den bei Schmeer (Anm. I/43, S. 157) zit. Artikel der *NZ* vom 10. Mai 1933, Nr. 127, der — entweder ernst gemeint oder von der Zensur übersehen — die Parallele zum Theater offen anführte: „Max Reinhardt kann seinen Vorhang zum letzten Male fallen lassen, das größte nur denkbare Schauspiel gab das deutsche Volk."

[64] François-Poncet (Anm. II/136), S. 116.

Gewerkschaftsführung sofort zu dem sorgfältig vorbereiteten vernichtenden Schlag auszunutzen. Schon am Morgen des nächsten Tages, am 2. Mai 1933, fuhren vor allen Gewerkschaftshäusern im Reiche, vor den Banken und Redaktionsbüros der Gewerkschaften Lastwagen mit SA- und SS-Hilfspolizei vor. In wenigen Stunden wurden die Büros besetzt, NSBO-Funktionäre rückten als kommissarische Beauftragte an die Stelle der alten Gewerkschaftsführer, die verhaftet, mißhandelt (unter ihnen Leipart, Graßmann und der ehemalige Reichsarbeitsminister Wissell) und in die ständig anwachsenden Konzentrationslager gebracht wurden, die aus den Verhaftungsunternehmungen der SA und SS herausgewachsen waren und nie eine legale Grundlage bekamen. Die lange geplante, aber noch am 1. Mai verheimlichte Schlußaktion fand unter diesen Umständen nur wenig Widerstand. Auch christliche Gewerkschaften, [65] der Hirsch-Dunckersche Gewerkschaftsring, der DHV und die übrigen Verbände unterstellten sich sogleich „freiwillig" dem nationalsozialistischen „Aktionskomitee zum Schutze der deutschen Arbeit" (wieder der bezeichnende Euphemismus des Namens), als dessen Führer Reichsorganisationsleiter Robert Ley, der Nachfolger Gregor Strassers, die Oberleitung der gesamten Aktion übernommen hatte.

Es war ein offen revolutionärer Gewaltstreich gegen die größte Massenorganisation im Staate, wie ihn noch keine Regierung gewagt hatte. Anders als bei den bisherigen Akten der Machtergreifung und Gleichschaltung geschah er ohne jede gesetzliche Sanktionierung, [66] war es also erstmals auch formal nicht die Regierung, sondern die NSDAP als solche, die über das Schicksal der Gewerkschaften verfügte: allerdings ohne jeden Widerspruch der Staatsgewalt. Gewiß erließ Robert Ley noch am 2. Mai einen Aufruf, in dem er den Arbeitern den weiteren Ausbau ihrer Rechte versprach und den Zusammenschluß der bisherigen Gewerkschaften und Angestelltenverbände zu einer „Deutschen Arbeitsfront" von „8 Millionen Werktätigen" bekanntgab. [67] Und gewiß versprach er dieser Neuorganisation, freilich unter nationalsozialistischer Ägide, das absolute Monopol anstelle aller bisherigen Arbeitervertretungen und -organisationen. Aber gleichzeitig verkündete er unmißverständlich: „Wir treten heute in den zweiten Abschnitt der nationalsozialistischen Revolution;" die Arbeiter „restlos" zu gewinnen, die Linke „restlos" zu zerschlagen, sei ihr Ziel. Die legalistischen Illusionen der Gewerkschaftsführung wie künftig noch der Rest-SPD sahen sich der Wirklichkeit konfrontiert, die Ley in die zynischen Worte faßte: „Die Leiparts und

---

[65] Nach anfänglicher taktischer Rücksichtnahme wurden am 24. Juni 1933 auch ihre Geschäftsstellen von NSBO-Kommissaren besetzt und der Gleichschaltungsprozeß beschleunigt: vgl. die Nachweise bei Schumann (Anm. III/25), S. 79 ff. Auch hier fehlte es, wie im Falle des Konkordats, nicht an schwerwiegenden Illusionen und Mißverständnissen, wenn ein späterer Führer des geistlich-katholischen Widerstands, Bischof Graf v. Galen, dann am 1. Mai 1934 an Hitler telegraphierte, er sei „durch die unerwartete Anordnung des Herrn Dr. Ley, daß die Mitglieder katholischer Arbeiter- und Gesellenvereine aus den Listen der Arbeitsfront zu streichen sind, schmerzlich überrascht" und bitte Hitler, „am Tage der deutschen Arbeit den Ausschluß so vieler treu-deutscher Männer aus der Gemeinschaft deutscher Aufbauarbeit nicht zuzulassen und die Zurücknahme der Anordnung zu verfügen": *MGN* 11, Doc. No. NG-4878; weitere Diskussionen darüber mit verzögerndem, negativem Ergebnis *a. a. O.*, Doc. No. NG-4826, 4879. Man darf bei der Beurteilung solcher Dokumente im totalen Staat freilich nicht vergessen, daß dadurch in erster Linie der Druck auf die katholischen Verbände und ihre Mitglieder gemildert werden sollte.

[66] Es ist bezeichnend dafür, daß auch der Doppelminister Hugenberg von der Aktion erst aus der Zeitung erfuhr: Hiller v. Gaertringen (Anm. I/64), Kap. 11. Noch Jahre später betonte eine nationalsozialistische Dissertation, „daß diese Aktion nicht auf einer gesetzlichen Regelung beruhe, sondern einen rein revolutionären Akt darstellte": Paul Bruns, *Vom Wesen und der Bedeutung der DAF. Ein Beitrag zu ihrer Würdigung als Wegbereiterin einer neuen deutschen Sozialordnung*, Diss. Leipzig 1937, S. 19. Übrigens ist bezeichnend, daß sich auch hier, wie bei der Beschlagnahme des Vermögens und der Zeitungen von SPD und Reichsbanner die pseudorechtlichen Beschlüsse der Staatsanwaltschaft noch auf die Reichstagsbrand-Verordnung stützten. Entsprechende Dokumente sind jetzt mitgeteilt von Adolf Arndt, „Eine Dokumentation zur gewaltsamen Unterdrückung der SPD im Jahre 1933", in: *SPD-Pressedienst*, P/XII/256 vom 8. November 1957, S. 8.

[67] *Arbeitertum*, 1933, Folge 6, S. 5.

Graßmänner mögen Hitler noch so viel Ergebenheit heucheln, es ist besser, sie befinden sich in Schutzhaft." [68]

Am 5. Mai konnte Ley Hitler melden, daß sich alle nennenswerten Arbeiter- und Angestelltenverbände mit über 8 Millionen Mitgliedern „in gleicher Weise bedingungslos unterstellt hatten". [69] Und schon der in hochoffiziellem Rahmen am 10. Mai in Berlin veranstaltete erste Reichskongreß der DAF, bei dem erneut Hitler mit ebenso vagen wie pathetischen Formulierungen wie am 1. Mai die Hauptrede hielt, [70] machte in aller Öffentlichkeit deutlich, daß damit auch auf diesem Gebiet in aller Form der absolute nationalsozialistische Führungsanspruch praktisch-organisatorische Gestalt gewonnen und sich die feste Grundlage oder doch Ausgangsbasis für eine weitere Gleichschaltung der Arbeiterschaft wie der Betriebs- und Sozialpolitik geschaffen hatte. Auch wenn aus rein taktischen Gründen [71] zunächst nur ein Führungswechsel an der Spitze und eine straffere Einheitsorganisation proklamiert wurde, scheindemokratische und scheingewerkschaftliche Formen im Interesse einer reibungslosen Übernahme der Institutionen, des Vermögens, der Mitgliedschaft jedoch beibehalten wurden, [72] so zeigte sich doch rasch, daß die DAF keineswegs die Aufgaben einer auch nur halbwegs funktionsgerechten, wenngleich politisch einseitig ausgerichteten Arbeitnehmerorganisation zu übernehmen bestimmt war. Dies Risiko sind Hitler und die nationalsozialistische Führung nie eingegangen. Im Gegenteil: die dirigistische Wirtschaftsordnung, die man anstrebte, bedingte im Sinne des Führerprinzips eine straffe Reglementierung beider Sozialpartner von oben. Arbeitnehmer wie Arbeitgeber sollten, anders selbst als im faschistischen Italien, in einer Zwangsordnung zur künstlichen Einheit gepreßt werden. [73] Schon eine Woche später wurden denn auch die Hoffnungen der Befürworter einer nationalsozialistischen Einheitsgewerkschaft enttäuscht oder stark zurückgedämmt, als die Regierung am 19. Mai ein „Gesetz über Treuhänder der Arbeit" erließ, nach dem Hitler auf Vorschlag der Landesregierung „Treuhänder" ernannte, die „bis zur Neuordnung der Sozialverfassung" anstelle der Arbeitnehmer- und Arbeitgeberverbände den Abschluß der Arbeitsverträge regeln und für die „Aufrechterhaltung des Arbeitsfriedens" sorgen sollten. [74]

Dies Gesetz bedeutete einen fühlbaren Dämpfer für die Machtambitionen der NSBO, die des weiteren auf rein politisch-propagandistische Funktionen zurückgedrängt wurde. [75] Denn es unterstellte die letztrichterliche Instanz in allen Arbeits- und Tarifrechtsfragen wieder dem Staat, d. h. der von oben gesteuerten Gleichschaltungsmaschinerie. Die Ministerialbürokratie begann sich damit über die ursprünglichen, halbgewerkschaftlichen, halbständischen Neuordnungsprojekte hinwegzusetzen, obgleich zunächst auch hier ein gewisser Dualismus in der für die nationalsozialistische Herrschaftsordnung so charakteristischen Prägung fortbestand. Als Zwangsorganisation hatte die DAF dann wie jede andere der unzähligen NS-Berufsorganisationen,

---

[68] *Dokumente. . .* (Anm. I/31), I, S. 168.

[69] Leon Daeschner, *Die DAF,* München 1934, S. 11.

[70] *Die Reden Hitlers als Kanzler* (Anm. II/135), S. 36 ff. Dem Kongreß wohnten das Reichskabinett, die Ministerpräsidenten, Reichsstatthalter, Gauleiter, Vertreter der Reichsbehörden, der Reichswehr, des Diplomatischen Korps, der Vereinigung der deutschen Arbeitgeberverbände sowie der SA und SS bei.

[71] Dies wurde schon wenig später auch von nationalsozialistischer Seite offen betont: vgl. Starcke (Anm. III/24), S. 29; S. 43; S. 209 ff.

[72] Einzelheiten bei Schumann (Anm. III/25), S. 76 ff.

[73] Zur nationalsozialistischen Arbeitspolitik Perroux (Anm. III/23), S. 228 ff., und besonders die eidesstattliche Erklärung, die der zuständige Ministerialdirektor im Reichsarbeitsministerium (Werner Mansfeld) am 7. Mai 1947 über den Umbau des Arbeitsrechts und die Durchsetzung des Führerprinzips in der Betriebs-, Sozial- und Wirtschaftspolitik abgegeben hat: *MGN* 6, Doc. No. NI-7015 (*HAB*, Rep. 335, Fall 6, Nr. 213, S. 137 ff.).

[74] *RGBl.,* I, 1933, S. 285.

[75] Vgl. Schumann (Anm. III/25), S. 87 ff. Muchow selbst, der vermutlich ehrlichere Sozialrevolutionär, ist im September 1933 bei einem bis heute ungeklärten Schußwaffen-Unfall umgekommen.

nur eben in bisher unerhörtem Umfang, die Massen auch auf der Ebene ihres Arbeitslebens politisch zu „erfassen" und auszurichten, den „SA-Geist im Betrieb" zu verwirklichen,[76] während die eigentlichen Funktionen der Arbeits-, Sozial- und Lohnpolitik bei den von oben gleichgeschalteten politischen Instanzen des totalitären Staates lagen.

Diese Entwicklung und der Ausbau der „Arbeitsfront" gingen weiterhin nicht ohne Schwankungen und Konflikte vor sich. Einen gewissen Abschluß setzte erst das umfassende „Gesetz zur Ordnung der nationalen Arbeit",[77] das „scharfe Schwert in der Hand des nationalsozialistischen Staatsapparats",[78] das den Unternehmer nun ausdrücklich zum „Führer" über die „Gefolgschaft" seiner Angestellten und Arbeiter erhob, sie alle aber als „Soldaten der Arbeit" im Sinne der militanten Aufrüstung den staatlichen „Treuhändern der Arbeit" unterwarf. Damit war der politisch-ökonomisch-soziale Dirigismus besiegelt, und in der von Ley verfügten „betriebsorganischen Neugliederung der Deutschen Arbeitsfront"[79] hat auch diese mit über 20 Millionen Zwangsmitgliedern dann größte Organisation des „Dritten Reiches"[80] ihre weitere Durchformung und bedingungslose Funktionalisierung im Dienste nationalsozialistischer Totalherrschaft gefunden. Der Ausbau der DAF als ein staatlich-nationalsozialistisches Kontrollorgan und ihre völlige Unterstellung unter die Partei – als „eine Gliederung der NSDAP" – wurde durch eine Verordnung Hitlers über Wesen und Ziel der DAF vom 24. Oktober 1934 abgeschlossen;[81] auch gesetzlich wurde sie schließlich mittels einer Verordnung zur Durchführung des Gesetzes zur Sicherung der Einheit von Partei und Staat[82] zu einem „angeschlossenen Verband" der NSDAP erklärt (und verlor alle gewerkschaftsähnlichen Funktionen). Nun konnte ihr Führer auch offen erklären, die Deutsche Arbeitsfront sei „keine Institution für sich allein, sondern allein abhängig von dem Willen der Führung der NSDAP".[83] Inzwischen war es freilich auch auf der Gegenseite, im Bereich der Agrar-, Handwerk-, Industrie- und Unternehmerorganisationen zu einschneidenden Änderungen gekommen. Mit ihnen erst rundet sich das Bild, das die nationalsozialistische Gleichschaltungspolitik im Bereich der wirtschaftspolitischen Verbände bietet.

3. Gleichschaltung der Verbände

Es ist unbestreitbar, daß die NSDAP in der Zeit ihres Aufstiegs zur Massenpartei ihr relativ größtes Gefolge in landwirtschaftlich bestimmten Gebieten, vor allem in der protestantischen Agrarbevölkerung Norddeutschlands wie besonders Schleswig-Holsteins oder Niedersachsens gewonnen hat. Tatsächlich besaß die NSDAP mit ihrem „agrarpolitischen Apparat" unter dem nationalsozialistischen Agrarspezialisten Walther

---

[76] So die von der Obersten SA-Führung hrsgg. *Kampfschrift* (Bd. 10): *SA-Geist im Betrieb. Vom Ringen um die Durchsetzung des deutschen Sozialismus,* München 1938, S. 10 ff.

[77] Vom 20. Januar 1934. *RGBl.*, I, 1934, S. 45; vgl. die Analyse bei Schumann (Anm. III/25), S. 116 ff. mit der Literatur.

[78] So auch die nationalsozialistische Interpretation bei Starcke (Anm. III/24), S. 159.

[79] Vom 26. Januar 1934: Rühle (Anm. I/9), II, S. 155 ff., und die offizielle Publikation: *Organisation der Deutschen Arbeitsfront und der NS-Gemeinschaft Kraft durch Freude,* Berlin–Leipzig o. J. [1934].

[80] Nach der Zusammenstellung Schumanns (Anm. III/25, S. 168) hatte die DAF am 1. Juni 1934 etwa 16 Millionen (plus 8 Millionen korporative) Mitglieder; bis 1942 war die Zahl auf 25 Millionen (plus 10 Millionen korporative) Mitglieder angestiegen, umfaßte also die Hälfte der Bevölkerung.

[81] Ihr Text bei Claus Selzner, *Die Deutsche Arbeitsfront. Idee und Gestalt. Kurzer Abriß,* Berlin 1935, S. 24 ff.; vgl. das *Organisationsbuch der NSDAP,* hrsgg. vom Reichsorganisationsleiter der NSDAP, 2. Aufl., München 1937, S. 185 ff.

[82] Vom 29. März 1935: *RGBl.*, I, 1935, S. 502 (§ 3).

[83] Robert Ley, *Deutschland ist schöner geworden,* hrsgg. von Hans Dauer und Walter Kiehl, Berlin 1936, S. 275.

Darré[84] ein schlagkräftiges Mittel der Bauernpolitik. Wegen Hugenbergs Verfügung über das landwirtschaftliche Ressort mußte Darré jedoch zunächst hinter dem stärker großagrarisch orientierten deutschnationalen Partner zurückstehen. So dominierten auch zunächst Hugenbergs Sanierungspläne, die auf eine Hebung der Preise für Agrarprodukte und zugleich auf den vollen Schutz der Landwirtschaft gegen jede Zwangsversteigerung abzielten: einseitige agrarische Interessenpolitik auf Kosten der anderen Wirtschaftszweige und Bevölkerungsteile. Tatsächlich erreichte Hugenberg, daß die Milch- und Fettpreise sogleich stiegen, und auch Hitler billigte, wie er in einer Ansprache vor dem „Deutschen Landwirtschaftsrat" im preußischen Herrenhaus am 5. April ausführte, diesen wenn nötig unpopulären Kurs zur Sanierung des Bauernstandes, der nach Hitlers Worten „tatsächlich die Zukunft der Nation an sich bedeutet".[85] Trotz mancherlei Interventionen gelang es Hugenberg sogar, seinen Kurs der Preissteigerung und radikalen Entschuldung der Landwirtschaft auf Kosten der Gläubiger durch ein weitgehendes Gesetz vom 1. Juni noch zu forcieren.

Inzwischen freilich war hier ebenfalls die politisch-organisatorische Entwicklung so weitgehend für den zunächst zurückgedrängten nationalsozialistischen Partner verlaufen, daß Hugenberg und die deutschnationalen Machtpositionen in dieser Domäne dieselben Einbußen und schließlich Totalverluste erlitten wie auf fast allen anderen Gebieten. Bereits am 4. April gelang es Darrés agrarpolitischem Apparat, eine Zusammenkunft der nationalsozialistischen Bauernverbände mit der Spitzenvertretung der christlichen Bauernvereine und anderer Bauernverbände sowie mit der Führung des – stärker großagrarisch orientierten – Reichslandbundes zu organisieren. Wieder war es die monoton skandierte Parole der „Einheit", mit der auch hier die Gleichschaltung eingeleitet wurde. Man beschloß die Bildung einer „Reichsführergemeinschaft" als Standesvertretung des gesamten deutschen Bauerntums. In dieser Spitzenorganisation befanden sich zwar die Führer aller anwesenden Großverbände. Aber als Leiter der agrarpolitischen Abteilung in der Reichsleitung der NSDAP wurde Darré nach der Verlautbarung „einstimmig gebeten, den Vorsitz der Reichsführergemeinschaft zu übernehmen".[86] Und einen Tag später beantwortete die Vollversammlung des „Deutschen Landwirtschaftsrates" Hitlers eben erwähnte Rede mit einer Entschließung, durch die „der Deutsche Landwirtschaftsrat als die berufene Vertretung des gesamten deutschen Bauerntums ... der Regierung der nationalen Erhebung rückhaltlose und geschlossene Gefolgschaft und Unterstützung" gelobte – eine in der Geschichte der sonst recht streitbaren Bauernverbände gewiß ebenso einmalige Erscheinung wie der Umfall anderer Interessen- und Standesorganisationen. Es folgten wei-

[84] Walther Darré, wie ein erheblicher Teil der nationalsozialistischen Führer im Ausland (Argentinien) geboren, war in seinen Büchern für eine rassistische Auffrischung des Bauerntums eingetreten: *Das Bauerntum als Lebensquell der nordischen Rasse*, München 1929; *Neuadel aus Blut und Boden*, München 1934; oder auch (als Kuriosum): *Das Schwein als Kriterium für nordische Völker und Semiten*, München 1933. Vgl. auch die treffende Charakteristik des jungen eitlen Ideologen, der sich gleich zu Anfang mit eigener Einweihungsrede einen Gedenkstein in dem hessischen Ort setzen ließ, in dem er das erstgenannte Buch verfaßt hatte, bei Heiden, *Geburt...* (Anm. I/126), S. 182 ff. – Die Begründung des „agrarpolitischen Apparates" der NSDAP geht auf ein geheimgehaltenes Exposé zurück, in dem Darré am 15. August 1930 Hitler entwickelt hatte, „wie der Landstand im heutigen Kampfe um den Staat einzusetzen" ist: (1) zur Unterstützung der Machtergreifung über Bauernstreiks gegen eine „verstädterte Republikregierung", (2) als ernährungspolitischer „Lebensmotor für den Volksorganismus und biologischer Bluterneuerungsquell des Volkskörpers", sowie (3) als Träger neuen, von den Slawen eroberten Siedlungslandes im „Ostraum". Damit war der „Ausbau" eines agrarpolitischen Netzes über das Reichsgebiet begründet und organisiert worden. Darrés Entwurf (ungedr.) in: *MGN*, Doc. No. NG–448 (*HAB*, Rep. 335, Fall 11, Nr. 550, S. 34–48); vgl. auch Bracher, *Die Auflösung...* (Anm. Einl./25), 3. Aufl., S. 115; S. 167; S. 648 ff.
[85] *Die Reden Hitlers als Kanzler* (Anm. II/135), S. 26 ff.; zu den ideologischen Aspekten der nationalsozialistischen Bauernpolitik vgl. Perroux (Anm. III/23), S. 198 ff.; Franz L. Neumann, *Behemoth* (Anm. Einl./4), Teil III; über die parteipolitischen Aspekte von Hugenbergs Wirtschaftspolitik Hiller v. Gaertringen (Anm. I/64), Kap. 8 und 11 ff.
[86] *Schultheß, 1933*, S. 83.

tere Treuebekenntnisse, die z. T. schon den beginnenden Konflikt Darrés mit Hugen-
berg widerspiegelten und eindeutig auf die nationalsozialistische Gleichschaltung hin
manipuliert waren. So etwa die Entschließung, die am 14. Mai eine Landvolkführer-
versammlung in Meiningen im Anschluß an eine programmatische Rede Darrés faßte:
„Die Bauernführer aus allen Teilen Thüringens haben heute anläßlich des diesjährigen
Bauernkongresses einmütig ein Treuebekenntnis zu der unter Adolf Hitler stehenden
Führung abgelegt. Die Thüringer Bauern haben jedoch nicht das Vertrauen zu der von
Reichsminister Hugenberg geführten Agrarpolitik. Sie fordern daher einmütig die
Ersetzung von Reichsminister Hugenberg durch den nationalsozialistischen Reichs-
bauernführer Darré." [87] Hier schon wurde die wirkliche Lage und das Maß der Unter-
höhlung deutlich, die auch Hugenbergs Machtstellung inzwischen erfahren hatte.

Tatsächlich hatten die nationalsozialistischen Spitzenfunktionäre auch auf diesem
Gebiet die entscheidenden Schritte längst eingeleitet. Einen programmatisch besonders
augenfälligen Ansatzpunkt bot die Diskussion über ein „Erbhofgesetz", ein Lieblings-
projekt Darrés, das zunächst in Preußen über das dortige, vom Nationalsozialisten
Kerrl besetzte Justizministerium, dann auch im ganzen Reich eingeführt wurde. In
seiner für Preußen verfügten Fassung erging dies umfangreiche, über 20 Seiten umfassende Gesetz schon am 15. Mai 1933. [88] Es begann mit dem programmatischen
Kernschlagwort der nationalsozialistischen Weltanschauung: „Die unlösbare Verbundenheit von Blut und Boden ist die unerläßliche Voraussetzung für das gesunde Leben
eines Volkes." Dies sei durch „artfremdes Recht" zerstört worden, und deshalb sei
„unabweisbare Pflicht der Regierung des erwachten Volkes ... die Sicherung der
nationalen Erhebung durch gesetzliche Festlegung der in deutscher Sitte bewahrten
unauflöslichen Verbundenheit von Blut und Boden durch das *Bäuerliche Erbhofrecht*".
Es folgten in aller Breite die konkreten Bestimmungen, nach denen die zu Erbhöfen
deklarierten Bauernhöfe für alle Zeiten unteilbar und unveräußerlich bei der Familie
bleiben sollten – auch gegen den Willen der Beteiligten; sie sollten gezwungen werden,
Bauern zu bleiben, selbst wenn sie nicht mehr Bauern sein wollten. So eben gedachte
Darré, wie es im hochtrabenden, pathetisch-romantisierenden Stil der nationalsozialistischen Blut- und Bodenideologie hieß, der „Nomadisierung des Bodens" eine Ende
machen und aus dem Bauerntum als dem angeblichen Kern des Volkes den „Neuadel
aus Blut und Boden" heranzüchten zu können. Zwar blieb dies zunächst Planung,
solange Hugenberg seine Position noch hielt. Aber Darrés und seiner Mitarbeiter
Aktivität verstand es, mit solchen Unternehmungen doch diese Position immer nach-
haltiger zu unterminieren. Nach dem Vorsitz über die „Reichsführergemeinschaft des
deutschen Bauernstandes" errang Darré für seinen Mitarbeiter Meinberg im Mai auch
den Präsidentenposten des mächtigen „Reichslandbundes", indem er den deutschnational orientierten Grafen Kalckreuth auf die übliche Art durch haltlose Korruptions-
beschuldigungen von dieser Schlüsselposition verdrängte. Und wenig später hieß auch
der Präsident des „Deutschen Landwirtschaftsrates" Darré, der damit den agrarpolitischen Unterbau schon eindeutig beherrschte, als dann der Sturm auf die deutschnationale Mitbestimmung und Hugenberg selbst einsetzte. Der Ausgang des Konkur-
renzkampfes um die Macht und die Gleichschaltung konnte jetzt auch auf diesem
Sektor nicht mehr zweifelhaft sein.

Nach Hugenbergs Abtreten hat Darré dann auch durch eine Serie von Gesetzen und
Verfügungen seine siedlungspolitischen Ambitionen „auf rassischer Grundlage", [89] die

---

[87] *A. a. O.*, S. 128 f.
[88] *Die Gesetzgebung...* (Anm. I/31), Heft 2, S. 178 ff. (Auszeichnung i. Orig.). Zur Beurteilung vgl. auch
Sigmund Neumann (Anm. Einl./4), S. 169 f., der mit Recht die politischen Aspekte hervorgehoben hat.
[89] Gesetz über die Neubildung deutschen Bauerntums vom 14. Juli 1933: *RGBl.*, I, 1933, S. 517 f.

zentrale Steuerung der gesamten Landwirtschaft,[90] die staatsdirigistische Kontrolle aller Absatz- und Preispolitik [91] sowie die politisch-organisatorische „Erfassung" der Bauernschaft unter Orts-, Kreis- und Landesbauernführern [92] und pseudokorporativ im „Reichsnährstand" [93] rasch voranzutreiben und zu institutionalisieren vermocht. Die Krönung bildete die Verkündung eines „Reichserbhofgesetzes" am 29. September 1933, das von dem preußischen Vorbild ausging, nun aber das gesamte Reichsgebiet einheitlich betraf: Nur noch die Eigentümer von Erbhöfen sollten sich von nun an Bauern nennen dürfen, sie wurden als Garanten der Ernährungsgrundlage und zugleich „Blutquelle" des gesamten Volkes gefeiert. Die NS-Propaganda hat dies so stilisiert: „Bauerntum wurde wieder Dienst an Sippe und Volk, wurde zu einer Angelegenheit des Blutes und der weltanschaulichen Haltung zum Boden." [94] In den organisierten Schaustellungen des Erntedankfestes wurde als Gegenstück zum „Ehrentag der deutschen Arbeiterschaft" der „Ehrentag des deutschen Bauerntums" als nationalsozialistische Massenkundgebung begangen: erstmals am 1. Oktober 1933, als Hitler vor 500 000 Bauern auf dem Bückeberg bei Hameln sprach. [95] Und am 20. Januar 1934 begann in Weimar der erste „Reichsbauerntag", auf dem Darré selbstbewußt feststellen zu können glaubte, daß die Totalität des nationalsozialistischen Führungsanspruches bisher auf keinem Gebiet derart vollkommen in die Wirklichkeit umgesetzt werden konnte wie in der Agrarpolitik. [96]

Wenig anders verlief auch die Entwicklung im Bereich von Handwerk, Handel und Industrie. Man mag sich erinnern, wie früh es Hitler unter Schachts Beihilfe gelungen ist, die Unterstützung wichtiger Vertreter der Großindustrie und der Finanz zu gewinnen. Auch die mächtigen Industrie- und Arbeitgeberverbände selbst sind rasch von nationalsozialistischer Seite durchsetzt und teils gleichgeschaltet, teils doch gründlich umgebaut worden. Dies geschah zwar ebenfalls unter der vagen Parole vom „ständischen Neuaufbau des deutschen Wirtschaftslebens"; das tatsächliche Ergebnis war jedoch nicht eine Erfüllung solcher romantisch-konservativen Reformideen, die die nationalsozialistische Führung, einem riesigen Mitläuferschrifttum ständisch-ideologischer Prägung zum Trotz, nie ernst genommen hat; das tatsächliche Ergebnis war vielmehr auch im Bereich dieser Wirtschaftsverbände ein rein machtpolitisch verstandener Gleichschaltungsprozeß, nicht anders als im Bereich der Arbeiterorganisationen und der Bauernschaft.

Allerdings haben sich, sowohl infolge ihrer größeren Einflußsphäre und ihrer beziehungsreicheren Querverbindungen als auch durch rasche Anpassung auf der gemeinsamen Interessenebene wirtschaftlicher Aufrüstung, die großen Industrieverbände noch am erfolgreichsten gegen eine totale Gleichschaltung behauptet; meist kam es nur zu wenigen Personalveränderungen, die freilich auch schon schwerwiegend sein und die Durchsetzung bzw. Kontrolle durch nationalsozialistische Organe weit vorantreiben konnten. So wurde nach parteioffiziösem Kommentar mit Umbesetzungen im Reichsverband der Deutschen Industrie am 3. April auch hier schon eine erste „Gleich-

---

[90] Gesetz über die Zuständigkeit des Reichs für die Regelung des ständischen Aufbaues der Landwirtschaft vom 15. Juli 1933: *RGBl.*, I, 1933, S. 495.

[91] Gesetz über den vorläufigen Aufbau des Reichsnährstandes und Maßnahmen zur Markt- und Preisregelung für landwirtschaftliche Erzeugnisse vom 13. September 1933; *RGBl.*, I, 1933, S. 626 f., sowie das Gesetz zur Sicherung der Getreidepreise vom 26. September 1933: *a. a. O.*, S. 667 f.

[92] Verfügung des Reichsernährungsministeriums vom 19. September 1933 (Rühle, Anm. I/9, I, S. 273 f.).

[93] Erste Verordnung über den vorläufigen Aufbau des Reichsnährstandes vom 8. Dezember 1933: *RGBl.*, I, 1933, S. 1060 f. Darré selbst wurde dann am 12. Januar 1934 von Hitler zum Reichsbauernführer ernannt.

[94] Rühle (Anm. I/9), I, S. 277.

[95] 1934 sind dann 700 000, 1935 eine Million Menschen zum Bückeburger „Ehrentag des Bauerntums" in Bewegung gesetzt worden. Zur organisations- und massenpsychologischen Manipulierung des Erntedankfestes durch die nationalsozialistische Propagandaregie vgl. Schmeer (Anm. I/43), S. 87 ff.

[96] *A. a. O.*, S. 104.

schaltung" [sic!] erreicht; ein Vertrauensmann der NSDAP und des „Bundes für nationale Wirtschaft und Werkgemeinschaft" zog in die Geschäftsführung des Reichsverbandes ein. [97] Doch scheiterten die weitergehenden Ambitionen ehrgeiziger nationalsozialistischer Funktionäre wie des Wirtschaftsreferenten der NSDAP, Otto Wagener, an dem Eigengewicht, das der Reichsverband der Deutschen Industrie nach wie vor besaß, obwohl er gleichzeitig der Regierung gewisse Zugeständnisse machen mußte. So kam es zu einer nur mäßig begeisterten Zustimmung zum 1. Mai, zwei Tage später zur Einführung des Führerprinzips auch im Reichsverband, [98] und Mitte Juni schließlich zu seiner Verschmelzung mit der Vereinigung deutscher Arbeitgeberverbände, die insofern den ständischen Schlagworten des Tages Rechnung trug, als das neue Gebilde sich von jetzt an pathetisch „Reichsstand der deutschen Industrie" nannte. Einige einflußreiche Vorstandsmitglieder schieden ihrer Abstammung oder ihrer politischen Einstellung wegen aus. Aber Krupp blieb, und das Treuhändergesetz wirkte sich, ganz im Sinne der Interessengemeinschaft zwischen Hitler und der Industrie, insofern einseitig zu deren Gunsten und im antigewerkschaftlichen Sinne aus, als fast durchgehend juristische Berater der Arbeitgeberverbände nun als beamtete Treuhänder wirkten. [99] Auch vermochte sich der „Reichsstand" gegenüber den weitergehenden Gleichschaltungsbestrebungen auch darin sichtbar durchzusetzen, daß Wagener abberufen und sein Nachfolger als Hitlers Beauftragter für Wirtschaftsfragen jener Wilhelm Keppler wurde, der zwar der NSDAP schon 1932 wertvolle Verbindungen zur Industrie vermittelt und am berühmten Kölner Treffen vom 4. Januar 1933 mitgewirkt hatte, zugleich aber auch als Vertrauensmann der Industrie und ihrer Interessen gelten konnte.

In diesem Sinne bedeutete auch die „Adolf-Hitler-Spende der deutschen Wirtschaft", die Krupp in einem Brief an Schacht vorgeschlagen hatte und zusammen mit der Vereinigung der Deutschen Arbeitgeberverbände am 1. Juni 1933 begründete, insofern eher eine Erleichterung für die einzelnen „Spender", als damit eine einheitliche Regelung des Spendensolls festgelegt (5⁰/₀₀ der Jahres-Lohn- und Gehaltssumme 1932) und die wilden, gewiß nicht durchweg freiwilligen Spendenaktionen von Partei und SA eingedämmt wurden. [100] Nicht anders, ja, im Sinne einer weiteren Stärkung der Position der Wirtschaft in ihrem Interessenbündnis mit Hitler, konnte auch die Berufung eines „Generalrats der Wirtschaft" verstanden oder mißverstanden werden, der nach der Erklärung des neuen Reichswirtschaftsministers Schmitt der Reichsregierung zur Beratung in allen wirtschaftlichen Fragen zur Verfügung zu stehen hätte. [101]

Auf weitere Einzelheiten wird an anderer Stelle eingegangen. [102] Es genüge der Hinweis, daß natürlich auch hier die politisch akzentuierten Personalverschiebungen fortgingen, daß in diesem Zeichen Ehrgeiz, alte Gegensätze und Opportunismus sowohl unter den Industriegewaltigen wie auch zwischen kleineren Betrieben freie Bahn

---

[97] *Schultheß*, 1933, S. 82, und die „Erklärung des Reichsverbands der Deutschen Industrie zur Umgestaltung und Vereinfachung des industriellen Verbandswesens" in: *WTB*, 84. Jg., Nr. 1051, 1. Frühausg. vom 4. Mai 1933.

[98] Vgl. *Schultheß*, 1933, S. 82; es wurde dann rasch auf das gesamte Wirtschaftsrecht ausgedehnt. Bezeichnend dafür die durchaus juristisch begründete Schrift von Hermann Cunio, *Führerprinzip und Willensbildung im Aktienrecht*, Leipzig 1935, S. 5 ff.

[99] Vgl. das Gesetz über die Übertragung der Restaufgaben der Schlichter auf die Treuhänder der Arbeit vom 20. Juli 1933 (*RGBl.*, I, 1933, S. 520) und dazu Leopold Franz, *Die Gewerkschaften in der Demokratie und in der Diktatur*, Karlsbad 1935, S. 54.

[100] In diesem Sinne auch die diesbezüglichen Briefe, Aufrufe, Rundschreiben und Berichte, von denen besonders genannt seien: *MGN* 5, Doc. No. NI–439; NI–1224 (*HAB*, Rep. 335, Fall 5, Nr. 173, 174); Case 6, Doc. No. D–151; NI–3799, 585 usw. (*HAB*, Rep. 335, Fall 6, Nr. 204, S. 1 ff.).

[101] *WTB*, Nr. 1721 vom 15. Juli 1933 (*HAB*, Rep. 335, Fall 6, Nr. 203, S. 1 f.) mit der Liste der gewichtigen Namen.

[102] Vgl. u. II. Teil, V. Kapitel.

hatten[103] und daß alte Hitlergönner wie etwa der Schwerindustrielle und Finanzier Fritz Thyssen eine Fülle nicht minder einträglicher wie entscheidend wichtiger Wirtschaftspositionen an sich reißen und monopolisieren konnten. Auch dies bedeutete jedenfalls nicht etwa die von romantisch gestimmten Theoretikern erträumte ständische Wirtschaftsordnung, sondern lediglich mehr oder weniger umfangreiche Postenwechsel und allenfalls die faktische Durchsetzung des keineswegs ständischen „Führerprinzips", das schon die offizielle Verlautbarung des „Reichsverbands" vom 3. Mai beherrschte – ein Prinzip, das schließlich weitgehend Leuten wie Hitlers altem Geldgeber Thyssen zugute kam, der auch Krupps Einfluß zu schwächen vermochte und schließlich von Göring in den Preußischen Staatsrat berufen, also auch mit politischer Würde bekleidet wurde. Wie weit sich dies auswirkte, wird aus den gleichlautenden Ergebenheitsbriefen deutlich, die vier Gauleiter aus dem Thyssenschen Einflußgebiet im Rheinland Mitte Juli an Thyssen richteten: „Sie sind für unser Gauwirtschaftsgebiet wirtschaftspolitisch die oberste staatliche Autorität geworden. Demgemäß habe ich alle meine Dienststellen angewiesen, sich in allen Fragen der Wirtschaftspolitik, mit Ausnahme der agrarpolitischen Fragen, ausschließlich an Sie zu wenden und Ihre Entscheidung als bindend anzusehen." [104]

Anders als die Großindustrie, die sich im ganzen durchaus mit den neuen Verhältnissen abzufinden und auch die nationalsozialistische Führung für ihre Interessenpolitik einzusetzen, jedenfalls mit den kapitalismusfeindlichen Parolen eines linken Flügels der NSDAP rasch fertigzuwerden verstand, weil Hitler sie wohl immer nur taktisch als Massenparolen verwendet hatte –, ganz anders verlief die Entwicklung im Bereich des Mittelstands, der doch die wichtigste Komponente bei der nationalsozialistischen Erfassung der Massen gewesen war, weil ihn die Wirtschaftskrise besonders bedroht und erregt hatte: Handwerk, Einzelhandel, Klein- und Mittelbetriebe. Die Hoffnungen, die die nationalsozialistische Führung hier erweckt, genährt und politisch ausgenutzt hatte, indem sie wie überall allen alles, so hier die sofortige „Kommunalisierung der Großwarenhäuser und ihre Vermietung zu billigen Preisen an kleine Gewerbetreibende" versprochen hatte, waren nicht mit dem kapitalismusfreundlichen Wirtschaftskurs zu vereinen. [105] Als freilich der Ende 1932 in der NSDAP gegründete „Kampfbund für den gewerblichen Mittelstand" in diesem Sinne zunächst die wichtigsten mittelständischen Interessenorganisationen eroberte, seit März 1933 gegen die Warenhaus-Konzerne und Genossenschaften aktiv wurde und am 4. Mai die Bildung und Führung eines „Reichsstands des deutschen Handels" durchsetzte, schien die Stunde der Verwirklichung solcher Ziele nahe. [106]

Aber nur die damit erfolgte Gleichschaltung, nicht das sachliche Anliegen interessierte auch hier die Machthaber. Es kam ihnen wohl zustatten, daß der Leiter des nationalsozialistischen „Kampfbunds für den gewerblichen Mittelstand", der ehemalige Reichsführer der Hitler-Jugend Theodor Adrian v. Renteln, mit seinen Mitarbeitern jetzt die Führung nicht nur des neuen „Reichsstands des deutschen Handels", sondern auch des einen Tag zuvor gebildeten „Reichsstands des deutschen Handwerks" übernommen hatte; das war Zusammenfassung und zugleich Gleichschaltung der Mittelstandsbewegung, zumal der Kampfbund nach einigem Widerstand auch den „Deut-

---

[103] Ein sprechendes Beispiel von Denunziation aus Konkurrenzgründen bietet die eidesstattliche Versicherung des Leiters der Drucksachenstelle der HJ vom 8. Mai 1934 (*HAB*, Rep. 320, Nr. 31, Staatssekretär Grauert): „Vor kurzer Zeit besuchten mich die Herren Lück und Plume von der Phönix Illustrationsdruck und Verlag G.m.b.H. und bewarben sich um Drucksachen, u. a. um das Dienstbuch der HJ, das laufend bei der Firma R. Boll G.m.b.H. hergestellt wird. Dabei wiesen die Herren darauf hin, daß die Firma R. Boll G.m.b.H. mit jüdischen Hintermännern arbeitet. . ."

[104] Heiden, *Geburt*. . . (Anm. I/126), S. 172; *Schultheß, 1933*, S. 184.

[105] Punkt 16 des Parteiprogramms.

[106] Vgl. dazu u. II. Teil, S. 636 ff.

schen Industrie- und Handelstag" eroberte, der am 22. Juni Renteln zum alleinigen
Präsidenten wählte. Aber nun hatte dieser seine Schuldigkeit getan: Organisatorisch
und kontrollpolitisch war die gewünschte Lage erreicht, und die sachlichen Ziele des
„Kampfbunds", der ganzen Mittelstandsbewegung, konnten nur noch als unbequem
empfunden werden. Als Renteln so weit ging, seine neuen Organisationen öffentlich
zu Ecksteinen des kommenden ständischen Aufbaus zu deklarieren, mußte er samt den
mittelständischen Zielen den Führern der anderen Ständesäulen wie Ley und den Industriegewaltigen, vor allem aber als ständiger Mahner an nichterfüllte Programmpunkte Hitler selbst unbequem erscheinen; besonders die Kampfstellung gegen die
Konsumgenossenschaften, die sich inzwischen der DAF unterstellt hatten,[107] konnte
nicht mehr der allgemeinen taktischen Lage entsprechen.

Ergebnis war, daß Hitler die versprochene Schutzpolitik für den Mittelstand kurzerhand vertagte, über alle Proteste hinwegging und schließlich am 7. August den
„Kampfbund" selbst durch Ley auflösen bzw. der DAF eingliedern ließ.[108] Es war
Hitlers bewährte Methode, einen Konkurrenten gegen den anderen auch unter seinen
nationalsozialistischen Mitarbeitern auszuspielen, um so die eigene Entscheidung und
Verantwortung, den eigenen Eingriff zu umgehen und doch das Gewünschte zu erreichen, ohne das *odium* der Betroffenen auf sich zu ziehen („Der Führer weiß das
nicht!"): Dadurch gerade verstand er es jetzt und in der Folge stets, als *supremus
arbiter* über allen Untergebenen und Mitarbeitern zu stehen, jeder Konkurrenz zu
entgehen. Die weitere Analyse wird sich mit dieser für die ganze Herrschaftsordnung
des nationalsozialistischen Führerstaats so ungemein bezeichnenden Methode der Zwei-
oder Dreigleisigkeit der Instanzen und des Gegeneinanderausspielens verschiedener
nationalsozialistischer Konkurrenten immer wieder zu beschäftigen haben.[109] In diesem Fall war das Ergebnis, daß die unbequemen konkreten Forderungen des einst so
heiß umworbenen Mittelstands und die Machtposition des „Kampfbunds" samt
seiner Führung auf solche Weise – hier durch Ausspielen Leys – nachhaltig eingeschränkt
und durch weitere Umbesetzungen in den Führungsgremien aufs tote Gleis geschoben
wurden. Man hatte – und das gilt für die ganze Szenerie der Verbände und Wirtschaftsorganisationen – die weitgehende Gleichschaltung auch im außerparlamentarischen Raum der Interessenpolitik erreicht, ohne doch jenes Prinzip des *divide et
impera* aufzugeben, das erst die totale Kontrolle verbürgte und jede wichtige Konkurrenz oder Eigeninitiative zurückdrängen konnte.

Vor allem aber war mit der weitgehenden Gleichschaltung der Verwaltung und der
außerparlamentarischen Verbände, die Hand in Hand ging mit einer entsprechenden
Aktivität im Bereich der Kulturpolitik und mit der Forcierung der antisemitischen
Maßnahmen, auch der Kurs hin zum Einparteienstaat entscheidend verschärft worden.
Hatten bereits die Auflösung des Reichstags am 1. Februar, die Aufhebung der Grundrechte im Verein mit einer unabsehbaren Verfolgungs- und Verhaftungswelle, schließlich die Selbstausschaltung des Reichstags im Ermächtigungsgesetz und der Übergang
der legislativen Gewalt an die Regierung selbst die Grundfesten des parlamentarischen
Mehrparteienstaats erschüttert, so besiegelte der nationalsozialistische Gleichschaltungs-
aktivismus im außerparlamentarischen Bereich eine Struktur des Polizei- und Terror-
staats, der die weitere Existenz *konkurrierender Parteien* überflüssig machen, ja, ausschließen mußte. Während an den Universitäten die Studentenverbände gleichgeschaltet,[110] im Raum der politischen Erziehung durch die Erhebung des Reichsjugendführers

---

[107] Dazu Paul Hertz, „Das Ende der deutschen Konsumgenossenschaftsbewegung", in: *Zeitschrift für Sozialismus*, Karlsbad 1936, S. 663 f. Vgl. Robert Ley in: *Arbeitertum*, 1933/34, Nr. 7, S. 22.

[108] Vgl. Heinrich Hunke, „Die Eingliederung des Kampfbunds des gewerblichen Mittelstandes in die DAF", in:
Arbeitertum, a. a. O., Nr. 13, S. 9 f.

[109] Vgl. o. S. 175; u. S. 217 ff.

[110] Vgl. u. S. 323 ff.

der NSDAP zum Führer „aller Verbände der männlichen und weiblichen Jugend"
– „auch der Jugendorganisationen von Erwachsenen-Verbänden" – deren Überführung
in die Hitler-Jugend eingeleitet wurde,[111] ist in rascher Folge während des Früh-
sommers das gesamte deutsche Parteisystem liquidiert worden.

4. Untergang der politischen Linken

Am frühesten und schärfsten hatte sich das Totalitätsstreben der NSDAP natürlich
gegen die KPD gerichtet und auch erfolgreich durchgesetzt. Tatsächlich ist nach dem
Verbot der kommunistischen Zeitungen und der Massenverhaftung Tausender von KP-
Funktionären samt den neugewählten Abgeordneten, nach der polizeilichen Beschlagnahme des Parteieigentums schon im Anschluß an den Reichstagsbrand und der endgültigen Liquidierung allen kommunistischen Vermögens[112] zunächst auch die illegale
Tätigkeit der KPD recht wenig wirksam geworden. Es ist nicht zu bestreiten, daß ein
beträchtlicher Teil des kommunistischen Anhangs dem nationalsozialistischen Massensog
anheimfiel, und es bedeutet nur ein gewiß bezeichnendes Kuriosum, daß in völliger
Verkennung der Wirklichkeit noch 1934 der offizielle „Leitfaden der Geschichte der
Kommunistischen Internationale" die „wahren bolschewistischen Massenparteien" in
China, Polen und – in Deutschland feierte.[113] Zwar war die KPD trotz Verhaftung
oder Flucht ihrer Führung wohlvorbereitet und mit einiger praktischer Erfahrung
nach dem Reichstagsbrand in die Illegalität gegangen, doch zeigte sich ihre konspira-
torische Taktik der neuartigen Situation keineswegs gewachsen.[114] Sie orientierte sich
allzusehr an dem russischen Vorbild, das eben lediglich mit den Organen des zaristi-
schen Polizeistaates zu rechnen gehabt hatte, während man es doch unter der nationalsozialistischen Herrschaft mit einer Macht zu tun hatte, die sich ihrerseits auf breite
Massen fanatischer Anhänger in allen Bevölkerungsschichten stützen konnte und ein
Heer freiwilliger Spitzel im ganzen Volk besaß. Das hat sogleich schwere Lücken in
den illegalen Apparat der Kommunisten gerissen. Verrat, Denunziation, Aufdeckung
von Geheimaktionen waren an der Tagesordnung, und Gestapospitzel vermochten
sich in viele der alten und neuen Verbindungen einzuschalten. Vor allem hielt auch
die Moskauer Zentrale mit ihrer Unterstützung gerade jetzt aus außenpolitischen
Gründen sehr zurück;[115] indem die Sowjetunion sogar am 4. Mai 1933 das Protokoll
über die Verlängerung des deutsch-russischen Vertrages von 1926 ratifizierte und damit als erste auswärtige Macht gleichsam die diplomatische Anerkennung des neuen
Regimes legalisierte, desavouierte sie sichtbar den innerdeutschen kommunistischen

[111] Der ehemalige Führer des nationalsozialistischen Deutschen Studentenbunds, Baldur v. Schirach, national-
sozialistischer „Reichsjugendführer" seit dem 30. Oktober 1931, war am 5. April 1933 zunächst an die Spitze des
„Reichsausschusses der Deutschen Jugendverbände" und dann auch ihrer „überbündischen" Zeitschrift *Das junge
Deutschland* (27, H. 4/5, April/Mai 1933, S. 97 f.) gerückt, indem er nach der üblichen Taktik die Geschäftsstelle
des Reichsausschusses hatte überrumpeln lassen und die Führung usurpiert hatte; am 17. Juni 1933 war er durch
Verfügung Hitlers schließlich zum „Jugendführer des Deutschen Reiches" ernannt worden: *VB* vom 18./19. Juni
1933. Vgl. jetzt besonders Arno Klönne, *Hitlerjugend. Die Jugend und ihre Organisation im Dritten Reich*,
Hannover–Frankfurt/M. 1955, S. 12 ff., und – mit dem Gegenbild – ders., *Gegen den Strom. Bericht über den
Jugendwiderstand im Dritten Reich*, Hannover–Frankfurt/M. 1957, S. 16 ff.
[112] Gesetz über die Einziehung kommunistischen Vermögens vom 26. Mai 1933: *RGBl.*, I, 1933, S. 293.
[113] Moskau–Leningrad 1934, S. 39; dazu Flechtheim (Anm. I/76), S. 184. Zum Gesamtzusammenhang vgl. jetzt
die detaillierte Darstellung von Bahne (Anm. I/74), Kap. 4–7 mit den Dokumenten (Anhang), insbes. der o.
Anm. I/73 zit. Resolution der Komintern (Dok. Nr. 3).
[114] Auch die sowjetzonale Interpretation vermag diesen Sachverhalt trotz allem dokumentarischen Aufwand
nicht zu verdunkeln: bezeichnend dafür Bartel (Anm. I/74), S. 1000 ff., der entsprechend der verbindlichen Inter-
pretationslinie die „Sabotage der rechten sozialdemokratischen Führer" in eigenartiger Logik für das Scheitern der
großspurigen KP-Propaganda verantwortlich macht.
[115] Vgl. u. S. 246 f.; Hilger/Meyer (Anm. I/73), S. 252, berichten sogar von einer Äußerung Molotows: "We
don't care if you shoot your German Communists".

Widerstand und behielt diese mindestens zweideutige Haltung zwischen Unterstützung und Distanzierung trotz allen Konflikten und Drohungen auch weiterhin bei –
bis zur geradezu unglaublichen Überspitzung der rücksichtslosen Realpolitik im Pakt
mit Hitler 1939.

Aber auch die Widerstandskraft der größten Oppositionspartei, der SPD, hatte seit
den Märzwahlen weitere schwere Einbußen erlitten. Zwar betonten die offiziellen
sozialdemokratischen Verlautbarungen auch im März und April noch, daß die Partei
ungebrochen, kampfwillig und bereit zu jeder Prüfung sei, daß die nationalsozialistische Diktatur nur ein Intermezzo sein könne und daß der Kampf zur Rückeroberung
der Freiheit und der politischen Rechte der Arbeiterklasse ungebrochen weitergehe. [116]
Aber sie hielt in Verkennung der Situation gerade deshalb weiterhin an der Position
einer „legalen Opposition" fest. So hatte es Friedrich Stampfer als Chefredakteur des
Zentralorgans *Vorwärts* kurz nach den Wahlen am 11. März formuliert, und so suchte
die Parteiführung auch weiterhin an die Möglichkeit und Notwendigkeit eines legalen
Kurses des Regimes innerhalb der Restverfassung zu glauben. Bezeichnend dafür war
der rein legalistisch gestimmte hypothetische Kommentar zum Wahlergebnis, den die
Internationale Information[117] in diesen Tagen gab: „Die Herren haben jetzt im
Reich und in Preußen die Mehrheit, sie sind vom Reichspräsidenten ernannt und vom
Volke bestätigt. Sie brauchen nur eine legale Regierung zu sein, dann sind wir ganz
selbstverständlich auch eine legale Opposition." Schlimmstenfalls befürchtete man in
der sozialdemokratischen Führung eine Periode teilweiser Unterdrückung nach dem
Vorbild des Bismarckschen Sozialistengesetzes, und damals war die Partei doch trotz
äußerer Stillhaltetaktik um vieles gestärkt aus solcher Unterdrückung hervorgegangen;[118] man unterschätzte nicht nur den grundlegenden Unterschied zwischen Bis-
marck- und Hitler-Regime, sondern auch die andere Situation einer Massenpartei
gegenüber der kleinen Kaderpartei von 1878.

Wie sehr diese Auffassung damals gängig war, haben führende Beteiligte wie Friedrich Stampfer und Paul Hertz auch nachträglich bestätigt. Dem entsprach die Taktik:
Ausweichen, Lavieren, strikte Einhaltung der Legalität und Vertrauen auf eine Entwicklung, die der Parteitheoretiker Karl Kautsky noch am 18. März in die Prophezeiung faßte, Hitler werde die Massengefolgschaft verlieren, sobald sich seine Unfähigkeit zur Erfüllung der unerfüllbaren Versprechungen erwiesen habe, und dies
werde bald genug geschehen. Bis dahin müßte die SPD durchhalten, um sich dann
– als Auffangbecken für die enttäuschten Massen – maßgeblich politisch wieder einzuschalten; solange die NSDAP jedoch ihren Massenanhang noch habe, hielt Kautsl.
eine Aktion der SPD für unklug und gefährlich. [119]

Aber die Entwicklung verlief anders, und der sozialdemokratische Attentismus erwies sich als eine verhängnisvolle, tödliche Täuschung; sie hat die vollständige Niederlage der dadurch gelähmten Partei nur noch beschleunigt, die Vollendung der nationalsozialistischen Machtergreifung eher erleichtert. Nach einer letzten mutigen Demonstration des Widerstands im Reichstag bei der Verabschiedung des Ermächtigungsgesetzes verstärkten sich die Zwangs- und Terrormaßnahmen gegen die SPD derart,
daß die allzu optimistische Lagebeurteilung rasch zusammenbrechen mußte. Zwar
konnte ein Teil ihrer Abgeordneten zunächst ihre Reichstagssitze behalten, doch blieb
die „vorübergehend" verbotene Parteipresse weiterhin unterdrückt, und auch der
regulär fällige SPD-Parteitag mußte abgesagt werden. Vor allem hatten inzwischen

[116] Zitate bei Edinger, "German Social Democracy. . ." (Anm. I/80), S. 344 ff., sowie jetzt Matthias in: *Das
Ende. . .* (Anm. I/21), Kap. 11 ff.
[117] *Internationale Information*, 1933/I, S. 112 ff., zit. nach Matthias, „Der Untergang. . ." (Anm. I/48), S. 267.
[118] Dazu jetzt besonders eingehend Wolfgang Pack, *Das parlamentarische Ringen um das Sozialistengesetz
Bismarcks 1878–1890*, Diss. Bonn 1959 (ungedr.).
[119] Edinger, "German Social Democracy. . . " (Anm. I/80), S. 345 f.

die Verfolgungsmaßnahmen und die Flucht vieler führender Exponenten die Ver-
bindungsmöglichkeiten innerhalb der Mitglieder- und Anhängerschaft, die Organisation der Partei und auch die Autorität und das Prestige der Führung ganz entscheidend geschwächt.

Darauf waren jetzt auch die Propaganda- und Terrormaßnahmen der nationalsozialistischen Machthaber in Reich und Ländern mit noch gesteigerter Energie gerichtet. Sie hofften offensichtlich, durch eine solche Zerstörung der Bindungen zwischen
Führung und Anhängerschaft schließlich auch die sozialdemokratischen Massen für
sich zu gewinnen. Ein wichtiges Propagandamittel war hierfür auch die Anprangerung
der internationalen Beziehungen und Bindungen der Partei, jetzt verstärkt durch die
beginnende Aktivität, die Teile der emigrierten Führung vom Ausland zu entfalten
suchten. Unter dem Druck dieser Kampagne baten die in Deutschland zurückgebliebenen SPD-Führer jetzt auch die Organe der sozialistischen und gewerkschaftlichen
Internationale im Ausland, keine falschen und übertriebenen Berichte über die Zustände
und Verfolgungen in Deutschland zu veröffentlichen. Als sie damit keinen Erfolg
hatten, erklärte Otto Wels schließlich am 30. April telegraphisch seinen Austritt aus
der Sozialistischen Arbeiter-Internationale. [120] Das war freilich ein vorwiegend taktischer Gegenzug gegen die nationalsozialistische Argumentation und ihren terroristischen Druck; er war ohnehin für die Partei als solche nicht verbindlich und wurde
auch von Wels selbst in einem Brief vom 17. Mai 1933 wieder zurückgezogen. [121]

Die innerdeutsche SPD-Führung war damit ganz auf die Stillhaltetaktik, auf den
Kurs der Beschwichtigung, des Überlebens der Partei bis zum erhofften baldigen Zusammenbruch der NS-Herrschaft eingeschwenkt. Das ging so weit, daß der Konflikt
mit den Jugendorganisationen der Partei, die auf militantere Widerstandshaltung und
illegale Aktivität gestimmt waren, noch am 11. April durch den Ausschluß des Vorsitzenden der Sozialistischen Arbeiterjugend in Berlin gewaltsam beendet wurde. [122]
Die Taktik blieb freilich, wie sich bald zeigte, ohne den geringsten Erfolg. Denn jetzt
begann sich doch der Druck auf die Anhängerschaft auszuwirken: Verfolgungen, das
neue Beamtengesetz, der Druck auf die Betriebe, der Rückzug der Gewerkschaften,
Opportunismus und Überläufertum taten das ihre, um diesen Prozeß der Untermine-
rung der so festgefügten Partei zu beschleunigen. Wie den Gewerkschaften in Leuten
wie Hermann Seelbach, so erstand der SPD in eigenen Funktionären wie z. B. dem
jungen Reichsbannerführer Henning Duderstadt ein trojanisches Pferd. Duderstadt
war zunächst ebenfalls verhaftet, kam den nationalsozialistischen Absichten dann
aber mit der Selbsternennung zum Führer der „Veteranen der Frontgeneration" in
der SPD entgegen, die sich „freiwillig" hinter Hitler stellen und das höchste Exekutiv-
komitee der SPD bekämpfen sollten. [123] Dieser extreme Versuch mißlang zwar,
aber nun hatten die Bedrohungs- und Auflösungserscheinungen in den Freien Gewerkschaften ihre tiefe Wirkung und Rückwirkung auf die SPD selbst. Der Kurs des Wartens, des Bewahrens der Parteiorganisation, wurde unter diesen Umständen aussichtslos; es verstärkten sich die Stimmen derer, die den entschlossenen Wechsel von einem
bewegungslosen Legalismus zur Untergrundaktivität der Partei forderten. Da sich
die Führung hierzu noch immer nicht verstehen konnte, kam es im April zum Ausschluß vor allem ganzer sozialistischer Jugendgruppen, die gegen den sozialdemokra-

---

[120] *Internationale Information*, 1933/I, S. 148 ff.

[121] *A. a. O.*, S. 281 f.; vgl. Matthias, „Der Untergang. . ." (Anm. I/48), S. 268.

[122] Dazu die von Erich Matthias besorgte Dokumentation „Der Untergang der Sozialdemokratie 1933" in:
Vierteljahrshefte für Zeitgeschichte 4 (1956), S. 179 ff.; hier S. 196 ff.: „Der Berliner Jugendkonflikt vom April
1933 und die Anfänge der illegalen Arbeit".

[123] Vgl. Henning Duderstadt, *Vom Reichsbanner zum Hakenkreuz. Wie es kommen mußte. Ein Bekenntnis*,
Stuttgart 1933.

tischen Immobilismus rebellierten und den Übergang zum illegalen Widerstand forderten.

In dieser Situation entschloß sich die verbliebene SPD-Führung endlich zu einer Reichskonferenz der Parteifunktionäre. Sie trat am 26. April in den sozialdemokratischen Fraktionsräumen im unzerstörten Teil des Reichstagsgebäudes zusammen und hörte zunächst den Lagebericht von Wels, der noch ganz auf der optimistischen Prognose Kautskys aufbaute, allein in der wirtschaftlichen Krise und in mangelnder „wissenschaftlicher Kenntnis" der Massen die Gründe für den nationalsozialistischen Sieg über die SPD erblickte und erneut das Hindurchretten der Parteiorganisation für die Grundlage der ganzen sozialdemokratischen Taktik erklärte.[124] Zwar zielte die Neuwahl der SPD-Führung auf eine Verjüngung und Aktivierung der Partei ab (der jüngste von ihnen war Erich Ollenhauer): So konzedierten die viel kritisierten alten Parteiführer im Interesse der bedrohten Einheit der Partei zugleich eine gewisse Verbreiterung der Parteispitze, aus der die bereits Geflüchteten wie Braun, Hilferding, Breitscheid ausschieden. Aber Wels und Vogel als alte Vorsitzende wurden bestätigt, und es dominierte weiterhin – wie schon immer in der hierarchisch erstarrten SPD-Organisation – die im Parteidienst ergraute Funktionärsschicht; auch die Taktik blieb unverändert, und die Schlußresolution beauftragte die Führung lediglich, den Kampf „legal" fortzuführen.

Unterdessen griff der Auflösungsprozeß weiter um sich. Ein Teil der Führung befürwortete jetzt doch die Verlegung des weiteren Kampfes gegen Hitler in außerdeutsche SPD-Zentren, und tatsächlich hatte Stampfer seit dem Verbot der SPD-Presse schon ein gut Teil der Mittel besonders in die sudetendeutschen SPD-Zentralen überführen lassen. Mit ihm wünschten viele Funktionäre, die an keine weitere legale Oppositionsmöglichkeit glaubten, die Errichtung von Führungs- und Propagandazentren in den Nachbarländern – nicht zuletzt für den wahrscheinlichen Fall, daß die innerdeutsche Aktivität endgültig gelähmt und die in Deutschland verbliebene Führung ohne Handlungsfreiheit wäre. Möglicherweise hat schon damals ein Kreis um den ehemaligen Reichstagspräsidenten Paul Löbe, der die Lage noch nicht so pessimistisch beurteilte und von vorsichtiger innerdeutscher Taktik, nicht von entschiedener Emigrationstätigkeit die Rettung der Partei erwartete, gegen diese Pläne opponiert; Löbe hat tatsächlich mehrmals bei seinem Nachfolger Göring oder bei Staatssekretär Grauert[125] eine Milderung des Unterdrückungskurses zu erwirken gesucht. Diese Version ist zwar bestritten worden;[126] auch hat Löbe selbst die Vorgänge in seinen Memoiren mit Stillschweigen übergangen. Daß jedoch die Spannungen sich rasch verschärften, ist unbestreitbar. Ob schon damals oder erst Mitte Mai, jedenfalls stand diese Gruppe auf dem Standpunkt, daß eine weitere Emigration der bekanntesten Führer auch nach der psychologischen Wirkung das Ende der Partei besiegeln würde: Die so schwer ringende sozialdemokratische Anhängerschaft, die doch so oder so in Deutschland bleiben mußte, würde dies als Verrat empfinden.[127]

Nach der Zerschlagung der Gewerkschaften allerdings beschloß der Parteivorstand der SPD nun doch die Errichtung einer Führungsstelle in Saarbrücken, zu der sechs Mitglieder des Exekutivkomitees entsandt wurden. Und tatsächlich folgte auf Görings Initiative schon am 10. Mai die Beschlagnahme aller Parteihäuser, Zeitungen,

[124] Vgl. Edinger, "German Social Democracy. . ." (Anm. I/80), S. 354 f. Matthias in: *Das Ende. . .* (Anm. I/21), Kap. 11.

[125] Z. B. Brief Löbes an Grauert vom 10. April 1933 (*HAB*, Rep. 320, Nr. 31) mit Beschwerden über Mißhandlung gefangener Arbeiter, Gewerkschaftler und bekannter „linker" Schriftsteller wie Litten, Mühsam, v. Ossietzky durch SA-Wachmänner im Polizeigefängnis Sonnenburg; mit vielen weiteren Fällen von Denunziation, Verfolgung und Mißhandlung aus allen Gebieten Deutschlands.

[126] Matthias, „Der Untergang. . ." (Anm. I/48), S. 273; ders., *Das Ende. . .* (Anm. I/21), Kap. 13.

[127] So mit Literatur zum Konflikt Edinger, "German Social Democracy. . ." (Anm. I/80), S. 356.

Geschäftsräume und des gesamten Vermögens der SPD und des Reichsbanners. Viele mittlere Funktionäre der SPD resignierten jetzt, der Zerfall der Partei schritt rasch fort. Ihre letzte Rolle in der Öffentlichkeit sollte sie in der Reichstagssitzung spielen, die Hitler angesichts der gespannten und auch für ihn gefährlichen außenpolitischen Situation auf den 17. Mai einberief, um in einem neuen pseudoparlamentarischen Akklamationscoup die Zustimmung aller Parteien zu seiner Außenpolitik gegen die ausländische Kritik auszuspielen und die „legale" Stärke seiner Position zu beweisen. Abgesandte der neuerrichteten außerdeutschen SPD-Zentrale in Saarbrücken, unter ihnen der 2. SPD-Vorsitzende Vogel und Stampfer, eilten nach Berlin, um die Restfraktion von der Teilnahme an dieser Reichstagssitzung abzuhalten. Sie suchten die in Deutschland verbliebene Führung davon zu überzeugen, daß nun das Ende der „legalen" Opposition gekommen sei, das Verbot der SPD nahe bevorstehe und irgendeine aktive Intervention von außen sowenig wie ein innerer Machtverlust oder gar Zusammenbruch des Regimes zu erwarten sei; deshalb seien auch weitere schwerwiegende Kompromisse mit den nationalsozialistischen Machthabern nutzlos, ja, würden der Partei auch in ihren ausländischen Beziehungen nur unermeßlichen Schaden bringen. [128]

Es gab Diskussionen für und wider. [129] Zwar wuchs die Stimmung für eine öffentliche Erklärung der Nichtteilnahme der SPD an der Reichstagssitzung. Aber dagegen stand die Furcht, die nationalsozialistische Propaganda werde dies sofort als vaterlandsfeindliche Desertion anprangern, während der SPD keine Presse für eine Erwiderung zur Verfügung stehe und deshalb allein die Plattform des Reichstags für eine Erklärung an Deutschland und die Welt bleibe. Außerdem wandte man ein, die SPD könne nicht eine Regierungserklärung ablehnen, die, wie man erwartete, durchaus versöhnlich und nur auf die auch von der SPD gewünschte deutsche Gleichberechtigung gerichtet sei. Es sei doch höchste Zeit, daß die SPD endlich auch jene Nationalismus-Bedürfnisse berücksichtige, die Hitler seinen Erfolg gebracht hätten: ein vielumkämpftes Argument, das nicht nur die SPD-Diskussion der folgenden Emigrationsjahre,[130] sondern auch die Haltung der SPD nach dem Zusammenbruch von 1945 unter der Führung Kurt Schumachers bestimmt hat. Die SPD, so meinten die Befürworter einer Teilnahme an der Reichstagssitzung, müsse durch einen klaren Beweis ihrer patriotischen Einstellung ihre Verbindung zu der dafür so empfänglichen Bevölkerung wenigstens noch in letzter Stunde zu stärken suchen. Überdies, so glaubte man noch immer, könnte dies die Nationalsozialisten etwas besänftigen, die Wartefrist der SPD verlängern und das Los der vielen Anhänger in den Konzentrationslagern erleichtern. Schließlich mag auch hier die Erinnerung an die Zeit des Sozialistengesetzes, als die Reichstagsfraktion durch geschickte Taktik ihre Existenz zu wahren und Kristallisationspunkt der Partei zu bleiben vermochte, nachgewirkt haben.

Unter solchen Erwägungen stimmte eine Mehrheit für die Teilnahme an der Sitzung und die eventuelle Billigung der Hitlerschen Erklärung in einer besonderen Stellungnahme. Auch dazu freilich sollte es nicht kommen, da Frick kurz vor der Sitzung noch ankündigte, gesonderte Erklärungen der Parteien würden nicht zugelassen, es sei nur die einmütige Zustimmung des Reichstags möglich. Andernfalls spiele das Leben des einzelnen keine Rolle, auch im KZ. Auf diese Drohung, die auf das Schicksal der zahlreichen SPD-Mitglieder in den Konzentrationslagern hinwies, schien der

---

[128] Dazu Edinger, *German Exile*... (Anm. I/80), S. 28 ff.

[129] Matthias, „Der Untergang..." (Anm. I/48), S. 237 f.; ders. in: *Das Ende*... (Anm. I/21), Kap. 13; Wilhelm Hoegner, *Der schwierige Außenseiter*, München 1959, S. 108 f.; Stampfer, *Erfahrungen*... (Anm. II/176), S. 271.

[130] Vgl. die ausführliche Behandlung des Problems bei Erich Matthias, *Sozialdemokratie und Nation. Ein Beitrag zur Ideengeschichte der sozialdemokratischen Emigration in der Prager Zeit des Parteivorstandes 1933–1938* (Veröffentlichungen des Instituts für Zeitgeschichte München), Stuttgart 1952, *passim*.

Parteiführung aus rein menschlichen Erwägungen nur der Beschluß zur Zustimmung übrigzubleiben. [131] Die Reichstagssitzung, die unter solchen Umständen am 17. Mai 1933 vor sich ging, wurde von Hitler zu einer betonten Demonstration der Legalität seiner Herrschaft an das Ausland gestaltet. In einer langen Rede, die bewußt gemäßigt und von pathetischen Friedensbeteuerungen erfüllt war, verkündete der in voller Uniform erschienene Reichskanzler seine Regierungserklärung über die deutsche Forderung nach Gleichberechtigung. [132] Gleichzeitig hatten die Fraktionen diesmal nicht nur der NSDAP und der DNVP, sondern auch – Zeichen der Entwicklung – des Zentrums und der BVP eine Entschließung eingebracht, die die geschlossene Zustimmung des Reichstags zur Regierungserklärung forderte. Ergebnis war denn auch die einstimmige Billigung der Erklärung durch den sich erhebenden Reichstag, unter Einschluß der sozialdemokratischen Fraktion, von der allerdings mit Löbe nur knapp die Hälfte erschienen war. Auch hier rauschender Beifall, das Deutschlandlied, die wirkungsvoll drapierte Fiktion einer großen historischen Stunde, nun mit der demonstrativen Wendung an das mißtrauische Ausland. Ein weiterer Coup war geglückt, und Göring konnte die Sitzung mit dem triumphierenden Satz abschließen: „Die Welt hat gesehen, daß das deutsche Volk einig ist, wenn es sein Schicksal gilt."

Das Ereignis vom 17. Mai nährte alte und neue Illusionen, im Inland wie im Ausland, und auch der gemäßigte Kurs der deutschen Delegierten bei den gleichzeitigen Abrüstungsverhandlungen in Genf schien zu bestätigen, daß Verständigung oder doch irgendeine Art von Zähmung noch möglich sei. Die vorübergehende außenpolitische Entspannung mit ihrer Krönung im Entwurf eines Viermächtepakts zwischen Deutschland, England, Frankreich und Italien [133] hielt infolgedessen auch innenpolitisch jenen letzten Rest des sozialdemokratischen Optimismus weiterhin am Leben, der zur öffentlichen Billigung der außenpolitischen Erklärung Hitlers und damit zur Teilkapitulation der Restpartei geführt hatte. So groß die Empörung unter den außerdeutschen Sozialisten war, nach deren Ansicht die SPD damit in eine Falle gegangen war und nach der mutigen Opposition gegen das Ermächtigungsgesetz nun doch ihre große parlamentarisch-demokratische wie moralische Tradition verraten hatte, so entschieden hielt die innerdeutsche SPD-Führung dem entgegen, sie habe nicht Hitler, sondern einer durchaus auch ihren Wünschen entsprechenden Außenpolitik des Friedens und der Gleichberechtigung zugestimmt, und sie sehe allein in diesem Verhalten eine Chance, ihre Existenz für den erhofften Umschwung zu retten. [134] Unter diesen Umständen spitzten sich die Beziehungen zwischen der jetzt nach Prag übergesiedelten Parteivertretung und der in Berlin verbliebenen SPD-Führung mehr und mehr zu. Die innerdeutsche SPD-Führung hatte in der Tat die Handlungsfreiheit so weitgehend verloren, daß die Proklamierung des illegalen Widerstands und der Untergrundaktivität am 29. Mai durch die Prager Parteizentrale fast folgerichtig erscheinen mußte. Nach ihrer Ansicht konnte und durfte die gegenwärtige Parteiorganisation nicht durch solche Konzessionen wie am 17. Mai gerettet werden, die doch die innere Substanz der SPD zerstören mußten; vielmehr gelte es jetzt, die Organisation rücksichtslos den neuen Kampfbedingungen anzupassen und auf den illegalen Widerstand einzurichten. Das war nun auch die entschiedene Auffassung von Otto Wels geworden, der inzwischen die Führung des Parteivorstands im Exil übernommen hatte, freilich in Fortführung des alten Optimismus noch im August

---

[131] Nachweis bei Edinger, *German Exile. . .* (Anm. I/80), S. 29; Matthias in: *Das Ende. . .* (Anm. I/21), Kap. 13.

[132] *Verhandlungen des Reichstags*, Bd. 457, 17. Mai 1933, S. 47 ff.; *Die Reden Hitlers. . .* (Anm. II/135), S. 50 ff.

[133] Vgl. u. S. 241 f.

[134] Zahlreiche Einzelheiten finden sich in der von Erich Matthias besorgten Dokumentation „Der Untergang der Sozialdemokratie. . ." (Anm. III/122), S. 179 ff.

1933 auf der Pariser Konferenz der SAI verkündete, Deutschland werde wahrscheinlich trotz allem das Land sein, „das als erstes in Europa die sozialistische Revolution erleben" werde. [135]

Die Folgen dieser Kampfansage waren freilich sehr schwerwiegend – und dies ist wiederum noch heute ein verständlicher Protestpunkt der zurückgebliebenen Parteiführer. Das nationalsozialistische Regime hat dann auch die innerdeutsche SPD-Führung sofort für alle Unternehmungen und Verlautbarungen der Emigrierten haftbar gemacht und sie bedrängt, diese als Verräter aus der Partei zu stoßen. In der Tat bekräftigte die verbliebene SPD-Führung in einer Sitzung der Reichstagsfraktion am 10. Juni in Berlin die Forderung, daß sie allein für die Partei zu sprechen befugt sei, zugleich aber, daß die Unterdrückung und Verfolgung der Parteigenossen beendet werden müsse. [136] Auf neuen Terror folgten neue Erklärungen, die vorübergehend tatsächlich auf einen Ausschluß der Emigrierten und eine Reorganisation der Partei unter Löbes Führung abzielten. Täglich wuchs die Verwirrung. Am 18. Juni veröffentlichte die Emigrationsführung ein Manifest, das in aller Form zum gewaltsamen Sturz der Hitler-Regierung aufforderte. [137] Die Berliner Führung beantwortete dies schon am nächsten Tag mit der Bildung eines neuen vierköpfigen Parteivorstands, der sich als die „allein verantwortliche Führung der Partei" bezeichnete und den emigrierten Führern jedes Recht absprach, im Namen der Partei aufzutreten.[138] Man ging aber dort nicht so weit, sie aus der SPD auszuschließen, wie die nationalsozialistische Führung gefordert hatte, die ihre wütende Kampagne gegen die Rest-SPD fortsetzte.

Sie gipfelte wenige Tage später in einem letzten entscheidenden Schlag: Am 22. Juni erklärte Frick die SPD zur volks- und staatsfeindlichen Partei wie die KPD und veranlaßte, auch jetzt auf Grund der Notverordnung vom 28. Februar, das Verbot jeder weiteren Tätigkeit der SPD, nicht zuletzt mit der Begründung, sie habe es unterlassen, die nach Prag emigrierten Führer „wegen ihres landesverräterischen Verhaltens abzuschütteln"; [139] weiterhin hieß es, nach dem Vorbild der Reichstagsbrandkampagne, die Polizei habe in einer sozialdemokratischen Geheimversammlung landesverräterisches Material gefunden. Durch Verordnungen der Länderinnenminister [140] wurden daraufhin die Ausübung aller sozialdemokratischen Abgeordnetenmandate bis hinunter zu den Gemeindevertretungen für ungültig erklärt, die Diäten gesperrt, endgültig alle Zeitungen und jede Versammlungstätigkeit verboten, die noch greifbaren Führer einschließlich Löbe verhaftet, in Konzentrationslager gebracht, z. T. ermordet und zugleich jede Mitgliedschaft in der SPD untersagt.

5. Das Ende der bürgerlichen Parteien

Mit der Vernichtung der größten Oppositionspartei, die jetzt ganz auf die Ansätze einer illegalen Untergrundbewegung beschränkt war, [141] war der Weg zum nationalsozialistischen Einparteienstaat frei. Denn auch die „bürgerlichen" Parteien haben

---

[135] Matthias, Sozialdemokratie. . . (Anm. III/130), S. 72 ff.; S. 191.

[136] Vgl. die ausführliche Niederschrift des Abgeordneten Felder in: Matthias, „Dokumentation" (Anm. III/122), S. 181 ff., mit zahlreichen Details zur Situation und Psychologie der SPD-Entwicklung seit Februar 1933 sowie wichtigen Anmerkungen von Matthias. Jetzt in erweiterter Form ders. in: Das Ende. . . (Anm. I/21), Kap. 13 f.

[137] Neuer Vorwärts vom 18. Juni 1933.

[138] Frankfurter Zeitung vom 20. Juni 1933. Dazu Hoegner (Anm. III/129), S. 109 ff.; Matthias in: Das Ende. . . (Anm. I/21), Kap. 14.

[139] Egelhaaf, 1933, S. 131 f.

[140] Z. B. Erlaß des preußischen Ministers des Innern über ein Betätigungsverbot für die Sozialdemokratische Partei Deutschlands vom 23. Juni 1933 in: Ministerialverordnungsblatt, I, S. 749; ähnlich in allen anderen Ländern.

[141] Matthias, „Der Untergang. . ." (Anm. I/48), S. 276 ff., mit zahlreichen Details in der „Dokumentation" (Anm. III/122), S. 193 ff.; ders. jetzt in: Das Ende. . . (Anm. I/21), Kap. 15 f. Darüber hinaus liegt noch keine

diesen Schlag nur um wenige Tage überdauert. Fast unbemerkt verschwanden die Parteien der Mitte, mit ihnen auch der politische Katholizismus, das staatstragende Zentrum der Republik, während sich das Schicksal der konservativ-nationalistischen Partner der NSDAP komplizierter und dramatischer, aber nicht weniger eindeutig vollzog.

Der Untergang des politischen Liberalismus kam wie das stille Erlöschen einer Flamme, die einst 1848 eine Mehrheit der deutschen Bevölkerung erfaßt, aber durch die Niederlagen des Liberalismus in der Bismarckschen und nachbismarckschen Ära, schließlich mit der unaufhaltsamen Schrumpfung der bürgerlichen Mitte seit dem Aufstieg der radikalen Parteien in der Weimarer Republik immer schwächer geworden war.[142] Die nationalsozialistische Machtergreifung brauchte mit dem Widerstand der wenigen liberalen Abgeordneten gar nicht mehr zu rechnen: Die DVP hatte längst den Kurs Stresemanns verlassen und war in die Rolle eines Mitläufers abgesunken; die Staatspartei, die ehemalige DDP, hatte zwar nur widerstrebend dem Ermächtigungsgesetz zugestimmt – von den fünf Abgeordneten hatten sich Hermann Dietrich und Theodor Heuss bei der vorangegangenen parteiinternen Sitzung dagegen ausgesprochen –, aber auch sie vermochte der Tendenz zur Kapitulation vor dem Zwang der Ereignisse, die alle Mittelparteien beherrschte, nicht mehr zu widerstreben.[143] Die traditionell lockere Honoratiorenstruktur der liberalen Parteien, die weder über eine Massenbasis in der Mitgliedschaft noch über eine straffe Organisation verfügten, war den neuartigen Zwangsmethoden und der durchgreifenden Massenwerbungs- und Gleichschaltungstechnik auf allen Sektoren des öffentlichen Lebens in keiner Weise gewachsen. Die rasch fortschreitende Gleichschaltung gerade der Bereiche, aus denen ihre Wähler und ihre Einflußmöglichkeiten stammten – Verwaltung, Beamtenschaft, gesellschafts- und wirtschaftspolitischer Verbände –, tat ein übriges, um den Auflösungsprozeß der Staatspartei wie der DVP noch zu beschleunigen. Am 28. Juni, wenige Tage nach dem Verbot der SPD, erklärte die Reichsführung der Staatspartei die einst so mächtige Partei durch eine Verlautbarung von nur drei Druckzeilen für aufgelöst. Wie wenig dieser Akt der „Selbstauflösung" freiwillig war, wie eindeutig er nur die von oben erzwungene Gleichschaltung ausdrückte, das beweist freilich die Tatsache, daß die Abgeordneten der Staatspartei schon vorher vom preußischen Landtag ausgeschlossen worden waren und dasselbe den Reichstagsabgeordneten der Partei bevorstand, die am 5. März durch Listenverbindungen mit der SPD immerhin noch einen kleinen Zuwachs hatte erzielen können. Auch hat die knappe Formulierung des Auflösungsbeschlusses jede Verbeugung vor dem Regime vermieden.

Etwas anders verlief die Endphase der DVP, die dank ihrem Mitläuferkurs zunächst nicht so stark unter Druck gesetzt war. Die Partei hatte sich schon unmittelbar nach dem 30. Januar bei vielen Entscheidungen an die Hitler-Papen-Koalition angelehnt, und am 8. April beschlossen die Organisationen der DVP in Westfalen und im Rheinland ihre Auflösung und empfahlen ihren Mitgliedern den Übertritt in die NSDAP, nachdem der DVP-Reichstagsabgeordnete Hugo eine entsprechende Vereinbarung mit Hitler getroffen hatte. In der Entschließung sind die Formulierungen enthalten, die

verläßliche Behandlung des Themas vor, so beachtlich die Tatsache des sozialistischen Widerstandes trotz erheblichen Schwankungen der Intensität und internen Rivalitäten der einzelnen Gruppen erscheint. Auch die zeitgenössischen Parteiberichte sowie die Behandlung von Edinger (*German Exile...*, Anm. I/80, S. 37 ff.) berühren das Problem nur von außen.

[142] Vgl. Eyck (Anm. Einl./25), II, S. 351 ff.; Bracher, *Die Auflösung...* (Anm. Einl./25), S. 87 ff.; S. 364 ff. und jetzt die Analysen von Hans Booms (DVP) und Matthias/Morsey (DDP) in: *Das Ende...* (Anm. I/21).

[143] Die folgenden Ausführungen können nur eine Skizze des Problems geben, das gleichzeitig ausführlich in verschiedenen Beiträgen des Sammelbandes über das Ende der Parteien von der Kommission für Geschichte des Parlamentarismus und der politischen Parteien behandelt worden ist (Anm. I/21); hier besonders aufschlußreich die quellenmäßig breit fundierte Analyse der DDP.

damals den Gleichschaltungsakt in allen Verbänden, Organisationen und politisch-gesellschaftlichen Gruppen bezeichnet haben: [144]

> „Wir betrachten es in dieser Stunde als gebotene Pflicht, unsere Anhänger nicht länger organisatorisch zu binden, sondern sie freizugeben, damit sie an dem Aufbauwerk unmittelbarst Anteil nehmen können. Wir bekennen uns zu dieser Auffassung in dem stolzen Bewußtsein, daß die Natlib.P. und die D.Vp. dem Vaterlande in der Vergangenheit große Dienste geleistet haben. Es gilt aber auch weiter, nationale Mitarbeit an dem aus einheitlichem Willen des deutschen Volkes zu schaffenden Neubau des Reiches zu leisten. Deshalb empfehlen wir unseren Mitgliedern und Freunden, auch den entscheidenden Schritt zu tun und sich zur Mithilfe an der Lösung der hohen nationalen Aufgaben der natsoz. Bewegung Adolf Hitlers zur tätigen Mitarbeit im Staate anzuschließen."

Aber noch am 23. April beschloß der DVP-Zentralvorstand nach einer Rede des Vorsitzenden Dingeldey, die Partei im ganzen nicht aufzulösen. In der Entschließung hieß es nun: [145]

> „Die D.Vp. wurde 1918 gegründet, um für Vaterland, Ordnung und deutsche Volksgemeinschaft gegen die Kräfte der marxistischen Revolution zu kämpfen. Für dieses Ziel haben wir unablässig gestritten. Wir erkennen freudig an, daß Reichskanzler Adolf Hitler mit seiner gewaltigen Bewegung das vaterländische Bewußtsein im deutschen Volk neu belebt und den Gedanken der Reichseinheit endlich verwirklicht hat. Deshalb fordert die D.Vp. von allen ihren Mitgliedern die tätige Mithilfe am Werk des nationalen Aufbaues, das unter der Führung Adolf Hitlers begonnen ist. Eine Auflösung der D.Vp. dient diesem Ziel nicht. Die Partei gründet ihr Daseinsrecht auf das Bekenntnis zu den unvergänglichen Gütern deutscher Geistes- und Gewissensfreiheit im Rahmen eines machtvollen nationalen Staates. Gerade beim geistigen und wirtschaftlichen Aufbau des neuen Deutschland sind diese Anschauungen unentbehrlich."

Aber die Organisation hielt nun doch nicht mehr zusammen, ganze Landesverbände sprangen ab, der Massenzulauf zur NSDAP ließ die restliche Mitgliedschaft rasch zusammenschrumpfen. Am 4. Juli ordnete schließlich der DVP-Vorsitzende selbst angesichts des faktischen Zusammenbruchs der Organisation die Auflösung der gesamten DVP mit der Begründung an, daß „mit dem Wesen des jetzigen nationalsozialistischen Staates Parteien im alten Sinne nicht vereinbar" seien. [146] Einen weniger zurückhaltenden Brief, in dem Dingeldey den Reichskanzler der loyalen Mitarbeit der DVP-Mitglieder im nationalsozialistischen Staat versicherte, beantwortete Hitler am 12. Juli mit herablassender Genugtuung. Er konnte sich jetzt auch von dieser Seite in steigendem Maße umworben fühlen, und das in jenen unterwürfigen Formen, die seine absolute Stellung und den Totalitätsanspruch der nationalsozialistischen Herrschaft mit kaum zu erwartender Servilität bestätigten. Es war recht eigentlich der Zusammenbruch des staatsbürgerlichen Selbstbewußtseins in den bisher führenden Schichten, der hier und in der Folge immer stärker in Erscheinung trat und Hitler viele seiner weiteren Herrschaftsmanipulationen so unendlich erleichtert, vielfach erst ermöglicht hat. Denn ganz ähnlich verlief auch das Ende des Christlich-Sozialen Volksdienstes, [147] dessen Reichsleitung nach mancherlei Versuchen des Lavierens zwischen Selbständigkeit und Anlehnung an die „nationale Koalition" am 1. Juli die Auflösung der Partei beschloß und zugleich mitteilte, daß die nationalsozialistische Führung den christlich-sozialen Abgeordneten zugesichert habe, sie könnten als Hospitanten der nationalsozialistischen Fraktion beitreten.

---

[144] *Schultheß, 1933*, S. 96. Booms (Anm. III/142), Kap. 3 f.

[145] *Schultheß, a. a. O.*, S. 103 f.

[146] Erklärung des Vorsitzenden der Deutschen Volkspartei Dingeldey über die Auflösung der Partei vom 4. Juli 1933: *DAZ* vom 4. Juli 1933.

[147] Vgl. auch Karl Buchheim, *Geschichte der christlichen Parteien in Deutschland*, München 1953, S. 406 ff.

Dem lange vorbereiteten Zusammenbruch des politischen Protestantismus, der auch in der sogleich zu erörternden Katastrophe der DNVP und in der Zwangslage der evangelischen Kirchen zutage trat, entsprach zur gleichen Zeit ein entscheidender Schlag gegen den politischen Katholizismus und seine bewährten staatstragenden Traditionen. Denn in diesen Tagen vollzog sich auch die Auflösung des Zentrums und der BVP. Die Zentrumspartei, nach Zielsetzung und Taktik durch die ganze Geschichte der Weimarer Republik hindurch mehr als jede andere Partei am Staat und seiner Führung beteiligt, hatte sich bislang stets so elastisch und anpassungsfähig nach links wie nach rechts erwiesen, daß sie bis 1932 unentbehrlicher Kern aller Koalitions- und Regierungsbildungen gewesen war. Um so schwerer wog die Tatsache, daß diese Partei, durch Papens und Schleichers autoritäre Regierungsexperimente erstmals seit den Zeiten des Kaiserreichs ebenfalls in eine unfruchtbare Oppositionslage verbannt, auch von den Verhandlungen zur Bildung des Hitler-Kabinetts ausgeschlossen worden war; auch alle weiteren Versuche, sie an der Regierung zu beteiligen, waren von vornherein zum Scheitern verurteilt.[148] Vor allem aber befand sich das Zentrum trotz der fortdauernden Treue seiner Wählerschaft seit den Wahlen am 5. März auch zum ersten Mal seit Jahrzehnten nicht mehr in der traditionellen parlamentstaktischen Schlüsselposition. Denn jetzt besaß tatsächlich die Koalition der Rechten eine Mehrheit, während bisher für eine mehrheitsfähige Rechts- oder Linkskoalition stets die Beteiligung des Zentrums unentbehrlich gewesen war.

Drückte sich darin schon äußerlich eine tiefgreifende Wandlung aus, so blieb das Zentrum auch trotz seiner größeren Stabilität und weltanschaulich fundierten Homogenität nicht von jenen verhängnisvollen Anfechtungen, Bedrohungen und Zersetzungserscheinungen verschont, die über alle nicht-nationalsozialistischen Parteien hereinbrachen und schließlich ihre Existenz vernichtet haben. Schon die nachgiebige Stellungnahme zum Ermächtigungsgesetz war durch diese Zwangslage und nicht zuletzt durch die Austrittsdrohung zahlreicher kompromißwilliger Abgeordneter wesentlich mitbestimmt worden,[149] und in der Folge nahmen die Auflösungserscheinungen rasch zu: rascher noch als bei der SPD, wenngleich nicht so überstürzt wie bei den übrigen Mittelparteien. Noch glaubte jedoch auch diese Partei an eine weitere Existenzmöglichkeit, obwohl sich über das Wie erhebliche Differenzen auftaten, die von entschiedener Oppositionsstimmung und Festhalten an rechtsstaatlichen Sicherungen und Garantien bis zu äußerster Kollaborationsbereitschaft gegenüber den Machthabern reichten. Eine gewisse Neigung zur staatsloyalen Anpassung, die zur Tradition des Zentrums gehörte, verband sich mit dem Bestreben, unter allen Umständen im Spiel zu bleiben und so staats- und vor allem kulturpolitisch die Institutionen und den Einfluß des katholischen Volksteils doch noch zu schützen. Es gehörte zu den taktischen Meisterstücken der nationalsozialistischen Politik, wie Hitler auch hier mittels der Dienste Papens und schließlich durch das am 8. Juli in Rom paraphierte Konkordat mit dem Vatikan dem politischen Katholizismus seine letzten Grundlagen entzog und gegen später vielfach verletzte kultur- und kirchenpolitische Garantien den Verzicht des Katholizismus auf jede politische Einflußnahme und Betätigung einhandelte.[150]

Bevor durch diese Verhandlungen und Abmachungen der letzte Existenzanspruch des Zentrums und seiner bayerischen Version, der BVP, ausmanövriert war, hatte das Hin und Her der Zentrumsplanungen noch einen letzten Rettungsversuch beschworen. Sein Inhalt war die Neuorganisation der Parteispitze, die Ausgangspunkt und ersten

[148] Vgl. o. S. 49 f.; S. 52 f.

[149] Vgl. o. S. 159 ff. Die Zentrumsstudie von Rudolf Morsey (Anm. I/21) hat den folgenden Prozeß auch dokumentarisch soweit wie gegenwärtig möglich aufgeklärt.

[150] Zu diesen Zusammenhängen die Andeutungen o. S. 94 u. a. sowie die Skizze des Kirchenkampfs u. S. 342 ff.

Ausdruck in der Tatsache fand, daß an Stelle des unglücklich operierenden und schon im März 1933 rasch resignierenden Prälaten Ludwig Kaas, der sich wenige Tage nach Durchsetzung des Ermächtigungsgesetzes nach Rom zur Führung der Konkordatsverhandlungen zurückgezogen und die durch Verhaftungen und Bedrohungen geschwächte Partei führerlos zurückgelassen hatte, am 6. Mai Heinrich Brüning von den Vorständen der Reichstags- und der preußischen Landtagsfraktion zum neuen Vorsitzenden gewählt wurde und für seine Führungsaufgaben umfassende Vollmachten erhielt. Gewiß hat sich auch diese Partei in der gängigen Sprache jener Monate gleichzeitig zur Mitarbeit am nationalen Aufbau bereiterklärt.[151] Aber Brüning wurde noch zweimal, am 17. und 31. Mai, von Hitler empfangen, und gewisse Hoffnungen auf künftigen Einfluß oder sogar Partnerschaft mochten sich, wohl besonders in Erinnerung an die Verhandlungen zwischen Zentrum und NSDAP im Sommer 1932,[152] auch daran noch knüpfen. Und selbst in den vorsichtigen Formulierungen eines Gesprächs, zu dem Brüning nach anfänglicher Weigerung – mit dem Hinweis auf die Überwachung seiner Telephongespräche und seiner Korrespondenz – am dritten Ort mit dem scheidenden englischen Botschafter zusammentraf (13. Juni),[153] war trotz skeptischer Beurteilung der gegenwärtigen Lage noch ein gewisser Optimismus lebendig: Noch immer erblickte er, wie schon in seiner Kanzlerzeit, in der Restauration einer gemäßigten, konstitutionellen Monarchie die einzige Lösung der Krise, noch immer war sein Denken in erster Linie am Ideal des ausgeglichenen Haushalts und an der Kritik der expansionistischen Finanz- und Wirtschaftspolitik Papens und Hitlers orientiert, und noch immer hielt er deshalb an der Meinung fest, die nationalsozialistische Herrschaft sei durch interne Schwierigkeiten durchaus gefährdet; er selbst sei seinerseits bereit, Hitler zu unterstützen, falls dieser künftig eine gemäßigt-rechtsstaatliche Politik verfolge (wobei offenbar an das Außenministerium gedacht wurde).

Solche Überlegungen und Beurteilungen, die noch einmal Licht auf die tragischen Illusionen und Mißverständnisse im Übergang der Weimarer Republik zu Hitler fallen lassen, wurden freilich rasch und endgültig durch die Ereignisse widerlegt. Noch im selben Monat erwies sich, daß auch die Umstellung der Partei dem Verfall nicht mehr Einhalt zu gebieten vermochte. Anders als ein Jahr zuvor war das Zentrum parlamentstaktisch und – nach Zustimmung zum Ermächtigungsgesetz – auch regierungspolitisch überflüssig geworden. Während alle Anstrengungen von katholischer Seite den Konkordatsverhandlungen galten, wurde mit der Position des politischen Katholizismus auch die Stellung der Parteiführung immer schwieriger. Die Partei verlor zunehmend Anhänger an die NSDAP und büßte viele ihrer publizistischen Mittel ein; die große Berliner Zeitung *Germania* wurde auf Papens Betreiben ganz zum Organ rechtsstehender Katholiken, neue Zeitschriften widmeten sich seit April 1933 unter Beteiligung bekannter Persönlichkeiten dem Brückenschlag zwischen Katholizismus und „Neuem Staat“.[154] Gleichzeitig wurden die nationalsozialistischen Angriffe immer heftiger. Sie gipfelten in einer Rede des Reichspropagandaministers, der am 28. Juni in Stuttgart die unmißverständliche Drohung aussprach, das Zentrum tue gut daran, seinen „Laden zuzumachen“, es habe keine Existenzberechtigung mehr: „Was dem Katholizismus dient, wissen wir selbst, wir wissen aber auch, was der deutschen Nation dient.“[155] Es ist freilich noch immer umstritten, wieweit inzwischen

---

[151] *Egelhaaf, 1933*, S. 130. Weitere Einzelheiten bei Morsey (Anm. I/21), Kap. 13.

[152] Bracher, *Die Auflösung.* . . (Anm. Einl./25), S. 621 ff.

[153] Bericht vom 14. Juni 1933: *British Documents* (Anm. II/81), V, S. 351 ff.

[154] So z. B. auch die seit April 1933 im Kölner „Verlag Deutsches Volk“ erscheinende Zeitschrift *Deutsches Volk. Katholische Monatsschrift für sozialen Aufbau und nationale Erziehung;* die Art, wie hier starke Anpassungsneigungen und Anspruch auf eigenen Kurs wechseln, erscheint bezeichnend für die Zwischenlage des Katholizismus 1933/34.

[155] *Egelhaaf, 1933*, S. 130.

die Verhandlungen Papens mit dem Vatikan dem Zentrum auch von dieser Seite den Boden entzogen und möglicherweise die katholische Kirchenführung selbst auf die Auflösung der Partei hingewirkt hat, um gegen diese offensichtlich unvermeidbare Konzession wenigstens ein Mindestmaß an Frieden mit dem neuen Herrschaftssystem einzutauschen. Von Hitlers Seite ist jedenfalls die Absicht, die stabile Wählerschaft von Zentrum und BVP durch Druck auf die Kurie zu gewinnen, früh und unmißverständlich ausgesprochen [156] und auch im Laufe der Konkordatsverhandlungen in erster Linie verfolgt worden. [157] Und Brüning selbst scheint schon am 29. Juni im Hinblick auf die gewalttätige Verfolgung der BVP und den Abfall der Zentrumsanhänger die Selbstauflösung des Zentrums erwogen zu haben; auch er glaubte jetzt guten Grund für die Vermutung zu haben, daß der Vatikan gegen die Fortexistenz der Zentrumspartei in ihrer gegenwärtigen Form sei; [158] wenige Tage später hat der Abschluß des Konkordats dies bestätigt. So entschloß sich, nachdem schon alle anderen nicht-nationalsozialistischen Parteien vorangegangen waren, auch die Reichsleitung des Zentrums am 5. Juli auf Grund von Verhandlungen mit Hitler und „im Einvernehmen" mit ihm zur Auflösung der Partei. Verlautbarung des Auflösungsbeschlusses und Begründung in einer „Abschlußkundgebung der Reichsleitung der Zentrumspartei" hielten sich im gleichen Ton wie bei den anderen Mittelparteien. So hieß es auch hier, wenngleich mit einschränkenden Bitten um Toleranz und gerechte Behandlung verbunden, die Zentrumsführung wolle ihren Anhängern die Möglichkeit geben, „ihre Kräfte und Erfahrungen der unter Führung des Reichskanzlers stehenden nationalen Front zur positiven Mitarbeit . . . rückhaltlos zur Verfügung zu stellen".[159] Die Abgeordneten der Partei blieben zunächst fraktionslos, die Geistlichen legten auf Grund der Konkordatsbestimmungen ihr Mandat nieder; aber schließlich wurde ein Drittel der Abgeordneten auch des Zentrums in die Schar der Hospitanten der einzigen Fraktion, der NSDAP, aufgenommen.

Dramatischer, wenn auch unter ganz ähnlichen Vorzeichen, hatte sich zuvor schon das Schicksal der BVP entschieden. Nachdem schon anläßlich der nationalsozialistischen Machtergreifung in München und der Gleichschaltung Bayerns zahlreiche Führer und Funktionäre in „Schutzhaft" genommen und vielfach mißhandelt worden waren, hatte diese Partei früher und entschiedener als ihre Schwesterpartei die legale Existenzfähigkeit eingebüßt. Ständig neue „Enthüllungen" der nationalsozialistischen Propaganda taten das ihre: Die neuen bayerischen Machthaber verkündeten, die BVP-Führung habe durch „illegale Parteiarbeit" die Anordnungen der Regierung zu sabotieren gesucht, sie habe Versammlungsverbote umgangen, verbotene Wehrorganisationen weitergeführt, mit der österreichischen Regierung und ihren Naziverfolgungen Verbindung aufgenommen und überhaupt, wie Haussuchungen ergeben hätten, sich des ausgesprochenen Landesverrats schuldig gemacht. [160] Am 22. Juni, zugleich mit dem Verbot der SPD und dem Schlag gegen die deutschnationalen „Kampfringe", führte die bayerische SA mit solchen Begründungen einen neuen Gewaltakt gegen die Führer und Büros der BVP durch, wobei auch katholische Priester festgenommen wurden; weitere Verhaftungen folgten am 25. Juni. Mit dem Grafen Quadt-Isny schied Ende

[156] Greifbar schon in der Kabinettssitzung vom 7. März 1933 (vgl. o. Anm. II/70).

[157] Vgl. die Nachweise bei Bracher, *Nationalsozialistische Machtergreifung.* . . (Anm. II/164), S. 51 ff.

[158] Vgl. das Telegramm des englischen Botschafters in Berlin vom 30. Juni 1933: *British Documents* (Anm. II/81), V, S. 383.

[159] Text der Erklärungen in: *Kölnische Volkszeitung* vom 6. Juni 1933; *Frankfurter Zeitung* vom 7. Juli 1933 und *VB* vom 7. Juli 1933; vgl. *Schultheß, 1933*, S. 168 f. und die Darstellung von Morsey (Anm. I/21), Kap. 14 und Anhang (Dok. Nr. 20 f.).

[160] *Egelhaaf, 1933*, S. 131. Vgl. jetzt die Darstellung der Schlußvorgänge bei Schwend, „BVP" (Anm. II/90), Kap. 9–11.

Juni auch der letzte BVP-Führer aus dem bayerischen Restkabinett aus. Die von Quadt verkündete Selbstauflösung der Partei am 4. Juli war die hier deutlich durch äußeren Druck erzwungene Konsequenz. In dieser Erklärung [161] findet sich der deutliche Satz: „Durch die nationalsozialistische Revolution gibt es außerhalb der NSDAP keine politische Wirkungsmöglichkeit mehr." Darauf ließen sich dann die neuen bayerischen Machthaber dazu herbei, die Aufhebung der über Funktionäre der BVP verhängten „Schutzhaft" in Aussicht zu nehmen, soweit kein Verdacht strafbarer Handlungen vorliege: Auch dies nach Belieben interpretierbar.

Inzwischen hatte sich auch, rascher als zu erwarten war, das Schicksal der Partner der „nationalen Koalition" selbst erfüllt. Die politischen Kräfte, die Hitler einst hatten einzäunen und die NSDAP befrieden sollen, waren schon den Weg der übrigen Parteien gegangen, und mit ihnen auch Alfred Hugenberg, der als mächtiger Wirtschaftsdiktator im Kabinett Hitler einst die einseitige nationalsozialistische Machtergreifung hatte verhindern wollen und sollen.

6. Ausschaltung der „nationalen" Partner

Der „Kampfblock Schwarz-Weiß-Rot", mit dem Hugenberg, Seldte und Papen ihre Anhänger in die Märzwahlen geführt und ihre Selbständigkeit gegenüber dem nationalsozialistischen Partner zu demonstrieren gesucht hatten, hatte durch das erdrückende Übergewicht der NSDAP und den immer rücksichtsloseren, einseitig nationalsozialistischen Machtergreifungskurs seit den Schlappen des März Einfluß und Bewegungsfreiheit mehr und mehr verloren. Reichstagsbrand, 5. März und besonders die Gleichschaltung der Länder, aber auch Potsdam und Ermächtigungsgesetz waren ganz zu nationalsozialistischen Erfolgen geworden, gleichzeitig war der Reichspräsident Hindenburg als Garant konservativ-deutschnationaler Gegenpläne weitgehend ausgeschaltet, hatten sich Reichswehr und Industrie auf die wirkungsvollen Versprechungen Hitlers eingestellt, war schließlich der deutschnationale Einfluß auf die agrarischen Verbände zurückgedrängt worden. Vor allem aber hatte sich Vizekanzler v. Papen, der am 30. Januar so zuversichtlich auf seine starke Stellung als Kontrolleur Hitlers hinweisen konnte, in kurzer Zeit völlig überspielen lassen. Während er zunächst noch gemäß der ursprünglichen Vereinbarung jedem Vortrag Hitlers bei Hindenburg beiwohnte, war es schon im April so weit, daß Hindenburg Papen bat, „von dem am 30. Januar verabredeten gemeinsamen Vortrage ... abzusehen. Er sagte mir, Hitler empfinde dies als Mißtrauen gegenüber seiner Person, und er wolle ihn nicht beleidigen." [162] Gleichzeitig wurde die Kontrollposition Papens ihrer zweiten großen Stütze beraubt, als der Vizekanzler mit dem Erlaß des Reichsstatthaltergesetzes am 7. April „freiwillig" als Reichskommissar für Preußen zurücktrat, also auch formell diese Machtstellung Göring einräumte, der Preußen ja schon in den vorangehenden zwei Monaten ohne nennenswerten Einspruch Papens dem Gleichschaltungsterror unterworfen hatte. Auch die offiziellen Briefe und Telegramme, die aus diesem Anlaß zwischen Papen, Hitler und Hindenburg gewechselt wurden, [163] lassen den tatsächlichen Zusammenbruch der Zähmungspolitik und damit auch schon einer konservativ-deutschnationalen Machtstellung neben Hitler aufs deutlichste erkennen. Nicht minder

[161] Erklärung des Bevollmächtigten der Landesleitung der Bayerischen Volkspartei, Graf v. Quadt-Isny, über die Auflösung der Partei vom 4. Juli 1933: *DAZ* vom 6. Juli 1933; Schwend, „BVP" (Anm. II/90), Anhang (Dok. Nr. 8—11).

[162] Papen (Anm. I/11), S. 295. Etwas anders hat Hitler später den Hergang geschildert: „Eines Tages war Papen verreist, ich ging allein hin. ‚Wieso ist denn immer Herr v. Papen dabei? Ich will doch Sie sprechen!', sagte Hindenburg" (Picker, Anm. Einl./40, S. 410).

[163] Abgedr. in *Dokumente...* (Anm. I/31), I, S. 185 ff.

instruktiv erscheint die zeitgenössische Aussage Görings, nach der Papens Rücktritt auf Görings Veranlassung erfolgte, aber schon vorher abgesprochen gewesen sei. [164]

Als fast ebenso brüchig erwiesen sich aber auch die anderen Bastionen, von denen aus der „Kampfblock Schwarz-Weiß-Rot" seine Partner- und Kontrollfunktion gegenüber Hitler wahrzunehmen gesucht hatte. Am auffallendsten traf dies auf den ersten Bundesführer des Stahlhelms zu, der als Reichsarbeitsminister dem Hitler-Kabinett angehörte. Der Magdeburger Fabrikant Franz Seldte hat entgegen starken antinationalsozialistischen Strömungen im Stahlhelm, der sich durch die Konkurrenz und die wachsenden Übergriffe der SA bald ernstlich bedroht sah, diesen mächtigsten Wehrverband der Rechten möglichst rasch Hitler und damit der SA unterzuordnen gesucht oder doch für seine Person als oberster Stahlhelmführer nicht den geringsten sichtbaren Widerstand dagegen geleistet. So war denn der Stahlhelm als der eine der beiden großen Pfeiler des „Kampfblocks" zuerst und besonders nachdrücklich den nationalsozialistischen Verschmelzungs- und Gleichschaltungsversuchen ausgesetzt. Viele Stahlhelmführer, an ihrer Spitze der zweite Bundesführer Theodor Duesterberg, dem die NS-Propagandisten 1932 einen jüdischen Großvater nachgewiesen hatten, hatten schon Seldtes Eintritt in das Hitler-Kabinett kritisiert. Die Kritik verstärkte sich angesichts Seldtes offensichtlicher Hörigkeit gegenüber Hitler und richtete sich besonders gegen die terroristische Aktivität der SA, die auch von Staats wegen einseitig gegenüber dem rivalisierenden Stahlhelm gefördert wurde. [165]

Diese Differenzen zeigten sich schon recht früh und vielfach in recht handfester Weise. Besonders sichtbar wurden sie, als es nach mancherlei Reibereien zwischen SA und Stahlhelm vor und nach dem Tag von Potsdam am 28. März bereits zu einem aufsehenerregenden Verbot des Stahlhelms in Braunschweig durch den dortigen nationalsozialistischen Innenminister Klagges kam (der schon ein Jahr zuvor die Einbürgerung Hitlers durch dessen Ernennung zum braunschweigischen Regierungsrat manipuliert hatte). In der offiziellen Begründung des Stahlhelmverbots vom 28. März behauptete Klagges, [166] der Stahlhelm habe im ganzen Lande Braunschweig planmäßig in Massen Mitglieder marxistischer Organisationen aufgenommen. Selbst ganze Ortsgruppen des Reichsbanners und der SPD seien auf Grund von Verhandlungen und Verabredungen geschlossen übergetreten. Der Weiterbestand des dadurch vorwiegend marxistisch gewordenen Stahlhelms würde eine schwere Gefahr für den Erfolg der nationalen Erhebung bedeuten. Tatsächlich waren in diesen Wochen mit Duesterbergs Wissen auch Anhänger anderer Parteien und Verbände dem Stahlhelm beigetreten, die sich so auf „neutrale" Weise vor der Verdächtigung „marxistischer" Aktivität zu schützen, das kleinere Übel zu wählen suchten [167] oder gar im Stahlhelm zu diesem

---

[164] Göring (Anm. I/7), S. 95: „Zum zweiten aber veranlaßte ich [!] Herrn von Papen, wie vorher übrigens abgesprochen [!], in seiner Eigenschaft als kommissarischer Ministerpräsident zurückzutreten, damit das Amt mir vom Führer übertragen werden konnte." Es bleibt zu beachten, daß dieser Satz noch 1933, also lange vor Papens Sturz aus der Reichsregierung, geschrieben wurde. Dagegen stehen allerdings die zeitgenössischen Informationsberichte Dertingers (*Sammlung Brammer*), die schon am 9. März 1933 und dann häufig (z. B. am 22., 23., 27. März usw.) und durchaus glaubwürdig von wochenlangen schweren Kämpfen um die preußische Ministerpräsidentschaft sprechen.

[165] Dazu Duesterberg (Anm. I/11), S. 51 ff.

[166] *Schultheß, 1933*, S. 79.

[167] Vgl. z. B. den Bericht eines Polizeihauptmanns über die „Werbetätigkeit des Stahlhelms innerhalb der Polizeiinspektion Neukölln" vom 6. April 1933 (*HAB*, Rep. 320, Nr. 32, Akten Grauert), nach dem diese Vorgänge zwischen dem 11. und 13. März einsetzten: „. . . Einzelne Reviere sollen fast vollständig übergetreten sein. Auf meine Frage, was zu diesem plötzlichen Massenübertritt geführt habe, wurde mir seitens der Beamten geantwortet, daß sie nicht als Marxisten gelten wollten und sich deshalb einem nationalen Wehrverband angeschlossen hätten, der ihnen als politisch neutral hingestellt worden sei. Ich nehme an, daß dieser schlagartige, an so zahlreichen Dienststellen gleichzeitig erfolgte Übertritt zum Stahlhelm auf eine mir nicht bekannte Anweisung des Schraderverbandes zurückzuführen ist, da die Mehrzahl der in Frage kommenden Beamten diesem Verbande angehört."

Zeitpunkt den einzig noch wirksamen Gegenpol zu SA und NSDAP erblicken und auf den Tag der Staatskrise hoffen mochten, an dem Hindenburg und Reichswehr sich des Stahlhelms zu einem Gegenschlag gegen die Gefahr nationalsozialistischer Alleinherrschaft bedienen müßten und würden. In der Braunschweiger Form allerdings war die Begründung maßlos übertrieben und ganz für einen durchsichtigen politischen Zweck zurechtgemacht. Es kam noch am selben Tag zu Protesten und Verhandlungen, in die nun auch Seldte und die Reichsregierung eingriffen. Dabei zeigte sich, daß Klagges doch ein wenig vorgeprellt war und die nationalsozialistischen Machthaber die Situation als noch nicht ganz reif für solche Gewaltakte gegen die noch Verbündeten erachteten. Die Folge war eine salomonische Rücknahme des Verbots in einer amtlichen Erklärung, die noch am Abend desselben Tages erfolgte.[168]

In der Tat wählte man des weiteren einen anderen Weg: nicht den des Verbots oder der gewaltsamen Zerschlagung, sondern den der Gleichschaltung und Unterordnung, auch hier jene Methode der schleichenden Machtergreifung, der gleitenden Revolution, die nach außen peinlich das Gesicht der Legalität und der freiwillig-begeisterten Zustimmung der Betroffenen zu wahren suchte und dies auch weithin verstand. Schon einen Monat später waren durch den Terror der SA, durch willkürliche Einzelverhaftungen, Drohungen, Übergriffe und dank dem weichen Anpassungskurs Seldtes die Dinge soweit gediehen, daß der Stahlhelm als selbständiger politischer Faktor und Konkurrent der einstigen nationalsozialistischen Bundesgenossen praktisch ausschied. Denn am 26. April, also noch vor der Zerschlagung der Gewerkschaften, schaltete der willfährige Seldte den widerspenstigen zweiten Bundesstahlhelmführer Duesterberg auf Weisung Hitlers von der Stahlhelmführung aus und unterstellte sich durch entsprechende Bekanntmachungen [169] mit der ganzen Organisation Hitler selbst, der ja gleichzeitig auch oberster SA-Führer war. Das Schicksal des Stahlhelms, des einen großen Pfeilers der nicht-nationalsozialistischen Partner Hitlers, war damit nachdrücklich besiegelt, und dies zu einem Zeitpunkt, an dem immerhin noch alle Parteien außer der KPD bestanden.

Für die oft beschworene Widerstandskraft des zweiten Pfeilers, der Deutschnationalen, war unter diesen Umständen nicht mehr viel zu erwarten; auch ihr Weg in die Auflösung oder Gleichschaltung zeichnete sich schon deutlich ab, zumal inzwischen klar geworden war, daß sie von Papens oder Hindenburgs Seite auf keine wirksame Unterstützung mehr rechnen konnten. Immerhin gab es auch hier, ähnlich dem Stahlhelm, energisch protestierende Gruppen und widerstrebende Tendenzen, die dem nationalsozialistischen Gleichschaltungskurs noch einige Schwierigkeiten bereiteten und keineswegs so lautlos das Feld räumten, wie dies in die Legalitätstaktik Hitlers gepaßt hätte. Schon die Durchführung der Seldteschen Kapitulation stieß auf einige Hindernisse. Man mußte einen beträchtlichen Teil der Stahlhelmführer absetzen, es zeigten sich sogar Neigungen zur Fortsetzung eines nun illegalen Widerstands, und in manchen Fällen kam es zu Verbindungen, die schließlich in die spätere Widerstandsbewegung und in den 20. Juli 1944 münden sollten. Auch widerstrebte selbst der gleichgeschaltete Stahlhelm einer Unterstellung unter den ebenso ehrgeizigen wie berüchtigten SA-Stabschef Röhm, der mit allen Mitteln auf eine übermächtige Monopolstellung seiner SA hinarbeitete, bis er damit ein Jahr später, am 30. Juni 1934, in einen blutigen Endkonflikt mit der SS, der Wehrmacht und Hitler selbst geriet. Doch kam es am 21. Juni 1933, während die gewaltsamen Aktionen gegen die deutschnationalen Organisationen abliefen, zu einer ersten Regelung des Verhältnisses von

---

[168] *Schultheß, 1933,* S. 79 f. Vgl. zum Stahlhelmproblem im übrigen u. III. Teil, III. Kapitel, Abschn. 3.
[169] *Frankfurter Zeitung* vom 27., 28., 29., 30. April 1933; vgl. die zusammenfassende Analyse des Eingliederungsprozesses bei Hans Buchheim in: *Gutachten...* (Anm. I/125), S. 370 ff.

Stahlhelm und NSDAP im Sinne einer engen Anlehnung.[170] Und eine Tagung der höheren SA- und SS-Führer, die vom 1. bis 3. Juli in Gegenwart Hitlers, Röhms und Seldtes in Bad Reichenhall stattfand, besiegelte schließlich die tatsächliche Unterwerfung des Stahlhelms, mochte auch formal mit dem Bundesführer Seldte noch eine gewisse Selbständigkeit gewahrt scheinen. Seldte selbst war schon seit April NSDAP-Mitglied; er gelobte überdies zum Beginn und Schluß der Tagung in bewundernden Worten Hitler Vertrauen, solange er atme, und er unterstellte gleichzeitig den gesamten Stahlhelm auch formell Hitlers oberster SA-Führung. Schlußstein und Bestätigung dieser Entwicklung war, daß der alljährliche „Reichsfrontsoldatentag" des Stahlhelms in diesem Herbst 1933 abgesagt wurde und statt dessen am 24. September eine „Führertagung" in Hannover stattfand, bei der – symbolisch genug – Röhm die Parade abnahm, während Seldte mit der Bundesführung an ihm vorbeimarschierte. Die Machtverhältnisse waren endgültig geklärt.

Wochen vorher, schon vor der Reichenhaller Tagung, hatte sich auch das Schicksal der letzten selbständigen Partner Hitlers, der Deutschnationalen, erfüllt.[171] Es ist deutlich geworden, wie zwischen Reichstagsbrand und Ermächtigungsgesetz zwar eine wichtige Gruppe der bisherigen Hugenberg-Anhänger unter dem deutschnationalen Fraktionsvorsitzenden Oberfohren sich in Abneigung und Mißtrauen gegen die Selbstherrlichkeit und die terroristischen Methoden der nationalsozialistischen Bundesgenossen zu wenden begann, Hugenberg selbst aber weiterhin mit starrem Selbstvertrauen an seinem illusionistischen Koalitionskurs festhielt. In einflußreichen Kreisen des konservativen Bürgertums verbanden sich jetzt konkrete Hoffnungen auf ein Eingreifen Hindenburgs und der Reichswehr sowie der Gedanke an eine monarchische Restauration mit der Sorge über die allgemeine Entwicklung,[172] während auf der anderen Seite eine anwachsende Gruppe um den Abgeordneten Eduard Stadtler, die für einen Anschluß an die NSDAP plädierte, Hugenberg unter Druck setzte.

Ihren Kulminationspunkt erreichten diese Spannungen nach außen sichtbar am 11. April, als Oberfohren durch einen neuen hugenbergtreuen Fraktionsvorsitzenden (Schmidt-Hannover) ersetzt wurde. Hugenberg selbst erklärte es bei diesem Anlaß als sein unverändertes Ziel, daß die DNVP ein „loyales und lebendiges Glied der nationalen und sozialen Gemeinschaft" bleibe, „die wir am 30. Januar begründet haben", daß seine Partei sich nicht „überfremden" lasse und „klar auf den Bahnen des Bundes vom 30. Januar" wandle. „Selbstverständlich" betrachteten sie sich als „vollwertige und selbstbewußte Mitkämpfer. Niemand", so beteuerte Hugenberg, „der mit uns als Deutschnationaler gekämpft hat, darf angetastet werden."[173] Aber 10 Tage nach der Absetzung Oberfohrens ließ Hugenberg am 21. April ein Dementi gegen Gleichschaltungsgerüchte verbreiten,[174] dessen verzweifelt-energischer Ton erkennen ließ, wie stark der Pessimismus in deutschnationalen Kreisen inzwischen um sich gegriffen hatte; wie so oft, mag man aus solchem Dementi eine Bestätigung herauslesen. Zugleich machte die Erklärung Hugenbergs sichtbar, wie schwierig sowohl das deutschnationale Verhältnis zum nationalsozialistischen Partner allgemein als auch die

[170] Mitteilung der Reichspressestelle der NSDAP, nach *Kölnische Zeitung* vom 22. Juni 1933, Nr. 332, Morgenausgabe.

[171] Dazu ausführlicher die Darstellung der Endphase der DNVP, die Friedrich Hiller v. Gaertringen in dem o. Anm. I/21 zitierten Sammelwerk gibt.

[172] Einen Anhaltspunkt bietet auch der Bericht (7. 4. 33), in dem der englische Botschafter entsprechende Gedanken des Chefredakteurs der *DAZ* (Dr. Klein) wiedergab: *British Documents* (Anm. II/81), V, S. 26 ff. Allzu positiv die Beurteilung Hugenbergs bei: Anton Ritthaler, „Eine Etappe auf Hitlers Weg zur ungeteilten Macht", in: *Vierteljahrshefte für Zeitgeschichte* 8 (1960), S. 193 ff.

[173] *Schultheß, 1933*, S. 97 f. Am 29./30. März waren Büro und Wohnung Oberfohrens durchsucht worden; zu den Zusammenhängen jetzt Hiller v. Gaertringen (Anm. I/64), Kap. 10 und Dok. Nr. 12 f.

[174] *Schultheß, 1933*, S. 99 f.

Stellung des „Wirtschaftsdiktators" Hugenberg selbst gegenüber den vorwärtsdrängenden nationalsozialistischen Gleichschaltungswellen schon im April 1933 geworden war.[175] Schon am 12. April 1933 hatte Hugenberg an Hitler, zugleich auch an Frick und Göring, ein Schreiben gerichtet, dem eine Reihe deutschnationaler Beschwerden beigefügt war.[176] Da hatte sich der 1. Vorsitzende der DNVP Bayerns (Hausmann) am 7. April beim kommissarischen bayerischen Innenminister Wagner wegen der Verhaftung von Mitgliedern des Deutschnationalen Kampfbundes München durch ein SA- und SS-Aufgebot in der Nacht vom 5. zum 6. April beschwert und schärfste Verwahrung dagegen eingelegt, daß beim ebenfalls verhafteten Münchener Führer des Kampfbunds (Ing. Rossmaier) dessen Mitgliederliste beschlagnahmt worden sei, die Verfolgungen fortgingen und ein Uniformverbot verhängt sei; die DNVP sitze doch mit in der Regierung.[177] In einer anderen Beschwerde protestierte ein Landtagsabgeordneter dagegen,[178] daß die Deutschnationalen von der Leitung großer Wirtschafts- und Handelsverbände ausgeschlossen würden; so könnten laut Rundschreiben des Deutschen Nahrungsmittel-Großhandels e. V. (vom 5. April) nur Nationalsozialisten Vorsitzende eines Landesverbands werden, seien auch im Vorstand Parteigenossen bevorzugt, müßte der „Große Ausschuß" mit Mehrheit aus eingetragenen Mitgliedern der NSDAP bestehen und ausdrücklich „Gewähr bieten für eine vollkommene Übereinstimmung mit den Zielen der Regierung der nationalen Erhebung". Ein anderer Bericht schilderte,[179] wie eine Versammlung der Berliner Ortsgruppe des Verbands ehemaliger Parteibeamter durch eindringende SA terrorisiert und zum Anschluß an die nationalsozialistische „Notgemeinschaft" gedrängt wurde, wobei deren Vorsitzender erklärte: „So schnell Euer Hugenberg ins Kabinett gekommen ist, so schnell fliegt er auch wieder raus." So ging es weiter: SA-Überfälle auf Deutschnationale, während die Polizei Gewehr bei Fuß stand,[180] Proteste deutschnationaler Beamtenbünde [181] und Klagen über den Anspruch der bayerischen Kommissare, die „nationalsozialistische Revolution" an die Stelle der nationalen Erhebung zu setzen.[182]

Am 30. April, einen Tag vor dem entscheidungsvollen 1. Mai, sah sich Hugenberg schließlich veranlaßt, eine neuerliche beschwichtigende öffentliche Erklärung abzugeben [183] – dieses Mal vor der deutschnationalen Reichstagsfraktion, die offenbar auch nach dem Ausscheiden Oberfohrens keineswegs einhellig den starren Optimismus ihres Parteiführers teilte. Zwar hielt Hugenberg, indem er unaufhörliche Beruhigungsparolen mit der Zusicherung einer festen deutschnationalen Haltung gegenüber allen Übergriffen verband, offenbar auch weiterhin an den Illusionen vom 30. Januar fest, so vielfach und folgenschwer sie inzwischen auch durchlöchert und durch die neue Wirklichkeit fortschreitender nationalsozialistischer Alleinherrschaft widerlegt sein mochten. Doch kam es schon wenige Tage später (3. Mai) und sicherlich unter dem Eindruck der stürmisch vorangetriebenen Machtergreifungsaktivität zu einer wesentlich skeptischeren Entschließung des deutschnationalen Parteivorstands, die nach einem Referat Hugenbergs einstimmig angenommen wurde und noch deutlicher das wachsende Dilemma widerspiegelte, in das die DNVP nach der Gleichschaltung des Stahlhelms eine Woche zuvor geraten war.[184]

---

[175] Vgl. dazu *Hugenbergs Ringen*. . . (Anm. I/11), *passim.*
[176] *HAB*, Rep. 320, Nr. 31 (Akten Grauert).
[177] *A. a. O.*, Anlage 1.
[178] *A. a. O.*, Anlage 2, Brief von Prof. Meyer an Hugenberg vom 7. April 1933.
[179] *A. a. O.*, Anlage 3.
[180] *A. a. O.*, Anlage 4.
[181] *A. a. O.*, Anlage 5.
[182] *A. a. O.*, Anlage 6. Vgl. auch das Material bei Hiller v. Gaertringen (Anm. I/64), Kap. 11 f.
[183] *Schultheß, 1933*, S. 110.
[184] *A. a. O.*, S. 119 f.

All diese Erklärungen, beschwichtigend oder kritisierend, enthielten schon zunehmend deutlichere Hinweise auf die tatsächliche Lage, in der sich die Deutschnationalen, nicht zuletzt durch eigene Schuld, befanden, auch wenn sie sich schließlich durch eine neuerliche Umbenennung der Partei in „Deutschnationale Front" den Anschein einer erneuerten Festigkeit und unabhängigen Kampfbereitschaft selbst gegenüber dem nationalsozialistischen Partner zu geben suchten. Noch eindringlicher tritt die Zwangslage zutage, in die sich die Partei unter Hugenbergs Führung hineinmanövriert hatte, wenn man die nach außen hin verschleierten Zusammenhänge etwas näher betrachtet. Vor allem zeichnete sich jetzt der totale Zusammenbruch jener Zähmungsidee ab, die das deutschnationale Verhältnis zur NSDAP und zu Hitler schon seit dem gemeinsamen Auftreten als „Nationale Opposition" im Herbst 1929 bestimmt hatte: Der selbstüberhebliche, zutiefst unrealistische Glaube, Hitler nur als Trommler für die eigenen Ziele einsetzen, ihn jederzeit mit Hindenburgs Hilfe kontrollieren und schließlich ohne weiteres zurückdrängen zu können,[185] wurde jetzt in seiner vollen Gefährlichkeit als gänzliche Illusion offenbar. Als am 6. Mai, nur drei Tage nach der schon recht verzweifelten Entschließung des deutschnationalen Parteivorstands, der gewaltsame Tod des ehemaligen Fraktionsvorsitzenden bekannt wurde, mußte sich diese späte Erkenntnis noch verstärken. Daß die Pistole merkwürdig korrekt auf dem Schreibtisch lag, vor dem Oberfohren mit tödlicher Schußverletzung aufgefunden wurde, ließ damals im Hinblick auf Oberfohrens Einstellung zum Fortgang der Machtergreifung und zum Kurs seiner Partei eine nationalsozialistische Mordaktion nicht ausgeschlossen erscheinen. Aber auch ein Selbstmord wäre als Ausdruck der Ausweglosigkeit, in der sich Oberfohren befand, zugleich ein alarmierendes Vorzeichen des deutschnationalen Zusammenbruchs, der sich nun so rasch vollzog. Seit Ende Mai begannen führende Persönlichkeiten der DNVP, unter ihnen Stadtler sowie der Kölner Historiker Martin Spahn, zur NSDAP überzutreten.

Es gab freilich noch Versuche in letzter Stunde, durch Zusammenschluß und Aktivierung konservativ-monarchischer Gruppen etwas aus dem völligen Debakel zu retten und dem Fortgang des nationalsozialistischen Alleinherrschaftskurses entgegenzusetzen. Eindrucksvollstes Beispiel war die Organisation eines „Kampfrings der monarchischen Bewegung Deutschlands", der unter dem beziehungsreichen Namen eines „Bundes der Aufrechten" noch am 2. Juni, als er den Weltkriegs-Generalobersten v. Einem zum 1. Vorsitzenden wählte, mit einem recht freimütigen Aufruf zur Wiederherstellung der Monarchie an die Öffentlichkeit trat.[186] Wie immer man sich zu der monarchistischen Parole stellen mochte, die den Kernpunkt des Aufrufs bildete, unter den gegebenen Umständen mußte sie als Alternative zu Hitlers eigenen Ambitionen verstanden werden und also einen Widerstandswillen gegen den kommenden totalen Führerstaat Hitlerscher Prägung ankündigen, der sich zu einem gewissen Teil auch tatsächlich in den monarchistischen Gruppen der Widerstandsbewegung selbst fortgesetzt hat.[187] Organisator des Bundes war mit Herbert v. Bismarck ein konservativer Politiker, der nicht nur einen großen Namen für dies Unternehmen beisteuerte, sondern ebenfalls zu den bereits verdrängten deutschnationalen Gegengewichten gehörte: Als Staatssekretär im preußischen Innenministerium war Bismarck zunächst Göring beigegeben, aber nach mancherlei Zusammenstößen[188] dort schon am 10. April

---

[185] Vgl. z. B. o. S. 26; S. 44 ff.; S. 58 ff.

[186] *Schultheß, 1933*, S. 152.

[187] Dazu Hans Rothfels, *Die deutsche Opposition gegen Hitler. Eine Würdigung*, Neuaufl. Frankfurt/M.--Hamburg 1958, S. 31 ff.; Gerhard Ritter, *Carl Goerdeler und die deutsche Widerstandsbewegung*, 3. Aufl., Stuttgart 1956, S. 123 ff.; *Das Gewissen steht auf* (Anm. II/25), S. 137 ff.; *Das Gewissen entscheidet* (Anm. II/98), S. 183 ff.

[188] Bismarck hatte vor allem Hitlers Diktum kritisiert, die Frage der Monarchie sei nicht aktuell (vgl. o. S. 164); er trat zurück, als der Rundfunk die Sendung einer entsprechenden Rede Bismarcks ablehnte; vgl. den Bericht des englischen Botschafters vom 12. April 1933 in: *British Documents* (Anm. II/81), V, S. 36, sowie auch schon die

durch den schwerindustriellen Arbeitgeberfunktionär Grauert, einen überzeugten Nationalsozialisten, abgelöst worden.

Aber alle Umorganisations- und Ausweichversuche kamen zu spät; sie sahen sich schon wenige Tage später zunächst lokalen, dann auch weitergehenden Gegenmaßnahmen ausgesetzt. Am 14. Juni löste der nationalsozialistische Polizeipräsident von Dortmund den dortigen Kampfring auf, wieder unter Berufung auf die Reichstagsbrandverordnung vom 28. Februar, wobei das Verbot ähnlich wie schon bei der Braunschweiger Stahlhelmaffäre mit der Behauptung begründet wurde, schon seit längerer Zeit seien Klagen laut geworden, daß der Kampfbund ein Sammelbecken für kommunistische Elemente geworden sei; inzwischen habe die Polizei „einwandfrei" festgestellt, daß 75 % der neu aufgenommenen Kampfringmitglieder noch bis März zu SPD und KPD gehört hätten, darunter Leute, die sich noch im März an Überfällen auf SA-Leute beteiligt hätten. [189] Was immer in wenigen Einzelfällen davon stimmen mochte, der reine Vorwand-Charakter war doch offensichtlich. Die Mitglieder-Fluktuation *aller* Organisationen war in diesen Monaten erheblich, hier und da hat auch sicher die Hoffnung mitgewirkt, in den letzten überlebenden nicht-nationalsozialistischen Organisationen Widerstandszellen zu schaffen. Aber das blieben doch Einzelfälle, und es war gleichzeitig bekannt genug, daß gerade die SA schon jahrelang und bis zur Gegenwart bereitwillig kommunistische Überläufer aufgenommen hatte, mochten sie nun den Wechsel als Opportunisten, als Dauerrevolutionäre und Abenteurer vollzogen haben, die sich zu den stärksten Bataillonen schlugen, oder einfach als Arbeitslose oder Gescheiterte, die hier Beschäftigung, Bezahlung, Aufstiegshoffnungen fanden.

Aber es ging eben nicht mehr um Begründungen, die ebenso auf nationalsozialistische Organisationen zutreffen mochten. Schon am 21. Juni wurden die Maßnahmen zu einer Polizeiaktion im ganzen Reichsgebiet gegen die deutschnationalen Kampfringe erweitert [190] – am gleichen Tag also, an dem sich der Stahlhelm unter tatkräftiger Mitwirkung Papens, Blombergs und Seldtes endgültig Hitler unterstellte und seinen Mitgliedern jede andere als die nationalsozialistische Parteimitgliedschaft, also auch die Zugehörigkeit zum „Deutschnationalen Kampfring" ausdrücklich verbot. Mit dieser nationalsozialistischen Aktion, die z. T. zu blutigen Schießereien, zu schweren Mißhandlungen und auch über Hindenburg geleiteten, doch ergebnislosen Beschwerden führte, [191] als die deutschnationalen Heime und Geschäftsstellen besetzt wurden, war das Schicksal der einstigen Verbündeten besiegelt. Noch am selben 21. Juni unterstrich dies Goebbels in einer Rede zu Frankfurt/M., wo er vor der Presse jetzt offen den rein nationalsozialistischen Charakter der gegenwärtigen Revolution betonte, dabei ausdrücklich versicherte, diese nationalsozialistische Revolution sei noch im Vollzug, und kurzweg feststellte, die nationalsozialistische Führung habe sich bei der Niederschlagung

Informationsberichte Dertingers vom 27. und 30. März 1933 (*Sammlung Brammer*). Zu diesen Zusammenhängen auch Fabian v. Schlabrendorff, *Offiziere gegen Hitler*, 4. Aufl., Zürich–Wien–Konstanz 1951, S. 32 ff.

[189] *Schultheß, 1933*, S. 155.

[190] Mitteilung des amtlichen preußischen Pressedienstes über die Auflösung der Deutschnationalen Kampfringe durch den preußischen Innenminister vom 21. Juni 1933: *VB* vom 22. Juni 1933. Vgl. dazu im einzelnen Hiller v. Gaertringen (Anm. I/64), Kap. 13, sowie Dok. Nr. 22 f.

[191] Vgl. *HAB*, Rep. 320, Nr. 32 (Akten Grauert). So war der Geschäftsführer der DNVP Ostpreußen (Wilhelm Krieger, Marienburg) nach seiner polizeilichen Festnahme („Schutzhaft") durch die SA schwer mißhandelt worden, was zu erregtem Schriftwechsel auch über die Reichskanzlei (Lammers) führte, da „der Herr Reichspräsident den Herrn Reichskanzler auf den Vorfall mündlich aufmerksam gemacht und die Prüfung der Angelegenheit gewünscht hat". Darauf erfolgte dann am 27. September 1933 ein Bericht der Gestapo, der bündig in der Amtssprache des Tages erklärte: „Im Zusammenhang mit der Auflösung des deutschnationalen Kampfringes wurde bei Krieger in Marienburg Haussuchung vorgenommen. Dabei wurde festgestellt, daß er im Begriff stand, für Westpreußen einen Kampfring zu bilden. Es trifft zu, daß Kr. durch die SA vernommen worden ist und daß es hierbei infolge seines widersetzlichen Verhaltens zu körperlichen Übergriffen gegen ihn gekommen ist."

von konterrevolutionären Bestrebungen auch nicht von „Koalitionsrücksichten" bestimmen lassen, sondern sei entschlossen, jeden Widerstand zu brechen. [192] Auch dieses
Vorgehen wurde natürlich durch eine Anzahl Gesetze abgeschirmt, deren Manipulationscharakter freilich recht eindeutig ist. Ein Beispiel ist das am 23. Juni verfügte
„Gesetz über die Immunität der Abgeordneten", durch das künftig alle Verhaftungen
mißliebiger Abgeordneter sofort legitimiert werden konnten. [193]

Wenige Tage später vollzog sich der Untergang der Deutschnationalen dann endgültig. Am 27. Juni kam es zu dem dramatischen Rücktritt Hugenbergs von seinen
vier Ministerien im Reich und in Preußen, nachdem seine verspäteten Proteste auch
von Hindenburg nicht mehr beantwortet worden waren, [194] vielleicht den in Neudeck wohlbewachten Hindenburg gar nicht erreicht hatten. Hugenbergs selbstverschuldete Isolierung war zu diesem Zeitpunkt vollständig geworden. Gewiß kam der
nationalsozialistischen Taktik zugute, daß der Führer der Deutschnationalen in den
entscheidenden Junitagen auf der Weltwirtschaftskonferenz in London weilte und
seine Eingriffsmöglichkeiten dadurch noch vermindert waren. Aber bezeichnend war
eben, daß Hugenberg zu dieser internationalen Konferenz nicht nur ein Memorandum
mitbrachte, das ein deutsches Kolonialreich in Afrika forderte, gleichzeitig Osteuropa
bis zur Ukraine der deutschen Wirtschaftsexpansion zuordnete und natürlich heftige
Proteste in Moskau auslöste, [195] sondern daß er dann, während die deutsche Delegation
ablehnte, das Memorandum vor der Konferenz zu vertreten, seinerseits Kopien an die
Presse verteilte und dadurch Hitler bequeme Gelegenheit zur Rechtfertigung des Bruches gab: Vor den Diplomaten wie vor der internationalen Meinung erschien der
Alldeutsche Hugenberg mit seinen ständigen Versuchen, Hitler noch zu übertrumpfen
und sich dadurch neben ihm zu behaupten, als der radikale Unruhestifter des neuen
Regimes; er hatte sich damit auch von den nicht-nationalsozialistischen Partnern
Hitlers isoliert.

Dies war freilich nur noch der letzte Anlaß zum Zusammenbruch des Zähmungskonzeptes. Denn Hugenbergs Ministerposition hatte zu diesem Zeitpunkt ohnehin
längst ihre ursprüngliche Machtfunktion eingebüßt, nachdem Darré seine wachsende
Monopolstellung in den agrarpolitischen Verbänden seit Mai zu offener Kampfansage
gegen den Landwirtschaftsminister ausgenutzt hatte. [196] Während Hitler noch Anfang
Mai dem deutschnationalen Parteiführer in scheinbar freundschaftlichem Sinne die
Verschmelzung von NSDAP und DNVP angeboten hatte, dabei aber auf Hugenbergs
Ablehnung gestoßen war, [197] scheint Hitler nun zwar versucht zu haben, einen plötzlichen, aufsehenerregenden Rücktritt Hugenbergs zu verhindern und ihn nur zur Auflösung der DNVP und zur Ersetzung seines deutschnationalen Staatssekretärs durch
einen Nationalsozialisten zu veranlassen. Dafür versprach der Reichskanzler bei dieser
letzten Unterredung über Hugenbergs Entlassungsgesuch, er werde alle nationalsozialistischen Quertreibereien unterbinden und ihm jede weitere Arbeitsmöglichkeit als
Minister gewähren. Anders als seine konservativen Kollegen, die auch weiterhin im
Dienst blieben, ging Hugenberg auf dies Angebot jedoch nicht ein, auch als Hitler sich
auf Drohungen verlegte. So vollzog sich, ohne irgendein Eingreifen Hindenburgs, der
Rücktritt des scheinbar so mächtigen Wirtschaftsdiktators, und am selben Tage noch
(27. Juni), durch eine von Hitler einerseits, von den Deutschnationalen v. Winterfeld,

---

[192] *Schultheß, 1933*, S. 158 f.

[193] *RGBl.*, I, 1933, S. 391.

[194] Proteste und Rücktrittsgesuche in: *Hugenbergs Ringen*. . . (Anm. I/11), S. 82 ff.

[195] Vgl. *Akten des AA*, 6616/E 499794 ff. (*Documents*. . ., Anm. I/30, I, S. 612); dazu Hilger/Meyer (Anm. I/73),
S. 257, und den Bericht der *Times* vom 17. Juni 1933. Dazu jetzt auch Ritthaler (Anm. III/172), S. 197 ff.

[196] Vgl. o. S. 187 ff. Zeugnisse des Kesseltreibens gegen Hugenberg in: *Hugenbergs Ringen*. . . (Anm. I/11),
S. 78 ff.

[197] *A. a. O.*, S. 35 ff., auch zum folgenden, freilich mit stark apologetischen Akzenten.

v. Freytagh-Loringhoven und Poensgen anderseits unterzeichnete Vereinbarung, die Selbstauflösung der „Deutschnationalen Front". [198]

Die Illusion einer „Einrahmung" Hitlers war endgültig gescheitert. Denn das Bedeutsame und zugleich Bezeichnende an dem Vorgang ist, daß Hugenbergs natürliche Bundesgenossen und Verteidiger, also die konservativen Kabinettsmitglieder Papen, Neurath, Krosigk, Gürtner, Eltz, Blomberg, Seldte (der freilich schon am 27. April PG geworden war), den deutschnationalen Parteiführer im entscheidenden Augenblick der Bewährung, da die erste große Bresche in das Regierungsbündnis geschlagen war, einfach im Stich ließen und sich, wie schon bei früheren Protestversuchen, widerstandslos auf Hitlers Seite schlugen, obwohl doch klar war, daß sie sich damit der letzten Sicherungen gegenüber Hitler begaben. Sie fügten sich in die neue Situation, [199] und so war entgegen den Planungen und Versprechungen vom 30. Januar, entgegen auch der im Ermächtigungsgesetz verankerten Verpflichtung, die „gegenwärtige Regierung nicht zu verändern", die absolute nationalsozialistische Vorherrschaft auch von daher besiegelt. Denn allein Hitler hatte noch eine Partei und schlagkräftige politische Organisationen hinter sich, während die im Kabinett verbleibenden nicht-nationalsozialistischen Minister jetzt nur noch „Fachleute" ohne politischen Rückhalt waren und in keiner Weise mehr als wirksames Gegengewicht gegen die nationalsozialistischen Minister wirken konnten, deren Zahl sich seit der Regierungsübernahme durch die Erhebung von Goebbels, Schmitt und Darré (an Stelle Hugenbergs) sowie die am 29. Juni verfügte Teilnahme des „Stellvertreters des Führers" (Heß) an allen Kabinettssitzungen von ursprünglich zwei schon auf sechs erhöht hatte. Und auch die übrigen Machtfaktoren, die ursprünglich die Einrahmung und Kontrolle Hitlers garantieren sollten, rührten sich wieder nicht: weder die Reichswehr noch Hindenburg selbst, der entgegen Hugenbergs Erwartungen und Beschwörungen nicht daran dachte, jetzt etwa dem Hitler-Kabinett sein Vertrauen zu entziehen oder sein Eingreifen mit der Bestimmung zu begründen, nach der das Ermächtigungsgesetz nur für die Dauer der bestehenden Regierung Gültigkeit hatte. [200]

Es bezeichnet die weitere Entwicklung, daß dann am 16. Januar 1934 die „wichtige Anordnung" des Propagandaministeriums erging, wonach des 75. Geburtstages Wilhelms II. (27. Januar) unter keinen Umständen in Artikeln mit monarchistischer oder auch antimonarchistischer Tendenz zu gedenken sei. [201] So bedeutete der Rücktritt Hugenbergs das Ende der „nationalen Konzentration" in dem am 30. Januar entworfenen Sinne. Es beleuchtet die Situation, wenn Hugenberg, wohl in Erinnerung an den Fall Oberfohren, in seinem Abschiedswort an den deutschnationalen Parteivorstand betonte: „Wenn in einiger Zeit die Mitteilung verbreitet werden sollte, ich hätte Selbstmord begangen, dann bitte ich davon überzeugt zu sein, daß das nicht der Wahrheit entspricht." [202] Dazu ist es allerdings nicht gekommen. Vielmehr hat sich

[198] Vereinbarung über die Auflösung der Deutschnationalen Front vom 17. Juni 1933: *VB* vom 28. Juni 1933. Hiller v. Gaertringen (Anm. I/64), Kap. 13 f. Ein Eingreifen Hindenburgs, um das sich in diesen Tagen auf Hugenbergs Wunsch der frühere DNVP-Vorsitzende Hergt bemühte, wurde durch Hindenburgs Sohn, der nun auf Hitlers Seite stand, schon an der Schwelle von Neudeck verhindert; vgl. Ritthaler (Anm. III/172), S. 199 f.

[199] Vgl. François-Poncet (Anm. II/136), S. 118 f.

[200] Auch der englische Botschafter, der am 29. Juni einen zweistündigen Abschiedsbesuch in Neudeck machte, konnte weder bei Hindenburg noch bei dessen Umgebung irgendeine Betroffenheit über die jüngsten Ereignisse feststellen; vgl. seinen Bericht vom 30. Juni 1933 in: *British Documents* (Anm. II/81), V, S. 387 f. Dazu jetzt die Darstellung Ritthalers (Anm. III/172), S. 200 ff., mit den aufschlußreichen Dokumenten (Hugenbergs Abschiedsgesuch an Hindenburg vom 26. Juni 1933 und eine angefügte persönliche Erklärung vom 27. Juni, ferner eine wenig später verfaßte ausführliche Niederschrift Hugenbergs über die Vorgänge, der Entwurf einer rettenden Parteierklärung und ein späterer Bericht Freytagh-Loringhovens vom 2. November 1935 über die Ereignisse des 26./27. Juni 1933).

[201] *Sammlung Brammer* 3, Anw. Nr. 182 vom 16. Januar 1934; vgl. Anw. Nr. 200 vom 24. Januar 1934.

[202] *Hugenbergs Ringen...* (Anm. I/11), S. 48.

der einst so mächtig scheinende Parteichef und Wirtschaftspotentat, nachdem er sich sogar noch einige Zeit zu einer Hospitantenrolle in der nationalsozialistischen Reichstagsfraktion erniedrigen ließ, dann gänzlich ins Privatleben auf seinem westfälischen Gut zurückgezogen, aus dem er, von vielen schon totgeglaubt, erst als Entnazifizierungsangeklagter wieder auftauchte; 1951 ist er 86jährig gestorben.

7. Probleme des Einparteienstaats

Das Ende der Parteien im Juli 1933 besiegelte den nationalsozialistischen Einparteienstaat. Auch dies de-facto-Ereignis erfuhr nun sogleich, ganz nach dem Gang und der Methode aller nationalsozialistischen Machtergreifungsakte, seine nachträgliche de-jure-Legalisierung. Am 7. Juli entzog die Reichsregierung auch offiziell allen Sozialdemokraten ihre Sitze sowohl im Reichstag wie in allen Volksvertretungen der Länder und Gemeinden einschließlich der staatsbürgerlichen Ehrenämter, [203] und eine Woche später erging nach einer Mammutsitzung des Kabinetts dann gleichzeitig mit dem alle Beschlagnahmen sanktionierenden Gesetz „über die Einziehung volks- und staatsfeindlichen Vermögens" [204] auch das Gesetz, das alle politischen Parteien mit Ausnahme der NSDAP auf immer für verboten erklärte: am selben 14. Juli 1933, an dem außerdem durch das Gesetz über die Verfassung der Deutschen Evangelischen Kirche und die Annahme des Reichskonkordats die Kirchenpolitik, durch das „Gesetz über die Neubildung deutschen Bauerntums" die Siedlungspolitik, durch die Gesetze „zur Verhütung erbkranken Nachwuchses" und „über den Widerruf von Einbürgerungen und die Aberkennung der deutschen Staatsangehörigkeit" die Kultur-, Bevölkerungs- und Rassenpolitik, endlich durch das „Gesetz über Volksabstimmung" der pseudoplebiszitäre Kurs des neuen Regimes fixiert wurden. [205] Das „Gesetz gegen die Neubildung von Parteien", [206] das recht eigentlich die erste Hälfte des Machtergreifungsprozesses abschloß, verfügte ebenso kurz wie bündig und eindeutig:

„§ 1: In Deutschland besteht als einzige politische Partei die Nationalsozialistische Deutsche Arbeiterpartei. § 2: Wer es unternimmt, den organisatorischen Zusammenhalt einer anderen politischen Partei aufrechtzuerhalten oder eine neue politische Partei zu bilden, wird, sofern nicht die Tat nach anderen Vorschriften mit einer höheren Strafe bedroht ist, mit Zuchthaus bis zu drei Jahren oder mit Gefängnis von sechs Monaten bis zu drei Jahren bestraft."

Zunächst muß zur Frage der Legalität dieses Gesetzes hervorgehoben werden, daß nicht nur die Umbildung der Regierung, sondern auch diese Art des pauschalen Parteienverbots das Ermächtigungsgesetz selbst, mithin seine eigene Grundlage wie die Basis aller weiteren Regierungsgesetzgebung erneut verletzt hat. [207] Laut Ermächtigungsgesetz war der Regierung ein Abweichen von der Verfassung nur dann gestattet, wenn es nicht „die Einrichtung des Reichstags als solche" betraf. Dies Prinzip war jetzt insofern durchbrochen, als hinfort der Reichstag nur noch aus den Abgeordneten einer einzigen Partei bestand, die unter Ausschluß aller anderen Parteigruppierungen von der nationalsozialistischen Führung nominiert, also nicht auf konkurrierenden Listen im Sinne der Verfassung gewählt waren. Dieser Reichstag repräsentierte keineswegs mehr das ganze deutsche Volk und entsprach also auch nicht mehr der verfassungsmäßigen Bestimmung einer parlamentarischen Vertretung. Damit war auch formal eine Vorschrift des Ermächtigungsgesetzes offen verletzt; daß das Gesetz vom 14. Juli die rechtswidrige „Legalisierung" eines machtpolitischen Totalanspruchs

---

[203] Verordnung zur Sicherung der Staatsführung vom 7. Juli 1933: RGBl., I, 1933, S. 462.
[204] RGBl. I, 1933, S. 479 f.
[205] Dazu die entsprechenden Zusammenhänge u. S. 350 ff.
[206] RGBl., I, 1933, S. 479.
[207] Vgl. auch die treffende Analyse bei Brecht, Vorspiel. . . (Anm. I/2), S. 156 ff.

bedeutete, machte nicht nur jede weitere Gesetzgebung der Regierung auf Grund des Ermächtigungsgesetzes zum illegalen Akt, sondern schloß, indem es den letzten Schein einer Kontrolle oder gar Gegenwirkung im Raum der legalen politischen Aktivität beseitigte, jede Möglichkeit einer legalen politischen Opposition radikal aus. Auch in Zukunft gab es zwar Wahlen, aber nur noch zu einer nationalsozialistischen Einheitsliste. Der Reichstag, der auf solche Weise zustande kam, war nicht einmal mehr die Restinstitution, die das Ermächtigungsgesetz noch übriggelassen und garantiert hatte.

Der Teufelskreis hatte sich geschlossen. Die selbst nach dem Ermächtigungsgesetz unzulässige Totalgleichschaltung des Parlaments, die das Gesetz vom 14. Juli vollendete, versetzte den Reichstag der Zukunft in eine reine Akklamationsrolle gegenüber einer Regierung, die das alleinige Gesetzgebungsrecht beanspruchte und ausübte – und dies auf Grund eines Gesetzes, das sie selbst schon doppelt durchbrochen hatte. Das Gesetz vom 14. Juli war ein machtpolitischer Willkürakt selbst dann, wenn man die Legalität des Ermächtigungsgesetzes annahm; durch die Verletzung dieses Grundgesetzes der nationalsozialistischen Revolution selbst war, auch formal gesehen, die gesamte nationalsozialistische Gesetzgebung der folgenden 12 Jahre ungesetzlich, das „Dritte Reich" nach den Vorgängen des 28. Februar und des 23. März selbst formaljuristisch als „Unrechtsstaat" begründet.

Die Auswirkungen des Aktes vom 14. Juli sind kaum zu überschätzen. Von nun an hatte es Hitler stets in der Hand, einen Einparteien-Reichstag nach Belieben zu der Zweidrittelmehrheit zu kommandieren, deren er zur Überschreitung der im Ermächtigungsgesetz noch gezogenen Grenzen bedurfte, sofern er überhaupt auf die Legalisierung weiterer Gewaltakte Wert legen mochte und sich nicht einfach über die Reste der Verfassung pauschal hinwegsetzte. Auf diese Weise wurde dann auch nur ein halbes Jahr später der Reichsrat abgeschafft, [208] dessen Integrität ebenfalls im Ermächtigungsgesetz garantiert gewesen war, und zwar einfach, indem der Reichstag durch ein verfassungsänderndes Gesetz am 30. Januar 1934, natürlich einstimmig und nicht nur mit Zweidrittelmehrheit, sämtliche Hoheitsrechte der Länder beseitigte. Gleichzeitig hat der Reichstag die Regierung sogar generell ermächtigt, ohne jede Einschränkung neues Verfassungsrecht zu erlassen, wie es ihr belieben mochte; auf diese Vollmacht hat sich dann die Legalisierung jenes Aktes gestützt, der nach dem Mehrparteien-Reichstag mit dem Reichsrat auch die zweite Schranke beseitigte, die das Ermächtigungsgesetz noch vor der Willkür der Diktatur aufgerichtet hatte. Nur ein weiteres halbes Jahr später ist schließlich auch die dritte Schranke gefallen: [209] die Position des Reichspräsidenten, die Hitler sofort nach Hindenburgs Tod ebenfalls an sich gezogen hat, in diesem Fall freilich nicht mehr durch den gleichgeschalteten Reichstag, sondern propagandistisch wirkungsvoller durch eine Volksabstimmung, die nach totalitärem Muster ohne Alternative oder Gegenkandidaten als reiner Akklamationsakt inszeniert wurde. Schon am selben 14. Juli 1933 war dafür das neue Gesetz über die Volksabstimmung erlassen worden, das die gänzliche Ausschaltung parlamentarischer Beschlußfassung besiegelt und der Diktatur die seit Napoleons Tagen bewährte plebiszitäre Grundlage und Legitimierungsform gegeben hat. [210] Schließlich wurde auch die letzte Einschränkung des Ermächtigungsgesetzes, seine Befristung auf die Dauer von vier Jahren, im Jahre 1937 durch ein vom Reichstag beschlossenes verfassungsänderndes Gesetz beseitigt, [211] das Ermächtigungsgesetz dadurch um weitere vier Jahre in Kraft gehalten und zuletzt 1943 dann durch eigenmächtige Verfügung Hitlers erneut verlängert, nachdem schon seit 1937 überhaupt keine Kabinettssitzungen mehr

---

208 Vgl. u. II. Teil, S. 597 ff.
209 Vgl. u. Nachwort.
210 Vgl. u. S. 350 ff.
211 Dazu Hans Schneider (Anm. II/146), S. 212 f.

stattfanden. [212] Der Legalisierungsmechanismus des „Dritten Reiches" tritt auch hier in seinem zutiefst rechtswidrigen Willkürcharakter klar genug zutage.

Obwohl alle diese Akte lediglich dazu da zu sein schienen, die tatsächlich schon geschaffenen Situationen, die durch Zwang, Drohung und Willkür vollzogene Machtergreifung nachträglich zu legalisieren, sollte ihre Bedeutung doch auch nicht unterschätzt werden. Gewiß, es handelte sich nur um „formaljuristische Legalitätsverkleidung" [213] ohne Einfluß auf die wirklichen politischen Initiativen der nationalsozialistischen Machthaber. Aber gleichzeitig bleibt doch zu bedenken, daß diese Technik der legalistischen Verkleidung totaler Herrschaftspraxis für eine formaljuristisch orientierte Beamtenschaft und Justiz damals Bedeutung hatte und noch heute hat. Symptomatisch für die wachsende Verankerung des Regimes auch in den Formen des Tages und besonders im Bereich der Bürokratie erscheint die wenige Tage später, am 20. Juli, durch Erlaß des Reichsministeriums des Innern erfolgte Einführung des Hitlergrußes für die Beamtenschaft. [214]

So war mit dem Abschluß des äußeren Prozesses der Machtergreifung in der Vollendung des Einparteienstaats zugleich auch die „nationalsozialistische Revolution" [215] in ein neues Stadium getreten. Anknüpfend an die Erklärungen vom März 1933 [215] hat Hitler seinerseits in einer Rede vor den Reichsstatthaltern schon eine Woche vor der endgültigen Legalisierung des Einparteienstaats den „Abschluß der Revolution" verfügt. [216] Zwar unterstrich er die noch verbleibende Aufgabe: „Wir müssen jetzt die letzten Überreste der Demokratie beseitigen, wie sie heute noch vielfach bei den Kommunen, in wirtschaftlichen Organisationen und Arbeitsausschüssen vorkommen..." Aber als das wesentliche Ziel der kommenden Periode sollte gelten: „Der Erringung der äußeren Macht muß die innere Erziehung des Menschen folgen." Nicht die permanente Revolution, sondern Befestigung und Ausbau der errungenen Alleinherrschaft, die Hinüberleitung der freigewordenen Revolution „in das sichere Bett der Evolution" sollten den weiteren Kurs des Regimes bestimmen. Deshalb dürften zumal in der Wirtschaft Fachleute, auch nicht-nationalsozialistische, erst ausgewechselt werden, wenn sie ersetzbar seien; es gelte, „Position um Position zu sichern", man müsse sich „auf viele Jahre einstellen und in ganz großen Zeiträumen rechnen", man solle praktisch und nicht ideologisch denken, nicht doktrinär umstürzen, sondern „klug und vorsichtig" vorgehen.

Vier Tage später hat Frick in einem Rundschreiben an die Reichsstatthalter und Landesregierungen mit ähnlichen Argumenten „die ausschließliche Autorität des Staates" betont. [217] Ausgehend von Hitlers Diktum: „Die Partei ist jetzt der Staat geworden. Alle Macht liegt bei der Reichsregierung", [218] hat Frick aus der Errichtung des Einparteienstaates „für alle Zeiten" zugleich die Folgerung gezogen, daß fürderhin „alle Macht" in den Händen der von Hitler allein geführten Reichsregierung liege, „in der alle entscheidenden Ämter [!] mit zuverlässigen Nationalsozialisten besetzt sind". Die weitere Aufgabe der Regierung könne nur sein, „die in ihr vereinigte totale Macht geistig und wirtschaftlich zu untermauern". Dies werde durch das Gerede von einer weiteren oder zweiten Revolution und durch willkürliche Eingriffe besonders in die Wirtschaft „auf das schwerste gefährdet"; keine nationalsozialistischen Organisationen oder Parteistellen dürften sich künftig Regierungsbefugnisse anmaßen, auch die Kommissare — wesentlich doch Exekutoren der Revolution — seien abzubauen, „da jede Art

---

212 Vgl. Papen (Anm. I/11), S. 295.
213 Brecht, *Vorspiel. . .* (Anm. I/2), S. 159 f.
214 *Die Gesetzgebung. . .* (Anm. I/31), Heft 3, S. 63 f.
215 Vgl. o. S. 148.
216 Am 6. Juli 1933; abgedr. im *VB* vom 8. Juli 1933 und in: *Die Reden Hitlers. . .* (Anm. II/135), S. 62 ff.
217 Am 11. Juli 1933; abgedr. im *VB* vom 12. Juli 1933.
218 *VB* vom 8. Juli 1933 (o. Anm. III/216).

von Nebenregierung mit der Autorität des totalen Staates unvereinbar ist". Und schließlich hat auch Goebbels in einer Rede „an das deutsche Volk" [219] wenig später den „Abschluß der nationalsozialistischen Revolution" verkündet. Er warnte vor den „getarnten bolschewistischen Elementen, die von einer zweiten Revolution sprechen", und er betonte, Hitler habe „unsere Revolution gerade im richtigen Augenblick aufgefangen. Nachdem wir den Staat mit seiner ganzen Machtfülle besitzen, haben wir es nicht mehr nötig, Positionen mit Gewalt zu erobern, die gesetzmäßig unser eigen sind."

In seiner feierlich verlesenen Proklamation zur Eröffnung des 5. Nürnberger Reichsparteitages (des „Kongresses des Sieges", am 1. September 1933), die noch einmal Auseinandersetzung mit dem zerschlagenen Parteiensystem war, hat Hitler schließlich die Partei zur „einzigen Trägerin der Staatsgewalt" erklärt und verkündet, daß nach der Zerschlagung des parlamentarisch-demokratischen Prinzips künftig an die Stelle des „Rechts auf freie Kritik" die intensive „politische Erziehungsarbeit am deutschen Volke" trete. Unter Führung der Partei solle das Prinzip der Autorität und Disziplin, „der verantwortlichen Autorität nach unten und der autoritären Verantwortung nach oben" allenthalben durchgesetzt werden; da die politischen Entscheidungen von oben gefällt werden müßten, habe die Partei die Pflicht, mittels einer „durch den lebendigen Kampf bedingten Auslese das politisch befähigste Menschenmaterial in Deutschland zu finden und ... zu vereinen".[220] So hat Hitler das wohl stets umkämpfte Zentralproblem jedes Einparteienstaates, das Problem des Verhältnisses von Monopolpartei und totalitärem Staatsapparat, das als wechselvoller Dualismus mit nicht abreißenden Konflikten fortdauerte, scheinbar durch den flexiblen Begriff der „Führerverfassung" zu lösen gesucht: Im Sinne des Elitegedankens hatte die Partei eine feste Führungshierarchie aufzubauen und als die große „politische Ausleseorganisation" [221] zu wirken.

Die Tendenz ging nach Hitlers Willen wohl dahin, den Staat wenn nicht abzulösen, so doch auf reine Verwaltungsaufgaben, die „Fortführung der historisch gewordenen und entwickelten Verwaltung der staatlichen Organisationen im Rahmen und mittels der Gesetze" zu beschränken und ihm alle politischen Funktionen zu entziehen. Aber gleichzeitig blieb doch die Formulierung in aller Unbestimmtheit stehen: „Was staatlich gelöst werden kann, wird staatlich gelöst, was der Staat seinem ganzen Wesen nach eben nicht zu lösen in der Lage ist, wird durch die Bewegung gelöst." [222] Und der parteiamtliche Kommentar zog daraus den entsprechenden Schluß: „In dieser Polarität zwischen politischer Bewegung und staatlicher Bürokratie wird das Leben der Nation in Zukunft seinen Ausdruck finden. Die Entwicklung wird damit sowohl geschützt sein vor allzu raschen Experimenten, wie vor der Erstarrung bürokratischer Zuständigkeitsängste." [223]

In Wahrheit hat Hitler das Problem wohl ganz bewußt bis zum Ende des „Dritten Reiches" offengelassen. Auch der erste gesetzgeberische Akt, der es abschließend zu regeln suchte, enthielt trotz der scheinbar definitiven Bezeichnung nichts weniger als eine Lösung des Dilemmas: Das „Gesetz zur Sicherung der Einheit von Partei und Staat" vom 1. Dezember 1933 [224] hat zwar lapidar bestätigt, daß „nach dem Sieg der nationalsozialistischen Revolution ... die Nationalsozialistische Deutsche Arbeiter-

---

[219] Am 17. Juli 1933; abgedr. in: *Der Angriff* vom 18. Juli 1933.

[220] *Der große Reichsparteitag der NSDAP in Nürnberg vom 1. bis 3. September 1933. Der Kongreß des Sieges,* Dresden 1934, S. 8.

[221] Vgl. die spätere parteioffiziöse Zusammenfassung dieses Gedankens bei Helmut Mehringer, *Die NSDAP als politische Ausleseorganisation,* München 1938, S. 40 ff.; S. 112 ff.

[222] So Hitler in Nürnberg 1935: *Der Parteitag der Freiheit vom 10. bis 16. September 1935. Offizieller Bericht,* 2. Aufl., München 1935, S. 283 f.; S. 30; vgl. auch Gottfried Neeße, *Partei und Staat,* Hamburg 1936, S. 47 ff.

[223] *Der Parteitag...,* a. a. O., S. 7.

[224] *RGBl.,* I, 1933, S. 1016.

partei die Trägerin des deutschen Staatsgedankens und mit dem Staat unlöslich verbunden" sei (§ 1), und es verfügte, daß der in seiner schwer erfaßbaren Funktion als
Repräsentant Hitlers in der Partei besonders hervorgehobene „Stellvertreter des
Führers" (Heß) [225] und der „Chef des Stabes der SA" (Röhm), also die Spitzen der
politischen und militärischen Organisationen der NSDAP, als künftige Mitglieder der
Regierung die enge Zusammenarbeit von Partei und Staat gewährleisten sollten (§ 2);
aber auch als eine Körperschaft öffentlichen Rechts, deren Satzung allein der „Führer"
zu bestimmen hatte (§ 1), sollte sie mit Unterstützung durch die öffentlichen Behörden eine eigene Partei- und SA-Gerichtsbarkeit mit Recht zur Verhängung von Haft-
und Arreststrafen behalten (§ 3), [226] und über die allgemein-pathetische Formel von
der „Einheit von Partei und Staat" hinaus enthielt auch dies Gesetz, das eher vom
Gedanken der Gleichschaltung als der Verschmelzung bestimmt war, keine konkrete
Klärung des Verhältnisses von Partei- und Staatskompetenzen. Vielmehr ist nicht nur
der Dualismus von Staat und Partei, die institutionelle wie personelle Spannung
zwischen einer dynamischen, weiterhin von revolutionären Sonderwünschen getriebenen Parteibewegung und einem zwar stark reglementierten und „gesäuberten",
doch weiterhin beharrlich in sich ruhenden Staatsapparat immer wieder aufs neue
aufgebrochen, sondern auch eine Fülle von Interessen- und Kompetenzkonflikten
innerhalb dieses Spannungsfeldes geblieben, lange bevor die Entstehung eines SS-Staates mit eigener Bürokratie und Macht zwischen und über den Bereichen von Staat und
Partei der Problematik eine neue Zuspitzung gab. [227]

Wohl hat es an Formeln zur rationalen Lösung des inneren Konflikts nicht gefehlt:
Neben die frühen Versuche Carl Schmitts, [228] eine Trinität von „Staat, Bewegung,
Volk" zu begründen, hat die nationalsozialistische Beamtenideologie dann die Rangordnung Führer – Bewegung – Volk – Staat gesetzt. [229] Doch brachen die Spannungen
auch äußerlich auf den verschiedensten Gebieten immer von neuem auf. Sie entzün-
deten sich fortwährend an der Frage, welche Funktion eine totalitäre Partei nach Eroberung des Staates und Ausschaltung aller konkurrierenden Parteien und Gruppen
überhaupt noch haben konnte, ob sie nicht vielmehr ganz in diesem ihrem Staat aufgehen und also ihre Sonderexistenz verlieren müßte. Das ist nicht geschehen, der
Dualismus blieb, weil eben entsprechend der alten These Hitlers, „daß alle künftigen
Institutionen dieses Staates von einst aus der Bewegung selbst herauswachsen müssen", [230] die NSDAP schon in der „Kampfzeit" ihre Organisation im kleinen der des
Staates nachgebildet und zu allen Bereichen des öffentlichen Lebens ein fest gefügtes
System von Fachämtern, eigene außen-, wirtschafts-, finanz-, arbeits-, agrar- und
auch militärpolitische Ressorts aufgebaut und eine große hauptamtliche Angestellten-
apparatur hervorgetrieben hatte, die, auch wenn sie als Rahmen der totalitären Gleichschaltung dienen sollten, nach der Machtergreifung nicht durchweg mit den entsprechenden staatlichen Ressorts zu verschmelzen waren; sie alle drängten weiterhin auf
Übernahme der entsprechenden Verbands- und Staatsämter. Man erinnert sich an
Darrés „agrarpolitischen Apparat" und seinen – in diesem Fall erfolgreichen – Kampf
mit Hugenberg, an die jahrelange Rivalität zwischen „Büro Ribbentrop" und Aus-

---

[225] Dazu auch Hans Buchheim in: *Gutachten. . .* (Anm. I/125), S. 323 f.

[226] Vgl. die *Richtlinien für die Parteigeschichte der NSDAP in der Fassung vom 17. Februar 1934*, hrsgg. von
der Reichsleitung der NSDAP (Heß), München 1934, S. VI: „Darum sind die Parteirichter nur ihrem nationalsozialistischen Gewissen verhaftet. . ., und untertan sind sie nur dem Führer."

[227] Dazu besonders Hans Buchheim, „Die SS in der Verfassung des Dritten Reiches", in: *Vierteljahrshefte für
Zeitgeschichte* 3 (1955), S. 127 ff.

[228] Carl Schmitt, *Staat, Bewegung, Volk. Die Dreigliederung der politischen Einheit*, Hamburg 1933.

[229] *Der Beamte im Geschehen der Zeit. Worte von Hermann Neeß*, Berlin 1936 (von der NS-Beamtenorgani-
sation in 300 000 Exemplaren verbreitet).

[230] Hitler, *Mein Kampf* (Anm. Einl./41), S. 673.

wärtigem Amt und vor allem an das Nebeneinander der SA-Parteiarmee, der Wehrmacht und später besonders der SS. In allen Fällen trafen dabei institutionelle und personelle Probleme zusammen: vor allem auch das Problem der unbefriedigten Parteianhänger und Funktionäre, die den Staat als ihre Beute betrachteten und bei der Verteilung der Posten schlecht weggekommen zu sein glaubten. Es ist nur ein halbes Jahr nach dem Gesetz zur Sicherung der Einheit von Partei und Staat mit blutiger Dramatik in jener Entwicklung aufgebrochen, die das Verhältnis von Staat, Wehrmacht, Partei und ihren paramilitärischen Organisationen neu bestimmt hat. [231]

Geblieben sind jene vier Funktionen, die einer totalitären Partei nach der Machteroberung zufallen: Schaffung einer neuen politischen Elite, Kontrolle und „Erziehung" der Massen, Verbindung zwischen Staat und Gesellschaft, schließlich, als Sinn und Ergebnis dieser Funktionen, die Befestigung und Ausweitung der neuen Macht- und Elitestruktur auf der Basis der absoluten Monopolstellung der einen Partei. [232] Rascher als der Faschismus in Italien, der in gleicher Weise im Rahmen einer Koalitionsregierung zur Macht gekommen, aber noch vier Jahre lang (bis 1926) mit der Ausschaltung der Partner und der Zerschlagung der Oppositionsgruppen beschäftigt war, hat der Nationalsozialismus zwischen Januar und Juli 1933 diese Basis zu schaffen vermocht. Freilich: daß die Partei dem Staat befiehlt, mag wohl als Imperativ des totalitären Einparteienstaats gelten; es traf aber, so scharfsinnig es eine der besten Analysen nachzuweisen sucht, [233] stets nur auf Teilaspekte zu und mochte sich nicht selten auch ins Gegenteil verkehren. Eher trifft die Formulierung zu, daß die Partei quasi-staatliche Privilegien besaß und außerstaatliche Funktionen ausübte. [234] So blieb die eine übergreifende Bindung: die Allmacht des „Führers". Daß seine Position durch die Ungeklärtheit der Beziehungen von Partei und Staat wie durch die Kompetenzkonflikte in ihrem Gefolge nur noch gesteigerte Bedeutung und Machtfülle gewann, ist unbestreitbar. Nach Hindenburgs Tod trat dies noch schärfer hervor; es wird am Schluß zu prüfen sein, wieweit man darin ein bewußtes Mittel diktatorischer Herrschaft, wieweit ein unüberwindbares Dilemma totalitärer Diktatur zu erblicken hat. [235] Auch von daher erscheint jedoch die Meinung von der übersichtlicheren und effektiveren „Ordnung" in diktatorisch-totalitären Staaten als eine Legende, der die demokratische Staats- und Gesellschaftsauffassung zu ihrem eigenen Schaden immer wieder erliegt: Der verlustreiche *divide et impera*-Pluralismus des NS-Führerstaats und schließlich die Katastrophe des „Dritten Reiches" haben sie nachdrücklich widerlegt.

Aber jedenfalls haben die Ereignisse am Jahrestag der Erstürmung der Bastille – einst Symbol der Erhebung gegen eine absolute Herrschaft – mit der Beseitigung aller konkurrierenden politischen Gruppen die nationalsozialistische Alleinherrschaft in Deutschland auch formal besiegelt und damit die erste große Phase der Machtergreifung abgeschlossen. Ein offener, „legaler" Kampf gegen die nationalsozialistische Herrschaft war nun nicht mehr möglich: „Der Vorhang war gefallen. Das große Schweigen hatte begonnen." [236] Es mußte sich nun zeigen, ob und wie die nationalsozialistische Führung ihre Herrschaft auch außenpolitisch abzuschirmen (Kap. IV) und gleichzeitig auf die letzten Lebensbereiche im geistigen Raum auszudehnen (Kap. V), sie zur wahrhaft totalen Herrschaft im gesamten Existenzraum der Nation auszubauen und endgültig zu befestigen vermochte.

[231] Vgl. u. III. Teil, IV. Kap.

[232] Sigmund Neumann (Anm. Einl./4), S. 126 ff., mit grundlegenden Ausführungen über Begriff, Struktur und Dilemma der diktatorischen Monopolpartei im totalitären Staat.

[233] Franz L. Neumann, *Behemoth* (Anm. Einl./4) in seiner Polemik gegen Ernst Fraenkel (*The Dual State*, Anm. III/17).

[234] Robert Pelloux, *Le parti national-socialiste et ses rapports avec l'état*, Paris 1936, S. 35 ff.

[235] Vgl. u. Nachwort.

[236] Brecht, *Vorspiel...* (Anm. I/2), S. 162.

Viertes Kapitel

DAS „DRITTE REICH" ZWISCHEN ABSCHIRMUNG UND EXPANSION

1. Grundlagen und Triebkräfte nationalsozialistischer Außenpolitik

Die Stellung des Nationalsozialismus in der politischen und sozialen Wirklichkeit des 20. Jahrhunderts ist, bei aller Bedeutung der spezifisch deutschen Voraussetzungen, nur aus seiner europäischen, überstaatlichen Einbettung und Zielsetzung voll zu bestimmen. Der Mechanismus totalitärer Herrschaftstechnik beruht auf dem engen Zusammenhang von innen- und außenpolitischer Machtpolitik: in dem Sinne, daß der in alle Sphären vordringenden „Erfassung" und Gleichschaltung der Bevölkerung nach innen eine letztlich grenzenlos gedachte Ausweitung des Herrschaftsbereichs nach außen entspricht. Es kann hier nicht eingehender diskutiert werden, wieweit dies nicht nur das deutsche und italienische Phänomen, sondern auch die sowjetische Ausprägung des Totalitarismus betrifft, ob also über die innenpolitischen Parallelen hinaus auch das sowjetimperialistische Konzept mit der Endvorstellung der Weltrevolution in solche Überlegungen einbezogen werden könnte. Für den Nationalsozialismus wie für den Faschismus ist jedenfalls charakteristisch, daß Ursprung und Zielrichtung der Revolutionsbewegung jenen Antrieben außenpolitischen Herrschafts- und Expansionsanspruchs entspringen, die der Begriff des Imperialismus bezeichnet.

Freilich hat man es hier nicht mehr mit dem ursprünglichen, gleichsam klassischen Vorgang imperialer Staats- und Herrschaftsausdehnung der Antike, des Mittelalters oder auch der frühen Neuzeit zu tun. Problematisch, neuartig nach Form und Dimension wurden Erscheinung und Begriff des Imperialismus in dem Augenblick, in dem er in eine vielfältige Verflechtung und zugleich in ein folgenschweres Spannungsverhältnis vor allem zu jener Bewegung geriet, die seit dem Ausgang des 18. Jahrhunderts die soziale Emanzipation und politische Dynamik im Zeichen des industriellen Massenzeitalters so entscheidend gefördert und zugleich kompliziert hat: den modernen Nationalismus. Im Begriff des *Imperiums* steckt der Gedanke der übernationalen Vorherrschaft, in der demokratisch akzentuierten Idee von der Souveränität der *Nation* der Gedanke der Selbstbestimmung, der Volkssouveränität auf ethnisch-nationaler Grundlage. Begrifflich wie inhaltlich eine Kontraststellung also, die in der Tat gerade auch in unserem Jahrhundert die Verflechtung demokratisch-nationaler Emanzipationsbewegungen mit universal-imperialistisch gerichteten, quer durch alle Nationalismen laufenden Ideologiekonflikten beherrscht.

Der Nationalsozialismus im weiteren, die nationalsozialistische Außenpolitik im engeren Sinne standen voll im Zeichen jenes Konflikts von nationalen und imperialen Tendenzen: Mit dem Gedanken einer deutschen Selbsterfüllung in der Durchsetzung des nationalstaatlichen Prinzips bis zur letzten Konsequenz traf sich, diese Tendenz verschärfend und überlagernd, der ideologisch verankerte Anspruch auf Herrschaft, auf imperiale Sendung, mit den Stichworten „Lebensraum", hegemoniale Neuordnung Europas, schließlich rassisch begründete Weltherrschaft. Man findet dies historisch begründete Problem schon in den Selbstzeugnissen des aufsteigenden Nationalsozialismus mit voller Schärfe aufgeworfen. Noch im Jahre 1932, als die Weimarer Republik dem Ansturm des totalitären Radikalismus zu erliegen begann, stand in den offiziösen Broschüren der kommenden Machthaber zum Axiom des Nationalismus nicht viel anderes als in den Schriften fast aller deutschen Parteien. Der erste Punkt des nationalsozialistischen Programms forderte „den Zusammenschluß aller Deutschen auf Grund des Selbstbestimmungsrechtes der Völker zu einem Groß-Deutschland", und der offizielle Kommentar erläuterte die „Aufrichtung eines geschlossenen Nationalstaates, der alle deutschen Stämme umfaßt", noch im einzelnen: „Alle, die deutschen Blutes sind, ob sie heute unter dänischer, polnischer, tschechischer, italienischer oder französischer Oberhoheit leben, wollen in einem Deutschen Reich vereinigt sein. – Wir fordern nicht mehr und nicht weniger, als was zugunsten unserer Feinde verlangt wurde – das Selbstbestimmungsrecht der Deutschen auf ihre Angehörigkeit zum Mutterland – zur deutschen Heimat. Wir verzichten auf keinen Deutschen im Sudetendeutschland, in Elsaß-Lothringen, in Polen, in der Völkerbundskolonie Österreich und in den Nachfolgestaaten des alten Österreich. Aber diese Forderung enthält sich und entbehrt trotzdem jeder imperialistischen Tendenz, es ist die schlichte und natürliche Forderung, die jedes kraftvolle Volkstum als Selbstverständlichkeit aufstellt und anerkannt..."[1]

Dies also die eine Seite: ganz unmißverständlich die Durchsetzung des nationalstaatlichen Prinzips, nicht weniger, aber auch – wie emphatisch erklärt wird – nicht mehr. Damit war gewiß die ganze Fülle im Grunde unlösbarer Probleme aufgeworfen, die der Durchsetzung des nationalstaatlichen Prinzips von Anfang an entgegenstanden, seit es im ethnisch und sprachlich so vielfach verflochtenen Mittel- und Osteuropa zum Grundprinzip der politischen Emanzipation und staatlichen Gliederung erhoben worden war. Auch der Rückschlag, den die nie saturierte deutsche Nationalstaatsbewegung mit dem Ausgang des ersten Weltkriegs erlitten hatte, der Vertrag von Versailles, hatte doch zugleich die Bedeutung, im Anschluß an die Parole vom Selbstbestimmungsrecht der Völker das nationalstaatliche Prinzip vor allem im Bereich des Habsburgerreichs ganz zu verwirklichen. Der Revisionismus, den die deutsche Öffentlichkeit samt allen Parteien daraus ableitete,[2] war in der nationalsozialistischen Programmatik lediglich noch um einige jener Forderungen – nicht einmal alle – erweitert, die schon der alldeutschen Propaganda der nachbismarckschen Zeit eigen waren. Auch in dieser Fassung blieb jedenfalls die scheinbare Selbstbegrenzung des Nationalsozialismus auf volle Befriedigung der Nationalstaatsidee erhalten, wenngleich das Programm (Punkt 3) entgegen der Kritik in Hitlers *Mein Kampf*[3] auf eine Wiederaufnahme des Kolonialgedankens wenigstens in Parenthese nicht ganz verzichtet hat. Nach seiner inneren Argumentation wie in seinem äußeren Erfolg erschien der Nationalsozialismus, gerade auch mit seinem außenpolitischen Rigorismus, den Zeitgenossen doch in erster Linie als eine Frucht, wenn nicht gar eine Konsequenz von Versailles.[4]

---

[1] Gottfried Feder, *Das Programm der NSDAP und seine weltanschaulichen Grundgedanken* (*Nationalsozialistische Bibliothek*, H. 1), 66.–70. Aufl., München 1932, S. 42.

[2] Auf die Fülle der diesbezüglichen Literatur kann hier nicht eingegangen werden; eine zusammenfassende Analyse steht noch aus. Für Teilaspekte vgl. die ungedr. Dissertation von Gerhard Zwoch, *Die Erfüllungs- und Verständigungspolitik der Weimarer Republik und die deutsche öffentliche Meinung*, Kiel 1950, sowie die von dem 1924 gegründeten Verein „Grenzbüchereidienst und Bildungspflege" hrsgg. Verzeichnisse, zuletzt: *Das grenzdeutsche Schrifttum. Ein bibliographisches Verzeichnis*, Berlin 1933; zum Problem des Auslandsdeutschtums auch die Bibliographie bei W. M. Knight-Patterson, *Germany from Defeat to Conquest. 1913–1933*, London 1945, S. 605 ff. Der neueste Versuch einer Gesamtanalyse von deutscher Seite (Ludwig Zimmermann, *Deutsche Außenpolitik in der Ära der Weimarer Republik*, Göttingen–Berlin–Frankfurt 1958) bleibt infolge der einseitigen Wiederholung der Anti-Versailles-These leider recht unbefriedigend und oberflächlich, sucht vor allem die Schuld der „anderen" zu erweisen.

[3] Hitler (Anm. Einl./41), S. 742; S. 744 (Berufung auf Bismarck).

[4] So (bequemerweise) selbst die sozialdemokratische These (Braun, Anm. I/50, S. 5): „Auch wird von Politikern des Auslandes oft die Frage an mich gerichtet: wie konnte es in Deutschland nur zu der Hitler-Diktatur kommen?

Dies war freilich nur eine Seite. Denn das Gegenstück, der imperialistische Ansatz der deutschen Politik, ergibt sich tatsächlich, nur scheinbar paradox, gerade aus der nationalstaatlichen Problematik, in die schon der Bismarckstaat als kleindeutsche Lösung seinem Entstehen und Wesen nach hineingewachsen war. Da war die vielfältige Streuung der nationalen Minderheiten aus der vornationalstaatlichen Ära, und da war vor allem das Problem der Einflußsphären, die einst dynastisch und kirchlich, jetzt kultur- und wirtschaftspolitisch begründet und gerechtfertigt wurden. Die Zerspaltung des mittel- und osteuropäischen Raums in selbstbewußte Nationalstaaten hat hier Einbruchsstellen für expansive Ansprüche geschaffen, die zu neuen Formen imperialistischer Ausdehnung und Oberherrschaft drängten. Bedenkt man die Sprengkraft der litauisch-polnischen, der polnisch-deutschen, der polnisch-tschechischen, der deutsch-tschechischen, der österreichischen, der ungarisch-rumänischen, der jugoslawisch-italienisch-österreichischen Minderheitsfragen zwischen den beiden Weltkriegen, bedenkt man zugleich die mit dem Großmachtanspruch verbundene Interessenverflechtung der führenden europäischen Staaten, dann wird deutlich, wie unlösbar ein konsequenter, von allen historisch-politischen Tagesbedingungen abstrahierender Total-Nationalismus auch in der allgemeinen Form der nationalsozialistischen Programmforderung mit dem Problem imperialistischer Machtpolitik verknüpft war.

Doch bedarf die Analyse, selbst wenn sie von der späteren Realität nationalsozialistischer Außenpolitik absieht, nicht einmal solcher indirekten Interpretationen, um den Imperialismus in seiner modernen, zum Brutalen ausgeweiteten Prägung als ein Grundprinzip des Nationalsozialismus selbst zu erweisen. Die österreichisch-sudetendeutschen Grundlagen dieser Bewegung waren auf den Geist des Hasses, der Intoleranz, des rassischen und kulturellen Überlegenheitsgefühls gestellt, der für das deutsch-slawische Verhältnis mit seinen ethnischen und herrschaftspolitischen Überlagerungsproblemen weithin charakteristisch war. [5] Hitler selbst hat darüber in der pathetischen Schilderung seines geistigen Werdegangs keinen Zweifel gelassen. Vor allem aber enthielt der Begriff des „National-Sozialismus" von Anfang an die Elemente dieser Verbindung. Der Begriff des „Nationalismus", in sich selbst nur scheinbar Gegenbegriff zum Imperialismus, wurde von Hitler früh im spezifischen Sinne des völkischen Staates gefaßt; er erhielt hier den viel weitergehenden, die klassischen Definitionen sprengenden Sinn, „zwischen der Zahl und dem Wachstum des Volkes einerseits und der Größe und Güte des Grund und Bodens andererseits ein gesundes, lebensfähiges, natürliches Verhältnis" zu schaffen. [6] In Verbindung mit dem biologischen Rassenbegriff hieß dies, daß ein hochwertiges Volk über genügend „Lebensraum" verfügen müsse, sowohl ernährungspolitisch wie – und hier liegt der entscheidende Akzent – militärpolitisch. So fließend und unklar diese Konzeptionen im einzelnen erscheinen mochten, so deutlich war doch ihre Stoßrichtung. Wohl hat sich Hitler vom herkömmlichen Kolonial-Imperialismus distanziert, aber er hat sich doch zugleich auch auf die britische Herrschaft in Indien bezogen – wie er sie verstand –, und er hat unmißverständlich formuliert: „Damit ziehen wir Nationalsozialisten bewußt einen Strich unter die außenpolitische Richtung unserer Vorkriegszeit. Wir setzen dort an, wo man vor sechs Jahrhunderten endete. Wir stoppen den ewigen Germanenzug nach dem Süden und Westen Europas und weisen den Blick nach dem Land im Osten. Wir schließen endlich

---

Ich kann immer nur antworten: Versailles und Moskau." Vgl. aber die Gesichtspunkte bei Boris Čelovský, *Das Münchener Abkommen, 1938 (Quellen und Darstellungen zur Zeitgeschichte*, Bd. 3), Stuttgart 1958, S. 15 f., sowie bei Sigmund Neumann (Anm. Einl./4), S. 260 ff.

[5] Vgl. dazu H. G. Skilling, "Austrian Origins of National Socialism", in: *University of Toronto Quarterly* 10 (1940–41), S. 483 ff. Der Begriff der herrschaftspolitischen Überlagerung als Grundprinzip der geschichtlich-politischen Weltgestaltung ist besonders im Werk Alexander Rüstows entwickelt worden: *Ortsbestimmung der Gegenwart. Eine universal-geschichtliche Kulturkritik*, 3 Bde., Erlenbach–Zürich 1950–57.

[6] Hitler (Anm. Einl./41), S. 728.

ab die Kolonial- und Handelspolitik der Vorkriegszeit und gehen über zur Boden-politik der Zukunft. Wenn wir aber heute in Europa von neuem Grund und Boden reden, können wir in erster Linie nur an Rußland und die ihm untertanen Rand-staaten denken." [7]

Diesem Begriff eines imperialistisch erweiterten Nationalismus, den Hitler im Sinne einer verwandelt-manipulierten Reichsidee schon bei der Konzeption von *Mein Kampf* ganz offen zum Leitbild einer nie geänderten, nur taktisch zeitweilig verschleierten Lebensraum-Politik erhoben hat, trat in der Ideologie des Nationalsozialismus das Schlagwort des *Sozialismus* zur Seite. Hier war er freilich als „deutscher", als „natio-naler Sozialismus" gefaßt und bewußt dem international gerichteten Sozialismus, der Klassen- und Emanzipationsdynamik der Arbeiter- und Gewerkschaftsbewegung entgegengesetzt. In diesem Sinne hat dann z. B. auch ein vieldiskutiertes Buch von Werner Sombart gewirkt, [8] wurde an der Universität Köln ein „Forschungsinstitut für deutschen Sozialismus" eingerichtet, hat schließlich auch einer der angesehenen Kröner-Bände Pioniere dieses nationalen Sozialismus als Vorläufer der im national-sozialistischen Staat verwirklichten „Volksgemeinschaft" zu entdecken und von der „marxistisch-jüdischen", übernationalen Sozialismustradition abzuheben gesucht. So-wohl der französischen Aufklärungs- und Revolutionstheorie wie besonders natür-lich Marx, aber auch Lassalle, wurde die konstruierte Traditionslinie eines „deutschen Sozialismus" entgegengestellt, die gegen Marxismus und Kapitalismus gleichermaßen in den Kampf zieht und in der vielgepriesenen Kameradschaft des ersten Weltkriegs ihre Wiedergeburt findet. [9]

Die Ideologie vom „nationalen Sozialismus" hat tatsächlich, so wenig stichhaltig ihre pseudowissenschaftliche, auf die Bedürfnisse des Hitler-Regimes zugeschnittene Begründung war, eine wichtige Funktion in der expansionistischen Herrschaftspolitik des Nationalsozialismus erhalten. Sie ist zu fassen im Phänomen des *Sozialimperialis-mus,* d. h. in jenem politisch und ökonomisch zugleich begründeten Manipulations-vorgang, durch den mit Hilfe einer intensiven psychologischen Propaganda die sozialen Emanzipations- und Bewegungskräfte *innerhalb* des Staates auf die Expansion der *äußeren* Grenzen und die Steigerung des nationalen Prestigegefühls abgelenkt, schein-bar kompensiert und letztlich sogar in ein Instrument imperialistischer Machtpolitik verkehrt werden. [10] Gewiß hat man es auch hier nicht mit einem gänzlich neuen Phänomen zu tun. Ähnliche Ablenkungs- und Manipulationstendenzen sind nicht nur gleichzeitig im faschistischen Italien wirksam geworden. Sie hatten auch schon die deutsche Entwicklung im 19. Jahrhundert mit der Wendung vom innenpolitisch zum außenpolitisch bestimmten Freiheitsbegriff beeinflußt, deren Ergebnis die Selbstauf-gabe des deutschen Liberalismus unter dem Eindruck des Bismarckschen Primats der

---

[7] *A. a. O.,* S. 742; Analogie des künftigen deutschen Ostens mit Britisch Indien: *a. a. O.,* S. 746; so auch später (1941): „Was für England Indien war, wird für uns der Ostraum sein" (Picker, Anm. Einl./40, S. 45). Übrigens hat auch Darré in seiner geheimgehaltenen Denkschrift für Hitler vom 15. August 1930 (o. Anm. III/48) unmiß-verständlich die siedlungspolitische Ostexpansion im Zuge eines germanisch-slawischen „Kampfes auf Leben und Tod um den geopolitischen Ostraum" gefordert: vgl. Bracher, *Die Auflösung. . .* (Anm. Einl./25), 3. Aufl., S. 167.

[8] Werner Sombart, *Deutscher Sozialismus,* Berlin 1934. Dazu die ausführliche Analyse bei Perroux (Anm. III/23), S. 61 ff.; ferner: *Werner Sombart: Deutscher Sozialismus im Urteil der Presse. Ein Zeitbild, zusammengestellt von den Verlegern. . .,* Berlin 1935, und die mutige zeitgenössische Kritik des später von den Nationalsozialisten er-mordeten Gewerkschaftsführers Lothar Erdmann, „Die Wege des Satans", in: *Die Hilfe* 40 (1934), S. 571 ff.; zu Erdmann auch *Das Gewissen steht auf* (Anm. II/25), S. 78 f.

[9] Erich Thier, *Wegbereiter des deutschen Sozialismus,* Stuttgart 1940. Zum „nationalen Sozialismus" vgl. auch die Einleitung o. S. 8 sowie u. S. 268 ff.

[10] Vgl. dazu Hans W. Gatzke, *Germany's Drive to the West (Drang nach Westen). A Study of Germany's Western War Aims During the First World War,* Baltimore 1950, S. 3 ff.; und jetzt mit viel neuem Material Fritz Fischer, „Deutsche Kriegsziele", in: *HZ* 188 (1959), S. 249 ff. – Zum folgenden auch Franz Neumann, *Behemoth* (Anm. Einl./4), 2. Aufl., S. 184 ff.; S. 201 ff.

Außenpolitik war. [11] Vor allem in den annexionistischen Bestrebungen alldeutscher, konservativer und nationalliberaler Kreise vor und während des ersten Weltkriegs haben solche sozialimperialistischen Manipulationsbestrebungen, die wesentlich auch auf eine Verdrängung der überfälligen innenpolitischen Reformen abzielten, einen Höhepunkt erreicht. [12]

Gewiß hat der Verlust dieses Krieges eine neue Situation geschaffen. Wie immer man über die Anfälligkeit selbst der sozialistischen Parteien aller Länder gegenüber solchen Erscheinungen urteilen mag, wenn man ihr allgemeines Versagen in der Krise von 1914 bedenkt, so war doch die Entstehung der Weimarer Republik ohne den Verlust des Krieges, ohne das kriegsbedingte Scheitern einer „Innenpolitik durch Außenpolitik", einer innenpolitischen Befriedung durch expansionistische Machtpolitik nicht denkbar. Freilich ist des Kaisers programmatisches Schlagwort von 1914 – „Ich kenne keine Parteien mehr, ich kenne nur noch Deutsche!" – auch in der Weimarer Republik nicht durch eine allgemeine Einsicht in das Wesen pluralistischer Demokratie ersetzt worden. Für die erste deutsche Republik war vielmehr bezeichnend geblieben, daß hinter der Konstruktion der parlamentarischen Demokratie, zugleich mit der Abneigung gegen die parteienstaatliche Wirklichkeit, der Ruf nach Überwindung aller sozialen und politischen Gegensätze in einer nach außen starken Ordnung ständig lauter wurde. Autoritäre Ideologien und Interessen der Wirtschaft hatten sich hier verbunden mit einem restaurativen Beharrungsbedürfnis der Staatsrechtstheorie und der Anfälligkeit nicht nur der Rechtsparteien für Tendenzen und Parolen, die im Sinne einer vordemokratischen Staatstradition, wie man sie verstand, die innere Einheit und Geschlossenheit im Dienste der äußeren Selbstbehauptung, der Revision, ja einer gewissen Expansion im Sinne eines deutschen Führungsanspruchs in Mitteleuropa forderten. Wie der Zusammenbruch der Weimarer Republik, ihr Versagen vor der Wirtschaftskrise, nicht ohne Brünings Fehlglauben an den Vorrang außenpolitischer Probleme auch in einer schweren inneren Krise zu erklären ist, so hat gerade auch die keineswegs vom Nationalsozialismus erfundene Idealisierung von Einheit, Ordnung, Volksgemeinschaft und ihre einseitige Beziehung auf national-außenpolitische Machtpolitik entscheidend zum Erfolg der Hitlerschen Machtergreifung beigetragen.

Die innenpolitischen Implikationen dieser Verknüpfung werden an anderer Stelle betrachtet. [13] Wie in der Ausbildung einer nationalsozialistischen Weltanschauung aus eklektisch rezipierten Elementen konservativ-revolutionär-nationalistischer Prägung, so hat sich auch bei der Genesis und Durchsetzung des nationalsozialistischen Herrschaftsanspruchs ein beispielhafter Vorgang sozialimperialistischer Manipulation vollzogen. Seine Wirkung beruhte freilich nicht allein auf der Anfälligkeit der deutschen Bevölkerung und ihrer Bereitschaft zur Aufgabe innerer Freiheitsprinzipien zugunsten äußerer Machtentfaltung, sondern zugleich auf der Illusionswilligkeit auch des Auslands, das sich entweder fast bereitwillig täuschen ließ oder doch zu stark selbst den Maßstäben nationalen und imperialen Prestigedenkens verhaftet war, um den Charakter der nationalsozialistischen Expansionspolitik und ihren engen Zusammenhang mit der inneren Gleichschaltungspolitik in der ganzen Tragweite zu erfassen. Dies eben war die Ursache für die Richtung und den Fehlschlag der Appeasement-

[11] Vgl. u. S. 264 ff.

[12] Auf die daran anknüpfenden umfangreichen Kontroversen (in Ost und West) ist hier nicht einzugehen. Es geht aber jedenfalls gänzlich an der historisch-politischen Problematik vorbei und bedeutet einen Rückfall auf die tagespolitisch bestimmten Kontroversen der zwanziger Jahre, wenn die jüngste Behandlung des Gegenstands den positiven Akzent erneut einseitig auf die nationalen Verpflichtungen der Sozialdemokratie legt und allen abweichenden Meinungen ungenügendes nationales Bewußtsein vorwirft: Hermann Heidegger, *Die deutsche Sozialdemokratie und der nationale Staat 1870–1920. Unter besonderer Berücksichtigung der Kriegs- und Revolutionsjahre*, Göttingen–Berlin–Frankfurt 1956, S. 71 ff.; S. 127 ff.; S. 369 ff.

[13] Vgl. o. S. 18 f.; S. 24 sowie u. S. 268 ff.

Politik der 30er Jahre. Aber hierin liegt zugleich ein Grund für die heute so schwer verständliche Tatsache, daß Historiker, Nationalökonomen, Juristen, Soziologen und Philosophen verschiedenster Richtung glauben mochten oder doch zu glauben vorgaben, daß dann seit 1933 der deutsche Herrschaftsanspruch innerhalb und auch außerhalb des nationalstaatlichen Rahmens im Sinne des alten Reichsgedankens der Verwirklichung nahegerückt sei. Dem entsprach der Eifer, mit dem Germanisten und Historiker diese Neo-Reichsideologie noch aus der mittelalterlichen Sprach- und Geistesgeschichte abzustützen suchten. Vor allem aber hat eine aufschießende Fülle geopolitischer und vulgär-literarischer Thesen vom „Volk ohne Raum", verbunden mit modernen sozial-darwinistischen Vorstellungen, die Transformation des Reichsgedankens im nationalsozialistischen Sinn beschleunigt. Schon im vornationalsozialistischen Mythos vom „Dritten Reich" waren romantisch-endzeitliche Vorstellungen mit der Kontinuität imperialer Traditionen eine neuartige Verbindung eingegangen. [14] Aber Moeller van den Bruck und seine Jünger waren auch hier nur ideologische Anreger, und erst die Funktionalisierung ihrer Ideen im Dienst eines wirtschaftlich-biologischen Dynamismus haben das Konzept vom „Dritten Reich" in den Raum von Geschichte und Politik gehoben. So waren es vor allem vier große historische Ordnungsideologien, die der Nationalsozialismus in diesem Sinne zu einer wirksamen Synthese zu manipulieren suchte: imperialistisch gerichteter Nationalismus, ins Außenpolitische gewendeter Sozialismus, neoromantischer Reichsgedanke und pseudodarwinistische Rassenideologie.

Solche Transformationstendenzen hatten dem deutschen Nationalismus von Anfang an nicht nur die expansionistischen Züge der allgemeinen Nationalismusbewegung aufgeprägt, sondern ihn im Rahmen einer universalistischen Herrschaftskonzeption gehalten, in der sich — weit über die Bismarck-Lösung hinausstrebend — säkularisierte Reichsidee, großdeutscher Gesamtstaatsanspruch und zentraleuropäischer Hegemonialgedanke zu der Zielvorstellung einer eigenständigen, vor allem durch das ökonomische und geistige Übergewicht Deutschlands bestimmten Großraumordnung zwischen Frankreich und Rußland verbanden. Die Entwicklung der Mitteleuropa-Idee, die in der ersten Hälfte des 19. Jahrhunderts zunächst durch den großdeutschen Gedanken überdeckt wurde, nach der Schaffung Kleindeutschlands aber in immer neuen Formen von Lagarde bis zu Friedrich Naumann die außenpolitischen Vorstellungen des bismarckischen und wilhelminischen Bürgertums, gleichsam als Ersatz für das Scheitern eines großdeutschen Nationalstaates, beeinflußt hat, ist freilich auf den Widerstand des Habsburgerstaats getroffen und nach einer letzten Steigerung im ersten Weltkrieg schließlich durch den Zusammenbruch der „Mittelmächte" jäh abgebrochen worden. [15] Vor allem hat sie einem gesteigerten Interesse für den „Ostraum", für Osteuropa, Rußland und der Dynamik eines „Drangs nach Osten" Platz gemacht, auf die sich nun auch die geopolitische Theorie konzentrierte. Aber in der alldeutschen Propaganda und schließlich in den gewalttätig-vergröberten völkischen und nationalsozialistischen Expansionskonzeptionen ist neben der großdeutschen und der ost-imperialistischen Komponente auch die mitteleuropäische Ordnungsideologie neu aufgelebt: nun freilich in bezeichnend veränderter und vergröberter Form, nur noch als Zwischenstation

---

14 Vgl. dazu vor allem die an anderer Stelle zitierten Bücher von Edmond Vermeil und Jean Neurohr (o. Anm. Einl./23 und 24).

15 Umfassende Behandlung des Problems jetzt bei Henry Cord Meyer, *Mitteleuropa in German Thought and Action 1815–1945*, The Hague 1955, *passim*, bes. S. 137 ff.; S. 218 ff., mit der ausgedehnten Literatur. Vgl. auch Werner Conze, „Nationalstaat oder Mitteleuropa?", in: *Deutschland und Europa. Historische Studien zur Völker- und Staatenordnung des Abendlandes. Festschrift für Hans Rothfels*, Düsseldorf 1951, S. 201 ff.; zum großdeutschen Gedanken die „Literatur-Geschichte" seines größten Vertreters: Heinrich Ritter v. Srbik, *Geist und Geschichte vom deutschen Humanismus bis zur Gegenwart*, Bd. II, München 1951, S. 33 ff.

zu umfassenderen „Raumlösungen" vom Nationalsozialismus benutzt. [16] Dem entsprach auch die scharfe Kritik, die Friedrich Naumann selbst schließlich durch die nationalsozialistischen Ideologen erfahren hat, [17] zugleich das recht verschiedenartige Fortwirken und Schicksal, das den zahlreichen Verfechtern des Mitteleuropagedankens nach dem Sieg des Nationalsozialismus zuteil wurde. [18]

Im Zuge dieser Entwicklung war schon zum Zeitpunkt der Machtergreifung jene Theorie vom „Lebensraum", auf der nationalsozialistische Außenpolitik grundsätzlich beruhte, voll ausgebildet. Sie griff wie die Rassendoktrin auf vornationalsozialistische Konzeptionen zurück, denen der schwedische Staatswissenschaftler Rudolf Kjellén 1905 den Namen „Geopolitik" gegeben hatte. Hier war die nationalsozialistische Führung durch den engen Kontakt mit Karl Haushofer (1869–1946) früh in den Besitz einer pseudowissenschaftlichen Expansionsphilosophie gelangt. [19] Der fruchtbare Grundgedanke einer „politischen Geographie", dem um die Jahrhundertwende Friedrich Ratzel in seinem gleichnamigen Werk (1897) Ausdruck gegeben hatte, fand in dem Aufschwung der „Geopolitik" eine einseitige Umbildung in die bevölkerungspolitische und militärstrategische Richtung: kein Zufall, daß an die Spitze dieser Bemühungen mit Karl Haushofer ein ehemaliger General und Militärakademielehrer gelangte. Seit Kriegsende an der Universität München lehrend, gewann Haushofer über seinen Schüler und ehemaligen Ordonnanzoffizier Rudolf Heß, der ihn glühend verehrte, besonders in der Zeit der Hitlerschen Festungshaft mit dem Nationalsozialismus und seinem Führer engen Kontakt. Neben das „Rassenbewußtsein" hat die nationalsozialistische Ideologie durch die Aufnahme geopolitischer Postulate das „Raumbewußtsein" zu setzen und als pseudowissenschaftliche Begründung des Expansionsgedankens zu nutzen verstanden, soweit und sobald er die nationalen und „völkischen" Grenzen überschritt. Vielfältige Einflüsse, deren Gewicht im einzelnen noch der Klärung bedarf, wirkten beim Ausbau dieser spezifischen Richtung einer „Geopolitik" zusammen; auch die geopolitische Begründung von Hegemonial- und Weltherrschaftsideen, die seit Beginn des Jahrhunderts in der angelsächsischen Imperialismustheorie vorlag, scheint dazu beigetragen zu haben. [20]

Im deutschen Fall wurden diese Konzeptionen, die sich in die nationalsozialistische Lebensraumphilosophie einschmelzen ließen, seit dem ersten Weltkrieg vor allem auf Rußland gerichtet; „Drang nach Osten" war das polemische Schlagwort, mit dem sie schon in ihrer vor-nationalsozialistischen Substanz gekennzeichnet wurden. Die „theoretische" Begründung seiner deutsch-expansionistischen Geopolitik, die nun freilich

[16] Meyer, *a. a. O.*, S. 299 ff.; zum Aspekt des Mißbrauchs und der Manipulation in der Schlußphase vgl. auch Felix Gilbert, "Mitteleuropa – The Final Stage", in: *Journal of Central European Affairs* 7 (1947), S. 58 ff.; ferner Gerhard Ritter, „Die Fälschung des deutschen Geschichtsbildes im Hitlerreich", in: *Deutsche Rundschau* 70, April 1947, S. 11 f.

[17] So vor allem durch Alfred Rosenberg selbst: *Der Mythus des 20. Jahrhunderts. Eine Wertung der seelisch-geistigen Gestaltenkämpfe unserer Zeit*, 67.–70. Aufl., München 1935, S. 642; in diesem Sinn auch Gertrud Lohmann, *Friedrich Naumanns deutscher Sozialismus*, Berlin 1935; Gustav Adolf v. Metnitz, *Die deutsche Nationalbewegung. 1871–1933*, Berlin 1939, S. 166 ff.; ferner Theodor Heuss, *Friedrich Naumann. Der Mann, das Werk, die Zeit*, 2. Aufl., Stuttgart–Tübingen 1949 (Einleitung).

[18] Darüber Meyer (Anm. IV/15), S. 318 ff.; vgl. auch P. Sweet, "Recent German Literature on Mitteleuropa", in: *Journal of Central European Affairs* 3 (1943), S. 1 ff.

[19] Zum Siegeszug der Geopolitik schon die Analysen von Robert Strausz-Hupé, *Geopolitics: The Struggle for Space and Power*, New York 1942; Johannes Mattern, *Geopolitik: Doctrine of National Self-Sufficiency and Empire*, Baltimore 1942; Derwent Whittlesey, *German Strategy of World Conquest*, New York 1942; Andreas Dorpahlen, *The World of General Haushofer*, New York 1942; vgl. auch Sigmund Neumann (Anm. Einl./4), S. 291 ff., und jetzt Peter Schöllers Artikel in: *Erdkunde* 11 (1957), S. 1 ff.; 12 (1958), S. 313 ff.; 13 (1959), S. 88 ff.

[20] Neben dem „klassischen" Werk des amerikanischen Admirals A. T. Mahan (*The Influence of Sea-Power upon History*, Boston 1890, deutsche Übersetzung: Berlin 1896) besonders die Schriften des englischen Geographen Sir Halford J. Mackinder, *Democratic Ideals and Realities*, London 1919, Neuaufl. 1942, S. 150; ders. schon "The Geographical Pivot of History", in: *The Geographical Journal* 23 (1904), S. 421 ff.

über alle bisherigen Imperialismus-Konzeptionen hinausging und auch der außenpolitischen Programmatik des Nationalsozialismus selbst nach dem Hitler-Putsch ein
ganz neues Gesicht gab, erblickte Haushofer in der These, daß, gemäß dem natürlichen Recht des Stärkeren über den Schwächeren, primär die tüchtigen Völker ein
natürliches Recht auf Lebensraum hätten gegenüber den Völkern, die nur Land besäßen
ohne Fähigkeit, es zu entwickeln; unverdiente Raumnot betrachtete er als stärksten
Antrieb der Weltpolitik. [21] Die deutsche Anwendung, die tatsächlich seit 1938 zur
gewaltsamen Verwirklichung durchgestoßen ist, schien auf der Hand zu liegen. Nach
Osten ging nun, wie es schon 1926 in der einschlägigen Zeitschrift formuliert war, die
„vom Weltgeist gewollte politische Expansionsrichtung . . . Was jetzt beginnt, ist ein
neues Zeitalter, dessen führendes Gesetz aus realen Triebfedern erzwungen wird: die
Ostwendung Deutschlands." [22] Gewinnung neuen Landes an Stelle einer bloß nach
innen gerichteten industriellen Intensivierung, und diese Expansion gemäß der Einheit „eurasischen Raums" im Anschluß an den deutschen Osten und nicht mehr über
überseeische Kolonien: in dieser Version ist die geopolitische Konzeption in ihrer Haus-
hoferschen Fassung wohl über Heß in *Mein Kampf* gelangt und gleichberechtigt bzw.
unterstützend neben die Rassendoktrin des Nationalsozialismus getreten. [23] Neben
der Volkstumsforschung wurde die „Raumforschung", neben der neuen rassischen
Volksordnung die neue „politische Raumordnung" auch an Universitätsinstituten
pseudowissenschaftlich begründet [24] und als Basis und Selbstrechtfertigung der Expan-
sionsideologie zum einen der beiden großen Pfeiler der nationalsozialistischen „Weltanschauung" erhoben. Schon im April 1933 trat die unter der Leitung eines SS-Ober-
führers und Landesbauernführers (Dr. Richard Wagner) gegründete „Arbeitsgemeinschaft für Geopolitik e. V." mit einer Denkschrift hervor, in der (so ihr Titel) die
„Geopolitik als nationale Staatswissenschaft", ja, als „Staatswissenschaft des Nationalsozialismus" bezeichnet und gefordert wurde, „sofort mit der Errichtung von Lehrstühlen für Geopolitik an allen Universitäten zu beginnen"; [25] sie gewann wenigstens
als Prüfungsfach Eingang und Einfluß im akademischen Bereich und wurde auch

---

[21] Vgl. die ausgewählte Zusammenstellung der zahlreichen Schriften Haushofers bei Sigmund Neumann (Anm.
Einl./4), S. 371. Auch in der lesenswerten Skizze der geistigen Strömungen am Vorabend der nationalsozialistischen
Machtergreifung, die Stefan Zweig hinterlassen hat, heißt es zu Recht von Karl Haushofer, „daß es seine
Theorien waren, die mehr als Hitlers rabiateste Berater die aggressive Politik des Nationalsozialismus unbewußt
oder bewußt aus dem eng Nationalen ins Universelle getrieben" haben: *Die Welt von gestern. Erinnerungen
eines Europäers*, Frankfurt/M. 1947, S. 220.

[22] *Zeitschrift für Geopolitik* 3 (1926), Heft 5, S. 307; S. 309.

[23] Haushofer hatte bei seinen Besuchen in Landsberg Heß und Hitler auch ein Exemplar von Ratzels *Politischer
Geographie* mitgebracht; vgl. sein Vorwort zu Friedrich Ratzels *Erdenmacht und Völkerschicksal. Eine Auswahl
aus seinen Werken*, Stuttgart 1940, S. XXVI. Eine neuere Gesamtdarstellung der historisch-politischen und ideo-
logischen Erscheinungsformen des Phänomens steht noch aus. Die Schrift von Günter Heyden, *Kritik der deutschen
Geopolitik. Wesen und soziale Funktion einer reaktionären soziologischen Schule*, Ost-Berlin 1958 (Bibliographie
S. 268 ff.), enthält zwar eine Fülle von Material, ist aber recht oberflächlich-eklektizistisch und unhistorisch gearbeitet
und einseitig auf polemische Tageszwecke, vor allem den propagandistischen „Kampf gegen den westdeutschen
Imperialismus" ausgerichtet; so ist natürlich auch die bedeutsame Rolle geopolitischer Konzeptionen beim Abschluß
des Stalin–Hitler-Paktes verschwiegen. Dagegen sei noch auf die Gesichtspunkte bei Sigmund Neumann (Anm.
Einl./4), S. 294, und bei Meyer (Anm. IV/15), S. 309 ff., auf den Artikel „Geopolitik" von Peter Schöller in:
Staatslexikon (Anm. Einl./12), III, S. 776, sowie auf die einleitende Skizze in dem vorzüglichen, die Verwirk-
lichung analysierenden Werk von Alexander Dallin, *Deutsche Herrschaft in Rußland 1941–1945. Eine Studie über
Besatzungspolitik*, Düsseldorf 1958, S. 17 ff., hingewiesen (Titel des amerikanischen Originals: *German Rule in
Russia, 1941–1945. A Study of Occupation Policies*, London 1957).

[24] Das geschah vielfach in ideologischer Ausweitung der akademisch etablierten „wirtschaftlichen Raumforschung". Vgl. z. B. die Ansätze bei Hans Weigmann, *Politische Raumordnung. Gedanken zur Neugestaltung des
deutschen Lebensraumes*, Hamburg 1935. Daneben wurden freilich von nationalökonomischer Seite her auch die
nichtnationalsozialistischen Aspekte einer wissenschaftlichen Raumforschung weiterentwickelt.

[25] Vgl. *Zeitschrift für Geopolitik* 10 (1933), Heft 5, S. 301 ff.

offiziell zu „einer der Grundsäulen der nationalsozialistischen Erziehung" erklärt. [26]
Schließlich hat sich die geographische Geopolitik selbst auch ausdrücklich zu einer umfassenden Wehrwissenschaft und „Psychopolitik" zu erweitern gesucht, [27] die auch
die rassischen, sozialpsychologischen und ethnopolitischen Axiome des Nationalsozialismus in sich aufzunehmen und Geopolitik zur Universalwissenschaft zu erheben beanspruchte.

Diese Andeutungen müssen genügen. Hier geht es nicht um eine Geistesgeschichte
des nationalsozialistischen Imperialismus, die es in dieser theoretischen Form eben
wegen der rein manipulatorischen Rezeptionsvorgänge nicht gibt; vielmehr ist der Zusammenhang des ideologischen Gerüsts mit der geschichtlichen Wirklichkeit zu überprüfen, in der sich die Außenpolitik des entstehenden „Dritten Reiches" vor dem
Hintergrund solcher Zielsetzungen und Endvorstellungen entwickelt hat. Daß der
Nationalsozialismus die ältere raumpolitische Konzeption mit der zugkräftigen anti-
bolschewistischen Ideologie verbinden konnte, hat die konkrete Wirkung seiner Expan-
sionstheorie und schließlich auch ihren brutalen Erfolg entscheidend gefördert. Schon
in seinen Gesprächen mit Rauschning und noch unbestreitbarer in den „Tischgesprächen" von 1941 hat Hitler es dann freimütig begrüßt, daß ihm der Bolschewismus
einen Vorwand für die Ausdehnung nach Osten biete: „Die Bolschewisten haben
uns einen großen Dienst erwiesen." [28] Die Lebensraum-Ideologie und ihre geopolitische
wie rassistische Begründung macht einen Grundzug der gesamten nationalsozialistischen Gedankenwelt und ihrer politischen Dynamik besonders deutlich: das völlige
Fehlen irgendeines Gefühls für fremdes Leben und Recht, für Ausgleich und Toleranz,
ja, für die Prinzipien der Gegenseitigkeit als den Strukturgesetzen jeder Ordnung
im Kleinen wie im Großen, die der Theorie und politischen Verwirklichung der
Lebensraumdoktrin fundamental widersprachen. Diese so realpolitischen wie moralischen Tatsachen scheinen freilich die Anhänger sowenig beeindruckt zu haben wie
die offensichtliche Unlogik eines Gedankenganges, der die Expansion mit Raumnot
und Übervölkerung begründete, zugleich jedoch den Bevölkerungszuwachs mit allen
Mitteln zu fördern strebte und kein Wort darüber verlor, daß die Lebensraum-
ideologie dann nicht weniger auf einen Nachbarn wie Polen zutreffen konnte, der eine
erheblich höhere Geburtenziffer besaß. [29] Aber dies eben war der Punkt, an dem
die Rassentheorie zur globalen, nun gar nicht mehr rational zu kontrollierenden Abrundung der Expansions- und Herrschaftsideologie eingesetzt wurde.

Vor dem Hintergrund solcher Voraussetzungen bieten sich zwei verschiedene Inter-
pretationsweisen an, die einen Zugang zum Verständnis nationalsozialistischer Außenpolitik vermitteln können. Ohne Zweifel waren skrupellose Taktik, Opportunismus,
Machtpolitik *per se* und ohne Rücksicht auch auf die eigenen Prinzipien ein wesentliches Element der nationalsozialistischen Erfolgspolitik. Aber dieser Hinweis auf
einen substanzlosen, gleichsam leeren Machiavellismus [30] – Macht um der Macht willen
– genügt offensichtlich nicht, wenn man sich an bestimmte, durchaus doktrinäre Züge
etwa der Judenpolitik oder auch des Antibolschewismus erinnert, die weder mit rein
machtpolitisch orientierten Maßstäben noch mit bloßem Utilitarismus ganz zu erklären
sind. Hier gewinnt eine zweite Betrachtungsweise an Bedeutung: der Blick auf den

[26] So der Leiter der Abteilung Unterricht und Erziehung bei der Reichsleitung des NS-Lehrerbundes (Roder)
anläßlich einer Tagung im Mai 1935: *a. a. O.*, 12 (1935), Heft 6, S. 397.

[27] So Ewald Banse, *Lehrbuch der organischen Geographie*, Berlin 1937, S. 21; S. 38; S. 519 f. Der angesehene
Geograph ist bezeichnenderweise auch als „Wehrwissenschaftler" hervorgetreten: vgl. schon sein Buch *Wehrwissenschaft. Einführung in eine neue nationale Wissenschaft*, Leipzig 1933.

[28] Picker (Anm. Einl./40), S. 33; vgl. auch schon Hermann Rauschning, *Gespräche mit Hitler*, Zürich–Wien–
New York 1940, S. 123 ff. (Frühjahr 1934).

[29] Vgl. auch Sigmund Neumann (Anm. Einl./4), S. 292 f.

[30] Dazu Erwin Faul, „Hitlers Über-Machiavellismus", in: *Vierteljahrshefte für Zeitgeschichte* 2 (1954), S. 344 ff.

Einfluß, den der weltpolitische Anspruch bestimmter Ideologien besonders dann auf die Gestaltung der Politik ausübt, wenn sie unter den Bedingungen der totalitären Herrschaft dem inneren Widerstreit der Meinungen entzogen sind, also nicht jener ständigen Kontrolle und Modifizierung unterliegen, die allein eine pluralistische Staats- und Gesellschaftsordnung mit der Freizügigkeit sozialer und politischer Willensbildung garantiert. Es braucht gar nicht diskutiert zu werden, wie ernst im einzelnen das eklektische Gebilde nationalsozialistischer Weltanschauung selbst zu nehmen sei. Jede tiefergreifende Analyse des von ihr getragenen Herrschaftssystems wird jedenfalls an Punkte gelangen, an denen die bloße Berufung auf den Supermachiavellismus Hitlers zur Interpretation nationalsozialistischer Politik nicht mehr ausreicht. Hier haben wir es vielmehr mit einem Signum unseres Zeitalters zu tun, das Gerhard Leibholz mit dem Satz umschrieben hat: „Während man im Zeitalter des Nationalstaats ideologische Zielsetzungen verwandt hat, um mit ihrer Hilfe den eigenen egoistischen Nationalismus zu tarnen, werden im 20. Jahrhundert nationalstaatliche Zielsetzungen verfolgt, um in Wirklichkeit ideologische Machtausweitungen anzustreben." [31]

Man mag diesen um der Klarheit willen alternativ zugespitzten Satz wohl abschwächen und vielleicht eher das Dialektische, Wechselseitige beider Vorgänge betonen. Aber man wird feststellen, daß gerade auch nationalsozialistische Politik gegründet ist – um das Schlagwort zu gebrauchen – in Realpolitik *und* Ideologie. Auch ihre Analyse verlangt diese doppelte Betrachtungsweise. Schon in den Anfängen nationalsozialistischer Außenpolitik tritt die Verflechtung ideologischer und realpolitischer Komponenten deutlich hervor. Und im weiteren Verlauf kann dann sowohl das Ineinander wie das Gegeneinander der beiden Manipulationsformen aufs deutlichste verfolgt, ja, gerade als Strukturprinzip nationalsozialistischer Herrschaftspraxis erfaßt werden. Das gilt auch für die nationalsozialistische Bündnispolitik insgesamt, für ihren Entwurf in *Mein Kampf* und bei Alfred Rosenberg so gut wie für ihre teils opportunistische, teils aber zugleich starr doktrinäre Durchführung. Der Gedanke einer deutsch-italienisch-englischen Front gegen eine französisch-tschechisch-polnisch-russische Konstellation zeigt im Entwurf schon die Merkmale solcher Motivation. Und besonders die tatsächliche Entwicklung der nationalsozialistischen Außenpolitik bringt die Ambivalenz der politischen und ideologischen Antriebskräfte voll zur Geltung. Sie korrespondiert zugleich weitgehend mit der Verflechtung nationalstaatlicher und imperialistischer Entfaltungsprinzipien. Ein drittes, eng mit den beiden genannten Antrieben verbundenes Moment liegt in jenem wirtschafts-, agrar- und finanzpolitischen Einfluß- und Expansionsdenken, das schon den Annexionismus des ersten Weltkriegs im imperialistischen Sinne bestimmt hatte und durch den Rückschlag von Versailles nur noch drängender geworden war. In der Rolle, die Vertreter der Industrie wie der Ernährungs- und Finanzpolitik bei der Wiederaufrüstung gespielt haben, spiegelt sich wiederum die Manipulationsfähigkeit dieser Tendenzen durch den Nationalsozialismus. Auch hier das spezifische Zusammentreffen von Sachinteressen und Expansions-Ideologie, das schon in der Vorgeschichte der nationalsozialistischen Machtergreifung und ihrer interessenbedingten Unterstützung durch Teile der Wirtschaft deutlich wird; es tritt besonders auch in der Betonung zutage, die Hitler bei all seinen Expansionsideen besonders auf ihre Funktion in der Lösung jener Wirtschafts- und Finanzprobleme legte, die Aufrüstung und Kriegsplanung aufwarfen. [32]

---

[31] Gerhard Leibholz, „Ideologie und Macht in den zwischenstaatlichen Beziehungen des 20. Jahrhunderts", in: *Göttinger Vorträge und Schriften* 4 (1949), jetzt abgedr. in Leibholz' Buch: *Strukturprobleme...* (Anm. Einl./3), S. 237 f.

[32] Darüber ausführlich u. III. Teil, II. Kap.

2. Der Ort der Außenpolitik in der nationalsozialistischen Revolution

So ist, trotz allen Anknüpfungspunkten, die Entwicklung der deutschen Außenpolitik durch die nationalsozialistische Machtergreifung in einen neuen Funktionszusammenhang gerückt worden. Drei große Gesichtspunkte bestimmten die Taktik und die Strategie des neuen Regimes: Revision des Versailler Vertrags, Konsolidierung der nationalsozialistischen Herrschaft, militär- und raumpolitische Expansion. Im Nacheinander und Zusammenspiel dieser Grundgedanken nationalsozialistischer Außenpolitik hat sich jenes besondere Verhältnis von Innen- und Außenpolitik wie zugleich jener ständige Wechsel von Kontinuität und Bruch, von Tradition und Revolution vollzogen, der für die internationale Politik des „Dritten Reiches" so charakteristisch wurde. In den ersten Jahren nach Hitlers Regierungsantritt war die taktische Anknüpfung an die Weimarer Außenpolitik einer friedlichen Revision schon deshalb maßgebend, weil die innere Konsolidierung des totalitären Systems der Abschirmung nach außen bedurfte. Erst dies hat die Voraussetzungen für Aufrüstung, gewaltsame Revision und schließlich Expansion geschaffen. Insofern freilich hat der expansionistische und imperialistische Herrschaftsgedanke doch stets die nationalsozialistische Politik bestimmt, und insofern war der Primat der Innenpolitik, der für die Phasen der Machtergreifung und Machtbefestigung 1933/34 so unbestritten erscheint, nur taktisch und auf Zeit vorherrschend.

Die alte Diskussion über das Verhältnis von Innen- und Außenpolitik hat in der Tat durch die Erscheinung totalitärer Herrschaftssysteme neue Akzente erhalten. Gewiß ist die traditionelle Neigung vieler Historiker, in den innerstaatlichen Vorgängen vorwiegend eine Funktion außenpolitischen Geltungs- und Behauptungswillens im Sinne der Staatsräson zu erblicken, durch die Expansion der sozial- und wirtschaftspolitischen Bereiche im modernen Staat zu einer Revision der Primatstheorie gedrängt worden. Doch war nach dem Fehlschlag der liberalen Bewegung im deutschen Staatsdenken der Bismarck- und nachbismarckschen Zeit und in der Ranke-Tradition der Primat des außen- vor dem innenpolitischen Zweck, des außen- vor dem innenpolitischen Freiheitsbegriff bewahrt geblieben.[33] Erst die neue Welle autoritärer und totalitärer Diktaturen des 20. Jahrhunderts hat, im Gefolge der Problematik außenpolitischer Willensbildung in der Ära innenpolitisch angetriebener Massendemokratien und mit dem Zurücktreten der Kabinettspolitik, die alte Erfahrung von der inneren Bedingtheit außenpolitischer Kraftentfaltung wieder aktuell gemacht. Vor allem jene Tradition der Mobilisierung und Ablenkung innerer Dynamik auf äußere Expansion hin, die von den Despotien der Antike bis zum Sozialimperialismus der Neuzeit reicht, hat in den modernen totalitären Systemen einen neuen Ausdruck gefunden. Sowohl das bolschewistische Konzept der Weltrevolution wie der faschistische und nationalsozialistische National-Imperialismus sind durch diese besondere Verflechtung von Innen- und Außenpolitik bestimmt, und die Möglichkeit voller Mobilisierung und rigoroser Lenkung aller politischen Potenzen im totalitären Staat hat sich in der fast gleichzeitig verlaufenden Abstimmung von innen- und außenpolitischen Initiativen ausgeprägt. Im sowjetrussischen wie im faschistischen Fall ist erst

[33] Zum Primatsproblem vgl. Carl Joachim Friedrich, „Das Ende der Kabinettspolitik", in: *Außenpolitik* 1 (1950), S. 20 ff.; Hans Rothfels, „Vom Primat der Außenpolitik": a. a. O., S. 274 ff., und ders., „Sinn und Grenzen des Primats der Außenpolitik", a. a. O., 6 (1955), S. 277 ff.; ders., *Gesellschaftsform und auswärtige Politik (Geschichte und Politik*, Heft 5), Laupheim 1951, S. 7 ff.; Wilhelm Wolfgang Schütz, *Organische Außenpolitik. Vom Einzelstaat zum Überstaat*, Stuttgart 1951, S. 102 ff.; Georg Schwarzenberger, *Power Politics. A Study of International Society*, 2. Aufl., New York 1951, S. 127 ff. Zur historischen und soziologischen Problematik des deutschen Freiheitsgedankens im 19. Jahrhundert jetzt besonders Leonhard Krieger, *The German Idea of Freedom. History of a Political Tradition*, Boston 1957, S. 341 ff.; S. 398 ff.; vgl. auch Friedrich C. Sell, *Die Tragödie des deutschen Liberalismus*, Stuttgart 1953, S. 208 ff.

auf eine längere Phase der inneren Konsolidierung die Aktivierung der Außenpolitik gefolgt, und auch die Anfänge nationalsozialistischer Außenpolitik sind durch diese Abfolge gekennzeichnet. Gleichzeitig freilich haben die strategischen Überlegungen und außenpolitischen Herrschaftsziele schon die frühe Phase der nationalsozialistischen Herrschaft und die besondere Art innenpolitischer Machtbefestigung wesentlich mitbestimmt.

Dies bleibt zu bedenken, wenn unter dem leitenden Gesichtspunkt der Durchführung und Befestigung der nationalsozialistischen Machtergreifung die Innenpolitik mit der Gleichschaltung aller innerstaatlichen Lebensbereiche zunächst den deutlichen Primat über die Außenpolitik zu besitzen schien. Sie hatte sich den Erfordernissen der innenpolitischen Stabilisierung des Regimes unterzuordnen, und ihre erste Aufgabe bestand denn auch darin, die innere Machtergreifung nach außen abzuschirmen und solange für außenpolitische Ruhe zu sorgen, bis die nationalsozialistische Führung über die totalitären Macht- und Kontrollmittel im Innern verfügte und damit erst gänzlich freie Hand für eine aktiv-militante Außenpolitik hatte. Die verschiedenen Phasen nationalsozialistischer Außenpolitik bestätigen diese Art des taktischen Vorgehens.[34] Aus dem tastenden Kurs von 1933/34 wuchs seit der endgültigen Befestigung der nationalsozialistischen Herrschaft eine Periode vorbereitender Aktivität heraus, die im Zeichen der verstärkten Aufrüstung und Schaffung bündnispolitischer Voraussetzungen für die zunächst revisionistisch, dann expansionistisch angezielte Auseinandersetzung stand. Die durch die Hoßbach-Niederschrift überlieferte Hitler-Besprechung vom November 1937 hat dann den Beginn für den Ausbruch in die expansive Außenpolitik der offenen Kriegsdrohung und schließlich in die Entfesselung des zweiten Weltkrieges selbst gesetzt, wobei zunächst der nationalstaatlich-großdeutsche, mit der Zerschlagung der Tschechoslowakei aber schon der imperialistische Anspruch dominierte. In der Schlußphase endlich war, bis zur Katastrophe starr durchgehalten und sogar ständig noch gesteigert, der ursprüngliche Lebensraum-Imperialismus mit all seinen militärischen und rassistisch-totalitären Konsequenzen, den man im In- und Ausland solange als bloß propagandistisch übersteigerte Ideologie bagatelisiert hatte, voll wieder aufgenommen und zur möglichst totalen Verwirklichung fortgetrieben.

Die Meinung ist weitverbreitet, und die Memoiren beteiligter Politiker und Militärs, wie zuletzt der Admirale Raeder und Dönitz behaupten es zur eigenen Entlastung, die nationalsozialistische Außenpolitik habe zunächst einen durchaus vernünftigen und begrenzten oder wenigstens begrenzbaren Charakter gehabt; sie habe erst nach dem Bruch des Münchener Abkommens oder erst während des Krieges mit dem Angriff auf Rußland ihre verhängnisvolle Wendung genommen. Das trifft keineswegs zu. Richtig und durch Funde und Forschung der letzten Jahre voll bestätigt ist vielmehr die Tatsache, daß der ideologisch verankerte und imperialistisch gerichtete Grundcharakter nationalsozialistischer Außenpolitik in jeder Phase gegenwärtig und wirksam war. Das Problem liegt viel eher in der Erkenntnis der jeweiligen Bedingungen und der Taktik, hinter und mittels der sich die Anpassung und Durchsetzung des Lebensraums- und Rassen-Imperialismus vollzog, zugleich aber auch die Interessenzusammenhänge in Wirtschaft und Gesellschaft, die diesen Durchsetzungsprozeß bewußt oder unbewußt gestützt und genützt haben. Auf eine kurze Formel gebracht, geht es hier um das Verhältnis der politischen, der soziologischen und der ideologischen Dimension und um die Rolle der darin wirkenden Faktoren beim Aufbau und Ausgriff der nationalsozialistischen Herrschaft nach außen. Seit dem Erscheinen von Sigmund und Franz Neumanns Gesamt-Analysen des Nationalsozialismus ist

[34] Vgl. als Vorstudie Karl Dietrich Bracher, „Das Anfangsstadium der Hitlerschen Außenpolitik", in: *Vierteljahrshefte für Zeitgeschichte* 5 (1957), S. 63 ff.

dieser enge, den Nationalsozialismus recht eigentlich erst konstituierende Zusammenhang von innerem und äußerem Herrschaftsanspruch samt seiner soziologisch-ökono-
mischen Fundierung wissenschaftlich kaum mehr bestreitbar, ja, von Untersuchung
zu Untersuchung eindeutiger hervorgetreten.

Wenn also eine genuin nationalsozialistische Außenpolitik zunächst noch hinter
den taktischen Erfordernissen der inneren Machtergreifung zurückgehalten wurde, die
sie zu unterstützen und nach außen, einem empörten oder doch mißtrauischen Ausland gegenüber, abzuschirmen hatte, so sind doch in der Tat die Ansätze zur späterer
Aufrüstungs-, Expansions- und Kriegspolitik von Anfang an nicht vernachlässigt und
schon seit Sommer 1933, mit dem Abschluß der ersten Phase der inneren Konsolidierung, kräftig entwickelt worden. Aus solchem taktischen Einsatz der deutschen
Außenpolitik erklärt sich Hitlers anfängliche Haltung, die sich durchaus vorsichtig
und zurückhaltend gab und durch Versöhnungs- und Friedensbeteuerungen den Eindruck eines Bruchs mit der Weimarer Revisionspolitik zu vermeiden suchte. Als im
Herbst 1933 der Einparteienstaat gesichert, alle wichtigen Verbände und Institutionen gleichgeschaltet und bedeutende Rivalen wie Hugenberg beseitigt waren, erfolgte mit dem Austritt aus dem Völkerbund zwar der erste Bruch mit diesem Kurs;
doch war damit die Tür weder endgültig zugeschlagen, noch mußte ein internationaler
Ausgleich, dem Hitlers Beteuerungen auch weiterhin galten, schon gänzlich gescheitert
erscheinen.[35]

Zwei Problemkreise waren für diese Phase nationalsozialistischer Außenpolitik besonders bedeutsam: die Reaktion des Auslands, auf die das neue Regime sich einzustellen, und die Haltung der Fachleute vom Auswärtigen Amt einschließlich des
Außenministers selbst, mit der Hitler zu rechnen hatte, da sie nicht nur aus technischen Gründen nicht durch Parteigenossen ersetzt werden konnten, sondern es im
Zeichen der „nationalen Koalition" auch gar nicht sollten. Die Gedanken, die die
ausländische Diplomatie nach Hitlers Regierungsantritt bewegten, kreisten um die
Frage, ob und wieweit die Umwälzung im Innern auch eine revolutionäre Neuorientierung der deutschen Außenpolitik mit sich bringen würde, wie sie Hitlers Reden
und Schriften vor 1933 mit aller Schärfe angekündigt hatte. Würde der Besitz einer
verantwortlichen Machtstellung ihn auf den Boden realistischer Mäßigung zurückführen und zur Einhaltung der diplomatischen und völkerrechtlichen Regeln bei der
Verfolgung seiner Ziele veranlassen? Das ganze Problem der Zähmung und Moderie-
rung der nationalsozialistischen Bewegung, das seit 1930 im Mittelpunkt der innenpolitischen Diskussion gestanden und die Illusionen Papens, Schleichers, Hindenburgs, der Reichswehr und der Deutschnationalen bestimmt hatte und zum Teil noch
bestimmte, bewegte nun auch auf der außenpolitischen Ebene die Überlegungen und
Maßnahmen der anderen Staaten. Sollte man das neue Regime anerkennen und es
durch Zusammenarbeit auf dem Weg der friedlichen Kooperation zähmen, oder er-

---

[35] Zum folgenden als wichtigste Memoiren- und Sekundärliteratur: Joachim v. Ribbentrop, *Zwischen London
und Moskau. Erinnerungen und letzte Aufzeichnungen*, Leoni 1953; Paul Schmidt, *Statist auf diplomatischer
Bühne 1923–1945. Erlebnisse eines Chefdolmetschers im Auswärtigen Amt mit den Staatsmännern Europas*, Bonn
1950; Herbert v. Dirksen, *Moskau, Tokio, London. Erinnerungen und Betrachtungen zu 20 Jahren deutscher
Außenpolitik 1919–1939*, Stuttgart 1949; Ernst v. Weizsäcker, *Erinnerungen*, München–Leipzig–Freiburg 1950; Erich
Kordt, *Wahn und Wirklichkeit* (Anm. I/26); ders., *Nicht aus den Akten. Die Wilhelmstraße in Frieden und Krieg.
Erlebnisse, Begegnungen und Eindrücke 1928–1945*, Stuttgart 1950; Rudolf Nadolny, *Mein Beitrag*, Wiesbaden 1955;
François-Poncet (Anm. II/136); Gordon A. Craig, "The German Foreign Office from Neurath to Ribbentrop", in:
The Diplomats 1919–1939, hrsgg. von Gordon A. Craig und Felix Gilbert, Princeton 1953, S. 406 ff.; Paul
Seabury, *The Wilhelmstraße. A Study of German Diplomats under the Nazi Regime*, Berkeley–Los Angeles 1954;
Max Braubach, „Politisch-diplomatische Vorgeschichte des zweiten Weltkriegs", in: *Schicksalsfragen der Gegenwart.
Handbuch politisch historischer Bildung*, hrsgg. vom Bundesministerium für Verteidigung, Innere Führung, Bd. I,
Tübingen 1957, S. 112 ff.

leichterte man dadurch nicht, wie es tatsächlich geschah, seine innere Konsolidierung und damit auch seinen späteren Durchbruch zur gewalttätigen Außenpolitik?

Tatsächlich hat sich zwischen 1933 und 1939 im außenpolitisch-zwischenstaatlichen Bereich dieselbe verhängnisvoll-illusionistische Entwicklung vollzogen, die vorher innenpolitisch im Zeichen des Zähmungskonzepts den Nationalsozialisten den Weg zur Machtergreifung geebnet hatte. Trotz anfänglichen Schwierigkeiten und vorübergehenden Krisen hat in wenigen Jahren jene nationalsozialistische Taktik, die Sigmund Neumann treffend "the mixed strategy of promise and blackmail" genannt hat, wie in der inneren, so jetzt auch in der äußeren Politik zu weitgehenden Erfolgen geführt.[36] Fast drängt sich der Eindruck einer gewissen Parallelität der Motive und Probleme auf, wenn man die zunächst nur halbwillige Freundschaftshaltung Italiens vergleichen wollte mit der selbstbewußten und illusionsgesättigten, doch anfangs schwankenden Bündnisbereitschaft der Deutschnationalen gegenüber einem Rivalen von erdrückender Übermacht oder die schwankende Konzessionsbereitschaft Englands mit der unsicheren Haltung der Weimarer Mitte oder die vielfach geschwächte und in ihrem Immobilismus nicht minder illusionistische Widerstandshaltung Frankreichs mit der hilflosen Opposition der SPD vor der Machtergreifung; oder wenn man schließlich umgekehrt die intransigente Haltung der KPD in ihrer Bedeutung für den Zusammenbruch der Weimarer Demokratie vor einer Mehrheitsfront der totalitären Parteien mit dem zweideutigen Hin und Her der deutsch-russischen Beziehungen bis hin zum Zusammenspiel bei der Entfesselung des zweiten Weltkrieges vergleichen wollte. Die „Parallele" geht eigentlich bis zu jenem Augenblick, als dem zunächst erfolgreichen Angriff auf die Sowjetunion mit dem Kriegseintritt der Vereinigten Staaten ein völlig neuer Gegenfaktor folgte, der einen außenpolitischen Triumph des Nationalsozialismus nach dem Muster der Machtergreifung im Innern verhindert hat.

An solcher Ähnlichkeit der Illusionen und Fehlurteile, die der Außenpolitik der Westmächte nach 1933 mit der innenpolitischen Haltung der politischen Gruppen in der Endphase der Weimarer Republik eigen ist, wird zugleich die methodische Gleichartigkeit der nationalsozialistischen Taktik deutlich, die wie einst die deutsche Innenpolitik, so jetzt die europäische Außenpolitik zu täuschen, ihre Illusionsbereitschaft auszunützen und schließlich in Gewaltakten zu überspielen verstand. Man müßte dem relevanten Vorwurf, daß die Westmächte einem Hitler gewährten, was sie den redlichen Ausgleichsbemühungen der Weimarer Politiker von Stresemann bis Brüning versagt hatten, noch die Bemerkung hinzufügen, daß dies geschah, obgleich man die Methoden Hitlerscher Machtpolitik am innenpolitischen Beispiel der Auflösung und Zerstörung der Weimarer Republik samt ihrer Verfassung schon erfahren hatte; besonders die englische Politik trifft diese Kritik, auch wenn man sie nicht mit der Hitler-Begeisterung und der Antibolschewismus-Propaganda einflußreicher Kreise Englands identifizieren kann.[37] Eher muß man die friedenswillige und konzessions-

---

[36] Sigmund Neumann (Anm. Einl./4), S. 257 ff., mit der treffenden Charakteristik genuin nationalsozialistischer Außenpolitik: "The strategy of international affairs ... has been successfully tried out in the nation and is now merely applied to wider fields of activities in an extended strategy. The mistakes made by western statesmen were only a repitition of the blunders of Thyssen and von Neurath, Schacht und von Schwerin-Krosigk ... In fact, the victory and continuity of the Third Reich might well have been impossible without those involuntary godfathers. Their association with rising National Socialism in turn shrouded the real character of the movement to an outside world. It was defindeded as the 'last stage of capitalism' by its leftist opponents; as 'bulwark against Bolshevism' by its rightist sympathizers. Complete misunderstanding of the real meaning of National Socialism led many elder statesmen to believe that it would be appeased. . ." Vgl. auch Neumanns Bemerkungen zur weiteren internationalen Wirkung der nationalsozialistischen Antikommunismus- und Bollwerkthesen (S. 282 ff.).

[37] Hierher gehören besonders die Artikel des Zeitungspotentaten Lord Rothermere, von denen die nationalsozialistische Propaganda reichen Gebrauch machen konnte. So z. B. unter dem Titel „Sieghafte Jugend" in: *Daily Mail* vom 10. Juli 1933: „Es handelt sich um etwas viel Bedeutungsvolleres als um die Einsetzung einer

bereite, ja, offen pazifistische Grundstimmung weiter politischer Kreise Englands bedenken [38] und festhalten, daß selbst das schwerwiegende Flottenabkommen von 1935 für die britische Politik in erster Linie Abwehrcharakter besaß. Aber offenbar boten die konkreten Ereignisse Anlaß zu weiteren Illusionen ähnlicher Art, wie sie die Weimarer Parteien gehegt hatten.

Tatsächlich entsprach das äußere Bild der nationalsozialistischen Außenpolitik in ihren Anfängen gewiß keineswegs dem Gepränge und dem lauten Erfolgsbewußtsein der inneren Machtergreifung. Im Bemühen um die doppelte Aufgabe, vor dem Hintergrund der nationalsozialistischen Fernziele die Anfangstaktik der Abschirmung mit den traditionellen Mitteln und ohne revolutionären Bruch der Kontinuität zu betreiben, kam es zu bedenklichen Rückschlägen. Der Verlust wichtiger Positionen, die der Beharrlichkeit Weimarer Außenpolitik zu verdanken waren, hat die europäische Lage des neuen Regimes allen Demonstrationen der Stärke zum Trotz wiederholt bedrohlich verschlechtert und jenes Auseinanderklaffen von „innerer und äußerer Staatsräson" noch verschärft, das schon die Weimarer Locarnopolitik behindert hatte.[39] Solche Krisenpunkte bezeichnete besonders das Verhältnis zu Polen im Frühjahr 1933, zum Völkerbund seit Herbst 1933, zu Österreich und Italien im Sommer 1934, dann zu Rußland–Frankreich, und schließlich die Gefahr einer massiven Gegenfront bis zum Frühjahr 1935; dazu kamen die allgemeinen Rückwirkungen des Verfolgungsterrors und der Judenpolitik auf das internationale Klima.

Die Diskussion über den außenpolitischen Kurs der neuen Regierung hat sofort mit dem 30. Januar eingesetzt. Sie beschäftigte nicht nur die Außenministerien der anderen Staaten, sondern auch die deutsche Diplomatie selbst, die zugleich, wie die ganze höhere Beamtenschaft, das persönliche Schicksal unter dem neuen Kurs bewegen mußte. Von wenigen Ausnahmen abgesehen – an der Spitze der früh zurücktretende deutsche Botschafter in Washington, v. Prittwitz, dessen Platz ausgerechnet Ex-Kanzler und Ex-Reichsbankpräsident Hans Luther besetzte –,[40] suchten die vorwiegend konservativen Glieder des Auswärtigen Dienstes die Stellung zu halten, indem sie formal der Partei beitraten, wie es auch die Empfehlungen des AA an die deutschen Missionen nahelegten.[41] Die beherrschende Parole war auch hier, man müsse bleiben, um Schlimmeres zu verhüten, um Hitler von eigenen außenpolitischen Experimenten abzuhalten und den Durchbruch einer rein nationalsozialistischen Außenpolitik zu verhindern – soweit man eben das Regime überhaupt mißbilligte. Wie die Wehrmacht,

neuen Regierung. Die Jugend hat das Kommando übernommen. Ein Strom jungen Blutes gibt dem Lande neues Leben. . . Die einfache, ungeschminkte Vaterlandsliebe Hitlers und seiner Anhänger setzt unsere Salonbolschewisten und Kultur-Kommunisten in größte Bestürzung. Sie haben einen geräuschvollen Feldzug von Anklagen gegen die ‚nationalsozialistischen Grausamkeiten' begonnen, die, wie jeder Besucher Deutschlands schnell feststellen kann, lediglich aus wenigen, vereinzelt dastehenden Gewalttaten bestehen, wie sie unter einer großen Nation unvermeidlich sind, die anderthalbmal so groß ist wie die unsere. . ." Weniger Einfluß, wenngleich vorübergehend einige Stärke, erlangte damals auch der britische Faschismus des ehemaligen Labour-Politikers Sir Oswald Mosley; vgl. Frederick Mulatty, *Fascism Inside England*, London 1946. Zum Gesamtproblem auch John W. Wheeler-Bennett, *Munich. Prologue to Tragedy*, London 1948, S. 332 ff.

[38] Vgl. Charles Loch Mowat, *Britain Between the Wars 1918–1940*, London 1955, S. 422 ff. Während der Englandbesuch Rosenbergs ein voller Mißerfolg war (*Documents. . .*, Anm. I/30, I, S. 433), konnte Botschafter Hoesch berichten, daß bei aller Gegenstimmung doch die Furcht vor einem Kriegsrisiko überall vorherrschend sei, zugleich die Furcht, Frankreich möchte durch die antideutsche Stimmung in England zu schneller Aktion ermutigt werden (*a. a. O.*, S. 446).

[39] Karl Dietrich Erdmann, „Das Problem der Ost- oder Westorientierung in der Locarnopolitik Stresemanns", in: *Geschichte in Wissenschaft und Unterricht* 6 (1955), S. 133 ff.

[40] Friedrich v. Prittwitz und Gaffron, *Zwischen Petersburg und Washington. Ein Diplomatenleben*, München 1952, S. 218 ff.; vgl. *Documents. . .* (Anm. I/30), I, S. 148. Prittwitz hatte – vergebens – gehofft, daß sich auch seine keineswegs nationalsozialistisch gesinnten Kollegen in London (Hoesch) und Paris (Köster) seinem Schritt anschließen würden.

[41] Zur Situation in der Moskauer Botschaft vgl. z. B. Hilger/Meyer (Anm. I/73), S. 273 ff.

würde auch das Auswärtige Amt, so ging die Fachmannsideologie, dem Nichtfachmann Hitler im entscheidenden Augenblick Zügel anlegen können. In diesem Sinne entschieden sich auch die zu den Genfer Abrüstungsverhandlungen delegierten deutschen Diplomaten gegen einen geschlossenen Rücktritt, wobei sie das Beispiel ihrer italienischen Kollegen vor Augen hatten, die tatsächlich Mussolini zunächst von den erprobten außenpolitischen Experten hatten abhängig machen und sein revolutionäres Pathos nach außen zügeln können. [42]

Auf ähnlichen Illusionen basierte auch die Haltung der Wilhelmstraße, des Berliner Auswärtigen Amtes selbst. Der permanente Staatssekretär Bernhard v. Bülow verkörperte als Haupt des Amtes die ebenso traditionsbewußte wie zurückhaltend-vorsichtige Abneigung des gelernten Diplomaten gegenüber einer Außenpolitik des Abenteuers; er hatte Hitlers Machtansprüche nicht ernst genommen,[43] glaubte nur an ein nationalsozialistisches Intermezzo und war jedenfalls überzeugt, daß Hitler auf das alte Auswärtige Amt angewiesen und von ihm abhängig sein werde. Dem entsprach auch das Rundschreiben, das Bülow noch am 30. Januar 1933 telegraphisch an die deutschen Missionschefs persönlich gehen ließ.[44] Die neue Regierung wurde einfach als Ergebnis eines Wiederauflebens der „Harzburger Front" gesehen, und die Weisungen des Auswärtigen Amtes gingen dahin, einen beruhigenden Einfluß auf die betreffenden Länder auszuüben. Bülow wies darauf hin, daß am 30. Januar nicht nur ganz verfassungsmäßig die stärkste Partei zur Regierung herangezogen worden, sondern neben der wirksamen Beteiligung von DNVP und Stahlhelm auch Verhandlungen mit Zentrum und BVP in Gang gekommen seien, die möglicherweise sogar zu einer arbeitsfähigen Reichstagsmehrheit führen könnten. Überdies empfahl das Rundschreiben, allen ausländischen Befürchtungen durch den Hinweis auf Neurath als Garanten der Kontinuität und Vertrauensmann Hindenburgs entgegenzutreten; auch Schwerin-Krosigk auf finanz- und Blomberg auf militärpolitischem Gebiet – als Mitglied der Abrüstungskommission – böten Gewähr für eine zuverlässige Kontinuität der Politik. Der neue Kurs in der Innenpolitik endlich sei ebenso eine ausschließlich deutsche Angelegenheit, wie sich auch Deutschland jeder Einmischung enthalte.

Die Folge dieser Sprachregelung war, daß auch die deutschen Botschafter die nationalsozialistische Machtergreifung vorwiegend optimistisch interpretierten, zumal sie selbst davon überzeugt schienen, in dem konservativen Berufsdiplomaten Neurath, der zuvor Gesandter in Kopenhagen und Botschafter in Rom und London gewesen und schon 1932 auf Hindenburgs ausdrückliche Veranlassung Außenminister in den Kabinetten Papen und Schleicher geworden war, ein Element der Sicherheit zu besitzen. Neuraths optimistische Äußerungen an den britischen Botschafter im Februar 1935 [45] scheinen zu beweisen, daß er die Illusionen seiner konservativen Kollegen teilte und in besonderem Maße noch hinsichtlich der ihm anvertrauten Außenpolitik nährte. Auch er beurteilte Hitler nach seinen ersten Äußerungen als „vernünftig" und betonte erneut die konservativen Sicherungen, insbesondere die Tatsache, daß Hindenburg Neuraths Verbleiben im Kabinett zur Vorbedingung der Berufung Hitlers und Neurath selbst seinen Entschluß davon abhängig gemacht hatte, daß keine außenpolitischen Experimente unternommen würden. Heute ist bekannt, wie wenig dies Selbstbewußtsein der Spezialisten der tatsächlichen Machtlage entsprach; es wurde nur

---

[42] Vgl. Kordt, *Nicht aus den Akten* (Anm. IV/35), S. 51 f.

[43] Noch in einem Brief an den Washingtoner Botschafter v. Prittwitz vom 19. Januar 1933 hatte er die organisatorische und finanzielle Krise in der NSDAP betont und sogar Befürchtungen wiedergegeben, nach denen der Zusammenbruch dieser Partei zu schnell eintreten könne, so daß ihre Anhänger nicht absorbiert werden und den Kommunisten zufallen könnten: *Akten des AA*, 4620/E 200841 ff. (*Documents*. . ., Anm. I/30, I, S. 22, Anm. 2).

[44] *A. a. O.*, 8683/E 607377 ff. (*Documents*. . ., *a. a. O.*, S. 17).

[45] *British Documents* (Anm. II/81), IV, S. 406 f. Der englische Botschafter seinerseits betonte etwa, Neurath billige seiner Meinung nach keinesfalls den Judenboykott; *a. a. O.*, V, S. 8; S. 14 f. (vgl. u. S. 278 ff.).

dazu mißbraucht, den Schein einer Kontinuität vorzutäuschen. Entgegen den Erwartungen der Hindenburg-Gruppe hat sich Neurath auch schon in den ersten Kabinettssitzungen nach schwachen Einwänden der Hitlerschen Dynamik untergeordnet.[46] Es zeigte sich rasch, daß auch er eine quasi-militärische Bündigkeit des Vorgehens über die elastische diplomatische Kleinarbeit stellte[47] und sich für den neuen Modus des Regierens, Planens und Durchführens noch anfälliger zeigte als die meisten seiner konservativen Kollegen im „Einrahmungskabinett" von 1933. Solche Feststellungen wiegen um so schwerer, als Neurath noch ein halbes Jahr zuvor als Außenminister Papens in einer Kabinettssitzung emphatisch erklärt hatte, „vom außenpolitischen Standpunkt aus betrachtet, werde die Herrschaft der Nationalsozialisten den deutschen Ruin bedeuten. Gewiß werde das Ausland sich mit den gegebenen Verhältnissen abfinden und mit den Nationalsozialisten verhandeln. Mit dem politischen Kredit Deutschlands sei es dann aber letzten Endes aus."[48]

Auch die Ideologie der Beschwichtigung, des „Schlimmeres-verhüten-Könnens" vermag kaum die Tatsache zu verdecken, daß Neurath auf seinen nicht-nationalsozialistischen Namen die Verantwortung für eine Außenpolitik nahm, die er nicht gemacht hat. Gewiß waren die für die nationalsozialistische Herrschaftstechnik überhaupt so charakteristischen Parallel-Organisationen wie die Büros von Ribbentrop und Rosenberg, die NS-Auslandsorganisationen, auch das Propagandaministerium, die ihrerseits erbitterte Kompetenzkonflikte ausfochten, zunächst fast nur als potentielle Bedrohung des AA wirksam; auch das nachgelassene Tagebuch Alfred Rosenbergs läßt dies erkennen.[49] Aber solche Taktik des Gegeneinanderausspielens drängte das Auswärtige Amt doch schon in die Rolle eines „technischen Apparats",[50] bevor noch die dauernden Interventionsaktionen der Partei abgelöst waren durch den offiziellen Einzug der Diplomatie Ribbentropscher Prägung auch in dieses Amt, das sich noch am stärksten als konservativer Träger außenpolitischer Tradition und Kontinuität gefühlt hatte. Es erscheint bezeichnend, daß zunächst vor allem in der Behandlung der Österreich-Frage, die Hitler von Anfang an ausdrücklich sich selbst vorbehalten hatte, wirklich „aktive" Außenpolitik getrieben wurde. Gewiß ist nicht zu bestreiten, daß das Auswärtige Amt in den ersten Jahren doch ein gewisses Maß an Eigengewicht und bremsender Wirkung zu bewahren vermocht hat. Es bleibt nur die Frage, ob dies nicht mehr der Hitlerschen Taktik als dem Widerstand zugute kam: der Taktik nämlich, zunächst durch Beibehalten und Vorschieben alterprobter und angesehener Diplomaten dem neuen Regime Kredit und Vertrauen zu gewinnen und die Appeasement-Illusionen zu fördern, um im Stadium der Entscheidung dann die Dinge selbst in die Hand zu nehmen oder sich profilloser Karrieristen wie Ribbentrops zu bedienen, während das Auswärtige Amt zum Befehlsempfänger ohne Einfluß herabsank.

Es sei deshalb dahingestellt, wieweit die Anfangsperiode sachlich überhaupt im Zeichen „nationalsozialistischer Außenpolitik" oder nicht vielmehr jener innenpoliti-

[46] Vgl. Neuraths nachgiebige Haltung in den Kabinettssitzungen vor dem Ermächtigungsgesetz (15. und 20. März 1933): *IMT* (Anm. I/10), XXXI, S. 407; S. 415, und bei vielen anderen Gelegenheiten, o. S. 155 ff.; u. S. 244. Interessante Hinweise gibt auch das aufschlußreiche Interview von Helmut Krausnick mit Günther v. Tschirschky vom 3. Oktober 1954 (Institut für Zeitgeschichte, *Zeugenschrifttum*, Nr. 568), das besonders die Rivalität zwischen Neurath und den außenpolitischen Eigenambitionen Papens dafür verantwortlich macht, daß Neurath tatsächlich früh schon ganz auf Hitlers Seite stand.

[47] Einige bezeichnende Züge dieser Haltung verdeutlicht der kritische Nachruf „Konstantin v. Neurath" in: *Deutsche Zeitung und Wirtschaftszeitung* vom 18. August 1956, S. 2.

[48] Niederschrift der Kabinettssitzung vom 10. August 1932 in [Thilo Vogelsang], „Zur Politik Schleichers gegenüber der NSDAP 1932", in: *Vierteljahrshefte für Zeitgeschichte* 6 (1958), S. 96.

[49] Hans-Günther Seraphim (Hrsg.), *Das politische Tagebuch Alfred Rosenbergs aus den Jahren 1934/35 und 1939/40*, Göttingen–Berlin–Frankfurt 1956, S. 17 ff.

[50] Weizsäcker (Anm. IV/35), S. 129.

schen Umwälzung stand, deren Ablauf die Aktivität der Regierung Hitler zunächst
bestimmt hat. Die weitgehende personelle Kontinuität im Auswärtigen Amt wie in
den deutschen Missionen und die in den Akten des Auswärtigen Amtes durchaus erkennbare Fortführung des bisherigen Kurses besaßen vielmehr ähnliche Funktionen
und Wirkungen wie die Übernahme und der kontrollierte Einsatz des kaum veränderten
Verwaltungsapparates im Bereich der inneren Politik. Es war eine Kontinuität, die die
„Legalität" des neuen Regimes zu verbürgen schien und dadurch ihre Wirkung auch
auf die zögernden inneren wie äußeren Gegner des Regimes nicht verfehlte. Die
Memoiren und Apologien beteiligter Zeitgenossen pflegen daher auch die unerwartet
rasche und widerstandslose Umwälzung von 1933/34 vornehmlich mit zwei Thesen
zu erklären: durch den Hinweis auf eine angeblich entwaffnende „Legalität" der
Machtergreifung und durch die Behauptung von einer allmählichen „Entwicklung"
Hitlers zum Bösen hin; besonders seine Außenpolitik habe sich erst in den späteren
Jahren zu jener freilich gründlichen Entartung ursprünglich gemäßigter oder doch
jedenfalls nicht zerstörerischer Aktivität entwickelt.[51] Solche Thesen sind, wie ihre
ungebrochene Fortdauer lehrt, nicht leicht zu nehmen. Denn wie Hitlers Abkehr
von der Staatsstreichtaktik zum Legalitätskurs nach dem mißglückten Putsch von
1923 die innenpolitischen Fronten zu verwirren und den totalitär-terroristischen Charakter der Machtergreifung zu verschleiern vermochte, so hat außenpolitisch die Zurückstellung der in *Mein Kampf* formulierten Eroberungspläne, die weit über eine
Revision des Versailler Vertrags hinausstrebten, hat die laute Proklamierung eines
Friedenskurses in Hitlers großen offiziellen Bekundungen von 1933 an [52] die Erkenntnis und Beurteilung der Geschehnisse erschwert und verwirrt; die radikalen Ankündigungen von *Mein Kampf*, die tatsächlich bereits den zweiten Weltkrieg in seinen
wesentlichen Merkmalen vorwegnahmen, erschienen nun unwirklich, vorübergehende
Utopie, bloß propagandistisch gemünzt, obwohl das Buch gerade jetzt unverändert in
Millionen von Exemplaren verbreitet wurde und Hitler auch öffentlich bei Gelegenheit durchaus betont hat: „Ich bin nicht Reichskanzler geworden, um anders zu handeln, als ich 14 Jahre lang gepredigt habe." [53]

Das Problem wird deutlicher und zugleich durchsichtiger, wenn man solche außenpolitischen Erklärungen und Gesten vor dem Hintergrund der Ausführungen sieht,
die Hitler ein Jahr zuvor, am 27. Januar 1932, in seinem bekannten Vortrag vor
westdeutschen Wirtschaftsführern im Industrieklub zu Düsseldorf gemacht hat. In
Anknüpfung an frühere Andeutungen – wie schon anläßlich der Kritik am Ruhrkampf [54] – ging Hitler bei diesem Vortrag besonders nachdrücklich von einem Primat
der innenpolitischen Neuordnung aus, indem er entgegen der gängigen Auffassung
und entgegen dem Brüningschen Glauben an den Vorrang der außenpolitischen Revisionspolitik [55] betonte: „Nicht das außenpolitische Primat kann unser inneres Handeln
bestimmen, sondern die Art unseres inneren Handelns ist bestimmend für die Art
unserer außenpolitischen Erfolge, ja sogar unserer Zielsetzung überhaupt." Auch die

---

[51] So im Sinne der Selbstrechtfertigung besonders Papen (Anm. I/11), S. 293 ff.; Meißner (Anm. I/11), S. 271 ff.;
von militärischer Seite Kurt Aßmann, *Deutsche Schicksalsjahre. Historische Bilder aus dem zweiten Weltkrieg und
seiner Vorgeschichte*, Wiesbaden 1950, S. 18; S. 57; Friedrich Hoßbach, *Zwischen Wehrmacht und Hitler. 1934–1938*,
Wolfenbüttel–Hannover 1949, S. 9 ff., und viele andere, von der offen apologetischen oder gar neonazistischen
Literatur ganz zu schweigen.

[52] Unter diesem Gesichtspunkt standen auch die offiziellen Veröffentlichungen der Hitlerreden von 1933:
Die Reden Hitlers als Kanzler (Anm. II/135); *Die Reden Hitlers für Gleichberechtigung und Frieden*,
München 1934.

[53] Rede Hitlers in Weimar am 2. November 1933: *VB* vom 3. November 1933.

[54] Hitler, *Mein Kampf* (Anm. Einl./41), S. 771 ff.

[55] *Vortrag Adolf Hitlers vor westdeutschen Wirtschaftlern im Industrie-Klub zu Düsseldorf am 27. Januar
1932*, München 1932, S. 6 f.

gegenwärtige Notlage sei nicht eine Folge des Versailler Vertrags, sondern dieser vielmehr die Folge der inneren Fehler; man müsse also, wenn man „überhaupt die Situation bessern will, erst den Wert der Nation wieder ändern".[56]

Hier war das taktische Prinzip aufgedeckt, das die nationalsozialistische Außenpolitik in der Periode der Machtergreifung, zugleich die Art ihrer Verflechtung mit der rigorosen innenpolitischen Machtbefestigung bestimmt hat. In Hitlers Worten: „Wesentlich ist die politische Willensbildung der gesamten Nation, sie ist der Ausgangspunkt für politische Aktionen. Ist diese Willensbildung garantiert..., dann kann eine Regierung... auch die Wege wählen, die eines Tages zum Erfolg führen werden." Deshalb gehe es zuerst um die innenpolitische Überwindung der schwankenden Parteiendemokratie, die eben „niemals fähig" sei, „diesen Plan wirklich bis zur letzten Konsequenz durchzufechten". Wie in einer Kompanie vor dem Feind kein freies Koalitionsrecht herrschen dürfe, so müsse der Staat zuerst im nationalsozialistischen Sinne geändert und das Volk zu einer einmütigen Auffassung gebracht werden, bevor man der Tatsache Rechnung tragen könne, „daß ein Volk, um bestehen zu können, seine Kraft nach außen wenden muß".[57] Das waren Bekundungen, die in notdürftig konventioneller Verkleidung den natürlichen Vorrang der inneren Machtergreifung vor der Verwirklichung des in *Mein Kampf* niedergelegten außenpolitischen Expansionskurses feststellten und propagandistisch in den Satz ausklangen: „So sehe ich denn das Mittel des deutschen Wiederaufstiegs im Unterschied zu unserer offiziellen Regierung [Brüning] nicht im Primat der deutschen Außenpolitik, sondern im Primat der Wiederherstellung eines gesunden, nationalen und schlagkräftigen deutschen Volkskörpers."[58]

Ohne Zweifel hatte die Zurückstellung der Innenpolitik zugunsten eines rigorosen Spar- und Durchhalteprogramms und mit der Hoffnung auf die krisenlösende Wirkung außenpolitischer Erfolge wesentlich zu der inneren Schwäche des Brüning-Kurses in der Ära der Wirtschaftskrise beigetragen.[59] Wenn durch diese Politik die Radikalisierung der Bevölkerung und deren Anfälligkeit für den Aufruf zur Änderung aller Dinge bis zur revolutionsreifen Situation von 1932/33 fortgetrieben worden war, dann schien das nationalsozialistische Rezept eines innenpolitischen Primats der gegebenen Lage geradezu geschichtlich zu entsprechen. Jedenfalls trägt der Beginn der nationalsozialistischen Herrschaft das Signum solcher Taktik, die aufs wirkungsvollste – ganz analog der Wirkung der Legalitätstaktik – die Illusion nähren konnte, Hitler werde in der Verantwortung vernünftig werden und nicht auf die ebenso dilettantischen wie maßlosen Entwürfe zurückfallen, die das außenpolitische Programm von *Mein Kampf* enthielt. Solche auch in der These von der „Entwicklung" Hitlers enthaltenen Beurteilungen verkennen jedoch den deutlich faßbaren taktischen Charakter der Anfangsphase nationalsozialistischer Außenpolitik; sie unterschätzen auch den Realitätsanspruch des unverändert in Millionenauflagen verbreiteten Kampf-Buches, das man ob seiner Stil- und Formmängel verächtlich beiseite zu schieben pflegte; und sie übersehen den Tenor der nicht für die Öffentlichkeit bestimmten Äußerungen Hitlers und seiner Umgebung, die – wenn man schon das Zeugnis Hermann Rauschnings anzweifeln will – doch schon in der sogleich zu erwähnenden Befehlshaberbesprechung vom 3. Februar 1933 keinen Zweifel an der expansionistischen Grundrichtung lassen. Über diese außenpolitische Doktrin, die inzwischen mehrere Analysen in ihrem Realitätsgehalt bloßgelegt haben, ist hier im einzelnen nicht mehr

---

[56] *A. a. O.*, S. 24.
[57] *A. a. O.*, S. 25 f.
[58] *A. a. O.*, S. 31.
[59] Vgl. Bracher, *Die Auflösung...* (Anm. Einl./25), S. 341 ff.; S. 508 ff.

zu handeln.[60] Festzuhalten bleibt, daß die außenpolitische Taktik zunächst durch die Ziele und Hindernisse der inneren Gleichschaltung bestimmt war. Ihr Kennzeichen war ein verwirrendes Lavieren zwischen Kontinuität und Neueinsatz, zwischen den europäischen Gegebenheiten und den von der innenpolitischen Umwälzung diktierten und zugleich eingeschränkten Fernzielen einer neuen Bündnis- und Expansionspolitik. Aber ihre Zwischenziele, vor allem die Auflösung des kollektiven Völkerbundssystems durch Einzelpakte, eine Bündnisfront mit England und Italien und die Isolierung Frankreichs, zeichneten sich schon früh ab, so stark die taktischen Rücksichten und so empfindlich die Rückschläge auch sein mochten.

Dieser erste Grundzug hat nun freilich eine bedeutsame Kehrseite, die im Kern schon die spätere Position nationalsozialistischer Außenpolitik enthält. In der Tatsache, daß ein wesentlicher Teil der neuen Innenpolitik letzlich doch Funktion der neuen Außenpolitik zu werden bestimmt war, lag der Ansatz zum Umschlagen. Wie Hitler schon jahrelang mit monotoner Wiederholung betont hatte, sollte der Primat der Innenpolitik ja gerade jene psychische, organisatorische und militärische Bereitschaft schaffen, die er als Voraussetzung zur Verwirklichung übergeordneter Expansions- und Herrschaftsziele betrachtete. Auch nach Görings Zeugnis in Nürnberg galt Hitlers stärkstes Interesse stets der Außenpolitik und mit ihr der Wehrpolitik.[61] In diesem Sinne verband sich der Zweck der Machtergreifung und Machtbefestigung dem Ziel einer steten Steigerung zunächst noch verhaltener, dann ausgreifender und auf die Innenpolitik zurückwirkender Außenpolitik, die in der Tat schon wenige Jahre später tief und bestimmend in alle Lebensbereiche eingriff, um schließlich auf dem Weg zum totalen Krieg zugleich als wichtigstes Mittel totaler, auf unbegrenzte Dynamik gegründeter Herrschaft zum alleinigen Maßstab der Politik zu werden.

Den augenfälligsten und wichtigsten Ansatzpunkt für eine solche Entwicklung bot der militärische Bereich. In den Aufzeichnungen schon der ersten Befehlshaberbesprechung wird eine methodische Zeit- und Aktionstafel der nationalsozialistischen Taktik sichtbar, die die Stufen sowohl des Verhältnisses von Wehrmacht und Politik wie des außenpolitischen *modus procedendi* vorzeichnet. Leitgedanke der Ausführungen, die Hitler vor den Befehlshabern des Heeres und der Marine schon am 3. Februar 1933 gemacht hat, war die Konzentrierung der gesamten Staatsführung auf Wiedergewinnung der politischen Macht, zunächst durch die „völlige Umkehrung der gegenwärtigen innenpolitischen Zustände", die rücksichtslose Zerschlagung von Pazifismus und Marxismus, die Schaffung einer absoluten Kampf- und Wehrbereitschaft des ganzen Volkes durch „straffste autoritäre Staatsführung"; erst nach Festigung der politischen Macht könnte dann, ausgehend vom Kampf gegen Versailles, die außenpolitische Aktivität bis zur „Eroberung neuen Lebensraums im Osten und dessen rücksichtslose Germanisierung" fortgetrieben werden.[62] Hier war schon offen ausgesprochen, in welchem Verhältnis nationalsozialistische Innen- und Außenpolitik zu sehen und wie bewußt die politischen und wirtschaftlichen Maßnahmen dieser Anfangsjahre nach Hitlers eigenen Worten nur als „Aushilfsmittel" vorübergehender Art vorgeschoben waren. Als die gefährlichste Periode betrachtete Hitler die Zeit des

[60] Vgl. Paul Kluke, „Nationalsozialistische Europaideologie", in: *Vierteljahrshefte für Zeitgeschichte* 3 (1955), S. 240 ff.; jetzt besonders Joachim Leuschner, *Volk und Raum. Zum Stil der nationalsozialistischen Außenpolitik*, Göttingen 1958, S. 57 ff.

[61] *IMT* (Anm. I/10), IX, S. 174.

[62] Thilo Vogelsang, „Neue Dokumente zur Geschichte der Reichswehr", in: *Vierteljahrshefte für Zeitgeschichte* 2 (1954), S. 434 f. Prominente Teilnehmer wie der Chef der Marineleitung Erich Raeder (vgl. seine Erinnerungen: *Mein Weg*, Bd. I, Tübingen 1956, S. 280 f.) verschweigen noch heute die Details der Hitlerschen Ausführungen; von Hitlers Fernzielen hat Raeder nichts, um so mehr – und mit naiver Genugtuung – von Hitlers Zusicherungen an das Unabhängigkeitsbedürfnis der Wehrmacht zu berichten. Zu diesen Zusammenhängen ausführlich u. III. Teil, II. Kapitel.

politisch-militärischen „Wiederaufbaus"; da werde sich zeigen, ob Frankreich Staatsmänner habe: „Wenn ja, wird es uns nicht Zeit lassen, sondern über uns herfallen
(vermutlich mit Ost-Trabanten)."

Auch damit war wieder der kritische Punkt und die erste Funktion der nationalsozialistischen Außenpolitik in ihren Anfängen angedeutet. Ohne die zweite Stufe
einer aktiven Verwirklichung der Expansionspläne mit der Unterordnung aller wirt-
schafts- und innenpolitischen, aller sozialreformerischen und ideologischen Belange
je aus dem Auge zu verlieren, hatte die Außenpolitik sich zunächst den Erfordernissen
der inneren Stabilisierung des totalen Staates zu unterwerfen, bis diese dann die militante Wandlung nach außen tragen konnte. Ziel dieses Prozesses war jene totale Mani-
pulierfähigkeit, die kurz vor ihrem Höhepunkt im Hitler-Stalin-Pakt beispielsweise
in einem Schreiben Ribbentrops an seinen Botschafter in Moskau (3. August 1939)
ausgedrückt ist: der Außenminister betont hier, er habe dem sowjetischen Geschäftsträger zu verstehen gegeben, „daß wir in der großen Politik keine Taktik treiben,
wie die demokratischen Mächte. Wir hätten die Gewohnheit, auf solidem Boden zu
bauen, brauchten auf schwankende öffentliche Meinung keine Rücksicht zu nehmen. . ." [63] Gewiß liegt dies Zeugnis sechs Jahre später; aber sein Leitgedanke findet
sich auch schon in den Verhandlungen um das Reichskonkordat von 1933. Die einschlägigen Akten des AA, die zugleich wichtige Anhaltspunkte auch für die Beurteilung der Kontinuitäts- und Primatfrage vermitteln, bestätigen dies: so, wenn sich eine
zur Instruktion Papens für seine Verhandlungen mit dem Vatikan gefertigte Aufzeichnung des AA vom 5. April 1933 bewußt auf die volle Handlungsfreiheit berief,
die das neue Regime durch das Ermächtigungsgesetz und die Ausschaltung des Reichstags gewonnen habe.[64] Mit der Ribbentrop-Ära war die nationalsozialistische Außenpolitik dank der vollständigen Gleichschaltung der Innenpolitik dann sichtbar von
ihrer verschleiernden Anfangstaktik zur Strategie der Kriegsdrohung und Gewalt-
lösung fortgeschritten, ohne noch ernste innere Reaktionen befürchten zu müssen.

So sehr ein Ausblick auf spätere Phasen insgesamt den Primatanspruch der Außenpolitik wieder in den Vordergrund treten läßt und so entschieden auch bestimmte
Ansätze der späteren Aufrüstungs-, Expansions- und Kriegspolitik schon seit Beginn
des „Dritten Reiches" entwickelt wurden, so vordringlich erschien in den beiden ersten
Jahren demnach die taktische Abschirmung des von innen wie außen angefochtenen
neuen Regimes – eine Stufenfolge, die übrigens in den amerikanischen diplomatischen
Berichten von 1933 und 1934 schon klar gesehen wurde; [65] auch die Vereinigten Staaten haben daraus freilich keineswegs die Folgerung gezogen, aus ihrem verhängnisvollen Isolationismus herauszutreten. Es war angesichts solcher Einsichten kaum zu
erwarten gewesen, daß die ursprüngliche Zwangslage der nationalsozialistischen Außenpolitik sich so wenig auswirken, daß innerdeutsche Resistenzfähigkeit und äußere
Gegenwirkung so überraschend schwach bleiben würden. So konnte sich die nationalsozialistische Doppeltaktik gleichzeitiger Abschirmung und Vorbereitung mit den Mitteln der Kontinuität und Legalität sowohl auf eine Anknüpfung an Argumente und
Zielrichtungen der Weimarer Revisionspolitik als auch, sachlich wie psychologisch
damit verbunden, auf eine Nutzung jener zwischen Mißtrauen und Besänftigungs-
neigung schwankenden Wartepolitik der europäischen Nachbarn stützen, die im
zwischenstaatlichen Bereich den verhängnisvollen Immobilismus und Illusionismus

---

[63] *Nazi-Soviet-Relations, 1939–1941. Documents from the Archives of the German Foreign Office*, ed. by
Raymond James Sontag and James Stuart Beddie, Washington 1948, S. 38; vgl. auch *Die Gegenwart* vom
11. August 1950, S. 502.

[64] *Akten des AA*, 460619 f. (Fotokopie, im Bes. des Verf.); vgl. Bracher, *Nationalsozialistische Machtergreifung
und Reichskonkordat* (Anm. II/164), S. 53.

[65] *Peace and War. US Foreign Policy 1931–1934*, Washington 1934, S. 191 ff., bes. S. 211 ff. (April 1934).

geradezu wiederholte, der zuvor im Zeichen des Zähmungskonzepts dem Nationalsozialismus *innenpolitisch* den Weg zur Macht geebnet hatte.

3. Bruch mit dem Völkerbund

Dieser Charakter der neuen Außenpolitik, ihre Taktik und die Grenzen ihrer Anknüpfung an die Weimarer Revisionspolitik wurden schon in der ersten außenpolitischen Aktivität sichtbar: Sie betraf die Abrüstungsverhandlungen, die man bei
günstigem Stand vom Kabinett Schleicher übernommen hatte. Während Hitler in der
„Kampfzeit" stets die sofortige Beseitigung des Versailler „Schanddiktats" und die
deutsche Wiederaufrüstung an die Spitze seiner Propaganda gestellt hatte, setzte die
deutsche Abrüstungsdelegation unter dem erfahrenen Botschafter Rudolf Nadolny
auch im Februar 1933 ihre Verhandlungen ohne jede sensationelle Neuorientierung
fort. Auch gelegentliche nationalsozialistische Interventionen wurden zunächst mit
Billigung Hitlers entschieden abgebogen: so, als der SS-Führer Heydrich mit Begleitung auf dem Hotel der deutschen Delegation die Hakenkreuzfahne zu hissen suchte.[66]
Hitler selbst versicherte ausländischen Besuchern, daß Neuraths bisheriger Kurs nicht
geändert würde,[67] und stellte sich demonstrativ hinter eine Außenpolitik der Mäßigung, um so mehr, als Deutschland unter Schleichers Kanzlerschaft in der Gleich-
berechtigungs- und Abrüstungsfrage von den Westmächten schon wichtige Konzessionen erlangt hatte. Und Nadolny erklärte er in diesen Tagen, er selbst verstehe
nichts von Außenpolitik und habe dafür auch niemanden in der Partei. Dies freilich
wieder mit dem bezeichnenden Hinweis auf die Primatsfrage und die Rangordnung
der Probleme: „Zunächst müßte er ganz Deutschland nationalsozialistisch machen,
und das würde etwa vier Jahre dauern. Erst dann könne er sich um die Außenpolitik kümmern. Außerdem sei das Auswärtige Amt eine Behörde, die nach alten
Regeln verwaltet werde, und schließlich müßte er nach obenhin [d. h. Hindenburg]
Rücksicht nehmen." [68]

Das hinderte zwar nicht, daß sich die Verhandlungen bis Mai 1933 wieder an
Fragen der Durchführung des Abrüstungsprinzips festbissen und nun auch aus Neuraths Mund die Drohung mit dem Bruch und sofortiger deutscher Aufrüstung kam.
Das Beispiel Japans, das im Verfolg seines Aggressionskurses in der Mandschurei Ende
März 1933 den lästigen Völkerbund zu verlassen ankündigte, schien die neuen
Machthaber in Deutschland schon jetzt zu ähnlichem Verhalten zu ermutigen. Als
jedoch London und Paris scharf reagierten, lenkte Hitler selbst in seiner programmatischen außenpolitischen Rede vor dem Reichstag am 17. Mai, deren Bedeutung
für die Gleichschaltung der Parteien schon geschildert wurde, ganz demonstrativ
wieder ein. Mit dem innenpolitischen wurde dann auch der außenpolitische Zweck
dieser vom gesamten Reichstag gebilligten „Friedensrede" erreicht, die Verhandlungen
gingen weiter, und die Appeasement-Taktik blieb trotz vielen Reibungen bestehen.
Auch das Experiment eines Viermächtepakts mit Italien, England und Frankreich,
das in diesen Wochen bis zur Unterzeichnung (8. Juni), doch nie zur Ratifizierung
gedieh,[69] gehört in diesen Zusammenhang: daß die britische Politik, jetzt so stark
wie je auf Beruhigung der europäischen Szenerie bedacht, sich in der Hoffnung auf
eine rechtzeitige Bereinigung des Revisionsproblems von Mussolini zu dieser offen-

---

[66] Kordt, *Nicht aus den Akten* (Anm. IV/35), S. 53; Nadolny (Anm. IV/35), S. 129 ff., auch zum folgenden.

[67] Vgl. dazu im einzelnen auch Craig (Anm. IV/35), S. 410 ff.

[68] Nadolny (Anm. IV/35), S. 130 f.

[69] Vgl. dazu von deutscher Seite *Documents. . .* (Anm. I/30), I, S. 533 ff.; von englischer Seite *British Documents* (Anm. II/81), V, S. 66 ff.; S. 157 ff.; von italienischer Seite Baron (Pompeo) Aloisi, *Journal,* Paris 1957,
S. 100 ff.

sichtlichen Umgehung des Völkerbunds und des kollektiven Sicherheitsprinzips bestimmen ließ und damit schon dem fragwürdigen Sonderunternehmen (Flottenabkommen) von 1935 den Weg bereitete, konnte nur Hitler zugute kommen; mindestens vorübergehend erschien es als ein erster Erfolg Hitlers im Sinne der Aufnahme Deutschlands in ein Großmächte-Direktorium über Europa, und ohne den Völkerbund.[70] Freilich: es hat zwar einige propagandistische Illusionswirkung erlangt, aber keinen praktischen Zweck erfüllt und nur den Unwillen der Nichtbeteiligten, aber besonders Betroffenen wie vor allem Polens erregt. Wohl setzte der frühere englische Außenminister Arthur Henderson als Präsident der Abrüstungskommission seine nachhaltigen Ausgleichsbemühungen fort, nachdem sich die Konferenz selbst Ende Juni auf drei Monate vertagt hatte. Er besuchte zu diesem Zweck die europäischen Hauptstädte und traf am 17. Juli auch in Berlin ein, wo er im Beisein Blombergs und Nadolnys Besprechungen mit Neurath führte, über die er sich offiziell recht optimistisch äußerte. Über Prag reiste Henderson dann nach München, traf dort am 20. Juli mit Hitler selbst zusammen und nahm offenbar den Eindruck mit, ein allgemeiner Ausgleich im Verein mit einer deutsch-französischen Annäherung sei weiterhin möglich.[71]

Als aber im Herbst die Konferenz fortgesetzt wurde, trat Neurath wieder wesentlich schärfer auf. In der vorangehenden Kabinettssitzung vom 12. September [72] hatte er schon der Befürchtung Ausdruck gegeben, daß sich die am 22. September beginnende Völkerbundsversammlung anläßlich der Behandlung der Minderheiten- und Flüchtlingsfragen besonders auch mit der deutschen Emigranten- und Judenpolitik befassen werde. Zur Aktivierung der deutschen Gegenpropaganda hatte er sogar angeregt, Goebbels solle die deutsche Delegation begleiten, was mit freilich zweifelhaftem Erfolg auch geschah. Immerhin hatte Neurath, sowenig eigene Statur er auch in dieser Entwicklung bewies, damals unter Hinweis auf die italienische Taktik noch davor gewarnt, „das Feld politischer Einflußmöglichkeiten, welches der Völkerbund bietet, kampflos dem Gegner zu überlassen", wenigstens nicht vor Regelung der Saarfrage – es sei denn, der Völkerbund träfe Entscheidungen, „die für die deutschen Lebensinteressen unerträglich sein würden". Inzwischen war aber auch das französische Mißtrauen angesichts der innerdeutschen Vorgänge beträchtlich gewachsen; die illegale militärische und halbmilitärische Aktivität in Deutschland war nicht dazu angetan, im sicherheitsbedürftigen Frankreich den Willen zur Abrüstung zu stärken. So wurde das Angebot an Hitler beträchtlich reduziert: Erst nach vier Jahren sollte die stufenweise Abrüstung verwirklicht werden. Die Folge war der erneute Ausmarsch der deutschen Delegation – dieses Mal mit der Folge des abrupten, endgültigen Austritts Deutschlands aus dem Völkerbund selbst. Denn auch in diesem Gremium, das doch bisher Gelegenheit nicht nur zu revisionistischer Kontaktverbesserung, sondern zur wirkungsvollen Vertretung deutscher Minderheiteninteressen geboten hatte, sah sich die deutsche Delegation durch die begründete Anprangerung nationalsozialistischer Terrorakte ins Unrecht gesetzt und gedemütigt. Die Versuche des deutschen Propagandaministers, an Ort und Stelle in Genf selbst auch den Völkerbundsapparat für die eigenen Zwecke zu benutzen, hatten gerade das Gegenteil erreicht.[73] In dieser Zwangslage, nicht nur im Abrüstungskonflikt, liegt ein wesentlicher Grund für den überstürzten Austritt

[70] Vgl. auch Andrew Rothstein, *The Munich Conspiracy*, London 1958, S. 23 ff., und die Erinnerungen des langjährigen Genfer Korrespondenten des *Manchester Guardian*, Robert Dell, *The Geneva Racket*, London 1940, S. 199 ff.

[71] Zur britischen Aktivität *British Documents* (Anm. II/81), V, S. 432 ff.; vgl. auch Mowat (Anm. IV/38), S. 424 ff.; G. M. Young, *Stanley Baldwin*, London 1952, S. 173 ff.

[72] *Akten des AA*, 3598/793688 ff. (*Documents...*, Anm. I/30, I, S. 795 ff.); Auszug des Hauptteils in: *MGN* 11, Doc. No. PS–2907 (*HAB*, Rep. 335, Fall 11, Nr. 504, S. 75 ff.).

[73] Vgl. Max Beer, *Die auswärtige Politik des Dritten Reiches*, Zürich 1934, S. 80 f.; dazu auch *British Documents* (Anm. II/81), V, S. 658 ff., sowie (zum Bruch) S. 677 ff.

aus dem Völkerbund. Auch lassen die Kabinettssitzungen vom 13. und 14. Oktober [74] deutlich erkennen, wie Hitler seine ausgesprochene Absicht, „die Abrüstungskonferenz zum Auffliegen" und den Völkerbund „allmählich zum Einschlafen" zu bringen, sogleich durch eine intensive innenpolitische Propagandaaktion in Gestalt eines Plebiszits abzuschirmen und in einen großen Erfolg zu verwandeln verstand; bemerkenswert, daß ausgerechnet Arbeitsminister Seldte sich hier vordrängte, um „im Namen des Frontsoldatentums seiner uneingeschränkten Zustimmung zu den Maßnahmen der Reichsregierung Ausdruck" zu geben, während Schwerin-Krosigk immerhin wagte, nach der Bedeutung einer Wahl zu fragen, die nach Fricks Ankündigung nur *eine* Liste vorsah. [75]

Dieser Bruch vom 14. Oktober 1933 war ein folgenschweres Ereignis. Gewiß hatte es schon im Rückzug der von Robert Ley geführten Delegation aus der internationalen Arbeitskonferenz in Genf im Juni 1933 seine Schatten vorausgeworfen. Und gewiß war die scharfe Reaktion auch von amerikanischer wie schon von englischer Seite auf die deutsche Judenpolitik im außenpolitischen Klima rasch spürbar geworden. [76] Aber erst in diesem Akt deutscher Selbstisolierung endet die erste Phase nationalsozialistischer Außenpolitik, die noch betont im Zeichen des taktisch eingehaltenen Ausgleichskurses Brüningscher Prägung gestanden und so die erste Konsolidierung der innenpolitischen Machtergreifung nicht nur nicht gestört, sondern wirkungsvoll abgeschirmt hatte. In diesem Sinne hatten Hendersons Besuche nicht zuletzt deshalb Hitlers Prestige gestützt, weil sie unmittelbar nach der Auflösung der Parteien und der Beseitigung der letzten Reste parlamentarischer Demokratie, gleichzeitig aber auch mit der Unterzeichnung des Konkordats erfolgt waren, das ja nach Hitlers erklärtem Willen durchaus zum Zweck der innen- wie außenpolitischen Prestigewirkung des nationalsozialistischen Einparteienregimes betrieben und abgeschlossen worden war. Es entsprach dieser Richtung der Konkordatsverhandlungen, daß sie im Auftrag Hitlers direkt von Papen geführt und zuletzt auch noch von Mussolini persönlich unterstützt wurden, der Papen ausdrücklich versicherte: „Der Abschluß des Konkordats . . . wird Ihrer Regierung auch außenpolitisch den Kredit geben, den sie bisher nicht hat." [77]

Wie die Dinge freilich schon zu diesem Zeitpunkt auf der Ebene außenpolitischer Entscheidung gehandhabt wurden, zeigt die Tatsache, daß nicht nur die Konkordatsverhandlungen weitgehend neben dem AA, z. T. sogar gegen seine Wünsche vorangetrieben wurden, sondern daß dann auch der Führer der deutschen Delegation in Genf über den Beschluß zum Austritt aus dem Völkerbund nicht rechtzeitig unterrichtet, zunächst in Berlin festgehalten und dann als Botschafter nach Moskau versetzt wurde; auf seinen Versuch einer Intervention bei Hindenburg bekam Nadolny, wie sich später Hitler mit Genugtuung zu erinnern glaubte, nur die lakonische Antwort des Reichspräsidenten: „Sie sind ja für Moskau, scheren Sie sich dahin!" [78] Jedenfalls hatte Nadolny, ohnehin wenig beliebt in der Wilhelmstraße, [79] offensichtlich kein Zutrauen mehr in die Festigkeit des Auswärtigen Amtes Hitler gegenüber; sonst hätte er sich nicht auf so ungewöhnliche Weise an Hindenburg selbst gewandt. Auch der Natio-

---

[74] *Akten des AA*, 3598/793999 ff. (*Documents. . .*, Anm. I/30, I, S. 922 ff.); Auszüge in: *MGN* 11, Doc. No. PS–2907 (*HAB*, Rep. 335, Fall 11, Nr. 504, S. 80 ff.).

[75] Darüber u. S. 351 ff.

[76] Vgl. Schachts Berichte von seiner Amerikareise im Mai 1934 (*Documents. . .*, Anm. I/30, I, S. 424; S. 392) mit der Wiedergabe von Roosevelts Kritik; ebenso die Berichte des deutschen Botschafters in London über McDonalds Kritik (S. 282 f.).

[77] Papen (Anm. I/11), S. 316; dazu u. S. 342 ff.

[78] Picker (Anm. Einl./40), S. 432.

[79] Nach Hilger/Meyer (Anm. I/73), S. 262, genoß Nadolny dort den abschätzigen Spitznamen eines „Amtsrichters aus Pillkallen".

nalismus eines Nichtnationalsozialisten wie Bülow scheint in dieser Frage der Hitlerschen Gewaltaktion entgegengekommen zu sein, und auch Neurath hat noch beim
Nürnberger Prozeß erklärt, er selbst habe Hitler zu diesem extremen Schritt geraten.[80]
Papen schließlich, der entgegen seinen damaligen Äußerungen heute beteuert, er habe
von diesem letzten Schritt des Austritts aus dem Völkerbund abgeraten, obgleich auch
er gegen eine weitere Beteiligung an der Abrüstungskonferenz war, fügt in der zuerst
erschienenen englischen Ausgabe seiner Memoiren hinzu: "Neurath was very little
help."[81] Man mag dafür auch die schon erwähnten Spannungen zwischen Neurath und
Papen, der selbst außenpolitische Ambitionen hatte, in Rechnung stellen.[82] Jedenfalls
konnte von wirksamen Gegengewichten gegen Hitlers Entscheidungsposition auch im
Bereich der Außenpolitik jetzt keine Rede mehr sein, und es geht auch angesichts der
recht zweifelhaften weiteren Rolle Neuraths nicht an, diesen von der Verantwortung
für die schrittweise Unterminierung der europäischen Verhältnisse freizusprechen.[83]
Ob Neuraths Haltung auch durch die alte Furcht bestimmt war, Papen oder gar
Nadolny könne an seiner Stelle Außenminister werden, mag dahingestellt bleiben.[84]
Es bleibt jedenfalls eindeutige Tatsache, daß Hitler bei diesem ersten Coup nationalsozialistischer Außenpolitik das Auswärtige Amt hinter sich hatte, das doch gerade
auch im Ausland als Element der Mäßigung und Träger vernünftiger Kontinuität
deutscher Außenpolitik betrachtet wurde.

Es war ein deutliches Warnsignal für die westliche Politik, die mit dem Völkerbund
geradezu in die Rolle einer feindlichen Koalition gedrängt wurde. Die Abrüstungskonferenz war tot, noch bevor sie sich im Mai 1934 auch formal endgültig vertagte:
Die Epoche der Aufrüstung begann – sichtbar nun, nachdem sie das „Dritte Reich"
von Anfang an bestimmt hatte. Aber dies tat seine Wirkung sowenig wie die außenpolitischen Gewaltakte der folgenden fünf Jahre:[85] allgemeine Wehrpflicht, vielfache
Beschleunigung der Aufrüstung, Rheinlandeinmarsch und Bruch des Locarno-Vertrags,
Österreichcoup und tschechische Krise. Im Gegenteil, die Folge waren Spannungen
zwischen London und Paris, zugleich vereitelte Italiens trotz der Österreich-Krise
immer wieder schwankende Haltung jede Möglichkeit einer geschlossenen Front gegen
das „Dritte Reich". Einflußreiche Kreise in der Umgebung der englischen Regierung
ließen wenige Monate später sogar Überlegungen erkennen, daß man Japan Freiheit
gegen Rußland, Deutschland Freiheit in der Aufrüstung geben und durch ein die
deutsche Westgrenze abriegelndes Bündnis mit Frankreich die deutsche Dynamik nach
Osten ablenken könne: Ablenkung also Japans und Deutschlands und Druck auf die
Sowjetunion.[86] Solche durchaus inoffiziellen Gedankengänge, von der sowjetischen
Interpretation der westlichen Außenpolitik gegenüber Hitler über alle Proportionen
aufgebauscht, sind zwar nie für die weitere Entwicklung bestimmend geworden; dafür
sorgte schon der französische Widerstand. Aber jedenfalls war das Risiko des Hitlerschen Entschlusses wie des daran anschließenden verschärften Aufrüstungskurses nicht

[80] *Nazi Conspiracy and Aggression*, Suppl. B, S. 1504.

[81] Franz v. Papen, *Memoirs*, London 1952, S. 297.

[82] Interview Krausnick–Tschirschky; vgl. o. S. 236, Anm. 46.

[83] Über Neuraths wenig konstruktive Rolle bei den Westpaktverhandlungen von 1936/37 wird sich der Verf.
demnächst ausführlicher äußern; vgl. schon Rudolf Stadelmann, „Deutschland und England am Vorabend des zweiten
Weltkriegs", in: *Festschrift für Gerhard Ritter zu seinem 60. Geburtstag*, hrsgg. von Richard Nürnberger, Tübingen
1950, S. 412 ff.

[84] Vgl. o, S. 236, Anm. 46, sowie auch mehrfach die Behauptung Nadolnys (Anm. IV/35), S. 141.

[85] Rothstein (Anm. IV/70), S. 24 ff. Zum Aufrüstungsproblem vom englischen Standpunkt vgl. auch Young
(Anm. IV/70), S. 177 ff.

[86] Es handelte sich um ein anonymes Interview des früheren Gouverneurs von Bombay, Lord Lloyd, eines
Freundes Churchills und Neville Chamberlains, mit dem Londoner Korrespondenten der Wiener *Neuen Freien
Presse* vom 17. Mai 1934; vgl. zur Position Lloyds Keith Feiling, *The Life of Neville Chamberlain*, London
1946, S. 285.

sehr groß gewesen, was auch die Bedenken mancher nur „realpolitisch" orientierter Diplomaten in Deutschland zerstreut haben mag, und gleichzeitig war zu erwarten, daß der Coup gegen den vielgeschmähten Völkerbund die Popularität des nationalsozialistischen Regimes in Deutschland auch vom außenpolitischen Selbstbewußtsein der Bevölkerung her nur noch stärken würde. Es ist kein Zufall, daß es diese Gelegenheit war, die prompt zum ersten großen Plebiszit in der Reihe der gelenkten nationalsozialistischen Selbstbestätigungsakte ausgenutzt, also in den innenpolitischen Bereich zurückgewendet wurde. [87]

Mit diesem Einschnitt zeichnete sich eine Periode neuer außenpolitischer Aktivität ab, in die sich nun auch sichtbar Hitler selbst immer stärker einschaltete, während gleichzeitig die bislang gedrosselten Ambitionen der NSDAP auch hier auf den verschiedensten Ebenen wirksam wurden und ihren Einfluß auf die außenpolitische Taktik und Zielsetzung immer stärker geltend zu machen verstanden. Wie auf wirtschafts-, militär- und verwaltungspolitischem Gebiet hat sich nun auch im Bereich des Auswärtigen Amtes jene Entwicklung beschleunigt, die hinter dem Schleier der Fachmannsideologie die politische Gleichschaltung besiegelt und der Wilhelmstraße wohl die Eigenständigkeit eines „technischen Apparats", aber immer weniger Einfluß auf Konzeption und Gestaltung der deutschen Außenpolitik einräumte. Auch unter diesem Gesichtspunkt bedeutet der Austritt aus dem Völkerbund, indem er für Deutschland die Ära der fortdauernden Konferenzen und ständigen Fühlungnahme beendete, den ersten wichtigen Einschnitt nationalsozialistischer Außenpolitik. Der Verzicht auf den Einsatz von ständigen Delegationen mußte den Einfluß der Berufsdiplomaten ebenso entschieden vermindern, wie er gleichzeitig Hitlers Abneigung gegen diese Art der Verhandlungs- und Kompromißpolitik, gegen eine diplomatische Außenpolitik also, entgegenkam und sein Streben nach Unabhängigkeit von den unbequemen Diplomaten alten Schlages begünstigte. Diese außenpolitische Aktivität hatte sich früh schon besonders zwei Problemkreisen zugewandt: einer Neuorientierung der deutschen Ostpolitik, besonders im Verhältnis zur Sowjetunion und zu Polen, und zugleich einer weiteren Verschärfung der Politik gegenüber Österreich, das auf dem Weg über die nationalsozialistische Unterminierung schon jetzt für einen „Anschluß" reif gemacht werden sollte.

4. Die Taktik der Ostpolitik

Geographie und Tradition hatten der Ostpolitik stets einen besonders wichtigen Platz in der europäischen Politik Deutschlands zugewiesen. Nach dem Zusammenbruch des Bismarckschen Systems hatte schon 1922 der Vertrag von Rapallo einen neuen Ansatzpunkt vermittelt, wobei nicht nur das Problem der durch den Versailler Vertrag abgetrennten Ostgebiete, sondern sehr wesentlich auch der Gedanke eines Gegengewichts gegen den Druck der Westmächte seine wichtige Rolle spielte. Auf der einen Seite stand von nun an die Zusammenarbeit zwischen Reichswehr und Roter Armee, die Gelegenheit zur illegalen Rüstungs- und Ausbildungsaktivität bot [88] und, ergänzt durch wirtschaftliche Kontakte, schließlich im Berliner Vertrag von 1926 zu gesicherten Beziehungen zwischen Weimarer Republik und Sowjetrußland führte. Auf der anderen Seite stand, zugleich als wichtiges weiteres Motiv deutscherseits, das ungeklärte Verhältnis zu Polen, die Furcht vor weiteren polnischen Übergriffen und Bedrohungen nach den bitteren Erfahrungen der Nachkriegsjahre und das ständig weiter-

---

[87] Vgl. u. S. 351 ff.

[88] Vgl. Helm Speidel, „Reichswehr und Rote Armee", in: *Vierteljahrshefte für Zeitgeschichte* 1 (1953), S. 9 ff.; zum Rapallo-Komplex besonders Theodor Schieder, *Die Probleme des Rapallo-Vertrags. Eine Studie über die deutsch-russischen Beziehungen 1922–1926*, Köln–Opladen 1956, S. 5 ff.

schwelende Problem des „polnischen Korridors". Wenn auch der Gedanke einer
deutsch-russischen Zerschlagung Polens in Erinnerung an die wiederholten Teilungen
dieses Landes auf einige militärische Köpfe beschränkt blieb, bis ihn die national-
sozialistischen Ideologen auch *explicite,* freilich in unklarem Zusammenhang mit
einer Zerschlagung auch der Sowjetunion, propagierten,[89] so war es doch auch in der
Stresemann-Ära allen Ansätzen zum Trotz nie zur beruhigenden Grenzgarantie eines
„Ost-Locarno" gekommen.[90] Auch Brünings wie Groeners und Schleichers politische
Lagebeurteilung war stets wesentlich von der Zwangsvorstellung einer polnischen
Interventionsdrohung bestimmt gewesen,[91] die durch Polens enge Beziehungen zu
Frankreich zu einer Furcht vor akuter Zweifrontenbedrohung gesteigert und zugleich
im Blick auf die nationalen Revisionsbestrebungen gegenüber Polen fast ständig als
erstes Problem deutscher Außenpolitik empfunden wurde.

Auch Hitler war zunächst von der Linie seiner Vorgänger nicht abgewichen[92] und
hatte, obwohl die Zusammenarbeit zwischen Reichswehr und Roter Armee allmählich
abgebaut wurde, die Beziehungen zur Sowjetunion bewußt geschont und wiederholt
ausdrücklich von seiner antikommunistischen Propaganda ausgenommen. Dies war
nicht nur in der Rede zum Ermächtigungsgesetz ausgesprochen, sondern auch von
sowjetrussischer Seite bereitwillig angenommen worden: Rußland, dessen wirtschaftliche Verbindungen zu diesem Zeitpunkt mit Deutschland umfangreicher als mit
irgendeinem anderen Land waren,[93] schien nach wie vor großen Wert auf Beibehaltung
des bisherigen Kurses zu legen; es verzichtete deshalb auch auf wirksame Hilfe-
leistung für den zertrümmerten deutschen Kommunismus und auf jede kritische Stellungnahme gegenüber dem nationalsozialistischen Regime. Schon der erste Bericht aus
Moskau, in dem der dortige deutsche Botschafter Dirksen am 31. Januar 1933 die
sowjetische Reaktion auf den Regierungswechsel skizzierte,[94] deutete in dieselbe Richtung. Zwar hatte der Rücktritt Schleichers, auch im Hinblick auf dessen Sympathien
für die militärische Zusammenarbeit, lebhafte russische Befürchtungen hervorgerufen;
sie scheinen sich jedoch eher auf Papen und den „Doktrinär" Hugenberg als auf Hitler
bezogen zu haben – in ganz ähnlicher Verkennung der Fronten und des wahren
Charakters einer totalitär-nationalsozialistischen, nicht einfach „reaktionären" Machtergreifung, wie sie auch die Stellungnahme der deutschen Linken weitgehend bestimmt hat. Auch ist bemerkenswert, daß Dirksens Bitte um Genehmigung einer
sofortigen persönlichen Aussprache in Berlin, die der Botschafter als Nicht-National-
sozialist mit den neuen Herren im Hinblick auf die künftigen deutsch-russischen Beziehungen für angezeigt hielt, hinhaltend behandelt und von Bülow am 6. Februar
im Ton jenes überzeugten Selbstbewußtseins beantwortet wurde,[95] das den Fachleuten wie den Partnern Hitlers in diesen ersten Wochen eigen war. So, wenn Bülow

[89] Neben Hitler selbst besonders Alfred Rosenberg: dazu u. Anm. IV/106; vgl. die kurze Zusammenfassung
der verschiedenen Tendenzen und Gruppierungen bei Dallin (Anm. IV/23), S. 17 ff.

[90] Dazu jetzt Christian Höltje, *Die Weimarer Republik und das Ostlocarno-Problem 1919–1934. Revision
oder Garantie der deutschen Ostgrenze von 1919*, Würzburg 1958, S. 83 ff.; vgl. auch Herbert Helbig, *Die Träger
der Rapallo-Politik*, Göttingen 1958, S. 130 ff.

[91] Vgl. Brüning (Anm. II/157), S. 2; Groener-Geyer (Anm. Einl./51), S. 255 ff.; ferner die Befehlshaberbesprechungen von 1932 in: Vogelsang, „Neue Dokumente..." (Anm. IV/62), S. 395 ff.; zur Rückwirkung auf
die deutsche Innenpolitik Bracher, *Die Auflösung...* (Anm. Einl./25), S. 428; S. 674, und jetzt Höltje, *a. a. O.,*
S. 191 ff.

[92] Über die Anfänge der nationalsozialistischen Ostpolitik besonders Hans Roos, *Polen und Europa. Studien
zur polnischen Außenpolitik 1931–1939*, Tübingen 1957, S. 85 ff.

[93] So auch betont herausgestellt von Molotow in einem Bericht an das ZK der KPdSU vom Januar 1933:
Soviet Documents on Foreign Policy, selected and edited by Jane Degras, Bd. III (1933–1941), London–New York–
Toronto 1953, S. 1. Zahlreiche Belege für die sowjetische Taktik der Zurückhaltung bei Bahne (Anm. I/73), bes.
auch Kap. 8.

[94] *Akten des AA*, 4620/E 200263 ff. (*Documents...*, Anm. I/30, I, S. 14 f.).

[95] *A. a. O.*, 4620/E 200268 f. (*Documents..., a. a. O.*, I, S. 21 f.).

erneut Neurath und Blomberg als Garanten außenpolitischer Kontinuität bezeichnete, wenn er betonte, wie alle Parteien vorher würden auch die Nationalsozialisten in der Verantwortung zu anderen Menschen werden und eine andere Politik verfolgen, als sie dies vorher ankündigten, und wenn er schließlich erklärte, die Verfolgung von Kommunisten in Deutschland brauche die Beziehungen zur Sowjetunion nicht zu beeinträchtigen.[96] Bülows Schlußsatz war bezeichnend für die Stimmung dieser Wochen: „Es wird hier wie anderswo immer noch mit Wasser gekocht."

Auch Dirksens Memoiren[97] bestätigen die charakteristischen Momente der Entwicklung: absolute Zurückhaltung der Russen, deren Presse sich aller Angriffe enthielt und sich auf die Wiedergabe von Tatsachen beschränkte; stillschweigende Übereinkunft hinsichtlich der Scheidung von deutscher Kommunistenverfolgung und deutsch-sowjetischen Beziehungen; und die hemmende Wirkung, die von Neuraths und Bülows selbstbewußter Stillhaltetaktik ausging und die deutschen Missionschefs zur Untätigkeit verdammte. Aber tatsächlich scheinen die beschwörenden Hinweise und Vorschläge, mit denen Dirksen Berlin bombardierte, angesichts der recht kritischen internationalen Situation Eindruck gemacht und beim AA zu einem gewissen Maße Unterstützung gefunden zu haben. Mindestens blieb die nationalsozialistische Außenpolitik gegenüber der Sowjetunion zunächst vage, zögernd und zweideutig.[98] Hitler räumte Moskau sogar Zahlungserleichterungen ein und betonte dann selbst im April 1933 Dirksen gegenüber seinen Wunsch nach Aufrechterhaltung freundlicher Beziehungen zur Sowjetunion auf der Grundlage der Nichteinmischung,[99] wie auch die Instruktionen des AA dem Moskauer Botschafter die Beruhigung der Sowjets auf der Basis gegenseitiger Nichteinmischung wiederholt zur ersten Aufgabe machten.[100] Wohl hielt mit dem Fortschreiten der nationalsozialistischen Machtergreifungspolitik das Schweigen nicht an, das die russische Presse den Kommunistenverfolgungen gegenüber anfänglich bewahrt hatte, auch äußerte Litwinow, als er auf der Rückreise von der Abrüstungskonferenz am 1. März in Berlin Neurath besuchte, seine Kritik an der Verhaftungswelle des 28. Februar, so daß Neurath eine Änderung in der russischen Haltung zu bemerken glaubte. Aber trotz einigen Entgleisungen auf beiden Seiten, die jeweils intern abgebogen wurden, war die Stillhaltetaktik wenigstens nach außen beibehalten, am 28. April der sowjetische Geschäftsträger in Berlin von Göring und Hitler empfangen und wenige Tage später dann auch allen internen Protesten und Gegentendenzen zum Trotz noch einmal der schon 1931 abgelaufene Berliner Vertrag verlängert worden: rascher und reibungsloser als in der Weimarer Zeit, ganz wie dann auch beim Abschluß des Konkordats. Noch im Juli verpflichtete das Propagandaministerium die Presse, ihre Schilderungen aus Sowjetrußland abzustoppen: unter allen Umständen sollten direkte Angriffe gegen die Sowjetregierung vermieden werden.[101] Es zeigte sich einmal wieder, wie wenig bisweilen äußerste politischweltanschauliche Gegensätze die realpolitische Taktik totalitär gesteuerter Staaten beeinträchtigen, auch wenn die durch ideologisch bestimmte Fernziele geleitete Strategie mißtrauisch gegeneinander gerichtet bleibt.

[96] So ausdrücklich unter Berufung auf ein Gespräch mit Hitler auch Neurath selbst an Dirksen (22. Februar 1933): *a. a. O.*, 6609/E 496954 ff. (*Documents. . . , a. a. O.*, I, S. 71 f.).

[97] Dirksen (Anm. IV/35), S. 121 f.; zur Beurteilung Dirksens, allerdings sehr kritisch, Sir Lewis Namier, *In the Nazi Era*, London 1952, S. 44 ff.; abgewogener Carl E. Schorske, "The German Ambassadors: Dirksen and Schulenburg", in: *The Diplomats. . .* (Anm. IV/35), S. 477 ff.

[98] Vgl. Hilger/Meyer (Anm. I/73), S. 254.

[99] Dirksen (Anm. IV/35), S. 122 f.

[100] So besonders Neurath an Dirksen (22. Februar 1933) (o. Anm. IV/96); vgl. auch die TASS-Notiz vom 9. April 1933 über eine entsprechende Unterredung Litwinows mit Dirksen am Vortag (8. April 1933): *Soviet Documents. . .* (Anm. IV/93), III, S. 10 f.

[101] Anweisung des Propagandaministeriums vom 5. Juli 1933: *Sammlung Brammer*, Nr. 1.

Aber gleichzeitig hatte Hitler doch einen neuen außenpolitischen Zug ins Auge gefaßt, der die Situation ganz wesentlich ändern sollte. Es war der Plan einer Änderung der bisher so problematischen Beziehungen zu Polen, der auch durch die Tatsache erleichtert wurde, daß Pilsudskis diktatorische Regierungsweise Hitler mit Sympathie berührte. Der Gedanke an eine deutsch-polnische Annäherung scheint Hitler schon früh bewegt zu haben; nach Dirksens Bericht sprach Hitler schon bei dessen erwähntem Besuch „träumerisch" von der Möglichkeit einer deutsch-polnischen Einigung.[102] Der vorübergehende Bruch mit der Weimarer Form der Revisionspolitik, der sich hier – freilich mit taktischem Akzent – abzeichnete, wird in seiner Bedeutung auch für die inneren Machtverhältnisse besonders eindrücklich, wenn man den sachlich durchaus veränderten Ton bedenkt, der in den ersten Wochen des neuen Regimes die Lagebeurteilungen des AA bestimmt hatte.

Auf der einen Seite waren die alten Befürchtungen wegen einer polnisch-französischen Interventionsdrohung gerade im März 1933 zu neuer Stärke gelangt. Sie waren schon seit 1930 im Blick auf die Zuspitzung der deutschen Krise verschiedentlich greifbar geworden, hatten dann durch Polens Nichtangriffspakt mit Rußland (1932) auch die nötige Rückendeckung gewonnen, einen verhängnisvollen Druck auf die deutsche Innenpolitik ausgeübt und den Sturz Brünings und Papens wie die Inaktivität gegenüber der NSDAP mit verursacht. Angesichts der nationalsozialistischen Machtergreifung und der Furcht vor einer gewaltsamen Revisionspolitik Hitlers scheinen sich Pilsudskis Präventivkriegserwägungen tatsächlich zu konkreten Plänen verdichtet zu haben.[103] Als am 6. März 1933 Gerüchte über Aufmärsche Danziger Wehrverbände mit der Landung eines polnischen Marine-Infanterie-Bataillons auf der Danzig vorgelagerten Westerplatte beantwortet und rings um Danzig polnische Truppenzusammenziehungen beobachtet wurden, erreichte die Nervosität besonders der deutschen Militärs einen neuen Höhepunkt. Zwar ging die Spannung rasch zurück, als Polen auch in Genf sein Vorprellen allgemein mißbilligt sah und vor allem die französische Unterstützung nicht weiter mobilisieren konnte. Doch war auf der anderen Seite der Revisionskurs gegenüber Polen in den Beurteilungen des AA vom Februar 1933 erneut scharf und kompromißlos formuliert worden. So hatte sich Neurath in einem Geheimschreiben an Papen am 9. Februar gegen die Fortsetzung deutsch-französischer Industriellengespräche gewandt und dies in bezeichnend doppelter Weise begründet:[104] Taktisch erschien ihm zu diesem Zeitpunkt der allgemeinen Furcht vor deutscher Ostrevision eine solche Diskussion überhaupt unzweckmäßig, und prinzipiell lehnte er die dabei angebahnte Kompromißformel ab, die das Korridorproblem durch die Schaffung einer Landverbindung – unter Rückgliederung Danzigs – nicht in seiner ganzen territorial-„völkischen" Dimension lösen würde. Solchen Tendenzen gegenüber war nach wie vor – wie dann auch hinter der späteren Stillhaltetaktik und zuletzt hinter dem propagandistisch vorgeschobenen Ultimatum von 1939 – der volle Anspruch auf eine Rückgabe des deutschen Sprachgebiets nach dem Vorkriegsstand und auf eine auch militärisch tragbare Grenzziehung aufrechterhalten; die Vorschläge der deutschen Industriellen (Bücher, Bosch) wurden auch im Hinblick auf Oberschlesien als viel zu entgegenkommend abgelehnt und das ganze Problem

---

[102] Dirksen (Anm. IV/35), S. 123.

[103] Vgl. Hans Roos, „Die Präventivkriegspläne Pilsudskis von 1933", in: Vierteljahrshefte für Zeitgeschichte 3 (1955), S. 344 ff.; ders., Polen... (Anm. IV/92)), S. 37 ff.; S. 59 ff.; ferner Richard Breyer, Das Deutsche Reich und Polen 1932–1937. Außenpolitik und Volksgruppenfragen, Würzburg 1955, S. 30 ff.; Kurt Borries, „Deutschland und Polen zwischen Diktatur und Verständigung", in: Die Welt als Geschichte 18 (1958), S. 241 ff. Das Problem ist freilich noch nicht schlüssig geklärt: gegen die Präventivkriegsthese vor allem auch Boris Čelovský, „Pilsudskis Präventivkrieg gegen das nationalsozialistische Deutschland. Vorbereitung und Widerlegung einer Legende", in: Die Welt als Geschichte 14 (1954), S. 53 ff.

[104] Akten des AA, 9214/E 647992 ff. (Documents..., Anm. I/30, I, S. 38 ff.).

der Ostgrenzen sachlich bewußt offen, politisch in der Schwebe gelassen. Dem entsprach auch die Instruktion Bülows einen Tag später (10. Februar) an die Warschauer Mission: [105] Unter Aufrechterhaltung der Revisionsforderungen sollte eine weitere Diskussion des Themas zum gegenwärtigen Zeitpunkt als taktisch unzweckmäßig vermieden werden. Wesentlich ist, daß sich Bülow hierfür und für die Forderung, die Korridorfrage weniger unter transport- als unter bevölkerungs- und raumpolitischen Gesichtspunkten zu betreiben – wofür allerdings erst die (propagandistischen) Voraussetzungen durch Aufklärung der Weltöffentlichkeit geschaffen werden müßten –, ausdrücklich auch auf Hitlers Ansichten berief.

Anzeichen einer Wendung im deutsch-polnischen Verhältnis mehrten sich nach den Friedensbeteuerungen in Hitlers Reichstagsreden vom 23. März und 17. Mai 1933. Pilsudski selbst, der mit der Ablösung des Außenministers Zaleski durch Oberst Beck im November 1932 schon seine Abwendung von der Völkerbund- und Frankreich-Orientierung eingeleitet hatte, wurde in dieser Tendenz sowohl durch die antisowjetische Grundkonzeption des Nationalsozialismus als auch durch die Hoffnung bestärkt, daß der „Österreicher Hitler" und seine größtenteils nichtpreußische Führungsgruppe weitgehend süddeutsch-katholischer Herkunft die traditionell „ostelbische" Polenpolitik revidieren werde. Wohl hatte auch Alfred Rosenberg schon früh und dann wiederholt in aller Öffentlichkeit eine „Wegräumung des polnischen Staates" gefordert,[106] und wohl dauerte auch von polnischer Seite die scharfe Sprache noch im April 1933 fort, aber gleichzeitig bahnte die Abschirmungstaktik der beginnenden nationalsozialistischen Außenpolitik schon eine Frontverschiebung an. Es begann mit Hitlers Friedensbeteuerungen an Pilsudskis Adresse und Görings Befehlen an die SA, an der polnischen Grenze größte Zurückhaltung zu üben.[107] Die Danziger Parteigenossen wurden zurückgepfiffen, Hindenburg schaltete sich mit Warnungen ein,[108] und am 2. Mai 1933 kam es nach Wochen erneut aufflammender Präventivkriegsgerüchte zu einem entspannenden Gespräch Hitlers und Neuraths mit dem polnischen Gesandten zu Berlin, dem eine Unterredung Becks mit dem deutschen Gesandten in Warschau parallel lief. Die von Mussolini angeregten Verhandlungen über einen Viermächtepakt, die Polens Furcht vor einer Isolierung verstärkten, beschleunigten noch Pilsudskis Wendung. Weitere Kontakte folgten, Hitlers Reichstagsrede am 17. Mai respektierte ausdrücklich die „verständlichen Ansprüche Polens", und sogar die nationalsozialistische Machtübernahme in Danzig wirkte in diese Richtung, wobei der neue, ein Jahr später freilich von Hitler abfallende Senatspräsident Rauschning als wichtiger Vermittler fungierte.[109]

Schon hier verstand es Hitler, durch Amateurdiplomatie von eigenen Gnaden den Traditionskurs des AA zu überspielen. Noch in seinem außenpolitischen Kabinettsbericht am 7. April hatte Neurath mit aller Schärfe betont, eine Verständigung mit

---

[105] A. a. O., 9214/E 647950 f. (Documents. . ., a. a. O., I, S. 41 f.).

[106] Alfred Rosenberg, Der Zukunftsweg einer deutschen Außenpolitik, München 1927, S. 97: „Haben wir nun begriffen, daß die Wegräumung des polnischen Staates das allererste Erfordernis Deutschlands ist. . ." Vgl. auch S. 80: „In dem Kampf zwischen Moskau und London hat Deutschland sich klar zu entscheiden und je nach Möglichkeiten Zwischenlösungen zu schaffen bis zur endgültigen Freiheit nach dem Osten, d. h. bis zur Raumgewinnung für deutsches Volkstum in östlicher – polnischer – Stoßrichtung." Dann erneut ders., Das Wesensgefüge des Nationalsozialismus. Grundlagen der deutschen Wiedergeburt, München 1932 (bemerkenswerterweise auch in der 10. Aufl., 1934), S. 29 f.: „. . . wir haben sogar erklärt, daß, wenn Frankreich über etwas Vernunft verfügen würde, es dann Deutschland im Osten nicht abgeriegelt, sondern uns die Ausbreitung nach Osten freigestellt hätte. . . Wir predigen nicht Krieg gegen Frankreich, sondern wir wollen Lebensraum für ein großes Kulturvolk haben, wir wollen Raum für den Bauern im Osten haben. . ." (Auszeichnung i. Orig.).

[107] Breyer (Anm. IV/103), S. 81; Roos, Polen. . . (Anm. IV/92), S. 87 ff.; ferner MGN, Doc. No. PS–2963.

[108] Vgl. Meißner (Anm. I/11), S. 338.

[109] Dazu jetzt auch die Gesamtstudie von Ludwig Denne, Das Danzig-Problem in der deutschen Außenpolitik 1934–1939, Bonn o. J. [1959], S. 38 ff.

Polen sei weder notwendig noch wünschenswert, da nur bei einer Fortdauer der Spannung die Welt von den deutschen Revisionswünschen Kenntnis nehme.[110] Jetzt unterwarf sich der deutsche Außenminister auch in diesem Punkt sofort Hitlers taktischen Einfällen. Die Annäherungspolitik wurde mit einem neuen Empfang des polnischen Gesandten durch Hitler (13. Juli) fortgesetzt und nahm dann im September 1933, also im Augenblick der Abwendung von den Westmächten und der Sowjetunion zugleich, festere Formen an. Während Polen plötzlich von Deutschland und Rußland gleichermaßen umworben wurde, gab Hitler nun auch Neurath die Anweisung, mit dem polnischen Außenminister Gespräche aufzunehmen und zu klären, auf welche Weise die Atmosphäre in den Beziehungen zwischen den beiden Staaten verbessert werden könnte. Auf der Völkerbundtagung in Genf trafen sich -- nicht zuletzt in gemeinsamer Ablehnung der Völkerbundsidee -- Goebbels, Neurath, Rauschning und Beck. Mit dem Austritt aus dem Völkerbund und der damit verbundenen Taktik einer Sprengung der bisherigen europäischen Bündnissysteme verstärkten sich diese Bemühungen geradezu automatisch. Polen kam ihnen durch die Entsendung eines neuen Gesandten (Josef Lipski), eines Vertrauten Becks, entgegen. Die politischen Verhandlungen wurden durch wirtschaftliche begleitet, und beschleunigt durch das Gefühl der politischen und moralischen Isolierung, freilich mit dem inneren Vorbehalt einer taktischen Zwischenlösung, kam nach vorbereitenden Zwischenerklärungen, Reden, Interviews und gelenkter Publizistik [111] beider Seiten schon am 26. Januar 1934 jener „Nichtangriffspakt" zustande, der, erst nach zehn Jahren kündbar, beide Staaten verpflichtete, sich über alle sie betreffenden Fragen „unmittelbar zu verständigen" und „unter keinen Umständen zur Anwendung von Gewalt zu schreiten".[112]

Die erste und natürliche Folge dieser abrupten Umorientierung der deutschen Außenpolitik, die als ein geschickter Schlag gegen die französische Ostpolitik gefeiert, freilich in diplomatischen, militärischen und preußisch-konservativen Kreisen mit begründetem Mißtrauen hingenommen wurde,[113] war jedoch eine überaus negative Reaktion der Sowjetunion. Schon Hugenbergs antisowjetischer Vorstoß auf der Lon-

---

[110] Niederschrift der Kabinettssitzung vom 7. März 1933: *Akten des AA*, 3598/792283 ff. (*Documents . . .*, Anm. I/30, I, S. 259).

[111] Ein Beispiel dafür die „journalistisch-halbdiplomatische Mission" (Roos, *Polen. .*., Anm. IV/92, S. 109) des FZ-Korrespondenten Friedrich Sieburg in Warschau, seine Leitartikel in der *FZ* und sein Buch: *Polen – Legende und Wirklichkeit*, Frankfurt/M. 1934, mit der Tendenz zur Gleichsetzung von Nationalsozialismus und Pilsudski-Regime und dem Verschweigen der Gegensätze.

[112] Einzelheiten bei Roos; *a. a. O.*, S. 108 ff.; Breyer (Anm. IV/103), S. 96 ff.; vgl. dazu jetzt auch *British Documents* (Anm. II/81), VI, S. 337 ff.

[113] Ein Beispiel dafür bieten die streng vertraulichen Berichte über die Tagungen der neugegründeten „Nordostdeutschen Forschungsgemeinschaft" (19./20. Dezember 1933 und 6.–10. August 1934): Exemplare für Göring im *HAB*, Rep. 90, Nr. 1787. Die von prominenten Historikern und Volkstumsforschern (Brackmann, Aubin, Recke, Steinacker, Seraphim, Maschke, Oberländer) betriebene Arbeit dieser im wesentlichen gegen die polnische Volkstumspolitik gerichteten Kommission, die dem von Heß und Haushofer betreuten „Volksdeutschen Rat" unterstand, reagierte auf den Pakt zwar mit der Generallinie (Brackmann), daß die Form der Grenzlandarbeit geändert werden müßte: „Polemiken und Revisionsforderungen müssen wegfallen, amtliche Stellen dürfen nicht hervortreten. Die Verkehrswerbung tritt in den Vordergrund. Organisation und Ausdrucksweise sind zu ändern. . ." (S. 35 f.). Aber deutlich war die Betroffenheit (Oberländer): „Wenn in 10 Jahren [Laufdauer des Paktes] das Wort ‚Korridor' nicht gebraucht würde, sei es schwer, nachher wieder mit der Propaganda zu beginnen. . . Wir müßten so arbeiten, daß wir nach 10 Jahren alles das bereit hätten, was wir im gegebenen Falle brauchen könnten. . . Allerdings müsse darauf geachtet werden, was veröffentlicht wird" (S. 38). Und ein Provinzialkonservator aus Marienburg (Schmid) fügte hinzu: „Nach dem Grundsatz, daß man seine Kriegsziele nicht offen ausspricht, muß die Grenzlandarbeit weiter geleistet werden. . ." Zuvor hatte Maschke betont (S. 38): „Wir dürfen unser Geschichtsbild nicht zertrümmern aus irgendwelchen politischen Rücksichten." In diesem Sinne schließlich (S. 40): „Brackmann faßt als einstimmige Ansicht der Anwesenden zusammen: Die wissenschaftlichen Arbeiten sollen fortgehen wie bisher, ja sie müssen aktiviert werden, allerdings dürfen dann andere Stellen nicht nervös werden, wenn die wissenschaftlichen Studien eine antipolnische Spitze zeigen. . ." Vgl. zur Gesamtproblematik auch Roos, *a. a. O.*, S. 124 ff.

doner Weltwirtschaftskonferenz, der recht unverblümt die Erweiterung des deutschen „Lebensraums" auf Kosten Rußlands anregte, hatte trotz einer zunächst noch durchaus vorsichtigen Reaktion Litwinows [114] die Verschlechterung der Beziehungen verstärkt, und es war offensichtlich, daß die deutsch-polnische Annäherung die russische Hinwendung zu Frankreich, die sich schon Mitte Februar im Anschluß an die Ratifizierung des im November 1932 geschlossenen französisch-russischen Nichtangriffs- und Freundschaftspaktes (15. Februar 1933) abzuzeichnen begann,[115] beschleunigen würde, zumal jetzt auch Hitler aus seiner anfänglichen Reserve heraustrat und im Stil seiner früheren Äußerungen die Rede wieder stark auf das Argument von der „bolschewistischen Gefahr" stellte, die sowjetische Seite ihrerseits darauf mit entschiedener Polemik gegen die Gefahr „faschistischer Aggression" antwortete.[116] Damit zeichnete sich eine akute Gefahr für die deutsche Außenpolitik ab: ihre völlige Isolierung nicht nur gegenüber den Westmächten, sondern auch gegenüber Rußland, das doch seit Rapallo aus seiner eigenen Isolierung heraus der deutschen Außenpolitik gegenüber dem Westen eine gewisse Rückendeckung gegeben hatte.

Nachdem schon Dirksen besonders seit Mai 1933 auf die rapide Verschlechterung der Beziehungen immer von neuem hingewiesen hatte und tatsächlich im Sommer die militärische Zusammenarbeit, Erbschaft der Weimarer Zeit, zu einem völligen Ende gekommen war, hat dann seit November 1933 Nadolny als neuer Moskauer Botschafter in dieser gefährlichen Situation mit scharfen Warnungen Berlin bombardiert und eine konstruktive Beschwichtigung der sowjetischen Außenpolitik gefordert.[117] Während er sich schon in einer früheren Schrift gegen den deutschen wie den slawischen Expansionismus und für eine friedliche Verbindung eingesetzt hatte,[118] ging Nadolny jetzt soweit, als gebürtiger Ostpreuße persönlich an das ostpreußische Offizierkorps heranzutreten, von dem er entsprechend seiner traditionellen Ostorientierung am ehesten Hilfe erwartete; und im Mai 1934 wandte er sich schließlich auch an Hitler selbst. In zwei offenbar ebenso offenherzigen wie stürmischen Besprechungen beschwor der Botschafter die Gefahr einer völligen deutschen Isolierung mit ihrer direkten Folge, der Gefahr eines Krieges: Wenn Hitler schon mit dem Völkerbund gebrochen habe, dann müsse er wenigstens das Gegenstück, die Verbindung mit Rußland, halten, das ja zu diesem Zeitpunkt dem Völkerbund noch nicht angehörte. Nadolnys Intervention hatte keinen Erfolg; Hitler ließ zu diesem Zeitpunkt schon offen erkennen, daß er sowohl die Westmächte als auch die wegen ihres „Bolschewismus" bündnisunfähige Sowjetunion für natürliche Gegner des deutschen Lebenswillens hielt; er ließ nur den Weg gelten, daß Deutschland sich von internationalen Bindungen und Verpflichtungen freimache und militärisch wie wirtschaftlich so stark werde, daß es seine Machtziele aus eigener Kraft erreichen könne. Die entscheidenden Auseinandersetzungen endeten mit dem einzigen Ergebnis, daß Nadolny angesichts der sich nun auch zunehmend versteifenden Haltung Litwinows wenig später den Dienst überhaupt quittierte und zum entschiedenen Gegner des Regimes wurde.[119]

[114] Vgl. seinen Kommentar vom 17. Juni 1933: *Soviet Documents*. . . (Anm. IV/93), III, S. 221 f.; dann freilich folgte ein energischer Protest bei Neurath (22. Juni 1933): *a. a.* O., S. 22 f. Auf Hugenberg und Rosenberg hat sich die sowjetische Polemik gegen Deutschland in der Folge dann besonders berufen: vgl. *a. a.* O., S. 47 (Molotow); S. 56 f. (Litwinow); S. 71 (Stalin).

[115] Politischer Bericht Dirksens an das AA vom 20. Februar 1933: *Akten des AA*, 6609/E 496900 ff. (*Documents*. . ., Anm. I/30, I, S. 62 ff.). Von Litwinow bei seinem Berliner Besuch am 1. März 1933 (vgl. o. S. 247) schon auf die antisowjetischen deutsch-französischen Kreuzzugsideen Papens vom Sommer 1932 zurückgeführt.

[116] Vgl. etwa die Rede Molotows vor dem Moskauer Sowjet am 6. November 1933: *Soviet Documents*. . . (Anm. IV/93), III, S. 34 f.

[117] Zur Moskauer Mission Nadolnys, der seine Ideen besonders in einem langen Memorandum an das AA im Januar 1934 niedergelegt hat, besonders Hilger/Meyer (Anm. I/73), S. 262 ff.

[118] Rudolf Nadolny, *Germanisierung oder Slawisierung*, Berlin 1928.

[119] Nadolny, *Mein Beitrag* (Anm. IV/35), S. 168 ff.; Hilger/Meyer (Anm. I/73), S. 226 f.

Es ist nicht auszuschließen, daß die These, auf der Nadolnys Vorschläge basierten, politische Ansatzpunkte geboten hätte: Litwinows Bemühungen um eine Kollektiv-Sicherheitsfront gegen das nationalsozialistische Deutschland waren offenbar im sowjetischen Politbüro keineswegs unbestritten oder doch unter Bedauern akzeptiert worden.[120] Auch blieb, trotz allen Befürchtungen im Hinblick auf die Ideologie von *Mein Kampf* und die Entwürfe Alfred Rosenbergs, die Erinnerung an die Rapallo-Politik besonders bei Politikern wie Radek und Bucharin, aber auch Kaganowitsch und Molotow, durchaus lebendig; dazu kamen Bedenken wegen einer Verbindung Rußlands mit den Versailler Siegermächten gegen ein Deutschland, das doch nur die Fesseln des auch von der Sowjetunion stets bekämpften Friedensvertrags abzuwerfen schien.[121] Gewiß, die Beziehungen sanken nun, trotz dem Geschick des Nadolny-Nachfolgers Graf F. W. v. d. Schulenburg, eines Diplomaten alter Schule,[122] auf ein sehr dürftiges Niveau ab. Aber gelegentliche Kontakte hielten doch in politischen Kreisen und besonders bei den Militärs auf beiden Seiten eine Stimmung wach,[123] die dann auch die plötzliche Annäherung zu Beginn des zweiten Weltkriegs ermöglicht und begünstigt haben mag.

Auch für Nadolnys Scheitern war jedenfalls bedeutsam geworden, daß möglicherweise Bülow, nicht aber der Außenminister selbst, seines Botschafters Kritik am Nationalsozialismus teilte oder gar unterstützte. Neuraths durchweg nachgiebige Haltung Hitler gegenüber beraubte das Auswärtige Amt auch in dieser Lage einer echten Einflußmöglichkeit, obgleich sich schon früh die ganze Gefährlichkeit der Neuorientierung gezeigt hatte, als zunächst im Herbst 1933 erstmals deutsche Proteste in Moskau – gegen die Ausweisung deutscher Korrespondenten – nicht die Unterstützung der anderen Botschaften fanden, sich also erstmals eine antinationalsozialistische West-Ost-Front, Ende des Jahres auch die Anerkennung der Sowjetunion durch die USA anbahnte,[124] als auch nach dem Besuch Herriots in Moskau (September 1933) die sowjetisch-französische Annäherung im Blick auf Deutschland weiter fortschritt und schließlich statt Deutschland Rußland nach langer Weigerung der Westmächte Ende 1934 Mitglied des Völkerbunds wurde.

Die Abwendung der äußersten Krise war nur einer Reihe unerwarteter Ereignisse zu verdanken, die 1935 den Konsequenzen der außenpolitischen Isolierung entgegenwirkten: vor allem Englands Alleingang im Flottenabkommen mit Deutschland und Italiens Wendung gegen den Völkerbund im Zusammenhang mit dem abessinischen Abenteuer. Von Neurath jedenfalls war ein Widerstand gegen Hitlers gewagte Außenpolitik, die damit in die zweite Phase der Expansionsvorbereitungen trat, jetzt nicht mehr zu erwarten, und tatsächlich kam es auch zu keinem Augenblick mehr dazu. Hitler machte schon jetzt seine eigene Außenpolitik, das Auswärtige Amt, so unentbehrlich seine Fachleute noch immer sein mochten, begann zum Werkzeug herabzusinken. Besonders deutlich wird dies aus Äußerungen, die Hitler, freilich im Blick auf das nachdrängende Gefolge überspitzt, nach Rosenbergs Notizen im Mai 1934 getan hat: Hitler glaube noch „an die Gutwilligkeit Neuraths ..., das AA selbst ist ihm jedoch ‚eine Verschwörergesellschaft', er bedaure aber, immer noch gebunden zu sein an die Zusagen bei der Bildung des Kabinetts, wonach der Reichspräsident über Armee und AA bestimme. Das erste sei in Ordnung dank Blomberg, das andere

---

[120] Ein Beispiel bieten die Reden Molotows und Litwinows vor dem Zentral-Exekutiv-Komitee am 28. bzw. 29. Dezember 1933: *Soviet Documents...* (Anm. IV/93), III, S. 46 ff.

[121] Dazu instruktive Details über Kontakte (z. B. Prof. Oberländer mit Radek/Bucharin) und Äußerungen führender Sowjetpolitiker bei Hilger/Meyer (Anm. I/73), S. 267 ff.

[122] Von den Verschwörern des 20. Juli 1944 zeitweilig als Außenminister vorgesehen, wurde Sch. am 10. November 1944 hingerichtet.

[123] Hilger / Meyer (Anm. I/73), S. 269 ff.; S. 277 ff.

[124] Vgl. die Noten und Reden in: *Soviet Documents...* (Anm. IV/93), III, S. 36 ff.

nicht. Im übrigen sehe er selbst den Alten so, daß er dies Jahr nicht mehr überleben werde." Dann müsse „mit einem Schlage die ganze Kamarilla ausgefegt werden".[125] Das wurde nun auch die Chance für Ribbentrop, der 1934 neben dem offiziellen außenpolitischen Apparat sein eigenes „Büro Ribbentrop" von Hitlers Gnaden gegenüber dem Auswärtigen Amt in der Wilhelmstraße aufzubauen und sich von diesem Konkurrenzunternehmen aus immer stärker als *der* Außenpolitiker des „Führers" in den Vordergrund zu spielen verstand. Auch in dieser Hinsicht begann nach den ersten zwei Jahren ein neuer Abschnitt nationalsozialistischer Außenpolitik.

5. Krisen des „neuen Kurses"

Der Umorientierung der Ostpolitik mit der Folge der deutschen Isolierung ging freilich noch eine zweite Aktivität der nationalsozialistischen Außenpolitik in dieser ersten Phase zur Seite, die eine riskante und folgenreiche Schwenkung einschloß: der neue Kurs gegenüber Österreich. In diesem Fall zeigte sich wohl am eindringlichsten, wie stark schon früh anstelle des Auswärtigen Amtes nationalsozialistische Initiativen und, nach anfänglicher Zurückhaltung, vor allem Hitler selbst die außenpolitischen Kursänderungen und Entschlüsse zu bestimmen begannen. Es gehörte von Anfang an zu den Lieblingsideen Hitlers, des ausgebürgerten Österreichers, auf dem Weg über eine rasch auf die Machtergreifung in Deutschland folgende nationalsozialistische Revolution in Österreich jenen Traum vom einheitlichen Großdeutschland zu verwirklichen, dem nicht nur von Deutschland, sondern auch von Österreich starke Strömungen und angesehene Persönlichkeiten des geistigen und politischen Lebens entgegenkamen: jetzt freilich nicht im föderalistischen Sinne der Liberalen von 1848 oder der Demokraten und Sozialdemokraten von 1918, auch nicht über einen staatsrechtlich und rechtsstaatlich sanktionierten Anschlußvorgang im Einklang mit den internationalen Vereinbarungen der Friedensverträge und des Völkerbunds,[126] sondern eben auf dem Wege einer rasch erzwungenen Einverleibung in den äußerlich und innerlich gleichgeschalteten Einheitsstaat.[127]

Tatsächlich haben die österreichischen Nationalsozialisten, die zu diesem Zeitpunkt und auch später nicht entfernt die Stärke ihres deutschen Vorbilds erreichten, sogleich die nachhaltigste propagandistische und finanzielle Unterstützung durch das nationalsozialistische Hauptquartier in München erfahren; gleichzeitig wurde die Pressepolitik des „Dritten Reiches" aufs entschiedenste in diese Richtung gesteuert.[128] Das bedeutete eine massive Einmischung in die Innenpolitik des Nachbarstaats; die unmittelbare Folge war eine fortschreitende Verschlechterung der offiziellen deutschösterreichischen Beziehungen Diese Entwicklung hat die deutsche Isolierung besonders auch dadurch noch verschärft, daß sie nicht nur eine scharfe Reaktion Frankreichs

---

[125] Seraphim (Anm. IV/49), S. 20.

[126] So etwa der Vorschlag des bekannten Wiener Rechtsprofessors Hans Kelsen, „Die staatsrechtliche Durchführung des Anschlusses Österreichs an das Deutsche Reich", in: *Zeitschrift für öffentliches Recht* 6 (1926), Heft 3 (Sonderdruck Wien 1927, S. 1 ff.).

[127] Vgl. dazu besonders M. Margaret Ball, *Post War German Austrian Relations. The Anschluß-Movement, 1918–1936*, Stanford (Calif.) 1937, S. 4 ff.; S. 186 ff.; Walter Goldinger und Adam Wandruszka in: *Geschichte der Republik Österreich*, München 1954, S. 94 ff.; S. 192 ff.; S. 382 ff.; Ulrich Eichstädt, *Von Dollfuß zu Hitler. Geschichte des Anschlusses Österreichs 1933–1938*, Wiesbaden 1955, S. 3 ff.; S. 22 ff. mit der Literatur; sowie das zeitgenössische Buch des ehemaligen Vizekanzlers Franz Winkler, *Die Diktatur in Österreich*, Zürich–Leipzig 1935, S. 42 ff. Von nationalsozialistischer Seite dann das Buch des Wiener Rechtsprofessors Hans v. Fritsch, *Die Gewaltherrschaft in Österreich 1933 bis 1938, eine staatsrechtliche Untersuchung*, Leipzig–Wien 1938, S. 9 ff.; sowie (historisch) der Rückblick aus der gesamtdeutschen Schule Srbiks: Reinhold Lorenz, *Der Staat wider Willen. Österreich 1918–1938*, 2. Aufl., Berlin 1941, S. 48 ff.

[128] Jetzt ausführlich Ralf Richard Koerner, *So haben sie es damals gemacht. Die Propagandavorbereitungen zum Österreich-Anschluß durch das Hitlerregime 1933 bis 1938*, Wien 1958, S. 19 ff.

hervorzurufen, sondern auch das an Österreichs Integrität und Kooperationsfähigkeit nicht weniger interessierte faschistische Italien ernsthaft zu verstimmen drohte. Das autoritäre Regime von Engelbert Dollfuß, das schon vor der Unterdrückung der Sozialisten und der Beseitigung der parlamentarischen Demokratie der nationalsozialistischen Bedrohung mit diktatorischen Mitteln entgegengetreten war, neigte in der Tat zur Anlehnung an Mussolini, und dies verstärkte sich durch die offensichtlichen Annexionstendenzen des großen Bruders. Auch Interventionen Papens und Blombergs konnten aber Hitler zunächst nicht von diesem Kurs abbringen. Er wirkte sich rasch auf eine Lähmung der Wirtschaftsbeziehungen beider Länder aus, und schon im Mai 1933 ging Hitler zu der Taktik massiver Erpressung über: Durch eine bis 1938 beibehaltene Unterbindung des deutschen Reiseverkehrs suchte das „Dritte Reich" Österreich an seinem Lebensnerv zu treffen und so unter äußersten Druck zu setzen.

Auch diese Zuspitzung der deutsch-österreichischen Beziehungen bedeutete einen Bruch der Kontinuität. Bundeskanzler Dollfuß war zwar selbst der Weimarer Republik, nachdem 1931 der Zollunionsplan gescheitert war, mit Reserve gegenübergetreten; er hatte allenfalls eine föderative Verbindung mit Deutschland für möglich gehalten, eine Lösung, die angesichts der zentralistischen Neigung der Berliner Regierungen – von allen internationalen Hindernissen abgesehen – wenig wahrscheinlich erschien. Um so schärfer hat er denn auch die Vereinigungsansprüche abgelehnt, die ein gleichgeschaltetes nationalsozialistisches Deutschland unter dem österreichischen Renegaten Hitler erhob; der kirchenfeindliche Weltanschauungscharakter, der überspitzte Nationalismus und die Verwurzelung des Regimes in der Rassendoktrin haben den strengen Katholiken Dollfuß darin bestärkt, am Gedanken der österreichischen Eigenständigkeit festzuhalten. Im Blick auf die totalitäre Drohung aus Deutschland hat ihm darin die Mehrheit der politischen Kräfte Österreichs, gewiß aus den verschiedensten Motiven, durchaus zugestimmt. Schon im März 1933 hatten mit den Christlich-Sozialen und den Sozialdemokraten die beiden größten Parteien die Anschlußforderung aus den Programmen gestrichen. Wohl gewann die österreichische NSDAP im Rahmen einer neugebildeten „Großdeutschen Front", die analog zur Harzburger Front als „Nationale Opposition" überaus heterogene Elemente im Willen zum Anschluß verband, erheblichen Zulauf. Aber sowenig eine geschlossene Abwehrfront der antinationalsozialistischen Kräfte zustande kam, so sehr wurde dadurch der Gedanke einer ständestaatlich-diktatorischen Alternative gefördert, wie ihn nach italienischem Vorbild und mit italienischer Unterstützung vor allem die Kampfverbände der Heimwehren verfolgten. Daran entschied sich dann auch das Schicksal der österreichischen Sozialdemokraten, die kompromißlos an der parlamentarischen Demokratie festhielten, im Dollfuß-Kurs zunächst jedoch das kleinere Übel gegenüber dem Nationalsozialismus erblickt hatten.[129]

Vor allem aber ist die deutsche Außenpolitik bald völlig durch das nationalsozialistische Interesse für die Rolle der österreichischen NSDAP in der Innenpolitik Österreichs und deren autoritäre Bekämpfung durch Dollfuß überwuchert worden. Schon am 18. März 1933 hatte der Chef der nationalsozialistischen Rechtsabteilung, Frank, im Münchener Rundfunk erklärt, die deutsche NSDAP werde notfalls „die Sicherung der Freiheit der deutschen Volksgenossen in Österreich übernehmen". Proteste des österreichischen Gesandten, der nach vielen Bemühungen am 18. Mai auch eine Unterredung mit Hitler persönlich erreichte, waren erfolglos geblieben. Ein provozierender Besuch Franks auf NS-Versammlungen in Österreich und Verbots- und Verhaftungswellen als Dollfuß' Antwort hatten die Lage weiter verschärft. Hitler zeigte sich entschlossen, den stärksten Druck auszuüben. In der Kabinettssitzung vom

---

[129] Vgl. Eichstädt (Anm. IV/127).

26. Mai [130] kündigte er die Einführung einer 1000-Mark-Gebühr für alle Reisen nach Österreich an und prophezeite, diese Maßnahme würde vermutlich zum Zusammenbruch des Dollfuß-Regimes und zu Neuwahlen führen; nicht noch einmal dürfe man, wie vor dem Weltkrieg, die Habsburger und ihre Slawisierungspolitik, das falsche Österreich der Halbjuden und Legitimisten in Wien unterstützen. Diese faktische Sperrung jeden deutschen Touristenverkehrs, die tatsächlich zum 1. Juni 1933 unter dem Vorwand der Verhinderung von Zwischenfällen in Kraft gesetzt wurde, also schon den Pfingstverkehr empfindlich traf, beantwortete Wien seinerseits mit einem Visumzwang für Reisen in das Reich, der wiederum die Kontaktmöglichkeiten der österreichischen Nationalsozialisten empfindlich traf; diese antworteten mit einer Welle von Attentaten, deren Urheber vielfach nach Deutschland flohen. Der Rückzug der österreichischen NSDAP in die Illegalität und ihr Neuaufbau in München, die der Unterdrückung im Sommer 1933 folgten, haben die offiziellen Beziehungen schon seit Herbst dieses Jahres auf den Nullpunkt sinken lassen. In diesem Fall war ganz offensichtlich die Abschirmungsfunktion der frühen nationalsozialistischen Außenpolitik schon zugunsten des innenpolitisch akzentuierten Expansionsdrangs aufgegeben: Österreich sollte völlig zu einem Problem der deutschen Innenpolitik gemacht werden.

Dieser Absicht stand die Tatsache entgegen, daß der „Kalte Krieg" offenbar nicht weiterführte, ja, die Standfestigkeit und das Selbstbewußtsein des Dollfuß-Regimes noch erhöhte. Es fand schließlich eine Bestätigung in den Vereinbarungen mit Italien und Ungarn [131] sowie in einer feierlichen Deklaration Englands, Frankreichs und Italiens vom 17. Februar 1934, die gemäß einem Appell Dollfuß' die „Notwendigkeit" der „Unabhängigkeit" und „Integrität" Österreichs bekräftigte. [132] Es blieb nur der Weg des gewaltsamen Putsches. Schon seit dem Frühsommer 1933 wiesen zahlreiche Indizien in diese Richtung: Italien und die Westmächte haben diese Entwicklung, die offenbar auch innerhalb der nationalsozialistischen Führung verschieden beurteilt und nach verschiedenen Ansätzen zunächst immer wieder abgebrochen worden war, scharf beobachtet. [133] Als Dollfuß seit Februar 1934 über die blutige Unterdrückung der österreichischen Sozialdemokraten zur Befestigung seines antiparlamentarisch-autoritären Ständestaats halbfaschistischer Prägung fortschritt, der in manchem an die Leitbilder des vor-hitlerschen Papen-Regimes erinnern mochte, [134] schien der Augenblick für den Umsturz gekommen. Die Ermordung des Bundeskanzlers durch österreichische Nationalsozialisten am 25. Juli 1934, [135] die bemerkenswerterweise in die blutige Woche der abschließenden Konsolidierung des nationalsozialistischen Regimes in Deutschland fiel, stand unbestreitbar, auch wenn deutscherseits entgegen den Tat-

[130] *Akten des AA,* 1549/376376 ff. (*Documents. . .,* Anm. I/30, I, S. 487 ff.).

[131] Vgl. u. S. 257.

[132] *Weltgeschichte der Gegenwart in Dokumenten,* Bd. I (1934–35), bearb. von Michael Freund, Essen 1944, Teil I, S. 252 f.; vgl. ferner besonders *British Documents* (Anm. II/81), VI (1957), S. 400 ff.

[133] Zahlreiche aufschlußreiche Berichte finden sich in: *British Documents, a. a. O.,* V, S. 493 ff.; S. 513 ff.; S. 535 ff.; S. 568 ff. usw.; VI, S. 865 ff.; S. 991 ff.

[134] Vgl. die Analysen von Adolf Merkl, *Die ständisch-autoritäre Verfassung Österreichs. Ein kritisch-systematischer Grundriß,* Wien 1935, S. 9 ff.; Gottfried Schmieder, *Die Beschränkung der Regierungsgewalt durch eigenständische Organisationen in Österreich,* Diss. Leipzig, Innsbruck 1935, S. 70 ff. Zum Papen-Entwurf eines „Neuen Staates" Bracher, *Die Auflösung. . .* (Anm. Einl./25), S. 536 ff.; zur Zerschlagung des österreichischen Sozialismus neben Karl Renner, *Österreich von der ersten zur zweiten Republik,* Wien 1953, S. 134 ff., besonders der detailreiche und scharfsinnige, wenngleich unter den Beteiligten umstrittene Bericht von Joseph Buttinger, *Am Beispiel Österreichs. Ein geschichtlicher Beitrag zur Krise der sozialistischen Bewegung,* Köln 1953, S. 7 ff. Ein umfangreicher vertraulicher Bericht des österreichischen Verteidigungsministeriums („Nur für den Dienstgebrauch") erschien unter dem Titel *Der Februar-Aufruhr 1934. Das Eingreifen des österreichischen Bundesheeres zu seiner Niederwerfung,* als Manuskr. gedr., Wien 1935.

[135] Vgl. auch die regierungsamtliche Dokumentation: *Beiträge zur Vorgeschichte und Geschichte der Julirevolte,* hrsgg. auf Grund amtlicher Quellen, Wien 1934.

sachen jede Beteiligung geleugnet wurde, in engem Zusammenhang auch mit Hitlers Vorstellungen; daß sich die deutsche Führung aus der mißglückten Affäre noch zurückziehen konnte, verdankte sie nicht zuletzt den bereitwilligen Vermittlerdiensten, die erneut Papen – nachdem er Hitler schon den innen- wie außenpolitisch wertvollen Konkordatsabschluß zugespielt hatte – dem „Führer" als Sonderbotschafter in Wien sogleich zu leisten bereit war, obwohl das Blutbad des 30. Juni 1934 ihn seiner nächsten Freunde und der Vizekanzlerschaft beraubt hatte. Vor allem aber bedeuteten auch diese Vorgänge, insofern Papen in seiner Wiener Mission Hitler allein verantwortlich war, einen weiteren Schwund der Kompetenzen des Auswärtigen Amtes, während die Eigeninitiativen Hitlers und zu seiner Seite des Büros Ribbentrop sowie der wachsenden Auslandsorganisation der NSDAP unter dem eigens dafür ernannten Gauleiter Bohle [136] durch wachsende Infiltration und Bespitzelung die deutschen Botschaften insgesamt in ihrem Wirkungsfeld immer empfindlicher einengten und ihre Kompetenzen an sich rissen. Die Entwicklung war auch von hier aus gesehen auf die totale Monopolisierung einer nationalsozialistischen Außenpolitik gerichtet; sie lag, wie das Beispiel Österreichs beweist, durchaus auf der Linie der innenpolitischen Gleichschaltung.

Zunächst waren jedoch, während der Revisions- und Kontinuitätsgedanke allen nationalsozialistischen Friedensbeteuerungen zum Trotz entscheidende Rückschläge erlitt, auch die zur Entfaltung drängenden nationalsozialistischen Impulse zunächst nichts weniger als erfolgreich gewesen. Am sichtbarsten ist dies im Verhältnis zu Österreich und Italien hervorgetreten, dem doch nach Hitlers Anschluß- und Bündnisplänen die vordringliche Aufmerksamkeit gelten sollte. Nachdem Italien auch in seinen Verhandlungen und Kontakten mit den Westmächten schon seit Frühjahr 1933 nie einen Zweifel darüber gelassen hatte, daß es sich einem Anschluß Österreichs an Deutschland widersetzen würde, [137] waren die Beziehungen des Hitler-Regimes zu beiden Ländern im Sommer 1934 auf einem Tiefpunkt angelangt; [138] im Widerspruch auch zu der hoffnungsträchtigen Systemverwandtschaft der drei autoritär regierten Staaten war hier die Entwicklung zur Selbstisolierung der nationalsozialistischen Außenpolitik besonders nachdrücklich bloßgelegt und beschleunigt. [139] In der Tat hatte Hitlers Politik der Einmischung und Anschluß-Forcierung gegenüber Österreich die anfangs guten Beziehungen zu Italien, die nicht nur in Hitlers Mussolini-Bewunderung, sondern auch in dem italienischen Interesse an einer Ablenkung der französischen Mittelmeer- und Balkanpolitik durch die Erstarkung Deutschlands begründet waren, rasch getrübt. Weder die freundschaftlich getönten Rom-Besuche Görings und Papens im Frühjahr 1933 noch die Viermächtepakt- und Konkordatsverhandlungen hatten – so gute Unterstützung Mussolini ihnen zuteil werden ließ – den grundsätzlichen Standpunkt Italiens in der Österreich-Frage zu erschüttern vermocht. Vielmehr war es gleichzeitig – seit April 1933 – zu wiederholten Besuchen Dollfuß' bei Mussolini gekommen; auch hat die Heimwehr in der Folge erhebliche finanzielle Unterstützung aus Rom erhalten. Die Vorschläge und Warnungen des deutschen Botschafters in Rom, Ulrich v. Hassell, vermochten zunächst in Berlin wenig auszurichten; schon die Berichte, die Hassell am 3. August und besonders am 6. Oktober 1933 an das Aus-

---

[136] Vgl. Emil Erich, *Die Auslands-Organisation der NSDAP*, Berlin 1937, S. 9 ff.

[137] Vgl. in diesem Sinne auch die Berichte der englischen Botschaften in Berlin und Rom: *British Documents* (Anm. II/81), V, S. 56 ff.

[138] Auch die Lagebeurteilung, die Staatssekretär v. Bülow damals in vertraulichen Aussprachen mit Generalstabschef Beck entwickelte, war im Sommer 1934 besonders negativ; vgl. Becks Aufzeichnungen in: Wolfgang Foerster, *Generaloberst Ludwig Beck. Sein Kampf gegen den Krieg. Aus den nachgelassenen Papieren des Generalstabschefs*, München 1953, S. 53 f.

[139] Vgl. Eichstädt (Anm. IV/127), S. 61 ff.

wärtige Amt sandte, hatten die deutliche Verschlechterung der deutsch-italienischen Beziehungen in ihrer engen Verknüpfung mit der Österreich-Frage analysiert. [140]

Auch das pompöse, jedoch sachlich enttäuschend kühle Zusammentreffen Hitlers und Mussolinis in Venedig am 14./15. Juni 1934 hat diese Entwicklung bestätigt, die überdies der österreichischen Eigenpolitik auch insofern zustatten kam, als sie eine stärkere Anlehnung Wiens an Frankreich und damit eine Verwicklung in die komplizierten deutsch-französischen Beziehungen überflüssig machte. Durch die Einbeziehung Ungarns in die enge italienisch-österreichische Zusammenarbeit wurde mit den „Römischen Protokollen" vom 17. März 1934 eine Koalition geschaffen, die nicht nur der nationalsozialistischen Anschlußpropaganda einen Damm entgegensetzte, sondern zugleich die deutsche Isolierung auch im Süden und Südosten zu vollenden schien. Der kritische Punkt war erreicht, als am Tage des nationalsozialistischen Putschversuches in Österreich italienische Truppen mit Billigung Frankreichs und Jugoslawiens am Brenner und an der Kärntner Grenze aufmarschierten. [141] Nun endlich, angesichts der allgemeinen Isolierung der deutschen Außenpolitik, vermochte das Auswärtige Amt eine Änderung der nationalsozialistischen Taktik und ein Abklingen der internationalen Spannung zu erwirken. Aber alle Dementis Hitlers samt dem demonstrativen Botschafterwechsel in Wien – Papen konnte auch als Mussolini angenehm gelten – änderten zunächst wenig daran, daß mit den Ereignissen von 1934 und mit dem französisch-italienischen Abkommen vom Januar 1935 nicht nur die zunächst so hoffnungsvoll betrieb..er Bemühungen um eine Gemeinschaftsfront von Faschismus und Nationalsozialismus abgebrochen, sondern sogar die guten Beziehungen der Weimarer Republik zu Italien wie Österreich verspielt schienen. [142]

6. Durchbrechung der Isolierung

Es nimmt nicht wunder, daß den zeitgenössischen Beobachtern die Gesamtbilanz nationalsozialistischer Außenpolitik in der ersten Phase keineswegs positiv erschien. Auch nationalsozialistische Propagandisten räumten damals ein, daß die deutsche Außenpolitik 1933/34 in eine sehr „isolierte Lage" geraten war. [143] Selbst im Prozeß der Rückgliederung des Saargebiets, die doch – nach der Räumung des besetzten Rheinlands – schon durch die Weimarer Außenpolitik gesichert war und als reife Frucht in die Hände der nationalsozialistischen Propaganda fiel, sind zuletzt noch neue Komplikationen aufgetreten, als deren Folge es plötzlich wieder ein „Saarproblem" auf internationaler Ebene gab. Auch der Widerstandswille der deutschen Emigration im Saarland wirkte auf das Wiederaufflammen einer längst abgeschlossenen internationalen Diskussion hin und verstärkte die Bemühungen, der anschlußwilligen „Deutschen Front" eine für die Fortdauer der Völkerbundherrschaft eintretende, durch verschiedenste nicht-nationalsozialistische Gruppen getragene „Freiheitsfront" entgegenzustellen. Solche Entwicklungen haben dem Ereignis der Rückgliederung seine ursprüngliche Bedeutung für eine Besserung der deutsch-französischen Beziehungen genommen und es in ein Instrument der Verschärfung des internationalen Klimas verkehrt, wenn auch die Komplikationen schließlich in dem gestellten oder irregeführten Nationaljubel des Saarabstimmungssieges untergingen, angesichts dessen Laval dann vorübergehend einzulenken suchte. [144]

---

[140] *Akten des AA*, 5642/E 410505 ff. und 5737/H 028755 ff. (*Documents...*, Anm. I/30, I, S. 715 f.; S. 893 ff.).

[141] Dazu auch *British Documents* (Anm. II/81), VI, S. 869 ff.; S. 877 ff.

[142] Vgl. auch Elizabeth Wiskemann, *The Rome–Berlin Axis. A History of the Relations Between Hitler and Mussolini*, London–New York 1949, S. 31 ff.

[143] Rühle (Anm. I/9), II, S. 18.

[144] Vgl. die zusammenfassende Darstellung bei Helmut Hirsch, *Die Saar von Genf*, Bonn 1954.

Nur im Verhältnis zu Polen schien den Bemühungen um Ersetzung eines internationalen Sicherheitssystem durch bilaterale Bündnisse weiterhin Erfolg beschieden. Aber auch diese nach dem Völkerbundscoup zweite Aktion, die zum Hauptargument der Hitlerschen Friedensreden wurde, besaß durchaus ihre negativen Aspekte. Sie bedeutete nicht nur den verlustreichen Bruch mit der Revisions- und Minderheitenpolitik der Weimarer Ära zugunsten einer bedenkenlosen „Gleichschaltung der deutschen Volksgruppen": [145] sichtbar in der ferngelenkten Schwenkung des nationalsozialistischen Regierungskurses in Danzig, der sowohl die eigenen Befreiungsparolen als auch die von der Republik und über den Völkerbund erreichten Verhandlungserfolge zunächst kurzerhand preisgab. [146] Nicht weniger bedeutsam war die Rückwirkung auf die allgemeine europäische Mächtekonstellation, insofern die deutsch-polnische Sonderunternehmung geradezu automatisch die russische Neuorientierung beschleunigte und der Sowjetunion den Weg in den Völkerbund und in Frankreichs Gegenlager öffnete. Der entschiedene Bruch mit der bisherigen Außenpolitik hat durch den Abbau der Weimarer Revisionstaktik, für die der deutsch-russische Druck auf Polen ein wichtiges Mittel war, an Schärfe noch gewonnen.

Hitler hat damit gewiß wichtige Ansatzpunkte für die Sprengung der bisherigen Mächtekonstellation gewonnen und überdies die alten Expansionspläne in Richtung auf die Ukraine dadurch nur wirkungsvoller, möglichst sogar mit Polen, voranzutreiben gesucht. [147] Gemessen aber an den überkommenen Möglichkeiten und verglichen mit den Axiomen der nationalsozialistischen Doktrin, blieb als Ergebnis des verwirrenden Durcheinanders von nationalsozialistischen Ansätzen, Festhalten an einer Teilkontinuität und Bedürfnissen eines vorläufigen Primats der Innenpolitik doch, daß die „neue" Außenpolitik in den ersten beiden Jahren wenig Profil und Erfolg aufzuweisen schien. Eine weitgehende Isolierung war der Preis für die primäre Funktion, die sie zu erfüllen suchte: die Abschirmung der inneren Machtergreifung und Machtbefestigung. Wohl hatte sich England schon in den Abrüstungsverhandlungen dieser Periode anpassungs- und einlenkungswillig gezeigt. Simon und Eden hatten mit diesem Kurs, der Deutschlands Austritt aus dem Völkerbund durchaus überdauerte, auch die französische Außenpolitik Barthous und Lavals immer wieder zu beeindrucken vermocht. Auch hat sich in der englischen Außenpolitik seit dem Scheitern der Abrüstungskonferenz die Neigung verstärkt, sich aus den kontinentaleuropäischen Problemen zurückzuziehen und nur noch die eigene Position abzusichern. [148] Aber erst im Frühjahr 1935, gerade in dem Augenblick, da die hinter der Anfangsabschirmung begonnene Aufrüstung und nun offene Verletzung der Versailler Militärbestimmungen die lange zögernden Signatarstaaten endlich zu einer übermächtigen Gegenfront zusammenzuschließen schien, gelang Hitler der Durchbruch durch die Isolierung und in eine neue Phase nun schon offen nationalsozialistischer Außenpolitik. Der äußere Wendepunkt liegt beim Abschluß des Flottenvertrags mit England, dessen Vorgeschichte freilich über ein Jahr zurückreicht. [149]

[145] Beispielhafte Details bietet die besonders auf die Problematik der deutsch-baltischen Volksgruppe in Lettland abgehobene Untersuchung von Hans v. Rimscha, „Zur Gleichschaltung der deutschen Volksgruppen durch das Dritte Reich", in: *HZ* 182 (1956), S. 29 ff; vgl. auch Leuschner (Anm. IV/60), S. 65 ff.

[146] Die beträchtlichen Schwierigkeiten, die daraus für die offiziöse Publizistik erwuchsen, werden z. B. auch deutlich in: *Das nationalsozialistische Gewissen in Danzig. Aus sechs Jahren Kampf für Hitler. Nach Reden und Niederschriften des Gauleiters von Danzig Albert Forster*, hrsgg. von Wilhelm Löbsack, Danzig 1936.

[147] Einzelheiten bei Roos, *Polen. . .* (Anm. IV/92), S. 139 ff.; S. 208 ff.

[148] Vgl. die zusammenfassende Beurteilung bei Mowat (Anm. IV/38), S. 475 ff.; S. 538 ff.; zu Baldwins Politik in der Aufrüstungs- und Appeasementsfrage Young (Anm. IV/71), S. 191 ff.

[149] Neben den Tagebüchern Rosenbergs (Seraphim, Anm. IV/49, S. 18 f.; Mai 1934) sind dafür auch Raeders Erinnerungen (Anm. IV/62, I, S. 282 ff.) aufschlußreich. Zum Vertrag selbst besonders D. C. Watt, "The Anglo-German Naval Agreement of 1935: An Interim Judgment", in: *The Journal of Modern History* 28 (1956),

Gewiß haben in derFolge besonders die kriegerisch-revolutionären Aktionen anderer Diktatoren diese Entwicklung vielfach beschleunigt und verschärft: Das abessinische Abenteuer hat noch im selben Jahr Italien isoliert, den Völkerbund entscheidend erschüttert und zugleich Mussolinis Position gegenüber Hitler, im Sinne der Bildung der „Achse Berlin–Rom", grundlegend geschwächt; und der spanische Bürgerkrieg hat schließlich seit 1936 ganz im Sinne Hitlers, wie auch die Hoßbach-Niederschrift bestätigt, [150] die ganze europäische Sicherheitsfront in Fluß gebracht und Hitlers militärischem Expansionismus die Wege geebnet. Aber den ersten Einsatzpunkt für den Durchbruch durch die bedrohliche europäische Koalition der Stresafront, für den Ausbruch aus der Isolierung, damit auch eine Voraussetzung für das Wagnis des Rheinlandeinmarsches und für die lange vergeblich erstrebte Verwirklichung der NS-Bündnisdoktrin, der Annäherung an Italien und zeitweise England [151] bildete doch jener englische Entschluß, auf die vertragswidrigen Luftwaffen- und Wehrpflichtgesetze vom März 1935 nicht mit der Verhängung von Sanktionen, sondern mit der Sanktionierung der vollzogenen Tatsachen und der Anerkennung der Vertragsfähigkeit Hitlers, mit dem Glauben an die Zähmbarkeit des nationalsozialistischen Regimes zu antworten – und dies entgegen den kurz zuvor gefaßten Gegenbeschlüssen des Völkerbunds und ohne Beteiligung der Flottenmächte Frankreich und Italien. Den Hinweisen auf die Notwendigkeit einer verläßlichen Kontinuität der deutschen Außenpolitik, mit denen die diplomatischen Fachleute nationalsozialistischen Sonderaktionen glaubten entgegentreten zu können, war durch diesen bis dahin größten Erfolg der Boden entzogen; zugleich beschleunigte er den Aufstieg des Außenseiters Ribbentrop, der ihn auf seine Sonderverhandlungsaktivität verbuchen und triumphierend auf den skeptischen Widerstand des Auswärtigen Amtes verweisen konnte. [152] Offensichtlich gab es andere, raschere und augenfälliger erfolgreiche Wege als die Weiterverfolgung einer vertragsgemäßen Revisionspolitik Weimarer Prägung. Sie eröffneten überdies einen willkommenen Umgruppierungsprozeß in der Konstellation der europäischen Mächte, der die drohende Koalition des Mißtrauens von 1933/34 aufgelockert und die internationalen Fronten in neue Bewegung gesetzt hat.

Es war dies erste Epochenereignis der Politik des *Appeasement,* aus dem die gekräftigten Ansätze der nationalsozialistischen Kriegsvorbereitung erwachsen konnten. Das Nichtfunktionieren der europäischen Koalition gegen Hitler, der nun Stück um Stück sein transitorisches Abschirmungskonzept durch die ursprünglichen Konzeptionen gewaltsamer Revision und schließlich Expansion ersetzte, trifft freilich nur die eine Seite der Beurteilung. Die Grundlage für den folgenden Ausgriff vermittelte jene innenpolitische Gesamtgleichschaltung, die gewiß in enger Wechselwirkung mit dem Versagen internationaler Sicherungen stand, sich aber durch die Taktik scheinbaren Kontinuitäts- und Friedensstrebens zunächst abzuschirmen, auch offensichtliche Rück-

S. 155 ff.; zu den englischen Motiven Sir Samuel Hoare, *Neun bewegte Jahre. Englands Weg nach München,* Düsseldorf 1955, S. 115 ff. (Titel des engl. Originals: *Nine Troubled Years).* Die Bedeutung für den außenpolitischen Durchbruch des Nationalsozialismus ist besonders betont bei Wolfgang Malinowski, „Das deutschenglische Flottenabkommen vom 18. Juni 1935 als Ausgangspunkt für Hitlers doktrinäre Bündnispolitik", in: *Wehrwissenschaftliche Rundschau* 5 (1955), S. 416 ff.

[150] „Niederschrift über die Besprechung in der Reichskanzlei am 5. 11. 1937 von 16.15 Uhr bis 20.30 Uhr" vom 10. November 1937 (*MGN,* Doc. Nr. PS–386), mit dem nötigen kritischen Kommentar des Protokollanten bei Hoßbach (Anm. IV/51), bes. S. 215. Zur weiteren Entwicklung auch K. D. Bracher, „Zusammenbruch des Versailler Systems und zweiter Weltkrieg", in: *Propyläen-Weltgeschichte,* hrsgg. von Golo Mann, Bd. IX, Berlin 1960.

[151] Statt der Fülle nationalsozialistischer Schriften zum deutsch-englischen Verhältnis sei aus der von der Enttäuschung über Englands Kriegseintritt bestimmten Reihe *Das Britische Reich in der Weltpolitik* dann besonders genannt Heft 28: Heinrich Rogge, *Hitlers Versuche zur Verständigung mit England,* Berlin 1940, S. 9 ff.; S. 13 („artverwandte Sympathie mit England"); S. 45 ff. usw.; vgl. dagegen schon Stadelmann (Anm. IV/83), S. 402 ff.

[152] Craig (Anm. IV/35), S. 424 f.

schläge hinzunehmen und dafür den rücksichtslos durchgesetzten Prozeß der inneren Machtbefestigung weiter voranzutreiben vermochte. Und dies so nachhaltig, daß der Eigenmächtigkeit nationalsozialistischer Außenpolitik schließlich keine wirksamen Kontrollen mehr entgegenstanden und den fortdauernden, in jeder der künftigen Krisen erneut aufflackernden Widerstandsversuchen auch innerhalb des Auswärtigen Amtes kein spürbarer Erfolg, höchstens vereinzelt bremsende Wirkung beschieden war.

Der Vorgang gewinnt dadurch über seine besondere geschichtliche Tragweite hinaus paradigmatische Bedeutung für eine Einsicht in die Rolle, die das Verhältnis von Innen- und Außenpolitik im Übergangsprozeß vom parlamentarischen Rechtsstaat zum modernen totalitären Herrschaftssystem spielt. Die Berufung auf das außenpolitische Versagen der europäischen Mächte dem „Dritten Reich" gegenüber trifft nur *ein* Moment in der Folge der Ursachen. Gewiß stehen dahinter gewichtige außenpolitische Gründe: vor allem die unabsehbaren Folgewirkungen von Versailles. Aber die erste Voraussetzung für den Expansionskurs blieb doch das Gelingen der innenpolitischen Machtergreifung, die alle Kontrollen und Hemmungen beseitigte. Darin liegt die Bedeutung der außenpolitischen Anfänge nationalsozialistischer Herrschaft für eine Analyse der so viel spektakuläreren Entwicklung zum Zweiten Weltkrieg selbst.

Fünftes Kapitel

DIE IDEOLOGISCHE GLEICHSCHALTUNG

Die Erscheinung des modernen Totalitarismus unterscheidet sich, so fließend die Trennungslinien im einzelnen sein mögen, von den Formen der klassischen Diktatur besonders durch den Anspruch, auch die geistigen und psychischen Triebkräfte der Beherrschten so vollständig nach einem einheitlichen Schema zu erfassen, zu lenken und zu formen, daß der politische Terror durch die ideologische „Ausrichtung", der äußere Zwang durch die innere Zustimmung der Untertanen gestützt und zugleich überhöht wird. Mit seiner Machtergreifung hat der Nationalsozialismus auch die bislang vieldeutigen, oft widersprüchlichen und durchaus eklektischen Ansätze einer neuen „Weltanschauung" in diesem Sinne zusammenzufassen und für die Vollendung einer totalen, alle Lebensgebiete ergreifenden Gleichschaltung einzusetzen gesucht. Neben dem Leitbild eines imperialistisch fundierten Nationalismus war es vor allem die Rassendoktrin, die, besonders ausgeprägt in Theorie und Praxis des Antisemitismus, schon die frühen Stufen nationalsozialistischer Machtentfaltung begleitet und – als Kernbestand nationalsozialistischer „Weltanschauung" – untermauert hat. Diesem Vorgang eng verbunden und zugleich darüber hinausführend sind mit der Reglementierung des gedruckten wie gesprochenen Wortes und mit der Gleichschaltung des Erziehungswesens die klassischen Mittel jeder Zwangsherrschaft in einem bisher nur der sowjetischen Herrschaftspolitik vergleichbaren Maße eingesetzt worden.

Im Unterschied zum Faschismus hat der Nationalsozialismus in diesem Streben nach Totalität auch vor der religiösen Sphäre nicht haltgemacht: Ersten Kompromißversuchen beider christlicher Konfessionen ist nach wenigen Monaten der Ausbruch eines Kirchenkampfes gefolgt, der vieles zerstört und zerspalten hat, zugleich freilich auch die Grenzen totalitären Machtanspruches zutage treten ließ. Trotzdem bleibt unbestreitbar, daß es dem Zugriff und der Manipulierungstechnik nationalsozialistischer Propagandisten gelungen ist, in wenigen Wochen tiefe Einbrüche in weite Schichten der Bildung zu erzielen und in wenigen Monaten auch die innere Zustimmung einer Mehrheit der Bevölkerung herbeizuführen. Das System akklamatorischer Plebiszite, auf das dieser Prozeß der inneren Gleichschaltung hinführte, hat – mit dem Vorspiel der Märzwahlen 1933 – seit der Novemberwahl 1933 dem Regime eine scheindemokratische Legitimierung verliehen, die zwar tatsächlich keinerlei Mitbestimmung der Regierten, nach außen wie nach innen jedoch eine gewichtige psychologische Stärkung bedeutete. In dieser Reihenfolge sucht das folgende Kapitel die ideologische Seite der nationalsozialistischen Machtergreifung in ihrem Zusammenhang mit der Konsolidierung des totalitären Herrschaftssystems zu verdeutlichen.

1. Nationalsozialistische „Weltanschauung"

Der Anspruch auf totale Verbindlichkeit und Alleinherrschaft, den der Nationalsozialismus im Frühjahr 1933 auch gegenüber seinen „nationalen" Partnern durchgesetzt hat, ist unter dem Modebegriff der „Weltanschauung" neuen Stils als ein

Anspruch auf revolutionäre Umformung und Neugestaltung auch des gesamten geistigen und kulturellen Lebens aufgetreten. Schon lange vor der Machtergreifung hatte
sich Hitler in diesem Sinne unmißverständlich von allen konkurrierenden völkischen
und nationalistischen Gruppen distanziert: „Denn die Weltanschauung ist unduldsam
und kann sich mit der Rolle einer ‚Partei neben anderen' nicht begnügen, sondern fordert gebieterisch ihre eigene, ausschließliche und restlose Anerkennung sowie die vollkommene Umstellung des gesamten öffentlichen Lebens nach ihren Anschauungen.
Sie kann also das gleichzeitige Weiterbestehen einer Vertretung des früheren Zustandes
nicht dulden..." [1] In ihrem pseudoreligiösen Intensitäts- und Ausschließlichkeits-
bedürfnis weist diese „Weltanschauung" tatsächlich ähnliche Merkmale wie die kommunistische Revolutions- und Weltideologie auf. Der Gestalt des weltlichen Perfektions-
und Erlösungsglaubens, die den beiden großen totalitären Ideologien eigen ist, entspricht auch die terroristische Art ihrer Durchsetzung und Manipulierung. In der Substanz freilich, die Ursprung und Ziel der nationalsozialistischen „Weltanschauung"
bestimmt hat, sind, anders als im kommunistischen Fall, die spezifisch deutschen Voraussetzungen und zugleich die bewußt antirationalen Leitbilder des Nationalsozialismus von Anfang an so dominant, daß weder sein Gedankengebäude noch seine Endvorstellungen jemals die übernationale Ausstrahlungskraft der in sich geschlossenen,
rational begründeten marxistisch-leninistischen Gedankenwelt erreichen konnten. Auch
hatte sich schon in der „Kampfzeit" gezeigt, daß die pragmatischen Vorstellungen
Hitlers, die nur um die machtpolitischen Prämissen des Nationalismus, des Lebensraum-Imperialismus und das Herrschaftsmittel des militärisch gestrafften Führerprinzips kreisen, weder zu einer geschlossenen politischen Theorie noch gar zu einem
revolutionierenden Gesamtbild der Welt ausreichten. Ungleich Männern wie Lenin
oder Trotzki, die reiche politische Erfahrung mit literarisch-philosophischer Bildung
und Wissen verbanden, ungleich auch Mussolini, der eine Lehrerausbildung genossen
hatte, in der zeitgenössischen Philosophie zu Hause war und als Publizist einen Namen
besaß, hatte Hitler weder Interesse noch Fähigkeit zu logischem philosophischem
Denken; sein Streben ging auf eine opportunistische Kombination vulgärer Strömungen und Empfindungen aus, und der Ansatzpunkt der nationalsozialistischen wie der
faschistischen „Weltanschauung" blieb opportunistisch, primär auf machtpolitische
Wirkung und Methodik, auf sinnlich-symbolische Demonstration und „unmittelbare
Tat" statt auf „nur geschriebenes Wort", auf Gefühl statt auf Logik gerichtet. [2] Allein
die antisemitische Rassendoktrin, die sich Hitler in seinen Wiener Jahren z. T. aus
obskuren Traktaten wie den an Tabakständen ausgebotenen primitiven *Ostara*-Heften
des entlaufenen Mönches Lanz v. Liebenfels (alias Adolf Lanz), des Begründers einer
rassistischen „Theozoologie", angeeignet zu haben scheint, [3] war vom Opportunismus

[1] Hitler (Anm. Einl./41), S. 506.
[2] Vgl. etwa Alfred Rosenberg, *Weltanschauung und Wissenschaft* (*Nationalsozialistische Wissenschaft*, Schriftenreihe der *NS-Monatshefte*, H. 6), München 1936, S. 11: „Eine Weltanschauung ist also durchaus nicht Dialektik,
sie ist auch nicht nur geschriebenes Wort, sondern sie ist ebenso unmittelbare Tat. Ein Aufmarsch auf unseren
Parteitagen durch die SA und SS oder unseren liebgewordenen deutschen Arbeitsdienst ist ebenso weltanschauliche
Darstellung wie ein großes philosophisches Werk der nationalsozialistischen Idee. Die Vereidigungen unserer
Politischen Leiter sind eine symbolische Darstellung dieser Weltanschauung unserer Bewegung genau so wie die
heroische Totenfeier des 9. November. Ihnen schließen sich an die Monumentalbauten, die für die Bewegung heute
schon in vielen Orten Deutschlands entstehen, und wir alle hoffen auf die Zeit, wo auf anderen Gebieten der
Künste hier eine Darstellung dessen erwächst, was wir unsere Weltanschauung nennen. Wir wollen also, anmaßend
wie wir sind [!], den *ganzen* Menschen erfassen und das, was innerlich lebendig wurde in dieser Zeit und sich
siegreich durchsetzte, darstellen in Wort und Tat und in der Mitwirkung des Menschen selbst, der diese Weltanschauung trägt." (Auszeichnung i. Orig.)
[3] Dazu über die bisherige Hitler-Literatur hinaus die wohl ideologiegeschichtlich zu schmal fundierte, jedoch
für einen Teilaspekt aufschlußreiche Studie von Wilfried Daim, *Der Mann, der Hitler die Ideen gab*, München
1958 (mit ergänzenden Diskussionen in: *Politische Studien* 9, 1958).

der bloßen Machtpolitik ausgenommen. Um diesen quasi „echten" Kern haben sich, wie in der Frühzeit der „Bewegung", so auch in der Folge die vielfältig wechselnden Komponenten der nationalsozialistischen Ideologie stets gruppiert, er überdauerte alle politischen Konstellationen, alle zweckverhafteten Entwicklungsmomente des „Dritten Reiches", und er diente auch als Baustein „nordischer" Weltkonstruktionen, mit denen die nationalsozialistische Kulturpolitik dann pseudo-philosophisch fundiert und sanktioniert wurde.[4]

Angesichts der absoluten Geltung des Führerprinzips waren allen Versuchen nationalsozialistischer Literaten, die Ansätze von *Mein Kampf* zu einem verbindlichen Weltanschauungsgebäude fortzuentwickeln, von vornherein Grenzen gesetzt. Das System einer neuen nationalsozialistischen Weltphilosophie, das Alfred Rosenberg mit dieser Zielsetzung 1930 entworfen hatte, ist denn auch gegebenenfalls als unverbindliche Privatarbeit sogar der wissenschaftlichen und kirchlichen Kritik preisgegeben und von Hitler selbst nie gelesen worden. Gleichwohl rückten pseudowissenschaftliche Klassiker der Rassendoktrin von Gobineau bis Chamberlain an vorderste Stelle der NS-Zitierlisten; eine Flut von Broschüren zur ideologischen Begründung des Nationalsozialismus ist schon 1933/34 aus dem Boden gestampft worden, parteieigenen Religionsstiftern verschiedenster Provenienz alle Förderung zuteil geworden; ein förmlicher Staatskult hat schließlich – mit dem Symbol der Feldherrnhalle – den „Gefallenen des Dritten Reiches" Denkmalswert verliehen und, wie Hitler bei seiner Gedenkrede zum 9. November 1934, sie mystisch, ja, pseudochristlich-sakramental vergöttlicht: „Das Blut, das sie vergossen haben, ist Taufwasser geworden für das Reich."[5] Die Variationsbreite, die dem oft abstrus sektiererischen Bedürfnis der Anhänger auf diesem Felde gelassen wurde, war fast unbegrenzt, solange mit der absoluten Herrschafts- und Verfügungsgewalt des „Führers", auf den alles zugeschnitten war, die wenigen Grundvorstellungen des Nationalsozialismus unangefochten blieben. Bei der Behandlung der geschichtlichen Stellung und der außenpolitischen Doktrin des Nationalsozialismus ist die Axiomatik dieser „Weltanschauung" und ihr Manipulationscharakter auch gegenüber ursprünglich verwandten oder verbündeten ideologischen Bewegungen wie der Ludendorff-Bewegung schon in den Hauptzügen skizziert worden.[6]

Freilich ist auch das Phänomen der geistigen Gleichschaltung sowenig wie der Charakter der Hitlerschen Außenpolitik ganz zu erfassen, wenn die Ideologie des Nationalsozialismus lediglich auf die virtuose Handhabung der Massenpsychologie und einer terroristischen Gewaltlehre zurückgeführt wird.[7] Die Analyse stößt auch hier auf ein kompliziertes Verhältnis von Ideologie und Politik: Auch die nationalsozialistischen Führer waren, nachdem die Partei sich zu einer Volksbewegung entwickelt hatte, durchaus an eine Reihe halb-philosophischer Leitbilder gebunden, die sie zum Kern ihrer politischen „Weltanschauung" erhoben hatten. Es genügt nicht, deren Formulierung ausschließlich dem opportunistischen Machiavellismus eines ehrgeizigen Führers zuzuordnen. Auch erschöpft es die Problematik nicht voll, wenn man die nationalsozialistische Revolution als „Revolte gegen den Westen", ja als Kriegs-

---

[4] Vgl. z. B. den Nachlaß des Münchener NS-Philosophie-Professors Wolfgang Schultz, *Grundgedanken nationalsozialistischer Kulturpolitik*, München 1939.

[5] So Hans Weberstedt und Kurt Langner, *Gedenkhalle für die Gefallenen des Dritten Reiches*, München 1935, S. 228.

[6] Vgl. o. S. 22 ff.; S. 220 ff.; zum Verhältnis Nationalsozialismus–Ludendorffbewegung die Übersicht von Hans Buchheim in: *Gutachten. . .* (Anm. I/125), S. 356 ff. Dazu die Zusammenfassung der Gesichtspunkte bei Faul (Anm. IV/30), S. 344 ff.

[7] Vgl. o. S. 228 f. und zur damaligen Kritik noch Harold Dwight Lasswell, "The Psychology of Hitlerism", in: *Political Quarterly* 4 (1933), S. 373 ff.

erklärung an die geistigen und politischen Traditionen des Westens definiert,[8] so sehr dies durch die Anknüpfung der nationalsozialistischen Ideologie an eine antiwestliche Eigenentwicklung Deutschlands und die bewußte Gegenstellung gegen die Folgewirkungen zumal der Französischen Revolution begründet erscheint. Der Sachverhalt ist komplizierter, das Problem hat durchaus gesamteuropäische Dimensionen. Als Gegenströmung gegen den modernen Rationalismus besaß die antiintellektuelle Philosophie der „Tat", die Ideologie vom „schöpferischen", visionsbegabten Willensmenschen, der im Sinne einer von Carlyle bis Stefan George reichenden Tradition charismatische Heldenverehrung genießt,[9] europäische Wurzeln, die weit ins 19. Jahrhundert zurückreichten: Schöpferische Lebenskraft, irrationale Intuition waren die Werte eines vitalistischen Mystizismus, der seit der Kulturkritik Nietzsches und Bergsons, durch die Gewaltlehre Sorels auch ins Politische gewendet, dann auf ungleich niederer Ebene in der Psychologie von Ludwig Klages zur Formel vom Geist als Widersacher der Seele geprägt und von philosophischer Seite als „Sieg über den bürgerlichen und bolschewistischen Menschen" (Grunsky) gedeutet, dem klassischen abendländischen Vernunftbegriff mit großer Wirkung entgegengesetzt worden war.[10] Es war eine schlüssige, wenngleich rein ideologisch begründete Zusammenfassung dieser Strömungen und Proklamationen, wenn der nationalsozialistische Philosoph Ernst Krieck die „weltanschauliche" Revolution des Nationalsozialismus in die pathetischen Sätze faßte:[11] „Es kommt jetzt herauf die völkische Lebensordnung, . . . das völkische Menschentum des werdenden Dritten Reiches. Es erhebt sich mit dieser Revolution das Blut gegen den formalen Verstand, die Rasse gegen das rationale Zweckstreben, die Ehre gegen den Profit, die Bindung gegen die ,Freiheit' zubenannte Willkür, die organische Ganzheit gegen die individualistische Auflösung, Wehrhaftigkeit gegen bürgerliche Sekurität, Politik gegen den Primat der Wirtschaft, Staat gegen Gesellschaft, Volk gegen Einzelmensch und Masse."

Die gewiß fragwürdigen Versuche besonders radikaler Kritiker des Nationalsozialismus, nachträglich von Luther bis Hitler eine Linie gedanklicher Kontinuität durchzuziehen oder Friedrich d. Gr., Bismarck und Hitler gleichzusetzen,[12] entsprechen also

---

[8] So die NS-Interpretation von Kurt Hancke, *Deutscher Aufstand gegen den Westen*, Berlin 1941, aber auch Sigmund Neumann (Anm. Einl./4), S. 265 ff., und schon die material- und zitatreiche Analyse der literarisch-ideologischen Fundierung des NS von Aurel Kolnai, *The War Against the West*, London 1938, mit dem freilich stark vereinfachenden Vorwort von Wickham Steed (S. 5 ff.) und einer aufschlußreichen Bibliographie (S. 687–701). Zum Charakter der NS-Ideologie noch immer grundlegend Franz Neumann, *Behemoth* (Anm. Einl./4), 2. Aufl., S. 37 ff.

[9] Bezeichnend dafür auch die nationalsozialistische Begeisterung für Carlyles Kritik an Individualismus, Rationalismus und Demokratie: Theodor Deimel, *Carlyle und der Nationalsozialismus. Eine Würdigung des englischen Denkers im Lichte der deutschen Gegenwart*, Würzburg 1937, S. 13 ff.; S. 62 ff.; S. 121 ff.; S. 141 ff. Dagegen hat die scheinbare Affinität zu gewissen Führerkonzeptionen Georges und seines Kreises wohl zu vorübergehenden Illusionen geführt, ist aber ähnlich dem Nietzsche-Problem nach Georges enttäuschtem Tod im Züricher Exil (Dezember 1933) rasch zur Gegenposition geworden: Neben der Exilierung vieler George-Jünger erscheint dafür besonders bezeichnend die Wandlung des späteren Attentäters Stauffenberg, der noch am 30. Januar 1933 als junger Offizier den nationalsozialistischen Triumphzug durch Coburg mitgemacht hatte.

[10] Vgl. zu diesen Zusammenhängen Bertrand Russell, "The Revolt Against Reason", in: *Atlantic Monthly*, Febr. 1935, S. 222 ff.; Georg Lukács, *Die Zerstörung der Vernunft*, Berlin 1954, S. 565 ff.; Perroux (Anm. III/23), S. 23 ff.; Jack J. Roth, „Sorel und die totalitären Systeme", in: *Vierteljahreshefte für Zeitgeschichte* 6 (1958), S. 45 ff. (Zusammenfassung einer Diss. der Universität Chicago). Die (zeitweilige) Heranziehung Nietzsches besorgte besonders Alfred Bäumler, „Nietzsche und der Nationalsozialismus", in: *NS-Monatshefte* 5, H. 49 (April 1934), S. 289 ff.; dagegen später jedoch die scharfe Kritik von Heinrich Härtle, *Nietzsche und der Nationalsozialismus*, 3. Aufl., München 1942. Vgl. auch die Schrift des nationalsozialistischen Philosophieprofessors Hans Alfred Grunsky, *Seele und Staat. Die psychologischen Grundlagen des nationalsozialistischen Siegs über den bürgerlichen und bolschewistischen Menschen*, Berlin 1935.

[11] Ernst Krieck, *Nationalpolitische Erziehung*, Leipzig 1933 (1. Aufl. 1932), S. 67 f.

[12] Ein neuer Versuch von ausländischer Seite, solche Thesen kritisch abzuwägen, findet sich in dem Buch von Henry Vallotton, *Bismarck et Hitler*, Paris 1954, besonders S. 355 ff. Die Versuche einer allgemeinen Ableitung des Nationalsozialismus aus den geistesgeschichtlichen Voraussetzungen vor allem des 19. Jahrhunderts sind neuerdings zusammengefaßt bei T. L. Jarman, *The Rise and Fall of Nazi Germany*, London 1955, S. 50 ff. An früheren

tatsächlich in gewissem Maße dem Bemühen nationalsozialistischer Ideologen und revisionsfreudiger Mitläufer, nicht nur Bismarck mit Hitler geschichtlich zu verbinden,[13] sondern auch Vorläufer und Propheten aus zwei Jahrtausenden deutscher und abendländischer Geschichte für das „Dritte Reich" zu reklamieren; man suchte durch Einbeziehung besonders des deutschen Idealismus, aber auch der Reformation, der Mystik, der griechischen Kultur diese Gedankengänge auch geistesgeschichtlich, ja, philosophisch salonfähig zu machen,[14] nicht ohne freilich den Anspruch auf einen totalen „Umbruch" des Denkens zu erheben und Deutschland zum „Bildungsland der neuen Menschheit" zu erklären.[15] In diesem Sinne ließ sich nicht nur die antisemitische Geschichtsphilosophie eines Houston Stewart Chamberlain oder der „Nationalsozialismus" seines Schwiegervaters Richard Wagner,[16] sondern neben dem Schlagwortarsenal der jüngsten antidemokratischen Strömungen[17] auch eine auf Staatsverherrlichung angelegte nationalistische Historiographie von Treitschke bis Dietrich Schäfer je nach Bedarf benutzen:[18] mit dem Ergebnis, daß seit dem großen Illusionsereignis des Tages von Potsdam in einer Fülle von wissenschaftlichen Konstruktionen die „Sehnsucht nach dem Dritten Reich",[19] der Zug zur Verwirklichung des „Führerprinzips",[20] das „Gefühl für Zucht und Rasse" als Grundlage der „Wiederbesinnung unseres Volkes auf die rassischen Erbwerte"[21] als verborgenes Grundmotiv der deutschen Geschichte und

Thesen seien nur erwähnt: Wickham Steed, "From Frederick the Great to Hitler. The Consistency of German Aims", in: *International Affairs* 17 (1938), S. 667 ff.; Lord Robert Vansittard, *Black Record. Germans Past and Present*, London 1941; Rohan Butler, *The Roots of National Socialism 1783–1933*, London 1941; S. D. Stirk, *The Prussian Spirit. A Survey of German Literature and Politics 1914–1940*, London 1941; Louis L. Snyder, *German Nationalism. The Tragedy of a People. Extremism Contra Liberalism in Modern German History*, Harrisburg (Pennsylv.) 1952; Edmond Vermeil (neben seinen großen Werken zur neueren deutschen Geschichte und dem Anm. Einl./25 zitierten Aufsatz in *The Third Reich* besonders noch), „Le nationalisme et la culture allemande", in: *Centre d'études germaniques de l'université dee Strasbourg*, cahier no. 1 (1950), S. 10 ff.

[13] So z. B. auch Wilhelm Mommsens den neuen Verhältnissen angepaßte *Politische Geschichte von Bismarck bis zur Gegenwart. 1850–1933*, Frankfurt/M. 1935, S. 5 ff.; S. 251 ff.

[14] So die Reden und Aufsätze des Greifswalder Philosophieprofessors Hermann Schwarz, *Nationalsozialistische Weltanschauung. Freie Beiträge zur Philosophie des Nationalsozialismus aus den Jahren 1919–1933*, Berlin 1933.

[15] Ernst Bergmann, *Deutschland. Das Bildungsland der neuen Menschheit. Eine nationalsozialistische Kulturphilosophie*, Breslau 1933.

[16] So Hans Schilling, „Richard Wagners ethischer Nationalsozialismus", in: *NS-Monatshefte* 4, H. 40 (Juli 1933), S. 289 ff.

[17] Vgl. jetzt Kurt Sontheimer, „Antidemokratisches Denken in der Weimarer Republik", in: *Vierteljahrshefte für Zeitgeschichte* 5 (1957), S. 42 ff.

[18] Vgl. dazu, zugleich als Auseinandersetzung mit Gerhard Ritters abschwächender Bestandsaufnahme (*Europa und die deutsche Frage. Betrachtungen über die geschichtliche Eigenart des deutschen Staatsdenkens*, München 1948), besonders Johann Albrecht v. Rantzau, "The Glorification of the State in German Historical Writing", in: *German History. Some New German Views*, ed. by Hans Kohn, London 1954, S. 157 ff. (vorher unter dem Titel „Individualitätsprinzip, Staatsverherrlichung und deutsche Geschichtsschreibung" in: *Die Sammlung*, Mai 1950, S. 284 ff.). Auch auf die übrigen Aufsätze dieses Bandes (von Hans Kohn, Karl Buchheim, Franz Schnabel, Alfred v. Martin, Hans Herzfeld, Friedrich Meinecke, Walther Hofer) und die Bibliographie zum Revisionsproblem (S. 213 ff.) sei hingewiesen.

[19] So die Schrift des Berliner Germanisten Julius Petersen, *Die Sehnsucht nach dem Dritten Reich in deutscher Sage und Dichtung*, Stuttgart 1934: „Nun ist das Morgen zum Heute geworden; Weltuntergangsstimmung hat sich in Aufbruch verwandelt; das Endziel tritt ins Blickfeld der Gegenwart, und aller Wunderglaube wird zur tatkräftigen Gestaltung der Wirklichkeit angesetzt" (S. 1). Vor dem Hintergrund der bisherigen Formen des Chiliasmus wird hier als Endstufe das spezifisch deutsche „Volksreich des Nationalsozialismus" als Durchbruch und Verwirklichung des „deutschen Menschen" gefeiert: „Das neue Reich ist gepflanzt. Der ersehnte und geweissagte Führer ist erschienen. . ." (S. 61).

[20] In der Schrift des nachmaligen Rektors der Berliner Universität, Willy Hoppe, *Die Führerpersönlichkeit in der deutschen Geschichte* (Schriften der Deutschen Hochschule für Politik, H. 2), Berlin 1934, werden als „Führer" und Vorläufer Hitlers Arminius, Widukind, Heinrich I., Otto I., Lothar, Heinrich der Löwe, Luther, der Große Kurfürst, Friedrich der Große und Bismarck hervorgehoben. Zu diesem Geschichtsbild vgl. auch u. S. 311 ff.

[21] Reinhard Wittram, „Geschichtsauffassung und Außendeutschtum", in: *Volk und Hochschule im Umbruch*, hrsgg. von Artur Schürmann (Zur Zweihundertjahrfeier der Georg-August-Universität zu Göttingen), Oldenburg-Berlin 1937, S. 107.

Literatur auch von den Kathedern der Universitäten und in den Werken geisteswissen-
schaftlicher Autoritäten verkündet wurde. Das schwierige Problem der Verknüpfung
ideengeschichtlicher Traditionslinien mit spontanen *ad-hoc*-Konstruktionen unter dem
großen Gesichtspunkt des politischen Macht- und Einheitsgedankens ist mit dem
gefügigen Einschwenken auch vieler nicht-nationalsozialistischer Literaten und Gelehrten auf bestürzend rasche Weise gelöst worden. In dieser gewiß künstlichen Synthese, die unter dem Eindruck der Wucht der nationalsozialistischen Machtergreifung
zustande kam, war schon ohne Verbot und Terror jene Gleichschaltung des geistigen
Lebens vorweggenommen, die dann noch im Verlauf des ersten Jahres auch organisatorisch und institutionell verankert wurde. Ein Großteil der geistigen Elite erwies
sich sogleich – freilich aus verschiedenartigen Motiven – als hochgradig prädisponiert
oder anfällig für die ideologischen Gebilde, aus denen die nationalsozialistische „Weltanschauung" ihre Postulate bezog.[22]

Der Chronist könnte eine kaum endende Liste von zeitgenössischen Äußerungen
und Schriften zusammenstellen, in denen auf dem Grund solcher „Synthese" eine gewaltige Zahl auch nicht parteigebundener Schriftsteller, Wissenschaftler, Künstler,
Professoren je von ihrem Metier her dem neuen Herrschaftssystem, der „nationalen
Revolution", dem deutschen „Aufbruch" unter Hitlers Führung ihre Reverenz, ihre
erwartungsvolle Bereitschaft, ihre begeisterte Zustimmung erwiesen. Bald erschien auch
kaum ein wissenschaftliches Buch mehr, mochte es selbst entlegene Gegenstände behandeln, das nicht an sichtbarer Stelle oder wenigstens im Vorwort seine Verbeugung
vor dem neuen Regime machte und einige Äußerungen Hitlers oder auch Rosenbergs
und Goebbels' mit jener quasi-scholastischen Zitiertechnik als höchste und zugleich
deckende Autorität einbaute, die wir aus dem Machtbereich der marxistisch-lenini-
stisch-stalinistischen Ideologie kennen. Selbst die Reihe der Beispiele – ausdrücklich –
nicht nationalsozialistischer Herkunft ist unübersehbar: Dahin gehören die zeitgenössischen Aufsätze des ehemaligen Zentrumsführers Martin Spahn,[23] der sich freilich
schon in der Weimarer Republik auf die deutschnationale Seite geschlagen hatte und
dann im Juni 1933 zur nationalsozialistischen Reichstagsfraktion übertrat;[24] ein
Buch des vielgelesenen Modeschriftstellers Reinhold Conrad Muschler[25] vereinigte
hymnische Aufsätze des Titels: „Mein Weg zu Adolf Hitler" oder „Nationalsozialismus und Weltbesinnung"; der einflußreiche Seelenarzt theologischer Herkunft Johannes Müller (Elmau) stellte das 2. Heft 1933 seiner *Grünen Blätter* nicht weniger
überschwenglich unter das Thema „Die nationale Revolution"; der profilierte Straf-
verteidiger Friedrich Grimm bekannte sich zu „Hitlers deutscher Sendung";[26] gleichzeitig forderte der Philosoph und Kultursoziologe Hans Freyer, nachdem er schon
1931 *die Revolution von rechts* als Forderung der Zeit proklamiert hatte, nun die
bewußte Politisierung der Universität im neuen Geiste;[27] die Einführung obligater

[22] Vgl. die Gesichtspunkte bei Litt (Anm. Einl./39), S. 438 ff. Zur damaligen soziologisch-geistesgeschichtlichen
Lage auch die Analyse von Helmuth Plessner, *Das Schicksal des deutschen Geistes im Ausgang seiner bürgerlichen
Epoche*, Zürich–Leipzig 1935, Neuaufl. u. d. Titel: *Die verspätete Nation. Über die politische Verführbarkeit
bürgerlichen Geistes*, Stuttgart 1959; Otto Veit, *Die Flucht vor der Freiheit*, Frankfurt/M. 1947; neubearbeitet
u. d. Titel: *Soziologie der Freiheit*, Frankfurt/M. 1957.

[23] Martin Spahn, *Für den Reichsgedanken. Historisch-politische Aufsätze 1915–1934*, Berlin–Bonn 1936; zu Spahn
vgl. auch Meyer (Anm. IV/15), S. 301 f.; S. 320.

[24] *Vossische Zeitung* vom 10. Juni 1933. In den Handakten des Geschäftsführers der nationalsozialistischen
Reichstagsfraktion (Fabricius) im *Bundesarchiv Koblenz* (Kleine Erwerbungen: 0328/1) befindet sich ein Brief
Spahns an Frick mit der Mitteilung seines Austritts aus der DNVP und der Bitte um Aufnahme als Hospitant bei
der NSDAP-Reichstagsfraktion; dies wurde in der Antwort Fricks vom 15. Juni 1933 genehmigt.

[25] Reinhold Conrad Muschler, *Ein deutscher Weg*, Leipzig 1933; gleichzeitig ders., *Das deutsche Führerbuch.
Sieger aus eigener Kraft*, Berlin 1933.

[26] Friedrich Grimm, *Hitlers deutsche Sendung*, Berlin 1934, S. 31 ff.

[27] Hans Freyer, *Das politische Semester. Ein Vorschlag zur Universitätsreform*, Jena 1933.

Studenten-Erziehungskurse sollte dem Positivismus, Materialismus und Liberalismus des Bildungswesens ein Ende bereiten, dem Fachstudenten den Sinn für politische Größe vermitteln und ihn über die politische Bedeutung seines Berufes in der „Volksordnung" unterrichten: den Mediziner etwa „über die biologischen Grundlagen historischer Größe und Verfalls, über Reinhaltung und Vermanschung der Rasse".[28] Und während der deutschnationale Publizist Gerhard Schultze-Pfaelzer seine Illusionen in einem Buch des Titels *Hindenburg und Hitler zur Führung vereint* deklamierte,[29] der protestantisch-volkskonservative Schriftsteller Hermann Ullmann den *Durchbruch zur Nation* feierte,[30] evangelische Theologieprofessoren sich um den Brückenschlag vom Christlichen zum Völkischen mühten,[31] wurde auch von katholisch-monarchistischer Seite das „Wiedererwachen des nationalen Deutschlands" begrüßt und mit der Existenz auch die geschichtliche Bedeutung des Zentrums preisgegeben.[32] Ein besonders drastisches Beispiel des „Umbruchs" bekunden die Rundfunkreden und Aufsätze, mit denen sich der Dichterarzt Gottfried Benn, bislang Wortführer des verfemten Expressionismus und „Abgott snobistischer Zirkel",[33] in diesen ersten Monaten demonstrativ an die Öffentlichkeit und vor allem in scharfen Formulierungen gegen seine bisherigen Freunde wandte, die verfolgten und fliehenden Dichter und Künstler verhöhnte: den Nationalsozialisten eine doppelt willkommene propagandistische Hilfe gegen die unbequeme Kritik des Auslands.[34] Die Ankündigung des Buches gibt dies freimütig zu erkennen: „Gottfried Benn legt hier ein Bekenntnis ab zum neuen Staat und begründet seinen ‚Schritt in das andere Lager' – das für ihn kein ‚anderes' Lager war, sondern das ihm seit je gemäße. Denn in Wahrheit wurzelte er immer in dem gleichen Boden, in dem das erneuerte Deutschland in seinen letzten Tiefen wurzelt. Sein Bekenntnis zu ihm wird denjenigen unter den Angehörigen der deutschen Intelligenzschichten, die schon seinen Weg gegangen sind, eine Bestätigung sein, denen jedoch, die abseits stehen, ein Mahnruf zur Besinnung und zur Überprüfung überlebter Anschauungen."[35]

---

[28] *A. a. O.*, S. 33.

[29] Gerhard Schultze-Pfaelzer, *Hindenburg und Hitler zur Führung vereint*, Berlin 1933.

[30] Hermann Ullmann, *Durchbruch zur Nation. Geschichte des deutschen Volkes, 1919 bis 1933*, Jena 1933.

[31] Im Rahmen der umfangreichen deutsch-christlichen Literatur (u. S. 330 ff.) etwa die bekannten Theologieprofessoren Fezer (Tübingen), Paul Althaus (*Die deutsche Stunde der Kirche*, Göttingen 1933), Emanuel Hirsch (*Das kirchliche Wollen der Deutschen Christen*, Berlin 1933).

[32] So der vorher wie auch nachher keineswegs nationalsozialistisch gesinnte, ja, sogar gemaßregelte Professor Max Buchner, *Auf dem Wege nach Weimar und von Weimar nach Potsdam. Ein geschichtlicher Rückblick auf die Wandlung des Bismarckreiches zum Parteienstaat und das Wieder-Erwachen des nationalen Deutschlands*, München o. J. [1933]. Vgl. neben Spahn, der Papen-Gruppe oder neuen Zeitschriften wie *Deutsches Volk* und auch einigen Aufsätzen in renommierten Organen wie *Stimmen der Zeit* und *Hochland*, auf die sich die Anfälligkeit auch der katholischen Intelligenz keineswegs beschränkte, etwa die Bücher und Artikel von Jakob Hommes (*Lebens- und Bildungsphilosophie als völkische und katholische Aufgabe*, Freiburg/Br. 1934), Michael Schmaus (*Begegnungen zwischen katholischem Christentum und nationalsozialistischer Weltanschauung*, Regensburg 1933), Franz Täschner (*Der Totalitätsanspruch des Nationalsozialismus und der deutsche Katholizismus*, Münster 1934), Emil Ritter (*Der Weg des politischen Katholizismus in Deutschland*, Breslau 1934), Josef Kral (*Deutsche Katholiken und Nationalsozialismus. Versuch einer Synthese*, Abensberg 1934), Theodor Brauer (zahlreiche Aufsätze in: *Deutsches Volk*), Joseph Lortz (*Katholischer Zugang zum Nationalsozialismus kirchengeschichtlich gesehen*, Münster 1933) und viele andere; dazu die Rolle der Konkordatsillusionen: u. S. 342 ff. Zahlreiche weitere Beispiele bei Morsey (Anm. I/21), Kap. 14 und 15.

[33] So Walter Muschg, *Die Zerstörung der deutschen Literatur*, Bern 1956, S. 22; vgl. die Benn-Studie, *a. a. O.*, S. 47 ff.

[34] Gottfried Benn, *Der neue Staat und die Intellektuellen*, Stuttgart–Berlin 1933. Neben Aufsätzen über das Titel-Thema enthält das Buch eine „Antwort an die literarische Emigration" und einen biologistisch getönten Essay über „Züchtung".

[35] *A. a. O.*, Umschlag des Buches. Das Aufsehen und die Bestürzung waren dann auch groß: vgl. z. B. den ebenso kritischen wie mutigen Brief Oskar Schlemmers an Benn vom 23. Oktober 1933 (*Briefe und Tagebücher*, München 1958, S. 315 ff.), der den Dichter auf den Bildersturm des Nationalsozialismus gegen die moderne Kunst aufmerksam machte.

Hier liegt *in nuce* der ganze Vorgang, der von Staatsrechtlern zu Nationalökonomen, von Historikern zu Germanisten und Philosophen, von Publizisten zu Dichtern, Künstlern, Musikern reichte. Das politisch-psychologische Phänomen, das darin sichtbar wird, ist besonders in der aufschießenden Fülle von revisionistischen Geschichts- und Dokumentarwerken, von Stich- und Schlagwörterbüchern über den „nationalen Umbruch" hervorgetreten:[36] Auch sie wurden vorwiegend von bürgerlich-konservativ-deutschnationalen Verfassern geliefert, da die NSDAP hier noch weniger als anderwärts über genügend eigene „Spezialisten" verfügte. Vor allem aber bietet eine Analyse der Zeitschriftenliteratur eine kaum ausschöpfbare Fülle von Belegen für die bestürzende Synkresis der Gebildeten mit der „nationalen Revolution" Hitlers. Weit bedeutsamer als die parteioffiziellen Organe[37] erscheinen dafür die Zeitschriften, die sich entweder sofort umgestellt haben oder neugegründet wurden: an der Spitze das von Wilhelm Stapel und A. E. Günther herausgegebene *Deutsche Volkstum* (seit 1933), die von Friedrich Heuß geleitete Monatsschrift *Volk und Reich* (seit 1932) und die ältere deutschnationale Monatsschrift *Deutschlands Erneuerung,* die schon ihre destruktive Kritik an der Weimarer Republik nicht nur an nationalistischen Dolchstoß-Argumenten, sondern auch an rassistischen Schlagworten orientiert hatte;[38] die zuvor so einflußreiche *Tat* allerdings war durch den Sturz Schleichers stark ins Hintertreffen gelangt.[39] Besonders im *Volkstum* legten in den ersten Monaten „bürgerliche" Repräsentanten von Literatur und Geisteswissenschaft, von Theologie und Erziehung in großer Zahl ihr Bekenntnis zur Neuordnung und zu den Illusionen des Anfangs ab. Aber auch die neue Zeitschrift *Volk im Werden* des NS-Ideologen Ernst Krieck ließ angesehene nicht-nationalsozialistische Autoren mit entsprechenden, freilich durchaus eigenwilligen Aufsätzen neben fanatischen Antisemiten wie Johannes v. Leers zu Wort kommen.

So schwer es im einzelnen erscheint, diesen Byzantinismus in seinen gewiß vielfach opportunistischen Elementen und Motiven zu analysieren, so bedeutsam bleibt er als Symptom einer geistesgeschichtlichen Fehlentwicklung wichtiger deutscher Kultur- und Bildungszweige und einer verhängnisvollen Verschiebung und Korrumpierung der sittlichen Maßstäbe im politisch-geschichtlichen Denken vieler nicht-nationalsozialistischer Kulturträger. Gewiß hat die ebenso raffinierte wie zugleich rücksichtslose Art der Lenkung und Manipulierung, mit der die neuen Machthaber durch Versprechungen, Zwang und Organisation die politische Gleichschaltung auf alle Lebensbereiche auszudehnen, die Kultur im weitesten Sinne einseitig zu politisieren suchten, eine entscheidende Rolle gespielt. Aber zunächst ist für die Frage nach Gehalt und Gestalt der nationalsozialistischen „Weltanschauung" wesentlich, daß Manipulation und selbst Zwang im geistigen Bereich nicht zu dieser Wirkung gelangt wären, hätten nicht tiefere, historisch begründete Beziehungen bestanden. Man konnte das Schlagwort des „Sozialismus" so wenden, daß es im Gedanken der „nationalen Einheit", in der Philosophie der absolut gesetzten, ja, vergöttlichten totalen „Gemeinschaft", der *Civitas Dei Germanica* aufging.[40] Oder die Idee des *Nationalismus* wurde so inter-

---

[36] Vgl. z. B. Carl Haensel und Richard Strahl, *Politisches ABC des neuen Reichs. Schlag- und Stichwörterbuch für den deutschen Volksgenossen,* Stuttgart 1933, oder die völlig verwandelten Neuauflagen des zuerst erschienenen *Deutschen Staatsbürger-Taschenbuchs,* nun unter dem Titel Hans Karl Leistritz, *Staatshandbuch des Volksgenossen,* Berlin-Südende (11. Aufl., 1936).

[37] An der Spitze die von Alfred Rosenberg hrsgg. *NS-Monatshefte,* das Goebbelssche Propagandaorgan *Wille und Weg* und das HJ-Organ *Wille und Macht.*

[38] Im Verlag J. F. Lehmann, München, mit Herausgebern und Mitarbeitern wie Chamberlain, Class, Dietrich Schäfer, Max Wundt, seit 1930 auch v. d. Goltz, Bang, H. F. K. Günther, Darré, Zarnow, Steguweit, Th. Fritsch erscheinend.

[39] Dazu jetzt Kurt Sontheimer, „Der Tatkreis", in: *Vierteljahrshefte für Zeitgeschichte* 7 (1959), S. 229 ff.

[40] So schon der NS-Ideologe Ernst Graf Reventlow, *Deutscher Sozialismus. Civitas Dei Germanica,* Weimar 1930; vgl. auch Perroux (Anm. III/23), S. 61 ff.

pretiert und übersteigert, daß sie im Sinne einer „Theologie des Nationalismus" dem verletzten deutschen Selbstbewußtsein die Erfüllung eines 150jährigen Traumes vom Reich aller Deutschen und die Befreiung von dem legendären „Siegfriedschicksal" der Deutschen verhieß, in ihrer bisherigen Geschichte angeblich stets „gedankenvoll, aber tatenarm", das „Volk für andere", der „Weltbürger",[41] der „Packesel der Welt"[42] gewesen zu sein und – religiös gewendet – in „reinem Torentum" verkannt zu haben, „daß vielleicht er allein im Besitz der Gnade sich befindet, aus dem Chaos heraus die Ordnung zu schaffen".[43] Das waren Wertvorstellungen, die sich gerade dank ihrer emotionalen Verwurzelung für eine umfassende Ausbreitung eigneten und dann auch sogleich zur Grundlage einer neuen, am Staatsegoismus als dem höchsten Wert orientierten Staatsbürgerkunde erhoben wurden;[44] ihre Übersteigerung in der *Rassendoktrin* mochte, wenngleich sie nur auf eine schwächere Tradition des Antisemitismus zurückgreifen konnte, in solchem Rahmen auch von weiteren Kreisen begrüßt oder doch hingenommen werden. In ein einfaches Gedankenschema gefaßt: Jeder Mensch ist nur als Mitglied einer Nation lebensfähig, die daher über den Gruppeninteressen steht; sie ist stark nur als Einheit, weshalb der neue „Sozialismus" die Klassen zusammenschweißt, statt sie zu trennen;[45] daraus ergibt sich die Absage an den Marxismus wie an den Liberalismus und die Proklamierung eines nationalen „Idealismus"; an die Stelle der Bürger- und Menschenrechte treten Pflicht, Treue und Disziplin einer „Gefolgschaft", an die Stelle des parlamentarischen Pluralismus der monolithische *Führerstaat* als Ausdruck eines heroischen Willens zur nationalen Einheit, der alle inneren und äußeren Hindernisse überwindet.

Geistesgeschichtlich mochten diese Gedanken aus dem preußischen Staatsethos abgeleitet werden, wie dies mit besonderer Wirkung Spengler und Moeller van den Bruck getan haben: Dafür stand der nebulose Begriff des „preußischen" und „deutschen" Sozialismus" in seiner betonten Beziehung auf ein einheitliches „Drittes Reich";[46] oder sie mochten sich auf die lange Reihe staatssozialistischer Ordnungsentwürfe berufen, die seit Fichtes „Geschlossenem Handelsstaat" die politische Philosophie in

[41] Diese politisch-psychologisch so wirkungsvolle Zwangsvorstellung, die schon in der nationalistischen Ideologie eine bedeutende Rolle gespielt hatte, ist schließlich zum Gegenstand einer ganzen NS-Geschichtstheorie geworden; ein Beispiel bietet dazu das Buch von Emil Quentin, *Die Deutschen als Volk für andere*, Berlin–Leipzig 1938, mit den Legenden von der überragenden und zugleich tragischen Rolle, dem „Siegfriedschicksal" (S. 129) und „ewigen Bruderkrieg" (S. 121) der Deutschen, von dem „germanischen Russenreich" (S. 80), dem „germanischen Nordfrankreich" (S. 55), dem deutschen „Imperialismus des Dienens" (S. 31), der mißbrauchten deutschen Gutmütigkeit in ganz Europa und vor allem dem primären Verdienst eines unglücklich „verzettelten Deutschtums" (S. 26) um den Aufbau Amerikas, zum wehleidigen Hintergrund der nationalsozialistischen Erfüllung pseudohistorisch ausgestaltet.

[42] „. . . auf dessen willigen Rücken die Bürden eines ganzen Erdteils aufgeladen wurden"; so Josef Goebbels in: *VB* vom 28. Februar 1933. Dem entsprach auch das Gesamtbild, das Hitler selbst auf seine Weise am Tag von Potsdam (21. März 1933) vom Zerfall des Reiches entwarf: „Der Deutsche, in sich selbst zerfallen, uneinig im Geist, zersplittert in seinem Wollen und damit ohnmächtig in der Tat, wird kraftlos in der Behauptung des eigenen Lebens. Er träumt vom Recht in den Sternen und verliert den Boden auf der Erde. Je mehr aber Volk und Reich zerbrechen und damit der Schutz und Schirm des nationalen Lebens schwächer wird, um so mehr versuchte man zu allen Zeiten, die Not zur Tugend zu erheben. . . Am Ende blieb dem deutschen Menschen dann immer nur der Weg nach innen offen. Als Volk der Sänger, Dichter und Denker träumte es dann von einer Welt, in der die anderen lebten. Und erst, wenn die Not und das Elend es unmenschlich schlugen, erwuchs vielleicht aus der Kunst die Sehnsucht nach einer neuen Erhebung, nach einem neuen Reich und damit nach neuem Leben" (*Verhandlungen des Reichstags*, Bd. 457, S. 6).

[43] So der Soziologe Georg Weippert, *Das Reich als deutscher Auftrag (Philosophie und Geschichte*, H. 51), Tübingen 1934, S. 3: das Reich als „weltordnendes Prinzip" (S. 12), das die „Totalität der Macht" beanspruchen muß und „nur eine Herrschaftsspitze haben" kann (S. 21), ist „allumfassend" als Ausdruck des „deutschen Sendungswillens und Sendungsbewußtseins" (S. 22); „das Reich ist nicht die bloße Ordnungsform des deutschen Volkes; das Reich ist vielmehr Deutschlands Sendung in dieser Welt" (S. 24).

[44] So die Schrift von Werner Wallowitz mit dem sprechenden Titel: *Deutschland, nur Deutschland, nichts als Deutschland. Grundriß einer deutschen Staatsbürgerkunde*, Leipzig 1933.

[45] Vgl. dazu die offiziöse Zitatsammlung: *Sozialismus wie ihn der Führer sieht* (Anm. III/61), S. XI ff.

[46] Beste Zusammenfassung jetzt bei Neurohr (Anm. Einl./24), S. 16 ff.; S. 264 ff.

Deutschland bewegten. Oder sie konnten ihre Durchschlagskraft auch aus dem Kulturbewußtsein der „gebildeten Schichten" ziehen, das Idealismus und Romantik in sentimentaler Rückwendung in die vorindustrielle Welt mit organologischen und ständischen Ordnungsideen oder einem volkstumsgebundenen Gemeinschaftsgedanken erfüllt hatten; mehr denn je hat es nach 1918 akademische Festreden so gut wie Schule
und Stammtisch beherrscht. Hier meinten auch, im Zeichen der „Nationalen Opposition" und der Harzburger Front, konservative und deutschnationale Literaten eine
gemeinsame Ebene mit dem Nationalsozialismus gefunden zu haben: Wie sich die
Deutschnationalen Hitler gegenüber als „Generalstäbler" gefühlt hatten, so glaubten
sie auch mit der gemeinsamen Verdammung des Individualismus das „Dritte Reich"
als die Rekonstruktion eines ständisch-„organischen Staates" auf der Basis von „Kameradschaft und sozialer Versöhnung", von „Führertum und Fürsorge", von „gerechter
Ungleichheit" bestimmen zu können.[47] An vorderster Stelle in diesem Feldzug gegen
den „liberalistischen Individualismus" rangierte das Schlagwort von der „Volksgemeinschaft", das, in der Parole „Gemeinnutz geht vor Eigennutz" zum Zentralbegriff des nationalsozialistischen Parteiprogramms erhoben, sich nun auf die Erbschaft der germanisch-mittelalterlichen Rechts- und Verfassungsgeschichte mit ihrer
Lehre vom „gemeinen Besten" berufen hat.[48] Und auch der Begriff des Volkes, der
Gedanke vom „Primat des Volkes" über den Staat,[49] der „völkischen" Selbstverwirklichung schließlich als dem höchsten Wert nationalsozialistischer „Weltanschauung" konnte seine Wirkungs- und Faszinationskraft, in einseitiger Vergröberung freilich, auf eine mit Rousseau und Herder beginnende Tradition des Anti-Individualismus gründen, die der Entwicklung des deutschen Nationalismus schon seit einem Jahrhundert wesentlich das Gepräge gegeben hatte und jetzt nur noch eine rassentheoretische Zuspitzung zu erfahren schien; freilich ist der politische Volksbegriff von den
NS-Ideologen bald auch scharf gegen die bisherige Volkstumsforschung abgehoben
und – mit der „biologischen Gesetzgebung" – in engere Beziehung zum Staat gesetzt
worden.[50]

Wiederum: solche philosophischen Kontinuitätsfragen haben wohl Hitler selbst
kaum gekümmert; sie sind aber für die Ausstrahlungskraft der nationalsozialistischen
„Weltanschauungs"-Entwürfe und deren Echo bei den „Gebildeten" kaum zu überschätzen. Das Phänomen des „verführten Denkens", wie es so eindringlich am kommunistischen Beispiel geschildert wurde,[51] umschließt einen komplizierten Vorgang,
der alle bloßen Mechanismen des Zwangs oder des Opportunismus weit hinter sich
läßt. Die anti-rationalistischen Kulturkritiker, die manche gewiß begründeten Einsichten in die Mängel einer bloß verstandesmäßig angesetzten Interpretation von Ge

[47] So schon der Stahlhelm- und DNVP-Ideologe Friedrich Everling, *Organischer Aufbau des Dritten Reichs*,
München 1931, S. VI ff.

[48] Vgl. Walther Merk, *Der Gedanke des gemeinen Besten in der deutschen Staats- und Rechtsentwicklung*,
Weimar 1934, S. 70 ff.

[49] Vgl. die Diskussion der Primatsfrage in ihrer Bedeutung für eine Umstrukturierung der Staatstheorie bei
Werner Dräger, *Primat des Volkes? Ein Beitrag zur Grundfrage einer völkischen Staatslehre*, Berlin 1935, S. 11 ff.

[50] Ein Beispiel bietet die Polemik, die Alfred Bäumler dem ständisch-völkischen Standardwerk Max Hildebert
Boehms (*Das eigenständige Volk. Volkstheoretische Grundlagen der Ethnopolitik und Geisteswissenschaften*,
Göttingen 1932) gewidmet hat: „Der politische Volksbegriff", in: *Recht und Jugend* (Organ der „Jungen Rechtswahrer" im NSRB), 1934, S. 100 ff.; oder die Ablehnung, die des Germanisten Hans Naumann Apotheose des
„göttlichen Volkstumsbegriffs" (*Deutsche Nation in Gefahr*, Stuttgart 1932, S. 1 ff.) in den schwarzen Listen des
Himmlerschen Sicherheitshauptamtes erfuhr, obwohl Naumanns Hitler und George (!) gewidmeter Sammelband
Wandlung und Erfüllung (Stuttgart 1934) den Bezug der alten germanisch-deutschen Geistesgeschichte auf Hitler
herstellte: „Die auf den Führer zu beziehenden Teile stellen die feinste Huldigung dar, die die Wissenschaft dem
Staatsmann darbringen kann, indem sie sein Wollen und Wirken als mit den tiefsten Gründen des germanisch-
deutschen Geistes zusammenhängend erweist" (*Bayerische Blätter für das Gymnasialschulwesen*, Besprechung
nach der Verlagsanzeige zitiert).

[51] Czeslaw Milosz, *Verführtes Denken*, Köln–Berlin 1953, S. 16 ff.

schichte und Kultur gefährlich übersteigernd zu verallgemeinern neigten, kamen hier gewollt oder ungewollt der nackt berechneten nationalsozialistischen Propagandatechnik entgegen, für die Hitler mit seiner vulgären Pragmatisierung der Erkenntnisse moderner Massenpsychologie – bezeichnenderweise aus der Anschauung der Kriegspropaganda heraus – schon in den berühmten Propaganda-Kapiteln von *Mein Kampf* das Maß gesetzt hatte: Unterordnung und Verdrängung des Verstandes und der Persönlichkeit durch einprägsam-überwältigenden Einsatz einfacher Symbolik (wie des Hakenkreuzes) und berauschende Massenveranstaltungen mit allen Konsequenzen für die Senkung des geistigen Niveaus.[52] Vor allem war es die allen totalitären Herrschaftsphilosophien eigene Bereitschaft zur Utopie, zum Opfer der Gegenwart zugunsten einer Zukunftsvision, eines „Mythos" im Sinne der Theorien Sorels und der Sekundärkonstruktionen Alfred Rosenbergs,[53] die selbst kritische Geister, die es von ihrem Fach her besser wissen mußten, zur zeitweiligen Kapitulation vor der furchtbaren Vereinfachung der „Weltanschauung" getrieben hat.

Das gilt zuletzt auch für die Bewertung, die sie dem eigentlichen Grundprinzip der nationalsozialistischen Ideologie zuteil werden ließen: der *Idee des Kampfes*. Wieder die geistesgeschichtliche Anknüpfung an eine ältere Strömung, die unter dem Impuls naturalistischer Wissenschaftstheorien im *Sozialdarwinismus* den biologischen „Kampf ums Dasein" als Prinzip auch des gesellschaftlichen und politischen Lebens proklamiert hat und sich zusätzlich noch auf der juristisch-soziologischen Ebene der Carl Schmittschen Formel vom Freund–Feind-Verhältnis als dem strukturellen Grundbegriff des Politischen bedienen mochte.[54] Solche Gedankengänge haben dann, gerade vermöge ihrer intellektuellen und zugleich populärwissenschaftlichen Breitenwirkung, in dem spezifischen Rahmen der nationalsozialistischen „Weltanschauung" eine ähnliche Funktion wie der Sozialimperialismus erlangt. Wie bei der Abfassung der Lebensläufe nun die Teilnahme an Krieg, Freikorps, Femebewegung in den Mittelpunkt rückte, so setzte der Ruf nach der „Wiedergeburt der deutschen Kultur aus dem Geiste der Front"[55] das offizielle Leitbild allen geistigen „Schaffens" im nationalsozialistischen Staat. Auch die Terminologie des „Dritten Reiches", in sich ungemein aufschlußreich für die geistige Substanz dieses Herrschaftssystems,[56] zehrte ganz überwiegend von einem den Bereichen des Kampfes und Krieges entnommenen Wortschatz, den es allen Lebensgebieten auferlegte; so etwa auch, wenn an der „Front der Arbeit" der „SA-Geist" als Ausdruck des Kampfprinzips zur Grundlage der weiteren Betriebspolitik im Sinne des „deutschen Sozialismus" proklamiert wurde,[57] wenn der Begriff des „Spontanen" nun nicht mehr die ursprüngliche Freiwilligkeit, sondern nach national-

---

[52] Hitler, *Mein Kampf* (Anm. Einl./41), S. 192 ff.; S. 648 ff. und an vielen Einzelstellen. Dazu besonders die Gesichtspunkte bei Franz Alexander, *Irrationale Kräfte unserer Zeit. Eine Studie über das Unbewußte in Politik und Geschichte*, Stuttgart 1946, S. 20 (Titel des amerikanischen Originals: *Our Age of Unreason*); Erich Rothacker, *Die Schichten der Persönlichkeit*, 4. Aufl., Bonn 1948, S. 10 f.; Walter Hagemann, *Vom Mythos der Masse. Ein Beitrag zur Psychologie der Öffentlichkeit*, Heidelberg 1951, S. 13 ff. Schon Georg Simmel, *Soziologie. Untersuchungen über die Formen der Vergesellschaftung*, 2. Aufl., München–Leipzig 1922, S. 51, über die enge Wechselbeziehung von Menschenmassen und sensuellen Reizen: „Je mehr Personen . . . zusammenkommen. . ., desto tiefer muß der Punkt gesucht werden, der ihren Antrieben und Interessen gemeinsam ist. In demselben Maße aber, in dem die Quantität der Elemente dem höheren Individuell-Seelenhaften keine Stätte mehr gibt, muß man das Manko dieser Reize durch Steigerung der äußerlichen und sinnlichen auszugleichen suchen."

[53] Vgl. z. B. Alfred Rosenberg, *Der Mythus.* . . (Anm. IV/17), S. 114.

[54] Dazu jetzt Jürgen Fijalkowski, *Die Wendung zum Führerstaat. Ideologische Komponenten in der politischen Philosophie Carl Schmitts* (Schriften des Instituts für politische Wissenschaft, Bd. 12), Köln–Opladen 1958.

[55] So der Titel eines Aufsatzes des späteren „Reichsdramaturgen" Rainer Schlösser in: *VB* vom 8. Februar 1933, Beibl. 2.

[56] Dazu vor allem Klemperer (Anm. II/128), S. 15 ff.; jetzt auch die Bonner Diss. von Cornelia Berning, *Die Sprache des Nationalsozialismus*, 1958 (ungedr.); ferner Werner Betz, "The National-Socialist Vocabulary", in: *The Third Reich* (Anm. Einl./22), S. 784 ff.

[57] So z. B. *SA-Geist im Betrieb* (Anm. III/76), S. 74 ff.

sozialistischem Wortgebrauch das „Schlagartige der Aktion" bezeichnete,[58] wenn Alfred Rosenberg die marschierende Kolonne als Ausdruck deutschen Lebensstils zum Zweck an sich erklärte: „Die deutsche Nation ist eben drauf und dran, endlich einmal ihren Lebensstil zu finden. . . Es ist der Stil einer marschierenden Kolonne, ganz gleich, wo und zu welchem Zweck diese marschierende Kolonne auch eingesetzt sein mag." [59]

Schließlich konnte die totale, auch innere Einigung der natürlicherweise divergierenden Kräfte der Bevölkerung, dieses Kernpostulat der nationalsozialistischen Ideologie, über eine bloß organisatorische Gleichschaltung hinaus am ehesten verwirklicht werden, wenn die Idee des Kampfes nun auch ganz konkret in den Entschluß zur Vorbereitung eines Krieges nach außen eingeschmolzen wurde. Mochte zunächst der nationalsozialistische Anspruch, eine höhere Form des „Humanismus" durchzusetzen, bis hinein in die Reihen der Altphilologen und Philosophen Eindruck machen und zugleich mit der Hoffnung auf einen „dritten Humanismus" manche Mißverständnisse und Verirrungen verursachen,[60] so haben die nationalsozialistischen Ideologen doch bald die „Durchbrechung der humanistischen Tradition" unmißverständlich als wesentliche Tat des Nationalsozialismus gefeiert.[61] Als Kriegsregierung und Kriegswirtschaft hat sich dann der nationalsozialistische Totalitarismus in seinen ersten Herrschaftsakten wie zuvor schon in seiner frühen Herrschaftsphilosophie konstituiert; der imperialistische Grundgedanke der Hitlerschen Außenpolitik war dafür ein Beweis.[62] Und wenn auch die taktische Linie der Anfangsjahre dem widersprach, wenn Diplomaten, Militärs und selbst kritische Betrachter die frühen Programme in diesem Punkte nicht ernst nahmen, so kam doch auch hier eine ältere Tradition groß- und alldeutschen, darüber hinaus hegemonialen Sendungsbewußtseins der nationalsozialistischen Lebensraum-Philosophie entgegen: so die Ideologie von der europäischen Ordnungsaufgabe des „Reiches", vom deutsch geführten „Mitteleuropa", von der Prävalenz der germanischen Völker und von der deutschen Führungsfunktion im „unterentwickelten" Osteuropa, mochte sie sich aus dem preußischen oder aus dem habsburgischen Herrschaftsanspruch legitimieren.

Es würde den Rahmen der hier gegebenen besonderen Fragestellung sprengen, wollte man den Verästelungen und der Entfaltung der Herrschaftsphilosophie des „Dritten Reiches" im einzelnen nachgehen. Was die angeführten Stichworte andeuten sollten, war die oft zufällige, künstliche, aber doch wirkungsvolle Symbiose, in der sich zeitweilig ältere deutsche, ja, vielfach europäische Geistesströmungen von großer Verbreitung und Anziehungskraft unter dem Eindruck der Unwiderstehlichkeit und des Erfolgs einer Massenbewegung mit dem kurzatmigen Machiavellismus des Nationalsozialismus verbanden. Dieser Vorgang der Aneignung und Anpassung, zugleich

---

[58] Vgl. Carl Brinkmann, *Soziologische Theorie der Revolution*, Göttingen 1948, S. 41.

[59] Rede vor höheren Wehrmachtsoffizieren am 7. März 1935 im Reichskriegsministerium, abgedr. in: Alfred Rosenberg, *Gestaltung der Idee. Reden und Aufsätze von 1933–1935*, München 1936, S. 303; zu diesen Zusammenhängen auch u. III. Teil.

[60] Vgl. etwa Lothar Helbing, *Der dritte Humanismus*, 3. Aufl., Berlin 1935; Kurt Hunger, „Die Bildungsidee des Humanismus in ihrem Verhältnis zu der politischen Bildungsidee der Gegenwart", in: *Zeitschrift für Geschichte der Erziehung und des Unterrichts* 23 (1933), S. 265 ff.; Max Schlossarek, *Nationalsozialistische Revolution in der humanistischen Bildung*, Breslau 1933; und besonders weitgehend die in der Reihe *Neue Wege zur Antike* (Heft 9) erschienene Aufsatzsammlung *Humanistische Bildung im nationalsozialistischen Staate*, Leipzig–Berlin 1933, in der Professoren und Studienräte in Beiträgen über „Humanismuswende", „Wege zu einem Humanismus im Dritten Reich", „Humanistische Bildung als deutsche Waffe", „Die nordische Führerpersönlichkeit im Altertum", „Plato als Erzieher zum deutschen Menschen" und entsprechenden Lehrplanvorschlägen zu teilweise grotesken Gleichsetzungen antiker und nationalsozialistischer Politik und Ideologie fortschritten.

[61] So gerade in einer Rede vor Austauschlehrern (1935) ganz betont Alfred Bäumler, „Der Kampf um den Humanismus", in: *Internationale Zeitschrift für Erziehung*, 1936, S. 401 ff.; vgl. auch Bäumlers scharfe Kritik an Heinrich Weinstocks Versuch, Humanismus und Nationalsozialismus zu verbinden: „Die Grenzen der formalen Bildung", in: *Politik und Erziehung*, Berlin 1937, S. 87 ff.

[62] Vgl. o. S. 222 ff.

der Manipulierung und Pervertierung, der angesichts der bestürzenden Kapitulation eines Teils des geistigen Deutschland vor Hitler manche Kritiker zu der Konstruktion einer jahrhundertealten Ahnentafel des Nationalsozialismus verleitet hat, erstreckte sich in der Tat auf weite Provinzen der Geistesgeschichte und mündete auch in immer neue Versuche zur Begründung eines genuin nationalsozialistischen Systems der politischen Philosophie.[63] Die nationalsozialistische Machtergreifung hat von den verschiedensten Gesichtspunkten aus ihre abstrakte Glorifizierung gefunden; immer wieder ein anderes Wunschbild hat insbesondere der national-patriotische Idealismus der Zeitgenossen in den „Umbruch" hineingedeutet, auch wenn die Parteiideologen in gelegentlicher Distanzierung vom Heer der Mitläufer darauf bestanden, „daß der Nationalsozialismus nicht eine Wiederbelebung des alten ‚Patriotismus', des humanistischen Nationalismus des 19. Jahrhunderts sei".[64] Für die einen standen ihr Luther und die Reformation als erste „nationale Revolution" Pate, für die anderen erfüllte sie Fichtes und Hegels Staatsideal des sich selbst verwirklichenden Volksgeistes; für die einen war sie Wiederkunft des Universalreiches, für die anderen Wiederherstellung und Vollendung des Bismarckschen Werkes. Nietzsches und Spenglers Philosophie der Tat, der Macht, des Instinkts schien hier zum längst vorbereiteten Gegenschlag gegen die „kalte Vernunftwelt" der Aufklärung, des Liberalismus, des Marxismus geführt; die ursprüngliche Kraft eines volksgebundenen, rassenphilosophisch begründeten Mythos, der die Urkräfte der Natur, des Blutes mobilisierte, sollte in einer echten Revolution die rationale Nüchternheit der modernen Zivilisation sprengen,[65] und das neue Reich würde als „völkischer Staat deutscher Nation" den historischen Reichsgedanken und den Nationalismus des vergangenen Jahrhunderts gleichermaßen transzendieren.[66] Schließlich hat besonders das Schlagwort von der Rettung der christlich-abendländischen Kultur vor dem als jüdisch inspiriert gedeuteten Bolschewismus, von dem nationalsozialistischen Bollwerk gegen die Weltgefahr des Kommunismus eine gewaltige Wirkung auf deutsche wie ausländische Geister und vor allem auch auf die Haltung der Kirchen in der Phase der Machtergreifung auszuüben vermocht, obwohl eine Analyse der nationalsozialistischen Weltanschauungspostulate und besonders auch der Einstellung Hitlers zu Fragen der Religion und des Christentums keinen Zweifel an den prinzipiell antichristlichen, nur aus taktischen Gründen zurückgehaltenen und als Geheimnis für die inneren Füh-

---

[63] Man nehme etwa den auch parteiamtlich sanktionierten Versuch des Greifswalder Philosophen und Pädagogen Walther Schulze-Soelde, *Weltanschauung und Politik*, Leipzig 1937.

[64] Bäumler, „Der Kampf um den Humanismus" (Anm. V/61), S. 405 ff.: „Der Nationalsozialismus, der nicht von Fichte, sondern von Hitler stammt, ist eine Wurzeln nicht im 18. oder 19. Jahrhundert, sondern im Weltkrieg hat, ist vom alten humanistischen Nationalismus aus schlechterdings nicht zu begreifen." Dieser ist für den Nationalsozialismus eine „humanistische Illusion", ein „tiefer nationalistischer Ansatz", der „vom Humanismus überdeckt und um seine Wahrheit gebracht worden" ist. Der Nationalsozialismus hingegen ist „humaner Nationalismus": er „denkt nicht in einzelnen, sondern in Rassen und Völkern".

[65] Vgl. Krieck, *Nationalpolitische Erziehung* (Anm. V/11), S. 38: „Aus einem revolutionären Instinkt heraus arbeitet die nationalsozialistische Agitation vorwiegend nicht mit intellektuellen Beweisen und Argumenten, sondern mit der Urkraft des Rhythmus, der auf der Grenze alles Rationalen und Irrationalen beheimatet ist, und mit allem, was dem Rhythmus verwandt ist und seine erregende Kraft ausströmt. Der Sprechchor ist dieser Art und die ganze Kunst der Beherrschung, der Erregung und Lenkung von Massenversammlungen. Aus demselben Instinkt heraus arbeitet der Nationalsozialismus auch lieber mit dem Symbol und seiner eindringlichen Anschaubarkeit als mit dem rationalen Begriff: Hakenkreuz, Grußformen, Drittes Reich haben die unmittelbare, dem Unterirdischen verwandte Bewegungskraft alles Symbolischen. Man nenne das romantisch, primitiv, chaotisch – und hat recht damit. Aber es ist damit nichts bewiesen und nichts widerlegt: es gibt sich darin das Bewegende, das Irrationale und Elementare kund, aus dem zuletzt die Kraft geschichtsbildender, schicksalhafter Bewegung stammt, ohne die ein Volk sterben, Geschichte aufhören müßte, mit der aber neues Sein und Werden in Volk und Geschichte heraufkommt. Der Vorgang aber heißt Revolution."

[66] Vgl. den aus der Schule Carl Schmitts hervorgegangenen Versuch einer Systematisierung solcher Gedankengänge bei Karl Lohmann, *Hitlers Staatsauffassung*, Berlin 1933, S. 24 ff.

rungskreise bestimmten Überzeugungen und Endzielen des Nationalsozialismus läßt;[67] er ist dann auch, indem er Stalin faktisch den Weg nach Europa freimachte, in seiner tatsächlichen Politik wie in seinen Endwirkungen das Gegenteil eines „Bollwerks" gewesen. Aber gerade die geistige Überrumpelung der Zeitgenossen ist dem Nationalsozialismus noch rascher und wirkungsvoller gelungen als die politische und gesellschaftliche Machtergreifung; hier hat sich erwiesen, daß in unserer Zeit antidemokratische Tendenzen nicht mehr in die Form des Absolutismus, sondern der totalen Diktatur, in die bewußte oder unbewußte Stärkung des Faschismus münden, auch wenn sie selbst dies Ziel nicht verfolgten.[68] In der Entbindung und Förderung jener Selbstbegründungen eines totalen Umbruchs hat Hitlers Machtergreifung, indem sie Charakter und Funktion einer weltgeschichtlichen Revolution wie zugleich einer Bewahrung des Abendlandes beanspruchte, nicht nur die Rechtfertigung ihrer rücksichtslosen Dynamik, sondern zugleich auch erst jene umfassende Ausstrahlungskraft auf die Geister der Zeit gefunden, die im Blick auf die Oberflächlichkeit, Inkonsistenz und Substanzlosigkeit der nationalsozialistischen „Weltanschauung" heute kaum mehr verständlich erscheinen mag.

2. Einsatzpunkt Rassenpolitik

Im Angelpunkt nationalsozialistischer Herrschaftsphilosophie, in der Proklamation und Verwirklichung der Rassendoktrin, hat sich der terroristische Charakter des neuen Regimes auch auf die Dauer am schärfsten entschieden. Die Weiterentwicklung der Rassendoktrin und der Volkstumsidee zum völkisch-biologischen Antisemitismus, die pseudo-anthropologisch in der Rassenkunde von Clauß und Günther,[69] pseudo-philosophisch in Alfred Rosenbergs Begriff der Geschichte als Geschichte von Rassenkämpfen vollendet wurde, hat zum wichtigsten Einsatzpunkt der „weltanschaulichen" Umwälzung geführt: zur Judenpolitik des „Dritten Reiches". In Rosenbergs und Günthers eklektischen Konstruktionen, die in vielzähligen Buchauflagen verbreitet wurden, war unter Berufung auf anthropologische und erbbiologische Theorien seit Gobineau und Mendel die Erbbiologie zu einer Rassenkunde ausgebaut, die zu subjektiven moralischen Wertungen unter- oder überwissenschaftlicher Art fortschritt. Noch weiter ging L. F. Clauß, der diese Thesen auch direkt auf die Seelenforschung anwandte und dies in frühen Büchern über *Rasse und Seele* (1926) und *Die nordische Seele* (1928)[70] zu popularisieren suchte. Diese Schriften, um die dann rasch Hunderte von Ablegern heranreiften, enthielten nicht einfach, wie man allzu lange sich beruhigte, die verworrenen, beiläufig widerlegbaren Wunschgebilde halbgebildeter Schwärmer, sondern Sprengstoff für die furchtbarsten Vernichtungsexzesse aller Zeiten. In ihnen besaß der Nationalsozialismus einen pseudowissenschaftlichen Almanach der Rassendoktrin, der wie die anderen Elemente nationalsozialistischer „Weltanschauung" auf vornationalsozialistische Traditionen, ja, außerdeutsche Impulse

[67] Dazu jetzt statt vieler früherer Analysen die Zusammenfassung bei Hans Buchheim, *Glaubenskrise im Dritten Reich. Drei Kapitel nationalsozialistischer Religionspolitik (Veröffentlichungen des Instituts für Zeitgeschichte München)*, Stuttgart 1953, S. 17 ff.; Götte (Anm. I/36), S. 175 ff. Dort (S. 203 ff.) auch zahlreiche Nachweise zu der bis zur Gleichsetzung Hitlers mit Luther fortschreitenden Berufung auf die Reformation in der nationalsozialistischen und deutsch-christlichen Propaganda, die es verständlich machen (wenn auch nicht rechtfertigen), wenn einzelne Kritiker dann ihrerseits eine Ahnenreihe des Nationalsozialismus bis zurück zu Luther zu ziehen suchten.

[68] Franz Neumann, „Intellektuelle und politische Freiheit", in: *Sociologica. Aufsätze, Max Horkheimer zum sechzigsten Geburtstag gewidmet (Frankfurter Beiträge zur Soziologie, Bd. 1)*, Frankfurt/M. 1955, S. 165 ff.

[69] Hans F. K. Günther hatte 1930 auf Veranlassung Fricks, des damaligen thüringischen Volksbildungsministers, eine entsprechende Professur in Jena erlangt (vgl. Bracher, *Die Auflösung...*, Anm. Einl./25, S. 148); seine stark popularisierende *Rassenkunde des deutschen Volkes* erreichte zwischen 1923 und 1934 insgesamt 16 Auflagen.

[70] Die Bücher von Ludwig Ferdinand Clauß erreichten 18 bzw. 8 Auflagen.

hinweisen konnte: Der enttäuschte Aristokrat Graf Gobineau hatte aus der reaktionären Ablehnung der Aufklärung und der Französischen Revolution jene starre Doktrin von der „Ungleichheit der menschlichen Rassen" entwickelt (1853/55), die sein größerer aristokratischer Zeitgenosse Graf Tocqueville sogleich als unbeweisbares Wunschbild scharf kritisiert hat,[71] und der englische Renegat Chamberlain hat dies, um Antisemitismus, Germanophilie, Wagner-Schwärmerei und grobe Geschichtsphilosophie bereichert, dem wilhelminischen Zeitalter in Volksausgaben dargebracht.[72] Sooft und schlüssig auch die historische Begründung durch die zuständige Wissenschaft widerlegt,[73] sowenig auch ihre Formulierung durch Rosenberg in weiteren Kreisen bekannt sein mochte, so wirkungsvoll haben sich doch schon seit der Jahrhundertwende und besonders in den Krisenjahren von Weimar vulgärrassistische Meinungen mit einem so vagen wie weitverbreiteten Antisemitismus verbunden, der mit dem Aufstieg des Nationalsozialismus dann seine spezifisch nationalistische Wendung erhielt.

Man mag deshalb in der pseudowissenschaftlich drapierten Herrschaftsthese, daß dem natürlichen Führungsanspruch der germanisch-nordischen Rasse – mit dem deutschen Volk als Kernstück – von der „jüdischen Weltpest"[74] als der Inkarnation alles Bösen die tödliche Gefahr drohe, wie auch in anderen Komponenten der nationalsozialistischen „Weltanschauung" keine Erfindung oder auch nur originelle Fortentwicklung ihrer Protagonisten erblicken. Man wird sie einer jahrtausendealten Affektvorstellung zuordnen, die nach den antijüdischen Verfolgungswellen der Antike und des Mittelalters im 19. Jahrhundert unter neuen Vorzeichen mit neuer Kraft wieder aufgeflammt war, jetzt freilich nicht nur in religiösen, sondern auch in rassisch-völkischen Unterscheidungs- und Kampfbedürfnissen Grundlage und Antrieb gefunden hatte.[75] Es waren zwar nur kleine sektiererische Gruppen wie die Bewegung des Hofpredigers Stoecker oder Teile der Alldeutschen Bewegung, die vor der Jahrhundertwende dem christlich begründeten, durch Emanzipation, Judentaufen und Säkularisierung durchlöcherten Antisemitismus eine neue, zeitgemäße Basis zu geben suchten, indem sie ihn dem Nationalismus und der Volkstheorie zuordneten und ihn biologisch begründet zum militanten Rassenantisemitismus verwandelten.[76] Aber gleichzeitig hatte er sich als allgemeines Gefühl nicht zuletzt des sozialen Neides weithin ausgebreitet in einem Bürgertum, das die starke Rolle des emanzipierten, zur Assimilierung drängenden Judentums in der europäischen Gesellschaft als Bedrohung empfand und seine eigenen sozialen und geistigen Unlustgefühle durch eine Sündenbockphilosophie zu kompensieren suchte. Und vor allem war seit den Büchern H. St. Chamberlains auch eine pseudo-historische Begründung des Antisemitismus geläufig geworden, die dann unter Federführung des Stoecker-Biographen Walter Frank der Nationalsozialismus auch auf die Ebene „strengster vollakademischer Wissenschaftlichkeit" zu heben

[71] Dazu jetzt auch Melvin Richter, „Der Begriff der Rasse. Aus dem Briefwechsel zwischen Tocqueville und Gobineau", in: Der Monat 11, H. 121 (Oktober 1958), S. 33 ff.

[72] Houston Stewart Chamberlain, Die Grundlagen des 19. Jahrhunderts, 2 Bde., München 1899; Volksausgabe 1906.

[73] Vgl. schon die Zusammenfassung bei Ruth Benedict, Race: Science and Politics, New York 1940.

[74] So auch das Buch eines führenden NS-Altfunktionärs: Hermann Esser, Die jüdische Weltpest. Judendämmerung auf dem Erdball, seit 1927 in vielen Auflagen verbreitet (zuletzt 6. Aufl., München 1943); etwa S. 8: „Die Juden waren, sind und bleiben Welt- und Menschheitsfeinde; ihr Tun und Treiben gelten heute so wie früher und in der Zukunft der Vernichtung alles Nichtjüdischen. . ." Zur geradezu kriminellen Person Essers, der auch in Hitlers noch nicht geklärten Beziehungen zu französischen Geldgebern 1923 eine Schlüsselrolle gespielt und damit Hitler erpreßt haben soll, vgl. Aretin, Krone . . . (Anm. II/90), S. 188 f. und S. 429 (Anmerkung Karl Buchheims).

[75] Dazu jetzt Eleonore Sterling, Er ist wie du. Aus der Frühgeschichte des Antisemitismus in Deutschland (1815–1850), München 1956, S. 131 ff.; vgl. (mit antisemitischer Tendenz) Josef Müller, Die Entwicklung des Rassenantisemitismus in den letzten Jahrzehnten des 19. Jahrhunderts (Historische Studien, H. 372), Berlin 1940.

[76] Dazu Walter Frank, Hofprediger Adolf Stoecker und die christlichsoziale Bewegung, Berlin 1928, S. 91 ff.

unternahm, indem er die Erforschung der „Judenfrage" zum Kernstück der neuen Ge-
schichtsforschung erklärte und unter die These stellte: „Die Geschichte der Judenfrage
seit zwei Jahrtausenden ist die Geschichte einer *parasitären* Existenz des Juden zwischen den Völkern." [77]

Längst sind die psychischen, sozialen und politischen Hintergründe und Folgen
dieser Entwicklung so eingehend wie eindringlich analysiert.[78] So ist auch am Phänomen der Dreyfus-Affäre im Frankreich der Jahrhundertwende nachgewiesen worden, welches Gewicht die antisemitischen Stimmungen dieser Zeit auch in Ländern
anderer geschichtlicher, politischer, kultureller Prägung und Tradition haben konnten. Auch ist die ältere Theorie des Antisemitismus wie die Lehre von der rassenge-
bundenen Kultur und das Postulat der Rassenzüchtung von den nationalsozialistischen
Autoritäten weitgehend einfach übernommen, von sektiererischen Weltreformern ab-
geschrieben oder bruchstückhaft aus ganz begrenzten wissenschaftlichen Teilstudien
destilliert und gewaltsam synthetisiert worden: so die Behauptung, daß alle wahre
Kultur seit alters von „Ariern" begründet, daß die Juden als parasitische Gegenrasse
auch für die modernen Entartungsphänomene wie Marxismus und Demokratie, Kapitalismus und „entwurzelten" Intellektualismus verantwortlich, daß zwar Jesus von
arischer Herkunft, das Christentum aber jüdisch korrumpiert sei und einer arisch-
germanischen Religion mit Rassenbindung Platz machen müsse, deren Vorläufer aus
der Welt der Edda, der Sagas und der mittelalterlichen Mystiker stammten. In der
Lehre von der rassegebundenen Seele kulminierten die Versuche, kultur- und sozial-
philosophischen Antisemitismus mit biologischem Rassismus aufs engste zu verbinden,
alle menschlichen Werte von der Körperform abhängig zu sehen, die (nordisch-ger-
manische) Rasse zum irrationalen Grund jeder Geistes- und Kulturleistung auch in
der Zukunft zu postulieren und selbst den Wahrheitsbegriff subjektiv an den Rassenbegriff zu binden.[79]

In solchem Umwertungsanspruch lag ein Kampfprogramm beschlossen, gegen das
sich, wie meist gegenüber bequemen, weil das eigene Selbstbewußtsein stärkenden Vul-
gärphilosophien, schlüssige wissenschaftliche Widerlegungen als machtlos erwiesen,
sobald eine erfolgreiche Machtentfaltung dahinter stand. Er wurde deshalb trotz allen
Vorläufern auch erst dann historisch bedeutsam, als der Nationalsozialismus solche
verstreuten Ansätze bewußt auf breitester Basis rezipiert hat und, politisch genutzt,
zur negativen Massenreligion zu erheben suchte.[80] Das war ein neuer Akzent. Bei
Gobineau, der auch Nationalismus und Patriotismus als Ausgeburten der Französischen Revolution verachtete, verkörperte die Rassendoktrin einen alt-aristokratischen
Pessimismus, der nichts von „konstruktiven" Heilmitteln einer gewalttätigen „Rassenhygiene" oder einer antisemitischen „Endlösung" wußte.[81] Selbst Chamberlain blieb,
obgleich er den Übergang zur primär antisemitischen Rassenphilosophie vollzog, noch

[77] Walter Frank, „Die Erforschung der Judenfrage. Rückblick und Ausblick", in: *Forschungen zur Judenfrage*
(*Schriften des Reichsinstituts für Geschichte des neuen Deutschlands*, Bd. 5), Hamburg 1941, S. 11 (Auszeichnung
i. Orig.); vgl. u. S. 311 ff.

[78] Aus der Fülle der Literatur sind vor allem drei große Analysen herauszuheben: Reichmann, *Die Flucht in den
Haß* (Anm. Einl./26); Arendt, *Elemente und Ursprünge*. . . (Anm. Einl./4); Adolf Leschnitzer, *The Magic Background of Modern Anti-Semitism. An Analysis of the German-Jewish Relationship*, New York 1956. Dazu die
jetzt über 3400 Nummern umfassende Bibliographie *German Jewry. Its History* (*The Wiener Library Catalogue*,
Series No. 3), London 1958.

[79] Vgl. auch als wissenschaftlichen Versuch einer umfassend systematischen Begründung dieses Zusammenhangs:
Ludwig Schemann, *Die Rasse in den Geisteswissenschaften. Studien zur Geschichte des Rassengedankens*, 3 Bde.,
München–Berlin 1928, 2. Aufl. 1938.

[80] Vgl. Léon Poliakov, "The Weapon of Antisemitism", in: *The Third Reich* (Anm. Einl./22), S. 832 ff.; Otto
Klineberg, "Racialism in Nazi Germany", in: *a. a. O.*, S. 852 ff.

[81] Vgl. Richter (Anm. V/71), S. 36.

vor der Schwelle zur „positiven" Lösung der Rassenfrage stehen. Hier versagen alle Ableitungen: Die Judenpolitik des „Dritten Reiches" ist ein Phänomen *sui generis*.

Aber freilich konnte der Antisemitismus nationalsozialistischer Prägung um so eher von den historischen und psychologischen Impulsen des „klassischen" Rassismus profitieren, als wohl die wirtschaftliche und politische Diskriminierung, aber nichts von den „konstruktiven" Vernichtungsmaßnahmen im nationalsozialistischen Schrifttum der Kampfzeit formuliert war. Als Großbewegung der sozialen und politischen Ressentiments ging die NSDAP von Anbeginn darauf aus, alle Mißgefühle ihrer Anhänger so weitgehend in das Bett eines radikalen Antisemitismus zu lenken, daß mit der Machtergreifung ein breiter Strom von Stimmungen und Aftertheorien in jene Staatsphilosophie des „Dritten Reiches" münden konnte, die schließlich in jedem Dorf die Schaukästen des „Stürmer" verkündeten: „Die Juden sind unser Unglück". Schon vor ihrer Machtergreifung hatten die Nationalsozialisten keine Gelegenheit zu antisemitischen Exzessen aller Art versäumt und die Entrechtung aller jüdischen Mitbürger gefordert. Auf die Juden war nicht nur alle Schuld an den politischen und sozialen Schwierigkeiten vor und seit 1918 geschoben worden. Hier hatte man zugleich in grober, doch konsequenter Umsetzung der Freund–Feind-Lehre Carl Schmitts den absoluten Feind, den jede totalitäre Bewegung braucht und notfalls erfinden muß: Ihn kann sie für vergangene wie künftige Mißerfolge verantwortlich machen, auf ihn das Bewegungsbedürfnis der allseits so beschränkten „öffentlichen Meinung" ablenken, das sich sonst allzuleicht gegen das Zwangssystem selbst richten könnte. Ein solches Sicherheitsventil für die gegängelte und zurückgedrängte soziale und politische Dynamik der Bevölkerung hat der kommunistische Totalitarismus im Mythos vom „Klassenfeind" gefunden; das „Dritte Reich" fand ihn, Kernbestand des „Mythus des 20. Jahrhunderts", im wissenschaftlich sanktionierten Kampf gegen den „Rassenfeind" und in der Verknüpfung von Reichs- und Rassengedanken.[82] Sogleich nach Hitlers Machtantritt systematisch organisiert, ist die Judenverfolgung nicht nur propagandistisch auf jede Weise gefördert, sondern zugleich zu einem bestimmenden Prinzip der gesamten Innenpolitik, der Personalpolitik wie besonders auch der Kulturpolitik erhoben worden. Nicht ohne beschämende Passivität der Mitläufermassen wurde das deutsche Judentum in rascher Folge praktisch, dann Schritt für Schritt auch formalrechtlich unter Ausnahmerecht gestellt.[83]

Schon die ersten antisemitischen Maßnahmen, die seit dem Februar 1933 in rascher Folge und mit ständiger Steigerung auf fast allen Gebieten einsetzten, ließen über diesen Kurs wenig Zweifel bestehen. Gewiß gab es zunächst wie überall auch hier noch eine Reihe taktisch bedingter Gründe zur Selbstbeschränkung und zur scheinbaren Rücksichtnahme des Regimes: politische, psychologische, pseudohumanitäre Gründe, die es sowohl im Blick auf das Ausland als auch auf die noch bestehenden innenpolitischen Schwierigkeiten verboten, sogleich einen Antisemitismus äußerster Konsequenz zu praktizieren. Denn die rasch anschwellende Fluchtbewegung verfolgter deutscher Juden hatte im ohnehin mißtrauischen Ausland rasch eine ungünstige, für die nationalsozialistischen Machthaber bedrohliche Stimmung geschaffen – und dies zu einem Zeitpunkt, da sie für ihre innenpolitische Machtbefestigung unbedingt außenpolitische Ruhe brauchten.[84] Auch war die antisemitische Grundstimmung innerhalb der deutschen Bevölkerung keineswegs so stark und einhellig, daß ein radikaler Rassenterror

[82] Dazu auch Joseph Tenenbaum, *Race and Reich. The Story of an Epoch*, New York 1956, S. XI ff.

[83] Dazu die Zusammenstellung bei Bruno Blau, *Das Ausnahmerecht für die Juden in den europäischen Ländern 1933–1945*, New York 1952, 2. Aufl. Düsseldorf 1954; vgl. Hans Lamm, *Die innere und äußere Entwicklung des deutschen Judentums im Dritten Reich*, Diss. Erlangen 1951.

[84] Vgl. etwa die Berichte des englischen Botschafters in Berlin in diesen Wochen: *British Documents* (Anm. II/81), V, S. 1 ff.

späterer Prägung in diesem noch ungefestigten Stadium der Machtergreifung ohne ernste Risiken und Rückschläge hätte durchgeführt werden können. Aber das bedingte eben nur taktische Einschränkungen: Die Grundrichtung der nationalsozialistischen Judenpolitik stand, wenngleich nur in geheimen und indirekten Formulierungen greifbar, von Anfang an fest.

Ein erstes großes Fanal dieses Kurses, mit dem der Rückfall deutscher Politik in primitive Barbarei begann, war die Erklärung eines nationalsozialistischen Boykotts aller jüdischen Geschäfte, die Goebbels als eine der ersten Aktionen des neuen Propagandaministeriums inszenierte. Nach seinen eigenen Aufzeichnungen[85] spielte dabei der Gedanke eine Rolle, man könne auf diese Weise – gewissermaßen als Geiselaktion – einen Druck auf die Emigration und auf ihre bereits recht unbequeme Aktivität im Ausland ausüben. Zum Leiter des im Anschluß an das Ermächtigungsgesetz vorbereiteten Boykotts, der zwar schon seine Vorgänger in der Weimarer Zeit hatte, jetzt aber erstmals mit dem Gewicht stillschweigender staatlicher Sanktion und mit entsprechend verstärkten Machtmitteln betrieben werden konnte, ernannte Hitler den Nürnberger Gauleiter Julius Streicher – einen ehemaligen Volksschullehrer, der als Herausgeber des *Stürmer* früh zum militantesten Vorkämpfer einer besonders primitiven, mit pornographischen Mitteln arbeitenden Spielart des rassischen Antisemitismus geworden war; als dessen Stellvertreter fungierte der Schriftleiter des *Stürmer*, Karl Holz.[86] Schon die weitgespannte publizistische Vorbereitung unter Goebbels' ministerieller Regie ließ Exzesse befürchten, deren sich die jüdischen Verbände in Deutschland nur noch durch ständig wiederholte Versicherung ihrer Loyalität der Regierung gegenüber erwehren zu können glaubten. Dennoch erfolgte am 28. März die Formulierung des von Hitler gebilligten Boykottaufrufs der nationalsozialistischen Parteileitung,[87] der zu den erwarteten und gewünschten Panikerscheinungen unter den Betroffenen führte; in aller Offenheit war hier die „planmäßige Durchführung" der Aktion befohlen: Aktionskomitees sollten den Boykott „popularisieren", die Zeitungen sollten zur Unterstützung gezwungen, SA und SS eingesetzt und in „Zehntausenden von Massenversammlungen" bis ins kleinste Dorf sollten die antisemitischen Forderungen „organisiert" werden. Am 31. März trat dann das Streichersche „Zentralkomitee zur Abwehr der jüdischen Greuel- und Boykotthetze" – bemerkenswerte Anlehnung an die kommunistische Phraseologie – mit einem entsprechenden Aufruf an die Öffentlichkeit;[88] und am 1. April selbst suchte Goebbels in einer großen Rundfunkrede, die er mit der üblichen blasphemischen Anrufung Gottes schloß, die Aktion politisch und geistig zu begründen.[89]

Diese Aufrufe wie der Ablauf des Boykotts selbst enthüllten erneut die Realität hinter der nationalsozialistisch-totalitären Methode, durch Berufung auf eine angeblich spontane „Volkswut" die Willkür- und Terroraktionen zu legitimieren, die in Wirklichkeit von einer Minderheit „planmäßig" organisiert und durchgeführt wurden. Das bekannteste Beispiel dafür ist die berüchtigte „Reichskristallnacht" vom November 1938 geworden, die als spontane Volksempörung gerechtfertigt, in Wirk-

---

[85] Goebbels, *Vom Kaiserhof*. . . (Anm. I/40), S. 288 ff.

[86] *Nationalsozialistische Parteikorrespondenz*, Folge 357, Blatt 1 vom 29. März 1933: *MGN* 11, Doc. No. PS–2156 (*HAB*, Rep. 335, Fall 11, Nr. 480, S. 29 f.). Weiterhin gehörten dem „Zentralkomitee zur Abwehr der jüdischen Greuel- und Boykotthetze" an: Ley, Hühnlein, Himmler, Muchow, Oberlindober, Sprenger, Darré, v. Renteln, Hans Frank, G. Wagner (Leiter des NS-Ärztebundes), Körber, Gercke.

[87] *VB* vom 30. März 1933; *Dokumente*. . . (Anm. I/31), I, S. 188 ff. Vgl. zur jüdischen Seite auch die Skizze von Alfred Wiener in: *Die Zeit* 13, Nr. 14 vom 3. April 1958, S. 4.

[88] *Schultheß, 1933*, S. 81; dazu die Berichte des englischen Botschafters in: *British Documents* (Anm. II/81), V, S. 3 ff.

[89] Abgedr. in Goebbels, *Revolution*. . . (Anm. Einl./11), S. 155 ff. Der Schluß: „Wir wollen trauen auf den höchsten Gott und uns nicht fürchten vor der Macht der Menschen!"

lichkeit völlig eindeutig von der nationalsozialistischen Führung vorbereitet und durch ihre Stoßtrupps ausgeführt wurde.[90] Aber in kleinerem Maßstab spielte sich dasselbe schon zu Ende März 1933 ab. Denn in der Kabinettssitzung vom 29. März deklarierte Hitler den Boykott zwar als „Abwehrmaßregel gegen die jüdische Greuelpropaganda im Ausland", behauptete jedoch gleichzeitig geradezu, „daß diese Abwehr habe organisiert werden müssen, weil sonst die Abwehr aus dem Volk heraus von selbst gekommen wäre und leicht unerwünschte Formen angenommen hätte".[91] Man braucht dagegen nur Goebbels' unmißverständliche Aufzeichnungen zu jenen Tagen anzusehen, um die brutale Wirklichkeit hinter solchen Erklärungen zu erkennen.[92]

Der reine Manipulationscharakter der ganzen Aktion ist deutlich genug. Hier werden freilich zugleich auch die Grenzen sichtbar, die dem staatlichen Antisemitismus von außen wie von innen zunächst noch gezogen waren. Vollständig sind sie im Grunde erst mit dem Ausbruch des zweiten Weltkrieges gefallen; dann erst konnte die antisemitische Vernichtungspolitik ohne Hemmungen ablaufen. Im ersten Stadium der Machtergreifung hingegen mochte selbst die zuvor angekündigte Verlängerung des Boykotts noch nicht tunlich erscheinen. So hat die Regierung am 4. April die zum 3. April vorläufig unterbrochene Aktion mit der Begründung abgeblasen, sie habe ihr Ziel erreicht; doch bleibe die „Abwehrorganisation" aufrechterhalten, „so daß für den Fall eines Wiederauflebens der Hetze der Abwehrkampf jederzeit wieder einsetzen könne".[93]

Ein Brief, in dem Hitler am 5. April Hindenburg die Maßnahmen verständlich zu machen suchte,[94] läßt erkennen, daß auch über den Reichspräsidenten inzwischen zahlreiche Beschwerden liefen. Hitler sagte freilich lediglich zu, man werde die bisher willkürlich betriebenen Aktionen jetzt gesetzlich kanalisieren. So wurden denn die längst betriebenen Maßnahmen gegen jüdische Beamte, Rechtsanwälte und auch Ärzte in neuer Form aufs entschiedenste fortgesetzt.[95] Der Beginn der konkreten Judengesetzgebung wird in einem vertraulichen Briefwechsel greifbar, den seit dem 6. März, also wiederum unmittelbar im Anschluß an die so bedeutsame Wahl, der – übrigens deutschnationale! – Staatssekretär im Wirtschaftsministerium (Bang) mit Lammers und dieser mit Frick über die Vorbereitung von Gesetzentwürfen zum Widerruf von Einbürge-

---

[90] Vgl. Lionel Kochan, *Pogrom. 10. November 1938,* London 1957, S. 11 ff.; Hermann Graml, *Der 9. November 1938,* „*Reichskristallnacht*" (*Schriftenreihe der Bundeszentrale für Heimatdienst,* Heft 2), Bonn 1953.

[91] *Schultheß, 1933,* S. 80.

[92] Goebbels, *Vom Kaiserhof. . .* (Anm. I/40), S. 290 ff.: „28. März 1933: Ich telefoniere mit dem Führer: Der Boykottaufruf wird heute veröffentlicht. Panik unter den Juden! . . . 29. März 1933: Ich versammle meine Referenten um mich und entwickle ihnen die Organisation des Boykotts. Sie muß bis zum Abend fertig sein. Wir wollen sie aus dem Boden stampfen. . . 30. März 1933: Der Boykott ist in der Organisation fertig. Wir brauchen jetzt nur auf den Knopf zu drücken, dann läuft er an. 31. März 1933: Viele lassen die Köpfe hängen und sehen Gespenster. Sie meinen, der Boykott würde zum Krieg führen. Wenn wir uns wehren, können wir nur Achtung gewinnen. Wir halten in kleinem Kreise eine letzte Besprechung ab und beschließen, daß der Boykott morgen in aller Schärfe beginnen soll. Er wird einen Tag durchgeführt und dann von einer Pause bis Mittwoch abgelöst. Geht die Hetze im Ausland zu Ende, dann wird er abgestoppt, im anderen Falle beginnt dann der Kampf bis aufs Messer. Nun sollen die deutschen Juden auf ihre Rassengenossen in der Welt einwirken, damit es ihnen hier nicht an den Kragen geht. Ich gebe vor der Pressekonferenz in einer atemlosen Stille eine diesbezügliche Erklärung ab." – Es ist übrigens bezeichnend, daß auch der englische Botschafter in seinen ersten Berichten betonte, die Exzesse seien von starken antijüdischen Gefühlen in vielen Teilen des Landes getragen: *British Documents* (Anm. II/81), V, S. 7; wenige Tage später berichtete er sich zwar, der Boykott sei nicht populär gewesen, doch betonte er, es habe sich auch wenig Sympathie für die Juden gezeigt: Apathie sei die vorherrschende Stimmung gewesen (a. a. O., S. 38 ff., mit einem guten Abriß der Antisemitismus-Problematik in der jüngsten deutschen Geschichte und Politik).

[93] *Schultheß, 1933,* S. 82 f.

[94] Entwürfe in den *Akten des AA,* 8781/E 611944 ff. (*Documents. . .,* Anm. I/30, I, S. 253 ff.).

[95] Vgl. die entsprechende „Verordnung über die Zulassung von Ärzten zur Tätigkeit bei den Krankenkassen" vom 22. April 1933 (*RGBl.,* I, 1933, S. 222 f.).

rungen geführt hat.[96] Die daraus resultierenden Beamtengesetze von Anfang April 1933, Legalisierung der längst begonnenen Entrechtung, haben dafür gesorgt, daß die antisemitische Säuberung im Bereich von Staat und Verwaltung schon zu diesem Zeitpunkt ihr Ziel erreichte, während man in der Wirtschaft und den freien Berufen schon aus wirtschaftspolitischem Eigennutz etwas langsamer vorgehen mußte. Noch Ende September 1933 wurde vom Reichswirtschaftsministerium festgestellt, die Unterscheidung arischer und nichtarischer Firmen „mit dem Zwecke der Boykottierung nichtarischer Firmen müßte notwendig zu erheblichen Störungen des wirtschaftlichen Wiederaufbaus führen, da ungünstige Wirkungen auf den Arbeitsmarkt durch Betriebseinschränkungen . . . unvermeidbar wären".[97] Dementsprechend ist auch zunächst – und teilweise bis Anfang 1938 – die offizielle Parole bestimmend gewesen, daß es auf wirtschaftlichem Gebiet keine Judenfrage gäbe, auch wenn in der Praxis sachliche und personalpolitische Diskriminierungen aller Art stetig zunahmen und gegen willkürliche Übergriffe und latenten Boykottdruck wenig Abwehrmöglichkeiten blieben.[98]

Es ist an anderer Stelle dargelegt worden, daß die widerrechtlichen Massenentlassungen von Beamten und Juristen den April-Gesetzen, die sie dann *post festum* rechtfertigen und legalisieren sollten, z. T. schon längst vorangegangen waren. So hatte auch der preußische Justizminister Kerrl am 31. März – also eine Woche vor der Legalisierung dieser Akte im Berufsbeamten- und Rechtsanwaltsgesetz – die Beurlaubung jüdischer Richter und die Reduzierung jüdischer Rechtsanwälte angeordnet. Am 25. April beschloß dann die Reichsregierung, während besonders auch „nichtarische" Hochschulprofessoren und Dozenten in z. T. turbulenter Manier boykottiert und suspendiert wurden – auch hier griffen studentische Umtriebe von unten und Vollzug von oben ineinander –, ein Gesetz „gegen die Überfüllung von Schulen und Hoch-

---

[96] *MGN* 11, Doc. No. PS–902 (*HAB*, Rep. 335, Fall 11, Nr. 480, S. 65 ff.). Bang an Lammers (6. März 1933): „Ich glaube, daß nunmehr der Zeitpunkt gekommen ist, wo mit einer bewußt völkischen Gesetzgebung eingesetzt werden könnte. Können Sie den Reichskanzler nicht zunächst interessieren für folgende beiden Fragen:

1. für ein gesetzgeberisches Vorgehen gegen die immer noch stark vorhandene *Zuwanderung der Ostjuden.* Ein Verbot könnte mit hygienischen Gründen belegt werden.

2. möchte ich anregen eine *Aufhebung sämtlicher Namensveränderungen,* die seit dem 1. November 1918 im Reiche vorgenommen worden sind, also gewissermaßen die Rückverleihung der angestammten Namen. Ein solches Vorgehen würde durchaus in der Richtung einer Politik der Wahrhaftigkeit liegen. Ich glaube, es würde nicht ohne Reiz sein, festzustellen, was dabei herauskommt. Ich kann Ihnen davon gelegentlich mündlich erzählen *).* Ich schreibe diesen Brief *selbstverständlich außerdienstlich und nur persönlich,* aber ich meine, daß auf dem Gebiete irgendwie angefangen werden muß." (Auszeichnungen i. Orig.)

* [handschriftliche Randbemerkung:] „z. B. Stolger hieß früher Cranichbauch!"

Lammers an Frick (9. März 1933) [handschriftlich: Nicht Geschäftsgang!]: „Im Auftrage des Herrn Reichskanzlers beehre ich mich, folgende Anregungen des Herrn Staatssekretärs Dr. Bang, die grundsätzlich unseren Gedankengängen entsprechen, Ihnen zu unterbreiten.

Es dürfte nunmehr der Zeitpunkt gekommen sein, wo mit der Vorbereitung einer bewußt völkischen Gesetzgebung begonnen werden kann. Folgende Fragen werden von besonderer Bedeutung sein:

a) Gesetzgeberisches Vorgehen gegen die immer noch stark wachsende Einwanderung von Ostjuden. Ein Verbot der Zuwanderung könnte vielleicht in erster Linie aus bevölkerungspolitischen und sanitätspolizeilichen Gründen gerechtfertigt werden.

b) Aufhebung sämtlicher Namensveränderungen, die seit dem November 1918 vorgenommen worden sind, also gewissermaßen die Rückverleihung der angestammten Namen.

c) Ausweisung wenigstens einer gewissen Anzahl der eingewanderten und nicht eingebürgerten Ostjuden. Meines Erachtens ist es denkbar, daß für die zu a) und b) aufgeworfenen Fragen eine reichsgesetzliche Regelung möglich ist. Für die unter c) behandelte Frage werden wohl eher Verwaltungsmaßnahmen der Länder in Betracht kommen. Ob sonstige Maßnahmen auf dem Gebiete der völkischen Gesetzgebung noch erforderlich sein werden, darf ich im Auftrage des Herrn Reichskanzlers ihrer gefälligen Prüfung, hochverehrter Herr Reichsminister, anheimstellen." –

Zur Problematik des Ostjudentums und ihrer taktischen Ausnutzung zur Aufspaltung des Judentums vgl. S. Adler-Rudel, *Ostjuden in Deutschland 1880–1940,* Tübingen 1959, S. 147 ff.

[97] Vgl. *Egelhaaf, 1933,* S. 125 f.

[98] Vgl. den Erfahrungsbericht des Juniorchefs eines großen Hamburger Modehauses: Hans J. Robinsohn, „Ein Versuch, sich zu behaupten", in: *Die Zeit* 13, Nr. 45 vom 7. November 1958, S. 4.

schulen".[99] Danach sollte bei allen Neuaufnahmen darauf geachtet werden, daß die Zahl der „nichtarischen" Besucher unter der Gesamtheit der Besucher jeder Schule und jeder Fakultät den Anteil der „Nichtarier" an der reichsdeutschen Bevölkerung nicht übersteige. Das bedeutete angesichts der sozialen und beruflichen Struktur schon eine rigorose Verdrängung des jüdischen Bevölkerungsteils von der höheren bzw. akademischen Ausbildung, wenngleich auch hier zunächst entsprechend dem Berufsbeamtengesetz eine Ausnahme für alle verkündet wurde, deren Väter im Weltkrieg an der Front gekämpft hätten: eine propagandistisch gemeinte Demonstration, die zunächst auch ihre Wirkung nach innen wie nach außen getan und besonders Hoffnungen und Illusionen rechtsgerichteter, „nationaler" jüdischer Organisationen stark beeindruckt hat. Schon zuvor war (am 22. April) in diesem Sinne auch in das Studentenrecht eingegriffen und neben anderem verfügt worden: „die voll eingeschriebenen Studenten deutscher Abstammung und Sprache bilden die Studentenschaft"; in einer ehrenwörtlichen Erklärung mußten sie versichern, daß Eltern und Großeltern „arischer" Abstammung waren – was immer man damals noch unter diesem philologischen Begriff, der doch, von der Sprache ausgehend, den deutschsprechenden Juden nicht erfassen konnte, verstehen mochte. Und endlich erließ am selben 22. April Reichsarbeitsminister Seldte die nicht minder schwerwiegende Verfügung, daß zu den Krankenkassen künftig nur noch „arische" Ärzte zugelassen sein sollten. Abschließend bestimmte noch ein Reichsgesetz vom 30. Juni 1933, daß nicht nur Personen „nichtarischer" Abstammung, sondern auch solche, die mit „nichtarischen" Frauen verheiratet waren, grundsätzlich nicht mehr als Reichsbeamte berufen werden dürften.[100]

Das Echo im Ausland war und blieb denkbar schlecht; es kam zu scharfen Erörterungen der Judenpolitik in den französischen und englischen Parlamenten, zu entschiedenen Aufrufen angesehener Persönlichkeiten der westlichen Welt,[101] und auch deutsche Beschwerden, Gegenpropaganda und sogar Dementis auf Anpassung bedachter jüdischer Verbände in Deutschland konnten nicht hindern, daß sich die außenpolitische Situation des gleichgeschalteten Deutschlands wesentlich aus diesem Grund zusehends verschlechterte. Auch im Völkerbundsrat wurde die Judenfrage schon im Mai 1933 auf die Tagesordnung gesetzt, wobei erneut der „Nationalverband deutscher Juden", der durch äußerste Konzessionen an die nationalsozialistischen Machthaber noch einiges für die in Deutschland Verbliebenen erreichen zu können glaubte und sich dabei reichlich mißbrauchen lassen mußte, geschickt von den protestierenden deutschen Vertretern gegen die anklagenden Berichte eingesetzt wurde. Einige besonders eklatante Fälle erklärten die Nationalsozialisten in der üblichen Taktik kurzerhand zu Irrtümern nachgeordneter Stellen und versprachen Nachprüfung. Auch trug die

---

[99] Vgl. u. S. 322 und *Egelhaaf, 1933*, S. 121 ff.

[100] Zur nationalsozialistischen Politik in der Mischlingsfrage vgl. Ferdinand Mößmer, „Rassenmischehe und geltendes Recht", in: *Zeitschrift der Akademie für Deutsches Recht* 1 (1934), S. 86 ff.; Hermann Graml in: *Gutachten des Instituts für Zeitgeschichte* (Anm. I/125), S. 66 ff.

[101] Ein Beispiel bietet die Sammelbroschüre *Nazis Against the World. The Counter-Boycott Is the Only Defensive Weapon Against Hitlerism's World-Threat To Civilization. Selected Speeches from World Leaders of Public Opinion*, issued by the Non-Sectarian Anti-Nazi League to Champion Human Rights, New York o. J. [1934]. Vgl. auch die Nachrichten über die Proteste im englischen Parlament und über entsprechende Gespräche mit dem deutschen Botschafter in London (Hoesch), die der englische Außenminister (Simon) seinem Botschafter in Berlin zukommen ließ (*British Documents*, Anm. II/81, V, S. 8 f.); auch dieser riet freilich zur Zurückhaltung und meinte: "Nothing short of international actions is likely to influence the present rulers of Germany and in their present temper they seem prepared to flout human opinion. If left alone their fury may subside. Jewish community realises the position and is genuinely endeavouring to silence anti-Hitlerite propaganda abroad. I am receiving telegrams daily from Jewish associations here to the effect that they are physically unmolested and that they deprecate foreign propaganda in their favour" (*a. a. O.*, S. 14). Tatsächlich kam es im Zusammenhang mit der Beendigung des Boykotts zu entsprechenden milderen Erklärungen jüdischer Organisationen in England (*a. a. O.*, S. 15, Anm. 4).

Zersplitterung der internationalen jüdischen Organisationen noch wesentlich zur Verzögerung wirksamer Gegenmaßnahmen von außen bei.[102] Dies hinderte jedoch nicht, daß am 30. Mai 1933 in öffentlicher Sitzung des Völkerbundsrats Deutschlands Verhalten verurteilt und Einsprüche zurückgewiesen wurden: zweifellos eine schwere Niederlage in der öffentlichen Weltmeinung, die wohl nicht wenig zum beschleunigten Austritt Deutschlands aus dem Völkerbund beigetragen hat.

Die jüdische Gegenwehr innerhalb Deutschlands wurde durch solche außenpolitischen Vorgänge freilich nur wenig erleichtert. Sie mußte sich auf Versuche beschränken, Hilfsdienste für die Verfolgten aufzubauen und eine gewisse Autonomie jüdischen Lebens neben dem neuen Regime zu sichern. Tatsächlich schien den Machthabern zunächst nur an einer „Entflechtung" der deutsch-jüdischen Symbiose, einer Liquidierung des hundertjährigen Emanzipationsprozesses des deutschen Judentums und seiner Verdrängung aus dem staatlichen und öffentlichen Leben zu liegen. In der Gründung zunächst des „Zentralausschusses für Hilfe und Aufbau" (13. April 1933) und dann der „Reichsvertretung der Deutschen Juden" (17. September 1933), deren erster Aufruf die Unterschriften Leo Baecks und Otto Hirschs trug, fand dies Abschirmungsbemühen seinen organisatorischen Ausdruck.[103] Dies beendete zwar noch nicht die Zersplitterung der jüdischen Vereinigungen, die in der Weimarer Zeit durch die Konflikte um die zionistische Bewegung noch gefördert worden war; neben dem „Zentralverein Deutscher Staatsbürger jüdischen Glaubens" standen der „Reichsbund jüdischer Frontsoldaten", die „Religiös-Liberale Vereinigung", die „Jüdische Volkspartei", die besonders deutsch-nationalistischen „Nationaldeutschen Juden", verschiedene Richtungen einer jüdischen Jugendbewegung, orthodoxe Gruppen, schließlich die „Zionistische Vereinigung" selbst. Aber damit war doch eine repräsentative Zentralstelle des deutschen Judentums geschaffen, die dank der geistigen Autorität Leo Baecks, der verwaltungspolitischen Erfahrung Otto Hirschs[104] und dem theologisch-literarischen Format seines Freundes, Martin Buber, als die einzige wirksame Gegeninstanz zum nationalsozialistischen Regime gelten konnte, zumal sie sich auf die politische Vertretung des bedrohten jüdischen Volksteils konzentrierte. Ihre Politik war auf Bleiben, Aushalten, nur im Notfall auf Abwicklung der Emigration gerichtet. Denn trotz steigendem Terror war der Patriotismus vieler Juden gegenüber Deutschland noch ungebrochen, und es war nicht nur die Taktik der Not, daß der erste Aufruf der Reichsvertretung (28. September 1933) an die nichtjüdischen Mitbürger appellierte, mit denen sich die deutschen Juden in Liebe und Treue zu Deutschland eins wüßten, oder daß die Reichsvertretung beim Plebiszit vom November 1933 für ein „Ja" eintrat und sich wiederholt von den außerdeutschen Protest- und Boykottaufrufen gegen das „Dritte Reich" distanzierte. Auch die dauernden Kontroversen mit der besonders anpassungs- und unterwerfungswilligen „Erneuerungsbewegung der Jüdischen Deutschen" oder mit dem sich vom übrigen Judentum distanzierenden „Reichsbund jüdischer Frontsoldaten" und dem Nationalverband der Juden[105] haben diese oft kritisierte Nachgiebigkeit und Kompromißwilligkeit der Reichsvertretung in ihren politischen Stellungnahmen mitbestimmt. Doch ließ sie sich nie wie andere Gruppen zur Verachtung und Preisgabe der „Ostjuden", der „wurzellosen Zionisten und All-

---

[102] Darüber Nathan Feinberg, "The Activities of Central Jewish Organisations Following Hitler's Rise of Power", in: *Yad Washem Studies on the European Jewish Catastrophe and Resistance*, I, Jerusalem 1957, S. 67 ff., mit den weiteren Nachweisen.

[103] Dazu jetzt Max Gruenewald, "The Beginning of the 'Reichsvertretung'", in: *Publications of the Leo Baeck Institute*, Year Book I, London 1956, S. 57 ff.

[104] Vgl. Leo Baeck, "In Memory of Two of Our Dead", in: *Publications. . . , a. a. O.*, S. 54 ff.; *Das Gewissen entscheidet* (Anm. II/98), S. 12 ff.

[105] Zu diesen Versuchen vgl. auch die Memoiren eines Exponenten der jüdischen Jugendbewegung: Hans Joachim Schoeps, *Die letzten dreißig Jahre. Rückblicke*, Stuttgart 1956, S. 95 ff.; ferner schon Klemperer (Anm. II/128).

juden"[106] mißbrauchen, und sie stützte vor allem den Aufbau jener vielfältigen kulturellen Institutionen, die bis zum Augenblick der physischen Vernichtung die geistige und menschliche Substanz des deutschen Judentums vor dem totalitären Zugriff und zugleich vor der Selbstauflösung bewahrt haben.[107]

Es ist nach wie vor schwierig, das Gegenbild zu dieser Entwicklung, das Ausmaß der jüdischen Fluchtbewegung aus dem Deutschland der nationalsozialistischen Machtergreifung, zuverlässig zu untersuchen. Die allgemeine Anspannung des Arbeitsmarktes durch die Weltwirtschaftskrise und die besondere Sozial- und Berufsstruktur des deutschen Judentums sowie die rigorose nationalsozialistische Devisengesetzgebung und Paßpolitik bildeten von Anfang an schwere Hindernisse für eine reguläre Auswanderung. Dazu kam die Tatsache, daß die ausländischen Hilfsorganisationen durch die gleichzeitigen Emigrationswellen ost- und südosteuropäischer Juden aus ihren Ländern vielfach beansprucht waren. Auch psychologische Hemmnisse, insbesondere die enge Verbundenheit des deutschen Judentums mit der deutschen Kultur und Gesellschaft, hatten kein geringes Gewicht. Trotzdem erreichte die Fluchtbewegung rasch ein großes Ausmaß. Vorsichtige Schätzungen, die sich auf die Statistiken verschiedener Hilfsorganisationen, Einwanderungsbehörden und Berechnungen der „Reichsvertretung" stützen, kommen für 1933 auf 37 000, für 1934 auf 23 000 jüdische Flüchtlinge, die 1933 vor allem nach Westeuropa, 1934 stärker nach Palästina, von da an vor allem nach Übersee strebten; bis 1938 hatte sich ungefähr ein Viertel der 550 000 deutschen Juden dem Zugriff des „Dritten Reiches" entzogen.

Jüdische Fluchtbewegung aus Deutschland[108]

	Anzahl der Flüchtlinge im Jahr				
	1933	1934	1935	1936	1937
	37 000	23 000	21 000	25 000	23 000
Davon (in %)					
nach Europa	72 bis 74	35 bis 40	26 bis 31	20 bis 25	25
nach Palästina	19	37	36	34	15
nach Übersee	7 bis 9	23 bis 28	33 bis 38	41 bis 46	60

Kennzeichnend ist also ein explosiver Beginn, ein allmähliches Einpendeln und zugleich (auch geographisch gesehen) Absichern, dem seit Ende 1938 dann die ebenso plötzliche Schlußphase der jüdischen Emigration folgte. Die ersten Monate der Machtergreifung hatten auch hier die Weichen gestellt.

In steter Steigerung ging dann die weitere Verdrängung, Ausschaltung, Verfolgung und schließlich Entrechtung des jüdischen Volksteils auf allen Berufs- und Lebens-

[106] So ein Telegramm des Nationalverbandes der Juden an Hitler, das aber nach Anweisung des Propagandaministeriums (Nr. 681, Sammlung Brammer vom 23. August 1934) von der Presse nicht gebracht werden durfte: „Der vor 14 Jahren gegründete Verband nationaldeutscher Juden legt schärfste Verwahrung gegen die deutschfeindliche und erpresserische Entschließung der sogenannten jüdischen Weltkonferenz ein. Die wurzellosen Zionisten und Alljuden, die sich in Genf zusammengefunden haben, sind nicht berechtigt, für die in Deutschland alteingesessenen und nationalbewährten Juden zu sprechen. Die deutschfühlenden Juden lehnen jede ausländische Einmischung in deutsche Angelegenheiten*) ab und hoffen auf eine baldige Lösung der deutschen Judenfrage unter dem Gesichtspunkte der nationalen Bewährung. Dr. Naumann, Hauptmann d. R. a. D. Verbandsführer."

*) Im Orig. „heut".

[107] Dazu auch Ernst Simon, "Jewish Adult Education in Nazi Germany As Spiritual Resistance", in: Publications. . . (Anm. V/103), S. 68 ff.; ders., Aufbau im Untergang. Jüdische Erwachsenenbildung im nationalsozialistischen Deutschland als geistiger Widerstand, Tübingen 1959, S. 21 ff. Hans Gaertner, "Problems of Jewish Schools in Germany During the Hitler Regime", in: Publications. . ., a. a. O., S. 123 ff., und die folgenden Artikel. Noch im Oktober 1935 erschienen 63 jüdische Zeitungen und Zeitschriften in Deutschland: Margaret T. Edelmann-Muehsam, "The Jewish Press in Germany", in: a. a. O., S. 163 ff.

[108] Zusammengestellt nach Werner Rosenstock, "Jewish Emigration from Germany", in: Publications. . ., a. a. O., S. 375 ff.; dort weitere Aufschlüsselung der Zahlen. Vgl. auch die Gesichtspunkte bei Graml in: Gutachten. . . (Anm. V/100), S. 79 ff.

gebieten voran – getreu dem nationalsozialistischen Programm, nach dem kein Jude „Volksgenosse" sein konnte, nur diese aber im totalitären Staat ein Lebensrecht besaßen. Nach Feststellungen der Reichsvertretung der Deutschen Juden und ausländischen Hilfskomitees [109] hatten bis zum April 1934 neben Hunderten von Hochschullehrern etwa 4000 jüdische Rechtsanwälte, 3000 Ärzte, 2000 Beamte und 2000 Schauspieler und Musiker ihre Arbeitsplätze verloren. Diese Entwicklung, die schließlich bis zur Systematisierung eines „Großdeutschen Abstammungsrechts" geführt hat,[110] gipfelte dann mit der üblichen Technik der „Legalisierung" zunächst in den „Nürnberger Gesetzen" vom 15. September 1935: dem „Reichsbürgergesetz" und dem „Gesetz zum Schutze des deutschen Blutes und der deutschen Ehre".[111] In diesen einstimmig von dem zum Parteitag in Nürnberg versammelten Reichstag angenommenen Gesetzen, die nach der Aussage eines Beteiligten auf geradezu unglaubliche Weise zustande gekommen sind,[112] war auch juristisch endgültig zwischen Staatsangehörigen und Reichsbürgern unterschieden, wobei die Reichsbürger, die „deutschen oder artverwandten Blutes" sein mußten, zu den „alleinigen Trägern der vollen politischen Rechte nach Maßgabe der Gesetze" erklärt wurden (§ 2). Auch wurde nun, der jahrelangen Kampagne des *Stürmer* entsprechend, sowohl die deutsch-jüdische Mischehe als auch jedes außereheliche Verhältnis dieser Art als „Rassenschande" mit schweren Zuchthausstrafen, seit Kriegsbeginn mit der Todesstrafe bedroht.[113] Hier fanden sich nicht-nationalsozialistische Juristen, die der „Legalisierung" des Rassenantisemitismus sachkundige Kommentare und Einleitungen zur Verfügung stellten.[114] Dieser furchtbare Gesetzgebungsakt, der den legalistischen Ansatz für die späteren Diskriminierungs- und Vernichtungsexzesse geliefert hat, hat den rasch gesteigerten antisemitischen Verfolgungskurs der nationalsozialistischen Machtergreifungsphase juristisch überwölbt und endgültig verfestigt.

Gewiß hat sich der gewalttätige Mythos der Rassendoktrin nicht in der Judenpolitik erschöpft. Ihre Postulate wurden in den späteren Jahren auf die Behandlung der unterdrückten Völker ausgedehnt. Und ihr Gegenstück war, schon in Hitlers Kampfbuch gefordert, ein Programm der staatsdirigistischen Geburtenlenkung und Geburtenförderung im rassenpolitischen Sinne,[115] der Forcierung kinderreicher Familien wie zugleich einer gesetzlich verankerten Eugenik, die in barbarische Sterilisierungsmaßnahmen mündete. Auch dieser Kurs, der den „volksbiologischen Gesamthaushalt" zum höchsten Maßstab erhob und *Die menschliche Leistung als Grundlage des totalen Staates* emporzüchten wollte,[116] konnte an ältere Ansätze und Anregungen anknüpfen; man versprach das im Nachkriegsdeutschland vieldiskutierte Problem des Geburtenschwunds durch Gesetze zur „Förderung der Eheschließungen"[117] zu lösen und er-

---

[109] *London Times* vom 18. April 1934, S. 18.

[110] Ludwig Leiß, *Großdeutsches Abstammungsrecht. Gesamtdarstellung mit einschlägigen Gesetzesbestimmungen,* Berlin–Leipzig–Wien 1943, S. 11 ff.

[111] *RGBl.,* I, 1935, S. 1146.

[112] Nach der Erklärung des Ministerialrats im Reichsinnenministerium, Lösener, über den Aufbau der Judengesetzgebung (*MGN*, 11, Doc. No. NG-1944) wurden, da zunächst nur ein Flaggengesetz auf dem Programm des Parteitags stand, die Rassengesetze in wenigen Stunden mit turbulenter Eile formuliert. Vgl. dazu u. Anhang S. 287.

[113] Vgl. die Zusammenfassung von Graml in: *Gutachten...* (Anm. V/100), S. 72 ff.

[114] Vgl. Bernhard Lösener und Friedrich August Knost, *Die Nürnberger Gesetze,* 3. Aufl., Berlin 1939; Wilhelm Stuckart und Hans Globke, *Kommentare zur deutschen Rassengesetzgebung,* Bd. I, München–Berlin 1936.

[115] Hitler (Anm. Einl./41), S. 446: Der völkische Staat „hat die Rasse in den Mittelpunkt des allgemeinen Lebens zu setzen. Er hat für ihre Reinerhaltung zu sorgen... Er muß dafür sorgen, daß nur, wer gesund ist, Kinder zeugt... Umgekehrt aber muß es für verwerflich gelten, gesunde Kinder dem Staat vorzuenthalten."

[116] So dann die gleichnamige Schrift des im Hauptamt für Volksgesundheit in der Reichsleitung der NSDAP tätigen Mediziners Hans Hoske, Leipzig 1936.

[117] Das gleichnamige Gesetz vom 5. Juli 1933 mit der Neufassung vom 21. Februar 1935 arbeitete besonders mit Ehestandsdarlehen, die durch entsprechende Kinderzahl getilgt werden konnten. Übrigens war die forcierte

klärte die Eugenik zur „heiligen Pflicht ... gegenüber dem Vaterland, das dringend einen gesunden Nachwuchs braucht", man warnte vor Ehen, die „dem Staate einen minderwertigen, ja, unbrauchbaren [!] Nachwuchs bringen",[118] und man benutzte die Einsicht in die Vererblichkeit bestimmter Geisteskrankheiten zur pseudowissenschaftlichen Sanktionierung einer Auslese- und Züchtungspolitik, die mit scheinbar sachverständigen Beratungen und Maßnahmen zur „Verhütung erbkranken Nachwuchses" schon 1933 begannen[119] und über weit auslegbare Gesetze und Verordnungen[120] schließlich zu jener Politik der Ausmerzung „lebensunwerten Lebens" führte, die dann im Zuge des Euthanasie-Programms die gewaltsame Tötung aller Geisteskranken von Staats wegen anstrebte.[121] Jedoch stießen diese Versuche, anders als die Judenpolitik, bald auf stärkeren Widerstand auch in der breiten Bevölkerung wie besonders bei den Kirchen und in der Ärzteschaft; sie gediehen deshalb trotz aller Geheimhaltung sowenig zur vollen Verwirklichung wie das Himmlersche Züchtungsprogramm des „Lebensborns", das die „nordische" Auffrischung der germanischen Herrenrasse über ausgesuchte SS-Bordelle zu bewirken suchte. Erst in den späteren Veröffentlichungen des SS-Hauptamt-Schulungsamts war dies für einen engen Kreis der „Elite" deutlicher ausgesprochen – zugleich mit den furchtbaren Grundprinzipien

Eheförderung zugleich auch ganz bewußt Teil des Programms zur Verminderung der Arbeitslosigkeit durch Rückführung der Frau aus dem Berufsleben in den Haushalt; vgl. das entsprechende Gesetz vom 1. Juni 1933 und den Kommentar bei Rühle (Anm. I/9), I, S. 228 ff. In den Erläuterungen des federführenden NS-Staatssekretärs im Reichsfinanzministerium (Reinhardt) war das mit unfreiwilligem Humor in besten Amtsstil gekleidet: „1. Eine Überführung weiblicher Arbeitskräfte aus dem Heer der Arbeitnehmerinnen in die Ehe und die Freimachung von Arbeitsplätzen, auf denen sich bisher weibliche Arbeitskräfte befinden, durch [sic!] Männer. 2. Eine wesentliche Belebung der Möbelindustrie und der Gewerbezweige für Haus- und Küchengeräte. .." (Rühle, a. a. O., I, S. 231).

[118] *Merkblatt für Eheschließende*, hrsgg. vom Reichsgesundheitsamt: „Dieses Merkblatt soll der Standesbeamte gemäß § 45, Abs. 5 des Personenstandsgesetzes den Verlobten und denjenigen, deren Einwilligung zu der Verehelichung nach dem Gesetz erforderlich ist, vor Anordnung des Aufgebots aushändigen."

[119] Die Art der Argumentation geht schon aus den programmatischen Ausführungen hervor, die Frick am 28. Juni 1933 vor einem der zahlreichen neuen „Sachverständigenbeiräte" gemacht hat: *Schultheß, 1933*, S. 161 ff. Solche durchaus und rücksichtslos konkretisierten Gedankengänge konnten sich auf eine Fülle zeitgenössischer Literatur stützen, die hier nicht mehr aufgezählt werden soll; zum Gesamtproblem dieser Pervertierung der Anthropologie vgl. jetzt besonders Hedwig Conrad-Martius, *Utopien der Menschenzüchtung*, München 1955. Organisatorisch wurde zunächst der im Reichsinnenministerium befindliche „Reichsausschuß für Bevölkerungsfragen" von Frick in einen „Sachverständigenbeirat für Bevölkerungs- und Rassenpflege" umgewandelt; dann entstand im selben Ministerium eine „Abteilung für Volksgesundheit" unter Ministerialdirektor Gütt, wurde zum Präsidenten des Reichsgesundheitsamtes und Vorsitzenden des „Reichsgesundheitsrates" der nationalsozialistische Rassetheoretiker Professor Reiter ernannt, des weiteren ein „Reichsausschuß für Volksgesundheitsdienst" gebildet und andere ähnliche Organisationen in einer „Reichszentrale für Gesundheitsführung" zusammengefaßt. Man registriert schon 1933 eine fast unübersehbare Inflation von rassepolitischen Institutionen: ein von Nationalsozialisten (Dr. Groß) bei der Zentralorganisation der „Deutschen Ärzteschaft" errichtetes „Aufklärungsamt für Bevölkerungspolitik und Rassenpflege", einen „Sachverständigenbeirat für Volksgesundheit" bei der Reichsleitung der NSDAP (unter dem Reichsführer des NS-Ärztebundes Dr. Wagner), eine besondere „Abteilung für Volkswohlfahrt und Volksgesundheit" zur massiven Vorbereitung der rassepolitischen Ideen im Propagandaministerium, „Erbgesundheitsgerichte" bei den Amtsgerichten zur Entscheidung der Sterilisationsanträge, und schon im April 1933 schließlich .im Reichsinnenministerium die Dienststelle eines „Sachverständigen für Rasseforschung" (unter dem bisherigen Auskunftschef für Abstammungsfragen bei der NS-Reichsleitung, Dr. Achim Gercke), die alle Abstammungsnachweise im Zweifelsfalle zu überprüfen hatte, während nun die Jagd nach dem Ahnenpaß begann; aus dem Standesamtswesen sollte das „Sippenamtswesen" werden, das die „blutsmäßigen Zusammenhänge aller Deutschen" klären und so einer umfassenden Neuordnung der Volksgliederung nach rassenpolitischen Gesichtspunkten den Weg bahnen sollte; schon 1933 wurde mit der Fotokopierung sämtlicher Kirchenbücher zu diesem Zweck begonnen.

[120] Das erste „Gesetz zur Verhütung erbkranken Nachwuchses" erging am 14. Juli 1933, dem großen Tag der Revolutionsgesetze (vgl. o. III. Kapitel, S. 214 f.): *RGBl.*, I, 1933, S. 529 ff.; dazu sechs Ausführungsverordnungen am 5. Dezember 1933 (*RGBl.*, I, 1933, S. 1021 ff.); 29. Mai 1934 (*RGBl.*, I, 1934, S. 475 f.); 25. Februar 1935 *RGBl.*, I, 1935, S. 289 ff.); 18. Juli 1935 (*a. a. O.*, S. 1035); 25. Februar 1936 (*RGBl.*, I, 1936, S. 122) und am 23. Dezember 1936 (*a. a. O.*, S. 1149); ferner eine Reihe von Abänderungsgesetzen.

[121] Zu den antisemitischen Aspekten auch dieser Maßnahmen vgl. Tenenbaum (Anm. V/82), S. 86 ff.; S. 97 ff.

des nationalsozialistischen Rassenegoismus.[122] So bedeutsam diese Entwürfe und Ansätze für eine Kritik der nationalsozialistischen „Weltanschauung" und zugleich für eine Erkenntnis ihrer Manipulationstechnik sein mögen – insofern auch hier ältere, durchaus gängige eugenische Theorien nicht-nationalsozialistischer Herkunft die ersten Schritte der nationalsozialistischen Rassenpolitik in der Machtergreifungsphase zu popularisieren, ihre weitgehend geheimgehaltene Ausweitung abzuschirmen geeignet waren –: Sie haben doch nie jenen Grad der totalen Verwirklichung erreicht, der den Weg des Regimes vom antisemitischen Terror der Machtergreifungsphase konsequent bis zur „Endlösung der Judenfrage" bestimmt hat.[123]

Alles in allem wird eine Analyse auch dieses Kernstücks der nationalsozialistischen „Weltanschauung" rasch zu dem Punkt führen, an dem die ihr zugrunde liegende gedankliche Substanz zerrinnt und ihre Funktion als Mittel der totalen unumschränkten Herrschaft einer Minderheit übrigbleibt. Wie die Begriffe und Gedankenverbindungen, die dieser Ideologie aus vielfältigen vor-nationalsozialistischen Elementen eine scheinbar schlüssige Struktur vermittelt haben, jeder sprachlichen, logischen und wissenschaftlichen Konsistenz entbehrten und auf die Mobilisierung subjektiver Emotionen und Assoziationen abgestellt waren, wie besonders der Begriff der Rasse in dem umfassenden Sinne nationalsozialistischer „Weltanschauung" undefinierbar, ja Fiktion blieb – ein „Mythos" im Sinne jenes Göringschen Ausspruches: Wer Jude ist, bestimme ich —, so stand auch die Anwendung oder Nichtanwendung rassistischer Gesichtspunkte, ihre Ausweitung besonders im Zuge der nationalsozialistischen Kriegs- und Besatzungspolitik, aber auch schon ihr pragmatischer Einsatz in der Machtergreifungsperiode ganz im Zeichen der Willkür. Daß ein exakter Begriff der „Rasse" nie existierte, machte diesen „Mythos" um so geeigneter als Herrschaftsmittel im doppelten Sinn: zur massenpsychologischen Gleichschaltung und Mobilisierung der Bevölkerung gegenüber einem absolut gesetzten „Feind" und zur übermoralischen Rechtfertigung der Unterdrückung und Vernichtung der jeweils mißliebigen politischen Gegner – mochte dies Personen oder Gruppen oder schließlich ganze Völker betreffen.

Anhang: ZUR ENTSTEHUNG DER NÜRNBERGER GESETZE [124]

„ . . . Die Sprunghaftigkeit in der Arbeitsweise Hitlers und die Plötzlichkeit seiner Entschlüsse brachte es mit sich, daß selbst Gesetze von größter Tragweite häufig ohne gründliche Vorbereitung sozusagen aus dem Ärmel geschüttelt werden mußten. Als ein gutes Beispiel hierfür möchte ich das Zustandekommen der Nürnberger Gesetze schildern.

Anläßlich des Reichsparteitages 1935 hatte Hitler den Reichstag auf Sonntag, den 15. September nach Nürnberg einberufen. Zur Beschlußfassung durch den Reichstag war zunächst nur das Reichsflaggengesetz vorgesehen. Die Minister und Staatssekretäre hatten an dem Reichsparteitag bereits von Anfang an teilgenommen. Am Freitag, dem 13. spät abends erhielt ich den Befehl, gemeinsam mit Ministerialrat Medicus am nächsten Morgen (Sonnabend) früh nach Nürnberg zu fliegen, um bei einem für den Reichstag bestimmten Judengesetz mitzuwirken. Bei unserer Ankunft in Nürnberg am Sonnabend morgens 9 Uhr fuhren wir sogleich zur Polizeidirektion Nürnberg. Dort fanden wir in einem Raum die Herren Pfundtner, Stuckart, Seel und vielleicht noch einen vierten Herrn, auf den ich mich nicht mehr erinnern kann,

---

[122] Vgl. etwa die „nur für Führer" bestimmte Schrift *SS-Mann und Blutsfrage. Die biologischen Grundlagen und ihre sinngemäße Anwendung für die Erhaltung und Mehrung des nordischen Blutes*, hrsgg. vom SS-Hauptamt-Schulungsamt [vermutlich im 1. Kriegsjahr], Berlin o. J., S. 58 ff., und die Bildbeilagen (Nr. 2–5) mit dem Text: „Ist alles gleich – was Menschenantlitz trägt? Nein, abermals nein – Wehe dem, der das vergißt! Denn diese [Hinweis auf die Gesichter eines Mongolen und eines Negers] sind nur ein Wurf nach dem Menschen hin!" Daneben dann liebliche Bilder (13): „in den schönsten Gebieten der Reichsgaue stehen die Heime des ‚Lebensborn', die allen Anforderungen genügen. . ."

[123] Gerald Reitlinger, *Die Endlösung. Hitlers Versuch der Ausrottung der Juden Europas 1939–1945*, Berlin 1956 (Titel des engl. Originals: *The Final Solution. The Attempt to Exterminate the Jews of Europe 1939–1945*).

[124] Vgl. o. Anm. V/112.

versammelt und in den Anfängen der Beratungen eines Gesetzentwurfs begriffen, der dann unter dem Namen ‚Gesetz zum Schutze des Deutschen Blutes und der Deutschen Ehre' dem Reichstag vorgelegt worden ist. Den Auftrag zu diesem Gesetz hatte Hitler am Tage vorher gegeben, um das Gesetzesprogramm für den Reichstag etwas aufzufüllen. Die zahlreichen Entwürfe zu dem Gesetz wurden am Sonnabend stets unter sehr provisorischen Verhältnissen diktiert und geschrieben und von Medicus oder mir oder einem anderen Herrn jeweils dem Minister Frick überbracht, der sich an den Beratungen auch bis zuletzt niemals beteiligte und immer in seiner weit entfernten Wohnung in der Villa Haeberlein aufhielt oder von dort aus gesucht werden mußte. Die Atmosphäre für unsere Arbeit war die denkbar schlechteste, weil die ganze Stadt von dem Trubel des Reichsparteitages, den Aufmärschen und Kundgebungen erfüllt war. Die Verbindung von Hitler zu den Verfassern des Gesetzentwurfs stellte fast ausschließlich der Reichsärzteführer Dr. med. Wagner her, der bei der Behörde des ‚Stellvertreters des Führers' die Judenfragen bearbeitete. Sein Mitarbeiter bei dieser Behörde, Ministerialrat Sommer, nahm zeitweise an den Beratungen des Entwurfes teil, zeigte sich aber sehr uninteressiert. Er ist der vierte Teilnehmer an den Beratungen, an den ich mich oben nicht erinnern konnte.

Wagner spielte hierbei nach meiner Überzeugung eine recht unheilvolle Rolle. Wir konnten uns niemals fest darauf verlassen, inwieweit das, was Wagner uns als den ‚Willen des Führers' mündlich mitteilte, tatsächlich von Hitler selbst stammte oder wieweit es seine eigene Zutat war. Eine schriftliche Weisung irgendwelcher Art von Hitler gab es in der ganzen Angelegenheit nicht. Mit einigen der Entwürfe ging Frick auch am Nachmittag und Abend persönlich zu Hitler, ohne einen der beiden Staatssekretäre mitzunehmen, die die Fassung des Entwurfes hätten motivieren können. Frick fand bei Hitler stets Dr. Wagner anwesend. Da Frick an den Beratungen niemals teilgenommen hatte, konnte er auf keine Kritik antworten und kam dann mehrfach mit neuen Weisungen zurück, die die ganze bisherige Arbeit unnötig über den Haufen warfen. Um Mitternacht von Sonnabend zu Sonntag kam er zum letzten Male mit dem Blutschutzgesetz an diesem Tage von Hitler mit dem Auftrag, 4 verschiedene Fassungen des Entwurfes für ihn zu der Reichstagssitzung vorzubereiten, gleichzeitig aber mit dem neuen Auftrag, zur Vervollständigung des Gesetzgebungsprogramms für den Reichstag, der am nächsten Tage um 5 Uhr nachmittags zusammentreffen sollte, noch ein Reichsbürgergesetz zu entwerfen.

Irgendeine Weisung über den Inhalt dieses zweiten Gesetzes brachte Frick nicht mit. Er sagte nur, es solle sich um ein paar lapidare Sätze handeln. So begannen wir nach Mitternacht von Sonnabend zu Sonntag nunmehr in dem Musikzimmer der Villa Haeberlein ein Grundgesetz des Dritten Reiches zu entwerfen, ohne recht zu wissen, was eigentlich von uns erwartet wurde. Wir waren körperlich und geistig schon stark erschöpft und bemühten uns, in nationalsozialistischer Sprachbildung ein Rahmengesetz mit möglichst unverbindlichem Inhalt zustandezubringen. Frick brachte den Entwurf zum Führer und kam mit seiner Billigung morgens um ½3 Uhr zurück. Ich empfand schon die gesamten äußeren Umstände dieser Art der ‚Gesetzgebung' als äußerst unwürdig. Das wurde aber durch die Umstände des nächsten Tages noch überboten. Wir hatten in der Nacht zu Sonntag nur etwa 3–4 Stunden Schlaf und sahen uns am Sonntag vor der Aufgabe, uns Bundesgenossen zu suchen, die Hitler beeinflussen konnten, damit er sich im Sinne derjenigen Wahlfassung des Gesetzes entschied, die wir für die wenigst untragbare hielten. Außerdem sollten wir bis zum Beginn des Reichstages eine Pressenotiz entwerfen. Unsere geschilderten Aufgaben erledigten wir im wesentlichen in dem Trubel der Bierstube unseres Hotels ‚Bamberger Hof'. Aus Papiermangel wurden Entwürfe auf alte Speisekarten geschrieben. Die Staatssekretäre Pfundtner und Stuckart gingen an die Tische z. B. von Neurath und Gürtner, um sie im Sinne unserer Auffassung zu beeinflussen. Noch während des Mittagessens, unmittelbar vor Beginn der Reichstagssitzung, diktierte mir Pfundtner die letzte Fassung der Pressenotiz in die Feder. In der Reichstagssitzung stellte sich dann heraus, daß Hitler diejenige Fassung des Blutschutzgesetzes gewählt hatte, die unseren Auffassungen am meisten entsprach, daß er aber den sehr wichtigen Paragraphen: ‚Dieses Gesetz gilt nur für Volljuden' gestrichen hatte. . ."

3. Die Reglementierung der Kultur

Die erfolgreiche Durchsetzung der nationalsozialistischen Machtergreifung ist zwar, wie die Entfaltung ihrer „weltanschaulichen" Komponenten demonstriert hat, ohne die verführerische Anziehungskraft der Ideologie und die innere Aufnahmebereitschaft weiter Schichten nicht zu denken; zugleich hat diesem bestürzenden Vorgang der Selbstgleichschaltung jedoch auch eine rasche Verschärfung der Lenkungs- und Zwangsmaßnahmen rücksichtslos nachgeholfen. Der Anspruch des werdenden totalitären Staates, alle Bereiche und Werte des menschlichen Lebens nach seinen Vorstellungen zu reglementieren, ist sogleich besonders betont auf alle Medien der Meinungsäußerung und auf alle Mittel der geistigen und psychischen Beeinflussung ausgedehnt worden:[125] Presse- und Kulturwesen im allgemeinen und das gesamte Feld der Erziehung im besonderen gerieten in den Griff der neuen Machthaber, die sich schon in der ersten Phase mit allen verfügbaren Mitteln staatlich monopolisierter Propaganda und polizeistaatlicher Drohung um die geistige und psychische Durchdringung der Bevölkerung bemühten und die radikale Umerziehung oder die rücksichtslose Ausschaltung aller vom Sog der erfolgreichen „Revolution" noch nicht erfaßten Untertanen auch institutionell zu sichern suchten. Des weiteren auf die Gestaltung auch von Unterhaltung und Freizeit ausgedehnt, ist dieser Monopolanspruch nationalsozialistischer „Weltanschauung" bis in die privatesten Sphären vorgedrungen. Befestigung der Herrschaft war der erste Inhalt und Zweck der rücksichtslosen Offensive, mit der die Monopolpartei und durch sie der Staat, besonders nach der Gründung des eigens dafür bestellten Propagandaministeriums, die eingeleitete Gleichschaltung durch eine allumfassende Kulturpolitik zu forcieren strebte.

Am nächsten lag die Reglementierung des Presse- und Rundfunkwesens; auf sie waren schon die ersten Maßnahmen des neuen Regimes abgestellt gewesen.[126] Aber auch der Weg, der zu Kultur- und Schrifttumskammern unter der Kontrolle und Lenkung des Propagandaministeriums führte, war durch großangelegte Säuberungs- und Diskriminierungskampagnen früh freigemacht, die Überwachung jeder literarischen und künstlerischen Äußerung schon seit Sommer 1933 formal gesichert. Wie dies die personelle Grundlage für eine „monolithische" Ausrichtung des gesamten Kulturlebens im Sinne der nationalsozialistischen „Weltanschauung" schaffen sollte, so hat auch der rasche Griff nach dem Erziehungswesen, zunächst durch die neuen nationalsozialistischen Kultusminister der Länder, dann mit steigend zentralistischer Tendenz durch das neugeschaffene Reichserziehungsministerium, die organisatorische und geistige Gleichschaltung gleichermaßen vorangetrieben. Wohl hatte Hitler selbst in der Ermächtigungsrede am 23. März 1933 die Ankündigung einer „Sanierung" des deutschen Kulturlebens noch recht allgemein gehalten. Aber gleichzeitig begann schon zu diesem Zeitpunkt deutlich zu werden, daß auch der Mann des Gedankens und der Feder nicht einfach – wie viele noch glaubten – in eine Periode verschärfter geistiger Auseinandersetzung geraten, sondern vor eine völlig neue, die ganze geistige Existenz erfassende Situation gestellt war. In diesem Sinne hatte sich auch Hitler selbst schon am 6. April 1933 auf einem Empfangsabend der ausländischen Presse im neuen Propagandaministerium geäußert.[127]

---

[125] Eine gute systematische Zusammenstellung aller Mittel und Medien, deren sich die Manipulierung der „öffentlichen Meinung" direkt oder indirekt bediente, gibt die Schrift von Schmeer (Anm. I/43), S. 40 ff. und *passim.*

[126] Vgl. o. S. 67 f. Einen Eindruck vermittelt auch die („nur für den Dienstgebrauch innerhalb des Deutschen Rundfunks" gedruckte) Zusammenstellung: *Schallaufnahmen politischen Inhalts des Deutschen Rundfunks. 31. Januar 1933 bis 15. Januar 1935,* Berlin 1935, von denen einige übrigens den Vermerk „gesperrt" tragen.

[127] Im unnachahmlichen Spreizstil Hitlers (Rühle, Anm. I/9, I, S. 81): „Die Presse hat als erstes zu erkennen, daß sie nicht ein Zweck an sich sein kann, sondern nur ein Mittel zu einem solchen, und daß ihr Zweck kein anderer zu sein vermag, als der des allgemeinen sonstigen politischen Lebenskampfes einer Nation. . . Das Recht

Hinter der Tagestaktik vorläufiger Tolerierung, die ein gewisses Maß an „Narren-freiheit" einräumte, auch wenn die Publizistik des direkten politischen Gegners – zu-nächst vor allem der Linken – schon in den ersten Tagen und Wochen nahezu völlig ausgeschaltet wurde, stand seit Errichtung des Propagandaministeriums das Ziel kon-zentrierter und einheitlicher Zusammenfassung aller publizistischen Wirkungsmittel im Sinne jenes Totalbegriffes staatlich monopolisierter Propaganda, den Goebbels wieder und wieder, am deutlichsten in seiner Nürnberger Rede vom 7. September 1934, proklamiert hat: Die Propaganda „rangiert unter den Künsten, mit denen man ein Volk regiert, mit an erster Stelle";[128] das Reichspropagandaministerium ist in die-sem Sinne „ganz in nationalsozialistischem Geist gedacht und aus ihm heraus geschaf-fen",[129] es bedeutet „die organisatorische Zusammenfassung von Massendemonstra-tion, Presse, Film, Rundfunk, Schrifttum, Theater und so weiter . . . in einer Hand". Erst wenn alle Mittel der Propaganda konzentrisch zusammengefaßt sind und ihr einheitlicher Einsatz absolut gewährleistet ist, wird es „möglich sein, in relativ kurzen Zeiträumen Aufklärungs- und Propagandaschlachten zu schlagen, die, wie die vor dem 12. November 1933 oder vor dem 19. August 1934, von wahrhaft geschichtlicher Be-deutung sind".[130] Wie hier im Rückblick auf die Manipulierung der ersten Ple-biszite[131] die Gleichschaltung und Mobilisierung der meinungsbildenden Kräfte im weitesten Sinne begründet wird, so war der Prozeß der Machtergreifung tatsächlich nach der geistes- und kulturpolitischen Seite und vor allem propagandistisch auf eine Weise vorbereitet und abgestützt, daß Goebbels mit einem gewissen Recht auch die rasche und widerstandslose Ausschaltung aller konkurrierenden Machtfaktoren we-sentlich darauf zurückführen konnte. So etwa: „Unsere Propaganda hatte die Parteien aufgeweicht. Fußend auf dieser Voraussetzung wurden sie dann durch einen legalen Gesetzesakt aufgelöst."[132] Demselben Zusammenspiel schrieb Goebbels die Zerschla-gung des „Marxismus", die Beseitigung des „Partikularismus", die Ablösung der Idee des „Klassenkampfes", die „nationale" Ausrichtung der Wirtschaft, die Austilgung der „jüdischen Gefahr" im Kulturleben, die „soziale" Opferbereitschaft im Winter-hilfswerk zu. So erscheint Propaganda als Grundnote und Basis des „Dritten Reiches" zur wahrhaft totalen Funktion ausgeweitet: „Es gibt kein Gebiet des öffentlichen Le-bens, das sich ihrem Einfluß entziehen könnte. . ."[133]

Das war nicht nur im Rückblick auf die inzwischen erfolgte Institutionalisierung der Machtergreifung gesagt. Trotz mancher Elastizität im einzelnen waren diese grund-sätzlichen Ziele schon in der Anfangsperiode greifbar, so in einer Rede vor den Theaterleitern, in der Goebbels am 8. Mai 1933 die totalitäre Revolution auch auf alle Bereiche der Kunst auszudehnen versprochen hatte:[134] Nachdem die national-sozialistische Idee den Staat erobert hat, „flutet sie unaufhaltsam in das öffentliche Leben hinein und macht vor keinen Gesetzen, keiner Lehre, keiner Organisation, vor keiner Partei, ja, vor keinem Denken und Fühlen halt; sie will die gesamte Kultur in eine Verbindung mit bewußter politisch-weltanschaulicher Propaganda setzen, sie aus der verfallsnahen, individualistischen Bindungslosigkeit des jüdisch-liberalistischen

---

zur Kritik muß eine Pflicht zur Wahrheit sein und die Wahrheit wird nur gefunden werden können im Rahmen der Aufgabe der Selbsterhaltung eines Volkes."

[128] Der Kongreß zu Nürnberg vom 5. bis 10. September 1934. Offizieller Bericht über den Verlauf des Reichs-parteitages mit sämtlichen Reden, München 1934, S. 134.

[129] A. a. O., S. 135.

[130] A. a. O., S. 136.

[131] Vgl. u. S. 348 ff.

[132] Der Kongreß. . . (Anm. V/128), S. 138.

[133] A. a. O., S. 140; vgl. auch die Analyse des Phänomens totalitärer Propaganda bei Sigmund Neumann (Anm. Einl./4), S. 209 ff.

[134] Zit. bei Walter Hagemann, Publizistik im Dritten Reich. Ein Beitrag zur Methodik der Massenführung, Hamburg 1948, S. 55 ff.

Kunstbetriebes", des *l'art-pour-l'art*-Prinzips erlösen und künftig primär auf die Gemeinschaft bezogen wissen. Das aber bedeute, daß Kunst im nationalsozialistischen Staat statt der Entartungen des menschlichen Lebens, die Gegenstand des Weimarer Kulturbetriebs gewesen seien, das Gesunde und Starke, das Typische und für alle Verpflichtende darzustellen habe.

Im Sinne dieser Endforderung hat sich die Einengung des Meinungsspielraums zunächst besonders rasch in Presse und Rundfunk, seit dem Reichsfilmgesetz vom 14. Juli 1933 – dem so vielfach bedeutsamen Datum – auch im Filmwesen fortschreitend vollzogen. Von ihren ersten Stadien war schon die Rede. Das neugegründete Reichspropagandaministerium hat insbesondere die Reichspressekonferenzen in zunehmendem Maße zur direkten Befehlsausgabe benutzt; auch trugen eine drastische Reduzierung der Zeitungen – ihre Zahl ging allein im Verlauf des Jahres 1933 um fast ein Drittel zurück [135] – und eine rigorose Personalpolitik neben viel Schwäche und Opportunismus dazu bei, daß der Prozeß der publizistischen Gleichschaltung mit der allgemeinen Entwicklung durchaus Schritt gehalten hat, ja, ihr vielfach vorangegangen ist. Bekannte Ausnahmen wie die *Frankfurter Zeitung* oder Zeitschriften wie die liberal-demokratische *Hilfe* [136] und Rudolf Pechels *Deutsche Rundschau* bestätigen durch ihre Sonderstellung, aber auch durch die Ausbildung einer getarnten Kritik [137] nur die Tatsache der allgemeinen Presselenkung. Auf den großen Notverordnungen des Februar 1933 aufbauend, hat die Entwicklung des Propagandaministeriums rasch zu diesem Ziel geführt. Seine Aufgabe hatte Goebbels schon bei der Gründung unmißverständlich definiert: den Gleichklang zwischen Regierung und Volk herzustellen und die noch nicht gewonnenen Menschen mit allen politischen Mitteln solange zu bearbeiten, „bis sie uns verfallen sind". [138]

Freilich ging auch hier der Weg nicht über eine totale Zerschlagung des Bisherigen, sondern durch eine rasche Angleichung und Vereinheitlichung zur Ausrichtung der Presse auf die wesentlichen Nahziele des Regimes; in diesem Rahmen blieb für die bürgerlichen und deutschnationalen Organe noch manche Bewegungsfreiheit. Nur so konnte man sich, geschickt den allgemeinen Sog ausnutzend, die nötigen „Fachleute" sichern und zugleich den guten Ruf bisher nicht-nationalsozialistischer Blätter für die eigene Sache einsetzen. Auch hat es diese Politik verstanden, durch scheinbar offenherzige Publikation, in Wahrheit Auswahl der ausländischen Polemik gegen den Nationalsozialismus, die Wirkung der ausländischen Gegenpropaganda in Deutschland weitgehend zu neutralisieren [139] und zugleich den Vorwurf mangelnder Pressefreiheit

---

[135] Vgl. die Berechnungen *a. a. O.*, S. 40; dazu kritische Ergänzungen in: *Der Journalist* 7, H. 3 (März 1957), S. 7.

[136] *Die Hilfe. Zeitschrift für Politik, Wirtschaft und geistige Bewegung*, hrsgg. von Theodor Heuss, Gertrud Bäumer und Walter Goetz. Es seien nur einige der bemerkenswert kritischen Artikel zu Zeitereignissen aus dem Jahrgang 40 (1934) erwähnt: Theodor Heuss, „Der Kampf um das deutsche Geschichtsbild" (S. 280 ff.); „Staat und Partei" (S. 295 f.); Sigmund Neumann, „Englische Wandlungen" (S. 321 ff.); „Der 30. Juni" (S. 316 ff.); Hermann Höpker-Aschoff, „Die Lehre vom Rechtsstaat" (S. 347 ff.); ders., „Demokratie und Führertum" (S. 435 ff.); ders., „Zu den Waffen des deutschen Geistes!" (S. 529 ff.); „Zum Thema ‚liberalistisch'" (S. 393 f.); „Objektivität" (S. 512).

[137] Vgl. besonders die instruktiven Beispiele zur Möglichkeit indirekter Kritik durch historische Parallelisierung bei Rudolf Pechel, *Zwischen den Zeilen. Der Kampf einer Zeitschrift für Freiheit und Recht. 1932–1942. Aufsätze*, mit einer Einführung von Werner Bergengruen, Wiesentheid 1948; weiteres bei Pechel, *Deutscher Widerstand*, Erlenbach–Zürich 1947.

[138] Zit. bei Hagemann, *Publizistik*... (Anm. V/134), S. 32.

[139] Vgl. etwa die reich illustrierte, in sich instruktive Schrift des Leiters der Presseabteilung des Außenpolitischen Amtes der NSDAP, Karl Böhmer, *Das Dritte Reich im Spiegel der Weltpresse. Historische Dokumente über den Kampf des Nationalsozialismus gegen die ausländische Lügenhetze*, Leipzig 1934, S. 25 ff. Auf derselben Ebene das „Bildsammelwerk" *Hitler in der Karikatur der Welt. Tat gegen Tinte*, Berlin 1938, das als geschickte Apologetik in der NS-Bibliographie geführt und als Volksausgabe vertrieben wurde; es trug groteskerweise auf dem Umschlag den ausdrücklichen Vermerk: „Vom Führer genehmigt". Ähnlich geschickt in Auswahl und

zu parieren.[140] Wie der Kulturbetrieb überhaupt, sollte auch die Presse nach Goebbels'
Meinung zunächst keineswegs uniform, sondern „monoform im Willen, polyform in
der Ausgestaltung des Willens" sein;[141] dies erforderte freilich eine um so entschie-
denere Sicherung der propagandistischen Führung. Gleichschaltung der verschiedenen
Nachrichtenbüros, Unterordnung der täglichen Reichspressekonferenz unter das Propagandaministerium, Ausgabe von „Ausrichtungen" und „Sprachregelungen" sowie
scharfe Überwachung dieser Anordnungen durch das Ministerium sorgten seit dem
Sommer 1933 für die prinzipielle Gleichartigkeit aller publizistischen Äußerungen zu
den wesentlichen Problemen des Tages.

Am 22. September 1933 verabschiedete das Kabinett dann nach langen, an Kontroversen, Beschwichtigungs- und Überredungsversuchen reichen Vorbereitungen des Propagandaministeriums das Gesetz zur Schaffung einer Reichskulturkammer,[142] das nun
auch den kulturpolitischen Gleichschaltungsprozeß hinter der Fassade korporativer
Neuordnung institutionalisierte. Es war, wie die offiziösen Kommentare betonten,
„ein Ereignis ohne Beispiel in der Geschichte aller Völker und Zeiten".[143] Das Gesetz
beauftragte und ermächtigte den Propagandaminister, „die Angehörigen der Tätig-
keitszweige, die seinen Aufgabenbereich betreffen, in Körperschaften des öffentlichen
Rechts zusammenzufassen" (§ 1) und verfügte demgemäß (§ 2) die Errichtung einer
Reichsschrifttumskammer, einer Reichspressekammer, einer Reichsrundfunkkammer,
einer Reichstheaterkammer, einer Reichsmusikkammer und einer Reichskammer der
bildenden Künste; auch die schon im Juli gegründete Filmkammer wurde eingegliedert.
Tatsächlich war die Kulturkammer ein Organ des Propagandaministers, dem als Vizepräsident sein Staatssekretär Walther Funk, als Geschäftsführer einer seiner Ministerialräte (Schmidt-Leonhardt) zur Seite stand. Schon die erste Verordnung zu diesem Gesetz ließ keine Zweifel, daß damit alle „Kulturschaffenden" organisatorisch-
politisch „erfaßt" werden sollten. Die Begründung hatte denn auch erklärt, durch die
Errichtung des Propagandaministeriums habe das Reich „seinen Willen zum Ausdruck
gebracht, die Aufgaben der geistigen Führung der Nation in seine Hand zu nehmen.
Zu dem Geschäftskreis des Ministeriums gehört jede Art der geistigen Einwirkung."
Und die „Erste Verordnung zur Durchführung des Reichskulturkammergesetzes"
vom 1. November 1933[144] verfügte kurz und bündig (§ 4): „Wer bei der Erzeugung,
der Wiedergabe, der geistigen oder technischen Verarbeitung, der Verbreitung, der Erhaltung, dem Absatz oder der Vermittlung des Absatzes von Kulturgut mitwirkt, muß
Mitglied der Einzelkammer sein, die für seine Tätigkeit zuständig ist." Dies schloß
selbst „die Erzeugung und den Absatz technischer Verbreitungsmittel" ein, betraf auch
Ausländer (§ 6) und bewirkte durch die Drohung der Nichtaufnahme oder des Aus-
schlusses eine allumfassende Kontrolle.

Anordnung dann das Leseheft *Germany in the Third Reich. As Seen By Anglo-Saxon Writers*, selected and
annotated by Gustav Schad, Frankfurt/M. 1936.

[140] Vgl. den Vortrag Böhmers vor dem German Club der Universität Oxford und der Anglo German Association der Universität Cambridge (November 1933): *Die Freiheit der Presse im nationalsozialistischen Staat. Ein
Wort an das Ausland*, Oldenburg–Berlin 1933 (als Flugschrift).

[141] Hagemann, *Publizistik...* (Anm. V/134), S. 35. Ähnlich Goebbels schon vorher in einer Rede zu Köln
(Rühle, Anm. I/9, I, S. 82): „Wir wollen gar nicht, daß jeder dasselbe Instrument bläst, wollen nur, daß nach
einem Plan geblasen wird und daß dem Konzert der Presse eine Sinfonie zugrunde liegt, daß nicht jeder das Recht
hat, zu blasen, wie er will" (Auszeichnung i. Orig.).

[142] *RGBl.*, I, 1933, S. 661 f. Die fast unübersehbare Fülle von Gesetzen, Verordnungen, Bekanntmachungen
und Anordnungen zur Begründung und weiteren Entwicklung der Kulturkammer sind gesammelt in: Karl-Friedrich
Schrieber, Hrsg., *Das Recht der Reichskulturkammer. Sammlung der für den Kulturstand geltenden Gesetze und
Verordnungen*, 5 Bde. (bis 1936), Berlin 1935–1937; ders., *Die Reichskulturkammer. Organisation und Ziele der
deutschen Kulturpolitik*, Berlin 1934, S. 9 ff.; die technischen Aspekte behandelt H. Grensemann, *Leitfaden für
den Geschäftsbetrieb der Reichskulturkammer*, Berlin 1937. Vgl. auch u. Teil II, S. 553 ff.

[143] Rühle (Anm. I/9), I, S. 330.

[144] *RGBl.*, I, 1933, S. 797 ff.

Nur drei Tage später, am 4. Oktober, beschloß die Reichsregierung ein neues „Schriftleitergesetz", nach dem der Schriftleiter eine moralische Verantwortung vor der Öffentlichkeit für alle Äußerungen in seinen Zeitungen und Zeitschriften zu tragen hatte; nur solche deutschen Reichsangehörigen „arischer" Herkunft (und mit „arischer" Frau) durften künftig Schriftleiter sein, die über die Eigenschaften verfügten, „die die Aufgabe der geistigen Einwirkung auf die Öffentlichkeit erfordert".[145] Es entsprach dem darin ausgedrückten unbegrenzten Ermessensspielraum, daß Goebbels selbst als Propagandaminister davon (taktisch gemeinte) Ausnahmen machen (§ 9) und beliebig und mit sofortiger Wirkung über Zulassung oder Ablehnung eines Schriftleiters verfügen konnte (§ 35), ohne daß dies begründet werden mußte oder nachgeprüft werden konnte.[146] Auch wurden mit klarem Hinweis auf die Tatsache der geistig-politischen Gleichschaltung die Schriftleiter „in Sonderheit verpflichtet" (§ 14), „aus den Zeitungen alles fernzuhalten, was ... geeignet ist, die Kraft des Deutschen Reiches nach außen oder im Innern, den Gemeinschaftswillen ..., die deutsche Wehrhaftigkeit, Kultur oder Wirtschaft zu schwächen oder die religiösen Empfindungen anderer zu verletzen; ... was gegen die Ehre und Würde eines Deutschen verstößt; ... was die Ehre oder das Wohl eines anderen widerrechtlich verletzt ...; was aus anderen Gründen sittenwidrig ist". In der Begründung des einschneidenden Gesetzes erklärte Goebbels am selben Tag vor der „deutschen Presse",[147] man gehe jetzt von einem neuen Begriff der Meinungs- und Pressefreiheit aus, der alle Freiheit an das „nationale und völkische Interesse" binde: „Die Freiheit des Geistes und der Meinung müssen Grenzen finden, wo sie sich mit den Rechten und Pflichten des Volkes und des Staatskörpers zu stoßen beginnen." Er wandte sich gegen den „überspitzten", „ausgesprochen liberalen" Begriff der „absoluten Pressefreiheit". „Möglich, daß die Regierung in einzelnen Beschlüssen irrt, unmöglich aber anzunehmen, daß nach dieser Regierung etwas Besseres kommt. Es kann daher für jeden national gesinnten ... Staatsbürger keine andere Möglichkeit geben, als die Entschlüsse dieser Regierung zu decken ..."

Am 15. November schon eröffnete Goebbels dann mit einer programmatischen Rede („Die deutsche Kultur vor neuem Anfang") in der Berliner Philharmonie auch die neue *Reichskulturkammer*, wobei er zwar geschickt tolerierend taktierte, aber doch den wahren Kurs und die ihm verfügbaren Machtmittel als deutliche Warnung andeutete:[148]

„Die Revolution, die wir gemacht haben, ist eine totale. Sie hat alle Gebiete des öffentlichen Lebens erfaßt und von Grund auf umgestaltet. Sie hat die Beziehungen der Menschen untereinander, die Beziehungen der Menschen zum Staat und zu den Fragen des Daseins vollkommen geändert und neu geformt ... Es liegt im Wesen jeder echten Revolution, daß sie auf das Ganze geht und keine Kompromisse kennt ... Es ist dabei ganz unerheblich, welcher Mittel sie sich bedient, um an die Verantwortung zu kommen ... Revolutionen beschränken sich niemals auf das rein politische Gebiet; sie greifen von da über auf alle anderen Bezirke menschlichen Zusammenlebens ... Auch der schöpferische Mensch, und gerade er wird in den Strudel des revolutionären Geschehens mit hineingezogen ... Die Grenzen des individuellen Freiheitsbegriffes liegen deshalb an den Grenzen des völkischen Freiheitsbegriffes. Kein Einzelmensch, er mag hoch oder niedrig stehen, kann das Recht

---

[145] Hans Schmidt-Leonhardt und Peter Gast [beide Propagandaministerium], *Das Schriftleitergesetz vom 4. Oktober 1933 nebst den einschlägigen Bestimmungen* [Amtlicher Kommentar], Berlin 1934, S. 24; S. 59 ff. mit der offiziellen Begründung dieser dem faschistischen Presserecht analogen Generalklausel: „Ein Eintreten für eine Weltanschauung, die mit dem vorbehaltlosen Bekenntnis zur Nation in Widerspruch steht, würde als Mangel einer persönlichen Eignung anzusehen sein." Die Klausel schloß zunächst alle Journalisten automatisch aus, die vor dem 30. Januar 1933 für die „marxistische Presse" tätig waren, konnte aber beliebig ausgedehnt werden. Über die ständepolitischen Aspekte des Gesetzes u. Teil II, S. 551 ff.

[146] *A. a. O.*, S. 31; S. 163.

[147] *A. a. O.*, S. 10 ff.

[148] *Deutsche Kultur im Neuen Reich. Wesen, Aufgabe und Ziel der Reichskulturkammer*, Berlin 1934, S. 23 ff.

besitzen, von seiner Freiheit Gebrauch zu machen auf Kosten des nationalen Freiheitsbegriffes . . . Das gilt auch für den schaffenden Künstler. Die Kunst ist kein absoluter Begriff; sie gewinnt erst Leben im Leben des Volkes . . . Der Aufmarsch, den wir begonnen und vollendet haben, ist ein Aufmarsch der Gesinnung . . . Es ist eine Gesinnung der Tat, die eine Umwertung der Werte eingeleitet hat, um ihre Neuwertung vorzubereiten . . . Es ist eine Art von stählerner Romantik, die das deutsche Leben wieder lebenswert gemacht hat . . . Nur ein künstlerisches und kulturelles Bestreben, das sich von ihr willig und widerstandslos erfüllen läßt, wird von Dauer sein und die Zukunft gewinnen. Lassen Sie mich, um der Gefahr des Mißverständnisses auszuweichen, eine Reihe von Befürchtungen, die laut geworden sind, gleich hier widerlegen und zurückweisen. Niemand von uns ist der Meinung, daß Gesinnung Kunst ersetzen könnte . . . Was wir wollen, ist mehr als dramatisiertes Parteiprogramm . . . Der neue Staat hat seine eigenen Gesetze. Ihm unterliegen alle, vom Ersten bis zum Letzten. Auch der Künstler hat die Pflicht, sie anzuerkennen und zur Richtschnur seines schöpferischen Handelns zu machen. Darüber hinaus aber ist er frei und ungebunden . . . Wir wollen einen deutschen Künstlertyp züchten, der bewußt und offen, mit Stolz und Eigenart den Aufgaben dient, die die Zeit uns gegeben hat. Niemand fürchte, daß hier die Gesinnungsriecherei eine Heimstätte finden könnte . . . Ziehen wir unter die Vergangenheit, die wir mit dieser Rechenschaftslegung hinter uns lassen, einen Strich, und fangen wir mutig mit der Zukunft an. Jeder, der dem neuen Staat seine Kraft zur Verfügung stellt, ist uns willkommen . . . Der kulturschaffende Mensch in Deutschland hat hier den Weg zum neuen Staat gefunden. Möge er dabei die Beglückung erfahren, die uns alle erfüllt: Bahnbrecher, Formgeber und Gestalter eines neuen Jahrhunderts zu sein. . ."

In dieser pathetischen Proklamation hielten sich Beschwichtigung und Drohung die Waage. Dahinter freilich drängte die Gleichschaltung. Die weiteren Maßnahmen verliefen durchaus folgerichtig im Sinne der geforderten einheitlichen Ausrichtung. In dem „grundlegenden Volksbuch des deutschen Kultur-Neubaus über Wesen, Aufgabe und Ziel der Reichskulturkammer", das wenige Monate später in der konservativ-nationalen *Schlieffen-Bücherei: Geist von Potsdam,* erschienen ist,[149] war dann durch die Präsidenten und Präsidialratsmitglieder der verschiedenen „Kammern" Stand und Funktion der kulturpolitischen Gleichschaltung hinter der Fassade „ständischer" Neuordnung emphatisch dargelegt. Dem Abdruck programmatischer „Kulturreden" Hitlers und Goebbels' folgte — neues Beispiel der Selbstgleichschaltung nach Benn und Heidegger — eine Erklärung von Richard Strauß, der als erster Präsident der Reichsmusikkammer Hitler und Goebbels für die Aussicht auf eine neue Verbindung von Volk und Musik nach den Zeiten angeblichen Niedergangs „den herzlichsten Dank der gesamten deutschen Musikerschaft" aussprach.[150] Der Leiter des Presseamtes der Musikkammer[151] konkretisierte Strauß' Gedanken von der „organischen Einheit" des Musikerstandes durch die Feststellung, daß erst die „magnetische Kraft" der „nationalsozialistischen Idee" diesem Einheitsverlangen Inhalt und Rahmen gegeben habe. Ein Präsidialratsmitglied[152] fügte noch hinzu, daß nun die Zeit der Generation vorbei sei, „die alles Fremde, Internationale lieber förderte als das Bodenständige", — das, „was deutsch und echt war"; die Reichsmusikkammer werde „über das geistige und künstlerische Leben der Nation wachen . . . eingedenk der unvergeßlichen Worte Adolf Hitlers: ‚Wenn die Künstler wüßten, was ich einmal für sie tun werde, so würden sie alle an meiner Seite stehen.' "

[149] *Ebda.* Andere Titel dieser Reihe: Siegfried von der Trenck, *Volk und Führer. Deutsche Sonette;* Carl Lange, *Der Kronprinz;* ders., *Das leuchtende Schlachtenrelief von Tannenberg;* Wilhelm v. Schramm, *Die Revolution des deutschen Theaters.*

[150] *Deutsche Kultur. . .* (Anm. V/148), S. 45 f.

[151] Friedrich Mahling, *a. a. O.,* S. 47 ff.

[152] Professor Paul Graener, *a. a. O.,* S. 55 f.; andere Präsidialratsmitglieder: Wilhelm Furtwängler, Gustav Havemann, Heinz Ihlert, Fritz Stein.

Kaum anders der Tenor, in dem der Präsident der Reichskammer der bildenden Künste die „bildende Kunst im Neuen Reich" mit der Reichskulturkammer in Verbindung stellte.[153] Eine neue Epoche deutscher Kunst sei nun angebrochen: „Wie könnte dem auch anders sein, da doch unser Führer selbst der Kunst sein Leben weihen wollte, und der Präsident der Reichskulturkammer [Goebbels] sein Studium der Kunstwissenschaft gewidmet hatte." Für die Reichstheaterkammer, deren Präsident bezeichnenderweise zugleich als Ministerialrat und Leiter der Theaterabteilung im Propagandaministerium fungierte,[154] wurde besonders die „ethische Berechtigung" der Zwangsorganisation auch in diesem Bereich der Individualisten und die Tatsache betont, daß damit „auch eine bessere und viel wirksamere Kontrolle als bisher möglich" sei; ihr Ziel bestehe in der „bestmöglichen Harmonie des Schaffens und der Schaffenden", ihre Arbeit in der Verantwortung „gegenüber Volk und Reich".[155]

Besonders pathetisch proklamierte der großdeutsche Bauern- und Germanendichter Hans Friedrich Blunck als Präsident der Reichsschrifttumskammer [156] den umfassenden Charakter des Neuanfangs: „Demut vor Gott, Ehre dem Reich und Hochzeit der Künste" waren die verführerischen Schlagworte, mit denen Blunck die Dichter zur Wiedererweckung des Reichsgedankens, zur „volkhaften Freiheit", zur „Vermählung mit dem wartend Weiblichen, ... der mütterlichen Erde", zur Kunst als „Ausdruck des gesamten volkhaften Willens" aufrief. [157] Aus Bluncks feierlicher Prophezeiung von der „Hochzeit der Künste ...,, deren Beginn ich ansage", ist freilich nichts geworden; im Frühjahr 1935 machte er Hanns Johst Platz. Doch blieb Blunck „positiv"; er beruft sich auch heute noch darauf,[158] „niemals" hätten „die verschiedenen Schichten in unserem Volk einander so nahegestanden wie in den ersten Jahren des Dritten Reichs"; er und seine jugendbewegten Freunde „glaubten an das Gute, an die Güte, an Gott, an eine Erhöhung der Menschen, sie waren gläubig an das, was ihre Herzen in den Tagen des Aufbruchs erlebt hatten – welche Revolution hat nicht ihre Schattenseiten?" [159] „Und die Dichtung auch, und sie alle, die später taten, als hätten sie gleich gewußt, worauf die Entwicklung hinauslaufen würde, haben in den ersten Jahren sich bekannt und gehofft wie wir alle." Das trifft gewiß Richtiges, aber im Mund des Präsidenten der Reichsschrifttumskammer wird es zur irreführenden Apologetik, die Wirklichkeiten verniedlicht oder verschweigt. Bezeichnend für die opportunistische Anpassungsfähigkeit dieser Dichtung ist auch, daß man dieselben Namen, die 1932 unter einem Aufruf zur Schaffung eines Heine-Denkmals in Düsseldorf standen, ein Jahr später unter dem „Treuegelöbnis der deutschen Dichter für den Volkskanzler Adolf Hitler" findet: Binding, Bloem, Brües, Ewers, Halbe, Johst, Lersch, Loerke, Molo, Ponten, Scholz, Stucken; nur fehlen freilich Heinrich und Thomas Mann, Koll-

[153] Professor Eugen Hönig, a. a. O., S. 59; weitere Präsidialratsmitglieder: Paul Ludwig Troost, August Krauß, Walter Hoffmann, Otto v. Keudell, Franz Lenk, Hans Weidemann.

[154] Otto Laubinger, a. a. O., S. 67; weitere Präsidialratsmitglieder: Gustav Aßmann, Heinz Hilpert, Werner Krauß, Otto Leers, Wilhelm Rode und der kulturpolitische Leiter des VB, Rainer Schlösser, der seit dem 18. August 1933 als „Reichsdramaturg" im Propagandaministerium waltete.

[155] Gustav Aßmann, a. a. O., S. 75; zur nationalsozialistischen Theaterlenkung vgl. die detaillierte Analyse von Ilse Pitsch, Das Theater als politisch-publizistisches Führungsmittel im Dritten Reich, Diss. Münster 1952, S. 49 ff.

[156] Deutsche Kultur ..., a. a. O., S. 79 ff.; weitere Präsidialratsmitglieder: Theodor Fritsch (als Nestor der Antisemiten), Hans Grimm, Gunther Haupt, Hanns Johst, Friedrich Oldenbourg und Heinz Wismann.

[157] Ein anderes Beispiel für Bluncks Stil bietet die Mahnung (a. a. O., S. 138): „Helft an der Schönheit des Unbekannten, edel und heldhaft aufwachsend aus eurem Volk."

[158] Hans Friedrich Blunck, Unwegsame Zeiten (Lebensbericht, Bd. II), Mannheim 1952, S. 177 ff.; vgl. dort auch seine Darstellung der Gründung der Kammer, stark apologetisch, aber mit interessanten Details (S. 205 ff.), sowie seines Rücktritts (S. 313 ff.; S. 339 ff.).

[159] Vgl. a. a. O., S. 186: „Dagegen entrüstete ich mich weniger über Gerüchte [!] von Bücherverbrennungen, solche Dinge begleiten alle Revolutionen."

witz, Liebermann, Stefan Zweig, Wassermann und Kerr.[160] Im übrigen bestätigen sowohl die Schilderungen wie die Namen der Beteiligten, die Zusammensetzung der Kammern und ihre betont ständestaatlich aufgeputzte Ideologie – die durch die tatsächliche Machtverfügung des Propagandaministeriums Lügen gestraft wurde –, daß auch hier bewußt ein nationaler, nicht ein nationalsozialistischer Anfang gewählt wurde; weder waren die Parteigenossen in der Mehrheit, noch verzichtete man auf die Mitwirkung renommierter Einzelgänger unpolitischer Herkunft und Prägung.

Dem entsprach auch der Nachdruck, mit dem erneut alle Erklärungen beteuernd oder beruhigend feststellten, die neue Kultur entstehe „nicht aus Gängelung und Kommando, sondern aus dem Geiste der Gemeinschaft";[161] oder der geschickte Hinweis auf die Verwirklichung einer „Interessengemeinschaft", die viele bisher ungelöste Probleme der Zusammenarbeit, des beruflichen Schutzes und der Unterstützung lösen, zugleich aber auch die nationalsozialistische Auffassung vom „Dienst am Schrifttum" umfassend durchsetzen würde.[162] Tatsächlich befanden sich in dieser Anfangsphase in den Präsidien der Schrifttums-, Musik- und Kunstkammer keine „alten Kämpfer"; so gelang auch, neben der Mitläuferwirkung dieser Personalpolitik, die Abschirmung manches Bedrohten, blieben sogar manche Juden zunächst als Kammermitglieder geduldet.[163] Und selbst Max Amann, der altnationalsozialistische Verlegermagnat an der Spitze der politisch bedeutsamsten Reichspressekammer,[164] betonte zunächst die „ständische" Vertretungsfunktion der neuen Institution und bezeichnete als ihre erste Aufgabe die *Erziehung zum ständischen Denken*": freilich in dem Sinne einer einheitlichen „Berufsehre", die „die in der Presse Schaffenden zu einem festen Block zusammenschweißen" wird, „aus dem alle Schlacke und alles Unechte durch den harten Hammerschlag der Pflicht herausgehämmert wird". Erst dann „ist die deutsche Presse als das Ergebnis eines einheitlichen Wollens aller an ihrer Gestaltung Mitwirkenden das Instrument, das der heutige Staat braucht". Auch hier jedoch die Beteuerung, man strebe keine einfache Gleichschaltung der Zeitungen und Zeitschriften an: „Die gegenwärtig weitgehende *Gleichförmigkeit*, insbesondere der deutschen Tagespresse, ist nicht das Ergebnis von Regierungsmaßnahmen und *entspricht nicht dem Willen der Führung der Nation*." [165] Vielmehr komme es nun auf eine Änderung der Taktik an, bestehe *die Aufgabe der nationalsozialistischen Presse künftig in der Festigung des Gewonnenen* . . ., und zweifellos werden journalistische Erfahrung und manche erprobte und bewährte Methoden journalistischer und verlegerischer Arbeitsweise von der nichtnationalsozialistischen Presse übernommen werden können".

Anders als in den übrigen Kammern wurde in der Organisation der Reichsrundfunkkammer, Goebbels' Lieblingsschöpfung, die Wirklichkeit der partei- und regierungspolitischen Machtverfügung hinter der pseudoständischen Fassade des Kammersystems mit eindeutiger Schärfe sichtbar. Ihr jugendlicher Präsident, zugleich Ministerialrat im Propagandaministerium,[166] stellte die Kammerarbeit unter die Lo-

---

[160] Vgl. Cassie Michaelis, Heinz Michaelis, W. O. Somin, *Die braune Kultur. Ein Dokumentenspiegel*, Zürich 1934, S. 205 f., und weitere Beispiele S. 184 ff.

[161] Vizepräsident Wismann in: *Deutsche Kultur*. . . (Anm. V/148), S. 82 f.

[162] Geschäftsführer Haupt in: *a. a. O.*, S. 84 ff.; auch hier aber gleichzeitig die Beteuerung: „Die Reichsschrifttumskammer ist alles andere als eine Regierungs- und Kommandostelle" (S. 88).

[163] Vgl. die scharfe Kritik an dieser Praxis in einem Rundschreiben Goebbels' an die Landesregierungen: *VB* vom 7. März 1934.

[164] *Deutsche Kultur*. . . (Anm. V/148), S. 91 f. (Auszeichnung i. Orig.); weitere Präsidialratsmitglieder: Verleger Willi Bischoff, Pressechef Otto Dietrich, Geheimrat Prof. Walther Heide, Ministerialrat Jahncke.

[165] *A. a. O.*, S. 93 f. (Auszeichnung i. Orig.); vgl. auch S. 95: „Die gesamte deutsche Presse muß sich darüber klar sein, daß es mit einer, lediglich äußeren Gleichschaltung, die sich in vielen Fällen mit einer fast erschreckenden Schnelligkeit vollzog, nicht getan ist."

[166] Horst Dreßler-Andreß; *a. a. O.*, S. 101 ff.; weitere Präsidialratsmitglieder: die neuen Intendanten Walther Beumelburg und Heinrich Glasmeier, Rundfunkdirektor (Berlin) Eugen Hadamovsky, RA Bernhard Knust.

sung: „Der Rundfunk – das Verkündungsmittel der nationalsozialistischen Weltanschauungseinheit". In der Parallelität des Aufstiegs von Rundfunk und Nationalsozialismus erblickte er den Beweis dafür, daß kein anderes publizistisches Mittel dem
Totalitätsanspruch des Nationalsozialismus so genuin entspreche wie der Rundfunk,
der mit seinen großen nationalen Gemeinschaftssendungen, mit dem kollektiven Ab-
hörzwang der großen Hitler-Reden in allen Betrieben und Schulen, dem neuen Zeitalter des Nationalsozialismus „mit dem modernsten technischen Instrument das ihm
eigentümliche Ausdrucksmittel schaffen mußte" – ganz wie es dem Mittelalter die
Kirche, dem Zeitalter des Liberalismus die Presse gewesen sei. In der Tat war das
Hauptinteresse des Propagandaministeriums von Anfang an dem Rundfunk gewidmet,
getreu der Überzeugung, „daß erst der Nationalsozialismus kommen mußte, um seiner Erfindung überhaupt einen Sinn zu geben" und „um es als geistiges Instrument zu
handhaben. Jung und zukunftsfreudig stehen der Nationalsozialismus und sein Verkündungsmittel, der Rundfunk, an der Schwelle des Jahres der nationalsozialistischen
Gestaltung, beide traditionslos, aber besessen von dem einen Willen, Führer und Volk
im deutschen Lebensraum zu einer Schicksalseinheit zusammenzuschweißen."

Der Nationalsozialismus hat unleugbar die Bedeutung des Rundfunks für den Aufbau und die Sicherung einer totalitären Herrschaft, die sowohl in der suggestiven
Verbreitungstechnik als auch in der besonders leichten Manipulierbarkeit dieses Instruments der Massenpropaganda begründet ist, früher erkannt und wirksamer ausgenutzt
als alle anderen Regime. Er hat nach den Worten des neuen Reichssendeleiters Hadamovsky, der zugleich Direktor der Reichsrundfunkgesellschaft und Vizepräsident der
Kammer war,[167] in rascher Gleichschaltung die wesentlichen Positionen mit kampf-
willigen „SA-Männern des Geistes" besetzt, und er ließ keinen Zweifel an dem Ziel,
aus dem „liberalistischen Warenhausbetrieb des Rundfunks . . . ein wahres, braunes
Haus des deutschen Geistes" zu machen. Hier war nichts mehr von den verhüllenden
oder illusionistischen Ideen ständischer Kooperation: „Wir haben in diesen wenigen Monaten, die wir erst an der Macht sind, den Rundfunk als Element des politischen Kampfes
weiter ausgebildet, als das irgendeine Nation der Welt vor uns getan hat." Als „mo-
dernste, stärkste und revolutionärste Waffe" ist er „der Hammer gewesen, mit dem
nach dem 30. Januar Adolf Hitler die Nation zusammenschmiedete" und die Parteien,
den Klassenkampf und Marxismus zerschlug. Das war möglich, weil über die „Nationalsozialistische Rundfunkkammer" bis hin zum Gesamtrahmen der Reichsrundfunkkammer „zwangsläufig alles, was sich mit dem Rundfunk beschäftigte, zum Dienst
für die Weltanschauungseinheit des Nationalsozialismus zusammengefaßt" wurde:[168]
von der Fabrikation der Radioröhren und Apparate über den Vertrieb zum Sender,
Mitarbeiter, Hörer. Noch 1933 begann die serienmäßige Herstellung eines billigen
Volksempfängers, und die Zahl der Hörer stieg sprunghaft an. Überall war nun der
Rundfunk dabei. Die Nationalsozialisten stellten ihn, wie Goebbels freimütig bekannte, „mitten in das Geschehen des Tages hinein; sie gaben ihm bewußt eine Tendenz
und überantworteten ihn dem leidenschaftlichen und bedingungslosen Dienst am
neuen Regime".[169] Wohin diese Entwicklung in letzter Konsequenz zielte, ist dann seit
Kriegsausbruch deutlich geworden; die totale Systematisierung des Gemeinschafts-
empfangs als Mittel der Herrschaft sollte künftig durch ein enges Netz von „Reichs-
lautsprechersäulen" auf allen Straßen und Plätzen, dem kein Passant mehr entgehen
konnte, vollendet werden, und auch der private Rundfunkempfang abseits des „öffentlichen Raums" sollte schließlich nach russischem Vorbild durch die allgemeine Einfüh-

---

[167] *A. a. O.*, S. 104 ff.
[168] Geschäftsführer Knust; *a. a. O.*, S. 108 f.
[169] Rede von Goebbels zur Eröffnung der 12. Rundfunkausstellung in Berlin am 17. August 1935, zit. Hagemann, *Publizistik . . .* (Anm. V/134), S. 46.

rung des Drahtfunks, die jede eigene Senderwahl unterband, auf den Willen und die Kundgebungen der Machthaber ausgerichtet werden.[170]

Schließlich die Reichsfilmkammer. Während ihr Präsident wieder stärker das berufsständische Element in den Vordergrund rückte,[171] betonten die weiteren Artikel vor allem die mögliche Massenwirkung und darum die notwendige „Reinigung" der Produktion von fremdrassigen Elementen; die „Darstellung deutschen Wesens im Film" sollte zwar durch wertvolle ausländische Werke ergänzt werden – jedoch nur, „wenn der fremde Film so dargestellt ist, wie wir es für den deutschen Film fordern"; und schließlich sollte er als „wichtiges Propagandamittel" nach innen und außen eingesetzt werden, wobei der Ausrichtung der Wochenschauen besondere Aufmerksamkeit gewidmet werden sollte. Auch hier war durch die umfassende Organisation, in die alle irgendwie an Produktion, Vertrieb und Vorführung Beteiligten gezwungen waren, Kontrolle und Lenkung für die Zukunft verbürgt. Darin lag dann auch die herrschaftstechnische Bedeutung der Kammerorganisation: geistige Gleichschaltung in allen Bereichen, soweit nötig (nicht z. B. im Rundfunkwesen) notdürftig verhüllt durch korporative Illusionen. In dieser Taktik, die auch die sozial- und wirtschaftspolitische Gleichschaltung beherrschte, ohne je auf eine wirkliche korporative Gliederung des totalen Staates hinzuführen, hat Goebbels selbst auf einer Kulturkammertagung vom 8. Februar 1934 den Kammern dann auch die erste Rolle zugewiesen: „Wenn der ständische Gedanke wirklich der große soziologische Gedanke des 20. Jahrhunderts ist, sind wir auf diesem Gebiete in Deutschland bahnbrechend. Die Kulturberufe sind der erste Stand, der von Reichs wegen organisiert worden ist. Gelingt dieser Versuch (und er wird gelingen!), dann wird die ständische Gliederung des übrigen Teiles des deutschen Volkes nur eine Frage kurzer Zeit sein." [172] Dahinter und darüber stand freilich jene Forderung eines „Soldatentums des Geistes", einer „Inneren [sic!] artgebundenen Wehrmächtigkeit", die dem „kulturellen Umbruch" seine gleichschaltende Funktion als „geistespolitische Aufgabe" im Rahmen des totalen Machtstaates zuwies.[173]

So war seit den Kulturgesetzen vom Herbst 1933 nun auch Goebbels' Stellung – und damit das unangreifbare Monopol seiner Propaganda – in dreifacher Form gesichert: der staatlichen Verfügungsgewalt (als Minister) entsprach seine berufsständische Führungsposition (als Präsident der Reichskulturkammer) und seine Spitzenfunktion (als Reichspropagandaleiter) in der einzigen Partei. Es rundet nur das Bild dieses Vorgangs, daß, besonders in der Frage der Qualifikation und der öffentlichen Funktion der Presse, die Begründung des Schriftleitergesetzes – wie so viele Maßnahmen und Erfolge der Machtergreifung – auf ältere Entwürfe und Bedürfnisse zurückgreifen und sich berufen konnte, ohne daß dies angesichts der totalitären Absicht der Maßnahmen auch auf diesem Feld mehr als geschickte Tarnung war. Durch die Einrichtung einer für den Nachwuchs obligatorischen „Reichspresseschule" im Frühjahr 1935 ist dann auch die „weltanschauliche" Ausbildung institutionalisiert worden. Zugleich hat, ausgehend von der Beschlagnahme der „marxistischen" Unternehmungen, eine fortschreitende verlagspolitische Gleichschaltung durch die zunehmende Konzentration der Zeitungsbetriebe vor allem in der Hand Max Amanns, des Inhabers des NS-Zentralverlages Eher, mit der wirtschaftlichen die journalistische Unabhängigkeit noch stärker eingeengt. Schon am 3. November 1933 schuf die „Verordnung zur Durchführung

---

[170] Vgl. Picker (Anm. Einl./40), S. 290; dazu Schmeer (Anm. I/43), S. 146 f.

[171] Rechtsanwalt Fritz Scheuermann in: Deutsche Kultur. . . (Anm. V/148), S. 113; weitere Präsidialratsmitglieder: Karl Auen, Franz Beelitz, Walther Plugge, Theodor Loos, Botho Mülert, Arnold Raether.

[172] Zit. von Dreyer, „Geistespolitische Aufgaben im Neuen Reich", a. a. O., S. 134.

[173] Dreyer, a. a. O., S. 135.

des Reichskulturkammergesetzes" einen Anlaß zur Ausschaltung weiterer 1500 Verleger. Noch einschneidendere Maßnahmen folgten im April 1935; die Entwicklung eines NS-Pressetrusts monopolartigen Charakters hat schließlich auch die angesehensten bürgerlichen Blätter erfaßt.[174] Zensur und Zeitungsverbot, diese alten Mittel der Diktatur, waren jetzt überflüssig geworden, da das publizistische Wirken schon an der Wurzel „erfaßt" und einer ständigen täglichen Lenkung unterworfen war. Der gleichgeschalteten Presse, der Goebbels in seiner Rede vom 4. Oktober 1933 unter Hinweis auf den widerspruchslosen Gehorsam des Militärs jede Kritik an den (stets irrtumsfreien) Maßnahmen des neuen Regimes untersagte, war eine Erziehungsfunktion auferlegt, die die Bemühungen der nationalsozialistisch ausgerichteten Schule ergänzen und vollenden sollte: „Der Nationalsozialist steht auch hier auf einem totalitären Standpunkt. Er sagt: Es geht nicht an, plötzlich nun den jungen Menschen, wenn er am allerempfänglichsten ist, aus der Obhut des Staates zu entlassen und nun den individuellen Experimenten etwelcher schreibenden Menschen zu überlassen." [175]

Damit hatte Goebbels zugleich nicht nur die Richtung der nationalsozialistischen Erziehungspolitik, sondern auch den Anspruch auf Lenkung der *Literatur* im weiteren Sinne umrissen, den das nationalsozialistische Regime erhoben und durchzusetzen gesucht hat. Zwar war in diesem Bereich, ungleich der periodischen Publizistik der Zeitungen und Zeitschriften, die totalitäre Kontrolle und Lenkung nur beschränkt durchführbar; eine durchgängige Zensur von Buchhandlungen und Bibliotheken erwies sich als unmöglich. Es blieben die propagandistische Verfemung oder die Ausschaltung und Verfolgung „unerwünschter" Schriftsteller, das Verbot von Neuauflagen mißliebiger älterer Werke, Verlagszensur und Überwachungsdrohung der „Reichsschrifttumskammer", schließlich schwarze Listen, an denen die verschiedensten Parteistellen ständig arbeiteten. Sie haben neben der linksgerichteten und jüdischen Literatur schon früh auch einen Großteil der ehemals verbündeten Schriftsteller der „konservativ-revolutionären" Rechten erfaßt.[176] Was sich hier vollzog, ist mit Recht als *Zerstörung der deutschen Literatur* bezeichnet und analysiert worden [177] – in dem Sinne freilich auch hier, daß es zugleich weitgehend Selbstzerstörung war. Das erweist schon ein Blick auf die Listen des Himmlerschen Sicherheitshauptamtes, die den „geradezu erstaunlichen Prozeß der Umdeutung, Sinnverfälschung, Verredung und Zersetzung" der „festen, unverrückbaren Grundwerte nationalsozialistischer Weltanschauung" gerade durch jene Schriftsteller anprangerten, die von der nationalistisch-konservativen Seite den „Umbruch" mit vorbereitet und getragen hatten und nun als „Trotzkisten des Nationalsozialismus" [178] gleichsam dem eigenen Verdikt zum Opfer fielen: als „Verfälscher des Nationalsozialismus" und des Wertbegriffes „national", den sie primär geistig statt rassisch,[179] des Wertbegriffes „sozial", den sie klassenpolitisch oder christlich gefaßt hätten, als Protagonisten eines über-nationalsozialistischen „Deutschtums", das in erster Linie als geistige und religiöse Substanz verstanden und der rassistischen Interpretation entzogen oder sogar entgegengesetzt werde. Die besonders rigorosen Maßstäbe dieser Zusammenstellung, die der geheimen Überwachungspolitik der Gestapo auf geistig-literarischem Gebiet diente, lassen, indem sie sogar auf das eigene Lager übergreifen, im Sinne der „reinen Idee" des künftigen SS-Staates den Kreis der

[174] Dazu Hubert Jux, *Der Zeitschriftenverleger und die Anordnungen der Reichspressekammer*, Berlin 1934, S. 13 ff. Vgl. die Einzelheiten in: *Presse in Fesseln. Eine Schilderung des NS-Pressetrusts*, Berlin 1948, S. 129 ff.
[175] Goebbels am 4. Oktober 1933: Schmidt-Leonhardt/Gast (Anm. V/145), S. 13.
[176] Vgl. die aufschlußreiche Zusammenstellung in dem für internen Gebrauch verfertigten Katalog: Der Reichsführer SS. Der Chef des Sicherheitshauptamtes, *Zersetzung der nationalsozialistischen Grundwerte im deutschsprachigen Schrifttum seit 1933*, Sonderbericht, Nr. 245, Juni 1936 (hektogr.).
[177] So das gleichnamige Buch von Muschg (Anm. V/33), S. 13 ff.
[178] Der Ausdruck bei Mohler (Anm. Einl./50), S. 12.
[179] Dafür wird besonders Richard Benz kritisiert: *Zersetzung*. . . (Anm. V/176), S. 8.

literarischen Opposition sehr weit erscheinen.[180] Als besonders schädliche „Konjunkturritter" werden die Literaten bezeichnet, die den Rassebegriff oder den Führergedanken und andere Schlüsselbegriffe des Nationalsozialismus übernahmen, aber für eigene Zwecke zurechtgebogen, „ausgebeutet" hätten. Ein Katalog von Zitaten zeigt, zu welchen grotesken Verirrungen die NS-Weltanschauungspostulate und die Anpassungs- wie Erfindungssucht sektiererischer Eigenbrötler auf dem Felde des Rassen- und Führerkults gerade in den Monaten des „Umbruchs" geführt hat, wie geschickt aber auch — wenngleich in der äußeren Anpassung oft bedenklich weitgehend — zugleich anders gesinnte Personen und Kreise, vor allem das katholische Schrifttum, gängige Begriffe und ideologische Schemata mit eigenem Gehalt gefüllt und sogar gegen den Nationalsozialismus gewendet haben.[181]

Problematischer freilich erscheint die These von der geistigen Selbstzerstörung bei einem Blick auf die konkrete Situation deutscher Literatur zum Zeitpunkt des „Umbruchs", auf den plötzlichen „Zusammenbruch der bürgerlichen Bildung". Richtig ist, daß der hohe Stand des geistigen und künstlerischen Lebens im Deutschland dieser Zeit nicht genügte, um den „plötzlichen Einsturz des bürgerlichen Bildungsbetriebs und den Triumph des Pöbels zu verhindern".[182] Aber man kann bei einer genaueren Analyse der ideologischen Gleichschaltung doch nicht einfach konstatieren, die deutsche Literatur sei „dem Druck, dem sie ausgesetzt wurde, nicht gewachsen [gewesen], weil keine geistige Realität mehr hinter ihr stand".[183] Diese These, die sich allzu rasch der Schlagworte von der „Vermassung" und „Amerikanisierung" Europas, vom Einbruch des „Kollektivismus" und des „Terrors des Minderwertigen" bedient,[184] könnte leicht als letztlich weltgeschichtliche Rechtfertigung der nationalsozialistischen Liquidierungsaktionen mißverstanden werden. Auch wenn man die Krise und das lange vorbereitete Krisenbewußtsein der Kultur, ja, die Vorbereitung der Diktatur in der Massenkultur hinreichend in Rechnung stellt, bleibt doch die Tatsache, daß — auch die sowjetisch-russische Revolution eingeschlossen — noch nie geistige Freiheit und kulturelles Wertgefühl in einem ähnlichen Ausmaß und mit gleicher Brutalität der Verführung und zugleich dem Terror des Ungeistes unterworfen, von solcher Katastrophe auf die Probe gestellt worden war. Gewiß offenbarte sich darin zugleich auch die Machtlosigkeit des Geistes in unserer Zeit. Aber als das entscheidende Moment erscheint doch die äußerste Unfruchtbarkeit jener allgemeinen Intoleranz, die durch die politische, gesellschaftliche, wirtschaftliche Kapitulation und nicht durch Kulturlosigkeit — wie doch auch die nationalsozialistische These ging! — über Deutschland hereingebrochen war. Scharfe, unerbittlich ausgefochtene Gegensätze verschiedener Kunstrichtungen hat es immer gegeben; die Auseinandersetzung um abstrakte, atonale, expressionistische Strömungen begründet keinesfalls jene einzigartige Kulturkrise, aus der mit noch konservativerem Akzent eine allzu bequeme Kritik am „Verlust der Mitte" fast in Umkehrung von Ursache und Wirkung die Verfallserscheinungen und Katastrophen unserer Zeit abzuleiten sucht.[185] Es bleiben vielmehr zwei Tatsachen: die lebendige Fülle des Weimarer Kulturlebens ist durch einen gewaltsamen Schnitt und einen unerhörten Aderlaß von außen zerstört worden und hat nicht etwa

---

[180] Da finden sich dann Namen von Protagonisten der „Nationalen Revolution" wie Reinhold Wulle, Benz, Boehm, Hans Naumann, die Othmar-Spann-Schule neben Namen wie Erich Rothacker, Rudolf Herzog und Oppositionellen wie Friedrich Muckermann, Arthur Mahraun, René König, Ernst Niekisch und den kirchlichen Kritikern des Rassegedankens.

[181] Beispiele in: Zersetzung. . . (Anm. V/176), S. 42 ff.

[182] Muschg (Anm. V/33), S. 13.

[183] A. a. O., S. 22.

[184] So a. a. O., S. 29 ff.

[185] Hans Sedlmayr, Verlust der Mitte. Die bildende Kunst des 19. und 20. Jahrhunderts als Symptom und Symbol der Zeit, Salzburg 1948.

einfach „als Zerfall der Kunst" sich selbst widerlegt;[186] und die Anfälligkeit und
Brüchigkeit lag, nicht ausschließlich, aber doch in bestimmendem Maße, bei einer
Literatur- und Kunstwissenschaft, die sich zum Teil selbst an der völkisch-rassistischen
Diffamierung[187] origineller zeitgenössischer Kulturbestrebungen beteiligte oder die
Literaturgeschichte nach anti-individualistischen Axiomen zu bestimmen und zu werten suchte,[188] alle Dichtung von der Stammesseele, von Blut und Erde determiniert
erklärte oder die gegenwärtigen Impulse in die Vergangenheit projizierte.[189] Sie hat
jedenfalls den nationalsozialistischen Bücher- und Bilderstürmern den Weg freigegeben
und sich auf die bequeme, national getönte Verehrung und Pflege des Klassischen,
Unangefochtenen zurückgezogen. Daß das ewig zeitlose Schlagwort vom Verfall und
von der „Entartung" der Literatur und Kunst in seiner Wirkung nicht auf die Ge-
wohnheitsreaktion des kleinbürgerlichen Konservatismus beschränkt blieb, sondern in
der konkreten Situation von 1933/34 in Deutschland staatlich-totalitäre Sanktion gewann, daß es zur Beraubung, Verbreitung und Vernichtung der Träger mißliebiger
Kunstrichtungen fortgetrieben und von Schreibtischen und Lehrstühlen her noch geistig begründet und gerechtfertigt wurde: das war in erster Linie ein politisches und
kulturpolitisches Ereignis, für das man auch hier nicht den Ermordeten, sondern die
durchaus außer-geistige Brutalität der physischen Verfolgung von Literatur und Kunst,
deren „Wert" damit nichts zu tun hatte, schuldig sprechen sollte.

Besonders entschieden und radikal erfolgte die Ausschaltung aller „links"gerichteten, jüdischen oder demokratisch profilierten Schriftsteller. Nachdem Heinrich Mann
– „auf gelinden Druck des kommissarischen preußischen Kultusministers Rust", wie
die nationalsozialistischen Historiographen freimütig kommentierten – am 16. Februar
1933 seinen Rücktritt als Präsident der Preußischen Dichterakademie erklärt hatte,
waren schon im April in den gleichgeschalteten Zeitungen Listen der Autoren und
Bücher erschienen, die aus dem Geistesleben des „neuen Deutschland" ausgeschlossen
werden sollten.[190] Dazu gehörten neben politischen Schriftstellern wie August Bebel,
Eduard Bernstein, Friedrich Wilhelm Foerster, Emil Julius Gumbel, Rudolf Hilferding, Hugo Preuß, Walther Rathenau die Dichter Bert Brecht, Max Brod, Alfred
Döblin, Georg Kaiser, Egon Erwin Kisch, Heinrich, Klaus und Thomas Mann, Theo-
dor Plivier, Erich Maria Remarque, Arthur Schnitzler, Kurt Tucholsky, Arnold und
Stefan Zweig, Ernst Glaeser, Walter Mehring; die Liste wurde des weiteren auch auf
einzelne Bücher von Ernst Barlach, Werner Bergengruen, Ferdinand Bruckner, Rudolf
Borchardt, Hermann Broch, Kasimir Edschmid, Werner Finck, Kurt Hiller, Hugo v.
Hofmannsthal, Erich Kästner, Hermann Kasack, Alfred Kerr, Hermann Kesten, Karl
Kraus, Elisabeth Langgässer, Else Lasker-Schüler, Rudolf Olden, Ernst Penzoldt,
Alfred Polgar, Frank Thieß, Fritz v. Unruh, Jakob Wassermann, Günther Weisen-
born, Franz Werfel, Ernst Wiechert, Carl Zuckmayer und Hermann Hesse ausgedehnt.

[186] Wie Muschg (Anm. V/33), S. 31 ff., kulturpessimistisch schließen zu müssen meint; wenig später (S. 34)
widerlegt er die eigene These, wenn er dafür nun selbst den Einbruch der NS-Zeit verantwortlich macht.

[187] Am extremsten und primitivsten wurde sie schon jahrzehntelang in den Literaturgeschichten von Adolf
Bartels geübt.

[188] So vor allem des Deutschböhmen Josef Nadlers in Teilen schon vor dem ersten Weltkrieg entstandene
Literaturgeschichte der deutschen Stämme und Landschaften, 1912–1928; besonders pointiert auf die NS-Ideologie
bezogen in Nadlers Vortrag *Nation, Staat, Dichtung*, München 1934, und in: *Das stammhafte Gefüge des deutschen
Volkes*, München 1934, und dann in der 4. Auflage seiner *Literaturgeschichte* (1938–1941) mit einem ganz dem
Nationalsozialismus und Antisemitismus gewidmeten Schlußband. Zur früheren Kritik Walter Muschg in seiner
Basler Antrittsvorlesung 1937 (*Basler Nachrichten* vom 31. Dezember 1937; jetzt *Die Zerstörung. . .*, Anm. V/33,
S. 133 ff.).

[189] Vgl. z. B. Johann Sprengel, *Der Staatsgedanke in der deutschen Dichtung vom Mittelalter bis zur Gegenwart*, Berlin 1933.

[190] Vgl. die Zusammenstellung in: *Verboten und verbrannt. Deutsche Literatur, 12 Jahre unterdrückt*, hrsgg.
von Richard Drews und Alfred Kantorowicz, Berlin–München 1947.

Dazu kamen viele andere, auch wurde der Katalog ausreichend zurückverlängert, um tote Dichter von Heine bis Kafka zu erfassen.

Der 10. Mai 1933 war das erste große Datum in der Geschichte der Gleichschaltung und Zerstörung der Literatur. An diesem Tag brannten auf dem Opernplatz in Berlin und auf den öffentlichen Plätzen der deutschen Haupt- und Universitätsstädte die Feuer der nationalsozialistischen Inquisitoren – wieder nach bewährter Taktik als „spontane" Empörung proklamiert und von Fackelzügen der Studenten, Feuersprüchen und Ansprachen von Professoren umrahmt, in Wirklichkeit vom Propagandaministerium inszeniert –, die alle Bücher der „weltbürgerlich-jüdisch-bolschewistischen Zersetzungsliteratur" demonstrativ vernichten sollten.[191] Der 10. Mai 1933 gehört in dieselbe Reihe wie Reichstagsbrand und Judenboykott; von diesem angeblich spontanen Akt leitete die nationalsozialistische Führung die Legitimation für die folgende Diskriminierung und Verfolgung aller für die eingleisige Weltanschauungspolitik unbequemen Autoren her. Es folgten wilde und organisierte Aktionen in öffentlichen wie Leihbibliotheken; sie verbanden sich den Polizeimaßnahmen gegen „marxistische Literatur", die nach einem Polizeibericht vom 20. Mai 1933 allein in Berlin zur Beschlagnahme von 10 000 Zentnern linksgerichteter Literatur von Marx bis Tucholsky führten.[192] Zu den „Schmutz- und Schundbüchern", die Goebbels mit dem Ruf Ulrich von Huttens „oh Jahrhundert, oh Wissenschaften, es ist eine Lust zu leben!"[193] und Feuersprüchen auch namhafter Professoren ins Feuer werfen ließ, gehörte mit den Werken von Thomas Mann, Sigmund Freud, Albert Einstein, Karl Marx, Voltaire, Romain Rolland, Herbert George Wells, Selma Lagerlöf, Helen Keller, Martin Andersen Nexö, Carl v. Ossietzky ein Großteil der zeitgenössischen wie der klassischen Weltliteratur, Philosophie, Wissenschaft; so auch das Werk Heinrich Heines, der einst klarsichtig geschrieben hatte, wo man Bücher verbrenne, dort verbrenne man am Ende auch Menschen.[194] Dazu kam dann noch das pseudogeschichtlich verankerte Mittel der Ausbürgerung vieler angesehener Deutschen,[195] die entweder nach 1918 eingebürgert und „unerwünscht" waren oder inzwischen unter Verfolgungen das Land verlassen hatten. So erklärte Frick am 23. August 1933 in einem einzigen Akt folgende ins Ausland oder auch Saargebiet gegangene Deutsche ihrer Staatsangehörigkeit für verlustig, „weil sie durch ein Verhalten, das gegen die Pflicht zur Treue gegen Reich und Volk verstößt, die deutschen Belange geschädigt haben: Dr. Alfred Apfel, Georg Bernhard, Dr. Rudolf Breitscheid, Eugen Eppstein, Alfred Falk, Lion Feuchtwanger, Dr. Friedrich Wilhelm Foerster, Helmut v. Gerlach, Elfriede Gohlke, gen. Ruth Fischer, Kurt Großmann, Albert Grzesinski, Emil Gumbel, Wilhelm Hansmann, Friedrich Heckert, Max Hölz, Dr. Alfred Kerr, Otto Lehmann-Rußbüldt, Heinrich Mann, Theodor Maslowski, Wilhelm Münzenberg, Heinz Werner Neumann, Wilhelm Pieck, Bertold Salomon, gen. Jacob, Philipp Scheidemann, Leopold Schwarzschild, Max Sievers, Friedrich Stampfer, Ernst Toller, Dr. Kurt Tucholsky, Bernhard Weiß,

---

[191] Darüber auch Hans Heigert, „Der Selbstmord der deutschen Studentenschaft", in: *FAZ*, Nr. 80 vom 5. April 1958.

[192] Rühle (Anm. I/9), I, S. 86, mit geschmackvoller Betonung der Tatsache, daß diese Bücher und Zeitschriften in die Ställe der ehemaligen berittenen Schutzpolizei geschafft und dort (!) „einer eingehenden Sichtung unterzogen worden" seien.

[193] Rede Goebbels' „bei der Verbrennung undeutschen Schrifttums" vom 10. Mai 1933 auf dem Opernplatz zu Berlin: *Der Angriff* vom 11. Mai 1933.

[194] Vgl. den subjektiv apologetischen Bericht Bluncks (Anm. V/158, II, S. 188 ff.); dagegen das Bild der ausweglosen Situation in den Tagebüchern Oskar Loerkes (*Tagebücher 1903–1939*, hrsgg. von Hermann Kasack, Heidelberg-Darmstadt 1955, S. 261 ff.), der schon am 18. März 1933 als Sekretär der Akademie kurzerhand abgesetzt wurde. Zur Situation des Schriftstellers auch Jochen Kleppers Tagebücher, *Unter dem Schatten Deiner Flügel*, hrsgg. von Hildegard Klepper, Stuttgart 1956, S. 36 ff.

[195] „Gesetz über den Widerruf von Einbürgerungen und die Aberkennung der deutschen Staatsangehörigkeit" vom 14. Juli 1933 (*RGBl.*, I, 1933, S. 480).

Robert Weißmann, Otto Wels, Dr. Johannes Werthauer. Zugleich wird das Vermögen dieser Personen beschlagnahmt." [196]

Mit dem Umbau der Akademie der Dichtung (Johst) und der Akademie der Künste (Max v. Schillings, † August 1933) war die Machtergreifung ehrgeiziger Zweitrangiger unter dem Schutz willfähriger Mitläufer guten Namens an die Stelle der blühenden Vielfalt des Weimarer Kulturlebens getreten. Bewährte Verlage und Literaturzeitschriften stellten sich um, so die *Literarische Welt* unter ihrem schwarz-weiß-roten Wortführer Paul Fechter, der diese Politik auch in seiner neuen Literaturgeschichte betrieb. An die Spitze der völkisch-nationalsozialistischen Buchproduktion setzten sich neben dem alten Zentralverlag der NSDAP (Franz Eher Nachf.) der J. F. Lehmanns Verlag (München), die Hanseatische Verlagsanstalt (Hamburg), der Eugen Diederichs Verlag (Jena), der Wilhelm-Gottlieb-Korn-Verlag (Breslau), der Gerhard Stalling-Verlag (Oldenburg), Junker und Dünnhaupt (Berlin), der Armanen-Verlag (Frankfurt) und Albert Langen – Georg Müller (München).[197] Viele andere Verlage konzedierten wenigstens einzelne Werke der NS- und Mitläuferliteratur. In die erste Reihe der Dichtung wurden, in Ermangelung nennenswerter nationalsozialistischer Literatur,[198] „nationale" Schriftsteller zweiten und dritten Ranges wie Guido Kolbenheyer, Rudolf G. Binding, Emil Strauß, Hans Grimm, Peter Dörfler, Hans Friedrich Blunck, Hanns Johst, Wilhelm Schäfer, Hermann Stehr, der Schweizer Jakob Schaffner, Werner Beumelburg, Will Vesper, Richard Euringer gerückt; wohl verzichtete man auch bei der „Neuordnung" der Akademie nicht auf den großen Namen Gerhart Hauptmanns, doch bildete seit der Sitzung vom 7./8. Juni 1933 neben einigen zunächst geduldeten Resten (Hermann Bahr, Gottfried Benn, Theodor Däubler, Ina Seidel, Max Halbe, Max Mell, Walter v. Molo, Oskar Loerke) eine „national" genehme Richtung durchaus die Mehrheit: außer den oben Genannten Börries Frhr. v. Münchhausen, Hermann Claudius, Gustav Frenssen, Agnes Miegel, Joseph Magnus Wehner, Rudolf Huch, auch Ernst Jünger und Hans Carossa,[199] während Alfred Döblin, Leonhard Frank, Georg Kaiser, Thomas Mann, Alfred Mombert, Rudolf Pannwitz, Fritz v. Unruh, Jakob Wassermann, Franz Werfel und andere die Akademie zu verlassen hatten. Es hatte eine Literaturpolitik begonnen, über die das bewegende Tagebuch eines leidenden Dichter-Zeitgenossen zum 14. Februar 1935 prophetisch urteilte: „Resultat: in zehn Jahren haben wir keine Kultur mehr." [200]

Die Selbstisolierung des nationalsozialistischen Deutschland gegenüber allen ausländischen Anregungen nahm auch über die Theaterpolitik Rusts, Goebbels' und Görings [201] ihren stürmischen Fortgang, zugleich der Strom jener Emigration des deutschen Geistes, die so schwere und fortwirkende Wunden geschlagen hat; etwa 250 namhafte Schriftsteller allein verließen Deutschland, die meisten zu elendem, aller Wirkung beraubten Emigrantendasein. Selbst Stefan George, für viele Wegbereiter des „Dritten Reiches", starb unbeachtet und tief enttäuscht im Dezember 1933 kurz nach Übersiedlung in die Schweiz; mancher seiner Schüler folgte. Es war die – heute im kommunistischen Machtbereich – brennende Frage gestellt, ob sich Geist und Kunst einer politischen Ideologie von ausschließendem Machtanspruch beugen können oder dürfen, ohne selbst Substanz und Wert zu verlieren: An dieser Frage entschied sich das Schick-

[196] *Schultheß, 1933*, S. 194.

[197] Loerke (Anm. V/194), S. 271; vgl. die Übersicht bei Gerhard Schröder, „Aus den Schriften politischer Buchverlage", in: *Der Deutsche Student* (Organ der Deutschen Studentenschaft), Juni 1935, S. 379 ff.

[198] Vgl. die dürftige offiziöse Bilanz von Hellmuth Langenbucher, *Nationalsozialistische Dichtung. Einführung und Übersicht*, Berlin 1935, S. 10 ff.

[199] Vgl. aber Carossas abgewogene, durchaus selbstkritische Auseinandersetzung mit der nationalsozialistischen Zeit in seinen Erinnerungen: *Ungleiche Welten*, Wiesbaden 1951. Ernst Jünger lehnte die Wahl ab; vgl. *Die Schleife. Dokumente zum Weg von Ernst Jünger*, zusammengestellt von Armin Mohler, Zürich 1955, S. 77.

[200] Loerke (Anm. V/194), S. 310.

[201] Vgl. die Details bei Rühle (Anm. I/9), I, S. 88 f.

sal einer Kulturpolitik, die in der Folge eine Periode äußerster Sterilität innerdeutscher Kultur besiegelt hat – wenigstens soweit es ihre offiziell geduldeten und zum Druck und zur Verbreitung genehmigten Äußerungen angeht.

Kaum weniger fühlbar, ja, auch nach außen hin eher noch demonstrativer war das Bemühen um Gleichschaltung der *bildenden Kunst,* die an sich weniger als der Bereich der Literatur dem direkten Zugriff der politischen Instanzen ausgesetzt zu sein pflegt. Hitlers, des gescheiterten Kunstmalers und Architekten persönliches Interesse hat sich hier besonders ausgewirkt. Als Einbruchsstelle für staatlich-nationalsozialistische Manipulation bot sich sogleich die Personalpolitik in den öffentlichen Museen, Kunsthallen, Ausstellungen und Kunstvereinen, nicht etwa eine eigene substantielle Leistung, die eine „völkische Weltanschauung" der bisher dominierenden über-nationalen Vielfalt der modernen Kunst hätte entgegensetzen können. Die durchweg destruktive Grundnote, die der willkürliche Eingriff des totalen Staates in die freie Sphäre der Kunst trug, trat schon in den ersten Wochen aufs deutlichste hervor. Nach der auf allen Gebieten praktizierten Manier wurden die verdienten, mit universaler Toleranz alle Kunstrichtungen fördernden Kunstwarte abgelöst (unter ihnen auch der Reichskunstwart Edwin Redslob) und durch willige, zumeist junge Funktionäre ersetzt; auch hier wurde der „Revolution von unten" in Gestalt brutaler Eingriffe der regionalen NS-Instanzen freie Bahn geschaffen und dies dann durch einen von oben, vor allem durch das Propagandaministerium gelenkten Gewaltkurs zur „Erneuerung der deutschen Kunst" sanktioniert.[202]

Der negative, überaus barbarische Charakter der Gleichschaltung im Bereich der Kunst war vor allem in der Tatsache begründet, daß sie in erster Linie als ein brutales Vorgehen nicht für, sondern *gegen* etwas, gegen das von kleinbürgerlicher Bequemlichkeit stets willig anerkannte Schlagwortgespenst von der „entarteten Kunst" wirkte. In vielen Städten organisierten die neuen Kunstfunktionäre Ausstellungen, in denen unter diesem Motto fast sämtliche Richtungen der modernen Kunst, insbesondere die Schöpfungen des Expressionismus, an den Pranger gestellt und als undeutsch, jüdisch, entartet diskriminiert wurden. Nach der Methode des *Stürmers* griff man dabei auch gerne zum Mittel der sexuellen Diffamierung; man verstärkte etwa den Hinweis auf die „entartete Verdorbenheit" durch den propagandistischen Trick, daß Jugendlichen unter 18 Jahren der Zutritt zu solchen Ausstellungen verboten wurde. So kam es paradoxerweise zu durchaus sehenswerten, wenn auch übel aufgezogenen Abschiedsausstellungen, die ihren eigentlichen Zweck bei Kennern und Liebhabern dieser Kunstrichtungen zwar verfehlten, aber bei der notorischen Überzahl der Gegner moderner Kunst die Neigung zur Zustimmung zum neuen Regime doch zu verstärken vermochten. Wie dabei an die niedrigsten menschlichen Instinkte und besonders auch an die Empfindlichkeit des steuerzahlenden Bürgers appelliert wurde, wird aus der Tatsache deutlich, daß mit öffentlichen Mitteln aufgekauften Bildern ein Schild mit dem Einkaufspreis angehängt und so die Empörung über die Kunstpolitik der Weimarer Republik manipuliert wurde, wobei man nicht auf den Trick verzichtete, Preise aus der Inflationszeit ohne weitere Erklärung dem entsetzten Beschauer vorzuführen.[203]

Es ist hier nicht der Ort, auf den geistig-kunstästhetischen Gegenstand der Auseinandersetzung selbst einzugehen. Wichtig bleibt, daß es gegen die *Methode* der Diskriminierung, Zerstörung und Gleichschaltung im Bereich der individualistischen

---

[202] Vgl. dazu Paul Ortwin Rave, *Kunstdiktatur im Dritten Reich*, Hamburg 1949, und jetzt Hildegard Brenner, „Die Kunst im politischen Machtkampf der Jahre 1933/34", in: *Vierteljahrshefte für Zeitgeschichte 10* (1962), S. 17 ff.; Hinweise auch bei Franz Roh, *Geschichte der deutschen Kunst von 1900 bis zur Gegenwart*, München 1958, S. 151 ff.

[203] Sprechende Einzelheiten finden sich auch in den zeitgenössischen Aufzeichnungen eines verfemten Künstlers: Schlemmer (Anm. V/35), S. 306 ff.

Künstlerschaft keinen Widerstand geben konnte, der der Resistenzkraft der ideell wie
organisatorisch um so vieles geschlosseneren Kirchen vergleichbar gewesen wäre. Die
neuen Machthaber hatten finanziell und organisatorisch alle Machtmittel in ihrer
Hand; es blieb nur die innere oder die äußere Emigration. Während die nationalsozialistische Kampagne mittels geschickt arrangierter „Schreckenskammern der
Kunst" [204] durch die Städte und Jahre fortging, versuchte der neue Staat nun auch seine
„positive" Kunstpolitik durch grandiose Programme zur Förderung „arteigener
Kunst" besonders in der allen Diktatoren wichtigen, weil augenfälligen Baukunst
sichtbar zu machen. Als die künstlerische Aufgabe der Gegenwart wurde die Beseitigung des „Baubolschewismus" und die Schaffung einer „politischen Architektur" proklamiert.[205] Mit dem Rückzug auf Biedermeier und klassizistische Nachahmung verband sich das ungeduldige Streben nach riesigen steinernen Denkmälern eines „Deutschen Stils", der sich als ebenso pompöser wie leerer Pseudoklassizismus aller Staatsbauten bemächtigte. Die entschiedenste Demonstration dieser Art vollzog Hitler
selbst, der ja auf eigene künstlerische Versuche, wenngleich zweifelhafter Art, hinweisen konnte, sich als „im tiefsten Wesen künstlerische Natur" feiern ließ [206] und jedenfalls das künstlerische und architektonische Selbstbewußtsein eines Nero besaß, das
sich in den Riesenprojekten der Folgezeit mit hybrider Selbstüberhebung „auf Jahrtausende hinaus" Ausdruck zu verschaffen suchte.[207] Das fand seinen Ausdruck schon
in der „Kulturrede" über „Die deutsche Kunst als stolzeste Verteidigung des deutschen
Volkes", die Hitler auf der „Kulturtagung" des Nürnberger Parteitags von 1933
hielt: [208]

> „... zur Kunst muß man geboren sein, das heißt: Die außer aller Erziehung liegende grund-
> sätzliche Veranlagung und damit Eignung ist von entscheidendster Bedeutung. Diese Veran-
> lagung aber ist ein Bestandteil einer Erbmasse ... Es ist das Zeichen der grauenhaften geisti-
> gen Dekadenz der vergangenen Zeit, daß sie von Stilen redete, ohne ihre rassischen Bedingt-
> heiten zu erkennen. Der Grieche hat nie international gebaut, sondern griechisch, das heißt,
> jede klare ausgeprägte Rasse hat ihre eigene Handschrift im Buche der Kunst, sofern sie nicht,
> wie z. B. das Judentum, überhaupt ohne eigene künstlerisch produktive Fähigkeit ist ... So
> wird die rassisch-weltanschaulich fundierte Tendenz einer Zeit auch die Tendenz und Psyche
> der Kunst bestimmen. Die Rasse, die dem gesamten Leben eines Volkes ihren Stempel auf-
> prägt, sieht dann auch die Aufgaben der Kunst mit ihren Augen. Sie löst, in souveräner Weise
> alle Umstände und Bedingungen des Zweckes und des Materials erfassend, nach ihrem Sinn
> das Kunstwerk ... Wir aber wissen von uns, daß im Altertum und in der neuen Zeit der
> arisch-nordische Mensch stets die zwingende Synthese gefunden hat zwischen der gestellten
> Aufgabe, dem Zweck und dem gegebenen Material ... Und es ist daher kein Wunder, daß
> jedes politisch heroische Zeitalter in seiner Kunst sofort die Brücke sucht zu einer nicht min-
> der heroischen Vergangenheit. Griechen und Römer werden dann plötzlich den Germanen so
> nahe, weil alle ihre Wurzeln in einer Grundrasse zu suchen haben, und daher üben auch die
> unsterblichen Leistungen der alten Völker immer wieder ihre anziehende Wirkung aus auf

[204] So Schlemmers Protestbrief an Goebbels (25. April 1933): *a. a. O.*, S. 308.

[205] Hubert Schrade, „Der Sinn der künstlerischen Aufgabe und politische Architektur", in: *NS-Monatshefte* 5,
H. 51 (Juni 1934), S. 508 ff.; Alexander v. Senger, „Der Baubolschewismus und seine Verkoppelung mit Wirtschaft
und Politik", *a. a. O.*, S. 497 ff.

[206] Otto Dietrich, „Adolf Hitler als künstlerischer Mensch", in: *NS-Monatshefte* 4, H. 43 (Oktober 1933),
S. 472 ff. (Sonderabdruck aus seinem Buch *Mit Hitler in die Macht. Persönliche Erlebnisse mit meinem Führer*,
4. Aufl., München 1934, S. 193 ff.).

[207] Nach dem Wortlaut der bei der Grundsteinlegung der Nürnberger Kongreßhalle „am elften September des
dritten Jahres der nationalsozialistischen Revolution" eingemauerten Urkunde sollte der Bau „auf Jahrtausende
hinaus dem Parteikongreß der NSDAP eine Stätte ... bieten" (*Der Parteitag der Freiheit ... 1935*, Anm: III/222,
S. 47). Vgl. auch Hitlers Entwürfe bei Walter Görlitz und Herbert A. Quint, *Adolf Hitler. Eine Biographie*,
Stuttgart 1952, S. 448 f. („Volkshalle" in Berlin mit 100 000 Sitzplätzen; Rotundenbau des Münchener Haupt-
bahnhofs mit über 200 m Kuppelhöhe); andere Details aus den architektonischen Gewaltplänen bei Hagemann,
Publizistik . . . (Anm. V/134), S. 66 ff.

[208] Abgedr. in: *NS-Monatshefte* 4, H. 43 (Oktober 1933), S. 434 f.

die ihnen rassisch verwandten Nachkommen. Da es aber besser ist, Gutes nachzuahmen, als neues Schlechtes zu produzieren, können die vorliegenden intuitiven Schöpfungen dieser Völker heute als Stil ohne Zweifel ihre erziehende und führende Mission erfüllen ... Entscheidend ist nur, daß wir durch das bewußte Herausstellen der unser Volk tragenden rassischen Substanz sowie durch die souveräne Proklamierung ihres Wesens und der ihr entsprechenden Weltanschauung einen Kern schaffen, der für lange Zeiträume seinen schöpferischen Geist auswirken lassen kann ... So wie der Nationalsozialismus in Deutschland die Erfüllung zahlreicher seherischer Ahnungen und tatsächlicher wissenschaftlicher Erkenntnisse ist, so wurde auch unbewußt die Vorarbeit geleistet für eine neue künstlerische Renaissance des arischen Menschen ... Die nationalsozialistische Bewegung und Staatsführung darf auch auf kulturellem Gebiet nicht dulden, daß Nichtskönner oder Gaukler plötzlich ihre Fahne wechseln und so, als ob nichts gewesen wäre, in den neuen Staat einziehen, um dort auf dem Gebiete der Kunst und Kulturpolitik abermals das große Wort zu führen. Ob die Vorsehung uns alle die Männer schenkt, die dem politischen Wollen unserer Zeit und seinen Leistungen einen gleichwertigen kulturellen Ausdruck zu schenken vermögen, wissen wir nicht. Aber das eine wissen wir, daß unter keinen Umständen die Repräsentanten des Verfalls, der hinter uns liegt, plötzlich die Fahnenträger der Zukunft sein dürfen. Entweder waren die Ausgeburten ihrer damaligen Produktion ein wirklich inneres Erleben, dann gehören sie als Gefahr für den gesunden Sinn unseres Volkes in ärztliche Verwahrung, oder es war dies nur eine Spekulation, dann gehören sie wegen Betruges in eine dafür geeignete Anstalt. Auf keinen Fall wollen wir den kulturellen Ausdruck unseres Reiches von diesen Elementen verfälschen lassen; denn das ist unser Staat und nicht der ihre ... Immer aber wird die politische Führung stofflich und tatsächlich die Voraussetzung liefern müssen für das Wirken der Kunst. Selbst wenn ein Volk erlischt und Menschen schweigen, dann werden die Steine reden, solange es andere Völker gibt mit annähernd gleichem kulturellen Vermögen. Es wird daher jedes große politische Zeitalter in der Weltgeschichte das Recht seines Daseins durch die sichtbarste Urkunde seines Wertes sich ausstellen, die es gibt, durch seine kulturellen Leistungen ... Mögen sich die deutschen Künstler ihrerseits der Aufgabe bewußt sein, die ihnen die Nation überträgt. Da Torheit und Unrecht die Welt zu beherrschen scheinen, rufen wir sie auf, die stolzeste Verteidigung des deutschen Volkes mitzuübernehmen durch die deutsche Kunst."

Schon am 15. Oktober 1933 vollzog Hitler in einem feierlichen Staatsakt die Grundsteinlegung eines „Hauses der deutschen Kunst" in München und verlangte fürderhin, wie dann auch in den bombastischen „Kulturreden" der folgenden Jahre, auf diesem Feld ganz besonders als höchste Autorität aufzutreten und verehrt zu werden. So wurde das beherrschende Argument gerade auch hier die Berufung auf den Eigen- und Höchstwert einer rassisch geprägten besonderen nordisch-völkischen Kultur, die dem alten humanistisch-weltbürgerlichen Kulturbegriff mit pseudowissenschaftlicher Einseitigkeit entgegengesetzt wurde. Eine führende Rolle bei der in einer mystisch-verworrenen Kulturschau vollzogenen Anwendung der Rassenlehre auf die Kunst selbst spielte seit der Weimarer Zeit der Heimatforscher und Kunstprofessor Paul Schultze aus Naumburg (Schultze-Naumburg); der alte Vorkämpfer einer rassistischen Kunstanschauung [209] hatte schon als Berater Fricks bei dessen Zwischenspiel in der thüringischen Regierung (1931) sowohl durch fanatische Vortragskampagnen wie durch eine entsprechende Kunstpolitik den Bildersturm eingeleitet,[210] der nach den Vorstellungen der „völkischen" Kunstlehre dann über Deutschland hereinbrechen sollte. Aber auch Hans F. K. Günther hatte sich mit seinen Büchern *Rasse und Stil* (1926) und *Ritter, Tod und Teufel. Der heldische Gedanke* (1928) energisch in dieser Richtung betätigt. Und vor allem hatte auch Rosenberg in seinem *Mythus des 20. Jahrhunderts* eine nationalsozialistische Kunstlehre entwickelt, nach der jede künstlerische Darstellung des Menschen dem Kanon der nordischen Rassenkunde zu entsprechen

---

[209] Vgl. Paul Schultze-Naumburg, *Kunst und Rasse*, München 1927; es folgten dann seine Bücher *Kunst aus Blut und Boden*, Leipzig 1934; *Rassegebundene Kunst*, Berlin 1934.

[210] So dann auch sein Aufsatz: Paul Schultze-Naumburg, „Das neue Reich und die Kunst", in: *NS-Monatshefte* 4, H. 43 (Oktober 1933), S. 443 ff.

hatte;[211] auch die antiken und mittelalterlichen Kunstwerke wurden mit solchen Maßstäben gemessen und die deutsche Gotik z. B. als „orientalisch beeinflußt" abgetan.
Besonders aber die neuere Kunst wurde nach diesen durchaus kunstfremden, ebenso
subjektiven wie unwissenschaftlichen Begriffen beurteilt. Für einen Blut- und Boden-
mystiker wie Darré hatte die Kunst primär im Dienste der Rassenselektion und Ge-
burtenpropaganda zu stehen, also nordische Helden, Idealmütter mit Kindern usw.
zu propagieren; und für Alfred Rosenberg, der die tragende Kraft, den Mythos also
des 20. Jahrhunderts im Glauben an die Rasse erblickte, hatte Kunst primär Ausdruck, Versinnbildlichung dieses Rasse- und Blutsmythos, also Ergebnis eines rassischen Schönheitsideals zu sein.

Der Aufstand der Halbgebildeten, der sich auf diesen einzigen Versuch einer
nationalsozialistischen Philosophie berief, richtete sich deshalb besonders entschieden
gegen jene problemschwere moderne Kunst, die als „rassefremd" und „entartet" ebenso beseitigt werden sollte wie alle liberale und demokratisch-freiheitliche Entscheidungsfreiheit im politischen und gesellschaftlichen Bereich. Zur wahren Grundlage
deutscher Kunst wurde die Synthese aus „Blut und Geist", zu ihrem Ziel die „völkische Gemeinschaftskunst" erhoben.[212] Impressionismus und Expressionismus waren
nach diesen rassistisch-nationalistisch verengten und im Grunde kleinbürgerlich oder
reaktionär beschränkten Maßstäben eines „plebejischen Konservativismus" nichts als
„Impotenz" oder „hemmungsloses Drauflospinseln". In Rosenbergs Worten:

> „Die Weltstadt begann ihre rassenvernichtende Arbeit. Die Nachtkaffees der Asphalt-
> menschen wurden zu Ateliers, theoretische, bastardische Dialektik wurde zum Begleitgebet
> immer neuer ‚Richtungen'. Das Rassenchaos aus Deutschen, Juden, naturentfremdeten Stra-
> ßengeschlechtern ging um. Die Folge war Mestizen‚kunst'... Das Mestizentum erhob den
> Anspruch, seine bastardischen Ausgeburten, erzeugt von geistiger Syphilis und malerischem
> Infantilismus, als ‚Seelenausdruck' darstellen zu dürfen. Man sehe einmal lange und auf-
> merksam etwa die ‚Selbstbildnisse' eines Kokoschka an, um angesichts dieser Idiotenkunst
> das grauenhafte Innere halbwegs zu begreifen... In gleichem Zustande befindet sich heute
> unsere ‚europäische Geistigkeit', welche durch jüdische Federn die Kokoschkas, Chagalls,
> Pechsteins usw. als die Führer der Malerei der Zukunft anbetet. Wo darüber hinaus sich
> Form hervorwagt, trägt auch sie die mestizenhaft-jüdischen Züge, wie etwa bei Schwal-
> bach, der bereits Jesus als plattfüßig und krummbeinig darzustellen wagt. Eine gewisse
> Robustheit zeigte Lovis Corinth, doch zerging auch dieser Schlächtermeister des Pinsels im
> lehmig-leichenfarbenen Bastardtum des syrisch gewordenen Berlins... Das Wesen dieser
> ganzen chaotischen Entwicklung liegt u. a. im Verlust desjenigen Schönheitsideals, welches
> in noch so vielen Formen und Trachten doch der tragende Untergrund alles europäischen
> Kunstschaffens gewesen war. Die demokratische, rassenverpestende Lehre, die volksvernich-
> tende Weltstadt vereinigten sich mit der planmäßigen jüdischen Zersetzungstätigkeit. Das
> Ergebnis war, daß nicht nur Weltanschauungen und Staatsgedanken zerbrachen, sondern
> auch die Kunst des nordischen Abendlandes..."[213]

Solche Auffassungen waren schon in der Weimarer Republik auf fruchtbaren Boden
gefallen. Während Rosenberg damals selbst einen „Kampfbund für deutsche Kultur"
anführte, hatten zahlreiche Kunstvereine deutschtümelnder Provenienz, obschon nicht
nationalsozialistisch gesinnt, Kundgebungen an Hindenburg gerichtet, in denen sie
gegen Ausstellungen moderner Kunst protestierten: Die „Äußerungen unterwertiger
und niederziehender Kunst" seien – ein „Faustschlag in das Gesicht Deutschlands, des
deutschen Heldenheeres und seines Führers, Euer Exzellenz!" Solche Vereine – ein
Deutschbund mit Bundesgroßmeister, ein Frauenkampfbund, eine Neulandbewegung,
ein Bund völkischer Lehrer Deutschlands, völkisch-alldeutsche Verbände – wurden
dann samt ihrer Presse schnell ins Bett der nationalsozialistischen Kunstpolitik gelei-

---

[211] Vgl. o. S. 274 ff. und Rave (Anm. V/202), S. 11 ff.
[212] Wilhelm Rüdiger, „Grundlagen deutscher Kunst", in: *NS-Monatshefte* 4, H. 43 (Oktober 1933), S. 465 ff.
[213] Alfred Rosenberg, *Der Mythus*... (Anm. IV/17), S. 298 ff.

tet, als die politische Machtergreifung endlich die aktive Offensive erlaubte. Schon vor 1933 war das weltbekannte Dessauer Bauhaus von Walter Gropius dieser Strömung zum Opfer gefallen, die Ausschreitungen und Umtriebe vor einer verhetzten und irregeleiteten Öffentlichkeit häuften sich bis zur Machtergreifung und vermochten dann unter staatlicher Sanktion die Initiative gänzlich an sich zu reißen. Der Rosenbergsche Kampfbund war jetzt an der Spitze, seine Zeitschrift *Deutsche Kulturwacht*, herausgegeben von dem Berliner NS-Amtswalter Hans Hinkel, diktierte das weitere brutale Vorgehen. Als nationalsozialistisches Programm forderte eine besonders radikale *Deutsche Kunstkorrespondenz* schon im März 1933, daß „aus den deutschen Museen und Sammlungen alle Erzeugnisse mit weltbürgerlichen und bolschewistischen Vorzeichen entfernt werden";[214] man könne sie vorher in einer Häufung der Öffentlichkeit vorführen, die Ankaufsummen und die Namen der Galeriebeamten bekanntmachen, sodann alles verheizen und verbrennen; alle betroffenen Museumsleiter sollten „sofort beurlaubt, ihrer Ämter für immer verlustig werden"; und „die Namen sämtlicher vom Marxismus und Bolschewismus mitgeschwemmten Künstler [dürften] öffentlich nie mehr genannt werden". Hier gelte es, „nach alttestamentlicher Moral zu verfahren: Auge um Auge, Zahn um Zahn".

Tatsächlich beeilten sich einige nationalsozialistische Kultusminister, solche Forderungen sogleich zu verwirklichen. Vor allem wurden die mißliebigen Galeriedirektoren abgesetzt, und das Land Baden eröffnete in Karlsruhe die Reihe der Ausstellungen „entarteter Kunst" mit Liebermann, Corinth, Slevogt, Hans v. Marées und anderen; Württemberg folgte mit einer Ausstellung, die unter dem Titel „Novembergeist, Kunst im Dienste der Zersetzung" Werke von Dix, Grosz, Beckmann, Chagall und anderen an den Pranger stellte; es ging weiter in Mannheim mit einer Ausstellung „Kulturbolschewismus"; in Berlin fielen noch Karl Hofer, in Düsseldorf Paul Klee der Verdammung zum Opfer. Es folgte Stadt auf Stadt, mit der Verdammung von Käthe Kollwitz, Barlach, Kandinsky, nicht ohne Widerspruch und Widerstand, aber letztlich eben der äußeren Gleichschaltung ohnmächtig ausgeliefert, die jetzt nach führenden Kunstwissenschaftlern auch alle Kunstverbände und Kunsteinrichtungen traf. Schwerer noch war der Aderlaß, den Deutschland durch äußere und innere Emigration dann im weiteren Verlauf dieser terroristischen Kunstpolitik erlitt: Wassily Kandinsky, Paul Klee, Lyonel Feininger, Ladislas Moholy-Nagy, Herbert Bayer, Johannes Molzahn, Johannes Itten, Joseph Albers vom Bauhaus, ferner Max Beckmann, Oskar Kokoschka, Kurt Schwitters, Josef Scharl, Jankel Adler, Hans Reichel, Friedrich Vordemberge-Gildewart, Thomas Theodor Heine, George Grosz, Rudolf Belling, Naum Gabo, Walter Gropius, Ludwig Mies van der Rohe, Erich Mendelsohn, Marcel Breuer, Ludwig Hilberseimer, Ernst May, Bruno Taut, Adolf Rading verließen fast durchweg früh Deutschland; Emil Nolde, Karl Schmidt-Rottluff, Erich Heckel, Karl Hofer, Willi Baumeister, Rolf Nesch, Xaver Fuhr, Gerhard Marcks, Ewald Mataré, Karl Knappe, Otto Baum, Ernst Barlach, Oskar Schlemmer blieben oder starben unter schwerster Bedrängnis, auch Architekten wie Richard Döcker, Hugo Häring, Arthur Korn, Hermann Mäckler, Max Taut und Hans Bernhard Scharoun waren lahmgelegt.[215] Der Kampf gegen die „entartete Kunst" gipfelte schließlich nach jahrelangen Willküraktionen in einem eigenen, von Hitler und Goebbels unterzeichneten Reichsgesetz, das die entschädigungslose Beschlagnahme aller mißliebigen Kunsterzeugnisse pauschal sanktionierte.[216]

214 Vgl. Rave (Anm. V/202), S. 24.
215 Roh (Anm. V/202), S. 153 f.
216 „Gesetz über die Einziehung von Erzeugnissen entarteter Kunst" vom 31. Mai 1938: *RGBl.*, I, 1938, S. 612.

4. Erziehung und Wissenschaft im Griff der Gleichschaltung

Der Kern nationalsozialistischer „Weltanschauungs"-Politik ist freilich weder im künstlerischen noch im literarischen und philosophischen Felde zur vollen Auswirkung gekommen. Ihre Stoßkraft richtete sich am stärksten und nachhaltigsten auf den Bereich der Erziehung im weitesten Sinne des Wortes. In der Theorie wie in der Praxis des totalitären Herrschaftsanspruchs steht das Bemühen um die „Erfassung" und „Ausrichtung" der Jugend stets an erster Stelle. Jugendliches Funktionärkorps, Betonung des militärischen Geistes, Ausnützen des Generationsproblems, Chance des radikalen Neubeginns waren Elemente einer Erziehungspolitik, die auf weite Sicht die nationalsozialistischen Umformungspläne im aktuellen Prozeß der Machtergreifung, die äußere Gleichschaltung auch von unten sichern sollte: „An der Jugend wird der Gesamtstaat zum Züchter des Volkstums nach den Gesetzen der führenden Rasse", so hatte der pädagogische Chefideologe der Partei schon vor der NS-Machtergreifung verkündet.[217] Auch hier trafen Labilität und Reformbedürfnisse allgemeinerer und älterer Art in Schule und Universität mit Theorien und Entwürfen zusammen, die den teils liberalen, teils konfessionellen Erziehungsformen der Weimarer Demokratie eine völkisch-autoritäre Erziehungsphilosophie entgegensetzten;[218] sie beriefen sich auf den „platonischen Zucht- und Erziehungsstaat", der nun „auf der Grundlage eines rassisch-völkischen Weltbildes" errichtet werden sollte.[219] Als ihre Hauptvertreter sind die von der nationalsozialistischen Machtergreifung emporgetragenen Professoren Ernst Krieck und Alfred Bäumler aufgetreten.

Krieck, ursprünglich Volksschullehrer liberaler Herkunft, war von der Pädagogischen Akademie Frankfurt/M. im Mai 1933 auf einen Lehrstuhl der dortigen Universität gebracht und sogleich zum Rektor erhoben worden; ein Jahr später bezog er den Lehrstuhl Rickerts in Heidelberg.[220] Schon in seiner *Nationalpolitischen Erziehung* von 1932 hatte Krieck neben dem nationalsozialistischen Umbau der Schule auch die Idee der Adolf-Hitler-Schulen und Nationalpolitischen Lehranstalten vorentworfen und vor allem eine antiliberale, völkisch-„nationalrevolutionäre" Reform der Hochschule im Sinne der freilich nie verwirklichten Zerlegung in selbständige Berufshochschulen „auf der Grundlage der gemeinsamen völkischen Weltanschauung" proklamiert. Sie sollten ihre Fragestellungen „von der nationalen Aufgabe", von der „Ausrichtung auf die nationalpolitische Aufgabe" empfangen, während die Forschung an den Akademien zu geschehen hätte; Lehrfreiheit und Autonomie hatten als „überholte liberalistische Idee von der Wissenschaft" hier keinen Platz mehr.[221] Alfred Bäumler war von Männerbündelei, Jugendbewegung und Nietzschekult geprägt;[222] ebenfalls von einer Lehrerbildungsanstalt kommend, gelangte er über die Technische Hochschule Dresden unter Umgehung der Berufungsmodalitäten[223] auf ähnliche Art im Frühjahr

[217] Krieck, *Nationalpolitische Erziehung* (Anm. V/11), hier zit. nach der 7. und 8. Aufl. von 1933, S. 87.

[218] Vgl. jetzt die Analyse von Fritz Stippel, *Die Zerstörung der Person. Kritische Studie zur nationalsozialistischen Pädagogik*, Donauwörth 1957, S. 33 ff.; S. 63 ff. Treffend schon Sigmund Neumann (Anm. Einl./4), S. 193 ff.

[219] Dazu auch die Zitate bei Stippel, a. a. O., S. 63 ff.; ferner Hans F. K. Günther, *Platon als Hüter des Lebens. Plantons Zucht- und Erziehungsgedanken und ihre Bedeutung für die Gegenwart*, München 1928.

[220] Vgl. die (nationalsozialistische) Würdigung von Willi Kunz, *Ernst Krieck. Leben und Werk*, Leipzig 1942, S. 13 ff. (mit detaillierter Bibliographie); vorher schon Philipp Hordt, *Ernst Krieck. Volk als Schicksal und Aufgabe*, Heidelberg 1932.

[221] Ernst Krieck (Anm. V/11), S. 164 ff.; vgl. ders., „Der Neubau der Universität", in: *Die deutsche Hochschule* 1, Marburg 1933, S. 1 ff.

[222] Vgl. die aufschlußreichen Erinnerungen von Ernst Niekisch (*Gewagtes Leben*, Köln-Berlin 1958, S. 252 ff.; S. 187), der 1927 auch zwischen Bäumler und Ernst Jünger den Kontakt hergestellt hatte: N. berichtet (S. 252), daß B. in seiner Dresdener Zeit die Vorlesungen ostentativ mit der Anrede „Meine Herren!" begann: „die Damen, die nicht hinauswerfen lassen durfte, ignorierte er".

[223] Vgl. Eduard Sprangers, des (als Ordinarius für Pädagogik) Hauptbetroffenen, persönlichen Bericht: *Mein Konflikt mit der Hitlerregierung 1933*, als Manuskript gedr., Tübingen, März 1955, S. 5 ff. (verfaßt 1945).

1933 an die Universität Berlin und übernahm dort die politische Ausbildung der Studenten. Kriecks und Bäumlers Entwürfe einer politischen Pädagogik im national-sozialistischen Sinne [224] gingen davon aus, daß mit der Schule die politische Ausrichtung und die Gewöhnung an das Führerprinzip zu beginnen habe: die Jugend „will nicht nur unterrichtet, sie will auch geführt sein. Das Zeitalter der unpolitischen, von einer abstrakten Didaktik beherrschten Schule ist vorüber; das Zeitalter der politischen Schule hat begonnen." [225] Sein Ziel ist die „deutsche Gemeinschaftsschule" als „völkische Weltanschauungsschule unter dem Schutze des Staates".[226]

Solche offiziösen Verlautbarungen haben neben den parteioffiziellen Verkündungen auch eine Fülle sekundärer Bekenntnisse zur „nationalpolitischen" Volkserziehung hervorgetrieben, die seit dem Frühjahr 1933 den Anspruch des neuen Staates auf bedingungslose Gefolgschaft aller pädagogischen Bemühungen und Institutionen formuliert und untermauert haben.[227] Daß künftig „alle Erziehung im Geist des nationalen Sozialismus zu geschehen" habe,[228] wirkte nun auch in weiteren Kreisen als Schlagwort des Tages, hinter dem die Wirklichkeit einer raschen Gleichschaltung der Jugendorganisationen und das Streben nach weitgehender Ausrichtung aller staatlichen und privaten Erziehungseinrichtungen auf die *eine* politische Doktrin stand. Mit den Worten eines Schulmeisters, für den der Lehrer geradezu „Führer und Erzieher der Nation" war: „Die nationalsozialistische Weltanschauung immer und überall zur Grundlage unseres schulischen Handelns zu machen, darauf kommt es an." [229]

Die Überwindung der „neutralen Schule" des – Sündenbock Nr. 1 – „Liberalismus" sollte auf doppelte Weise geschehen. Einerseits durch eine Verschiebung der Schwerpunkte: „Es werden künftig die Fächer entschiedener in den Vordergrund rücken, die eine volks- und staatspolitische Bildung vermitteln und die Jugend zu ‚kerngesunden', geistig in der reichen Geschichte und Kultur ihres Volkes wurzelnden, um ihre Verantwortung gegenüber Rasse, Volk und Staat wissende Menschen erziehen helfen." [230] Dem entsprach der konzentrische Angriff der Reformer auf die Lehre und Forschung besonders in Geschichte, Germanistik, Biologie und Geographie bis hin zur verstärkten Förderung der „körperlichen Ertüchtigung", die im Sinne der „Erziehung zur Wehrhaftigkeit" die enge Beziehung auch von „Sport und Staat" betonte.[231] Schon am

[224] Von Alfred Bäumler besonders: *Männerbund und Wissenschaft*, Berlin 1934; *Politik und Erziehung*, Berlin 1937 (Reden und Aufsätze der vorangehenden Jahre).

[225] Alfred Bäumler, „Die Grenzen der formalen Bildung", in: *Internationale Zeitschrift für Erziehung* 1936, abgedr. in: *Politik...*, *a. a. O.*, S. 76; vgl. auch Walther Hochmann, „Zur nationalpolitischen Erziehung", in: *Die Erziehung* 8 (1933), S. 662 ff.

[226] Alfred Bäumler, „Die deutsche Gemeinschaftsschule", abgedr. in: *Politik...*, *a. a. O.*, S. 103.

[227] Z. B. Gerhardt Giese, *Staat und Erziehung. Grundzüge einer politischen Pädagogik und Schulpolitik*, Hamburg 1933, S. 114 f.; S. 146 ff.; stärker auf die Schulpraxis bezogen und konsequenter nationalsozialistisch, zugleich deutsch-christlich orientiert: Hermann Schaller, *Die Schule im Staate Adolf Hitlers. Eine völkische Grundlegung*, Breslau 1935, S. 23 ff.

[228] Giese, *a. a. O.*, S. 148.

[229] Schaller (Anm. V/227), S. 27; S. 24.

[230] Giese (Anm. V/227), S. 160 f.

[231] Vgl. zu den organisatorischen Gleichschaltungsmaßnahmen Rühle (Anm. I/9), I, S. 212 ff., und besonders das offiziöse Bildwerk: *Sport und Staat*, Berlin 1934, das im Zeichen des „aus SA-Geist" nach dem Führerprinzip neugeschaffenen „Reichsbunds für Leibesübungen" (seit 29. April 1933 SA-Gruppenführer Hans v. Tschammer und Osten „Reichssportkommissar", am 19. Juli 1933 als Reichssportführer an der Spitze des „Führerrings des deutschen Sports") durch einen Aufsatz über „Die weltanschaulichen Grundlagen der deutschen Leibesübungen" (Bäumler) eingeleitet wurde: „Das neue Zeitalter ist da, wenn einmal die Turnplätze Mittelpunkt des Staates, mit Hitlerjugend und SA, sein werden... Nicht ein beliebiger Trainingsplatz wird der Turnplatz sein, sondern Symbol eines artgemäßen, männlichen Lebens... In einer Ecke befindet sich der Versammlungsort... Die politische Schulung ist hierher zu verlegen. Nur in Verbindung mit den Leibesübungen erhält die politische Schulung sich lebendig" (S. 33 ff.). An anderer Stelle bemühte sich Bäumler denn auch, Jahn in die vorderste Reihe der Vorläufer des Nationalsozialismus zu rücken: „Jahns Stellung in der deutschen Geistesgeschichte" in: *Politik...* (Anm. V/229), S. 139 ff.

9. Mai 1933 hatte, da ein Reichserziehungsministerium noch nicht existierte, Reichsinnenminister Frick auf der Konferenz der Kultusminister in diesem Sinne das kommende Schulprogramm entwickelt. Zwar noch in einigen Punkten modifiziert, aber doch deutlich in der Richtung erkennbar, waren hier die Schwerpunkte der künftigen staatlich-nationalsozialistischen Lenkung der Erziehung herausgestellt worden:[232]

„Die Zeit, in der die Ausbildung der selbstherrlichen Einzelpersönlichkeit als die wesentliche Aufgabe der Schule angesehen wurde, ist vorbei. Die neue Schule geht grundsätzlich vom Gemeinschaftsgedanken aus, der ein uraltes Erbteil unserer germanischen Vorfahren ist und demgemäß unserer angestammten Wesensart am vollkommensten entspricht ... Im Hinblick auf das angedeutete allgemeine Bildungsziel ergibt sich, daß die Geschichte unter den Schulfächern in vorderster Linie steht." In ihr sollen wir „unsere völkische Entwicklung aus dem Boden und den Rasseverhältnissen unserer eigenen Heimat heraus erleben. Diese Forderung führt zu einer stärkeren Heranziehung und Auswertung der Vorgeschichtsforschung, deren nationale Bedeutung immer mehr zur Geltung kommen muß ... Ein Hauptstück der Geschichtsbetrachtung haben die letzten beiden Jahrzehnte unserer eigenen Zeit zu bilden. Das ungeheure Erlebnis des Weltkrieges mit dem heldenhaften Ringen des deutschen Volkes gegen eine Welt von Feinden, die Zersetzung unserer Widerstandskraft durch vaterlandsfeindliche Kräfte, die Entwürdigung unseres Volkes durch das Versailler Diktat und der ihr folgende Zusammenbruch der liberalistisch-marxistischen Weltanschauung sind ebenso eingehend zu behandeln wie das beginnende Erwachen der Nation vom Ruhrkampf an bis zum Durchbruch des nationalsozialistischen Freiheitsgedankens und bis zur Wiederherstellung der deutschen Volksgemeinschaft am Tage von Potsdam." Daneben bedarf „auch der lebenskundliche (biologische) Unterricht nach zwei Seiten hin des Ausbaues. Zunächst sei die Rassenkunde genannt." Ihr ist „auf allen Stufen der Schule genügend Raum zu widmen, damit die Grundeigenschaften der wichtigsten Rassen dem Schüler vertraut und der Blick für selbständige Beobachtung der Rassenunterschiede geschärft wird ... Der Beginn der europäischen Geschichte mit dem Auftauchen der aus dem mitteleuropäischen Raume stammenden Griechen und Römer in Südeuropa, und über die Grenzen Europas hinaus die Kulturleistung der Inder und Perser [muß] als eine Tat der nordischen Rasse erkannt werden." So auch die Völkerwanderung. „Und das geistige oder machtpolitische Übergewicht der in der Neuzeit weltbeherrschenden Völker, der Deutschen, der Engländer und der Nordamerikaner, findet wiederum seine letzte Erklärung darin, daß in ihnen nordische Tatkraft sich Geltung verschafft hat." Das rassistische Geschichtsbild ist durch die „erbgesundheitliche Aufklärung" zu ergänzen, und vor allem bildet die „körperliche Ertüchtigung ... eine unentbehrliche Voraussetzung unserer völkischen Dauer ... Eine besondere Seite dieser Aufgabe ist die Erziehung zur Wehrhaftigkeit. Die Wehrhaftigkeit des deutschen Volkes setzt eine geistige und körperliche Wehrhaftmachung voraus, wie sie durch die Geländesportlehrgänge des Reichskuratoriums für Jugendertüchtigung erstrebt wird, und bedeutet, daß das deutsche Volk wieder lernt, im Wehrdienst die höchste vaterländische Pflicht und Ehrensache zu sehen. Mit der Wehrhaftmachung muß, wenn sie das gesamte Wesen, die ganze Persönlichkeit des Menschen erfassen soll, schon in der Schule begonnen werden ... Dies ist die Aufgabe des Erziehers in einem nationalsozialistischen deutschen Vaterland."

In diesem Sinne wurde die institutionelle Neuordnung des Schul- und Universitätswesens, vor allem aber die organisatorische „Erfassung" der Lehrer und Dozenten forciert:[233] Kontrolle und Schulung traten an die Stelle einer Lern- und Lehrfreiheit, die gewiß für manche Verwirrung im bisherigen Erziehungswesen, zugleich aber auch für die Toleranz der Weimarer Republik – nicht zuletzt gegen ihre reaktionären und nationalsozialistischen Gegner – verantwortlich war. Während die Lehrerschaft einschneidenden „Säuberungs"-Aktionen unterworfen wurde, ging freilich die Revision der Schulbücher nur schleppend vor sich; sie ist selbst in wichtigen Fächern bis Kriegs-

[232] Friedrich Hiller (Hrsg.), Deutsche Erziehung im neuen Staat, Langensalza–Berlin–Leipzig 1934, S. 25 ff.
[233] Vgl. auch Wilhelm Reitz, "German Higher Education and National Socialism", in: Journal of Higher Education 5 (1934), S. 407 ff.; Horace Taylor, "German Education in the Republic and in the Third Reich", in: Redirecting Education, Bd. II, New York 1935; dazu u. S. 316 ff.

ausbruch nicht vollständig gelungen. Das gilt auch von der verbindlichen Durchsetzung der NS-Weltanschauung auf dem wichtigsten Sektor politischer Erziehung: in der „Revision" des Geschichtsbildes.

Mit einer Flut populärer Broschüren zum „nationalen Umbruch" und seiner Vorgeschichte, die bis zur germanischen Urzeit zurückverfolgt wurde, erschien schon seit den ersten Monaten eine Reihe national-völkischer Geschichtsabrisse auch größeren Umfangs;[234] am bekanntesten wurden die später für alle Schulen verbindlichen Unterrichtshefte des nationalsozialistischen Studienrats Walther Gehl, die, wie viele andere Quellenhefte und Kurzabrisse aus allen Wissensgebieten mit entschiedener Tendenz, in „Hirts Deutscher Sammlung" zu niedrigen Preisen für den Schulunterricht erschienen. Andere Geschichtslehrer veröffentlichten zum Gebrauch durch Kollegen nationalpädagogische Grundlegungen, Anthologien und Methodologien zum „völkischen Geschichtsunterricht"[235] oder stellten Aufsatzanleitungen zusammen, der Art, wie sie ein Schulrat „im Ernting 1933" zum Gebrauch in Schule und Hitlerjugend erscheinen ließ:[236] Es enthielt vom Bismarck-Kult über Kriegs- und Dolchstoßlegende bis zum Tag von Potsdam und zur Machtergreifung Themen, Dispositionen und Zitate jener Prägung, die in der illusionsreichen Verschmelzung von deutschnationaler und nationalsozialistischer Staats- und Geschichtsauffassung ihre schlagwortreiche Verwirklichung gefunden hat. Andere Geschichtshefte suchten durch entsprechende Auswahl Hitler in die Reihe der „konservativen Revolutionäre" zu stellen.[237] Die Beispiele ließen sich häufen. Auch die Universitätsreden angesehener Historiker liefern Belege genug.[238] Deutsche Geschichte und Weltgeschichte „auf rassischer Grundlage" wurde zur Forderung des Tages erhoben.[239] Im Stil der Zeit und analog den Axiomen der neuen Kulturpolitik von der Dichtung bis zur Musik mußten sich die Geschichtslehrer nun zum Verzicht auf objektive Forschung ermahnen las-

---

[234] So etwa Erich Czech-Jochberg, *Deutsche Geschichte nationalsozialistisch gesehen*, Leipzig 1933; Paul Burg (Hrsg.), *Neue Geschichte des Deutschen Reiches für jedermann. Von König Heinrich dem Vogelsteller bis zum Volkskanzler Adolf Hitler*, Leipzig 1934; Friedrich Frhr. v. d. Goltz und Theodor Stiefenhofer, *Unsterbliches Deutschland. Völkischer Durchbruch in der Geschichte*, Hamburg 1936; Hermann Stegemann, *Weltwende*, Berlin 1934 usw.

[235] So das ebenso materialreiche wie einseitige Buch von Heinrich Schnee, *Geschichtsunterricht im völkischen Nationalstaat. Ein Handbuch für Lehrende*, Bochum 1933 (4. Aufl. 1936), S. 11 ff.

[236] Paul Sommer, *Deutschlands Erwachen. 120 Aufsatzthemen und -entwürfe über die jüngste nationale Erhebung zum Gebrauche für die deutsche Schule und die Hitler-Jugend*, 2. Aufl., Leipzig 1933. Einige sprechende Beispiele: Eigennutz und Korruption, die Todfeinde deutschen Seins und Wesens — Hindenburg, des Volkes getreuer Eckart — Adolf Hitler, der Retter des Vaterlandes — Die Erneuerung des deutschen Volksgeist — Der Geist von Potsdam — 1813 und 1933 — Burschen heraus für Deutschlands Ehr' und Wehr! — Der Nationalsozialismus als Neubeseelung unseres Volkes — Gott verläßt keinen guten Deutschen — Was befähigt Adolf Hitler zum deutschen Führer und Volkskanzler? — „Bismarck und Schiller" als Losung nationalsozialistischer Politiker — Nur Waffen schafft! Geschaffen habt Ihr alles dann! (Goethe) — Richard Wagner als Vorbote des neuen Reiches — Auf welche Weise betätigt der Jüngling Vaterlandsliebe? — Vom heroischen Denken — Der deutsche Mensch. Ein „Musteraufsatz" über Aufbau und Plan von Hitlers Rede vom 17. 5. 33 gibt das Modell (S. 105 ff.).

[237] So die Reihe *Das Reich im Werden. Arbeitshefte im Dienste politischer Erziehung*, z. B. Heft 3: Gerhard Günther, *Das Reich*, Frankfurt/M. 1934, mit der Reihe Moeller van den Bruck — Giselher Wirsing — Wilhelm v. Schramm — Wilhelm Stapel — Der Führer.

[238] Vgl. die Bibliographie bei Edward Y. Hartshorne, *The German Universities and National Socialism*, Cambridge (Mass.) 1937, Anhang nach S. 179; dazu noch die Reden und Aufsätze des Münchener Historikers Karl Alexander v. Müller, *Vom alten zum neuen Deutschland (1914–1938)*, Stuttgart–Berlin 1938, besonders S. 248 ff.

[239] Programmatisch die Schrift des Tübinger Philosophen Max Wundt, *Aufstieg und Niedergang der Völker. Gedanken über Weltgeschichte auf rassischer Grundlage*, München 1940. Einen ersten systematischen Versuch (1924), in der 2. Auflage bis zur NS-Machtergreifung fortgeführt, bot das Buch von Wilhelm Erbt, *Weltgeschichte auf rassischer Grundlage. Urzeit, Morgenland, Mittelmeer, Abendland und Nordland*, 2. Aufl., Leipzig 1934 (dem Untertitel entspricht die Gliederung); vgl. S. IV: „Eine Weltgeschichte auf rassischer Grundlage ... bedient sich dabei der Begriffe und der Ausdrucksmittel der Rassenseelenkunde und der Einsichten und Erkenntnisse der Rassenkörperkunde. Sie macht gleichsam die Probe auf die Richtigkeit ihrer Ergebnisse; sie ist *angewandte Rassenkunde*" (das führt dann zu Begriffen wie „Pfropfvolk" für rassische Überlagerung oder „Volkskünstler" und „Nordischer Führer" für Hitler: S. 353; Auszeichnungen i. Orig.).

sen. „Wir können deutsche Geschichte nur mit deutschen Augen, mit den Augen des Blutes [!] sehen." [240] Auch die Frickschen Richtlinien verfügten: „Den Geschichtsunterricht aller Stufen muß der heldische Gedanke in seiner germanischen Ausprägung, verbunden mit dem Führergedanken unserer Zeit, der an die ältesten Vorbilder deutscher Vergangenheit anknüpft, durchziehen." [241] Und mit dem offenen Bekenntnis zur totalen Aufrüstung der Nation sollte der Geschichtswissenschaft in den Augen der Parteiideologen schließlich vor allen anderen Wissenschaften „als vornehmstes Amt die Aufgabe" zufallen, „der politischen, geistigen und seelischen Rüstung der Nation zu dienen". [242] Aber an gewichtigeren Darstellungen oder gar Forschungen, die das „neue Geschichtsbild" auch wissenschaftlich unterbaut und sanktioniert hätten, gebrach es um so spürbarer. Die nationalsozialistische Geschichtslehre blieb im Stadium der glaubensmäßigen Verkündigung, der einseitigen politischen Pädagogik stecken; ihre Theorien waren nicht beweisfähig, so energisch die Weltanschauungspropaganda sie auch in pseudosystematische, pseudowissenschaftliche Form zu bringen suchte. Das hat freilich ihre Verbreitung und Wirkung eher begünstigt.

Tatsächlich nimmt unter den Wirkungselementen der nationalsozialistischen Weltanschauung die geschichtsphilosophische noch vor der biologischen Begründung den ersten Rang ein. Vor allem freilich die Verbindung beider Postulate, die über die allgemeine Einschaltung antisemitischer Akzente in den historischen, geistes- und literaturgeschichtlichen Publikationen hinaus *Deutsche Geschichte als Rassenschicksal* schlechthin definierte [243] und schließlich im April 1936 ihre offizielle Organisation mit der Errichtung einer eigenen „Forschungsabteilung Judenfrage" im Rahmen des ein Jahr zuvor gegründeten „Reichsinstituts für Geschichte des neuen Deutschlands" gefunden hat. [244] Auch dies reich dotierte Unternehmen, das als Kernstück des „Reichs-

[240] Schaller (Anm. V/227), S. 187; dazu S. 190: „Während bisher für den Geschichtsunterricht vorwiegend der Ausgang von Geschichtsquellen gefordert wurde, werden wir, um der formenden Kraft des Stoffes keine Einbuße zu tun, beinahe gänzlich auf Quellenstudien verzichten [!]. Wir werden vielmehr Geschichte zu möglichst dramatischen Geschichtsbildern formen müssen... Dabei werden Prosa und Poesie, Sprechchor und Lied gute Dienste leisten" – all dies im Sinne „schärfster völkischer Ausrichtung". – Hier war auch die politische Funktionalisierung der Musik betont (S. 193 ff.), die desgleichen in einer Fülle „völkischer" Musikliteratur ähnlichen Imperativen wie die bildende Kunst (1938 Ausstellungen „Entartete Musik") unterworfen wurde: am sichtbarsten in der Diffamierung der atonalen Moderne und der jüdischen Komponisten sowie in der Überbewertung des politisch funktionalen Kampflieds und der von der Jugendbewegung ererbten Volksmusikpflege. Schon am 29. Juni 1933 hatte Rust eine Kommission berufen (Furtwängler, Schillings, Backhaus, Kulenkampff), die die Programme und sämtliche öffentlichen Konzertvereine zu prüfen und zu beraten hatte. Neben den vielbeachteten Kontroversen zwischen Furtwängler und Goebbels über Paul Hindemith, Max Reinhardt, Otto Klemperer und Bruno Walter (Rühle, Anm. I/9, I, S. 92 f.; vgl. auch die detaillierten, für die Vorgänge um die einseitige Politisierung des Musikbetriebs überaus aufschlußreichen Erinnerungen der persönlichen Mitarbeiterin Furtwänglers: Berta Geissmar, *Musik im Schatten der Politik*, Zürich–Freiburg/Br., 3. Aufl., 1951, S. 63 ff.) seien nur erwähnt: das „Pionierwerk" von Richard Eichenauer, *Musik und Rasse*, München 1932; Josef Müller-Blattau, *Germanisches Erbe in deutscher Tonkunst*, Berlin; Guido Waldmann (Hrsg.), *Rasse und Musik*, Berlin 1939; Wolfgang Stumme, *Musik im Volk*, Berlin, und die einschlägigen Lexika: Christa Maria Rock und Hans Brückner, *Das musikalische Juden-ABC*, München 1935; Theo Stengel und Herbert Gerigk (u. a.), *Lexikon der Juden in der Musik*, Berlin 1940. Dazu das aufschlußreiche Material in der gleichgeschalteten Zeitschrift *Die Musik* (Berlin 1933 ff.) und jetzt die knappe Zusammenfassung von Erwin Kroll, „Verbotene Musik", in: *Vierteljahrshefte für Zeitgeschichte 7* (1959), S. 310 ff.

[241] Schaller (Anm. V/227), S. 189.

[242] Karl Richard Ganzer, „Geschichtswissenschaft und Rüstung" (Vorträge vor NS-Gauschulungsleitern und vor dem NS-Lehrerbund 1937), in: ders., *Aufstand und Reich. Lebenskräfte deutscher Geschichte. Reden und Aufsätze*, München–Berlin 1940, S. 77 ff.

[243] So der Titel eines Buches des altnationalsozialistischen Studienrats Karl Zimmermann, Leipzig 1933, besonders S. 106 ff.

[244] Vgl. dazu und zu den anderen antisemitischen Forschungs- und Lehreinrichtungen Tenenbaum (Anm. V/82), S. 17 ff.; das Frank-Institut blieb später allerdings hinter dem „Institut zur Erforschung der Judenfrage" Alfred Rosenbergs in Frankfurt/M. zurück, das sich als Kern einer für die Nachkriegszeit geplanten „Hohen Schule", d. h. einer zentralen NS-Universität, um die requirierten jüdischen Bibliotheken und Archive des In- und Aus-

instituts" von dessen Gründer und Präsidenten, Walter Frank, dem akademischen Chef-historiker der Partei, am 19. November 1936 in der großen Aula der Universität München aus der Taufe gehoben wurde, konnte sich auf die Mitarbeit bekannter Gelehrter stützen. Auf der Eröffnungskundgebung präsentierte sich der angesehene Münchener Historiker Karl Alexander v. Müller, Präsident der bayerischen Akademie der Wissenschaften und Franks Lehrer zugleich, [245] mit kräftigen Kampfrufen als erster Leiter der Forschungsabteilung, und die *Forschungen zur Judenfrage,* die bis Kriegsende acht stattliche Sammelbände mit Beiträgen von Professoren und Dozenten füllten, haben in der Folge die antisemitische Revision des Geschichts- und Wissenschaftsbildes auch auf akademischer Ebene exemplarisch zu unterbauen und voranzutreiben gesucht. Der erste Band, der den Sitzungsbericht dieser ersten Tagung wiedergab, enthielt neben einer Botschaft des Heidelberger Geheimrats Philipp Lenard, des Protagonisten einer genuin „deutschen" Naturwissenschaft,[246] Aufsätze des Theologen Gerhard Kittel (Tübingen) über „Entstehung des Judentums und die Entstehung der Judenfrage", des Althistorikers Hans Bogner (Freiburg) über „Die Judenfrage in der griechisch-römischen Welt", der Juristen Herbert Meyer (Göttingen) über „Das Hehlerrecht der Juden und Lombarden" und Johannes Heckel (München) über den „Einbruch des jüdischen Geistes in das deutsche Staats- und Kirchenrecht durch Friedrich Julius Stahl", des Philosophen Max Wundt (Tübingen) über „Nathan der Weise oder Aufklärung und Judentum", des Germanisten Franz Koch (Berlin) über „Jakob Wassermanns Weg als Deutscher und Jude", des Theologen Karl Georg Kuhn (Tübingen) über „Die Entstehung des talmudischen Denkens" und zum Schluß eine Diatribe des christlich-ständischen Literaten Wilhelm Stapel über „Die literarische Vorherrschaft der Juden in Deutschland 1918–1933".[247]

Aber auch neben der antisemitischen Revisionslinie fand sich die Historie in ein primitives Schema gezwängt, das, an traditionelle Bedürfnisse deutscher Selbstbestätigung geschickt anknüpfend, die neue Machtpolitik zugleich popularisieren, sanktionieren und in eine historische Dimension heben sollte. Wie in analogen Fällen der Französischen Revolution oder des Faschismus träumte man von einer neuen Zeitrechnung.[248] Die Machtergreifung bedeutete das weltgeschichtlich verstandene Ausgangsdatum, die frühere Zeit war bestenfalls funktional gesehene Vorgeschichte, besonders die jüngste Vergangenheit des „Zwischenreichs" nichts als Irrweg und Verfall: Die offiziellen Verlautbarungen und Interpretationen betonten den „grundsätzlichen und tiefgehenden Bruch mit der fluchbeladenen Vergangenheit des Zwischenreichs und

lands zur größten europäischen Bücherei des Judentums erweitert hat; vgl. auch Hans Buchheim in: *Gutachten. . .* (Anm. I/125), S. 285 f.

[245] Dies auch ganz offenherzig Franks Motive zur Betrauung Müllers: Prestige und Schülerdank. Vgl. Walter Franks Eröffnungsrede „Deutsche Wissenschaft und Judenfrage" in: *Forschungen zur Judenfrage* (Anm. V/77), I, S. 23.

[246] Vgl. die Bibliographie bei Frank in: *Forschungen. . .,* a. a. O., V, S. 10.

[247] Zu den namhaften Mitarbeitern – Philosophen, Historiker, Rassetheoretiker – der folgenden Bände, die ebenfalls (bis Band V) die auf den Jahrestagungen an den Universitäten München und Berlin gehaltenen Vorträge enthielten, gehörten noch: Hans Alfred Grunsky (München), Erich Botzenhart (Berlin), Richard Fester (München), Kleo Pleyer, Herbert Michaelis, Eugen Fischer (Berlin), Otmar Frhr. v. Verschuer (Berlin), Friedrich Burgdörfer, Wilhelm Ziegler (Berlin), Bolko Frhr. v. Richthofen (Königsberg), Otto Höfler (München) usw. Ein Teil der Aufsätze wurde auch in Einzelschriften verbreitet, so Stapels erwähnte „Analyse", des Germanisten Franz Koch *Goethe und die Juden,* Ganzers *Richard Wagner und das Judentum* und weitere Aufsätze Franks, Kittels und Kuhns. Dazu kam eine große Zahl tendenziöser Dissertationen, sollte auch eine Kursänderung der von Friedrich Meinecke auf Karl Alexander v. Müller übergegangenen *Historischen Zeitschrift* im Sinne einer Einbeziehung der Universitäten in die nationalsozialistische Judenforschung wirken. Vgl. den Überblick von Frank, *a. a. O.,* V, S. 14 ff.

[248] Ein Beispiel bietet das amtlich geförderte Werk von Walther Gehl, Hrsg., *Die Jahre I—IV des national-sozialistischen Staates,* Breslau 1937. Vgl. auch die offiziöse Geschichte der Berliner SA: Julius Karl v. Engelbrechten, *Eine braune Armee entsteht,* München–Berlin 1937, Inhaltsverzeichnis.

den Irrtümern seiner Vorgänger", den „der schöpferische Wille des Nationalsozialismus zur Neugestaltung" besonders „auf dem Gebiet der Kultur" zu vollziehen habe.[249] Kaum eine andere Disziplin wurde zu solchen Verzerrungen und Fälschungen herabgewürdigt wie der Geschichtsunterricht; nur die Kürze der Indoktrinationsperiode hat ähnliche Ergebnisse wie im sowjetischen Fall verhindert. Das galt besonders für die Zeitgeschichte seit 1914 und die „Systemzeit" der Weimarer Republik, deren haßerfüllte Entstellung, übrigens unter Beifall einer Mehrheit, alle Vorbilder tendenziöser Geschichtsanschauung hinter sich ließ. Durch unablässig hämmernde Wiederholung, wie sie der Aufbau aller Reden Hitlers und seiner Trabanten praktizierte, war solche grandiose Einseitigkeit des Geschichtsbilds schon nach wenigen Monaten tief in alle meinungsbildenden Bezirke und Instanzen eingedrungen und, notfalls durch Druck, den Schulen und Universitäten aufgezwungen. Gewiß blieb dies ein äußerlicher Schnellprozeß, der viele Lücken und Ausnahmen hatte und kaum tiefere Wurzeln schlug. Auch schwankte die Beurteilung des vorangehenden Kaiserreichs ständig zwischen konservativer Schätzung und revolutionärer Verdammung des bürokratisch-konstitutionellen Obrigkeitsstaates, wobei zwar der exilierte Kaiser geschont, das Problem der von Hitlers Partnern erwarteten Restauration der Monarchie jedoch einfach totgeschwiegen und der traditionelle Bismarck-Kult möglichst reduziert oder umgeformt wurde.[250] Dazu kam als Gegenwirkung gegen den preußisch-kleindeutschen Nationalismus und seine letzte Demonstration im Tag von Potsdam die schon in Hitlers eigenem Geschichtsbild angelegte Betonung des großdeutschen Gedankens; auch hier verband sich die historische Reichsidee mit dem aktuellen Anliegen eines volksdeutsch-germanischen Großraumnationalismus, dessen erstes, aber noch kleinstes Ziel die Einbeziehung Österreichs war.[251]

Aber die teils militant eingesetzte, teils bewußt verschleiernde Mythenbildung, die der Interpretation aller Geschichtsperioden das Gepräge gab, hat ihre nachdrücklich verkündete „nationalpolitische" Aufgabe im Rahmen des nationalsozialistischen Erziehungswesens[252] durchaus erfüllt; die Indoktrination der Jugend ist dank der vorherrschenden Passivität und Anpassungswilligkeit der Eltern und Lehrerschaft gegenüber dem Existenzdruck des Regimes rasch und weitgehend gelungen. Empfänglich für heroische Legenden, hat die junge Generation von der Geschichte Stoff zur Erhebung

[249] Rühle (Anm. I/9), I, S. 63.

[250] Vgl. auch die parteioffiziöse Rede „Das Reich als Tat", die Alfred Bäumler zur Reichsgründungsfeier am 18. Januar 1934 vor der Berliner Universität gehalten hat (*Schriften der Friedrich-Wilhelms-Universität*, Berlin 1934; auch in: ders., *Politik*. . ., Anm. V/224, S. 7 ff.). Hier wurde zwar in der Tradition der Reichsgründungsfeier Bismarcks Tat als historischer Markstein gepriesen, zugleich jedoch am Bau und Geist des „Zweiten Reiches" wie in Hitlers *Kampf* scharfe Kritik geübt, es nicht einmal als Vorläufer des „Dritten Reiches" anerkannt und in entschiedener Distanzierung von den nationalistisch-monarchistischen Mitläufern die einzigartige revolutionäre Spontaneität der nationalsozialistischen Machtergreifung betont; in diesem Sinne wurde nicht eine einfache Verbindung, sondern eher eine selbstbewußte Trennlinie zwischen dem 18. und dem 30. Januar gezogen: Der „Geist von Potsdam" war als bloße Staffage enthüllt. Ähnlich auch Ganzer, *Aufstand*. . . (Anm. V/242), S. 55 ff.; S. 90 ff.; S. 134 f.

[251] Von reichsdeutscher Seite sei neben vielen tagespublizistischen Zeugnissen der Vortrag des Berliner Professors Wilhelm Schüßler vor der VDA-Tagung 1933 (Passau) erwähnt: *Deutsche Einheit und gesamtdeutsche Geschichtsbetrachtung* (in Schüßlers gleichnamigen Buch, Stuttgart 1937, S. 3 ff.). In Anlehnung an die österreichische großdeutsche Geschichtsschreibung (Srbik, Lorenz) war hier der raumpolitische Expansionsgedanke aus der habsburgisch-österreichischen Ordnungsidee begründet: Die „Sicherung des mitteleuropäischen Raumes" ist „eine Aufgabe, die von allen Völkern nur das deutsche bewältigen kann, weil es allein die Ganzheit dieses Raumes erlebt – kraft seiner Allgegenwart [!] zwischen der Ostsee und dem Schwarzen Meer. . ." (S. 20 f.). Zu Schüßler sowie zur großdeutschen Geschichtsbewegung Meyer, *Mitteleuropa* (Anm. IV/15), S. 300 ff.; S. 320 ff.; S. 305 ff.; S. 321 f. (zu Srbik); umfassendste Darstellung der groß- und gesamtdeutschen Geschichtsliteratur bei Srbik selbst, *Geist und Geschichte*. . . (Anm. IV/15), II, S. 346 ff. u. a.

[252] Programmatisch dann besonders in der von Dietrich Klagges hrsgg. Reihe *Volk und Führer. Deutsche Geschichte für Schulen*, darin Klagges' Buch: *Geschichtsunterricht als nationalpolitische Erziehung*, Frankfurt/M. 1936.

und Begeisterung erwartet; geschickt eingebaut etwa in das Schema „Blut und Boden", konnte auch Literatur und Dichtung älterer Art zum Instrument nationalsozialistischer Geschichts- und Weltanschauungslehre werden;[253] vor allem aber entsprach das Hell-Dunkel nationalistischer und nationalsozialistischer Geschichtsklitterung, die nur die grandios aufgemachten Höhepunkte „nationaler Größe" wie die Freiheitskriege, die Zeit Friedrichs des Großen, die Bauernkriege, die germanische Heldenzeit und vor allem die im Zeichen der Lebensraumphilosophie verherrlichte deutsche „Ostbewegung" gelten ließ,[254] diesem in HJ, Schule und Arbeitsdienst ständig genährten Bedürfnis; die Gegenwirkung des Elternhauses, sofern sie überhaupt in Betracht kam, erwies sich hier als schwach. Flaggenhissung, Aufmarsch in Kundgebungen, Gemeinschaftsempfang, nationale Feierstunden, die eigene „völkische" Schulfeier stellten das Kind in die neue Sphäre.[255] Am weitesten, freilich nicht unangefochten, gingen Rosenbergs Versuche, eine neue Ahnengalerie der Geister aufzurichten, Widukind gegen Karl den Großen (den „Sachsenschlächter")[256] oder Heinrich den Löwen, Walther von der Vogelweide, Dante, Luther, den Großen Kurfürsten und Friedrich den Großen – den Rosenberg auch „Friedrich den Einzigen" nennt[257] – als Vorkämpfer der „Auflehnung der nordischen Seele", als „Ghibellinen" gegen den christlich-römischen Universalismus des ersten Reichs auszuspielen und zu verkünden, die neue Geschichtsauffassung messe „die Größe der Männer und Frauen der Vergangenheit auf allen Gebieten danach, mit welcher Kraft und Vollkommenheit sie Blut und Boden der deutschen Nation erhalten, in welchem Ausmaß sie die hohen Werte germanischen Urgefühls geschädigt" hätten:[258] „Dieser Kampf der verschiedenen Rassenseelen, das ist für uns heute der Kernpunkt der Welt- und Kulturgeschichte."[259] Es war nur konsequent, daß sich Rosenberg selbst als „Ghibellinen", im Sinne des „in immer neuen Gestalten

[253] Ein entsprechendes Lehrplanbeispiel findet sich bei Schaller (Anm. V/227), S. 212 ff.

[254] Vgl. z. B. das parteiamtlich sanktionierte Buch von Ekkehart Staritz, *Die West-Ostbewegung in der deutschen Geschichte. Ein Versuch zur Geopolitik Deutschlands*, Breslau 1935, S. 83 ff.; oder Heinrich Wolf, *Wie wir Deutschen uns selbst entdeckten*, Leipzig 1933, besonders S. 103 ff.

[255] Als Beispiel nehme man die für jeden „nationalen" Anlaß das Material präsentierende Sammlung von Hubert Breuer, Hrsg., *Die völkische Schulfeier*, Bochum 1937, mit der Literatur (S. 109 f.).

[256] Vgl. z. B. das parteiamtlich sanktionierte Werk von Rühle (Anm. I/9), I, S. 17 f.: „. . . auf die germanischen Staaten der Völkerwanderungszeit, die meist nur den Kulturdünger für spätere fremde Staaten abgaben, folgte das ‚Heilige Römische Reich Deutscher Nation', zu dessen Anfängen das unheilige Blutbad gehört, das der Sachsenschlächter in Verden an der Aller aus angeblich christlichen Gründen anrichtete. Karl, der erste Kaiser dieses Reiches, der damals viele Tausende edler deutscher Männer morden ließ, wurde von einer verblendeten deutschen Geschichtsschreibung mit dem Beinamen ‚der Große' bedacht. Die Tragik des ersten deutschen Reiches findet ihren Ausdruck schon in der Bezeichnung ‚Römisches Reich'. Die Marschrichtung führte vom Volkstum fort ins Nichts, in romantische Irrwege und sinnlose Blutopfer, in Italienfahrten und Kreuzzüge, in dynastische Zersplitterung, klerikale Knechtschaft und kulturelle Überfremdung. An die Stelle des deutschen Rechts trat das Recht des Corpus juris des Byzantiners Justinian, als ‚römisches Recht' bekannt und verhaßt. Die Versuche, die Steuer herumzureißen und *deutsche* Politik zu treiben, scheiterten letzten Endes alle *daran*, daß die Zentralgewalt des Reiches andere Wege ging. Das Werk Heinrich des Löwen und Albrecht des Bären, das Werk der Hanse und des Deutschritterordens scheiterten schließlich an der Tatsache, daß die Politik des Reiches in all diesen Jahrhunderten nicht diesseits, sondern jenseits der Alpen ihre Aufgaben sah. Dynastische und kirchliche Machtkämpfe wurden auf dem Rücken des blutenden deutschen Volkes ausgetragen und zerrissen das Land in zahllose unorganische Fetzen. Der *Leidensweg deutschen Bauerntums*, das die Kosten für den Irrsinn dieser Politik tragen sollte, ist kaum vorstellbar. Von der Abschlachtung vieler Tausender von Stedinger Bauern mit Weibern und Kindern durch den Erzbischof von Bremen bis zu der sinnlosen Niedermetzelung zahlloser schwäbischer, fränkischer und thüringischer Bauern durch Fürsten und Adel in den Bauernkriegen führt der Weg einer verständnislosen volksfeindlichen Politik dieses ‚Heiligen Römischen Reiches'. Mit leidenschaftlicher Erbitterung wurden die Religionskämpfe ausgefochten, das Land verheert, das Volk zerrissen." (Auszeichnungen i. Orig.) Auch Darrés *Bauerntum als Lebensquell...* (Anm. III/84) spricht noch in der 6. Auflage (1937) durchweg von „Karl dem Sachsenschlächter" (z. B. S. 115 f.; S. 132; S. 249; S. 351; S. 488).

[257] Rosenberg, *Der Mythus...* (Anm. IV/17), S. 684 f.

[258] Rede vom 22. Februar 1934, zit. bei Hagemann, *Publizistik...* (Anm. V/134), S. 98.

[259] Alfred Rosenberg, *Das Wesensgefüge des Nationalsozialismus. Grundlagen der deutschen Wiedergeburt*, München 1932 (10. Aufl., 1934, S. 14).

auferstehenden Protests der germanischen Seele gegen die Überfremdung vom Süden her" feiern ließ.[260]

Die Forderung nach Totalrevision, die nationalsozialistische Kulturfunktionäre mit dem zerstörerischen Eifer der Halbbildung überzuerfüllen suchten, hat seit dem Ausgang der Machtergreifung freilich immer wieder zu Protesten und Einschränkungen geführt, und nach entsprechenden Ermahnungen Hitlers hat auch Goebbels – in der innerparteilichen Rivalität ein notorischer Gegner Rosenbergs[261] – eine bezeichnende Sprachregelung an seine Propagandaleiter und wohl auch die Ludendorff-Bewegung erlassen, die nur noch die Weimarer Zeit der freien Zerstörungswut anheimgab, zugleich Art und Maßstäbe der gängigen „Revision" erkennen ließ:

> „Es geht nicht an, daß man an die gesamte deutsche Geschichte und ihre Heroen die Maßstäbe des Nationalsozialismus anlegt und untersucht, ob sie gut nationalsozialistisch gedacht und gehandelt haben. Mit Ausnahme der Zeit von 1918 bis 1933, die nur kriminell betrachtet werden kann, ist es unerträglich, alles mit den Maßstäben der heutigen Zeit zu messen und so zu tun, als habe die deutsche Geschichte erst mit dem Nationalsozialismus begonnen. Daran gemessen, ist keiner der deutschen Geistesheroen mehr tragbar, weder Mozart noch Beethoven noch Goethe noch Schiller noch Friedrich der Große. Goethe als Freimaurer und Giftmörder an Schiller und Mozart als Opfer eines Giftmordes hinzustellen und sie alle zusammen als Freimaurer, ist ebenso dumm wie empörend. Die Folge würde eine beispiellose Verarmung und Verflachung des kulturellen Lebens sein. Das Christentum hat künstlerische Leistungen geschaffen, vor denen wir uns noch heute in Ehrfurcht beugen, und Karl der Große ist nichts Geringeres als der Schöpfer der deutschen Reichsidee gewesen. Dieser ‚Ausverkauf der deutschen Geschichte' liegt nicht im Sinne und Interesse der NS-Volksaufklärung." [262]

Das galt zwar in erster Linie für die Kulturfunktionäre der Partei, die Agitation und Propaganda stets mit historischen Beispielen und Parallelen auszustatten und daraus nach Belieben Beweise oder Kampfstoff herzuleiten pflegten. Der radikale Revisionismus hatte aber früh auch – wie im Fall der „Umwertung" Karls des Großen, des mittelalterlichen Reiches und vollends der Zeitgeschichte – auf Schule und Universität übergegriffen. Tatsächlich sind der verschärften Personalpolitik im Verein mit Irreführung und Opportunismus schon in wenigen Monaten tiefe Einbrüche in alle pädagogischen Provinzen gelungen, die das Klima und den Ton der Unterweisung im Sinne des neuen Regimes weitgehend bestimmten. Das pädagogische Endziel hat schließlich der „Reichsjugendführer" besonders eindeutig und ausgerechnet von der Bühne des Nationaltheaters zu Weimar verkündet: „Der Jugendführer und Erzieher der Zukunft wird Priester des nationalsozialistischen Glaubens und ein Offizier des nationalsozialistischen Dienstes sein."[263] Wohl blieb, analog zur Spannung zwischen Staat und Partei, eine Rivalität zwischen Schule und Hitler-Jugend lebendig, die auch in der späteren Entwicklung von Partei-Elite-Schulen (Nationalpolitische Erziehungsanstalten, Adolf-Hitler-Schulen, Ordensburgen) nur partiell aufgehoben war. Doch hat sich im Prinzip der nationalsozialistische Anspruch auf Lenkung der gesamten Erziehung und auf organisatorische „Erfassung" ihrer Träger weitgehend durchgesetzt. Schon wenige Wochen nach Hitlers Regierungsantritt hatte sich der Zustrom zum NS-Lehrerbund verstärkt; ganze Lehrervereine sind im Zuge der Aufsaugung nationalistischer Verbände durch nationalsozialistische Auffangorganisationen dieser Satellitenorganisation der siegreichen Partei kollektiv beigetreten. Gleichzeitig wurde eine alle Lehrerverbände umfassende „deutsche Erziehergemeinschaft" geschaffen,

---

[260] Alfred Bäumler, „Rosenberg, der Ghibelline", in: *Politische Erziehung* (hrsgg. vom NS-Lehrerbund Sachsen), 1935, S. 265 ff. (abgedr. in: *Politik. . .*, Anm. V/224, S. 16 ff.; Zitat S. 21).

[261] Seraphim (Anm. IV/49), S. 22 f. und *passim*.

[262] Goebbels; zit. bei Hagemann, *Publizistik. . .* (Anm. V/234), S. 99.

[263] Rede vor der HJ-Führerschaft am 24. Mai 1938 in: Baldur v. Schirach, *Revolution der Erziehung*, München 1938, 4. Aufl. 1943, S. 125.

deren Organisationen ihrerseits geschlossen dem NS-Lehrerbund beitraten: eine Konstruktion, die den Schein unabhängiger Organisationszugehörigkeit bewahrte und doch die nationalsozialistische Gesamtkontrolle sicherte. An ihre Spitze rückte mit Hans Schemm, dem neuen nationalsozialistischen Kultusminister Bayerns, ein wegen Sittlichkeitsverfehlungen entlassener Volksschullehrer zweifelhafter Qualität, der gleichzeitig Gründer (1929) und Führer des NS-Lehrerbundes war und durch diese Personalunion die Gleichschaltung noch unterstrich.[264] Vor dem Hintergrund dieser Organisation einer „Deutschen Erzieherfront", die dann in Analogie zur DAF am 8. Dezember 1933 proklamiert wurde, vollzog sich die künftige Schulung aller Lehrer im nationalsozialistischen Geist: in Preußen sogleich mit der Anordnung, daß SA-Dienst und Arbeitsdienst als Vorbedingung für die Zulassung zur zweiten Prüfung einzuführen seien.[265] Eine neue Hochschule für Lehrerbildung zu Lauenburg (Pommern) wurde Ende Juni 1933 von Rust als „Festung deutschen Zukunftswillens in der Kulturbildung" mit der ausdrücklichen Erklärung eröffnet, daß dort besonders Volkskunde, Wehrgeographie, Grenzland- und Rassenkunde gelehrt würden.[266]

Aber auch die Universitäten selbst rückten sogleich in das Zwielicht von Zwang und Kapitulation.[267] Schon in den ersten Wochen kam es dort unter Tumulten zur Boykottierung, Verdrängung, Suspendierung mißliebiger Professoren, wurde die Gleichschaltung demonstriert, indem Rektoren, Dekane und Senate vorzeitig abgelöst,[268] Wissenschafts- und Personalpolitik ausdrücklich „revolutioniert", die alten Schlagworte von der „Hochschulreform" und „Erneuerung der Universität" in neuem Gewande zur ideellen Tarnung dieser brutal machtpolitischen Vorgänge und Bestrebungen vorgeschoben wurden. Auch dafür ließ sich, während Rust in einer drohenden Rede in der Aula der Berliner Universität am 6. Mai zum Semesterbeginn die Professoren beschwor,[269] mancher bekannter Wissenschaftler mißbrauchen. Schon am 3. März hatten sich 300 Hochschullehrer in einem Wahlaufruf für Hitlers Weg erklärt.[270] Zwischen April und Mai vollzog, nach einem Konflikt mit Eduard Spranger, auch der Vorstand des Hochschulverbandes, der Standesorganisation der Professorenschaft, seine Anpassung an das neue Regime, wobei Intrigen und menschliche Schwächen keine kleine Rolle spielten.[271] Noch mehr Aufsehen erregte die Antrittsrede des Philosophen Martin Heidegger anläßlich der Rektoratsübernahme an der Universität Freiburg (27. Mai 1933):[272] Dies Ereignis mußte um so bemerkenswerter erscheinen, als Heidegger, Schüler des „nichtarischen" und in der Folge auch verfemten Philosophen Edmund Husserl, des Begründers der Phänomenologie, zu den Betroffenen des „Um-

[264] Noch vor seinem Unfalltod (März 1935) hat Schemm eine Schriftstellerin „berufen", seine Rede- und Gesprächsnotizen zu einem recht banalen Volksbuch über Nationalsozialismus und Erziehung zusammenzusetzen: *Hans Schemm spricht*, bearb. von Gertrud Kahl-Furthmann, Bayreuth 1935. Zur Charakteristik Aretin, *Krone*... (Anm. II/90), S. 186 f.

[265] Vgl. Rühle (Anm. I/9), I, S. 147.

[266] A. a. O., S. 148.

[267] Vgl. Shepard Stone, "Twilight of the German University", in: *Current History* 40 (April 1934), S. 39 ff. Das Thema ist leider von deutscher Seite noch kaum behandelt; vgl. die Bemerkungen bei Walter Goetz, *Historiker in meiner Zeit. Gesammelte Aufsätze*, hrsgg. von Herbert Grundmann, Köln–Graz 1957, S. 77 ff.; Rudolf Morsey, „Aus westfälischer Wissenschaft und Politik", in: *Westfälische Forschungen* 10 (1957), S. 19 f.; ferner die Artikelfolge von Dieter Sauberzweig, „Die Kapitulation der deutschen Universitäten", in: *Die Zeit* 16 (1961), Nr. 11 ff.

[268] Für Preußen ordnete Rust an, „daß dort, wo seit dem 1. 2. [1933] keine Rektorenwahl stattgefunden hatte, Rektor, Dekan und Senat spätestens sofort nach Semesterbeginn neu zu wählen seien und daß deren Amtszeit bis zum übernächsten ordnungsgemäßen Termin laufe"; Rühle (Anm. I/9), I, S. 145.

[269] Abgedr. in: *Dokumente*... (Anm. I/31), I, S. 305 ff.

[270] Vgl. Michaelis *et al.* (Anm. V/160), S. 255 f. (mit Namen).

[271] Vgl. den persönlichen Bericht Sprangers (Anm. V/123), S. 3 f.; S. 12 ff.

[272] Martin Heidegger, *Die Selbstbehauptung der deutschen Universität*, Breslau 1934, besonders S. 22 ff.; dazu Karl Löwith, „M. Heidegger, Denker in dürftiger Zeit", in: *Neue Rundschau* 63 (1952), S. 1 ff., sowie die Heidegger-Analyse von Muschg (Anm. V/33), S. 97 ff., die die inneren Gründe des Vorgangs andeutet.

schwungs" gehörte; daß auch er seinen Ruf dem um Anerkennung ringenden Regime zur Verfügung stellte, mußte eine Wendung von besonderer Bedeutung demonstrieren. Zur gleichen Zeit erschien ein kollektives *Bekenntnis der Professoren an den deutschen Universitäten und Hochschulen zu Adolf Hitler und dem nationalsozialistischen Staat.*[273] Und am Vorabend des Plebiszits vom 12. November 1933 appellierten bekannte Wissenschaftler wie Sauerbruch, Pinder, Fischer, Heidegger in einer Kundgebung zu Leipzig an die Gebildeten aller Welt, der Politik Hitlers Verständnis entgegenzubringen.[274] Im ganzen freilich wurde von nationalsozialistischer Seite scharf kritisiert, daß „die Wissenschaft kein Ohr mehr für den brausenden Strom des Lebens" gehabt habe und „der Sieg der Hochschulrevolution ... mit wenigen Ausnahmen *ohne* Verdienst der Hochschullehrerschaft, mitunter sogar in schroffstem Gegensatz mit ihr, erfochten" worden sei.[275]

Drei große Aufgaben rückte die offiziöse Propaganda in den Vordergrund einer nationalsozialistischen Hochschulreform: „Schaffung eines neuen Studententyps, Schaffung eines neuen Hochschullehrertyps und Gestaltung eines neuen Begriffs der Wissenschaft".[276] Durch scharfe Einschränkung der Zahl der Neustudenten – neben den Ausschluß eines Großteils der jüdischen Studenten trat Fricks Erlaß, nach dem nur einer begrenzten Anzahl von Abiturienten entsprechend ihrer charakterlichen und nationalen Zuverlässigkeit die Hochschulreife zuerkannt werden sollte[277] – und durch eine entsprechende Personalpolitik wurde schon in den ersten Jahren die „Lösung" der beiden ersten Aufgaben vorangetrieben. Daß überhaupt die Wissenschaftsauffassung des Nationalsozialismus, im Prinzip der Parteilichkeitsdoktrin kommunistischer Wissenschaftslehre durchaus vergleichbar, durch den Ausschließlichkeitsanspruch der rassistischen „Weltanschauung" in diametralem Gegensatz zum Wesen der neueren Universität stand, daß das angeblich deutsche Erbübel „voraussetzungsloser" Wissenschaft als „überholte wissenschaftliche Idee" emphatisch bekämpft und Forschung und Lehre eine Instrumentalfunktion im Dienste des neuen Regimes zugewiesen würde,[278] daß die nationalsozialistischen Kultur- und Erziehungsfunktionäre folgerichtig eine Ausrichtung der Wissenschaften nach den „weltanschaulich" präformierten Bedürfnissen von Staat, Volk und Rasse forderten,[279] war abzusehen gewesen. Hitler selbst hatte schon in *Mein Kampf* unmißverständlich die neue Rangordnung einer nationalsozialistischen Erziehung und Bildung verkündet, die der Wissenschaft – noch dazu als „wissenschaftliche Schulung" – ausdrücklich den letzten Platz hinter der körperlichen und charakterlichen „Ertüchtigung" zuwies.[280] Daß die neuen Machthaber solche Prinzipien auch institutionell zu untermauern und die autoritären Ordnungsprinzipien – freilich wiederum unter Mithilfe nicht-nationalsozialistischer Strömungen wie der Spannschen „Ganzheitslehre", die nun ebenfalls „Wissenschaft als

[273] Überreicht vom NS-Lehrerbund Deutschland/Sachsen, Dresden 1934.
[274] Rühle (Anm. I/9), I, S. 157.
[275] A. a. O., S. 156 (Auszeichnung i. Orig.).
[276] A. a. O., S. 151.
[277] Vom 28. Dezember 1933.
[278] Vgl. schon Hitler, *Mein Kampf* (Anm. Einl./41), S. 473: „Auch in der Wissenschaft hat der völkische Staat ein Hilfsmittel zu erblicken zur Förderung des Nationalstolzes."
[279] Krieck, *Nationalpolitische...* (Anm. V/11), S. 173 f.; dazu die Analyse bei Perroux (Anm. III/23), S. 259 ff.
[280] Hitler (Anm. Einl./41), S. 451 ff. „Der völkische Staat hat in dieser Erkenntnis seine gesamte Erziehungsarbeit in erster Linie nicht auf das Einpumpen bloßen Wissens einzustellen, sondern auf das Heranzüchten kerngesunder Körper. Erst in zweiter Linie kommt dann die Ausbildung der geistigen Fähigkeiten. Hier aber wieder an der Spitze die Entwicklung des Charakters, besonders die Förderung der Willens- und Entschlußkraft, verbunden mit der Erziehung zur Verantwortungsfreudigkeit, und erst als letztes die wissenschaftliche Schulung" (S. 452). Vgl. a. a. O., S. 123 f.; S. 471 ff. Weitere einschlägige Äußerungen in: Adolf Hitler, *Volk und Erziehung. Abschnitte aus „Mein Kampf" und den Reden des Führers*, Breslau 1937, S. 7 ff.; *Adolf Hitler an seine Jugend*, München 1936 (den prunkvoll gestalteten Band hat Baldur v. Schirach als „frohe Botschaft" zu Weihnachten 1936 seinen Mitarbeitern dediziert).

Form völkischer Spontaneität" definierte[281] – vom politischen und gesellschaftlichen auch in den Bereich der Universität zu übertragen suchten, hat den ideologischen Gleichschaltungsprozeß der Machtergreifungsperiode vielfach beschleunigt und zu folgenschweren Fällen von Mitläufertum und Unterwerfung geführt. Auch Gelehrte von Ruf, in deren soziologischen und philosophischen Seminaren bislang auch „linke" und „jüdische Intelligenz" aufgewachsen war, bekannten sich nun, in den Monaten des „Umbruchs", zur primären Aufgabe der Universität, politische Erziehung im neuen Geiste zu leisten und „Hohe Schule des Staates" zu sein.[282] Und vollends haben NS-Erziehungs- und Hochschulideologen von Anfang an, ja, noch vor der Machtergreifung zugleich mit der Forderung nach politisch-völkischer Universitätserziehung unmißverständlich erklärt: „Gegenüber der den Hochschulen zu stellenden Aufgabe gibt es jedoch keine Autonomie und Freiheit des Lehrers, sondern nur Dienst. . . Der völkische Staat kann, da er seinem Wesen nach Ausdruck des Volkswillens ist, auch an den Hochschulen, wenn er sich zur Geltung bringt, ein Eigenleben nicht vergewaltigen." Der Universität sollte wohl noch eine beschränkte, technische Selbstverwaltung bleiben. „Dafür hat das Ganze, vertreten durch den Staat, aber auch dafür zu sorgen, daß kein selbstverwaltendes Glied aus dem Verband, aus dem verpflichtenden Ziel der völkischen Weltanschauung und Einheit, ausbricht. Die liberalistische Wissenschaft als Selbstzweck findet hier ihr Ende." [283]

Wohl hat es auch weiterhin an beharrlichen Demonstrationen des Widerstehens, der Fähigkeit zur Bewahrung eines Minimums an Eigenleben in Fakultäten und Instituten nicht gefehlt. Höchste Parteistellen hielten es immer wieder für nötig, in „grundsätzliche[r] Klarstellung des Verhältnisses von Nationalsozialismus und Wissenschaft . . . all denen die notwendige Antwort [zu erteilen], die glauben, von der Ebene einer Wissenschaft an sich dem Nationalsozialismus das Gesetz des Handelns auf wissenschaftlichem Gebiete vorschreiben zu können".[284] In diesem Sinne dekretierte dann auch Alfred Rosenberg, obwohl selbst nie bis zu diesem Punkt gediehen: „Wir haben keine Ursache, Doktorarbeiten zu verfassen, wie man sie seit zwanzig, dreißig, fünfzig Jahren in der gleichen Weise verfassen mußte, sondern wir sind der Überzeugung, daß die Lehrer von heute die Pflicht haben, aus dem Erleben unserer Zeit auch neue Themen aufzustellen und eine neue Formung vorzubereiten" – eben vor allem mit völkisch-rassistischer Fragestellung.[285] Das blieb gewiß trotz aller Selbstgleichschaltung auch der Wissenschaft bis zuletzt zu monieren. Aber der allgemeine Prozeß, der personal- wie finanzpolitisch gesteuert über die Abschaffung des Wahlprinzips in den akademischen Gremien, die Einsetzung der Dekane und Rektoren von oben und die Proklamierung des denkbar inadäquaten Führerprinzips auch in der Universität – mit dem Rektor als „Führer" der Universität – auf die Ersetzung der letzten Selbstverwaltungsrechte durch zentralistische Staatsverwaltung zielte,[286] begann mit den tumultuarischen Vorgängen des Frühjahrs 1933, in denen sich neben Selbsttäuschung und Opportunismus viel allzu menschliche Ambitionen und Intrigen Luft zu verschaffen vermochten, zugleich manche akademische Karriere einen unverhofft raschen Aufstieg nahm.

[281] So Heinz Rieck, *Volkstum und Wissenschaft* (*Gesellschaftswissenschaftliche Abhandlungen,* hrsgg. von Othmar Spann, Bd. VII), Leipzig–Wien 1937, S. 66.

[282] Freyer (Anm. V/27), S. 40.

[283] Krieck, *Nationalpolitische. . .* (Anm. V/11), S. 173. Die nationalsozialistische Sicht der „Lehrfreiheit" ist juristisch gefaßt bei Ernst Rudolf Huber, „Bedeutungswandel der Grundrechte", in: *Archiv des öffentlichen Rechts* 23, S. 68 ff.

[284] So der Vorspruch zu der „wegweisenden Rede" Alfred Rosenbergs: *Weltanschauung und Wissenschaft* (Anm. V/2), S. 3.

[285] A. a. O., S. 9.

[286] Vgl. dazu Klemens Pleyer, *Die Vermögens- und Personalverwaltung der deutschen Universitäten. Ein Beitrag zum Problemkreis Universität und Staat*, Marburg 1955, S. 145 ff.

Diese Kehrseite einer „Hochschulreform", die eine einseitig politisch-weltanschauliche Funktion hatte und schließlich auf die Errichtung von „Reichsuniversitäten" abzielte,[287] ist nach der qualitativen Seite gar nicht zu überschätzen: Das oft mißbrauchte Wort von der „Demontage deutscher Wissenschaft" hat hier seinen rechten Platz.[288] Am extremsten hat sich dies natürlich in der radikalen Umformung der ohnehin umstrittenen politischen Wissenschaften,[289] demonstriert an der völligen Gleichschaltung der Deutschen Hochschule für Politik in Berlin und der Errichtung von parteieigenen Hochschulen für Politik,[290] vollzogen; der Angriff auf die alte Wissenschaft von der Politik, die von der Verfassungsbewegung des 19. Jahrhunderts bis hin zu Max Weber die demokratische Emanzipation Deutschlands mitbegründet hatte, gipfelte in ihrer Degradierung zum Instrument nationalsozialistischer Führung in Europa, in der Prophetie, „daß einer neuen politischen Wissenschaft des Deutschen Reiches die wissenschaftliche Führung Europas anheimfallen werde".[291] Dem entsprach auch der Nachdruck, mit dem des weiteren Planung und Ausbau einer neuen „Wehrwissenschaft" im Rahmen der Universität betrieben wurde.[292] Gewiß gab es hier erhebliche Meinungsverschiedenheiten, wenn sich etwa die Begründung einer „Volkskunde als politische Wissenschaft" scharf von der faschistischen Idee des totalen Staates, von der bloß etatistischen Ausrichtung der politischen Wissenschaft distanzierte und – wie Max Hildebert Boehm trotz Anerkennung des NS-Regimes in seiner Jenaer Antrittsvorlesung als Ordinarius für Volkstheorie und Volkstumssoziologie [293] – die „Kameraden im Wissensdienste Deutscher Nation", die „akademische Standschaft" in diesem Sinne aufforderte, sowohl die naturalistische wie die etatistische Verengung der politischen Wissenschaft zu sprengen, den ganzheitlichen Aspekt statt des totalitären zugrunde zu legen, und „gewisse unabänderliche Spannungen" zwischen volkstheoretischer und politisch-staatlicher Betrachtungsweise konstatierte. Doch selbst in gänzlich unpolitischen Disziplinen der Naturwissenschaften wurde die Polemik gegen jüdische Gelehrte bis zur Verkündung einer spezifisch deutschen, rassegebundenen Physik und Mathematik fortgetrieben.[294]

Aber auch quantitativ tritt mit dem Strukturwandel der Universität das Ausmaß dieses „Umbruchs" klar zutage; es war nur noch dem Substanzverlust vergleichbar,

---

[287] Vgl. Paul Ritterbusch, *Idee und Aufgabe der Reichsuniversität* (*Der deutsche Staat der Gegenwart*, Heft 8), Hamburg 1935.

[288] Vgl. u. II. Teil, III. Kapitel.

[289] Der Versuch zur Begründung einer Theorie und eines umfassenden Systems der „politischen Wissenschaft" im nationalsozialistischen Sinne, zugleich ein Überblick über alle bisherigen Versuche und Entwicklungstendenzen einer nationalsozialistischen Staats- und Politikwissenschaft, findet sich daran besonders in dem voluminösen Werk von Wilhelm Glungler, *Theorie der Politik. Grundlehren einer Wissenschaft von Volk und Staat*, München-Leipzig 1939 (mit der wohl umfassendsten Zusammenstellung nationalsozialistischer Literatur). Schon vorher hatte der von der Rechtswissenschaft herkommende Verfasser in zahlreichen Schriften den Grund dazu zu legen versucht: *Die Lehre vom neuen Staat*, Darmstadt 1934, und besonders die *Vorlesung über Volk und Staat*, München-Leipzig 19♦6 (viele Auflagen), die Veröffentlichung eines Kollegs, das seit Januar 1935 vom Reicherziehungsministerium zur Hauptvorlesung in den Studienplänen der Rechts- und Wirtschaftswissenschaften erhoben und z. T. an die Stelle der „Allgemeinen Staatslehre" gesetzt worden war (vgl. *Theorie. . ., a. a. O.*, S. 2 ff.). Zum Problem auch die zeitgenössische Analyse von Heinz Lunau, *Die geistige Situation der Deutschen. Untersuchung über den Zustand der politischen Wissenschaften in Deutschland, einschließlich des Völkerrechts*, Brüssel 1936.

[290] Dazu programmatisch: *Hochschule für Politik der NSDAP. Ein Leitfaden*, hrsgg. von (Gauleiter) Josef Wagner und Alfred Beck, München 1933.

[291] Walter Frank, *Die deutschen Geisteswissenschaften im Kriege* (Rede am 18. Mai 1940 an der Universität Berlin), Hamburg 1940.

[292] Vgl. Albrecht Erich Günther, „Die Aufgabe der Wehrwissenschaften an der Hochschule", in: *Zeitschrift für die gesamte Staatswissenschaft* 95 (1935), S. 557 ff.

[293] Max Hildebert Boehm, *Volkstheorie als politische Wissenschaft* (2. Dezember 1933), Jena 1934, S. 3; S. 11 ff.; S. 21; S. 26.

[294] Hier waren besonders die Nobelpreisträger Philipp Lenard und sein Schüler Johannes Stark führend; vgl. Léon Poliakov und Josef Wulf, *Das Dritte Reich und seine Denker. Dokumente*, Berlin-Grunewald 1959, S. 290 ff.

den im Verlauf der sowjetischen Machtergreifung ein anderes totalitäres Regime in Kauf nahm. Aus Berechnungen auf Grund der Statistischen Jahrbücher und der Deutschen Hochschulstatistik geht hervor, daß die Gesamtzahl der Hochschuldozenten zwischen dem Wintersemester 1932/33 und dem Sommersemester 1933 um 7,5 % (von 8515 auf 7881) zurückgegangen ist; an den Universitäten hat sich der Schwund zwar in den folgenden Semestern stärker manifestiert, doch ist das Mißverhältnis zwischen Zu- und Abgängen deutlich erkennbar.[295] Die Untersuchung, die heute gewiß korrektur- und ergänzungsbedürftig wäre, kommt zu dem Ergebnis, daß im Zeitraum 1932/33–1934/35 mindestens 322 Privatdozenten entlassen wurden, daß von 1145 etwa 500 pensionsberechtigte Hochschullehrer Deutschland pensionslos verließen und daß eine weitere Anzahl dasselbe Schicksal in Deutschland selbst traf. Zwar gaben die offiziellen Veröffentlichungen nur einen Bruchteil dieser außerordentlichen Entlassungen an, doch enthielt der halboffizielle *Kalender der reichsdeutschen Universitäten und Hochschulen*[296] für 1933 immerhin 930 solche Fälle, ohne die vertriebenen Assistenten oder wissenschaftlichen Mitarbeiter an Instituten zu berücksichtigen. Nach den Unterlagen der akademischen Hilfsorganisation in London traf die Entlassungsaktion 313 ordentliche, 109 außerordentliche, 284 nichtbeamtete außerordentliche und 75 Honorarprofessoren, 322 Privatdozenten, 42 Lektoren und ähnliche, 232 Assistenten, 133 Mitarbeiter an wissenschaftlichen Instituten und 174 Akademiker aus Schulen, Bibliotheken, Museen sowie *"recent graduates"*; die Zählung kam auf insgesamt 1684 *"dismissed scholars"*.[297]

So ergibt sich also im Unterschied zu den durch nationalsozialistische Zugänge verschleierten offiziellen Daten das Bild, daß in der Machtergreifungsphase von dem im Winteresemester 1932/33 amtierenden Lehrkörper 14,34 %, von den ordentlichen Professoren 11 % beseitigt wurden. Auch wenn man berücksichtigt, daß der Prozeß durch die folgenden Jahre fortging, mögen die Zahlen zunächst mäßig erscheinen. Doch bleibt zu bedenken, daß damit, von den qualitativen Gesichtspunkten ganz abgesehen, nur die eklatantesten Fälle und nicht die vielen Grenzfälle der individuellen Zurücksetzung, Bedrohung und indirekten Verfolgung erfaßt werden. Oft kam die Vertreibung weniger profilierter Professoren der Umformung einer ganzen Fakultät oder der Erschütterung einer ganzen Wissenschaftsrichtung gleich. Dafür ist wichtig, daß der Anteil des Personalwechsels an den einzelnen Hochschulen recht unterschiedlich war. An der Spitze standen die Medizinische Akademie Düsseldorf mit 50 % sowie die bedeutenden Universitäten Berlin und Frankfurt/Main mit über 32 %, Heidelberg mit über 24 %, Breslau mit 22 %, Göttingen, Freiburg, Hamburg und Köln mit 18–19 % Verlusten des Lehrkörpers, während Rostock (4 %) und Tübingen (1,6 %) die stabilsten Verhältnisse zeigten. Nach dieser Zusammenstellung[298] sind auch insgesamt die Universitäten (16,6 %) stärker als die Technischen Hochschulen (10,7 %), darunter zahlenmäßig die medizinischen, prozentual jedoch nicht zufällig die juristischen Fakultäten (21,2 %) am stärksten betroffen worden. Ungefähre Schätzungen gehen dahin, daß mindestens ein Drittel der Dozenten aus „rassischen", etwa 56 % aus „rassischen" oder politischen Gründen und etwa 6,5 % auf „freiwilligen" Rücktritt hin suspendiert wurden; für die juristischen Fakultäten liegt das Verhältnis insofern anders, als hier die antisemitische Motivierung (78,5 % der Entlassenen) besonders stark ins Gewicht gefallen ist.

[295] Vgl. die ausführliche Analyse bei Hartshorne (Anm. V/238), S. 87 ff.

[296] Leipzig 1934.

[297] Hartshorne (Anm. V/238), S. 92 f.; ähnlich die Zahlen in: *A Crisis in the University World*, London 1935. Vgl. auch die freilich nicht durchweg zuverlässigen Namenslisten bei Michaelis *et al.* (Anm. V/160), S. 247 ff. Über die ausländischen Hilfsmaßnahmen unterrichtet jetzt aus persönlicher Kenntnis Lord Beveridge, *A Defence of Free Learning*, London 1959, S. 1 ff.

[298] Hartshorne, *a. a. O.*, S. 94 ff.

Das Gewicht der personellen Umschichtung und der wissenschaftliche Verlust ist dadurch charakterisiert, daß schon im ersten Jahr eine Reihe von Nobelpreisträgern (Meyerhof, Franck, Einstein, Haber, Hertz) aus ihren Ämter verdrängt, eine große Zahl Zwangsversetzungen verfügt, wissenschaftliche Einheiten auseinandergebrochen und die akademische Tätigkeit durch die Dauerdrohung der nationalsozialistischen Überwachung aufs einschneidendste behindert worden ist. Nach einer treffenden Charakteristik war der nicht-nationalsozialistische Hochschuldozent im grundlegenden Unterschied zur klassischen Universitätstradition für alle Zukunft der Dauer seiner Anstellung und Einkünfte ungewiß, ständig durch Eingriffe von außen wie durch Lehrplanmanipulationen, Entzug des Prüfungsrechts oder Denunziation im eigenen Seminar bedroht, zur außerakademischen politischen Aktivität angehalten, vom Gedanken an verfolgte Kollegen und Lehrer geplagt, dabei ständig zur Anpassung und Unterwerfung wider besseres Wissen getrieben.[299] Eine neue Atmosphäre zog in die Fakultäten ein, und es rundet nur das Bild, daß im Zusammenhang mit der neuen Habilitationsordnung vom 13. Dezember 1934 die Auswahl der eigentlichen (lehrberechtigten) Dozenten – im Unterschied zu den lediglich habilitierten Akademikern, die nun freilich auch den Nachweis „arischer" Abstammung bringen mußten – gemäß den Ansprüchen des Regimes durchaus von außerwissenschaftlichen, politischen Qualifikationsmaßstäben, von der Absolvierung von „Gemeinschaftslagern" und „Dozentenakademien" und der Charakterbeurteilung durch Rektor und Kultusministerium usw. abhängig gemacht wurde. Schon vorher waren die Assistenten und jüngeren Dozenten zum größten Teil in die SA oder SS eingegliedert worden.[300] Über den Nachwuchs, die neuen Dozenten als „Führer der Jugend", war so schon in der Machtergreifungsphase ein Umwandlungsprozeß eingeleitet, der tiefgreifender und „organischer" als die Entlassungsaktionen die Gleichschaltung und politisch-weltanschauliche Funktionalisierung der deutschen Universitäten vollenden und sichern sollte.[301]

Diesen Tendenzen entsprach auch der innere Zustand des deutschen Hochschulwesens. Hand in Hand mit der Reduzierung des Lehrkörpers ging eine bewußte Einschränkung der Studentenzahl;[302] dies betraf neben jüdischen in besonderem Maße ausländische und weibliche Studenten; die Zurückdrängung der Frau aus dem Prozeß der Emanzipation, ein Leitgedanke nationalsozialistischer Politik, trat auch hier in Erscheinung.[303] Solche Maßnahmen, die auch gesetzlich begründet wurden,[304] mochten zunächst paradox erscheinen, auch wenn sie auf politische und „rassische" Auslese abzielten. Denn tatsächlich hat gemäß der Gesamttaktik der nationalsozialistischen Revolution im Zusammenspiel des Zwangs von oben und der „Bewegung" von unten eine gewalttätig-turbulente Aktivität der in der Mehrheit von den Versprechungen und Erfolgen des Regimes berauschten Studentenschaft in den Frühjahrsmonaten 1933 die entscheidenden „Säuberungs"-Maßnahmen des neuen Regimes wesentlich unterstützt und oft noch übersteigert: durch Boykott mißliebiger Professoren, Angriffe auf

[299] A. a. O., S. 101 f.

[300] Vgl. etwa die Münchener Medizinische Wochenschrift vom 23. Februar 1934.

[301] Dazu auch Perroux (Anm. III/23), S. 273 ff.; S. 268 ff.

[302] Vgl. schon Joachim Haupt, „Gegen das falsche Bildungsideal. Hochschulüberfüllung – Volksgefahr", in: VB vom 19./20. Februar 1933, 1. Beibl.; Haupt war als Ministerialrat Sachbearbeiter für studentische Fragen im preußischen Kultusministerium. Dazu im übrigen u. II. Teil, III. Kapitel.

[303] Bündig Krieck, Nationalpolitische... (Anm. V/11), S. 69: „In der Gesamtheit der Familien stellt sich das Volk dar als ein Gewebe aus Zellen. Die Betreuung des Innenlebens der Zellen ist der Beruf der Frau, mit dem sie ihren vollen Anteil am Leben des Ganzen hat... Der Mann aber vertritt mit seinem Beruf die Familie in ihrem Verhältnis zum übrigen Gesamtraum. Von seinem Beruf erhält die Familie die Richtung ihres Lebens, den Gehalt, das Wollen, die soziale Lage." Dem entspricht die Fülle sich unterordnender Bekenntnisse von weiblicher Seite; z. B. Else Frobenius, Die Frau im Dritten Reich, Berlin 1933.

[304] RGBl., I, 1933, S. 225 f.; Reichsministerialblatt 62, 1933, S. 16; dazu Hartshorne (Anm. V/238), S. 79 ff.

gegnerische und jüdische Kommilitonen, demonstratives Uniformtragen, scharfe Erklärungen innerhalb und außerhalb der Universität, fieberhaften politischen Bekenntnisdrang in Vorlesungen wie Seminaren (und dasselbe von den Professoren erwartend und fordernd). Schon die Schlußjahre der Republik hatten mit einer besonders starken Zunahme des nationalsozialistischen Anteils an der Studentenschaft Ansätze in dieser Richtung gezeigt.[305] Die nationalistisch-großdeutsch bestimmte Dachorganisation der „Deutschen Studentenschaft" war in ständiger Auseinandersetzung mit den demokratischen Kultusbehörden schon früh in das Schlepptau der nationalsozialistischen Propaganda geraten, und auf dem „Deutschen Studententag" in Graz hatte sich 1930/31, noch lange vor der allgemeinen politischen Entwicklung, eine nationalsozialistische Mehrheit durchgesetzt, die einen Exponenten des NSDStB als ersten Vorsitzenden wählte; dasselbe Bild zeigten die Asta-Wahlen vieler Universitäten.[306] Im Sommer 1932 hatte sich dann der letzte deutsche Studententag, nun schon nicht mehr in der Universität, sondern in einer Kaserne in Königsberg tagend, für die Beseitigung der demokratischen Selbstverwaltungs-Prinzipien und für die Einführung des „Führerprinzips" entschieden. Mit Beginn des Sommersemesters 1933 (Anfang April) forderten die nationalsozialistischen Studenten vom bisherigen Berliner Rektor, Professor Kohlrausch, in „zwölf Thesen gegen den undeutschen Geist der Universität" ultimativ die Gleichschaltung; dazu sollte auch gehören, daß jüdische Professoren nur noch in hebräischer Sprache veröffentlichen dürften. In Kiel verlangten die Studenten unter Gewaltandrohung die Entlassung von 28 Professoren,[307] während der dortige „Kampfausschuß wider den undeutschen Geist" am 22. April in der Universitätsbibliothek sämtliche Veröffentlichungen jener Dozenten beschlagnahmte, „die das Vertrauen der Studentenschaft weder besaßen noch verdienten und die für den Neubau der deutschen Hochschulen untragbar waren".[308] Aus Breslau ließ sich der NS-Chronist berichten, „daß in mehreren großen Buchhandlungen eine Abteilung SA unter Führung eines Philosophiestudenten erschien und eine größere Anzahl von Büchern, darunter die Werke von Arnold und Stefan Zweig, Jakob Wassermann, Erich Kästner, Lion Feuchtwanger, Kurt Tucholsky, Thomas Mann usw. für beschlagnahmt erklärten".[309] Überall folgten dann im Mai die Bücherverbrennungen, die Tumulte und Boykotte.[310]

Dann freilich, im Augenblick der allgemeinen Gleichschaltung, wurde auch hier die kurze „revolutionäre" Phase durch den Dauerzustand der absoluten Lenkung und Reglementierung von oben abgelöst. Mit der Einsetzung genehmer Rektoren (in Berlin des nationalsozialistischen Rassenforschers Eugen Fischer) und der gesetzlichen Institutionalisierung der einschneidenden „Reformen" folgte auch hier den turbulenten Umsturzaktionen die strikte „Ordnung" des totalen Obrigkeitsstaates: Disziplin, Autorität, Leistung war der Tenor der scharfen ministeriellen Verfügungen, die seit Mai 1933 auch jeder „Spontaneität" der Studentenschaft nach dem kurzen, aber heftigen Aufflammen ein Ende setzte, die Tradition akademischer Selbständigkeit empfindlich einschränkten und nun auch dem studentischen Aktionsbedürfnis das Ruhegebot der Diktatur auferlegten; so forderte Rust in einem Appell die Studenten Preu-

---

[305] Dazu Bracher, *Die Auflösung*. . . (Anm. Einl./25), S. 146 ff.; Heigert (Anm. V/191); an der Universität Bonn sind mehrere Dissertationen über den Gegenstand im Gang.

[306] Bracher, *ebda.*, und die nationalsozialistische Darstellung der weiteren Entwicklung bei Rühle (Anm. I/9, I, S. 151 ff.), der 1932 selbst Führer des NSDStB gewesen war.

[307] Hartshorne (Anm. V/238), S. 55 ff.

[308] Rühle (Anm. I/9), I, S. 85; vgl. die ausdrückliche Anweisung zu Denunziation und Boykott der Professoren in einigen besonders bezeichnenden Rundschreiben der Studentenschafts-Führung bei Heigert (Anm. V/191).

[309] Rühle, a. a. O., S. 86.

[310] Vgl. o. S. 278 ff.; S. 301 und als sprechendes Beispiel noch die Schrift von Andreas Feickert, *Studenten greifen an. Nationalsozialistische Hochschulreform*, Hamburg 1934.

ßens zu „ernster und fruchtbarer Arbeit" auf[311] und betonte, die Veränderung des Lehrkörpers sei Aufgabe der Regierung, Disziplin und Friede die Forderung der Stunde, und Verstöße dagegen würden ebenso mit Ausschluß der betreffenden Studenten geahndet, wie auch alle Lehrstuhlinhaber nach dem Beamtengesetz entfernt würden, die dem neuen Deutschland durch unzeitgemäße und ungerechte Äußerungen schadeten. Dem entsprachen auch die gesetzlichen Verfügungen, die, ausgehend von Preußen (12. April 1933),[312] über das Reichsgesetz vom 7. Februar 1934[313] zu den neuen Strafbestimmungen vom 4. Januar 1935[314] die „Studentenschaften" bzw. „Fachschaften" (an den Fachschulen) einer zentralen Reichsorganisation – der „Reichsschaft" unter dem „Reichsschaftsführer" – unterwarfen, die sämtliche deutschen Studenten und Studentenvereinigungen mit „arischen" Mitgliedern umfaßte und ihrerseits nach dem „Führerprinzip" dem Kultusminister unterstand, der die obersten Führer ernannte. Der „neue Studententyp" sollte durch halbsoldatischen Gemeinschaftsdienst herangebildet werden; so wurden am 1. August 1933 – als Vorbereitung zugleich zur allgemeinen Arbeitsdienstpflicht – Studenten im 4. Semester zur studentischen Arbeitsdienstpflicht eingezogen, wozu Rust schon am 16. Juni auf einer Kundgebung der Deutschen Studentenschaft auf dem Opernplatz zu Berlin betont hatte: „Eines muß ich hier feststellen: die wahre große praktische Schule liegt nicht drüben (Universität) und liegt nicht in den Gymnasien, sie liegt im Arbeitsdienstlager, denn hier hört die Belehrung und das Wort auf, und die Tat beginnt . . . Wer im Arbeitsdienstlager versagt, der hat das Recht verwirkt, Deutschland als Akademiker führen zu wollen." [315] Und im Februar 1934 schon, lange vor der Einführung der allgemeinen Arbeitsdienstpflicht als der „Schule der Nation" (26. Juni 1935), verkündete die Deutsche Studentenschaft die halbjährige Dienstpflicht aller Abiturienten, die zur Hochschule wollten; vier Monate sollten im Arbeitsdienst, zwei Monate im SA-Lagerdienst abgeleistet werden.[316]

Als nationalsozialistische Kerntruppe blieb freilich auch jetzt – ganz wie im Nebeneinander von Partei und Staat — der NS-Deutsche Studentenbund erhalten; etwa ein Achtel der gleichgeschalteten Studentenschaft umfassend, bot er die Gewähr, daß nicht nur der Kultusminister, sondern die Monopolpartei selbst einen machtvollen Direkteinfluß und unablässige Kontrolle auf das Universitätsleben ausübte. Auch waren irgendwelche Wahlen oder konkrete Initiativen von unten in den pathetischen Deklamationen von oben, die die „Deutsche Studentenschaft" konstituierten, nicht vorgesehen; ihre Funktionen beschränkten sich auf Gleichschaltung des Universitätslebens und Affirmation des Regimes, ihre politische Aufgabe lag nach den offiziellen Proklamationen in der Verschmelzung von „Hochschulgemeinschaft" und „Volksgemeinschaft".[317] Die Traditionen studentischer Selbstverwaltung und Mitwirkung an der Selbstverwaltung der Universität waren, im Unterschied zu den ursprünglichen Deklamationen noch des preußischen Aprilgesetzes von 1933, im Reichsgesetz von 1934 auch *explicite* fast gänzlich verschwunden. Auch in dieser Hinsicht war entgegen dem Freiheitspathos der Studenten der „Kampfzeit" das Ende der akademischen Freiheit nach wenigen Monaten besiegelt: für die Lernenden noch mehr als für die Lehrenden. Selbst der Kartellverband der farbentragenden katholischen Studentenverbindungen

---

[311] *DAZ* vom 3. Mai 1933; vgl. auch Perroux (Anm. III/23), S. 272 f.; S. 278 ff.
[312] *Zentralblatt für die gesamte Unterrichtsverwaltung in Preußen* 1933, S. 117 ff.
[313] *Reichsministerialblatt* 1934, S. 76 ff.
[314] *Deutsche Wissenschaft* (Amtsblatt des Reichserziehungsministers), 1935, S. 140 ff.
[315] *Dokumente*. . . (Anm. I/31), I, S. 281 f.
[316] Rühle (Anm. I/9), II, S. 223 f.; vgl. Günther Hase, *Der Werdegang des Arbeitsdienstes*, Berlin–Leipzig 1940, S. 75 f.
[317] Vgl. Wilhelm Frick, „Student im Volk. Völkische Aufgaben der Hochschulreform", in: *Mann's Pädagogisches Magazin*, Langensalza 1934.

(CV) und die katholischen Burschenschaften bekannten sich in einer Erklärung am 31. Januar 1934 zur nationalsozialistischen Revolution als der Grundlage ihrer Erziehungsarbeit. Widerstandsregungen innerhalb des konservativen „Allgemeinen Deutschen Waffenrings" [318] verloren rasch ihre öffentliche Diskussionsbasis. Mit der Selbstauflösung der deutschen Burschenschaft [319] bzw. der emphatischen Selbsteingliederung ihres Restbestandes in den NSDStB am 120. Jahrestag des Wartburgfestes (18. Oktober 1935), mit der fast gleichzeitigen Auflösung auch des aristokratischen Kösener S. C. und anderer Verbindungen, die die „nationale Revolution" durchaus begrüßt und unterstützt hatten,[320] war dies auch äußerlich manifestiert, obwohl manche Traditionsgruppen im Schatten der allgemeinen Gleichschaltung und schließlich sogar unter der Organisationsform des Nationalsozialistischen Deutschen Studentenbunds ein gewisses Fortleben zu fristen verstanden.

So war auch hier der weitere Weg vorgezeichnet: politische Kontrolle und Funktionalisierung des gesamten Hochschulwesens durch scharfe Auswahlvorschriften, die sich sowohl auf die aktive HJ-Zugehörigkeit der Bewerber wie auf ihre körperliche, „rassische" und „charakterliche" Eignung erstreckten.[321] Die Selektion der künftigen Akademiker nach nationalsozialistischen Prinzipien, denen auch das Stipendien- und Förderungswesen zu entsprechen hatte, sollte den pädagogischen und wissenschaftlichen Gleichschaltungsprozeß noch zusätzlich absichern und für die Zukunft auch dort vollenden, wo er gegenüber einem Teil der älteren Studenten und besonders der Hochschullehrer so rasch und durchgängig doch nicht geglückt war. Denn tatsächlich ist das Totalziel der NS-Ideologen, die „Eroberung" der Wissenschaft selbst, in keiner Phase des nationalsozialistischen Regimes gelungen. Was herrschaftstechnisch und personalpolitisch möglich war, ist schon in der Machtergreifungsphase weitgehend verwirklicht worden: an äußerer Gleichschaltung der Erziehung wie der Kultur und ihrer Träger hat es sowenig gefehlt wie an pathetischen Akklamationen geistig-literarischer Mitläufer aus allen Lagern und Disziplinen, die in Hunderten von Büchern und Tausenden von Artikeln ihren bleibend beschämenden Niederschlag gefunden haben. Aber alle Versuche, die Rassendoktrin auf breiter Ebene wissenschaftlich zu fundieren und Geschichte, Philosophie, Literaturgeschichte wissenschaftlich verbindlich umzuschreiben oder gar eine „Deutsche Mathematik" oder eine „Deutsche Physik" zu begründen, sind damals wie später am inneren Widerspruch der Sache und deren immer erneuter Wirkung auch auf scheinbar gleichgeschaltete Forscher, Lehrer, Erzieher gescheitert.

Dieser innere Widerspruch, den ein totalitäres Regime nicht zu bewältigen vermag, insofern es nicht ganz auf die freie Entfaltung des menschlichen Geistes verzichten kann, hat sich am schärfsten im Bereich der Religion offenbart. Wohl hat sich der Nationalsozialismus seit seinen Anfängen bemüht, auch die Kirchen dem totalitären System einzugliedern; vor allem im Fall der protestantischen Kirche hat er dies zunächst nicht nur organisatorisch und zwangshaft, sondern durch Unterwanderung und Umwandlung der christlichen Substanz, durch den in sich paradoxen Versuch einer völligen „Nationalisierung" des Christentums in der „Glaubensbewegung Deutsche

---

[318] Ein Beispiel ist die gegen die drohende Auflösung des alten „Waffenrings" (durch Austritt der „Deutschen Burschenschaft" und des Verbandes der Turnerschaften im November 1934) polemisierende Broschüre: *Vor der Zertrümmerung des waffenstudentischen Ehrbegriffes durch „Revolutionierung"? Wehrschrift der anerkannten ADW-Verbände*, Berlin, Februar 1935.

[319] Rede des Bundesführers Glauning (18. Oktober 1935, Wartburg) bei Heigert (Anm. V/191).

[320] Vgl. neben zahlreichen Artikeln in der *Deutschen Corpszeitung* die Schrift: *Neue Hochschule. Vorschläge für eine totale Hochschulreform* (Corpsstudentische Schriftenreihe 3), Frankfurt/M. 1935.

[321] Vgl. O. Reche, „Das Problem der Auslese für das Hochschulstudium", in: *Volk und Rasse* 9 (1934), S. 393 ff.; Franz Alfred Six, „Nachwuchs und Auslese an den deutschen Hochschulen", in: *Der deutsche Student*, März 1935, S. 186 ff.

Christen", schließlich durch Förderung einer nationalpolitisch autarken Rassenreligion der Deutsch- und Gottgläubigen zu erreichen gesucht. Aber hier sind auch die Grenzen der geistigen Gleichschaltung und des ideologischen Totalanspruchs des nationalsozialistischen Regimes, das sich „das Hoheitsrecht über die Beurteilung sämtlicher geistiger Institutionen" [322] angemaßt hat, am ehesten und eindringlichsten sichtbar geworden.

5. Die Kirchen zwischen Anpassung und Widerstand

Macht und Einfluß der Kirchen hatten auf die Anschauungen und Ambitionen Hitlers von jeher großen Eindruck gemacht, wenngleich er nur für ihre äußeren Erscheinungs- und Wirkungsformen, nicht für die religiöse Substanz hinter den Institutionen ein Organ besaß. Für den Prozeß der geistigen Gleichschaltung mußte das Problem der Kirchenpolitik erste Bedeutung besitzen. Der nationalsozialistischen Führung schienen sich im Zuge der Machtergreifung zwei Wege zu bieten: der Weg des Kompromisses und der schrittweisen Einfügung der Kirchen in das nationalsozialistische System, das sie dann mit zu stützen und zu legitimieren hatten, oder der Weg des Kampfes und der Durchsetzung des Alleinanspruchs einer antikirchlichen nationalsozialistischen Weltanschauung, der früh schon in den Versuchen Rosenbergs und der rassistischen Ideologen zur Wiederbelebung altgermanischer „nordischer" Heldenmythen, dann in der Gründung einer „Deutschen Glaubensbewegung" und im Bekenntnis zu einer antichristlichen, religiös völlig amorphen „Gottgläubigkeit" seinen Ausdruck gefunden hat.

Es entsprach Hitlers Taktik gegenüber dem Problem von Partei und Staat, daß zunächst bewußt der erste Weg beschritten und weitergehende Entwürfe einer nationalsozialistischen Staatsreligion zurückgehalten wurden, obgleich auch *Mein Kampf* neben unverbindlich pseudochristlichen Phrasen und der scheinbar plausiblen Betonung gegenseitiger Nichteinmischung von Religion und Politik schon durchaus eine kaum verhüllte Kampfansage an die Kirchen im Sinne einer intoleranten, allgemeinverbindlichen neuen Weltanschauung enthielt. [323] Gemäß der verschiedenartigen Struktur der beiden christlichen Konfessionen schien jener taktische Weg im Falle des Protestantismus über eine Eroberung der Kirche von innen, vor allem durch nationalsozialistische Parteigänger in der Geistlichkeit, im Falle des Katholizismus über die Zerschlagung seiner politischen Stützen und ein damit verknüpftes Abkommen mit dem Vatikan, zugleich dessen propagandistische Ausnützung für eine Gewinnung der Gläubigen zu führen. Erst als dieser Kurs im einen Fall durch den Rückschlag der „Deutschen Christen" und das Entstehen der „Bekennenden Kirche", im anderen Fall durch den Fehlschlag der Konkordatspolitik und die Homogenität des deutschen Katholizismus seine politische Funktion verfehlte und sogar ungeahnte Widerstandskräfte hervorrief, ist er zugunsten einer freilich zögernden, nur im Bereich der SS voll einsetzenden Wendung zur antichristlichen, meist eher a-christlichen Weltanschauungspolitik verlassen worden. Die dramatischen Ereignisse in der zweiten Hälfte des Jahres 1933 und ihre Fortwirkungen im folgenden Jahr haben, nachdem im Sommer 1933 auch hier ein Höhepunkt der Gleichschaltungsillusionen auf beiden Seiten erreicht wurde, den Machtergreifungsprozeß zu seinem freilich kritischen und letztlich ergebnislosen Abschluß gebracht und zugleich die entscheidende, alle späteren Entwicklungen vorprägende Ausgangslage für die Kirchenpolitik des „Dritten Reiches" geschaffen.

---

[322] So Alfred Rosenberg in einem zur Eröffnung des Wintersemesters am 4. November 1938 in der Martin-Luther-Universität Halle-Wittenberg gehaltenen Vortrag: *Weltanschauung und Glaubenslehre* (*Schriften der Hallischen Wissenschaftlichen Gesellschaft*, Bd. 4), Halle/Saale 1939, S. 14.

[323] Hitler, *Mein Kampf* (Anm. Einl./41), S. 506 ff.; vgl. dagegen S. 416 ff.; S. 124 ff.; S. 397; S. 631. Dazu schon die treffende Analyse von Waldemar Gurian, *Der Kampf um die Kirche im Dritten Reich*, Luzern 1936, S. 35 ff.

Der Verlauf des „Kirchenkampfes" in seinem überaus komplizierten Anfangsstadium ist, auch wenn erst wenige Untersuchungen der katholischen und protestantischen Forschungskommissionen vorliegen,[324] inzwischen soweit überschaubar geworden, daß in den wachsenden Konflikten zugleich die Richtung des Gleichschaltungs-
prozesses im Bereich der Kirchenpolitik sichtbar hervortritt. Zugleich freilich auch
seine Grenzen: denn gerade der unaufhaltsame Gewichtsverlust der zunächst dominierenden „Deutschen Christen" und schließlich das Scheitern der Bemühungen um
einen nationalsozialistischen Reichsbischof wie auch die rasche Verschärfung des Verhältnisses zur katholischen Kirche seit dem Herbst 1933 bezeichneten den ersten Rückschlag der totalen Machtergreifung. Ein erster fühlbarer Widerstand von ausgreifender Wirkung fand hier seinen Ansatzpunkt. Für die Frage nach den Grenzen der
totalen Machtbefestigung und dem Beginn einer Widerstandsbewegung erwächst daraus die wichtige Einsicht, daß sich *neue* antitotalitäre Impulse und Bewegungen eher
als eine Kontinuität demokratischer Gruppen auch über Kapitulation und Verbot hinaus einer mit allen Mitteln moderner Staatsmanipulation betriebenen totalen Gleichschaltung zu entziehen vermögen. Diese Beobachtung hat sich, freilich viel später, auch
in Bereichen des Militärs, der Beamtenschaft, konservativer Familien bestätigt, aus
denen sich nach Tradition und politischer Richtung die Stützen demokratischer Staats-
gesinnung und Staatspraxis bislang keineswegs zu rekrutieren pflegten.
Komplizierter und zugleich dramatischer als in irgendeinem anderen institutionellen
Bereich verlief die Entwicklung im Raum der *evangelischen Kirche*.[325] Die Gründe dafür liegen sowohl in organisatorischen wie in geistigen Strukturproblemen des deutschen Protestantismus; sie haben schon seine Stellung zum Weimarer Staat nach dem
Zusammenbruch der wilhelminischen Monarchie überaus zwiespältig gestaltet und
dazu beigetragen, daß viele Kirchenführer der nationalsozialistischen Machtergreifung
zunächst durchaus wohlwollend gegenüberstanden. Auch die nationalsozialistische
Führung wurde in den ersten Wochen nicht müde, im Sinne ihrer konservativen Partner den christlich-nationalen Charakter ihrer „Neuordnung" zu betonen und auf die
Beteuerung des Programms selbst hinzuweisen, ein nationalsozialistisches Deutschland
stehe auf der Grundlage des „positiven Christentums". Auch dies war freilich kaum
anderes als Teil jener Koalitionstaktik, mit der Hitler die verbündeten Deutschnationalen und Hindenburg selbst in den ersten Wochen zu beruhigen und zu täuschen
verstand. Überdies ergab sich diese Taktik aus dem treffenden Instinkt, den die nationalsozialistische Führung wie überall sonst, so auch im Hinblick auf die große geistige
und tatsächliche Macht- und Einflußstellung der Kirchen zunächst zu entwickeln
schien. Während Hitler im Zuge des von Papen und Kaas vermittelten Reichskonkordats durch kulturpolitische Scheinkonzessionen die bisherige Oppositionshaltung

---

[324] Mit ihrer Durchführung ist von evangelischer Seite der Hamburger Kirchenhistoriker Kurt Dietrich Schmidt
(*Arbeiten zur Geschichte des Kirchenkampfes*, im Auftrage der „Kommission der Evangelischen Kirche in Deutsch-
land für die Geschichte des Kirchenkampfes" in Verbindung mit Heinz Brunotte und Ernst Wolf hrsgg. von
K. D. Schmidt), von katholischer der Bonner Kirchenhistoriker Bernhard Stasiewski befaßt. Vgl. als Vorstudie
K. D. Bracher, „Anfänge der deutschen Widerstandsbewegung", in: *Zur Geschichte und Problematik der Demokratie. Festgabe für Hans Herzfeld . . .*, Berlin 1958.
[325] Aus der Fülle der dokumentarischen Literatur seien für das folgende genannt: *Kirchliches Jahrbuch für die
Evangelische Kirche in Deutschland 1933–1944*, hrsgg. von Johannes Beckmann, Gütersloh 1948; Heinrich Hermelink,
*Kirche im Kampf. Dokumente des Widerstands und des Aufbaus der Evangelischen Kirche in Deutschland von
1933 bis 1945*, Stuttgart 1950; Wilhelm Niemöller, *Kampf und Zeugnis der Bekennenden Kirche*, Bielefeld 1948;
ders., *Die Evangelische Kirche im Dritten Reich. Handbuch des Kirchenkampfes*, Bielefeld 1956. Vgl. auch Paul
Tillich, "The Totalitarian State and the Claims of the Church", in: *Social Research* 1 (November 1934), S. 405–433;
Sigmund Neumann, *Permanent Revolution* (Anm. Einl./4). S. 182 ff.; Walther Künneth, *Der große Abfall. Eine
geschichtstheologische Untersuchung der Begegnung zwischen Nationalsozialismus und Christentum*, Hamburg 1947,
S. 166 ff.; Birger Forell, "National-Socialism and the Protestant Churches in Germany", in: *The Third Reich*
(Anm. Einl./22), S. 811 ff.

der katholischen Kirchenführung vorübergehend gebrochen und damit zugleich die Auflösung des Zentrums beschleunigt und deren Wirkung abgeschwächt hat, schienen die Nationalsozialisten der Loyalität der protestantischen Kirchen zunächst von vornherein sicher zu sein. Anders als gegenüber dem Katholizismus ging es hier, wie man treffend betont hat, um die direkte Herrschaft über den kirchlichen Organismus und damit um den Besitz der Kanzeln, wobei die innere und äußere Zersplitterung des Protestantismus einen natürlichen Anreiz für die nationalsozialistische Machtpolitik bot. [326]

Vor allem hat die Parole der Einigung (der 28 selbständigen Landeskirchen zu einer Reichskirche) ihre Wirkung getan. Gewiß kam es schon von Anfang an zu einzelnen Konflikten, gewiß sträubten sich Geistliche und Laien früh gegen erste Übergriffe und Gleichschaltungsmanipulationen, und gewiß weckten die wachsenden Exzesse politischer und antisemitischer Verfolgung die Empörung vieler Einzelpersonen wie kirchlicher Gruppen. Aber die nationalsozialistische Führung verstand sich sehr wohl zugleich auf eine Taktik der Beschwichtigung. Großen Eindruck hat nicht nur die Tatsache gemacht, daß die Partei zunächst den Eintritt zahlreicher Parteigenossen und SA-Männer in die Kirche förderte; nicht minder eindrucksvoll mußte erscheinen, daß schon die gewichtige Verordnung vom 4. Februar 1933 die Beschimpfung und Verächtlichmachung religiöser Einrichtungen mit Strafverfolgung bedrohte;[327] im selben Monat noch (22. Februar) wurde gleichzeitig mit dem Abbau der religionslosen „weltlichen Schulen" von der preußischen Regierung der Religionsunterricht als ordentliches Lehrfach auch in den Berufs- und Fortbildungsschulen wieder eingeführt, während die vorwiegend den Linksparteien verbundenen Freidenkerverbände zerschlagen oder in reine Feuerbestattungsorganisationen verwandelt wurden.[328] Hitlers Rede zum Ermächtigungsgesetz enthielt entsprechende Sätze, und zuvor schon schien der „Tag von Potsdam", feierlich in das Zeichen der Kirchen gestellt, diese Entwicklung besiegelt zu haben.[329] Der Monopolanspruch der nationalsozialistischen Weltanschauung hat sich zunächst, den machtpolitischen Proportionen entsprechend, in einer rigorosen Verfolgung der religiösen Sekten, insbesondere der „Zeugen Jehovas" und der „Bibelforscher", bestätigt;[330] die Verbote und Auflösungsakte waren auch in all diesen Fällen bezeichnenderweise in der Reichstagsbrandverordnung begründet. Anders im Fall der großen Kirchen. Was nichts als Waffenstillstand auf Zeit oder Zersetzung der kirchlich-religiösen Grundsubstanz war, erschien vielen Illusionisten kirchlich-deutschnationaler Prägung als erste Station auf dem erhofften Weg zu einem christlichen Stände- und Autoritätsstaat.

Wenn schließlich allein die christlichen Kirchen eine wirkliche Volksbewegung gegen die nationalsozialistische Gewaltherrschaft in Gang gebracht haben, so kam dies tatsächlich erst nach mancherlei Verirrung und Selbsttäuschung zustande und blieb in seiner eigentlich politischen Wirkung doch begrenzt. Zwar war die religiöse Fundierung des Protestes ein besonderes Moment der Stärke; sie konnte aber zugleich auch einschränkend wirken, insofern sie nicht ohne weiteres eine politische Stellungnahme und Stoßrichtung einschloß, sie im Gegenteil oft behinderte.[331] Dies Problem erscheint

---

[326] Conrad (Anm. II/38), S. 8.

[327] *RGBl.*, 1, 1933, S. 35 ff.; vgl. o. S. 54 f.

[328] Rühle (Anm. I/9), I, S. 247 f.

[329] Vgl. o. S. 149; S. 164.

[330] Dazu s. auch den Überblick bei Kurt Hutten, *Seher, Grübler, Enthusiasten. Sekten und religiöse Sondergemeinschaften der Gegenwart*, 4. Aufl., Stuttgart 1954, S. 69 f. u. a.; Hans Buchheim hat in den *Gutachten des Instituts für Zeitgeschichte* (Anm. I/125), S. 45 ff., eine systematische Zusammenstellung gegeben; vgl. zur rechtlichen Seite auch die Übersicht bei Werner Weber, „Die kleinen Religionsgemeinschaften im Staatskirchenrecht des nationalsozialistischen Regimes", in: *Gedächtnisschrift für Walter Jellinek*, München 1955, S. 107 ff.

[331] Vgl. auch die Bemerkungen bei Gerhard Ritter, *Carl Goerdeler...* (Anm. III/187), S. 110 ff.

doppelt bedeutsam, wenn die Betrachtung in erster Linie auf die institutionellen und politischen Aspekte des Kirchenkampfs gerichtet ist, sosehr sie den geistig-religiösen Hintergrund im Auge behalten muß. Dabei bleibt wichtig, daß der protestantische Kirchenkonflikt nicht einfach und allein durch die Existenz des „Dritten Reiches" hervorgerufen wurde, wie dies für die katholische Kirche zutraf, sondern an eine längerwährende innere Auseinandersetzung des Protestantismus anknüpfte, die teils theologische, teils organisationspolitische Aspekte besaß, auch wenn die politische Wirkung dann weit über die ursprünglichen Konflikte hinausging und die antinationalsozialistische Kirchenbewegung daran oft nur äußerlich anknüpfte. Die geschichtliche Struktur der protestantischen Landeskirchen, die den Zusammenbruch des Landesfürstentums überdauerte, hatte sich zwar an die neuen Bedingungen der Weimarer Republik zunächst angepaßt, in den Kirchenführungen selbst jedoch einen Zug zur konservativ-deutschnationalen Opposition hinterlassen und schließlich der auch religiös, kirchlich und konfessionell als Einigungsbewegung auftretenden NSDAP im Protestantismus erheblichen Einfluß ermöglicht.

Tatsächlich hatte der Zusammenbruch von 1918 in der Mehrheit der Pastorenschaft, die Thron und Altar, patriotisches und christliches Denken gleichzusetzen pflegte und sich nach einem Ausspruch Friedrich Naumanns auf aus „Potsdam und Bethlehem gemischte" Kriegspredigten eingestellt hätte, massive nationalistische und monarchistische Ressentiments hinterlassen. [332] Ein weithin herrschender „Pastorennationalismus", der in den tiefen Bindungen an den gestürzten Thron wurzelte, schlug sich im Tenor der Kirchentage, der kirchlichen Jahrbücher, Verlautbarungen, Predigten mit Dolchstoßlegende und Republikfeindlichkeit nieder. Er verbaute der „verbürgerlichten" protestantischen Kirche zugleich den Zugang zu den demokratisch-sozialistischen Bevölkerungsteilen. Konstruktivere Impulse vermochten nur langsam und im ganzen doch vereinzelt diese negative Grundstimmung zu durchstoßen, die zeigte, wie stark die Kirche mit den gestürzten Mächten nicht nur organisatorisch, sondern vor allem innerlich und geistig verbunden war. Allem Entgegenkommen der neuen parlamentarischen Demokratie zum Trotz hat sich die Neuformung des Verhältnisses von Kirche und Staat im Zeichen eines Mißtrauens vollzogen, an dem die rückwärtsgewandte Haltung der Kirchenführungen wie der Pastorenmehrheit die Hauptschuld trug. Wie die zentralen Kirchentage in „vaterländische Kundgebungen" ausklangen, jedoch konstruktive Antworten auf die konkrete Frage nach dem Verhältnis und der politischen Verantwortung des Christen im demokratisch-parlamentarischen Staat der Gegenwart vermieden, so dominierte die anhaltende Ablehnung der Weimarer Republik, und es verfestigte sich die Überzeugung, christlich-evangelische und mehr oder minder deutschnationale, konservative Gesinnung gehörten natürlicherweise zusammen. Nationalistische Grundstimmung, Fortdauer der heroisierenden Terminologie des wilhelminischen Zeitalters blieben im kirchlichen Bereich durchaus bestimmend; viele Predigten und Schriften verharrten im Bismarck- und Kaiserkult, man hielt an der religiösen Weihe alt-nationaler Symbole, an Fahnen- und Gedenkstein-Weihen, Protestgottesdiensten und trotzigen Gesängen fest, man stattete die Treffen von Wehr- und SA-Verbänden mit „Feldgottesdiensten" aus, zeigte schwarz-weiß-rote Fahnen bei evangelischen Kundgebungen und verharrte in kultromantischer Erinnerung an die große Zeit des Krieges und vorher.

Den extremsten, freilich nur von einer Minderheit getragenen Ausdruck fanden die antirepublikanischen Stimmungen in dem 1921 gegründeten „Bund für deutsche Kirche" und der daraus hervorgegangenen „Deutsch-christlichen Arbeitsgemeinschaft",

---

[332] Diese politischen Aspekte verdeutlicht eindrucksvoll der Überblick bei Karl Kupisch, *Zwischen Idealismus und Massendemokratie. Eine Geschichte der Evangelischen Kirche in Deutschland von 1815–1945*, Berlin 1955, S. 145 ff.; S. 179 ff.

die nun auch die religiös getönten völkisch-rassistischen Ideen Lagardes, Langbehns und Houston Stewart Chamberlains in den kirchlichen Kreis einzubeziehen suchte. [333] Früh zum Nationalsozialismus stoßend, mündeten ihre Bestrebungen im Mai 1932 in die Gründung der „Glaubensbewegung Deutsche Christen", deren Kern die „Arbeitsgemeinschaft nationalsozialistischer Pfarrer" bildete; unter starker nationalsozialistischer Führungsbeteiligung ist sie sogleich als militanter parteigelenkter Exponent der NSDAP in der evangelischen Kirche aufgetreten.[334] Am 6. Juni 1932 wurde der Berliner Pfarer Joachim Hossenfelder, PG seit 1929, zum „Reichsleiter" der neuen Glaubensbewegung und zugleich „Sachberater der NSDAP in Kirchenfragen" ernannt, der sich gemäß dem Führerprinzip einen „Führungsstab" unterstellte und für alle Gaue ähnliche Gremien schuf. Diesen Bestrebungen kam die Tatsache entgegen, daß sich auch die nationalsozialistische Führung seit 1930 mit dem Ausgriff auf ein bürgerliches Massengefolge stärker um kirchenpolitische Probleme zu kümmern begann. Auch die kirchliche Kritik an Rosenbergs *Mythus* wurde dadurch weitgehend abgefangen; es häuften sich die Schriften, die dem Nationalsozialismus zutiefst christliche Substanz zuschrieben und ihn zum Verteidiger der christlichen Kultur gegen den Bolschewismus und Marxismus erhoben, mit dem doch die anderen Parteien zusammenarbeiteten.

Unter den spezifischen Voraussetzungen des deutschen Protestantismus hat diese Propaganda ihre Wirkung nicht verfehlt. Zwar wurden schon vor der Machtergreifung zunehmend Stimmen laut, die den Einbruch des nationalsozialistischen Rasse- und Staatsdenkens in den Raum der Kirche und sogar der Bibelinterpretation scharf kritisierten. Nicht nur wurde das Übergreifen des pseudoreligiösen Führerkults in die deutsch-christliche Glaubensverkündigung unter Mißbrauch der Gotteshäuser bis zur Vergöttlichung Hitlers und seiner Gleichsetzung mit Jesu fortgetrieben.[335] Es mußte auch zu denken geben, daß schon der vielzitierte, vielgerühmte Artikel 24 des NS-Parteiprogramms mit dem Bekenntnis zu einem „positiven Christentum" die „Freiheit aller religiösen Bekenntnisse im Staat" unmißverständlich davon abhängig gemacht hatte, daß „sie nicht dessen Bestand gefährden oder gegen das Sittlichkeits- und Moralgefühl der germanischen Rasse verstoßen". Damit war, ganz abgesehen von den viel schärferen Äußerungen der täglichen NS-Publizistik, nicht nur der unbedingte Absolutätsanspruch des künftigen NS-Staates und seiner rassistischen Weltanschauungsversuche gegenüber dem Anspruch der Kirche festgestellt, Religion nur als Mittel zum Zweck oder symbolische Formel geduldet; diese Bestimmung bedeutete zugleich einen Angriff auf die jüdischen Komponenten der Bibel, vor allem natürlich des Alten Testaments, wie ihn ein extremer Flügel der Deutschen Christen dann mit der Forderung nach radikaler Reinigung des Christentums von allen „nichtarischen Elementen" auch in den Raum der Kirche und der Theologie hineingetragen hat. [336] Schon im Programm der Deutschen Christen vom Mai 1932 war der erneuerten Kirche aufgegeben, sich „zu einem bejahenden artgemäßen Christus-Glauben" zu bekennen, „wie er deutschem Luther-Geist und heldischer Frömmigkeit entspricht". Das deutschchrist-

---

[333] Zur Vorgeschichte der „Deutschen Christen" vgl. besonders Kurt Dietrich Schmidt, *Grundriß der Kirchengeschichte*, Bd. IV, Göttingen 1954, S. 515 ff.; Hans Buchheim, *Glaubenskrise*. . . (Anm. V/67), S. 55 ff.

[334] Vgl. Gurian (Anm. V/323), S. 53 ff., und zum folgenden auch die Dokumente in: *Kirchliches Jahrbuch.* . . (Anm. V/325), S. 4 ff.

[335] Eine Fülle von sprechenden Beispielen aus der deutschchristlichen Literatur findet sich bei Götte (Anm. I/36), S. 184 ff.: Da erscheint Hitler als von „Gott gesandter Retter des Christentums", als „Werkzeug Gottes", als „guter Hirte" (so der thüringische Landesbischof Coch), in die Welt gesandt, um „die Macht der Finsternis zu überwinden"; ein deutschchristlicher Kirchenrat verkündete: „Christus ist zu uns gekommen durch Adolf Hitler"; der „Führer" wurde zum „Propheten und Seher" erhoben, ja, als „der Mund eines Heilands" bezeichnet und im Nationalsozialismus „bereits der neue Christusleib" erblickt.

[336] Vgl. auch die Analyse des Schlagworts vom „positiven Christentum" und seines rein taktischen Gehalts bei Gurian (Anm. V/323), S. 40 ff.; S. 46 f., und das sprechende Beispiel S. 49 f.; Götte, *a. a. O.*, S. 197 ff.

liche Programm forderte in wenig christlicher Schärfe den Kampf gegen Marxismus und Judentum, Weltbürgertum und Freimaurerei. Es verkündete ferner: „Wir sehen in Rasse, Volkstum und Nation uns von Gott geschenkte und anvertraute Lebensordnungen, für deren Erhaltung zu sorgen uns Gottes Gesetz ist. Daher ist der Rassenvermischung entgegenzutreten." Es forderte „Schutz des Volkes vor den Untüchtigen und Minderwertigen", lehnte die „Judenmission in Deutschland" und „den Geist eines christlichen Weltbürgertums ab" und bekannte sich zu der „von Gott befohlenen völkischen Sendung" der Deutschen Christen. Den Kernpunkt freilich bildete die Forderung, die 29 Kirchen sollten sich zusammenschließen – ganz im Sinne der nationalsozialistischen Zentralisierungs- und Gleichschaltungsthese – und als straff zentralistisch organisierte evangelische Reichskirche mit dem „wiedererwachten deutschen Lebensgefühl" in die neue Zukunft marschieren. [337] Aus dieser Rezeption nationalsozialistischer Schlagworte treten schon die wesentlichen Punkte hervor, um die der Kirchenkampf dann entbrannte: die religiös-theologischen wie die politisch-organisatorischen.

Nachdem die Deutschen Christen bei den preußischen Kirchenwahlen vom November 1932 dank starker nationalsozialistischer Unterstützung schon ein Drittel der Sitze vor allem in den östlichen Provinzen, jedoch auch starke Einbrüche in Nassau, Thüringen und Baden errungen hatten, gelang ihnen in den ersten Monaten von 1933 mit kräftiger Nachhilfe von Staat und Partei tatsächlich eine gewisse Machtergreifung. Noch in seiner Reichstagsrede zum Ermächtigungsgesetz hatte Hitler den Schutz und die Rechte der Kirchen feierlich garantiert, ja, die Kirchen als „wichtigste Faktoren der Erhaltung unseres Volkstums" bezeichnet.[338] Wenig später eröffneten die Deutschen Christen auf ihrer unter dem „Ehrenausschuß" Fricks, Görings und Gauleiter Kubes sowie der Staatskommissare Conti, Hinkel, Meinshausen und Lippert zu Ostern (3.–5. April 1933) in Berlin abgehaltenen ersten „Reichstagung", deren 1500 Teilnehmer durch beifallsfreudige NS-Formationen verstärkt wurden, den Angriff auf die bisherige Kirchenordnung; ihre vor der in- und ausländischen Presse veranstalteten und durch den Rundfunk übertragenen Kundgebungen forderten personelle Säuberung, eine Reichskirche nach dem Führerprinzip unter Ausmerzung aller parlamentarischen Elemente und nun auch wörtlich „die Gleichschaltung von Staat und Kirche". In pseudobiblischer Sprache verkündete Hossenfelder: „Gott sprach: Es werde Volk, und es ward Volk." Und in der offiziellen Entschließung der Reichstagung hieß es: „Deutschtum ist Geschenk Gottes, Gott will, daß ich für mein Deutschtum kämpfe... Der Gläubige hat... das Recht der Revolution... einer Kirchenbehörde gegenüber, die die nationale Erhebung nicht rückhaltlos anerkennt... Der Staat Adolf Hitlers ruft nach der Kirche, die Kirche hat den Ruf zu hören." [339] Während Hossenfelder den Deutschen Christen das Recht zusprach, gegen eine Kirchenbehörde zu revoltieren, die „die nationale Erhebung nicht vorbehaltlos anerkennt", drohte Kube als nationalsozialistischer Fraktionschef im preußischen Landtag, seine eigene Fraktion, durch die Manipulationen dieser Wochen zur Mehrheit geworden, werde „rücksichtslos mit allen ihr zu Gebote stehenden Mittel des Etatsrechts" und der Personalpolitik der „Umstellung auch auf dem Gebiete der Kirchenpolitik Rechnung tragen".[340]

Hitler scheint diesen radikalen, auch in der Presse weithin kritisierten Auftakt nicht voll gebilligt zu haben. Er berief wenig später nicht Hossenfelder, sondern den

---

[337] *Kirchliches Jahrbuch*... (Anm. V/325), S. 4 ff.

[338] Vgl. o. S. 164. Es erscheint jedoch bezeichnend, daß sowohl der *VB* (vom 24. März 1933) wie auch die des weiteren betont deutsch-christlich orientierte *DAZ* Hitlers Passus über den Einfluß der Konfessionen in Schule und Erziehung unterschlugen.

[339] *Kirchliches Jahrbuch*... (Anm. V/325), S. 13 f.; Hossenfelder zit. nach Gurian (Anm. V/323), S. 58: „Vom Volke her bekommt der Glaube der Gegenwart seinen eigentlichen Sinn."

[340] Zit. nach Götte (Anm. I/36), S. 32.

kirchlich-theologisch farblosen, eher konservativ als nationalsozialistisch profilierten, auch in der deutschchristlichen Bewegung noch kaum hervorgetretenen Königsberger Wehrkreispfarrer Ludwig Müller, der noch in der Weimarer Zeit Blomberg für Hitler einzunehmen verstanden hatte und offenbar dafür belohnt werden sollte, zu seinem Vertrauensmann und Bevollmächtigten für die Fragen der evangelischen Kirche. Es scheint, daß diese Berufung, die gerade in gemäßigten Kreisen weitgehende Zustimmung fand, der taktischen Absicht entsprang, das allzu weite Vorprellen Hossenfelders und Kubes etwas abzuschwächen und die Gleichschaltung, der ein Teil der Kirchenleitungen entgegenkam, geräuschlos ablaufen zu lassen. Tatsächlich hatte nicht nur ein Zeitungsartikel des hessischen Kirchenpräsidenten Bähr, sondern auch die Osterkundgebung des Oberkirchenrates der Altpreußischen Union die nationale Erhebung mit ihrer Verpflichtung für die Einordnung und Mitarbeit der Kirche überschwenglich begrüßt; der evangelisch-lutherische Landeskirchenrat von Bayern hatte für Hitlers Geburtstag (20. April 1933) sogar die Beflaggung aller kirchlichen Gebäude angeordnet und Gebete „für den Reichskanzler und seine hohe Mission" empfohlen. [341] Die daran geknüpften Erwartungen, denen auch eine zunächst scheinbar freizügiger gehandhabte Pressepolitik mit Raum für weitgehende kirchlich-theologische Kontroversen entsprach, [342] trogen jedoch. Schon Ende April kam es in Mecklenburg-Schwerin über die Einsetzung eines allmächtigen Kirchenkommissars zu einem ersten großen Konflikt des Regimes mit der evangelischen Kirche, der zunächst mit einem Zurückweichen des radikalen Flügels der Deutschen Christen endete. [343]

Auch als nach neuerlichen Pressionen durch die Deutschen Christen im Mai 1933 mit Beteiligung der Kirchenleitungen das Loccumer Manifest zustande kam, [344] das für die Zentralisierung der Kirchenorganisation plädierte, war noch nichts entschieden. Denn sogleich entbrannte jetzt der Kampf um den neuen Reichsbischof, der über einer solchen straffer zentralisierten Kirche stehen sollte. Die Kirchen wählten am 27. Mai mit Mehrheit den Leiter der Anstalten von Bethel, Pastor Fritz v. Bodelschwingh, den Träger eines großen Namens im in- und ausländischen Protestantismus, die Deutschen Christen plädierten mit allen politischen und publizistischen Mitteln, die inzwischen durch die Einrichtung eines überaus rührigen „Presseamtes" der Deutschen Christen und die Einsetzung eines „Reichspropagandaleiters" (Pfarrer Kessel) verstärkt worden waren, [345] für den zunächst unterlegenen Ludwig Müller als ihren „Schirmherrn" und „Vertrauensmann des Führers"; ein strikt nach dem Führerprinzip vom Reichspressewart bis hinunter zu den Gau-, Kreis- und Ortsgruppenpressewarten organisierter Propagandaapparat sorgte dafür, daß die Zeitungen aller Richtungen mit deutschchristlichem Propagandamaterial überschüttet wurden, ein Zentralorgan *Evangelium im Dritten Reich* unter der Herausgeberschaft Hossenfelders setzte dieser Publizistik die Richtung, bei den Rundfunksendern wurden „kirchenpolitische Ausschüsse" gebildet, die ausschließlich von Deutschen Christen besetzt waren und für die Übertragung deutschchristlicher Veranstaltungen und Gottesdienste sorgten.

Aber auch Partei und Regierung selbst griffen jetzt in den Gang der Dinge ein. Hitler weigerte sich, den von den Vertretern der Landeskirchen in Eisenach gewählten ersten Reichsbischof Bodelschwingh zu empfangen; er wußte auch einen Empfang bei Hindenburg zu hintertreiben, während er demonstrativ Müller empfing; und am 24. Juni gelang es den Deutschen Christen nach einer rücksichtslos durchgepeitschten

---

[341] Vgl. die Nachweise a. a. O., S. 35.
[342] Einzelheiten a. a. O., S. 15 ff.
[343] A. a. O., S. 36 ff.; vgl. Niemöller, *Kampf...* (Anm. V/325), S. 40; Hans Buchheim, *Glaubenskrise...* (Anm. V/67), S. 89 f.
[344] Wortlaut in: *Kirchliches Jahrbuch...* (Anm. V/325), S. 15 f.
[345] Vgl. Götte (Anm. I/36), S. 19 ff.

„spontanen" Protest-Kampagne im Stil der nationalsozialistischen Meinungsmanipulierung tatsächlich, unter fadenscheinigen formalen Vorwänden mit staatlich-nationalsozialistischer Unterstützung den Rücktritt Bodelschwinghs zu erzwingen. [346] Die wahren Motive ließ eine für das „gesamte evangelisch-deutsche Kirchenvolk" bestimmte Rundfunkkundgebung erkennen, bei der Rust am 29. Juni erklärte, man könne nicht dulden, „daß sich hier eine erste Zentrale des Widerstandes . . . bilde". [347] Zugleich wurde, ganz analog der Funktion der Gleichschaltungskommissare auf allen Gebieten von Staat und Gesellschaft, auf Betreiben Rusts ein nationalsozialistischer Staatskommissar für die evangelischen Kirchen in Preußen, Landgerichtsrat August Jäger, ernannt, dessen christliche Anschauung in den Aussprüchen kulminierte, das Erscheinen Jesu sei „in seiner letzten Gestalt ein Aufflammen nordischer Art inmitten einer von Zersetzungserscheinungen gequälten Welt", [348] Hitler habe das Werk Luthers „in Blut und Boden zu vollenden angefangen", und Luther und Hitler seien „Zusammenspieler für das Heil des deutschen Volkes". [349] Jäger löste sogleich sämtliche gewählten kirchlichen Vertretungen in den preußischen Landeskirchen auf, beurlaubte die Leiter des evangelischen Presseverbandes für Deutschland und setzte durchweg Deutsche Christen aus Hossenfelders Gefolge als seine Bevollmächtigten ein; am 2. Juli verfügte die DC-Führung im Vertrauen auf ihre neue Machtstellung die Beflaggung aller Kirchen mit den Fahnen des „Dritten Reiches" und ordnete entsprechende Dankgottesdienste an. Kurz zuvor schon hatte Ludwig Müller das Gebäude des Deutschen Evangelischen Kirchenbundes durch die SA besetzen lassen und eigenmächtig durch eine Hitlers diktatorischen Verordnungen nachgebildete „Verfügung zur Behebung der Notstände in Kirche und Volk" die Führung sich selbst übertragen. [350]

Dies staatsstreichförmige Vorgehen traf nun freilich auf ersten aktiven Widerstand; in Gegenstellung zu den Deutschen Christen hatte sich – Vorläufer der Bekennenden Kirche – eine größere Zahl jüngerer Pfarrer in der „Jungreformatorischen Bewegung" zusammengeschlossen, vor Bodelschwingh gestellt und die volle Wahrung der Bekenntnisgrundlage gefordert. [351] Es kam zu so heftigen Auseinandersetzungen und Beschwerden und endlich auch zu einer so deutlichen Intervention Hindenburgs, [352] daß die Deutschen Christen vorübergehend zurückwichen und einen Kompromiß schlossen, der in der schon strikt autoritären, auf einen NS-Reichsbischof zugeschnittenen, wenngleich noch immer den „Arierparagraphen" für den kirchlichen Raum vermeidenden „Verfassung der Deutschen Evangelischen Kirche" vom 11. Juli 1933 [353] seinen Ausdruck fand. Auch das war jedoch nur eine Scheinlösung. Während weitere kirchliche Beschwerden bei Hindenburg keine Wirkung mehr hatten, da Hitler sie durch Versprechungen abzubiegen wußte, erneuerten die Deutschen Christen bei den

---

[346] Einzelheiten der propagandistisch-publizistischen Aktionen *a. a. O.*, S. 57 ff.; Hans Buchheim, *Glaubenskrise. . .* (Anm. V/67), S. 103 ff., mit dem vertraulichen DC-Rundschreiben Nr. 4 vom 1. Juni 1933, das einen unvergleichlichen Einblick in die Organisierung und Manipulierung der „spontanen" Volksmeinung durch deutsche Christen und NSDAP gewährt.

[347] *DAZ* vom 1. Juli 1933, Nr. 270/271.

[348] *DAZ* vom 19. Juli 1933, Nr. 300/301.

[349] *VB* vom 12. September 1933, Nr. 255; vgl. Kupisch (Anm. V/332), S. 201; Hans Buchheim, *Glaubenskrise. . .* (Anm. V/67), S. 116 ff.; Conrad (Anm. II/38), S. 14 ff. (auch über die folgenden Vorgänge aus der Sicht und Rolle des Reichsinnenministeriums). Jäger hat dann auch als Regierungspräsident an der Seite des SS-Obergruppenführers, Gauleiters und Reichsstatthalters Arthur Greiser seit September 1939 die kirchenpolitische Terrorpolitik im Warthegau geleitet; beide sind 1945 an Polen ausgeliefert und hingerichtet worden; vgl. dazu jetzt die detaillierte Analyse von Paul Gürtler, *Nationalsozialismus und evangelische Kirchen im Warthegau (Arbeiten zur Geschichte des Kirchenkampfs*, Bd. 2), Göttingen 1958, S. 20 ff.; ferner Bernhard Stasiewski, „Die Kirchenpolitik der Nationalsozialisten im Warthegau 1939–1945", in: *Vierteljahrshefte für Zeitgeschichte* 7 (1959), S. 51 ff.

[350] *Kirchliches Jahrbuch. . .* (Anm. V/325), S. 17.

[351] Vgl. *DAZ* vom 21. Mai 1933, Nr. 234/235 (erste Pressekonferenz der Jungreformatoren).

[352] Brief an Hitler: *DAZ* vom 1. Juli 1933, Nr. 270/271.

[353] *Kirchliches Jahrbuch. . .* (Anm. V/325), S. 17 ff.

schon 12 Tage später folgenden Kirchenwahlen ihren Generalangriff, der auf die Besetzung aller Schlüsselstellungen abzielte; sie wurden dabei auf drohende Anweisung des Propagandaministeriums [354] von der ganzen deutschen Presse, besonders von dem umfassend mobilisierten nationalsozialistischen Propagandaapparat sowie durch Presseerklärungen des „Führers" und durch eine Rundfunkrede, die der „Katholik" Hitler eigens dafür am Vorabend der Wahl von den Bayreuther Wagnerfestspielen aus über alle deutschen Sender hielt, aufs einseitigste unterstützt.[355] Im *Völkischen Beobachter* wurde durch eine Anordnung von Rudolf Heß jeder Deutsche und besonders jeder PG verpflichtet, für die Deutschen Christen zu stimmen,[356] deren Führung sich, während sie um den arischen Nachweis für Jesus bemüht war,[357] als „die SA Jesu Christi", „Kampftruppen Christi", „SA der Kirche" oder auch „Stoßtrupp der Kirche" bezeichnete, der das Dritte Reich bauen werde.[358] Solche Parolen hatten ihren konkreten Gehalt in der zeitweilig engen Zusammenarbeit von SA und Deutschen Christen, deren Führer auch in den Kirchen ihre Talare mit SA- oder gar SS-Uniformen vertauschten und in der Zeit ihrer größten Machtentfaltung das „braune Ehrenkleid", geweihte Hitlerbilder und „Führerworte" zur vorherrschenden Dekoration ihrer Gottesdienste erhoben. Gegenaufrufe, in denen schon von der Verpflichtung einer „Bekennenden Kirche" gesprochen, scharf gegen die durch Partei und Staat privilegierten Deutschen Christen Front gemacht und eine freie Kirche gefordert wurde, die „unabhängig vom Staat und vom Druck aller politischen Gewalt" sein sollte, fanden zwar wachsenden Widerhall, vermochten sich aber gegenüber dem Gleichschaltungsterror der SA-Trupps, Gestapo-Interventionen und Einheitslisten zunächst nicht durchzusetzen.

So kam es am 23. Juli zu einem politisch manipulierten, vor allem auch durch bisherige Nichtwähler entschiedenen Wahlsieg der Deutschen Christen,[359] die nun unter Berufung auf die Zweidrittelmehrheit ihrer erzwungenen „Wahlvorschläge" in NS-Uniform in die Kirchenbehörden und Synoden einzogen, ihre meist jugendlichen „alten Kämpfer" zu Bischöfen, Pröpsten und Oberkonsistorialräten machten und neben der verstärkten Ausschaltung aller Gegner jetzt auch – entgegen der neuen Kirchenverfassung – die „Arisierung" der Kirche betrieben. In Preußen besetzte Ludwig Müller selbst, zum Preußischen Staatsrat ernannt, im September das Amt des Landesbischofs, die Verwaltung wurde analog der allgemeinen Beamtengleichschaltung gesäubert, wobei ebenfalls alle „nichtarischen" oder politisch unbequemen Pfarrer und Kirchenbediensteten suspendiert werden sollten. Die Parallelen zur politischen

[354] Warnung war das Verbot der bürgerlich-konservativen *Täglichen Rundschau* vom 7. Juli 1933, die den Deutschen Christen besonders kritisch gegenübergestanden hatte; mit der Gleichschaltung der *Germania* durch Papen (o. S. 203) blieb der Opposition nur noch in zwei größeren Zeitungen (*Kreuzzeitung* und *Frankfurter Zeitung*) einiger Raum; vgl. Götte (Anm. I/36), S. 122 ff.

[355] *Kirchliches Jahrbuch*. . . (Anm. V/325), S. 21; dazu die ausführliche Darstellung bei Götte, *a. a. O.*, S. 103 ff. Vgl. auch die Weisung des Propagandaministeriums vom 17. Juli 1933 (*Sammlung Brammer*, Nr. 1), mit der die Presse zur Unterstützung der D. C. aufgefordert wurde: „Von dem Umfang der Beteiligung an dem Werbekampf für die Deutschen Christen wird die Regierung abmessen, welche Bedeutung die einzelne Zeitung für die neue Regierung hat."

[356] *VB* vom 20. Juli 1933, Nr. 201.

[357] Auch darin konnten sie an Chamberlains Thesen anknüpfen: vgl. neben den *Grundlagen*. . . (Anm. V/172, I, S. 228 ff. u. a.) besonders Chamberlains letztes Buch *Mensch und Gott*, München 1922; dazu auch Jean Réal, "The Religious Conception of Race: Houston Stewart Chamberlain and German Christianity", in: *The Third Reich* (Anm. Einl./22), S. 261 ff.

[358] Neben den zahlreichen Nachweisen bei Götte (Anm. I/36, S. 211 ff.) vgl. auch die Details in dem mutigen Buch des später von den Nationalsozialisten ermordeten Justitiars der Bekennenden Kirche, Joachim Gauger, *Chronik der Kirchenwirren*, Elberfeld 1934 ff., I, S. 92 ff.

[359] Vgl. den ironischen Kommentar der *Neuen Zürcher Zeitung* vom 25. Juli 1933, Nr. 1350: „Sollten die Wählerscharen, die gestern mit dem Wahlzettel in der Hand herangeströmt sind, künftig ebenso zahlreich die Gottesdienste besuchen, so müßte man in Deutschland eine Menge neuer Kirchen bauen."

Machtergreifung gingen in alle Details, terminologisch wie sachlich. Sie gingen bis zu dem Stolz der Deutschen Christen, entsprechend der nationalsozialistischen Manipulierung des Generationenproblems in dem 31jährigen Landesbischof von Braunschweig, dem später wegen Unterschlagung von Kollektengeldern vor Gericht gestellten Wilhelm Breye, den „jüngsten Bischof der Welt" zu besitzen. [360]

In diesem Augenblick der scheinbar vollständigen Gleichschaltung auch der evangelischen Kirche formierten sich die bisher zersplitterten Widerstandskräfte erstmals zu einer geschlossenen Gruppe. Ihre Impulse kamen von verschiedenen Seiten, doch gehörten besonders auch junge Theologen wie der 27jährige Berliner Privatdozent Dietrich Bonhoeffer, den das Regime dann suspendieren, 1943 inhaftieren und schließlich ermorden ließ, zu den entschiedensten Vertretern schon des frühen kirchlichen, dann auch des politischen Widerstands. Bonhoeffer hatte schon eine Rundfunkvorschau zum 1. Februar 1933 und im März dann einen Vortrag vor der Hochschule für Politik zur warnenden Auseinandersetzung über den Führerbegriff benutzt; [361] im April 1933 war er in einem Vortrag über „Die Kirche vor der Judenfrage" für die unveräußerliche Gleichberechtigung der Judenchristen, mit dem Beginn der Auseinandersetzung um Kirchenwahlen und Reichsbischof auch im Raum der Berliner Universität gegen die deutschchristliche Machtergreifung in der Studentenschaft und als Initiator jungreformatorischer Wahlaufrufe aufgetreten. [362] Am 7. September wurde eine von Niemöller und Bonhoeffer gezeichnete Erklärung gegen den Arierparagraphen verbreitet. [363] Schon vorher hatten sich, auch im Rheinland und in Westfalen, oppositionelle „Pfarrerbruderschaften" gebildet. [364] Und am 21. September, noch vor Beginn der zur Besiegelung der Gleichschaltung nach Wittenberg einberufenen „Deutschen Nationalsynode" – was Friedrichs des Großen Potsdam für die politische Umwälzung war, sollte Luthers Wittenberg für die kirchliche „Erhebung" symbolisieren [365] –, schrieb der Dahlemer Pfarrer und Mitarbeiter Bodelschwinghs, Martin Niemöller, einen neuen Brief an seine Amtsbrüder, in dem das vielfach gewaltsame Vorgehen der Deutschen Christen scharf angegriffen und alle Pfarrer aus Protest dagegen zum Zusammenschluß in einem Notbund aufgefordert wurden. [366]

Erstes Ziel dieser Initiative war der Kampf gegen den Arierparagraphen; doch war hier, in Anknüpfung an die aufwühlenden Schriften des wenig später suspendierten Bonner Theologieprofessors Karl Barth, [367] auch theologisch eine Neuorientierung gefordert. Als am 27. September Ludwig Müller von der deutschchristlich beherrschten, mit nationalsozialistischem Uniform- und Fahnenpomp ausgestatteten Nationalsynode als dem neuen höchsten Parlament der Kirche nach einem Festgottesdienst in Luthers Predigtkirche zum Reichsbischof „gewählt" wurde und Hossenfelder in sein Mini-

---

[360] Gauger (Anm. V/358), I, S. 154.

[361] „Wandlungen des Führerbegriffs in der jungen Generation"; „Der Führer und der einzelne in der jungen Generation", in: Dietrich Bonhoeffer, *Gesammelte Schriften*, hrsgg. von Eberhard Bethge, Bd. II, München 1959, S. 19 ff.; S. 22 ff.

[362] *A. a. O.*, S. 44 ff.; S. 58 ff.

[363] *A. a. O.*, S. 70 f. Zur weiteren wichtigen Rolle Bonhoeffers bei den theologischen wie organisatorischen Vorarbeiten zu Pfarrernotbund und Bekennender Kirche (besonders Entstehung und Erstfassung des „Betheler Bekenntnisses") vgl. die wertvollen Kommentare und Ergänzungen des Hrsg. E. Bethge in: Bonhoeffer, *a. a. O.*, S. 80 ff. u. a.

[364] *Texte zur Geschichte des Pfarrernotbundes*, hrsgg. von Wilhelm Niemöller, Berlin 1958, S. 19 ff.; vgl. die ausführliche Regionalstudie von Wilhelm Niemöller, *Bekennende Kirche in Westfalen*, Bielefeld 1952, S. 35 ff.

[365] Zur Einbeziehung Luthers und der Reformation in die NS-Propaganda – bis zur Gleichstellung Luthers und Hitlers – zahlreiche Nachweise bei Götte (Anm. I/36), S. 203 ff. So erschien am „Luthertag 1933" in einer NS-Zeitung ein Aufsatz mit der Überschrift: „Martin Luther der Deutsche Christ" (*Niedersächsische Tageszeitung* vom 10. November 1933, Nr. 267).

[366] *Kirchliches Jahrbuch*... (Anm. V/325), S. 25; *Texte ... des Pfarrernotbundes* (Anm. V/364), S. 22 f.

[367] Programmatisch Karl Barths *Theologische Existenz heute!*, München 1933; den Gegenangriff von deutschchristlicher Seite führte der Göttinger Theologieprofessor Emanuel Hirsch (Anm. V/31), S. 5 ff.

sterium berief, konnte das zwar wie ein Endsieg der Deutschen Christen erscheinen, die jetzt fast überall, besonders in Norddeutschland, die Schlüsselstellungen besetzt hatten. Aber eben auf dieser Nationalsynode proklamierte nun der neue „Pfarrernotbund" im Namen von zunächst 2000 Pfarrern seine Entschlossenheit zur Unterstützung der Verfolgten und zur Verteidigung des evangelischen Bekenntnisses gegen einseitige Politisierung, Zwang und Arierparagraphen.[368] Die in mutigem Einsatz unter den Teilnehmern der Synode verteilte und an Straßenbäume genagelte Erklärung vom 27. September 1933 gilt als das erste Dokument der kirchlichen Widerstandsbewegung. Am 20. Oktober folgte die Wahl eines zentralen „Bruderrats" des Pfarrernotbundes, dessen Geschäftsführer Niemöller wurde.[369]

Die Führung der Deutschen Christen antwortete mit Beschwichtigungsversuchen, aber auch zugleich mit neuen Gleichschaltungsbemühungen. Müller selbst wiederholte das Wort, die Deutschen Christen wollten „Stoßtrupp der Kirche" sein, und seine Kundgebung zum 450. Geburtstag Luthers am 26. Oktober 1933 hatte denselben Tenor: „Wir deutschen evangelischen Christen nehmen die Errettung unseres Volkes durch unseren Führer Adolf Hitler als ein Geschenk aus Gottes Hand" usw. Gleichzeitig forderte diese Kundgebung auf, „bei jeder Gelegenheit, auch in Gottesdiensten und kirchlichen Feiern, die Gemeindeglieder zur Erfüllung ihrer vaterländischen Pflicht am 12. November" anzuhalten und energisch Wahlpropaganda für Hitlers erstes großes Plebiszit zu treiben.[370] Dazu kam wenig später (13. November) eine besonders radikale, mit einer (!) Gegenstimme des bayerischen Bischofs Meiser [371] angenommene „Entschließung des Gaues Groß-Berlin der Glaubensbewegung Deutsche Christen", die in einer Sportpalast-Kundgebung vor 20 000 Anhängern und Würdenträgern verkündet wurde. Sie forderte die Absetzung aller noch nicht gleichgeschalteten Pfarrer, „die entweder nicht willens oder nicht fähig sind, bei der religiösen Erneuerung unseres Volkes und der Vollendung der deutschen Reformation aus dem Geist des Nationalsozialismus führend mitzuwirken". Die Entschließung war zuvor von dem neuen Leiter des Gaues, dem deutschchristlichen Funktionär Krause, begründet worden; dieser radikale Studienassessor [372] verlangte unter viel Beifall die rücksichtslose Arisierung der Kirche, die „Befreiung vom Alten Testament mit seiner jüdischen Lohnmoral, von diesen Viehhändler- und Zuhältergeschichten", Säuberung des Neuen Testaments mit dem „grundsätzlichen Verzicht auf die ganze Sündenbock- und Minderwertigkeitstheologie des Rabbiners Paulus",[373] und „eine von aller orientalischen Entstellung gereinigte ... heldische Jesusgestalt als Grundlage eines artgemäßen Christentums ..." Und sie schloß mit dem Satz: „Wir bekennen, daß der einzige wirkliche Gottesdienst für uns der Dienst an unseren Volksgenossen ist", und bauen „als Kampfgemeinschaft ... an einer wehrhaften und wahrhaften völkischen Kirche, ... die allein dem Totalitätsanspruch des nationalsozialistischen Staates gerecht wird".[374]

[368] *Kirchliches Jahrbuch...* (Anm. V/325), S. 26 f.; *Texte ... des Pfarrernotbundes* (Anm. V/364), S. 24 ff., sowie die historische Skizze *a. a. O.*, S. 3 ff.

[369] Bonhoeffer (Anm. V/361), S. 74 ff.

[370] *Kirchliches Jahrbuch...* (Anm. V/325), S. 28 f.; vgl. u. S. 353 f.

[371] So Niemöller, *Kampf...* (Anm. V/325), S. 77; anders Conrad (Anm. II/38), S. 56, der keinerlei Widerspruch verzeichnet. Text der Entschließung: *Kirchliches Jahrbuch...*, *a. a. O.*, S. 29 f.

[372] Reinhold Krause, ein „alter Kämpfer" der deutschen Christen, war zu diesem Zeitpunkt Mitglied der Preußischen Generalsynode, des Brandenburgischen Provinzialrats, der Brandenburgischen Provinzialsynode, des Preußischen Kirchenrates, stellvertretendes Mitglied der Nationalsynode und Beauftragter für die Durchführung der Richtlinien für den Religionsunterricht. Folgerichtig hat er sich später der antichristlichen „Deutschen Glaubensbewegung" angeschlossen.

[373] Groteske Einzelheiten zu den deutschchristlichen Versuchen einer Bibelkorrektur sind bei Götte (Anm. I/36), S. 223 ff., zusammengestellt.

[374] *DAZ* vom 15. November 1933, Nr. 504/505; Gauger (Anm. V/358), I, S. 109 f.; vgl. die ausführliche Darstellung bei Götte, *a. a. O.*, S. 137 ff.

Mit dieser radikalen Entschließung war der Bogen nun offensichtlich doch überspannt. Die Wirkung war geradezu das Gegenteil des Erstrebten, obgleich sich Müller sogleich bemühte, durch Absetzung Krauses und später auch Hossenfelders, durch Umbesetzung seines „geistlichen Ministeriums", endlich scharfe Gegenerklärungen den Eindruck abzuschwächen und durch einen „Maulkorberlaß" (4. Januar 1934) jede Stellungnahme pro oder contra von den Kanzeln zu unterbinden. Der Sportpalastskandal enthüllte für viele bisher Schwankende die Fronten und verstärkte die Widerstandsneigung beträchtlich. Die fast unmittelbare Folge waren Abspaltungen und eine Zersplitterung der Deutschen Christen selbst, deren geistige Konzeptionslosigkeit im Augenblick der Krise offen zutage trat. Die Abwendung von der nationalsozialistischen Kirchenorganisation griff tief in die theologischen Fakultäten und in die Kirchenregierungen selbst hinein, eine Fülle mutiger Schriften gegen die „Germanisierung des Christentums" und die Thesen des Rosenbergschen *Mythus* verstärkte die Abwehrfront, und Reichsbischof Müller selbst sah sich binnen weniger Wochen einem organisatorischen Trümmerhaufen gegenüber. [375] Er sollte sich ebensowenig wie die Deutschen Christen von diesem Schlag noch einmal erholen können. Die im Zusammenwirken Müllers und Baldur v. Schirachs vollzogene Gleichschaltung der 1,2 Millionen Mitglieder zählenden evangelischen Jugendbünde mit der HJ am 20. Dezember 1933 ließ den Widerstand gegen Stellung und Autoritätsanspruch des Reichsbischofs nur noch vernehmlicher werden; auch eine Fülle weiterer Erlasse vermochte den Niedergang nicht mehr aufzuhalten. Die Gegenfront einer „Bekennenden Kirche" trat jetzt offen und bewußt in Erscheinung. Gleichzeitig begann sich auch die Parteipresse, nachdem der erste Weg der inneren Gleichschaltung der Kirche blockiert schien, von der bisherigen Taktik einseitiger Unterstützung der Deutschen Christen abzuwenden und statt eines nationalsozialistischen Christentums im Sinne des zweiten Weges die Bestrebungen einer neuheidnischen Weltanschauungs- und Glaubenslehre zu unterstützen. [376]

So liegt schon im November und Dezember 1933 ein erster Wendepunkt des Kirchenkampfs und zugleich der Beginn jener kirchlichen Protestbewegung, die zusammen mit der weniger dramatischen, weil nicht derselben inneren Zerspaltung ausgesetzten Opposition der katholischen Kirche bis zum Kriegsausbruch Hauptstütze und einzige Großgruppe der deutschen Widerstandsbewegung war. Die Notbundpfarrer, die zur Jahreswende 1933/34 schon ein Drittel aller Pfarrer zählten und sich auch unter dem Druck und den Richtungskonflikten der Folgejahre auf der Zahl 4000 bis 5000 hielten, [377] beantworteten neue Kampfansagen noch im Januar 1934 mit Kanzelabkündigungen, die entschieden nicht nur gegen die Deutschen Christen, sondern auch gegen Müller selbst gerichtet waren. [378] Wohl griffen in diesem Augenblick mit vorübergehendem Erfolg Hitler und Göring noch einmal ein; bei ihrer Audienz (25. Januar 1934) mit Kirchenführern aus beiden Lagern wich die Opposition erneut zurück und ließ sich zwei Tage später durch Müller zur Billigung einer Ergebenheitskundgebung überrumpeln, der die Kapitulation auch eines Teils des Pfarrernotbunds folgte. Die Kampfsituation wurde jedoch durch eine Flut von Maßregelungen, Absetzungen, Disziplinarverfahren weiterhin verschärft. Dazwischen erfolgten dann wieder,

---

[375] Aufschlußreiche Einblicke in die staatlich-ministeriellen Aspekte dieser dramatischen Wochen eröffnen die Erinnerungen von Conrad (Anm. II/38), S. 57 ff. Zur Wirkung auf deutsche Auslandsgemeinden vgl. das Beispiel London, wo seit Oktober 1933 Bonhoeffer wirkte: *Gesammelte Schriften* (Anm. V/361), II, S. 147 ff.

[376] Vgl. o. S. 326 sowie Götte (Anm. I/36), S. 24; S. 137 ff.

[377] Folgende Zahlen bei Niemöller, *Die Evangelische Kirche...* (Anm. V/325), S. 112:

27. September 1933	2 000	15. November 1933	3 000
29. September 1933	2 300	15. Januar 1934	7 036
15. Oktober 1933	2 500	(28. Dezember 1936)	5 256

[378] Einzelheiten und Dokumente in: *Texte... des Pfarrernotbundes* (Anm. V/364), S. 42 ff.

je nach taktischem Bedürfnis, emphatische Toleranzerklärungen und Beteuerungen der Religionsfreiheit. [379] Auch das Ausland hat sich immer wieder täuschen lassen, so, als im August 1934 allen Geschehnissen um den „Röhmputsch" zum Trotz die Weltkonferenz der Baptisten in Berlin abgehalten wurde: ein neuer Propagandaerfolg für das nationalsozialistische Regime, das freikirchlichen Splittergruppen in diesem Fall mehr Bewegungsraum zubilligte und dadurch starke Sympathien in den großen angelsächsischen Freikirchen hervorrufen konnte.[380]

Aber inzwischen hatten sich die Gegenkräfte doch entschiedener zu konsolidieren vermocht. Sie stützten sich auf die Arbeit der „Widerstandssynoden", eine Reihe teils regionaler, teils überregionaler Entschließungen, deren Folge eine ständig zunehmende Vertiefung und Ausbreitung der Bekennenden Kirche und ihrer Führungsorgane des „Reichsbruderrats" war, die in zahlreichen Erklärungen ihren Widerstandswillen gegen die reichskirchlichen Gleichschaltungsmaßnahmen bekräftigten.[381] Besondere Bedeutung gewann die Entschließung der Reichsbekenntnissynode in Barmen Ende Mai 1934; als Müllers Gleichschaltungspolitik von oben vor allem mit Jägers Hilfe, der nun ins „geistliche Ministerium" aufgestiegen war, dennoch und noch verstärkt fortging, den Landeskirchen Sachsens, Schleswig-Holsteins, Nassau-Hessens, Thüringens, Hamburgs, Hannovers und Badens die Selbständigkeit aberkannte und in den Gewaltmaßnahmen des Frühjahrs und Herbstes 1934 gegen die Bischöfe Wurm (Württemberg) und Meiser (Bayern) gipfelte,[382] protestierte die Synode der Bekennenden Kirche trotz stetig wachsenden Unterdrückungs- und Verfolgungsmaßnahmen auf einer zweiten Tagung in Berlin-Dahlem (19./20. Oktober 1934) aufs schärfste dagegen.[383] Schon vorher hatte der Reichsbruderrat der Bekennenden Kirche in einer mutigen Weisung an die Mitglieder geraten, den von Müller am 9. August 1934 befohlenen Diensteid neuen Stils – die Parallele mit dem Soldateneid nach Hindenburgs Tod ist deutlich – nicht zu leisten, und wenig später stellten die Machthaber auch den Kampf gegen die württembergische und bayerische Kirchenleitung vorläufig ein. Autorität und Ansehen des Dritten Reiches erschienen durch den umfassenden inneren Widerstand und durch die nicht minder peinlichen Protestentschließungen, denen gleichzeitig ökumenische Konferenzen trotz den Gegenbemühungen deutschchristlicher Delegationen auch im Ausland Gehör verschafften,[384] aufs schwerste bedroht.

Die Folgen waren ganz außerordentlich; Hitler, dem der offene Austrag eines tiefgreifenden Kulturkampfs nicht gelegen kam, hat wenig später Wurm und Meiser empfangen und wieder in ihre Ämter eingesetzt, ohne sich um Müllers und Jägers Maßnahmen zu kümmern; mit seinen deutschchristlichen Gehilfen war der Reichsbischof selbst jetzt schwer bedroht. Immer wieder hat Hitler seinen Empfang ver-

---

[379] Vgl. die parteioffizielle Zusammenstellung in: *Religionsfreiheit. Amtliche Dokumente. Worte führender Männer*, 5. Aufl., Zwickau 1936, S. 7 ff.

[380] Vgl. Forell (Anm. V/325), S. 825 ff.

[381] Dazu die Quellen- und Literaturnachweise bei Niemöller, *Die Evangelische Kirche. . .* (Anm. V/325), S. 115 ff.; damals schon Kurt Dietrich Schmidt, *Die Bekenntnisse und grundsätzlichen Äußerungen zur Kirchenfrage 1933–1935*, 3 Bde., Göttingen 1934–36.

[382] Vgl. Theophil Wurm, *Erinnerungen aus meinem Leben. Ein Beitrag zur neuesten Kirchengeschichte*, Stuttgart 1953, S. 93 ff.

[383] Wilhelm Niemöller (Hrsg.), *Die zweite Bekenntnissynode der Deutschen Evangelischen Kirche zu Dahlem. Text, Dokumente, Berichte*, Göttingen 1958 (*Arbeiten zur Geschichte des Kirchenkampfes*, hrsgg. von K. D. Schmidt, Bd. III), S. 37 ff.

[384] So besonders die Tagung von Fanö (Dänemark), 24. bis 30. August 1934. Die offizielle (d. h. Müller-treue) deutsche Abordnung, die in einer unverfrorenen Gegenerklärung alle Tatsachen des Kirchenkampfes ableugnete, wurde von einem der neuen „Bischöfe" (Heckel) geführt. Unter den inoffiziellen Vertretern der Bekennenden Kirche trat auch hier besonders Dietrich Bonhoeffer hervor; vgl. seine *Gesammelten Schriften* (Anm. V/361), I, S. 182–222.

schoben, seine Vereidigung verweigert. Müller mußte Jäger fallenlassen, dann auch seine Kampfverordnungen weitgehend aufheben, um sich unter Preisgabe der bisherigen Ziele wenigstens im Amt zu behaupten. Als die oppositionellen Kirchenführer – nachdem sie am 30. Oktober in aller Form, doch vergeblich, Müllers Rücktritt gefordert hatten – am 22. November 1934 zur Bildung einer förmlichen kirchlichen Gegenregierung schritten, der „Vorläufigen Leitung der Deutschen Evangelischen Kirche",[385] hat sich 1935 auch die nationalsozialistische Führung von ihrem Reichsbischof zurückgezogen; mit der Errichtung eines Reichskirchenministeriums[386] unter dem Parteifunktionär Kerrl (16. Juli 1935), einem Justizkassenrendanten, der nach der Machtergreifung preußischer Justizminister, dann Reichsminister für „Raumordnung" gewesen war, wurde nun der bisherige Kurs einer Gleichschaltung von innen zugunsten einer rigorosen staatspolitischen Kontrolle von außen aufgegeben; die Periode Müller war damit faktisch zu Ende, auch wenn der „Reichsbischof" weiterhin den Rücktritt verweigerte, den man ihm empfahl. Er zog sich schließlich verbittert, Träger eines Titels ohne Amt, allseits verachtet und dann vergessen, wieder nach Königsberg zurück, wo er beim Zusammenbruch der nationalsozialistischen Herrschaft durch Selbstmord endete.

Diese Entwicklung war freilich nicht zuletzt auch durch eine Rückkehr der Parteiführung auf die frühere Einstellung zum Kirchenproblem gefördert worden. Schon am 16. August 1933 hatte Rosenberg unter Berufung auf die Taktik des Konkordatsabschlusses in einem vielbeachteten Leitartikel des *Völkischen Beobachters* angekündigt, daß sich die Partei „aus dem Kampf der konfessionellen Fragen herausziehen" und sich nicht mehr „zur politischen Stütze der einen oder anderen kirchlichen Gruppierung hergeben" werde. Dahinter stand das Neuaufleben der alten, vorübergehend verdrängten Bestrebungen, nun nicht mehr über einen „christlichen Nationalsozialismus", sondern über eine „Deutsche Kirche" nach dem Entwurf Rosenbergs oder Hauers dem Nationalsozialismus zu einem Weltanschauungssystem eigener Prägung in Gestalt eines germanisch-rassistischen „Gottglaubens" zu verhelfen.[387] Dem entsprach auch, daß nach dem Sportpalastskandal die schärfsten Angriffe gegen Müller und die Deutschen Christen aus der Feder völkischer Gottglaubens- und NS-Ideologen wie Graf Reventlow, Dinter und Rosenberg selbst stammten, denen sogleich die Parteipresse gefolgt war.[388] Mit der Distanzierung der Partei von den trotz fortdauernder Behauptung wichtiger Positionen zunehmend entmachteten, in zahlreiche Gruppen zerfallenden Deutschen Christen[389] war nicht etwa der Sieg der Bekennenden Kirche, sondern eine zunehmende Kirchenfeindschaft des NS-Regimes überhaupt verbunden, das nach dem Scheitern des ersten Weges, der Gleichschaltung von innen um so entschiedener die äußere Kontrolle der Kirche verstärkte und gleichzeitig den nicht- und antikirchlichen Bestrebungen wachsenden Widerhall verschaffte oder in religiös-dogmatischer Totalisierung des Führerprinzips Hitler selbst an die Stelle Christi und Gottes setzte; noch über die deutschchristliche Führervergöttlichung hinaus mißbrauchten nationalsozialistische Funktionäre die Bibel zu Aussprüchen wie: „Adolf Hitler gestern und heute – und derselbe auch in Ewigkeit" (Kube); oder sie erhoben es zum Sinn des Erntedankfestes, „dem Führer für den Ertrag der Felder zu danken" (Darré); ausgerechnet Reichskirchenminister Kerrl ging bis zur Gleich-

---

[385] Dazu die Daten bei Niemöller, *Die Evangelische Kirche*. . . (Anm. V/325), S. 158 ff.

[386] Vgl. Werner Haugg, *Das Reichsministerium für die kirchlichen Angelegenheiten*, Berlin 1940; zur rechtlichen Gesamtentwicklung Werner Weber, „Die staatskirchenrechtliche Entwicklung des nationalsozialistischen Regimes in zeitgenössischer Betrachtung", in: *Festgabe für Rudolf Smend*, Göttingen 1952, S. 365 ff.

[387] Rosenberg, *Der Mythus*. . . (Anm. IV/17), S. 610 f.; S. 635; vgl. auch Alfred Müller, *Die neugermanischen Religionsbildungen der Gegenwart*, Bonn 1934; Hans Buchheim, *Glaubenskrise*. . . (Anm. V/67), S. 157 ff.

[388] Entsprechende Zitate bei Niemöller, *Kampf*. . . (Anm. V/325), S. 77; Götte (Anm. I/36), S. 145 ff.

[389] Vgl. die Aufzählung bei Gauger (Anm. V/358), III, S. 554 ff.

setzung Hitlers mit Gott, und auch Hitler selbst hat geäußert, er könne nicht dulden, daß der liebe Gott gegen ihn ausgespielt werde.[390]

Es war mehr als ein symbolischer Akt, daß ebenfalls schon im Januar 1934 Alfred Rosenberg, von dessen weltanschaulichen Ambitionen sich Hitler bislang notfalls zu distanzieren pflegte, offiziell als „Beauftragter des Führers für die gesamte geistige und weltanschauliche Erziehung der NSDAP" und der ihr gleichgeschalteten Verbände ernannt wurde und sogleich erneut betonte, die Partei sei nicht der weltliche Arm einer Konfession „und auch nicht der Schutzengel eines Teiles dieser Konfession, auch nicht, wenn sie glaubt, dem Nationalsozialismus besonders nahezustehen".[391] Desgleichen wurde die SA aus ihrer wichtigen Rolle bei den Kirchendemonstrationen herausgezogen, ihr schließlich (1936) sogar der so weitverbreitete Uniformgebrauch zu Kirchenfeiern untersagt;[392] der Unterschied zwischen Deutschen Christen und Bekennender Kirche verblaßte in den NS-Verbotslisten gegenüber der prinzipiellen, zunehmend feindlichen Distanzierung von den christlichen Kirchen überhaupt. In dem vertraulichen Schreiben eines führenden deutschchristlichen Funktionärs im Rheinland (Krummacher), das von Gegnern im eigenen Lager denunziatorisch an das preußische Staatsministerium weitergeleitet wurde, trat schon Ende 1934 das Durcheinander von persönlichen Intrigen und Richtungskämpfen sowie die Unsicherheit in der Stellung zur Partei deutlich hervor. Vor dem Hintergrund des Scheiterns der Müllerschen Einigungspolitik wurde hier die Situation folgendermaßen gesehen: „Der Führer scheint sich an der evangelischen Kirche nunmehr uninteressiert zu haben. Das bedeutet, daß diejenigen Kreise der NSDAP, die die germanische Glaubensbewegung wollen, und das sind die Führer, freie Hand gegen die Kirche haben. Sie und vor allem Reventlow ... wünschen weiterhin das Bild der Zerrissenheit der evangelischen Kirche."[393]

Indem es sich von den Deutschen Christen zurückzog, unterband das Regime in der Folge zugleich jede offene Diskussion kirchenpolitischer Fragen[394] und konzentrierte sich auf die scharfe Überwachung und Unterdrückung aller politisch relevanten Vorgänge im kirchlichen Raum. Wohl war der Kirchenkampf nicht zu Ende; er hat sich seit 1934/35 jedoch von der Ebene offener Auseinandersetzung und massiver politisch-staatlicher Einmischungs- und Machtergreifungsversuche in die Bereiche innerer Einzelkonflikte und äußerer Verfolgung und Unterdrückung aller freieren Meinungsäußerung verlagert. Nun galten nicht mehr dem anfangs versuchten Einbau der Kirchen in die nationalsozialistische Totalherrschaft, sondern ihrer Zerschlagung die Anstrengungen der Machthaber. Auch wenn dann die Anforderungen des Krieges diesen Kurs zeitweilig zurückdrängten, so hat doch Hitler selbst, für den der kirchenfreundliche Kurs der Anfangszeit nichts als politische Taktik gewesen war, keinen

---

[390] Conrad (Anm. II/38), S. 9 f.; vgl. die Hinweise o. Anm. V/335.

[391] Gauger (Anm. V/358), I, S. 145. Vgl. dazu auch Alfred Rosenbergs Universitätsvortrag *Weltanschauung und Glaubenslehre* (Anm. V/322), S. 14.

[392] Johann Neuhäusler, *Kreuz und Hakenkreuz. Der Kampf des Nationalsozialismus gegen die katholische Kirche und der kirchliche Widerstand*, Bd. I, 2. Aufl., München 1946, S. 66 f.

[393] Brief des Landrats Dr. Krummacher an Pfarrer Lic. Brandt (Linz/Rhein) vom 6. November 1934, vom Landespropagandaleiter der Deutschen Christen Rheinland am 3. Dezember 1934 dem Preußischen Staatsministerium übersandt (Das Schreiben, „welches hier im Rheinland in geheimer Korrespondenz verbreitet wird, ... ist geeignet, in den hinter der Reichskirchenregierung stehenden Kreisen größte Unruhe hervorzurufen..."): *HAB*, Rep. 90, Nr. 1046. Entsprechend auch Krummachers Schlußfolgerung („daß der Augenblick zur geistigen Auseinandersetzung mit Rosenberg, wie sie beispielsweise Pfarrer Grünagel von uns in seiner Broschüre ‚Luther-Rosenberg' begonnen hat, ein denkbar günstiger ist und im Volke den größten Widerhall finden wird..."), doppelt bemerkenswert bei einem Manne, der ein Jahr zuvor noch führend an der deutschchristlichen Machtergreifung beteiligt war.

[394] So schon die Anweisungen des Propagandaministeriums in der Reichspressekonferenz vom 27./28. November 1933: *Sammlung Brammer*, Anweisungen Nr. 76 und 81; weitere Einzelheiten bei Götte (Anm. I/36), S. 152 ff.

Zweifel an dem Charakter der endgültigen Bereinigung des Kirchenproblems gelassen,[395] und sein zuletzt wohl mächtigster Mitarbeiter, Martin Bormann, hat in
einem vertraulichen Rundschreiben an alle Gauleiter im Juni 1941 diese Wendung
von der Taktik der „christlich-nationalen" Machtergreifung zur Strategie der antikirchlichen, antichristlichen Endlösung unmißverständlich umschrieben, indem er aus
der Unvereinbarkeit von Nationalsozialismus und Christentum entgegen den parteiamtlichen Postulaten des deutschchristlichen Intermezzos folgerte: „Ebenso wie die
schädlichen Einflüsse der Astrologen, Wahrsager und sonstigen Schwindler ausgeschaltet und durch den Staat unterdrückt werden, muß auch die Einflußmöglichkeit
der Kirchen restlos beseitigt werden ... Das Interesse des Reiches liegt nicht in der
Überwindung, sondern in der Erhaltung und Verstärkung des kirchlichen Partikularismus." [396]

So gingen auch nach dem gescheiterten Angriff auf die Gesamtorganisation der
Kirche und gerade jetzt die Bedrohungen, Absetzungen, Verhaftungen unvermindert weiter.[397] Welches Schicksal den Kirchen bestimmt war, ist dann im Terrorregime
des früheren preußischen Kirchenkommissars August Jäger vordemonstriert worden,
das seit 1939 den „Mustergau" Wartheland beherrschte.[398] Immer wieder setzten sich
als Antwort darauf ganze Gemeinden und Städte zu offenem Protest durch Demonstration und Unterschriftensammlung in Bewegung. Der Plan einer gleichgeschalteten,
als Instrument geistiger Nazifizierung benutzten „Nationalkirche" scheiterte vollständig, und die Art, wie Hitler sein Werkzeug Müller fallenließ, mag darauf hindeuten, wie unsicher sich selbst der zu diesem Zeitpunkt schon unumschränkte Diktator dem unerwartet starken Widerstand gegenüber fühlte.[399] Aber immerhin war
es der nationalsozialistischen Taktik der Infiltration und des *divide et impera* gelungen, im innerkirchlichen Bereich chaotische Zustände zu schaffen und sich des kirchlichen Verwaltungsapparates weitgehend zu bemächtigen. Dem Katholizismus gegenüber bot solches Vorgehen wenig Aussicht auf Erfolg. Hier hat sich denn auch die
nationalsozialistische Taktik anderer Mittel und Wege bedient.

Es ist richtig, daß sich das Verhältnis der *katholischen Kirche* zum Nationalsozialismus in weniger komplizierter, weniger dramatischer Form entwickelt hat. Aber die
Impulse des Widerstands, die von dieser Seite ausgingen, sind im weiteren nicht minder
nachhaltig wirksam geworden. Auch die äußere Geschlossenheit des Katholizismus
hat es zunächst ebenfalls nicht verhindert, ja, eher noch gefördert, daß die ursprüngliche Ablehnung des Nationalsozialismus vorübergehend zugunsten einer weitgehenden Anerkennung des neuen Regimes aufgegeben wurde. Darüber hinaus traten im
ersten Jahr der Machtergreifung Bestrebungen in Erscheinung, auch zu einer engeren
geistig-weltanschaulichen Verbindung zu kommen, die wohl nie die Stärke und das
Ausmaß der deutsch-christlichen Bewegung erreichten, sich aber doch zunächst durchaus in den Rahmen der allgemeinen ideologischen Gleichschaltung einzufügen schienen. Gewiß traf hier die Konfrontierung mit dem Nationalsozialismus nicht wie im
protestantischen Fall mit einer schweren Strukturkrise zusammen. Aber es war eine
Reihe eigener Probleme, die den Katholizismus rasch in einen kaum minder schweren

---

[395] Picker (Anm. Einl./40), S. 348, sowie Anhang (Rede in der Ordensburg Sonthofen 1937); vgl. die Aufzeichnung Rosenbergs über ein Gespräch mit Hitler in: *IMT* (Anm. I/10), XXVII, S. 286 f. (PS – 1520); ferner
das Material in: *Gutachten*. . . (Anm. I/125), S. 13 ff.

[396] *IMT*, a. a. O., XXXV, S. 7 ff., bes. S. 12 f.

[397] Vgl. die Liste der gemaßregelten Pfarrer des Notbundes vom 30. November 1935 (582 Fälle) in: *Texte . . .
des Pfarrernotbundes* (Anm. V/364), S. 88 ff.

[398] Stasiewski (Anm. V/349), S. 51 ff.; Gürtler (Anm. V/349), S. 32 ff. (mit Hinweisen auf die Rolle Bormanns); S. 187 ff.

[399] Vgl. Ritter, *Carl Goerdeler*. . . (Anm. III/187), S. 111.

Konflikt stürzten und, durchaus im Sinne des allgemeinen Ablaufs der Machtergreifungsperiode, geradezu auf eine Parallelität der Entwicklung hinwirkten: Ihr Höhepunkt wurde, wie im Fall der evangelischen Kirche, im Sommer 1933, ihre Wendung um die Jahreswende 1933/34 erreicht.

Unter den Gründen, die den Charakter der Auseinandersetzung bestimmt haben, treten besonders zwei eng miteinander verbundene Problemkreise hervor: die historische Rolle der konfessionellen Spaltung, die das deutsche Volk schwerer betroffen hat als irgendeine andere Nation im Prozeß der Staatswerdung; und die Entstehung und Bedeutung des politischen Katholizismus, zunächst als Abwehr- und Emanzipationsbewegung einer zeitweise bedrängten Minderheit, dann als staatstragende Kraft der ersten deutschen Republik. Man hat den psychologischen Sachverhalt, der mit dem politisch-historischen Aspekt des Konfessionsproblems verbunden war, geradezu mit der Beobachtung erfaßt, „daß jede der beiden Konfessionen die andere – jeweils unter verschiedenem Blickpunkt – als ,reichsfeindlich', als ,von oben aufgezwungen' bezeichnet, während sie sich selbst als mit der eigentlichen und wahren deutschen Sendung unlösbar verknüpft betrachten kann".[400] Seit dem Siegeszug des Idealismus, der modernen Wissenschaft und des neudeutschen Reichsgedankens hatte der Kampf gegen die dogmatischen, übernationalen und „ultramontanen" Bindungen des Katholizismus die Spaltung so verschärft, daß der Nationalsozialismus mit seiner bewundernden Polemik gegen die Macht „Roms"[401] nur die vulgären Strömungen der vorherrschenden antikatholischen öffentlichen Meinung zu mobilisieren brauchte, um gegen die katholische Kirche eine sogar ungleich bessere Ausgangsposition zu besitzen als im Kampf gegen den Protestantismus.

Der Krise des Zentrums, die nach der zielbewußten Zerschlagung des Parteiensystems durch den nationalsozialistischen Alleinherrschaftsanspruch auch die politische Repräsentation des Katholizismus an der Wurzel traf, kam unter diesen Umständen besondere Bedeutung zu. Anders als in der Ära des Bismarckschen Kulturkampfs hat die Kirche ihren Bestand dadurch zu wahren gesucht, daß sie sich schon unmittelbar nach Verabschiedung des Ermächtigungsgesetzes von der Zentrumspartei zurückzog. Auch ohne daß die Einzelheiten des Vorgangs schon ganz geklärt sind,[402] tritt seine Richtung doch in zwei Ereignissen deutlich hervor. Am 28. März rückte die Fuldaer Bischofskonferenz als höchstes Organ des deutschen Episkopats in aller Form von den früheren Stellungnahmen gegen den Nationalsozialismus ab: Zwar bestand sie auf der „Verurteilung bestimmter religiös-sittlicher Irrtümer", doch glaubte sie auf Grund der pro-christlichen Erklärungen Hitlers „das Vertrauen hegen zu können, daß die vorbezeichneten allgemeinen Verbote und Warnungen nicht mehr als notwendig betrachtet zu werden brauchen".[403] Zur gleichen Zeit erschien Zentrumsführer Kaas in Rom und begann, Hand in Hand mit Papen, jene Verhandlungen um den Abschluß eines Reichskonkordats, die fast gleichzeitig und auch sachlich verbunden mit der Zerstörung des politischen Katholizismus den Kurs einer Koexistenz von Kirche und Nationalsozialismus seinem trügerischen Höhepunkt entgegenführten. Die Entwicklung wurde noch gestützt durch die Anfang April unter Papens Ehrenschutz erfolgende Gründung eines Bundes katholischer Deutscher „Kreuz und Adler", der „in der freudigen Hingabe am kommenden Reich mitzubauen" versprach;[404] ähnlich kirchlich-politisch vermittelnde Funktionen suchten in der Folge unter Papens Führung die „Arbeitsgemeinschaft katholischer Deutscher", die „katholische Vereinigung für natio-

[400] Gurian (Anm. V/323), S. 9 mit der historischen Skizze.

[401] Vgl. etwa Hitler, *Mein Kampf* (Anm. Einl./41), S. 481 ff.; S. 512 f.

[402] Weitere Details finden sich in der Studie Morseys (Anm. I/21), Kap. 10 und 11.

[403] Rühle (Anm. I/9), I, S. 250; vgl. auch Robert d'Harcourt, "National Socialism and the Catholic Church in Germany", in: *The Third Reich* (Anm. Einl./22), S. 800 ff.

[404] Rühle, *a. a. O.*, I, S. 250. Weiteres bei Morsey (Anm. I/21), Kap. 11.

nale Politik", die Münsteraner Schriftenreihe *Reich und Kirche* und dann auch die *Germania* unter Emil Ritter zu erfüllen. Die „Arbeitsgemeinschaft" war schon auf dem Essener Katholikentag 1932 aufgetreten, doch war die seit 1930 beibehaltene Ablehnung des Nationalsozialismus noch im Wahlkampf vom März 1933 wirksam geblieben.[405]

Die große Wendung erfolgte tatsächlich Ende März 1933. Obwohl die offiziellen Verlautbarungen der Bischofskonferenz wie einzelner Bischöfe auch weiterhin die kritische Distanz zu einzelnen Maßnahmen und Zielsetzungen des Regimes hielten, die Reibungen und Auseinandersetzungen zumal zwischen katholischen und national-sozialistischen Standes- und Jugendorganisationen immer von neuem aufflamm-ten und seit Mitte Juni Verbote und Verfolgung katholischer Verbände gewaltsame Formen annahmen,[406] kamen die rasch vorangetriebenen römischen Verhandlungen um das Reichskonkordat nach beiderseitigen Konzessionen schon am 8. Juli 1933, drei Tage nach der Auflösung des Zentrums, zum Abschluß, am 20. Juli dann auch zur Unterzeichnung und am 12. September zur Verkündung.[407] Von katholischer Seite wurde die Preisgabe der politischen, sozialen und berufsständischen Organisa-tionen und die Anerkennung des Regimes, von nationalsozialistischer Seite die „Frei-heit des Bekenntnisses und der öffentlichen Ausübung der katholischen Religion", der Schutz der kirchlichen Körperschaften und der Geistlichen, das Recht zur Ver-breitung der Hirtenbriefe, die Aufrechterhaltung der Bekenntnisschulen verbürgt.

Freilich erwies sich rasch, daß es Hitler, der zunächst, wie im Kabinett so auch in der Öffentlichkeit, jede kritische Diskussion der Vereinbarungen unterband, auch hier nur um den taktischen Ertrag: außenpolitisch um die höchst willkommene Anerken-nung und Abschirmung, innenpolitisch um die Beruhigung und Täuschung der katho-lischen Opposition und die Sanktionierung der politischen Gleichschaltung gegangen war. Er hat, als die Kirche auf die Erfüllung besonders der schulpolitischen Konkor-datsbestimmungen drängte und ihre Kritik am Regime erneuerte, wie im Fall des Protestantismus die anfängliche Taktik rasch revidiert: In derselben Kabinettssitzung (14. Juli 1933), in der das Konkordat ratifiziert wurde, ließ Hitler das stets von der Kirche abgelehnte Sterilisierungsgesetz beschließen, jedoch erst einige Tage nach der Unterzeichnung des Konkordats (25. Juli) verkünden. Auf der anderen Seite sind auch die Illusionen, die mit dem Vatikan ein Großteil des deutschen Klerus an die Konkordatspolitik knüpfte,[408] rasch verflogen. Kardinal Faulhaber hat sich, nachdem er noch im Juli ein begeistertes Danktelegramm an Hitler gerichtet hatte, schon gegen Jahresende scharf mit der antichristlichen Ideologie und dem Totalitätsanspruch des Nationalsozialismus auseinandergesetzt,[409] und auch die kirchlichen Aufrufe zum Plebiszit vom November 1933 waren schon von durchaus unterschiedlicher Tönung;

---

[405] Vgl. Gurian (Anm. V/323), S. 89 ff., und die Materialsammlung in: *Der katholische Episkopat in der nationalen Revolution Deutschlands 1933*, hrsgg. von Emil Franz Josef Müller, Freiburg (Schweiz) 1934.

[406] So besonders die gewalttätigen Tumulte um den katholischen Gesellentag vom 8. Juni 1933; vgl. den Be-richt in der *Süddeutschen Zeitung* vom 7./8. Juni 1958, Nr. 136, S. 10. Dazu jetzt Morsey (Anm. I/21), Kap. 13.

[407] Zur Entstehung des Konkordats Bracher, *Nationalsozialistische Machtergreifung und Reichskonkordat* (Anm. II/164), S. 44 ff.; ausführlicher, doch unter Verkennung des politischen Zusammenhangs Ernst Deuerlein, *Das Reichskonkordat. Beiträge zu Vorgeschichte, Abschluß und Vollzug des Konkordates zwischen dem Heiligen Stuhl und dem Deutschen Reich vom 20. Juli 1933*, Düsseldorf 1956, S. 87 ff. Der Konkordatsprozeß von 1956 hat dann zahlreiche weitere Forschungen in Gang gebracht. Zusammenfassende Würdigung jetzt bei Rudolf Morsey, „Zur Problematik und Geschichte des Reichskonkordats", in: *Neue Politische Literatur* 5 (1960), S. 1 ff.

[408] Bei den *Akten des AA* finden sich Hitler gewidmete Dank- und Huldigungsschreiben des Bischofs von Aachen (10. Juli 1933), des Kardinals Bertram im Namen der Fuldaer Bischofskonferenz (22. Juli 1933), des Landes-verbands katholischer Elternvereinigungen in Bayern (24. Juli 1933), des Kardinals Faulhaber (24. Juli 1933), des Provinzials der Missionare vom Heiligen Geist (25. Juli 1933), der Katholischen Aktion Berlin (18. September 1933). Weiteres vgl. bei Morsey (Anm. I/21), Kap. 15.

[409] Die trotz wilden nationalsozialistischen Demonstrationen verbreiteten Adventspredigten Michael Faulhabers wurden publiziert unter dem Titel: *Judentum, Christentum, Germanentum*, München [1934].

in Bayern ist die Erklärung der dortigen Bischöfe ihres kritischen Charakters wegen sogar unterdrückt und verstümmelt worden.[410]

Vor allem aber hat das Reichskonkordat, so kritisch man die politischen Umstände und den ersten Effekt seines Abschlusses beurteilen muß, der katholischen Kirche des weiteren eine feste Grundlage für ihre entschiedene Haltung gegenüber allen geistig-weltanschaulichen Monopolansprüchen wie auch gegen den institutionellen Gleichschaltungsabsolutismus des nationalsozialistischen Regimes geboten. Die pathetischen Kommentare, mit denen die nationalsozialistische Propaganda die „gewaltige geschichtliche Tragweite dieses Konkordats" gefeiert hat,[411] waren dann auch rasch überholt. Ähnlich wie im Fall des Protestantismus trat die Auseinandersetzung schon gegen Jahresende 1933 in ein zweites Stadium, das die ganze weitere Entwicklung bestimmt hat. Schon eine Woche nach Unterzeichnung des Konkordats war es zu Kontroversen zwischen der deutschen Presse und dem Vatikan-Organ *Osservatore Romano* gekommen, das die These von der Anerkennung des NS-Regimes durch das Konkordat bestritten hatte. Auch der federführende Kardinalstaatssekretär Pacelli suchte in einem vertraulichen Gespräch mit dem britischen Botschafter die entsprechende Wirkung auf das Ausland abzufangen, indem er Mitte August seine Besorgnisse über die deutsche Entwicklung ausdrückte und „apologetisch" das Zustandekommen des Konkordats erklärte. Eine Pistole sei auf ihn gerichtet gewesen, und er habe keine Alternative gehabt: "The German government had offered him concessions, concessions, it must be admitted, wider than any previous government would have agreed to, and he had to choose between an agreement on their lines and the virtual elimination of the Catholic church in the Reich. Not only that, but he was given no more than a week to make up his mind..."[412] Hier waren in konziser Form noch einmal alle jene Bedingungen, Überlegungen, Motive zusammengefaßt, die auch bei einer Analyse der deutschen Akten deutlich geworden sind: die günstigeren Bedingungen gegenüber der Weimarer Republik, die eine von der Kontrolle des Parlaments freie Diktatur bieten, aber auch der politisch-moralische Preis, den dies Regime dafür fordern konnte. Die Ratifizierung des Vertrags hat solche Einsichten freilich nicht gehindert; zu drängend erschienen dem Vatikan die Sorgen um den Bestand des Katholizismus in Deutschland. Zur selben Zeit wurde – wie „Reichsbischof" Müller von protestantischer Seite – ein katholischer Bischof (Berning-Osnabrück) von Göring in den Staatsrat berufen; ungeachtet der rasch zunehmenden Konflikte um die nationalsozialistischen Konkordatsverletzungen[413] hat sich der Freiburger Erzbischof Gröber, der wesentlich am Zustandekommen des Konkordats beteiligt gewesen war, entgegen seiner späteren Widerstandshaltung noch am 9. Oktober 1933 „restlos hinter die Reichsregierung und das neue Reich" gestellt, „weil er wisse, was der Kanzler erstrebe: ein auf christlicher Basis aufgebautes Deutsches Reich, getragen von ethischer und sittlicher Kraft";[414] und am 15. Oktober wurde registriert, der päpstliche Nuntius habe Hitler anläßlich der Grundsteinlegung zum Haus der deutschen Kunst in München

---

[410] *Amtsblatt der Erzdiözese München und Preising*, Jahrg. 1933, Nr. 18 vom 8. November 1933; dazu die Protestnote Pacellis an den bayerischen Gesandten beim Vatikan vom 25. November 1933 und die scharfe Antwort der bayerischen Staatskanzlei (Esser) vom 9. Dezember 1933 (*Akten der Bayerischen Staatskanzlei*, Nr. III, 37274; Fotokopien wurden dem Verf. von Dr. Morsey zugänglich gemacht).

[411] Rühle (Anm. I/9), I, S. 251: „Die gewaltige geschichtliche Tragweite dieses Konkordats beruht darin, daß durch diesen ersten feierlichen Vertragsabschluß zwischen dem Deutschen Reiche und der römisch-katholischen Kirche der unselige Streit, der tausend Jahre deutscher Geschichte – angefangen bei den mittelalterlichen Kämpfen zwischen Kaisern und Päpsten – mit Blut und Haß erfüllt hatte, die erbitterte Auseinandersetzung zwischen Staat und Kirche, beendet wurde." '

[412] Bericht Kirkpatricks vom 19. August 1933: *British Documents* (Anm. II/81), V, S. 524 f.

[413] Vgl. den umfangreichen Schriftwechsel in den *Akten des AA* (Fotokopien beim Verfasser); dazu auch Conrad (Anm. II/38), S. 68 ff.; Deuerlein (Anm. V/407), S. 138 ff.; S. 167 ff.

[414] Zit. bei Gurian (Anm. V/323), S. 98.

versichert: „Ich habe Sie lange nicht verstanden. Ich habe mich aber lange darum bemüht, und heute verstehe ich Sie." [415]

Aber nun verstärkten sich die Anzeichen dafür, daß der katholische Widerstand zwar weniger kompliziert und explosiv als der evangelische verlaufen, sich aber im Zuge der stetig verschärften Einengungs- und Gleichschaltungspolitik gegenüber den Kirchen noch entschiedener auswirken würde. In einem an das preußische Innenministerium gerichteten Überblick über die Auswirkungen des Konkordats [416] hat der Oberpräsident der Rheinprovinz (v. Lüninck) zwar betont, „daß der staatspolitische Zweck des Konkordats insofern erreicht wurde, als durch diesen Vertrag ein sehr erheblicher Teil der bisher der Reichsregierung innerlich fernstehenden katholischen Bevölkerung unbedingt für die Gefolgschaft gegenüber dem neuen Reich gewonnen wurde"; Lüninck unterstrich besonders als „außerordentlich wertvoll für die Stärkung des neuen Reiches und der gläubigen katholischen Bevölkerung ... die Wirksamkeit des Abtes von Maria Laach". Jedoch bedauerte „ein anderer kleinerer Teil der katholischen Bevölkerung ... den Abschluß des Reichskonkordats, weil es ihn eines seiner wirksamsten Agitationsmittel beraubte"; diese Kreise seien bemüht, „die Wirkung des Konkordates abzuschwächen durch die Behauptung, es würde nicht loyal erfüllt werden", und tatsächlich habe die staatliche Aktion gegen die katholischen Vereine durch den „Übereifer örtlicher Organe" diese Kritik verstärkt.

Es waren aber nicht nur die organisatorischen und weltanschaulichen Angriffe auf den garantierten Reichsstand der Kirche, die den Illusionen ein rasches Ende setzten; zugleich verstärkten sich nun auch auf höchster und breitester Ebene die aktive Kritik, Opposition und Widerstand gegen allgemeine Maßnahmen des Regimes, zunächst vor allem gegen Gesetze wie das Sterilisierungsgesetz, aber auch gegen Gleichschaltung und Verfolgung im weiteren Sinne.[417] Die warnenden Hirtenbriefe und Proteste verschärften sich, als Rosenberg im Januar 1934 auch offiziell zum Chefideologen der Partei erhoben wurde. Die Kirche antwortete schon am 9. Februar 1934 mit einem päpstlichen Dekret, das den *Mythus* auf den Index der verbotenen Bücher setzte und eine gesteigerte nationalsozialistische Pressekampagne, des weiteren aber auch eine Fülle schlüssiger Widerlegungen der Rosenbergschen Thesen zur Folge hatte. Gleichzeitig wurden verstärkte Anstrengungen gemacht, nach dem Verlust der politischen Organisationen die Katholische Aktion zur Auffangstellung auszubauen und die Jugendverbände vor dem Schicksal der evangelischen Jugendorganisationen zu bewahren. Der Hirtenbrief der Fuldaer Bischofstagung vom 7. Juni 1934 hat, nachdem die Fuldaer Konferenz schon ein Jahr zuvor in diesem Punkt feste Haltung bewiesen hatte,[418] in kaum mehr verhüllter Kritik und Mahnung die Fronten weiter geklärt; er ist freilich nicht verlesen worden, weil es Ende des Monats zu neuen Verhandlungen und Kompromissen über die Frage des katholischen Verbandslebens zu kommen schien, die jedoch wegen der Ereignisse des 30. Juni nicht abgeschlossen wurden. Das hinderte zwar nicht, daß in der Kampagne für die Saar-Abstimmung Hitler erneut ein „Vorschuß von Vertrauen" [419] konzediert wurde und die bischöflichen Aufrufe dann auch ihren Teil zum Sieg des Anschlußgedankens unter der katholischen Saarbevölkerung beigetragen haben; aber wieder zeigte es sich, daß die nationalsozialistische Führung nicht daran dachte, solches Entgegenkommen zu honorieren; damit war eher ein weiterer Grund zur Rücksichtnahme auf den Katholizismus gefallen. Schulpolitischen

[415] *Schultheß, 1933,* S. 227.
[416] Schreiben vom 27. September 1933 (Fotokopie bei Dr. Morsey).
[417] Die *Akten des AA* zur Konkordatspolitik enthalten eine Fülle von Hinweisen; vgl. auch das reiche Material bei Neuhäusler (Anm. V/392) sowie Hans Buchheim in: *Gutachten...* (Anm. I/125), S. 13 ff.
[418] *Schultheß, 1933,* S. 151. Es war wiederum Papen, der schon im November 1933 die Eingliederung der katholischen Vereine in die HJ betrieben hatte; vgl. den aufschlußreichen Brief: *Akten des AA,* E 581 744 (Bracher, Anm. II/164, S. 76.).
[419] So Bischof Hudal, zit. nach Gurian (Anm. V/323), S. 103.

Übergriffen folgte schon seit Frühjahr 1935 eine weitverzweigte Verleumdungs-kampagne gegen die Klostergeistlichkeit, die in eine Reihe großaufgemachter Prozesse wegen angeblicher Devisen- und Sittlichkeitsvergehen mündete.

Den Höhepunkt des offenen Kampfes bezeichnete schließlich die große päpstliche Enzyklika „Mit brennender Sorge" (14. März 1937), die mit ihrer massiven Kritik nationalsozialistischer Irrlehren und Unterdrückungspraxis für die gesamte Kirche verbindlich wurde; die Gestapo konnte zwar ihre öffentliche Drucklegung in Deutsch-land, nicht aber ihre Verlesung von den Kanzeln hindern. Der Kampf, vor allem auch um die Gleichschaltung der katholischen Jugendverbände, ging nun ohne Unter-brechung bis Kriegsende fort, wobei die berühmten Protestpredigten des westfälischen Bischofs Graf Galen so nachhaltigen Widerhall fanden, daß die NS-Führung nicht dagegen vorzugehen wagte, um sich nicht, wie Goebbels offen befürchtete, einem Aufruhr halb Westfalens gegenüberzusehen.[420] All das sollte bis zum erwarteten End-sieg aufgeschoben werden. Inzwischen suchte die Partei gelenkte Demonstrationen gegen Bischöfe in Gang zu bringen, doch erreichte dies oft gerade die gegenteilige Wirkung: verstärkten Widerstand und Huldigung des Kirchenvolkes für die Ver-folgten.[421] Gefängnisse und Konzentrationslager füllten sich mit Priestern, aber die Proteste gegen das Euthanasieprogramm, die Gestapo, die Konzentrationslager selbst häuften sich weiter, und besonders aus den Kreisen der katholischen Arbeiterbewegung stießen aktive Gruppen auch zu der anwachsenden politischen Widerstandsbewegung, gewannen christlich-katholische Gewerkschaftsführer wie Otto Müller und Josef Joos, Nikolaus Groß, Bernhard Letterhaus und Jakob Kaiser enge Verbindung zu den Widerstandsgruppen der ehemals sozialistischen Gewerkschaften um Wilhelm Leusch-ner und der ehemals deutschnationalen Angestelltenverbände um Habermann.

Hier trat denn auch das Gemeinsame im Abwehrkampf beider Konfessionen deut-lich hervor. Der große Unterschied lag nur darin, daß die katholische Kirche ihn in geschlossener Einheit *gegenüber* dem nationalsozialistischen Regime zu führen ver-mochte, während die evangelische Kirche sich gegen ihre innere Unterwanderung durch einen in ihren eigenen Reihen erstandenen und mit den Machthabern paktierenden Gegner wehren mußte. Das eben machte die ungleich fragwürdigere Lage der Be-kennenden Kirche aus. Doch bleibt richtig, daß der Widerstand der christlichen Kirchen der einzige war, der im Dritten Reich weitere Ausstrahlungskraft und auch ein gewisses Maß an Erfolg erreichte. Hier war das totalitäre Regime auf die Grenzen seiner ideologischen Gleichschaltungs- und Unterwerfungspolitik gestoßen; erst nach einem siegreichen Eroberungskrieg glaubte Hitler, wie er während des Krieges selbst geäußert hat, die Allmacht auch zur Brechung dieses Widerstands zu besitzen. Es blieben die indirekten und getarnten Kampfmittel, die Kirche organisatorisch und durch Presseverbote einzuschränken, profilierte Führer wie (seit 1937) Niemöller in Haft zu halten, theologische Fakultäten abzubauen und zeitweilig zur Massenver-haftung von Pfarrern überzugehen, die oppositionelle Erklärungen der Bekenntnis-synoden oder Hirtenbriefe von der Kanzel verlesen. Der Widerstand wurde dadurch nur noch verstärkt; die Bekennende Kirche schuf sich illegale Ausbildungsstätten für Theologen, ein kirchliches Hilfswerk für verfolgte Judenchristen, ein ausgedehntes Netz von Reise- und Kurierverbindungen zu ausländischen Kirchen, wobei auch in der Folge trotz Lehr-, Rede- und Schreibverbot besonders aktiv Dietrich Bonhoeffer hervortrat.

Das war nur möglich, weil der „Kirchenkampf" nicht ein bloßer Konflikt um Machtpositionen oder auch – wie die nationalsozialistische Propaganda ging – ein

[420] Vgl. Heinrich Portmann, *Kardinal von Galen*, 2. Aufl., Münster 1950.

[421] Ein besonders eindrucksvolles Beispiel findet sich in den ungedruckten *Nürnberger Dokumenten*: u. An-hang, S. 347 f. Vgl. auch das umfangreiche Material in der Dokumentation von Vollmer u. Anm. V/474.

Gezänk um theologische Spitzfindigkeiten, auch nicht einfach Kampf um äußeren Besitzstand und eigenständige Organisation der Kirche war, sondern die Substanz religiöser Überzeugung und innerer Gewissensentscheidung betraf. Der Gegensatz zwischen christlichem Gottesglauben und Weltauffassung und einer „Weltanschauung", die an die Stelle religiöser Glaubens- und Moralprinzipien den Totalanspruch pseudoreligiöser Ordnungen und Werte, der rassistischen und nationalsozialistischen Selbstvergötzung setzte, war unüberbrückbar.[422] Die geistige Gleichschaltung mußte hier auf eine eherne Schranke stoßen; sie hatte verkannt, daß die christlichen Kirchen mehr waren als widerspenstige Gruppen neben anderen und mehr zu wahren hatten als ihren eigenen Bestand, daß sie, wie Karl Barth es formulierte, nicht nur in eigener Sache zu sprechen und zu handeln hatten. Das ist freilich nur im Laufe tiefgehender Irrungen und Täuschungen deutlich geworden. Auch in der Geschichte der Illusionen wie des Widerstands der Kirchen blieb jener Grundcharakter und jene Taktik des Nationalsozialismus gefährlich wirksam, die den Kapitulationserscheinungen im Bereich des geistigen Lebens überhaupt das Gepräge gegeben hat; der eklektizistischen Aufnahme und Pervertierung älterer geistiger Strömungen entsprachen die immer wieder erfolgreichen Versuche des Nationalsozialismus, als Wahrer christlicher Substanz jenseits kirchlicher Entartung aufzutreten oder auch, anders als der bolschewistische Totalitarismus, die antireligiöse Grundeinstellung hinter pseudoreligiösen Schlagworten zu verbergen und Formen und Formeln aus dem christlichen Bereich zu entleihen, um das Christentum um so sicherer von innen auszuhöhlen. Es gab denn auch weiterhin, zumal auf protestantischer Seite, viele Differenzierungen, Kompromißneigungen, Entzweiungen in dieser Widerstandsfront, die in sich alle Konflikte des modernen deutschen Protestantismus enthielt; der Katholizismus hat, da die Kirche intakt blieb und das Konkordat als Abwehrmittel einzusetzen verstand, einen wesentlich konsequenteren Kurs zu verfolgen vermocht. Aber die Frontstellung im ganzen blieb, allen Fluktuationen zum Trotz, bis zum Schluß gewahrt, und über das theologisch-kirchliche Anliegen hinaus gelangten einzelne Vorkämpfer wie die Theologen Dietrich Bonhoeffer und Alfred Delp, S.J., auch in den Raum der politischen Widerstandsbewegung, beteiligten sich an den Plänen zur Beseitigung des nationalsozialistischen Regimes überhaupt und zur politischen Neuordnung Deutschlands im umfassendsten Sinne.[423] Und jedenfalls war der kirchliche Widerstand selbst, ob gewollt oder nicht, ein politisches Ereignis, weil er dem Totalitätsanspruch des Einparteienstaates schon seit 1933 empfindliche Grenzen setzte. Noch in der Zeit der größten Machtentfaltung des nationalsozialistischen Regimes haben sich, wie die Volkszählung 1940 erwies, 95 % der deutschen Bevölkerung als Glieder der Kirchen christlichen Glaubens bekannt.[424]

Anhang: EIN BEISPIEL „SPONTANER DEMONSTRATION"[425]

An Stapo Nürnberg
Dringend – Sofort durchgeben –
Betrifft: Bischof Dr. Sproll in Rottenburg
Vorgang: Ohne.

---

[422] Vgl. auch George N. Shuster, *Like a Mighty Army. Hitler Versus Established Religion*, New York 1935.

[423] Eine Fülle entsprechender Dokumente enthält Bonhoeffers Nachlaß: *Gesammelte Schriften* (Anm. V/361), II, sowie früher schon Bonhoeffers *Widerstand und Ergebung. Briefe und Aufzeichnungen aus der Haft*, München 1951; zu Delp vgl. u. a. *Im Angesicht des Todes. Geschrieben zwischen Verhaftung und Hinrichtung. 1944–1945*, Frankfurt/Main 1947; *Alfred Delp, Kämpfer, Beter, Zeuge. Letzte Briefe und Beiträge von Freunden*, Berlin 1954.

[424] So die Volkszählung 1940; vgl. Ritter, *Carl Goerdeler. . .* (Anm. III/187), S. 472.

[425] Telegramm der Gestapo-Leitstelle Nürnberg-Fürth vom 24. Juli 1938: *MGN* 11, Doc. Nr. PS-848 (*HAB*, Rep. 335, Fall 11, Nr. 484, S. 83 ff.).

Ich bitte nachstehenden Text eines soeben aus Stuttgart hier eingegangenen Fernschreibens sofort durch besonderen Boten nach Bayreuth, Villa Wahnfried an SS Brigadeführer Schaub zu Händen von SS Untersturmführer Wünsche zu übermitteln:

Im Nachgang zu meinem Bericht (Schnellbrief vom 23. 7. 38) betr. Bischof Dr. Sproll aus Rottenburg teile ich weiterhin mit, daß soeben folgendes Fernschreiben der Staatspolizei Stuttgart hier eingegangen ist:

„Die Partei hat am 23. Juli 1938 von 21 Uhr ab die dritte Demonstration gegen Bischof Sproll durchgeführt. Teilnehmer rund 25–3000 wurden mit Omnibussen usw. von auswärts herbeigeschafft. Die Rottenburger Bevölkerung beteiligte sich wieder nicht an der Demonstration, nahm diesmal vielmehr eine feindliche Haltung gegenüber den Demonstranten ein. Die Aktion glitt den von der Partei bestellten verantwortlichen Pg. vollständig aus der Hand. Die Demonstranten stürmten das Palais, schlugen die Tore und Türen ein, ungefähr 150 bis 200 Menschen drangen in das Palais ein, durchsuchten die Zimmer, warfen Akten aus den Fenstern und durchwühlten die Betten in den Zimmern des Palais. Ein Bett wurde angezündet. Bevor das Feuer auf die übrigen Einrichtungsgegenstände des Zimmers und des Palais selbst übergriff, konnte das lichterloh brennende Bett aus dem Fenster geworfen und das Feuer gelöscht werden. Der Bischof befand sich mit dem Erzbischof Gröber von Freiburg und den Herren und Damen seiner Umgebung in der Kapelle beim Gebet. In diese Kapelle drangen ungefähr 25–30 Personen ein und belästigten die dort Anwesenden. Bischof Gröber wurde für Bischof Sproll gehalten, am Rock gefaßt und hin und her gezogen. Schließlich wurden die Eindringenden gewahr, daß Bischof Gröber nicht der ist, den sie suchen. Sie konnten dann zum Verlassen des Palais veranlaßt werden. –

Ich hatte nach der Räumung des Palais durch die Demonstranten eine Unterredung mit dem Erzbischof Gröber, der noch in der Nacht Rottenburg verließ. Gröber will sich erneut an den Führer und Reichsminister Dr. Frick wenden. – Über den Verlauf der Aktion, die angerichteten Verwüstungen sowie die heute einsetzenden Huldigungen der Rottenburger Bevölkerung für den Bischof werde ich unverzüglich eingehenden Bericht erstatten.

Nachdem ich soeben im Begriff bin, die Gegenkundgebung zu unterbinden. –
Stapoleitstelle Stuttgart."

Falls der Führer in dieser Angelegenheit Weisungen zu geben hat, bitte ich diese schnellstens am besten fernmündlich an das Geheime Staatspolizeiamt Fernruf Berlin 12 00 40 zu Händen von Rg. Ass. Freytag, durchzugeben, damit entsprechende Weisungen nach Stuttgart weitergeleitet werden können. –
Gestapo Berlin – I. V. Gez. Dr. Best.

6. Das System plebiszitärer Akklamation

So betont sich das nationalsozialistische Regime als totale Herrschaft von revolutionärer Begründung und Ausschließlichkeit über Staat, Gesellschaft, Kultur und Individuum setzte, so entschieden beanspruchte es zugleich jedoch, die wahre, „höhere" Form der Demokratie gegenüber dem liberal-parlamentarischen System des Westens zu verwirklichen. Die Bestätigung der Herrschaftsakte durch das zuverlässig positive Votum einer erdrückenden Bevölkerungsmehrheit gehörte zu den wichtigsten Stützen jener These von der Einheit von Volk und Führung, auf der die nationalsozialistische Staatsallmacht begründet, durch die neben der politischen auch die geistig-ideologische Gleichschaltung gerechtfertigt wurde. Wie die meisten Diktaturen, so hat noch jedes totalitäre Regime der neueren Zeit versucht, durch ein System pseudoplebiszitärer Akklamationsakte die formale „Legalität" der neuen Ordnung auch mit der „Legitimität" der allgemeinen Zustimmung auszustatten. Neben den vielfältigen Maßnahmen der Lenkung und Manipulierung der öffentlichen Meinung, die besonders seit Gründung des Propagandaministeriums die Politik des Zwangs und Terrors unterstützten und ergänzten, hat deshalb das stetig wiederholte Schauspiel der „Volksabstimmungen" besondere Bedeutung gewonnen. Das ging so weit, daß Hitler, freilich mit dem schlechten Gewissen aus dem Röhm-Blutbad belastet, in seiner Reichstagsrede vom 13. Juli 1934 die Weimarer Republik als usurpierte Ordnung denunzierte und behauptete gerade der Nationalsozialismus habe „als Vollstrecker des Willens der Nation das Regime einer Revolte beseitigt"; [426] daß er in einem Interview wenig später Deutschland als die beste Demokratie bezeichnete, weil künftig – entgegen den Ankündigungen Görings vor der Industrie zu Beginn der Machtergreifung [427] – alljährlich das Volk zur Wahl gerufen werden würde; [428] daß er vor dem Nürnberger Parteitag am 5. September 1934 das nationalsozialistische Regime als die „souveräne" Vollstreckung des „Volkswillens" feierte [429] und die Partei erneut als „Vollstrecker des Willens der Nation" bezeichnete: „Die nationalsozialistische Partei hat damit ihre Macht durch und mit dem Willen der Nation ... Wenn schon die Demokratie nur die Vollstreckerin des Volkswillens sein soll, dann sind wir bessere Demokraten als unsere Gegner in den meisten sogenannten Demokratien der Welt"; [430] daß Hitler dann am 21. Mai 1935 vor dem Reichstag erklärte: „Auch Deutschland hat eine ‚demokratische' Verfassung ... Es spielt keine Rolle, wie groß die Stimmzahl in den einzelnen Ländern ist, die auf einen Vertreter entfallen ... Das deutsche Volk hat mit 38 Millionen Stimmen einen einzigen Abgeordneten als seinen Vertreter gewählt;" [431] daß er vor der Bauernschaft auf dem Bückeberg am 7. Oktober 1935 erneut auf die offizielle Ideologie von der mystischen Union von Volk und Führer zurückgriff: „Diese 68 Millionen sind unsere Auftraggeber. Ihnen allen sind wir verpflichtet, ihnen allen sind wir verantwortlich ... Sie alle befehlen daher unserem Handeln. Das Volk allein ist unser Herr." [432] Noch am Vorabend des Krieges hat Hitler in seiner gegen Roosevelt gerichteten Reichstagsrede den „Plutokratien" die „volksregierten Staaten" gegenübergestellt,[433] auch wenn dann seit Ausbruch des Krieges der „jüdisch-demokratische Weltfeind" zum Zentralbegriff wurde. [434]

So hat denn, wie der sowjetische Totalitarismus, auch der Nationalsozialismus nicht darauf verzichtet, nach dem Vorbild der beiden Napoleons die plebiszitäre Selbstbestätigung wieder und wieder zu verfügen, obwohl die nationalsozialistische Führung zunächst vor allem auch gegenüber ihren Gönnern in Wirtschaft und autoritär gesinntem Bürgertum die Abschaffung aller Wahlen versprochen hatte. Tatsächlich ist entgegen der lautstarken Kritik an der Inflation der Wahlen, die der Weimarer Republik mit fatalen Folgen vom Präsidialregime auferlegt worden waren, entgegen auch den Erwartungen der nationalsozialistischen Verwaltungsfunktionäre selbst,[435] die deutsche Bevölkerung in den fünf ersten Jahren des „Dritten Reiches"

[426] *Schultheß, 1934*, S. 172.
[427] Vgl. o. S. 71.
[428] Dazu Hagemann, *Publizistik*... (Anm. V/134), S. 72 ff.
[429] *Der Kongreß*... (Anm. V/128), S. 25 f.
[430] A. a. O., S. 31.
[431] *Verhandlungen des Reichstags*, Bd. 458, S. 39–56.
[432] Hagemann, *Publizistik*... (Anm. V/134), S. 72.
[433] *Der Führer antwortet Roosevelt. Reichstagsrede vom 28. April 1939*, München 1939, S. 3.
[434] So Hitlers Aufruf an die Partei vom 3. September 1939 in: *Aufrufe, Tagesbefehle und Reden des Führers im Kriege 1939/41*, Karlsruhe 1941, S. 14.
[435] Nach den Akten des ehemaligen *Deutschen Gemeindetags* (Ernst-Reuter-Haus, Berlin, Aktz. 1–3–1, Nr. 3, Bd. 1) richtete der Thüringische Gemeindetag (Landesdienststelle Thüringen des Deutschen Gemeindetags) am 13. Februar 1934 an den Deutschen Gemeindetag eine Anfrage, ob die Führung der Wahlkartei noch erforderlich sei, „da anzunehmen ist, daß Wahlen in absehbarer Zeit nicht mehr stattfinden". Ähnlich äußerte sich am 4. Februar 1935 das Statistische Amt der Stadt Dresden in einem Schreiben an den Deutschen Gemeindetag, in dem mitgeteilt wurde, daß das Wahlamt der Stadt Dresden bereits am 15. August 1933 aufgelöst worden sei, was bei der Volksabstimmung im Jahre 1934 zu größten Schwierigkeiten geführt habe. Ähnliche Anfragen kamen von kleineren Städten, so der Gemeinde Kamp-Lintfort, Kreis Moers, vom 11. Januar 1935, deren Bürgermeister auch die Vermutung äußerte, das Frauenwahlrecht werde aufgehoben. In einer Antwort des Deutschen Gemeindetages vom 21. Januar 1935 heißt es (an den Bürgermeister von Kamp-Lintfort): „Es ist nicht damit zu rechnen, daß künftighin überhaupt keine Wahlen mehr stattfinden werden. Vielmehr ist es der wiederholt ausdrücklich

fünfmal zur Stimmabgabe befohlen worden, dreimal allein in den anderthalb Jahren der Machtergreifungsperiode.

Der Zweck dieser Politik erforderte es freilich, daß auch die Begriffe der Wahl, der Abstimmung und des Plebiszits einer tiefgreifenden Wandlung unterworfen wurden. Noch die Reichstagswahl vom 5. März 1933 hatte bestätigt, daß selbst über halbfreie Parlamentswahlen keine nationalsozialistische Mehrheit von jener Größenordnung zu erlangen war, die dem totalitären Herrschaftsanspruch der siegreichen Partei entsprochen hätte; und dies, obgleich offiziöse Kommentatoren diesen Wahlgang zu einer „im tiefsten Grunde unparlamentarischen, aber im besten Sinne demokratischen Volksbefragung" erklärt hatten.[436] Erst die Auflösung aller konkurrierenden Parteien und die Besiegelung des Einparteienstaats hat auch der Manipulation des Wahlvorgangs im Sinne einer Selbstbestätigung des neuen Regimes nach innen wie nach außen den Weg freigemacht. Es ist deshalb kein Zufall, daß zugleich mit dem totalitären Parteiengesetz und zugleich mit einer großen Reihe weiterer einschneidender Gesetze [437] am 14. Juli 1933 ein „Gesetz über die Volksabstimmung" verkündet wurde, nach dem die Reichsregierung „das Volk befragen" konnte, „ob es einer von der Reichsregierung beabsichtigten Maßnahme zustimmt oder nicht";[438] auch über verfassungsändernde Gesetze. sollte die einfache Mehrheit der abgegebenen gültigen Stimmen entscheiden können, damit, wie die offizielle Begründung ging, „einer Sabotage der Volksabstimmung, wie sie die Weimarer Reichsverfassung ermöglicht hatte, vorgebeugt" sei. Mit dieser völligen Verwandlung des Weimarer Volksentscheidsrechts sollte nach dieser Begründung der „Überwindung des Parlamentarismus" Rechnung getragen und durch die Wiederherstellung einer „auf alte germanische Rechtsformen zurückgehenden Einrichtung ... in veredelter Form" jener „neue Weg der Volksgesetzgebung" beschritten werden, „bei dem das Volk in seiner Gesamtheit der Gesetzgeber ist".[439]

Tatsächlich bedeutete das Gesetz eine Farce, da die Regierung nach Belieben von der Zustimmungsdemonstration Gebrauch machen oder darauf verzichten konnte, ohne damit politische oder rechtliche Verpflichtungen einzugehen. Man wird deshalb, zumal im Hinblick auf die Praxis nationalsozialistischer Abstimmungen, sowenig von Wahlen wie von „Plebisziten" im eigentlichen Sinne des Wortes sprechen können. Das Gesetz vom 14. Juli 1933 verankerte ein willkürlich gehandhabtes System der gelenkten, unverbindlichen Akklamationen, das einen pseudo-plebiszitären Anstrich trug. Es ist durch eine unüberbrückbare Kluft von den plebiszitären Elementen der Weimarer Verfassung [440] wie von den neuerdings erörterten Projekten plebiszitärer Volksbefragung in einem demokratischen Rechtsstaat im Zusammenhang etwa der jüngsten Atomwaffendebatte in der Bundesrepublik getrennt. Auch der „gigantisch" aufgezogene „Wahlkampf" konnte, da jede Alternative fehlte, ganz für die totalitäre Beeinflussung und Kontrolle der Massen eingesetzt werden; ganz im Sinne jener ständigen Mobilisierung, der die atemlose Aktivität der Parteiformationen samt ihren

erklärte Wille des Führers, etwa alljährlich durch eine Wahl des Volkes den Zusammenhang zwischen Führung und Volk und die Bejahung der Maßnahmen der Staatsführung durch das Volk feststellen zu lassen. Daß allerdings die Wahlen nicht mehr so häufig stattfinden werden wie früher, bedarf wohl keiner näheren Darlegung. Es fehlt weiterhin auch an jedem sicheren Anhaltspunkt dafür, daß das Wahlrecht der Frauen aufgehoben wird." Ähnliche Formulierungen wurden in einem Brief des Deutschen Gemeindetages an den Rat der Stadt Dresden, Statistisches Amt, am 14. Februar 1935 gebraucht.

[436] Rühle (Anm. I/9), I, S. 50.

[437] Vgl. o. S. 214 f.

[438] *RGBl.*, I, 1933, S. 479.

[439] *Die Gesetzgebung.* . . (Anm. I/31), H. 3, S. 65 f.

[440] Reichspräsidentenwahl, Volksbefragung, Volksentscheid. Zum Problem vergleiche jetzt die zusammenfassende Analyse von Ernst Fraenkel, *Die repräsentative und die plebiszitäre Komponente im demokratischen Verfassungsstaat,* Tübingen 1958, S. 48 ff.

Gliederungen und zahllosen Anhängseln, die Überfülle von Appellen, Schulungskursen, Haussammlungen, Kundgebungen, Paraden diente. Nicht zur freien Entscheidung, sondern als Objekt und zugleich Träger gewaltiger Propagandaaktionen wurde das Volk von der Führung zur Abstimmung beordert, um die mystische Einheit auch rational zu bestätigen. Die Bedeutung der Plebiszite lag einzig auf dem Gebiet der psychologischen Stimmungsmache und der propagandistischen Selbstbestätigung eines Regimes, das die totale Herrschaft von oben gelegentlich durch gelenkte und befohlene Zustimmungsakte von unten scheindemokratisch zu sanktionieren und der Bevölkerung die Fiktion der politischen Mitbestimmung zu suggerieren suchte. Ob es sich dabei um „Volksabstimmung" oder „Reichstagswahlen" per Einheitsliste handelte, war deshalb unerheblich; meist waren beide Formen kaum unterscheidbar miteinander verbunden. Das Volk sollte nicht zu Atem kommen, es sollte in einem unablässigen Taumel der Zustimmung gehalten werden und darüber vergessen, daß auch die Wahlen ihrer eigentlichen Funktion — Bildung politischer Repräsentation und freier politischer Willensbildung — längst beraubt und in ihr Gegenteil verkehrt waren.[441]

Die nationalsozialistische Machtergreifung hat sich zweimal dieses Instruments bedient. In beiden Fällen ging es um die Bestätigung bereits vollzogener Herrschaftsakte: Am 12. November 1933 hatte man den Austritt Deutschlands aus dem Völkerbund, am 19. August 1934 die schon in der Todesstunde Hindenburgs vollzogene Vereinigung des Reichskanzler- und Reichspräsidentenamtes in der Person des „Führers und Reichskanzlers" zur Kenntnis zu nehmen. In beiden Fällen wurde freilich auf den pseudolegalen Ablauf und die pseudodemokratische Fassade der plebiszitären Selbstbestätigung Wert gelegt. Am 14. Oktober 1933 wurde nach langer Pause wieder einmal auf die Befugnisse (Art. 25 WV) des Reichspräsidenten zurückgegriffen und auf

---

[441] Dieser Sachverhalt kommt besonders offen, wenngleich durch die Argumente totalitärer „Demokratie" verbrämt, in dem Interview zum Ausdruck, das Goebbels am 8. November 1933 einem Vertreter des WTB gewährte (*Horkenbach, 1933*, S. 533 f.): „*Frage:* Was hat nach der Beseitigung der Parteien und der Überwindung des Parlamentarismus die Wahl eines neuen Reichstags für einen Sinn?

Antwort: Die Wahl eines neuen Reichstags ist genauso wie die Volksabstimmung eine bedeutsame außenpolitische Entscheidung des ganzen deutschen Volkes. Dem Ausland wird durch diese Bekundung des Volkswillens bewiesen, daß das deutsche Volk die Männer als seine Vertreter anerkennt, die die Politik Adolf Hitlers bejahen.

Frage: Das geschieht doch schon durch die Volksabstimmung. Warum muß dafür ein neuer Reichstag zusammentreten?

Antwort: Dieser Reichstag hat eine weitergehende Bedeutung. In den acht Monaten ihres Bestehens hat die nationalsozialistische Regierung weit mehr geschafft als sämtliche Regierungen der letzten vierzehn Jahre zusammen. Und doch ist das bisher Erreichte nur ein Anfang des großen Reformwerks Adolf Hitlers. Durch die Taten des Führers sind die Grundlagen gelegt, der Ausbau von Staat und Reich beginnt jetzt erst. Hierfür aber bedarf die Regierung einer bevollmächtigten Körperschaft des ganzen Volkes, die ihr in der Gesetzgebung zur Seite steht. Es werden außerdem in Zukunft auch Stunden kommen, da der Führer des Reichs einer Verkörperung des ganzen Volkes bedarf, vor die er hintreten wird, um der Welt die Einheit von Volk und Staat zu beweisen. Dieser historischen Aufgabe aber war der vergangene Reichstag nicht mehr gewachsen. Er war noch im Zeichen des Parlamentarismus gewählt, umschloß noch ein Mosaik von Parteien, darunter eine Menge Marxisten, und war zum Schluß nur noch ein Kampfparlament. Mit ihm war keine Politik mehr zu machen. Es genügte darum auch nicht, nur einmal zu wählen, wie man es gelegentlich hört. Jeder, der in der Volksabstimmung mit ,Ja' stimmt, muß auch die Liste Adolf Hitlers sein Kreuz geben, oder er entwertet seine eigene Stimmabgabe.

Frage: Wenn es aber außer der Nationalsozialistischen keine Parteien mehr gibt, welchen Zweck hat dann die Stimmabgabe?

Antwort: Diese Reichstagswahl ist etwas völlig Neues in der deutschen Geschichte. Sie soll und wird das erstemal das ganze deutsche Volk in einer noch nie dagewesenen Einheitsfront zeigen. Der 12. November wird ein Markstein der deutschen Geschichte werden. Wir werden endlich einmal einen Reichstag haben, der aus einem Guß ist. Das ist der Sinn der von Adolf Hitler geführten Einheitsliste, die auch eine Reihe bester deutscher Männer von einwandfreier nationaler und sozialer Gesinnung ohne Rücksicht auf ihre frühere Liste enthält. Schon die Zusammensetzung dieser Liste ist von dem hohen Gedanken der Versöhnung und Zusammenarbeit getragen, von dem Adolf Hitler sich bei seinem Werk stets hat leiten lassen. Stimmt das deutsche Volk dieser Liste einheitlich und geschlossen zu, dann ist endlich die unselige Zwietracht und Parteizersplitterung der deutschen Vergangenheit überwunden. Darin liegt die hohe Verantwortung, die auf jedem Wähler am 12. November ruht. . ."

die revolutionären Möglichkeiten des Ermächtigungsgesetzes verzichtet, als Hitler den Bruch mit dem Völkerbund durch die Auflösung des Reichstags abzuschirmen beschloß.[442] Indem sich die Verordnung ausdrücklich auf die Weimarer Verfassung und das Auflösungsrecht des Reichspräsidenten (Art. 25) berief, zugleich jedoch den plebiszitären Zweck der Neuwahlen betonte,[443] bezog sie nun auch das Reichstagswahlrecht, das im Einparteienstaat ohnehin seine ursprüngliche Funktion verloren hatte, in das Akklamationsverfahren der Volksabstimmung ein. Gleichzeitig verfügte Frick durch Telegramm an die Reichsstatthalter unter Berufung auf das erste Gleichschaltungsgesetz (§ 11) auch die Auflösung der Länderparlamente und empfahl „im Auftrage des Reichskanzlers, von Anordnung einer Neuwahl gemäß § 1 Z. 2 des Reichsstatthaltergesetzes einstweilen abzusehen".[444] Damit war das Ende des Parlamentarismus und die völlige Gleichschaltung auch äußerlich besiegelt, waren die Schlußakte des Neuaufbaugesetzes und der Beseitigung des Reichsrats im Januar und Februar 1934 vorbereitet, während der neue Reichstag künftig nur noch gelegentlich zu Hitlerreden und Befehlsempfängen zusammengerufen wurde; der Volksmund hat ihn treffend als „Gesangverein" bezeichnet.

Der suggestiven Vorwegnahme der selbstverständlichen Zustimmung entsprach auch, daß der Aufruf, den die Reichsregierung noch am selben 14. Oktober 1933 zur Beschwichtigung des Genfer Eklats an das Volk richtete – und ungewöhnlicher- aber bezeichnenderweise ebenfalls im Reichsgesetzblatt verkündete[445] –, eine einzige Proklamation des Friedenswillens ähnlich jener Hitler-Rede war, die schon am 17. Mai 1933 die Zustimmung des ganzen Reichstags einschließlich der SPD gefunden hatte:[446] Regierung und Volk „lehnen daher die Gewalt als ein untaugliches Mittel zur Behebung bestehender Differenzen innerhalb der europäischen Staatengemeinschaft ab". Zugleich freilich enthielt der Aufruf vom 14. Oktober die Argumente jener militanten Gleichberechtigungsphilosophie, die bis zum kriegerischen Ausgriff die Außenpolitik des „Dritten Reiches" als friedliche Revisionspolitik gegen Versailles wirkungsvoll abzuschirmen und zu popularisieren vermocht hat.

Die Billigung dieses Programms, zu der die Regierung aufrief, sollte über eine vom Juligesetz abgeleitete Volksabstimmung[447] erfolgen: Damit waren die ersten Experimente mit einer Parlamentswahl nach Einheitsliste und mit einem Plebiszit neuen Stils auch äußerlich aufs engste verbunden, wobei für die technische Durchführung durchaus und ostentativ, soweit dies bequem erschien, die entsprechenden Bestimmungen der Weimarer Verfassung benutzt wurden. Der Stimmzettel zur Reichstagswahl enthielt nur die parteiamtlich von oben verfügte Einheitsliste, in die um der propagandistischen Wirkung willen auch eine Reihe Nicht-Parteigenossen als Hospitanten aufgenommen war; unter den Spitzenkandidaten befand sich neben Papen und Seldte auch Hugenberg selbst, von den Deutschnationalen hospitierten ferner die Abgeordneten Bang, Everling, v. Feldmann, v. Freytagh-Loringhoven, Gok, Friedrich Grimm, Kleiner, v. Schorlemer, Steuer, Forschbach, vom ehemaligen Zentrum Farny und Hackelsberger, von der BVP Graf v. Quadt, vom Landvolk Franz v. Stauffenberg, von der DVP die Großindustriellen v. Stauß und Vögler und weitere Wirtschaftsführer wie Schmitz (I. G. Farben), Springorum und v. Loewenstein mit Erfolg auf der Einheits-

---

[442] *RGBl.*, I, 1933, S. 729.

[443] *Ebda.*: „Um dem deutschen Volk Gelegenheit zu bieten, selbst zu den gegenwärtigen Schicksalsfragen der Nation Stellung zu nehmen und seiner Verbundenheit mit der Reichsregierung Ausdruck zu geben, löse ich auf Grund des Art. 25 der Reichsverfassung den Reichstag auf."

[444] *Schultheß, 1933*, S. 217.

[445] *RGBl.*, I, 1933, S. 730; zusammen mit Hitlers Aufruf und Rundfunkrede vom 14. Oktober 1933 auch veröffentlicht in: *Die Reden Hitlers für Gleichberechtigung und Frieden*, München 1934, S. 6 ff.

[446] *Verhandlungen des Reichstags*, Bd. 457, S. 47 ff.; S. 54; vgl. o. S. 198.

[447] *RGBl.*, I, 1933, S. 732.

liste der NSDAP. Wie eine solche Liste zustande kam, geht aus Modellentwürfen zur Kandidatenaufstellung hervor, die sich in den Akten des Reichsinnenministeriums gefunden haben: [448] Die Vorschläge entwarfen die Gauleiter, die sich von den Führern der Gliederungen und der der Partei angeschlossenen Verbände beraten ließen; dazu kamen die Reichsleiter, der Stellvertreter des Führers und der Reichstagspräsident. Der Stimmzettel zur Volksabstimmung verzeichnete unter der Formulierung der Frage, die eine völlige Identifizierung des Bürgers mit der Regierungspolitik forderte,[449] die Worte „Ja" bzw. „Nein" und zwei Kreise, in die der Wähler je nach Willen sein Kreuz setzen konnte. Damit schien zwar, im Unterschied zu der Praxis der Einheitsliste im sowjetisch-volksdemokratischen Machtbereich, die Möglichkeit einer Alternative gewahrt; man mag sich jedoch fragen, ob die Scheinfreiheit, die durch den zwingenden Einsatz propagandistischer und terroristischer Manipulation ohnehin entscheidend eingeengt war, diese Form pseudodemokratischer Plebiszit-Wahlen nicht als ein wirkungsvolleres Instrument totalitärer Meinungsbildung und -lenkung erscheinen läßt denn eine bloße mechanische Stimmabgabe, zu der der Bürger ohne Möglichkeit der „Mitwirkung" — und sei es nur durch Einfügung seines Kreuzes — kommandiert wird.

Das war auch durchaus die geschickte Politik der nationalsozialistischen Führung. Nicht nur gelang es, aus allen Bereichen des öffentlichen Lebens bis hin zu angesehenen Kritikern des Nationalsozialismus in Kultur und Kirche Erklärungen betonter Unterstützung zum bevorstehenden Wahlgang zu erwirken [450] und so das Phänomen der geistigen Zustimmung auch nach außen sichtbar zur Wirkung zu bringen, während eine umfassende Propagandakampagne, in die auch der 86jährige Hindenburg mit einer Rundfunkansprache am Vorabend der Wahl noch einmal wirkungsvoll eingebaut wurde, über das Land ging und Hitler selbst sich in einer Rede in den Siemens-Schuckert-Werken Berlin (10. November) besonders an die Arbeiter wendete.[451] Die Überlegungen gingen sogar so weit, daß Hitler, der sich angesichts neuer Konflikte mit der katholischen Hierarchie und sich häufender Beschwerden auch des Vatikans über Verletzungen des Reichskonkordats der katholischen Stimmen im Rheinland nicht sicher war, selbst Brüning und Marx wie schon Hugenberg und Papen einen Platz auf der Einheitsliste angeboten zu haben scheint.[452] Während die beiden Zentrumsführer offenbar ablehnten und auch die zum Teil schon unterdrückten Verlautbarungen der katholischen Kirchenführer in wachsendem Maße besorgten Stimmungen Raum gaben, hielten sie freilich die offiziellen Kundgebungen noch im Rahmen der Stimmung, die dem Abschluß des Konkordats gefolgt und der allgemeinen Akklamationswelle angepaßt war. So hatte schon am Tag nach dem Bruch mit dem Völkerbund die Katholische Aktion Berlins in einem Telegramm an Hitler erklärt: „In den Schicksalsstunden der Nation treten die Katholiken des Bistums Berlin in unerschütterlicher Liebe zum Volk und Vaterland geschlossen hinter den Führer und Kanzler in seinem Kampf für die Gleichberechtigung und die Ehre der Nation und die Wiederherstellung eines gerechten Friedens unter den Völkern." [453] Besonders emphatisch unterstützten natürlich die Deutschen Christen, die jetzt im Zenit der

[448] HAB, Rep. 77, Nr. 102; Liste der Abgeordneten: Horkenbach, 1933, S. 541 ff.

[449] „Billigst Du, deutscher Mann, und Du, deutsche Frau, die Politik Deiner Reichsregierung, und bist Du bereit, sie als den Ausdruck Deiner eigenen Auffassung und Deines eigenen Willens zu erklären und Dich feierlich zu ihr zu bekennen?" RGBl., I, 1933, S. 748 (20. Oktober); vgl. die verschiedenen Änderungen des Stimmzetteltextes: RGBl., I, 1933, S. 732 (14. Oktober) und S. 742 (18. Oktober).

[450] Vgl. auch o. S. 343 f.

[451] Text der Reden in: Die Reden Hitlers für Gleichberechtigung. . . (Anm. V/445), S. 47 ff.; S. 54 f. (Ansprache Hindenburgs).

[452] Telegramm des englischen Botschafters vom 11. November 1933 (British Documents, Anm. II/81, VI, S. 33): Brüning war zu dieser Zeit schon flüchtig, verbarg sich jedoch, da ihm der Paß entzogen war, noch an verschiedenen Orten in Deutschland.

[453] Horkenbach, 1933, S. 478.

Macht über die evangelische Kirche standen, die plebiszitäre Kampagne mit Glocken-
läuten und Kundgebungen. So berief der Präsident des hannoverschen Landeskirchen-
amtes (Hahn) den niedersächsischen Landeskirchentag zu einer Sondersitzung (mit dem
einzigen Tagesordnungspunkt: „Treuekundgebung des Kirchensenats und Landeskir-
chentags für Adolf Hitler"), vor der er im Namen der Versammelten das pseudoreligiöse Bekenntnis ablegte: „Kanzler des Reiches! Wir von der Kirche sprechen ein auf-
richtiges Ja zu Deiner Tat. Führer des Volkes, wir von der Kirche stehen in Opferbereitschaft an Deiner Seite! Hitler, wir von der Kirche tragen Dich und Dein Amt
mit Glaubenskraft und wollen nicht müde werden im Gebet des himmlischen Vaters.
Amen, das heißt: Ja, es soll geschehen!" Worauf die Versammlung das Deutschlandlied sang und mit erhobenem Arm sich „durch ein lautes Ja zu unbedingter Treue
dem Führer gegenüber" verpflichtete.[454]

Aber auch vom Präsidenten des Reichsstandes der Deutschen Industrie waren Hitler
und Hindenburg schon am 15. Oktober Telegramme zugegangen, in denen sich Krupp
„rückhaltlos" zu den Entschlüssen Hitlers bekannte: „In der Einheitsfront aller schaffenden Stände steht die deutsche Industrie bedingungslos hinter dem Führer des deutschen Volkes."[455] Ähnlich ließen sich Bankverbände, DAF, Stahlhelm, dann in einem
gemeinsamen Sammelaufruf 240 Verbände und Spitzenorganisationen (30. Oktober)
und die von Papen begründete „Arbeitsgemeinschaft Katholischer Deutscher" hören;[456]
am 2. November appellierten Hitler und Papen auf einer Wahlkundgebung in Essen
gemeinsam ausdrücklich an alle Katholiken.[457] Und am 7. November 1933 vereinigten sich die drei „Reichsstände" der Industrie, des Handwerks und des Handels zu einer
großen Wahlkundgebung in Berlin, auf der Krupp erneut zur Unterstützung des
Regimes aufrief.[458] Dem entsprach schließlich auch, daß dann eine Woche später in
der ersten Kabinettssitzung nach den Wahlen der nicht-nationalsozialistische Vizekanzler v. Papen in einer Ansprache an Hitler die Bedeutung des Plebiszits mit den
Sätzen würdigte:[459]

> „... In neun Monaten ist es dem Genie Ihrer Führung und den Idealen, die Sie neu vor
> uns aufrichten, gelungen, aus einem innerlich zerrissenen und hoffnungslosen Volk ein in
> Hoffnung und Glauben an seine Zukunft geeintes Reich zu schaffen ... Damit ist die
> nationalsozialistische Bewegung zum Totalstaat geworden mit allen Rechten und Pflichten,
> die sich daraus ergeben. Gleich wie die anderen großen Völker nach dem Weltkriege den
> unbekannten Soldaten als Symbol ihrer Tapferkeit, Ehre und Würde ein Denkmal errich-
> teten, hat das deutsche Volk gewünscht, vor der Welt ein unüberhörbares Bekenntnis seiner
> eigenen Ehre und Würde abzulegen, indem es diesem unbekannten Soldaten, der einst für
> sein Volk blutete und nun sein Führer geworden ist, einen überwältigenden Vertrauensbe-
> weis darbrachte. Die Sehnsucht unseres Feldmarschalls und großen Führers aus dem Welt-
> kriege, das Vaterland in Einigkeit zusammenstehen zu sehen, ist durch Sie, Herr Reichs-
> kanzler, erfüllt worden. Das deutsche Volk hat zu erkennen gegeben, daß es den Sinn der
> Zeitwende begriffen hat und dem Führer auf seinen Wegen zu folgen entschlossen ist. Der
> Traum von den zwei Deutschland, die man gegeneinander ausspielen könne, ist endgültig
> ausgeträumt. Die Umwelt findet an dessen Stelle eine Nation, die mehr als je entschlossen
> ist, für ihre Weltgeltung, für ihr Recht und für den Frieden wie für die Wohlfahrt Europas
> zu kämpfen. Wir wissen, daß Sie, Herr Kanzler, dem alten Worte huldigen: ,Nach dem
> Siege binde den Helm fester!' In diesem Sinne ist das Kabinett glücklich, in einer solchen
> Stunde unter des Feldmarschalls und Ihrer Führung für Deutschland arbeiten zu dürfen."

---

[454] *Niedersächsische Tageszeitung* vom 26. November 1933, Nr. 254; weitere Details und sprechende Beispiele
bei Götte (Anm. I/36), S. 234 ff.

[455] *Horkenbach, 1933,* S. 477.

[456] *A. a. O.,* S. 504.

[457] *A. a. O.,* S. 521 f.

[458] Vgl. *Schultheß, 1933,* S. 235.

[459] *A. a. O.* S. 245 f. Von dieser und anderen Reden der Zeit ist in Papens Memoiren, die uns des Vizekanzlers Kampf gegen Hitler glaubhaft machen möchten, natürlich nicht die Rede.

Auch die Wahlvorbereitungen des zuständigen Reichsinnenministers standen, wie aus den bislang unveröffentlichten Akten seines Staatssekretärs hervorgeht, ganz im Zeichen dieser taktischen Verbindung von scheinfreier Prozedur und entschiedener Manipulierung des Wahlvorgangs. So richtete Frick am 6. November ein vertrauliches Schreiben an die Landesregierungen und Gauleiter, nach dem der Ermessensspielraum für die Gültigerklärung von Stimmzetteln besonders dann fast unbeschränkt war, wann immer eine Möglichkeit bestand, sie als Ja-Stimmen zu verbuchen: [460] Es sollte genügen, wenn irgendein Zeichen (auch Strich, Hakenkreuz, Häkchen, Loch) in der Nähe des Kreises angebracht, ja, wenn lediglich das Wort „Nein", das „Nein"-Viereck oder der „Nein"-Kreis irgendwie ausgestrichen sei. Freilich: „Von einer Bekanntgabe [dieser Anweisung] in Tageszeitungen oder in amtlichen Veröffentlichungsorganen ist zur Vermeidung von Mißverständnissen abzusehen." Dafür – dies die taktische Kehrseite – gab Frick an die Presseabteilung (Abt. IV) des Propagandaministeriums zwei Tage später die für die Öffentlichkeit bestimmte Version durch, [461] die er ähnlich schon (am 1. November) den Landesregierungen übermittelt hatte: „Ich bitte um Ausgabe folgender Pressenotiz: ‚Reichsregierung und Reichswahlleiter der NSDAP haben wiederholt klar zum Ausdruck gebracht, daß bei der Abstimmung und Wahl am 12. November *Wahlfreiheit und Abstimmungsgeheimnis unter allen Umständen gewährleistet* sind. Jeder Versuch unberufener Stellen, Wahlfreiheit und Wahlgeheimnis durch Anwendung unzulässiger Druckmittel zu beeinträchtigen und damit den Erfolg der Wahl zu verkleinern [!], wird daher mit allen Mitteln [!] unterdrückt werden..."

Dem entsprach es, daß alle technischen Einzelheiten gut bürokratisch und pedantisch geregelt wurden und Staatssekretär Pfundtner sich in einer Anweisung an die Landesregierungen sogar mit dem Stimmrecht der „Insassen von Konzentrationslagern" befaßte. [462] Auch der abschließende Bericht, den der „Reichsbeauftragte für das Wahlprüfungsverfahren", ein Ministerialrat im Reichsinnenministerium, an den Vorsitzenden des Wahlprüfungsgerichts beim Reichstag am 16. April 1934 sandte, wollte die äußerlich im ganzen korrekte Durchführung der Stimmenauszählung glaubhaft machen. [463] Auf der anderen Seite kann selbst dieser Bericht nicht den Eingang und die Stichhaltigkeit verschiedener Beschwerden gegen die Wahlprozedur leugnen, auch wenn er sie mit der Behauptung abzutun sucht, sie seien geringfügig und ließen jedenfall keine weitergehenden Schlüsse zu. Angesichts des Drucks und der Drohungen, unter denen sich Wahlkampagne, Wahl und Propagierung der Ergebnisse vollzogen, konnten diese Proteste gewiß nur ein schwaches Bild der Wirklichkeit vermitteln. Wer wagte schon offiziell Beschwerde zu erheben?

Immerhin konzediert der amtliche Schriftwechsel in wenigen preußischen Wahlkreisen allein 34 Fälle, deren Nachprüfung zu keiner Widerlegung, nur zur Bagatellisierung führte. In Seedranken wurden fünf Nein-Stimmen in Ja-Stimmen verwandelt, in Berlin ein staatenloser Schauspieler vom NS-Schleppdienst zur Wahl gezwungen, andere aus der Stimmliste entfernt; in Koschmin (bei Frankfurt/O.) fühlte man sich bei der Stimmabgabe beobachtet. [464] In Staupitz (Kreis Luckau) beanstandete eine mutige Wählerin, daß die Wahlumschläge innen laufende Nummern getragen hätten und neben der Stimmliste noch eine Nummernliste geführt worden sei. Zu dieser eklatanten Verletzung des Wahlgeheimnisses bemerkte der Reichsbeauftragte, nach entsprechenden Vernehmungen könne wohl die Tatsache der Numerierung

[460] *HAB*, Rep. 77, Nr. 110 (Staatssekretär Pfundtner).

[461] *Ebda.*, am 8. November 1933.

[462] *Ebda.*, am 1. November 1933: Es sollte je nach der polizeilichen Meldung der Betroffenen gehandhabt werden.

[463] *Ebda.*, Mappe Reichstagswahl vom 12. November 1933.

[464] Kommentar des Reichsbeauftragten: „Dem Wähler war die Möglichkeit gegeben, sich hinter eine Wandkarte zu stellen [!] und unbeobachtet den Stimmzettel zu behandeln..."

nicht bestritten werden, doch sei weder deren Herkunft geklärt – vielleicht stammte
sie aus früheren Wahlen (!) – noch seien bei der Auszählung Unregelmäßigkeiten beobachtet worden. Und lapidar: „Auch der Regierungspräsident steht auf dem Standpunkt, daß die Wahl in Staupitz geheim vor sich gegangen ist. Der Fall hat sich nicht
aufklären lassen. Daß das Wahlergebnis durch das Vorkommnis beeinflußt worden
ist, dafür sind Anhaltspunkte nicht vorhanden." Diesem schwachen Untersuchungs-
ergebnis, das überdies den Hauptpunkt der Beschwerde – die mögliche spätere Verfolgung – schweigend umging, entsprach auch die Behandlung eines Protestes aus
Unterbindow (Kreis Mebus), wo beim Einwurf des Umschlags in die Urne zugleich
eine Nummer aufgerufen und „Stimmberechtigte, die mit ‚Nein' gestimmt oder eine
ungültige Stimme abgegeben hätten, ... nach der Wahl mißhandelt worden" seien.
Auch hier konzedierte der Reichsbeauftragte den Tatbestand der Kenntnis und Mißhandlung der Nein-Wähler, ohne auf konkrete Folgerungen einzugehen oder auch
nur die Verletzung des Wahlgeheimnisses zuzugeben: „Der Amts- und Gemeindevorsteher Schloppsnies hat zugegeben, daß er die Namen der ‚Nein'-Wähler am Abend
des Wahltages gewußt hat. Ob er sich diese Kenntnis durch Verletzung des Wahlgeheimnisses verschafft hat, konnte indes nicht ermittelt werden [!]. Es wird nicht
bestritten, daß die ‚Nein'-Wähler nach der Abstimmung belästigt worden sind. Der
Regierungspräsident in Frankfurt a. d. O. hat dieserhalb das Erforderliche [?] veranlaßt."

Auch in allen übrigen Fällen bestätigte sich, daß die Beschwerden zwar stichhaltig
waren und offenbar nur einen kleinen Ausschnitt aus der Praxis der Wahlbeeinflussung
darstellten, daß aber irgendwelche Folgerungen nicht gezogen und die Untersuchungen
selbst an der Schwelle der Aufklärung eingestellt wurden. So konzedierte der Bericht,
daß ein Amtsvorsteher in Pommern einen leergelassenen Stimmzettel unter dem Tisch
angekreuzt, einen anderen weggesteckt hatte; mehr konnte der Beschwerdeführer in
der Kürze der Zeit natürlich nicht beobachten. Kommentar: „Nach dem Bericht des
Landrats in Naugard [sei] dem Beschuldigten das Falsche seiner Handlungsweise
nicht zum Bewußtsein gekommen." Und ebenso lapidar wurde eine andere Beschwerde
(aus Schillersdorf, Kreis Randow) über die Numerierung der Wahlumschläge abgetan:
Der Abstimmungs- und Gemeindevorsteher „behauptet, die Numerierung weder selbst
bewirkt noch davon gewußt zu haben ... Die Stimmzettel sind auf der Rückseite tatsächlich mit Nummern versehen. Der Oberstaatsanwalt in Stettin, der mit der Angelegenheit befaßt worden ist, hat das Verfahren eingestellt, weil eine strafbare Handlung nicht vorliegt." Und ebenso unmißverständlich der Schluß: „Der Beschwerdeführer hat den Einspruch zurückgezogen."

Ein besonders bezeichnender Fall von „Wahlprüfung" ereignete sich in Schöningen
(Kreis Randow). Dort war ein Brief nach Danzig, in dem das Kinderfräulein des
offenbar überwachten ehemaligen Reichsministers Schlange-Schöningen ihrer Tante
von Wahlfälschungen berichtete, „durch die Zollfahndungsstelle abgefangen und der
Anklagebehörde beim Sondergericht in Stettin zugeleitet worden"; die Schreiberin
selbst wanderte in Untersuchungshaft. Beim Verhör gab sie an, „sie selbst und einige
ihr bekannte Bürger hätten bei der Abstimmung mit ‚Nein' gestimmt, aber trotzdem
seien bei der Zählung nur ‚Ja'-Stimmen, aber keine ‚Nein'-Stimmen festgestellt worden". Dazu wieder der schwache Kommentar samt beschwichtigender Schlußwendung:
„Nach der Wahl- und Abstimmungsniederschrift und der dazu gehörigen Zähl- und
Gegenliste wurden weder ungültige noch ‚Nein'-Stimmen gezählt. Die Vernehmung
der Mitglieder des Abstimmungsvorstandes hat keine Anhaltspunkte dafür ergeben,
daß Fälschungen des Abstimmungsergebnisses vorgekommen sind. Der Oberstaatsanwalt in Stettin hat das Verfahren gegen die Briefschreiberin [!] eingestellt." Der
Sinn der Wahlprüfung ist hier ins Gegenteil verkehrt.

Wenn auf der anderen Seite ein aufrechter Abstimmungsvorsteher (wie in Breslau) zu verhindern suchte, „daß an den Tisch des Abstimmungsvorstandes ein Tisch für die Vertrauensleute der NSDAP gestellt wurde", darauf vom Ortsgruppenleiter „bedroht und in der Ausübung seiner Amtstätigkeit behindert" worden war, zog sich der Reichsbeauftragte wieder auf die Behauptung zurück, der Vorfall habe keinen Einfluß auf das Abstimmungsergebnis gehabt: „Ich habe daher geglaubt, von näheren Feststellungen des Tatbestandes absehen zu können." Ähnlich wurde die Beschwerde eines Landwirts aus Mittelwalde (Kreis Habelschwerdt) erledigt, die sich gegen die Beobachtung der Wähler und vor allem gegen die Gepflogenheit aller totalitären Wahlpraxis, die demonstrative Nichtbenutzung der Wahlzelle, richtete. Auch hier wurde der Tatbestand durchaus bestätigt; ein Stahlhelmmann hatte „die Benutzung der Wahlzelle zu überwachen"; er habe jedoch lediglich „wider Willen in einem Falle eine Kennzeichnung gesehen", als er eine vor der Wahlzelle liegende Fußmatte „wieder in Ordnung bringen wollte ... Es kann mithin von einer Verletzung des Wahlgeheimnisses nicht die Rede sein." Der zweite Beschwerdepunkt schließlich wurde auch in diesem Fall mit der Berufung auf die technisch einwandfreie Prozedur und ohne Rücksicht auf die politisch-psychologischen Implikationen abgetan: „Die Stimmzettel sind mit Absicht sogleich beim Eintritt ... verteilt worden, um den Abstimmenden Gelegenheit zu geben, den Aufruf der Reichsregierung vor der Abstimmung zu lesen. Wenn hierbei Stimmberechtigte ihre Stimmzettel kennzeichneten, ohne die Wahlzelle aufzusuchen und dadurch ihr Wahlgeheimnis preisgaben, so sind daraus Bedenken gegen die Gültigkeit der Abstimmung nicht herzuleiten."

In anderen Fällen, die auf ähnliche Weise behandelt wurden, [465] war die Übertragung des Stimmrechts auf andere Personen zugelassen oder ein Stimmberechtigter trotz Eintragung in die Stimmliste abgewiesen worden. Kommentar: „Es liegt ein entschuldbarer Irrtum des Abstimmungsvorstehers vor, dem keine besondere Bedeutung beizumessen sein dürfte." Da waren Beschwerden über eklatante Denunziation und Druck von „übereifrigen Bürgern",[466] über weitere Fälle, in denen die Wahlumschläge kenntlich gemacht oder schwarze Namenslisten öffentlich verbreitet wurden. Was hinter dieser kühlen, zugleich bewußt verschleiernden Sprache der Akten an Druck, Einschüchterungsaktionen, Psychose und Furcht stand, kann freilich nur angedeutet werden. Immer war das Regime aufs Peinlichste bemüht, die Wirklichkeit des Wahldrucks und der Opposition zu verschleiern: so wenn das Propagandaministerium verfügte, daß unter keinen Umständen Nachrichten über die Inschutzhaftnahme des Herzogs Albrecht von Württemberg gebracht werden dürften, nachdem dieser eine Teilnahme an der Wahl demonstrativ abgelehnt hatte.[467] Noch krasser wird die Wirklichkeit dieser „Volksabstimmung" in der Beschwerde eines Fabrikanten aus Bad Harzburg sichtbar, der unter Zwangsanwendung zur Wahl geschleppt, anschließend mißhandelt und erst am folgenden Tag wieder entlassen wurde. Hier zeigte der korrekt juristische Ton des amtlichen Berichts politische Färbung und ließ einen Blick hinter die „legale" Fassade in den terroristischen Kern des pseudoplebiszitären Akklamationssystems tun: „Nach den Erhebungen sind die Angaben übertrieben. Stoy ist ein säumiger Wähler, der vom Schleppdienst mehrmals aufgefordert werden mußte, sein Stimmrecht auszuüben. Durch seine Weigerung und Bemerkung ‚Gott wird Deutschland schon strafen', waren die Schleppdiensttuer empört und erregt, so daß seine vorübergehende Festnahme zu seiner eigenen Sicherheit von Bürgermeister Berndt

---

[465] *A. a. O.*, S. 8–16.

[466] Kommentar (*a. a. O.*, S. 9): „Es ist amtlich festgestellt, daß eine Liste der Neinsager bestanden hat. Ihr Inhalt beruht jedoch lediglich auf Vermutungen."

[467] *Sammlung Brammer*, Nr. 2 vom 12. November 1933: „Er mußte wegen der Bedrängung durch die Menge in Schutzhaft genommen werden. Der Stahlhelm hat ihn sofort aus seinen Reihen ausgestoßen."

angeordnet wurde. Der Beschwerdeführer hat hiernach die gegen ihn ergriffenen Maßnahmen durch sein eigenes Verhalten verschuldet."[468]

Hier sprach das Regime selbst, und wenngleich eine generelle Fälschung der Wahlergebnisse von oben nicht nachzuweisen ist, so geben auch diese wenigen, doch vielfältigen Beispiele schon einen Eindruck von der Atmosphäre, in der sich Abstimmung und Auswertung der Wahl vollzogen. Was an unkontrollierbaren oder nachträglich tolerierten Einzelaktionen in Kleinbezirken greifbar wurde, läßt die Vermutung zu, daß es sich hier keineswegs um Ausnahmen handelte. Wieweit die Bemühungen um Beeinflussung und Fälschung einzelner Wahlergebnisse sich ausgewirkt haben, mag ungewiß bleiben. Daß die Erfahrung oder Erwartung der Einschüchterungs- und Manipulationsmethoden auch das Gesamtergebnis erheblich beeinflußt hat, ohne daß es neben der Ermessensfreiheit der Wahlleiter bei der Stimmauswertung noch ausgesprochener Fälschungen bedurft hätte, ist sicher. Bei der Abstimmung vom August 1934, deren herrschaftspolitische Aspekte noch im Schlußabschnitt behandelt sind,[469] scheinen denn auch nach den Unterlagen des Reichsinnenministeriums keine Beschwerden mehr berücksichtigt worden zu sein. Hier finden sich nur noch die Aufzeichnungen zu einem Rundfunkvortrag des Staatssekretärs Pfundtner, in dem der Wahlvorgang auf die einfache Formel gebracht wurde: „Der Wähler geht mit Stimmzettel und Umschlag in die Wahlzelle, kennzeichnet dort den Stimmzettel durch ein in in den ‚Ja‘-Kreis [sic!] gesetztes Kreuz, steckt den Zettel in den Umschlag und..." Dem entsprach auch der Tenor der Besprechungsnotizen aus dem Reichswehrministerium, die neben Andeutungen über Hitlers Kurs gegen die SA schon im Frühjahr die zweideutige, gleichwohl der Wehrmachtführung höchst angenehme Formulierung enthielten: „Neue Wahl wird so gestaltet, daß jeder ‚Ja‘ sagen muß. Einziges, was nicht geändert wird, ist Stellung der Armee."[470] Es rundet nur das Bild, wenn Frick gleichzeitig (wie im November 1933) Anweisungen als Pressenotizen herausgab, nach denen die Wahl geheim, frei und ohne Druck und Belästigung durchzuführen sei.[471]

Unter diesen Umständen wird eine Würdigung des Wahlergebnisses auch nur im Hinblick auf die Frage interessieren, wo die Zahl der Ja-Stimmen am höchsten bzw. am niedrigsten war und wie groß bei einem Vergleich der beiden Volksabstimmungen der Machtergreifungsphase die Unterschiede und Verschiebungen sind. Dabei wird bewußt von der Zahl der Stimmberechtigten ausgegangen, da unter den Verhältnissen totalitärer Mobilisierung des Wahlvolkes auch Stimmenthaltung und ungültige Stimmen weitgehend oppositioneller Meinungsäußerung zuzurechnen sind. Nach den Unterlagen des Reichsinnenministeriums[472] ergibt sich bei einem Vergleich der „Gaue" mit der höchsten bzw. tiefsten Zahl an NS-Stimmen folgendes Bild (1933 Einheitsliste, 1934 Ja-Stimmen):

Höchste Anteile in	1933	1934	Niedrigste Anteile in	1933	1934
Kurhessen	95,9	94,6	Hamburg	78,1	72,6
Rheinpfalz	94,8	94,0	Berlin	78,6	74,2
Ostpreußen	92,5	90,4	Schlesw.-Holstein	84,1	80,3
Mittelfranken	92,1	91,2	Köln-Aachen	84,4	76,0

[468] HAB, Rep. 77, Nr. 110 (Pfundtner), S. 10.

[469] Vgl. u. Nachwort.

[470] Besprechungsnotizen des Majors (später Gen.-Oberst) und Abt.-Chefs im Allg. Heeresamt Heinrici vom Frühjahr 1934 (Institut für Zeitgeschichte München, Zeugenschrifttum, 66 II 00170) mit dem Zusatz Heinricis. [daher] „positive Einstellung zum Nationalsozialismus".

[471] HAB, Rep. 77, Nr. 101 (Pfundtner).

[472] Ebda. Die folgenden Übersichten sind zusammengestellt nach der dort verwahrten Statistik (im Manuskriptdruck): Die Volksabstimmungen am 12. November 1933 und 19. August 1934, S. 4 ff.

Damit werden im wesentlichen die Ergebnisse der letzten demokratischen Wahlen bestätigt:[473] Anfälligkeit und Resistenzfähigkeit gegenüber dem Nationalsozialismus waren teils durch die Sozialstruktur, teils durch die konfessionelle Zugehörigkeit, teils durch die regionale Gliederung der Wählerschaft bedingt. Als die große Ausnahme erscheint Schleswig-Holstein, das in den Schlußjahren der Weimarer Republik an der Spitze der nationalsozialistischen Wahlkreise gestanden und der NSDAP schon im Juli 1932 den Durchbruch zur absoluten Mehrheit (51 %) verschafft hatte. Aufschlußreicher wird das Bild bei einer vergleichenden Zusammenstellung aller Land- und Stadtkreise, in denen das Regime bemerkenswert viel Zustimmung oder Ablehnung erfahren hat. Dabei muß freilich außer acht bleiben, unter welchen im einzelnen nicht mehr feststellbaren Bedingungen es zu dem jeweiligen Wahlergebnis gekommen sein mag. Als ungefähre Richtzahlen sind in der Regel 93 % bzw. 84 % gewählt worden.

1. Die Zahlen in *Baden* entsprechen dem Durchschnitt (1933: 87,8 %; 1934: 84,6 %):

Höchste Anteile in	1933	1934	*Niedrigste Anteile in*	1933	1934
Wertheim	95,2	94,8	Lörrach	83,6	78,1
Tauberbischofsheim	94,4	87,8	Mannheim	83,5	82,3
Wolfach	93,8	90,6			

Hier wird freilich sichtbar, daß die konfessionelle Zugehörigkeit der Wähler, ungleich den Ergebnissen aller früheren Wahlen und noch der Reichstagswahl vom 5. März 1933, nun an Gewicht verliert; die Zerschlagung des politischen Katholizismus, der Konkordatskompromiß und die regimefreundlichen Erklärungen katholischer Instanzen schienen 1933 ihre Wirkung getan und den stärksten Widerstandsfaktor auf der Ebene der Wahlen ausgeschaltet zu haben. Das bestätigt auch das Ergebnis der vorwiegend katholisch bestimmten, freilich auch durch die Grenzlage beeinflußten *Bayerischen Ostmark* (91,3/88,6):

Höchste Anteile in	1933	1934	*Niedrigste Anteile in*	1933	1934
Hof	96,9	95,8	Vilsbiburg	82,9	79,8
Coburg	95,2	97,4	Viechtach	(87,4)	78,8
Stadtsteinach	95,2	95,2	Tirschenreuth	(87,4)	78,9
Naila	95,0	95,7			
Bayreuth	94,8	93,9			
Forchheim	94,8	93,9			
Neumarkt/Opf.	94,8	90,5			
Wolfstein	94,8	90,2			
Sulzbach	94,7	94,5			
Ebermannstadt	94,4	92,7			
Griesbach	94,3	88,5			
Pegnitz	94,2	91,9			

und weitere 13 Bezirksämter über 93 %, darunter Regensburg und Bamberg (93 %).

2. Dagegen ist das zweite große Zentrum der Resistenzfähigkeit, die industrialisierte Großstadt, auch 1933 und 1934 noch nicht völlig überrannt worden. Eine Einzelanalyse zeigt allerdings, daß dem Nationalsozialismus nun auch der Einbruch in die „proletarischen" Bereiche gelungen war; es waren nicht mehr so eindeutig wie 1932 die kommunistischen Hochburgen, sondern eher gemischt industriell-bürgerliche Bezirke, die den stärksten Widerstand zeigten. Das trat besonders im Wahlergebnis *Berlins* hervor (1933: 78,6; 1934: 74,2), wo kein Bezirk über 87 %, nur drei der 20 Bezirke über 84 % Stimmen für die Einheitsliste erbrachten.

---

[473] Vgl. die Analyse in Bracher, *Die Auflösung...* (Anm. Einl./25), S. 645 ff.; ferner o. S. 94 ff. und jetzt noch Alfred Milatz, „Das Ende der Parteien im Spiegel der Wahlen 1930 bis 1933", in: *Das Ende...* (Anm. I/21), S. 743 ff. (Nachtrag).

Höchste Anteile in	1933	1934	Niedrigste Anteile in	1933	1934
Pankow	86,4	84,9	Wilmersdorf	72,4	68,8
Steglitz	85,5	80,6	Charlottenburg	76,4	69,6
Spandau	84,2	83,2	Prenzlauer Berg	76,9	71,9
			Wedding	77,2	71,7
			Neukölln	77,3	72,0
			Tiergarten	77,3	72,8
			Mitte	77,4	71,8
			Kreuzberg	77,6	71,9
			Schöneberg	77,9	72,0

Ähnlich erschien die Situation in *Hamburg* (vgl. o. S. 358), *Altona* (77,4/73,8), *Lübeck* (70,9/73,0), *Leipzig* (79,8/75,8), *Bremen* (79,6/71,8), *Bremerhaven* (78,6/76,0), *Bielefeld* (77,6/72,1), *Herford* (74,2/71,3) und anderen Industriestädten. Auch wenn die geringere Überschaubarkeit der städtischen Verhältnisse gegenüber den engeren, lokalem Terror ausgelieferten Verhältnissen der ländlichen und kleinstädtischen Bezirke dazu beigetragen hat, die größeren Städte widerstandsfähiger zu halten, so bleibt freilich die Tatsache, daß vorwiegend im protestantisch bestimmten Norddeutschland und vor allem in Industriestädten mit sozialdemokratischer, erst in zweiter Linie kommunistischer Tradition der nationalsozialistische Akklamationsbefehl am schwächsten befolgt worden ist. Die katholisch bestimmten Großstädte und der süddeutsche Raum haben hingegen ihre bislang so bedeutsame Widerstandsfähigkeit nicht durchweg behaupten können.

3. Trotzdem ist aber die Frage nach dem Fortwirken des politischen Katholizismus wahlstatistisch nicht einheitlich zu beantworten. In einigen „Gauen" wie Düsseldorf oder Essen spielte er im November 1933 tatsächlich kaum eine erkennbare Rolle mehr; dagegen war er im Falle Koblenz–Trier an dem Rückgang der Ja-Stimmen 1934 besonders stark beteiligt:

Düsseldorf (86,0/81,5)

Höchster Anteil in	1933	1934	Niedrigste Anteile in	1933	1934
Düsseldorf-Mettmann	91,7	93,7	Stkr. Düsseldorf	83,1	79,2
			Stkr. Wuppertal	84,0	78,8
			Stkr. Neuß	(87,4)	78,4

Essen (88,8/89,5)

Höchste Anteile in	1933	1934
Stkr. Oberhausen	94,7	94,5
Stkr. Mülheim (Ruhr)	(89,8)	93,3

Koblenz-Trier (90,2/81,9)

Höchste Anteile in	1933	1934	Niedrigste Anteile in	1933	1934
Kr. Kreuznach	93,9	89,5	Stkr. Koblenz	(85,6)	77,5
Lkr. Trier	93,5	84,8	Kr. Ahrweiler	(88,0)	73,4
Kr. Daun	93,1	85,0	Stkr. Trier	(91,1)	75,7
Kr. Saarburg	93,0	81,5			

In anderen Fällen war auch jetzt, nach der Selbstauflösung der Zentrumspartei und der kirchlichen Sanktionierung der Einheitswahl, die Zahl der oppositionellen Stimmen sogar im November 1933, besonders eindrucksvoll aber im August 1934, sehr groß geblieben: [474]

Köln-Aachen (84,4/76,0)

Höchste Anteile in	1933	1934		Niedrigste Anteile in	1933	1934
Kr. Schleiden	89,1	78,8		Stkr. Aachen	80,6	65,7 (!)
Kr. Erkelenz	89,0	82,9		Stkr. Köln	82,5	74,2
				Lkr. Aachen	82,7	74,1
				Rheinisch-Bergischer Kreis	83,3	71,7

Westfalen-Süd (87,2/81,4)

Höchste Anteile in	1933	1934		Niedrigste Anteile in	1933	1934
Kr. Wittgenstein	97,0	95,5		Stkr. Lüdenscheid	80,2	73,4
Kr. Brilon	93,7	79,1 (!)		Stkr. Dortmund	82,4	77,0
Stkr. Lünen	92,3	89,3		Ennepe-Ruhrkreis	83,8	82,1
Kr. Meschede	91,7	81,8		Stkr. Hagen	83,9	76,0
Kr. Olpe	90,2	71,4 (!)		Stkr. Iserlohn	86,7	72,6 (!)
				Stkr. Herne	87,0	78,3
				Kr. Lippstadt	87,3	76,6
				Stkr. Siegen	88,0	77,5

Westfalen-Nord (86,6/77,7)

Höchste Anteile in	1933	1934		Niedrigste Anteile in	1933	1934
Kr. Warburg	94,0	79,9		Stkr. Herford	74,2	71,3
Kr. Grafschaft Schaumburg	93,3	92,1		Stkr. Bielefeld	77,6	72,1
Kr. Büren	92,6	81,6		Lkr. Herford	80,1	74,6
Kr. Warendorf	92,1	74,7		Lkr. Bielefeld	80,3	79,0
				Stadt Detmold	81,7	85,0
				Stadt Bad Salzuflen	83,8	83,9
				Stkr. Münster	87,1	73,7
				Kr. Ahaus	88,3	69,9 (!)
				Lkr. Münster	88,9	71,8 (!)
				Kr. Steinfurt	89,7	72,6 (!)

Die erstaunliche Verschiebung, die in dem Rückgang der NS-Stimmen zwischen November 1933 und August 1934 sichtbar wird, indiziert gewiß einen Rest von politischer Entscheidungsfähigkeit auch im gleichgeschalteten Deutschland: Es wurde als erheblicher Unterschied empfunden, ob man einer bestimmten Regierungsaktion zu Lebzeiten des noch immer als Schutzpatron betrachteten Reichspräsidenten Hindenburg oder der endgültigen Vereinigung aller Macht in der Person Hitlers zustimmte. Aber zugleich macht die besondere Intensität des Stimmenrückgangs in den alten Hochburgen des Zentrums deutlich, daß in der Zwischenzeit mit der wachsenden Kritik der katholischen Kirche an den Übergriffen des Regimes auch die politische Eigenwilligkeit des Katholizismus wenigstens in diesen Gebieten wieder auflebte.

Das trifft nun freilich weder auf die bayerisch-fränkischen noch auf die schlesischen Wahlgebiete zu, in denen der Nationalsozialismus recht im Unterschied zur bisherigen Entwicklung mit der plebiszitären Überwältigung auch des katholischen Wählers einen durchschlagenden Erfolg errang, während ihm dies in der Rheinpfalz ja schon vor der Machtergreifung gelungen war. Auch die „Keimzelle des Nationalsozialismus", Bayern, das Hitlers Siegeszug in den Wahlen der Weimarer Schlußperiode nicht durchweg mit-

[474] Dazu Bernhard Vollmer, *Volksopposition im Polizeistaat. Gestapo- und Regierungsberichte. 1934–1936*, Stuttgart 1957; zum Zusammenhang mit dem Kirchenkampf auch o. S. 345.

gemacht hatte, meldete nun durchaus „erfreuliche" Abstimmungszahlen. Hier schien sich der Ring der Entwicklung zu schließen.

München-Obb. (90,9/85,5)

Höchste Anteile in	1933	1934	Niedrigste Anteile in	1933	1934
B. A. Schrobenhausen	97,8	92,5	Stadt Traunstein	84,1	81,2
B. A. Mühldorf	96,8	96,5	Stadt Bad Reichenhall	88,1	87,3
B. A. Wolfratshausen	96,5	87,3	Stadt München	88,2	79,4
B. A. Aichach	96,5	92,9	B. A. Miesbach	88,5	85,1
B. A. Pfaffenhofen	95,6	91,1			

Schwaben (88,9/84,8)

Höchste Anteile in	1933	1934	Niedrigste Anteile in	1933	1934
B. A. Sonthofen	94,0	86,7	Stadt Augsburg	80,8	74,8
B. A. Dillingen	93,9	92,3	Stadt Günzburg	84,8	82,2
B. A. Lindau	93,2	85,0	Stadt Memmingen	85,6	84,6
B. A. Neu-Ulm	93,2	89,8			
B. A. Neuburg/Donau	93,1	89,8			
B. A. Wertingen	93,1	89,7			

Unterfranken (90,1/88,8)

Höchste Anteile in	1933	1934	Niedrigste Anteile in	1933	1934
B. A. Marktheidenfeld	95,4	95,9	Stadt Würzburg	84,8	80,5
B. A. Kissingen	94,8	85,0	Stadt Schweinfurt	85,7	88,1
B. A. Königshofen	94,5	92,5	B. A. Alzenau	87,0	84,9
B. A. Kitzingen	94,0	93,3	Stadt Aschaffenburg	87,8	85,6
B. A. Haßfurt	93,7	93,9	Stadt Bad Kissingen	88,0	86,0
B. A. Ebern	93,2	93,3			

Schlesien (89,8/85,6)

Höchste Anteile in	1933	1934	Niedrigste Anteile in	1933	1934
Kr. Namslau	98,1	93,4	Stkr. Breslau	81,9	73,8
Kr. Guttentag	97,4	91,2	Stkr. Beuthen	84,6	84,2
Kr. Kreuzburg	97,2	94,8	Stkr. Görlitz	84,6	79,5
Kr. Oels	96,4	94,5			
Kr. Militsch	96,2	94,0			
Kr. Ohlau	96,1	93,3			
Kr. Falkenberg	96,1	92,2			
Kr. Reichenbach	95,5	94,3			
Kr. Rosenberg/O. S.	95,2	89,5			
Kr. Leobschütz	95,1	90,4			
Kr. Guhrau	95,1	89,4			
Kr. Groß Wartenberg	95,1	92,9			

Rheinpfalz (94,8/94,0)

Höchste Anteile in	1933	1934	Niedrigste Anteile in	1933	1934
B. A. Zweibrücken	98,7	98,5	Stadt Speyer	87,0	84,9
B. A. Pirmasens	98,3	98,2	Stadt Ludwigshafen	87,8	85,7
B. A. Kaiserslautern	97,9	96,9	Kr. Merzig-Wadern	89,9	78,6
B. A. Rockenhausen	97,7	98,3			
B. A. Germersheim	97,6	96,6			
Stadt Pirmasens	97,3	96,0			
Stadt Zweibrücken	97,3	96,6			
B. A. Kirchheim-bolanden	97,1	98,7			

4. Ihre größten Erfolge freilich hat die plebiszitäre Akklamationskampagne, wenn man von der traditionellen Hochburg Rheinpfalz absieht, wie schon vor 1933 in protestantischen Gebieten mit agrarischer und kleinstädtischer Struktur erzielt. Nur die größeren Städte vorwiegend industrieller Struktur sind, falls vorhanden, auch hier hinter dem Trend zurückgeblieben und haben den Gesamtdurchschnitt gedrückt, obwohl dabei sozialistische Hochburgen (wie Offenbach) keineswegs die erwartete Resistenzkraft zeigten.

Kurhessen (95,9/94,6)

Höchste Anteile in	1933	1934		Niedrigste Anteile in	1933	1934
Kr. der Eder	99,8	98,7		Stkr. Marburg	88,9	89,8
Kr. Fritzlar-Homberg	99,5	98,5		Stkr. Kassel	89,4	85,8
Kr. der Twiste	99,4	98,5		Stkr. Fulda	89,5	86,5
Kr. Hofgeismar	99,1	97,5				
Kr. Ziegenhain	99,1	99,3				
Kr. des Eisenberges	99,0	97,9				
Kr. Melsungen	98,6	98,4				
Kr. Hünfeld	98,5	94,7				
Kr. Eschwege	98,4	97,6				
Lkr. Marburg	98,3	96,8				
Kr. Rotenburg i. H.-N.	98,3	98,4				
Kr. Frankenberg	98,2	98,1				
Kr. Wolfhagen	98,1	98,6				
Kr. Hersfeld	97,9	97,5				
Lkr. Fulda	97,7	94,1				
Kr. Witzenhausen	97,4	98,0				
Lkr. Kassel	97,7	98,0				

Kurmark (91,0/88,9)

Höchste Anteile in	1933	1934		Niedrigste Anteile in	1933	1934
Kr. Bomst	99,5	98,6		Stkr. Rathenow	82,5	85,3
Kr. Züllichau-Schwiebus	98,6	98,5		Stkr. Cottbus	82,7	83,5
Kr. Meseritz	98,2	97,2		Stkr. Brandenburg	84,1	82,7
Kr. Lübben	97,6	93,1		Stkr. Forst (Laus.)	84,1	82,7
Kr. Friedeberg Nm.	97,2	93,0				
Kr. Schwerin (Warthe)	96,9	92,3				
Lkr. Landsberg (Warthe)	96,7	94,3				
Kr. Oststernberg	96,3	91,7				
Kr. Soldin	96,2	93,0				
Kr. Lebus	95,9	96,1				
Netzekreis	95,8	90,8				
Kr. Fraustadt	95,4	86,7				
Kr. Arnswalde	95,0	94,9				

Hessen-Nassau (88,7/83,8)

Höchste Anteile in	1933	1934		Niedrigste Anteile in	1933	1934
Kr. Schlüchtern	97,4	96,3		Kr. Mainz	82,2	77,4
Kr. Schotten	96,2	93,4		Stkr. Frankfurt/M.	83,7	76,5

Hessen-Nassau (Fortsetzung)

Höchste Anteile in	1933	1934	Niedrigste Anteile in	1933	1934
Kr. Lauterbach	96,1	92,2	Kr. Offenbach	85,6	77,6
Untertaunuskreis	96,1	89,6	Kr. Limburg	87,6	78,2
Kr. Alsfeld	94,7	93,1	Unterwesterwaldkreis	90,3	79,6
Kr. Biedenkopf	94,5	90,3			
Kr. Usingen	94,3	91,0			
Kr. Büdingen	94,1	93,3			
Lkr. Hanau	94,1	89,6			
Kr. Dillenburg	93,8	91,8			
Oberwesterwaldkreis	93,8	84,9			
Kr. Dieburg	93,1	92,3			

Hannover-Ost (89,0/85,8)

Höchste Anteile in	1933	1934	Niedrigste Anteile in	1933	1934
Kr. Gifhorn	95,4	96,0	Stkr. Wesermünde	75,9	69,4 (!)
Kr. Dannenberg	94,4	92,7	Stkr. Harburg-		
Kr. Burgdorf	93,8	90,1	Wilhelmsburg	82,8	80,4
Kr. Soltau	93,6	88,7	Kr. Osterholz	84,8	79,9

Südhannover-Braunschweig (89,7/86,5)

Höchste Anteile in	1933	1934	Niedrigste Anteile in	1933	1934
Kr. Holzminden	96,3	95,5	Stkr. Hildesheim	83,7	76,2
Kr. Northeim	95,3	93,0	Stkr. Hannover	84,2	77,8
Lkr. Goslar	95,2	94,5			
Kr. Helmstedt	94,8	93,6			
Kr. Wolfenbüttel	94,6	94,4			
Kr. Gandersheim	94,5	93,6			
Lkr. Göttingen	94,1	92,2			
Kr. Blankenburg	94,0	92,5			
Kr. Osterode	93,5	93,6			
Kr. Grafsch. Diepholz	93,6	88,3			
Stkr. Goslar	93,2	91,0			

Mittelfranken (92,1/91,2)

Höchste Anteile in	1933	1934	Niedrigste Anteile in	1933	1934
B. A. Hersbruck	98,6	96,4	Stadt Eichstätt	83,7	85,6
B. A. Ansbach	97,9	96,4	Stadt Fürth	87,7	88,4
B. A. Rothenburg o. d. T.	97,8	97,0	Stadt Erlangen	89,2	88,8
B. A. Uffenheim	97,3	96,9	Stadt Nürnberg	89,4	87,3
B. A. Neustadt/Aisch	97,0	96,3			
B. A. Eichstädt	96,7	94,7			

Ostpreußen (92,5/90,4)

Höchste Anteile in	1933	1934	Niedrigste Anteile in	1933	1934
Kr. Pr. Eylau	95,8	93,3	Stkr. Allenstein	85,2	90,0
Kr. Lyck	95,2	93,1	Stkr. Insterburg	88,1	87,6
Kr. Goldap	95,0	91,1	Stkr. Elbing	89,2	88,5
			Lkr. Allenstein	89,8	79,2

Pommern (91,2/88,3)

Höchste Anteile in	1933	1934
Kr. Rummelsburg	96,2	93,6
Kr. Greifenhagen	95,9	92,6
Kr. Lauenburg/Pomm.	95,4	92,9
Kr. Kolberg-Köslin	95,3	92,2
Kr. Pyritz	94,9	92,4
Lkr. Stolp	94,9	92,7
Kr. Regenwalde	94,3	91,4
Kr. Naugard	94,0	90,3

Niedrigste Anteile in	1933	1934
Stkr. Stettin	85,9	81,5
Stkr. Greifswald	88,0	86,5
Kr. Franzburg-Barth	88,4	87,7
Stkr. Kolberg	88,4	85,9

Thüringen (88,8/87,5)

Höchste Anteile in	1933	1934
Lkr. Hildburghausen	94,8	94,0
Kr. Langensalza	94,7	90,0
Lkr. Mühlhausen	94,6	91,4
Kr. Worbis	94,0	87,1
Kr. Herrsch. Schmalkalden	93,7	93,7
Lkr. Sonneberg	93,6	90,6
Kr.-Abtlg. Camburg	93,4	89,9
Kr. Ziegenrück	93,2	91,9
Kr. Heiligenstadt	93,1	83,6

Niedrigste Anteile in	1933	1934
Stkr. Altenburg	76,6	76,7
Stkr. Gera	79,2	80,9
Stkr. Apolda	82,3	79,5
Stkr. Greiz	82,6	81,6
Stkr. Eisenach	83,3	83,7
Stkr. Weimar	84,3	82,3
Stkr. Jena	84,2	83,1

Württemberg (91,8/89,5)

Höchste Anteile in	1933	1934
O. A. Mergentheim	95,6	93,0
O. A. Künzelsau	95,5	92,4
O. A. Marbach	95,3	94,0
O. A. Münsingen	95,3	93,1
O. A. Herrenberg	95,2	93,4
O. A. Ellwangen	95,1	85,4
O. A. Neuenbürg	94,8	92,9
O. A. Welzheim	94,8	93,6
O. A. Brackenheim	94,8	93,8
O. A. Calw	95,7	94,9
O. A. Gaildorf	95,8	95,2
O. A. Maulbronn	95,5	95,0
O. A. Öhringen	97,2	96,8
O. A. Nagold	95,3	95,0
O. A. Sulz	94,6	94,4
O. A. Hall	95,7	95,7
O. A. Crailsheim	94,8	95,2
O. A. Heilbronn	95,0	96,7

Niedrigste Anteile in	1933	1934
O. A. Rottweil	87,4	82,2
O. A. Tuttlingen	87,9	85,0
O. A. Stuttgart/Stadt	88,4	84,9
O. A. Göppingen	88,8	88,2
O. A. Ravensburg	89,3	84,2
O. A. Tettnang	89,6	82,9

5. Es bleiben einige „Gaue", die ein mittleres Ergebnis zeigen, dabei jedoch recht verschieden zu beurteilen sind. Daß nicht nur industriell, sondern ehedem zugleich stark kommunistisch bestimmte Gebiete wie Halle-Merseburg und Sachsen darunter, nicht freilich unter die schwächsten Wahlkreise fallen, ist ebenso bemerkenswert wie die Tatsache, daß der einstige nationalsozialistische Spitzenkreis, das vorwiegend agrarisch

strukturierte Schleswig-Holstein, und die ebenfalls einst recht anfälligen Gebiete von Magdeburg-Anhalt und Weser-Ems zu dieser mittleren Gruppe gehören, während die vordem so widerstandsfähigen bayerischen und württembergischen Wahlkreise weit nach oben gelangt sind.

Halle-Merseburg (88,5/87,4)

Höchste Anteile in	1933	1934		Niedrigste Anteile in	1933	1934
Kr. Schweinitz	97,3	93,6		Stkr. Zeitz	79,4	78,1
Stkr. Eisleben	93,5	90,1		Stkr. Weißenfels	83,9	80,7
Kr. Eckartsberga	93,7	89,5				

Sachsen (86,1/84,7)

Höchste Anteile in	1933	1934		Niedrigste Anteile in	1933	1934
Amtsh. Oelsnitz	92,4	86,8		Stadt Leipzig	79,8	75,8
Amtsh. Dippoldiswalde	91,3	90,4		Stadt Wurzen	80,3	80,7
Amtsh. Bautzen	91,0	89,9		Stadt Meißen	80,8	82,7
				Stadt Crimmitschau	82,3	82,7
				Stadt Meerane	83,1	84,4
				Stadt Mittweida	83,8	83,3
				Amtsh. Leipzig	82,6	81,8

Magdeburg-Anhalt (88,4/86,6)

Höchste Anteile in	1933	1934		Niedrigste Anteile in	1933	1934
Kr. Zerbst	94,1	94,8		Stkr. Bernburg	80,8	82,5
Kr. Osterburg	93,8	93,6		Stkr. Burg	82,7	82,7
Kr. Salzwedel	93,5	92,4		Kr. Calbe	83,8	83,5
				Stkr. Quedlinburg	84,0	82,8

Weser-Ems (84,8/79,2)

Höchste Anteile in	1933	1934		Niedrigste Anteile in	1933	1934
Kr. Meppen	92,6	82,5		Stadt Bremerhaven	78,6	76,0
Kr. Wittlage	91,9	82,1		Stadt Bremen	79,6	71,8
Kr. Lingen	91,9	83,2		Stkr. Emden	79,9	76,6
				Stadt Delmenhorst	82,0	77,9
				Stadt Vegesack	82,0	80,1
				Landgeb. Bremen	82,7	77,8
				Stkr. Osnabrück	82,8	77,9
				Amt Wesermarsch	83,4	82,8

Schleswig-Holstein (84,1/80,3)

Höchste Anteile in	1933	1934		Niedrigste Anteile in	1933	1934
Kr. Schleswig	91,2	85,7		Stkr. Wandsbek	76,4	74,3
Lkr. Flensburg	91,0	87,2		Stkr. Altona	77,4	73,8
Kr. Segeberg	90,5	86,0		Stkr. Neumünster	79,8	78,2
				Kr. Stormarn	79,9	78,5
				Stkr. Flensburg	81,8	75,1
				Landesst. Lübeck (Oldenburg)	82,0	80,4
				Kr. Pinneberg	83,3	78,4

Auch ein Vergleich der Entwicklung in den amtlichen Wahlkreisen mag, so wenig er für die Einzelbeurteilung schlüssig sein kann, einen Eindruck von den Verschiebungen vermitteln, die nach der Zerschlagung der traditionellen Parteien- und Wahlstruktur eingetreten und bis 1934 doch noch andeutungsweise sichtbar waren, bevor dann der Prozeß der Gleichschaltung jene totalitäre Perfektion der 99 %igen Akklamation erreicht hatte, vor der alle Restversuche unterschiedlicher Meinungsäußerung zunichte wurden und alle Beurteilungsversuche zu schweigen haben. Der Vergleichbarkeit halber wird hier vom Anteil der NSDAP bzw. der Ja-Stimmen an den abgegebenen gültigen Stimmen und nicht von der Zahl der Wahlberechtigten ausgegangen; dadurch verschiebt sich das Votum freilich um etwa 5 % zugunsten des Regimes und bleibt das unbezweifelbare Gewicht der Wahlenthaltung und der ungültigen Stimmen außer acht.

I. *Über dem Reichs-durchschnitt (Reihenfolge November 1933)*	*Liste der NSDAP*				*Ja-Stimmen*
	1932		*1933*		*1934*
	Juli	*November*	*März*	*November*	*August*
1. Ostpreußen	47,1	39,7	56,5	97,1	96,0
2. Pfalz	43,7	42,6	46,5	96,7	96,6
3. Oppeln	29,3	26,8	43,2	95,5	92,2
4. Frankfurt/O.	48,1	42,6	55,2	95,3	94,6
5. Pommern	47,9	43,1	56,3	95,2	93,3
6. Württemberg	30,3	26,2	42,0	94,6	93,5
7. Hessen-Nassau	43,6	41,2	49,4	94,5	91,6
8. Franken	39,9	36,4	45,7	94,0	94,8
9. Breslau	43,5	40,4	50,2	94,0	90,5
10. Niederbayern	20,4	18,4	39,2	93,9	92,6
11. Liegnitz	48,1	42,1	54,0	93,4	92,2
12. Oberbayern-Schwaben	27,1	24,6	40,9	93,4	90,9
13. Osthannover	49,5	42,9	54,3	93,4	91,5
14. Koblenz-Trier	28,8	26,1	38,4	93,3	87,5
15. Südhannover-Braunschweig	46,1	40,6	48,7	93,3	91,6
16. Hessen-Darmstadt	43,1	40,2	47,4	93,0	90,6
17. Düsseldorf-West	27,0	24,2	35,2	92,9	91,3
18. Baden	36,9	34,1	45,4	92,5	90,7
19. Merseburg	42,6	34,5	46,4	92,3	91,9
II. *Unter dem Reichs-durchschnitt (Reihenfolge November 1933)*	*1932*		*1933*		*1934*
	Juli	*November*	*März*	*November*	*August*
20. Thüringen	43,4	37,1	47,2	92,0	92,2
21. Westfalen Nord	25,7	22,3	34,9	91,6	84,2
22. Dresden-Bautzen	39,3	34,0	43,6	91,5	91,9
23. Magdeburg	43,8	39,0	47,3	91,3	91,1
24. Düsseldorf Ost	31,6	27,0	37,4	91,2	89,9
25. Westfalen Süd	27,2	24,8	33,8	91,2	87,1
26. Chemnitz-Zwickau	47,0	43,4	50,0	90,9	90,3
27. Potsdam I	38,1	34,1	44,4	90,7	89,6
28. Weser-Ems	38,4	31,9	41,4	89,9	86,4
29. Mecklenburg	44,8	37,0	48,0	89,7	90,7
30. Schleswig-Holstein	51,0	45,7	53,2	89,6	86,8
31. Köln-Aachen	20,2	17,4	30,1	89,3	81,8
32. Potsdam II	33,0	29,1	38,2	88,9	84,4
33. Leipzig	36,1	31,0	40,0	87,0	85,1
34. Berlin	24,6	22,5	31,3	85,1	81,5
35. Hamburg	33,7	27,2	38,9	83,6	79,5

Trotz allen Einschränkungen dürfte einer solchen Wahlanalyse doch ein begrenzter Erkenntniswert zukommen. In den Abstimmungen von 1933 und mehr noch 1934 ist zum letzten Male, wenngleich nur noch ansatzhaft, zum Mißvergnügen der Partei eine gewisse Differenzierung des politischen Willens und unter gegebenen Verhältnissen noch bemerkenswerte Resistenzkraft einzelner Wählergruppen auch nach außen hin sichtbar geworden.[475] Um so mehr hat dann das Plebiszit vom 29. März 1936, von dem nun auch erstmals alle Juden ausgeschlossen waren, endgültig offenbar gemacht, daß die Periode der Machtergreifung inzwischen abgeschlossen, die Befestigung der Macht vollendet, jede freie Äußerung abweichender Meinung illusorisch geworden und die Ära der 99%-Wahlen angebrochen war. Die zweifellos fortdauernden, ja, im August 1934 besonders in einigen katholischen Gebieten wieder auflebenden Oppositionsbedürfnisse wurden nun gänzlich ins Private und Illegale, in die wahlstatistisch ungreifbaren Bereiche zumeist passiven Widerstands verdrängt. Insofern bedeutete der Ausgang der Machtergreifungsphase 1934/35 im Sinne der Begrenzung unserer Untersuchung tatsächlich einen entscheidenden Einschnitt: Nun erst, da der Reichsinnenminister selbst durch vertraulichen Schnellbrief an die höchsten Verwaltungsstellen des Reiches und Preußens die Wahlenthaltung eines jeden Beamten grundsätzlich zu denunzieren und mit Disziplinarstrafen zu ahnden befahl,[476] war die totalitäre Herrschaft allumfassend geworden, der totale Staat auch innerlich scheinbar unangreifbar konsolidiert.

---

[475] Vgl. in diesem Sinne auch die Analyse des englischen Botschafters: *British Documents* (Anm. II/81), VI S. 37 ff.

[476] *HAB*, Rep. 77, Nr. 103 (Staatssekretär Grauert), 12. Mai 1936: „Es ist zu meiner Kenntnis gelangt, daß Beamte am 29. März 1936 ohne triftigen Grund ihrer Wahlpflicht [!] nicht nachgekommen sind. Ich ersuche ergebenst um Bericht bis zum 10. Juni des Jahres über die Fälle, in denen Beamte Ihres Geschäftsbereichs sich ohne triftigen Grund an der Wahl nicht beteiligt haben... Ich beabsichtige, gegen die betreffenden Beamten auf Grund des § 6 BBG und gegebenenfalls im Disziplinarweg vorzugehen, und bitte, für Ihren Geschäftsbereich entsprechende Anordnungen zu treffen... Frick."

Zweiter Teil

DIE ANFÄNGE DES TOTALITÄREN MASSNAHMENSTAATES

Von Gerhard Schulz

Erstes Kapitel

MACHTERGREIFUNG UND STAATSUMWÄLZUNG*

A. DIE VORBEREITUNG DES TOTALEN STAATES

1. Organisation und Propaganda

Unter den Merkmalen, die Struktur und Begriff des totalen Staates bestimmen, erlangt im historischen Zusammenhang die epochale Distanz zum liberalen Rechtsstaat zentrale Bedeutung. Das Gegenbild wurde mit Ausdrücken wie „Führung" und „Ordnung" umschrieben und enthielt die Vorstellung stabilster sozialer Verhältnisse unter einer autoritären Obrigkeit, dazu bestimmt, den dynamischen Gang der industrialisierten und liberalisierten Gesellschaft in ein festes, technisch zu handhabendes System zu bannen. Es ist bezeichnend, daß der Ausdruck „autoritär" unter den höchsten Positionen der politischen Wertungsskala rangierte.[1] Schon für Beginn und Entstehung gilt in vollem Umfang der Satz: „Totaler Staat ist die Entgegensetzung gegen den liberalen

* Das Manuskript dieses Teiles war im Juni 1959 abgeschlossen. Später erschienene Literatur konnte nur in einzelnen Fällen berücksichtigt werden.

[1] Franz Neumann, *Behemoth. The Structure and Practice of National Socialism*, London 1943, S. 46, zieht die Trennungslinie zwischen dem „liberalen Rechtsstaat" — "born in the French Revolution and embodied in the English constitution" — und der geistigen Antiparton des nationalsozialistischen Staates im „nationalen Rechtsstaat", wie er von deutschen Juristen zu Beginn der nationalsozialistischen Zeit postuliert wurde (u. a. Otto Koellreutter, *Vom Sinn und Wesen der nationalen Revolution* [*Recht und Staat in Geschichte und Gegenwart*, H. 101], Tübingen 1933, S. 11 f.; ders., *Der deutsche Führerstaat*, Tübingen 1934; ders., *Volk und Staat in der Weltanschauung des Nationalsozialismus*, Berlin 1935. In origineller Abweichung hiervon: Bodo Dennewitz, *Das nationale Deutschland ein Rechtsstaat. Die Rechtsgrundlagen des neuen deutschen Staates*, Berlin 1933, der den „nationalen Rechtsstaat" noch als Vereinigung dreier Merkmale charakterisiert: der übernommenen „institutionellen Garantien", der überkommenen bürgerlichen Rechtseinrichtungen und der „staatlichen Korporationen" der beruflichen, wirtschaftlichen und politischen, staatlich anerkannten Organisationen). Carl Joachim Friedrich und Zbigniew K. Brzezinski, *Totalitäre Diktatur*, Stuttgart 1957, S. 14 [Titel des amerik. Originals: *Totalitarian Dictatorship and Autocracy*, Cambridge/Mass. 1956], sprechen allgemein vom „Rechtsstaat oder Verfassungsstaat" als dem Gegenbild der Autokratie, innerhalb derer die totalitären Diktaturen eine Sonderform darstellen; Friedrich definiert ihn mit der Einschränkung und Bindung der Herrschaft und Herrschaftsbeteiligung durch Verantwortlichkeit der Herrschenden und läßt darin den historischen Gang der modellhaften Progression vom absolutistisch regierten zum konstitutionellen Staat durchscheinen; vgl. auch Carl J. Friedrich, *Der Verfassungsstaat der Neuzeit* (*Enzyklopädie der Rechts- und Staatswissenschaft, Abt. Staatswissenschaft*), Berlin–Göttingen–Heidelberg 1953 (Titel des amerik. Originals: *Constitutional Government and Democracy. Theory and Practice in Europe and America*, rev. ed., Boston 1950). Eine interessante Abwandlung enthält die Arbeit des Schindler-Schülers Andreas Brunner, *Rechtsstaat gegen Totalstaat*, 2 Teile, Zürich 1948, die einen bemerkenswerten Ertrag an formalen Begriffsbildungen zutage gebracht, allerdings auch die damit leicht verbundenen Gefahren heraufbeschworen hat. Mag die Bestimmung des rechtsstaatlichen Prinzips als „Pluralität der Letztinstanzen" kaum ausreichen, so bleibt die Zurückführung des Totalstaates auf seine „logische Grundlage" im „Hierarchie-Prinzip" und die Deutung des Totalitären als „rücksichtslose Durchführung des Hierarchie-Prinzips" (II, S. 14) schlechterdings unbefriedigend. Deutlich wird der Mangel an empirischem Material in dieser Arbeit spürbar, die ihre These hauptsächlich aus rechtstheoretischen Gedanken und Kontroversen und im übrigen aus praktischen Gesichtspunkten des Schweizer Rechts- und Wirtschaftslebens schöpft. Fruchtbar erweist sich die Formalisierung hingegen darin, daß sie den Tendenzinhalt der beiden antithetischen Begriffe „Rechtsstaat" und „Totalstaat" richtig zu sehen vermag und die sonst kaum gewürdigte Vermischtheit von „totalitären Elementen" und rechtsstaatlichen Elementen in jedweder gesellschaftlichen Ordnung hervorhebt (*a. a. O.*, II, S. 13). — Der Begriff des Totalitären krankt hier und da noch an allzu früh einseitig einsetzenden summarischen Betrachtungsweisen. Dieser Einwand kann auch dem in vieler Hinsicht ausgezeichneten Buch von Hannah Arendt, *Elemente und Ursprünge totaler Herrschaft*, Frankfurt/M. 1955 (Titel des amerik. Originals: *The Origins of Totalitarianism*, New York 1951), nicht erspart werden; vgl. Karl Buchheim, „Totalitarismus", in: *Dokumente* 12 (1956), S. 354–357; Gerhard Schulz, „Der Stil der Historie und der Stand der Erfahrungen", in: *Zur Geschichte und Problematik der Demokratie. Festgabe für Hans Herzfeld...*, Berlin

Staat." [2] Seine Entwicklung gleicht einem Rückzug der fortschrittlich organisierten Gesellschaft, die in der Umkehr ihre öffentlichen Institutionen Zug um Zug wie errungene, jedoch verlassene Positionen preisgibt, so daß der Versuch, das Bekanntgewordene dieses Vorganges aufzuzeichnen, wohl einem zeitgeschichtlichen Register ähneln könnte, das fortlaufend Wandlungen und Verluste verzeichnet.

Die Diskussion über Entstehung und Entwicklung des Totalitarismus [3] ist nach den bedeutsamen Beiträgen von Franz Neumann, Sigmund Neumann, Ernst Fraenkel, Hannah Arendt und Carl Joachim Friedrich und Brzezinski durch eine Bemerkung Carl Schmitts auf einen Punkt geführt worden, der der Entgegnung bedarf. Seiner Meinung nach ist „der Begriff des Totalen", der unstreitig eine „bestimmte Intensität der Machtorganisation enthält", nicht an den Staat gebunden, sondern immer nur an „eine Partei, die Subjekt und Träger eines Totalitarismus sein kann". [4] Historisch wird diese Behauptung scheinbar in vollem Umfange gerechtfertigt; denn die hinreichend bekannten totalitären Systeme dieses Jahrhunderts stützten sich oder stützen sich noch auf das Herrschaftsinstrument politischer Organisationen, die sich sogar Parteien nennen, innerhalb eines Mehrparteiensystems aufstiegen und schließlich, im Besitz der Staatsmacht, alle konkurrierenden Parteien ausschalteten. Den entscheidenden Vorgang hat Carl Schmitt mit dem Satz umschrieben: Der Staat sei „nicht mehr das Ganze"; denn es trete ihm eine Partei „bewußt als Träger einer neuen Totalität" gegenüber und dränge ihn „in eine nur quantitative Totalität" ab. Unter diesem Aspekt gebe es keine totalitären Staaten, sondern nur totalitäre Parteien. Der logische Schluß scheint danach zu sein, daß sich der Totalitarismus als extreme Auswucherungsform eines labilen Mehrparteiensystems auf den Schultern einer einzigen Partei entwickeln muß. Vor allem bedeutete diese These, gäbe sie in Wahrheit und in Gänze die Elemente und Ursprünge des Totalitarismus wieder, eine Entlastung der gesamten vortotalitären Staatsorganisation und eine strikte Begrenzung der historischen Genese des Totalitarismus auf die Geschichte totalitärer Parteien. Ihr steht die bedeutsame Analyse der Vorgeschichte des nationalsozialistischen Totalitarismus von Franz Neumann gegenüber. In der Tat verweisen bereits die Existenz wie die freien Entfaltungsmöglichkeiten totalitärer Parteien, die ja nicht nur im Nachhinein als solche erkannt und deklariert wurden, entweder auf ungewöhnliche, revolutionäre politische Situationen oder auf Voraussetzungen innerhalb von Staat und Gesellschaft – und seien es nur Lücken im verbindlichen Normengefüge –, in jedem Fall also auf den größten Zusammenhang der wirklichen politischen Verfassung und Gesamtorganisation. Darüber hinaus werden die mannigfache Verflochtenheit und sachliche Unlösbarkeit von Staatsorganisation und politischer Entwicklung vermutbar und auch sichtbar, so daß die Notwendigkeit gegeben scheint, zur Überprüfung und gegebenenfalls zur Widerlegung der These von Carl Schmitt zu schreiten, wenigstens soweit sie Anspruch erhebt, die Generalkausalität des modernen Totalitarismus aufzudecken, und darauf hinausläuft, den totalen Staat als Medium einer emporgekommenen, ursprünglich gleichsam einem Bereich akzidentieller politischer Gewalten entstammenden Übermacht anzusehen. Im Grunde ergeben sich gerade schwerwiegende und wesentliche Probleme in bezug auf die Ent-

1958, S. 157 f. Die Notwendigkeit genauer Differenziation innerhalb der allgemeinen Erscheinung ist dagegen von Friedrich schon deutlich hervorgehoben worden (*Totalitäre Diktatur, a. a. O.*, S. 17).

    [2] Ernst Forsthoff, *Der totale Staat*, Hamburg 1933, S. 7. — Die Begriffe „totaler Staat" und „totalitärer Staat" werden im Folgenden nebeneinander gebraucht. Der Leser möge im Auge behalten, daß „totaler Staat" — häufig in legitimierender Absicht — das Programm der nationalsozialistischen Revolution bezeichnet, „totalitärer Staat" oder auch „totalitäres System" hingegen ihr empirisch faßbares Ergebnis, d. h. alle Stufen und Merkmale der staatlichen und gesellschaftlichen Umwandlungen bis zu ihrem Ende.

    [3] Vgl. hierzu auch o. Einleitung.

    [4] Carl Schmitt, „Weiterentwicklung des totalen Staats in Deutschland" (1933), in ders., *Verfassungsrechtliche Aufsätze aus den Jahren 1924—1954. Materialien zu einer Verfassungslehre*, Berlin 1958, S. 366, Anm. 3.

stehung des totalen Staates in Deutschland 1933 aus der Tatsache, daß Bedingungen und Existenz der totalitären Bewegung bei weitem nicht ausschließlich auf das innere Leben der Parteiorganisation der NSDAP beschränkt waren und daß sie, wenngleich sie auch dazu beitrugen, diese Partei groß werden zu lassen, weder mit der NSDAP entstanden noch mit ihr endeten.

Die Konsolidierung der nationalsozialistischen Führerclique, der im parlamentarischen Verfassungsstaat keine Dauer beschieden gewesen wäre, bildete die Ursache des teils geduldeten, teils ausgelösten Umsturzes der bestehenden Staatsordnung und der Umwandlung der stark differenzierten, von Grund auf pluralistischen Republik von Weimar in einen einheitlichen, im höchsten Maße zentralisierten, monokratischen, von der NSDAP kontrollierten Staat.[5] Indessen darf man sich die NSDAP nicht einfach als Eliteorganisation und schon gar nicht als eine Partei vorstellen, in der allen Mitgliedern theoretisch vergleichbare Chancen zukamen; sie war ein Werkzeug in den Händen weniger, eine Organisation, die lange vor dem Aufbau des totalen Staates eine konsequent entwickelte Kommandostruktur und eine Funktionenhierarchie besaß, die durch Anordnungs-, man kann sagen: Befehlsbefugnisse charakterisiert wurde, die von oben nach unten rasch abnahmen. Nicht die Partei schlechthin übte die Kontrolle und Beaufsichtigung des vereinfachten und zeitweilig bis zum höchsten denkbaren Grade zentralistisch zusammengefaßten administrativen Apparates aus; eine Vorstellung vom nationalsozialistischen Staat, der von einer Zweischichtentheorie ausginge und nach der sich die große Massenpartei gewissermaßen als eine obere, bevorrechtete Schicht darstellte, die Maschinerie der Verwaltung dagegen als die untergeordnete, unterstellte und ausführende, wäre vollkommen falsch.[6]

[5] Vgl. James Kerr Pollock und Homer Thomas, *Germany in Power and Eclipse. The Background of German Development*, New York–Toronto–London 1952, S. 157.

[6] Eine Zweischichtentheorie ganz anderer Art enthält die Doppelstaatsthese Ernst Fraenkels, *The Dual State. A Contribution to the Theory of Dictatorship*, New York–London–Toronto 1941. Sie geht von der Praxis der Rechtsprechung aus, soweit sie in öffentlichen Publikationen nachweisbar ist, und deutet Straf- und Zivilprozeßrecht, aber auch Arbeits- und Beamtenrecht, insbesondere das Disziplinarrecht, als Merkmal einer Kampfsituation, in der der Angriff gegen die Normen und Institutionen des liberalen Rechtsstaates geführt wird, bis endlich ein vollkommener Abbau von Rechtsstaat und Rechtsdenken erreicht ist. Ihre besondere Leistung liegt darin, auf die Rolle des dauernden Ausnahmezustandes hingewiesen zu haben, von dem aus die bestehende Rechtsordnung aus den Angeln kam, da die Verfassung von Weimar allein nach der Maßgabe der politischen *ad hoc*-Bedürfnisse jeweils außer acht gelassen wurde, ohne ausdrücklich aufgehoben zu werden. Reinhold Horneffer, „Das Problem der Rechtsgeltung und der Restbestand der Weimarer Verfassung", in: *Zeitschrift für die gesamte Staatswissenschaft* 99 (1958), S. 148–177, hat dieses *ad hoc*-Bedürfnis dem späteren Sprachgebrauch gemäß mit dem „Willen des Führers" zu legitimieren versucht und innerhalb des fortgesetzt reduzierten Restbestandes der Weimarer Verfassung drei Gruppen von Rechtssätzen unterschieden: 1. diejenigen, die „ausdrücklich aufgehoben und mit verändertem Inhalt wieder in Kraft gesetzt worden sind"; 2. diejenigen, die ohne Aufhebung „ausdrücklich übernommen", und 3. solche, die „stillschweigend übernommen" worden sind, deren Geltung vom „Willen des Führers" abhing und lediglich „dadurch gegeben bleibt, daß eben nichts geschieht". Derlei Bemühungen um die Aufrechterhaltung einer Fiktion rechtsstaatlicher Zustände gingen jedoch ebensowohl dem Versuch um eine nähere Abgrenzung und Bestimmung der letzten Gruppe aus dem Wege, wie sie sich auf eine Umschreibung und politische Charakterisierung der außer Kraft gesetzten Normen nicht einließen und auf diese Weise mit der Beschreibung einer stufenweisen Außerkraftsetzung „liberal-demokratischer Kernsätze der Weimarer Verfassung" die Tatsache des „dauernden Ausnahmezustandes" verbargen, von dem man auch Ernst Rudolf Huber spricht (*Quellen zum Staatsrecht der Neuzeit*, Bd. II: *Deutsche Verfassungsdokumente der Gegenwart* [1919–1951], Tübingen 1951, S. 152); anders dagegen in der nationalsozialistischen Zeit: Huber, *Verfassungsrecht des Großdeutschen Reiches* (*Grundzüge der Rechts- und Wirtschaftswissenschaft*, Reihe A: *Rechtswissenschaft*, hrsgg. von Georg Dahm und Ernst Rudolf Huber), Hamburg 1939, S. 48. Entschiedene Vertreter der These, daß die Weimarer Verfassung aufgehört habe zu bestehen, waren von Anbeginn der nationalsozialistischen Machtergreifung Carl Schmitt, *Staat, Bewegung, Volk. Die Dreigliederung der politischen Einheit* (*Der deutsche Staat der Gegenwart*, H. 1), 2. Aufl., Hamburg 1934 [1. Aufl. 1933], und Hans Gerber, *Staatsrechtliche Grundlinien des neuen Reiches* (*Recht und Staat in Geschichte und Gegenwart*, Nr. 105), Tübingen 1933, S. 22 f. („Die Verwirklichung des autoritären Staates ist . . . abhängig vom Siege der völkischen Staatsidee. . . Deswegen gehört es zur grundsätzlichen Wandlung unserer staatlichen Verhältnisse, daß im völkischen Bereiche allein noch der nationalsozialistischen Weltanschauung Geltungsraum verstattet wird.")

Für den faschistischen Staat Italien ist bereits eine modifizierende Charakterisie-rung der Beziehungen von Partei und Staat als „Nebenschaltung des faschistischen Parteiapparats", des „Staates in zweiter Potenz" gewählt, aber gerade hierin ein Un-terschied zu den Verhältnissen des totalitären Systems in Deutschland erblickt und der Staatsapparat unter Rückgriff auf die beschriebene Zweischichtentheorie lediglich als „Diener der Partei" bezeichnet worden.[7] Wendet man das Problem in die Richtung auf eine Untersuchung der hierin angedeuteten Sachverhalte, so wird man schließlich den „soziologischen Apparat"[8] von Verwaltungen und Bürokratie eingehender Erfor-schung unterwerfen müssen und dabei wohl des öfteren an das Bild der *machina machinarum* erinnert werden, an die mit technizistischen Vorstellungen erfüllte Staats-idee, den *Leviathan* des Thomas Hobbes, den Carl Schmitt als die „Einheit von Gott, Mensch, Tier und Maschine" und somit „die totalste aller menschlich faßbaren Totali-täten" gedeutet hat[9] und auf die auch Franz Neumann unter ausschließlicher Anwen-dung auf den nationalsozialistischen Staat mit dem *Behemoth* als dem Grauen ver-breitenden Symbol für die durch Bürokratie und Propaganda garantierte Einheit des Überstaates anspielt. C. J. Friedrich sieht sogar das Charakteristikum, das den moder-nen Totalitarismus von den Diktaturen der Vergangenheit scheidet, in dem aus-geprägt bürokratischen System der Herrschaft, das eben ohne diese Bürokratie gar nicht aufrechterhalten könnte.[10] Nun hat aber schon Max Weber die „Macht-stellung der vollentwickelten Bürokratie" und – *vice versa* – ihre Bedeutung als „das technisch höchstentwickelte Machtmittel in der Hand dessen . . ., der über sie verfügt", erkannt[11] und das allgemeine „Vordringen der bürokratischen Struktur" beobachtet, deren unüberwindliche Stärke einmal in ihrer „technischen" Überlegenheit begründet liegt, die unter den Bedingungen sich „technischer" und rationaler ausgestaltender politischer Ordnungen höchste Bedeutung gewinnt, wie auch in dem Umstand, daß eine „voll durchgeführte Bürokratie . . . zu den am schwersten zu zertrümmernden sozialen Gebilden" gehört.[12] Es hat den Anschein, daß diese Ansicht auch für die Er-kenntnis des nationalsozialistischen totalen Staates von Belang sein dürfte.[13]

Das Verwalten und Disponieren der Gesellschaft, das eben deshalb mit dem Aus-druck des Totalitären innerhalb des totalen Staates bezeichnet werden kann, weil es die Tendenz verfolgt oder sogar annäherungsweise das Ziel erreicht hat, jeden ein-zelnen möglichst einheitlich zu betreffen, in die politische Systematik einzubeziehen und keinen einzigen auszulassen, setzt auch eine zu derartigen Leistungen befähigte Organisation voraus, einen Funktionalismus, der durch eine Zweischichten- oder eine Zwei- oder Dreisäulentheorie keine hinreichend erklärende Darstellung findet. Ernst

---

[7] Albert Mirgeler, „Der Faschismus in der Geschichte des modernen Staates", in: *Saeculum* 6 (1955), S. 97.

[8] *A. a. O.*, S. 90.

[9] Carl Schmitt, *Der Leviathan in der Staatslehre des Thomas Hobbes. Sinn und Fehlschlag eines politischen Symbols*, Hamburg 1938, S. 124.

[10] Friedrich/Brzezinski (Anm. I/1), S. 56. Auch Otto Stammer zählt neben der „autoritär geführten Massen-bewegung" die „bürokratisch gesicherte Herrschaftsapparatur" des „diktatorisch regierten Staates" als das ent-scheidende Merkmal totalitärer Herrschaft auf; Otto Stammer, „Politische Soziologie", in: *Soziologie. Ein Lehr-und Handbuch zur modernen Gesellschaftskunde*, hrsgg. von Arnold Gehlen und Helmut Schelsky, Düsseldorf-Köln 1955, S. 271.

[11] Max Weber, *Wirtschaft und Gesellschaft (Grundriß der Sozialökonomik*, III. Abt.), 3. Aufl., 2. Halbbd., Tübingen 1947, S. 671.

[12] *A. a. O.*, II, S. 668.

[13] Eine kleine Untersuchung, die in Amerika entstanden ist, hat sich bereits vor einiger Zeit eine derartige Folgerung zunutze zu machen versucht: Frederic S. Burin, "Bureaucracy and National Socialism. A Reconsidera-tion of Weberian Theory", in: *Reader in Bureaucracy*, hrsgg. von Robert K. Merton et al., Glencoe (Ill.) 1952, S. 33—47. In diesem Zusammenhang muß auch auf den wichtigen Versuch hingewiesen werden, die Umwandlung von Verwaltung und Regierung im „Dritten Reich" darzustellen, den Fritz Morstein Marx, *Government in the Third Reich*, 2. Aufl., New York–London 1937, bes. S. 92 ff., schon in der Anfangsperiode des nationalsozialisti-schen Staates unternommen hat.

Fraenkel hat die überaus komplizierte Wirklichkeit im Gesichtswinkel normaler verfassungsrechtlicher Zustände und unter Verwendung juristischer Begriffsmittel mit dem Ausdruck „Maßnahmen-Staat" treffen wollen.[14] In der Tat ist die „Maßnahme" dank ihrer zweiseitigen Bedeutung, als Durchführung einer politischen Entscheidung und zugleich als rechtsförmige Veränderung des positiven juristischen Normensystems, als Verwaltungsakt *und* verbindliche Rechtsetzung von unbestimmter Geltungsdauer, ein charakteristisches Merkmal des nationalsozialistischen Staates. Sie ging vom „Apparat" und von der „Bürokratie" aus, worunter sowohl die behördliche Administration von der Ebene der Lokalverwaltung an aufwärts als auch die Justiz, Richterschaft, Rechtsanwälte, Staatsanwaltschaft und Strafvollzug, die Partei und ihre „Dienststellen", schlechthin alle Ämter mit öffentlichem Charakter zu verstehen sind. Die Perfektionierung dieses Systems, die freilich keineswegs den höchsten Grad der Rationalität erreicht und durch eine Vielzahl irrationaler Einflüsse unterbrochen wird, drängt jeden nur verwendbaren einzelnen in irgendeine Rolle des „Funktionärs" hinein, macht ihn zum „Stellenwert im System des Apparats"[15] und vollendet damit die Umkehrung der politischen Ordnung aus dem liberalen Rechtsstaat, der dem einzelnen Freiheitsrechte, politische Kontrollmöglichkeiten und einige Chancen zur Anteilnahme an der Regierung garantiert und insofern vom staatsbürgerlichen Individuum ausgeht, in ein System, das die politische Einzelexistenz schlechthin aufhebt. Man sieht, welches Übergewicht Organisation und Administration auf Kosten der humanitären Ethik bekommen, daß die „Zugriffsgewalt des Staates"[16] das Recht des Individuums auflöst, da sie keine Grenze mehr respektiert und unaufhörlich neue Vorstöße unternimmt und neue Regelungen trifft und auf diese Weise die Gesellschaft einer unaufhörlichen, einer totalen Mobilisierung unterwirft, die weder Ruhe noch Sicherheit aufkommen läßt.

Um diesem Aspekt das rechte Verständnis zu sichern, bedarf es indessen auch eines Hinweises auf die in allem Technischen und Organisatorischen aufspürbare irrationale Verwurzelung des Totalitarismus. C. J. Friedrich unterscheidet die „funktionelle" und die „totalitäre" Diktatur. Die letzte gehe darauf zurück, daß eine totale Umgestaltung der Gesellschaft angestrebt werde, die jedoch auf zahlreiche Widerstände stoße, so daß eine „kritische Situation" entstehe, die durch eine rasche Ausbreitung der Machtausübung überwunden werde und zu einer „totalen Verschärfung der Herrschaftsmittel" führe. „Erst im Verlauf dieses Prozesses entsteht die totalitäre Diktatur."[17] Diese Theorie paßt besser auf das sowjetrussische Beispiel seit seinen Anfängen als auf das nationalsozialistische, das des Vorhabens einer „totalen Umgestaltung der Gesellschaft" ermangelte und in dem sich der Plan zur Ausdehnung zentralisierter Macht von Anbeginn aus machtpolitischem Kalkül und aus dem Bannkreis keineswegs heteronomer Ideologieelemente ergab. Der Zwangscharakter der Situation und die Zwangswirkung der ausgewählten Gegner zählten zu den Täuschungen, die eine zweckbewußte Propaganda erzeugte. Auch wäre der Behauptung zu begegnen, „daß der Totalitarismus nicht Ergebnis wohlüberlegter Handlungen sein kann". Er ist es mitnichten, wenn auch keineswegs nur im Sinne einer einzigen, konsequent verfolgten Plankonzeption; jedenfalls ist er bei weitem nicht etwa nur Ergebnis irrationaler Bewegungen und Reaktionen, wie es nach den Abläufen in den inszenierten Massenveranstaltungen und -demonstrationen einem lediglich an äußerlichen Erscheinungen interessierten Beobachter erscheinen könnte. Charakteristisch ist keineswegs das „Un-

---

[14] Fraenkel (Anm. I/6).

[15] Mirgeler (Anm. I/7), S. 97.

[16] Gerhard Leibholz, „Das Phänomen des totalen Staates", Rundfunkvortrag vom November 1946, zuletzt abgedr. in: ders., *Strukturprobleme der modernen Demokratie*, Karlsruhe 1958, S. 227.

[17] Friedrich/Brzezinski (Anm. I/1), S. 256.

überlegte", sondern das teilweise schlechthin Unzweckmäßige, das scheinbar Primitive und offenkundig Atavistische, das neben und trotz vieler Organisation und Technik im Politischen als ein hervorstechendes Kennzeichen des Totalitarismus, als eines der spezifischen Phänomene bei der „totalitären Durchbildung" der Diktatur erscheint. Hierin liegt auch im letzten die Disposition zur permanenten Revolutionierung des institutionellen Bereiches begründet, die im einzelnen fast immer genauestens überlegt, jedoch stets nur auf die jeweils nächsten Zwecke gerichtet ist, auf die schon früher Sigmund Neumann hingewiesen hat [18] und die die „autoritäre Anarchie" [19] als Endzustand totalitärer Diktatur unter den Umständen hybrider Organisation und administrativer Systematik denkbar und möglich werden läßt.

Der Staat trat in Deutschland zu allen Zeiten in mannigfachen Formen, aber stets gewichtig in Erscheinung – am häufigsten in der Eigenschaft als administrative Exekutivorganisation; jedoch bestand vor 1933 niemals ein unitarisch-einheitliches, zentral geleitetes Staatsgebilde, auch nicht in der Ära der Verfassung von Weimar, in der die preußische Regierung im Bereiche der inneren Politik zeitweilig mehr Macht in den Händen hielt als die Reichsregierung. Hierin führte die Machtergreifung der nationalsozialistischen Bewegung eine grundsätzliche und nachhaltige Veränderung der Verhältnisse herbei.

Die nationalsozialistische Partei war nicht nur diejenige, die hohlspiegelgleich die problematischsten und bedenklichsten, ja anrüchigsten Erscheinungen ihrer Zeit in sich zusammenfaßte, obgleich das Urteil über ihre parlamentarische und außerparlamentarische Tätigkeit in hervorragendem Maße hiervon bestimmt wird; sie war auch nicht allein ein psychologisch erklärbares Ergebnis der wirtschaftlichen Not der deutschen Nachkriegszeit, obgleich ihr Aufstieg zweifellos der beiden Krisenperioden der frühen zwanziger und dreißiger Jahre als eines wesentlichen Erklärungsgrundes bedarf; sie verfügte auch nicht über genau umrissene politische Ziele und unbeirrbare Vorstellungen von einer erreichbaren Zukunft. Es fiele daher schwer, von einer „nationalsozialistischen" Ideologie zu sprechen; denn jeder Versuch ihres Nachweises würde an der Vielzahl heteronomer Elemente, Gefühlslagen, Weltanschauungsmomente und Ressentiments scheitern. Es wäre aber auch nicht angemessen, wollte man die Programme und propagierten Ziele des Nationalsozialismus ausschließlich als manipuliert ansehen, als jeweils zu einem erreichbaren nächsten Zweck konstruiert und im Grunde verpflichtungslos. Der Nationalsozialismus ließe sich aber ebensowenig aus älteren Reden Hitlers oder aus seinem autobiographischen Buch *Mein Kampf* ableiten. Sie enthalten viele Widersprüche in sich, so daß eine Gesamtanalyse gar häufig in Verlegenheit geriete, da hier wie überall in Hitlers Leben der Einfall den Gedanken jagte, weil es ihm an Gründlichkeit und gedanklicher Sorgfalt gebrach, so daß die Quantität die Oberflächlichkeit des jeweils mit propagandistischer Absicht und mit viel Aufwand an Gelegenheitswissen und -halbwissen drapiertem Gesagten und Geschriebenen verdecken mußte, das Hitler häufig wohl nicht einmal für sich selbst als verbindlich erachtete. So manche seiner angeblichen Einsichten und Grundsätze wurden später weder von ihm noch von der NSDAP befolgt. Sie lassen sich nur gelegentlich von einzelnen Gedanken scheiden, die offenbar in tieferen Schichten der Persönlichkeit Hitlers verwurzelt waren und uns heute aufschlußreich erscheinen, als könnten sie Motive Hitlers für spätere Zeiten wirklich erhellen.

---

[18] Sigmund Neumann, *Permanent Revolution. The Total State in a World at War*, New York–London 1942.
[19] So lautet der treffende Titel des unter den unmittelbaren Eindrücken von Kriegsende und nationalsozialistischem Zusammenbruch geschriebenen Büchleins von Walter Petwaidic, *Die autoritäre Anarchie. Streiflichter des deutschen Zusammenbruchs*, Hamburg 1946.

Die NSDAP war keine originäre Bewegung, sondern verdankte den vielfachen Gegensätzen der mit dem Zusammenbrechen imperialistischer Annexionshoffnungen seit 1917 einsetzenden politischen Umwälzung, dem vielfachen „Anti" Existenz und Erfolg: dem Antiparlamentarismus, Antikapitalismus, Antimarxismus, Antikommunismus, Antiliberalismus, auch zeitweilig dem Antikatholizismus und vor allem dem Antisemitismus; aber sie war keineswegs ihre politische Artikulation, auch nicht ihr ausschließlicher organisatorischer Ausdruck, sondern Organisation eigenen Zweckes, die jedoch nicht zuletzt aus Gründen der Werbung der ständigen Nachweisung einer politischen Richtung bedurfte. Ebenso schillernd und uneinheitlich wie das Programm stellte sich auch die NSDAP in ihren Bestandteilen dar, ehe sie sich allmählich unter der Führung Hitlers aus dem nur undeutlich begrenzten politischen Sammelbecken der Enttäuschten, Verbitterten, am Kriegserlebnis Hängenden, der Depossedierten, der politisch Heimatlosen oder unentschlossen Abwartenden zu einer breiten, quasimilitärisch durchorganisierten, im Grunde jedoch programmlosen Massenorganisation ausformte.

Dagegen waren Programme und Ideologien des totalen Staates keineswegs auf die NSDAP beschränkt, standen sie nicht einmal in unmittelbarer Beziehung zum Nationalsozialismus. Um die beste Veranschaulichung des ideologischen Systems des totalen Staates von 1933 zu finden, muß man auf Ernst Jünger Bezug nehmen, eine Persönlichkeit, die selbst nicht zu den Anhängern Hitlers zählte. In dem berühmten Essay „Die totale Mobilmachung" [20] versuchte Jünger die unmittelbare Nähe von Soldat und Arbeiter darzustellen, sofern sie durch die Organisation eines Staates in Funktionen des gleichen Zweckbezuges eingewiesen werden können. Das „Bild des Krieges" leitete er in das „Bild eines gigantischen Arbeitsprozesses" über, in dem es keine Bewegung gibt, „der nicht eine zumindest indirekte kriegerische Leistung innewohnt"; jede Arbeit geht in Rüstung auf; „Rüstung bis ins innerste Mark" wird zur Vorbereitung auf den Krieg, und der Staat zum Staat der „totalen Mobilmachung", in dem alles aneinandergeschaltet ist und von zentraler Stelle durch „einen einzigen Griff" bedient werden kann – nicht anders als ein großer Transformator, der jederzeit das gesamte gesellschaftliche Leben in „kriegerische Energie" zu verwandeln vermag. Das optimistisch-anarchische Spiel mit Folgerungen aus dem unbegrenzten Fortschritt zur organisatorisch-technischen Perfektion legt schließlich die Bahn frei zur „Mechanisierung all dessen, was mechanisierbar ist, Konzentration aller Energien, Zentralisation, Rationalisierung aller Produktionsvorgänge, Intensivierung, Normung".[21] Jünger brach mit dem Glauben an den humanitären Fortschritt, den er „die große Volkskirche des 19. Jahrhunderts" nannte, und setzte an seine Stelle die Vision des perfekt gerüsteten, kriegsfähigen Staates. Diese Ideologie muß anarchistisch genannt werden, da „keine Idee dieser Welt und kein Bild der Vergangenheit" sie befriedigen konnte, und heroisch, wenn man die Entschlossenheit zu einem soldatischen Gehorsam gegenüber dem „Geist der Zeit" so nennen will, gegenüber einer angeblichen „Gesetzmäßigkeit", die die „totale Mobilmachung" zu einer „höheren Mobilmachung" aufwertet, welche „die Zeit" vollzieht. Die Liberalität weicht der totalen, einseitigen Zielsetzung, die Freiheit in der Gesellschaft der organisatorischen Ausbreitung und Perfektionierung der Staatsapparatur, des seiner Rechtsverfassung entkleideten und auf die Zweckbestimmungen einer von der obersten Autorität an zentraler Stelle bedienten Apparatur reduzierten Staates. Diese Vorstellung der „totalen Mobilmachung" hat den

---

[20] Ernst Jünger, „Die totale Mobilmachung", in: *Krieg und Krieger*, hrsgg. von Ernst Jünger, Berlin 1930, S. 14.
[21] Friedrich Georg Jünger in dem Essay „Krieg und Krieger" des gleichen Sammelbandes (*a. a. O.*, S. 66). Friedrich Georg Jüngers Essay ist geeignet, die Gedanken seines Bruders zu ergänzen, obgleich er in der Bewertung dieser Erscheinung mit ihm nicht völlig übereinstimmt.

Begriff und den bestimmenden Wesenszug des totalen Staates vorbereitet und vorgebildet.[22]

Aus der Zwiegesichtigkeit von politischer, technisch-perfekter Nutzung der Organisation und alles Organisierbaren und gleichzeitiger Werbung für eine politische Richtung ergibt sich ein unauflösbarer Dualismus von Organisation und Propaganda, der sich in den späteren totalen Staat des Nationalsozialismus fortpflanzt und der bis in die historische Quellensichtung, -ordnung und -auswertung hineinlangende Folgen nach sich zieht. Neben dem Staat der Propaganda existiert der von ihm unabhängige, aber doch nicht unbeeinflußte organisatorische Staat: der Gesamtzusammenhang der Beziehungen und Funktionen staatlicher Stellen – zunächst der am 30. Januar 1933 vorgefundenen Institutionen des öffentlichen Lebens. Der Propagandastaat ist das äußerliche, absichtlich erzeugte, jedoch nicht die Wirklichkeit bezeugende Aussehen, der zum Zwecke der Massenlenkung aufrechterhaltene Anschein des organisatorischen Staates, der keineswegs invariabel ist, sondern der manipulierenden Korrektur unterliegt. Dieser Dualismus von Organisation und Propaganda trat erst innerhalb des nationalsozialistischen Staates von und nach 1933 zutage: in Gestalt der von der NSDAP übernommenen, keineswegs ausreichend präzisierten, später weiterhin vereinfachten Staatsideologien und der zunächst mit scheinbar revolutionärem Temperament, späterhin dann schrittweise, jedoch mit kaum geringerem Radikalismus umgestalteten Wirklichkeit der Institutionen und Organisationen des seiner parlamentarischen Ausstattung beraubten Staates. In parteioffiziellen Erklärungen wurde das Ziel dieser Staatsumwälzung, phasenhaft wechselnd, unter Bezug auf die verschiedenen Ideologiebereiche als „totaler Staat", als „Führerstaat", anfangs auch als „nationalsozialistischer Ständestaat" und als „Staat der nationalen Revolution" bezeichnet. Unter welchen ideologischen Titel die umwälzenden Maßnahmen aber auch gestellt wurden: alle ihre Effekte betrafen das Verhältnis des einzelnen zum Staat, das in folgenschwerer Weise von den Zentralen des Staates her umgebildet wurde und daher vom einzelnen selbst weder aufgehalten noch beeinflußt werden konnte.

Wie keine andere Partei hatte die NSDAP Technik und Apparatur einer Propaganda entwickelt, die aus den weltanschaulich-politischen Diskussionen, an denen die Weimarer Ära so reich war, das Schlagwort filterte und in mannigfach variierter Abstufung von der mystifizierten Empfindung bis zum gemeinen Schimpfwort in die jeweils umworbene Menge warf und so zur politischen Gebrauchsware stempelte. In einer unter drückenden wirtschaftlichen Nöten von politischen Emotionen erregten und von weltanschaulichen Gegensätzen beherrschten Zeit trugen auch die rasche, fast legendäre Ausbreitung der NSDAP „von sieben Männern ... bis zu fast 14 Millionen Wählern", der Marsch der uniformierten Verbände, ihre brutalen Straßengesänge und die ekstatischen Reden in den singenden Riesenversammlungen zu einem mystischen Ansehen bei. Die Parteipropaganda wußte es geschickt auszunutzen, so daß wohl manchem eine Scheidung von Trug und Wirklichkeit nicht mehr leicht wurde, was im Ergebnis nur den dunklen Seiten dieser Bewegung, den entsiegelten Ressentiments, der Neigung zu Gewalttätigkeit und terroristischer Rigorosität, den intransigenten Anti-Komplexen, dem Antisemitismus, der zynischen Rechtsverachtung und dem überspannten Nationalismus zugute kam. Ihm fielen nicht nur die große Masse der Begeisterungsbedürftigen zum Opfer, sondern ebenso Intellektuelle und Fachleute. Hierzu trug auch die weitverbreitete Angewohnheit bei, den Nationalsozialismus mit ähnlich

---

[22] Wenn auch der Begriff des totalitären Staates dem faschistischen Bereich entlehnt wurde („*stato totalitario*"), so hat ihn doch im deutschen Sprachraum erst Carl Schmitt bekanntgemacht und verbreitet. In seinem wichtigen Aufsatz „Die Wendung zum totalen Staat" von 1931 nimmt er ausdrücklich Bezug auf Ernst Jüngers „totale Mobilmachung"; Carl Schmitt, *Positionen und Begriffe im Kampf mit Weimar–Genf–Versailles. 1923–1939*, Hamburg 1940, S. 152.

lautenden Theorien und Ideen anderer Herkunftsbezirke zu vergleichen, in Beziehung zu setzen oder gar zu identifizieren, wobei man übersah, daß die NSDAP eine politische Organisation war, die in programmatischer Hinsicht jede Verbindlichkeit scheute, nach den Gesetzen der Machtpolitik angetreten und ihnen unter dem Zwang ihrer Führer auf die brutalste und einfachste Weise zu folgen bereit war, während Philosopheme, Theoreme und Schlagworte, die den breiten Strömen autoritärer, konservativer, völkischer, nationalistischer, sozialistischer, kulturpessimistischer und anarchistischer Richtungen entstammten, soweit sie eine irgendwie geartete Verbindung zum Nationalsozialismus eingegangen sein mögen, fast durchweg nicht nach dem Gesichtspunkt politischer Erwägungen geschaffen und vielfach auch nicht einmal verbreitet wurden. Freilich war für die NSDAP jeder Vergleich nur von Nutzen; denn jede falsche Beziehung konnte ihr werbendes Erfassen der Massen nur begünstigen.

Hitler wies schon sehr frühzeitig auf die politische Bedeutung hin, die einer engen Verknüpfung von Propaganda und Organisation seiner Ansicht nach zukam, erkannte hierbei aber – noch unter dem Eindruck seiner persönlichen Erfahrungen als militärischer Schulungsredner und politischer Agitator, der Erfolge der Propaganda und Agitation vor allem der radikalen Linksparteien in der Nach- wie in der Vorkriegszeit kennengelernt hatte, und unter den Eindrücken der erfolgreichen gegnerischen Propaganda während des Weltkrieges – der Propaganda den Primat zu, wie es im übrigen auch der werbenden Phase entsprach, in der sich die NSDAP damals und vorher befand. *Mein Kampf* enthält die Entdeckung und subtile Analyse permanenter Beeinflussungen in Geschichte und Gegenwart, die den Zwang suggestiver Wirkungen als höchstes Ziel erkannten.[23] Da ihn seine niemals kritisch überprüften Einfälle fortgesetzt zu Einseitigkeiten und Übertreibungen hinrissen, glaubte er auch bei der Beschäftigung mit der Propaganda, sofort den Schlüssel zu Weltgeschichte und Weltpolitik gefunden zu haben.[24] Zweifellos besaß Hitler ein ungewöhnliches, instinktartiges Gefühl für die Reaktionen einfacher Menschen wie großer Massen; er erkannte mit seinem „demagogischen Spürsinn"[25] die gewaltigen Möglichkeiten der Propaganda, die er mit dem Machiavellismus des radikal politisierten Kleinbürgers in Regeln faßte, nach denen Propaganda nur ein Mittel zum Zweck sei und ausschließlich von diesem aus beurteilt werden müsse[26] und nach denen sie sich unter Außerachtlassung der Intelligenz lediglich an die Masse zu wenden und „ihr geistiges Niveau . . . nach der Aufnahmefähigkeit des Beschränktesten unter denen, an die sie sich zu richten gedenkt", einzustellen habe.[27] Es fehlte freilich jeder Reflex der Beziehungen zwischen Propaganda und objektiver Wirklichkeit.

Ohne die Voraussetzung des liberalen Staates, in dem der einzelne frei lebte und sich selbständig zu entscheiden vermochte, wäre Hitlers Propagandalehre nicht denkbar gewesen. Sie begann mit der Werbung; „. . . je umfassender die Propaganda . . .,

---

[23] Adolf Hitler, *Mein Kampf*, Band II: *Die nationalsozialistische Bewegung*, 1. Aufl., München 1927, S. 229 ff.

[24] So siegte beispielsweise nach Hitler in der französischen Revolution „eine durch Demagogen größten Stils geführte Armee von Hetzern. . ., die die Leidenschaften des an sich gequälten Volkes aufpeitschten. . ." (*a. a. O.*, S. 117).

[25] Karlheinz Schmeer, *Die Regie des öffentlichen Lebens im Dritten Reich*, München 1956, S. 11. Diese Untersuchung enthält treffliche Bemerkungen und eine Auslese ausgezeichneter Zitate. Sie ist jedoch einer Verführung, der stark spezialisierte Forschungen leicht unterliegen, nicht ganz entgangen und hat mit der systematischen Selektion von Quellenzeugnissen und Beobachtungen selbst schon ein System impliziert und auf diese Weise der nationalsozialistischen Propaganda eine Perfektion unterstellt, die ihr zumindest in der Zeit vor der Machtergreifung (vgl. S. 7–22) nicht nachgesagt werden kann. Eine trotz erkennbarer eigener propandistischer Absichten höchst bemerkenswerte und zum Teil bis heute noch nicht übertroffene Analyse der Hitlerschen Demagogie und der nationalsozialistischen Propaganda enthält die umfangreiche Darstellung von Willi Münzenberg, *Propaganda als Waffe*, Basel [1937].

[26] Hitler, *Mein Kampf*, Band I: *Eine Abrechnung*, 3. Aufl., München 1928, S. 186.

[27] *A. a. O.*, S. 189.

[desto] ausschließlicher, straffer und strammer die Organisation . . ., die den Kampf praktisch durchführt".[28] Am Ende stand der Befehl. Propaganda sollte den einzelnen in der Masse psychologisch engagieren und ihm zu diesem Zweck „eine Lehre . . . aufzwingen". Ihr suggestiver Zwang stellte nur die Alternative zur Gewaltanwendung dar, die ohne allgemein anerkannte vorgegebene Liberalität gar nicht denkbar gewesen wäre; ihr Ziel und Ergebnis ließ sich jedoch ebensowenig mit Liberalität vereinbaren wie die materielle Gewaltsamkeit: „Wenn die Propaganda ein ganzes Volk mit einer Idee erfüllt hat, kann die Organisation mit einer Handvoll Menschen die Konsequenzen ziehen."[29] Die Organisation hatte die gesammelten politischen Energien zu verwalten, so zu erhalten, daß sie zu Zwecken verwendbar waren; sie war also von instrumentalem Rang und von zweckgebundener innerer Ordnung, in der Sprache Hitlers: der „dauernde organische und kampffähige Zusammenschluß derjenigen Anhänger, die fähig und gewillt erscheinen, den Kampf für den Sieg zu führen".[30] Den Zweck der Organisation stellte Hitler anders dar als später Jünger, nur meinte Hitler vorerst seine Partei, während Jünger immer nur den Staat und den totalen Krieg ins Auge faßte und niemals eine Partei.

So zweckbewußt intransigent, im Grunde wahllos-demagogisch die oft von Zufälligkeiten und Opportunismen geprägte nationalsozialistische Propaganda gegen den Staat von Weimar war, so zahlreich die unverbindlich-blutrünstigen Äußerungen bekannter nationalsozialistischer Führer gegen Persönlichkeiten der demokratisch-parlamentarischen Ordnung trotz der Legalitätsversicherungen Hitlers waren und so umfangreich sich auch der Katalog der schillernden Gravamina und Halbwahrheiten ausnahm, die Hitler in seinem politischen Bekenntnisbuch niedergelegt hatte; sie können nicht darüber hinwegtäuschen, daß die NSDAP eine klare und vorbereitete Linie der Politik selbst in unmittelbarer zeitlicher Nähe ihrer Machtergreifung weder erkennen ließ noch in Wirklichkeit besaß. Aus der vagen Unverbindlichkeit ihrer Zielsetzung ergab sich die widerstandslos hingenommene Versuchung, reaktionär und antiliberal und sozialistisch und revolutionär gleichzeitig zu sein. Trotz der Verschwommenheit der offiziellen Parteiprogrammatik, die jedes Unterfangen einer tiefer eindringenden Untersuchung fürs erste entmutigen könnte, läßt sich eine wechselvolle Berührung mit sozialistischen und konservativ-antisozialistischen Gedanken, Philosophemen und politischen Ideologien von ungefähr erkennen. Sie stand immer unter nationalistischen und in zunehmendem Maße auch unter antisemitischen Vorzeichen und hat sich in dieser Verengung bis in äußerste Extreme hinein erhalten, was wohl die demagogische Wirkung der Parteipropaganda zu steigern vermochte, jede sachliche Erörterung indessen von vornherein ausschloß. Ohne Zweifel spielten in dem antiparlamentarisch-autoritären Grundzug der NSDAP ideologische Komponenten verschiedener Herkunft eine wichtige Rolle; die NSDAP mußte sich zudem wohl oder übel antiparlamentarisch aufführen, weil sie sich in der Wahl der Mittel, denen sie ihr Dasein und den Zulauf neuer Anhänger verdankte, der Möglichkeiten begeben hatte, im parlamentarischen Verfassungsstaat eine Rolle zu übernehmen, so daß ihr nur noch der Habitus einer Zerstörerin des Bestehenden blieb. In diesem äußerst engen geistigen Raum vollzog sich jedoch zwischen verschieden nuancierten Oppositionen zum Liberalismus und Sozialismus seit 1930, dem Jahr des großen Wahlerfolges, eine Verlagerung der ideologischen Reservoirs, die die Propaganda der NSDAP speisten. Sie führte zwar keineswegs zu einer Klärung und Differenzierung der offiziellen Auffassungen und Ziele, denn das Suchen emotionaler Effekte wie die mobilisierten Ressentiments selbst beherrschten zu stark und unwandelbar die Atmosphäre dieser

---

[28] *A. a. O.*, II, S. 233.
[29] *Ebda.*
[30] *Ebda.*

Partei; sie blieb aber nicht ohne Einfluß auf das Verhalten ihrer Führer auf dem Wege „zur Macht" und später „an der Macht".

Die Frage, was geschehen sollte, wenn die NSDAP einmal Herrschaft ausüben würde, ließ sich indessen in der Zeit des raschen Gewinnens neuer Anhänger zumindest nicht gänzlich und nicht auf die Dauer ignorieren. Verschiedene Autoren glaubten schon früher, innerhalb der NSDAP mehrere Richtungen erkennen zu können, die schon lange vor dem Jahre 1933 in mehr oder minder bewußter Auseinandersetzung miteinander standen. Ein größerer parteiinterner Konflikt schwelte seit der Neugründung 1924 und wurde erstmals 1930 einer breiteren Öffentlichkeit bekannt; er führte zum Parteiausschluß Otto Strassers, der 1920 von der Sozialdemokratie zur NSDAP gekommen war und sich als nationalistisch-sozialistischer Revolutionär fühlte.[31] Im Aspekt der politischen Ereignisse des ausgehenden Jahres 1932 wurde dann der Bruch zwischen Hitler und Gregor Strasser während der ersten Tage der Reichskanzlerschaft Schleichers noch weit bedeutsamer. Diese zweite innerparteiliche Auseinandersetzung war freilich weniger von grundsätzlichen Fragen als von Entscheidungen über die Parteitaktik des Augenblicks beherrscht. Dem Versuch Schleichers, sich einen arbeitsfähigen Partner in der NSDAP zu suchen, ohne die Bedingungen Hitlers annehmen zu müssen, was nicht ohne eine Erschütterung in der Parteiführung abgehen konnte, lag jedoch eine differenzierende Beurteilung der Partei selbst zugrunde, nach der Strasser und der durch die gewerkschaftsartig aufgebaute nationalsozialistische Betriebszellenorganisation geschaffene Anhang der NSDAP dem General besser für eine Teilhaberschaft an seinen Plänen geeignet schienen als die übrige Umgebung Hitlers. Arthur Rosenberg wollte die beiden Brüder Strasser sogar als Repräsentanten eines „entschieden sozialistischen linken Flügels der NSDAP" ansehen und sie neben der KPD und der linken SDP der revolutionären Bewegung zurechnen,[32] wobei auch er die Möglichkeit einer Sprengung der Hitlerpartei andeutete, was dadurch hätte geschehen sollen, daß die Wählermassen der NSDAP durch eine Koalition von SPD und KPD „zur Entscheidung für oder gegen den Kapitalismus" gezwungen worden wären.[33]

So eindeutige Fronten innerhalb der NSDAP hat es indessen nie gegeben. Auch Rosenberg unterschied „mindestens drei große Tendenzen": neben der sozialistischen eine zweite, die er zugleich „kapitalistisch", „großagrarisch" und „preußisch-militärisch" nannte und die er unter dem Ausdruck der „Gegenrevolution" zusammenfaßte, und zwischen beiden Lagern die große Gruppe ehemaliger Freikorpsleute, die

---

[31] Vgl. hierzu die Selbstdarstellung Otto Strassers, *Hitler und ich*, Konstanz 1948, bes. S. 105; Alan Bullock, *Hitler. A Study in Tyranny*, London 1952, S. 139 ff. Heiden hat der Gruppe der beiden Strasser und ihrer Anhänger die schlagwortartige Benennung „Berliner Nationalmarxismus" gegeben; Konrad Heiden, *Geschichte des Nationalsozialismus. Die Karriere einer Idee*, Berlin 1932, S. 249. Aber nicht nur unter dem Einfluß der Brüder Strasser, sondern auch aus keineswegs zu unterschätzenden Motiven eines spezifisch nationalsozialistisch-proletarischen Aktivismus heraus entstanden seit 1928 unter Führung von Johannes Engel und Reinhold Muchow in Berliner Großbetrieben, von der Knorrbremse A. G. und dem Neuköllner Arbeiterbezirk ausgehend, nationalsozialistische Betriebszellen, so die „Nationalsozialistische Wählerschaft bei der Knorrbremse" oder der „Nationalsozialistische Arbeiterkampfbund", die dann seit 1931 von der „Reichs-Betriebszellen-Abteilung" des Reichstagsabgeordneten Walter Schuhmann in allen industriellen Städten des Reichsgebiets aufgezogen wurden. Hierzu Gerhard Starcke, *NSBO und Deutsche Arbeitsfront*, Berlin 1934, S. 23 ff.; und die soeben – nach Abschluß des Manuskripts – veröffentlichte Dokumentation von Martin Broszat, „Die Anfänge der Berliner NSDAP 1926/27", in: *Vierteljahrshefte für Zeitgeschichte* 8 (1960), S. 85–118. Vgl. auch die für die innere Geschichte der NSDAP in Norddeutschland äußerst aufschlußreichen Aufzeichnungen von Albert Krebs, *Tendenzen und Gestalten der NSDAP. Erinnerungen an die Frühzeit der Partei* (Quellen und Darstellungen zur Zeitgeschichte, Bd. 6), Stuttgart 1959, S. 69 ff.; S. 186 ff.

[32] Arthur Rosenberg, *Die Geschichte der Weimarer Republik*, jetzt in dem von Kurt Kersten herausgegebenen Doppelband: *Entstehung und Geschichte der Weimarer Republik*, Frankfurt a. M. 1955, S. 472; S. 476. Über den „Richtungsstreit" innerhalb der NSDAP: Krebs, a. a. O., S. 31 f.; S. 187 ff.

[33] Rosenberg, a. a. O., S. 478.

sich vor allem der SA-Führung bemächtigt hatten. Noch sehr viel später ist der Gegensatz zwischen berufsmäßig „revolutionären" SA-Führern und der Parteiorganisation der NSDAP im Lichte der Ereignisse des 30. Juni 1934 besonders hervorgehoben und von hier aus bis in die zwanziger Jahre zurückverfolgt und der militante revolutionäre Charakter eines sogar in besonderer Weise uniformierten Teiles von der eigentlichen Parteiorganisation abgehoben worden.[34]

Diese Differenzierungen sind insofern nützlich, als sie dazu beitragen, monistische Vorstellungen von der NSDAP zu revidieren. Doch weder die „national-marxistische" Gruppe noch die militärische Befangenheit einer Anzahl hoher SA-Führer vermögen die Beweggründe der NSDAP bei der Schaffung des totalen Staates ausreichend zu erklären. Auch das Parteiprogramm gibt hierüber keine befriedigende Auskunft. Es bleibt bemerkenswert, daß es mehr über wirtschaftliche Gegenstände besagte als über einen nationalsozialistischen Staat, daß aber auch die wirtschaftlichen Programmpunkte — in der Mehrzahl unterschiedliche und keineswegs durchweg vergleichbare Forderungen und Ansichten, die gewissen massenpsychologischen Stimmungen in der Entstehungszeit der NSDAP entsprachen – in der späteren Entwicklung dieser Partei in der Mehrzahl viel von ihrem Sinn verloren, so daß das Programm schließlich zu einer leeren Fassade versteinerte.[35] Der Umstand, daß sich nach der ersten wirtschaftlichen Krise Deutschlands während der frühen Nachkriegsjahre und der Inflation und nach den Jahren der Beruhigung dann in der zweiten, der weltwirtschaftlichen Krise am Ausgang der zwanziger Jahre verschiedene Erscheinungen, die den Aufstieg der NSDAP aus dem Ghetto der kleinen radikalen, verfassungsfeindlichen Partei brachten, wiederholten und sogar verstärkten, erlaubte es, daß dieses Programm, das das Signum der wirtschaftlich schwierigen, mit Unzufriedenheit und Verbitterung bezeichneten Situation trug, überhaupt noch propagandistisch benutzt werden konnte. Einige Programmsätze — so die über die „Einziehung der Kriegsgewinne" oder über die Anwendung der Todesstrafe gegen Verbrechen und Vergehen wirtschaftlichen Charakters, gegen „Wucherer, Schieber" – erinnerten als sinnlos gewordene Überreste an die Lage während der ersten Nachkriegszeit. Auch die charakteristischen antikapitalistisch-antiliberalen Forderungen des Programms, deren Bedeutung für die Entstehungsphase kaum zu hoch eingeschätzt werden kann, – die Abschaffung des „arbeits- und mühelosen Einkommens", der „Zinsknechtschaft" nach Federscher Terminologie, die Verstaatlichung der Trusts, Gewinnbeteiligung an Großbetrieben, Bodenreform und Beseitigung des Bodenzinses und „Kommunalisierung der Großwarenhäuser" – verweisen auf Herkunftsbezirke, die in ihrer spezifischen Eigenart der notvollen Nachkriegssituation nach dem Zusammenbruch der hochgespannten alldeutschen Annexionshoffnungen und den dadurch beflügelten Ressentiments angehörten. Diese Teile des Programms trafen die beleidigten Gefühle und bedienten sich ihrer, indem sie selbst die Eigensinnigkeiten und die Rezeptgläubigkeit politischer Wanderprediger übernahmen und mit bekannten sozialpolitischen Forde-

[34] Walter Görlitz und Herbert A. Quint, *Adolf Hitler. Eine Biographie*, Stuttgart 1952, bes. S. 253 f.; S. 261 ff.; S. 266 ff.; S. 277 ff. Die beste Darstellung der Geschichte der NSDAP bleibt auch heute noch das Buch von Heiden (Anm. I/31), hierzu S. 223 ff. Vgl. auch die auf eine Dissertation zurückgehende Untersuchung von Walther Scheunemann, *Der Nationalsozialismus. Quellenkritische Studie seiner Staats- und Wirtschaftsauffassung*, Berlin 1931.

[35] Das *Programm der NSDAP* ist an vielen Stellen abgedruckt worden. Vollständige und kommentierte Texte, denen die späteren Ergänzungen (das „Staats- und Wirtschaftsprogramm" Gottfried Feders und die parteiamtliche Erklärung über die Landwirtschaft vom März 1930) angefügt sind, finden sich bei Gottfried Feder, *Das Programm der NSDAP und seine weltanschaulichen Grundgedanken* (Nationalsozialistische Bibliothek, H. 1), hier zit. nach der 41.–50. Aufl., München 1931; Engelbert Huber, *Das ist Nationalsozialismus. Organisation und Weltanschauung der NSDAP*, 7. Aufl., Stuttgart–Berlin–Leipzig o. J., S. 52 ff., bes. S. 161 ff.; Curt Rosten, *Das ABC des Nationalsozialismus*, 6. Aufl., Berlin 1933, S. 52 ff. Eine Untersuchung der nationalsozialistischen „Weltanschauung" unter besonderer Berücksichtigung der Frühzeit der NSDAP liegt jetzt in der Studie von Martin Broszat vor: *Der Nationalsozialismus. Weltanschauung, Programm und Wirklichkeit*, Stuttgart 1960.

rungen vermengten.[36] Hitlers demagogischer Scharfsinn bildete aus ihnen den „wichtigsten Programmpunkt des Kampfes der deutschen Nation", den „Kampf gegen das internationale Finanz- und Leihkapital", der es erlaubte, antikapitalistische Ressentiments mit nationalistischen in einer propagandistisch effektvollen Kampfparole zu vereinigen; „die scharfe Scheidung des Börsenkapitals von der nationalen Wirtschaft bot die Möglichkeit, der Verinternationalisierung der deutschen Wirtschaft entgegenzutreten, ohne mit dem Kampf gegen das Kapital überhaupt auch die Grundlage einer unabhängigen völkischen Selbsterhaltung zu bedrohen".[37] Zu dieser Parole traten Gedanken, die andere verbreitete Komplexe für die Propaganda der nationalsozialistischen Bewegung mit Beschlag belegten: der des Kampfes gegen die Friedensverträge, des „Volkes ohne Raum" gegen die Kolonialländer, gegen die Juden, gegen die „korrumpierende Parlamentswirtschaft" und gegen die „bewußte politische Lüge und ihre Verbreitung durch die Presse".

Erst die letzte Forderung dieser eigentümlich eklektischen Schlagwort- und Grundsatzsammlung vermittelte eine Ahnung von der Organisation des Staates, den die NSDAP anstrebte. Sie verlangte „zur Durchführung alles dessen", was das Programm enthielt, die Schaffung „einer starken Zentralgewalt des Reiches", die sie, freilich auch hierin nicht originell, sondern in Anlehnung an viel erörterte Gedanken, durch Herstellung der „unbedingten Autorität des politischen Zentralparlaments über das gesamte Reich und seine Oganisationen im allgemeinen" und zum anderen durch die „Bildung von Stände- und Berufskammern zur Durchführung der vom Reich erlassenen Rahmengesetze in den einzelnen Bundesstaaten" erreichen wollte. Diese Forderung, von Anfang an der Kernpunkt des Programms, verband einheitsstaatliche Bestrebungen mit einem autoritären Zentralismus und mit der ständestaatlichen antiparlamentarischen Ideologie der Konservativen. Die Wirklichkeit des nationalsozialistischen Staates hat freilich später die Ziele dieser Forderung bei weitem übertroffen; das Programm von 1920 kannte weder die Ideologie des Führerstaates noch die Kommandostruktur der politischen Organisation.[38] Die destruktive antiparlamentarische, terroristische und demagogisch-propagandistische Mittel verwendende uniformierte Massenpartei entwertete diesen Ausdruck „Zentralparlament" wie beinahe das gesamte Programm; die Vorstellung von einer straff zentralisierten ständestaatlichen Staatsorganisation blieb jedoch erhalten, wurde allerdings mehrfach abgewandelt. Berücksichtigt man die spätere Benutzung von Schlagworten wie „ständischer Staat"

---

[36] Den Eindruck, den die Äußerungen Gottfried Feders über die „Brechung der Zinsknechtschaft" auf ihn machten, hat Hitler selbst bezeugt: „Als ich den ersten Vortrag Gottfried Feders angehört hatte, zuckte mir sofort auch der Gedanke durch den Kopf, nun den Weg zu einer der wesentlichen Voraussetzungen zur Gründung einer neuen Partei gefunden zu haben." Völlig eingefangen von diesen Gedanken, in denen er seine eigenen Vorurteile bekräftigt fand, lobt er „das Verdienst Feders, mit rücksichtsloser Brutalität den ebenso spekulativen wie volkswirtschaftsschädlichen Charakter des Börsen- und Leihkapitals festgestellt . . . zu haben"; Hitler (Anm. I/23), I, 3. Aufl., S. 221.

[37] *A. a. O.*, S. 225; S. 224.

[38] Mit der Festigung seiner eigenen Stellung innerhalb der NSDAP übernahm Hitler streng autoritäre Grundsätze. Man kann das sehr gut an Hand der Änderungen verfolgen, die Hitler seinen Ausführungen über die Parteiorganisation am Ende des ersten Bandes von *Mein Kampf* (Anm. I/23) angedeihen ließ. Dort hieß es u. a. noch in der 3. Auflage, 1928 (S. 364 f.): „Die Bewegung vertritt im kleinsten wie im größten den Grundsatz einer germanischen Demokratie: Wahl des Führers, aber unbedingte Autorität desselben. . . Immer wird der erste Vorsitzende gewählt, allein damit auch mit unbeschränkter Vollmacht und Autorität bekleidet. Und das gleiche gilt . . . für die Leitung der Gesamtpartei. Der Vorsitzende wird gewählt, er aber ist der ausschließliche Führer der Bewegung." Später dagegen (125.–126. Aufl., 1934, S. 378): „Die Bewegung vertritt im kleinsten wie im größten den Grundsatz der unbedingten Führerautorität, gepaart mit höchster Verantwortung. . . Immer wird der Führer von oben eingesetzt und gleichzeitig mit unbeschränkter Vollmacht und Autorität bekleidet. Nur der Führer der Gesamtpartei wird aus vereinsgesetzlichen Gründen in der Generalmitgliederversammlung gewählt. Er ist aber der ausschließliche Führer der Bewegung." Zum Vergleich der einzelnen Fassungen Hermann Hammer, „Die deutschen Ausgaben von Hitlers ‚Mein Kampf'", in: *Vierteljahrshefte für Zeitgeschichte* 4 (1956), S. 161–178.

und „Totalstaat" in den Diskussionen der ersten dreißiger Jahre, so könnte man meinen, die Verfasser des nationalsozialistischen Parteiprogramms von 1920 hätten eine solche Folge von Zusammenhängen vorausgesehen und ihr Programm in kühler Abschätzung eines mit Notwendigkeit Kommenden festgelegt; so unmittelbar scheinen sich die Forderung nach einer starken staatlichen Zentralgewalt als der einzige programmatisch formulierte Ausgangspunkt der nationalsozialistischen Bewegung und ihre Einmündung in die Wirklichkeit des totalen Staates miteinander zu verbinden. Dennoch war die Linie der Entwicklung wechselvoll und von mannigfachen Bedingungen abhängig, ohne deren Einwirkung sie sich kaum fortgesetzt hätte.

Wahrscheinlich wäre dieses so stark schillernde und uneinheitliche Programm nie ein endgültiges Parteiprogramm geworden, wenn nicht Hitlers Einschätzung der Organisation seine Einschätzung der Propaganda gestützt und ergänzt hätte. Nach dem Rückschlag, den die NSDAP in der Folge des Münchener Putsches vom November 1923 erlitt, war es schwieriger als zuvor, den gemeinsamen programmatischen Nenner dieses Sammelbeckens heterogener Elemente zu finden, das nunmehr seinen Schwerpunkt von Süd- nach Norddeutschland verlagerte. Infolgedessen strebten die beiden maßgeblichen, sich einander befehdenden Organisatoren dieser Jahre, Hitler und Strasser, gleichermaßen einen endgültigen Abschluß der Programmdiskussion und den organisatorischen Ausbau der Partei an. Die neue Parteisatzung vom 22. Mai 1926 sicherte eine zentrale Stellung des „Nationalsozialistischen Deutschen Arbeitervereins e. V. in München" als des rechtlichen Trägers der Partei und seines Vorsitzenden Adolf Hitler und rief besondere Ausschüsse ins Leben, die von nun an eine zentrale Kontrolle und Leitung der gesamten Parteientwicklung ermöglichten.[39] Es war aber kein Zufall, daß die gleiche Generalmitgliederversammlung, die die neue Satzung annahm, auch das Programm der NSDAP für unabänderlich erklärte und damit den Streit über Wesen und Ziele der Partei entschied, der ein halbes Jahr zuvor durch einen neuen Programmentwurf Gregor Strassers, den eine Versammlung der norddeutschen Parteiführer bereits angenommen hatte,[40] ausgelöst worden war. Von nun an wurden Organisation und Propaganda, zentrale Führung und Werbung ungleich wichtiger als das Programm dieser Frühphase der Partei; denn mit Hilfe des fortgesetzten Ausbaus und der Straffung der Organisation und der rücksichtslosen Unterbindung innerparteilicher Programmdiskussionen überstand die NSDAP die Jahre der Stabilisierung von 1924 bis 1928 mit mehreren Parteiausschlüssen,[41] bis die nächste große wirtschaftliche Krise ihr erneut Zulauf von Anhängern verschaffte; in dieser Zeit bekam Hitler die Zügel der Parteiführung fest in seine Hand.

2. Staat und Wirtschaft in der nationalsozialistischen Propaganda

Da es seit dem Unabänderlichkeitsbeschluß keine verbindliche Programmänderung mehr gab, das alte Programm aber kaum auf längere Sicht ausreichte, um Absichten und Ziele der NSDAP darzustellen, wurde auch einseitigen Auffassungen und Ausdeutungen nicht mehr verbindlich widersprochen. Die geistige Heterogenität der NSDAP blieb weiterhin erhalten und ließ nur noch die Berufung auf die höhere Instanz des Irrationalen und Emotionalen zu. Die Lückenhaftigkeit des Programms und die unausgereiften Gedanken, die es enthielt, die jedem kritischer Zusehenden sofort ins Auge fallen mußten, riefen indessen Zweifel an seiner Verbindlichkeit hervor, machten es sogar unglaubwürdig, so daß die Partei als Massenbewegung kaum be-

[39] Anton Lingg, *Die Verwaltung der Nationalsozialistischen Deutschen Arbeiterpartei*, 4. Aufl., München 1941, S. 59 ff.
[40] Strasser (Anm. I/31), S. 114 ff.; Bullock (Anm. I/31), S. 122 f.
[41] Vgl. Heiden (Anm. I/31), S. 218 ff.; S. 244 ff.

wertungsreif erschien. Es waren in erster Linie diese Umstände, die in den Jahren des raschen Aufstiegs der NSDAP, in denen sich die Mitgliederzahlen von Jahr zu Jahr verdoppelten,[42] zu illusionären Plänen beitrugen, die NSDAP ganz oder teilweise durch Beteiligung an Macht und Verantwortung bändigen und gar benutzen zu können. Man vertraute also auf die Korrumpierfähigkeit der Nationalsozialisten, die wichtiger genommen wurde als die unmittelbar von ihnen ausgehenden Gefahren.

Das Gebiet der Wirtschaft lieferte die meisten Themen theoretischer Erörterungen. Das entsprach sicherlich nicht einer bewußten Einstufung der Wirtschaft innerhalb der Vorstellungen der nationalsozialistischen Führer und Theoretiker; denn in ihrer Bewertung rangierte beinahe ausnahmslos der Staat als in ihrer Systematik übersehbare Ordnung wesentlich höher als das für viele von ihnen kaum bekannte und so schwer überschaubare weltweite Gefilde wirtschaftlicher Beziehungen und Verhältnisse. In der von Hitler bevorzugten pseudouniversalistischen Version war der Staatszweck die „Forterhaltung" der Art und die Wirtschaft „dabei nur eines der vielen Hilfsmittel, die zur Erreichung dieses Zieles eben erforderlich sind".[43] Infolgedessen mußte seiner Meinung nach jeder „Aufschwung machtpolitischer Art" auch „die Wirtschaft heben". Es dürfte indessen kaum eine große Massenpartei geben, die Bezüge auf wirtschaftliche Zusammenhänge aus ihrem Programm herauslassen und ohne wirtschaftspolitische Forderungen auskommen wollte. Die Propaganda der NSDAP blieb jedoch vage und vielspurig und bei wechselnden Verhältnissen immer versucht, auf ein jeweils neues Gleis auszuweichen. Sie konnte bei Arbeitern als sozialistisch und radikal antikapitalistisch gelten und bis in die potentielle Anhängerschaft der kommunistischen Partei hinein wirken und sich zugleich vor dem Grundbesitz und vor der Großindustrie als stärkstes Bollwerk gegen Sozialismus, Marxismus und Bolschewismus empfehlen. Sie konnte alles zugleich und in radikaler Weise sein und war doch in Wahrheit, auf die Dauer gesehen, nichts anderes als ein erfolgreiches, sich fortgesetzt verstärkendes Instrument zur „Nationalisierung der Massen",[44] die sie für „die große Einheitsfront" in einem nach außen starken Staat und für die Revision der Kriegsergebnisse und des Versailler Vertrages zu gewinnen suchte.[45]

Auf die Ablehnung liberalen Denkens und liberalen Wirtschaftens hatte sich die NSDAP von Anfang an festgelegt. Es ist für sie in einem hohen Grade charakteristisch, daß sich in dem Kreis der Wirtschaftstheoretiker und -ideologen, die während der gesamten Zeit ihres Bestehens in der NSDAP hervortraten, niemals eine Persönlichkeit mit liberalen oder liberal gefärbten Grundsätzen befand. In dieser Hinsicht erwies sich die NSDAP einseitiger als alle anderen Parteien ihrer Zeit, sofern man nur von den Kommunisten absehen will. Die wirtschaftliche Notlage bot den besten Nährboden für eine Bewegung, die eine vollständige Abkehr von der bestehenden, in die Krise geratenen wirtschaftlichen Ordnung propagierte. Die „Opposition zu der heutigen Welt des Kapitalismus und seiner marxistischen und bürgerlichen Trabanten"[46] war bereits großen Zulaufes sicher, sobald sie sich nur als die „schärfste Oppo-

[42] Nach der parteioffiziellen Statistik stieg die Mitgliederzahl der NSDAP (jeweils vom Jahresende) von 1928 bis 1929 von 108 000 auf 170 000, 1930 auf 357 000, 1931 auf 686 000 und zum Jahresende 1932 auf 1 378 000; Lingg (Anm. I/39), S. 58 f.

[43] Hitler (Anm. I/23), I, 3. Aufl., S. 157.

[44] A. a. O., S. 356. Für das regelrechte Anerbieten Hitlers an bürgerliche und vor allem geldkräftige Kreise, um seine Politik in die Dienste eines hemmungslosen Antisemitismus zu stellen, liegt jetzt ein frühes symptomatisches Zeugnis vor: *Im Kampf um die Macht. Hitlers Rede* [vom 28. Februar 1926] *vor dem Hamburger Nationalklub von 1919 (Veröffentlichungen der Forschungsstelle für die Geschichte des Nationalsozialismus in Hamburg, Bd. 1),* Frankfurt/M. 1960, bes. S. 70 ff.; S. 84 ff.; S. 92 ff.; S. 104 ff.

[45] Hierzu Hitler (Anm. I/39), II, S. 289; S. 351 ff.

[46] Feder (Anm. I/35), S. 64. Eine Aufführung allgemeiner Merkmale antikapitalistischer Argumentationsweisen, die auch in diesem Zusammenhang Interesse verdient, jetzt bei Wolfgang Hock, *Deutscher Antikapitalismus. Der ideologische Kampf gegen die freie Wirtschaft im Zeichen der großen Krise (Veröffentlichungen des Instituts für Bankwirtschaft und Bankrecht an der Universität Köln),* Frankfurt/M. 1960, S. 28 ff.

sition" gab. Aber im herkömmlichen Sinne als sozialistisch wollte die NSDAP niemals gelten und etwa ihren Gegensatz zum Kapitalismus immer nur auf anderen Gebieten als auf dem der Eigentumsordnung darstellen. Man könnte daher den Nationalsozialismus auch keineswegs zu Recht mit dem Ideenkreis des Sozialismus in Beziehung setzen, wohl aber mit jener Gruppe von Ideologien und Theoremen, die in mancherlei Gestalt dem Nachkriegspessimismus entstiegen und sich – teils mit der Attitude heroischer Resignation, teils als aktivistische Vollstrecker eines morphologischen Gesetzes – zu einer allgemeinen pessimistischen Zeitdeutung aufschwangen. Es wäre wohl nur verwunderlich gewesen, wenn die These vom „Untergang des Abendlandes" vor den Toren der Wirtschaft haltgemacht hätte. Sie bestimmte auch hier das Timbre weltanschaulicher Einfärbungen, die zwar vom Sozialismus manche Äußerlichkeit, jedoch nichts von seinen humanitären und politischen Inhalten in sich aufnahmen, dafür aber um so mehr von zeitgenössischen konservativen Gesinnungen, die in politischen Vergangenheiten verschiedener Zeitstufen ihren ideologischen Ankergrund suchten. Die Überzeugung, daß das Zeitalter der industriellen Revolution und des Kapitalismus nunmehr am Ende sei, fand sehr bald nach Einbruch der großen Krise besonders vom Tat-Kreis [47] aus Verbreitung. Auch die Verbindung von „Preußentum und Sozialismus", die Oswald Spengler in diesen Jahren entdeckte, benutzte das Schlagwort „Sozialismus" als Tribut an eine Realität, die sonst wenig gemeinsam hatte mit den Daseinsverhältnissen eines frühneuzeitlichen „Preußentums", das zugleich den Rückgriff der Kulturpessimisten auf die Vergangenheit decken mußte.

Die NSDAP wollte immer nur eine nationalistische, nie eine „Standes- oder Klassenpartei" sein, obgleich sie sich als „Arbeiterpartei" bezeichnete und das Vorbild des Klassenbegriffs von Marx erkennen ließ. Sozialistische Theorien dürften den meisten der nationalsozialistischen Ideologen nicht fremd gewesen sein, wenn sie auch nur ablehnende, jedoch durchaus nicht einheitliche Reaktionsweisen an den Tag legten. Sie schwankten zwischen einer bedingungslosen Überordnung des Nationalismus, wie sie sich am deutlichsten bei Otto Strasser beobachten ließ und die man mit der Maxime Moeller van den Brucks veranschaulichen kann, daß das soziale Problem, ehe es „für die Klasse gelöst werde kann . . ., für die Nation gelöst werden müsse" [48] – und dem zähen Wollen zur Liquidierung aller sozialistischen Tendenzen, um eine ungeminderte und unbegrenzte Konzentration auf die nationale Machtpolitik zu erreichen. Dem Bestreben, innerpolitische Gegensätze in möglichst wenigen Schlagworten auszudrücken, hat das Wort „Marxismus" schließlich bevorzugte Dienste geleistet. Vereinzelt traten verfälschte Anleihen bei Marx und den Marxisten auch ziemlich unverhüllt hervor, wobei dann ein inhaltlich stark überlasteter, willkürlich gebildeter Begriff des Arbeiters, den es bis dahin nicht gegeben hatte, herhalten mußte, den proletarischen Klassenkampf wieder auszuschalten, obgleich der Klassenbegriff auch von nationalsozialistischen Propagandisten benötigt wurde, wie Goebbels darlegte: „. . . als Klasse hat das Bürgertum seine geschichtliche Rolle ausgespielt und wird vor dem Schöpfergeist einer jüngeren, gesunderen Klasse zurückweichen müssen. An seine Stelle tritt die junge Klasse – wir sagen nicht des Proletariats, weil das eine Beschimpfung deutscher Arbeiter durch jüdische Rabulistik ist – des Arbeitertums. Dieses Arbeitertum schließt in sich alles, was für Deutschland arbeitet im Sinne der Zukunft, Faust und

---

[47] Ferdinand Fried[rich Zimmermann], *Das Ende des Kapitalismus*, Jena 1931. Über den „Tat-Kreis" Kurt Sontheimer, „Der Tatkreis", in: *Vierteljahrshefte für Zeitgeschichte* 7 (1959), S. 229–260.

[48] Arthur Moeller van den Bruck, *Das Dritte Reich*, 4. Aufl., Hamburg 1931, S. 62. Hiermit übereinstimmend namentlich Gottfried Feder: „Nicht Klassen oder Klassenkampf, nicht Klassen oder Klassenegoismus – sondern das allgemeine Wohl . . . das oberste Gesetz"; Feder (Anm. I/35), S. 57. Aber auch Gregor Strasser in seiner Reichstagsrede am 17. Oktober 1930: „Wir wollen keinen Bürgerkrieg und keine Klassenhetze, sondern wir wollen die innere Aussöhnung des Volkes, die Einigung der guten Kräfte der Arbeiter des Kopfes und der Faust"; *Verhandlungen des Reichstags*, Bd. 444, S. 57.

Stirn." [49] Der Begriff der Klasse wurde ebenso wie der Gedanke der proletarischen Revolution gegen das Bürgertum benutzt und dennoch das Odium des Proletarischen hinwegargumentiert. Zu diesem Zweck bediente sich Goebbels eines Begriffs des Arbeiters, dem nun jeder geistig oder körperlich „Schaffende" zugeordnet werden sollte; den unermeßlich weiten und unklaren Ausdruck „Arbeitertum" legte er auf eine nationalistische politische Orientierung dieses „Arbeiters" fest.

Goebbels, der trotz aller Lust am Getue und an der bombastischen Zeremonie bisweilen trefflich zu formulieren wußte, nahm von seinen Gegnern, was er zu benötigen glaubte, mobilisierte jedoch den Begriff und verwischte und verwandelte den Sinn nach eigener Absicht. Man leistete sich die antibürgerliche Gesinnung, denn die Überzeugung war weit verbreitet, daß das Bürgertum „seine Rolle ausgespielt" habe; und man griff zu dem Mythos einer schöpferischen „jungen Klasse" und nannte sie „Arbeitertum",[50] weil eben die Arbeiter die klassischen revolutionären Gegner des Bürgers waren. Mit Sozialismus wie mit sozialen Reformen hatte diese „Arbeiter"-Ideologie von Anfang an nichts gemein; die nationalsozialistischen Programmatiker neigten mehr dazu, die Reformen der Nachkriegszeit aufzuheben und statt „Wirtschaftsdemokratie" die unumschränkte Befehlsgewalt des Direktors im Betrieb und der Generaldirektoren in der Wirtschaft herzustellen.[51] Der Klassenkampfgedanke wurde zwar nicht vollkommen aufgehoben, aber doch wesentlich abgewandelt, für die politischen Zwecke des Nationalsozialismus nutzbar gemacht und die Linie des totalen Gegensatzes zwischen der illegitimen Herrschaft und den revolutionierten Beherrschten im nationalsozialistischen Sinne vor die internationale „Hochfinanz" und die „Gläubiger" verlegt.[52] In Konsequenz hieraus geriet auch die ursprüngliche Forderung des Parteiprogramms nach „Verstaatlichung" der „bereits vergesellschafteten Betriebe (Trusts)" in Vergessenheit – ohne Rücksicht auf den Unabänderlichkeitsbeschluß von 1926. Alfred Rosenberg wandte sich gegen eine „Vollsozialisierung" und versicherte, daß es der NSDAP fernliege, „in jedem Großbetrieb an sich ein Unheil zu erblicken", und daß sie auf die „Unternehmerpersönlichkeit" nicht verzichten wolle.[53] Feder suchte den Unternehmer als unmittelbar mit der Betriebsführung befaßte Persönlichkeit, als Inhaber oder als Hauptaktionär von der „anonymisierten" und „entpersönlichten" Leitung einer Gesellschaft und von den Aktionären, den „Berufsleihkapitalisten", zu unterscheiden, den einen günstig und den anderen ungünstig zu bewerten.[54] Die Bezeichnungen sozialer Fronten wurden so lange verschoben, bis sich die Interessen von Arbeitgebern und Arbeitnehmern nicht mehr voneinander abhoben, aber eine

[49] Joseph Goebbels, *Der Nazi-Sozi. Fragen und Antworten für den Nationalsozialisten*, Elberfeld o. J. [1927], S. 11 f. Aufschlußreiche Dokumente zur persönlichen Entwicklung von Goebbels wie zur Lage im Berliner Gau der NSDAP 1926 jetzt: *Das Tagebuch von Joseph Goebbels 1925/26. Mit weiteren Dokumenten* hrsgg. von Helmut Heiber *(Schriftenreihe der Vierteljahrshefte für Zeitgeschichte*, Nr. 1), Stuttgart [1960].

[50] Unter dem Titel „Arbeitertum" erschienen seit 1931 auch die Blätter der Nationalsozialistischen Betriebszellen-Organisation. Der Titel entstand unter dem Einfluß des einstigen Sozialdemokraten August Winnig. Diese Zeitschrift hieß ursprünglich *Betrieb;* sie begann mit einer Auflage von 13 000 und erreichte nach der Beseitigung der Gewerkschaften 4,5 Millionen (Starcke, Anm. I/31, S. 36 f.).

[51] So Gottfried Feder in einem Gespräch mit Erik Nölting, das am 3. Januar 1931 von der „Deutschen Welle" gesendet wurde; Feder, *Kampf gegen die Hochfinanz*, 6. Aufl., München 1935, S. 286 ff. Vgl. auch Krebs (Anm. I/31), S. 205.

[52] Besonders deutlich z. B. Hans Reupke, *Der Nationalsozialismus und die Wirtschaft. Erläuterung der wirtschaftlichen Programmpunkte und Ideenlehre der nationalsozialistischen Bewegung*, Berlin 1931, S. 45: „Existiert noch eine soziale Kampffront, so wendet sie sich nicht gegen den Arbeitgeber, den mit dem Arbeitnehmer nur gleichgerichtete Interessen verbinden, sondern gegen das Finanzkapital und dessen internationale und antinationale Interessenpolitik." Gegen diese „faschistische" Version wandten sich allerdings einzelne „nationale Sozialisten" des alten Strasser-Flügels, u. a. Erich Koch, „Sind wir Faschisten?", in: *Arbeitertum* 1, H. 9 vom 1. Juli 1931, S. 7.

[53] Alfred Rosenberg, *Wesen, Grundsätze und Ziele der Nationalsozialistischen Deutschen Arbeiterpartei. Das Programm der Bewegung*, München 1930, S. 27.

[54] Feder, *Das Programm...* (Anm. I/35), S. 47.

Differenzierung des Kapitals in „Produktionskapital" und „Fremdkapital" entstand,
so daß sich nun „Unternehmer und Arbeiter gegen das Leihkapital" richteten.[55]

Eine Analyse dieser Unterscheidung stößt auf die durchaus nicht zufällige positive
Bewertung unmittelbarer Produktivität, der „Erzeugung" nach handfesten, naiv-
realistischen Vorstellungen, wie sie vor allem in der agrarischen und gewerblichen
Bevölkerung vorherrschend sind, und auf die Diskriminierung vermittelnder Wirt-
schaftsfunktionen, vor allem des Handels und des „regierenden Leihkapitals". Die
propagandistische Technik der Gegensatzzeichnung bildete hiernach die Scheidung
zwischen dem guten „schaffenden" Sachkapital und dem schlechten „raffenden" Leihkapital, das nicht an der Produktion, sondern ausschließlich am „unsittlichen" Zins
interessiert sei, jedoch die produzierenden Unternehmen, die „deutsche Arbeitskraft"
von sich abhängig gemacht habe. Reparationszahlungen und deutsche Auslandsanlei-
hen bestimmten den konkreten Gegenstand dieses nationalen Protestes gegen das
„vagierende Leihkapital" und dementsprechend die nationalistische Reaktion, die,
sichtlich im Banne mittelalterlicher Vorstellungen, Schlagworte wie „Zinsknechtschaft" und „Mammonismus" prägte.[56] Unter dem anfangs bestimmenden Einfluß
Feders verstieg sich Hitler zu der Behauptung, daß „der Kampf gegen das
internationale Finanz- und Leihkapital . . . zum wichtigsten Programmpunkt
des Kampfes der deutschen Nation um ihre Unabhängigkeit und Freiheit geworden" sei.[57] Hierin verdichteten sich dumpfe Phobien gegen „Wucher", „Zins-
und Leihkapital" zu einer Front des Hasses, die sich mit einem nationalen „Freiheits-
kampf" für ein „einiges Alldeutschland" zu legitimieren suchte. Sie erhielt spezifische Färbung durch den Antisemitismus der nationalsozialistischen Propagandisten,[58]
der bei negativen Bewertungen mit besonderer Vorliebe herangezogen wurde, um
Lücken der politischen Logik und sachliche Unklarheiten zu vernebeln. Der Antisemitismus umnebelte dabei wohl auch die eigenen Köpfe; alles Gegnerische wurde jüdisch:
das „Leih- und Börsenkapital" ebenso wie der „internationale Marxismus" und auch
die Warenhäuser.[59] Sogar die Forderung nach Bodenreform, nach „unentgeltlicher
Enteignung von Boden für gemeinnützige Zwecke", die der Punkt 17 des Parteiprogramms verlangte, wurde von Hitler schon 1928 dahin ausgelegt, daß in erster Linie
an die Enteignung jüdischer Grundstücksgesellschaften gedacht sei.[60] Auch die parteiamtliche Kundgebung über „die Bedeutung des Landvolkes und der Landwirtschaft"
vom März 1930 machte für die einseitig beschriebene Notlage der Landwirtschaft
„die in der deutschen parlamentarischen Demokratie tatsächlich regierende jüdische

[55] Reupke (Anm. I/52), S. 51.
[56] Vgl. Gottfried Feder, *Das Manifest zur Brechung der Zinsknechtschaft des Geldes*, München 1919, letzter
Neudruck 1932; ders., *Der deutsche Staat auf nationaler und sozialer Grundlage. Neue Wege in Staat, Finanz
und Wirtschaft* (Nationalsozialistische Bibliothek, H. 35), 5. Aufl., München 1933 (1. Aufl. 1923), bes. S. 20 ff.;
S. 37 ff.; S. 62 ff.; S. 70 ff.; und die Aufsatzsammlung *Kampf gegen die Hochfinanz* (Anm. I/51); als Versuch einer
mit wissenschaftlichen Mitteln geführten Erörterung: Harald Braeutigam, *Wirtschaftssystem des Nationalsozialismus*,
Berlin 1932; ferner: Hans Buchner, *Die goldene Internationale. Vom Finanzkapital, seinem System und seinen
Trägern* (Nationalsozialistische Bibliothek, H. 3), München 1928; und Alfred Pfaff, *Wege zur Brechung der Zinsknechtschaft*, München 1932. Eine kritische Übersicht gibt Scheunemann (Anm. I/34), S. 67 ff.
[57] Hitler (Anm. I/23), I, S. 225.
[58] Besonders deutlich bei Franz Hochstetter, *Leihkapital und Goldwährung als Grundlagen der Geldversklavung
in Deutschland* (Nationalsozialistische Bibliothek, H. 26), München 1931; Buchner (Anm. I/56); Feder, *Der deutsche
Staat*. . . (Anm. I/56), bes. S. 38 f. und S. 50 ff.; Fritz Reinhardt, *Die Herrschaft der Börse* (Nationalsozialistische
Bibliothek, H. 2), München 1927.
[59] Hans Buchner, *Warenhauspolitik und Nationalsozialismus* (Nationalsozialistische Bibliothek, H. 13), 3. Aufl.,
München 1931. Die Stellung der NSDAP zu den Warenhäusern behandelt jetzt die Monographie von Heinrich
Uhlig, *Die Warenhäuser im Dritten Reich*, Köln–Opladen 1956. Vgl. auch Eva Gabriele Reichmann, *Die Flucht in
den Haß. Die Ursachen der deutschen Judenkatastrophe*, Frankfurt a. M. o. J. [1956], S. 262 f. (Titel des amerik.
Originals: *Hostages of Civilisation. The Social Sources of National Socialist Anti-Semitism*, Boston 1951).
[60] Erklärung Hitlers vom 13. April 1928: Rosten (Anm. I/35), S. 56 f.

Geldweltmacht", den „Großhandel mit landwirtschaftlichen Erzeugnissen, der größtenteils in den Händen der Juden" liege, die „meist jüdischen Konzerne" und die „Zinsknechtschaft" des Bauern unter dem „vorwiegend jüdischen Besitzer des Leihkapitals" verantwortlich.[61] Da die Juden für die Nationalsozialisten als die ausgewählten Gegner galten, wurde eben auch alles Gegnerische „jüdisch".

Unter diesen Umständen wird man schwerlich von nationalsozialistischen Wirtschaftsauffassungen sprechen dürfen. Primitivität und Vereinfachung galten weder als unwürdig noch abschreckend, sondern als „vernünftiges" Ziel, als Chance der nationalsozialistischen Propaganda, inmitten unübersichtlich gewordener wirtschaftlicher Zusammenhänge konkrete und feste Vorstellungen anzubieten und darzustellen.[62] Objektive Einsichten wird man unter solchen Bedingungen vergeblich suchen. Auch die späteren parteioffiziellen Ergänzungen zum Parteiprogramm, stillschweigende, allerdings von dem Parteiführer Hitler veranlaßte Umgehungen des Unabänderlichkeitsbeschlusses, brachten keine sachlichen Artikulationen, sondern nur taktische Modifikationen mit Rücksicht auf politische Gegebenheiten und besondere psychologische Empfänglichkeiten bestimmter Bevölkerungsgruppen. Der bestimmende Grundzug in der Bewertung wirtschaftlicher Zusammenhänge blieb die grenzenlose Vereinfachung in der Bezeichnung der Gegensätze wie der verklärten Idealbilder.

Die diskriminierende Bewertung des nicht im primitiv-realistischen Sinne unmittelbar produktiven Wirtschaftens ließ sich nicht nur zugunsten der Hochschätzung „schaffender" Arbeit und „schaffenden" Kapitals, sondern auch zugunsten der Urproduktion anwenden, unter denen die Landwirtschaft einen besonders bevorzugten Platz einnahm. Die Konsequenz solcher Einstufungen ergab die Forderung nach Steigerung der produktiven Tätigkeit, nach Beschränkung der vermittelnden Funktionen, nach Vereinfachung der wirtschaftlichen Organisation, nach drastischer Vergröberung der Wirtschaftsgesetzgebung und weiter nach Verengung des Marktes durch Abkehr von der Weltwirtschaft und Anbahnung der Autarkie und schließlich durch Verkürzung der Wirtschaftswege. Man schreckte auch keineswegs vor dem Gedanken der Konsumeinschränkungen zurück und wußte hierbei das idealisierte Bild einer idealtypischen kargen Lebenshaltung des preußischen Offiziers und Beamten zu benutzen und den Anschein zu erwecken, als könne man den Notständen der Zeit mit verschärften Maßstäben nach dem Idealbild des entsagenden, pflichtgetreuen Staatsdieners begegnen. Die „große antikapitalistische Sehnsucht",[63] die während der Krise die Massen ergriff, hatte ebenso agrarsoziologische wie kleinbürgerliche, sozialistische und aus der deutschen Staatstradition folgende staatskonservativ-antiliberale Wurzeln, denen nun die mannigfachen Verzweigungen der nationalsozialistischen Propaganda entsprachen, die sich seit Beginn der Wirtschaftskrise mehr und mehr auf das Gebiet der Agrarpolitik ausdehnte und hier einen neuen ideologischen Kristallisationspunkt fand.

Schon seit 1928 hatte sich die NSDAP in erster Linie in den notleidenden Agrargebieten ausbreiten und dort den stärksten Anteil an dem Wählerzustrom aus den zerfallenden bürgerlichen Parteien gewinnen können. Gegenüber der Reichstagswahl vom 20. Mai 1928 stieg mit der Wahl vom 14. September 1930 die Zahl der nationalsozialistischen Stimmen in Pommern von 13 543 auf 237 000, im brandenburgischen Regierungsbezirk Frankfurt/Oder von 8 185 auf 204 595; in der Provinz Ostpreußen rückte die NSDAP im gleichen Zeitraum von 7 932 Wählern sogar schon zur stärk-

---

[61] *A. a. O.*, S. 68 f.

[62] So erklärte Gregor Strasser am 30. Oktober 1930 im Reichstag: „Die Lebensgesetze des Volkes sind primitiv, und je primitiver als die Heilmethoden ansetzen, um so eher werden sie zum Ziele führen" (*Verhandlungen des Reichstags*, Bd. 444, S. 59).

[63] Gregor Strasser am 10. Mai 1932; *a. a. O.*, Bd. 446, S. 2511.

sten Partei mit 236 507 Stimmen auf.[64] Nach dem Bruch Otto Strassers mit der NSDAP und dem Eintritt Darrés in den engeren Beraterkreis Hitlers fast zur gleichen Zeit wurden die Reste des „nationalen Sozialismus" Stück für Stück begraben und durch die Agrarideologie von „Blut und Boden" ersetzt.[65]

Die Landwirtschaft beheimatete aber auch jene Wirtschaftsform, die in den Vorstellungen aller nationalsozialistischen Ideologen vom erstrebenswerten Idealzustand einer deutschen Wirtschaft vorherrschte: die Erzeugung durch menschliche Arbeitskraft auf eigenem Grund und Boden in einfachen Betriebsformen, die weder Aktiengesellschaften noch Konzerne und Trusts kennen. In einseitiger Konsequenz hielt auch das nationalsozialistische Agrarprogramm hieran fest, zu dessen Forderungen die Grundsätze gehörten, daß nur derjenige Land erwerben und besitzen sollte, der es selbst bewirtschaftete, und daß das landwirtschaftliche Kreditbedürfnis durch den Staat befriedigt werden müßte. Handel, Banken und Verkehr galten im Verhältnis zum Landbau als Wirtschaftszweig minderer Bedeutung, wie es Gustav Ruhland, einer der einseitigsten Agrarwirtschaftler und Agrarpolitiker, der durch seinen posthumen Anhänger Richard Walther Darré in die Reihe der geistigen Ahnen des Nationalsozialismus hineingezogen wurde, schon um die Jahrhundertwende darzulegen versucht hatte.[66] Auf diese Weise erlebten die historischen Irrtümer längst vergessener physiokratischer Schulen in der arbeitsteiligen Gesellschaft der modernen technischen Ära eine verschrobene Neuauflage, die die volkswirtschaftlich und weltwirtschaftlich existenten Probleme durch Vereinfachung und Beschränkung, letztlich also durch Konsumverzicht lösen wollte. Das Ideal des „freien Mannes auf der freien Scholle" war ein überaus romantisches Gegenbild zum großstädtischen Arbeitslosen-

[64] Eine Statistik über die Erfolge der NSDAP bei den Reichstagswahlen in agrarischen Gegenden enthält der Aufsatz von Heinrich Freudenberger, „Bauernkraft – Wehrkraft", in: *Der Bauer im Umbruch der Zeit*, hrsgg. von Wolfgang Clauß, Berlin 1935, S. 230 f. Über die besonderen Verhältnisse Schleswig-Holsteins und Niedersachsens und die Beziehungen zwischen Landvolkbewegung und NSDAP: Hans Beyer, „Die Landvolkbewegung Schleswig-Holsteins und Niedersachsens 1928–1932", in: *Jahrbuch der Heimatgemeinschaft des Kreises Eckernförde*, 15. Jg. (1957), S. 174 f.; S. 186 ff.; und das Plädoyer eines beteiligten Nationalsozialisten: Walter Luetgebrune, *Neu-Preußens Bauernkrieg. Entstehung und Kampf der Landvolkbewegung*, Hamburg–Berlin–Leipzig 1931. Eine in Deutschland bisher beispiellose Regionalstudie, die das Vordringen radikaler Tendenzen und die Erfolge des Nationalsozialismus in der Landbevölkerung Schleswig-Holsteins untersucht hat, ist das wichtige Buch von Rudolf Heberle, *From Democracy to Nazism. A Regional Case Study on Political Parties in Germany*, Baton Rouge (Louisiana) 1945. Vgl. hierzu auch die Bemerkungen von Sten S. Nilson, „Wahlsoziologische Probleme des Nationalsozialismus", in: *Zeitschrift für die gesamte Staatswissenschaft* 110 (1954), S. 298 ff. Jüngstens hat sich hierzu auch Seymour Martin Lipset geäußert: „Der ‚Faschismus' – die Linke, die Rechte und die Mitte", in: *Kölner Zeitschrift für Soziologie und Sozialpsychologie* 11 (1959), S. 401–444, und das Vordringen der NSDAP unter den kleinen Landeigentümern dieser vorher stets von konservativen Parteien beherrschten Gebiete hervorgehoben (bes. S. 411 ff.). Daß auch in Hessen der Nationalsozialismus innerhalb der ländlichen Bevölkerung auf eine bereits in der Vorkriegszeit entstandene antisemitische Bauern- und Kleinbauernbewegung zurückging, erhellt aus einer nationalsozialistischen Veröffentlichung: Eugen Schmahl und Wilhelm Seipel, *Entwicklung der völkischen Bewegung*, Gießen 1933.

[65] Darré gehörte zu den Ideologen, die sich erst im Verlaufe der Wirtschaftskrise der NSDAP anschlossen. Seine Gedanken, die im wesentlichen auf einer Verknüpfung agrarsoziologischer und -historischer Erkenntnisse mit Rassentheorie und nationalsozialistischen Anschauungen beruhten, hatte er bereits früher dargelegt, so in einigen Aufsätzen, die bis in das Jahr 1925 zurückreichen (z. B. „Das Schwein als Kriterium für nordische Völker und Semiten", 1927) und in der Sammlung: R. Walther Darré, *Erkenntnisse und Werden. Aufsätze aus der Zeit vor der Machtergreifung*, hrsgg. von Marie Adelheid Prinzessin Reuß-zur Lippe, Goslar 1940, enthalten sind, sowie in seinem Buch *Das Bauerntum als Lebensquell der nordischen Rasse*, München 1928 (6. Aufl. 1937). Die jüngst vom Institut für Zeitgeschichte vorgenommene Veröffentlichung *Hitlers zweites Buch. Ein Dokument aus dem Jahr 1928*, eingeleitet und kommentiert von Gerhard L. Weinberg (*Quellen und Darstellungen zur Zeitgeschichte*, Bd. 7), Stuttgart 1961, läßt erkennen, daß sich die eigenartig metaphysisch anmutende Behandlung von Grund und Boden schon vorher mit Hitlers Kampfideologie verknüpft hat. Aus diesem Dokument geht wie aus keinem zweiten, das die Geschichte des Nationalsozialismus hinterlassen hat, die verhängnisvolle Gleichsetzung von Boden und Macht und der Austausch von Wirtschaft und Eroberung hervor. Rüstungen erscheinen gleichsam als Investitionen und Kriege als mutige Unternehmungen mit vielversprechendem Erfolg (bes. S. 28; S. 48; S. 59 ff.).

[66] Darré veranlaßte später eine Neuausgabe des Buches von Gustav Ruhland, *System der politischen Ökonomie*, bearbeitet von Günther Pacyna, Goslar 1939.

heer, das sich rassenideologisch ausstaffieren und propagandistisch benutzen, jedoch nur auf dem Wege über eine Umwälzung der gesamten wirtschaftlichen Ordnung unter Einschluß einer radikalen Agrarreform verwirklichen ließ; auf diesem Wege drang selbst ein Stück bodenreformerischen Eifers in das nationalsozialistische Programm ein. Die „parteiamtliche Kundgebung" über „die Stellung der NSDAP zum Landvolk und zur Landwirtschaft" vom 6. März 1930,[67] der bald der Aufbau der „agrarpolitischen Abteilung" der NSDAP nachfolgte,[68] faßte die Aspekte dieser Ideologie schlagwortartig zusammen: die „überragende Bedeutung des Nährstandes für das Volk" und demzufolge das Ziel eines „gesunden, kaufkräftigen Landvolks", so daß die „Steigerung der Leistung der heimischen Landwirtschaft . . . eine Lebensfrage für das deutsche Volk" wird, die „Erhaltung eines leistungsfähigen . . . starken Bauernstandes", das Landvolk als „Hauptträger völkischer Erbgesundheit", „Jungbrunnen des Volkes" und „Rückgrat der Wirtschaft", d. h. einer krisenfesten, militärpolitisch nutzbaren, ständisch organisierten Landwirtschaft, die zur Ernährungsautarkie befähigen sollte, da der „Traum vom Weltindustriestaat und Welthandelsstaat ohne Rückendeckung durch bebautes Land und eigenständische Landwirtschaft . . . ausgeträumt" schien.[69]

Dieses Programm besaß allerdings auch einen Teil, der sorgfältiger durchdacht war als andere programmatische Erklärungen der NSDAP und der keinen Zweifel an dem Plan zuließ, der Landwirtschaft und bestimmten agrarkonservativen Vorstellungen von Bodenpolitik und landwirtschaftlichem Ständewesen zentrale Bedeutung einzuräumen und womöglich den gesamten Staat nach den Gesichtspunkten der Landwirtschaft auszurichten und eine agrarisch-ständische Ordnung aufzubauen. Er forderte eine Neuregelung des Bodenrechts und ständisch überwachte Nutzungspflicht, eine Neuregelung des gesamten Anerbenrechts, um den Bodenbesitz zu festigen und die Ertragsfähigkeit zu sichern, ein Bodenpfändungsverbot, eine Bodenertragsteuer als ausschließliche Besteuerungsart der Landwirtschaft, planmäßige Besiedlung, Schaffung staatlicher Erblehen und nicht zuletzt Grenzsiedlungen im Osten. Das Verlangen nach Bebauung und Besiedlung des Bodens aus autarkistischen ernährungswirtschaftlichen Erwägungen und überhaupt die politische Bewertung von Grund und Boden, die nicht nur die verbesserungsfähige Nutzung übermäßig hoch veranschlagte, gingen nicht auf wirtschaftliche Auffassungen allein zurück, sondern nicht weniger auf halb-mythische Vorstellungen von dem genutzten Boden als dem einzig wahrhaften und unzerstörbaren Thesaurus der Nation. Die Krise der Weltwirtschaftsbeziehungen erweckte die archaische Vorstellung vom Boden als dem eigentlichen und sicheren Unterpfand einer nationalen Politik zu neuem Leben. Auch die Ansätze eines großräumlichen Imperialismus ergaben sich aus dem agrarideologischen Grundsatz, „Ernährungs- und Siedlungsraum im großen für das wachsende deutsche Volk zu schaffen", als einer Aufgabe der Außenpolitik.

Die Versprechungen an die Landbevölkerung, die durch die Forderungen dieses Programms hindurchschienen und die zahllose Parteiagitatoren in grobe, aber handfeste Münze ausprägten, machten die NSDAP in der Situation der agrarischen Krise für

---

[67] Rosten (Anm. I/35), S. 66 ff. Zur Reichspräsidentenwahl 1932 auch aufgenommen in die neu herausgebrachte Programminterpretation von Gottfried Feder, *Das Programm der NSDAP* (Anm. I/35), 66.–70. Aufl., München 1932, S. 6 ff.

[68] Darrés „Entwurf zu einem Plan für das Arbeitsgebiet einer agrarpolitischen Abteilung der NSDAP" vom 15. August 1930 befindet sich unter den Dokumenten des sogenannten Wilhelmstraßen-Prozesses vor dem Amerikanischen Militärgerichtshof in Nürnberg (= *MGN*, Fall 11, Ankl.-Dok.-B. 101, Dok. NG 448), desgleichen ein von Hierl und Darré gemeinsam unterzeichneter Parteibefehl an die Gauleiter vom 21. August 1930.

[69] Gregor Strasser am 1. Oktober 1930: *Verhandlungen des Reichstags*, Bd. 444, S. 60. Hieraus hatte Hitler die Konsequenz der gewaltsamen Eroberung wirtschaftlich nutzbarer „Räume" entwickelt. *Hitlers zweites Buch* (Anm. I/65), S. 101; S. 122 ff. „Der Kampf [um den Boden], nicht die Wirtschaft sichert das Leben" (S. 53).

weite Teile der ländlichen Bevölkerung überaus verheißungsvoll, da sie die Aussicht
auf Ansiedlung tüchtiger Landarbeiter, auf Hebung der Landwirtschaft durch steuerpolitische Erleichterungen, auf „gänzliche Herabsetzung des Zinsfußes für das Leihkapital auf das Maß der Vorkriegszeit", den Schutz der „heimischen landwirtschaftlichen Erzeugung" durch Zölle, staatliche Einfuhrregelung und „zielbewußte nationalsozialistische Erziehung", auf Preisgestaltung für landwirtschaftliche Erzeugnisse unabhängig vom börsenmäßigen Aushandeln, auf großzügige staatliche Förderung und
auf Übernahme des Großhandels durch Genossenschaften eröffneten. Es konnten allerdings nirgends Zweifel darüber bestehen, daß zur Erzielung aller dieser Regelungen
dem Staat nicht nur von vornherein „das Aufsichtsrecht und oberste Schiedsrichter-
amt" zustehen, sondern daß er über einen bis dahin unbekannten Umfang an Rechten
und an Machtmitteln gebieten würde. Tatsächlich hat dieses Programm den Nationalsozialismus selbst in entscheidendem Maße beeinflußt, ihm angesichts der kritischen
Lage, in der sich der größte Teil der Landwirtschaft befand, raschen Zulauf innerhalb
der ländlichen Bevölkerung gesichert, tatsächlich aber auch seine spätere Agrarpolitik
in ihren großen Umrißlinien festgelegt und insofern neue, für die künftige Entwicklung überaus wichtige Beziehungen der NSDAP zur Wirtschaft angebahnt. Von einer
nationalsozialistischen Staatsordnung, die vorstellungsmäßig noch unausgefüllt blieb,
ließ sich immerhin sagen, daß sie auf Diktatur [70] und auf wirtschaftsständischer Organisation beruhen sollte; insoweit war diese Kundgebung eine weitere Beschwerung
des Gewichtes zugunsten von Ständestaat und Diktatur. Dagegen schlug sich der pro-
letarische Aktivismus der Betriebszellenorganisation lediglich in den Formen der untersten Organisationsstufen der Partei und in ihrer Agitation nieder, während ihm das
Wirtschaftsprogramm dauernd verschlossen blieb.

3. Ständische Ordnung und Diktatur

Das Fehlen eines übereinstimmenden Bildes der Gesellschaft ersetzte der Nationalsozialismus durch den Willen, bestehende soziale Fronten zum Einsturz zu bringen.
Ungleich stärker als die Ansätze zur Analyse des Bestehenden bildete sich das Wunschbild der Zukunft in Gestalt bemerkenswert handfester, simplifizierter, vom Macht-
denken beherrschter Vorstellungen aus. Die Zukunft sollte jedenfalls einen starken
Staat hervorbringen, dem auch eine entscheidende Rolle in einer neu aufzubauenden
Wirtschaft zugedacht war. Seine einzelnen Züge und Besonderheiten wurden freilich
keineswegs mit sonderlicher Sorgfalt durchdacht, aufgezeichnet oder erörtert. Die
nationalsozialistischen Propagandisten verhielten sich bemerkenswert passiv und unterlagen wohl bewußt der zeitgenössischen Vielfalt konservativer Staatsideologien.
Sowohl der „Totalstaat" wie der „ständische Staat" und der „autoritäre Staat" enthielten ursprünglich nichts spezifisch Nationalsozialistisches und ließen auch später in
ihrer nationalsozialistischen Fortbildung die fremden Anleihen erkennen; der „Führerstaat" bildete schließlich die unvorhergesehene Synthese dieser Ideologien und insofern erst ein spezifisch nationalsozialistisches Bild eines totalitären zentralisierten Re-
gierungs- und Herrschaftssystems. Mit sicherer Regelmäßigkeit kehrte in allen Zu-
kunftsankündigungen der nationalsozialistischen Propaganda aber die Verbindung
eines total umgewandelten Staates mit einer total umgewandelten Wirtschaftsordnung
wieder, wie die NSDAP auch ihren Aufstieg als „Protest des Volkes gegen einen
Staat" auszulegen suchte, der „eine Wirtschaftsordnung erlaubt und möglich macht",

---

[70] So übrigens auch schon Feder, *Der deutsche Staat*. . . (Anm. I/56), S. 30: „Sie [die Frage der Staatsform]
kann überhaupt erst einer Lösung zugeführt werden nach einer ganz gründlichen Reinigung unserer innenpolitischen
Verhältnisse. Der einzig mögliche Weg zu dieser innenpolitischen Reinigung scheint uns ausschließlich über den
Weg einer Diktatur zu gehen, die mit aller Entschiedenheit die Fäulnis- und Krankheitsherde an unserem Volkskörper ausschneidet und ausbrennt."

die in dem verzerrenden Spiegelbild des radikalen Nationalismus als widernatürlich und während der Erschütterungen der Krise als überlebt erschien.[71] So wenig einheitlich auch im einzelnen die Linien erscheinen, denen die mehr auf den unmittelbaren Effekt als auf die Sache sehende Propaganda folgte, so grundsätzlich und allgemein war doch die Ablehnung, ja die Feindschaft, die die NSDAP der bestehenden Wirtschaftsordnung gegenüber an den Tag legte. Das ganze erste Jahrzehnt ihres Bestehens stellte sie sich in radikaler Weise gegen die beherrschenden Elemente der kapitalistischen Wirtschaft, gegen Konzerne und Trusts wie gegen Banken und Börsen. Hierin ergaben sich jedoch im Fortschreiten der Krise und mit zunehmenden Wahlerfolgen der NSDAP recht beträchtliche Wandlungen. Namentlich im Laufe des Jahres 1932 und im Gefolge der politischen Ereignisse dieses Jahres, die die NSDAP um ein großes Stück der Macht näherbrachten, begannen sich ihre Beziehungen zu den großen Mächten der Wirtschaft nachhaltig zu verändern, was sich auch in finanziellen Verbindungen widerspiegelte, die 1932 noch weit größere Bedeutung erlangten, als sie zuvor besaßen.

Schon vor der Wirtschaftskrise konnte die Partei Hitlers nicht nur über Mitgliedsbeiträge, sondern in beträchtlichem Umfange auch über Zuwendungen verfügen, die sie von privater Seite des Inlandes wie des Auslandes erhielt.[72] In bezug auf die nichtdeutsche Finanzierung der NSDAP scheint sich die Feststellung zu behaupten, daß sie, „wenn auch sicher im ganzen beträchtlich und in Einzelfällen sogar recht beträchtlich, auf gar keinen Fall entscheidend für Hitlers Machtergreifung" war.[73] Wichtig wurde

---

[71] Gregor Strasser am 10. Mai 1932: *Verhandlungen des Reichstags*, Bd. 446, S. 2511.

[72] Für die Frühzeit jetzt Wilhelm Hoegner, *Der schwierige Außenseiter. Erinnerungen eines Abgeordneten, Emigranten und Ministerpräsidenten*, München 1959, bes. S. 47 f.; und die Untersuchung von Georg Franz-Willing, *Die Hitler-Bewegung*, Bd. I: *Der Ursprung 1919–1922*, Hamburg 1962, S. 178 ff.; für die spätere Zeit Konrad Heiden, *Adolf Hitler. Das Zeitalter der Verantwortungslosigkeit. Eine Biographie*, Bd. I, Zürich 1936, hier bes. S. 261; George Wolfgang F. Hallgarten, *Hitler, Reichswehr und Industrie. Zur Geschichte der Jahre 1918–1933*, Frankfurt/M. 1955, S. 96; wie die als vertraulich bezeichnete und nicht zur Veröffentlichung und Weiterverbreitung bestimmte Aufzeichnung eines wichtigen Kronzeugen, August Heinrichsbauer, *Schwerindustrie und Politik*, Essen—Kettwig 1948, die neben den einschlägigen Dokumenten und Aussagen in den Nürnberger Prozessen eine der wenigen zugänglichen Quellen auf diesem Gebiet darstellt und auch augenscheinlich die Grundlage verschiedener Mitteilungen von Louis P. Lochner, *Die Mächtigen und der Tyrann. Die deutsche Industrie von Hitler bis Adenauer*, Darmstadt 1955 (Titel des amerik. Originals: *Tycoons and Tyrant*), bildet. Diese Veröffentlichungen können indessen noch nicht als abschließende Darstellungen gelten. Hier interessiert aber nicht allein die Finanzierungsproblematik, sondern viel mehr noch der nachweisbare Kontakt zwischen der NSDAP und wirtschaftlichen Interessenten in Verbindung mit den sichtbaren Wandlungen von Propaganda und Programmatik der NSDAP, auf die schon Scheunemann (Anm. I/34, S. 131) auf Grund seines umfangreichen Materials hinweisen konnte.

[73] Hermann Lutz, „Fälschungen zur Auslandsfinanzierung Hitlers", in: *Vierteljahrshefte für Zeitgeschichte* 2 (1954), S. 386–396. Vgl. Heiden, *Adolf Hitler*, a. a. O., S. 262 ff.; Hallgarten, a. a. O., S. 96. Die häufiger vermuteten als wirklich faßbaren Unterstützungen der NSDAP von ausländischer Seite sind bisher lediglich durch einige Dokumente, die die Verteidigung im IG Farben-Prozeß vorlegte, glaubwürdig gemacht worden. Sie betreffen jedoch nur Röhm und die SA - auch diese nur in späterer Zeit. Der ehemalige Generalmajor Franz Ritter v. Höraufl hat in einer eidesstattlichen Erklärung berichtet, daß er im Mai und Juni 1931 und im Februar und März 1932 im Auftrage Röhms mit englischen und französischen Finanzgruppen Verhandlungen geführt habe, um eine finanzielle Stützung der SA zu erreichen, damit „sie unabhängig von der Partei existieren könne". Hierbei sei auch eine Abmachung zustande gekommen, die Röhm akzeptiert habe. Über die praktischen Auswirkungen macht Hörauf hierauf keine Angaben (*MGN* 6, Vert.-Dok.-B. Gattineau 6 a, Dok. Gattineau 300). Mehr besagt ein Affidavit des Fürsten Erich v. Waldburg zu Zeil, der gemeinsam mit dem später von Nationalsozialisten ermordeten Publizisten Gerlich vom Münchener Naturrechtsverlag über den von Röhm beauftragten Agenten Georg Bell vorübergehend in den Besitz eines Dokuments gelangt war, das ein Übereinkommen zwischen Röhm und Sir Henry Deterding, dem Präsidenten der Royal Dutch Shell, enthält, in dem Deterding der SA finanzielle Unterstützungen zusagte. Über die Höhe wirklich geleisteter Hilfen läßt indessen auch diese Quelle nichts verlauten (*MGN* 6, Vert.-Dok.-B. Gattineau 6 a, Dok. Gattineau 301). Während jedoch das starke politische Engagement des anglisierten Holländers Sir Henry Deterding hinreichend bekannt und die Förderung der Bewegung Hitlers durch ihn sehr hoch veranschlagt worden ist, kann die auf einen Holländer namens Schoup zurückgehende Nachricht, daß sich das New Yorker Bankhaus Warburg 1929–1933 wesentlich an einer großzügigen Finanzierung der NSDAP beteiligt habe, nach jüngeren Nachforschungen als schlechthin auf Fälschungen beruhend abgetan werden; vgl. Lutz, a. a. O.;

für Hitler der Umstand, daß er über einen seiner Anhänger, den jungen Journalisten und späteren Reichspressechef Dietrich, etwa 1928 Emil Kirdorf, den Generaldirektor der Gelsenkirchener Bergwerks-Aktiengesellschaft, für die NSDAP gewann, der Hitler schon im Herbst des gleichen Jahres dazu veranlaßte, die radikalen Untergauleiter des Ruhrgebietes, Kaufmann und Koch, gegen gefügigere und farblosere Männer auszuwechseln.[74] Es besteht zwar kein Grund zu der Annahme, daß bereits zu dieser Zeit engere oder dauerhafte Beziehungen zwischen der NSDAP und repräsentativen Kreisen der Industrie entstanden sind; aber der Zwang zu einer allmählichen Revision quasi-sozialistischer oder sozialistisch aussehender Programmteile war spürbar und setzte sich über die Person Hitlers, der nicht nur innerhalb der Partei, sondern auch für außenstehende Interessentenkreise zum wichtigsten Mann der NSDAP wurde, langsam zwar, doch schließlich unaufhaltsam durch.

Eine inhaltsreiche Geschichte der Beziehungen der NSDAP zu wirtschaftlichen Interessenten setzte mit Beginn der großen wirtschaftlichen Krise ein, in deren Verlauf das alldeutsche Erbgut der NSDAP erfolgreich gegen die sozialistischen Eindringsel ausgespielt wurde. Von entscheidender Bedeutung war zuerst die Hinwendung Hugenbergs zu Hitler, die auf die Initiative des Oberfinanzrats Bang zurückging, der ebenso wie Hugenberg zu den führenden Männern der Alldeutschen Bewegung gehört hatte, 1924 einer der Opponenten gegen die „Erfüllungspolitik" des Reichsverbandes der Deutschen Industrie geworden war [75] und seit den frühen zwanziger Jahren mit Hitler in Verbindung stand. Hugenberg, der glaubte, die NSDAP für seine Propaganda gegen den Young-Plan zu brauchen, zweigte von nun an einen Teil der Unterstützung, die er von industriellen Interessenten erhielt, an Hitler ab und gewährte ihm in seiner Presse großzügige Unterstützung.[76] Zu diesen Beziehungen traten bald andere hinzu. Göring machte die Bekanntschaft Fritz Thyssens,[77] und Schacht trat mit Hitler in Verbindung, der sich in dieser Zeit von Otto Strasser trennte. Die NSDAP begann sich schließlich als Harzburger Teilhaber der „nationalen Opposition" durch Pflege eines repräsentativen Stiles zu emanzipieren und in einer wahren Propagandaschlacht in breiten, von der Krise in Mitleidenschaft gezogenen Schichten zu empfehlen. Mit finanzieller Hilfe Fritz Thyssens zog die Parteileitung in ein Münchener Palais, das den einfallslosen Namen „Braunes Haus" bekam; und während seiner Aufenthalte in Berlin hielt sich Hitler im Hotel „Kaiserhof" auf und suchte sich mit dem geschickten Gehaben des einfachen und schlichten Mannes vor dem Hintergrund eines großen Gepränges das Ansehen eines bedeutenden Oppositionsführers zu verschaffen, der viel reiste und redete, häufig Konferenzen abhielt und seine Fäden nach allen Seiten spann.

Gegen Ende des Jahres 1931 beauftragte Hitler seinen Vertrauten Wilhelm Keppler, einen bayerischen Fabrikanten, mit Hilfe Schachts unter den Wirtschaftlern, zu denen

---

und vom gleichen Verfasser: *German-French Unity, Basis for European Peace. Historical Facts for a Constructive Policy, 1870–1933*, Chicago 1957, S. 189 ff. Dort auch weitere Einzelheiten über ausländische Finanziers der NSDAP, im besonderen über Sir Henry Deterding: S. 113 ff. Erwähnenswert zu dieser Frage bleibt Richard Lewinsohn (Morus), *Das Geld in der Politik*, Berlin.1930, S. 148 f.

[74] Heiden, a. a. O., S. 260 f.

[75] Vgl. *Der Weg zum industriellen Spitzenverband*, hrsgg. vom Bundesverband der Deutschen Industrie, Darmstadt 1956, S. 121; S. 189.

[76] Heiden, *Adolf Hitler* (Anm. I/72), S. 266 ff. Die Höhe des Betrages, den die NSDAP über Hugenberg erhielt, ist ungeklärt. Thyssen bezifferte ihn auf jährlich 2 Millionen Mark: Fritz Thyssen, *I Paid Hitler*, New York–Toronto 1941, S. 103; nach Hallgarten (Anm. I/72, S. 127) ist diese Angabe später von Thyssen in einer Aussage während seiner Entnazifizierungsverhandlung widerrufen worden. Vgl. hierzu auch Lewinsohn (Anm. I/73), S. 149 ff.

[77] Thyssen, a. a. O., S. 100.

er Beziehungen unterhielt, einen ständigen Berater- und Fördererkreis zu bilden, was bis dahin noch nicht gelungen war.[78] Dieser „Freundeskreis", den Keppler 1931/32 für Hitler zustande brachte, war so gut wie eine Gewähr dafür, daß wichtige Persönlichkeiten der Wirtschaft im Falle einer nationalsozialistischen Machtergreifung zumindest stillhalten würden. Hitler selbst hielt vor diesem Kreis erstmals am 18. Mai 1932 im „Kaiserhof" eine Ansprache, in der er die Beseitigung der Gewerkschaften und Parteien als Inhalt seines Programms bezeichnete, was ohne Widerspruch entgegengenommen wurde.[79]

In dieser Zeit gingen auch einige Personalveränderungen innerhalb der Parteileitung vor sich. Seit Anfang 1931 war Otto Wagener Leiter der Wirtschaftspolitischen Abteilung und dem Organisationsleiter II, Hierl, unterstellt, ehe sie im Juni 1932 zur selbständigen Hauptabteilung IV (Wirtschaft) umgebildet wurde.[80] Neben ihm spielte Gottfried Feder eine zusehends bescheidener werdende Rolle als Vorsitzender einer Kommission für Wirtschaftstechnik und Arbeitsbeschaffung, eine sehr bedeutende dagegen seit Juni 1932 die ebenfalls selbständige Hauptabteilung V, der agrarpolitische Apparat Darrés. Die nationalsozialistische Betriebszellenorganisation wurde 1931 Wagener unterstellt, ehe sie im Juni 1932 in den Organisationsbereich von Gregor Strasser überging. Bald nach der Reichstagswahl von 1930 tauchten in der NSDAP-Führung auch andere Verbindungsleute zur Wirtschaft auf: Wilhelm Keppler galt als persönlicher Vertrauter Hitlers, und Walther Funk, neben Otto Dietrich der zweite Mann aus der Wirtschaftspresse, der während der leidenschaftlich geführten Erörte-

---

[78] Eidesstattl. Erklärung Kepplers vom 24. September 1946: *MGN* 5, Ankl.-Dok.-B. 14, Dok. Ni–903. – Die Auswertung des umfangreichen Quellenmaterials, das in den Prozeßakten des Nürnberger Kriegsverbrecherprozesses vor dem Internationalen Militärgerichtshof und in den zwölf Nachfolgeprozessen vor dem Amerikanischen Militärgerichtshof enthalten ist, gestaltet sich schwierig und steckt heute noch immer in den Anfängen. Bisher ist nur wenig geschehen, um dieses immer noch unübersichtliche, inhaltlich und in seinem Wert für die historische Forschung höchst unterschiedliche, in vielen Teilen jedoch überaus wichtige Material aufzuschließen und einer planmäßigen Durcharbeitung zuzuführen. Lediglich die wichtigsten Anklagedokumente des Hauptkriegsverbrecherprozesses liegen bisher im Druck vor. Der archivalische Teil der forschungsmäßigen Auswertung ist etwas weiter gediehen als der historisch-wissenschaftliche, für den allerdings erschwerend ins Gewicht fällt, daß er in wichtigen Sachkomplexen keins geschlossenes Bild ermöglicht, sobald man von den besonderen Gesichtspunkten des Gerichtshofs und der Anklage absieht, daß also infolgedessen keine isolierte Bearbeitung möglich, sondern die Hinzuziehung anderer, ergänzender Aktengruppen erforderlich ist, die in den Materialien von Nürnberg nicht enthalten sind. Unabhängig von Aussetzungen an der Prozeßführung und von Kritischem und Konfirmativem zur Urteilsfindung und den niedergelegten Begründungen einschließlich der bekanntgegebenen Abweichungen einzelner Militärrichter, die für eine Geschichte der Nürnberger Prozesse von Interesse wären, dürfte die Gesamtheit der Aktenstücke, Erklärungen und protokollierten Aussagen, die in diesen Prozessen vorgelegt worden sind, noch auf längere Sicht einen großen Wert als eine der wichtigsten Fundstätten zur Zeitgeschichte besitzen. Im allgemeinen haben die von der Anklage wie von der Verteidigung vorgelegten Aktenstücke, soweit sich nicht im Prozeßverlauf Zweifel an ihrer Echtheit eingestellt haben, einen hohen Quellenwert. Allerdings bedarf eine korrekte Bewertung in vielen Fällen auch einer Verfolgung des Prozeßverlaufes, die erst die rechte Placierung der einzelnen Beweisstücke ermöglicht. Vielfach wird erst auf diesem Wege eine Verbindung von verschiedenen Dokumenten der Anklage und der Verteidigung, die sich bisweilen ergänzen, möglich. Gleiches gilt in noch stärkerem Maße, sobald man sich entschließt, die eidesstattlichen Erklärungen und protokollierten Aussagen von Angeklagten und Zeugen heranzuziehen, die sich des öfteren im Verlauf der Prozesse, bisweilen sogar wesentlich, in ihrem Inhalt abgewandelt und in ihrer Bedeutung relativiert haben.

[79] *Ebda.*

[80] Neben der oben zitierten parteiamtlichen Veröffentlichung von Anton Lingg (Anm. I/39), die über die frühe Zeit der NSDAP nur wenig Aufschluß gibt, enthält die Untersuchung von Wolfgang Schäfer, *NSDAP. Entwicklung und Struktur der Staatspartei des Dritten Reiches* (*Schriftenreihe des Instituts für wissenschaftliche Politik*, Marburg/Lahn, Nr. 3), Hannover–Frankfurt/M. 1956, Angaben über die organisatorischen Umbildungen innerhalb der NSDAP vor 1933 mit einem Quellennachweis (hierzu bes. S. 15 ff.). – Lebenslauf und Tätigkeit Wageners zeigen eine charakteristische Verknüpfung militärisch- und wirtschaftlich-organisatorischer Tätigkeiten: Dr. phil. h. c. Otto Wagener war als Hauptmann Stabschef der Deutschen Legion im Baltikum, von 1920–1929 in mehreren wirtschaftlichen Unternehmungen und in industriellen Verbänden leitend tätig und 1929/30 unter Pfeffer und zuletzt – als Vorgänger Röhms – unter Hitler als Oberstem SA-Führer (Osaf) für kurze Zeit Stabschef der SA. Vgl. *Horkenbach, 1933*, S. 1043; auch Görlitz/Quint (Anm. I/34), S. 263; S. 278; S. 290.

rungen des Young-Planes zu den Nationalsozialisten gestoßen war[81] und als ehemaliger Chefredakteur der Berliner Börsen-Zeitung über hervorragende Verbindungen verfügte, erhielt die offizielle Bezeichnung eines Wirtschaftsbeauftragten des Führers der NSDAP. Er wurde im November 1931 Leiter eines besonderen Wirtschaftsrates innerhalb der Wirtschaftspolitischen Abteilung, in der ein Jahr später der Stabsleiter Wageners, Bernhard Köhler, den stellvertretenden Vorsitz übernahm, nachdem dieser Rat mit dem Namen einer Kommission für Wirtschaftspolitik zugleich auch größere Selbständigkeit gewonnen hatte.[82] Otto Wagener trat als erster innerhalb der NSDAP mit ständestaatlichen Gedankengängen hervor. Schon in der obersten SA-Führung hatte Wagener am Aufbau des wirtschaftspolitischen Apparates maßgeblichen Anteil. Seit 1930 gab er den Wirtschaftspolitischen Pressedienst der NSDAP heraus, in dem er sich um einen Ausgleich zwischen wirtschaftlichen Interessen und autoritärer Staatsideologie bemühte. Von seiner generalstäblerischen, vielleicht auch von seiner wirtschaftlichen Tätigkeit her war er offenkundig mit einer organisatorischen und planerischen Neigung begabt; doch den Gesamtzusammenhang der Volkswirtschaft erblickte er im Lichte einer bestimmten, mit den Mitteln ideologischer Beeinflussung erreichbaren „Wirtschaftsgesinnung". Bald nach dem nationalsozialistischen Wahlerfolg in der Reichstagswahl von 1930 versuchte Wagener, in einer Reihe von Aufsätzen einige politisch-ökonomische Grundsätze zu entwickeln,[83] die zwar kaum die Verschwommenheit des Parteiprogramms überwanden, jedoch zu einer gewissen Artikulation der bis dahin unnuancierten phraseologischen Polemik gegen „Kapitalismus" und „Marxismus" führten, die den Ansprüchen des Nationalismus genügten, ohne sozialistisch oder liberal zu sein, aber auch der liberalen Begrenzung der Staatsmacht gegenüber der Wirtschaft ein Ende setzten, ohne den Weg des Sozialismus zu gehen. Wie eine nationalökonomisch gedachte Abwandlung des Schlagwortes vom „Kampf ums Dasein" las sich die Behauptung Wageners, daß die „Expansion der Schlüsselindustrie" ein „Teil der nationalen Machtentfaltung" sei und daß infolgedessen die Gesichtspunkte des Konsums hinter die Zwecke der Produktionssteigerung zurücktreten müßten. Sie zog wirtschaftsorganisatorische Konsequenzen nach sich, die dem planenden Stabsoffizier von einst die rechte Möglichkeit zur freien Betätigung seiner Phantasie gaben. Als ferne Ziele bezeichnete er bereits die Vorstellung der autarken Wirtschaft eines „geschlossenen Wirtschaftsgebietes" Ost-

---

[81] Ein Vortrag von Walther Funk, *Befreiung von Kriegstributen durch wirtschaftliche und soziale Erneuerung*, gehalten vor dem „Hochschulring deutscher Art in Tübingen", hrsgg. von der Gesellschaft für deutsche Wirtschafts- und Sozialpolitik, Berlin 1929, deren Vorstandsmitglied Funk war, verdient als frühes sprechendes Zeugnis für die allmähliche Annäherung der in der nationalistischen Wirtschaftspresse vertretenen Ansichten an bestimmte Teile des nationalsozialistischen Wirtschaftsprogramms Beachtung. Das gilt im besonderen für die Herausstellung eines Primats der „wirtschaftlichen Innenpolitik" den Reparationsanforderungen gegenüber und des „Schutzes der nationalen Arbeit", worunter Funk allerdings nicht die individuelle Arbeitskraft verstand, sondern im besonderen die Produktion der Landwirtschaft, der chemisch-synthetischen Industrie und bezeichnenderweise der Automobilindustrie, deren Lage er mit Hilfe eines „Volksautomobils" in Verbindung mit Auto-Schutzzöllen bessern wollte, für den Aufruf an einen „neukapitalistischen Geist gegen Parteibürokratie" und für den Wunsch nach dem „Mann aus Millionen", der Diktatur „auf breitester demokratischer Grundlage" (S. 6). Funks Lob der indirekten Besteuerung bei Verminderung der Einkommen- und Senkung der Körperschaftsteuer, die Aufhebung der staatlichen Sozialversicherung zugunsten privatwirtschaftlicher Organisationen und seine Empfehlung einer gegen Amerika gerichteten „paneuropäischen" Wirtschaftspolitik befanden sich allerdings vorerst noch in größerer Entfernung von den Äußerungen und Gedanken nationalsozialistischer Wirtschaftsideologen.
[82] Die Aussagen Funks im Hauptkriegsverbrecherprozeß, *Der Prozeß gegen die Hauptkriegsverbrecher vor dem Internationalen Militärgerichtshof. Nürnberg, 14. November 1945 – 1. Oktober 1946 (IMT)*, Nürnberg 1947, Band XIII, S. 93–103 f., weichen inhaltlich teilweise etwas von seinen eigenen Angaben aus früherer Zeit ab (*Das deutsche Führerlexikon 1934/1935*, Berlin 1934, S. 138 f.), denen in Rücksicht auf ihre zeitliche Priorität wohl auch die sachliche Priorität nachgesagt werden darf; s. auch Heinrichsbauer (Anm. I/72), S. 42.
[83] Im *Wirtschaftspolitischen Pressedienst (WPD). Nationalsozialistische Wirtschaftskorrespondenz* 2 (1931), Nr. 2, S. 3–5, und dort in der Artikelreihe „Nationalsozialistische Wirtschaftsprobleme" in Nr. 3, 5, 6 und 7.

und Südosteuropas als Aufnahmegebiet für die Produktion der deutschen Schlüssel-
industrien.

Man kann nicht sagen, daß die Gedanken Wageners originell gewesen seien und daß
seine Behauptungen und Ansichten zur Klarheit oder zu einiger Zielsicherheit geführt
hätten, obgleich der naive Optimismus des Dilettanten fast alle Dinge leichter nahm,
als sie in Wirklichkeit waren. Was Wagener der Öffentlichkeit, soweit sie an der
NSDAP Interesse nahm, anzubieten vermochte, war der Gedanke einer künftigen
Beaufsichtigung der Wirtschaft durch den Staat in einer Form, die ihm „ein Eingreifen gestattet, ohne daß er mehr in Erscheinung tritt, als es unbedingt nötig ist".[84] Die
Wirtschaft sollte so geleitet werden, daß sie den Zwecken des Staates im gewünschten
Umfang nachkommen würde, was einer besonderen Organisation und – wie Wagener
meinte – „zunächst einmal" einer Erziehungsarbeit „im Geist des Nationalsozialismus"
bedurfte. Dieses vage formulierte Vorhaben genügte zwei Gesichtspunkten, die für die
NSDAP von Belang waren: Danach schien nunmehr ein „möglichst unabhängiges
selbständiges Arbeiten der Wirtschaft" – „die Bürgschaft für den gründlichen Erfolg" –
auch in einem „nationalsozialistischen Staat" möglich zu sein; der Staat aber sollte
über eine neu zu schaffende Organisation, mit Hilfe von Überwachungen, Vorschriften
und Kontrollen, eine ständige Aufsicht führen und je nach seinen politischen Absichten Eingriffe vornehmen können. Den Ausdruck der Lenkung kannte Wagener noch
nicht; aber deutlich zielten seine Äußerungen in eine Richtung, die später durch diesen
Begriff noch genauer bezeichnet worden ist. Die Wirtschaft sollte sich selbst organisieren und ihre Interessen innerhalb eines „Wirtschaftsparlaments" aller „schaffenden
Stände" selbst ausgleichen, der Staat hingegen Rechte und Möglichkeiten zu verhältnismäßig weit reichenden Eingriffen erhalten. Die Berufsverbände wollte Wagener
zu einem umfassenden System ausbauen und die bestehenden Industrie- und Handels-,
Landwirtschafts-, Handwerks- und Gewerbekammern zu Wirtschaftskammern unter
staatlich eingesetzten Präsidenten in einem lückenlosen, regional und fachlich aufgebauten System zusammenfassen und zugleich eine staatlich garantierte „Kooperation" sowohl im Gesamtbereich der Wirtschaft wie innerhalb des Betriebes mit Hilfe
von institutionalisierten Interessenvertretungen unter treuhänderischer Staatsaufsicht
schaffen: „Betriebsräte" in den Betrieben, Kammern und Fachverbände in den einzelnen Sparten der Wirtschaft und für die gesamte Volkswirtschaft im „Wirtschaftsparlament".[85]

An ständischen Gedanken, die in gleicher Opposition zu liberalen Wirtschaftsleh-
ren und -praktiken wie zum Sozialismus standen, wurde in dieser Zeit einer Depression bisher unbekannten Ausmaßes von vielen Seiten gesponnen. Soweit sie aus dem

---

[84] *WPD* 2, Nr. 5, S. 3.

[85] Das System der paritätisch zusammengesetzten, also von den Berufsverbänden der Arbeitgeber- wie der
Arbeitnehmerseite beschickten Wirtschaftskammern war nach dem Vorbild der innerbetrieblichen Regelungen autoritär gedacht; die Entscheidung lag beim Kammerpräsidenten, der auf Vorschlag des zuständigen Regierungspräsidenten vom Staat ernannt und nur von ihm abgesetzt werden sollte. Spitze des Kammersystems war ein Reichswirtschaftsrat. Oberstes Organ der wirtschaftlichen Körperschaften bildete ein Wirtschaftsparlament, dem die Beratung wirtschaftlicher Gesetzesvorlagen oblag, während die Beratung nichtwirtschaftlicher Gesetze Sache eines
politischen Parlaments sein sollte. Über beide Körper stellte Wagener einen Senat, „die Vereinigung derjenigen
Männer, die die letzte Verantwortung sowohl dem Staat und dem Oberhaupt des Staates gegenüber, sowie umgekehrt für den Staat dem Volk gegenüber tragen" (*WPD*, Nr. 7, S. 4). Diese letzten Gedanken wichen noch
kaum von den Vorschlägen des Bundes zur Erneuerung des Reiches und anderer Reichsreformer ab (vgl. *Das
Problem des Reichsrats. Leitsätze mit Begründung, Gesetzentwürfe mit Begründung, Vergleiche mit anderen Staaten*,
hrsg. vom Bund zur Erneuerung des Reiches, Berlin 1930). Vgl. auch Max Frauendorfer, *Der ständische Gedanke
im Nationalsozialismus* (Nationalsozialistische Bibliothek, H. 40), München 1932 (3. Aufl. 1933); Feder, *Der
deutsche Staat...* (Anm. I/56); Hans Buchner, *Grundriß einer nationalsozialistischen Volkswirtschaftstheorie*
(Nationalsozialistische Bibliothek, H. 16), 4. Aufl., München 1932. Einen Überblick über die Bedeutung korporativer Staatsideologien für die NSDAP in der letzten Phase vor ihrer Machtergreifung gibt Roy Pascal, *The
Nazi Dictatorship*, London 1934, S. 108 ff.

katholischen Geistesleben kamen, gingen sie zurück auf die Ansätze in den Sozial-
lehren der katholischen Kirche, die die *Encyklika Quadragesimo anno* im Mai 1931
von höchster autoritativer Seite wieder deutlich sichtbar zu machen und hervorzuheben
versuchte. Im allgemeinen gehörten sie dem Kreis konservativer Ordnungsideen
an, die, auf Religion und kirchlicher Tradition beruhend, „ständische" Ausdeutungen entweder zuließen oder sogar einschlossen.[86] Sie lösten und emanzipierten sich aber auch von den Entstehungsbedingungen eines religiös begründeten Konservatismus und drängten sich schließlich auf breiter Front in Pläne
und Projekte für eine reformierte „konstitutionelle Demokratie" ein, wenngleich sie
auch keineswegs ausnahmslos von Grund auf gegen die parlamentarische Verfassung
gerichtet waren, sondern zuweilen in sehr prononcierter Weise gegen die diktatorischen Bestrebungen der Epoche, besonders ausdrücklich gegen den Faschismus vorgebracht wurden, „um den Entwicklungsstrom von jenen Kräften abzulenken, die
zur Diktatur in irgendeiner Form" drängten.[87] Während des Jahres 1932 ließ sich jedoch auch hier eine Wendung beobachten, da mitten in der großen wirtschaftlichen
Krise die Spitzenverbände der Wirtschaft enger an den Staat heranrückten als je zuvor. Der Deutsche Industrie- und Handelstag etwa traf im August 1932 eine interne
Regelung, künftig für die Errichtung eines Oberhauses einzutreten, das sowohl dem
„Ausgleich und der Ergänzung gegenüber dem politischen Parlament" dienen als auch
im Falle seines „Versagens . . . Aufgaben des Ersatzes wahrnehmen" und das nicht
aus politischen Wahlen hervorgehen, sondern dessen Mitglieder vom Reichspräsidenten oder von den Landesregierungen nach Präsentation ernannt werden sollten.[88]

Diese Gedanken, die in der Hauptsache darauf hinausliefen, parlamentarische Institutionen ganz oder teilweise mit Repräsentationen organisierter Interessen auszufüllen, unterschieden sich noch erheblich von solchen, die eine totalitäre ständische
Sozialordnung zu verwirklichen trachteten.[89] Das Beispiel des korporativen italienischen Staates, der sich im Verlauf eines Jahrzehnts scheinbar erfolgreich ausgebildet
und behauptet hatte, lieferte gerade für nationalsozialistische oder der NSDAP nahestehende Ideologen eine Empfehlung für Gedanken dieser Art.[90] Die vielerorten auf-

---

[86] Vgl. Oswald v. Nell-Breuning, „Ständischer Gesellschaftsaufbau", in: *Handwörterbuch der Sozialwissenschaften*, Bd. XII, Stuttgart–Tübingen–Göttingen 1956, S. 6–11. Hinsichtlich der Tradition der christlichen Sozial-
lehren vgl. im einzelnen Edgar Alexander, "Church and Society in Germany", in: *Church and Society. Catholic
Social and Political Thought and Movements 1789–1950*, ed. by Joseph N. Moody, New York 1953, S. 331; vgl.
auch Gerhard Schulz, „Die CDU – Merkmale ihres Aufbaus", in: *Parteien in der Bundesrepublik. Studien zur
Entwicklung der deutschen Parteien bis zur Bundestagswahl 1953 (Schriften des Instituts für politische Wissenschaft*, Bd. 6), Stuttgart–Düsseldorf 1955, S. 15 ff.; S. 82 ff.

[87] *Das Problem des Reichsrats* (Anm. I/85), S. 48.

[88] Niederschrift über die Sitzung des Arbeitsausschusses des Verfassungsausschusses des Deutschen Industrie- und
Handelstages (DIHT) am 17. August 1932 (Akten des ehemaligen Deutschen Industrie- und Handelstages im
Bundesarchiv [BA] zu Koblenz; *BA*, R 11/10).

[89] Eine vergleichende Übersicht über die jüngere ausländische und deutsche Literatur zur „ständisch-korporativen Idee" findet sich bei Joseph Heinrich Kaiser, *Die Repräsentation organisierter Interessen*, Berlin 1956,
S. 54 ff.; über den italienischen Korporativismus: Ludwig Bernhard, *Der Staatsgedanke des Faschismus*, Berlin
1931; Fritz Ermarth, *Theorie und Praxis des faschistisch-korporativen Staates (Heidelberger Rechtswissenschaftliche
Abhandlungen*, Nr. 14), Heidelberg 1932; Werner Niederer, *Der Ständestaat des Faschismus. Der italienische Berufsverein und seine rechtliche Struktur*, München–Leipzig 1932; aus der nationalsozialistischen Zeit: Hans Riemer,
Volk und Wirtschaft. Herkunft und Ziele ständischer Wirtschaftsverfassung, Bonn 1933; Wilhelm Rößle, *Ständestaat und politischer Staat (Recht und Staat in Geschichte und Gegenwart*, H. 113), Tübingen 1934; Gottlieb Leib-
brandt, *Stand, Staat und Volk (Gesellschaftswissenschaftliche Abhandlungen*, hrsgg. von Othmar Spann, Bd. V),
Leipzig–Wien 1935; Justus Beyer, *Die Ständeideologien der Systemzeit und ihre Überwindung (Forschungen zum
Staats- und Verwaltungsrecht*, hrsgg. von Reinhard Höhn, Reihe A, Bd. VIII), Darmstadt 1941.

[90] Vgl. die Schriften einer leitenden Persönlichkeit der Geschäftsführung des Reichsverbandes der deutschen
Industrie, Hans Reupke, *Das Wirtschaftssystem des Faschismus*, Berlin 1930 (vor Eintritt in die NSDAP verfaßt),
und *Unternehmer und Arbeiter in der faschistischen Wirtschaftsidee*, Berlin 1931 (nach Eintritt in die NSDAP
verfaßt).

lebenden Erörterungen und die dahinter sichtbaren Interessen, die von den berufsständischen Selbstverwaltungen der Wirtschaft zu einem ständischen Staatsaufbau
überzuleiten suchten, schienen dieses Thema ebenfalls diskussionsreif zu machen. Hierzu gehörten die handwerklichen Spitzenverbände und Kammern ebenso wie die der
Großindustrie. Bereits die vage Aussicht auf Verwirklichung solcher Gedanken zog
dann das Interesse anderer Gruppen nach sich; denn es gehörte zu den stets befolgten
Grundsätzen der Spitzenverbandsdiplomatie, die Entwicklung der Projekte anderer
Interessenten und die Einstellung der Regierung zu beobachten und auf Mitsprache
und Mitwirkung zu drängen, sobald eine Verwirklichung in den Bereich des Möglichen rückte.

Die altliberale, dem Selbstverwaltungsprinzip verpflichtete Kritik an konservativen ständestaatlichen Programmen geriet zusehends in die Isolation. Im Januar 1932
behandelte die Wirtschaftliche Vereinigung der Unternehmerverbände in Karlsruhe
das Verhältnis zwischen „berufsständischer Gliederung und kapitalistischer Wirtschaftsordnung".[91] Ihr folgten bald andere wirtschaftliche und politische Organisationen und Verbände, der Verband der Katholischen Kaufmännischen Vereine, der
Wirtschaftsbeirat der Zentrumspartei[92] und schließlich der Hauptausschuß des Reichsverbandes der Deutschen Industrie.[93] Im Deutschen Industrie- und Handelstag hingegen standen solche Erörterungen im Zeichen der Unsicherheit über die kommende
Entwicklung, vor allem im Hinblick auf die künftige Gestaltung der Wirtschaft.
Die Zahl der Befürworter ständischer Organisationen war hier noch weit geringer als
die der Skeptiker, die die Gefahr einer „Allmacht des Staates" befürchteten und mit
Besorgnis auf die wenig aufschlußreiche Beteiligung des NSDAP an der Behandlung
dieser Frage hinwiesen.[94] Aus dem preußischen Handelsministerium konnte man zur
gleichen Zeit erfahren, daß den Kammern nach nationalsozialistischen Plänen – womit gewiß die von Wagener bekanntgegebenen gemeint waren – „in Zukunft in stärkerer Weise ein amtlicher Charakter zuerkannt" und daß sie „allzusehr zu Behörden
gemacht werden sollten".[95] Doch selbst der Geschäftsführer des Deutschen Industrie-
und Handelstages hielt es für unumgänglich, mit Funk und der NSDAP in Verbindung zu treten und verbandsdiplomatische Beziehungen aufzunehmen, wie er auch
in Verbindung mit den Verbänden des Handwerks trat und enge Fühlung zum Reichsverband der Deutschen Industrie suchte.[96]

Während die wirtschaftliche Krise ihren Höhepunkt erreichte, erntete der Nationalsozialismus die Früchte seiner alten Beziehung zu der Wiener Schule Othmar Spanns

[91] Vervielf. Exemplar der Niederschrift über die Sitzung vom 12. Januar 1932 (*BA*, R 11/10). Das Thema
des Hauptreferates lautete: „Wodurch kann der Marxismus überwunden werden?"

[92] Hierzu Pater Gundlach in der *Germania* vom 3. Mai 1932, später auch die Rede des Präsidenten des Katho-
likentages, Bernhard Otte (Inhaltsangabe in der *Kölnischen Zeitung*, Nr. 479 vom 2. September 1932).

[93] Der Vortrag des Reichstagsabgeordneten Lammers (Zentrumspartei) vor dem Hauptausschuß des Reichsverbandes am 24. Juni 1932 erschien im Druck: Clemens Lammers, *Autarkie, Planwirtschaft und berufsständischer
Staat?*, Berlin 1932.

[94] Ein umfangreicher Teilbericht über eine Sitzung des Verfassungsausschusses des DIHT vom 30. Juni 1932 ist
in dem Entwurf eines Schreibens Eduard Hamms an den 1. Syndikus der Bergischen Industrie- und Handelskammer
in Wuppertal-Remscheid vom 9. Juli 1932 enthalten (Durchschl. mit Abgangsvermerk; *BA*, R 11/10). Kritisch
abwägende Übersichten und Urteile finden sich in dem Aufsatz des ehemaligen Reichsministers und Geschäftsführenden Präsidenten des DIHT, Eduard Hamm, „Zum Problem des berufsständischen Aufbaus", in: *Deutsche
Wirtschaftszeitung* 29 (1932), S. 709–716; und in den Schriften zweier Syndici: H. Kanter, *Staat und berufsständischer Aufbau*, Wolfenbüttel 1932; Josef Wilden, *Die berufsständische Organisation der Wirtschaft*, Köln 1932.

[95] Bericht der Industrie- und Handelskammer für die Provinz Oberschlesien in Oppeln über einen Besuch im
preußischen Handelsministerium im Schreiben an den DIHT vom 9. Juli 1932 und Antwort hierauf von Hamm
vom 28. Juli 1932 (Entwurf mit Abgangsvermerk *BA*, R 11/10).

[96] Mitteilung Hamms an den volksparteilichen Reichstagsabgeordneten Otto Hugo vom 3. August 1932 mit der
Empfehlung, „daß wir nach außen Zurückhaltung üben..., aber vielleicht doch [zeigen]..., daß wir uns zur
Sache gemeldet haben" (*ebda.*).

und ihrer romantischen Soziologie, die den „Universalismus", „ständische Bindungen" und einen „ganzheitstrunkenen Geist" gegen den „Individualismus", gegen Kapitalismus, Sozialismus, Kommunismus, Liberalismus und Demokratie aufrief und schon 1920 die Vernichtung der „Midgardschlange des Marxismus und der Demokratie" predigte.[97] Die autoritäre Konsequenz dieser Lehre, die die Maßstäbe einer gesellschaftlichen Ordnung in dem Vergangenen als dem Eigentlichen und Natürlichen suchte, um sie kritisch gegen die Strömungen der modernen Welt zu richten, war von Anfang an offenbar. Hitler hing ihr wahrscheinlich schon zu einem frühen Zeitpunkt an;[98] und eine glaubwürdige Quelle wollte 1932 sogar wissen, daß er häufig in unauffälliger Weise mit Othmar Spann in Oberbayern zusammentraf, um von dem Wiener Professor Belehrung und Beratung zu erhalten.[99] Die „Überwindung der Krise durch ständische Neuordnung der Wirtschaft",[100] wie sie die Schule Othmar Spanns lehrte, deren Betrachtung die weltwirtschaftliche Krise als akute Ausdrucksform einer latenten universalen Krise deutete, die zu grundsätzlichen Umwandlungen des institutionellen Bereiches zwang, wurde zu einem Programm, das auch weit außerhalb der NSDAP die politischen Diskussionen mehr und mehr in Bahnen beförderte, die nicht mehr durch unübersteigbare Hindernisse von den Projekten nationalsozialistischer Ideologen getrennt schienen. Die spekulative Verknüpfung der wirtschaftlichen Krise mit der Krise des Staates, des Parlamentarismus und der Parteien[101] ergab eine Komplexion und schließlich eine Totalität des Krisenhaften, die nahezu zwangsläufig dazu verführte, ihr mit einer ebenfalls totalen Umwandlung der Staatsorganisation zu begegnen. Die Rezeption der ständischen Ideologie des Universalismus beteiligte die NSDAP an der Bewegung des konservativen Protestes.

Eine ähnliche Begünstigung widerfuhr dem Autarkiekomplex der nationalsozialistischen Propaganda, als im Verlauf der Wirtschaftskrise eine Minderung des Welthandelsvolumens eintrat, die ihre Ursache teils darin hatte, daß neue Industriestaaten zur Schutzzollpolitik übergingen, daß alte Industriestaaten während der Krise ihre Binnenmärkte und Exporte, besonders ihre gefährdeten Gewerbe und die Landwirtschaft vor fremdem Wettbewerb zu schützen suchten und auf ihrer Seite den Protektionismus verschärften und daß der nur zögernd vorankommende Prozeß einer Anpassung der Zahlungsbilanzen an die Produktions- und Absatzstruktur der Weltwirtschaft, die der Weltkrieg einschneidend verändert hatte, von der absinkenden

---

[97] Othmar Spann, *Der wahre Staat. Vorlesungen über Abbruch und Neubau der Gesellschaft* (gehalten im Sommersemester 1920 an der Universität Wien), Leipzig 1921, S. 298 (3. Aufl. Jena 1931). Von den hauptsächlichen späteren Schriften sind zu nennen: ders., *Irrungen des Marxismus. Eine Darstellung und Prüfung seiner Wirtschaftslehre* (*Die Bücherei des Ständestaates*, 1. Heft), 1. Aufl., Berlin 1929; *Hauptpunkte der universalistischen Staatsauffassung* (*Die Bücherei des Ständestaates*, 3. Heft), 1. Aufl., Berlin 1930; ferner von Spanns Schüler Walter Heinrich, *Das Ständewesen mit besonderer Berücksichtigung der Selbstverwaltung der Wirtschaft*, Jena 1932 (2. Aufl. 1934).

[98] In dem naiven Eklektizismus von *Mein Kampf* (Anm. I/23) ist der präzise Nachweis der Ideen einzelner Persönlichkeiten meist nur schwer zu führen; es gibt jedoch einige Stellen, die eine verblüffende Ähnlichkeit mit Spanns Vorlesungen aufweisen. Schon in der ersten Auflage des zweiten Bandes (München 1927) trägt Hitlers „völkischer Staat" das Merkmal ständischer Gliederung. Ein wichtiger Satz ist teilweise wortwörtlich entlehnt. Vgl. S. 88: „Die beste Staatsauffassung und Staatsform ist diejenige, die mit natürlicher Sicherheit die besten Köpfe der Volksgemeinschaft zu führender Bedeutung und zu leitendem Einfluß bringt." Und Spann, *Der wahre Staat, a. a. O.*, 1. Aufl., S. 204: „Die beste Staatsform ist diejenige, welche die Besten zur Herrschaft bringt."

[99] Mitteilung des Syndikus der Industrie- und Handelskammer Braunschweig, Professor Kanter, vom 21. September 1932 an Hamm (*BA*, R 11/10).

[100] So lautete der Titel eines Aufsatzes aus der Feder des Wiener Privatdozenten Walter Heinrich im ersten Heft (S. 2–5) der seit Juli 1932 erscheinenden *Braunen Wirtschaftspost* (*Nationalsozialistischer Wirtschaftsdienst der Gruppe Nord-West*); als Herausgeber zeichnete der Beauftragte der wirtschaftspolitischen Abteilung der Reichsleitung der NSDAP in Düsseldorf, Josef Klein. Das erste Heft widmete sich bezeichnenderweise ausschließlich „dem Gedanken des organischen Ständestaates".

[101] Charakteristisch hierfür ist ein Aufsatz von Hans Frielinghaus, „Zur Neugestaltung der Staats- und Wirtschaftsverfassung", in: *Deutsche Wirtschafts-Zeitung* 29 (1932), S. 975–978.

Konjunkturwelle erneut aufgehalten wurde, was wieder den Ausgleichsmechanismus der Zahlungs- und Handelsbeziehungen belastete. Zu diesen Gründen der Auflockerung der Welthandelsbeziehungen traten psychologische hinzu, die durch Tendenzen der politischen Propaganda ausgelöst und verstärkt wurden.[102] All dies gestaltete das Thema der Autarkie und der Großraumideen aktuell, die in Deutschland seit geraumer Zeit bestanden und die an der Tagesordnung waren, seitdem Schacht als weithin anerkannter Fachmann einen wirtschaftspolitischen Systemwechsel forderte, der Deutschland eigene Rohstoff- und Siedlungsgebiete bringen sollte.[103] So erwuchs auf dem Grunde fachmännischer Überlegungen eine wirtschaftlich-politische Ideologie, die üppig zu wuchern begann, überall in das Getriebe der Propagandamaschinerie hineinwirkte und einem kaum noch realistischen Ziel zustrebte. Die Stunde ihrer Verwirklichung mußte vor allem der Landwirtschaft und der chemischen Industrie mit ihren Zweigen der synthetischen Produktion, der Stoffumwandlung und der Stoffneuschaffung gehören.

Die nationalsozialistische Propaganda verknüpfte den Autarkie-Gedanken zunächst mit der Agrarideologie, die selbst das Arbeitsbeschaffungsprogramm, das die NSDAP mit großem Aufwand 1932 verkündete, beeinflußt hatte.[104] Die Bevorzugung landwirtschaftlicher und vorstädtischer Siedlungen und landwirtschaftlicher Meliorationsarbeiten war zweifellos aus anderen Arbeitsbeschaffungsprogrammen übernommen worden, die sich mehr oder weniger auf eine Binnenmarktwirtschaft ausrichteten und

---

[102] Vgl. hierzu die kurze, durch alle Vorzüge luzider Klarheit ausgezeichnete kritische Schrift von Franz Eulenburg, *Großraumwirtschaft und Autarkie* (*Kieler Vorträge*, gehalten im Wissenschaftlichen Klub des Instituts für Weltwirtschaft und Seeverkehr an der Universität, Nr. 37), Jena 1932. Über Autarkie als „antikapitalistisches Ersatzideal" unter dem Einfluß nationalistischer Bestrebungen Hock (Anm. I/46), S. 50 ff.

[103] So Hjalmar Schacht, *Nicht reden, handeln! Deutschland, nimm dein Schicksal selbst in die Hand* (Rede, gehalten vor der Bremer Handelskammer am 3. Dezember 1930), Berlin o. J., S. 11.

[104] „Das nationalsozialistische Arbeitsbeschaffungsprogramm und seine Finanzierung", in: *Die Deutsche Volkswirtschaft. Zeitschrift für nationalsozialistische Wirtschaftsgestaltung* (Hrsg. Reichstagsabgeordneter Heinrich Hunke), 1. Sonderheft 1932. Dieses unter dem 11. August veröffentlichte Programm ist eine inhaltlich übereinstimmende Überarbeitung des auf die Bedürfnisse des Wahlkampfes im Juli zugeschnittenen, rascher angefertigten *Wirtschaftlichen Sofortprogramms der NSDAP*, ausgearbeitet von der Hauptabteilung IV (Wirtschaft) der Reichsorganisationsleitung der NSDAP, München 1932. Beiden Texten hat Gregor Strasser in seiner Eigenschaft als Reichsorganisationsleiter eine Verbindlichkeitserklärung vorangesetzt, jedoch mit aller Wahrscheinlichkeit keinen Einfluß auf die Textgestaltung genommen. Um ein „Strasser-Programm", wie Gerhard Kroll meint (*Von der Weltwirtschaftskrise zur Staatskonjunktur*, Berlin 1958, S. 427), handelt es sich jedenfalls nicht. Das Arbeitsbeschaffungsprogramm besteht aus drei Teilen. Am Anfang steht das eigentliche „Sofortprogramm", für das Adrian v. Renteln als Verantwortlicher genannt wird und das im wesentlichen fünf Punkte umfaßt (1. „Umstellung der deutschen Wirtschaft auf den Binnenmarkt", 2. Steigerung der landwirtschaftlichen Erzeugung, 3. Ausbau der kleineren und mittleren Industrie- und Gewerbebetriebe zu Lasten der Großindustrie [!], 4. als Arbeitsbeschaffungsprojekte Landeskulturarbeiten, Eigenheimsiedlungen und Verkehrsbauten, und 5. der allmähliche Umbau der gesamten Wirtschaft in Verfolgung dieses Programms). Der Propagandazweck dieses Teiles ist offenkundig. Hingegen meinte es der Verfasser des zweiten und umfangreichsten Teiles „Arbeitsbeschaffung durch produktive Kreditschöpfung", Heinrich Dräger, mit der von ihm behandelten Frage der Finanzierung überaus ernst. Er ist im wesentlichen die Wiedergabe einer bereits einige Wochen zuvor veröffentlichten Broschüre von Heinrich Dräger, *Arbeitsbeschaffung durch produktive Kreditschöpfung. Ein Beitrag zur Frage der Wirtschaftsbelebung durch das sogenannte Federgeld* (*Nationalsozialistische Bibliothek*, Heft 41), München 1932. Dräger gehörte zu den Gründern einer „Studiengesellschaft für Geld- und Kreditwirtschaft" und zu den Mitarbeitern der *Wirtschaftswende. Zeitschrift für Wirtschaftserneuerung*, und kam in beiden Beziehungen mit Männern wie Lautenbach, Gereke, Herpel und Friedlaender-Prechtl in Berührung, die zu dieser Zeit bereits lebhaft den Gedanken der produktiven Vorfinanzierung der Wirtschaftsankurbelung vertraten. Auf diese Beziehung dürfte sich auch der von Kroll (a. a. O., S. 435 ff.) vermutete Einfluß Friedlaender-Prechtls auf die NSDAP oder auf Strasser reduzieren. Die Ausführungen Drägers sind inzwischen nahezu völlig unverändert, lediglich um die unmittelbar auf die NSDAP bezogenen Passagen gekürzt, wieder im Druck erschienen (Heinrich Dräger, *Arbeitsbeschaffung durch produktive Kreditschöpfung*, Düsseldorf 1956, S. 23–97). – Den dritten Teil des NSDAP-Programms vom August 1932 bildete der Abschnitt „Die Grenzen der produktiven Kreditschöpfung" von Werner Daitz, der die „zentrale, staatliche Verwaltung des Geldzeichen- und Kreditvolumens" und die „einheitliche Manipulierung der Geldzeichen und Kredite" (S. 43) als Bedingung für die Funktionstätigkeit eines Systems „produktiver Kreditschöpfung" erkannte und hervorhob. – Vgl. Gerhard Schulz, „Die ‚große Krise' in der Zeitgeschichte", in: *Neue Politische Literatur* 4 (1959), Sp. 805–824.

mit ihren Versuchen zur Wiederbelebung der Wirtschaft nach der tiefgreifenden Krise
zuerst und vor allem auf jenen Gebieten ansetzten, die die Rohstoffgrundlage der
Industrie sicherten.[105] Doch das ausdrückliche Vorschieben des Ziels, einen „Ausgleich"
zwischen Landwirtschaft und Industrie zugunsten der ersten auf diesem Wege und
auf lange Sicht erreichen zu wollen, wobei der Maßstab des nationalen Ernährungsbedarfs als Ausgang genommen wurde, ließ die spezifische nationalsozialistische
agrarideologische Beeinflussung erkennen. Eine Hebung der landwirtschaftlichen Produktion und Kultivierungen großen Stiles hätten eine wesentliche Vermehrung der
landwirtschaftlichen Nutzfläche und eine Mehrerzeugung vornehmlich der unteren
Produzentenklassen ergeben und notwendig die Forderung nach Erweiterung der
landwirtschaftlichen Absatzmöglichkeiten nach sich gezogen — ein innerer Zusammenhang, der die Deckung des nationalen Ernährungsbedarfs mit der Autarkie, die
den Wettbewerb ausländischer Erzeugnisse fernhalten und gleichzeitig die nationale
Wirtschaft von ausländischem Einfluß befreien wollte, in eins setzte. Der zeitgemäße Gedanke des „Zwanges zur Autarkie" fand innerhalb der NSDAP aber
auch noch andere Vertreter und Verteidiger: jene, die meinten, daß die Weltwirtschaft ohnehin in der Auflösung begriffen und die „Exportillusion am Ende" sei,[106]
und jene, die wie Feder mit dem Begriff der „Zinsknechtschaft" operierten und
meinten, daß Deutschland in einer Periode der zerfallenden Weltwirtschaft unfähig
sei, mit Gegenmaßnahmen zu erwidern, sobald sich andere Länder deutschen Ein-
fuhren sperrten; die Mittel, die sie anzuwenden gedachten, nahmen bereits die spätere
Devisenbewirtschaftung und Einfuhrkontrolle durch den Staat vorweg. Zu den ideologischen Grundlagen der nationalsozialistischen Autarkiegedanken gehörte schließlich aber auch der namentlich von Feder vertretene Grundsatz, die Rolle von Gold
und Geld zu vermindern oder völlig zu beseitigen, was notgedrungen eine Verminderung des ohnehin diskreditierten Handelsverkehrs zur Folge haben mußte. Mit dem
Golde sollten die weltwirtschaftlichen Beziehungen verschwinden; ohne Geld wäre
die gesamte Volkswirtschaft auf das Niveau der Naturalwirtschaft mit ausschließlichen Materialleistungen hinabgedrückt worden.[107] Zur Verwirklichung der ständischen Ordnung wie der autarken Nationalwirtschaft aber bedurfte es nach nationalsozialistischen Vorstellungen der übermächtigen regulierenden, kontrollierenden und
dirigierenden Instanz des Staates, dem eine unbegrenzte Direktionsfähigkeit zugesprochen und für den die liberale Grenzziehung gegenüber den Bereichen der Wirtschaft hinfällig wurde.

Es fehlte auch in der Wirtschaft nicht an Skepsis; und es gab Stimmen, die bereits
erkannten, daß von seiten der NSDAP „die gesamte Propaganda nur unter taktischen
Gesichtspunkten geschieht und das Eigentliche verschwiegen wird".[108] Es ist aber kaum
zu bestreiten, daß mit dem raschen Anwachsen der NSDAP und dem Auf- und Ausbau ihrer weitreichenden Propagandamittel diese Partei gelegentlich von Persönlichkeiten der Wirtschaft als Wertobjekt genommen wurde, auch ohne daß das, was sie
wirklich wollte, eindeutig und verbindlich offenlag. Man darf nach Schacht wohl annehmen, daß mehr als von der Vorstellung einer im Besitz der Staatsmacht befindlichen NSDAP von der „propagandistischen Kraft Hitlers" attraktive Wirkungen
ausgingen.[109] In ihrem Propagandaapparat wurden letztlich die „ungeheuerlichen
Chancen" der NSDAP innerhalb der deutschen Bevölkerung gesehen und mit ihnen

[105] Zur Orientierung: Wilhelm Grotkopp, Die große Krise. Lehren aus der Überwindung der Wirtschaftskrise
1929–1932, Düsseldorf 1954, S. 87 ff. und S. 217 ff.
[106] H. Heinrichsen [d. i. Heinrich Hunke], „Nationalsozialismus und Weltwirtschaft", in: Die deutsche
Volkswirtschaft 1 (1932), S. 13.
[107] Feder, Der deutsche Staat... (Anm. I/56), S. 128.
[108] Schreiben Kanters an Hamm vom 21. September 1932 (BA, R 11/10).
[109] Hjalmar Schacht, 76 Jahre meines Lebens, Bad Wörishofen 1953, S. 351 f.

die Absicht gerechtfertigt, die propagandistischen Vorstöße der NSDAP selbst zu regulieren und ihnen ihre gelegentliche Richtung gegen die Großindustrie oder andere Interessentenkreise der Wirtschaft zu nehmen, wie es im Sommer 1932 in der Gelsenberg-Affäre und im Herbst von seiten der I. G. Farben-Industrie geschah. Die Übernahme des Flickschen Aktienpaketes der Gelsenkirchener Bergwerksgesellschaft durch die Reichsregierung hatte starke Proteste auf seiten der linken wie der rechten Presse ausgelöst und in Süddeutschland sogar zu Volksdemonstrationen geführt. Auch die Ruhrindustriellen beklagten den Einbruch der „eisenschaffenden Ministerialräte" in ihr Revier.[110] Diese Erregung der öffentlichen Meinung, an der sich auch die Presse der NSDAP beteiligte, benutzte Hitler, um über Göring mit Flick, der vordem Brüning unterstützt hatte, in Beziehungen zu treten und ihm die Hilfe der NSDAP anzubieten.[111] Ähnliches wiederholte sich im Herbst, als eine Kampagne der nationalsozialistischen Zeitungen gegen die I. G. Farben-Industrie begann, wobei diesmal die Industrie selbst mit Hitler Verbindung suchte, um sich eine wohlwollende Neutralität seiner als gefährlich erkannten Presse zu sichern.[112]

Im allgemeinen aber entstanden nach allem, was bisher erwiesen ist, unmittelbare Beziehungen zwischen NSDAP und Großindustrie nur spärlich und zögernd. Finanzielle Unterstützungen waren sicherlich noch nicht politischen Engagements gleichzusetzen; sie wechselten bei Gelegenheit, gingen wohl auch zu gleicher Zeit an mehrere politische Gruppen und waren in ihrer allgemeinen Bedeutung meist nicht viel mehr als Prämie oder Versicherungsgebühr an tolerierte und für regierungsfähig gehaltene Parteien. Die NSDAP erhielt infolgedessen vor ihrem großen Erfolg in der Herbstwahl 1930 wahrscheinlich nur von wenigen Stellen finanzielle Unterstützung. Die Zuwendungen von industrieller Seite konzentrierten sich auf die bürgerlichen Parteien von der Deutschnationalen und der Deutschen Volkspartei bis zur Deutschen Demokratischen Partei und zum Zentrum; von Friedrich Flick erhielten 1931/32 sogar die Sozialdemokraten Zuwendungen.[113] Außerordentlich stark wurde während der Kanz-

---

[110] *Deutsche Bergwerkszeitung*, Nr. 182 vom 5. August 1932. Eine kurze, auf Material des Nürnberger Flick-Prozesses beruhende Darstellung der komplizierten Zusammenhänge hat Hallgarten (Anm. I/72), S. 108, versucht, auf die hier verwiesen sei. Hallgarten unterläuft bedauerlicherweise der Irrtum, daß er das Kabinett Papen für verantwortlich hält, während die Handlung der Reichsregierung tatsächlich auf Entscheidungen Brünings und des Reichsfinanzministers Dietrich zurückging. Hierzu auch J.-J. Lederer, „La sidérurgie européenne et les cartels avant le plan Schuman", in: *Politique Étrangère* 16 (1951), S. 403 f.

[111] Göring verhandelte mit Flick mehrere Tage; über die Einzelheiten der Verhandlung ist nichts bekannt. 1933 wurde die Gelsenkirchener Bergwerksgesellschaft aufgelöst; 1936 erhielt Flick seinen Aktienbesitz zurück. Mitteilung hierüber enthält ein in Nürnberg als Beweisdokument benutztes Schreiben Odilo Burkarts, eines engen Vertrauten Friedrich Flicks, vom 17. September 1940 (*MGN* 5, Ankl.-Dok.-B. 2, Dok. Ni–5432); vgl. auch Hallgarten, *a. a. O.*, S. 113.

[112] Aussage Heinrich Bütefisch am 16. April 1947 (*MGN* 6, Ankl.-Dok.-B. 3, Dok. Ni – 8637); Affid. von Heinrich Gattineau vom 12. Juni 1947 (*a. a. O.*, Dok. NI – 8788).

[113] Flick unterstützte nach seinen Angaben in Nürnberg in erster Linie Persönlichkeiten der Regierungen, vor allem Stresemann, dann Brüning, die Reichspräsidentenwahl Hindenburgs und den sozialdemokratischen preußischen Staatssekretär Weismann, nach Brünings Sturz sowohl Papen als auch Schleicher und Hugenberg (Affid. Friedrich Flicks vom 29. November 1946: *MGN* 5, Ankl.-Dok.-B. 15, Dok. NI – 3122). Die von der Verteidigung Flicks vorgelegten Belege, Bankquittungen und Dankschreiben, weisen für die Zeit vom März 1932 bis zum gleichen Monat im Jahr 1933 Zahlungen in Höhe von mehr als 2 Millionen RM aus. Der größte Anteil ging an den Hindenburg-Ausschuß (950 000 RM); *MGN* 5, Vert.-Dok.-B. Flick 1, Dok. Flick 1 und 2. Die I. G. Farben-Industrie unterstützte über ihr Aufsichtsratsmitglied, den volksparteilichen Politiker und Reichstagsabgeordneten Ferdinand Wilhelm Kalle, regelmäßig und am stärksten die Deutsche Volkspartei, in geringerem Maße das Zentrum, ferner die Demokratische Partei. Nicht weniger bedeutend waren die Mittel, die einige Zeitungen erhielten, die namentlich in Westdeutschland als die Stimmen eines traditionsverbundenen bürgerlichen Liberalismus galten, die *Frankfurter Zeitung* und die *Frankfurter Nachrichten*, die der DVP nahestanden und die Kalle noch einige Jahre nach der nationalsozialistischen Machtergreifung am Leben zu erhalten vermochte, wie auch die *Kölnische Zeitung* und der *Kölner Stadt-Anzeiger*. Der persönliche Sekretär Kalles war mit der Abwicklung der Unterstützung der Parteien aus I. G.-Mitteln beauftragt. Er hat die regelmäßigen jährlichen Zahlungen, die bis 1933 an die DVP gingen, mit 200 000 RM beziffert; die für das Zentrum mit ca. 50 000 RM und die an die DDP (später Staatspartei)

lerzeit Brünings von Bergbau-Seite die von der DNVP Hugenbergs abgesplitterte Konservative Volkspartei unter der Führung von Treviranus „absolut und relativ je Kopf des Wählers ... subventioniert ... wie keine andere Partei vorher und nachher".[114] Doch das Wahlergebnis von 1930 veranlaßte den Ruhrbergbau, den Großverdiener der deutschen Wirtschaft, auch die NSDAP in den Kreis der laufend unterstützten Parteien einzubeziehen. Seine Förderungsbeiträge gingen aber nicht unmittelbar an die Parteileitung, sondern an einige ihrer führenden Männer, so an Gregor Strasser[115] und später auch an Paul Schulz und an Funk, der auf Grund seiner langen wirtschaftsjournalistischen Tätigkeit viele unmittelbare Beziehungen zu Persönlichkeiten der Wirtschaft besaß. Bis Ende 1932 wurde die NSDAP von den Spitzenverbänden des Bergbaus ähnlich unterstützt wie die anderen Parteien der Rechten.[116] Auch mit den Leistungen einzelner Industrieller und Konzerne stand es nicht wesentlich anders. Ebenso bemerkenswerte wie gewichtige Ausnahmen blieben indessen Emil Kirdorf und Fritz Thyssen, der nach seinen eigenen Angaben der Partei Hitlers ungefähr 1 Million RM zahlte.[117] Thyssen benutzte schließlich auch die Gelegenheit einer Rede des bekannten sozialdemokratischen Politikers Cohen-Reuß im Herbst 1931 vor dem Industrieclub in Essen, um einen Nationalsozialisten als Sprecher der Rechten durchzusetzen, an dessen Stelle sich dann Hitler selbst einstellte,[118] der in seiner Rede vor diesem Gremium wiederholte, was die nationalsozialistische Propaganda allerorten vorbrachte, – jedoch in geballter Form und in Worten radikaler Entschlossenheit.[119] Diese Rede enthielt in wirtschaftspolitischer Hinsicht nichts, was zu Hoffnungen berechtigte. Für den Fall, daß es einmal nach seinem und seiner Gefolgsleute Willen gehen sollte, konnte Hitlers Ankündigung, daß die „neue politische Führung ... die Masse der Nation in die Faust zu nehmen" beabsichtigte, ebenso wenig Gutes verheißen wie die Alternative: „entweder neuen Lebensraum mit Ausbau eines großen Binnenmarktes oder Schutz der deutschen Wirtschaft nach außen unter Einsatz der zusammengeballten deutschen Kraft", unter der Hitler im handgreiflichen Sinne nur „8 Millionen Reserven" verstand, die Deutschland, „ohne derselben weltanschaulichen Katastrophe entgegenzugehen wie im Jahre 1918, in die Armee überführen kann".[120] Was Hitler eigentlich wollte, konnte nach dieser Rede kaum ungewiß sein: die totale

mit 30 000 RM. In ähnlichen Größen – etwas mehr für Zentrum und DDP – bewegten sich die Sonderzahlungen bei Reichstags- und Landtagswahlen. Zur Reichspräsidentenwahl des Jahres 1932 brachte die I.G. Farben-Industrie für den Hindenburgfonds eine Million Mark auf (Affid. Ernst Pfeiffers vom 8. September 1947, MGN 6, Vert.-Dok.-B. Schmitz 2, Dok. Schmitz 24). Kalle hat diese Angaben selbst bestätigt und dahingehend ergänzt, daß die DDP (Staatspartei) wahrscheinlich von der I.G. über Bosch und das Aufsichtsratsmitglied Hummel, der der Demokratischen Partei angehörte und zeitweilig badischer Staatspräsident war, außerdem noch besondere Zuwendungen erhalten habe (Affid. Kalles vom 8. September 1947, a. a. O., Dok. Schmitz 25).

[114] Heinrichsbauer (Anm. I/72), S. 30.

[115] A. a. O., S. 39 ff. Heinrichsbauer beziffert die Beträge, die Gregor Strasser „von zentraler Bergbauseite" im Frühjahr 1931 zur Verfügung gestellt wurden, mit monatlich 10 000 RM.

[116] Heinrichsbauer schätzt die Zahlungen, die an die NSDAP in den Jahren 1930 bis Anfang 1933 geleistet wurden, auf insgesamt 500 000 bis 600 000 RM (a. a. O., S. 52), zu denen 1931 noch zwei Darlehen von je 100 000 RM zum Ausbau der Essener Nationalzeitung und ebensoviel für den Wahlkampf der NSDAP im Frühjahr 1932 hinzukamen, die Ludwig Grauert, der Hauptgeschäftsführer des Arbeitgeberverbandes für die nordwestliche Gruppe des Vereins Deutscher Eisen- und Stahlindustrieller, der NSDAP verschaffte (a. a. O., S. 56).

[117] Thyssen (Anm. I/76), S. 102.

[118] Heinrichsbauer (Anm. I/72), S. 45 f., mit dem eine Reihe späterer Darstellungen im wesentlichen übereinstimmt, u. a. auch Lochner (Anm. I/72), S. 99.

[119] Der Vortrag Adolf Hitlers vor westdeutschen Wirtschaftlern im Industrie-Klub zu Düsseldorf am 27. Januar 1932, München 1932, ist vom NSDAP-Parteiverlag Franz Eher Nachf. veröffentlicht worden. Ein kurzes Vorwort bemerkt — wohl in absichtlicher Untertreibung der besonderen Bedeutung dieses Ereignisses —, unfreiwillig den Inhalt charakterisierend, daß sich die „Reden Hitlers vor verschiedenen Berufsständen ihrem Inhalt nach nicht voneinander" unterschieden. „Jeder, der Hitler in Massenversammlungen hörte und die vorliegende, an Hand des Stenogramms gedruckte Rede liest, wird dies bestätigen müssen."

[120] A. a. O., S. 27; S. 31; S. 24.

Macht, zweifellos Rüstung und wahrscheinlich auch Krieg; sie bestätigte die schlimmsten Annahmen, was geschehen würde, wenn die Krise mit Hilfe eines nationalsozialistischen totalen Staates überwunden werden sollte. Sicherlich ging von dieser Rede nicht die Wirkung aus, daß der Industrieclub „mit fliegenden Fahnen in das Lager Hitlers geeilt" wäre;[121] es ist aber bemerkenswert, daß die 500 anwesenden Industriellen – aus Unentschiedenheit, Gleichgültigkeit, in heimlicher Angst oder aus was für Gründen auch immer – ihrem Redner zuhörten, ohne in einem eindeutigen Protest oder in Erwiderungen auszudrücken, daß sie die Wahl eines solchen Instruments zur Bewältigung der Krise, wie es die NSDAP anbot, verabscheuten. Dieser Auftritt Hitlers wurde infolgedessen zu seinem persönlichen Debüt vor einer größeren Zahl bedeutender Repräsentanten wirtschaftlicher Macht; seine Rede hielt Thyssen, den Initiator dieses Tages, nicht davon ab, mit offenem Bekenntnis in die Reihen der NSDAP einzutreten, und war daher im Endergebnis zweifellos ein politischer Erfolg Hitlers.[122] In diesem entscheidungsschweren Jahr 1932 konnte Hitler eine beispiellose Propagandakampagne bestreiten, im Flugzeug und im Auto zu fast 200 Kundgebungen eilen, um auf ihnen zu sprechen;[123] und in diesem Jahr vermochte die NSDAP eine rasch angewachsene Schuldenlast von 12 Millionen Mark zu liquidieren.[124]

Verschiedentlich versuchten wirtschaftliche Interessenten über den Keppler-Kreis oder über andere Verbindungsleute der NSDAP, vor allem über Funk, ihrerseits auf die NSDAP Einfluß zu gewinnen. Bekannte Wissenschaftler und Praktiker bemühten sich im Frühjahr 1932 darum, die NSDAP für Pläne einer Geld- und Kreditreform einzuspannen,[125] und boten sich als Mitarbeiter auf diesen Gebieten an; Schacht versuchte sogar, auf die parteioffizielle Programmgestaltung einzuwirken, indem er Hitler empfahl, „möglichst kein detailliertes Wirtschaftsprogramm zu bringen", was er mit dem sachlich-taktischen Hinweis begründete, daß es kein solches geben könne, „worüber sich 14 Millionen [Wähler der NSDAP] einigen könnten. Wirtschaftspolitik ist keine parteibildende Kraft, sondern sammelt bestenfalls Interessenten."[126] Man wird wohl nicht fehlgehen, wenn man darin den Versuch einer Ausschaltung ideologischer Elemente aus der Erörterung wirtschaftlicher Probleme innerhalb der NSDAP erblickt, der die Partei in ihrer politischen Zielsetzung auf den organisatorischen Staat abdrängen sollte – da er kein parlamentarischer sein sollte, also auf den Verwaltungsstaat. Der Staat war der Preis, der zu zahlen war.

Diesen Rat Schachts wollte die NSDAP-Führung aber doch nicht vollständig befolgen. Ein erneuter Umbau der Wirtschaftspolitischen Abteilung teilte am 17. September 1932 die Hauptabteilung IV in eine neue Hauptabteilung IV A für „Staatswirtschaft" und eine Hauptabteilung IV B für „Privatwirtschaft". Der eigentliche Zweck dieser organisatorischen Maßnahme lag darin, daß sie Funk zum gleichberechtigten Nebenmann des abgetakelten Ideologen Gottfried Feder machte, ohne daß auf die Federsche Propaganda verzichtet werden mußte. Feders Ressort „Staatswirtschaft" hatte allerdings noch nicht gänzlich ausgespielt. Die zweigleisige Fahrt zwischen ständischem und staatssozialistischem Programm wurde auch noch in dem „Wirtschaftlichen Aufbauprogramm" fortgesetzt, das Funk und Feder unmittelbar danach gemeinsam be-

[121] Lochner (Anm. I/72), S. 107.

[122] So auch das Urteil über Hitlers Essener Rede in einer eidesstattlichen Erklärung des Kölner Bankiers Kurt Frhr. v. Schröder vom 21. Juli 1947 (*MGN 6*, Ankl.-Dok.-B. 3, Dok. NI – 7990).

[123] Vgl. Otto Dietrich, *Mit Hitler in die Macht. Persönliche Erlebnisse mit meinem Führer*, 4. Aufl., München 1934, S. 70.

[124] Vgl. Bernhard Schwertfeger, *Rätsel um Deutschland*, Heidelberg 1948, S. 121.

[125] Ein Affidavit Max Ilgners vom 25. April 1947 (*MGN 6*, Ankl.-Dok.-B. 17, Dok. NI – 6699; einzelne nachträgliche Korrekturen hierzu, die jedoch nicht den an dieser Stelle erwähnten Sachverhalt betreffen, in Ilgners Affid. vom 16. April 1947; *a. a. O.*, Vert.-Dok.-B. Ilgner 11, Dok. Ilgner 191) berichtet über Besprechungen Ilgners, Wagemanns und Wichard v. Moellendorffs mit Funk.

[126] Schreiben Schachts an Hitler vom 29. August 1932; *IMT* (Anm. I/82), XXXVI, S. 536 f. (Dok. 457 – EC).

schlossen und veröffentlichten und das den Gedanken einer „nationalen Wirtschaft"
auf der Grundlage „nationalen", d. h. immobilen Kapitals – in erster Linie des bebau-
baren, von allen verpflichtenden Beziehungen zum „internationalen Kapital" ent-
lasteten Bodens – am weitesten ausspann.[127] Sein Inhalt bestand aus wenigen Komplexen, mit denen die NSDAP ihre Opposition gegen die Maßnahmen der Regierung
Papen bezeugte und ihr Ziel als eine „grundlegende Umgestaltung des politischen und
wirtschaftlichen Systems" deklarierte. Ihre eigene „Totallösung" betraf vor allem zuerst den Staat – denn „die politische Führung muß der Wirtschaftsführung" nach
Überzeugung beider verantwortlicher Verfasser dieses Programms erst „die Bahn freimachen für eine durchgreifende Erneuerung" –, danach zunächst die Landwirtschaft
im Sinne der „Stärkung der nationalen Volks- und Bodenkräfte", dann das Geld-
und Kreditwesen und die Außenwirtschaftsbeziehungen. Die Landwirtschaft wurde
nun vollends zum wirtschaftlichen Zentralstand erhoben, der die Struktur der gesamten Volkswirtschaft und das Wesen der wichtigsten wirtschaftspolitischen Maßnahmen
bestimmte: Zinssenkung, Steuerminderung, Beschränkung auf den Binnenmarkt, Ge-
treidebewirtschaftung, Absatzschutz für agrarische Produkte und demgegenüber: Beseitigung des „raffenden" Bank-Börsenkapitals durch Verstaatlichung, binnenwirt-
schaftliche Kreditschöpfung großen Stils zur Arbeitsbeschaffung, Reduzierung der
Auslandsverpflichtungen, Devisen- und Außenhandelskontrolle, weiter General-
umschuldung der gesamten Wirtschaft durch Zentralisierung der Schuldverhältnisse,
Zentralisierung des Hypothekarkredits, Schaffung „neuer nationaler Industriezweige",
einer „nationalen Verkehrswirtschaft" und einer zentralisierten Energiewirtschaft. Das
war ein durch und durch „nationales" Wirtschaftsprogramm; der Sinn des Wortes
„national" war gleichbedeutend mit Zentralisation in den Händen oberster Reichsbehörden. Die Propaganda wandte sich an die Wirtschaft, ließ aber mit zunehmender
Klarheit erkennen, daß der organisatorische Staat in den Mittelpunkt der Relationen
rückte, indem sie wieder zu ihrem Modus zurückkehrte, „daß jede Wirtschaftssanie-
rung" eine „weitgreifende Änderung der Reichs- und Staatsverwaltung sowie der
kommunalen und der berufsständischen Selbstverwaltung" verlange.

Man kann verstehen, daß diese Programmatik und Propaganda das Sicherungs-
bedürfnis der sozialisierungsängstlichen Großindustrie keineswegs befriedigten und infolgedessen zu einer Festigung ihrer Beziehungen zur NSDAP noch nicht beitrugen.
Die Lage änderte sich jedoch nach der für die NSDAP wenig erfolgreichen Reichstagswahl vom November 1932, wie die Bemühungen um eine Petition der Industrie an
den Reichspräsidenten erkennen lassen, in der Hindenburg um „die Übertragung der
verantwortlichen Leitung eines mit den besten sachlichen und persönlichen Kräften
ausgestatteten Präsidialkabinetts an den Führer der größten nationalen Gruppe" ersucht wurde,[128] obgleich Keppler, einer der Initiatoren dieses Schreibens, das mit dem
Einverständnis von Papen zustande kam, den Winterbeginn für einen „wenig geeigneten Zeitpunkt zur Übernahme der Regierungsführung" hielt und eine kurze „noch-

---

[127] Abgedr. bei Feder, *Kampf*. . . (Anm. I/51), S. 371–382.

[128] Ein Entwurf dieser Eingabe wurde im Tresor des Schröderschen Bankhauses J. H. Stein in Köln gefunden
und in den *Nürnberger Dokumenten* abgedruckt; *IMT* (Anm. I/82), XXXIII, Dok. 3901–PS, S. 531 ff. Später
konnten „gleichlautende Briefe" nach einer Mitteilung Albert Schreiners in der ostdeutschen *Zeitschrift für
Geschichtswissenschaft* 4 (1956), S. 366, bei den Akten des Büros des Reichspräsidenten im deutschen Zentralarchiv
Potsdam aufgetrieben werden, so daß an der Absendung dieser Eingaben nicht mehr zu zweifeln ist. Als
Absender nennt Schreiner: Schacht, Frhr. v. Schröder, Thyssen, den Vorsitzenden des Landbundes Graf Kalckreuth,
Bankdirektor Friedrich Reinhart, die Reeder Woermann und Reindorff, Kurt v. Eichborn, Emil Helfferich, Ewald
Hecker, Karl Vinzent Krogmann, E. Lübbert, Erwin Merck, v. Oppen-Dannenwalde, Rudolf Ventzki, F. H. Witt-
hoefft, Generaldirektor Rosterg, Graf Keyserlingk-Cammerau, v. Rohr-Manze und Beckmann. Die Mehrzahl
dieser Schriftstücke wurde am 19. November 1932 durch Friedrich Reinhart von der Commerz- und Privatbank
dem Staatssekretär Meißner überreicht. Albert Vögler, Paul Reusch und Fritz Springorum standen nach Mitteilung
Reinharts „voll und ganz auf dem Boden der Eingabe", wünschten jedoch nicht zu unterzeichnen.

malige Zwischenlösung" vertrat, „die sicher mit einem Fiasko enden" und „eine weitere Stärkung der Position Herrn Hi[tlers] bedeuten" würde.[129] Während in diesen letzten Wochen des Jahres 1932 Finanzen und Zuversicht der NSDAP auf den Tiefstand sanken und die Partei von der inneren Spaltung bedroht wurde,[130] entschloß sich erstmals eine Gruppe wirtschaftlicher Interessenten zu einem eindeutigen Versuch, diese Krise der NSDAP zu überbrücken, der in Anbetracht der allgemeinen innerpolitischen Situation und der Entwicklung, die die NSDAP bis dahin genommen hatte, besondere Beachtung verdient. Blieb auch die Zahl der Petenten kleiner, als die Initiatoren erwartet haben mochten,[131] so hatte Hitler doch eine Gruppe gefunden, die die Unterstützung der NSDAP jetzt als eine „Sache von besonderer Dringlichkeit" betrachtete und die sich zu diesem Zweck auch der Hilfe des gestürzten Kanzlers Papen versicherte. Zweifellos lag diesen Entschlüssen die Absicht zugrunde, Schleicher möglichst bald durch einen anderen Reichskanzler zu ersetzen, da die labile Schwerindustrie von ihm schon wegen der Arbeitsbeschaffungspläne mehr befürchtete als Günstiges erwartete. Die November-Eingaben gehören daher auch zur Vorgeschichte der berühmten Aussprache zwischen Papen und Hitler, die im Kölner Hause des Frhrn. v. Schröder am 4. Januar 1933 zwischen den beiden Hauptpartnern der künftigen Reichsregierung Hitler stattfand.[132]

Der Schritt des nach politischen Sicherheiten suchenden Großkapitals von der Abdämmung gegen die revolutionäre Welle, die in Gestalt der größten, militanten Mas-

---

[129] Schreiben Kepplers vom 13. November 1932 an Frhr. v. Schröder; *MGN* 11, Ankl.-Dok.-B. 169, Dok. NI-209.

[130] Vgl. hierzu die Tagebucheintragungen von Joseph Goebbels, *Vom Kaiserhof zur Reichskanzlei. Eine historische Darstellung in Tagebuchblättern*, 3. Aufl., München 1934, S. 197; S. 200; S. 227 ff.; S. 233.

[131] Aus dieser Zeit stammt das Wort Schachts in einem Brief an Hitler, die Schwerindustrie trage ihren Namen „mit Recht von ihrer Schwerfälligkeit"; Brief vom 12. November 1932, *IMT* (Anm. I/82), XXXVI, Dok. 456—E C, S. 535.

[132] Eidesstattliche Erklärung des Bankiers Frhr. v. Schröder vom 21. Juli 1947 (*MGN* 6, Ankl.-Dok.-B. 3, Dok. NI-7990). Vgl. auch Karl Dietrich Bracher, *Die Auflösung der Weimarer Republik. Eine Studie zum Problem des Machtverfalls in der Demokratie (Schriften des Instituts für politische Wissenschaft, Bd. 4)*, 3. Aufl., Stuttgart-Düsseldorf 1960, S. 691 ff. Nachdem Hitler seinen Rivalen Gregor Strasser ausgespielt hatte, setzten die Industriellen ihre Hoffnungen ausschließlich in seine Person. Wie vorsichtig und geheimnisvoll Hitler zu Werke ging, verrät der Umstand, daß selbst seine engste Umgebung die geheimgehaltene Besprechung in Köln, die unmittelbar vor eine Wahlrede in Detmold gelegt wurde, erst durch die Presse erfuhr; vgl. Dietrich (Anm. I/123), S. 169 ff. – Kurt Frhr. v. Schröder zählte zu den einflußreichsten deutschen Bankiers. Selbst im Zeitalter der Kapital- und Bankenkonzentration haben die Privatbankiers und die Privatbanken, von denen es in Deutschland 1913 1200 und 1938 immer noch 535 gab (vgl. Lutz Graf Schwerin v. Krosigk, *Die große Zeit des Feuers. Der Weg der deutschen Industrie*, Bd. II, Tübingen 1958, S. 613; S. 616), neben den Großbanken eine keineswegs unbedeutende Rolle gespielt. Nicht nur das bekannte Hamburger Bankhaus Warburg war ist durch seine personellen, insbesondere seine amerikanischen Verbindungen zu einer Firma von übernationalem Rang und Namen. Die latenten Fäden unter verschwägerten Bankiers ziehen auch das Kölner Bankhaus J. H. Stein in das Licht einer größeren Bedeutung. J. Heinrich v. Stein, der Gründer der Firma, war der Schwiegersohn Mevissens und durch diesen mit den Firmen Darmstädter Bank und Delbrück, Leo & Co. verbunden. Außerdem trat J. H. v. Stein in den Aufsichtsrat der Commerz- und Privatbank ein. Enge familiäre und geschäftliche Beziehungen entstanden auch bald zwischen der Firma Stein und dem Kölner Bankhaus Deichmann & Co., das wieder verwandtschaftlich mit den Banken Schröder Gebr. & Co. in Hamburg und J. Henry Schroeder & Co. in London verbunden war, die gemeinsam mit Deichmann & Co. an dem Wiener Haus Joh. Liebig & Co., mit Arnold Rechberg an dem Kalikonzern Wintershall und gemeinsam mit der Commerz- und Privatbank an dem anderen großen Kalikonzern Burbach partizipierten. Schließlich bestanden verwandtschaftliche Verbindungen zu Louis Hagen und dem von ihm und der Darmstädter und Nationalbank kommanditierten Bankhaus Hagen & Co. in Berlin und zu den Häusern Grunelius & Co. in Frankfurt a. M. und Eichborn & Co. in Breslau. 1913 trat ein Glied der Familie Schröder, Kurt Frhr. v. Schröder, als Teilhaber in das Haus J. H. Stein ein, wodurch die Vorherrschaft der Familie Schröder, die 1923 in der J. H. Schroeder Banking Corporation eine New Yorker Niederlassung gründete, innerhalb dieses Bankenclans deutlich wurde. – Hierzu Willi Strauß, *Die Konzentrationsbewegung im deutschen Bankgewerbe. Ein Beitrag zur Organisationsentwicklung der Wirtschaft unter dem Einfluß der Konzentration des Kapitals mit besonderer Berücksichtigung der Nachkriegszeit (Sozialwissenschaftliche Forschungen*, hrsgg. von der Sozialwissenschaftlichen Arbeitsgemeinschaft, Abt. IV–4. 6), Berlin–Leipzig 1928, S. 127 f.

senpartei mit der Zuspitzung der Krise nach vorn drängte, zur Ablenkung in die Richtungen eigener politischer Wünsche und Vorstellungen läßt sich kaum noch ausmachen; so sehr ging an der Jahreswende 1932/33 das eine in das andere über. Eine kritische Bewertung dieses Verhaltens namhafter Industrieller zwingt selbst unter Berücksichtigung der zweifellos schwierigen wirtschaftlichen Lage im Jahre 1932 zu einem Rückschluß auf die unzureichende Treffsicherheit in der politischen Einschätzung des Kommenden. Darin zeigt sich das tragische Ausmaß der Wandlungen, denen das große Unternehmertum im Verlaufe zweier Menschenalter unterlegen hatte und die mit gewaltigen Verlusten an politischen Gesinnungen und an politischen Traditionen einhergegangen waren. Auch wenn man dem Effekt der finanziellen Unterstützungen, die die NSDAP erhielt – abgesehen von der Kassenhilfe im Dezember 1932, die zweifellos vorübergehend erheblich ins Gewicht fiel, allerdings noch keineswegs den weiteren Aufstieg der NSDAP erklären kann –, keinen entscheidenden Rang zubilligen möchte, so wird doch die Feststellung unumgänglich, daß der sichtliche Mangel an ergebnisreichen politischen Initiativen und dann bald nach dem 30. Januar 1933 das widerstandslose Einschwenken in die politische Richtung des neuen Regiments dem deutschen Kapitalismus das schlechteste Zeugnis ausstellen. Um ein wirtschaftliches System aber, das seinen Prinzipien nach auf die individuelle Freiheit wie auf die individuelle Originalität der Unternehmenden abgestimmt war, konnte es nicht gut bestellt sein, sobald die führenden Persönlichkeiten im wirtschaftlichen Leben den Sinn dafür und auch die Fähigkeit verloren hatten, das politische Szenarium zu beherrschen. Der scheinbare Ausweg mit einem einzigen Gewalthaber, dem „Mann aus Millionen", den man sich „engagiert" zu haben glaubte, war nichts anderes als ein Ausweis solcher Mangelerscheinungen im politischen Sektor des von Fachleuten gelenkten Lebens. Er bezeugte das weithin anzutreffende Fehlen politischen Empfindens und politischen Urteilsvermögens, so daß die Situation, ihre Möglichkeiten und Unmöglichkeiten im ganzen unerkannt und unbewußt blieben. In Wirklichkeit begaben sich auch die Mächtigen der Wirtschaft unbewußt ihrer Freiheiten und gerieten innerhalb eines neuen, in der Umwälzung begriffenen, noch ungeformten Staates, den sie im vorhinein ohne Widerspruch akzeptierten, in ein Abhängigkeitsverhältnis von unbestimmbaren Mächten und von einer Bewegung, die sich des undeutlich artikulierten radikalen Protestes nur begeben hatte, weil sie einem undifferenzierten Willen zur politischen Macht gehorchte.

4. Organisationspläne für den totalen Staat der NSDAP

Es ist ein bemerkenswerter, wenn auch keineswegs verwunderlicher Sachverhalt, daß die NSDAP entgegen ihrer verhältnismäßig frühzeitigen Anteilnahme an ständestaatlichen Erörterungen vor 1933 niemals Interesse für die vielfältigen Bestrebungen zur Reichs- und Verwaltungsreform zeigte, die einen wichtigen Platz in der Geschichte der Weimarer Republik einnahmen. Sie gingen vom bestehenden Verfassungsrecht aus und folgten in der Hauptsache – weniger allerdings in den Seitenzweigen einer „konstitutionellen Reform" vornehmlich nach deutschnationalen Plänen oder einer großdeutsch-föderalistischen Reform nach den Vorstellungen des Reichsbundes deutscher Föderalisten – dem Gesichtspunkt der Änderung unter möglichst schonender Behandlung der Reichsverfassung und versagten infolgedessen der nationalsozialistischen Propaganda die Chance eines totalen Angriffs auf den parlamentarischen Verfassungsstaat. Das nationalsozialistische Interesse an Reformerörterungen, das niemals auf die revolutionäre Attitüde verzichtete, setzte erst bei solchen ständestaatlichen Projekten ein, die geeignet schienen, die vorhandene Rechts- und Staatsordnung radikal in Frage zu stellen und den pluralistischen Staat in einen totalen Staat umzuwandeln. Repräsentanten wirtschaftlicher Interessen übten häufig Kritik an der Finanz-, Außen- und Sozial- und Wirtschaftspolitik der Republik und nicht viel weniger án wesentlichen Bestandteilen der Staatsordnung selbst wie an der Praxis, Personalausstattung und Ausgabenwirtschaft der öffentlichen Verwaltung und an parlamentarischen Einrichtungen und Parteien. In den späteren Jahren führte die Neigung, die Krise der Wirtschaft mit der politischen Krise in Verbindung zu bringen, dazu, auch Diskussionen und Projekte wirtschaftspolitischer und wirtschaftsorganisatorischer mit solchen allgemein politischer Art der Staats- und Verfassungsordnung aufs engste in Zuammenhang zu bringen, was eben den eigentlichen Anziehungspunkt und Einmischungsgrund für nationalsozialistische Ideologen und Propagandisten bildete. Im stillen entstanden im Verlaufe dieser letzten Phase vor der Regierungsbetrauung Hitlers einzelne Pläne, die zwar niemals von der Parteiführung offiziell sanktioniert, nichtsdestoweniger aber später als nutzbares Material angesehen und verwendet wurden, um das Vakuum an artikulierten Vorstellungen für den Aufbau eines nationalsozialistischen Staates auszufüllen, die die Organisation und Handhabung der Staatsgewalt ermöglichen sollten.

Zu den Überläufern des Frühjahrs 1932, die der schärfer gehende politische Wind von den Deutschnationalen zur NSDAP getrieben hatte, gehört auch Hans Pfundtner, ein ehemaliger Beamter des Reichswirtschaftsministeriums mit dem Titel eines Geheimen Regierungsrates, der seit Jahren als Vertrauensmann Hugenbergs eine Tätigkeit nach vielen Seiten entfaltete – unter den Berliner Stadtverordneten, als erster stellvertretender Präsident des Nationalen Klubs, als Autor politischer Artikel in der Rechtspresse, als Vertrauensmann deutschnationaler Ministerialbeamter wie als Mittelsmann zu Kreisen der Wirtschaft – und der später mit dem Herzog Carl Eduard von Coburg in enge Beziehung kam, jenem begüterten, mit Ehrenämtern in zahlreichen politischen und halbpolitischen nationalen Organisationen überhäuften einstigen Landesfürsten und Stahlhelmführer, der 1932 auch in der Gesellschaft zum Studium des Faschismus und im Nationalen Klub präsidierte und der dann während der Kanzlerkrise vom November, von Pfundtner veranlaßt, Hitler „jede Vermittlertätigkeit . . . uneingeschränkt zur Verfügung" stellte.[133] Pfundtner bot seine Dienste Funk, Göring, Strasser, Goebbels und Keppler an und empfahl sich als Fachmann für „das Gebiet der Reichsverwaltung und der Handels- und Wirtschaftspolitik" und als Vermittler zu hohen Ministerialbeamten, zu Industriezweigen und Verbänden.[134] Sein Verlangen nach Würden und Mandaten stand hierbei seinem Tätigkeitsbedürfnis in nichts nach und blieb bis zum 30. Januar 1933 auch ebenso fruchtlos. Da Funk nur geringes Interesse an Pfundtners Vorschlägen zeigte, sandte er sie mit Unterstützung des aktiven Ministerialrats Lammers, der ebenfalls dem Vorstand des Nationalen Klubs angehörte, an Göring, um dessen Aufmerksamkeit auf die Personalpolitik zu lenken, ein bevorzugtes Steckenpferd Pfundtners, der auf diesem Gebiet sowohl eingehende Kenntnisse als auch hemmungslose Kritik an den bekanntesten Persönlichkeiten der leitenden Beamtenschaft in den wichtigsten Ministerien an den Tag legen konnte.[135] Höchst per-

---

[133] Telegrammentwurf und Abgangsnachricht vom 21. November 1932 bei den Handakten Pfundtners im Hauptarchiv zu Berlin: *HAB*, Rep. 77, Pfundtner 213. Im Folgenden sind die Aktensignaturen grundsätzlich nach der vorläufigen Ordnung der Akten im Hauptarchiv (ehem. Preußisches Geheimes Staatsarchiv) zu Berlin-Dahlem angegeben. Inzwischen ist eine Neuaufstellung der Akten des Reichs- und Preußischen Ministeriums des Innern vorgenommen worden. Aktenstücke, die dem Verf. erst durch diese Neuaufstellung zugänglich geworden sind, werden mit der neuen Signatur bezeichnet (*HAB*, Rep. 320).

[134] Durchschl. eines Schreibens vom 11. März 1932 und weiterer Schreiben an Funk vom 26. April, 18. Mai, 15. Juni, 24. Oktober, an Göring vom 9. Mai und 3. Juni, an Goebbels vom 2. Dezember und an Gregor Strasser vom 10. November 1932 (*HAB*, Rep. 77, Pfundtner 217), an Funk vom 16. Januar und an Keppler vom 23. Januar 1933 (*a. a. O.*, Pfundtner 218).

[135] Bei den Akten Pfundtners befinden sich die Durchschläge zweier Manuskripte, die er nach dem Sturz Brünings der von Goebbels herausgegebenen Zeitung *Angriff* angeboten hatte, die aber nicht gedruckt wurden (*ebda.*); sie enthalten eine wenig sachliche Polemik, mit der Pfundtner namentlich gegen die Staatssekretäre Zarden (Reichs-

sönliche Interessen und sachliche Auffassungen dürften hier wie bei anderen Projekten, mit denen sich Pfundtner zur Geltung zu bringen suchte und die sowohl die politische Verwendung des Rundfunks [136] wie die Reform der Finanz- und Zollverwaltung [137] betrafen, ineinander übergegangen sein. Er legte es darauf an, sich zum Fürsprecher eines konservativen Berufsbeamtentums zu machen, dem er nach Entfernung der „Parteibuchbeamten" eine „wohlwollende Einstellung der [nationalsozialistischen] Bewegung" sichern wollte. [138] Diese „Säuberung des Verwaltungsapparates und die damit verbundene Wiederaufrichtung eines fachlich vorgebildeten, verantwortungs- freudigen und national eingestellten Beamtentums" nahm unter seinen Vorschlägen den ersten Rang ein und wurde bis in Einzelheiten ausgeführt. Pfundtner gab sich keineswegs mit Personalveränderungen in der Kategorie der politischen Beamten zufrieden, denen in Preußen gegen Ende des 19. Jahrhunderts die aktive Vertretung der Regierungspolitik als besondere Pflicht auferlegt und die zu Beginn der Ära von Weimar wesentlich erweitert worden war [139] und teilweise recht häufigen Personal- wechseln unterlegen hatte; sondern es war ihm um eine weitreichende „Entpolitisie- rung" des Beamtentums und Wiederherstellung eines Berufsbeamtentums alter Vor- stellung zu tun, die er durch abgestufte, radikal gegen links gerichtete Maßnahmen er- reichen wollte. „Angehörige der marxistischen Parteien" sollten „nicht einen Tag länger Dienst tun" und sofort – unter dem Vorbehalt einer gesetzlichen Regelung ihrer finanziellen Ansprüche – aus sämtlichen Ämtern, Beamte, die der Demokratischen Partei (Staatspartei) angehörten, aus allen politisch wichtigen Posten entfernt wer- den; hierzu rechnete Pfundtner alle Staatssekretäre, die Ministerialdirektoren in den politisch wichtigsten Ministerien,[140] außerdem eine Reihe anderer leitender Beamter und Behördenchefs in Preußen [141] – die Oberpräsidenten, Regierungspräsidenten, Vize- präsidenten, Polizeipräsidenten und Landräte – und im Bereiche der Justiz im Reichs- gericht, in der Reichsanwaltschaft, im Reichsfinanzhof und in den leitenden preußi- schen Stellen der Staatsanwaltschaft und des Strafvollzugs, während er im übrigen noch die Unabsetzbarkeit der Richter grundsätzlich respektierte. Gegen Zentrums- angehörige war nach Pfundtners Meinung, „solange an eine Koalition mit dieser Partei gedacht werden muß, nicht viel zu machen"; immerhin aber hielt er dafür, daß „der Versuch gemacht" würde, die „Gewerkschaftler pp. ohne fachliche Vorbildung" unter beamtenrechtlichen Begründungen nach und nach aus ihren Ämtern zu entfernen.

Man erkennt hierin die erste Vorbereitungsstufe des Beamtengesetzes vom 7. April 1933; allerdings hatte Pfundtners Plan noch keine antisemitische Note. Offensichtlich wünschte er zwar einen radikalen, aber doch keinen durchgehenden Personalwechsel in diesen Ämtern, der mit einem unübersehbaren raschen Personalschub verbunden

---

finanzministerium), Grieser (Reichsarbeitsministerium) und Zweigert (Reichsinnenministerium) und die Mini- sterialdirektoren Hedding (Reichsfinanzministerium) und Menzel (Leiter der politischen Abteilung des Reichs- innenministeriums) vorging.

[136] Schreiben an Gregor Strasser vom 10. November 1932 (HAB, Rep. 77, Pfundtner 217).

[137] Schreiben an Funk vom 24. Oktober 1932, dem eine Aussprache mit Gregor Strasser vorangegangen war (ebd.)

[138] Schreiben an Göring vom 9. Mai 1932, in dem Pfundtner auf eine Unterredung Bezug nimmt, die am 7. Mai stattgefunden hatte (ebda.). Das wichtigste Dokument in diesem Zusammenhang ist eine undatierte Denkschrift „Vorschläge für Verwaltungsmaßnahmen einer nationalen Regierung im Reich und Preußen" (Durchschl., acht Seiten, HAB, Rep. 77, Pfundtner 218), die Pfundtner am 15. Juni an Funk und vermutlich vorher auch an Göring sandte.

[139] Vgl. u. S. 481.

[140] Pfundtner nannte im einzelnen das Reichsinnenministerium, das preußische Innenministerium, das Auswärtige Amt und einige Abteilungen des Reichsarbeitsministeriums.

[141] Hierunter zählte Pfundtner auf: Botschafter und Gesandte des Auslandsdienstes, eine Reihe von Ministerial- dirigenten und Ministerialräten in den genannten Ministerien, die Personalreferenten der Ministerien, die Chef- präsidenten der Landesfinanzämter und die Präsidenten des Disziplinarhofes und der Disziplinarkammern.

gewesen wäre, also zu rascher Ergänzung gezwungen und infolgedessen viele Gefahren für Pfundtners „Säuberungs"-Idee gebracht hätte. Vielmehr glaubte Pfundtner, einen großen Teil von leitenden Stellen durch Verwaltungsvereinfachungen, durch Zusammenlegung von Reichsministerien [142] und Ministerialabteilungen, durch Personalunion zwischen verschiedenen Ämtern, zwischen Reichs- und preußischen Ministerien und gar völlige Auflösung einiger Ämter und zweier preußischer Ministerien [143] einsparen zu können, wie aus dem zweiten Teil seiner Vorschläge hervorging. Überdies empfahl er, die Bedeutung der Ministerämter und des Reichskabinetts als ganzem zugunsten des Reichskanzlers als „Vorgesetztem" dadurch zurückzuschrauben, daß einige Ministerien nur noch der Leitung von Staatssekretären anvertraut und daß ein besonderes Geschäftskabinett[144] und zur Beschlußfassung, in den wichtigsten politischen Angelegenheiten von ihm unabhängig, ein Direktorium geschaffen werden sollten.

Im ganzen waren die Vorschläge Pfundtners für die NSDAP etwas gänzlich Neuartiges. In ersten groben Umrißlinien ließen sie die Organisation eines autoritären Staates erkennen, die bisher im einzelnen nie zur Erörterung gestanden hatten. Sie rückten die Reichsverwaltung in den beherrschenden Vordergrund des nationalsozialistischen Staates und teilten selbst innerhalb der Reichsregierung nochmals die eigentlich politische Entscheidungsgewalt von den Verwaltungszuständigkeiten ab, um sie erst wieder in einer Doppelfunktion des Reichskanzlers als obersten Chefs der Exekutive und als politischen Führers zu vereinigen. Damit rückte das Beamtentum in den Vordergrund des Planes und wurde die Frage einer nationalsozialistischen Staatsorganisation in erster Linie zu einer Frage der radikalen Nationalisierung des Beamtentums, die Pfundtner durch eine vollkommene Beschränkung auf die konservativ-nationalen Teile des alten Beamtentums lösen zu können glaubte, dem nun das Heft in die Hand gegeben werden sollte. Um sie den parlamentarischen und kommunalen Einflüssen und Kontrollen zu entziehen, hatte die NSDAP nach Pfundtners Vorschlägen „im Reich und in Preußen ... sofort Neuwahlen zu erzwingen" und „möglichst schnell in den Provinzial- und Kommunalverwaltungen den marxistischen Einfluß zu brechen". Damit hatte er die Grundzüge einer künftigen „Machtergreifung" aufgezeichnet; die weiteren Fragen unterließ er vorerst zu erörtern.

Wenn es auch nicht scheint, daß die Niederschriften Pfundtners bei ihren Adressaten schon sogleich verbindliches Interesse hervorgerufen haben, so kam seinen Plänen doch ein bedeutsamer Anteil an den Anfängen der totalitären Staatsorganisation zu. Andere Teile entstammten einer Wurzel, die auf die Münchener Parteileitung der NSDAP zurückführte. Die Organisation der Reichsleitung war zwar keineswegs definitiv; sie war häufig in Veränderung begriffen und so stark vom Persönlichen und Taktischen her bestimmt,[145] daß sie im Augenblick der „Machtergreifung" weder eine nennenswerte Personalauslese zur Verfügung stellen konnte, noch politische Pläne und Vorbereitungsarbeiten bereithielt. Soweit solche in der Rechtsabteilung oder in der Innenpolitischen Abteilung im Organisationsbereich Strassers entstanden waren, wurden sie erst verspätet und auf Umwegen nach außen hin bekannt. Der Hauptanteil entfiel auf zwei ehemalige preußische Beamte, Nicolai und v. Heydebrand und

---

[142] Pfundtner dachte hierbei an das Reichswirtschafts- und das Reichsarbeitsministerium, auch das Reichsministerium für Ernährung und Landwirtschaft und an das Reichsverkehrs- und Reichspostministerium.

[143] Die Ministerien für Handel und Gewerbe und für Volkswohlfahrt, das dann schon die Kommissarsregierung in Preußen auflöste.

[144] Es sollte aus dem Reichskanzler, dem Reichsinnenminister, dem Wehr-, dem Finanz- und dem Außenminister bestehen.

[145] Es ist bereits aufschlußreich, wie ungenau, unvollkommen und zeitweise auch unrichtig die parteioffiziellen Mitteilungen über den Aufbau der NSDAP-Reichsleitung sind. Vgl. z. B. *Nationalsozialistisches Jahrbuch 1932*, hrsg. unter Mitwirkung der Reichsleitung der NSDAP, München o. J. [1931], S. 132, und Schäfer (Anm. I/80), S. 20 ff.

der Lasa, die den Staatsdienst quittiert und in der NSDAP-Reichsleitung Tätigkeit und Lebensunterhalt gefunden hatten.[146] In den Jahren 1931/32 fertigten sie Gesetzesvorschläge, Denkschriften und Verordnungsentwürfe an, die eine Anzahl charakteristischer Themen der späteren nationalsozialistischen Gesetzgebung behandelten, so daß die anfangs wenig beachteten Arbeiten dieser ehemaligen Beamten, die in ihren Laufbahnen gescheitert waren und sich innerhalb ihrer Partei keines sonderlichen Ansehens erfreuten, sondern häufig wie Außenseiter betrachtet wurden, als eine, wenn auch primitive Grundlage der Gesetzgebung des nationalsozialistischen Staates gelten können.[147] Sie erstreckten sich über mehrere Gebiete, waren offensichtlich wenig systematisch angelegt, jedoch nach der Seite einer rechtsförmigen Grundsatzregelung zur Denaturalisierung und Deklassierung des jüdischen Bevölkerungsteiles exzessiv vorangetrieben worden in Gestalt zahlreicher Denkschriften und Gesetzentwürfe zur „Ausscheidung von Juden und sonstigen Fremdstämmigen aus dem deutschen Volke" oder über die „Ausweisung der Ostjuden", über eine Trennung von Reichsangehörigkeits- und Staatsbürgerrecht, über ein „Reichsjudengesetz" oder ein „Minderheitengesetz" oder über die „Einbürgerung deutscher Schutzgenossen", die ein rechtes Schlaglicht auf Ausmaß und Ziele des nationalsozialistischen Antisemitismus werfen. Sie wollten selbst die fragwürdigen Konsequenzen einer pseudowissenschaftlichen „Rassenzucht" berücksichtigen und sahen schon die Einrichtung von „Sippenämtern", die Förderung der Blutgruppenforschung (!), Sterilisationsbestimmungen und sogar eine „Strafreform [!] vom rassenhygienischen Standpunkte aus" vor.[148] Sachkenntnis, Dilettantismus und ideologische Subversion scheinen sich bei diesen Plänen in eigentümlicher Weise vereinigt zu haben, ohne eine bestimmte Richtung zu finden. So entstanden daneben Vorschläge für eine neue Reichsverfassung, für eine territoriale Neugliederung, zur Einsetzung von Sondergerichten,[149] für eine Gerichtsreform, ein neues Kommunalrecht, zur Schaffung eines gebundenen Bodenbrechts und „zur Gestaltung des deutschen Getreidehandels mit dem Ziele, die Preise in gleicher Höhe zu halten".[150] Auch dem Berufsbeamtentum wurde eine wichtige Rolle zugedacht; ein Gesetzentwurf für die „Wiederherstellung des Rechtszustandes" sollte die Revision „aller Staatsakte" seit 1918, namentlich auf den Gebieten des Beamtenrechts und der Personalpolitik, erlauben und die „Ab- und Rückversetzung" von Beamten auch entgegen ihren wohlerworbenen Rechten legalisieren. So sehr sich an dieser Stelle die Vorhaben Nicolais und Pfundtners berührten, so sehr schieden sie sich doch auch wieder im

---

[146] Helmut Nicolai, geb. 1895, 1924 Regierungsassessor, hatte mehrere Disziplinarverfahren aus Gründen seiner politischen Betätigung erlebt, war bis zum Mai 1931 bei der Regierung in Oppeln beschäftigt und wurde dort dienstentlassen. Ernst v. Heydebrand und der Lasa, geb. 1884, der Neffe des konservativen Parteiführers, hatte ein bewegtes Schicksal hinter sich, war wegen Mordes angeklagt und in einem aufsehenerregenden Prozeß freigesprochen, mehrmals strafversetzt worden und zuletzt als Regierungsrat beim Bezirksausschuß in Frankfurt/Oder tätig, wo er 1930 aus gesundheitlichen Gründen verabschiedet wurde.

[147] Eine umfangreiche Liste „über die bei der Innenpolitischen Abteilung bzw. der Rechtsabteilung der Reichsleitung der NSDAP in München vorhandenen Vorarbeiten und Unterlagen für eine zusammenfassende und nach Möglichkeit vollständige Planung für den gesamten Neuaufbau des Dritten Reiches" übersandte v. Heydebrand mit Schreiben vom 29. März 1933 an Staatssekretär Lammers, der sie unter dem 18. April an Staatssekretär Grauert weiterleitete und ihre Berücksichtigung empfahl (*HAB*, Rep. 320, Grauert 10). Grauert und das preußische Innenministerium hatten für diese Pläne jedoch keine unmittelbare Verwendung. Nicolai wurde noch im April zum kommissarischen Regierungspräsidenten in Magdeburg, v. Heydebrand zum Regierungsvizepräsidenten in Merseburg ernannt, während beider Mitarbeiter, Gercke, am 18. April als „Sachverständiger für Rassenforschung" in das Reichsministerium des Innern berufen wurde.

[148] Die rassenideologischen Gesetzesvorbereitungen stammten in erster Linie von Heydebrand, der als Nachfolger des bereits im Sommer 1932 wieder in den preußischen Staatsdienst zurückkehrenden Nicolai Leiter der innenpolitischen Abteilung wurde, ferner von Gercke, den Reichstagsabgeordneten Hörmann und Pfaff und einigen anderen Mitarbeitern.

[149] Diese hauptsächlich von Nicolai.

[150] Von Heydebrand, die letzten in Zusammenarbeit mit Pfaff.

Grundsätzlichen; denn Pfundtner wollte praktisch auf eine erhebliche Ausweitung der Kategorie der „politischen Beamten" hinaus, Nicolai jedoch auf eine allgemeine und grundsätzliche Lockerung der Rechtsverhältnisse.

All diesen Vorarbeiten wird man nicht den Charakter eines einheitlichen Organisationsplanes nachsagen dürfen. Einen solchen gab es weder innerhalb noch außerhalb der NSDAP, sondern nur Teilprojekte mit keineswegs übereinstimmenden Zielrichtungen. Der totale Staat des Nationalsozialismus erwuchs bei weitem nicht allein aus Vorstellungen und Plänen, sondern nicht minder aus einer teilweise meisterlichen Schaffung und Ausnutzung günstiger Opportunitäten, die wohl mit mancher Vorstellung, die die Propaganda erzeugte, in Widerspruch geriet, jedoch auch immer wieder in eklektischer Weise Pläne und Projekte heranzuziehen und zu nutzen suchte. Die Organisierung des nationalsozialistischen Staates war daher kein Vorgang nach politisch-technischen Normen der größten Zweckmäßigkeit, sondern durch verschiedene ideologisch-propagandistische Momente bestimmt, durchsetzt und verwirrt, der infolgedessen auch nur wieder durch Rücksicht auf Individualität und Begrenzung dieser Momente entwirrt werden kann, obgleich eine gewisse Gewöhnung eingetreten ist daran, die *dramatis personas* der Ära des Nationalsozialismus ohne viele Nuancen zu sehen, was freilich angesichts der nur wenige Nuancen kennenden Endphase des nationalsozialistischen Staates verständlich, scheinbar auch beinahe berechtigt ist.

B. INSTITUTIONELLE UND REVOLUTIONÄRE GRUNDLEGUNG DER DIKTATUR

1. Der dauernde Ausnahmezustand und die Diktatur der Reichsregierung

Der „Maßnahmenstaat" wäre nicht ohne das positivistische Ordnungsprinzip denkbar gewesen, die „Gleichsetzung allen Rechts mit dem staatlich gesetzten Recht", „die nahezu unangreifbare Grundlage der deutschen Rechtswissenschaft von der Begründung des Reiches bis zum Untergang der Monarchie".[151] Mit dem Entschwinden dieses „Höhepunktes des Rechtspositivismus"[152] nach Zusammenbruch und Beseitigung des monarchischen Staates gerieten auch die vertrauten Grundlagen des Rechts ins Schwanken – ein folgenschwerer Vorgang, der zwar die Rechtswissenschaft und Rechtsphilosophie in großartigen Denkvorgängen miteinander verband, jedoch die Sicherheit der materiellen Rechtsverhältnisse zunehmend gefährdete. Es ist sogar ein „Merkmal der modernen Gesellschaft" genannt worden, „daß sie einen gemeinverbindlichen Begriff der materiellen Gerechtigkeit" nicht habe.[153] So sehr übersteigert diese Behauptung auch sein mag, so weist sie doch in die Richtung, aus der die Gefährdung des Rechts herkommt, und läßt sie indirekt den Grund für das eigene Festhalten an positiven Rechtsnormen erkennen: in der verzweifelten Gegenwehr der Verteidiger des Bestehenden, die möglichst viel des Gestrigen in die jeweilige Gegenwart hinüberzuziehen und zu behaupten trachten.[154] Aus dieser Periode der Monarchie übernahm die Jurisprudenz einen transplantierten Positivismus, den sie in eine Lehre vom gerade

---

[151] Ernst Forsthoff, „Die Rückkehr zum Rechtsstaat", in: *Deutscher Geist zwischen gestern und morgen. Bilanz der kulturellen Entwicklung seit 1945*, hrsgg. von Joachim Moras und Hans Paeschke, Stuttgart 1954, S. 334.

[152] Theodor Eschenburg, „Die europäischen Demokratien zwischen den Weltkriegen", in: *Das Dritte Reich und Europa. Bericht über die Tagung des Instituts für Zeitgeschichte in Tutzing, Mai 1956*, München 1957, S. 2.

[153] Forsthoff, „Die Rückkehr. . " (Anm. I/151), S. 335.

[154] Forsthoff macht diese Tendenz zur Kontinuität des positiven Rechts auch über den Grabenbruch von 1945 hinweg mit der Behauptung sinnfällig, „daß [1945] das Gesamtgefüge der normierten Rechtsordnung im allgemeinen intakt war und es sich nur darum handelte, relativ wenige, allgemein bekannte Normen [!] . . . auszumerzen" (a. a. O., S. 336).

jeweils geschaffenen Recht und der daraus folgenden Nutzanwendung umzuwandeln und mit dem Bekenntnis zur Verfassung als einer jeweils bis auf weiteres verpflichtenden Norm zu verbinden und zu bewältigen versuchte. Oder sie bemühte sich um einen Halt in rechtsphilosophisch-soziologischen Kategorienlehren; oder fand zu einem historisch-soziologischen Kritizismus, so daß unter dem Einfluß romantischer Stimmungen und mit den Mitteln logischer Deduktion ein politischer Dezisionismus als die illegitime Nachgeburt des Positivismus zutage kam, der nun ein merkwürdiges Bündnis von Jurisprudenz und nationaler Revolution ermöglichte, das sich in dem Schlagwort von der „legalen Revolution" verdichtete und zu den bemerkenswertesten Erzeugnissen einer exogenen Propaganda zugunsten des Nationalsozialismus zählt. Niemand beschrieb und interpretierte den liberalen Rechtsstaat mit so gründlicher Aversion und Konsequenz wie der engagierte Kritizismus Carl Schmitts. Er verfügte über einen eigenen Verfassungsbegriff, der im Grunde nichts mit dem des parlamentarischen Interessenstaates gemein hatte, sondern sich auf die Vorstellung des „homogenen" Volkes gründete, dem nur in romantischer Verklärung schönen Idealbild der einheitlichen nationalen Volksgemeinschaft, die sich gleichsam als handlungsfähige Einheit darstellt wie die „Nation" oder das „Volk" nach den Begriffen des romantischen Nationalismus. Hier knüpften sich unsichtbare Fäden zwischen der anwachsenden NSDAP und dem Strom der antiliberalen, antidemokratischen, oppositionellen Ideologien einer nach Grundlagen und Zielen differenzierten konservativen „Revolution",[155] die in den späteren Jahren der Weimarer Republik auch die Staatslehre zu ergreifen und zu durchdringen begann. Das unter Berufung auf Rousseau begründete Prinzip der nationalen Homogenität als einziger Konzeption wahrhafter Demokratie, das die bürgerlichen Freiheiten und Menschenrechte als vage Programme und den Pluralismus der Republik als Störungen und Gefährdungen ihrer Substanz erachtete,[156] bildete die erste Grundlage einer Staatslehre, die dem nationalsozialistischen Staat nutzbar wurde. Die stilisierte verbale Einheit des Unvereinbaren führte hier wie in anderen Bereichen geistigen Lebens dazu, daß jede Kontrolle über die soziale Realität verlorenging und dem um sich greifenden Nihilismus, sofern er überhaupt erkannt wurde, nichts entgegengesetzt werden konnte.

Die Waage zwischen den nicht von Haus aus nationalsozialistischen Bestandteilen des totalen Staates und den aus den Zellen der nationalsozialistischen Partei entwickelten Kräften war wechselnden Belastungen ausgesetzt und lange Zeit, will man von einer verhältnismäßig kurzen Phase indifferenter Beruhigung 1936/37 absehen, keineswegs ausgeglichen, ehe das übermächtige Gewicht der SS-Organisation im Endabschnitt der Ära sie einseitig zu Boden drückte. Aber selbst das gesonderte, vielgliedrige Herrschaftssystem der SS-Führung, das im totalen Staat heranwuchs, war weder identisch noch eine Weiterbildung des Kreises und der Ideologie der „alten Kämpfer", die 1933 in zahllose Ämter einrückten, so daß es anfangs sogar schien, sie hätten den Staat für sich allein erobert. Im übrigen ist bekannt, wie sehr es im zeitweiligen Widerstreit mit der SA stand und daß sein Unterfangen, die Macht in diesem Staat zu er-

[155] Armin Mohler hat diesen von Thomas Mann geprägten Begriff seiner literarisch-historischen Herkunft zu entreißen und zu einem Begriff der Zeitgeschichte zu machen versucht: *Die konservative Revolution in Deutschland 1918–1932. Grundriß ihrer Weltanschauungen,* Stuttgart 1950.

[156] Hervorgehoben seien Carl Schmitt, *Die geistesgeschichtliche Lage des heutigen Parlamentarismus,* 1. Aufl., München–Leipzig 1923; „Der Begriff des Politischen", zuerst in: *Archiv für Sozialwissenschaft und Sozialpolitik* 56 (1927); „Der Hüter der Verfassung", zuerst in: *Archiv für öffentliches Recht,* N. F., 16 (1929); Ernst Rudolf Huber, „Der Bedeutungswandel der Grundrechte", in: *Archiv für öffentliches Recht* 23 (1932), S. 1–98. Die neuerdings anhebende Diskussion über die Lehre Carl Schmitts ist bereits an Umfang und Gehalt bedeutsam geworden; vgl. Peter Schneider, *Ausnahmezustand und Norm. Eine Studie zur Rechtslehre von Carl Schmitt* (Veröffentlichungen des Instituts für Zeitgeschichte, Bd. 1), Stuttgart 1957; und Jürgen Fijalkowski, *Die Wendung zum Führerstaat. Ideologische Komponenten in der politischen Philosophie Carl Schmitts* (Schriften des Instituts für politische Wissenschaft, Bd. 12), Köln–Opladen 1958.

ringen, mit dem Verlust der Machtstellung der SA zusammenfiel. Die anfänglich kon-
stituierenden Elemente des autoritären Staatssystems vom Frühjahr und Sommer 1933
– konservative Kräfte, die Rechte außerhalb der NSDAP, Deutschnationale und
Stahlhelmer, die Nationalsozialisten selbst, die Überläufer verschiedener Färbung und
die Zuläufer aus Resignation – haben sich in den Wandlungsphasen des totalen Staates ausnahmslos selbst wandeln müssen.

Das Duumvirat Hitler–Papen, das als Spitze eines Präsidialkabinetts für Papen
dank seiner besseren Beziehungen zu Hindenburg sicherlich eine überlegene Stellung
gegenüber Hitler bereitgehalten hätte, verwandelte sich binnen weniger Wochen in
eine übermächtige, unbestrittene Kanzlerschaft Hitlers. Papen wiederholte im Grunde
schlimmer und verhängnisvoller seinen großen Irrtum des Vorjahres, die Präsidial-
konstruktion in Verbindung mit einer plebiszitären Mehrheit – was eine „Rückdemo-
kratisierung von rechts" genannt wurde [157] – für ein gesichertes politisches System und
sich selbst für die Zentralfigur darin zu halten. Er verkannte die offensichtliche Möglichkeit der Nationalsozialisten, die gewohnten Bahnen aus eigener Kraft zu verlassen und ein neues System zu begründen, in dem die Macht der NSDAP weit besser
zur Geltung kam; diese Unterschätzung der Potenzen der braunen Massenpartei teilte
er freilich mit manchem anderen zeitgenössischen Politiker.

Hugenberg forderte schon in der ersten Sitzung des neuen Kabinetts die Unterdrückung der KPD und hielt als erster ein Ermächtigungsgesetz für notwendig.[158] Am
nächsten Tage trat Vizekanzler v. Papen dafür ein, letztmalig eine Reichstagswahl
abzuhalten, nicht um den Reichstag mit einer Mehrheit für die neue Reichsregierung
funktionsfähig zu machen, sondern um eine Rückkehr zum parlamentarischen System
ein für alle Male zu verhindern.[159] Diese Absicht ging gewiß weit über die Notwendigkeit der Regierungsbildung vom 30. Januar hinaus, an die die nichtnationalsozialistischen Reichsminister glaubten.[160] Graf Schwerin v. Krosigk empfahl eine Vertagung
oder eventuelle Auflösung der Reichstagsausschüsse, um die Reichsregierung vor den
Folgen der für sie ungünstigen Stimmenverhältnisse zu bewahren. Die um Sinn und
Inhalt der geltenden Reichsverfassung gänzlich unbekümmerte Abwertung der vorgeschlagenen Reichstagswahl zum einmaligen Plebiszit nach dem schließlich von Hitler
formulierten Kompromiß, zwar einen neuen Reichstag zu schaffen, indessen die Re-

---

[157] Wilhelm Grewe, „Verfassungspolitische Aufgaben eines nationalsozialistischen Staates", in: *Was wir vom Nationalsozialismus erwarten. Zwanzig Antworten*, hrsgg. von Albrecht Erich Günther, Heilbronn 1932, S. 90.

[158] Niederschrift über die Reichsministerbesprechung am 30. Januar 1933: *IMT* (Anm. I/82), XXV, Dok. PS–351, S. 372 ff. Ausführlich hierzu und zum Folgenden o. I. Teil.

[159] Niederschrift der Reichsministerbesprechung am 31. Januar 1933, engl. Übers. in: *Documents of German Foreign Policy, 1918–1945*, Series C, vol. I, Washington 1957, S. 6.

[160] Die privaten Aufzeichnungen des Reichsfinanzministers Lutz Graf Schwerin v. Krosigk in der Rathmanns-
dorfer Haus-Chronik der Familie Schwerin v. Krosigk vom Februar 1933 (*Captured German Documents*, National
Archives, Washington) erlauben es, die Entscheidung Graf Schwerins und einiger ihm nahestehender konservativer
Minister, darunter Neurath und Gürtner, in den Tagesablauf des 26. Januar 1933 einzuordnen. Nicht nur die
Ablehnung der von Schleicher begehrten Vollmacht zur Reichstagsauflösung durch Hindenburg, sondern auch die
unzugängliche Art, wie das geschehen und wie der Reichspräsident auf die Vorstellung Hammersteins eingegangen
war, stimmte ratlos, so daß theoretisch nur noch ein Kabinett Hitler–Papen möglich schien. Man wurde aufgefordert und man ging, um seine Pflicht zu tun, trotz aller Vorbehalte, die man gegen Papen eben wegen seines
Verhaltens hegte und die Neurath am stärksten zum Ausdruck brachte, indem er der ersten Aufforderung Papens
zu einer Aussprache noch nicht Folge leistete. Der Schlüssel zur Haltung und letzten Entscheidung dieser Minister
ist in ihrer Loyalität gegenüber dem Staatsoberhaupt zu sehen, das wohl kritisiert, dessen beängstigende Ge-
schäftsunfähigkeit gesehen wurde, dem jedoch keiner zuwiderhandelte, obgleich sich die Regierung Schleicher in
ihrer letzten Sitzung auf Veranlassung Schwerin v. Krosigks bis zur Drohung mit einer Präsidenten-Krise auf-
schwang. Dem Reichspräsidenten das Notwendige wirklich zu sagen, wagte keiner mehr; nur Schleicher und
Hammerstein erwogen die letzte Konsequenz, jedoch ohne sie noch in Szene setzen zu können. Vor ihr konnte
sich auch Schwerin v. Krosigk „eines leichten Grauens nicht erwehren", so daß überraschend schnell die Verbindung
mit Papen zustande kam. (Dem Verf. dank freundlicher Vermittlung von Herrn Prof. Hans Herzfeld, Berlin,
zugänglich gemacht.)

gierung ohne Rücksicht auf das Wahlergebnis in ihrer Zusammensetzung zu belassen und unter keinen Umständen zur parlamentarischen Regierungsweise zurückzukehren, wurde jedoch allgemein akzeptiert.[161]

Am gleichen Tage regte Hugenberg die vollständige Beseitigung der „Hoheitsregierung" Braun in Preußen an, um dort endgültig eine eindeutige Lage zugunsten der Reichsregierung zu schaffen; eine solche Entscheidung glaubte er vor allem dem Bedürfnis der preußischen Beamten nach uneingeschränkter Autorität der Kommissarsregierung schuldig zu sein. Und es war der Staatssekretär Meißner, der sofort eine Auflösung des preußigen Landtages mit Hilfe einer Notverordnung des Reichspräsidenten nach Artikel 48 der Reichsverfassung anriet, während Papen eine Lösung wünschte, die den Reichspräsidenten in den Besitz einer präsidialen und diktatorischen Stellung innerhalb Preußens gesetzt hätte, ohne jedoch damit durchzudringen.[162] Man war sich noch kaum über die Wege einig, die hier eingeschlagen werden sollten, als Göring schon zwei Tage später auch gleich die Auflösung und Neuwahl der Gemeinde- und Provinzialvertretungen vorschlug,[163] so daß nun schon eine vollständige Umwälzung des gesamten Legislativ- und Exekutivkörpers Preußens an Haupt und Gliedern zu erwarten war. Und der nationalsozialistische Reichsinnenminister Frick wollte nicht nur in Preußen, sondern gleichzeitig in Sachsen, Baden, Braunschweig, Bremen und Schaumburg-Lippe, wo noch in diesem Jahr gesetzmäßig Wahlen abzuhalten waren, die Landtage durch Notverordnung auflösen und Neuwahlen für den 5. März ansetzen.[164] Einstweilen rechneten die Nationalsozialisten noch nicht mit einem Faktor „Zeit" zu ihren Gunsten; sie begnügten sich mit der Konjunktur des Augenblicks, die sie für ihre Zwecke weidlich ausnutzten. Der bürokratische Schematismus ihres politischen Eroberungszuges bildete eine merkwürdige Ergänzung zu den lokalen Ausbrüchen des Terrors. Taktische Raffinesse bewies im Anfang einzig Hitler.

Es war Hitler, der im Widerspruch zu seinem Reichsinnenminister die vorgesehene Präsidialverordnung „zum Schutze des deutschen Volkes" um einen Abschnitt „Schutz gegen Gefährdung lebenswichtiger Unternehmungen" kürzte, wohingegen Papen die Aufnahme einer zusätzlichen Strafbestimmung gegen politische Beleidigungen erwirkte.[165] In der Tat schien in den ersten Tagen seiner Regierung der nationalsozialistische Kanzler nur mit Umsicht zu besorgen, wozu er „engagiert" worden war. Bei den Meinungsverschiedenheiten, die innerhalb des Kabinetts in wichtigeren Fragen auftauchten, vermochte er aber seine Stellung zusehends zu verbessern. Vermutlich wußte es Hitler schon vorher – jedenfalls konnte er sich rasch den Umstand zunutze machen –, daß die Reichsminister, die nicht Nationalsozialisten waren, der Gemeinsamkeit und der Einigkeit ermangelten, daß die meisten nur die Gesichtspunkte ihrer Ressorts vertraten, daß einige zwar abweichende politische Ziele und Absichten verfolgten, jedoch zu einer gemeinsamen Widerstandsleistung im Grunde unfähig waren. Hitler war klug genug, sich anfangs Zurückhaltung aufzuerlegen und sich nicht sofort auf sein buchstäbliches Recht zu stützen, das ihm bei dem Verlust des Parteienkoalitionscharakters der Reichsregierung in beispielloser Weise zunutze kam: die Richt-

---

[161] Niederschrift der Reichsministerbesprechung am 31. Januar (Anm. I/159), S. 7.

[162] *A. a. O.*, S. 8. Einer annähernden Vollständigkeit der Aufzählung wegen sei hier noch angemerkt, daß auch der erste Anstoß zu einer „bewußt völkischen" Rassengesetzgebung, die zunächst die „Zuwanderung der Ostjuden" mit „hygienischer" Begründung unterbinden sollte, von dem deutschnationalen Staatssekretär des Reichswirtschaftsministeriums, Bang, ausging (Vertrauliches Schreiben Bangs an Staatssekretär Lammers vom 6. März, und daraufhin von Hitler veranlaßtes Schreiben von Lammers an Frick vom 9. März 1933, das die Vorschläge Bangs unterbreitete: *MGN* 11, Ankl.-Dok.-B. 51 A, Dok. NG – 902).

[163] Niederschrift über die Reichsministerbesprechung am 2. Februar 1933 (*BA*, 43 I/1459, S. 274 f.).

[164] Reichsministerbesprechung am 3. Februar (*a. a. O.*, S. 329).

[165] Reichsministerbesprechung am 2. Februar; Auszug aus der Niederschrift in: *Documents*... (Anm. I/159), I, S. 17.

linien der Politik zu bestimmen und im Kabinett bei Meinungsverschiedenheiten das entscheidende Votum abzugeben. Eine solche Praxis schon im Anfang hätte vermutlich das Risiko einer Gefährdung des Zusammenhalts seines Kabinetts mit sich gebracht. Hitler bemächtigte sich zunächst der größeren Erfolg versprechenden Rolle des „Maklers" zwischen den Kabinettsmitgliedern und suchte die einzelnen für seine nächsten Absichten jeweils in Sonderbesprechungen zu gewinnen. Damit gelangte er zum Ziel; denn nach alter deutscher Kabinetts- und Beamtengewohnheit war „ein jeder bestrebt, sein persönliches Verhältnis zu dem neuen Kabinettschef zu festigen und es nicht durch schroffe Kritik zu belasten".[166] Erstmals und vorerst einmalig am 8. Februar führte Hitler mit überraschenden Ausführungen über die künftige Wiederaufrüstung und die „Wehrhaftmachung" des deutschen Volkes, die er an den Vorschlag des Reichsverkehrsministers zum Bau eines Staubeckens an der Malapane anknüpfte, den Ministern Existenz und Plan einer eigenen Politik vor Augen, die freilich darauf rechnen durfte, in diesem Kreis zumindest keinen grundsätzlichen Widerstand zu finden. Es entsprach gerade Hitlers Neigungen, aus dem Grundsätzlichen zu argumentieren, dabei jedoch die Zonen des Einverständnisses aufzuspüren und auf der Basis der gesicherten Zustimmung Monologe und Pläne zu entwickeln, wobei er seine Gesprächspartner gelegentlich für sich einzunehmen wußte. Bei einem Menschen mit der ungewöhnlichen Instinktbefähigung und dem triebstarken Subjektivismus Hitlers mußte diese Natur nahezu zwangsläufig auch das politische Handlungsbild bestimmen.

Der Reichstagsbrand ließ dann die große Stunde der nationalsozialistischen Minister anbrechen. Von nun an war eine klarsichtige, zielsichere und rücksichtslose Absicht am Werk, die jede Chance ausbeutete, die Macht vollständig in die Hand zu bekommen. Mit dem 28. Februar begann die eigentliche Machtergreifung der nationalsozialistischen Führer, die bis zum Juni ihr vorerst größtes Ausmaß erreichte, bevor eine langsam voranschreitende, jedoch nie mehr endgültige Beruhigung einzusetzen begann. Göring hatte bezeichnenderweise bereits von sich aus Entscheidungen getroffen und als preußischer Innenminister die zeitweilige Schließung von Museen und Schlössern und das Verbot der kommunistischen und obendrein auch gleich der sozialdemokratischen Presse im gesamten Reichsgebiet, die Schließung aller Gebäude im kommunistischen Besitz und die Verhaftung aller kommunistischen Abgeordneten und Parteifunktionäre angeordnet, für die Polizei den Alarmzustand befohlen, zu ihrer „Unterstützung" einen Verband von 2000 SA- und SS-Leuten auf den Straßen Berlins in Marsch gesetzt[167] und sich damit zum Herrn der Situation in Preußen aufgeschwungen. Hitler war einer einundfünfzigprozentigen Reichstagsmehrheit nach der bevorstehenden Wahl am 5. März so gut wie sicher. Zugleich ergriff Frick als Reichsinnenminister die Initiative, um Görings preußischen Gewaltstreich, der die Periode des Terrorismus eröffnete, auf dem Verordnungswege zu legalisieren und auf die anderen Länder zu übertragen. Nachdem die nationalsozialistischen Minister die Oberhand gewonnen hatten, ging Hitler daran, den Reichspräsidenten, den Reichstag und die Länder auszuschalten. Der atemberaubende Versuch, dieses Ziel gleichzeitig und in kürzester Frist zu erreichen, glückte in einem erstaunlichen Umfang.

Zur dramatischen Zuspitzung, die Hitler und die Nationalsozialisten dem Reichstagsbrandprozeß zu geben suchten, nachdem in der Presse des Auslandes eine heftige Kritik an dieser nationalsozialistischen „Revolution" eingesetzt hatte, gehörte auch ein erster umstürzender Eingriff in das geltende Recht. Hitler verlangte nicht nur gegen den Grundsatz *nulla poena sine lege* die Festsetzung der Todesstrafe mit rückwirken-

---

[166] Franz v. Papen, *Der Wahrheit eine Gasse*, München 1952, S. 327.
[167] Niederschrift der Reichsministerbesprechung am 28. Februar 1933, engl. Übers. in: *Documents...* (Anm. I/159), I, S. 88 ff.

der Kraft für den Brandstifter van der Lubbe, sondern auch ihren Vollzug in der als besonders schimpflich geltenden und in Deutschland seit längerem unüblichen Form des Erhängens.[168] In der Reichsregierung schlugen Hitlers Einwände gegen den Satz „Recht muß Recht bleiben" und die von ihm und Göring prophezeiten Gefahren von kommunistischer Seite, denen mit Abschreckung begegnet werden sollte, nicht durch. Hitler entschloß sich daraufhin zu einer Aussprache mit dem Reichspräsidenten. Was das Ergebnis dieser Besprechung war, läßt sich bis heute nicht bestimmen; jedoch benutzte Meißner acht Tage später die Erörterung über ein Ermächtigungsgesetz, um den Reichspräsidenten von der unangenehmen Verantwortung zu entlasten und den schwerwiegenden Entschluß der Reichsregierung zu überantworten.[169] Die Diktatur des Kabinetts nahm dem Reichspräsidenten aber nicht nur in diesem Falle, sondern für alle Zeiten seine bisherigen Verantwortungen und Befugnisse. Man möchte freilich bezweifeln, daß dem alten General diese Zusammenhänge noch deutlich erkennbar waren.

In Beziehung auf die vorangegangene Rechtsordnung darf das Ganze der darauf folgenden Staatsumwälzung eine Revolution genannt werden; hierüber kann auch das scheinbar legale Zustandekommen des Ermächtigungsgesetzes nicht hinwegtäuschen. Das Abstimmungsergebnis vom 23. März 1933 im Reichstag genügte den Bedingungen einer Verfassungsänderung nach Artikel 76 der Weimarer Reichsverfassung,[170] sofern Ausmaß und Unbestimmtheit der mit dem Ermächtigungsgesetz legalisierten Außerkraftsetzung der Verfassung überhaupt noch Gegenstand eines verfassungsändernden Gesetzes hätten sein können, worüber die Auffassungen gewiß auseinandergehen.[171] Das zustande gekommene Ergebnis kann jedoch nicht darüber hinwegtäuschen, daß die Nationalsozialisten dieses Resultat mit Gewalt zu erreichen suchten. Sie hatten sich für die Erhaltung einer dünnen Legalitätshülle entschieden. Sie verzichteten aber auch keineswegs auf die revolutionäre These, die der nationalsozialistische Jurist und Reichstagsabgeordnete Hans Frank während der Vorbereitung auf das Ermächtigungsgesetz zum ersten Male aufstellte und zur Rechtsbegründung benutzte.[172] Die Änderung der Reichstags-Geschäftsordnung, die Frank im Geschäftsordnungs-Ausschuß verteidigte und die die Plenarmehrheit am 23. März annahm, erlaubte dem Reichstagspräsidenten, unentschuldigt fehlende Abgeordnete nach seinem freien Ermessen für die Dauer von 60 Tagen auszuschließen; dennoch

---

[168] Niederschrift der Reichsministerbesprechung am 7. März 1933, engl. Übers. in: *Documents. . ., a. a. O.,* S. 117 f.; Auszug aus dem Original: *MGN* 11, Ankl.-Dok.-B. 28, Dok. NG – 2287.

[169] Niederschrift der Reichsministerbesprechung am 15. März 1933: *IMT* (Anm. I/82), XXXI, Dok. 2962 – PS, S. 405. Zur Behandlung der Frage der Todesstrafe für den Reichstagsbrandstifter im einzelnen s. u. III. Kapitel.

[170] So Hans Schneider, „Das Ermächtigungsgesetz vom 24. März 1933. Bericht über das Zustandekommen und die Anwendung des Gesetzes", in: *Vierteljahrshefte für Zeitgeschichte* 1 (1953), S. 218.

[171] Der Vater der These, daß Verfassungsänderung „nicht Verfassungsvernichtung" sein kann und „daß Identität und Kontinuität der Verfassung als ein Ganzes gewahrt bleiben" müssen, die im Gegensatz zu der im Staatsrecht vorherrschenden Lehre der 20er und 30er Jahre stand, war Carl Schmitt (*Verfassungslehre,* unver. Neudr., Berlin 1954, S. 103). Vertreter der Auffassung, daß die Weimarer Reichsverfassung unbegrenzt veränderungsfähig sei, namentlich Gerhard Anschütz, *Die Verfassung des Deutschen Reichs vom 11. August 1919,* 14. Aufl., Berlin 1933, Kommentar zu Art. 76 RV; vgl. auch Richard Thoma, „Sonderbegriffe und Grundsätze", in: *Handbuch des deutschen Staatsrechts,* Bd. II, Tübingen 1932, S. 153 ff. Von seiner Auffassung wich jedoch auch Schmitt in der Periode der präsidialen Diktatur insofern wieder ab, als er gerade einem gesetzvertretenden Notverordnungsrecht eine schrankenlose, auch nicht durch die Verfassungskontinuität begrenzte Wirksamkeit zusprach. Vgl. hierzu auch Horst Ehmke, *Grenzen der Verfassungsänderung,* Berlin 1953.

[172] Der Geschäftsordnungsausschuß des Reichstags nahm die von den Nationalsozialisten vorgeschlagene Geschäftsordnungsänderung mit den Stimmen der NSDAP-, der Zentrums- und der BVP-Abgeordneten gegen die der Sozialdemokraten an. Hierbei erklärte der nationalsozialistische Abgeordnete Frank II: „Ich erkläre hiermit, daß also die gelungene nationale Revolution für uns die neue Rechtsgrundlage für das kommende Recht abgibt und daß wir hier entscheiden, was künftig in Deutschland als Recht zu gelten hat" (*Reichsanzeiger,* Nr. 70 vom 23. März 1933, S. 3).

wurden sie bei Abstimmungen als Anwesende gezählt.[173] Die Zählung fiktiver Anwesender, die Befugnis zum Ausschluß fehlender Abgeordneter nach dem Belieben des Reichstagspräsidenten und schließlich die Verhaftung oder Verfolgung sämtlicher kommunistischer und einzelner sozialdemokratischer Reichstagsabgeordneter waren ganz gewiß keine verfassungsmäßig zulässigen Mittel, um der doppelten Zweidrittelbestimmung des Artikels 76 zu genügen. Das Ermächtigungsgesetz wäre schließlich doch wohl in jedem Falle angenommen worden – auch wenn sich die Zentrumspartei fester gezeigt hätte, als sie es tat. Diese ziemlich gewisse Vermutung erhellt überhaupt erst den Sinn der Geschäftsordnungsänderung vom 22. bzw. 23. März. Nur geschickte Gegenzüge einer vollkommen geeinten parlamentarischen Opposition hätten ihr mit einiger Aussicht auf Erfolg begegnen können. Da diese nicht existierte, stützten sich jene, die sich trügerischen Erwartungen hingaben, auf die Hoffnung, mit ihrer Zustimmung die Rückkehr der Nationalsozialisten auf den Boden der Legalität einzuhandeln.

Dem pathetischen Wort von der „nationalen Revolution" waren längst rechtswidrige und rechtsauflösende Akte vorausgegangen, die das Signum eines in voller Entfaltung stehenden revolutionären Terrors trugen. Die Legalitätsphrase allein hätte nicht mehr ausgereicht, um diese Vorgänge in der Öffentlichkeit zu erklären; die Phrase von der „nationalen Erhebung" lieferte infolgedessen die Ergänzung. Was offensichtlich nicht mehr legal sein konnte, das wurde nun in der Absicht einer Rechtfertigung zur Revolution umgeprägt. Schließlich diente ihr Begriff schlechthin dazu, den Bruch zwischen den Normen der Verfassung und den Grundsätzen des totalen Staates zu salvieren. Die Kontinuität der Staatsrechtslehre bedurfte, wenn nicht der Integrität der Rechtsverhältnisse, so des Begriffes der Revolution,[174] den der nationalsozialistische Jurist Frank bereitwillig zur Verfügung gestellt und für den Sprachgebrauch freigegeben hatte. Sinn und Ziel des revolutionären Vorgangs waren jedoch nicht Umsturz und Befreiung, sondern eine beispiellose Verstärkung und Befestigung der einmal gewonnenen Macht.

Die Aus- und Fortbildung der Diktatur vollzog sich als Vorgang einer rasch voranschreitenden Aufsaugung der legislativen Gewalt durch die obersten Behörden der Exekutive, mit dem die Ablösung der integrierten Zentralgewalt von den Beschränkungen durch die noch geltenden Rechtsnormen einherging. Die parteioffizielle Propaganda griff schnell und geschickt das Wort von der „nationalen Revolution" auf, um ihm ein vielfältiges und betäubendes Echo zu geben, während das Gesetz des Geschehens durch einen nicht mehr endenden „Staatsstreich" bestimmt wurde, der von oben her auf der Grundlage scheinbar legaler Ermächtigungen die bestehende Ordnung unaufhörlich zu verändern und umzubilden vermochte. Seinem Ergebnis darf man wohl den Rang des Revolutionären zusprechen, da es ein System bestehender Ordnungen veränderte, nie Dagewesenes hervorbrachte und lange Zeit Bestehendes unwiederbringlich entschwinden ließ, weil es Institutionen und Köpfe in folgenreicher Weise veränderte und eine Epoche zu Ende führte. Doch man möge nicht von Revolution sprechen, sobald man mit diesem Begriff die Vorstellung einer Heiligung von Geschehenem verbindet, das Unrecht beseitigt und neue Rechte und Freiheiten begründet. In einer Geschichte der menschlichen Freiheit und des Geistes hat die nationalsozialistische „Revolution" keinen Platz, sondern nur ein negatives Vorzeichen.

Die Annahme des Ermächtigungsgesetzes machte das erdrückende Übergewicht des Reichskanzlers innerhalb der Reichsregierung zur endgültigen Tatsache. Die meisten

---

[173] Nach dem neuen dritten Absatz von § 98 in Verbindung mit dem neu eingefügten § 2 a der Geschäftsordnung für den Reichstag.

[174] Ulrich Scheuner, „Die nationale Revolution. Eine staatsrechtliche Untersuchung", in: *Archiv des öffentlichen Rechts* 24 (1933/34), S. 166–220 und S. 261–344.

der Reichsminister wurden oberste Befehlshaber innerhalb ihrer Ressorts und oberste Fachleute in der Verwaltung, soweit nicht ihre Staatssekretäre ihnen auch diese Stellung beschnitten. Ihr politischer Einfluß hing von dem persönlichen Einfluß ab, den sie direkt, allenfalls indirekt auf Hitler auszuüben vermochten. Auch hierin lösten Göring, Frick und Blomberg, Ribbentrop, Heß, Goebbels und Himmler und auf dem Gebiet der Wirtschaftspolitik später Schacht, Göring, Funk und Speer einander gegenseitig ab. Wenn Papen später den Umstand beklagte, daß ihm kein Ressort zu Gebote gestanden hatte, so liegt darin bereits ein Eingeständnis der Fehlerhaftigkeit seiner Konstruktion der Reichsregierung vom 30. Januar, die auf einer falschen Einschätzung der wirklichen Verhältnisse beruhte, was er offenbar erst viel zu spät erkannte und was sich auch durch sein besonderes Interesse an der Außenpolitik und am Auswärtigen Amt nicht mehr revidieren ließ. Die Regierungsbildung durch Papen mit dem nationalsozialistischen Regierungschef erwies sich in vollem Umfange als eine große Fehlkalkulation mit unsicheren konservativen Faktoren, von denen Papen – und unter seinem Einfluß wohl auch Hindenburg – nach einer Revolution, die die „christlich-konservativen" Elemente an die Oberfläche tragen sollte, eine neue Stabilisierungsperiode erhoffte. Die gezielte „konservative Revolution" Papens ließ sich nicht mehr von der revolutionären Massenbewegung der Nationalsozialisten scheiden, mit der sie sich verbündet hatte; als Herren dieser Revolution erwiesen sich schließlich die nationalsozialistischen Führer, nicht die konservativen Beamten des Präsidialkabinetts, die infolge ihrer Fehlschätzung dazu verurteilt wurden, passiver Bestandteil eines Staates zu werden, den sie eigentlich regieren wollten, und die sich durch ihre Befangenheit in bestimmten staatskonservativen Traditionen daran gehindert sahen, ihre Tätigkeit mit passivem Widerstand zu verbinden.

Das Zurückgleiten des Schwerpunktes der Staatstätigkeit von der Gesetzgebung auf die Verwaltung blieb weder auf Deutschland noch auf die nationalsozialistische Ära beschränkt. Der Zuwachs an Staatsaufgaben hat neben der normativen Tätigkeit der gesetzgebenden Körperschaften allgemein die konkretisierende Erfüllung der Staatszwecke, die der öffentlichen Verwaltung obliegt,[175] mehr und mehr in den Vordergrund treten lassen, aber auch die Materie der Gesetzgebung selbst mit technischen Einzelheiten und Schwierigkeiten angefüllt, so daß die Bedingungen der Verwaltung eine stärkere Gravitation erhalten haben und die grundsätzliche Scheidung zwischen Gesetzgebung und Verwaltung im Schwinden begriffen und nach allgemeinen Erfahrungen die Berührung mit der Verwaltung wichtiger geworden ist als die mit der Gesetzgebung.[176] Doch nirgends wird die Aufhebung der Trennung von Legislative und Exekutive und die Konzentration und Zentralisation der Gewalt so rasch, so einseitig auf den Effekt hin und infolgedessen ohne weitere Rücksichten, so unproblematisch verwirklicht wie unter autoritären Diktatoren, die durch fortgesetztes Aufheben, Umbilden und Umstellen von Institutionen das Ziel der Gleichschaltung und Vereinheitlichung ungehindert zu erreichen vermögen.[177]

---

[175] Vgl. Hans Peters, *Lehrbuch der Verwaltung*, Berlin–Göttingen–Heidelberg 1949, S. 5; auch ders., „Der Kampf um den Verwaltungsstaat", in: *Verfassung und Verwaltung in Theorie und Wirklichkeit. Festschrift für Wilhelm Laforet...* (*Veröffentlichungen des Instituts für Staatslehre und Politik in Mainz*, Bd. 3), München 1952, S. 26 ff.

[176] Vgl. Arnold Brecht: "Actually, wherever we live in the modern world, whether under the most totalitarian kind of despotism or in the most liberal of democracies, we are being governed to a considerable, though varied, extend by appointed officials..." Arnold Brecht, "How Bureaucracies Develop and Function", in: *The Annals of the American Academy of Political and Social Science* 292 (1954), S. 2; s. auch die übrigen Aufsätze im gleichen Band der *Annals*, die diese Bemerkung aufs ausdrücklichste belegen.

[177] Zur Beseitigung der parlamentarischen Institutionen und ihrer Träger s. o. I. Teil, III. Kapitel.

Wenn mit der Sachkenntnis der Bürokratie nur die Sachkenntnis der privatwirtschaftlichen Interessenten,[178] mit der Sachkenntnis der öffentlichen Verwaltung nur die der Verbandsverwaltungen erfolgreich konkurrieren kann, so zog der Staat der nationalsozialistischen Zeit daraus die Konsequenz, diese Konkurrenz entweder auszuschalten, von der öffentlichen Verwaltung fernzuhalten oder sich selbst nutzbar zu machen, d. h. unter seine Kontrolle zu bringen. Den ersten Weg beschritt er bei den nichtwirtschaftlichen, den kommunalen, den zweiten bei den rein wirtschaftlichen, den „ständischen" Spitzenverbänden. Die Übernahme der legislativen Befugnisse durch das Reichskabinett wirkte sich daher gleichzeitig nach drei Seiten hin aus: zuerst und am vollständigsten in der Ausschließung der nichtöffentlichen Interessenten von der Gesetzgebungsarbeit und -vorarbeit, ungefähr während derselben Zeit in der Lösung der Reichsregierung von der Präsidialgewalt und nicht minder rasch in der schrittweisen Beendigung jedes Zusammenspiels zwischen Reichsregierung und Reichstag und, dem folgend, zwischen allen Teilen der Exekutive und parlamentarischen Körperschaften, sofern sie überhaupt noch bestanden. „Während früher die von den einzelnen Ministern zu machenden Vorschläge für Gesetzesvorschriften oder Maßnahmen von den Referenten ausgearbeitet wurden und erst dann zu dem Kabinett kamen, geht die augenblickliche Praxis hinsichtlich der einschneidendsten Maßnahmen offensichtlich dahin, daß das Reichskabinett in Ministerbesprechungen sich über die Grundsätze dieser Maßnahmen zu einigen versucht. Nachdem diese Einigung erfolgt ist, werden die Sachbearbeiter mit der meistens in wenigen Stunden zu bewerkstelligenden Ausarbeitung der entsprechenden Vorschriften beauftragt", berichtete Anfang Mai der Geschäftsführer eines bis dahin einflußreichen Spitzenverbandes.[179] Das traf zu diesem Zeitpunkt zwar nicht die Erfahrungen aller noch bestehenden Verbände,[180] aber doch die herrschende Tendenz, die sich dann innerhalb einer kurzen Frist restlos durchsetzte.[181] Diese neue Praxis der Reichsregierung setzte freilich nur Geschäftsordnungsprinzipien außer Kraft, die stets wechselnden Richtlinien unterlegen hatten. In umfassenderem Sinne wirkten die tatsächliche Ausschaltung des verfassungsrechtlich verankerten legislativen Entscheidungsrechtes der Parlamente und die Ablösung der Diktaturgewalt des Reichspräsidenten umstürzend.

Die anfängliche *Diktatur im Staat* nach verfassungsrechtlichen Ausnahmebestimmungen war in der Diktaturbefugnis des Reichspräsidenten verankert. Sie löste sich jedoch von dieser Begründung, als der Reichspräsident Länder und Reichsregierung selbst mit den unbefristeten Diktaturermächtigungen vom 28. Februar ausstattete. Diese Verordnung ermöglichte den Übergang von der „Diktatur des Reichspräsidenten" zu einer Diktatur der Reichsregierung, die sich wenige Wochen später auch der Mitwirkung und Kontrolle des Reichstages zu entledigen begann. Auf der Grundlage

---

[178] Weber, *Wirtschaft und Gesellschaft* (Anm. I/11), 2. Halbbd., S. 673.

[179] Streng vertrauliches Rundschreiben des Präsidenten des Deutschen Landgemeindetages, Ministerialrat a. D. Schellen, vom 4. Mai 1933 an die Vorstandsmitglieder (Durchschl. im Archiv der ehemaligen kommunalen Spitzenverbände und des Deutschen Gemeindetages beim Verein zur Pflege Kommunalwissenschaftlicher Aufgaben e. V. im Ernst-Reuter-Haus zu Berlin: *ADST*, A 83). „Ich habe in den letzten Wochen persönlich in häufigen Besprechungen mit Sachbearbeitern der verschiedenen Ministerien", fährt der Bericht fort, „die ich seit langem genau kenne und die mir früher jede gewünschte Information gegeben haben, fast stets auf Fragen die Antwort bekommen, daß der betreffende Sachbearbeiter selbst über die Absichten des Reichskabinetts nicht informiert sei, sondern nur wisse, daß irgendwelche Pläne und Absichten erwogen würden..."

[180] Über die Informierung des Deutschen Städtetages hinsichtlich des Berufsbeamtengesetzes und seiner Durchführungsbestimmungen s. u. II. Kapitel.

[181] Die zweite Änderung der „Gemeinsamen Geschäftsordnung der Reichsministerien", Allg. Teil (*GGO I*), vom 20. Juli 1933 brachte die neue Bestimmung, daß der Presseabteilung der Reichsregierung Gelegenheit zu geben sei, „den Sitzungen der Reichsministerien mit den Spitzenverbänden von Fach- und Berufsverbänden, die für die Öffentlichkeit von Interesse sind oder werden könnten [!], beizuwohnen" (§ 110, Satz 3; *Reichsministerialblatt*, 1933, S. 386). Es liegt auf der Hand, daß damit Verhandlungen mit Spitzenverbänden, soweit von Rechts wegen solche noch gepflegt wurden, aus der innerministeriellen Sphäre der Diskretion herausgezogen wurden.

des Ermächtigungsgesetzes vom 24. März, das als letztes Gesetz im Reichstag noch nicht durch eine von vornherein gewisse Akklamation angenommen wurde, wenn auch in einer Atmosphäre, in der eine rasch zurechtgestutzte Geschäftsordnung in Verbindung mit Terrorakten und Verhaftungen die Entscheidungsfreiheit beeinträchtigte, vollzog sich die weitere Umwandlung in eine *Diktatur der Reichsregierung über den Staat.* Der Wille zur absolutistischen Diktatur bekundete sich zum ersten Male in der Vorbereitung dieses Gesetzes „zur Behebung der Not von Volk und Reich". Der Wortlaut, den der Reichsinnenminister Frick dem Reichskabinett vorschlug, wonach die Reichsregierung ermächtigt wurde, ohne Rücksicht auf die Bestimmungen der Reichsverfassung „die Maßnahmen zu treffen, die sie im Hinblick auf die Not von Volk und Staat für erforderlich hält",[182] war dunkel und von grenzenloser Unbestimmtheit. Es führte die Ausdrucksweise des Ausnahmerechtes mit sich, das es auch in die weitere Zukunft hinein fortsetzte, so daß Recht und Gesetz in der Sprache fürderhin zu bloßen „Maßnahmen" der Reichsregierung zusammengeschrumpft wären. Auch der endgültige Text des Gesetzes, der nur von der Gesetzgebung durch die Reichsregierung handelte, war am Ende tatsächlich von kaum geringerer Tragweite. Er erteilte ihr die Ermächtigung zur Aufhebung bestehender und zur Schaffung neuer, auch von den Bestimmungen der Reichsverfassung abweichender Gesetze. Demgegenüber wogen die einschränkenden Vorbehalte, die Frick selbst vorgeschlagen hatte, nicht schwer. Daß die Ermächtigung an die bestehende Reichsregierung gebunden war und somit auf den Bestand der „Regierung des nationalen Zusammenschlusses", damit auf die Rechtskoalition, die sie trug, und auf die Aufteilung der Portefeuilles sichernd zurückwirkte, konnte durch mehrfache personelle Veränderungen im Reichskabinett gegenstandslos werden.[183] Diese Bedingung sank zur völligen Bedeutungslosigkeit herab, sobald sich die Reichskanzlerschaft Hitlers in Permanenz erhielt, wie es dann geschehen. Die zeitliche Begrenzung der Geltungsdauer des Ermächtigungsgesetzes auf die verhältnismäßig lange Frist von vier Jahren konnte zunächst überhaupt keine dämpfende oder eingrenzende Wirkung haben; die Propagandaparole „Gebt mir vier Jahre Zeit!" konnte jedoch die Überzeugung von einer längeren Dauer des neuen Regiments verbreiten. Daß es die Ermächtigung der Reichsregierung und nicht dem Reichskanzler erteilte, konnte zwar für das erste die Ausbildung einer persönlichen Diktatur Hitlers hemmen, dafür aber auch bei dem fehlenden kollegialen Charakter des Reichskabinetts in seiner Eigenschaft als oberster Verwaltungsinstanz die „Polykratie" der Fachressorts begünstigen, da unter „Reichsregierung" nunmehr „in der Praxis der Reichsverwaltung ... nicht die Reichsregierung als die Gesamtheit der Reichsminister, sondern der jeweils zuständige Fachminister" verstanden wurde.[184] Der Reichskanzler

---

[182] Niederschrift der Reichsministerbesprechung vom 15. März 1933 (Anm. I/169), S. 405.

[183] Das Ausscheiden Hugenbergs aus der Reichsregierung am 29. Juni 1933 und die Betrauung eines Nationalsozialisten mit seinen Ressorts ließ die Meinung aufkommen, daß die Fortgeltung des Ermächtigungsgesetzes in Frage gestellt werde. Vgl. Fritz Poetzsch-Heffter, „Vom Deutschen Staatsleben (vom 30. Januar bis 31. Dezember 1933)", in: *Jahrbuch des öffentlichen Rechts der Gegenwart* 22 (1935), S. 63. Carl Schmitt, „Das Gesetz zur Behebung der Not von Volk und Reich", in: *Deutsche Juristenzeitung* 38 (1933), Sp. 455–458; Georg Kaisenberg, „Das Ermächtigungsgesetz", *a. a. O.*, Sp. 458–461; Otto Koellreutter, „Der nationale Rechtsstaat", *a. a. O.*, Sp. 517–524; Franz Albrecht Medicus, *Programm der Reichsregierung und Ermächtigungsgesetz (Das Recht der nationalen Revolution,* H. 1), Berlin 1933, S. 19; dagegen: Walter Jellinek, „Verfassungsneubau", in: *Reich und Länder. Vorschläge,, Begründung, Gesetzentwürfe,* Bd. V (1932–33), S. 129. Die neuerdings wieder von Josef Becker, „Zentrum und Ermächtigungsgesetz 1933", in: *Vierteljahrshefte für Zeitgeschichte* 9 (1961) vertretene Meinung, daß die Vollmachten des Gesetzes nicht dem Kabinett, „sondern Hitler persönlich" erteilt wurden, identifiziert die spätere Entwicklung mit den Intentionen, was den Täuschungscharakter des Gesetzes eben nicht erkennen läßt.

[184] Aktenvermerk von Medicus (*HAB,* Rep. 77, Pfundtner 54; Datum fehlt; Aktenstück in der zweiten Jahreshälfte von 1933 eingeordnet). M. stützte diese Auffassung auf den Wortlaut einer Bestimmung der *GGO* II (§ 58), daß „die zur Ausführung der Reichsgesetze erforderlichen allgemeinen Verwaltungsvorschriften, soweit die Gesetze nicht anderes bestimmen, die Reichsregierung, und zwar in der Regel der zuständige Minister", erlasse. Demgegenüber wurde vordem in der Rechtswissenschaft als Reichsregierung nur „die Ministergemeinschaft" angesehen

bestimmte nach der Reichsverfassung die „Richtlinien der Politik", er regierte jedoch nicht unmittelbar die Behörden der Verwaltungen. Daher stand in Frage, ob die neue Gesetzgebungsbefugnis die Kollegialität des Reichskabinetts stärken oder nach dem „Führergrundsatz" ein diktatorisches Übergewicht des Kanzlers auch innerhalb des Kabinetts hervorbringen würde.[185]

Die nächste Geschäftsordnungsänderung, die eine veränderte Praxis sanktionierte und wohl nicht erst eröffnete, unterschied zwischen verfassungsrechtlicher Gesetzgebung unter Beteiligung der parlamentarischen Körperschaften, die nur der Form nach äußerlich weiterhin fortbestand, und „vereinfachter Gesetzgebung" auf Grund des Ermächtigungsgesetzes, die die Beschlußfassung über Gesetze und Verordnungen, die von nun an schon am Tage nach ihrer Verkündung in Kraft traten, von einer Verständigung zwischen den zuständigen Reichsministerien abhängig machte und sogar das Einholen der Zustimmung auf dem Umlaufwege erlaubte, also nicht einmal Sitzungen des Reichskabinetts voraussetzte,[186] die sich bis dahin bei der Beratung aller Gesetzentwürfe vor oder nach der parlamentarischen Prozedur von selbst verstanden.[187] Die Regelung lehnte sich weitgehend an die Verwaltungspraxis der Ressorts an; sie schloß das Prinzip der kollegialen Beratung aus, unterstützte in gewissem Umfange den Ressortpartikularismus der Reichsministerien, befestigte im Endergebnis jedoch die autoritäre Stellung des Reichskanzlers, indem sie ihm das letzte und entscheidende Votum und das Recht der Gesetzesausfertigung vorbehielt. Abgestimmt wurde auch im Reichskabinett nicht mehr.[188] Ein Gesetzentwurf mochte auf einmütige Zustimmung oder auf Widerspruch oder Änderungswünsche stoßen; in jedem Fall konnte der Reichskanzler, allenfalls nach Änderung des Textes, über Annahme oder Nichtannahme eines Gesetzes entscheiden. Er erteilte „Gesetzesbefehle" und vollzog die Gesetze.[189] Die Elemente der führerstaatlichen Diktatur hatten sich in dieser frühen Phase des Jahres 1933 zwar noch keineswegs voll entwickelt, aber doch in allen Ansätzen deutlich ausgebildet. Die „Zusammenfassung der Regierungsgewalt in einer Person",[190] der des Reichskanzlers, war annähernd erreicht. Die Akademie für Deut-

(Poetzsch-Heffter, *a. a. O.*, S. 70, der sich jedoch mit dem „Führergrundsatz" als Ersatz für eine Beschlußfassung auf dem Wege des Mehrheitsbeschlusses abfand), „niemals der Einzel-(Ressort-)minister, sondern die kollegial mit Stimmenmehrheit (Art. 58) beschließende Gesamtheit der Minister", freilich „stets vorbehaltlich der Prärogative des Reichskanzlers gemäß Art. 56". Die Praxis, die die Reichsregierung verfolgte, wich jedoch seit langem hiervon ab. Sie hielt „sich für berechtigt. . ., jede Bestimmung, welche das Wort ,Reichsregierung' gebraucht, daraufhin zu untersuchen, ob die Gesamtheit der Minister oder der zuständige Einzelminister gemeint ist"; Anschütz (Anm. I/171), Kommentar zu Art. 77, Ziffer 2.

185 Eine begrifflich verwirrende Frage der Gesetzgebungsgewalt der Reichsregierung ergab sich zunächst aus der merkwürdigen Zweideutigkeit des Gesetzesbegriffes, der nunmehr sowohl das Ergebnis des Gesetzgebungsaktes der Reichsregierung wie das der parlamentarischen Prozedur umschloß, womit die herkömmliche, konstitutionalistische Unterscheidung von den in parlamentarischen Akten geschaffenen Gesetzen und den von der Exekutive ausgehenden Verordnungen hinfällig und die Verordnung nur noch dadurch vom Gesetz begrifflich abgehoben wurde, daß sie im Gegensatz zu ihm von der Bedingung der Beschlußfassung des Reichskabinetts und womöglich der Sanktionierung durch den Reichskanzler befreit war. Verordnungen konnten von den einzelnen Ministern jeweils in ihrem Zuständigkeitsbereich oder auch vom Reichskanzler allein ergehen. Mit der dauernden Vermeidung des verfassungsrechtlichen Weges der Gesetzgebung verlor dann später der Gesetzesbegriff überhaupt an Bedeutung. Hierzu: Poetzsch-Heffter (Anm. I/183), S. 73; Ulrich Scheuner (Anm. I/174), S. 202; S. 304 ff.; ders., „Das Verordnungsrecht der Länder nach dem Gesetz über den Neuaufbau des Reiches", in: *Reichsverwaltungsblatt und Preußisches Verwaltungsblatt* 55 (1934), S. 513 ff.

186 Erste Änderung der *GGO* II vom 20. Juli 1933 (*RMinBl.*, 1933, S. 386 f.).

187 Auf Grund des Art. 57 der Reichsverfassung. Vgl. *Geschäftsordnung der Reichsregierung (vom 3. Mai 1924)*, Berlin 1924, § 18, Ziffer 1a, die auch später niemals geändert oder aufgehoben wurde.

188 Goebbels (*Vom Kaiserhof. . .*, Anm. I/130, S. 302) trug schon am 22. April 1933 in sein Tagebuch ein: „Im Kabinett ist die Autorität des Führers nun ganz durchgesetzt. Abgestimmt wird nicht mehr. Der Führer entscheidet. Alles das geht viel schneller, als wir zu hoffen gewagt hatten."

189 Poetzsch-Heffter (Anm. I/183), S. 71; vgl. Carl Schmitt, „Ein Jahr nationalsozialistischer Verfassungsstaat", in: *Deutsches Recht* 4 (1934), S. 28.

190 Hans Heinrich Lammers, „Die Staatsführung im Dritten Reich", in: *Deutsche Justiz* 96 (1934), S. 1298.

sches Recht, eine Gründung des „Reichsjustizkommissars" Frank, des Führers des
nationalsozialistischen Juristenbundes, trachtete — teilweise recht erfolgreich — danach,
die Vorbereitungsarbeit an Gesetzen zu beeinflussen oder gar an sich zu ziehen und
die Domäne dieser Tätigkeit den Ministerien streitig zu machen.[191]

Stärker als zuvor wurde die Reichsregierung durch die einzelnen Fachminister im
Rahmen der Ressorts tätig. Den Reichsministern verblieb die Verordnungsgewalt innerhalb ihrer Zuständigkeiten, die nun fortgesetzt ausgedehnt wurde.[192] Neue Gesetze
erteilten auch die Ermächtigungen zum Erlaß von Durchführungsverordnungen nicht
mehr der Reichsregierung, sondern den Fachministern. Besondere Rechte erhielten
außerdem der Reichsfinanz- und der Reichsaußenminister.[193] Ein Versuch, das Etat-
und Haushaltsrecht in der Entstehungsphase des Ermächtigungsgesetzes der Verfügung
Hitlers zu entziehen und dem Finanzressort vorzubehalten, verlief hingegen ergebnislos.[194] Graf Schwerin v. Krosigk, der bei seiner ersten Besprechung mit Hitler keine
bindende Zusage für eine Politik des gedeckten Etats erhalten hatte,[195] legte es während der ersten Beratung des Ermächtigungsgesetzes darauf an, ein besonderes Kredit-
ermächtigungsgesetz im Reichstag einzubringen.[196] Damit wollte er die Kreditermächtigung von der allgemeinen Ermächtigung der Reichsregierung trennen, um die klassische Sonderstellung des Finanzministers innerhalb der Gesamtregierung zu erhalten.
Popitz, der Reichskommissar für das preußische Finanzministerium, fing „den Ball
auf", indem er vorschlug, daß Verordnungen auf Grund des Ermächtigungsgesetzes
„als Gesetz im Sinne der Reichsverfassung, insbesondere im Sinne der den Haushaltsplan und die Kreditermächtigung betreffenden Artikel der Verfassung" gelten sollten,
was dem Verordnungsrecht der Reichsminister — hier des Reichsfinanzministers — ein
neues, bedeutenderes Gewicht gegeben hätte. Graf Schwerin und Popitz bemühten sich
dann, eine Katalogisierung, also eine Abgrenzung der beabsichtigten „Maßnahmen"
durch eine Kommission zu erreichen, die aus den Innen- und den Finanzministern
Preußens und des Reiches bestehen sollte, womit er offenbar Hitler überraschte, der
diesen Vorschlag „sehr zweckmäßig" nannte, die Erörterung aber nicht fortsetzte, sondern vor einer Beschlußfassung abbrach. Die weitere Geschichte des Ermächtigungsgesetzes liegt im Dunkeln. Der endgültige Wortlaut sprach sowohl die allgemeine
Ermächtigung zur Gesetzgebung wie die spezielle für die Kreditermächtigungs- und
Haushaltsgesetze nach der Reichsverfassung aus, so daß eine Sonderstellung des Reichsfinanzministers im Ermächtigungsgesetz nicht verankert wurde.[197]

[191] Über die Akademie für Deutsches Recht vgl. u. S. 529.

[192] Die Handhabung des Verordnungsrechts durch kollegiale Beschlußfassung der Reichsregierung oder durch
die Fachminister war in der Weimarer Republik strittig; vgl. Anschütz (Anm. I/171), Kommentar zu Art. 77 Nr. 2;
Poetzsch-Heffter (Anm. I/183), S. 74. Die Regierungspraxis entwickelte sich im Sinne einer Stärkung der Stellung
der Fachminister, nicht des Kollegiums.

[193] Poetzsch-Heffter, a. a. O., S. 53.

[194] Vgl. Lutz Graf Schwerin v. Krosigk, Es geschah in Deutschland. Menschenbilder unseres Jahrhunderts, Tübingen-
Stuttgart 1951, S. 197 f.; und die Niederschrift der Reichsministerbesprechung am 15. März 1933 (Anm. I/169), bes. S. 407 f.

[195] Graf Schwerin, a. a. O., S. 187.

[196] Art. 87 RV machte eine Inanspruchnahme des Reichskredits im Gegensatz zum früheren Reichsrecht grundsätzlich von einer gesetzlichen Ermächtigung abhängig. Es ist kaum zu bezweifeln, daß die umfassende Ermächtigung nach
dem Textvorschlag Fricks, alle „Maßnahmen zu treffen, die sie [die Reichsregierung] im Hinblick auf die Not von Volk und
Staat für erforderlich hält", Ausnahmen nicht zulassen wollte. Die Auffassung von Hans Schneider, Das Ermächtigungsgesetz vom 24. März 1933, Bonn 1961, S. 10, „den an dieser Sitzung beteiligten Ministern und auch Hitler [!] scheint es damals noch nicht in den Sinn gekommen zu sein, die Ermächtigung auf den Erlaß förmlicher Gesetze zu erstrecken", vermag nicht zu überzeugen. Die Anpassung an die Formulierung des Ermächtigungsgesetzes von 1923 besagt noch nichts.

[197] Es ist unrichtig, daß diese Abfassung dem Vorschlag von Popitz entsprochen habe (Hans Schneider, Anm.
I/170, S. 201); denn der endgültige Text enthielt gerade nicht die wesentliche Anregung von Popitz, Verordnungen
„als Gesetze im Sinne der Reichsverfassung" anzuerkennen. Der Vorschlag war eines der von ihm gern angewandten
„taktischen Mittel, mit denen er eine von ihm bekämpfte Bestimmung zu Fall bringen wollte" (von Hans Schneider,
Anm. I/196, S. 11 f., abgedr. Mitteilung Graf Schwerin v. Krosigks vom 4. Juli 1933).

Da bald alle mündlichen Mitteilungen der Reichsminister an die Presse über die Presseabteilung der Reichsregierung gehen mußten,[198] führte auch der Weg an die Öffentlichkeit über den Reichskanzler oder die von ihm hierfür beauftragte Stelle, so daß das Reichskabinett bei zunehmender innerer Auflockerung nach außen hin als eine einzige, unter der Führung des Reichskanzlers handelnde Einheit erschien, als welche sie in der täglichen Reichspressekonferenz der Öffentlichkeit nach strengen Direktiven präsentiert wurde, die Informationen unterbanden und nur noch Propaganda erlaubten.[199]

Auch die Rechte des Reichspräsidenten, den man eigentlich schon nicht mehr hatte,[200] wenn Hitler auch die Organisationsgewalt des Reichsoberhauptes noch mehrfach für die rechtliche Begründung neuer Reichsaufgaben benötigte,[201] waren nur noch bedingt von einschränkender, die autoritäre Macht des Reichskanzlers begrenzender Bedeutung. In den nächsten Monaten nach Inkrafttreten des Ermächtigungsgesetzes offenbarte sich mit schlagender Deutlichkeit, daß der politisch nahezu isolierte, von Zusammenwirken und Gegenspiel mit den verfassungsmäßigen Organen enthobene, vom Reichskanzler kaum mehr benötigte Reichspräsident auch im Besitze der ihm verbliebenen Amtsrechte über keine machtvolle Stellung mehr gebot, aber auch, in welchem Maße sich der hohe politische Rang seiner Position in der vergangenen Periode aus dem System der Reichsverfassung und aus den besonderen Umständen dieser Jahre ergeben hatte.[202] Freilich war der alte Hindenburg auch nicht der Mann, der von seinen letzten denkbaren Möglichkeiten gegen Absicht und Wollen des nationalsoziali-

---

[198] Zweite Änderung der *GGO* I, § 107. (*RMinBl.*, 1933, S. 386).

[199] Seit Juni 1933 fanden im Reichspropagandaministerium in der Mittagszeit eines jeden Werktages die Pressekonferenzen der Reichsregierung statt, an der jeweils 100 bis 130 Journalisten teilnahmen, die sich über die mündlich gegebenen Mitteilungen Notizen machen durften. Das Reichspropagandaministerium leitete sie außerdem über Fernschreiber den Gaupresseämtern zu. Schon vor 1933 gab es drei Gattungen von Presseinformationen der Regierungsstellen: Mitteilungen, die zur Veröffentlichung bestimmt waren, solche, die nicht veröffentlicht werden durften, und streng vertrauliche Informationen. Diese Handhabung wurde beibehalten, doch die Mitteilungen, deren Veröffentlichung untersagt war, enthielten seit 1933 im wesentlichen nur noch pressepolitische Anweisungen des Reichspropagandaministeriums. Gab es anfangs während der Pressekonferenz hin und wieder Zwischenfragen der Journalisten, so wurden sie bald seltener und bedeutungslos, so daß die Pressekonferenz ganz und gar den Charakter einer Veranstaltung zur Ausgabe von Anweisungen an die akkreditierten Pressevertreter annahm, zu der nur Inhaber eines vom Reichspropagandaministerium ausgestellten Lichtbildausweises Zutritt hatten. Ihre Leitung lag in den Händen des Chefs der Abteilung IV im Reichspropagandaministerium (Presse) und stellvertretenden Pressechefs der Reichsregierung, des Ministerialrats Jahncke (bis Ende 1934), der dem Reichspressechef unterstand (Staatssekretär Walther Funk). Neben ihm war stets ein Vertreter des Auswärtigen Amtes anwesend. Unfangreiches Material über die Tätigkeit der Reichspressekonferenz enthält die Sammlung des Berliner *Dienstes nationaler Tageszeitungen (Dienatag)*, Teil I, die zum Zeugenschrifttum der Anklage im Wilhelmstraßen-Prozeß des Amerikanischen Militärgerichtshofes in Nürnberg gehörte und als *Sammlung Brammer* im Bundesarchiv zu Koblenz aufbewahrt wird. Vgl. auch Walter Hagemann, *Publizistik im Dritten Reich. Ein Beitrag zur Methodik der Massenführung*, Hamburg 1948, S. 316 ff. Als Vorbild diente die Einrichtung der amtlichen Pressekonferenz während des ersten Weltkrieges. Vgl. Kurt Mühsam, *Wie wir belogen wurden. Die amtliche Irreführung des deutschen Volkes*, München 1918, S. 63 f.

[200] Eine solche Bemerkung in dieser Zeit wird Oldenburg-Januschau nachgesagt: Walter Görlitz, *Hindenburg. Ein Lebensbild*, Bonn 1953, S. 412. Die Hilfe, die Hindenburg der Regierung Hitler lieh, war gleichwohl nicht unbedeutend. Das ganze Jahr 1933 hindurch unterstützte er sie wie nie zuvor eine andere Regierung in zahlreichen Kundgebungen auch mit seinem eigenen Ansehen in der Öffentlichkeit. Offensichtlich begann auch der Reichspräsident, sich zu fügen und in die große Masse der Gehorchenden einzuordnen.

[201] Durch Organisationserlasse und -verordnungen des Reichspräsidenten wurden 1933 u. a. an wichtigen Ämtern geschaffen: Der Reichskommissar für Luftfahrt am 2. Februar (*RGBl.*, I, 1933, S. 35), das Reichsministerium für Volksaufklärung und Propaganda am 13. März (*a. a. O.*, S. 104), das Reichsluftfahrtministerium am 5. Mai (*a. a. O.*, S. 241) und der Generalinspektor für das deutsche Straßenwesen am 30. November (*a. a. O.*, S. 1057).

[202] Nach dem Tode Hindenburgs sprach Frick offen von der Entbehrlichkeit des Reichspräsidenten nach der nationalsozialistischen Machtergreifung. Dieses Amt „oder vielmehr sein letzter Amtsinhaber" habe „sich bewährt bei der Überleitung von dem demokratischen Staat zur nationalsozialistischen Verfassung". „Es hatte einen Sinn eben nur in einem demokratischen Staate. . ." ([Wilhelm] Frick, *Der Neuaufbau des Dritten Reiches. Vortrag, gehalten vor Offizieren der Reichswehr am 15. November 1934*, Berlin o. J., S. 11 f.).

stischen Reichskanzlers Gebrauch machen wollte, wohl aber Hitler derjenige, der mit der Waffe des Gegenzeichnungsrechts und mit dem drohenden Chaos im Hintergrund jede opponierende Handlung des Reichspräsidenten verhindert hätte.

In Wirklichkeit gab es nur zwei fortbestehende verfassungsrechtliche Garantien von Wichtigkeit, welche Reichstag und Reichsrat betrafen, bald aber unter dem Druck der politischen Faktizitäten, die sich rasch und gründlich von dem System des parlamentarischen Bundesstaates entfernten, zu einstweiligen staatsrechtlichen Reservationen herabsanken. Zweifellos war die abgewertete Bedeutung dieser von den Machthabern nicht mehr benötigten Staatsorgane von vornherein nicht mehr ungewiß. Der Sinn dieser Reservate konnte von ihren Verteidigern nur darin erblickt werden, daß diese Organe des Verfassungsstaates für den Fall einer Wandlung der deutschen innerpolitischen Verhältnisse, an den sogar Kabinettsmitglieder noch glaubten, für eine spätere Wiederbelebung erhalten blieben, während ihre Gegner es für klüger hielten, den Schein relativer Kontinuitäten aufrechtzuerhalten, um teils die Unsicherheiten, teils aber auch die dunklen Hintergründe ihrer Absichten zu verbergen.

Das wichtigste Ergebnis des Gesetzes war indessen die ausgedehnte legislative Befugnis, die nun die Reichsregierung erhielt und die es ihr erlaubte, praktisch nach ihrem Ermessen Gesetzgebung und Verwaltung in ihrer Hand zusammenzufassen. Die „Richtlinien" des Reichskanzlers geboten über eine Reichsexekutive, die durch keine Instanz zu beschränken oder auch nur zu kontrollieren war, und bedurften weder einer präsidialen ausnahmerechtlichen, noch einer parlamentarischen Machtquelle, sondern nur des akzeptierten Entschlusses oder der Beauftragung eines der nächsten zuständigen Reichsminister oder eines Reichskommissars, um in die Wirklichkeit eintreten zu können. Die in vollem Gang befindliche allgemeine Umwandlung, der Einschmelzungsprozeß der Zentralorgane des Reiches in eine oberste Exekutivinstanz, wirkte weiter in der Richtung auf eine totale Gleichsetzung von Staat und zentralisierter Verwaltung.

Mit der Eidesleistung auf die Person des „Führers und Reichskanzlers"[203] begaben sich die Reichsminister in formaler Hinsicht in die gleiche unmittelbare persönliche Abhängigkeit von Hitler, wie sie sich innerhalb der NSDAP-Organisation in den Verhältnissen zwischen oberstem Parteiführer und Untergebenen ausgebildet hatte. Die Reichskabinettssitzungen dienten immer weniger der Aussprache über politische Maßnahmen, sondern mehr und mehr der Entgegennahme von Erklärungen Hitlers. Die Reichsminister, soweit sie Portefeuilles besaßen, wurden zu Ressortchefs der Fachverwaltungen wie die Staatssekretäre der Kaiserzeit, während sich der Reichskanzler allmählich die Funktion eines politisch allein bestimmenden Staatsorgans aneignete.[204] Innerhalb ihrer Zuständigkeiten übten sie dank der Gesetzgebungsgewalt aber einen stärkeren Einfluß aus als je zuvor. Die Gesetze, mehr und mehr Direktiven gebende und Generalklauseln enthaltende „Rahmengesetze", die der Reichskanzler befahl oder billigte, ließen der ministeriellen Verordnungsgewalt weitesten Spielraum, so daß im Rahmen der an die Gesetzesrichtlinien geknüpften Ermächtigungen Verwaltung und Rechtsetzung gleichermaßen in den Ressorts ausgeübt wurden. Die Tendenz der Gesetzgebung ging dahin, nicht mehr limitierende Regelungen zu schaffen, sondern den normativen Staat möglichst vollständig der Direktion politischer Entscheidungen zu unterwerfen. Gesetze und Verordnungen wandelten ihren Sinn; Generalklauseln schufen weitgefaßte Ermessensspielräume für die Fachminister.[205] Das „Gemeinwohl", das

---

[203] Geregelt durch das Gesetz über den Eid der Reichsminister und der Mitglieder der Landesregierungen vom 16. Oktober 1934 (*RGBl.*, I, 1934, S. 973).

[204] Vgl. die Beschreibung von Graf Schwerin, *Es geschah in Deutschland* (Anm. I/194), S. 202.

[205] Vgl. die Übersicht bei Poetzsch-Heffter (Anm. I/183), S. 71 ff., die sich hinsichtlich späterer Jahre durch noch viel erstaunlichere Beispiele ergänzen ließe. Aus dem Jahr 1934 sind einige Generalermächtigungen des wirt-

„allgemeine Interesse", die „Treue gegen Reich und Volk", das „überragende Bedürfnis der gesamten deutschen Volkswirtschaft" usw. dirigierten die Ressortgewalt der jeweils zuständigen Reichsminister, die zu den festgelegten Zwecken die Macht der Diktatur in ihren Händen hielten. Die Rechtsgründe verdampften in den Vorsprüchen, die vielen Gesetzen jetzt vorangestellt wurden und die in phraseologischer Einkleidung jeweils die dirigierende politische Motivation kundtaten, der sie unterlagen.

2. Polizeigewalt und lokaler Terror in den Ländern

Mit der Machtverschiebung innerhalb des Reichskabinetts, mit der die anfänglich stabil aussehende Gewichtslagerung unrettbar verlorenging, lief die Durchsetzung nationalsozialistischer Ansprüche auch unterhalb der obersten Regierungsebene einher, die teilweise unter besonderen lokalen Bedingungen ungewöhnliche, bis dahin unbekannte Formen annahm, denen die nationalsozialistische Propaganda mit dem Schlagwort von der „nationalen Revolution" den Anschein der Legitimität zu verschaffen suchte. Dieser Vorgang ergab sich weder zufällig noch als unvorhersehbare und unbeherrschbare Zwangsläufigkeit, sondern aus der irreparablen Tatsache, daß die verhältnismäßig kleine Minorität der Nationalsozialisten im Reichskabinett die größte, uniformierte, ja übermächtige Minorität repräsentierte, die die Straße bald ausschließlich beherrschte, auf der Straße jeden Widerstand brach und von hier aus einen schwer lastenden Druck nach allen Seiten des öffentlichen Lebens ausübte. Die Reichsregierung vom 30. Januar befand sich nicht mehr nur im alten und bekannten Vehikel des präsidialen Diktaturregimes, da dieses Fahrzeug der gewaltigen und gewalttätigsten Massenpartei überantwortet war. Diese, durch Organisation mühsam gebannte, durch Propaganda entfachte und entwickelte Bewegung der Unruhe, der Unzufriedenheit und Empörung ohne gewisse Ziele ließ sich nicht regieren, sondern drängte selbst zur Macht. Sie entfaltete sich mit Mitteln des Terrors im lokalen Bereich und schließlich im Zusammenwirken mit Maßnahmen, die von obenher getroffen wurden und die die Konsolidierung der Macht der nationalsozialistischen Führerclique bewirkten. In ihrem Verlauf bildete sich die improvisierte Machtergreifung zu planmäßigem Vollzug fort. Der von Papen und den nichtnationalsozialistischen Reichsministern nicht vorausgesehene Reichstagsbrand brachte den Reichspräsidenten dazu, die Ermächtigungen der Polizei und der nationalsozialistischen Terrororgane außerordentlich zu erweitern und formell der Reichsregierung — in der praktischen Handhabung dem nationalsozialistischen Reichsinnenminister — eine Diktaturgewalt über die Länder einzuräumen, die sein Ministerium, seit jeher die ewige „Dame ohne Unterleib",[206] mit einem Schlage in eine mächtige Gewalt verwandelte, die mit Unterstützung durch die organisierte Terrordrohung und Terrorausübung der NSDAP, der SA und der SS eine totale Staatsumwälzung in Gang setzte.

Die Terrorherrschaft von der Straße her wäre kaum denkbar gewesen, wenn sie sich gegen und nicht in zunehmendem Umfang mit Hilfe der Polizei der Länder hätte

schaftlichen Ressorts besonders hervorhebenswert: u. a. das Gesetz über wirtschaftliche Maßnahmen vom 3. Juli (*RGBl.*, I, 1934, S. 565), das den Reichswirtschaftsminister ermächtigte, bis zum 30. September „innerhalb seines Geschäftsbereichs alle Maßnahmen zu treffen, die er zur Förderung der deutschen Wirtschaft sowie zur Verhütung und Beseitigung wirtschaftlicher Schädigungen für notwendig hält" (§ 1), und das Gesetz über die Anwendung wirtschaftlicher Vergeltungsmaßnahmen gegenüber dem Ausland vom gleichen Tage (*ebda.*), das dem Reichswirtschaftsminister, dem Reichsernährungsminister und dem Reichsfinanzminister — jedem für sein Ressort — die Ermächtigung erteilte, gegenüber jedem Lande, das den Waren- oder Zahlungsverkehr mit Deutschland ungünstigeren Bedingungen unterwirft als den Verkehr mit anderen Ländern, „Vergeltungsmaßnahmen zu treffen, die den Waren- oder Zahlungsverkehr mit diesem Lande abweichend von den allgemeinen Bestimmungen regeln". Diese außerordentlich schwerwiegende Ermächtigung achtete nicht mehr der Folgen, die auch in die auswärtigen Beziehungen hineinlangen mußten.

[206] Vgl. Franz Albrecht Medicus, *Das Reichsministerium des Innern. Geschichte und Aufbau*, Berlin 1940, S. 41.

durchsetzen müssen. Vier Wochen nach Beginn der Kanzlerschaft Hitlers erfuhr mit dem gesamten Verfassungsrecht auch das Polizeirecht von Reichs wegen eine grundstürzende Veränderung, da der Reichspräsident unter dem Bedingen der Vorläufigkeit ein tatsächlich niemals mehr aufgehobenes Ausnahmerecht schuf. Die Verordnung des Reichspräsidenten „zum Schutze des deutschen Volkes"[207] und die nach dem Reichstagsbrand erlassene „Verordnung zum Schutz von Volk und Staat" gaben zunächst die Handhabe zur „Niederringung des Marxismus und Kommunismus";[208] sie waren eindeutig und ausschließlich „Kampfgesetze mit bestimmter Zielrichtung". Noch schneller und weiter hatte die NSDAP die Entwicklung in einzelnen Ländern vorantreiben können. Mit Ausnahme der Hansestädte, Schaumburg-Lippes und Hessens standen die kleineren und mittleren von ihnen schon vor dem 30. Januar unter nationalsozialistischer Herrschaft oder unter maßgeblichem Einfluß der NSDAP.[209] Noch vor dem Reichstagsbrand und der darauf folgenden Ausnahmeverordnung des Reichspräsidenten versuchte der nationalsozialistische Reichsinnenminister aber auch in den Ländern, die noch unter sozialdemokratischer Führung standen, die Haltung der Polizei gegenüber der „nationalen Rechten" festzulegen. Am 4. Februar entsandte er den Oberregierungsrat Medicus aus seinem Ministerium nach Lübeck und am 10. Februar zur geschäftsführenden Regierung Hessens, um unter Androhung eines unmittelbaren Eingreifens des Reiches auf besonderen Schutz der äußersten Rechten zu dringen.[210] Einen solchen Eingriff wagte Frick am 21. Februar selbst unter Verzicht auf jeden Rechtstitel unter Nichtachtung der rechtmäßigen Zuständigkeiten, als er in Sachsen ein Demonstrationsverbot für Kommunisten verhängte;[211] und drei Tage später ließ seine öffentliche Androhung eines Vorgehens der Reichsgewalt gegen Landesregierungen, die „den Sinn der neuen Zeit noch nicht recht" verstünden,[212] weiterhin Schlimmes befürchten. Sie war an die Adresse bayerischer Politiker gerichtet, die sich mit vermeintlicher Rückendeckung Hindenburgs offen und sehr beherzt gegen die bereits diskutierte Einsetzung von Reichskommissaren ausgesprochen hatten; sie paßte freilich keineswegs in Papens Wahlkonzept, der sich als Spitzenkandidat der bayerischen DNVP veranlaßt fühlte, den süddeutschen Ländern brieflich ausdrücklich den Schutz ihrer Selbständigkeit zu versprechen.[213]

Dieser „Sinn der neuen Zeit" war am deutlichsten und folgenschwersten in Preußen hervorgetreten, wo Göring als Kommissar des Reiches das Innenministerium in die Hand bekam und zum Herrn über den starken und überaus schlagkräftigen Polizeikörper von nahezu 50 000 Mann wurde. Im übrigen blieben die Veränderungen in der Kommissarsregierung – im Zusammenhang mit der Bildung des Reichskabinetts Hitler–Papen – in Grenzen. Kerrl, ein nationalsozialistischer mittlerer Justizbeamter, er-

[207] Vom 4. Februar 1933 (*RGBl.*, I, 1933, S. 35).

[208] [Ludwig] Grauert, „Die Entwicklung des Polizeirechts im nationalsozialistischen Staat", in: *Deutsche Juristenzeitung* 39 (1934), Sp. 965–968.

[209] Thüringen hatte seit dem 26. August 1932 eine Koalitionsregierung der NSDAP und des Thüringer Landbundes unter dem nationalsozialistischen Ministerpräsidenten Sauckel, Mecklenburg-Schwerin seit dem 13. Juli, Oldenburg seit dem 16. Juni 1932 und Lippe auf Grund der Wahl vom 15. Januar seit dem 7. Februar 1933, Braunschweig bereits seit dem 1. Oktober 1930 einen nationalsozialistischen Innenminister. NSDAP-DNVP-Koalitionen regierten unter nationalsozialistischer Führung seit dem 21. Mai 1932 in Anhalt und unter deutschnationaler Führung seit dem 7. April 1932 in Mecklenburg-Strelitz. – Übersicht bei Fritz Poetzsch-Heffter, „Vom Staatsleben unter der Weimarer Verfassung, III. Teil (vom 1. Januar 1929 bis 31. Januar 1933)", in: *Jahrbuch des öffentlichen Rechts der Gegenwart* 21 (1934), S. 33 ff.

[210] Referentenbericht „Bestellung von Reichskommissaren in den Ländern" (zehn Seiten, undatiert; *HAB*, Rep. 77, Pfundtner 57).

[211] Poetzsch-Heffter, „Vom Deutschen Staatsleben" (Anm. I/183), S. 134 f.

[212] Hamburger Rede Fricks am 24. Februar 1933, im Auszug wiedergegeben von Poetzsch-Heffter, *a. a. O.*, S. 129.

[213] Karl Schwend, *Bayern zwischen Monarchie und Diktatur. Beiträge zur bayerischen Frage in der Zeit von 1918 bis 1933*, München 1954, S. 510 f.

hielt die Verwaltung des Justizministeriums, Hugenberg die der beiden wirtschaftlichen Ressorts, und Papen kehrte, nun als Vizekanzler, an die Spitze der Kommissare zurück, die er erst zwei Monate vorher verlassen hatte. Die Verhältnisse ähnelten denen in der Reichsregierung, die ihre Beziehungen zur Kommissarsregierung auch ungefähr auf dem gleichen Niveau hielt wie zuvor. Wieder waren drei ihrer Mitglieder – Papen, Göring und Hugenberg statt wie bisher Bracht, Popitz und Frhr. v. Braun – durch Personalunion mit kommissarischen Zuständigkeiten in Preußen betraut. Der Reichskanzler blieb diesmal außerhalb der Kommissarsregierung; dafür verfügte der Vizekanzler über eine Position, die der preußische Ministerpräsident Jahre zuvor vergeblich angestrebt hatte, die als Machtstellung galt und auch von ihrem neuen Inhaber so angesehen wurde. Wenn sie es indessen tatsächlich nicht war, wie sich bald zeigen sollte, so lag das nicht nur an den Unzulänglichkeiten der Person Papens, sondern mehr noch daran, daß diese gewiß durchdachte Konstruktion unvollkommen blieb. Die preußische Geschichte kannte keine Differenzen zwischen dem preußischen Ministerpräsidenten und dem Ressortchef der inneren Verwaltung, die nicht binnen kurzer Frist zur Umbildung und erneuten Konsolidierung der preußischen Regierung geführt hätten. Nunmehr behauptete Göring diese machtpolitische Schlüsselstellung keineswegs im ausschließlichen Einvernehmen mit Papen, sondern als Ausgangspunkt für ein weiteres, trotz anfänglicher äußerlicher Rücksichtnahmen auf seine Kollegen im kommissarischen Staatsministerium bald zutage tretendes Vordringen der NSDAP. Von vornherein vereitelte er jegliche polizeiliche Gegenhandlung. Hierbei konnte sich allerdings auch der Umstand auswirken, daß von jeher das Polizeirecht in Preußen in zwei wesentlichen Punkten anders beschaffen war als in den süddeutschen Ländern, die weder ein einheitliches Polizeiverordnungsrecht kannten noch den Grundsatz der Generalermächtigung, der in Preußen seit dem Allgemeinen Landrecht von 1794 galt und den Polizeibehörden prinzipiell erlaubte, alle Maßnahmen zu treffen, die sie zur Abwendung von Gefahren gegen die „öffentliche Sicherheit und Ordnung" für notwendig hielten.[214] In Süddeutschland war das Polizeiwesen in der Hauptsache, wie es liberalen Auffassungen des 19. Jahrhunderts entsprach, den Kommunen verblieben; überdies bestand ein umfangreiches System von Spezialermächtigungen. Die Abtragung dieser Rechts- und Organisationsunterschiede begann mit der Reichstagsbrandverordnung vom 28. Februar.

Die preußische Exekutive und die Diktatur der Reichskommissare erfuhr eine indirekte Stärkung dadurch, daß der Reichspräsident am 6. Februar durch eine Verordnung „zur Herstellung geordneter Regierungsverhältnisse in Preußen"[215] der „Hoheitsregierung" die letzten Rechte und Befugnisse nahm, die ihr nach dem Urteil des Staatsgerichtshofes vom 25. Oktober 1932 noch verblieben waren, um auch diese dem Reichskommissar zu übertragen. Ihr folgte die Auflösung des Landtags und die Festsetzung einer Neuwahl auf den Tag der bereits beschlossenen Reichstagswahl, den 5. März.[216]

---

[214] Preuß. Allg. Landrecht, II. Teil, 17, § 10: „Die nöthigen Anstalten zur Erhaltung der öffentlichen Ruhe, Sicherheit und Ordnung . . . zu treffen, ist das Amt der Polizey."

[215] „Verordnung des Reichspräsidenten zur Herstellung geordneter Regierungsverhältnisse in Preußen vom 6. Februar 1933" (*RGBl.*, I, 1933, S. 43).

[216] Die Landtagsauflösung wurde von Papen in seiner Eigenschaft als Reichskommissar in Übereinkunft mit dem nationalsozialistischen Landtagspräsidenten Kerrl beschlossen. Dieses Beschlußrecht stand nach Art. 14 Abs. 1 Satz 1 der preußischen Verfassung einem Dreimännerkollegium zu, das sich aus dem Ministerpräsidenten und den Präsidenten des Landtages und des Staatsrates zusammensetzte. Solange die preußische Hoheitsregierung Bestand hatte, der nach dem Urteil des Staatsgerichtshofs alle parlamentarischen Rechte vorbehalten waren, hatte der Kommissar des Reiches keinerlei Aussicht, zu dem Dreimänner-Kollegium zu gehören. Erst die Verordnung vom 6. Februar lieferte ihm den Rechtstitel, um an die Stelle des Ministerpräsidenten treten zu können. Abgesehen von der zweifelhaften Rechtsgrundlage dieser Verordnung war die Landtagsauflösung nicht rechtens; denn die Stimme des Präsidenten des Staatsrates wurde nicht beachtet. – Die Festsetzung der Neuwahl erfolgte durch einen Beschluß des Ständigen Ausschusses am 7. Februar (handschriftl. Referentennotiz vom 8. Februar, *HAB*, Rep. 90/17),

Für die nächsten Wochen herrschten dann zunächst die Reichskommissare unumschränkt. Der Staatsrat sah sich beinahe über Nacht als „einzige in Preußen in Funktion befindliche Volksvertretung".[217] Doch die Reaktion der letzten parlamentarischen Institution in Preußen, in der noch die Parteien der Koalition von Weimar die Mehrheit bildeten, bezeugt die sich rasch ausbreitende Resignation, die sich nach den Abnutzungserscheinungen eines jahrelangen Existenzkampfes in erschütternder Weise offenbarte. In allen Gruppen des parlamentarischen Lebens hatten die zaudernden, die lavierenden und hinhaltenden Taktiker die Oberhand gewonnen, so daß, will man vom Endergebnis her das Urteil bilden, die Konsolidierung der nationalsozialistischen Macht trotz aller Verfassungsbrüche und Gesetzesverletzungen der NSDAP ohne eine ernsthafte Intervention irgendeiner anderen Machtgruppe, deren es nach dem 30. Januar 1933 doch noch einige gab, fast reibungslos und unter Häufung vieler günstiger Umstände vor sich ging. Die Sitzung des Staatsrates am 18. Januar hatte der Präsident mit der Feststellung beendet, „daß die nächste Sitzung, falls nicht besondere Umstände dazu veranlassen, sie früher einzuberufen", am 21. Februar stattfinden werde.[218] Tatsächlich trat der Staatsrat erst am 21. Februar wieder zusammen, obgleich in dem dazwischenliegenden Zeitraum die schwerstwiegenden Ereignisse eingetreten waren, Hitler die Reichskanzlerschaft übernommen, der Reichskommissar durch eine Verordnung vom 4. Februar die kommunalen Parlamente aufgelöst und ihre Neuwahlen auf den 12. März festgesetzt, der Reichspräsident durch seine Verordnung vom 6. Februar die preußische „Hoheitsregierung" ohne äußeren Anlaß beseitigt und der Reichskommissar danach rechts- und verfassungswidrig den preußischen Landtag aufgelöst hatte. Am 17. Februar war der berüchtigte Erlaß zur „Förderung der nationalen Bewegung" ergangen, der unter dem Namen „Schießerlaß" bekannt geworden ist[219] und treffender charakterisiert wird und mit dem Göring eine rasche und radikale Umwendung der preußischen Polizei einerseits von der Bekämpfung der NSDAP zu deren Schutz und zur Unterstützung „jeder Betätigung für nationale Zwecke und jeder nationalen Propaganda mit allen Kräften" und anderseits zum schärfsten Kampf gegen sogenannte „staatsfeindliche Organisationen" herbeiführte, unter denen nicht allein „kommunistische Terrorakte und Überfälle" verstanden werden sollten. Den Beamten wurde eingeschärft, „daß die Unterlassung einer Maßnahme unter Umständen schwerer wiegt als begangene Fehler in der Ausübung"; Göring verstieg sich zu der schwerwiegenden Zusicherung, daß „Polizeibeamte, die in Ausübung dieser Pflichten von der Schußwaffe Gebrauch machen, ... ohne Rücksicht auf die Folgen des Schußwaffengebrauchs" von ihm gedeckt würden, daß dagegen Beamte, die „in falscher Rücksichtnahme" versagten, dienststrafrechtliche Folgen zu gewärtigen hätten. Dieser Erlaß schuf nicht nur zweierlei Recht für die Bevölkerung, sondern trug schon deshalb zu einer weiter um sich greifenden Rechtsunsicherheit und nicht etwa zur Herstellung geordneter Verhältnisse bei, weil er Übergriffe von Polizeibeamten gegen Angehörige der linken Parteien geradezu herausforderte und in vollendeter Einseitigkeit polizeiliche Maßnahmen gegen „nationale" Gruppen überhaupt „nur in dringendsten Fällen" zulassen wollte, so daß Ärgstes zu befürchten stand. Seit diesen Tagen gehörte es zur propagandistischen Taktik offizieller Verlautbarungen der Na-

den eigentlich nur die „Hoheitsregierung" hätte herbeiführen können. Daß der Reichskommissar im Falle eines Fortbestehens der „Hoheitsregierung" mit seiner Absicht der Landtagsauflösung in größte, leicht erkennbare Schwierigkeiten kommen mußte, geht auch aus einem undatierten Referentengutachten des Staatsministeriums zur Frage der Neuwahl hervor, das den Weg einer Selbstauflösung des Landtags unter gleichzeitiger Festsetzung der Neuwahl vorschlug (HAB, Rep. 90/17).

[217] Erklärung im Antrag des Verfassungsausschusses des preußischen Staatsrates, Drucksache 38, Stenogr. Berichte über die Sitzungen des preußischen Staatsrates, 1933, Sp. 38.

[218] A. a. O., Sp. 28.

[219] Ministerialblatt für die Preußische innere Verwaltung, I, 1933, S. 169.

tionalsozialisten und namentlich der nationalsozialistischen Innenminister, durch weit
übertriebene Darstellung angeblich gefährdeter politischer Verhältnisse eine scheinbare
Rechtfertigung von Notmaßnahmen zu erlangen und zugleich durch eine sehr lockere
und höchst extensive Handhabung von Rechten und Befugnissen praktisch einen Ausnahmezustand herbeizuführen, ohne daß dieser schon in irgendeiner Verordnung, die
nur vom Reichspräsidenten hätte ausgehen können, bezeichnet oder umschrieben worden wäre. Der Befehl an die Polizei zum „soldatischen" Verhalten entsprach der Vorstellung vom militärischen Ausnahmezustand, den jedoch der Polizeiminister Göring
aus eigener Machtvollkommenheit verhängte.

Am 20. Februar begann der Mechanismus parlamentarischer Institutionen langsam
und schwerfällig zu reagieren, wo es gerade auf rasche und beherzte Entgegnungen an-
gekommen wäre. Der Verfassungsausschuß des Preußischen Staatsrates trat zur Erörterung der staatsrechtlichen Lage zusammen, ohne in dieser Sitzung eine Einigung
zu erreichen. Man beschloß, zunächst die Fraktionen zu befragen, und vertagte sich
auf den nächsten Tag. Das Plenum des Staatsrates, das jetzt eine Tagesordnung mittlerweile bedeutungslos gewordener Gegenstände erledigte, befaßte sich gar erst in seiner
übernächsten Sitzung am 23. Februar mit der staatsrechtlichen Lage;[220] inzwischen
waren 19 Tage seit der Auflösung des preußischen Landtags vergangen. Eine Klage
beim Staatsgerichtshof, die auf Vorschlag des Verfassungsausschusses eingeleitet werden sollte, konnte jetzt kaum noch bis zum Wahltag, dem 12. März, entschieden werden und wurde bei der geringen Aussicht eines wirklichen Ergebnisses nur mit halbem
Herzen verfolgt. In bezug auf die Verordnung des Reichspräsidenten „zur Herstellung
geordneter Regierungsverhältnisse" begnügte man sich damit, lediglich ihre Nicht-
vereinbarkeit mit der Reichsverfassung und dem Urteil des Staatsgerichtshofs vom
25. Oktober 1932 festzustellen und von jeder weiteren Folgerung abzusehen; ebenso
beschränkte man sich darauf, die Landtagsauflösung des gleichen Tages als „verfassungswidrig" zu bezeichnen, ohne weitere Schritte zu unternehmen. Allein in bezug
auf die Polizeierlasse Görings erhielt der Präsident des Staatsrates den Auftrag, den
Reichspräsidenten zu bitten, für die Aufhebung der Erlasse Sorge zu tragen.[221] Der
Aufrichtung eines Polizeiregimes mit terroristischen Zügen vermochte der Staatsrat
mit dieser verängstigten, jedem Risiko ausweichenden Vorsicht freilich nicht mehr zu
begegnen. Es ermunterte die Gegenseite zu noch rigoroserem Vorgehen. Bereits unmittelbar nach den Kommunalwahlen vom 12. März verbot Göring kurzerhand unter
Vorgabe polizeilicher Gründe die nächste Sitzung des Staatsrates, da ein polizeilicher
Schutz einer „derartig überflüssigen Tagung" einen „Aufwand für den Staat" bedeuten würde, „der in keinem Verhältnis zu dem – im übrigen völlig mangelnden – Interesse an dem Stattfinden dieser Tagung steht".[222] Diese Begründung entsprang einem
vollendeten Zynismus, war in der Sache schlimmerweise jedoch nicht gänzlich aus der
Luft gegriffen.

Ebensowenig vermochte aber auch der Reichsrat die Verhältnisse in Preußen zu
wenden. Die Präsidialverordnung vom 6. Februar veranlaßte zwar die Länder
Bayern, Sachsen und Baden und acht preußische Provinzen, im Reichsrat Rechtsverwahrung einzulegen;[223] doch diesem immerhin respektablen Protest des Rechtssinnes
folgte keine weitere Handlung, die an den eingetretenen Verhältnissen tatsächlich

---

[220] *Stenogr. Berichte über die Sitzungen des Preußischen Staatsrates*, 1933, Sp. 67.

[221] Göring bequemte sich lediglich zu einer Erklärung im *Amtlichen Preußischen Pressedienst* am 2. März, in
der er die Behauptung aufstellte, der Erlaß vom 17. Februar gebe „keinerlei Anhaltspunkte" für die Annahme,
daß „Gesetzesübertreter" mit „zweierlei Maß" gemessen wurden; *Horkenbach, 1933*, S. 79.

[222] Von Göring unterzeichneter Erlaß des Preußischen Ministers des Innern vom März 1933 (vervielfältigtes
Exemplar ohne Tagesdatum) an die Mitglieder und stellvertretenden Mitglieder des Staatsrates (*BA*, P 135/5167,
fol. 78).

[223] *Vollsitzungen des Reichsrats*, 1933, § 72.

etwas geändert hätte. Die geschäftsführenden Regierungen in Süddeutschland hatten mit den Nationalsozialisten im eigenen Lande zu tun. Die Kräfte der bayerischen Regierung wurden zudem von der neuerlichen Aktivität monarchistischer Kreise beansprucht,[224] so daß sie nun alles daransetzte, der Gefahr der Einsetzung eines Reichskommissars zu entgehen, und es vermied, der preußischen Angelegenheiten wegen einen offenen Konflikt mit der Reichsregierung entstehen zu lassen. Daß die beteiligten parlamentarischen Parteien dieses selbstauferlegte Maß strengster politischer Zurückhaltung für sich keineswegs anzuerkennen bereit waren und in der Öffentlichkeit laute und anhaltende Proteste vernehmen ließen, konnte bis zur Reichstagswahl vom 5. März nichts mehr abwenden; danach aber fielen die letzten Unterschiede zwischen den Zuständen in Preußen und den süddeutschen Ländern.

Diese Gleichschaltung der bis dahin noch nicht von der NSDAP beherrschten Regierungen beruhte auf der praktischen Handhabung der Ausnahmebestimmung in der Verordnung vom 28. Februar, auf der erregten Stimmung der Wahlschlacht vor dem 5. März und dem für die NSDAP im großen und ganzen, wenn auch noch keineswegs überall recht günstigen Ergebnis dieser Wahl. Sie ging weder nach Grundsätzen des Rechts noch zu dem Zwecke der wirklichen Aufrechterhaltung von „Sicherheit und Ordnung" vor sich, sondern ausschließlich nach machtpolitischem Rezept und zugunsten eines raschen Bodengewinnes der NSDAP. Wenn sich auch die Wege um einiges voneinander unterschieden, so führten doch gleiche Absichten überall binnen weniger Tage zu gleichen Ergebnissen: zur Aneignung der Polizeigewalt und schließlich zur Ausübung der Regierungsgewalt durch nationalsozialistische Funktionäre. Die Verordnung vom 28. Februar führte unter dem formellen Titel der ausnahmerechtlichen Diktaturbefugnis den völligen Umsturz der bundesstaatlichen Ordnung herbei. Sie übertrug diese Diktaturbefugnis, die verfassungsrechtlich nur dem Reichspräsidenten zustand – mit Ausnahme des Rechts, „erforderlichenfalls" mit Hilfe der bewaffneten Macht einzuschreiten –, auf die Landesgewalten, an deren Stelle nach § 2 dieser Verordnung ersatzweise auch die Reichsregierung treten durfte, die sie auf diese Weise in ihrer Macht erheblich stärkte; denn die Inanspruchnahme des § 2 war ebensowenig justiziabel wie es nach vorherrschender Rechtsauffassung die Inanspruchnahme der Diktaturbestimmung des Artikels 48 der Reichsverfassung war; es entfiel sogar die limitierende Bestimmung dieses Artikels.[225] Daß eine Übernahme der Landesgewalt durch die Reichsregierung vorübergehend sein sollte, bedeutete demgegenüber nur eine ungewisse zeitliche Begrenzung, die vom Ermessen der Reichsregierung oder des

---

[224] Hierzu Schwend (Anm. I/213), S. 521 ff.; auch Kurt Sendtner, *Rupprecht von Wittelsbach, Kronprinz von Bayern*, München 1954, S. 549 ff.; Erwein v. Aretin, *Krone und Ketten. Erinnerungen eines bayerischen Edelmannes*, hrsgg. von Karl Buchheim und Karl Otmar v. Aretin, München 1955, S. 144 ff.

[225] § 2 der Verordnung vom 28. Februar (*RGBl.*, I, 1933, S. 83) lautete: „Werden in einem Lande die zur Wiederherstellung der öffentlichen Sicherheit und Ordnung nötigen Maßnahmen nicht getroffen, so kann die Reichsregierung insoweit die Befugnisse der obersten Landesbehörde vorübergehend wahrnehmen." Der Wortlaut des ursprünglichen Textes, den der Reichsinnenminister Frick der Reichsregierung vorlegte, enthielt im Vergleich zur endgültigen Fassung eine kleine, aber keineswegs unwesentliche Variante. Der Reichskommissar für das preußische Finanzministerium Popitz veranlaßte die Einsetzung des Wörtchens „insoweit", das ursprünglich fehlte (Niederschrift der Ministerbesprechung am 28. Februar 1933, Anm. I/167, S. 90). Ohne diesen Ausdruck hätte sich die auf Beseitigung der nichtnationalsozialistischen Landesregierungen ausgehende Absicht des Reichsinnenministers noch deutlicher erkennen lassen. Popitz war offenbar der einzige unter den Sitzungsteilnehmern, der die Gefahr handstreichartiger Unternehmungen in den Ländern fürchtete. Die Einschränkung, die das Wort „insoweit" bewirkte, war an sich bedeutsam; denn sie hätte im Falle korrekter und peinlicher Beachtung die vollständige Ausschaltung oder vorübergehende Beseitigung oberster Landesbehörden nicht zugelassen. Doch die letzten Repräsentanten eines Rechtsstaates vermochten lediglich bescheidene Versuche zu unternehmen, um stets aufs neue rechtsstaatliche Bedingungen zu konstruieren, ohne den Weg, den die überlegene politische Macht mit den Mitteln der Gewalt wählte, auf längere Sicht verhindern zu können. Sie zwangen sie aber zu deutlich sichtbaren Rechtsverletzungen, die indessen keine allgemeinen Reaktionen hervorriefen, da man sich nahezu überall abgewöhnt hatte, auf die peinliche Rechtmäßigkeit von Regierungsakten achtzugeben.

Reichskanzlers abhängig war; und selbst in einer kurzen Zwischenzeit konnten die beabsichtigten Effekte eintreten. Reichsinnenminister Frick achtete jedoch nicht einmal die Bedingung des Versagens einer Landesregierung, stützte sich auf einseitige Informationen örtlicher NSDAP-Stellen und auf hergeholte Begründungen und setzte binnen weniger Tage in den meisten Ländern Reichskommissare ein, die die zur unmittelbaren Ausübung der Macht wichtigsten Befugnisse übernahmen.[226] Es charakterisiert den Zustand der Auflösung, in dem sich die bestehende Rechtsordnung befand, daß in diesem folgenschweren Zusammenhang keine rechtliche Bestimmung der Begrenzung gegeben und daß ausschließlich nach machtpolitischen Gesichtspunkten verfahren wurde, wobei die praktische Entscheidung über das Maß der Befugnisse einerseits dem Ermessen des Reichsinnenministers, der anstelle der Reichsregierung handelte, anderseits dem des beauftragten Reichskommissars überlassen blieb.[227] Eine genaue Begrenzung des kommissarischen Auftrags fand nicht statt; jedoch bildete stets die Polizeigewalt den Ausgangspunkt.

In Bayern führte die BVP als Regierungspartei schon seit längerem nach allen Seiten, auch mit der NSDAP, Koalitionsverhandlungen.[228] Seit dem 7. März gab es Koalitionsbesprechungen mit der NSDAP in Baden; in Hessen zeigte sich die geschäftsführende Regierung bereit, auf Grund des Reichstagswahlergebnisses den Landtag aufzulösen und eine Neuwahl anzusetzen; die geschäftsführende Regierung Württembergs hatte inzwischen eine Neuwahl des Staatspräsidenten durch den Landtag angeordnet, und die Regierung des Ländchens Schaumburg-Lippe war zurückgetreten. Doch der Reichsinnenminister wartete das Ende der regulären parlamentarischen Vorgänge und die Ergebnisse der eingeleiteten Verhandlungen, in denen die hochgeschraubten Forderungen der NSDAP freilich wenig Erfolg versprachen, gar nicht mehr ab, nachdem seine erste Intervention in Hamburg erfolgreich verlaufen war.[229] Am Tage

---

[226] Im § 2 der Verordnung ist der gleiche Begriff der „öffentlichen Sicherheit und Ordnung" enthalten, den der Artikel 48 Absatz 2 aus dem preuß. ALR in die Weimarer Reichsverfassung übernommen und so aus einem polizeirechtlichen zu einem verfassungsrechtlichen gemacht hat; vgl. Karl Schultes, *Die Jurisprudenz zur Diktatur des Reichspräsidenten nach Art. 48 Abs. II der Weimarer Verfassung. Ein kritischer Rückblick* (Bonner Rechtswissenschaftliche Abhandlungen, Heft 30), Bonn 1934, S. 23, und die dort aufgeführte Literatur. – Die Reichskommissare, die der Reichsinnenminister unter Anwendung des § 2 dieser Verordnung ernannte, übernahmen auch keineswegs allgemein nur die Befugnisse der Polizei (vgl. *Gutachten des Instituts für Zeitgeschichte*, München 1958, S. 294 ff.); es trifft allerdings auch nicht in vollem Umfange zu, daß „die durch die Landtage gewählten Regierungen durch Reichskommissare ersetzt" wurden; *Deutsche Juristenzeitung* 38 (1933), Sp. 482.

[227] Bezeichnend ist das Beispiel Bayerns. Der Reichsinnenminister drahtete der bayerischen Regierung am Abend des 9. März und nahm in vager Form auf die Ermächtigung des § 2 der Verordnung vom 28. Februar Bezug: „Da die infolge Umgestaltung politischer Verhältnisse in Deutschland hervorgerufene Beunruhigung in der Bevölkerung die öffentliche Sicherheit und Ordnung in Bayern gegenwärtig nicht mehr gewährleistet erscheinen läßt, übernehme ich für die Reichsregierung gemäß § 2 Verordnung zum Schutze von Volk und Staat Befugnisse oberster Landesbehörden Bayerns, soweit zur Erhaltung öffentlicher Sicherheit und Ordnung notwendig, und übertrage Wahrnehmung dieser Befugnisse Generalleutnant Ritter von Epp in München." Dem Ritter von Epp erteilte Frick den Auftrag, „für die Reichsregierung alle diejenigen Befugnisse der bayerischen obersten Landesbehörden wahrzunehmen. . ., die die Erhaltung oder Wiederherstellung der öffentlichen Sicherheit und Ordnung zum Gegenstande haben. Es wird sich dabei in erster Linie um die Befugnisse des Ministers des Innern handeln. Ob die zur Erhaltung der öffentlichen Sicherheit und Ordnung zu treffenden Maßnahmen auch in den Geschäftsbereich einer anderen bayerischen Landesbehörde eingreifen, vermag ich von hier aus nicht zu beurteilen. Diese Frage wird von Fall zu Fall zu prüfen sein. Sollten Sie nach dieser Richtung im Einzelfalle Zweifel haben, so bitte ich, unter Darlegung des Sachverhalts . . . meine Entscheidung einzuholen." Beides wiedergegeben bei Medicus, *Das Reichsministerium des Innern* (Anm. I/206), S. 57 f. Auch Schwend (Anm. I/213, S. 539) zitiert das Telegramm an die bayerische Staatsregierung, doch nicht wortwörtlich, so daß gerade die vage Art, in der Frick die „Befugnisse oberster Landesbehörden" übernahm, nicht mehr zu ersehen ist. Vgl. auch die Darstellung der Ereignisse in Württemberg bei Waldemar Besson, *Württemberg und die deutsche Staatskrise, 1928–1933. Eine Studie zur Auflösung der Weimarer Republik*, Stuttgart 1959, S. 346.

[228] Schwend, *a. a. O.*, S. 527 ff.

[229] Die umfassendste Übersicht über die Einsetzungen von Reichskommissaren in den Ländern, die in der Hauptsache auf Mitteilungen der Tagespresse beruht, gibt Poetzsch-Heffter, „Vom Deutschen Staatsleben" (Anm. I/183),

nach dem Reichstagsbrand nannte Göring, der als mächtigster Polizeiminister die Rolle des Hauptverfolgers der politischen Gegner übernommen hatte, dem hamburgischen Gesandten gegenüber die Hansestadt eine „Aufnahmestellung für die Kommunisten" und löste damit Beschwichtigungen und Gegenvorstellungen des Senats aus, die schließlich zur offenen Krise der bis dahin intakt gebliebenen Regierung und zum Rücktritt der sozialdemokratischen Senatsmitglieder führten, als Frick am 2. März das Verbot der führenden sozialdemokratischen Zeitung *Hamburger Echo* verlangte.[230] Jetzt trat auch der Chef der Hamburger Ordnungspolizei von seinem Amt zurück, für den die NSDAP umgehend einen nationalsozialistischen Nachfolger präsentierte, ohne damit sofort bei der umgebildeten Stadtregierung durchzudringen. Am Tage der Reichstagswahl, dem 5. März, hißten einzelne Polizisten die ersten Hakenkreuzfahnen auf öffentlichen Gebäuden, und gegen Abend, als die ersten Wahlergebnisse bekannt wurden, versammelten sich SA- und SS-Formationen vor dem Rathaus; Schutzpolizeikommandos konnten jedoch seine Besetzung verhindern. Da sich der Senat weiterhin weigerte, die Polizeigewalt einem nationalsozialistischen Bürgerschaftsmitglied und SA-Führer abzutreten, richtete auf Betreiben der Gauleitung aber nunmehr der Reichsinnenminister unter Berufung auf die Verordnung vom 28. Februar und unter Androhung seines Einschreitens das gleiche Ersuchen an den Senat, der jetzt angesichts der aufmarschierten Verbände und des drohenden Gewaltaktes, der zweifellos blutig und ohne eine Erfolgsaussicht für die Regierung der Hansestadt verlaufen wäre, jede Widerstandsmöglichkeit erschöpft sah, unter Einlegung von Rechtsverwahrung nachgab und anschließend seinen Rücktritt erklärte. Drei Tage später wählte die Bürgerschaft eine neue, diesmal eine nationalsozialistische Regierung.

Die Lübecker Regierung war nach den bedrückenden Hamburger Ereignissen von vornherein nachgiebiger gestimmt und übertrug am 6. März dem NSDAP-Gauinspektor die Leitung des Polizeiamtes.[231] Das hinderte Frick jedoch nicht, fünf Tage später eine Persönlichkeit seiner eigenen Wahl, den nationalsozialistischen Syndikus der Lübecker Gewerbekammer, zum Reichskommissar für Lübeck zu ernennen. Am gleichen 6. März übernahm der Reichsinnenminister unter Ernennung von Reichskommissaren die Befugnisse der obersten Landesbehörden in Bremen und Hessen, am 8. März in Sachsen, in Württemberg, wo die Regierung das Aufziehen nationalsozialistischer Fahnen bereits zwei Tage zuvor erlaubt hatte, in Baden und Schaumburg-Lippe und am 9. März trotz mehrfacher gegenteiliger Versprechungen Hindenburgs auch in Bayern.[232] Der in Hessen eingesetzte Reichskommissar, als Inhaber der Polizeigewalt, nahm sofort Neuernennungen in den höchsten Kommandostellen vor, setzte den SS-Führer Best als Sonderkommissar und als seinen Vertreter ein und stellte eine Hilfspolizei aus Stahlhelm-, SA- und SS-Verbänden auf. Der bayerische Ministerpräsident fügte

---

S. 129–138. Sie wird durch den Referentenbericht „Bestellung von Reichskommissaren in den Ländern" (Anm. I/209) im wesentlichen bestätigt, jedoch in einigen Einzelheiten ergänzt und korrigiert. Im einzelnen sind bisher die Vorgänge in Bayern dargestellt worden von Schwend, *a. a. O.*, S. 553 ff.

[230] Hierzu die Erinnerungen des einstigen Chefs der Hamburger Ordnungspolizei, Lothar Danner, *Ordnungspolizei Hamburg. Betrachtungen zu ihrer Geschichte, 1918–1933*, Hamburg 1958, S. 242 ff.

[231] Poetzsch-Heffters Mitteilungen behaupten irrtümlich auf Grund einer Meldung der *DAZ* vom 7. März die Einsetzung des Gauinspektors durch den Reichsinnenminister; Poetzsch-Heffter, „Vom Deutschen Staatsleben" (Anm. I/183), S. 137.

[232] Poetzsch-Heffter, *ebda.*, nennt für die gesamte Gruppe der letztgenannten Länder den 9. März als Datum der Einsetzung von Reichskommissaren, der Referentenbericht jedoch nur für Bayern, für die übrigen Länder dagegen den 8. März. Vgl. auch die Darstellung der Vorgänge in Württemberg bei Besson (Anm. I/227), S. 344 ff. Als bemerkenswertes Ereignis sei der feierliche Austausch der Urkunden zwischen der badischen Regierung und dem päpstlichen Nuntius in Berlin, Orsenigo, am Morgen des 9. März erwähnt, mit der das badische Konkordat ratifiziert wurde. Der Reichskommissar Robert Wagner kam erst am Morgen des 9. März in Karlsruhe an, so daß er die Zeremonie nicht mehr verhindern konnte. Vgl. Ernst Föhr, *Geschichte des badischen Konkordats*, Freiburg 1958, S. 55.

sich unter Einlegung von Rechtsverwahrung der Maßnahme Fricks und übergab dem Reichskommissar Ritter v. Epp die Regierungsgewalt, der sofort zur Ernennung von Kommissaren schritt, die die Befugnisse der obersten Landesbehörden übernahmen. Die in München existierende Parteielite rückte auf diesem Wege nahezu geschlossen in die Stellungen der bayerischen Regierung ein: Esser, einer der ältesten und am übelsten beleumundeten Parteiveteranen, erhielt die Staatskanzlei, der Münchener Gauleiter Wagner das Innenministerium, Frank, der Leiter des Rechtsamtes der NSDAP, das Justiz-, der Führer des nationalsozialistischen Lehrerbundes, Schemm, das Kultus- und der einzige nationalsozialistische Oberbürgermeister Deutschlands, Siebert, aus dem Bodenseestädtchen Lindau, das Finanzministerium. Den SS-Führer Himmler setzte Epp als kommissarischen Polizeipräsidenten von München ein; den SA-Stabs- chef Röhm holte er kurze Zeit darauf in das Amt des Reichsstatthalters, wo er ihn wenig später zum Staatssekretär ernannte.[233] Der Reichskommissar in Sachsen, der SA-Führer Frhr. v. Killinger, verbot sofort nach seiner Ernennung den Zusammen- tritt des Landtags und verlangte vom Ministerpräsidenten der geschäftsführenden Regierung eine Neubildung seines Kabinetts, woraufhin dieser zurücktrat, was Killinger dazu brachte, die gesamte Regierungsgewalt zu übernehmen und die Mini- sterien durch Kommissare verwalten zu lassen. Ebenso benutzte der Reichskommissar für Baden, der Gauleiter Robert Wagner, den Rücktritt des Staatsministeriums, um die gesamte Regierungsgewalt an sich zu reißen und eine neue Regierung zu bilden, ohne daß der Landtag tätig wurde. Ähnlich handelten die Reichskommissare in Bre- men und in dem Ländchen Schaumburg-Lippe. In Württemberg hingegen wurde am 15. März auf ordnungsmäßigem Wege der Gauleiter Murr zum Ministerpräsidenten gewählt, der sofort eine nationalsozialistische Regierung bildete, woraufhin der Reichs- minister des Innern die kommissarische Beauftragung des SA-Obergruppenführers v. Jagow zurücknahm.[234] In wenig mehr als einer Woche waren die Verhältnisse in allen Ländern denen in Preußen angeglichen und die Polizei nahezu an allen wich- tigeren Orten in den Händen der SA oder doch in engem Kontakt mit der örtlichen SA- oder NSDAP-Führung.

Schon vor den Märzwahlen begann der Personalwechsel in den höheren Positionen der Polizei. Er setzte während der zweiten Februarhälfte ein und brachte einen wei- teren Bodengewinn der NSDAP und ihrer Kampforganisationen innerhalb des Staats- apparates, vor allem, als nach dem Reichstagsbrand und den Vorgängen, die darauf folgten, die politische Erregung einen ersten Höhepunkt erreichte. In Preußen und in anderen Ländern wurde zunächst eine Anzahl der wichtigsten Polizeipräsidenten, die nach geltendem Beamtenrecht zur Kategorie der leicht auswechselbaren politischen Beamten zählten, von ihren Posten entfernt und nach und nach durch Beamte ersetzt, die in zunehmendem Maße aus der SA oder der SS kamen.[235] Eine Anzahl von Posten

---

[233] *Schultheß, 1933*, S. 56; Schwend (Anm. I/213), S. 540.

[234] Die Wahl des Württembergischen Ministerpräsidenten (vorher „Staatspräsident") durch den Landtag hatte noch das geschäftsführende Staatsministerium am 8. März, allerdings für den 14. März angeordnet, nachdem eine bereits für den 11. März zu dem gleichen Zweck vorgesehene Landtagssitzung vom Reichskommissar aufgeschoben worden war; s. Besson (Anm. I/227), S. 348 ff.

[235] Durch Beschluß des Staatsministeriums wurden am 15. Februar 1933 13 Polizeipräsidenten preußischer Großstädte in den einstweiligen Ruhestand versetzt und neun ernannt, darunter vier Nationalsozialisten: der ehe- malige Konteradmiral v. Levetzow in Berlin, der Kapitän Carl Christiansen in Harburg-Wilhelmsburg, der Reichs- tagsabgeordnete Viktor Lutze in Hannover und der Landtagsabgeordnete Wilhelm Schepmann in Dortmund. Die beiden letzten waren hohe SA-Führer, was allerdings in der Sitzung des Staatsministeriums von dem vorschlagen- den Göring nicht erwähnt worden zu sein scheint (*HAB*, Rep. 90, Sitzungsprotokolle 1933, fol. 25 ff.). Am 25. März wurden die SA-Führer Graf Helldorf in Potsdam, Heines in Breslau und der Landtagsabgeordnete Hinkler in Gladbach-Rheydt zu Polizeipräsidenten ernannt (*a. a. O.*, fol. 64). In den nächsten Monaten folgten weitere Er- nennungen hoher SA- und SS-Führer zu Polizeipräsidenten in Koblenz, Kassel, Essen und Erfurt. Vgl. auch: *Gutachten des Instituts für Zeitgeschichte* (Anm. I/226), S. 307. f.

blieb offiziell vakant und konnte außerhalb des Beschlußrechts des Staatsministeriums vom Innenminister durch Vertretungen vorläufig besetzt werden. Die neuernannten Polizeipräsidenten ihrerseits unterbreiteten sofort – stets im Kontakt mit den NSDAP-Stellen, die sich für zuständig erachteten, deren Initiative zuweilen aber auch voranging – Vorschläge zur Umbesetzung der höheren und mittleren Beamten- und Offizierspositionen ihrer Bereiche; da man die wohlerworbenen Beamtenrechte noch nirgends offen zu durchbrechen wagte und eine beamtenrechtliche Grundlage zur Entlassung von Beamten fehlte, konnten jedoch vorerst nur vorübergehende Umbesetzungen vorgenommen werden. Nicht alle neu eingesetzten Beamten waren NSDAP-Leute oder im Sinne der NSDAP willfährige Werkzeuge. Anfangs zwangen der Personalmangel in den eigenen Reihen und auch Rücksichten auf den Koalitionspartner des öfteren, auf Persönlichkeiten zurückzugreifen, die nicht als Nationalsozialisten galten und auch nicht gelten wollten. Mit solchen Ernennungen zeigten sich indessen die örtlichen Machthaber der NSDAP wenig einverstanden, die sich fortgesetzt darum bemühten, derartige personalpolitische Entscheidungen zugunsten einer stärkeren Einflußnahme der NSDAP, später auch zugunsten ihrer persönlichen Günstlinge zu korrigieren.[236] Hierbei hing es meist nur von Zufälligkeiten und vom Geschick oder der Rücksichtslosigkeit der Persönlichkeiten ab, ob der zuständige SA-Führer oder der Gauleiter das Heft der Entscheidungen als erster in die Hand bekam. Mancherorten blieben die Verhältnisse unentschieden, so daß sich langanhaltende Rivalitäten zwischen Personen und Ämtern entwickelten. Es gab auch einzelne Nationalsozialisten, die keineswegs bereit waren, jede Rechtsübertretung der Partei, der SA oder SS in ihrem Amte zu decken; sie erlitten das gleiche Schicksal und wurden meist ebenfalls in kurzer Zeit abgelöst. Manche Stellenbesetzungen innerhalb der Polizei, die bei der Haltung der Reichswehr den militärischen Ambitionen eines SA-Führers am ehesten entsprach, dienten allerdings nur dem Zweck der fiskalischen Dotierung eines SA-Führerpostens, damit „der Staat das Gehalt bezahlt, was ihm als SA-Führer hoher Verantwortlichkeit zukommt".[237]

Wohl am stärksten versuchten die Gauleiter Josef Wagner von Westfalen-Süd, der unaufhörlich neue Personalwünsche im preußischen Innenministerium vorbrachte, und Koch in Ostpreußen, der „sich für jede beachtenswerte Dienststelle persönlich" einsetzte,[238] die Personalpolitik nach ihren Absichten zu beeinflussen. Das Amt des Königsberger Polizeipräsidenten blieb ständig von Konflikten zwischen Partei und Staatsverwaltung umwittert. Selbst ein hoher SA-Führer suchte sich auf diesem Posten vergeblich gegen die Eingriffe des ostpreußischen Gauleiters zur Wehr zu setzen, der es immer wieder verstand, ihm persönlich „Mißliebige . . . mit allen Mitteln aus dem Amt zu drängen". Im August 1934 hatte Königsberg seit den Frühjahrstagen 1933

---

[236] Ein Beispiel für viele ist die Ernennung des Polizeipräsidenten von Bochum, eines früher von der preußischen Regierung gemaßregelten Beamten, der zur Regierung in Kassel strafversetzt worden war und im Februar 1933 wieder eingesetzt wurde. Der Gauleiter von Westfalen-Süd, Josef Wagner, versuchte mehrfach, diesen Beamten, den er einen „typischen Bürger" nannte, „der ängstlich bemüht" sei, „nach Möglichkeit in Objektivität zu machen" (Schreiben Wagners vom 3. März 1933 an Ministerialdirektor Grauert; HAB, Rep. 320, Grauert 29), wieder aus seiner Stellung zu drängen, was ihm schließlich im Herbst 1933 gelang.

[237] Der Führer der SA-Gruppe Berlin-Brandenburg, Ernst, in einem Schreiben vom 7. September 1933 an den Ministerialdirektor und SS-Gruppenführer Daluege, den Nachfolger Grauerts als Leiter der Polizeiabteilung im preußischen Innenministerium. Nachrichtliches Schreiben an Staatssekretär Grauert (HAB, Rep. 320, Grauert 29).

[238] Persönliches Schreiben des Polizeipräsidenten von Königsberg, des SA-Obergruppenführers Schoene, vom 10. August 1934 an Reichsinnenminister Frick (HAB, Rep. 320, Grauert 20). Es ist bezeichnend für die völlige Wirrnis zwischen den Instanzenzügen, daß der Polizeipräsident und SA-Obergruppenführer Schoene, der zugleich „Sonderbevollmächtigter des Obersten SA-Führers für die Provinz Ostpreußen" war, seine Beschwerde nicht auf dem Dienstwege an das preußische Innenministerium gelangen lassen konnte, da sie vermutlich auf dem Wege über den Oberpräsidenten, der mit dem Amt des Gauleiters in Personalunion verbunden war, verschwunden wäre. So sandte Schoene am 23. Mai 1934 einen geheimen Bericht an den Sonderbevollmächtigten des Obersten SA-Führers, den Chef des Politischen Amtes der SA, Gruppenführer v. Detten, der ihn dann an Grauert weitergab (ebda.).

schon den dritten Polizeipräsidenten, den vierten Stellvertreter des Polizeipräsidenten und den dritten Kriminaldirektor. Der Polizeipräsident blieb dem Gauleiter gegenüber machtlos; denn alle personalpolitischen Entscheidungen wurden ohne seine vorherige Kenntnis und in den meisten Fällen sogar gegen seinen ausdrücklich geäußerten Wunsch gefällt, so daß ihm nur zu resignieren übrigblieb: „Wenn ich überhaupt nicht mehr gefragt werde und in allen Fällen über meinen Kopf entschieden wird, dann bedürfte es nicht der Mitgliedschaft zur NSDAP, um das Amt eines Polizeipräsidenten zu bekleiden." [239]

In der Wirrnis solcher Verhältnisse konnte es aber auch geschehen, daß die staatliche Verwaltung, soweit sie sich den Wünschen der örtlichen SA-Machthaber nicht unterwarf, selbst wenn sie von der NSDAP-Gauleitung gestützt wurde, das Entstehen einer „Nebenregierung" [240] der SA nicht zu hindern vermochte. Bezeichnend waren die Ereignisse in Breslau, wo es am 8. März zu ernsten Zusammenstößen zwischen SA und Polizei am Gewerkschaftshaus kam. Ein Bericht des schlesischen Gauleiters Brückner vom 9. März [241] läßt erkennen, daß grundsätzliche Gegensätze zur SA bestanden, obgleich er – offenbar im Gefühl eigener Unsicherheit – dem Ministerium gegenüber nur das behutsame Eingeständnis wagte, daß sich zwischen dem nationalsozialistischen Polizeichef Breslaus und dem schlesischen SA-Gruppenführer Heines „eine Reibungsfläche ergeben" habe. Sie hatte immerhin längere Auseinandersetzungen zwischen dem Polizeipräsidenten v. Alt-Stutterheim und den deutschnationalen Regierungsvizepräsidenten in Breslau mit Heines im Gefolge, in deren Verlauf der Polizeipräsident „angesichts des Verhaltens der SA-Führung und der ihr unterstellten Gliederungen" jede Verantwortung für die Sicherheit in Breslau ablehnen wollte. Brückner berichtete, daß Heines daraufhin „alle Zusicherungen . . . gegeben" habe, zweifelte jedoch verständlicherweise, „ob sein Temperament die Innehaltung dieser Zusicherungen garantiert", und hielt es daher für angebracht, daß „Heines auch von höherer Parteidienststelle wie vom Ministerium selbst in eine restlose Verantwortlichkeit zurückgebremst werden möchte . . . Jede interne Billigung der Haltung des Pg. Heines bestärkt ihn nur darin, sich im entscheidenden Augenblick über die notwendig gezogene Grenze der Verantwortung hinwegzusetzen." Das sind Sätze, die in diesen Wochen ebensogut an vielen anderen Orten Deutschlands auf viele Machthaber der Partei oder der SA gepaßt hätten, aber meist unausgesprochen blieben. Alt-Stutterheim wurde kurze Zeit später als Regierungsvizepräsident nach Stettin versetzt, und der stellvertretende Polizeipräsident von Breslau kam zum Staatspolizeiamt. Da es dem preußischen Innenministerium an jedem Widerstandswillen gebrach, siegte zunächst der schlesische SA-Führer.

Häufige Umbesetzungen und die allgemeine personalpolitische Unsicherheit leisteten zwangsläufig terroristischen Gelüsten Vorschub. Daß das nicht unbeabsichtigt war, läßt sich bereits daraus schließen, daß wichtige Ämter der Polizei sogar für längere Zeit vakant gehalten wurden. [242] Da große Teile des alten Führungspersonals abgelöst wurden bzw. mit ihrer Ablösung, zumindest aber mit mehr oder weniger deutlicher Anfeindung rechnen mußten, ergab sich notwendig eine starke Labilität des Polizei-

[239] Persönliches Schreiben Schoenes an Frick (*ebda.*).
[240] Dieser Ausdruck fällt in dem Schreiben eines kommissarischen Landrats an Ministerialdirektor Grauert vom 16. März 1933 (*HAB*, Rep. 320, Grauert 28).
[241] Schreiben Brückners an Göring vom 9. März (*HAB*, Rep. 320, Grauert 29).
[242] Solche Vakanzen wurden von Parteistellen zuweilen absichtlich herbeigeführt oder über jedes normale Zeitmaß hinaus verlängert. So ersuchte beispielsweise der Gauleiter von Weser-Ems Ende Februar 1933 Göring, das Amt des Polizeidirektors in Wilhelmshaven, das „seit ca. 6 Wochen unbesetzt" war, weiterhin vakant zu lassen: „Dieser jetzige Zustand bleibt zweckmäßigerweise einstweilen erhalten. Es dürfte weit besser sein, wenn während der Zeit der angespannten Verhältnisse hier die militärische Befehlsgewalt vorhanden ist und die Besetzung durch einen politischen Beamten einstweilen zurückgestellt wird" (Schreiben vom 25. Februar 1933, *HAB*, Rep. 320, Grauert 29).

körpers. Das lieferte dem preußischen Innenminister einen zweifellos sehr willkommenen Grund, die Polizeimannschaften durch Hilfspolizei zu ergänzen. Die Heranzieziehung von Angehörigen der SA, der SS und des Stahlhelms zu Hilfspolizeidiensten sah bereits ein Erlaß Görings vom 11. Februar 1933 vor, mit dem er einen „Höheren Polizeiführer — West" als ihm persönlich verantwortlichen Sonderkommissar einsetzte, der den Befehl über sämtliche Polizeiorganisationen und das Weisungsrecht in allen Polizeiangelegenheiten innerhalb der Rheinprovinz und Westfalens erhielt;[243] kurz danach erging ein allgemeiner Hilfspolizeierlaß.[244] Hielt sich dieser Erlaß in seinem Wortlaut noch ungefähr an rechtsstaatliche Vorstellungen, so waren doch in der Praxis die Einschränkungen und Begrenzungen, die er zunächst der Tätigkeit der Hilfspolizei noch setzte — etwa daß Hilfspolizisten nur einzeln und unter dem verantwortlichen Befehl eines Polizeioffiziers, nur in Alarmzeiten und für kurze Zeiträume eingesetzt werden durften —, schon deshalb illusorisch, weil die genauen Anordnungen dieses nicht einmal öffentlich bekanntgegebenen Erlasses und seiner umfangreichen ergänzenden Durchführungsbestimmungen[245] in diesen Tagen der gesteigerten politischen Erregung wenig beachtet wurden und nach späteren ergänzenden Bestimmungen auch kaum noch korrekt zu befolgen waren. In der Wirklichkeit räumten die teils eindeutigen, teils verwirrenden Erlasse ·Görings der SA, die an einzelnen Orten schon während der ersten Februartage Gebäude und Geschäftsstellen der Gewerkschaften, der SPD und KPD besetzt hatte,[246] die Möglichkeit ein, nunmehr im Gewande einer legalen Polizeihilfe unter ebenso entschlossenen wie bedenkenlosen Führern terroristische Aktionen vorzunehmen. Sie schritt nach wie vor zu eigenmächtigen Verhaftungen, richtete eigene Schutzhaftstätten ein; und vereinzelt konnte sie wohl gar in Lagern oder kasernenartigen Unterkünften zusammengezogen und ausschließlich unter SA-Kommando eingesetzt werden, so daß, zumal dann, wenn sich die Polizeipräsidien bereits in der Hand von SA-Führern befanden, die Lage der wirklichen und vermeintlichen politischen Gegner der NSDAP nahezu hoffnungslos war.[247]

Es ist kaum möglich, einen geschlossenen Überblick über die Art der Terroraktionen, die die SA in diesen Wochen der Wirrnis unternahm, und über das Ausmaß ihrer Wirkungen zu geben, aber ebenso schwierig, eine einheitliche und bündige Erklärung für das Verhalten der mittleren und oberen Instanzen des Staates zu finden. Prohibitive Maßnahmen zählten jedenfalls in dieser Zeit zu den Ausnahmen. Wenn der offene Terror sich allmählich abwandelte und schließlich einem anderen, mehr im Stillen wirkenden Regiment der Geheimen Staatspolizei wich, so darf das nicht etwa als Zei-

---

[243] Erlaß vom 11. Februar 1933 (*BA*, P 135/3736, fol. 1 a).

[244] Nicht veröffentlichter Erlaß des preußischen Innenministers über „Einberufung und Verwendung von Hilfspolizei" vom 22. Februar 1933 (*a. a. O.*, fol. 3).

[245] Die Durchführungsbestimmungen vom gleichen Tage umfassen sieben, die ergänzenden Durchführungsbestimmungen vom 21. April 1933 sogar zehn Seiten (*a. a. O.*, fol. 26a–e). Sie zeigen die Hilfspolizei offenbar auf dem Höhepunkt ihrer Tätigkeit. Die Höchstzahl der bestätigten (!) Hilfspolizeibeamten wurde innerhalb eines jeden Regierungsbezirks auf 200 % der Gesamtstärke von Landjägerei und Gemeindepolizei festgelegt; die örtliche Aufschlüsselung blieb den Regierungspräsidenten überlassen. Von jeder Stärkebegrenzung blieben jedoch die Hilfspolizeigruppen bei staatlichen Polizeiverwaltungen und Schutzpolizeikommandos ausgenommen. Außer Offizieren durften nun auch andere Beamte als Führer von Hilfspolizeiverbänden verwendet werden. Dieser Vorschrift kam aber wohl kaum noch größere Bedeutung zu; denn in der Ausbildung wie im „Einsatz" sollten „bestehende Verbände der nationalen Organisationen" nicht auseinandergerissen, wohl aber deren Führer „zur Unterstützung" der „polizeilichen Vorgesetzten" verwendet werden. Es läßt sich denken, daß SA-Führer Polizeibeamte sicherlich nicht als wirkliche Führer von Hilfspolizeiverbänden anerkannt haben dürften.

[246] So in Bochum nach Auskunft eines Schreibens des SA-Gruppenführers der SA-Gruppe Westfalen, Schepmann, an Göring vom 30. März 1933 (*HAB*, Rep. 320, Grauert 32).

[247] Unter den Akten des Staatssekretärs Grauert befindet sich ein Antrag des Kommandeurs der Schutzpolizei in Breslau vom 25. April 1933, der über den Polizeipräsidenten an das preußische Innenministerium ging und der um die Erlaubnis zur ständigen Kasernierung von „400 bis 500" Hilfspolizeibeamten ersuchte, um „die Alarmierung eines geschlossenen Hilfspolizeikörpers voll zu gewährleisten" (*HAB*, Rep. 320, Grauert 28).

chen dafür genommen werden, daß die Übergriffe und Aktionen bewaffneter NSDAP-Gruppen vom Grunde her auf Widerstand gestoßen wären; das System wandelte sich lediglich im äußeren. Es gab Verhaftungen und Willkürakte ohne Zahl. In mehreren Städten verschwanden Menschen, von denen niemand jemals wieder etwas hörte. Die Nachforschungen der Behörden verliefen im Sande oder wurden überhaupt nicht vorangetrieben. Eingaben, Beschwerden und Berichte an den Staatssekretär im preußischen Innenministerium lassen bis weit in das Jahr 1934 hinein kaum eine Verminderung der Zahl solcher Fälle erkennen. Aber wer sich als Bittsteller nicht der Fürsprache einer Persönlichkeit versichern konnte, die in der NSDAP oder in der SA über Rang und Namen verfügte, durfte nicht viel erwarten. Am ärgsten aber waren jene daran, die zu allem anderen auch noch der „rassischen" Ächtung verfielen.

Das Eindringen von SA- und Parteifunktionären in den Instanzenweg der Verwaltung machte jede zuverlässige Arbeit der Polizeibehörden unmöglich. Praktisch wurde jede Aktion gegen Rechtsbrecher, soweit sie der Partei angehörten, sofort im Keim erstickt. Aber selbst alte Beamte erwiesen sich in diesen Wochen der Unsicherheit als vollständig willfährige Werkzeuge in den Händen der Machthaber.[248] Freilich vermochten hohe staatliche Aufsichtsbeamte bei Ausschreitungen untergeordneter Parteistellen tatsächlich nur wenig oder gar nichts auszurichten, solange sie nicht eines Einverständnisses mit der zuständigen Gauleitung gewiß sein konnten; in allen anderen Fällen war Widerstand weniger eine politische Frage als eine des Charakters. Die allgemeine Unsicherheit und die scheinbare Unvoraussehbarkeit künftiger Ereignisse hatte psychologische Wirkungen auf die Inhaber der Staatsämter in der Provinz im besonderen dann, wenn sie sich in den Jahren der Republik einen Namen gemacht hatten. Freiwillig schied keiner aus; in ihren Ämtern aber blieb ihre Tätigkeit beengt, wenn nicht völlig gelähmt. Es ist erstaunlich zu sehen, wie wenig von alten hohen Staatsbeamten, die nicht erst 1933 in ihre Ämter eingesetzt worden waren, wirklich getan werden konnte, um verbrecherischen Elementen in der SA das Handwerk zu legen. Auch der Fall der Mißhandlung und schweren körperlichen Schädigung des deutschnationalen Kreisgeschäftsführers in Marienwerder, der zur Kenntnis Hindenburgs und daraufhin dem Reichskanzler gegenüber zur Sprache kam, fand seinen aktenmäßigen Abschluß in dem dürftigen und nichtssagenden Bericht des Regierungspräsidenten, daß die Angelegenheit mit dem zuständigen SA-Führer besprochen und daß „dafür gesorgt" worden sei, „daß in Zukunft eine Vernehmung durch die SA nur in wirklich geeigneten Fällen" erfolgen werde.[249]

Dabei war es gar kein ängstlich gehütetes Geheimnis, daß sich die SA der Hilfspolizeifunktionen nur bemächtigte, um auf ärgste Weise Rachedurst und niedere Instinkte zu befriedigen. „Der in zwölfjährigem Kampf gegen Terror und Unterdrückung stehenden SA muß, rein menschlich betrachtet, ein gewisses Recht eingeräumt werden, Aktionen, die letzten Endes lediglich dem Rechtsempfinden unserer Kame-

---

[248] Einer von vielen Fällen ereignete sich in Düsseldorf. Nach zwei unaufgeklärten, aber von vornherein als politisch angesehenen Mordfällen hatte zunächst der Polizeipräsident, ein eben erst eingesetzter sehr junger höherer SS-Führer, der Staatsanwaltschaft Tatanzeige erstattet und hierbei auch Angaben über die mutmaßlichen Täter gemacht, später jedoch in einem amtlichen Schreiben die Einstellung der Verfahren beantragt mit der Begründung, daß „wichtige staatspolitische Interessen" der Weiterverfolgung entgegenstünden. Der Oberstaatsanwalt unterbreitete über den Generalstaatsanwalt diesen Fall dem Justizministerium mit der Bitte um weitere Anweisungen. Der Polizeipräsident begab sich daraufhin selbst ins Justizministerium. Es charakterisiert den Fall, daß sich der Regierungspräsident in Düsseldorf gleichzeitig in einem vertraulichen Schreiben an Grauert für den Polizeipräsidenten Weitzel einsetzte: „Sollte die Sache in Berlin nicht ohne weiteres aus der Welt geschafft [!] werden können, so schlage ich vor, sie mir zur Regelung in persönlicher Verhandlung mit dem Generalstaatsanwalt, den ich langjährig kenne, zu überlassen. Selbstverständlich war die geschäftsmäßige Behandlung durch den Polizeipräsidenten sehr unzweckmäßig. . ." (Schreiben vom 16. Mai 1933, *HAB*, Rep. 320, Grauert 31).

[249] Abschrift eines Berichtes des Regierungspräsidenten in Marienwerder vom 27. Juli 1933 an das Preußische Ministerium des Innern (*HAB*, Rep. 320, Grauert 32).

raden entspringen, durchzuführen", verlangte ein höherer SA-Führer, als der Oberregierungsrat Diels vom Berliner Polizeipräsidium wegen einer Anzahl von Übergriffen und Mißhandlungen von Gefangenen vorstellig wurde, die SA-Leute und Hilfspolizisten begangen hatten.[250] Dieses nicht nur zweifelhafte, sondern schon recht eindeutige „Rechtsempfinden" entsprang dem Bedürfnis der Führer, „dadurch, daß die SA zu polizeilichen Charakter tragenden Aktionen als Hilfskräfte zugezogen würde . . ., ein Ventil zu schaffen", die politischen Gegner den eigenen uniformierten Horden in ähnlicher Weise als Opfer anzubieten, wie einst Landsknechten das Plünderungsrecht in eroberten Städten eingeräumt wurde. Die SA begnügte sich jedoch nicht mit einzelnen Aktionen und mit der Durchführung scheinbar polizeilicher Maßnahmen. Sie bildete in diesem Zustand an mehreren Orten im Reichsgebiet eigene Konzentrationslager – die berüchtigten Vorboten derer, die später das ganze System auszeichnen sollten –, in die politische Gegner, aber auch gelegentlich nur politisch Verdächtige verbracht, die dort gefangengehalten und unter ausschließlicher Bewachung durch SA zur Zwangsarbeit gepreßt wurden. Der legale Strafvollzug bestand für diese Kategorie von Häftlingen nicht, wie überhaupt jede rechtsförmige Behandlung dieser Fälle unterblieb, die weder eine regelrechte Untersuchung noch eine rechtskräftige Verurteilung erfuhren. Für einen „Staatsfeind" erklärt zu werden, brachte in diesen Wochen für jedermann äußerste Gefahren, die nicht nur die Existenz zerstören, sondern auch zu Mißhandlungen und Verletzungen oder gar zur Tötung führen konnten; wer aber in ein Konzentrationslager eingewiesen wurde, durfte vorerst kaum auf einen rechtlichen Schutz hoffen.[251] Diese Lager hatten von Anfang an den Charakter von Zwangsarbeitslagern, die unterbezahlte Arbeitskräfte zu niederer Arbeit jeglicher Art rekrutierten, in kleinerem Umfang geheime Produktionen ermöglichten und schließlich in Gestalt besonderer Bewachungseinheiten die Unterhaltung einer stets mobilen, bewaffneten Macht, einer besonderen Parteiarmee außerhalb des Bereiches der staatlichen Exekutive ermöglichten.

Kommunisten und Sozialdemokraten, bald auch Deutschnationale, hatten unter dem örtlichen Terror der Anfangsphase am stärksten zu leiden, neben ihnen die Freien Gewerkschaften, deren Verwaltungen und Besitzungen in manchen Gegenden Deutschlands schon längere Zeit vor dem berüchtigten 2. Mai und selbst vor der Annahme des Ermächtigungsgesetzes willkürliche und zerstörerische Aktionen von SA- und Hilfspolizeiformationen ertragen mußten und die sich am frühesten und am stärksten dem einebnenden Druck der NSDAP und der in ihrer Hand befindlichen Machtpositionen ausgesetzt fanden. An einigen Orten wurden die Gewerkschaftshäuser, meist unter dem Vorwand, die nationalsozialistische Parteifahne hissen und schützen zu wollen, schon bald nach dem Reichstagsbrand besetzt. In Bayern erhielt dieses Vorgehen im März eine legale Anerkennung in Gestalt eines Erlasses des Staatskommissars für das Innenministerium, des Münchener Gauleiters Adolf Wagner,[252] der eine einheitliche Beaufsichtigung der Gewerkschaften durch Polizei und NSBO verfügte und die Genehmigung ihres weiteren Geschäftsverkehrs davon abhängig machte, daß „keine direkten oder indirekten Versuche gemacht werden, mit verbote-

[250] Schreiben des „Referenten 1 c beim Stabe der Gruppe Berlin-Brandenburg" vom 18. April 1933 an den Gruppenführer Ernst (HAB, Rep. 320, Grauert 31).

[251] Über das Verhalten der SA als Bewachungspersonal gibt der Bericht eines Berliner Staatsanwaltschaftsrates an den Oberregierungsrat Diels über eine Dienstbesichtigung des Polizeigefängnisses Sonnenburg am 10. April 1933 Aufschluß. Dieses Gefängnis hatte vornehmlich Häftlinge aus einem SA-Konzentrationslager aufgenommen, unter ihnen prominente Politiker und Schriftsteller der Linken: Litten, Mühsam, Ossietzky, Kasper, Schneller u. a. Der Berichterstatter meldet, daß die Überführten von SA-Leuten, einige in Gegenwart ihrer Familienangehörigen, den brutalsten Mißhandlungen ausgesetzt waren (HAB, Rep. 320, Grauert 32).

[252] Durchschlag des Erlasses an die bayerischen Regierungspräsidenten und Bezirksamtsvorstände vom 15. März 1933 bei den Akten des Staatssekretärs Grauert (HAB, Rep. 320, Grauert 23).

nen politischen Organisationen oder deren ehemaligen Führern in Verbindung zu treten". Das kam zunächst einer Ausschaltung der Kommunisten aus den Gewerkschaften gleich, konnte aber jederzeit weitere parteipolitische Gruppen aus den gewerkschaftlichen Organisationen verbannen, markierte also die anfangs verfolgte Linie, eine Trennung der Gewerkschaften von den linken politischen Parteien überhaupt herbeizuführen. Der Erlaß bestimmte weiter, daß nach dem Ermessen der „zuständigen örtlichen Instanzen" – und jeder Machthaber der NSDAP hielt sich für zuständig – die Gewerkschaftshäuser auch weiterhin besetzt gehalten werden dürften, falls es „notwendig" sei. Außerdem erhielten die örtlichen Beauftragten der nationalsozialistischen Betriebszellenorganisation das Recht, „im Einvernehmen [mit] ihrer Ortspolizeibehörde und in Begleitung von Polizeibeamten" den gesamten Geschäftsbetrieb, insbesondere den Postein- und -ausgang und den Geldverkehr solcher Gewerkschaften zu kontrollieren, „die mit verbotenen Organisationen in Verbindung gestanden waren". Alle Gewerkschaften mußten ihre Versammlungen 48 Stunden vorher der Polizei anmelden, die die Versammlungen zu überwachen hatte. Öffentliche Versammlungen wurden ihnen überhaupt nicht mehr gestattet. Aber auch das „Einvernehmen mit der Ortspolizeibehörde" wurde rasch zur äußerlichen Formsache und war wohl nur in wenigen Ausnahmefällen ein wirkliches Hemmnis für unmittelbare ständige Kontrollen durch die NSBO.

Auch in Preußen kam es schon in dieser Zeit zu Handlungen gegen die Freien Gewerkschaften, wie in den frühen Morgenstunden des 8. März, als Angehörige der SA, die angeblich eine Hakenkreuzfahne hissen wollten, das Gewerkschaftshaus in Breslau besetzten und hierbei „fast alle Werte der 147 Zimmer" vernichteten und „alles, was irgendwie vernichtbar war", zerstörten.[253] „Viel schlimmer hätten die Spartakisten 1918 auch nicht gehaust", äußerte wenige Tage später auch der Kreisleiter der NSDAP in Liegnitz seine Empörung über die sinnlosen Zerstörungen, die die SA im Liegnitzer Volkshause angerichtet hatte.[254] Initiator der Aktion zur Besetzung des Volkshauses war der Kreisleiter selbst gewesen; doch die Kräfte, die er gerufen hatte, waren ihm rasch über den Kopf gewachsen, so daß ihm nichts anderes übrigblieb, als in verzweifelten Berichten vorgesetzte und übergeordnete Stellen um Hilfe anzugehen.

An Einsichten in die Gefahren solcher Vorgänge fehlte es selbst bei eingeschworenen Angehörigen der NSDAP vor allem dann nicht, wenn sie sich plötzlich selbst in Mitleidenschaft gezogen sahen. Freilich wurden sie nur als „typische Beispiele" dafür genommen, daß „untergeordnete Dienststellen der SA in einem gewissen Machtrausch weit ihre Befugnisse überschreiten und es dann auch den nächstvorgesetzten Dienststellen schwerfällt, ihre nachgeordneten Stellen richtig zu behandeln".[255] Doch mit den Klagen über die SA wurde nur ein Teil des Übels wirklich bezeichnet. Das Verhalten der örtlichen Machthaber war lediglich Anzeichen dafür, in welchem Umfang nationalsozialistische Führer, die durch Ereignisse während der ersten Monate 1933 zu öffentlich wirksamer Macht gelangt waren, zur Maßlosigkeit neigten und sich zu Handlungen des bloßen Hasses befähigt zeigten. Es gehört zu einer Typologie von Parteisatrapen wie Koch, Wagner, Heines, Brückner ebenso wie zur Erkenntnis des im Entstehen begriffenen totalen Staates des Nationalsozialismus, daß dieses neue politische System Personen in Ämter von großer Bedeutung brachte, die einer wirklich politischen Urteilsfähigkeit entbehrten und ihre Obliegenheiten einzig mit der

---

[253] Schreiben des Ortsausschusses Breslau des ADGB an Vizekanzler v. Papen vom 8. März 1933 (*ebda*).

[254] Schreiben des Kreisleiters in Liegnitz an die Untergauleitung Niederschlesien vom 12. März 1933 mit Bericht über Vorgänge am 10. und 11. März (*HAB*, Rep. 320, Grauert 32). Darin heißt es u. a.: „Als politischer Führer der Liegnitzer Nationalsozialisten muß ich mich heute schämen, auf die Straße zu gehen. Die Verantwortung für den Ausgang der heutigen Kommunalwahlen muß ich ablehnen."

[255] Staatssekretär Willikens in einem persönlichen Schreiben an Grauert vom 24. Juli 1933 (*HAB*, Rep. 320, Grauert 13).

Maßstablosigkeit subjektiver Pläne und Empfindungen erfüllten. Es würde bei weitem nicht ausreichen, ihre mangelnde Eignung, Schulung und Geschäftsfähigkeit für die Ämter zu konstatieren, die ihnen anvertraut waren. Allein ihre Parteistellungen wogen bei ihren Ernennungen, mit denen eine von oben her protegierte Gegenauslese des Personals für politische Ämter und Funktionen anhob, die unaufhaltsam und lange wirkend fortschritt. Vermischung der Befugnisse und Überschreitung der Kompetenzen waren geradezu an der Tagesordnung.[256] Die Kompetenzverfügung löste sich von rechtlichen Normen und regelte sich nach Prinzipien der unmittelbaren Macht oder nach Maßgabe des innerparteilichen politischen Ansehens von Amtsinhabern, und das hieß nach den Maßstäben der autoritär geführten Partei: nach dem Grade der persönlichen Verbindung zum nächsthöheren Parteivorgesetzten. Scheidungen zwischen innerparteilichen und staatlichen Zuständigkeiten wurden überaus nachlässig vorgenommen, wenn nicht gar bewußt ausgeschlossen, gelegentlich gar parteiinterne Zuständigkeiten und Unterordnungen auf die Regelung staatlich-administrativer Zuständigkeiten und Unterordnungen übertragen. Schon das Ergebnis dieses ersten Teiles des Personalwechsels deutete auf eine zunehmende Personalisierung der Kompetenzen und Funktionen und demzufolge auf eine latente Diskrepanz zwischen personellen Beziehungen und Abhängigkeiten und objektiven Leistungsaufgaben von Institutionen hin.

3. Die Eroberung der kommunalen Ämter (Selbstverwaltung und Spitzenverbände)

Dem Machtkampf und örtlichen Terror fielen zuerst das öffentliche Leben der lokalen Stufe und die Institution der kommunalen Selbstverwaltung zum Opfer, eine der wesentlichen Errungenschaften des bürgerlichen Zeitalters auf deutschem Boden. Die kommunale Selbstverwaltung war bis dahin keineswegs nur technische Vollzugsorganisation im Rahmen der staatlichen Exekutive gewesen, wenn auch bei weitem längst nicht mehr – wie im Vorstellungskreis des vorparteienstaatlichen Liberalismus – das Einlaßtor der bürgerlichen Gesellschaft in den Staat. Die Institution der Selbstverwaltung verlieh ihr das Recht zu eigenen öffentlich wirksamen Entscheidungen, die man zwar weder schlechthin noch allgemein politisch nennen kann, die jedoch den Pluralismus der gesellschaftlichen Körperschaften zu ordnen begann, indem sie sich als eine neue, bindende, in der Städteordnung Steins sich auch mit dem alten Staat verbindende lokale Universaleinheit konstituierte. Die beiden disparaten Strukturen blieben jedoch, sichtbar in dem Neben- und Übereinander der Verwaltungskörper, weiterhin voneinander geschieden; der Aufstieg des Bürgertums war allerdings mit einem anhaltenden, im letzten Ergebnis jedoch vergeblichen Versuch verbunden, diesen Dualismus zwischen Staat und Gesellschaft zu überwinden. Daß die kommunale Selbstverwaltung schließlich zum schwächsten Teil des Verwaltungsbaus wurde,[257]

---

[256] Als ein bemerkenswertes Beispiel mag ein Telegramm des Gauleiters Josef Wagner an den Polizeipräsidenten in Hagen erwähnt werden: „Schließt Bornemann aus der Handelskammer aus. Betreten für ihn verboten, widrigenfalls Verhaftung zu erfolgen hat." Der Gauleiter gab ohne Angabe von Gründen eine Anweisung an einen ihm nicht unterstehenden Polizeipräsidenten, um eine ihm genehme Persönlichkeit aus einer weder ihm noch dem Polizeipräsidenten unterstehenden Stelle zu entfernen. Seinem Ansinnen wurde übrigens in diesem Falle nicht entsprochen (Bericht Wagners an Grauert vom 20. Juli 1933; *HAB*, Rep. 320, Grauert 12).

[257] Zur Geschichte der Selbstverwaltung in der Weimarer Periode im Überblick: Heinrich Heffter, *Die deutsche Selbstverwaltung im 19. Jahrhundert. Geschichte der Ideen und Institutionen*, Stuttgart 1950, S. 768 ff.; neuerdings: Hans Herzfeld, *Demokratie und Selbstverwaltung in der Weimarer Epoche (Schriftenreihe des Vereins zur Pflege kommunalwissenschaftlicher Aufgaben*, Bd. 2), Stuttgart 1957. Aus der zeitgenössischen Literatur: Oskar Mulert, „Die Stadtgemeinde", in: *Volk und Reich der Deutschen. Vorlesungen, gehalten in der Deutschen Vereinigung für Staatswissenschaftliche Fortbildung*, hrsgg. von Bernhard Harms, Bd. II, Berlin 1929, S. 376–396; Günther Gereke, „Die Landgemeinde", a. a. O., S. 397–425; und die Beiträge in dem Sammelband: *Gegenwartsaufgaben der Kommunalverwaltung*, hrsgg. von der Verwaltungsakademie Berlin, Berlin 1921. Über kommunale

ergab sich hauptsächlich aus ihrer finanzpolitischen Lage in den Jahren der zunehmenden Massenarbeitslosigkeit. Bereits die unter dem Zwang der Weltkriegsjahre angewachsenen kommunalen Aufgaben, später die infolge des Krieges und noch während der Inflation zurückgestellten Investitionen, das rasche Bevölkerungswachstum der großen Städte, in seinem Gefolge Aufbau und Ausbau des städtischen Versorgungs- und Verkehrsnetzes, häufig auch die Schaffung neuer, der technischen Entwicklung folgender Verkehrsmittel, schließlich der unvermeidbare kommunale Wohnungsbau, der die Wohnungsnot der Nachkriegsjahre zu überbrücken half, belasteten die kommunalen Etats in einem bis dahin unbekannten Ausmaß, ohne daß genügend Steuerquellen zur Verfügung standen, die die städtischen Verwaltungskörperschaften hätten ausschöpfen können. Daß die Städte auch darüber hinaus eine großzügige Kulturpflege trieben, hat den eigentlichen Anstoß zur Kritik an der kommunalen Finanzpolitik im allgemeinen gegeben. In Wirklichkeit hat aber die kommunale Kulturpflege, kommunale Wirtschaftspflege und aktive Wirtschaftspolitik ebenso wie die Förderung von technischen Finessen, für die es eine tragfähige privatwirtschaftliche Initiative nicht gab, einen großen Sektor des kulturellen Lebens in der Weimarer Periode ausgefüllt und ihm seine spezifischen Züge aufgeprägt. Die späteren Notjahre der wirtschaftlichen Krise setzten sie dann freilich in ein anderes, ein gefährlicheres Licht und führten zu zentralisierenden finanzpolitischen Maßnahmen. Die Beschränkung und schließlich Unmöglichkeit der inländischen und ausländischen Kreditaufnahme, die steigenden Wohlfahrtslasten, die den Gemeinden auferlegte Verpflichtung, kommunale Steuern neu einzuführen oder zu erhöhen, der mit dem Anwachsen der radikalen Bewegungen an Schärfe zunehmende Parteienkampf innerhalb der kommunalen Parlamente, der zu Tätigkeitshemmungen in den beschließenden Körperschaften führte, beschworen eine Situation herauf, in der schließlich mehrere Länder, voran Preußen und Sachsen, zur Einsetzung von Staatskommissaren schritten, die eine umfangreiche Verfügungsgewalt über Steuer- und Kassenverwaltungen der Gemeinden erhielten.[258]

Zwar fehlt noch eine soziale Geschichte der Städte in der Weimarer Ära, aber soweit aus Statistiken zu ersehen ist,[259] gab es zwar Unterschiede während der gesamten Periode und immer Inseln eines ungestörten Wohlstandes; doch die Nivellierungstendenz der letzten Notjahre ist unverkennbar. Die Krise erfaßte zuerst die Industriestädte mit großer Arbeiterbevölkerung, die kleineren und mittleren nicht weniger rasch als die großen, und griff von hier aus immer weiter um sich. Ein Gefälle der Not blieb jedoch erhalten, das zwar nicht von der Großstadt zur Kleinstadt, wohl aber im allgemeinen von der Industriestadt zur industriefreien Kleinstadt oder Landgemeinde mit vorwiegend mittleren und größeren landwirtschaftlichen Betriebsgrö-

Selbstverwaltung und Spitzenverbandsorganisationen seit der Jahrhundertwende: Gerhard Schulz, „Die kommunale Selbstverwaltung in Deutschland vor 1933. Ideen, Institutionen und Interessen", in: *Franz-Lieber-Hefte. Zeitschrift für politische Wissenschaft*, Heft 3 (1959), S. 14–31. Für die Erlaubnis zur Benutzung der umfangreichen Aktenbestände im Besitze des Vereins zur Pflege kommunalwissenschaftlicher Aufgaben e. V., Ernst-Reuter-Haus zu Berlin, hat der Verf. vor allem Herrn Oberbürgermeister a. D. Dr. Hans Lohmeyer, für hilfreiche Unterstützung Herrn Dr. Wolfgang Haus zu danken.

[258] Vgl. Wolfgang Haus, „Staatskommissare und Selbstverwaltung 1930–1933", in: *Der Städtetag*, N. F. 9 (1956), S. 96 f.; einen Überblick über die Rechtslage in den einzelnen Ländern und über die wissenschaftlichen Kontroversen enthält die Dissertation von Hans Werner Horwitz, *Der Staatskommissar als Mittel der Staatsaufsicht über die Gemeinden. Eine geschichtliche, dogmatische und in Bezug auf deutsche Länder rechtsvergleichende Darstellung*, Jur. Diss., Heidelberg 1933.

[259] Vgl. im besonderen das *Statistische Jahrbuch deutscher Städte. Amtliche Veröffentlichung des Deutschen Städtetages*, bearb. vom Verbande der deutschen Städtestatistiker, begründet von M. Neefe; zur Wohlfahrtserwerbslosen- und Schuldenstatistik am Ende der Republik von Weimar: 27. Jg. (N.F. 6. Jg.), Jena 1932, S. 311 ff.; S. 427 ff.; s. auch Wilhelm Morgenroth, Art. „Arbeitslosenstatistik", in: *Handwörterbuch der Kommunalwissenschaften*, hrsg. von Hugo Brix, Hugo Lindemann, Otto Most, Hugo Preuß und Albert Südekum, Erg.-Bd. I, Jena 1927, S. 63–67.

ßen und günstigen Ackernahrungen reichte. Als zentrales und unmittelbar drohendes Problem erwies sich zuletzt immer wieder die Wohlfahrtserwerbslosenfürsorge.[260]

Wenn es auch wenig gerecht wäre, ein Versagen der Selbstverwaltung in Deutschland während der Krise feststellen zu wollen, so ist doch nicht zu verkennen, daß die Lage der kommunalen Verwaltung in der Weimarer Periode unter der Ungunst der Verhältnisse litt und daß sie einem überaus heftigen Abnutzungsprozeß überantwortet war. Im Grunde war es mit der Selbstverwaltung der Städte, deren größere die eigentlichen Konzentrationspunkte und Schauplätze der Bevölkerungszunahme und Bevölkerungsmassierung, der Industrialisierung und des Entstehens von modernen sozialen Spannungen bildeten, wo es in krisenhaften Zeiten dramatisch zuging, trotz verfassungsmäßiger Garantie problematisch bestellt. Die moderne Mobilisierung der Gesellschaft und ihre Folgen untergruben, zumindest in den größten Städten, weitgehend jedoch in allen, die politische Bedeutung des kommunalen gebietskörperschaftlichen Zusammenhangs; sie lag einst in der unmittelbaren Anteilnahme an öffentlichen Angelegenheiten, die durch die Übersehbarkeit des öffentlichen Bereiches und die konkrete Anschaulichkeit der Entscheidungssphäre ebenso begünstigt wurde wie die bürgerschaftlich-genossenschaftliche Verbundenheit der Entscheidenden. Die Vermehrung der kommunalen Verwaltungsaufgaben von der örtlichen Kulturpflege bis zur Erwerbslosenfürsorge führten zu einem raschen Anwachsen der örtlichen bürokratischen Verwaltungsapparaturen, die den Bürger dem Rathaus entfremdeten, so daß man sich schließlich allgemein angewöhnte, von der „Krise der kommunalen Selbstverwaltung" zu sprechen, ohne daß damit wesentlich mehr als eine beklagte Erscheinung, wenn nicht schon der Übergang zu einer künftigen obrigkeitlichen Verwaltung enthüllt wurde.[261] Das Jahr 1933 stellte den obrigkeitlichen Zentralismus vollends her.

Es gehörte zum vielgestaltigen taktischen Opportunismus der nationalsozialistischen Partei, daß sie auch hier, obgleich bis dahin ohne artikulierte Stellungnahme zu der Lebensfrage der Gemeinden, ihre Selbstverwaltung zu erhalten und ihre krisenhafte Notlage zu beheben vorgab und plötzlich die Pose des Retters aus aller Not annahm. Ihre kommunalpolitischen Sprecher, fast ausnahmslos keine erfahrenen Fachleute, bemühten sich jedoch von Anfang an um eine bis dahin ungebräuchliche Ausdeutung des Begriffes Selbstverwaltung, die charakteristische Elemente auszufällen und zu diskreditieren suchte. Sie übernahmen sehr bewußt die in Deutschland im allgemeinen wohlrenommierte Tradition der Kommunalverwaltung, um sie allmählich für neue Zwecke herzurichten; der Begriff blieb und wurde sorgsam festgehalten, doch die Gehalte wechselten und verloren sich. Das zeigte sich schon im Frühjahr der Revolution des Nationalsozialismus, als die neu eintretenden Verhältnisse noch von manchen mit höchst optimistischen Erwartungen für die Selbstverwaltung als dem „Glanz- und Prunkstück deutschen Staatslebens" begrüßt wurden.[262] Parlamentarische Ge-

---

[260] Grundsätzliches zum Thema „Arbeitslosenversicherung und Gemeindehaushalt" enthält das Hauptreferat des Nürnberger Oberbürgermeisters Hermann Luppe auf der 8. Hauptversammlung des Deutschen Städtetags in Dresden: *Achter Deutscher Städtetag . . . 1930. . . (Schriftenreihe des Deutschen Städtetages*, Heft 13), Berlin 1930, S. 49 ff.

[261] Eine der frühesten Bemerkungen über diese „Krise" rührt vom preußischen Innenminister Grzesinski her (*Preußischer Landtag, 3. Wahlperiode. Stenogr. Bericht des Hauptausschusses*, 1930, Sp. 92). Von der Literatur bleiben die repräsentativen Schriften von Arnold Köttgen, *Die Krise der kommunalen Selbstverwaltung*, Tübingen 1931, und Ernst Forsthoff, *Die Krise der Gemeindeverwaltung im heutigen Staat*, Berlin 1932, bemerkenswert.

[262] Carl Dieckmann, *Die Selbstverwaltung im neuen Staat*, Berlin 1933, S. 67; vgl. auch Oberbürgermeister Carl Goerdeler, „Die Gemeinde als Teil des Reichsganzen", eine weithin beachtete Ansprache in der Leipziger Stadtratssitzung am 24. März 1933, abgedr. in: *Der Städtetag* 27 (1933), S. 148; und Staatskommissar Karl Strölin, „Gemeinde und Mittelstand", Vortrag auf der Mittelstandskundgebung in Stuttgart am 27. März 1933, in: *Der Städtetag* 27, S. 199–201; ferner Hugo Schwarz im *Völkischen Beobachter*, Nr. 17 vom 17. Januar 1933 und Nr. 46 vom 15. Februar 1933.

pflogenheiten, politische Parteien, die Demokratie als angeblich „grundsätzliche Feindin der Selbstverwaltung", „die Wirtschaft" und die „Geheimrätediktatur" des „neuen Obrigkeitsstaates", womit man die Präsidialregierung seit der Kanzlerschaft Papens treffen wollte, Merkmale der voraufgegangenen und beendeten Epoche, wurden unterschiedslos als gefährliche Bedrohungen der Selbstverwaltung abgestempelt,[263] so daß die parteioffizielle Propaganda auf einigen Umwegen die Identifizierung der Selbstverwaltungsidee mit den politischen Zielen und weltanschaulichen Programmen der NSDAP anbahnen konnte und mit Hilfe der Forderung nach „Einführung des Führerprinzips" in den Gemeinden auch praktisch durchzusetzen suchte.[264] Das Beispiel Italiens, wo der Faschismus die Gemeindeverfassungen und damit die Selbstverwaltung *de jure* abgeschafft und ein zentralistisches Präfektursystem aufgerichtet hatte,[265] schien zunächst kaum bekannt zu sein und wenig beachtet zu werden. Daß jedoch die beabsichtigte Koinzidenz des „autoritären Staatsgedankens" mit der „verwaltungspolitischen" Selbständigkeit der Gemeinden für die Zukunft nur Einschränkung und bei weitem nicht Hebung der selbstverantwortlichen Tätigkeit und vielerlei engere politische Bindungen als bisher verhieß, deutete sich darin an, daß eine vom Staate „abgeleitete" und ausschließlich vom Interesse und politischen Prinzip der Regierung abhängige Zuständigkeit der Gemeinden unter Leitern, die die Staatsführung bestimmte, als nahezu selbstverständliche Interpretation des „Führerprinzips" galt.[266] Hierbei dachte man durchaus nicht nur an das Parteipersonal, sondern an ein berufsständisches Präsentationsrecht und an eine Verbindung kommunaler mit berufsständischen Vertretungskörperschaften;[267] die theoretische Erörterung der „Verklammerungsfunktion" der Gemeinde gegenüber ständischen Korporationen und eine möglichst vielschichtige Darstellung des „Führerprinzips"[268] wurden nachgerade zur letzten Zuflucht des Selbstverwaltungsgedankens, sofern sich nicht die Theorie unter dem Zwang der engen Alternative zwischen nachträglicher Rechtfertigung oder bereitwilliger Vorbereitung des Geschehens auf der lokalen Ebene, die allmählich in den Bereich sekundärer Entscheidungen der zentralen Gewalt herabsank, in Propaganda auflöste. Die wichtige Personalfrage geriet von Anbeginn unter den wachsenden Einfluß der NSDAP.

Das Vorgehen der NSDAP und der öffentlichen Stellen, die ihr bereits zur Verfügung standen, war zunächst in den einzelnen Ländern unterschiedlich. In Preußen löste eine Verordnung der Kommissare vom 4. Februar alle kommunalen Parlamente von der Orts- bis zur Provinzebene auf;[269] Neuwahlen wurden auf den 12. März, den Sonntag nach der Reichstagswahl, festgesetzt.[270] Bis dahin existierten keine kom-

---

[263] So die Darlegungen des parteioffiziellen *Mitteilungsblattes der Nationalsozialisten in den Parlamenten und gemeindlichen Vertretungskörpern,* Jg. 1933, Heft 2; später auch der nachmalige Vizepräsident des Deutschen Gemeindetages, Ralf Zeitler, „125 Jahre kommunale Selbstverwaltung", in: *Der Städtetag* 27 (1933), S. 493–495, und Karl Fiehler in einer Rede vor Gemeinde- und Kreisfachberatern der NSDAP im Dezember 1933, wiedergegeben in: *Der Städtetag* 27, S. 562.

[264] So mit größter Deutlichkeit der nationalsozialistische Ministerpräsident von Bayern und vormalige Bürgermeister von Lindau im Bodensee, Ludwig Siebert, auf der Tagung der nationalsozialistischen Kommunalpolitiker in Nürnberg im September 1933; wiedergegeben in: *Der Städtetag* 27 (1933), S. 365 f.

[265] Im Februar veröffentlichte *Der Städtetag* (27. Jg., S. 62 f.) einen beziehungsvollen Aufsatz „Italiens Städtepolitik" aus der Feder des römischen Korrespondenten der *Kölnischen Zeitung.*

[266] Kurt Jeserich (später Präsident des Deutschen Gemeindetages), „Die Gemeinde im nationalsozialistischen Staat", in: *Der Städtetag* 27 (1933), S. 309–311.

[267] *A. a. O.,* S. 311; auch Dieckmann (Anm. I/262), S. 78.

[268] Arnold Köttgen, „Die Neuordnung der kommunalen Selbstverwaltung", in: *Der Städtetag* 27 (1933), S. 545–552; Dieckmann, *a. a. O.,* S. 75 ff.

[269] *Preußische Gesetzsammlung,* 1933, S. 21 f.

[270] Popitz stellte in der Sitzung der Staatskommissare am 4. Februar akademische Erörterungen an über „etwaige Schwierigkeiten" von beträchtlichen Ausmaßen, die das Vorgehen des kommissarischen Staatsministeriums in einem funktionsfähigen System der Rechtskontrollen bereiten mußte. Bemerkenswert ist, daß die Erwiderung Görings

munalen Beschlußorgane mehr, waren die Selbstverwaltungskörper also schlagartig auf das kommunale Beamtentum reduziert, dessen leitende Persönlichkeiten nun unter einer Unzahl von Angriffen, ungerechtfertigten Beschuldigungen in der Presse und anderen terroristischen Maßnahmen zu leiden hatten, so daß sie es entweder selbst vorzogen, von ihrem Amt zurückzutreten, oder aber der Aufsichtsbehörde ein Anlaß gegeben schien, einzugreifen und Beurlaubungen, Amtsenthebungen oder Inschutzhaftnahmen [271] zu verfügen; vielerorten tauchten unter dem Schutz von SA-Einheiten „Kommissare" mit vielfach zweifelhafter Legitimierung auf,[272] die ihre Hauptaufgabe darin sahen, „den marxistischen Geist auszutreiben".[273] Der auf diese Weise eingeleitete Personalwechsel an der Spitze kommunaler Verwaltungen ging außerordentlich rasch vor sich und zog bis Anfang Mai 1933 die kommunalen Spitzen von mindestens 87 kreisfreien Städten in Mitleidenschaft. Allein 70 Oberbürgermeister waren ihrer Ämter enthoben oder beurlaubt worden; und 12 von diesen Städten – darunter Köln, Düsseldorf, Magdeburg, Altona, Gelsenkirchen, Hagen, Darmstadt und Würzburg – hatten sogar ihre gesamte alte Verwaltungsspitze verloren.[274] Schon im Sommer 1933 amtierten in ganz Deutschland nur noch vier der Oberbürgermeister, die vor dem

schon nachdrücklich jede Inanspruchnahme des Reichspräsidenten auszuschließen suchte (*HAB*, Rep. 90, Sitzungsprotokolle 1933, fol. 180 f.). Der Grundsatz, „die preußischen Dinge, soweit eben möglich, auch in Preußen zu regeln und den . . . Reichspräsidenten als die allerletzte Autorität nur dann zu bemühen, wenn gar kein anderer Ausweg möglich" ist, macht das allfällige Bestreben der Nationalsozialisten offenkundig, von der Diktaturgewalt des Reichspräsidenten loszukommen.

[271] Es ist unmöglich, die Spielarten in der terroristischen Phase des Personalwechsels hier aufzuzählen. In Quedlinburg beispielsweise wurden der Oberbürgermeister und einige Beamte der Stadtverwaltung auf Anweisung des Polizeikommissars unter fadenscheiniger Begründung einfach in Haft genommen (*Deutsche Allgemeine Zeitung*, Nr. 145 vom 26. März 1933). Der demokratische Oberbürgermeister von Kiel, Lueken, wurde beurlaubt, während die Stadträte, nicht allein die Sozialdemokraten, in Haft kamen oder Hausarrest erhielten mit der einfachen Begründung, daß sie „zu weit links" stünden (Schreiben des Stadtrats Prof. Max Philipp vom 19. März 1933 an den Preußischen Städtetag; *ADST*, B 52). In Mannheim wurden nach schweren Mißhandlungen der Oberbürgermeister und mehrere sozialdemokratische Stadträte am 11. März in „Schutzhaft" genommen. Vgl. Friedrich Walter, *Schicksal einer deutschen Stadt. Geschichte Mannheims 1907–1945*, Bd. II, Frankfurt/M. 1950, S. 236. Als ein anderes Beispiel für viele kann das des Königsberger Oberbürgermeisters Lohmeyer gelten: Schon vor der Neuwahl der Stadtverordnetenversammlung am 12. März hatte ihm der Regierungspräsident, der selbst kein Nationalsozialist, aber als Konservativer bekannt und unter der Reichskanzlerschaft v. Papens eingesetzt worden war, nahegelegt, sich beurlauben zu lassen. Als L. hierauf nicht einging, verfügte der Regierungspräsident, ohne eine Rechtsgrundlage hierfür zu haben, am 10. März seine Beurlaubung. L. brachte, da er keine Gelegenheit zu einer Rücksprache mit dem Regierungspräsidenten erhielt, seine Beschwerde erfolglos direkt bei Göring vor. Wenige Tage später meldete die Presse die Suspendierung L.'s. Nach einigen Wochen wurde ein Disziplinarverfahren gegen ihn eröffnet, in dem ein nationalsozialistischer Rechtsanwalt und Notar die Untersuchung führte und das sich auf zwei verhältnismäßig belanglose Vorwürfe im Zusammenhang mit Vorgängen stützte, die bereits verjährt waren, Zudem war der erste Punkt bereits 1925 durch die Aufsichtsbehörde überprüft worden, die festgestellt hatte, daß ein Grund zu disziplinarischem Einschreiten nicht gegeben war. Da beide Anklagepunkte von den nationalsozialistischen Anklägern schließlich als nicht ausreichend erachtet wurden, erging eine Aufforderung an die Öffentlichkeit, in einem eigens zu diesem Zweck eingerichteten Büro im Rathaus Beschwerden über die Amtsführung des Königsberger Oberbürgermeisters vorzubringen. Dank der Methode, zuerst die Zeugen sofort unter Eid zu vernehmen und erst danach Äußerungen von L. zuzulassen, kam im Laufe mehrerer Monate eine etwa 30 Punkte umfassende Anklage zustande. 1936 mußte das Verfahren eingestellt werden. (Nach Privatakten und persönlichen Mitteilungen von Oberbürgermeister a. D. Dr. Lohmeyer vom 17. und 19. Januar 1955 an den Verf.)

[272] Ein Schreiben des Oberbürgermeisters Jarres vom 30. April 1933 an Göring (Abschrift für Grauert: *HAB*, Rep. 320, Grauert 33) schildert die Verhältnisse in Duisburg-Hamborn in grellen Farben: „Im Laufe der dann [nach dem 12. März] folgenden Wochen erfolgten jedoch immer weitere Eingriffe in die Verwaltung, die von unverantwortlichen, jede Autorität zersetzenden Presseangriffen begleitet waren. Ein Untersuchungsausschuß zweifelhafter Legitimation folgte dem andern, so daß keiner mehr weiß, wer Koch und Kellner ist. In den Großbetrieben der städtischen Gas-, Wasser- und Elektrizitätswerke und der Verkehrsunternehmungen werden Kommissare in die Leitung gesetzt, für deren reinste Bestellung eine verantwortliche Stelle nicht festzustellen ist. Während die Kreisleitung der NSDAP angibt, daß diese Bestellung durch den Herrn Polizeipräsidenten erfolgt sei, lehnt dieser die Verantwortung dafür durchaus ab."

[273] Erklärung der nationalsozialistischen Staatskommissare in Mannheim vom 15. März 1939; Walter (Anm. I/271)

[274] Nach einer nicht ganz vollständigen Aufstellung in: *Der Städtetag* 27 (1933), S. 224 f.

30. Januar 1933 von kommunalen Körperschaften in ihre Ämter gewählt worden waren: der Berliner Oberbürgermeister Sahm, dem ein nationalsozialistischer Staatskommissar zur Seite stand, und die deutschnationalen Oberbürgermeister Neinhaus in Heidelberg, Menge in Hannover und Goerdeler in Leipzig.[275] Ähnlich erging es den Leitern kleinerer Gemeinden und nicht viel anders den Landräten und den Landesdirektoren, die an der Spitze der Kreise und der Selbstverwaltung in der Provinz standen, wenn auch hier die Vorgänge der personellen Auswechslung nicht ganz so rasch aufeinanderfolgten wie in den Stadtverwaltungen. Diese Ämter gleichen sekundären Positionen, die im Verlaufe der weiteren Ausbreitung der Macht besetzt wurden, wenn auch mehr unter dem Gesetz der Taktik als unter dem der großen Strategie. Bislang hatten sich die meisten mittleren und größeren Städte von nationalsozialistischen Einflüssen freigehalten. Jetzt aber drängten sich zur Neubesetzung vor allem die örtlichen prominenten Funktionäre der Parteiorganisation; sehr häufig übernahm der Ortsgruppen- oder der Kreisleiter die Funktion eines kommissarischen Oberbürgermeisters oder Bürgermeisters. Wie die SA auf die Führung der Polizeibehörden Anspruch erhob, so bemächtigte sich die politische Parteiorganisation der Leitung der Kommunen. Die gesamte Gruppe der leitenden Kommunalbeamten, in der ausgeprägte Persönlichkeiten der nationalen Rechten, die jetzt zur Macht gekommen war, eine nicht sehr große Minderheit bildeten, verschwand binnen kürzester Frist nahezu vollständig und machte einem gänzlich anders gearteten Personalkörper Platz. Ein Versuch, den Personalwechsel innerhalb Preußens unter den Gesichtspunkt verwaltungsfachlicher Erfordernisse zu bringen, verlief vorerst ergebnislos.[276] Das äußere Bild wurde daher bald mit geringer Differenzierung von Persönlichkeiten beherrscht, die der örtlichen oder regionalen Parteileitung zuverlässig erschienen und die meistens als Neulinge in die Kommunalpolitik hineinkamen.

Das Schicksal der kommunalen Selbstverwaltung in der Gestalt, die sie am Ende der Weimarer Republik angenommen hatte, wurde jedoch nicht allein in den Gemeindeverwaltungen, sondern auch in den kommunalen Spitzenverbänden entschieden, die den selbstbewußten und selbständigen Spitzen des Kommunalbeamtentums ihre Existenz verdankten. Die Selbstverwaltung galt seit Gneist als integrierender Bestandteil des konstitutionellen Staates, der den „Rechtsschutz der einzelnen gegen die Centralverwaltung selbst" zu sichern hatte.[277] In der späten Phase der Selbstverwaltung in Deutschland oblag der „Rechtsschutz" der Kommunen den Vereinigungen von Vertretern der Kommunen und kommunalen Verbände, die die Gebietskörperschaften öffentlichen Rechts in Verbänden privaten Rechts auf der Grundlage der Freiwilligkeit repräsentierten. Die weitaus bedeutendsten waren der Deutsche Städtetag und in ihm der erste Spitzenverband dieser Art, der Preußische Städtetag.[278]

---

[275] Neinhaus hatte zunächst ebenfalls sein Amt verloren, wurde jedoch nach kurzer Zeit wieder eingesetzt. Menge schied 1934 aus, Sahm wurde 1936 zum deutschen Gesandten in Oslo ernannt; Goerdeler, 1935/36 zum zweiten Male Reichskommissar für die Preisbildung, trat 1937 zurück.

[276] Der preußische Finanzminister Popitz leitete Grauert am 24. Mai 1933 zwei vertrauliche Listen mit insgesamt 63 Namen geeigneter, kommunalpolitisch erfahrener Kandidaten für Oberbürgermeister- und Finanzdezernentenstellen zu (*HAB*, Rep. 320, Grauert 33). Als Verfasser der Listen nennt Popitz Oberbürgermeister Goerdeler, auf dessen Urteil er „einen recht großen Wert" lege. Keiner dieser Namen, unter denen sich sowohl ehemalige wie derzeit noch tätige leitende Kommunalbeamte befanden, ist berücksichtigt worden. Bekannte Nationalsozialisten waren nicht darunter. Nur bei zwei Namen befinden sich Anmerkungen, die parteipolitische Zugehörigkeiten erkennen lassen; einmal heißt es: „NSDAP = sehr gut", in dem andern Fall: „rechtes Zentrum". Wohl aber bemühte sich Grauert um Personalvorschläge industrieller Kreise (Durchschl. eines Schreibens des persönl. Referenten vom 8. Juli 1933 an Bergassessor a. D. Tengelmann, der im Auftrage Grauerts einen Vorschlag zur Neubesetzung der Stelle des Oberbürgermeisters in Dortmund erbat; *ebda.*).

[277] Rudolf Gneist, *Die preußische Kreis-Ordnung in ihrer Bedeutung für den inneren Ausbau des deutschen Verfassungs-Staates*, Berlin 1870, S. IV.

[278] Zur Geschichte der kommunalen Spitzenverbände im allgemeinen: Oskar Böttcher, „Die kommunalen Reichsspitzenverbände", in: *Zeitschrift für Kommunalwirtschaft und Kommunalpolitik* 22 (1932), Sp. 741–819; zur Ge-

Im Unterschied zu anderen Spitzenorganisationen besaßen beide nicht einmal die private Rechtsfähigkeit eines eingetragenen Vereins. Der Grundsatz der Freiwilligkeit der Vereinigung erhielt sich bei ihm in äußerster Form. Größenmaßstab, wirtschaftliche Potenz und Leistungsstärke fielen entscheidend ins Gewicht. Er zeigte wenig Interesse an der Mitgliedschaft von Kleinstädten und beschränkte sich auf die Großstädte.[279] Infolgedessen bildete sich eine zweite Städteorganisation, der Reichsstädtebund, der häufig zu einem Konkurrenten und – wie es aus dem raschen Wachstum industrieller Klein- und Mittelstädte ebenso wie aus der zielstrebigen Eingemeindungspolitik mancher Großstädte folgte – auch zum Gegner des Städtetages wurde – in der Hauptsache ein Zusammenschluß der kreisangehörigen Städte. Es war aber nicht nur die geringere materielle Potenz seiner Mitgliedstädte, die den Reichsstädtebund in wachsender Ratlosigkeit zwischen Scylla und Charybdis einer harten politischen Zeit dahintreiben ließ. Die von Anfang an beobachtete Beschränkung auf das nächstliegende Interesse gerade der kleinen Städte, die fast stets nur der Befreiung von unmittelbaren drückenden Lasten galt und kaum ein größeres Ziel erkennen ließ, beschränkte ihn auch ideell auf eine mindere Stufe der Bedeutung. Seine zweifellos nicht gering zu bemessenden Verdienste lagen in der tätigen sachlichen Hilfe, vor allem in der juristischen Beratung jener Gemeinden, die sich einen mit verwaltungstechnischen Einzelfragen vertrauten Juristen nicht wohl leisten konnten. In den größeren politischen Fragen ist der Reichsstädtebund im Gegensatz zum Deutschen Städtetag niemals selbst zu einer Initiative gelangt oder an der Ausarbeitung von Plänen oder Entwürfen beteiligt, sondern stets in der Rolle des – häufig von den Ereignissen überraschten – Bittstellers gegenüber Reich und Ländern geblieben.

In enger Verbindung mit einem Berufsinteressenverband des konservativen Beamtentums, der sich nach dem Zusammenbruch von 1918 gebildet hatte, des Vereins preußischer Landräte, stand der Preußische Landkreistag, in dem anfangs Ulrich v. Hassell und später der ehemalige Landrat und deutschnationale Politiker Otto Constantin führend tätig waren. Er bildete die Grundlage für die Organisation des Deutschen Landkreistages, der 1922 auf Initiative Constantins entstand.[280] Als Vereinigung der Landesdirektoren, die an der Spitze der provinziellen Selbstverwaltung standen, diente der Verband der preußischen Provinzen. Und auch die Landgemeinden, die in den meisten Fällen noch keine beamteten, häufig auch keine fest besoldeten Ämter kannten, wo also vielfach die Laienverwaltung noch Tatsache war, veranstalteten Vertretertage und riefen mehrere regionale Organisationen ins Leben, die sich mit dem Deutschen Landgemeindetag eine Dachorganisation schufen, in dem seit 1925 der Verband der preußischen Landgemeinden, die Landgemeindeorganisationen der sechs preußischen Ostprovinzen, mit seinen fest besoldeten Beamten die Geschäftsführung innehatte.

Aus anfangs lediglich periodisch zusammentretenden Versammlungen wurden allmählich festumrissene organisatorische Gebilde unter der Leitung ständig arbeitender Vorstände und Geschäftsstellen, in denen sich ein eigenes Verbandsbeamtentum auszubilden begann, das in enger personeller Wechselbeziehung sowohl zur Kommunal- wie zur Staatsverwaltung stand. Die Bedeutungszunahme der Spitzenverbände läßt

schichte des Deutschen Städtetages liegt die Darstellung von Otto Ziebill vor: *Geschichte des Deutschen Städtetages. Fünfzig Jahre deutscher Kommunalpolitik*, hrsgg. vom Deutschen Städtetag, Stuttgart–Köln 1955.

[279] 1930 gehörten dem Deutschen Städtetag alle 48 Großstädte Deutschlands an, 142, d. h. fast alle mittleren Städte (mit Einwohnerzahlen zwischen 25 000 und 100 000), aber nur 89 von 1000 Kleinstädten. Außerdem waren ihm korporativ 9 Landes- und 13 Provinzialstädtetage mit insgesamt 3 mittleren und 911 kleineren Städten angeschlossen; s. Denkschrift: *Der Deutsche Städtetag. 25 Jahre Gemeinschaftsarbeit deutscher Städte (Schriftenreihe des Deutschen Städtetages*, Heft 12), 3. Aufl., Berlin 1930, S. 13.

[280] Über den Preußischen und Deutschen Landkreistag: *Die deutschen Landkreise*, hrsgg. von [Otto] Constantin und Erwin Stein, Bd. II: *Der Landkreistag und seine Tätigkeit*, Berlin 1926.

sich an der raschen Kumulation der Kompetenzen – mehr an den Spitzen der Geschäftsstellen als an den Spitzen der Vorstände – ablesen. Nach dem Vorbilde des Preußischen und Deutschen Städtetages statteten 1927 und 1928 nacheinander Reichsstädtebund, Landkreistag und Landgemeindetag ihre Geschäftsführer als „Präsidenten" mit großen Vollmachten aus, die sie praktisch mit den gewählten Vorsitzenden auf die gleiche Rangstufe stellten. Die Mitgliederversammlungen wandelten sich in Organe der Repräsentation und der Demonstration, während die eigentliche Aktivität der Verbände von den Geschäftsstellen und den engsten Vorstandsgremien ausging, deren stete Geschäftstätigkeit und rasches Handlungsvermögen dem großen, weitreichenden Einfluß der Spitzenverbände zugrunde lag.[281] Von ihnen strahlten nicht nur starke Impulse auf die kommunalen Verwaltungen, sondern über eine große Anzahl von Zwischenorganisationen auch auf andere wichtige Gebiete des öffentlichen Lebens aus,[282] so daß die Verbandsorganisationen ein fast lückenloses Geflecht ergaben und die Spitzenorganisationen als Vertreter total erfaßter Kategorien der Selbstverwaltungskörperschaften und auf Grundlage des erfüllten Anspruches nach allumfassender Organisation auftreten konnten. Ihre nicht öffentlichrechtliche Form enthob sie jeglicher Aufsicht und Weisung von seiten staatlicher Behörden. Die Selbstverwaltungskörperschaften hatten sich gleichsam eine höhere Potenz ihres eigenen genossenschaftlichen Prinzips geschaffen, jedoch als Gebilde unstaatlicher Heteronomien.[283] Insofern hatte schließlich das einzige große Reformwerk in der Geschichte der nachabsolutistischen preußischen Verwaltung, die Einführung der Selbstverwaltung, libe-

---

[281] Die Satzung des Deutschen Städtetages kannte als oberstes Gremium nur einen Vorstand; doch Beratungsgegenstände und Entschließungen des Vorstandes wurden vorher in einem engeren Vorstand vorbereitet, der identisch mit dem engeren Vorstand des Preußischen Städtetages war und somit diese beiden mächtigen Verbände eng aneinanderband. Er umfaßte neben seinen Geschäftsführern – dem späteren Reichskanzler Luther, dann nacheinander den nachmaligen Oberbürgermeistern Sahm und Mitzlaff und zuletzt dem ehemaligen Ministerialdirektor und Leiter der Kommunalabteilung im preußischen Innenministerium Mulert – einen kleinen, aber auserwählten Kreis von Persönlichkeiten, die die höchsten Spitzen der Selbstverwaltung in Deutschland erreicht hatten wie Sahm (seit 1931 Oberbürgermeister von Berlin), die Oberbürgermeister Adenauer (Köln), Lohmeyer (Königsberg), der ehemalige Reichsminister Külz (Dresden), Brauer (Altona), Reuter (Magdeburg), Jarres (Duisburg-Hamborn), Heimerich (Mannheim), Scharnagl (München), Lautenschlager (Stuttgart) und Rive (Halle) und die Kölner Stadtverordneten Görlinger und Mönnig. Im Dezember 1932 trat der Leipziger Oberbürgermeister Goerdeler, der soeben seine Tätigkeit als Reichspreiskommissar beendet hatte, hinzu.

[282] Die Spitzenverbände wirkten auf dem Gebiet des kommunalen Versicherungswesens, im Kreditwesen durch ihren starken Einfluß auf den Deutschen Sparkassen- und Giroverband, ihre Beteiligung an der Deutschen Bau- und Bodenbank und anderen Organisationen. Sie wirkten mit in den Organisationen der Arbeitgeberverbände über den Reichsverband kommunaler und anderer öffentlicher Arbeitgeberverbände, dessen Vorsitzender Goerdeler seit 1931 war, und im Gesundheitswesen. Sie waren daneben beteiligt an einer Anzahl wirtschaftlicher Einrichtungen und Organisationen wie der Deutschen Revisions- und Treuhand-AG., dem Reichskuratorium für Wirtschaftlichkeit, dem Normenausschuß der deutschen Industrie und der Friedrich-List-Gesellschaft, an kulturpolitischen und wissenschaftlichen Einrichtungen, der Deutschen Gesellschaft zur Förderung der inneren Kolonisation, dem Reichsverband Deutscher Jugendherbergen, dem Zentralinstitut für Erziehung und Unterricht, an der Deutschen Bücherei in Leipzig, am Deutschen Bühnenverein, an der Kaiser-Wilhelm-Gesellschaft zur Förderung der Wissenschaften und vielen anderen mehr. Schließlich wirkten Vertreter der kommunalen Spitzenverbände in Reichsbehörden, deren Tätigkeit damit in den Bereich der Selbstverwaltung hineingezogen und teilweise oder ganz auf ihrer Grundlage geregelt wurde, im vorläufigen Reichswirtschaftsrat, in der Reichsanstalt für Arbeitsvermittlung und Arbeitslosenversicherung und in zahlreichen Beiräten und Ausschüssen bei Reichsministerien, von denen der Reichseisenbahnrat, der Reichswasserstraßen-Beirat, der Beirat für das Kraftfahrwesen, der Verwaltungsrat der Deutschen Reichspost, der Beirat für das Luftfahrwesen, der Reichskohlen-Beirat, der Beirat für Elektrizitätswirtschaft, der Reichsverdingungsausschuß beim Reichsfinanzministerium, der Reichsverkehrsausschuß, der Reichsausschuß für Fremdenverkehrsfragen und der Ausschuß zur Untersuchung der Erzeugung und Absatzbedingungen der Deutschen Wirtschaft (Enquête-Ausschuß) als bedeutendste und wichtigste zu nennen wären. Für den Deutschen Städtetag im besonderen hierzu die Denkschrift *Der Deutsche Städtetag* (Anm. I/279), S. 20 f.

[283] Unter den kritischen Erörterungen in der staatsrechtlichen Literatur nahm das vielbeachtete Buch von Hans Peters, *Grenzen der kommunalen Selbstverwaltung*, Berlin 1926, einen hervorragenden Platz ein, das den Vorschlag unterbreitete, die kommunalen Spitzenverbände durch Reichsgesetz in Körperschaften des öffentlichen Rechts umzuwandeln und zur Kommunalaufsicht heranzuziehen.

rale Ansprüche und Grundsätze selbst in die neueste Zeit hinübergeleitet. Mit altlibe-
ralen Vorstellungen von der kommunalen Verwaltung hatten diese Verbände allerdings nur noch wenig zu tun. Doch sie rückten in die Reihe der wichtigsten *corps inter-
médiaires* des parlamentarischen Staates der Weimarer Periode auf; sie übten ihre
Einflüsse – mit der Ausnahme des Reichsstädtebundes – in erster Linie auf die die
Gesetze vorbereitende und ausführende Tätigkeit der administrativen Exekutive, vornehmlich auf die Reichsministerien aus, die ihnen diese Einflußnahme auch geschäfts-
ordnungsmäßig zugestanden.[284]

Bis zur Jahreswende 1932/33 stand der Städtetag in enger Verbindung mit der
Reichsregierung, der er eine Reihe gründlich ausgearbeiteter sachlicher Vorschläge
unterbreitete, die die wachsenden Aufgaben des Staates in der Krise auf dem Boden
und mit den Mitteln der städtischen Selbstverwaltung zu bewältigen versuchten. Umfang und allgemeiner Charakter der Krise konnten nur auf dem Weg reichsrecht-
licher Regelungen bewältigt werden, so daß die Selbstverwaltung sich nur mittels der
Vorschläge und Ausarbeitungen ihrer Spitzenverbände an politischen Entscheidungen
der Reichsregierung zu beteiligen vermochte; sie waren zu Institutionen geworden, die
eine unmittelbare Verbindung der kommunalen Selbstverwaltung mit der Reichszentrale ermöglichten. Mit der Existenz ihrer Spitzenverbände stand oder fiel die
kommunale Selbstverwaltung in ihrer letzten ausgeprägten Form.

Der 30. Januar, die Ereignisse der folgenden Tage und die zahlreichen Amtsenthebungen leitender Kommunalbeamter beraubten die Spitzenverbände bald ihrer personellen Verankerung in den kommunalen Körperschaften und damit der Legitimation, auf die sie sich zu berufen pflegten, und brachten ihre Tätigkeit außerhalb des
harten Kernes der Geschäftsstellen nahezu zum Erliegen. Den Vorgang des Personalwechsels im ganzen vermochten sie ebensowenig wie die wenigen zunächst noch in vollem Umfange intakt bleibenden Verwaltungen aufzuhalten. Auch einzelne Zeugnisse
achtenswerten persönlichen Mutes wie die Erklärungen des Dresdener Oberbürgermeisters Külz trugen weder zu einer Erleichterung der Situation bei, noch ließen sie
in der Unruhe der Zeit einen nachhaltigen Eindruck zurück.[285] Seine Bezeichnung der
NSDAP als „Fremdkörper" in der Gemeindeverwaltung war ebenso treffend wie die
alternative Form seiner Wahlparole, es werde sich „darum handeln, ob das letzte
Bollwerk der Demokratie, als welches die Gemeindekörperschaften zu betrachten sind,
auch durch reaktionäre und diktatorische Strömungen vernichtet werden soll, oder ob
es sich halten kann", die kritische Höhe der Situation erfaßte, in der sich die Kommunen befanden. Doch jede Hoffnung noch zu diesem Zeitpunkt folgte nur, wie die späteren Ereignisse zeigen sollten, einem Optimismus, der, gemessen an dem Ausmaß der
sich überstürzenden Veränderungen, ohne rechte Grundlage war.

Nach den Märzwahlen entschlossen sich einige der Spitzenverbände, um der Gleich-
schaltungsforderung der nationalsozialistischen Propaganda in irgendeiner Weise
nachzukommen, zu organisatorischen Umbildungen und personellen Umstellungen,
was Mulert mit der Behauptung begründete, daß das Ausscheiden und „die sehr zahlreichen Beurlaubungen hauptberuflicher Vorstandsmitglieder" nur ein „Restkollegium"

---

[284] Die *Gemeinsame Geschäftsordnung der Reichsministerien*, Besonderer Teil (*GGO II*) bestimmte in der
Fassung vom 22. Oktober 1928 (2. Ausgabe, hrsgg. vom Reichsministerium des Innern, Berlin 1929) in § 28 Abs. 1,
daß „bei der Vorbereitung von Gesetzen und wichtigen Verordnungen ... möglichst die Vertretungen der Fach-
kreise rechtzeitig heranzuziehen" seien. „Umfang und Auswahl bleibt, wo nicht Sondervorschriften bestehen, im
Einzelfalle dem pflichtmäßigen Ermessen überlassen. Die Verbände müssen hinreichend Zeit haben, ihre Unterverbände zu hören und deren Äußerungen zu verarbeiten. Dasselbe gilt für die Beteiligung der Reichsvertretungen
der Städte, Landkreise und Landgemeinden."

[285] Wilhelm Külz, „Die Parteien und die Kommunalpolitik", in: *Selbstverwaltung und Demokratie. Monatsschrift für demokratische Kommunalpolitik*, 6. Jg., Nr. 2 vom 15. Februar 1933.

übrigließen, das sich „zu maßgeblichen Beschlüssen nicht wohl mehr für berufen erachten konnte".[286] Der engere Vorstand des Städtetages beschloß in seiner letzten Sitzung am 17. März 1933, seine Funktionen einem Arbeitsausschuß zu übertragen, in dem sich die Reste des engeren Vorstandes mit neuen Männern zusammenfanden.[287] Am 28. März hielt der Arbeitsausschuß seine erste Sitzung ab.[288] Fürs erste schien die selbst vollzogene Gleichschaltung in einem Kompromiß geglückt, in dem sich Persönlichkeiten vorwiegend der politischen Rechten durch Kooptation von Nationalsozialisten, die ihnen tragbar und persönlich umgänglich erschienen, Unterstützung und Beistand für die weitere Tätigkeit des Städtetages erhofften. Der Öffentlichkeit konnte mitgeteilt werden, daß „damit ... der Städtetag seine Gleichschaltung mit Reich und Ländern vollzogen" habe.[289] Diesem Beispiel folgte eine Reihe regionaler Unterverbände.[290] Der allmähliche Übergang der Initiative an die Staatsorgane, der sich vorzubereiten begann, gab sich jedoch bereits darin zu erkennen, daß eine thüringische Bürgermeisterversammlung nicht vom Thüringischen Städteverband, sondern vom thüringischen Innenministerium nach Weimar einberufen wurde.[291]

Die Sitzungen des Arbeitsausschusses glichen in vieler Hinsicht den Arbeiten des einstigen engeren Vorstandes. In ihnen wiederholten sich die Besorgnisse über die Arbeitslosenfürsorge, das Verlangen nach Zuschuß auf dem Gebiet des Wohlfahrtswesens und die Klagen über den Steuerverfall in den Kommunen. Auch die Fragen der kommunalen Verfassungsreform wurden wieder aufgegriffen, nunmehr mit dem neuen Gedanken, nach den Aktionen der nationalsozialistischen Gleichschaltung in den Gemeinden „die Aufgaben der Gemeindeselbstverwaltung abzugrenzen".[292] Mulert suchte sich unter den veränderten politischen Verhältnissen in die Pläne der nationalsozialistischen Machthaber einzuschalten, indem er nun das Programm dahin formulierte, „im Sinne der Bestrebungen der nationalen Regierung" eine „lebendige Verbindung mit der Bevölkerung auch ohne Zwischenschaltung der Parlamente" herzustellen. Er brachte einen Beschluß des Arbeitsausschusses zustande, wonach der Städtetag eine Denkschrift mit einer Darlegung des bestehenden Städterechts und einer Zusammenstellung der für eine reichsgesetzliche Regelung als reif erachteten Gegenstände vorlegen sollte. Im Arbeitsausschuß konnte sich allerdings von Anfang an nicht mehr die Kontinuität der Persönlichkeiten behaupten, die dem engeren Vorstand so feste Konturen verliehen

[286] Schreiben Mulerts an den Stettiner Stadtverordneten Thomas vom 25. März 1933 (Abschrift *ADST*, B 1370).

[287] Niederschrift der Sitzung des engeren Vorstandes vom 17. März 1933 (*ADST*, A 295). Entgegen den üblichen Gepflogenheiten befindet sich bei diesem Protokoll keine Anwesenheitsliste. Es ist anzunehmen, daß sich an dieser Sitzung nur noch ein kleiner Teil dieses Gremiums beteiligte. Die Oberbürgermeister Adenauer, Lohmeyer, Scharnagl, Brauer, Reuter und Heimerich waren bereits nicht mehr im Amt, die Stadtverordneten Görlinger und Mönnig hatten am 12. März ihre Mandate verloren. Oberbürgermeister Külz war dieser Sitzung ferngeblieben. Allenfalls könnten neben Mulert noch die Oberbürgermeister Sahm, Goerdeler, Jarres, Lautenschlager und Rive zu den Anwesenden gezählt haben.

[288] Zu Mulert, Sahm, Jarres, Lautenschlager und Goerdeler traten die deutschnationalen Oberbürgermeister Lehr aus Düsseldorf, Menge aus Hannover und als nationalsozialistischer „Kommunalpolitiker" der kommissarische Lindauer Oberbürgermeister Siebert, der Gauleiter, Reichstagsabgeordnete und Düsseldorfer Stadtverordnete Florian, den Lehr, und der Leipziger Stadtverordnete Dönicke, den Goerdeler vorgeschlagen hatte.

[289] Rundschreiben vom 30. März 1933 an die unmittelbaren und mittelbaren Mitgliedsstädte (*ADST*, A 44).

[290] Der Schlesische Städtetag z. B. bildete einen Arbeitsausschuß der sich aus sechs Mitgliedern der NSDAP und vier Mitgliedern der DNVP zusammensetzte (Schreiben des Vorstandes des Schlesischen Städtetages an den Deutschen und Preußischen Städtetag vom 8. Mai 1933; *ebda.*). Im Thüringischen Städteverband kooptierte der bisherige Vorstand mehrere NSDAP-Mitglieder (Rundschreiben Nr. 3202 des Thüringischen Städteverbandes vom 5. April 1933; *ADST*, A 42). Auf einem Empfang beim thüringischen Staatsminister Sauckel gab dann der Vorsitzende die Erklärung ab, „daß der Thüringische Städteverband sich durch seinen Beschluß restlos den neuen Verhältnissen der nationalen Revolution angepaßt" habe (Rundschreiben Nr. 3208 des Thüringischen Städteverbandes vom 11. April 1933, *ebda.*).

[291] Rundschreiben Nr. 3217 vom 20. April 1933 des Thüringischen Städteverbandes (*ebda.*).

[292] Niederschrift über die Sitzung des Arbeitsausschusses am 11. April 1933 (*ADST*, A 162).

hatte. Seit seiner ersten Sitzung veränderte sich fortlaufend seine Zusammensetzung;[293] er wuchs rasch an, so daß sich Mulert entschloß, ein engeres Gremium zu bilden,[294] von dem er Verständnis und Unterstützung für seine Absichten erhoffte. Den kommunal-politischen Exponenten der Parteiorganisation, den inzwischen zum kommissarischen Oberbürgermeister von München ernannten Reichsleiter Fiehler, wollte er dadurch zufriedenstellen, daß er ihn neben Goerdeler und seiner eigenen Person als zukünftiges Mitglied des Reichswirtschaftsrates in Aussicht nahm.[295] Die Zusammensetzung des neuen Gremiums enthielt indessen zu viele Unsicherheitsfaktoren, so daß es als Mittel zur Durchführung größerer Pläne nicht dienen konnte; und der Aktivität des Geschäfts-führers wurden durch Einsprüche und Gegenstimmen immer festere Zügel angelegt.

Auch dem Landkreistag, in dem von jeher das konservative Element der preußi-schen Beamtentradition vorherrschte, drängten die personalpolitischen Maßnahmen der neuen Machthaber neue Probleme auf, denen der Verband, um seine Existenz zu erhalten, seit den Märzwahlen nur noch durch Anpassung und grundsätzliches Nach-geben begegnete, nachdem mit Vertretern der Großindustrie Fühlung genommen und die politische Atmosphäre geprüft worden war.[296] Man hatte sich entschlossen, „eine möglichst schnelle Zusammenarbeit mit den nationalsozialistischen Kreisvertretern an-zubahnen", um „durch Mitarbeit alle etwaigen Widerstände gegen den kommunalen Spitzenverband von vornherein abzubiegen – genauso, wie das seiner Zeit mit den Sozialdemokraten geschah". Der Ausgang der preußischen Kommunalwahlen am 12. März wurde als ein „weiterer Sieg der NSDAP" bewertet, demzufolge neue und größere Ansprüche außer Zweifel standen. Jene unbewegliche Distanziertheit des Geistes, die sich schon lange vor der Jahrhundertwende in konservativen Kreisen des preußischen Beamtentums beobachten ließ und die dem Lebenden wie dem Toten gleichermaßen ästhetisierende Betrachtung und innere Teilnahmslosigkeit angedeihen läßt, nahm auch diese politische Wendung in kühler und realistischer Abschätzung hin, ohne Ergriffenheit und Betroffenheit, wenn auch in zäher persönlicher Beteiligung. Man akzeptierte das Faktum, solange noch einige Wahrscheinlichkeit bestand, die eigene Existenz in unveränderter Weise zu erhalten. Aus Altersrücksichten entschloß sich der Hauptvorsitzende v. Achenbach im italienischen Frühling, von seinem Amt zu-rückzutreten,[297] das rasch und ohne Widerspruch von irgendeiner Seite mit dem ehe-maligen deutschnationalen Reichsminister v. Keudell besetzt wurde. Diesen laut- und schmerzlosen Vorgang einer selbsttätig vollzogenen Gleichschaltung begleitete eine öffentliche Erklärung, wonach nun auch der Landkreistag „hinter der neuen Regie-rung" stand, die er „bei dem nationalen und wirtschaftlichen Wiederaufbau mit allen Kräften unterstützen" wollte.[298]

---

[293] Schon in der ersten Sitzung war Oberbürgermeister Lautenschlager (Stuttgart) durch den Staatskommissar Strölin vertreten worden. Dann verlangte der neue kommissarische Oberbürgermeister Weidemann von Halle als Nachfolger Rives einen Sitz im Arbeitsausschuß, der ihm gewährt wurde, während Oberbürgermeister Lehr nicht mehr teilnahm und bald darauf auch von seinem Amt zurücktrat. Als Vertreter der badischen Städte waren der Oberbürgermeister von Heidelberg, Neinhaus, und der Staatskommissar von Mannheim, Wetzel, erschienen. Mulert wandte sich selbst an die kommissarischen Oberbürgermeister von Köln und Frankfurt/M. und bat um ihre Mitarbeit. Die Reichstagsfraktion der NSDAP verlangte Aufnahme eines ihrer Mitglieder, des Frankfurter Bürger-meisters Linder, den sie bereits in den Vorstand des Reichsstädtebundes lanciert hatte (Vorgänge bei den Akten ADST, A 162).

[294] Ihm gehörten die kommissarischen Oberbürgermeister Riesen, Köln; Krebs, Frankfurt/M.; Rebitzki, Breslau; Oberbürgermeister Goerdeler und Bürgermeister Dietze, Leipzig; Will, Königsberg, und Behrens, Kiel, an (Ein-ladungen zur Besprechung am 17. Mai, datiert am 11. Mai 1933; ebda.).

[295] Die Benennung der Mitglieder erfolgte in der Sitzung am 11. April 1933 (ebda.).

[296] Die Beurteilung der Situation im Landkreistag erschließt ein Brief des Präsidenten, Baron v. Stempel, an den in Melide bei Lugano weilenden Hauptvorsitzenden v. Achenbach vom 13. März 1933 (ADST, A 378).

[297] Achenbach wurde zum Ehrenvorsitzenden gewählt (Brief v. Achenbachs an v. Stempel vom 14. April 1933 und Niederschrift über die Sitzung des preußischen Vorstandes am 29. März 1933; Auszug ebda.).

[298] Niederschrift über die Sitzung des preußischen Vorstandes, ebda.

Der „Personalaustausch" in den Kreisverwaltungen nahm dann aber doch bald derartig unerwartete Ausmaße an, daß es dem Präsidenten angeraten schien, von den Vertretern der Länderorganisationen die Auffassung über die Funktionsfähigkeit des Vorstandes einzuholen [299] und mit dem ausgesprochenen Willen, sich den politischen Bedingungen der neuen Situation unterzuordnen, darüber zu beraten, ob denn der Vorstand noch „das Spiegelbild der in der kommunalen Kreisverwaltung tätigen Kräfte" sei. Diese Frage erwies sich indessen als nicht beantwortbar, da die Verhältnisse der Kreisverwaltungen in den einzelnen Ländern noch äußerst uneinheitlich und teilweise in völliger Umwandlung begriffen waren. Die einfache Parole des bayerischen Vertreters, „gedankliche Willensbildung" genüge nicht, „Umbildung der Organisation" sei selbstverständlich, fand jedoch keinen Beifall; zur bedingungslosen „personellen Einordnung" war man solange noch nicht bereit, wie es mit geringeren Mitteln auch zu gehen schien. Wenn man auch beschloß, in der bisherigen Form weiterzuarbeiten und von der Bildung eines besonderen Aktionsausschusses abzusehen, so konnte der alte Vorstand doch nicht verhindern, daß das Schwergewicht sich zusehends auf die Landesorganisationen verlagerte und zentrifugale Tendenzen die Organisation des Landkreisverbandes noch stärker schwächten als den seit jeher stark zentralisierten Deutschen Städtetag. Aus Sachsen, wo in Gestalt des Sächsischen Gemeindetages bereits seit langem eine kommunale Einheitsorganisation der Städte und Landgemeinden bestand, die sich dem Reichsstädtebund angeschlossen hatte, wurde bereits das Bestreben eines tatenlustigen Staatskommissars auf Zusammenfassung der kommunalen Verbände bekannt,[300] ein untrügliches Zeichen dafür, daß neue Kräfte und neue Interessen von außen her in die Organisation der Spitzenverbände hineindrängten, um sie ihren eigenen Bestrebungen zu unterwerfen.

Etwas ungünstiger verlief die Entwicklung im Verband der Preußischen Landgemeinden, dessen einflußreicher Geschäftsführer Gereke in der Reichsregierung Hitler als Reichskommissar für die Arbeitsbeschaffung untergekommen war, jedoch bald in einen bis heute in den Hintergründen und Zusammenhängen noch nicht aufgeklärten Prozeß verwickelt wurde,[301] wobei sich auch der Verband als geschädigt bekannte. Er ersetzte Gereke durch seinen bisherigen Stellvertreter, der ebenfalls der nationalen Rechten angehörte und sich nun durch Fühlungnahme mit dem nationalsozialistischen Kommunalpolitiker Fiehler Gewißheit über die Zukunft der kommunalen Spitzenverbände zu verschaffen versuchte, indem er ihm Pläne einer künftigen Dreiteilung der Selbstverwaltungsorganisationen unterbreitete, die je eine Reichsvertretung der Städte, der Landkreise und der Landgemeinden vorsahen. Da Fiehler offenbar keine Einwendungen vorbrachte, glaubte er, einschneidende Veränderungen zunächst nicht befürchten zu müssen.[302]

[299] Niederschrift über die Sitzung des Vorstandes des Deutschen Landkreistages am 19. April 1933 (*ADST*, A 1487).

[300] Vervielfältigte Rundschreiben des Deutschen Landkreistages an die Vorsitzenden der Landesverbände vom 6. Mai 1933 und vom 18. Mai 1933 (vertraulich) mit Abschrift eines Schreibens des Kommissars beim Arbeits- und Wohlfahrtsministerium in Sachsen, Kunz, vom 15. Mai 1933. Ähnliche Versuche teilte das erste Rundschreiben auch aus Bayern mit (*ebda.*).

[301] Bemühungen des Verfassers, die Prozeßakten des von dem Berliner Rechtsanwalt Langbehn verteidigten Gereke aufzufinden, waren bislang ergebnislos. Die Niederschriften der Sitzungen des Vorstandes des Verbandes der Preußischen Landgemeinden am 26. März/1. April 1933 (*ADST*, A 50) enthalten keine Einzelheiten über die Vorwürfe, die gegen Gereke erhoben wurden, vermerken aber, daß vertrauliche Unterredungen stattgefunden hätten, die nicht protokolliert worden seien, so daß wohl Zweifel an der Richtigkeit der Erklärung bestehen müssen, es habe sich im Falle Gerekes *nicht* um eine „politische Verhaftung" gehandelt. Auch ist die Erklärung des Vorsitzenden des Sächsischen Gemeindetages, Naumann, Gereke habe „ungeheures Vertrauen in gröblichster Weise mißbraucht und alle kommunalen Spitzenverbände geschädigt", bei der Schwere des Vorwurfs zu unklar, als daß sie voll glaubwürdig wäre.

[302] Niederschrift über eine gemeinsame Sitzung der engeren Vorstände des Deutschen Landgemeindetages und des Verbandes der Preußischen Landgemeinden am 15. Mai 1933 (*ADST*, A 313).

Ernste Besorgnisse tauchten aber auf, als Bemühungen um die Zusammenfassung aller Spitzenverbände in einer Einheitsorganisation ruchbar wurden, die vom Reichsstädtebund ausgingen, der als einzige kommunale Organisation den Regierungswechsel zu einem Vorstoß benutzte, mit dem er die Notlage der kleinen Städte wenden und auch eine günstigere Lösung in der Frage der Landratsaufsicht anbahnen wollte,[303] zumal dem engeren Vorstand bereits einige Nationalsozialisten angehörten, was nun als eine besondere Gunst der Lage erschien. Jedoch ein Ergebnis der schriftlich erhobenen Vorstellungen und einer großen Protestaktion des Reichsstädtebundes blieb vollständig aus. Sie glich einer Demonstration in den eigenen vier Wänden, von der zwar der Reichsinnenminister Frick unverbindlich Notiz nahm,[304] der aber fast alle Oberpräsidenten und Regierungspräsidenten fernblieben; nichts konnte darüber hinwegtäuschen, daß das ganze ein Schlag ins Wasser war und die Zeit keine Rücksicht auf die Proteste einer Organisation kleinstädtischer Bürgermeister nahm.

Da Appelle an die Öffentlichkeit kaum noch Erfolg versprachen und die personelle Gleichschaltung veränderte Bedingungen geschaffen hatte, schien es dem Geschäftsführer an der Zeit, durch eine organisatorische Umbildung eine neue Basis für den Reichsstädtebund zu gewinnen, wobei er von der Reichstagsfraktion und der preußischen Landtagsfraktion der NSDAP die Benennung nationalsozialistischer Vertreter erbat, die auch umgehend erfolgte.[305] Auf diesem Wege bildete sich auch im Reichsstädtebund der geschäftsführende Vorstand interimistisch – bis zur vollzogenen „Gleichschaltung der Gemeinden mit dem Reich" – in einen Arbeitsausschuß mit 13 Mitgliedern um, darunter einem deutschnationalen Parlamentarier und vier Angehörigen der NSDAP,[306] zu denen zwei Großstadtbürgermeister zählten, die Bürgermeister Brix-Altona und Linder-Frankfurt/M., der auf Verlangen der nationalsozialistischen Reichstagsfraktion auch in den Arbeitsausschuß des Deutschen Städtetages hineinkam. Nach dem nationalsozialistischen Gewaltstreich gegen die Gewerkschaften trieb die Geschäftsstelle die Anpassung an die „neue politische Situation" nach unten hin weiter, indem sie die Unterverbände aufforderte, auch ihrerseits „in Zusammenarbeit mit den Gauleitungen der NSDAP" eine „provisorische Gleichschaltung ihrer Vorstände" vorzunehmen.[307] Daß indessen die Taktik der politischen Abpolsterung mit NSDAP-Angehörigen bei den hochgespannten Forderungen der Vertreter dieser

---

[303] Briefe des Präsidenten Haekel an Hitler vom 2. Februar 1933, des Vorsitzenden, Oberbürgermeister Belian, an Göring als den Reichskommissar für das preußische Innenministerium vom 2. Februar, an Staatssekretär Pfundtner vom 4. Februar und an Reichsarbeitsminister Seldte vom 13. Februar (ADST, A 293). Unter der Regierung Papen hatte diese Frage zu einer Zuspitzung der Lage geführt, die im besonderen zu Lasten des Reichsstädtebundes ging. Die Notverordnung vom 3. September 1932 unterstellte die Städte mit weniger als 10 000 Einwohnern dem Landrat und gab außerdem den Regierungspräsidenten die Vollmacht, im Bedarfsfall diese Einwohnergrenze weiter heraufzusetzen und damit die Landratsaufsicht auf Kategorien größerer Städte auszudehnen. Tatsächlich war dies bereits ein erster Schritt auf dem Wege, die kreisangehörigen Städte aus ihrer Sonderstellung innerhalb der Kreise herauszulösen und mit der ländlichen Verwaltung gleichzustellen. Der Reichsstädtebund hatte sich auch schon in früheren Jahren gegen eine Stärkung der Kreisinstanz gewendet, weil er von ihr eine Benachteiligung der Landstädte befürchtete. In den 20er Jahren verknüpfte er mit dieser Haltung eine Polemik gegen die preußische Regierung und im besonderen gegen die preußische Sozialdemokratie (so u. a. Hermann G. Fischer, „Mehr Macht den Landräten?", in: Das kommunale Leben. Korrespondenz für Kommunalwesen, Nr. 115 vom 2. Oktober 1928).

[304] In der Aufzeichnung eines Beobachters des Deutschen Städtetages, der auf der Tagung des Gesamtvorstandes und Hauptausschusses des Reichsstädtebundes zugegen war, heißt es, Frick habe an der Sitzung vor Eintritt in die Tagesordnung teilgenommen und eine kurze Begrüßungsansprache gehalten, die in besonders verbindlicher Form den mittleren und kleineren Städten bescheinigte, daß sie in höherem Maße der Ort der Selbstverwaltung seien als die Großstädte; er habe jedoch keine „sachlich bedeutsamen Erklärungen" abgegeben (ADST, B 1303.)

[305] Briefe des Präsidenten Haekel an den Geschäftsführer der Reichstagsfraktion der NSDAP vom 30. März 1933 und an den Geschäftsführer der NSDAP-Fraktion im preußischen Landtag vom 24. März 1933 (ADST, A 60).

[306] Rundschreiben an die Mitglieder des Gesamtvorstandes des Reichsstädtebundes vom 3. April und vom 4. April 1933 (ADST, A 40).

[307] Rundschreiben an die Vorsitzenden der Unterverbände vom 4. Mai 1933 (ADST, A 29).

Partei und der Ungewißheit ihrer wahren Absichten nur auf Kosten der eigenen Substanz ging, wurde schon bald offenkundig; die Aktivität einiger in den Reichsstädtebund hineingeratenen Nationalsozialisten hatte freilich vorher niemand in Rechnung gezogen. Mit dem Rücktritt des Bundesvorsitzenden Ende April 1933, der soeben die Altersgrenze erreichte und als Oberbürgermeister in den Ruhestand trat, fiel diese schwächste der kommunalen Spitzenorganisationen als erste kampf- und widerstandslos unter den Einfluß von Nationalsozialisten. Von nun an herrschte ein neuer, für sachliches Arbeiten wenig geeigneter Ton in der Geschäftsstelle und in dem vorläufigen geschäftsführenden Vorstand. Bürgermeister Linder erblickte sein einziges und nächstes Ziel in einer möglichst schnellen und rücksichtslosen Vereinheitlichung der kommunalen Spitzenverbände. Er diktierte einige Kooptationen, die der NSDAP die Herrschaft im Arbeitsausschuß nun vollständig sicherten und ihr gleich die Ämter des Vorsitzenden und der beiden Stellvertreter verschafften. Linder brachte schließlich gegen den vorsichtigen Widerstand des geschäftsführenden Präsidenten den Entschluß zustande, im Vorstand des Städtetages Fuß zu fassen und auf eine Verschmelzung beider Verbände hinzuwirken.[308] Zur Erfüllung dieser Aufgabe sollte ein besonderer Ausschuß dienen, in dem ebenfalls wieder die Vertreter der NSDAP die Mehrheit bildeten.

Allerdings unterschätzten die Nationalsozialisten den heimlichen Widerstand der alten Städtebundmitglieder und die Winkelgänge der Verbandsdiplomatie, die sich nun in die Arme des Städtetages flüchtete. Wenige Tage nach dieser ereignisreichen Sitzung war Mulert bereits mehrfach unterrichtet,[309] so daß er auf Sicherungsmaßnahmen sinnen konnte. Vermutlich ist über ihn die Kunde von nationalsozialistischen Versuchen, eine Einheitsorganisation womöglich mit öffentlich-rechtlichem Charakter zu bilden, auch an die anderen Spitzenverbände gelangt, die zu diesem Zeitpunkt noch fest entschlossen waren, sich gegen solche Absichten mit Entschiedenheit zur Wehr zu setzen und ihre Rolle als Repräsentanten verschiedener personeller Interessen, als Träger verschiedener Ausprägungen des Selbstverwaltungsprinzips und als potentielle Partner oder Opponenten von Reich und Ländern weiterhin zu spielen. Mulerts Taktik bestand zunächst darin, daß er ein möglichst reibungsloses Verhältnis zum Reichsstädtebund herzustellen versuchte, um seiner latenten Opposition gegen den Städtetag das Wasser abzugraben. Mit dem ebenfalls heimlich opponierenden Vizepräsidenten des Reichsstädtebundes war vorher schon vereinbart worden, im Notfall die weitere Entwicklung auf Teilzusammenschlüsse hinzutreiben, für einen Zusammenschluß von Städtetag und Reichsstädtebund auf der einen und Landkreistag und Landgemeindetag auf der anderen Seite einzutreten und diese vorzubereiten,[310] was für Mulert schon seit längerem keine fernliegende Absicht mehr war, sondern ganz auf der verbandspolitischen Linie lag, die sich mit zunehmender Deutlichkeit herausbildete und die er schon Anfang März den Geschäftsführern des Landkreistages aufgezeichnet hatte.[311] Über seine Beweggründe sind keine Zweifel möglich. Er bewies klare Erkenntnis für den Zwangscharakter der Situation und Phantasie, um danach zu trachten, die Institutionen der Selbstverwaltung in ihren überkommenen Formen gleichsam hinter einem Schutzwall äußerlicher Kompromißformen weitgehend zu

---

[308] Niederschrift über die Sitzung des vorläufigen geschäftsführenden Vorstandes (Arbeitsausschuß) am 25. April 1933 (*ADST*, A 40).

[309] Aktennotiz Mulerts über ein Gespräch mit dem Geschäftsführer des Bayerischen Städteverbandes, dem ehemaligen Oberbürgermeister Knorr, vom 28. April 1933 (*ADST*, A 42). Schreiben des Geschäftsführers des Thüringischen Städteverbandes an Mulert vom 4. Mai 1933 mit einem umfangreichen Auszug aus der Niederschrift der Sitzung (*ebda.*).

[310] Aktennotiz des ersten Beigeordneten des Städtetages über eine Unterredung mit dem Vizepräsidenten des Reichsstädtebundes am 11. April 1933 (*ebda.*).

[311] Aktennotiz Mulerts über eine Besprechung mit Baron v. Stempel und Schlüter am 1. März 1933 (*ebda.*).

erhalten. Die Lage der Verbände schien von dem Geschäftssinn, dem Einfallsreichtum
und den organisatorischen Fähigkeiten Mulerts abhängig, der die charakteristischen
Momente, die Gefahren und die Chancen des Augenblicks erfaßte. In einer eindringlichen Unterredung mit Fiehler, Linder und Strölin legte er den Exponenten der
NSDAP auf dem Gebiete der Kommunalpolitik die Frage eines Zusammenschlusses
der Spitzenverbände vor,[312] wobei er den drei Nationalsozialisten Vielseitigkeit und
Bedeutung des Städtetages vor Augen führte, der bisher in allen wichtigen Fragen
die Initiative getragen und die Hauptarbeit geleistet habe, so daß von seinem „geistigen Gut die übrigen Spitzenverbände zum größten Teil" lebten, und daß die Aufhebung seines Einflusses durch Schaffung einer großen Einheitsorganisation schwerwiegende nachteilige Folgen haben müsse, die allseitig zu Lasten des Verbandswesens
gehen würden. Mulert konnte sogar auf eine Besprechung bei Hitler verweisen und
hieran den Gedanken anknüpfen, daß in Zukunft der Präsident des Städtetages mit
der Wortführung für sämtliche kommunalen Spitzenverbände betraut werden sollte.
Doch die drei Nationalsozialisten blieben offenbar von Mulerts Verbandspolitik unberührt; immerhin versicherten sie, ihn vor weiteren Entschlüssen in Kenntnis setzen
zu wollen, ein Versprechen, das Fiehler jedoch, an den nun die Initiative fiel, schon
in den nächsten Tagen und Wochen außer acht ließ.

Auch in den anderen kommunalen Spitzenverbänden herrschte immer noch ein
gedämpfter Optimismus, obgleich die nächsten und künftigen Absichten in Partei-
und Staatspolitik unklar und Informationen hierüber spärlich und unsicher blieben.
Die Spitzenverbände sahen ihren einst großen Einfluß „weitgehend ausgeschaltet";
es war „außerordentlich schwer, wenn nicht in den meisten Fällen unmöglich, irgendwelche zuverlässige Informationen über die Absichten und Pläne der Reichsregierung zu erfahren";[313] doch verbreitete sich die Überzeugung, daß die Reichsregierung
jede Absicht einer Zusammenfassung der Spitzenverbände, die ursprünglich bestanden
hatte, „bis auf weiteres anscheinend aufgegeben" habe.[314] Auch bei zuständigen Regierungsstellen scheint allgemein die Erwartung bestanden zu haben, daß sich die
Spitzengremien der Verbände zwangsläufig allmählich den neu gewählten Gemeindevertretungen in personeller Hinsicht anpassen müßten, so daß es zu einer selbst-
tätigen personellen Umwandlung von unten nach oben kommen würde. Doch schon
kurze Zeit später brachte die Politische Organisation der NSDAP, offenbar zur völligen Überraschung aller Beteiligten, erneut die Ereignisse in Gang, die nun eine unvorhergesehene Wendung nahmen und den letzten Akt der Gleichschaltung der kommunalen Spitzenverbände einleiteten, bei dem die drohende Anwesenheit der Gewalt
im Hintergrund die Entscheidungen beeinflußte und wahrscheinlich auch im wesentlichen herbeiführte.

Am 20. Mai, einem Sonnabend, erhielten die Vorsitzenden und die Geschäftsführer der kommunalen Spitzenverbände eine von Ley, dem Reichsorganisationsleiter der NSDAP, unterzeichnete Einladung zu einer „Besprechung über die Neugliederung der kommunalen Spitzenverbände" am Montag, dem 22. Mai, im Zimmer
des Präsidenten des Preußischen Staatsrats.[315] Die kurze Frist der Einladung und der
dazwischenliegende Sonntag schlossen vorherige Vereinbarungen aus. Zuerst fand die

---

[312] Mitteilung Mulerts an den ersten Beigeordneten des Deutschen Städtetages über eine Besprechung mit
Fiehler, Linder und Strölin am 6. Mai 1933 (ebda.).
[313] Streng vertrauliches Schreiben des Präsidenten des Deutschen Landgemeindetages vom 4. Mai 1933 an die
Vorstandsmitglieder, mit Bericht über den Verlauf einer politischen Besprechung innerhalb der Arbeitsgemeinschaft
der kommunalen Spitzenverbände am 3. Mai (Durchschlag, ADST, A 83).
[314] Gleiche Hinweise auch in der gemeinsamen Sitzung des engeren Vorstandes des Deutschen Landgemeindetages und des Verbandes der preußischen Landgemeinden am 15. Mai 1933 (ADST, A 313).
[315] Ein Exemplar dieser Einladung befindet sich bei den Akten des ehemaligen Verbandes der preußischen
Provinzen (ADST, A 198).

Sitzung der Vorsitzenden statt, die von Ley, Fiehler, Oberbürgermeister Weidemann und Jeserich, einem jungen Kommunalwissenschaftler und Berater Fiehlers, empfangen wurden.[316] Ley verlangte „namens der Partei" die Unterzeichnung einer Erklärung, die ihrem Inhalt nach nichts anderes war als das Einverständnis mit der vollständigen Auslieferung der Verbände an den Beauftragten der NSDAP, ohne daß sie irgendeine Andeutung oder ein Zugeständnis hinsichtlich der zukünftigen Entwicklung der Selbstverwaltung enthielt.[317] Der Vorsitzende des Städtetages, Oberbürgermeister Sahm, und der Vorsitzende des Deutschen Landkreistages, v. Keudell, vollzogen sofort ihre Unterschriften; der Dritte in der Reihe der Vorsitzenden, der schlesische Landeshauptmann v. Thaer, der Vorsitzende der Landesdirektorenkonferenz, erhob als einziger Einspruch und verlangte eine Frist bis zur Stellungnahme der nächsten Landesdirektorenkonferenz, „da er sich nicht in dem in der Erklärung erwarteten Maße zu einer Bindung für den Verband legitimiert fühle".[318] Ley nutzte jedoch alle Druckmittel, über die er verfügte, lehnte dieses Verlangen strikt ab und forderte eine Entscheidung bis spätestens zum Nachmittag des gleichen Tages, „widrigenfalls seinerseits eine andere Vertretung für die Provinzen berufen und der Verband als ausgeschaltet oder aufgelöst betrachtet werden würde".[319] Trotz dieser offenen Drohung zögerte v. Thaer jedoch noch so lange mit seiner Unterschrift, bis eine Reihe von Fragen über das weitere Schicksal seines Verbandes von Ley, Fiehler und Jeserich so beantwortet waren, daß er sich in der Lage glaubte, die geforderte Erklärung unterzeichnen zu können. Er erhielt die Zusicherung, daß weder eine wesentliche Umorganisation seines Verbandes noch Änderungen der Personalverhältnisse seiner leitenden Beamten beabsichtigt seien und daß auch die künftige Organisation des Deutschen Gemeindetages ein größeres Gremium als „eine Art Kammer" an Entscheidungen beteiligen werde; die organisatorische Umbildung solle vor allem der Beseitigung von Überorganisation dienen und die „Überschüttung der Ministerien mit ungezählten, zum Teil einander widersprechenden Anträgen der verschiedenartigsten kommunalen Vertretungen" verhindern. Es war wohl zu erkennen, daß die Tätigkeit der kommunalen Spitzenorganisationen von nun an in einem gänzlich anderen Rahmen ablaufen würde, so daß diesen Zusagen, die nicht einmal schriftlich festgehalten wurden, nicht sehr viel Gewicht zugemessen werden durfte. Aber als einziger konnte der Verband der preußischen Provinzen noch einige Zeit als selbständige Organisation fortbestehen.[320] Dennoch zog unmittelbar nach dem Gleichschaltungsakt vom

[316] Über diese Vorgänge gibt ein Rundschreiben des Geschäftsführers des Verbandes der preußischen Provinzen Aufschluß (Entwurf vom 22. Mai 1933 mit dem Abgangsvermerk „heute"; *ebda.*). Weitere eingehende Berichte befinden sich bei den Akten des ehemaligen Landkreistages: Entwurf eines Rundschreibens des Deutschen Landkreistages von der Hand Baron v. Stempels und endgültige Fassung nach Abänderungen durch Keudell vom 22. Mai 1933 (*ADST*, A 1487), und des ehemaligen Verbandes der preußischen Landgemeinden: Niederschrift über die Sitzung des geschäftsführenden Vorstandes des Verbandes der preußischen Landgemeinden am 22. Mai 1933 (*ADST*, A 313).

[317] Zweitschriften dieser Erklärung finden sich bei den Akten des ehemaligen Landkreistages (*ADST*, A 1487) und des ehemaligen Verbandes der preußischen Provinzen (*ADST*, A 198). Sie hatte den Wortlaut: „Ich, der Unterzeichnete, ... habe davon Kenntnis erhalten, daß die Nationalsozialistische Deutsche Arbeiterpartei künftig nur noch den ‚Deutschen Gemeindetag' als Landesverbände als alleinige korporative Vertretung der deutschen Gemeinden und Gemeindeverbände anerkennen wird.

Ich erkläre hiermit, mit allen Kräften am Aufbau und der Ausgestaltung des ‚Deutschen Gemeindetages' mitzuwirken und verpflichte mich, unwiderruflich und bedingungslos für mich und den von mir geführten Verband in der vom Führer des ‚Deutschen Gemeindetages' gewünschten Form unverzüglich alles zu veranlassen, um meinen Verband, sei es korporativ oder nach Auflösung desselben, in den ‚Deutschen Gemeindetag' zu überführen.

Gleichzeitig erteile ich hiermit Herrn Oberbürgermeister Fiehler – München – unwiderruflich jede diesem erforderlich erscheinende Vollmacht für meinen Verband, um die zur Erreichung des obigen Zieles notwendig erscheinenden Schritte, darunter auch rechtsgeschäftliche Handlungen, vorzunehmen."

[318] So in der Darstellung des Geschäftsführers des Verbandes der preußischen Provinzen (*ADST*, A 198).

[319] *Ebda.*

[320] Die letzte Landesdirektorenkonferenz fand am 22. September 1933 statt.

22. Mai Landeshauptmann v. Thaer für sich persönlich die Konsequenz, daß er sein Amt und den Vorsitz in der Landesdirektorenkonferenz niederlegte.[321]

Nach dem schlesischen Landeshauptmann gaben der nationalsozialistische Vorsitzende des Reichsstädtebundes und die Vorsitzenden der beiden Landgemeindeverbände und danach die Geschäftsführer und Präsidenten aller Verbände ihre Unterschriften. Akteurin in diesem Stadium der Gleichschaltung war ausschließlich die NSDAP, die die Verbandsvorsitzenden unter Ausnutzung des durch Unklarheiten und Terror hervorgerufenen Unsicherheitsgefühles zu einem Schritt nötigte, den sie rechtens gar nicht hätten tun können: ihre Verbände einem Kommissar der NSDAP zu übergeben. Der Wortlaut der Erklärung, die sie sich abpressen ließen, erlaubt es nicht, die Berufung auf das „Interesse" der Verbände anders denn als Phrase aufzufassen; es ist schwerlich anzunehmen, daß irgend jemand glauben konnte, durch einen derartigen Rechtsbruch den Gang der nationalsozialistischen Gleichschaltungspolitik im Sinne der Interessen seines Verbandes beeinflussen zu können. Diese Vorgänge wären nicht erklärlich, wollte man nicht annehmen, daß allen auf der anderen Seite handelnden Persönlichkeiten jedes Gefühl, Boden unter den Füßen zu haben, entschwunden war und daß sie wohl dem Verlangen gehorchten, um keinen Preis zur „Gegenseite" zu gehören. Man warf sich in neutrales Zivil, um aus einer zerbröckelnden Front zu entkommen oder sich gar von dem siegreichen Angreifer anwerben zu lassen. Von solchen Vorgängen und Problemen kam jedoch nichts an die Öffentlichkeit, der die parteioffizielle Propaganda in pathetischen und bewußt um frappierende Effekte bemühten Sätzen plötzlich die Existenz eines kommunalpolitischen Programmes der NSDAP von erregender Neuartigkeit vorzuspiegeln suchte, das bisher kein ernsthafter Betrachter bemerkt hatte.[322] Fiehlers Rundfunkerklärung enthielt die Ankündigung, daß „die . . . Gemeinden und Gemeindeverbände wieder zu lebensstarken, selbstverantwortlichen Gliedern des Staates" gemacht werden sollten.[323] Doch sie ließ kaum einen Zweifel zu, daß es auch für die kommunale Selbstverwaltung keine Rettung vor der Wirklichkeit und vor der Phrase des nationalsozialistischen Staates geben werde. Außerdem wirkte sich der Umstand aus, daß durch den Zugriff auf die Spitzenverbände auch deren Zugänge in eine Vielzahl von Organisationen und Institutionen für die NSDAP aufgeschlossen und von ihr besetzt werden konnten. Über den Städtetag gewann der neue „Deutsche Gemeindetag" die Vertretung in 74, über den Verband der preußischen Provinzen in 31 und den Verband der preußischen Landgemeinden in 12 Verbänden, über die anderen Verbände in weiteren Beiräten, Aufsichtsräten, Ausschüssen und ähnlichen Gremien.[324] Wohl keine der Gleichschaltungsaktionen der Reichsleitung vermochte in ähnlicher Weise schlagartig und widerstandslos eine solche große Fülle von Einflußmöglichkeiten in die Hände der NSDAP zu bringen. Allerdings genoß nicht die NSDAP allein den Nutzen einer verstärkten Machtposition; denn der Deutsche Gemeindetag wuchs als neu-

[321] Zwei Schreiben an die Landesdirektorenkonferenz vom 7. Juni 1933 (*ADST*, A 198).

[322] Die *Nationalsozialistische Partei-Korrespondenz*, Berlin, brachte am 22. Mai 1933 die Meldung, die von der gesamten deutschen Presse übernommen wurde: „. . . Der Vorsitzende und die geschäftsführenden Präsidenten der Verbände erklärten sich freudig bereit, am großen Werk der neuen Organisation und Vereinheitlichung der jetzt bestehenden sechs kommunalen Reichsorganisationen und ihrer etwa 80 Unterverbände mitzuarbeiten. Sie begrüßten nachdrücklichst die Anregung der NSDAP zur Bildung des ‚Deutschen Gemeindetages' und forderten, daß sie sich bedingungslos der Führung der NSDAP unterstellen [!] dürfen."

[323] Manuskript des Rundfunkvortrags bei den Akten des ehemaligen Verbandes der preußischen Provinzen (*ADST*, A 198). Auch Rundschreiben Fiehlers vom 27. Mai 1933 – Durchschlag – an Reichsstatthalter Sprenger für Hessen, Oberpräsident Brückner für Schlesien, Ministerpräsident Röver für Oldenburg und Oberpräsident Kube für die Grenzmark und Brandenburg (*ADST*, DGT 0–08–131).

[324] Aufstellungen hierüber bei den Akten des ehemaligen Deutschen Städtetages (*ADST*, B 3764), des ehemaligen Verbandes der preußischen Provinzen (*ADST*, A 198) mit Datum vom 13. Juni 1933 und des ehemaligen Verbandes der preußischen Landgemeinden (*ADST*, A 83).

artige Dachorganisation der Kommunalverwaltungen in die eigentümlich zwitterhafte Stellung eines Hilfsorgans der staatlichen Verwaltung und der parteilichen Bürokratie hinein. Er wandelte sich rasch in ein Instrument autoritärer Reglementierung der kommunalen Verwaltungen, das die Gemeinden kontrollierte und Richtlinien und Weisungen nach lokalen Gegebenheiten von oben nach unten modifizierend weitergab, in das Glied einer zentralistischen vertikalen Instanzenorganisation, in der „horizontale Gliederungen . . . nicht mehr zugelassen" sein sollten.[325]

[325] Karl Fiehler, „Die Aufgabe des Deutschen Gemeindetages", in: *Der Gemeindetag* 27 (1933), S. 269.

Zweites Kapitel

KOMMISSARE UND BEAMTE

1. Die Kommissare der nationalsozialistischen Machtergreifung

Mit der Ausschaltung der parlamentarischen Legislative wandelten sich Bedeutung und Macht der öffentlichen Verwaltung, die jedoch nicht in ihrer bisherigen Verfassung erhalten blieb, sondern nachhaltigen Veränderungen hinsichtlich der Methoden der Personalpolitik, des Personalrechts, der Verteilung und des Maßes der Zuständigkeiten und Aufgaben ausgesetzt war.

Die politische Bedeutung eines Verwaltungsamtes hängt von der Bedeutung und dem Spielraum des Ermessens ab, den der Amtsinhaber auszufüllen hat. Ist er so groß, daß er den Geschäftsgang wichtiger Teile des Verwaltungsapparates zu beeinflussen vermag, so kann man von Schlüsselstellungen sprechen; ihrer Besetzung darf bisweilen konstitutive Bedeutung für die Verwaltung nachgesagt werden. Daneben bilden die zahllosen latenten Abhängigkeiten des Personals untergeordneter Kategorien von den leitenden Beamten in politisch wichtigen Verwaltungen ein ebenso latentes Politikum.

Die Ergebnisse eines enger oder weiter begrenzten Personalaustausches mögen durch subsidiäre Maßnahmen auf dem Gebiet des Personalrechts ergänzt oder auch übertroffen werden. Außerhalb und womöglich unabhängig von der Personalpolitik vermögen sich politische Maßnahmen in der Verschiebung von Kompetenzen, in der Erweiterung oder in der Aufteilung von Zuständigkeitsbereichen auszudrücken, ebenso in der Übertragung, Neuschaffung oder Aufhebung von Aufgaben. Diese organisatorischen Maßnahmen können sogar so weit reichen, daß neue Institutionen entstehen oder alte verschwinden. Dem Ausmaß derartiger, die strukturellen Verhältnisse der Verwaltung mehr oder minder stark in Mitleidenschaft ziehender Veränderungen werden im allgemeinen verhältnismäßig dauerhafte Grenzen durch das geltende Verfassungsrecht gesetzt, soweit sie nicht durch Revisionen des Verfassungsrechts in einem neuen, erweiterten Rahmen erlaubt werden; sie sind jedoch einer ungewissen Mobilität, der Möglichkeit unaufhörlicher Eingriffe ausgesetzt, sobald die Maßnahmen keinen verfassungsrechtlichen Bedingungen mehr unterliegen, was zwar weite, scheinbar nur noch in technischer Hinsicht begrenzte Aspekte der Organisation eröffnet, aber auch die wesentliche schützende, den Bestand von Institutionen sichernde und ihre rechtmäßige Entwicklung und Pflege überhaupt erst erlaubende Vorrichtung aufhebt.

Die nationalsozialistische Umwälzung des Frühjahrs 1933 ließ keinen dieser Wege aus und bemächtigte sich ihrer nebeneinander und nacheinander. Im Anfang ging die fortlaufende Zusammenfassung von Befugnissen auf der jeweils nächsthöheren Stufe des Behördenbaus unter wesentlicher Beteiligung der NSDAP und ihrer quasimilitärischen Organisationen mit Hilfe des Instrumentes kommissarischer Beauftragungen vor sich.

Das Institut des Kommissars als eines außerordentlichen Organs der Staatsgewalt im Unterschied zu ordentlichen Beamten und überkommenen Ämtern hat Otto Hintze 1910 in einer Weise untersucht, die den Kommissar zu einer historisch wie politisch leicht deutbaren Erscheinung werden läßt und infolgedessen die Grundlage einer allgemeinen Theorie zu bilden vermag.[1] Hintze fand seine Forschung durch Jean Bodin vorbereitet, der schon dreieinhalb Jahrhunderte vorher die theoretische Scheidung zwischen Amt *(office)* und Kommission *(commission)* getroffen hatte: zwischen der dauerhaften Institution in einer bestehenden Ordnung mit bestimmten, festgelegten Zuständigkeiten, wenn auch einem Spielraum der Amts- und Ermessensfreiheit, und dem zur Erreichung bestimmter Zwecke mit möglichst großen Vollmachten ausgestatteten Sonderbeauftragten außerhalb der bestehenden Verwaltungsordnung. Während das Amt eine dauerhafte Begründung unabhängig von der Person des Amtsträgers – des *„officiers"* Bodins – und von den wechselnden Situationen und Zwecken des Tages in der Rechts- und Verwaltungsordnung findet, erlischt die Kommission, sobald der Auftrag ausgeführt oder zurückgezogen worden ist, falls sie nicht in eine feste Institution übergeht und aus dem Kommissar ein Amtsträger wird.

Hintze grenzte den Begriff des Kommissars gegen den des ordentlichen Beamten ab, hielt es aber in der Praxis für möglich, daß *Office* und *Commission* zugleich von ein und derselben Person versehen werden. Im Verlaufe der nationalsozialistischen Machtergreifung wurden in Hessen und in den Hansestädten Bremen und Lübeck Reichskommissare eingesetzt, die bis dahin und teilweise auch weiterhin höhere Ämter in staatlichen Verwaltungen bekleideten; doch solche Beispiele bildeten Ausnahmen und bezeugen kaum mehr als einen Mangel an ausreichendem geeigneten Personal unter den höheren und mittleren Parteiführern, die in der Regel das allgemein bevorzugte Personalreservoir bei der Erteilung kommissarischer Aufträge abgaben, so daß der Einfluß der nationalsozialistischen Organisationen über den Auftragsbereich der Kommissare rasch an Boden gewann. Im Machtbereich der örtlichen Parteiführer, die über lokale Verbände der SA oder SS geboten oder diese doch stets leicht zur Verfügung hatten, und im Einflußgebiet der Gauleiter der NSDAP, die sich in wachsendem Umfang an den Entscheidungen über die Besetzung der wichtigeren Beamtenstellen des regulären Dienstes beteiligten, darf man ohne Einschränkung die Initiative zu kommissarischen Beauftragungen bei der NSDAP voraussetzen, die mittels dieses Instituts erst eigentlich in die Funktion des allgemeinen Diktaturhilfsorgans hineinwuchs.

In der neueren Geschichte Kontinentaleuropas standen die Kommissare zuerst im Dienste des militärisch-absolutistischen Großstaates. Sie bildeten eine neue Schicht des Beamtentums, sobald aus den Kommissariatsbehörden im monarchischen Rechtsstaat Ämter mit umgrenzten Zuständigkeitsbereichen hervorgingen und die außerordentlichen Beauftragten der Fürsten zu ordentlichen Beamten wurden. Das außerhalb der ordentlichen Verwaltung stehende Institut des Kommissars war immer ein „Mittel der monarchischen Disziplin und der absolutistischen Staatsautorität", der Kommissar „das wirksamste Instrument der Staatsgewalt ... : ohne ein jus quaesitum an seiner Stellung, ohne Verbindung mit den lokalen Mächten des Widerstandes ..., nur ein Werkzeug des höheren Willens, nicht mehr ein officier, sondern nur ein fonctionnaire, ... der zwar in dieser Schärfe und Einseitigkeit das alte Beamtentum nicht völlig verdrängt, aber doch durch die Verschmelzung mit ihm nach langem Kampfe eine tiefgreifende Veränderung in seinem Wesen hervorgebracht hat..."[2] Sicherlich darf als Beweis für die allgemeine Tragfähigkeit der historischen Theorie Otto Hintzes gelten, daß sie sowohl Wesen und Funktion des Kommissars im Prozeß der Umwand-

---

[1] Otto Hintze, „Der Commissarius und seine Bedeutung in der allgemeinen Verwaltungsgeschichte", zuerst in der *Festschrift für Karl Zeumer. Historische Aufsätze,* Weimar 1910, wieder abgedr. in: Hintze, *Staat und Verfassung. Gesammelte Abhandlungen zur allgemeinen Verfassungsgeschichte (Gesammelte Abhandlungen,* Bd. I, hrsgg. von Fritz Hartung), Leipzig 1941, S. 232–264.

[2] *A. a. O.,* S. 262 f.

lung zum totalen Staat in der revolutionären Phase trifft und charakterisiert als auch seine spätere Anpassung an die ordentliche Verwaltung, die mit einer tiefreichenden Veränderung des Berufsbeamtentums einherlief. Der Kommissar als außerordentlicher Beauftragter und Bevollmächtigter der Zentralgewalt ist keine dauerhafte, für die Organisation eines modernen Großstaates wesentliche Einrichtung, sondern Zeugnis differenzierter Übergänge innerhalb einer die Struktur, die Ausdehnung und die politische Funktion der Verwaltung von Grund auf verändernden Umwälzung. Er gehört zwar nicht schlechthin zum Wesen des totalen Staates, wohl aber zu den Merkmalen seiner revolutionären Entstehungsbedingungen.[3]

Die Staatskommissare in den Gemeinden waren seit 1931 keine unübliche Erscheinung mehr. In Preußen regierten seit dem 20. Juli 1932 die Reichskommissare, die schließlich auch aus der zweistufigen Mittelbehörde der Verwaltung die Oberpräsidenten im wesentlichen herauslösten und in ihre ursprüngliche Funktion zurückversetzten,[4] „perpetuierliche Kommissare" der Staatsregierung in der Provinz zu sein.[5] Den Kommissaren im eigentlichen Sinne kann man die Oberpräsidenten allerdings nicht zurechnen, da die Dauerhaftigkeit dieser Institution das Merkmal des Außerordentlichen ausschloß; doch auch ihre veränderte Stellung zählt zu den Kennzeichen der letzten Notverordnungsperiode, die der außerhalb der üblichen Verwaltung stehenden Funktionäre der Zentralgewalt bedurfte. – Die Ernennungen von Kommissaren häuften sich in beispiellosem Maße während des Frühjahrs 1933. In den meisten Fällen sollten sie den ordnungsgemäßen Weg, der bei Beamtenernennungen einzuschlagen war, zu umgehen erlauben; darüber hinaus zeigte diese Erscheinung den Umfang außerordentlicher Eingriffe von übergeordneten Stellen an, häufig – jedoch bei weitem nicht immer – von seiten staatlicher Behörden, von Stellen der NSDAP, gelegentlich von beiden gemeinsam. Die kommissarischen Besetzungen von Bürgermeisterämtern, innerhalb der Polizeiverwaltung, auf Landratsposten und schließlich sogar in der Mittelinstanz bei den Regierungen, die früher gelegentlich vorkamen, nahmen nach dem 30. Januar rasch und ungewöhnlich zu; sie bezeugen Ausmaß und überstürzte Folge des von den Regierungen der Länder ins Werk gesetzten Personalwechsels in wichtigen Ämtern der Verwaltung. Daneben breitete sich der besondere Typ des Kommissars oder „Sonderbeauftragten" aus, der in erster Linie aus der Parteiorganisation hervorging, jedoch von Staats wegen geduldet, anerkannt, wenn nicht sogar eingesetzt wurde und der ebenso wie der lokale Terror, wenn auch für einen längeren Zeitraum, zu den charakteristischen Erscheinungen der ersten Machtergreifungsperiode gehörte.

Seine den Regelungen und Beschränkungen durch die normative Ordnung entzogene Beziehung zu zentralen Gewalten befähigte den Kommissar in hervorragendem Maße, Instrument der Neuordnung, Umwälzung und Revolutionierung zu sein, die von der anweisenden und einsetzenden Instanz, d. h. von oben her, in Gang ge-

---

[3] Forsthoff, *Der totale Staat* (Anm. I/2), S. 35 f., rechnete es noch zu den „gültigen Lebensgesetzen des neuen [= totalen] Staates", daß in den Bereichen, die dieser Staat neu zu regulieren unternimmt, namentlich in der Wirtschaft und der Kultur, „nicht der Berufsbeamte, sondern der Kommissar als staatlicher Funktionär auftritt und daß Berufsbeamtentum und die Bürokratie . . . nicht mehr die normalerweise allein denkbare und allein tragbare Verwaltungsform des Staates" sind. Hierin äußerten sich zwei Urteile, die – trotz allem – der Vorstellungswelt des liberalen Staates entstammen, die aber nichtsdestoweniger für die Praxis des totalen Staates unverbindlich waren und hinfällig wurden: die Qualifizierung von Wirtschaft und Kultur als besonderen Bereichen, die der üblichen staatlichen Administration entzogen bleiben müssen, und die Qualifizierung des Berufsbeamten als „neutralen . . . Funktionär", der nicht befähigt ist, „Exponent des politischen Willens" zu sein. An solche Prinzipien hat sich die spätere Wirklichkeit des totalen Staates eben gerade nicht gehalten.

[4] Verordnung zur Vereinfachung der Verwaltung vom 1. [richtig: 3.] September 1932 (*Preußische Gesetzsammlung*, 1932, S. 283).

[5] Fritz Hartung, *Studien zur Geschichte der preußischen Verwaltung. Zweiter Teil: Der Oberpräsident* (*Abhandlungen der Preußischen Akademie der Wissenschaften*, Jg. 1943, Phil.-hist. Klasse, Nr. 4), Berlin 1943, S. 10.

setzt wurde. Berücksichtigt man die zahlreichen Typen der nach mancherlei Merkmalen zu unterscheidenden Kommissionen und Kommissare,[6] so treten im besonderen
drei von ihnen als charakteristische Erscheinungen der nationalsozialistischen Machtergreifung hervor. Am augenfälligsten bezeichnend für die revolutionäre Situation
war die Einsetzung von „Kommissaren z. b. V.", die als einmaliger Typ dieser Epoche
gelten dürfen. Von ihnen heben sich die „Mandatskommissare" ab, die vom Reichskanzler oder von Reichsministern eingesetzt wurden und die in Erfüllung neuer, bis
dahin nicht vom Staat verwalteter Aufgaben an die Stelle eines nicht oder noch nicht
vorhandenen Verwaltungsorgans traten,[7] und schließlich die „Exekutivkommissare"
der Reichsregierung, die die Diktatur in den Ländern ausübten.[8]

Am Anfang wichen die Vorgänge in den einzelnen Ländern etwas voneinander ab.
Meist trugen die Kommissare deutlich das Stigma des vollkommen Außerrechtlichen,
das erst nach und nach durch offizielle Erklärungen und Bestimmungen in formeller
Weise aufgelöst wurde. Die Ernennungen und Bestellungen gingen im Stillen oder
gar im Geheimen vor sich, so daß wohl manche Legitimation ungeklärt blieb. Innerhalb wie außerhalb von Ministerien tauchten die „Kommissare z. b. V." mit besonderen Aufträgen der neuen nationalsozialistischen Minister auf, und bei kommunalen
wie unteren und mittleren staatlichen Behörden übten Kommissare der SA eine vornehmlich kontrollierende, aber bei weitem nicht immer durchsichtige Tätigkeit aus.
Offizielle Anerkennung fanden sie zuerst in Bayern, wo nach der Einsetzung kommissarischer Minister durch den Reichskommissar Ritter v. Epp das Innenministerium
der Entsendung von Kommissaren der Obersten SA-Führung zu den Kreisregierun-
gen und Bezirksverwaltungsbehörden zustimmte. Sie sollten offiziell bei der Auflösung nichtnationalistischer Wehrverbände, bei der Beschlagnahme und Auslieferung von Waffen, aber auch bei der Bestellung von Betriebsvertretungen mitwirken;
eine Verordnung der endgültig eingesetzten nationalsozialistischen Regierung vom
24. April verlieh dieser Tätigkeit das Gewand der Legalität.[9]

Hitler und einige Reichsminister entsandten offiziell Reichskommissare in Zweige
der unmittelbaren Reichsverwaltung, aber auch in wirtschaftliche Bereiche, oder betrauten sie auf anderen Gebieten mit höchsten Reichsaufgaben,[10] wie den „Reichskommissar für die Zusammenfassung der Beamtenverbände" oder den „Reichsjustizkommissar" Frank, den Hitler auf Vorschlag des Reichsjustizministers vom Reichs-

[6] Der umfangreichste systematische Katalog findet sich bei Theodor Toeche Mittler, *Kommissare. Eine staats-
und verwaltungsrechtliche Studie*, Berlin 1934; ferner Carl Dernedde, „Kommissare", in: *Reichs- und Preußisches
Verwaltungsblatt* 55 (1934), S. 48–53.

[7] Hierzu Mittler, *a. a. O.*, S. 69 ff., der von den „Mandatskommissaren" die „Vertrauenskommissare" trennt,
die – wie der „Reichsjustizkommissar" oder der „Reichskommissar für die Arbeitsbeschaffung" – vom Reichspräsidenten ernannt, jedoch keiner obersten Reichsbehörde unterstellt wurden, sondern „gleichsam zwischen den obersten
Reichsorganen" eine vornehmlich beratende und empfehlende Tätigkeit ausübten. Als wirklich typisches Zeichen
der nationalsozialistischen Machtergreifung kommen diese jedoch nicht in Betracht.

[8] Mittler ordnete den „Exekutivkommissar" in die große Klasse der „Aufsichtskommissare" ein. Als sein
allgemeines Charakteristikum sah er die „Verknüpfung des Kommissars" mit einem vorhandenen Organ (*a. a. O.*,
S. 43) und als dessen „höchste und vollendetste" Erscheinung den „Diktaturkommissar" an, der über allen Organen
stünde und der seine Befugnisse ausschließlich vom obersten Staatsorgan, hier dem Reichspräsidenten, ableitete und
den Carl Schmitt als „Aktionskommissar" in den Mittelpunkt seiner Abhandlung über die Diktatur gestellt hatte
(*Die Diktatur. Von den Anfängen des modernen Souveränitätsgedankens bis zum proletarischen Klassenkampf*,
2. Aufl., München–Leipzig 1928, S. 11 ff.). Als erstes Beispiel eines „Exekutivkommissars" nannte Mittler den
Reichskommissar in Preußen seit dem 20. Juli 1932, ferner die Staatskommissare in den Gemeinden nach den Notverordnungen vom 5. Juni und vom 24. August 1931 und schließlich die Reichskommissare in den Ländern, die
Mittler allerdings mißverständlich „Reichspolizeikommissare" nannte (*a. a. O.*, S. 47).

[9] Poetzsch-Heffter, „Vom Deutschen Staatsleben" (Anm. I/183), S. 104 f.

[10] Hierzu gehören der „Reichskommissar für den Mittelstand", den Hitler am 7. April 1933 in Gestalt des
deutschnationalen Syndikus der Industrie- und Handelskammer Hannover, Wienbeck, ernannte, den Hugenberg
gleichzeitig als Ministerialdirektor in das preußische Wirtschaftsministerium holte, oder der Reichskommissar der
NSDAP für die Wirtschaft, Otto Wagener, der Anfang Mai eingesetzt wurde; vgl. Uhlig (Anm. I/59), S. 72 ff.

präsidenten ernennen ließ und zum Generalgleichschalter für die gesamte Juristenschaft bestellte,[11] oder die Exekutivkommissare der Reichsregierung in den Ländern, die der Reichsinnenminister mit der Ausübung von Befugnissen oberster Landesbehörden beauftragte und die mit fortschreitender Konsolidierung der dauerhaften Institution der Reichsstatthalter Platz machten.

2. Die Reichsstatthalter in den Ländern

Schon Anfang März sprach man von dem Plan, Reichsstatthalter einzusetzen. Das Vorläufige Gesetz zur Gleichschaltung der Länder mit dem Reich vom 31. März 1933[12] räumte dann den Länderregierungen auf Grund des Ermächtigungsgesetzes des Reiches das Recht zu einer Gesetzgebung ein, die in Fällen der Neuordnung der Verwaltung auch von der Landesverfassung abweichen durfte. Es löste außerhalb Preußens die Landtage und kommunalen Selbstverwaltungskörper auf und verlangte ihre Neubildung unter Ausschluß der kommunistischen Abgeordneten nach dem im Reichstag erreichten Stimmenverhältnis. Dieses Vorläufige Gleichschaltungsgesetz stattete also zunächst die Länderregierungen mit einer diktatorischen Position innerhalb der Länder aus; doch das erste Reichsstatthaltergesetz, das eine Woche später erging und das man wohl den Höhepunkt der nationalsozialistischen Revolution von 1933 nennen darf, machte sie reichsrechtlich schwach und abhängig. Es beseitigte praktisch das parlamentarische Mißtrauensvotum und führte die Institution des Reichsstatthalters ein, für die es in der deutschen Geschichte kein unmittelbares Vorbild und keinen Ansatzpunkt gab. Dieser Gruppe neuer Funktionsträger des Dritten Reiches wies das Gesetz die Aufgaben zu, die politische Beaufsichtigung der Länder auszuüben und für die Einhaltung der Reichspolitik zu sorgen, wozu sie sich einer bedeutenden Machtfülle bedienten, die sich aus ihren Zuständigkeiten und Rechten innerhalb der Länder ergab: zur Ernennung und Entlassung der Landesregierungen, zur Auflösung und Neuwahl des Landtags, zur Ausfertigung und Verkündung der Landesgesetze sowie das Beamtenernennungs- und das Begnadigungsrecht.[13] Die Einführung dieses autoritär wirkenden neuen Reichsorgans bildete das Verhältnis zwischen der Reichsregierung und den Ländern von Grund auf zugunsten der Reichsregierung um, im besonderen zugunsten des

---

[11] *Deutsche Juristen-Zeitung* 38 (1933), S. 613; s. auch Josef Bühler, Art. „Das Reichsjustizkommissariat", in: *Nationalsozialistisches Handbuch für Recht und Gesetzgebung*, hrsgg. von Hans Frank, München 1935.

[12] *RGBl.*, I, 1933, S. 153.

[13] Zweites Gesetz zur Gleichschaltung der Länder mit dem Reich (Reichsstatthaltergesetz) vom 7. April 1933 (*a. a. O.*, S. 173). Die Entstehung dieses Gesetzes wie auch die Urheberschaft des Reichsstatthalter-Gedankens ist noch nicht völlig aufgeklärt. Daß Nicolai bereits Urheber des Gedankens gewesen sein soll, Reichsstatthalter einzusetzen, wie Walter Baum („Die ‚Reichsreform' im Dritten Reich" in: *Vierteljahrshefte für Zeitgeschichte* 3 [1955], S. 41) meint, findet eine Bestätigung durch die Behauptung Helmut Nicolais im Vorwort seines Buches: *Grundlagen der kommenden Verfassung. Über den staatsrechtlichen Aufbau des Dritten Reiches*, Berlin 1933, das er mit dem Datum des 8. April versehen hat. Dieses Buch ist der Text einer Denkschrift in der Form, wie sie nach der Behauptung Nicolais „zu Weihnachten 1931 lautete". Es enthält eine vollständige Beschreibung von Aufgaben und Befugnissen der „Statthalter", die in etwa dem Gesetz vom 7. April 1933 entsprechen (S. 52 f.). An der Abfassung des Gesetzes scheint Nicolai indessen keinen unmittelbaren Anteil gehabt zu haben; denn er suchte unmittelbar nach seiner Ernennung zum kommissarischen Regierungspräsidenten, die er einer Befürwortung Kubes verdankte, erstmals im April 1933 mit Staatssekretär Grauert im preußischen Innenministerium in unmittelbare Berührung zu kommen, ohne jedoch hierbei Erfolg zu haben. Erst danach hat Nicolai Beziehungen zum Reichsinnenministerium angeknüpft, über die er offenbar vorher nicht verfügte. Erstaunlicherweise läßt sich weder seinem späteren „Generalplan" noch der umfangreichen Liste der Arbeiten zur künftigen Gesetzgebung, die 1931/32 in der innenpolitischen Abteilung der Reichsleitung der NSDAP unter Leitung Nicolais angefertigt wurden (Aufstellung seines Mitarbeiters v. Heydebrand und der Lasa, der 1933 Reg.-Vizepräsident in Merseburg wurde; *HAB*, Rep. 320, Grauert 10), irgendein weiterer Hinweis auf die Einsetzung von Reichsstatthaltern entnehmen. Auch die spätere Tätigkeit Nicolais als des Leiters der politischen Abteilung im Reichsinnenministerium läßt — soweit bekannt — keine besonders bemerkenswerte Einstellung zu dem Amt des Reichsstatthalters erkennen außer seinen schließlich erfolggekrönten Bemühungen, es der Aufsicht des Reichsinnenministers zu unterstellen.

Reichskanzlers, dem das Auswahl- und Vorschlagsrecht bei der Ernennung der Reichsstatthalter ein erhebliches Übergewicht über die Bedeutung des formalen Ernennungs-
aktes verschaffte, der dem Reichspräsidenten zufiel. Insofern die Reichsstatthalter in
den Ländern „für die Beobachtung der vom Reichskanzler aufgestellten Richtlinien
der Politik zu sorgen" hatten, standen sie von Rechts wegen zu ihm in einem ähnlichen
Verhältnis, wie es zwischen Reichskanzler und Reichsministern bestand;[14] da sich Hitler jedoch bei seiner Auswahl, die nach einer Bestimmung des Gesetzes nur Persönlichkeiten aus dem Lande der jeweiligen Beauftragung berücksichtigen durfte, auf Gauleiter und hohe Würdenträger der NSDAP beschränkte, die ihm als dem Führer der
Partei zu unbedingtem Gehorsam verpflichtet waren, bestand noch eine zweite, persönliche, politisch weit wichtigere Beziehung zwischen Reichsstatthaltern und Reichskanzler. Zum ersten Male trat die führerstaatliche Doppelgesichtigkeit von Diktator-
Regierungschef und autoritärem Parteiführer in Verbindung mit dem paramilitärischen
Gehorsamsverhältnis der mittleren Parteifunktionäre zwar nicht als Zusammenhalt
stiftender Homogenitätsfaktor, aber als Strukturelement eines auf die Totalität der
Abhängigkeiten gegründeten Zentralismus in Erscheinung.

Personell gingen die Reichsstatthalter allerdings nicht überall aus den Reichskommissaren hervor. Am 5. Mai wurden die Gauleiter Mutschmann in Sachsen, Murr in
Württemberg, Wagner in Baden, Sprenger in Hessen, Sauckel in Thüringen, Röver für
Oldenburg und Bremen, Loeper für Braunschweig und Anhalt, am 16. Mai die Gauleiter Meyer für Lippe und Schaumburg-Lippe und Kaufmann für Hamburg und am
26. Mai der Gauleiter Hildebrandt für die beiden Mecklenburg und Lübeck als Reichsstatthalter eingesetzt. Ausnahmen bildeten hingegen die beiden wichtigsten Länder. In
Bayern wurde, da man kein Experiment mit einer neuen Persönlichkeit wagte, am
10. April der Reichskommissar Ritter v. Epp zum ersten Reichsstatthalter ernannt.
Der Münchener Gauleiter und bayerische Innenminister Adolf Wagner hat sich ihm
gegenüber jedoch bald einen ungewöhnlich starken Einfluß zu sichern gewußt, der
schließlich den des bayerischen Ministerpräsidenten bei weitem übertreffen und auch
den Reichsstatthalter überspielen sollte.[15] Für Preußen traf schon das Gesetz eine Sonderregelung, indem es den Reichskanzler selbst zum Reichsstatthalter machte. Damit
wurde der alte Dualismus aber vorerst keineswegs aufgelöst. Diese Bestimmung hatte
sofort eintretende unmittelbare Folgen insofern, als es den Reichskommissar überflüssig
machte und den Vizekanzler v. Papen zwang, von seinem preußischen Amt zurückzutreten. Hitler ernannte daraufhin am 11. April Göring zum Ministerpräsidenten, der
als nächstmächtiger Parteiführer anfangs gelegentlich eine etwas eigenwillige preußische Politik zu vertreten schien.

Die Länderregierungen bauten ihre Macht und ihre Unabhängigkeit gegenüber den
Landtagen selbst noch weiter aus, indem sie mit allen Mitteln gegebene Bedingungen
und Einschränkungen formalisierten und entleerten, bevor die Reichstagsauflösung durch

---

14 Diese Bestimmung des Reichsstatthaltergesetzes (§ 1) war der Formulierung des Art. 56 der Weimarer Reichsverfassung entlehnt, soweit er nicht durch das Ermächtigungsgesetz hinfällig geworden war.

15 Eine handschriftliche Aufzeichnung vom 21. Juni 1933, die von Epp herrühren dürfte, vermerkt besondere
Maßnahmen gegen die Bayerische Volkspartei, u. a. Haussuchungen „bei allen Führern der B. V.", die Heydrich
als Leiter der politischen Abteilung des Münchener Polizeipräsidiums wahrscheinlich nach unmittelbarer Anweisung
aus Berlin unternommen hatte, und zeigt deutlich, daß alle Beteiligten bereits zu dieser Zeit den Reichsstatthalter
geflissentlich übergingen. Das Vorgehen Heydrichs soll auf eine Initiative des Münchener Gauleiters und bayerischen Innenministers Wagner zurückgegangen sein, der sich seiner Verbindungen zu Hitler bediente. Hitler hatte
dann, dieser Aufzeichnung zufolge, Himmler beauftragt, den bayerischen Ministerpräsidenten Siebert und Epp
von der vorgesehenen Aktion in Kenntnis zu setzen, was aber zumindest in bezug auf den Reichsstatthalter unterblieb. Himmler entschuldigte sein Verhalten damit, er habe „angenommen", Siebert werde Epp unterrichten.
Der Verfasser resümiert: „Kurz: Ich habe [nachträglich] von der ganzen Sache erst durch Telef. G . . . einen
Teil, durch Telef. Frick einen anderen, den Rest aus der Zeitung erfahren." (*Document Centre Berlin*, br. 42;
Photokopie im Institut für Zeitgeschichte in München.)

Präsidialverordnung vom 14. Oktober die endgültige Auflösung der Länderparlamente nach sich zog.[16] Der letzte Widerstreit in der ereignisreichen und wechselvollen Konfliktsgeschichte zwischen Reich und Ländern nach der Weimarer Reichsverfassung vollzog sich in dem Bemühen der Länderregierungen, reichsrechtlichen Ermächtigungen gegenüber kraft eigenen Landesrechts Posten zu fassen, wobei weitere Reste des geltenden Landesverfassungsrechts der Auflösung verfielen. Nicht überall wurde gleichsam letztmalig noch der normale parlamentarische Weg beschritten, wie es etwa in Hamburg geschah, wo die Bürgerschaft Ende April ein Gesetz annahm, mit dem sie ihre wesentlichen Befugnisse auch gleichzeitig dem Senat einräumte.[17] Sie tagte am 31. Mai zum letzten Male; im September wurde jedoch auch hier das Faktische von oben her einfach zur Norm erklärt und die Ersetzung der „Tätigkeit der gewählten Vertretungskörperschaften durch die Entscheidungsbefugnis der staatsleitenden Organe" in formloser Weise ausgesprochen.[18] Im allgemeinen wurde das geltende Landesstaatsrecht von der politischen Entwicklung überrollt.

Mit ähnlicher Logik deutete die Begründung eines „Preußischen Ermächtigungsgesetzes", das das Justizministerium zur Annahme im Landtag vorbereitete, das „Recht der siegreichen Revolution" dahin aus, daß nun „auch die preußische Landesregierung das Recht für sich in Anspruch nehmen" könne, „ohne Bindung an bisher in Geltung gewesene Rechtssätze neues Recht zu schaffen".[19] Eingebracht und angenommen wurde dann ein Entwurf des preußischen Innenministeriums mit dem in Anlehnung an das Ermächtigungsgesetz des Reiches gewählten Namen „Gesetz zur Behebung der Not von Volk und Land", der die gleichen Vorrechte, die sich die Reichsregierung den parlamentarischen Körperschaften gegenüber verschafft hatte, auch für die preußische Regierung in Anspruch nahm.[20] Während das Vorläufige Gleichschaltungsgesetz das Gesetzgebungsrecht der Länderregierungen, soweit es die Länderverfassungen durchbrach, auf den Aufbau der Verwaltung beschränkte — worin sich erstmals das Ziel eines Verwaltungsumbaus und einer nationalsozialistischen „Reichsreform" andeutete —, hob dieses preußische Gesetz ganz allgemein jede Begrenzung der Regierungsbefugnis zur Gesetzgebung auf mit der Ausnahme einer institutionellen Sicherung von Landtag und Staatsrat, die ebenfalls dem Reichsermächtigungsgesetz nachgebildet war; die entgegenstehenden Teile der preußischen Verfassung setzte es außer Kraft. Die Konkurrenz der von Reichs wegen erteilten und der auf landesinstanzlichen Beschlüssen beruhenden

---

[16] Verordnung des Reichspräsidenten über die Auflösung des Reichstags vom 14. Oktober 1933 (*RGBl.*, I, 1933, S. 729), in Verbindung mit § 11 des Ersten Gleichschaltungsgesetzes, demzufolge eine Auflösung des Reichstags „ohne weiteres" auch die Auflösung der Landtage bewirkte. Ihre Neuwahl blieb aus.

[17] Gesetz betreffend die erweiterte Zuständigkeit des Senats vom 24. April 1933 (*Hamb. Gesetz- und Verordnungsblatt*, 1933, S. 115).

[18] Durch ein einfaches Schreiben an den Präsidenten der Bürgerschaft vom 4. September 1933, in dem sich der Regierende Bürgermeister auf die Gesamtentwicklung seit der Dietramszeller Notverordnung vom 24. August 1931 berief (zit. von Hans Peter Ipsen, *Hamburgs Verfassung von Weimar bis Bonn*, Hamburg 1956, S. 33). Die Bürgerschaft sollte nur noch nach Aufforderung durch den Senat zusammentreten. Auch das ist nicht mehr geschehen. Als Zeugnis des hanseatischen Konservativismus sei jedoch erwähnt, daß noch ein besonderes Hamburgisches „Gesetz über die Folgen einer Auflösung der Bürgerschaft" vom 28. Oktober erging, das eine Bestimmung der Hamburgischen Verfassung neu faßte, wonach nunmehr für den Fall einer Auflösung der Bürgerschaft — der bereits vorher durch Reichsgesetz eingetreten war — ihre Befugnisse und Aufgaben ersatzweise „bis zur Neuwahl" vom Senat wahrgenommen würden (Ipsen, *a. a. O.*, S. 32). Der Hamburger Senat hielt an der Annahme fest, ohne der reichsgesetzlichen Beseitigung der Parlamente zuwiderzuhandeln, daß das hanseatische Parlament theoretisch als Institution zunächst bestehenblieb.

[19] Undatierter Entwurf mit Begründung (Durchschl.) bei den Generalakten des Preußischen Justizministeriums (*BA*, P 135/672, fol. 53–55).

[20] Vom 1. Juni 1933 (*Preußische Gesetzsammlung*, 1933, S. 198); undatierter vervielfältigter Entwurf, mit Rundschreiben des preußischen Innenministers vom 7. Mai an sämtliche Staatsminister gesandt (*BA, a. a. O.*, fol. 60 f.). Das Gesetz wurde am 18. Mai im Landtag gegen die Stimmen der Sozialdemokraten (*Sitzungsberichte des Preußischen Landtags*, 5. Wahlperiode, 1933, Bd. 765, Sp. 38) und am gleichen Tage im Staatsrat (*Preußischer Staatsrat*, 1933, S. 129 f.) angenommen.

Ermächtigungen führte hier in eine konfliktnahe Situation, da die reichsgesetzliche Begrenzung der Ermächtigung landesgesetzlich außer Kraft gesetzt wurde.

Die Beschränkung der Landesgewalt gelang aber auch im übrigen keineswegs in vollem Maße und in allen Ländern, zumal kaum einer der Reichsstatthalter über die notwendige Geschäftsfähigkeit verfügte, die ihn in die Lage versetzt hätte, mehr zu sein als nur Parteifunktionär mit persönlichen Gelüsten und Machtbetätigungsbedürfnissen. In Bayern vermochte der Ministerpräsident durch Ausbau seiner Stellung innerhalb der Staatsregierung für einige Zeit zu einem Gegengewicht zu werden.[21] In Preußen, wo der Reichskanzler-Reichsstatthalter einige wesentliche Rechte nicht ausübte, besaß das Staatsministerium von Rechts wegen sogar eine mächtigere Stellung als je zuvor.[22] Und überall versuchten die Länderregierungen ihre Positionen durch eine weitergehende Aushöhlung der Rechte der parlamentarischen Körperschaften und durch den Abbau der Reste des Landesverfassungsrechts zu stärken. Die größte Bedeutung der beiden Gleichschaltungsgesetze lag fürs erste darin, daß sie mit mechanischer Sicherheit den Parlamentarismus und das Verfassungsrecht in den Ländern zerstörten; alle weiteren Entscheidungen blieben vorläufig in der Schwebe.

Der Reichsinnenminister erwiderte in einem Gegenzug, der alle Länder außer Preußen traf, durch den fortschreitenden Abbau der Funktionen des Reichsrats, der die Länder ihrer Mitsprache in der Berliner Reichszentrale beraubte und den Vorbehalt des Ermächtigungsgesetzes, das seinen Fortbestand garantierte, praktisch inhaltsleer machte. Schon die Ernennung von Reichsstatthaltern hatte ihm viel von seiner Bedeutung genommen, da ihm die Reichsstatthalter die wichtige Funktion der laufenden Information der Länderregierungen abnahmen. Jetzt folgte die Beseitigung der Zustimmungsbefugnisse des Reichsrats zum Erlaß von Ausführungsbestimmungen bei Gelegenheit von Gesetzesänderungen und die Beseitigung von Verwaltungsbefugnissen des Reichsrats.[23] Auf Grund einer Geschäftsordnungsänderung[24] wurden schließlich vom 22. September an die noch erforderlichen Zustimmungen des Reichsrates ohne Sitzung im Umlaufverfahren herbeigeführt. Die Aufgaben der Ländervertretungen in Berlin reichten infolgedessen kaum noch über die einer lockeren Verbindung zwischen den Länderministerien und dem Reichspräsidenten hinaus; jedenfalls waren sie als Politikum von Rang längst ausgeschaltet, bevor noch der Reichsrat aufgehoben wurde.

3. Der „planmäßige Vollzug der nationalen Erhebung"

Auf die Institutionalisierung neuer machtvoller Positionen folgte die schrittweise Liquidation des örtlichen Terrors. Unmittelbar nach der Ernennung von Reichskommissaren in den Ländern, als ein starker Einfluß der NSDAP in allen Länderregierungen gesichert schien, der sich sofort in zahlreichen Umbildungen, Rücktritten, Ernennungen

---

21 Durch einfachen Ministerratsbeschluß regelte die bayerische Staatsregierung am 31. Mai 1933 die Stellung ihres Chefs, die bis dahin auf der Bamberger Verfassung beruhte, dergestalt neu, daß sie ihm ein Beanstandungsrecht gegenüber Maßnahmen, im besonderen auch finanziellen Dispositionen der Ressorts, Vollmachten zur Durchführung von Staatsvereinfachung und Staatsumbau (!) und der Staatskanzlei die Aufsicht über Presse, Theaterwesen, Rundfunk und Filmwesen übertrug (Bericht im *Berliner Tageblatt*, Nr. 253 vom 1. Juni 1933, S. 7).

22 Das Zweite Gleichschaltungsgesetz ermächtigte den Reichskanzler zur Ausübung der Reichsstatthalterbefugnisse in Preußen, aber auch zur Übertragung des Rechtes zu Ernennung der unmittelbaren Landesbeamten und Richter und des Begnadigungsrechts auf die Landesregierung (§ 5 Abs. 1). In den Erlassen über Beamtenernennungen und über die Ausübung des Gnadenrechts in Preußen vom 23. April (*RGBl.*, I, 1933, S. 216) wurden diese Rechte dem Staatsministerium übertragen. Schon drei Tage später war diese Regelung hinfällig. Das Gesetz zur Änderung des Reichsstatthaltergesetzes vom 25. April (*a. a. O.*, S. 225) sah die Übertragung dieser Rechte sowie des Rechtes zur Ausfertigung und Verkündung der Landesgesetze an den Ministerpräsidenten vor, die am gleichen Tage durch den Erlaß über Ausfertigung und Verkündung der Landesgesetze usw. (*a. a. O.*, S. 226) erfolgte.

23 Poetzsch-Heffter, „Vom Deutschen Staatsleben" (Anm. I/183), S. 93 f.

24 *Vollsitzungen des Reichsrats*, Jg. 1933, § 304.

und Beauftragungen von Kabinetten und Ministern äußerte, inmitten dieses Umwandlungsvorganges unternahm Hitler einen ersten Versuch, vor der Öffentlichkeit und sogar vor den Reichsministern die Vorkommnisse der Terrorperiode nicht zu legitimieren, sondern als zielbewußte Provokation der rücksichtslos bekämpften Gegner auszugeben. Sein Aufruf vom 10. März [25] verrät die Absicht, ungezügelte Handlungen von seiten der NSDAP oder SA zu beenden oder doch zu begrenzen und den „weiteren Vollzug der nationalen Erhebung" in die eigenen Hände zu bekommen, damit er „ein von oben geleiteter, planmäßiger" werden könne. „Einzelaktionen", „Belästigungen einzelner Personen, Behinderungen von Autos oder Störungen des Geschäftslebens" sollten unterbleiben, Zuwiderhandelnde der Polizei übergeben, jedoch sollte jeder „Widerstand" gegen Anordnungen oder gegen SA-Männer oder SA-Kolonnen „sofort und gründlich" gebrochen werden. Der noch überaus vorsichtige Versuch einer Emanzipation von den braun uniformierten Gewalttätern wurde sofort wieder aufgewogen durch nachdrückliche Anerkennung ihres Auftretens; die Unstimmigkeiten ließen sich jedoch zwischen den Zeilen aufspüren. Die Aufforderung zur „Vernichtung des Marxismus" ließ keinen Zweifel darüber, daß die NSDAP die Phase ihrer „schwersten Kämpfe" noch nicht als beendet ansah. Doch offenkundig bemühten sich die höchsten Instanzen der neu errichteten Diktatur, alle Teile der staatlichen Organisation sowie alle Gegenstände staatlichen Interesses vom Druck der Partei und SA freizubekommen. Göring verbot zwei Tage später jeden Eingriff der „nationalen Verbände" in die Kommunalverwaltung, in die Rechtspflege und in Kunstinstitute, da sie nun nach dem Erlaß des Reichskanzlers „unnötig geworden" seien. [26] Gleichzeitig kündigte Göring an, daß er „die Reinigungsaktion" innerhalb seines Ressorts in Zukunft „planmäßig selbst" vornehmen werde.

Solche Eindämmungsversuche wurden aber nach Verkündung des Ermächtigungsgesetzes noch nicht sofort konsequent weiterverfolgt. Das Vorgehen örtlicher Parteiführer verlor wohl manchenorts einiges von seiner hektischen Eile, da sich das Gefühl des Erfolges einzustellen begann, seitdem sich dem bis dahin Erreichten auch noch der Erfolg des nationalsozialistischen Antrages im Reichstag zugesellt hatte; auch die berüchtigten „Einzelaktionen" mögen von nun an etwas zurückgegangen sein; doch die Eingriffe und Übergriffe der NSDAP nahmen eher zu als ab. Der Monat April, der mit einer „planmäßig" organisierten und vorbereiteten Großaktion gegen „jüdische" Firmen begann, und der Monat Mai, der mit einem ebenso überraschenden wie gewalttätigen Schlag gegen die Gewerkschaften anhob, zeigten, daß nun wohl eine von zentraler Stelle gehandhabte Methode in der Ausbildung begriffen war, nach der Gewalttätigkeiten „organisiert" wurden, daß der Terror aber keineswegs aufgehört hatte.

Göring, als preußischer Ministerpräsident und Innenminister, wandte wohl nicht mehr mit der anfänglichen bedenkenlosen Offenheit seine eindeutige und rücksichtslose Taktik an, alles zugunsten der NSDAP und alles, was ihm die Machtmittel in seiner Hand zu tun erlaubten, gegen ihre Gegner zu unternehmen; doch traf er auch jetzt noch Anordnungen, die seine Machtstellung stärkten, vor allem aber dazu beitrugen, das Nebeneinander von Polizeiregiment, Parteiherrschaft und Terror weiterhin aufrechtzuerhalten und sogar fortzubilden. Dem Höheren Polizeiführer West, einem lediglich dem Innenminister verantwortlichen Polizeikommissar, der seine Weisungen unmittelbar an die Kreis- und Ortspolizeibehörden richten konnte, trat ein Höherer Polizeiführer Ost an die Seite; beide stellten ihre Tätigkeit erst mit dem 10. Juni ein. [27] In dieser Zeit wuchs neben dem ordentlichen Polizeikörper die Masse der Hilfspolizi-

---

[25] Abgedr. in: *Schultheß, 1933,* S. 56.

[26] Aufruf vom 12. März 1933, *a. a. O.,* S. 57 f.

[27] Erlaß vom 31. Mai 1933, aus dem auch die vorher erfolgte Einsetzung des Höheren Polizeiführers Ost am 14. März hervorgeht (*BA,* P 135/3736, fol. 37).

sten an. Ihre Zahl dürfte im April die der regulären Polizei um ein Mehrfaches übertroffen haben; sie wurden nunmehr auch in geschlossenen Einheiten der rekrutierenden Verbände ausgebildet oder eingesetzt, in erster Linie der SA, außerdem des Stahlhelms und des Deutschnationalen Kampfbundes. Die SS sollte nach Görings Weisung „für Zwecke der politischen Polizei zur Verfügung" stehen.[28] Dieser Begriff sollte bald zum charakteristischen Vokabular des „totalen Staates" gehören.

Nur langsam begann sich in Preußen eine allmähliche Beruhigung auszubreiten und einige Zeit nach der Einsetzung der letzten Reichsstatthalter, etwa mit den Auflösungen der letzten politischen Parteien Anfang Juli, allgemein durchzusetzen. Wie die Dinge immer noch standen, geht aus einem Runderlaß Görings hervor, der nun freilich darüber Klage führte, daß „wiederholt Fälle bekanntgeworden" seien, in denen hierzu nicht befugte Stellen, auch einzelne Dienststellen seines Innenministeriums, Verhaftungen angeordnet, vorgenommen und Behörden, insbesondere polizeiliche Dienststellen, „unberechtigt mit Weisungen versehen" hätten, Festnahmen durchzuführen.[29] Um dies zu ändern, ohne die gewonnenen Machtmittel aus der Hand zu geben, suchte Göring zunächst den unmittelbaren Befehlsweg innerhalb der Polizei und ihre ausschließliche Zuständigkeit zur Inhaftnahme zu sichern. „Kommissare z. b.V." waren solcher Befugnisse fortan enthoben. Die preußische Regierung machte einige Anstrengungen, um wenigstens Ordnung und Übersicht in das Kommissarswesen zu bringen, sei es durch Einengung des freien Ermessensspielraums oder durch Klärung von Zuständigkeiten, deren Undurchsichtigkeit erheblich zur Entfaltung des Terrors beigetragen hatte. Am 27. April berichtete Göring, daß er die Einziehung sämtlicher „Kommissare z. b. V." beabsichtige, daß künftige Beauftragungen von Staatskommissaren durch ihn oder durch das Staatsministerium vorgenommen und genauestens bezeichnet und daß die Einsetzung ministerieller Kommissare dem Ministerpräsidenten bekanntgegeben werden müßten; vor allem sollten wirtschaftliche Unternehmungen nicht mehr behelligt und „Eingriffe jeder Art in die Privatwirtschaft verboten" werden.[30] Dem entsprach ein Runderlaß, der aber die Stellung der Kommissare der Obersten SA-Führung noch nicht anzutasten wagte, die weiterhin von allen Beschränkungen und Bedingungen ausgenommen blieben.[31]

Frontal gegen die SA vorzugehen, unterließ Göring jetzt noch in eben dem Maße, wie es zwei Monate zuvor Hitler vermieden hatte. Er nutzte die Situation, um sich im Verborgenen eine eigene persönliche Hausmacht zu schaffen, mit der er die SA zu überflügeln hoffte und mit der er ungewollt den Grund legte für eine noch weit gewaltigere zentralisierte Macht, allerdings nicht mehr außerhalb, sondern innerhalb des Staates. Schon Anfang März entzog er eine Reihe polizeilicher Ermächtigungen auf Grund der Reichstagsbrandverordnung des Reichspräsidenten den Ortspolizeibehörden; Verbote

---

[28] Ergänzende Durchführungsbestimmungen des preußischen Innenministers zum Hilfspolizeierlaß (*a. a. O.*, fol. 26 a–e). Diese Durchführungsbestimmungen vermitteln einen ungefähren Eindruck vom Umfang der Hilfspolizeidienste. Jeweils innerhalb des Regierungsbezirkes durften Hilfspolizisten in Stärke von 200 %/o der Landjägerei und Gemeindepolizei amtlich bestätigt werden. Hierunter fiel nicht die Hilfspolizei bei staatlichen Polizeiverwaltungen und Schutzpolizeikommandos, die keiner Beschränkung unterlag. Ihre Verteilung und Gliederung blieb den Regierungspräsidenten überlassen. Mit der Führung von Hilfspolizeiverbänden durften auf Grund dieser Durchführungsbestimmungen außer Polizeioffizieren auch ältere Beamte betraut werden. Sie empfahlen jedoch ausdrücklich, geschlossene Einheiten der Wehrverbände in der Ausbildung und im Einsatz nicht auseinanderzureißen und mit ihren Führern zu verwenden. Es läßt sich denken, daß es schwierig war, SA-Führer mittleren Polizeibeamten unterzuordnen.

[29] Runderlaß des Preußischen Ministers des Innern vom 28. April 1933 in: *Ministerial-Blatt für die Preußische innere Verwaltung*, I, 1933, Sp. 10 f.

[30] Sitzungen des Staatsministeriums vom 27. April (*HAB*, Rep. 90, Sitzungsprotokolle 1933, fol. 82 f.) und vom 24. April 1933 (*a. a. O.*, fol. 80 v.).

[31] Runderlaß des preußischen Ministerpräsidenten vom 3. Mai 1933 an alle nachgeordneten Behörden (*Ministerial-Blatt für die Preußische innere Verwaltung*, I, 1933, Sp. 553 f.).

periodischer Druckschriften und Beschränkungen des Eigentums blieben den landes-
polizeilichen Behörden, Anordnungen zur Beschränkung der persönlichen Freiheit, des
Vereins- und des Versammlungsrechts und Eingriffe in das Brief-, Post-, Telegraphen-
und Fernsprechgeheimnis den Kreispolizeibehörden vorbehalten.[32] Diese zu höheren
Instanzen hochgezogenen ausnahmerechtlichen Polizeibefugnisse gingen schließlich auf
eine neue Institution über, die für immer in die Geschichte des systematischen Terrors
eingegangen ist, auf das Geheime Staatspolizeiamt in Berlin, das unter Göring selbst die
„einheitliche Oberleitung" über die neue „politische Polizei" erhielt und das mit eigenen Vollzugsbeamten und mit Hilfe von Außenstellen (Staatspolizeistellen) „alle
staatsgefährlichen politischen Bestrebungen im gesamten Staatsgebiet zu erforschen,
das Ergebnis der Erhebungen zu sammeln und auszuwerten" und für die Entschlüsse
des Ministerpräsidenten „die erforderlichen Unterlagen jederzeit bereitzuhalten"
hatte.[33] Nach diesen mit Sorgfalt untertriebenen Aufgaben und geheimnisvoll umschriebenen Absichten entstand und entwickelte sich ein Institut zur Rationalisierung,
aber auch Totalisierung des politischen Kampfes, der nicht mehr die allgemeine
Polizei belastete und von ihren normalen Aufgaben ablenkte. Es konnte im Anfang
kleiner und „zweckmäßiger" aufgebaut und eben für die Zwecke, die im Verborgenen
bleiben sollten, zuverlässiger geleitet werden als der gesamte Polizeiapparat; es konnte
vor allem isoliert und im Geheimen tätig sein. In der Hand des neuen preußischen
Ministerpräsidenten bildete es ein Instrument der reinen Machtpolitik von höchster
Bedeutung.

Nichtsdestoweniger litt Görings Entschiedenheit für eine totalitäre Regierungsweise
innerhalb seines Machtbereiches unter seiner gelegentlichen Laszivität und Beeinflußbarkeit, so daß manches von der Macht seiner Stellung unversehens wieder dahin-
schwand. Auch die Imperien seines Einflusses, die er sich später in der Wehrmacht und
in der Wirtschaft aufzubauen suchte, vermochte Göring am Ende ebensowenig zu behaupten wie seine preußische Position während der ersten Jahre der nationalsozialistischen Herrschaft. Seine anspruchsvolle, auf hochgetriebenen Luxus und Genuß gerichtete neronische Natur verfügte wohl über Brutalität und ein beträchtliches Maß an
Gewissenlosigkeit und Unaufrichtigkeit, sie ermangelte jedoch der kalten, gefühls-
entleerten Rationalität und der unbeirrbaren Stetigkeit im Handeln, worin ihm wohl
jeder seiner späteren Rivalen aus den Reihen der NSDAP überlegen war.[34] Nur so läßt
sich erklären, daß Göring in verhältnismäßig kurzer Zeit den Boden einer scheinbar
unantastbaren Macht unter den Füßen verlor und dann nicht einmal mehr Herr über
seine Domäne Polizei blieb, in der bald andere regierten. Neben der unerwartet
erfolgreichen, maßlosen Diktatorenfigur Hitlers stellt Göring in dialektischer Weise
das Gegenstück des in allem gescheiterten Diktators, eines ewig unterlegenen zweiten
Mannes mit Ambitionen dar, dem auch die Entfesselung des Terrors erst der SA und
dann der SS schon innerhalb selbst der begrenzten Perioden nationalsozialistischer
Zeitrechnung nur wenig Nutzen brachte.

Noch vor dem Sturz Hugenbergs, der als Herr in vier wirtschaftlichen Ministerien
des Reiches und Preußens eine freilich zuletzt doch nur isolierte Sonderstellung innehatte, geriet Bewegung in das preußische Staatsministerium. Der Finanzminister Popitz

---

[32] Preußische Verordnung vom 2. März 1933 (Preußische Gesetzsammlung, 1933, S. 33).

[33] Gesetz über die Errichtung eines Geheimen Staatspolizeiamtes vom 26. April 1933 (a. a. O., S. 122) und
hierzu der Runderlaß des Preußischen Ministers des Innern vom gleichen Tag (Ministerial-Blatt für die Preußische
innere Verwaltung, I, 1933, Sp. 503 ff.).

[34] Eine psychologische Analyse der Persönlichkeit Görings steht noch aus. Das hat er mit anderen führenden
Nationalsozialisten gemein, die ein solches Unterfangen wohl lohnend machen würden. In dieser wie auch in
anderer Hinsicht bleibt die Biographie von Charles Bewley, Hermann Göring, Göttingen 1956, ganz und gar unbefriedigend, während das Buch von Erich Gritzbach, Hermann Göring, Werk und Mensch, München 1941, lediglich
als offizielle nationalsozialistische Lebensdarstellung Erwähnung verdient.

war der letzte Fachminister unter Nationalsozialisten. Schon seit der frühen Weimarer Periode darum bemüht, in der Erscheinungen Flucht Positionen zu behaupten, zeigte er sich unvermittelt als Gegenspieler und schließlich als Partner Görings. Scheinen auch die Pläne und Ziele dieses Mannes, der daran glaubte, daß „auf lange Sicht die Welt immer durch Vernunft regiert" werde,[35] heute noch kaum weniger zugänglich als damals, so tritt doch die Besonderheit seiner Stellung wie seines Standortes vor Augen, von dem er, als Kritiker schärfsten Verstandes und zugleich Beteiligter, vorsichtig einem Anderen zustrebte. Er tat es mit Fehlern und mit Leistungen, wuchs stets über die engeren Grenzen seiner jeweiligen Aufgaben hinaus, wurde jedoch weder Politiker im landläufigen Sinne, noch könnte er nach der herkömmlichen Bezeichnung in Staatsmann genannt werden, da ein großer Teil seiner Tätigkeit sich auf sein mit wissenschaftlichen Mitteln beherrschtes Finanzfach beschränkte, in Phasen der Umwälzung und der Auflösung fiel und im institutionellen Bereich notwendig vorwiegend dem Ephemeren zugehörte, aber nicht dem Bleibenden. Obgleich er niemals dem Nationalsozialismus zuneigte, vergingen Jahre, ehe sich Popitz als einziger amtierender Minister entschloß, das Odium des „Hochverrats" auf sich zu nehmen und sich an dem Aufbau einer heimlichen Front des Widerstandes gegen den nationalsozialistischen Staat zu beteiligen; aber auch hierbei zählte er nicht zu den repräsentativen und heftigen Bekennern, sondern erwies er sich wie stets vorher als Taktiker und Techniker von Handhaben, der über ein großes Wissen und einen zuverlässigen Überblick über Zusammenhänge verfügte, was alle Kenner dieses Mannes übereinstimmend hervorheben. Im Anfang vermied er sorgfältig jeden eindeutigen Widerstand. Gelegentlich verfolgte er die Taktik, sich gegenüber dem seiner Meinung nach Unabänderlichen auf akademische Einwände zu beschränken;[36] in anderen Fällen versuchte er, Änderungen herbeizuführen, die eine freiere Handhabung von Vorschriften erlaubten oder auf eine Milderung in der Ausführung zielten,[37] einige Male, die Ernennung neuer Beamter, namentlich in den Ministerien, zu verzögern,[38] offensichtlich um das rasche Eindringen von Funktionären und Protektionisten der Partei zu unterbinden, und vorübergehend, jedoch nicht auf die Dauer, war ihm darin ein Erfolg beschieden. Den Aufbau des Verwaltungsstaates hat er nicht verhindert und wahrscheinlich nach dem 30. Januar 1933 auch nicht mehr im Grundsätzlichen verhindern wollen, wenn ihm auch andere Ziele vorschwebten als seinen nationalsozialistischen Ministerkollegen im preußischen Kabinett oder unter den Mitgliedern der Reichsregierung. Zuerst häufiger

---

[35] Arnold Brecht, *Vorspiel zum Schweigen. Das Ende der deutschen Republik,* Wien 1948, S. 112 (Titel des amerik. Orig.: *Prelude to Silence. The End of the German Republic).* Im Gesichtswinkel der Historien der späteren Widerstandsbewegung gegen Hitler ist auf die Persönlichkeit von Johannes Popitz von verschiedenen Standpunkten in unterschiedlicher Weise mehrfach eingegangen worden, am ausgiebigsten, aber auch am einseitigsten bisher von Gerhard Ritter, *Carl Goerdeler und die deutsche Widerstandsbewegung,* 3. Aufl., Stuttgart 1956, *passim,* der Popitz als einen zeitweiligen Gegenspieler Goerdelers innerhalb der Verschwörung zum Widerstand sieht, allerdings ohne die älteren, ebenfalls zwischen Zusammenspiel und Gegenspiel pendelnden Beziehungen Goerdelers zu Popitz zu berücksichtigen. Im wesentlichen für den Lebensabschnitt vor 1933 liegen vor: Hans Herzfeld, „Johannes Popitz. Ein Beitrag zur Geschichte des deutschen Beamtentums", in: *Forschungen zu Staat und Verfassung. Festgabe für Fritz Hartung,* Berlin 1958, S. 345–365; und Rolf Grabower, „Johannes Popitz", in: *Johannes Popitz zum Gedächtnis. Sondernummer der Finanzrundschau* 5 (1954), S. 514–520. Jetzt auch die Arbeit von Hildemarie Dieckmann, *Johannes Popitz. Entwicklung und Wirksamkeit in der Zeit der Weimarer Republik bis 1933 (Studien zur europäischen Geschichte aus dem Friedrich-Meinecke-Institut der Freien Universität Berlin,* Bd. III), Berlin 1960; für die spätere Zeit nur die Porträtskizze von Lutz Graf Schwerin v. Krosigk, „Die tapfere Intelligenz", in: *Es geschah in Deutschland* (Anm. I/194), S. 339–344.

[36] So bei der Auflösung der preußischen Kommunalparlamente durch die Reichskommissare anläßlich der Festsetzung der Neuwahl am 4. Februar 1933 (*HAB*, Rep. 90, Sitzungsprotokolle 1933, fol. 18).

[37] So in der Frage eines Berufsbeamtengesetzes (*a. a. O.,* fol. 87) oder bei der Beratung eines Erbhofgesetzes (*a. a. O.,* fol. 97).

[38] *A. a. O.,* fol. 78.

auf der Seite Mittuender, findet man ihn bald auf der Seite der Korrigierenden und schließlich der Widersprechenden.

Die unglückliche Geschichte der Weimarer Republik hatte gezeigt, daß eine starke und stabile Regierung in Preußen, das drei Fünftel des Reichsgebiets mit weit mehr als der Hälfte der deutschen Bevölkerung umfaßte und seit jeher über die größte Verwaltung gebot, für die innere Politik mehr bedeutete als eine minder starke und weniger stabile Reichsregierung. Göring versuchte als Nachfolger Papens an der Hitler vorenthaltenen Spitze des preußischen Staates auf seine Weise hieraus Konsequenzen zu ziehen. Seine Lust an Schaugepränge und pomphafter Repräsentation und seine selbstbewußten Reden, die weit sorgfältiger durchgearbeitet, aber auch einfallsloser waren als die von impulsiven Emotionen erfüllte primitive Rhetorik Hitlers, konnten wohl den Anschein erwecken, als würde die deutsche Innenpolitik wieder wie in den zwanziger Jahren in Preußen entschieden und das größte Land zu einem neuen „Fundament Deutschlands" werden.[39] Als preußischer Regierungschef, als Ausübender von Reichsstatthalterbefugnissen, die ihm vom Reichskanzler übertragen worden waren, und als einer der repräsentativsten Parteimänner gebot Göring zweifellos über eine Macht, die ihn hierzu befähigt hätte. Wenn sich Göring als „treuester Paladin" seines Führers bezeichnete und von sich behauptete, daß ihm Hitlers Gedanken vertraut und daß Hitlers Wille auch sein Wille sei,[40] so ist darin ein Versuch zu erblicken, sich und seine Politik vor der NSDAP zu legitimieren, indem er sich bereits das Charisma des „Führers" zunutze machte und vorgab, ihm am nächsten zu stehen. Ein bloß ausführendes Organ Hitlers in Preußen war Göring zu dieser Zeit noch nicht. Doch was Hitler im Reichskabinett möglich war, eine diktatorische Befehlsstellung zu erringen, gelang Göring innerhalb des preußischen Staatsministeriums keineswegs. Wahrscheinlich wäre ihm auch bei der Vielzahl seiner hohen Ämter ein zielbewußtes Vorgehen auf die Dauer zu mühevoll und – für seine überwiegend materiellen Bedürfnisse – zu wenig lohnend erschienen.

Die ersten Monate des neuen Regiments hatten die Kollegialität gelockert und die Ressorts selbständiger werden lassen. Als Kommissar für das Innenministerium war Göring hierin selbst vorangegangen. Seinen wichtigen Erlassen über die Polizei kam von Anfang an eine derartige politische Bedeutung zu, daß sie nach den Geschäftsgrundsätzen des preußischen Staatsministeriums, die unverändert als gültig betrachtet wurden, die Zustimmung des Kollegiums der Kommissare erfordert hätten,[41] die Göring tatsächlich niemals eingeholt hatte. Doch was der Innenminister Göring bedenkenlos tat, gereichte dem Ministerpräsidenten Göring keineswegs zum politischen Nutzen. Sein Beispiel hatte Schule gemacht, und des öfteren sah sich der Ministerpräsident umgangen oder ausgeschaltet, so daß er darüber Beschwerde führen zu müssen glaubte, daß Erlasse einzelner Ressorts von erheblicher politischer Bedeutung in der Öffentlichkeit erörtert wurden, ohne daß er sie vorher überhaupt gekannt hatte.[42] Allerdings legte Göring den Grundsatz kollegialer Entscheidung jetzt dahingehend aus, daß Erlasse von derartiger Bedeutung vorher lediglich ihm vorzulegen seien. Im

---

[39] So Göring am 18. Mai 1933 vor dem preußischen Landtag. Diese Rede ist abgedr. in der Sammlung: Hermann Göring, *Reden und Aufsätze*, hrsgg. von Erich Gritzbach, 3. Aufl., München 1941 (1. Aufl. 1938); vgl. bes. S. 52 und S. 79. *Sitzungsberichte des Preußischen Landtags*, 5. Wahlperiode, 1933, Bd. 765, Sp. 18 ff.

[40] Landtagsrede am 18. Mai; Göring, *a. a. O.*, S. 52.

[41] Die „Grundsätze für die Erledigung von Geschäften des Staatsministeriums vom 16. Dezember 1921" führten nach dem Prinzip der Enumeration alle Sachen auf, die von den Ressortministern selbständig entschieden werden konnten. Allgemeine Polizeiangelegenheiten fielen nicht hierunter; sie gehörten in die kollegiale Zuständigkeit des Staatsministeriums, das mit Stimmenmehrheit entschied. Im übrigen galt auch für die aufgeführten Einzelzuständigkeiten der Grundsatz, daß Fragen „von grundsätzlicher oder besonderer politischer Bedeutung der Entscheidung des gesamten Staatsministeriums vorzubehalten" waren.

[42] Sitzung des Staatsministeriums am 15. Mai 1933 (*HAB*, Rep. 90, Sitzungsprotokolle 1933, fol. 100).

gleichen Sinne ließ er dann als Innenminister einen Gesetzentwurf über die Landesregierung ausarbeiten, der, das Vorbild der neuesten Regelungen innerhalb der Reichsregierung erkennen lassend, den Begriff der preußischen „Landesregierung" stärker
auf die Handlungsgewalt des Ministerpräsidenten stützen und auf diese Weise das
kollegiale Prinzip ablösen wollte.[43] Diesem Zweck diente auch die vorgeschlagene
Regelung, daß bei Abstimmungen im Falle von Stimmengleichheit die Stimme des
Ministerpräsidenten den Ausschlag geben sollte, und auch die ihm allein zugedachten
Rechte, eine Geschäftsordnung für die Führung der Geschäfte des Staatsministeriums
zu erlassen und jederzeit nach eigenem Gutdünken einen Nachfolger zu bestellen. Dem
setzte Popitz wenige Tage darauf einen eigenen Vorschlag entgegen,[44] demzufolge
dem Finanzminister in allen Fragen, denen nach seiner Erklärung finanzielle Bedeutung zukam und in denen gegen ihn entschieden wurde, das Einspruchsrecht zustand,
das nur durch eine Mehrheit der Staatsminister und die Stimme des Ministerpräsidenten aufgehoben werden konnte. Diesem Vorschlag war in der nächsten Staatsminister-
sitzung voller Erfolg, dem Gesetzentwurf des Innenministers dagegen eine überraschende Niederlage beschieden, in der Göring nicht einmal das besondere Stimm-
gewicht des Ministerpräsidenten durchzusetzen vermochte.[45]

Unter diesen Umständen kehrte Göring wieder zum alten Grundsatz der Kollegialität zurück. Wieder führte er Klage über den Zustand der Uneinheitlichkeit im Staatsministerium, den er jetzt den „Übergangserscheinungen der ersten revolutionären
Epoche" zurechnete und den er „sofort beseitigt" wissen wollte.[46] Mit der Plötzlichkeit,
die diktatorischen Umdisponierungen an zentraler Stelle eigen ist, stellte Göring nun
seinen Kurs auf Kollegialität des Staatsministeriums, um jederzeit in herkömmlicher
Weise „einen Ausgleich zwischen widerstreitenden Wünschen einzelner Ressorts" erreichen zu können. Um den solcherweise erörterten Gegensätzen jedoch jeden Widerhall in der Beamtenschaft zu nehmen, beschränkte Göring den Kreis der Sitzungs-
teilnehmer, so daß die Minister zu den Sitzungen nicht mehr von Sachbearbeitern, sondern grundsätzlich nur noch von ihren Staatssekretären begleitet wurden, während
der Ministerpräsident über die Unterstützung des Staatssekretärs, des Ministerialdirektors und der Sachbearbeiter des Staatsministeriums und damit über ein eigenes
Kabinett von Sachverständigen innerhalb des preußischen Kabinetts verfügte, dem
auch noch die stets anwesende Vertreter der Reichskanzlei sekundierte.[47] Doch über
die endgültige Stellung des Ministerpräsidenten entschieden die Beziehungen zwischen
Reichsregierung und preußischer Regierung, die in ein neues Stadium eintraten, als
die Reichsgewalt unmittelbar nach der völligen Ausschaltung der politischen Parteien
zu neuen Entscheidungen schritt.

Anfang Juli 1933 gab Hitler in Ansprachen vor den Reichsstatthaltern und vor den
SA-Führern die Parole aus, daß eine neue Periode begonnen hätte. Auf die Machtergreifung folgte die „Machtbefestigung", nicht mittels Begründung eines neuen Verfassungsrechts, wie es Ziel und Ergebnis aller Revolutionen im liberalen Zeitalter gewesen war, sondern mit dem Versuch einer totalen Bindung der Menschen an das neue
politische System, das ihrer für seine Zwecke noch von Grund auf unsicher war. „Der

---

[43] Gesetzentwurf und Rundschreiben an die Staatsminister vom 30. Juni 1933 (vervielf.; *BA*, P 135/4387,
fol. 10–13).

[44] Rundschreiben von Popitz vom 5. Juli 1933 (vervielf.; *a. a. O.*, fol. 16 f.).

[45] Sitzung am 7. Juli (*HAB*, Rep. 90, Sitzungsprotokolle 1933, fol. 126). Danach Gesetz über die Landesregierung
vom 17. Juli 1933 (*Preußische Gesetzsammlung*, 1933, S. 33).

[46] Rundschreiben des Ministerpräsidenten an die Staatsminister vom 15. Juli 1933 (Abschrift *BA*, P 135/4387,
fol. 24). Bemerkenswert ist im besonderen, daß Göring nun die von ihm selbst zwei Monate zuvor verlangte
Praxis, nach der ihm wichtige Erlasse vor Bekanntgabe vorgelegt werden mußten, als unzureichend und als Verstoß
gegen das kollegiale Prinzip kritisierte.

[47] Rundschreiben des Ministerpräsidenten vom 22. Juli 1933 (begl. Zweitausfertigung *a. a. O.*, fol. 22 f.).

Erringung" der äußeren Macht sollte „die innere Erziehung der Menschen folgen",
hieß es in einer der vorsichtigen Wendungen Hitlers: „Man muß den freigewordenen
Strom der Revolution in das sichere Bett der Evolution hinüberleiten."[48] Mit dem
Wort „Erziehung" berührte Hitler den humanitär-liberalen Vorstellungskreis; doch
was wirklich dahinterstand, war schlimm und gehörte keiner Phase des Vergangenen
an. Es meinte nicht Menschen, sondern Bewohner als gestaltungsfähige Materie des
Staates; es bedeutete „Herstellung ... der Totalität des Staates" mit Hilfe eines Pro-
pagandasystems, mit dem ein „ganzes Volk ... durchdrungen werden kann".[49] Die
Realität des Künftigen verbarg sich einstweilen noch hinter Begriffen und Assoziationen aus der vertrauten Vergangenheit. Die Subversion der Begriffe in der Übergangsphase zum werdenden totalen Staat war noch ein unbekannter Vorgang und
konnte damals noch kaum bewußt beobachtet werden, obgleich Hitler auch schon
deutlich genug die Aktivisten dieser „Erziehung" und das Instrument der absoluten
Staatsherrschaft als die „Garde" einer „politischen Führerschicht" bezeichnete.

Der nationalsozialistische Reichsinnenminister zog den Schnitt zwischen „Revolution" und „Evolution" noch schärfer. Wenn Hitler sagte, die Revolution sei „kein
permanenter Zustand", sie dürfe sich „nicht zum Dauerzustand ausbilden",[50] so formte
Frick daraus die lapidare Feststellung, daß die „Revolution abgeschlossen" sei: „Alle
Macht des Staates" liege nun in den Händen der „vom Reichskanzler allein geführten
Reichsregierung, in der alle entscheidenden Ämter mit zuverlässigen Nationalsozialisten besetzt" seien.[51] Im „Stadium der Evolution" sei es ausschließlich ihre Sache,
„die in ihr vereinigte totale Macht geistig und wirtschaftlich zu untermauern"; sie
benötigte die revolutionären Kräfte nicht mehr. Wer „weiterhin noch von einer Fortsetzung der Revolution oder von einer zweiten Revolution" redete, betrieb nach
Fricks Ausdrücken „eine glatte Sabotage der nationalen Revolution" und mußte
„sich darüber klar sein, daß er sich damit gegen den Führer selbst auflehnt und dementsprechend behandelt wird". Er machte die Belange der Wirtschaft, ihren „Wiederaufbau" und die „Lösung des Arbeitslosenproblems" geltend, die keine „neuen Beunruhigungen" ertrügen. Die „unbefugten Eingriffe in die Wirtschaft" galten infolgedessen als Versuche „einer Sabotage der deutschen Revolution"; soweit Eingriffe
als „nötig und berechtigt" angesehen wurden, sollten sie „von den Trägern der Staatsautorität und auf deren ausdrückliche Anordnung und unter ihrer alleinigen Verantwortung erfolgen". Reichsstatthalter und Länderregierungen wurden verpflichtet,
„mit allen Mitteln" zu verhindern, daß Organisationen oder Stellen der Partei „sich
künftig noch Regierungsbefugnisse" anmaßten. Zum ersten Male drohte der Reichsinnenminister damit, die ausnahmerechtlichen Befugnisse der Polizei gleichmäßig auch
gegen Angehörige der NSDAP anzuwenden. Zwar begründete Frick diese Anordnung wieder mit „der Gefahr", daß sich Gegner des Nationalsozialismus in die
NSDAP „einzuschleichen" versuchten, „um unter ihrem Schutz die deutsche Wirtschaft fortgesetzt zu beunruhigen und der Regierung der nationalen Revolution
Schwierigkeiten zu bereiten". Indem Frick aber die NSBO und die Deutsche Arbeitsfront ausdrücklich erwähnte, ließ er keinen Zweifel zu, von welcher Seite er solche Eingriffe in erster Linie befürchtete. Daß er darüber hinaus den ungeregelten Einfluß
aller Parteistellen auf die Verwaltung stillegen wollte, obgleich er noch nicht in vor-

---

[48] Rede vor den Reichsstatthaltern am 6. Juli 1933, Zitat von Poetzsch-Heffter, „Vom Deutschen Staatsleben"
(Anm. I/183), S. 24; vollständige Inhaltsangabe bei *Schultheß, 1933*, S. 169 f.

[49] So Hitler in einer Rede während der Tagung der höheren SA- und SS-Führer in Reichenhall vom 1. bis
3. Juli 1933 (*Schultheß, 1933*, S. 167 f.).

[50] Rede vor den Reichsstatthaltern (Anm. II/48).

[51] Rundschreiben Fricks an sämtliche Reichsstatthalter und Landesregierungen vom 10. Juli (Abschrift vom
preußischen Ministerpräsidenten *BA*, P 135/1841, fol. 275—277); abgedr. bei Poetzsch-Heffter, „Vom Deutschen
Staatsleben" (Anm. I/183), S. 24 f., dort irrtümlich mit dem Datum des 31. Juli versehen (S. 23).

behaltloser Offenheit wagte, ebenso deutlich von der politischen Organisation und der SA zu sprechen, ging aus der weiteren Anordnung hervor, „die Autorität des Staates auf allen Gebieten und unter allen Umständen sicherzustellen und jedem Versuch, diese Autorität zu erschüttern oder auch nur anzuzweifeln, woher er auch kommen mag, rücksichtslos und unter Einsatz aller staatlichen Machtmittel entgegenzutreten". Als Störung der Staatsautorität galt jetzt auch die „bisher geübte Einsetzung von Kommissaren und Beauftragten"; infolgedessen mußten alle Kommissariate „auf schnellstem Wege abgebaut" oder in den Staatsapparat eingeordnet und künftig „die in Frage kommenden Aufgaben" ausschließlich dem Staatsapparat vorbehalten werden, „da jede Art von Nebenregierung mit der Autorität des totalen Staates unvereinbar ist".

Der Inhalt dieser Befehle bezeugte, daß die autoritären Machthaber nach Verbot und Unterdrückung aller anderen politischen Parteien und Gruppen die Gefährdungen der Machtstellung, die sie errungen hatten, nun auch aus ihrer eigenen NSDAP heraus befürchteten. Stärker als bisher trat in der nächsten Periode Frick in den Vordergrund, ein alter Nationalsozialist und bayerischer Bürokrat von unscheinbarem und trockenem Wesen, der nun als „Reichsverwaltungsminister" versuchte, den Verwaltungsstaat ungeregelten Einflüssen von außen zu entziehen, um die vollkommene Befehlsgewalt und Einheit der obersten Zentralbehörde herzustellen. Diesem Willen der obersten Reichsinstanz konnte sich auch Göring nicht mehr entziehen. Schon einmal, im Mai, hatte er ein nahezu vergleichbares Bekenntnis zur „Staatsautorität" abgelegt, damit das Verbot von „Einzelaktionen nicht verantwortlicher Stellen" begründet und versprochen, „mit dem Unfug der kleinen und kleinsten Kommissare Schluß" zu machen;[52] doch dieses Versprechen galt nur der Funktionsfähigkeit wirtschaftlicher Betriebe und hatte keine allgemeinen Folgen. Am 1. Juli bestellte Göring, das Interimistikum ausnutzend, das nach dem Rücktritt Hugenbergs als kommissarischen preußischen Wirtschaftsministers entstanden war, nochmals einen Kommissar, der als Kommissar im Erfurter Wirtschaftsgebiet „die wirtschaftlichen Interessen der preußischen Gebietsteile" gegenüber „groß-thüringischen" Bestrebungen wahrnahm.[53] Dann aber folgte auch Göring der von Frick bezeichneten Linie des Primats einer „geordneten Verwaltungtätigkeit" und untersagte alle „Kontrollen der Staatsverwaltung oder gar Eingriffe durch außenstehende Stellen" mit der Begründung, „daß nach dem siegreichen Abschluß der nationalen Revolution . . . die Gewähr dafür geboten" sei, daß „auch die nachgeordneten Behörden sich ausnahmslos im Sinne der nationalsozialistischen Bewegung" betätigten.[54] Er verlangte Bericht, inwieweit Kommissare z. b. V. auch nach dem 1. August noch tätig sein würden, womit er die Behörden der inneren Verwaltung immerhin zu einer sorgfältigen Überprüfung aller Kommissariate zwang. Dieser milden Einschränkung folgte kurz darauf eine schärfere, die den beschleunigten Abschluß der Tätigkeit der Kommissare z. b. V. verlangte,[55] der Göring aber erst nach weiteren drei Monaten auch offiziell alle Grundlagen entzog, als er mit Ausnahme der auf Grund gesetzlicher Vorschriften oder des allgemeinen Staatsaufsichtsrechts ernannten Kommissare und des Staatskommissars für das Erfurter Wirtschaftsgebiet sämtliche Kommissariate aufhob.[56] Innerhalb des Innenministeriums beseitigte er die „Sonderabteilung Daluege", eine besondere kom-

---

[52] *Sitzungsberichte des Preußischen Landtags*, 5. Wahlperiode, 1933, Bd. 765, Sp. 20 und Sp. 31; Göring (Anm. II/39), S. 55 und S. 72.

[53] Erlaß des Ministerpräsidenten vom 1. Juli 1933 (Abschrift *BA*, P 135/1841, fol. 270 f.).

[54] Runderlaß des preußischen Innenministers an die nachgeordneten Behörden vom 14. Juli 1933 (*Ministerial-Blatt für die Preußische innere Verwaltung*, I, 1933, Sp. 816 ff.).

[55] Runderlaß des Innenministers vom 28. Juli 1933 (*a. a. O.*, Sp. 887 f.).

[56] Runderlaß des Ministerpräsidenten vom 24. Oktober 1933 (*a. a. O.*, Sp. 1280 f.).

missarische Befehlsstelle unter der Führung des Leiters der Polizeiabteilung, die jedoch neben ihr bestand.[57] Mit ihr verschwand die ebenso berüchtigte Hilfspolizei.[58] Allerdings zeigte sich Göring keineswegs bereit, ihrem Unwesen ein entschiedenes und eindeutiges Ende zu setzen. Wie das Geheime Staatspolizeiamt nun schon seit drei Monaten, so blieben auch die Wachmannschaften von Schutzhaftlagern, die „Geheime Feldpolizei" und die „Stabswachen" Hitlers und Görings – nachträglich aus dem Begriff der Hilfspolizei herausgelöst [59] – dauerhafte Überbleibsel einer Phase des lokalen Terrors; sie wurden Zeugen und Elemente des institutionalisierten Terrors.

4. Das Berufsbeamtentum als Bürokratie des nationalsozialistischen Staates

Die Beseitigung der Kommissare wäre wohl weder in Preußen noch anderswo in diesem Umfange vor sich gegangen, wenn dem neuen Regiment nicht eine Staatsbeamtenschaft zur Verfügung gestanden hätte, der Loyalität und Dienstwilligkeit gegenüber der Obrigkeit als höchste Prinzipien anerzogen worden waren, die sich lebenslänglich gesichert wußte, wenn sie sich diesen Grundsätzen gemäß verhielt, die teilweise dem Schlagwort von der „nationalen Revolution" bereitwillig gehorchte und sich im übrigen durch den Anschein der Legalität, den die nationalsozialistische Propaganda mit Bedacht pflegte, in einem solchen Umfange täuschen ließ, daß sie selbst die einschneidenden Maßnahmen eines anhaltenden Personalwechsels aus politischen Gründen zu ertragen vermochte, ohne von ihrer staatstreuen Haltung und Arbeitsfähigkeit abgebracht zu werden.[60]

Im modernen Staat liegt nach Max Weber „die wirkliche Herrschaft, welche sich ... in der Handhabung der Verwaltung.... auswirkt, notwendig und unvermeidlich in den Händen des Beamtentums".[61] Man kann nicht sagen, daß die Nationalsozialisten in der Reichsregierung über die Einsicht in die erhebliche politische Bedeutung, die das Beamtentum besitzen kann, nicht verfügt hätten, im besonderen nicht von Frick, der als Reichsinnenminister die entscheidende Zuständigkeit in allen Organisations- und Personalfragen des Reiches besaß und der bis in die Kriegszeit seine und seiner engsten Mitarbeiter Vorstellungen von einem neuen Staatsaufbau durchzusetzen suchte, beschränkt freilich durch häufig entgegenstehende Wünsche der Münchener Parteikanzlei, später in stärkerem Maße durch die mit ihm rivalisierenden Führer der SS und Forderungen der Wehrmacht. Vornehmlich Frick und sein Ministerium wußten die enge Bindung zwischen Regierung und Beamten für die Zwecke des totalen Staates auszunutzen und als erste das Bündnis zwischen Nationalsozialismus und Bürokratie zu knüpfen,[62] was sich angesichts des organisatorischen Wirrwarrs, der

[57] Ein vervielf., von Daluege unterzeichnetes formloses Schreiben ohne Anschrift vom 11. Juli 1933, das die Auflösung dieser „Sonderabteilung" mitteilt, bei den Akten des preußischen Justizministeriums (*BA*, P 135/10066, fol. 134).

[58] Runderlaß des preußischen Innenministers vom 2. August 1933 (*Ministerial-Blatt für die Preußische innere Verwaltung*, I, 1933, Sp. 923 a f.).

[59] Geheimer, von Staatssekretär Grauert unterzeichneter Erlaß des preußischen Innenministers vom 2. August 1933 (vervielf.; *BA*, P 135/3736, fol. 39). Der gleiche Geheimerlaß ordnete an, daß Hilfspolizeibeamte, „die sich weiterhin für den Fall innerer Unruhen dem Staate zur Verfügung halten wollen", bei den örtlichen Polizeiverwaltungen listenmäßig zu führen seien.

[60] Sorgsam abgemessene Urteile über das Verhalten der höheren Beamtenschaft enthält die Denkschrift von Arnold Brecht, *Das deutsche Beamtentum von heute* (vervielf. Manuskript der Deutschen Gesellschaft für Personalwesen e. V. in Frankfurt a. M.), 1951, S. 1 ff.

[61] Max Weber, „Parlament und Regierung im neugeordneten Deutschland", in: *Gesammelte politische Schriften*, 2., erw. Aufl., hrsgg. von Johannes Winckelmann, Tübingen 1958, S. 308.

[62] Auf die große Bedeutung der Bürokratie für den nationalsozialistischen Staat hat im Grundsätzlichen schon die wichtigste der bisher erschienenen Untersuchungen des nationalsozialistischen Totalitarismus hingewiesen: Franz Neumann, *Behemoth* (Anm. I/1), S. 69 ff.; S. 299.

in der gesamten Parteiorganisation außerhalb der SA und NSBO bis zur Machtergreifung herrschte, keineswegs von selbst verstand. Da in der Reichsleitung der NSDAP verschiedene Personen mit zeitweilig wechselnder Bedeutung den Ton angaben, kam es erst verhältnismäßig spät zur Festlegung von Zuständigkeiten und zur Ausbildung einer Parteibürokratie; sie war daher ebenso von Haus aus zunächst auf das Aushilfsmittel eines Kommissarsregiments angewiesen wie SA und SS nur zur Ausübung des Terrors taugten, dem dann auch der Verlauf der Anfangsphase der nationalsozialistischen Machtergreifung entsprach. Doch den Propagandaparolen der nationalen und preußischen Traditionen, die mit dem Tage von Potsdam in das allgemeine politische Vokabular eingingen, gelang die Indienstnahme des nationalen und konservativen Beamtentums für die Zwecke der neuen Regierung. Daß sie keine ausschließlich nationalsozialistische war, wirkte sich hierauf begünstigend aus; denn von den Parteien der Rechten fand der deutschnationale Partner in der Regierungskoalition seit längerem am meisten Gehör unter den deutschen Beamten – bei weitem mehr jedenfalls als die NSDAP.[63] Je mehr es dann der Propaganda auch über die Auflösung der DNVP hinaus gelang, die Regierung Hitlers mit der nationalen Politik schlechthin zu identifizieren, desto fester band sich auch die nationale Beamtenschaft an den Staat der neuen Regierung.

Eine wesentliche Voraussetzung der politischen Rolle des Beamtentums liegt nun aber in seiner inneren Homogenität, so daß es in diesem Sinne berechtigt ist, von einem Beamtenkörper, zumindest von einem Korps der höheren oder hohen Beamten zu sprechen.[64] Die dem Zeitalter des Absolutismus entstammende Institution der lebenslänglich versorgten Funktionäre der Staatsgewalt hat sich außerordentlich beständig erhalten, wenn auch die Einheit und innere Geschlossenheit ihres Personals langsam, in der Ideologie zögernder als in der sozialen Realität, verlorengegangen ist. Seit Beginn der großen sozialen Wandlungen der neueren Geschichte ist die Homogenität der Staatsdienerschaft immer wieder gefährdet und zersetzt, jedoch auch verteidigt

---

[63] Es wäre verfehlt, das Dilemma zu übersehen, in dem sich viele dieser Beamten befanden, die den Ereignissen folgten und es als falsch erachteten, sich ohne persönlich erfahrenen Zwang in einen privaten Bereich zurückzuziehen, „wie man im Soldat den Schützengraben verläßt und sich in die Etappe begibt" (Tagebuch Barnickel, Eintragung vom 1. August 1934; vgl. unten), und die dennoch ein anhaltendes Mißtrauen der nationalsozialistischen „Bewegung" und eine dauernde innere Zurückhaltung der Politik Hitlers gegenüber beibehielten. Ein Zeugnis aus dieser Zeit, das für viele Meinungen repräsentativ sein dürfte und das diesen zermürbenden Zwiespalt sichtbar werden läßt, die Tagebücher des bayerischen Richters Barnickel aus den Jahren 1933/34, findet sich unter dem Dokumentenmaterial des Nürnberger Juristenprozesses (*MGN* 3, Vert.-Dok.-B. 3, Dok. 44). Es schildert den Fall eines hohen Richters, der kaum einer Illusion über das schwere, zerstörende Gewicht der Ereignisse im Frühjahr 1933 erlegen ist, der in dem Hissen von Hakenkreuzfahnen auf Amtsgebäuden und in der Entlassung nationalsozialistischer Untersuchungsgefangener einen „Hohn auf die Justiz" sieht und der sicher zu sein glaubt, daß „das Verhalten der Nationalsozialisten . . . sich rächen" werde (Eintragung vom 11. März 1933), der das nationalsozialistische Schutzhaftsystem und Konzentrationslager ablehnt (16. März 1933: „Wir sind mitten im Terror"), der sich auch durch den Tag von Potsdam und die Annahme des Ermächtigungsgesetzes nicht täuschen läßt (22. März 1933: „Davon, daß vorerst der Rechtsstaat verschwunden ist, haben alle diese Leute, die sich Gebildete nennen, keine Ahnung"), der die nationalsozialistische Rassenideologie als „Gefasel" verurteilt und über die Ausschließung jüdischer Rechtsanwälte bestürzt ist (5. April 1933), der immer wieder ein erstaunlich klarsichtiges Urteil seinem Tagebuch anvertraut (29. Mai 1933: „Es wird immer mehr nivelliert, die Kultur wird auf ein gewisses primitives Niveau zurückgeschraubt, Kritik und freie Meinungsäußerung sind so gut wie nicht mehr gestattet. Das sind meiner Ansicht nach die Hauptkennzeichen des Bolschewismus." Und am 6. August 1934: „Hitlers ganzes Regierungssystem ist auf Lüge, Gewalt, Terror und Spiel mit den Massen aufgebaut.") — und der dennoch den Weg in die NSDAP und schließlich in die SA findet und für den geschlossenen Parteieintritt aller bayerischen Richter Stellung nimmt, allerdings mit der *reservatio mentalis* des national gesinnten Mannes, der den „Sieg der Rechten" mit allen Kräften unterstützt und die Regierung Hitler-Papen als ein „Kabinett der Tat" begrüßt hat: „Der Partei werde ich mich als Richter nicht sehr gern anschließen, der Bewegung zur nationalen Wiedergeburt jederzeit" (23. März 1933).

[64] Das Postulat einer sozialen Homogenität der Beamtenschaft hat in England, freilich nicht unumstritten, H. E. Dale vertreten: *The Higher Civil Service of Great Britain*, Oxford 1941, S. 176 f.; s. auch Eberhard Pikart, „Preußische Beamtenpolitik 1918—1933", in: *Vierteljahrshefte für Zeitgeschichte* 6 (1958), S. 119—137.

und zeitweilig wiederhergestellt worden. Der politische Aufstieg des Bürgertums und zuletzt die Aufrichtung einer parlamentarischen Demokratie in Deutschland bewirkten lang anhaltende Erschütterungen des homogenen Beamtenkörpers, denen personalpolitische oder personalrechtliche Maßnahmen des Staates wechselweise nachgaben oder entgegenzuwirken suchten.

Preußen war von jeher ein Staat des Beamtentums ebensogut wie des Militärs.[65] Aber auch die kleineren Länder, namentlich die Süddeutschlands, wo sich in dem früheren Verfassungswesen auch zuerst die Kritik am Beamtenregiment entwickelt hatte, waren Beamtenstaaten.[66] Die Verwaltung des bürokratisch-monarchischen Staates beruhte während ihrer Entwicklungszeit in ihrem Grundgedanken auf der Einheit des Verwaltungsaktes. Der Beamte urteilte und entschied als einzige Person. Als Vertreter des Staates für eine bestimmte Aufgabe vereinigte er – nach Maßgabe der Gesetze und seiner Vollmachten – alle Macht in seinen Händen zur Erfüllung der ihm obliegenden Aufgabe. Für diese Praxis genügte ein nach modernen Vorstellungen kleiner Beamtenkörper. Daneben gab es Untergeordnete, Schreiber, Boten, Aktenbewahrer; doch diese waren keine Beamte, sondern standen in einer Art Bedienstetenverhältnis den eigentlichen Beamten gegenüber. Die spätere Entwicklung hat von beiden Seiten Übergänge und Differenzierungen geschaffen, den Gang behördlicher Erledigungen verlängert, den eigentlichen Verwaltungsakt aufgeteilt, den Effekt verzögert und die Verantwortungen verlagert.

Es ist schon frühzeitig in der Weimarer Republik bemerkt worden, daß das Berufsbeamtentum im parlamentarisierten Staat „halb und halb Fremdkörper" geblieben, daß mit ihm eine „fremde Seele" in die Demokratie hineingenommen worden ist.[67] Die starke Beharrungskraft, die den gleichbleibenden Formen des Dienstes, der Sprache und der Arbeitsweise des alten Beamtentums innewohnte, wirkte sich, im ganzen betrachtet, keineswegs zugunsten der demokratischen Verfassung aus. Die oberen Kategorien des alten Beamtentums hatten im Positivismus des staatlich gesetzten Rechts der Vorkriegszeit, in dem sie sich unübertrefflich auskannten, den Höhepunkt ihrer Bedeutung erlangt. In der ihm eigentümlichen Verschmelzung von individuellem Selbstbewußtsein und bedingungsloser Zuverlässigkeit im Dienst an der bestehenden staatlichen Ordnung lagen der eigentliche Vorzug, der Ruf und die Leistungsfähigkeit des Vorweltkriegsbeamtentums begründet. Es ist gewiß mehr als Legende, daß sich

---

[65] Die Geschichte des preußischen Beamtentums ist in einer Anzahl bedeutender Untersuchungen erforscht worden. Hier sind vor allem zu nennen: Fritz Hartung, *Studien zur Geschichte der preußischen Verwaltung* (Anm. II/5), Erster Teil: *Vom 16. Jahrhundert bis zum Zusammenbruch des alten Staates im Jahre 1806 (Abhandlungen der Preußischen Akademie der Wissenschaften*, Jg. 1941, Phil.-hist. Klasse, Nr. 17); Zweiter Teil: *Der Oberpräsident* (Anm. II/5); Dritter Teil: *Zur Geschichte des Beamtentums im 19. und 20. Jahrhundert (Abhandlungen der Deutschen Akademie der Wissenschaften zu Berlin*, Jg. 1945/46, Phil.-hist. Klasse, Nr. 8, Berlin 1948); auch Fritz Hartung, *Staatsbildende Kräfte der Neuzeit. Gesammelte Aufsätze*, Berlin 1961, S. 178–344; neuerdings: Hans Rosenberg, *Bureaucracy, Aristocracy and Autocracy. The Prussian Experience, 1660–1815*, Cambridge (Mass.) 1958; Walter Dorn, "The Prussian Bureaucracy in the Eighteenth Century", in: *Political Science Quarterly* 46 (1931), S. 403–423; 47 (1932), S. 75–94 und S. 259–273; Herbert v. Borch, *Obrigkeit und Widerstand. Zur politischen Soziologie des Beamtentums*, Tübingen 1954, bes. S. 118 ff.; von früheren Studien über die älteren Zeiten vor allem: Gustav Schmoller, „Der preußische Beamtenstand unter Friedrich Wilhelm I.", in: *Preußische Jahrbücher* 26 (1870), S. 148–172; S. 253–270; S. 538–555; ders., „Über Behördenorganisation, Amtswesen und Beamtentum im allgemeinen und speziell in Deutschland und Preußen bis zum Jahre 1713", in: *Acta Borussica: Behördenorganisation*, Bd. I, Berlin 1894, S. 15–243; Otto Hintze, „Einleitende Darstellung der Behördenorganisation und allgemeinen Verwaltung in Preußen beim Regierungsantritt Friedrichs II.", in: *Acta Borussica, a. a. O.*, VI, Teil I, Berlin 1901; ders., „Der preußische Militär- und Beamtenstaat im 18. Jahrhundert", in: ders., *Geist und Epochen der preußischen Geschichte (Gesammelte Abhandlungen*, hrsgg. von Fritz Hartung, Bd. III), Leipzig 1943, S. 453–462; Carl Twesten, „Der preußische Beamtenstaat", in: *Preußische Jahrbücher* 18 (1866), S. 1–39 und S. 109–148; ferner: Albert Lotz, *Geschichte des deutschen Beamtentums*, 2. Aufl., Berlin 1914.

[66] Vgl. hierzu die in ihren Grenzen beachtliche Schrift von Theodor Wilhelm, *Die Idee des Berufsbeamtentums. Ein Beitrag zur Staatslehre des deutschen Frühkonstitutionalismus*, Tübingen 1933, S. 5 ff.

[67] Leo Wittmayer, *Die Weimarer Reichsverfassung*, Tübingen 1923, S. 353.

bei der Mehrzahl dieser Beamten Unbestechlichkeit und Bereitschaft zu anonymer Tätigkeit auch unter starker materieller Beschränkung bis zuletzt erhielten.[68] Ihnen eignete etwas von einem Orden, in dem das Gelübde der getreuen Diensteifrigkeit und der persönlichen Einschränkung oberstes Gesetz war. In Preußen haftete diesem Stand viel aus der Aufstiegsperiode des brandenburgisch-preußischen Staates und von der Kargheit der Lebensbedingungen an, die das nächste Ziel immer nur unter Entsagungen zu erreichen erlaubte. Freilich gehörten Weltoffenheit und Weltkenntnis seltener als Devotion, Pietät und Loyalität zu den Eigenschaften des preußischen Beamten. Doch bis zuletzt hat das deutsche Beamtentum neben vielem Mittelmaß bedeutende Köpfe hervorgebracht, die über ihre Verwaltungstätigkeit hinaus bekannt wurden, als Wissenschaftler einen Ruf gewannen oder auch als Politiker hervortraten. Nach dem Zusammenbruch der militärischen Macht ließ die vorerst unvermeidliche Beibehaltung der Kriegsnotwirtschaft und das Fehlen größerer Gruppen von Parlamentariern mit reichen Verwaltungserfahrungen den Parteien der Demokratie keine andere Wahl, als zu einem Einverständnis mit den Beamten des Reichs und der Länder zu gelangen, ihnen Forderungen zu erfüllen und Sicherheiten zu verschaffen, um ihre Zuverlässigkeit zu festigen und die Kluft zwischen revolutionären Regierungen und traditionsverpflichtetem Verwaltungspersonal zu überbrücken. Zu einer durchgreifenden Reform von Verwaltung und Beamtentum konnte es infolgedessen weder während der Revolution noch in der Phase der verfassunggebenden Nationalversammlung kommen; sie ist aber auch zu einem späteren Zeitpunkt nicht nachgeholt worden. Von Verwaltungsreformen wurde in der Weimarer Periode häufig gesprochen, ohne daß jedoch die mit vielen gewichtigen Problemen und Anforderungen belastete Republik eine organische Änderung in der Personalstruktur herbeizuführen vermochte. Es rechnet zu den großen Schwächen demokratischer Gruppen und Parteien, daß sich der Eifer, mit der sie die Verwirklichung des parlamentarischen Systems verfolgten, bei weitem nicht mit vergleichbarem Erfolg des freilich komplizierten Verwaltungswesens bemächtigte und der Wellenschlag des engagierten politischen Interesses immer mehr die Einzelfragen der Personalpolitik umbrandete. Unter den konservativen Gegenkräften des traditionsbewußten Beamtentums hingegen lebte die Überzeugung von dem absoluten Vorrang der Institutionen, die den Staat gern als eine Verwaltung zum allgemeinen Wohl betrachtete, und die überaus kühle Zurückhaltung der verfassungsmäßigen Gesamtreform gegenüber fort; in ihnen konnte sich infolgedessen die Gleichgültigkeit gegenüber dem Wandel oder gar dem Wechsel der Verfassung ausbreiten, die sie allenfalls als Ausdruck und Mittel einer die Organisation und Gravitation der Verwaltungstätigkeit disponierenden Ordnung zu bewerten vermochten. Nicht zuletzt aber bewirkte der starke Einfluß der Beamtenverbände in Parlamenten und Parteien,[69] daß manches zugunsten eines Ausbaus, jedoch nichts für eine Reform des überkommenen Beamtenwesens geschah.

Die Weimarer Zeit setzte daher im allgemeinen die besonderen deutschen Eigentümlichkeiten des Berufsbeamtentums, das sich hierin von dem Beamentum anderer westlicher Großstaaten unterschied, fort und bildete sie weiter.[70] Hierzu zählten das aus

---

[68] Vgl. auch das Urteil von Brecht, *Das deutsche Beamtentum*. . . (Anm. II/60), S. 1.

[69] Übersicht und Literatur hierzu bei Bracher (Anm. I/132), S. 176.

[70] Für heute noch herrschende Auffassungen ist die Schrift von Ernst Kern, *Die Institution des Berufsbeamtentums im kontinentaleuropäischen Staat. Eine rechts- und verwaltungsvergleichende Studie (Verwaltung und Wirtschaft. Schriftenreihe der westfälischen Verwaltungs- und Wirtschaftsakademien, Heft 5)*, Dortmund 1952, aufschlußreich, die an der These der Überlegenheit des kontinentaleuropäischen, insbesondere des deutschen „Rechtsstils" über den „sicher lebensnahen, aber ungeheuer schwerfälligen und teuren Justiz- und Verwaltungsapparat" der angelsächsischen Länder festhält (S. 34). Danach ist Rechtskundigkeit und nicht Lebensnähe der Maßstab, der an die Verwaltung anzulegen ist. — „Will man das Juristenmonopol . . . abschaffen . . ., so ist die Ausstellung des Totenscheines für die Bundesrepublik nur eine Frage der Zeit" (S. 35). — Man entdeckt das moderni-

der absolutistischen Zeit überkommene Monopol des juristischen Studiums als Vorbereitung zwar nicht für alle Verwaltungslaufbahnen, aber doch für die politisch bedeutsamen – die Justiz, die innere Verwaltung und die Finanzverwaltung –, für den weitaus größten Teil wirtschaftlicher Verwaltungen einschließlich der Arbeitsverwaltung, auch für Gebiete also, die in wissenschaftlicher und akademischer Hinsicht eher von anderen Disziplinen als von der juristischen erfaßt werden, und sogar in großen Teilen der technischen Verwaltungen, z. B. des Post- und des Verkehrswesens; eine verhältnismäßig lange und systematische praktische Ausbildung vor der Abschlußprüfung; ein starker Schutz der lebenslangen, nur auf disziplinarischem Wege aufhebbaren Beamtung; außerordentlich steile und stufenreiche Ämterpyramiden, die eine fortgesetzte, jedoch formalisierte Auslese zur Folge haben; das Fehlen einer einheitlichen Personalpolitik und schließlich das starke Übergewicht der Beamtenschaft über die Angestellten des öffentlichen Dienstes und die „klubhafte" Abgrenzung der ersten Gruppe von der zweiten.[71] Das spezifische, merkwürdig apolitische Standesbewußtsein des Beamten wird auch von dem permanenten Staatssekretär der Reichspräsidenten, Otto Meißner, bezeugt, wenn er das Beamtentum „in jahrhundertealter Tradition" letztlich nur zu dem Bewußtsein erzogen glaubte, „loyal und in sachlicher Arbeit, unbeirrt durch die Tagespolitik, dem Staat" zu dienen;[72] ‚Tagespolitik' war nunmehr alles, was unbequem war und als karrieregefährdend galt. Diese Diminution des Staatsbürgerlichen glaubte wohl mancher Staatsbeamte mit seiner loyalen Dienstverpflichtung geradezu als Reservatrecht beanspruchen zu dürfen.

Die Erweiterung der Verwaltungsaufgaben und die Intensivierung der Verwaltung hatten eine rasche und gewaltige Vergrößerung des Beamtenkörpers zur Folge; und die Einbeziehung weiterer, selbst untergeordneter Verwaltungsfunktionen in beamtenrechtliche Stellungen machten das Beamtentum zu einer bedeutsamen sozialen Kategorie. Die politische und soziale Entwicklung im 20. Jahrhundert, vor allem aber der Weltkrieg, die Anforderungen von Krieg und Kriegswirtschaft an die Verwaltung, die gänzlich neue Zweige aufzubauen begann, haben Verwaltungsaufgaben und Beamtenschaft in einem bis dahin nicht geahnten Ausmaß erweitert, neue Reichsverwaltungen entstehen lassen und die kommunalen Verwaltungen in größtem Umfange ausgedehnt; kaum anders wirkten sich die Umstellungen nach Kriegsende aus. Von 1914 bis 1920 stieg die Gesamtzahl der Beamten des Reiches, der Länder und der Gemeinden trotz Gebietsverlusten von 746 023 auf 1 000 476 Köpfe; allein die Etatsstellen der Reichsverwaltungen wuchsen von 201 125 auf 688 023 an.[73] Einige neue Behörden – namentlich Arbeits- und Fürsorgeverwaltungen – schossen auf, und nach erheblichen Schwankungen nach beiden Seiten erreichte der Personalstand der gesamten öffentlichen Verwaltung am 31. März 1931 936 268 Köpfe.[74] Derartig beträchtliche Änderungen der Größenordnungen zogen nicht nur Wandlungen in der

---

sierte Credo der Berufsbeamtentradition in dem Satz: „Die Gerechtigkeit des modernen Massenmenschen heißt Rationalität", der sehr gut auch auf den totalen Staat bezogen werden könnte.

[71] Brecht, *Das deutsche Beamtentum*... (Anm. II/60), S. 26 f.

[72] Otto Meißner, *Staatssekretär unter Ebert, Hindenburg, Hitler. Der Schicksalsweg des deutschen Volkes von 1918 bis 1945, wie ich ihn erlebte*, Hamburg 1950, S. 318.

[73] Zahlen von Otto Schwarz, *Die Entwicklung der Ausgaben und Einnahmen Deutschlands, Englands, Frankreichs und Italiens vor und nach dem Weltkrieg*, Magdeburg 1921, S. 50. Die deutsche Zuwachsrate von 34,11 % — unter Berücksichtigung der inzwischen eingetretenen Gebietsverluste 49,01 % — war mit Abstand die höchste in den Großstaaten West- und Mitteleuropas.

[74] Davon waren 761 972 Beamte (einschließlich Beamtenanwärter) und 174 296 Angestellte. Diese Ziffern enthalten nicht das Personal von Reichsbahn und Reichspost sowie Militärpersonen, für die außerdem insgesamt ca. 1,3 Millionen Köpfe angesetzt werden müssen, unter denen ein geringes Übergewicht der Beamten bestand. 150 298 Beamte entfielen auf den preußischen Staat, 96 681 auf das Reich und 302 400 auf die Gemeinden und Gemeindeverbände; alle Länder zusammen verfügten über 362 891 Beamte. Den größten Anteil am beamteten Personal des Reiches hatte die Finanz-, Steuer- und Schuldenverwaltung (72 958 Beamte); die größten Anteile

sozialen Zusammensetzung der Beamtenschaft nach sich, sondern wiesen der breiten sozialen Schicht des Massenbeamtentums nun auch eine neue Rolle in Staat und Gesellschaft zu. Notzeit und Bedrängnis des bürgerlichen Mittelstandes, aber mehr und mehr auch kleinbürgerlicher Schichten ließen die verfassungsmäßig gerantierte Sicherheit des Beamtenberufs als höchst begehrenswert erscheinen und förderten den Abzug aus dem wirtschaftlichen Leben, das zu einem harten Existenzkampf geworden war, in die beamteten Funktionen der Verwaltung. Mit dieser Sozialisierung des Beamtentums, die die staatliche Verwaltung zu einer Art Auffangvorrichtung für die anwachsenden ökonomisch entwurzelten Teile des Mittelstandes wie für das aufstrebende Kleinbürgertum machte, lief keineswegs eine Politisierung der von diesem Vorgang erfaßten Gruppen einher. Die Herrschaft des fachlich qualifizierten Beamtentums der höchsten Ränge drängte die Masse der kleineren, mittleren und weniger hohen Bürokraten in die Rolle eines mediokren Staatsdienertums. Das Ergebnis war die rasche Ausbreitung eines subalternen, retardierenden, vagen, im wesentlichen politisch sterilen, neutralistisch gewandeten Staatspositivismus, der seine lähmenden Ausstrahlungen in weite Bereiche des politischen und sozialen Lebens sandte.

Das politische Schicksal des Beamtentums in der Ära von Weimar hinterließ die auffälligsten Spuren innerhalb der Kategorie der sogenannten politischen Beamten, ursprünglich der „disponiblen" Beamten, die es in den größeren Ländern seit mehreren Jahrzehnten gab. In Preußen erwartete die Regierung seit 1899 von ihnen jederzeit eine tatkräftige Unterstützung ihrer Politik; sie konnte sie daher jederzeit auswechseln, um sich in Stellen von politischer Bedeutung die ihr am zweckmäßigsten erscheinende Unterstützung zu sichern.[75] Das Reichsbeamtengesetz vom 31. März 1873 hatte diese Einrichtung für die Reichsbehörden eingeführt; das Gesetz über die Pflichten der Beamten zum Schutz der Republik [76] hatte sie übernommen und auf die Leiter der Reichsbehörden, ihre Stellvertreter, auf Ministerialräte in Dirigentenstellungen und eine Anzahl von Abteilungsleitern und Referenten, die sich mit Aufgaben zum Schutz der Republik befaßten, ausgedehnt und außerdem die Länder ermächtigt, ähnlich zu verfahren. Preußen übernahm seine alte Einrichtung bereits durch Verordnung vom 26. Februar 1919[77] mit der Umbildung der Staatsbehörden; sie wurde jedoch neu definiert und später erweitert,[78] so daß ihr schließlich alle Staatssekretäre, Ministerialdirektoren und Ministerialdirigenten, die Beamten der Pressestelle beim Staatsministerium, in der inneren Verwaltung die Oberpräsidenten und Regierungspräsidenten und deren Vertreter (Vizepräsidenten und Regierungsvizepräsidenten),

---

der Beamten der Länder entfielen auf die Polizei (130 166), das Schulwesen (91 987) und die Rechtspflege (63 705); Angaben nach den Zahlen im *Statistisches Jahrbuch für das Deutsche Reich*, hrsgg. vom Statistischen Reichsamt, 49. Jg. (1930), S. 510 f.; S. 514 f. Unter solchen Größenordnungen nahm sich der Stellenplan einer so wichtigen Behörde wie des Reichsministeriums des Innern geradezu bescheiden aus. Er enthielt für 1933 außer dem Reichsminister insgesamt 372 Stellen (zum Vergleich 1938: 471), davon 31 Stellen für höhere, 117 für mittlere Beamte, 47 für beamtete und 167 für nichtbeamtete Hilfskräfte. Aber selbst diese Behörde hatte schon ein beachtliches Wachstum hinter sich. 1872 zählte das gesamte Reichskanzleramt außer dem Reichskanzler nur 1 Präsidenten, 1 Direktor, 6 Vortragende Räte, 5 Hilfsarbeiter, 1 Bürovorsteher, zusammen 14 höhere und außerdem 33 mittlere Beamte. Demgegenüber verfügte das Reichsamt des Innern nach seiner Abzweigung aus dem Reichskanzleramt (1880) über 16 höhere und 64 mittlere Beamte; 1925 waren es 35 höhere Beamte – darunter 20 Ministerialräte –, 120 mittlere und 28 untere Beamte sowie 79 Angestellte und 1932 46 höhere (25 Ministerialräte), 126 mittlere und 19 untere Beamte sowie 90 nichtbeamtete Hilfskräfte. Nach Medicus, *Das Reichsministerium des Innern* (Anm. I/206), S. 84 ff.

[75] Zur Entwicklung der „politischen Beamten": Wolfgang Lenze, *Der politische Beamte. . .*, Jur. Diss., Königsberg 1933, und Otto Goldberg, *Die politischen Beamten im deutschen Rechte*, Jur. Diss., Leipzig 1932; s. auch Hartung, *Zur Geschichte des Beamtentums. . .* (Anm. II/65), S. 21 ff.

[76] Vom 21. Juli 1922 (RGBl., I, 1922, S. 590).

[77] *Preußische Gesetzsammlung*, 1919, S. 33.

[78] Lenze (Anm. II/75), S. 32 f.

die Landräte, die Vorsteher der staatlichen Polizeibehörden sowie der Vizepolizeipräsident in Berlin und in der Justizverwaltung die Beamten der Staatsanwaltschaften bei den Gerichten zugehörten. Sie bildeten eine Kategorie höherer Beamter, über die die Regierung in politischer Hinsicht vollständig verfügen konnte und die sie auch mit nichtjuristischen Stellenbewerbern, sogenannten Außenseitern, besetzen durfte,[79] für die zwar die Üblichkeiten des Personalrechts nicht außer Kraft gesetzt, wohl aber die Wirkungen der institutionellen Garantie der Reichsverfassung für das Berufsbeamtentum wesentlich eingeschränkt wurden.[80]

Eine Politisierung der Personalpolitik im Sinne des parteienstaatlichen Parlamentarismus hat zweifellos in Preußen stattgefunden. Sie ist häufig Gegenstand von Mißdeutungen und Polemiken gewesen. Die aus der Revolution hervorgegangene Staatsregierung, die das vorhandene Beamtenkorps in wesentlichen Teilen übernahm, es aber nach den Erfahrungen des Kapp-Putsches angesichts der nicht zu leugnenden Regungen staatsgegnerischer Elemente auch in der Verwaltung nicht für ewig in seiner alten Struktur zu erhalten bereit war, mußte sich zweifellos für eine Auswahl ihrer Beamten auch nach politischen Gesichtspunkten entscheiden. Sie war allerdings mit dem Prinzip einer politischen Neutralisierung des Berufsbeamtentums nicht zu vereinbaren. Doch der preußischen Regierung kann weder eine Durchbrechung des geltenden Beamtenrechts noch eine willkürliche oder in einem engen Sinne parteipolitische Personalpolitik nachgesagt werden; sie hat weder eine „totale Politisierung der Bürokratie" noch eine „totale Bürokratisierung der Politik"[81] betrieben oder angestrebt. Unverhältnismäßig hohe Personalwünsche einer Partei blieben immer dem Risiko eines Zerwürfnisses in der Koalition ausgesetzt; infolgedessen war jeder der Koalitionspartner gezwungen, auf Einwendungen und Wünsche der anderen Rücksicht zu

[79] Vgl. Pikart (Anm. II/64), S. 124. Die Außenseiterbestimmung ist für die Beamten der Staatsanwaltschaften nicht angewendet worden.

[80] Vgl. hierzu neben den kürzeren Erörterungen von Theodor Eschenburg, Der Beamte in Partei und Parlament (Kleine Schriften für den Staatsbürger, Heft 15), Frankfurt a. M. 1952, S. 39 ff.; Brecht, Das deutsche Beamtentum . . . (Anm. II/60) und Borch (Anm. II/65), S. 154 ff.; die vergleichende Betrachtung von Ernst Fraenkel, „Freiheit und politisches Betätigungsrecht der Beamten in Deutschland und USA", in: Veritas, Justitia, Libertas. Festschrift zur 200-Jahrfeier der Columbia University New York, überreicht von der Freien Universität Berlin und der Deutschen Hochschule für Politik Berlin, Berlin o. J. [1953], S. 59—90; und die beiden jüngsten Aufsätze von Hans-Karl Behrend, „Zur Personalpolitik des preußischen Ministeriums des Innern", in: Jahrbuch für die Geschichte Mittel- und Ostdeutschland, Bd. VI, Tübingen 1957, S. 173–214; und Pikart (Anm. II/64); beide enthalten auch weitere Literaturhinweise. Zur Entwicklung des Beamtenrechts: neben Arnold Köttgen, Das deutsche Berufsbeamtentum und die parlamentarische Demokratie, Berlin-Leipzig 1928; ders., Beamtenrecht (Jedermanns Bücherei), Breslau 1929; ders., „Die Entwicklung des deutschen Beamtenrechts und die Bedeutung des Beamtentums im Staat der Gegenwart", in: Handbuch des deutschen Staatsrechts (Anm. I/171), II, S. 1 ff., und den Dissertationen von Lenze und Goldberg (Anm. II/75), das umfangreiche Kompendium von Artur Brand, Das Beamtenrecht. Die Rechtsverhältnisse der preußischen Staats -und Kommunalbeamten (Handbücher der Preußischen Verwaltungsrechts, Bd. V), 3. Aufl., Berlin 1928; Wittmayer (Anm. II/67), S. 82 ff.; Ludwig Waldecker, „Entwicklungstendenzen im deutschen Beamtenrecht", in: Archiv des öffentlichen Rechts, N. F., 7 (1924), S. 129 ff., ders., Deutsches Verfassungsrecht (Jedermanns Bücherei), Breslau 1926, S. 83 ff.; Hans Nawiasky, Die Stellung des Berufsbeamtentums im parlamentarischen Staat, München 1926; Friedrich Giese, Das Berufsbeamtentum im deutschen Volksstaat, 2. Aufl., Berlin 1930; Hans Gerber, „Vom Begriff und Wesen des Beamtentums", in: Archiv des öffentlichen Rechts, N. F., 18 (1930), S. 1 ff.; Franz Hoffmann, Art. „Beamte", in: R. v. Bitter, Handwörterbuch der Preußischen Verwaltung, hrsgg. von Bill Drews und Franz Hoffmann, 3. Aufl., Berlin–Leipzig 1928, Bd. I; und die Verhandlungen der Tagung der Deutschen Staatsrechtslehrer zu Halle am 28./29. Oktober 1931: Entwicklung und Reform des Beamtenrechts (Veröffentlichungen der Vereinigung der Deutschen Staatsrechtslehrer, Heft 7), Berlin–Leipzig 1932, S. 2 ff. (Berichte von Hans Gerber und Adolf Merkl). Über die Pflichten der Beamten in der Republik von Weimar im besonderen Walter Jellinek, Verwaltungsrecht, 3. Aufl., Berlin-Göttingen-Heidelberg 1931, Neudruck Offenburg 1948, S. 369 ff.; allgemein auch Robert Graf Hue de Grais in: Handbuch der Verfassung und Verwaltung, 23. Aufl., Berlin 1926, S. 43 ff. Von den historisch wichtigen Zeugnissen zur preußischen Beamtenpolitik seien die Memoiren genannt von Paul Hirsch, Der Weg der Sozialdemokratie zur Macht in Preußen, Berlin 1929, S. 162 ff.; Otto Braun, Von Weimar zu Hitler, 2. Aufl., New York 1940, S. 21 ff.; S. 39 ff.; Carl Severing, Mein Lebensweg, 2 Bde., Köln 1950; und Albert C. Grzesinski, Inside Germany, New York 1939, S. 110 ff.

[81] Fraenkel, a. a O., S. 89.

nehmen, was im allgemeinen einer Begrenzung der Forderungen gleichkam und ungefähr paritätische Verhältnisse herstellte. Von 539 politischen Beamten der inneren und allgemeinen Verwaltung Preußens waren am 1. Oktober 1929 113 Angehörige des Zentrums, 105 Angehörige der SPD, 95 der DVP und 71 der Demokratischen Partei.[82] Allerdings kamen die Außenseiter ziemlich restlos aus der Patronage der Parteien, wobei Sozialdemokratie wie Zentrum und Gewerkschaften zum größten Teil ihre eigenen Funktionäre vorschoben, die auf diesem Wege — am stärksten außerhalb der Ministerien — als „Außenseiter" von den höchsten Ämtern aus allmählich weiter nach unten vordrangen.[83] Der Sinn dieser Personalpolitik lag in der „planvollen Mischung aller politischen Einstellungen" von der Sozialdemokratie bis zur Deutschen Volkspartei, jedoch unter Ausschluß der Deutschnationalen und der Kommunisten, wie sie der ehemalige Reichsjustizminister Radbruch auch hinsichtlich der Besetzung des Staatsgerichtshofes bezeugt hat, die die in sie gesetzten Erwartungen keineswegs enttäuschte und „eine objektivere Justiz verbürgte als die dem Zufall überlassene Dosierung der politischen Anschauungen".[84] Sie gewährleistete eine Ausscheidung derer, die durch ihre Parteizugehörigkeit zu erkennen gaben, daß sie den demokratischen Staat bekämpften. Die Republik mußte „von ihren Beamten verlangen, daß sie Republikaner sind";[85] so wenig auch eine Identifizierung des Staatsbekenntnisses mit einem Parteibekenntnis befriedigend erscheinen mag, so gab es doch bei Lage der Dinge, da die Eidesleistung nach den Erfahrungen während des Kapp-Putsches und zu anderen Gelegenheiten unter den schwankenden Voraussetzungen der Staatsvorstellung nicht mehr ausreichte, kaum einen anderen Maßstab für die „Verfassungsverantwortlichkeit"[86] der hohen Beamtenschaft.

Die Grundsätze eines solchen Systems mußten freilich hinfällig werden, sobald eine einzige Partei im ausschließlichen Besitze der Macht stand, zumal wenn sie sich selbst die radikalsten Maßstäbe zu ihren Gunsten nicht versagte und die Personalpolitik zu einem Monopol ihrer Macht ausgestaltete. Mochte das Berufsbeamtentum entscheidend zur Aufrechterhaltung und Fortentwicklung einer rechtlichen, normalen Verwaltung beigetragen haben und mag ihm auch zu Recht eine politisch bedeutsame Rolle in der Republik von Weimar nachgesagt werden; eine Versicherung in politischen Konflikten konnte es nicht darstellen. Die Leistung seiner großen Mehrheit blieb loyaler und sorgsamer Dienst für die jeweilige Regierung.[87] Im allgemeinen hat der überwiegende

---

[82] Nach Angabe von Albert Grzesinski, *Das Beamtentum im neuen Staat. Zwei Vorträge von Grzesinski und Hans Völter auf dem Mitteldeutschen Beamtentag in Magdeburg am 1. Dezember 1929*, Berlin 1930, S. 13. Bei diesen Ziffern ist allerdings zu berücksichtigen, daß der Anteil der Politiker mit der Höhe des Amtes zunahm. Eine Übersicht bei Pikart (Anm. II/64), S. 124, gibt für das Jahr 1929 an, daß von 12 Oberpräsidenten 9 den Parteien der Weimarer Koalition – davon 5 der SPD – angehörten, von 32 Regierungspräsidenten 21 (8 SPD), von 408 Landräten hingegen nur 194 (64 SPD), von 8 Staatssekretären 7 (2 SPD) und von 40 Ministerialdirektoren 30 (4 SPD). Am empfindlichsten reagierte die Öffentlichkeit bei der Besetzung der Landratsämter. Die Verhältnisse blieben hier bis zu den Maßnahmen des Reichskommissariats Papen annähernd gleich, verschoben sich im Laufe der Zeit jedoch etwas zugunsten des Zentrums. Eine Landräteliste des Preußischen Landkreistages nach dem Stand vom 1. Oktober 1932 – also vor den Maßnahmen Papens und Brachts in der Kreisinstanz – zählt 339 amtierende bzw. kommissarische Landräte auf. Von 158 war eine Parteizugehörigkeit bekannt: 76 gehörten dem Zentrum an, 28 waren Sozialdemokraten, 26 Demokraten (wohl Angehörige der „Staatspartei"), 22 Mitglieder der Deutschen Volkspartei, und 6 waren Deutschnationale. Das Zentrum übte einen beherrschenden Einfluß in den vorwiegend katholischen Kreisen aus. Im Regierungsbezirk Hohenzollern gehörten beide Landräte der Zentrumspartei an, in den Regierungsbezirken Aachen 6 von 7, in Trier 6 von 9, in Köln 5 von 6, in Düsseldorf 5 von 9, in Koblenz 8 von 10, in Münster 6 von 10 und in Oppeln 11 von 14 Landräten (BA, R 36/46, 2. Liste).

[83] Kritische Bemerkungen hierzu in dem sorgsam abgewogenen Urteil von Willibalt Apelt, *Geschichte der Weimarer Verfassung*, München 1946, S. 347.

[84] Gustav Radbruch, *Der innere Weg. Aufriß meines Lebens*, Stuttgart 1951, S. 163.

[85] Grzesinski, *Das Beamtentum . . .* (Anm. II/82), S. 10.

[86] Ausdruck von Wilhelm (Anm. II/66), S. 31.

[87] So auch die abschließende Bemerkung von Fritz Morstein Marx, "Civil Service in Germany", in: *Civil Service Personnel*, New York–London 1935, S. 275. Auch die beiden von Herbert v. Borch aufgezählten historischen

Teil des Berufsbeamtentums in den normalen Jahren der Republik gegenüber die ihm zugedachten Aufgaben mit Selbstbewußtsein erfüllt und, soweit der Staat der Verfassung von Weimar ein Rechts- oder Gerechtigkeitsstaat genannt werden kann, zu seiner Erhaltung beigetragen.[88] Doch die Zeit war zu kurz, und die ausgewählten Mittel einer allmählich durchgreifenden personellen Erneuerung in der Kategorie der politischen Beamten unter Aufrechterhaltung der übrigen Personalrechtsgrundsätze waren bei weitem nicht ausreichend, um in den politisch wichtigen Zweigen der Verwaltung ein vom Vorkriegsbeamtentum wesentlich abgehobenes, stark aufgefrischtes, neues homogenes Beamtentum gleicher Leistungsfähigkeit zu schaffen. Das gelang im übrigen Deutschland noch weniger als in Preußen, wo Severing in seiner zweiten Amtsperiode als Innenminister nach 1930 im Widerstand gegen den aufkommenden Nationalsozialismus eine engere Verbindung zu dem Korps der höchsten politischen Beamten suchte. In mehreren „Konferenzen der leitenden preußischen Verwaltungsbeamten"[89] gab Severing Berichte über die innerpolitische Lage und über die Stellung Preußens zur Politik der Reichsregierung, um daran Weisungen und Erläuterungen für die allgemeine Politik der Behördenchefs der inneren Verwaltung zu knüpfen. Die Behandlung der übermächtig angewachsenen NSDAP riet ein einheitliches Verhalten der leitenden Beamten der Mittelbehörde und der Polizei an und erheischte in der Phase des verschärften Existenzkampfes der Republik „nicht . . . nur rechtliche Entscheidungen", sondern die Bereitschaft zu einem „politischen Kampf ersten Ranges", in dem „im Zweifelsfalle die Entscheidung zugunsten des Staates" getroffen werden sollte.[90] Sie bildeten eine besondere Kategorie unter den politischen Beamten, die in der zunehmenden Politisierung der Atmosphäre zum unaufgebbaren wesentlichen Organ des in der Verteidigung befindlichen Verfassungsstaates geworden waren. Der politische Gehalt dieser Konferenzen kontrastierte deutlich zur Übung der Kommissare des Reichs, die nach dem preußischen Staatsstreich Papens Anfang November 1932 nochmals eine derartige Konferenz abhielten, aber die unmittelbare Begegnung zwischen dem Ministerium und dem Korps der Chefs der Mittelbehörden und Polizeistellen nur noch zu technischen, vor allem informatorischen Zwecken nutzten und auf eine Aussprache über die politische Situation verzichteten.

Beispiele für „eine Widerstandsfunktion des Beamtentums" bestätigen diese Feststellung: das Verhalten der hohen preußischen Ministerialbürokratie während des Kapp-Putsches und die Tätigkeit der 1807 „unter dem Druck der Reformbedürftigkeit des besiegten Staatswesens" vom König berufenen preußischen Reformer; Herbert v. Borch, „Obrigkeit und Widerstand", in: *Vierteljahrshefte für Zeitgeschichte* 3 (1955), S. 297–310. In beiden Fällen war die Obrigkeit gefährdet; doch man übertriebe wohl die Hoffnungen auf eine Erneuerung des Widerstandsrechts durch das moderne Beamtentum, wollte man seine Loyalität in Zeiten relativer Staatsgefährdung schon als einen Widerstand deuten, der im Sinne des Widerstandsrechts doch eben als Widerstand *gegen* die Obrigkeit sinnvoll sein müßte. Das einmalige Beispiel der hart an die Grenzen jeder Existenz rührenden Endphase des nationalsozialistischen Staates möge in diesem Zusammenhang unerörtert, das Verhalten der Beamten in der ganzen Periode des Nationalsozialismus noch untersucht werden. Das eigentlich interessante Problem liegt in dem Dilemma zwischen Loyalität und Widerstandsrecht begründet, in dem sich der Beamte befindet, sobald die staatliche Obrigkeit ihr Recht, Anforderungen an ihn zu stellen, über die Maßen ausnutzt, und sofern in dem Beamten eine Vorstellung vom Widerstandsrecht lebendig ist. Max Weber hat das, was hier Loyalität genannt wird, „Ehre des Beamten" geheißen und sie mit der Fähigkeit identifiziert, „wenn – trotz seiner Vorstellungen – die ihm vorgesetzte Behörde auf einem ihm falsch erscheinenden Befehl beharrt, ihn auf Verantwortung des Befehlenden gewissenhaft und genau so auszuführen, als ob er seiner eigenen Überzeugung entspräche: ohne diese im höchsten Sinn sittliche Disziplin und Selbstverleugnung zerfiele der ganze Apparat"; Max Weber, „Politik als Beruf", in: *Gesammelte politische Schriften* (Anm. II/61), S. 512.
[88] Vgl. auch Apelt (Anm. II/83), S. 348.
[89] Hierzu zählten die Oberpräsidenten, die Regierungspräsidenten und die Leiter der staatlichen Polizeiverwaltungen; außerdem beteiligten sich einige Referenten verschiedener Ministerien. (Aufzeichnungen über mehrere dieser Konferenzen vom Ministerialrat im preußischen Justizministerium Pritsch bei den Generalakten dieses Ministeriums: *BA*, P 135/4184, fol. 258 ff.; 280 ff. und 290 f.).
[90] Aufzeichnungen Pritschs über Ausführungen Severings am 27. Februar 1932 (*a. a. O.*, fol. 280 ff.).

Die gesamte Zeit der Republik hindurch behaupteten sich innerhalb des Beamtentums aber auch national-konservative Kreise, die teilweise in Klüngeln und Klubs die Gegnerschaft zur Republik hegten, wie etwa in dem Berliner Nationalen Club, einem Treffpunkt monarchistischer Beamter und Offiziere, der schon im Sommer 1932 mit dem Herzog von Coburg und dem Geheimrat Pfundtner an der Spitze ganz und gar in nationalsozialistisches Fahrwasser geriet.[91] Ihnen erschienen einerseits die Parteien und deren Politik nur als Störungen der Tradition und als Abwege von einer ruhmvolleren Vergangenheit; anderseits ermangelten sie einer vernünftigen Kritik an der republikfeindlichen Rechtsopposition. Eine wirkliche „Verfassungsverantwortlichkeit" dieses Beamtentums hätte eine Revision seiner Staatsvorstellung vorausgesetzt. Doch es verharrte auf einer abwehrenden äußerlichen Neutralität. Die politische Neutralisierung der hohen Beamtenschaft in der Republik blieb das Merkmal der fortschreitenden Bewegung an der entgegengesetzten Front des politischen Personalwesens in der Folge einer Tendenz zur konservativen Restauration, die sich zuweilen auch mit dem Attribut einer preußischen Besonderheit zu erkennen gab und in den Jahren der Hochflut konservativer Ideologien und Programme dem Bedürfnis nach stilisierter Tradition nachzukommen suchte. Dieser preußischen Vokabel in den Traditionsbeständen des Berufsbeamtentums hat sich dann die nationalsozialistische Propaganda mit einigem Geschick und beträchtlichem Erfolg bedienen können, um einen großen Teil der Beamtenschaft für die Dienste des neuen Staates zu werben. Die Dezision politischer Ideologen und Zeitinterpreten, die diesen Bahnen zu folgen unternahm, wähnte mit dem Niedergang und schließlich dem Fortfall der politischen Parteien die wahre „politische Mission" des Berufsbeamtentums vorbereitet, das nun erst, des Parlamentarismus der voraufgegangenen Epoche ledig, seinen Staatsberuf erfüllen und in einem neuen Beamtenstaat in seine ihm zukommende politische Stellung einrücken sollte.[92] Während einerseits republiktreue Teile der Beamtenschaft unter Eingriffen in die verfassungsmäßigen Beamtenrechte kurzerhand beseitigt wurden, bildete sich anderseits die Sonderstellung, die das Berufsbeamtentum in der Republik erstrebt, erhalten und zäh verteidigt hatte, das tatsächliche Privileg auf die Verrichtung bestimmter Handlungen in Angelegenheiten des Staates, das Recht auf das Amt und die weitgehende Immunisierung der lebenslänglichen Anstellung in einer Epoche hoher politischer Dynamik und vielfältiger Fallibilitäten, der weitreichende Schutz vor der Tätigkeit „berufsfremder Kräfte", was insgesamt an eine „echte Privilegierung"[93] sehr nahe heranreichte, zur Ausgangsposition des totalen Verwaltungsstaates um. Die Theorie, die auf der traditionellen Selbsteinschätzung des konservativen Beamtentums als einzigem Repräsentanten einer besonderen Staatssubstanz beruhte, hat den Parlamentarismus des Weimarer Staates im besonderen gegen Ende seiner Periode mehr und mehr als moderne Krise einer traditionsbestimmten Staatsidee angesehen,[94]

---

[91] Vgl. o. S. 409.

[92] Bereits im Banne des „Führerstaates": Hans Gerber, *Politische Erziehung des Berufsbeamtentums im Nationalsozialistischen Staat. Eröffnungsvortrag als Studienleiter der Verwaltungsakademie Stuttgart am 30. Oktober 1933*, Tübingen 1933.

[93] Gegen diese Auffassung wandte sich Gerber schon auf der Tagung der deutschen Staatsrechtslehrer 1931: *Entwicklung und Reform*... (Anm. II/80), S. 6; vgl. auch S. 17. Gerber betrachtete das Beamtentum als verfassungsmäßig garantiertes Staatsorgan; er holte damals sogar eine Bemerkung Lorenz v. Steins von 1869 hervor: Die notwendige Selbständigkeit der Beamteten liege darin, daß die „individuellen Rechte den Charakter von Standesrechten haben; sie sind ein Gemeingut aller Beamteten, und obwohl dem Grade und Umfang, doch dem Wesen nach nicht verschieden; jede Sicherung derselben ist eine Sicherung des ganzen Beamtenstandes, jede Bedrohung des Rechtes eines einzelnen ist eine Bedrohung des Rechts aller Beamteten, eine Gefährdung des für alle gültigen Rechtsprinzips und damit im Grunde eine Erschütterung des Prinzips der Verwaltung der staatsbürgerlichen Gesellschaft überhaupt." (Lorenz v. Stein, *Die Verwaltungslehre*, 2. Aufl. des 1. Teiles, Stuttgart 1869, S. 226).

[94] Vgl. hierzu besonders Köttgen, „Die Entwicklung des deutschen Beamtenrechts..." (Anm. II/80), S. 19.

aber jede Klärung vermieden, ob sie die Überwindung einer solchen Krise überhaupt noch im Rahmen des bestehenden Verfassungsstaates ernsthaft voranzutreiben vermochte. Sie verfocht das Verlangen nach einer *„pouvoir neutre"* im parlamentarischen System in Gestalt neutraler, sogar vom Kabinett gelöster Personalinstanzen,[95] eines selbständigen, autoritären Reichspräsidenten und schließlich „die Möglichkeit einer völligen Verselbständigung der Beamtenschaft".[96] Der Versuch einer Alleinregierung des Beamtentums, die sich auf die „neutralen Gewalten" Reichswehr und Reichspräsident stützte,[97] führte aber nur in ein auswegloses Dilemma[98] und zwang zu einer Kapitu-

[95] Bekannt geworden ist vor allem Köttgens praktischer Vorschlag, einen vom Kabinett gelösten permanenten Staatssekretär zu schaffen, der in allen Personalgeschäften an die Stelle des Ministers treten, also ein ministerieller Chef der Beamten sein sollte, die durch diese Einrichtung jedem Einfluß von Seiten der Regierung entzogen worden wären; Köttgen, *Das deutsche Berufsbeamtentum...* (Anm. II/80), S. 256 ff.; ders., „Die Entwicklung...", *a. a. O.*, S. 15 f. Zur Lehre vom Beamtentum als einer *pouvoir neutre* in der parteienstaatlichen Demokratie vor allem die grundsätzlichen Ausführungen von Carl Schmitt, *Der Hüter der Verfassung* (*Beiträge zum öffentlichen Recht der Gegenwart*, Nr. 1), Tübingen 1931, S. 100 ff. (vorher schon in kürzerer Form als Aufsatz veröffentlicht; vgl. Anm. I/156); ders., „Das Problem der innerpolitischen Neutralität des Staates. Vortrag, gehalten beim Empfang des Deutschen Industrie- und Handelstags durch die Industrie- und Handelskammer zu Berlin am 8. April 1930" (zuerst veröffentlicht in den *Mitteilungen der Industrie- und Handelskammer zu Berlin* vom 10. Mai 1930), wieder abgedr. in der Aufsatzsammlung von Schmitt, *Verfassungsrechtliche Aufsätze...* (Anm. I/4), S. 47 ff.; auch ders., *Legalität und Legitimität*, München–Leipzig 1932, S. 16; S. 95 (*Verfassungsrechtliche Aufsätze..., a. a. O.*, S. 271; S. 342); ferner hierzu Hermann Hieronimi, *Berufsbeamtentum und Politik*, Würzburg 1933, S. 25 ff.

[96] Köttgen, „Die Entwicklung...", *a. a. O.*, S. 16.

[97] Mit Ausnahme von Papen, des Reichskanzlers und Reichskommissars für Preußen, dem Frhrn. v. Gayl, Reichsinnenminister des Kabinetts Papen, und Warmbold, dem Reichswirtschaftsminister, gab es nach dem Sturz Brünings keinen einzigen Reichsminister und keinen Reichskommissar in Preußen, der nicht als alter Berufsbeamter aus der Verwaltungslaufbahn hervorgegangen war. Graf Schwerin v. Krosigk, seit dem 1. Juni 1932 Reichsfinanzminister, war zuvor Ministerialdirektor und Etatdirektor im Reichsfinanzministerium; Reichsaußenminister Frhr. v. Neurath war Berufsdiplomat; Reichsjustizminister Gürtner, von 1922 bis 1932 deutschnationaler bayerischer Justizminister, gehörte vorher als hoher Beamter dem bayerischen Justizministerium an; Landwirtschaftsminister im Reich und Kommissar in Preußen war Frhr. v. Braun, der in der Frühzeit der Republik das wichtige Personalreferat im preußischen Innenministerium und bis zum Kapp-Putsch das Amt des Regierungspräsidenten in Gumbinnen innehatte. Der Zentrumsmann Bracht, Nachfolger Gayls als Reichsinnenminister und seit dem 20. Juli bereits Reichskommissar für das preußische Innenministerium, galt als Kommunalpolitiker; er war zuletzt Oberbürgermeister von Essen, 1923–1924 Staatssekretär in der Reichskanzlei und davor preußischer Ministerialdirektor. Zum Teil noch einfacher geschah die Regierungsbildung bei den anderen Ressorts durch Ernennung ranghoher Fachbeamter. Insgesamt verkörperten diese Kabinette der „Hochwohlgeborenen" mehr Beamtengeschichte der Ära von Weimar als irgendeine andere geschlossene Gruppe vergleichbaren Ranges.

[98] Es ist hier anzumerken, daß sich nach den unveröffentlichten Tagebuchaufzeichnungen des Grafen Schwerin v. Krosigk, eines der Hauptbeteiligten an den Ereignissen im Herbst 1932, innerhalb der Beamtenregierung offenbar verschiedene Gruppen bildeten (Ungedr. Rathmannsdorfer Haus-Chronik; vgl. o. Anm. I/160; Aufzeichnungen von Lutz Graf Schwerin vom 6. November 1932 bis 5. Februar 1933; *Captured German Documents, World War II*, National Archives, Washington D.C.). Während die Freiherren v. Gayl und Eltz v. Rübenach, der Reichsverkehrsminister, auch in den Krise des November 1932 eng mit Papen verbunden blieben, wobei Gayl mehr als treibender und kritischer Geist, nicht immer als Stütze hinter Papen stand, war Bracht ein Mann Schleichers. Den Ausschlag gab jedoch ein Kreis, der sich zu einem inneren Kern der Reichsregierung formierte: Schwerin v. Krosigk, Neurath und Gürtner. Vor der Reichstagswahl vom 6. November 1932 schien die Alternative möglich, daß das Kabinett Papen unter Anlehnung an Rechtsgruppen, bei direkter Beteiligung der Deutschnationalen an der Regierung, und mit Duldung der Nationalsozialisten gehalten werden konnte oder durch ein Koalitionskabinett NSDAP–Zentrum mit einem nationalsozialistischen Vizekanzler und Schleicher oder – da sich dieser zu versagen schien – Bracht, eventuell dem ehemaligen Gouverneur Schnee als Kanzler. Das Wahlergebnis vom 6. November verwarf insofern alle Spekulationen, als einmal der Erfolg der Deutschnationalen und anderer rechter Splittergruppen, die mit der DNVP zusammengehen konnten, weit hinter den Erwartungen zurückblieb, zum anderen nun aber auch an eine Mehrheitsbildung NSDAP–Zentrum, selbst unter Einschluß der Bayerischen Volkspartei, nicht mehr zu denken war. (Vgl. auch Bracher, Anm. I/132, S. 645.) Gayl verlangte nunmehr entschiedenen Kurs auf ein illegales Regiment; wie schon bei der Vorbereitung der Aktion vom 20. Juli 1932 fand er anfangs auch wieder bei Schleicher Unterstützung. Papen hingegen und mit ihm Schwerin v. Krosigk, Gürtner und Braun hielten dafür, „daß man die Nazis nicht nur hinter, sondern in das Kabinett bringen müsse, auch unter den größten personellen Opfern" (Aufzeichnungen Schwerin v. Krosigks vom 13. November über die Reichskabinettssitzung am 9. November). Dem Gedanken einer parlamentarischen Mehrheitsbildung mit Hilfe der NSDAP, der hinfällig schien, folgte der Alpdruck einer weiteren innerpolitischen Radikalisierung und der jede Politik gefährdenden Bürger-

lation, zu der sich das Beamtentum teilweise auch in der verfehlten Hoffnung bereit fand, mit Hilfe der NSDAP aus den wirtschaftlichen Nöten herauszukommen und eine Reihe von ausstehenden und seit langem erörterten Reformen durchsetzen zu können, die von der Arbeitslosenfürsorge und dem Finanzsystem bis zu solchen der Verfassung und Verwaltung reichten – samt und sonders aber fortan ohne den sicheren Schutz vor dem totalen Anspruch eines einzigen politischen Willens, den die Verfassung und der Koalitionsparteienstaat geboten hatten. Das Beamtentum der Republik von Weimar gelangte über die stufenweise Auflösung der parlamentarischen Demokratie in die Schlüsselstellung eines von der Herrschaft parlamentarischer Institutionen und Parteien sich lösenden totalen Verwaltungsstaates, der sich in der „nationalen Revolution", in der Vereinigung mit der totalitären nationalsozialistischen Massenpartei in ein totalitäres Herrschaftssystem wandelte und die konstitutionellen Residualbestände Stück für Stück aufgab; das Berufsbeamtentum behielt jedoch weiterhin eine maßgebliche Rolle.

Nach der nationalsozialistischen Machtergreifung schien ihm nun die gewaltige Aufgabe zuzuwachsen, einen Verwaltungsstaat zu organisieren, in dem es endlich vollends und ausschließlich die Wege von Gesetzgebung und Verwaltung in unterschiedsloser Einheitlichkeit besetzen konnte. Insofern stellte sich der totalitäre Verwaltungsstaat als eine Fortbildung des angeblich erneuerten preußischen Beamtenstaates dar. Er setzte sich über alle Stufen mittelbarer Verwaltung in die Bevölkerung hinein gleichsam ins Unendliche fort; er zerstörte die Lebenssphäre der privaten Existenz und ordnete den einzelnen den Anforderungen einer obersten Willenseinheit unter.[99] Fortan bedurfte die „berechenbar-bürokratische" Herrschaftsordnung neben dem Beamtentum keiner Kommissare mehr.

Die von Hitler benutzte Propagandaparole von der legalen Machtergreifung half nicht zum wenigsten dem auf diesen Weg vorbereiteten Teil des Berufsbeamtentums, den Übertritt vom parlamentarischen Verfassungsstaat der Periode von Weimar über den autoritären Staat des Präsidialregiments zum totalitären Staat der nationalsozialistischen Ära zu finden. Es bildete bei weitem keine *ecclesia militans* und existierte auch nicht mehr „als geschlossene Körperschaft". Otto Hintze erblickte schon die Beamten der Jahrhundertwende „entfernt nicht mehr an der Spitze der Zeit und ihrer Bildung".[100] Das schwere Dilemma der Beamtenpolitik in der Nachkriegszeit untergrub die Reste einer Homogenität des Standes und bereitete die tiefreichende Zwiespaltung und die anschließende Indienstnahme für den Verwaltungsstaat des Nationalsozialismus vor. Die allgemeine Zerstörung des liberalen Staates und der offene Kampf gegen das mächtigste Ziehkind des liberalen Zeitalters, gegen den Marxismus,

kriegssituation. Gayl war isoliert; doch Schleicher, als Reichswehrminister Chef des mächtigsten Ressorts, blieb im Spiel. Als die Verhandlungen mit den nationalsozialistischen Führern, die vor allem von Schleicher ausgingen, zu keinem greifbaren Ergebnis zu führen schienen, wurde er als Kanzler unter entscheidender Beteiligung Schwerin v. Krosigks und Brachts von der Beamtenregierung aus ihrer Mitte ausgewählt und dem Reichspräsidenten zur Ernennung präsentiert, der sich nicht ohne Widerstreben fügte. Mit Gayl und Papen verschwanden die beiden wichtigsten Außenseiter innerhalb der Beamtenregierung, die in Schleicher eine bessere Gewähr gegen eine völlige Zernierung der Reichsregierung erblickte als in Papen und immer noch Hoffnungen in seine Verbindungen zu den Gewerkschaften und Nationalsozialisten setzte. Als schon nach wenigen Wochen auch Schleicher den Weg Gayls beschreiten wollte, stieß er jedoch auf die Ablehnung des Reichspräsidenten und auf die Gegenwirkung Papens, der Hindenburg von dem besseren Erfolg seiner Bemühungen um die NSDAP überzeugte und Nationalsozialisten und Deutschnationale als Koalitionspartner für eine Regierung einbrachte, die wieder aus dem Rumpf des Beamtenkabinetts gebildet wurde.

[99] So Forsthoff, *Der totale Staat* (Anm. I/2), S. 42: „Der totale Staat muß ein Staat der totalen Verantwortung sein. Er stellt die totale Inpflichtnahme jedes einzelnen für die Nation dar. Diese Inpflichtnahme hebt den privaten Charakter der Einzelexistenz auf . . . Dieser Anspruch des Staates, der ein totaler ist und an jeden Volksgenossen gestellt ist, macht das neue Wesen des Staates aus."

[100] Otto Hintze, „Die Behördenorganisation und die allgemeine Staatsverfassung Preußens im 18. Jahrhundert", in: *Acta Borussica* (Anm. II/65), VI, Teil I, S. 554.

bediente sich mitunter recht erfolgreich der Flagge einer falschen Christlichkeit. „Eine alte Zeit ist dahin. Das ist die Überzeugung aller, die sich ehrlich Rechenschaft über die letzte Entwicklung geben. Und es sollte darüber nicht Trauer herrschen", bekannte ein hoher preußischer Richter. „Über so manchem zergrämten sich die Beamten und klagten über die Ohnmacht, Abhilfe zu schaffen. Gerade sie sollten nicht abseits stehen, weil andere im Sturm einer neuen Idee mit einem Schlage Wandel schufen. . . Ein Parlamentarismus, der seine Kinderkrankheiten nicht überwinden und sich selbst nicht mehr helfen konnte, ist vernichtet. Und auch die Hindernisse sind beseitigt, welche die liberale Philosophie des vorigen Jahrhunderts in ihrer Auswirkung auf spätere Generationen der Arbeit des Christentums entgegenstellte." [101] Der „überzeugte katholische Christ" glaubte, daß die Verhältnisse christlicher würden und eben darum weniger liberal seien als vordem; die christlichen Parolen Papens, die Bemühungen Rusts um den Religionsunterricht in den Schulen, die Verhandlungen über ein Reichskonkordat, das in der Republik nicht zustande kam, und nicht zuletzt die unklaren, immer noch von Hoffnungen auf Zusammenarbeit genährten Beziehungen des rechten Zentrums zur neuen Reichsregierung oder die Aufnahme des Vertreters der katholischen Bischofskonferenz in den Preußischen Staatsrat schienen eine kurze Zeitlang solche Annahmen zu bestätigen. Die Kehrseite dieser kurzen Periode, der rücksichtslose „Kampf gegen den Marxismus", der lokale Terror, die Eroberung der kommunalen Ämter, die Unterjochung der Verbände durch die NSDAP, die Beseitigung verdienter Beamter und die Gewaltaktionen und anhaltenden Übergriffe gegen den jüdischen Volksteil und gegen die Gewerkschaften, die bald auch nicht mehr vor den christlichen Organisationen haltmachten, berührten die meisten derer, die sich nicht persönlich betroffen sahen, nur wenig und wurden vielfach als zeitlich begrenzte Ausschreitungen eines mehr oder minder gerechtfertigten Ausgleichs bewertet: als Regiment einer neuen Partei, die die aus ihren Machtpositionen verdrängte, um dann den Rechtsstaat wiederherzustellen. Diese Version, die die bürgerliche Bequemlichkeit und das Vertrauen in die unwandelbare Heiligkeit der Obrigkeit eingab, überging sowohl Differenzierung und Ungewißheit der Obrigkeit wie die alte Weisheit, daß sich gekränktes Recht nur durch Pönitenz wiederherstellen läßt und daß man demzufolge keine Neuordnung der verletzten Rechtsnormen von den Tätern erwarten darf. Die nicht sofort und unmittelbar betroffenen und bekämpften Gruppen des Bürgertums ermangelten der politischen Orientierung, die es ihnen ermöglicht hätte, ihre wahre Situation in illusionsloser, unerbittlicher Klarheit zu erfassen, und der Fähigkeit und Entschlossenheit, eine Methode politischen Handelns zu finden, solange es noch Zeit war und der totale Staat sich noch im Stadium des Aufbaus befand.

Das Ergebnis des nationalsozialistischen Vordringens war, daß sich die nicht betroffene Beamtenschaft allmählich mit der Einsicht abfand, die ein Generalstaatsanwalt paradigmatisch formulierte, indem er seinen Untergebenen nahelegte, daß „der Nationalsozialismus keine Parteisache mehr, sondern ,die' deutsche Weltanschauung" sei, „der deutsche Gedanke auf allen Gebieten. . ." [102] Die innere Ungeordnetheit und Substanzlosigkeit dieser „Weltanschauung" kannte freilich nur das parteieigene „Führerprinzip" der NSDAP als allgemeine und unbedingt verbindliche Norm, so daß der Nationalsozialismus mit der Führerideologie identifiziert werden konnte und mußte: „Es gibt nur einen Willen des Führers. Es gibt nur ein Wollen der Geführten. . ." Dazwischen lagen die exekutierenden und stabilisierenden Apparaturen der Verwaltung

---

[101] Zit. aus dem Text einer Rede des Generalstaatsanwalts in Breslau vor den Oberstaatsanwälten seines Landesgerichtsbezirks am 27. Juli 1933, von ihm mit Schreiben vom 14. August an das preußische Justizministerium übersandt (*BA*, P 135/4542, fol. 81 ff.).

[102] Rede des Generalstaatsanwalts (*ebda.*), der im übrigen auch verlangte, daß jeder Angehörige seiner Behörde Hitlers *Mein Kampf* lesen müsse.

und der Normierung, in der die Beamtenschaft die alt vertrauten Plätze einnahm. Für den philosophierenden Ideologen, der sich mit Hegel und Ranke beschied und auch dieser Epoche ihre Wahrheit „unmittelbar zu Gott" attestierte, „soweit sie sich ein Glaubensbekenntnis erkämpft" habe, konnte selbst dieser vage Nationalsozialismus kraft seines machtpolitischen Erfolges zur „Wahrheit unserer Epoche" werden und allenfalls noch ein Qualitätsproblem in sich bergen.[103] Wenn der „Fortschritt des Staates von dem Fortschreiten der Beamten abhängig" gesehen wurde, mußte unter den Voraussetzungen des Identitätstheoretikers der Beamte als Staatsdiener auch zugleich Diener der „Weltanschauung" sein und sogar als „Hüter und Wahrer des sozialen Zustandes, in dem sich ein Volk in der Entwicklung der Geschichte verfaßt hat", zum Diener der herrschenden politischen Bewegung werden, der nun nicht mehr einer „formalen Gesetzlichkeit" verpflichtet war, sondern einem sehr dunklen „Recht, das mehr ist als das Gesetz, das das Leben des Volkes selber ist als Selbstentschiedenheit". Solche Identitätsdogmen duldeten auch keine Trennungslinie der staatlichen Apparatur gegenüber Partei, „Bewegung" und „Weltanschauung". Erschien dann noch Hitler als Demiurg dieser „Bewegung" und als „wirklicher Zwingherr zur Deutschheit",[104] dann konnte daraus mühelos die Apotheose für einen Zwingherrn aller Deutschen und aus dem Philosophem ein geistiger Zügel werden, der jedem Beamten anzulegen war, indem man seine Unterwerfung unter die „politische Gesinnung des Führers" verlangte. Mit derlei intellektuellen Kunstgriffen wurde die konservative Forderung nach Entpolitisierung des Beamtentums in eine diametral andere nach „Politisierung" eben der gleichen Beamtenschaft umgeprägt.

Neben dieser lief eine zweite Tendenz in etwas anderer Richtung. Man kann sie dort verfolgen, wo die Theorie auftritt, die die NSDAP eine propagandistische, jedenfalls eine begrenzte oder weniger bedeutende Rolle spielen ließ, die an der alten Staatsfunktion des Beamtentums festhielt und eine Wiederherstellung der entschwundenen Homogenität auf einer „nationalpolitischen Ebene" herbeisehnte. Sie wollte den Beamten zum „zivilen Beamten des Deutschen Reiches", ausschließlich zum Träger der politischen Ordnung im Innern und das Beamtentum zur zweiten Säule des Staates neben der Wehrmacht machen. Diese Theorie verzeichnete wohl schon die Gefahr, „daß das Beamtentum im Strudel des totalen Staates seines staatspolitischen Gewichts verlustig" gehen könnte,[105] doch auch sie vollzog die Umkehr aus den Positionen fortschrittlicher Organisation im Grunde auf die einfachste denkbare Weise geradlinig und unmittelbar in die Vergangenheit. Diese Restauration des frühkonstitutionellen Beamtenstaates ist, wie die bekannteste Schrift Nicolais, eines der ersten hohen Beamten aus den Reihen der NSDAP, bezeugt, zu einem Teil selbst in die Programm-Agglomeration der NSDAP eingedrungen und eine merkwürdige Verbindung mit der völkischen Ideologie eingegangen.[106] Das Ergebnis war die Vorstellung eines Führerstaates, der Verwaltung und Berufsbeamtentum von der autoritären Gesetzgebung wie von der NSDAP getrennt halten wollte; da die „Partei . . . ihre Schuldigkeit getan" hätte, „sobald der Parteienstaat aufgehört haben wird", sollte sie sich nun in eine Volksorganisation und zugleich Eliteorganisation, in einen „Deutschen Orden" umwandeln.[107] Obgleich Nicolai und im besonderen seine Ideen

---

[103] Gerber, *Politische Erziehung. . .* (Anm. II/92), S. 9.

[104] *A. a. O.*, S. 12.

[105] Wilhelm (Anm. II/66), S. 1.

[106] Nicolai, *Grundlagen der kommenden Verfassung* (Anm. II/13).

[107] *A. a. O.*, S. 24 ff. Charakteristisch für den nach frühkonstitutionellen Vorstellungen erdachten Führerstaat von Nicolai ist die Deutung, die der Rolle der NSDAP während der Machtergreifung in einem der Kernsätze dieses Buches gegeben wird (S. 24): „Der Reichsführer [gemeint ist Hitler] gelangt nach der geschichtlichen Entwicklung zur Macht durch die N.S.D.A.P. Dies ist ein einmaliger Vorgang. Die Verfassung hat aber nicht das Ereignis im Auge zu behalten, das Vergangenheit geworden ist, wenn sie in Kraft tritt, sondern sie hat die Zu-

innerhalb der NSDAP teilweise auf erheblichen Widerstand stießen, fand diese Schrift als einzige staatspolitische Programmschrift aus der Mitte der nationalsozialistischen Partei in der Anfangszeit des nationalsozialistischen Staates nach der Phase der Beseitigung des politischen Beamtentums der Republik und des ungeregelten Personalwechsels in kommunalen und staatlichen Verwaltungsämtern allmählich zunehmende Beachtung.

5. Personalwechsel und Beamtenrechte während der Machtergreifung

Der Personalwechsel erstreckte sich zuerst auf die Kategorie der politischen Beamten. Während der Monate Februar und März hielt er sich noch in erkennbaren Grenzen. Im Reichsinnenministerium löste Pfundtner, der als Nationalsozialist zum Zuge kam, Zweigert als Staatssekretär ab; in die Reichskanzlei trat der nationalsozialistische Ministerialrat Lammers aus dem Reichsinnenministerium als Staatssekretär ein. Auch das Reichsarbeitsministerium, das Reichsernährungsministerium und das Reichswirtschaftsministerium wechselten ihre Staatssekretäre aus. Die eine der beiden letzten Stellen besetzte Hugenberg, der neue Chef der beiden wirtschaftlichen Ministerien, mit dem Landbundführer v. Rohr-Demmin, die andere mit dem Oberfinanzrat Bang, einem der frühen Förderer der NSDAP – zwei Politikern des äußersten Flügels der Deutschnationalen.[108] Das Reichsarbeitsministerium erhielt im März als Abteilungsleiter für den freiwilligen Arbeitsdienst noch einen zweiten Staatssekretär in der Person des NSDAP-Reichsleiters und ehemaligen bayerischen Stabsoffiziers Hierl.

In Preußen reichten die Personalveränderungen anfangs innerhalb der elf Provinzen, aber noch nicht sogleich in den Ministerien an den Umfang heran, den die Maßnahmen des ersten Reichskommissariats Papen angenommen hatten, durch die der weitaus größte Teil der politischen Beamten, die links vom Zentrum standen, entfernt worden war. Wenige Streiche zerstörten das Ergebnis der jahrelangen, problemreichen und mit mühevollem Aufwand verfolgten Beamtenpolitik der Regierung Braun. Einige wenige Beamte suchte Göring in ihren Ämtern zu halten und zu den Nationalsozialisten hinüberzuziehen, so entgegen den Wünschen örtlicher Parteiführer auch den renommierten sozialdemokratischen Düsseldorfer Regierungspräsidenten Bergemann, den Severing einmal, vor der Ernennung Grzesinskis 1926, als seinen Nachfolger im preußischen Innenministerium ausersehen, für den sich unter den preußischen Landtagsparteien jedoch keine Mehrheit gefunden hatte.[109] Außer einer Reihe von Polizeipräsidenten und Polizeidirektoren[110] versetzten die Kommissare innerhalb der ersten beiden Monate den Staatssekretär des Staatsministeriums, Nobis, einen der ältesten diensttuenden preußischen Beamten, den Papen 1932 zum Staatssekretär gemacht hatte, den Leiter der Medizinalabteilung im Innenministerium, 5 Oberpräsidenten, 4 Vizepräsidenten, 11 Regierungspräsidenten, 17 Regierungsvizepräsidenten und 34 Landräte in den einstweiligen Ruhestand.[111] Am ärgsten sah sich das

---

kunft zu betrachten. Es müssen Ordnungen aufgestellt werden, nach denen sich das staatsrechtliche Leben in aller Zukunft abspielt." Nicolai hat das Buch mit der Widmung versehen: „Adolf Hitler dem Führer des Dritten Reiches in unwandelbarer Treue". Es ist wohl das erste Mal, daß der Ausdruck „Führer des Dritten Reiches" gebraucht wurde. (Das Vorwort Nicolais trägt das Datum vom 8. April 1933.)

[108] *Schultheß, 1933,* S. 39.

[109] Über die Zustimmung Bergemanns: Göring am 15. Februar 1933 vor den Reichskommissaren (*HAB*, Rep. 90, Sitzungsprotokolle 1933, fol. 27 v.). Für die Behauptung, Bergemann sei Nationalsozialist geworden (Grzesinski, *Inside Germany,* Anm. II/80, S. 111), sind keine Anhaltspunkte bekannt. – Über die Behandlung Noskes als Oberpräsidenten von Hannover s. Gustav Noske, *Erlebtes aus Aufstieg und Niedergang einer Demokratie,* Offenbach a. M. 1947, S. 314.

[110] Vgl. o. Anm. I/235.

[111] *HAB,* Rep. 90, Sitzungsprotokolle Februar und März 1933.

Zentrum betroffen; noch mehr aber hatte es bei seiner hervorragenden personalpolitischen Position von einem Fortgang dieser Maßnahmen zu befürchten; und Göring
war sich wohl bewußt, mit seiner Personalpolitik ein Druckmittel gegen das Zentrum
in der Hand zu haben.[112] Oberpräsident der Rheinprovinz wurde der Deutschnationale
Frhr. v. Lüninck; an die Spitze der Provinzen Brandenburg, Schlesien und Schleswig-
Holstein traten die NSDAP-Gauleiter Kube, Brückner und Lohse. Auf einen der
wichtigsten Posten der inneren Verwaltung, die Leitung der Polizeiabteilung im
Innenministerium, holte Göring einen einstmals wichtigen Förderer der Nationalsozialisten, Ludwig Grauert,[113] der während seiner Tätigkeit als Geschäftsführer eines
Arbeitgeberverbandes hervorragend an der finanziellen Unterstützung der NSDAP
beteiligt war. Sein Vorgänger, der dem Zentrum angehörende Ministerialdirektor
Klausener, trat in das Reichsverkehrsministerium über.

Schon im März begann die NSDAP rücksichtsloser und unbekümmerter um rechtliche Grenzen vorzugehen, zuerst in Sachsen, wo der Reichskommissar v. Killinger
den Beamten und Lehrern, die der KPD oder kommunistischen Organisationen angehörten, die Dienstausübung untersagte und gegen sie die Einleitung förmlicher
Dienststrafverfahren mit dem Ziele der Dienstentlassung anordnete.[114] Erstmals in
der deutschen Geschichte wurde die Zugehörigkeit zu einer politischen Partei als
beamtenrechtliches Vergehen schlimmsten Grades gewertet.

Die revolutionäre Formen erreichende Personalverdrängung, die nach und nach die
noch verbliebenen Teile des politischen Beamtentums und im Gefolge der antisemitischen Rasseideologie einen großen Teil der jüdischen Beamten beseitigte, hatte jedoch nicht von den Behörden der staatlichen Verwaltungen, sondern von den Ämtern
der leitenden Kommunalbeamten ihren Ausgang genommen, wo es der NSDAP zunächst um die Aneignung der Ortspolizeigewalt zu tun war.[115]

In den kommunalen Selbstverwaltungen unterlag die Stellenbesetzung einer tiefer
als im Staatsdienst reichenden Politisierung, d. h. maßgeblichen Einflüssen politischer
Parteien, die indessen das Monopol der juristisch Ausgebildeten nur in einzelnen Fällen durchbrach. Das Ergebnis war hinsichtlich der Arbeitsfähigkeit, der Rechtsgemäß-
heit und der Kultur- und Wirtschaftspflege, also des Leistungsniveaus der Kommunalverwaltungen im ganzen alles andere als ungünstig. Seit jeher sahen sich die kommunalen Beamten den Regeln, den festgelegten Stationen und all den engen Einschränkungen jahrzehntelang geordneter Bahnen des Berufsweges vom Assessor bis in die
höheren Ämter weit weniger unterworfen als die Beamten der Staatsverwaltung. Gewiß kamen auch manche aus dem Staatsdienst; doch die freie Ausschreibung der offe-

[112] Am 7. März unterrichtete Göring das Reichskabinett von einem Angebot des Fraktionsvorsitzenden des
Zentrums im preußischen Landtag, Grass, der die künftige Mitarbeit seiner Partei in Aussicht stellte, jedoch die
Unterlassung aller personalpolitischen Maßnahmen bis nach den Wahlen verlangte. Göring deutete an, daß die
NSDAP hierin ein Druckmittel gegenüber dem Zentrum besitze, das zugunsten eines Ermächtigungsgesetzes an-
gewendet werden könne: Man brauche dem Zentrum nur zu erzählen, daß alle ihm zugehörenden Beamten ihre
Stellungen verlören, wenn es dem Ermächtigungsgesetz nicht zustimmen werde; Niederschrift der Reichsminister-
besprechung am 7. März 1933 (Anm. I/168), S. 116.

[113] Beschluß vom 15. Februar 1933 (*HAB*, Rep. 90, Sitzungsprotokolle 1933, fol. 34). Grauert, geboren 1891 als
Sohn eines mittleren Eisenbahnbeamten, war von 1921 bis 1923 Staatsanwalt in Bochum und wurde 1923 Leiter der
Abteilung „Eigentumsschutz" des Arbeitgeberverbandes der Hüttenbetriebe an der unteren Ruhr in Duisburg. 1928
bis 1931 war G. geschäftsführendes Vorstandsmitglied des Arbeitgeberverbandes der Nordwestlichen Gruppe des
Verbandes Deutscher Eisen- und Stahlindustrieller. Vgl. o. I. Kapitel.

[114] Meldung der *Pommerschen Zeitung* vom 15. März 1933.

[115] Daß die Ortspolizeibehörde anfangs im Mittelpunkt des Interesses stand, mag man aus einem frühen Vorgang ersehen, der sich bei den Akten des einstigen Deutschen Städtetages findet. Der Regierungspräsident in Potsdam wies am 1. März 1933 den sozialdemokratischen Oberbürgermeister von Brandenburg (Havel), Szillat, an,
einem hierzu beorderten Polizeioffizier „die Geschäfte der Kreis- und Ortspolizeibehörde in Brandenburg . . . mit
sofortiger Wirkung zu übergeben" (Abschrift eines Schreibens des Regierungspräsidenten *ADST*, B 102). Diese Verfügung ließ sich rechtlich, wie auch eine gutachtliche Äußerung des Städtetages feststellte, nicht halten.

nen Stellen, das Erfordernis und die Bevorzugung von Verhandlungsfähigkeit und wirtschaftlichem Sachverständnis, das in den größten Industriestädten den Ausschlag geben konnte, die Notwendigkeit von Phantasie und Tatkraft, die Abhängigkeit vom lokalen Parlament und die Unterwerfung unter seine Entscheidung erzeugten doch eine wesentlich andere Atmosphäre, als sie in den Ministerien oder in den Behörden der staatlichen Verwaltungen herrschte. Oberbürgermeister und Bürgermeister bildeten ein von der breiten Öffentlichkeit ständig kontrolliertes und zur Verantwortung gezogenes Verwaltungsbeamtentum, das sich zwar exklusiv halten mochte, jedoch niemals im rechtlichen wie im politischen Sinn isolieren konnte. So hoben sich die leitenden kommunalen Beamten recht erheblich von der Staatsbürokratie ab; denn unter ihnen vermochte sich im ganzen doch weit häufiger als in den Kanälen der konservativen Bürokratie ein kritischer und unbefangener Geist durchzusetzen. Besonders optimistische Verteidiger der kommunalen Selbstverwaltung sahen in ihr gar die einzige Stätte zur „Erzeugung und Schulung der berufenen Staatsmänner" in der Demokratie.[116]

Die Ära von Weimar bildete freilich nicht nur die staatsmännischen Tugenden der Idealisten, nicht nur Einfachheit und Klarheit, Toleranz und maßvolle Gesinnungen. Die starke wirtschaftliche und kulturelle Betätigung größerer Städte, ihre manchmal auch verwegene Finanzpolitik und schließlich die großen Vollmachten zur Zügelung der Not ließen es zu, daß die Oberbürgermeister einzelner Riesenstädte wie große Souveräne auftraten. Die schwierigen Jahre der Massenarbeitslosigkeit und die Notverordnungspraxis nährten eine allgemeine Stimmung zugunsten des Einkörpersystems, das den Vorteil einer verstärkten Entscheidungsgewalt der leitenden Kommunalbeamten versprach, wobei man an die Prämisse glaubte, damit das größte Maß an Sachverständnis und Verantwortungsbewußtsein zum Zuge kommen zu lassen. Doch nicht immer konnte man das volle Maß der Fähigkeiten in der vielseitigen Tätigkeit, die die Selbstverwaltung einer größeren Stadt mit sich brachte und die unter den schwierigen Verhältnissen der Wirtschaftskrise ein noch größeres Maß an Energie, Sachverstand und Phantasie verlangte, bei einem Oberbürgermeister voraussetzen, der über eine untadelige juristische Ausbildung, eine gute Karriere und über für normale Zeiten ausreichende Verwaltungskenntnisse verfügte. Gerade wirtschaftliche Unternehmungen wären zuweilen wohl besser von größeren sachverständigen Kreisen beraten und beaufsichtigt worden, denen all die Schwierigkeiten des Weltmarktes und der Finanzprobleme vertraut waren, die nicht selten zur Mobilisierung ausländischer Hilfen führen mußten. Wirtschaft war bisweilen – im besonderen nach Beginn der Krise – Glatteis für den Oberbürgermeister.[117] Dieser Umstand hat die personelle Labilität an den Spitzen der Stadtverwaltungen in der Periode des lokalen nationalsozialistischen Terrors hier und da begünstigt. Nicht immer fiel es den Nationalsozialisten schwer, aus irgendeiner mangelnden Voraussicht in dieser bewegten Zeit den Strick des Verderbens zu drehen. Da sie Tatsachen und Gründe weniger achteten als den nächsten politischen Zweck, benutzten sie dieses Mittel auch unbekümmert um wahre Sachverhalte und in propagandistischer Absicht. Nicht weniger häufig – vor allem nach den Wahlen vom 5. und vom 12. März – wurden rechtsförmige oder wenigstens so erscheinende Verfahren durch Drohungen oder durch Anwendung der Gewalt ersetzt, die sicherer und rascher zum gleichen Ergebnis führten. In vielen Fällen wurden beide Mittel zugleich angewandt, scheinbar der Rechtsweg

---

[116] Z. B. Ernst Horneffer, *Demokratie und Selbstverwaltung. Ein Entwurf zum deutschen Staate*, Essen 1927, S. 80.

[117] Wie Wirtschaftler hierüber urteilen konnten, mag man aus den Bemerkungen des Frankfurter Stadtverordneten Merton über seinen Oberbürgermeister ersehen: Richard Merton, *Erinnernswertes aus meinem Leben, das über das Persönliche hinausgeht*, Frankfurt a. M. 1955, S. 72.

eingeschlagen, doch die rasche Lösung mit Gewalt oder durch Zwangsmaßnahmen herbeigeführt. Zahlreiche leitende Beamte der kommunalen Verwaltungen entzogen sich den Wirkungen des Zwanges, indem sie ihre Beurlaubung oder Zurruhesetzung beantragten, die ihnen von den kommunalen Körperschaften meist sofort gewährt wurde. Es steht kaum in Frage, daß ihnen sonst über kurz oder lang der Stuhl vor die Tür gesetzt worden wäre, ohne daß sie sich die Umstände noch hätten aussuchen können. Die Beamtenrechte waren politisch hinfällig. Sie blieben zwar bestehen, verliehen aber keine Sicherheit mehr, weil die allgemeine Rechtsordnung, die unentwegte wirkliche Wahrung und Herstellung des Rechts durch die hierzu befähigten Institutionen fragwürdig geworden war. Eine Reihe von Rechtsgutachten zur Lage der Kommunalbeamten in diesen Wochen, da sich die Entlassungen, Amtsenthebungen und Beurlaubungen häuften, bezeugen, daß der Städtetag diese Fragen gründlich erwog.[118] Der „rein politische Charakter der Maßnahme" genügte jedoch zumeist, um von Vermittlungen oder Protesten abzusehen.[119] Von vornherein beschränkte sich alle eingrenzenden und dämpfenden Bemühungen auf das Ziel, ein Kompromiß herauszufinden, das, allen politischen Schwierigkeiten ausweichend, den sicheren Boden der „wohlerworbenen Beamtenrechte" wiedergewann. In diese Richtung wies zuerst ein Ersuchen des Regensburger Oberbürgermeisters, den Einfluß des Städtetages bei der Abfassung des von der Reichsregierung geplanten Ermächtigungsgesetzes geltend zu machen und bei dieser Gelegenheit auch klare Rechtsverhältnisse für das Kommunalbeamtentum zu verlangen, „damit eine Form gefunden wird, daß Eingriffe in wohlerworbene Rechte, abgesehen vielleicht von der Zurverfügungstellung der Dienststelle, ausgeschlossen sind".[120] Schon wenige Tage danach meldeten Zeitungen die Amtsentsetzung des Regensburger Stadtoberhauptes, dem die örtlichen Parteigewalten eine Rücktrittserklärung abgepreßt hatten.[121] Einige Tage später begann in Bayern die zentrale Regulierung dieser Vorgänge durch einen Erlaß des kommissarischen Innenministers und oberbayerischen Gauleiters Adolf Wagner, der selbständige Aktionen örtlicher Stellen gegen Bürgermeister und Gemeinderatsmitglieder untersagte und nunmehr ein bestimmtes Verfahren festlegte, bei dem „die Staatsaufsichtsbehörden im Benehmen mit den Sonderbeauftragten der Obersten SA-Führung die notwendigen Anträge mit Begründung sowie Benennung einer zur kommunalen Verwaltung geeigneten Persönlichkeit beim Staatsministerium des Innern" einzureichen hatten.[122] Mit der selbstherrlichen Einführung seines Ernennungsrechtes verschaffte sich erstmals der bayerische Innenminister eine bis dahin nicht dagewesene Kontrolle über die Besetzung der Kommunalämter.

In Preußen beschlossen die Reichskommissare kurze Zeit nach den Kommunalwahlen vom 12. März, die Entfernung leitender Kommunalbeamter aus ihren Ämtern nur noch durch den Kommissar für das Innenministerium zuzulassen und alle

---

[118] Erwähnt seien die Rechtsgutachten eines Beigeordneten des Deutschen Städtetages: „Können Beamte . . . auch außerhalb den [!] gesetzlich bestimmten Voraussetzungen und Formen vorläufig ihres Amtes enthoben werden?" und „Zwangsbeurlaubungen durch die Aufsichtsbehörde" (März 1933; ungedr. Manuskripte *ADST*, B 52). Der Verf. hob die Vorläufigkeit der Amtsenthebung ebenso hervor wie die rechtliche Unmöglichkeit, sich bei Wahlbeamten über die Dauer der Wahlperiode hinwegzusetzen, und konstatierte das „wohlerworbene Recht auf die dauernde Innehabung des Amtes während der ganzen Wahlperiode".

[119] Erwiderung des Preußischen Städtetags auf das Hilfeersuchen eines Kieler Stadtrates vom 28. März 1933 (*ebda.*)

[120] Schreiben an Mulert vom 18. März 1933 (*ebda.*)

[121] Die *Bayerische Staatszeitung*, Nr. 69 vom 23. März 1933, meldete, daß dem Oberbürgermeister und den drei Rechtsräten der Stadt „die Unterzeichnung ihrer Rücktrittserklärung als Konsequenz des Wahlausganges vom 5. März" abverlangt wurde. Für die Wirrnis der Verhältnisse ist bezeichnend, daß dann der neue kommissarische Oberbürgermeister den Rücktritt zweier Rechtsräte wieder rückgängig machte „mit der Erklärung, daß er auf ihre Mitarbeit nicht verzichten könnte".

[122] *Bayerische Staatszeitung*, Nr. 73 vom 28. März 1933.

örtlichen Eingriffe zu unterbinden. Hierbei erwiesen sich vor allem finanzpolitische Gründe als unwiderlegbar, da der allgemein bedenkliche Zustand der kommunalen Finanzen dringend nach einer geordneten und dauerhaften Verwaltung verlangte.[123] Die praktischen Auswirkungen verschlimmerten jedoch die Verhältnisse anstatt sie zu bessern; denn Göring, der nun allein zuständig war, untersagte die Weitergabe jeder Beschwerde der Gemeinden, so daß die örtlichen politischen Gewalten weitgehend freie Hand bekamen.[124] Unter den anderen Kommissaren reifte jedoch die Meinung heran, daß die Erhaltung eines dienstfähigen Beamtenkörpers alsbaldige gesetzliche Regelungen der Reichsregierung auf beamtenrechtlichem Gebiet unumgänglich machte. Sie sollten durch eine Kommission aus Vertretern der Innenministerien des Reiches und Preußens und beider Finanzministerien beraten werden.[125]

Noch im gleichen Monat begannen Vorarbeiten zu gesetzlichen Regelungen. Die Initiative hierzu ging wohl zuerst von Kreisen der organisierten Beamtenschaft aus, die ihre Rechtsverhältnisse zu erhalten suchte. Dies war gleichsam der Preis, den sich ihre Organisationen für die Ergebenheitserklärungen der neuen Reichsregierung gegenüber einzuhandeln trachteten. Die Reichstagswahl vom 5. März wirkte auch hier wie das Zünglein an der Waage. Das Ergebnis einer knappen Mehrheit der Regierungsparteien löste eine Flut von Loyalitätserklärungen und Ergebenheitskundgebungen an den Reichskanzler, den Vizekanzler und die Reichsregierung aus, in denen sich byzantinistischer Gouvernementalismus und blanker Verbandsopportunismus gelegentlich mit hochschäumendem Nationalismus, meist aber mit der Furcht vor Eingriffen der NSDAP miteinander mengten und mit dem Willen, diesen Eingriffen zu entgehen. Widerstand vermochten die Verbände nicht zu leisten; sie versuchten nur, unter Ausnutzung des Opportunen ihre Existenz zu erhalten. Man hielt es für „geboten, darzutun, daß Sinn und Wesen dessen, was die gesamte Nation durchzieht, die Beamtenberufsorganisationen einbezogen hat";[126] das geschah, indem sich die Verbände neue „Führerkörperschaften" gaben – selten nur noch durch Wahl, fast immer durch statutenwidrige Einführung eines zweifelhaften „Führerprinzips", mit dem sie sich der nationalen Rechten in personeller Hinsicht anglichen.

Die weitergehende Entwicklung nach dem Willen der dynamischen politischen Kräfte wertete indessen die taktischen Gewinne zu zernierten Stationen im Hinterland einer befestigten totalitären Macht ab. Für vereinzelte Hoffnungen auf berufsständische Ideologien, von denen man sich eine notwendige Aufrechterhaltung der Fach- und Berufsverbände versprach und denen anfangs einige Chancen in der neuen Staatsorganisation eingeräumt wurden,[127] ließen die Reichsleitungs-Funktionäre der NSDAP bald ebensowenig Raum wie für korporative Selbstorganisationen; ihnen diente das Staatssyndikat der Beamten im faschistischen Italien als Vorbild.[128] Es zeigte sich binnen weniger Wochen, daß die Beamtenabteilung der NSDAP-Reichs-

[123] Chefbesprechung vom 15. März 1933 (*HAB*, Rep. 90, Sitzungsprotokolle 1933, fol. 54).

[124] Rundschreiben des Reichskommissars für das preußische Innenministerium an die Oberpräsidenten und Regierungspräsidenten vom 17. März 1933 (*ADST*, B 52).

[125] Chefbesprechung vom 15. März (Anm. II/123).

[126] *Der Beamtenbund. Zeitschrift des Deutschen Beamtenbundes*, 17. Jg., Nr. 25 vom 28. März 1933, S. 1. Ähnlich lauten andere Erklärungen und Adressen des Deutschen Beamtenbundes, des Reichsbundes der höheren Beamten, des Reichsbundes der mittleren Post- und Telegraphenbeamten e. V., des Reichsbundes der technischen Angestellten und Beamten, des Berufsvereins der höheren Verwaltungsbeamten Preußens und des Reichs e. V. (*HAB*, Rep. 90/613), des Reichsbundes der Kommunalbeamten und -angestellten Deutschlands und des Deutschen Vereins für Vermessungswesen (*HAB*, Rep. 320, Grauert 1).

[127] Schreiben des Reichsbundes der oberen Beamten vom 5. April 1933 an Vizekanzler v. Papen mit vervielf. Abschrift einer Eingabe an den Reichskanzler (*HAB*, Rep. 90/613).

[128] Ein ausdrücklicher Hinweis findet sich in einem Schreiben des hessischen Gauleiters Sprenger, Leiter der „NS-Beamtenabteilung" der Reichsleitung, vom 28. März 1933 an Ministerialdirektor Grauert (*HAB*, Rep. 320, Grauert 13).

leitung eigene Pläne verfolgte, daß sie keine Kompromisse einzugehen und eine reichseinheitliche Organisation ohne die Mitwirkung anderer Kräfte aufzubauen gedachte.
Der hessische Gauleiter Sprenger, ein ehemaliger Postinspektor, ließ sich zum Reichskommissar für Beamtenorganisationen ernennen und machte seinen Organisationsleiter
Neef, einen Oberzollsekretär, der rasch zum Regierungsrat im Reichsinnenministerium
befördert wurde, zu seinem Stellvertreter, der einen Berufsverband nach dem anderen übernahm, um ihn in den Deutschen Beamtenbund einzubringen und diesen zu
einer Art eigener Hausmacht und zum beherrschenden Einheitsspitzenverband umzugestalten. Die repräsentative und politische Bedeutung der Verbände ging auf diesem
Wege rasch verloren.[129]

So ruhm- und ergebnislos ihr Ende im ganzen aber auch erscheint, es ermangelte
doch nicht der Differenzen. Der Preußische Beamtenbund, der 300 000 Staats- und
Kommunalbeamte und Lehrer vertrat, hatte sich gegen Ende Februar wie andere Verbände dem Reichskommissar und Vizekanzler v. Papen zu nähern versucht und seine
Wünsche vorgebracht nach Gehaltsangleichungen der preußischen Beamten an die des
Reiches und nach seiner Heranziehung in den Fragen, die die Zukunft des Berufsbeamtentums betrafen.[130] Als wenige Wochen später ruchbar wurde, daß die Reichsregierung ein Ermächtigungsgesetz plante, erwartete der Deutsche Beamtenbund auch
eine Neuregelung grundsätzlicher Fragen des Beamtenrechts, die er im Vorbereitungs-
stadium durch das Angebot seiner Mitarbeit beeinflussen zu können hoffte.[131] Materielle Forderungen, aber mehr noch die Sorge um Rechte und Traditionen des Berufsbeamtentums kehrten mehr oder minder deutlich in fast allen Entschließungen dieser
Wochen wieder und kennzeichneten Wesen und Richtung der gefährdeten Interessen.
Es ist offenkundig, daß diese Wünsche nicht gänzlich verhallt sind, sondern in den
Bemühungen konservativer Kräfte innerhalb der preußischen Regierung ihren Niederschlag fanden. Der Kommissar für das preußische Finanzministerium griff die Anregungen zur Besoldungsangleichung auf und verknüpfte sie mit einem Versuch, persönliche Zurücksetzung und Diskriminierung der Beamten aus politischen oder anderen
Gründen auszuschließen.[132] Dieser Versuch, der im Grunde die Rechtsverhältnisse der
bisherigen „politischen Beamten" vorübergehend auf die Beamten aller Kategorien
ausdehnen wollte, verlief jedoch ohne Ergebnis.[133]

[129] Die Beamtenvertretungen wurden in Preußen am 20. Mai, im Reich am 15. Juni 1933 aufgehoben (Runderlaß des Preußischen Ministers des Innern vom 20. Mai 1933, *Ministerial-Blatt für die Preußische innere Verwaltung*, I, 1933, Sp. 601 f.; Runderlaß des Reichsinnenministers vom 15. Juni 1933, Abschr. *HAB*, Rep. 90/469).
[130] Aktenvermerk über einen Empfang der Führer des Preußischen Beamtenbundes durch Ministerialdirektor
Landfried in Vertretung Papens am 24. Februar 1933 und daran anknüpfender Schriftwechsel (*HAB*, Rep. 90/613).
[131] Schreiben des Deutschen Beamtenbundes vom 17. März an Hitler und gleichlautend an Seldte sowie Eingaben mit Wiederholungen dieser Bitten vom 24. März und wieder nach Annahme des Ermächtigungsgesetzes vom
1. April 1933 bei den Akten des ehemaligen Reichsarbeitsministeriums (*HAB*, Rep. 318/Ia–32).
[132] Persönliches Schreiben an Landfried vom 23. März 1933 (*HAB*, Rep. 90/469), mit dem Popitz einen Gesetzentwurf über Beamtenrechtsverhältnisse an Papen auf dessen Ersuchen hin übersandte (nicht bei den Akten). Der
Inhalt des vorgeschlagenen Gesetzes geht aus der Chefbesprechung der preußischen Staatsminister am 5. Mai hervor (*HAB*, Rep. 90, Sitzungsprotokolle 1933, fol. 87). Danach wollte der Entwurf für eine begrenzte Gültigkeits-
dauer des Gesetzes das Recht schaffen, jeden Beamten jederzeit unter Gewährung des ihm gesetzlich zustehenden
Ruhegehaltes in den einstweiligen Ruhestand zu versetzen. Offenbar ging auch dieser Entwurf von den regellos
gewordenen Verhältnissen in der Kommunalverwaltung aus; denn Popitz erwähnt ausdrücklich, daß er an der
Bearbeitung den Leiter der Kommunalabteilung im preußischen Innenministerium beteiligt habe, nicht den Leiter
der Beamtenabteilung, die in erster Linie zuständig gewesen wäre. „An der Bearbeitung war Herr Ministerialdirektor Surén beteiligt, Kenntnis hat außerdem Herr v. Krosigk. Über die Art der Behandlung und über etwaige
Rückzugslinien behalte ich mir mündlichen Vortrag vor."
[133] Papen lud am 25. März Frick, Göring, Schwerin v. Krosigk, Popitz und den Staatssekretär Schlegelberger
zu einer Besprechung über die „Regelung der demnächst zu lösenden Beamtenfragen" ein, die am 27. März „ohne
Referenten" stattfinden und der der erwähnte Entwurf zugrunde liegen sollte (Briefentwurf mit Abgangsvermerk
HAB, Rep. 90/469). Diese Einladung ist durch Schnellbrief noch am gleichen Tage (*ebda.*) widerrufen, die Besprechung offenbar niemals abgehalten worden.

Inzwischen stellte die NSDAP erhöhte personalpolitische Ansprüche an die Ministerien. Noch besaßen die Deutschnationalen in den höheren Verwaltungsstellen und Ministerien ein beträchtliches Übergewicht; doch die NSDAP ging jetzt daran, auch dieses Verhältnis zu ihren Gunsten zu verändern. Im preußischen Justizministerium löste der Nationalsozialist Kerrl, ein mittlerer Justizbeamter aus Peine, den Staatssekretär Hölscher als Kommissar ab. Die Folgen waren unmittelbar spürbar. Kerrl glaubte, durch uniformierte Wachen der NSDAP innerhalb der Gerichtsgebäude „die Autorität der Gerichtsbehörden sicherzustellen".[134] Ihm kommt das zweifelhafte Verdienst zu, erstmals mit antisemitischen Begründungen in das geltende Beamtenrecht eingegriffen und am Vorabend des antijüdischen, „von der NSDAP geleiteten Abwehrboykotts" die sofortige Beurlaubung aller jüdischen Staatsanwälte und Beamten im Strafvollzug angeordnet, von allen amtierenden jüdischen Richtern die Einreichung ihrer Urlaubsgesuche – „ab morgen früh 10 Uhr" – erzwungen und die Zulassung jüdischer Anwälte empfindlich eingeschränkt zu haben.[135] Er bezeichnete diese Anordnung als Maßnahme zum Schutz der Rechtspflege vor der „Selbsthilfe" des Volkes in Zeiten eines „berechtigten Abwehrkampfes . . . gegen die alljüdische Greuelpropaganda", was schlimme Wege der deutschen Justiz in den Bahnen des Nationalsozialismus ahnen ließ.

Im raschen Zugriff riß dann plötzlich das Reichsinnenministerium, wo man unter seinem nationalsozialistischen Leiter danach trachtete, die alte administrative Ordnung wiederzugewinnen,[136] mit seinem „Gesetz zur Wiederherstellung des Berufsbeamtentums" vom 7. April 1933[137] die Initiative in der Beamtenpolitik an sich. Noch im März erhielt der Städtetag Kenntnis von dem ersten Entwurf,[138] dessen Grundgedanke es war, dauerhaft gültige einheitliche Rechtsverhältnisse für die gesamte Beamtenschaft zu garantieren und dennoch die personalpolitischen Wünsche der NSDAP zu berücksichtigen, sie als einen zeitlich abgegrenzten außerordentlichen Eingriff in das bestehende Beamtenrecht zu definieren und zu legalisieren, so daß nach Ablauf einer Frist wieder beamtenrechtlich normale Zustände eintreten sollten, wie es dann auch der § 18 der Endfassung des Gesetzes aussprach. Der Entwurf betraf unterschiedslos Beamte

[134] Runderlaß des preußischen Justizministers (Kommissar des Reiches) an die Oberlandesgerichtspräsidenten, Generalstaatsanwälte bei den Oberlandesgerichten und Präsidenten der Strafvollzugsämter vom 31. März 1933 (vervielfältigtes Exemplar *BA*, P 135/4542, fol. 32); auszugsweise abgedr. bei Bruno Blau, *Das Ausnahmerecht für die Juden in Deutschland 1933–1945*, 2. Aufl., Düsseldorf 1954, S. 12 f.

[135] Runderlaß, *ebda.*

[136] In mehreren Erlassen wandte sich der Reichsinnenminister gegen politische Denunziationen aus den Reihen der Beamtenschaft, besonders gegen die Denunziation von Vorgesetzten, da sie die Gefahr mit sich bringe, daß die Autorität innerhalb der Beamtenschaft untergraben und erschüttert werde. „Die Mitgliedschaft bei den nationalen Parteien gibt den Beamten nicht mehr *Rechte*, sondern nur höhere *Pflichten*. Wer den Befehlen und Anordnungen der von mir eingesetzten im Amt belassenen Vorgesetzten nicht in jeder Richtung gehorcht, verweigert damit auch mir gegenüber den Gehorsam" (Runderlaß des Reichsinnenministers an die Vorstände der nachgeordneten Dienststellen vom 31. März 1933, Abschr. für die obersten Reichsbehörden *HAB*, Rep. 318/Ia – 5).

[137] *RGBl.*, I, 1933, S. 175.

[138] Aktenvermerk über eine vertrauliche Besprechung (wahrscheinlich Mulerts) mit Ministerialrat Seel vom Reichsministerium des Innern am 27. März 1933 und Entwurf eines „Gesetzes zur Wiederherstellung des Berufsbeamtentums" (mit Datum vom 28. März und handschriftlichem Vermerk „zugestellt von Ministerialrat Dr. Seel, Reichsministerium des Innern"; *ADST*, B 52). Seel erwähnte nach dem Aktenvermerk Initiative und Entwurf des preußischen Innenministeriums, über den jedoch keine Einzelheiten bekannt sind. Es ist nicht ausgeschlossen, daß eine Verwechslung mit dem Entwurf von Popitz unterlaufen ist, an dem aus dem preußischen Innenministerium Surén beteiligt war, aber auch nicht, daß eine hiervon unabhängige Verbindung zwischen preußischem und Reichsinnenministerium in dieser Angelegenheit bestanden hat. Indessen erscheint das preußische Innenministerium in diesen Wochen auf dem Gebiete der Gesetzgebung noch überaus inaktiv. Es gibt im übrigen keinen Zweifel, daß Seel selbst, wenn nicht der Initiator, so doch der Autor des genannten Gesetzes gewesen ist. Auch Pfundtner hat ihn später einmal in einem Brief an den Staatssekretär im Reichsarbeitsministerium den „Vater des Gesetzes zur Wiederherstellung des Berufsbeamtentums" genannt (Schreiben vom 14. Juni 1933, Durchschl. *HAB*, Rep. 320, Pfundtner 24).

aller Rangstufen, galt sowohl für das Reich und die Länder als auch für die Gemeinden, beseitigte die Scheidung von kommunalen Beamten und Staatsbeamten und faßte die Beamtenschaft nur noch als uniforme Körperschaft auf.

Das Gesetz zur Wiederherstellung des Berufsbeamtentums bildete demzufolge dann – und zwar auf gleicher Bedeutungsstufe – die personalpolitische Parallele zu den institutionellen Gleichschaltungsgesetzen, mit denen sich die zentralistische Diktatur der Reichsregierung etablierte. Im gesamten Reichsgebiet hob es die sogenannte institutionelle Garantie des Beamtentums nach der Weimarer Verfassung auf und ließ „zur Wiederherstellung eines nationalen Berufsbeamtentums" die erworbenen Rechte für einige besonders bezeichnete Kategorien der Beamtenschaft schlechthin hinfällig werden.[139] Auch sein Grundsatz war im Anfang noch der einmalige Eingriff in den Personalbestand des übernommenen Verwaltungsapparats, der eine rasche und wirksame Veränderung bringen sollte, ohne die Beamtenrechte selbst, an denen die Väter dieses Gesetzes weiterhin festhielten, auf längere Zeit außer Kraft zu setzen oder auch nur einzuschränken. Ein neues, innerlich homogenes Beamtentum, „das voll und ganz auf dem Boden der nationalen Erhebung steht und mit Hingebung und Überzeugung diese Aufgaben im Sinne der neuen Regierung erfüllt",[140] sollte binnen kürzester Frist geschaffen werden, ein Beamtentum, auf das sich die neue Regierung in Verfolgung ihrer Ziele und Pläne verlassen konnte, wobei sie ihre Absicht, den vorhandenen Staat von Grund auf zu verändern, nicht verbarg. Diese ebenso illusionäre wie rechtlich verwerfliche Absicht eröffnete die Reihe gesetzgeberischer Maßnahmen des Reichsinnenministers, die das Ermächtigungsgesetz ermöglichte und die in der für den totalitären Staat des Nationalsozialismus typischen Weise in dilettantischer Hast Bestehendes liquidieren und Neues schaffen sollte, jedoch am Ende nur Unruhe, unentwegte Bewegung und Unsicherheit übrigließ.

Noch ganz im Sinne der konservativen Parolen von der „nationalen Revolution", die die erste Phase der Machtergreifung kennzeichneten, gab das Gesetz den Zweck vor, eine „Wiederherstellung" des „einst überall hochgeachteten deutschen Beamtentums" zu erreichen, womit es das Beamtentum der Monarchie meinte; in diesem Aspekt vereinfachte sich das personalpolitische Programm auf die scheinbar leichte Aufgabe, durch „rücksichtslose Säuberung der Beamtenschaft" von „allen artfremden Elemen-

---

[139] Die endgültige Fassung des Gesetzes zur Wiederherstellung des Berufsbeamtentums (*RGBl.*, I, 1933, S. 175) lehnte sich in Aufbau und Grundgedanken an die ursprüngliche Fassung des Entwurfes vom 28. März an, wich jedoch im Wortlaut nicht unerheblich von ihm ab.
Beispiele:

Fassung vom 28. März 1933

§ 1
(1) „Zur Wiederherstellung eines nationalen, von Parteieinflüssen freien Berufsbeamtentums ... können Beamte in den Ruhestand versetzt werden, auch wenn die nach den Vorschriften der Reichs- und Landesgesetzgebung hierfür erforderlichen Voraussetzungen nicht vorliegen."

§ 1
(3) „Die Versetzung in den Ruhestand wird von der Anstellungsbehörde ausgesprochen, bei Beamten der Gemeinden und Gemeindeverbände ... von der Aufsichtsbehörde."

Fassung vom 7. April 1933

§ 1
(1) „Zur Wiederherstellung eines nationalen Berufsbeamtentums und zur Vereinfachung der Verwaltung können Beamte nach Maßgabe der folgenden Bestimmungen aus dem Amt entlassen werden, auch wenn die nach dem geltenden Recht hierfür erforderlichen Voraussetzungen nicht vorliegen." (Folgt Enumeration der betreffenden Kategorien.)

§ 7
(1) „Die Entlassung aus dem Amte, die Versetzung in ein anderes Amt und die Versetzung in den Ruhestand wird durch die oberste Reichs- oder Landesbehörde ausgesprochen, die endgültig unter Ausschluß des Rechtsweges entscheidet."

Die Beseitigung von „Parteieinflüssen" entfiel als Grundsatz; die nicht unehrenhafte Zurruhesetzung aus politischen Gründen wurde weitgehend durch einfache Entlassungen ersetzt. Eine erhebliche Verschärfung der hauptsächlichen Bestimmungen ist also unverkennbar.

[140] Vervielfältigte Kommentierung zum Berufsbeamtengesetz, die vermutlich als Entwurf einer Ausführungsanweisung gedient hat und die die handschriftliche Datierung „12. 4. 33" trägt, *HAB*, Rep. 320, Pfundtner 14.

ten" den gewünschten Personalapparat herzustellen. Aus dem Entwurf zu einer ersten Ausführungsanweisung geht unzweideutig die ursprünglich erörterte Alternative hervor, entweder gesetzlich allgemeine Pensionierungsmöglichkeiten für alle Beamtenkategorien zu schaffen und gleichzeitig die Vollzugsbehörden anzuweisen, auf welche Beamtengruppen die einzelnen Maßnahmen angewendet werden sollten, oder eine gesetzliche Definition der Beamtengruppen zu geben, die man durch verschiedene Maßnahmen und Mittel treffen wollte. Das Reichsinnenministerium entschied sich für den zweiten Weg mit den schlimmer wirkenden Maßnahmen und stärkeren Beunruhigungen, der ohne Zweifel den Ermessensspielraum der Vollzugsbehörden viel leichter eingrenzen ließ als der erste, ein zentrales Vorgehen möglich, nun aber auch nötig machte.

Es liegt auf der Hand, daß die gewählte Aufzählung der *de lege* „unerwünschten" Gruppen des bisherigen Beamtenkörpers einer Diskriminierung vor der Öffentlichkeit schon sehr nahekam. Das Gesetz differenzierte sowohl die einzelnen Gruppen, die aus dem Staatsdienst entfernt, wie auch die Mittel, die angewendet werden sollten. Der § 2 betraf sogenannte „Parteibuchbeamte", § 3 die Beamten jüdischer Abstammung und § 4 allgemein Beamte, die man als „politisch unzuverlässig" bezeichnete; die §§ 5 und 6 bestimmten darüber hinaus Eventualmaßnahmen gegen alle Gruppen von Beamten ohne Unterschied, beschränkten sich jedoch auf Versetzung in ein geringeres Amt oder auf vorzeitige Pensionierung, die noch der ursprüngliche Entwurf ausschließlich anzuwenden gedachte, während die Maßnahmen nach den ersten Paragraphen von der Entlassung ohne Anspruch auf Ruhegehalt bis zur Versetzung in den Ruhestand reichten. Am schärfsten sollte gegen „Parteibuchbeamte" vorgegangen werden, selbst gegen solche, die sich bereits im Ruhestand befanden, also nicht mehr ihre „Hand am Staatsapparat" hatten. Hierin tritt die Absicht der Diskriminierung und Verfolgung, die keiner rationalen politischen Absicht mehr entspricht, deutlich zutage. Diese Gesetzesvorschriften dienten Maßnahmen des Hasses und der Rache. Nicht weniger rücksichtslos sollten alle jene Beamte aus dem Staatsapparat hinausgedrängt werden, die von einem „nichtarischen" Großelternteil abstammten.[141] Damit verschaffte man sich eine gesetzliche Handhabe gegen große Teile des Berufsbeamtentums, die von den parteipolitischen Bestimmungen des Gesetzes nicht betroffen werden konnten. Vorläufig allerdings gab es noch einen Kreis von Beamten, der vor der rassischen Verfolgung geschützt war: „Nichtarier", die schon in der Vorkriegszeit Beamte, die Frontkämpfer des Weltkriegs oder deren Väter oder Söhne im Weltkrieg gefallen waren. Der Antisemitismus, der sich erstmals in einem Reichsgesetz niederschlug, wurde zunächst noch durch die Vorstellung in Grenzen gehalten, daß vom nationalen Staat „Blutopfer . . ., auch soweit es sich um nicht arische Beamte handelt, geachtet und anerkannt werden" müßten; die spätere Zeit schritt auch über diese Beschränkung hinweg.

Der „nationale Staat" gab sich nach dem Willen des Gesetzes den Anschein einer Toleranz insofern, als die Parteizugehörigkeit eines Beamten nicht ausschlaggebend sein sollte, sondern lediglich die offen bekundete Tätigkeit. Die Ausführungsanweisung ging sogar noch so weit, dem einzelnen Beamten eine Auskunftpflicht über seine bisherige Parteizugehörigkeit nur gegenüber seinem zuständigen Minister aufzuerlegen. Den Machthabern kam es darauf an, nicht schlagartig und nicht von vornherein auf eine zu große Zahl von Beamten verzichten zu müssen, sondern sich für die Zukunft ihrer Zuverlässigkeit zu versichern. Die Ausführungsanweisung besagte eindeutig nur, daß das Gesetz mit seiner vollen Schärfe auf die Angehörigen der kommunistischen Partei und kommunistischer Organisationen angewendet werden würde, was nun, nach allem, was vorausgegangen war, kaum überraschte und keineswegs als vollständiger Ausdruck der nationalsozialistischen Personalpläne angesehen werden konnte.

---

[141] Erste Verordnung zur Durchführung des Gesetzes zur Wiederherstellung des Berufsbeamtentums vom 11. April (*RGBl.*, I, 1933, S. 195).

Ein Kompromiß schien das Gesetz auch darin anzudeuten, daß es den Ministern jeweils für ihren Amtsbereich das entscheidende Recht zusprach, für die Durchführung des Gesetzes Sorge zu tragen;[142] denn damit erteilte es den Ministern auch die Ermächtigung, die Art seiner Anwendung zu bestimmen und durch Verabschiedungen und Entlassungen aus dem alten Personalkörper weitgehend nach den eigenen Vorstellungen zu gestalten; lediglich eine zeitliche Begrenzung war festgesetzt. Der Städtetag hatte sich um einen kürzeren Termin bemüht; nach dem Gesetz sollten bis spätestens zum 30. September 1933 die letzten für erforderlich gehaltenen Maßnahmen durchgeführt sein, sollte für die „am 1. Oktober 1933 im Dienst verbliebenen Beamten . . . das bisher geltende Beamtenrecht wieder in vollem Umfang in Kraft" treten und Ruhe in die Beamtenschaft einziehen. Bis dahin konnte jeder nicht der NSDAP angehörende Beamte in Amt und Existenz getroffen werden. Es bedeutete keineswegs eine zuverlässige Sicherung, wenn erklärt wurde, daß nicht beabsichtigt sei, Hunderttausende von Fällen aufzurollen, sondern lediglich dem Vorgehen dienstlicher Vorgesetzter und politischer Verbände rechtliche Handhaben zu verschaffen;[143] schon die Furcht vor dem unabwendbaren Möglichen verbreitete lähmende, den politischen Willen des einzelnen sterilisierende Wirkungen. Der Städtetag bemühte sich, für die betroffenen Beamten die Härte der Bestimmungen wenigstens durch Schaffung einer Möglichkeit zur Pensionierung auf eigenes Ersuchen zu mildern,[144] um die große Zahl der beurlaubten und über ihr weiteres Schicksal ungewissen Beamten in eine für sie erträglichere Lage zu bringen. Stießen diese Bemühungen anfangs auch auf Widerstand, so erklärte sich Frick schließlich doch mit einer Regelung einverstanden, durch die „eine dauernde Diffamierung vermieden" werden könne.[145] Im Juni erhielt dann das Gesetz eine Bestimmung, die wenigstens eine Möglichkeit zur ehrenhaften Zurruhesetzung zuließ.[146] Mit dem langsamen Abklingen der ärgsten terroristischen Welle gewann der Gesichtspunkt an Wert, die nationale Beamtenschaft zu „gewinnen" und zu „versöhnen",[147] wichtige Ämter neu zu besetzen, im übrigen jedoch in erster Linie den Beamten Ergebenheit dem totalen Staat gegenüber aufzuerlegen. Trotz der generellen Bestimmungen blieben individuelle Auslegungen möglich, die für manchen persönliche Erleichterungen gebracht haben mögen; tatsächlich waren jedoch keine rechtlichen, sondern ausschließlich politische Erwägungen im Spiel.

Als Frick Ende April eine Aussprache mit den Innenministern der Länder notwendig fand, um eine einheitliche Handhabung der Bestimmungen des Gesetzes herbeizuführen und eine neue ergänzende – nun schon die dritte – Durchführungsverordnung vorzubereiten, benutzte selbst Göring die Gelegenheit, um seine Stimme gegen allzu weitreichende Anwendungen dieses in Preußen unbeliebten Gesetzes zu erheben.[148]

---

142 Die Ausführungsanweisungen heben hervor: „Auch über den letzten deutschen Beamten entscheidet nicht etwa seine vorgesetzte Behörde, seine Anstellungsbehörde oder seine Aufsichtsbehörde, sondern immer und ausschließlich nur sein höchster Vorgesetzter, sein Minister. "

143 Notiz über eine Rücksprache mit Ministerialrat Seel am 20. April 1933 (*ADST*, B 52).

144 *Ebda.*; auch der Berliner Oberbürgermeister Sahm an Seel am 13. April 1933 (Abschrift *ebda.*).

145 Aktennotiz über eine Besprechung Mulerts mit Frick, datiert am 26. April 1933 (unvollständig; nur die letzte Seite der Notiz mit den numerierten Abschnitten 3 und 4 ist bei den Akten; *ebda.*).

146 Gesetz zur Änderung des Gesetzes zur Wiederherstellung des Berufsbeamtentums vom 23. Juli 1933 (*RGBl.*, I, 1933, S. 389). Nach § 6 Abs. 1 gab es nunmehr die Möglichkeit, mit der Begründung der Vereinfachung der Verwaltung oder des „Interesses des Dienstes" auch nicht dienstunfähige Beamte in den Ruhestand zu versetzen.

147 So Seel in der erwähnten Unterredung mit Mulert am 20. April 1933 (Anm. II/143); ferner in einer Aktennotiz über Mitteilungen eines Referenten im preußischen Innenministerium vom 19. April 1933 (*ADST*, B 52). „Nicht allzu engherzig" im Sinne des Gesetzes zu sein, empfahl auch Frick in einer Aussprache mit den Innenministerien der Länder am 25. April (Abdruck einer Protokollnotiz in der Anlage eines Rundschreibens des Reichsinnenministers vom 9. Mai 1933, *BA*, P 135/6334, fol. 64¹).

148 Ausführlicher Aktenvermerk des Ministerialrats im Reichsarbeitsministerium Hellbach über die Aussprache mit den Innenministern der Länder (*HAB*, Rep. 318/I a – 47). Teilweise übereinstimmend, vereinzelt im Widerspruch hierzu die konzise offizielle Protokollnotiz des Reichsinnenministeriums (*BA*, P 135/6334, fol. 64¹). Man geht wohl

Sich auf ominöse „Richtlinien" stützend, die Hitler ihm erteilt hätte, lief er in dieser Konferenz Frick den Rang ab, indem er Rücksichten auf den Reichspräsidenten und auf das Ausland vorschob und eine besonders sorgfältige Überprüfung der Anwendungsfälle des Gesetzes verlangte. Göring wünschte eine „großzügig" beschränkte, von NSDAP-Stellen beeinflußte Durchführung, aber angeblich kein nationalsozialistisches „Parteibuchbeamtentum". In der Praxis wagten sich indessen einige der Reichsressorts viel weniger als das preußische Innenministerium an die vorbehaltlose Ausnutzung der schärfsten Gesetzes- und Durchführungsbestimmungen heran. Eine anwachsende Kollegenschaft aus den Reihen der braunen Parteiarmee zählte wohl auch für die meisten der Ministerialreferenten und Abteilungsdirigenten, die das Gesetz vom 7. April unbehelligt ließ, nicht zu den erfreulichen Vorstellungen, deren Verwirklichung ihnen am Herzen lag – auch nicht für die Personalreferenten, die das Gesetz auszuführen, d. h. gegen einen Teil ihrer bisherigen Kollegen anzuwenden hatten und den Schnitt zwischen Loyalität und Kollegialität vollziehen sollten.

Mit der Dritten Durchführungsverordnung[149] führte der Reichsinnenminister genormte Personal-Fragebogen ein, um vor allem „die Ausmerzung von Beamten nicht arischer Abstammung"[150] einheitlich für alle Ressorts einzuleiten. Im Ergebnis machte es natürlich einen beträchtlichen Unterschied, ob diese Fragebogen, die die Herkunft der betroffenen Personen feststellten, grundsätzlich an alle Beamte ausgegeben wurden mit der unausweichlichen Verpflichtung, die darin gestellten Fragen zu beantworten, ob die Angaben nachweispflichtig waren oder nicht überprüft wurden oder ob man die Fragebogen nur in einzelnen Fällen benutzte und auf weitere Überprüfungen verzichtete.[151] In den Zuständigkeitsbereichen des Reichsverkehrsministeriums, des Reichsarbeitsministeriums, des Reichsfinanzministeriums und zunächst auch im Reichsinnenministerium wurde die letzte Praxis verfolgt, während das Reichswirtschafts-, das Reichsernährungs- und das Reichsjustizministerium von Anfang an eine systematisch-schematische Anwendung der Gesetzesbestimmungen für geboten hielten.[152] Auch der Reichsinnenminister schloß sich alsbald dieser Auffassung an, vermied jedoch eine amtliche Festlegung und sah zunächst von weiteren Schritten ab, um gleichmäßige Anwendungen herbeizuführen; in den anderen Ressorts neigte man dazu, möglichst wenig im Grundsätzlichen zu regeln und möglichst viele personalpolitische Entscheidungen in den Ermessensspielraum nachgeordneter Behörden hineinzulavieren. Man vermied es, offen zugunsten der NSDAP zu entscheiden, ebensosehr aber auch, allzu deutlich den Forderungen der NSDAP entgegenzutreten. Die Furcht vor den Drohungen der Parteimachthaber auf der einen und die Rücksichten auf die Arbeitsfähigkeit der Beamtenschaft auf der anderen Seite bildeten merkwürdige und fließende Kompromisse aus, die weder dem Wortlaut des Gesetzes zu entnehmen waren noch eine Befriedigung der in Bewegung geratenen Interessen und eine Beruhigung der Verhältnisse in abschätzbare Nähe rückten.

Im Anfang versuchte noch die Zentrumspartei, der Hitler einige Hoffnungen gemacht hatte, sich bei der Durchführung des Gesetzes einzuschalten und die Beamten,

nicht fehl, wenn man annimmt, daß die frühere und ausführlichere Aufzeichnung des Vertreters des Reichsarbeitsministeriums in dieser Konferenz auch als die zuverlässigere angesehen werden darf.

[149] Vom 6. Mai (*RGBl.*, I, 1933, S. 245).

[150] Protokollnotiz *BA*, P 135/6334, fol. 64³.

[151] Vertraulich erhielt der Direktor des Hauptversorgungsamtes Westfalen von seinem Ministerium die Weisung, einen „urkundlichen Nachweis der arischen Abstammung zunächst nicht zu verlangen, wenn nach der gesamten Sachlage (persönliche Angaben des Beamten, äußere Rassenmerkmale, Name, Religion) bei sorgfältiger Erwägung kein Grund zu der Annahme vorliegt, daß er nicht arischer Abstammung ist" (Entwurf mit Abgangsvermerk vom 24. Mai 1933 und handschriftliche Randnotiz des Referenten: „... Herr Minister hat auf Vorlage ... grundsätzlich so entschieden": *HAB*, Rep. 318/I a — 47).

[152] Referentenvermerk vom 16. Mai 1933 (*HAB*, Rep. 318/I a — 47).

die ihr nahestanden, zu schützen.[153] Dem rasch wachsenden Einfluß ihrer Gegner vermochte sie jedoch auf die Dauer nichts mehr entgegenzusetzen; mit der Beteiligung von Vertrauensmännern, die zumindest außerhalb der Ministerien rasche Fortschritte machte[154] und allmählich zur institutionellen Beteiligung von Parteiinstanzen an personalpolitischen Entscheidungen überleitete,[155] gewann die NSDAP ein sicheres Monopol extraministeriellen Einflusses auf die Stellenbesetzung.

Das Gesetz und seine Anwendung änderten sich nicht unter dem Einfluß milder Rechtlichkeit, sondern infolge einer pragmatischen Abwandlung der Maßstäbe. Die vom Gesetz geschaffene Legalitätshülle für die personalpolitischen Veränderungen war weit genug gebildet, um je nach Bedarf ganz oder teilweise ausgefüllt zu werden, ohne daß der Schein der Legalität einer Störung unterlag. Nicht weniger schlimm nahm sich der neuerliche Verlust an Charakter aus, den das allseitig um sich greifende Denunziantentum, aber auch das üppig blühende Patronage- und Begünstigungswesen zur Folge hatte, das den Einzelfall zum Sonderfall graduierte und das nationale Credo beweisfähig machte. Unter Umständen konnte schon die Zugehörigkeit zu einem studentischen Corps zur milderen Anwendung der Bestimmungen führen; zumindest lieferte sie eine Möglichkeit, Entschuldigungen vorzubringen, die gehört wurden.[156] Von den

---

[153] Bei den Akten des ehemaligen Reichsarbeitsministeriums befindet sich ein Schreiben des Reichstagsabgeordneten Otto Gerig an den Staatssekretär Krohn vom 18. Mai 1933, in dem G. unter Berufung auf „die Vereinbarung der Zentrumsführung mit Herrn Reichskanzler Hitler" um eine Unterredung ersucht, um „namens der Zentrumsführung einmal verschiedene Angelegenheiten aus dem Bereich des Reichsarbeitsministeriums einschließlich Reichsanstalt . . . durchsprechen zu dürfen". — Einer Aktennotiz zufolge fand die Besprechung Gerig—Krohn am 23. Mai statt. Über ihre Gegenstände und Ergebnisse ist nichts zu ersehen (*ebda.*).

[154] Erlasse des Reichsarbeitsministers an die nachgeordneten Behörden vom 31. Mai, 8. Juni und 21. Juli 1933 (*ebda.*). Rundschreiben des Reichsinnenministers an die obersten Reichsbehörden usw. vom 14. Juli 1933 (*ebda.*).

[155] Ein Rundschreiben des Reichsinnenministers an die obersten Reichsbehörden usw. vom 10. Juli 1934 (*HAB*, Rep. 318/I a – 3) schrieb vor, daß nicht nur alle Personalreferenten, sondern auch sämtliche „zur Mitarbeit [in Personalangelegenheiten] berufenen Bürobeamten" Mitglieder der NSDAP sein mußten. Einige Behörden gehorchten dieser Anordnung nur schleppend und nachlässig. Das Reichsarbeitsministerium gab sich mit allgemeinen Berichten zufrieden, selbst wenn sie kaum verhüllte Weigerungen enthielten, irgendwelche personellen Umbesetzungen vorzunehmen. Andere Stellen aber äußerten Zweifel, ob „Parteigenossen" denn wirklich genügten und nicht „alte Kämpfer" gemeint seien, und einige glaubten, interessierte NSDAP-Stellen konsultieren zu müssen. Doch noch im Juli 1935 bemängelte der Stellvertreter des Führers in einem Schreiben an Frick, daß die Personalreferate der Ministerien noch nicht restlos „durch ganz ausgesuchte alte Parteigenossen" besetzt seien (unterzeichnet von Bormann, durch Rundschreiben des Reichsinnenministers vom 13. August 1935 den obersten Reichsbehörden zur Kenntnis gebracht; *HAB*, Rep. 318/I a – 3). — Seit dem Erlaß über die Beteiligung des Stellvertreters des Führers bei der Ernennung von Beamten vom 24. September (*RGBl.*, I, 1935, S. 1203) mußten grundsätzlich alle Beförderungs- und Ernennungsvorschläge von Beamten, die der Führer und Reichskanzler zu ernennen hatte, dem Stellvertreter des Führers „in angemessener Fristhaltung" zur Stellungnahme zugeleitet werden.

[156] Pfundtner bekümmerte sich um ehemalige Corpsstudenten seines Bekanntenkreises, indem er nochmalige Nachprüfung veranlaßte (Unterlagen bei den Akten Pfundtners, *HAB*, Rep. 320, Pfundtner 21). Alles nur Denkbare wurde mit einer naiven Akribie, die einer besseren Sache wert gewesen wäre, angeführt: Man habe sich der Staatspartei nur angeschlossen, weil der vorgesetzte Regierungspräsident es verlangte, und sei sofort nach Versetzung wieder ausgetreten. Man habe wohl einer Freimaurerloge angehört, stehe ihr jedoch schon seit langem „völlig fremd" gegenüber, besuchte ihre Veranstaltungen nicht mehr, wollte aber nicht durch einen Austritt die Mitbürger „vor den Kopf stoßen". Man versichert „ehrenwörtlich", sich innerlich „bereits seit September 1931 vom alten System losgesagt" zu haben, schon seit 1932 deutschnational und 1933 nur noch nationalsozialistisch gewählt zu haben. NSDAP-Mitglied sei man zunächst aber noch nicht geworden, um nicht „als Konjunkturpolitiker" zu gelten; man habe sich aber nach „dem nationalen Feiertage in Potsdam in tiefster innerer Erregung und aus ehrlicher Überzeugung" auch hierzu entschlossen; man schicke den eigenen Sohn in die Hitlerjugend, wirke nunmehr nur noch „als überzeugter Nationalsozialist" und ginge „auf das schärfste gegen Korruption und Marxisten vor" (Abschrift der Eingabe eines nach § 4 entlassenen Regierungsdirektors an den Preußischen Minister des Innern vom 11. Oktober 1933; *HAB*, Rep. 320, Pfundtner 21). Für alle Angaben nannte man Zeugen und Bürgen. Der zuständige einstige Regierungspräsident wieder suchte geltend zu machen, daß er niemals einen Beamten aus politischen Gründen bevorzugt oder benachteiligt habe, daß er innerhalb seiner eigenen Partei wegen seiner „unerschütterlichen Haltung" Schwierigkeiten gehabt habe, daß er sich sogar einmal für einen abberufenen deutschnationalen Vizepräsidenten eingesetzt und daß er selbst den Regierungspräsidentenposten nur angetreten habe, weil er „im Interesse [der] engeren Heimat" die Betrauung eines sozialdemokratischen Gastwirts mit diesem

viel gerühmten Tugenden des preußischen Beamten war allzu häufig gar nichts mehr zu spüren. Man bot „nationalsozialistische Überzeugung" und „Ehrenwort" an. Doch mancher Verzicht auf Charakter kam zu spät, um noch zu eigenem Nutz und Frommen auf der Woge der nationalen Revolution emporgetragen zu werden; man landete trotz allen Aufwandes im Wellental der Leidtragenden und Benachteiligten, aus dem es erst ein spätes oder auch gar kein Aufsteigen mehr gab. Parlamentarische Mandate einer Linkspartei, sogar schon auf der Kreisebene, machten aber selbst bei corpsbrüderlichen Beziehungen ein Eintreten unmöglich.

Sogar die Milderungen, die das Gesetz in späteren Durchführungsbestimmungen erfuhr, nahmen jeden Zweifel, daß das gesamte Beamtentum allmählich total in ein politisches Beamtentum im Sinne des historischen Begriffs umgewandelt werden sollte. Durch Abschwächungen in der Anwendung bei verlängerten Fristen und verlängerter Unsicherheit versuchte Frick, die Ergebenheit und die Zuverlässigkeit der alten Beamten für die Regierung Hitlers zu sichern. Die Dritte Durchführungsverordnung vom 6. Mai 1933, die die Grundsätze des Berufsbeamtengesetzes zugleich zu Leitsätzen für künftige Ernennungen erhob, erkannte nebenher auch die alte Kategorie der politischen Beamten an und ließ wieder die Ernennung außerhalb der Laufbahnbestimmungen zu; doch sie gab ihr eine Charakterisierung, die es bis dahin nicht gegeben hatte, indem sie „Stellung und Betätigung im öffentlichen Leben, einwandfreie Führung des Amtes", „Erfahrungen" und „Lauterkeit seiner Gesinnung und Handlungen" als Vorbedingung nannte, hinter der sich nichts anderes als die allmählich um sich greifende Gepflogenheit verbarg, daß eben die nationalsozialistische Partei politische Charakterbeurteilungen und verbindliche Zustimmungen zu Ernennungen aussprach. Für die Neubesetzung der durch Ausführung des Gesetzes freigewordenen Ämter wurde ausdrücklich die Bevorzugung von Beamten verlangt, die sich früher „wegen ihres nationalen Verhaltens benachteiligt" gesehen hatten. Die Reichsregierung begnügte sich nicht mehr mit einer „Wiederherstellung" des konservativen Berufsbeamtentums durch einfache Exstirpation seiner politisch exponierten oder rassisch diffamierten Bestandteile, sondern verwendete diese Formel für einen Schritt um Schritt vorankommenden Prozeß, der aus diesem Beamtentum allmählich die Bürokratie des totalitären nationalsozialistischen Staates formte.

Dank dem Umstand, daß für die Einsetzung in freigemachte Beamtenstellen bald genügend dienstwilliges Personal zur Verfügung stand, ergab sich keine wesentliche Folge daraus, daß Reichsfinanzminister Graf Schwerin v. Krosigk für Ziffer 12 zu § 6 der Dritten Durchführungsverordnung eine Fassung durchsetzte, die Fricks Verlangen nach sofortiger Wiederbesetzung jeder freien Stelle zunächst nicht erfüllte. An die Stelle dieser „strengen Folgerung" trat die Bedingung eines besonderen dienstlichen Bedürfnisses, womit den Entscheidungen der Ressortchefs noch einiges Gewicht gegenüber allgemeinen Regelungen gesichert wurde. Sie begünstigte eine Differenzierung der Personalpolitik von Ressort zu Ressort, vermochte jedoch der herrschenden Tendenz auf die Dauer nur wenig entgegenzuwirken. Schwerin v. Krosigk erklärte sich selbst bereit, gegen die umgehende Wiederbesetzung freiwerdender Stellen im Reichsinnenministerium grundsätzlich nichts einwenden zu wollen. Seine Zugeständnisse wurden dann alsbald von Frick dazu benutzt, Beamte zu versetzen – „weil ihre frühere politische Haltung sie jedenfalls für das Reichsinnenministerium nicht tragbar

---

Amt „für untragbar" hielt (Abschrift der Eingabe eines Regierungspräsidenten vom 27. Juli 1933; *ebda.*). Oder ein hoher Beamter der Politischen Polizei etwa erklärte seine einstige Zugehörigkeit zu einer Linkspartei, die natürlich keine Gesinnungssache war, damit, daß er geglaubt habe, „die Neubesetzung seiner Stelle beim Polizeipräsidium Berlin (Bekämpfung des Kommunismus) könnte durch einen marxistisch eingestellten Kriminalkommissar erfolgen. Er habe dies vermeiden wollen" (Beförderungsvorschlag des Inspekteurs der Geheimen Staatspolizei vom 16. April 1934; *HAB*, Rep. 90/951).

erscheinen läßt" – und durch politisch genehmere aus der Reichsfinanzverwaltung zu ersetzen.[157]

Schon in dieser Phase wußte das Reichsinnenministerium unter Fricks und Pfundtners Leitung die Normierung in seine Entscheidungsgewalt zu bringen und in Schaffung, Abmilderung und Verschärfung von Bestimmungen und Richtlinien auf der Grundlage vorhandener Zuständigkeiten die zentrale Kompetenz in Personal- und Organisationsfragen des totalitären Staates zu gewinnen. Dem freien Ermessen wie den politisch oder weltanschaulich bestimmten Interpretationen behördlicher Gesetzesausleger zog es zusehends engere Grenzen, indem es eine Vielzahl ergänzender und ausfüllender Vorschriften erließ, um die Verwaltungspraxis zu vereinheitlichen, zu binden und unter seine Kontrolle zu bringen. In diesem Reichsministerium, das sich von Anfang an als Gesetzgebungs-, Organisations- und Beamtenministerium betrachtete, gewann der Zusammenschluß von Legislative und Exekutive eine den weiteren Gang der Dinge folgenreich beeinflussende Gestalt. Frick trieb die Bestimmungen über die Verdrängung der Juden aus dem öffentlichen Bereich voran und ernannte zur Überprüfung rassisch „verdächtiger" Beamter eigens einen „Sachverständigen für Rasseforschung".[158] Die bevorzugte Beförderung außerhalb der Reihe von Beamten, „die

[157] Durchschl. eines Schreibens Pfundtners an Staatssekretär Reinhardt im Reichsfinanzministerium vom 20. Juni 1933 (*HAB*, Rep. 320, Pfundtner 5), in dem er auch die Versetzung der Ministerialräte Kaisenberg (Leiter der Unterabteilung I B: Verfassung und Verwaltung) und Müller (Referent für die Saarangelegenheiten) ankündigte und die Übernahme der Regierungsräte Keßler, Lösener und Fabricius (nationalsozialistisches Reichstagsmitglied seit 1930; 1929—1933 dienstenthoben) vorschlug. Fabricius wurde später Pressereferent des Reichsinnenministeriums.

[158] Ein Rundschreiben des Reichsinnenministers an sämtliche Reichsminister, sämtliche Länderregierungen usw. vom 6. Juli 1933 teilte die Bestellung des Sachverständigen Gercke auf Grund der ersten Durchführungsverordnung zum Gesetz vom 7. April mit. Hierbei zog der Reichsinnenminister eine neue Kompetenz an sich. Der „Sachverständige" besaß die ausschließliche Zuständigkeit für gutachtliche Aufgaben; die Bestellung anderer „Sachverständiger" oder die Einrichtung von Rasseämtern bei Ländern oder Gemeinden wurde für unzulässig erklärt (Abschrift *BA*, P 135/6334, fol. 163 f.). Über die Vorstellungen, die der Sachverständige hegte, unterrichtete dieser selbst: Achim Gercke, *Die Aufgaben des Sachverständigen für Rasseforschung beim Reichsministerium des Innern* (*Flugschriften für Familiengeschichte*, Heft 23), Leipzig 1933. Den Ausgang seiner Arbeiten bildete die Familiengeschichtsforschung, die Gercke jedoch zu einem bloßen „Hilfsmittel der Rassenforschung" degradierte; diese sollte die Mittel einer Personalauswahl nach Gesichtspunkten der nationalsozialistischen Rassenideologie liefern. Den weit ausgreifenden Plänen Gerckes ist nur der spätere Ahnenpaß entgegengekommen, den alle im öffentlichen Dienst stehenden Deutschen besitzen mußten. Einen besonderen Stand der Familienforscher, der fachmännischen Personalkontrolleure, Rassespruchkammern und einen zentralen Familiennachweis, die Gercke schaffen wollte, hat es niemals gegeben. Man trifft häufig gänzlich unzulängliche Vorstellungen an in bezug auf die Macht, die die geheimdienstliche oder geheimdienstartige „Ahnenforschung" zu geben vermochte, nachdem erst einmal eine jüdische Unterklasse geschaffen worden war und jeder jüdische Staatsbürger dem Staatsfeind gleichgestellt werden konnte. Die verhältnismäßig große Zahl der „privilegierten" Juden, die später von den ständig verschärften Rassebestimmungen exemiert, immer aber von dem Wohlwollen höchster nationalsozialistischer Gönner abhängig waren, liefert ein Beispiel für die Manipulationsfähigkeit der im nationalsozialistischen Staat praktizierten „Rassenpolitik". Ein anderes bilden die Dossiers der amtlichen geheimen Ahnenforschung. Da untersuchte etwa der Sachverständige für Rassenfragen die Ahnenreihe eines mißliebigen Gesandtschaftsrates der deutschen Botschaft in London, den auch ein berühmter Name nicht zu schützen vermochte, — jedoch ohne den offenbar gewünschten Erfolg (Schreiben des „Sachverständigen" an Ministerpräsident Göring vom 8. November 1933; *HAB*, Rep. 90/851). Selbst Hitler setzte sich wegen seiner heute noch nicht völlig geklärten und wahrscheinlich niemals aufzuklärenden Herkunft, die ihm selbst nicht weniger zweifelhaft erschienen sein dürfte, schon lange vor 1933 gegen Erpressungen zur Wehr. Sein Rechtsberater und sachkundiger Beistand auch in diesen Fragen war der junge Münchener Rechtsanwalt Hans Frank, der spätere „Reichsjuristenführer", Reichsminister und Generalgouverneur in Polen, dessen Abstammung ebenfalls nach den Grundsätzen der nationalsozialistischen Rassenpolitik fehlerhaft war. Hitlers Freund und Kraftfahrer, der erste Führer der SS und spätere bayerische Staatsrat Emil Maurice, soll sich in ähnlicher Lage befunden haben, und auch Robert Ley. Selbst über die Person Himmlers existierte, wie Walter Hagen (Pseudonym für SS-Obersturmbannführer Wilhelm Höttl, der zuletzt stellvertretender Gruppenleiter im Amt IV des Reichssicherheitshauptamtes mit dem Zuständigkeitsgebiet Balkan war) versichert, eine geheime Akte, die ähnliche Behauptungen und darauf bezogene Untersuchungen zum Inhalt hatte (Walter Hagen, *Die geheime Front. Organisation, Personen und Aktionen des deutschen Geheimdienstes*, Linz—Wien 1950, S. 33). Hagen, der bisher die am besten informierende Darstellung über deutsche Geheimdienste gegeben hat, ist auch die wichtigste Quelle für die häufig behauptete jüdische Abstammung Heydrichs, des radikalsten und rücksichtslosesten Antreibers in

sich für die nationale Erhebung besonders verdient gemacht haben", wurde zuerst für die Reichsfinanzverwaltung grundsätzlich angeordnet[159] und einige Monate später vom Reichsinnenminister in Form einer Empfehlung allen Zweigen der Verwaltung des Reiches nahegelegt;[160] am stärksten griff die Polizeiabteilung des preußischen Innenministeriums „auf alte Kämpfer für die nationalsozialistische Bewegung" zurück.[161] Bestrebungen, die es hier und da schon frühzeitig gab, „SA-Führern und Amtsleitern der Parteiorganisationen höher bewertete Stellungen" der öffentlichen Verwaltung in größerer Zahl anzubieten, um durch solchen „Anreiz" die „Aufnahmefähigkeit der Wirtschaft" für die „bewährten Kämpfer um die nationalsozialistische Bewegung" zu erhöhen,[162] fanden indessen beim Reichsinnenministerium keine Unterstützung. Hier zielte man, wie immer deutlicher zu erkennen war, auf eine Zwei-Säulen-Konstruktion des totalitären Staates hin, die Partei und staatliche Administrativorganisation streng voneinander trennte und selbst den Beamtenfachschaften der NSDAP keinen unmittelbaren Einfluß auf die Verwaltung erlaubte. Die von Frick genehmigte Satzung des Reichsbundes der Deutschen Beamten begrenzte die Aufgaben der Beamtenkorporation auf politisch-weltanschauliche Gebiete und auf außerdienstliche Interessen der Beamten, woran man auch weiterhin festhielt. Sie hatte ihre Mitglieder „zu vorbildlichen Nationalsozialisten zu schulen und zu erziehen, das nationalsozialistische Gedankengut innerhalb der Beamtenschaft zu pflegen und zu verbreiten, die Regierung in der Durchführung ihrer beamtenpolitischen Maßnahmen zu unterstützen, die von der Regierung als berechtigt anerkannten Selbsthilfeeinrichtungen der Beamten zu unterhalten und auszubauen sowie die Berufsausbildung der Beamten zu fördern. Auf die Tätigkeit in diesem Aufgabengebiet haben sich die Amtsträger des Reichsbundes der Deutschen Beamten zu beschränken." [163] Der Reichsinnenminister duldete keine Beamtenvertretungen mehr, die dem Staat gegenüber auftraten, und setzte ihrer Tätigkeit nach den beamtenpolitischen Gesichtspunkten seines Ressorts eine unverrückbare Grenze.[164] Ihnen blieb die Funktion des mit weltanschaulichen Mitteln zu Werk gehenden Pro-

der antijüdischen Vernichtungspolitik. Hagens Angaben (*a. a. O.*, S. 20 f.) besitzen zumindest eine große Wahrscheinlichkeit und werfen ein eigenartiges Licht auf die Tatsache, daß gerade Heydrich in großem Umfange Abstammungsdossiers über Persönlichkeiten anlegte, die er unter Druck zu setzen wünschte, wobei er auch vor der Person Hitlers nicht haltmachte.

[159] Erlaß des Reichsfinanzministers vom 26. Oktober 1933, unterzeichnet von.Reinhardt (*HAB*, Rep. 318/I a—33).

[160] Rundschreiben des Reichsministers des Innern an die obersten Reichsbehörden usw. vom 20. März 1934 (*ebda.*).

[161] Bericht Dalueges an Hitler vom 1. Februar 1934 (*BA*, R 43 I/2290, Rk. 1319), demzufolge auf Grund des Gesetzes vom 7. April bis zum 31. Dezember 1933 entlassen oder in den Ruhestand versetzt wurden:

Verwaltungspolizei	60 Beamte	= 1,3 %	des Personals
Kriminalpolizei	103 Beamte	= 1,5 %	
Schutzpolizei	200 Offiziere	= 7,3 %	
	826 Wachtmeister	= 1,7 %	
Landjägerei	12 Offiziere	= 13,5 %	
	73 Beamte	= 0,9 %	
Gemeindepolizei	45 Beamte im Offiziersrang	= 15,0 %	
	138 Wachtmeister	= 1,3 %	
Medizinalwesen	3 Beamte	= 2,5 %	
Veterinärwesen	—		
Bildungswesen	16 Beamte	= 42,1 %	

Weit größer war die Zahl der Neuangestellten, insgesamt 1627 Beamte, 1163 Angestellte und 879 Lohnempfänger aus den Reihen der „nationalen Bewegung". Davon waren 1898 SA-Männer, 1086 SS-Männer, 368 Stahlhelm-Angehörige und 317 Mitglieder der NSDAP.

[162] Bericht des Präsidenten der Reichsanstalt für Arbeitslosenversicherung und Arbeitsvermittlung an den Reichsarbeitsminister vom 29. Dezember 1934 (*HAB*, Rep. 318/Ia–3).

[163] Rundschreiben des Reichsministers des Innern an die obersten Reichsbehörden usw. vom 27. Dezember 1934 (*ebda.*)

[164] Schon in einem Runderlaß des Reichsinnenministers vom 17. Juli 1933 hieß es: „Seitdem die Regierung der nationalsozialistischen Revolution die ausschließliche Führung des Staates übernommen hat, werden die Belange der Beamtenschaft durch den Staat selbst wahrgenommen" (*HAB*, Rep. 318/Ia—5).

pagandisten vorbehalten, der den Beamten für den totalitären Staat in Pflicht nehmen und seine zuverlässige Vollzugstätigkeit dauerhaft sichern sollte. Dem Vorhaben einer „allgemeinen Durchbildung der Beamtenschaft im nationalsozialistischen Geiste mit dem Ziele, daß der einzelne Beamte mit dem nationalsozialistischen Gedankengut völlig vertraut wird und in seiner dienstlichen Tätigkeit danach handelt",[165] wandte sich daneben aber auch das Ministerium selbst mit großer Aufmerksamkeit zu.

Die Absicht eines raschen operativen Eingriffs in die gesamte Beamtenschaft, der ohne dauernde Veränderung des Beamtenrechts die Personalverhältnisse im Sinne der nationalsozialistischen Regierung bereinigen sollte, erwies sich als Illusion. Mehrmals wurde die Durchführungsfrist des Gesetzes vom 7. April 1933 hinausgeschoben, das Gesetz selbst gewandelt und verändert; doch nach einem Jahr konnte von der Herstellung stabiler Verhältnisse immer noch keine Rede sein. Ein Gesetz vom 30. Juni 1933[166] legte das gültige Beamtenrecht fest, zu dem nun auch rassische Bestimmungen gehörten; doch es brachte weder eine anhaltende Beruhigung in die Beamtenschaft noch einen endgültigen und dauerhaften Abschluß eines neuen Beamtenrechts. Die Durchführung des Gesetzes vom 7. April wurde tatsächlich bis zum Erlaß des Reichsbeamtengesetzes von 1937 niemals wirklich abgeschlossen;[167] außerdem ergaben sich wesentliche Abweichungen in den Zuständigkeitsbereichen der einzelnen Minister.

Die Haltung des preußischen Staatsministeriums nach dem Vorgehen des Reichsinnenministers, der die Beamtengesetzgebung und Beamtenpolitik an sich gerissen hatte, schwankte zwischen Resignation und Opposition; man beschritt zunächst jedenfalls eigene Wege. Die Aussprache Fricks mit den Ministerpräsidenten und Innenministern der Länder konnte über die tiefergehenden Differenzen, mit denen sich die Gegensätze zwischen Preußen und dem Reich in neuer Form auftaten, nur äußerlich bereinigen.[168] Göring und Kerrl, die gegen die Frist opponierten, die der Durchführung des Gesetzes gesetzt war, stimmten in die Beschwerden der übrigen Minister über dieses Gesetz ein,[169] so daß es hinsichtlich der höheren preußischen Verwaltung vom Kollegium der Staatsminister in erstaunlicher Einmütigkeit zunächst schlechthin ignoriert wurde. Sie bestimmten erneut einen verhältnismäßig weiten Kreis von höchsten, auch richterlichen Beamten, die nun ausnahmslos wie bisher die politischen Beamten behandelt und auf Vorschlag des Fachministers und nach Mitteilung an die anderen Minister allerdings nicht mehr vom gesamten Staatsministerium, sondern vom Ministerpräsidenten ernannt oder in den Ruhestand versetzt wurden.[170] Sie beharrten auf dem preußischen

---

[165] Äußerungen Pfundtners in einer Ressortbesprechung am 29. November 1933 (Aufzeichnung des Ministerialrats Hellbach; *HAB*, Rep. 318/Ia—26).

[166] Gesetz zur Änderung von Vorschriften auf dem Gebiete des allgemeinen Beamten-, des Besoldungs- und des Versorgungsrechts vom 30. Juni 1933 (*RGBl.*, I, 1933, S. 433).

[167] Im Juni 1934 legte Seel den ersten Entwurf zu einem neuen Beamtengesetz vor, der zahllose Abänderungen und Ergänzungen erhielt und auf 190 Paragraphen anwuchs, ehe 1937 das Deutsche Beamtengesetz verabschiedet wurde (Entwürfe nebst Begründungen *HAB*, Rep. 77, Pfundtner 77).

[168] Auch während der Aussprache der Innenminister am 25. April bezeichnete Göring die „vom Standpunkt der preußischen Verwaltung" abweichenden Ansichten, die allerdings kaum bestimmte Grundsätze erkennen ließen. Er hatte Bedenken gegen die begrenzte Geltungsdauer des Gesetzes, warnte davor, bei der Neubesetzung freiwerdender Stellen „ein neues ‚Parteibuchbeamtentum' zu schaffen", und forderte eine „möglichst rücksichtslose Durchführung" der Rassebestimmungen (Aktenvermerk über die Aussprache am 25. April: *BA*, P 135/6334, fol. 64[1]). Doch dagegen bei anderer Gelegenheit die Vertreter des preußischen Finanzministers, die „schon im Interesse der Beruhigung der Beamtenschaft" auf Fristeinhaltung drängten (Vervielf. Niederschrift über eine Besprechung der preußischen Ministerien unter Vorsitz von Grauert am 17. Mai 1933; *a. a. O.*, fol. 61).

[169] Chefbesprechung der preußischen Minister am 5. Mai 1933 (*HAB*, Rep. 90, Sitzungsprotokolle 1933, fol. 87).

[170] Dieser Kategorie gehörten nunmehr außer den Ministerialbeamten von den Staatssekretären bis zu den Ministerialräten, den Behördenleitern und ihren Stellvertretern in den Provinzen vom Oberpräsidenten bis zu den Landräten und den Polizeipräsidenten auch die Generalstaatsanwälte und alle Beamten des Oberverwaltungsgerichts bis zum Oberverwaltungsgerichtsrat zu (Beschluß des Staatsministeriums vom 25. April; *a. a. O.*, fol. 83).

Beamtengesetz vom 26. Februar 1919, dessen Entlassungsparagraphen 1 und 3, bisweilen in der Fassung, die ihnen das Gesetz von 1922 gegeben hatte, schon in den politischen Maßnahmen des Jahres 1932 eine wichtige Rolle gespielt hatten und die nun als Mittel eines Personalwechsels benutzt wurden, der in Preußen ebenso wie in den übrigen Ländern rasch größere Ausmaße annahm. Politisch führte der preußische Weg zu keinem anderen Ergebnis als der des Reichs, doch er brachte dem Prestige des Beamtentums eine weit größere Achtung entgegen, indem er nur die ehrenhafte Versetzung in den einstweiligen Ruhestand oder Entlassung unter Gewährung aller Rechtsansprüche ermöglichte. Die hohe preußische Beamtenschaft gewann keine Exemtion von der Gültigkeit des Berufsbeamtengesetzes, aber eine persönlich günstigere Behandlung nach älterem preußischen Recht. Die übrige Beamtenschaft blieb nach diesem Gesetz dem Ermessen der Ressortchefs unterworfen. Die Kann-Vorschrift des § 4 des Gesetzes,[171] die je nach dem Bedarfsfalle eng ausgelegt oder großzügig gehandhabt wurde, verschaffte taktischen und opportunistischen Erwägungen für die Geltungsdauer des Gesetzes einen legalen Platz im Personalrecht. Innerhalb der Möglichkeiten, die diese Bestimmung eröffnete, konnten große Teile der alten Beamtenschaft vollkommen beseitigt werden, andere nahezu ebenso vollständig bestehenbleiben. Im gesamten Reichsgebiet wurden die leitenden Kommunalbeamten und in allen Ländern die politischen Beamten außerhalb der Ministerien – in Preußen die Oberpräsidenten, Regierungspräsidenten, Polizeipräsidenten und Landräte – am stärksten in Mitleidenschaft gezogen und nach und nach fast restlos ausgewechselt, während ganze Ministerialabteilungen in ihrem Personalbestand nahezu unverändert blieben.

Jegliche Beweisführung zugunsten wie gegen die Kontinuität des Beamtentums vor und nach 1933 muß, soweit es den Personalbestand angeht, hinfällig werden, sofern sie nicht einzelne Gruppen, Stufen und Verwaltungskategorien differenziert. Eine fast vollständige Ablösung fand an den Spitzen der preußischen Provinzen, in den Oberpräsidentenämtern, statt, die nun ebenso wie die Reichsstatthalterämter den Gauleitern der NSDAP vorbehalten blieben,[172] sowie in den Oberbürgermeister- und Bürgermeisterämtern, wo in einer ersten Phase des allerdings bald beendeten Übergangs vorwiegend mittlere Funktionäre der NSDAP an die Stelle der einstigen leitenden Kommunalbeamten traten: Kreisleiter, Leiter kommunalpolitischer Parteiämter oder auch Ortsgruppenleiter, seltener Honoratioren, die ihren Übertritt zur NSDAP vollzogen hatten. Die Veränderungen in den Ämtern der Vizepräsidenten und Regierungsvizepräsidenten, vor allem der Regierungspräsidenten, in deren Händen nach der Notverordnung vom 3. September 1932[173] fast die gesamte technische Praxis der Verwaltung in der mittleren Instanz wie auch die Ausübung der Staatsaufsicht über die lokale Selbstverwaltung mit Ausnahme der kreisfreien Städte lag, gingen wesentlich langsamer vonstatten. In der Kreisinstanz hingegen, der seit 1932 auch die Aufsicht über die Städte mit weniger als 10 000 Einwohnern oblag, verschwand in kurzer Zeit jeder Unterschied zur Personalstruktur der städtischen Bürgermeisterämter.[174] Bei den

---

[171] § 4 Satz 1 lautete: „Beamte, die nach ihrer bisherigen politischen Betätigung nicht die Gewähr dafür bieten, daß sie jederzeit rückhaltlos für den nationalen Staat eintreten, können aus dem Dienst entlassen werden."

[172] Die einzige Ausnahme bildete seit Ende Juni 1933 der Oberpräsident der Provinz Westfalen, Frhr. v. Lüninck, der bis zum 6. Juli 1938 amtierte und dann auf eigenen Antrag in den Wartestand versetzt wurde (Notiz *HAB*, Rep. 320, Pfundtner 22).

[173] *RGBl.*, I, 1932, S. 519.

[174] Einen Einblick in die Vorgänge schon der ersten Wochen nach Inkrafttreten des Gesetzes vom 7. April vermittelt eine Landräteliste des Preußischen Landkreistages vom 27. April 1933 (*BA*, R 36/46, 1. Liste). Sie ist laut Überschrift nach Auskünften des Listenführers im preußischen Innenministerium angelegt und geführt worden und enthält im Vergleich mit der ursprünglichen Form zahlreiche Korrekturen, Streichungen und Ergänzungen von der gleichen Hand. Da nicht anzunehmen ist, daß diese Liste über den 22. Mai 1933, den Tag der Gleichschaltung der kommunalen Spitzenverbände, hinaus geführt wurde, gibt sie also Aufschluß über die Personalmaßnahmen in der preußischen Kreisinstanz zwischen Ende April und Mitte Mai. Das Ergebnis läßt sich mit Hilfe anderer Quellen

übrigen Beamten entschieden die Ressortminister, die jedoch immer mit Ansprüchen und Empfindlichkeiten der NSDAP rechnen mußten, sofern sie nicht schon von vornherein und grundsätzlich nach Anwärtern aus den Reihen der Partei suchten.[175] Auch in der Provinz und auf der lokalen Ebene herrschte die NSDAP und hingen die Verhältnisse immer noch in erster Linie von der Haltung und den Absichten der Parteiführer und von ihrer Einstellung zu den Instanzen und Persönlichkeiten der öffentlichen Verwaltung ab. Ihnen verschaffte das Gesetz eine Reihe von Handhaben, um die personalpolitischen Wünsche der NSDAP zu befriedigen, wenn es auch längst noch nicht jeden Beamten beseitigte, der nach ihrer Ansicht „wegen des politischen Umbruchs nicht mehr in die Landschaft" paßte.[176]

Von allen Verwaltungen erlebte die preußische innere Verwaltung unter dem harten, den Parteiwünschen kaum wehrenden Regime Görings innerhalb eines verhältnismäßig langen Zeitraums die schärfsten Eingriffe, so daß sie noch 1937 jeden Vergleichsmaßstab mit dem Ausmaß des Personalwechsels in den anderen Ländern durchbrach.[177] Von 1663 Beamten des höheren Dienstes der allgemeinen und inneren Verwaltung Preußens waren 369 entlassen worden – mehr als jeder Vierte, in allen anderen Ländern von 2339 insgesamt 249, also im Durchschnitt etwa jeder Zehnte. Ähnlich entfernten sich in den wichtigsten politischen Stellen die Verhältnisse voneinander. Von 34 preußischen Regierungspräsidenten blieben nur 3 aus der Zeit vor der Machtergreifung übrig, von den 13 außerpreußischen Beamten der gleichen Stufe einer, von den 31 preußischen Regierungsvizepräsidenten kein einziger, von den 14 Stellvertretern der Regierungspräsidenten außerhalb Preußens noch 6, von den 361 preußischen Landräten, die ihr Amt am 30. Januar 1933 innehatten, nur 101, von den 326 außer-

---

zur Personalpolitik überprüfen. Am 27. April waren bereits fast alle Angehörigen der SPD in den Ruhestand versetzt oder entlassen, von 352 Landratsämtern 92 gar nicht und 38 lediglich kommissarisch besetzt. Von 89 Landräten war eine Parteizugehörigkeit bekannt; 47 gehörten dem Zentrum an, 16 der DVP, 11 der NSDAP (davon 9 komm. Landräte), 9 der Staatspartei und 5 der DNVP (2 komm. Landräte); noch 1 Landrat war Mitglied der SPD. Im Beobachtungszeitraum schieden 40 Landräte aus (darunter 5 Angehörige des Zentrums, 5 der Staatspartei, 1 Sozialdemokrat und 1 Mitglied der DVP), wurden 3 auf andere Landratsposten versetzt, davon 2 als kommissarische Landräte, 5 bisher kommissarische Landräte (davon 4 Nationalsozialisten) endgültig eingesetzt, 8 Landräte (darunter 1 Nationalsozialist) und 8 kommissarische Landräte (darunter 3 Nationalsozialisten) neu ernannt und 101 Landräte vertretungsweise – ohne Ernennung durch das Staatsministerium – eingesetzt (darunter 26 Mitglieder der NSDAP, 1 Mitglied der DVP, 2 Mitglieder des Zentrums und 76 ohne Parteizugehörigkeit). Durch Parteiaus- und -übertritte veränderte sich die Parteizugehörigkeit derartig, daß nun für die Landräte und kommissarischen Landräte folgende Zahlen galten: NSDAP 47, Zentrum 42, DVP 12, Staatspartei 4, DNVP 6, SPD 1 (einschließlich der vertretungsweise besetzten Landratsämter: NSDAP 73, Zentrum 43, DVP 13, DNVP 6, Staatspartei 4, SPD 1, ohne Parteizugehörigkeit 194). Während sich jedoch unter den Landräten, die am 27. April amtierten, nur 10 „Außenseiter" befanden (6 Nationalsozialisten), zählten zu den 101 zur vertretungsweisen Verwaltung von Landratsämtern Ernannten nur noch 40 ehemalige Staats- oder Kommunalbeamte.

175 Nationalsozialistische Staatssekretäre erhielten vor dem Abgang Hugenbergs außer dem Reichsinnenministerium die Reichskanzlei (Lammers, vorher Ministerialrat im Reichsinnenministerium), das Reichsfinanzministerium (Reinhardt, vorher Berufsschullehrer und Reichstagsabgeordneter) und das neu errichtete Reichsministerium für Volksaufklärung und Propaganda (Funk, Leiter der Wirtschaftspolitischen Abteilung in der Reichsleitung der NSDAP), in Preußen das Staatsministerium (Körner, ehemaliger Offizier), das Innenministerium (Grauert, von Februar bis April 1933 Ministerialdirektor), das Justizministerium (Freisler, Rechtsanwalt) und das Ministerium für Wissenschaft, Kultur und Volksbildung (kommissarisch Stuckart, kurz zuvor zum Ministerialdirektor ernannt, seit März 1933 kommissarischer Oberbürgermeister in Stettin, davor Rechtsanwalt und Rechtsberater der SA). Das preußische Kultusministerium ist verhältnismäßig früh schon zu einer Domäne der Nationalsozialisten geworden. Minister Rust, ein ehemaliger Studienrat, baute in kürzester Frist das leitende Personal einer Abteilung nach der anderen ab, um alte bekannte Mitglieder der NSDAP an seine Stelle zu bringen. (Allein am 5. Mai wurden sechs Ministerialräte ernannt: Achelis, Bojunga, Schnoering und die Landtagsabgeordneten Haupt, Löpelmann und Sunkel; *HAB*, Rep. 90, Sitzungsprotokolle 1933, fol. 89 f.).

176 Schreiben eines Regierungspräsidenten an Staatssekretär Grauert vom 3. Mai 1933 (*HAB*, Rep. 77, Grauert 3).

177 Das Folgende nach den Angaben des Ministerialdirektors Schütze, des Leiters der Beamtenabteilung des preußischen Innenministeriums und später des Reichsinnenministeriums, in: *Dr. Wilhelm Frick und sein Ministerium. Aus Anlaß des 60. Geburtstages des Reichs- und Preußischen Ministers des Innern Dr. Wilhelm Frick am 12. März 1937*, hrsgg. von Hans Pfundtner, München 1937, S. 50 und S. 55 f.

preußischen Beamten dieser Instanz 178. Zu Anfang 1937 gehörten in Preußen 81 %
der Inhaber politischer Beamtenstellen der allgemeinen und inneren Verwaltung der
NSDAP an, davon 48 % schon vor 1933, in allen anderen Ländern zusammen 63 %,
von denen jedoch nur 11 % zu den „alten Kämpfern" der Bewegung zählten.

Noch das ganze Jahr 1933 über setzten die unter dem Druck eines unübersehbaren
Personalwechsels stehenden staatlichen Instanzen den örtlichen Maßnahmen der
NSDAP auch dann, wenn sie nicht den Normen der neuen Gesetze und Verordnungen
entsprachen, soweit sie nicht äußerlich in die Formen der gröbsten Ungesetzlichkeit
und des Terrors zurückfielen, kaum Widerstand entgegen. Nur vorsichtig wurden lokale
Schwierigkeiten durch zentrale Steuerung ausmanövriert, um das Ansehen der viel-
zitierten Staatsautorität notdürftig zu wahren. Der Regierungspräsident in Münster
wandte sich an den Staatssekretär im preußischen Innenministerium mit der Bitte,
wenigstens zu verhindern, daß Beamte „mangels eines anderen gesetzlichen Tatbestandes in den Tatbestand des § 4 des neuen Gesetzes hineingepreßt" werden.[178] Als
„Nichtnationaler" zu gelten und aus dem Amte entfernt zu werden und alle Rechtsansprüche zu verlieren, war freilich nicht nur eine Härte, die den einzelnen traf, sondern galt auch im höchsten Grade als diskriminierend. Versuche, nach einer „Beruhigung der Atmosphäre" wenigstens solche Beamten, die selbst nach dem neuen Gesetz
unrechtmäßig ihre Ämter verloren hatten, in ihre alten oder wenigstens ähnliche Stellen zurückzubringen,[179] hatten von vornherein nur geringen Erfolg; denn eine Rehabilitierung des selbst nach neu geschaffenem, geltenden Recht zu Unrecht Betroffenen war nicht mehr möglich, wenn das Vertrauen der NSDAP zu dem Beamten
fehlte.[180]

Die maßgeblichen Instanzen der inneren Verwaltung sahen keinen Hinderungs-
grund, außerhalb der Ministerien auch ohne eigentliche rechtliche Handhabe alte Berufsbeamte, die ihrem Staat pflichtgetreu gedient und sich als „national" erwiesen hatten, fallenzulassen und aus dem Amte zu weisen, sobald die Partei es begehrte. Tatsächlich existierte während der Anwendungszeit des Berufsbeamtengesetzes keine zuverlässige Garantie der Beamtenrechte mehr. An einer Seite ins Schwanken geraten,
griff die Unsicherheit rasch und weit um sich, bis sie allgemein wurde, so daß sich die
Furcht vor dem Betroffenwerden nicht weniger schlimm auswirkte als das wirkliche
Betroffensein. Das korporative Bewußtsein, das es auf den höheren Stufen des Berufsbeamtentums gab, zog sich allmählich in die Stuben einiger Ministerien zurück, wo
sich die Ministerialbürokratie als Leitungszelle in die totalitäre Staatsapparatur ein-
gruppierte. Sie hatte ausschließlich über die Setzung und Gültigkeit rechtlicher Normen zu befinden, was freilich nicht ausschloß, daß eine höchste Stelle ihre Rechtsver-
bindlichkeit gelegentlich außer acht ließ oder außer Kraft setzte. Dieser Spitzen-
bürokratie blieb allein die kompetente Kommunikation über Sinn, Zweck und Gültigkeit rechtlicher Vorschriften vorbehalten. Sie machte Gesetze und Verordnungen,
prüfte Voraussetzungen und voraussichtliche Auswirkungen, verhandelte über die
Zustimmung der zuständigen Ressorts, kritisierte, kommentierte und interpretierte
die geschaffenen Vorschriften stets aufs neue. Doch dieser Teil des Lebensprozesses
des totalitären Staates vollzog sich im Verborgenen, ungesehen, ja kaum geahnt von
den breiten Schichten der Betroffenen dieser Regie. Publizität war ausgeschlossen.
Dennoch war der totalitäre Staat des Nationalsozialismus weit davon entfernt, ein
Beamtenstaat zu sein. Selbst die höchsten Spitzen der Beamtenschaft unterlagen dem
persönlichen Zwang, den die zahllosen Organisationen der NSDAP auszuüben ver-

---

[178] *HAB*, Rep. 77, Grauert 3.
[179] *Ebda.*, unter Bezugnahme auf eine Unterredung mit Popitz, von dem solche Vorschläge ausgingen.
[180] So auch im Grundsätzlichen Grauerts Antwort vom 5. Mai 1933 (Durchschlag *ebda.*).

mochten. Jeder konnte jederzeit betroffen sein und Amt und Rechte verlieren; es gab keine Sicherung für das Amt und bald auch keine mehr für das Leben. Mit der Auflösung des Verfassungsrechts und des Gefüges dauerhafter, unabdingbarer Normen nahm die Ministerialbürokratie die eigenartige Doppeleigenschaft an, die administrativen Leitungsfunktionen des Verwaltungsstaates zu erfüllen und zugleich in politischer Ohnmacht den Maßnahmen des totalitären Systems unterworfen zu sein.

6. Beamtenstaat und Parteistaat

Stellung und Haltung des Beamtentums gegenüber der nationalsozialistischen Partei – wobei zwischen einer doktrinären Ideologie des Nationalsozialismus und den konkreten Anforderungen der NSDAP zu unterscheiden ist – stellten den einen wesentlichen Teil des Problems dar, das vielfach als das „Verhältnis zwischen Staat und Partei" bezeichnet worden ist, die Abgrenzung, Regelung und Handhabung der Zuständigkeiten den anderen. Die allmählich häufiger werdende Personalidentität in wichtigen Staats- und Parteiämtern läßt freilich diesen zweiten Komplex der Abgrenzung schwierig und unübersichtlich erscheinen.

In den Ministerien behielten die Minister, teilweise im Verein mit ihren Staatssekretären, das Heft der Personalpolitik in der Hand; in den Ländern und in den preußischen Provinzen erhoben die Gauleiter Anspruch, bei der Besetzung von Ämtern der inneren Verwaltung mitzusprechen oder gar mitzuwirken. Allmählich bildete sich die Übung aus, diesen Ansprüchen auch mehr oder weniger entgegenzukommen; sie wurde langsam zur Gewohnheit, später zur Notwendigkeit, da die Parteiorganisation – in erster Linie die Gauleiter – über den „Stellvertreter des Führers" Personalentscheidungen noch von höchster Stelle zu Fall bringen konnte. Zu derlei Gewohnheiten zählte aber auch die Gepflogenheit, das Personal für Regierungspräsidenten-, Vizepräsidenten- und Regierungsvizepräsidentenposten dem Verwaltungsdienst zu entnehmen und den Außenseiter, namentlich den Parteifunktionär in ländlichen Gemeindeverwaltungen, Landratsämtern und in geringerem Umfang an den Spitzen städtischer Kommunalverwaltungen zuzulassen.

In Bayern ernannte Epp im April Röhm zum Staatssekretär beim Reichsstatthalter und verschaffte damit dem Stabschef der SA eine wohldotierte bayerische Pfründe, ehe die Reichsregierung ihn aufnahm.[181] Ein Jahr später rückte der SA-Obergruppenführer Hofmann nach, der bis dahin das Amt eines Regierungspräsidenten von Ober- und Mittelfranken innehatte. Nach und nach teilten drei der fünf bayerischen Gauleiter die Behörden der einstufigen Mittelinstanz unter sich auf, übernahmen alle acht Kreisämter und wurden zu Regierungspräsidenten ernannt;[182] den Gauleitern von München-Oberbayern und der Bayerischen Ostmark, Wagner und Schemm, hatte Epp bei der Einsetzung des nationalsozialistischen Regiments die wichtigsten Landesbehörden anvertraut: das Innen- und das Kultusministerium. Am tiefsten reichte jedoch der Personalwechsel in Preußen. Hier wurden die personalpolitischen Wünsche der NSDAP im Zuge der Durchführung des Berufsbeamtengesetzes als „realpolitischer Anspruch" gewertet und zumindest teilweise und für einige Ressorts anerkannt. Ende April verlangte Göring im Staatsministerium, daß die Minister

[181] *Bayerische Staatszeitung*, Nr. 88 vom 14./15. April 1933. — Dem folgte etwas später die Etatisierung von Einrichtungen und Führerstellen der SA, für die ab Oktober 1933 monatlich 2,6 Mill. RM in den Reichshaushalt aufgenommen wurden (Durchschl. eines Aktenvermerks über SA- und Polizeikosten vom 27. Oktober 1933 für Frick, *HAB*, Rep. 320, Pfundtner 304).

[182] Auf Anfrage des bayerischen Ministerpräsidenten Siebert gab ein Telegramm Pfundtners den Erlaß des Reichsinnenministers an Siebert, daß Gauleiter grundsätzlich und ausnahmslos zu Regierungspräsidenten ernannt werden sollten (Durchschl. eines Aktenvermerks Pfundtners für Frick vom 12. Juni 1934: *HAB*, Rep. 320, Pfundtner 19).

Vertrauensleute der NSDAP heranzögen, um mit ihrer Hilfe das „starke Mißverhältnis hinsichtlich der nationalsozialistischen Kräfte bei der verantwortlichen Mitarbeit
im Staate" zu beseitigen.[183] Dem kamen freilich keineswegs alle Ressorts nach. Am weitesten und am frühesten rückte der preußische Justizminister vor, der den nationalsozialistischen Verbänden und im besonderen den Gauleitern der NSDAP und höheren
Führern der SA und SS gegenüber den Justizbehörden ausdrücklich ein Anregungsrecht in personalpolitischen Fragen einräumte.[184] Hugenberg erwiderte damit, daß er
für die Anwendung des Berufsbeamtengesetzes in den Gemeindeverwaltungen die
grundsätzliche Zuziehung von Vertretern aller „Träger der nationalen Bewegung"
forderte, ohne hiermit jedoch durchdringen zu können.[185] Im Verborgenen trat Kerrl
mit der NSDAP sogar in noch wesentlich engere Berührung.[186] Der Minister fühlte
sich offenbar dazu verpflichtet, nicht nur alle Wünsche seiner Partei innerhalb des
ihm anvertrauten Ressorts zu erfüllen, sondern solche Wünsche auch hervorzurufen.
Die Erfahrungen hiernach dürften für den Justizminister aber kaum befriedigend
gewesen sein; denn schon bald nach der Ernennung seines Parteigenossen Freisler zum
Staatssekretär untersagte Kerrl wieder die Bevorzugung von Nationalsozialisten bei
Beamtenernennungen auf Grund ihrer Parteimitgliedschaft.[187] Mit dem nationalsozialistischen Umsturz waren auch Beamte aufgestiegen, die sich schnellstens von der
unangenehmen Kameraderie unqualifizierter Ämterjäger zu lösen trachteten und
innerhalb des Ministeriums die Rückkehr zu konservativen Qualifikationsmaßstäben
anstrebten. Wie das Beispiel des preußischen Justizministeriums zeigte, konnte das
Pendel der Bewertungen abrupt zurückschlagen und sich mehrfach bewegen.

Das Kultusministerium stand hinter der Justizverwaltung kaum zurück und nach
dem Rücktritt Hugenbergs unter der Leitung Darrés auch das Landwirtschaftsministerium nicht mehr. Die innere Verwaltung blieb nur dank ihrer Umfänglichkeit davor bewahrt, sofort im entscheidenden Ausmaß Personal aus dem Reservoir der
NSDAP aufnehmen zu müssen; hierzu bedurfte es eines längeren Prozesses. Göring
selbst tat alles, um Nationalsozialisten in wichtige Positionen hineinzubringen. Die

[183] HAB, Rep. 90, Sitzungsprotokolle 1933, fol. 83.

[184] Durchführungsbestimmung vom 23. Mai 1933 (Preußisches Justizministerialblatt, 1933, S. 160 ff.).

[185] Rundschreiben Hugenbergs (Kommissar für das preußische Ministerium für Wirtschaft und Arbeit) vom
31. Mai 1933 an den Innenminister und die übrigen Staatsminister (BA, P 135/6334, fol. 102). Vorher schon hatte
ein Rundschreiben des Staatssekretärs im preußischen Kultusministerium, Lammers (nicht identisch mit dem gleichnamigen Staatssekretär in der Reichskanzlei), eine einheitliche Normierung der Feststellungen, die zur Durchführung des Gesetzes getroffen werden sollten, angeregt. Auch er hatte sich gegen den Widerspruch des preußischen
Justizministers nicht durchsetzen können (Rundbrief des preußischen Kultusministeriums an den Ministerpräsidenten und die Staatsminister vom 29. April 1933 und Antwort des preußischen Justizministeriums vom 4. Mai
1933; Entwurf mit Abgangsvermerk a. a. O., fol. 19 f.).

[186] Ein Schreiben aus dem preußischen Justizministerium an den schleswig-holsteinischen Gauleiter und Oberpräsidenten Lohse vom 23. Juni 1933 und zwei weitere als norddeutsche Rechtsanwälte vom gleichen Tage luden
zu einem geheimen Treffen mit dem Minister in Westerland auf Sylt ein. Dem Gauleiter wurde aufgetragen, noch
weitere „Vertrauensleute" hinzuzuziehen. Mit Hilfe der mitzubringenden Personalunterlagen sollten alle
„Personalveränderungen in der Justiz" der Provinz Schleswig-Holstein durchgesprochen werden (Durchschläge mit
Abgangsvermerk a. a. O., fol. 138 a–c). Für ein derartiges Vorgehen Kerrls in anderen Provinzen sind keine
Nachweise vorhanden.

[187] Ausführungsverordnung des preußischen Justizministers vom 15. Juni (Preußisches Justizministerialblatt,
1933, S. 186). Auf nationalsozialistische Proteste hin antwortete der zuständige Ministerialdirektor, ein ehemaliger
Senatspräsident beim Kammergericht, der sein neues Amt wie Freisler seit dem 29. Mai innehatte, in einem
Schreiben an den Leiter der Beamtenabteilung (politische Abteilung) der NSDAP, daß „Beamte, die Kämpfer für
den Nationalsozialismus waren, um dieser Tätigkeit willen" nicht „zurückgesetzt" würden; „jedoch sollte zum
Ausdruck gebracht werden, daß derartige Beamte nicht lediglich auf Grund ihrer Betätigung für den Nationalsozialismus für sich Vorteile bei dem Umbau der Beamtenschaft beanspruchen dürften. Wenn solche Beamte auf
Grund ihrer Fähigkeiten und Leistungen eine Beförderung verdienen, so ist selbstverständlich, daß sie nicht zurückgesetzt, sondern vorzugsweise berücksichtigt werden" (Entwurf mit Abgangsvermerk vom 9. August 1933
a. a. O., fol. 179).

Kritik, die im Preußischen Staatsministerium schon vor Erlaß des Berufsbeamtengesetzes an der überstürzten Folge von Beurlaubungen und Entlassungen,[188] später an der mangelnden Vorbereitung der Staatsminister auf neue Ernennungen im Amtsbereich des Innenministers[189] geäußert wurde, und schließlich der Vorschlag, freiwerdende Beamtenstellen nicht mehr sofort zu besetzen, sondern erst nach geeigneten Bewerbern Ausschau zu halten und Probezeiten einzulegen,[190] blieben ohne nennenswerte Ergebnisse. Seit Übertragung des Ernennungsrechtes für die hohen Beamten auf den Ministerpräsidenten hatte er sich endgültig überlebt; denn die formelle Beibehaltung der vorherigen Unterrichtung der Staatsminister war kaum noch bedeutungsvoll. Theoretisch konnte sich ein Ressortchef bei Vorschlägen eines Ministerkollegen nur noch gegen bestimmte Personen aussprechen; aber abgesehen davon, daß selbst dies bei raschem Vollzug der Ernennungen schwierig war, besaß kein Einspruch, sondern nur die Entscheidung des Ministerpräsidenten Rechtskraft. Infolgedessen hatte Göring dank der Personalunion zwischen dem Ministerpräsidenten und dem Innenminister für seine Personalpläne in der inneren Verwaltung nichts mehr zu befürchten. Der mehrfach angeordneten und praktizierten Bevorzugung engagierter Nationalsozialisten bei der Besetzung freigewordener Stellen setzte erst eine allgemeine Regelung über die künftigen Zulassungen von „Außenseitern" zur höheren Beamtenlaufbahn, denen auch die politischen Funktionäre der NSDAP zugerechnet werden mußten, eine Grenze. Ein gemeinsamer Erlaß des Reichsfinanzministers und des Reichsinnenministers[191] suchte der „Notwendigkeit, in den Referentendienst der Ministerien auch bisher nichtbeamtete Arbeitskräfte aufzunehmen, die der nationalen Sache besondere Dienste geleistet" hatten, in einschränkender Weise zu entsprechen, indem er die Reichsvorschriften von 1921 heranzog, so daß die Neueinstellung zu Ministerialräten auf seltene Ausnahmefälle beschränkt blieb und der Zugang zum Ministerialdienst auf die Ebene der Regierungsräte und Oberregierungsräte eingeengt wurde, wobei besondere Bedingungen galten,[192] von denen nur in Ausnahmefällen abgegangen werden durfte. Diese Einschränkung galt zwar nur für den Dienst in den Ministerien; aber gerade dieser gewann in den späteren Stadien der Zentralisation fortgesetzt an Bedeutung. Auch hierin wurde von seiten des Reiches eine einheitliche und überraschende Regelung getroffen, die nun in den ministerialbürokratischen Kernzellen der Verwaltungsapparatur das Berufsbeamtentum als eine Art Stand zu restaurieren begann, nachdem es in größerem Umfange Personal aus der NSDAP übernommen hatte.

Der wirkliche Einfluß der „Partei" auf den eigentlichen staatlichen Bereich läßt sich auf Grund des personellen Eindringens keineswegs genau abgrenzen. Doch gerade die Ungewißheit solcher Grenzlinien trug dazu bei, daß es zu keiner Zeit des nationalsozialistischen Staates neben der bürokratischen auch eine gleichartige oder gleichwertige außeramtsmäßige, zentralistisch organisierte Personalhierarchie des öffentlichen Dienstes unter Leitung der NSDAP gab, obgleich es zweifellos an Bemühungen, ein solches Ziel zu erreichen, nicht fehlte. Die Partei besaß bei weitem zu wenig Autonomie und zu wenig Homogenität, ihren Weltanschauungsbeständen ermangelte die verbindliche Kraft, um mit dem Eindringen von NSDAP-Mitgliedern in wichtige Verwaltungspositionen auch schon den Verwaltungsapparat ihrer Kontrolle zu unter-

---

[188] Papen in der Chefbesprechung der Reichskommissare am 8. März (*HAB*, Rep. 90, Sitzungsprotokolle 1933, fol. 45).

[189] Hugenberg in der Sitzung am 25. März (*a. a. O.*, fol. 66).

[190] Popitz in der Sitzung der Staatsminister am 24. April (*a. a. O.*, fol. 78).

[191] Gemeinschaftliche Rundverfügung an die obersten Reichsbehörden, Reichsstatthalter usw. über Neuernennungen zu Regierungsräten, Oberregierungsräten und Ministerialräten vom 26. Juli 1933 (*BA*, P 135/2662, fol. 92—94).

[192] So wurde für die Ernennung zum Regierungsrat eine Probezeit von drei Jahren und ein Mindestalter von 32 Jahren verlangt.

werfen. Im Punkte des Erfolges war sie zunächst nichts anderes als die Monopolorganisation einer zuerst terroristischen, später legalisierten Ämterpatronage. Das Vorgehen der NSDAP während der Machtergreifung beschränkte sich – mit den freilich wesentlichen Ausnahmen dauernder Verknüpfungen zwischen agrarpolitischem Apparat der NSDAP und Landwirtschaftsministerien, zwischen Reichspropagandaministerium und Reichspropagandaleitung – auf die Eroberung von Ämtern für ihr Personal. Doch bei weitem nicht jeder nationalsozialistische „Parteibuchbeamte" fühlte und führte sich als Exponent der NSDAP; persönliche Konflikte zwischen öffentlicher Amtsfunktion und Parteimentalität dürften wohl nicht seltener gewesen sein als offene Reibungen zwischen Beamten und Parteivorgesetzten. Entschieden sie sich allzu deutlich gegen das Parteiprinzip, dann konnten sich freilich die Strukturverhältnisse dahin auswirken, daß Parteimitgliedschaft und Amt zugleich verlorengingen. Diese Verhältnisse blieben aber im Grunde labil; die Konsolidierung war nur scheinbar, die Revolutionierung permanent.[193] Der totale Staat des Nationalsozialismus gehörte, wenn auch seine Propaganda etwas anderes weismachen wollte, von Anbeginn zu jenen nicht saturierten Diktaturen, die weniger der Erhaltung überkommener Institutionen und überlieferter Traditionen dienen als vielmehr einem inneren Bewegungsbedürfnis, das zur häufigen und oftmals raschen Umstellung drängt und die Organisationstalente in der politischen Bewertung hoch graduiert – und zwar die eruptiven, schematisch rationalisierenden mehr als die organisch-evolutionären. „Umstellungsfähigkeit und Kontinuitätslosigkeit" sind zweifellos Merkmale eines solcherweise bevorzugten „totalitären Charakters".[194] Es war mehr als verwegen, in den Anfängen eines solchen Staates nach Möglichkeiten für die Aufrichtung eines traditionsbestimmten Beamtenstaates zu suchen.

Die offiziellen Beziehungen zwischen Staats- und Parteiämtern wurden in einer für die frühe Phase des nationalsozialistischen Totalstaates geradezu charakteristischen Nichtachtung der personellen Zusammenhänge betrachtet und behandelt und nach und nach rechtlichen Regelungen unterworfen. Die Regierungen und Ministerien des Reiches und der Länder wagten sich aber in der Phase der allgemeinen Beruhigung und der Eindämmung des offenen Terrors nach dem Niedergang und der Auflösung der Parteien doch nur sehr vorsichtig an die NSDAP und ihre Wehrverbände heran. Sie begnügten sich zuweilen überhaupt damit, einen scheinbaren Rechtszustand zu schaffen, der dem heimlichen Terror der SA, sofern sie sich nicht mit der Atmosphäre der Erfolgssaturiertheit abfand, unter der Oberfläche weitere Entfaltungsmöglichkeiten beließ. Kerrl wies die preußischen Justizbehörden an, Angehörige der SA und SS, abgesehen von Festnahmen auf frischer Tat, nur noch mit Zustimmung der Dienstvorgesetzten strafrechtlich zu verfolgen; jede Verfolgung mußte unterbleiben, wenn der zuständige Führer selbst für eine Sicherungsverwahrung des Beschuldigten sorgte.[195] Diese Exemtion vom geltenden Strafrecht wurde erst nach und nach durch reichsrechtliche Regelungen nach Jahresende 1933 abgebaut; mit ihr verlor die SA zweifellos einen großen Teil der auf ihre terroristischen Fähigkeiten und Ausübungen begründeten Machtstellung. NSDAP wie SA wurden während der darauffolgenden Übergangsphase in der zweiten Jahreshälfte von 1933 mit offiziellen Funktionen im Staatsapparat abgefunden. In Preußen mußten sich die Oberpräsidenten und Re-

---

[193] Dieser Umstand ist zuerst von Sigmund Neumann (Anm. I/18) gewürdigt worden. Neuerdings hat Hannah Arendt treffend von der „Bewegungssüchtigkeit totalitärer Bewegungen" gesprochen (Anm. I/1, S. 488). Neben diesem Ausdruck und seiner Charakterisierung sollte man die Bedeutung der permanenten institutionellen Labilität als Folge der einseitigen Personalisierung und der Auflösung der Personalbeziehungen, die Sigmund Neumann hervorgehoben hat, nicht übersehen.

[194] Arendt, ebda.

[195] Vervielfältigtes Aktenexemplar eines Erlasses des preußischen Justizministers vom 26. August 1933 (BA, P 135/4542, fol. 88ᵇ).

gierungspräsidenten die „Verbundenheit" mit der NSDAP, die bei den Oberpräsidenten ohnehin nicht problematisch sein konnte, angelegen sein lassen und „vor wichtigen Maßnahmen mit dem zuständigen Gauleiter in Verbindung treten", um seine Stellungnahme einzuholen.[196] Diese Anordnung verdichtete die Kontrolle der Oberpräsidenten-Gauleiter über die Regierungspräsidenten und war schon eine Vorleistung auf die Reichsreform in der preußischen Mittelinstanz, die sich der nationalsozialistische Staat bald zu eigen machen wollte. Nach dem bayerischen Vorbild setzte schließlich auch der preußische Ministerpräsident im Einvernehmen mit dem Stabschef Röhm, den er zum Obersten Bevollmächtigten der SA für Preußen bestellte, Sonderbevollmächtigte und Sonderbeauftragte des Obersten SA-Führers bei preußischen Behörden ein.[197] „Entsprechend den Sonderkommissaren bei der seinerzeitigen Errichtung der Hilfspolizei" gab es nun SA- oder SS-Führer als Sonderbevollmächtigte bei den Oberpräsidenten und Sonderbeauftragte bei den Regierungspräsidenten und bei den Landräten sowie einen Sonderbevollmächtigten beim Staatsministerium. Ihre Aufgaben waren jedoch keineswegs von kommissarischer Art, sondern „lediglich beratend und anregend", ohne daß ihnen Anweisungs- und Eingriffsmöglichkeiten zustanden. Sie verfügten über einen unmittelbaren Zugang zu den Behördenleitern, aber nicht über wesentliche Zuständigkeiten. Sie hatten besonders enge Verbindung zur Politischen Polizei zu halten, im übrigen aber in erster Linie für die Beseitigung von Reibungen zwischen Verwaltung und SA kraft ihrer Befehlsbefugnis zu sorgen.[198] Beratend und nicht verantwortlich waren schließlich auch die Funktionen, die die obersten örtlichen Leiter der NSDAP, der SA und der SS innerhalb der Gemeinden erhielten. Sie wurden nach dem Gemeindeverfassungsgesetz[199] *ex officio* Mitglieder des Gemeinderats ohne ein Recht der Einwirkung auf die Entschlüsse des Bürgermeisters, der insofern in Abhängigkeit von der Parteiorganisation stand, als seine Berufung, die nun Sache des Innenministers war, nach Fühlungnahme mit dem zuständigen Gauleiter erfolgte.[200]

Diese Art der engeren Verbindung zwischen Staats- und Parteiorganisation, bei der die instanzenmäßige Autonomie der Verwaltung unbeschadet blieb, erstreckte sich auch auf die übriggebliebenen Körperschaften des einstigen parlamentarischen Systems, die nun weder beschließende noch kontrollierende Organe waren, sondern Hilfsinstrumente der Führung, die mehr und mehr der Integration von Anwärtern auf zweitrangige Ämter in die Staatsorganisation dienten. Dem Reichstag wuchs diese Aufgabe zu, während die Landtage kaum noch beachtet wurden und am 14. Oktober 1933 gänzlich fortfielen. Preußen ging hierin noch weiter. Dort erklärte sich zuerst Göring für den Plan, den Staatsrat, den die Parteiorganisation unter Führung Leys beherrschte, lahmzulegen und ihn „zu einer Art Oberhaus" als Vorläufer „eines später zu bildenden Senats" umzubilden, dem zwar keine parlamentarischen Aufgaben, aber doch die Beratung der Staatsregierung bei größeren Gesetzeswerken zugedacht war. Ihm sollten die Gauleiter der NSDAP und „geeignete Vertreter" der Wirtschaft wie des öffentlichen Lebens angehören, die der Ministerpräsident ausschließlich selbst be-

---

[196] Runderlaß des Innenministers über Zusammenarbeit der Ober- und Regierungspräsidenten mit den Gauleitern der NSDAP vom 29. Mai 1933 (*Ministerial-Blatt für die Preußische innere Verwaltung*, I, 1933, Sp. 649 f.).

[197] Zuerst in einem nicht veröffentlichten Erlaß Görings vom 7. Juni, dann in einem Runderlaß vom 30. Oktober 1933 (*a. a. O.*, Sp. 1303 ff.). Der weiterreichende Umfang der Befugnisse der Sonderbevollmächtigten und Sonderbeauftragten innerhalb Bayerns, die die Ansätze einer Nebenregierung verraten, wird durch Anordnung des Obersten SA-Führers für Bayern vom 15. Januar 1934 illustriert, die in Faksimile bei K. D. Bracher, Zusammenbruch des Versailler Systems und zweiter Weltkrieg", in: *Propyläen Weltgeschichte*, Berlin–Frankfurt–Wien 1960, S. 392 f., wiedergegeben ist.

[198] Zu den Aufgaben zählten unter 19 d: „Verhinderung der Anmaßung unzulässiger Befugnisse durch SA-, SS- und Stahlhelm-Einheiten und -Angehörige. Sofortiges Eingreifen und Abstellen ist unbedingt erforderlich" (*a. a. O.*, Sp. 1306).

[199] § 41 Ziffer 1 des Gemeindeverfassungsgesetzes vom 15. Dezember 1933 (*Preußische Gesetzsammlung*, 1933, S. 427).

[200] *A. a. O.*, § 34 Ziffer 3.

rufen wollte.[201] Popitz dagegen verwies auf das Vorbild des alten preußischen Herrenhauses und suchte in dieser geplanten Einrichtung nochmals nach einer Gelegenheit, Ruf und Ansehen des alten Berufsbeamtentums nach Kräften wiederherzustellen und „verdiente frühere Staatsbeamte, z. B. Oberpräsidenten, Landeshauptleute, . . . Kirchenführer, Gelehrte usw. zur tätigen Mitarbeit an den Staatsaufgaben heranzuziehen". Er dachte an eine Körperschaft repräsentativer Würdenträger des neuen Staates, aber auch der zivilen Bereiche, soweit sie noch existierten, wobei er die hohen ehemaligen Beamten wieder zu einer weithin sichtbaren Stütze der Staatsautortät machen wollte. Das Ergebnis war das Gesetz über den Staatsrat,[202] der sich hinfort entsprechend den unterschiedlichen Plänen von Göring und Popitz aus recht heterogenen Bestandteilen zusammensetzte. Minister und Staatssekretäre [203] gehörten ihm kraft ihres Amtes an; 50 Repräsentanten der Kirchen, der Wirtschaft, der Wissenschaft und der Kunst, aber auch der NSDAP, der SA und der SS ernannte der Ministerpräsident. Auf diese Weise entstand ein Gremium, das gewiß niemals arbeitsfähig gewesen wäre, das aber ein Spiegelbild des in dieser Zeit herrschenden Teiles der Gesellschaft abgab. Ähnlich war es mit den preußischen Provinzialräten bestellt.[204] Der Ausdruck „Führerräte",[205] der im Anfang aufkam, war wenig treffend, denn diese Räte wurden kaum zu ernsthaften Beratungen hinzugezogen, sondern bildeten sich mehr und mehr zu repräsentativen Versammlungen ohne wirkliche politische Bedeutung um. Sie verkörperten das Nebeneinander von hohem Beamtentum und NSDAP-Funktionären und Repräsentanten angesehener Kreise, deren Wohlwollen in den Anfangsjahren des totalen Staates noch Kurswert besaß.

In den Verhältnissen des Frühjahrs und des Sommers 1933 konstituierte sich die NSDAP zu einer besonderen politischen Gewalt, die außerhalb der verwaltungsmäßigen Ordnung blieb und über eine besondere, einflußreiche Parteigerichtsbarkeit verfügte.[206] Die nebeneinander bestehenden Organisationsreihen von Staat und Partei waren durch eine Anzahl von Personal- und Realunionen miteinander verbunden, ohne daß die direkte Verbindung zwischen den Instanzen beider Reihen unterbrochen oder gestört wurde. An der Spitze der Reichsregierung mündeten sie in einer einzigen Person, der Hitlers, der zugleich Reichskanzler, Führer der NSDAP und oberster Chef der SA war und immer häufiger und in allgemeinerem Sinn als „der Führer" bezeichnet wurde. Auf seine Anordnung vom 29. März 1933 hin entstand ein SS-Ver-

[201] Auszugsweise Abschrift einer Niederschrift über die Sitzung des Preußischen Staatsministeriums am 29. Mai 1933 (Niederschrift außerhalb der Tagesordnung: *BA*, P 135/5168, fol. 1).

[202] Gesetz vom 8. Juli 1933 (*Preußische Gesetzsammlung*, 1933, S. 241).

[203] Erst seit dem Änderungsgesetz vom 31. Juli 1933 (*a. a. O.*, S. 289).

[204] Gesetz über den Provinzialrat vom 17. Juli 1933 (*a. a. O.*, S. 254); Änderungsgesetz vom 31. Juli 1933 (*a. a. O.*, S. 289). Mitglieder des Provinzialrates waren kraft ihres Hauptamtes der Oberpräsident, die Vizepräsident des Oberpräsidiums, die Regierungspräsidenten der Provinz und der Landeshauptmann. Wie beim Staatsrat wurden außerdem in der Regel die obersten Amtswalter der Politischen Organisation, die rangältesten Führer der SA und der SS und andere Persönlichkeiten zu Mitgliedern des Provinzialrates ernannt. Abstimmungen gab es nirgends, in Wirklichkeit aber auch keine Beratungen, nur Meinungen und Äußerungen des Vorsitzenden (Ministerpräsident bzw. Oberpräsident). Der brandenburgische Gauleiter und Oberpräsident Kube hat diese Verhältnisse während des Vortrages seines ersten Haushaltsplanes im brandenburgischen Provinzialrat sehr drastisch mit der Frage charakterisiert: „Wünscht jemand zu opponieren? Das ist nicht der Fall. Ich würde es auch niemandem geraten haben." Niemand in diesem Gremium, dem Männer wie der Landesdirektor v. Arnim-Rittgarten, Feldmarschall v. Mackensen, der ehemalige ostpreußische Oberpräsident Kutscher und Prinz August Wilhelm von Preußen angehörten, gedachte zu opponieren. Vgl. Hermann Fricke, „Die Landesdirektoren der Provinz Brandenburg 1876–1945", in: *Jahrbuch für die Geschichte Mittel- und Ostdeutschlands* (Anm. II/80), V, S. 320.

[205] Poetzsch-Heffter, „Vom Deutschen Staatsleben" (Anm. I/183), S. 78 f.

[206] „Gesetz betreffend die Dienststrafgewalt über die Mitglieder der SA und SS" vom 28. April (*RGBl.*, I, 1933, S. 230), praktisch aufgehoben durch das „Gesetz zur Sicherung der Einheit von Partei und Staat" vom 1. Dezember (*a. a. O.*, S. 1016), § 3, der eine besondere Partei- und SA-Gerichtsbarkeit nur noch in bezug auf die Verletzung der besonderen Mitgliedschaftspflichten aufrechterhielt.

bindungsstab zwischen den Reichsministerien und der Münchener Reichsleitung der NSDAP.[207] Diese Ausgleichsadjutantur Hitlers zählte jedoch auch zu den Übergangserscheinungen. Ihre Aufgaben gingen im wesentlichen an den „Stellvertreter des Führers" und dessen Kanzlei über, der durch einen Beschluß der Reichsregierung vom 29. Juni 1933 das Recht erhielt, an allen Sitzungen des Reichskabinetts teilzunehmen, und am 1. Dezember 1933 als Reichsminister – gemeinsam mit dem SA-Stabschef Röhm – Mitglied der Reichsregierung wurde. Auch die beiden anderen nationalsozialistischen Reichsminister, die im Frühjahr bzw. im Sommer 1933 ernannt worden waren, vereinigten durch Personalunionen oberste Reichsbehörden mit obersten Dienststellen der NSDAP; Goebbels leitete das Reichsministerium für Volksaufklärung und Propaganda und stand an der Spitze der Reichspropagandaleitung der NSDAP, und Darré war zugleich Reichsminister für Ernährung und Landwirtschaft und Reichsleiter des agrarpolitischen Amtes der NSDAP. In diesen beiden Ministerien wuchs infolgedessen auch der Anteil des nationalsozialistischen Personals weitaus am stärksten.

Eine Unterordnung des Verwaltungsapparates oder des Verwaltungspersonals unter die Partei oder auch nur unter eine grundsätzliche und allgemeine Kontrolle kam nicht zustande. Die ambivalenten Personal- und Realunionen erlauben jedenfalls keine derartige Deutung der Verhältnisse, die durch die nationalsozialistische Revolutionierung entstanden. Zwischen interstrukturellen Zuständigkeiten personeller und sachlicher Art konnten sogar äußerst scharfe Trennungslinien bestehen; waren die einen erlaubt und legalisiert, konnten dennoch die anderen vollkommen ausgeschaltet sein.[208] Es blieb streng gewahrter Grundsatz: „Maßnahmen der Dienstvorgesetzten unterliegen dem Dienstgeheimnis, sie können nicht zum Gegenstand außerdienstlicher Erörterungen gemacht werden."[209] Das galt in bezug auf die Partei wie auf die allgemeine Öffentlichkeit, von der der Beamte nun strenger als je zuvor getrennt war. Er hatte keine Diskussionen mehr zu führen, sondern nur nach Weisungen innerhalb der Amtsstuben tätig zu sein.[210]

---

[207] Poetzsch-Heffter, „Vom Deutschen Staatsleben" (Anm. I/183), S. 100.

[208] Ein augenfälliges Beispiel bieten spätere Regelungen in bezug auf die preußische Polizei durch Göring. Bei Beförderungen von staatlichen oberen Polizeiverwaltungsbeamten und Kriminalbeamten mußte für jeden vorgeschlagenen Beamten eine Äußerung der Gauleitung eingeholt werden (Runderlasse des Innenministers vom 8. November bzw. 18. Dezember 1933; *Ministerial-Blatt für die Preußische innere Verwaltung*, I, 1933, Sp. 1334; Sp. 1516). Zugleich aber verbot Göring den Polizeibeamten, sich „mit irgendeiner Dienststelle der NSDAP, SA, SS und des SD in Verbindung" zu setzen oder Mittelspersonen in Anspruch zu nehmen, um „Beschwerden und Gesuche vorzutragen oder Vorgänge dienstlicher Art zu besprechen" (Runderlaß des Innenministers vom 20. Dezember, *a. a. O.*, Sp. 1515 f.).

[209] *A. a. O.*, Sp. 1515.

[210] Ein Rundschreiben des Staatssekretärs in der Reichskanzlei an die Reichsminister, Reichsstatthalter und Ministerpräsidenten der Länder vom 2. Dezember 1933 (Abschr. *BA*, P 135/672, fol. 120) unterband die bis dahin gepflogene Übung, daß Beamte über Angelegenheiten publizierten oder Vorträge hielten, die sie bearbeiteten, die jedoch noch nicht gesetzlich geregelt waren. Hitler habe hierüber seine Mißbilligung ausgesprochen und verlange, daß dieser Mißstand künftig beseitigt werde. Nach dieser rechtlich vagen, tatsächlich aber bindenden Anordnung aus der Reichskanzlei durfte der Beamte hinfort praktisch nur noch erlassene Gesetze und Verordnungen kommentieren, interpretieren und entsprechend seiner Gehorsamspflicht vertreten.

Drittes Kapitel

INSTRUMENTE TOTALITÄRER VERWALTUNG

1. Stufen politischer Justiz

Die Justiz der Weimarer Republik war von folgenreichen politischen Einschlägen nicht frei geblieben,[1] die von der Öffentlichkeit zuweilen mit größter Leidenschaftlichkeit diskutiert wurden.[2] Die an Problemen reiche Politik der schrittweisen und mehr oder minder vorsichtigen Annäherung der aus der Periode der Monarchie übernommenen Richterschaft an die Lebensbedingungen der Republik, der die Justizministerien der Länder überaus unterschiedlich und teilweise – namentlich in Bayern – zögernder und unter stärkeren Vorbehalten folgten als die meisten Reichsjustizminister, hatte mit noch größeren Schwierigkeiten zu kämpfen als die bereits wenig einheitliche Beamtenpolitik der Innenminister. Nicht zuletzt begünstigten sowohl die lebenslängliche Unabhängigkeit der Richter, eine der unaufhebbaren Voraussetzungen des Rechtsstaats, wie die völlige Unmöglichkeit, juristisch unbewanderten „Außenseitern" Eingang in die Justiz zu verschaffen, noch wirksamer als in der Kategorie der politischen Beamten Erhaltung und Behauptung des alten, überaus konservativen Personals. Einzig vom preußischen Justizdienst und hier wieder im besonderen von Berlin aus fanden Prinzipien und Ideen der Republik von Weimar entschiedene Verteidiger und Bekenner im Richterstande. Hier lag auch das Zentrum des einzigen, auf den Verfassungsstaat verpflichteten und für die Koalition von Weimar eintretenden juristischen Personalverbandes, des Republikanischen Richterbundes, der eine Reihe namhafter Repräsentanten der Republik zu seinen Mitgliedern zählte, allerdings außerhalb des Bannkreises von Berlin auch nur unter Schwierigkeiten Fuß faßte und in den entfernteren Teilen des Reiches nicht einmal unter den höheren Richtern wirklich nennenswerten

---

[1] Zur Justiz in der Weimarer Periode vor allem Radbruch (Anm. II/84), S. 140 ff.; Eugen Schiffer, *Die deutsche Justiz. Grundzüge einer durchgreifenden Reform*, Berlin 1928; Ernst Fraenkel, *Zur Soziologie der Klassen-Justiz (Jungsozialistische Schriftenreihe)*, Berlin 1927.

[2] Als bekannteste Zeugnisse seien hier die anklagenden Denkschriften von Emil Julius Gumbel über die Rechtsverfolgung im Zusammenhang mit Fememordprozessen genannt: *Vier Jahre politischer Mord*, Berlin 1922, ist am bekanntesten geworden; ferner vom gleichen Verfasser: *Denkschrift des Reichsjustizministers zu „Vier Jahre politischer Mord"*, Berlin 1924; und die Denkschrift der Deutschen Liga für Menschenrechte e. V., *Acht Jahre politische Justiz. Das Zuchthaus – die politische Waffe*, Berlin 1927; polemische Literatur von links und rechts: Friedrich Karl Kaul, *Justiz wird zum Verbrechen. Der Pitaval der Weimarer Republik*, Berlin 1953; Rüdiger Graf von der Goltz, *Tribut-Justiz. Ein Buch um die deutsche Freiheit*, Berlin 1932; Gottfried Zarnow, *Gefesselte Justiz. Politische Bilder aus deutscher Gegenwart*, 2 Bde., München 1931/32; einen Versuch, die politische Strafrechtshandhabung der nationalsozialistischen Zeit nachträglich undifferenziert in die gleiche Linie mit der politischen Strafrechtspflege in der Weimarer Ära zu bringen, enthalten die persönlichen Aufzeichnungen von Friedrich Grimm, *Politische Justiz, die Krankheit unserer Zeit. 40 Jahre Dienst am Recht*, Bonn o. J. [1953]. Eine umfassende Untersuchung über die Entwicklung der Verhältnisse zwischen Politik und Justiz in diesem Jahrhundert fehlt bislang. Über einige politische Fälle, die besondere Rückschlüsse auf die eigenartige Tätigkeit von Polizei und Justiz in Bayern während der frühen Jahre der Republik, namentlich unter dem deutschnationalen Justizminister Roth, erlauben, hat neuerdings Wilhelm Hoegner aus seiner Kenntnis als ehemaliger Staatsanwalt berichtet: *Die verratene Republik. Geschichte der deutschen Gegenrevolution*, München 1958, S. 83 ff. und S. 261 ff.; ders., *Der schwierige Außenseiter. Erinnerungen eines Abgeordneten, Emigranten und Ministerpräsidenten*, München 1959, S. 15 f. Roth, der 1928 Generalstaatsanwalt des Bayerischen Verwaltungsgerichtshofes wurde, und zwei Richter des Bayerischen Obersten Landesgerichts, v. d. Pfordten und Pöhner, schlossen sich frühzeitig der Hitler-Bewegung an.

Einfluß zu gewinnen vermochte.[3] In der Periode der von Krisen erschütterten und nie zum Ende gelangten Umstellung der aus der Monarchie hervorgegangenen Justiz blieben daher die Spannungen zwischen der Republik und den ihr feindlichen konservativen und reaktionären Kräften nicht ohne Auswirkungen auf das Recht und seine Diener. Die sich allmählich differenzierenden Verhältnisse in der deutschen Rechtspflege wurden indessen nach dem 30. Januar 1933 von einer Politik eingeebnet und weit tiefer als je zuvor umgepflügt, die sich darum bemühte, die Justiz an das Ziel der Festigung der nationalsozialistischen Herrschaft zu binden, sie zur Bekämpfung der Gegner des Nationalsozialismus zu benutzen, und die nach Erledigung dieser Gegner die Justiz ausschließlich in den Dienst des totalitären Staates zu stellen suchte.

Es charakterisiert den rechtsfeindlichen Extremismus vieler nationalsozialistischer Führer, auch Hitlers, daß sie einer geradezu mittelalterlich anmutenden Verachtung der Juristen, des Rechtsanwalts- und des Richterstandes huldigten. In ihr schwang gewiß gelegentlich manche volkstümliche Kritik mit, die Nahrung erhielt von einer in dieser Zeit verbreiteten, mit größerer Vorliebe ideologisch begründeten als wissenschaftlich systematisch betriebenen kritischen Scheidung zwischen deutsch- und römischrechtlichen Rechtsprinzipien. Noch häufiger zeigte sich auch hier ein alles vereinfachender, keineswegs neuer Antisemitismus am Werk, der, auf womöglich noch primitiveren Vorstellungsschichten beruhend, Judentum und kasuistische Interpretation positiven Rechts gern in den gleichen Topf warf, um unter ihm in überlegungs- und verständnisloser Stereotypie die Flamme atavistischer Abneigungen und Haßgefühle zu schüren. Aus Ressentiments und Komplexen ballte sich eine dumpfe Rechtsverachtung zusammen, die Schlimmes befürchten ließ. Zwar unternahm die NSDAP zu keinem Zeitpunkt ihrer Macht wirklich ernsthafte Versuche, die institutionelle Justiz von Grund auf zu beseitigen oder auch nur rasch und in erheblichem Umfange zu verändern. Nichtsdestoweniger bewirkte das Eindringen des Nationalsozialismus in die bestehende Rechtsordnung eine anhaltende Wandlung, die man mit guten Gründen revolutionär nennen kann, da sie die Justiz in eine neue, für den nationalsozialistischen Totalstaat spezifische, instrumentale politische Funktion drängte, obgleich zunächst das Gerüst und die Grundlagen ihrer Organisation ebenso wie das geltende Recht übernommen wurden und einstweilen weiter existierten.

Hitler war schon 1928 auf den Gedanken einer besonderen Werbung und Gruppenbildung unter den Juristen verfallen. Im Oktober dieses Jahres gab er den Anstoß

[3] Eine Übersicht über den Republikanischen Richterbund liefert eine Reihe von Listen im Aktenbestand des ehemaligen Preußischen Justizministeriums (*BA*, P 135/6334). Die erste Liste „Verzeichnis der Mitglieder des Republikanischen Richterbundes" (fol. 183 d) eines anonymen Verfassers enthält 75 Namen, darunter die des einstigen preußischen Finanzministers Höpker-Aschoff, des sozialdemokratischen Reichstagsabgeordneten und Staatsanwaltes Hoegner, von zwei Ministerialdirigenten des preußischen Justizministeriums, zwei Senatspräsidenten und zwei Landgerichtspräsidenten. Eine Folge mehrerer Listen (fol. 189–201) ging dem preußischen Justizministerium vom Kammergerichtspräsidenten Hölscher zu (mit Schreiben vom 24. August 1933; fol. 186 ff.), der sie vom Geheimen Staatspolizeiamt erhalten hatte: 1. Liste „Republikanischer Richterbund Berlin. A. Kammergerichtsbezirk. 1. Ordentliche Mitglieder" umfaßt 148 Namen, von denen nur 20 mit Namen der ersten Liste (fol. 183 d) identisch sind, darunter die des ehemaligen Ministerpräsidenten und Dortmunder Bürgermeisters Hirsch, des ehemaligen Parteiführers der Demokraten, Reichsinnenministers und Reichsjustizministers Koch-Weser, des preußischen Ministerialdirektors Brecht, der beiden genannten Ministerialdirigenten des Justizministeriums und dreier Senatspräsidenten des Kammergerichts. 2. Liste „Republikanischer Richterbund Berlin. A. Kammergerichtsbezirk" ist offenbar eine Ergänzung zur 1. Liste, denn sie enthält nur 28 Namen, die in den anderen Listen nicht erscheinen. 3. Liste „Republikanischer Richterbund Berlin. B. Auswärtige Mitglieder. I. Ordentliche Mitglieder" führt 68 Namen auf, darunter die der bis 1932 amtierenden Oberpräsidenten der Provinzen Sachsen und Pommern, Falck und Lippmann, den Hamburger Senator Nöldeke, die Universitätsprofessoren Kantorowicz, Laun, Radbruch und Sinzheimer, zwei Senatspräsidenten und zwei Landgerichtspräsidenten. Drei dieser Namen sind auch in der ersten Liste (fol. 183 d) enthalten. – 4. Liste „Republikanischer Richterbund Berlin. B. Auswärtige Mitglieder. II. Beratende Mitglieder" enthält lediglich vier Namen. – Ständiges Organ des Republikanischen Richterbundes war die Monatsschrift *Die Justiz,* hrsgg. von Wilhelm Kroner, die seit 1926 fortlaufend erschien und ein höchst bemerkenswertes Sprachrohr der demokratischen Juristenschaft bildete.

zur Gründung des Bundes Nationalsozialistischer Deutscher Juristen (BNSDJ),[4] der die erste der Spezialorganisationen wurde, mit deren Hilfe die NSDAP in die Gebiete des bürgerlichen Lebens eindrang. Als Führer des Bundes trat der junge Münchener Rechtsanwalt Hans Frank auf, der schon vorher die Rolle eines ständigen Rechtsbeistandes Hitlers und bei der NSDAP-Reichsleitung übernommen hatte und der im Zeitpunkt der organisatorischen Erweiterungen der Reichsleitung im Herbst 1930, die mit der Hinzuziehung bezahlter Mitarbeiter verbunden war, zum Leiter der Rechtsabteilung der Partei aufstieg.[5] Die „Bewegung" verfügte damals noch nicht über ein sonderliches Personalreservoir, aus dem jederzeit geeignete Kräfte hervorgingen. Aus diesem Grunde, aber auch aus dem anderen, daß sich die NSDAP mit der fortschreitenden Ausbreitung und dem Anwachsen ihrer gewalttätigen halbmilitärischen Verbände zunehmend in Rechtsstreitigkeiten verwickelt sah, lag es nahe, in den Juristenberufen Anhänger und Helfer zu suchen, was im übrigen die zielbewußt verfolgte Absicht dieser Partei, politisches Prestige zu gewinnen, nur begünstigen konnte. Die Anfänge blieben freilich überaus kärglich. Ein Jahr nach der offiziellen Gründung zählte der BNSDJ erst 30 und selbst gegen Jahresende 1930 erst 233 Mitglieder, ehe er unter dem Eindruck des Reichstagswahlergebnisses von 1930 und der großen Krise ein wenig rascher zu wachsen begann. An der Jahreswende 1932/33 gab es 1347 nationalsozialistische Juristen und im April 1933 erst 1614,[6] der BNSDJ war noch weit von den 80 000 Mitgliedern entfernt, die er am Ende des Jahres der Machtergreifung zählen sollte. Diese verhältnismäßig kleine Schar wußte sich aber in kurzer Zeit maßgebenden Einfluß zu verschaffen – bald mit Hilfe einer quasiständischen Universalorganisation für alle unmittelbar am Recht und an der Wirtschaft beteiligten Berufsgruppen, der Deutschen Rechtsfront, die Frank am 30. Mai 1933 gründete.

Der Plan, eine zunächst personalpolitisch begründete Herrschaft über das gesamte Rechtswesen zu gewinnen, deutete sich schon in Franks Ernennung zum „Reichskommissar für die Gleichschaltung der Justiz in den Ländern und für die Erneuerung der Rechtsordnung" am 22. April an.[7] Die als „Gleichschaltung" bezeichnete Vereinnahmung der Personalverbände und Fachorganisationen der Juristen machte bis zur Jahresmitte den bei weitem überwiegenden Teil seiner Kommissarstätigkeit aus. Wie die Personalverbände der Beamten nahmen auch die der Juristen ein wenig rühmliches Ende. Ein nationalsozialistisches Vorstandsmitglied des Deutschen Anwaltsvereins, mit einer telegraphischen Ernennung zum „Beauftragten des Reichsjustizkommissars" in der Tasche, schritt auf einer Delegiertenversammlung Anfang Mai kurzerhand zur Auflösung des Vereins und leitete die Übernahme seiner Mitglieder durch den BNSDJ

---

[4] Ende November 1928 berichtete der Polizeipräsident von Köln unter Vorlage von Material über Vorbereitungen zur Gründung des Bundes Nationalsozialistischer Deutscher Juristen, die von dem damaligen Münchner Rechtsanwalt Frank II ausgingen und im Rheinland von Ley und einem nicht unbekannten rheinländischen Verleger geleitet wurden (Abschrift des Berichtes an den Regierungspräsidenten, mit Anlagen, dem Justizministerium mitgeteilt vom Oberpräsidenten der Rheinprovinz; vom 24. November 1928; *BA*, P 135/3147, fol. 29 ff.). Die Angelegenheit wurde vom Ministerium nicht weiter verfolgt, da von den zur Berichterstattung aufgeforderten Chefs der höchsten rheinländischen Justizbehörden die beruhigende Mitteilung kam, daß von der „Gründung einer rheinischen Gaugruppe des Bundes nationalsozialistischer deutscher Juristen ... nichts bekannt" sei und daß sie es für „ausgeschlossen" hielten, „daß rheinische Juristen in irgendwie beachtlicher Zahl sich der beabsichtigten Gründung anschließen werden, zumal die Nationalsozialisten im Rheinland überhaupt nur über eine geringe Zahl von Anfängern [wohl: Anhängern] verfügen" (Bericht des Präsidenten des Oberlandesgerichts, des Generalstaatsanwalts und des Präsidenten des Strafvollzugsamts in Köln an den preußischen Justizminister vom 7. Januar 1929; *a. a. O.*, fol. 33).

[5] Ludwig Fischer, Art. „Das Reichsrechtsamt der NSDAP", in: *Nationalsozialistisches Handbuch für Recht und Gesetzgebung* (Anm. II/11), S. 1555–1565.

[6] Wilhelm Heuber, Art. „Der Bund Nationalsozialistischer Deutscher Juristen und die Deutsche Rechtsfront", in: *Nationalsozialistisches Handbuch. . ., a. a. O.*, S. 1566–1571.

[7] Bühler, „Das Reichsjustizkommissariat" (Anm. II/11).

ein. Ähnlich ging es fast zur gleichen Zeit im Deutschen Notarverein zu.[8] Proteste wurden nicht beachtet.[9]

In den Justizbehörden selbst trieb der offizielle Antisemitismus neben dem allenthalben aufquellenden offiziösen die frühesten und ärgsten Blüten. Die Verdrängung jüdischer Beamter und Richter setzte in Preußen nicht nur vor Verkündung des Berufsbeamtengesetzes vom 7. April ein; sie ging auch weiter als in anderen Ministerien und Verwaltungen.[10] Reichsgesetzlich wurden dann die Rassebestimmungen des Berufsbeamtengesetzes auch auf Rechtsanwälte und Patentanwälte angewendet;[11] sie galten sogar ohne die Ausnahme der Frontkämpferbestimmungen für Steuerberater[12] und führten zur Existenzvernichtung jüdischer Staatsbürger außerhalb des Beamtentums und abseits von staatlichen oder politischen Einflußpositionen. Diese Gesetze galten bereits der Durchsetzung des Antisemitismus als Prinzip, die mit Schlagwörtern wie „Artgleichheit" von Recht und Richtertum propagiert wurde.

Während der Jahre 1931 und 1932 war ein starker Personalandrang im Anwaltsberuf eingetreten, so daß mehrfach Sperrmaßnahmen, wie die Einführung längerer Wartestandszeiten vor der Zulassung, erwogen werden mußten. Doch die Maßnahmen, die 1932 der Verwaltungsvereinfachung dienen sollten, bewirkten dann wieder das Gegenteil. Die Aufhebung preußischer Amtsgerichte im Juli und des bayerischen Oberlandesgerichts Augsburg im April 1932 verminderte zwar die Zahl der Gerichte und die der Richterstellen um 0,3 %; vom Jahresbeginn 1931 bis Anfang 1933 erhöhte sich jedoch die Zahl der Rechtsanwälte um 12 %.[13] Im Reichsdurchschnitt entfielen nun auf 100 Richter 194 Rechtsanwälte gegen 173 zu Beginn des Jahres 1931. In Preußen hatte die Zahl der Referendare innerhalb von drei Jahren um annähernd 30 % zugenommen.[14] Einer der ersten Erlasse des nationalsozialistischen Justizministers Kerrl verlangte nun erstmals eine Personalfeststellung der Anwaltskammern in den Oberlandesgerichtsbezirken nach der „rassischen" Zugehörigkeit der zugelassenen Rechtsanwälte.[15] Die sich darin abzeichnende Erwägung, unter dem Einfluß der nationalsozialistischen Rassenideologie disparate Teile der Anwaltschaft festzustellen, voneinander zu trennen und einer unterschiedlichen Behandlung auszusetzen, wurde dann in kürzester Frist in die Wirklichkeit umgesetzt. Die Beseitigung des in der Krise vielfach als unerträglich empfundenen Personalüberschusses, die wie überall in diesen Monaten des nationalsozialistischen Triumphes hastig und ohne längeres Besinnen auf radikale Weise vorgenommen wurde, ging restlos zu Lasten des einen Teils und wurde auf die Schultern der jüdischen Anwälte abgewälzt. Die Statistik hatte einen Anteil von 3378 bei 11 814 Rechtsanwälten und von 2046 bei 6224 Notaren ergeben.[16] Allein bis zum

---

[8] Schreiben des Notars Dr. Voss an Freisler vom 3. und 8. Mai 1933 (*BA*, P 135/106, fol. 187 ff.).

[9] Ein Schreiben des deutschnationalen Stuttgarter Justizrates Seeger I vom 17. Mai 1933 an den preußischen Justizminister, das sich auch auf andere Einwendungen bezog, protestierte „gegen das unzulässige Verfahren" bei der Auflösung des Anwaltvereins (*a. a. O.*, fol. 102).

[10] Während in Preußen die einschneidenden Anordnungen Kerrls ergingen (vgl. o. Anm. II/134), erließ in Bayern der Kommissar für das Justizministerium, Frank II, sogar „bis auf weiteres" ein Verbot für die jüdischen Rechtsanwälte, die Gerichtsgebäude zu betreten.

[11] Gesetz über die Zulassung zur Rechtsanwaltschaft vom 7. April (*RGBl.*, I, 1933, S. 188); Gesetz betreffend die Zulassung zur Patentanwaltschaft und zur Rechtsanwaltschaft vom 22. April (*a. a. O.*, S. 217) und Patentanwaltsgesetz vom 28. September, § 3 (*a. a. O.*, S. 669).

[12] Gesetz über die Zulassung von Steuerberatern vom 6. Mai (*a. a. O.*, S. 25).

[13] Eine aufschlußreiche Übersicht veröffentlichte das *Berliner Tageblatt*, Nr. 38 vom 23. Januar 1934.

[14] Sie betrug am 1. Januar 1930: 7042, ein Jahr später 8205, am 1. Januar 1932: 9278 und am 1. Januar 1933: 10 065 (*Deutsche Justiz* 95, 1933, S. 15).

[15] Dieser Erlaß (I 6724 vom 31. März 1933) hat sich weder im *Justiz-Ministerial-Blatt* noch bei den Akten des preußischen Justizministeriums auffinden lassen; jedoch geht sein Inhalt aus wiederholten Aktenbezügen hervor (*BA*, P 135/80).

[16] Gesamtaufstellung über Rechtsanwälte und Notare in den preußischen Oberlandesgerichtsbezirken bei den Generalakten des preußischen Justizministeriums (*BA*, P 135/80, fol. 172).

Ende des Jahres ging dem Rechtsanwaltsgesetz bzw. dem Berufsbeamtengesetz vom 7. April 1933 zufolge die Zahl der „nichtarischen" Rechtsanwälte auf 2066 und die der Notare auf 884 zurück.[17] Diese Personalreduzierung war also von dezimierendem Ausmaß. Ihr Ergebnis brachte jedoch mitnichten eine Entlastung der verbleibenden Anwaltschaft. Die vom Antisemitismus der NSDAP diktierten Maßnahmen gegen die jüdischen Rechtsanwälte hätten zwar „dieselbe Wirkung gehabt wie ein numerus clausus", aber selbst in diesem Gesichtswinkel „doch nichts genutzt", bekannte sogar Freisler.[18] Die wirtschaftlichen Nöte der Anwälte erfuhren weiterhin „eine derartige Zuspitzung", daß die „Gefahren für die Integrität des Anwaltsstandes" offen und mit nahezu verzweifelter Vorbehaltlosigkeit ausgesprochen wurden: daß „Teile der Anwaltschaft infolge dieser wirtschaftlichen Not nicht mehr die Korrektheit bei der Annahme und Abwicklung von Mandaten einzuhalten vermögen, die im Interesse der Rechtspflege" gewahrt werden sollte.[19] Die wirkliche „Überflutung der Großstädte durch Anwälte"[20] war durch extreme antisemitische Aktionen nicht einzudämmen, die die „Integrität" des Anwaltsstandes eher zu untergraben als zu sichern oder wiederherzustellen vermochten; auch sie halfen nur den Weg zu Schlimmerem bahnen.

Die Partei selbst wollte noch weiter in die antisemitische Richtung vorstoßen als die allgemeine Reichsgesetzgebung und die besonderen Maßnahmen des preußischen Justizministers. Unter nationalsozialistischen Juristen und gleichgeschalteten Juristenkorporationen ging eine starke Tendenz dahin, jüdische Rechtsanwälte überhaupt nur noch als Vertreter jüdischer Parteien vor Gericht zuzulassen. Bestellten Gerichtsvorsitzende sie für „deutsche" Parteien als Offizialverteidiger, Pfleger oder Testamentsvollstrecker, so mußten sie gewärtigen, daß solche Handlungen als „bewußte Demonstration und Sabotage gegen die Maßnahmen der nationalen Regierung" verleumdet und öffentlich angeprangert wurden.[21] Die nationalsozialistische Propaganda benutzte, seitdem sie den Reichstagsbrand gegen die Kommunisten so erfolgreich auszuschlachten vermocht hatte, die Methode der Denunziation vor der Öffentlichkeit, um sie fortgesetzt zu größeren und kleineren Zwecken mit der gleichen Maßlosigkeit anzuwenden. Für den Beamten, dem der Weg in die Öffentlichkeit meist verbaut war, konnte sie tödlich wirken. Die Verwendung einzelner jüdischer Spruchrichter, die hier und da – nur in geringem Umfang und lediglich auf Grund der Frontkämpferausnahmebestimmung des Berufsbeamtengesetzes – noch vorkam,[22] denunzierte die demagogische

---

[17] Statistiken über den Stand am 1. Januar 1934 (*BA*, P 135/76). Der Rückgang war zu diesem Zeitpunkt jedoch keineswegs abgeschlossen; er verlangsamte sich lediglich. In den folgenden vier Monaten bis zum 1. Mai schieden weitere 57 jüdische Rechtsanwälte und 32 Notare aus; offizielle Statistik nach dem Stande vom 1. Mai 1934 in: *Deutsche Justiz* 96 (1934), S. 950.

[18] Niederschrift über eine Besprechung von Vertretern der Landesjustizministerien im Reichsjustizministerium am 25. Mai 1934, S. 4 (*BA*, P 135/76).

[19] Eingabe des Vorstandsvorsitzenden der Anwaltskammer im Oberlandesgerichtsbezirk Königsberg an das preußische Justizministerium vom 27. November 1933 (*a. a. O.*, fol. 173 ff.).

[20] Vom Vorstand der Hanseatischen Anwaltskammer veranlaßtes Schreiben des Chefs der Landesjustizverwaltung Hamburg, Senator Rothenberger, an Freisler vom 3. März 1934 (*a. a. O.*, fol. 200 a).

[21] Rundschreiben des Gauobmannes des BNSDJ im Gau Groß-Berlin vom 26. Mai 1933 (Abschr. *BA*, P 135/6334, fol. 153). Empfänger waren sämtliche Mitglieder des BNSDJ, das preußische Justizministerium, der Kammergerichtspräsident, sämtliche Berliner Landgerichtspräsidenten und Amtsgerichtsdirektoren, Reichsleitung und Landesleitung des BNSDJ und der Berliner Anwaltsverein; sogar in allen Anwaltszimmern sollte das Rundschreiben ausgehängt werden. Ähnlichen Inhalts war ein Telegramm des Anwaltskammervorstandes beim Oberlandesgericht Hamm an das Justizministerium vom 8. Juli 1933 (*a. a. O.*, fol. 157).

[22] Anfang 1934 gab es im preußischen höheren Justizdienst 250 planmäßige höhere Beamte bei den Gerichten und Staatsanwaltschaften, die „Nichtarier" waren, jedoch unter die Frontkämpferausnahmevorschrift des § 3 des Berufsbeamtengesetzes fielen (Aktennotiz und Zahlenaufstellung des Landgerichtsdirektors Arndt im preußischen Justizministerium vom 26. Januar 1934; *BA*, P 135/6335, fol. 16 b). Eine ähnliche Zahl findet sich auch noch in einer bei Übergang der preußischen Justiz auf das Reich gefertigten Statistik, die neuerdings von Hubert Schorn, *Der Richter im Dritten Reich. Geschichte und Dokumente*, Frankfurt/M. 1959, S. 730 f., veröffentlicht worden ist:

Sprache ihrer uniformierten Fachgenossen als „Überfremdung der Gerichte mit jüdischen staatsfeindlichen Elementen"; „art- und volksfremde Elemente" sollten grundsätzlich aus der Justiz verschwinden.[23] Eine Berliner Zeitung, die zuweilen noch ein mutiges Wort wagte, deutete vorsichtig an, daß es unter solchen Beunruhigungen selbst bei einsetzender Rückkehr zu alten Verhältnissen um einen „Neuaufbau der Rechtspflege" recht fragwürdig bestellt sein müßte.[24] Allerdings dachte im Augenblick auch das preußische Justizministerium noch nicht daran, dem radikaleren Antisemitismus des BNSDJ vorbehaltlos zu folgen.[25] Freisler entschied sich dafür, die letzten „nichtarischen" Richter aus den Großstädten Berlin, Frankfurt/Main und Breslau in andere Oberlandesgerichtsbezirke versetzen zu lassen,[26] wo sie noch für einige Zeit eine zurückgezogene Existenz führten, ehe die Nürnberger Gesetze von 1935 auch ihrer Tätigkeit ein Ende setzten.

Die Geschichte der Justiz, die in Sachsen und Bayern unmittelbar nach Einsetzung der Reichskommissare, in Preußen Ende März 1933 unter die Leitung nationalsozialistischer Kommissare kam, aus denen dann Minister wurden, gleicht in den Anfängen des nationalsozialistischen Staates der Verwirklichung eines Systems politischer Freund-

---

Von 1704 „Nichtariern" der 45 181 Beamten der preußischen Justiz (einschließlich 938 von insgesamt 10 246 Referendaren) waren lediglich 213 Beamte des höheren Dienstes, 35 Gerichtsassessoren, 65 Referendare und 17 andere Beamte übriggeblieben.

[23] Brieftelegramm des BNSDJ, Gau Berlin, an das preußische Justizministerium vom 30. Juni 1933 (*BA*, P 135/6334, fol. 154). In den vom nationalsozialistischen „Rechtswahrern" beherrschten Anwaltskammern wurde vielfach zu noch früheren Zeitpunkten derart verfahren, daß man die „nichtarischen" Rechtsanwälte kurzerhand als ausgeschlossen betrachtete. Wie der Verkehr mit diesen Berufskollegen geregelt wurde, läßt sich aus dem Beispiel einer Anordnung des Vorstandes der Anwaltskammer Düsseldorf vom 15. Mai 1933 ersehen: „Zur Behebung von Zweifeln teilt der Vorstand der Anwaltskammer folgende *Richtlinien* über den Verkehr mit nichtarischen Parteien und nicht mehr zugelassenen, nichtarischen Rechtsanwälten mit: 1. Es ist zulässig, die Vertretung nichtarischer Parteien zu übernehmen. 2. Es ist standeswidrig, Mandate von nicht mehr zugelassenen nichtarischen Rechtsanwälten anzunehmen. Es muß vielmehr in jedem einzelnen Fall gefordert werden, daß die Partei selbst, die bisher von einem nichtarischen Rechtsanwalt vertreten war, an einen arischen Rechtsanwalt herantritt und ihn um ihre Vertretung ersucht. Auch die Akten müssen von der Partei selbst überbracht werden. 3. Es ist standeswidrig, die Praxis eines nicht mehr zugelassenen Rechtsanwalts ganz oder teilweise zu übernehmen, desgleichen dessen Büro oder Mobiliar. Angestellte nichtarischer Rechtsanwälte dürfen nur mit Genehmigung des Vorstandes des örtlichen Anwaltsvereins eingestellt werden. 4. Es ist standeswidrig, nichtarische ehemalige Rechtsanwälte als Bürovorsteher oder sonstwie zu beschäftigen. 5. Standeswidrig ist jeder berufliche Verkehr mit nicht mehr zugelassenen nichtarischen Anwälten. Dazu gehört insbesondere auch die Annahme von Mandaten durch Vermittlung eines nicht mehr zugelassenen nichtarischen Rechtsanwalts. Ausgenommen sind Zustellungen und sonstige Maßnahmen, die in laufenden Sachen notwendigerweise zur Abwendung wesentlicher Nachteile für eigene Mandanten den Genannten gegenüber vorgenommen werden müssen. 6. Bei Übernahme von Mandaten, die bisher nichtarische Rechtsanwälte hatten, ist in allen Fällen Vorschuß einzufordern in Höhe der noch nicht fällig gewordenen Gebühren. Durch den Wechsel des Rechtsanwalts dürfen den Parteien Mehrkosten nicht entstehen. Nur in besonders umfangreichen und schwierigen Sachen sind Ausnahmen, d. h. Vereinbarung eines Sonderhonorars, dies aber nur mit Genehmigung des Vorstandes des örtlichen Anwaltsvereins, zulässig. 7. Assoziationen und Bürogemeinschaften zwischen arischen und nichtarischen Rechtsanwälten sind sofort aufzulösen. 8. Das Verbleiben der weiterhin zugelassenen nichtarischen Rechtsanwälte in den örtlichen Anwaltsvereinen erscheint nicht mehr angängig, ebensowenig ihre Teilnahme oder Vertretung im Kartell, wo ein solches besteht. 9. Nichtzugelassene nichtarische Rechtsanwälte sind als Schiedsrichter abzulehnen. Sollten sie sich als Rechtskonsulenten niederlassen oder betätigen, so gilt jeder berufliche und außerberufliche Verkehr mit ihnen natürlich erst recht als standeswidrig" (*HAB*, Rep. 320, Grauert 31).

[24] *Berliner Tageblatt*, Nr. 218 vom 10. Juni 1933.

[25] Die meisten Eingaben dieser Art an das Ministerium blieben unbeantwortet. Seine Haltung kann aus einem Schreiben an den Anwaltskammervorstand in Hamm vom 15. Juli 1933 erschlossen werden: „Nachdem die Frage der Beschäftigung jüdischer Richter durch den Führer geordnet und durch gesetzliche Vorschrift geregelt ist, muß vom Vorstand der Anwaltskammer erwartet werden, daß er die in Durchführung begriffene Neuordnung auch anerkennt und durch Fühlungnahme mit den Parteistellen dafür sorgt, daß Schwierigkeiten nicht mehr gemacht werden" (*BA*, P 135/6334, fol. 159).

[26] Rundverfügung vom 27. Juni 1933 an die Kammergerichtspräsidenten und die Oberlandesgerichtspräsidenten (*a. a. O.*, fol. 267).

Feind-Beziehungen. Sie begann auf dem Gebiet der Personalpolitik und griff sofort auf die Strafjustiz über in Gestalt allgemeiner Milderungen, Aufhebungen und Aussetzungen von Strafen zugunsten der politischen Kräfte, die hinter der Regierung standen, und einer fortgesetzten Verschärfung von Strafbestimmungen durch Schaffung neuer Delikte und Deliktgruppen, Vermehrung der Tatbestandsmerkmale und Vereinfachung und Heraufsetzung des Strafmaßes. Parallel zur politischen Einvernahme der Polizei durch die Regierungsparteien setzte diese einseitige politische Beeinflussung der Justiz in Preußen ein, noch bevor das preußische Justizministerium einen nationalsozialistischen Minister erhielt. Während noch die Reichsregierung eine neue allgemeine politische Amnestie erwog, beugte sich Staatssekretär Hölscher, der Reichskommissar für das preußische Justizministerium, der von dem terroristischen Druck der SA sonst Störungen von Gerichtsverhandlungen und Gewaltaktionen zur Befreiung von Gefangenen befürchtete, dem Zwang der Verhältnisse so weit, daß er „bei der derzeit herrschenden politischen Unruhe eine ruhige Fortführung der Rechtspflege" für unmöglich erklärte und eine preußische Amnestie verlangte.[27] Seine Vorschläge fanden im Preußischen Staatsministerium sofort die Unterstützung Görings. Da die Reichsregierung ihre gleichgerichteten Pläne verzögerte, erreichte Hölscher die Zustimmung der Reichskommissare zu Richtlinien für besondere Gnadenerweise, die jetzt all den Straftaten zugute kommen sollten, „die bislang im Kampfe für die nationale Erhebung des deutschen Volkes begangen" worden waren.[28] Er erhielt die Ermächtigung, die Vollstreckung rechtskräftig erkannter Freiheitsstrafen aufzuschieben oder zu unterbrechen und die Strafverfolgungsbehörden anzuweisen, in schwebenden Strafverfahren darauf hinzuwirken, daß Haftbefehle aufgehoben oder Beschuldigte von der Untersuchungshaft verschont und sogar bereits anberaumte Termine aufgehoben würden. Hiervon hatten auch die berüchtigten Mörder von Potempa ihren Nutzen. Soweit sie bereits verurteilt waren, wurden sie zunächst aus der Haft beurlaubt und später begnadigt; zwei noch nicht abgeurteilte Untersuchungsgefangene mußten auf Grund eines vagen „Ehrenwortes" des schlesischen SA-Führers Heines sofort freigelassen werden.[29] Einige Tage

---

[27] Sitzung der Kommissare des Reichs am 10. März 1933 (*HAB*, Rep. 90, Sitzungsprotokolle 1933, fol. 51 v.).

[28] Chefbesprechung der Reichskommissare am 15. März 1933 (*a. a. O.*, fol. 53 f.).

[29] Chefbesprechung der Reichskommissare, *a. a. O.* Vgl. auch die Darstellung und Dokumentation von Paul Kluke, „Der Fall Potempa", in: *Vierteljahrshefte für Zeitgeschichte* 5 (1957), S. 278–297. Ergänzend ist anzumerken, daß dieser für die Geschichte der politischen Derivation der Rechtsstaatlichkeit so überaus wichtige Fall des abscheulichen Gewaltverbrechens von Potempa vom 10. August 1932 die Reichskommissare schon einmal in ihrer Sitzung vom 2. September beschäftigt hatte. Damals gingen die Meinungen sehr weit auseinander. Die parlamentarische preußische Regierung verfolgte im Jahre 1932 die Tendenz, Todesurteile nicht zu bestätigen. Eine Reihe von Todesurteilen wurde nicht mehr vollzogen, weil die Regierung Braun nach der Landtagswahl ablehnte, zur Frage, ob sie begnadigen wolle oder nicht, Stellung zu nehmen, da ihr nach ihrer Auffassung als geschäftsführender Regierung das Begnadigungsrecht nicht mehr zustand. Da niemand über die Begnadigung entschied, blieben auch die Urteile ohne Vollzug. Der Staatsstreich vom 20. Juli gestaltete die Frage der Anwendung des Begnadigungsrechts noch komplizierter. Auch die Verordnung des Reichspräsidenten vom 18. November löste diese Frage keineswegs. Eine Vollstreckung der Todesurteile, die das Sondergericht im Potempa-Prozeß ausgesprochen hatte, wurde allgemein abgelehnt. Papen wollte aber den Anschein einer politischen Unsicherheit der Kommissarsregierung vermeiden und führte am Ende den Beschluß herbei, die Todesurteile des Sondergerichts beim Landgericht Beuthen auf dem Gnadenwege in lebenslängliche Zuchthausstrafen umzuwandeln mit der Begründung, daß die Verurteilten objektiv keine Kenntnis von der Verordnung vom 9. August hatten, die im Tatbezirk nicht einmal über Radio bekannt geworden war. Bracht und vor allem Papen hoben in dieser Sitzung mehrmals sehr deutlich hervor, daß unter keinen Umständen der Eindruck entstehen dürfe, daß sich die Regierung „von der Öffentlichkeit in die Zange nehmen" lasse. Der mit der Führung der Geschäfte des preußischen Justizministers beauftragte Staatssekretär Hölscher sprach in der Sitzung vom 2. September seine Überzeugung aus, daß die Urteilsbegründung „das Urteil trage"; zugleich empfahl er aber nachdrücklich, vom Recht der Begnadigung Gebrauch zu machen und die Todesurteile in lebenslängliche Zuchthausstrafen umzuwandeln. Bei späterer Gelegenheit sollte das Verfahren erneut aufgenommen werden, wobei sich dann nach Auffassung Hölschers wahrscheinlich niedrigere, zeitlich begrenzte Zuchthausstrafen ergeben hätten. Die weitere Geschichte des Falles entzog die Mörder indessen vollends einer wohlverdienten Strafe. Vor dem politisch-historischen Hintergrund hatte der Fall Potempa beachtliche Konse-

danach erließ auch der Reichspräsident eine Amnestieverordnung, die nunmehr reichseinheitlich strafverfolgten Nationalsozialisten und Deutschnationalen Straffreiheit gewährte.[30]

Dieser wesentlichen Abmilderung der Strafverfolgung auf der einen Seite entsprach eine rücksichtslose Strafverschärfung auf der anderen. Schon die politischen Direktiven der zum Kampfgesetz gegen die Kommunisten erklärten, sich bald aber auch gegen einen weiteren Kreis deutscher Staatsbürger auswirkenden Präsidialverordnung „zum Schutze von Volk und Staat" vom 28. Februar brachten eine Verschärfung der Strafjustiz zu politischen Zwecken. In diese Verordnung wurden auf Verlangen des Reichsjustizministers [31] besondere Straf- und Strafverschärfungsbestimmungen eingefügt. Sie dehnten die Todesstrafe auf eine Anzahl von Verbrechen aus, die bis dahin durch Zuchthausstrafen zu ahnden waren, wie Hochverrat, Giftbeibringung, Brandstiftung, Veranstaltung von Überschwemmung und Beschädigung von Eisenbahnanlagen, und stellten die Mitglieder der Reichsregierung unter einen besonderen strafrechtlichen Schutz, was nach der seit 1932 beobachteten Zurückhaltung im Verhängen und Vollziehen der Todesstrafe namentlich auch bei politischen Delikten [32] bereits ein sichtbarer Wendepunkt in der Strafjustiz genannt zu werden verdient. Nach Annahme des Ermächtigungsgesetzes setzte Hitler sogar seinen zuvor auch von Hindenburg nicht honorierten Willen durch, die Todesstrafe in der als besonders schimpflich geltenden, in Deutschland seit langem nicht mehr üblichen Vollzugsform des Erhängens auch auf Verbrechen anzuwenden, die vor dem 28. Februar begangen wurden.[33] Mit dieser *lex Lubbe* wollte Hitler um der propagandistischen Wirkung willen in der dramatischen Auseinandersetzung über den Reichstagsbrand den Brandstifter mit der denkbar härtesten Strafe treffen; er durchbrach bewußt, nach längeren Erörterungen

quenzen: Hitler fühlte sich düpiert, da sich Papens Auffassung von der Staatsautorität plötzlich gegen ihn und seine Anhänger kehrte. Jedenfalls ist behauptet worden (Aussage Kurt Frhr. v. Schröders, Anm. I/122; Anm. I/132), daß das Verhalten Papens im Fall Potempa neben dem mißglückten Empfang Hitlers durch Hindenburg wesentlich zur zeitweiligen Entfremdung zwischen Hitler und Papen beigetragen habe. Ein bezeichnendes Licht auf die Beziehungslosigkeit zwischen nationalsozialistischer Propaganda und Recht wirft die Tatsache, daß sich Hitler und seine Partei einer in sachlicher Hinsicht bewußt unlogischen Propaganda bedienten. Trotz der möglichen juristischen Einwendungen gegen das Urteil und trotz der ohnehin bestehenden Neigung, Todesurteile nicht zu vollstrecken, verzichteten sie vollkommen auf rechtliche Erwägungen, um das Feuerwerk ihrer demagogisch aggressiven Presse ausschließlich gegen die rechtsförmige Behandlung des Gewaltverbrechens zu richten, das Angehörige der SA begangen hatten. Sie suchten in der Öffentlichkeit allein die Meinung zu verbreiten, daß der Ermordete ein diskriminierter Mensch und die Tat der verbrecherischen SA-Leute, die überdies auf Befehl handelten, keine strafwürdige Handlung gewesen sei. Diese Demagogie enthält den Vorgeschmack der Hölle, die der totalitäre Staat in den späteren Konzentrationslagern einrichtete. Die Propaganda der NSDAP, die den Tätern vor der Öffentlichkeit die stärkste Unterstützung zu geben versuchte, zu der sie fähig war, charakterisierte von vornherein die wahrscheinliche Modifizierung des Todesurteils vor dieser Öffentlichkeit entweder als Schwäche der Regierung oder als Legitimierung der Einwände der NSDAP. Im Bewußtsein vieler Menschen mußte der Rechtsstaat ins Wanken geraten, wenn die Regierung scheinbar dem atavistischen Appell der NSDAP nachgab.

[30] Verordnung des Reichspräsidenten über die Gewährung von Straffreiheit vom 21. März 1933 (*RGBl.*, I, 1933, S. 134).

[31] Niederschrift der Reichsministerbesprechung am 28. Februar 1933 (Anm. I/167), S. 90.

[32] Es muß erwähnt werden, daß diese Zurückhaltung trotz der unruhigen Zeitverhältnisse keine allgemeine Zunahme der Kriminalität gefolgt ist. Die Ziffer der wegen Vergehen und Verbrechen rechtskräftig verurteilten Personen blieb 1932 gegenüber 1931 nahezu gleich. In Preußen ging die Gesamtzahl der durch Mord und Totschlag ums Leben Gekommenen trotz der Massierung politischer Gewalttaten in den Sommermonaten 1932 sogar von 492 auf 399 zurück (Statistik bei Kurt Daluege, *Nationalsozialistischer Kampf gegen das Verbrechertum*, München 1936, S. 84). Die Zahl der wegen Tötungsdelikten (Mord oder Totschlag) rechtskräftig verurteilten Personen betrug 1931: 502, 1932: 653, die Zahl der Todesurteile 1931: 49, 1932: 52, davon 45 wegen vollendeten Mordes; doch nur 3 Personen wurden im Jahre 1932 hingerichtet; Ernst Roesner, Art. „Kriminalstatistik", in: *Die Rechtsentwicklung der Jahre 1933 bis 1935/36*, hrsgg. von Erich Volkmar, Alexander Elster, Günther Küchenhoff (*Handwörterbuch der Rechtswissenschaft*, Bd. VIII), Berlin–Leipzig 1937, S. 382 ff.

[33] Gesetz über Verhängung und Vollzug der Todesstrafe vom 29. März (*RGBl.*, I, 1933, S. 151). Das Gesetz trug übrigens die Unterschriften von Hitler und Papen, nicht die Gürtners.

und gegen die Widerstände im Reichskabinett [34] zum ersten Male den Grundsatz *nulla poena sine lege,* der auch in der späteren Zeit des nationalsozialistischen Staates wiederholt Angriffen ausgesetzt sein sollte.

Nach dem Gewaltakt der NSBO gegen die Gewerkschaften im Mai diente eine andere Bestimmung dieser Verordnung dem Generalstaatsanwalt beim Berliner Landgericht I dazu, die Beschlagnahme des gesamten Vermögens der SPD, des Reichsbanners Schwarz-Rot-Gold, des Allgemeinen Deutschen Gewerkschaftsbundes und des Allgemeinen Freien Angestelltenbundes zu verfügen. [35] Diese umfassende Beschlag-

[34] Niederschrift der Reichsministerbesprechung am 7. März 1933 (Anm. I/168), S. 117 f.; Auszug auch: *MGN* 11, Ankl.-Dok.-B. 28, Dok. NG – 2287. Bemerkenswert unter den Einwendungen, die im Reichskabinett erhoben wurden, ist der Hinweis des Staatssekretärs im Reichsjustizministerium Schlegelberger auf die weltweite Anerkennung des Satzes *nulla poena sine lege,* die Hitler jedoch gänzlich unbeeindruckt ließ: „Nur in Rußland, China und einigen kleinen Kantonen der Schweiz" gelte dieser Satz nicht. Einem in der Reichsministerbesprechung vorgelegten, von Hitler verlangten Gutachten der angesehenen Strafrechtslehrer Oetker, Nagler und v. Weber vom 4. März 1933 lagen zwei Fragen zugrunde: „ob 1) auf Verbrechen der Art, wie sie dem Reichstagsattentat zur Last gelegt werden, die verschärfenden Strafbestimmungen des § 5 der Notverordnung vom 28. Februar 1933 im Wege einfacher (nicht verfassungsändernder) Gesetzgebung noch nachträglich erstreckt werden können, obschon jene Handlungen bereits vor dem Inkrafttreten der Notverordnung begangen worden sind, und ob 2) die Aburteilung solcher Verbrechen durch ein neu zu bestellendes Gericht rechtlich zulässig ist". Hinsichtlich der ersten wählten die drei Juristen eine verklausulierte und keineswegs eindeutige Stellungnahme, indem sie auf kontroverse Auffassungen verwiesen. Es sei zwar anzunehmen, daß „der Oberste Gerichtshof . . . in folgerichtiger Weiterentwicklung der bisher von ihm aufgestellten Prinzipien die rückwirkende Strafschärfung auf Grund eines einfachen Gesetzes zulassen muß, gestützt auf die Änderung der Fassung, die Art. 116 RV. gegenüber § 2 Abs. 1 StGB. bringt und die *auch nach unserer Ansicht* auf eine inhaltliche Verschiedenheit der beiden genannten Gesetze zu schließen zwingt, dergestalt, daß Art. 116 RV. sich nur mit dem ‚Ob‘ der Bestrafung [nach dem Grundsatz *nullum crimen sine lege* = keine Rückwirkung von Strafgesetzen auf bis dahin nicht strafbare Handlungen], § 2 Abs. 1 StGB. dagegen sowohl mit dem ‚Ob‘ wie mit dem ‚Wie‘ der Bestrafung befaßt [nach dem Grundsatz *nulla poena sine lege* = keine Rückwirkung strafverschärfender Gesetze]". Dieser Teil des Gutachtens schloß jedoch mit der Feststellung, in der Literatur werde „überwiegend . . . die Rückwirkung des nachträglich strafschärfenden Gesetzes abgelehnt . . . Die letztere Auffassung wird auch dem (für die Entstehung des Art. 116 RV. anerkannten Grundsatzes bestimmenden) Zwecke am meisten gerecht, nämlich dem Zwecke, den Täter vor einem Strafübel zu schützen, das für seine Tat zur Zeit ihrer Begehung noch nicht angedroht war [= *nulla poena sine lege*]. Diese Gedankenfolge kehrt im Schrifttum immer wieder, und daran anknüpfende kritische Bedenken werden sicherlich auch in der Öffentlichkeit erhoben werden, wenn eine Notverordnung rückwirkende Strafverschärfungen enthalten würde." Die zweite Frage beantwortete das Gutachten mit Entschiedenheit negativ. – Auf dieses Professorengutachten hatte Staatssekretär Schlegelberger im Reichsjustizministerium in zwei gesonderten, wissenschaftlich ungleich gründlicheren Aufzeichnungen erwidert. Die erste befaßte sich mit der „Frage der Bestrafung der Täter, die am 27. Februar 1933 das Reichstagsgebäude in Brand gesetzt" hatten, und legte an Hand der Entstehung des Art. 116 RV dar, daß sich die gelehrten Strafrechtler im Irrtum befanden, als sie eine Differenz des Sinnes dieses Verfassungsartikels und die einschlägigen Strafgesetzbuchparagraphen konstruierten. Schlegelberger riet dringend vom Erlaß einer „Rückwirkungsverordnung" des Reichspräsidenten ab und machte darüber hinaus grundsätzliche Bedenken gegen eine Außerachtlassung des Grundsatzes *nulla poena sine lege* geltend, der „fast in der ganzen Kulturwelt" herrscht. Hierbei bemühte er auch den Mordfall von Potempa, dessen Behandlung gezeigt habe, daß die erst wenige Stunden vor dem Mord erfolgte und den Tätern aus objektiven Gründen noch unbekannt gebliebene Verkündung der die Todesstrafe androhenden Verordnung vom 9. August 1932 als nicht ausreichend erachtet wurde, um die Todesstrafe zu vollziehen. Diese Aufzeichnung Schlegelbergers endete mit der Bemerkung: „Die Geschichte der Nachkriegszeit ist nicht arm an Abscheu erregenden Taten. In keinem Fall jedoch ist der Grundsatz der Nichtrückwirkung strafschärfender Gesetze bisher verlassen worden. Seine Preisgabe müßte notwendig zu einer Verwirrung des allgemeinen Rechtsbewußtseins führen. Hiervon würde ich für das Rechtsgefühl des Volkes einen Schaden befürchten, der nach meiner Überzeugung durch die Befriedigung über die angemessene Sühne einer einzelnen Untat nicht wettgemacht wird." – In der zweiten Aufzeichnung „zur Beschleunigung der Verfahren" warnte der Staatssekretär davor, den Anschlag gegen den Reichstag einem Sondergerichtsverfahren zu unterwerfen; er sprach sich aber auch dagegen aus, ein Schnellverfahren einzuführen, das die drei Universitätsprofessoren immerhin empfohlen hatten. Schlegelberger hielt nun dafür, „daß der Staat auf die Möglichkeit und auf die Notwendigkeit, diese Zusammenhänge [des Täters „mit einer oder gar mit mehreren großen Parteien"] wirklich aufzuklären, sollte verzichten können". Diese Äußerungen stellten also in keiner Hinsicht eine Ermutigung oder Unterstützung Hitlers in seiner Absicht dar, die Reichstagsbrandstiftung mit der Todesstrafe zu ahnden.

[35] Funksprüche des Generalstaatsanwalts vom 9. und 12. Mai 1933 im Zusammenhang mit dem Verfahren „gegen Leipart und Genossen wegen Korruption", die sich auf den § 1 der Verordnung vom 28. Februar (Aufhebung der Grundrechte) beriefen, mitgeteilt in einer Anfrage der Vertretung Sachsens beim Reich an den Reichs-

nahme im Zuge der Strafverfolgung lieferte einen erstaunlichen Beweis für die ungeahnte Weitenwirkung der politischen Direktive, die, da sie einer positiv-rechtlichen Begrenzungsnorm ermangelte, jede präzise Fassung einer *ratio legis* zweifelhaft und jedenfalls bedeutungslos werden ließ.

Eine zweite Präsidialverordnung vom gleichen Tage verschärfte die Strafen gegen Landesverrat und Verrat militärischer Geheimnisse,[36] und eine spätere schuf einen erweiterten Ehrenschutz für die Reichsregierung.[37] Gleichzeitig lebten die unter Papen auf Grund einer älteren Ermächtigung gebildeten, jedoch von Schleicher beseitigten Sondergerichte wieder auf,[38] die Vergehen und Verbrechen nach der Reichstagsbrandverordnung, der „Heimtücke-Verordnung" vom 21. März und nach dem späteren Gesetz zur Abwehr politischer Gewalttaten[39] aburteilten. Diese Sondergerichte, Stationen an der Grenze des Rechtsstaates, hatten sich zur wirksamen Bekämpfung politischer Gewaltakte im Sommer 1932 als ungeeignet erwiesen;[40] sie wurden nunmehr zu einem Instrument der Machtsicherung und entfalteten im weiteren Verlauf des Jahres 1933 im gesamten Reichsgebiet eine zwar ungleichmäßige, teilweise jedoch überaus umfangreiche Tätigkeit.[41] Schließlich kamen noch weitere Gruppen von Delikten

innenminister vom 3. August 1933 (zufolge einer besonderen sächsischen Verordnung vom 3. Mai war damals eine Doppelbeschlagnahme eingetreten, die besondere Fragen aufwarf); Abschrift bei den Akten des preußischen Justizministeriums (*BA*, P 135/10 773, fol. 144 ff.).

[36] Verordnung gegen Verrat am deutschen Volke und hochverräterische Umtriebe, worunter jetzt auch die Verbreitung „hochverräterischer" Druckschriften verstanden wurde (*RGBl.*, I, 1933, S. 85).

[37] Verordnung zur Abwehr heimtückischer Angriffe gegen die Regierung der nationalen Erhebung vom 21. März 1933, § 3 (*a. a. O.*, S. 135).

[38] Verordnung über die Bildung von Sondergerichten vom 31. März 1933 (*a. a. O.*, S. 136). Einer abschwächenden Verordnung der Reichsregierung über die Zuständigkeit der Sondergerichte vom 6. Mai 1933 (*a. a. O.*, S. 259) folgte eine verschärfende Ausführungsverordnung des preußischen Justizministers vom 16. Mai (*Deutsche Justiz* 95, 1933, S. 154). Die Sondergerichte wurden zwar mit drei Berufsrichtern besetzt; es bestand auch die Notwendigkeit zur Pflichtverteidigung, und es galten die Strafprozeßordnung und das Gerichtsverfassungsgesetz. Doch die gerichtliche Voruntersuchung und der Eröffnungsbeschluß entfielen. Die Aburteilung mußte sofort, ohne Einhaltung von Fristen erfolgen, wenn die Schuld des Täters offenkundig war, so daß die Möglichkeit einer sorgfältigen Vorbereitung der Verteidigung fehlte. Einer Wiederaufnahme des Verfahrens stellten sich in der Praxis stets größere Schwierigkeiten in den Weg; die Entscheidungen selbst waren unanfechtbar. Vgl. Schorn (Anm. III/22), S. 111 f.

[39] Dieses Gesetz vom 4. April 1933 (*RGBl.*, I, 1933, S. 162) dehnte Todesstrafe und Zuchthaushöchststrafen auf eine Reihe als „politisch" bezeichneter Gewalttaten aus: gemeingefährlichen Gebrauch von Sprengstoffen (§ 5 Abs. 2 des Sprengstoffgesetzes vom 9. Juni 1884), Brandstiftung, Sprengungen, Giftbeibringung, Veranstaltung von Überschwemmung, Beschädigung von Eisenbahnanlagen usw. (§ 229 Abs. 2; §§ 306–312; § 315 Abs. 2 und § 324 des Strafgesetzbuches). Inzwischen hatte das Gesetz über Verhängung und Vollzug der Todesstrafe vom 29. März (*a. a. O.*, S. 151) die Wirksamkeit der Reichstagsbrandverordnung auch auf Taten aus der Zeit vor dem 28. Februar ausgedehnt und außerdem für Todesstrafen bei Verbrechen gegen die öffentliche Sicherheit Erhängen angeordnet und damit eine Steigerung in der Form der Todesstrafe für bestimmte politische Delikte geschaffen. Zu den späteren Verschärfungen von Strafbestimmungen Leopold Schäfer, Hans Richter und Josef Schafheutle, *Die Strafgesetznovellen von 1933 und 1934. Mit Ausführungsvorschriften*, Berlin 1934; und von denselben, *Die Novellen zum Strafrecht und Strafverfahren von 1935...*, Berlin 1936.

[40] Während man die Vollstreckung von Todesurteilen auf allen Seiten zu umgehen versuchte, brachte die Verordnung des Reichspräsidenten vom 9. August 1932 eine wesentliche Strafverschärfung unter Anwendung der Todesstrafe im Falle des Totschlags aus politischen Gründen. § 1 Ziff. 1 dieser Verordnung bezog sich auf die §§ 212 bis 215 StGB; die nach diesen Paragraphen zulässigen Strafen (§ 213 sieht z. B. als Mindeststrafe nur sechs Monate Gefängnis vor) wurden allesamt bis zur Todesstrafe heraufgesetzt.

[41] 1933 wurden in Preußen insgesamt 2006 Hauptverhandlungen geführt, 1774 Personen für schuldig und 376 für nicht schuldig in den Punkten der Anklage befunden. Von den Schuldsprüchen entfielen allein 287 auf das Sondergericht beim Landgericht Altona, dagegen nur 6 auf das Sondergericht in Essen (Handschriftliche Referentenniederschrift einer Statistik über die Tätigkeit der Sondergerichte 1933; *BA*, P 135/998, fol. 386 f.). Das Sondergericht in Hamburg verurteilte in einem einzigen Prozeß am 2. Mai 1934 39 Kommunisten wegen Teilnahme an Schießereien und Überfällen, die schon am 21. Februar 1933, also vor dem Reichstagsbrand stattfanden und bei denen zwei Straßenpassanten erschossen, ein SA-Mann und ein weiterer Passant verletzt wurden. Acht Kommunisten erhielten die Todesstrafe, zwei Strafen von je 15, zwei von 10 und 22 von 3 bis 9 Jahren Zuchthaus (Danner, Anm. I/230, S. 240).

in ihre Zuständigkeit, die das „Gesetz zur Gewährleistung des Rechtsfriedens" einer verschärften Strafzumessung unterwarf.[42] Der Terminus „politisches Verbrechertum" faßte alle Delikte in diskriminierender Absicht zusammen, die der Staat mit der Ausschaltung oder Vernichtung der Täter durch die höchsten üblichen Strafen ahnden wollte: „Angriffe gegen den Bestand, die Sicherheit und das Ansehen des Staates, Gewalttaten gegen seine Träger und die Träger der nationalsozialistischen Bewegung",[43] die nun ebenfalls in den Genuß eines besonderen Strafrechtsschutzes kamen. Gleichzeitig stieg die Zahl der politischen Delikte, die die ordentlichen Gerichte verhandelten und verurteilten.[44] Gegen politische Gegner und unliebsame Staatsangehörige im Ausland schuf sich die Reichsregierung die Waffe der Aberkennung der deutschen Staatsangehörigkeit.[45]

Den Gesetzesbrecher aus politischen Motiven ordnete die nationalsozialistische Strafjustiz – auch dies war neu – in die unterste Kategorie der Verbrecher ein; die ungewisse Komplexität des polemisch-propagandistischen Begriffs des „politischen Verbrechertums" diente zur Verwischung von Differenzen und Unvereinbarkeiten in der Deliktbestimmung, damit nur noch der Feind des nationalsozialistischen Staates, seiner politischen Ziele, seiner Ordnungsvorstellungen und seiner weltanschaulichen Prinzipien übrigblieb, der mit allen erdenklichen Mitteln aufgespürt, verfolgt und vorher schon diskriminiert und so aus der Öffentlichkeit ausgeschlossen wurde.[46]

Es ist kaum noch ein Zweifel möglich, daß vor allem Kerrls Staatssekretär Freisler, als Kriegsgefangener einst Adept der bolschewistischen Partei in Rußland, der sich noch 1933 als Schüler Trotzkis bekannte,[47] weit über die Zeitspanne der anfänglichen

---

[42] Gesetz vom 23. Oktober 1933 (*RGBl.*, I, 1933, S. 723).

[43] Begründung zum Entwurf des Gesetzes zur Gewährleistung des Rechtsfriedens, abgedr. bei Poetzsch-Heffter, „Vom Deutschen Staatsleben" (Anm. I/183), S. 18 f.

[44] Die veröffentlichten Justizstatistiken lassen kaum eine zuverlässige Aufschlüsselung nach politischen Straftaten zu. Eine der wenigen in die Presse gelangten offiziellen Meldungen gab Zahlen über Urteile der Strafsenate I und II des Oberlandesgerichts Hamm bekannt. Sie ging von der Justizpressestelle in Dortmund aus und zählte für zwei Monate, Mitte Oktober bis Mitte Dezember 1933, allein 300 verurteilte Personen auf: 124 wegen Herstellung, Verbreitung oder Aufbewahrung kommunistischer Flugblätter und Handzettel, 15 wegen Errichtung einer Geheimdruckerei, 9 wegen Erteilung von oder Teilnahme an nicht erlaubtem Schießunterricht, 90 wegen Errichtung eines Waffenlagers, Verstecken von Waffen und Munition, Herstellung von Sprengkörpern, 7 wegen Verkaufs von Beitragsmarken für die KPD, 3 wegen Bemalen von Zäunen mit kommunistischen Parolen, 47 wegen Verheimlichung von Eigentum der KPD, 2 wegen Teilnahme an einem antifaschistischen Kongreß in Paris, 46 wegen Tätigkeit zugunsten der Revolutionären Gewerkschafts-Opposition oder der KPD, eine Person wegen kommunistischer Werbetätigkeit im Freiwilligen Arbeitsdienst (*National-Zeitung*, Essen, Nr. 353 vom 23. Dezember 1933). Vgl. hierzu u. Anm. III/214.

[45] Gesetz über den Widerruf von Einbürgerungen und die Aberkennung der deutschen Staatsangehörigkeit vom 14. Juli 1933 (*RGBl.*, I, 1933, S. 480).

[46] Es fehlte auch nicht an gelegentlichen Versuchen, bestimmten Kategorien bekämpfter politischer Gegner kurzerhand eine besonders auffällige Neigung zur Kriminalität nachzusagen, um sie zu diskriminieren. Hierunter fällt ebenso der von Goebbels und seiner Propagandamaschine zu unzähligen Malen gebrauchte Ausdruck vom „kommunistischen" oder „bolschewistischen Untermenschentum" wie der antisemitische Anwurf, daß der Hang zur Straffälligkeit eine „rassische Lebenserscheinung der Juden" sei. So Gerd Rühle, *Rasse und Sozialismus im Recht* (*Deutsche Rechtsbücherei*, hrsgg. von Hans Frank), Berlin [1935], S. 28. Alle diese Bestrebungen gehen auf die propagandistische Tendenz zurück, politisch Bekämpfte zu Kriminellen zu stempeln, um mit größerer Sicherheit die Abscheu der großen Massen zu erregen.

[47] Auf einem Presseempfang am 11. April 1933 gab Freisler nach der Aufzeichnung eines Zeugen „ganz offen zu, daß er von den Methoden des sowjetischen Aufbaus eine ganze Menge gelernt habe" und daß er sich nach wie vor „zur Trotzkischen Lehre der permanenten Revolution" bekenne. Er sei der Überzeugung, „daß auf Jahrzehnte hinaus das deutsche Volk in einem revolutionären Stadium fieberhaft gehalten werden müsse. . ." Der Berichterstatter fährt fort: „Andererseits legte . . . [Freisler] ein so deutliches Bekenntnis zur nationalen Revolution . . . ab, daß versichert werden kann, daß er vom Sowjetsystem nur die Methode, keineswegs aber die Ziele irgendwie anerkennt. . ." (Informationsbericht Dr. Kausch vom *Dienst nationaler Tageszeitungen, Dienstag*, vom 12. April 1933; *BA*, Sammlung Brammer 26). Es ist wahrscheinlich, daß Hitler selbst ein letztes Mißtrauen gegen Freisler nicht überwinden konnte und ihn später aus diesem Grunde auf den Präsidentenstuhl des von dem Staatssekretär erfundenen Volksgerichtshofs abschob, wo Freislers Tätigkeit keine Grenzen gesetzt waren, ihm aber doch kein

terroristisch-revolutionären Phase hinaus bei jeder sich bietenden Gelegenheit das Ziel einer Verschärfung und Verallgemeinerung des behördlich geführten Kampfes gegen die so betrachteten politischen wie kriminellen Gegner des Staates verfolgte. Die teils übertriebenen, teils grundlagenlosen Meldungen über versuchte kommunistische Umtriebe, die noch im Sommer 1933 von nationalsozialistischen Funktionären in amtlicher Eigenschaft ausgingen,[48] widersprachen zwar den offiziellen Erhebungen,[49] wurden aber dennoch von Freisler als willkommener Anlaß aufgegriffen, um auf eine allgemein verschärfte Handhabung strafrechtlicher Bestimmungen zu dringen.[50] Die mündlichen Weisungen, die Freisler den Generalstaatsanwälten erteilte, gelangten in unterschiedlicher Weise an die Chefs nachgeordneter Instanzen und konnten sowohl enger ausgelegt als auch in schärfster Form weitergegeben werden. War für den einen die Justiz nur dazu „berufen, die formale Sicherung und unverbrüchliche Garantie der nationalsozialistischen Revolution und Evolution zu werden",[51] so beschränkte sich ein anderer auf die Anordnung ständiger Zusammen-

politischer Einfluß zuwuchs. Vgl. Henry Picker, *Hitlers Tischgespräche im Führerhauptquartier 1941–42*, Bonn 1951, S. 212; und die Bemerkungen über Freisler von Helmut Heiber, „Zur Justiz im Dritten Reich. Der Fall Eliáš", in: *Vierteljahrshefte für Zeitgeschichte* 3 (1955), S. 276 f.; ders., „Der Fall Grünspan", in: *Vierteljahrshefte*. . . 5 (1957), S. 155.

[48] Das Ausmaß der kommunistischen Tätigkeit gehört zu dem umstrittensten Kapitel der Geschichte des Jahres 1933 und bedarf noch weiterer Aufklärung. Unabhängig von der Klärung dieser Frage lassen sich jedoch die Kampfparolen gegen den Kommunismus und gegen den Marxismus, die während des Wahlkampfes vor dem 5. März von Hitler und den Seinen ausgegeben (bereits in der Reichsministerbesprechung am 1. Februar 1933, Auszug aus der Niederschrift in: *Documents*. . ., Anm. I/159, S. 15) und vom 27. Februar an in schärfster Form angewendet wurden, als taktische und propagandistische Mittel der Nationalsozialisten während der Machtergreifung durchschauen. Die amtlichen Unterlagen, die den Regierungsstellen vorlagen, soweit sie bekannt sind, stützen zumindest für das Frühjahr 1933 die Behauptung besonders aggressiver politischer Umtriebe der KPD in Deutschland; das gilt auch für die auf geheimem Informations- und Anweisungsmaterial beruhenden Berichte der Nachrichtensammelstelle des Reichsinnenministeriums über die Tätigkeit der KPD und der Roten Hilfe nach Jahresbeginn 1933 (*BA*, P 135/8474). Im Juni 1933 wandte sich der Polizeiherr von Bremen an Freisler (geheimes Schreiben an den „Pg. Dr. Freisler" [!] vom 19. Juni; *a. a. O.*, fol. 52) und der Bremer Staatskommissar für Reichs- und auswärtige Angelegenheiten an den Reichsjustizminister (beglaubigte Abschr. eines Schreibens vom gleichen Tage; *a. a. O.*, fol. 53). Beide forderten, ohne mit irgendwelchem Tatsachenmaterial oder mit sachlichen Angaben aufzuwarten, wegen der angeblich „allgemein im Reiche" an Umfang gewinnenden illegalen kommunistischen Tätigkeit die „schärfsten Maßnahmen", „reichsrechtliche Bestimmungen von rücksichtsloser Schärfe, Einrichtung von Standgerichten und Verhängung der Todesstrafe gegen illegale kommunistische Tätigkeit". Solche Anträge dürfen wohl als Ausdruck des Unsicherheitsgefühls und einer übersteigerten Angstpsychose der an eine illegale KPD nicht gewöhnten NSDAP-Funktionäre verstanden werden. Eine spätere, vierzigseitige „Denkschrift über die kommunistischen Umsturzbestrebungen in Deutschland", die im Auftrage des Oberreichsanwalts angefertigt wurde und am 3. Oktober 1933 in einem Exemplar über die Nachrichtensammelstelle des Reichsinnenministeriums an Staatssekretär Pfundtner gelangte (vervielf., *HAB*, Rep. 320, Pfundtner 307), bringt zwar den Nachweis der staatsfeindlichen, einen gewaltsamen Umsturz vorbereitenden Tätigkeit der KPD, verzeichnet jedoch erstaunlich wenig Material von Anfang und aus dem Frühjahr 1933 – lediglich einige Broschüren und Flugblätter; der letzte aufgeführte Waffenfund wurde am 27. Dezember 1932 gemacht. Es bedarf keines weiteren Beweises dafür, daß das Material, mit dem Göring am Tage nach dem Reichstagsbrand die Reichsminister düpierte, lediglich in der Phantasie existierte.

[49] Die Aktenvermerke der befragten zuständigen Referenten im preußischen Justizministerium vom 28. Juni 1933 stellten auf Grund der anhängigen Strafverfahren eine regere kommunistische Aktivität „lediglich in den Oberlandesgerichtsbezirken Hamm und Breslau", im übrigen aber eher einen Rückgang als eine Zunahme fest (*a. a. O.*, fol. 54).

[50] Freislers Antwort mußte den Bremer Polizeiherrn eher bestärken als beruhigen (von Freisler unterzeichneter Entwurf mit Abgangsvermerk vom 8. Juli 1933; *a. a. O.*, fol. 55). Er bemerkte, daß auch er „die Tätigkeit der KPD . . . auf Grund der hier eingehenden Berichte der Staatsanwaltschaften mit besonderer Aufmerksamkeit" verfolge; Freisler wollte sich angeblich, „sobald sich hierzu Gelegenheit bietet, insbesondere bei einer etwa vom Reichsministerium des Innern einzuberufenden Referentenbesprechung, . . . im Sinne . . . [der] Ausführungen des Polizeiherrn" aussprechen. Die Akten geben keinen Anhalt für eine derartige Konferenz auf Initiative des Reichsinnenministeriums in der nächsten Zeit. Jedoch berief Freisler zum 22. Juli eine Konferenz der Generalstaatsanwälte in das preußische Justizministerium, die offenbar mit den erwähnten Vorgängen in Zusammenhang stand.

[51] Rede des Generalstaatsanwalts in Breslau vor den Oberstaatsanwälten seines Oberlandesgerichtsbezirks, die er am 27. Juli 1933 auf Grund der erwähnten Besprechung beim preußischen Justizminister hielt und dem Justizministerium im vollen Wortlaut mitteilte (*BA*, P 135/4542, fol. 81–88). Der Generalstaatsanwalt gab weiterhin die

arbeitens der Staatsanwaltschaften mit den interessierten Stellen der NSDAP;[52] die Gleichmäßigkeit der Strafrechtspraxis mußte natürlich darunter leiden. Doch die von Freisler verfolgte Tendenz ging dahin, rasch und stark zu strafen, die Gesetze „scharf und blitzartig" anzuwenden und die Justiz zu „schärfstem, schlagartigem, blitzartigem Zupacken gegenüber allen Feinden des nationalsozialistischen Staates" zu bringen: „Binnen 24 Stunden ... muß die Anklage erhoben sein, binnen weiterer 24 Stunden muß das Urteil da sein, und sofort muß der Verbrecher seine Strafe weghaben ... Die Zeit ... der mildernden Umstände als Regel muß vorbei sein", lautete die forsche Anweisung eines Generalstaatsanwalts,[53] der sich bereits die Prinzipien Freislers zu eigen gemacht hatte. Es nimmt kein Wunder, daß die Zahl der Verfahren und der Strafen gewaltig in die Höhe schnellte, obgleich die Delikte in nicht unerheblichem Maße zurückgingen. Allein die Zahl der Todesurteile betrug 1933 in ganz Deutschland 78 gegenüber 52 im voraufgegangenen Jahr; die der Zuchthausstrafen stieg sogar von 6345 auf 9661 an.[54] Die Unmenge der geringeren Verbrechen und der Vergehen machte schließlich im nächsten Jahr eine Amnestie unumgänglich. In welchem Umfange Staatsanwaltschaften und Gerichte durch die verschärfte Strafjustiz belastet wurden, läßt sich aber auch aus der erstaunlich großen Zahl von Straferlassen und Verfahrensniederschlagungen in Verbindung mit der sogenannten Hitler-Amnestie vom August 1934 ersehen.[55] Obgleich sie unter den politischen Delikten nur Lapidarfälle erfaßte wie Beleidigungen des Reichskanzlers, „Verfehlungen gegen das Ansehen des Reiches" usw. und außerdem überwiegend nichtpolitische Delikte traf, erledigte sie allein in Preußen 414 407 Fälle, in denen Anklage erhoben worden war; darunter befanden sich 238 832 bereits verurteilte Personen.[56]

2. Tendenzen und Versuche einer Strafrechtsreform

Die nationalsozialistische Machtergreifung schien über diese Erscheinungen der Anfangsperiode hinaus den Anstoß zu einem vollständigen Umbau des Strafrechts zu geben. Die Reformbedürftigkeit des deutschen Strafgesetzbuches von 1871, das in wesentlichen Teilen auf dem Preußischen Strafgesetzbuch von 1851 beruhte, war schon bald nach der Jahrhundertwende erkannt worden und hatte umfangreiche Vorbereitungen zu einer Reform veranlaßt, die sich über Jahrzehnte erstreckten, von den politischen und geistigen Bewegungen dieses Jahrhunderts jedoch immer wieder in Frage gestellt und hingezogen wurden, ehe sie im Frühjahr 1932 völlig ins Stocken gerieten. Die neuen Justizautoritäten machten sich diesen Umstand zunutze, um durch

Anweisung, daß jeder Angehörige seiner Behörde Hitlers Buch *Mein Kampf* lesen müsse; jeder Staatsanwalt müsse „mit dem Gedankengut der nationalsozialistischen Weltanschauung erfüllt sein, damit jeder deutsche Volksgenosse, jeder nationalsozialistische Kämpfer weiß, daß der Staat seine Sicherheit garantiert".

[52] Niederschrift über die Besprechung des Generalstaatsanwalts in Naumburg/Saale mit den Oberstaatsanwälten seines Bezirks am 8. August 1933, die sich ebenfalls auf die Konferenz der Generalstaatsanwälte bezog, die am 22. Juli im Justizministerium stattgefunden hatte (vervielf. Exemplar, *a. a. O.*, fol. 104–120).

[53] Der Generalstaatsanwalt in Breslau am 27. Juli 1933 (*a. a. O.*, fol. 81–88).

[54] Für die Delikte stehen dem Verf. nur Zahlen aus Preußen zur Verfügung; sie lassen deutlich einen Rückgang erkennen: 1932 betrug die Zahl der Tötungsdelikte 390, 1933 dagegen 357, die Zahl der Raubdelikte (einschl. räuberischer Erpressung) 1932: 1 971, demgegenüber 1933: 1 428; *Die Rechtsentwicklung...* (Anm. III/32), S. 385; S. 387.

[55] Gesetz über die Gewährung von Straffreiheit vom 7. August 1934 (*RGBl.*, I, 1934, S. 769) und Allgemeine Verfügung des Reichsjustizministers vom 8. August in: *Deutsche Justiz* 96 (1934), S. 1018.

[56] *Deutsche Justiz* 96 (1934), S. 1210 f. Die Ziffern beruhen auf Aktenunterlagen des preußischen Justizministeriums (*BA*, P 135/7932, fol. 33–38). Bemerkenswert ist der Vergleich mit der letzten voraufgegangenen Amnestie vom 20. Dezember 1932, die in Preußen 51 933 Personen betraf, obgleich diese den Kreis der berücksichtigten Delikte viel weiter zog als die Hitler-Amnestie, der überdies im Sommer 1933 schon besondere preußische Gnadenerweise vorausgegangen waren (Ausführungsverordnung des preußischen Justizministeriums vom 25. Juli; *Deutsche Justiz* 95, 1933, S. 236).

möglichst rasche Zugriffe und Regelungen in scheinbarer Fortsetzung der vorbereiteten Strafrechtserneuerung ein mit den Prinzipien des totalen Staates politisch im Einklang stehendes Strafrecht zu schaffen, woran sich nun auch von Haus aus nichtnationalsozialistische Juristen beteiligten, die eine Strafrechtsreform nach dem alten Grundsatz der Generalprävention und im Sinne eines „autoritären Wohlfahrtsstaates" [57] anstrebten, den sie aus einer totalen Nationalidee und der daraus folgenden „Gliedstellung" des einzelnen ableiteten.[58]

Die Arbeiten und Erörterungen, die im Sommer 1933 einsetzten und im August bis zu einem materialsichtenden Referentenentwurf des Reichsjustizministeriums gediehen, gelangten jedoch nie zu einem endgültigen Abschluß. Sie wurden bereits im Stadium des Beginns zum Objekt konkurrierender Zuständigkeiten, da sich gleich drei Stellen ihrer annahmen, die den Anspruch erhoben, Justizreform zu machen: das Reichsjustizministerium, das preußische Justizministerium und Franks Akademie für Deutsches Recht in München, die sich in der Lücke ausbreitete, die der Fortfall aller mit Rechtsfragen befaßten parlamentarischen und nichtparlamentarischen Fachausschüsse hinterlassen hatte. Infolgedessen geriet der Gegenstand bald in den Widerstreit der Interessen und Meinungen, da offenkundig weder unter den Parteijuristen der NSDAP noch unter den hohen Beamten der Ministerien und den gelehrten Strafrechtlern, die diese drei juristischen Behörden des nationalsozialistischen Staates zu ihrer Unterstützung heranzogen, übereinstimmende Auffassungen bestanden. Frank bemühte sich, den Kreis der Akademie aus repräsentativen Persönlichkeiten der NSDAP, aber auch der herkömmlichen Jurisprudenz verhältnismäßig vielseitig zu bilden,[59] um damit den Anspruch auf die primäre Zuständigkeit in Gesetzgebung und Rechtsreform zu begründen.[60] Dagegen begnügten sich Gürtner und Freisler, die von ihren Ämtern her den Gedanken der Reform aufgriffen, damit, Fachleute ihrer Ministerien, Richter und Staatsanwälte heranzuziehen.

[57] Hierzu Friedrich Oetker, Art. „Grundprobleme der nationalsozialistischen Strafrechtsreform", in: *Nationalsozialistisches Handbuch für Recht und Gesetzgebung* (Anm. II/11), S. 1317—1361.

[58] „Nicht nur, wer egoistisch eingreift in die Sphäre eines Volksgenossen, ... auch wer seine Gliedstellung vergißt, sich an der Gemeinschaft vergreift, ihr den Gehorsam versagt, ist Volksfeind" (Oetker, *a. a. O.*, S. 1317). Will man den Wurzeln dieser Auffassungen nachspüren, so wird man hierbei auch die sogenannte politische Jurisprudenz Rudolf v. Iherings und Otto Bährs nicht unberücksichtigt lassen dürfen, die nicht zu Unrecht eine „technische Sozialwissenschaft" genannt worden ist (Reinhold Schober, *Politische Jurisprudenz. Eine Würdigung ihres Wegbereiters Ihering*, Berlin 1933). Bezeichnend für die Auseinandersetzung mit der individualistischen Kriminallehre Franz v. Liszts war die Leipziger Antrittsvorlesung Friedrich Schaffsteins, *Politische Strafrechtswissenschaft* (*Der deutsche Staat der Gegenwart*, Heft 4), Hamburg 1934. Grundlegend für das Staatsrecht der ersten Jahre: Otto Koellreutter, *Grundriß der Allgemeinen Staatslehre*, Tübingen 1933, vgl. S. 42 ff.; S. 50 ff.; S. 54 ff.; charakteristisch für die unmittelbare Verknüpfung von Strafrecht, Nationalismus und Antisemitismus die Schrift eines nationalsozialistischen Justizfunktionärs, des Reichsamtsleiters Hermann Schroer, *Mord – Judentum – Todesstrafe* (*Judentum und Recht*, Heft 2), München o. J.

[59] Die Akademie für Deutsches Recht wurde am 2. Oktober 1933 auf dem Deutschen Juristentag in Leipzig mit Ansprachen von Frank und den Münchener Professoren Wilhelm Kisch und Otto v. Zwiedineck feierlich proklamiert. Ihre Satzung erhielt sie im Juli 1934. Ursprünglich war eine Mitgliederhöchstzahl von 100 vorgesehen; doch 1937 bildete sie bereits 45 Ausschüsse mit fast 300 Mitgliedern. Für ihre Werbetätigkeit, namentlich im Ausland, bediente sie sich außerdem eines Kreises von „Freunden der Akademie für Deutsches Recht". Vgl. *Deutscher Juristentag 1933. 4. Reichstagung des Bundes Nationalsozialistischer Deutscher Juristen. Ansprachen und Fachvorträge*, zusammengest. und bearb. von Rudolf Schraut, Berlin 1933, S. 222 ff.; Karl Lasch, Art. „Die Akademie für Deutsches Recht", in: *Nationalsozialistisches Handbuch für Recht und Gesetzgebung* (Anm. II/11), S. 1572—1580; ders., Art. „Akademie für Deutsches Recht", in: *Die Rechtsentwicklung der Jahre 1933 bis 1935/36* (Anm. III/32), S. 1—5; *Jahrbuch der Akademie für Deutsches Recht* 2 (1935), S. 187 ff. (Satzung).

[60] Den Vorsitz im Ausschuß für Staats- und Verwaltungsrecht führte der Staatsrechtslehrer Carl Schmitt, im Ausschuß für gewerblichen Rechtsschutz der Großindustrielle Carl Duisberg; dem Ausschuß für Bank- und Börsenrecht präsidierte der Münchener Bankier August v. Finck, dem Ausschuß für Finanz- und Steuerrecht der nationalsozialistische Staatssekretär im Reichsfinanzministerium, Reinhardt, dem Ausschuß für Bevölkerungspolitik der Münchener Staatsrechtler van Calker, dem Ausschuß für Polizeirecht Staatssekretär Grauert und dem Ausschuß für Rechtsphilosophie Frank und neben ihm Carl August Emge, der Leiter des Nietzsche-Archivs in Weimar. Den Vorsitz im Ausschuß für Strafrecht und Strafprozeßrecht erhielt Staatssekretär Freisler.

Als erster legte der preußische Justizminister im September 1933 der Öffentlichkeit eine Denkschrift vor, die Freisler mit einer Gruppe von Strafrechtsspezialisten der preußischen Justiz verfaßt hatte.[61] Noch vor seinem bayerischen Kollegen Frank, der schon seit Jahren einem neuen, spezifisch nationalsozialistischen Recht das Wort redete, versuchte Kerrl mit Freislers Unterstützung, ein kodifikationsfähiges „nationalsozialistisches Strafrecht" zu entwickeln. Durchaus originell ordnete es Freisler von vornherein dem „Strafrecht der totalen Staaten" zu, womit er das bolschewistische Rußland ebenso wie das faschistische Italien dem nationalsozialistischen Deutschland beigesellte und all den freiheitlichen Kulturstaaten gegenüberstellte, die – nach der polemischen Sprache Freislers – „den Einzelindividuen zu dienen sich für bestimmt halten".[62] Dieses Strafrecht sollte in einem besonderen Sinne politisch sein und von den Aufgaben beherrscht werden, „deren Gesamtlösung der Staatskunst obliegt".[63] Mit diesem konservativen Ausdruck verband Kerrl jedoch nur die Vorstellungen eines vagen und unklaren Idealismus völkischer Prägung, die er mit manchen seiner Parteifreunde teilte: die einer „grundlegenden Umgestaltung der bisherigen politischen, wirtschaftlichen und gesellschaftlichen Ordnung zu einem wahrhaft völkischen Gemeinschaftsleben". Solche Worte hatten propagandistischen Kurswert; sie charakterisierten das Strafrecht als ein wichtiges Instrument des totalen Staates, zur Umwälzung der gesamten alten Ordnung mit dem Ziel der „Zusammenfassung . . . der einzelnen zu einem lebendigen Organismus". Die biologistisch-technizistische Analogiesprache nationalsozialistischer Rechtsideologen bezeichnete die Strafjustiz als „eine dauernd arbeitende Selbstreinigungsapparatur" des „Volkskörpers".[64] Der Gedanke der biologischen „Reinigung" und der Erschaffung eines organischen Gebildes kleidete aber nur ein machiavellistisches Machtprinzip in das obligate Gewand des nationalen Idealismus: der Begriff der „Gemeinschaft" deckte hier deutlicher noch als in manchem anderen Erzeugnis des landläufigen nationalsozialistischen Schrifttums in unveränderlicher Monotonie das dynamisch variable Herrschaftssystem des totalitären Staates.

Die Strafzumessung sollte allein von der äußeren und inneren Sicherung und den Zwecken des Staates abhängen. Auch die Ordnung der mit Strafschutz versehenen Güter entsprach einem veränderten Wertkodex. Sie begann mit dem Staat und endete mit dem einzelnen, und die Reihe der Personaldelikte eröffneten „Angriffe auf die Ehre", die vor den „Angriffen auf Leib und Leben" und „auf die Freiheit" rangierten; die erste und strengste der Strafbestimmungen galt dem Landesverrat. Alle Strafbestimmungen trafen vollendete Handlungen ebenso wie akute Gefährdungen. Der überwältigende Primat des politischen Schutzes zog den perfekten Schutzgedanken nach sich: um die größtmögliche Sicherheit zu gewährleisten, die Tat schon im Keim zu erfassen; er führte zum Willensstrafrecht und zu einer wesentlichen Erweiterung der Tatbestandsmerkmale gegenüber dem bisherigen Strafrecht. Als strafauslösendes Moment wurde bereits die „gefährliche Willensbetätigung" angesehen; infolgedessen war schon der untaugliche Versuch strafbar.[65] Aber auch der Katalog der strafbaren

---

[61] *Nationalsozialistisches Strafrecht. Denkschrift des preußischen Justizministers*, Berlin 1933.

[62] *A. a. O.*, S. 6.

[63] Kerrl in der Einleitung, *a. a. O.*, S. 4.

[64] Roland Freisler, „Willensstrafrecht; Versuch und Vollendung", in: *Das kommende deutsche Strafrecht. Allgemeiner Teil. Bericht über die Arbeit der amtlichen Strafrechtskommission*, hrsgg. von Franz Gürtner, Berlin 1934, S. 11. Die Bearbeiter dieses Berichts waren neben Freisler Ministerialdirektor Ernst Schäfer, Ministerialrat Leopold Schäfer, Oberlandesgerichtsrat Karl Schäfer und Oberregierungsrat v. Dohnanyi vom Reichsjustizministerium, Ministerialrat Rietzsch und Vizepräsident Grau vom preußischen Justizministerium, Senatspräsident Klee und Oberstaatsanwalt Reimer. Die Fortsetzung dieses Berichts erschien als *Besonderer Teil*, Berlin 1935.

[65] Auf diese Weise wurde „der Erfolg seiner strafbegründenden und straferhöhenden Wirkung entkleidet" (*Nationalsozialistisches Strafrecht*, Anm. II/61, S. 112) und ein einheitlicher Täterbegriff konstruiert, der die klassischen Differenzierungen „Mittäterschaft", „Beihilfe", „Anstiftung", „mittelbare Täterschaft" und „Täterschaft" aufhob.

Handlungen sollte wesentlich umfangreicher und um Deliktgruppen erweitert werden, die diese Denkschrift aus den Abgründen nationalsozialistischer „Weltanschauung" und ihres spezifischen Antisemitismus hervorholte. Sie wollte einen besonderen „Schutz von Rasse und Volkstum" schaffen und „Angriffe auf die Rasse (Rassenverrat, Verletzung der Rassenehre, Rassengefährdung)", „Angriffe auf Volksbestand und Volksgesundheit" ahnden, aber auch „Angriffe auf Religion und Sitte", „auf Volksehre und Volksfrieden" und „Gefährdung des Volksguts"; außer dem Landesverrat gab es in ihr auch noch eine besondere Verletzung des wirtschaftlichen Patriotismus, die die Bezeichnung „wirtschaftlicher Landesverrat" erhielt.[66] Auch die Strafmaße wurden im allgemeinen, im besonderen aber die Höchststrafen heraufgesetzt und den alten Strafformen neue hinzugefügt. Die Todesstrafe sollte mehrfach den lebenslänglichen Freiheitsentzug ersetzen; Freiheitsstrafen wurden mit Fastentagen und körperlichen Züchtigungen verknüpft. Politische Vergehen schieden grundsätzlich aus der Vergünstigung der *custodia honesta* aus; dafür traten neue Nebenstrafen vornehmlich für Delikte aus politischen Motiven auf: Ächtung durch Reichsverweisung und Verlust des Staatsbürgerrechts sowie Vermögenseinziehung. Mildernde Umstände entfielen grundsätzlich; als entscheidend galten allein die Stärke des verletzenden Willens und das Maß der schuldhaft vom Täter herbeigeführten Gefährdung der Rechtsschutzgüter. Auch die überkommene Dreiteilung der Delikte in Verbrechen, Vergehen und Übertretungen verlor jede Bedeutung.

Der höchst unsichere Boden der vom preußischen Justizministerium empfohlenen strafrechtlichen Grundsätze läßt sich am deutlichsten in der Verdrängung des Satzes *nulla poena sine lege* durch das totale politische Schutzprinzip erkennen, das auch die nicht kodifizierte Gefährdung durch abschreckende Strafmaßnahmen zu hindern bestrebt ist; unabhängig davon, ob eine Handlung als schädlich bezeichnet und im Strafgesetzbuch behandelt ist, sollte sie straffähig sein können. Die „gesunde Volksanschauung" mußte herhalten, um eine Begründung zu finden. Die aufgestellten Normen dienten in erster Linie dem Staatsschutz, gaben aber dem einzelnen keinen vorbehaltlosen Schutz mehr vor dem Ermessen der Strafjustiz. Ihm blieb nur der Schutz der Ehre, des Lebens und des Eigentums vor Angriffen eines anderen; dem Staat gegenüber war er ebenso schutzlos wie machtlos. Die mit dem Staat identifizierten Machthaber dagegen genossen einen perfekten Rechtsschutz. Schon „böswillige Beunruhigung der Bevölkerung" sollte als „Angriff auf die Staatsgewalt" strengstens bestraft werden; sogar „Belästigung von Behörden" – Beschwerden und Anträge nach Erschöpfung des Rechtsweges – fiel hierunter.[67]

Die politische Umgestaltung des Strafrechts, auf die diese Denkschrift hinzielte, machte den Delinquenten schlechthin zum Staatsgegner und den politischen Gegner zum Verbrecher, das Strafverfahren zum Akt eines Kampfes gegen das „Verbrechertum", gegen das „Untermenschentum", wie ihn Freisler propagierte. Sie verlangte die Verfolgung des „Gewohnheitsverbrechertums" bis zur „Unschädlichmachung durch lebenslängliche Einsperrung oder Tötung".[68] Demzufolge überwies sie dem Strafrichter die verantwortungsschwere Last, „nicht nur die vergangene Tat [zu] sühnen, [sondern] ... auch das Seinige dazu [zu] tun, daß sie sich nicht wiederholt".[69] Die humanitären Läuterungen der Ideen und der Einrichtungen der Strafrechtsgeschichte

---

[66] Hierzu gehörte beispielsweise die „Preisgabe von Erfindungen" an das Ausland, „die für die Landesverteidigung von wesentlicher Bedeutung" und die nicht zuvor der zuständigen deutschen Behörde zur Übernahme angeboten wurden (*a. a. O.*, S. 29). Eine Kodifizierung dieses Vorschlages hätte den regen Patent- und Erfindungsaustausch mit ausländischen Unternehmen, den wichtige großindustrielle Zweige der deutschen Wirtschaft pflegten und vertraglich vereinbart hatten, unter schwere Strafe gestellt.

[67] *A. a. O.*, S. 38 f.

[68] *A. a. O.*, S. 114.

[69] *A. a. O.*, S. 115.

wollte diese Gruppe deutscher Juristen in kurzer und schneller Arbeit in einem System nivellieren, das sich dem Staat der Konzentrationslager anpaßte. Die Gesetzgebung blieb allerdings hinter einer perfekten Verwirklichung dieser Gedanken zurück; zwei Reichsgesetze vom November 1933 bzw. April 1934 kamen aber den Grundsätzen dieser Denkschrift entgegen: der Bekämpfung des „Berufs- und Gewohnheitsverbrechertums" durch schärfste einschneidende Maßnahmen, die vom unbeschränkten Freiheitsentzug bis zu körperlichen Eingriffen reichten,[70] und der Festsetzung schwerster, entehrender Strafen für Landes- und Hochverrat.[71]

Der Reichsjustizkommissar Frank bemühte sich, die Spitze des preußischen Justizministeriums in seine Akademie zu integrieren, und bestellte Freisler zum Vorsitzenden des Strafrechtsausschusses, während er den Minister Kerrl mit dem politisch belanglosen Vorsitz im Ausschuß für Bausparkassenwesen abfand. Ungefähr zur gleichen Zeit berief aber auch der Reichsjustizminister Freisler und einige andere Bearbeiter der preußischen Denkschrift in die amtliche Strafrechtskommission, wo sie mit fünf Universitätsprofessoren und den zuständigen Abteilungsleitern und Referenten der Justizministerien des Reichs, Preußens, Bayerns und Sachsens zusammentrafen. Der Umstand, daß Freisler, der entschiedenste und profilierteste Vertreter einer nationalsozialistischen Strafjustiz, in beiden Kommissionen an entscheidender Stelle saß, trug gewiß dazu bei, im Verlaufe der Beratungen eine Annäherung an die Prinzipien der preußischen Denkschrift herbeizuführen; nichtsdestoweniger blieben aber Differenzen erkennbar, wurde in der amtlichen Strafrechtskommission der Grundsatz *nulla poena sine lege* wieder anerkannt.[72] Freisler sah sich gezwungen, einige Ansichten aufzugeben, andere zu mildern, etwa die Persönlichkeitsbeurteilung des Täters zuzulassen; doch an anderen wichtigen Grundsätzen der Denkschrift hielt er fest. Sie wurden jetzt in doktrinärer Form vorgebracht. Die Notwendigkeit, zu verteidigen, zu begründen und auszuführen, wandelte den Demagogen zum Dogmatiker. Freisler ging daran, das alte Strafrecht durch das Aufstellen neuer Prinzipien aus den Angeln zu heben. Es spricht übrigens für den auffälligen Mangel an Sinn für geschlossene Philosopheme innerhalb der NSDAP, daß sie Freislers dogmatische Gegenüberstellung von „sozialistischer Energie" und „anarchischen Kräften"[73] nicht in ähnlicher Weise ausmünzte wie die pointierte Phraseologie eines Goebbels oder ihr applaudierte wie der atavistischen Suggestivkraft der Reden Hitlers, sondern auf ihren allgemeinen Gebrauch verzichtete. Infolgedessen wuchs innerhalb der Justiz im Einflußbereich Freislers eine eigenartige, isolierte und spezialisierte Ideologie auf, die sich freilich ebenso wie alle anderen offiziellen politischen Äußerungen dieser Zeit als nationalsozialistisch bezeichnete und legitimierte. Freisler wählte eine wissenschaftlich gewandte Ausdrucksweise und bemächtigte sich der Ideologie des totalen Krieges und des totalen Kampfes, die schon Carl Schmitt in seine Rechtslehre aufgenommen hatte, um sie zur kasuistischen Durchdringung des strafrechtlichen Problemstoffes und zu seiner Unterwerfung unter einen politischen Kampfwillen zu benutzen, der auf die Vernichtung des freibleibend umschriebenen Gegnerischen hinzielte. Nach dem Vorbild archaischer germanisch-rechtlicher Begriffe bezeichnete das Delikt den „Typus des Friedensstörers", der „Bestand, Kraft, Frieden des Volkes von innen aus bedroht" und auf diese Weise „das Prinzip des Asozialen, Anarchischen, Unrechten, Bösen in seinem Leben zu verwirklichen be-

---

[70] Das Gesetz gegen gefährliche Gewohnheitsverbrecher und über Maßregeln der Sicherung und Besserung vom 24. November (*RGBl.*, I, 1933, S. 995) brachte eine allgemeine Strafverschärfung für Gewohnheitsverbrecher, die Sicherungsverwahrung bis auf Lebenszeit und ließ die Entmannung von Sittlichkeitsverbrechern zu.

[71] Gesetz zur Änderung von Vorschriften des Strafrechts und des Strafverfahrens vom 24. April (*RGBl.*, I, 1934, S. 341).

[72] Karl Schäfer, „Nullum crimen sine lege, nulla poena sine lege", in: *Das kommende deutsche Strafrecht. Allgemeiner Teil* (Anm. III/64), S. 128—139.

[73] Freisler (Anm. III/64), S. 11 f.

reit ist".[74] In bewußtem Verzicht auf irgendeine Differenziation bewertete ihn Freisler schlechthin als „Gegner" des Staates; das Strafrecht wurde infolgedessen zum „Kampfrecht", eben zur „dauernden Selbstreinigungsapparatur" des Volkskörpers, die den Zweck erfüllte, nicht nur den überführten „Friedensstörer" zu richten, sondern den Typus zu vernichten – in der Sprache Freislers: „indem es ihn für immer der Eigenschaft als Träger dieses Prinzips entkleidet". Die künftige Ausgestaltung des Strafrechts sollte dem Grundsatz folgen, die „vorhandenen Kampfmöglichkeiten und Kampfwaffen . . . voll" auszunutzen, da ja nach der militärischen Analogie der Angriff „die sicherste Verteidigung" war. Sie orientierte sich nach „den Fronten".[75] In dem absoluten Abgrund zwischen „Freund und Feind" verschwanden die Grundsätze des humanitären, am allgemeinen Menschenbilde entwickelten Rechts und der Billigkeit. Freisler ging in der amtlichen Strafrechtskommission in dieser Richtung sogar noch einen Schritt über die Ziele der Denkschrift des preußischen Justizministers hinaus. Diese definierte als obersten Zweck der Strafe „Schutz der Volksgemeinschaft gegen solche Elemente, die sich den Gesetzen nicht fügen". Nunmehr sollte die Strafjustiz jedoch zur „zweckmäßigen Abwehrwaffe" werden; das ließ sich keineswegs mit den herkömmlichen Ideen der Sühne und der Abschreckung erschöpfen. Sie hatte nach den militärischen Begriffen, in die Freisler gelegentlich seine Grundsätze zu kleiden pflegte, eine dreifache Aufgabe zu erfüllen: zur „Vernichtung der friedensstörenden Kräfte" zu führen, die „Sühne für schuldhaftes Unrecht" und zugleich „psychische Stütze der Kampfbereitschaft des gesunden Volksheeres" zu sein.

Demgegenüber nahm sich die Zahl der Vorbehalte, die vor einem aggressiven „Kampfrecht" schützten, nicht allzu schwerwiegend aus. Sogar der „Präventivkrieg", also die „vorbeugende" Maßnahme gegen Eventualtäter, sollte zulässig sein, allerdings nur in schwerwiegenden, besonders normierten Einzelfällen. Freisler lehnte ein Gesinnungsstrafrecht kategorisch ab. Für einen blutigen Realisten seiner Art war „Gesinnung" offensichtlich kein politisch relevanter Begriff; zudem bot sie der Delikterfassung zu viele und zu wenig lohnende Probleme. Aber er forderte einen möglichst frühzeitigen Strafeinsatz ohne Bindung an die Erfolgsqualifizierung; doch im Gegensatz zur preußischen Denkschrift nahm Freisler nicht eindeutig für eine Gleichsetzung von Versuch und Erfolg Stellung, wie auch der Gedanke des Gefährdungsstrafrechts nur andeutungsweise wiederkehrte. Der Strafeinsatz war nach Ansicht Freislers nur mehr eine „taktische Frage". Im Grunde fiel freilich die gesamte Normierung des Strafrechts unter dieses Urteil. Die theoretische Direktive des allgemeinen Zieles des nationalsozialistischen Staates und seiner Politik bestimmte, wann, wie und wer zu strafen sei. „Elastizität der Urteilsfindung zum Zweck der Gesellschaft" verlangte Hitler in der Regierungserklärung vom 23. März vom deutschen Richter; „nicht das Individuum kann Mittelpunkt der gesetzlichen Sorge sein, sondern das Volk".[76] Aus dieser Maxime hatte Freisler die Kampffunktion des Strafrechts entwickelt. Zu ihr gehörte auch die Abschätzung des erreichbaren Erfolges; die Kampfinstrumente sollten nach den jeweiligen Erfolgsaussichten für den Zweck normiert und zugemessen werden, der hier die Bezeichnung „Gesamtsieg des Sozialistischen" und „Ausjätung aller anarchischen Kräfte" erhielt.[77]

---

[74] *A. a. O.*, S. 12.

[75] „Hie – sozialistische Energie, verkörpert im nationalsozialistischen Staat; hie – antisozialistische Energie, verkörpert in den Trägern böser, unrechter, antisozialistischer, anarchischer Tatbereitschaft" (*a. a. O.*, S. 19).

[76] *Schultheß, 1933*, S. 70.

[77] Freisler (Anm. III/64), S. 19. — Treffend bemerkt Martin Broszat in seiner Einleitung der Dokumentation „Zur Perversion der Strafjustiz im Dritten Reich", in: *Vierteljahrshefte für Zeitgeschichte* 6 (1958), S. 395: „. . . man verfuhr mit der Volksgemeinschaft wie mit einer Pflanzenzucht, deren mißratene Schößlinge in bestimmten zeitlichen Abständen regelmäßig ,ausgekämmt' und ,ausgejätet' werden mußten."

Freisler wußte Eigenheiten seiner jeweiligen Umgebung zu affizieren. Er gab sich gern und häufig als Revolutionär und Umstürzler, doch kehrte er diese Neigung niemals gegen die Partei, der er zugehörte. Das Strafrecht war nur ein Zweig, in der Periode der beginnenden Konsolidierung des nationalsozialistischen Staates allerdings der am stärksten beachtete und auch wichtigste Zweig einer totalitären Kampfideologie. Die besondere Zuspitzung, die Freisler den strafrechtlichen Problemen gab, ging auf ein politisches Stabilisierungsmotiv zurück, das bewußt oder unbewußt aus der unmittelbaren Nähe des terroristischen Aktivismus herbeigeholt war. Es sollte auf weite Sicht der Befestigung und Sicherung der Diktatur dienen; „Vergeltung und Autoritätswahrung sind das Ziel der Strafe".[78] Im Verhältnis zur bestehenden Rechtsordnung bewirkte jedoch gerade die Totalität des Stabilisierungsmoments Kampf und Zerstörung. Für die mangelnde Bewußtheit dieser Zusammenhänge sprechen indessen die Konstruktionen auf anderen Rechtsgebieten. Frank propagierte seit längerem eine umfassende nationalsozialistische Rechtsideologie, und auch Freisler dehnte das totalitäre Justizreformprogramm auf zwei Rechtsgebiete außerhalb des Strafrechts aus, auf denen eine „volksstaatliche Rechtsordnung" aufgebaut werden sollte: das „Bauernrecht" und das Arbeitsrecht.[79] Es ist unverkennbar, daß sich in den spezifischen völkischen Vorstellungen innerhalb der nationalsozialistischen Rechtsideologie zwei Komponenten ausbildeten, deren unterschiedliche Nuancierung und Färbung von der verschiedenartigen Beleuchtung herrührte, die ihnen verschiedene Sachgebiete und Themenkreise gaben. In der einen gravierten völkisch-rassische Vorstellungen und Utopien und biologische Analogien, die andere entwickelte sich innerhalb des völkischen Gedankenkreises als eine quasisozialistische, jedoch agrarozentrisch-regressive Spielart.

Freisler lieferte im Strafrechtsausschuß der Akademie für Deutsches Recht ein anschauliches Beispiel für das Korrelieren beider Komponenten. Sein Bericht über die Ergebnisse der ersten Beratungen[80] führte in keineswegs unauffälliger Abweichung von seinen bisherigen, allerdings noch völlig undifferenzierten Darstellungen den „völkischen" Kollektivismus als Lösung des Stabilisierungsproblems vor. Im ersten der drei theoretischen Beiträge zur Strafrechtsreform aus der Feder Freislers war die Strafjustiz noch herkömmliches Zwangsinstrument des Staates; nach den Erörterungen eines halben Jahres ergriff sie in einem erweiterten Sinne als Kampfwerkzeug gegen die Feinde des Staates schon in perfekter Weise die politische Stabilisierungsaufgabe; im dritten Beitrag erscheint der Staat selbst an die zwingende Kollektivität einer „Blutsgemeinschaft" gebunden und das Strafrecht in erster Linie auf diese bezogen. Der Rechtsgüterschutz setzt bei „Blut und Boden" ein[81] und reiht dann die geschützten Rechtsgüter in deduzierter Folge aneinander: Ehe, Sippe, „Staatsbestand", „innere Einigkeit",[82] Leib, Leben, Ehre höchster Staatsorgane und die „Bewegung". Aber auch die völkisch-sozialistische Komponente ist erkennbar. Der einzelne wird als Treuhänder „in bezug auf die Gesamtheit" angesehen; infolgedessen gibt es einen Strafrechtsschutz gegen „volkspflichtwidrige Verwendung des Eigentums" und – neben den in herkömmlicher Weise bezeichneten „Verstößen gegen Treu und Glauben" (Betrug, Urkundenfälschung) – vor „eigensüchtigem Handeln" (Diebstahl, Erpressung, Wu-

---

[78] Wörtlich in dem Beitrag des sächsischen Justizministers Thierack in: Roland Freisler, Walter Luetgebrune et al., *Denkschrift des Zentralausschusses der Strafrechtsabteilung der Akademie für Deutsches Recht über die Grundzüge eines Allgemeinen Deutschen Strafrechts* (*Schriften der Akademie für Deutsches Recht*, H. 1), Berlin 1934, S. 29.

[79] Freisler (Anm. III/64), S. 15.

[80] Freisler/Luetgebrune (Anm. III/78), S. 7—24.

[81] Der Satz: „Mißbräuchliche Ausnutzung und Verwendung des Bodens sind zu unterbinden" (*a. a. O.*, S. 9) ist unmittelbar aus dem Parteiprogramm der NSDAP abgeleitet.

[82] Hierfür führte Freisler den Begriff des „Volksverrats" ein, den er später zum Generalterminus erweiterte, der alle politischen Delikte umfaßte, Staatsverbrechen, Landes- und Hochverrat. Vgl. Roland Freisler, Art. „Volksverrat", in: *Die Rechtsentwicklung der Jahre 1933 bis 1935/36* (Anm. III/32), S. 813—820.

cher, Hehlerei), zum größten Teil klassischen Delikten, die unter alte, urwüchsig anmutende Begriffe einer volkstümlichen Ethik gebracht und neu geordnet wurden. Erst an letzter Stelle gilt „der strafrechtliche Schutz des Staates . . . schließlich der körperlichen Unversehrtheit des einzelnen Volksgenossen als Mitglied der Volksgemeinschaft".[83] Die Kollektivitätsbedingungen, unter denen die Existenz des Individuums steht und strafrechtlichen Schutz erhält, hatten sich in diesem dritten Beitrag Freislers erheblich erweitert. Auch den Grundsatz *nulla poena sine lege* wies er wieder zurück, um die *Rechts*analogie zuzulassen; „volksschädliches Verhalten, dem im Wege der Auslegung und *Gesetzes*analogie nicht beizukommen ist, darf der Bestrafung nicht entgehen."[84] Vor dem Staat und seinen Organen und Werkzeugen selbst war kein Schutz des einzelnen mehr vorgesehen. Die Grundsätze des sächsischen Justizministers Thierack, des späteren Volksgerichtshofspräsidenten, versuchten sogar, den normenlosen politischen Notstand in das Strafrecht einzubauen und mit dem Begriff einer „Nothilfe für den Staat" eine Exemtion vom geltenden Recht selbst für eindeutig gegen strafrechtliche Bestimmungen verstoßende, jedoch politisch begründete Handlungen im Sinne des Staates zu schaffen. Die „politische Führung" sollte „freie Hand behalten, das Recht den jeweiligen politischen Bedürfnissen anzugleichen".[85] Das Prinzip der totalen politischen Stabilität mündete hier schon ohne kompromißlerische Verhüllung in eine uferlose Mobilität der Rechtsinstitute; praktisch bedeutete das für den erleidenden einzelnen ständige, im besten Falle latente, in schlimmeren Zeiten unmittelbar spürbare Rechtsunsicherheit. Von den Aspekten des völkischen Utilitarismus nach dem Satz: „Alles, was dem Volke nützt, ist Recht, alles, was ihm schadet, ist Unrecht",[86] war der einer fehlenden Kontrollinstanz der schlimmste. Die Unterordnung unter den politischen Zweck führte zur „prinzipiellen Entleerung und Verkehrung des Rechtsgedankens"[87] zugunsten einer politischen Organisationstechnik, die den Gesamtbereich des Öffentlichen zu einer verwalteten Sache machte und nach den Grundsätzen der „Präzision", der „Schnelligkeit", der „Eindeutigkeit" und der „Kontinuierlichkeit" behandelte,[88] sofern sie nicht, wie im Falle der Morde vom 30. Juni 1934, sogar zu eindeutigen und bekannten Unrechtsmaßnahmen schritt, die die politisierte Justiz nachträglich legalisieren mußte. Das über das Strafrecht in die Rechtsordnung einfallende Zweckprinzip schuf die eigentlichen Voraussetzungen für die Verwirklichung des totalitären Verwaltungsstaates, doch es wirkte zwangsläufig rechtsauflösend.[89]

Es gab im Strafrechtsausschuß der Akademie für Deutsches Recht, dem hohe Beamte, Universitätsprofessoren und nationalsozialistische Justizfunktionäre angehörten, indessen auch Differenzen und Unvereinbarkeiten. Der Binding-Schüler Oetker kritisierte den längst als absurd erkannten *dolus indirectus* und das „Gefährdungsstrafrecht" der preußischen Denkschrift[90] wie die darin vertretene unterschiedslose

---

[83] Freisler/Luetgebrune (Anm. III/78), S. 9. Es fehlte sogar völlig unter den Leitsätzen des Zentralausschusses (Beitrag Thieracks, *a. a. O.*, S. 25—30).

[84] *A. a. O.*, S. 11. Ausführlich hierzu auch der Beitrag des Rechtsberaters der Obersten SA-Führung, SA-Gruppenführer Walter Luetgebrune in: Freisler/Luetgebrune, *a. a. O.*, S. 42 ff.

[85] *A. a. O.*, S. 87.

[86] Dieser Satz wurde zum ersten Male von Frank 1926 formuliert und danach, teilweise abgewandelt, häufig zitiert. Vgl. Hans Frank in: *Nationalsozialistisches Handbuch für Recht und Gesetzgebung* (Anm. II/11), S. XIV. Helmut Nicolai, *Die rassengesetzliche Rechtslehre. Grundzüge einer nationalsozialistischen Rechtsphilosophie* (*Nationalsozialistische Bibliothek*, Heft 39), 2. Aufl., Berlin 1933, S. 33: Recht ist, „was dem Leben der Volksgemeinschaft dient".

[87] Fritz v. Hippel, *Die Perversion von Rechtsordnungen*, Tübingen 1955, S. 41.

[88] Hans Frank, *Die Technik des Staates* (*Schriftenreihe des Institutes für die Technik des Staates an der Technischen Hochschule München*), Berlin–Leipzig–Wien 1942, S. 23.

[89] Hierzu Hippel (Anm. III/87), S. 122 ff.

[90] Friedrich Oetker, „Gefährdungs- und Verletzungsstrafrecht", in: Freisler/Luetgebrune (Anm. III/78), S. 46—61; auch August Schoetensack, „Der Versuch", *a. a. O.*, S. 62—69; dagegen Freisler, *a. a. O.*, S. 70—75.

Bewertung von „Beihilfe" und „Täterschaft".[91] Solche Gegensätze leuchteten freilich immer nur in Detailfragen auf; nichtsdestoweniger bezeugen sie, daß die Auseinandersetzungen zwischen konservativen bürgerlichen und nationalsozialistischen Strafrechtlern im Grunde zu keinem gesicherten Ergebnis führten. Im allgemeinen läßt sich nach der Bezeichnung der extremen theoretischen Positionen nationalsozialistischer Rechtsideologen wie Freisler, Frank, Thierack und Luetgebrune und nach Eröffnung der allgemeinen Erörterungen eine Periode vielseitiger Vertiefung, aber auch Differenzierung, Abwandlung und schlechthin Mäßigung bemerken, an der die deutsche Strafrechtswissenschaft lebhaften Anteil nahm, ehe die Justizpraxis während des Krieges – im Gefolge der verschärften Rassengesetzgebung teilweise schon vorher – die Thesen der anfänglichen Programme in der Wirklichkeit nicht nur erreichte, sondern bisweilen sogar übertraf.[92] Ganz anders etwa als Themen und Problematik der Reichsreform oder anderer grundsätzlicher Vorhaben des totalen Staates wurde die Justiz – im besonderen die Strafrechtsreform, wenn auch in der Begrenzung der juristischen Fachwelt – in Länge und Breite diskutiert.[93] Das greifbare Ergebnis blieb aus. Doch ein Erklärungsversuch, der dieses Phänomen kurzerhand als Seitentrieb der totalitären Propaganda wertete und schematisch einordnete, würde durchaus nicht befriedigen; denn selbst die projektierten Grundsätze und Formen der Strafrechtserneuerung aus dem Geiste nationalsozialistischer Ideologiebestände blieben weit hinter den praktizierten Formen der Abstrafung und des Vollzuges zurück, die der Schlußperiode des nationalsozialistischen Staates zugehörten. Allerdings bestand im totalitären Staat eine Konkurrenzbeziehung zwischen Justiz und totalitärer Propaganda; sie steht im Folgenden zur Erörterung. In einer anderen, für die Formen und die Bedeutung ihrer Existenz schließlich gravierenden Konkurrenzbeziehung befand sich die Justiz gegenüber der totalitären Polizei.

Die Reform verlief ohne Ergebnis; die wirkliche Entwicklung ging einen anderen Weg. Der Staat der Konzentrationslager wurde nicht auf dem Wege einer allgemeinen Strafrechtsreform verwirklicht, sondern als Polizei- und Zwangssystem, in dem die Justiz die Strafgerichtsbarkeit in zentrale Steuerung nahm und schließlich den Sektor des Strafrechts mehr und mehr verfahrenslos exekutierenden Vollzugsorganen, der Geheimen Staatspolizei und der SS, preisgab. Das Strafrecht, das unter dem Einfluß politischer Motive und im Gesichtswinkel politischer Effekte wesentlich verschärft wurde, gestaltete sich zu einem Instrument der Sühne ohne Rücksicht auf Individualität, menschliche und persönliche Bedürfnisse des Täters und schließlich sogar zu einem Instrument der Tathinderung durch vorbeugende Maßnahmen. Die bedenkenlose Abkehr von den liberalen Errungenschaften zielte jedoch darüber hinaus auf den Verzicht von Regelungen des Strafvollzugs, ja selbst der vorbeugenden Haft, auf die kategoriale Bezeichnung potentieller Tätergruppen und die völlige Rechtloslegung der in Verfolgung Geratenden.

3. Die Geheime Staatspolizei

Die Geschichte der Politischen Polizei reicht in Preußen weit zurück. In der Zeit der Republik stand dieses Institut, das zentrale Aufgaben zu erfüllen hatte, mit der „po-

---

[91] *Nationalsozialistisches Strafrecht* (Anm. III/61), S. 123 f.

[92] Vgl. hierzu auch den Überblick über die Strafjustiz bei Schorn (Anm. III/22), S. 62 ff.

[93] Einen Eindruck von der Art und den Ausmaßen dieser Diskussion in den späteren Jahren vermitteln die Aufsätze von Georg Dahm und Friedrich Schaffstein, *Methode und System des neuen Strafrechts*, Berlin 1937, und die dort aufgeführte kontroverse Literatur. Einen Überblick über Fortgang der Erörterungen und Literatur geben die Abschnitte „Strafrechtsreform" in: *Jahrbuch des Deutschen Rechts*, N. F., 1934 ff., hrsgg. von Franz Schlegelberger, Roland Freisler, Werner Hoche, Eberhard Staud, ab 1935 auch Reinhard Neubert.

litischen Gruppe" der Polizeiabteilung im Innenministerium in Verbindung, blieb aber noch der Spitze des Berliner Polizeipräsidiums untergeordnet,[94] wo es seit 1921 als „Abteilung I A" firmierte. Hierin trat unter Göring mit der Lösung dieser Abteilung von Polizei und Ministerium und ihrer Übersiedlung in die späterhin berüchtigte Prinz-Albrecht-Straße nicht nur äußerlich eine Wandlung ein. Zunächst als preußischer Innenminister, später auch als Ministerpräsident übernahm Göring selbst die Oberleitung der Geheimen Staatspolizei,[95] jedoch ohne sich – wie in den meisten seiner angeeigneten Obliegenheiten – auf die Dauer auch eingehend um sie zu kümmern, so daß der eigentliche Leiter des Geheimen Staatspolizeiamtes allmählich zur wichtigsten Figur in dieser neuen und überaus wichtigen Behörde aufstieg. Zuerst erfüllte Rudolf Diels diese Funktion, ein jüngerer Beamter, der noch zur Zeit Severings Referent zur Bekämpfung des Kommunismus in der Abteilung I A war, im Juli 1932 eine kleinere Rolle bei der staatsstreichartigen Absetzung der preußischen Regierung spielte, den Göring wegen seiner antikommunistischen Tätigkeit und Übung übernahm und beförderte und der später sein Schwager wurde.

Die Tätigkeit der GeStapo unter der Leitung von Göring und Diels erfüllte Frick offenbar mit Sorge. Er scheint um die Machtstellung des Reichsinnenministeriums gefürchtet und aus diesem Grunde im Herbst 1933 Verbindung zum preußischen Innenministerium gesucht zu haben, um die Tätigkeit der Politischen Polizei in Preußen mit dem Reichsinnenministerium zu verknüpfen und die politischen Polizeiorganisationen der Länder seinem Ministerium zu unterstellen.[96] Doch zu diesem Zeitpunkt wagten Frick und Pfundtner nur mit Vorsicht zu Werke zu gehen, ohne die unmittelbare Zuständigkeit des preußischen Ministerpräsidenten für die von ihm geschaffene Sonderpolizei direkt anzugreifen. Der Grund hierfür geht aus einer Aufzeichnung hervor, in der Pfundtner das Ergebnis einer Aussprache mit seinem preußischen Amtskollegen Grauert festhielt.[97] Göring gebot über einen kürzeren Weg zu Hitler und hatte sich angeb-

---

[94] Rudolf Diels, *Lucifer ante portas. . . . es spricht der erste Chef der Gestapo . . .*, Stuttgart 1950, S. 165; vgl. die Darstellung des ersten Leiters der Politischen Polizei (1921–1925) und späteren Polizeivizepräsidenten von Berlin, Bernhard Weiß, *Polizei und Politik*, Berlin 1928, S. 51 ff.; auch den Art. „Politische Polizei" in: *Handwörterbuch der Rechtswissenschaft*, Bd. IV, Berlin–Leipzig 1927, außerdem die materialreiche, aber vollständig in nationalsozialistischen Auffassungen befangene juristische Abhandlung von Alfred Schweder, *Politische Polizei. Wesen und Begriff der politischen Polizei im Metternichschen System, in der Weimarer Republik und im nationalsozialistischen Staate*, Berlin 1937.

[95] Runderlaß des Innenministers vom 26. April (*Ministerial-Blatt für die Preußische innere Verwaltung*, I, 1933, Sp. 503). Es ist nicht ganz richtig, von Göring als eigentlichem Leiter der GeStapo zu sprechen, wie es Diels, a. a. O., S. 17, tut. Göring führte offiziell die Bezeichnung „Chef der Geheimen Staatspolizei"; voll verantwortlicher und selbständig handelnder Amtsleiter unter ihm war der „Inspekteur der Geheimen Staatspolizei", zuerst Diels, später Himmler mit seinem ständigen Stellvertreter Heydrich, der sich nach und nach noch mehr Befugnisse aneignete, als sein Vorgänger besaß. Die verhältnismäßig kleine Abteilung I A wurde bei der Neuorganisation wesentlich vergrößert. Eine Übersicht über den Mehrbedarf im Haushaltsjahr 1933 verzeichnet für das Gestapo-Amt 20 zusätzliche Stellen für höhere, 90 für mittlere und untere Beamte und 600 Stellen für Kriminalangestellte. Hinzu kamen 8 höhere und ein mittlerer Beamter für Görings „Forschungsamt" und 253 Angehörige seiner „Stabswache". Die Kosten für die Geheime Staatspolizei wurden für das Rechnungsjahr 1933 auf 3 950 000 RM, die der Hilfspolizei (Stabswache) auf 765 000 RM, des „Forschungsamts" auf 575 000 RM und für die preußischen Konzentrationslager auf 9 850 000 RM beziffert (Anlagen zu den Unterlagen für eine Staatssekretärbesprechung am 7. September 1933, *HAB*, Rep. 320, Grauert 28).

[96] Schon im Oktober 1933 war im Reichsinnenministerium der Entwurf eines Gesetzes über die Politische Polizei ausgearbeitet worden (Original des Entwurfes nebst Begründung vom 20. Oktober 1933: *HAB*, Rep. 320, Pfundtner 304). Die Begründung wandte sich ausdrücklich gegen die selbständige Tätigkeit der Politischen Polizei. Aus dem Text des Entwurfes läßt sich aber auch auf Bedenken gegen eine unkontrollierbare Personalpolitik schließen. § 2 lautet: „Die obersten Landesbehörden und, bei Weisungen im Einzelfall, die Behörden, an die die Weisungen ergangen sind, sind dem Reichsminister des Innern für die Befolgung seiner Weisungen verantwortlich." Die leitenden Beamten, die mit Aufgaben der Politischen Polizei betraut waren, sollten nur im Einverständnis mit dem Reichsminister des Innern amtsenthoben, versetzt oder in den Ruhestand versetzt werden. Auch Neuernennungen sollten seines Einverständnisses bedürfen (§ 3).

[97] Aktenvermerk Pfundtners vom 20. Oktober 1933, von Frick abgezeichnet (*HAB*, Rep. 320, Pfundtner 304).

lich dessen Unterstützung für seine Auffassung gesichert, daß eine gesetzliche Regelung und Vereinheitlichung der Schutzpolizei durch das Reichsinnenministerium vorläufig außer Betracht stünde. Allerdings wollte er Vereinbarungen zwischen dem Reichsinnenministerium und einzelnen Ländern – wohl mit Ausnahme Preußens – nicht im Wege stehen. Die Politische Polizei sollte, wie Grauert zugestand, einer Reorganisation unterworfen, das Geheime Staatspolizeiamt aufgehoben und seine Aufgabe an die ordentlichen Polizeibehörden überwiesen werden. Daß er bereit war, mit diesen Zugeständnissen Ernst zu machen, suchte Göring dadurch auszudrücken, daß er Diels kurze Zeit später zum Polizeivizepräsidenten von Berlin ernannte. Doch dessen Tätigkeit als Inspekteur des Geheimen Staatspolizeiamtes endete damit noch nicht; und die Geheime Staatspolizei verblieb auch weiterhin unter der Kontrolle Görings, der sein Ministerpräsidentenamt mit eigenen ressortartigen Zuständigkeiten verknüpfte und nun neben dem Vorsitz im Staatsministerium auch noch die Verwaltung der Geheimen Staatspolizei,[98] der Landesforstverwaltung[99] und der Staatstheater[100] führte. Das Geheime Staatspolizeiamt erhielt jetzt sogar die Generalzuständigkeit für Beschränkungen der persönlichen Freiheit, während Ober- und Regierungspräsidenten, denen die Leiter der jeweiligen Staatspolizeistellen als politische Referenten beigegeben wurden, ebenso wie der Berliner Polizeipräsident solche Anordnungen für ihren Amtsbereich auch weiterhin treffen durften,[101] sich jedoch hierbei der Vollzugshilfe der zuständigen GeStapostellen bedienten. Trat die Politische Polizei in der Provinz auch in engere Verbindung zur Mittelinstanz der inneren Verwaltung, so wuchsen doch Befugnisse und Bedeutung des GeStapo-Amtes in Berlin weit über den bisherigen Rahmen hinaus. Auf längere Sicht wog nicht schwer, daß Göring die Schutzhaftpraxis zunächst wieder etwas einschränkte und eine unverzügliche Entscheidung des Gerichts, seine telegraphische Unterrichtung und das automatische Außerkrafttreten am achten Tage nach der provisorischen Maßnahme anordnete. Es war wohl von Göring nicht zu erwarten, daß er einem Machtgebilde seiner Schöpfung ein anderes Schicksal beschied, als die politischen Polizeiorganisationen in den anderen Ländern erlitten, die bereits unter stärkstem Einfluß der SS standen, unter der Leitung von Himmler und Heydrich nach und nach aus den Zusammenhängen der inneren Verwaltungen heraustraten und sich in völlig selbständige Behörden umwandelten.

Im Reichsinnenministerium brachte man denn auch Görings Zusicherungen von vornherein kein uneingeschränktes Vertrauen entgegen. Überdies sah man schon deswegen keinen Anlaß, von der Entwicklung eigener Pläne abzusehen, weil Pfundtner mit dem entscheidenden Kernstück seiner Forderungen, dem Reichsinnenminister für die preußische Polizei ein Weisungsrecht einzuräumen, nicht durchgedrungen war. Noch vor Jahresablauf kam ein Projekt zu Papier, in dem die Grundlinien für die spätere Organisation der Geheimen Staatspolizei im Reichszusammenhang bereits ebenso zu erkennen sind wie das Vorbild der preußischen Organisation, die Göring geschaffen hatte. Ihm zufolge wäre der Reichsinnenminister Chef dieser Geheimen Reichspolizei und – analog zur Stellung des Inspekteurs in Preußen – ein „Staatssekretär der Geheimen Reichspolizei" mit der Wahrnehmung der Geschäfte des Chefs beauftragt und gleichzeitig zum Leiter des Geheimen Reichspolizeiamtes ernannt worden. Ihm hätten „Inspekteure der Geheimen Reichspolizei" in den Ländern unterstanden, die

[98] Gesetz vom 30. November (*Preußische Gesetzsammlung*, 1933, S. 413).

[99] Gesetz vom 1. Dezember 1933 (*a. a. O.*, S. 417).

[100] Gesetz vom 18. Januar 1934 (*a. a. O.*, 1934, S. 46).

[101] Runderlasse des preußischen Ministerpräsidenten vom 8. und 14. März 1934 (*Ministerial-Blatt für die Preußische innere Verwaltung*, 95, 1934, S. 469–473). Vgl. auch Bernhard Vollmer, *Volksopposition im Polizeistaat. Gestapo- und Regierungsberichte, 1934–1936* (Quellen und Darstellungen zur Zeitgeschichte, Bd. 2), Stuttgart 1957, S. 9.

zugleich die Leiter „Geheimer Reichspolizeistellen" gewesen wären.[102] Diesen Plan konnten zwar Frick und Pfundtner allein nicht in die Wirklichkeit umsetzen; ihnen kam jedoch bald der Umstand zu Hilfe, daß Macht und Stellung der SS-Führer innerhalb der Polizei, die Göring selbst nach Kräften gefördert hatte, rasch und in einem solchen Umfang zunahmen, daß Zentralisierung und reichseinheitliche Organisation sich nahezu zwangsläufig vollzogen.

Die weitere Entwicklung der Politischen Polizei im Deutschland des Nationalsozialismus verknüpfte sich in schwerwiegender Weise mit Organisation und Aufstieg der SS, deren Verbände, soweit sie zum Polizeidienst herangezogen wurden, sich schon frühzeitig von den üblichen Hilfspolizeizwecken der SA gelöst und in Preußen auf Grund eines Erlasses von Göring politische Polizeifunktionen übernommen hatten.[103] Verbindungen zwischen SS und Kommandostellen der Politischen Polizei bestanden zuerst in Bayern, wo Himmler das Münchener Polizeipräsidium, am 1. April 1933 die Politische Polizei in ganz Bayern und Heydrich unter ihm die politische Abteilung des Präsidiums in München übernahmen. Mit der Aneignung der Leitung der Politischen Polizei in den anderen Ländern während der nächsten Monate[104] kamen Himmler und seine SS auch dort zum Zuge. In die Führung der Geheimen Staatspolizei Preußens drang sie zuletzt ein. Der Beförderung Grauerts zum Staatssekretär im preußischen Innenministerium im April folgte die Ernennung des SS-Obergruppenführers Daluege zum Ministerialdirektor, Polizeigeneral und Leiter der Polizeiabteilung, in der er schon als Kommissar z. b. V. und oberster Chef der Hilfspolizei eine Rolle von zunehmender Bedeutung gespielt hatte; doch einen Einfluß auf das Geheime Staatspolizeiamt in Berlin übte die SS zu dieser Zeit noch nicht aus. Diels war bis gegen Jahresende 1933 zweifellos der wichtigste Mann im Berliner Polizeiapparat. Nach seinem Ausscheiden aus der GeStapo am 20. April 1934[105] trat aber Himmler die Nachfolge mit einschneidenden Personalmaßnahmen nach dem offen bekundeten Entschluß an, „Beamte, die durch ihre Tätigkeit mit der Behörde in ihrer alten Organisationsform besonders eng verbunden waren, künftig nicht weiter zu beschäftigen. . ."[106] In den nächsten Wochen schieden allein sechs höhere Beamte aus dem Berliner GeStapo-Amt aus und folgten ihrem Chef Diels in die Provinz. An ihre Stellen rückten mehrere neue, auffallend junge Männer, darunter drei höhere SS-Führer, die als Leiter wichtiger Abteilungen zu den engsten Mitarbeitern Himmlers zählten: Der SS-Gruppenführer Heydrich, der ständige Vertreter Himmlers und Chef des Sicherheitsdienstes (SD) des Reichsführers der SS (RFSS), wurde am 22. April 1934 zum Chef des Preußi-

---

[102] „Denkschrift über den Aufbau einer Geheimen Reichspolizei und eines Geheimen Reichspolizeiamtes" von Lengrießer, nebst Organisationsplan, überreicht unterm 19. Dezember 1933 (Orig. *HAB*, Rep. 320, Pfundtner 304). Der Organisationsplan sah vier Abteilungen vor, die bereits die Grundzüge des späteren Aufbaus des Reichssicherheitshauptamtes erkennen lassen: I. Überwachung der öffentlichen Sicherheit; II. Justitiariat und Presse; III. Organisation und Verwaltung und IV. Abwehr.

[103] Vgl. o. Anm. II/28.

[104] Vgl. Hans Buchheim, „Die organisatorische Entwicklung der politischen Polizei in Deutschland in den Jahren 1933 und 1934", in: *Gutachten des Instituts für Zeitgeschichte* (Anm. I/226), S. 294–307; ders., „Die SS in der Verfassung des Dritten Reiches", in: *Vierteljahrshefte für Zeitgeschichte* 3 (1955), S. 127 ff. Die Verknüpfungen zwischen SS und Politischer Polizei beschränkten sich keineswegs auf die Besetzung einzelner Leitungsstellen. Die Beamtenstellen wurden vermehrt und meist mit SS-Leuten aufgefüllt, teilweise auch kasernierte Bereitschaften der Politischen Polizei aus „besonders ausgesuchten SS-Leuten" gebildet, auf diese Weise also ausgewählte Teile der SS etatisiert. In Württemberg z. B. rief Reichsstatthalter Murr im Frühjahr 1933 derartige Bereitschaften ins Leben, die ein Jahr später in einer Gesamtstärke von 800 Mann in Ellwangen und Reutlingen kaserniert waren und zu besonderen Aktionen verwendet wurden, „bei denen die allgemeine Polizei, in der sich noch viele Nichtnationalsozialisten befinden, nicht zu brauchen" war. Zu dieser Zeit beantragte er beim Reichsinnenministerium eine Vermehrung der Beamtenstellen der Politischen Polizei um 70 (Durchschlag eines Referentenvermerks für Frick vom 31. Mai 1934, *HAB*, Rep. 320, Pfundtner 304).

[105] Diels trat am 11. Mai 1934 das Amt des Regierungspräsidenten in Köln an.

[106] Wortlaut mehrerer gleichlautender Mitteilungen des Inspekteurs der GeStapo an den preußischen Innenminister vom 31. Mai 1934 (Abschriften *HAB*, Rep. 90/951).

schen Geheimen Staatspolizeiamtes ernannt; der SS-Standartenführer Best, ein früh-
zeitiger Überläufer von der Deutschnationalen Volkspartei zur NSDAP, der durch die
Affäre der Boxheimer Dokumente 1931 bekannt geworden war und danach seine
Parteikarriere im Sicherheitsdienst der SS begonnen hatte, übernahm als Oberregierungsrat die Verwaltungsabteilung des GeStapo-Amtes; ein anderer Abteilungsleiter
hieß Müller, war ebenfalls SS-Standartenführer und wurde von Heydrich aus München geholt, wo er einst als unterer Kriminalbeamter Dienst getan hatte, ehe er den
Weg zur bayerischen Politischen Polizei, zu Heydrich und zur SS fand.[107] Unter den
übrigen höheren Beamten des GeStapo-Amtes läßt sich zwar zu dieser Zeit noch keine
besondere Bevorzugung von SS-Angehörigen feststellen;[108] doch der Spitzenkader der
SD-Funktionäre ließ sich von Göring kaum noch leiten, dessen Chef-Titel in der preußischen Staatspolizei nach dem Ausscheiden von Diels nur noch nominelle Bedeutung
hatte.[109]

Die GeStapo war schon im Sommer 1933 unter der Aufsicht Görings so mächtig
und selbstherrlich in ihrer Entschlußfreiheit, daß sie nicht einmal die Anfragen von
hochgestellten Beamten, Staatssekretären und Ministern nach Verhaftungen und Ver-
haftungsgründen beantwortete und selbst diese bescheidenen Interventionen als ver-
dächtiges „Unwesen" denunzierte.[110] Der Justizminister fand gegen diesen Zustand
nichts einzuwenden und suchte nicht nach einer Möglichkeit, ihn zu ändern oder Bedenken vorzubringen. Nach mehreren Monaten nahm erst ein Erlaß des preußischen
Innenministers der GeStapo das angemaßte Recht, aus freiem Ermessen aktive Beamte
verschwinden zu lassen; solche „Verhaftungen" bedurften nunmehr der vorherigen Genehmigung oder – „im Falle der Gefahr" – der Benachrichtigung des Innenministeriums.[111] Doch Stellung und Macht der Politischen Polizei wurden mit der allmählichen Ausweitung ihrer Zuständigkeiten gegenüber der allgemeinen Polizei und mit
Hilfe einer immer mehr zu ihren Gunsten ausgeweiteten Ermessensfreiheit nach der

---

[107] Heinrich Müller, einst Mitglied der Bayerischen Volkspartei, wurde als Regierungsoberinspektor Leiter der
Abteilung III und mußte jahrelang auf einen höheren Rang verzichten, da eine Übernahme in die höhere Beamtenlaufbahn gegen den Einspruch des Reichsfinanzministers nicht zustande kam. Erst 1937 konnte Müller zum Ober-
regierungs- und Kriminalrat befördert werden.

[108] Unter den anderen 7 „Neulingen" im GeStapo-Amt (2 Oberregierungsräten, 5 Regierungsräten) befanden
sich kein weiteres Mitglied des SD, nur zwei Angehörige der SS (ein Sturmführer, ein SS-Mann) und ein fördern-
des Mitglied der SS. Im Zeitpunkt der Ernennung gehörten sie ausnahmslos der NSDAP an; vor 1933 war jedoch
nur einer von ihnen Nationalsozialist, ein anderer Mitglied der DNVP; einer gehörte der Deutschen Staatspartei
und republikanischen Verbänden an. Alle waren schon vor 1933 höhere Beamte, einer von ihnen kam aus dem
Kriminalpolizeidienst; die übrigen waren aus der inneren Verwaltung hervorgegangen, hatten sich aber vor ihrer
Versetzung in das GeStapo-Amt als Leiter von Staatspolizeistellen in der Provinz betätigt (Personalunterlagen
HAB, Rep. 90/951). Es muß aber angemerkt werden, daß es zu dieser und in späterer Zeit auch höhere GeStapo-
Beamte gab, die ursprünglich nicht der NSDAP angehörten, sondern erst in Verbindung mit ihrer Aufnahme in
die SS und den SD Parteimitglieder wurden. Hierzu zählte auch ein späterer Regierungsdirektor und Polizei-
vizepräsident von Berlin, der bis 1933 Regierungsassessor und Stahlhelmmitglied war. Er wurde 1933 Mitglied
der SS und Obersturmführer im SD. 1934 kam er zur GeStapo in Königsberg und war in den folgenden Jahren
nacheinander Leiter der GeStapo in Osnabrück, Hannover und Düsseldorf, ehe er 1937 zum Leiter der Staatspolizei-
Leitstelle in Berlin ernannt wurde (Personalunterlagen *HAB*, Rep. 90/1049).

[109] Zur weiteren Geschichte der GeStapo und ihrer Beziehungen zur SS sind außer den Arbeiten von Buchheim
(Anm. III/104) und den Memoiren von Diels (Anm. III/94) noch zwei weitere wichtige Untersuchungen zu er-
wähnen: Ermenhild Neusüß-Hunkel, *Die SS* (*Schriftenreihe des Instituts für wissenschaftliche Politik* in Mar-
burg/Lahn, Nr. 2), Hannover-Frankfurt/M. 1956, S. 41; und Edward Crankshaw, *GeStapo. Instrument of
Tyranny*, London 1956. Eine umfassende kritische Übersicht über die Literatur zum Thema „SS" gibt Karl
O. Paetel, „Der Schwarze Orden. Zur Literatur über die SS", in: *Neue Politische Literatur* 3 (1958), Sp. 263—278.

[110] Vervielf. Schreiben des Leiters des Geheimen Staatspolizeiamtes in Berlin, Diels, „an alle Reichs- und
Preußischen Staatsministerien" vom 22. August 1933 (*BA*, P 135/3715, fol. 175 c¹).

[111] Von Grauert unterzeichneter Erlaß vom 10. November 1933 (*a. a. O.*, fol. 182). Den unmittelbaren Anlaß
zu diesem Erlaß gab, wie aus einem Zusatz an die Regierungspräsidenten in Düsseldorf hervorgeht, die Ver-
bringung einiger Beamter in ein Lager, dessen Existenz nicht einmal vom Innenminister genehmigt war und
das lediglich aus leeren Fabrikräumen ohne sanitäre Anlagen und ohne Waschräume bestand.

traditionellen Generalklausel der „öffentlichen Ordnung und Sicherheit" [112] zusehends verstärkt und gefestigt. Das Justizministerium fügte sich widerstandslos der Politischen Polizei und nahm unter dem Einfluß Freislers sogar Grundsätze und Praktiken der Politischen Polizei in die Praxis der Justizverwaltung auf. Ein Erlaß vom 6. Mai 1933 ordnete an, daß Personen, die unter dem Verdacht staatsfeindlichen Verhaltens standen, selbst dann nicht mehr „vorzeitig" aus der Untersuchungshaft entlassen werden durften, wenn kein dringender Tatverdacht mehr bestand;[113] vor der Haftentlassung mußte die Politische Polizei befragt werden. Praktisch lag es in ihrem Ermessen, eine Untersuchungshaft beliebig in die Länge zu ziehen. Für den in Verdacht Geratenen schwand damit die Chance, in kürzerer Zeit und ohne persönliche Benachteiligung wieder aus der Haftapparatur herauszukommen. Schon in diesem frühen Stadium des totalitären Staates war die Tendenz offensichtlich, den aus politischen Gründen Verhafteten jederzeit einer lückenlosen Kette ordentlicher und politischer, außerordentlicher Haftmaßnahmen auszusetzen. Charakteristisch für den bereits weit gediehenen Zustand der verwaltungsstaatlichen Organisation war, daß derartige Regelungen ohne sichtbare Initiative von seiten der Reichsregierung oder des Preußischen Staatsministeriums auf innerbehördliche Veranlassung erfolgten. Im August beschied das Justizministerium solche Anregungen noch abschlägig.[114] Doch das Geheime Staatspolizeiamt griff wenige Monate später von sich aus diesen Gedanken auf und ordnete durch Verfügung an die Staatspolizeistellen Vereinbarungen mit den örtlich zuständigen Justizbehörden an, um zu erreichen, daß Landesverräter nach Verbüßung der Freiheitsstrafe in Schutzhaft genommen werden könnten; es ließ auch den Hinweis nicht fehlen, daß sich diese Maßnahme „fast stets" empfehlen werde.[115] Daraufhin gab auch das Justizministerium einen entsprechenden Erlaß heraus,[116] der es dem Ermessen der Provinzialjustizbehörden und ihrem Einvernehmen mit den Staatspolizeistellen überließ, ob sie „lediglich verurteilte Landesverräter ... oder ... auch Untersuchungsgefangene, bei denen ein zur Verurteilung ausreichender Verdacht sich nicht begründen ließ", der GeStapo „zur Verfügung" stellten. Dieser Kompetenzverzicht der obersten Justizbehörde konnte sich nur zugunsten der institutionellen Hilfen auswirken, mit denen die Geheime Staatspolizei als die zentrale politische Verhaftungs- und Haftbehörde des totalen Staates [117] eine Unterklasse schuf – die „Unterwelt" in der Terminologie Freislers –, in der die Grenzen zwischen politischen Gesetzesbrechern und Verbrechern

[112] In einer im Hinblick auf die Anfänge treffenden Charakterisierung bezeichnet die juristische Dissertation von Klaus Lauer, *Die Polizei im nationalsozialistischen Staat*, Hamburg 1935, S. 16, die Begriffe „öffentliche Sicherheit" und „öffentliche Ordnung" angesichts ihres „im nationalsozialistischen Geist begründeten inhaltlichen Wandels" als „die Einbruchsstellen, durch die das alte Rechtsleben überflutet" wurde.

[113] *BA*, P 135/3715, fol. 175 c.

[114] Ein Schreiben eines Berliner Rechtsanwalts und Notars an das preußische Justizministerium vom 24. August 1933 enthielt den Vorschlag, „eine allgemeine Anordnung dahingehend zu treffen, daß vor der Entlassung von Untersuchungs- oder Strafgefangenen in politischen Strafsachen der für die Unterbringung volksfeindlicher Elemente ins Konzentrationslager zuständigen Behörde (Geheimes Staatspolizeiamt, SS-Gruppe, Feldpolizei) Gelegenheit zur Stellungnahme und unmittelbaren Überführung in das Konzentrationslager zu geben ist..." Der zuständige Referent versah es unter Verweis auf die ergangenen Verfügungen mit dem Vermerk, daß solche Maßnahmen nicht in Betracht kämen (*a. a. O.*, fol. 175 d f.).

[115] Geheime Mitteilung des Geheimen Staatspolizeiamtes, Abt. IV, an das preußische Justizministerium vom 24. November 1933 (*a. a. O.*, fol. 185 b).

[116] Geheimer Erlaß des preußischen Justizministers an die Provinzialjustizbehörden vom 20. Dezember 1933 (vervielf.; *a. a. O.*, fol. 185 f). Im Anfang wurde dieser Erlaß wahrscheinlich überaus unterschiedlich angewendet. Hierauf läßt eine gemeinsame Verfügung des Oberlandesgerichtspräsidenten und des Generalstaatsanwalts in Naumburg/Saale vom 5. Januar 1934 schließen, die den Ministererlaß in einem etwas verengten Sinne auslegte, keine Initiative von seiten der nachgeordneten Justizbehörden anordnete, sondern die direkte Maßgabe der Staatspolizeistellen voraussetzte (*a. a. O.*, fol. 186). Der Primat der Staatspolizei blieb jedoch unverändert.

[117] Nach einem Erlaß des preußischen Ministerpräsidenten vom 11. März 1934 (Anm. III/101) war die GeStapo allein für die Vollziehung der Schutzhaft zuständig. Entsprechend die Erlasse des Reichsinnenministers an die Reichsstatthalter und Landesregierungen vom 28. Februar und 12./26. April 1934 (*BA*, P 135/3715, fol. 199 ff.).

verschwammen, deren Existenz einen jeden bedrohte und die Freiheit aller beseitigte.
Die Kategorie der Betroffenen wurde rasch ausgedehnt; bald kam der Ausdruck „vorbeugende Polizeihaft" in Gebrauch,[118] die sich gegen Eventualverbrechen und -vergehen
richtete und das größte nur denkbare Maß rücksichtsloser Sicherungsmaßnahmen der
Staatsgewalt bedeutete. Die Einweisung in ein Konzentrationslager, die sich hinter
dem Begriff der verhängten „Schutzhaft" oder der summarisch verfügten, automatisch
eintretenden „vorbeugenden Polizeihaft" verbarg, aber auch Form und Ausgestaltung
der Haft vollzogen sich hinfort ohne jeden Einfluß, ohne Regelung und ohne irgendeine Kontrolle der Justizbehörden;[119] gegen die Verhängung von Schutzhaft gab es
nicht einmal mehr ein Rechtsmittel.[120]

Diese wichtige Sonderbefugnis der Geheimen Staatspolizei innerhalb des totalitären
Staates bildete eine der wesentlichen Voraussetzungen für die spätere Machtstellung
des „Reichsführers SS und Chefs der deutschen Polizei im Reichsministerium des Innern". Wie Staatssekretär Grauert, der neben seinem preußischen Amt im Ministerium
des Innern auch den Vorsitz im Ausschuß für Polizeirecht in der Akademie für Deutsches Recht innehatte, schon 1934 ankündigte, blieb stets die Beschwerdemöglichkeit
„bei Maßnahmen, die aus staatspolitischen Gründen getroffen werden", ausgeschlossen.[121] Mit der Unbestimmtheit und Unbestimmbarkeit der Grenzen solcher „Maßnahmen aus staatspolitischen Gründen" blieb ein Sektor des Ausnahmezustands im
öffentlichen Leben dauernd aufrechterhalten, dessen Grenzen ständigen Veränderungen unterlagen. Mit den Grundrechten, die die Verordnung vom 28. Februar 1933
formell zwar nur „bis auf weiteres", tatsächlich jedoch für dauernd außer Kraft setzte,
fiel die vor staatlichen Eingriffen grundsätzlich gesicherte Freiheitszone des einzelnen.[122] Auch das charakterisiert den totalitären Verwaltungsstaat, daß er Reglementierungen schuf, die nicht mehr den einzelnen vor Eingriffen zu schützen vermochten,
sondern diese Eingriffe nur noch an Zuständigkeiten und weit umrissene, jederzeit
revidierbare Bedingungen knüpften.

Verhaftung und Durchführung der „Schutzhaft" nach internen staatspolizeilichen
Haftverfahren waren zweifellos in der frühen Periode des totalitären Staates die
wichtigsten unter den Funktionen, die die GeStapo übernommen hatte.[123] Die Über-

---

[118] Ein geheimer Erlaß des preußischen Innenministers vom 13. November verfügte die Anwendung der „vor-
beugenden Polizeihaft" gegen Berufsverbrecher. Ein weiterer Erlaß vom 10. Februar 1934 dehnte sie auf weitere
Fälle aus: Falschmünzerei, Scheck-, Wechsel-, Aktien-, Paßfälschung u. a. m. (beide Erlasse in Abschrift als
Anlagen zu einem Runderlaß des preußischen Justizministers vom 26. Februar 1934; a. a. O., fol. 187 ff.).

[119] Die GeStapo lehnte in einem Schreiben an den preußischen Justizminister vom 20. Juli 1934 eine Bekanntgabe von Anordnungen über die Gestaltung der Schutzhaft ab (von Heydrich unterzeichneter Brief a. a. O., fol. 211).
Später nannte es auch Freisler unumwunden eine „Zweckmäßigkeitsfrage, ob man Lebensfälle einer justizmäßigen
oder anderen Bearbeitung zuweisen will". Unter der Bedingung dieser politischen „Zweckmäßigkeitserwägungen"
vertrat er den Grundsatz der „Übertragung" von „bestimmten Aufgaben auf die Rechtspflege oder zur sonstigen
justizmäßigen Bearbeitung". Doch nur noch die „Arbeitsmethode" unterschied die Justiz von dem staatspolizeilichen
Zwangsinstrument. Vgl. Roland Freisler, „Justiz und Politik", in: 200 Jahre Dienst am Recht. Gedenkschrift aus
Anlaß des 200jährigen Gründungstages des Preußischen Justizministeriums, hrsgg. vom Reichsminister der Justiz
Franz Gürtner, Berlin o. J., S. 202 f.

[120] Werner Spohr, „Das Recht der Schutzhaft", in: Deutsche Justiz 96 (1934), S. 59; s. auch Otto Geigenmüller,
Die politische Schutzhaft im nationalsozialistischen Deutschland, 2. Aufl., Würzburg 1937. Walter Hamel leitete
die ausgedehnte Form der Schutzhaft aus dem „Wesen eines wahrhaft politischen Staates, der von liberalen Fesseln
befreit ist", her; Deutsches Verwaltungsrecht, hrsgg. von Hans Frank, München 1937, S. 394 f.

[121] Grauert, „Die Entwicklung des Polizeirechts" (Anm. I/208).

[122] Jahrbuch des Deutschen Rechts, N. F., 1 (1934), S. 3.

[123] Über Entstehung und Aufgaben der Politischen Polizei: Hans Buchheim (Anm. III/104), S. 294–307. Aus
der Literatur der nationalsozialistischen Zeit seien genannt: eine der ersten Darstellungen von Klaus Lauer
(Anm. III/112); Werner Best, Art. „Die politische Polizei im Dritten Reich", in: Deutsches Verwaltungsrecht
(Anm. III/120), S. 417 ff.; ders., Die deutsche Polizei (Forschungen zum Staats- und Verwaltungsrecht, hrsgg. von
Reinhard Höhn, Reihe A, Bd. V), 2. Aufl., Darmstadt 1941; Schweder (Anm. III/94). Eine ausführliche, systematische Darlegung der Aufgaben der Staatspolizei brachte der Völkische Beobachter am 22. Januar 1936, der auch
dem Militärgerichtshof in Nürnberg als Quelle diente (MGN 11, Vert.-Dok.-B. 57 C, Dok. 1956–PS).

wachung und Auflösung von Verbänden trat nach der Gleichschaltung in ihrer Bedeutung etwas zurück. Verbote, Überwachungen und Auflösungen von Versammlungen und Verbote von staatsfeindlichen Druckschriften wurden im totalitären Staat zu einer Art von Routinetätigkeit; die Gewißheit ihres in Verbindung mit einem genau arbeitenden Überwachungssystem zuverlässigen Funktionierens erzeugte jene für diesen Staat typische Atmosphäre, die bereits wesentlich zur Prävention oppositioneller politischer Handlungen und Äußerungen beitrug und die jede Massenwirkung solcher Erscheinungen von vornherein unterband. Die staatspolizeiliche Schutzhaft stand als Drohung hinter allen Maßnahmen dieser Art. Daß sie das weite Vorfeld des Verdächtigen beherrschte und bereits ohne Tatfall verhängt werden durfte, machte sie zu dem zweifellos wirksamsten Mittel der Abschreckung. Nur ihre kurzfristige Form führte in Polizei- und Gerichtsgewahrsam; für die weitaus häufigere langfristige Schutzhaft waren ausschließlich die Konzentrationslager zuständig, die von der SA, die sie gegründet hatte, in die Obhut der SS übergingen und einer zentralen Verwaltung unterstellt wurden. Am 31. Juli 1933, bei Abschluß der terroristischen Phase, gab es nach offizieller Zählung nicht weniger als 26 789 Schutzhäftlinge in Deutschland, davon 14 906 in Preußen.[124] Diese Zahlen gingen im Laufe der nächsten Jahre nur zeitweilig zurück. Im Zeitpunkt eines annähernden Ruhezustandes, am 1. November 1936, bestanden nach amtlicher Lesart 5 Konzentrationslager und ein Frauenschutzhaftlager mit zusammen 4761 Häftlingen, von denen 3694 aus politischen Gründen inhaftiert worden waren.[125]

Wachsende Bedeutung gewann die umfassende Beobachtungstätigkeit der GeStapo, die jede staatsfeindliche Tätigkeit feststellen, politisch Verdächtige, die potentiellen „Staatsfeinde", mit gleichmäßiger Aufmerksamkeit verfolgen sollte und regelmäßige Berichte über besondere politische Vorkommnisse, über die allgemeine Stimmung der Bevölkerung und die Haltung einzelner Kreise aus allen Gegenden des Reichsgebiets erhielt.[126] Das Informations- und Beobachtungswesen wurde allmählich zu einer an-

[124] Rundschreiben des Reichsinnenministers an den Staatssekretär in der Reichskanzlei, das Auswärtige Amt und den Reichsminister für Volksaufklärung und Propaganda vom 11. September 1933 (*MGN, a. a. O.,* Dok. NG — 969). Für die übrigen Länder nennt diese Aufstellung folgende Zahlen: Sachsen 4 500, Bayern 4 152, Württemberg 971, Hamburg 682, Baden 539, Braunschweig 248, Bremen 229, Oldenburg 170, Hessen 145, Anhalt 112, Mecklenburg-Schwerin 35, Lübeck 27, Schaumburg-Lippe 24, Lippe-Detmold 17, Mecklenburg-Strelitz 16 und Thüringen 16. Es ist allerdings zweifelhaft, ob diese Aufstellung auch die illegalen, nicht gemeldeten Haftstätten der SA berücksichtigt, die zu diesem Zeitpunkt, wenn auch in geringer Zahl, hier und da noch bestanden.

[125] Diese Zahlen enthält ein Rundschreiben des Auswärtigen Amtes an sämtliche Auslandsmissionen und Berufskonsulate vom 8. Dezember 1936 (*a. a. O.,* Dok. NG — 4048). Auch diesen offiziellen Angaben gegenüber ließen sich noch einige Vorbehalte begründen. Bemerkenswert ist der hohe Anteil politischer KZ-Häftlinge. Er scheint den sachlichen Kern der Behauptung des *Völkischen Beobachters* vom 22. Januar 1936 zu bestätigen: „Den großen Stamm der Insassen [der Konzentrationslager] . . . bilden diejenigen kommunistischen und sonstigen marxistischen Funktionäre, die nach den gemachten Erfahrungen in Freiheit sofort ihren Kampf gegen den Staat wieder aufnehmen würden." Als Konzentrationslager wurden lediglich Dachau, Lichtenburg, Sachsenburg, Sachsenhausen und Sulza aufgeführt. Daneben existierten die sogenannten Justizlager im emsländischen Moor, Papenburg und Esterwege, in die verurteilte Strafgefangene verbracht wurden und die der Aufsicht der Justiz unterstanden. Doch die terroristische Art der Gefangenenbehandlung, Lagerorganisation und Überwachung durch SS-Einheiten stempelten auch sie zu Konzentrationslagern im üblichen Sinne. Nach Eugen Kogon, *Der SS-Staat. Das System der deutschen Konzentrationslager,* 3. Aufl., Frankfurt/M. 1948, S. 39 f., waren dies die größten der „KL". Eine andere Quelle, die als zuverlässig gelten darf, führt für Januar 1936 14 Konzentrationslager (und Nebenstellen) auf und schätzt die Zahl der Gefangenen zu dieser Zeit auf „etwa zehntausend"; für Dezember 1933 werden 68 Lager namentlich aufgeführt. *Der Strafvollzug im III. Reich. Denkschrift und Materialsammlung,* hrsgg. von der Union für Recht und Freiheit, Prag [1936], S. 37.

[126] Eine Sammlung von monatlichen Lageberichten aus dem Regierungsbezirk Aachen, die auf Grund eines staatspolizeilichen Erlasses vom 23. Dezember 1933 seit Jahresbeginn 1934 von den Staatspolizeistellen der preußischen Regierungsbezirke dem Geheimen Staatspolizeiamt erstattet werden mußten, hat Bernhard Vollmer (Anm. III/101) veröffentlicht. Unbeschadet der regionalen Besonderheiten des katholischen Grenzbezirkes, die sich in diesen Berichten niederschlagen und ihren Charakter als allgemeines repräsentatives Zeugnis für die Volksopposition stark einschränken, kommt der streng verwaltungsmäßigen Sachlichkeit dieser Berichte, die die Technik und Präzision des Informationsapparates der Staatspolizei bezeugen, erhebliche Quellenbedeutung zu.

nähernd lückenlosen Registratur politischer Haltungen und Reaktionen in der Bevölkerung fortgebildet, die freilich einen Aufwand an Menschen und Mitteln erforderte, wie er dem älteren Polizeiapparat gänzlich fremd gewesen wäre. Mehrere hundert politisch wichtig erscheinender, der Opposition gegen den nationalsozialistischen Staat verdächtiger Persönlichkeiten nicht nur im Reichsgebiet, sondern sogar im Ausland standen im Geheimen unter Kontrolle;[127] auf diese Weise konnte kaum eine politisch bedeutsame Initiative gegen das nationalsozialistische Regime unbemerkt bleiben.

4. Das Reichspropagandaministerium und seine Organe

Terror und Propaganda – der Terror in allen seinen Auswucherungen, in seinen ungeordneten Erscheinungen wie in den Formen des institutionalisierten Zwanges, und die Propaganda, beide auch als Zweck oder Funktion von Organisationen – erweisen sich in einem bestimmten Aspekt des totalitären Systems als zusammengehörig. Nach Goebbels gab es für die Nationalsozialisten zwei Arten, „Revolution zu machen: ... einmal den Gegner so lange mit Maschinengewehren zusammen[zu]schießen, bis er die Überlegenheit [!] dessen erkennt, der im Besitze dieser Maschinengewehre ist", oder: „durch eine Revolution des Geistes die Nation um[zu]gestalten und damit den Gegner nicht [zu] vernichten, sondern [zu] gewinnen".[128] Er verschwieg freilich, welcher Art diese „Gewinnung" der Gegner war und welche Formen der „umgestaltete Geist" anzunehmen vermochte;[129] ihm galt – unter dem Eindruck des eben überwundenen parlamentarischen Verfassungsstaates und seiner Parteien – die totale Ausräumung jedweden Widerstandes als der vorherrschende und vielleicht sogar als der einzige politische Effekt, auf den er seine Betrachtungen anlegte.[130] Die Propaganda hat also ein Doppelgesicht: als Mittel der Werbung, aber auch der fortgesetzten Anregung, Bestärkung, Bestätigung, der Erzeugung einer möglichst tiefreichenden Konformität der Massen zum Zwecke der Sicherung des politischen Systems, im totalen Staat als Instrument des Polizeistaates. Ihre Methoden liegen sowohl diesseits wie jenseits der Grenze, die die im letzten immer offene und ungewisse Kunst des Überzeugens von einem Widerspruch tötenden und schließlich jedes selbständige Denken erstickenden Werben scheidet, das sich als gezielte Einwirkung auf den einzelnen bis zur Anwendung gewalttätiger Mittel und schließlich in die grobe und einfache Form der individuellen Unterdrückung steigert. Daher sind auch nirgends die Grenzen zwischen der liberalen und der totalitären Welt so sehr im Fluß und häufig im Verschwinden begriffen wie

[127] Ein Geheimdokument des Chefs des Reichssicherheitshauptamtes enthält eine Übersicht über die „Erfassung führender Männer der Systemzeit" nach dem Stande vom Juni 1939. Allein diese Aufstellung enthält 553 Personen. Bemerkenswert sind die Aufteilungen nach verschiedenen Gesichtspunkten: Zur Gruppe „Marxisten — Kommunisten" gehören 192, zur Gruppe „Liberalisten — Pazifisten" 82, „Konfessionelle Parteien" 76, „Rechtsopposition" 73 Personen usw. 349 lebten im Inland, 204 im Ausland; davon waren 138 führende Emigranten. Von den Inländern befanden sich 102 zeitweilig oder ständig in Gefängnissen, Zuchthäusern oder Konzentrationslagern. Aber immerhin 61 bekleideten noch ebenso wie vor 1933 Ämter im staatlichen oder öffentlichen Leben (*MGN* 11, Vert.-Dok.-B. 57 C, Dok. 1430 – PS).

[128] „Nicht Terror und Propaganda, sondern Organisation und Propaganda" seien „die zwei Seiten der gleichen Medaille", bemerkt Hannah Arendt (Anm. I/1), S. 578. Doch dieser Satz hat weit mehr Bedeutung für die Zeit des Aufstiegs der NSDAP oder anderer radikaler, totalitärer Parteien und der Machteroberung als für die Konsolidierung des nationalsozialistischen Staates. Sehr treffend ist das Wort von den *"propaganda- and terror-bureaucracies"* des Nationalsozialismus (Burin, "Bureaucracy and National Socialism", Anm. I/13, S. 38).

[129] Zit. in: Georg-Wilhelm Müller, *Das Reichsministerium für Volksaufklärung und Propaganda (Schriften zum Staatsaufbau. Neue Folge der Schriften der Hochschule für Politik*, Teil II, hrsgg. von Paul Meier-Benneckenstein, Heft 43), Berlin 1940, S. 7.

[130] Dieses Problem ist erst nach dem Ende des nationalsozialistischen Systems und unter besonderer Berücksichtigung der Verhältnisse in den Ostblockstaaten in aufsehenerregender Weise erörtert worden, so daß es hier Erwähnung verdient. Vgl. Czeslaw Milosz, *Verführtes Denken*, deutsch von Alfred Loepfe, mit einem Vorwort von Karl Jaspers, Köln-Berlin 1953.

auf dem großen Gebiet der Propaganda. Mittel und Effekte erscheinen, ohne Determinierung von außen her, in unbegrenzter Weise steigerungsfähig.[131]

Aufbau und Wirksamkeit des Propagandaapparats des nationalsozialistischen Staates gingen auf zwei verschiedene Wurzeln zurück: die unter den Parteien der Weimarer Republik von Hitler, von Strasser und vor allem von Goebbels beispiellos entwickelte Propaganda der NSDAP und die Anfänge staatlicher Informations-, Presse- und Rundfunktätigkeit. Die Regierungen der Weimarer Zeit betrieben keine Propagandapolitik; aber die junge Einrichtung des Rundfunks stand in engeren Beziehungen zu ministeriellen Informations- und Pressestellen. Die Richtlinien für die Regelung des Rundfunks von 1926[132] wahrten die „streng überparteiliche" Handhabung des Sendedienstes. Eine besondere Nachrichtenstelle, der „Drahtlose Dienst" (DRADAG), der einen Aufsichtsrat von Beamten aus Reich und Ländern besaß und dem der Rundfunkreferent des Reichsinnenministeriums vorstand, versorgte den deutschen Rundfunk mit Nachrichten und hielt enge Verbindung zur Pressestelle der Reichsregierung.[133] Die Problematik einer noch weiter reichenden politischen und auch staatlichen Regie des Rundfunks blieb in den letzten Jahren der Weimarer Republik keineswegs unbekannt. Im Gefolge des verschärften politischen Kampfes forderten die Parteien der Weimarer Koalition Politisierung — wenn auch unter Wahrung der Überparteilichkeit — und Ausbau dieses Propagandamittels;[134] und Severing verschaffte sich als Reichsinnenminister 1928 mit Hilfe seines deutschnationalen Rundfunkreferenten

---

[131] Die sozialen Symptome eines totalitären Propaganda-Terror-Systems lassen sich gewiß auch psychologisch erfassen. Im Hinblick auf charakterologische Dispositionen kann man wohl — mit aller Vorsicht — von einer „totalitären Persönlichkeit" sprechen, wie es Theodor W. Adorno, Else Frenkel-Brunswik, Daniel J. Levinson und R. Nevitt Sanford in dem material- und gedankenreichen, methodologisch interessanten Sammelband *The Authoritarian Personality* (Studies in Prejudice Series, vol. 3), New York 1950, ausführlich darzulegen versucht haben. Interesse verdient auch das Maß der Wirkungen des totalitären „psychischen Fluidums", das von Propaganda und Institutionen im totalitären Staat erzeugt wird, bei sogenannten „klinischen Fällen". Allerdings ergibt sich hierbei eine wesentliche Schwierigkeit bei der Bemessung, der Auslese und Bestimmung solcher „Fälle". Diese Problematik zeigt sich auch an zwei frühen, wahrscheinlich vorzeitigen Versuchen in dieser Richtung: dem von Wassilij Großmann, *Die Hölle von Treblinka*, Moskau 1946, der sich um eine Psychologie von in sowjetrussischem Gewahrsam beobachteten deutschen Kriegsverbrechern der Ostfront bemühte, und dann, an diesses Vorbild anknüpfend, an den knappen skizzierenden Aufzeichnungen eines ostdeutschen Nervenarztes, Dietfried Müller-Hegemann, *Zur Psychologie des deutschen Faschisten*, Rudolstadt 1955, der anhand systematisierter Beobachtungsergebnisse dieser „klinischen Fälle" die Persönlichkeit des „Nazi" zu konstruieren versucht. Der Katalog der Charaktermerkmale ergibt: „Agressivität und Sentimentalität, Ängstlichkeit und Gehemmtheit im persönlichen Verhalten und Angstfremdheit im ‚Einsatz', d. h. tiefreichende Widersprüche, ferner mangelnde soziale Eigenschaften, mangelnde Bewußtheit in bezug auf die soziale und persönliche Situation, mangelnde persönliche Willenskraft bei weitestgehender Gefügigkeit gegenüber den faschistischen Autoritäten" (S. 37). Alles das mutet recht einseitig und doch unbefriedigend an und führt zu der Frage nach Maßstab und Auswahl dieser „klinischen Fälle" zurück. Der Autor suchte eigentlich nur „Faschisten", wie er sie nennt, die sich im totalitären System besonders hervorgetan hatten; so bewertet er, abgesehen davon, daß das Maß des Kriminellen im einzelnen Fall gar nicht deutlich wird, im Grunde ohne Prüfung des Grades an Repräsentation nur die Charaktereigenschaften von Menschen, die sich durch dieses System gefördert sahen und ihren Neigungen folgen durften. Schließlich münden auch hier die Probleme wieder in die Frage nach der charakterologischen Disposition, dem Vorhandensein spezifischer psychischer Ursachen einer Bereitschaft zur „Faschisierung". Hierzu zählen nach Müller-Hegemann vor allem „Züge einer Entpersönlichung", die der Verfasser, wohl seiner persönlichen Ansicht folgend, im „kapitalistischen Wirtschaftssystem" begründet sehen möchte. Sie ergeben sich aus Einflüssen der Berufstätigkeit, Erziehung, öffentlichem Leben, Kindheitserlebnissen in einer Gesellschaft, die „vom Geiste eines Unterdrückungsregimes durchsetzt" war, und in Familien, in denen Väter „eine Art privaten Exerzierplatz" sahen (S. 44). Es ist schlechthin der aus der Literatur bekannte „Untertan", der hierbei zustande kommt, aus dem jedoch ein Typ des „gewalttätigen Untertans" geworden ist.

[132] Zusammenstellung bei E. Kurt Fischer, *Dokumente zur Geschichte des deutschen Rundfunks und Fernsehens* (Quellensammlung zur Kulturgeschichte, Bd. 11), Göttingen–Berlin–Frankfurt 1957, S. 79 ff.

[133] Hierzu Hans Bausch, *Der Rundfunk im politischen Kräftespiel der Weimarer Republik 1923—1933* (Tübinger Studien zur Geschichte und Politik, Nr. 6), Tübingen 1956, S. 75 ff.; weit weniger eingehend Heinz Pohle, *Der Rundfunk als Instrument der Politik. Zur Geschichte des deutschen Rundfunks von 1923—1938* (Wissenschaftliche Schriftenreihe für Rundfunk und Fernsehen, Bd. 1), Hamburg 1955, S. 150 ff.

[134] Bausch, *a. a. O.*, S. 118.

Scholz einen stärkeren politischen Einfluß auf die DRADAG.[135] Diesem „Griff nach dem Rundfunk" von links folgte nach dem Sturz Brünings eine „Rundfunkreform", die den gleichen Ministerialrat Scholz zum Vater hatte, der im März 1932 die DNVP verlassen hatte und für einige Monate zum Strasser-Flügel der NSDAP gestoßen war. Nunmehr wurde der Rundfunk verstaatlicht, in die Hände einer Reichsrundfunkgesellschaft gelegt, an der Reich und Länder partizipierten, der Deutschlandsender zum Reichssender umgewandelt und der Rundfunkreferent des Reichsinnenministeriums als Rundfunkkommissar eingesetzt, der die gesamte Programmpolitik im Sinne der „Regierung der nationalen Konzentration" beeinflußte.[136]

Die „Filmpropaganda durch tönende Wochenschau" suchte Severing als preußischer Innenminister ebenfalls in die Staatstätigkeit einzubeziehen, wobei die Beispiele Italiens und Rußlands als vorbildlich angesehen wurden.[137] „In einer Zeit, in der man zur Erzielung bestimmter politischer Wirkungen alle erreichbaren Propagandamittel sich nutzbar zu machen sucht", glaubte auch die preußische Regierung, nicht „nur auf die rein negative Seite des Films (Zensur, Sicherheitsvorschriften usw.) beschränkt" bleiben zu dürfen, sondern „die Produktion in staatspolitischem Sinne in geeigneter Weise wirksam ... beeinflussen" zu müssen. Das Ergebnis dieser Bemühungen war schließlich die Errichtung einer Zentralstelle, die auf dem Gebiet der Wochenschau eine „volkstümliche Propaganda der Tätigkeit der Staatsverwaltungen" zu betreiben hatte.[138]

Die Einbeziehung dieser Ansätze staatlicher Propaganda in die Apparatur des nationalsozialistischen Systems führte dann zu völlig anderen Verhältnissen. Politisierung und totalitäre Propaganda sind nicht nur quantitativ verschieden, sondern auch von anderer Qualität. Die nationalsozialistischen Maßnahmen auf dem Gebiet der Propaganda blieben bei weitem nicht nur Erweiterungen, Verschärfungen und Perfektionierung im Zuge vorhandener oder beginnender Tendenzen innerhalb der staatlichen Administration. Und es genügt keineswegs, Goebbels, den Manager der neuen öffentlichen nationalsozialistischen Propaganda, der nach dem Abfall Gregor Strassers im Dezember 1932 die Reichspropagandaleitung der NSDAP aufbaute[139] und gänzlich neuartige Organisationen und Institutionen mit neuen Zwecken schuf, als eine luziferische Erscheinung mit satanischen Absichten und genialen Leistungen zu bewerten.

Kaum eine der politischen Gruppen, die heute große Teile der Bevölkerung für sich gewinnen und zur Wahlentscheidung bringen wollen, begnügt sich damit, die programmatischen Elemente ihrer Propaganda *ad hoc* nach freiem politischen Ermessen zu bilden. Ihre näheren und ferneren Quellgründe werden wohl fast immer in existenten Ideologien zu suchen sein; für politische Organisationen, die sich in einer parteiengeschichtlichen Kontinuität bewegen, dürften die Traditionen mehr oder minder verbindlich bleibende Grenzlinien vorbestimmen und diese Suche nach dem zur propagandistischen Auswertung geeigneten ideologischen und politischem Material insofern von vornherein gewissen Bedingungen unterwerfen. Die NSDAP war im Zeitpunkt ihrer Gründung eine völlig neue Erscheinung unter den politischen Bildungen der Weimarer Republik ohne parteienhistorische Verwurzelung. In ihr vereinigten sich verschiedene, durchaus nicht homogene Elemente, die in der ganzen Zeit des

---

[135] *A. a. O.*, S. 79 ff.

[136] *A. a. O.*, S. 85 ff.

[137] Rundschreiben des preußischen Innenministers an den Ministerpräsidenten und an die übrigen Staatsminister vom 4. November 1930, das eine Zusammenarbeit mit der Melophon-Filmgesellschaft m. b. H. vorschlägt, einer Tochtergesellschaft der Tobis (vervielf.; *BA*, P 135/4013, fol. 1).

[138] Rundschreiben des preußischen Innenministers vom 8. Dezember 1930 mit anliegender Niederschrift über eine Ressortbesprechung vom 14. November 1930 (vervielf.; *a. a. O.*, fol. 4) und Hausverfügung des Staatssekretärs im preußischen Justizministerium vom 24. November (*a. a. O.*, fol. 1 6).

[139] Vgl. Schmeer (Anm. I/25), S. 29.

Bestehens dieser Partei ihrer Propaganda nur wenige nennenswerte Begrenzungen setzten. Die NSDAP tendierte zum extremsten Nationalismus, und sie war von Grund auf antisemitisch; darüber hinaus nutzte sie viele Elemente des Protestes, ohne verbindliche Normen zu bilden.

Als geschickte Propagandisten erwiesen sich die Nationalsozialisten schon vom ersten Tage des neuen Kabinetts an. Den starken Aufschwung, den die nationalen und nationalistischen Tendenzen mehr als eigentlich die nationalsozialistische Partei selbst in diesen Tagen erlebten, das stark konservativ-deutschnationale Aussehen, den das von Hitler geführte Kabinett hatte, in dem sich die beiden Nationalsozialisten hinter dem neuen Kanzler angesichts der lauten Überlegenheit ihrer Partei auf den Straßen beinahe bescheiden ausnahmen, die leicht aufflammende Begeisterung vieler, die bis dahin der NSDAP selbst ablehnend oder zurückhaltend gegenüberstanden, sich jedoch den Wogen einer „nationalen Revolution" anzuvertrauen bereit waren, all das verstand Hitler rasch und geschickt in die Münze persönlicher Erfolge umzuprägen. Die Kokarde schwarz-weiß-rot löste die schwarz-rot-goldenen Farben der Republik ab und schien sich neben dem Hakenkreuz unangetastet zu behaupten. Die Zeit einer nationalen Regierung der schwarz-weiß-roten Farben schien angebrochen, und Hitler nutzte diesen Anschein nach Kräften, wohl nicht ohne die bewußte Absicht, sich anzupassen und zunächst ein Auskommen mit seinen Regierungspartnern zu finden. Papens Wort vom „neuen christlichen Reich deutscher Nation" hatte Hitler schon mit seinem Aufruf vom 1. Februar das Stichwort geliehen, in dem er „das Christentum als Basis unserer gesamten Moral" bezeichnete, die die Regierung „in ihren festen Schutz" nehmen werde.[140] Und gar der Tag von Potsdam, der 21. März 1933, wurde bis ins letzte als ein Tag der Aussöhnung zwischen bürgerlichem und konservativem Nationalismus und Nationalsozialismus inszeniert. Hitler, ähnlich Mussolini, wenn auch weniger aufdringlich, ein mit der Massenpsychologie vertrauter Schauspieler und Schausteller, erschien in dieser Zeit der siegreichen „nationalen Erhebung" als Regierungschef in der Öffentlichkeit niemals anders denn im festlichen Frack oder Cutaway. Das gesamte propagandistische Bild von der „nationalen Erhebung" entsprach nicht der politischen Wirklichkeit, sondern war eine „übertreibende Stilisierung des restaurativen deutschnationalen Aspekts des 30. Januar",[141] eine planvoll erzeugte Verharmlosung, die die nationalen Verbände und Gruppen in dem Glauben halten sollte, daß ihre Sache gesiegt habe und nun regiere. Die politische Wirklichkeit zerstörte diese mit den Mitteln der Propaganda geschaffene Hülle erst unter dem Drang der weiteren Entwicklung nach den Gesetzen des nationalsozialistischen Machtkampfes.

Die ursprünglichen Mittel der Parteipropaganda der NSDAP waren Massenversammlungen und Aufmärsche, die rednerische Agitation, die sie von der revolutionären Linken übernommen, jedoch in größtem Zuschnitt organisiert hatte, sowie die parteieigene Presse, die die Brüder Strasser und Goebbels zielbewußt aufgebaut und die der „Reichspressechef" Dietrich 1931/32 unter seiner Leitung zusammengefaßt und unter Verwendung industrieller Finanzhilfen zu einem bedeutenden Instrument der NSDAP ausgebaut hatte.[142] Im Besitz dieses Apparates wertete die NSDAP nun die vorhandenen staatlichen Propagandamittel auf. „Wir werden ein Meisterstück der Agitation liefern", jubelte Goebbels schon wenige Tage nach der Kabinettsbildung Hitlers.[143] Geld war jetzt in ausreichender Menge vorhanden oder ließ sich beschaffen, und Teile der Presse sowie der Rundfunk begannen sich den Wünschen der NSDAP zu öffnen.

---

[140] Vgl. hierzu o. I. Teil, I. Kapitel.
[141] Hermann Mau und Helmut Krausnick, *Deutsche Geschichte der jüngsten Vergangenheit 1933—1945,* Tübingen–Stuttgart 1956, S. 20.
[142] Vgl. Goebbels, *Vom Kaiserhof. . .* (Anm. I/130), S. 58.
[143] *A. a. O.,* S. 256 (Eintragung vom 3. Februar 1933).

Schon am 30. Januar 1933 vermochte der spätere Reichssendeleiter Hadamovsky mit Unterstützung einiger Nationalsozialisten über den Berliner Rundfunk eine Reportage von dem Massenaufmarsch und dem Fackelzug der SA zustande zu bringen, die die Hörer des gesamten Reichsgebiets mit den propagandistisch wirkungsvollsten Effekten der Berliner Ereignisse in Beziehung brachte. Hier und an diesem Tage begann eine neue Epoche staatlicher Rundfunkpropaganda. Nach der Wahl vom 5. März sollte nach sofort beschlossenem Plan ein Propagandaministerium als neue Reichszentralbehörde errichtet werden, die als staatliches Abbild und Gegenstück der Reichspropagandaleitung der NSDAP die Bildung der öffentlichen Meinung in zentrale Regie zu nehmen trachtete – „etwas durchaus Modernes und einzigartig Neues".[144]

Rasch und reibungslos wurde die „Umstellung der nationalsozialistischen Presse zur Regierungspresse" vollzogen.[145] Weisungen des Reichspressechefs untersagten jeden Angriff auf die Reichsregierung, stellten die Aufgabe, jede ihrer Maßnahmen „journalistisch zu unterstützen und zu popularisieren", und verlangten „bis auf weiteres" die Einstellung des Kampfes gegen Zentrum und Bayerische Volkspartei. Der „Kampf der Parteipresse" konzentrierte sich zunächst auf den „Marxismus", wodurch die weithin gefürchteten kommunistischen Organisationen und „das System", die unter sozialdemokratischer Beteiligung geschaffene Republik, in gleichem Maße getroffen werden sollten. Die Ernennung Funks zum Pressechef der Reichsregierung und Metzners, der bis dahin Redakteur beim *Nationalsozialist* in Weimar war, zum persönlichen Referenten des Reichsinnenministers Frick sicherte der nationalsozialistischen Presseorganisation den unmittelbaren Anschluß an die Informationsquellen der Reichsregierung, die Stellung des Reichspressechefs Dietrich als einer Art oberster Befehlsinstanz ihre einheitliche Handhabung.

Als Nächstes folgten die Ausweitung der Parteipropaganda auf Organe, die bis dahin außerhalb der NSDAP standen, und die Generalisierung des Propagandazwecks. Den besten Vorwand hierfür lieferte der Wahlkampf, sobald die Reichstagsneuwahl und ihr plebiszitärer Anstrich beschlossene Sache waren.[146] Schon in der Reichsministersitzung am 1. Februar gab Hitler die Propagandaparole „Kampf gegen den Marxismus" aus,[147] die nun über zahllose Kanäle in die Öffentlichkeit drang und von ihr Besitz ergriff. Nur am Einspruch des Reichsfinanzministers scheiterte Fricks Vorschlag, sofort 1 Million Reichsmark aus Fonds des Reichsinnenministeriums für unmittelbare Verwendung bei der Wahlpropaganda zur Verfügung zu stellen.[148] Natürlich verfügte die NSDAP noch über andere und größere Geldquellen. – Die Organe der preußischen Verwaltung gingen sofort drakonisch und unterschiedslos gegen die kommunistische und bald auch gegen die sozialdemokratische Presse vor.[149] Kampfpropa-

---

[144] *A. a. O.*, S. 258 (5. Februar 1933).

[145] Vertrauliches Rundschreiben der Pressestelle der Reichsleitung der NSDAP (Dietrich) an alle Hauptgeschäftsleitungen der nationalsozialistischen Presse vom 6. Februar 1933 (*MGN* 11, Ankl.-Dok.-B. 11, Dok. NG – 3160).

[146] Vgl. o. I. Teil, I. Kapitel.

[147] Niederschrift der Reichsministersitzung vom 1. Februar 1933 (Anm. III/48), S. 15.

[148] Reichsministersitzung vom 2. Februar 1933 (Anm. I/163), S. 18.

[149] Als erste Zeitung wurde die in Düsseldorf erscheinende kommunistische *Freiheit* vom Regierungspräsidenten in Düsseldorf am 31. Januar 1933 gleich für vier Wochen auf Grund des § 6 der Präsidialverordnung vom 19. Februar 1932 (*RGBl.*, I, S. 548) in Verbindung mit den §§ 85 und 86 des Strafgesetzbuches verboten. Am nächsten Tage verbot der Regierungspräsident in Breslau für 14 Tage das Erscheinen der *Arbeiter-Zeitung für Schlesien;* am 2. Februar folgte das Verbot des *Echo des Ostens* in Königsberg und der kommunistischen *Arbeiter-Zeitung* in Wiesbaden ebenfalls für 14 Tage, dann für drei Tage des *Vorwärts* durch den Polizeipräsidenten Melcher von Berlin auf Grund des § 6 der Verordnung vom 9. Dezember 1932, am 4. Februar der *Roten Fahne*, der *Schlesischen Bergwacht* in Waldenburg und der *Volkswacht* in Breslau. Am gleichen Tage verbot der Regierungspräsident Lukaschek den *Oberschlesischen Volksboten* in Oppeln und das *Volksblatt* in Gleiwitz, hob das Verbot jedoch am nächsten Tage wieder auf. Es folgten ebenfalls noch am 4. Februar die *Rheinische Woche* in

ganda, Ausschaltung und Vernichtung politischer Gegner steigerten sich dann zum Furioso des letzten Wahlkampfes unmittelbar nach dem Reichstagsbrand, den Hitler und die Seinen als willkommene Gelegenheit benutzten, um die völlige Beseitigung der kommunistischen Partei einzuleiten und den Kampf gegen die übrigen Parteien auszudehnen.

Sofort nach der Wahl vom 5. März gingen Hitler und Goebbels an die Errichtung des neuen Monstreministeriums, das Presse, Rundfunk, Film, Theater und Propaganda in einer einzigen großzügigen Organisation vereinigte.[150] Ursprünglich hatte Goebbels nur auf ein „Reichskommissariat für Volksaufklärung und Propaganda" gerechnet, das in untertreibender Harmlosigkeit mit Rationalisierungsbestrebungen begründet wurde zu dem Zweck, „Doppelarbeit und Leerlauf" der verschiedenen und in verschiedener Weise zuständigen Stellen, des Reichsinnenministeriums, des Auswärtigen Amtes, der Pressestelle der Reichsregierung, der Reichszentrale für Heimatdienst und der preußischen Ministerien des Innern und des Kultus, aus der Welt zu schaffen.[151] Daß diese neue Institution „großangelegte planvolle Arbeit" auf dem Gebiet der Propaganda zu leisten imstande sein würde, ließ allein der Katalog der zusammengefaßten Aufgaben und zusammengelegten Behörden erkennen, der von der Pressestelle der Reichsregierung ausging und den Reichsrundfunkkommissar beim Reichsministerium des Innern, die Aufgabenbereiche der Reichszentrale für Heimatdienst, des Reichskunstwarts, das gesamte Ausstellungswesen, die Hochschule für Politik, die Deutschtumsabteilungen der Innenministerien des Reiches und Preußens, private und wissenschaftliche Organisationen, so den Verein für das Deutschtum im Ausland, das Deutsche Auslandsinstitut, den Geographentag und den Historikertag, und schließlich die „Filminteressen" des Reiches umfaßte. Hitler unterbreitete den Reichsministern am 11. März zwar den Vorschlag zur Errichtung eines Reichspropagandaministeriums, aus Gründen der Vorsicht jedoch in der Weise, daß er die Vorbereitung von Regierungshandlungen als spezielle Aufgabe der neuen Behörde bezeichnete und geschickt zur Frage einer Aufklärung der Bevölkerung in der Frage des Absatzes von Ölen und Fetten und auf die Schaffung eines staatlichen Anzeigenmonopols überging.[152] Hiermit mußte Hitler vor allem Hugenberg treffen, der zwar den sogenannten Fettplan zur Hebung der Landwirtschaft seines Staatssekretärs v. Rohr vertrat, zum anderen aber an kommerziellen Anzeigenmonopolen persönlich interessiert war. Das Unterfangen der Nationalsozialisten mag manchem der Reichsminister unverständlich erschienen sein, so daß die plastische und einfache Erläuterung zu überzeugen vermochte. Der Reichsarbeitsminister Seldte und auch der Reichspost- und Reichsverkehrsminister befürworteten die neue Einrichtung; Hugenberg hingegen bat um Aufschub der Entscheidung, da er wohl eine gefährliche Tragweite dieses neuen Einfalls seiner Regierungspartner befürchtete. Doch als Hitler und Frick die Ange-

---

Koblenz und das Trierer *Volksblatt* für die Dauer von drei Tagen (*Deutscher Reichsanzeiger und Preußischer Staatsanzeiger*, 1933, Nr. 28 ff. vom 2. Februar ff., jeweils S. 1 bzw. S. 2). Die Liste der weiteren verbotenen Zeitungen ist lang; die Dauer der Verbote nahm von Tag zu Tag zu und reichte bis zu zwei Monaten (*RGBl.*, I, 1933, S. 35, §§ 10—12). Die Verordnung vom 4. Februar setzte in ihren Auswirkungen noch vor den Wahlen des März der Tätigkeit des größten Teils der freien Presse ein Ende. (Allein der *Deutsche Reichsanzeiger und Preußische Staatsanzeiger*, 1933, Nr. 43 vom 20. Februar, enthält 18, Nr. 44 vom 21. Februar 12, Nr. 45 vom 22. Februar 8, Nr. 46 vom 23. Februar 11, Nr. 47 vom 24. Februar 18, Nr. 48 vom 25. Februar 4, Nr. 49 vom 27. Februar 22 und Nr. 50 vom 28. Februar 13 Verbote.) Diese Entwicklung strebte unmittelbar nach dem Reichstagsbrand und der „Reichtagsbrandverordnung" ihrem Höhepunkt zu. Die ersten Märztage bis zum Tage der Reichstagswahl brachten allein 108 Verbote und 26 Verlängerungen bereits erlassener Verbote.

[150] Goebbels, *Vom Kaiserhof...* (Anm. I/130), S. 276 (Eintragung vom 6. März).

[151] Denkschrift „Reichskommissariat für Volksaufklärung und Propaganda" (*MGN* 11, Ankl.-Dok.-B. 29 A, Dok. NG — 3946). Vgl. auch o. I. Teil, II. Kapitel.

[152] Auszug aus der Niederschrift der Reichsministerbesprechung am 11. März 1933 (*MGN, a. a. O.*, Dok. NG — 3946).

legenheit als dringlich darstellten, beschloß das Reichskabinett, ohne Widerspruch zu erheben.[153]

Auch diesmal stieß die Reichsgewalt auf entgegengerichtete Interessen Preußens, das seine Zuständigkeiten zu verteidigen suchte. Der Kommissar für das preußische Ministerium für Wissenschaft, Kunst und Volksbildung hatte zuvor die staatliche Filmpropaganda übernommen,[154] zeigte sich jetzt aber dem Zugriff des neuen Reichspropagandaministeriums keineswegs gewachsen. Doch der preußische Ministerpräsident war mit der neuen Machtbefugnis seines Ministerkollegen Goebbels durchaus nicht einverstanden. Sein von persönlicher Rivalität genährter hinhaltender, jedoch dann bald wieder weichender Widerstand stellte anfangs dem Reichspropagandaminister einige Schwierigkeiten in den Weg. Zunächst ordnete er eine straffe Zentralisierung des preußischen Nachrichtenwesens bei der Pressestelle des Staatsministeriums an,[155] die die ministeriellen Informationsbedürfnisse so stark band, daß sogar der Kultusminister, der Nationalsozialist Rust, Protest erhob.[156] Und noch im Juni versuchte Görings Staatssekretär Körner, in einer umfangreichen Denkschrift, die er den anderen Ländern durch Abschriften mitteilte, dem Propagandaministerium das Monopol streitig zu machen und an der Mitwirkung der Länder „an der staatspolitischen Auswertung des Rundfunks" festzuhalten.[157] Doch Goebbels erwies sich bereits als der Stärkere. Das Gesetz über die Aufgaben des Reichsministeriums für Volksaufklärung und Propaganda vom 30. Juni 1933[158] gab ihm und seinem Ministerium ein gesetzliches Zuständigkeitsmonopol über alle vorhandenen Mittel der Propaganda.

Zur Durchsetzung seiner neuen Befugnisse wußte sich Goebbels auch weiterhin der Unterstützung Hitlers zu versichern, der am 15. Juli von seinem Weisungsrecht gegenüber den Reichsstatthaltern Gebrauch machte und den gesamten Rundfunk in die Verfügungsgewalt des Reiches nahm.[159] Die lapidare, wenngleich schwerwiegende Feststellung, daß die kulturelle Führung des Rundfunks „zu einem Mittel der politischen geworden" sei, ließ fortan ebensowenig Raum für Staatskommissare, Programmräte und Programmausschüsse wie für Kapitalbeteiligungen der Länder an den Rundfunkgesellschaften. Diese Weisung bildete den Auftakt zur gewaltsamen Beseitigung der Persönlichkeiten des alten Rundfunks, gegen die sich eine gesetzliche Handhabe bisher nicht ergeben hatte. Anfang August griffen SS und GeStapo zu, um die verbliebenen Repräsentanten des „Systemrundfunks" zu beseitigen. Die beiden Direktoren der vom Reichsinnenminister Frhr. v. Gayl 1932 geschaffenen Reichsrundfunkgesellschaft, Magnus und Giesecke, und die Intendanten der Sender Köln und Breslau, Ernst Hardt und Friedrich Bischoff, wurden verhaftet und in Konzentrationslager verbracht. Ludwig Neubeck, der Leipziger Intendant, und zwei maßgebliche Funktionäre der Reichsrundfunkgesellschaft, Knöpfke und Schäffer, entzogen sich durch Freitod ihren Verfolgern und Mißhandlern. Um den Verhaftungen den Anschein des Rechts zu geben, mußten auch hier die Gerichte in Tätigkeit treten, wurden gegen die ehemaligen Spitzen der Reichsrundfunkgesellschaft und gegen den aus dem Amt geschiedenen ehe-

---

[153] Die förmliche Errichtung des Reichsministeriums für Volksaufklärung und Propaganda nahm der Reichspräsident kraft seiner Organisationsgewalt durch Erlaß vom 13. März vor (RGBl., I, 1933, S. 104).

[154] Rundschreiben des Kommissars, Staatssekretär Lammers, an den preußischen Ministerpräsidenten und die Staatsminister vom 2. Februar 1933 (BA, P 135/4013, fol. 168). Dieses Rundschreiben stützte sich auf die preußische zweite Verordnung zur Vereinfachung und Verbilligung der Verwaltung vom 29. Oktober 1932 (Preußische Gesetzsammlung, 1932, S. 333), die das Lichtspielwesen in die Zuständigkeit des preußischen Kultusministeriums aufnahm.

[155] Aktenvermerk des Pressereferenten des Justizministeriums, Amtsgerichtsrat Lenz, über die Konferenz in der Pressestelle des Preußischen Staatsministeriums am 3. Mai 1933 (BA, P 135/4014, fol. 2).

[156] Abschrift eines Schreibens Rusts an Göring vom 26. Mai 1933 (BA, P 135/4013, fol. 183—185).

[157] Zit. nach Bausch (Anm. III/133), S. 106.

[158] RGBl., I, 1933, S. 449.

[159] Rundschreiben an die Reichsstatthalter der Länder. Zit. bei Bausch (Anm. III/133), S. 107 f.

maligen Staatssekretär Bredow, den Rundfunkkommissar des Reichspostministers, Prozesse geführt, die sich über Jahre hinstreckten, ohne daß die letzten Urteile, soweit sie nicht die vollständige Rehabilitierung der Angeklagten brachten, in irgendeinem Verhältnis zum Umfang der Anklagen standen.[160]

Nicht weniger erfolgreich verliefen Goebbels' Bemühungen um die Vereinnahmung des anderen wichtigsten Propagandamittels, der Presse. Sie gelang in mehreren aufeinanderfolgenden Stufen, die jede einer erneuten, intensivierenden Machtbefestigung des Reichspropagandaministers gleichkamen. Anfang Juli 1933 wurde die tägliche Pressekonferenz der Reichsregierung dem Reichspropagandaministerium unterstellt. Ihr beamteter Leiter gab im Namen des Ministers Weisungen und Sprachregelungen, deren Befolgung die regionalen Reichspropagandaämter und die Abteilung Presse des Ministeriums überwachten.[161] Sie bildete den ersten und wirksamsten Ansatz, um der Presse das charakteristische Antlitz des nationalsozialistischen Staates zu geben: „monoform im Willen, polyform in der Ausgestaltung des Willens".[162] Am folgenreichsten wirkte sich der Versuch aus, die gesamte periodische Presse mit Hilfe der ständerechtlichen Regelungen des Reichsschriftleitergesetzes vom 4. Oktober 1933[163] vollkommen zu einem Organ des Staates für zentral regulierte Einwirkungen auf die Bevölkerung auszugestalten. Die Prinzipien dieser Regelungen übernahmen die jungen nationalsozialistischen Beamten, um eigene Originalität recht unbekümmert, mechanisch aus dem italienischen Presserecht, um sie in eiligem und derbem Zugriff in Gesetzesform zu bringen.[164] Sie lieferten eines der bekanntesten Beispiele für die Umwandlung privater Sphären in öffentliche, von Staats wegen regulierte Bereiche, die den Beruf des Schriftleiters, unbeschadet seines privaten Anstellungsverhältnisses dem Verleger gegenüber, einem öffentlichen Amt gleichsetzte und ihn einer auf mehreren Stufen abgewandelten obrigkeitlichen Aufsicht unterstellte. Sie beraubte den Verleger seiner wichtigsten Funktion, beschränkte ihn in der Hauptsache auf seine betriebswirtschaftliche Tätigkeit und verschaffte dem Schriftleiter einen standes- und verbandsrechtlichen Schutz, band jedoch seine Tätigkeit an die Einhaltung gesetzlicher Bestimmungen. Der Schriftleiter mußte eine Berufsausbildung genossen haben; er unterlag den gleichen Rassebestimmungen wie der Beamte auf Grund des Beamtengesetzes, und er benötigte eine besondere Zulassung, die er in Form einer Eintragung in die Berufsliste seines zuständigen Landesverbandes der deutschen Presse erhielt. Diese Eintragung sollte grundsätzlich zwar verfügt werden, sobald der angehende Schriftleiter die gesetzlich festgelegten Voraussetzungen erfüllte und seine Zulassung beantragte; sie konnte jedoch jederzeit durch einen Einspruch des Reichsministers untersagt werden. Zudem enthielt der Katalog der Voraussetzungen eine Generalklausel, die eine weite Ausdeutung ermöglichte und jederzeit ein Versagen der Eintragung aus politischen Gründen erlaubte.[165]

Entschied schon über die Zulassung des Schriftleiters ein ständisches Organ, der von oben her, vom Leiter des Reichsverbandes der deutschen Presse eingesetzte Leiter

[160] *A. a. O.*, S. 109 ff.

[161] Hagemann (Anm. I/199), S. 317 f.

[162] *A. a. O.*, S. 35.

[163] *RGBl.*, I, 1933, S. 713. Kommentar von Hans Schmidt-Leonhardt und Peter Gast, *Das Schriftleitergesetz vom 4. Oktober 1933 nebst den einschlägigen Bestimmungen*, Berlin 1934. Vgl. o. I. Teil, V. Kapitel.

[164] Die Begründung zum zweiten Entwurf des Schriftleitergesetzes vom 15. August 1933, der bereits eine Abänderung und glättende Überarbeitung des ersten darstellte, jedoch immer noch höchst unbeholfene Formulierungen enthielt, nahm noch ausdrücklich auf „das italienische Vorbild" Bezug. Dem italienischen Muster entsprach auch der im endgültigen Gesetzestext fallengelassene Kündigungsschutz, der „in Anlehnung an das Beamtenrecht den Schriftleiter zum Ausgleich der Pflichten und der Verantwortung, die er übernimmt, von Existenzsorgen entlasten" sollte (vervielf. Exemplare des Entwurfes vom 15. August nebst Begründung: *BA*, P 135/4015, fol. 6–21).

[165] Auch diese Generalklausel entstammte dem italienischen Presserecht (Schmidt-Leonhardt/Gast, Anm. III/163, S. 59).

des Landesverbandes, so überwachten auch ständische Organe die Erfüllung der dem Schriftleiter auferlegten gesetzlichen Berufspflichten. Verstöße gegen diese öffentlichen Pflichten galten als „Berufsvergehen" und kamen vor eigens hierfür bestimmte Berufsgerichte der Presse, die eine den Disziplinargerichten des Beamtenrechts vergleichbare Stellung einnahmen und den beschuldigten Schriftleiter verwarnten, mit einer Ordnungsstrafe belegten oder seine Streichung aus der Berufsliste verfügten. Daneben besaß auch der Reichspropagandaminister die inappellable Befugnis, Streichungen in der Berufsliste anzuordnen. Infolgedessen bestand eine Freiheit der Meinungsäußerung genau in dem Umfange, den ihr der Reichspropagandaminister zubilligte. Goebbels versuchte durch eifrige Versicherung seiner eigenen „Liebe" zur Presse, die große Menge der bürgerlichen Journalisten für seine Zwecke zu gewinnen und an die Lust zu appellieren, „seinen Willen und seine Meinung anderen Menschen aufzuzwingen";[166] doch dieser Wille und diese Meinung mußten dem Minister gefallen, der eine universale Machtstellung über die bürgerliche wie über die nationalsozialistische Presse gewann, die nunmehr einander gleichgestellt waren, was auch darin seinen Ausdruck fand, daß Goebbels den Reichspressechef der NSDAP, Dietrich, zum Leiter des Reichsverbandes der Deutschen Presse ernannte und damit an die Spitze der gesamten Presse stellte.

Daß auch diese schlagartige Aneignung von Befugnissen gewaltigen Umfanges anfänglich auf erheblichen Widerstand der alten Ressorts stieß, bezeugt eine ausführliche Denkschrift, die im preußischen Innenministerium entstand und mit Kritik nicht sparte.[167] Wohl hielt auch ihr Autor dafür, daß ständische Grundsätze in das Presserecht übernommen werden sollten; seine Aussetzungen wagten sich mehr an das Prinzip der Zulassung und an die Standesgerichtsbarkeit im Schriftleiterstand heran. Doch es waren nicht allein nur verletzte Ressortempfindlichkeiten, die dagegen sprachen, daß „die ganze deutsche Presse und ohne Schaffung von Gegengewichten irgendwelcher Art in die Hand des Reichsministeriums für Volksaufklärung und Propaganda gelegt wird".[168] Der erste Entwurf zum Schriftleitergesetz war in zwei interministeriellen Besprechungen zu Anfang August am Widerstand der Vertreter der Innenministerien Preußens und des Reiches gescheitert.[169] Von dem überarbeiteten, aber keineswegs in seinem hauptsächlichen Inhalt abgeänderten Entwurf vom 15. August konnten nach Meinung des Vertreters des Innenministeriums lediglich „einzelne Gedanken . . . als brauchbar anerkannt werden". Seine Befürchtungen gingen in zwei verschiedene Richtungen. Einmal glaubte er bereits die Gefahr zu erkennen, daß „die schöpferische Verleger- und Herausgebertätigkeit auf dem Gebiet der Tagespresse schwer beeinträchtigt und eventuell auf kulturpolitisch gefährliche Abwege gedrängt" werde. Diese Gedanken bezeugen Einsicht und zeigen, daß die propagandistischen Dezisionen, mit denen Goebbels dieses jüngste Kind seines Geistes schmackhaft zu machen versuchte, noch keinen Eindruck auf die Sachbearbeiter des Innenministeriums machten. Der andere Einwand ging auf das erwachende Mißtrauen zurück, das die

---

[166] Rede aus Anlaß der Verkündung des Schriftleitergesetzes am 4. Oktober 1933, abgedruckt bei Schmidt-Leonhardt/Gast, *a. a. O.*, S. 20.

[167] Acht Seiten umfassende Denkschrift für den preußischen Ministerpräsidenten vom August 1933 (Abschrift, Tagesangabe fehlt, mit handschriftlicher Anmerkung „vom Min. d. Inn." und anliegendem Zettel mit der Notiz „von Herrn Staatssekretär [Freisler] erhalten"; *BA*, P 135/4015, fol. 23—31). Die Abschrift gelangte als Anlage eines Schnellbriefes des preußischen Innenministers vom 26. August an den preußischen Justizminister; am Vortage war bereits ein Schnellbrief vorangegangen, der eine ausführliche Darlegung der Bedenken gegen den Entwurf zum Schriftleitergesetz angekündigt hatte (*a. a. O.*, fol. 1—4). Die Denkschrift war demnach keine Gelegenheitsäußerung eines Referenten, sondern sie lag als offizielle Stellungnahme des preußischen Innenministeriums einer Aktion zugrunde, die allerdings zuletzt erfolglos blieb.

[168] *Ebda.*

[169] Die Denkschrift führt diese „Besprechung vom 8. u. 10. d. J. [richtig: 8. u. 10. d. Ms. = August]" an und erwähnt, daß auch das Reichsjustizministerium und das Auswärtige Amt Bedenken erhoben.

Schaffung und Konzentration von Befugnissen zur Regie der Publizistik in dem neuen Ministerium für Volksaufklärung und Propaganda unter alten Beamten hervorrief. Hier stellte sich die Befürchtung ein, „daß eine nach dem Wollen des Reichsministeriums für Volksaufklärung und Propaganda gestaltete Presse im praktischen Ergebnis jedem Zugriff der politischen Hoheitsverwaltung des Staates entrückt" sei, daß also der Staat mit seinen alten, traditionellen Ressorts und Verwaltungsaufgaben leer ausginge und eine neue Macht im Staate geboren würde. Was im Falle des Aufbaus der Geheimen Staatspolizei offenbar ausblieb, obgleich dort die Wirkungen keineswegs geringer waren, machte sich angesichts der Pläne des Propagandaministeriums dank den Bedenken von Sachbearbeitern verhältnismäßig frühzeitig bemerkbar: die Furcht vor der Gewalt totalitärer Organisation. Hier bewährte sich in überraschender Weise das Verhaftetsein in überlieferten Vorstellungen als Urteilsmodus, der heraufdämmernde Gefahren begreifen ließ. In der Sprache eines Ministerialbeamten konnte der Befund kaum schlimmer ausgedrückt werden als in dem Urteil dieser Denkschrift, der Entwurf sei „in sehr vielen erheblichen Punkten mangelhaft durchdacht und durchgearbeitet". Freilich ließ der Verfasser auch seine Verlegenheit hinsichtlich einer eigenen politischen Stellungnahme durchscheinen: Ganz so entschieden, wie es gegenüber dem Ministerpräsidenten und im innerministeriellen Verkehr zum Ausdruck kam, wollte man dem Reichspropagandaministerium nun doch nicht entgegentreten. Infolgedessen boten Nachrichten über den Plan des Propagandaministeriums zur Errichtung einer Reichskulturkammer, die als umfassende und dem Reichsverband der deutschen Presse übergeordnete standesrechtliche Organisation gedacht war, und Gerüchte über Friktionen mit der Deutschen Arbeitsfront, die ebenfalls berufsständische Absichten verfolgte, den willkommenen Ausweg, der die Entscheidung vorerst verzögern half.

Doch die Verkündung des Schriftleitergesetzes konnte dadurch nicht lange verhindert werden. Das Reichspropagandaministerium hatte sich sehr zweckbewußt des Gedankens ständerechtlicher Ordnung bemächtigt und benutzte ihn zur kurzfristigen Schaffung einer großzügigen, zentral geleiteten Organisation. Das Gesetz über die Errichtung einer vorläufigen Filmkammer vom 14. Juli 1933 [170] machte erstmals mit dem Gedanken ernst, einen gesamten Gewerbezweig – hier das Gewerbe aller an der Herstellung, am Vertrieb oder an der Aufführung von Filmstreifen in irgendeiner Weise Beteiligten – zu einer Zwangsorganisation in der Form einer öffentlich-rechtlichen Körperschaft zusammenzufassen und durch einen vom Reichspropagandaminister bestellten Vorstand unter zentrale Regie zu bringen. Diese Art ständischer Ordnung sicherte mit Hilfe der vollständigen institutionellen Abhängigkeit des Kammerpräsidenten vom Propagandaminister, der als eigentlicher Herr der Kammer im Hintergrund regierte, die Durchführung der jeweils vom Ministerium für notwendig befundenen Anordnungen innerhalb des gesamten Gewerbes, ohne noch reichsgesetzliche Regelungen zu benötigen. Sie begründete auf der einen Seite einen neuen Bereich ministerieller Zuständigkeiten, nahm der Reichsregierung auf der anderen jedoch jede Eingriffs- und Einflußmöglichkeit. Die Verbindung zwischen dem Propagandaminister und dem „Führer und Reichskanzler" blieb als letzter, allerdings überaus bedeutsamer Rest bestehen, so daß hier schon frühzeitig die Führerentscheidung den Kabinettsbeschluß ersetzte.

Schließlich aber gelang es Goebbels auf diesem Wege, der zwar sichtbar der Linie zentralisierender Vereinheitlichung folgte, jedoch den milden, indessen völlig täuschenden Namen einer berufsständischen Selbstverwaltung trug, bekannte Persönlichkeiten mit klingenden Namen für das Renommee seiner Sache zu gewinnen und

---

[170] *RGBl.*, I, 1933, S. 483. Hierzu die Verordnung über die Errichtung einer vorläufigen Filmkammer vom 22. Juli (*a. a. O.*, S. 531).

einzuspannen. Das zeigte sich im besonderen nach Inkrafttreten des Reichskulturkammergesetzes vom 22. September 1933[171], das das autoritär-ständerechtliche O˙ga-
nisationsprinzip bereits auf den gesamten vom Propagandaminister beansprucht˙n
Zuständigkeitsbereich anwandte. Unter der Spitze der „Reichskulturkammer", deren
Präsidium Goebbels selbst übernahm, entstanden sechs Körperschaften des öffentlichen Rechts als oberste Dachorganisation: Reichsschrifttumskammer, Reichspresse-,
Reichsrundfunk-, Reichstheater-, Reichsmusikkammer und Reichskammer der bildenden Künste, die in einem lückenlosen System alle noch vorhandenen Verbände, deren
Tätigkeiten diese Gebiete berührten, als Fachverbände oder korporative Mitglieder
erfaßten, zusammenschlossen und einer bürokratisch arbeitenden Administration unter-
ordneten:[172] vom Reichsverband Deutscher Schriftsteller, der Gesellschaft der Biblio-
philen, der Arbeitsgemeinschaft Deutscher Buchvertreter, vom Bund Deutscher Garten-
gestalter e. V., dem Bund Deutscher Bildhauer e. V. oder dem Bund Deutscher Ko-
pisten e. V., vom Bund Deutscher Museen und Sammlungen oder den konfessionellen
Kunstgemeinschaften bis zur Reichsrundfunkgesellschaft. An der Spitze der Reichsmusikkammer glänzten Namen wie die von Richard Strauß, Wilhelm Furtwängler,
Paul Graener und Gustav Havemann. Zum Präsidialrat der Reichstheaterkammer
zählten Werner Krauß und Heinz Hilpert; und Theodor Loos amtierte neben anderen
in der Reichsfilmkammer. Dagegen blieb die Reichsschrifttumskammer auf Männer
wie Friedrich Blunck, Hans Grimm oder Hanns Johst angewiesen, deren Bekenntnis
zum Nationalsozialismus niemand verwunderte; und in der Reichsrundfunkkammer
saßen Eugen Hadamovsky und die neuen Intendanten wie Walther Beumelburg und
Heinrich Glasmeier. In der Reichspressekammer hielten nationalsozialistische Funktionäre, Otto Dietrich, Ministerialrat Jahncke, Rolf Reinhardt und Wilhelm Weiß, der
Chefredakteur des *Völkischen Beobachters*, unter dem Präsidenten Reichsleiter Max
Amann das Heft allein in der Hand.[173]
    Die Kammern bildeten den festen Organisationsrahmen, den unter Anwendung des
gleichen Prinzips, allerdings mit einer bis dahin in freien Berufen noch beispiellosen,
verpflichtenden Normierung, das Schriftleitergesetz für das Gebiet der Presse aus-
füllen konnte, ohne daß gegen die Verkündung des geglätteten Gesetzestextes jetzt
noch von seiten anderer Ministerien Widerstand geleistet wurde;[174] von der deutschen

---

[171] *A. a. O.*, S. 661. Hierzu die Erste Verordnung zur Durchführung des Reichskulturkammergesetzes vom
1. November (*a. a. O.*, S. 797). Vgl. Karl-Friedrich Schrieber, *Die Reichskulturkammer. Organisation und Ziele
der deutschen Kulturpolitik*, Berlin 1934, bes. S. 53 ff., und vom gleichen Verfasser *Das Recht der Reichskulturkammer. Sammlung der für den Kulturstand geltenden Gesetze und Verordnungen, der amtlichen Anordnungen
und Bekanntmachungen der Reichskulturkammer und ihrer Einzelkammern*, Berlin 1935, das dauernd fortgesetzt
und auf den jeweiligen Stand gebracht wurde.

[172] Für den Geschäftsverkehr und den inneren Betrieb galt später der *Leitfaden für den Geschäftsbetrieb der
Reichskulturkammer. Geschäftsordnungs-, Personal-, Haushalts-, Kassen- und Wirtschaftsbestimmungen*, zusammengestellt und erläutert von H. Grensemann, Berlin 1937, der sich auf Bestimmungen der gemeinsamen Geschäftsordnung der Reichsministerien (*GGO I*) und auf die Wirtschaftsbestimmungen für Reichsbehörden stützte und sie
analog anwandte.

[173] Vgl. auch o. I. Teil, V. Kapitel.

[174] Die genauer fassende Gesetzessprache der wichtigen Verordnung über das Inkrafttreten und die Durchführung des Schriftleitergesetzes vom 19. Dezember (*RGBl.*, I, 1933, S. 661), die der Reichspropagandaminister,
der Reichsinnenminister und der Reichsjustizminister gemeinsam erließen, enthielt eine Reihe bedeutsamer
Differenzierungen und Ergänzungen, die überhaupt erst das Gesetz anwendbar machten. Sie setzte das Inkrafttreten auf den 1. Januar 1934 fest und bestimmte u. a. den Begriff des Schriftleiters als „jede unmittelbare oder
mittelbare Textgestaltung durch Wort, Nachricht oder Bild" im Hauptberuf (§ 5; § 4), nahm aber jede Tätigkeit dieser Art bei Drucksachen, die weder Zeitung noch Zeitschrift waren, bei Zeitschriften nicht politischer Art
oder bei Zeitungen und Zeitschriften, die im amtlichen Auftrag, d. h. nur von einer Reichs-, Landes- oder
Gemeindebehörde, herausgegeben wurden, aus (§ 7). Zu diesen Drucksachen zählten auch Periodika, die im
Abstand von mehr als drei Monaten erschienen (§ 8), und alle Publikationen, deren Bezug an einen bestimmten
Personenkreis gebunden, die also nicht im freien Handel erhältlich waren (§ 9). „Politisch" war jedoch auch jede
Zeitschrift mit unterhaltendem Inhalt; ausgenommen blieben nur Publikationsmittel ausschließlich wissenschaft-

Presse war er ohnehin nicht mehr zu erwarten,[175] seitdem die auf Rechtskurs liegende *Deutsche Allgemeine Zeitung,* die sich enger Verbindungen zu großindustriellen Kreisen erfreute, ein Verbot für drei Monate erhalten und ihren Chefredakteur Fritz Klein verloren hatte. Für den Journalisten gab es von nun an, wie Goebbels selbst sein eigenes Gesetz vor dem Reichsverband der Deutschen Presse interpretierte, „keine andere Möglichkeit, als die Entschlüsse und Beschlüsse dieser [der deutschen] Regierung zu decken und dafür zu sorgen, daß sie zu greifbaren Ergebnissen führen“.[176] Die nationalsozialistischen Parteiblätter, wie der *Völkische Beobachter* oder der *Angriff,* das Organ von Goebbels in Berlin, oder die *Nationalzeitung* in Essen, das Sprachrohr Görings, trieben mit mißtrauischer Intransigenz die bürgerliche Konkurrenz in die Enge, die sich schon durch den „geringeren Hitzegrad des Glaubens“ als kritisch verdächtig machte, so daß Goebbels wohl zu der ironischen Bemerkung Anlaß fand, daß die gesamte Presse sogar „päpstlicher sei als der Papst“.[177] 1300 „jüdische und marxistische“ Journalisten[178] wurden mit den Handhaben, die dieses Gesetz schuf, aus ihrem Beruf, viele von ihnen zur Emigration gedrängt.

Aber auch vom Verlagswesen her unterlag die Gestaltung der Presse in rasch zunehmendem Umfang der Beeinflussung durch nationalsozialistische Stellen und Persönlichkeiten. Auf diesem Gebiete wußte Max Amann, der Freund und einstige Kompaniefeldwebel Hitlers, rücksichtslose Geschäftspraktiken für Politik auszugeben und mit Interessen der NSDAP zu verknüpfen. Seinen einflußreichen Posten, den ihm die ständerechtliche Regelung des Presse- und Verlagswesens verschaffte, als Präsident der Reichspressekammer im Verein mit seinen Ämtern als Vorsitzender des Reichsverbandes der Deutschen Zeitungsverleger, als Reichsleiter der NSDAP und als Leiter des Mammutkonzerns des Zentralverlages der NSDAP, nutzte er, um einen zähen Kampf gegen den Privatbesitz im Zeitungs- und Zeitschriftenverlagswesen aufzunehmen. Die zu Beginn noch vorsichtig formulierten Anordnungen, die Amann in seiner Eigenschaft als Präsident der Reichspressekammer erließ, waren von größter wirtschaftlicher Tragweite für die Zeitungen und Zeitschriften und bilden ein Musterbeispiel für die unübersehbaren und unkontrollierbaren, nichtsdestoweniger folgenreichen Auswirkungen direktivgesetzlicher Bestimmungen, die einschränkungs- und bedingungslose Anordnungsbefugnisse auf untergeordnete Instanzen delegieren. Es begann mit der Verfügung der Zwangsmitgliedschaft aller geschäftlichen Unternehmungen, die sich mit der Herstellung und dem Vertrieb von Druckschriften befaßten, in der Reichspressekammer.[179] Amann verbot die Neugründung von Zeitungen, verlängerte mehrmals die Frist dieses Verbots und löste es schließlich durch Anordnung der Anzeige- und Genehmigungspflicht von Gründungsvorhaben,[180] der Neugründung von

lichen oder technischen Inhalts (§ 10). Außerdem gab es eine Anzahl von Ausnahmebestimmungen. Die Tätigkeit bei Korrespondenzbüros wurde praktisch etwas milder behandelt (vgl. bes. den Kommentar von Schmidt-Leonhardt/Gast, Anm. III/163, S. 207, Anm. 2 zu § 20). Im ganzen läßt diese Verordnung die Absicht durchscheinen, bei der ersten Anwendung des Gesetzes vorerst mit milderen Auslegungen zu beginnen.

[175] Vgl. Emil Dovifat, „Die Presse im neuen Staat. Bemerkungen zum Schriftleitergesetz“, in: *Märkische Volkszeitung,* Nr. 275 vom 6. Oktober 1933.

[176] Von Max Rychner wiedergegeben in dem Aufsatz „Bemerkungen zum deutschen Schriftleitergesetz“, in: *Neue Zürcher Zeitung,* Nr. 1830 vom 10. Oktober 1933.

[177] Zit. *ebda.*

[178] Hagemann (Anm. I/199), S. 39.

[179] § 4 der Ersten Verordnung zur Durchführung des Reichskulturkammergesetzes vom 1. November 1933 bestimmte: „Wer bei der Erzeugung, der Wiedergabe, der geistigen oder technischen Verarbeitung, der Verbreitung, der Erhaltung, dem Absatz oder der Vermittlung des Absatzes von Kulturgut mitwirkt, muß Mitglied der Einzelkammer sein, die für seine Tätigkeit zuständig ist.“

[180] Anordnung über Fragen des Vertriebes und der Betriebswerbung sowie Neugründungen auf dem Gebiet der Presse zur Befriedung der wirtschaftlichen Verhältnisse im Deutschen Zeitungswesen vom 13. Dezember 1933, Ziff. 1 (Schrieber, *Das Recht. . .,* Anm. III/171, S. 229); 4. Anordnung über Fragen des Vertriebes usw. vom 8. Februar 1934, Ziff. 1 (*a. a.* O., S. 238); 8. Anordnung über Fragen des Vetriebes usw. vom 6. August 1934

Korrespondenz- und Nachrichtenbüros[181] und schließlich von Großvertrieben des Zeitungs- und Zeitschriftenhandels ab.[182] Bei den späteren Regelungen nahm er sich das Recht, in Einzelfällen auch Ausnahmen von seinen Verboten zuzulassen; praktisch konnte er seitdem uneingeschränkt über das Schicksal eines jeden neuen Unternehmens im Verlags-, Korrespondenz- und Nachrichtenwesen, im Zeitungs- und Zeitschriftengroßvertrieb nach persönlichem Ermessen befinden. Dann untersagte er den Pflichtbezug von Zeitungen, soweit er nicht behördlicherseits festgesetzt wurde, für drei Monate auch die Abonnementswerbung durch angestellte Werber,[183] um schließlich die Bezieherwerbung einem genauen und umständlichen Reglement zu unterwerfen.[184] Die Vielzahl von Bestimmungen, die zweifellos nicht leicht zu befolgen waren, die einmal die wirtschaftlichen Aufwendungen erhöhten und zum anderen das Eingreifen der Reichspressekammer erleichterten, sprechen ein ebenso beredtes Zeugnis für den kleinlichen Bürokratismus, der sich in den ständischen Organisationen ausbreitete, wie für die geschäftlichen Kabalen, die sich – bisweilen recht umständlich – in der Sprache normativer Weisungen verbargen. Es folgten kleinliche Vorschriften über unentgeltliche Lieferungen von Zeitschriften und Lieferungen zu Vorzugspreisen[185] und schließlich die Abschaffung der Abonnentenversicherung bei Zeitungen, die nur noch unterhaltenden Sonntags- und Wochenblättern vorbehalten blieb, soweit ihre Titel durch den Präsidenten der Reichspressekammer bekanntgemacht wurden und sie auf diese Weise ein Ausnahmerecht erwarben.[186] Mit solchen Vorschriften wußte Amann die ohnehin unter der wirtschaftlichen Krise leidenden Zeitungsverlage[187] weiterhin empfindlich zu schwächen und den Wettbewerb sehr wirksam zugunsten der von ihm bevorzugten Verlage, Vertriebs- und Nachrichtenorganisationen zu beeinflussen. Eine

(a. a. O., S. 248); 10. Anordnung über Fragen des Vertriebes und der Bezieherwerbung sowie über Neugründung auf dem Gebiete der Presse vom 31. Januar 1935 zur Befriedung der wirtschaftlichen Verhältnisse im deutschen Zeitungshandel (a. a. O., II, 1935, S. 102 ff.).

[181] Anordnung betr. das Verbot von Neugründungen auf dem Gebiet des Korrespondenz- und Nachrichtenwesens vom 2. Mai 1934 (a. a. O., I, S. 243); Anordnung betr. das Verbot usw. vom 12. Dezember 1934 (a. a. O., S. 254); Anordnung usw. vom 15. Februar 1935 (a. a. O., II, S. 105).

[182] Anordnung über Neugründungen von Zeitungs- und Zeitschriften-Großvertrieben vom 19. September 1934 und Anordnung über Neugründung von Unternehmen des werbenden Zeitschriftenhandels vom 24. Oktober 1934 (a. a. O., I, S. 253).

[183] Anordnung über Fragen des Vertriebes usw. vom 13. Dezember 1933, Ziff. 2, 3 und 5 (a. a. O., S. 229).

[184] 3. Anordnung über Fragen des Vertriebes vom 23. Januar 1934 (a. a. O., S. 233 ff.).

[185] Anordnung über Gewährung von Vorzugspreisen und Gratislieferungen von Zeitschriften vom 13. Juli 1934 (a. a. O., S. 245).

[186] Anordnung betr. die Abschaffung der Abonnentenversicherung bei Zeitungen vom 31. August 1934 (a. a. O., S. 251).

[187] Die von Zeitungsverboten betroffenen Verlage — das gilt vor allem von Verlagen, die der sozialdemokratischen Partei gehörten, vor der Beschlagnahme des Parteivermögens am 10. Mai — hatten schon im Frühjahr und im Sommer 1933 stark gelitten, da Verkaufserlöse und Anzeigeneinnahmen empfindlich gemindert wurden oder gar gänzlich ausblieben. Vgl. Kurt Koszyk, *Zwischen Kaiserreich und Diktatur. Die sozialdemokratische Presse von 1914 bis 1933* (Deutsche Presseforschung, Bd. 1), Heidelberg [1958], S. 215 ff. Mit welchen aus politischen Ursachen verschärften Schwierigkeiten aber auch andere nichtnationalsozialistische Verlage selbst bei alltäglichen Geschäften wie der Bezieherwerbung zu kämpfen hatten, bezeugen Einzelheiten, die durch ein Duisburger Presseurteil im März 1934 bekannt wurden. Die Klage eines katholischen Verlagshauses, der Vereinigten Verlagsanstalten A. G. in Oberhausen, eine Einstweilige Verfügung gegen die unlauteren Wettbewerbsmethoden der nationalsozialistischen *National-Zeitung* in Essen zu erlassen, wurde vom Landgericht Duisburg abgelehnt. In den längeren Auslassungen der Urteilsbegründung findet sich der auf den Hintergrund des anhebenden Kirchenkampfes hinweisende bezeichnende Satz, „daß die katholische Presse heute eine überflüssige Erscheinung ist. . ." Die *National-Zeitung* hatte diese Auffassung in die Praxis umzusetzen versucht, indem sie Bezieherwerber in SA-Uniform eingesetzt hatte, die in Fällen von Abonnementskündigungen regelrechte Verhöre mit ehemaligen Beziehern veranstalteten und bei Bezieherneuwerbungen Nachteile im Falle des Nichtbestellens androhten (Abschrift des Urteils der Kammer für Handelssachen des Landgerichts Duisburg vom 28. März 1934; *BA*, P 135/4006, fol. 130⁴⁻⁷). Das Urteil wurde einige Monate später im Berufungsverfahren vom 2. Zivilsenat des Oberlandesgerichts Düsseldorf abgeändert und eine Einstweilige Verfügung gegen die *National-Zeitung* erlassen (Abschrift des Urteils a. a. O., fol. 165—174).

große Zahl von Verlagsrechten ging an die von ihm selbst geschaffenen Auffanginstitute über. Die stets rege Tätigkeit der „grauen Eminenz" hinter den Kulissen der deutschen Presse, des ehemaligen Graudenzer Bürgermeisters und demokratischen Politikers Max Winkler, der in der Ära der Republik Millionen an Regierungsgeldern in auslandsdeutsche Unternehmungen geleitet und einen großen Teil der deutschen Presse beeinflußt hatte, tat ein übriges, um Großbetriebe wie den Ullsteinverlag, den Mosse-Verlag, die Ala-Anzeigen-A.G. und eine Anzahl der von Hugenberg beherrschten Blätter in den Pressetrust Amanns zu überführen.[188] Die Telegraphenunion vereinigte sich mit dem Deutschen Nachrichtenbüro (DNB), das zum Monopolnachrichtendienst des nationalsozialistischen Staates wurde.

Auch diese Ergebnisse beengten die Bewegungsfreiheit des Schriftleiters und wirkten sich zwangsläufig auf seine Haltung und berufliche Tätigkeit aus. Im letzten galt für jeden Journalisten in irgendeiner Form die Behauptung, die der Leiter der Reichspressekonferenz, Ministerialrat Jahncke, nach Erlaß des Reichsschriftleitergesetzes in bezug auf die Mitglieder der Reichspressekonferenz in Berlin aufstellte: daß sie „nicht wie früher als Vertreter ihrer Zeitungen gegenüber der Regierung" gelten, sondern „umgekehrt die Vertrauensmänner des Ministers Goebbels gegenüber den Zeitungen" seien und „daß ihren Anweisungen nun eine Art amtlicher Charakter" anhafte.[189] Nahezu alle politisch belangvollen Komplexe wurden zu Gegenständen strikter Weisungen an die Presse: der Reichstagsbrandprozeß, die Reichsreform, die Auseinandersetzungen in der evangelischen Kirche, die Röhm-Affäre, der Tod Hindenburgs, Papst und Konkordat, Verhaftungen und Terrorakte, die Frage der Monarchie, der Arbeitsdienst, Wehrmacht und Aufrüstung, Arbeitsbeschaffung und Winterhilfswerk wie die Außenpolitik, die einen auffällig breiten Raum einnahm. In einer früheren Anweisung wurde den Zeitungen sogar die strenge Überprüfung von Berichten der Auslandskorrespondenten nach erteilten Richtlinien als Pflicht auferlegt.[190] Sogar Einzelheiten, die scheinbar abseits von den Hauptlinien der politischen Ereignisse lagen, wurden zu Gegenständen von Anweisungen für die Presse, die etwa die Veröffentlichung von Bildern untersagten, welche Mitglieder der Reichsregierung auf gesellschaftlichen Veranstaltungen zeigten, oder die Ankündigung von Kabinettssitzungen und von bevorstehenden Auftritten des Reichskanzlers verboten; oder die Presse hatte ständig Standortmeldungen von den Flügen des Luftschiffs „Graf Zeppelin" in bevorzugter Aufmachung zu bringen, um für die deutsche Luftschiffahrt zu werben. Auch Rich-

---

[188] Hagemann (Anm. I/199), S. 39 f. Über die Rolle Winklers in der Weimarer Zeit ist aus bisherigen Veröffentlichungen nur sehr wenig bekannt geworden. Severing (Anm. II/80, II, S. 325) gibt an, daß W. auch an der Finanzierung der Wiederwahl Hindenburgs im Frühjahr 1932, die später die Nationalsozialisten benutzten, um Beschuldigungen gegen Severing und Braun zu erheben, als Beauftragter der Reichsregierung beteiligt war.

[189] *BA*, Sammlung Brammer I (Mitteilung Dertingers an Dyrssen vom 20. Oktober 1933). Das Informationsmaterial des *Dienatag* (*Dienst nationaler Tageszeitungen*) der „Sammlung Brammer" redet eine deutliche Zeugensprache über die Politik der Presselenkung in den letzten Monaten vor und nach Erlaß des Schriftleitergesetzes. Neben den Bestellungen aus der Reichspressekonferenz finden sich im Anfang noch zahlreiche Mitteilungen, die teilweise als Anweisungen bezeichnet werden, deren Herkunft jedoch nicht ausdrücklich angegeben wird oder als deren Quelle eine Stelle außerhalb des Reichspropagandaministeriums genannt wird (z. B. Reichswehrministerium, Oberste SA-Führung, Reichsführung der NS-Volkswohlfahrt). Der Charakter dieser Bestellungen unterscheidet sich wenig von solchen aus der Reichspressekonferenz. Es kann angenommen werden, daß sie größtenteils auch von dort herkamen und diese Herkunftsbezeichnung lediglich aus unerheblichen Gründen unterblieben ist oder daß ergänzende Informationen bzw. Weisungen zwischen den Pressekonferenzen gegeben wurden, daß solche Nuancen und Spielarten allmählich in zunehmender Gleichförmigkeit des Betriebes auf der Pressekonferenz aufgingen. Außerdem gab es Rundrufe des DNB, das als übergeordneter Nachrichtendienst ebenfalls eilige Zwischenmeldungen oder Weisungen den Nachrichtenbüros der deutschen Presse vermittelte. Das tägliche Informationsmaterial wurde seit April 1934 in monatlichen Lieferungen fortlaufend veröffentlicht: *Das Archiv. Nachschlagewerk für Politik, Wirtschaft, Kultur*, hrsgg. von Kurt Jahncke, bearb. von Ernst Jaenicke, Jg. 1934/35 ff. Vgl. auch die historischen Parallelen in der öffentlichen Nachrichtenlenkung während des ersten Weltkrieges nach der reichhaltigen Materialsammlung von Kurt Mühsam (Anm. I/199), S. 64 ff.

[190] *BA*, Sammlung Brammer, I, Bestellung an v. Neuhaus vom 21. September 1933.

tungskämpfe und Rivalitäten unter den nationalsozialistischen Führern schlugen sich
in Presseanweisungen nieder; natürlich standen hierbei die Beziehungen von Goebbels
im Mittelpunkt, der die gleichgeschaltete Presse bald als eine Art Hausmacht zu benutzen wußte. Noch wenige Wochen vor der Röhm-Affäre mußten Anordnungen des
SA-Stabschefs oder Mitteilungen, die die SA betrafen, in besonderer Aufmachung gebracht werden.[191] Ley und andere dagegen, besonders aber Göring, mußten sich eine
harte Zensur oder gar ein völliges Totschweigen einzelner Reden und Äußerungen gefallen lassen; sogar eine Rede von Carl Schmitt durfte nicht erwähnt werden.[192]

Ähnlich wie Lockerungen, Verschärfungen und Milderungen des innerpolitischen
Kurses in der nationalsozialistischen Ära einander ablösten, wechselten auch die Druckmittel, derer sich das Reichspropagandaministerium zur Durchsetzung seiner Anweisungen bediente. In den Sommermonaten des Jahres 1933, nach dem Verschwinden
der Parteien, waren staatliche Maßnahmen gegen Zeitungen, die die ministeriellen
Richtlinien außer acht ließen, kaum noch notwendig. Anfang Juli 1933 wurde der
Dortmunder Generalanzeiger, ein offizielles Organ der NSDAP, „schärfstens gerügt".[193] Monatelang aber genügten mehr oder minder deutliche offizielle Hinweise
auf eine Strafabsicht im Falle des Nichtbefolgens von Richtlinien, um kein Zeichen
mangelnder Willfährigkeit aufkommen zu lassen.[194] Selbst die Drohung des Reichspressechefs der NSDAP, Dietrich, der 1933 noch nicht dem Propagandaministerium
angehörte, daß sich jede Zeitung strafbar mache, die eine bestimmte Nachricht von der
Telegraphen-Union übernehme, was sich nicht einmal mit Hilfe des zur Zeit geltenden
Rechts begründen ließ, fand gewohnheitsgemäß die gleiche Behandlung und Achtung
wie eine Anweisung des Ministeriums.[195] Während der Vorbereitungen zu den Reichstagswahlen im Oktober 1933 wandten sich die Maßnahmen des Propagandaministeriums vor allem gegen die Parteipresse der NSDAP, mit der Goebbels am allerwenigsten zufrieden war; zwei Redakteure nationalsozialistischer Parteizeitungen mußten
sogar fristlos ihre Büros räumen.[196] Das Verhalten des Teiles der Presse, der nicht zur
NSDAP gehörte, war hingegen schon im Juli vom Propagandaministerium mit bemerkenswerter Befriedigung überaus wohlwollend beurteilt worden.[197]

Einige Wochen später bildete der Streit innerhalb der evangelischen Kirche ein derart hochwichtiges Politikum, daß das Propagandaministerium jegliche Berichterstattung hierüber untersagte; jeder Verstoß gegen dieses Verbot sollte das „sofortige Verbot der betreffenden Zeitung" nach sich ziehen.[198] Auf der Pressekonferenz am 9. Januar 1934 wurde dann nochmals darauf hingewiesen, daß alle Verordnungen des
Reichspropagandaministeriums strikt durchgeführt werden müßten; vor der Nicht-
befolgung dieser Richtlinien, die in einigen Fällen vorgekommen war, wurde nachdrücklich gewarnt. Freilich genossen zu dieser Zeit einzelne Blätter in einigen Fragen
noch eine Art Reservat. Nach Abschluß des Konkordats etwa hatten sich einige katholische Blätter dem Publikationsverbot des Propagandaministeriums widersetzt;[199] Folgen waren ausgeblieben. Und am 3. April 1934 erließ das Propagandaministerium
die Weisung, daß die katholische *Germania* ein Handschreiben des Papstes an die

---

[191] *BA,* Sammlung Brammer, III, Anweisung Nr. 460 und Nr. 500; Bestellung vom 20. April 1934.
[192] *BA,* Sammlung Brammer, I, Bestellung an Balk vom 16. Juni; Rundruf vom 27. Juni; Bestellung an Dyrssen
vom 18. August; *a. a. O.,* III, Anweisungen Nr. 177, 183, 222 und 363.
[193] *BA,* Sammlung Brammer, I, Rundruf vom 6. Juli 1933.
[194] Ziemlich eindeutig — wie es allerdings nur selten vorkam — war die Feststellung des Reichswehrministeriums, daß eine Veröffentlichung in einer bestimmten Frage, die im Zusammenhang mit der Aufrüstung steht, den
Tatbestand des Landesverrats erfülle (*a. a. O.,* Bestellung an v. Neuhaus vom 21. September 1933).
[195] *A. a. O.,* vertrauliche Mitteilung vom 2. September 1933.
[196] *A. a. O.,* Mitteilung an Dyrssen vom 20. Oktober 1933.
[197] *A. a. O.,* Bestellung an Heerdegen vom 11. Juli 1933.
[198] *BA,* Sammlung Brammer, II, Anweisung Nr. 81.
[199] *BA,* Sammlung Brammer, III, Anweisung Nr. 271.

deutsche Jugend publizieren solle, das die übrige Presse keinesfalls übernehmen dürfe. Für die *Germania* ließ das Propagandaministerium also eine Ausnahme zu, die vielleicht sogar einen wohldurchdachten Zweck erfüllte und nicht nur *ad hoc* Rücksichten nahm; denn nicht nur die Schließung, sondern auch die berechnete Öffnung des Ventils, durch das der Strom der Informationen laufen konnte, gehörte zu den ausgeklügelten Manipulationen Goebbelsscher Pressepolitik.

Nach dieser im Sinne ihres Urhebers binnen kurzer Frist erstaunlich erfolgreichen Konstruktion des Presseinstruments nahm es denn kein Wunder, daß schon eine Anweisung vom 14. Mai 1934 „teilweise Wiederherstellung der Pressefreiheit" versprach.[200] Dennoch fehlt jedes eindeutige Kriterium aus der folgenden Zeit für eine wesentliche Auflockerung der Presselenkung. Die etwas eigenwilligen Wiedergaben einer Goebbels-Rede in der *Germania* und im *Berliner Lokal-Anzeiger* erregten sofort Mißtrauen und wurden als „Denaturierungen" klassifiziert, das Unisono der Berichterstattungen in der übrigen Presse dagegen amtlicherweise als allgemein zufriedenstellend bezeichnet.[201] Und das Beispiel der Beschlagnahme der *Deutschen Zeitung* im Juli 1934 aus einem unbedeutenden Anlaß[202] bezeugt, daß es der Reichspropagandaminister vorzog, in Augenblicken politischer Spannungen mit größter Rücksichtslosigkeit vorzugehen. Das Risiko war infolgedessen von unübersehbarer Größe. Man gewinnt den Eindruck, daß der überwiegende Teil der deutschen Presse zumindest jede deutlich erkennbare Opposition den Weisungen des Propagandaministeriums gegenüber vermied. Die Konkurrenz der anwachsenden Parteipresse der NSDAP und damit die Gefahr einer völligen Ausschaltung der nichtnationalsozialistischen Blätter darf freilich auch nicht unterschätzt werden. Schon eine Mitteilung vom 28. Juli 1933 verdient besondere Beachtung. Ihr zufolge durfte unter Umständen mit einer weitherzigen Auslegung der ministeriellen Richtlinien gerechnet werden, sobald jeder Anschein einer Darlegung krisenhafter Zustände unterblieb und sich alle „vorausschauenden Betrachtungen" im Rahmen der nationalsozialistischen Ideologie bewegten.[203] Das war zweifellos ein verführerisches Mittel, im Äußerlichen die Abstände zur Parteipresse der NSDAP aufzuheben und überall den Mantel der Parteigesinnung auszubreiten.

Die vom Propagandaministerium ausgehenden Weisungen waren nun aber bei weitem nicht immer von gleichmäßiger Deutlichkeit und zuweilen überaus ungenau formuliert, strikte Verbote oder Mitteilungssperren in der Anfangszeit noch selten. Häufiger wurde um Zurückhaltung oder um Raumbeschränkung bei der Behandlung von Meldungen und Ereignissen ersucht, vor Erlaß des Schriftleitergesetzes meist nur ein „Wunsch" oder eine „Anregung" des Propagandaministeriums weitergegeben. Charakteristisch war das schrittweise Hervortreten von Worten wie „unerwünscht" oder „nicht erwünscht", die wohl sehr treffend den halben oder halbwegs verhüllten Gebotscharakter ministerieller Wünsche wiedergaben. Einschränkenden und prohibitiven Weisungen folgten andere, die ein ausdrücklich als „erwünscht" bezeichnetes Nachrichtenmaterial hervorhoben und auf diese Weise lancierten. Die Spielweite der Möglichkeiten reichte von dem Wunsch nach bevorzugter Aufmachung von Meldungen und Kommentaren bis zur minutiös durchgearbeiteten Anweisung, die Inhalt und Teile des Wortlauts von Meldung und Kommentar, Abfassung der Schlagzeilen sowie den Zeitpunkt der Veröffentlichung genauestens festlegte. Die Propaganda zum zweiten „Ein-

---

[200] *A. a. O.*, Anweisung Nr. 504.

[201] Auch andere Blätter durchbrachen vereinzelt den Rahmen der ministeriellen Weisungen. Vom *Dienatag* wurde jedoch nachdrücklich gemahnt, diesem Beispiel nicht zu folgen; sowohl dem *Hamburger Fremdenblatt* wie der *Frankfurter Zeitung* sei aus außenpolitischen Gründen „eine gewisse Narrenfreiheit" eingeräumt worden. Ob diese Behauptung lediglich auf Vermutungen, auf Erfahrungen oder gar offiziellen Verlautbarungen beruhte, ist nicht festzustellen (*a. a. O.*, Bestellung für Dertinger vom 11. und Antwort vom 21. Juni 1934).

[202] *BA*, Sammlung Brammer, IV, Bestellung vom 31. Juli 1934.

[203] *BA*, Sammlung Brammer, I, Mitteilung an v. Neuhaus.

topfsonntag" 1933 im Rahmen des ersten „Winterhilfswerks" bot das früheste Beispiel dieser im Ministerium zuvor festgelegten und in ihrer Wirkung bis ins einzelne determinierten Presseberichterstattung, die den Schriftleiter und seine Zeitung zum exakten Vollzug von Entscheidungen der Zentralbehörde zwang. Der Journalist sah sich „in starkem Maße der Meinungsbildung enthoben" – die nun das Propagandaministerium übernahm –, „um voll und ungebrochen bei der nationalen Willensbildung eingesetzt zu werden".[204]

Der Reichspropagandaminister begnügte sich indessen nicht mit der sicheren Herrschaft über die Mittel der Massenbeeinflussung und einige Gebiete der Kulturpolitik; durch Einvernahme von Institutionen und Schaffung neuer, zentral geregelter Zuständigkeiten dehnte er den Bereich seines maßgebenden Einflusses fortgesetzt weiter aus: im September 1933 mit der Errichtung des Werberates der deutschen Wirtschaft und mit dem Auftrag zur Durchführung des Winterhilfswerkes, durch Übernahme des Berliner „Theaters des Volkes" im Januar 1934, des Berliner Philharmonischen Orchesters im Juni sowie des Deutschen Opernhauses und des Leipziger Messeamtes im Juli 1934.[205] Über die Grenzen von Zuständigkeiten der wirtschaftlichen und der Kultusministerien hinweg baute sich Goebbels ein eigenes Imperium ministerieller Befugnisse mit Hilfe reichseinheitlicher Regelungen auf, dessen Fäden über 13 nachgeordnete Landesstellen in 7 Ministerialabteilungen zusammenliefen,[206] aus denen in wenigen Jahren 15 Abteilungen mit 1 000 Beamten unter 3 Staatssekretären herauswuchsen,[207] die dann über 41 Reichspropagandaämter und eine lange Liste weiterer nachgeordneter Behörden geboten.[208]

Auf diesem Wege entstand eine organisatorische Synthese der vom Propagandaministerium zentral gelenkten und geleiteten Mittel geistiger Einwirkung auf die gesamte Bevölkerung, die eine geradezu typische Methode der Propaganda anzuwenden erlaubte, von der die erstmalige volle Tätigkeit der Propagandamaschinerie am 1. Mai 1933 einen ersten, im Verhältnis zu Späterem aber noch bescheidenen Eindruck vermittelte. Hervorstechendes Kennzeichen dieser nationalsozialistischen Propaganda war

---

[204] Max Rychner in der *Neuen Zürcher Zeitung*, Nr. 1830 vom 10. Oktober 1933.

[205] Müller (Anm. III/129), S. 7 ff.

[206] Vgl. die Übersicht in: *Die neuen Männer. Verzeichnis der Dienststellenbesetzungen in Reichs- und Länderministerien*, Berlin 1933, S. 15 f. Die sieben Abteilungen führten die Bezeichnungen „Haushalt und Verwaltung" (Abt. I unter dem Ministerialdirektor Greiner), „Propaganda" (Abt. II, Ministerialrat Haegert), „Rundfunk" (Abt. III, Ministerialrat Dreßler-Andreß), „Presse" (Abt. IV, Ministerialrat Jahncke), „Film und Bekämpfung von Schund- und Schmutz-Schriften" (Abt. V, Ministerialrat Seeger), „Theater und·Kunst" (Abt. VI, Ministerialrat Laubinger), „Lügen-Abwehr" (Abt. VII, Ministerialrat Demann). Die Organisation von Landesstellen bekümmerte sich nicht um die Ländergrenzen. Das Propagandaministerium nahm eine eigene Regionalgliederung vor, die aber auch mit der Gau-Einteilung der NSDAP nichts gemein hatte. Die Landesstellen hießen: Berlin-Brandenburg-Grenzmark (Sitz in Berlin), Hamburg-Schleswig-Holstein (Hamburg), Niedersachsen (Hannover), Westfalen (Münster), Rheinland (Köln), Hessen-Nassau (Frankfurt a. M.), Baden-Württemberg (Karlsruhe), Bayern (München), Mitteldeutschland (Halle), Sachsen (Dresden), Schlesien (Breslau), Ostpreußen (Königsberg) und Pommern-Mecklenburg (Stettin).

[207] Müller (Anm. III/129), S. 11 ff. Die Abteilungen hatten folgende Zuständigkeiten: 1. Haushalt, 2. Personal, 3. Recht, 4. Propaganda, 5. Deutsche Presse, 6. Ausländische Presse, 7. Ausland, 8. Fremdenverkehr, 9. Rundfunk, 10. Film, 11. Schrifttum, 12. Theater, 13. Bildende Kunst, 14. Musik, 15. Besondere Kulturaufgaben (diente hauptsächlich zu antisemitischen Aktionen in den „Kulturberufen").

[208] Übersicht a. a. O., S. 32 ff. (nach dem Stand von 1940). Hierzu zählten auch das Werbe- und Beratungsamt des Deutschen Schrifttums, der Reichsbeauftragte für künstlerische Formgebung, der Reichsausschuß für Fremdenverkehr, die Filmprüfstelle, die Reichsarbeitsgemeinschaft Schadenverhütung, die Deutsche Kongreßzentrale, die Deutsche Filmakademie u. a. m. Außerdem waren dem Reichspropagandaministerium die Deutsche Bücherei in Leipzig, die Reichsrundfunk-Gesellschaft und eine Reihe Berliner Theater unmittelbar unterstellt. Das Theatergesetz vom 15. Mai 1934 (*RGBl.*, I, 1934, S. 411; Begründung im *Reichsanzeiger*, 1934, Nr. 116 vom 22. Mai) wandelte auch die Theater in „Träger einer öffentlichen Aufgabe" um und unterstellte die Zulassung von Theaterstücken, die Anstellung von Theaterpersonal der gehobenen Sparten, die Aufsicht über Theater- und Theaterbesucher-Vereinigungen und die Regelung des Handels mit Theaterkarten grundsätzlich der Verwaltung des Reichspropagandaministeriums, das die wichtigsten dieser neuen Zuständigkeiten durch eine „Reichstheaterkammer" besorgen ließ (Verordnung zur Durchführung des Theatergesetzes vom 18. Mai 1934; *RGBl.*, I, 1934, S. 413).

der offenkundige Mangel an jeglichem verpflichtenden Empfinden für Objektivität und Genauigkeit. Man stößt überall auf die gleiche Massierung der in maßlosen Übersteigerungen gebildeten Phantasmen. Das Deutschlandlied in einer Massenkundgebung wurde zur „befreienden Symphonie", das ganze zu einem „fast kosmischen Erlebnis"; von dem hyperbolisch romantisierenden Eigenschaftswort einer „traumhaft phantastischen nächtlichen Stunde" bis zur „beinahe transzendentalen Erlebniswelt", in der sich „Tag für Tag Adolf Hitlers Arbeit für Deutschland vollzieht", wurde Sagbares in trügerischer Weise zu Unsagbarem gestempelt, um das Alltägliche mit dem Schein eines Numinosen zu versehen, seine scheinbare Gewichtigkeit zu erhöhen und ihm die beabsichtigte politische Verführungskraft zu verleihen. Die Variation mit dem Ziele des gleichbleibenden Effekts trat dadurch ein, daß es gegen den Anschein des Geheimnisvollen, des beispiellosen Originären und des Einmaligen ausgewechselt wurde, so, wenn von „einer ungeahnten neuen Form des Schaffens" die Rede war oder von einem „neuen, ganz fundamental neuen Stil deutscher Lebensgestaltung" und so fort.[209] Jede Logik, jeglichen rationalen Zusammenhang suchte diese verballhornisierte Sprache zu verbannen. Sie war weder suggestiv noch gefühlsüberschwenglich; sie war nur unwahr, existierte aber unter der Voraussetzung, für wahr genommen zu werden. Für sie gilt ähnliches wie für die landläufige wirtschaftliche Werbung minderer Art: Sie folgte der Absicht bedingungsloser Anpreisung. Mittel der Anpreisung war die offene oder versteckte Andeutung des über alle Maßen Ungewöhnlichen, das eine Begebenheit, eine politische Maßnahme oder eine einzelne Persönlichkeit auf das Podest einer jedem normalen Maß hohnsprechenden Bedeutsamkeit erhob. Jedes Datum, jede Person, der solches aus politischen Gründen angetan werden sollte, erhielt mit einigen Kunstgriffen den Stempeldruck der universellen Einmaligkeit aufgeprägt. So wurde die NSDAP zur gewaltigen Bewegung des „nationalen Aufbruchs", wurden die alten Kämpfer zu den „treuen Gefährten des Führers" und war Hitler die „Inkarnation des Willens" und das Werkzeug der „Vorsehung" – freilich in einem anderen, voreiligeren Sinne, als das spätere Ende dieses Systems heute zu meinen zwingt. Der Anteil dieser Propaganda an der Entstehung des Führerkults ist kaum zu ermessen.

Diese Mittel konnten im kleineren wie im größeren Ausmaß gebraucht werden, um den beabsichtigten Erfolg herbeizuführen. Ihr allgemeinster Zweck war zunächst die Werbung. Ihr diente eine grenzen- und maßstablose Idealisierung; sie bildete hyperbolische Ideale und gab sie als angestrebte oder gar verwirklichte Wahrheiten aus. Ihr folgte eine Kontrastierung, die den fiktiven Kontrast möglichst scharf vom fiktiven Ideal abhob und mit allen denkbaren Signaturen des Bösen und Verworfenen versah, wobei die Kunst der Abstufung eine variationenreiche Skala propagandistischer Wirkungen zu entwickeln vermochte. Die Wahl des Gegners konnte in längeren Zeiträumen wechseln und auf diese Weise politischen Opportunitäten folgen; das formale Schema der propagandistischen „Freund–Feind"-Dialektik erlaubte sogar jede mögliche Wahl eines Gegners, sobald sich nur ein Überhöhungsmoment für die eigene Sache gefunden hatte. Diese Dialektik vermochte die nationalsozialistische Propaganda bis zur versteckten oder auch offenen Gewaltandrohung fortzuführen und in ihrer Wirkung durch die ständige Transparenz der Macht und der Gewalt zu steigern. Sie zeigte sich aber auch darin beispiellos, daß sie das Urbild dieses Schemas in den Farben der äußersten Extreme ausmalte und fernste Möglichkeiten aufspürte. Die Überhöhung des Zweckes oder des Zieles, auch des vorgeblichen, wurde zur Apotheose und, wie im Beispiel des Führerkultes, mit magischen Qualitäten ausgestattet, die dialektische Antithese zu der mit satanischem Eifer ausgesprochenen Verurteilung. Hieraus ergab sich allerdings eine wesentliche Bedingung, unter der diese Propaganda allein möglich war:

. 209 Dietrich (Anm. I/123), S. 10. Hierzu die eindrucksvolle sprachkritische Untersuchung von Victor Klemperer, *LTI [lingua tertii imperii]. Notizbuch eines Philologen*, 2. Aufl., Berlin 1949.

Sie setzte die Existenz einer Feind-Welt voraus. Sofern sie nicht in einer augenfällig den eigenen verkündeten Absichten entgegenstehenden Form existierte, mußte sie künstlich geschaffen werden.

Zu den Merkmalen nationalsozialistischer Propaganda zählten also die stufenweise Überhöhung der vorgegebenen Absichten und wirklichen Maßnahmen, die Designation ständiger Gegner, die stufenweise Verdammung und die graduierten Hinweise auf potentielle Gewaltanwendung. Ihre Kunst lag darin, einem unkritischen Publikum – und jede Propaganda setzt ein unkritisches Publikum voraus, da sie an der Kritik scheitert – Himmel und Hölle in den Formen der politischen Wirklichkeit vorzuspiegeln, seine höheren Empfindungen mit Beschlag zu belegen und äußerstenfalls mit der Vorstellung einer drohenden Apokalypse nachzuhelfen. Mit diesen dauerhaften Tendenzen ging die Zermürbung und Abtötung des individuellen Bewußtseins einher, die geeignet war, jede Fähigkeit zur Kritik zu lähmen: die Gewöhnung an Zwang durch ein lückenloses, quasimilitärisches Disziplinarsystem, durch Symbole, Lieder, Plakate, Transparente, eine bestimmte Eingewöhnung des Denkens durch beharrliche Wiederholungen der propagandistischen Effekte, die Gewöhnungen des Daseins in der dichtesten Masse und Steigerung der emotionalen Effekte durch ein häufig reproduziertes System spürbarer Unterordnungen, durch Massenveranstaltungen, Musik, Märsche und durch die lautstarke Regie von Menschenmassierungen. Der einzelne wurde einer selbständigen Handlungsbefähigung und schließlich seines Handlungsbedürfnisses beraubt, seinem eigenen Bewußtsein entfremdet, von einer zentralisierten Ordnung blind gemacht, um von ihr vereinnahmt zu werden. Man kann den Sinn des Systems dieser Propaganda an der Umkehrung des logischen Urteils verdeutlichen: für den Erfolgszweck galt auch die Lüge als Wahrheit. Sie diente nicht der Aufklärung – obgleich die Zentralbehörde der Organisation diesen Namen führte –, nicht der ergründenden Differenziation, sondern der fortwährenden Komplexion der Urteile, der Konfrontation der Gegensätze und der Damnation des wirklichen, des potentiellen und des ausgewählten Gegners.

5. Propaganda und Justiz

Die beginnende Polykratie der Ressorts ließ sich an der anhaltenden Konkurrenz zwischen dem preußischen Justizministerium und einigen Zuständigkeiten des Reichspropagandaministeriums ablesen, die trotz gleicher oder doch verwandter Absichten die Ressortauseinandersetzungen und -veränderungen, die den Aufbau des Propagandaministeriums begleiteten, eine Zeitlang fortsetzten. Roland Freisler zählte zu jenen Charakteren, die ihre Neigungen und Fähigkeiten in einem totalitären Staat voll zu entfalten vermögen und deren unbestechliche logische Situationsanalysen von ideologisch-moralischen Prädispositionen gänzlich unbeeinflußte Definitionen des Gegners und seiner Lebensinteressen erlauben. Der technisch säkularisierte Sachverstand dieses total politisierten Intellektuellen blieb unbeschwert von den Gründen eines Bekenntnisses und unberührt von den Differenziationen und Skrupeln des Humanitären, was ihn in seinen Absichten und Wegen zu bedingungsloser Geradlinigkeit befähigte. Es mag auf eine verbreitete Scheu unter seinen nationalsozialistischen wie nichtnationalsozialistischen Fachgenossen vor dem berüchtigten kalten Mathematiker totalitärer Politik, aber auch auf die andersgeartete Personalität Hitlers zurückzuführen sein, der mit manchen Menschen, die alle Lebensäußerungen darauf konzentrieren, illegitim zu Macht und Herrschaft emporzusteigen und zu diesem Zweck die Welt und die Menschen zu Instrumenten entwerten, ein tief verwurzeltes Mißtrauen gegen überragendes Sachverständnis und Intellektualität teilte, daß Freisler im nationalsozialistischen Staat auf Funktionen innerhalb der Justiz beschränkt blieb. Bemühungen, vom eigenen, dem preußischen Ressort der Justiz aus neue Zuständigkeiten zu gewinnen, unterließ Freisler ebensowenig wie andere Machthaber des nationalsozialistischen Regimes. Und auch in seinem Falle ist es schwierig, den Sinn für technische Perfektion der angeeigneten Apparatur vom persönlichen Geltungsstreben deutlich und unverwischbar zu scheiden. Interesselosigkeit am eigenen Rang und an der eigenen Macht wird Freisler jedenfalls nicht nachgesagt werden dürfen; und sein Interesse an einer speziellen Propaganda der Justizbehörden gehörte sicherlich nicht allein nur in den Vorstellungskreis einer perfekten politischen Justiz. Diesen besonderen Zweig der Propaganda erfand und organisierte Freisler, noch bevor der große Schauprozeß gegen die „Reichstagsbrandstifter" vor der nationalsozialistisch beeinflußten Öffentlichkeit ablief und mit einem so eklatanten Fehlschlag endete, daß es sich die Propagandafunktionäre für längere Zeit versagten, politische Schaustellungen dieser Art und dieses Umfangs zu veranstalten [210] – die das sowjetische System so meisterhaft in Szene zu setzen wußte –, bis Freisler Jahre später als Präsident des Volksgerichtshofes allmählich auch dieser Bedenken Herr wurde. Der Gedanke, große politische Prozesse in effektvoller Form durch Radio zu übertragen, entstand zunächst im Propagandaministerium und wurde am 9. Juni 1933 in einem Mordprozeß gegen vier kommunistische Arbeiter vor dem Schwurgericht des Landgerichts II Berlin-Moabit zum ersten Male und in einer Weise angewandt, die Aufsehen erregte.[211] Man übertrug den Prozeß nicht unmittelbar, sondern nahm ihn zunächst auf Wachsplatten auf und gewann dadurch die Möglichkeit, die Sendungen in den beliebtesten Hörzeiten ablaufen zu lassen und die Prozeßausschnitte aus einem umfangreichen und differenzierten Material von Vernehmungen und Zeugenaussagen nach den Forderungen des propagandistischen Effekts auszuwählen. Doch diese Rundfunksendung kam ohne vorherige Fühlungnahme mit dem preußischen Justizministerium zustande und konkurrierte mit den dort gehegten Plänen für eine eigene Justizpropaganda.[212] Der Einspruch des Justizministers blieb daher nicht aus[213] und unterband vorerst ähnliche Experimente. Freislers Absicht, eine besondere Justizpropaganda aufzubauen, führte dazu, daß die preußische Justiz in ihrem Be-

---

[210] Verlauf und Ergebnis des Reichstagsbrandstifter-Prozesses erzeugten nach der Verkündung des Urteils durch das Reichsgericht im Dezember 1933 einen offenen Zwiespalt zwischen der öffentlichen Meinung, soweit sie von der nationalsozialistischen Propaganda beherrscht wurde, und juristischen Fachkreisen. Die parteiamtliche Stellungnahme der NSDAP gab sich keine Mühe, die Enttäuschung über den Ausgang des mit hohen Erwartungen verfolgten Prozesses zu verbergen, und sprach vorbehaltlos vom „Leipziger Fehlurteil"; *Deutsches Recht* 4 (1934), S. 19. Sie wurde in der gesamten Tagespresse veröffentlicht und sollte offensichtlich eine Stimmung gegen die Leipziger Richter und das Reichsgericht schaffen. Demgegenüber wurden in der repräsentativen *Deutschen Juristen-Zeitung* 39 (1934), Sp. 127 f. und 131 ff. (beide Artikel unter voller Namensnennung der Autoren), entschiedene Gegenmeinungen geäußert, die nicht nur am fiktiven Begriff des von der NSDAP angeführten „Volksempfindens" Kritik übten („Schwerlich kann das Volk, das ja einer Strafverhandlung nicht beiwohnt, davon überzeugt sein, daß die Schuld eines bestimmten Angeklagten durch die Verhandlung bewiesen ist"), sondern auch Bedenken gegen die Veranstaltung solcher aufwendigen Monsterprozesse vorbrachten und nachdrücklich zugunsten des Reichsgerichtsurteils Stellung nahmen: „Das Urteil der höchsten deutschen Richter ist schon gescholten worden, noch bevor es gefaßt worden war; gescholten im Auslande und im Inlande auf Grund von ,Unterlagen', die nicht nur wegen ihres Ursprunges das Licht des Tages zu scheuen haben [!]. Die Richter des Reichsgerichts können getrost in den Kampf um die Urteilsschelte eintreten; sie werden rein und gerechtfertigt durch ihr Gewissen, dem sie pflichtgemäß allein gefolgt sind, aus ihm hervorgehen" (Sp. 132). Das amtliche Organ des Reichsjustizministeriums versuchte, sowohl die Version einer erwiesenen Mitschuld der kommunistischen Angeklagten aufrechtzuerhalten wie auch das Urteil trotz seiner „peinlichen Objektivität" und „gewissen formalistischen Mängeln" als „großen moralischen Gewinn" zu werten, der „Rechtssicherheit und ordentlichen Rechtsgang ... unter Beweis gestellt" habe; *Deutsche Justiz* 95 (1933), S. 870 f. Vgl. hierzu jetzt auch Schorn (Anm. III/22), S. 67 ff.

[211] Die *Vossische Zeitung*, Nr. 274 vom 9. Juni 1933, benutzte die Gelegenheit, um eine genaue Beschreibung des Verfahrens zu geben und auf die älteren Beispiele dieser Art aus Sowjetrußland (u. a. Schachty-Prozeß 1928, Vickers-Prozeß im Frühjahr 1933) einzugehen.

[212] Undatierter Aktenvermerk (*BA*, P 135/4013, fol. 180 f.).

[213] Schreiben des preußischen Justizministers an den Reichsminister für Volksaufklärung und Propaganda (Entwurf mit Abgangsvermerk vom 1. Juli 1933; *a. a. O.*, fol. 181).

reich dem Reichspropagandaministerium die Mittel aus der Hand wand, um sie selbst zu gebrauchen. In kurzer Zeit bürgerte sich die Gewohnheit ein, Pressevertreter grundsätzlich nicht mehr zu Prozeßverfahren zuzulassen, so daß die Zeitungen in ihren Gerichtsberichterstattungen und damit die weitere Öffentlichkeit ausschließlich auf die Mitteilungen der Justizpressestellen angewiesen waren,[214] die seit 1927 bei allen Oberlandesgerichten bestanden und nun dank ihrer Nachrichtenmonopolstellung fast über Nacht einen Rang von politischer Bedeutung erhielten. Nachdem mit Ausnahme der Oberlandesgerichte Hamm und Köln überall neue Leiter der Justizpressestellen ernannt worden waren, ging Freisler daran, diese Einrichtung der unmittelbaren Leitung des Ministeriums und damit seiner eigenen Aufsicht und Führung zu unterstellen, um sie zu einem Propagandawerkzeug nach seinen Vorstellungen umzugestalten, das nicht nur Justiznachrichten an die Presse gab, sondern in weitestem Umfange auf die Öffentlichkeit einwirkte, ständig Fühlung mit den nationalsozialistischen Organisationen hielt und, parallel zur Freislerschen Theorie von der politischen Rolle der Strafjustiz, eine höchst aggressive Propaganda zugunsten der Justiz und der nationalsozialistischen Strafrechtspraxis betrieb.[215]

Eine besondere Rolle eignete sich die Justizpressestelle Berlin an, die als einzige der Justizpressestellen einen Leiter erhielt, der nicht Jurist, sondern aus dem Propagandaapparat der NSDAP hervorgegangen war.[216] Diese Wahl sollte zur Besserung der Beziehungen zum Reichspropagandaministerium beitragen. Die Gunst seiner Stellung nutzte jedoch der neue Leiter der Pressestelle dafür aus, neue Aufgaben an sich zu ziehen, deren Erfüllung ein teilweise kurioses, aber durchaus charakteristisches Stück Propagandapolitik im totalitären System darstellte, das jedenfalls mit Recht und Justiz nur noch wenige unmittelbare Beziehungen hatte. Einem mündlich geäußerten Verlangen Freislers folgend, widmete er besonders den Berliner Theater- und Filmaufführungen rege Aufmerksamkeit. Er übte eine strenge Kritik,[217] die sich nach Erlaß des Lichtspielgesetzes[218] jedoch allmählich zu einer einschneidenden, für ganz Deutschland wirksamen Zensur ausweitete, da sie sich in die nunmehr gesetzlich verankerte Vorprüfung der Behörden des Propagandaministeriums, des „Reichsdramaturgen" und des „Reichsfilmdramaturgen" einschaltete und die Absetzung ausländischer, das Verbot vorgesehener und Veränderungen bereits aufgeführter Stücke ver-

[214] Diese Tatsache geht eindeutig aus einem Schriftwechsel zwischen dem Leiter der Justizpressestelle des Oberlandesgerichtsbezirks Hamm in Dortmund und der Pressestelle des Preußischen Justizministeriums über die Presseberichterstattung bei Hochverratsprozessen vom November/Dezember 1933 hervor (a. a. O., fol. 114 a–c; 203 b–h; 225). In Frage stand die Bekanntgabe von Namen im Zusammenhang mit einem Hochverratsprozeß, die untersagt wurde. Nach einem Erlaß des preußischen Justizministers vom 26. Januar 1934 an die Provinzialbehörden und an die Leiter der Pressestellen (a. a. O., fol. 215) durften selbst Statistiken über die Tätigkeit von Sondergerichten nur mit Genehmigung durch die Pressestelle des Justizministeriums bekanntgegeben werden. Vgl. auch Alfred Klütz, „Die Aufgaben der Justizpressestellen", in: *Deutsche Justiz* 95 (1933), S. 405 f.

[215] Referat Freislers in einer Konferenz der preußischen Justizpressestellen im Justizministerium am 27. April 1933 (vervielf. Abschrift mit von Freisler unterzeichneten Niederschrift; *BA*, P 135/4013, fol. 169 b f.).

[216] Verfügung des Justizministers an den Kammergerichtspräsidenten und den Generalstaatsanwalt beim Kammergericht vom 27. April 1933 (Entwurf mit Abgangsvermerk *BA*, P 135/4006, fol. 39); *Völkischer Beobachter*, Nr. 112 vom 22. April 1933. Alfred Klütz, der neue Leiter der Justizpressestelle Berlin, war zuvor Mitarbeiter des *Völkischen Beobachters* und Gerichtsberichterstatter der von Goebbels herausgegebenen Tageszeitung *Angriff* gewesen. In früheren Jahren hatte er sich als Parteiredner in Pommern hervorgetan.

[217] Mitteilungen dieser Art gingen in größerer Zahl beim preußischen Justizministerium ein (für die Monate Februar–Oktober 1934 Unterlagen *BA*, P 135/4013, fol. 216 ff.). Als typisches Beispiel für die kleinliche Beckmesserei des Kritikers sei nur die Besprechung einer Aufführung der Komödie „Rembrandt vor Gericht" von Hans Kyser im Deutschen Theater am 14. Februar 1934 erwähnt. Er bemängelte u. a. den „allzu blöden Gesichtsausdruck eines Schöffen", der von vornherein zeigte, „daß er der Materie keineswegs gewachsen" sei, oder „die lächerlich wirkende Darstellung eines Schöffen und des Justizwachtmeisters", weil sie „die Arbeit der Justiz lächerlich" mache. – Vgl. auch Alfred Klütz, „Die deutsche Justiz und das Filmschaffen", in: *Licht-Bild-Bühne*, Nr. 79 vom 5. April 1934, S. 1 f.

[218] Lichtspielgesetz vom 16. Februar 1934 (*RGBl.*, I, 1934, S. 95).

anlaßte.[219] Die Propaganda für die Praxis der Justiz ließ es ihr gerechtfertigt erscheinen, Darstellung und Vertretung des „Bestrebens der nationalsozialistischen Rechtsprechung" zum Maßstab zu erheben und danach zu urteilen, zu verurteilen und zu verbieten. Dieses Ressort bildete ein höchsteigenes Interesse aus, das es auch auf Gebieten außerhalb der eigentlichen, gesetzlichen und herkömmlichen Zuständigkeit vertrat. Es rückte damit in weite Gefilde des öffentlichen Lebens vor, die der zentralen Regie bis dahin noch nicht unterstanden, trat aber auch in Berührung und in Konkurrenz zu anderen Institutionen der staatlichen Propaganda, die gleiches taten.

Unter der Hand Freislers, der die Propaganda als rechtfertigende wie als „warnende Aufklärung" zu einem zweiten Arm der Justiz machen wollte,[220] verfolgten die Justizpressestellen diese Tendenz auch nach der Übernahme der Landesjustizverwaltungen durch das Reich weiter.[221] Die Berliner Justizpressestelle übernahm hierbei als höchsteigene Obliegenheit die Berichterstattung über die Tätigkeit des Volksgerichtshofes,[222] die stets in engstem Einvernehmen mit Freisler geschah und die wesentlich zu der Synthese aus rücksichtslos gehandhabten Strafbestimmungen und einer zum Furioso gesteigerten Propaganda beitrug, deren charakteristisches Merkmal die infernalischen Anklagereden und die Urteile dieses Gerichts waren. Die offen ausgesprochene Aufgabe des Volksgerichtshofes war „nicht die, Recht zu sprechen, sondern die, die Gegner des Nationalsozialismus zu vernichten". Diesem Zwecke diente ebensowohl das Fallbeil wie die Drohung, die von der justizeigenen Propaganda verbreitet wurde.

6. Regie des Bildungswesens

Der Aufbau des Propagandaministeriums bewirkte eine harte Eingrenzung der Kultusverwaltungen; es nahm die Menschen außerhalb der schulischen Erziehung geistig in die „Obhut des Staates"[223] und beschränkte zugleich die Volksbildungsministerien der Länder in ihren Zuständigkeiten auf die herkömmlichen Formen von Schule, Bildung und Wissenschaft. Dieser Umstand behinderte jedoch keineswegs die einschneidenden Veränderungen, die die nationalsozialistischen Kultusminister, allen voran Bernhard Rust in Preußen, in und mit ihren Ressorts durchsetzten. Im Preußischen Staatsministerium gab er sein Debüt mit dem Plan zur Einführung des Religionsunterrichts in den Berufsschulen und zum alsbaldigen „Abbau der weltlichen Schulen" schon „alsbald nach Ostern" 1933.[224] Da er sich hierin in voller Übereinstimmung mit der nationalen Koalitions-Propagandaparole vom „christlichen Staat" bewegte, fand Rust mit seinem Vorhaben keinerlei Widerstand und bei Göring wie bei Hugenberg und Papen sogar sehr lebhafte Unterstützung. „Nach Ostern" gewann jedoch ebenso wie anderswo die Personalpolitik das Hauptinteresse des Ministers. Die Entlassungen und Beurlaubungen im Gefolge des Berufsbeamtengesetzes vom 7. April 1933

---

[219] „Tätigkeitsbericht der Justizpressestelle über Justizpropaganda in Film, Theater und Rundfunk" für den preußischen Justizminister vom 16. August 1934 (*BA*, P 135/4013, fol. 255 ff.). Vgl. auch Alfred Klütz, „Die Arbeit der Justizbehörden in der Darstellung durch Theater, Film und Rundfunk", in: *Deutsche Justiz* 96 (1934), S. 322–324.

[220] Die Justiz sollte „künftig . . . nicht nur richtend, sondern auch beratend dem Volke zur Seite" stehen (Erlaß des preußischen Justizministers an die Provinzialjustizbehörden und die Leiter der Justizpressestellen vom 16. Mai 1934, von Freisler gezeichnet; *BA*, P 135/4006, fol. 131 b f.). Rundverfügung des preußischen Justizministers vom 15. Mai 1934; *Deutsche Justiz* 96 (1934), S. 634.

[221] Bericht über die Arbeitstagung der preußischen Oberlandesgerichtspräsidenten und Generalstaatsanwälte unter Vorsitz Gürtners am 25. Juni 1934 mit einem Referat Freislers über „Aufklärung der Öffentlichkeit" (vervielf. Informationsschreiben der Pressestelle des preußischen Justizministeriums vom 7. Juli 1934; *BA*, P 135/4006, fol. 160 f.).

[222] Schriftwechsel zwischen dem Reichsjustizminister und dem preußischen Justizminister vom 24. bzw. 30. Juli 1934 und Schreiben an die Justizpressestelle Berlin vom gleichen Tage (*a. a. O.*, fol. 162 b).

[223] Goebbels bei Verkündung des Schriftleitergesetzes; Schmidt-Leonhardt/Gast (Anm. III/163), S. 13.

[224] Sitzung des Staatsministeriums am 22. Februar 1933 (*HAB*, Rep. 90, Sitzungsprotokolle 1933, fol. 31 ff.).

zogen rasch und in großem Umfange die Universitäten und Hochschulen in Mitleidenschaft – mehr noch als durch die Zahl der Betroffenen durch den Rang vieler Namen unter ihnen, die nun Wissenschaft und Lehre in Deutschland aufzugeben gezwungen waren und als geistige Elite der Emigranten die lange und nicht mehr endende Fluchtbewegung aus dem Deutschland des Nationalsozialismus hinaus ins Ausland eröffneten. Allein im April dieses Wendejahres verloren Universität und Handelshochschule Berlin Gelehrte wie Moritz Julius Bonn, Emil Lederer, Friedrich Franz Friedmann und Walter Norden, die Universität Köln den Staatsrechtler Hans Kelsen, die Professoren Eugen Schmalenbach, Benedikt Schmittmann und bald noch andere, die Universität Frankfurt, die in ihrem Lehrkörper besonders schwer betroffen wurde, bekannte Professoren und Dozenten wie Hermann Heller, Max Horkheimer, Karl Mannheim, Hugo Sinzheimer, Paul Tillich, Helmuth Plessner, Arnold Sommerfeld oder Fritz Neumark, die Universität Marburg Wilhelm Röpke und Paul Jacobsohn, Göttingen Max Born, Richard Courant u. a. m.[225] Diese Maßnahmen wurden mehrere Monate hindurch fortgeführt und erhielten immer stärker antisemitische Richtung. Infolgedessen konnte in einem großen Revirement eine Anzahl von Privatdozenten in ordentliche Professuren nachrücken. Am stärksten machte sich der Personalwechsel auf den juristischen Lehrstühlen und hier wieder vor allem auf dem Gebiet des öffentlichen Rechts bemerkbar. Im Verlaufe des Jahres 1933 wurden an den juristischen und rechts- und staatswissenschaftlichen Fakultäten der preußischen Universitäten 16 Ordinarien[226] und eine Anzahl von Dozenten neu ernannt; der Wiener Strafrechtler Graf v. Gleispach, den die österreichische Regierung wegen seiner nationalsozialistischen Äußerungen gemaßregelt hatte, kam in den Genuß einer Honorarprofessur in Berlin. Neben diesen blieb in diesem Jahr außer einigen Ernennungen an medizinischen Fakultäten und an Technischen Hochschulen die Zahl der Neubesetzungen von Ordinariaten der philosophischen Fakultäten noch etwas zurück.[227] Das Bild wandelte sich im Jahr 1934, in dem noch 6 Juristen zu Ordinarien ernannt wurden gegenüber 43 Medizinern und 17 Angehörigen der philosophischen Fakultät.[228] Doch auch hiermit war der große Professorenschub an Universitäten und Hochschulen keineswegs abgeschlossen.[229] Das Recht zur Ernennung von Universitätsprofessoren eignete sich Göring in seiner Eigenschaft als Ministerpräsident an;[230] tatsächlich wurde allerdings so verfahren, daß nichtbeamtete außerordentliche Professoren und Honorarprofessoren der Kultusminister ernannte, der die Ernennungen vorher dem Ministerpräsidenten anzeigte, um ihm die Möglichkeit zum Einspruch zu geben, und daß Göring lediglich die Ernennungsurkunden der ordentlichen Professoren unterzeichnete.[231] Praktisch behielt das Kultusministerium die Personalentschei-

[225] Nach Meldungen des *Amtlichen Preußischen Pressedienstes* bis zum 3. Mai 1933 einschl.; vgl. hierzu auch o. I. Teil, V. Kapitel.

[226] Es waren die Privatdozenten Ernst Rudolf Huber, Paul Ritterbusch, Georg Dahm, Hans Julius Wolff, Ernst Forsthoff, Fritz v. Hippel, Heinrich Henkel, Hermann Bente, Karl Larenz, Siegfried Reicke, Hans Würdinger, Max Kaser, Karl Siegert, Gustav Adolf Walz, der zuerst ao. Professor und kurze Zeit später ordentlicher Professor wurde, und die ao. Professoren Erwin Wiskemann und Heinrich Herrfahrdt (Personalunterlagen *HAB*, Rep. 90/1767).

[227] Die Liste der neuen Ordinarien umfaßte die Namen Erich Schumann (Ministerialrat), Bolko v. Richthofen, Werner Kirsch, Walter Elze, Gunther Ipsen (bis dahin ao. Professor) und Ministerialdirektor i. e. R. Gerullis.

[228] Personalunterlagen *HAB*, Rep. 90/1768.

[229] Allein in den ersten vier Monaten von 1935 erfolgten 105 Ernennungen zu Professoren an Universitäten und 11 Ernennungen an Technischen Hochschulen Preußens (Personalunterlagen *HAB*, Rep. 90/1769 und 1780).

[230] Erlaß über Beamtenernennungen vom 17. Juli 1933 (*Preußische Gesetzsammlung*, 1933, S. 266), Ziff. 1 g.

[231] Aktenvermerk des Regierungsrates Gritzbach mit handschriftlichen Zusätzen von Gritzbach und dem Ministerialrat im Staatsministerium Neumann vom 8. August 1933 (*HAB*, Rep. 90/1767). Seit Februar 1935, also nach dem zweiten Reichsstatthaltergesetz, trat insofern eine Änderung ein, als die Personalunterlagen an die Reichskanzlei weitergereicht und die Ernennungen durch den „Führer und Reichskanzler" ausgefertigt wurden. Die gleiche Prozedur mußte auch bei Ernennungen der beamteten Lehrer an den staatlichen und technischen gewerblichen Lehr-

dung in der Hand; die zahlreichen Entlassungen auf Grund des Berufsbeamtengesetzes mit seinen besonders die Professorenschaft stark dezimierenden Folgen der Rassebestimmungen erlaubten dem Kultusminister, von dieser Entscheidungsgewalt besonders häufig und in ganz Preußen in äußerst wirksamer Weise Gebrauch zu machen.[232]

Auch das höhere Bildungswesen veränderte sein Gesicht.[233] Den ersten Anlaß, in die Zulassung zum Hochschulstudium einzugreifen, fand Rust in dem steigenden Andrang von Studienbeflissenen zu den deutschen Hochschulen, den die Länder in den Nöten der Wirtschaftskrise nicht mehr ertragen zu können glaubten. Um sich nach dieser Seite hin Entlastung zu verschaffen, erwogen die preußischen Kommissare schon 1932 einzelne Pläne, die bis zur radikalen Schließung einiger Hochschulen reichten, jedoch unter den beteiligten Ressorts keine Übereinstimmung fanden. Im Fortgang dieser Verhandlungen, an denen auch die übrigen Länder Interesse gewannen, kam nach dem Sturz der Reichsregierung Schleicher am 15. Februar 1933 eine Vereinbarung der Länder über die Regelung des Zuganges zum Hochschulstudium zustande,[234] die den Prüfungskommissionen für die Abiturientenexamen die Pflicht auferlegte, aktenmäßig niederzulegen, ob dem Abiturienten das Studium angeraten werde oder nicht. Auf Grund dieser Akteneintragungen sollten die Studierenden während dreier Semester überprüft werden und in den Fällen negativer Vermerke jegliche Förderungen entfallen; diese Anordnung gab indessen noch keine Handhabe zum Studienausschluß. Durchführungserlasse Rusts vom 17. März und vom 7. April 1933[235] suchten das Überprüfungsverfahren durch unmittelbare Verbindungswege zwischen Hochschulen und höheren Schulen über die Provinzialschulkollegien praktisch und möglichst lückenlos auszugestalten.

Diese noch einigermaßen liberalen Regelungen wurden aber kurze Zeit später durch die Initiative der Kulturpolitischen Abteilung des Reichsinnenministeriums überholt. Während die Kultusministerien auf dem Gebiete des Personalwesens nationalsozialistische Politik zu betreiben versuchten und das Propagandaministerium im Zuge seines Aufbaus weite Gefilde der freien kulturellen Entfaltung unter seine Botmäßigkeit brachte, gingen vom Reichsinnenministerium einschneidende reichsrechtliche Bestimmungen über Studium und Studentenschaft aus. Am 25. April führte ein Reichsgesetz in drakonischer Form den *numerus clausus* für alle außerhalb der allgemeinen Schulpflicht stehenden Schulen und Hochschulen ein.[236] Er sollte jeweils zu Jahresbeginn von den Landesregierungen nach Maßgabe des geschätzten Berufsbedarfs festgestellt werden und hierbei die „nichtarische" Jugend entsprechend dem „nichtarischen" Anteil an der Gesamtbevölkerung berücksichtigen; eine Durchführungsbestimmung setzte sofort diese Anteilszahl ohne Rücksicht auf regionale Unterschiede grundsätzlich auf 1,5 % der Neuaufnahmen fest.[237]

anstalten beobachtet werden. Im Laufe des folgenden Jahres bildete sich dann das Verfahren aus, nach Unterzeichnung des Vorschlags und Gegenzeichnung der Ernennungsurkunde durch den Minister den Führer und Reichskanzler über den Ministerpräsidenten um Vollzug der Ernennung durch Unterzeichnung der Ernennungsurkunde zu bitten. Der Vorschlag enthielt die Versicherung, daß der Stellvertreter des Führers keine Einwände erhebe.

[232] Im Falle der Berufung eines Staatsrechtlers an die Universität Königsberg lehnte das Kultusministerium die gesamte Vorschlagsliste der Fakultät ab, um die Ernennung seines eigenen Kandidaten, eines Leipziger Privatdozenten, durchzusetzen (Mitteilung des preußischen Ministers für Wissenschaft, Kunst und Volksbildung, unterzeichnet von Stuckart, an den Ministerpräsidenten vom 28. September 1933; *ebda.*).

[233] Einen Überblick über die Entwicklung bis Ende Mai 1933 vermittelt Joachim Haupt (Ministerialrat im Preußischen Ministerium für Wissenschaft, Kunst und Volksbildung), *Neuordnung im Schulwesen und Hochschulwesen* (*Das Recht der nationalen Revolution*, hrsgg. von Georg Kaisenberg und Franz Albrecht Medicus, Heft 5), Berlin 1933.

[234] *Zentralblatt für die gesamte Unterrichts-Verwaltung in Preußen* 75 (1933), S. 77.

[235] *Ebda.*; vgl. auch S. 110 f.; auszugsweise abgedr. bei Haupt (Anm. III/233), S. 6 ff.

[236] Gesetz gegen die Überfüllung der deutschen Schulen und Hochschulen vom 25. April (*RGBl.*, I, 1933, S. 225).

[237] Erste Verordnung zur Durchführung des Gesetzes gegen die Überfüllung ... vom 25. April (*a. a. O.* S. 225), Ziff. 8.

Fast zur gleichen Zeit machte ein anderes Gesetz die „Studentenschaft" zum korporativen Bestandteil der Hochschule. Seine Begriffsbestimmung schloß fortan alle jüdischen Studenten von der politischen Mitwirkung aus; denn zur Studentenschaft gehörten nur „Studenten deutscher Abstammung und Muttersprache . . ., unbeschadet ihrer Staatsangehörigkeit. . ."[238] Eine Repräsentation der studentischen Korporation – natürlich beileibe nicht eine auf demokratischem Wege zustande gekommene und auch nicht eine parlamentarisch verfahrende – entstand innerhalb einer politischen Gesamtordnung, die sonst grundsätzlich jede Mitwirkung und Mitbeteiligung untergeordneter Gruppen an den Entscheidungen übergeordneter Autoritäten mit dem Schlagwort des Führerprinzips strikt ablehnte. Der Einfluß der NSDAP auf die Studenten war zunächst zweifellos noch größer als ihr Einfluß in der Hochschullehrerschaft und auf die akademische Verwaltung; infolgedessen förderten Reichsinnenminister und Kultusminister Rechte und Ansprüche der Studentenschaft,[239] die nun als ein Mittel zur Eroberung der Hochschulen diente. Daß diese Form studentischer Selbstverwaltung mit Ideen und Institutionen der verflossenen liberalen Epoche nichts gemein hatte, ließ auch das Programm einer sportlich-militärischen Erziehung erkennen, das dieser Korporation zwangsweise eingepflanzt wurde und eine direkte Beziehung zu den quasimilitärischen Kampfverbänden der NSDAP, zu Hitlerjugend und SA herstellte, mit denen sich nun die Studentenschaft von Rechts wegen gemeinsam der „Erziehung der Studenten zur Wehrhaftigkeit" widmete, „zur Einordnung in die Volksgemeinschaft durch Wehr- und Arbeitsdienst und Leibesübungen".[240]

Der rassenpolitischen Aussonderung aus der Korporation der Studentenschaft mit ihrer reichsgesetzlichen Begründung folgte nach dem Verbot der politischen Parteien der Ausschluß von Studenten, die vorher bekämpften politischen Gruppen angehörten oder nahestanden, vom Universitätsstudium. Die „national zuverlässigen Studenten" erhielten die unrühmliche Aufgabe, bei Feststellung und Relegation ihrer betroffenen Kommilitonen „dem Rektor beratend zur Seite" zu stehen.[241] „Zur Sicherung einer einheitlichen Führung der Universität" gingen dann im Herbst alle Rechte der Universitätsselbstverwaltung auf den Rektor über. Jetzt aber, nachdem die Rektorate in den Händen von Männern lagen, die das Vertrauen des Kultusministers genossen, hielt das „Führerprinzip" auch an den Universitäten Einzug und traten in ganz Preußen die entgegenstehenden Bestimmungen der Universitäts- und Fakultätssatzungen auf Grund eines einzigen Ministerialerlasses außer Kraft.[242] Der akademische Senat und die Führer der Dozentenschaft und der Studentenschaft behielten lediglich beratende Funktionen. Die Rektoren benannte der Kultusminister, die Dekane der

[238] Gesetz über die Bildung von Studentenschaften an den wissenschaftlichen Hochschulen vom 22. April 1933 (a. a. O., S. 215).

[239] Eine preußische Studentenrechtsverordnung vom 12. April 1933 bestimmte als ausschließliche Rechte der Studentenschaft die Vertretung der Gesamtheit der Studenten, Wahrnehmung der studentischen Selbstverwaltung und Mitwirkung an der Selbstverwaltung der Hochschule u. a., aber auch die „Mitwirkung an der Aufrechterhaltung der akademischen Zucht und Ordnung"; Zentralblatt für die gesamte Unterrichts-Verwaltung in Preußen 75 (1933), S. 117.

[240] Ebda.

[241] Erlaß des Preußischen Ministers für Wissenschaft, Kunst und Volksbildung vom 9. August 1933, unterzeichnet von Stuckart (BA, R 21 – U I, Nr. 22 525). Vorher schon ein nicht auffindbarer, jedoch im Erlaß vom 9. August zitierter Erlaß vom 29. Juni 1933. Als den Ausschluß begründendes Merkmal bezeichnete der Erlaß, „. . . wenn ein Studierender in Wort, Schrift oder durch sein sonstiges Verhalten gehässig gegen die nationale Bewegung aufgetreten ist, ihre Führer beschimpft oder nationalgesinnte Studierende zu verfolgen, zurückzusetzen oder sonst zu schädigen versucht hat". Hierzu zählten in jedem Falle Studierende, „die sich in den letzten Jahren nachweislich in kommunistischem Sinne betätigt" hatten, „auch ohne Mitglied der KPD zu sein", und solche, die als Sozialdemokraten aufgefallen waren. Als besonders erschwerend galt die Zugehörigkeit zu pazifistischen Organisationen.

[242] Runderlaß des Preußischen Ministers für Wissenschaft, Kunst und Volksbildung betr. „Vorläufige Maßnahmen zur Vereinfachung der Hochschulverwaltung" vom 28. Oktober 1933 (Zentralblatt. . ., 1933, S. 291).

Rektor, und Dekane wie Rektoren ernannten jeweils ihre Vertreter selbst; den Senaten verblieb das Recht einer Listenpräsentation vor der Ernennung der Professoren. Diese Bestimmungen sollten eineinhalb Jahre später durch die von Rust erlassenen reichseinheitlichen „Richtlinien zur Vereinheitlichung der Hochschulverwaltung" [243] abgelöst werden, mit denen sich der „Reichswissenschaftsminister" nun auch die Befugnis zulegte, die Prorektoren, die Dekane und die Leiter der Dozentenschaften zu ernennen. Die Organe der Hochschule wandelten sich vollständig in Organe des Ministeriums, die in seinem Auftrag die Hochschule leiteten. Die Zulassung des wissenschaftlichen Nachwuchses vollzog sich nach der von Rust verfügten „Reichshabilitationsordnung" vom 13. Dezember 1934.

Die Studienbeschränkungen wurden noch vor Ablauf des Jahres 1933 dadurch verschärft, daß das Reichsinnenministerium die Zahl jener Abiturienten begrenzte, die überhaupt die Hochschulreife erhalten durften. Für das Jahr 1934 sollte sie 15 000 betragen, der Anteil der Abiturientinnen jedoch in keinem Land 10 % der angewiesenen Zahl überschreiten.[244] Daraufhin setzte der preußische Kultusminister die Höchstziffer der Zuerkennungen der Hochschulreife auf 10 734, darunter nur 1048 Abiturientinnen, fest.[245] Vollkommen neu war an dieser Anordnung, deren Ausführung in den Händen der Oberpräsidenten lag, daß auch die Gauleiter der NSDAP beteiligt werden mußten, um „etwa bestehende Bedenken gegen die politische Zuverlässigkeit des Antragstellers" festzustellen. Einige Wochen vorher hatte Rust in Preußen auch die Zulassungen zu den akademischen Prüfungen beschränkt; allerdings traf diese Einschränkung nur „Nichtarier", die fortan nur nach Bedingungen, die analog zu den Rassebestimmungen des Berufsbeamtengesetzes vom 7. April 1934 gebildet waren, Prüfungen ablegen durften.[246]

Dafür eröffnete der preußische Kultusminister neue Zweige der höheren Schulbildung, die den völkisch-nationalistischen Ideologien des Nationalsozialismus auch unmittelbaren Eingang in das Erziehungswesen verschafften. Er gab den Lehrerbildungsstätten nach dem Vorbild süddeutscher Länder einen hochschulmäßigen Anstrich, legte sie aber mit Vorliebe in kleinere Städte oder in ländliche Gegenden.[247] In dem einfachen und begrenzten Milieu konnte der Idealismus der jugendlichen Studierenden stärker auf die besonders zu sportlichen und körperlichen Leistungen zusammengefaßten kleineren Gemeinschaften gewiesen als zur kritischen und wissenschaftlichen Betätigung des Intellekts angespornt werden. Die mit militärischer Disziplin belastete Seite der sportlichen und die politisch-weltanschauliche der geistigen Jugendbildung fand ihre Entwicklungsstätten in den Nationalpolitischen Erziehungsanstalten, die in alten Kadettenanstalten der Monarchie – Plön, Köslin und Potsdam – entstanden[248] und die jugendpädagogische Synthese von staatlicher Erziehung und nationalsozialistischer

---

[243] Richtlinien des Reichs- und Preußischen Ministers für Wissenschaft, Erziehung und Volksbildung vom 1. April 1935 (*BA*, R 21 – W I a 588/35) auf Grund des Erlasses des Führers und Reichskanzlers über die Ernennung und Entlassung von Landesbeamten vom 1. Februar 1935 (*RGBl.*, I, 1935, S. 73), der die Zuständigkeit für die Personalverwaltung sämtlicher Hochschulen dem Reichsminister für Wissenschaft, Erziehung und Volksbildung zugewiesen hatte.

[244] Meldung durch Wolffs Telegraphisches Büro (*W. T. B. I.*, 84. Jg., Nr. 3303 vom 28. Dezember 1933; *HAB*, Rep. 90/1752). Die Richtzahl 15 000 wurde für die einzelnen Länder aufgeschlüsselt. Preußen erhielt 8984, Bayern 1670, Sachsen 1339, Württemberg 611 usw. Für Lübeck blieben 34, für das Ländchen Schaumburg-Lippe 12 Studienzulassungen.

[245] *Amtlicher Preußischer Pressedienst* vom 8. Februar 1934.

[246] *Ebda.*

[247] Verfügungen des Preußischen Ministers für Wissenschaft, Kunst und Volksbildung vom 20. April bzw. 6. Mai 1933, zit. bei Haupt (Anm. III/233), S. 20 ff. – Die erste preußische „Hochschule für Lehrerbildung" entstand in Lauenburg in Pommern.

[248] Verfügung des Preußischen Ministers für Wissenschaft, Kunst und Volksbildung vom 12. Mai 1933; zit. *a. a. O.*, S. 24.

Parteigängerschaft herstellen sollten. Das „Erbe des guten Wandervogels",[249] das Ideal eines „Spartiatentums"[250] der jungen Generation und schließlich die legendäre Überlieferung vom „Geiste unseres großen feldgrauen Heeres"[251] ergaben ideologische Ansatzpunkte, die auch viele Pädagogen und Psychologen aus der großen, lange Zeit bewegten Strömung der Schulreformer anzuregen und für den Nationalsozialismus zu gewinnen vermochten, die nun die Hitlerjugend und eine gezähmte SA zu Instrumenten der Volkserziehung erklärten. Diese Bewegung wirkte unter Anleitung des vom bayerischen Kultusminister Schemm geführten NS-Lehrerbundes weit und tief in die Lehrerschaft der Volksschulen und höheren Schulen hinein, deren Lehrpläne neue Fächer wie Volkskunde, Wehrgeographie, Grenzlandkunde und Rassenkunde aufnahmen, die sich als besonders gepflegte Wissenschaften unter dem Protektorat Rusts als Reichsminister für Erziehung, Volksbildung und Wissenschaften auch an den Universitäten ausbreiteten. Die organisierte Erziehung wurde zur praktischen, geistigen wie körperlichen Einübung in ein militärisches, in dynamischen völkischen Ideologien befangenes Kollektivdasein und hierdurch zum Instrument eines von Grund auf inhumanen Totalitarismus, der nichts vom Menschen wissen, sondern ihn nur für die eigene Sache mit Beschlag belegen, ihn binden oder zerstören wollte.

7. Der völkische „Neuadel" des agrarpolitischen Apparats

Die Vorstellung einer verlorenen, jedoch wiederherstellbaren Gemeinschaft in der Form einer überschaubaren unveränderlichen Sozialordnung in enger Verbindung zum Boden, zur ländlichen Heimat und zu heimatlichen Volksbräuchen mit starken rasseideologischen Zusätzen oder Akzentuierungen, die auch die mythisch erscheinenden Schlagworte vom „Blut und Boden" umschloß, bildete nach der Regierungsbetrauung Hitlers den Ansatz einer offiziell geförderten und vertretenen Ideologie. Sie gab amtlicherseits dem grassierenden Antisemitismus Auftrieb; sie deutete sich in der von Rust angekündigten neuen Form der Lehrerbildung und auch in den Gedanken an, die bei der Schaffung der Nationalpolitischen Erziehungsanstalten Pate standen; sie faßte tiefe Wurzeln in ihrer eigenen agrarischen Herkunftszone und schlug sich auf dem weiten und problematischen Gebiet agrarpolitischer Pläne, Forderungen und Besserungsvorschläge in einem fest umrissenen Programm nieder, das seinen Ausgang vom Amt für Agrarpolitik in der NSDAP-Reichsleitung nahm, der Spitze des „agrarpolitischen Apparats", wie Richard Walther Darré seine Organisation ohne die sonst üblichen propagandistischen, idealisierenden Beigaben taufte. Vergleichbar dem Bund nationalsozialistischer Juristen, den Frank, oder der SS in einem späteren Entwicklungsstadium, die Himmler aufgebaut hatte, bildete dieser „Apparat" mit seinen landwirtschaftlichen „Fachberatern" bei den Leitungen der Gaue, Kreise und Ortsgruppen der NSDAP eine Sonderorganisation innerhalb der Partei, die in zahllosen Verbindungen vertikaler und horizontaler Art verschiedene Instanzen auf den Stufen der Parteihierarchie mit Bauernverbänden und örtlichen Bauerngruppen verknüpfte und mit dem Amt in der Reichsleitung in Beziehung setzte. Durch eine Reihe von personellen Verbindungen in wichtigen Ämtern trat diese Sonderorganisation verhältnismäßig frühzeitig in engere Beziehung zur SS; auch Darré gehörte ihr an und erhielt 1933 den Rang eines Obergruppenführers.[252] Die beiden wichtigsten Träger völkisch-rassenideologischer

[249] Georg Usadel, „Jugenderziehung im nationalsozialistischen Staat", in: *Deutsche Erziehung im neuen Staat*, hrsgg. von Friedrich Hiller, Langensalza–Berlin–Leipzig 1934, S. 48.
[250] Diesen Ausdruck prägte Bernhard Rust in seiner Rede bei der Einweihung der „Landgebundenen Hochschule für Lehrerbildung in Lauenburg" am 24. Juni 1933 in: *Deutsche Erziehung. . ., a. a. O.*, S. 44.
[251] *A. a. O.*, S. 41.
[252] Neusüß-Hunkel (Anm. III/109), S. 71.

Programme innerhalb der NSDAP waren aneinander gebunden, was später in der Stellung des „Rasse- und Siedlungshauptamtes" der SS sinnfälligen und offenen Ausdruck fand.

Jener eigentümliche Biologismus unter den neueren politischen Ideologien, der dem körperlichen Phänotyp die Bedeutung eines Maßobjektes und eines absoluten Maßstabes für die Bewertung des Menschen beilegen möchte, dies mit den mythischen Vorstellungskreisen von Blut und Boden und Heimat verknüpft und das alles mit dem Tabu irrationaler Unergründbarkeit umgibt, wahrhaftige, aus den Tiefen atavistischer Neigungen und Gefühle empordrängende „Leibideen" [253] trugen die Schuld an der merkwürdigen Hybris, die eine überbewertete inhumane Hygienepolitik zur „Rassenhygiene" ausweitete und den völkischen Ideenansatz auf die letzte Stufe des Inhumanen beförderte. Die Linie dieser subversiven Steigerung läßt sich aus der Reihe der Gesetze ablesen, die aus der Gesundheits- und Deutschtumsabteilung des Reichsinnenministeriums erst unter maßgeblicher Mitarbeit und seit Anfang 1934 unter der Leitung des Ministerialrats und späteren Ministerialdirektors Gütt, eines SS-Führers,[254] hervorgingen: das Gesetz zur Verhütung erbkranken Nachwuchses,[255] die Maßregeln der Sicherung und Besserung im Gesetz gegen gefährliche Gewohnheitsverbrecher,[256] das Gesetz zum Schutze der Erbgesundheit des deutschen Volkes [257] und schließlich die Nürnberger Rassengesetze.[258] Diese Ausscheidungsgesetze des Reichsinnenministeriums ergänzten das bäuerlich-völkische Gesetzgebungsprogramm des Agrarpolitischen Amtes der NSDAP.

Noch während der Amtszeit Hugenbergs an der Spitze des Reichsernährungsministeriums und des Preußischen Ministeriums für Landwirtschaft, Domänen und Forsten erlangte Darré mit Hilfe seiner Organisation eine überaus einflußreiche Stellung, die ihm später als nationalsozialistischem Nachfolger in den Ministerämtern Hugenbergs sehr zustatten kommen sollte. Die Gleichschaltungsbewegung unter den bäuerlichen

---

[253] So Erich Voegelin, *Rasse und Staat*, Tübingen 1933, S. 122, wo die heidnisch grausame mythisch-biologistische Derivation dieser Weise politischen Denkens deutlich gemacht wird: „Der Mensch ... ist Animale mit allen Wesenszügen eines solchen. Er ist nicht in sich geschlossenes Individuum, sondern hineingeflochten in die Kette der Zeugungen. Er gehört einer Blutlinie an, die über seine Eltern in eine unendliche Ahnenreihe hinaufreicht und sich von ihm aus weiter erstreckt über Kinder und Kindeskinder ins Unendliche... In der Ideenhierarchie steigen wir von der Idee der Art über die engeren Gruppen zu den Blutlinien und schließlich zu den einzelnen Individuen hinunter [!]. Die gesamte Hierarchie ist objektive animalische Wirklichkeit als die in ihrer leiblichen Formenmannigfaltigkeit sich ausbreitende und fortpflanzende Menschheit."

[254] Arthur Gütt nach Neusüß-Hunkel (Anm. III/109), S. 73, Brigadeführer im Stab des Reichsführers SS.

[255] Vom 14. Juli 1933 (*RGBl.*, I, 1933, S. 529). Vgl. auch die umfangreiche Ausgabe von Text und Kommentar von Arthur Gütt, Ernst Rüdin und Falk Ruttke, *Gesetz zur Verhütung erbkranken Nachwuchses vom 14. Juli 1933*, München 1934, die einen Eindruck von den Anfängen und Grundlagen der nationalsozialistischen „Volkshygiene" vermittelt.

[256] Vom 24. November 1933 (*RGBl., a. a. O.*, S. 995), Art. 2, Abs. 1. Vgl. auch Gütt/Rüdin/Ruttke, *a. a. O.*, S. 179 ff.

[257] Vom 18. Oktober 1935 (*RGBl.*, I, 1935, S. 1246).

[258] Reichsbürgergesetz und Gesetz zum Schutze des deutschen Blutes und der deutschen Ehe vom 15. September 1935 (*a. a. O.*, S. 1146). Ausführliche Darlegung, Kommentierung und Textsammlung von Arthur Gütt, Herbert Linden und Franz Maßfeller, *Blutschutz- und Ehegesundheitsgesetz*, München 1936; dagegen die in Grenzen gemilderte Auslegung von Wilhelm Stuckart und Hans Globke, *Reichsbürgergesetz, Blutschutzgesetz und Ehegesundheitsgesetz (Kommentare zur deutschen Rassengesetzgebung, Bd. 1)*, München–Berlin 1936. (Darin noch S. 15: „Die beiden Nürnberger Gesetze ... schaffen ... die gesetzliche Grundlage für einen modus vivendi, der allen Belangen gerecht wird... Ausgehend von der Erkenntnis, daß es sich beim Judentum um eine blutmäßige Gemeinschaft handelt, gewährleisten die Nürnberger Gesetze dieser Gemeinschaft ihr Eigenleben in gesetzlichen Grenzen, wie sich insbesondere aus der Bestimmung ergibt, daß den Juden das Zeigen der jüdischen Farben unter staatlichem Schutz gestattet ist. In gleicher Weise garantiert der nationalsozialistische Staat dem Judentum freie Religionsausübung, kulturelles Leben und Erziehung.") Später wurde die inhaltlich bei weitem dürftigere und derartige, in der Sache längst zweifelhaft gewordene „Garantien" nicht mehr berücksichtigende Kommentar- und Textausgabe von Bernhard Lösener und Friedrich A. Knost, *Die Nürnberger Gesetze mit den Durchführungsverordnungen und den sonstigen einschlägigen Vorschriften*, 5. Aufl., Berlin 1942, gebräuchlich.

und landwirtschaftlichen Verbänden im Frühjahr 1933 gab in ihrem Ergebnis dem Amt für Agrarpolitik und damit Darré die Führung sämtlicher agrarischen Organisationen in die Hand. Die landwirtschaftlichen Kammern jedoch, mit Ausnahme der Kammer für die Provinz Ostpreußen, in der der nationalsozialistische Einfluß bereits unbestritten war, legte Hugenberg lahm, indem er ihre Auflösung herbeiführte und die interimistische Geschäftsführung und Vermögensverwaltung unmittelbar unter die Aufsicht seines Ministeriums brachte.[259] Die hinhaltenden Widerstände im Staatsministerium überwand Hugenberg noch kurz vor seinem Rücktritt.[260] Sein nationalsozialistischer Nachfolger Darré brauchte dann, um diesen Zustand und damit die Verfügungsgewalt seines Ministeriums über die Kammern aufrechtzuerhalten, die zwischenzeitliche Regelung lediglich in Permanenz erklären zu lassen.[261]

Bei der nationalsozialistischen Neuregelung des bäuerlichen Anerbenrechts bediente sich Darré vor seiner Ernennung zum Minister zunächst, solange die Landwirtschaftsministerien des Reichs und Preußens noch in Hugenbergs Hand lagen, der Mithilfe des preußischen Justizministers Kerrl, der angeblich in seinem Ministerium ein Erbhofgesetz beraten ließ, im Staatsministerium aber eingestand, daß in Wirklichkeit die „ersten Sachverständigen der landwirtschaftlichen Abteilung der NSDAP, wie die Herren Darré, Willikens und Backe", die Beratungen führten,[262] also das Amt für Agrarpolitik. Hugenberg stimmte dieser Behandlung zwar zu, verlangte indessen die Mitwirkung des preußischen Landwirtschaftsministeriums und brachte dann aber, als die Initiatoren des Gesetzes hierauf keine Rücksicht nahmen und die Entscheidung überstürzt vorantrieben, erhebliche Bedenken vor und erhob Widerspruch.[263] Indirekt wurde er von Popitz unterstützt, der die Abgabe der Gesetzesmaterie an die Reichsregierung verlangte, wo sie unzweifelhaft in die Zuständigkeit Hugenbergs übergegangen wäre. Sicherlich hätte das „eine Verzögerung und Verwässerung des nationalsozialistischen Ideengutes" bedeutet,[264] das von dem ersten Gesetzentwurf, den Kerrl am 11. Mai vorlegte, in radikaler Weise Besitz ergriffen hatte. Die Bezeichnung „Erbhof" knüpfte er an Voraussetzungen, die unmittelbar dem Parteiprogramm der NSDAP entnommen waren: Der Besitzer eines solchen Hofes mußte Bauer, „deutschen oder stammesgleichen Blutes" und deutscher Staatsbürger sein. Das „deutsche Blut" wurde sogar noch enger begriffen als die „arische Abstammung", die das Gesetz vom 7. April von den Beamten verlangte. Der Entwurf schloß alle jene aus, die irgendwann in ihrem „Mannesstamme" oder unter den übrigen Vorfahren im dritten Glied[265] auch nur eine einzige Person „jüdischer oder farbiger Herkunft" aufwiesen, und auch eine künftige Eheschließung mit einer solchen Person machte die Nachkommen „dauernd unfähig, als Besitzer eines Erbhofes Bauer zu sein".

[259] Verordnung über die Auflösung der preußischen Landwirtschaftskammern vom 21. Juni (Preußische Gesetzsammlung, 1933, S. 224).

[260] Der Antrag Hugenbergs, die Landwirtschaftskammern für die Provinzen Oberschlesien, Sachsen, Schleswig-Holstein und den Regierungsbezirk Wiesbaden aufzulösen, weil „Störungen des Rechtszustandes und in der Geschäftsführung entstanden" waren, stammte vom 7. April 1933 (verviel. Rundbrief mit anliegendem Verordnungsentwurf: BA, P 135/1964, fol. 115–116). Da sich die Angelegenheit hinzog, mahnte Hugenberg die Entscheidung an, legte nun aber einen Verordnungsentwurf vor, der alle Landwirtschaftskammern auflöste (Rundbriefe vom 31. Mai und 13. Juni 1933, dieser mit Verordnungsentwurf; a. a. O., fol. 120–122). Die Herausnahme der ostpreußischen Kammer erfolgte dann auf besonderen Wunsch des Reichskanzlers (Rundschreiben vom 19. Juni; a. a. O., fol. 126).

[261] Gesetz über die Neuwahlen zu den Landwirtschaftskammern vom 24. Oktober (Preußische Gesetzsammlung, 1933, S. 384). Hierzu Rundbrief Darrés vom 12. September mit anliegendem Gesetzentwurf (BA, P 135/1964, fol. 128).

[262] Kerrl in der Sitzung des Staatsministeriums vom 11. Mai 1933 (HAB, Rep. 90, Sitzungsprotokolle 1933, fol. 93).

[263] In der Sitzung des Staatsministeriums vom 15. Mai (a. a. O., fol. 97).

[264] So Kerrl (a. a. O., fol. 93).

[265] In der Staatsminister-Sitzung am 19. Mai in „zweites Glied" abgeändert (a. a. O., fol. 97 v.).

Den bisher geltenden Rechtsauffassungen widersprach das Gesetz in zweierlei Hinsicht. Es klammerte sich an den antisemitisch begründeten Rassebegriff in extremer Weise und bezog einen Zusammenhang von „Blut und Boden", wie er sich in den Köpfen nationalsozialistischer Ideologen darstellte, in Recht und Gesetzgebung ein, für den es eine sachliche Begründung weder in allgemeiner politischer noch in wirtschaftlicher Hinsicht gab. Aber auch die Stellung der weichenden Erben wurde rechtlich in ungewöhnlicher Weise geschmälert; die ideologische Überbewertung des männlichen Familienteiles, die tatsächliche Übergewichtung des „Mannesstammes" und die außerordentliche Bevorzugung des Erstgeborenen erhielten durch ihre mittelalterliche Rückständigkeit und ihre offensichtliche Verwurzelung im vorwissenschaftlichen Aberglauben eine agrarsoziologisch interessante Begründung. Eine staatlicherseits getroffene Regelung des Anerbenrechts entsprach dem staatlichen Interventionsstreben, das auch die Bezirke der Landwirtschaft ergriff, was in ihrer unbestreitbaren allgemeinen Notlage zweifellos gute Gründe hatte. Daß sie den bäuerlich bewirtschafteten Grundbesitz in den Grenzen der Bestimmungen des Gesetzes rechtlich unantastbar machte, auch von dem Zwang des Schuldrechts befreite und die schlimmsten Folgen der bäuerlichen Verschuldung beseitigte, war eine wirtschaftspolitisch weithin bedeutsame Entscheidung zugunsten der Landwirtschaft, die nicht isoliert bleiben konnte und auf das umfangreiche Agrarprogramm der NSDAP hinwies, den einzigen vollständigen Programmteil, den diese Partei überhaupt besaß. Umstand und Einzelheiten des Gesetzes ließen den Atavismus der ihm zugrunde liegenden Ideologie außer jedem Zweifel. Die Rolle Kerrls beschränkte sich darauf, diesen Entwurf Darrés und seiner Berater im Staatsministerium hartnäckig zu vertreten. Hugenberg, dem an einer Juridifizierung der Anerbensitte durchaus gelegen war, dachte jedoch nicht an eine so weitreichende Regelung, die die Struktur der bäuerlichen Bevölkerung auf lange Sicht festlegen konnte. Sein agrarpolitisches Zinssenkungsprogramm begünstigte den hoch- und höchstverschuldeten Grundbesitz, zu dem nahezu der gesamte ostelbische Großbesitz gehörte, den Hugenberg zu stützen entschlossen war; an eine grundsätzliche Entscheidung zugunsten der bäuerlichen Besitzgrößenklassen dachte er indessen nicht. Doch gegen den Einspruch des Landwirtschaftsministers stimmte das Staatsministerium unter Maßgabe einiger Änderungen diesem Gesetz, das die Ära der nationalsozialistischen Agrarpolitik eröffnete, zu.[266]

Der Ausbau dieses Gesetzes zu einem Reichsgesetz in Gestalt des Reichserbhofgesetzes folgte dann dem personellen Zusammenschluß der Landwirtschaftsministerien Preußens und des Reiches mit dem agrarpolitischen Apparat Darrés auf dem Fuße. Es fiel dem Amt für Agrarpolitik leicht, die in der anhaltenden Notlage der Landwirtschaft sich fortgesetzt verstärkenden Spannungen zwischen den zuständigen Ministerien Preußens und des Reiches und dem jetzt von ihm beherrschten landwirtschaftlichen Verbandswesen bis zum Äußersten zu verschärfen, die Maßnahmen Hugenbergs unpopulär und die Beziehungen zwischen den Ministerien und der mächtigen „grünen Front" der landwirtschaftlichen Organisationen unmöglich zu machen. Die verschärfte agrarpolitische Situation namentlich im östlichen Deutschland bildete die beste Voraussetzung, um die Opposition der mit Berlin seit jeher unzufriedenen Landbevölkerung auf die Spitze zu treiben und ihr Protestbedürfnis zu provozieren.

Das Jahr 1932 hatte durch eine Mißernte im ganzen östlichen Europa eine schwere Agrarkrise heraufbeschworen, die fast überall soziale und politische Folgen zeitigte. Zu den schlimmsten zählten die Hungersnot im südlichen Rußland und die Zuspitzung der landwirtschaftlichen Dauerkrise in Ostdeutschland.[267] Im Spätsommer ereignete

---

[266] *Ebda.* – Gesetz über das Bäuerliche Erbhofrecht vom 15. Mai (*Preußische Gesetzsammlung*, 1933, S. 165).
[267] Über die Lage der ostdeutschen Landwirtschaft nach 1918 und ihre politischen Folgen hofft der Verfasser in einiger Zeit eine gesonderte Untersuchung veröffentlichen zu können.

sich hier nach einem heißen und wenig versprechenden Sommer schließlich eine gewaltige Unwetterkatastrophe, die große Teile der Ernte im Regierungsbezirk Gumbinnen, innerhalb des Regierungsbezirks Königsberg in den Kreisen Rastenburg, Gerdauen, Wehlau und im östlichen Teil des Kreises Labiau, im Regierungsbezirk Allenstein in den Kreisen Lötzen, Lyck, Johannisburg und in einem Teil des Kreises Sensburg und im Regierungsbezirk Westpreußen, also in weit mehr als der Hälfte Ostpreußens vernichtete;[268] überall aber fiel der Bodenertrag, besonders die Kartoffelernte, ungewöhnlich niedrig aus, so daß sich äußerst prekäre Verhältnisse im Frühjahr 1933 ergaben,[269] die bei der seit langem sehr rührigen Tätigkeit der agrarischen Interessenverbände eine intransigente politische Unzufriedenheit förderten. Ende Januar berichtete der Oberpräsident der Provinz Ostpreußen, „daß die Stimmung der ostpreußischen Landbevölkerung gefährlichen Zuständen entgegentreibt", über „Ausbrüche der Verzweiflungsstimmung" bei einem, „Gleichgültigkeit und Resignation" bei dem anderen Teil der Bauern, die sie „allzu leicht radikalpolitischer Agitation zum Opfer fallen" lasse.[270] Die radikalisierten Gruppen verlangten nach radikalen Maßnahmen zur Abhilfe und riefen, als diese ausblieben, zum „Kampfe gegen die Regierung" auf.[271] Dieser ebbte nach der Übernahme der Reichsregierung durch Hitler keineswegs ab, gelangte aber vollends unter nationalsozialistische Regie, wurde eingedämmt und kanalisiert. Nachdem sich die Nationalsozialisten fast überall auf dem flachen Lande im Osten durchgesetzt hatten, mühten sich der Reichsernährungsminister Hugenberg und mit ihm sein Staatssekretär v. Rohr, der als pommerscher Landbundführer selbst zu den profiliertesten Persönlichkeiten der „grünen Front" gezählt hatte, sich jetzt aber ohne Gefolgschaft sah, vollkommen vergeblich um Einvernehmen und Zusammenarbeit mit dem Reichslandbund unter seinem nationalsozialistischen Führer Meinberg,[272] der sich weder durch harte noch durch versöhnliche Töne gewinnen ließ. Pläne und zinspolitische Maßnahmen Hugenbergs und Rohrs blieben im luftleeren Raum und vermochten die von nationalsozialistischen Agitatoren hochgetriebene Empörung der organisierten bäuerlichen Massen nicht zu beeinflussen. Ohne sich mit sachlichen Einwänden abzugeben, trieb Meinberg die Gegensätze auf die Spitze, indem er für die politische Opposition des Reichslandbundes dem Reichsernährungsministerium gegenüber immer stärker das Recht eines sozialen Protests in Anspruch nahm und ihn zu einer gegen den Großgrundbesitz gerichteten Bewegung mit dem Ziel einer rein „bäuerlichen Standesentwicklung" erklärte. Hieraus zog die NSDAP in Wirklichkeit zwar niemals radikale Folgerungen; doch im Frühjahr 1933 kam auch die bäuerliche Bewegung mit der Ideologie der nationalsozialistischen Revolution in Verbindung, die den Bauer zum „Träger des nationalsozialistischen Staates" und zum „Kämpfer für Volkserneuerung und Weiterführung der nationalsozialistischen Revolution" machen wollte.[273] Für das

---

[268] Unterlagen und Berichte über die Lage in diesen Verwaltungsbezirken bei den Akten des Preußischen Staatsministeriums (*HAB*, Rep. 90/1079).

[269] Der Oberpräsident der Provinz Ostpreußen bezifferte den Umfang des Ernteausfallschadens mit 50 Millionen Reichsmark, der Landwirtschaftsverband Ostpreußen mit 68 Millionen Reichsmark (Bericht des Oberpräsidenten Kutscher an Reichskommissar Bracht vom 24. Januar 1933; *ebda.*).

[270] Bericht Kutschers, *a. a. O.*

[271] So in einer Entscheidung der Generalversammlung der Kreisabteilung Johannisburg e. V. des Landwirtschaftsverbandes Ostpreußen vom 20. Januar 1933 (Anlage zu dem Bericht Kutschers, *a. a. O.*, dem auch noch andere Entschließungen und Zeugnisse dieser Art beigefügt waren).

[272] Schriftwechsel zwischen Meinberg und v. Rohr aus der Zeit vom 30. Mai bis 21. Juni 1933 (*HAB*, Rep. 90/877).

[273] Schreiben Meinbergs an Rohr vom 15. Juni 1933 (Abschrift *ebda.*). Auch an anderer Stelle sprach Meinberg von der nationalsozialistischen Revolution als einer „Bauernrevolution" und dem nationalsozialistischen Staat als einem „Bauernreich" (so im Geleitwort zu Otto Baumecker, *Handbuch des gesamten Reichserbhofrechts*, 2. Aufl., Köln 1934, S. III). Über die „Bauernpolitik" später Hans-Jürgen Seraphim, *Deutsche Bauern- und Landwirtschaftspolitik*, Leipzig 1939. Vgl. hierzu auch die Schlußbemerkungen in dem Aufsatz von Hans Rosenberg,

erste erhob sie die Forderung an Hugenberg und Rohr, den „Platz freizumachen", damit deren Ämter mit Darré und Willikens besetzt werden könnten.[274] Die Spitzen der organisierten Bauernschaft, die sich in weiten Teilen zur NSDAP bekannte, duldeten nur noch nationalsozialistische Repräsentanten an den Spitzen der Ministerien.

Nach dem Rücktritt Hugenbergs, dem drei Monate später der Rücktritt des Staatssekretärs v. Rohr folgte, ging Darré unverzüglich daran, mit Hilfe seiner Staatssekretäre Willikens im Preußischen Landwirtschaftsministerium und Backe, dem Nachfolger Rohrs im Reichsernährungsministerium, das preußische Erbhofgesetz in Reichsrecht umzuwandeln und weiter auszugestalten. Das geschah durch das Reichserbhofgesetz vom 29. September 1933,[275] das schon in seinem Vorspruch die Prinzipien der nationalsozialistischen Agrarpolitik bezeichnete: die Idealisierung und Mythisierung des Bauerntums „als Blutquelle des deutschen Volkes", seinen wirtschaftlichen Schutz vor Überschuldung und den Schutz vor Zersplitterung der Höfe im Erbgang sowie die Stützung und Festlegung des bäuerlichen Besitzes kleiner und mittlerer Größenordnungen. Die Durchführung der Regelungen, die dieses Gesetz erforderte, und die Erledigung von Streitfragen, die sich ergaben, wurde besonderen Gerichtsbehörden anvertraut, die sich in dreifacher Stufung – Anerbengerichte, Erbhofgerichte und Reichserbhofgericht – parallel zur ordentlichen Gerichtsbarkeit aufbauten und die über die Erbhofeigenschaft eines Hofes, über „Bauernfähigkeit" und „Rasseeigenschaft" einzelner Personen, über Entziehung von Verwaltung, Nutznießung und Eigentum des Hofes wie über Rechte der Erben, soweit sie nicht gesetzlichen Regelungen unterlagen, zu entscheiden hatten. Daneben erhielten die Funktionäre des Agrarpolitischen Apparats eine höchst wichtige Rolle zugewiesen: die Kreis- und Landesbauernführer, die auch die Schlüsselpositionen im Reichsnährstand übernahmen, den zwei umfangreiche Gesetzeswerke eben zu dieser Zeit nach dem Muster der ständischen Ordnung ins Leben riefen, die das Reichskulturkammergesetz im Bereich der Tätigkeit des Propagandaministeriums geschaffen hatte.[276] Die Kreis- und Landesbauernführer verdankten dem Erbhofgesetz eine umfangreiche und maßgebliche Gutachtertätigkeit. Sie besaßen die Einspruchsbefugnis gegen Entscheidungen des Anerbengerichts bzw. des Erbhofgerichts und handhabten die örtliche Regie der Bauernschaft; sie wurden zu Bezirkschefs der ständisch organisierten Agrarverwaltung und gleichzeitig zur Führungselite der Bauernschaft, die sich bald eng mit der SS verknüpfte. Sie waren, alles in allem, Funktionäre der regionalen Agrarwirtschaft, deren Machtstellung nicht auf dem Umfang des eigenen Betriebes und des eigenen Grundbesitzes, sondern ausschließlich auf ihrer Funktion innerhalb der vom Ministerium aus geleiteten Agrarorganisation beruhte.

„Die Demokratisierung der Rittergutsbesitzerklasse", in: *Zur Geschichte und Problematik der Demokratie* (Anm. I/1), S. 485 f. Als Zeugnis für Bemühungen im ostdeutschen Großgrundbesitz, den Rittergutsbesitzer auch in der Ära des Reichsnährstandes zum „Kulturträger der Volkheit" zu stempeln und seine führende Rolle in der Agrarpolitik zu behaupten, verdient Beachtung der Sammelband *Großgrundbesitz im Umbruch der Zeit*, hrsgg. von Hans Olof v. Rohr, 2. Aufl., Berlin 1935.

[274] Als Beispiel für die Demonstrationen gegen die deutschnationale Spitze der beiden Landwirtschaftsministerien, die offenbar sehr bereitwillig von den örtlichen Ämtern weitergegeben wurden, der Text eines Telegramms des Landrats in Wehlau (Ostpr.) an den Regierungspräsidenten in Königsberg vom 3. Mai 1933: „Viele Hunderte Bauern des Kreises Wehlau verlangen in machtvoller Kundgebung vor Kreishaus Abberufung Hugenbergs und von Rohrs und Übertragung des Reichsernährungsministeriums an Walter Darré und Preußischen Landwirtschaftsministeriums an Willykens [richtig: Willikens] mit der Begründung, daß Bauernschaft bei letzten Wahlen fast 100 % für Hitler gestimmt hat. Erregung wächst täglich. Bitte beschleunigte Weitergabe der berechtigten Wünsche der Landbevölkerung veranlassen zu wollen" (Abschrift *HAB*, Rep. 90/877).

[275] *RGBl.*, I, 1933, S. 685. Hierzu Baumecker (Anm. III/273).

[276] Gesetz zur Regelung des ständischen Aufbaus der Landwirtschaft vom 15. Juli (*RGBl.*, I, 1933, S. 495) und Gesetz über den vorläufigen Aufbau des Reichsnährstandes vom 30. September 1933 (*a. a. O.*, S. 626).

8. Versuch und Fehlschlag einer Bodenplanung

Siedlungswesen und Bodenplanung, nach den neuen Maßstäben der Agrarpolitik Gegenstände ihres höchsten Interesses, blieben Bereiche, in die Darrés Reichsernährungsministerium erst nach hinhaltenden Rivalitäten und Auseinandersetzungen mit anderen Reichsressorts einzudringen vermochte. Der Reichskommissar für das Siedlungswesen, der im Frühjahr 1934 eingesetzt wurde,[277] unterstand dem Reichswirtschaftsminister. Ihm war die Zusammenarbeit mit dem Reichsarbeitsminister aufgegeben; doch die nicht näher bestimmten Aufgaben des Reichsernährungsministers unter der Direktive „der Neubildung des deutschen Bauerntums" blieben ausgespart. Damit war der Ressortstreit zwischen diesen drei Reichsministerien zur Hälfte entschieden, den das Reichsarbeitsministerium mit hochgespannten Ansprüchen auf Regelung und Zuständigkeit im Planungswesen eröffnete, nachdem die Weimarer Republik in ihrer Anfangszeit mit der Gesetzgebung auf diesem Gebiet begonnen hatte. Geburtszelle der Landesplanung war das rheinisch-westfälische Industriegebiet, wo der „Siedlungsverband Ruhrkohlen-Bezirk" 1920 erstmals gesetzliche Bestimmungen zur Landesplanung traf. Bis 1933 blieb sie jedoch Angelegenheit kommunaler Stellen und wurde von diesen mit verschiedenen Interessen keineswegs einheitlich betrieben. Der gleichgeschaltete Spitzenverband der kommunalen Verwaltungen, der Deutsche Gemeindetag, regte dann 1933 die Übernahme der Leitung der Landesplanung durch Reichsbehörden an.[278] Erste Besprechungen zwischen Vertretern des Deutschen Gemeindetages, des Preußischen Ministeriums für Wirtschaft und Arbeit, des Reichsarbeitsministeriums und der Reichsleitung der NSDAP über die Regelung des bestehenden „Neben- und Durcheinanders verschiedener Landesplanungsorganisationen im Interesse schnell und einheitlich geleiteter Arbeit" [279] ergaben zunächst Übereinstimmung darin, daß die Landesplanung weiterhin Aufgabe der Selbstverwaltungskörper sei. Ihre Leitung jedoch sollte zur Aufgabe des Staates werden und eine „Reichsplanungsstelle" beim Reichsarbeitsministerium die Aufstellung von Plänen in die Hand nehmen, die die Anlegung von Siedlungen, Verkehrswegen, Erholungsflächen und die Aufteilung in Verkehrs-, Grün-, Bau-, Industrie-, Bergbau- und land- und forstwirtschaftliche Flächen betrafen. Hierzu hätte es aber eines Reichsgesetzes bedurft, das das Planungsrecht regelte.[280] Diesem Bedürfnis wollte der Entwurf eines Landesplanungsgesetzes abhelfen, den der Reichsarbeitsminister Seldte den anderen Ressorts zur vertraulichen Kenntnis mitteilte, nachdem die Linien- und Bauplanung des Generalinspekters für das deutsche Straßenwesen anläßlich der Anlage von Reichsautobahnen einen Anlaß gegeben hatte, reichsgesetzliche Regelungen vorzuschlagen.[281] Dieser Entwurf wies die Landesplanung den Selbstverwaltungskörpern der Planungsgebiete, den Landesplanungsverbänden, zu, die den unteren und höheren staatlichen Verwaltungsbezirken entsprechen sollten, und nahm für das Reich die gesamte Gesetzgebung auf dem Gebiet der Landesplanung in Anspruch und für den Reichsarbeitsminister die Einteilung und Festlegung der Landesplanungsgebiete. Das Interessante an diesem Entwurf des Reichsarbeitsministeriums aber war die ungewisse, sehr weit gedehnte Begrenzung, die er dem Begriff der Landesplanung gab. Nach der Definition des Entwurfes sollte sie dafür

---

[277] Erlaß über den Reichskommissar für das Siedlungswesen vom 29. März 1934 (RGBl., I, 1934, S. 295).
[278] Mit Schreiben vom 13. Juli 1933 überreichte ausführliche Denkschrift, bei den Akten des Preußischen Ministeriums für Wirtschaft und Arbeit, Siedlungsabteilung, später beim Reichsarbeitsministerium (HAB, Rep. 318/120).
[279] Aktenvermerk des Ministerialrats Scholtz im Preußischen Ministerium für Wirtschaft und Arbeit vom 15. Juli 1933 (ebda.; handschriftl. Zusatz von Scholtz).
[280] So in einem Schreiben des Reichsarbeitsministeriums an den Preußischen Minister für Wirtschaft und Arbeit vom 16. September 1933, das den Abschluß der Vorarbeiten zu einem Reichsplanungsgesetz ankündigte (ebda.).
[281] Vertraulicher Referentenentwurf als Anlage zu einem vertraulichen Rundschreiben des Reichsarbeitsministeriums vom 5. Februar 1934 (ebda.).

Sorge tragen, „daß der deutsche Boden zum Zwecke seiner Nutzung planmäßig so eingeteilt wird, wie sie das Gemeinwohl und die Bedürfnisse der Gesamtheit und der einzelnen erfordern". Deutlich ließ sich die Absicht des Gesetzes erkennen, mit Hilfe einer
reichsgesetzlichen Regelung der Landesplanung die Schlüsselgewalt über eine technisch-
wirtschaftliche Planung noch unbekannten Ausmaßes zu schaffen und ressortpolitisch
in Beschlag zu nehmen.[282] Den Landesplanungsverbänden verblieb die Aufgabe, unter
Hinzuziehung von interessierten Behörden und wirtschaftlichen Vertretungen Wirt-
schaftspläne aufzustellen, die die Grundlage für die Planung der Bodenteilung und
-nutzung des gesamten Planungsgebietes zu bilden hätten. Diesen regional entwickelten
Bezirkswirtschaftsplanungsbehörden sollte die wirtschaftliche Bezirksorganisation
folgen.

Die Begründung zu diesem Gesetz, die noch weit mehr besagte als der Entwurf
selbst, wies deutlich in die Richtung gegen die Bestrebungen Darrés und seines Ministeriums, nach der das Gesetz „der Sicherung einer planvollen Bodenwirtschaft dienen" und „umfassender" als die bisherigen gesetzlichen Regelungen über die „Verhältnisse des deutschen Bauernstandes" die „Gestaltung des deutschen Raumes in einer
Gesamtheit" und den „Neubau der deutschen Wirtschaft" vorbereiten sollte. Sie verzichtete nicht auf die gängige Formel von „Blut und Boden", die sie dem Vokabular
der Konkurrenzinstanz entlehnte; doch in unvermutet radikaler Weise verhalf sie
einem „nationalen Sozialismus" zum Ausdruck, der Anstalten traf, das gesamte Bo-
denrecht zu verändern und – in einzelnen Gedanken ähnlich wie das Erbhofgesetz,
jedoch keineswegs wie dieses nur auf das Bauerntum beschränkt – die „Bindung des
einzelnen Bodenbesitzers" zu verstärken, jedoch das Obereigentum des Staates am
höchsten bewertete. Der staatlichen Planung unterlag „alle Tätigkeit, die auf die Gestaltung des deutschen Raumes durch Ordnung der innerdeutschen Lebensvorgänge
gerichtet ist, soweit sie den Boden in Anspruch nehmen". Auch im Reichsarbeitsministerium gab es Beamte, die glaubten, durch eine Anzahl von Hebelbewegungen Politik
auf Jahrhunderte machen und eine mechanische Wirtschaftsregulierung von ihrem
Ressort aus in Gang setzen zu können. Ihre Ziele waren zweifellos nicht ausschließlich
vom Idealbild eines verherrlichten Bauernstandes her bestimmt und beengt wie die
der Männer des Agrarpolitischen Apparates. Die Begründung ihres Entwurfs verlangte
zwar „Schutz des Bauerntums und der Landwirtschaft"; doch sie wollte in erster Linie
die „Beseitigung der Gegensätze zwischen Stadt und Land, Wiederverbindung des
Städters mit dem Boden, Auflockerung der Großstädte und Industriegebiete, Stand-
ortverlagerung der Industrie, Schaffung eines leistungsfähigen Verkehrsnetzes, Woh-
nungs- und Siedlungspolitik unter dem Gesichtspunkt der Förderung der Familie und
der Schaffung lebensverbundener Staatsbürger, ... der Bevölkerungspolitik, der Landesverteidigung, der Luftfahrt, des Luftschutzes, der Wasserwirtschaft, des Heimat-
und Naturschutzes" usw. Diese Gedanken waren technischer und moderner, rational
und nicht von den mythischen Elementen belastet, die aus den Gesetzen sprachen, die
Darré veranlaßt hatte.

Es ist kaum verwunderlich, daß dieser Gesetzentwurf auf den Widerspruch der anderen interessierten Reichsressorts stieß; wegen des Widerstandes des Reichswirtschaftsministeriums wurde er erst zurückgestellt und schließlich fallengelassen.[283] Im Sommer
1934 ging dann das allgemeine Siedlungswesen „bis zur reichsgesetzlichen Regelung
des Planungs-, Siedlungs- und öffentlichen Baurechts" in die alleinige Zuständigkeit
des Reichswirtschaftsministers, die landwirtschaftliche Siedlung in die des Ernährungs-

---

[282] Nach den Bestimmungen des Entwurfs erhielt das Reichsarbeitsministerium das Recht, jederzeit bestehende
Landesplanungsgebiete zu ändern, zu vereinigen, zu unterteilen oder aufzuheben, die zuständige Landesplanungs-
behörde zu bestimmen, die die Geschäftsführung der Landesplanungsverbände zu überwachen hatte.
[283] Aktenvermerke von Scholtz vom 1., 24. und 17. März 1934 (*HAB*, Rep. 318/120).

ministers über;[284] im Dezember übernahm der Reichsarbeitsminister an Stelle des Reichswirtschaftsministers die Aufgaben auf dem Gebiet des Wohnungswesens, der Wohnungsfürsorge, der Reichs- und Landesplanung und der Kleinsiedlung.[285] Der ständige „Siedlungsbeirat", den der Reichsarbeitsminister auf Grund dieses Erlasses bildete, stand jedoch ebenso unter der Leitung von SS-Angehörigen wie die „Reichsstelle für Siedlerauswahl", die sich mit dem bäuerlichen Siedlungswesen und dem Reichsnährstand Darrés verbunden hatte.[286] Dieser gewann mit Teilen seines Spitzenpersonals schließlich auch Einfluß auf das Rasse- und Siedlungshauptamt der SS, das im Januar 1935 errichtet wurde und fortan die wichtigste Siedlungsorganisation darstellte, in der ähnlich wie in der Geheimen Staatspolizei und im Sicherheitsdienst des Reichsführers der SS übernommene Staatsverwaltung und SS ineinander verschmolzen.

Der Gedanke einer zentralen Landesplanung, einer Reichsplanung und „wissenschaftlich fundierten Landesforschung" war zwar noch nicht abgetan[287] und wurde 1935 noch einmal wieder aufgegriffen, als die Reichsleitung der NSDAP eine Akademie für Landesforschung und Reichsplanung ins Leben rief und ihren Parteibeauftragten, Ludowici, zum Präsidenten ernannte. Doch „Akademie" wie Präsident gerieten schnell wieder in Vergessenheit.[288] Aber auch die Pläne des Reichsarbeitsministeriums wurden auf die Ausschnitte jeweiliger praktischer Bedürfnisse beschnitten, da bald nur noch der Landbedarf von Wehrmacht und Rüstungsindustrie entschied. Das Gesetz über die Regelung des Landbedarfs der öffentlichen Hand[289] schuf eine Reichsstelle für Raumordnung unter dem ehemaligen preußischen Justizminister Kerrl,[290] die mit der Planung und Ordnung des deutschen Raumes für das gesamte Reichsgebiet eine Hoheitsaufgabe von großer Bedeutung erhielt, aber lediglich praktische Bedürfnisse von Wehrmacht und Industrie befriedigte[291] und im übrigen einen zwingenden Rang über die Zuständigkeiten und die politischen Ziele anderer Organisationen und Ressorts des totalitären Staates weder erreichte noch anzustreben vermochte. Mehr als einer planmäßigen Ordnung und Bewirtschaftung im Innern wandte sich die nationalsozialistische Politik dem Ziele zu, Lebensraum für den deutschen Bauern durch militärische Eroberung von Gebieten außerhalb der Reichsgrenzen zu gewinnen.

[284] Gesetz über einstweilige Maßnahmen zur Ordnung des deutschen Siedlungswesens vom 9. Juli (RGBl., I, 1934, S. 568).

[285] Erlaß über das Siedlungs- und Wohnungswesen vom 4. Dezember 1934 (a. a. O., S. 1225).

[286] Vgl. Neusüß-Hunkel (Anm. III/109), S. 70 f.

[287] Bei den Akten des Reichs- und Preußischen Arbeitsministeriums befindet sich ein Bericht des Oberpräsidenten und Gauleiters Lohse von Schleswig-Holstein mit der Abschrift einer Denkschrift des Regierungspräsidenten in Schleswig, die in ihren Grundgedanken manche Ähnlichkeit mit dem Gesetzentwurf des Reichsarbeitsministers aufwies, sich aber besonders auf das Thema der Übernahme der Planungsaufgaben durch Organe der Staatsverwaltung beschränkte (HAB, Rep. 318/120).

[288] Kopie eines Schreibens des Stellvertreters des Führers an den Reichsarbeitsminister vom 12. August 1935 (HAB, Rep. 318/123). Die Akademie scheint jedoch keine bedeutende Tätigkeit entfaltet zu haben. 1934 erschien eine Druckschrift für den Dienstgebrauch des Präsidenten Ludowici, Die Verteilung des deutschen Bodens, mit zwei Anlagen „Material zu einer Bilanz über den deutschen Boden" und „Der Wohnungs- und Siedlungsbedarf in Deutschland", die Material verarbeiteten, das andere Stellen zusammengetragen hatten, und keine neuen Gesichtspunkte enthielten. 1935 hielt die Akademie zwei Schulungslager in Zusammenarbeit mit dem Reichsarbeitsdienst ab. Aber schon am 13. März 1936 vermerkte Ministerialrat Scholtz: „Durch die Gründung einer besonderen Hochschulorganisaton unter Führung der Reichsminister Rust und Kerrl dürfte die ‚Akademie für Landesforschung und Reichsplanung' in ihrem Zuständigkeitsbereich stark eingeschränkt sein. Die weitere Entwicklung bleibt abzuwarten." Und am 12. Oktober 1936: „Weitere ‚Mitteilungen' sind nicht eingegangen. Von einer nennenswerten Tätigkeit der Akademie ist nichts bekannt geworden" (HAB, Rep. 318/123). Ludowici war gleichzeitig im Rang eines Hauptamtsleiters der Beauftragte für das Siedlungs- und Planungswesen im Stabe des Stellvertreters des Führers und Leiter des „Reichsheimstättenamtes" der NSDAP und der Deutschen Arbeitsfront (Gutachten des Instituts für Zeitgeschichte, Anm. I/226, S. 283).

[289] Vom 29. März 1935 (RGBl., I, 1935, S. 468).

[290] Erlaß vom 26. Juni 1935 (a. a. O., S. 793).

[291] Die von der Reichsstelle beaufsichtigte Reichsarbeitsgemeinschaft für Raumforschung gab eine eigene wissenschaftliche Monatsschrift, Raumforschung und Raumordnung, heraus.

Viertes Kapitel

NATIONALSOZIALISTISCHE „REICHSREFORM"

1. Diktatur und Zentralisation

Es lag im Wesen der Diktatur, die mit dem Namen Hitlers und seiner nationalsozialistischen Partei verknüpft war, daß sie sich in zunehmendem Maße und immer unverhohlener dagegen sträubte, Begrenzungen und Einschränkungen irgendwelcher Art anzuerkennen, daß sie sie zu durchbrechen, sich womöglich *ad hoc* nach ihren Bedingungen zu richten und gar daraus noch für später Nutzen zu ziehen, auf die Dauer aber zu beseitigen suchte, wo und soweit sie es nur irgend vermochte. Ihr Aktivitätszentrum, worunter Hitler als Staatschef nebst seiner nächsten Umgebung – Minister, Parteiführer, Sekretäre, Sachverständige, Repräsentanten der bewaffneten Macht und manche andere – zu verstehen sind, bildete im Grunde die moderne, aus der Zerstörung des parlamentarisch-konstitutionellen Rechtsstaates erwachsene Form einer Herrschaft *legibus absolutus*. Es hieße jedoch, die Bedeutung der zweifellos ausgeprägten Befehlsstruktur der NSDAP und die Rolle dieser Partei in den ersten Entstehungsphasen des totalitären Staates völlig falsch einschätzen, wollte man voraussetzen, daß die Vorgänge der Machtergreifung, der Gleichschaltung und die darauf folgenden Organisationsmaßnahmen von einer einzigen zentralen Stelle in Gang gesetzt und in Gang gehalten worden seien, die man an der Spitze der NSDAP zu suchen hätte. Derartige Vorstellungen werden nicht nur der wirklichen Aufteilung von Einflußmöglichkeiten und der wechselnden personellen Zusammensetzung des Aktivitätszentrums nicht gerecht; sie unterschätzen auch die beträchtlichen Rivalitäten, die Spannungen, Gegensätze und Auseinandersetzungen unter den führenden Persönlichkeiten der NSDAP, die Meinungsverschiedenheiten darüber, was politisch zu geschehen habe, gerade für die ersten Jahre der nationalsozialistischen Ära bei weitem. Selbst Hitler, als die einzige unumstrittene Zentralfigur des nationalsozialistischen Staates, war ein Phänomen, aber nicht der Demiurg der über Jahre verlaufenden Entstehungsperiode, die in charakteristischer Weise eines jeden konzipierten Widerstands ermangelte, der sich gegen die Überflutung aller Institutionen von einiger Bedeutung mit den vagen Grundsätzen und teilweise auch mit dem Personal aus dem Reservoir der nationalsozialistischen Partei gerichtet hätte. Die Kameraderie der „alten Kämpfer", die das Streben nach Verbesserung der eigenen Daseinsverhältnisse nur zu häufig als Sache politischer Avancen auffaßten, bildete eine bei weitem zu dünne Schicht, noch dazu von gänzlich unzulänglicher Elitequalität, als daß sie mit dem Gewinn von Ämtern und Posten auch schon Geschäftsfähigkeit und politische Urteilskraft zu entwickeln vermocht hätte; doch unter den älteren und jüngeren Vertrauensleuten der Partei befand sich immerhin eine Anzahl rücksichtsloser Konstrukteure artifizieller totalitärer Gebilde, die sich zielbewußt, ohne den zähmenden Gegensatz eines spürbaren oder gar überlegenen Widerstands – der freilich nicht mehr Sache von einzelnen sein konnte, sondern nur von Institutionen hätte ausgeübt werden können –, gleichsam in ein Vakuum vorstoßend, entfalten durfte. Der „totalitäre Charakter" oder die „totalitäre Mentalität", von der Hannah Arendt spricht,[1] erwuchs auf dem Boden der paradoxen Grundtatbestände der „nationalsozialistischen Revolution": der Übernahme bestehender Institutionen und Organisationen, der „Anwendung des im Augenblick der Machtübernahme maßgeblichen formellen Rechts"[2] und der unentwegt fortschreitenden Umstellung des Angetroffenen und Übernommenen, dem fortgesetzten Zerbrechen und Zerstören von Kontinuitäten und Institutionen. Der so zu verstehende Bewegungstrieb, dem sich die nationalsozialistische Diktatur unterwarf, erklärt das anfängliche Nebeneinander vorgeblicher Pflege und Erhaltung von Tradition und Überlieferungen, immer rascher erfolgender Umstellungen, Aufhebungen von Rechtsverhältnissen und Einrichtungen und Neubildungen, aber auch Erfolg und Begünstigung rationalistisch-schematisch vorgehender Organisationstalente oder solcher, die dafür gehalten wurden.

Auch aus dieser Staatsumwälzung ging eine Restitution des bürokratischen Obrigkeitsstaates als der am genauesten arbeitenden Staatsorganisation hervor. Doch der Aufbau des totalitären Systems enthält noch weitere Elemente, die man dem herkömmlichen Begriff des Obrigkeitsstaates nicht zurechnen kann. Der für die Entstehungsphase entscheidende totalitäre Vorgang lag in der Gewinnung der lückenlosen, diktatorisch regulierten Beziehung zwischen den herrschenden lokalen und dann den regionalen Gewalten und dem Aktivitätszentrum der Diktatur. Das hieß zunächst Ausschaltung selbst von ansatzweise vorhandenen partikulären Gewalten, also Machtzusammenfassung auf der ganzen Linie. Die auf Zentralisation hinauslaufende permanente Strukturvereinfachung im gesamten öffentlichen Bereich bestimmte ebenso den unaufhörlichen Bewegungsrhythmus dieser Diktatur wie das Vordringen der nationalsozialistischen Partei im öffentlichen Leben und das gemeinsame, auf gegenseitiger Unterstützung beruhende Eindringen von Staat und Partei in die privaten Daseinssphären der Gesellschaft und des Individuums.[3] Das öffentliche Leben unterlag bald einer sehr weitreichenden Beaufsichtigung und Kontrolle durch die NSDAP und ihre Organisationen. Das spezifisch Totalitäre dieses Systems bestand in der permanenten absoluten und totalen Tendenz, immer neue Bereiche des Privaten aufzuheben, zu öffentlichen zu machen und sie als solche der zentralen Regie zu unterwerfen. Die Politik im eigentlichen Sinne wurde jedoch der Öffentlichkeit entzogen und ausschließlich dem Bereich „hinter den Kulissen" in wenigen Spitzenämtern der Organisationen und wichtigsten Verwaltungen alter und neuer Art vorbehalten, die im Verlaufe der späteren Jahre in immer enger werdende persönliche oder sachliche Verbindungen zum Chef des „Führerstaates" traten.

Während aber Entscheidungen und Ermessen fortgesetzt weiter nach oben verlegt wurden, diente die Durchdringung der privaten Sphären nach Zweck und Ergebnis der Ausdehnung und zunehmenden Mechanisierung der Administration. Über dieses charakteristische und letztlich entscheidende Merkmal des gesamten Gleichschaltungskomplexes dürfen auch die zweifellos zahlreichen Entscheidungen *ad hoc, ad hominem*, aus persönlichen Launen und Einfällen, auf Grund von Zufälligkeiten oder aus welchen anderen irrationalen Gründen auch immer nicht hinwegtäuschen. Der einzelne unterlag den einander ergänzenden und sich teilweise überdeckenden Beeinflussungen durch Parteiorganisationen, öffentliche Verwaltungen, im besonderen durch totalitäre Polizei- und Justizinstitutionen und Propagandainstrumente, deren Tätigkeit sich in allmählich erwachsender Systematik von verführenden Einweisungen des Intellekts

---

[1] Arendt (Anm. I/1), S. 488.

[2] Hans Frank, *Recht und Verwaltung*, München 1939, S. 8.

[3] Klaus Lauer schrieb in seiner Untersuchung (Anm. III/112), S. 11: „Der nationalsozialistische Staat nimmt für sich das Recht in Anspruch, das gesamte öffentliche und private Leben mit seinem Staatsgeist zu durchdringen; es gibt daher kein Lebensgebiet, das den Staat nichts angeht und auf dem er nicht befugt ist, seine Staatsgewalt im Interesse der staatlichen Zwecke zu betätigen."

bis zu kategorischen Befehlen und von der stillen Beobachtung bis zu den Erscheinungsformen unmittelbarer Zwangsausübung abstuften. Die Öffentlichkeit wurde auf mannigfache Weise in Verwaltung genommen; und die Verwaltungen organisierten sich in einer Vielzahl von Büros, die die Weisungen zentraler Institutionen schematisch und unter fortgesetzt verstärkter Beaufsichtigung peinlich genau zu vollziehen hatten. Die zielbewußte Umwandlung und Einrichtung übernommener Institutionen und Organisationen im Sinne einer bedingungslosen Perfektionierung technischer Apparaturen begann bereits, lange bevor sie den verhüllenden Schleier, den die offizielle Propaganda ausbreitete, an einzelnen Stellen durchstieß und „die Entwicklung . . . der Funktionsgesetze der Staatsmaschine" mehr oder minder deutlich als Programm auch öffentlich proklamiert wurde.[4] Es kommt darauf an zu erkennen, daß Umbau, Nutzung und vor allem rasche Ausweitung des übernommenen bzw. eroberten administrativen Systems zu den Voraussetzungen der Entwicklung zum totalitären System zählten und bis zuletzt ein charakteristisches Merkmal dieses Systems bildeten. Der totale Staat der nationalsozialistischen Ära in Deutschland war auf jeder seiner Stufen in hervorragendem Maße Verwaltungsstaat.

Vor diesem Hintergrund erhellen auch Sinn und Bedeutung des zwar zögernden, überaus problematischen, aber doch allmählich voranschreitenden Ineinander-Aufgehens von Verwaltungsstaat und nationalsozialistischer Partei,[5] an dem neben den Ministerien Goebbels' und Darrés dem Reichsinnenministerium unter Frick der Hauptanteil zukam.

Die Formen des Übergangs waren mannigfach und fließend, doch die Bewegungen unter dem bestimmenden Einfluß organisierender, regulierender und zentralisierender Instanzen des Verwaltungsstaates offenkundig. Die einflußreichsten Positionen, die die maßgeblichen Führer der NSDAP im Verlauf der Machtergreifung in Besitz nahmen oder schufen und die die taktische Ausnutzung bestehender Institutionen und Rechtsverhältnisse erlaubten, lagen innerhalb der Verwaltung oder standen in Beziehung zu ihr;[6] infolgedessen wurden die spezifischen Strukturen des totalitären nationalsozialistischen Staates hinter dem verhüllenden und desorientierenden Vorhang, den die Propaganda erzeugte, und mit Hilfe spezieller, mit dem Namen des Nationalsozialismus verbundener Ideologiebildungen und mit entscheidender Unterstützung durch terroristische Instrumente im größten Umfang aus dem Bereich der Verwaltung heraus geschaffen.

[4] Unter einseitiger Berufung auf Carl Schmitt am entschiedensten von Hans Frank, *Die Technik des Staates* (Anm. III/88); dort findet sich auch eine Bemerkung – „Die Verwaltung des Staates ist die Hauptdomäne der Technik des Staates" (S. 11) –, die mit ihrer klaren und eindeutigen Aussage innerhalb des nationalsozialistischen Schrifttums geradezu Seltenheitswert besitzt. C. J. Friedrich bemerkt übrigens wohl zu Recht, daß die „totale Bürokratisierung" ein allgemeines Merkmal des modernen Totalitarismus bilde; „ohne diese Bürokratie könnte der totalitäre Charakter des Systems nicht aufrechterhalten werden". *Totalitäre Diktatur* (Anm. I/1), S. 56; S. 161.

[5] Angesichts dieser im Laufe der Jahre immer deutlicher hervortretenden Tendenz verzichtete schließlich Ernst Fraenkel in seiner Untersuchung *The Dual State* (Anm. I/6) und zur Begründung seiner Theorie sogar auf jede Trennungslinie zwischen Partei und Staat.

[6] Mit der kommissarischen Einsetzung eines Reichsjugendführers durch den Reichsinnenminister begann unter der Führung v. Schirachs die Umwandlung des nationalsozialistischen Jugendlichenverbandes, der Hitlerjugend und ihrer Untergliederungen, zur Staatsjugendorganisation, die nach und nach einen zwangsartigen Charakter annahm. Die nationalsozialistische Sportorganisation, die im Verlaufe der Gleichschaltung eine monopolartige Stellung gewonnen hatte, wurde durch die Personalunion ihres Führers v. Tschammer und Osten an die Leitung der zuständigen Ministerialabteilung des Reichsinnenministeriums angeschlossen. Die nationalsozialistische Organisation des Freiwilligen Arbeitsdienstes, die einzige verbliebene Arbeitsdienstorganisation, wurde durch Übernahme ihrer Leitung, mit der kommissarischen Beauftragung und mit der Ernennung ihres Führers Hierl zum Staatssekretär im Reichsinnenministerium aus einer Parteiorganisation in eine Staatsorganisation umgewandelt. Der Deutsche Beamtenbund kam unter die Führung Neefs, den Frick als Referenten in das Reichsinnenministerium holte. Der Nationalsozialistische Ärztebund war zuerst unter Führung Gerhard Wagners eine Parteiorganisation, die zu monopolistischem Rang gelangte, wurde jedoch später ähnlich der Sportorganisation v. Tschammers durch Personalunion mit einer Abteilung des Reichsinnenministeriums verknüpft.

Man kann frühzeitig drei verschiedene Arten totalitärer Organisationen nach den ihnen zugrunde liegenden institutionellen Kernen und Ansatzpunkten voneinander scheiden: die eines totalen Beamtenstaates, die sich aus älteren Ansätzen nach der Zwischenphase der präsidialen Diktatur verhältnismäßig rasch zu entwickeln begann, jedoch in scheinbar unlösbare problematische Beziehung zur NSDAP geriet; ein System der unter zentrale Regie gebrachten ständeartigen Korporationen, worunter nach politischen Zweckmäßigkeiten vorgenommene, lediglich dem Vorbild ständischer Einteilungen folgende Organisationen verstanden werden müssen, die von der „Ausschließlichkeit der staatlichen Herrschaftsordnung" ausgingen, „neben der gleichrangige oder gar ursprüngliche Herrschaftsordnungen nicht anerkannt" wurden;[7] und schließlich die eines Polizeizwangsstaates,[8] der den Organen der systematisierten Gewalttätigkeit seit den Tagen des zügellosen Terrors einen hervorragenden Platz zuwies und der sich eines neuen oder, wenn man will: vom absoluten Staat der Vergangenheit hergeholten, jedoch vom Sektor einer besonderen, in der Praxis totalen Politischen Polizei her erneuerten Polizeibegriffes[9] bediente und der durch besondere, zu solchen Tätigkeiten drängende und für sie geschaffene Kader innerhalb der Parteiorganisation begründet wurde. Alle drei Formen stimmten jedoch in der einen Hinsicht überein, daß sie letztlich zu einem in hohem Grade zentralisierten System verwaltender und bürokratisch organisierter Instanzen hinführten, die die Öffentlichkeit zu beherrschen trachteten und sie schließlich in allen ihren Teilen der obersten Zentralinstanz zur Verfügung hielten. Nach dem ersten Übergang mit den chaotischen Formen der nationalsozialistischen Machtergreifung tendierte die weitere Entwicklung mehr und mehr auf Verengung und Hinaufziehen der Ermessensspielräume innerhalb der Verwaltungshierarchien und auf eine Ausbildung ermessensarmer Verwaltungsinstanzen hin.

Als Reichskanzler benötigte Hitler die Büroarbeit zweier Kanzleien, seiner Parteikanzlei und der Reichskanzlei. Doch er entledigte sich jeder persönlichen Belastung mit Parteiarbeit, indem er sie dem „Stellvertreter des Führers", dem zwar aktiven,

---

[7] Kurt Jeserich in: *Der Deutsche Gemeindetag* 2 (1934), S. 4.

[8] Aus Gründen der Propaganda war freilich der Ausdruck „Polizeistaat" ebenso verpönt wie das Wort „totaler Beamtenstaat" ungebräuchlich. Bezeichnend ist z. B. der gekünstelte und obendrein auf Täuschungen beruhende Versuch Lauers in seiner obengenannten Arbeit (Anm. III/112), den Begriff des Rechtsstaates für das nationalsozialistische System zu retten: „. . . trotz der unbeschränkten Machtbefugnisse des Staates gegenüber dem einzelnen, die dem nationalsozialistischen Staat wie dem Polizeistaat zu eigen sind, ist doch daran festzuhalten, daß der nationalsozialistische Staat . . . ein Rechtsstaat ist – im Gegensatz zum Polizeistaat –, die vollziehende Gewalt nicht gänzlich ungebunden, sondern in ihrer Betätigung durch die geltenden Gesetze beschränkt ist. . . In dem heutigen Staat bestehen zwar keine ideenmäßigen Hindernisse [!] dafür, daß man die polizeiliche Zwangsgewalt auch auf andere Gebiete als das der Gefahrenabwehr, z. B. auf die Sorge für die Erhaltung und Reinerhaltung der Rasse, ausdehnt; für eine solche Ausdehnung . . . liegt jedoch, sofern die bisherigen Vollmachten im nationalsozialistischen Sinne gehandhabt werden, kein Bedürfnis vor. . . Auch im nationalsozialistischen Staat ist demnach der Polizeibegriff auf die Abwehr von Gefahren beschränkt" (S. 11). Aber auch dieser Autor konnte die nicht limitierte Zuständigkeit, die sich hinter der fiktiven Formel von der „Abwehr der Gefahren" verbarg, nicht ganz verhehlen. Er bezeichnete als „Gefahren": „alle Äußerungen und Handlungen, die geeignet sind, die Durchführung der nationalsozialistischen Bestrebungen zu verhindern oder der Autorität und Einheitlichkeit des Staates Abbruch zu tun. . ." (S. 15). Im Vergleich hierzu Schweder, der auf diese Formel ebenso grundsätzlich verzichtete wie auf den fiktiven „Rechtsstaat": „Widerstand ebenso gegen die wesentlichen Einrichtungen des Volkes und Staates wie gegen die Durchführung seiner großen Pläne muß seine schärfste Abwehr hervorrufen. . . Staatsfeind ist heute jeder, der dem Volk, der Partei und dem Staat, ihren weltanschaulichen Grundlagen und ihren politischen Aktionen entgegenwirkt. . . Eine Reihe von Strafbestimmungen fixiert einzelne derartige Tatbestände, will und kann aber keineswegs vollständig sein" (Schweder, Anm. III/94, S. 147).

[9] Den alten Begriff des Polizeistaates charakterisierte Otto Mayer als „Übergang zur neueren Zeit", in der die öffentliche Gewalt „überall die alten Rechtsschranken zu überfluten" suchte: „Die Polizei, welche dem Ganzen den Stempel gibt, wird zu einer planmäßigen Bearbeitung des zur Verfügung stehenden Menschenmaterials, um es einem großen Ziele zuzuführen" (Otto Mayer, „Deutsches Verwaltungsrecht", in: *Systematisches Handbuch der Deutschen Rechtswissenschaft*, begr. von Karl Binding, hrsg. von Friedrich Oetker, 6. Abt., I. Bd., 3. Aufl., München–Leipzig 1924, S. 34; S. 38).

aber phantasiearmen Rudolf Heß zuwies, dessen Amt die Geschichte des ungeregelten Parteieinflusses beendete und das zentrale Einlaßtor der Parteibelange in den Administrativkörper, fortan also eine Sonderbehörde bildete, die sich mit dem jeweils federführenden Ministerium von Fall zu Fall ins Benehmen setzte, um den „Standpunkt der Partei" zu wahren, – als ein rechtes Parteiministerium, das in das System der administrativen Organisationen einbezogen wurde; auch die Person des „Stellvertreters des Führers" holte Hitler in das Reichskabinett hinein. Das Hauptzentralbüro Hitlers hingegen bildete sich zunächst in der Reichskanzlei unter der Leitung ihres Staatssekretärs Lammers aus, für den das Dritte Reich noch die Würde eines Reichsministers und eines Vorsitzenden des Geheimen Kabinettsrates bereithielt, jenes späteren permanenten Rumpfkabinetts, das mit der zunehmenden Auflösung des Regierungskörpers die eigentliche Spitze des Vollzugs im „Führerstaat" darstellte. Der tatsächliche Einfluß, den dieser verwaltungsjuristisch versierte Bürokrat auf den Gang der Verhältnisse ausübte, läßt sich freilich für keine Phase der nationalsozialistischen Herrschaft, selbst nicht für die ersten Jahre mit der Machtstellung vergleichen, die der düstere Bormann während der letzten Kriegsjahre an der Spitze der Parteikanzlei innehaben sollte und deren ebenso weit bemessene wie im letzten unklare Befugnisse und Einflüsse selbst den tatsächlichen Umfang der persönlichen Diktatur Hitlers nur außerordentlich schwer und nur von Fall zu Fall festzustellen erlauben. Lammers trug nach seinen Kräften und mit Hilfe der Reichskanzlei dazu bei, Hitler ständig Überblicke über die wichtigsten Vorkommnisse im Gesamtbau der Verwaltung zu geben und die Entscheidungsnotwendigkeit auf jenen schmalen Grat aktueller Fragen zu verengen, der es der kompakten Organisation der Diktaturregierung ermöglichen sollte, einigermaßen präzis erscheinende Führerentscheidungen zu fällen und an die zuständigen oder interessierten Vollzugsorgane zu vermitteln. Die Bedeutung der Reichskanzlei als eines subsidiären technischen Instituts und Diktaturhilfsorgans wuchs mit dem Seltenerwerden der Kabinettsberatungen und dem Verschwinden kollegialer Beschlußfassungen der Reichsregierung.[10]

Eine höchst bedeutsame Rolle spielte im Anfang das Reichsinnenministerium unter der Leitung Fricks und seines Staatssekretärs Pfundtner. Es führte einen planmäßigen Kampf gegen die Reste des parlamentarischen Parteienstaates, gegen die Ländergewalten, im Sinne der nationalsozialistischen Rassenideologie gegen die Juden, gegen den Einfluß von Angehörigen bestimmter, später aller Freimaurerlogen, aber auch gegen ungeregelte Einflüsse von NSDAP-Stellen auf die Verwaltung. Es wandte sich also auch gegen die nicht mehr willkommenen terroristischen Helfer aus der Zeit des Parteienstaates. Während es für die stärksten Repräsentanten der politischen Organisation einen *modus vivendi* fand und ihnen ein größeres, aber fest umgrenztes Maß von Entscheidungsbefugnissen innerhalb der allgemeinen und inneren Verwaltung einräumte und während es die SS nicht nur duldete, sondern in der von ihr gewählten totalitären Polizeifunktion förderte und nach dem Beispiel, das zuerst Göring in Preußen gegeben hatte, in den Verwaltungsaufbau einbezog, suchte es den Einfluß der SA zu bannen und auszuscheiden und das Werk der Gegner Röhms und der Seinen zu unterstützen. In erster Linie aber leistete das Reichsinnenministerium durch die planmäßige Einebnung der Länder den folgenreichsten Beitrag zur Verwaltungszentralisation, indem es die ergebnislos verlaufenen Reichsreformbemühungen der Republik als willkommenen Anlaß und Ansatzpunkt benutzte. In unüberbietbarer Einseitigkeit setzte es sie ausschließlich zugunsten des Ausbaus und der Stärkung der Stellung des Reichskanzlers fort, die der Artikel 56 der Reichsverfassung von Weimar als das Recht

---

[10] Ein in mehrfacher Hinsicht bemerkenswertes Bild der späteren Funktionen der Reichskanzlei vermittelt die Darstellung des Reichskabinettsrats Hermann v. Stutterheim, *Die Reichskanzlei (Schriften zum Staatsaufbau.* Neue Folge der *Schriften der Hochschule für Politik,* Teil II, hrsgg. von Paul Meier-Benneckenstein, Heft 45), Berlin 1940.

und die Aufgabe, die Richtlinien der Politik zu bestimmen, umschrieben hatte und die nun, mit dem Fortfall oder der Lahmlegung der parlamentarischen Institutionen, mit der Liquidation der Präsidialgewalt und der Ausschaltung der föderativen Gewalten, zur letzten Instanz aller Maßnahmen werden und zugleich mehr und mehr den Charakter persönlicher Entscheidungen annehmen konnte. Aufs ganze gesehen war es das Reichsinnenministerium, dem der Hauptanteil an der Schaffung der organisatorischen Grundlagen des „Führerstaates" zukam.

2. Die unsichere „Einheit von Partei und Staat"

Die NSDAP hatte sich, ehe sie in den Besitz der Macht gelangte, offiziell niemals ernsthaft an den Erörterungen über die Reichsreform beteiligt. Ihre radikale Intransigenz gegenüber der Republik und ihrem Staatsrecht wich wie auf anderen Gebieten auch hier jeder konkreten Festlegung aus. Es lohnt kaum die Mühe, die wenigen Äußerungen nationalsozialistischer Führer aus den Jahren vor 1933, die in diesen Zusammenhang gehören, nach ihrem Gehalt zu untersuchen. Sie lassen erkennen, daß man von der Macht träumte, die in wenigen Händen liegen und von oben her ausgeübt werden sollte. Ein vager, bedenkenloser Zentralismus war zunächst auch alles, was nach vielen Äußerungen als Hitlers Ansicht und als eine Art künftiger Regierungstechnik der Nationalsozialisten zu vermuten war.[11] Er entsprach dem „Führerprinzip", auf das man sich frühzeitig mehr oder minder ausdrücklich festgelegt hatte, und der maß- und schrankenlosen Kritik am Weimarer Staat, die sich zwangsläufig auch auf seine föderativen Elemente erstreckte. Begleit- und Folgeerscheinungen der nationalsozialistischen Machtergreifung, im weiteren schließlich die Staatsumwälzung, die die NSDAP, anfangs orientierungslos, herbeiführte, zwangen aber unausweichlich dazu, eine künftige Staatsorganisation vorzubereiten und einen befolgbaren Plan zu finden. Dennoch ist es keineswegs angängig, dem Nationalsozialismus das Werk einer Reichsreform nachzusagen, dem die Republik lange und ausgiebige Erörterungen gewidmet hatte. Ungleich stärker und ungleich folgenschwerer, als es je zuvor in der deutschen Geschichte getan oder gedacht wurde, wandte er die einmal gewonnene Macht zu auflösenden, einebnenden und zerstörenden Zwecken an.

Schon zu Beginn der nationalsozialistischen Machtergreifung wurden Länder und Gemeinden zu Schauplätzen eines Dramas, das Spiel und Beutezug in einem war. Mit der bedenkenlosen Überschreitung und Außerachtlassung verfassungsrechtlicher Normen, um die Macht möglichst ungeteilt in die Hände zu bekommen, verloren auch Unterscheidungen und Grenzen des Rechts ihren Sinn. Es war gleichgültig, ob jemand Gauleiter in Württemberg, in Franken oder in Ostpreußen wurde, sobald er allein an die Macht und die Möglichkeit dachte, Polizeipräsidenten aus ihren Ämtern zu drängen und neue einzusetzen, ob er Bürgermeister des preußischen, des bayerischen oder württembergischen Gemeinderechts zum Rücktritt zwang und kommissarische Nachfolger einsetzen ließ; denn es ging letztlich doch nur um politische Positionen, die besetzt wurden, um die Macht, die sie verliehen, zum Schaden der politischen Gegner von gestern ausüben zu können und zu Nutz und Frommen dessen, was man eben für die eigene Sache hielt. Dieser nivellierende Effekt der Jagd auf politische Ämter war das erste Moment, das zur Abtragung herkömmlicher Niveau- und Bedeutungsunterschiede zwischen den Institutionen des öffentlichen Lebens beitrug.

Die zentralisierende Regulierung dieser Verhältnisse setzten Reichsinnenministerium und Reichsregierung durch schrittweise legale Veränderung und mehr noch Aufhebung

---

[11] Für den unter anderen Äußerungen häufig hervorbrechenden fanatischen Unitarismus Hitlers ist die Zitatensammlung von Werner Siebarth recht aufschlußreich: *Hitlers Wollen. Nach Kernsätzen aus seinen Schriften und Reden*, 8. Aufl., München 1940 (1. Aufl. 1935), S. 34 ff.

von Länderrechten ins Werk, wofür sie sich der Ermächtigungen nach dem Gesetz vom 24. März bedienten. Mit dem vorläufigen Gesetz zur Gleichschaltung der Länder mit dem Reich vom 31. März 1933 verlieh die Reichsregierung den Länderregierungen das Recht zur Gesetzgebung, die in Fällen der Neuordnung der Verwaltung auch von der Landesverfassung abweichen durfte. Es löste die außerpreußischen Landtage auf, bildete sie neu nach dem im Reichstag erreichten Stimmenverhältnis – also unter Ausschluß der kommunistischen Abgeordneten – und setzte für die Länder mit weniger als 2 Millionen Einwohnern die Höchstzahlen der Landtagssitze fest. Die Landtage führten aber fortan nur noch eine bescheidene Existenz, ehe sie endgültig beseitigt wurden. Auf die Einsetzung der Reichsstatthalter nach dem Gleichschaltungsgesetz vom 7. April 1933 folgte der fortschreitende Abbau der Reichsratsfunktionen, der den Ländern die Reste ihres Mitspracherechtes in der Berliner Reichszentrale nahm. Das geschah durch Beseitigung der Zustimmungsbefugnisse des Reichsrats zum Erlaß von Ausführungsbestimmungen bei Gelegenheit von Gesetzesänderungen und der Verwaltungsbefugnisse des Reichsrats;[12] und nach einer einfachen Geschäftsordnungsänderung auf Veranlassung des Reichsinnenministers[13] erledigten sich vom 22. September an die Zustimmungen, soweit sie noch erforderlich waren, ohne Sitzungen im Umlaufverfahren, bis der Reichsrat am 14. Februar 1934 auf Grund des Neuaufbaugesetzes aufgelöst wurde.[14] Von dieser Auflösung waren rechtens auch die Vertretungen der Länder beim Reich betroffen; doch inoffiziell führten sie ihre Existenz in veränderter Form fort als Informationsstellen der Reichsministerien und zugleich als Vertretungen wirtschaftlicher Interessen, als stillschweigend geduldete Überbleibsel des pluralistischen Staates.[15]

Was nach Beseitigung aller äußeren Widerstände bevorstand, war schon aus der Proklamation Hitlers auf dem Nürnberger Parteitag der NSDAP am 1. September 1933 herauszulesen, die das gesamte öffentliche Leben den in der Parteiorganisation der NSDAP herrschenden Befehlsgewohnheiten unterwarf: Indem die Partei „das Prinzip der Autorität und Disziplin in der Parteiorganisation von oben bis unten gradlinig durchsetzt", erhält sie „das moralische Recht, das gleiche auch vom letzten Volksgenossen zu fordern, und sie muß dies tun!"[16] „Weder Preußen noch Bayern, noch irgendein anderes Land" sollten noch „Pfeiler des heutigen Reiches" sein, sondern nur „das deutsche Volk" – was nichts – „und die nationalsozialistische Bewegung" – was alles besagte. Ein weiter, doch außerordentlich rasch durcheilter Weg lag zwischen den einstigen Worten Hitlers im Reichsrat und seiner Erklärung, der niemand mehr entgegenzutreten vermochte, „nicht der Konservator der Länder der Vergangenheit, sondern ihr Liquidator zugunsten des Reiches der Zukunft" sein zu wollen. Der naive und fanatische Unitarismus Hitlers war anderer Art als der der linken Parteien der Weimarer Nationalversammlung: Inhaltlich leer, stand er im Dienste einer Machtpolitik, die ihre Mission darin suchte, mit einer vielschichtigen Vergangenheit abzurechnen.

---

12 Poetzsch-Heffter, „Vom Deutschen Staatsleben" (Anm. I/183), S. 93 f.
13 *Vollsitzungen des Reichsrats*, 1933, § 304.
14 Gesetz über die Aufhebung des Reichsrats (*RGBl.*, I, 1934, S. 89).
15 Am 19. Februar 1934 verfügte ein Rundschreiben Fricks an die präsidierenden Mitglieder der Länderregierungen und die Reichsstatthalter, es sei „nicht ausgeschlossen, daß die Länder – jedenfalls zunächst noch – Beamte in Berlin belassen, die die Geschäfte der aufgegebenen Landesvertretungen abwickeln, sich der wirtschaftlichen Interessen ihrer Gebietskörperschaften annehmen und in der Abwicklungszeit auch der Reichsregierung zur Unterrichtung auf Wunsch zur Verfügung stehen" (*HAB*, Rep. 77, Pfundtner 54). Über den Umfang dieser Tätigkeit der Ländervertretungen finden sich einige Angaben bei Hans-Joachim Schreckenbach, „Innerdeutsche Gesandtschaften 1867 bis 1945", in: *Archivar und Historiker. Studien zur Archiv- und Geschichtswissenschaft zum 65. Geburtstag von Heinrich Otto Meisner*, Berlin 1956, S. 416 ff.
16 *Dokumente der Deutschen Politik*, hrsgg. von Paul Meier-Benneckenstein, Bd. I: *Die nationalsozialistische Revolution 1933*, Berlin 1939, S. 91.

Diese Ideologie war gewiß nicht vollkommen identisch mit den Ideen der Verantwortlichen im Reichsinnenministerium; aber, abgesehen von ihrer antiparlamentarischen Gesinnung, hielten auch sie den nationalsozialistischen „Führerstaat" für den einzigen autoritären Ausweg aus dem parlamentslosen Zustand. In Frage stand jedoch die Alternative zwischen einer Konzeption, die der NSDAP-Organisation den Primat der Entscheidung zumindest in allen politischen Fragen einräumte, und einer bürokratisch-zentralistischen Auffassung, die eine strikte Trennung zwischen Staat und Partei zumindest auf der Ebene oberster Entscheidungsbefugnis verlangte. Die Worte Hitlers ließen keinen Zweifel zu, daß fürderhin der Primat der Zentralisation bestimmte, aber die quasimilitärische Kommandostruktur der Partei auch auf den Verwaltungsstaat übertragen werden sollte; doch es war keine Rede von einer Identifikation von Partei und Staat.

So regelhaft nun aber diese scheinbar teleologisch geradlinige Ereigniskette auch aussehen mag, sie erhielt nichtsdestoweniger mehrfache, überaus heterogene Antriebe, die das Reichsinnenministerium, das sich unter Fricks Leitung zum Beaufsichtigungsorgan über die Länder mit Ausnahme Preußens aufgeschwungen hatte, schließlich dazu brachten, über den mit Einsetzung der Reichsstatthalter erreichten Zustand hinaus die Länderrechte sukzessive einzuschnüren und abzuschaffen. Einer dieser Gründe war das ungelöste Problem des zu neuem Leben erwachenden Dualismus Reich – Preußen, ein anderer, ebenso gewichtiger das problematische Verhältnis zwischen Staatsorganisation und Partei, das mit dem Parteimonopol der NSDAP aufgetaucht war. Eine wirklich vollkommene „Einheit von Partei und Staat" war weder vor noch nach dem Gesetz vom 1. Dezember 1933 entstanden, das diese Einheit dadurch sichern wollte, daß es Röhm und Heß zu Reichsministern beförderte.

Wenn man in diesem Zusammenhang von einem Verdienst sprechen könnte, frühzeitig das Problematische der Beziehungen zwischen Staat und Partei bemerkt zu haben, so käme es wohl als erstem Nicolai zu, der schon kurz nach Verkündung des Ermächtigungsgesetzes Frick und seinem Vorgesetzten, dem Staatssekretär Grauert im preußischen Innenministerium, Eingaben zusandte, die eine Zurückdrängung der Partei und ihres Einflusses in den Verwaltungen des Staates vorschlugen, und der das personalpolitische Einschleusen von Parteianhängern in die Sphären des Berufsbeamtentums für ebenso gefährlich hielt wie das Eingreifen von höheren oder unteren Parteidienststellen in die Verwaltung. Von Anfang an zielten seine Vorschläge auf genaue Abgrenzung der Bereiche beider Mächte, wobei er zweifellos die alte obrigkeitliche Struktur des bürokratischen Verwaltungsstaates vor Augen hatte, dem er in der Tätigkeit der Partei nach unten hin erneute Geltung und Festigung zu sichern suchte. „Eine geordnete Verwaltung läßt sich ohne die ausreichende Zahl von Fachbeamten an leitenden Stellen nicht aufrechterhalten, und die Partei wird nur geschwächt, wenn ihr die besten Kräfte durch Staatsstellen entzogen werden, an denen ihre eigentlichen Fähigkeiten nicht zur Geltung kommen können und dürfen", schrieb Nicolai, damals noch preußischer Landtagsabgeordneter, am 7. April 1933 an Frick.[17] Ihm schwebte vor, eine besondere Prüfung der in leitende Beamtenstellungen eintretenden Außenseiter einzuführen, die in den Händen eines Prüfungsausschusses liegen sollte, den der Reichsinnenminister zu bestellen hatte. Diese Vorschläge kamen freilich zu spät; denn am gleichen Tage war bereits das Berufsbeamtengesetz verkündet worden.

Noch schärfer stellte Nicolai, jetzt als kommissarischer Regierungspräsident von Magdeburg, einige Wochen später in einem Brief an Staatssekretär Grauert die Frage, „was eines Tages einmal aus der Partei nach der Machtübernahme werden"

---

[17] Abschrift für Grauert (HAB, Rep. 77, Grauert 31).

sollte.[18] Das Problem der Befriedigung und Begrenzung der Parteiansprüche reduzierte sich in seiner Sicht zu der einfachen Aufgabe, die wirtschaftliche Lebensgrundlage der bisher ehrenamtlich tätigen Parteifunktionäre von Staats wegen zu sichern. Nicolai nahm keineswegs eine feindselige oder ablehnende Haltung gegenüber der NSDAP ein, der er ja selbst angehörte; er wollte sie auch nicht herabsetzen; aber die Würde des Staates, „die Güte der preußischen Verwaltung" galten ihm ungleich mehr und waren für ihn wichtiger als die spezifischen Belange der Partei. Als dringlichstes Gebot sah er die Freihaltung der Verwaltung vom Parteieinfluß an. „Die alte Beamtenschaft", der sich Nicolai vor allem anderen zugehörig fühlte, werde, so meinte er, „durch Hineinnahme nicht vorgebildeter Nationalsozialisten naturgemäß vor den Kopf gestoßen . . . Man dürfte es auch den Reichswehroffizieren nicht zumuten, SA-Führer zu Majoren und Obersten zu ernennen." Die Klarheit seiner Vorstellungen über das, was mit der NSDAP zu geschehen habe, blieb jedoch hinter der Entschiedenheit, mit der er ihre Aufgaben von denen der staatlichen Administration abzugrenzen wünschte, zurück. Einmal verlangte er, wie er schon in einer veröffentlichten Schrift angedeutet hatte,[19] die NSDAP solle zu einem „Deutschen Orden" und einer „öffentlich-rechtlichen Institution mit bestimmten Aufgaben" erhoben werden, um dann sogleich den Gedanken zu präsentieren, „daß die Parteiorganisation, so wie sie ist, dem Propagandaministerium unterstellt wird. Die Propagandatätigkeit ist ja ihre Hauptaufgabe sowieso." Um eine öffentlich-rechtliche Anerkennung der Partei und um eine Beamtung aller „Gauleiter, Kreisleiter usw." war es ihm in jedem Fall zu tun.

Man wird Nicolai einen der ersten nennen müssen, die im großen und ganzen die spätere Rolle der NSDAP-Organisation im totalitären System des Nationalsozialismus erörtert haben. Seine kurzen Erfahrungen als Regierungspräsident reichten immerhin aus, um die Entstehung der neuen Funktion der Amtsträger der Partei in den noch geduldeten, jedoch korrumpierten Resten der alten Selbstverwaltungsorgane zu erkennen und in die praktische Frage zu kleiden, die er Göring stellte und mit der er die freilich rasch dahinschwindende derzeitige Position unter den Restbeständen des Parlamentarismus charakterisierte: „Verwaltungsmäßig-rechtlich hat man es [als Regierungspräsident] beispielsweise nur mit ‚dem Kreistag' oder ‚der Stadtverordnetenversammlung' zu tun. Tatsächlich werden diese Parlamente von dem Kreisleiter bzw. Gauleiter kommandiert. An wen sollen sich nun die Behörden halten?"[20]

Im Reichsinnenministerium widmete man der Mittelinstanz, wo im Oberpräsidentenamt wie im Reichsstatthalteramt der Länder ein gleichmäßiger, durch Personalunion konsolidierter dauernder Berührungs- und Ausgleichspunkt zwischen Staat und Partei gesichert schien, von Anfang an das größte Interesse. In ihm lag der Ansatz zur Ausbildung einer „Reichsmittelinstanz", die freilich eine perfekte Gleichschaltung der Länder und ihre Eingliederung in den Reichsverwaltungsaufbau voraussetzte. Die Spannungen im Verhältnis zur NSDAP, vor allem zur SA hielten indessen auch nach dem Abflauen der terroristisch-revolutionären Welle unvermindert an, so daß der Reichsinnenminister noch im Oktober 1933 Anlaß hatte, sich darüber zu beklagen, daß „immer wieder neue Übergriffe unterer Führer und Mitglieder der SA" vorkamen, die ohne Befugnis „polizeiliche Handlungen" vornahmen und sogar die Exterritorialität einer fremden Botschaft verletzten.[21] Diesmal wandte sich Frick – „im Auftrag des Herrn Reichskanzlers" – mit besonderem Nachdruck an die Reichsstatthalter, um sie zum energischen Durchgreifen zu veranlassen und „Übergriffe und Aus

---

[18] Schreiben vom 19. Mai 1933 (*ebda.*).
[19] Nicolai, *Grundlagen der kommenden Verfassung* (Anm. II/13).
[20] Schreiben vom 19. Mai 1933 (*HAB*, Rep. 77, Grauert 31).
[21] Rundschreiben des Reichsinnenministers an die Reichsstatthalter und die Länderregierungen vom 6. Oktober 1933 (*HAB*, Rep. 77, Pfundtner 56).

schreitungen . . . nunmehr endgültig" auszuschalten.[22] Aber noch eine Referentendenk-schrift vom Frühjahr 1934 [23] nahm die „vielfachen Beobachtungen und fast täglich eingehenden Klagen über Eingriffe einzelner Stellen der P[olitischen] O[rganisation der NSDAP] in die staatliche Verwaltung" als Anlaß, um vor dem Gedanken zu warnen, der angeblich „öffentlich ausgesprochen" wurde, „daß die staatliche Verwaltung auf jeder Stufe ihres Aufbaues in allen politischen Angelegenheiten die Exekutive der politischen Leiter der PO. vom Ortsgruppenleiter an aufwärts werden müsse". Es beruhte sicherlich auf einer zutreffenden Beobachtung, wenn diese Denkschrift be-merkte, daß viele Parteistellen noch wie vor dem 30. Januar 1933 im Staate nur „den Feind" sähen, den sie bekämpfen müßten. Sie wollte daher auf eine begriffliche wie sachliche „Trennung der Zuständigkeiten zwischen Partei und Staat" hinaus, die die „öffentliche Verwaltung in allen ihren Zweigen" als ausschließliche Zuständigkeit des Staates unangetastet ließ und die Partei auf die Propaganda-Aufgabe einer säkulari-sierten, politischen „Volkskirche" beschränkte: die „weltanschauliche Schulung des deutschen Volkes und seine Durchdringung mit nationalsozialistischem Gedanken-gut". Infolgedessen verlangte sie von den Reichsstatthaltern, daß sie die staatlichen Behörden und Beamten vor Eingriffen der Partei schützten und im übrigen ein rei-bungsloses Zusammenarbeiten von Partei und Staat gewährleisteten. Unversehens ging in dieser Amtsstufe das Parteiamt im Staatsamt auf und wurde die offizielle Ein- und Unterordnung der Parteiorganisation zur neuen Funktion einer Reichsmittelinstanz.[24] Doch das Reichsinnenministerium lebte mit manchem der Reichsstatthalter in Dauer-fehde; denn es hatte sich gezeigt, daß die meisten dieser neuen Würdenträger des „Dritten Reiches" kaum imstande waren, den Wortlaut des Reichsstatthaltergesetzes genau auszulegen und ihre Aufgaben und Befugnisse rechtmäßig wahrzunehmen.[25] In

[22] Frick kündete im gleichen Rundschreiben einen Erlaß Hitlers an die SA an, „der jeder SA-Dienststelle und jedem einzelnen SA-Mann bekanntgegeben" werde. Dieser Erlaß ist jedoch nicht bekannt; und es muß füglich bezweifelt werden, daß er jemals ergangen ist. Eine handschriftl. Notiz Pfundtners vermerkt: „Der Stabschef hat Erlaß nicht bekommen, weil Kanzler *selbst* [unterstrichen im Orig.] an ihn schreiben wollte." Das Rundschreiben nimmt außerdem auf die Tätigkeit von Hilfspolizeikräften Bezug, die es zu diesem Zeitpunkt also noch gegeben haben muß.

[23] Undatierte Referentenaufzeichnung „Verhältnis von Partei und Staat", die vermutlich zur Vorbereitung einer Konferenz der Reichsstatthalter unter Beteiligung der Ministerpräsidenten und Innenminister der Länder (!) am 23. März 1934 diente und von Nicolai und Pfundtner mit Anstreichungen versehen wurde. Möglicherweise stellt sie den Entwurf oder gar den Text einer Eröffnungsrede dar, die von Pfundtner gehalten wurde.

[24] Die genannte Denkschrift ließ es im übrigen an energischen Wendungen nicht fehlen. Die wirklichen Ver-hältnisse dieser Zeit verraten Sätze wie der, daß es völlig unzulässig sei, „daß Parteistellen einen offenen Kampf gegen staatliche Behörden führen, deren Maßnahmen öffentlich angreifen und die in Frage kommenden Beamten womöglich durch Drohungen einzuschüchtern suchen". In diesem Zusammenhang darf die besondere Personalkon-trolle, die die NSDAP auf indirektem Wege – etwa durch die Parteigerichtsbarkeit über ihre Mitglieder, seit dem Gesetz zur Sicherung der Einheit von Partei und Staat vom 1. Dezember 1933 kraft Strafgewalt eigenen Rechts – ausübte, nicht übersehen werden. Je stärker die Verpflichtung der Parteizugehörigkeit in der Beamtenschaft durch-gedrückt wurde, desto wirksamer mußte die externe Bindung des Personals der Verwaltung werden. Das Reichs-innenministerium bemühte sich daher, diese Gefahr durch Begrenzung der Parteigerichtsbarkeit für Beamte zu neu-tralisieren. Diesen Bestrebungen war im Frühjahr 1934, wie eine Denkschrift des Obersten Parteigerichts vom 11. April 1934 über die künftige Zuständigkeit der Parteigerichte (*HAB*, Rep. 320, Pfundtner 51) bezeugt, einiger Erfolg beschieden. Der oberste Parteirichter Walter Buch suchte eine Konkurrenz mit der ordentlichen Disziplinar-gerichtsbarkeit auszuschließen, indem er die Zuständigkeit der Parteigerichtsbarkeit mit einem erweiterten Pflichten-kreis der NSDAP-Mitglieder begründete, die den Nationalsozialisten auch außerhalb der üblichen Beamtenpflichten „Verteidiger und Propagandist der staatlichen Maßnahmen zu sein" zwang. Im Ergebnis mußte sich die Partei-gerichtsbarkeit in einer das Disziplinarrecht grundsätzlich oder in den Auswirkungen verstärkenden Strafgewalt äußern, gegen die der „Reichsbeamtenminister" keine Einwendungen hatte.

[25] Hitler ließ, vermutlich auf Betreiben des Reichsinnenministers, den Reichsstatthaltern schon im Juli 1933 mitteilen, daß er sie künftig allmonatlich zu einer Konferenz nach Berlin zusammenrufen wollte, um die Unter-richtung der Länder über die Führung der Reichsgeschäfte nach Art. 67 der Reichsverfassung „durch Vermittlung der Reichsstatthalter" vorzunehmen (Rundschreiben des Reichsministers des Innern an die Reichsstatthalter, die Länderregierungen und die Vertretungen der Länder beim Reich vom 12. Juli 1933; *HAB*, Rep. 77, Pfundtner 56). Die erste Reichsstatthalterkonferenz fand jedoch erst am 28. September 1933 statt. Ihr ging am gleichen Tage eine

manchem der Länder entstand ein kaum noch verhülltes Willkürregiment, das das Mißtrauen der um die Zuverlässigkeit der Exekutive besorgten Reichsinstanzen erregte, so daß eine weiter voranschreitende Zentralisation unausbleiblich war. Die Verhältnisse erschienen im Grunde auch auf dieser Stufe noch keineswegs geklärt und gefestigt. So nahm es denn kein Wunder, daß schließlich der jahrelang erörterte Problemkomplex der Reichsreform mit neuer Dringlichkeit auftauchte – diesmal freilich beherrscht von der Frage des „Einbaus der nationalsozialistischen Bewegung in den Staat".[26]

Ein weiteres Problem ergab sich aus der seit langem umstrittenen Position Preußens als des weitaus größten Landes mit der größten Verwaltung, die dem Gebot des Reichsinnenministers immer noch nicht unmittelbar zugänglich war. Gestützt auf die starke Stellung, über die der Ministerpräsident Göring dank seinen zahlreichen Ämtern verfügte, und auf seine freilich teilweise einem starken Personalwechsel ausgesetzte, aber im ganzen intakte und dem Reich überlegene Verwaltung, begann das Staatsministerium im Sommer 1933, auf dem Wege der Gesetzgebung eine eigene preußische Reform in Gang zu setzen, die ganz dazu angetan war, einen *fait accompli* zugunsten der „reinen Beamtenherrschaft"[27] zu schaffen und auf die künftige Verfassung des Reichs Einfluß zu gewinnen. Das Ergebnis lag im Dezember 1933 in einer Reihe von Gesetzen vor,[28] die, nun jeder parlamentarischen Begutachtung und Überprüfung ledig, schlagartig verkündet und in Kraft gesetzt werden konnten und das Reichsinnenministerium überrundeten und zum Teil sogar überraschten. Bei einer frühen Fühlungnahme mit dem preußischen Partner mußten die Männer an der Spitze des Reichsinnenministeriums erfahren, daß ein alter Grundsatz, den die preußische Verwaltung in den Jahren der Republik mit größter Konsequenz festgehalten und verteidigt hatte, unverändert fortbestand: Zuerst müßten die Länder, d. h. in erster Linie Preußen, den Verwaltungsapparat in Staat und Gemeinden reorganisieren, ehe er auf das Reich überführt werden könnte. Würden dagegen umgekehrt zuerst die Länder zerschlagen, so könnte das Reich mit einem solchen nicht einheitlich gestalteten

Vorbesprechung der Reichsstatthalter voraus, die der hessische Reichsstatthalter Sprenger veranlaßt hatte, weil er „die Verschiedenartigkeit der Auslegung" des Reichsstatthaltergesetzes für erörterungsbedürftig hielt. Die in zahllosen Einzelheiten zerfallene Aussprache brachte zwar keine Klärung, vermittelt aber durch die stenographische Niederschrift (28 Seiten; *ebda.*) das erschütternde Bild einer Gruppe, in der sich Unsicherheit und Anmaßung, Kleinlichkeit und Brutalität in merkwürdiger Weise ergänzten. Die Unbedenklichsten hatten es offenbar noch am leichtesten, mit ihrer Reichsstatthalterrolle fertigzuwerden. Von den Gauleitern und Reichsstatthaltern Röver und Meyer hat das wortgetreue Protokoll keine Äußerungen festgehalten. Als ständige Wortführer traten Sprenger (Hessen), Sauckel (Thüringen), Loeper (Braunschweig und Anhalt), Murr (Württemberg), Wagner (Baden) auf, auch Ritter v. Epp (Bayern), der als verhältnismäßig korrekt argumentierende und großzügig denkende, gemäßigte Persönlichkeit unter dieser negativen Auslese von Parteimännern geradezu auffällt. Unter den Sorgen, die die Reichsstatthalter bewegten, stand an erster Stelle die Auswahl gefügiger Beamter, der sie offensichtlich die weitaus größte Aufmerksamkeit zuwandten – damit „im voraus die Gewähr geboten wird, daß die Politik des Kanzlers tatsächlich geführt wird". Fast alle Reichsstatthalter griffen aus eigenem Ermessen tief und mit radikaler Rücksichtslosigkeit in das Personalwesen der Länder ein.

[26] Titel einer Denkschrift des Ministerialrats Medicus vom 12. Oktober 1933 (*HAB*, Rep. 77, Pfundtner 53).

[27] Dieser Ausdruck Max Webers ist für die preußischen Verhältnisse der zweiten Jahreshälfte 1933 zwar nicht ohne Einschränkung, aber wenn überhaupt irgendwann in Deutschland, dann hier anwendbar. Vgl. Max Webers Aufsatz „Wahlrecht und Demokratie in Deutschland" vom Dezember 1917, in: Weber, *Gesammelte politische Schriften* (Anm. II/61), S. 277: „In jedem Massenstaat führt Demokratie zur bürokratischen Verwaltung, und, ohne Parlamentarisierung, zur reinen Beamtenherrschaft."

[28] Gemeindeverfassungsgesetz vom 15. Dezember 1933 (*Preußische Gesetzsammlung*, 1933, S. 427); Gesetz über die Haushalts- und Wirtschaftsführung der Gemeinden und Gemeindeverbände (Gemeindefinanzgesetz) vom 15. Dezember 1933 (*a. a. O.*, S. 442); Gesetz über die Staatshaushaltsordnung vom gleichen Tage (*a. a. O.*, S. 475); Gesetz über die Erweiterung der Befugnisse der Oberpräsidenten (*a. a. O.*, S. 477); Gesetz über die Anpassung der Landesverwaltung an die Grundsätze des nationalsozialistischen Staates (*a. a. O.*, S. 479); Gesetz über die Änderung der Staatsaufsicht über die Hauptstadt Berlin, das den Staatskommissar in der Hauptstadt Berlin dem Ministerpräsidenten unterstellte (*a. a. O.*, S. 483).

Verwaltungsapparat nichts anfangen und jede Reichsreform alsdann nur Stückwerk bleiben.[29] In dieser sachkundigen, an alten Beamtentraditionen geschulten und orientierten Initiative erblickte das Reichsinnenministerium eine womöglich noch größere Gefahr als in den gelegentlichen Widerborstigkeiten und Unberechenbarkeiten einiger Reichsstatthalter, die im Grunde kaum geschäftsfähig waren. Offensichtlich sah es in dem Vorgehen Preußens auch einen Zwang zum eigenen Handeln.

Der preußische Finanzminister Popitz unternahm Mitte Juli 1933 sogar einen Vorstoß, um eine Beteiligung der preußischen Ministerien „bei Entwürfen von Reichsgesetzen und Reichsverordnungen" nach „dem Vorbild der früher geübten Verwaltungspraxis des Reichs" durchzusetzen. Es war zwar ohne weiteres ersichtlich, daß eine solche Übung die Einflüsse auf die Gesetzgebung des Reichskabinetts vermehrt und keineswegs im Sinne einer Festigung der Diktatur des Reichskanzlers gelegen hätte; dennoch kam Hitler zunächst dem Verlangen des preußischen Finanzministers insoweit nach, als er die Reichsminister aufforderte, „zu einer erschöpfenden Vorbereitung von Kabinettsvorlagen und sonstigen geeigneten Verordnungsentwürfen die zuständigen preußischen Ressorts in möglichst weitem Umfange zu beteiligen".[30] Es charakterisiert jedoch die unsichere Entschlossenheit Hitlers und seine offenkundige Neigung, frontalen Gegensätzen aus dem Wege zu gehen und die Minister sich gegenseitig ausspielen zu lassen,[31] daß er wenige Wochen später ebenso dem Reichsinnenminister seine Unterstützung lieh. Dieser gedachte, Preußen wie alle übrigen Länder zu behandeln, und lehnte im Gegensatz zu der Regelung, die soeben erst in Kraft getreten war, nicht nur jede „Beteiligung einer Landesregierung an der Reichsgesetzgebung" ab, sondern erwirkte sogar eine neue Anordnung des Reichskanzlers, nach der „in Anbetracht der Wichtigkeit der preußischen Gesetze für die innere Politik des Reiches" hinfort die Reichsressorts an der Vorbereitung der preußischen Gesetze zu beteiligen waren.[32] Wenn sich das preußische Staatsministerium auch noch nicht sogleich an diese Vorschrift hielt, so mußte es sich doch auf die Dauer dem Primat der Reichsregierung in allen Fragen der Gesetzgebung unterwerfen, den Frick zielbewußt anstrebte und durch Regelungen in dem Ausmaß reichsreformartiger Neuordnungen auf längere Sicht zu sichern versuchte.

Die sich abzeichnenden Konturen preußischer Reformen auf der einen und die unkonsolidierten Beziehungen der obersten Reichsbehörden zur NSDAP auf der anderen Seite brachten das Reichsinnenministerium, das immer noch die vielzitierte alte „Dame ohne Unterleib"[33] war und einer nachgeordneten eigenen Verwaltung entbehrte, in ernste Schwierigkeiten. Die Diktatur gebot noch nicht über das Zentralregiment der inneren Verwaltung. Hatte der Reichsinnenminister in starkem Maße die Machtergreifung der NSDAP in den Ländern unterstützt, wie es auch der kommissarische preußische Innenminister Göring hinsichtlich der Provinzen getan hatte, so fand er sich nun in der Zwangslage, die Kräfte, die er gerufen, wieder zu bändigen; denn er wollte die Autorität seines Reichsministeriums unanfechtbar aufrechterhalten und

---

[29] Aufzeichnung Pfundtners für Frick über das Ergebnis einer Unterredung mit Staatssekretär Grauert vom 20. Oktober 1933 (HAB, Rep. 77, Pfundtner 72). Göring hat bei späteren Gelegenheiten hervorgehoben, daß Preußen im Herbst 1933 sogar eigene Pläne ausgearbeitet habe, die eine Aufgliederung des Landes in „Reichsgaue" vorsahen; vgl. Dokumente. . . (Anm. IV/16), II, 5. Aufl., Berlin 1939, S. 166 und S. 172 ff.

[30] Abschrift eines Rundschreibens des Staatssekretärs in der Reichskanzlei, Lammers, an den Stellvertreter des Reichskanzlers und die Reichsminister vom 19. Juli 1933, das auf eine Reichskabinettssitzung am 14. des gleichen Monats Bezug nimmt (BA, P 135/672, fol. 104).

[31] Petwaidic (Anm. I/19), S. 10 ff., gibt viele gute Beobachtungen wieder und hebt besonders — allerdings hauptsächlich unter Berücksichtigung der späteren Periode des nationalsozialistischen Staates — den Byzantinismus in der nächsten Umgebung Hitlers als Form der Einflußnahme auf den Führer hervor. Er hielt mit der wachsenden Führerautorität Schritt und wurde in dem zunehmenden Führerkult nach außen hin sichtbar.

[32] Mitteilung von Lammers an Göring vom 12. September 1933 (Abschr. BA, P 135/672, fol. 115 f.).

[33] Vgl. Medicus, Das Reichsministerium des Innern (Anm. I/206), S. 44.

den Traum vom zentralisierten Reich nun in der Form des totalen Staates verwirklichen.

Bis dahin hatten die Vorarbeiten für Reformen in der Zentral- und Mittelinstanz „zur Vereinfachung und Verbilligung der Verwaltung", die auf alte Anregungen zurückgingen, einen kaum beschleunigten Fortgang genommen.[34] Die Ziele dieser Arbeiten hoben sich geradezu bescheiden von dem ab, was später geplant und durchgesetzt worden ist. Ende August 1933 waren sie endlich bis zu dem mehrmals abgeänderten Entwurf eines „Gesetzes zur Vereinfachung und Verbilligung der Verwaltung" gediehen, der nunmehr dem Reichskanzler präsentiert und im Reichskabinett behandelt werden sollte.[35] Dieses umfangreiche Gesetzeswerk beschränkte sich auf eine Anzahl von Einsparungs- und organisatorischen Vereinfachungsmaßnahmen in der Zentralinstanz, die dem Gedanken einer bürokratischen, technisch-rationalen Dezentralisation folgten: „In den Ministerien sind nur solche Angelegenheiten zu bearbeiten, die nicht von einer nachstehenden Behörde erledigt werden können." Das System der Auftragsverwaltungen war durch die Übernahme von Landesaufgaben durch das Reich in einer wesentlichen Beziehung abgewandelt und durch eine Ermächtigung der Reichsregierung, obersten Landesbehörden die Erledigung von Reichsaufgaben zuweisen zu können, wesentlich ausgedehnt worden. Da mit dem Entbehrlichwerden zahlreicher Beamter gerechnet wurde, sollte sogar eine ministerielle „Beamten-Ausgleichs- und Vermittlungsstelle" mit der Aufgabe ihrer Unterbringung beauftragt werden.

Zur gleichen Zeit betrieb das Reichswirtschaftsministerium den Plan, zur Erledigung seiner Aufgaben die Landesbehörden mit Verwaltungsaufgaben auf dem Gebiet der Reichswirtschaftspolitik zu beauftragen, für den es eine gesetzliche Ermächtigung zu erlangen suchte.[36] Sein Entwurf machte die Entwürfe des Reichsinnenministeriums, die nur wenig Rücksichten auf das Reichswirtschaftsressort nahmen, fragwürdig und zumindest verbesserungsbedürftig. Diese Überkreuzung beider in der diskreten Isolation ministerieller Instanzen entstandenen Vorbereitungen wurde vom Reichsinnenministerium damit beantwortet, daß es nunmehr den „Gedanken einer Herstellung einer Verbindung zwischen Reichs- und Landesverwaltungen allgemein zu regeln" suchte und fortan stärker als zuvor der Tendenz zur Zentralisation nachgab.[37] Über den Verlauf der ministeriellen Beratungen selbst ist nichts bekannt; wohl aber traten

---

[34] Das Reichskabinett hatte vor Jahren auf einen Antrag des Reichssparkommissars „zur Beschleunigung einer Verwaltungsvereinfachung" einen Dreier-Ausschuß eingesetzt, dem neben dem Reichsinnenminister der Reichsfinanzminister und der Reichssparkommissar angehörten. Zu einer Sitzung dieses Ausschusses ist es das ganze Jahr 1932 und im Januar 1933 nicht mehr gekommen. Frhr. v. Gayl hatte diesen Ausschuß allerdings zu neuer Tätigkeit bringen wollen (Abschrift eines vertraulichen Rundschreibens des Reichsinnenministers Frhr. v. Gayl an die Reichsminister und den Reichssparkommissar vom 17. Oktober 1932 und Durchschlag einer undatierten „Aufzeichnung zur ersten Sitzung des Dreier-Ausschusses" für Reichsinnenminister Frick, wahrscheinlich aus dem Februar 1933; *HAB*, Rep. 77, Pfundtner 53).

[35] Gesetzentwurf mit dem Vermerk „Streng geheim" nebst Entwurf einer elf Maschinenseiten umfassenden „Ersten Verordnung ... zur Vereinfachung und Verbilligung der Verwaltung" mit An- und Durchstreichungen von der Hand des Staatssekretärs Pfundtner, beide mit der handschriftlichen Notiz „5. 9. 1933" versehen, als Anlage zur Abschrift des Entwurfs zu einem „streng geheimen" Schreiben des Reichsministers an den Reichskanzler (*HAB*, Rep. 77, Pfundtner 53). Dieses Schreiben trägt nur eine Monatsdatierung „September ... 1933"; eine Tageseintragung fehlt. Auf dem Kopf hat Pfundtner einne Aktenverfügung angebracht und das Datum 28. 8. hinzugefügt. Danach ist anzunehmen, daß es nicht zu Hitler gelangt ist.

[36] Entwurf eines „Gesetzes zur Übertragung von Verwaltungsaufgaben auf die Länder" vom 28. August (vervielf. Exemplar *ebda.*).

[37] Rundschreiben des Reichsinnenministers vom 1. September an den Reichsfinanzminister, Reichswirtschaftsminister, Reichsarbeitsminister, Reichsjustizminister, Reichsverkehrsminister und den Reichsminister für Ernährung und Landwirtschaft (vervielf. Exemplar *ebda.*). Das Rundschreiben lud zu einer kommissarischen Beratung ein, die am 5. September stattfinden sollte. Es ist anzunehmen, daß die Entwürfe des Reichsinnenministeriums als Unterlagen für diese Beratung haben dienen sollen und wahrscheinlich aus diesem Grunde mit dem Datum „5. 9." versehen wurden.

die Arbeiten in der Verfassungsabteilung des Reichsinnenministeriums sofort wieder in den Bereich strenger Diskretion zurück, um dann durch die Verknüpfung dieser „allgemeinen Regelung" der Beziehungen zwischen Reichs- und Landesverwaltungen mit der Klärung des Verhältnisses zwischen Partei und Staat einen neuen, drastischen Akzent zu erhalten. Die alten Entwürfe des Dreier-Ausschusses zur Verwaltungsvereinfachung sind zwar während der nächsten Monate noch mehrmals wieder hervorgeholt worden, schon deshalb, weil sich die genaue gesetzliche Regelung des Aufbaus der obersten Reichsbehörden, die sie vorsahen, dazu eignen konnte, künftige selbsttätige Änderungen zu erschweren und eine ständige Organisationskontrolle des Reichsinnenministeriums zu sichern; im übrigen aber stand bald das Urteil fest, daß sie auf einem Verhältnis zwischen Reichsregierung und Länderregierungen beruhten, „das bald der Vergangenheit angehört".[38]

Von nun an waren jüngere Beamte, die jetzt an entscheidender Stelle standen, am Werk: Helmut Nicolai, ebenso begabt wie ehrgeizig, von starkem Geltungsbedürfnis getrieben, seit Mai 1933 Regierungspräsident, und ihm zur Seite Franz Albrecht Medicus, bis 1933 Oberregierungsrat, nunmehr Ministerialrat, der schon seit Jahren die Sachen der Länder und die Reichsreform im Reichsinnenministerium bearbeitete. Als Nachfolger Nicolais übernahm später Wilhelm Stuckart die Leitung der wichtigen Abteilung I (Politik, Polizei, Verfassung, Verwaltung und Beamtentum) des Reichsinnenministeriums. Mögen unter diesen Männern und ihren Mitarbeitern Idealisten oder Opportunisten gewesen sein; die Niederschriften ihrer Pläne und Berichte tragen die Prägung einseitiger und manchmal schematischer Gedanken, die unumwunden und ungeduldig ihr Ziel anstrebten, die klar, einfach und technisch nüchtern waren, ohne der problematischen Vielschichtigkeit, die auch der Wirklichkeit der Verwaltungspraxis eigen ist, sonderlich zu achten. Ihre Überlegungen standen im Banne von Zwecken, die sie möglichst unmittelbar in die Wirklichkeit überzuleiten suchten. Die Nuancen der Begabungen lassen sich nur noch am Schärfegrad der Präzision ermessen, mit der Gedanken gefaßt und zu Papier gebracht wurden.

Ein „Generalplan für das Vorgehen in der Reichsreform" bildete den wirklichen wie symbolischen Anfang. In ihm ist der Gang der Umwandlungen in der Reichsorganisation aufgezeichnet, der mit dem Ermächtigungsgesetz als der ersten Station der ersten Phase begann.[39] Die zweite sollte mit dem Erlaß eines Gesetzes über die „Neugliederung" beginnen, den Umbau der Zuständigkeiten zwischen Reich und Ländern, zwischen Zentralinstanz und Mittelbehörde sowie den Auftakt zu einer Neuordnung des Kommunalrechts durch ein Rahmengesetz umfassen. Die dritte Phase sollte diese Maßnahmen vollenden und das Reichsinnenministerium nach veränderten Anforderungen umorganisieren. Die Machtergreifung folgte in Wirklichkeit diesem Plan, der sogar in der Art eines Generalstabsplanes Stichtage vorsah, in einigen Gedanken, jedoch bei weitem nicht in allen Einzelheiten. Auch im nationalsozialistischen totalen Staat erwuchsen einer von öffentlicher Diskussion und Kritik und allen außerbürokratischen Kontrollen entbundenen Reichsreform Hindernisse und Schwierigkeiten, die nicht im ersten Anlauf zu bewältigen waren und die unvorhergesehene Veränderungen und Verschärfungen erfuhren.

---

[38] Aufzeichnung von Medicus für Frick vom 17. November 1933 (*ebda.*).

[39] Zwei Seiten, undatiert und nicht unterzeichnet, doch wahrscheinlich von Nicolai oder Medicus stammend, teilweise in wortwörtlicher Übereinstimmung mit Formulierungen und Gedanken, die Nicolai auch in seinen Denkschriften äußerte (*HAB*, Rep. 77, Pfundtner 605). Es ist jedoch nicht sicher, ob der Plan schon vor Annahme des Ermächtigungsgesetzes aufgestellt wurde; ebensogut könnte die erste Position nachträglich in den Plan aufgenommen worden sein. Das könnte auch dann angenommen werden, wenn der Plan von Nicolai herrühren sollte, der erst im Oktober 1933 in das Reichsinnenministerium kam. Es ist zweifelhaft, ob Nicolai ihn schon früher als Privatarbeit entworfen hat; denn die Liste der von Nicolai und anderen im Auftrage der Reichsleitung der NSDAP vor der nationalsozialistischen Machtergreifung angefertigten Ausarbeitungen für eine künftige Gesetzgebung (Liste v. Heydebrand und der Lasas; vgl. Anm. I/147) führt diesen „Generalplan" nicht auf.

3. Das Neuaufbaugesetz

Daß Frick Nicolai in sein Ministerium holte, war bereits eine Düpierung seiner Vorgesetzten im preußischen Innenministerium, aber mehr noch ein Affront gegen einige hohe Parteifunktionäre; denn Nicolai hat, obgleich er seit 1928 für die NSDAP tätig war, in seiner Partei immer als Außenseiter gegolten. In der nationalsozialistischen Landtagsfraktion beteiligte er sich 1932 als Verbindungsmann zur preußischen Verwaltung und Beamtenschaft, was er in einer Weise tat, daß in Parteikreisen gegen ihn mancherlei Vorwürfe erhoben wurden, die nie zum Schweigen kamen, obgleich er seit August 1931 als Leiter einer „innenpolitischen Abteilung" der Reichsleitung in München ein höheres Amt der NSDAP innehatte. In dieser Eigenschaft befaßte er sich mit Verwaltungs- und Beamtenrechtsreformfragen für die Zeit nach einer nationalsozialistischen Machtergreifung und schuf er ein umfangreiches Reservoir für spätere Gesetzeswerke. Obgleich die politische Zuverlässigkeit Nicolais in der NSDAP offenbar nicht sehr hoch veranschlagt wurde, schlug ihn der brandenburgische Oberpräsident und Gauleiter Kube schon Anfang April als Regierungspräsidenten im Regierungsbezirk Frankfurt/O. vor, für den sich Kube persönlich besonders interessierte.[40] Im gleichen Monat wurde Nicolai zum kommissarischen Regierungspräsidenten in Magdeburg ernannt, wo er seine ersten Erfahrungen in bezug auf die praktische Zusammenarbeit zwischen staatlicher Verwaltung und Parteistellen sammelte. Schon diese Berufung hatte „erhebliche Bedenken in nationalsozialistischen Kreisen ausgelöst".[41] Die Friktionen, die sich für den Magdeburger Regierungspräsidenten wie für viele seiner Amtskollegen in diesen Monaten ergaben, haben nun Nicolai keineswegs veranlaßt, sein Verhältnis zur NSDAP zu revidieren und zu verbessern. Er hat aber immer Partei und Staat, den er ausschließlich aus seiner preußischen Tradition heraus zu verstehen suchte, als zwei im Grunde getrennte Sphären angesehen und in seinem Amt als hoher Verwaltungsbeamter für den Staat und nicht für die Partei optiert, obgleich er offenbar weit davon entfernt war, der Tätigkeit der Partei, soweit sie sich nicht um die Verwaltung bekümmerte, ablehnend oder kritisch zu begegnen. Vielmehr hielt er ihre politische Tätigkeit, soweit sie sich außerhalb der Verwaltung abspielte, hauptsächlich die politische Personalauslese und Propaganda, für legitim und unterstützte sie stets mit unvermindertem persönlichen Interesse. Sein Auftreten und seine Auffassungen reichten jedoch aus, um den sehr selbstherrlichen Gauleiter Loeper in kurzer Zeit dazu zu bringen, sich über den Magdeburger Regierungspräsidenten, der für ihn „mehr Verwaltungsjurist als Nationalsozialist" war, der „daher der Bewegung etwas verständnislos" gegenüberstünde, bitter zu beschweren, da zwischen Nicolai und Loeper „jede Verbindung abgerissen" war.[42] „Aus verschiedenen Äußerungen und Maßnahmen" Nicolais glaubte Loeper herauslesen zu können, daß er „scheinbar das Bestreben" hatte, „seinen Weg neben der Partei zu gehen". Loeper brachte unumwunden zum Ausdruck, daß ihm an einer Abberufung Nicolais sehr gelegen war. Doch was in anderen Fällen tiefen Sturz bedeutete, schadete Nicolai keineswegs. Man holte ihn zwar aus seiner Stellung heraus, jedoch nur, um ihn schnell zu befördern. Daß Nicolai seit langem NSDAP-Mitglied, Protektionskind des Gauleiters Kube, Abgeordneter der legendär verherrlichten „Kampfzeit" und zeitweilig sogar hoher Funktionär in der Reichsleitung war, aber dennoch zu jenen zählte, die sich von ihrer Partei zu distanzieren wußten, und schon im Sommer 1933 durch die Veröffentlichung von Gedanken zu einer nationalsozialistischen Reichs-

---

[40] Schreiben Kubes an Göring vom 1. April 1933 und an Staatssekretär Grauert vom 12. April 1933 (*HAB*, Rep. 320, Grauert 2).

[41] Abschrift eines Schreibens des Oberpräsidenten der Provinz Niederschlesien, Brückner, an Ministerialdirektor Schellen im preußischen Innenministerium vom 20. September 1933 (*ebda.*).

[42] Schreiben Loepers an Staatssekretär Grauert vom 29. September 1933 (*ebda.*).

reform, die innerhalb der NSDAP kritisch aufgenommen worden waren, von sich reden gemacht hatte,[43] muß wohl Pfundtner und Frick bewogen haben, diesen ehrgeizigen, gewiß begabten, jedoch noch verhältnismäßig jungen und nicht sehr erfahrenen Mann in das Reichsinnenministerium zu holen und ihm die Klinke zur Reichsreform in die Hand zu geben. Als treibende Persönlichkeit und dann als Leiter der wichtigen politischen Abteilung hatte Nicolai, seit Februar 1934 Ministerialdirektor, mit Unterstützung von Medicus von den Vorarbeiten zum Neuaufbaugesetz bis zur Ausarbeitung des zweiten Reichsstatthaltergesetzes neben und mit Staatssekretär Pfundtner in allen verwaltungsorganisatorischen Fragen innerhalb des Reichsinnenministeriums einen beträchtlichen Einfluß; Vorbereitung und Durchführung des Neuaufbaugesetzes aber bildeten den eigentlichen Höhepukt dieser Ära Nicolai.[44]

Nicolai war aber auch ein Mann, der nach seinen persönlichen Erfahrungen im Dienste der preußischen Verwaltung, die ihm Tätigkeit und Ämter nach seinen eigenen Wünschen vorenthalten hatte, keineswegs nur auf die „preußische Fahne" schwor. Seiner Anschauung nach war die preußische Staatstradition längst in den Idealen eines kastenmäßig abgeschlossenen, wohldisziplinierten, dem Staat ergebenen Berufsbeamtentums aufgegangen; das Land Preußen hingegen erschien ihm nur noch als ein Überbleibsel der Vergangenheit, das er — unter Verwendung älterer Gedanken und Schlagworte aus der Ära von Weimar – gern dem Plan einer Aufteilung und einer völligen Neugestaltung der politischen Landkarte Deutschlands unterworfen hätte. Daß er für solche Absichten – nicht ohne werbendes Geschick – auch in der breiten Öffentlichkeit und „selbst in der bürgerlichen Presse" eintrat, rief seinen Widersacher Loeper, den Gauleiter des Gaues Magdeburg-Dessau und Reichsstatthalter von Braunschweig und Anhalt, erneut auf den Plan, der nicht zu Unrecht um die Existenz seines unübersichtlichen mitteldeutschen Machtbereiches fürchtete und ohnehin durch die Beförderung Nicolais vergrämt war. Dieser ehemalige Berufsoffizier, der mit manchen seiner Gauleiter- und Reichsstatthalter-Kollegen einen ausgeprägten Sinn für persönliche Geltung und Machtbefugnisse gemein hatte, jedoch zu den wenigen zählte, die sich selbst nicht gerne kommandieren ließen und das Fortbestehen besonderer, ihrer Verfügungsgewalt entzogener, zentral geleiteter Mächte in ihrem Reich mit Mißtrauen und Entrüstung verfolgten, erreichte mit einer heftig geführten Beschwerde,[45] daß Hitler den Beamten alle mündlichen und schriftlichen Äußerungen in der Öffentlichkeit untersagte, die sich auf beabsichtigte gesetzliche Regelungen bezogen, deren Vorbereitung ihnen übertragen war.[46] Diese Anordnung lief strengeren, immer wieder durchbrochenen und ebenso häufig erneuerten Verboten voraus, die jede Erörterung der Reichsreform unmöglich machen und auch das Buch Nicolais der vielfältigen Beachtung, die es gefunden hatte, entziehen wollten. Nicolais Tätigkeit selbst war indessen nicht betroffen; sie fand im Reichsinnenministerium, nachdem die preußischen Verhandlungen Pfundtners über die Schaffung einer reichseinheitlichen

---

[43] Helmut Nicolai, *Grundlagen der kommenden Verfassung* (Anm. II/13); ferner ders., *Der Staat im nationalsozialistischen Weltbild (Neugestaltung von Recht und Wirtschaft*, hrsgg. von C. Schaeffer, Heft 1), Leipzig 1933, 2. Aufl. 1934; ders., *Die rassengesetzliche Rechtslehre* (Anm. III/86).

[44] Nicolai schied im Frühjahr 1935 aus dem Reichsinnenministerium aus und trat niemals mehr öffentlich hervor; er eröffnete ein Wirtschafts- und Steuerberatungsbüro in Berlin, nahm am Kriege teil, wurde kriegsbeschädigt, lebte seit 1945 in Marburg und ist dort im Dezember 1955 nach längerer Krankheit verstorben. Vgl. die Angaben bei Helmut Nicolai, *Staat, Behörden und Beamte in Waldeck 1814–1868 (Geschichtsblätter für Waldeck*, 48. Bd.), Waldeck 1956, S. IV f. (Vorwort von H. Steinmetz).

[45] Vier Seiten umfassendes Schreiben Loepers an Staatssekretär Lammers in der Reichskanzlei vom 23. November 1933 (*BA*, R 43 II/495, Rk. 13 647).

[46] Entwürfe eines Antwortschreibens an Loeper und eines Rundschreibens des Staatssekretärs in der Reichskanzlei an die Reichsminister, die Reichsstatthalter und die Ministerpräsidenten der Länder mit Abgangsvermerk vom 4. Dezember 1933 (*a. a. O.*, Rk. 14 020).

allgemeinen und Politischen Polizei gescheitert waren,[47] eine Stätte freier und anspruchsvoller Entfaltung. Seine größte Sorge galt der konsequenten Scheidung zwischen Partei und Verwaltung, um nach dem Vorbild des monarchischen preußischen Staates eine einheitliche, von einem zuverlässigen Berufsbeamtentum beherrschte Behördenorganisation mit klar abgegrenzten Befugnissen unter zentraler Leitung zu schaffen. Der Gesichtspunkt des systematisierten, sich selbst genügenden Verwaltungsstaates ist von ihm am deutlichsten, aber auch mit unübertroffener Einseitigkeit ausgedrückt worden. Die Reichsreform, die Nicolai vorschwebte, glich einem Programm zur Aufrichtung des reinen bürokratischen Verwaltungsstaates, der einheitlich das ganze Reichsgebiet umfaßte und nach seinen Erfordernissen neu gliederte. Die NSDAP blieb personell wie institutionell von der Verwaltung getrennt; sie hatte eine Art politischer Kontrolle auszuüben und im übrigen Aufgaben der politischen Propaganda wahrzunehmen, den bürokratischen Staat also abzuschirmen und zu sichern. Dieser künftige deutsche Staat sollte aber auch frei sein von den „Mängeln des derzeitigen Zustandes" in bezug auf die „Organisation der staatlichen Willensbildung", frei von der „durch geschichtliche Zufälligkeiten gestalteten territorialen Zerklüftung Deutschlands", von „übermäßigen Inanspruchnahmen der Gesetzgebungsmaschine", von „übertriebenen Reglementierungen" und von der „volksfremden Schematisierung und Bürokratisierung der Verwaltung".[48] Das gefühlvolle Bekenntnis Nicolais zum totalen Verwaltungsstaat schloß gleichzeitig alle jene Wünsche und Forderungen ein, die seit jeher von den Gegnern bürokratischer Verwaltung in Deutschland vorgebracht wurden.

Nicolais Aufzeichnungen erhalten einen besonderen Reiz dadurch, daß sie die kritischen Betrachtungen unverhüllt auch auf die nach dem 30. Januar 1933 eingetretenen Verhältnisse ausdehnten. Sie verlangten Isolierung und Pflege des Berufsbeamtentums, „weil das Gefühl für Ordnung und die Achtung der Zuständigkeiten zum großen Teil an das Vorhandensein einer entsprechenden Verwaltung geknüpft ist". Kaum ein Beamter eines Reichsministeriums wagte wohl zu diesem Zeitpunkt so vorbehaltlos wie Nicolai das gefährlich Verwirrende des nationalsozialistischen Eroberungszuges in den Verwaltungen des Reichs und der Länder zu charakterisieren, der keine klaren Zuständigkeitsabgrenzungen geschaffen, jedoch die Gruppenbildung innerhalb der NSDAP gefördert, planlose Reformen einzelner Ressorts in Gang gesetzt und „trotz der Einsetzung von Reichsstatthaltern ... ein Neben- und Durcheinander von Regierungs- und Ländergewalten" heraufbeschworen hatte. Düstere Mahnungen klingen in Worten von „mangelnder Rechtssicherheit" und „mangelndem Vertrauen" zu Staat und Partei an. Geltungsbedürfnis und auch Überheblichkeit schwingen in seinen Sätzen mit; vielleicht aber hatten die Ereignisse dieses Jahres auch neue Bedenken reifen lassen. Nicolai hat jedenfalls tiefliegende Mängel des nationalsozialistischen Staates aufgedeckt und kritisch an die Oberfläche gezogen; sie waren in seinen Augen freilich so beschaffen, daß sie sich durch Verwaltungsreform und Neugliederung beseitigen ließen, eben durch eine Veränderung der nach Liquidierung des Parlamentarismus entstandenen Staatsorganisation, die nun das Werk einer kleinen Gruppe im Stillen, unter Ausschluß der Öffentlichkeit arbeitender hoher Ministerialbeamter werden sollte. Nach Vorschlägen Nicolais, die allerdings nicht verwirklicht worden sind, hätte sogar eine vom internen Geschäftsverteilungsplan des

---

[47] Vgl. o. S. 537 f.

[48] Acht Maschinenseiten umfassende Denkschrift Nicolais für Frick unter dem Titel „Merksätze über die Reichsreform" vom 6. Dezember 1933 mit handschriftlichen Anstreichungen und Anmerkungen des Staatssekretärs Pfundtner. Sie steht inhaltlich in engem Zusammenhang mit einer etwas älteren ausführlicheren Denkschrift Nicolais für Frick (wahrscheinlich vom November 1933), die 21 Seiten in Maschinenschrift umfaßt (beide *HAB*, Rep. 77, Pfundtner 60[5]).

Reichsinnenministeriums unabhängige, zentral planende und leitende „Reichsstelle für die Reichsreform" gebildet werden sollen.[49]

Die „Reichsreform" mußte nach Nicolais Vorstellungen sechs Komplexe umfassen, die nacheinander zu ordnen waren: 1. Schaffung einer starken Zentralgewalt, 2. Neugliederung und Schaffung von Reichsprovinzen, 3. Schaffung einer einheitlichen Verwaltung aus den vorhandenen Verwaltungen des Reiches und der Länder, 4. „Reichsvereinheitlichung" und „Neuordnung der Selbstverwaltung nach nationalsozialistischen Grundsätzen" – hier sollte offenbar der Partei größerer Einfluß eingeräumt werden; im totalen Verwaltungsstaat war die Selbstverwaltung nichts anderes als ein Fremdling; sie konnte, solange sie überhaupt existierte, vom Standpunkt der Staatsverwaltung aus infolgedessen der Partei überlassen werden –, 5. Aufbau eines nationalsozialistischen Berufsbeamtentums und 6. Krönung des Reformwerks durch eine neue Reichsverfassung.

Als erster hatte Medicus die These aufgestellt, „daß der Einbau der Partei in den Staat nur im Zusammenhang mit der Reichsreform erfolgen" könne.[50] Er gedachte, der NSDAP „entscheidende Mitwirkung" bei der Zusammensetzung der kommunalen Beschlußkörperschaften einzuräumen, in der „Mittelinstanz" des Reiches in einem „Gauführer" die Personalunion von Partei- und Staatsamt gleicher Stufe herzustellen und ihr außerdem die bedeutungslos gewordene „Volksvertretung" zu überlassen. Den Ministern kam unter der unbeschränkten Diktatur des Reichskanzlers nur noch die Bedeutung unpolitischer Ressortchefs zu; infolgedessen wurde nach Medicus auch das Reichskabinett im „Führerstaat" unwichtig. Wichtiger sollte ein berufener Reichsrat als ständiges Beratungsorgan des Reichskanzlers sein. Die Denaturierung des Reichsparlaments war bereits erreicht, was noch folgen sollte, unwesentlich. Günstig im Aspekte dieser Vorstellungen lagen die Verhältnisse auch auf kommunaler Ebene. Die straffe, unter starker Beteiligung der Kommunalstellen der NSDAP erfolgte Zusammenfassung der Kommunalkörperschaften des ganzen Reichsgebietes im Deutschen Gemeindetag, der an die Stelle der Vielzahl der kommunalen Spitzenverbände und ihrer nachgeordneten Organisationen getreten war, hatte im Preußischen Staatsministerium starken Widerstand ausgelöst, so daß schließlich das Band zwischen kommunalen Spitzenverbänden und Staat endgültig zerriß und diesen hinfort jede Möglichkeit einer Mitwirkung bei Angelegenheiten der Staatsaufsicht genommen wurde, die bislang zum Ausgleich zwischen den beiden disparaten Elementen der Verwaltung beigetragen hatte.[51] Keines der Länder trat dem Reichsinnenministerium entgegen, als es daranging, die Kommunalverwaltung einer reichsrechtlichen Regelung zu unterziehen, was damit begann, daß es die Institution des Deutschen Gemeindetages reichsgesetzlich verankerte.[52] Ungleich komplizierter dagegen lagen die Dinge in der Ebene

[49] Pfundtner versah diese Stelle mit der Randnotiz: „Die kann nur das Reichsministerium des Innern sein!" (ebda.).

[50] Denkschrift Medicus' vom 12. Oktober 1933 (HAB, Rep. 77, Pfundtner 53).

[51] Vervielf. Rundschreiben des Preußischen Ministers des Innern an die Staatsminister vom 11. Oktober 1933 mit beigefügter Anlage eines Erlasses an die Ober- und Regierungspräsidenten und Landräte (BA, P 135/10 086, fol. 4). Ähnlich lautete auch schon ein Beschluß des Preußischen Staatsministeriums vom 29. Juni 1933 (HAB, Rep. 90, Sitzungsprotokolle 1933, fol. 121).

[52] Gesetz über den Deutschen Gemeindetag vom 15. Dezember 1933 (RGBl., I, 1933, S. 1065). Das Reichsinnenministerium hat sich schon zu diesem Zeitpunkt bemüht, organisatorische Maßnahmen in den Ländern zu verkünden oder im Dringlichkeitsfall nur mit seiner Begutachtung zuzulassen. Hierbei ist es auch zu einer Kontroverse mit dem preußischen Finanzminister Popitz gekommen, als im Reichsministerium die unmittelbar bevorstehende Verkündung des Kommunalverfassungsgesetzes und des Gemeindefinanzgesetzes in Preußen bekannt wurde. Allerdings konnte das „Vorprellen Preußens" nicht mehr verhindert werden (Durchschlag eines Eilvermerkes Pfundtners für Frick vom 11. Dezember; HAB, Rep. 77, Pfundtner 53). Pfundtner riet seinem Minister eine Besprechung mit Popitz und Grauert an und empfahl, „daß wir gleichzeitig den OBM Gördeler unter der Hand beordern, damit er uns – ohne Fühlungnahme mit den preußischen Herren – für interne Beratungen zur Verfügung steht".

einer künftigen „Reichsmittelinstanz", da zwar die alten Länder nur noch eine Schein-
existenz führten, es nun aber ein Gegenüber von Reichsstatthaltern und Gauleitern
und innerhalb Preußens eine zweistufige Mittelinstanz gab, die für die obersten Reichsbehörden nur auf dem Wege über das Preußische Staatsministerium erreichbar war.

Mit der Reichstagswahl vom 12. November 1933 begann eine Periode neuer Maßnahmen gegen die Existenz der alten Länder. Frick war entschlossen, „die durch die
Auflösung des Reichstags akut gewordene Frage der Existenz der Länderparlamente
gesetzlich zu regeln" in dem Sinne, „daß die Landtage nicht wiederaufleben" sollten.[53] Hier schien zuerst der wichtigste Ansatzpunkt der weiterreichenden Pläne zu
liegen, so daß Frick dem bayerischen Ministerpräsidenten Siebert die Versicherung
abgab, es sei „keinesfalls ... mit einer überstürzten Aufhebung bisheriger Verwaltungseinheiten zu rechnen, solange nicht etwas Besseres an die Stelle des Alten gesetzt
werden kann". Daß sich der Reichsinnenminister bei seinem künftigen Vorgehen
kaum irgendeine Beschränkung und erst recht keine Rücksichtnahme auf die Länder
auferlegen würde, dürfte Siebert wohl verstanden haben; denn er unterbreitete bald
darauf einen eigenen Gesetzesvorschlag, der bereits sehr weitgehende Wünsche erfüllte: „Alle politische Macht geht vom Reiche aus"; die Länderregierungen üben
ihre Tätigkeit nur noch kraft Ermächtigung durch die Reichsgewalt aus.[54] Schon Sieberts Plan sah vor, daß die Länder, und zwar nur solche, die über mehr als 1 Million
Einwohner verfügten, lediglich als Verwaltungseinheiten erhalten blieben. Inzwischen
aber war im Reichsinnenministerium der erste „Entwurf eines Gesetzes über die
Reichsreform" entstanden,[55] der in der lapidaren Fassung von drei Paragraphen schon
die drei dem späteren „Neuaufbaugesetz" zugrunde liegenden Gedanken umriß: Aufhebung der Volksvertretungen der Länder, Anweisungsrecht der Reichsregierung
gegenüber den Länderregierungen und Aufsichtsrecht des Reichsinnenministers über
die Reichsstatthalter. Nicht einmal für Preußen war hier noch eine Sonderregelung
vorgesehen. Schon im Entwurf stellte eine Einleitungsformel die „einstimmige" Annahme des Gesetzes im Reichstag fest. Daß das Ermächtigungsgesetz für den Erlaß
dieses Gesetzes nicht ausreichen würde, stand also von Anfang nicht in Frage.

Dieser Entwurf blieb nicht der einzige. Frick hatte selbst an seiner Fortentwicklung persönlich Anteil und nahm eine eigene Ausarbeitung vor,[56] die dann Hitler
vorgelegt wurde, der ihr „im allgemeinen" zustimmte, aber für den Artikel, der die
wesentliche neue Ermächtigung der Reichsregierung enthielt, eine Fassung verlangte,
die „unnötige Beunruhigungen unter allen Umständen" vermied.[57] Der daraufhin
angefertigte nächste Entwurf Nicolais hat dann noch mehrere Stadien durchlaufen.
Doch gerade diese Ermächtigung wurde schließlich noch viel weiter als ursprünglich
gefaßt und hat das weitere Schicksal der Länder und des gesamten Verfassungsrechts

---

[53] Durchschlag eines Schreibens an den bayerischen Ministerpräsidenten Siebert mit Abgangsvermerk vom 1. November 1933 (*ebda.*).

[54] Denkschrift Sieberts „Gedanken zur Neugliederung des Reiches" vom 24. November 1933 (*HAB*, Rep. 77,
Pfundtner 60²).

[55] Original mit handschriftlichem Zusatz Nicolais „1. Entwurf von Dr. Medicus und Dr. Nicolai" (*HAB*,
Rep. 77, Pfundtner 60⁵). Die ungewöhnliche Reihenfolge, in der sich der sonst keineswegs um Zurückhaltung be-
mühte Abteilungsleiter selbst zuletzt nennt, läßt darauf schließen, daß dieser Entwurf im wesentlichen von
Medicus stammt, aber die Zustimmung Nicolais gefunden hat.

[56] Es existiert ein undatierter, acht Paragraphen umfassender Entwurf ohne Verfasserangabe, der die Bezeichnung „Entwurf eines Reichsgesetzes über Fortführung der Reichsreform" trägt (Durchschlag *HAB*, Rep. 77,
Pfundtner 60²). ·

[57] Anweisung Pfundtners für Nicolai und Medicus vom 27. November 1933 auf Grund einer Mitteilung von
Frick (Durchschlag *ebda.*).

in das Ermessen der Reichsregierung gelegt.[58] Frick nannte das vom Reichstag widerspruchslos angenommene Neuaufbaugesetz vom 30. Januar 1934 [59] mit Recht ein „erweitertes Ermächtigungsgesetz" und konnte von ihm sagen, daß noch niemals in der parlamentarischen Geschichte ein Gesetz von so ungeheurer Tragweite in so kurzer Zeit die einstimmige Billigung eines Parlaments gefunden habe.[60] Der „Verfassungsminister" des Reiches benutzte die beiden letzten verfassungsmäßigen Organe, die ihre Existenz den Vorbehalten des Ermächtigungsgesetzes vom 24. März verdankten, um eine zerstörende Bresche in die Überreste des noch bestehenden Verfassungsrechts zu legen. Die gesamte Öffentlichkeit, aber auch die NSDAP, wurden durch das in aller Heimlichkeit ausgearbeitete Gesetz überrascht und überrumpelt. Der preußische Justizminister Kerrl, der als Reichstagsvizepräsident „sozusagen an der Quelle" saß, bekam das Gesetz erst während der Reichstagssitzung zu sehen; er versicherte freilich, daß er sich dennoch „darüber ganz außerordentlich gefreut" habe.[61] Soweit es den von der NSDAP beherrschten Teil der Öffentlichkeit anging, hat die Gefahr einer „Beunruhigung", die Hitler fürchtete, nicht bestanden; selbst die größten nur denkbaren Vollmachten erteilten die uniformierten, kaum jemals von politischen Einsichten geplagten „Gefolgsmänner" Hitlers in besinnungsloser Akklamation.

Von der unbegrenzten Ermächtigung dieses Gesetzes konnte jedoch vorerst gar nicht in vollem Ausmaß Gebrauch gemacht werden. Eine Übergangsbestimmung mußte dafür sorgen, daß die Verwaltungen intakt und in alter Weise tätig blieben, bis weitere Maßnahmen auf der Grundlage der erteilten Ermächtigung getroffen wurden,[62] die, jeder begrenzenden Normierung ledig, den Absichten der ministeriellen Administration die weitesten Möglichkeiten eröffneten. Die bestehende Ordnung wurde jeweils bis auf weiteres aufrechterhalten, jedoch jedem Zugriff von zentraler

[58] Die äußerliche Kürzung der Fassung ging mit einer fortgesetzten Erweiterung der Ermächtigung einher:

Entwurf Frick, *November 1933* *§ 4 (1)*	*Eigener Änderungs-* *vorschlag Fricks,* *November 1933* *§ 4*	*Änderungsentwurf* *Nicolais,* *23. November 1933* *§ 4*	*Neuaufbaugesetz* *vom 30. Januar 1934* *(endgültige Fassung)* *Artikel 4*
„Die Reichsregierung übt die Aufsicht über die Länder in den Angelegenheiten aus, die entweder reichsrechtlich geregelt sind oder in denen sonst die Reichsregierung den Einklang mit den Zielen der Reichspolitik sicherstellen will."	„Art. 2 des Gesetzes zur Behebung der Not von Volk und Reich vom 24. März 1933 erhält folgende Fassung: Die von der Reichsregierung beschlossenen Reichsgesetze haben verfassunggebende Wirkung. Die Rechte des Reichspräsidenten bleiben unberührt."	„(1) Der Reichskanzler kann durch Gesetz das Reich neu gliedern und Verfassung und Verwaltung neu ordnen. (2) Die Rechte des Reichspräsidenten bleiben unberührt."	„Die Reichsregierung kann neues Verfassungsrecht setzen."

[59] *RGBl.*, I, 1934, S. 75.

[60] Frick in der letzten Sitzung des Reichsrats am 30. Januar 1934, der das Gesetz ebenfalls „einstimmig und ohne Aussprache" annahm (*Deutscher Reichsanzeiger und Preußischer Staatsanzeiger*, Nr. 26 vom 31. Januar 1934, 2. Beilage).

[61] Verhandlungsniederschrift über die Tagung des Reichsjustizministers mit den Landesjustizverwaltungen in Dresden am 12. Februar 1934 (*BA*, P 135/4365, fol. 37).

[62] Die Erste Verordnung über den Neuaufbau des Reiches vom 2. Februar 1934 (*RGBl.*, I, 1934, S. 81), die nun auf Grund der Ausführungsbestimmung des Art. 5 des Neuaufbaugesetzes ohne Kabinettsbeschluß vom Reichsminister erlassen werden konnte, übertrug die „Wahrnehmung der Hoheitsrechte", die von den Ländern auf das Reich übergegangen waren, wieder insoweit auf die Länder, „als das Reich nicht allgemein oder im Einzelfalle von diesen Rechten Gebrauch" machen wollte (§ 1). Weiter bestimmte diese Verordnung, daß Landesgesetze nunmehr der Zustimmung des zuständigen Reichsminister bedurften und daß die Reichsminister im Bereich ihrer Zuständigkeit die Vorlage von Rechtsverordnungen der Länder vor Erlaß anordnen konnten (§ 3). Die Reichsminister erhielten das Anordnungsrecht gegenüber den obersten Landesbehörden (§ 4). Außerdem war von nun an die Versetzung von Landesbeamten in den Reichsdienst und die der Reichsbeamten in den Landesdienst zulässig (§ 5).

Stelle aus freigegeben. Das Schicksal der Länder lag ausschließlich in den Händen des Reichsinnenministers. Selbst der Reichsjustizminister Gürtner, der zehn Jahre zuvor ein scheinbar hartnäckiger Verteidiger bayerischer Belange gewesen war, erklärte es nunmehr als Reichsressortchef für eine gleichgültige Sache, ob die „Einteilung des Reiches in Länder" bestehen bliebe und lediglich „veredelt" würde „in der Form, daß man kleine und kleinste Gebilde an größere anschließt, im übrigen sich aber an die historischen Einheiten hält", oder ob das Reich „nach irgendwelchen verschieden nuancierten Gesichtspunkten bald nach Stammesprinzipien, bald nach Wirtschaftsprinzipien in Gebiete" einzuteilen wäre, „in Gaue oder Provinzen, so daß die ganze Organisation des Reiches ... dann nur eine Spitze über einer Anzahl von solchen Gauen" darstellte.[63] Gürtner wäre allerdings auch kaum imstande gewesen, die Lage anders als so zu betrachten und dem erklärten Willen seines einstigen Münchener Beamtenkollegen Frick, der sich der Zustimmung Hitlers versichert hatte, wirksam entgegenzutreten.

4. Die Polykratie der Ressorts und die Neugliederung

Mit dem Neuaufbaugesetz war wohl das Deutsche Reich „nunmehr ein einziger Staat" geworden.[64] Doch die Folgerung, daß das Problem, „was aus dem heute noch vorhandenen Verwaltungskörper der Länder" werden sollte, „nicht mehr, wie das bisherige Problem der Reichsreform, eine Frage des staatlichen Grundrisses", also keine verfassungsrechtliche, sondern „nur eine teils bereits entschiedene, teils noch gesetzlich oder verordnungsmäßig durchzuführende praktische Frage der Verwaltungsorganisation" sei, traf lediglich auf die vorher noch vorhanden gewesenen Hemmnisse zu, die einer Umorganisation der Zentralinstanz im Wege standen. Im übrigen erwies sie sich als eine verhängnisvolle Unterschätzung neu entstehender Schwierigkeiten, die dadurch um nichts gemindert wird, daß sie zunächst der Meinung entsprach, die an zentralen Stellen vorherrschte. Das Neuaufbaugesetz erwies sich als ein schier unerschöpfliches Reservoir von Möglichkeiten, diese Neuorganisation vorzunehmen; doch diese Wirkung verdankte es eben nicht einer bestimmten Wegweisung, sondern der Eigenschaft, daß seine unbestimmten Maßgaben lediglich geeignet waren, noch bestehendes Recht zu zerstören. Es hätte demiurgischer Konstruktionen von rascher Entfaltungskraft bedurft, um das volle Maß von Auflösungen, die von diesem Gesetz ausgingen, auszugleichen. Der nationalsozialistische „Führerstaat" besaß nichts dergleichen, um dem selbstgewählten Schicksal gewachsen zu sein. Es hat sogar den Anschein, daß die Größe der politischen Belastungen, die mit diesem Gesetz und den ihm folgenden Verordnungen, Erlassen und Durchführungsbestimmungen entstand, von denen, die sie schufen, zumindest nicht in angemessener Weise erfaßt wurde.

Die Ermächtigung der Reichsregierung, „neues Verfassungsrecht" zu setzen und geltendes Landesrecht zu durchbrechen, konnte sich allein deshalb in unvoraussehbarer Weise auswirken, weil das Reichsinnenministerium den Standpunkt einnahm, unter „Reichsregierung" verstehe man in der „Praxis der Reichsverwaltung, soweit nicht im Gesetz das Gegenteil festgestellt ist, nicht die Reichsregierung als die Gesamtheit der Reichsminister, sondern den jeweils zuständigen Fachminister".[65] Hierin

---

[63] Verhandlungsniederschrift (*BA*, P 135/4365, fol. 37).
[64] Carl Schmitt, „Das neue Verfassungsgesetz", in: *Völkischer Beobachter*, 32. Ausgabe vom 1. Februar 1934.
[65] Undatierter Aktenvermerk von Medicus (*HAB*, Rep. 77, Pfundtner 54). Medicus stützte seine Auffassung auf die Formulierung einer Bestimmung des § 58 der Gemeinsamen Geschäftsordnung der Reichsministerien (*GGO*, II), daß „die zur Ausführung der Reichsgesetze erforderlichen allgemeinen Verwaltungsvorschriften, soweit die Gesetze nichts anderes bestimmen, *die Reichsregierung, und zwar in der Regel der zuständige Minister*" erlasse. Dieses weit abgelegene „und zwar" hat Medicus für seine schwerwiegende Konstruktion zu Hilfe genommen.

lag der Keim zur vollständigen Auflösung des Reichskabinetts und zum Zerfall der
Reichsregierung in eine „Polykratie" straff zentralisierter Ressorts, die nur die über-
wölbende absolute Autorität des „Führers und Reichskanzlers" zusammenzuhalten
und zu kontrollieren vermochte. Eine solche Entwicklung sah zu Anfang des Jahres
1934 aber wohl noch keiner der Fachleute im Reichsinnenministerium voraus, obgleich die verschiedenartigsten Konfliktsmöglichkeiten schon wenige Tage nach Verkündung des neuen Aufbaugesetzes auf der Hand lagen.[66]

Die Unbesorgtheit, die unter den verantwortlichen Männern des Reichsinnenministeriums hinsichtlich der Auswirkungen des neuen Aufbaugesetzes bestand, macht
Erstaunen. Offenbar glaubten sie sicher zu sein, eine zentrale Zuständigkeit ihres
Ministers als des „Verfassungs-, Verwaltungs- und Beamtenministers" und die Funktion des Reichsinnenministeriums als des allzuständigen „Organisationsministeriums"
auf die Dauer ohne Schwierigkeiten behaupten und es für immer zu einer Verwaltung der Verwaltungen machen zu können,[67] so daß wohl jedes Ressort für sich, aber
eben in diesen Dingen niemals ohne das Reichsinnenministerium entscheiden konnte.
Dieser Anspruch des Reichsinnenministers, eine Art Superminister mit zentraler Befugnis zu sein, ist jedoch praktisch niemals unbestritten geblieben. Er wurde nach
Kriegsausbruch durch die Ernennung Fricks zum Generalbevollmächtigten für die
Reichsverwaltung, dem auch das Reichsjustizministerium, das Kultusministerium, das
Kirchenministerium und die Reichsstelle für Raumordnung unterstellt waren, für einen
großen Teil der Verwaltung nach außen hin dokumentiert und uneingeschränkt rechts-
gültig. Aber selbst der anerkannte Oberminister hielt niemals die Ressorts der Finanzen, des Verkehrs und der sich immer weiter ausbreitenden wirtschaftlichen Verwaltungen unter seiner Aufsicht; und er war zudem der dauernden Rivalität des „Reichsführers SS" ausgesetzt, der er schließlich erlegen ist. Überdies blieb ihm jeder Einfluß
auf die Propaganda und die Propagandaverwaltung versagt.

Die Einzelheiten der „Durchführung des Neuaufbaus des Reiches"[68] bereiteten den
Männern im Reichsinnenministerium zunächst keine allzu großen Sorgen, obgleich
man sich das weiteste nur denkbare Ziel gesteckt hatte: die Umformung von Reichs-
und Länderverwaltungen in eine einheitlich zentralisierte Verwaltungsapparatur unter Leitung des Reichsinnenministeriums, also die Auflösung der bisherigen Länder
selbst als Verwaltungseinheiten in einem Reichsverwaltungssystem. Die Neugliede-
rungsfrage erschien anfangs durch wenige Maßnahmen durchführbar, die an die Stelle
von Provinzen und Ländern die Gaueinteilung der NSDAP setzen sollten. Auf der
nächstfolgenden Verwaltungsstufe ließen sich in den außerpreußischen Ländern Regierungsbezirke durch einfache Zusammenlegungen kleinerer Verwaltungseinheiten

---

[66] Der Reichsfinanzminister richtete in einer Angelegenheit der Kommunalaufsicht, die die Ausgabenpolitik
der Stadt Berlin betraf, unter Berufung auf Art. 2 Abs. 2 des Neuaufbaugesetzes am 5. Februar 1934 ein Ersuchen
an den preußischen Finanzminister, obgleich dieser nicht für die Kommunalaufsicht der Stadt Berlin zuständig
war, sondern der preußische Ministerpräsident, der sich bei der Durchführung der Kommunalaufsichtsangelegen-
heiten des preußischen Innenministers bediente. Der preußische Finanzminister Popitz erklärte seine Nichtzuständig-
keit und fügte in einem persönlichen Schreiben an den Reichsfinanzminister vom 6. Februar 1934 mit einem
herben Protest hinzu, „daß bei Ausübung einer so entscheidenden und von der bisherigen Praxis recht abweichenden Befugnis, wie es die Berufung auf den Art. 2, Abs. 2 des Gesetzes vom 30. Januar 1934" darstelle, „eine
besonders sorgfältige Prüfung nicht nur der Notwendigkeit und Zweckmäßigkeit, sondern auch der eigenen
Zuständigkeit und der Zuständigkeit und Person des Empfängers geboten sein dürfte". (Eine Abschrift dieses
Schreibens wurde vom Staatssekretär im Reichsfinanzministerium, Reinhardt, Pfundtner zur Vorlage bei Frick
zugestellt. HAB, Rep. 77, Pfundtner 54, mit handschriftlicher Randbemerkung Pfundtners: „Das ist sehr erstaunlich, außerdem nicht im Sinne der Reichsreform!")

[67] Überaus aufschlußreich hierzu: Dr. Wilhelm Frick und sein Ministerium (Anm. II/177), S. 23 f.; Medicus,
Das Reichsministerium des Innern (Anm. I/206), S. 31.

[68] Unter diesem Titel eine undatierte, wahrscheinlich im Frühjahr 1934 entstandene, vier Seiten umfassende
Aufzeichnung mit handschriftlichen Korrekturen von Ministerialrat Medicus, in dem vermutlich auch der Verfasser zu sehen ist (HAB, Rep. 77, Pfundtner 60⁵).

bilden, in Hessen durch Umwandlung der Provinzen in Bezirke und in Bayern wie in Sachsen durch Vergrößerung der bestehenden Kreise und ihre Angleichung an das preußische Vorbild. Entscheidend blieb die Vereinigung der Innenministerien des Reiches und Preußens, mit der das Reich in den Besitz eines „zentralen Verwaltungsapparats" gelangte; die Zusammenlegung anderer Ministerien erschien demgegenüber weniger dringlich und verhältnismäßig unproblematisch, da mit Ausnahme des Justiz- und des Finanzressorts bereits Personalunionen bestanden. Der federführende Referent glaubte der erreichbaren Folgen sicher zu sein: „Sobald der zentrale Verwaltungsapparat von Reich und Preußen . . . eingerichtet ist, beginnt der allmähliche Absterbeprozeß der Landesministerien, deren Aufgaben entweder zur Reichszentrale oder zu den im ganzen Reich einheitlichen nachgeordneten Behörden (Regierungspräsidenten) kommen." Eine reichseinheitliche Gemeindeordnung und eine Kreisordnung würden dann folgen, um den Bau der zentralisierten obrigkeitlichen Verwaltung bis auf die Lokalebene herabzuführen. „Nicht die Neuorganisation selbst" erschien ihm problematisch — „bei den derzeitigen Machtmitteln des Reichs"; Schwierigkeiten wären aber zu gewärtigen, sobald überstürzt und ohne Plan von einzelnen Ressorts aus „verreichlicht" werden würde, indem sie die Länderverwaltungen jeweils für ihre Zwecke heranzögen oder falls es zur raschen Errichtung neuer Verwaltungen käme. Bei aller bürokratischen Einseitigkeit, die diese Betrachtungen auszeichnet, die nur die „technischen Schwierigkeiten" und die dagegen zu setzenden „Machtmittel" als erwägenswert festhielten, sind doch immerhin selbst in dieser eingeengten Perspektive sichtbare Gefahren des Ressortpluralismus und -partikularismus schon zu diesem Zeitpunkt erkannt worden. Dennoch ist der „Neuaufbau" ihnen auf die Dauer rettungslos erlegen.

Das Problem, „den auf Verreichlichung ihrer Fachgebiete drängenden Reichsministerien entgegenzukommen, ohne daß dadurch die territoriale Einheit der Verwaltung in der Reichsmittelinstanz durchbrochen wird und ohne daß eine Verselbständigung und Verfestigung der einzelnen Fachverwaltungen in der Reichsmittelinstanz eintritt",[69] glich der Quadratur des Zirkels; nur war man zu Beginn des Jahres 1934 noch von solchen Einsichten weit entfernt. Jetzt wie später wurde die angebliche Errungenschaft des Neuaufbaugesetzes unterstrichen, eine „wirkliche Befehlsgewalt" der Chefs der Reichsministerien auf den „ihnen anvertrauten Verwaltungsgebieten" hergestellt zu haben.[70] Frick hat auch umgehend diese „Befehlsgewalt" anzuwenden und „namens des Reichs" die Polizeihoheit in seine Verfügung zu bringen versucht, indem er „die unmittelbare Befehlsgewalt über die Landespolizei im Deutschen Reich" und außerdem für die Landespolizei, die staatliche Revierpolizei, Landjägerei und Gemeindepolizei die Genehmigung zu allen grundlegenden organisatorischen und beamtenrechtlichen Bestimmungen, Beförderungen und Stellenbesetzungen vom Major an aufwärts, die Genehmigung von Dienstvorschriften und die von Standortverlegungen und Neubauten von Unterkünften für sich in Anspruch nahm.[71] Das veranlaßte jedoch Göring, um einer Anwendung dieser Bestimmungen auf Preußen zuvorzukommen, die oberste Leitung der Landespolizei in Preußen selbst zu übernehmen und anzuordnen, daß der Leiter der Polizeiabteilung im preußischen Innenministerium für die Belange der Landespolizei nunmehr dem Ministerpräsidenten unmittelbar unterstehe.[72] Der Reichsinnenminister sah seinen Bemühungen um eine Zusammenfassung der gesamten Polizei im Reichsgebiet dadurch einen Riegel vorgeschoben und mußte erneut in Verhandlungen nach einem Ausweg suchen.[73] Inzwischen waren

[69] Aktenvermerk des Staatssekretärs Stuckart für Frick vom 19. März 1935 (*HAB*, Rep. 77, Pfundtner 60[7]).
[70] Medicus, *Das Reichsministerium. . .* (Anm. I/206), S. 43.
[71] Erlaß an die Reichsstatthalter vom 19. Februar 1934 (*HAB*, Rep. 77, Pfundtner 54).
[72] Erlaß über die Landespolizei vom 9. März 1934 (*BA*, P 135/2056, fol. 249).
[73] Aktenvermerk Pfundtners vom 13. März 1934 (*HAB*, Rep. 77, Pfundtner 54).

allerdings die Kommandoverhältnisse der Schutzpolizei infolge unterschiedlicher Maßnahmen in einzelnen Ländern während der Machtergreifung derartig unübersichtlich geworden, daß die Notwendigkeit umfassender Neuregelungen auf der Hand lag und einer Vereinheitlichung im Reichsgebiet auch vom preußischen Innenministerium nicht mehr ohne weiteres widersprochen werden konnte. Aber erst die Vereinigung des Reichs- und des preußischen Innenministeriums, die im März 1934 ausgehandelt und endlich im Herbst vollzogen wurde, [74] brachte die endgültige Zusammenfassung der Polizeiangelegenheiten unter der Regie des Reichsinnenministers. [75] Trotz allem aber behielt Göring formell die Leitung der Geheimen Staatspolizei weiterhin bei. Ähnlich wurde in anderen Ländern die Politische Polizei aus der inneren Verwaltung herausgelöst, um in den Händen von Himmler und Heydrich vereinigt zu werden, die seit Mai 1934 in Wirklichkeit auch die GeStapo in Preußen leiteten.[76] Ohne ihre wirkungsvolle Mithilfe in der entscheidenden Polizeifrage wäre Frick die Vereinheitlichung vermutlich nicht geglückt. Das Neuaufbaugesetz hatte nicht nur die noch nennenswerten Überreste des Verfassungsrechts beseitigt, sondern auch die in der Ausbildung begriffenen Machtstrukturen des totalitären Systems freigelegt und freigesetzt.

Die Linie umwälzender organisatorischer Maßnahmen setzte dann die „Erste Verordnung zur Vereinheitlichung und Verbilligung der Verwaltung" fort,[77] die der Reichsinnenminister und der Reichsfinanzminister gemeinsam erließen. Sie gab auf Grund des Artikels 5 des Neuaufbaugesetzes allen Reichsministern, die zugleich preußische Minister waren, die Möglichkeit, den Beamten, Angestellten und Arbeitern ihrer Ministerien die Erledigung von Dienstgeschäften zu übertragen, „ohne Rücksicht darauf", welchem Ministerium sie angehörten, und bereitete die weitere Zusammenlegung und Umorganisation von Reichs- und preußischen Ressorts vor. Der Reichswirtschaftsminister und preußische Minister für Wirtschaft und Arbeit hatte schon vorher auf Grund der Personalunion eine einheitliche Abteilungsgliederung und eine Regelung für die Referenten getroffen, die ihnen Reichs- und preußische Angelegenheiten zugleich übertrug, so daß – abgesehen von einigen Überschneidungen zwischen Zuständigkeiten des Reichsarbeitsministeriums und dem Geschäftsbereich des preußischen Ministeriums für Wirtschaft und Arbeit – in der Praxis eine Zusammenlegung beider Ministerien bereits erreicht war. Im Reichs- und im preußischen Landwirtschaftsministerium blieb es einstweilen nur bei der Personalunion der Ministerämter. Schwieriger lagen die Verhältnisse im preußischen und im Reichskultusministerium, das seit Mai 1934 bestand,[78] denn die Reichszuständigkeiten einiger vom preußischen Kultusministerium verwalteten Gebiete, wie z. B. das der Kunst, fielen in den Bereich des Reichspropagandaministeriums.[79] Eine endgültige Klärung und Vereinfachung

[74] Göring suchte sein nach allem vorausgegangenen überraschendes Nachgeben hinter dem Anschein einer eigenen Entscheidung zu verbergen, indem er in einem pathetischen Brief an Hitler — um „die Maßnahmen des Reichs auf dem Gebiet der Reichsreform von Preußen aus in jeder Hinsicht zu unterstützen" — den Vorschlag unterbreitete, den preußischen Kultusminister zum Reichskultusminister zu ernennen und den Reichsinnenminister mit der Wahrnehmung der Geschäfte des preußischen Innenministers zu betrauen. Diesem Vorschlag stimmte Hitler sofort zu. Der Briefwechsel Göring–Hitler, den der *Völkische Beobachter* in großer Aufmachung veröffentlichte, ist abgedr. in: *Dokumente...* (Anm. IV/16), II, S. 166 ff.; s. auch die Rede Görings am 18. Juni 1934 vor dem preußischen Staatsrat; *a. a. O.*, S. 168 ff.

[75] Hierzu Hans-Joachim Neufeldt, Jürgen Huck und Georg Tessin, *Zur Geschichte der Ordnungspolizei 1936—1945 (Schriften des Bundesarchivs,* Bd. 3), als Manuskript gedr., Koblenz 1957, S. 8 ff.

[76] Vgl. o. III. Kapitel.

[77] Vom 19. Juli 1934 (*RGBl.*, I, 1934, S. 719).

[78] Auf Grund des Erlasses des Reichspräsidenten vom 1. Mai 1934 (*a. a. O.*, S. 365). Die Zuständigkeiten bestimmte ein Erlaß des Reichskanzlers über die Aufgaben des Reichsministeriums für Wissenschaft, Erziehung und Volksbildung vom 11. Mai 1934 (*a. a. O.*, S. 375).

[79] Verordnung über die Aufgaben des Reichsministeriums für Volksaufklärung und Propaganda vom 30. Juni 1933 (*RGBl.*, I, 1933, S. 449).

konnte durch die Zusammenlegung preußischer Ressorts mit Reichsressorts jedenfalls nicht unmittelbar erreicht werden.

Am 22. Oktober 1934 wurden das preußische Justizministerium und das Reichsjustizministerium vereinigt[80] und wenige Tage später die Innenministerien des Reichs und Preußens zusammengelegt.[81] Noch vor den endgültigen Kompetenzauseinandersetzungen waren indessen besondere Ressorts des preußischen Ministerpräsidenten entstanden, der, persönlichen Neigungen wohl mehr noch als politischen nachgebend, sich nicht nur zum Herrn über die Landespolizei, sondern gewissermaßen auch zum „Forstminister" und zum „Theaterminister" in Preußen machte; die Forsten wurden aus der Zuständigkeit des Landwirtschaftsministeriums und die Staatstheater aus der des Kultusministeriums herausgelöst.[82] Göring schuf hiermit ein an das Amt des preußischen Ministerpräsidenten gekettetes Reservat inmitten der „Verreichlichung" der anderen preußischen Ressorts. Lediglich das Finanzministerium blieb als einziges der preußischen Ministerien in seiner alten Form bestehen,[83] nachdem die Pläne zur Schaffung eines Reichsschatzministeriums, dem dieses einstmals wichtige Ministerium – nach Austausch einiger Zuständigkeiten mit dem Reichsfinanzministerium – eingegliedert werden sollte, in vielfachen Anfeindungen des amtierenden preußischen Ministers Popitz untergegangen waren. Damit aber war die „Verreichlichung" zunächst beendet.[84]

[80] Der Erlaß des Reichsministers der Justiz vom 16. Oktober 1934 (*Deutsche Justiz* 96/1934, S. 1295) führte die Vereinigung mit Wirkung vom 22. Oktober 1934 herbei und gliederte das neue „Reichs- und preußische Justizministerium" in sechs Abteilungen und zwei Sonderabteilungen. Die VI. Abteilung umfaßte allein die preußische Justizverwaltung. Diese Maßnahme wurde durch den Art. 5 des Ersten Gesetzes zur Überleitung der Rechtspflege auf das Reich vom 16. Februar 1934 (*RGBl.*, I, 1934, S. 91) vorbereitet. Das Zweite Überleitungsgesetz vom 5. Dezember 1934 (*a. a. O.*, S. 1214) leitete die Zuständigkeiten der obersten Landesjustizbehörden auf den Reichsjustizminister über und ermächtigte ihn, sie wieder auf nachgeordnete Behörden zu übertragen (§ 1).

Es ist hier anzumerken, daß die vielschichtige Problematik, die mit der Übernahme der Justiz der Länder durch das Reich entstand und nur in umfassenden Reformen gelöst werden konnte – die Vereinheitlichung des allgemeinen Dienstrechts, von Zulassungs- und Laufbahnbestimmungen für den Justizdienst, Vereinheitlichung der Gesetzgebung, Schaffung eines Reichsnotariatsrechts u. a. m. –, die sich von Anfang an mit den Zielen einer allgemeinen Rechtsreform verbanden, wesentlich den tieferen Einbruch des Nationalsozialismus in die Justiz förderte. Für die Aspekte des Anfangs vgl. Franz Schlegelberger, *Was erwarten das deutsche Volk und der deutsche Jurist von der Vereinheitlichung der deutschen Justiz. Vortrag, gehalten in der Bezirksgruppe Köln des Gaues Köln-Aachen des Bundes Nationalsozialistischer Deutscher Juristen,* Berlin 1934.

[81] Erlaß des Reichs- und Preußischen Ministers des Innern vom 25. Oktober 1934 (*Reichsministerialblatt* 62, Nr. 42 vom 26. Oktober 1934, S. 681). Das „Reichs- und Preußische Ministerium des Innern" erhielt acht Abteilungen unter der Oberleitung von drei Staatssekretären: Pfundtner, Grauert und dem Reichskommissar für den Freiwilligen Arbeitsdienst, Hierl. Pfundtner, zugleich ständiger Vertreter des Ministers, waren die Zentralabteilung und die Abteilungen I (Verfassung und Gesetzgebung), IV (Volksgesundheit) und VI (Deutschtum, Leibesübungen und Kirche) unterstellt, Grauert die Abteilungen II (Beamtentum und Verwaltung), III (Polizei) und V (Kommunalverwaltung); Hierl leitete die Abteilung VII (Arbeitsdienst).

[82] Vgl. o. III. Kapitel.

[83] Die Pläne zur Errichtung eines Reichsschatzministeriums, die anscheinend von Graf Schwerin-Krosigk ausgingen und von Popitz, vielleicht anfangs auch von Frick unterstützt wurden, zielten ursprünglich darauf, einen „finanziellen Gegenspieler [des Reichsinnenministeriums] in jedem Stadium der Reichsreform" zu schaffen, und stießen daher von Anfang an auf erheblichen Widerstand des Reichsinnenministeriums, das einen Einbruch in seinen Machtbereich befürchtete (zwei undatierte Referentendenkschriften spätestens vom August 1934 bei einer Aktenvorlage von Medicus; *HAB*, Rep. 320, Pfundtner 203). Pfundtner suchte später offenbar den Rückzug seines Ministers vorzubereiten, indem er vereinfachend vorschlug, daß „ein besonderes Reichsschatzministerium zurechtgemacht wird, bei dem die Dinge untergebracht werden, die zur Zeit mehr oder weniger heimatlos sind oder Fremdkörper in den bestehenden Reichsfachministerien darstellen" (Vertraulicher Vermerk Pfundtners für Frick vom 13. März 1935; *ebda.*). Im Verein mit Pfundtner hatte der Staatssekretär im Reichsfinanzministerium Reinhardt eine Intrige angesponnen, in die schließlich Frick und Hitler einbezogen wurden.

[84] Bis zum Frühjahr 1936 gab es noch besondere Sitzungen des Preußischen Staatsministeriums. Allerdings unterschied sich dieses Kollegium, in dem Göring präsidierte, nur noch zum Teil vom Reichskabinett, da ihm nicht nur die Chefs der ehemals preußischen Ressorts angehörten, sondern alle für preußische Verwaltungen zuständigen und schließlich auch noch andere Reichsminister hinzugezogen wurden; es fehlten nur Hitler, Heß, Goebbels und

Eine interministerielle Erörterung über den Stand des „Verbindungsprozesses" hatte schon im August Übereinstimmung darin ergeben, „daß auf die Dauer der Prozeß der Zentralisierung nicht weitergeführt werden" könne; eine Dezentralisation aber war nach ebenfalls übereinstimmenden Ansichten zum Scheitern verurteilt, da man nicht wußte, „wer eigentlich die ‚Reichsmittelinstanz' im Zuge der Reichsreform bilden wird, an die man die Zuständigkeiten abgeben könnte". Es zeigte sich, daß eine Umorganisation der Zentralinstanz weder eine Reichsreform erschöpfte noch wirklich vorantrieb; die Erörterung dieser Tatsache gelangte zu dem Schluß: „Der Verschmelzungsprozeß in der Ministerialinstanz steht in unmittelbarem Zusammenhang mit dem übrigen Neuaufbau des Reichs." [85] Die Begründung eines Gesetzentwurfes zur Neugliederung des Reiches vom Oktober 1934 [86] wies darauf hin, daß die Autorität des Staates — worunter wohl die des Reichsinnenministeriums zu verstehen ist — dadurch untergraben werde, daß Reichsbehörden und private Wirtschaftsverbände im Aufbau ihrer nachgeordneten Verwaltungen eigene, voneinander abweichende Gebietsgliederungen vornähmen. Dahinter verbarg sich der nach diesen Ergebnissen nicht mehr zu leugnende Umstand, daß die rasche Zentralisation sich selbst zu überschlagen begann und einen Pluralismus zentralisierter Verwaltungssysteme entstehen ließ, die nur noch über ihre obersten Spitzen miteinander in Beziehung treten konnten, da ihre Unterglieder niemals einander entsprachen. Dem Reichsinnenministerium entglitt die ängstlich beobachtete Einheit der Mittelinstanz, die eben noch auf dem Wege einer Beseitigung der Länder reichseinheitlich geordnet werden sollte. Es blieb kein anderer Ausweg, als auf die Reichsreform in einem umfassenden Sinne zurückzukommen; und diese war wieder auf die beiden Grundprobleme zurückgeworfen, die seit Anbeginn ihrer Erörterung bestanden haben: die Organisation und Ausgestaltung der Mittelinstanz und, hiermit im Zusammenhang, die Gliederung des Reichsgebiets. Die Zusammenfassung von Zentralinstanzen verlangte nunmehr, daß ihr die Mittelinstanz in irgendeiner Weise angepaßt und im übrigen nichts übertrieben werden würde; die Frage der Organisation der Mittelinstanz stellte aber auch unausweichlich die Frage nach Aufgaben und Bewegungsfreiheit der unteren Instanzen. Die weiteren Folgerungen waren überaus verwickelt: Die Gliederungsproblematik erwies sich nach wie vor als schwierig und ungeklärt; und die Stellung der Reichsstatthalter, nicht weniger die der Oberpräsidenten in Preußen, war kaum entschieden. Unverkennbar schob sich damit erneut die Beziehung zwischen Staat und Partei in den Vordergrund.

Medicus hatte eine größere Denkschrift vorgelegt, die den Aufbau einer vierteiligen Organisation — Reichszentrale, Reichsstatthalter, Kreisämter, Ortsbehörden — aufzeichnete, in der der Reichsstatthalter zu einem Superfunktionär wurde, der in seiner Hand gänzlich verschiedenartige Instanzenzüge zusammenfaßte: als Chef sämtlicher Zweige der staatlichen Verwaltung, als Haupt der Gau-Selbstverwaltung und als Gauleiter der Partei; nur die militärischen Behörden, Reichspost und Reichsbahn sowie die Gerichte blieben seiner Kompetenz entzogen. Doch schon Nicolai kommentierte den Entwurf seines Untergebenen kritisch. Er sah den Reichsstatthalter von unübersehbaren Aufgaben überlastet, so daß letztlich doch wieder die Notwendigkeit bestünde, die Reichsverwaltung auf mehrere Behörden zu „denzentralisieren"; [87] hierzu aber wollte er keinesfalls seine Hand bieten. Immerhin entschloß sich Nicolai jetzt, seine Ideen abzuwandeln. Angesichts der unübersichtlich werdenden

---

Blomberg. Die Bedeutung und das Schicksal des Staatsministeriums zu untersuchen, würde den Rahmen dieser Studie sprengen.

[85] Vermerk des Ministerialrats Medicus vom 22. August 1934 für Staatssekretär Pfundtner (*HAB*, Rep. 77, Pfundtner 91).

[86] *HAB*, Rep. 77, Pfundtner 60⁵.

[87] Denkschrift „Neuorganisation des Reichs" vom 12. Juni 1934 (*BA*, R 18).

Situation hielt er es nun doch für besser, durch Eingliederung der SA in die Reichswehr und der Politischen Organisation der NSDAP in die Staatsverwaltung die Parteiorganisation mit dem Staat zu „verschmelzen"; die Gauleitungen sollten in den Ämtern der Reichsstatthalter, die Kreisleitungen in den Landratsämtern und die Reichsleitung der NSDAP im Reichspropagandaministerium aufgehen; das „augenblickliche, dualistische Nebeneinander von Partei und Staat" aber war seiner Meinung nach „auf die Dauer nicht tragbar".[88] Da man sicher sein kann, daß Nicolai eine Übernahme des Staatsapparates durch die NSDAP nicht herbeiführen wollte, scheint es, daß er auf diese Weise eine Aufsaugung der Partei durch den Staat zu erreichen dachte oder — wie es sein Minister ausdrückte — ihren Ausbau zu einer „Staatseinrichtung", die „in den Staatsorganismus ... eingebaut", während zugleich die staatliche Behördenorganisation „mehr und mehr nationalsozialistisch" werden sollte.[89] Welche Tragweite man aber auch immer derartigen Prozessen im Sommer dieses entscheidungsschweren Jahres beimessen möchte: eine maßgebliche Äußerung und Weisung ist nicht geschehen.[90]

Ein weiterer Gesetzentwurf vom 20. Juli 1934 „über den Neuaufbau der Reichsverwaltung", der wahrscheinlich von Nicolai oder doch mit seiner Zustimmung verfaßt worden ist, griff die Gliederungsfrage auf, teilte das Reichsgebiet in „Reichsgaue" und suchte auf diese Weise eine Vereinigung von regionaler Parteigliederung und politischer Gebietsgliederung herbeizuführen.[91] Die zweifachen Fassungen einzelner Paragraphen bezeugen jedoch die zu diesem Zeitpunkt noch unentschiedene Alternative zwischen zwei verschiedenen Funktionen, die dem Reichsstatthalter zugewiesen werden sollten: als oberste Spitze einer aus drei Sparten – Reichsverwaltung, Gauselbstverwaltung und Politische Organisation (Partei) – bestehenden Mittelinstanz oder, losgelöst vom Parteiamt, als Chef der Reichsverwaltung mit Aufsichtsrechten über die Gauselbstverwaltung und die Politische Organisation der NSDAP. Staatsrechtlich hatte das Neuaufbaugesetz die Stellung der Reichsstatthalter nur insofern „wesentlich geändert",[92] als es sie zu „Untergebenen des Reichsministers des Innern" gemacht hatte. Ihre Stellung war „sowohl im Verhältnis zur Landesregierung wie im Verhältnis zur Reichsregierung unklar geworden";[93] ungewiß blieb aber auch, wie die Zentralisation der inneren Verwaltung nach unten fortgeführt werden sollte.

Daß die Gauleiter auch selbst mitzusprechen versuchten, zeigte sich in den Bemühungen des thüringischen Reichsstatthalters Sauckel, der die derzeitigen Schwächen in

---

[88] Vermerk Nicolais für Frick vom 13. Juni 1934 (vier Seiten; *ebda.*).

[89] Wilhelm Frick, *Der Neuaufbau des Dritten Reiches. Vortrag, gehalten vor Offizieren der Reichswehr am 15. November 1934*, Berlin o. J., S. 14. Die „nationalsozialistische" Behördenorganisation erblickte Frick vor allem darin, „daß an allen entscheidenden Stellen des staatlichen Apparates Nationalsozialisten mit der Amtsführung betraut wurden und daß es Aufgabe, einen zuverlässigen Staatsapparat zur Verfügung des Führers zu halten, gewissenhaft durchführen".

[90] Es verdient Interesse, wie Frick in der oben zitierten Rede vor Reichswehroffizieren das auf Hitlers Äußerungen auf dem Reichsparteitag der NSDAP 1934 zurückgehende, häufig zitierte Schlagwort „Die Partei befiehlt dem Staat"! interpretierte: „Tatsächlich hat der Führer aber gesagt: ‚Nicht der Staat befiehlt uns, sondern *wir* befehlen dem Staate'! Das bedeutet, daß die vom Führer und Reichskanzler beauftragten *Minister*, die sein Vertrauen haben, ausschließlich ihm gegenüber verantwortlich sind dafür, daß die nationalsozialistischen Grundideen überall zur Durchführung gelangen. Ebenso sind auch die Untergebenen der Minister wieder bis hinunter zum letzten Landrat und Gemeindevorsteher oder den letzten Offizier und Soldaten nicht den Befehlen irgendeiner Parteistelle unterworfen, sondern sie sind für ihre Amtsführung oder ihren Dienst *ausschließlich ihren Vorgesetzten verantwortlich*, und keine andere Stelle hat das Recht und die Aufgabe, in den geordneten Befehlsgang einzugreifen, der hier wie da letzten Endes beim Führer endet" (S. 15; Auszeichnungen i. Orig.). Eine solche bürokratische Auslegung seiner Worte hat Hitler indessen, soweit bekannt, niemals autorisiert und hätte er auch schwerlich in der Öffentlichkeit autorisieren können.

[91] Durchschlag *BA*, R 18.

[92] Schmitt, „Das neue Verfassungsgesetz" (Anm. IV/64).

[93] Entwurf einer Begründung zu dem späteren zweiten Reichsstatthaltergesetz (*HAB*, Rep. 77, Pfundtner 57).

der Organisation der Mittelinstanz mit sicherem Blick erkannte und für den Ausbau seines eigenen Machtbereichs auszunutzen begann, den er bei dieser Gelegenheit gern auch territorial auf Kosten Preußens ausgedehnt hätte. [94] Sein Plan, den er, selbstbewußt genug, als allgemeinen Vorschlag zur Lösung des Problems Reich–Länder empfand, enthielt den durchsichtigen, ganz auf die Stärkung der Stellung des Gauleiters abgestellten Grundsatz, „keine Zwischeninstanz zwischen Reichsregierung und Reichsstatthaltern, ebenso keine Zwischeninstanz ... zwischen Reichsgau und Kreisämtern" zuzulassen, ein Grundsatz, dem das Reichsinnenministerium freilich nicht zu folgen bereit war.

Frick hatte sein Anweisungsrecht benutzt und an die Reichsstatthalter das Ersuchen gerichtet, von der ihnen übertragenen Befugnis zur Ernennung und Entlassung von Mitgliedern der Landesregierung nur noch mit seiner eigenen Zustimmung „Gebrauch zu machen" und auch künftig keine Landesgesetze mehr zu verkünden, solange sie nicht die Zustimmung der Reichsregierung gefunden hätten. [95] Damit waren die Reichsstatthalter plötzlich dem Reichsinnenminister unterstellte Mittelbehörde geworden, sofern ihnen nicht noch die Länderregierungen den Rang abliefen, wie es beispielsweise in Bayern und zumindest zeitweilig in Württemberg geschah, während in Sachsen und Hessen die Reichsstatthalter die Regierungschefs auszuspielen wußten. Das Beamtenernennungsrecht ging ebenfalls in wesentlichen Teilen auf den Reichsminister des Innern über. Die nächsten Versuche einer Bereinigung der Verhältnisse in der Mittelstufe trieb dann der Reichs- und preußische Innenminister zuerst von Preußen aus voran. Die zweite Verordnung über den Neuaufbau des Reichs vom 27. November 1934 [96] machte gegen mehrfachen Widerspruch von preußischer Seite und von Reichsstellen [97] die preußischen Oberpräsidenten „bis zur Durchführung der Neugliederung des Reichs" in ihren Provinzen zugleich auch zu ständigen Vertretern der Reichsregierung mit dem Recht zur Unterrichtung bei allen Reichs- und Landesdienststellen und öffentlich-rechtlichen Körperschaften und der Befugnis zum Erlaß einstweiliger Anordnungen, falls Gefahr im Verzuge war. Praktisch hatten die Oberpräsidenten-Gauleiter nunmehr größere Befugnisse als die Reichsstatthalter-Gauleiter.

Nicolai vertrat die Ansicht, daß man den Reichsstatthaltern nicht Befugnisse vorenthalten könne, die den Oberpräsidenten gegeben wurden. [98] Schon im Entwurf-Stadium hatte er der zweiten Neuaufbau-Verordnung einen Gesetzentwurf beigefügt, der eine Neuregelung hinsichtlich der Stellung der Reichsstatthalter treffen sollte, „ausgehend von der Erwägung, daß jede Erweiterung der Befugnisse der Oberpräsidenten gleiche Wünsche der Reichsstatthalter nach sich ziehen müsse und daß es infolgedessen über kurz oder lang notwendig sei, die Reichsstatthalter mit den Ober-

---

[94] Einem Schreiben an Pfundtner vom 5. April 1934 war ein 65 Paragraphen umfassender Entwurf zu einem „Gesetz über den Reichsgau Thüringen", den der thüringische Ministerialrat Sommer ausgearbeitet hatte, nebst ausführlicher Begründung beigefügt (Abschriften *HAB*, Rep. 77, Pfundtner 59). Der Entwurf sollte nicht nur die Verwaltung alter Art, sondern auch die Justiz und „die im Gau vorhandenen Stellen des ständischen Aufbaus" dem Reichsstatthalter unterstellen und ihm das Ernennungsrecht bzw. das Erfordernis seiner Zustimmung zu Ernennungen in seinem Bereich einräumen, um die „Zusammenfassung dieser Gebilde untereinander" mit dem Hebel der Personalpolitik zu ermöglichen. In das Land Thüringen wollte Sauckel nicht nur die Enklaven, sondern auch angrenzende preußische Gebiete einbeziehen: den gesamten Regierungsbezirk Erfurt, vom Regierungsbezirk Merseburg Stadt und Landkreis Sangerhausen, die Kreise Querfurt, Eckartsberga, Naumburg, Weißenfels und Zeitz und vom Regierungsbezirk Kassel den Kreis Schmalkalden.

[95] Erlaß an die Reichsstatthalter vom 12. Februar 1934 (*HAB*, Rep. 77, Pfundtner 56).

[96] *RGBl.*, I, 1934, S. 1190.

[97] Undatierter Vermerk von Medicus (*HAB*, Rep. 77, Pfundtner 57). Dem preußischen Ministerpräsidenten wurde übrigens in der Verordnung eine freundliche, aber praktisch belanglose Geste erwiesen mit der keineswegs erforderlichen Einleitungsphrase, die Verordnung erfolge „im Einvernehmen mit dem preußischen Ministerpräsidenten".

[98] Aktenvermerk Nicolais vom 7. November 1934 (*ebda.*).

präsidenten verwaltungsmäßig in die gleiche Ebene zu verlagern". [99] Er sah für die Reichsstatthalter das gleiche Weisungsrecht vor wie für die Oberpräsidenten und nahm ihnen dafür das Beamtenernennungs- und das Begnadigungsrecht. Der „Dualismus Reichsstatthalter–Ministerpräsident", über den sich Nicolai, ohne nennenswerte Erwägungen anzustellen, hinwegsetzen wollte, stand indessen einer „Umformung der Länderregierungen zu Reichsmittelbehörden, die in jeder Hinsicht den Anordnungen der Reichszentrale unterworfen sind", noch hemmend im Wege. Das zweite Reichsstatthaltergesetz vom 30. Januar 1935 [100] hat den Reichsstatthaltern dann aber doch die gleichen Rechte eingeräumt wie den Oberpräsidenten. Die fünf Spezialzuständigkeiten im Bereich der Landesstaatsgewalt, die das erste Reichsstatthaltergesetz geschaffen hatte, Landtagsauflösung, Gesetzesverkündung, Ministerentlassung, Beamtenernennung und Begnadigung, schrumpften zu einem bloßen Informationsrecht, Anregungsrecht und Anordnungsrecht bei Notstand für sämtliche Dienststellen des Amtsbezirks zusammen; dafür ließ das neue Gesetz jetzt die Möglichkeit zu, daß der Reichsstatthalter zugleich den Vorsitz in der Landesregierung übernahm. Das Reichsinnenministerium bemühte sich auch darum, eine zwingende allgemeine Regelung zuwege zu bringen, die auf dem hiermit gewiesenen Wege das Problem in allen Ländern gleichmäßig löste. Dieser Versuch scheiterte jedoch am Widerspruch Hitlers, [101] so daß auch hier das gewünschte Ergebnis ausblieb. Vermutlich gaben Personalgründe den Ausschlag; Hitler vermied es, Minister zu entlassen, und beschränkte sich darauf, ihre Funktionen zu kontrollieren oder abzubauen. Sein bevorzugtes Vertrauen genossen aber immer noch Reichsstatthalter, Gauleiter und hohe Parteifunktionäre aus der „Kampfzeit". So blieb es denn bei der Kann-Klausel, von der jedoch nur wenige Male Gebrauch gemacht wurde, [102] so daß es selbst im Stadium weit fortgeschrittener Gleichschaltung der Länderverwaltungen neben den Reichsstatthaltern auch außerhalb Preußens noch Länderministerpräsidenten und Staatsminister gab. Mit Hilfe ihrer unmittelbaren Beziehungen zu Hitler, die – wenn man ungeregelte Erscheinungen mit Ausdrücken der regelnden Sprache der Verwaltung belegen will – als „Immediatvortragsrecht" bezeichnet werden könnten, versuchten die Reichsstatthalter womöglich weiterhin die Arbeiten der Länderregierungen zu kontrollieren und durch selbstherrliche Eingriffe zu stören. Ihre Stellung blieb aber von Ungewißheiten umgeben, solange Länderregierungen bestanden. Die große Zeit der Reichsstatthalter war vorbei; im Reichsinnenministerium wurde das sogar offen ausgesprochen: „Der Reichsstatthalter hat seine politische Aufgabe erfüllt. Es ist jetzt an der Zeit, den Reichsstatthalter von einer politischen Instanz zu einer Verwaltungsinstanz umzubilden." [103] Doch eben dieses Problem bereitete unaufhörlich Schwierigkeiten.

Auch die Gliederungspläne sind weiterentwickelt worden. Einer Weisung des Reichsinnenministers entsprechend, legte ein Beamter der Verfassungsabteilung, Regierungs-

---

[99] Schreiben Pfundtners an Frick vom 13. November 1934 (Durchschlag *ebda.*). Nicolai hatte überdies auch einen Entwurf „Gesetz über die Reichsstatthalter und Oberpräsidenten" ausarbeiten lassen (Durchschlag *ebda.*), der die „möglichste Gleichstellung der Reichsstatthalter und der Oberpräsidenten" anstrebte. Dieser Entwurf scheint jedoch bei Frick oder gar schon bei Pfundtner auf Widerstand gestoßen zu sein; denn von gemeinsamen gesetzlichen Regelungen innerhalb und außerhalb Preußens war hinfort niemals mehr die Rede.

[100] *RGBl.*, I, 1935, S. 65.

[101] Neunseitiger zusammenfassender Bericht von Medicus für Staatssekretär Pfundtner (ohne Datum und ohne Unterschrift, jedoch dem Inhalt nach frühestens Ende April 1936 abgefaßt; *HAB*, Rep. 77, Pfundtner 56).

[102] Bereits im November 1934 ernannte Hitler den Reichsstatthalter Mutschmann zum sächsischen Ministerpräsidenten. Ein Jahr später wurde jedoch zum Nachfolger des verstorbenen braunschweigischen Reichsstatthalters Loeper entgegen dem Vorschlag des Reichsinnenministeriums nicht der braunschweigische Ministerpräsident, sondern der thüringische Reichsstatthalter Sauckel ernannt. In späteren Jahren sind lediglich für Hessen und Groß-Hamburg Ernennungen nach dem Plan des Reichsinnenministeriums erfolgt, die den Dualismus Reichsstatthalter–Landesregierung beseitigten.

[103] Entwurf zur Begründung des Reichsstatthaltergesetzes (Durchschlag *HAB*, Rep. 77, Pfundtner 57).

rat Crämer, schon im April 1934 den begründeten und kartographierten Entwurf einer künftigen Gliederung des Reichsgebietes vor, den er als „das Ergebnis jahrelanger eigener Studien" bezeichnete. [104] Dieser Plan Crämers teilte das Reichsgebiet in 16 Länder: Preußen (diesen Namen sollte die Provinz Ostpreußen führen), Schlesien, Brandenburg, Pommern, Friesland, Ostfalen, Engern (statt des „dynastischen Namens" Hannover), Westfalen, Sachsen, Thüringen, Hessen, Rheinland, Pfalz, Schwaben, Franken und Bayern. Fast alle diese Länder – von Preußen und Schlesien abgesehen – sollten unter größerer oder geringerer Veränderung bestehender politischer Grenzen gebildet werden. Am bemerkenswertesten ist jedoch die Aufteilung Bayerns und der beiden anderen historischen süddeutschen Länder, die bislang die stärksten föderalistischen Traditionen beheimateten, die – nicht anders als Preußen – zur völligen Auflösung kamen. Das Staatsgebiet Bayerns fiel an vier neue Gebietskörper, die Pfalz, die auch die nördlichen Bezirke Badens und Teile des Landes Hessen aufnahm, Schwaben, das das bayerische Gebiet dieses Namens mit dem südlichen Württemberg und den Hauptteil Badens vereinigte, Franken, das aus kleineren Teilen des nördlichen Badens, aus dem übrigen Württemberg und dem bayerischen Franken gebildet wurde, und Bayern, das im wesentlichen aus dem Hauptgebiet Oberbayerns mit München als Hauptort bestand. Preußen und Bayern blieben als Namen auf der Landkarte erhalten, aber mit gänzlich veränderten, zwar „historischen", jedoch um Jahrhunderte zurückgebildeten Grenzen. An den übrigen Bezeichnungen dieser Landkarte fällt die Bevorzugung von Stammes- und Landschaftsnamen alter Überlieferung gegenüber lebendigeren Traditionen auf. Die geschichtliche Nomenklatur diente zur symbolischen Andeutung eines föderalistischen Herkommens, dem längst jede Wirklichkeit fehlte. Größe und Bevölkerung der einzelnen vorgesehenen Gebiete wichen erheblich voneinander ab; die Einwohnerzahlen schwankten zwischen den 2,3 Millionen des Landes „Preußen" und 7 Millionen, über die das Rheinland verfügte, das zum volkreichsten und auch. in mancher anderen Beziehung wichtigsten deutschen Lande aufrückte.

Im Oktober 1934 war dieser Plan so weit gediehen, daß er – unter geringen Veränderungen – als ausführlich begründeter Gesetzentwurf von Nicolai vorgelegt werden konnte. [105] Die Länder führten jetzt erstmals die Bezeichnung „Reichsgaue". „Den Vorrang hat unzweifelhaft die Neugliederung vor dem Neubau der Verwaltung, sie soll auf die Dauer bestehen und für alle Zeiten Geltung haben, während die Verwaltung je nach den Bedürfnissen des Tages hie und da wieder abgeändert werden kann", ist in der Begründung zu lesen. Dieser Satz erhellt schlagartig Ansichten und Praktiken der Verfassungsabteilung im Reichsinnenministerium. Das Verfassungsrecht reduzierte sich auf das Verwaltungsrecht; und die Verwaltung konnte mehr und mehr auf die „Bedürfnisse des Tages" zugeschnitten werden. Doch die neue Reichseinteilung, die nicht nur isolierte Pläne verlangte, blieb als Frage in der Schwebe und dauernd ungeklärt. Bereits innerhalb des Ministeriums – noch ehe der Minister davon erfuhr – herrschten jetzt Meinungsverschiedenheiten, die Nicolais Pläne „für alle Zeiten" geradezu als Phantastereien erscheinen lassen. Schon der nächste Entwurf eines „Ersten Gesetzes über die Neugliederung des Reiches" enthielt nur noch einen Teilplan des vorauf-

[104] Durchschlag für Staatssekretär Pfundtner mit beigefügtem Durchschlag eines Aktenvermerks für Frick vom 27. April 1934 (*HAB*, Rep. 77, Pfundtner 60¹). Der Entwurf trägt die Bezeichnung „Referentenentwurf II". Einen früheren Entwurf hat der Verfasser aber weder im Hauptarchiv Berlin-Dahlem noch im Bundesarchiv zu Koblenz auffinden können.

[105] Vervielfältigter Gesetzentwurf, Original einer ausführlichen Begründung und Original eines Vermerkes Nicolais vom 8. Oktober 1934 für den Minister mit Rotstiftanmerkung Pfundtners vom 9. Oktober, die eine Vorbesprechung anordnete und erkennen läßt, daß dieser Entwurf Frick nicht unmittelbar vorgelegt wurde (*HAB*, Rep. 77, Pfundtner 60⁵). Der Name „Friesland" war in diesem Entwurf durch „Nordmark" ersetzt, auch an der Grenzziehung in Norddeutschland einiges verändert worden. Gänzlich neu traten drei „Reichsstädte" hinzu: Berlin, Hamburg und Bremen.

gegangenen.[106] Er beschränkte die Neugliederung auf Norddeutschland, indem er die Länder mit weniger als 1 Million Einwohnern — Mecklenburg, Oldenburg, Braunschweig, Anhalt, Lippe, Schaumburg-Lippe und Lübeck — nach Plänen aus der Weimarer Zeit in preußische Provinzen eingliederte. Ein umfassender Neugliederungsplan sollte dann in einem zweiten Stadium auf das solchermaßen vereinheitlichte Preußen-Norddeutschland angewendet werden.

Die Gliederungsfrage, die von Dilettanten schon früher als die wichtigste in der Reichsreformproblematik angesehen wurde, rief mittlerweile aber auch die NSDAP auf den Plan. Rudolf Heß richtete in der obersten Parteileitung in München schon im Mai 1934 ein besonderes Referat „Reichsreform" ein; seine Leitung erhielt Adolf Wagner, der gleichzeitig bayerischer Innenminister und Gauleiter des Gaues München-Oberbayern war. Es schien jetzt bereits fragwürdig, wer eigentlich künftig Reichsreform- und Neugliederungsfragen federführend bearbeiten würde, der Reichsinnenminister oder Hitlers Stellvertreter Heß. Das Selbstvertrauen Fricks – „Wer die Reichsreform zu machen hat, ist gar keine Frage. Vorschläge können wir entgegennehmen, prüfen und Brauchbares uns aneignen"[107] – offenbarte sich bald als Übertreibung und Täuschung. Die Berufung „allgemein anerkannter Persönlichkeiten" in den Stab von Heß, des Münchener Geopolitikers General Karl Haushofer, des Münchener Historikers Karl Alexander v. Müller und des thüringischen Ministerialdirektors Sommer, bereitete bald auch die interessierte Öffentlichkeit darauf vor, daß von dem Referat „Reichsreform" eine höchst geschäftige Tätigkeit zu erwarten war. Frick hatte jedenfalls Grund genug, entweder schleunigst eigene Pläne gesetzlich zu verwirklichen, sich nach anderen Verbündeten umzusehen oder mit dem Stabe Heß in Hinsicht auf die Fragen der Reichsreform in Verbindung zu treten.[108]

Während man im Reichsinnenministerium unter Ausschluß der Öffentlichkeit im Verborgenen arbeitete, nutzte die Partei die ihr gebotenen Propagandamöglichkeiten. Wagner referierte im Oktober auf einer Gauleitertagung in Dresden über „Fragen des Neubaus des Reiches", worüber in der Presse ausführlich berichtet wurde;[109] und auf einer Gauleiter-Tagung in Berlin am 16. und 17. Februar 1935 traten sogar fünf Redner auf, darunter Göring, Heß und Wagner, die sich ausschließlich über die Verwaltungs- und Reichsreform ausließen, als liege die Entscheidung auf diesem Gebiet in der Hand der Parteiführung – ein Eindruck, den Nicolai mit ernsten Bedenken vermerkte.[110] Frick scheint diese Befürchtungen bis zu einem gewissen Grade jetzt auch geteilt zu haben; denn er suchte nunmehr Verbindung zur Reichswehr[111] und erreichte im Frühjahr 1935 eine Erneuerung des inzwischen von der Partei außer acht gelassenen Verbots von „Erörterungen jeder Art über die Reichsreform",[112]

[106] Original einer Vorlage Nicolais vom 13. November 1934 für Staatssekretär Pfundtner mit beigefügtem Gesetzentwurf (*ebda.*). Sie nimmt Bezug auf eine „schriftliche Weisung vom 16. Oktober", scheint also mit der von Pfundtner anberaumten Besprechung des obengenannten Entwurfs in Verbindung zu stehen.

[107] Handschriftl. Notiz Fricks vom 10. Oktober 1934 zu einem Bericht Crämers vom 5. Oktober (drei Seiten; *BA*, R 18).

[108] Aktennotiz Crämers für Frick vom 11. September 1934 (*ebda.*), mit handschriftl. Bemerkung Fricks: „Wir müssen zunächst einmal im RIM uns über die Grundlinie (territorial und Kompetenzen) klarwerden, dann werden auch andere Stellen noch gehört werden müssen. (Historiker? Akademie für Deutsches Recht?)."

[109] *Völkischer Beobachter*, Nr. 279 vom 6. Oktober 1934.

[110] Vermerk für Frick vom 6. Oktober 1934 (*BA*, R 18).

[111] Nur so ist Fricks Erklärung vor den Reichswehroffizieren am 15. November 1934 zu verstehen, die „künftigen Reichsgaue" würden „nach geographischen, volklichen und wirtschaftlichen Gesichtspunkten . . . gebildet. . ., wie es dem Wohl des Volkes und Reiches am besten entspricht. Es mögen dann rund 20 Territorien entstehen mit 3–4 Millionen Einwohnern im Durchschnitt, deren Grenzen sich weitestgehend mit den für die Wehrmacht notwendigen Gliederungen decken werden. Dieser Territorien und ihrer Leiter wird sich die Reichsregierung bedienen, um ihren Willen bis ins letzte Dorf durchzusetzen" (Anm. IV/89).

[112] Vervielfältigte Abschrift eines Rundschreibens des Reichs- und Preußischen Ministers des Innern an die Reichsminister, Länderregierungen usw. vom 9. April 1935 (*BA*, R 21).

mit der Hitler der Propaganda-Kampagne der NSDAP in dieser Frage ein Ende
setzte.

Wagner versuchte im Sommer 1934, sich unmittelbar an den Arbeiten des Reichsinnenministeriums zu beteiligen. Da sich Nicolai und seine Mitarbeiter jedoch nicht
auf Erörterungen von Fragen einzulassen gedachten, die noch nicht einmal innerhalb
des Ministeriums geklärt worden waren, schoben sie zunächst „das historische Kartenmaterial" in den Vordergrund,[113] das bei einem Besuch Wagners im Reichsinnenministerium unbedenklich in aller Breite erörtert werden konnte.[114] Diese Vorsicht
erwies sich auch als begründet, denn der Münchener Gauleiter hielt zu den wichtigsten Fragen Vorschläge bereit, die auffallend wenig mit den Auffassungen gemein
hatten, die die Referenten des Reichsinnenministeriums ventilierten. Wagner entwickelte einen ganz und gar ungewöhnlichen Plan zur „Verwaltungsdezentralisation",
der einerseits auf eine vereinfachende Zusammenlegung von Reichsministerien und
andererseits auf die Konzentration des Schwergewichts der Verwaltungtätigkeit unter
den Reichsstatthaltern hinauslief, wenn den kundigen Beamten des Ministeriums auch
nicht verborgen blieb, daß sich der Münchener Parteigewaltige „offenbar sowohl allgemein wie in den meisten Einzelfragen noch kein festes Bild vom organisatorischen
Neuaufbau" machte.[115] Lediglich das Prinzip schien festzustehen und von den „weit-
gehendsten Differenzen", die Wagner mit dem bayerischen Reichsstatthalter v. Epp
hatte,[116] seine spezifische Note erhalten zu haben. Nach Wagners Meinung sollten
die Aufgaben von Staatsregierung und Reichsstatthalter „schrittweise auf die 2 oder
3 bayerischen Regierungspräsidenten übergeleitet" werden und an ihre Stelle später
Reichsstatthalter treten; der Parteisatrap dachte eben an sich selbst zuerst. Übrigens
war eine dergestalt vorzunehmende Aufteilung Bayerns der einzige Berührungspunkt
mit den Plänen, die im Reichsinnenministerium heranreiften.[117] Überraschung rief
der offenbar von Haushofer herrührende Gedanke hervor, „an Stelle eines kulturellen
und wirtschaftlichen Mittelpunktes deren viele treten [zu lassen], die möglichst an
die Grenze verlagert werden sollten". Die Gaueinteilung müsse, wie Wagner meinte,
so getroffen werden, „daß Ausgangspunkt und Endziel der Neugliederung die Durchdringung des außerhalb der derzeitigen Reichsgrenzen lebenden deutschen Volkstums
sei"; die Grenzgaue müßten verhältnismäßig klein gehalten und ihnen jeweils ein
eigenes „Betreuungsgebiet" außerhalb der Reichsgrenzen zugewiesen werden. „Je
größer die Zahl der Grenzgaue, um so intensiver die Wirkungsmöglichkeit nach
außen."[118] Diese Auffassungen waren der Extrakt einer von dem Münchener Geopoli-
tiker Karl Haushofer im Auftrage von Heß und Wagner angefertigten Denkschrift,
die die gesamte Reichsreform als Gliederungsfrage betrachtete und ausschließlich nach
„wehrpolitischen" und „außenpolitischen" Gesichtspunkten zu behandeln suchte, die
„Kerngaue" im Inneren und „Abwehrgaue mit Hinterlandstiefe" an der Grenze

---

[113] Aktenvermerk Nicolais für Frick vom 8. Juni 1934 über ein Telefongespräch mit dem bayerischen Ministerial-
direktor Frhr. v. Imhoff mit handschriftlichen Bemerkungen Pfundtners und Fricks (drei Seiten; *BA*, R 18). Darin
Nicolai: „Man kann Bayern unmöglich mehr sagen als etwa den Ministern Preußens oder eines anderen Landes.
Es besteht ja auch keine Gewähr dafür, daß Herr Minister Wagner in seiner Eigenschaft als Gauleiter nicht mit
den anderen Gauleitern spricht und das hiesige Vorgehen in der Reichsreform auf das empfindlichste gestört wird.
Es ist in jedem Fall mißlich, wenn der Reichsminister des Innern mit einer nachgeordneten Stelle in seinen An-
gelegenheiten eine Vereinbarung treffen soll." Hierzu Frick: Es käme nur „eine unverbindliche Information" in
Betracht, „wobei von einer Stellung des RM.d.I. zur endgültigen Lösung keine Rede sein kann. In Frage kommt
vielmehr in 1. Linie das historische Kartenmaterial v. H. Krämer [*recte*: Cramer] als Grundlage für eine Lösung."
[114] Bericht des Ministerialrats Medicus für Frick vom 14. Juni 1934, der ausdrücklich bemerkt, daß unter dem
Wagner gezeigten Material sich „die hier im Hause ausgearbeiteten Vorschläge nicht befanden" (fünf Seiten, *ebda.*).
[115] *Ebda.*
[116] Nicolai in dem genannten Vermerk vom 8. Juni 1934 (Anm. IV/113).
[117] Medicus bemerkte daher auch, Wagner dürfte in dieser „konkreten Einzelfrage zutreffend urteilen".
[118] Von Medicus wörtlich zitierter Ausspruch Wagners.

schaffen wollte.[119] Das Reich sollte nach diesen Plänen von Grund auf in einer Weise organisiert werden, die es dazu befähigt hätte, zum dauernden kriegerischen Unruhestifter gegenüber seinen Nachbarn zu werden.

Aus den Sätzen des Berichtes von Medicus und mehr noch aus den vielen Fragezeichen, mit denen der Staatssekretär die wichtigsten Abschnitte kommentierte, möchte man die kopfschüttelnde und beklommene Verwunderung herausspüren, die die bürokratischen Experimentatoren im Reichsinnenministerium bei der Lektüre solcher Pläne befallen haben mag: „M. E. muß jetzt Klarheit geschaffen werden 1) über die Befugnisse der Statthalter, 2) über den Instanzenzug, ... 3) über die Zahl und Grenzen der Gaue", verfügte Pfundtner.[120] Darauf wollte aber wohl auch die andere Seite hinaus; Haushofer hatte vermerkt, daß sich „die Reichswehr nach offenbar beiderseits vorliegenden Zustimmungen abzufinden bereit" sei, so daß es „wohl nur auf die Führerentscheidung ankommen" könne. Es bestand indessen kein Zweifel, daß Wagner ebenso wie Heß der festen Absicht war, „daß die Reichsneugliederung bei ihm gemacht werde, und nicht hier im Hause", und daß allein „die Partei über die Neugliederung entscheide".[121]

Solche unüberbrückbaren Gegensätze führten am Ende jedoch nur dazu, daß „die große Reichsreform", die Neugliederung des Reichsgebietes, erneut „zurückgestellt" werden mußte. Es ist tatsächlich bis Kriegsausbruch nichts geschehen, was zu einem Fortschritt auf diesem Gebiet geführt oder was nur dazu beigetragen hätte, klare Vorstellungen über eine vollständige Verwaltungsreform zu gewinnen, an die man sich halten konnte. Das restlose Scheitern vor dieser Aufgabe ging, wie an der Tatsache und an der Art des unaufhörlichen Hervortretens dieser Probleme deutlich wird, auf das Fehlen von Phantasie und Plan, auf das Fehlen eines politischen konstruktiven Vermögens zurück, das die schweren selbstgewählten Belastungen dieses Staates auszuhalten imstande gewesen wäre, der unter experimentierenden Geschäftsführern und unter drückenden Hypotheken zu innerem Wachstum nicht mehr fähig war. Aus Überkommenem und rasch angeflicktem Neuen wurde letztlich doch nur ein System von Provisorien aufgerichtet, in dem sich zunächst die zentralen Gewalten unbedenklich auf Kosten aller anderen ausbreiteten und in immer härter werdende Konkurrenz zueinander gerieten. Der anfängliche Zentralismus zerfiel in konkurrierende Zentralismen, und das erschreckende Wort von der „Polykratie" erhielt mehr Wirklichkeit, als es jemals zuvor besessen hatte. „Die Reichsfachressorts lassen fast allgemein den erforderlichen staats- und verwaltungsrechtlich klaren Blick für die Gesamtverhältnisse des Staates und die Zusammenhänge der Verwaltung vermissen. Bei fast allen Fachressorts tritt das Streben hervor, sich auch in der Mittel- und Unterinstanz nach Möglichkeit zu verselbständigen", schrieb Stuckart, der Nachfolger im Amte Nicolais.[122] Das „Stocken der Reichs- und Verwaltungsreform" ver-

---

[119] Ein Abdruck der Denkschrift ist später, am 19. Februar 1935, dem Reichsinnenministerium zugegangen (*BA*, R 18). Darin heißt es u. a.: „Die Grenzlandschaft muß also, weil sie mehr aushalten muß, noch mehr ‚in sich fest gegründet sein und ihren eigenen Schwerpunkt in sich selbst tragen'; aber der Hauptschwerpunkt-Träger ist das Reich. Und außerdem muß jede Grenzlandschaft Werbekraft und Werbereiz nach Außen entfalten, da wir nun einmal als Ganzes ein verstümmelter Restraum sind und nicht mit weiteren ‚Eroberungen von Außen her', sondern mit – sagen wir vorsichtig – werbender Entfaltung rechnen, die von uns nach Außen geht!"

[120] Handschriftl. Bemerkung zu dem genannten Bericht von Medicus vom 18. Juni. Pfundtner wollte die Auffassung im Hause klären und dann durch einen Vortrag bei Hitler eine Entscheidung herbeiführen (*ebda.*).

[121] Bericht Crämers für Frick vom 5. Oktober 1934 über ein Gespräch mit Wagner (Anm. IV/107). Das selbstbewußte Auftreten der Münchener Parteiführer scheint ebenso wie die Behauptung Haushofers nicht gänzlich unbegründet gewesen zu sein. Epp ließ jedenfalls über einen Verbindungsmann dem Reichsinnenministerium warnende Informationen über Kontakte zwischen Wagner und dem Münchener Wehrkreiskommandeur, General Adam, zukommen, die sich auf die Reichsreform-Thematik bezogen. (Schreiben an Pfundtner vom 6. Februar 1935, *HAB*, Rep. 77, Pfundtner 57.)

[122] Durchschlag einer „Vorläufigen Stellungnahme zu der Denkschrift des Reichsstatthalters in Thüringen" vom 1. April 1936 mit dem Vermerk „Geheim" (*HAB*, Rep. 77, Pfundtner 60²). Bezeichnend sind die Vorfälle, die die

anlaßte die Fachressorts, „Reichs- und Verwaltungsreform auf eigene Faust zu machen und im eigenen Bereich vorwärts zu treiben". Hierbei nahmen sie Gebietsgliederungen vor, die lediglich ihren eigenen Verwaltungszwecken dienten. Bahn, Post, Finanz- verwaltung und Arbeitsverwaltung verfügten bereits seit langem über eigene Bezirks- einteilungen; nun kamen der Reichsnährstand, Heer, Luftwaffe und die ständischen und wirtschaftsorganisatorischen Verwaltungen hinzu, so daß die Einheit der Mittel- behörde weiter als vorher der Wirklichkeit entrückt erschien. Die Denkschrift des neuen Mannes im Reichsinnenministerium stellte mit gewohnter Eindringlichkeit das alte Problem dar: „... das Unterlassen notwendiger Reformmaßnahmen wird die schon vorhandenen Schwierigkeiten immer mehr vergrößern." Die „unvermeidliche Folge" sei „allgemeine Unzufriedenheit und vor allem Unsicherheit, die lähmend auf allem lastet und auch nicht dazu beiträgt, die Autorität des Reiches zu stärken ..." Stuckart nahm die Beschwerden eines Partei-Satrapen, die offenbar bei Hitler Auf- merksamkeit gefunden hatten, zum Anlaß, um auf Umwegen „die grundsätzliche Ent- scheidung über die zukünftige räumliche Gestaltung der Gaue und Regierungsbezirke" anzufordern, deren Ausbleiben jede systematische Verwaltungsorganisation lähme. Stuckarts Verlangen nach einem systematischen Vorgehen suchte sich des eindrucks- vollen und zugkräftigen Arguments zu bedienen, daß es in einem künftigen Kriege bei der fortgeschrittenen Waffentechnik auf eine schnelle Mobilmachung ankäme, die jedoch ohne die Mithilfe einer planvoll entwickelten und koordinierten Verwaltung undenkbar sein würde. Doch auch damit vermochte er die ersehnte „Führerentschei- dung" und den Schlag durch den Gordischen Knoten der konkurrierenden Interessen nicht herbeizuführen. Der Reichsinnenminister war eben kein Superminister und kein Organisationsminister mehr, sondern nur der Herr und das Instrument eines Über- gangs und nun gezwungen, unter Verzicht auf die größten Pläne zwischen älteren und jüngeren Machtzentren – Ressorts, Parteileitung, Wehrmacht und bald auch der SS – zu lavieren und sich schlecht und recht mit den stärkeren zu engagieren.

5. Lokale Verwaltung und Gemeindetag

Das Übergewicht an Zentralbehörden drückte auf den schwächsten Teil des Unter- baus der Verwaltung und bewirkte schließlich, daß eine einheitliche Lokalinstanz und ein neues Kommunalrecht geschaffen wurden, das die interessierten Reichsministerien — in erster Linie das Reichsinnenministerium — mit der Reichsleitung der NSDAP im Verlaufe von einundeinhalb Jahr aushandelten. Der Anstoß auch hierzu ging vom Reichsinnenministerium aus, das eine Gefährdung der Einheit der Gemeinde- verwaltung und ihrer ohnehin auf schwachen Füßen stehenden Finanzen befürchtete, als das Fortschreiten der ständischen Organisation auch Veranstaltungen und Betriebe von Gemeinden und Gemeindeverbänden ständischen Sparten zuwies und den Rechts- vorschriften und Anordnungen ständischer Einrichtungen unterwarf. „In fast alle Gebiete, in denen die Selbstverwaltung bisher grundsätzlich selbstverantwortlich arbeitete und unbeschadet aller Kritik an Einzelheiten im ganzen gesehen Großes leistete, dringt nunmehr die ständische Ordnung ein. Sie will neues materielles Recht setzen, Weisungen geben, Verbote erlassen, und es besteht sogar die Gefahr, daß sie

---

Veranlassung zur Denkschrift Sauckels gegeben hatten: 1. Der Reichswirtschaftsminister hatte die Aufsicht über die thüringische und die braunschweigische Staatsbank auf direktem Wege übernommen, ohne den zuständigen Landesminister einzuschalten. 2. Die Referenten des Reichskultusministers verkehrten mit den zuständigen thürin- gischen Referenten, ohne Reichsstatthalter oder Landesminister zu beachten. Hinsichtlich des Vorgehens des Reichs- wirtschaftsministers gelangte die von Frick angeforderte Stellungnahme der Abteilung I des Reichs- und Preußi- schen Ministeriums des Innern vom 2. April 1936 zu der bemerkenswerten Feststellung, die Maßnahmen des Reichs- wirtschaftsministers seien „in der Art ungewöhnlich", jedoch „rechtlich gedeckt und sachlich zweckmäßig" (An- lage A zur Denkschrift Stuckarts).

sich innerhalb der ständischen Ordnung bei dem natürlichen Interessengegensatz zwischen privatem und öffentlichem Wirtschaften mit besonderem Eifer gegenüber der öffentlichen Sphäre betätigen wird ... An Stelle eines obersten Aufsichtsorgans über die Gemeinden, der Kommunalaufsichtsbehörde, treten eine ganze Reihe von Trägern solcher Aufsichtsrechte...", klagte eine Denkschrift des Reichsinnenministeriums.[123] Das Vorgehen Preußens mit seinem Gemeindeverfassungsgesetz vom 15. Dezember 1933, das der Parteiorganisation der NSDAP wie der SA und der SS Plätze in den Gemeinderäten, wenn auch nicht in den Gemeindeleitungen, sicherte – welche Regelung jedoch mit Hilfe eines Instanzenzuges offizieller Sonderbeauftragter, den die SA aufgebaut hatte, die Kontrolle und Mitwirkung der SA an wichtigen Verwaltungsakten bis auf die Ortsebene hinabführte, so daß der Befehlsgewalt des Stabschefs der SA höchste Bedeutung zukam[124] –, die starke Uneinheitlichkeit der kommunalen Verhältnisse in den Ländern, deren verschiedene Rechte das Reichsinnenministerium nach dem Neuaufbaugesetz aufzulösen versuchte, und schließlich sein Einfluß auf den kommunalen Einheitsspitzenverband, den Deutschen Gemeindetag, waren weitere Umstände, die ein Vorgehen des Reichsinnenministeriums herausforderten oder begünstigten.

Die Maßnahmen und Eingriffe verschiedener Behörden und Dienststellen im Verlaufe der „Gleichschaltung" hatten eine kaum noch übersehbare Zersplitterung des auch vorher schon stark differenzierten Gemeindeverfassungsrechts heraufbeschworen. In mehreren Ländern, so in Sachsen, Baden, Thüringen und Oldenburg, wurden auch noch weiterhin Kommunalparlamente gewählt – in Sachsen allerdings nun, nach Fortfall des Verhältniswahlsystems, nach dem Mehrheitswahlrecht –, die Verhältnisse in den Kommunalparlamenten allerdings auch dort auf Grund des Ergebnisses der Reichstagswahl vom 5. März 1933 und unter Ausschaltung der Kommunisten errechnet. Diese Länder vollzogen ebenso wie die anderen grundsätzliche Änderungen in ihren Verwaltungen, schritten aber noch nicht zur Außerkraftsetzung der bestehenden Gemeindeordnungen. Vielfach waren die Eingriffsrechte der Aufsichtsbehörde erweitert worden. In Baden konnte z. B. der Innenminister Vertretungs- und Verwaltungskörperschaften einer Gemeinde bei Beschlußunfähigkeit auflösen.[125] In Oldenburg durfte die Aufsichtsbehörde aus politischen Gründen Mitglieder der Vertretungskörperschaften von Gemeinden oder Gemeindeverbänden von der weiteren Ausübung ihres Mandats ausschließen und „nach eigenem Ermessen" Ersatzleute berufen.[126] In anderen Ländern, so in Braunschweig, Oldenburg, Thüringen wie in Preußen, hatte die Aufsichtsbehörde das Recht, gewählte Gemeindebeamte zu bestätigen, in Braunschweig allerdings mit der Einschränkung, daß die Bestätigung nur nach Anhören des Kreisausschusses versagt werden durfte;[127] in Thüringen hing die Bestätigung der Bürgermeister und Beigeordneten von der Teilnahme an einem Kursus in der „Thüringischen Nationalsozialistischen Staatsschule für Führertum und Politik" ab. In Mecklenburg, wo die NSDAP bereits seit Juni 1932 über die absolute Mehrheit im

[123] Denkschrift „Gefährdung der Einheit der Gemeindeverwaltung durch Maßnahmen des ständischen Aufbaus" vom 12. Juni 1934 (vervielf.; *BA*, P 135/879, fol. 285–288). Im gleichen Sinne erging ein Runderlaß des Reichsinnenministers an die Länderregierungen vom gleichen Tage (vervielf.; *a. a. O.*, fol. 284).

[124] Ein Befehl des Stabschefs Röhm vom 6. Februar 1934 übertrug die Bearbeitung sämtlicher Gemeinderatsangelegenheiten dem Sonderbevollmächtigten des Obersten SA-Führers für das Land Preußen, Gruppenführer v. Detten, und schuf damit eine Art Kommunalbefehlsstelle der SA (vervielf.; *a. a. O.*, fol. 264).

[125] Viertes Gesetz zur Durchführung der Gleichschaltung von Reich, Ländern, Gemeinden und Gemeindeverbänden im Land Baden (*Badisches Gesetz- und Verordnungs-Blatt* vom 8. Juni 1933, S. 111), § 2.

[126] Gesetz vom 5. Juli 1933 (*Gesetzblatt für den Freistaat Oldenburg*, Landesteil Oldenburg, 48. Bd., 38. Stück), Art. 2.

[127] Gesetz über die Änderung der Städteordnung, der Landgemeindeordnung und der Kreisordnung vom 21. Juli 1933 (*Braunschweigische Gesetz- und Verordnungssammlung*, Stück 40, S. 137), § 2.

Landtag verfügte, erhielt der leitende Kreisbeamte, „Amtshauptmann" genannt, der bisher Kommunalbeamter war, eine gänzlich neue Stellung, die ihn nunmehr nach preußischem Vorbild mit der Bezeichnung „Landrat" zum Staatsbeamten machte, dem die gesamte Kommunalverwaltung seines Kreises unterstellt blieb; [128] Stadtverordnetenversammlungen und Kreisversammlungen behielten jedoch das Recht, kleinere Gremien als Beschlußorgane zu bestellen. In Bayern schließlich wurden Bezirkstage und Kreistage erheblich verkleinert und nach den Verhältnissen des Wahlergebnisses vom 5. März zusammengesetzt. [129] Während dort bisher in den Gemeinden mit weniger als 3000 Einwohnern die Einwohnerversammlungen den Bürgermeister wählten, fiel jetzt diese Aufgabe dem Gemeinderat zu. [130] Es wäre schwierig, das Gesamtergebnis dieser gesetzlichen Änderungen des Frühjahrs 1933 genau zu bestimmen. Allerdings muß man annehmen, daß neben den politischen Erwägungen, bei denen Vertreter der NSDAP bzw. Parteien der Regierungskoalition den Ton angaben, nicht nur eine Reihe von abschwächenden und modifizierenden Tendenzen, sondern auch aufgestaute Reformbedürfnisse verschiedener Art wirksam geworden sind.

Maßnahmen des Reiches, das sich jetzt über die Länder hinwegsetzte und eine veränderte Wirtschafts- und Finanzpolitik betrieb, verwirklichten auch die lange Jahre hindurch von den einstigen kommunalen Spitzenverbänden geforderten und durch zahlreiche Entwürfe vorbereiteten Erleichterungen der kommunalen Finanzsituation, nachdem die Mehrzahl der beherrschenden kommunalen Positionen in die Hände der Nationalsozialisten gefallen war. Die Umschuldung der Gemeinden durch das Gemeindeumschuldungsgesetz vom 21. September 1933 [131] und die Bildung von Gemeindeumschuldungsverbänden entlastete die Gemeinden ebenso wie die Änderung der Arbeitslosenhilfe im Sinne ihrer Befreiung von der Leistung zur Krisenfürsorge. Im ganzen machte sich jetzt die forcierte Arbeitsbeschaffungspolitik [132] bemerkbar, die viele Erleichterungen brachte. All dies geschah ohne Zutun der Kommunen oder des Deutschen Gemeindetages, der bei weitem keine mit den ehemaligen Spitzenverbänden vergleichbare Repräsentation kommunalpolitischer Interessen mehr war.

Die kommunalen Spitzenverbände mußten schnell erfahren, daß sie sich mit der Kapitulation und der Unterschriftsleistung ihrer Vorsitzenden am 22. Mai jeder Entscheidungsfreiheit begeben hatten. Einige der betroffenen Verbände konnten nicht einmal ihren Vorständen von der veränderten Situation Kenntnis geben; die Abhaltung einer Vorstandssitzung war nur noch dem Verband preußischer Provinzen, dem Verband der preußischen Landgemeinden und dem Reichsstädtebund möglich. Am stärksten betroffen war der Städtetag, da seine Geschäftsstelle sofort zum Büro des neuen Deutschen Gemeindetages umgewandelt und jede eigene Tätigkeit lahmgelegt wurde. Obgleich neben der Bezeichnung des Deutschen Gemeindetages die Namen und Anschriften der anderen alten Spitzenverbände noch einige Zeit bestanden, besaßen sie tatsächlich keine selbständige Geschäftsfähigkeit mehr. Da der Kommissar der Partei, in dessen Händen die Vereinheitlichung der Spitzenverbände lag, Oberbürgermeister Fiehler, durch sein Oberbürgermeister- und durch sein Parteiamt meistens in München festgehalten war und sich nur tageweise in Berlin aufhielt, lag die Aufgabe des Aufbaus des Gemeindetages in den Händen eines dreiköpfigen Gremiums: von Kurt Jeserich, einem jungen Kommunalwissenschaftler, Ralf Zeitler, einem jungen

---

[128] Gesetz des Staatsministeriums zur Vereinfachung und Verbilligung der Verwaltung vom 27. Juni 1933 (*Mecklenburgisches Gesetzblatt*, Nr. 39).

[129] Bekanntmachung über die Neubildung des Bayerischen Landtags vom 5. April 1933 und Gesetz zur Gleichschaltung der Gemeinden und Gemeindeverbände in Land und Reich vom 7. April 1933 (*Gesetz- und Verordnungsblatt für den Freistaat Bayern*, 1933, S. 104 f. bzw. S. 105 f.).

[130] Gesetz zur Gleichschaltung der Gemeinden und Gemeindeverbände, *a. a. O.*, Art. 1, Abs. 2.

[131] *RGBl.*, I, 1933, S. 647.

[132] Vgl. u. V. Kapitel.

Volkswirt und SA-Sturmführer, und dem ehemaligen Königsberger Magistratsrat Hopf, einem Nationalsozialisten im Alter von 26 Jahren, der wenige Monate zuvor in die Geschäftsstelle des Städtetages eingetreten war. Den Kurier- und Botendienst versahen SA-Leute.[133]

Anfang Juni trat dann der Deutsche Gemeindetag dadurch nach außen hin als neue Organisation vor die Öffentlichkeit, daß Fiehler nach vorangegangener Umfrage, in der er einige Gauleiter der NSDAP um Benennung „absolut zuverlässiger Parteigenossen" ersucht hatte, „die aber über hervorragende kommunalpolitische Erfahrung verfügen und möglichst schon heute an führender Stelle in der Kommunalverwaltung ... tätig sein müssen",[134] die Namensliste eines „Reichsvorstandes" des Deutschen Gemeindetages bekanntgab.[135] Die meisten von den Mitgliedern dieses neuen Gremiums wurden zugleich als Vorsitzende der Landesverbände bezeichnet. Nebeneinander standen Repräsentanten der Länder und Provinzen, der Städte und des flachen Landes, mit Ausnahme des Oberbürgermeisters Sahm von Berlin ausschließlich Mitglieder der NSDAP, von denen sich nur ein Teil schon früher als Vertreter ihrer Partei in Kommunalparlamenten betätigt hatte.[136] Die scheinbare Anknüpfung an bekannte Formen blieb jedoch äußerlich und in Wirklichkeit bedeutungslos. Der sogenannte Reichsvorstand bestand zwar nominell länger als sieben Monate, trat jedoch niemals zusammen und übte keine wirkliche Tätigkeit aus. Schon unmittelbar nach seiner Ernennung bezeugte Fiehler, daß er diesem Gremium keinerlei Bedeutung beilegte und daß er weiterreichende organisatorische Maßnahmen vorbereitete.[137]

Zunächst beschränkte sich die Tätigkeit des Deutschen Gemeindetages auf den inneren Ausbau, auf die personelle Konsolidierung in der Geschäftsstelle unter einer straffen Leitung und die Einrichtung von Unterverbänden.[138] Weitere Schritte wagte die neue Spitzenorganisation nicht ohne engstes Einvernehmen mit ministeriellen Stellen, wobei sie sich nicht um die Kommunalabteilung des preußischen Innenministeriums bekümmerte, sondern als Reichsorganisation von vornherein an das Reichsinnenministerium wandte. Schon Ende Juni machte Popitz das Preußische Staatsministerium darauf aufmerksam, daß das Reichsinnenministerium ein Gesetz vorbereitete, das den Deutschen Gemeindetag als Körperschaft des öffentlichen Rechts in den ständischen Aufbau einfügen sollte.[139] Das Staatsministerium einigte sich darauf, „eine Zusammenfassung der Gemeinden zur Wahrnehmung gemeinsamer, insbesondere wirtschaftlicher Angelegenheiten", die sich an die alten Formen nicht rechtsfähiger oder privatrechtlicher Vereine hielte, so „daß die Möglichkeit einer Nebenregierung sowie ein geschlossenes Auftreten gegenüber dem Staat ausgeschlossen" bliebe, als zweckmäßig zu erachten und zu dulden, jedoch das beabsichtigte Gesetz über den Gemeindetag abzulehnen. Diese Formel legte das preußische Innenministerium in der folgenden Zeit in der konsequentesten Weise zugunsten der „Grundgedanken einer autoritären

[133] Ein Bild von den Anfängen des Deutschen Gemeindetages vermitteln ein Aktenvermerk Jeserichs über die nächsten organisatorischen Maßnahmen des Deutschen Gemeindetages vom 22. Mai 1933 (*ADST*, DGT 0-4-40-6) sowie ein Brief Hopfs an Fiehler vom 30. Mai 1933 (*a. a. O.*, 0-1-10-2, Bd. 1).

[134] Rundschreiben Fiehlers an die Gauleiter Sprenger, Brückner, Röver und Kube vom 27. Mai 1933 (Durchschlag *ADST*, DGT, 0-08-131).

[135] *Der Angriff* vom 7. Juni 1933.

[136] Innerhalb der Spitzenverbände waren in den letzten Wochen vor der Gleichschaltung nur 10 dieser 16 „Parteigenossen" bekannt geworden: die Gauleiter Schwede und Florian, der Stuttgarter Oberbürgermeister Strölin, die kommissarischen Oberbürgermeister Weidemann aus Halle und Will aus Königsberg, der Berliner Staatskommissar Lippert, Bürgermeister Linder aus Frankfurt am Main, der erste Bürgermeister von Deutsch-Krone, Sperling, Bürgermeister Lange aus Weißwasser und der ehemalige Reichsminister v. Keudell.

[137] Niederschrift über den Verlauf der Landesdirektorenkonferenz des Verbandes der preußischen Provinzen am 9. Juni 1933 mit Äußerungen Fiehlers (*ADST*, A 743).

[138] Bericht Jeserichs an Fiehler vom 5. September 1933 (*ADST*, DGT 0-1-10-2, Bd. 1).

[139] Sitzung am 29. Juni (*HAB*, Rep. 90, Sitzungsprotokolle 1933, S. 121).

und straffen Staatsaufsicht" aus, indem es den nachgeordneten Instanzen bis zur Kreisebene hinab jede Heranziehung kommunaler Spitzenverbände in Angelegenheiten der Staatsaufsicht untersagte [140] und jede Veranstaltung von Ressortbesprechungen und jede Zusammenarbeit bei der Vorbereitung allgemeiner Verwaltungsanordnungen strikt ablehnte.[141] Doch trotz des preußischen Widerstandes kamen das Gesetz über den Deutschen Gemeindetag vom 15. Dezember 1933 [142] und die vom Reichsministerium des Innern genehmigte Satzung des Deutschen Gemeindetages [143] zustande. Das Gesetz verlieh dem Gemeindetag den Charakter einer Körperschaft des öffentlichen Rechts und stellte ihm die Aufgabe, „die Gemeinden und Gemeindeverbände durch Beratung und Vermittlung des Erfahrungsaustausches in ihrer Arbeit zu unterstützen" und zugleich „auf Anfordern der Reichs- und Landesbehörden zu ihm unterbreiteten Fragen gutachtlich Stellung zu nehmen". Als staatlich verpflichtete Einheitsorganisation behördlichen Charakters und gestützt auf die langjährigen Erfahrungen der Geschäftsstellen und Referenten der ehemaligen Spitzenverbände, die er fast ausnahmslos übernommen hatte, konnte der Gemeindetag freilich einen bedeutsamen Beitrag zur „Rationalisierung", d. h. zur Erreichung der Funktionszuverlässigkeit der lokalen Verwaltungen leisten. Die Schematisierung und Rationalisierung der Verwaltung örtlicher Instanz zeitigte freilich die Bürokratisierung und Umbildung der örtlichen Verwaltungen von Selbstverwaltungskörpern in Organe des totalen Staates unter zentraler Regie. Die vom Gesetz formulierte Aufgabe des Deutschen Gemeindetages diente letztlich nur dieser Funktion der lokalen Verwaltung; denn es war nun nicht mehr an die Vertretung eines eigenen Anspruches der Selbstverwaltung zu denken, die in gesetzgeberischen Maßnahmen zu berücksichtigen gewesen wäre. Viel-

[140] Erlaß des preußischen Innenministers vom 11. Oktober 1933 (vervielf.; von Grauert unterzeichnet; *BA*, P 135/10086, fol. 4). Auch die gesetzlich festgelegten Mitspracherechte provinzieller kommunaler Spitzenverbände wurden aufgehoben: Gesetz über die Regelung verschiedener Punkte des Staatsaufsichtsrechts vom 4. Oktober 1933 (*Preußische Gesetzsammlung*, 1933, S. 366), § 2.

[141] Rundschreiben des preußischen Innenministers an Ministerpräsidenten und Staatsminister vom 31. Oktober 1933 (vervielf.; von Grauert unterzeichnet; *BA*, P 135/10086, fol. 7).

[142] Gesetz über den Deutschen Gemeindetag vom 15. Dezember 1933 (*RGBl.*, I, 1933, S. 1065 ff.).

[143] *RGBl.*, I, 1934, S. 433. Entwürfe hierzu waren schon in den ersten Wochen der Tätigkeit des Deutschen Gemeindetages ausgearbeitet worden. Der älteste davon, der sich noch bei den Akten des ehemaligen Deutschen Gemeindetages auffinden ließ und der bereits als dritter Entwurf einer Satzung bezeichnet ist, trägt das Datum des 1. Juni 1933 (*ADST*, DGT 0-0-0-7). Ursprünglich sollte nicht der Reichsinnenminister, sondern der Reichskanzler den Vorsitzenden ernennen und dem Vorstand eine verhältnismäßig wichtige Rolle zukommen; von einem öffentlich-rechtlichen Charakter des Gemeindetages war nicht die Rede. Daß manche Merkmale der Satzung des vormaligen Städtetages hierbei Pate standen, ging auch daraus hervor, daß dieser Entwurf einen besonderen preußischen Gemeindetag vorsah, dem als Vereinigung der preußischen Landesverbände teils innerhalb, teils neben dem Deutschen Gemeindetag eine besondere Stellung zugedacht war. Das Gesetz über den Deutschen Gemeindetag, an dessen Zustandekommen die Geschäftsstelle des Gemeindetags offenbar nicht beteiligt war, schränkte jedoch die Möglichkeiten für eine satzungsmäßige Regelung erheblich ein. Der nächste Entwurf, der am 22. Januar 1934 dem Reichsministerium des Innern übergeben wurde (*ebda.*), beschränkte sich im wesentlichen auf eine nähere Ausführung und brachte teilweise sogar nur eine Wiederholung der Bestimmungen, die das Gesetz enthielt. Er stieß jedoch auf Widerspruch des Innenministeriums, das „eine möglichst umfassende Regelung aller in Betracht kommenden Fragen durch die Satzung" verlangte (Schreiben des Reichsinnenministeriums vom 8. Februar 1934; *ebda.*). Der nächste, sehr umfangreiche Entwurf vom März 1934 enthielt dann das Verbot von Vereinigungen und Zusammenschlüssen leitender Gemeindebeamter zu kommunalpolitischen Zwecken, die Begrenzung der Höchstzahl der Vorstandsmitglieder und die Bestimmung, daß sie je zur Hälfte aus der städtischen und der ländlichen Verwaltung zu nehmen seien, weiterhin die Benennung und Regelung der Aufgaben von 18 Fachausschüssen und die Festsetzung der Höchstziffer ihrer Mitglieder, die vom Reichsminister des Innern auf Vorschlag des Vorsitzenden, jedoch ohne Bindung an ihn zu bestellen waren, sowie Einzelheiten über den Haushaltsplan. Auch hiergegen erhob das Reichsinnenministerium noch einmal Einspruch; u. a. verlangte es, daß eine Regelung der „inneren Dienstverhältnisse" des Deutschen Gemeindetages und aller seiner Dienststellen vorgenommen und einer Genehmigung des Reichsinnenministeriums unterworfen und daß die „wichtigsten Zahlen des Haushaltsplanes" veröffentlicht würden (Schreiben des Reichsinnenministers vom 3. April 1934; *ebda.*). Erst der daraufhin mit einem Schreiben Fiehlers vom 11. April 1934 (*ebda.*) folgende nächste Entwurf wurde vom Reichsministerium des Innern nach geringfügigen Änderungen als Satzung des Deutschen Gemeindetages akzeptiert und verkündet.

mehr konnte eine Beratung und gutachtliche Stellungnahme nur noch der Sicherung einer reibungslosen Durchführung verfügter Maßnahmen und erlassener Gesetze dienen.

Das Gesetz verlieh dem Deutschen Gemeindetag aber auch die Stellung eines Monopols, indem es jegliche Vereinigung, „die gleiche oder ähnliche Zwecke" verfolgte, ausschloß. Dieses Monopol schuf eine unmittelbare Verbindung zwischen Gemeinden und Reichsregierung insofern, als der Deutsche Gemeindetag der Aufsicht des Reichsministeriums des Innern unterstand, die sehr weit ging. Grundsätzlich durften der künftige Vorstand und die Fachausschüsse des Deutschen Gemeindetages nur nach Einberufung durch den Reichsminister des Innern zusammentreten, der auch die Tagesordnung festsetzte. Diese Bestimmung galt sinngemäß auch für die Landes- und Ortsebene, die unter der Aufsicht der Landesinnenministerien standen. Da Landes- und Provinzialverbände auch keine eigene Rechtsfähigkeit besaßen, konnte der Deutsche Gemeindetag von sich aus über die reine Geschäftsstellentätigkeit hinaus, für die nach dem Gesetz der Vorsitzende die Verantwortung trug, gar nicht tätig werden.

Das Reichsinnenministerium erließ auch die Satzung des Deutschen Gemeindetages, die Aufbau und Funktionen bis ins einzelne hinein festlegte. Auf diese Weise wurde der Deutsche Gemeindetag vom Augenblick seiner rechtlichen Entstehung an einer bis ins einzelne gehenden Regelung seiner Lebensäußerungen und jede seiner Regungen der Kontrolle und der Abhängigkeit vom Reichsinnenministerium unterworfen. Ähnliche Reglementierungen suchte der Gemeindetag seinerseits nach unten zu den lokalen Verwaltungen hin durchzusetzen oder doch – soweit sie bereits von den Ministerien ausgingen – zu unterstützen. Infolgedessen vereitelte er jeden selbständigen Austausch zwischen den Persönlichkeiten, die im kommunalpolitischen Leben standen, und verschaffte sich selbst einen ständigen Einblick in die internen personalpolitischen Verhältnisse aller Gemeinden, die er in einer Mammutkartei erfaßte. [144]

Nach Erlaß der Satzung wurde nun auch ein endgültiger Vorstand des Deutschen Gemeindetages vom Reichsminister des Innern auf Grund der Vorschläge Fiehlers ernannt. In einem längeren Schriftwechsel bestand das Ministerium darauf, die gleichmäßige Repräsentation der einzelnen Gebietsteile des Reiches mit einem leichten Übergewicht der ländlichen Vertreter durchzusetzen. [145] Es zählte zu den Charakteristiken der unkonsolidierten Beziehungen zwischen NSDAP und Verwaltung, daß einzelne Gauleiter ihre personalpolitischen Sonderwünsche selbst hierbei noch zu wenig berücksichtigt fanden. So erhob der Gauleiter Josef Wagner von Westfalen-Süd gegen die Ernennung der Vorstandsmitglieder des Deutschen Gemeindetages mit der Begründung Einspruch, daß er „als zuständiger Gauleiter", der „ja letzten Endes ganz

[144] Aktenunterlagen über die Kartei des Deutschen Gemeindetages über Gemeinden und leitende Gemeindebeamte (ADST, DGT 0–0–0–11 und 0–0–0–12; Nachrichtendienst des Deutschen Gemeindetages vom 1. November 1933 und vom 1. Dezember 1934).

[145] Schreiben des Reichsministeriums des Innern vom 13. Februar 1934 (ADST, DGT 0–1–11–2, Bd. 1). Der neue Vorstand zählte 37 Mitglieder, von denen 21 aus Preußen, 4 aus Bayern, 3 aus Sachsen, 2 aus Baden und je eines aus Württemberg, Thüringen, Mecklenburg, Oldenburg, Anhalt, Hamburg und Bremen kamen; die übrigen Länder waren nicht vertreten. 13 Vorstandsmitglieder vertraten Großstädte, 2 Mittelstädte, 2 Kleinstädte, 7 Dorfgemeinden, 3 Provinzen, 8 Kreise, und zwei kamen aus Landesministerien; nur zwei gehörten nicht der NSDAP an: Berlins Oberbürgermeister Sahm und Oberbürgermeister Goerdeler aus Leipzig. Von den nationalsozialistischen Kommunalpolitikern waren die Oberbürgermeister Will (Königsberg), Rebitzki (Breslau), Brix (Altona), Riesen (Köln), Schwede (Coburg), Strölin (Stuttgart), Bürgermeister Linder (Frankfurt/M.), Ministerialrat Kunz (Dresden), Ministerialreferent Schindler (Karlsruhe) und die Landeshauptleute Fiebing (Schneidemühl), Otto (Merseburg) und Haake (Düsseldorf) aus dem „Reichsvorstand" übernommen worden. Mehrere der Vorstandsmitglieder hatten mittlere Parteifunktionen inne, waren z. B. Kreisleiter und drei von ihnen Vertreter des Amtes für Kommunalpolitik der NSDAP, die „eine enge Verbindung des Deutschen Gemeindetages mit dieser Parteidienststelle zu sichern" hatten (Schreiben des geschäftsführenden Präsidenten Jeserich an den Reichsminister des Innern vom 29. Januar 1934; ADST, DGT 0–1–11–2, Bd. 1).

Westfalen jahrelang geführt ... und auch heute den entscheidenden Teil der Provinz in jeder Hinsicht verantwortlich für die Bewegung zu vertreten" habe, nicht um seine Meinung angegangen worden sei. [146] Der Deutsche Gemeindetag suchte seinen Frieden mit diesen widerborstigen Parteisatrapen und bemühte sich, derartige Auseinandersetzungen zu verhindern, indem er seine Dienststellen anwies, bei Personalvorschlägen vorher mit den zuständigen Gaudienststellen der NSDAP Fühlung zu nehmen,[147] und bewies hiermit, daß er inmitten der ungeklärten Beziehungen zwischen Staat und Parteiorganisation weder nach der einen noch nach der anderen Seite hin ein Bollwerk aufzurichten in der Lage war. Indessen erlangte auch dieser zweite Vorstand niemals Bedeutung. Er trat am 14. März 1934 zu einer ersten Sitzung zusammen und wurde dann für lange Zeit nicht mehr bemüht. Seine Rechte und Zuständigkeiten waren bereits in der Satzung des Deutschen Gemeindetages so sehr beengt, daß er kaum mehr als ein allenfalls äußerlich repräsentierendes Gremium zu besonderen Anlässen sein konnte, das die vorhandenen Spitzen einer nationalsozialistischen Kommunalpolitik optisch verfügbar machte. Derartige repräsentative Funktionen, denen die Wirkung auf die Außenwelt und die Masse der Beschauer zugedacht war, wuchsen zu einem weiteren Aufgabenkreis des Deutschen Gemeindetages heran, der in späteren Jahren ein neues Domizil in einem riesenhaften, gänzlich auf repräsentative Wirkungen abgestellten Gebäude im Westen Berlins bezog. [148]

Mit größter Genauigkeit verliefen parallel zu den Vorbereitungen des Gesetzes über den Deutschen Gemeindetag und seine Satzung im Reichsinnenministerium die Vorarbeiten zu den neuen Kommunalgesetzen in Preußen. Nach Beratungen des Staatsrats über die Frage einer Reform der kommunalen Selbstverwaltung beauftragte das Staatsministerium am 26. Oktober 1933 den Finanzminister, den Innen- und den Justizminister, ein Gesetz zur Neuordnung der Kommunalverwaltung vorzulegen. [149] Während der Erörterungen über die Ausarbeitung des Entwurfs konnte offenbar zwischen den drei Beauftragten keine Übereinstimmung erreicht werden, denn die Gesetzgebungsmaterie zerfiel schließlich in zwei getrennte Komplexe, die zu zwei verschiedenen Gesetzen führten, das Gemeindeverfassungsgesetz vom 15. Dezember 1933, das das preußische Innenministerium, und das Gemeindefinanzgesetz vom gleichen Tage, das das preußische Finanzministerium federführend bearbeitete. Auch auf das Zustandekommen dieser Gesetze scheint der Deutsche Gemeindetag keinerlei Einfluß genommen zu haben. Lediglich die NSDAP wurde zu den Beratungen „in kleinem Kreise", die das Innenministerium veranstaltete, in der Person Fiehlers als des Leiters ihres Kommunalpolitischen Amtes hinzugezogen. [150] Dem entsprach das Ergebnis, daß das Gemeindeverfassungsgesetz, das den gewählten kommunalen Beschlußkörperschaften ein Ende bereitete und nach dem autoritären Ratsprinzip unverantwortliche, den Gemeindeleiter stützende Gemeinderäte an ihre Stelle setzte,[151] nun die obersten

[146] Schreiben Wagners an den Vorsitzenden des Deutschen Gemeindetages vom 14. August 1934 und ähnlich vorher vom 20. Februar 1934 (ebda.).

[147] Schreiben des Deutschen Gemeindetages an die Provinzialdienststellen Rheinland und Hohenzollern und an die Landesdienststelle Hessen / Hessen-Nassau vom 2. Juli 1934 (ebda.).

[148] Den Höhepunkt dieser Art der Entfaltung seiner Tätigkeit bildete der 6. Internationale Gemeindekongreß, der im Olympiajahr in Berlin stattfand. Ihm ging eine groß aufgezogene Tagung der Vorstände des Deutschen Gemeindetages und seiner Landes- und Provinzialdienststellen in Berlin voraus, die einen „machtvollen nationalen Auftakt" des Internationalen Gemeindekongresses darstellen sollte (Tagung der Vorstände des Deutschen Gemeindetages und seiner Landes- und Provinzialdienststellen am 6. Juni 1936, Sonderdruck des DGT, S. 7).

[149] Sitzung des Staatsministeriums vom 26. Oktober 1933 (HAB, Rep. 90, Sitzungsprotokolle 1933, fol. 142 v.).

[150] Angabe Grauerts in einem Rundschreiben des Innenministers an die Staatsminister vom 13. Dezember 1933 (vervielf.; BA, P 135/879, fol. 1a f.).

[151] Das Gesetz bestimmte über die Aufgaben der Gemeinderäte, sie sollten „dem Leiter der Gemeinde erfahrenen und verantwortungsbewußten Rat geben. Sie sollen den Entschlüssen und Handlungen des Leiters der Gemeinde im Volke Verständnis verschaffen und die Nöte der Gemeinde und ihrer Glieder dem Leiter der Gemeinde nahebringen" (§ 40, Abs. 3).

örtlichen Führer der NSDAP, der SA und der SS *ex officio* hierzu bestellte und außerdem nur ein Vorschlagsrecht des Gauleiters zuließ. Hierin brachte die Deutsche Gemeindeordnung dann aber doch eine Beschränkung, eine Modifizierung des Einflusses der Partei, die in dem „Parteibeauftragten" weiterhin eine in ihrer Bedeutung stark von dem Tätigkeitsbedürfnis der jeweiligen Persönlichkeit abhängige Position in der kommunalen Verwaltung beibehielt. Ähnlich rückte die Deutsche Gemeindeordnung in der Regelung der Staatsaufsicht wieder hinter den Stand nach dem preußischen Gemeindeverfassungsgesetz zurück, das der Aufsicht sogar die Aufgabe stellte, die wirtschaftliche, sparsame und saubere Verwaltung der Gemeinde „sicherzustellen", und damit grundsätzlich über die Sicherung[152] der Gesetzmäßigkeit und des „Einklangs mit den Zielen der Staatsführung" hinaus den Eingriff in den Bereich des freien Ermessens zuließ.

Die Deutsche Gemeindeordnung gehörte zu den gewiß am meisten umkämpften Gesetzen, die in der nationalsozialistischen Zeit verkündet wurden. Wie kaum ein zweites ging es aus den Auseinandersetzungen verschiedener Auffassungen und Absichten hervor: solcher, die die Erhaltung der Reste der alten Selbstverwaltung anstrebten und daher die Staatsaufsicht enger begrenzen wollten, als es im preußischen Gemeindeverfassungsgesetz geschehen war;[153] anderer, die die Verfügungsgewalt des Staates über die Kommunalverwaltung sichern wollten; solcher, die der Partei möglichst viel, und anderer, die ihr möglichst wenig Einfluß einzuräumen bereit waren. Manche hätten eine Erprobung der preußischen Gesetze vorgezogen; einige wünschten auch nur eine lockere Rahmengesetzgebung, welche von den Ländern auszufüllen gewesen wäre. Es gab jedoch niemanden, der nicht doch eine endgültige, dauerhafte und einheitliche Regelung für erforderlich hielt. Erste Anregungen gingen zur Zeit des Bekanntwerdens der preußischen Gesetze von Fiehler aus; sie wurden von Frick aufgegriffen und zum Gegenstand erster Besprechungen im Reichsinnenministerium gemacht, an denen von seiten der Kommunalpolitiker die Oberbürgermeister Fiehler, Goerdeler und Weidemann teilnahmen und die schon Ende März 1934 mit der Annahme eines vorläufigen Entwurfs beendet wurden. Doch bald danach kamen Gegenäußerungen und Gegenentwürfe, die den Kreis der Beteiligten auf die zuständigen preußischen Ressorts und auf weitere Parteistellen, namentlich den Stellvertreter des Führers und den bayerischen Gauleiter und Innenminister Wagner, ausdehnten[154] und zu mehreren Ausgleichsversuchen der Akademie für Deutsches Recht führten, die schließlich auch einen eigenen Entwurf zutage förderte.[155] Die langwierigen Auseinandersetzungen betrafen den Einfluß der NSDAP auf die Gemeindeverwaltung. Erst zu Beginn des Herbstes 1934 schienen die Besprechungen zwischen den beteiligten Reichsbehörden und den Beauftragten des Stellvertreters des Führers zu einem vorläufigen Ende zu kommen; jedenfalls behauptete Heß einige Wochen später, daß „die Verhandlungen über die künftige deutsche Gemeindeverfassung... abgeschlossen worden" seien[156] und „daß lediglich die Begründung noch ausgearbeitet und der Text auf gesetzestechnische, redaktionelle und sprachliche Fehler überprüft werden" müsse.

[152] § 59.

[153] Vgl. Ritter, *Carl Goerdeler*... (Anm. II/35), S. 44 und S. 455 f. Einen trotz seiner eindeutigen Stellungnahme aufschlußreichen Bericht über das Zustandekommen der Deutschen Gemeindeordnung enthält der Aufsatz des Oberbürgermeisters von Halle und Vorsitzenden des Ausschusses für Kommunalrecht und Kommunalverfassung an der Akademie für Deutsches Recht, Johannes Weidemann, „Zur Entstehungsgeschichte der Deutschen Gemeindeordnung", in: *Jahrbuch der Akademie für Deutsches Recht* 2 (1935), bes. S. 95 ff.

[154] Als weitere wichtige Beteiligte zählte Weidemann auf: Popitz und Kerrl, die Staatssekretäre Pfundtner und Grauert, die Ministerialdirektoren Surén vom preußischen Innenministerium, Neumann vom Preußischen Staatsministerium, und Sommer, den Sachbearbeiter für Staatsrechtsfragen beim Stellvertreter des Führers, die Ministerialräte Strutz, Schattenfroh und Markull, Oberregierungsrat Loschelder und Regierungsrat Müller (*ebda*).

[155] „Die Deutsche Gemeindeverfassung", abgedr. in: *Jahrbuch..*, *a. a. O.*, S. 112–134.

[156] Brief von Heß an Grauert vom 8. November 1934 (*HAB*, Rep. 77, Grauert 22).

Jedoch sah sich Heß zur Beschwerde darüber veranlaßt, daß „inzwischen ... wieder
1½ Monate vergangen" waren, ohne daß sich „ein sichtbarer Fortschritt des Gesetz-
gebungswerkes" bemerken ließ. Wie wenig Heß aber selbst von dem endgültigen Erfolg
der allem Anschein nach weitgehend vom Standpunkt der Partei bestimmten vorläufigen Form der „Reichsgemeindeverfassung" überzeugt war, zeigt, daß er hinsichtlich des Grundes dieser Verzögerung keine Zweifel hegte und daß „die wichtigste
Streitfrage, nämlich die des Einflusses der Partei auf die Gemeindeverwaltung", nach
wie vor ungeklärt war. Heß hielt an dem „Standpunkt des Braunen Hauses" fest,
daß der NSDAP-Ortsgruppenleiter einen besonderen Einfluß auf die Leitung der
Gemeinde haben müsse. Seiner Ansicht nach war es aber auch „Sache der Partei, in
einem gewissen Übergangsstadium dafür Sorge zu tragen, daß höhere Parteiinstanzen
den Ortsgruppenleitern bei der Erfüllung ihrer Aufgaben helfen und vielleicht sogar
innerparteilich an ihre Stelle treten", also neben dem Zuge der staatlichen Aufsichts-
behörden über der fachlichen Lokalverwaltung einen parallelen parteilichen Instanzenzug aufbauen sollten. Angesichts der bekannten Praktiken der Parteifunktionäre und vor allem der Stellung der Gauleiter-Oberpräsidenten oder Gauleiter-
Reichsstatthalter konnte kein Zweifel darüber bestehen, daß der Ortsgruppenleiter
über die stärkere Position verfügt hätte als der Bürgermeister, den das Reichsinnenministerium als Fachbeamten und unbestrittenen Führer der Gemeinde zu sehen
wünschte.

Heß erhielt auf seine Klagen hin einen neuen Entwurf des Reichs- und Preußischen
Ministeriums des Innern vorgelegt, der offenbar alle Erwartungen enttäuschte, so
daß er zunächst jede weitere Chefbesprechung ablehnte, solange nicht eine grundsätzliche Aussprache mit Frick stattgefunden hätte, um zu vermeiden, „daß der Widerspruch der Auffassungen schon einem derartig großen Kreis bekannt wird". [157] Nach
langem Schleppenlassen lag nun aber dem Ministerium selbst an einer raschen Fortführung der Dinge. [158] Nach mehreren Besprechungen [159] kam ein Kompromiß und das
endgültige Gesetz [160] zustande, das der Partei das Recht einräumte, einen besonderen
„Parteibeauftragten" im Gemeinderat zu bestimmen. Der Sinn dieses Ergebnisses
bestand darin, die kommunale Verwaltung ohne besondere Rücksichten auf die örtliche NSDAP „als eine Zelle des Staates" [161] in den totalen Staat des Nationalsozialismus einzubauen. Die Mittel zu diesem Zwecke bestimmten den wesentlichen Inhalt
der Gemeindeordnung. Die vollständige Vereinheitlichung der untersten Verwaltungsstufe, die jeder Gemeinde – vom kleinsten Dorf bis zur Großstadt – die gleiche Verfassung gab, war eine organisationstechnische Vorbedingung für den Aufbau des
obrigkeitlichen Staatsgebäudes. Hieran änderte auch nichts, daß die Staatsaufsicht
für einzelne Gemeindegattungen gestuft war, daß für die Besetzung des Bürgermeisteramtes mit ehrenamtlichen Kräften die 10 000-Einwohnergrenze zu erneuter Bedeutung
gelangte und daß später für Hamburg und Berlin besondere Gesetze geschaffen
wurden.

Die Gemeindeordnung legte nicht einmal eine grundsätzliche Abgrenzung zwischen Staat und Kommunalverwaltung fest. „Die Grenzen dieser Selbstverwaltung
bestimmen die Gesetze in ihrem jeweiligen Bestande", hieß es in der amtlichen Be-

---

[157] Schreiben von Heß an Grauert vom 10. Dezember 1934 (*ebda.*).

[158] Nach einer Bleistiftnotiz Grauerts ist diese Aussprache für den 17. November 1934 festgesetzt worden.
Grauert vermerkte die Namen „Heß (Wagner, Sommer) Kerrl" (*ebda.*).

[159] Weidemann (Anm. IV/153), S. 101 f.

[160] *RGBl.*, I, 1935, S. 49. Dieses Gesetz hat die meisten und umfangreichsten Kommentare des nationalsozialistischen Staates erhalten, u. a. Friedrich-Karl Surén und Wilhelm Loschelder, *Die Deutsche Gemeindeordnung vom
30. Januar 1935. Kommentar*, 2 Bde., Berlin 1940; *Die Deutsche Gemeindeordnung vom 30. Januar 1935. Textausgabe*, bearbeitet von Harry Goetz, 8. Aufl., Berlin 1940.

[161] Weidemann (Anm. IV/153), S. 103.

gründung. [162] Tatsächlich war es von Staats wegen möglich, über die aufsichtsbehördlichen Befugnisse hinaus auf dem Wege ministerieller Verordnungen jederzeit tief in das Gemeindeleben einzugreifen. Einen Eindruck von der Misere der kommunalen Verwaltung vermittelte die einzige Bezeichnung der Aufgaben der Gemeinden in diesem Gesetz: „Die Gemeinden sind berufen, daß Wohl ihrer Einwohner zu fördern und die geschichtliche und heimatliche Eigenart zu erhalten." [163] Alle Vollzugsgewalt war in die Hände des Bürgermeisters gelegt, in denen sich sämtliche Entscheidungsfähigkeiten der bisherigen Verwaltungs- und Vertretungskörperschaften zusammenballten. In seinen Entscheidungen war er völlig frei von Kontrollen wie von Beschlüssen gemeindlicher Körperschaften; allerdings übten Staat und Partei eine um vieles strengere Kontrolle aus. Der Bürgermeister war gegenüber den staatlichen Behörden der Repräsentant der Gemeinde schlechthin und ihnen für alles, was in der Gemeinde geschah, verantwortlich. Die Beziehungen zwischen Staat und Gemeinde vereinfachten sich letztlich zu Beziehungen zwischen Aufsichtsbehörde und dem Amt des nach Ermessen wie nach Weisungen handelnden Bürgermeisters. An die Stelle der Selbstverwaltung setzte die Gemeindeordnung ein autoritäres Einmannregiment. Weder die Einwohner im allgemeinen noch eine bestimmte Gruppe von Bürgern hatte Einfluß auf die Besetzung des Bürgermeisteramtes. Seine Besetzung, die Bestellung der Beigeordneten wie die Berufung der Gemeinderäte wurde entscheidend bestimmt vom „Beauftragten der NSDAP", der auch in anderen Fragen auf die Entscheidungen des Bürgermeisters Einfluß hatte. Er war der Großwähler der Gemeinde, der Parteikommissar, lediglich an die Weisungen seines Gauleiters gebunden, jedoch keiner staatlichen Stelle verantwortlich, in allen seinen Funktionen gleichsam ein ständiges lokales Oberhaupt, dessen Veto die Entscheidungen des Bürgermeisters aufschieben und dem Schiedsspruch des Reichsstatthalters und damit wieder der Entscheidung von staatlicher Seite überweisen konnte, so daß praktisch die Staatsaufsicht mit Hilfe dieser Parteiorgane ergänzt wurde. So stark die Stellung des Fachmanns und Verwaltungschefs der Gemeinde, des Bürgermeisters, auch war, so gewaltig sich die Last der Verantwortung ausnimmt, die ausschließlich auf seinen Schultern lag, – seine Entscheidungen und sein Tun vollzogen sich doch nur unter den Augen des Parteibeauftragten und der Gemeinderäte, die vom Parteibeauftragten berufen wurden und ihm innerhalb der Partei als Mitglieder unterstanden. Es läßt sich leicht vorstellen, wie eng der Bürgermeister an Ziele und Absichten der Partei gebunden war. Parteilicher wie staatlicher Instanzenzug lasteten drückend auf Dörfern und Städten und ließen der Bürgerschaft nur noch Pflichten und keinerlei Rechte, wahrhaftig ein Zustand, der zu Recht mit dem „napoleonischen Mairie-System in extremer Form" verglichen worden ist. [164] Es blieb die Universalzuständigkeit der lokalen Verwaltung, jedoch, nun der Gemeindefreiheit beraubt, als eines Instruments der totalitären Administration: die „Einheit der örtlichen Verwaltung" unter dem Befehl der Reichsministerien. [165]

Die Problematik der Beziehungen der öffentlichen Verwaltung zur Partei war jedoch keineswegs geringer geworden. Sie brachte auch den Deutschen Gemeindetag mehrfach in schwierige Situationen. Die Gemeindeordnung entstand ohne wesentliches Zutun des Deutschen Gemeindetages, der höchstens als Arbeitsstab Fiehlers tätig war. Die Besetzung seiner Ausschüsse und Landesstellen führte zu Reibungen mit Parteiinstanzen, die die Friktionen mit nachgeordneten Stellen und kommunalen Behörden, deren Meinungen bei der Stellenbesetzung auch auf der Ortsebene kaum eingeholt wurden,

[162] *Die Deutsche Gemeindeordnung...* (Anm. IV/160), S. 360.
[163] § 2, Abs. 1; *a. a. O.*, S. 5.
[164] Heffter, *Die deutsche Selbstverwaltung...* (Anm. I/257), S. 788.
[165] Staatssekretär Pfundtner bei der Eröffnung der Festwoche der Verwaltungsakademie im April 1937: „Reichsreform und Selbstverwaltung", in: *Deutsche Allgemeine Zeitung*, Nr. 181 vom 20. April 1937.

fortgesetzt verschärften.[166] Die verschiedenen Ämter, die eine Patronage auszuüben versuchten, der der Leiter des Deutschen Gemeindetages folgen sollte, gerieten unweigerlich in Konkurrenz, die sich letztlich zu Lasten des Gemeindetages auswirkte. Auch dort, wo sich bei nachgeordneten Dienststellen des Gemeindetages Konflikte mit staatlichen Behörden oder parteilichen Amtsträgern einstellten, vermochte die Berliner Geschäftsstelle kaum helfend einzugreifen. Im allgemeinen versuchte das Reichsinnenministerium, den Gemeindetag von unmittelbaren Einflüssen der NSDAP freizuhalten, hingegen die Kontrolle des Ministeriums fest zu behaupten, bei jeder Gelegenheit zu erweitern und jede nicht ausdrücklich satzungsmäßig umschriebene Tätigkeit des Gemeindetages und seiner Dienststellen genauestens zu überprüfen, immer zu erschweren, wenn nicht gar zu unterbinden.[167] Der Deutsche Gemeindetag kann daher kaum als etwas anderes angesehen werden denn als eine ständische Körperschaft des leitenden Kommunalbeamtentums öffentlich-rechtlichen Charakters, die ähnlich zur Verfügung des Reichsinnenministeriums stand wie die Reichskulturkammer zur Verfügung des Propagandaministeriums oder der Reichsnährstand zur Verfügung des Reichsernährungsministeriums.

Von seiten des Reichsinnenministeriums wie im Grunde auch des Gemeindetages wurde sorgsam darauf geachtet, daß Personalunionen zwischen Parteiämtern und kommunalen Ämtern unterblieben, da die „außerordentliche Machtbefugnis" der „Vereinigung des politischen Amtes und der kommunalen Spitze" als gefährlich galt und dem Grundprinzip des zentralistischen Staatsaufbaus widersprach.[168] Sogar ein Kommunalpolitiker und Funktionär der NSDAP sprach offen aus, daß in Kreisen und Gemeinden eine „grundsätzliche Personalunion im Interesse des Staates nicht zweckmäßig" und „für die Bewegung auf die Dauer verhängnisvoll" sei. Diese Gefahren könnten nur „durch grundsätzliche Trennung der Ämter des Gemeindeleiters und des Ortsgruppen- bzw. Kreisleiters abgewendet werden. Dies bedeutet, daß in

[166] So verwahrte sich der Vorsitzende der Provinzialdienststelle Westfalen, Oberbürgermeister Irrgang (Bottrop), dessen Berufung in den Vorstand des Gemeindetages zu mehreren Protesten des Gauleiters Wagner von Westfalen-Süd geführt hatte, dagegen, daß in die Arbeitsausschüsse Persönlichkeiten berufen worden seien, die von den zuständigen Kommunal- und Parteistellen „hundertprozentig abgelehnt" würden, ohne daß „den zuständigen Stellen Gelegenheit zur Mitwirkung" gegeben worden sei. Irrgang beklagte sich „über das diktatorische Verhalten der Berliner Geschäftsführung" (Schreiben Irrgangs an den Deutschen Gemeindetag vom 20. Juni 1934; ADST, DGT 0—1—14—0). Dieser Protest und ähnliche Widersprüche führten dazu, daß die Liste der Arbeitsausschußmitglieder des Deutschen Gemeindetages nur vertraulich in der Geschäftsstelle gebraucht werden und nicht an die Städte gelangen durfte, damit die benannten Persönlichkeiten nicht in breiteren Kreisen bekannt wurden. Später trat hierin eine Lockerung ein.

[167] Vom Reichsministerium des Innern wurde beispielsweise verlangt, daß die Vorstände der Landesdienststellen keine Gauamtsleiter für Kommunalpolitik zu Mitgliedern haben durften. Den Tagungen des Deutschen Gemeindetages wurde vom Ministerium ein besonderes Interesse entgegengebracht; daher verlangte es, daß hierfür stets leicht erreichbare Orte in der Nähe von Berlin vorgesehen wurden (Aktenvermerk über eine Besprechung im Reichs- und Preußischen Ministerium des Innern zwischen Jeserich, den Beigeordneten Bitter und Schlempp, Ministerialdirektor Surén und Ministerialrat Schattenfroh und Oberregierungsrat Loschelder; ADST, DGT 0—1—14—0—, Bd. 1). Auch Ratsherren sollten in die Ausschüsse des Deutschen Gemeindetages nicht berufen werden und diese lediglich den leitenden Gemeindebeamten vorbehalten werden. Die Partei durfte nach den Auffassungen, die vom Reichsinnenministerium vertreten wurden, wohl bei Berufungen mitbestimmen, sollte jedoch selbst nicht vertreten sein.

[168] Die nationalsozialistische Gemeinde, Folge 14 vom 15. Juli 1934, S. 351. Das Verhalten des Deutschen Gemeindetages in dieser Frage war allerdings, wie es bei seiner ambivalenten Stellung zwischen Ministerium und NSDAP-Reichsleitung kaum wundernimmt, etwas unsicher. In einem Bescheid vom 14. Februar heißt es, daß „noch Bestimmungen des Stellvertreters des Führers auf Grund von § 118 DGO abgewartet werden müßten". Am 17. Mai 1935: „§ 42 Abs. 1 der Deutschen Gemeindeordnung bestimmt..., welche Personen nicht Bürgermeister oder Beigeordnete sein dürfen. Da der Ortsgruppenleiter in § 42 der DGO nicht genannt ist, kann er Bürgermeister sein." Ein Schreiben vom 27. Mai 1935 enthält dann denselben Satz mit der Ergänzung: „Trotzdem bestehen gewisse Bedenken gegen eine Personalunion" (ADST, DGT 1—2—1—11). Deutlicher konnte die Unsicherheit der Grenzziehung gegenüber der Partei kaum ausgedrückt werden.

den Gemeinden die Einheit von Partei und Staat nicht mehr buchstäblich durch Personalunion verwirklicht werden kann, sondern zu einem Einklang von Partei und Staat werden muß."[169] Diese Forderung des „Einklanges" enthielt jedoch schlechthin unlösbare Probleme. Die Stellung beider „Säulen" des nationalsozialistischen Staates zueinander hätte theoretisch nur im Falle vollkommen statisch bleibender Verhältnisse endgültig abgegrenzt werden können, woran aber doch in Wirklichkeit gar nicht zu denken war; denn dem Behauptungswillen und dem Herrschaftsbedürfnis des konservativen Staatsbeamtentums, das bereits in seiner Grundsubstanz angegriffen war, stand der Anspruch der NSDAP gegenüber, von der es hieß, sie „habe den Staat erobert, und es sei selbstverständlich, daß sie sich nicht darauf beschränke, lediglich den Staat in die Hand zu bekommen, sondern überall die Verwaltung restlos erfassen müsse".[170]

Eine von Reichsleiter Fiehler genehmigte Denkschrift des Deutschen Gemeindetages suchte das Problem dadurch zu lösen, daß sie, den letzten Konsequenzen des „Führerprinzips" folgend, auch die Entscheidungen der Kommunalpolitik ausschließlich dem Führer und Reichskanzler zusprach und die zuständigen Instanzen, Reichsministerium des Innern, Hauptamt für Kommunalpolitik der NSDAP und den Deutschen Gemeindetag, ausschließlich als ausführende, Befehle empfangende Exekutivorgane des Führers darstellte.[171] Doch dieser überspannte, fiktive Zentralismus führte bereits bei dem Versuch, die Aufgabenbereiche gegeneinander abzugrenzen, wieder auf die entscheidende Frage zurück[172] und ließ es am Ende doch bei dem zweifelhaften Appell bewenden, „nicht zu entscheiden, ohne sich ... kameradschaftlich untereinander zu verständigen". Die höchste Personalunion versteinerte unter den Bedingungen der normenlosen Tätigkeit konkurrierender Instanzen, so daß die Friktionen in Permanenz gerieten. Selbst unter einer weniger bedeutungslosen Persönlichkeit als Fiehler, der nur selten eigene Entscheidungen traf, wäre wohl der Deutsche Gemeindetag eher zu einem Vakuum als zu einer verläßlichen Stütze der Kommunen und zu einem Institut zur Sicherung des Funktionierens der gesamten inneren Verwaltung geworden. Einzig Ergebenheit gegenüber mannigfachen Weisungen von oben her und vollständige Bereitschaft zur Selbstaufopferung vermochten der repräsentativen Fassade noch keinen bedeutsamen Hintergrund zu verschaffen. Wie hoffnungslos die Situation des Deutschen Gemeindetages als Treuhänders der kommunalen Körperschaften war, zeigte sich in der Zeit der kritischen Zuspitzung, in den Jahren nach dem ersten wirtschaftlichen Aufschwung, als erneut die kommunale Kreditfrage aufbrach, das drückende

---

[169] Oberbürgermeister Weidemann (Halle) in: *Der Gemeindetag*, Jg. 1935, Heft 9 vom 1. Mai 1935, S. 268.

[170] Bericht über eine Rede Weidemanns auf einer kommunalwissenschaftlichen Veranstaltung der Leibniz-Akademie in Hannover über Wesen und Werden des deutschen Verfassungsrechts, nach der Wiedergabe im *Berliner Tageblatt*, Nr. 79 vom 15. Februar 1935.

[171] Die Denkschrift trägt das Datum des 3. Oktober 1935 und den Vermerk: „Nachfolgende Aufzeichnung ist Herrn Oberbürgermeister Fiehler vorgelegt worden und hat seine Zustimmung gefunden" (Abschrift; *ADST*, DGT 0—4—40—6).

[172] Über die Stellung des Deutschen Gemeindetages heißt es in dieser Denkschrift: Er sei „durch einen revolutionären Akt der Partei durch Zusammenschluß der früheren kommunalen Spitzenverbände gebildet und durch Reichsgesetz bestätigt, um die Gemeinden und Gemeindeverbände zu beraten und der Reichsregierung die Erfahrungen der praktischen kommunalen Arbeit zu vermitteln. Es ist kein Zweifel, daß die einheitliche Linie der Kommunalpolitik nur innegehalten werden kann in engster Zusammenarbeit der drei maßgebenden Stellen. Die Verbindung zwischen Ministerium und Deutschem Gemeindetag ist durch das Gesetz über den Deutschen Gemeindetag angeordnet; der Deutsche Gemeindetag arbeitet unter der Aufsicht des Ministeriums selbständig nach den ihm durch das Gesetz gegebenen Richtlinien. Die einheitliche Linie von Gemeindetag und Hauptamt für Kommunalpolitik ist gesichert durch die Personalunion: Vorsitz des Deutschen Gemeindetages und Leitung des Hauptamts für Kommunalpolitik." Auch hier blieb also als dürftiger Nachweis einer Lösungsmöglichkeit nur die Personalunion an der Spitze, während sie auf der Gemeinde- und Kreisebene abgelehnt wurde, da der „Führerstaat" keine lokale Machtakkumulation dulden wollte.

Problem der Städte vor 1933, das jetzt zu unlösbaren Spannungen zwischen dem Deutschen Gemeindetag und dem Reichswirtschaftsministerium führte.[173]

Ein repräsentatives Auftreten gegenüber dem Ausland war sehr willkommen, und von seiten des Reichsinnenministeriums wurde nachdrücklich hervorgehoben, daß es das Zurschaustellen der glanzvollen Seite des deutschen Kommunalwesens und der Deutschen Gemeindeordnung vor dem Ausland sehr gerne sehen würde.[174] Doch man verzichtete nicht auf schärfste Kontrollen, um den einzig beabsichtigten Effekt zu sichern. Das Reichspropagandaministerium erließ generelle Verfügungen, die „ein geschlossenes Auftreten der deutschen Teilnehmer an ausländischen Kongressen" herbeiführen und ausländische Gäste „einer einheitlichen und systematischen Betreuung" unterwerfen sollten.[175] Das Reichsinnenministerium wollte ausländische „Werbereisen", wie Auslandsbesuche einzelner Persönlichkeiten drastisch und deutlich genannt wurden, grundsätzlich nur unter der Kontrolle der Auslandsorganisation der NSDAP erlauben. Im Falle des Internationalen Gemeindetages in Berlin wurden selbst im Jahr der Olympiade engste und ängstliche Kontrollmaßnahmen getroffen. Sogar der Formalbriefentwurf zu den Einladungen mußte vom Deutschen Gemeindetag dem Reichsministerium des Innern vorgelegt werden, das ihn dann dem Auswärtigen Amt zur Begutachtung übergab. Von seiten des Ministeriums befürchtete man das „Stellen von demonstrativen Anträgen" und ließ sich erst beruhigen, als von seiten des Deutschen Gemeindetages erklärt wurde, daß es nicht zu Abstimmungen kommen würde.[176]

Selbst die zum bevorzugten Gebiet der Kommunalpolitik herangewachsene Kulturpflege litt unter der Überlastung mit zentralen Zuständigkeiten und Regelungen. Ein ungewolltes Eingeständnis der Machtlosigkeit der Gemeinden auf dem Gebiete der Kulturpolitik unterlief dem Hallenser Oberbürgermeister Weidemann, der die geringe Wirkungsfreiheit der gemeindlichen Kulturpolitik mit den Worten umschrieb: „Die Reichsregierung erläßt die Richtlinien deutscher Kulturpolitik, überwacht ihre Ausführung und unterhält mustergültige Einrichtungen als Beispiele für Länder, Gemeinden und Private. Der Präsident der Reichskulturkammer gibt die allgemeinen Weisungen, in deren Rahmen die Träger der Kultureinrichtungen zu arbeiten haben. So stellt das Theatergesetz Richtlinien für die Führung der öffentlichen und privaten Theater auf. So sind der Präsident der Reichskulturkammer und die Präsidenten ihrer Einzelkammern berechtigt, allgemeine Anordnungen über die Kulturpflege ihrer Arbeitsgebiete zu erlassen. So hat schließlich der Reichsminister für Wissenschaft, Erziehung und Volksbildung sich vorbehalten, allgemeine Grundsätze für die ihm unterstehenden Kulturgebiete zu erlassen, z. B. für den Schulfunk, den Schulfilm, die Kunsthochschulen und die Museen ... Die Reichsregierung überwacht auch die Kunst-

---

[173] Jeserich versuchte vergeblich, Staatssekretär Körner vom Reichswirtschaftsministerium zu erreichen, um ihn zu einer Intervention in der Kreditfrage zugunsten der Kommunen zu veranlassen (Aktenvermerke vom 9. November 1936 und 8. Januar 1937; *ADST,* DGT 0—4—40—6). Dann folgte eine rigorose Rede Görings am 8. April 1937, mit der die wehrwirtschaftliche Politik des neuen Vierjahresplanes angekündigt wurde. Fiehler will zwar später in einer Aussprache mit Reichswirtschaftsminister Funk die Zusicherung einer Lockerung der Bestimmung über das Kommunalkreditverbot erreicht haben (Aktenvermerk über eine Besprechung Fiehlers, Jeserichs und Zeitlers am 29. Mai 1938; *ebda.*). Inzwischen war aber eine Verschärfung der Kreditsperre durch Runderlaß des Reichswirtschaftsministeriums vom 14. April 1938 eingetreten. Auch die Länder suchten sich, wie in älteren Zeiten, in der Bedrängnis wieder auf Kosten der Kommunen gesund zu erhalten. In der genannten Besprechung übergab Fiehler einen Bericht des Stadtkämmerers von München, nach dem das Land Bayern danach trachtete, den drohenden Verlust seines Anteils am Aufkommen der Grunderwerbssteuer zu Lasten der Gemeinden auszugleichen.

[174] Aktennotiz des Hauptreferenten Bobermin über eine Rücksprache mit Ministerialrat Schattenfroh vom Reichsministerium des Innern vom 6. März 1936 (*ebda.*).

[175] Rundschreiben des Reichsministers für Volksaufklärung und Propaganda vom 20. Dezember 1935 an die Obersten Reichsbehörden und Rundschreiben an die Obersten Reichsbehörden vom 2. Juli 1936 (Abschrift; *ADST,* DGT 0—5—50—9).

[176] Aktennotiz von Bobermin (Anm. IV/174).

pflege, so etwa, wenn der zuständige Reichsminister in seiner Eigenschaft als Präsident der Reichskulturkammer sich die Bestätigung der Bühnenleiter und künstlerischen Bühnenvorstände vorbehalten hat oder durch den Reichsdramaturgen die Ansetzung oder Absetzung bestimmter Theaterstücke verlangen kann, oder wenn der Reichsminister für Wissenschaft, Erziehung und Volksbildung im Einvernehmen mit den Landes- und Provinzialverwaltungen Museumspfleger als Berater der Heimatmuseen bestellt." [177]

Diese Daseinsbedingungen einer unter starkem Überdruck von oben liegenden lokalen Verwaltung lassen es denn kaum verwunderlich erscheinen, daß Pläne zum Ausbau der „Selbstverwaltung" und zu ihrer Ausdehnung auf die „Reichsmittelinstanz", die ihrer wohlmeinenden Absicht wegen vermerkt seien, den Boden der Realitäten nicht erreichten. Im Gemeindetag wurden sie vorübergehend als spezieller Beitrag zur Reichsreform gehegt und bis zur Reife einer Denkschrift entwickelt, die der Reichsinnenminister erhielt;[178] doch nichts bezeugt die Spur eines Erfolges. Die Denkschrift folgte dem Grundsatz, den Bau der Selbstverwaltung — im Sinne der Deutschen Gemeindeordnung — bis zur Ebene der Gauorganisation als Mittelinstanz der Reichsverwaltung hinaufzuführen, und hielt mit Äußerungen strikter Ablehnung jeder zentralistischen Reichsverwaltung nicht zurück. „Ein Reich mit zentralistischem Aufbau muß zwangsweise eine ungeheure Bürokratie entwickeln, deren Auswüchse schließlich zu einem Präfektensystem nach dem Muster romanischer Länder führen ... Deutschland ist zu groß, zu menschenreich, seine Wirtschaft zu vielfältig, alle seine Verhältnisse sind zu differenziert, als daß es möglich wäre, das Reichsgebiet rein zentralistisch zu verwalten. Selbst wenn man alle erdenklichen Sicherungen einbaute und erfahrene Mitarbeiter aus allen Reichsteilen in die Zentrale zöge, so gute Sachkenner gibt es nicht, so viel ausgleichende Gerechtigkeit ist nicht zu erwarten, daß man einen derart übersteigerten Zentralismus anstreben dürfte. Eine rein zentralistische Verwaltung müßte zur Folge haben, daß die Entscheidungen über die regionalen Angelegenheiten lebensfremd ausfielen, da die unmittelbare Kenntnis der Verhältnisse und die lebendige Anschauung der Dinge fehlen würde."

Doch es war für Hoffnungen auf Dezentralisation der Macht wie auf Neubelebung der Selbstverwaltung bereits zu spät. Die Deutsche Gemeindeordnung setzte das unauffällige, jede wirkliche Selbstverantwortung erstickende Ende in der Geschichte der bürgerschaftlichen Selbstverwaltung Deutschlands. „Täuschen wir uns nicht", bekannte Jahre später einer ihrer bedeutendsten Mitautoren: „Es ist nicht gelungen, Geist und Inhalt der Selbstverwaltung in den letzten Jahren lebendig zu erhalten. In ihrer heutigen Gestalt und in ihrem heutigen Wirken ist sie ein Zerrbild einstigen

---

[177] *Tagung der Vorstände des Deutschen Gemeindetages...* (Anm. IV/148), S. 32 f.

[178] Bei den Handakten des geschäftsführenden Präsidenten befindet sich u. a. das vervielfältigte Exemplar einer Denkschrift von 25 Seiten: „Die Gauselbstverwaltung im Rahmen der Reichsreform", die, der Einleitung zufolge, vom Deutschen Gemeindetag „dem Herrn Reichsminister des Innern auftragsgemäß unterbreitet" worden war (*ADST*, DGT 0—10—100—52, N 5). Sie hebt hervor, daß sie „besonders die in erfolgreicher Arbeit gesammelten Erfahrungen der preußischen provinziellen Selbstverwaltung nutzbar" gemacht hat. Eine genaue zeitliche Bestimmung der Abfassung der Schrift ist nicht möglich. Da von der Deutschen Gemeindeordnung die Rede ist, muß ihre Abfassung nach dem 30. Januar 1935 angesetzt werden. Es ist aber fraglich, ob der gelegentliche Gebrauch der Bezeichnung „Reichsminister des Innern", die es offiziell zwischen 1934 und 1938 nicht gab, dahingehend ausgedeutet werden darf, daß die Denkschrift erst nach 1938 abgefaßt worden ist. Indessen wird an keiner Stelle vom „Großdeutschen Reich" gesprochen, sondern nur vom „Reich". Außerdem stehen die Reformgedanken noch sichtlich unter dem Eindruck des Dualismus Reich—Preußen und des Problems der Aufgliederung Preußens, das im Jahre 1938 oder gar zu einem noch späteren Zeitpunkt kaum noch diskutiert wurde. Infolgedessen möchte man hier die Bezeichnung „Reichsminister des Innern" für eine Abkürzung des offiziellen Titels „Reichs- und Preußisches Ministerium des Innern" halten. Im übrigen legen die zahlreichen direkten wie indirekten Bezüge auf die Deutsche Gemeindeordnung die Annahme nahe, daß die Abfassung dieser Denkschrift zeitlich in die Nähe der Verkündung dieses Gesetzes gehört.

Lebens geworden . . . Die Gründe hierfür liegen auf der Hand. Der eine liegt in der Deutschen Gemeindeordnung selbst . . . Der zweite Grund liegt in der weitgehenden Übersteigerung des Befehls- und Führergedankens im Staat und im gesamten öffentlichen Leben. Jede, auch die wohlmeinende, schöpferische Kritik ist unterbunden. Eine kleinliche und der Selbstverwaltung verständnislos gegenüberstehende Staats- und Beamtenbürokratie hat diese Entwicklung benutzt, um in den meisten deutschen Gemeinden alles Eigenleben und jede Verantwortungsfreudigkeit zu lähmen." [179]

---

[179] Goerdeler in einem Brief an Max Rehm vom 13. Juni 1941, im Auszug abgedr. von Max Rehm, „Carl Goerdeler", in: *Staats- und Kommunal-Verwaltung*, Heft 2, Februar 1956, S. 25.

Fünftes Kapitel

DIE DIKTATUR IN DER WIRTSCHAFT

1. Transformation der Interessen

Der totale Staat gewann nicht durch die ideelle Triebkraft der NSDAP, im besonderen nicht als Verwirklichung positiver Punkte ihres Programms Gestalt. Die Partei der Nationalsozialisten vermochte breite Massen um ihre Fahnen und Symbole zu scharen und mit Hilfe von Uniformen, Marschmusik, mit Demonstrationen und erfolgreichen Schlägerkolonnen anzuziehen und zu bezwingen; ihre Führer wußten dann, im Besitze der Macht, sie rücksichtslos zu gebrauchen, selbst dem Haß und der Rache freien Lauf zu lassen und diese schließlich in die inhumane Systematik ihres administrativen Systems einzubeziehen. Doch eine originelle Idee ging aus dieser Bewegung nicht hervor. Der totale Staat, in der Organisationsform, die er während der ersten beiden Jahre der Regierung Hitler erhielt, verdankte Aufbau und Existenz zwei disparaten, jedoch nebeneinander herlaufenden Ideologien mit politisch-konstruktiver Tendenz: einer einheitsstaatlich-zentralistisch-autoritären, die den konservativen Verwaltungstraditionen der Republik entstammte und namentlich in der höheren Beamtenschaft verbreitet war, und einer ständisch-körperschaftlich-autoritären, die aus den ständischen und korporativen Vorstellungen und Programmen wirtschaftlicher Interessengruppen und Theoretiker abgeleitet worden war. Beide dienten im Ergebnis der alsbaldigen Konsolidierung der Macht der nationalsozialistischen Führerclique. Mit Hilfe der einen versuchte sich die auf ihre traditionellen Elemente beschränkte, aber nun durch nationalsozialistisches Personal veränderte und zu unbegrenzten Maßnahmen befähigte staatliche Verwaltung gegenüber der Parteiorganisation zu behaupten, die sie mit bestimmten Aufgaben und Rechten abzufinden trachtete. Ihr gegenüber wandelte sich die andere zu einem Mittel, mit deren Hilfe einzelnen Parteiorganen die Einschaltung in den Bau der zentralisierten und um neue Aufgaben und Zuständigkeiten erweiterten Administration gelang, das aber auch die zentrale Kontrolle und Regie außerhalb der überkommenen Grenzen des Staates auf die Bereiche der Selbstverwaltung und des wirtschaftlichen Lebens auszudehnen ermöglichte. Die ständisch-korporative Ordnungsvorstellung verband sich in eigentümlicher Weise mit dem Gedanken der Selbstverwaltung, so daß schließlich von ständischen Selbstverwaltungen gesprochen wurde. Indessen hatte dieser Name nur sehr wenig mit Erscheinungen außerhalb des totalitären Systems gemein.

Der Begriff der Selbstverwaltung unterlag in der nationalsozialistischen Ära einer geradezu radikalen Entleerung und Relativierung, die ihn für diese Zeit in krasser Weise von seiner Herkunft und Vergangenheit abhebt und jegliche Vergleichsmöglichkeit mit Institutionen der Selbstverwaltung außerhalb Deutschlands entfallen läßt. Diese Tendenz fand bereits in der mit der Deutschen Gemeindeordnung dokumentierten Entwicklung der lokalen Selbstverwaltung einen deutlich sichtbaren Niederschlag. Sie blieb als Lokalverwaltung universell in der örtlichen Zuständigkeit, und sie blieb Verwaltung unter staatlicher Aufsicht. Die Bereiche eigener Regie gingen jedoch nach und nach gänzlich verloren und damit jede Möglichkeit zu wirklicher Selbstbestimmung – jedes „Recht auf die eigene Dummheit", wie es einmal ebenso drastisch wie treffend ausgedrückt worden ist,[1] sogar das Recht zur eigenen, unabhängigen Personalwahl.

Unter den ständischen Organisationen [2] befanden sich die berufsständischen in mehr oder minder enger Verbindung mit der NSDAP und unter unmittelbarer Leitung von Parteiämtern und Parteiführern: so die Organisation aller Arbeiter und Angestellten, die Deutsche Arbeitsfront, die der Beamten, der nationalsozialistische Deutsche Beamtenbund, die der Juristen, der nationalsozialistische Rechtswahrerbund, der NS-Dozentenbund, der NS-Studentenbund usw. Auch der Deutsche Gemeindetag zählte hierzu, der unter dem doppelten Gewicht der Aufsicht des Reichsinnenministeriums und des unmittelbaren Einflusses des kommunalpolitischen Amtes der NSDAP den Charakter des Spitzenverbandes kommunaler Körperschaften und damit jede Selbständigkeit verloren hatte und sich in eine ständische Organisation der leitenden Kommunalbeamten umwandelte. Der Reichsnährstand wuchs zu einem Mammutkartell mit eigenen Interessen heran, der im Reichsernährungsministerium und in der Bauernorganisation des Agrarpolitischen Amtes der NSDAP zugleich verankert war. Die Propagandaorganisation der Reichskulturkammer spannte in ähnlicher Weise den Bogen zwischen Ministerium und Partei, deren unmittelbarer Einfluß in den einzelnen Kammern jedoch differierte, während sich Leitung und Aufsicht durch das Ministerium lückenlos über den gesamten Organisationsbereich erstreckten.

Grenz- und Übergangsgebiet staatlichen Einflusses bildeten die Organisationen wirtschaftlicher Interessen. Jede Diktatur in einem großen, wirtschaftlich entwickelten Lande wird nach konsolidierten Beziehungen zur Wirtschaft streben. Die Regierung Hitlers, der inmitten einer weltweiten erschütternden Wirtschaftskrise an die Macht gelangte, war von vornherein zu einer höchst aktiven Wirtschaftspolitik gezwungen, so daß sich von Anbeginn der Konsolidierungsversuch mit tiefen Eingriffen in das Wirtschaftsleben verknüpfte. Die Diktatur mußte, da die wirtschaftliche Lage bedroht war, „mit der Bilanz paktieren",[3] das hieß: die wirtschaftliche Krise auf irgendeine Weise beseitigen oder zum wenigsten hinausschieben. Es war die große Chance der nationalsozialistischen Führerclique, daß die politische Erfolgswelle sie in der Zeit eines Übergangs zur nationalen Planwirtschaft emportrug, so daß das Aufkommen von Planwirtschaftssystemen, das keineswegs auf Deutschland beschränkt blieb, und die Entstehung totalitärer politischer Systeme historisch eine enge Verbindung eingegangen sind und es geboten erscheint, die besondere Entwicklung des totalen Staates unter diesen Umständen zu verfolgen.[4] Eine zweifellos zutreffende

---

[1] Ausspruch von Bill Drews, zit. von Johannes Popitz, „Zentralismus und Selbstverwaltung", in: *Volk und Reich der Deutschen* (Anm. I/257), II, S. 346. Für die nationalsozialistische Verunglimpfung des historischen Begriffs ist bezeichnend, daß gelegentlich die „Selbstverwaltung" auf den Begriffsinhalt „Körperschaft" reduziert wurde mit den Merkmalen, Trägerin hoheitlicher Befugnisse und „personenrechtlich aufgebaute Gemeinschaft" zu sein. Aber auch diese Ausdrücke erhielten einen vagen Sinn. Schließlich blieb für die „Selbstverwaltung" (Körperschaft) nichts anderes übrig als „ein Mittel der Führung", bestimmt zur „Vollziehung in Befehlsform" (*sic!*), mit dem fragwürdigen Anspruch, der bei anderen Institutionen des nationalsozialistischen Staates keineswegs fehlte, „auf der Bereitschaft und freiwilligen Gefolgschaft der Volksgenossen aufgebaut und gegründet" zu sein (Kurt Münch, *Wirtschaftliche Selbstverwaltung*, Hamburg 1936, S. 11).

[2] Auf die Versuche Hugenbergs zur Wiederbelebung des Vorläufigen Reichswirtschaftsrates im April und das ephemere Ereignis des Generalrates der deutschen Wirtschaft im Juli 1933, die der Sache nach wohl zum Thema ständeorganisatorischer Entwicklungen gehörten, braucht im Folgenden wegen ihrer Bedeutungslosigkeit für den Gang der Geschehnisse von 1933 nicht des Näheren eingegangen zu werden; s. Friedrich Facius, *Wirtschaft und Staat. Die Entwicklung der staatlichen Wirtschaftsverwaltung in Deutschland vom 17. Jahrhundert bis 1945* (*Schriften des Bundesarchivs*, Bd. 6), Boppard 1959, S. 142 f.

[3] Ludwig Bernhard, „Der Diktator und die Wirtschaft", in: *Prozeß der Diktatur*, hrsgg. von Otto Forst de Battaglia, Zürich–Leipzig–Wien 1930, S. 109.

[4] Unter Außerachtlassung eben dieser Entwicklung hat ein bedeutender Wirtschaftswissenschaftler sogar behaupten können, daß „in der ganzen langen Zeit zwischen den beiden Weltkriegen nirgendwo in der Welt eine so konstruktive Wirtschaftspolitik getrieben worden sei wie bei uns in den Jahren 1933 bis 1935"; Adolf Weber in

Erkenntnis Rudolf Hilferdings lehrt, daß die „Substituierung der Zwecke" durch den totalen Staat auch die Wirtschaft ergreift;[5] und es gibt keinen anschaulicheren Beweis für die Richtigkeit seiner These, daß sich die totale Staatsmacht zur Herrschaft über die Ökonomie aufschwingt, als die Geschichte des nationalsozialistischen Staates.

Auf seiten der Reichsbehörden entstanden von Anfang bis zum Ende mehrfach ungewöhnliche Massierungen wirtschaftspolitischer Zuständigkeiten, zuerst in den vier Ministerien des Reichs und Preußens, deren Leitung Hugenberg in seiner Hand vereinigte und aufs engste zusammenzufassen versuchte,[6] etwa ein Jahr später in der Doppelfunktion des Reichsbankpräsidenten, der gleichzeitig kommissarischer Reichs- und preußischer Wirtschaftsminister war, schließlich in der Machtstellung Görings als des „Beauftragten für den Vierjahresplan", der zum Widersacher Schachts und für kurze Zeit auch zum Herrn des Reichswirtschaftsministeriums wurde, und dann während des Krieges in der Hand des Reichsministers für Bewaffnung und Munition, der über den Einsatz der Wirtschaft im totalen Krieg zu befehlen hatte.

Noch schwerer aber wogen die Umbildungen der wirtschaftseigenen Organisationen und die mannigfache Erfassung wirtschaftlicher Interessen durch den totalen Staat. Die Phase des lokalen Terrors der ersten Monate zog Geschäfte jüdischer Staatsbürger,[7] in erster Linie Einzelhandelsbetriebe sowie kleinere und mittlere Industrie- und Handelsfirmen, Einheitspreisgeschäfte, Konsumvereine und an einigen Orten Waren- und Kaufhäuser,[8] in unmittelbare Mitleidenschaft, vor allem also wirtschaftliche Objekte, die im Zentrum der radikalen, antisemitisch akzentuierten Mittelstandsagitation der Nationalsozialisten standen. Sie ließ im übrigen Firmen und Betriebe und namentlich die Konzentrationsformen großwirtschaftlicher Unternehmungen unangetastet, griff aber tief und strukturverändernd in das Verbandswesen der Wirtschaft ein, das von dem Vordringen nationalsozialistischer Organisationen und Funktionäre während der sogenannten Gleichschaltung nicht weniger betroffen wurde als andere Verbände von einiger Bedeutung.

Das Präsidium des mächtigsten der industriellen Spitzenverbände, des Reichsverbandes der Deutschen Industrie, erlegte sich in seiner ersten Kundgebung zur Bildung der Regierung Hitler–Papen noch sorgfältige Zurückhaltung auf. Es wollte seine Stellungnahme von den wirtschaftspolitischen Maßnahmen abhängig machen und von der Gewißheit, „daß Störungen der inneren Ruhe ... vermieden würden".[9] Hitler sah sich zu einer Erklärung gezwungen, die er wenige Tage später, am 20. Februar 1933, vor etwa 25 Industriellen abgab, die das Büro des Reichstagspräsidenten auf Görings Geheiß einlud. Einen zweiten Zweck erreichte diese Versammlung mit dem Erfolg einer Aufforderung Schachts, einen Wahlfonds von 3 Millionen Reichsmark zu bilden, mit dem NSDAP und DNVP „gemäß ihrer gegenwärtigen relativen Stärke" und auf Verlangen eines der Anwesenden auch die DVP unterstützt werden sollten.[10]

einem Gutachten im Entnazifizierungsverfahren für Dr. Schacht vor der Spruchkammer in Ludwigsburg, zit. von Heinrich Stuebel, „Die Finanzierung der Aufrüstung im Dritten Reich", in: *Europa-Archiv* 6 (1951), S. 4136.

[5] Rudolf Hilferding in einem nachgelassenen fragmentarischen Essay, veröffentlicht unter dem Titel „Das historische Problem", in: *Zeitschrift für Politik*, N. F. 1 (1954), S. 293—324.

[6] Hugenberg versuchte bereits Anfang April 1933, zu einem Zeitpunkt also, da Pläne zur Zusammenlegung von Ministerien Preußens und des Reichs noch keinerlei Gestalt gefunden hatten, jeweils die beiden Wirtschaftsministerien und die beiden Landwirtschaftsministerien zusammenzulegen. Vervielf. Schreiben Hugenbergs an Papen vom 5. April 1933 mit Entwurf und Begründung eines Staatsvertrages Preußens mit dem Reich (*BA*, P 135/2056, fol. 111—114; fol. 121—130).

[7] Vgl. neben anderer Literatur vor allem Reichmann (Anm. I/59).

[8] Uhlig (Anm. I/59), S. 77 ff.; S. 209 ff.

[9] Präsidialtagung am 16. und 17. Februar 1933; *Schultheß, 1933*, S. 48.

[10] Eidesstattliche Erklärung Georg v. Schnitzlers, Mitglied des Vorstandes der I. G. Farben (*MGN* 5, Ankl.-Dok.-B. 14 A, Dok. EC — 439); Abschrift einer telegrafischen Einladung Görings an Krupp v. Bohlen und Halbach (*a. a. O.*, Ankl.-Dok.-B. 14 C, Dok. D – 201).

Diese Begegnung wurde also noch mit großer Vorsicht ins Werk gesetzt, die den Rahmen des Herkömmlichen beobachtete und offensichtlich jede der beiden Seiten vor Kompromittierung schützen sollte; doch in erster Linie wurde eine Aussprache über grundsätzliche politische Fragen vorbereitet, die über die Haltung der Industrie entschieden.

Eine Notiz, die Krupp v. Bohlen und Halbach vorher anlegte, entsprach noch dem Grundsatz „sauberer ... Trennung zwischen Staat und Wirtschaft".[11] Die Besorgnisse der Industrie wurden durch die Wünsche der Landwirtschaft nach immer weitergehenden staatlichen Hilfsmaßnahmen, Einfuhrverboten, Zöllen, Vollstreckungsschutz usw. hervorgerufen, „deren mögliche Vorteile in keinem Verhältnis zu dem sicheren Schaden für die Industrie" standen; auch eine Politik besonderer Bevorzugungen des Mittelstandes wurde befürchtet. Krupp verlangte, „daß wirtschaftspolitische Experimente ebenso vermieden werden wie einheitliche Bevorzugung einzelner Berufsstände".

Hitler erklärte sein Programm in einer Rede, in der er, wie nur wenige Male zu Beginn seiner Reichskanzlerzeit, seine Absichten im Kampf um die totale Macht offen zu erkennen gab.[12] Mit der Ankündigung einer radikalen Aktion gegen den Kommunismus, die Göring durch die Zusage ergänzte, „daß mit der politischen Befriedigung auch die Wirtschaft zur Ruhe kommen" werde und daß „keine Experimente" unternommen würden,[13] suchte sich Hitler die moralische und materielle Unterstützung der Großindustriellen einzuhandeln. Die rücksichtslose Deutlichkeit, mit der Hitler seine nächsten Ziele offenbarte, enthüllte freilich noch keineswegs die künftigen Wege der Privatwirtschaft, die nach Hitlers Auffassung „im Zeitalter der Demokratie" auf die Dauer lediglich im Bündnis mit der Autorität zu existieren in der Lage war. Krupp v. Bohlen und Halbach, der Präsident des Reichsverbandes, vermied es zwar, auf die Äußerungen Hitlers im einzelnen einzugehen; doch seine Entgegnung, daß „es höchste Zeit sei, endlich einmal in Deutschland Klarheit in den innerpolitischen Fragen zu schaffen", der Krupp noch ein Bekenntnis zu einem „politisch starken, unabhängigen Staat" hinzufügte,[14] durfte Hitler wohl im wesentlichen als eine Zustimmung der wichtigsten Wirtschaftsmänner zu seinem Programm auslegen, das sich im Inhalt nicht wesentlich von der Rede unterschied, die er etwas mehr als ein Jahr zuvor vor dem Industrieklub gehalten hatte.

Die Ergebnisse der Märzwahlen brachten dann das Präsidium des Reichsverbandes zu einer Bekundung, die keinen Zweifel an seinem Einverständnis mit der neuen Reichsregierung mehr zuließ. An dem gleichen Tage, da die Reichstagsmehrheit das Ermächtigungsgesetz annahm, trat das Präsidium des Reichsverbandes an die Seite jener Gruppen, die „durch die Wahlen ... die Grundlage für ein stabiles Regierungsfundament" geschaffen wähnten. Es klingt wie ein Bekenntnis zu den Erklärungen Hitlers vom 20. Februar, wenn nun auch der Reichsverband sich vom Verfassungsstaat löste und ihn als eine Vergangenheit abtat, die nur fortgesetzt „Störungen" und „ständige politische Schwankungen" gebracht und die „die wirtschaftliche Initiative stark gelähmt" hätte.[15]

Für die Chronik der nationalsozialistischen Machtergreifung bleibt es eine bemerkenswerte Tatsache, daß der Reichsverband vor rigorosen Gleichschaltungsmaßnah-

---

[11] Aufzeichnung Krupps zur Besprechung bei Göring am 20. Februar 1933 (gemeint war offenbar das Treffen von etwa 25 Industriellen unter Führung Krupps mit Hitler und Göring, das tatsächlich am 20. Februar stattfand; *MGN* 10, Vert.-Dok.-B. Bülow 2, Dok. Bülow 182); s. hierzu auch o. I. Teil, I. Kapitel.

[12] *IMT* (Anm. I/82), XXXV, S. 42 ff., Dok. 203 — D.

[13] *A. a. O.,* S. 47.

[14] Notiz Krupps vom 22. Februar über seine Erwiderung; *a. a. O.,* S. 48, Dok. 204 — D.

[15] Schreiben des Reichsverbandes der Deutschen Industrie an Hitler vom 24. März 1933, das eine Stellungnahme des Präsidiums vom 23. März wiedergibt; *MGN* 10, Ankl.-Dok.-B. 6, Dok. NI — 910.

men, wie sie andere Verbände über sich ergehen lassen mußten und die zumeist von den Verbandsinteressen nur sehr wenig oder gar keine Substanz übrigließen, als erster freigekommen ist und dann selbständig, freilich ständig überwacht von den Beobachtern der NSDAP, Schritt für Schritt seine Transformation in die Organisationsfiguren des totalitären Verwaltungsstaates vornehmen konnte. Hierbei sprach freilich das beträchtliche Ansehen mit, dessen sich Krupp v. Bohlen und Halbach erfreuen durfte, der als einstiger Berufsdiplomat auch die Kunst beherrschte, Gegensätze und Reibungsflächen zu reduzieren, zu verhüllen oder zu verschweigen. Solche Fähigkeiten kamen ihm mehr als den Leitern anderer Verbände an anderen Orten zugute, wo der rasche und rohe Zugriff der uniformierten Parteiorganisationen allein entschied.[16] Auch der kleine Kreis von Persönlichkeiten der Wirtschaft, die Keppler 1932 als „Freundeskreis" für Hitler geworben hatte, wurde häufiger zusammengeholt, seit dem Reichsparteitag im September 1933 von Himmler betreut und regelmäßig eingeladen, so daß schließlich die Bezeichnung „Freundeskreis Himmlers" aufkam.[17] Von diesen klubartigen Zusammenkünften dürften während des Jahres 1933 von Zeit zu Zeit Einflüsse auf die Wirtschaftspolitik im Sinne großwirtschaftlicher und vor allem großindustrieller Ansichten und Interessen ausgegangen sein.

Einen kritischen Punkt in den Beziehungen des Nationalsozialismus zur Wirtschaft bildete der organisierte Judenboykott vom 1. April, der den Reichsverband der Deutschen Industrie – wenn auch nur vorübergehend – nicht weniger bedrohte als andere Stellen, die sich bis dahin vom Nationalsozialismus freigehalten hatten. SA-Leute in Uniform erschienen an diesem Tage auch in der Geschäftsstelle dieses von ihrer Propaganda bekämpften Spitzenverbandes, erzwangen die Rücktrittserklärung des Geschäftsführers Kastl und verlangten das sofortige Ausscheiden aller jüdischen Angehörigen der Geschäftsstelle; einige der leitenden Angestellten wurden daraufhin zwangsbeurlaubt. Der Stände-Ideologe und Leiter der Wirtschaftspolitischen Abteilung der Reichsleitung der NSDAP Otto Wagener entsandte einen Vertrauensmann in die Geschäftsführung des Reichsverbandes, einen bis dahin unbekannten Herrn v. Lucke. Der vom Reichsverband alarmierte Reichswirtschaftsminister antwortete sofort mit einer ähnlichen Einsetzung und Betrauung des deutschnationalen Vorsitzenden des „Bundes für nationale Wirtschaft und Werkgemeinschaft", Alfred Möllers. Doch die Beziehungen Krupps zum nationalsozialistischen Reichskanzler erwiesen sich als weitaus wichtiger denn die Verbindungen zum Reichswirtschaftsminister Hugenberg, der selbst einmal dem Vorstand des Reichsverbandes angehört hatte, jedoch als Opponent des Präsidiums galt und wenig Schutz versprach. Selbst Hitler gegenüber bildeten zunächst „die großen Namen Krupp, Siemens, Bosch, Borsig ... einen Schutzring um die feste Burg der Industrie".[18]

Krupp vereinbarte mit Hitler die Ernennung eines Beauftragten, eines Verbindungsmannes zur Reichskanzlei wie zur NSDAP, mit der der Reichsverband die lästigen Wirtschaftskommissare los wurde, und erklärte sich bereit, die „Neuorganisation des

[16] Einen Überblick über die Vorgänge beim Reichsverband der Deutschen Industrie bietet neben der sehr knapp gehaltenen Darstellung von Heinz Müller, „Die Reichsgruppe Industrie", in dem Sammelband: *Der Weg zum industriellen Spitzenverband* (Anm. I/75), S. 296 ff., die umfangreiche Aufzeichnung des ehemaligen Justitiars des Reichsverbandes, Gustav Schwartz, vom 8. Februar 1948, die dem amerikanischen Militärgerichtshof in Nürnberg vorgelegen hat (*MGN* 10, Vert.-Dok.-B. Bülow 62); ferner die Eidesstattliche Erklärung des Max Ferdinand Frhrn. v. Brackel vom 8. März 1948 (*a. a. O.*, Dok. Bülow 175).

[17] Affidavit von Hans Kehrl vom 24. September 1946 (*MGN* 5, Ankl.-Dok.-B. 14 A, Dok. NI — 903). Nach Darstellung Kehrls hielt dieser Kreis seit 1932 häufig Zusammenkünfte ab, um Finanz-, Wirtschafts- und Währungsfragen zu erörtern; später kam er regelmäßig einmal in jedem Monat zusammen. Unter seinen Mitgliedern können Albert Vögler, Heinrich Gattineau, Kurt Frhr. v. Schröder, K. Vinzent Krogmann, Friedrich Flick, Wilhelm Börger, August Rosterg, Otto Steinbrinck, Emil Helfferich, Friedrich Reinhart, Ewald Hecker, Karl Rasche und später der Reichswirtschaftsminister Kurt Schmitt als die namhaftesten gelten.

[18] Aufzeichnung Schwartz' (Anm. V/16); etwas abweichend hiervon *Schultheß, 1933*, S. 82.

Reichsverbandes der Deutschen Industrie" mit dem Ziele einer „Synthese zwischen der politischen Führung und den wirtschaftlichen Notwendigkeiten" selbst in die Hand zu nehmen.[19] Diese „Synthese" bestand darin, daß Krupp den Reichsverband unter den ungleichartigen Losungen der „Rationalisierung" und der „Einführung des Führerprinzips" zunächst zu einer zentral gelenkten „industriellen Selbstverwaltung" auszubauen suchte. Er setzte hiermit Bestrebungen fort, die bereits seit Jahren verfolgt wurden und teilweise auch erfolgreich gewesen waren und die darauf hinausliefen, die gesamte Industrie nach Produktionssparten aufzuteilen und in Unterverbänden, „Fachgruppen" genannt, konkurrenz- und lückenlos im Reichsverband als einziger Dachorganisation zusammenzuschließen. Mit diesen Bestrebungen konnte jetzt ohne Widerstand auch eine personelle „Gleichschaltung" verknüpft und in die milder erscheinende Form von Einsparungen und Umgliederungen aus sachlichen Gründen gebracht werden; gleichzeitig kam man aus der „Kommissarwirtschaft" heraus, die „draußen im Lande mehr noch als in Berlin Betriebe und Verbände beunruhigte".[20] Am 6. April ließ sich Krupp vom Präsidium, dessen jüdische Mitglieder dieser Sitzung bereits ferngeblieben waren, nach einer dramatisch verlaufenen Diskussion außerordentliche Vollmachten erteilen und sämtliche Verbandsämter seiner Verfügung übereignen. Der nächste Schritt sollte den Beziehungen zu Arbeitnehmern und Gewerkschaften gelten, die Krupp nach dem Muster der Zentralarbeitsgemeinschaft, die Stinnes 1918 angeregt hatte, in eine Einheitsfront mit den Unternehmern zu bringen gedachte. Nach Beratungen im Kreise der Großen des Ruhrreviers, die die politischen Aussichten der Gewerkschaften nicht mehr sehr hoch einschätzten, entschloß man sich jedoch, diesen Gedanken fallenzulassen.[21]

In jenen Kreisen der großbetrieblichen Wirtschaft, die eine Kanzlerschaft Hitlers begrüßten, verknüpfte sich die Hoffnung auf Staatsaufträge und Konjunkturbelebung durch Rüstung und Verkehrsbauten mit der Erwartung einer vollkommenen Neuorganisation des wirtschaftlichen Verbandswesens, das den Verbänden Zwangscharakter und rechtsverbindliche Anordnungsbefugnisse geben sollte,[22] was man allgemein eine „ständische" Zusammenfassung nannte, die die Produzenten vereinigte und unter das Machtwort der stärksten Interessen brachte. Einer der wenigen nationalsozialistischen Angehörigen des Reichsverbandes der Deutschen Industrie, Hans Reupke, warnte in einer Denkschrift[23] vor Stände-Ideologen, die sich „in mystisch-philosophischen Spekulationen" verlören und die – „in Anlehnung an mittelalterliche Zunftgedanken" – lediglich „einen Plan typisch kleinstaatlicher und das Getriebe der Wirtschaft bevormundender Organisation" aufstellten; er empfahl demgegenüber den „Ausbau der Selbstverwaltung der Wirtschaft, entsprechend den Reformen des Reichsfreiherrn vom Stein auf dem Gebiet der politischen Selbstverwaltung der Nation". In eine Erörterung „der prinzipiellen Zweckmäßigkeit einer berufsständischen Gliederung" wollte Reupke, der sich mit diesem Thema schon seit geraumer Zeit befaßte, nicht mehr ein-

---

[19] Schreiben Krupps an Hitler vom 4. und 25. April 1933 mit Memorandum über die Reorganisation des Reichsverbandes (*MGN* 10, Ankl.-Dok.-B. 6, Dok. NI – 904 und NI – 157).

[20] Aufzeichnung Schwartz' (Anm. V/16).

[21] Eidesstattliche Erklärung August Heinrichsbauers vom 31. Januar 1948 über eine Beratung zwischen Ernst Brandi (Vorsitzender des Bergbauvereins), Fritz Springorum (Vorsitzender des Langnamvereins) und Albert Vögler, der Heinrichsbauer beiwohnte (*MGN* 10, Vert.-Dok.-B. Bülow 1, Dok. Bülow 67).

[22] Affidavit des Bankiers Kurt Frhr. v. Schröder über die Beziehungen der deutschen Großwirtschaft zu Hitler vom 21. Juli 1947 (*MGN* 10, Ankl.-Dok.-B. 6, Dok. NI – 7990).

[23] Reupke schickte einen Durchschlag seiner 11 Seiten umfassenden „Aufzeichnungen über ein System der berufsständischen Organisation der deutschen Wirtschaft" mit einem persönlichen Schreiben an Ministerialdirektor Grauert (*HAB*, Rep. 320, Grauert 39). Das Datum ist vergessen worden, jedoch lassen die Titulierung Grauerts wie auch der Inhalt der Denkschrift den Vorgang in die Zeit zwischen Ende März und Anfang Mai 1933 einordnen.

treten.[24] „Maßgebend ist", so schrieb er, „daß das gegenwärtige Regime aus verschiedenen Gründen sozialer und politischer Natur ... sich mit der festen Absicht trägt, eine solche Gliederung einzuführen. Es kann sich also im gegenwärtigen Augenblick für den Beteiligten nur darum handeln, die Methode zu erörtern und an der gedeihlichen Entwicklung mitzuarbeiten." Eine „Wirtschaftsreform" nach angeblich preußischen Ideen, die jedoch gerade ihres politischen Prinzips der Selbstbestimmung beraubt war, glaubte der Verfasser dieser Denkschrift mit der „Idee des totalitären nationalsozialistischen Staates" vereinbar: „Durch das Mittel der Selbstverwaltung erfaßt er die politische bzw. wirtschaftende Einzelpersönlichkeit sicherer, als es durch noch so rigorose, rein bürokratische Maßnahmen, die überdies als unerträglicher äußerer Zwang aufgefaßt würden, der Fall sein würde". Auch Reupke war sich darüber im klaren, daß die künftige Wirtschaftspolitik auf das Mittel der Planung oder doch zumindest der Festlegung wesentlicher Ziele nicht verzichten konnte. Der hauptsächliche Antrieb für die Vorschläge dieses Mannes des großindustriellen Verbandswesens lag jedoch in der Absicht, zu verhindern, daß die Aufrichtung einer ständischen Organisation der Wirtschaft auf Kosten der großwirtschaftlichen Eigeninteressen und der unternehmerischen Selbständigkeit ginge; denn „jede Wirtschaftsverfassung..., die Zunftcharakter annimmt, mischt sich alsbald in die wirtschaftliche Betätigung der Mitglieder ein". Das war der Sinn seiner Unterscheidung „in utopische und realisierbare" Vorschläge zur berufsständischen Organisation. Reupke suchte für die Überzeugung zu werben, daß dort unmittelbar angeknüpft werden müsse, „wo die Wirtschaft aus dem ihr innewohnenden Drang nach Ordnung sich bereits ein System der freien Vertretung geschaffen hat, also bei den bestehenden Verbänden des Wirtschaftslebens..." Kein „neu zu errichtender komplizierter Apparat" durfte entstehen, keine „neuen Experimente" sollten angestellt, sondern lediglich die vorhandenen, auf privatrechtlichen Verhältnissen beruhenden wirtschaftlichen Spitzenverbände, deren „Weiterentwicklung ins Stocken geraten ist", in staatliche oder halbstaatliche Organisationen übergeführt werden, um „ihnen dadurch eine neue Blüte zu verschaffen".

Auch den Gang der Maßnahmen, die zu diesem Ergebnis führten, wußte Reupke verhältnismäßig genau zu entwickeln. In der ersten, der „syndikalen Epoche", sollten die Verbände „entpolitisiert", sowohl die Gewerkschaften wie gleichzeitig die „Hypertrophie an Verbänden" auf der Arbeitgeberseite beseitigt werden. Schwierigkeiten, so meinte er, würden bei dem starken politischen Druck, „der in dieser Richtung ausgeübt werden kann, nicht in dem Vorgang der Verschmelzung zu suchen sein..., sondern in der Eingliederung der nationalsozialistischen Betriebszellen, die ein dem gewerkschaftlichen entgegengesetztes Prinzip, das der betrieblichen Arbeitervertretung, verkörpern". Reupke dachte offenbar an einzelne extremistische Erscheinungen innerhalb der NSBO, die schon in der Gleichschaltungsperiode des Frühjahrs 1933, verstärkt dann aber im Sommer, nach der Beseitigung der politischen Gewerkschaften zutage traten und eine ruhige, planmäßig geleitete Entwicklung der Verbandsorganisation, wie sie Reupke im Auge hatte, stören konnten. Einzelne NSBO-Funktionäre bestanden ebenso wie viele SA-Führer auch noch im Sommer darauf, die terroristische Phase der Machtergreifung fortzusetzen und mit den bisherigen „politischen Führern" auch die wirtschaftlichen Führer, die Unternehmer, zu beseitigen – in dem phantastischen Glauben, daß das „Dritte Reich" mit dem Zustand aufräume, daß „der Unternehmer nur ans Geld" denkt.[25] In diesen Kreisen hatte das Wort: „Erst kommen die

---

[24] Vgl. o. Anm. I/52 und I/90.
[25] Auszug aus der Niederschrift über eine DAF-Tagung in Münster am 29. Juni 1933 (Rede des DAF-Bezirksleiters und Gauwirtschaftsberaters der NSDAP), Anlage zu einem Schreiben eines westdeutschen Industriellen an Staatssekretär Grauert vom 10. Juli 1933 (*HAB*, Rep. 320, Grauert 39). Einer handschriftlichen Notiz zufolge

Lebensrechte der Nation, dann die Juristen!" [26] einen klassenkämpferischen, zugleich radikalen sozialistischen wie nationalistischen Sinn. Man konnte hierin Einzelerscheinungen erblicken, die sich immer weiter von dem breiten Strom der bestimmenden Entwicklung entfernten; die Befürchtungen großwirtschaftlicher Unternehmer entbehrten jedoch angesichts offen ausgesprochener Drohungen gegen „die großen Herren der Konzerne" als „an der Macht befindlichen Schädlingen", die man „mit Gewalt entfernen" müsse, [27] keineswegs der Grundlage.

Demgegenüber berücksichtigten die Organisationspläne Reupkes die Arbeitnehmerinteressen nur in sehr geringem Umfang. Er begnügte sich mit der Feststellung, daß die Aufrechterhaltung einer vereinheitlichten Arbeitnehmerorganisation „im politischen Interesse des Regimes" liege,[28] und schlug im übrigen eine Hineinnahme der „Säule" der Arbeitnehmerorganisation in das Kammersystem vor. Die wirtschaftlichen Verbände sollten zur Ausführung staatlicher Aufgaben als Hilfsorganisationen des Reichswirtschaftsministeriums herangezogen werden, durch staatliche Anerkennung in öffentlich-rechtlicher Form Zwangsbeiträge erheben dürfen, Zwangscharakter und Kontrollrechte über die Unternehmungen erhalten; die Kammern sollten der regionalen Zusammenfassung und der Verbindung der Verbände mit der Arbeitnehmerorganisation dienen. Es erscheint wie ein Zugeständnis Reupkes an die älteren Ständestaatspläne Otto Wageners,[29] wenn er ein dreistufiges Kammersystem vorschlug, das über örtliche Wirtschaftskammern und Ständekammern bis zur Reichsständekammer aufsteigen, keinen parlamentarischen Einflüssen ausgesetzt, sondern eine „geschäftsmäßig funktionierende Körperschaft" – also eine verwaltende Organisation – sein sollte. Sieht man von diesem letzten ab, so kann man sagen, daß sich die Pläne Reupkes kaum nennenswert von dem Kurs unterschieden, den der Reichsverband der Deutschen Industrie unter der Führung Krupps verfolgte und dem auch in etwa die gesamte Organisationsentwicklung der Wirtschaft während der nächsten Zeit entsprach. Sie wollte bewußt, aber nur „vorübergehend mit einer Verstärkung des staatlichen Eingriffs ... rechnen, der in der Festlegung der Richtlinien der Selbstverwaltung und in einer autoritären Lenkung aller derjenigen Verhältnisse besteht, in denen die Selbstverwaltung sich noch nicht eingelaufen hat".[30] Letztes Ziel war „jedoch ..., daß der Staat seine Betätigung auf wirtschaftlichem und wirtschaftspolitischem Gebiet abbaut und sich nur das Recht des ausnahmsweisen Eingreifens sowie der höchsten Entscheidung vorbehielt". Die Annahme, man könne innerhalb des totalen Staates über die Entwicklung zur verstärkten Organisation mit Zwangscharakter und zu verstärkter obrigkeitlicher Regie hindurch zu neuer Freiheit gelangen, erwies sich indessen als eine Illusion.

2. Zwischenspiel nationalsozialistischer Mittelstandsideologen

Radikalere Vorstöße drohten von anderen Seiten her: in erster Linie von den intransigenten Forderungen und Bestrebungen „mittelständischer" Interessen- und Agitationsgemeinschaften, zu denen sich vor allem der von der Krise heimgesuchte Einzelhandel und das Handwerk zusammengetan hatten, und von den expansiven agrarständischen Zielen des agrarpolitischen Apparates der NSDAP unter Führung Darrés,

---

fand auf Grund dieses Schreibens eine Unterredung zwischen Grauert und Feder statt, die mit der Feststellung endete, daß derartige Vorkommnisse innerhalb Westfalens als Ausnahmeerscheinung bewertet werden können.

[26] *Ebda.*
[27] *Ebda.*
[28] Denkschrift Reupke (Anm. V/23).
[29] Vgl. o. Anm. I/85.
[30] Denkschrift Reupke (Anm. V/23).

dem sich in der Reichsführergemeinschaft des deutschen Bauernstandes auch die übrigen landbündischen Organisationen in breiter Front angeschlossen hatten. Wie schon den frühen wirtschaftspolitischen Programmansätzen der NSDAP zu entnehmen war, mußten sich nach der Machtübernahme nun gerade die großbetrieblichen Unternehmensformen und Interessenkooperationen des Hochkapitalismus, die Großindustrie, das Bank- und Versicherungswesen, der Außenhandel und Kauf- und Warenhauskonzerne radikaler Eingriffs- und Umwälzungsversuche erwehren. Die politischen Gewerkschaften sahen sich zur gleichen Zeit ebenfalls aufs schwerste in ihrer Existenz bedrängt. Dem gesamten Pluralismus des wirtschaftlichen Verbandswesens drohte von interessierten Parteiorganisationen und radikalen Ständegruppen her die Gefahr des Umsturzes.

Die sukzessive Einengung der Freiheitssphäre begann zuerst und am stärksten im Bereich der demokratischen Arbeitnehmerorganisationen, an deren Stelle die unitarische nationalsozialistische Mammutorganisation der Deutschen Arbeitsfront trat. Es waren die nationalsozialistischen Betriebszellenfunktionäre, die immer noch eine überlegene Konkurrenz der Freien und der Christlichen Gewerkschaften fürchteten und die diese stärkeren Kräfte im Kampf um die Arbeiterschaft auszuschalten wünschten. Nicht zu Unrecht erblickten sie – wie es in der Begründung zu einem Gesetzentwurf über die Gewerkschaften heißt -- in dem von Ort zu Ort und Gebiet zu Gebiet schwankenden Ergebnis der Reichstagswahl vom 5. März 1933 ein Zeichen dafür, „daß der Nationalsozialismus die Arbeitermassen nicht im vollen Umfange erfaßt" hatte. Die Vermutung war gewiß nicht falsch, daß hieran der Einfluß der Gewerkschaften einen gehörigen Anteil hatte – „... jedenfalls soweit sie unter marxistischem oder Zentrumseinfluß stehen... Der gewerkschaftlich organisierte Arbeitnehmer, der den Gewerkschaften vieles verdankt, fühlt sich mit ihnen deshalb verbunden und wählt marxistisch oder das Zentrum." Für die nationalsozialistische Betriebszellenorganisation, die diesen Einfluß zu beseitigen trachtete, boten sich zwei Wege an: einmal der Ausbau der NSBO zur überlegenen nationalsozialistischen Gewerkschaftsorganisation; es bezeugt den unbewußten Respekt vor den sozialen und politischen Leistungen der historischen Gewerkschaften, daß man diesem Plane kaum Erfolgschancen einräumte, obgleich der faschistische Staat Italiens bereits ähnlich vorgegangen war: „Die Gewerkschaften sind insbesondere durch ihre sozialen Einrichtungen im Bewußtsein der Arbeiterschaft so fest verwurzelt, daß es kaum möglich sein wird, sie durch eine neue Gewerkschaft zu ersetzen." Dennoch wollte die oberste politische Leitung der Betriebszellenorganisation ursprünglich keine Zerschlagung der Gewerkschaften, wohl aber ihre schrittweise Gleichschaltung mit der NSBO. Sie sollten „zuerst entpolitisiert und zugleich nationalsozialistisch kontrolliert und beaufsichtigt werden. Dann müßten sie vereinigt werden, schließlich Koalitionszwang", so lautete der Vorschlag des Leiters der NSBO, Walter Schuhmann, der versuchte, diesen Weg mit Hilfe eines Gesetzes über die Gewerkschaften und durch Ernennung eines „Reichskommissars für die Gewerkschaften" einschlagen zu können. Da jedoch weder Göring noch einer der anderen nationalsozialistischen Minister Preußens und des Reichs Anstalten traf, auf den Entwurf eines solchen Gesetzes einzugehen und für die Existenz einer gewerkschaftlichen Bewegung in nationalsozialistischem Gewande zu sorgen, entschlossen sich NSBO- und Parteileitung zu eigenem, gewaltsamem Vorgehen, um ihr Ziel zu erreichen. Reinhold Muchow arbeitete jetzt auf Veranlassung Robert Leys, des Reichsorganisationsleiters der NSDAP, einen Plan zur Übernahme der Gewerkschaften aus, der am 2. Mai mit der Besetzung sämtlicher Häuser der Freien Gewerkschaften, mit der Inhaftsetzung ihrer bedeutendsten Führer und der erzwungenen bedingungslosen Unterwerfungserklärung der Christlichen Gewerkschaftsmänner Otte, Baltrusch und Behrens am nächsten Tage mit überraschender Schnelligkeit in die Tat umgesetzt wurde. Das im Anfang unterschiedliche Vorgehen gegen Freie und Christliche Gewerkschaftsführer blieb auf einen kurzen Zeitraum beschränkt und führte zum gleichen Ergebnis der vollständigen Beseitigung.[31]

Eine Organisationsinstanz der Parteileitung unter Führung Leys, die diesen Plan ausgeführt hatte, das „Aktionskomitee zum Schutz der Deutschen Arbeit", schmolz die Oppositionsgruppen der gewerkschaftlichen Bewegung mit allen ihren Einrichtungen in eine standesartige Massenorganisation ein und konstituierte sich nunmehr als Leitungsspitze dieser „Deutschen Arbeitsfront" (DAF). Der Reichsorganisationsleiter der NSDAP eignete sich selbst die Führung dieser Gesamtorganisation der Arbeitnehmer an und setzte sich damit in den Besitz einer eigenen, bald bürokratisch aufgezogenen und verwalteten Hausmacht innerhalb des Organisationswesens im nationalsozialistischen Totalstaat. Muchow behielt bis zu seinem Tode am 12. September 1933 das wichtige Organisationsamt der DAF, mit dessen Hilfe ihm binnen kurzer Frist eine annähernd lückenlose funktionsmäßige Erfassung des gesamten Organisationsbereichs, d. h. der deutschen Arbeiter und Angestellten gelang. – Die Arbeitnehmer bildeten den ersten, in seinem Organisationsaufbau abgeschlossenen „Stand" in der Hand der nationalsozialistischen Reichsleitung. Länger anhaltende Unruhe ging dagegen von den Bestrebungen nationalsozialistischer Parteifunktionäre und Ideologen im Bereich des gewerblichen Mittelstandes aus.

Die NSDAP hatte schon in den zwanziger Jahren in verschiedenen Gegenden Deutschlands ohne rechten Erfolg Mittelstandsorganisationen ins Leben gerufen – eine „Kampfgemeinschaft gegen Warenhäuser und Konsumvereine", einen „Kampfbund

---

[31] Gesetzentwurf und Begründung der Obersten Leitung der P. O. der Nationalsozialistischen Betriebszellenorganisation wurden mit Schreiben vom 14. März 1933 von Walter Schuhmann dem damaligen Ministerialdirektor Grauert übersandt (HAB, Rep. 320, Grauert 10). Auch Heß und Ley wurden informiert. Weitere Einzelheiten über Entstehung und Aufbau der Deutschen Arbeitsfront lassen sich dem Buch von Gerhard Starcke entnehmen, NSBO und Deutsche Arbeitsfront (Anm. I/31), S. 197 f.; S. 41 ff.; ferner F. Zinner-Biberach (d. i. Maria Winter), Führer, Volk und Tat. Geschichte und Gestalt der Nation, München 1934, S. 259 ff. Fast gar keine Aufschlüsse gibt die spätere, in bezeichnender Dürftigkeit abgefaßte kurze Darstellung des Organisationsleiters der DAF, Claus Selzner, Die Deutsche Arbeitsfront. Idee und Gestalt (Schriften der Deutschen Hochschule für Politik, hrsgg. von Paul Meier-Benneckenstein, II, 5), Berlin 1935. Die Unterwerfung der Christlichen Gewerkschaften am 3. Mai 1933 schildert eine von Jakob Kaiser für Staatssekretär Grauert angefertigte Aufzeichnung vom November 1933, „Zur Situation in der früheren deutschen Arbeiterbewegung" (13 Seiten, Durchschl., HAB, Rep. 320, Grauert 23). Die im Vergleich zu ihren Kollegen von den Freien Gewerkschaften im Anfang etwas schonendere Behandlung der Führer der Christlichen Gewerkschaften, die zunächst auch in die DAF aufgenommen wurden, scheint in erster Linie durch Rücksichten begründet gewesen zu sein, die Ley auf die bevorstehende Internationale Arbeiterkonferenz in Genf nahm. Doch der Verlauf dieser Konferenz setzte der „Mitarbeit Christlicher Gewerkschaftsführer in der Deutschen Arbeitsfront" (Kaiser) ein frühes Ende. Ley hatte Bernhard Otte in die deutsche Delegation aufgenommen in der Hoffnung, eine Anerkennung dieser Delegation durch den Kongreß zu erreichen. Mit Ausnahme der Italiener lehnten jedoch die Gewerkschaftsvertreter aller Länder, die nur mit Vertretern „unabhängiger Arbeiterorganisationen" verhandeln wollten, diese Anerkennung ab. Otte bemühte sich erfolglos um eine Vermittlung und mußte dann den Zorn und die Rache Leys als wehrloses Opfer erleben. Die Folge der Vorgänge in Genf war „die Diffamierung der deutschen christlichen Gewerkschaftsführer", ein Verbot an alle Dienststellen der DAF, mit ihnen irgendeinen Verkehr zu pflegen, die Auflösung des Gesamtverbandes der Christlichen Gewerkschaften und seiner Untergliederungen, die Beschlagnahme aller Vermögenswerte und die fristlose Entlassung aller Angestellten – also das gleiche Schicksal, das die Freien Gewerkschaften schon am 2. Mai erleiden mußten. Bernhard Otte, Friedrich Baltrusch, Theodor Brauer, Franz Behrens, Adam Stegerwald und Heinrich Imbusch wurden aus der DAF ausgestoßen. Sie wurden nun ebenso „Staatsfeinde" wie die Führer der Freien Gewerkschaften und in Diffamierung und Verfolgung mit diesen „gleichgeschaltet". Das Organisationsamt der DAF veröffentlichte eine Liste mit den Namen dieser „Geächteten", denen die bemerkenswerte „Strafe" zuerkannt wurde, daß sie keine Arbeit mehr erhalten durften. (Ausführungen hierzu auch in einer Rede Walter Schuhmanns, wiedergegeben in: Der Deutsche, Nr. 152 und Nr. 159/1933.) – Über das Ende der Gewerkschaften im allgemeinen o. I. Teil, III. Kapitel. Als Kuriosum sei vermerkt, daß der Verband nationaler Arbeitnehmer „Der Deutsche Arbeiter" (DDA), ein kleiner gewerkschaftlicher Organisationssplitter deutschnationaler Observanz, bis Ende September 1933 ungestört fortbestand und das offenbar unbehagliche Dasein einer im großzügigen Gleichschaltungsvorgang übersehenen Einzelorganisation führte (Schreiben des Leiters der Hauptverwaltung des DDA in Essen, Fritz Quint, an Grauert vom 5. August und vom 5. Oktober 1933; HAB, Rep. 320, Grauert 23).

für Erhaltung des Mittelstands" und eine „Arbeitsgemeinschaft deutscher Geschäftsleute" – und zog schließlich in den Gauen „Nationalsozialistische Kampfbünde des
gewerblichen Mittelstands" auf, die nach dem Ausscheiden Gregor Strassers aus der
Reichsleitung im Dezember 1932 in dem jungen Baltendeutschen Adrian v. Renteln
einen „Reichsführer" erhielten und über ihn unmittelbar der Reichsleitung zugeordnet
wurden.[32] Der von nun an zentral geleitete „Kampfbund" bemächtigte sich Ende
März des maßgeblichen Einflusses im Vorstand der Hauptgemeinschaft des Deutschen
Einzelhandels, dem dann die Gleichschaltung der angeschlossenen Verbände nach erlassenen Parteirichtlinien auf dem Fuße folgte. Ein Heer von Kommissaren ergriff zu
gleicher Zeit von den Geschäftsstellen der Industrie- und Handelskammern, der Hand-
werkskammern, Innungen und Verbände Besitz. Otto Wagener, den Hugenberg am
15. April gemeinsam mit Möllers zum Kommissar des Reiches für den Reichsverband
der Deutschen Industrie und für die übrige Wirtschaft mit Ausnahme der Landwirtschaft ernannte,[33] suchte jetzt durch willkürliche Eingriffe und völlig unbekümmert
um die Zuständigkeiten der wirtschaftlichen Ministerien Hugenbergs seinen Plan einer
ständestaatlichen Wirtschaftsorganisation zu verwirklichen. Seine Tätigkeit stellte
die seines deutschnationalen Gegenspielers Möllers bald völlig in den Schatten.[34] Mit
Wageners Hilfe gelangte v. Renteln nicht nur an die Spitze der soeben gegründeten
Reichsstände des Deutschen Handels und des Deutschen Handwerks, sondern auch
des Deutschen Industrie- und Handelstages, der Dachorganisation der Industrie- und
Handelskammern; und Rentelns Stellvertreter in der Führung des Kampfbundes des
gewerblichen Mittelstands, Hilland, erlangte die Geschäftsführung des Industrie- und
Handelstages. Hugenbergs Proteste gegen die Maßnahmen Wageners kamen zu spät
und konnten, da die Anfänge zu weit gediehen waren, das Geschehene nicht mehr
rückgängig machen. Er erreichte lediglich, daß v. Renteln sich einige Wochen später
von einer Vollversammlung der Industrie- und Handelskammern, in denen jetzt die
Nationalsozialisten herrschten, auch noch einmal zum Präsidenten wählen ließ, um
in der einsetzenden Legalisierungsperiode das Odium der lediglich kommissarischen
Einsetzung loszuwerden.

Selbst der Spitzenverband der Warenhäuser, die jetzt von der NSDAP rücksichtslos
bekämpft wurden, der „Verband Deutscher Waren- und Kaufhäuser e. V.", erhielt
auf Geheiß Wageners eine neue Organisationsform, die auch Einheitspreisgeschäfte,
Filialbetriebe und Versandgeschäfte umfaßte und einem von Wagener eingesetzten
Leiter unterstellt wurde.[35] Dieser Reichsverband der Mittel- und Großbetriebe des
Deutschen Einzelhandels bildete einen weiteren Baustein im Gebäude eines nationalsozialistischen Ständestaates, wie er Wagener vorschwebte.

Die boykottartigen Aktionen gegen Warenhäuser und Einzelhandelsgeschäfte jüdischer Besitzer mehrten sich nach dem Tage der Reichstagswahl, nahmen den Charakter wohlorganisierter Manöver der SA, SS und NSBO an, gegen die die Polizei kaum
noch einschritt, und steigerten sich zu der im voraus geplanten antisemitischen Boykott-

---

[32] Uhlig (Anm. I/59), S. 63 f. Biographische Angaben über v. Renteln bei Facius (Anm. V/2), S. 127.

[33] Schultheß, 1933, S. 118; Facius, a. a. O., S. 144.

[34] Über die Tätigkeit Wageners im Frühjahr 1933 unterrichtet eine ungedruckte Dissertation von Raimund
Rämisch, im Auszug veröffentlicht: „Der berufsständische Gedanke als Episode in der nationalsozialistischen
Politik", in: Zeitschrift für Politik, N. F. 4 (1957), S. 262—272. Verschiedene Angaben Rämischs sind allerdings
korrekturbedürftig; vor allem läßt sich die Behauptung, daß „der berufsständische Aufbau . . . Anfang 1933 allein
von dem Einflußgrade Wageners abhängig geworden" sei (S. 268), angesichts der weit verbreiteten ständischen
Bestrebungen nicht halten. Vgl. aus der Literatur der ersten nationalsozialistischen Jahre: Max Frauendorfer,
Was ist ständischer Aufbau?, Berlin 1934; Friedrich Bülow, Der deutsche Ständestaat. Nationalsozialistische
Gemeinschaftspolitik und Wirtschaftsorganisation, Leipzig 1934; sowie die jur. Diss. von Gerhard Meyer, Neue
ständische Formen, Köln 1935. Für die spätere Entwicklung: Paul Hameit, Die Entwicklung des ständischen
Problems, jur. Diss., Hamburg 1937.

[35] Uhlig (Anm. I/59), S. 76.

welle am 1. April 1933. Der Reichsinnenminister gab zwar eine Anordnung bekannt, die die zuständigen Stellen aufforderte, solchen Übergriffen entgegenzutreten; [36] doch an den Verhältnissen und Vorgängen änderte sich nichts. Der vom „Zentralkomitee zur Abwehr jüdischer Greuel- und Boykotthetze" unter Führung des fränkischen Gauleiters Streicher in Szene gesetzte und durch tägliche Anordnungen geleitete Boykott kam einer von der Staatsautorität geduldeten Terroraktion gleich, deren Wirkungen auf einzelne Betroffene, die vorher schon unter den Folgen der Wirtschaftskrise gelitten hatten, teilweise verheerend waren. Auch hier wandte sich ein nichtjüdischer Bevölkerungsteil, die im NS-Kampfbund des gewerblichen Mittelstandes vereinigten Unternehmer des kleineren Gewerbes und des Einzelhandels, gegen die jüdische Konkurrenz, um den Konkurrenzkampf mit Hilfe des Terrors bis zur Vernichtung und Beseitigung zu führen. Vor ihm schützten jetzt nur noch Plakate mit den Aufschriften „Deutsches Geschäft" oder „Anerkannt deutsch-christliches Unternehmen", die der Kampfbund ausgab. Es wird sogar berichtet, daß sich an einem Ort Geschäftsleute in SA-Uniform Einsicht in die Geschäftsbücher ihrer Konkurrenz verschafften. [37] Offiziell endete der Boykott noch am gleichen Tage; doch er hinterließ eine lange Welle des Schreckens, der Gewaltsamkeiten, der Einschüchterungen und Erpressungen und ein anhaltendes Zwielicht unverkennbar persönlich-privater und mit ihnen verquickter politischer Ziele. Auch später waren Boykottmaßnahmen dieser und ähnlicher Art häufig an der Tagesordnung. Sie zeigten die Stationen des Weges an, auf dem sich die Verdrängung der jüdischen Bevölkerung aus der Wirtschaft vollzog.

Das Gesetz zum Schutze des Einzelhandels [38] legte einen dauerhaften eisernen Schutzgürtel um den bestehenden und von der Krise bedrohten Einzelhandel. Eine allgemeine Errichtungssperre für neue Einzelhandelsgeschäfte, die das Gesetz zunächst bis zum 1. November 1933 befristete, die dann aber mehrmals verlängert wurde, leitete zur allgemeinen Konzessionspflicht über, [39] die im Bunde mit dem ständischen Organisationszwang der Gewerbefreiheit ein Ende setzte. Zweifellos lag die Politik, die „die dem alten Staate eigentümliche Beschränkung der Funktion der Staatsgewalt in der Wirtschaft" beseitigte, [40] völlig auf der Linie, die der Kampfbund verfolgte. Das zeigte sich auch an den gesetzlichen Sonderbestimmungen für Warenhäuser und Einheitspreisgeschäfte, die praktisch jede weitere Ausbreitung der Konzerne durch Übernahme bestehender Geschäfte unterbanden, sie auf ihrem derzeitigen Stand hielten und die später durch Bestimmungen ergänzt wurden, die die Errichtung neuer Warenhäuser, Einheits-, Klein- und Serienpreisgeschäfte derartig beschränkten, daß es in der gesamten nationalsozialistischen Periode nicht mehr zu Errichtungen oder Erweiterung solcher Unternehmungen kommen konnte. [41] In dem langwierigen Kampf um eine prohibitive Großunternehmenssteuer für den Einzelhandel zum Schutze des Mittelstandes hingegen erwiesen sich die Mittelstandsorganisationen mit ihren hochgespannten Forderungen weniger erfolgreich. Obgleich sie die Unterstützung des nationalsozialistischen Staatssekretärs Reinhardt gewonnen hatten, erreichten sie lediglich ein Reichsrahmengesetz, das den Ländern das Recht gab, die üblichen Landessteuersätze zu verdoppeln und die Zweigstellensteuer, die auf Filialbetrieben lag, zu erhöhen, von der das größte Land Preußen nicht einmal Gebrauch machte.

---

[36] Völkischer Beobachter vom 14. März 1933, abgedr. bei Uhlig, a. a. O., S. 196.
[37] Uhlig, a. a. O., S. 82 ff.
[38] Vom 12. Mai 1933 (RGBl., I, 1933, S. 262).
[39] Verordnung zur Durchführung des Gesetzes zum Schutze des Einzelhandels vom 23. Juli 1934 (RGBl., I, 1934, S. 726).
[40] „Mittelständische" Pressestimme (Der Überblick), zit. von Uhlig (Anm. I/59), S. 197. Vgl. auch Paul Hilland in: Die Deutsche Volkswirtschaft 2 (1933), S. 141.
[41] Uhlig, a. a. O., S. 94 ff.

Die preußische Regierung ging aber auch bald gegen die nationalsozialistischen Mittelstandsorganisationen vor. Die Tätigkeit der Kampfbünde des gewerblichen Mittelstands im Verein mit Wirtschaftskommissaren veranlaßte Göring Anfang Mai 1933, sich dagegen zu verwahren, daß „erneut Interessenvertretungen entstehen".[42] Sein Einschreiten galt aber nicht allein der ungezügelten Aktivität und örtlichen Übergriffen, sondern noch mehr der ungewissen Möglichkeit, daß die Pluralität wirtschaftlicher Interessen im Gewande nationalsozialistischer Organisationen neu erstehen und den Aufbau des autoritären Staates in ihre Bahnen zwingen könnte. Einen Monat später gaben Göring und Hugenberg ein gemeinsames Protestschreiben an den Reichskampfbundführer v. Renteln bekannt, das sich gegen Eingriffe und Übergriffe des Kampfbundes bei der Neubesetzung von Industrie- und Handelskammer-Vorständen wandte und verlangte, daß „alle Eingriffe in öffentlich-rechtliche Körperschaften und Anstalten der Wirtschaft sowie in ihre Verbände in Zukunft ... unterlassen" würden. Hierdurch sahen sich Wagener und Renteln zum Einlenken gezwungen, die nun in einer gemeinsamen Verfügung dem Kampfbund „die Einsetzung von Kommissaren, die Gleichschaltung in Verbänden und Betrieben, die Beseitigung und Ersetzung unerwünschter Personen, die unmittelbare Beeinflussung der Preisstellung und direkte Eingriffe in das Geschäftsleben" untersagten.[43]

In Preußen fand der autoritäre Beamtenstaat konservativer Prägung seine konsequentesten und eindringlichsten Verteidiger. Am heftigsten hatte sich Popitz, etwa bei der Gelegenheit der Beratungen über die Stellung des Deutschen Gemeindetages oder über die „Umwälzung auf dem Gebiete der Beamtenorganisation" gegen eine Einflußnahme der gleichgeschalteten und nun von Nationalsozialisten beherrschten Verbände ausgesprochen und darauf gedrungen, daß jede „Möglichkeit einer Nebenregierung sowie ein geschlossenes Auftreten gegenüber dem Staat ausgeschlossen"[44] blieb. Göring begab sich in das Fahrwasser der gleichen Ansichten und ernannte am 15. Juni Grauert, den mit industriellen Verhältnissen und mit ständischen Ideologien seit langem vertrauten Staatssekretär seines Innenministeriums, zum preußischen „Stellvertretenden Bevollmächtigten zum Reichsrat im Hauptamt für die Angelegenheiten der Verbände"[45] und schuf damit auf ungewöhnliche Weise eine neue Zuständigkeit für wirtschaftsorganisatorische Fragen, die fortan auch indirekt seiner Entscheidung und nicht mehr ungeschmälert den wirtschaftlichen Ressorts unterstand. Allerdings erlangte Grauerts Sonderbefugnis noch keine dauernde Bedeutung, denn die weitere Entwicklung des wirtschaftsständischen Verbandswesens lag bald in den Händen der Nachfolger Hugenbergs in den landwirtschaftlichen und wirtschaftlichen Ministerien, Darré und Schmitt, die mit der Macht der Reichsgesetzgebung das preußische Kabinett überflügelten und über die Grenzen ihrer preußischen Ressorts hinauswuchsen.

Als erstes beseitigte Wirtschaftsminister Schmitt, vorher Generaldirektor der Allianz, des größten Versicherungskonzerns, den Stein des ständigen Anstoßes, indem er mit Hitlers Genehmigung am 14. Juli die Bestellung Wageners zum Wirtschaftskommissar aufhob.[46] Gleichzeitig verlor Wagener sein Amt in der Reichsleitung der NSDAP als Leiter der Wirtschaftspolitischen Abteilung, die jetzt Keppler übernahm, den Hitler auch zum Beauftragten für Wirtschaftsfragen in der Reichskanzlei ernannte. Ebenfalls zu dieser Zeit verfügte der Stellvertreter des Führers der NSDAP, daß „vorerst ein aktives Vorgehen mit dem Ziele, Warenhäuser und warenhausähn-

---

[42] A. a. O., S. 75.
[43] Beides im Wortlaut wiedergegeben bei Uhlig, a. a. O., S. 105 f.
[44] HAB, Rep. 90, Sitzungsprotokolle 1933, fol. 121.
[45] A. a. O., fol. 115.
[46] Rämisch (Anm. V/34), S. 271.

liche Betriebe zum Erliegen zu bringen", zu unterbleiben habe.[47] Zwar blieben die
Fragen dieses Teiles der Wirtschaftspolitik noch unentschieden, doch der Kurs gegen
bestimmte Betriebsformen und der besondere nationalsozialistische Akzent der „Mittelstandspolitik" mäßigten sich und schliffen sich zusehends ab. Auf das Versickern der
radikalen Stände-Ideologie und die stillschweigende Anerkennung des Großbetriebes
folgte die Durchsetzung des um die Großwirtschaft zentrierten Organisationsprinzips,
das weit mehr dem kartellmäßig erfaßten und monopolistisch organisierten Sparten-
interesse als berufsständischer Sonderung entsprach.

Von den nationalsozialistisch beeinflußten gewerblichen Mittelstandsorganisationen
war ebenso wie von den landwirtschaftlichen Organisationen die Forderung nach
Neubesetzung der von Hugenberg verwalteten Ministerien ausgegangen, die sie in
demonstrativer, intransigenter Form vorgebracht und gleich mit der Benennung nationalsozialistischer Kandidaten verknüpft hatten. Adrian v. Renteln [48] und auch Otto
Wagener [49] wären die gewünschten Männer an der Spitze des Reichswirtschaftsministeriums und des Preußischen Ministeriums für Wirtschaft und Arbeit gewesen. Doch
der Sturz Hugenbergs und die Amtsnachfolge Kurt Schmitts als Wirtschaftsminister
im Reich und in Preußen [50] lenkten die weitere Entwicklung in eine andere Richtung.
In mehrfacher Hinsicht bahnte sich schon seit Mai eine Wendung an. Auf die schlagartige gewaltsame Beseitigung der Freien Gewerkschaften am 2. Mai folgte die „freiwillige Entfernung" der Vereinigung der deutschen Arbeitgeberverbände „aus der
Schußlinie" [51] und ihre Verschmelzung mit dem Reichsverband zum „Reichsstand der
deutschen Industrie", der sich nun der ständischen Terminologie bediente und den
kurz zuvor gebildeten „Reichsständen" des Handwerks und des Handels als gleichartige, jedoch als mehr denn gleichwertige Größe an die Seite stellte.

Am 15. Mai teilte Göring den preußischen Ministern mit, daß Hitler alle Eingriffe
und Untersuchungen bei deutschen Banken untersagt habe.[52] Eine der Ursachen darf
man wohl in der Begründung sehen, die Göring an diesem Tage dem Staatsministerium
gab, daß es „bereits zum Abzug ausländischer Gelder" gekommen sei. Das war zweifellos gefährlich bei dem außerordentlichen Kapitalmangel in allen Zweigen der deutschen Wirtschaft und angesichts des großdimensionalen Arbeitsbeschaffungsprogramms,
das die Nationalsozialisten mit Hilfe Schachts verwirklichen wollten. Auf der Reichsstatthalterkonferenz am 6. Juli gab Hitler auch vor der Öffentlichkeit deutlich zu
erkennen, daß er gewillt war, der Wirtschaft gegenüber das Steuer herumzuwerfen
und von den Parteiorganisationen einen gemäßigteren Kurs zu verlangen.[53] Für viele

---

[47] Anordnung von Heß vom 7. Juli 1933, wiedergegeben bei Uhlig (Anm. I/59), S. 111. Die wirtschaftliche
Krise und die Gesetze „der Bilanz" führten sogar dazu, daß der neue Reichswirtschaftsminister Hitlers Zustimmung
zu einer Sanierung des „nichtarischen" Hermann-Tietz-Warenhauskonzerns erhielt, die nur mit Reichshilfe durchgeführt werden konnte, so daß die soeben erbittert bekämpften und immer bedrohten Konkurrenten des nationalsozialistischen „Mittelstandes" paradoxerweise vom Reich am Leben erhalten wurden (a. a. O., S. 115 ff.).

[48] So in einem Schreiben des Vorsitzenden des Reichsbundes des deutschen Handwerks vom 6. Mai 1933 an
Ministerpräsident Göring, in einem Telegramm des Reichsbundes des deutschen Baugewerbes e. V. (HAB, Rep. 90/871)
und in Telegrammen der Einzelhandelsvereinigung Hannover e. V. und des Einzelhandelsverbandes Niedersachsen e. V. Anfang Mai an Göring (a. a. O., Rep. 90/896).

[49] Telegramm des Präsidenten des Reichsverbandes des Photohandels und weitere Telegramme des Deutschen
Zigarrenhändler-Bundes, des Einzelhandelsverbandes Königsberg, des Hauptverbandes Deutscher Optiker-Ver-
einigungen, des Vorsitzenden des Edeka-Verbandes, der Bäckerzwangsinnung des Dillkreises und der Vertreter der
Genossenschaftsbanken von Dillenburg und den angrenzenden Kreisen (ebda.). Das zeitliche Zusammentreffen dieser
Demonstrationen, die häufig unrichtige Schreibung des Namens (v. Rentelen; v. Rinteln) und die große Ähnlich-
keit der Texte lassen auf eine zentrale, allerdings nicht schriftlich ausgeübte Regie schließen.

[50] Beglaubigte Abschrift der Ernennungsurkunde vom 30. Juni 1933 (ebda.).

[51] Aufzeichnung von Frhr. v. Brackel (Anm. V/16).

[52] HAB, Rep. 90, Sitzungsprotokolle 1933, fol. 99 v. Am gleichen Tage erließ der Leiter der NSBO, Schuhmann,
eine Anordnung, die „eigenmächtige Eingriffe in die Betriebsführung" untersagte (Schultheß, 1933, S. 129).

[53] Rede Hitlers auf der Konferenz der Reichsstatthalter am 6. Juli 1933 (a. a. O., S. 169 f.).

Ohren in ihren Reihen waren es neue und unerwartete Worte, daß Unternehmer und Wirtschaftsfachleute, die keine Nationalsozialisten waren, nicht mehr einfach beiseite gedrängt werden durften. In der großbetrieblichen Wirtschaft war das bisher kaum geschehen; infolgedessen kam diesen Worten vor allem für die übrigen Bereiche der Wirtschaft Bedeutung zu. Wenn Hitler jetzt erklärte, daß „die praktische Erfahrung" nicht zugunsten einer „bestimmten Idee" vernachlässigt werden dürfe und daß die Ideen des Programms nicht verpflichteten, „wie Narren zu handeln und alles umzustürzen, sondern klug und vorsichtig" zu Werke zu gehen,[54] so hieß das praktisch nichts anderes, als daß das ohnehin heterogene Parteiprogramm auch den letzten Rest der Verbindlichkeit verloren hatte und daß nicht die Parteiorganisationen, sondern Persönlichkeiten nach der Wahl Hitlers die nächsten Stationen der Wirtschaftspolitik bestimmen würden.

3. Vom Kommissar zum Treuhänder

Der Übergang vom Kommissar zum ordentlichen Amtsträger, der den Vorgang der Ersetzung der Kommissare in den Ländern durch Reichsstatthalter bestimmte, wiederholte sich auch in der Wirtschaft. Die Funktionen und Ermächtigungen der Wirtschaftskommissare erloschen nach und nach. Statt ihrer traten mit unterschiedlichem Gewicht in den verschiedenen, eigens für diese Institution festgelegten Wirtschaftsgebieten „Treuhänder der Arbeit" auf, die der Reichskanzler auf Grund des Gesetzes vom 19. Mai 1933[55] auf Vorschlag der Landesregierung ernannte. Ihre vom Gesetz bestimmten Befugnisse innerhalb der Wirtschaft konnten von beträchtlicher Wirkung sein. Sie waren mit diktatorischen Vollmachten ausgestattete Schiedsrichter für alle Betriebe und Unternehmungen ihres Bezirks. Da die organisierte Arbeitnehmerschaft gleichgeschaltet und zu einem Instrument der Propaganda degradiert und die Unternehmerverbände aufgehoben worden waren, wirkten die Treuhänder als mit Richtlinien und Weisungen der Reichsregierung versehene Kommissare. „Bis zur Neuordnung der Sozialverfassung" setzten sie mit rechtsverbindlicher Wirkung die Bedingungen für den Abschluß von Arbeitsverträgen fest; im allgemeinen hatten sie für die Aufrechterhaltung des Arbeitsfriedens zu sorgen. Außerdem waren sie an der Vorbereitung der neuen Sozialgesetzgebung zu beteiligen. In Verbindung mit den zuständigen Reichs- und Landesbehörden konnten sie ihre Anordnungen treffen und durchführen lassen. Freilich blieben sie in einem gewissen Maße abhängig von den Wirtschaftsministerien der Länder, vom Reichswirtschaftsministerium und vom Reichsarbeitsministerium, dem die reichsgesetzliche Organisation der Treuhändertätigkeit oblag, aber auch von den sich für zuständig erachtenden Stellen der Partei, denen auch zum großen Teil die Treuhänder entnommen wurden.

Die Einteilung der Wirtschaftsgebiete wurde so getroffen,[56] daß 9 der 13 Treuhänder von der preußischen Regierung vorzuschlagen waren. Bei der Präsentation innerhalb des Staatsministeriums mußte sich Hugenberg einige Gegenvorschläge Grauerts gefallen lassen.[57] Beide einigten sich schließlich auf eine Namensliste, die ein merkwürdiges Konglomerat von Persönlichkeiten darstellte. Für die wichtigsten industriellen Wirtschaftsgebiete Brandenburg-Berlin, Hessen, Rheinland und Westfalen

---

[54] Diese Worte sind in dem von *Schultheß* wiedergegebenen Auszug aus der Rede Hitlers vor den Reichsstatthaltern nicht enthalten. Sie werden aber in einer offiziellen Parteizeitschrift zitiert (Geleitwort zum 2. Jahrgang der *Braunen Wirtschafts-Post. Nationalsozialistischer Wirtschaftsdienst*, Hrsg. Josef Klein, Düsseldorf 1933, S. 2). Diese Zeitschrift bezeichnete sich als „Amtliches Organ des Treuhänders der Arbeit für das Wirtschaftsgebiet Westfalen" (Klein) und als „Veröffentlichungsblatt des Instituts für Ständewesen Düsseldorf".

[55] Gesetz über Treuhänder der Arbeit (*RGBl.*, I, 1933, S. 285).

[56] Durchführungsverordnung zum Gesetz über Treuhänder der Arbeit vom 13. Juni 1933 (*a. a. O.*, S. 368).

[57] Sitzung des Staatsministeriums am 29. Mai 1933 (*HAB*, Rep. 90, Sitzungsprotokolle 1933, fol. 108 v.).

wurden der einstige sozialdemokratische Oberpräsident von Ostpreußen, August Winnig, der Präsident der Industrie- und Handelskammer Frankfurt und Präsident der Reichsgruppe Handel, Lüer, der nationalsozialistische Betriebszellenfunktionär und Reichstagsabgeordnete Börger und der nationalsozialistische Gauwirtschaftsberater Klein vom Düsseldorfer Institut für Ständewesen ernannt. Treuhänder in Pommern wurde der nationalsozialistische Rechtsanwalt Graf v. d. Goltz, Treuhänder in Mitteldeutschland der nationalsozialistische Dessauer Landrat Evers, in Niedersachsen der nationalsozialistische Bremer Oberbürgermeister und ehemalige Arbeitsamtsleiter Markert, in Ostpreußen der Gutsbesitzer und Landesbauernführer Otto, in Schlesien Rechtsanwalt Nagel. Die Einigung zwischen Grauert und Hugenberg brachte ausschließlich Nationalsozialisten oder Persönlichkeiten, die das Vertrauen der NSDAP genossen, in die wichtigen Ämter der Treuhänder. Zwei von ihnen waren höhere Staatsfunktionäre. Nur Winnig und Börger konnten mit der Arbeitnehmerseite in Verbindung gebracht werden; als Arbeitervertreter kann man aber auch sie nicht bezeichnen.

Diese Besetzungen blieben freilich ebenso wie die Abgrenzungen der Bezirke zunächst noch umstritten und teilweise Streitobjekte zwischen Arbeitsfrontfunktionären, Unternehmerinteressen und Bestrebungen, die die zuständigen Ministerien verfolgten. Infolgedessen traten während der folgenden Monate verschiedene Änderungen ein, die das Bild etwas abwandelten. Die bemerkenswertesten waren die Ersetzung Winnigs durch den Gründer der Berliner Betriebszellenorganisation, Johannes Engel, die Auswechselung von Evers gegen einen Beamten des thüringischen Wirtschaftsministeriums und die Bestellung eines hohen Beamten des sächsischen Wirtschaftsministeriums zum Treuhänder in Sachsen. Im Bezirk Nordmark (Hamburg, Lübeck und Schleswig-Holstein) übernahm der nationalsozialistische Senator und vorherige Reichskommissar für Lübeck, Völtzer, dieses Amt, für den Bezirk Südwestdeutschland ein Arbeitsrechtler, Wilhelm Kimmich, der aus dem Schlichtungswesen kam.

Wie weit die Ausübung der übertragenen Befugnisse ging, zeigen die Anordnungen des Treuhänders im Wirtschaftsgebiet Westfalen. Er verbot Streiks und Aussperrungen, machte die Wirksamkeit von Tarifverträgen von seiner Zustimmung abhängig, untersagte jeden „Eingriff von Unbefugten" in Betriebe oder wirtschaftliche Verbandsorganisationen und setzte selbständig Sonderbeauftragte für Unterbezirke ein, die er eigenmächtig abgrenzte.[58] Diese „Sonderbeauftragten", die ausnahmslos entweder seit längerem oder seit kürzerem die Mitgliedschaft der NSDAP erworben hatten, arbeiteten als zwischengeschaltete Instanzen unmittelbar mit den Stellen der NSDAP – „Kreiswirtschaftsreferenten", Arbeitsfront, NSBO, SA und SS – wie mit den staatlichen Behörden zusammen und hatten die Entscheidungen des Treuhänders einzuholen, der selbst nach Belieben tätig und von Betrieben und Angestellten nur auf dem Wege über die Sonderbeauftragten erreicht werden konnte. Einen wahren Löwenanteil seines Wirtschaftsgebietes, darunter das gesamte Ruhrrevier, unterstellte er einem Ruhrindustriellen,[59] der nun als Sonderbeauftragter mit außerordentlichen Vollmachten für die Aufrechterhaltung des Arbeitsfriedens sorgte.

Die Treuhänder der Arbeit waren in der Ausübung ihrer Tätigkeit praktisch zunächst auf ein gewisses Maß von Zusammenarbeit mit der NSBO und der DAF angewiesen. An diese war jedoch nicht zu denken, solange sich noch das Gedankengut

---

[58] Amtliche Mitteilungen des Treuhänders der Arbeit für das Wirtschaftsgebiet Westfalen: Anordnung Nr. 1 vom 5. Juli 1933 (*Braune Wirtschafts-Post*, 1933, S. 24 f.).

[59] Zum Wirtschaftsbezirk Westfalen gehörte außer der Provinz Westfalen u. a. auch der rheinländische Regierungsbezirk Düsseldorf. Der Zuständigkeitsbezirk des Sonderbeauftragten, Bergwerksdirektor Walter Tengelmann, umfaßte die Stadt- und Landkreise Bottrop, Gelsenkirchen, Buer, Gladbeck, Recklinghausen (Reg.-Bez. Münster), Wattenscheid, Wanne-Eickel, Herne, Castrop-Rauxel, Bochum, Witten, Dortmund, Lünen, Unna, Hamm (Reg.-Bez. Arnsberg), Essen, Oberhausen, Mülheim/Ruhr, Duisburg-Hamborn, Dinslaken, Wesel und Moers (Reg.-Bez. Düsseldorf); *Braune Wirtschafts-Post*, 1933, ebda. und S. 710.

gewerkschaftlicher Arbeitnehmerorganisationen innerhalb der NSBO bemerkbar machte. Die in mehrjähriger Rivalität mit den Freien und Christlichen Gewerkschaften geschulten Funktionäre der NSBO hatten sich manche der traditionellen gewerkschaftlichen Forderungen zu eigen gemacht und waren nun, nachdem die Parteileitung sich dieses Kampfmittels zu ihren Zwecken gern bedient hatte, nicht ohne Schwierigkeiten auf einen anderen, mehr phraseologisch umnebelten als konkret bezeichneten Weg zu bringen. So klagte noch im August 1933 ein Bericht des Treuhänders der Arbeit für das Wirtschaftsgebiet Schlesien, daß maßgebende Stellen der NSBO „durch verkappte Marxisten" besetzt seien und nun „auch seitens der NSBO der reine Lohnkampfstandpunkt in den Vordergrund tritt und dementsprechend wieder die Arbeitgeber in die entgegengesetzte Richtung gedrängt werden".[60] Aus seinem Bezirk wußte er als wichtigere Fälle zwei Streiks, mehrere Streikdrohungen und Interventionen gegen Betriebsführungen und zwei Sabotageakte in Betrieben zu nennen, für die er die NSBO verantwortlich machte. Der Treuhänder glaubte sogar feststellen zu müssen, daß „nach dem Januar 1933" „marxistische Tendenzen" an die Stelle „nationalsozialistischer Denkart" getreten seien; er mußte allerdings auch anerkennen, daß die alten Gewerkschaftler „sehr häufig über ein Maß von gewerkschaftlichem Wissen und Können verfügen, welches bei unseren Leuten nicht stets vorhanden ist. Besonders schlimm wirkt sich dieser Umstand dann aus, wenn Leiter der NSBO in ihrer eigenen Person schwere Angriffsflächen bieten." Solche Fälle aber waren nicht eben selten.

Auch die Schwerindustrie des Ruhrgebietes bemerkte mit größter Besorgnis, daß die Deutsche Arbeitsfront „durch ihre regionalen Kreisleiter bereits sehr weitgehend in das tarifliche Gebiet eingedrungen" war.[61] Funktionäre örtlicher oder regionaler DAF-Organisationen suchten die Richtlinien und Erklärungen Leys zu übertrumpfen, so daß in einzelnen Bezirken „Tag für Tag Forderungen durch die Dt. Arbfr. an kleine Arbeitgeberverbände und Einzelfirmen gestellt werden, und daß diese in Ermangelung einer klaren Richtlinie eine falsche Haltung einnehmen". Ein Brief eines einflußreichen Mannes der westdeutschen Schwerindustrie, Karl Raabe, verrät, daß die Arbeitgeber des Ruhrreviers von einer berufsständischen und ständischen Gesamtgliederung eine Lösung auch dieser Probleme erhofften.[62] Tarifpolitische Fragen, die einen zunehmenden Einfluß der DAF befürchten ließen, machten zumindest die Klärung eines Teilkomplexes dieser Probleme dringlich. Von dem Institut der Treuhänder der Arbeit versprach sich Raabe keine dauerhafte Sicherung dagegen, „daß die Erledigung der tariflichen Angelegenheiten bei noch nicht durchgebildeter berufsständischer Gliederung in einen Kreis gerät, in den sie nicht hineingehört" (!). Die Arbeitgeber des Ruhrreviers versteiften sich immer mehr auf eine von Hitler selbst in vager Form angedeutete Trennung zwischen den Aufgaben der DAF, der Schulung — „neben der Liquidation der alten Gewerkschaften" — und solchen tarif- und sozialpolitischer Natur, die die Sache der Treuhänder der Arbeit bzw. staatlich-administrativer Stellen hätte sein müssen.[63] Zunächst versuchten sie, über Hitlers Wirtschaftsberater Keppler eine Entscheidung des „obersten Führers" herbeizuführen „in der Richtung des ständischen und berufsständischen Aufbaues", von dem sie eine Still-

---

[60] Abschrift des Berichtes an das Reichsarbeitsministerium vom 7. August 1933 bei den Akten des Staatssekretärs Grauert (*HAB*, Rep. 320/16).

[61] Abschrift eines vier Seiten umfassenden Schreibens an Ernst Poensgen von den Vereinigten Stahlwerken vom 13. Oktober 1933 bei den Akten des Staatssekretärs Grauert mit beigefügten Unterlagen aus DAF-Kreisen, die diese Behauptung zu stützen vermögen (*ebda.*).

[62] Abschrift eines sechs Seiten umfassenden Schreibens an Ernst Poensgen vom 4. Oktober 1933 (*ebda.*).

[63] Denkschrift Raabes, *ebda.* In seinem Brief vom 13. Oktober 1933 bezog sich Raabe auf eine Rede Hitlers. Dessen Unterscheidung und die Schulungstätigkeit der DAF habe Köttgen (ehemals Arbeitgebervereinigung) in einer Besprechung am 6. Oktober grundsätzlich „anerkannt".

legung der Beziehungen zwischen DAF und den Arbeitgebern zugunsten der letzten erwarteten und mit dem sie eine Ausdehnung der Tätigkeit der DAF „auf das wirtschaftliche, soziale und tarifpolitische Gebiet" zu verhindern hofften.[64]

Die erste Phase des radikalen „berufsständischen Aufbaus" hatte heillose Verwirrung gestiftet, alte und junge Interessen mobilisiert und bis ins Mark getroffen und dadurch das Ergebnis gezeitigt, daß „die Zersplitterung in den Organisationen in einem bedenklichen Maße" fortschritt [65] und eine zentrale und einheitliche Beeinflussung weniger denn je in Aussicht stand. In dieser Lage scheint sich Hitler entschlossen zu haben, die wirtschaftlichen Spitzenverbände, die jetzt weitgehend unter nationalsozialistischen Einfluß gekommen waren, vorerst ihre eigenen Wege gehen und aus eigener Kraft eine Gesamtorganisation anstreben zu lassen.[66] Nach außen und in der Sprachregelung der offiziellen Propaganda verdrängte jetzt die Arbeitsbeschaffung – die „Arbeitsschlacht", wie sie in der übertreibenden, militaristischen Terminologie der Nationalsozialisten hieß – den „ständischen Aufbau";[67] Wort und Begriff gingen jedoch keineswegs verloren. Innerhalb der Spitzenverbände gab es kaum Meinungsverschiedenheiten über die grundsätzliche Ansicht, daß „Ruhe und Ordnung nur über den ständischen Aufbau" [68] gesichert werden konnten. Doch dieser Ausdruck wurde jetzt stärker als vorher mit dem Akzent der wirtschaftseigenen Selbstverwaltung versehen.

Das von Thyssen gemeinsam mit westfälischen Wirtschaftsfunktionären Ende Mai ins Leben gerufene Nationalsozialistische Institut für Ständewesen in Düsseldorf [69] führte die Gedanken einer ständischen Organisation der Wirtschaft fort. Auch hier dachte man an Pläne für eine „neue Wirtschaftsordnung", die jedoch „innerhalb der grundlegenden Maßnahmen und Entscheidungen zum ständischen Gesamtaufbau der Einwirkung auf die verschiedensten wirtschaftlichen Abläufe", also unmittelbaren Eingriffen von staatlicher Seite jederzeit breiten Raum lassen sollte. Doch nun konnte „die Vielfalt der von der kapitalistischen Wirtschaftsweise geschaffenen Wirtschaftslebens" ins Feld geführt werden, die „keine schematische Behandlung und Neuregelung" vertrug; die Größenordnung der einzelwirtschaftlichen Gebilde in Deutschland zwang in der Tat zur „besonders gearteten Behandlung mancher wirtschaftlichen Probleme".[70] Über Betriebsformen und Unternehmertätigkeit war ebensowenig zu streiten wie über die Absichten des Staates in der Wirtschaft; in Frage standen „nur

---

[64] Raabe unterbreitete Poensgen den Plan, „eine von allen Industriezweigen gebilligte Denkschrift an den obersten Führer aufzusetzen", die jedoch „nicht durch die Post dem Reichskanzler zugestellt werden" solle; vielmehr sollte der Einfluß von Thyssen und Pietzsch ausgenutzt und „Herr Keppler ganz auf unsere Linie" gebracht werden, um „mit seiner Unterstützung eine klare Entscheidung des obersten Führers herbeizuführen". Auch der Ministerialdirektor im Reichsarbeitsministerium Mansfeld und Staatssekretär Grauert sollten informiert werden, was hinsichtlich des letzteren mit der Zusendung des zitierten Schreibens und der beigefügten Unterlagen geschehen ist.

[65] So der Hamburger Handelskammer-Vizepräsident C. C. Fritz Meyer in der Sitzung des Beirats des Deutschen Industrie- und Handelstages am 28. August 1933 (Niederschrift *BA*, R 11/19); ähnlich Protokoll der Sitzungen vom Präsidium und Beirat am 11. Dezember 1933 (*BA*, R 11/17).

[66] Darauf weist die Auskunft v. Rentelns hin, die durchaus glaubwürdig den veränderten Kurs zu erklären versuchte: der Führer wolle, daß der ständische Aufbau nicht von oben herab erzwungen werde, sondern organisch von unten aufwärts wachse" (Niederschrift der Beiratssitzung des Deutschen Industrie- und Handelstages am 28. August 1933; *BA*, R 11/19).

[67] So auch v. Renteln in der Sitzung des Beirats des Deutschen Industrie- und Handelstages am 13. Juli 1933 (Protokoll *BA*, R 11/17).

[68] *Ebda.*

[69] In einem Schreiben an Staatssekretär Körner vom 11. August 1933 bemerkt Thyssen: „Gelegentlich der Besprechung beim Führer am 19. V. . . . sind Herr Dr. Klein und ich bevollmächtigt worden, das N.S. Institut für Ständewesen zu errichten, was inzwischen mit großem Erfolg geschehen ist." Thyssen erbat in dem Brief das Vorgehen Görings gegen das von Ley gegründete Konkurrenzunternehmen der Deutschen Arbeitsfront, die Staatlichen Schulen für Wirtschaft und Arbeit in Düsseldorf (*HAB*, Rep. 90/1767).

[70] *Braune Wirtschafts-Post* 2 (1933), S. 3.

noch das Maß und die Dauer der staatlichen Einwirkungsmöglichkeiten und . . . der einzusetzende Personenkreis". Man ging dabei mit viel sorgfältigerer Überlegung ans Werk als auf seiten der Kampfbundführung; doch man erwartete auch hier „personelle Zugeständnisse der Großwirtschaft an die Neuordnung" und dachte an die Aufhebung des freien Kapitalmarktes und an eine staatliche Investitionspolitik.[71] Von dem „in die berufsständische Wirtschaft eingebaute Grundsatz der Selbstverwaltung" erhoffte man indessen einen ausreichenden „Schutz gegen ungesunde zentralistische Tendenzen und bürokratische Ruhestellungen, gegen neue schematische und formalistische Bequemlichkeiten und Beschränktheiten".[72] Allerdings hatte die Selbstverwaltung, wie sie diese Ständeorganisatoren auffaßten, nichts mehr mit Selbstbestimmung gemein. Ihr Wesen lag in der Übernahme des staatlichen Willensvollzuges auf eigenes Risiko und eigene Rechnung, in dem „dauernden Überprüfen und Erneuern der eigenen Wirksamkeit im Interesse des Staates".[73]

Die variierenden wirtschaftlichen und politischen Interessen boten aber immer noch ein unübersichtliches und uneinheitliches Bild und einstweilen scheinbar noch wenig Aussichten, durch rasche Zugriffe eine universale Wirtschaftsorganisation aus dem Boden stampfen zu können. Selbst nationalsozialistische Verbandsführer wandten sich gegen das Übergewicht auf der Seite des Staates und nahmen sichtbare Gefährdungen der wirtschaftlichen Selbstverwaltung nicht ohne Einspruch und Widerstand hin. Als das preußische Wirtschaftsministerium eine Änderung des § 43 des Handelskammergesetzes in Erwägung zog, um die Möglichkeit zu erhalten, für die Berliner Industrie- und Handelskammer, in der nach Lage der Dinge die Nationalsozialisten von Neuwahlen nichts erwarten durften, einen Vorstand einzusetzen, war es Hilland, der den Widerstand des Deutschen Industrie- und Handelstages auf den Plan rief und eine Intervention beim Minister zustande brachte. Trotz aller Vorteile, die eine solche rigorose Regelung den Nationalsozialisten im Augenblick bringen mußte, hielt Hilland es noch für bedenklich und gefährlich, „einer Verwaltungsstelle [eine] so weitgehende Befugnis des Eingriffs in die Selbstverwaltung zu geben";[74] in den Kammern behaupteten sich die örtlichen, mit der NSDAP im Bunde stehenden Interessen. Das Ministerium seinerseits wachte darüber, daß das Schlagwort der „Selbstverwaltung" nicht nur als Deckmantel für das autoritäre persönliche Regiment von Verbandsführern in unbeschränkten Machtstellungen benutzt wurde. Ein solches „Durchbiegen" des Führerprinzips war ihnen keineswegs willkommen. Daher mußten die neuen Spitzenverbände Beiräte bilden, deren Mitwirkung der Wirtschaftsminister zur Bedingung seiner Anerkennung von Tätigkeit und Entschlüssen der Verbände machte.[75] Das war immerhin ein Mittel, den um Einfluß- und Machtstellungen ringenden Verbänden Zügel anzulegen.

[71] Kurt Petersen, „Zur großwirtschaftlichen Neugestaltung", in: *Braune Wirtschafts-Post* 2 (1933), S. 17.

[72] So Petersen, *a. a. O.*, S. 17 f.: Das Kapital „durchläuft zwar noch den Bank- und Börsenapparat wie vordem, aber es kann nicht mehr jener willkürlichen qualitativen Umformung unterworfen sein, die nur noch eine ungenügende Erfüllung der wichtigen Verteilungsfunktionen zuläßt und zudem das dauernde Streben nach erhöhter Rendite und Gewinnchance wachhält und immer wieder anstachelt".

[73] *A. a. O.*, S. 19.

[74] Bericht über die Sitzung des Beirats des Deutschen Industrie- und Handelstages am 28. August 1933 (*BA*, R 11/19). Der preußische Wirtschaftsminister sanktionierte schließlich das Ergebnisse der Machtergreifung auch ohne Änderung des Handelskammergesetzes, indem er vom Februar 1934 an Tätigkeit und Entscheidungen der Kommissare und kommissarischen Vorstände als „Übergang zum Führerprinzip" erklärte, dem er nachträglich seine Zustimmung gab; *Ministerial-Blatt für Wirtschaft und Arbeit* 34 (1934), S. 80; S. 131 und *passim*.

[75] Renteln erklärte auf der ersten Sitzung des von ihm berufenen Beirats des Deutschen Industrie- und Handelstages am 13. Juli 1933, er habe dem Reichswirtschaftsminister ausdrücklich zusagen müssen, daß er in wichtigen Fragen stets den Rat des Beirates einholen wolle. Diese Erklärung mußte in Protokoll und Satzung ausdrücklich festgehalten werden (Protokoll der Beiratssitzung *BA*, R 11/17). Über die Einführung von Beiräten im Reichsstand der Deutschen Industrie berichten auch die beiden Affidavits von Gustav Schwartz und Max Ferdinand Frhr. v. Brackel (Anm. V/16). Nach ihrer Darstellung war es indessen Krupps eigene Idee, Beiräte zu berufen.

Den Kampf um die zentrale Regie der Wirtschaftsorganisationen versuchte Renteln von der Position des Deutschen Industrie- und Handelstages aus fortzusetzen. Das verkleinerte und personell erneuerte Präsidium [76] stimmte Ende August 1933 dem Gedanken zu, eine „Zusammenfassung der verschiedenen fachlichen Spitzenverbände ... in Form eines Generalausschusses" anzustreben und eine „von Zersplitterung freie Zusammenarbeit aller Spitzenverbände" herbeizuführen.[77] Allerdings wollte man sich auf eine Verbindung mit dem Groß- und Einzelhandel, mit dem Reichsstand der Deutschen Industrie und dem Bankenverband beschränken und Landwirtschaft und Handwerk sich selbst überlassen. Renteln ließ jetzt die Mittelstandsideologie fallen, um den Anschluß an jene Gruppen zu finden, die in der Organisationsentwicklung das entscheidende Gewicht zu bekommen schienen. Dieser Anschluß wurde mit einer Aufgabe des Mittelstandsblockes erkauft und mußte beinahe zwangsläufig zu einer neuen Frontbildung gegenüber der landwirtschaftlichen Organisation Darrés führen, die recht früh und erfolgreicher als die Verbände der übrigen Wirtschaft ihre eigene Standesorganisation entwickeln und gesetzlich verankern konnte.

Aber auch das Verhältnis zur Deutschen Arbeitsfront war problematisch. Gegen vereinzelten Widerspruch setzten Hilland und Renteln im Präsidium den Vorschlag zu einer Änderung des Handelskammergesetzes durch, die in geringerem Umfang Zuwahlen von Arbeitnehmervertretern zu den Vorständen der Industrie- und Handelskammern erlauben sollte, wobei den Treuhändern der Arbeit ein Präsentationsrecht zugedacht war.[78] Auf diese Weise hoffte man um unmittelbare Beziehungen zur Arbeitsfront herumzukommen, die sich anschickte, eine Monopolzuständigkeit in allen sozialpolitischen Fragen zu übernehmen, was ihr auch ein Übergewicht innerhalb des wirtschaftsständischen Aufbaus verschaffen konnte. Da sie das überall sichtbare Vordringen der DAF im Organisationsbereich der Wirtschaft nicht noch weiter fördern wollten, die Arbeitsfrontvertreter aber hinnehmen zu müssen glaubten, zogen die Führer des Deutschen Industrie- und Handelstages enge Beziehungen zu den Treuhändern der Arbeit einem Zusammengehen mit der Arbeitsfront vor.[79] Wirtschaftsminister Schmitt lenkte diese Wünsche jedoch noch am gleichen Tage in eine andere Richtung. Bei einem Empfang des Präsidiums des Deutschen Industrie- und Handelstages [80] kündete er überraschend die baldige Fortsetzung des ständischen Aufbaus an, in dem der Arbeitsfront ein bestimmter Platz zugewiesen, die durch Hereinnahme der Unternehmer „demnächst geschlossen" werde und dann vornehmlich der Aufgabe zu dienen habe, „der Wirtschaft die innere Geschlossenheit zu geben und alle Teile der Wirtschaft sich als ein der Volksgemeinschaft dienendes Ganzes fühlen zu lassen". Diese offenkundige Absicht, die DAF auf eine ideologisch-propagandistische Wirksamkeit zu beschränken, die Schmitt durch die Zusicherung erhärtete, daß alle Lohn- und Arbeitsregelungen künftig den Treuhändern und die wirtschaftlichen Fragen den Kammern überlassen blieben, beruhigte die Vertreter des DIHT, die sich nun schnell mit dem Minister einigten und auf Zuwahlen verzichteten.

---

[76] Außer v. Renteln gehörten ihm Hilland, Lüer und die Industrie- und Handelskammerpräsidenten Gelpcke (Berlin), Hecker (Hannover), Huber (München), Kuebarth (Königsberg), Frhr. v. Schröder (Köln) und Vizepräsident C. C. Fritz Meyer (Hamburg) an.

[77] Bericht über die Sitzung des Präsidiums des Deutschen Industrie- und Handelstages am 28. August 1933 (BA, R 11/19).

[78] Sitzungsbericht des Präsidiums am 7. November 1933; „streng vertraulich" (ebda.).

[79] Hilland hob hervor, daß „bereits jetzt ... an vielen Stellen ein sehr gutes und vertrauensvolles Zusammenarbeiten der Treuhänder mit den Kammern" stattfinde (ebda.).

[80] Niederschrift über diesen Empfang, der am 7. November in Gegenwart von Staatssekretär Posse, Ministerialdirektor Schalfejew und Ministerialrat Frielinghaus stattfand („streng vertraulich"; ebda.).

Das Gesetz zur Ordnung der nationalen Arbeit,[81] das dem Unternehmer die Regelung aller betrieblichen Angelegenheiten einschränkungslos vorbehielt, die „Gefolgschaft" der Arbeiter zu einer „in der Betriebsgemeinschaft begründeten Treue" verpflichtete zur „Förderung der Betriebszwecke", legte ausdrücklich die Aufgaben der Treuhänder der Arbeit, indirekt aber auch die der Deutschen Arbeitsfront endgültig fest. Der Treuhänder wurde in seinen hauptsächlichen Aufgaben zur überbetrieblichen Instanz in Sozialfragen und zugleich zu einer Aufsichtsbehörde für die vertrauensrätliche Selbstverwaltung der betrieblichen Sozialpolitik, die Arbeitsfront fast gänzlich aus der innerbetrieblichen Entscheidung verdrängt. Sie verlor in ihrer begrenzten Funktion als Organisation zur „weltanschaulichen" und politischen Beeinflussung, zur berufspädagogischen und hygienischen Betreuung, zur Freizeitgestaltung und zur arbeitsrechtlichen Beratung der Arbeiter — „aller schaffenden Deutschen", formell also auch der Unternehmer, die ihrer jedoch tatsächlich gar nicht bedurften — viel von ihrem Schrecken, der von ihrem unentschiedenen Status und von den lautstarken Reden einiger ihrer Funktionäre ausgegangen war. Dennoch kündete Ley das neue Gesetz vor den Arbeitern dadurch an, daß er eine besondere Gegnerschaft der Unternehmer gegen dieses Werk vortäuschte, das von all den umfassenden Gesetzgebungsaktionen der Reichsregierung am Anfang des Jahres 1934 tatsächlich am wenigsten umkämpft war. Er verstieg sich sogar zu der Behauptung, daß ihnen „das frühere System der Leipart und Imbusch" viel bequemer gewesen sei.[82] Solche propagandistischen Täuschungsmanöver umnebelten das wirkliche Ende der Gewerkschaftsbewegung. Ley suchte aber auch den Umstand zu verbergen, daß sich die Arbeitsfront anschickte, aus dem Machtkampf der rivalisierenden Spitzenverbände auszuscheiden. Der DAF blieb die „Menschenführung", den Wirtschaftsorganisationen die „Führung der sachlichen Aufgaben der Wirtschaft", wie es Krupp wenig später definierte,[83] der in demonstrativer Form „als einer der ersten in die Deutsche Arbeitsfront eingetreten" war [84] und damit vielen Unternehmern das Zeichen gab, es ihm nachzutun. Wer nicht in die DAF eintrat, Wirtschaftswissenschaftler, Geschäftsführer und leitende Angestellte bei Kammern und Verbänden, erwarb die Mitgliedschaft im Bund Nationalsozialistischer Deutscher Juristen, die die Geschäftsstelle des Reichsstandes vermittelte.[85]

4. Die Entstehung der ständischen Organisation gelenkter Wirtschaft

Nach Schaffung der Reichskulturkammer durch das Propagandaministerium war der Reichsnährstand die nächste standesartige, die erste wirtschaftsständische Organisation, die in unmittelbarer Verbindung mit einer obersten Reichsbehörde, hier dem Reichsernährungsministerium, den gesamten agrarischen Lebens- und Wirtschaftsbereich einer zentralen Regie unterwarf. Er nahm seinen Ausgang bei der „Reichsführergemeinschaft des deutschen Bauernstandes", die am 4. April 1933 den Reichslandbund, die nationalsozialistische Bauernorganisation Darrés und die Vereinigung der Deutschen Christlichen Bauernvereine in einer gemeinsamen Spitze unter Führung Darrés in

---

[81] Vom 20. Januar 1934 (RGBl., I, 1934, S. 45). Hierzu der Kommentar von Alfred Hueck, Hans Carl Nipperdey, Rolf Dietz, Gesetz zur Ordnung der nationalen Arbeit mit sämtlichen Durchführungsverordnungen..., München–Berlin 1934.

[82] Deutscher Reichsanzeiger und Preußischer Staatsanzeiger, 1934, Nr. 12 vom 15. Januar, S. 3.

[83] Gedrucktes, von Krupp unterzeichnetes Rundschreiben des Reichsstandes der Deutschen Industrie an seine Mitglieder vom 22. März 1934 (Akten des ehemaligen Reichsverbandes der Deutschen Industrie im Archiv des Deutschen Industrieinstitutes zu Köln; ADIK).

[84] Vervielfältigtes Rundschreiben des Reichsstandes an Geschäftsführer und Mitglieder der Geschäftsführungen der angeschlossenen Verbände vom 22. Dezember 1933 (ebda.).

[85] Ebda. und Rundschreiben vom 7. Februar 1934 (ebda.).

eins verschmolz.[86] Die Reichsnährstandsgesetze vom Sommer 1933 [87] und die nachfolgenden Nährstandsverordnungen setzten an die Stelle der Bauernorganisationen eine umfassende Nährstandsorganisation, die, äußerlich als Selbstverwaltung aufgebaut, „nicht nur diejenigen, die den Boden unmittelbar bearbeiten, sondern alle, die mit seinen Erzeugnissen auf dem Wege zum Verbraucher zu tun haben",[88] zu einer Einheitsorganisation zusammenschloß und die als Körperschaft des öffentlichen Rechts – jedoch ohne Rechtspersönlichkeit der nachgeordneten Landes-, Kreis- und Ortsbauernschaften – umfangreiche Anordnungs- und Kontrollbefugnisse erhielt. Die Personalunion von Reichsernährungsminister und Reichsbauernführer – der zugleich Reichsleiter der NSDAP war – beseitigte die Kluft zwischen Staatsaufsicht und Eigenverwaltung und vereinigte beide zu einem gewaltigen Organ unter zentraler Regie, das als erstes im totalitären Staat des Nationalsozialismus und im Verhältnis zu anderen wirtschaftlichen Organisationen mit höchst expansiven Tendenzen die Vorstellung wirtschaftspolitischer „Lenkung" verwirklichte.[89]

Das schnell entschlossene und erfolgreiche Vorgehen der landwirtschaftlichen Organisation wie des Reichspropagandaministeriums trieb auch die wirtschaftlichen Verbände gegen Jahresende zu erneuter Aktivität. Die Furcht, bei der endgültigen Verfestigung des Organisationswerkes zu kurz zu kommen und Einfluß zu verlieren, die angesichts der gewaltigen Ausdehnung, die der Reichsnährstand genommen hatte, keineswegs unbegründet war, verleitete zu fieberhafter und überstürzter Tätigkeit, die selbst das Reichswirtschaftsministerium auf dieser Bahn mitriß. Daß das Reichsernährungsministerium mit einem Schlage auch die gesamte Milchwirtschaft unter Einschluß des Handels in seine ständische Zwangsorganisation und damit in seine ausschließliche Zuständigkeit gebracht hatte, berührte und traf auch andere Teile der Wirtschaft, die die Gefahr fürchteten, daß sich der Milch verkaufende Einzelhändler, der plötzlich in den Anordnungsbereich des Reichsnährstandes geraten war, zur Option für die agrarische Organisation veranlaßt sah. Der Deutsche Industrie- und Handelstag erblickte darin einen alarmierenden Eingriff in seine Rechte, denn er hielt es nach wie vor für die Aufgabe der Handelsorganisation, die „Gesamtwirtschaft" zu vertreten.[90] Darré goß mit seiner Theorie von der gesellschaftlichen und sittlichen Begründung des Standes, die einzig im Bauerntum auch gleichzeitig einen wirtschaftlichen Gehalt habe nur Öl in das Feuer. Er milderte keineswegs die Gegensätze und Befürchtungen, wenn er behauptete, nicht aus persönlichem Machthunger, sondern aus höherem volkswirtschaftlichem Interesse durch Zwangsorganisation, Festpreise und Erzeugungssteigerung die Grundlage für eine neuartige Wirtschaftspolitik schaffen zu wollen. Solche ambitiösen Erklärungen dienten freilich auch dem Zwecke, die aufgeregten Gemüter

[86] *Schultheß, 1933,* S. 83.

[87] Gesetz über die Neubildung deutschen Bauerntums vom 14. Juli (*RGBl.*, I, 1933, S. 517); Gesetz über die Zuständigkeit des Reichs für die Regelung des ständischen Aufbaues der Landwirtschaft vom 15. Juli 1933 (*a. a. O.* S. 495) und im besonderen das Gesetz über den vorläufigen Aufbau des Reichsnährstandes und Maßnahmen zur Markt- und Preisregelung für landwirtschaftliche Erzeugnisse vom 13. September 1933 (*a. a. O.*, S. 626).

[88] Hans Claß, *Die gelenkte Selbstverwaltung. Das Verhältnis des Deutschen Reiches zur materiellen (echten) Selbstverwaltung (Abhandlungen aus dem Staats- und Verwaltungsrecht mit Einschluß des Völkerrechts, 62. Heft)* Breslau 1941, S. 96.

[89] Über den Reichsnährstand im einzelnen hierzu die interessante Studie von Claß, *a. a. O.,* S. 93 ff.; nationalsozialistisches Schrifttum: Ludwig Häberlein, *Das Verhältnis von Staat und Wirtschaft mit besonderer Hervorhebung der Selbstverwaltung des Reichsnährstandes und der landwirtschaftlichen Marktordnung, Bd. I: Staat und Wirtschaft; Bd. II: Bauerntum, Reichsnährstand und landwirtschaftliche Marktordnung, beide Berlin 1938; Hermann Reischle, „Nationalsozialistische Rechtsgestaltung im Reichsnährstand", und Hans Merkel, „Recht und Rechtsschöpfung im Reichsnährstand", beide in: Zeitschrift der Akademie für Deutsches Recht 2 (1935), S. 753–758; ferner Baumecker (Anm. III/273).

[90] Protokoll der Sitzungen des Präsidiums und Beirats am 11. Dezember 1933 und am 23. Januar 1934 (*BA* R 11/17); u. a. wurde auch darüber die gewiß übertriebene Klage geführt, daß durch die Neuregelung der Milchwirtschaft „etwa 30 000 Menschen insgesamt ... plötzlich brotlos geworden" seien.

in Teilen der Landwirtschaft zu besänftigen und über die peinliche Notlage hinwegzukommen, die sich wesentlich langsamer zu bessern begann, als die nationalsozialistischen Versprechungen vorher Glauben gemacht hatten.[91]

In der großbetrieblichen Wirtschaft, namentlich im Reichsstand der Deutschen Industrie, sah man den kommenden Dingen mit größerer Gelassenheit entgegen. Die bedrückenden Probleme der anderen schienen für die Großunternehmungen und ihre Verbände auf selbstverständliche Weise lösbar. Krupp hatte den Vorsitz des Kuratoriums für eine Sammlung übernommen, die in „weitesten Kreisen der deutschen Wirtschaft einschließlich der Landwirtschaft und Bankwelt" vom Reichsverband der Deutschen Industrie und der Vereinigung der Deutschen Arbeitgeberverbände eingeleitet worden war, um sie unter dem Namen „Hitler-Spende" der NSDAP zur Verfügung zu stellen.[92] Ähnlich verfuhr man auch andernorts. Gewichtige Sonderinteressen und Belange suchten sich unter den Umständen des totalen Staates auf neuen Wegen auszubreiten und Geschäftssinn mit politischen Bekenntnissen zu verbinden. Häufig suchte man sich renommierte Nationalsozialisten, die geschäftliche Karriere machen durften und dafür neue Einflußzonen im totalen Staat erschlossen.[93] „Zur

---

[91] Ausführungen Darrés in einer Sitzung des Ausschusses für allgemeine Wirtschafts- und Sozialpolitik des Reichsstandes der Deutschen Industrie; *Deutscher Reichsanzeiger und Preußischer Staats-Anzeiger*, 1934, Nr. 12 vom 15. Januar, S. 4. Wie sehr sich die Lage gerade in den rein agrarischen Gebieten infolge des mehr organisationspolitischen als praktisch agrarpolitischen Vorgehens Darrés zuspitzte, mag man daraus ersehen, daß sich z. B. der ostpreußische Oberpräsident und Gauleiter Koch schlechthin weigerte, eine Anordnung für die Milchwirtschaft des von Darré eingesetzten Reichskommissars, Frhr. v. Kanne, zu veröffentlichen, so daß sie nicht rechtskräftig wurde. Über die Lage in Ostpreußen schrieb der Vizepräsident Bethke in einem Bericht vom 30. August 1933, den er dem Oberpräsidenten zum Reichsparteitag der NSDAP nach Nürnberg nachsandte, wohl weil er den Führern der Partei bekannt werden sollte: „Die landwirtschaftlichen Preise sind schlechter denn je. Bei der großen Verschuldung ist die ostpreußische Landwirtschaft gezwungen, den größten Teil ihres Verkaufsgetreides zu den jetzigen Schleuderpreisen zu verkaufen... Durch diese Umstände ist die Stimmung der Bauern in Ostpreußen außerordentlich gedrückt und der Glaube an den Nationalsozialismus weitgehend im Schwinden begriffen..." Der agrarpolitische Apparat versuche daher, den Bauern zu überzeugen, daß hieran nur der Oberpräsident Schuld trage. „Es ist selbstverständlich, daß unter diesen Umständen die Bauern in eine ungeheure Erregung gegen den Staat und seine Vertreter gebracht werden, denn der Bauer hat kein Verständnis für Vorfälle, wie sie sich hier ereignet haben... Überall werden jetzt zwangsweise die einzelnen Stände als Säulen des agrarpolitischen Apparats zusammengeschlossen, die Landwirte selbst, die Landhändler, die Genossenschaften u. a. Als Führer werden in Ostpreußen planmäßig solche Personen eingesetzt, die dem Oberpräsidenten feindselig gegenüberstehen. Die Folge davon ist, daß dieser gesamte ungeheure Apparat die innere preußische Verwaltung aus dem Vertrauen der Landwirtschaft herausreißt. Schlimmer ist aber noch die Wirkung, daß der Landmann an dem Staat zu verzweifeln beginnt, dessen einzelne Teile gegeneinander geführt werden... Die Macht des agrarpolitischen Apparats über die Bauern ist, wenn die Entwicklung noch einige Zeit in der jetzigen Weise weitergeht, allumfassend, denn mit der Landschaft, mit den Kreditgenossenschaften, mit den sonstigen Genossenschaften, mit den Händlern hält der agrarpolitische Apparat den Kredit jedes Bauern in seiner Hand. Ein Bauer, der irgendwie nicht im Sinne des agrarpolitischen Apparats ... ficht, kann von den Säulen des agrarpolitischen Apparats abgewürgt werden. Die Hoheitsträger der preußischen inneren Verwaltung stehen einem solchen Treiben machtlos gegenüber" (Abschr. für den preußischen Innenminister, *HAB*, Rep. 320, Grauert 39).

[92] Persönliches Schreiben Krupps an Schacht vom 30. Mai 1933 (*MGN* 5, Ankl.-Dok.-B. 14 M, Dok. NI–439). Gemeinsames Rundschreiben Krupps (Reichsverband) und Köttgens (Vereinigung der Deutschen Arbeitgeberverbände) zur Durchführung der Sammlung vom 1. Juni 1933 (*a. a. O.*, Ankl.-Dok.-B. 14 B, Dok. NI–1224 F.).

[93] Ein markantes Beispiel ist das Max Oboussiers, der, deutschbelgischer Abkunft, 1918 sein Geburtsland Belgien verließ, in einem Amsterdamer Seegeschäft tätig war und schließlich nach Hamburg zur HAPAG kam. Bei diesem größten deutschen Seeverkehrsunternehmen wurde Oboussier 1925 Prokurist, um dann im Laufe des Jahres 1933 sehr rasch zum Generaldirektor aufzusteigen. O., der Günstling Helfferichs, des Aufsichtsratsvorsitzenden der HAPAG und des Norddeutschen Lloyd, befand sich jedoch bald in heftigem Gegensatz zu den HAPAG-Direktoren und zu konservativen hanseatischen Kreisen, so daß O. im November 1934 von seinem Amt zurücktrat. Nicht nur durch O.'s, sondern auch durch andere Verbindungen einiger Berliner Agenten, die auch zum Reichsinnenminister Frick, zu Pfundtner und zu dem persönlichen Referenten Fricks, dem Ministerialrat Metzner, reichten, suchte die HAPAG ihre Interessen vorzubringen. „Oboussier ist und bleibt der Mann für uns, und wir wären Narren, wenn wir einen Mann, den wir uns mühsam auf Grund unserer Freundschaft zum Führer ausgesucht haben, auch nur in der geringsten Form schädigten bzw. nicht stützten, wie es unter Freunden selbstverständlich ist", bezeugte am 3. November 1933 einer der Berliner Agenten der HAPAG, Sch., in einem Brief an Metzner, der die Bestrebungen der HAPAG innerhalb des Reichsinnenministeriums unterstützte. Die HAPAG

Zeit zieht alles an verschiedenen Strängen, und eine derartige Schweinerei, wie sie jetzt, trotz aller nationalsozialistischen Ausgleichsbestrebungen, entstanden ist, war selbst vor mehreren Jahren noch nicht da", beklagte sich ein Vertreter der HAPAG in Berlin einem hohen Beamten des Reichsinnenministeriums gegenüber.[94] Die radikalen Bestrebungen zur Verwirklichung eines ständischen Aufbaus galten als überwunden; infolgedessen konnte die „Industrie die späteren staatspolitischen Entscheidungen" abwarten.[95] Durch Bestätigung jeweils des unteren „Wirtschaftsführers" und Verbandschefs durch den nächsthöheren und zuletzt durch Bestätigung oder Einsetzung des höchsten Verbandsführers durch den Staat – wie Wagener vorgeschlagen hatte – glaubte man, bald zwangsläufig zu anerkannten und nicht anerkannten Verbänden und zu einer strikt nach dem „Führerprinzip" aufgebauten autoritären Wirtschaftsorganisation zu gelangen. Das Schwergewicht dieses Systems würde nicht auf der strukturierten Organisation, sondern allein in den Unternehmen,[96] d. h. auf den Schultern einzelner ausgewählter und mit größten Vollmachten ausgestatteter Unternehmer liegen. „Sozialaristokratisch" wurden diese Gedanken genannt,[97] die offenbar das Führertum der wirtschaftlich Stärksten begründen und besiegeln sollten. Man möchte annehmen, daß sie auch den Inhalt der Verhandlungen und Vorschläge wiedergaben, die von Krupp ausgingen.

Um sich gegen die Organisation Darrés zu behaupten, legte dann der Deutsche Industrie- und Handelstag dem Reichswirtschaftsministerium einen eigenen Gesetzentwurf vor, mit dem er die Gesamtorganisation der übrigen Wirtschaft auf eine Weise regeln wollte, die ihm selbst die zentrale Regie vorbehielt.[98] Sämtliche regionalen Verbände unterstellte er den Industrie- und Handelskammern, die autoritäre Vollmachten auf allen Gebieten der Wirtschaft erhielten, während er die fachliche Gliederung den Reichsständen vorbehielt. Die Spitzen von Kammern und Reichsständen wollte der Deutsche Industrie- und Handelstag dann unter seiner Führung

revanchierte sich durch Überlassung von Ehrenkarten oder Reiseeinladungen, von denen auch der Reichsinnenminister persönlich mit seiner Frau Gebrauch machte, indem beide inkognito an einer Orientreise teilnahmen. Mehrfach tauschte man gegenseitig zusätzliche Aufmerksamkeiten aus. Frick schenkte ein Bild mit eigenhändiger Unterschrift, und er erhielt gelegentlich das Manuskript einer Rede, die Oboussier vor der Belegschaft der HAPAG gänzlich im Sinne nationalsozialistischer Propaganda gehalten hatte. Es standen aber auch schwerwiegende Wünsche zur Erörterung, so etwa die „Hineindelegierung des Kapitäns Christiansen in den Reichsverkehrsrat", über die v. Sch. am 24. November 1933 an Metzner schrieb: „Herr Oboussier und Herr Helfferich werden voraussichtlich über Keppler / Kranefuß [„Freundeskreis"] am einfachsten angedreht... es liegt mir daran, ... einen dritten Mann hereinzubekommen, der auf Grund seiner jahrelangen eigentlichen Seefahrts-Erfahrungen die Gewähr gibt, daß dieser Reichsverkehrsrat nicht wieder ein Ausbund von Geheimräten wird, sondern tatsächlich die Belange der Seefahrt vertreten kann." Und an anderer Stelle des gleichen Briefes: „Auf jeden Fall aber möchte ich dieses Gremium dazu benutzen, die divergierenden Interessen des Seeschiffahrtskreises zunächst untereinander auszutauschen [gemeint wohl: auszugleichen], damit dann ein vernünftiges Gremium dasteht, das auch aktionsfähig ist" (HAB, Rep. 77, Pfundtner 90). Ein anderes Beispiel für das Fortleben wirtschaftlicher Interessen im Schutze nationalsozialistischer Beziehungen ist das des Niederlausitzer Braunkohlenbergbaus. Die zumeist mit stärkerer ausländischer Beteiligung arbeitenden Großunternehmungen des Mitteldeutschen Braunkohlenindustrievereins, der Gesellschaften Eintracht, Ilse, Niederlausitzer Braunkohlenwerke, Bubiag und F. C. Th. Heye, wußten sich als Interessengemeinschaft über mehrere nationalsozialistische Staatsräte großen Einfluß in Berlin zu sichern und die Wirtschaftsgesetzgebung zu beeinflussen. Auch die Reichsstatthalter von Sachsen, Anhalt und Braunschweig versuchte diese *pressure group* im nationalsozialistischen Staat für ihre Absichten zu gewinnen (Schreiben des brandenburgischen Oberpräsidenten Kube vom 12. September 1933 an Grauert und Bericht des Regierungsvizepräsidenten in Frankfurt/Oder, Sandes v. Hoffmann, vom 9. September 1933, HAB, Rep. 320, Grauert 39).

[94] Schreiben v. Schapers an Metzner vom 3. November 1933, ebda.

[95] Frhr. v. Brackel in einem Vortrag über industrielles Verbandswesen in der Lessing-Hochschule, den der Reichs-Anzeiger, 1934, veröffentlichte (Nr. 1 vom 20. Januar, Erste Beilage, S. 3).

[96] Übereinstimmend hiermit auch die Neujahrsadresse des Reichsstandes an seine Mitglieder vom 31. Dezember 1933 (ADIK).

[97] Brackel (Anm. V/95).

[98] Wiedergabe des Inhalts ebda.; Pressenotiz in der Deutschen Wirtschaftszeitung, Nr. 50 vom 14. Dezember 1933, S. 1202.

vereinen. Das Gesetz zur Vorbereitung des organischen Aufbaues der deutschen Wirtschaft vom 27. Februar 1934 erging nach dieser Vorbereitung als ein höchst überraschender Schlag;[99] denn es verfolgte gerade die Absicht, „die Aufgaben der Kammern ... auszuschalten".[100] Das Wirtschaftsministerium behandelte nun auch die gleichgeschalteten Verbände autoritär und bereitete dem Gesetzentwurf und den Wünschen des Deutschen Industrie- und Handelstags „ein Begräbnis erster Klasse".[101]

Enttäuschung und Empörung der Spitzengremien des Deutschen Industrie- und Handelstags richteten sich zunächst gegen seinen nationalsozialistischen Präsidenten, der sich des Vorwurfs mangelnder Aktivität nur noch mit der resignierten Feststellung zu erwehren vermochte, „daß – anders wie im Handel und im Handwerk – der politische Einfluß der großen Verbände, ebenso wie früher, ein sehr viel stärkerer ist als der der Kammern";[102] die unumwunden ausgesprochene Forderung seines Rücktritts konnte v. Renteln auf Grund des „Führerprinzips" und unter Berufung auf sein nationalsozialistisches Bekenntnis vorderhand noch einmal mit einfacher Ablehnung beantworten. Man einigte sich schließlich und entschloß sich zu neuen Vorstößen, um eine „alsbaldige Vervollständigung" der neuen Wirtschaftsorganisation „durch den reichsgesetzlichen Aufbau des Systems der deutschen Industrie- und Handelskammern und ihrer Spitzenverbände" zu erreichen.[103] Doch ein neuer Gesetzentwurf, der dieses Ziel verfolgte und den der Geschäftsführer Hilland über Keppler in das Reichskabinett lancierte, scheiterte an einem Änderungsantrag des Reichsernährungsministers, der den gesamten ländlichen Handel in den Reichsnährstand einzubeziehen versuchte, so daß sich der Industrie- und Handelstag, der diesen Ausgang nicht riskieren wollte, zum Rückzug gezwungen sah.[104]

Nach diesem Ausgang folgten die Maßnahmen Schmitts vom 14. März,[105] die auch dem Reichsstand der Deutschen Industrie einen „schwarzen Tag" bescherten[106] und ihn in mehrere Teile aufsplitterten. Was der Reichswirtschaftsminister als „eine glückliche Verbindung zwischen der nunmehr offiziellen und einzigen Wirtschaftsorganisation und dem Apparat des Wirtschaftsministeriums" pries, war in Wirklichkeit eine keineswegs organische Zusammenfassung der gewerblichen Wirtschaft, die nun diesem Ministerium einen ähnlichen Apparat verschaffte, wie ihn das Reichsernährungsministerium besaß und die nichts mehr beim alten ließ. Schmitt ernannte einen Führer der Wirtschaft, den Führer des Reichsverbandes der Elektroindustrie, Keßler, und 12 Hauptgruppenleiter. Krupp wurde an die Spitze der Hauptgruppe 1 (Bergbau, Eisen- und Metallgewinnung) zurückgedrängt, während der Hamburger Reeder Blohm die Hauptgruppe 2 (Maschinenbau, Elektrotechnik, Optik und Feinmechanik) und Krupps Gegner und Rivale Hartkopf die Hauptgruppe 3 (Eisen-, Blech- und Metallwaren) übernahm.[107] Offenkundig war es das hauptsächliche Ziel dieser Maß-

---

[99] Vor den heftigen Angriffen seiner Präsidialkollegen im DIHT blieb Renteln nichts anderes übrig, als seine eigene Überraschung und damit seine Einflußlosigkeit, da er den Gang der Dinge nicht zu ändern vermochte, einzugestehen (Niederschrift der Präsidial- und Beiratssitzung am 13. März 1934; *BA*, R 11/17).

[100] Frhr. v. Schröder (*ebda.*).

[101] Hecker, *ebda.*

[102] *Ebda.*

[103] Beschluß in der Präsidial- und Beiratssitzung am 13. März 1934, Protokoll, verkürzte Niederschrift, *ebda.*

[104] Bericht Hillands in der Sitzung des Präsidiums am 27. März 1934 (Protokoll, „streng vertraulich"; *ebda.*).

[105] Wörtliche Wiedergabe der Ansprache des Reichswirtschaftsministers im Plenarsaal des Reichswirtschaftsrates über den organischen Aufbau der deutschen Wirtschaft im *Reichsanzeiger*, 1934, Nr. 62 vom 14. März, S. 3 f.

[106] Übereinstimmend Affidavit Gustav Schwartz und Affidavit Frhr. v. Brackel (Anm. V/16).

[107] Weitere Hauptgruppen: 4 (Steine und Erden, Holz-, Bau-, Glas- und keramische Industrie), 5 (Chemie, technische Öle und Fette, Papier und Pappe verarbeitende Industrie), 6 (Leder, Textilien und Bekleidung), 7 (Nahrungsmittelindustrie), 8 (Handwerk), 9 (Handel), 10 (Banken und Kredit), 11 (Versicherungen) und 12 (Verkehr). Diese Hauptgruppen waren untergliedert in insgesamt 32 Untergruppen. Die Industrie- und Handelskammern dienten weiterhin dem örtlichen Zusammenwirken.

nahmen, außerhalb der Gesamtorganisation das Leben der Verbände verkümmern und die Repräsentation der wirtschaftlichen Interessen eingehen zu lassen. Diese Linie läßt sich auch unschwer im Reichsgesetz vom 23. März 1934 erkennen, das den vorläufigen Reichswirtschaftsrat auflöste, der ohnehin nur noch eine sehr bescheidene Existenz gefristet hatte.[108] Der „Führer der Wirtschaft" erließ dann ein zunächst befristetes Verbot, ohne seine Genehmigung organisatorische Veränderungen im wirtschaftlichen Verbandswesen vorzunehmen; ein weiteres Verbot untersagte auch jede Werbetätigkeit und alle Werbeversammlungen wirtschaftlicher Verbände.[109] Allerdings verhielt es sich im übrigen mit den ausgedehnten Vollmachten des Führers der Wirtschaft und mit seiner Handhabung von „Führerprinzip" und Ernennungsrecht anders, als es den Anschein hat. Die letzten Entscheidungen behielt sich das Reichswirtschaftsministerium vor, das die von Keppler beabsichtigten Ernennungen der „Gesamtführer" und sogar der Hauptgruppenführer in den Wirtschaftsbezirken einer eingehenden internen Begutachtung unterwarf.[110] In Wirklichkeit fungierte der „Führer der Wirtschaft" nur als ein vorgeschobener Posten des Ministeriums inmitten des in der Umbildung begriffenen Verbandswesens. Die großindustriellen Spitzenverbände paßten sich der neuen Situation an, stellten jedoch keineswegs ihre Tätigkeit ein. Als nächste Station schien sich eine Verlagerung der Verbandsstrukturen nach den Betrieben gleicher Fertigungsart und -bereiche abzuzeichnen.[111] Offensichtlich näherten sich Konzernorganisation und Wirtschaftsverbandsorganisation einander an. Nachdem sich die radikalen Stände-Ideologien verflüchtet hatten und sich auch der wirtschaftliche Selbstverwaltungsgedanke zusehends zu verdünnen begann, durfte sich das großbetriebliche und betriebswirtschaftliche Denken wieder zu freierer und stärkerer Regelung entfalten. Die autoritäre Absicht, auf die der Staat indessen nicht mehr zu verzichten gedachte, entwickelte sich unter dem Begriff der „Lenkung"[112] zu einer Funktion, die gleichzeitig in eminentem Sinne Wirtschafts- und Organisationspolitik einschloß und die gesamte Volkswirtschaft planmäßig, nach feststehenden Zielvorstellungen einer „Modellwirtschaft" zu „einem als autark gedachten Wirtschaftsbezirk" zusammenzufassen suchte.[113]

Doch der Reichsstand der Deutschen Industrie zeigte sich von beharrlicher Widerstandskraft. Er hörte ebensowenig zu bestehen auf wie etwa der Verein Deutscher Eisen- und Stahlindustrieller; seine Geschäftsstelle setzte ihre Tätigkeit fort, gab Empfehlungen und Anweisungen heraus, die sie jetzt an jene sieben der zwölf Hauptgruppen richtete, die den Organisationsbereich des einstigen Reichsverbandes und des Reichsstandes der Deutschen Industrie deckten. Die Autorität von Krupp behauptete sich auch ohne die ausdrückliche Nominierung des Reichswirtschaftsministers. Unter der Firma des Reichsstandes bildete sich eine stillschweigend anerkannte Zwischeninstanz, die sich vor den Führer der Gesamtorganisation schob, der sogar bei offiziellen Arbeitstagungen des Reichsstandes unter dem Präsidium Krupps als Redner auftrat.[114]

[108] Gesetz über die Aufhebung des vorläufigen Reichswirtschaftsrats vom 23. März 1934 (RGBl., II, 1934, S. 115). Schon mit dem Gesetz über den vorläufigen Reichswirtschaftsrat vom 5. April 1933 (RGBl., I, 1933, S. 165) schuf sich die Reichsregierung die Möglichkeit für eine völlige Umgestaltung des Reichswirtschaftsrates, von der jedoch nie Gebrauch gemacht worden ist – ein deutliches Zeichen für die konzeptionslose Überstürzung der anfänglichen Wirtschaftspolitik.

[109] Reichsanzeiger, 1934, Nr. 100 vom 30. April, S. 4.

[110] Rundschreiben des Reichswirtschaftsministers und Preußischen Ministers für Wirtschaft und Arbeit vom 23. Juli 1934 an die beteiligten Referate des preußischen Ministeriums (HAB, Rep. 327/33).

[111] Referat Keßlers über „Organisatorische Maßnahmen in der Industrie" auf einer Arbeitstagung des Reichsstandes der Deutschen Industrie Ende April 1934 (Reichsanzeiger, 1934, Nr. 96 vom 25. April, S. 2).

[112] Erstmals erläutert in dem Referat des Münchener Industriellen und Präsidenten der Industrie- und Handelskammer München, Pietzsch, auf der gleichen Arbeitstagung; ebda.

[113] Ebda.

[114] Ebda.

Der Widerstand der Schwerindustrie gegen die Maßnahmen des Reichswirtschaftsministers wurde durch die schwierige Außenhandels- und Devisenlage im Frühjahr
1934 begünstigt, der der Reichsbankpräsident Schacht durch drakonische Neuerungen
auf dem Gebiete des Auslandszahlungsverkehrs und des Außenhandels zu begegnen
suchte,[115] die bereits der Autorität des Ministeriums Abbruch taten. Und er wurde im
Mai und im Juni auf höchst wirksame Weise durch Vorstellungen von seiten des
Reichswehrministers unterstützt, der unter Berufung auf geheime Rüstungspläne der
Reichsregierung bei Hitler darüber Beschwerde führte, daß Schmitt bisher das Programm einer „wirtschaftlichen Mobilmachung" für die Zwecke der Aufrüstung vernachlässigt hätte.[116] Blombergs Verlangen nach Ernennung eines Militärs zum Staatssekretär im Reichswirtschaftsministerium für die Leitung der wirtschaftlichen Kriegs-
vorbereitungen wies Schmitt zurück; doch die Forderung der Reichswehr nach einem
„Wirtschaftsdiktator" scheint den beabsichtigten Eindruck auf Hitler nicht verfehlt
zu haben. Sie konnte sich jetzt auch auf die dokumentierte Kritik stützen, die wirtschaftliche Interessenten an der Ständeorganisation Schmitts übten, und sie fiel überdies
genau mit den aufsehenerregenden Maßnahmen des Reichsbankpräsidenten zusammen.
Auch Schmitt wollte sich nun dem Ruf nach dem Diktator für die Wirtschaft nicht
mehr entziehen und erlangte am 3. Juli 1934 eine gesetzliche Generalermächtigung,
die ihm für die Zeit bis zum 30. September die Vollmacht erteilte, „innerhalb seines
Geschäftsbereichs alle Maßnahmen zu treffen, die er zur Förderung der deutschen
Wirtschaft sowie zur Verhütung und Beseitigung wirtschaftlicher Schädigungen für
notwendig" hielt.[117] Doch seine Amtsdauer zählte nur noch nach Tagen. Ein Jahr
nach Übernahme seines Amtes mußte Schmitt, inzwischen schwer erkrankt, die Geschäftsführung seines Ministeriums an den Reichsbankpräsidenten Schacht abgeben;
und am 30. Januar 1935 trat Schmitt endgültig zurück. Sein Ausscheiden wurde in der

---

[115] Vgl. u. S. 668 f.

[116] Arthur Schweitzer, „Organisierter Kapitalismus und Partei-Diktatur 1933 bis 1936", in: *Schmollers Jahr-
buch für Gesetzgebung, Verwaltung und Volkswirtschaft* 79 (1959), S. 37–79, der einen Teil seiner Ausführungen
auf unveröffentlichte Aktenstücke aus den *National Archives* in Washington stützt, führt u. a. in besonderen einen
Brief Blombergs an Hitler vom 20. Mai und ein Memorandum des Generals Thomas vom 20. Juni 1934 an, das
Hitler am 23. Juni „vorgetragen" wurde (S. 42). Ein von Schweitzer erwähntes „Abkommen zwischen Hitler und
Schmitt" vom Sommer 1933, das hier interessieren könnte, findet jedoch keine nähere Erläuterung. Im übrigen
enthält dieser Aufsatz einige Ungenauigkeiten und Unrichtigkeiten. Den Thesen Schweitzers über die schon von
Franz Neumann so genannte „bilaterale Machtstruktur" und seinem Versuch, den totalitären Staat des Nationalsozialismus auf die Existenz von zwei „Machtsphären" – „der Partei" und „der kapitalistischen Klasse" – zurückzuführen und erschöpfend zu erklären, wird sich die Forschung künftig wohl nicht anschließen können.

[117] § 1 des Gesetzes über wirtschaftliche Maßnahmen (*RGBl.*, I, 1934, S. 565). Es hat den Anschein, daß die
Ermächtigung des Reichswirtschaftsministers auf Grund dieses Gesetzes nicht so sehr im Hinblick auf beabsichtigte
organisatorische Maßnahmen geschaffen wurde als vielmehr für solche wirtschaftspolitischer Art und daß sie die
Handlungs- und Entscheidungsbefugnis des Ministers gegenüber dem Reichsbankpräsidenten festlegen sollte. Auch
ein anderes Gesetz vom gleichen Tage, das Gesetz über die Anwendung wirtschaftlicher Vergeltungsmaßnahmen
gegenüber dem Ausland (*ebda.*), erteilte zur Behebung der schwierigen Devisenlage dem Reichswirtschafts-, dem
Reichsernährungs- und dem Reichsfinanzminister besondere Ermächtigungen auf Gebieten, in die Schacht bereits
eingegriffen hatte, nämlich „gegenüber jedem Lande, das den Waren- oder Zahlungsverkehr mit Deutschland ungünstigeren Bedingungen unterwirft als den Verkehr mit anderen Ländern, Vergeltungsmaßnahmen zu treffen, die
den Waren- und Zahlungsverkehr mit diesem Lande abweichend von den allgemeinen Bestimmungen regeln". –
Daß der Reichswirtschaftsminister seine seither verfolgten Organisationspläne aber nur in der alten Richtung
weitertrieb, bezeugt noch ein Rundschreiben an die Referenten seines Ministeriums mit Datum vom 23. Juli
1934 (!), das die Namen der vom Führer der Wirtschaft vorgeschlagenen Leiter der Bezirksorganisationen aufführte. Außerdem gab es für die ersten der drei Hauptgruppen eine neue Organisationsweise – nun unter Ausschaltung Krupps – bekannt: Der Kohlenbergbau wurde von der eisenschaffenden Industrie getrennt und diese
von der Eisen- und Metallverarbeitung; allerdings sind die kurzen Angaben zu unklar, als daß sich ein vollständiges Bild gewinnen ließe. Für die Spitzen der Gruppen waren vorgesehen: Knepper, Springorum, Hartkopf und
Vögler (Abdruck bei den Akten des Generalinspektors für Wasser und Energie, *HAB*, Rep. 327/23). Von den
vorher ernannten Hauptgruppenleitern blieb also nur Hartkopf, dessen Gruppe wesentlich vergrößert wurde.
Man darf hierin wohl den Gegenschlag des Wirtschaftsministers gegen die Opposition unter den führenden Wirtschaftlern erblicken.

Öffentlichkeit mit auffälliger Sorgfalt behandelt. Göring ernannte ihn zum Preußischen Staatsrat; Hitler empfing ihn, und der Amtliche Preußische Pressedienst verbreitete den Text eines überschwenglichen Dankschreibens des preußischen Ministerpräsidenten,[118] eine Auszeichnung, der sich sein Vorgänger nicht erfreuen konnte. Doch erst Schacht gelang es, die schwierigsten Verhältnisse zu bereinigen.

Der neue, kommissarische Reichswirtschaftsminister griff noch im August 1934 in die wirtschaftliche Selbstverwaltung ein, indem er die Industrie- und Handelskammern des gesamten Reichsgebietes seiner Aufsicht unterstellte und die Befugnis erhielt, ihre Vorsitzenden und deren Stellvertreter zu ernennen.[119] Und nachdem sich im Oktober der Reichswehrminister für die allgemeine Einführung wirtschaftlicher Pflichtorganisationen ausgesprochen hatte,[120] schuf eine Verordnung vom November 1934[121] ein neues Organisationssystem mit Reichsgruppen, nachgeordneten Wirtschaftsgruppen und Fachgruppen und ermöglichte dem Reichsstand der Deutschen Industrie eine endgültige Überführung in die Reichsgruppe Industrie.[122] Die fachliche Gliederung wurde nun auch durch eine bezirkliche ergänzt, die sich an die Wirtschaftsbezirke der Treuhänder anlehnte. Auch Wirtschaftsgruppen und Fachgruppen durften sich bezirklich untergliedern, sofern „ein zwingendes wirtschaftliches Bedürfnis" bestand. Durch besondere Anordnungen konnte der Reichswirtschaftsminister Bezirksgruppen mit einer geschäftsführenden Industrie- und Handelskammer verbinden. Gruppen verschiedener Betriebsarten oder Fertigungsstufen des gleichen Wirtschaftszweiges, die jedoch verschiedenen Wirtschafts- oder gar verschiedenen Reichsgruppen angehörten oder verschiedene Fachgruppen bildeten, durften fortan Arbeitsgemeinschaften gründen. Nicht minder differenziert und elastisch konnten sich die Rechtsformen dieser Organisationsgebilde gestalten. Wirtschaftsgruppen und Bezirksgruppen der Reichsgruppe Industrie z. B. wurden kraft Verleihung rechtsfähige Vereine, die infolgedessen nicht ins Vereinsregister kamen.[123] Die Fachgruppen und ihre bezirklichen Untergliederungen erhielten diese Rechtsfähigkeit jedoch nur, sofern ein gewisses Maß an sachbedingter Selbständigkeit vorhanden war; die Entscheidung hierüber fällte die Wirtschaftsgruppe, deren Leiter in weit gefaßter Ermessensfreiheit über den Organisationsbereich seiner Gruppe und über Zugehörigkeit und Aufnahme bestehender Wirtschaftsverbände befinden durfte.

Auch in personeller Hinsicht ließ sich nun vieles und ständig verändern; denn auf Grund der Verordnung erloschen die Vollmachten der bestellten Bezirkswirtschaftsführer und Bezirksgruppenführer, so daß die Regionalorganisationen neue Leiter erhalten konnten. Die in der Verordnung vom 27. November 1934 vorgesehene Vereinigung der Geschäftsstellen des Führers der Wirtschaft und des Deutschen Industrie- und Handelstages zur Reichswirtschaftskammer als oberster Instanz der wirtschaftlichen Eigenverwaltung schritt über die Persönlichkeiten der beiden nationalsozialistischen Platzhalter des Interims hinweg. Weder Renteln noch Keppler traten das neue Amt an der Spitze der Reichswirtschaftskammer an, sondern Renteln Rivale aus dem Präsidium des Deutschen Industrie- und Handelstages, der

---

[118] Reichsanzeiger, 1935, Nr. 38 vom 14. Februar.

[119] Verordnung über die Industrie- und Handelskammern vom 20. August (RGBl., I, 1934, S. 790).

[120] Schweitzer (Anm. V/116), S. 45, erwähnt einen Brief dieses Inhalts, den der Reichswehrminister am 20. Oktober an den Reichswirtschaftsminister richtete.

[121] Erste Verordnung zur Durchführung des Gesetzes zur Vorbereitung des organischen Aufbaus der deutschen Wirtschaft vom 27. November 1934 (RGBl., I, 1934, S. 1194).

[122] Krupp trat jetzt zurück. Die Leitung der Reichsgruppe übernahm der ehemalige Staatssekretär im Reichswirtschaftsministerium Trendelenburg. Vgl. Karl Guth, Die Reichsgruppe Industrie. Standort und Aufgabe der industriellen Organisation (Schriften zum Staatsaufbau), Berlin 1941.

[123] Eine eingehende Interpretation der Verordnung enthält ein Rundschreiben des Reichsstandes der Deutschen Industrie an die Leiter der bisherigen Hauptgruppen I bis VII vom 15. Dezember 1934 (ADIK).

Hannoversche Industrie- und Handelskammer-Präsident Hecker.[124] Dagegen bildete das traditionelle Gewicht der Schwerindustrie auch einen Schutz für überkommene Personalverhältnisse. Eine weitere Anordnung des Reichswirtschaftsministers bildete eine Wirtschaftsgruppe Eisenschaffende Industrie, in die der Verein Deutscher Eisen- und Stahlindustrieller, bis dahin das stählerne Rückgrat des Reichsverbandes der Deutschen Industrie, ohne Schwierigkeiten überführt wurde. Doch Ernst Poensgen behielt nach wie vor den Vorsitz und Reichert die Geschäftsführung; und auch die alten Bezirksgruppen, die Nordwestliche Gruppe, die Südwestliche, die Östliche, die Norddeutsche, die Mitteldeutsche und die Süddeutsche Gruppe, blieben bestehen, wenn auch unter leicht veränderter Benennung, die eben gerade noch der Bedingung der Anpassung an die neuen Organisationsverhältnisse Rechnung trug. Damit fand eine verhältnismäßig lange, schleppende und überaus wechselvolle Organisationsentwicklung ihren vorläufigen Abschluß. Sie war, unbekümmert um Rechtsformen und ständische Prinzipien, zu einer einfachen und durchsichtigen, jedoch lückenlosen Erfassung der gesamten Wirtschaft im Zuständigkeitsbereich des Reichswirtschaftsministeriums gelangt, die als Lenkungsapparat der Wirtschaftspolitik dienen konnte, zugleich aber genügend Elastizität besaß, um den betrieblichen und unternehmerischen Interessen freien Raum zu gewähren. Die Konkurrenzen wurden aufeinander abgestimmt und vor den großen gemeinsamen Wagen einer auf binnen- und bald auch rüstungswirtschaftliche Produktionssteigerung ausgerichteten Wirtschaftspolitik gespannt.

5. Von der Arbeitsbeschaffung zur Staatskonjunktur

Ein folgenreicher Umstand begünstigte eine Annäherung der Wirtschaftspolitik an programmatische Grundsätze der NSDAP. Ihre Wirtschaftsprogramme waren ausschließlich binnenwirtschaftlich orientiert; angesichts des gestörten Auslandszahlungsverkehrs und des Devisenmangels blieben auch die offiziellen wie nichtoffiziellen Arbeitsbeschaffungsprogramme mehr oder weniger auf die Binnenwirtschaft beschränkt, soweit sie nicht überhaupt schon die Belebung der Wirtschaft möglichst rasch auf jene Produktionsgebiete auszudehnen und gar zu konzentrieren trachteten, die der Rohstoffgrundlage der Industrie zugute kommen und zu einer größeren Unabhängigkeit vom Import beitragen sollten. Derartige Pläne wurden erörtert und projektiert, seitdem Schacht in den Jahren 1929/30 als ein in weiten Kreisen anerkannter Fachmann einen wirtschaftspolitischen Systemwechsel und für Deutschland eigene Rohstoff- und Siedlungsgebiete gefordert hatte.[125] Auf dem Untergrunde fachmännischer und sachlicher Überlegungen erwuchs eine Wirtschaftsideologie, die nicht allein auf diese Grundlage beschränkt blieb. Sie reichte in das Getriebe politischer Propaganda hinein und strebte unter dem Schlagwort „Autarkie" unklaren Zielen zu. Die Stunde ihrer Verwirklichung war auch die Stunde der chemischen Industrie mit ihren Zweigen der synthetischen Produktion, der Stoffumwandlung und der Stoffneuschaffung.

Es bleibt jedoch ein Unterschied von beträchtlicher Bedeutung bestehen zwischen dem Abschließungsvorgang, der die Volkswirtschaft aus der krisenhaft erschütterten Weltwirtschaft herausschneidet und der die Krise mit Mitteln der Nationalwirtschaft zu überbrücken versucht, und jener politischen Konsequenz, die im Stadium der verhältnismäßigen Lockerung globaler ökonomischer Beziehungen einen nationalen politischen Machtkomplex zu entwickeln strebt, der sich außenpolitisch in Szene setzt und die Autarkie zum gewichtigen Faktor in diplomatischen Auseinandersetzungen, zum

---

[124] Mitteilung Heckers durch Rundschreiben vom 12. Dezember 1934 an die Leiter der Reichsgruppen, der industriellen Hauptgruppen I–VII, der Wirtschaftsgruppen und der Industrie- und Handelskammern (HAB, Rep. 327/33).

[125] Vgl. Schacht, Nicht reden. . . (Anm. I/103).

Element einer nationalen Politik der Stärke und zum wirtschaftlichen Gegenstück militärischer Rüstung entwickelt. Und selbst von dieser Politik der weltwirtschaftlichen Verpflichtungslosigkeit aus und im Gesichtswinkel der nationalen Unabhängigkeit ist es immer noch ein beträchtlicher Schritt zu dem Entschluß einer wohlvorbereiteten militärischen Expansion, die mit der wirtschaftlichen Intensivierung und mit der wirtschaftlichen Eroberung Hand in Hand gehen soll. Es lag keineswegs in der Natur der Sache, daß die Stufen und Richtungen der permanent gesteigerten Tendenz nicht unterschieden, sondern in eins getan, einem „Endziel" untergeordnet und verhältnismäßig rasch durchlaufen wurden.

Die Deflationspolitik der Regierung Brüning[126] — Devisenbewirtschaftung, Stillhalteabkommen und Einfuhrkontrollen, um den Abfluß ausländischen wie deutschen Kapitals ins Ausland zu verhindern, starke Kürzung der Reichsausgaben, um einen Etatausgleich zu erreichen, und Maßnahmen des Reiches, um Preise und Kosten zu senken und dem abgesunkenen Preisniveau des Weltmarktes anzupassen — war, soweit man die nächsten Ziele dieser Politik ins Auge faßte, durchaus nicht erfolglos. Sie zeitigte jedoch eine Reihe von Wirkungen, die keineswegs beabsichtigt und deren Ergebnisse zum mindesten nicht in ihrem tatsächlichen Ausmaß im voraus erkannt worden waren. Der ausgeglichene Haushalt und ein beträchtlicher Ausfuhrüberschuß bewirkten eine annähernd ausgeglichene Zahlungsbilanz; doch mit der Preis- und Kostensenkung fiel das Lebenshaltungsniveau und stieg die Arbeitslosigkeit, die im Juli 1931 den Stand von fast 4,1 Millionen Köpfen erreicht hatte und im Februar 1932 6,2 Millionen Beschäftigungslose zählte — 18,7 % der erwerbswilligen Bevölkerung[127] —, die nunmehr dem System der Unterstützungs- und Wohlfahrtsfürsorgeleistungen zur Last fielen. Der Index der Tariflohnsumme der Arbeiter aller Industriegruppen (1926 = 100) sank von 142,1 im Jahre 1929 schon im Jahre 1931 auf 96,8,[128] der Binnenabsatz aller Industriegruppen von 71 auf 50,3 Milliarden Reichsmark.[129] Das Opfer, das für den Ausgleich der Zahlungsbilanz gebracht wurde, war zu groß, breiten Massen des Volkes gegenüber von einer brutalen Härte und infolgedessen auch nicht mehr mit den Mitteln des demokratischen Parlamentarismus zu erwirken. Die Reichskabinette seit 1931, die buchstäblich die Not verordneten, bereiteten die präsidiale Diktatur vor, die vom Sektor der Wirtschaftspolitik aus in das Leben der Nation vordrang.

War bereits der Preis, der für diese Politik gezahlt wurde, von problematischer Größe, so gilt das letztlich auch von dem Ziel, das sie anstrebte: der Aufrechterhaltung der Wechselkursparität. [130] Von heute aus betrachtet, war diese Politik schlechthin falsch; diese Feststellung bleibt auch bestehen, wenn man den Irrtum Brünings einen ehrenhaften Irrtum nennt.[131] Immerhin aber hatte Brüning eine Reihe sehr guter wirtschaftlicher Gründe für seine Politik. Er hielt sich streng an Spielregeln und Vorstellungen der alten Weltwirtschaft. Deutschland blieb konsequent auf der Seite der

---

[126] Vgl. die kürzlich erschienene Darlegung von Rolf E. Lüke, *Von der Stabilisierung zur Krise*, hrsgg. vom Basle Centre for Economic and Financial Research, Series B, No. 3, Zürich 1958, S. 334 ff. Hierzu auch den Literaturbericht von Gerhard Schulz, „Die ‚große Krise' in der Zeitgeschichte", in: *Neue Politische Literatur* 4 (1959), Sp. 805–824.

[127] Anton Reithinger, *Stand und Ursachen der Arbeitslosigkeit in Deutschland* (*Vierteljahrshefte zur Konjunkturforschung*, hrsgg. vom Institut für Konjunkturforschung, Sonderheft 29), Berlin 1932, S. 7.

[128] A. a. O., S. 24.

[129] A. a. O., S. 22.

[130] Für die Behauptung, daß schon die Devisenbewirtschaftung ausgereicht hätte, um einen Ausgleich der Zahlungsbilanz zu erreichen, bleibt Lüke (Anm. V/126), S. 348, allerdings den überzeugenden Beweis schuldig.

[131] Brecht, *Vorspiel zum Schweigen* (Anm. II/35), S. 62; vgl. die Charakterisierung durch Hermann Höpker-Aschoff, „Währungsmanipulationen seit 1914", in: *Finanzarchiv*, N.F. 11 (1949), S. 39 ff.

Goldblockländer und verzichtete auf die Währungsabwertung als das Radikalmittel zum Zahlungsbilanzausgleich. Nach dem außenwirtschaftlich beachtlichen Ergebnis des Kreditabkommens vom 23. Januar 1932 begann jedoch in vielen Plänen und Denkschriften der unausbleibliche innere Angriff auf die bisherige Wirtschaftspolitik Brünings mit der gebieterischen Forderung nach Krisenüberwindung durch Mittel einer „aktiven Konjunkturpolitik" und staatliche Arbeitsbeschaffungsmaßnahmen. [132]

Die Arbeitsbeschaffung trat teilweise an die Stelle der Erwerbslosenunterstützung und suchte den von der Marktwirtschaft ausgesonderten Arbeitskräften neue Erwerbstätigkeiten zu verschaffen. Problematisch war die erneute Einfügung der vom Marktablauf getrennten Produktivkräfte in die Gesamtwirtschaft. [133] Durch zusätzliche finanzielle Aufwendungen entstanden zusätzliche Arbeitsgelegenheiten und zusätzliche Arbeitsprodukte; doch die Beschäftigung erfolgte nicht wie in der Marktwirtschaft nach dem vorwaltenden Gesichtspunkt der Rentabilität, sondern nach den Grundsätzen maximaler Verwendung menschlicher Arbeitskräfte. Entweder durften die zusätzlichen Arbeitsleistungen keine Konkurrenz für Marktprodukte bilden, was voraussetzte, daß sie sich auf die Schaffung nicht vorhandener oder auf die Verbesserung oder Wiederherstellung bestehender, am Marktvorgang nicht beteiligter Anlagen beschränkten, oder sie dienten einer volkswirtschaftlich geplanten selektiven Verdrängung anderer Produkte, z. B. der Minderung des Imports durch bestimmte zusätzliche Erzeugungen, kamen also autarkistischen Bestrebungen entgegen.

Staatliche Notstandsaktionen gab es schon in der ersten Nachkriegskrise, doch sie blieben ohne Verbindung zur Wohlfahrtsfürsorge, die nach älterer Überlieferung zu dem Kreis der kommunalen Angelegenheiten gehörte. Erst das Gesetz über Arbeitsvermittlung und Arbeitslosenversicherung vom 16. Juli 1927 eröffnete mit der „werteschaffenden Arbeitslosenfürsorge" die Möglichkeit einer Verknüpfung von Arbeitsbeschaffung und Erwerbslosenfürsorge, die teilweise – als Arbeitslosen- und als Anteil an der Krisenunterstützung – in die Zuständigkeit der neu errichteten Reichsanstalt für Arbeitsvermittlung und Arbeitslosenversicherung überging. Ihr dienten die Arbeitsbeschaffungsprogramme von 1930 und 1932/33. Im Verlaufe der Krise trat der Gedanke hinzu, Erwerbslose in einer grundsätzlich neuen Form zu unterhalten und zu produktiver Tätigkeit zu bringen: im Landdienst und im Arbeitsdienst, [134] der weder privatwirtschaftliche Arbeiter- oder Angestelltenverhältnisse noch beamtenrechtliche Dienstverhältnisse begründete, aber im Unterschied zum Militärdienst volkswirtschaftlich produktiv sein sollte. Ausrüstung, Massenunterkünfte und Massenverpflegung wurden auf dem niedrigsten möglichen Stand gehalten, um die Aufwendungen auf ein Minimum zu senken und unter optimaler Ausnutzung der finanziellen Mittel den Effekt einer größtmöglichen Beschäftigtenziffer zu erzielen. Doch dieser Gesichtspunkt erfaßte keineswegs alle Motive zur Schaffung des Freiwilligen Arbeitsdienstes. [135] Pädagogische und mehr und mehr auch nationalistisch-militaristische erzieherische

---

[132] Vgl. die Zusammenstellung bei Grotkopp (Anm. I/105); kritisch, ergänzend und umfassend Kroll (Anm. I/104), S. 375 ff.; eine Auswahl aus den Schriften eines der bedeutendsten Autoren, des „deutschen Keynes", ist von Wolfgang Stützel herausgegeben worden (Vorwort von Wilhelm Röpke): Wilhelm Lautenbach, *Zins, Kredit und Produktion*, Tübingen 1952.

[133] Zur theoretischen Erfassung der Arbeitsbeschaffungswirtschaft Karl Schiller, *Arbeitsbeschaffung und Finanzordnung in Deutschland* (Schriftenreihe: *Zum wirtschaftlichen Schicksal Europas*, II. Teil: *Arbeiten zur deutschen Problematik*, hrsgg. von Carl Brinkmann, 4. Heft), Berlin 1936, S. 6 ff.

[134] Verordnung über den Freiwilligen Arbeitsdienst vom 16. Juli 1932 (*RGBl.*, I, 1932, S. 352).

[135] Will Decker, *Der deutsche Arbeitsdienst. Ziele, Leistungen und Organisation des Reichsarbeitsdienstes* (Schriften zum Staatsaufbau, Heft 14/14a), 3. Aufl., Berlin 1941; ders., *Der deutsche Weg. Ein Leitfaden zur nationalpolitischen Erziehung der deutschen Jugend im Arbeitsdienst. Aufgaben, Organisation und Aufbau*, 5. Aufl., Berlin 1933. Zur Vorgeschichte und über die ideellen Grundlagen in der Arbeitslagerbewegung die vom Deutschen Studentenwerk herausgegebene Darstellung von Georg Keil, *Vormarsch der Arbeitslagerbewegung. Geschichte und Erfahrung der Arbeitslagerbewegung für Arbeiter, Bauern, Studenten 1925–1932*, Berlin–Leipzig 1932.

Grundsätze wirkten bei dem Gedanken mit, junge Arbeitslose in Organisationen mit quasimilitärischer Disziplin zu erfassen und zu kollektiven Notstandsarbeiten einzusetzen.

In Deutschland wurde die Arbeitsbeschaffung zum bevorzugten Gebiet staatlicher Wirtschaftsbetätigung. Das war keineswegs immer und überall so. In England wurden die Kommunen im Verein mit einer geschickten Währungspolitik ohne staatliche Intervention der Arbeitslosigkeit Herr, [136] und in Amerika begnügten sich die Vereinigten Staaten mit einer Politik der Anregungen und eigener Unternehmungen, um ein zahlenmäßig noch größeres Arbeitslosenheer in einer allerdings wesentlich längeren Zeitspanne Schritt für Schritt aufzulösen und wieder in den Produktionsmechanismus der Marktwirtschaft zu überführen.[137] Auch in Deutschland spielten kommunale Arbeitsbeschaffungsmaßnahmen neben denen anderer Körperschaften wie der Reichsbahn und der Reichspost im ersten Teil der Wirtschaftskrise eine beachtliche Rolle; [138] doch die finanzwirtschaftliche Struktur der lokalen Selbstverwaltung verlangte eine weitgehende Finanzierung der kommunalen Maßnahmen durch den Staat, d. h. hier durch das Reich.[139] Sie führte die Arbeitsbeschaffung im Auftrage des Reiches durch, bis sich das Reich im weiteren Verlauf der Krise diese Rolle mehr und mehr selbst aneignete.

Im Jahre 1931 hatte der Sonderausschuß des Reichswirtschaftsrates für Arbeitsbeschaffung mehrere Projekte entwickelt, die für die kommunale Selbstverwaltung wichtig zu werden versprachen. Der Städtetag hatte anfangs zögernd, dann, als die Finanzierung gesichert schien, entschlossener Pläne für vorstädtische Kleinsiedlungen entwickelt, die als Erwerbslosensiedlungen sehr eingehend erörtert und dann auch verwirklicht wurden. [140] Und ein städtischer freiwilliger Arbeitsdienst, den die Oberbürgermeister Brauer, Jarres und Rive in den Städten Altona, Duisburg-Hamborn und Halle eingeführt und erprobt hatten, fand allgemeine Befürwortung als eine vielversprechende Möglichkeit von praktischer Bedeutung für die Arbeitsbeschaffung. [141] Größere Pläne zur kommunalen Arbeitsbeschaffung gediehen indessen erst in Verbindung mit dem Arbeitsbeschaffungsprogramm der Regierung Papen. Die Vorschläge des Städtetages [142] unterlagen jedoch immer noch einschränkenden Bedingungen und Voraussetzungen. Die Privatwirtschaft sollte eingeschaltet, aber nirgends bedrängt werden; den finanziell arg beanspruchten Gemeinden durften keine neuen Lasten erwachsen, und die Arbeiten, die zu verrichten waren, mußten dem normalen ordentlichen Etat angehören und nur infolge der Not vorläufig zurückgestellt worden sein. Sie reichten daher im wesentlichen nicht sehr weit über den konventionellen Gedanken hinaus, vor allem den Bau von Kleinstwohnungen und Stadtrandsiedlungen nachdrücklich zu fördern; außerdem waren notwendige Verkehrsbauten neben der Anlage von Kleingärten und Meliorationen vorgesehen. Die Maßstäbe wurden

---

[136] Vgl. Kroll (Anm. I/104), S. 694 ff.

[137] *A. a. O.*, S. 645 ff.

[138] Die abnehmende Kurve der Beteiligung der Gemeinden (ohne Hansestädte) an der wertschaffenden Arbeitslosenfürsorge zeichnet sich in dem Anteil der Gemeinden an den Gesamtaufwendungen zu diesem Zweck ab: Im Etatjahr 1929/30 betrug er 45,0 %/o (gegenüber 28,4 %/o des Reiches und 26,6 %/o der Länder einschließlich der Hansestädte), 1930/31: 47,1 %/o; 1931/32: 43,2 %/o; 1932/33 aber nur noch 25,1 %/o (gegenüber 58,2 %/o des Reiches und 16,7 %/o der Länder). Errechnet auf Grund amtlicher Statistiken von Schiller (Anm. V/133), S. 153.

[139] Der Anteil der Gemeinden an den Zuschüssen für Zwecke der wertschaffenden Arbeitslosenfürsorge betrug 1929/30: 54,7 %/o; 1930/31: 39,5 %/o; 1931/32: 30,6 %/o und 1932/33: 8,7 %/o; *ebda*. Über die Bedeutung des Arbeitslosenproblems in der Kommunalpolitik der Weimarer Republik: Gerhard Schulz, „Die kommunale Selbstverwaltung in Deutschland vor 1933 – Ideen, Institutionen und Interessen", in: *Franz-Lieber-Hefte. Zeitschrift für politische Wissenschaft*, 1959, Heft 3, bes. S. 25 ff.

[140] Sitzungen des engeren Vorstandes am 5. November und 16. Dezember 1931 (*ADST*, A 7).

[141] Sitzung des engeren Vorstandes am 23. Juni 1932 (*ebda*.).

[142] Niederschrift der Sitzung des engeren Vorstandes am 20. Oktober 1932 (*ADST*, A 295).

von vornherein verhältnismäßig klein angesetzt; jedenfalls kann angesichts einer vorgesehenen zeitweiligen Beschäftigung von 400 000 Wohlfahrtserwerbslosen kaum von
einem sehr wirkungsvollen Versuch zur Wiederingangsetzung der Wirtschaft geredet
werden, der dem Ausmaß der Krise entsprochen hätte. Die erforderlichen Mittel
waren freilich ohne Kreditexperimente höherer Schwierigkeitsgrade aus einzusparen-
den Unterstützungen, Steuergutscheinen und zu einem Drittel aus Darlehen der Deutschen Gesellschaft für öffentliche Arbeiten zu beschaffen. Notgedrungen mußte der
Nutzeffekt begrenzt bleiben. Für den kommunalen Fiskus modifizierten sich die
Etatposten; von den Wohlfahrtserwerbslosen aber wurde Vollarbeit gegen unter-
durchschnittlichen Lohn erwartet, der nur unwesentlich über den niedrigsten Unter-
stützungssätzen lag. [143]

Fast zur gleichen Zeit entstand innerhalb der NSDAP ein Arbeitsbeschaffungsplan,
der 1 Million Arbeitskräfte in einer allgemeinen Arbeitsdienstpflicht zum Bau eines
Reichsautostraßennetzes – zur „Stärkung der Wehrfähigkeit" – unterbringen wollte. [144]
Doch selbst dieser Plan entwickelte noch keine Kredit- und Währungsprojekte, sondern suchte das Problem der Arbeitslosigkeit durch Verwendung möglichst geringer
Aufwendungen je Arbeitskraft unter konsequenter Ausschaltung der privaten Wirtschaft zu lösen. Hitler und die Nationalsozialisten bemächtigten sich des Gedankens
der Krisenbekämpfung durch Kreditexpansion nur sehr zögernd und erst, nachdem
sie sich im Besitze der Staatsmacht sahen und die höchst kritische volkswirtschaftliche
Bilanz wirkungsvolle Maßnahmen erheischte. Einer der namhaftesten Verfechter
dieses Gedankens, der kein Nationalsozialist war, bemühte sich, wie überliefert wird,
die ängstlichen Bedenken Hitlers aus dem Wege zu räumen und persönlich und eindringlich die Furcht vor der Inflation zu bannen. [145] Hitler übernahm auch nicht mit
dem Reichskommissar für Arbeitsbeschaffung, Gereke, der aus dem Kabinett Schleicher in die neue Reichsregierung übertrat, dessen ganzes Arbeitsbeschaffungsprogramm
– ebensowenig wie es vorher Schleicher getan hatte. Der Präsident des Deutschen
Landgemeindetages hatte im Sommer 1932 den Plan des Landrates Herpel aufgegriffen. Seinen hauptsächlichen Gedanken, den Gemeinden unbeschränkt finanzielle
Mittel zum Zwecke der kommunalen Arbeitsbeschaffung zur Verfügung zu stellen
– Gereke bezifferte ihre Bedürfnisse höchst optimistisch auf 4 Milliarden Reichsmark –, wollte er mit Hilfe einer Art zweiter Währung in Form von „Giralgeld"
verwirklichen, das in einem besonderen Kreislauf außerhalb des üblichen Geldum-
laufes zirkulieren und die Arbeitsbeschaffung in Gang setzen und in Gang halten
sollte. Gereke wußte sein etwas abenteuerliches Projekt der Öffentlichkeit geschickt
im Verein mit kräftigen Parolen gegen die internationale Hochfinanz und gegen die
Reichsbank zu präsentieren. [146] Die von ihm vorgeschlagene Methode indessen, „mög-

---

[143] Der Richtsatz der Wohlfahrtserwerbslosenunterstützung betrug für den Verheirateten mit einem Kind monatlich 62 Reichsmark. Für die Notstandsarbeit war bei durchschnittlich 32stündiger Arbeitszeit in der Woche eine
Entlohnung vorgesehen, die den Unterstützungssatz um 10 % übersteigen sollte.

[144] Der Durchschlag einer elf Seiten umfassenden Denkschrift mit dem Titel „Hitler schafft Arbeit" befindet
sich bei den Akten des Staatssekretärs Grauert. Ihr ist ein Zettel mit dem Vermerk angeheftet: „Dieser Arbeitsbeschaffungsplan, der die Beschäftigung von einer Million Volksgenossen vorsieht, wurde am 31. Dezember 1932
dem Führer in Obersalzberg übergeben" (HAB, Rep. 320, Grauert 39). Zwar hatte Heinrich Dräger von der
„Studiengesellschaft für Geld- und Kreditwirtschaft" schon in das Arbeitsbeschaffungsprogramm der NSDAP vom
Sommer 1932 den Gedanken der „produktiven Kreditschöpfung" einzubringen versucht (vgl. o. Anm. I/104), seine
Aussöhnung mit den wenigen anderen Beiträgen zu diesem Arbeitsbeschaffungsprogramm jedoch nicht herbeiführen
können. Man muß daher diesen früheren Versuch einer exogenen Beeinflussung der nationalsozialistischen Wirt-
schaftsprogrammatik als zunächst nicht gelungen ansehen.

[145] Zeugnis von Wilhelm Röpke im Vorwort zu Lautenbach (Anm. V/132), S. X. Vgl. auch noch für das Jahr
1935 die Schilderung von Gerhard Ritter (Anm. II/35), S. 78.

[146] Sitzung des geschäftsführenden Vorstandes des Verbandes der Preußischen Landgemeinden am 29. Juli 1932
(ADST, A 313).

lichst alle Arbeitslosen zum vollen Lohn", aber an besonderen wirtschaftspolitischen Schwerpunkten zu beschäftigen, auf die er Investitionen bis dahin unbekannten Ausmaßes konzentrieren wollte, was gewiß günstige psychologische Wirkungen im Gefolge haben mußte, gewann ernsthafte Beachtung.[147] Die Auswahl dieser Schwerpunkte, Bau von Schnellverkehrsverbindungen, Flugplätzen, Brücken, Kraft-, Wasserund Gaswerken, Landgewinnung und Meliorationen, Bauern- und Handwerkersiedlungen besonders in Ostdeutschland, halb ländliche Siedlungen in Großstadt- und Industriegebieten, Sanierung der Wohnverhältnisse in den Altstädten, die er als „volkspolitische Aufbauarbeiten mit dem Ziele, bevölkerungs- und wehrwirtschaftliche Grundlagen zur Wiedergewinnung der deutschen Weltgeltung zu schaffen", deutlich und attraktiv charakterisierte, lenkte auf ein weiteres Ziel hin: eine nationale Konjunkturpolitik mit außenpolitischen Absichten. Allerdings lag ein wesentlicher Unterschied zur späteren Konjunktur des nationalsozialistischen Staates noch darin, daß Gereke, wie es dem Ausgangspunkt dieses Planes im Verband Preußischer Landgemeinden entsprach, die Initiative zur Wirtschaftsbelebung, zur Planung wie zur Kreditanforderung, die von Staats wegen lediglich unter dem Gesichtspunkt der Zweckmäßigkeit kontrolliert werden sollte, in die Hand der Gemeinden legte. Dem kam die nationalsozialistische Regierung ebensowenig wie vorher die Kabinette Papen und Schleicher nach. Die 500 Millionen Reichsmark Kredit, die ihm vom Kabinett Schleicher nach anfänglichen Schwierigkeiten zur Verfügung gestellt und von denen noch 100 Millionen zu zweckfremden Aufgaben verwendet wurden, waren für das riesenhafte Ausmaß des ursprünglichen Vorhabens, dessen Effekt von vornherein nur bei äußerst weiter Begrenzung der Kreditvergabe zu erwarten gewesen wäre, vollkommen unzureichend. Gereke versuchte daraufhin durch seinen Schritt an die Seite der Vertreter der NSDAP, des Stahlhelms und des Reichslandbunds die Durchführung seines ursprünglichen Programms zu sichern.[148] Doch dieser Entschluß brachte weder ihm noch seinem Vorhaben Segen. Im März 1933 verschwand er als einer der ersten im Sog des nationalsozialistischen Terrors.[149]

Mehr als der Name Gerekes ist der Schachts mit der Arbeitsbeschaffung der nationalsozialistischen Zeit verknüpft, dem der Ruf anhing, schon einmal ein „Wunder" – ein wohlvorbereitetes, gut durchdachtes und von gesicherten Mehrheiten vertretenes, längst fälliges „Wunder" der Währungsstabilisierung freilich – vollbracht zu haben. Das Kreditproblem gab den Ausschlag, den Reichsbankpräsidenten Luther, der seit drei Jahren die deflationistische, auf größere Zurückhaltung und restriktive Bewilligung von Arbeitsbeschaffungsmitteln festgelegte Notenbankpolitik vertreten und seit Herbst 1932 nur zögernd gelockert hatte und weiterhin zu lockern bereit war, gegen den seit längerem um Hitler bemühten Schacht auszuwechseln. Der Rücktritt, zu dem sich Luther auf Grund des Verhaltens Hitlers genötigt sah,[150] und die umgehend vollzogene Ernennung Schachts zu seinem Nachfolger besiegelten das Ende einer vorwiegend von konservativen Wirtschaftsvorstellungen bestimmten Währungspolitik und machten den Weg frei zu wirtschaftspolitischen Wagnissen unübersehbaren Aus-

---

[147] Denkschrift „Entwurf von Leitsätzen für ein Arbeitsbeschaffungsprogramm zur Behebung der Arbeitslosigkeit" (Gereke-Plan), ebda. Zum Gereke-Prozeß vgl. Anm. I/301.

[148] Bericht Gerekes vor dem engeren Vorstand am 27. Februar 1933 (ebda.).

[149] Gereke wurde am 24. März 1933 verhaftet und am 27. März aus dem Reichsdienst entlassen (Facius, Anm. V/2, S. 132).

[150] Das vom Reichsbankpräsidialsekretariat herausgegebene, „nicht zur Veröffentlichung" bestimmte gedruckte Rücktrittsgesuch Luthers an den Reichspräsidenten wies deutlich auf die Differenz mit dem Reichskanzler hin, die „die volle Bereitwilligkeit zu enger und vertrauensvoller Zusammenarbeit auf dem der Reichsbank übertragenen Arbeitsgebiet" ausschließe. Es wies indirekt auf die von Luther festgehaltenen Grundsätze hin, die Gegenstand der Verhandlung mit Hitler waren, wenn es hervorhob, „daß die Reichsregierung keinerlei Währungsexperimente zu machen gedenkt". (Abdruck des Rücktrittsgesuches vom 16. März 1933 HAB, Rep. 90/867.)

maßes. Nachdem Hugenberg seine wirtschaftlichen Ministerien verlassen hatte, stieg Schacht bald zur bestimmenden Größe in der staatlichen Wirtschaftspolitik auf. Bis zum Herbst 1933 hatte die Regierung Hitler zur Behebung der Arbeitslosigkeit [151] knapp 650 Millionen Reichsmark ausgegeben; [152] für vorstädtische Kleinsiedlungen (rund 46 000 Siedlerstellen, die in vier Bauabschnitten bis Ende 1933 geschaffen werden sollten) 113 400 000 RM, für die Eigenheimaktion des Reiches (Reichsbaudarlehen für rd. 10 000 Eigenheime) vom Reich 23 310 000 RM, für rd. 20 000 Eigenheime von der RAfAVAV aus den Mitteln der wertschaffenden Arbeitslosenfürsorge 3 025 500 RM, als Reichsmittel zur Gewährung von Darlehen an Gemeinden und Gemeindeverbände zur Errichtung von Not- und Behelfswohnungen 9 Millionen RM und als Reichszuschüsse für Wohnungsinstandsetzungs-, Ergänzungs- und Umbauarbeiten 500 Millionen RM. Außerdem gewährte das Reich Steuerfreiheit für Ersatzbeschaffungen, übernahm es Bürgschaften für den Kleinwohnungsbau, und schließlich gingen von zusätzlichen Arbeitsbeschaffungsprogrammen der Reichsbahn und der Reichspost ergänzende und unterstützende Wirkungen aus. [153] Die bis zum Jahresende 1933 tatsächlich verwendeten Mittel dürften insgesamt 1,5 Milliarden Reichsmark kaum oder doch nicht wesentlich überschritten haben. In diesem Jahr ging die Arbeitslosenzahl um ein Drittel — um 2 Millionen — zurück. Dennoch waren Schmitt und Schacht darin einer Meinung, daß „die Beseitigung der Arbeitslosigkeit ... nicht allein durch künstliche Arbeitsbeschaffung erfolgen" könne [154] und daß „Notstandsarbeiten, wie Gräben ziehen, Sand karren und Wege beschottern" einer „Ankurbelung der Wirtschaft ... nicht nennenswert dienen". [155] Das war sicher richtig gesehen von jemandem, der den psychologischen Effekt einer denkbar raschen totalen Beseitigung der Arbeitslosigkeit als unverrückbares Ziel vor Augen hatte. Doch während der Reichswirtschaftsminister in seinen Bestrebungen, „der produktiven Wirtschaft", namentlich den großen Unternehmen, „Erleichterung zu verschaffen", noch mehr Grundsätze als Pläne erkennen ließ, ging Schacht mit dem Vorhaben, durch systematisierte öffentliche Aufträge eine Binnenmarktkonjunktur zu entwickeln, mehrere Schritte weiter. Doch fast allgemein hatte die Krise der Ansicht Bahn gebrochen, daß der Staat in größtem Ausmaß die Führung der Wirtschaft übernehmen müsse, um die brachliegenden Reserven an Produktionsmitteln wieder nutzbringend zu verwenden und durch planmäßigen Einsatz großer Mittel, unbekümmert um Haushaltsdefizite, die Krisenwirkungen zu überwinden. Die Politik der erzwungenen Krisenverschuldung wurde nunmehr durch eine Politik der „bewußten Aufschwungverschuldung" abgelöst. [156]

[151] Es dürfte sich hierbei in der Hauptsache um Mittel handeln, die auf Grund der Verordnung des Reichspräsidenten über finanzielle Maßnahmen auf dem Gebiete der Arbeitsbeschaffung vom 28. Januar 1933 (*RGBl.*, I, 1933, S. 31) und auf Grund des Gesetzes zur Verminderung der Arbeitslosigkeit vom 1. Juni 1933 (*a. a. O.*, S. 323) bereitgestellt worden waren. Das Zweite Gesetz zur Verminderung der Arbeitslosigkeit vom 21. September 1933 (*a. a. O.*, S. 651) dürfte sich in diesen Zahlen noch kaum niedergeschlagen haben.

[152] Aufstellung in einem Schreiben des Preußischen Ministers für Wirtschaft und Arbeit (Siedlungsabteilung) an den preußischen Finanzminister vom 25. Oktober 1933 (Entwurf mit Abgangsvermerk; *HAB*, Rep. 318/77). Es handelte sich hierbei um den ersten Teil jenes Programms, das meist mit dem Namen des nationalsozialistischen Staatssekretärs im Reichsfinanzministerium, Fritz Reinhardt, in Verbindung gebracht wird. Hierzu Fritz Reinhardt, *Generalplan gegen Arbeitslosigkeit*, Oldenburg i. O. 1933.

[153] Zahlen der aufgewandten Mittel fehlen für Herbst 1933. Kroll (Anm. I/104, S. 472) beziffert die gesamten Aufwendungen der Reichsbahn für ihr Arbeitsbeschaffungsprogramm für die Zeit vom 1. Januar 1933 bis zum 31. Dezember 1934 auf 1 068 Millionen Reichsmark. Diese Mittel wurden jedoch erst im Sommer 1933 und 1934 eingesetzt. Die Reichspost beschloß im August 1933 die Aufwendung von 76,6 Millionen Reichsmark für Zwecke der Arbeitsbeschaffung. Im übrigen ist auf die Listen der Arbeitsvorhaben zu verweisen, die Heinrich Dräger wiedergibt (Anm. I/104, 3. Aufl., 1934, und 4. Aufl., 1956, Tabellen I u. II).

[154] Reichswirtschaftsminister Schmitt in einer Rede am 13. Juli 1933 (*Schultheß, 1933*, S. 175).

[155] Schacht in einer Generalversammlung der Reichsbank am 7. April 1933 (*a. a. O.*, S. 94).

[156] Stuebel (Anm. V/4), S. 4134.

Die Einleitung der „Staatskonjunktur" stellte im Verhältnis zu den Arbeitsbeschaffungsmaßnahmen des Reiches nicht erst „den zweiten Akt des Geschehens"[157] dar, sondern den schon frühzeitig verfolgten zweiten Weg der Wirtschaftspolitik, der anfangs langsamer als die wertschaffende Arbeitslosenfürsorge begangen werden mußte, da er zusätzliche Kapital-, Kredit- und auch Rechtsprobleme stellte, dann aber mit eintretenden Erfolgen im Laufe des Jahres 1934 die Arbeitsbeschaffungsmaßnahmen aus dem Vorjahr hinter sich ließ und schließlich gänzlich außer Kurs setzte. Es gleicht einer lautstärkeren Wiederholung des von Schacht angemeldeten Gedankens, wenn Hitler schon am 1. Mai 1933 ebenso großsprecherisch wie dunkel „große öffentliche Programme" ankündigte und „in erster Linie ein Riesenprogramm, das wir nicht der Nachwelt überlassen wollen".[158] Hinter diesen Worten verbarg sich die bekannte Lieblingsidee Hitlers, Staat und Wirtschaft in den Dienst der militärischen Rüstung zu stellen. Aber auch so mancher wichtige Mann der Großindustrie erblickte in einer „umfassenden Planung" zugunsten der „wirtschaftlichen Produktivität" die einzige erfolgversprechende Fortentwicklung der Arbeitsbeschaffung.[159]

Die Umstellung von dem Programm, das einige Kategorien von Leistungen und Bauten in allgemeiner Weise förderte, auf Pläne, die in erster Linie Zwecken der Wehrmacht, der Landesverteidigung und der binnenwirtschaftlichen Rohstoffproduktion dienen sollten, ging in zwei Etappen vor sich. Sie begann in der von Hitler angekündigten „zweiten Welle" der Arbeitsbeschaffung, um den erwarteten saisonbedingten Rückgang der Beschäftigtenzahl im Herbst 1933 aufzuhalten, mit dem „ersten Spatenstich" zum Reichsautobahnbau am 23. September, mit dem die Verwirklichung eines kriegswichtigen Autostraßenmonopols des Reiches, für das die NSDAP seit geraumer Zeit eintrat, ihren Anfang nahm; und sie wurde mit der „dritten Welle" vom Frühjahr 1934 an fortgesetzt. Doch die Vergabe staatlicher Aufträge und die staatliche Lenkung der Investitionen setzte schon vor dem großen öffentlichen Projekt des Autobahnbaus ein. Sie bestanden hauptsächlich in militärischen Projekten, Objekten der geheimgehaltenen Aufrüstung, die bereits im Frühjahr 1933 in das Stadium einer großdimensionalen Vorbereitung und Kriegsplanung eintrat,[160] und in Vergünstigungen, die die Investition zugunsten einer Rohstoffautarkie fördern sollten. Mit Vermittlung Schachts bemühten sich Konzerne der Schwerindustrie um Aufträge des Reichswehrministeriums und empfahlen ihre Leistungsfähigkeit.[161] An eine Großkonjunktur von

[157] Kroll (Anm. I/104), S. 471. Willi Prion, *Die deutsche Finanzwunder. Die Geldbeschaffung für den deutschen Wirtschaftsaufschwung*, Berlin 1938, drückte es so aus — allerdings unter Außerachtlassung der geheimen Aufrüstung und der geheimen Rüstungszwecke vor dem Frühjahr 1935 —, daß die „Finanzierung der neuen Aufgabe ... sozusagen auf die im Gange befindliche Finanzierung der Arbeitsbeschaffung aufgesetzt wurde" (S. 84). Dieser Ausdruck ist nur dann richtig, wenn man damit — wie Prion es nicht tut — schon die staatskonjunkturelle Entwicklung während der Jahre 1933 und 1934 meint; denn 1935 spielten Arbeitsbeschaffungsmaßnahmen keine Rolle mehr.

[158] *Schultheß, 1933*, S. 116.

[159] Bericht über ein Referat Albert Vöglers in einem Schreiben des Treuhänders für Arbeit für das Wirtschaftsgebiet Westfalen, Klein, an Grauert vom 14. Oktober 1933 (*HAB*, Rep. 77, Grauert 9).

[160] Dies ist im Organisatorischen greifbar in der Bildung des freilich nur episodisch existierenden Reichsverteidigungsrates durch Kabinettsbeschluß vom 4. April 1933, der die oberste Entscheidung in Verteidigungs- und Rüstungsfragen haben sollte, und dann des wichtigeren „Arbeitsausschusses der Referenten für die Reichsverteidigung" (Reichsverteidigungsausschuß), der bereits als interministerielles Koordinationsinstrument unter Leitung des Chefs des Truppenamtes (später Chef des Generalstabes des Heeres) bzw. des Chefs des Wehrmachtsamtes tätig war (Protokoll der 2. Sitzung des Arbeitsausschusses für die Reichsverteidigung, zugleich Gründungssitzung des Reichsverteidigungsrats vom 22. Mai 1933, *IMT*, Anm. I/82, XXXVI, Dok. 177—EC, S. 219 ff.).

[161] Ein persönliches Schreiben Flicks an Schacht vom 23. November 1933 berichtete von einem Besuch Flicks bei Reichswehrminister Blomberg, der für eine Besichtigung der Stahlwerke Lauchhammer, Gröditz und Riesa gewonnen wurde (*MGN* 5, Ankl.-Dok.-B. 15, Dok. NI — 3877). Selbst 1934 ging es noch um verhältnismäßig kleine Aufträge, einmal um einen Probeauftrag von 10 000 Stück Stahlgußgranaten an das Werk Gröditz (Notiz Dr. T. vom Dezember 1934; *a. a. O.*, Dok. NI — 10057 F); und im August 1934 hatten die Mitteldeutschen Stahlwerke Rüstungsaufträge von „3 bis höchstens 3,5 Mill." in Aussicht. Zur gleichen Zeit erhielten sie aber die Zusicherung,

Rüstungsgütern war während des Jahres 1933 allerdings noch nicht zu denken; aber die auf Konjunktur wartende ungenutzte Produktionskapazität begann schon sichtbar auf das Gebiet des Wehrmachtsbedarfs und der Rüstung überzugreifen. Bezeichnend für die Angebotssituation auf dem Markte war, daß anfangs die Entbehrlichkeit von Neuinvestitionen als Empfehlung galt, also der Gesichtspunkt der verhältnismäßig billigen Produktion gewürdigt wurde. Auf Initiative interessierter Industrieller bereitete die Reichsregierung jedoch schon im Mai und im Juni 1933 die Förderung des großzügigen Aufbaus einer deutschen Mineralöl-Industrie [162] und schließlich der Großerzeugung synthetischen Treibstoffes vor, die innerhalb der marktwirtschaftlichen Rentabilitätsberechnungen auf größte Schwierigkeiten gestoßen und mit größter Wahrscheinlichkeit nicht zu den späteren Ausmaßen gelangt wäre. Ein denkwürdiges Datum dieser Politik des Industrieausbaus im Sinne autarkistischer Ziele ist mit dem Abschluß des sogenannten Benzinvertrages gegeben, den die I. G. Farbenindustrie am 14. Dezember 1933 abschloß und der dem Ammoniakwerk Merseburg, das der I. G. Farbenindustrie gehörte, eine Produktions- und Qualitätsauflage erteilte, für die das Reich für zehn Jahre eine Preis- und Abnahmegarantie übernahm gegen das Recht, die Kalkulation zu überprüfen und für die Kalkulation Vorschriften zu erlassen.[163] Die begünstigte Industrie verpflichtete sich zur Produktion und dadurch zur Investition; sie wälzte ihr Risiko auf den Staat ab, gab aber auch ihre Unabhängigkeit vom Staate auf. Schacht führte diese Politik fort, indem er, erstmals für die Braunkohle-Benzin-Industrie, bald darauf auch für die Zellwolle-Erzeugung, auf dem Verordnungswege, nun auch ohne freie Vereinbarungen mit industriellen Partnern, Pflichtkartelle zur gemeinsamen Ingangsetzung gewünschter Produktionen schuf.[164] Mit ihrer Hilfe konnte die Erzeugung in verhältnismäßig kurzer Zeit erheblich gesteigert werden.[165] Die Reichsregierung vermied zwar ebensosehr den Anschein unmittelbarer Subventionierung bestimmter Produktionssparten wie die offenkundige Anwendung von Zwangsmitteln, doch die neuen Rechtsformen, die das Reichswirtschaftsministerium wählte, zeichneten sich dadurch aus, daß sie die öffentliche und privatrechtliche Sphäre nicht mehr auseinanderhielten, sondern im Gegenteil darauf hinzielten, diese Unterscheidungen zu verwischen und aus der Welt zu schaffen. Das gilt nicht minder von den Methoden der Finanzierung durch verschleierten Kredit, die Schacht wählte.

daß sie sich „unbedenklich für eine Reihe von Jahren für laufende erhebliche Aufträge einstellen könnten" (streng vertrauliche Notiz von Steinbrinck für Flick vom 20. August 1934; *a. a. O.*, Dok. NI — 10056).

[162] Auf Vermittlung von Grauert und Feder überreichten zwei führende Männer der Deutschen Gesellschaft für Erdölforschung, Professor Ubbelohde und Frhr. v. La Roche, Hitler am 29. Mai 1933 eine Denkschrift über den Aufbau einer deutschen Mineralöl-Industrie, die die Punkte umfaßte: 1. Gründung einer Dachgesellschaft unter Kapital- und Risikobeteiligung des Reichs und Fernhaltung jedes ausländischen Einflusses, 2. Aufbau mehrerer Musterraffinerien, 3. Zollsenkung für den Import ausländischen Rohöls und Ausgleichung der Einnahmeausfälle durch Besteuerung der erzeugten Raffinate, 4. allmählicher Übergang von der Rohöleinfuhr auf die inländische Rohölerzeugung unter Förderung der Kohleverflüssigungsindustrie. Hitler erwähnte diese Denkschrift noch am gleichen Tage in der Reichsministersitzung. Die Reichskreditgesellschaft setzte sich für das Gesamtprojekt ein, beantragte Reichsförderung und bemühte sich um das Zustandekommen eines Bankenkonsortiums. (Der Vorgang ist ersichtlich aus einem Schriftwechsel zwischen Frhr. v. La Roche, Grauert und der Reichskreditgesellschaft während der Monate Mai und Juni 1933; *HAB*, Rep. 320, Grauert 39.) Über den Fortgang der Verhandlungen ist nichts festzustellen. Es hat jedoch den Anschein, als betreffe die gegen Ende 1933 einsetzende Förderung der synthetischen Industrie den autarkistischen Ausschnitt dieses ursprünglichen Programms.

[163] Abschrift dieses von Feder, Graf Schwerin v. Krosigk, Bosch und Schmitz unterzeichneten Vertrages *MGN* 6, Ankl.-Dok.-B. 5, Dok. NI — 881.

[164] Verordnung über die Errichtung wirtschaftlicher Pflichtgemeinschaften in der Braunkohlenwirtschaft vom 28. September 1934 (*RGBl.*, I, 1934, S. 863).

[165] Die Benzingewinnung in Deutschland stieg von 415 000 t im Jahre 1932 auf 577 000 t 1935 und 1 409 000 t 1938, die deutsche Erdölgewinnung in den gleichen Abständen von 230 000 t auf 427 000 t und 552 000 t; nach Kroll (Anm. I/104), S. 508 und S. 506. Die Zellwollproduktion stieg übrigens noch rascher an. Sie belief sich 1933 auf 4 500 t und 1938 auf 154 500 t (*a. a. O.*, S. 502). Kroll schreibt die Erfindung des von Schacht gewählten Verfahrens der indirekten staatlichen Produktions-Investitions-Lenkung Friedlaender-Prechtl zu (*ebda.*).

Die umstrittene Kreditschöpfung Schachts hatte zweifellos einen erheblichen Anteil an der endgültigen Überwindung der Massenarbeitslosigkeit; eine Erfindung Schachts war sie freilich nicht. Schon Papen hatte das Steuergutschein-System eingeführt. Es beruhte darauf, daß die Auftragnehmer von Arbeitsbeschaffungsaufträgen bei Steuernachzahlungen Gutschriften auf Steuerzahlungen in den folgenden Jahren erhielten, die bei der Reichsbank diskontiert werden konnten. Auf diesem Wege wurde Geld für künftige Leistungen geschaffen. Innerhalb von sechs Monaten – September 1932 bis Ende März 1933 – erreichte der Umlauf von Steuergutscheinen eine Höhe von 472 Millionen Reichsmark.[166] Die Regierung Schleicher schuf dann nach einem Plan Lautenbachs [167] Arbeitswechsel,[168] die später unter dem Reichsbankpräsidium Schachts bis zur Höhe von einer Milliarde Reichsmark ausgegeben und im September 1933 um weitere 500 Millionen erhöht und die durch mittelfristige Wertpapiere, Deckungssteuergutscheine und Arbeitsschatzanweisungen gedeckt wurden. Die Auftragnehmer zogen Wechsel auf die öffentlichen Träger der Arbeitsbeschaffung, die von Rechts wegen eine Laufzeit von drei Monaten hatten und, da man sie als Handelswechsel ansah, von der Reichsbank diskontiert und zur Notendeckung benutzt werden durften. Sie waren jedoch mit zahlreichen Prolongationen ausgestattet – das I. Reinhardt-Programm [169] sah 19 Prolongationen vor –, so daß sie eine wirkliche Laufzeit von fünf Jahren erhielten. Der Reichsfinanzminister gab zu gleicher Zeit für 1560 Millionen Reichsmark Deckungssteuergutscheine und Arbeitsschatzanweisungen aus, die die Reichsbank unmittelbar mit den diskontierten Arbeitswechseln abdecken konnte. Die Laufzeiten beider Papiere korrespondierten miteinander, so daß die wechselseitige Deckung die Vorfinanzierung der Arbeitsbeschaffungsleistung ermöglichte.

Schachts eigenes Werk war die Schaffung der Mefo-Wechsel,[170] die diese Kreditschöpfungspolitik fortsetzten, die völlige Beseitigung der Arbeitslosigkeit ermöglichten, jedoch ausschließlich dem Zweck der Rüstungsfinanzierung dienten.[171] Unter Beteiligung der Reichsbank und des Reichswehrministeriums gründeten die Rüstungs-

---

[166] Rudolf Stucken, *Deutsche Geld- und Kreditpolitik 1914—1953*, 2. Aufl., Tübingen 1959, S. 118.

[167] Lautenbach (Anm. V/132), S. 144 ff.

[168] Kroll (Anm. I/104), S. 419.

[169] Gesetz zur Verminderung der Arbeitslosigkeit vom 1. Juni 1933 (*RGBl.*, I, 1933, S. 323).

[170] Als beste Darstellungen über die Finanzierungspolitik des Reichs seien erwähnt: Wilhelm Dieben, „Die innere Reichsschuld seit 1933", in: *Finanzarchiv*, N. F. 11 (1949), S. 656—701; Stucken (Anm. V/166), S. 149 ff.; Stuebel (Anm. V/4), S. 4130; und die jüngste, überaus verdienstvolle Untersuchung von René Erbe, *Die nationalsozialistische Wirtschaftspolitik 1933—1939 im Lichte der modernen Theorie* (*Basle Centre for Economic and Financial Research*, Serie B, No. 2), Zürich 1958, S. 24 ff. Über die Mefo-Wechsel im besonderen, die Schacht als Hauptmittel zur Beseitigung der Arbeitslosigkeit betrachtet: Hjalmar Schacht, *Abrechnung mit Hitler*, Hamburg-Stuttgart 1948, S. 8; und ders., *76 Jahre...* (Anm. I/109), S. 400 ff. Kritisch hierzu: Hero Moeller, „Schacht als Geld- und Finanzpolitiker. Bemerkungen zu seiner Selbstdarstellung", in: *Finanzarchiv*, N. F. 11 (1949), S. 733—745.

[171] Es soll nicht Aufgabe dieser Darstellung sein, auf alle Einzelheiten, und vor allem nicht auf den Umfang der Investitionen zu Rüstungszwecken einzugehen, die, wie heute festzustehen scheint, schon 1934 einen entscheidenden Anteil an dem Gesamtbetrag der öffentlichen Investitionen ausmachten, die in den folgenden Jahren rapide anstiegen und der gesamten Finanzwirtschaft des totalitären Staates das bestimmende Gepräge gaben. Die verschiedenen Angaben über die Gesamthöhe der Rüstungsausgaben bewegen sich zwischen den angeblich 90 Milliarden Reichsmark, die nach Hitlers Worten in seiner Reichstagsrede vom September 1939 ausgegeben, und der Summe von 34,25 Milliarden, die nach der Aussage Schachts vor dem Internationalen Militärgerichtshof Nürnberg während der Etatjahre 1934—38 aufgewandt wurden; *IMT* (Anm. I/82), XLI, S. 249. In entsprechenden Verhältnissen differieren auch die Angaben, die sich auf das Jahr 1934 beziehen; vgl. hierzu die kritischen Bemerkungen zur Literatur von René Erbe, a. a. O., S. 37 ff. Die minutiöse Untersuchung dieser Frage stößt bei dem Versuch einer genauen Feststellung der wirklichen Beträge auf recht erhebliche Schwierigkeiten verschiedener Art und Tragweite: In erster Linie macht sich die Dürftigkeit des offiziellen statistischen Materials seit 1935 bemerkbar; überdies ist es zuweilen höchst problematisch, den Rüstungszweck von Ausgaben festzustellen, und vermutlich angeraten, eine praktikablere Terminologie für die Zweckbestimmungen der Ausgabenwirtschaft des nationalsozialistischen Staates zu entwickeln. Schließlich ist es zweifelhaft, ob die Grenze zwischen Ausgaben zu Investitions- und zu Konsumzwecken statistisch vernachlässigt worden ist.

firmen Krupp, Siemens, Rheinmetall und Deutsche Werke im Mai 1933 in Berlin die Metallurgische Forschungs-G.m.b.H. (Mefo) mit einem Gesellschaftskapital von einer Million Reichsmark. Die Firmen, die Aufträge von den Wehrmachtsbeschaffungsstellen entgegennahmen, zogen auf die Mefo Wechsel, die vom Reich garantiert und von der Reichsbank diskontiert wurden. Sie durften daher nur eine Laufzeit von drei Monaten haben, wurden jedoch ebenso wie die Arbeitswechsel jahrelang prolongiert. Mit diesen Hilfsmitteln nahm die Kreditschöpfung wesentlich größere Ausmaße an. Am 30. April 1935 befanden sich im Portefeuille der Reichsbank Mefo-Wechsel mit einem Gesamtbetrag von 2 374 Millionen Reichsmark;[172] am 31. März 1936 waren es 4 860 Millionen und am 31. März 1938 12 Milliarden.[173] Mit diesem Tage wurde die Begebung von Rüstungswechseln eingestellt und traten Lieferungsschatzanweisungen auf Grund des Kreditermächtigungsgesetzes vom 19. Februar 1935 [174] an ihre Stelle, die den Rüstungsauftragnehmern an Zahlungsstatt übergeben wurden.

Die öffentliche Hand garantierte die Wechsel der Mefo, doch sie gab der ganzen Erfindung das Aussehen eines Privatkredits, da die Mefo das Aussehen einer privaten Unternehmung hatte. Der Form nach waren sie Drei-Monats-Wechsel, denn nur diese durfte die Reichsbank diskontieren; tatsächlich aber machten die Prolongationen sie zu mittelfristigen Krediten, da sie von vornherein auf Prolongation von einigen Jahren begeben wurden. Sie waren Finanzkredite in der Form des Warenwechsels. Ihre Schaffung war legal; aber sie entzogen sich einer eindeutigen Faßbarkeit, und sie sollten ihr auch entzogen werden. Sie mieden das helle Licht der Öffentlichkeit und machten damit den Anfang der später freilich noch bei weitem großzügiger gehandhabten „geräuschlosen" Mittelbeschaffung.[175] Sie ist ein Charakteristikum des totalitären Staates, der seine Bedürfnisse, ohne Aufsehen zu erregen und ohne seine Bürger zu bewußten Staatsgläubigern zu machen, mit Hilfe des ihm verfügbaren Kreditapparats finanziert. Der Mefo-Wechsel war „eine formell kurzfristige Zwangsanleihe mit der Besonderheit, daß der Zwang gern in Kauf genommen wurde, da es nun etwas zu verdienen gab".[176]

Die Kreditschöpfung, die zur Arbeitsbeschaffung beitrug, blieb aber nicht nur auf die Reichsbank beschränkt; sie ging nach kleineren Maßstäben auch in regionalem Rahmen vor sich. In Ostpreußen nahm der nationalsozialistische Oberpräsident Koch seine eigene provinzielle Vorfinanzierung vor. So erhielten beispielsweise die leistungsfähigen Ziegeleien vom Oberpräsidenten das Versprechen auf Abnahme eines Zweimonatsbrandes, auf Grund dessen sie von Geldinstituten der Provinz Kredite erhielten.[177] Das Wort eines politisch Mächtigen konnte in dieser Zeit sogar Kredite herbeizaubern.[178] Koch sorgte dann auf seine Weise dafür, daß die großen Abnehmer sein Versprechen einlösten. Unter diesen Umständen konnten angeblich 60 stilliegende

---

[172] Nach einer nicht unterzeichneten Denkschrift Schachts vom 3. Mai 1935, die dem Internationalen Militärgerichtshof in Nürnberg vorlag; *IMT* (Anm. I/82), XXVII, S. 50, Dok. 1168 — PS.

[173] Aufstellung bei Dieben (Anm. V/170), S. 692.

[174] *RGBl.*, I, 1935, S. 198.

[175] Lutz Graf Schwerin v. Krosigk, „Wie wurde der zweite Weltkrieg finanziert?", in: *Bilanz des zweiten Weltkrieges. Erkenntnisse und Verpflichtungen für die Zukunft*, Oldenburg–Berlin 1953, S. 325.

[176] Moeller (Anm. V/170), S. 737.

[177] *Nationalsozialistische Aufbauarbeit in Ostpreußen. Ein Arbeitsbericht*, auf Grund amtlicher Quellen hrsgg. im Auftrage des Oberpräsidiums, Königsberg 1934, S. 78.

[178] Koch hat offenbar auch durch Vermittlung Görings außerordentliche Kredithilfen für das Arbeitsbeschaffungsprogramm in seiner Provinz erhalten. Das geht aus einem Schreiben Kochs an Göring vom 3. September 1934 hervor: „Ich weiß nicht, ob Sie sich der Stunde im vorigen Sommer noch entsinnen werden. Wir konnten die Arbeitsschlacht nur beginnen, wenn uns ein beantragter größerer Kredit gewährt wurde. Die Widerstände waren aber unüberwindlich. Da gelang es mir, Ihre Unterstützung zu erreichen. Ein kleiner Zettel, den Sie zu unseren Gunsten damals unterschrieben, wirkte Wunder. Die Türen, die eben noch verschlossen waren, öffneten sich und wir erhielten den notwendigen Kredit" (*HAB*, Rep. 90/1079).

Ziegeleien wieder in Betrieb genommen werden. Freilich bedurfte es einer eisernen Verbandsdisziplin, um die Preise auf dem alten Niveau zu halten. Mit Recht hob daher eine Ostpreußen-Werbeschrift die notwendigen korrespondierenden Beziehungen zwischen Zwangskonjunktur und ständeartiger Zwangsorganisation hervor, von der sie eine wirksame Preiskontrolle erwartete.[179]

Die von Anfang an ins Gewicht fallende stärkere Beschäftigung des Baugewerbes bewirkte schon im Sommer 1933 – von Provinz zu Provinz schwankend – ein allmähliches Ansteigen der Baumarktpreise, das weniger von einem Anziehen der immer noch auf niedrigem Krisenniveau stehenden Löhne, weit mehr vom Steigen der Baustoffpreise herrührte.[180] Heftige und allzu auffällige Preisauftriebe blieben bis zum Jahresende noch auf einzelne Orte und Gegenden beschränkt. Ein gewaltiger Anstieg auf dem Bauholzmarkt jedoch, wo die Preise während der Krise am tiefsten abgesunken waren und wo auch die Verkaufspolitik der preußischen Staatsforsten nicht mehr länger eindämmend wirkte, zog allgemeine Folgen nach sich. Zunächst sah der Reichswirtschaftsminister dieser Entwicklung mit Gelassenheit zu. Doch vom Spätsommer an waren Bestrebungen zu erkennen, durch behördliche Maßnahmen den Auftrieb der Preise zu dämpfen, der den berechneten Effekt der für die Arbeitsbeschaffung bereitgestellten Staatsmittel zu beschränken oder gar in Frage zu stellen drohte.

Als erster ging der Oberpräsident von Ostpreußen in öffentlichen Reden gegen den Preisanstieg vor, obgleich die Anzeichen der Preissteigerungstendenz in dieser Provinz noch verhältnismäßig unbedeutend blieben.[181] „Um eine Schmälerung des Arbeitsbeschaffungsprogramms des Reiches zu verhüten", wurde dann bald allgemein der Preiserhöhung entgegengetreten; die erstrebte Belebung der Wirtschaft konnte nicht durch Preiserhöhungen, sondern sollte „nur durch raschen Absatz erreicht werden".[182] Zur Feststellung unberechtigt erscheinender Preisforderungen auf dem Baumarkt dienten in Ermangelung geeigneter anderer Institutionen die staatlichen Hochbauämter [183] und die provinziellen Heimstätten (Treuhandstellen für das Wohnungs- und Kleinsiedlungswesen); [184] der Reichsernährungsminister wandte sich mit dem Verlangen nach Preiskontrolle bei landwirtschaftlichen Meliorationsarbeiten an die Treuhänder der Arbeit.[185] Da rechtliche Handhaben zu Zwangsmaßnahmen noch fehlten, mußten die behördlichen Maßnahmen nach Anzeigen an die Oberpräsidenten bzw. an das Ministerium in Fällen festgestellter Preiserhöhungen bei Ermahnungen und bei der Ablehnung gewerblicher Darlehensanträge ihr Bewenden haben. Der Reichswirtschaftsminister versuchte zwar, die wirtschaftlichen Spitzenverbände bei der Preisüberwachung einzuspannen,[186] und erreichte auch, daß sich die Reichsstände der

[179] *Nationalsozialistische Aufbauarbeit...* (Anm. V/177), S. 79.

[180] Ein Bericht des Oberbürgermeisters von Berlin an den Oberpräsidenten der Provinz Brandenburg und Berlin vom 4. Dezember 1933 enthält eine Aufstellung über Preisveränderungen vom Frühjahr bis zum Herbst. Die Preissteigerungen schwankten zwischen 7 % und 55 % und waren am stärksten bei den wichtigsten Baustoffen, Ziegelsteinen, Dachpappen und Installationsmaterialien, ließen aber die Löhne aus. (Abschrift im Bericht des Oberpräsidenten an den Preußischen Minister für Wirtschaft und Arbeit vom 10. Januar 1934; *HAB*, Rep. 318/196.)

[181] Bericht des Oberpräsidenten an den Reichsarbeitsminister durch die Hand des Preußischen Ministers für Wirtschaft und Arbeit vom 11. September 1933 (*HAB*, Rep. 318/195).

[182] Runderlaß des Preußischen Ministers für Wirtschaft und Arbeit vom 20. Dezember 1933 (*Ministerialblatt für Wirtschaft und Arbeit*, 34. Jg., 1934, S. 2).

[183] Runderlaß des preußischen Finanzministers vom 30. November 1933 betr. Überwachung der Baumarktpreise (*Zentralblatt der Bauverwaltung*, hrsgg. im Preußischen Finanzministerium, 53. Jg., 1933, S. 664).

[184] Runderlaß des Preußischen Ministers für Wirtschaft und Arbeit vom 20. Dezember 1933 (Anm. V/182) und Einzelregelungen durch Erlaß vom 19. April 1934 (*Ministerialblatt für Wirtschaft und Arbeit*, 1934, S. 182).

[185] Erlaß des Reichsministers für Ernährung und Landwirtschaft an die Treuhänder der Arbeit vom 7. Dezember 1933 (*HAB*, Rep. 318/195).

[186] Rundschreiben des Reichswirtschaftsministers an den Deutschen Industrie- und Handelstag, den Reichsstand der Deutschen Industrie, den Reichsverband des Deutschen Groß- und Überseehandels, die Hauptgemeinschaft des Deutschen Einzelhandels und den Reichsverband des Deutschen Handwerks (*ebda.*).

Industrie, des Handwerks und des Handels bereit zeigten, in kommissionsmäßiger Zusammenarbeit mit dem Reichswirtschaftsministerium „die Frage der Preisgestaltung und der Konditionen" zu verhandeln, „um volkswirtschaftlich unerwünschten Entwicklungen zu begegnen und eine Beunruhigung der Wirtschaft zu vermeiden".[187] Diese Bereitschaft bedeutete indessen noch keine Garantie einer Mithilfe der Verbände bei dem Bemühen um eine dauerhafte Fixierung des Preisniveaus,[188] die bereits der Reichswirtschaftsminister als einfachste Lösung ansteuerte, indem er kurzerhand alle Beschaffungsbehörden anzuweisen empfahl, grundsätzlich die Preisstände vom 1. Juli 1933 zugrunde zu legen.[189] Diesem Vorschlag stimmten seine Kabinettskollegen jedoch noch nicht zu.

Eine Fixierung des Preisstandes gab es aber auf zwei anderen wichtigen Gebieten: auf dem der Lohnpolitik, wo die Richtlinien, die die Treuhänder der Arbeit erhielten, praktisch als allgemeiner Lohnstop wirkten,[190] und auf dem der landwirtschaftlichen Erzeugung und des Handels mit Agrarprodukten, wo schon im September 1933 die „Marktordnung des Reichsnährstandes"[191] ein Zwangskartell zur Sicherung höherer agrarischer Produzentenpreise und zur dauerhaften Festsetzung von Produktion, Preisen und Absatz unter obrigkeitlicher Leitung errichtete. Diese Institute zur Fixierung von Löhnen und zunächst erhöhten Preisen für landwirtschaftliche Erzeugnisse bestanden schon vor dem Eintreten einer spürbaren Tendenz zur Erhöhung des Preisniveaus, die sie nun aufzufangen vermochten, so daß sie sich unter dieser dämpfenden Wirkung längere Zeit tatsächlich nur in sehr geringem Umfang bemerkbar machte.[192] Im Frühjahr 1934 erfolgte die dauernde Festlegung des Preisspiegels für Textilien, Textilrohstoffe und Erzeugnisse der Lederwirtschaft.[193] Ein wachsender, an Bedeutung gewinnender Sektor des Preis-Lohn-Gefüges wurde diktatorischen Stop-Maßnahmen unterworfen. Die Angst Hitlers vor den politischen Auswirkungen einer Inflation erzwang eine Wirtschaftspolitik, die das aus den Fugen geratende Verhältnis zwischen der monetären Nachfrage und dem Angebot an Gütern und Dienstleistungen zwar nicht wiederherstellen konnte und auch nicht wollte, dafür aber die „inflationären" Symptome bekämpfte und in der Tat trotz gelegentlicher Bewegungen unter Bau- und Rohstoffpreisen im allgemeinen verhältnismäßig stabile Preise und Löhne garantierte, indem sie die Gesetze der Marktwirtschaft nicht mehr zum Zuge kommen ließ.[194] Die absolute Fixierung des Lohnniveaus auf den Krisenstand zwang schließlich

---

[187] Gemeinsame Erklärung zur Frage der Preisgestaltung in: *Die Bauindustrie* 33, Nr. 52 vom 30. Dezember 1933, S. 291 f.

[188] Ein Schreiben des Reichswirtschaftsministers an den preußischen Minister vom 8. Januar 1934 teilte mit, daß die Kalksandstein-Industrie den von ihr geschaffenen Kartellen, die natürlich gar nichts mit einer dämpfenden Preiskontrolle zu tun hatten, die Bezeichnung „Preisüberwachungsstellen" gegeben habe (*HAB*, Rep. 318/196). Nach außen hin wurde hier scheinbar eine Angelegenheit der staatlichen Wirtschaftspolitik in eigene Regie übernommen; doch dieser Anschein diente der Verschleierung anderer Absichten.

[189] Schreiben des Reichswirtschaftsministers an den Reichsarbeitsminister (Abschr. *HAB*, Rep. 318/195).

[190] Kroll (Anm. I/104), S. 461, vermutet, daß diese Seite der Tätigkeit der Treuhänder bei der Schaffung dieser Institutionen nicht vorausgesehen worden war.

[191] Gesetz über den vorläufigen Aufbau des Reichsstandes vom 13. September 1933 (*RGBl.*, I, 1933, S. 626); Gesetz zur Sicherung der Getreidepreise vom 26. September 1933 (*a. a. O.*, S. 667); s. hierzu Ulrich Teichmann, *Die Politik der Agrarpreisstützung. Marktbeeinflussung als Teil des Agrarinterventionismus in Deutschland*, Köln-Deutz 1955, passim, und die zusammenfassende Darstellung aus der nationalsozialistischen Zeit: Bernhard Mehrens, *Die Marktordnung des Reichsnährstandes (Schriften der Internationalen Konferenz für Agrarwissenschaft)*, Berlin 1938.

[192] Vgl. hierzu Kroll (Anm. I/104), S. 626; Erbe (Anm. V/170), S. 84 f.

[193] Verordnung zur Verhinderung von Preissteigerungen auf dem Textilgebiet vom 19. April und Verordnung zur Verhinderung von Preissteigerungen auf dem Gebiet der Lederwirtschaft vom 20. April 1934 (*RGBl.*, I, 1934, S. 317 und S. 318).

[194] Prion (Anm. V/157), S. 101.

zu einer allgemeinen Preisüberwachung wieder durch einen Reichspreiskommissar,[195] der in einer seiner ersten Amtshandlungen für alle „lebenswichtigen Gegenstände und Leistungen des täglichen Bedarfs im inländischen Geschäftsverkehr" Preisfestsetzungen und -abreden von Verbänden wie die Festlegung von Mindesthandelsspannen, Höchstnachlässen und Kleinhandelspreisen von seiner Zustimmung abhängig machte und diese Bestimmungen unter besonderen Strafrechtsschutz stellte.[196] Natürlich zählt auch die Tätigkeit des Preiskommissars zu den Erscheinungen eines Übergangs, dessen Abschluß nicht die Rückkehr zu organischen Marktformen bildete, sondern ein allgemeiner Preisstop, der das gesamte Preisgefüge in dem Status, den es im November 1936 erreicht hatte, erstarren ließ.

6. Bilateralismus, Autarkie und Militarisierung

Deutschlands Entschluß, inmitten weltwirtschaftlicher Depression von der Deflationspolitik zu einer nationalen autonomen Konjunkturpolitik überzugehen, fiel ungefähr in die gleiche Zeit, in der Roosevelt in den Vereinigten Staaten mit dem *New Deal* begann. Doch in Deutschland wurde das Einsetzen einer zunehmenden staatlichen Initiative zum eigentlichen Wendepunkt nicht nur der Wirtschaftspolitik, sondern auch der Wirtschaftsorganisation. Der zum Teil stilliegende Produktionsapparat, der in der zurückliegenden Rationalisierungsperiode die Voraussetzungen für große Kapazitäten gewonnen hatte, konnte beinahe schlagartig wieder nutzbar gemacht und weiter ausgebaut werden. Die großen Arbeitslosenmassen ließen sich mit bescheideneren Kosten als in den Zeiten der Konjunktur in Beschäftigung setzen und dauernd in Beschäftigung halten. Konsumniveau und Realeinkommen verbesserten sich auch in den späteren Jahren nur zögernd,[197] so daß der an die Arbeitsbeschaffung anschließende Boom in erster Linie den Zwecken des totalitären Staates zugute kam.[198]

Der rasch steigende Verbrauch der Rohstoffreserven führte aber schon frühzeitig zu einer Vergrößerung des Einfuhrbedarfs, während sich die Ausfuhr keineswegs im gewünschten Umfang steigern ließ. Die Reichsregierung verschärfte daher die Devisenzwangsbewirtschaftung, die Brüning im Juli 1931 eingeführt hatte, indem sie die Anmeldepflicht für Gold und ausländische Zahlungsmittel mit Strafandrohungen verband.[199] Die Devisenkrise im Frühjahr 1934, die die Reichsbank dazu zwang, nach dem täglichen Devisenaufkommen Repartitionen vorzunehmen, führte dann zur Schaffung neuer Kontrollinstanzen für den Außenhandel. Die neuen Überwachungsstellen des Reichswirtschaftsministeriums, die ihre Weisungen von der Reichsstelle für Devisenbewirtschaftung bezogen, beschränkten sich nicht mehr auf die Erteilung

---

[195] Gesetz über Bestellung eines Reichskommissars für Preisüberwachung vom 5. November 1934 (*RGBl.*, I, 1934, S. 1085). Am gleichen Tage wurde der Leipziger Oberbürgermeister Goerdeler zum Reichskommissar für die Preisüberwachung ernannt; Ritter (Anm. II/35), 3. Aufl., S. 76.

[196] Verordnung über Preisbindungen und gegen Verteuerung der Bedarfsdeckung vom 12. November 1934 (*RGBl.*, I, 1934, S. 1110).

[197] Vgl. hierzu Arthur Schweitzer, „Die wirtschaftliche Wiederaufrüstung Deutschlands von 1934—1936", in: *Zeitschrift für die gesamte Staatswissenschaft* 114 (1958), S. 597 ff.; Erbe (Anm. V/170, S. 92), der eine Gesamtanalyse der nationalsozialistischen Wirtschaft vornimmt, gelangt zu dem Ergebnis, daß der Lebensstandard der Arbeiter „im Verhältnis zu den Jahren 1928/29 zumindest nicht gestiegen" ist.

[198] Bereits 1936 setzte eine Gewinnabschöpfung durch Erhöhung des Körperschaftsteuersatzes und durch Dividendenstop, die allerdings Personengesellschaften frei ausgehen ließen, und durch eine verschärfte Kapitallenkung und Investitionspolitik ein; vgl. hierzu die Gesamtdarstellung von Prion (Anm. V/157), S. 36 ff. – Allgemeine Überblicke über die Entwicklung der deutschen Wirtschaft in diesem Zeitraum vermitteln die Berichte der Reichs-Kredit-Gesellschaft, *Deutschlands wirtschaftliche Lage an der Jahreswende 1933/34* (als Manuskript gedr.), und . . . *an der Jahreswende 1934/35*. Materialien zur Wirtschaftspolitik enthält das *Jahrbuch für nationalsozialistische Wirtschaft*, hrsgg. von Otto Mönckmeier, zuerst Stuttgart–Berlin 1935.

[199] Gesetz gegen den Verrat der deutschen Volkswirtschaft vom 12. Juni 1933 (*RGBl.*, I, 1933, S. 360).

bloßer Einfuhrgenehmigungen, mit denen der Empfänger praktisch nach freiem Belieben verfahren konnte, sondern sie spezifizierten nunmehr diese Genehmigungen genauestens für eine einzige Transaktion, die innerhalb eines Monats abgewickelt sein mußte.[200] Die Devisenstellen bei den Landesfinanzämtern hatten nach dem 24. September 1934 nur noch Austausch- und Verrechnungsgeschäfte vorzunehmen.

Die internationalen Kreditverbindungen wurden infolgedessen noch stärker reduziert oder gar gänzlich ausgeschaltet. Am 1. Juli 1933 erklärte Deutschland ein teilweises, ein Jahr später ein volles Transfer-Moratorium. Schachts vollständige Systematisierung der Devisenbewirtschaftung, mit der nun der gesamte Import-Export-Strom überwacht und bilateral geregelt wurde, verlegte den Ausgleich der Zahlungsbilanz jeweils in die Sphäre des Verkehrs von einem Land zum anderen. Die Wirkung konnte nur eine weitere Beschränkung der Einfuhr und auch eine Verlagerung der Einfuhr auf jene Lieferantenländer sein, die die unentbehrlichsten Rohstoffe erzeugten und die bereit waren, in entsprechendem Umfange deutsche Exportgüter zu beziehen. Zunächst entsprach diesem Ziel eine zunehmende Bevorzugung überseeischer Gebiete gegenüber den bisherigen europäischen Partnerländern. Schacht und die Schöpfer dieses Plans sahen ihn im Anfang wahrscheinlich nur als vorübergehenden Ausweg aus der Not an. Im Ergebnis aber leitete er bruchlos in eine Wirtschaftspolitik der Autarkie über mit dem Ziel der planmäßigen Erhöhung der Erzeugung im eigenen Land und weitgehender Unabhängigkeit von der Rohstoffeinfuhr zumindest aus entfernten Gebieten. Diese autarkistischen, bald in zunehmendem Maße auch „großraumpolitisch", imperialistisch-expansiv und aggressiv gefärbten Programme verbargen sich hinter Schlagworten wie „landwirtschaftliche Erzeugungsschlacht" und „Vierjahresplan", die in der Propaganda das der „Arbeitsschlacht" ablösten. Eine Rückkehr zum Welthandel blieb ausgeschlossen. Aus dem Stadium der Not, in dem sich die gesamte Weltwirtschaft befand, sollte gleichsam eine dauerhafte Wirtschaftsstruktur entwickelt werden; aus dem allgemeinen Vertrauensschwund und schließlich dem Zusammenbruch des Weltmarkts gingen Rüstung und Kriegsvorbereitung hervor.[201]

Aus der Binnenkonjunktur ergaben sich weitere Hindernisse für den Außenhandel, die das Reichswirtschaftsministerium seit Herbst 1935 durch weitere reglementierende Maßnahmen zu überwinden trachtete, um wenigstens ein erträgliches Mindestmaß an Exporterlösen und Devisenanfall zu erreichen. Zu diesem Zwecke entwickelte es ein System der Exportförderung, das die Mitglieder der Reichsgruppe Industrie mit einer Umlage belastete, die ähnlich der Umsatzsteuer berechnet wurde und so gleichzeitig eine Gewinnabschöpfung aus der Binnenkonjunktur vornahm. Diese Mittel kamen einem besonderen Fonds zugute, der die Exportförderung für eine Reihe von Warenkategorien durch Ausgleich der Differenz zwischen dem Inlandspreis und dem dem Weltmarktpreis entsprechenden Außenhandelserlös finanzieren mußte.[202] Die Industrie stellte jedoch trotz solcher Dumping-Hilfen ihre Produktion bei fortwährend steigendem Inlandsbedarf, vor allem Rüstungsbedarf, weiterhin auf den Binnenmarkt um, der im übrigen weitgehend durch die mehrheitlich im Besitz des Reichs und der Reichsbank befindlichen Großbanken beherrscht und mit dem Gesetz über das Kreditwesen vom 5. Dezember 1934[203] einer einheitlichen Führung des

[200] Hierzu Stucken (Anm. V/166), S. 134 f., und Schweitzer (Anm. V/197).

[201] Hierzu bereits Anton Reithinger, *Am Wendepunkt der Konjunktur*, Berlin 1932. Wertvolle Quellen sind: die Wochenberichte des Instituts für Konjunkturforschung und die Gutachten des Instituts: *Skizze über den deutschen Außenhandel*, Berlin 1935, und *Über die Probleme der deutschen Außenwirtschaft*, Berlin 1936. Vgl. hierzu jetzt auch *Hitlers zweites Buch* (Anm. I/65, die dort angegebenen Stellen).

[202] Hierzu Stucken (Anm. V/166), S. 98 ff.

[203] *RGBl.*, I, 1934, S. 1203. Das Gesetz errichtete bei der Reichsbank ein Aufsichtsamt für das Kreditwesen und gab dem Reichskommissar für einen befristeten Zeitraum das Recht, bestehenden Kreditinstituten die Fortführung ihres Geschäftes im ganzen oder einzelner Teile zu untersagen, auch wenn die Zuverlässigkeit der Ge-

Reichsbankpräsidenten unterstellt wurde, die das Bankwesen zwar in seiner äußeren Organisations- und Geschäftsform unbehindert ließ, jedoch den beteiligten Reichsbehörden ein sehr weitreichendes Interventionsrecht einräumte. Später, in der Zeit der erklärten Aufrüstung, traten weitere Maßnahmen und Verbote privater Investitionen in einer Reihe von Verbrauchsgüterindustrien hinzu, so daß der Strom der privaten wie der öffentlichen Investitionen nahezu ungeschmälert den rüstungswirtschaftlich wichtigen Industrien zufloß. Außenhandelskontrolle, Preiskontrolle, Investitionskontrolle und staatliche Kredite ergänzten sich auf diese Weise schließlich zu einem System zentral beaufsichtigter und geleiteter Wirtschaft, in der 1933: 36,8 %; 1934: 32,4 %; 1935: 38,0 % und 1939 sogar 47,2 % des gesamten Volkseinkommens vom Staat vereinnahmt wurden.[204]

Das nationalsozialistische Schlagwort vom „raffenden" Bankkapital durchleuchtet mit eigentümlicher Transparenz die späteren Funktionen der gesamten Kreditwirtschaft innerhalb des nationalsozialistischen Staates, die immer mehr von ihrem spezifischen kapitalistischen Wesen verlor. Die unter den Bedingungen einer möglichst rasch und unbeschränkt fortschreitenden Rüstung stehende Finanzwirtschaft des *deficit spending*, die aus dem anfänglichen Gedanken der „Vorfinanzierung" erwuchs, drängte den Kapitalmarkt in eine subsidiäre Rolle und beschränkte ihn mehr und mehr auf die Aufgabe, zu einer möglichst reibungslosen Finanzierung des anwachsenden Budgetdefizits beizutragen. Mit dem bewußten Verzicht auf eine konjunkturpolitische Kreditpolitik,[205] nachdem sich die Arbeitsbeschaffungspolitik als erfolgreich erwiesen hatte, verdrängte die generelle Dominanz des staatlichen Kapitalbedarfs für Investitionen zu Rüstungszwecken die private Emissionstätigkeit, und sie zog auch die privaten Ersparnisse, die sich nach den konsumbeschränkenden Einkommens- und Gewinnabschöpfungen mittels steuerpolitischer Maßnahmen ergaben, in den Sog der Budgetpolitik. Seit 1935 waren die Kreditinstitute in erster Linie nur noch „Geldsammelstellen", die die Depositen ihrer Einleger in Reichsanleihen und Schatzanweisungen umsetzten und eine „direkte Unterbringung der Staatsschuld" ermöglichten,[206] ohne daß der einzelne Anleger in ein unmittelbares Gläubigerverhältnis zum Staat gelangte. Die alten Namen und Einrichtungen der Banken blieben unberührt; doch auch sie wandelten sich in Instrumente des totalitären Systems, das die gesamte Wirtschaft Schritt um Schritt und mit unwiderstehlichem Zwang dem Zweckmonismus der militärischen Aufrüstung und der Kriegsvorbereitung unterwarf, das keine organische, friedensmäßige Konjunkturpolitik mehr kannte und keine „selbsttragende Konjunktur" anstrebte, sondern eine zielbewußt gelenkte „Kriegswirtschaft in Friedens-

---

schäftsführung gewährleistet war; außerdem waren Unternehmungen des Kreditwesens an die Zulassung durch den Reichskommissar gebunden. Dem Aufsichtamt gehörten der Reichsbankpräsident, der Vizepräsident der Reichsbank, die Staatssekretäre der beteiligten Reichsministerien und ein vom „Führer und Reichskanzler" ernanntes Mitglied an, außerdem — mit beratender Stimme — der Reichskommissar für das Bankwesen. Der Reichsbankpräsident schlug den Reichskommissar vor, führte den Vorsitz im Aufsichtsamt und entschied nach dem „Führerprinzip". Die Rechte des Aufsichtsamtes reichten bis zur Befugnis, Grundsätze über die Geschäftsführung der Geldinstitute aufzustellen. Mit Recht hat Lüke (Anm. V/126), S. 352, darauf hingewiesen, daß die „Sozialisierung des deutschen Bankwesens" durch die Sanierungsaktion der Regierung Brüning im Frühjahr 1932 bei der Beurteilung der weiteren Entwicklung der Finanzwirtschaft beachtet werden muß. Ihr kommt größte Bedeutung zu, die allerdings in vielen Darstellungen nur mit vorsichtigen Andeutungen umschrieben wird. Aus dem Schrifttum der nationalsozialistischen Ära: Friedrich Reinhart, „Die deutschen Banken in der Krise", in: *Probleme des deutschen Wirtschaftslebens. Erstrebtes und Erreichtes. Eine Sammlung von Abhandlungen*, hrsgg. vom Deutschen Institut für Bankwissenschaft und Bankwesen, Berlin–Leipzig 1937, S. 163–196; und Otto Christian Fischer, „Das deutsche Bankwesen. Strukturwandlungen und Neubau", *a. a. O.*, S. 83–162, bes. S. 113 ff.

[204] *Statistisches Handbuch von Deutschland 1928—1944*, hrsgg. vom Länderrat des Amerikanischen Besatzungsgebiets, München 1949, S. 600.

[205] Vgl. Erbe (Anm. V/170), S. 66.

[206] *A. a. O.*, S. 52; Dieben (Anm. V/170), S. 686 f.

zeiten"[207] aufbaute, die Konsumtion eindämmte und einengte und immer größere Teile des wachsenden Brutto-Sozialprodukts nationalisierte, indem es den einzelnen der Verfügungsgewalt über große Teile seines Einkommens beraubte, die von den Kreditmühlen des Staates auf verschiedenen Bahnen in die Kriegsrüstung geleitet wurden.[208]

Die fortschreitende Organisation der Rüstungswirtschaft ließ aber auch unmittelbare Beziehungen zwischen dem Auftraggeber, der Wehrmacht, und der Wirtschaft entstehen, die das Reichswirtschaftsministerium kaum noch berührten. 1935 entstand im Wehrwirtschaftsstab des Reichskriegsministeriums der Plan, ein „wirtschaftliches Reserve-Offizierskorps" sogenannter „Wehrwirtschaftsführer" zu schaffen, der 1936 auf der rechtlichen Grundlage des Hilfsbeamtengesetzes in die Wirklichkeit umgesetzt wurde. Dies war jedoch nur ein Teil einer umfangreichen „Wehrwirtschaftsordnung", die seit dem Frühjahr 1935 im Reichskriegsministerium ausgearbeitet wurde und alle Bereiche der Wirtschaft betraf.[209] Die Wehrmacht erfaßte unmittelbar einen großen Kreis von Betriebsführern, die den Fragen der Landesverteidigung und des Krieges ein besonderes Interesse entgegenbrachten, für Rüstungs- und Kriegswirtschaft wichtige Unternehmungen leiteten und die sich — Mitgliedern eines geheimen Ordens ähnlich — verpflichteten, an den Vorbereitungen für eine Mobilmachung tatkräftig mitzuarbeiten, so daß ihnen das Reichskriegsministerium schon in Friedenszeiten eine Reihe bestimmter Aufgaben unmittelbar übertragen konnte, die die Einstellung der Betriebe auf den Mobilmachungsfall, die Heranziehung und Ausbildung von Facharbeitern oder den Aufbau von Werkschutzorganisationen, Werkluftschutz und Abwehrdiensten betrafen und eine rasche Umstellung der Betriebe im Kriegsfalle sicherten, ohne daß es gesetzlicher Regelungen und Anordnungen von seiten oder unter Einschaltung ziviler Stellen bedurft hätte. Mit dem Mittel eines persönlichen „Treueverhältnisses", das wichtige Persönlichkeiten der Wirtschaft verpflichtete, vermochte sich das Reichswehrministerium einen entscheidenden Einfluß auf dem Rüstungssektor der Wirtschaft zu verschaffen.

Kaum oder doch nur wenig später enthüllte sich auf wirtschaftlichem Gebiet die gleiche Entwicklung, die dem Betrachter der staatlichen Verwaltung vor Augen tritt und die die Denkschrift des Staatssekretärs Stuckart vom April 1936 zur künftigen Reichsreform[210] mit klaren und eindrücklichen Worten bezeichnete. Sie ließ sich über die Notwendigkeiten aus, die allgemeine Verwaltung des Reiches den Anforderungen der Mobilmachung und der Vorbereitung des totalen Krieges anzupassen, und macht wie kaum ein anderes Dokument die prägende Wirkung des Bildes vom kommenden totalen Kriege erkennbar, so daß man gar nicht umhin kann, eine unmittelbare Verbindungslinie von der Idee des totalen Krieges zur Wirklichkeit des totalen Staates zu ziehen, der sich auf diesen künftigen Krieg vorbereitete und tatsächlich unter dem Zwang einer dämonischen Entschlossenheit in ihn hinein begab. Staat und Wirtschaft organisierten sich als gigantischer „kapitalistisch-technischer Apparat"[211] derart, als antizipierten sie die Wirkungen des totalen Krieges, indem sie sich rüsteten, um ihn nicht fürchten zu müssen und ihn jederzeit wählen zu können.

[207] Erbe, a. a. O., S. 177.

[208] A. a. O., S. 160; Erbe kommt sogar zu dem erstaunlichen Ergebnis, daß „in keinem der Jahre 1933—38 ... weniger als 60 % des Brutto-Sozialprodukts durch Versteuerung, Nichtverteilung von Gewinnen oder Abschreibungen „neutralisiert", d. h. dem disponiblen Einkommen entzogen wurde.

[209] Affidavit des ehemaligen Generals Walter Warlimont vom 31. Januar 1947 (MGN 5, Ankl.-Dok.-B. 1, Dok. NI—3512). Umfang und Inhalt der „Wehrwirtschaftsordnung" lassen sich aus dem Bericht über die 10. Sitzung des Arbeitsausschusses des Reichsverteidigungsrates vom 26. Juni 1935 erschließen. IMT (Anm. I/82), XXXVI, Dok. 405—EC, S. 410 ff.

[210] Vgl. o. IV. Kapitel.

[211] Schacht in einer Rede zur Aktienrechtsreform am 30. November 1935 vor der Akademie für Deutsches Recht; Auszug in: Schacht in seinen Äußerungen, im Auftrage des Reichsbankdirektoriums zusammengestellt in der Statistischen Abteilung der Reichsbank, Berlin 1937, S. 97.

ÜBERBLICK UND SCHLUSS: DAS SYSTEM DES TOTALEN ZWANGES

Die nationalsozialistische Machtergreifung zog die Wirtschaft nur wenig später und zögernder, wenn auch in anderen Formen als den öffentlichen Bereich in Mitleidenschaft; sie durchlief auch hier die gleichen Stufen einer kürzeren, stark verändernden, revolutionären und einer längeren, schrittweise verändernden, mit Institutionen experimentierenden Phase. Für das Ergebnis steht das Wort Hilferdings: Die unbeschränkte Staatsmacht „hat sich die Ökonomie unterworfen, bestimmt ihren Gang, ist ihr Herr geworden" und hat die Sphäre der Autonomie der Wirtschaft beseitigt.[212] Er „legt ihr nicht allgemeine Regeln auf, er schafft keinen Rahmen", innerhalb dessen eine freie und unabhängige Bewegung nach eigenen Motiven möglich wäre, sondern „er unterwirft alle Wirtschaftszwecke... unmittelbar seinen Befehlen".[213] An die Stelle vieler einzelner Wirtschaftszwecke setzt er den einen einzigen der „totalen Mobilmachung" der ganzen Nation für den „totalen Krieg". Aufhebung des Privaten und Regie des Öffentlichen ist die Tendenz alles Totalitären. Ihr ist die Wirtschaft unter der Herrschaft des Nationalsozialismus nur jeweils soweit entgangen, als ihre weitere Durchsetzung mit der Zerstörung der Produktionskapazität verbunden gewesen wäre. Sie erfaßte nicht nur die überlieferten Daseinsformen, sondern auch die bestimmenden Produktionsbedingungen und damit die Lebensbedingungen des deutschen Volkes und unterwarf sie der Diktatur. Diese gebot über die Reserve eines gesicherten Mindestwohlstands der Volksmassen, der den Nationalsozialisten, nachdem sie ihren Nutzen aus der Wirtschaftskrise gezogen hatten, bis in die spätere Kriegszeit hinein als unaufgebbare Voraussetzungen ihres totalen Staates galt, so daß sie vor strukturgefährdenden Experimenten zurückscheuten und sich nur auf Experimente mit vermeintlich unmittelbarem Nutzeffekt einließen, soweit sie nicht eine bloße Vereinfachung und Rationalisierung des Organisations-, im besonderen des Verbandswesens bevorzugten. Im ganzen gesehen, wirkte sich der Nationalsozialismus daher in der Periode seiner politischen Herrschaft in keiner Richtung fortschrittlich oder fortentwickelnd aus. Eine Stillegung der sozialen Dynamik und ein Niederzwingen der inneren Probleme der industrialisierten und liberalisierten Gesellschaft suchte er mit Hilfe der Regie im totalitären Verwaltungsstaat zu erreichen – mit Mitteln also, deren Ende stets die Drohung oder die erfahrbare Realität von Gewaltanwendungen war –, ohne daß ihm eine längere Unterbrechung oder irgendeine Beeinflussung des universalen Trends sozialer Entwicklungen auch nur in Ansätzen gelungen wäre.

Die eigentümliche Problematik in diesem Vorgang der jahrelangen Konsolidierung und dynamischen Entwicklung dieses Systems, dessen vielzitierte „weltanschauliche Grundlagen" aus nichts anderem als einem vollkommen entleerten und daher unglaubwürdigen „Sozialismus" und einem zur Hybris getriebenen Nationalismus ohne alle Verbindlichkeit bestanden, muß man wohl in den Ursachen für den periodischen Erfolg und Triumph des nationalsozialistischen Totalstaates erblicken, der einem kurzen, aber ereignis- und inhaltschweren Zeitraum der jüngeren deutschen Geschichte einen Namen gegeben und dem nur die kriegerische Niederlage ein Ende bereitet hat. Wenn wir uns an dieser Stelle auf innere Vorgänge beschränken wollen, so wird nach dem Vorausgegangenen deutlich geworden sein, in welchem Umfange Institutionen des übernommenen Staates und schließlich der Gesamtzusammenhang von institutionellen und organisatorischen Beziehungen einer trotz Abweichungen und innerer Widersprüche auf die Dauer doch nur in einer einzigen Richtung tendierenden Umwandlung unterlegen haben. Ein großzügig-realistischer Bauplan künftiger

---

[212] Hilferding (Anm. V/5), S. 298.
[213] A. a. O., S. 297.

politischer Ordnung, die als Ziel gedient hätte, läßt sich indessen an irgendeiner maßgeblichen Stelle nicht nachweisen. Was bekannt ist, sind fragmentarische Vorstellungen, spezielle Programmsätze, meist *ad hoc*-Programme, die ausnahmslos nach einiger Zeit im Strome der Ereignisse untergingen oder von ihm überholt wurden. Die Ideologen des „totalen Staates", mögen sie Nationalsozialisten gewesen sein oder nicht, brachten den die vielfältigen Ordnungsbeziehungen deckenden Begriff des Staates dem politisch entsubstantiierten Nationalsozialismus dar, so daß alles, was in der Umwälzungsperiode geschah, im Namen des „autoritären Staates des Nationalsozialismus", des „nationalsozialistischen Staates", des „totalen Staates", des „nationalsozialistischen Totalstaates", des „Führerstaates", eines wie auch immer genannten Staates geschehen und den Anschein des Legitimen erwerben konnte. Es hat sich erwiesen, daß das Gerede über den totalen Staat nur einen Kurs ins Ungewisse verbarg und eine durch historische Notwendigkeit oder Berufung geweihte Ordnung versprach, wo es weder Ordnung noch Halt gab. Keines der wirklichen Ergebnisse vermag es zu rechtfertigen. Diese Ideologen trachteten danach, der Kategorie des Staates einen gänzlich neuen, einmaligen Sinn zu verleihen, ihn zu einer universalen Instanz emporzuheben, die sich in ihren Maßnahmen über geltendes Recht und allgemeine Rechtsgründe hinwegsetzte, für sich die Rechte einer absoluten Instanz in Anspruch nahm und die sich im Bunde mit der nationalsozialistischen „Weltanschauung" anschickte, zu einer metaphysischen Instanz zu werden, welche sich in der Gestalt des einzigen „Führers" hypostasierte. Das System der überkommenen Institutionen und Normen wurde einem Aussonderungsprozeß ausgesetzt, teilweise umgebildet, mit Neubildungen durchsetzt, mobilisiert und, jederzeit variabel, doch jeweils zwingend nach unten, zum Werkzeug des wirklichen oder angeblichen Willens des Führers gemacht.

Dieser Gang der Entwicklung kann zwar gewiß nicht als unausweichlich oder vorausbestimmt angesehen werden; zweifellos aber ging eine Stufe aus der anderen hervor. Der Staat wird unweigerlich immer dort zu einer metaphysischen Instanz werden, wo sich die universale Instanz nicht in größter Deutlichkeit gegen den metaphysischen Bereich abgrenzt. Eine solche Abgrenzung wird indessen nur eine Macht wagen können, die darauf verzichtet, absolut zu sein; ihr Verzicht setzte nicht nur Toleranz und Verzicht auf ein jegliches geistiges Monopol voraus, sondern auch engste und unabänderliche Bindungen an Rechtsnormen. „Staat und staatliches Recht sind nur da denkbar, wo die Garantie besteht, daß die letzten kategorialen Pflichten auch wirklich erfüllt werden, und wo den Personen, denen diese Pflichterfüllung obliegt, das entsprechende ‚Zutrauen' gezollt wird." [214] Woher aber kamen im nationalsozialistischen Staat diese letzten kategorialen Pflichten? Diese Frage aufwerfen, hieße einen Zirkel vollführen. Woher sollte die letzte Rechtsnorm genommen werden, wenn keine Recht setzende Instanz vorhanden war, sondern die obrigkeitliche Maßnahme unter Berufung auf den Willen des Führers folgte?

Es ist beileibe kein Zufall, daß der nationalsozialistische Staat nie zu einer Verfassung – und sei sie noch so kurz und noch so dunkel – gelangt ist und daß er einen Zustand beibehielt, den freilich weder die ersten Apologeten des totalen Staates noch die Parteigänger einer ständisch-korporativen Ordnung und selbst nicht die Väter des „zweiten Ermächtigungsgesetzes", des Neuaufbaugesetzes vom 30. Januar 1934, für einen auf die Dauer möglichen gehalten hätten. Denn nur die Ausnahme vom Recht garantierte die Machtgrundlage des Führerstaates; infolgedessen bestimmte nicht eine

---

[214] Erich Kaufmann, *Das Wesen des Völkerrechts und die Clausula Rebus sic Stantibus. Rechtsphilosophische Studie zum Rechts-, Staats- und Vertragsbegriffe*, Tübingen 1911, S. 140.

Verfassung, sondern die politische Direktive [215] und organisierte sich der Staat primär zu einer umfassenden, alle Lebensgebiete der Gesellschaft beherrschenden administrativen Vollzugsorganisation und sekundär zu einer ebenso umfassenden Zwangsorganisation, die nun, nachdem die Diktatur der Gesamtpartei frühzeitig an der Zentralisation der Ministerialressorts und an der korporativen Organisation der wirtschaftlichen Interessen gescheitert war, in der für die gesamte Periode des „Dritten Reiches" charakteristischen Verschmelzungsform von SS- und Polizeiinstitutionen in den Vordergrund der Erscheinungen trat.

Die Propaganda vermochte die Masse der Bevölkerung für die nationalsozialistische Politik und für die Beschlüsse des Führers Tag für Tag aufs neue zu gewinnen oder doch zumindest an opponierenden Haltungen zu hindern und bis in die Schichten der Intelligenz hinein verheerende Wirkungen zu erreichen; wie mechanisch ihre Methodik und wie ephemer begrenzt ihre lediglich aufs Aktuelle abgestellten Wirkungen waren, bewies die verhältnismäßig rasche Zersetzung und Verflüchtigung der nationalsozialistischen „Weltanschauung" in den Endphasen des Krieges und im Gefolge des militärischen Zusammenbruchs. Die jähe, drastische und radikale Konfrontation mit einer Wirklichkeit, die den von der Propaganda verbreiteten Stereotypen und Emotionen nicht entsprach, entzog ihr in dem größten Teil der Bevölkerung den Boden.

Wo aber blieb die auf die Dauer in jeder Gesellschaft hervortretende Elite? Man möchte sie angesichts des wahren Charakters des nationalsozialistischen Systems vor allem dort suchen, wo die einzelne Persönlichkeit, in der Erkenntnis seines wirklichen Wesens zu sich selbst gerufen, in Bekenntnis und Handlung die Überwindung dieses Staates bezeugte und sich anschickte, die verlorene Qualität des Politischen wiederzugewinnen. Daß es dem nationalsozialistischen Totalstaat nicht gelang, wie es seinen Intentionen wohl entsprochen hätte, einzig und allein eine Funktionselite hervorzubringen, ist durch die erwiesene Existenz von Widerstandshandlungen, nicht zuletzt durch die Verschwörung bezeugt, die hinter der fehlgeschlagenen Aktion vom 20. Juli 1944 stand. Ihre Zahl war allerdings verhältnismäßig gering. Es ist wohl das Verderblichste am totalitären System, daß es persönlichen Mut und autonome Verantwortlichkeit nicht nur nicht honoriert, sondern, soweit sie sich politisch zu erkennen geben, mit allen seinen vielfältigen Mitteln unterdrückt. Jede Regung eines Widerstandes erfolgte unter den Gesetzen eines Systems des Zwanges, das die Vernichtung zur Waffe machte und dessen Anfänge schon frühzeitig in der Strafjustiz und in der Geheimen Staatspolizei zu finden sind.

Höchstrichterliche Entscheidungen belehren, daß teilweise allmählich eine äußerst weitherzige Auslegung selbst der verschärften politischen Strafbestimmungen Platz griff und daß die Scheidelinie zwischen der Abwehr erweisbarer Staatsgefährdung und politischen Kampf- oder gar Vernichtungsmaßnahmen zusehends ins Fließen geriet.[216]

---

[215] Ein charakteristisches Beispiel des bereits sehr weit gediehenen Übergangs findet sich in einer Entscheidung des Hanseatischen Sondergerichts vom 15. März 1935, das das Programm der NSDAP zur Hilfe nahm, um ein Urteil zu begründen, für das die geltenden Rechtssätze nicht ausgereicht hätten: „Die ... zu erörternde Frage ist die, inwieweit Rechtsnormen der Weimarer Verfassung nicht als altes Verfassungsrecht, wohl aber als einfache Rechtssätze über den Zeitpunkt der Errichtung des Dritten Reiches hinaus von Bestand geblieben sind. Sie sind es nicht, soweit sie mit der nationalsozialistischen Staatsauffassung nicht vereinbar sind. Die Grundlagen des geltenden Verfassungsrechts finden sich außer in der Gesetzgebung des Dritten Reichs vor allem im Programm der NSDAP, dessen 25 Punkte Bestandteil des jetzigen Verfassungslebens geworden sind" (*Deutsche Richterzeitung* 27, 1935, II. Teil, Sp. 568).

[216] Aus der Fülle charakteristischer Urteile (vgl. auch Fraenkel, *The Dual State*, Anm. I/6, *passim*) sei hier eine Entscheidung des I. Strafsenats des Reichsgerichts als ein hervorstechendes Zeugnis der ersten Jahre herausgegriffen, die am 24. September 1935 erging und die sich auf die Verordnung „zum Schutze von Volk und Staat" vom 28. Februar 1933 stützte. Obgleich sich keine Beziehung zur „Abwehr kommunistischer staatsgefährdender Gewaltakte" konstruieren ließ, der die „Reichstagsbrandverordnung" ursprünglich dienen sollte, berief

Der über die herkömmlichen Grenzen weit ausgedehnte Bereich der Politischen Polizei und die mit verschärften Mitteln in das öffentliche Leben vordringende Justiz formierten einen Schutzkordon um das autoritäre Regiment und seine Träger, der auch auf imaginäre Privilegien nationalsozialistischer Parteistellen oder Parteiangehöriger nicht mehr Rücksicht nahm und auch diese seiner Herrschaft unterwarf. Freisler schuf ein justizbehördliches Gegenstück zum Geheimen Staatspolizeiamt in der Zentralstaatsanwaltschaft beim Justizministerium, die die Bearbeitung politischer Strafsachen von besonderer Bedeutung unter seiner persönlichen Oberleitung an sich zog,[217] „frei von irgendwelchen neben der Sache liegenden Gesichtspunkten" [218] verfolgte und deren Abgesandte mit Hilfe einer Sondertruppe, der „Feldgendarmerie", selbst gegen lokale Sonderinteressen von NSDAP-Stellen durchgreifen und „die Funktion eines Staatsanwaltes an Ort und Stelle" übernehmen konnten.[219] Das Endglied dieser Kette aus verschiedenen Entstehungsgründen herrührender Sonderinstanzen einer politisierten Strafverfolgung und eines politisierten Strafrechts bildete schließlich der Volksgerichtshof als zentrale politische Aburteilungsbehörde zur pseudojuristischen Liquidation politischer Gegner, soweit ihnen nachweisbare Handlungen zur Last gelegt werden konnten. Doch der öffentliche Ankläger spielte auch im nationalsozialistischen Staat seine wirklich große Rolle nur in revolutionären Zeiten und in exzeptionellen Fällen. Die vollendete Diktatur bediente sich der Geheimen Staatspolizei als ihres vornehmsten Hilfsmittels. Auf die Fouquier-Tinvilles folgen die Fouchés. Himmlers und Heydrichs SS übertrumpften Roland Freisler, den intellektuellen Generalauditor des Justizapparates.

Die Tätigkeit der Politischen Polizei beruhte noch bis zur Ernennung des „Reichsführers SS" zum „Chef der Deutschen Polizei im Reichsministerium des Innern" am

sich die Urteilsbegründung auf das Abwehrmoment. Sie gab aber zu erkennen, wie schwankend der Begriff der Staatsgefährdung geworden war, wenn sie erklärte, es bedürfe „nicht des Nachweises, daß die Gefährdung des Staatsbestandes schon in unmittelbare Nähe gerückt oder gar der Staatsbestand bereits erschüttert wäre... Wo also auch nur Einrichtungen, Handlungen, Bestrebungen von einer solchen Art auftreten, daß damit — sei es auch nicht bewußt — staatsgefährdenden kommunistischen Gewaltakten die Wege bereitet würden [!], würden die obersten Landesbehörden... zur Abwehr oder zur Vorbeugung eingreifen können; dabei würde eine solche Maßnahme nicht davon abhängig sein, ob eine nähere oder fernere Gefahr [!] solcher Art bereits mit Sicherheit nachgewiesen wäre [!]...“ (*Entscheidungen des Reichsgerichts in Strafsachen*, hrsgg. von den Mitgliedern des Gerichtshofes und der Reichsanwaltschaft, 69. Bd., Berlin–Leipzig 1936, S. 343). Vorher hatte der 1. Strafsenat des Kammergerichts in einem Urteil vom 31. Mai 1935 „die Auffassung vertreten, daß ein Einschreiten auf Grund der Verordnung [vom 28. Februar 1933] u. a. schon durch die bloße mittelbare Gefahr [!] gerechtfertigt werde, die für den Staat dadurch entsteht, daß in der Öffentlichkeit Neigungen verbreitet werden, die sich als Ausdruck der Unzufriedenheit mit der neuen Ordnung der Dinge kennzeichnen und damit auch dem Wiederauftauchen kommunistischer Bestrebungen den Boden zu bereiten geeignet sind". *Deutsche Richterzeitung* 27 (1935), II, S. 63. Das Hanseatische Sondergericht stützte in einem Urteil vom 15. März 1935 seinen Rechtfertigungsversuch zugunsten einer Verordnung der Hamburger Polizeibehörde u. a. auf eine geradezu exzessive Interpretation der Direktive der sogenannten Reichstagsbrandverordnung „zur Abwehr kommunistischer staatsgefährdender Gewaltakte": „Diese Verordnung ist in größter Eile erlassen, nachdem der Reichstagsbrand in der vorangegangenen Nacht die außerordentlich große Gefahr für den neuen Staat mit erschreckender Deutlichkeit gezeigt hatte. Es war daher klar, daß die Bekämpfung solcher kommunistischer Gewaltakte im Vordergrund stehen mußte. Die Verordnung richtet sich aber ihrem ganzen Inhalt nach nicht nur gegen die Staatsgefährdung, die von kommunistischer Seite kommt, sondern auch gegen diejenige, die aus anderen Kreisen herrührt" (*a. a. O.*, S. 570). Hier wurde der Verordnung ein Sinn unterstellt, der zum Zeitpunkt des Erlasses vermutlich nicht die Zustimmung des Reichspräsidenten gefunden hätte – offenbar zu dem Zweck, ihre Bestimmungen so weit zu dehnen, daß die Maßnahme der Hamburger Polizeibehörde dadurch gedeckt wurde.

[217] Ausführungsverordnungen des preußischen Justizministers vom 24. und vom 27. Juli 1933 (*Justiz-Ministerial-Blatt*, 1933, S. 235 und S. 249).

[218] Roland Freisler, „Die Zentralstaatsanwaltschaft", für die Verbreitung durch den „Zeitungsdienst (Berliner Dienst)" geschriebener Aufsatz vom 25. Juli 1933, u. a. erschienen in: *Der Deutsche*, Nr. 239 vom 12. Oktober 1933. Auch Adolf Thiesing, „Die Geschichte des Preußischen Justizministeriums", in: *200 Jahre Dienst am Recht* (Anm. III/119), S. 169. Vgl. Schorn (Anm. III/22), S. 21.

[219] Eidesstattliche Erklärungen von Werner v. Haacke vom 15. April 1947 und von Ludwig Grauert vom 21. März 1947 (*MGN* 3, Vert.-Dok.-B. Joël 1, Dok. Joël 4 und Joël 5).

17. Juni 1936 [220] einzig auf Landesrecht. Wenn sie dennoch schon viel früher im gesamten Reichsgebiet ein großes Maß an Gleichförmigkeit und Zusammenarbeit erreichte, so lag das einmal an dem wachsenden Einfluß der SS unter dem Kommando Himmlers und an der expansiven, durch keinerlei gesetzliche Schranken geregelten Organisation der Politischen Polizei, die von 1936 an reichseinheitlich den Namen Geheime Staatspolizei führte und im „Hauptamt Sicherheitspolizei" mit der Reichs-kriminalpolizeiorganisation zusammengefaßt wurde. Himmler machte sich „ohne Gesetz an die Arbeit", wie er selbst bekannte: „ob ein Paragraph unserem Handeln entgegensteht, ist mir völlig gleichgültig".[221] Nach seinem Willen bildete sich die Politische Polizei zur ersten und – nach ihrer Bedeutung unter den Instanzen des totalitären nationalsozialistischen Staates – gravierenden Verschmelzungszone von Staatsverwaltung und SS. Im leitenden Personal überwog der Typ des jüngeren Beamten aus der üblichen Verwaltungslaufbahn, der noch am Anfang einer Karriere stand und aus der Republik in den totalen Staat überging, was keineswegs mit einem sofortigen Erwerb der Parteimitgliedschaft in der NSDAP verbunden zu sein brauchte. Die überwiegende Mehrheit fand nach und nach in die SS und nahm dort mittlere und höhere Führerstellungen ein, so daß einer innigen Verschmelzung der Beamten-schaft mit dem Kader der SS-Führer innerhalb der Politischen Polizei nichts im Wege stand. Das Hineinwachsen der SS in die Staatsorganisation spiegelte sich aber auch darin wider, daß der Reichsetat in wachsendem Umfange über das SS-Verwal-tungsamt eine Reihe von SS-Einheiten aufnahm.[222] Vom Verwaltungsamt der SS blieb die Inspektion der Konzentrationslager, die jedoch ebenfalls durch Reichsmittel finanziert wurde, getrennt; als haftinstitutionelles Polizeihilfsorgan war sie dem Geheimen Staatspolizeiamt angegliedert, von dem sie auch ihre Weisungen entgegen-nahm.

Diese für den totalitären Staat des Nationalsozialismus charakteristische Verbin-dung zwischen SS und Polizeiapparatur trat im Juni 1934 offen zutage. Die Unter-werfung der SA und die Vernichtung der potentiellen Opposition waren ein Werk der Politischen Polizei und der mit ihr verbundenen SS-Verbände, die unter der Oberleitung des GeStapo-Chefs Göring, den Hitler zum Sonderbeauftragten ernannt hatte, an den Schwerpunkten der Ereignisse, in München, Berlin und in Schlesien, zu gemeinsamer Tätigkeit schritten. Für einige Tage lebten alle Erscheinungen der terroristisch-revolutionären Phase von 1933 wieder auf und war der *latente Aus-nahmezustand* plötzlich wieder allgemein aktuell. Auf heimliche Sonderbefehle von zentraler Stelle wurden öffentlich Morde begangen. Es gab Verhaftungen ohne Haft-befehle, und es gab Sonderbeauftragte, die wie die Kommissare des Vorjahres auf-traten. Die Situation hatte sich aber insofern wesentlich verändert, als jetzt die Wei-sungen von der Reichsspitze kamen und in erster Linie den Zweck verfolgten, die Führung der SA und einige ihrer regionalen Machthaber, die ein Nebenregiment auf-zubauen schienen, zu beseitigen,[223] während in der ersten terroristischen Periode gerade die lokalen Verhältnisse die Entwicklung im Reich vorantrieben. Kraft seiner Beauftragung durch Hitler, der schon in diesen Tagen ohne Rücksicht auf den in Ostpreußen weilenden Reichspräsidenten offiziell als „Führer und Reichskanzler" auftrat und die absolute Macht in der Hand hielt, vereinigte Göring für kurze Zeit die Macht der Partei und des Staates. Den Kommandeur der Schutzpolizei, SS-Ober-

[220] Erlaß des Führers und Reichskanzlers vom 17. Juni (*RGBl.*, I, 1936, S. 487).

[221] Hans Frank, Heinrich Himmler, Werner Best, Reinhard Höhn, *Grundfragen der deutschen Polizei. Bericht über die konstituierende Sitzung des Ausschusses für Polizeirecht der Akademie für Deutsches Recht am 11. Oktober 1936*, Hamburg 1937, S. 11.

[222] *MGN* 4, Plädoyer Oswald Pohl.

[223] Im einzelnen Mau/Krausnick (Anm. III/141) und u. III. Teil.

gruppenführer Daluege, bevollmächtigte Göring, „Maßnahmen" zur Neuorganisation der herrenlos gewordenen SA-Gruppen Berlin-Brandenburg, Pommern, Grenzmark, Schlesien und Mitte zu treffen.[224] Es erhellt die Verhältnisse dieser Tage, daß Hitler diese Anordnung durch eine eigene Verfügung an Daluege, die auch die Gegenzeichnung des neuen SA-Stabschefs Lutze trug, am darauffolgenden Tage nachvollzog.[225] Die SS wurde zu Verhaftungen ermächtigt, die SS legte Verhaftungslisten an,[226] Himmler erhielt die Entscheidungsbefugnis für die Besetzung der Leitung der Staatspolizeistelle Breslau; Polizei und Staatspolizei hatten auf Anforderung von der SS Unterstützung zu gewähren.[227] Die gleiche Regellosigkeit autoritärer Handhabungen bezeugen die Aufzeichnungen des bayerischen Reichsstatthalters Ritter v. Epp.[228] Hitler verfügte am 1. Juli nachmittags durch Fernspruch, daß sämtliche im Zuge der „Säuberungsaktion" Verhafteten zur ausschließlichen Verfügung des zum Sonderbeauftragten ernannten preußischen Ministerpräsidenten stünden; doch unabhängig hiervon scheinen besondere Weisungen des Reichsführers der SS an die ihm unterstellte Politische Polizei in den Ländern ergangen zu sein; jedenfalls wurden Anfragen des Reichsstatthalters bei der bayerischen Politischen Polizei damit beantwortet, daß Himmler jede Auskunftserteilung verboten habe. Das galt sogar für den Reichsstatthalter, der nach geltendem Gesetz und nach Beauftragung „für die Einhaltung der Richtlinien der Politik" zu sorgen hatte, sich nun jedoch, von zuverlässigen Informationsquellen ausgeschlossen, außerstande sah, „bei den ihm fortgesetzt zugehenden Mitteilungen ein Urteil zu gewinnen, ob es sich um Maßnahmen im Zuge der Säuberungsaktion oder um wilde Sonderaktionen" handelte. Infolgedessen glaubte er sich auch nicht mehr imstande, eigene Maßnahmen zu ergreifen. Einzig die allein zuständige Stelle der Politischen Polizei vermochte noch den Gang der „Säuberungsaktion" zu erkennen und angeordnete Exekutionen von wilden Aktionen zu scheiden. Selbst der hohe Funktionär des nationalsozialistischen Staates begann die verlorene Rechtssicherheit zu beklagen: „Was früher mit anderer Begründung in Schutzhaft genommen wurde, wird jetzt vielfach mit der Begründung ‚zur Aufrechterhaltung der Ordnung und Sicherheit' oder ‚zur persönlichen Sicherheit' in Schutzhaft genommen. Um einer Einengung in der Handhabung der Schutzhaft zu begegnen, wird Polizeihaft verhängt, oder es werden Leute zur Prüfung der Schutzhaftfrage in Polizeigewahrsam genommen."

Diese Handhabungen innerhalb eines offenen Ausnahmezustandes mit ungewissem Ausnahmerecht, in dem die Konturen der handelnden Kräfte verschleiert und kaum für die breite Öffentlichkeit sichtbar waren, wurden von zentralen Befehlen geleitet, die die Zwecke und das Ausmaß der „Aktion" bestimmten. Nach kurzer Dauer und nach Erreichung des gesetzten Zieles stellten sich wieder normale Verhältnisse her, war die „Aktion" beendet; ein Gesetz der Reichsregierung[229] bemühte sich um die nachträgliche Legalisierung des Geschehenen und die Salvierung der politischen Mordtaten. Das Paradigma dieser Ereignisse zwischen dem 30. Juni und dem 2. Juli 1934 aber lag darin, daß ihr Ablauf auf dem Primat der Politischen Polizei gegenüber Recht und Justiz beruhte. Ihre Organe waren immer im „Recht", auch wenn sie

---

[224] Begl. Abschrift eines Erlasses Görings vom 1. Juli 1934 (*Document Center Berlin*, br. 42).

[225] Begl. Abschr. *a. a. O.*, br. 42. Hitlers Befehl ging noch weiter als der Görings: Er ordnete für die fünf östlichen SA-Gruppen die Verhaftung aller Führer bis hinab zum Standartenführer an.

[226] Begl. Abschr. eines Befehles, den Göring schon am 30. Juni in seiner Eigenschaft als Chef der Landespolizei erließ und der die Übergabe einer Verhaftungsliste des SS-Gruppenführers v. Woyrsch an den Polizeigeneral Niehoff anordnete, den er durch diesen Befehl zum Sonderkommissar für die Provinz Schlesien ernannte (*ebda.*).

[227] Befehl Hitlers vom 2. Juli 1934 (Anm. V/225).

[228] Vier Seiten mit handschriftl. Anmerkung: „Am Mittw. den 4. Juli, 1/2 6 Nachm. R. Inn. Mi. Dr. Frick vorgetragen E" (*Document Center Berlin*, br. 42).

[229] Gesetz über Maßnahmen der Staatsnotwehr vom 3. Juli (*RGBl.*, I, 1934, S. 529).

gegen das derzeitige Gesetz verstießen; ihr Recht war das des permanenten Notstandes, das dem totalitären Verwaltungsstaat wie dem Staat des Absolutismus jederzeit erlaubte, sich von den „Formen des Zivilrechts und der Justiz zu befreien".[230] Ihre schon bald nicht mehr allein mit „Abwehr" von „Staatsgefährdungen" begründete Existenz [231] bereits bedeutete eine ständige Infragestellung geltenden Rechts; denn mit den ungewissen und irrationalen Maßstäben der „völkischen Abwehr" und des „kämpfenden Volkes" verschwanden „alle allgemeinen Kriterien für den Umfang der Tätigkeit der Polizei".[232] Die imaginäre Aufgabe des Verwaltungsstaates, „nicht mehr bloß das äußere Zusammenleben ... [zu] wahren, sondern die deutsche Volksgemeinschaft von der Polizei herzustellen", bedrängte „in irrationaler Weise die Freiheit der Einzelperson",[233] d. h. sie nahm ihr jede garantierte Rechtssicherheit. In diesem Aspekt war es von untergeordneter Bedeutung, daß Polizei, Haft und schließlich sogar Vernichtungsinstitute mit der Zweckbestimmung der Bekämpfung besonderer, festgelegter Kategorien von Staatsfeinden unterhalten und gerechtfertigt wurden: „das Judentum", „der Kommunist", „die Freimaurerlogen ... als Hilfsorganisationen des Judentums" und der „politisierende Kirchenbeamte".[234] Festlegung und Begrenzung solcher Kategorien unterlagen gelegentlichen Revisionen, waren jedoch in bezug auf das positive wie auf das natürliche Recht willkürlich; im Verlaufe der zwölfjährigen Geschichte nationalsozialistischer Herrschaft nahmen ihre Zahl und ihr Umfang zu. Die weitere Entwicklung verdeutlichte den vollen Sinn der Behauptung, daß der „irrationale Kern der Verwaltung" [235] in der von ihrer totalitären politischen Funktion her umgebildeten und ausgebildeten Polizei [236] lag, daß die bestimmende, aber unbestimmbare Dynamik, die das totalitäre System des Nationalsozialismus beherrschte, von dem Produkt der Verschmelzung von SS und Polizei, dem „zentralen ... staatlichen Kampfinstrument" [237] ausging. Sogar höchste Würdenträger des nationalsozialistischen Staates durften sich nicht mehr sicher fühlen.[238]

[230] Walter Hamel, „Die Polizei im neuen Reich", in: *Deutsches Recht* 5 (1935), S. 412.

[231] Alfred Schweder, trotz seiner Jugend einer der frühesten Angehörigen des SD und Mitarbeiter Heydrichs, neben diesem in jeder Hinsicht der unbedenklichste und kühnste Theoretiker des SS-Polizeistaates, tat die „Ausschaltung der politischen Polizei vom weltanschaulichen Ringen um die Grundlage des Staates" und ihre Beschränkung auf das „Repressivverfahren" als überwundene Merkmale einer „neutralen" Politischen Polizei der Weimarer Republik ab (*Politische Polizei*, Anm. III/94, S. 113). Die von der SS beherrschte Politische Polizei hatte nach Schweder die weit umrissene Aufgabe, alle „Frontbildungen" zu verhindern und „gegen alles ‚Staatsgefährliche', nicht nur gegen den bewußten Staatsfeind im engeren Sinne" vorzugehen „nach großen Richtlinien mit dem Ziel vernichtender Schläge. .. Dieser Kampf wird um so besser geführt, je weniger das Volk ... von der Tatsache dieses Kampfes merkt" (S. 172). Er bezeichnete als den „Grundgedanken jeder völkischen Abwehr gegen staatsfeindliche Angriffe, ... sie als Verstöße gegen das Heiligste unbedingt zu brechen, mit jedem Mittel, das Erfolg verspricht. Selbstbeschränkungen in den Mitteln sind nur gerechtfertigt, wenn auch geringerer Aufwand zum Erfolg führt. .. " (S. 149).

[232] *A. a. O.*, S. 414.

[233] *Ebda.*

[234] Reinhard Heydrich, „Die Bekämpfung der Staatsfeinde", in: *Deutsches Recht* 6 (1936), S. 121–123.

[235] Walter Hamel, „Wesen und Rechtsgrundlagen der Polizei im nationalsozialistischen Staate", in: *Deutsches Verwaltungsrecht* (Anm. III/120), S. 394.

[236] Schweder (Anm. III/94), S. 161, kehrte diesen Sinn des „Umbaues" der Polizei am stärksten hervor: Die allgemeine Polizei „bestimmt nicht wie früher ... auch den Charakter ihres Spezialzweiges, der politischen Polizei"; sondern es „drängt umgekehrt diese auf Verwirklichung des ihr innewohnenden Prinzips auch bei der allgemeinen Polizei".

[237] *A. a. O.*, S. 187.

[238] In einem am 24. August 1935 an Hitler gerichteten Schreiben beschwerte sich der brandenburgische Oberpräsident und Gauleiter Kube über persönliche Belästigungen durch die Geheime Staatspolizei und den SD. Kube schrieb, er habe in der Weimarer Zeit mehrmals unter Anklage gestanden, einmal wegen Fememordes, und sei zu einer Geldstrafe verurteilt worden. „Aber um meine privaten Verhältnisse hat man sich bis zur Machtübernahme nicht gekümmert. Ich appelliere daran, daß führende Nationalsozialisten Ritterlichkeit zu wahren haben." Solche Begriffe hatten freilich kaum noch Kurswert. Es war nur der ohnmächtige Zorn eines Enttäuschten und betrogenen Kampfgenossen, der solche Worte fand: „Ich weiß nicht, wodurch ich mir den be-

An der Schwelle zur nationalsozialistischen Machtergreifung stellte Rudolf Hilferding die historische Diagnose: „Der Faschismus besteht aus einer Sammlung sozial, wirtschaftlich und sogar ideologisch ganz disparater Elemente zur Eroberung der Staatsmacht. In der Opposition sichert der Faschismus den verschiedenen Gruppen die Erfüllung ihrer entgegengesetzten Wünsche zu. In der Machtausübung muß er zwischen den entgegengesetzten Interessen entscheiden."[239] Angesichts des Abschnittes der Geschichte, den wir hier zu betrachten hatten, wird man die Anwendbarkeit dieses Satzes auf den Fall des Nationalsozialismus nicht bezweifeln dürfen. Indessen haben Entwicklung und Wirklichkeit des nationalsozialistischen Totalstaates Formen hervorgebracht, die der kluge Austro-Marxist nicht vorausgesehen hatte und die uns zwingen, dem letzten Satz dieses Hilferdingschen Wortes eine abgewandelte Bedeutung zu unterlegen. Was Hilferding als „besondere Interessen" bezeichnete, bietet sich dem Blick des historisch Untersuchenden in einem nach der Machtergreifung und Gleichschaltung veränderten politischen Gewande dar. Die angedeutete Heterogenität der zur Macht drängenden Kräfte weicht einer Heteronomie der politischen Erscheinungen, die sich aus dem begrenzten Pluralismus verwaltender Institutionen und verwalteter Organisationen ergibt; wir haben sie, ausgehend von den Verhältnissen der in den Prozeß der Gleichschaltung einbezogenen Ressorts der autoritären Zentralgewalt, eine Polykratie genannt. Wir wären im Irrtum, hielten wir dafür, daß der Totalstaat schlechthin keine strukturelle Pluralität kenne, eine Vorstellung, die dadurch nicht besser wird, daß sie verhältnismäßig weit verbreitet ist. Eine staatliche Ordnung als vollkommen monolithisches Machtgebilde ist in Wirklichkeit wohl nicht weniger selten als das völlig harmonische Spiel unübersehbarer Gruppen und Interessen in einer liberalen Gesellschaft. Gewiß waren die echten Machtbildungen nur gering an Zahl; aber sie waren vorhanden – und mit ihnen politische Konkurrenzen und Rivalitäten –, auch wenn der Totalstaat sein wahres Aussehen vor den Augen der Öffentlichkeit verborgen hielt.

Die totalitäre Diktatur der Nationalsozialisten in Deutschland blieb im Gange ihrer Entwicklung an die Formen des Verwaltungsstaates in dreierlei Gestalt gebunden: an eine zentralisierte, bürokratische Administration, die aus der Exekutive des Verfassungsstaates herausgewachsen war oder sich ihr angebildet hatte; an ständeideologisch begründete, unter autoritärer Regie und Verwaltung stehende Korporationen des bis dahin zum größeren Teil nicht in öffentlich-rechtlicher Form organisierten Berufs- und Wirtschaftslebens, also des Bereiches, der ebenso üblich wie allgemein und ungewiß mit dem alten Begriff der Gesellschaft belegt wird; und an den Polizeistaat mit einem neuen, spezifischen Polizeibegriff, der einerseits auf der Tradition des vorkonstitutionellen Polizeibegriffs beruhte, jedenfalls mit diesem legitimiert werden sollte, andererseits aus den Formen erwuchs, die die makabre Praxis des Terrors in der Umwälzungsphase der nationalsozialistischen Machtergreifung hervorbrachte. Zu einer Homogenisierung dieser Formen der Verwaltung ist es nicht gekommen; vielmehr drängte sich das von der Geheimen Staatspolizei beherrschte totale Zwangssystem fortgesetzt stärker in den Vordergrund.

In immer größerem Umfang wurde Hitler zu internen interministeriellen Entscheidungen herangezogen, obgleich er wirkliche Entscheidungen keineswegs von Haus aus liebte. Die Ressorts der totalitären Staatsgewalt benötigten eine oberste Instanz, auf die sie sich berufen konnten, um eigene Absichten gegen die konträr gerichteten anderer durchzusetzen. Freisler führte die Berufung auf den Willen des Führers und den

---

sonders niederträchtigen Haß des Herrn Heydrich zugezogen habe; das aber weiß ich, daß Herr Heydrich mit seinen Einrichtungen fast alle Gauleiter bespitzeln läßt" (Durchschl. *HAB*, Rep. 320, Pfundtner 52).

[239] Rudolf Hilferding, „Zwischen den Entscheidungen", in: *Die Gesellschaft. Internationale Revue für Sozialismus und Politik*, 1933, S. 7.

Grundsatz der Unkontrollierbarkeit gerichtsherrlicher Entschlüsse als theoretische Größe in die Justiz ein, um von dem dem totalitären Vollzugswesen lästigen richterlichen Nachprüfungsrecht und gelegentlich auch von den Limitierungen des geschriebenen Rechts, soweit sie den Vollzug zu stören imstande waren, loszukommen und nach Möglichkeit den Richter Schritt für Schritt in eine instrumentale Funktion innerhalb des totalitären Staates hineinzumanövrieren.[240]

Der „Führerstaat" zeigte sich einerseits als ein ausgleichendes Provisorium des polykratischen, jedoch bedenkenlos zentralisierten Verwaltungsstaates, anderseits als Versuch, das Legitimierungsbedürfnis der an Intensität und Geschlossenheit gewinnenden Zwangsgewalt des totalitären Systems wenigstens annähernd zu befriedigen. Die entschiedensten Verteidiger des SS-Polizeistaates legten allerdings auch hierauf kaum noch sonderlichen Wert.

---

[240] Der Beitrag, den maßgebliche Juristen zur Ideologie des „Führers" und des „Führerstaates" lieferten, ist kaum zu unterschätzen. Nach den Morden des 30. Juni 1934 schrieb der angesehene Staatsrechtler Carl Schmitt, den Ereignissen auf dem Fuße nachfolgend, in dem Aufsatz „Der Führer schützt das Recht", der am 1. August veröffentlicht wurde (*Deutsche Juristen-Zeitung* 39, 1934, Sp. 945–950) und eines der bemerkenswertesten Zeugnisse geistiger Unterwerfung darstellt: „In Wahrheit war die Tat des Führers echte Gerichtsbarkeit. Sie untersteht nicht der Justiz, sondern war selbst höchste Justiz." Er begründete das mit der Behauptung, der Führer sei „immer auch Richter. Aus dem Führertum fließt das Richtertum." Schmitt ging sogar so weit, hieraus zu folgern, daß der Führer „Inhalt und Umfang seines Vorgehens" immer nur selbst bestimmen könne. Hier scheint die Lehre vom justizlosen Hoheitsakt durch, die sich in der Weimarer Republik außerordentlich förderlich und begünstigend für die Anwendung der Diktaturgewalt des Reichspräsidenten auf Grund der Bestimmung des Artikels 48 Abs. 2 der Reichsverfassung erwiesen hatte. (Hierzu Hans Peter Ipsen, *Politik und Justiz. Das Problem der justizlosen Hoheitsakte,* Hamburg 1937.) Carl Schmitt lieferte die exzessive Anwendung, die dann Freisler übernahm, um eine neuartige Theorie über die Organfunktion des Richters und der Justiz im Führerstaat zu entwickeln. Besaß der Führer unbegrenzte „Rechtsmacht" und war er „auch oberster Richter" („Das Imperium ist ungeteilt und unteilbar!"), entfiel jedes Nachprüfungsrecht bei Führerentscheidungen und war „die Rechtspflege ... Organ der Volksführung" in dem Sinne, daß sie einer „Kommandogewalt" des Führers unterstand; anderseits mußte der Richter seine Entscheidungen nicht mehr allein durch Bezugnahme auf gesetzliche Normen begründen, sondern sich letzlich durch Berufung auf den Führerwillen legitimieren. (Roland Freisler, „Justiz und Politik", Anm. III/119). Die Praxis ging indessen noch nicht allgemein so weit, daß der einzelne Richter einzig zum Ausleger des „höchsten" politischen Willens wurde. Die Rechtsverhältnisse blieben vorerst ambivalent und ermöglichten mannigfache Reaktionen, wenn auch das allmähliche Vordringen des „neuen Richtertyps", des „Typs des nationalsozialistischen Juristen" nach Freisler, infolge vielfältiger Einwirkungen nicht unterschätzt werden darf. Vgl. Hubert Schorn (Anm. III/22), S. 88 ff. (Aus der späteren Literatur vor allem: Curt Rothenberger, *Der deutsche Richter,* Hamburg 1943.) Aber in späteren Jahren entwickelte sich eine allen Möglichkeiten nachspürende Lehre von der (unzulässigen) richterlichen Nachprüfung politischer Führungsakte, die die Grenzen nach der einen oder anderen Richtung weiter oder enger zu ziehen suchte, den unpersönlichen politischen Führerakt und mit ihm den Begriff des Führers als zentrale Rechtsquelle ständig weiter in den Vordergrund schob und damit – bewußt oder unbewußt – auch einen Teil der Aufgaben der Propaganda übernahm. Allerdings wurde der Begriff des „Führers" zusehends formalisiert; auch Maßnahmen der GeStapo und einzelne Anordnungen der Partei galten jetzt als „Führungsakte" ohne Rücksicht darauf, ob sie überhaupt zur Kenntnis des Führers gelangten. Und bisweilen ließ sich auch die Ansicht hören, daß ministerielle Anordnungen hierunter fielen (Überblick bei Siegfried Grundmann, „Die richterliche Nachprüfung von politischen Führungsakten nach geltendem deutschen Verfassungsrechts", in: *Zeitschrift für die gesamte Staatswissenschaft* 100, 1940, S. 511–544). Der leibhaftige „Führer" war bisweilen nur von untergeordneter Bedeutung; die Berufung auf ihn diente letztlich der Legitimierung von Befehlen einer absoluten Obrigkeit. Demgegenüber war von geringerer Bedeutung, daß sich der „Reichsjuristenführer" Frank bemühte, eine Art umfassenden Zuständigkeitskatalog des Führers aufzustellen. Danach war dieser „der oberste weltanschauliche Repräsentant des deutschen Volkes", „der höchste Lenker seiner staatlichen Geschicke", „Staatschef des Deutschen Reiches", „Chef der deutschen Reichsregierung ... und damit Chef des gesamten Verwaltungsapparates des Deutschen Reiches", der „verfassunggebende Abgeordnete des deutschen Volkes", „Oberbefehlshaber der deutschen Wehrmacht" und „Oberster Gerichtsherr des Deutschen Reiches und Volkes" (Hans Frank, *Recht und Verwaltung. Rede, gehalten anläßlich der Schulungstagung für Rechtswahrer der Verwaltung ... am 5. Dezember 1938,* Linz [1938], S. 6 f.). Darin drückte sich das eben schlechthin totalitäre Streben aus, keine Begrenzung anzuerkennen, sondern nur Direktionen zu bezeichnen, um alles Denkbare zu erfassen. Frank hatte dies Jahre zuvor atwas weniger ambitiös, aber anschaulicher mit dem simplen, an die Juristen gerichteten Satz ausgedrückt: „Alles, was wir leisten, leisten wir für unseren Führer Adolf Hitler" (*Nationalsozialistische Leitsätze für ein neues Strafrecht,* 1. Teil, hrsgg. von Hans Frank, 2. Aufl., Berlin 1935, S. 5).

Da Hitler jedoch beeinflußbar und keineswegs in der Lage war, allen Ressortspitzen gegenüber ein selbständiges Urteil zu vertreten, wurde er auch in bisweilen wechselnde Richtungen dirigiert. Nach dem Umfang, in dem einzelne Männer seines „Hofstaates" Einfluß gewinnen konnten, vermochten sie auch ihre eigene Machtstellung zu befestigen, so daß mit dem Aufkommen des Führerkultes eine doppelseitige Entwicklung eintrat: Die totalitären Ressorts bedurften der übergeordneten, unantastbaren Instanz eines Führers, und die unmittelbare Beziehung zum Führer begünstigte die Ressortgewaltigen. Unmittelbar vor der Machtergreifung zählten vor allem Göring, Goebbels, Strasser, Röhm, Frick, Kerrl und Kube hierzu.[241] Seit Anfang 1933 veränderte sich diese Gruppe fortgesetzt, vor allem in Anbetracht der von Hitler verfolgten Notwendigkeit, konservative und bürgerliche Kreise hinter seine Regierung zu bringen; nur wenige der alten Kampfgenossen hielten sich auch weiterhin an der Spitze. Später waren es nur noch Göring, Goebbels, Dietrich und Himmler, hinter denen der unwägbare gewaltige Einfluß der Manager des Apparats, Bormann und Heydrich, des Chefs des SD und der GeStapo, emporwuchs.

Nur auf diese Weise und nur für den engen Zeitraum der wenigen Jahre, in denen dieses System existierte, so daß es im historischen Zusammenhang mehr einem Interregnum als einer Staatsbildung ähnelt, war eine Konsolidierung der Herrschaftsverhältnisse möglich, mit der eine ständig fortschreitende Unterwerfung neuer Bereiche der Gesellschaft, ihre totalitäre, von der Zentrale aus betrachtet: lückenlose Erfassung einherging. Die Erfassungszuständigkeiten waren auswechselbar; jedoch die Erfassung selbst, d. h. das Betroffensein der einzelnen und Gruppen blieb unverändert und läßt sich nur nach den Phasen zunehmender Intensivierung differenzieren. Die Gesellschaft wurde nicht politisiert, sondern in immer größeren Teilen der Zentralgewalt verfügbar gemacht. Das geschah mit den institutionellen Mitteln der Staatsapparatur und den verwalteten Organisationen der Massen und der Stände. Der einzelne wurde zum politischen „Stellenwert" nach der jeweiligen Maßgabe und Maßnahme der politischen Oberinstanzen. „Zur Entscheidung von Angelegenheiten von Privatpersonen, an denen der Staat kein Interesse hat, sind einzig und allein die gesetzlich zuständigen Gerichte oder Verwaltungsbehörden zuständig", verlautbarte eine Anordnung des Obersten SA-Führers vom 15. Januar 1934.[242] Das ordentliche Rechts- und Verwaltungssystem behielt seine Zuständigkeiten; jedoch der Staatsbürger in dem Sinn, den ihm der totalitäre Maßnahmenstaat jeweils zubilligte, besaß keine Einsicht in die Abhängigkeiten, in denen er jeweils stehen konnte. Für ihn bestand nur die Möglichkeit, seine Lebensäußerungen überall dort zu reduzieren, wo sie auf den spürbaren Widerstand der regierenden Gewalten stießen. Diese transformierten zusehends persönliche Einfluß- und Machtbereiche in ein polykratisches System mit wechselnden Schwergewichten. Wie eine frühe Einsicht in die Struktur des Totalstaates nationalsozialistischer Prägung mutet eine handschriftliche Aufzeichnung des Reichsstatthalters in Bayern an, die Ritter von Epp noch unter dem Eindruck des Aufstiegs der SA Anfang 1934 niederschrieb: „Die SA Führung hat ihre Macht konsequent über die Staatsgewalt gestellt. Im Bereich der Städte und Gemeinden hat sie diese an die Partei-Leiter abgetreten. Die SS-Führung hat sich im System der politischen Polizei selbständig gemacht und ein Verbindungssystem geschaffen zu allen Nachbarstaaten und sonstigen Ländern mit Ausnahme von Preußen. Was bleibt für die Staatsverwaltung übrig? Die Geldverwaltung und Be-

---

[241] Kube erwähnt in dem oben zitierten Schreiben an Hitler (Anm. V/238) seine „Berufung" in diesen „engeren Kreis" der Ratgeber Hitlers einige Zeit vor der Machtergreifung.

[242] Faksimile eines Abdrucks für den Reichsstatthalter in Bayern in: Bracher, „Zusammenbruch des Versailler Systems und zweiter Weltkrieg" (Anm. II/197).

schaffung — die reine Verwaltung im engsten Sinn des Staates! Als Objekt der constituens plebs, die nicht zu irgend einer Machtorganisation gehört. Was soll ein Reichsstatthalter noch? Was soll er halten an Reiches statt? Die Regierung braucht er nicht halten im Sinne seiner Einsetzung, er muß sie halten gegen die Parteigewalten. Welche Mittel hat er dazu? . . . Die niedergeworfenen Gegner machen keine Schwierigkeiten, die ganze Kraft verbraucht er in den inneren Reibungen und Kämpfen. Welche Minister haben Zeit (und Eignung) für ihr Amt? Kann die SA die Staatsführung übernehmen? Kann SA und SS zusammen dies tun? . . . die Regelung des Obersten SA Führers . . . setzt die Verfügung des Führers für mich außer Kraft. Neueste Erscheinungen: Das Hineinziehen der Partei von beamteten Parteileuten — das gewaltsame Auftreten einiger Gauleiter in einem Staatsministerium — die politischen Leiter wollen an Gewalt nicht zurückstehen — Abhilfe:"[243] — Hier endet die Notiz und werden die weiteren Gedanken unsichtbar, gleichsam ein endloses, unaufhebbares Fragezeichen setzend.

Der *fiktive Rechtsstaat,* den der Nationalsozialismus äußerlich aufrechtzuerhalten versuchte, ist dadurch charakterisiert, daß zwar die Grundlage des positiven Rechts nie beseitigt, jedoch ständig verändert wurde. Das bestehende Recht war niemals grundsätzlich Schranke oder Hindernis für irgendein Vorgehen der Regierung; es verlangte lediglich systematisches, schrittweises und abgewogenes Vorgehen. Eine ethisch verankerte Rechtsidee existierte nicht mehr; der „Rechtszustand" bestand in der vollendeten Mediatisierung der juristischen Form durch die zentrale Macht der Diktatur. Es darf aber auch nicht die Existenz der Kreise und Bestrebungen innerhalb der nationalsozialistischen Bewegung übersehen werden, die selbst den Zwang zur legalistischen Deckung der Maßnahme als Beengung und Einschränkung erstrebter Prärogativen ansahen und deren Absichten im Erfolgsfalle letztlich zur Inauguration eines totalen Befehlsstaates geführt hätten, in dem das gesamte öffentliche und wohl auch große Teile des privaten Lebens nach militärischem Muster einer obrigkeitlichen Befehlsgewalt unterworfen worden wären und der für die überwiegende Mehrheit des Volkes nur Abhängigkeiten und Gehorsamspflichten gebracht hätte. Den Deutschen ist die gänzliche Verwirklichung eines solchen Zustandes infolge des Eintritts der kriegerischen Katastrophe erspart geblieben. Das Ausmaß der heraufbeschworenen Zerstörungen und des entstandenen Elends darf nicht glauben machen, daß nicht noch Schlimmeres bevorstand: der nationale Rückfall einer modernen Industriegesellschaft in einen atavistischen Kollektivismus ohne Liberalität, ohne Humanität, ohne Christentum und ohne eine Spur von Religiosität. Die Verachtung jedes menschlichen und historischen Maßes liegt zu klar auf der Hand, als daß man an der Unabwendbarkeit einer Katastrophe in dieser oder jener Form noch zu zweifeln vermag, wenn auch die Toleranz der Weltmächte dem Totalitären gegenüber erst nach dem langer Hand vorbereiteten Angriff und in der unmittelbaren Gefährdung der eigenen Existenz dem Bedürfnis nach Wiederherstellung einer Rechtsordnung wich.

---

[243] Anmerkung *ebd.* Im Original sind einige Wörter abgekürzt, die hier ausgeschrieben sind.

Dritter Teil

DIE MOBILMACHUNG
DER GEWALT

Von Wolfgang Sauer

Erstes Kapitel

DIE WEHRMACHT IN DER REVOLUTION

1. Gewalt und Charisma in der nationalsozialistischen Revolution

Das Bild der Eroberung Deutschlands durch die Nationalsozialisten wäre nicht vollständig ohne die Darstellung und Analyse einer Gruppe von Vorgängen und Maßnahmen, die ein Spezifikum der nationalsozialistischen Strategie bildeten und im Gesamtprozeß der Machtergreifung eine wichtige Rolle spielten: die bewußte und zielstrebige Mobilisierung sowohl der kriegerischen Kraft der Nation als auch der dunklen, von Kultur und Zivilisation bisher gezähmten Mächte des Terrors und des Barbarismus. Im folgenden wird dieser Prozeß im einzelnen zu studieren sein, doch bedarf es noch einiger erläuternder Bemerkungen zu Auffassung und Abgrenzung des Themas. Zunächst könnte die Frage aufgeworfen werden, ob die gemeinsame Behandlung der Probleme der militärischen Rüstung und Landesverteidigung und des totalitären Terrors mit der inneren Ordnung des Stoffes zu vereinbaren sei. Geht man von der klassischen politischen Vorstellungswelt aus, die für jedes Herrschaftssystem eine sei es rationale, sei es traditionale Rechtsgrundlage forderte,[1] so sind Krieg und Terror unvereinbar miteinander, denn der eine ist vom Völkerrecht als politische Verkehrsform legitimiert, der andere ist keiner rechtlichen Begründung fähig. Ihre Zusammenfassung unter dem Oberbegriff der Gewalt, obwohl theoretisch möglich, verspräche doch für empirische Untersuchungen wenig Nutzen.[2] Geht man aber vom Bezugssystem der totalitären Herrschaft aus, so scheint die eigentlich wesentliche und für die Aufstellung von Einteilungsprinzipien ausschlaggebende Verbindung die zwischen Ideologie und Terror zu sein. Sie bewirkt, daß der Terror ein integraler Bestandteil aller totalitären Systeme ist, und sie wird dadurch zu einem Spezifikum des Totalitarismus, durch das er sich von allen anderen politischen Herrschaftsformen unterscheidet, während er das Mittel des Krieges mit ihnen gemein hat. Sowenig die Kriege, die totalitäre Diktatoren führen, der ideologischen Kampfführung entbehren, so brauchen sie doch nicht notwendig ideologischen Ursprungs zu sein. Der Eintritt Sowjetrußlands in den zweiten Weltkrieg geschah nicht zum Zwecke und mit der Absicht zur Ausbreitung der Weltrevolution, sondern war eindeutig durch den Angriff Hitlers erzwungen. Im nationalsozialistischen Herrschaftssystem gibt es jedoch einige Eigenheiten der Organisation und der politischen Strategie, die diese Vorstellung in Frage stellen und die Vermutung aufkommen lassen, daß zumindest hier eine direkte Beziehung nicht nur zwischen Ideologie und Terror, sondern zwischen Ideologie und Gewalt überhaupt, einschließlich des Krieges, besteht.

Schon in der Aufbauphase des „Dritten Reiches" wurde – behält man zunächst den organisatorischen Gesichtspunkt im Auge – das scheinbar klare Nebeneinander von Reichswehr und Terrorgruppen – SA, SS, Gestapo – durch die Tatsache verwirrt, daß

---

[1] Die Termini nach Max Weber, *Wirtschaft und Gesellschaft (Grundriß der Sozialökonomik,* Abt. 3), 3. Aufl., Tübingen 1947. Dabei wären allerdings die Einwände zu beachten, die Otto Brunner, „*Feudalismus". Ein Beitrag zur Begriffsgeschichte,* Wiesbaden 1959, S. 34 f., vorgebracht hat (rationale Herrschaft nicht nur im Sinne von bürokratischer Verwaltung, sondern auch in dem der parlamentarischen Verfassung).

[2] „Gewalt" wird hier im engeren Sinne verstanden, etwa wie im englischen „*violence"* (im Gegensatz zu „*force"*).

die SA ungeachtet ihrer terroristischen Aktionen zugleich auch den Anspruch erhob, das nationalsozialistische Revolutionsheer zu bilden, und man weiß, daß der Konflikt mit der Reichswehr, der daraus entstand, sich 1934 zu einer allgemeinen Krise des revolutionären Regimes ausweitete. Mit der Ausschaltung der SA am 30. Juni 1934 schien sich das Bild dann im Sinne einer deutlichen Aufgabenteilung zwischen Wehrmacht und SS/Gestapo zu klären, aber es ist bekannt, daß die SS nichtsdestoweniger sofort den Keim einer eigenen bewaffneten Macht zu bilden und damit das Erbe der SA anzutreten begann – eine Entwicklung, in deren Verlauf Himmler sich schließlich als Herr nicht nur der Konzentrationslager, sondern auch einer Armee von 600 000 Mann Waffen-SS sah. Diese Wiederaufnahme der militärisch-terroristischen Doppelfunktion der SA durch die SS ist ein bedeutsamer Vorgang, der bisher noch zu wenig beachtet worden ist. Er zeigt die Tendenz des nationalsozialistischen Herrschaftssystems zur Ausbildung eines gänzlich neuartigen Typs von Machtinstrumenten, die zur Ausübung jeder Art von Gewalt und Zwang, sei es physisch, sei es psychisch, nach innen wie nach außen, geheim oder offen, geeignet sein sollten und die man mithin als *totale Gewaltorganisationen* bezeichnen könnte. Tatsächlich hat die SS den immer wieder auftretenden Spezialisierungstendenzen bewußt entgegengearbeitet; so wurden die Bewachungseinheiten der Konzentrationslager, die Totenkopf-Verbände, ständig militärisch ausgebildet und im Kriege auch an der Front eingesetzt, während die Waffen-SS ihrerseits zu Terroraktionen wie den Massakern von Oradour und Lidice herangezogen wurde.[3]

Ähnliche Beobachtungen kann man bezüglich der politischen Strategie und Herrschaftstechnik der Nationalsozialisten machen. Die politischen Kampfmittel, deren sich Hitler und seine Gefolgsleute bedienten, waren allerdings sehr vielgestaltig; die nationalsozialistische Herrschaft entsprach in dieser Hinsicht durchaus der Lehre Paretos, wonach die Eliten ihren Machtkampf sowohl mit Gewalt als auch mit List führen.[4] Hitler selbst, der ja keineswegs den Typ des elementaren Gewaltmenschen darstellte, hat sich wiederholt ganz ähnlich geäußert,[5] und die nationalsozialistische Praxis bietet viele Beispiele für die Anwendung von Listen und Kniffen aller Art; hier sei nur auf die Technik der pseudolegalen Machtergreifung verwiesen. Auf der anderen Seite hat Hitler oft genug mit besonderer Betonung ausgesprochen, daß nach seiner Ansicht Grausamkeit, Brutalität und Blutvergießen ganz unentbehrliche Kriterien erfolgreicher politischer Aktivität seien,[6] und eine vergleichende Untersuchung würde vermutlich zu dem Resultat führen, daß diese Auffassung sich von der – äußerlich ähnlichen – bolschewistischen Lehre doch in wichtigen Punkten unterschied; schon auf den ersten Blick scheint diese differenzierter und elastischer,

[3] Die Forschung hat die Doppelfunktion bisher nur bei der SS berücksichtigt: Hans-Günther Seraphim, „SS-Verfügungstruppe und Wehrmacht", in: *Wehrwissenschaftliche Rundschau* 5 (1955), S. 569 ff.; Ermenhild Neusüß-Hunkel, *Die SS* (Schriftenreihe des Instituts für wissenschaftliche Politik, Bd. 2), Hannover–Frankfurt a. M. 1956. Beide Autoren haben jedoch, in Verkennung der Gleichwertigkeit beider Funktionen, sie einander zu subordinieren versucht. Der Versuch ist gescheitert, denn beide kommen zu genau entgegengesetzten Resultaten: Nach Seraphim soll die polizeiliche, nach Neusüß-Hunkel die militärische Funktion der SS „Tarnung" bzw. taktisches Vehikel der jeweils anderen Aufgabe gewesen sein. Tatsächlich gab es derart subtile Überlegungen nicht; was man wollte, war die Verschmelzung beider Funktionen in einer totalen Gewaltorganisation.

[4] Vilfredo Pareto, *Trattato di Sociologia generale*, 1. Ausg. 1916; hier nach der englischen Übers.: *The Mind and Society*, ed. by Arthur Livingston, 4 Bde., 3. Aufl., New York 1942, bes. Bd. IV.

[5] Adolf Hitler, *Mein Kampf*, 125.–126. Aufl., München 1934, S. 166; S. 494 und *passim*; vgl. auch Hermann Rauschning, *Gespräche mit Hitler*, 4. Aufl., Zürich–Wien–New York 1940, S. 9 ff.; S. 71 ff.; S. 249 ff. – Um Mißverständnissen vorzubeugen, sei darauf hingewiesen, daß eine Abhängigkeit Hitlers von Pareto hier ausgeschlossen wird. Paretos Werk ist vor 1945 nur in fremdsprachigen Ausgaben bekannt gewesen, und Hitler hat keine fremden Sprachen beherrscht. Zwar hat Hermann Heller in *Europa und der Fascismus* über Paretos Ideen in deutscher Sprache referiert (2. Aufl., Berlin–Leipzig 1931, S. 20 ff.), doch erschien dessen 1. Auflage erst 1928, also nach *Mein Kampf*.

[6] Außer den einschlägigen Stellen in *Mein Kampf, a. a. O.*, auch Rauschning, *a. a. O.*, S. 22 ff.

jene primitiver und roher zu sein. Sehr bezeichnend ist in diesem Zusammenhang die bewußte und planmäßige Einbeziehung von Terror und Gewalt in das Instrumentarium der nationalsozialistischen Propaganda. Ausgehend von dem Axiom, daß der Masse nur Kraft und Stärke imponieren, wurden nicht nur die psychologisch-suggestiven den intellektuellen und die mündlichen den schriftlichen Propagandamitteln vorgezogen, sondern auch bewußt die Faszination von Gewalt und Terror als propagandistischer Effekt ausgenutzt — eine Überlegung, der bezeichnenderweise die SA ihre Entstehung verdankt. Aber auch sonst scheint der nationalsozialistischen Praxis eine Tendenz zunehmender Gewaltsamkeit innegewohnt zu haben. Es kann heute kein Zweifel mehr daran sein, daß Hitler von Anfang an die Entfesselung eines Krieges ins Auge gefaßt hat, und als ihm das dann 1939 gelungen war, versteifte sich die nationalsozialistische Kriegführung mehr und mehr auf militärische Mittel, um schließlich auf alle politisch-diplomatischen Wege zum Frieden zu verzichten. Mehr noch, sie kombinierte jetzt ganz konsequent militärische und terroristische Maßnahmen. Das klassische Beispiel dafür ist die Kriegführung gegen Sowjetrußland, die allen großartigen ideologischen Proklamationen zum Trotz gerade auf die so naheliegende politisch-ideologische Revolutionierung der Bevölkerung in den besetzten Gebieten verzichtete und sie durch ein Terrorsystem ersetzte, das mit seinen Todeslagern und Massenerschießungen, seiner „Untermenschen“-Politik und der Massenverschleppung von Arbeitssklaven nicht nur — um das Wort Talleyrands zu variieren — ein Verbrechen, sondern auch ein Fehler war [7] und das in seinem Zusammenwirken mit den militärischen Operationen die gleiche Tendenz zur totalen Gewalt sichtbar werden läßt, die im organisatorischen Bereich erkennbar ist.

Diese Hinweise mögen zunächst genügen, um zu zeigen, daß die hier gewählte Einteilung dem Forschungsgegenstand keineswegs inadäquat ist, sondern sehr wohl wichtige, ja vielleicht typische Züge des nationalsozialistischen Totalitarismus zu erfassen vermag. Aber die hier zugrunde gelegte Problemstellung könnte noch einen anderen Einwand herausfordern. Ist es erlaubt, so könnte man fragen, in einer Untersuchung über die Errichtung und Konsolidierung der nationalsozialistischen Herrschaft von einer Mobilisierung von Kräften zu sprechen, wo man doch nach konventionellen Vorstellungen zunächst nur Prozesse der Unterdrückung und Unterwerfung erwarten sollte? So berechtigt der Einwand erscheint, so geht er doch an der Wirklichkeit des Nationalsozialismus vorbei. Es war eines der grundlegenden Ziele der Nationalsozialisten und insbesondere Hitlers, die Prozesse der Unterwerfung und der Kraftsteigerung zu einem einzigen Vorgang zu verschmelzen, beides, die Bändigung und die Mobilisierung der Massenkräfte zugleich, gewissermaßen mit einem Schlag zu bewältigen. Wie das zu verstehen war, kann man sich am besten am Beispiel von Hitlers rhetorischen Kraftakten vergegenwärtigen. Der Massenrausch, der dabei erzeugt wurde, brachte gewöhnlich eine doppelte Wirkung hervor: Er schaltete alle selbständigen Regungen der Hörer aus und unterwarf sie völlig dem Willen des Redners; gleichzeitig wirkte er als mächtiges Stimulans für ihre Willenskräfte, die in einer ekstatischen Steigerung über sich hinauswuchsen. Dieses Modell ist für die nationalsozialistische Führungs- und Herrschaftstechnik grundlegend, und vor allem Hitler hat sich an ihm orientiert. Schon in *Mein Kampf* kehren seine Gedanken immer wieder zu der Frage der Beherrschung der Masse zurück; er kritisiert die bürgerlichen Politiker, die das Problem nicht sehen, und überschüttet diejenigen mit Hohn, die es für unerheblich halten oder sich vergeblich an ihm versucht haben. [8] Denn er hat es, wie er

---

[7] Ausführliche Erörterung jetzt in dem umfassenden Werk von Alexander Dallin, *Deutsche Herrschaft in Rußland 1941–1945. Eine Studie über Besatzungspolitik*, Düsseldorf 1958 (Titel des amerik. Originals: *German Rule in Russia 1941–1945. A Study of Occupation Policies*, London–New York 1957).

[8] Hitler (Anm. I/5), S. 117 f. und *passim*.

glaubt, gelöst. Nicht die Beruhigung der Masse, die Dämpfung ihrer Leidenschaften, so erklärte er, müsse das Ziel des Staatsmannes sein, sondern ihre Fanatisierung. „Nur die fanatisierte Masse wird lenkbar." [9] Oder ganz allgemein: „Führen heißt, Massen bewegen können." [10]

Es leuchtet ein, daß von der Anwendung dieser Prinzipien eine außerordentliche Dynamisierung der nationalsozialistischen Politik ausgehen mußte. Eine Stabilisierung der nationalsozialistischen Herrschaft im konventionellen Sinne war damit unmöglich. Sie konnte nur durch ständige Bewegung und Aktion, durch unentwegte Inangriffnahme neuer spektakulärer Aufgaben und die Um- und Ablenkung der Aufmerksamkeit der Massen auf diese gesichert werden, wobei es gleichgültig war, ob die jeweils gerade aktuellen Aufgaben auch wirklich gelöst wurden; erwies es sich als unmöglich, die gestellte Aufgabe zu bewältigen, bevor die Möglichkeiten propagandistisch-suggestiver Stimulierung erschöpft waren, so mußte sie beiseite geschoben und durch eine neue ersetzt werden, die die Bewegung in Fluß hielt. Es ist klar, daß sich für ein derartiges Verfahren besonders Kampfaufgaben eigneten; wo sie sich nicht aus der Lage ergaben, mußten sie geschaffen werden, und so wurde die Arbeitsbeschaffung in die *Arbeitsschlacht* und die landwirtschaftliche Produktionssteigerung in die *Erzeugungsschlacht* usw. verwandelt. Die Verwandlung brachte indessen noch keine Lösung – ein „Sieg" ließ sich auf diesem Gebiet nicht erfechten –, und da es in anderen Fällen meist ähnlich ging, stellt sich die Entwicklung der nationalsozialistischen Herrschaft als eine fortgesetzte Akkumulation in Angriff genommener, aber ungelöster Probleme dar. Dies und der kampfbetonte Charakter der Mobilisierungstechnik machen es verständlich, daß die ständig angeheizte Dynamik früher oder später über die nationalen Grenzen hinausschlagen und in eine kriegerische Expansionspolitik münden mußte. Damit ergab sich zugleich die Möglichkeit, den integrierenden Effekt, den der äußere Druck des Krieges auf die einzelnen kriegführenden Parteien ausübt, zur weiteren Stabilisierung des Systems auszunützen, bis schließlich die totale Niederlage die Bewegung endlich zum Stillstand brachte.

Diese Bewegungsstruktur der nationalsozialistischen Herrschaft stellt der Forschung ein schwieriges methodisches Problem. Die Rationalität der Wissenschaft zwingt dazu, im allgemeinen mit statischen Modellen zu arbeiten, wenn man soziale und politische Strukturformen verstehen und begreifen will. Das war bisher ausreichend und wird es im allgemeinen auch in Zukunft sein; denn Stabilität und Dauer, nach denen alle politischen und sozialen Systeme streben, lassen sich im Grunde nur durch statische Ordnungen garantieren, so sehr auch, namentlich im jetzigen Zeitalter, in dem die allgemeine Entwicklung eine starke Beschleunigung erfahren hat, dynamische Elemente damit gekoppelt werden müssen, wenn die nötige Elastizität erreicht werden soll. Gegenüber dem nationalsozialistischen Totalitarismus jedoch versagen die statischen Modelle; wendet man sie an, so kommt man zu einem Resultat, daß nur die Alternative gestattet, die Nationalsozialisten entweder für unfähige Ignoranten oder für reine Kriminelle zu halten, was, sowenig es direkt falsch ist, im ersten Fall dem relativen Erfolg des Regimes nicht gerecht wird, im anderen zu einer ausschließlich moralisch-juristischen Betrachtungsweise führt, die das genuin politische Problem verfehlt.

Aus diesen Gründen hat man schon früh versucht, dynamische Modelle zu bilden; ohne auf Vollständigkeit Anspruch zu erheben, sei hier nur auf die bedeutenden

---

[9] Rauschning (Anm. I/5), S. 198.

[10] Hitler (Anm. I/5), S. 650. Vgl. dazu die Studie von Erwin Faul, „Hitlers Über-Machiavellismus", in: *Vierteljahrshefte für Zeitgeschichte* 2 (1954), S. 344 ff. Der Begriff „Über-Machiavellismus" ist freilich unglücklich gewählt, so gerechtfertigt die Absicht des Autors ist, die systematisierte Unvernunft Hitlers von Machiavellis Lehre abzusetzen.

Arbeiten von Sigmund Neumann, der das Phänomen mit dem Begriff der *permanenten Revolution* zu fassen suchte, und Rudolf Heberle, der es in den Gesamtrahmen der *sozialen Bewegungen* stellte, hingewiesen.[11] Schon Hermann Rauschning hatte das Problem richtig erkannt, als er den Nationalsozialismus in einer anregenden Studie als *Revolution des Nihilismus* charakterisierte, und Hannah Arendt lieferte einen wichtigen Beitrag zur Lösung, indem sie die totalitären Gesetze im Unterschied zu den nichttotalitären als *Bewegungsgesetze*, d. h. als Gesetze, die einer Bewegung immanent sind, klassifizierte. Auch Ernst Jünger ist in diesem Zusammenhang zu nennen, der mit seiner Konzeption der *totalen Mobilmachung* einen fruchtbaren, weit über den militärischen Ausgangspunkt hinausreichenden Denkansatz schuf.[12] Im Anschluß an diese Arbeiten geht der folgende Versuch einmal davon aus, daß das logische Dilemma der Wissenschaft gegenüber dem irrational-dynamischen Charakter des nationalsozialistischen Totalitarismus nur durch Bildung paradoxer Begriffe zu überwinden ist. „Stabilisierung durch Bewegung" ist normalerweise Unsinn, gibt aber die nationalsozialistische Wirklichkeit in den Grenzen des Möglichen wieder. Zum anderen wird hier Max Webers Modell der charismatischen Herrschaft zugrunde gelegt.[13] Die starken charismatischen Elemente im nationalsozialistischen System sind ebenfalls bereits oft beobachtet worden, doch hat man die Möglichkeiten des Weberschen Modells bisher noch nicht genügend ausgeschöpft.[14] Um sie anzudeuten, sei hier nur auf das System der Sonderkommissare und Sonderbevollmächtigten (das den „Sendboten" des charismatischen Herrn entsprach), auf die nationalsozialistische Erziehung (körperliche und seelische Exerzitien, Mut- und Härteproben; geringe Bedeutung der ideologischen Schulung und Abwertung der Fachbildung), auf die Rechtsfeindlichkeit (Führerbefehle als Wahrsprüche des charismatischen Herrn statt Verfassung und Gesetzgebung) und auf die nationalsozialistische Wirtschaftspolitik verwiesen, deren Tendenz zur Unwirtschaftlichkeit, zur Raubbau- und Beutewirtschaft (Vierjahresplan bzw. Krieg) nicht bloßer Unfähigkeit, sondern typisch charismatischer Wirtschaftsfremdheit entsprang.

Abgesehen von diesen Einzelzügen, die sich zu einem überraschend geschlossenen Gesamtbild zusammenfügen ließen, hat man aber bisher vor allem das Zentralproblem übersehen, das sich bei der Anwendung charismatischer Prinzipien in der Praxis stellt. Die charismatische Herrschaft ist – im strikten Gegensatz zur rationalen oder traditionalen – nicht auf die Lösung der Alltagsprobleme, auf die Deckung des dauernden Bedarfs, sondern auf die Bewältigung der überalltäglichen, einmaligen Not- und Krisenlagen gerichtet; in der tatsächlichen Existenz solcher Ausnahmezustände liegt ihre objektive, in der Bewährung des charismatischen Führers bei deren Überwindung ihre subjektive Legitimation.[15] Sie besteht daher, wie Max Weber es formulierte, in

---

[11] Sigmund Neumann, *Permanent Revolution. The Total State in a World at War*, New York–London 1942; Rudolf Heberle, *Social Movements. An Introduction to Political Sociology*, New York 1951.

[12] Hermann Rauschning, *Die Revolution des Nihilismus. Kulisse und Wirklichkeit im Dritten Reich*, 4. Aufl., Zürich–New York 1938; Hannah Arendt, *Elemente und Ursprünge totaler Herrschaft*, Frankfurt a. M. 1955, S. 728 ff. (Titel des amerik. Originals: *The Origins of Totalitarianism*, New York 1951); Ernst Jünger, „Die totale Mobilmachung", in: ders., Hrsg., *Krieg und Krieger*, Berlin 1930.

[13] Weber (Anm. I/1), insbes. S. 140 ff.; S. 155 ff.; S. 753 ff.

[14] Vgl. Rauschning, *Die Revolution. . .* (Anm. I/12), S. 59 ff.; Franz [Leopold] Neumann, *Behemoth. The Structure and Practice of National Socialism*, London 1943, S. 73 ff.; am konsequentesten bisher Heberle (Anm. I/11), S. 130 ff.; S. 136 ff.; S. 288 ff.

[15] Es sei hier noch ausdrücklich betont, daß die charismatische Herrschaftsform nicht notwendig religiöse, magische und überhaupt „übernatürliche" Elemente enthalten muß; Weber (Anm. I/1) hat sie mit Recht als entscheidende Legitimationskriterien ausgeschlossen, vgl. z. B. S. 770. Die Tatsache, daß der Nationalsozialismus derartige Elemente nicht enthielt und sie bestenfalls manipulierte, scheint einer der Gründe zu sein, weshalb die Anwendbarkeit des Weberschen Modells bisher zu wenig beachtet worden ist; selbst Heberle (Anm. I/11), dem der Unterschied an sich wohl bewußt ist (S. 288), spricht doch gelegentlich von *„quasi-charismatic"* Führertum in bezug auf Nationalsozialismus und Faschismus (S. 136).

reiner Form nur *in statu nascendi;* sobald sich der Alltagszustand wiederherstellt, schwindet ihre objektive und damit auch die Gelegenheit zum Nachweis ihrer subjektiven Legitimation, und es beginnt normalerweise der Prozeß der *Veralltäglichung des Charismas,* der über eine größere oder geringere Zahl von Zwischenstufen (je nach den Umständen des individuellen Falles) zu einer Umbildung in andere Herrschaftsformen bzw. entsprechende Mischformen führt. Der Nationalsozialismus zeichnet sich nun dadurch aus, daß er diesem Prozeß der Veralltäglichung grundsätzlich widerstrebte und sich das utopisch-paradoxe Ziel setzte, der charismatischen Herrschaft in ihrer reinen Form Dauer zu verleihen.[16] Nicht nur sollte die revolutionäre Bewegung in ihrem Schwung erhalten, sondern Staat und Gesellschaft sollten nach ihrem Vorbilde umfassend umgestaltet werden. Dazu aber mußte der Ausnahmezustand zur Norm erhoben bzw. der *status nascendi* – bei der NSDAP die „Kampfzeit" – ständig erneuert werden, was dann in der Ausführung die oben beschriebene Herrschaft durch kämpferisch-aktivistische Bewegung ergab.[17]

Eine ausführliche Darstellung des Sachverhalts hätte an dieser Stelle auch auf die geistesgeschichtlich-ideologischen und soziologischen Ursprünge einzugehen und in diesem Rahmen vor allem auch die Frage zu stellen, inwieweit die nationalsozialistische Bewegungsstruktur gemeinsames Merkmal revolutionärer und besonders totalitärer Regime, inwieweit sie singuläres Charakteristikum des „Dritten Reiches" ist – eine Frage, die speziell das Verhältnis zum Bolschewismus auf der einen, zum Faschismus auf der anderen Seite betrifft. Alle diese Probleme können hier nicht *in extenso* behandelt werden, aber einige andeutende Bemerkungen sind doch unumgänglich. Sicher ist, daß die Nationalsozialisten das Prinzip der Herrschaft durch Bewegung nicht erfunden haben; in gewissem Sinne gehört es zum Instrumentarium aller Politik. Selbst in relativ ruhigen Zeiten und unter gesicherten Verhältnissen ist seine Anwendung gelegentlich unumgänglich oder gar nützlich, und besonders revolutionäre Bewegungen haben seit alters her davon Gebrauch gemacht, nicht zuletzt der Leninismus, der die Technik der Revolution auf eine neue Höhe führte. Auch der Charismatismus ist gerade in revolutionären Bewegungen ein unentbehrliches Element; im stalinistischen Persönlichkeitskult war er sogar regelrecht in ein System gebracht worden. Einzigartig ist aber am Nationalsozialismus der utopische Charakter des Charismatismus; er ist hier nicht nur das jeder Kritik entzogene utopische Ziel, sondern zugleich auch Mittel zu diesem Ziel – also gewissermaßen ein utopisches Mittel. Im Bolschewismus dagegen ist er nur ein – in der Ideologie noch nicht einmal vorgesehenes und daher auch kritikfähiges – Mittel zum Zweck, Durchgangsstadium auf dem Wege zur Utopie der klassenlosen Gesellschaft. Daraus folgt ein wichtiger Unterschied im Verhältnis zur Praxis: Während das bolschewistische System, da es die Trennung von Mittel und Zweck aufrechterhält, die Verwirklichung der Utopie in der Praxis *ad calendas graecas* verschieben kann, mußte das nationalsozialistische vermöge seiner Identifikation von Mittel und Zweck damit sofort beginnen. Daraus resultierte die Ziel- und Uferlosigkeit, aber auch eine Art Automatismus der nationalsozialistischen Dynamik; einmal in Gang gesetzt, lief sie von selbst weiter und konnte nur von systemfremden Kräften gestoppt werden, während die Bolschewisten ihre Bewegung in gewissen Grenzen regulieren können. Damit ergab sich zugleich aber auch der zerstörerische Charakter des Systems, denn Utopien sind nun einmal nicht realisierbar;

---

[16] Eine für Hitlers starke Aversion gegen die Veralltäglichung bezeichnende Äußerung: „Im Gleise des regen Alltags werde alles allmählich unvernünftig, bekomme Brüche, Schlacken, Rost usw."; Henry Picker, *Hitlers Tischgespräche im Führerhauptquartier 1941–1942,* Bonn 1951, S. 162; vgl. Hitler (Anm. I/5), S. 440.

[17] Dazu jetzt auch Martin Broszat in der Vorbemerkung zu der Dokumentation „Die Anfänge der Berliner NSDAP 1926/27" in: *Vierteljahrshefte für Zeitgeschichte* 8 (1960), S. 85 ff.; bes. S. 88 ff. – Eine ausgezeichnete Darstellung des charismatischen Charakters von Hitlers Herrschaft gibt H. R. Trevor-Roper, *Hitlers letzte Tage,* Zürich 1948, 1. Kapitel.

der Versuch dazu kann nur die bisherige Ordnung zerstören und ihr durch die Fiktion der utopischen Realität einen praktisch völlig unzureichenden Ersatz geben. Diese Fiktion erreichten die Nationalsozialisten durch ihr System der spektakulären Schein-lösungen. Wie ein Zauberer mit seinen Zaubertricks verblüffte, verwirrte und be-geisterte Hitler sein Publikum durch scheinbar überraschende Beseitigung der schwie-rigsten Probleme und Hindernisse. Aber da ihm das nur mittels fortgesetzter An-leihen bei der Zukunft gelang, wurde die Lage des Regimes allem äußeren Glanz und allem Anschein überwältigender Macht zum Trotz immer kritischer.

Wenn es nichtsdestoweniger mehr als ein Jahrzehnt gedauert hat, bis die Kata-strophe des Tausendjährigen Reiches eintrat, so scheinen dafür vor allem zwei Gründe ausschlaggebend gewesen zu sein. Erstens sah sich das revolutionäre Regime durch den außergewöhnlichen Umstand, daß das Deutschland von 1933 durch den Versailler Vertrag praktisch vollständig entwaffnet war, zu einer systemwidrigen Pause ge-zwungen, die es mit Kampf-Surrogaten überbrücken mußte; hätte Deutschland 1933 die militärische Rüstung von 1914 gehabt, ist kaum zweifelhaft, daß der Krieg schon 1935 oder 1936 ausgebrochen wäre. Dazu kam als zweites die – im einzelnen von sehr verschiedenen Motiven und Triebkräften gespeiste – Bereitschaft erheblicher Teile der Bevölkerung, das utopische Spiel Hitlers mitzuspielen. Sie mobilisierte, namentlich auch bei der Elite der Fachleute, die deutschen Kardinaltugenden der Disziplin, der Ordnungsliebe und des Pflichtbewußtseins als starke Gegenkräfte gegen die Zerstö-rung; konnten sie auch deren Fortgang nicht aufhalten, so haben sie ihn doch gebremst und damit dem Regime eine Dauer verliehen, die es aus eigener Kraft nicht erreicht hätte.[17a]

Auf Grund dieser beiden Faktoren präsentiert sich das historische Bild des „Dritten Reiches" teilweise als das einer Doppelstruktur: Neben die rudimentären Elemente einer alten, an Rechtsnormen und rationalen Regeln orientierten Ordnung trat ein System einmaliger, rein zweck- und situationsbedingter Maßnahmen, in denen die charismatische Herrschaft ihren Ausdruck fand. Wenn dagegen eingewendet worden ist, das Recht sei unteilbar, man könne nur dort von Rechtsnormen sprechen, wo sie innerhalb eines Systems allgemein verbindlich seien, und folglich könne es sie im nationalsozialistischen Reich auch nicht gegeben haben,[18] so hat das zwar die Logik für sich, aber die Tatsachen gegen sich, deren paradoxer Charakter auch hier wieder deutlich wird. Auf der anderen Seite ist an dem Einwand soviel richtig, daß das Nebeneinander von Norm und Maßnahme, Alltag und Charisma auf die Dauer nicht haltbar war; da der normative Bereich seiner wesentlichen Grundlagen beraubt war und auch von keiner politischen Macht mehr gestützt wurde – Bürokratie, Wirtschaft und Militär konnten sie nicht ersetzen –, mußte sich die permanente Revolution durchsetzen, wenn es nicht rechtzeitig zur Neubildung politischer Macht außerhalb des Systems kam.[19] So gibt das Bild der Doppelstruktur nicht eigentlich ein Zustandsbild der nationalsozialistischen Herrschaft, sondern mehr einen Querschnitt durch ihre Be-wegung in einem Stadium, in dem die alltäglich-normativen Kräfte noch stark genug waren, um in dem kämpferisch-destruktiven Gesamtprozeß noch sichtbar zu sein.

[17a] Ein klassisches Beispiel für die Fähigkeit der deutschen Bürokratie, selbst scheinbar unmögliche Forderungen Hitlers noch auszuführen, ist die getarnte Mobilmachung gegen die Tschechoslowakei 1938; vgl. die Darstellung Keitels bei Walter Görlitz, Hrsg., *Generalfeldmarschall Keitel. Verbrecher oder Offizier?*, Göttingen–Berlin–Frankfurt/M. 1961, S. 188.

[18] Franz Neumann (Anm. I/14), S. 382.

[19] Diese Einschränkung muß deshalb besonders betont werden, weil sie das hier verwendete Modell davor be-wahrt, die Unentrinnbarkeit der historischen Entwicklung zu behaupten und die Freiheit des menschlichen Han-delns aus der Geschichte auszuschließen – ein Argument, mit dem sich die Geschichtswissenschaft nicht immer ganz zu Unrecht gegen soziologische und politikwissenschaftliche Modellbildungen zur Wehr setzt. Unentrinnbar wurde Deutschlands Schicksal unter dem Nationalsozialismus erst, als die verschiedenen Anläufe der Widerstandsbewegung scheiterten.

Es wäre jedoch mindestens voreilig, wollte man daraus schließen, daß die Doppel-struktur des Systems jemals ganz verschwunden wäre. Zwar sind sichere Aussagen darüber wegen der kurzen Dauer der nationalsozialistischen Herrschaft nicht möglich, aber es gibt Anzeichen dafür, daß, wenn auch die letzten Reste rechtsstaatlicher Normen und rationaler Regeln bis zur Unkenntlichkeit reduziert und die alten Mächte von Wirtschaft und Militär zur Bedeutungslosigkeit herabgedrückt worden sind, sich nichtsdestoweniger eine bilaterale Machtstruktur [20] auch fernerhin, nur jetzt innerhalb der NSDAP, erhalten bzw. wiederhergestellt hat. Zwar scheint die End-phase des „Dritten Reiches" im Zeichen der wachsenden, nur noch durch Hitler selbst eingeschränkten Macht Himmlers und der SS zu stehen, doch darf man daneben nicht die gerade ab 1944 sich regenerierende Macht des Parteiapparates unter Bormann übersehen. Man hat kürzlich mit Recht darauf hingewiesen, daß der Bestand dieses an sich labilen bilateralen Systems entscheidend davon abhing, daß beide Machtträger über eine bewaffnete Macht verfügten.[21] In diesem Zusammenhang ist es bemerkens-wert, daß nicht nur Himmler sich in der Waffen-SS und in dem von ihm befehligten Ersatzheer der Wehrmacht eine eigene militärische Basis zu schaffen suchte; auch die Partei unter Bormann machte mit der Ausdehnung ihrer Kontrolle über die NS-Führungsoffiziere, der Ernennung der Gauleiter zu Reichsverteidigungskommissaren und der Aufstellung des *Volkssturmes* beträchtliche und keineswegs erfolglose An-strengungen, im militärischen Bereich Fuß zu fassen. Hier zeichnete sich die Möglich-keit einer Aufteilung des alten militärischen Apparats zwischen SS und Partei und der Ablösung der bisherigen Konkurrenz zwischen SS und Wehrmacht durch eine neue zwischen einer SS-Wehrmacht und einer Parteiwehrmacht ab. Es ist kaum zweifel-haft, daß Hitler diesen Spaltungsprozeß gefördert hat, entsprach er doch dem Prinzip des *divide et impera,* das neben der Beherrschung der Massen das zweite grundlegende Instrument war, durch das Hitler seine unbestrittene Herrschaft zu sichern vermochte.

Es bedarf keines Hinweises, daß die vorliegenden Ausführungen keine erschöpfende Darstellung des Problemkreises erstreben; das muß einer anderen Gelegenheit vor-behalten bleiben. Hier sollte nur der begriffliche Rahmen skizziert werden, der sich während des Forschungsprozesses herausgebildet hat und daher der folgenden Dar-stellung zugrunde liegt.[22] An ihr muß sich daher auch erweisen, wieweit dieser Rahmen haltbar ist, wobei freilich zu beachten ist, daß sie nur ein Teilproblem zu behandeln hat, nämlich die Art und Weise, wie die Nationalsozialisten bereits in der Periode der Machtergreifung die Mobilmachung der Gewalt auslösten, um sie als eines der Stabilisierungselemente für ihre Herrschaft zu verwenden.

2. Hitler, Reichswehr und Republik

In der ausgebreiteten, alle Grade des Temperaments und alle Stufen des Niveaus durchlaufenden Diskussion, wie sie seit 1945 über Ursachen und Gründe für Ent-

---

[20] Der Begriff nach Arthur Schweitzer, „Organisierter Kapitalismus und Parteidiktatur 1933 bis 1936", in: *Schmollers Jahrbuch* 79 (1959), S. 37–79, der damit – freilich ohne ausdrückliche Bezugnahme – Franz Neumanns Modell von den vier durch *ad-hoc*-Kompromisse verklammerten Machtblöcken (Wirtschaft, Militär, Bürokratie, Partei) variiert. Die anregende Arbeit leidet allerdings an einer zu schmalen und ungleichmäßigen empirischen Basis und an reichlichen vulgärmarxistischen Residuen in der Begriffsbildung – sofern das letztere nicht auf Kosten der unzureichenden Übersetzung geht.

[21] A. a. O., S. 76; S. 78, allerdings mit Bezug auf die Zeit bis 1936 (Unterstützung der Wirtschaft durch Wehr-macht, der Partei durch SA und SS); danach habe sich die zweiseitige Machtstruktur im Zuge der Auseinander-setzungen um den Vierjahresplan zugunsten einer Alleinherrschaft der Nazis aufgelöst. Dabei übersieht Schweitzer, daß sich das Doppelsystem innerhalb der NSDAP regenerierte.

[22] An dieser Stelle möchte ich den Herren Peter Ludz und Hartmut Zimmermann vom Institut für politische Wissenschaft meinen Dank für Kritik und Anregungen zu diesem Abschnitt, insbesondere zum Vergleich mit dem Bolschewismus, aussprechen.

stehung und Dauer der Hitlerschen Tyrannei geführt worden ist, hat das Thema
der Haltung und Rolle des Offizierkorps einen hervorragenden Platz eingenommen.
Die Kernfrage ist dabei immer wieder die des Widerstands gewesen. Warum haben
die Offiziere dem Unrecht, der Vergewaltigung, dem Terror und vor allem der
abenteuerlichen Kriegspolitik Hitlers keinen oder keinen stärkeren Widerstand entgegengesetzt? Sind sie nicht von Hitler zunächst unbehelligt in ihren Ämtern gelassen worden? Geboten sie nicht über die Waffen, d. h. über das einzige Machtmittel,
mit dem man in einem Kampf gegen den totalitären Herrschaftsapparat Erfolgschancen hatte? Man hat diese Fragen auf die verschiedenste Weise zu beantworten
gesucht. Von der Behauptung, daß Hitler im wesentlichen nur ein Bundesgenosse des
in antiquierten Traditionen lebenden Offizierkorps der Reichswehr gewesen sei, mit
dessen Hilfe es seine mehr oder weniger militaristischen Ziele habe verwirklichen
wollen, bis zu der anderen, daß die Offiziere als letzte Träger ritterlicher Werte und
bester preußisch-deutscher Überlieferungen entschiedene, aber hilflose Gegner und
deshalb auch vornehmste Opfer des nationalsozialistischen Terrorregimes gewesen
wären, sind wohl alle nur irgend denkbaren Thesen und Theorien vertreten worden.
Es ist offensichtlich, daß hier Klarheit geschaffen werden muß, wenn man der Erkenntnis der historischen Wahrheit näherkommen will.

Das Problem ist eng verknüpft mit einem zweiten. Setzt man voraus, daß die
nationalsozialistische Machtergreifung in ihrem Verlauf eine Revolution darstellte —
und das trifft mindestens insofern zu, als das Weimarer Regime *de facto* und *de jure*
beseitigt werden sollte —, so muß es verwundern, daß eines der wichtigsten Machtinstrumente des Staates zunächst nicht revolutioniert worden ist: die Wehrmacht. Die
Länder wurden gleichgeschaltet, die Parteien aufgelöst, Interessengruppen, öffentliche
und private Organisationen und Verbände nazifiziert, die Künste terrorisiert, ja
selbst die protestantische Kirche attackiert — die Reichswehr blieb scheinbar unangetastet. Nur die katholische Kirche mit ihrem internationalen Rückhalt ist ähnlich
rücksichtsvoll behandelt worden. Widerspricht das nicht aller historischen Erfahrung?
Lehrt nicht die Geschichte der Revolutionen, daß jede revolutionäre Bewegung erst auf
irgendeine Weise — sei es im Bürgerkrieg, sei es durch moralische Zersetzung — den
Widerstand der bewaffneten Macht überwinden mußte, bevor sie siegen konnte?
Hitler selbst scheint ähnliches gedacht zu haben. „Es ist", so verkündete er am
30. Januar 1934, „ein einzigartiger geschichtlicher Vorgang, daß zwischen den Kräften
der Revolution und den verantwortlichen Führern einer aufs äußerste disziplinierten
Wehrmacht solch herzliche Verbundenheit im Dienste des Volkes in Erscheinung trat
wie zwischen der Nationalsozialistischen Partei und mir als ihrem Führer einerseits
und den Offizieren und Soldaten des deutschen Reichsheeres andererseits." [23]

Die Genugtuung, ja Erleichterung, die in Hitlers Worten mitklingt, ist nicht zu
verkennen. Er hatte offensichtlich einen härteren Widerstand von seiten der Reichswehr erwartet. Um so eindringlicher stellt sich die Frage nach den Gründen für diesen
ungewöhnlichen Vorgang. Die eine Antwort darauf ist, daß die Reichswehr mit der
Weimarer Republik unzufrieden war; sie war antidemokratisch, und sie verabscheute
die wehrpolitische Passivität des republikanischen Regimes. Infolgedessen hatte sie
sich schon vor 1933 von der Republik distanziert, und als Hitler an die Macht kam
und ihr mehr bot, hatte sie genug Bewegungsfreiheit, um zu ihm überzugehen. Daher
brauchte er sie gar nicht gleichzuschalten; sie schaltete sich von selber gleich.[24] Demgegenüber haben die Militärs ihrerseits nach 1945 eine andere Auffassung vertreten.
Hitlers Herrschaft, so sagen sie, sei in legalen Formen errichtet worden und habe sich

[23] *Schultheß, 1934*, S. 44.
[24] Am wirksamsten bisher vertreten von John W. Wheeler-Bennett, *The Nemesis of Power. The German Army
in Politics 1918–1945*, London 1953.

bis in die Jahre 1937/38 trotz vielen „Auswüchsen", „verwerflichen Methoden" und revolutionären „Kinderkrankheiten" doch im großen und ganzen im Rahmen einer legalen Diktatur gehalten; zumindest sei der verbrecherische Charakter des Regimes für die Offiziere nicht erkennbar gewesen, da sie als Nicht-Politiker nur einen ungenügenden Einblick gehabt hätten. Auch Hitlers Kriegspläne seien, sofern er sie überhaupt vor 1937 entwickelt hatte, den verantwortlichen Offizieren verborgen geblieben. Zwar habe er eine energische und weitschauende Aufrüstungspolitik betrieben, aber dabei habe es sich zunächst nur um den Aufbau einer Verteidigungsrüstung gehandelt, wie sie jeder andere Staat auch für sich in Anspruch nehme, und da Hitler in dieser Zeit weder die technische noch die personelle Selbständigkeit der Wehrmacht angetastet und sich sogar vernünftigen Ratschlägen zugänglich gezeigt habe, habe die militärische Führung mit Recht annehmen dürfen, daß sie kriegerische Abenteuer werde verhindern können.[25]

Beide Ansichten können sich auf Tatsachen stützen, keine von ihnen ist schlechthin unglaubwürdig. Welche von ihnen richtig ist oder ob man sie beide aufgeben und eine dritte Erklärung suchen muß, kann nur eine eingehende Untersuchung zeigen. Sie wird sich entsprechend der Problemstellung zunächst kurz der Vorfrage zuwenden müssen, in welchem Verhältnis Armee und Staat in der Weimarer Republik gestanden haben.[26] Das Problem ist bis heute Gegenstand lebhafter Kontroversen, aber darin sind sich alle Beobachter im wesentlichen einig, daß die Beziehungen zwischen Reichswehr und Republik bis 1933 nie eine konstruktive, beide Seiten befriedigende Form gefunden haben. Strittig sind aber die Gründe, die eine Lösung verhinderten; sie werden von den einen mehr beim Offizierkorps, von den anderen mehr bei der Zivilgewalt und den demokratischen Kräften gesucht. Eine eindringende Betrachtung zeigt jedoch, daß diese Alternative falsch ist, daß das verhängnisvolle Scheitern der militärisch-zivilen Zusammenarbeit in der ersten deutschen Republik von beiden Seiten verursacht war und daß darin ein Jahrhundert ebenso heftiger wie im Grunde ergebnisloser Kämpfe zwischen Militär und Demokratie in Deutschland nachwirkte.[27]

In ihr entscheidendes Stadium trat diese Auseinandersetzung anläßlich der Gründung des neuen einheitlichen Nationalstaats. Nachdem der Versuch der Revolution von 1848, die Bildung eines deutschen Einheitsstaates auf parlamentarisch-demokratischem Wege, also durch freie Einigung und konstruktive Kompromisse zu erreichen, gescheitert war, blieb nur noch die Alternative, sie entweder *ad calendas graecas* zu verschie-

---

[25] Grundlegend für diese Auffassung Friedrich Hoßbach, *Zwischen Wehrmacht und Hitler 1934–1938*, Wolfenbüttel–Hannover 1949. In größerem Rahmen ausgeführt von Kurt Aßmann, *Deutsche Schicksalsjahre. Historische Bilder aus dem zweiten Weltkrieg und seiner Vorgeschichte*, Wiesbaden 1950, bes. S. 57 f. und S. 463 ff. Vgl. jetzt auch Friedrich Hoßbach, *Die Entwicklung des Oberbefehls über das Heer in Brandenburg, Preußen und im Deutschen Reich von 1655–1945*, Würzburg 1957, S. 94 ff. (mit gewissen Modifikationen). Anders Hermann Foertsch, *Schuld und Verhängnis. Die Fritschkrise im Frühjahr 1938 als Wendepunkt in der Geschichte der nationalsozialistischen Zeit* (Veröffentlichungen des Deutschen Instituts für Geschichte der nationalsozialistischen Zeit [jetzt: Institut für Zeitgeschichte], Nr. 1), Stuttgart 1951.

[26] Das Folgende ist eine Zusammenfassung der Ergebnisse, die in einer Vorstudie erarbeitet wurden: Wolfgang Sauer, „Die Reichswehr", in: Karl Dietrich Bracher, *Die Auflösung der Weimarer Republik. Eine Studie zum Problem des Machtverfalls in der Republik* (Schriften des Instituts für politische Wissenschaft, Bd. 4), 3. Aufl., Stuttgart–Düsseldorf 1960, Teil I, IX. Kapitel; dort auch Nachweise und kritischer Apparat. – Außerdem ist hinzuweisen auf Gordon A. Craig, *The Politics of the Prussian Army 1640–1945*, Oxford 1955; Harold Jackson Gordon, *The Reichswehr and the German Republic 1919–1926*, Princeton (N.J.) 1957 (jetzt auch deutsch, übersetzt von Siegfried Maruhn, Frankfurt a. M. 1959); Helmut Krausnick, „Vorgeschichte und Beginn des militärischen Widerstandes gegen Hitler", in: *Die Vollmacht des Gewissens*, hrsgg. von der Europäischen Publikation e. V., [München] 1956 (einleit. Abschnitte); Otto-Ernst Schüddekopf, *Das Heer und die Republik. Quellen zur Politik der Reichswehrführung 1918 bis 1933*, Hannover–Frankfurt a. M. 1955.

[27] Dazu Gerhard Ritter, *Staatskunst und Kriegshandwerk. Das Problem des Militarismus in Deutschland*, Bd. I (1740–1890), München 1954; Emil Obermann, *Soldaten, Bürger, Militaristen. Militär und Demokratie in Deutschland*, Stuttgart 1958.

ben oder den Integrationsprozeß gewaltsam zu erzwingen. Der starke, teils romantisch, teils wirtschaftlich-technisch akzentuierte Drang nach nationaler Einheit in den aufstrebenden bürgerlichen und proletarischen Schichten und das Übergewicht Preußens haben die deutsche Entwicklung in die letztere Richtung gelenkt, und das Eingreifen Bismarcks hat diese Tendenzen dann zum Siege geführt. Mit meisterhaftem Geschick hat er die sich bietenden Gelegenheiten ausgenutzt, um den Krieg in seinen beiden soziopolitischen Funktionen zum Zwecke der deutschen Staatsbildung auszunutzen: erst in seiner trennenden gegen Österreich 1866, dann in seiner integrierenden gegen Frankreich 1870/71.

Das Ergebnis war, daß das Werkzeug, die preußische Armee, im neuen Reich zu einem staatsbildenden Faktor erster Ordnung wurde – ein Umstand, der die Geschichte des modernen deutschen Nationalstaates bis zu seinem Untergang 1945 in jeweils verschiedener Art nachhaltig bestimmt hat. Unter hervorragender Beteiligung der Armee zustande gekommen, hat dieser Staat in der Folge des militärischen Beistandes niemals ganz entraten können; gegenüber den vielfältigen zentrifugalen Tendenzen blieb die Armee die „eiserne Klammer des Reiches"; sie war nicht nur wie in anderen Staaten ein Instrument der Außenpolitik, sondern auch in hohem Maße ein „Ordnungsfaktor" der Innenpolitik. Diese Rolle spielte sie im Kaiserreich jedoch weniger in der Form direkten Eingreifens als vielmehr dadurch, daß sie zum Paradigma für soziopolitisches Verhalten erhoben wurde. Militärische Organisation, militärische Führungstechnik und militärisches Denken galten mehr oder weniger als vorbildlich auch für die Politik; das Heer der allgemeinen Wehrpflicht war die „Schule der Nation zum Staat", in ihr lernte der junge Staatsbürger, wie er sich im Staat überhaupt zu verhalten habe, und sofern ein Unterschied zwischen politischem und militärischem Bereich anerkannt wurde, so nur mit dem Ausdruck des Bedauerns darüber, daß die in der Politik zutage tretenden menschlichen Schwächen hier eine so saubere und klare Ordnung wie beim Militär nicht zuließen. Dazu kam eine entsprechende Aufwertung des Waffendienstes; im Lichte romantisch-ritterlicher Vorstellungen erschien er so erhaben, daß er als vollgültiger Ersatz für die politische Mitbestimmung galt, die der Nation im Rahmen der Bismarckschen Reichsverfassung weitgehend vorenthalten wurde.

Diese eigenartige und in einem zivilisierten Staatswesen auch wohl einzigartige Rolle des Militärs hat dem neuen Kaiserreich zunächst eine unerwartete Stabilität verliehen; es hat ihm unter der vorsichtigen Führung Bismarcks eine Periode außenpolitischer Ruhe und Sicherheit verschafft und seinen wirtschaftlichen Kräften eine großartige Entfaltung gestattet. Aber sie hat auch das politische Denken und die politische Moral der Nation tiefgreifend und nachhaltig verwirrt. Sie hat im Denken der Militärs (und auch vieler Zivilisten) die irrige Vorstellung hervorgerufen, als sei militärisches Interesse identisch mit dem der Nation, und sie hat im politischen Bereich die Ausbildung jener Kompromißtechnik verhindert, durch die allein die noch ausstehende innere Einigung der Deutschen hätte nachgeholt und für die Zukunft stabilisiert werden können. Wo die Zivilgewalt nicht durch eine überragende Führerpersönlichkeit wie Bismarck repräsentiert wurde, blieb sie schwach und von militärischer Hilfe abhängig, und das innenpolitische Zentralproblem, die Eingliederung des erstarkten vierten Standes in den Staat, wurde nicht gelöst, sondern durch politische Zernierung und Disqualifizierung der Arbeiterschaft verdrängt. All das wurde immer wieder mit den außenpolitischen Gefahren motiviert, die Deutschland als dem „Land der Mitte" eine starke Rüstung und eine autoritäre Regierungsform aufnötigten; aber im ersten Weltkrieg zeigte sich dann, daß das System gerade vor den Aufgaben der Kriegführung versagte. Als der von den Militärs angestrebte Blitzsieg ausblieb, resignierte die schwache Zivilgewalt endgültig, und die Armeeführung sah sich vor der Alternative, entweder die Einstellung des Kampfes zu empfehlen oder die Lücke selbst auszufüllen. Mit der Errichtung der notdürftig verschleierten Ludendorffschen Diktatur wählte sie den zweiten Weg, aber ihr Versuch, gegen eine ganze Welt einen „Siegfrieden" zu erkämpfen, überstieg die Kräfte der Nation bei weitem und endete in Zusammenbruch und Revolution.

Die Novemberrevolution von 1918 schien endlich eine Möglichkeit zu bieten, das Versäumte nachzuholen und der Nation eine politische Form zu geben, die sie von der militärischen Bevormundung befreite und die nötige Elastizität aufwies, um die Erhaltung des deutschen Nationalstaates in einer Zeit beschleunigter Entwicklungen und großer Massenbewegungen zu ermöglichen. Es ist eine für uns Heutige besonders bittere Wahrheit, daß diese Chance, sofern sie bestand (und daran wird man festhalten müssen, wenn man nicht in einen historischen Fatalismus verfallen will), jedenfalls nicht hat wahrgenommen werden können. Die aus der Revolution entstandene *Weimarer Republik* blieb bis zu ihrem Ende, wie man heute sagt, ein „schwacher" Staat, der seinerseits ebensowenig auf militärische Unterstützung zu verzichten vermochte wie das Kaiserreich. Zwar hatte die Armee ihren Einfluß als staatsbürgerliches Bildungsinstitut verloren, aber dafür stieg sie jetzt zu einer halbautonomen politischen Macht auf und sah sich mehrfach zu regulierenden Eingriffen in den politischen Bereich veranlaßt. Schon am Anfang stand das vielberufene Bündnis zwischen Ebert und Groener, zwischen dem Chef der Revolutionsregierung und dem leitenden Mann der kaiserlichen Heeresleitung, und dieses Bündnisverhältnis zwischen Zivil- und Militärgewalt hat sich auch fernerhin im wesentlichen nicht geändert. Die Regierung gewann nie eine wirkliche Kontrolle über die Armee, und diese behielt eine politische Handlungsfreiheit, die auf die Dauer weder ihr noch dem Staat dienlich war.

Das war zunächst eine Folge davon, daß die traditionelle Schwäche der Zivilgewalt und der Demokratie trotz der Revolution und dem Zusammenbruch des monarchischautoritären Regimes nicht überwunden werden konnte.[28] Damals wie heute hat man das weitgehend auf die Mängel der Weimarer Staatskonstruktion zurückgeführt, und wenn man heute auch nicht, wie die Zeitgenossen, die parlamentarisch-demokratische Verfassung schlechthin dafür verantwortlich macht, so halten viele doch daran fest, daß der Untergang der Republik weitgehend durch die Mängel einer von Anfang an unglücklich angelegten Verfassung bedingt gewesen wäre. Doch erscheint diese Auffassung als zu einseitig. Gewiß war die Weimarer Verfassung keine Ideallösung, aber die gibt es in der Politik überhaupt nicht, und es ist eine der vornehmsten Aufgaben der Wissenschaft, die Kritik an der ersten deutschen Republik von jener gefährlich illusionistischen Neigung zu befreien, ihre historische Wirklichkeit an dem utopischen Bild eines Idealstaats zu messen. Diese historische Wirklichkeit schloß nicht nur die Gebrechen der Weimarer Staatskonstruktion ein, sondern auch eine Reihe von Druck- und Belastungsfaktoren, die in ihrer Häufung auch jedem anderen Staat erheblich zu schaffen gemacht hätten.[29] Dazu gehörten die wirtschaftlichen, sozialen und politischen Folgen eines verlorenen Krieges (des ersten totalen Krieges der neueren Geschichte), dazu gehörte ferner der außenpolitische Druck und die internationale Deklassierung durch eine im Ansatz verfehlte Politik der Siegermächte in der Zeit bis 1924 sowie die in Ausmaß und Dauer anomale Weltwirtschaftskrise, die den kaum gefestigten Staat nach nur fünfjähriger Schonzeit mit voller Wucht erfaßte; dazu gehörte aber vor allem auch das böse Erbe der tiefen sozialen Zerklüftung und

---

[28] Allgemein zum Problem der Weimarer Republik vgl. u. a. Bracher (Anm. I/26); Erich Eyck, *Geschichte der Weimarer Republik*, Erlenbach–Zürich–Stuttgart, Bd. I, 1954, Bd. II, 1956; Albert Schwarz, *Die Weimarer Republik*, Konstanz 1958.

[29] Die Entwicklung in Frankreich nach dem zweiten Weltkrieg bietet in manchen Punkten eine interessante Parallele.

des Mangels einer eigenständigen, traditionell verwurzelten Kompromißtechnik, das die gestürzte Monarchie der jungen Republik hinterlassen hatte. Statt die Deutschen zu einigen, entzweite die nationale Not sie nur noch tiefer, und bald standen sich Freunde und Gegner der Republik in zwei großen, annähernd gleich starken Lagern gegenüber. Die Schwäche des modernen deutschen Nationalstaats, so hat man mit Recht bemerkt, bestand darin, daß weder eine starke Mitte zwischen Rechts und Links als Rückgrat der Demokratie, noch eine echte konservative Partei als stabilisierender Faktor vorhanden waren; die DNVP hat sich dieser Rolle entzogen und die Republik immer grundsätzlich bekämpft.[29a]

Die Lage bedeutete für die Soldaten zweifellos eine erhebliche objektive Belastung. Eine Armee braucht klare Befehlsverhältnisse, und dazu gehört in erster Linie, daß die Befehlsgewalt ihrer Führer politisch eindeutig legitimiert ist. Diese Legitimation war in der Weimarer Republik mehrfach gefährdet oder konnte doch angesichts der starken antirepublikanischen Opposition gefährdet scheinen. In Situationen wie dem Kapp-Putsch und der Herbstkrise des Jahres 1923 mochte sich auch ein politisch nicht gebundener Soldat ernsthaft fragen, welche der streitenden Kräfte nun wirklich beanspruchen durfte, im Namen der Nation zu sprechen. Auf der anderen Seite fehlte es nicht an Gesichtspunkten, die selbst hier noch Maßstäbe des Verhaltens geben konnten. Zunächst war das Bild von den zwei Lagern bei genauerer Betrachtung nur bedingt zutreffend, denn die antirepublikanischen Kräfte waren selbst unüberbrückbar gespalten: Zwischen den Kommunisten und den verschiedenen Spielarten des Rechtsextremismus gab es, abgesehen von taktischen Bündnissen, keine Möglichkeit der Vereinigung, und das demokratische Lager war jedem einzelnen von ihnen überlegen, ja, wenn man von dem durch Wahlziffern repräsentierten Volkswillen ausgeht, so bestand während der überwiegenden Dauer der Republik ein eindeutiges Votum zumindest gegen monarchistische Restauration und rechts- bzw. linksradikale Diktatur.[30] Nimmt man hinzu, daß das republikanische Regime staatsrechtlich zweifelsfrei legalisiert war und die Grenzen des Rechtsstaates im Rahmen des Menschenmöglichen (und teilweise in noch höherem Grade!) respektiert hat, so ergab sich hier immerhin eine Basis, auf der auch eine Armee Halt finden konnte.

Die Situation wurde jedoch erheblich kompliziert durch die Tatsache, daß das Offizierkorps der Reichswehr geschlossen und unter seiner alten Führung aus der Monarchie übernommen worden war. Die politischen Vorurteile gegen Parlamentarismus und Demokratie, die zur Tradition des preußisch-deutschen Offizierkorps gehörten, und die antimilitaristischen Ressentiments, die in demokratischen Kreisen und insbesondere in der SPD ebenfalls traditionell waren, führten zu einer latenten und zeitweise akuten Spannung, die das Verhältnis zwischen Staat und Wehrmacht zusätzlich belastete und ein Zusammenwachsen beider behinderte. Und das um so mehr, als Niederlage, Revolution und Bürgerkrieg diesen Ressentiments auf beiden Seiten neue Nahrung gegeben hatten. Auf seiten der Offiziere verrannte man sich in dem Bestreben, die Erschütterung des eigenen Selbstbewußtseins seit 1918 zu überwinden, in den unfairen Versuch, die Verantwortung mittels der *Dolchstoß*-Legende auf die

---

[29a] Dies eine der treffenden Bemerkungen in dem umstrittenen Werk von William L. Shirer, *Aufstieg und Fall des Dritten Reiches*, Köln–Berlin 1961 (Titel des amerik. Orig.: *The Rise and Fall of the Third Reich*, London 1960), S. 182 f. Die deutsche Ausgabe enthält z. T. größere Korrekturen, die aber leider nicht die kurzschlüssige Darstellung der deutschen Geschichte vor 1933 betreffen.

[30] Die Parteien der Weimarer Koalition (SPD, DDP, Zentrum) vermochten bis zur Septemberwahl von 1930 (einschließlich) eine deutliche relative Mehrheit aller Stimmen auf sich zu vereinigen und waren in dieser Zeit selbst der negativen Koalition der Extremisten (DNVP, NSDAP, KPD) z. T. weitaus überlegen. Bezieht man noch die DVP Stresemanns in den Kreis der republikanischen Parteien mit ein, so hatte diese Gruppe bis 1930 sogar die absolute Mehrheit. Der *Volkswille* war also gar nicht so unklar. Für die Zahlen vgl. Meinrad Hagmann, *Der Weg ins Verhängnis. Reichstagswahlergebnisse 1919 bis 1933, besonders aus Bayern*, München 1946.

Sozialdemokratie abzuwälzen. Und genauso verfuhr man bei Gelegenheit der Annahme des *Versailler Vertrages*, ja dies war überhaupt der eigentlich wunde Punkt,
denn die militärischen Friedensbedingungen trafen das Offizierkorps viel härter als
der Sturz der Monarchie. Wie der Zeitpunkt ihres öffentlichen Auftauchens – Sommer
1919 – beweist, war die Dolchstoß-Legende im Grunde nichts als der Versuch, eine
wenigstens halbwegs glaubwürdige Art zu finden, um die Verantwortung für die
Annahme des Versailler Vertrages auf die Demokraten abzuwälzen. Auf seiten der
Arbeiterschaft war der Haß neu entflammt durch die Rücksichtslosigkeit, mit der die
Freikorps 1919/20 gegen Streiks und Aufstände eingeschritten waren, und selbst die
antikommunistischen Arbeiter, die die Niederwerfung der Aufstände guthießen, mißbilligten doch, daß das durch die „reaktionäre Offizierskaste" geschehen war, ohne
freilich zu sagen, wer sonst es denn hätte tun sollen. Vor allem aber hatte der Kapp-
Putsch dem Mißtrauen neue und nie wieder ganz erlahmende Antriebskräfte verliehen.
    Unter diesen Umständen stand die militärische Führung vor der schwierigen Ent-
scheidung, ob sie trotz allen Hemmungen und Vorurteilen die Brücken zur Vergangenheit abbrechen und sich rückhaltlos für den bestehenden Staat entscheiden oder ob sie
sich auf die Seite der verfassungsfeindlichen Opposition schlagen und ihr mit ihren
Waffen zum Sieg verhelfen sollte. Der erste Weg hätte den großen Vorteil gehabt,
daß er der militärischen Führung eine klare und eindeutige Haltung erlaubt und aus
der Armee jedes „Zwiedenken" verbannt hätte; aber freilich waren in diesem Fall
große Widerstände im Offizierkorps und eine zumindest zeitweilige Isolierung von
denjenigen Kreisen außerhalb der Armee zu erwarten, in denen sie bisher ihren
sozialen Rückhalt gefunden hatte. Trotzdem haben Noske und Reinhardt diese
Lösung in den Jahren 1919/20 versucht, doch scheiterte sie und rief als eine ihrer Rückwirkungen den *Kapp-Putsch* hervor, der nun seinerseits den Versuch darstellte, das
Problem auf dem zweiten, revolutionären Weg zu lösen. Diese Lösung widersprach
jedoch soldatischem Denken überhaupt und der preußisch-deutschen Tradition im
besonderen, und der Mißerfolg der Putschisten bestätigte überdies die Erfahrung der
Novemberrevolution, daß die Waffen allein gegenüber dem Willen moderner politi-
sierter Bevölkerungsmassen hoffnungslos unterlegen sind. Die Reichswehrführung
hat daher in der Folge jeden Gedanken an einen bewaffneten Putsch aufgegeben.
Aber sie hat sich auch nicht zu einer Rückkehr auf den Noske—Reinhardtschen Weg
eindeutiger Loyalität entschließen können, sondern unter Führung Seeckts und unter
maßgeblicher Mitwirkung Schleichers eine Ausweichlösung gewählt, die die Grund-
satzentscheidung über die politische Zugehörigkeit der Armee aufschob. Die Reichswehr diente jetzt, so lautete die offizielle Version, einer imaginären „Staatsidee",
die über den wechselnden „Staatsformen", wie Monarchie und Republik, stehen
sollte. Das erlaubte ihr den Waffendienst für die Republik, hielt ihr aber auch die
Tür für eine Revision dieses Dienstverhältnisses offen. Die Masse der Soldaten
wurde zu einem doppelten Gehorsam verpflichtet: formell der Republik, *de facto*
ihrer obersten militärischen Führung gegenüber, die ihrerseits sich das Recht auf
Ungehorsam vorbehielt, es aber vorläufig nicht ausübte, sondern eine Wartestellung
bezog, von der aus sie einem unerwünschten Regimewechsel entgegenwirken, einen
erwünschten aber fördern konnte.
    Das war der Inhalt des sogenannten „Überparteilichkeits-Prinzips". Mit ihm wurde
die Situation des Bündnisses zwischen Groener und Ebert zur militärpolitischen Verfassungswirklichkeit des Weimarer Staates: Militär- und Zivilgewalt standen zueinander im Verhältnis einer Allianz zweier gleichgestellter Partner.[31] Damit begann

---

[31] Dabei wird man freilich auf seiten der Reichswehr gewisse Nuancen und Varianten berücksichtigen müssen,
die durch den Gegensatz zwischen Groener–Schleicher einerseits und Seeckt anderseits entstanden waren (Primat
der Innenpolitik und große taktische Wendigkeit insbesondere bei Schleicher; traditionalistische Distanz zur

sich die Verstaatlichung des Kriegswesens, die von der absolutistischen Monarchie während des 17. und 18. Jahrhunderts in einem langwierigen und mühseligen Prozeß erkämpft worden war, in Deutschland wieder zu lockern und machte Verhältnissen Platz, die in abgewandelter Form gewisse Züge des vorabsolutistischen Söldnerwesens widerspiegelten. Freilich wiederholt sich die Geschichte nicht; die Situation der Reichswehr war erheblich komplizierter und problematischer als die der Landsknechte des 16. und 17. Jahrhunderts. Das klassische Beispiel dafür ist die Meuterei der Münchener Offizierschule im Jahre 1923 und ihre Beilegung durch Seeckt. In der hektischen und verwirrten Atmosphäre jener Novembertage hatte sich die Mehrheit der jungen, leidenschaftlich antirepublikanisch gesinnten Offizierschüler dazu hinreißen lassen, an der Hitlerschen Revolte teilzunehmen.[32] Es war ein klarer Fall von Meuterei, eines der schwersten Verbrechen, die das Militärstrafrecht kennt. Die Münchener Offizierschüler konnten Milderungsgründe für sich geltend machen, aber daß hier ein Exempel statuiert werden mußte, wenn nicht schwerwiegende Folgen für die Moral der Armee eintreten sollten, schien unvermeidlich. Seeckt jedoch begnügte sich damit, die Schule nach Dresden zu verlegen und die Schüler bei der nächsten Begegnung mit den Worten zu begrüßen, er stehe zum ersten Male in seinem Leben Meuterern gegenüber.[33] Es war eine seiner typischen Kompromißlösungen und das Schlimmste, was er tun konnte. Wenn die jungen Leute Meuterer waren, mußten sie bestraft werden; waren sie es aber nicht, durfte man sie auch nicht so nennen. Da es Seeckt aber doch tat, ohne die entsprechenden Konsequenzen zu ziehen, mußte bei ihnen unvermeidlich der Eindruck entstehen, daß der General einen „Türken" aufführte, weil es die Verhältnisse eben verlangten, daß er aber im übrigen ganz einverstanden mit ihnen sei. Es gibt keine Armee der Welt, deren Moral unter solchen Umständen intakt bleiben kann.[34]

Das Beispiel zeigt, daß Seeckts Versuch, die preußisch-deutsche Militärtradition durch Beziehen einer Ausweichposition unversehrt in die neue Zeit hinüberzuretten, fehlschlagen mußte. Nach dem Fall der Monarchie mußte das Offizierkorps der neuen Zeit in irgendeiner Form seinen Tribut zahlen und entweder auf die soziopolitischen oder auf die moralischen Ingredienzien der bisherigen Tradition verzichten. Seeckt und seine Mitarbeiter haben diese Alternative aber offenbar nicht für so dringend gehalten; für sie stand im Vordergrund – und nur so erklärt sich Seeckts Verhalten gegenüber den Münchener Meuterern und nicht zuletzt auch im Kapp-Putsch –, daß der Zusammenhalt des Offizierkorps und damit die Existenz der Armee schlechthin gewahrt bleiben mußte, nicht nur, weil man im Reichswehrministerium bis in die

Republik und Betonung der Außenpolitik bei Seeckt). Für die Revolutionszeit vgl. Friedrich v. Rabenau, *Seeckt. Aus seinem Leben 1918–1936*, Leipzig 1940, S. 117 ff. Neben den Lebenserinnerungen Wilhelm Groeners (*Lebenserinnerungen. Jugend, Generalstab, Weltkrieg*, hrsgg. von Friedrich Frhr. Hiller v. Gaertringen, Göttingen 1957) sind jetzt auch die von Otto Geßler heranzuziehen: *Reichswehrpolitik in der Weimarer Zeit*, hrsgg. von Kurt Sendtner, Stuttgart 1958. Der loyalste hohe Offizier, den die Republik gehabt hat, war zweifellos der erste Chef der Heeresleitung, Generalmajor Walther Reinhardt; vgl. jetzt Fritz Ernst, „Aus dem Nachlaß des Generals Walther Reinhardt", in: *Die Welt als Geschichte* 18 (1958), S. 39–121 (Hefte 1 und 2/3).

[32] Dazu die Dokumentation von Thilo Vogelsang, „Die Reichswehr in Bayern und der Münchener Putsch 1923", in: *Vierteljahrshefte für Zeitgeschichte* 5 (1957), S. 91 ff., wo die Ereignisse aus der Sicht eines der wenigen loyal gebliebenen Offizierschüler geschildert werden. Die preußisch-bayerischen Gegensätze, auf deren Mitwirkung der Kommentator hinweist, erscheinen dabei deutlich als im Dienst der übergeordneten Frontstellung „Nationalismus gegen Marxismus" instrumentalisiert, wenn sich die aufsässigen Infanterieschüler z. B. schwarzweißrote (statt blauweißer) Kokarden ansteckten (S. 95 f.). Vgl. auch Hermann Teske, *Die silbernen Spiegel. Generalstabsdienst unter der Lupe*, Heidelberg 1952, S. 29.

[33] Teske, a. a. O., S. 29 f. Nur die Rädelsführer unter den Stammoffizieren wurden entlassen; Gordon (Anm. I/26), S. 246. Der dort genannte Oblt. Wagner war der spätere NS-Gauleiter von Baden, Robert Wagner; Baldur v. Schirach, *Die Pioniere des Dritten Reiches*, Essen [1933], S. 332.

[34] Die Meuterei der Offizierschule bildete den Ausgangspunkt für die nationalsozialistische Infizierung des Offizierkorps; s. u. S. 737.

Jahre 1924/25 hinein in der Erwartung eines baldigen neuen Kriegsausbruchs lebte, sondern auch, weil man die Existenz der Armee als „Vorbild" und Ordnungsfaktor im Innern für unerläßlich hielt. Die Armee erschien diesem Denken – und hier wird wieder die Identifikation von militärischem und nationalem Interesse sichtbar – als höchstes Gut der Nation überhaupt; sie auch nur einer ernsthaften Krise auszusetzen, schien gleichbedeutend mit einer Existenzbedrohung, ja mit dem Untergang der Nation, sie zu erhalten, mußte jeden Preis rechtfertigen, auch den einer – wie man wohl glaubte: vorübergehenden – Gefährdung der militärischen Berufsmoral. Das aber war nicht nur unverträglich mit den Grundsätzen der Demokratie, es war sowohl außen- wie innenpolitisch eine Selbstüberschätzung. Es genügt daher nicht, das Verhältnis zwischen Reichswehr und Republik lediglich unter dem Blickwinkel der beiderseitigen Ressentiments und der „Schwäche" der Zivilgewalt zu sehen,[35] man muß auch berücksichtigen, daß die Einstellung des Offizierkorps über die monarchistische Tradition hinaus auf falschen politischen Prämissen beruhte. Wenn das Offizierkorps seine Stellung in der Republik als unbefriedigend empfand, so war das berechtigt, soweit es die antimilitaristischen Anfeindungen und den Einsatz als eine Art Reichspolizei betraf. Aber die antimilitaristischen Angriffe gingen nicht von der Republik und nicht einmal von der ganzen SPD aus (anders als das nicht ganz unberechtigte *Mißtrauen* in die Loyalität der Reichswehr!), und die Schwäche des Staates erwuchs, soweit sie überhaupt innenpolitisch bedingt war, aus einer Gesellschaftskrise, die durch Einschaltung des Militärs, gleich in welcher Form, nur verdrängt und unterdrückt, aber nicht gelöst und überwunden werden konnte. Wenn der deutsche Nationalstaat noch eine Existenzchance haben sollte, so mußte das Wagnis unternommen werden, die im Kaiserreich versäumte Schaffung eines tragfähigen nationalen Fundaments durch freie Einigung und konstruktive Kompromisse allmählich nachzuholen. Man kann natürlich einwenden, daß das ein von vornherein aussichtsloses Experiment gewesen wäre, aber dann muß man auch die Frage zulassen, welchen Sinn und Zweck ein Staat haben sollte, dessen Glieder ständig mit Gewalt zusammengezwungen werden mußten.

Von den Prämissen der Militärs aus betrachtet, war das kein ernst zu nehmender Gesichtspunkt. Sie gaben der Demokratie von vornherein keine Chance, für sie war die Demokratie eine Verirrung, in die die Nation nur durch die Verzweiflung über die Niederlage geraten sei, ein schöner Traum, aus dem es schon bald ein ernüchtertes Erwachen geben würde. Sie waren bereit, die Nation zu schützen, damit ihr während des Schlafwandels nichts zustoße, aber sie fühlten sich verpflichtet, das Erwachen von sich aus zu beschleunigen und zugleich die geeigneten Vorkehrungen zu treffen, um den Übergang in den Zustand wachen Lebens zu erleichtern. In politischen Begriffen ausgedrückt: Sie hielten es für unwahrscheinlich, daß die Nation jemals ohne Zwang zusammengehalten werden könne, aber sie sahen sehr wohl, daß das Militär auf die Dauer nicht das Zwangsmittel sein dürfe, wenn es nicht korrumpiert werden sollte. Aber welchen Ausweg gab es dann? Nach Ansicht Seeckts und der Reichswehrführung nur die Rückkehr zur Struktur des Kaiserreichs (ob mit oder ohne Monarchie): ein autoritäres Regime der Zivilgewalt mit der Armee als Schule der Nation. Die Reichswehrpolitik von 1920 bis 1933 war, mit Ausnahme eines kurzen Seitensprungs nach links, den Groener und Schleicher nach dem Sturz Seeckts versuchten, ein kontinuierliches Bemühen, in immer wechselnden Formen eine solche Lösung zu ermöglichen.

---

[35] In der Beschränkung auf diese Gesichtspunkte – ebenso wie in der rigorosen Begrenzung des Blickfeldes auf die Zeit bis 1926 – liegt die Schwäche der sonst imponierenden Arbeit von Gordon (Anm. I/26). Seine Beurteilung läßt sich nicht aufrechterhalten, wenn man die im Folgenden skizzierten Probleme der Diktatur, der illegalen Aufrüstung und der totalen Mobilmachung mit ins Auge faßt; vgl. die Rezension von Wolfgang Sauer, „Armee und Politik in Deutschland", in: *Neue Politische Literatur* 4 (1959), Sp. 28 ff.

Diese Bestrebungen waren im übrigen aufs engste verknüpft mit dem zweiten Hauptdifferenzpunkt: der *Rüstungspolitik*. Wenn die Armee die von ihr erstrebte Stellung als staatspolitisches Bildungsinstitut wieder einnehmen wollte, mußte die allgemeine Wehrpflicht eingeführt werden; das war aber wegen des Versailler Verbots nicht möglich. Doch nicht nur in dieser Frage, auch und vor allem in der der Landesverteidigung war der Versailler Vertrag eine dauernde Belastung. Er hatte die militärische Kraft Deutschlands bis zu praktisch vollständiger Entwaffnung reduziert und die Reichswehr außerstand gesetzt, irgendeinen wirksamen Schutz der deutschen Grenzen aufzubauen. Das führte, nachdem man sich endlich 1923/24 über die Konsequenzen klar geworden war, zu dem Versuch, das Fehlende wenigstens provisorisch durch Geheimrüstungen auszugleichen. Die Folge war, daß die Reichswehr die Feinde der Republik bewaffnen und finanzieren mußte (auch dann, wenn sie nichts mit ihnen zu tun haben wollte), daß sich in dieser konspirativen Atmosphäre eine erhebliche politische Kriminalität entwickelte und erhielt und daß die militärische Führung obendrein durch die Illegalität des ganzen Unternehmens in eine auf die Dauer unhaltbare Zwangslage geriet, die ihre Neigung, eine Verfassungsänderung zu befürworten, verstärkte. Und das um so mehr, als man im Reichswehrministerium der Ansicht war, daß das demokratische System den Erfordernissen einer Mobilmachung im Zeitalter totaler Kriegführung nicht gewachsen sei — ungeachtet der Erfahrung des ersten Weltkrieges, die gerade umgekehrt gezeigt hatte, daß die westlichen Demokratien die Probleme des totalen Krieges besser bewältigt hatten als die autoritäre Monarchie der Hohenzollern.

Wenn diese innenpolitischen Wünsche und Ziele der Reichswehrführung weitgehend unerfüllt blieben, so deshalb, weil die verschiedenen Versuche, sie zu verwirklichen, nicht die Bedingungen zu schaffen vermochten, die man militärischerseits nach den Erfahrungen von Revolution und Kapp-Putsch für unerläßlich hielt. Da man keine Militärdiktatur errichten wollte, brauchte man eine zivile politische Bewegung, die stark genug war, um die Führung an sich zu reißen, die aber auch — und das war eine *conditio sine qua non* — die Masse der Bevölkerung und insbesondere der Arbeiterschaft hinter sich zu bringen und zur Anerkennung der Diktatur wie der militärisch-nationalen Ziele zu veranlassen vermochte. Überdies durfte eine entsprechende Umwandlung des Staates nicht gewaltsam erfolgen, sondern sollte wenigstens die Fassade der Legalität wahren; denn die Reichswehrführung legte entscheidenden Wert darauf, daß sie selbst zu keinem revolutionären Schritt gezwungen wurde. Solange diese Bedingungen nicht gegeben waren, lehnte die Reichswehr alle Diktaturbestrebungen ab oder zog sich, wenn sie sich zunächst darauf eingelassen hatte, wieder von ihnen auf die Wartestellung der Überparteilichkeit zurück, [36] wo sie sich dann mit taktischen Bindungen an die jeweils stärkste Macht im politischen Feld begnügte, die der Armee ein zeitweiliges politisches Quartier bieten und sie gegen innere Angriffe und zivile Reformversuche abschirmen konnten, die jeweiligen verbündeten Mächte zugleich aber auch selbst binden und ihre dynamischen Energien bremsen oder gar im Dienste der militärisch-nationalen Interessen zähmen sollten. Von Groener in der Revolutionszeit entwickelt, um die revolutionären Energien der sozialistischen Arbeiterschaft abzufan-

[36] Immerhin ergibt die Aufzählung dieser militärischen Diktaturversuche eine stattliche Liste: Schon Groener erwog im Dezember 1918 vorübergehend eine Militärdiktatur und plante im Frühjahr 1919 die Bildung eines „Regierungskollegiums mit starken Vollmachten" (Groener, Anm. I/31, S. 476, und Reginald H. Phelps, „Aus den Groener-Dokumenten", in: *Deutsche Rundschau* 76 [1950], S. 534). Bekannt sind auch die vielfachen Spekulationen auf eine Diktatur Noskes 1919. Einen neuen Aufschwung erlebten diese Projekte 1923: Seeckts Plan eines Direktoriums und die verschiedenen, schließlich aufgegebenen Versuche im Zusammenhang mit der Übernahme der vollziehenden Gewalt November 1923 bis Februar 1924. (Daß Seeckt seine Vollmachten schließlich zurückgab, bedeutete nicht eine Option für die Republik, sondern entsprang der Einsicht, daß die Armee einer solchen Aufgabe nicht gewachsen war.) Schließlich gehört auch Groeners und Schleichers maßgebliche Beteiligung an dem Experiment einer Präsidialregierung ab 1930 hierher.

gen, ist diese Zähmungstaktik dann vor allem durch Schleicher – dem auch Seeckt in diesem Punkte folgte – zur Grundlage der Reichswehrpolitik während der Weimarer Republik gemacht worden. Das hat der Republik zunächst ihren Bestand garantiert, hat aber auch ihre zahlreichen und teilweise mächtigen radikalen und autoritären Gegner ermutigt, ja z. T. (auf dem Wege über die geheime Aufrüstung) am Leben erhalten.

Selbstverständlich hätte die Reichswehrführung eine solche Politik nicht durchsetzen können, wenn sich Regierung, Reichstag und Parteien in militärpolitischen Fragen grundsätzlich einig gewesen wären und eine entsprechend durchgreifende Kontrolle der Armee erreicht hätten. Das hat in negativem Sinne das Beispiel der nationalsozialistischen Herrschaft gezeigt, und das ist vor allem die Lehre, die man für Gegenwart und Zukunft aus den Erfahrungen der Weimarer Republik ziehen muß. Aber für die historische Beurteilung spielt auch die umgekehrte Überlegung eine Rolle, daß nämlich der Kampf der Republik gegen ihre Feinde zweifellos bedeutend erleichtert worden wäre, wenn die Loyalität der Armee außerhalb jeder Diskussion gestanden hätte und die Gegner der Republik keine Hoffnungen auf Hilfe von der Reichswehr hätten setzen können. In solchen nationalen Krisenlagen, wie sie die Weimarer Republik erlebte, trägt jeder, der an führender Stelle im Staat steht, eine Mitverantwortung, und davon kann sich auch die militärische Führung nicht unter Hinweis auf das Versagen der Zivilgewalt ausschließen. Es gibt viele historische, soziologische und menschliche Erklärungsgründe, die die Irrtümer Seeckts und seiner Mitarbeiter verständlich machen; aber daß es Irrtümer waren, die nicht nur in der Weimarer Republik gefährlich waren, muß unzweideutig festgestellt werden.

Einer der Gegner der Republik und potentieller Bündnispartner der Reichswehr war Hitler. Er hat sogar, wie man weiß, seine politische Laufbahn im Dienste der Reichswehr, genauer: des Münchener Divisionskommandos, begonnen und sich in jener zwielichtigen Atmosphäre teils geheimer, teils halboffizieller Rüstungen und Verschwörungen, wie sie für die Zeit im Anfang der 20er Jahre charakteristisch war, nach oben gearbeitet.[37] Bis zu der Entzweiung vom November 1923 ist er auch im großen und ganzen ein Verbündeter der bayerischen Reichswehrführung geblieben. In dieser seiner Lehrzeit unter und neben seinem Mentor, dem Hauptmann Röhm, erwarb er sich eine genaue Kenntnis der hervorragenden Bedeutung der Reichswehr als Machtfaktor im politischen Kraftfeld der Republik, ihrer Taktik und strategischen Zielsetzung, und sein ganzes Bestreben ging in jenen Jahren darauf, sich dem anzupassen und sich der Reichswehr als ein Massenführer zu präsentieren, der in der Lage sei, die Arbeiter zu „nationalisieren".[38] Auch muß man wohl annehmen, daß er zunächst nicht mit dem Gedanken an einen bewaffneten Putsch umgegangen ist; er muß gewußt haben, daß die führenden Offiziere auch in München dem zutiefst abgeneigt waren. Wenn er nichtsdestoweniger am 8. und 9. November 1923 zu gewaltsamen Mitteln griff, so vermutlich deshalb, weil ihm Röhm inzwischen seine militante Propagandatruppe, die SA, aus der Hand genommen und im Zeichen der gegen Frankreichs Ruhrbesetzung gerichteten Mobilmachungsversuche des Jahres 1923 in einen vom bayerischen Reichswehrkommando abhängigen Wehrverband verwandelt hatte. Dadurch sah er seine künftige Alleinherrschaft bedroht, und der Putsch vom 8. November 1923 war für ihn der Versuch, die Führung der Aufstandsbewegung wieder an sich zu reißen. Dabei hatte er den Legalitäts-Komplex der Offiziere aber doch unterschätzt, und so scheiterte das Unternehmen.

---

[37] Dazu jetzt die aufschlußreiche Dokumentation von Ernst Deuerlein, „Hitlers Eintritt in die Politik und die Reichswehr", in: *Vierteljahrshefte für Zeitgeschichte* 7 (1959), S. 177 ff.
[38] Vgl. Hitlers bezeichnende Ausführungen zum Thema „Nationalisierung der Massen" in: *Mein Kampf* (Anm. I/5), S. 369 ff.

Der Irrtum kostete ihn das Bündnis mit der Reichswehr, aber er stellte ihn auch auf eigene Füße und führte ihn in jene aus alter Achtung und neuem Mißtrauen gemischte Distanz zu seinen Lehrmeistern, die ihm dann die Mittel in die Hand gab, sich später selbst zum Meister aufzuwerfen und dem Offizierkorps die Bedingungen zu diktieren. Er wußte nun, daß es für ihn nur eine Chance gab, die Macht im Staat zu erobern: indem er die Gegnerschaft der Reichswehr vermied, sich aber auch nicht so weit mit ihr einließ, daß man ihn wieder, wie 1923, durch Entzug der SA entmachten konnte. Sollte es daher zu einem neuen Bündnis kommen, so nur in Form einer *societas leonina*, in der Hitler die Rolle des Löwen zu spielen gedachte; sonst mußte es genügen, die Reichswehr zu neutralisieren, indem man ihr die Vorwände für ein erneutes Eingreifen gegen die NSDAP nahm. Hier lag die stärkste Wurzel der Hitlerschen Legalitätstaktik. Er hat später selbst bekannt, daß er den Weg der legalen Machtübernahme vor allem auch deshalb gewählt habe, um den „Widerspruch der Reichswehr" gegen seine Kanzlerschaft auszuschalten und sie zu hindern, die „Keimzelle von Staatsstreichen von der Art des Röhmputsches" zu werden.[39] Er wußte nur zu gut, daß sie die „Keimzelle" oder doch der Anreiz zu ganz anderen Staatsstreichversuchen gewesen war. So ist es denn auch nicht von ungefähr, daß die erste programmatische Verkündung dieser Taktik in Form jenes Legalitätseides erfolgte, den Hitler im Reichsgerichts-Prozeß gegen die drei Ulmer Reichswehroffiziere ablegte.

Das hat seine Wirkung auf die Reichswehrführung nicht verfehlt. Trotz allen Schwankungen und Bedenken war man im Reichswehrministerium im allgemeinen doch geneigt, Hitler zu glauben. Selbst Hammerstein erklärte im April 1931 vor den Befehlshabern mit Bezug auf Hitlers Legalitätsversprechen: „Er will dies wirklich, nicht nur scheinbar!"[40] Dazu kam dann noch die massive Verführung durch die nationalsozialistische Massenbewegung, die den Schein erweckte, die Arbeiter für die „nationale Sache" gewonnen zu haben (oder doch gewinnen zu können), und die obendrein in ihren paramilitärischen Verbänden SA und SS ein wertvolles militärisches Menschenreservoir zu bilden schien. Beides hatte schon Anfang der zwanziger Jahre die führenden Offiziere in München fasziniert[41] und tat auch in der Krise der 30er Jahre seine Wirkung. Die weitgehend spontane Opposition, die sich im Offizierkorps gegen das SA-Verbot vom April 1932 meldete, ist in diesem Zusammenhang ebenso bezeichnend wie die zahlreichen Symptome für ein Sympathisieren mit dem Nationalsozialismus unter den jüngeren Offizieren, vor allem in Ostpreußen, aber auch an anderen Orten und nicht zuletzt in der Marine.[42] Zu einem neuen Bündnis freilich langte auch das noch nicht, denn wie schon im Jahre 1923 erhob sich auch jetzt,

---

[39] Picker (Anm. I/16), S. 427 ff. (21. Mai 1942).

[40] Dokumentation von Thilo Vogelsang, „Neue Dokumente zur Geschichte der Reichswehr 1930 bis 1933", in: *Vierteljahrshefte für Zeitgeschichte* 2 (1954), S. 397–436; bes. S. 410 (im Folgenden zitiert: „Reichswehrdokumente"). Ähnlich Schleicher und Groener am 11./12. Januar 1932, *a. a. O.*, S. 416 f. Groener an Gerold v. Gleich am 24. Januar 1932; Phelps (Anm. I/36), S. 1018.

[41] Vertrauliche Denkschrift „Der Putsch am 8. November 1932. Vorgeschichte und Verlauf", verf. im Wehrkreiskommando VII, München, im Anschluß an den Putsch, S. 3: Ausschlaggebend für die Haltung gegenüber Hitler sei der Gedanke gewesen, „daß der gesunde Kern der Hitler-Bewegung, insbesondere die in der Bewegung steckende werbende Kraft für die nationale Einstellung der Arbeiterschaft, solange überhaupt die Möglichkeit bestand, nicht durch gewaltsame Unterdrückung zerschlagen werden sollte".

[42] Dazu die Nachweise bei Sauer, „Die Reichswehr" (Anm. I/26), S. 283, Anm. 191. Außerdem: Kurt Horstmann, *Der Ottplan und der Sturz von Papen* (Prüfungsarbeit an der Pädagogischen Akademie Bielefeld, ungedr.) mit Briefzuschriften von Graf Schwerin v. Krosigk (11. August 1957) und Eugen Ott (3. September 1957). Während Krosigk allgemein von Anhängern „beider radikaler Richtungen" in Wehrmacht und Polizei spricht, will Ott nationalsozialistische Einflüsse nur in der allerdings „ernsthaft durchsetzten 1. ostpreußischen Division" gelten lassen, fügt aber doch hinzu: „Es mögen da und dort ganz kleine Zersetzungskeime gewesen sein. . ." Sehr deutlich äußerte sich auch Magnus v. Braun (damals Landwirtschaftsminister) in einem Brief an Papen vom 5. Juli 1957; Dokumentation von Thilo Vogelsang, „Zur Politik Schleichers gegenüber der NSDAP 1932", in: *Vierteljahrshefte für Zeitgeschichte* 6 (1958), S. 86–118, bes. S. 111, Anm. 65.

nur in noch schärferer Zuspitzung, die Frage, wer wen beherrschen würde. Die Reichswehr hatte unter der Führung Schleichers und Groeners im Zeichen der Präsidialregierung den Gipfel ihrer inneren Machtstellung erreicht; Groeners stolzes Wort,
daß die Reichswehr zu einem Faktor geworden sei, an dem bei politischen Entscheidungen niemand mehr vorbeigehen könne,[43] traf durchaus zu, und man wollte diese
Position um jeden Preis halten. Hitler aber wollte die ganze Macht, unumschränkt,
und seine Kampfverbände SA und SS drohten obendrein, das von der Reichswehr
eifersüchtig gehütete Waffenmonopol zu gefährden. Zwar gibt es Anzeichen dafür,
daß in der SA-Frage ein Kompromiß erreichbar gewesen wäre,[44] aber das allein
genügte nicht, um Schleichers Sorge vor Hitlers totalem Machtanspruch zu beseitigen.

Daher ist es trotz vielen Anläufen und Experimenten in den Jahren 1930 bis 1932
zu keinem neuen Bündnis zwischen Reichswehr und NSDAP gekommen, sondern nur
zu ständigen Kontakten und Verhandlungen, in denen einer den anderen zu über-
vorteilen versuchte – ein Spiel, in dem Schleicher im ganzen gesehen von vornherein
die schwächeren Trümpfe hatte, nicht nur, weil er sich statt auf eine verläßliche
politische Machtbasis nur auf den Reichspräsidenten und den Exekutivapparat der
Reichswehr stützen konnte, sondern auch, weil er einen ernsthaften Abbruch der Beziehungen wegen der Stimmung in der Reichswehr und auch wegen seiner eigenen
Hoffnungen nicht riskieren wollte. Nicht nur die Erschütterung der Republik in der
Wirtschaftskrise, sondern mehr noch das sich ständig zuspitzende Dilemma der
illegalen Rüstungspolitik trieben die Politik der Reichswehrführung in Richtung auf
möglichst baldige Neuordnung des Staates voran. So stellte Schleicher seine Politik
gegenüber der NSDAP auf die – fundamental falsche – Voraussetzung ab, daß die
nationalsozialistische Bewegung im Prinzip der der sozialistischen Arbeiterschaft
gleiche und daß man jener auch mit den gleichen Mitteln Herr werden könne wie
dieser. Daher lehnte man ein „Antinazigesetz" unter Hinweis auf die schlechten
Erfahrungen mit dem Sozialistengesetz ab,[45] und Groener erklärte 1931 im Reichstag
mit deutlichem Bezug auf Hitlers Legalitätserklärung, auch Parteien könnten sich
ändern; sie seien, „wie die Geschichte oft genug gezeigt hat, von einer ultra-revolutio-
nären Einstellung zur konservativen staatserhaltenden Partei geworden . . . und
umgekehrt".[46] Dieser Irrtum wurde noch durch den anderen befestigt, es werde auch
jetzt wieder, wie 1923, möglich sein, Hitler im entscheidenden Moment die SA zu
entwinden. Daher erachtete Schleicher es für vertretbar, wieder auf die Zähmungstaktik zurückzugreifen. Sein Plan war, die SA als militärische Hilfsorganisation der
Reichswehr auszubauen und damit unter Reichsaufsicht zu stellen, die Hitlersche Rest-
bewegung aber zur Beteiligung an Regierungsbildungen in den Ländern und im
Reich zu zwingen, um sie in der Verantwortung abzunutzen.[47]

Diesen Plan hat er in den verschiedensten Varianten durchexerziert, aber immer
mit dem gleichen Mißerfolg. Er hat ihm sogar seinen Freund und Vertrauten Groener
zum Opfer gebracht, als dieser seine Absichten durch das SA-Verbot durchkreuzte.
Es ist hier nicht der Ort, auf dies Problem näher einzugehen, aber es muß doch darauf
aufmerksam gemacht werden, daß die bisher herrschende, hauptsächlich auf dem

---

[43] Erlaß Groeners an die Kommandeure der Reichswehr vom 6. Oktober 1930 (betr. Leipziger Prozeß): Phelps
(Anm. I/36), S. 920; vgl. auch Schüddekopf (Anm. I/26), S. 293, und Dorothea Groener-Geyer, *General Groener,
Soldat und Staatsmann*, Frankfurt/M. 1955, S. 272. Ähnliche Äußerungen bei Phelps, *a. a. O.*, S. 917; S. 919; und
bei Rudolf Fischer, *Schleicher. Mythos und Wirklichkeit*, Hamburg 1932, S. 38. Die letztere Stelle ist für Groeners
Haltung besonders bemerkenswert, weil sie nicht – wie oben – in die Form einer Tatsachenfeststellung, sondern
in die einer programmatischen Forderung gekleidet ist: „Im politischen Geschehen Deutschlands darf kein Baustein
mehr bewegt werden, ohne daß das Wort der Reichswehr ausschlaggebend in die Waagschale geworfen wird."

[44] Vgl. u. S. 854.

[45] Groener an Gerold v. Gleich vom 2. April 1932 (Phelps, Anm. I/36, S. 1019).

[46] Rede im Reichstag am 19. März 1931 (Schüddekopf, Anm. I/26, S. 308).

[47] Vgl. Groener-Geyer (Anm. I/43), S. 286 f.; S. 305 f.

Groener-Nachlaß fußende Auffassung von einem plötzlichen Stellungswechsel, einem „Umfall" Schleichers anläßlich des SA-Verbots kaum haltbar ist.[48] Wenn man schon von einem „Umfall" sprechen will, so allenfalls in bezug auf Groener. Groener hatte die politische Linie Schleichers bisher weitgehend mitgehalten, war aber, wie seine stark schwankenden Äußerungen zeigen, der Situation noch weniger gewachsen als Schleicher. Außerdem hatte er, seit er im Herbst 1931 auch das Innenministerium übernommen hatte, einen weiteren Horizont gewonnen. Als dann im Frühjahr 1932 die Opposition gegen den milden Kurs der Reichsregierung gegenüber der NSDAP vor allem in den Ländern wuchs und die Landesregierungen drohten, das Verbot der SA von sich aus auszusprechen, wenn es das Reich nicht täte, glaubte Groener, ihnen auf alle Fälle zuvorkommen zu müssen, war es doch seit der Revolutionszeit der oberste Grundsatz seiner Politik, daß die Zentralgewalt gegenüber den Ländern gestärkt werden müsse, um die Reichseinheit zu erhalten.[49] Ihn sah er jetzt bedroht, wenn die Länder dem Reich in einer so wichtigen Frage die Initiative entrissen.

Die Alternative SA oder Reichseinheit, vor die sich Groener gestellt glaubte, hat Schleicher für seine Person sicher ebensowenig ernst genommen wie die neue Initiative seines Ministers in einer auch im Reichswehrministerium schon oft erörterten Frage. Als er dann erkannte, daß er eingreifen müsse, um Groener von einem Seitensprung zurückzuhalten, war es zu spät; sein Versuch, noch in letzter Minute einen Kompromißvorschlag zustande zu bringen, mißlang.[50] Wie weit der anschließende Sturz Groeners auf eine planmäßig angezettelte Intrige Schleichers zurückging, wie weit er durch andere Einflüsse mitbewirkt worden ist, kann hier nicht erörtert werden; entscheidend ist, daß Schleicher dadurch freie Hand gewann, seine bisherige politische Linie fortzusetzen und in ihrem Dienste das SA-Verbot als Handelsobjekt mit den Nationalsozialisten zu verwenden. Aber dadurch bekam das Spiel nun eine höchst gefährliche Zuspitzung. Das Prestige des Präsidialregimes hatte durch den „Rückzieher" eine schwere Einbuße erlitten, das der Nationalsozialisten erlebte jetzt seinen Höchststand. Neue Zwangsmaßnahmen gegen die NSDAP, auf die auch Schleicher für den äußersten Notfall nicht verzichten wollte, waren, wenn überhaupt, so nur noch unter erschwerten Umständen durchzusetzen; mehr als bisher hing ihre Legitimierung vom

[48] Schon die Zeitgenossen rätselten an Schleichers Haltung herum; vgl. z. B. Fischer (Anm. I/43), S. 46 f.; und den Artikel aus der *Vossischen Zeitung* bei Groener-Geyer, *a. a. O.*, S. 319 f. Besonders empfindlich reagierte natürlich Groener selbst; er fühlte sich verraten; Phelps (Anm. I/36), S. 1020 ff.; ders., "Aus den Groener-Dokumenten", in: *Deutsche Rundschau* 77 (1951), S. 22 ff. Seine Tochter urteilt schon distanzierter: Groener-Geyer, *a. a. O.*, S. 305 f.; S. 325 ff. Dagegen zeichnet Eyck (Anm. I/28), II, S. 453, das Bild des schwankenden Schleicher, der „außerstande war, ... eine gerade Linie einzuhalten", und Krausnick (Anm. I/26), S. 194, spricht von Schleichers „Wandlung vom Anhänger zum Gegner des SA-Verbots". Treffender urteilt Werner Conze, Dokumentation „Zum Sturz Brünings", in: *Vierteljahrshefte für Zeitgeschichte* 1 (1953), S. 263. Ganz deutlich wird die Schleichersche Konzeption dann bei Hans Henning v. Holtzendorff und Adolf v. Carlowitz, in Conze, *a. a. O.*, S. 270 ff., sowie bei Hammerstein in der Befehlshaberbesprechung vom 21. Mai 1932: „Reichswehrdokumente" (Anm. I/40), S. 423 f.

[49] Vgl. Groener in der Kabinettssitzung vom 10. April 1932 und, noch deutlicher, am 12. April, wo er den Standpunkt vertrat, „daß im Interesse der Autorität des Reichspräsidenten und des Reiches das selbständige Vorgehen einzelner Länder nicht geduldet werden dürfe" (Phelps, *a. a. O.*, 77, S. 24 und S. 27).

[50] Damit ist freilich noch nicht geklärt, warum Schleicher noch am 8. April dem SA-Verbot „rückhaltlos" zustimmte, wie Groener berichtet (*a. a. O.*, S. 22). Dazu ist jedoch u. a. darauf hinzuweisen, daß Groener der einzige Zeuge dafür ist; sonst findet sich eine positive Haltung Schleichers am 8. April nur im Bericht von Staatssekretär Pünder erwähnt, hier aber schon verklausuliert: „... die guten Sachen müßten natürlich übergeleitet werden...", d. h. Schleicher hielt an einer „Überleitung" der „guten" Elemente der SA in den Reichsdienst grundsätzlich fest (*a. a. O.*, S. 22 f.). Auch vor der Entscheidung über das Verbot hatte Schleicher nur vorsichtig Stellung bezogen; noch am 25. März warnte er Groener: „Die SA-Frage können wir nur mit feiner Hand lösen, nicht diese parteigebundenen Länderminister ohne das nötige Fingerspitzengefühl..."; Gordon A. Craig, „Briefe Schleichers an Groener", in: *Die Welt als Geschichte* 11 (1951), S. 130. Vgl. auch die o. Anm. I/48 genannten Zeugnisse von Holtzendorff, Carlowitz und Hammerstein. Wenn also ein „Umfall" Schleichers stattgefunden hat, so allenfalls am 8. April in Gestalt seiner Zustimmung, nicht am 9. April in Form seiner Ablehnung des SA-Verbots.

Reichspräsidenten ab, und gerade er hatte sich anläßlich des SA-Verbots als ziemlich
schwankendes Rohr im Winde gezeigt. So erhielt Schleichers Zähmungspolitik jetzt
zwar einen Anstrich des Unausweichlichen, aber ihr Erfolg war ungewisser denn je.
Zwar verließ auch Hitler den Weg der Bündnisverhandlungen noch nicht, sein Vertrauen in Schleicher war noch unerschüttert – Schleicher war bezeichnenderweise in
dieser Zeit für die hemmungslose nationalsozialistische Demagogie *persona grata* –,
aber wie 1923 mußte auch jetzt der Augenblick kommen, wo die Karten auf den Tisch
gelegt werden mußten.

Das geschah an jenem 13. August, als Hitlers Anspruch auf die totale Macht – ungeachtet Schleichers freilich lauer Unterstützung – von Hindenburg entschieden und
scheinbar endgültig zurückgewiesen wurde.[51] Damit war der Plan eines neuen Bündnisses zwischen Reichswehrführung und NSDAP praktisch erledigt, wenn auch die
Kontakte zwischen Hitler und Schleicher vorläufig noch nicht abrissen. Aber seit dem
13. August begann Hitler Schleicher zu mißtrauen – er war jetzt vorsichtiger als
1923 –, und seit Schleichers Versuch einer Spaltung der NSDAP im Dezember
1932 schlug das Mißtrauen in offene Feindschaft um. Während Schleicher noch
immer – bis in den Januar 1933 hinein – nach einer Möglichkeit suchte, um die nationalsozialistische Flut zu kanalisieren und dieser schwachen Chance zuliebe auf energische
Dammbau-Arbeiten verzichtete (wobei er freilich in seiner Entschlußfreiheit auch
durch die beginnende Rivalität zu dem jetzt mit eigenen, ebenso fragwürdigen Plänen
operierenden Papen behindert wurde), verzichtete Hitler nun auf ein Bündnis mit
der Reichswehr und stellte sich auf deren Neutralisierung um. Seine Aussichten dafür
waren durchaus günstig. Er konnte sich, anders als 1923, auf eine das ganze Reichsgebiet erfassende Volksbewegung stützen und brauchte Zwangsmaßnahmen um so
weniger zu fürchten, als er an seinem Legalitätskurs trotz der Niederlage vom
13. August unbeirrt festhielt. Auch konnte er auf wachsende Zustimmung im Offizierkorps selbst rechnen. Nicht nur waren die pro-nationalsozialistischen Stimmungen namentlich unter den jüngeren Offizieren seit der Zeit des SA-Verbots mindestens
nicht abgeflaut,[52] auch unter der älteren Generation, den Stabsoffizieren und Befehlshabern breitete sich ein wachsendes Mißbehagen über die Schleichersche Politik
aus. Was Groener mit so großem Stolz als Errungenschaft gepriesen hatte, die innenpolitische Schlüsselstellung der Armee, eben das beunruhigte jetzt die Offiziere und
weckte in ihnen einen starken Drang zurück in die Ruhe des unpolitischen Daseins.
Ihnen schien es, die Reichswehr werde wie eine „Schachfigur" auf dem Felde der
Innenpolitik hin und her geschoben,[53] und sie wünschten sich eine stabile Regierung,
die sie davon befreite und endlich das immer dringendere Problem der illegalen
Rüstungen löste.

Es war von folgenschwerer Bedeutung, daß diese Sehnsucht nach der Windstille des
unpolitischen Spezialistentums sich in der Reichswehr ausgerechnet in dem Augenblick bemerkbar machte, als der Kampf um den Staat in sein Entscheidungsstadium
eintrat. Es war genau das, was Hitler brauchte. Rechnet man dazu noch die *fellow
travellers* unter den Offizieren, so hatte er nun für seine Neutralisierungspolitik eine
Mehrheit im Offizierkorps zu erwarten; wenn es ihm gelang, Schleicher matt zu setzen,
konnte er damit rechnen, daß die Reichswehr seiner legalen Machtergreifung Gewehr

[51] Dazu und zum Folgenden jetzt wichtiges neues Material in: „Zur Politik Schleichers. . ." (Anm. I/42),
S. 86–118.

[52] Dies zeigte sich besonders deutlich, als im Zusammenhang mit der Kabinettsbildung nach der Reichstagswahl
vom 6. November und mit Papens Plan einer Gewaltanwendung gegenüber der NSDAP die Frage der Einsatzbereitschaft der Reichswehr diskutiert wurde; *a. a. O.*, S. 111, Anm. 65, und die o. Anm. I/42 genannten Stimmen
von Schwerin v. Krosigk und Ott.

[53] *Zeugenschrifttum des Instituts für Zeitgeschichte* (im Folgenden zitiert: *Zeugenschrifttum*), Nr. 149
(v. Sodenstern; Protokoll einer Befragung im Institut für Zeitgeschichte, München, vom 23. Juni 1954), S. 3.

bei Fuß zusehen würde. Freilich sah es um die Jahreswende 1932–1933 gar nicht nach einem nationalsozialistischen Siege aus; ganz im Gegenteil bewegte sich die NSDAP auf absteigender Linie. Da öffnete ihr die bekannte Rache-Intrige Papens vom 4. Januar 1933 überraschend die Türen zum Sturm auf die letzte Bastion. In die Enge getrieben, blieb Schleicher nur noch das Mittel des Ausnahmezustandes – und damit das Eingeständnis des Fiaskos seiner Zähmungspolitik; aber nun verweigerte Hindenburg ihm die Unterstützung; einmal mehr zeigte sich, daß die Idee vom Reichspräsidenten als starkem Rückhalt der Präsidialregierung unrealistisch war. Es folgte dann der verzweifelte Vorstoß Hammersteins bei Hindenburg, von dem heute noch nicht völlig klar ist, was er bezweckte; wahrscheinlich ist, daß eine Regierung Papen—Hugenberg verhindert und für den Fall einer Regierung Hitler das Wehrministerium für Schleicher gesichert werden sollte.[54] Auch einen letzten Versuch, sich mit Hitler direkt zu verständigen, scheint Schleicher unternommen zu haben,[55] aber all das schlug fehl. Hindenburg hatte sich längst gegen Schleicher – wenn auch noch nicht für Hitler – entschieden, und Hitler hatte ein Bündnis mit Schleicher nicht mehr nötig; er sah Papen und die Kamarilla im Reichspräsidentenpalais auf seiner Seite, Hindenburgs Widerstand ließ schon nach, und die geschickte Benutzung eines Gerüchtes über einen angeblich drohenden Reichswehrputsch, das in dem hektischen Durcheinander der letzten Verhandlungsphase auf dunkle Weise und vermutlich nicht ohne Nachhilfe von nationalsozialistischer Seite entstanden war,[56] brachte ihn endgültig an das Ziel seiner Wünsche: Hindenburgs letzte Hemmungen fielen gegenüber dieser vermeintlichen „Insubordination", er ernannte Hitler zum Reichskanzler und, noch vorher, den General Werner v. Blomberg zum Reichswehrminister.

Damit hatte Hitler nicht nur die Macht in den von ihm erstrebten pseudolegalen Formen erobert – über den Widerstand der Reichswehr oder richtiger: der Gruppe um

---

[54] Vgl. die Untersuchungen von Foertsch (Anm. I/25), S. 26 f.; Gerhard Ritter, *Carl Goerdeler und die deutsche Widerstandsbewegung*, Stuttgart 1954, S. 129 ff.; und Bracher (Anm. I/26), S. 714; S. 717 f., deren Material inzwischen noch durch die Abhandlung von Kunrat Frhr. v. Hammerstein, „Schleicher, Hammerstein und die Machtübernahme 1933", in: *Frankfurter Hefte* 11 (1956), S. 11 ff.; S. 117 ff. und S. 163 ff. (bes. S. 124 ff.) ergänzt worden ist. Die Hauptschwierigkeit des Problems liegt darin, daß die beiden einzigen Teilnehmer (außer Hindenburg), die Generale v. d. Bussche und v. Hammerstein, sich in ihren Berichten strikt widersprechen. Während Hammerstein in einer Niederschrift vom 28. Januar 1935 (abgedr. bei Bracher, *a. a. O.*, S. 733 f.) behauptet, er habe sich *für* eine Ernennung Hitlers und *gegen* eine Regierung Papen–Hugenberg ausgesprochen, behauptet Bussche (vgl. Foertsch, *a. a. O.*, S. 26 f.; Kunrat v. Hammerstein, *a. a. O.*, S. 124 ff. und Bussche selbst in einer Zuschrift an die *Frankfurter Allgemeine Zeitung* vom 5. Februar 1952), Hammerstein habe Hindenburg eindringlich vor einer Berufung Hitlers gewarnt. Hammersteins Zeugnis verdient hier nach den üblichen quellenkritischen Maßstäben den Vorzug: Er ist die eigentliche Hauptperson, sein Bericht liegt sehr viel näher an dem Ereignis, und seine Darstellung paßt in das allgemeine Konzept Schleichers. Bezeichnend ist, daß beide Zeugen zwar übereinstimmend die abfällige Bemerkung Hindenburgs über den „böhmischen Gefreiten", den er, Hindenburg, nie berufen werde, berichten, aber Hammerstein mit dem wichtigen Zusatz, Hindenburg habe offenbar nicht verstanden, worauf es ihm, Hammerstein, ankam. Vielleicht gilt das auch für Bussche, der sich durch Hindenburgs Worte beruhigt fühlte, während umgekehrt Hammerstein von „verstärkter Sorge" spricht. Immerhin bleibt Bussches wiederholte und nachdrückliche Bekundung gewichtig genug, um sie nicht zu ignorieren. Wahrscheinlich hat Hammerstein mit einer Warnung vor Hitler die Beibehaltung Schleichers als Wehrminister und „Aufpasser" in einem etwaigen Kabinett Hitler erreichen wollen. Ähnlich auch Schüddekopf (Anm. I/26), S. 356 f.

[55] Am 29. Januar 1933 nachmittags; Hammerstein-Niederschrift bei Bracher, *a. a. O.*, S. 734 und S. 723 f.; General Adolf Kuntzen (1933 Adj. Hammersteins) 1953 in einem Brief an Kunrat v. Hammerstein, „Schleicher. . .", *a. a. O.*, S. 165; Hermann Görings Aussage in Nürnberg: *Der Prozeß gegen die Hauptkriegsverbrecher vor dem Internationalen Militärgerichtshof Nürnberg. 14. November 1945 – 1. Oktober 1946* (im Folgenden zitiert: *IMT*), Nürnberg 1947, Bd. IX, S. 283. Vgl. auch Hitler selbst in: Picker (Anm. I/16), S. 429 f., mit einer allerdings unglaubwürdigen und falsch datierten Version, die aber die Tatsache eines Kontakts mit Hammerstein bestätigt.

[56] Daß es sich hier nur um ein Gerücht ohne reale Basis handelt, ist inzwischen historisch erwiesen. Unklar - und wahrscheinlich auch unklärbar - ist sein Ursprung; sicher ist nur, daß das Gerücht von den Nationalsozialisten und der Papen-Clique sehr geschickt benutzt wurde, um Hindenburg zur Annahme ihrer Bedingungen zu zwingen und Schleicher auch als Wehrminister auszuschalten; vgl. Foertsch (Anm. I/25), S. 27 ff.; Ritter, *Carl Goerdeler. . .* (Anm. I/54), S. 130 ff.; Bracher (Anm. I/26), S. 721 ff.; Kunrat v. Hammerstein (Anm. I/54), S. 167 ff.

Schleicher hinweg –, er hatte auch in der Person Blombergs einen Mann an der Spitze
der Reichswehr, der ihm den zweiten Teil seines Vorhabens, die Revolutionierung des
Staates, ungewöhnlich erleichtern sollte. Das Duell Hitler–Schleicher war beendet;
Schleicher war nicht nur ausmanövriert, sondern vollständig ausgeschaltet, seine
Zähmungspolitik lag in Trümmern. Es war das unvermeidliche Ergebnis einer schon
im Ansatz verfehlten Politik. Schleicher hat das später selbst freimütig zugestanden:
„Er müsse bekennen", äußerte er 1934 zu einem ehemaligen Mitarbeiter, „daß er den
untauglichen Weg versucht habe, einer Revolution mit parlamentarischen Mitteln Herr
zu werden. Sie hätte nur mit Gewalt bekämpft werden können, die ihm nicht zur Verfügung stand." [57] Dies letztere ist freilich nicht so sicher. Wenn Schleicher unter „Gewalt" die Waffen der Reichswehr verstand, so mag er recht gehabt haben; aber wenn
er damit auch eine rechtzeitige und energische staatliche Verbotspolitik meinte, so muß
man ihm entgegenhalten, daß es nicht die Schuld Groeners oder der zivilen Behörden
war, wenn das SA-Verbot wieder aufgehoben wurde.

3. Das Bündnis Reichswehr – Hitler

Was immer Hitler als „Endziel" seiner Herrschaft vorgeschwebt haben mag – der
Aufbau eines neuen Staates, die reine Willkürherrschaft, die permanente Revolution
oder noch anderes –, sicher ist, daß er zunächst das bestehende Regime beseitigen
wollte, jenes „Weimarer System", das ihn in seiner Bewegungsfreiheit, so wie er sie
verstand, entscheidend behinderte. Daher war sein Machtantritt, so sehr er sich in
legalen oder, genauer: in den damals üblichen Formen abgespielt hatte, nicht eine
normale Regierungsübernahme, sondern der Beginn der eigentlichen Revolution: Der
Führer der revolutionären Bewegung bekam dadurch Gelegenheit, die Umwälzung
des bestehenden Staates mit dessen eigenen Machtmitteln durchzuführen. Dies Rezept
der „legalen Revolution" [58] bedeutete für Hitler eine große Erleichterung insofern,
als die Illegalität jetzt im Gewande der Legalität auftreten und so unter den Exponenten des republikanischen Regimes tiefe Verwirrung verbreiten konnte. Aber es
bedeutete in gewissem Sinne auch eine Erschwerung, denn Hitler sah sich dadurch
zu einem schrittweisen Vorgehen, zu einer Revolution in Etappen gezwungen: Der
Prozeß der „Gleichschaltung" konnte jeweils nur an einem Teil des bestehenden
politischen Systems vollzogen werden, während die anderen Machtzentren zum Stillhalten oder gar zur Mithilfe veranlaßt werden mußten. Hitlers Risiko lag darin, daß
sich die zunächst nicht betroffenen Teile zur Abwehr zusammenschlossen. Tatsächlich
war dieses Risiko aber weit geringer, als es scheinen mochte, da sich Hitler zwei der
politisch unheilvollsten Fehler der Deutschen zunutze machen konnte: ihre Neigung,
Handlungen und Maßnahmen der Regierung als schlechthin unparteiisch, sachbezogen
und rechtmäßig zu betrachten, und ihre Tendenz zur Exklusivität der – sei es sozialen,
sei es politischen – Gruppenbildung. Das eine erhöhte seine Chance zur Tarnung
seiner Maßnahmen, das andere erleichterte ihm sein etappenweises Verfahren, indem
es ihm ermöglichte, die jeweils zur Gleichschaltung vorgesehene Gruppe oder Institution als „Staatsfeind", „Krebsschaden", „Weltpest" usw. zu verfemen und ihre Nachbarn zur Mithilfe oder doch wenigstens zur Duldung der Vergewaltigung zu bewegen.

[57] *Zeugenschrifttum* (Anm. I/53), Nr. 279, I (Ott), S. 20.
[58] Die Widersprüchlichkeit dieses Begriffs hat nicht gehindert, daß man ihn wissenschaftlich zu begründen versuchte; vgl. z. B. Albert Diller, *Die Legalität der nationalsozialistischen Revolution*, Erlangen 1935. In dieser
aus einer staatswissenschaftlichen Arbeitsgemeinschaft der Universität Erlangen hervorgegangenen Schrift wird
der Begriff der Legalität an das Merkmal der Gewaltlosigkeit geknüpft: „Legal" ist eine Revolution, deren neue
Gesetze nicht mit Gewalt oktroyiert, sondern aus der Verfassung des alten Regimes „abgeleitet" worden sind
(wie das Ermächtigungsgesetz; vgl. S. 48 ff.). Diese Theorie wurde dem politischen Unterricht in der Wehrmacht
zugrunde gelegt; vgl. z. B. *Dienstkenntnis. Leitfaden für den Unterricht an der Marineschule*, bearb. von der
Marineschule Mürwick, Teil III: *Verfassungsrecht*, Berlin 1938, S. 8.

Hitlers Präsidialkabinett war eine Koalitionsregierung, in der die nicht-national-sozialistischen Kräfte nicht nur zahlenmäßig die Überhand, sondern auch die wichtig-sten klassischen Ressorts im Besitz hatten. Man weiß, daß dies die beiden Punkte waren, auf die Papen, Hugenberg und ihre Kollegen ihre Hoffnung gründeten, sie hätten Hitler „eingefangen", aber es ist ebenso bekannt, daß das eine grausame Täu-schung war. In Wirklichkeit spiegelt die Kabinettszusammensetzung nur Hitlers Aktions-plan wider. Die Gefahr der Majorisierung im Ministerrat kümmerte ihn wenig, denn er war ohnehin gesonnen, allein zu regieren, und konnte mit Hilfe seiner braunen Terror- und Bürgerkriegsbanden jederzeit vollendete Tatsachen schaffen, die dann durch keine „papiernen Beschlüsse" mehr umzustoßen waren. Und die Verteilung der Ressorts zeigt an, welche Gebiete des öffentlichen Lebens zuerst gleichgeschaltet und welche vorläufig ausgespart werden sollten. Außer dem Reichskanzleramt und dem in diesem Zusammenhang unwichtigen neugeschaffenen Reichskommissariat für die Luftfahrt besetzten die Nationalsozialisten nur das Reichsinnenministerium und das Preußische Innenministerium. Dieses gebot über die weitaus stärkste Polizeimacht im Reiche, stärker als die Polizeikräfte aller übrigen Länder zusammen,[59] und da es vom Reichsinnenministerium Rückendeckung und Unterstützung erwarten durfte, ver-fügten die Nationalsozialisten nun ungehindert über den entscheidenden Teil der zivilen staatlichen Exekutive. Das entsprach genau Hitlers schon vor der Machtergrei-fung wiederholt aufgestelltem Grundsatz, daß die gegenwärtige Lage vom Primat der Innenpolitik bestimmt werde; nicht nur die Erringung der äußeren Freiheit, sondern selbst die Überwindung der Wirtschaftskrise sei abhängig von der „inneren Wieder-gesundung", der Beseitigung der „Zerrissenheit klassenmäßiger Natur".[60] Die Ressort-verteilung vom 30. Januar gab ihm dazu die Mittel an die Hand, bedurfte es doch jetzt nur noch einer geeigneten Steuerung der Polizeiaktionen, um die Polizei zu einem Bündnispartner der braunen Parteiarmee zu machen. Die polizeiliche Duldung oder gar Unterstützung des Terrors der SA und SS in seinen zahlreichen Formen war die Voraussetzung für die volle Entfaltung von dessen innenpolitischer Funktion: der Verbreitung einer allgemeinen Atmosphäre von Druck und Einschüchterung als Basis für die geplante Gleichschaltungspolitik. Daher konnte Hitler auf die Besetzung der anderen Ministerien, insbesondere auch des Außen-, Wirtschafts- und Wehrministe-riums, auf die seine Partner so großen Wert gelegt hatten, vorläufig verzichten; war erst einmal der erste Schritt getan, so würden diese Bereiche sich um so leichter gleich-schalten lassen.

Freilich ergab sich dabei eine Schwierigkeit. Diese anderen, von Deutschnationalen, Stahlhelm und parteilosen Konservativen besetzten Ressorts besaßen im allgemeinen keine Exekutive, die in der Lage gewesen wäre, gegen Aktionen der Polizeigewalt zu intervenieren, konnten also den Gleichschaltungsprozeß auch nicht stören. Aber es gab eine Ausnahme: das Reichswehrministerium. Solange es nicht in nationalsozialistischer Hand war, bestand die Möglichkeit, daß eine etwa sich bildende Opposition gegen Hitler an der bewaffneten Macht Rückhalt fand und sie gegen die nationalsozia-listische Revolution mobilisierte. Auch war die Möglichkeit nicht auszuschließen, daß die Reichswehr auf Grund und im Interesse ihrer bisherigen halbautonomen Stellung von selbst aktiv wurde und Hitler in den Weg trat. Allerdings war die zahlenmäßige Kräfteverteilung ungünstig für die Reichswehr; eingehende Studien dieses Problems

---

[59] Die uniformierte staatliche Polizei betrug in Preußen 54 712 Mann, in den übrigen deutschen Ländern zu-sammen 40 473 Mann; Pol.-Major Elster, „Der ‚militärische' Charakter der deutschen Polizei", in: *Die Polizei* 30 (1933), S. 207 f.

[60] *Vortrag Adolf Hitlers vor westdeutschen Wirtschaftlern im Industrie-Klub zu Düsseldorf am 27. Januar 1932*, München 1932. Vgl. dazu Karl Dietrich Bracher, „Das Anfangsstadium der Hitlerschen Außenpolitik", in: *Vierteljahrshefte für Zeitgeschichte* 5 (1957), S. 63–76, bes. S. 65 f. – Zum Gesamtproblem s. o. I. Teil.

im Reichswehrministerium hatten schon im November 1932 zu dem Ergebnis geführt, daß die Ordnungskräfte des Reiches – hauptsächlich Wehrmacht und Polizei – gegen eine kombinierte nationalsozialistisch-kommunistische Aktion nicht ausreichten,[61] und dieses Resultat durfte trotz den veränderten Verhältnissen auch im Frühjahr 1933 als gültig angesehen werden. Zwar bestand jetzt die Möglichkeit eines rot-braunen Bündnisses nicht mehr, dafür aber verfügten die Nationalsozialisten mindestens über die preußische Polizei.[62] Aber die bloß quantitative Stärkeberechnung gab nicht genügend Aufschluß über die beiderseitige Kampfkraft, und überdies kam es Hitler im Zeichen seiner „legalen Revolution" ja gerade darauf an, jeden offenen Zusammenstoß mit der bisherigen staatlichen Exekutive zu vermeiden. Die Furcht vor einem „Staatsstreich" der Reichswehr war einer der Hauptgründe gewesen, die Hitler bereits vor 1933 auf den Weg der Legalität geführt hatten,[63] und sie bestimmte auch jetzt seinen Kurs. Wollte er ihn durchhalten, so bedurfte es dazu zweier Voraussetzungen: Er mußte erstens Hindenburg ständig auf seiner Seite haben; gegen ihn würde die Reichswehr nicht putschen. Aber Hindenburg stand an der Schwelle des Todes, und Hitler mußte damit rechnen, daß er starb, bevor die ihm zugedachte Rolle im Rahmen der nationalsozialistischen Revolution beendet war. Daher kam es für ihn zweitens darauf an, die neue Reichswehrführung zu einem Kurswechsel zu veranlassen, der sie von dem Schleicherschen Weg der *Diktatur in der Diktatur* abbrachte und sie auf den anderen der „Neutralität" und d. h. der *Nichteinmischung* führte. Gelang das, so mußte die Reichswehr in demselben Maße, in dem der Gleichschaltungsprozeß voranschritt, isoliert werden und Hitler schließlich als reife Frucht in den Schoß fallen.

Hitler hat nach bewährter Methode alle Register gezogen, um sein Ziel zu erreichen. Gleich in seiner Regierungserklärung vom 30. Januar erklärte er seine „Liebe zu unserem Heer als Träger unserer Waffen und Symbol unserer großen Vergangenheit",[64] und damit begann eine regelrechte Brautwerbung, in der das nationale Schaustück des „Tages von Potsdam" einer der Gipfelpunkte und die hier wie andernorts geschauspielerte Verehrung für Hindenburg einer der Köder war. Trotz den im Versailler Vertrag auferlegten Beschränkungen, so hieß es am 23. März, dürfe das deutsche Volk „in stolzer Befriedigung auf seine Reichswehr . . . [als den] Träger unserer besten soldatischen Traditionen" blicken.[65] Solche Töne mußten um so mehr wirken, als sie das Offizierkorps seit 1918 nicht mehr zu hören bekommen hatte. Aber Hitler hatte auch konkrete Angebote zu machen. Welcher Art sie waren, erfährt man aus einer Rede, die er vier Tage nach dem Regierungsantritt, am 3. Februar 1933, vor den in Berlin versammelten Befehlshabern der Reichswehr hielt.[66] Sie wird an anderer Stelle noch ausführlicher zu würdigen sein; hier soll nur der Inhalt seiner Bündnisbedingungen zusammengefaßt werden. Die „wichtigste Voraussetzung" für seine Ziele, so erklärte er, sei die Aufrüstung der Wehrmacht; sie müsse durch Beseitigung des „Pazifismus" und durch „Ertüchtigung der Jugend und Stärkung des Wehrwillens mit allen Mitteln" ergänzt werden. Das, die vom Offizierkorps lange ersehnte Aufrüstung, war das eine Angebot; das zweite präsentierte er mit der Erklärung, unter seiner Regierung sei, anders als in Italien, „keine Verquickung von Heer und SA be-

    [61] Vgl. o. S. 706.

    [62] Die SA war im Januar 1933 ca. 400 000 bis 500 000 Mann stark (vgl. u. S. 890), die preußische Polizei, wie erwähnt, ca. 55 000 Mann; dem standen 100 000 Mann Reichswehr gegenüber.

    [63] Vgl. seine o. S. 693 zitierte Bemerkung in den Tischgesprächen im Führerhauptquartier.

    [64] *Schultheß, 1933,* S. 36.

    [65] *A. a. O.,* S. 72; vgl. auch S. 44 (Wahlrede Hitlers im Berliner Sportpalast am 10. Februar 1933): „Wir wollen auch erziehen zu der Ehrfurcht vor unserem alten Heer. . ." Außerdem *Zeugenschrifttum* (Anm. I/53), Nr. 105 (General v. Mellenthin), S. 1 f.; S. 26 f.

    [66] „Reichswehrdokumente" (Anm. I/40), S. 434 ff. Es ist anzunehmen, daß das Folgende bereits das Resultat der Verhandlungen zwischen Hitler, Reichenau und Blomberg vor bzw. am 30. Januar war. Darüber u. S. 715.

absichtigt". Die große Sorge der Reichswehr, daß aus Röhms SA und SS eine Konkurrenzarmee entstehen und das Waffenmonopol der Reichswehr gefährden könnte, schien damit beseitigt. Dann aber präsentierte Hitler seine Gegenforderung, und es kennzeichnet seine gefährliche Geschicklichkeit, daß er das in einer Form tat, die wiederum nur die Wünsche der Reichswehr zu erfüllen schien. Wenn er erklärte, die Wehrmacht solle nach seinem Willen „unpol[itisch] und überparteilich bleiben" und „der Kampf im Innern nicht ihre Sache, sondern [die] der Nazi-Organisationen" sein, so hieß das, in eine mehr konkrete Sprache übersetzt, daß er bei der Niederringung seiner inneren Gegner und der Entfesselung der Revolution von der Reichswehr nicht gestört werden wollte; aber indem er sich der traditionellen Formeln von „Überparteilichkeit" und „unpolitischer Haltung" bediente, versuchte er den Offizieren zu suggerieren, er verlange von ihnen nichts als die Rückkehr zu der von ihnen gewünschten zwielichtigen Distanzierung, wie sie einst Seeckt praktiziert hatte.

Die Reaktion der Reichswehr auf dieses Angebot mußte gemäß der hierarchischen Struktur des Offizierkorps in hervorragendem Maße von der Haltung des neuen Reichswehrministers v. Blomberg und seines nächsten Beraters, des Obersten v. Reichenau, abhängig sein. In dieser Beziehung erwies sich die Wahl Blombergs als für Hitler ungewöhnlich günstig, doch ist zu bezweifeln, ob das nur ein „unverhoffter Glücksfall" war.[67] Wie bei so vielen Vorgängen jener wahrhaft dunklen letzten Januarwoche 1933 ist auch der Hergang bei der Ernennung Blombergs noch nicht in allen Punkten geklärt; sehr wahrscheinlich hat aber Krausnick recht, wenn er ihn einen „für Hitler günstigen Kompromiß" zwischen Hindenburg und den Nationalsozialisten nennt.[68] Hindenburg hatte sich die Besetzung des Wehrministeriums ausdrücklich vorbehalten, weil er es – ebenso wie das Außenministerium – „in der Hand absolut zuverlässiger Männer wissen" wollte. Seinem Denken entsprechend, glaubte er das am besten durch die Wahl eines Offiziers zu erreichen, und überdies wollte er „Schluß mit der Methode Schleichers" machen.[69] Dementsprechend waren alle in Erwägung gezogenen Kandidaten – außer Blomberg noch Fritsch und Joachim v. Stülpnagel – Generale, die mehr oder weniger als Gegner Schleichers galten. Da sie überdies alle dem Nationalsozialismus mindestens wohlwollendes Verständnis entgegenbrachten,[70] darf man schließen, daß schon frühzeitig eine Konsultation mit Hitler stattgefunden hatte. Jedenfalls berichtete er später gesprächsweise, „er [habe] Göring besonders eingeschärft . . ., als Reichswehrminister nur einen General zu akzeptieren, der, wie der ihm von Ostpreußen her empfohlene General v. Blomberg, sein Vertrauen habe".[71] Sehr wahrscheinlich bezog sich Hitler damit auf die Aktivität des Obersten v. Reichenau, Blombergs ehrgeizigen ostpreußischen Stabschef, der sich in der Endphase der Regierungsverhandlungen ständig in Berlin aufhielt und hier – nachdem er etwaige eigene Hoffnungen hatte begraben müssen – sowohl im nationalsozialistischen Hauptquartier als auch in der Umgebung des Reichspräsidenten seine Fäden

---

[67] So Hermann Mau, „Die ‚zweite Revolution' – der 30. Juni 1934", in: *Vierteljahrshefte für Zeitgeschichte* 1 (1953), S. 119–137 (Zitat S. 121).

[68] Krausnick (Anm. I/26), S. 208. Vgl. Hoßbach, *Die Entwicklung. . .* (Anm. I/25), S. 96.

[69] Franz v. Papen, *Der Wahrheit eine Gasse*, München 1952, S. 271 und S. 275.

[70] Über Blomberg und Fritsch vgl. u. S. 713 f. und S. 735 f. Zur Haltung Stülpnagels und seiner Kandidatur im Januar 1933 vgl. Groeners Zeugnis in: Phelps (Anm. I/36), 76, S. 922; 77, S. 27; *Zeugenschrifttum* (Anm. I/53), Nr. 182 (Feldmarsch. v. Weichs), S. 3 f.; *MGN* 11, Ankl.-Dok.-B. 169, Dok. NI-211 (Brief Wilhelms Kepplers an Frhr. v. Schröder vom 28. November 1932); Waldemar Erfurth, *Die Geschichte des deutschen Generalstabes von 1918 bis 1945* (Studien zur Geschichte des zweiten Weltkrieges, Bd. 1), Göttingen–Berlin–Frankfurt 1957, S. 145. Stülpnagel war schon einmal Konkurrent Blombergs gewesen, als es sich um die Nachfolge Heyes als Chef der Heeresleitung handelte; *a. a. O.*, S. 120 f.; Sauer, „Die Reichswehr" (Anm. I/26), S. 253.

[71] Picker (Anm. I/16), S. 430. Vgl. auch *Informations-Berichte des Dienstag* [Dienst Nationaler Tageszeitungen], Bericht vom 31. Januar 1933 (Sammlung Karl Brammer im *Bundesarchiv* Koblenz; im Folgenden zitiert: *Dienstag-Berichte*).

zugunsten Blombergs zog. Dies und Hindenburgs fatale Schwäche für weltmännisch-
gewandtes und verbindliches Auftreten, die schon gegenüber Papen hervorgetreten
war und sich im Falle Blomberg jetzt erneut bewies, werden schließlich für ihn den
Ausschlag gegeben haben.[72]

Eine der ersten Amtshandlungen des neuernannten Ministers war die Berufung
Reichenaus zum Nachfolger von Schleichers Gehilfen Oberst v. Bredow als Chef des
Ministeramts, jenes politischen Führungsstabes im Reichswehrministerium, der Schleichers ureigenste Schöpfung war. Damit begann eine bedeutsame Verschiebung im
Spitzengremium des Offizierkorps. Mit Schleicher war eines der letzten Mitglieder
jener Clique aus der kaiserlichen Obersten Heeresleitung des ersten Weltkrieges abgetreten, die die Reichswehr aufgebaut und ihre Geschicke seitdem maßgeblich beeinflußt hatte – in vermindertem Grade auch unter Seeckt.[73] Sie war schon in den
letzten Jahren der Ära Schleicher allmählich abgebröckelt und durch eine neue, von
Schleicher zielstrebig aufgebaute Führungsgruppe jüngerer Offiziere abgelöst worden;
aber in der Person Schleichers war eine gewisse Kontinuität erhalten geblieben. Mit
seinem Rücktritt riß diese Tradition ab, und die Reichswehr verlor ihren Fachmann
für Innenpolitik, der sich in den bewegten Jahren der Republik wieder und wieder
als unersetzlich erwiesen hatte, weil er es wie keiner seiner Kameraden verstand, das
Reichswehrschiff durch die klippenreichen Gewässer der republikanischen Politik
zu steuern.[74] Und die Entlassung Bredows leitete die Entmachtung und Auflösung der
Schleicherschen Führungsgruppe und damit des letzten Restes der die Reichswehr-
geschichte bestimmenden Offizierschicht ein. An ihre Stelle trat mit Blomberg und
Reichenau das ostpreußische Wehrkreiskommando als Avantgarde einer Offizierschicht neuen Typs. Bei aller Verschiedenheit der Individualitäten läßt sie sich doch
durch eine Reihe gemeinsamer Merkmale kennzeichnen: Lockerung, ja Lösung der
Bindungen an die preußischen Traditionen und insbesondere an die Monarchie; Auf-
geschlossenheit für die neue Zeit, für ihre ideologischen Tendenzen, ihre sozialen Probleme und den technischen Fortschritt; damit verbunden aber auch geistige Heimat-
losigkeit, die sich bei den einen in Richtungslosigkeit, bei den anderen in geistiger
Verkümmerung äußerte; und schließlich Professionalisierung und Funktionalisierung,
die in Verbindung mit der geistigen Leere zu Sorglosigkeit und Ignoranz in allen
nichtmilitärischen Fragen führten und sich bei manchen bis zu Skrupellosigkeit und
Brutalität steigerten. Es war der Typ des Technikers der Macht, des „Ingenieurs der
Zerstörung", den einst Robespierre für den Offizier der Zukunft gefordert hatte[75]
und der in seiner deutschen Form im 20. Jahrhundert alsbald in den Sog der revolu-
tionären Dynamik des Nationalsozialismus geriet, sei es, daß er der Faszination
Hitlers, der pseudoreligiösen Verkündigung oder dem kalten Rausch schrankenloser
Macht erlag.[76]

[72] Die Einzelheiten bei Papen (Anm. I/69), S. 271; Otto Meißner, *Staatssekretär unter Ebert-Hindenburg-
Hitler. Der Schicksalsweg des deutschen Volkes von 1918–1945, wie ich ihn erlebte*, Hamburg 1950, S. 266; S. 269;
S. 321; Walter Görlitz, *Hindenburg. Ein Lebensbild*, Bonn 1953, S. 402; Kunrat v. Hammerstein (Anm. I/54),
S. 127 (Brief des Generals v. d. Bussche-Ippenburg 1953) und S. 165 (Zeugnis des Generals Kuntzen); *Zeugen-
schrifttum* (Anm. I/53), Nr. 217 (Bussche), S. 4 f.; S. 8 f.; *a. a. O.*, Nr. 105 (Mellenthin), S. 30 f.; Foertsch (Anm.
I/25), S. 29; „Reichswehrdokumente" (Anm. I/40), S. 431.

[73] Dazu Wolfgang Sauer, *Militär- und Zivilgewalt in der Revolution. Das Bündnis Ebert–Groener 1918* (in
Vorbereitung; *Schriften des Instituts für politische Wissenschaft*, Bd. 15); Erfurth (Anm. I/70), S. 110 ff.; *Zeugenschrifttum, a. a. O.*, Nr. 312, S. 28.

[74] Außer der bei Sauer, „Die Reichswehr" (Anm. I/26), S. 245; S. 252 f.; S. 276 ff. zitierten Literatur vgl. jetzt
auch die einschlägigen Stellen bei Erfurth, *a. a. O.*, und die Skizze bei Lutz Graf Schwerin v. Krosigk, *Es geschah in
Deutschland. Menschenbilder unseres Jahrhunderts*, Tübingen–Stuttgart 1951, S. 116.

[75] Alfred Vagts, *A History of Militarism. Civilian and Military*, 2., überarb. Aufl., London 1959, S. 114.

[76] Die Entwicklung des preußischen Offiziers zum *homo faber* hat schon Friedrich Meinecke, *Die deutsche Katastrophe. Betrachtungen und Erinnerungen*, 4. Aufl., Wiesbaden 1949, S. 56 ff. und S. 64 ff., in großen Zügen dargelegt. Eine kurze Skizze bei Sauer, *Militär. . .* (Anm. I/73).

Blomberg und Reichenau waren bei aller Verschiedenheit doch jeder in seiner Weise Repräsentanten dieses Tys. Blomberg ist von seinen ehemaligen Kameraden nach der Katastrophe von 1945 als Außenseiter im Offizierkorps und als Hauptschuldiger für die Auslieferung der Wehrmacht an Hitler verfemt worden. Aber das Urteil Rundstedts vor dem Nürnberger Gerichtshof, Blomberg sei im Offizierkorps „immer etwas fremd" gewesen, es habe „ihn eigentlich niemand recht leiden" können,[77] wird durch Fritschs Zeugnis widerlegt, der, freilich schon 1938, gestand, er habe Blomberg trotz vielen Vorbehalten als Menschen sehr geschätzt; „wir waren, menschlich gesehen, fast befreundet."[78] Tatsächlich scheinen Blombergs allseits gerühmte Liebenswürdigkeit und Verbindlichkeit Fritschs Angaben eher zu bestätigen, und wenn auch seine „romantisch-phantastischen" Neigungen von der traditionellen Nüchternheit seiner Kollegen fremdartig abgestochen haben mögen, so resultierte daraus doch noch keine Entfremdung. Auch seiner Laufbahn nach ist Blomberg keineswegs ein Außenseiter.[79] Aus einer Offiziersfamilie stammend, hat er die normale Karriere durchlaufen: Kadettenhaus, Generalstab, im ersten Weltkrieg Wechsel zwischen Frontdienst und Truppengeneralstab. Bei Kriegsende bot sich ihm die Chance zum Sprung nach oben; vielseitig begabt und intelligent, hat er sie genützt und einen schnellen und glänzenden Aufstieg bis zum Chef des Truppenamtes (1927 bis 1929) und Anwärter auf den Posten des Chefs der Heeresleitung erlebt. Dabei hat ihm nach eigenem Zeugnis geholfen, daß er, schon vor 1914 voll Skepsis und Kritik an den bestehenden Verhältnissen, durch den Ausgang des Krieges nicht „aus allen Himmeln gerissen wurde" und sich unbeschwerter und vorurteilsfreier als andere dem Dienst der Republik widmen konnte.[80] Lange Zeit galt er als einer der „demokratischsten" Offiziere,[81] aber er war auch Anhänger der Steinerschen Anthroposophie und zeigte sich 1928, auf einer Reise nach Rußland, sehr beeindruckt von dem sowjetischen System der ideologischen Massenmobilisierung und -lenkung – Zeugnisse für einen ebenso entzündbaren wie unbeständigen Geist, der gewonnene Eindrücke nicht gründlich verarbeitete.[82]

Der Wendepunkt in seinem Leben trat 1929 ein, als er sich aus einem noch nicht näher geklärten Anlaß mit Schleicher überwarf,[83] als Wehrkreisbefehlshaber nach Ostpreußen versetzt wurde und hier ab 1931 unter den Einfluß seines neuen Stabschefs v. Reichenau geriet, der ihn im Verein mit dem unrühmlich bekannten Wehrkreispfarrer Ludwig Müller für den Nationalsozialismus zu interessieren begann.

[77] Aussage Rundstedts am 12. August 1946, *IMT* (Anm. I/55), XXI, S. 59. Vgl. Hoßbach, *Zwischen Wehrmacht* . . . (Anm. I/25), *passim*, und Erfurth (Anm. I/70), S. 115.

[78] Niederschrift Fritschs vom 1. Februar 1938, abgedr. bei Hoßbach, *a. a. O.*, S. 68 f. Vgl. auch Foertsch (Anm. I/25), S. 30; *Zeugenschrifttum* (Anm. I/53), Nr. 105 (Mellenthin), S. 31; Basil Henry Liddell Hart, *Jetzt dürfen sie reden. Hitlers Generale berichten*, Stuttgart-Hamburg 1950 (Titel des engl. Originals: *The Other Side of the Hill*), S. 141 (Zeugnis des Generals Röhricht).

[79] Außenseiter war Blomberg nur im Verhältnis zum OHL-Kreis; *Zeugenschrifttum, a. a. O.*, Nr. 312, S. 28. Zum Folgenden s. Erfurth (Anm. I/70), S. 83; S. 118 ff.; S. 129 (mit Auszügen aus Blombergs Memoiren); und Georges Castellan, *Le réarmement clandestin du Reich 1930–1935*, Paris 1954, S. 85 f.

[80] Blomberg in seinen Memoiren (ungedr. Manuskript in USA), abgedr. bei Erfurth, *a. a. O.*, S. 83.

[81] Konrad Heiden, *Adolf Hitler. Das Zeitalter der Verantwortungslosigkeit. Eine Biographie*, Bd. I, Zürich 1936, S. 329.

[82] Rundstedt: *IMT* (Anm. I/55), S. 59 (über Verbindung zur Anthroposophie); Castellan (Anm. I/79), S. 86; Walter Görlitz, *Der deutsche Generalstab. Geschichte und Gestalt. 1657–1945*, Frankfurt a. M. [1950], S. 375 (über Blombergs Reisen); ausführlicher über Blombergs Rußlandreise Hans W. Gatzke, "Russo-German Military Collaboration During the Weimar Republic", in: *American Historical Review* 63 (1958), S. 588.

[83] Erfurth (Anm. I/70), S. 118 f.; *Zeugenschrifttum* (Anm. I/53), Nr. 66, II (Generaloberst Heinrici), S. 179 f.; Nr. 312, S. 28; *Zeugenschrifttum des Instituts für politische Wissenschaft* (Foertsch); vgl. auch Foertsch (Anm. I/25), S. 29. Die näheren Umstände sind noch nicht ausreichend geklärt. Der Anlaß war eine Panne bei der geheimen Aufrüstung, für die Blomberg die formale Verantwortung trug, aber es wird behauptet, daß Schleicher das nur zum Vorwand nahm, um Blomberg als Konkurrenten Hammersteins für das Amt des Chefs der Heeresleitung zu beseitigen.

Bald hörte ihn einer seiner Offiziere urteilen, der Nationalsozialismus sei „in seinem Fanatismus nur mit dem Christentum in seiner Urform zu vergleichen".[84] Hinzu kam, daß er nach einem Sturz vom Pferde und nach dem Tode seiner ersten Frau physisch und psychisch erschüttert schien. Schon Brüning hatte angeregt, ihn als Chef der deutschen Militärmission bei der Abrüstungskonferenz in Genf kaltzustellen, und gegen Ende 1932 begannen Schleicher und der Chef des Heerespersonalamtes, General v. d. Bussche-Ippenburg, Überlegungen über seine Verabschiedung anzustellen.[85] Aber da machte Hindenburg in seinem unglückseligen Hang, den falschen Leuten im falschen Augenblick die Treue zu halten, auch hier einen Strich durch Schleichers Rechnung und ernannte gerade Blomberg zum Reichswehrminister. Die Folge war, daß der labile, sanguinische Mann der suggestiven Wirkung Hitlers rasch verfiel. Es seien ihm, so schrieb er später in seinen Memoiren, 1933 über Nacht Dinge in den Schoß gefallen, die er nach 1919 niemals erwartet hätte: Zuerst Glauben, Verehrung für einen Mann und völlige Anhänglichkeit an eine Idee; später ein Tätigkeitsfeld, das große Zukunftsmöglichkeiten barg. Er habe sich dem Nationalsozialismus verschrieben, weil er gefunden habe, daß im Kern dieser Bewegung alles richtig war.[86]

Aus ganz anderem Holze war Reichenau geschnitzt. Seine Karriere bis 1933 war weniger bewegt und interessant. Kaum jünger als Blomberg und wie er Generalstabsoffizier, kam er dem Typ des „Ingenieurs der Zerstörung" wesentlich näher. Als er 1935 als Kommandierender General nach München versetzt wurde, erwarteten die dortigen Offiziere einen typischen „Potsdamer"; aber sie mußten zu ihrem Erstaunen feststellen, daß er „ebensogut ein amerikanischer General [hätte] sein können".[87] Er hatte sich mit den technischen Errungenschaften der Zeit vertraut gemacht und hatte Verständnis für sie; er war ein vielseitiger Sportsmann und hatte seinen militärisch glänzend geschulten Geist durch Aneignung mehrerer Fremdsprachen zu vielseitiger Verwendung ausgebildet. Geist und Körper waren sicher beherrschte Werkzeuge seines starken Willens, aber außer der Macht sucht man vergeblich ein Ziel, auf das er seine Willenskraft gelenkt hätte — der Macht der Armee, der Deutschlands und nicht zuletzt seiner eigenen.[88] Durch einen süddeutschen Verwandten schon frühzeitig mit Hitler bekannt geworden, trat er in Ostpreußen mit dem unvermeidlichen NS-Pfarrer Müller und dem nationalsozialistischen Gauleiter Koch in so enge Beziehungen, daß man ihn darob im Sommer 1932 nach Berlin zitierte; der generöse Hammerstein verhinderte seine Entlassung,[89] aber Reichenau setzte seine Eskapaden unbeeindruckt fort und hat

---

[84] Felix Steiner, *Von Clausewitz bis Bulganin. Erkenntnisse und Lehren einer Wehrepoche*, Bielefeld 1956, S. 131. In solchen Äußerungen klingen die Gedanken des Pfarrers Müller wider, der die Treue zu Christus mit der zu Hitler verglich (Brief des Staatssekretärs a. D. Abegg an Severing vom 31. Mai 1947; *Zeugenschrifttum des Instituts für politische Wissenschaft*, S. 5). Vgl. Blombergs eigenes Zeugnis in seinen Memoiren: Telford Taylor, *Sword and Swastika. The Wehrmacht in The Third Reich*, London 1953, S. 77. Außerdem: Peter Bor [d. i. Paul Lüth], *Gespräche mit Halder*, Wiesbaden 1950, S. 105; *Zeugenschrifttum* (Anm. I/53), Nr. 105 (Mellenthin), S. 28. Nicht zutreffend ist, daß Blomberg schon 1932 mit Hitler direkt in Kontakt getreten sei, wie es Heiden (Anm. I/81), I, S. 329, und Hans Rudolf Berndorff, *General zwischen Ost und West. Aus den Geheimnissen der deutschen Republik*, Hamburg 1951, S. 233 f., behaupten. Vgl. dazu das Zeugnis Otts, *Zeugenschrifttum, a. a. O.*, Nr. 279, I, S. 26.

[85] Heinrich Brüning, „Ein Brief", in: *Deutsche Rundschau* 70 (1947), Heft 7, S. 18; Bussche-Ippenburg in: *Zeugenschrifttum* (Anm. I/53), Nr. 217, S. 4 f.; S. 14; ders. 1953 an Kunrat v. Hammerstein (Anm. I/54), S. 127; General v. Mellenthin in: *Zeugenschrifttum, a. a. O.*, Nr. 105, S. 31.

[86] Taylor (Anm. I/84), S. 80.

[87] *Zeugenschrifttum* (Anm. I/53), Nr. 208, S. 88 (General Blumentritt).

[88] Zur Charakteristik Reichenaus s. Castellan (Anm. I/79), S. 86 (Lebensdaten); Foertsch (Anm. I/25), S. 31 f.; General Röhricht in: Liddell Hart (Anm. I/78), S. 141; Krausnick (Anm. I/26), S. 209.

[89] Schüddekopf (Anm. I/26), S. 319; Foertsch, *a. a. O.*, S. 24; *Zeugenschrifttum* (Anm. I/53), Nr. 217 (Bussche-Ippenburg), S. 4 f.; S. 8 f.; Brief Bussches an Kunrat v. Hammerstein (Anm. I/54), S. 127; *Zeugenschrifttum, a. a. O.*, Nr. 105 (Mellenthin), S. 27 f.; Fritsch (Aufzeichnung vom 1. Februar 1938) in: Hoßbach, *Zwischen Wehrmacht...* (Anm. I/25), S. 69; Bor (Anm. I/84), S. 105; Steiner (Anm. I/84), S. 100. Vgl. auch Taylor (Anm. I/84), S. 77 (mit Anm. 4: Reichenaus Vater war führend im Alldeutschen Verband tätig).

sogar mit Hitler in Briefwechsel gestanden.[90] Indessen wird man ihn wohl kaum in ideologischem Sinne einen Nationalsozialisten nennen dürfen, wohl aber mag er schon früh mit sicherem Blick erfaßt haben, daß hinter der offiziellen Phraseologie der Hitlerschen Bewegung ein ähnlich unbändiger Machtwille wirkte wie bei ihm selbst, und die Skrupellosigkeit und Brutalität, die sich damit verbunden zeigten, werden ihn eher angezogen als abgestoßen haben, war er doch selbst von beidem nicht frei. Trotzdem ist es nicht unglaubwürdig, daß er, wie berichtet wird, für die Schwächen Hitlers und der nationalsozialistischen Bewegung nicht blind gewesen sein und sich später im Kriege von Hitler abgewandt haben soll,[91] denn als geschulter Fachmann kann er die Gefahren des systematischen Hitlerschen Dilettantismus nicht übersehen haben. Aber eitel und ehrgeizig, immer nur das Nächstliegende vor Augen, schlug er Bedenken leichtfertig in den Wind und paktierte bewußt mit dem Teufel, in der vermessenen Hoffnung, ihn im entscheidenden Augenblick schon überlisten zu können.

Es bedarf keines Hinweises, daß Reichenau als die stärkere Persönlichkeit fortan der *spiritus rector* der Reichswehrpolitik wurde; wie seinerzeit unter Groener wurde das Ministeramt jetzt wieder zum entscheidenden Schaltwerk im Reichswehrministerium. Nur funktionierte es nicht mehr so gut; der Meister war gegangen, und die beiden Lehrlinge, die ihm folgten, mußten bald entdecken, daß der komplizierte Mechanismus mit bloßem Selbstvertrauen allein nicht zu beherrschen war. Aber zunächst steuerten sie unbekümmert darauf los, und ihr Kurs war eindeutig. Man hat oft erörtert, wann eigentlich das Bündnis zwischen Reichswehr und Hitler perfekt wurde, am Tag von Potsdam, im Sommer 1933 nach der Auflösung der Parteien und dem Beginn der Aufrüstung, im Herbst nach dem Austritt aus dem Völkerbund oder im Sommer 1934 nach der Röhm-Krise und dem Tode Hindenburgs. Die traurige Wahrheit ist, daß Reichenau und in seinem Fahrwasser Blomberg dieses Bündnis sofort nach der Regierungsbildung geschlossen haben. Die ersten Absprachen werden vermutlich schon in der letzten Januarwoche zwischen Reichenau und Hitler getroffen worden sein. Am 30. Januar hatte Blomberg dann nach der Vereidigung der Regierung und noch vor der ersten Kabinettssitzung eine Konferenz mit Hitler im Kaiserhof,[92] in der offensichtlich die endgültige Übereinkunft auf der Basis der genannten Hitlerschen Vorschläge geschlossen wurde.

Die ersten Verlautbarungen der Bendlerstraße waren freilich noch vorsichtig und bei oberflächlicher Betrachtung auch mehrdeutig, aber bei eindringender Analyse bleibt kein Zweifel, daß sie genau in Hitlers Konzeption paßten. Den Rahmen hatte bereits Hindenburg selbst abgesteckt, als er Blomberg bei dessen Vereidigung den Auftrag gab, die Reichswehr jeder politischen Diskussion zu entziehen und „Schluß mit der Methode Schleichers" zu machen.[93] Dementsprechend lautete die offizielle Formel für den neuen Kurs „Entpolitisierung der Reichswehr". Das war die Überschrift, unter der die Presse die Ablösung Bredows durch Reichenau ankündigte.[94] In diesem Sinne muß auch das Programm verstanden werden, das Blomberg sowohl in seinem öffentlichen Antrittserlaß an die Wehrmacht am 1. Februar als auch drei Tage später in einer internen Befehlshaberbesprechung im Reichswehrministerium

---

[90] Alan Bullock, *Hitler. A Study in Tyranny*, Long Acre–London 1952, S. 225, Anm. 3: Hinweis auf einen Brief Hitlers an Reichenau vom 4. Dezember 1932, in dem er ihm seine Politik ausführlich auseinandersetzte. Jetzt abgedr. in: *Vierteljahrshefte für Zeitgeschichte* 7 (1959), S. 429 ff.

[91] Foertsch (Anm. I/25), S. 31 f. Vgl. *Zeugenschrifttum* (Anm. I/53), Nr. 44 (Franz v. Gaertner), S. 1 ff.

[92] Joseph Goebbels, *Vom Kaiserhof zur Reichskanzlei. Eine historische Darstellung in Tagebuchblättern*, München 1934, S. 253. Vgl. Hitlers Angaben bei Picker (Anm. I/16), S. 431; jetzt auch Erich Matthias und Rudolf Morsey, Hrsg., *Das Ende der Parteien 1933*, Düsseldorf 1960, S. 574 (Sondierungen der DNVP bei Blomberg am 30. Januar).

[93] Papen (Anm. I/69), S. 275.

[94] Foertsch (Anm. I/25), S. 31; „Reichswehrdokumente" (Anm. I/40), S. 436.

bekanntgab: Erhaltung der Reichswehr als überparteiliches Machtmittel des Staates;
Verbreiterung ihrer Basis durch Wehrertüchtigung des Volkes und Ausbau der Wehrmacht zu einem vollwertigen nationalen Sicherheitsinstrument.[95] Der Begriff der
Überparteilichkeit könnte hier um so mehr irreführen, als Blomberg ihn in der Befehlshaberbesprechung noch ausdrücklich mit der Bemerkung kommentierte, ein „Herab-
sinken zur Parteitruppe hebt [die] Grundlagen auf, auf denen wir stehen!" Auch
berief er sich in seinem Aufruf ausdrücklich auf das „Vermächtnis meiner Amtsvor-
gänger" und leitete die Befehlshaberbesprechung mit einer Würdigung von Schleichers
Tätigkeit und einer Danksagung für seine Verdienste ein. Aber zugleich gab er hier
eine Interpretation der Schleicherschen Politik, die diese als Vorstufe des neuen Kurses
usurpierte und damit einen neuen Begriff der Überparteilichkeit andeutete: Neben
seinen Erfolgen im Kampf um die militärische Gleichberechtigung sei Schleichers
Hauptverdienst das „Heraushalten der R[eichs] W[ehr] aus [der] Politik", und das
Ziel seiner Kanzlerschaft sei es gewesen, „die Nationalsoz[ialisten] mit d[er] Regierung zu versöhnen u[nd] in d[ie] Verantwortung zu bringen".

Die Bemerkung enthüllt einmal mehr die fatale Ambivalenz der Schleicherschen
Politik, die mit den Nationalsozialisten paktieren und sie zugleich bekämpfen wollte.
Sie machte es Blomberg jetzt möglich, sich auf Schleicher zu berufen, obwohl er mit
Hitler paktieren wollte, ohne ihn zu bekämpfen.[96] Daß das der Sinn von Blombergs
Äußerungen war, wurde sofort klar, als die Frage des Einsatzes der Wehrmacht im
Innern aufgeworfen wurde. Blombergs Haltung in diesem Punkt entsprach so weitgehend den Wünschen Hitlers, daß sie sogar in Gegensatz zu Hindenburgs Vorstellungen zu treten drohte. Wenn Hindenburg die Entpolitisierung der Wehrmacht gefordert hatte, so in der Absicht, die von der Armee bisher ausgeübte Kontrollfunktion gegenüber den Nationalsozialisten wieder in die Hände der Zivilgewalt zu
legen, also den nichtnationalsozialistischen Kabinettsmitgliedern vor allem sich
selbst vorzubehalten. Dies erforderte aber auch, daß er in ungeschmälertem Besitz
seiner verfassungsmäßigen Rechte blieb und insbesondere notfalls den militärischen
Ausnahmezustand nach Artikel 48 RV verhängen konnte.[97] Aber gerade hier schlug
Blomberg noch am 30. Januar eine Bresche. Als das neue Kabinett in seiner ersten
Sitzung die Gefahren eines Generalstreiks erörterte, den man als Folge eines Verbots
der KPD erwartete, stellte Hitler fest, die Reichswehr dürfe in diesem Falle nach
Möglichkeit nicht eingesetzt werden. Blomberg fing den Ball auf und erklärte seinerseits, er „begrüße" diese Auffassung, und er fügte hinzu, „daß der Soldat als einzig
möglichen Gegner einen äußeren Feind anzusehen gewöhnt sei".[98] Das war *de jure*
ein Eingriff in die Diktaturgewalt des Reichspräsidenten; ihm allein war es vorbehalten, zu entscheiden, ob und wann die bewaffnete Macht im Innern eingesetzt
werden sollte. Blombergs Eingriff in diese Rechte wog um so schwerer, als er zugleich
den Bruch mit einer fundamentalen Tradition der Reichswehrpolitik bedeutete. So
zögernd die militärische Führung bisher gegen Aufstandsversuche von rechts eingeschritten war, so prompt und unbedenklich war sie gegen jeden derartigen Versuch
vorgegangen, wenn er von links kam, und insbesondere der Generalstreik war im
Reichswehrministerium immer mit dem großen Anathema belegt gewesen. Blombergs

---

[95] Für den Antrittserlaß: *Völkischer Beobachter*, Süddeutsche Ausgabe, Nr. 33 vom 2. Februar 1933; *Schultheß,
1933*, S. 34 (mit Datum vom 1. Februar 1933); Foertsch, *a. a. O.*, S. 31. – Die Befehlshaberbesprechung in: „Reichswehrdokumente", *a. a. O.*, S. 432 ff.

[96] Wenn Blomberg in diesen Tagen zu dem Chef der Wehrmacht-Abt., Oberstlt. Ott, äußerte, die Schleichersche Linie sei die einzig mögliche, so ist das auch in diesem Sinne zu verstehen; *Zeugenschrifttum* (Anm. I/53),
Nr. 279, I (Ott), S. 19.

[97] Zu Hindenburgs Konzeption s. *Zeugenschrifttum, a. a. O.*, Nr. 568 (v. Tschirschky), S. 2; vgl. auch *Dienatag-
Bericht* vom 2. Februar 1933 *(BA)*.

[98] Protokoll der Kabinettssitzung vom 31. Januar 1933 (ND: PS–351): *IMT* (Anm. I/55), XXV, S. 375.

neue Haltung bedeutete daher einen eminenten Vertrauensbeweis für Hitler und seine militanten Organisationen, er kam aber zugleich auch einem Freibrief für Hitler gleich; denn wenn die Reichswehrführung schon nicht bereit war, gegen die Kommunisten einzuschreiten, so erst recht nicht gegen die „nationale Bewegung". Damit war der Papen—Hindenburgsche Plan, Hitler „einzurahmen", von der Wehrmacht bereits am 30. Januar verlassen und die Entpolitisierungsformel im Sinne einer konsequenten Nichteinmischung der bewaffneten Macht in etwaige innenpolitische Auseinandersetzungen definiert,[99] während die Überparteilichkeit nur mehr als Abschirmung der Armee selbst gegen „Parteieinflüsse" verstanden wurde.

Daß Blombergs Stellungnahme nicht etwa aus Gedankenlosigkeit und Fahrlässigkeit entstanden war, sondern auf einer zielbewußten, über die bloße „Entpolitisierung" hinausgehenden Option für ein Regime Hitlers beruhte, kam auf der Befehlshaberbesprechung vom 3. Februar zum Ausdruck. Das neue Kabinett, so urteilte er hier, sei „Ausdruck breiten nationalen Wollens u[nd die] Verwirklichung dessen, was viele der besten seit Jahren angestrebt" hätten. Zwar vertrete es nur eine „Volksminderheit", aber doch eine, die nach Millionen zähle und festgefügt sei in der Entschlossenheit, „für ihre Idee zu leben u[nd] – wenn nötig – auch zu sterben. Daraus ergeben sich große Möglichkeiten, wenn die leitenden Männer festes Herz und glückliche Hand beweisen."[100] Blomberg war nicht blind genug, um nicht zu sehen, daß der Minderheitscharakter der NSDAP der Reichswehr bei strenger Auslegung der Überparteilichkeitsmaxime ein Bündnis mit Hitler verwehrte, und man muß hinzufügen, daß ein solches Bündnis auch jene Legalitätsbasis aufgab, die die Regierung des 30. Januar offiziell noch festgehalten hatte. Aber die Reichswehrführung kalkulierte kühl, daß diese Legalitätsbasis ohnehin fragwürdig und ihre konservativen Verteidiger schwach und unentschlossen waren, während sich Hitler auf eine immerhin millionenstarke, „festgefügte" Anhängerschaft stützen konnte und von dieser Basis aus zielbewußt und kraftvoll operierte. Und da er überdies in seinen militanten Massenorganisationen fruchtbare Ansätze zu einer modernen Form der Wehrhaftmachung geschaffen zu haben schien, fiel die Entscheidung nicht schwer. Gestützt auf die Hoffnung, daß die Aufrüstung die Wehrmacht im Zeitalter der totalen Mobilmachung zum beherrschenden Faktor im Staate machen werde – davon wird noch zu sprechen sein[101] – entschlossen sich Blomberg und Reichenau kurzerhand, alle Brücken hinter sich abzubrechen und Hitler eine Chance zu geben.

Dabei hat Reichenau die Konsequenzen dieser Entscheidung allerdings wohl klarer überblickt als Blomberg. Schon bei seinem Amtsantritt hatte er verkündet: „Niemals war die Wehrmacht identischer mit dem Staat als heute."[102] Einige Zeit später hat er

---

[99] Hier wird die Ambivalenz der Maxime des „Sich-Heraushaltens" deutlich, deren moralische und politische Problematik schon von Hans Rothfels, *Die deutsche Opposition gegen Hitler. Eine Würdigung*, Krefeld 1949, S. 81 ff., beschrieben worden ist; vgl. auch die Neuausgabe in der *Fischer-Bücherei*, Bd. 198, Frankfurt–Hamburg 1958, S. 72 ff. – Für die weitere Entwicklung des Problems des Ausnahmezustands s. Walter Baum, „Vollziehende Gewalt und Kriegsverwaltung im ‚Dritten Reich' ", in: *Wehrwissenschaftliche Rundschau* 6 (1956), S. 475 ff. – Zu Blombergs Haltung am 30. Januar vgl. auch das treffende Urteil von Hoßbach, *Die Entwicklung...* (Anm. I/25), S. 96 f.; S. 132 f., und ders., *Zwischen Wehrmacht...* (Anm. I/25), S. 184 f.

[100] „Reichswehrdokumente" (Anm. I/40), S. 432.

[101] Vgl. u. II. Kapitel, 4. Abschnitt.

[102] *Völkischer Beobachter*, Süddeutsche Ausgabe, Nr. 37 vom 6. Februar 1933. Reichenau ergänzte diese Erklärung mit der Bemerkung, „daß er sein neues Amt mit der gleichen Begeisterung antrete, von der der Aufruf der neuen Reichsregierung an das deutsche Volk getragen sei". – Reichenaus Stellungnahme verfehlte ihren Eindruck nicht und machte in Parteikreisen alsbald die Runde; vgl. z. B. den Aufsatz „Die Reichswehr" von Robert Bergmann, SS-Brigadeführer und Adj. Röhms, in: *Das Buch der Hitlerjugend. Die Jugend im Dritten Reich*, hrsgg. von Ulf Uweson und Walther Ziersch, München 1934, S. 149, wo das Wort in der Form: „Noch nie war die Wehrmacht inniger verbunden mit den Zielen des Staates als heute, unter dem Kanzler Adolf Hitler", zitiert und Blomberg in den Mund gelegt wird.

seine Gedanken einem Kriegskameraden etwas eingehender auseinandergesetzt. Weder
die Deutschnationalen, so meinte er, noch Hindenburg, noch selbst „die führenden
Persönlichkeiten der Wehrmacht" hätten erkannt, daß mit dem Regierungsantritt
Hitlers eine revolutionäre Auseinandersetzung großen Ausmaßes begonnen habe.
Hitler erstrebe zweifellos die „legale Diktatur", und für die Wehrmacht sei es notwendig, ihm dabei zu helfen, indem sie die „parteimäßigen Einflüsse seitens der
NSDAP zurückzudrängen und zu paralysieren" versuche. Dazu aber bedürfe es unorthodoxer und unkonventioneller Mittel; so müsse man sich z. B. dem Lebensstil
Hitlers anpassen, wenn man an ihn herankommen wolle. Das Problem der SA müsse
man auf dem Wege über die Aufrüstung lösen; entsprechend den Seecktschen Gedanken solle die Reichswehr zu einer Elitearmee ausgebaut und die SA ihr als eine Miliz
angegliedert werden.[103]

Diese Mischung von Klarsicht und Selbsttäuschung ist für Reichenau bezeichnend.
Er sah wohl den revolutionären Charakter der Entwicklung seit dem 30. Januar;
aber trotzdem glaubte er, Hitler für die Wehrmacht okkupieren, die Partei neutralisieren und die SA bändigen zu können.[104] Er hatte richtig erkannt, daß Hitler seine
Entscheidungen häufig in „Gesprächen am Kamin" fällte, aber seine Hoffnung,
durch bloße Beteiligung daran Einfluß zu gewinnen, beruhte auf einer Fehleinschätzung von Hitlers mißtrauischem und starrsinnigem Charakter. Als sein Gesprächspartner ihm vorhielt, Hitler habe sich bisher immer als unzuverlässig erwiesen und
gegebene Versprechen nie gehalten, antwortete er sichtlich verstimmt, „es sei ja doch
ein Unterschied, ob man als Parteiführer verhandele oder ob man als verantwortlicher Staatsmann Abkommen schließe".[105] Es war noch immer die alte Illusion
Schleichers, daß man das wilde Tier Hitler im Zwinger der Regierungsverantwortung
domestizieren und für die Zwecke der Wehrmacht abrichten könne. Daß Schleicher
damit gescheitert war, bewog Reichenau nur zu dem Schluß, er müsse falsche Mittel
angewendet haben. Zugleich wird hier eine der Wurzeln für diesen unausrottbaren
Illusionismus deutlich: die doppelbödige politische Moral, die die Parteipolitik für
schlechthin korrupt, den „verantwortlichen Staatsmann" aber für unbegrenzt kreditwürdig hielt.

Nachdem Blomberg und Reichenau sich mit Hitler geeinigt hatten, gingen sie unverzüglich daran, Offizierkorps und Truppe durch eine geeignete Sprachregelung auf
den neuen Kurs vorzubereiten. Zu diesem Zweck unternahm Blomberg im Februar
eine Reise durch die Wehrkreise und wiederholte dort in öffentlichen Reden seine
Version von den Millionen von Idealisten, die jetzt geschlossen hinter oder neben
der Reichswehr ständen.[106] Vorher noch, am 3. Februar, hatte er, wie erwähnt, die

[103] Bericht über ein Gespräch mit Franz v. Gaertner im November 1933, *Zeugenschrifttum* (Anm. I/53), Nr. 44,
S. 1 ff. Daß Reichenau diese Ansichten schon im Februar vertrat, zeigt seine Äußerung in der Befehlshaberbesprechung von Ende Februar 1933; *a. a. O.*, Nr. 279, I, S. 19 (Ott); vgl. u. S. 729.

[104] Schon in der Zeit vor dem SA-Verbot äußerte Reichenau gelegentlich gegenüber einem jungen Offizier die
Ansicht, daß die SA in allen Wehrfragen der Armee widerspruchslos folgen werde; Steiner (Anm. I/84), S. 100,
Anm. 7. Diese wohl aus den ostpreußischen Erfahrungen gewonnene Überzeugung (vgl. Bor, Anm. I/84, S. 105)
ist erst um die Jahreswende 1933/34 bei ihm erschüttert worden; vgl. u. S. 937 ff.

[105] Gaertner: *Zeugenschrifttum* (Anm. I/53), Nr. 44, S. 3. – Die Methode der persönlichen Kontakte mit Hitler
und seiner Umgebung hat Reichenau sorgfältig gepflegt, hat damit aber nur Eifersüchteleien in der Partei hervorgerufen; vgl. *a. a. O.*, Nr. 312, S. 5 (R. fand sich ungeladen an Hitlers Tisch ein und duzte sich mit Himmler);
ähnlich Keitel (Anm. I/17a), S. 107. Vgl. auch Ernst Hanfstaengl, *Hitler. The Missing Years*, London 1957, S. 211;
S. 213 (Freundschaft und wechselseitige Unterstützung mit Hanfstaengl).

[106] Blomberg in Kiel am 17. Februar 1933 vor Abordnungen der Marine: „Wir sind herausgehoben aus dem
politischen Kampf, für uns gibt es keine Parteien, für uns gibt es nur das ganze Volk. Mit uns fühlen Millionen
deutscher Männer. Sie wissen, daß es für einen wahren deutschen Mann gilt, für Deutschland zu kämpfen und
für Deutschland zu leben und für Deutschland zu sterben"; *Schultheß, 1933*, S. 48. Und in München am
23. Februar: „Wir Soldaten stehen außerhalb des politischen Kampfes. Wir gehören keiner Partei und keiner

Befehlshaber nach Berlin gerufen und sie über die Kursschwenkung instruiert. Darüber hinaus schien es ihm wünschenswert, sie auch mit Hitler selbst in Kontakt zu bringen. Daher benutzte er die Gelegenheit und lud Hitler ein, bei einer abendlichen Zusammenkunft am selben Tage, die als Geburtstagsfeier für den 60jährigen Außenminister v. Neurath arrangiert wurde und im Hause Hammersteins stattfand,[107] vor den Offizieren zu sprechen. Der Vorgang war an sich schon bemerkenswert, war er doch in der Geschichte der Weimarer Republik ungewöhnlich,[108] und der *Völkische Beobachter* versäumte nicht, ihn unter der Überschrift „Das Reichsheer Schulter an Schulter mit dem neuen Kanzler" (nicht „Regierung"!) entsprechend auszumünzen.[109] Das traf sich genau mit den Intentionen von Blomberg und Reichenau, aber welch ein Risiko die Reichswehrführung mit solch einer „Tuchfühlung" einging, zeigten die Gedanken und Ziele, die Hitler hier in einer zweieinhalbstündigen Rede vor seinen Zuhörern entwickelte. Die gegenwärtige wirtschaftliche Krise, so sagte er, könne nur durch „Kampf" überwunden werden; alle anderen, insbesondere wirtschaftlichen Mittel wie etwa Handels- und Exportpolitik oder innere Kolonisation seien nur „Aushilfsmittel". Erst die „Eroberung neuen Lebensraums im Osten und dessen rücksichtslose Germanisierung" werde eine endgültige Entlastung bringen. Dafür sei aber die „völlige Umkehrung der gegenwärt[igen] innenpol[itischen] Zustände" als Voraussetzung nötig: „Straffste autoritäre Staatsführung, Beseitigung des Krebsschadens der Demokratie, . . . Ausrottung des Marxismus mit Stumpf und Stiel". Daran schlossen sich die schon erwähnten Angebote und Forderungen an die Wehrmacht an: Aufrüstung, Wehrertüchtigung, Bekämpfung des Pazifismus, Beschränkung der SA auf politische Aufgaben, Nichteinmischung der Wehrmacht in den inneren Kampf.[110]

Für einen aufmerksamen Zuhörer mußten das wahrhaft erschreckende Perspektiven sein, vor denen sich das bisher so sorgfältig retuschierte offizielle Bild der legalen nationalen Erhebung zu bloßem schönen Schein verflüchtigte. In krassem Gegensatz zu der Regierungserklärung vom 30. Januar, in der außenpolitisch von „unserem aufrichtigsten Wunsch" nach „Erhaltung und Festigung des Friedens" sowie nach „Beschränkung der Rüstungen", und innenpolitisch von einem „Akt der Versöhnung" die Rede gewesen war,[111] proklamierte Hitler hier Aufrüstung und Krieg, Krieg nach innen und nach außen.

Zum Glück für Hitler und seine militärischen Parteigänger ließ die Aufmerksamkeit seiner Zuhörer zu wünschen übrig; ihre Reaktion war geteilt, z. T. kühl, aber keiner der verantwortlichen Befehlshaber war sich bewußt, daß er hier vor eine Entscheidung über Sein oder Nichtsein der militärischen Institution, der soldatischen Traditionen und des deutschen Staatswesens überhaupt gestellt wurde. Es wird in anderem

---

Klasse, wir gehören dem gesamten Volke, wir dienen der Gemeinschaft." Betonung des Waffenmonopols. „Aber hinter uns stehen viele Millionen entschlossener Männer, zwar unbewaffnet, aber entschlossen wie wir, für das Vaterland zu leben und zu kämpfen"; *Horkenbach, 1933,* S. 69. Vgl. Castellan (Anm. I/79), S. 426.

[107] Erich Raeder, *Mein Leben,* Bd. I, Tübingen 1956, S. 280; II (1957), S. 106 (Geburtstagsfeier für Neurath). Die Einladung an Hitler war offiziell von Blomberg ausgegangen, möglicherweise aber auf Anregung Hitlers; die Wohnung Hammersteins war gewählt worden, da in Blombergs Dienstwohnung noch Schleicher saß; *Zeugenschrifttum* (Anm. I/53), Nr. 105 (Mellenthin), S. 1; S. 7. Vgl. auch Kunrat v. Hammerstein (Anm. I/54), S. 173; Castellan (Anm. I/79), S. 425.

[108] Etwas ähnliches hatte es nur 1923 gegeben, als Stresemann nach seiner Ernennung zum Kanzler um ein Zusammentreffen mit den Befehlshabern bat. Es fand am 7. September 1923 statt, unterschied sich aber von dem Treffen mit Hitler u. a. dadurch, daß auch Seeckt, und zwar vor Stresemann, sprach; s. Rabenau (Anm. I/31), S. 335; Wolfgang Seiz, „Zum Ursprung einiger Seeckt-,Zitate' ", in: *Wehrwissenschaftliche Rundschau* 8 (1958), S. 323.

[109] *Völkischer Beobachter,* Süddeutsche Ausgabe, Nr. 37 vom 6. Februar 1933. Auch in der Reichswehr wurde das als symbolischer Akt gewertet; s. Hermann Foertsch, *Die Wehrmacht im nationalsozialistischen Staat,* Hamburg 1935, S. 24.

[110] „Reichswehrdokumente" (Anm. I/40), S. 434.

[111] *Schulthеß, 1933,* S. 36 f.

Zusammenhang noch darauf zurückzukommen sein; hier genügt die Feststellung, daß
Hitlers Rede beim Offizierkorps keine einmütige Opposition hervorrief, ja, bei einigen blieb sein „starker Wille und idealer Schwung" nicht ohne Eindruck.[112] Damit
durften Blomberg und Reichenau ihren neuen Kurs wenn nicht als gebilligt, so doch
als zugelassen betrachten; sie hatten jetzt freie Hand, die Nichteinmischungspolitik
de facto als Bündnispolitik zu führen.

4. Reichswehr und Gleichschaltung

Die Übereinkunft mit der Reichswehrführung gab Hitler Raum und Rückendeckung
für die Revolutionierung des Staates auf allen nichtmilitärischen Gebieten. Er säumte
nicht, davon Gebrauch zu machen, und setzte, zunächst in Gestalt des Wahlkampfes,
nun zu einem Angriff an, der das schöne Bild der nationalen Einigung bereits jetzt
als Trugbild entlarvte. Schon am 7. Februar stellte ein aufmerksamer Beobachter fest,
die Sorge, daß die NSDAP ganz von parteiegoistischem Machtstreben beherrscht
werde und „sich aus der Bevormundung von Papen und Hugenberg . . . befreien"
wolle, scheine „sich schneller zu bestätigen, als ursprünglich zu befürchten war";
während die konservativen Kabinettsmitglieder, insbesondere der Wirtschaftsminister
Hugenberg, sich einer schier überwältigenden Flut sachlicher Aufgaben gegenüber-
sähen, die sie wegen ihrer schmalen politischen Basis nicht ohne Mithilfe der NSDAP
lösen könnten, kümmere diese sich allein um den Ausbau ihrer Macht.[113] Diese Offensive erreichte ihren ersten und bereits entscheidenden Gipfelpunkt in der Reichstags-
brand-Affäre. Mit der Proklamation des Ausnahmezustandes und der sofort und
ohne jede Untersuchung und rechtliche Grundlage einsetzenden Verfolgung des „Marxismus" war sie der eigentliche Staatsstreich, der das wankende Gehäuse der Republik
zum Einsturz brachte.

Zunächst verschob sich jetzt die Machtverteilung innerhalb der Koalitionsregierung
endgültig zugunsten der Nationalsozialisten. Sofern es überhaupt ein machtpolitisches
Gleichgewicht in dieser Regierung gegeben hatte, so bestand es darin, daß Hitlers
Koalitionspartner, die mit Ausnahme Seldtes allesamt Offiziere ohne Heer waren,
der Hitlerschen Massenbewegung die *Diktaturgewalt* des Reichspräsidenten entgegenzustellen vermochten; darauf gründeten sich nicht zuletzt die Hoffnungen einer
besorgten Öffentlichkeit.[114] Zwar machen die Memoiren der Beteiligten heute klar,
daß die konservativen Kabinettsmitglieder offenbar von vornherein auf die volle
Ausschöpfung der präsidialen Möglichkeiten verzichtet haben,[115] und Blomberg hatte
sogar mit Hitler sofort sein Nichteinmischungsabkommen geschlossen. Aber Hitler
konnte das zweifellos nicht genügen. Von seinen zivilen Kabinettskollegen hatte er
den Eindruck, daß sie, mit Ausnahme Neuraths, „durchaus nach ihrem eigenen Kopf
arbeiten" wollten,[116] und was die Reichswehr anging, so hatte er schon einmal erlebt,
daß sie in revolutionären Situationen auf Grund ihres Legalitätskomplexes eine Unentschlossenheit zeigen konnte, die in ihrer praktischen Auswirkung auf ein Doppelspiel hinauslief, und es ist unwahrscheinlich, daß Blombergs überraschend großzügiges
Entgegenkommen sein Mißtrauen von einem auf den andern Tag beseitigt haben sollte.

---

[112] So General Liebmann in seinen Notizen: *Original-Notizen des Generals Liebmann aus den Befehlshaberbesprechungen 1933/35* (Institut für Zeitgeschichte; im Folgenden zitiert: *Liebmann-Notizen*), Bl. 39.

[113] *Dienatag-Bericht* vom 7. Februar 1933 *(BA)*.

[114] Vgl. die Stimmen *ebda.*; Friedrich Meinecke, „Volksgemeinschaft – nicht Volkszerreißung", Aufsatz vom
22. Februar 1933, jetzt abgedr. in: ders., *Politische Schriften und Reden*, hrsgg. und eingel. von Georg Kotowski,
Darmstadt 1958, S. 481 ff. – Vgl. auch Thilo Vogelsang in: *Das Dritte Reich und Europa. Bericht über die Tagung
des Instituts für Zeitgeschichte in Tutzing, Mai 1956*, München 1957, S. 43 f.

[115] Weder Papen noch Meißner oder Schwerin v. Krosigk erwähnen das Problem in ihren Memoiren.

[116] Picker (Anm. I/16), S. 431.

Überdies waren Blomberg und Reichenau nicht die Reichswehr; noch war Hitlers Gegner Hammerstein Chef der Heeresleitung, und daß die übrigen Befehlshaber ihm mit einiger Reserve gegenüberstanden, hatte er bei dem Zusammentreffen vom 3. Februar sehr wohl herausgespürt.[117] Angesichts der schwer abzuschätzenden Kettenreaktion, die seine geplante Revolution auslösen konnte, durfte er eine Schwenkung der Reichswehr noch keineswegs für ganz ausgeschlossen halten; insbesondere dann nicht, wenn Hindenburg doch noch aus seiner Reserve heraustreten sollte. So günstig auch sonst die Situation für Hitler sein mochte, solange das Damoklesschwert des Ausnahmezustandes über ihm hing, konnte er nicht die Bewegungsfreiheit für sich in Anspruch nehmen, die er brauchte. Die Reichstagsbrand-Verordnung befreite ihn jetzt von diesen Sorgen. Indem sie die Ausnahme-Befugnisse auf den Reichsinnenminister übertrug, entwand sie den konservativen Koalitionspartnern ihre einzige scharfe Waffe und spielte sie in die Hände der Nationalsozialisten, die sie mit Hilfe der Polizei und der zur Hilfspolizei avancierten SA sofort rücksichtslos anwandten. Diesem zivilen noch einen militärischen Ausnahmezustand entgegenzusetzen, war staatsrechtlich wie machtpolitisch unmöglich.[118]

Dabei war der Coup eindeutig illegal, wenn er auch erfolgreich als „Abwehr eines kommunistischen Aufstandsversuchs" getarnt wurde. Zwar ist noch immer nicht eindeutig nachweisbar, wer nun wirklich den Reichstag angezündet hat, sicher ist aber, daß es die Kommunisten nicht waren; sie hätten auch gar nichts Dümmeres tun können. Nichtsdestoweniger fand Hitlers „Haltet-den-Dieb"-Schrei weithin Glauben. Die seit Jahren immer wieder als Integrationsmittel verwendete krankhafte Kommunistenfurcht im Verein mit der Obrigkeitshörigkeit machten die bürgerlichen Schichten blind und ließen sie glauben, wo sie hätten prüfen und protestieren sollen. Menschen, die ihren Kopf von der Kommunistenpsychose freigehalten hatten, wie die ausländischen Beobachter,[119] aber auch z. B. der Chef der Heeresleitung, General v. Hammerstein, argwöhnten gleich den Pferdefuß,[120] aber die Masse, und dazu gehörten auch viele sonst kritische Beobachter der politischen Rechten,[121] schrie ihr *„crucifige"*, kaum daß man ihr den bösen Feind, den sie sehen wollte, gezeigt hatte, ja sie ließ es sogar geschehen, daß die Nationalsozialisten ohne viel Federlesens außer den Kommunisten auch gleich die Sozialdemokraten unter Verfolgung stellten. Damit hatte Hitler die für ihn größte Gefahr: die Vereinigung der gemäßigten bürgerlichen mit den gemäßigten sozialistischen Kräften, verhindert und besaß die Ausnahmebefugnisse, mit denen er jetzt den einen Teil der Nation gegen den anderen hetzen und um so besser über beide herrschen konnte. Zwar brachte ihm die Wahl vom 5. März nicht den Gewinn, den er erhofft hatte, aber dadurch, das hatte er schon vor der Wahl angekündigt, ließ er sich jetzt nicht mehr aufhalten.[122] Er hatte die Initiative an sich gerissen und wußte sehr gut, daß er sie nicht mehr abgeben dürfe. So setzte er seinen Blitzkrieg fort und hatte in stürmischem Lauf innerhalb der nächsten vier Monate sowohl die Länderregierungen wie die Parteien niedergeworfen; Mitte Juli 1933 existierte weder die förderative Struktur der Weimarer Republik noch ihr Parteisystem mehr.

117 Foertsch, *Schuld. . .* (Anm. I/25), S. 33 (Mitteilung Blombergs).

118 Brüning (Anm. I/85), S. 15.

119 André François-Poncet, *Als Botschafter in Berlin. 1931–1938*, 2. Aufl., Mainz 1949, S. 97 f. (Titel des franz. Originals: *Souvenirs d'une ambassade à Berlin*).

120 Kunrat v. Hammerstein (Anm. I/54), S. 174 f. Hammersteins Kommentar war: „Ich wees nich, wenn se den man nich selber angesteckt haben." Weitere Stimmen s. Konrad Heiden, *Geburt des Dritten Reiches. Die Geschichte des Nationalsozialismus bis Herbst 1933*, 2. Aufl., Zürich 1934, S. 124 f.

121 *Dienstag-Bericht* vom 2. März 1933 (*BA*): Der Berichterstatter, Georg Dertinger, nennt den von der DAZ geäußerten Verdacht, daß die Kommunisten am Ende doch nicht die Urheber des Brandes wären, eine „Mystifikation", die von interessierten Kreisen um Schleicher und Treviranus zur Unruhestiftung hervorgerufen werde.

122 Vgl. seine Rede vor einem ausgewählten Kreis von Industriellen am 20. Februar 1933, *IMT* (Anm. I/55), XXXV, S. 42–48, bes. S. 47.

Die Reichswehr stand, geführt von Blomberg und Reichenau, bei alledem Gewehr bei Fuß, obwohl die Wogen der Revolution vor ihren Augen Recht und Gesetz in Deutschland in die Gosse spülten und gelegentlich sogar schon über die eigenen Dämme und Deiche schlugen. Der Einwand, daß ihr ja angesichts der Legalität der Regierung und der soldatischen Gehorsamspflicht die Hände gebunden gewesen wären, stellt die Dinge auf den Kopf, denn das Problem ist doch gerade, daß die Reichswehrführung den Standpunkt der Legalität aufgab, indem sie durch ihre Nichteinmischungspolitik die Entfaltung der nationalsozialistischen Revolution ermöglichte. Ein gut informierter Beobachter äußerte schon am 11. März, er habe den Eindruck, „daß der Versuch, das autoritäre Regime vor der Revolution zu retten, zu spät ist". Wenn er aber hinzufügte, dieser Versuch würde allerdings in der Umgebung Papens und Blombergs noch immer „durchaus optimistisch beurteilt",[123] so war das hinsichtlich Blombergs ein Mißverständnis. Denn Blombergs zweifellos vorhandener Optimismus galt nicht den Papenschen Plänen einer konservativen „Revolution von oben", sondern dem, was Reichenau die „legale Diktatur" Hitlers genannt hatte. Wenn Hitler hier Mißtrauen gehegt hat, so war es unbegründet; die Reichswehrführung vollzog das Nichteinmischungsabkommen durchaus loyal. Bereits kurz vor dem Reichstagsbrand wurden die Befehlshaber informiert, daß sich die Stellung der Armee im Staat angesichts der sich anbahnenden Revolution geändert habe.[124] Sie solle sich zwar an dem von der Regierung geplanten Kampf gegen Kommunismus und Marxismus „nicht beteiligen, aber ihm gegenüber doch in wohlwollender Neutralität verharren". Das war eine deutliche Ankündigung des kommenden Staatsstreichs und darf als ein Indiz mehr dafür gelten, daß in Kreisen der nationalsozialistischen Führung die Auslösung der Revolution bereits vor dem Reichstagsbrand terminmäßig geplant war.

Zwar wurden die Anweisungen des Ministeriums von den Wehrkreis-Befehlshabern vielfach nur in abgeschwächter Form weitergegeben, aber ihre Ausführung berührte das um so weniger, als die Haltung der Reichswehr in den entscheidenden Fällen doch von den Weisungen des Ministeriums abhängig blieb. Ein Beispiel dafür sind die Vorgänge in Bayern. Einst unter dem euphemistischen Titel „Ordnungszelle Bayern" der politische Abfalleimer der Republik und die Brutstätte des Nationalsozialismus, war Bayern im Februar 1933 noch einer der haltbarsten Räume in dem zerfallenden Gebäude des Weimarer Staates, und das insbesondere deswegen, weil die bayerische Polizei noch nicht in nationalsozialistischer Hand war. Hinzu kam, daß für eine Verbindung zwischen Landesregierung und Reichswehr in Bayern relativ günstige Verhältnisse vorlagen. Zu den wenigen Resten, die das Wehrgesetz von 1921 von den weitgehenden militärischen Reservat-Rechten der ehemaligen dynastischen Bundesstaaten übriggelassen hatte, gehörte die Bestallung eines „Landeskommandanten" für jedes Land der Weimarer Republik.[125] Das hatte insofern Bedeutung, als die Landesregierungen nach Art. 48 Absatz IV der Reichsverfassung berechtigt waren, „bei Gefahr im Verzuge" die sonst dem Reichspräsidenten zustehende Verhängung des Aus-

[123] *Dienatag-Bericht* vom 11. März 1933 *(BA)*.

[124] Befehlshaberbesprechung in Berlin, Ende Februar 1933, *Liebmann-Notizen* (Anm. I/112), Bl. 42. Das genaue Datum ist nicht feststellbar. Die Aufzeichnungen Liebmanns geben die Fassung wieder, in der er die ministeriellen Informationen den Kommandeuren im Wehrkreis V vortrug. Er faßte darin den Inhalt der Befehlshaberbesprechungen vom 3. Februar (s. o. Anm. I/95 und I/100) und von „Ende Februar" zusammen. Auch die ergänzenden Bemerkungen von Ott in: *Zeugenschrifttum* (Anm. I/53), Nr. 279, I, S. 19, enthalten keine Datierung, geben aber einen wichtigen Teil der Äußerungen Reichenaus wörtlich wieder; vgl. u. S. 729. Da Reichenau darin kommende Terrormaßnahmen gegen den „Marxismus" ankündigte, ohne auf den Reichstagsbrand Bezug zu nehmen, ist zu vermuten, daß der Zeitpunkt der Äußerung noch vorher lag; vgl. auch Vogelsang in: *Das Dritte Reich* . . (Anm. I/114), S. 44.

[125] Wehrgesetz vom 23. März 1921 *(RGBl.*, I, 1921, S. 329), Abschnitt II: Landsmannschaft, §§ 12–17. Dazu Ernst Deuerlein, „Wehrordnung und Föderalismus in Deutschland, Teil II: 1919–1935", in: *Wehrwissenschaftliche Rundschau* 6 (1956), S. 307.

nahmezustandes für ihr Gebiet von sich aus vorzunehmen und ihrem Landeskommandanten entsprechende Anweisungen zu erteilen. In den meisten Ländern waren die Landeskommandanten freilich untergeordnete Offiziere, die nur über kleine, befehlsmäßig nicht selbständige Truppenteile verfügten und deren Funktion mehr oder minder dekorativ geblieben war; in Bayern aber war dies Amt mit dem des Kommandeurs der 7. Division und Befehlshabers im Wehrkreis VII verbunden, dessen Befehlsbereich sich mit den bayerischen Landesgrenzen deckte. Diese Regelung war durch die Ereignisse des Jahres 1923 noch besonders präjudiziert worden. Damals hatte der bayerische Ministerpräsident v. Knilling im Konflikt mit der Reichsregierung unter Berufung auf den erwähnten Verfassungsartikel die bayerische 7. Division „in Pflicht genommen". Die Reichsregierung bestritt die Legalität dieser Maßnahme (mit Recht), aber bei der Beilegung dieses Konflikts im Februar 1924 vermochte Bayern eine Ausdehnung des Fahneneides auch auf die Landesverfassung durchzusetzen (Homburger Vereinbarung). Rechtlich war es also möglich, die 7. Reichswehrdivision unter Berufung auf den Fahneneid und den Artikel 48 zur Verteidigung der bayerischen Verfassung einzusetzen.[126]

Damit ergaben sich Ansatzmöglichkeiten für die Kristallisation eines erfolgreichen Widerstandes gegen nationalsozialistische Überwältigung. Schon im Februar hatten monarchistische Kreise um den Kronprinzen Rupprecht versucht, die Furcht vor Hitler als Vehikel für die Restauration der Monarchie zu benutzen. Als Blomberg anläßlich seiner Wehrkreisreise am 23. Februar in München weilte, war auch er ins Vertrauen gezogen worden, hatte aber gegen diese Pläne protestiert und erklärt, darüber pflichtgemäß dem Reichspräsidenten und dem Reichskanzler berichten zu müssen.[127] Blombergs Zurückhaltung war nur vernünftig; denn das Unternehmen hätte im Falle der Ausführung lediglich Hitler in die Hände gespielt, der nur auf einen Vorwand zum Eingreifen in Bayern wartete. Aber die Art von Blombergs Stellungnahme zeigt zugleich, daß er sich weniger von diesem Gesichtspunkt als von der Treue zu Hitler hatte leiten lassen. Als dann die Bewegung zur Gleichschaltung der Länder am 9. März auch auf Bayern übergriff, trat das ganz unzweideutig zutage. Was jetzt von der Reichswehr erwartet wurde, war nicht die Teilnahme an einem monarchistischen Staatsstreich, sondern die Abwehr eines nationalsozialistischen Putsches. Ohne Rücksicht auf die staatsrechtlichen Gegebenheiten und die Mehrheitsverhältnisse im Landtag, die beide durch den Ausgang der Reichstagswahl ja nicht berührt worden waren, forderten die Nationalsozialisten den Rücktritt der amtierenden Landesregierung, wobei beruhigende Erklärungen aus Berlin mit einem höchst beunruhigenden SA-Aufmarsch in München gekoppelt wurden. Angesichts dieser Drohung mit brachialer Gewalt hing die Haltung der Regierung Held entscheidend von der Frage ab, ob sie auf die Unterstützung der Reichswehr rechnen konnte; mit ihr und der bayerischen Landespolizei hoffte sie, Widerstand leisten zu können. Da die Voraussetzungen des Artikels 48 gegeben und auch der Fahneneid berührt war, durfte Held hoffen, daß seiner Bitte um Hilfe Folge geleistet wurde. In Abwesenheit des bayerischen Wehrkreiskommandeurs, Generalleutnant Ritter v. Leeb, nahm dessen Chef des Stabes, Oberst Wäger, das Ansuchen der Regierung entgegen. Er entschloß sich zu einer Anfrage in Berlin, erhielt aber die Antwort: „Die Reichswehr müsse Gewehr bei Fuß stehen, da die Angelegenheit in Bayern als eine rein innenpolitische betrachtet würde, aus

[126] Karl Schwend, *Bayern zwischen Monarchie und Diktatur. Beiträge zur bayerischen Frage in der Zeit von 1928 bis 1933*, München 1954, S. 225 f.; S. 255; Geßler (Anm. I/31), S. 277 f.; Gerhard Anschütz, *Die Verfassung des Deutschen Reichs vom 11. August 1919*, 12. Aufl., Berlin 1930, S. 656, Anm. 1.

[127] Schwend, a. a. O., S. 523 f.; Kurt Sendtner, *Rupprecht v. Wittelsbach Kronprinz von Bayern*, München 1954, S. 549 ff.

der die Reichswehr sich vollständig herauszuhalten habe." [128] Damit war das Schicksal der Regierung Held und mit ihr das der Demokratie in Bayern besiegelt.

In den anderen deutschen Ländern war die Reichswehr noch zurückhaltender; dem für Württemberg, Hessen, Thüringen und Teile Preußens zuständigen Kommandeur des Wehrkreises V hatte Blomberg schon bei seinem Besuch in Stuttgart am 24. Februar befohlen, für den Fall von Unruhen nach der Reichstagswahl die Wehrmacht nicht zugunsten der verfassungsmäßigen Regierung, sondern zugunsten der Nationalsozialisten einzusetzen.[129] So überlieferte die Reichswehr nicht nur die Demokratie in den deutschen Ländern, sondern auch deren durch die Weimarer Verfassung geschützte Sonderrechte dem Untergang, und es war nur konsequent, daß wenig später auch die formale Beseitigung der föderativen Staatsverfassung durch das Reichsstatthaltergesetz von Blomberg unterstützt wurde. Anfang Juni wies er die Wehrkreisbefehlshaber an, für ein „gutes, noch besser herzliches Verhältnis" mit den Reichsstatthaltern Sorge zu tragen; das Reichsstatthaltergesetz müsse „mit Leben erfüllt werden, gleichgültig, welches z. Z. die Persönlichkeiten d[er] R[eichs-] St[atthalter] sind".[130]

Eine ähnliche Haltung nahm die militärische Führung in der Frage der Beseitigung der Parteien ein. Am 11. März äußerte Hitler gegenüber Papen den Wunsch, die schwarz-rot-goldene Flagge der Weimarer Republik durch die Hakenkreuzfahne zu ersetzen. Als Papen sich darauf in der Absicht, den Widerstand des Kabinetts dagegen zu mobilisieren, auch an Blomberg wandte, wurde er von diesem abgewiesen, und zwar mit dem gleichen Argument, mit dem Hitler seinen Wunsch begründet hatte: Die außerordentlichen Verdienste, die sich die NSDAP beim Neuaufbau erworben habe, rechtfertigten durchaus die Erhebung des Hakenkreuzes zum Symbol des Reiches.[131] Damit gab Blomberg *implizite* den Grundsatz der prinzipiellen Gleichberechtigung aller Parteien zugunsten einer Überordnung der NSDAP auf. Am 1. Juni hat er das in einer Befehlshaberbesprechung noch näher ausgeführt. Ganz im Sinne von Reichenaus oben zitierter Auffassung kritisierte er die Irrtümer der Deutschnationalen und des Zentrums über den „völligen Umschwung" seit dem 30. Januar. Da diese Revolution alleiniges Verdienst der Nationalsozialisten sei, wäre der „Anspruch der D[eutsch] Nat[ionalen] auf Gleichberechtigung verfehlt"; und er fuhr fort: „Es wird ein Glück sein, wenn diese Bewegung *bald* zu der von ihr erstrebten Totalität kommt" und Deutschnationale und Zentrum verschwinden.[132] In den Anweisungen vom Februar war nur von wohlwollender Neutralität gegenüber der Beseitigung von Kommunismus und Marxismus, also KPD und SPD, die Rede gewesen. Die Stellungnahme Blombergs zum Flaggenstreit zeigt, daß er sich innerhalb von längstens drei Wochen bereitgefunden hatte, auch die konservativen Koalitionspartner des 30. Januar fallenzulassen, und am 1. Juni erkannte er sogar den Totalitätsanspruch der NSDAP an und gab seine Zustimmung zur Beseitigung des republikanischen Parteiensystems überhaupt.

[128] Schwend, *a. a. O.*, S. 536 ff.

[129] Vgl. Max Miller, *Eugen Bolz. Staatsmann und Bekenner*, Stuttgart 1951, S. 436. Weitere Einzelheiten dazu jetzt bei Waldemar Besson, *Württemberg und die deutsche Staatskrise, 1928–1933. Eine Studie zur Auflösung der Weimarer Republik*, Stuttgart 1959, S. 340. Auch in Bayern scheint Blomberg ähnliche Weisungen gegeben zu haben; Karl Schwend in Matthias/Morsey (Anm. I/92), S. 488.

[130] Befehlshaberbesprechung vom 1. Juni, *Liebmann-Notizen* (Anm. I/112), Bl. 53. Die dort angekündigte grundsätzliche Regelung über Gestellung von Ehrenkompanien auch für Reichsstatthalter ist wenig später erfolgt; vgl. die Neufassung der *HDv* 24 (über Teilnahme der Reichswehr an Veranstaltungen außerhalb der Wehrmacht), Ziff. 13: „Bei besonderen Anlässen kann die Gestellung von Ehrenkompanien auch für Reichsstatthalter in Frage kommen"; gekürzter Abdr. in: *Oertzenscher Taschenkalender für die Offiziere des deutschen Reichsheeres*, hrsgg. von E.-J. Graf v. Westarp, Major a. D., 55. Jg., 1. Oktober 1934 bis 30. September 1935, Grimmen 1934, S. 133. – Entsprechend wurden die Bestimmungen des Wehrgesetzes vom 23. März 1921, Abschnitt II (Landsmannschaft) durch die Novelle vom 20. Juli 1933 praktisch beseitigt (*RGBl.*, I, 1933, S. 526); vgl. u. S. 729.

[131] Papen (Anm. I/69), S. 323.

[132] *Liebmann-Notizen* (Anm. I/112), Bl. 53 (Auszeichnung i. Orig.).

Mag man den bedingungslosen Verzicht der militärischen Führung auf ihre bisherige halbautonome Stellung im Staat und ihre unbedenkliche Option zugunsten der Revolutionierung der staatlichen Institutionen, wenn auch nicht für sehr weitblickend, so doch noch für verständlich halten, da sie damit an die tiefverwurzelten zentralistischen und antiparlamentarischen Vorstellungen der preußisch-deutschen Militärideologie anknüpfte, so muß die Bereitwilligkeit überraschen, mit der sie auch einen Teil der bisher eifersüchtig gehüteten militärischen Interesse ihrem neuen revolutionären Kurs opferte. Es war einer der ehernen Grundsätze der Reichswehrpolitik gewesen, sich selbst das Waffenmonopol zu sichern und keinen zweiten „Waffenträger" im Staat zu dulden. Nicht so sehr aus Loyalität für die Republik als vielmehr aus diesem Monopolprinzip leitete sich die distanzierte Haltung her, die die Reichswehrführung gegenüber den zahlreichen und vielgestaltigen paramilitärischen Verbänden in der Weimarer Zeit eingenommen hatte. Dementsprechend war ihre Politik gegenüber den Wehrverbänden vornehmlich von zwei Gesichtspunkten bestimmt gewesen: Sie hatte sich auch hier um eine wenigstens prinzipiell festgehaltene Überparteilichkeit bemüht und in dieser Absicht auch – freilich oft getrübte – Beziehungen zum Reichsbanner unterhalten; und sie war außerdem bestrebt gewesen, die vielfach als Parteitruppen auftretenden militanten Organisationen zu „entpolitisieren", d. h. sie den Parteien zu entziehen und unter die Kontrolle staatlicher Dachorganisationen zu stellen.

Die Gründung einer solchen Dachorganisation war eines der Hauptziele gewesen, die 1931 zur Übernahme des Reichsinnenministeriums durch Groener geführt hatten, und die Abkehr Schleichers von Groener wurzelte nicht zuletzt darin, daß Groener diese ihm zugedachte Aufgabe nicht zu lösen vermochte. Im Herbst 1932 hat dann Schleicher mit der Gründung des „Reichskuratoriums für Jugendertüchtigung" einen neuen, im Effekt freilich ebenso vergeblichen Anlauf in dieser Richtung unternommen.[133] Unter dem Vorsitz des 1931 verabschiedeten Generalleutnants Edwin v. Stülpnagel sollte es die Wehrverbände zum Zwecke der vormilitärischen Ausbildung zusammenfassen und dem politischen Kampf entziehen. Dies gelang natürlich nicht; insbesondere die SA nutzte die Einrichtung nur für ihre Zwecke aus, ließ sich aber von ihrem Kurs nicht abbringen.[134] Überdies distanzierte sich bald das Reichsbanner unter dem Druck der SPD, wodurch Stahlhelm und SA ein Übergewicht erhielten und der überparteiliche Charakter der Institution in Frage gestellt wurde.

Mit Hitlers Machtergreifung verschob sich die bisherige Situation wesentlich. Jetzt stand der Reichswehr nicht mehr eine Vielzahl im Prinzip gleichberechtigter und unter sich konkurrierender Wehrverbände gegenüber, sondern in Gestalt der SA rückte nun einer dieser Verbände, nach Reichsbanner und Stahlhelm der größte und vor allem der aktivste, in eine Art halboffizielle Stellung, was auch bald durch die Bildung der SA-Hilfspolizei unterstrichen wurde. Hitler hatte der Reichswehrführung zwar die bindende Zusage gegeben, daß an keine militärische Verwendung der SA gedacht sei, aber die bisherigen Erfahrungen mit derartigen Zusagen Hitlers gaben zu einiger Vorsicht Anlaß. Vom Gesichtspunkt der Reichswehrinteressen aus hätte man daher erwarten dürfen, daß Blomberg und Reichenau energisch auf eine Erhaltung bzw. Stärkung der nichtnationalsozialistischen Verbände hingewirkt und auch das Reichskuratorium als überparteiliche Dachorganisation weiter ausgebaut hätten, um so im Sinne der bisherigen Gleichgewichtspolitik ein Gegengewicht gegen die SA in Reserve zu haben. Aber auch diese unerläßliche Vorsichtsmaßnahme ließ man im

---

[133] Einen Überblick über die Entstehung des Reichskuratoriums gibt Castellan (Anm. I/79), S. 331 ff.; vgl. auch Steiner (Anm. I/84), S. 111; *Zeugenschrifttum* (Anm. I/53), Nr. 279, I (Ott), S. 17; Nr. 248 (Holtzendorff), S. 38; vgl. Kurt Hesse, *Miliz*, Hamburg 1933. Ausführlich jetzt Thilo Vogelsang, „Der Chef des Ausbildungswesens (Chef AW)", ungedr. Gutachten des Instituts für Zeitgeschichte, München.

[134] Julius Karl v. Engelbrechten, *Eine braune Armee entsteht. Die Geschichte der Berlin-Brandenburger SA*, München–Berlin 1937, S. 242 f.

Reichswehrministerium außer acht. Wie gegenüber den Parteien, so wurde auch gegenüber den Wehrverbänden die Überparteilichkeitsmaxime bereits im Februar aufgegeben. Die neue, noch sehr vorsichtig formulierte Richtlinie lautete: „Derjenige hat ein Recht auf die Freundschaft der Wehrmacht, der sich zur Pflege der Landesverteidigung und zu ihrer praktischen Betätigung bekennt", und es wurde ausdrücklich hinzugesetzt, dies bedinge eine Änderung in der bisherigen Haltung gegenüber den Wehrverbänden.[135]

Bedeutete das die Distanzierung vor allem von dem als „wehrfeindlich" geltenden Reichsbanner, das jetzt der nationalsozialistischen Überwältigung preisgegeben wurde, so schloß es doch noch immer die rechtsgerichteten Verbände wie vor allem den Stahlhelm ein, ja Blomberg hatte noch in der Befehlshaberbesprechung vom 3. Februar gerade den Stahlhelmführer Seldte, der als Arbeitsminister in das Kabinett Hitler eingetreten war, als den „geeigneten Mann" bezeichnet, um „im Verein mit uns Soldaten" die Wehrhaftmachung des Volkes zu bewerkstelligen.[136] Es schien ganz auf dieser Linie zu liegen, daß, nachdem Edwin v. Stülpnagel am 6. März gestorben war, Seldte Anfang April den Vorsitz des Reichskuratoriums übernahm. Aber in Wirklichkeit war das ein Pyrrhus-Sieg in einem verzweifelten Rückzugsgefecht gegen die auch auf diesem Gebiet heftig attackierenden Nationalsozialisten,[137] und die Reichswehrführung war jetzt schon nicht mehr gesonnen, ihnen entgegenzutreten. Seldte selbst sah seine Stellung bald als so erschüttert an, daß er den Stahlhelm nach heftigen Richtungskämpfen im Innern und nach schweren Zusammenstößen mit der SA in Braunschweig und in der Pfalz Ende April Hitler zuführte und den opponierenden Duesterberg mit seinen Anhängern rücksichtslos ausbootete.[138] Der einzige Unterschied zum Reichsbanner bestand hier also darin, daß der Stahlhelm nicht aufgelöst, sondern gleichgeschaltet wurde, was die Reichswehrführung offenbar unter dem Gesichtspunkt militärischer Vereinheitlichung befürwortete. Als der Stahlhelm am 21. Juni endgültig der NSDAP. angegliedert und mit Teilen in die SA überführt wurde, figurierte denn auch Blomberg neben Seldte, Hitler und Papen als einer der offiziellen Paten dieser Neugeburt.[139] Die Entwicklung wurde abgeschlossen, als am 1. Juli auch das Reichskuratorium unter maßgeblicher Mitwirkung Reichenaus der SA unterstellt wurde. Seldte mußte dem SA-Gruppenführer Krüger weichen, der die Organisation in Zusammenarbeit mit der Reichswehr in die neue SA-Dienststelle des „Chefs des Ausbildungswesens" im Stab der Obersten SA-Führung eingliederte.[140] Damit hatte Reichenau seinen Plan einer Kombination von Reichswehr und SA voll durchgesetzt und ihm zuliebe alle anderen Wehrverbände mitsamt der Idee einer überparteilichen staatlichen Dachorganisation geopfert.

Auf derselben Linie lag ein zunächst ganz unscheinbarer Vorgang, aus dem aber späterhin Konflikte von weittragender Bedeutung entspringen sollten. Wie alle Armeen, so hatte auch die Reichswehr ihre Spionageabwehr- und Nachrichtenorganisation. Ihre Zentrale war die dem Ministeramt unterstellte Abwehrabteilung, die seit

---

[135] *Liebmann-Notizen* (Anm. I/112), Bl. 41 f. Vgl. auch Blombergs Reden in den Wehrkreisen (o. Anm. I/106).

[136] „Reichswehrdokumente" (Anm. I/40), S. 433.

[137] *Horkenbach, 1933*, S. 156; *Dienstag-Bericht* vom 9. März 1933 *(BA)*. Der Berichterstatter prophezeite richtig, „daß Seldte auf dem neuen Arbeitsministerium, das er eigentlich nicht haben wollte, sitzen bleibt, dagegen die Jugendertüchtigung und der Arbeitsdienst in die Hände der NSDAP übergeht". Vgl. Goebbels (Anm. I/92), S. 294, und (auch für das Folgende) Vogelsang, „Der Chef. . ." (Anm. I/133).

[138] Theodor Duesterberg, *Der Stahlhelm und Hitler*, Wolfenbüttel–Hannover 1949, S. 41 ff.; S. 51 ff.; *Dienstag-Bericht* vom 23. und 30. März 1933 (über Kulissenkämpfe um den Stahlhelm); Goebbels (Anm. I/92), S. 294; S. 302; *Horkenbach, 1933*, 28. und 30. März; 26. April; S. 146 f.; S. 148; S. 185; *Schultheß, 1933*, S. 79 f.; S. 105 ff.

[139] *Schultheß, 1933*, S. 157 f.; *Horkenbach, 1933*, S. 259 (mit Pressestimmen).

[140] Sreiner (Anm. I/84), S. 112. Vgl. auch *Zeugenschrifttum* (Anm. I/53), Nr. 44 (F. v. Gaertner), S. 4 f.; S. 19; Nr. 248 (Holtzendorff), S. 38. — Im einzelnen s. u. S. 886 ff.

Juni 1932 von einem Vertreter der Marine, Kapitän z. S. Conrad Patzig, geleitet wurde. Mit der Machtergreifung begannen die Nationalsozialisten, auch auf diesem Gebiet höchst aktiv zu werden.[141] Ein Versuch, Patzig zu verdrängen, scheiterte zwar am Widerstand Reichenaus, der als Chef des Ministeramts der unmittelbare Vorgesetzte Patzigs war. Aber dafür entwickelten nun die verschiedenen Parteiorganisationen – Außenpolitisches Amt, Auslandsorganisation, SA, Stellvertreter des Führers und nicht zuletzt Heydrichs SD – ihrerseits eine nachrichtendienstliche Tätigkeit, die ebenso ausgedehnt wie dilettantisch war. Das Resultat war ein wildes Durcheinander und das Aufhören der auf diesem Felde so notwendigen Diskretion. Daher versuchte Patzig, über den Reichswehrminister eine Entscheidung Hitlers herbeizuführen, die die nachrichtendienstliche Konkurrenz der Parteidienststellen ausschaltete. Aber Hitler lehnte mit der Begründung ab, er begrüße die Aktivität seiner Parteiorganisationen, und Blomberg fügte sich ohne Widerstand.[142] Ein weiterer Versuch Patzigs, wenigstens mit dem Auswärtigen Amt eine Einheitsfront gegen die Parteiorganisationen zu bilden, schlug ebenfalls fehl, angeblich wegen des traditionellen Mißtrauens der Diplomaten gegen die Militärs.[143] So blieb es bei dem kräftezehrenden unterirdischen Dschungelkrieg der Geheimdienste – und nicht nur dabei; Göring richtete um die Wende 1933/34 einen als Forschungsamt getarnten Abhördienst für Ferngespräche ein, mit dem er auch die Wehrmachtsdienststellen bespitzelte.[144] Ab Frühjahr 1934 begann dann der Aufstieg von Heydrichs SD, der nun zum gefährlichsten Konkurrenten der militärischen Abwehr wurde. Heydrichs erster Erfolg war, daß es ihm Ende 1934 gelang, Patzig zum Rücktritt zu zwingen.[145] Dessen Nachfolger Canaris erwies sich allerdings als ein wesentlich standfesterer Gegenspieler und hat daher die militärische Position noch jahrelang halten können. Aber den Fehler, daß man überhaupt Konkurrenten der militärischen Abwehr zugelassen hatte, konnte auch er nicht mehr rückgängig machen.

So wurde das ganze weitverzweigte und tiefgegliederte System von Befestigungen, das die Reichswehr in jahrelanger Arbeit mit oder ohne Grund in den Staat hineingebaut hatte, von ihrer neuen Führung jetzt innerhalb kürzester Frist ohne Schwertstreich aufgegeben, und das gerade in dem Augenblick, in dem sie seiner am nötigsten bedurft hätte. Aber auch in die eigentliche Zitadelle der Reichswehrfestung gelang den Nationalsozialisten ein folgenschwerer Einbruch. Mit der nun einsetzenden Aufrüstung wurde das Problem der neuen Luftwaffenführung akut. Die Reichswehr hatte auch auf diesem Gebiet bereits langjährige Vorarbeiten geleistet, so daß das Gerippe einer Führungsorganisation bereits vorhanden war.[146] Allerdings gingen die Meinungen noch darüber auseinander, ob man die neue Luftwaffe als selbständigen Wehrmachtsteil oder als Annex zu den bereits bestehenden einrichten sollte. Blomberg und Reichenau waren zusammen mit den Fliegeroffizieren Anhänger der ersten Lösung, und so wurde am 1. April 1933 ein „Luftamt" eingerichtet, das, noch getarnt, die bisher auf Heeres- und Marineleitung verteilten Fliegerstäbe innerhalb des Reichswehrministeriums zusammenfaßte.[147] Indessen stand diese Entwicklung bereits unter dem Druck des neuen Luftfahrtministers Göring, der angeblich schon bei den Regierungs-

[141] Zum Folgenden s. *Zeugenschrifttum*, a. a. O., Nr. 540 (Admiral a. D. Patzig).

[142] Es gelang lediglich, einen Führerbefehl zu erwirken, der der militärischen Abwehr die Alleinherrschaft im militärischen Bereich sicherte; Karl Heinz Abshagen, *Canaris. Patriot und Weltbürger*, Stuttgart 1949, S. 138.

[143] *A. a. O.*, S. 141 f.

[144] *Der Fortschritt 5* (1953), Nr. 9 ff.; vgl. *Liebmann-Notizen* (Anm. I/112), Bl. 109; Abshagen, *a. a. O.*, S. 141. Rudolf Diels, *Lucifer ante portas . . . es spricht der erste Chef der Gestapo. . .*, Stuttgart 1950, S. 230 ff.

[145] *Zeugenschrifttum* (Anm. I/53), Nr. 540 (Patzig), S. 4; Abshagen, *a. a. O.*, S. 139 ff.

[146] Vgl. u. S. 781 f.

[147] Bruno Maaß, „Vorgeschichte der Spitzengliederung der früheren deutschen Luftwaffe (1920–1933)", in: *Wehrwissenschaftliche Rundschau 7* (1957), S. 505 ff.; bes. S. 519.

verhandlungen am 30. Januar den Anspruch auf den Oberbefehl über die Luftwaffe geltend gemacht und anschließend mit steigendem Nachdruck vorgetragen hatte.[148]

Das war nun ein Fall, der selbst Blomberg alarmieren mußte, denn es konnte gerade ihm, der ein entschiedener Anhänger der Idee eines Wehrmachtsgeneralstabes war, nicht entgehen, daß durch die Unterstellung der Luftwaffe unter den Reichsluftfahrtminister ein einheitlicher Oberbefehl über die Wehrmacht praktisch unmöglich und durch die Betrauung Görings, eines der mächtigsten Parteigänger Hitlers, mit dem Oberbefehl über einen Wehrmachtsteil das Prinzip der parteipolitischen Neutralität der Wehrmacht an entscheidender Stelle durchbrochen wurde. Aber alles Sträuben half nichts, denn die Reichswehr sah sich jetzt in der eigenen Schlinge gefangen. Sie hatte im Zeichen ihrer illegalen Aufrüstung vor 1933 aus Gründen der Geheimhaltung eine weitgehende Verflechtung von militärischer und ziviler Luftfahrt hergestellt. Nachdem nun Göring die zivile Luftfahrt in die Hand bekommen hatte, war es ihm auf Grund seines überlegenen politischen Einflusses ein leichtes, auch die militärische zu annektieren ohne Rücksicht darauf, daß Blomberg gleichzeitig zum Oberbefehlshaber der Wehrmacht ernannt wurde.[149] Bereits am 15. Mai wurde das Luftamt dem Luftfahrtminister unterstellt,[150] und am 1. Oktober folgte die Ernennung des Hauptmanns a. D. Göring zum General, wobei Hindenburg, der diese aller militärischen Tradition widersprechende Beförderung ohnehin nur widerstrebend genehmigt hatte, noch auf höchst üble Weise düpiert wurde. Hindenburg hatte nur die Ernennung zum Generalmajor vorgesehen; die Parteipresse aber veröffentlichte die Beförderung zum General der Infanterie,[151] und der aufgebrachte Hindenburg wurde überredet, zur Vermeidung einer öffentlichen Blamage nachzugeben.[152]

Unter dem Eindruck der fürchterlichen Verbrechen, deren sich das nationalsozialistische Regime schuldig gemacht hat, überwiegt heute häufig eine moralische Beurteilung auch des Verhaltens seiner konservativen Mitläufer und Helfershelfer, ja dieser Gesichtspunkt wird z. T. so ausgiebig benutzt, daß man in die Gefahr gerät, über den Verstößen gegen ethische Normen diejenigen gegen die politische Vernunft zu übersehen und moralische Integrität als legitimen Ersatz für politische Klugheit zu akzeptieren. Um dieser Gefahr entgegenzuwirken, ist hier bewußt auf moralische Beurteilung verzichtet und statt dessen danach gestrebt worden, die politischen Entscheidungen der Reichswehrführung von deren eigenen Voraussetzungen aus und unter dem Gesichtspunkt ihrer eigenen Interessen zu betrachten. Erst unter diesem Blickwinkel zeigt sich der Leichtsinn und die Fahrlässigkeit, mit der Blomberg und Reichenau um unrealistischer Hoffnungen bzw. unausgereifter Pläne willen duldeten und z. T. sogar mithalfen, daß alle ihre potentiellen Bundesgenossen Hitler ans Messer geliefert wurden. Indessen ist es leider bei der Fehleinschätzung der eigenen Interessen nicht geblieben. Zwar verstieß die nationalsozialistische Gleichschaltungsaktion des Frühjahrs und Sommers 1933 nur gegen staats- und verfassungsrechtliche Normen, aber ihr parallel lief bzw. in sie ununterscheidbar verflochten war die brutale, alle Mittel physischen Zwanges und terroristischer Vergewaltigung einbeziehende persönliche oder kollektive Verfolgung politischer und weltanschaulicher Gegner, und die Herausforderung, die darin für die ritterlichen Traditionen des Offizierkorps lag, stellte die Reichswehrführung schon jetzt auch vor eine moralische Entscheidung.

---

[148] *Zeugenschrifttum* (Anm. I/53), Nr. 105 (Mellenthin); Karl Heinz Völker, *Die Entwicklung der militärischen Luftfahrt in Deutschland 1920–1933 (Beiträge zur Militär- und Kriegsgeschichte,* Bd. 3), Stuttgart 1962, S. 201 f.

[149] *A. a. O.,* S. 230. Zur Ernennung Blombergs s. u. S. 797; S. 814 f.

[150] Maaß (Anm. I/147), S. 519 f.; Völker, *a. a. O.,* S. 202 ff.

[151] Die Zuordnung zur Infanterie gehörte zu der damals noch erforderlichen Tarnung.

[152] Dazu s. Görlitz, *Hindenburg* (Anm. I/72), S. 412; Generallt. H. J. Rieckhoff, *Trumpf oder Bluff? 12 Jahre deutsche Luftwaffe,* Genf 1945, S. 36 f.; Gerhard Rossbach, *Mein Weg durch die Zeit. Erinnerungen und Bekenntnisse,* Weilburg/Lahn 1950, S. 144.

Noch zwei Monate vor der Machtergreifung, am 1. Dezember 1932, hatte Oberstleutnant Ott, als er im Auftrage Schleichers mit den nationalsozialistischen Führern über eine Regierungsbeteiligung verhandelte, das Ansinnen Görings, ihm die Straße zum Kampf gegen den „Marxismus" freizugeben, als unannehmbar zurückgewiesen; die Reichswehr stehe, so sagte Ott damals, „auf dem Boden der Verfassung und hätte dem Terror gegenüber nur die Antwort der Waffe".[153] Im Februar 1933 aber leitete Reichenau eine neue Ära in der Geschichte des preußisch-deutschen Offizierkorps ein, als er in Vertretung des abwesenden Ministers auf einer Befehlshaberbesprechung erklärte: „Erkenntnis [ist] notwendig, daß wir in einer Revolution stehen. Morsches im Staat muß fallen, das kann nur mit Terror geschehen. Die Partei wird gegen Marxismus rücksichtslos vorgehen. Aufgabe der Wehrmacht, Gewehr bei Fuß. *Keine Unterstützung, falls Verfolgte Zuflucht bei der Truppe suchen.*"[154] Die Hörer zeigten sich von Reichenaus Worten „stark betroffen", beschränkten sich aber im allgemeinen auf eine Weitergabe in abgeschwächter Form. Soweit bekannt, hat nur einer der anwesenden Offiziere bei Reichenau protestiert; es war eben derselbe Oberstleutnant Ott, der Görings terroristischen Wünschen schon im Dezember entgegengetreten war.[155] Der Protest kostete ihn seine Stellung, aber er trug ihm die Achtung der Nachwelt ein.

Hier stellt sich nun die Frage, ob und wie denn Hitler seinerseits mit dem Vollzug des Abkommens begonnen hat. Sein erstes Versprechen hatte sich auf die Aufrüstung bezogen. Das hat er gehalten. Erste einleitende Maßnahmen erfolgten schon im Februar, und ab 1. April 1933 lief, wie noch zu zeigen sein wird, die Aufrüstung auf vollen Touren an.[156] Sein zweites Versprechen war, daß die SA nicht zu einer Konkurrenzarmee ausgebaut werden würde. Auch darüber wird noch ausführlich zu sprechen sein, doch sei im voraus bemerkt, daß auch diese Zusage eingehalten wurde, obwohl die Lage im Sommer und Herbst 1933 noch einigermaßen undurchsichtig schien.[157] Hitlers dritte Zusage war, daß die Wehrmacht unpolitisch bleiben und ihre Tradition gewahrt werden solite. Auch das hat er, allerdings in seinem Sinne, erfüllt; denn die Reichswehr verlor bereits bis zum Sommer 1933 fast alle Außenpositionen, auf die ihre halbautonome Stellung im Staat bisher gegründet war, aber sie schien dafür auch der politischen Sorgen überhoben zu sein, die bisher auf ihrer Führung gelastet hatten. Die Betrauung Görings mit dem Oberbefehl über die Luftwaffe paßte freilich weniger gut in dieses Bild, aber der Schönheitsfehler wurde verdeckt durch ein paar Schönheitspflästerchen, die man unter dem Titel „Traditionspflege" zusammenfassen kann. Dazu gehörte die verfassungswidrige Wiedereinführung der schwarz-weiß-roten Kokarde an Mütze und Stahlhelm und die Beseitigung der schwarz-rot-goldenen Gösch aus der bisher schon schwarz-weiß-roten Kriegsflagge.[158] Dazu gehörte weiter eine Novelle zum bisherigen Wehrgesetz, erlassen am 20. Juli 1933, in der die letzten Dekorationsstücke sowohl der föderalistischen Struktur wie der demokratischen Wehrverfassung beseitigt wurden.[159] Und dazu gehörte schließlich als dritter Restaurationsakt die Wiedereinführung der von der Weimarer Verfassung (Art. 106) aufgehobenen Militärstrafgerichtsbarkeit durch Gesetz vom 12. Mai 1933.[160] Das war nicht nur ein weiterer Verfassungsbruch; da die neue Militär-Strafgerichts-

[153] *Zeugenschrifttum* (Anm. I/53), Nr. 279, I (Ott), S. 16.
[154] *A. a. O.*, S. 19 (Auszeichnung vom Verf.).
[155] *Ebda.*
[156] Vgl. u. II. Kapitel, 3. Abschnitt.
[157] Vgl. u. III. Kapitel, 4. Abschnitt, und IV. Kapitel.
[158] Verordnung über die Hoheitszeichen der deutschen Wehrmacht vom 14. März 1933 (*RGBl.*, I, 1933, S. 133).
[159] Zweites Gesetz zur Änderung des Wehrgesetzes vom 20. Juli 1933 (*a. a. O.*, S. 526).
[160] *A. a. O.*, S. 264.

ordnung das feudale System der „Gerichtsherrn" wieder einführte, handelte es sich dabei auch um einen Verstoß gegen die Prinzipien des Rechtsstaates.[161]

Zieht man die Bilanz für die Reichswehr, so könnte man versucht sein, sie in Abwandlung des alten Opferspruchs aus den Befreiungskriegen mit „Macht gab ich für Ehre" zu umschreiben, und selbst der Gewinn an Ehre hatte angesichts des von der Reichswehr geduldeten Terrors seine Grenzen. Aber Blomberg und Reichenau sahen die Dinge in anderem Licht. Sie betrachteten es bereits als Erfolg, daß die Reichswehr als einzige große Staatsinstitution außer dem Reichspräsidenten von der nationalsozialistischen Revolution verschont geblieben war, und sie schlossen daraus, daß ihr Vertrauen zu Hitler berechtigt gewesen sei. Blomberg wies in der Befehlshaberbesprechung vom 1. Juni ausdrücklich darauf hin und schloß daran eine bezeichnende Rechtfertigung seiner Politik an. Daß die Reichswehr, so sagte er, nicht der Gleichschaltung verfallen sei, liege nur daran, „daß wir unpol[itisch] waren. Dieses Unpolitischsein", so fuhr er fort, „hatte ja nie die Bedeutung, daß wir mit dem System der früheren Regierungen einverstanden waren; es war vielmehr ein Mittel, uns vor zu enger Verstrickung in dieses System zu bewahren."[162] Gegen diese Auslegung hat Ott aus der Rückschau nachdrücklich protestiert,[163] aber ganz unrecht hatte Blomberg nicht; er sprach zweifellos die Ansicht eines freilich schwer meßbaren Teils des Offizierkorps aus. Dieser Teil war es, der jetzt zum Zuge kam und mit einer im Reichswehrministerium bisher unbekannten Entschiedenheit und Konsequenz für Hitler optierte. „Jetzt", so schloß Blomberg seine Ausführungen, „ist das Unpolitischsein vorbei, und es bleibt nur eins: der nat[ionalsozialistischen] Bewegung mit voller Hingabe zu dienen."

Solche Worte hat die Weimarer Republik von ihren Soldaten nie zu hören bekommen. Doch drückte sich in ihnen nicht nur die Dankbarkeit dafür aus, daß die Wehrmacht von der Revolution verschont geblieben war; Blomberg und Reichenau hatten dabei noch etwas anderes im Auge, und das ist der zweite Grund, warum sie ihre Lage optimistisch beurteilten und unerschüttert an dem Glauben festhielten, daß das eigene Schiff schwimmfähig bleiben würde, wo alle anderen bei dem Versuch, mit dem Sturm zu segeln, leckgeschlagen worden waren. Um was es sich dabei handelte, deutete Blomberg in einer Rede an, die er am 6. September bei einer im Anschluß an die Herbstmanöver und in Anwesenheit Hitlers stattfindenden Truppenbesichtigung in Ulm hielt.[164] Den ehrenden und freudigen Anlaß, so führte er aus, Hitler „in unserer Mitte zu sehen", wolle er benutzen, um über das „Verhältnis der Wehrmacht zum Reichskanzler" zu sprechen. Er wies auf die spontane Begeisterung hin, mit der Hitler nicht nur von der Bevölkerung, sondern auch von „unseren Soldaten" begrüßt worden sei. Dies sei kein Wunder, denn Hitler sei der Frontkämpfer des ersten Weltkrieges, der nach einem vierzehnjährigen Kampf für das „Wohl des Volkes . . . jetzt Führer des deutschen Volkes geworden" sei. Die Wehrmacht, so fuhr er fort, verdanke diesem Manne viel; er habe ihr „im neuen Reich . . . den Platz angewiesen, der ihr gebührt; er gab uns die alten ruhmreichen Fahnen und Kokarden wieder, brachte uns, als er die Regierung übernahm, vollstes Vertrauen entgegen. Was aber" so fragte er dann, „geben wir? Nun, wir geben unser vollstes Vertrauen, rückhaltlose Zuverlässigkeit, unerschütterliche Hingabe an unseren Beruf und den Ent-

---

[161] Das Gesetz vom 12. Mai bestimmte die Militär-Strafgerichtsordnung vom 1. Dezember 1898 als Grundlage der Neuordnung. Text der neuen Militär-Strafgerichtsordnung *RGBl.*, I, 1933, S. 921 ff. Tatsächlich bürdete die Neuordnung der Truppe nur neue Lasten auf und stellte sie vor schwer lösbare Aufgaben; Keitel (Anm. I/17a), S. 75.

[162] *Liebmann-Notizen* (Anm. I/112), Bl. 53.

[163] *Zeugenschrifttum* (Anm. I/53), Nr. 279, I, S. 20.

[164] *Horkenbach, 1933*, S. 373; vgl. *Zeugenschrifttum* (Anm. I/53), Nr. 105 (Mellenthin), S. 2 (über das Befremden bei Teilen des Militärs wegen Blombergs Rede).

schluß, in diesem neuen, neugeformten und neu durchbluteten Reich zu leben, zu arbeiten und, wenn nötig, zu sterben."

Außer der in so schwärmerischem Stil und in aller Öffentlichkeit vorgetragenen Loyalitätserklärung sind an dieser Rede vor allem zwei Punkte bemerkenswert: die Akzentuierung dieser Loyalität auf Hitler persönlich, der nur als „Reichskanzler" oder „Führer des deutschen Volkes", aber nicht als Chef der NSDAP apostrophiert und überdies als „Frontkämpfer" gleichsam in die Gemeinschaft der Reichswehr eingeschlossen wird; und der Hinweis auf die bevorzugte Stellung der Armee im neuen Reich. Beides zusammen läßt das innenpolitische Hauptziel der Reichswehrführung erkennen: Die Armee als erste Macht im Staate unter einer Diktatur Hitlers oder — die Rückkehr in das verlorene Paradies des Kaiserreiches unter veränderten Vorzeichen.

Es ist nicht schwer zu erraten, wie Hitler solche Worte aufnahm. Er wird die Töne selbstbewußten Anspruches auf Mitregierung im Staat nicht überhört und sich eine eigene Stellungnahme dazu vorbehalten haben. „Wir werden sehen, wer den zäheren Willen und die härtere Geduld hat, ich oder die Generäle", soll er im Februar 1934 zu Rauschning gesagt haben,[165] und wie immer man den Quellenwert der Rauschningschen Zitate einschätzen mag, daß hier zumindest der Sinn von Hitlers Gedanken getroffen wurde, ist kaum zweifelhaft. Aber das waren Zukunftssorgen; für den Augenblick durfte Hitler vollauf zufrieden sein. Die Reichswehr, sein gefürchteter Gegner, hatte sein Mißtrauen Lügen gestraft, sie war allen Schwenkungen und Steigerungen seines Kurses willig gefolgt, und die Ovation, die ihm ihr oberster Vorgesetzter soeben dargebracht hatte, gab ihm die Gewißheit, daß sie ihm fernerhin folgen werde, mindestens für die nächste Zukunft. Sie hatte es ihm ermöglicht, das Weimarer Regime zu beseitigen und einen großen, vielleicht sogar schon den entscheidenden Teil des Staates in Besitz zu nehmen, und er durfte damit rechnen, daß sie ihm auch für die totale Eroberung des Staates Rückendeckung geben würde. Dann aber war die Wehrmacht machtpolitisch isoliert; schon jetzt waren wichtige Positionen ihrer bisherigen politischen Stellung gefallen, und wenn er erst die totale Herrschaft im zivilen Bereich in der Hand hatte, stand die Armee ganz allein. Dann brauchte er ihre Opposition nicht mehr zu fürchten; als der Stärkere konnte er ihr dann die Bedingungen diktieren.

Um so mehr hatte er Grund, sie diese Gedanken im Augenblick nicht erraten zu lassen, und so waren seine Äußerungen jetzt ganz auf Dank und Anerkennung gestimmt. Seine Worte sind freilich nur sehr unvollkommen überliefert,[166] aber wahrscheinlich entsprachen sie dem, was er drei Wochen später auf dem Stahlhelmappell in Hannover sagte: „Wenn das Heer nicht in den Tagen der Revolution auf unserer Seite gestanden hätte, dann ständen wir heute nicht hier." Diese Worte wurden und werden oft zitiert; weniger bekannt ist Hitlers Nachsatz, den man aber nicht übergehen sollte: „Wir können versichern, daß wir das niemals vergessen werden, daß wir in ihnen [sic!] die Träger der Tradition unserer ruhmreichen alten Armee sehen und daß wir mit ganzem Herzen und mit allem, was wir vermögen, uns für den Geist dieser Armee einsetzen werden."[167] Es ist die Vorwegnahme der bekannten Selbstverpflichtung Hitlers gegenüber der Armee nach dem Tode Hindenburgs, und man muß annehmen, daß er sie Blomberg gegenüber auch bereits vor dem 6. September

[165] Rauschning, *Gespräche...* (Anm. I/5), S. 148.

[166] *Horkenbach, 1933*, S. 373: „Der Kanzler dankte dem Reichswehrminister in herzlichen Worten, die seine innere Verbundenheit mit der Wehrmacht erkennen ließen."

[167] *A. a. O.*, S. 413. – *Schultheß, 1933*, S. 213, gibt nur den ersten, nicht aber den wichtigen zweiten Satz. – Ähnlich wie das Wort Reichenaus vom 1. Februar 1933 (s. o. S. 717) in Parteikreisen die Runde machte, scheint auch dies Hitler-Wort in der Reichswehr zirkuliert zu haben; Foertsch, *Die Wehrmacht...* (Anm. I/109), S. 20; *Zeugenschrifttum* (Anm. I/53), Nr. 105 (Mellenthin), S. 1 f.; S. 26 f.; Nr. 187 (Weichs), S. 39.

1933 ausgesprochen hat.[168] Es war eines mehr in der berühmten Reihe Hitlerscher Versprechen, und wie die anderen hat er auch dieses ebenso leicht gegeben wie gebrochen.

5. Offizierkorps und Nationale Revolution

Die Politik des Reichswehrministeriums unter Blomberg und Reichenau war ausschlaggebend für die Stellungnahme der Reichswehr zu den Ereignissen von 1933, aber sie repräsentierte nicht durchweg die Haltung des Offizierkorps, und es bedarf der Klärung, warum diese Differenz sich nicht auf die politische Linie der Reichswehr ausgewirkt hat. Die naheliegende Antwort, daß Soldaten nicht zu debattieren und zu opponieren, sondern zu gehorchen haben, verdeckt das Problem nur. Gewiß, in einer gut organisierten Armee gehorchen die Unteren den Oberen und alle dem Höchsten; das ist nicht nur natürlich, sondern auch notwendig. Aber auf der anderen Seite ist eine Armee auch keine Maschine; sie besteht aus lebendigen Menschen, für die es eine Grenze des Gehorsams gibt und geben muß. Darüber besteht auch bei allen einsichtigen Militärs Einigkeit. „Der Ungehorsam", sagt General Hoßbach, „ist selbstverständlich im Grundsatz zu verwerfen, als Ausnahme kann er von sittlicher Notwendigkeit oder gar gesetzlich gefordert sein."[169] Solche Ausnahmen sind der verbrecherische Befehl (der hier nicht zur Debatte steht) und revolutionäre Situationen. Daß im Jahre 1933 in Deutschland eine solche revolutionäre Situation herrschte, ist unzweifelhaft; das mußte spätestens ab Sommer, im Grunde aber schon vom März ab auch allen Fernstehenden klar sein. Es ist daher eine durchaus berechtigte Frage, warum das Offizierkorps, das doch der Republik einen Eid geschworen hatte und das solche Eide, wie man aus späteren Ereignissen weiß, sehr ernst nahm, nichtsdestoweniger dem revolutionären Kurs Blombergs und Reichenaus folgte. Die Frage ist um so mehr berechtigt, als es in der Geschichte der Reichswehr bereits mehrere Fälle gegeben hatte, in denen der Befehlsmechanismus aus politischen oder anderen Gründen nicht funktionierte, so z. B. in den Revolutionsjahren 1919–1920 und zur Zeit der bayerischen Krise 1923. Noch im Jahre 1932 hatte der Widerstand des Offizierkorps gegen das SA-Verbot erst den Rücktritt des Ministers Groener und dann die Aufhebung des Verbots erzwungen – ein Fall, der hier insofern von besonderem Interesse ist, als sich an ihm die Bedingungen studieren lassen, unter denen damals eine erfolgreiche militärische Opposition gegen politische Maßnahmen möglich war. Drei dieser Bedingungen lassen sich erkennen: Erstens hatte das Offizierkorps in Gestalt Schleichers einen politischen Sprecher, der den Widerstand organisierte; zweitens standen die Offiziere in diesem Fall in ihrer überwiegenden Mehrzahl hinter Schleicher;[170] und drittens fand die militärische Opposition einen Weg zum Reichspräsidenten und damit zu einem politisch zentral gelegenen Hebel, mit dem sie ihren Willen auf das politische Feld übertragen konnte.

Keine dieser Bedingungen war im Jahre 1933 gegeben. Hindenburg war einer Opposition gegen Hitler nicht in jedem Fall, einer solchen gegen Blomberg lange Zeit überhaupt nicht zugänglich; Blomberg war zunächst sein Favorit.[171] Überdies begann

---

[168] Nach Mellenthin (*a. a. O.*, Nr. 105) hat Hitler bereits auf einem Empfang für die Generale auf dem Parteitag 1933 eine ähnliche Äußerung getan: „Meine Herren Generale, meine Herren Offiziere, daß ich hier stehe, verdanke ich Ihnen und der loyalen Haltung der Reichswehr, ich werde Ihnen das nie vergessen."

[169] Hoßbach, *Zwischen Wehrmacht...* (Anm. I/25), S. 135.

[170] Es gab auch abweichende Meinungen wie die des Admirals Raeder, der es „für eine militärische Unmöglichkeit [hielt], daß das eigene Amt des Ministers [gemeint ist Schleichers Ministeramt] sich von ihm lossagte..."; Raeder (Anm. I/107), I, S. 270; vgl. Phelps (Anm. I/48), S. 29.

[171] Das änderte sich jedoch später; s. *Zeugenschrifttum* (Anm. I/53), Nr. 568 (Tschirschky), S. 3. Nachweisbar zuerst im Herbst 1933.

schon im Jahre 1933 jene Isolierung des Reichspräsidenten, die sich am 30. Juni 1934 bis zu einer Art Hausarrest in Neudeck steigerte.[172] Aber nicht nur Hindenburg fiel aus, das Offizierkorps hatte auch keinen Führer, der sich aus seinen Reihen heraus zum Sprecher einer Oppositionsbewegung hätte machen können. In politischer Hinsicht wäre dafür der Chef der Heeresleitung, General Frhr. v. Hammerstein-Equord, der gegebene Mann gewesen. Nüchtern, weitblickend und politisch vorurteilsfrei, war er zu einem kompromißlosen Gegner Hitlers geworden,[173] aber einer ernsthaften politischen Aktivität von seiner Seite stand sowohl sein Charakter wie seine schwache Stellung im Ministerium und im Offizierkorps entgegen. Er war ein Grandseigneur, der es, großzügig und weitherzig, im Bewußtsein eigenen Wertes verschmähte, sich in die Niederungen des täglichen Kleinkriegs zu begeben, und alle seine Bekannten, selbst die wohlwollendsten, stimmen darin überein, daß diese Charaktereigenschaft bei ihm zu einer „ungewöhnlichen Abneigung gegen normale Arbeit" ausgeartet war.[174] Da sich das selbst in seiner militärischen Tätigkeit bemerkbar machte, hatte es schon die Kritik Hindenburgs herausgefordert, und Hammersteins politische Motion am 27. Januar hatte ihn Hindenburg endgültig entfremdet.[175] So fehlte ihm eine der wichtigsten Voraussetzungen für eine politische Aktion: der Einfluß auf den Reichspräsidenten, und es ist ihm auch nicht mehr gelungen, ihn wiederzugewinnen – sofern er sich überhaupt ernsthaft darum bemüht hat.[176]

Dazu kam, daß aus den gleichen Gründen sein Ansehen im Offizierkorps nicht sehr groß war. Das Offizierkorps wollte einen energischen, mitreißenden Führer, und dies war Hammerstein nicht. Und schließlich war auch seine Stellung im Reichswehrministerium erschüttert. Zwar waren seine Beziehungen sowohl zu Blomberg als auch zu Reichenau ursprünglich nicht schlecht,[177] aber die veränderte politische Lage brachte auch darin eine Wandlung mit sich, und wenn man auf seine sofortige Ablösung verzichtete, so nur, um das Offizierkorps nicht durch einen allzu abrupten Kurswechsel zu beunruhigen.[178] Aber Blomberg tat alles, Hammersteins Bewegungsfreiheit einzuengen; er griff unbekümmert in dessen Dienstgeschäfte ein, bestellte Amts- und z. T. Abteilungschefs der Heeresleitung unmittelbar zum Vortrag und schaltete Hammerstein mehr und mehr aus, wobei er auch von Dienststellen der Heeresleitung unter-

[172] Brüning (Anm. I/85), S. 20.

[173] Hammersteins Ablehnung Hitlers war nicht immer unbedingt; vgl. seine o. S. 703 zitierten Äußerungen (Befehlshaberbesprechung vom 24. April 1931). Doch hat sich das später geändert; vgl. auch Kunrat v. Hammerstein (Anm. I/54), S. 17 f.

[174] Foertsch, *Schuld...* (Anm. I/25), S. 32 f. Über Hammersteins Persönlichkeit allgemein *a. a. O.*, *passim*; *Zeugenschrifttum* (Anm. I/53), Nr. 6 (General Adam), S. 5, und Nr. 105 (Mellenthin), S. 8 f.; Erich v. Manstein, *Aus einem Soldatenleben. 1887–1939*, Bonn 1958, S. 108 f.; Schwerin v. Krosigk (Anm. I/74), S. 111 f.

[175] Auf die dienstlich-militärische Kritik Hindenburgs an Hammerstein macht besonders Schwerin v. Krosigk aufmerksam; *a. a. O.*, S. 113.

[176] Auf eine Aussöhnung zwischen Hammerstein und Hindenburg hofften im Frühjahr 1933 insbesondere Schleicher und Brüning bei ihren Planungen für einen Sturz der Hitler-Regierung; Brüning (Anm. I/85), S. 18.

[177] *Zeugenschrifttum* (Anm. I/53), Nr. 105 (Mellenthin), S. 7. Für Reichenau, den er 1932 sogar trotz dessen politischen Eskapaden gedeckt hat, s. Kunrat v. Hammerstein (Anm. I/54), S. 127; S. 165; *Zeugenschrifttum, a. a. O.*, Nr. 217 (Bussche-Ippenburg), S. 4; S. 8. In seiner großzügigen Art hat Hammerstein politische Differenzen offenbar zu überspielen getrachtet. So hat er auch Beck gegen Groeners Versuche, ihn zu verabschieden, gedeckt; Kunrat v. Hammerstein, *a. a. O.*, S. 16; Wolfgang Foerster, *Generaloberst Ludwig Beck. Sein Kampf gegen den Krieg. Aus den nachgelassenen Papieren des Generalstabschefs*, München 1953, S. 23 f.; Hoßbach, *Die Entwicklung...* (Anm. I/25), S. 89.

[178] *Zeugenschrifttum, a. a. O.*, Nr. 217 (Bussche-Ippenburg), S. 22. B., der damals Chef des Personalamts war, behauptet fest, daß Hammersteins Verabschiedung schon am 30. Januar 1933 beschlossene Sache war. Das und auch die Begründung wird durch den Bericht Fritschs über ein Gespräch mit Blomberg, wenige Tage nach der Machtergreifung, bestätigt; Aufzeichnung Fritschs vom 1. Februar 1938 bei Kunrat v. Hammerstein (Anm. I/54), S. 173 (der Passus ist bei Hoßbach, *Zwischen Wehrmacht...*, Anm. I/25, S. 68 ff., nicht abgedr.). – Schleicher rechnete in seinen Erörterungen mit Brüning im Februar 1933, daß Hammerstein sich vielleicht noch bis zum Sommer halten könne; Brüning (Anm. I/85), S. 18. Vgl. auch Papen (Anm. I/69), S. 324.

stützt worden sein soll. Ende Juni hatte der Chef der Heeresleitung nach eigenem Zeugnis nur noch die nominelle Befehlsgewalt.[179] Hammerstein hat, offenbar tief beeindruckt von der chiliastischen Psychose, die weite Kreise der Nation ergriffen hatte, demgegenüber resigniert; er hat sich nach außen auf korrektes Verhalten und dem Offizierkorps gegenüber auf Betonung der formalen Loyalität beschränkt; nur im kleinen Kreise sagte er, was er dachte.[180] Auch alle Annäherungsversuche politischer Kreise hat er als mehr oder minder vergeblich zurückgewiesen.[181]

Fehlte dem Offizierkorps so der Führer, der es zum Protest hätte aufrufen können, so mangelte ihm nicht minder die einmütige Stellungnahme zu den neuen Ereignissen. General Adam wußte, was er sagte, als er auf der Generalstabsreise im Sommer 1933 die teilnehmenden Offiziere zum Zusammenstehen ermahnte, denn: „Die Geschlossenheit ist unsere Stärke und die Wurzel unserer Kraft." [182] Aber aller Korpsgeist hilft nichts, wenn kein Ziel da ist, auf das er sich richten kann, keine gemeinsame Überzeugung, die dem Zusammenschluß Halt gibt. Und beides fehlte gegenüber dem neuen Regime. Das beste Beispiel dafür ist der Zerfall der Gruppe von Offizieren, die Schleicher sich als seine Helfer herangezogen hatte. Nur wenige hielten an den bisherigen politischen Grundsätzen fest; sie wurden nach und nach entfernt.[183] Andere gingen zu Hitler über, wie der Major Marcks, der Sohn des Historikers, der als langjähriger Leiter der Pressestelle im Reichswehrministerium maßgeblich an der Ausarbeitung der Reichswehr-Ideologie beteiligt gewesen war.[184] Andere Schleicher-Mitarbeiter sagten sich auch persönlich von ihm los, und wieder andere gerieten trotz inneren Hemmungen und Bedenken in den Sog der „nationalen Bewegung".[185]

So ähnlich lagen die Dinge im Offizierkorps überhaupt. Die bisherige Auffassung geht dahin, daß die jüngeren Jahrgänge weitgehend für, die älteren, etwa vom Stabs-

---

[179] Das ließ er Brüning durch dessen Mittelsmann Hackelsberger bestellen; Brüning, *a. a. O.*, S. 18 f. Vgl. auch Brünings Brief an Kunrat v. Hammerstein, 1946: Kunrat v. Hammerstein, *a. a. O.*, S. 175.

[180] Auf der Generalstabsreise im Sommer 1933 hielt Hammerstein eine Begrüßungsrede, in der er die Teilnehmer ermahnte, trotz Zweifel und Bedenken dem neuen Regime gegenüber Loyalität zu bewahren, ließ aber fühlen, daß er sich damit nur eines unangenehmen Auftrags entledigte; *Zeugenschrifttum* (Anm. I/53), Nr. 6 (General Adam), S. 5. Vgl. Nr. 105 (Mellenthin), S. 9. Gegenüber englischen Freunden dagegen äußerte er in seiner drastischen Art: „Jeder Dorfköter kann, wie die Nazis, mit Terror regieren"; Kunrat v. Hammerstein, *a. a. O.*, S. 121.

[181] Schon am Tage der Machtergreifung war Severing durch einen Mittelsmann an ihn herangetreten (in Anknüpfung an ein Gespräch mit Hammerstein im Herbst 1931), erhielt aber einige Tage später eine hinhaltende Antwort; Carl Severing, *Mein Lebensweg*, Köln 1950, Bd. II, S. 378. Die Vermutung Severings, Hammerstein sei dazu durch das Zusammentreffen mit Hitler am 3. Februar bewogen worden, überzeugt nicht; vgl. auch Kunrat v. Hammerstein, *a. a. O.*, S. 173 (Bezugnahme auf Brief Severings an K. v. H., 1946). – Für Brünings vergeblichen Vorstoß bei Hammerstein Ende Juni/Anfang Juli 1933 s. o. Anm. I/179. Für Sondierungen von monarchistischer Seite s. Moriz v. Faber du Faur, *Macht und Ohnmacht. Erinnerungen eines alten Offiziers*, Stuttgart 1953, S. 153 (Besuch H.'s beim Kronprinzen in Oels, Sommer 1933).

[182] *Zeugenschrifttum* (Anm. I/53), Nr. 6 (Adam), S. 6.

[183] Der Chef des Ministeramts, v. Bredow, war bereits am 1. Februar 1933 entlassen worden (s. o. S. 712); der Leiter der Wehrmacht-Abt., Ott, ging am 31. März 1933 als Militärattaché nach Tokio; der Leiter der Abwehr-Abt., Freg.-Kap. Patzig, wurde, obwohl nicht zum engeren Schleicher-Kreis gehörig, am 31. Dezember 1934 versetzt (s. o. S. 727). Von den Verbleibenden hielt lediglich Hptm. Frhr. v. Wechmar seinem ehemaligen Chef die Treue; *Zeugenschrifttum, a. a. O.*, Nr. 279, I (Ott), S. 19; Nr. 540 (Patzig), S. 4 f.; S. 8; außerdem: *Die neuen Männer. Verzeichnis der Dienststellenbesetzungen in Reichs- und Länderministerien*, Berlin 1933, S. 27–31 (die Aufstellung gibt bezüglich der Reichswehr den Stand zwischen Juni und September 1933 wieder).

[184] Im März 1933 überraschte er einen seiner Bekannten durch seine Zustimmung zur Errichtung der Diktatur und zur Ausschaltung der Rechte des Staatsbürgers; 1934 machte er seinem ehemaligen Chef Schleicher bei einem privaten Zusammentreffen das Geständnis, er sei „mehr oder weniger überzeugter Nationalsozialist geworden"; *Zeugenschrifttum, a. a. O.*, Nr. 24 (General Ludwig Crüwell), S. 3. M. war bis zum 30. Januar 1933 Pressechef der Reichsregierung und wurde anschließend von Hammerstein wieder in die Reichswehr übernommen. Er fiel 1945 als Festungskommandant von Cherbourg; Kunrat v. Hammerstein (Anm. I/54), S. 128; S. 176. Für Marcks' schriftstellerische Tätigkeit vgl. seinen Beitrag „Das Reichsheer von 1919 bis 1935", in: *Deutsche Heeresgeschichte*, hrsg. von Karl Linnebach, Hamburg 1935 (2. Aufl. 1943), S. 370–396.

[185] *Zeugenschrifttum, a. a. O.*, Nr. 248 (Holtzendorff), S. 24 ff.; Kunrat v. Hammerstein, *a. a. O.*, S. 176.

offizier an, meist gegen den Nationalsozialismus Stellung genommen hätten.[186] Das ist im großen und ganzen richtig, bedarf aber noch einiger Korrekturen, namentlich hinsichtlich der älteren Generation, deren Haltung zu Hitler und dem Nationalsozialismus doch zwiespältiger war, als es auf den ersten Blick scheinen mag. Das hatte sich schon an jenem 3. Februar gezeigt, als Hitler den Generalen seine Kriegspläne und sein Angebot einer wechselseitigen Zusammenarbeit darlegte.[187] Einige wenige wie Fritsch und Fromm – dieser damals als Oberst und Chef des Wehramts – waren von Hitlers Kriegsplänen alarmiert, beruhigten sich aber als echte Fachleute im Vertrauen auf die Macht der Tatsachen.[188] Die meisten anderen hatten aus Hitlers Rede überhaupt nur seine direkten Angebote an die Wehrmacht herausgehört.[189] Die klügsten unter diesen – wie Bussche-Ippenburg, Adam, Gienanth und Boehm-Tettelbach – erfaßten sehr richtig, daß Hitler ihnen „Brei um den Mund" schmieren wollte, andere stieß sein marktschreierisches Gebaren ab.[190] Aber es gab auch schon einige, die sich der Suggestivkraft Hitlers zugänglich zeigten. Zu ihnen gehörte der Chef der Marineleitung, Admiral Raeder, der von Hitlers geschauspielerter Verehrung für Hindenburg beeindruckt war und noch heute behauptet, Hitlers „Ansprache [sei] mit großer Befriedigung aufgenommen" worden.[191]

Diese Zwiespältigkeit kennzeichnete die Haltung der höheren Offiziere auch weiterhin. Sehr viele von ihnen waren unpolitische Offiziere wie etwa General Frhr. v. Fritsch. Aus der Seeckt-Schule stammend, war er ein ausgesprochener Gegner von Schleichers politischer Aktivität. Als einer seiner Offiziere ihm 1932 über einen Schleicherschen Vortrag Bericht erstatten wollte, lehnte er mit den Worten ab: „Nein, ist doch alles gelogen!"[192] Später bekannte er: „Ich habe es mir zur Richtschnur gemacht, mich von jeder politischen Tätigkeit fernzuhalten . . . Zur Politik fehlt mir alles."[193] So war bei Fritsch die dienstliche Zurückhaltung des Offiziers gesteigert durch die Befangenheit eines Menschen, dem die Politik eine fremde, unverständliche Welt ist, die man aber, da mit dem eigenen Beruf unlöslich verknüpft, als unvermeidliches Übel hinnehmen mußte. Daher fehlte ihm der Blick für den grundlegenden Wechsel, der sich mit dem Übergang von der Weimarer Republik zur Hitlerschen Diktatur vollzogen hatte. Er mochte sie im Grunde beide nicht; nur hatte Hitler scheinbar mehr „Ordnung", mehr Überschaubarkeit in die politischen Verhältnisse gebracht und regierte „energisch", ein Mann der Tat und nicht des scheinbar fruchtlosen parlamentarischen Geredes. Dem Wort des alten Generals v. Einem im Frühjahr 1933: „Wir haben wieder einen Kanzler", hätte auch Fritsch, und mit ihm viele seiner Kollegen,

[186] Krausnick (Anm. I/26), S. 201 ff.; vgl. auch Ritter, *Carl Goerdeler. . .* (Anm. I/54), S. 128.

[187] Vgl. o. S. 719 f.

[188] Bericht Otts, der seinerseits höchst beunruhigt war; *Zeugenschrifttum* (Anm. I/53), Nr. 279, I, S. 19.

[189] Bezeichnend das Zeugnis Bussche-Ippenburgs: „In der ersten Stunde sprach er eine wirre Walze ab und konzentrierte sich erst dann auf die Wehrmacht und ihre Belange"; Brief 1953 an Kunrat v. Hammerstein (Anm. I/54), S. 174. Beck erzählte später, er habe den Inhalt von Hitlers Rede sofort wieder vergessen; *a. a. O.*, S. 14.

[190] *Ebda.*; Görlitz, *Der deutsche Generalstab* (Anm. I/82), S. 398 f. (über die Reaktion Ritter v. Leebs: ein Geschäftsmann, dessen Ware gut sei, brauche diese doch nicht in den höchsten marktschreierischen Tönen anzupreisen).

[191] Raeder (Anm. I/107), II, S. 106 f.; ähnlich schon in seiner Aussage in Nürnberg: „Diese Rede wirkte außerordentlich befriedigend auf sämtliche Zuhörer"; *IMT* (Anm. I/55), XIV, S. 28. Dagegen Bussche: „Das bestreite ich für mich sehr ernst"; Kunrat v. Hammerstein (Anm. I/54), S. 173 f. Von der positiven Stellungnahme in: *Liebmann-Notizen* (Anm. I/112), Bl. 39 (s. o. S. 720), distanzierte sich Ott: *Zeugenschrifttum* (Anm. I/53), Nr. 279, I, S. 19: „Die Schlußbemerkung Liebmanns gibt den Eindruck meiner Umgebung nicht ganz wieder."

[192] Äußerung zu seinem Generalstabschef bei der 1. Kav.-Div., v. Weichs; *Zeugenschrifttum, a. a. O.*, Nr. 182 (Feldmarsch. v. Weichs), S. 39.

[193] Brief vom 17. Mai 1937; Johann Adolf Graf v. Kielmannsegg, *Der Fritsch-Prozeß 1938. Ablauf und Hintergründe*, Hamburg 1949, S. 27. Vgl. auch Faber du Faur (Anm. I/181), S. 159 f., und Keitel (Anm. I/17a), S. 86 f. (Hitler als Reichskanzler willkommen, nicht als Staatsoberhaupt; Wunschziel: Restauration der Hohenzollern und Entwicklung nach englischem Vorbild).

sicher zugestimmt.[194] Deshalb diente er Hitler mit Hingabe, obwohl er ihm persönlich
wesensfremd war, ja er kam anfangs sogar mit Hitler besser aus als mit Blomberg.[195]
Gestützt auf dieses sachliche Vertrauensverhältnis zu Hitler, ging sein ganzes Bemühen
darauf, das Heer von „Parteieinflüssen" freizuhalten, und es ist bezeichnend, daß er
noch nach seinem auf so infame Weise erfolgten Hinauswurf 1938 zwischen Partei und
Nationalsozialismus zu unterscheiden vermochte: „Ganz unabhängig davon, daß die
Grundlage unseres heutigen Heeres nationalsozialistisch ist und sein muß, kann ein
Eindringen parteipolitischer Einflüsse in das Heer nicht geduldet werden", schrieb
er in einer Niederschrift vom 1. Februar 1938.[196] Für die Sinnlosigkeit solcher Unterscheidungen hatte er keinen Blick, und daß nicht die Partei, sondern Hitler selbst
die Wurzel allen Übels war, hat er, wenn überhaupt, so erst nach seiner Verabschiedung begriffen, wie ihn denn auch Hitlers niederträchtiges Vorgehen bei seinem Sturz
in tiefste Verwirrung stürzte.[197] So hätte auch Fritsch schreiben können, was Halder
im Sommer 1934 an Beck schrieb: „Das reine und von idealistischem Schwunge getragene Wollen des Kanzlers wird durch die Überzahl völlig unzulänglicher, zum
Teil wahrhaft minderwertiger Ausführungsorgane in der Praxis vielfach zu einem
Zerrbild, teilweise zu einem Gegenteil dessen, was der Kanzler will. . ."[198]

Die Haltung Fritschs ist typisch für die vieler seiner Kollegen. Denjenigen aber, die
politisches Interesse und Verständnis zeigten, schien das neue System den militärischen
Interessen mehr zu bieten als das alte. Der Nationalismus, der rücksichtslose
Kampf gegen die überschätzte kommunistische Gefahr und damit verbunden die
scheinbare Gewinnung der Arbeiterschaft für den „nationalen Gedanken", die Errichtung der Diktatur, die endlich der „Schwäche" der Demokratie ein Ende machte,
nicht zuletzt auch die Aussicht auf energische Aufrüstungspolitik und Wiedergewinnung des alten Prestiges der Wehrmacht in Staat und Gesellschaft, all das mußte um
so mehr anziehen, als Hitler es zumindest anfangs mit einem entschiedenen Bekenntnis zur Tradition verband. Freilich übersah man auch die negativen Seiten nicht: die
revolutionäre Wildheit und das Rabaukentum, Radikalismus und Intoleranz, kirchen-
und judenfeindliche Tendenzen, Anmaßung und Postenjägerei. Aber das schienen
nur sekundäre Merkmale, „Auswüchse" und „Kinderkrankheiten", die man als
Charakteristika jeder Revolution in Kauf nehmen mußte.[199] Daß aber die großen

---

[194] Bernhard Ramcke, *Vom Schiffsjungen zum Fallschirmjäger-General*, Berlin 1943, S. 195. – Die Unsicherheit
zwischen Zustimmung und Ablehnung zeigte sich bei Fritsch schon anläßlich der Machtübernahme: *Zeugenschrifttum*
(Anm. I/53), Nr. 11 (v. Böckmann), S. 1 f.

[195] Fritsch zu Mellenthin 1934: „Ich weiß nicht, wenn ich unmittelbar mit Hitler spreche, ist immer alles klar,
und er versteht mich. Geht es aber über Blomberg, gibt es immer Reibungen und Mißverständnisse"; *Zeugenschrifttum, a. a. O.*, Nr. 105, S. 9 f.; vgl. auch S. 35; S. 39; und Nr. 182 (Weichs), S. 11; außerdem: Fritschs
Niederschrift vom 1. Februar 1938 in: Hoßbach, *Zwischen Wehrmacht. . .* (Anm. I/25), S. 68 ff.; S. 75 und *passim*;
Foertsch, *Schuld. . .* (Anm. I/25), S. 41; S. 149 f.

[196] Hoßbach, *a. a. O.*, S. 70; vgl. Foertsch, *a. a. O.*, S. 148 f.

[197] Kielmannsegg (Anm. I/193), S. 132 ff.; S. 136 f. Zu Fritschs Reaktion auf seinen Sturz vgl. S. 111 f.;
S. 114 ff.; und Hoßbach, *a. a. O.*, S. 127 ff.

[198] Foerster (Anm. I/177), S. 27 f. – Ein besonders eindrucksvolles Beispiel dieser unpolitischen Haltung war
auch Rundstedt; vgl. Liddell Hart (Anm. I/78), S. 123 f.; S. 126.

[199] Die Zeugnisse für die Wirksamkeit dieser Argumente sind Legion. Eine kleine Auswahl: Dietrich v.Choltitz,
Soldat unter Soldaten, Konstanz–Zürich–Wien 1951, S. 31 ff. (Hinweis auch auf Vorbild anderer Staaten: Italien,
Spanien, Türkei, Polen, und auf mangelnden Widerstand gegen den Nationalsozialismus im Volk); Faber du Faur
(Anm. I/181), *passim*; Foertsch, *Schuld. . .* (Anm. I/25), S. 35 ff.; Heinz Guderian, *Erinnerungen eines Soldaten*,
Heidelberg 1951, S. 391 ff. (u. a. mit der vielsagenden Bemerkung, die Weimarer Republik habe keine „nennenswerten" außenpolitischen Erfolge gehabt!); Halder (Anm.I /84), S. 90 ff. (mit seiner mystischen und verworrenen Idee
von der „Illegitimität" und dem „Bruch der Überlieferung"); Adolf Heusinger, *Befehl im Widerstreit. Schicksalsstunden der deutschen Armee 1923–1945*, Tübingen–Stuttgart 1950, S. 18 ff.; Teske (Anm. I/32), S. 27 ff. (mit einer
bemerkenswerten Darlegung der demoralisierenden Folgen von Seeckts Erziehung zum absoluten Gehorsam); Siegfried Westphal, *Heer in Fesseln. Aus den Papieren des Stabschefs von Rommel, Kesselring und Rundstedt*, 2. Aufl.,
Bonn 1952, S. 13 ff. – Memorandum vom 19. November 1945, unterzeichnet von Brauchitsch, Manstein, Halder,

historischen Revolutionen jeweils von der Idee einer neuen sozialen und politischen Ordnung getragen worden waren, während der positive Inhalt des Nationalsozialismus, soweit es ihn überhaupt gab, keineswegs neu, die revolutionäre Form also im besten Falle Theater, im schlimmsten reiner Terror und das Ganze folglich eine Gegenrevolution im tiefsten Sinne war, – diesen entscheidenden Unterschied erkannten sie nicht. Das Mißbehagen, das sie verspürten, beruhte im Grunde auf dem sehr richtigen Gefühl, daß die konservativen Interessen, die sie selbst vertraten, durch die revolutionären „Formen" des Nationalsozialismus letzten Endes zerstört werden mußten. Diese instinktiven Hemmungen wurden aber beiseitegeschoben teils von einem antihumanistischen Machtrationalismus, dem der Erfolg der oberste Maßstab war, teils von einem Wunschdenken, das von dem Glauben an die Entwicklungsfähigkeit der scheinbar positiven Elemente des Nationalsozialismus nicht lassen wollte und die Bedeutung aller entgegenstehenden Faktoren bagatellisierte.

Das beste Beispiel für eine solche politische Stellungnahme ist General Ludwig Beck, z. Z. der Machtergreifung Kommandeur der 1. Kavallerie-Division (als Nachfolger Fritschs) und seit Herbst 1933 Chef des Truppenamts. Er feierte schon 1930 im Manöverquartier den Wahlsieg der NSDAP und trat anschließend während des Leipziger Hochverratsprozesses so nachdrücklich für seine beiden der Konspiration mit dem Nationalsozialismus angeklagten Offiziere ein, daß Groener ihn sogar verabschieden wollte.[200] Folgerichtig verwarf er auch den vorsichtigen Kurs Schleichers gegenüber dem Nationalsozialismus, begrüßte dann die Machtergreifung Hitlers, und wenn ihm auch ab 1934 in steigendem Maße Bedenken kamen, so hat er doch noch lange auf eine Evolution des nationalsozialistischen Regimes zum Guten gehofft.[201] Erst die Einsicht in den blutigen Ernst von Hitlers Kriegsplänen öffnete ihm endgültig die Augen, bis er dann im Juli 1942 verzweifelt in die auf Hitler gemünzten Worte ausbrach: „Was macht der Hund aus unserem schönen Deutschland?!"[202] Aber neben den Idealisten gab es auch die Karrieristen. Generalleutnant Fedor v. Bock, seit 1932 Befehlshaber im Wehrkreis II, Stettin, war damals Anhänger der Richtung Schleicher—Hammerstein und verschwor sich, den Abschied zu nehmen, falls Hitler Reichskanzler werden würde.[203] Wie man weiß, hat er sich dann anders besonnen, ist von Hitler im Krieg zum Feldmarschall ernannt worden und hat es abgelehnt, seinen Marschallstab für die Widerstandsbewegung zu riskieren.[204]

Diese Haltung des höheren Offizierkorps ist nicht zuletzt durch die Einstellung der jüngeren Offiziergeneration beeinflußt worden, die sich in überraschend hohem Grade Hitler zuwandte. Der Ursprung dieser Bewegung geht bis auf die Meuterei der Münchener Offizierschule anläßlich Hitlers Novemberputsch im Jahre 1923 zurück.[205] Da Seeckt, wie erwähnt, gegenüber den Schuldigen unangebrachte Nachsicht

---

Warlimont, Westphal: *MGN* 12, Ankl.-Dok.-B. 10–B, Dok. PS–3798; *Zeugenschrifttum* (Anm. I/53), Nr. 6 (Adam), S. 5 ff.; Nr. 12 (Generaladmiral Boehm); Nr. 171 (Gen.-Maj. Hans Friedrichs); Nr. 166 (Gen.-Ob. v. Vietinghoff), S. 49 f.; Nr. 182 (Weichs), S. 39. – Vgl. auch Krausnick (Anm. I/26), S. 201 ff.; Meinecke, *Die deutsche Katastrophe* (Anm. I/76), S. 68 f.; und Ritter, *Carl Goerdeler...* (Anm. I/54), S. 127 ff. (mit Hinweis auf die Anziehungskraft des Nationalsozialismus auf Seeckt).

[200] Unterblieb auf Fürsprache Hammersteins; s. o. S. 733. – Zur Haltung Becks 1930 s. *Zeugenschrifttum* (Anm. I/53), Nr. 279, I (Ott), S. 11 f.

[201] Die Entwicklung Becks zum Gegner Hitlers hat mehrere Stufen durchlaufen; die Darstellung Foersters (Anm. I/177), S. 25 ff., ist in dieser Beziehung zu wenig differenziert. Vgl. besonders Becks inneren Zwiespalt in der Fritsch-Krise: a. a. O., S. 89 ff.; Schwerin v. Krosigk (Anm. I/74), S. 277; Bor (Anm. I/84), S. 113; Hoßbach, *Zwischen Wehrmacht...* (Anm. I/25), S. 130 f.; vgl. aber *Zeugenschrifttum*, a. a. O., Nr. 152 (Stapf), S. 6 f. (Anzeichen für politische Schwenkung Becks schon im Winter 1933/34); ferner Krausnick (Anm. I/26), S. 292.

[202] Hoßbach, a. a. O., S. 158.

[203] *Zeugenschrifttum* (Anm. I/53), Nr. 182 (Weichs), S. 38.

[204] Fabian v. Schlabrendorff, *Offiziere gegen Hitler*, 2. Aufl., Zürich–Wien–Konstanz [1950], S. 71; S. 73.

[205] Vgl. o. S. 699.

walten ließ, wurde das Feuer nicht gelöscht, der Funke glimmte weiter. Auch in den Jahren 1925–1927 sympathisierte ein großer Teil der Fähnriche mit der NSDAP,[206] und das wird sich später, in den Jahren der Wirtschaftskrise und des überraschenden Aufstiegs der Partei, kaum geändert haben. Von der Schule wurde der Bazillus in die Truppe getragen; der Fall der drei Ulmer Artillerie-Offiziere, die im Jahre 1929 nationalsozialistische Zellen im Heer zu bilden versuchten, ist zwar ein Einzelfall, insofern es sich hier um *aktive* Betätigung für die NSDAP handelte, aber er indiziert zugleich eine starke Tendenz innerhalb des gesamten jüngeren Offizierkorps, insofern die betreffenden Offiziere sich berechtigt glaubten, ihr Vorgehen auf die Gesinnungsgemeinschaft ihrer Kameraden zu stützen.[207] Ein anderes Zentrum nationalsozialistischer Infektion war überraschenderweise das Potsdamer Offizierkorps, von dem man doch, als dem Traditionsträger der preußischen Garde, eine besonders enge Bindung an den konservativ-monarchischen Gedanken und eine entsprechende Immunität gegen revolutionäre Bewegungen erwartet hätte. Aber schon 1930 versuchte der damalige Oberleutnant Henning v. Tresckow, später einer der vornehmsten Führer der Widerstandsbewegung und unerbittlichsten Gegner Hitlers, das Offizierkorps des 9. Infanterie-Regiments in Potsdam nationalsozialistisch zu beeinflussen,[208] und nach Hitlers Machtergreifung wies Hammerstein den am 1. Februar nach Potsdam versetzten Generalmajor v. Weichs an, der „politischen Anfälligkeit des Potsdamer Offizierkorps" entgegenzuwirken.[209] Es hat nicht viel genutzt; am 3. April besuchte Goebbels das Potsdamer Kasino, und Hammerstein, der gleichfalls anwesend war, stellte nachher resigniert fest, „daß die Leutnants den völlig akzeptiert hätten".[210]

Ähnlich lagen die Dinge auf der im Jahre 1933 noch getarnten Kriegsakademie. Der Kommandeur sympathisierte selbst mit der NSDAP und wurde 1934 deshalb durch den General Liebmann ersetzt. Unter den Schülern gab es drei Gruppen: die eine optierte leidenschaftlich für den Nationalsozialismus, eine zweite, erheblich kleinere, lehnte ihn ab, und die meisten reagierten wohlwollend oder indifferent.[211] Zu der ersten gehörten vor allem bayerische Offiziere, unter denen sich Träger des „Blutordens" und enge Freunde Röhms befanden; als einer von ihnen von Röhm ehrenhalber zum SA-Standartenführer ernannt wurde, erregte er bei vielen seiner Mitschüler Neid und Bewunderung.[212] Eine der stärksten Triebkräfte für diese ausgesprochene Anfälligkeit war ein verständlicher, wenn auch irregeleiteter Idealismus. Be-

[206] Darüber berichtet v. Weichs, der damals Taktiklehrer war; *Zeugenschrifttum* (Anm. I/53), Nr. 182, S. 38. Der spätere General Dietl, der gleichzeitig mit Weichs Taktiklehrer war, galt damals schon als „ausgesprochener Anhänger der Partei", war „in seiner Propaganda jedoch zurückhaltend"; *ebda.*

[207] Vgl. den Leipziger Urteilstext, abgedr. in: *Die Justiz* 6 (1930), S. 191 ff.; vgl. auch Phelps (Anm. I/36), S. 915 ff.; „Reichswehrdokumente" (Anm. I/40), S. 401 ff. (Bericht Schleichers vom 25. Oktober 1930). Der damalige Oberste SA-Führer v. Pfeffer erklärte schon am 7. April 1930 im *Völkischen Beobachter*: „Ich bin überzeugt, daß heute schon große Teile der jungen Reichswehr-Offiziere sowie der Unteroffiziere und Mannschaften nationalsozialistisch denken. Auch mögen zwischen diesen Gleichgesinnten kameradschaftliche Verbindungen und Zusammenhänge bestehen." Lothar Danner, *Ordnungspolizei Hamburg. Betrachtungen zu ihrer Geschichte 1918 bis 1933*, Hamburg 1958, S. 212.

[208] Allgemein s. Faber du Faur (Anm. I/181), S. 127 (NS-Einfluß bei den Potsdamer Offizieren ab 1930); S. 128 ff. (Situation Herbst 1932); S. 183 f. (Beispiel des Leutnants v. Bonin). Für Tresckow s. Teske (Anm. I/32), S. 31, und Annedore Leber, Karl Dietrich Bracher, Willy Brandt, *Das Gewissen steht auf. 64 Lebensbilder aus dem deutschen Widerstand 1933–1945*, Berlin–Frankfurt/M. 1954, S. 158.

[209] *Zeugenschrifttum* (Anm. I/53), Nr. 182 (Weichs), S. 3.

[210] Kunrat v. Hammerstein (Anm. I/54), S. 175. Vgl. Goebbels (Anm. I/92), S. 292.

[211] Dazu ausführlich General Blumentritt, der damals Lehrgangsleiter war: *Zeugenschrifttum* (Anm. I/53), Nr. 208, S. 84 ff. (persönliche Erlebnisse 1933–1939); S. 103 ff. (Brief an Frhr. v. Siegler vom 10. Februar 1953). Die Gruppe der Gegner rekrutierte sich vornehmlich aus den östlichen Regimentern und aus Angehörigen des alten Adels. – Daß auch diese Verhältnisse nicht über Nacht entstanden, wird belegt durch Hinweise bei Faber du Faur (Anm. I/181), S. 165 (über Hoßbach, Krebs und Zeitzler beim Anwärterkursus in Münster, etwa 2. Hälfte der 20er Jahre; vgl. S. 179).

[212] Blumentritt, *a. a. O.*, S. 86.

kannt ist der Fall des späteren Attentäters vom 20. Juli 1944, des Grafen Stauffenberg, den seine starke Bindung an die Ideenwelt Stefan Georges in den dreißiger Jahren verleitet haben mag, seine Ideale in den Nationalsozialismus hineinzudeuten,[213] und ähnliches gilt, wenn auch mit anderen Vorzeichen, für Tresckow und viele andere. Der junge Xylander, 1933/34 Schüler an der Kriegsakademie, überraschte seine Vorgesetzten bei einer Feier mit einem Festvortrag, in dem er ausführte, der Offizier von heute müsse ebenso revolutionär denken wie die Offiziere von 1813.[214]

Aber auch hier fehlten Ehrgeiz und Aufstiegsstreben nicht. Zwar werden sie sich nicht überall so primitiv geäußert haben wie bei dem damaligen Hauptmann Ramcke, der seinen Soldaten im Herbst 1932 versprochen hatte: „Jungens, wir Soldaten wittern Morgenluft. . . Eure harte, entsagungsvolle Arbeit wird alsbald ihren Lohn bekommen, und jeder von euch wird Aussicht haben, befördert zu werden. . .“[215] Immerhin entwickelte sich 1933 nicht nur an der Kriegsakademie, sondern im ganzen jüngeren Offizierkorps ein überraschend starker Drang zur SA, wobei Unzufriedenheit mit dem starren Traditionalismus vieler älterer Offiziere, unklare Träume von der SA als der künftigen revolutionären Wehrmacht und freigebigste Aufstiegsangebote Röhms zusammenwirkten.[216] Im Wehrkreis V mußte der Befehlshaber schon im März 1933 rügen, daß eine Anzahl junger Offiziere bei Parteistellen um Aufnahme in die SA mit höherem Dienstrang nachgesucht hatte.[217] Andere meldeten sich als Lehrer für die SA-Organisation des Chefs des Ausbildungswesens, von wo einige den Weg in die Waffen-SS fanden, wie der spätere SS-General Felix Steiner.[218] Und auch hier findet sich wieder eines der Mitglieder der späteren Widerstandsbewegung: der damalige Oberleutnant Mertz v. Quirnheim trat Anfang 1934 auf eigenen Wunsch zur SA über, wo er als Verbindungsoffizier des Heeres bei der SA-Obergruppe Schlesien wirkte, aber freilich auch bald sein Damaskus erlebte.[219]

Ein Spezialfall der Verführung durch Angebot von Berufschancen war die Anziehungskraft, die die revolutionäre Bewegung und insbesondere Hitler mit seinem – bei genauerem Hinsehen allerdings problematischen – Interesse für militär-technische Fragen auf jene Offiziere ausübte, die dem Reichenauschen Typ des „modernen Soldaten“, des Ingenieurs der Zerstörung, nahekamen. So hatte z. B. der damalige Oberst Guderian seit Jahren um einen großzügigen Ausbau der Motorisierung und insbesondere der Panzerwaffe gekämpft, war aber mit seinen kühnen, weitausgreifenden Ideen bei der auch in diesen Dingen konservativen Reichswehrführung nicht so durchgedrungen, wie es seiner Ungeduld gut schien.[220] Da kam ihm Hitler mit seinem tech-

[213] Neben den bekannteren Darstellungen vor allem von Eberhard Zeller, *Geist der Freiheit. Der zwanzigste Juli*, 2. Aufl., München 1954, und Ritter, *Carl Goerdeler. . .* (Anm. I/54), S. 359 ff., ist hier auch auf die Skizzen bei Schwerin v. Krosigk (Anm. I/74), S. 346 ff., und Teske (Anm. I/32), S. 31; S. 41, zu verweisen. Zur Haltung Stauffenbergs am 30. Januar 1933 s. Foertsch, *Schuld. . .* (Anm. I/25), S. 22.

[214] *Zeugenschrifttum* (Anm. I/53), Nr. 208 (Blumentritt), S. 84; S. 104. Die Bezugnahme auf die Zeit von 1813 war weit verbreitet; auch Stauffenberg hat sich damals darauf berufen; Foertsch, *a. a. O.*, S. 22.

[215] Ramcke (Anm. I/194), S. 196.

[216] Über Röhms Versprechungen s. *Zeugenschrifttum* (Anm. I/53), Nr. 152 (General Stapf, damals Oberstlt. und stellv. Chef der Heeresorganisations-Abt. im Truppenamt), S. 2; S. 7.

[217] Kommandeurbesprechung vom 26. März 1933; *Liebmann-Notizen* (Anm. I/112), Bl. 43.

[218] Steiner (Anm. I/84), S. 278. – Vgl. *Zeugenschrifttum* (Anm. I/53), Nr. 248 (Holtzendorff), S. 38 (über Model und v. Bernuth). Zu Model auch Liddell Hart (Anm. I/78), S. 120; S. 90 über Rommel.

[219] Teske (Anm. I/32), S. 32; S. 42; *Zeugenschrifttum*, *a. a. O.*, Nr. 44 (Gaertner), S. 5. Mertz ist insofern ein interessanter Fall, als seine Motive aus den Schwierigkeiten der Anpassung herrühren, die er wegen seiner Klugheit, Eigenwilligkeit und kritischen Schärfe im Offizierkorps hatte.

[220] Guderian (Anm. I/199), S. 13 ff., insbes. S. 18 f. und S. 26. Die Kritik, die G. hier an dem Konservatismus der Reichswehrführung und insbesondere des Generals Beck geübt hat, ist bei anderen Generalen vielfach auf Widerspruch gestoßen; s. Foerster (Anm. I/177), S. 35 ff. (Zuschriften der Generale Stapf und v. Manstein); Manstein (Anm. I/174), S. 240 ff.; vgl. aber Leo Frhr. Geyr v. Schweppenburg, *Gebrochenes Schwert*, Berlin 1952, S. 72. Dabei zeigt sich, daß hinter der engeren technischen und taktischen Frage eine militärpolitische stand:

nischen Verständnis und Interesse wie gerufen; von der ersten Begegnung an war er überzeugt, daß er bei ihm Unterstützung finden würde, wenn es ihm gelänge, ihm seine Ansichten vorzutragen. Kurzsichtig in allen nicht-militärischen Fragen, rücksichtslos und entschlossen ging er zu Hitler über, und mit ihm viele seiner Geistesverwandten. „Es war herrlich, 1934 zum erstenmal wirkliche Panzer zu haben", hat einer seiner Kollegen später zu Liddell Hart gesagt.[221] In womöglich noch stärkerem Maße galt das für die Luftwaffen-Offiziere, die vor Freude darüber, daß sie endlich wieder unbehindert fliegen konnten, dazu neigten, alles andere zu vergessen und die Politik als „komischen Lärm im Hintergrund" zu ignorieren.[222]

Auch die Marine machte hier keine Ausnahme. Zwar hatte sie in der Weimarer Republik nie solch eine politische Rolle gespielt wie das Heer, aber das lag an der ihr eigenen technischen und organisatorischen Struktur, nicht an der politischen Einstellung ihrer Offiziere und Mannschaften.[223] Diese war vielmehr noch stärker rechts orientiert als beim Heer, und zwar aus zwei Gründen. Erstens hatte sich infolge der Kieler Marine-Meuterei vom November 1918 beim Offizierkorps ein besonders scharfer antimarxistischer Komplex ausgebildet, in den mehr oder weniger auch Republik und Demokratie einbezogen wurden und der in gewissen alldeutschen Tendenzen der Marine in der Zeit vor 1914 tief verwurzelt war.[224] Und zweitens waren diese Einstellungen noch zusätzlich verstärkt worden, als nach dem Kapp-Putsch große Teile der beiden meuterischen Marine-Freikorps Ehrhardt und v. Loewenfeld groteskerweise in die Marine überführt und als Stamm für deren Personalaufbau verwendet worden waren.[225] So war es denn kein Wunder, daß der weitgehend aus den gleichen Quellen entsprungene Nationalsozialismus in der Marine schon bald offene Ohren fand und daß auch die Machtergreifung Hitlers begrüßt, z. T. sogar begeistert gefeiert wurde.[226] Zwar behauptet Dönitz heute, nur das Auftreten der NSDAP hätte verhindert, daß die KPD die stärkste Partei in Deutschland wurde; da die Reichswehr nicht gegen beide Seiten habe kämpfen können, hätte sie sich für eine von beiden entscheiden

Beck wollte eine Verteidigungsarmee aufbauen, Guderian plante eine Panzertruppe als Offensivwaffe. Vgl. auch die Äußerungen bei Liddell Hart (Anm. I/78), S. 45 f.; S. 73 ff.; S. 145 ff., und Walter Görlitz, Hrsg., _Paulus_ _„Ich stehe hier auf Befehl!"_ _Lebensweg des Generalfeldmarschalls Friedrich Paulus,_ Frankfurt/M. 1960, S. 32 ff.

[221] Liddell Hart, a. a. O., S. 146 f. Für Guderians Verhältnis zu Hitler s. Guderian, _a. a. O._, S. 23 ff.

[222] Albert Kesselring, _Soldat bis zum letzten Tag,_ Bonn 1953, S. 24 ff.; Hans Herlin, _Udet – eines Mannes Leben und die Geschichte seiner Zeit,_ Hamburg 1958, S. 194 ff.; Rieckhoff (Anm. I/151), S. 41 ff.; S. 119 f. Eine ausgezeichnete dichterische Behandlung dieser Typen bietet Carl Zuckmayers Schauspiel _Des Teufels General._ – Das Zitat wird Udet in den Mund gelegt; Ernst Heinkel, _Stürmisches Leben,_ hrsgg. von Jürgen Thorwald, 3. Aufl., Stuttgart 1953, S. 336; vgl. auch S. 274 f.; S. 308.

[223] Zur innenpolitisch-strategischen Randstellung der Marine (Konzentration in wenigen großen Marinestandorten und „Blick von der Küste weg") s. Raeder (Anm. I/107), I, S. 266; Abshagen (Anm. I/142), S. 91. Nichtsdestoweniger konnte die Marine an den innenpolitischen Problemen natürlich nicht vorübergehen, hatte auch die entsprechenden Referenten bei ihren Stäben und wirkte bei der Bearbeitung von Plänen gegen innere Unruhen mit; _Zeugenschrifttum_ (Anm. I/53), Nr. 540 (Patzig), S. 1 f.; Karl Dönitz, _Zehn Jahre und zwanzig Tage,_ Bonn 1958, S. 298 f. – Daß sie auch eine recht intensive unterirdische Propagandatätigkeit entfalten konnte, wurde 1928 im Zusammenhang mit dem Lohmann-Fall offenbar; s. die Denkschrift des Kap. z. See A. Schüßler, „Der Kampf der Marine gegen Versailles 1919–1935" (_MDv._ Nr. 352, 1937), in: _IMT_ (Anm. I/55), XXXIV, S. 530–607, bes. S. 550 ff. (ND C–156); Geßler (Anm. I/31), S. 443 ff. (Kap. XV).

[224] Abshagen, _a. a. O._, S. 87; S. 93; vgl. auch Raeder, _a. a. O._, I, S. 240.

[225] Kap. z. See Hellmuth Heye, _Die deutsche Kriegsmarine. Aufgaben und Aufbau,_ Berlin 1939, S. 30 (Hinweis auf die beiden Marinefreikorps als gemeinsame Wurzel für die republikanische Marine und einen Teil der NS-Bewegung). Vgl. auch Friedrich Freksa, Hrsg., _Kapitän Ehrhardt. Abenteuer und Schicksale,_ Berlin 1924, S. 212 f.

[226] Über Einfluß des Nationalsozialismus vor 1933 s. Goebbels (Anm. I/92), S. 102 (28. Mai 1932: Besuch bei der Marine in Wilhelmshaven, Kreuzer _Köln_); Brüning (Anm. I/85), S. 2 (Besorgnisse Schleichers); Abshagen (Anm. I/142), S. 96 f.; vgl. auch Raeder (Anm. I/107), II, S. 108. Bekannt ist auch, daß z. B. Heydrich schon vor seiner Entlassung aus der Marine Kontakt zu dem Nationalsozialismus hatte; Gedenkrede Himmlers auf Heydrich in: _Reinhard Heydrich. Ein Leben der Tat,_ hrsgg. von Erich Schneider, Prag 1944, S. 62; Walter Schellenberg, _Memoiren,_ hrsgg. von Gita Petersen, Köln 1959, S. 37. – Über die Haltung der Marine zur Zeit der Machtergreifung s. Abshagen, _a. a. O._, S. 92; Foertsch, _Schuld..._ (Anm. I/25), S. 33 f.

müssen.[227] Aber er wird von seinem Kollegen Raeder widerlegt, der unzweideutig erklärt, daß die Reichswehr in „einen unlösbaren Konflikt" geraten wäre, wenn es im Januar 1933 zu einer bewaffneten Auseinandersetzung zwischen der Regierung und der Bewegung Hitlers gekommen wäre.[228] Indessen kann man Raeder nicht eigentlich als Nationalsozialisten bezeichnen. Er war ein Fanatiker der Korrektheit und ein Perfektionist des Ressortdenkens, der im Grunde heute noch nicht versteht, in welchem Sinne ein Oberbefehlshaber der Marine außer seinem Wehrmachtsteil auch die Nation repräsentiert und für sie die Mitverantwortung trägt. Seine Nation war die Marine, freilich die deutsche Marine,[229] und da diese sich unter Hitler im großen und ganzen unangetastet entwickeln konnte, sah er keinen Anlaß, politisch in irgendeiner Form aktiv zu werden. Das ist bei einem Mann wie Raeder um so weniger begreiflich, als er sich ständig um eine betont christliche Haltung bemühte und auch die Infamie der nationalsozialistischen Judenpolitik durchaus begriff. Wenn er, um bei diesem Fall zu bleiben, dennoch einen öffentlichen Protest dagegen und selbst ein „ostentatives Vermeiden der Judenfrage" in seinen Reden ablehnte und das noch heute damit begründet, daß sonst die Marine geschädigt worden wäre, so war das genau die Haltung der Gruppenegozentrik, die allein Hitler seine Verbrechen ermöglicht hat.[230] Aber selbst der Preis der moralischen Selbstaufgabe, den Raeder für die Erhaltung der Marine zahlte, war vergeblich; er mußte sie in einen Krieg führen, in dem sie von vornherein keine vernünftigen Chancen hatte und in dem sie auch, und mit ihr sein Lebenswerk, untergegangen ist.

Dieser Überblick über Stimmung und Haltung des Offizierkorps macht deutlich, wie groß die durch Hitlers Machtergreifung entstandene Verwirrung war. Er zeigt zugleich, daß die Trennungslinie zwischen älteren und jüngeren Offizieren mehr eine Sache des Temperaments als der politischen Stellungnahme war. Den Stabsoffizieren und Generalen fehlte die Leidenschaft und Bedingungslosigkeit der Option für Hitler, wie sie unter den Leutnants und Hauptleuten so verbreitet war. So groß die Reserve der Älteren gegen Hitler und den Nationalsozialismus gewesen sein mag, wirklich entschiedene Gegner, Gegner aus Prinzip und Überzeugung wie Schleicher und Hammerstein, hat es nur wenige gegeben, aber sie fanden sich, wie die Frontbildung an der Kriegsakademie zeigt, auch in der jüngeren Generation. Die Mehrheit jedoch neigte dazu, in Hitler mindestens das kleinere Übel zu sehen. Das war, wie gerade das Beispiel Becks zeigt, nicht in jedem Fall ein Mangel an Intelligenz oder Charakter. Wenn ein so gebildeter und intelligenter, menschlich achtbarer und charakterlich gereifter Offizier wie Beck so verhängnisvoll irren konnte, so lag es nicht allein an ihm, sondern an der gesellschaftlichen Umwelt, aus der er kam, und an der Erziehung, die er genossen hatte.[231] Insofern ist der Fall Beck exemplarisch für die ideologische Gebundenheit des protestantisch-„nationalen" Bürgertums und der pseudo-aristokratischen

[227] Dönitz (Anm. I/223), S. 299 f.

[228] Raeder (Anm. I/107), II, S. 19 f.

[229] Vgl. Raeders Bestreben, einen „äußeren und inneren ‚Marinestil'" zu prägen und alle, auch die ausgeschiedenen Marineangehörigen, zu einer „Marinefamilie" zusammenzufassen; auch der Gedanke der volks- bzw. jugenderzieherischen Funktion des Marinedienstes – eine Parallele zu den traditionellen sozialpädagogischen Ideen im Heer – findet sich damit verbunden; Raeder, *a. a. O.*, I, S. 293 f.

[230] *A. a. O.*, II, S. 133: Ein öffentliches Eintreten für die verfolgten Juden „hätte weder einen Erfolg gehabt, noch jemand genützt. Es hätte nur bewirkt, daß die Marine in das Kreuzfeuer der offenen und latenten innenpolitischen Gegensätze gekommen wäre, aus denen ich sie gerade heraushalten wollte." Vgl. dazu Raeders Rede am Heldengedenktag (!) 1939: Zustimmung zu der „klaren und schonungslosen Kampfansage [des Nationalsozialismus] an den Bolschewismus und das internationale Judentum, deren völkervernichtendes Treiben wir zur Genüge am eigenen Volkskörper zu spüren bekommen haben"; *IMT* (Anm. I/55), XXXV, S. 311 (Dok. ND D–653).

[231] Zu ähnlichem Resultat im allgemeinen kommt Leo Frhr. Geyr v. Schweppenburg, *Erinnerungen eines Militärattachés. London 1933–1937*, Stuttgart 1949, S. 166.

Geisteswelt des Offizierkorps, aber auch für die Anfälligkeit dieser Kreise gegenüber romantizistisch-politikfremden Führeridealen und politischem Wunderglauben.

Unter diesen Umständen war an eine geschlossene Stellungnahme des Offizierkorps gegen die nationalsozialistische Diktatur nicht zu denken. Damit entfiel auch die letzte Voraussetzung, die einen erfolgreichen Widerstand gegen die unbekümmerte Bündnispolitik Blombergs und Reichenaus ermöglicht hätte, und für die widerstrebenden Offiziere blieb zunächst lediglich der Ausweg vereinzelter Abwehr- und Abschwächungsmaßnahmen in ihrem jeweiligen Befehlsbereich. An Versuchen dazu hat es nicht gefehlt; man hat den überhasteten Anpassungsmaßnahmen Blombergs ebenso Widerstand entgegengesetzt, wie man die unglücklichen, vom Arierparagraphen betroffenen Offiziere zu schützen versuchte; sogar von gelegentlichen Eingriffen gegen den SA-Terror wird berichtet.[232] Aber so ehrenvoll das für die Beteiligten war, so wenig hatte es noch politisches Gewicht. Der Kampf gegen Übergriffe, Rabaukentum und revolutionäre „Formen" mußte scheitern, weil er sich gegen Symptome und nicht gegen Ursachen richtete.

Unter diesen Umständen fiel es Blomberg leicht, die gegnerischen Elemente durch eine zielbewußte Personalpolitik noch weiter zu schwächen. So schob er nach und nach alle ehemaligen engeren Mitarbeiter Schleichers ab und ersetzte sie durch ihm genehmere; bezeichnend dafür ist die Ernennung des Korvettenkapitäns v. Friedeburg, der Nationalsozialist war und zu Himmler Beziehungen hatte, zum Marine-Adjutanten des Reichswehrministers.[233] Zum 1. Oktober 1933 erfolgte dann ein größeres Revirement, in dem eine ganze Reihe von Generalen, die man offenbar politisch als „schwierig" ansah, verabschiedet wurde.[234] Dazu gehörte auch der Chef des Personalamts, Generalleutnant Frhr. v. d. Bussche-Ippenburg, der als entschiedener Hitler-Gegner in einer solchen Schlüsselstellung nicht länger tragbar war. Mit ihm schied der letzte jener Clique aus der ehemaligen Obersten Heeresleitung, die die Reichswehr so lange durch alle Fährnisse der unruhigen Zeit gesteuert hatte. An seine Stelle trat der General v. Schwedler, der mehr der Seecktschen Richtung angehörte und insofern als unpolitisch gelten durfte.[235] Schließlich wurde auch der Chef des Truppenamtes,

---

[232] *Zeugenschrifttum* (Anm. I/53), Nr. 279, I, S. 19 (Ott über Äußerungen der beiden Gruppenkommandeure Rundstedt und Seutter v. Lötzen, sie wollten die Weisung Reichenaus von Ende Februar abschwächen; s. S. 729). *Liebmann-Notizen* (Anm. I/112), Bl. 42 (Liebmann gibt Blombergs Richtlinien über Änderung der Stellung der Wehrmacht im Staate – s. o. S. 722 – mit der Einschränkung weiter, die überparteiliche Vertrauensstellung der Wehrmacht müsse erhalten bleiben). – Manstein (Anm. I/174), S. 209; *Zeugenschrifttum, a. a. O.*, Nr. 208 (Blumentritt), S. 84 f.; S. 104 f.; Raeder (Anm. I/107), II, S. 132 (Schutz jüdischer Offiziere; mit wechselndem Erfolg. Entlassen wurden 50 Personen: 5 Offiziere, 2 Offiziersanwärter, 1 Sanitätsoffiziersanwärter, 31 Unteroffiziere und Mannschaften im *Heer*; 2 Offiziere, 4 Offiziersanwärter, 5 Unteroffiziere und Mannschaften in der *Marine*); *Das Archiv*, April 1934, S. 42. Auch später sind freilich noch „nichtarische" Soldaten entlassen worden; s. Rudolf Absolon, *Wehrgesetz und Wehrdienst 1935–1945. Das Personalwesen in der Wehrmacht (Schriften des Bundesarchivs, Bd. 5)*, Boppard a. Rh. 1960, S. 117. Dazu s. auch u. S. 918 f. – Schlabrendorff (Anm. I/204), S. 23 f. (Einschreiten der Reichswehr gegen SA-Terror – allerdings auf Befehl Hindenburgs).

[233] Zur Auflösung der Schleicher-Gruppe s. o. S. 734. Über Friedeburg s. die Aufzeichnung Fritschs vom 1. Februar 1938: Friedeburg als „Störungsorgan" zwischen Blomberg und Fritsch; er habe Himmler Einfluß bei Blomberg verschafft; Hoßbach, *Zwischen Wehrmacht . . .* (Anm. I/25), S. 70; vgl *Zeugenschrifttum* (Anm. I/53), Nr. 105 (Mellenthin), S. 39; Nr. 540 (Patzig), S. 10; Foertsch, *Schuld . . .* (Anm I/25), S. 51.

[234] Entlassen wurden u. a. Gen. d. Inf. Frhr. Seutter v. Lötzen (vgl. seine Opposition gegen Reichenaus Terrorbefehl o. Anm. I/232); GenLt. Frhr. v. Gienanth (vgl. seine Stellungnahme zu Hitlers Rede vom 3. Februar, o. S. 735); GenLt. v. Bonin (über ihn u. S. 775 und *Zeugenschrifttum, a. a. O.*, Nr. 105, S. 27); GenMaj. Schellbach (ehemal. Adj. Geßlers; s. Geßler, Anm. I/31, S. 306 ff.; S. 468 ff.); *Militär-Wochenblatt*, 1933, Spalte 292. Die Verabschiedung so vieler hoher und zweifellos qualifizierter Offiziere (im ganzen allein 9 Generale) im Augenblick der beginnenden Aufrüstung muß auffallen. Tatsächlich wurden Offiziere, die aus politischen Gründen verabschiedet worden waren, später wegen Personalmangels wieder eingestellt; s. GenLt. a. D. Theodor Groppe, *Ein Kampf um Recht und Sitte. Erlebnisse um Wehrmacht, Partei, Gestapo*, 2. Aufl., Trier 1959, S. 7.

[235] Schwedler war jedoch kein Nationalsozialist und wurde deshalb auf Verlangen Hitlers in der Fritsch-Krise verabschiedet; Affidavit v. Manstein vom 23. März 1948; *MGN* 12, Vert.-Dok.-B. Leeb II, Dok. Leeb 74. – Zur Verabschiedung Bussches s. *Zeugenschrifttum* (Anm. I/53), Nr. 217, S. 22.

der als Gegner des Nationalsozialismus bekannte General Adam, durch General Beck ersetzt. Ebenso wurde die Verabschiedung Hammersteins bereits jetzt formell geregelt; *de facto* erfolgte sie allerdings erst zum Jahreswechsel.[236]

Um die Nachfolge Hammersteins ist dann ein Kampf entbrannt, dessen Ausgang einen ersten Rückschlag für Blomberg und Hitler bedeutete und der damit zugleich klarmacht, daß erfolgreicher Widerstand in jener Zeit durchaus möglich war. Blomberg und Hitler hatten Hammerstein durch einen Mann des neuen Kurses ersetzen wollen und dafür Reichenau ins Auge gefaßt. Aber alsbald bildete sich eine Einheitsfront zwischen Hindenburg und dem Offizierkorps gegen Reichenaus Kandidatur, die sich sowohl gegen seinen politischen Extremismus wie gegen seine mangelnde Anciennität richtete.[237] Mit der Ernennung von Hindenburgs Kandidaten Fritsch bahnte sich dann ein Wandel in den Beziehungen zwischen Heeresleitung und Reichswehrministerium an. So wenig Fritschs Amtsantritt einen politischen Kurswechsel zur Folge hatte, so führte er doch zu einer gewissen Verselbständigung des Heeres gegenüber dem Ministerium. Gestützt auf seine große Autorität im Offizierkorps, die fast an die Seeckts heranreichte, ging Fritsch zunächst daran, die alte Machtposition der Heeresleitung, die Hammerstein hatte verfallen lassen, wiederherzustellen. Gleich eine seiner ersten Amtshandlungen war eine Anweisung zur strikten Einhaltung des Dienstweges, wodurch Blombergs Eingriffen ein Riegel vorgeschoben wurde.[238] Damit sah er sich dann in der Lage, die zahlreichen, aber bisher verstreuten und daher meist wirkungslosen Verzögerungs- und Abschwächungsaktionen untergeordneter Befehlsstellen zu einer systematischen Bremspolitik zusammenzufassen. Sie hatte Erfolg, solange Hitler sich in seiner zunächst schwachen Position zu taktischer Zurückhaltung gezwungen sah bzw. eine Duldung von Fritschs Eigenwilligkeiten für ungefährlich hielt. Sobald er aber die Hände frei hatte und die Gelegenheit für günstig erachtete, begann er diese rein militärisch-fachlich begründete und damit politisch schutzlose Sonderstellung des Heeres Stück für Stück abzubauen.

---

[236] Hammersteins Abschiedsgesuch wurde zum 27. Dezember 1933 eingereicht; *Schultheß, 1933*, S. 259; Fritschs Dienstantritt war am 1. Februar 1934; *a. a. O., 1934*, S. 57.

[237] Papen (Anm. I/69), S. 324; Görlitz, *Hindenburg* (Anm. I/72), S. 417; *Zeugenschrifttum* (Anm. I/53), Nr. 105 (Mellenthin), S. 9; Nr. 568 (Tschirschky), S. 3 f. Vgl. Hoßbach, *Zwischen Wehrmacht. . .* (Anm. I/25), S. 63; S. 73; ders., *Die Entwicklung. . .* (Anm. I/25), S. 102, Anm. 63; Foertsch, *Schuld. . .* (Anm. I/25), S. 39 f.

[238] Befehlshaberbesprechung vom 2. Februar 1934, *Liebmann-Notizen* (Anm. I/112), Bl. 73. Vgl. *Zeugenschrifttum, a. a. O.*, Nr. 105 (Mellenthin), S. 9.

Zweites Kapitel

AUFRÜSTUNG UND KRIEGSVORBEREITUNG

Die Wiederherstellung ihrer zentralen Stellung im Staat wie im Kaiserreich war das eine Ziel der Reichswehrführung gewesen, als sie sich mit Hitler verbündete, und die geschilderten Ereignisse im Jahre 1933 schienen ihr berechtigten Grund zu der Annahme zu geben, daß Hitler diese Bedingung loyal erfüllen werde. Diese Annahme wurde bestärkt durch den Nachdruck, mit dem Hitler, kaum daß er zur Macht gekommen war, die Aufrüstung vorantrieb. Die Reichswehrführung, die sich unter der Republik jahrelang vergeblich um eine Verbesserung von Deutschlands Rüstungsstand bemüht hatte, glaubte auch darin eine Übereinstimmung zwischen ihren und Hitlers Zielen sehen zu dürfen, denn sie nahm an, daß die politische Konzeption, die Hitler mit seiner Rüstungspolitik verband, nicht wesentlich von ihrer eigenen abwich: Wiederherstellung von Deutschlands „Bündnisfähigkeit" im Spiel der Großmächte. Wie man heute weiß, war dies ein Irrtum, denn Hitler war von Anfang an entschlossen, einen Eroberungskrieg zu führen, sobald Deutschlands Macht und die außenpolitische Lage ihm die Möglichkeit dazu boten. Daraus ergeben sich zwei Fragen, die beantwortet werden müssen, bevor eine Darstellung der Anfänge der nationalsozialistischen Aufrüstungspolitik möglich ist. Erstens: Welche Ziele und Motive veranlaßten Hitler zu einem so verhängnisvollen und – gemessen an den Maßstäben einer vernünftigen deutschen Interessenpolitik – widersinnigen Entschluß? Und zweitens: Wie war es möglich, daß sich die führenden Militärs über Hitlers wahre Ziele so schwerwiegend täuschen konnten?

1. Hitlers Kriegsideen

Daß Hitler in *Mein Kampf* sehr ausschweifende Pläne kriegerischer Expansion, insbesondere nach Osten, entwickelt hat, ist immer bekannt gewesen, aber die Absurdität dieser Ideen, die Unstetigkeit und scheinbare Planlosigkeit von Hitlers Handeln im allgemeinen und nicht zuletzt der auf den ersten Blick verwirrende Charakter der nationalsozialistischen Außenpolitik bis 1938 haben die außenstehenden Zeitgenossen wie auch die seit 1945 einsetzende wissenschaftliche Forschung veranlaßt, die Verbindlichkeit jener frühen Äußerungen für Hitlers spätere Politik in Frage zu stellen; bis vor kurzem beharrte die vorherrschende Auffassung dabei,[1] daß die im sogenannten

[1] So besonders die Memoiren und Schriften aus militärischer Feder; vgl. Foerster (Anm. I/177), S. 31, und die oben zit. Literatur (Anm. I/25); vgl. auch Gert Buchheit, *Hitler, der Feldherr. Die Zerstörung einer Legende*, Rastatt 1958, S. 10. Seit 1960 haben zwei ausländische Werke Hitlers Kriegsschuld erneut in Frage zu stellen versucht: David L. Hoggan, *Der erzwungene Krieg. Die Ursachen und Urheber des 2. Weltkrieges*, Tübingen 1961, und Alan John Percival Taylor, *The Origins of the Second World War*, London 1961 (jetzt auch in deutscher Übers.: *Die Ursprünge des zweiten Weltkrieges*, Gütersloh 1962, mit einem Nachwort an die deutschen Leser). Die Resultate sind jedoch keineswegs überzeugend. Während aber H.s These (Hitler als hilfloses Opfer des bösen Lord Halifax) schlechthin indiskutabel ist, ein bloßes Erzeugnis inneramerikanischer Roosevelt-Feindschaft, muß man T.s Werk als Beispiel eines zwar exzentrischen, aber geistreichen und scharfsinnigen und deshalb anregenden Nonkonformismus begrüßen. Seine These (Versagen der Diplomatie auf beiden Seiten als Kriegsursache) vernachlässigt indessen die Kriegsgründe, die in der inneren Instabilität des NS-Regimes und in der NS-Wirtschaftspolitik lagen. Überdies arbeitet er mit dem Scheinargument, Hitler habe keinen *Weltkrieg* geplant. Natürlich hätte Hitler gern den Krieg begrenzt, wenn seine Gegner so unklug gewesen wären, sich einzeln nacheinander von ihm schlagen zu lassen; dazu auch u. S. 966.

Hoßbach-Protokoll überlieferten Äußerungen Hitlers auf der Konferenz vom 5. November 1937 das erste Anzeichen für den Übergang zu einer expansiven Kriegspolitik gewesen seien. Erst gründlichere, auf neuen Quellen fußende Untersuchungen der letzten Jahre haben diese Auffassung zu erschüttern vermocht; es kann heute kein Zweifel mehr daran sein, daß Hitler die Ideen kriegerischer Expansion, die er Mitte der 20er Jahre in *Mein Kampf* entwickelt hatte, nie aus den Augen verloren hat.[2]

Die Wurzeln und Motive, aus denen diese Ideen entstanden sind, sind auch in diesem Fall recht vielgestaltiger Art. Ihre ideologischen Voraussetzungen mit ihren verschiedenen Komponenten sind hier bereits in anderem Zusammenhang behandelt worden, wobei das Zusammenwirken älterer großdeutsch-alldeutscher Vorstellungen mit dem Mitteleuropa-Gedanken, der Idee einer deutschen Herrschaft im Osten und den geopolitischen Pseudotheorien Haushofers auf dem Hintergrund des Nationalismus-Imperialismus-Problems deutlich wurde.[3] Als Rahmenvorstellung diente Hitler dabei die sozialdarwinistische Idee des Lebenskampfes, aus der dann die Forderung nach ausreichendem Lebensraum abgeleitet wurde. Das alles ist im wesentlichen bereits bekannt; nicht genügend beachtet worden ist bisher jedoch, daß darin zugleich ein zwar ungewöhnliches und in seinen Konsequenzen höchst fragwürdiges, nichtsdestoweniger aber in sich durchaus folgerichtiges Programm der Wirtschaftspolitik enthalten war. Da es im wesentlichen darauf hinauslief, grundlegende wirtschaftspolitische Entscheidungen bis zur Eroberung von Lebensraum zu vertagen und die Zwischenzeit mit Behelfslösungen zu überbrücken, mußte seine Durchführung das Regime in eine sich ständig zuspitzende Zwangslage bringen, gegenüber der der Ausweg des Krieges schließlich auch dann unumgänglich war, wenn die nationalsozialistische Führung ihre ideologischen Postulate einer realistischeren Einstellung zur Außenpolitik zu opfern bereit gewesen wäre. Gerade der wirtschaftspolitische Aspekt der nationalsozialistischen Lebenskampf-Ideologie ist daher ein ausgezeichneter Ansatzpunkt, um zu zeigen, wie sich die anfängliche Willkür der Hitlerschen Kriegsideen allmählich in eine verhängnisvolle Zwangsläufigkeit verwandelte, die ihrem Urheber auch dann keine Umkehr mehr gestattete, falls er das selbst gewollt hätte. Dieser Prozeß soll im folgenden zunächst im Spiegel der Hitlerschen Äußerungen dargestellt werden. In den weiteren Abschnitten dieses Kapitels werden dann die Anfangsstufen der praktischen Durchführung zu behandeln sein.

Ausgangspunkt muß auch hier eine kurze Betrachtung von Hitlers Ausführungen in *Mein Kampf* sein.[4] Sie machen bereits die zentrale Stellung der sozialdarwinistischen Ideen Hitlers deutlich. Sieht man einmal von den sehr handfesten psychologischen und taktischen Überlegungen ab, die den Charakter des Buches weitgehend bestimmen, so scheint die Auffassung vom Leben als einem unausgesetzten Kampf aller gegen alle, sei es zwischen einzelnen, sei es zwischen Gruppen und Völkern, überhaupt den einzigen faßbaren Kern in dem amorphen und widerspruchsvollen Ideenkonglomerat der hier dargelegten nationalsozialistischen „Weltanschauung" auszumachen, ja gelegentlich wird ihr zuliebe sogar die Rassenlehre, sonst das als revolutionäre Neuigkeit gepriesene Paradestück der nationalsozialistischen Ideologie, unbekümmert beseite geschoben. So vielleicht am eindrucksvollsten an jener Stelle, wo Hitler die Auslese von Persönlichkeiten erörtert (S. 492 f.). Sie soll natürlich zunächst nach rassi-

---

[2] Vgl. die knappe, aber eindringende Studie von Joachim Leuschner, *Volk und Raum. Zum Stil der nationalsozialistischen Außenpolitik*, Göttingen 1958, S. 57 ff., und die ausführliche Arbeit von Gerhard Meinck, *Hitler und die deutsche Aufrüstung 1933–1937*, Wiesbaden 1959, insbes. S. 177. Vgl. auch Karl Otmar Frhr. v. Aretin, „Die deutschen Generale und Hitlers Kriegspolitik", in: *Politische Studien* 10 (1959), S. 569 ff.; außerdem jetzt Hugh Rewald Trevor-Roper, „Hitlers Kriegsziele", in: *Vierteljahrshefte für Zeitgeschichte* 8 (1960), S. 121 ff.

[3] Vgl. o. I. Teil, IV. Kapitel.

[4] Hitler (Anm. I/5). Die Seitenangaben beziehen sich auf diese Ausgabe. Vgl. Trevor-Roper (Anm. II/2), S. 123 f. (beschränkt auf geopolitische Aspekte). Zur Glaubwürdigkeit von Hitlers Äußerungen allgemein *a. a. O.*, S. 126.

schen Gesichtspunkten erfolgen. Aber das ist, so erklärt Hitler, das „gröbere" Verfahren, weil es „fast mechanisch" angewendet werden kann. „Die Siebung nach Fähigkeit und Tüchtigkeit [dagegen] kann nicht mechanisch vorgenommen werden, sondern ist eine Arbeit, die *der Kampf des täglichen Lebens* ununterbrochen besorgt."[5] Damit ist das Prinzip des Lebenskampfes eindeutig dem der Rasse vorangestellt, und es wird überdies klar, daß es sich dabei nicht nur um den Kampf der Völker – von dem sonst die Rede ist – handelte, sondern auch um den der einzelnen. Von dem an sich bekannten Inhalt dieser Idee verdient besondere Aufmerksamkeit die Überzeugung Hitlers, daß dieser elementare Kampf aller gegen alle „ewig", d. h. unaufhörlich, nie endend sei, und daß, wer sich darin nicht durchsetzt, untergehen muß: „wer rastet – rostet" (S. 440). Das führt dann zu der Vorstellung, daß Sicherheit und Gedeihen der Völker und Staaten nur in der bevölkerungspolitischen wie geographischen Expansion liegen. So wettert Hitler gegen die Geburtenbeschränkung, die das deutsche Volk zum „Aussterben" verdamme (S. 144 ff.), und behauptet zugleich, daß man die Existenz des deutschen Volkes nur dann „auf Jahrhunderte hinaus" sichern könne, wenn ausreichender „Grund und Boden" erobert werde (S. 754 und *passim*).

In dieser Forderung nach Eroberung von Lebensraum ist, wie erwähnt, gleichzeitig auch Hitlers Theorie der Wirtschaftspolitik enthalten – oder das, was an ihrer Stelle steht. Denn tatsächlich gibt es für Hitler nur eine wirtschaftspolitisch relevante Frage: die der Sicherung der Ernährung. Daß die Menschen darüber hinaus z. B. auch der Kleidung bedürfen – ganz abgesehen von der Aufrechterhaltung eines zivilisierten Lebensstandards mit seinem vielfältigen Bedarf an Rohstoffen, seinen komplizierten Organisations- und Finanzierungstechniken usw. –, das liegt außerhalb seines Gesichtsfeldes. Ihn beherrscht nur ein Problem: wie man der Gefahr der „Hungerverelendung" (S. 144) vorbeugen könne, die durch die ständige Bevölkerungszunahme bei gleichbleibendem „Lebensraum"[6] heraufbeschworen werde. Er erörtert vier verschiedene Möglichkeiten dafür (S. 144 ff.): 1. Geburtenbeschränkung, 2. „innere Kolonisation", also Siedlungspolitik, 3. Erwerbung neuen Bodens, 4. Industrialisierung, Export- und Kolonialpolitik. Von ihnen schließt er die beiden ersten aus, weil sie seinem Prinzip der Expansion widersprechen: Geburtenbeschränkung bedeutet Unterbindung des Bevölkerungswachstums, und innere Kolonisation bedeutet Verzicht auf Beteiligung am Kampf um den noch freien Raum auf der Erde und Verewigung der ungünstigen militärpolitischen Lage Deutschlands – „je größer die Raummenge ist, die einem Volk zur Verfügung steht, um so größer ist auch dessen natürlicher Schutz" (S. 150) – ; außerdem ermutigt sie nur die in Deutschland ohnehin zu starke „pazifistische Gesinnung", weil sie im Volke die Hoffnung erweckt, „in sanftem Schlummerleben sich das Dasein ‚erarbeiten' zu können" (S. 149). Den vierten Weg erörtert er – bezeichnenderweise – nicht gesondert, führt aber im Verlauf der weiteren Erörterung die alten Autarkie-Argumente gegen ihn ins Feld: zu großes Risiko wegen gefährdeter Seeverbindungen, mangelnde Eignung der Kolonien für Ansiedlungen usw. So bleibt also nur der dritte Weg: Gebietserweiterung in Europa mit dem Ziel, dem deutschen Volk eine ausreichende Ernährungsgrundlage und zugleich eine günstige militärgeographische Position zu schaffen (vgl. auch S. 684 ff. und S. 726 ff.), und man weiß, daß Hitler dabei an den Osten, speziell an Rußland denkt. „Wir Nationalsozialisten", so lautet seine vielzitierte Formel, „. . . stoppen den ewigen Germanenzug nach dem Süden und Westen Europas und weisen den Blick nach dem Land im Osten" (S. 742).

Daß das nicht ohne Krieg ging, darüber war sich Hitler nicht nur klar, das plante er bedenkenlos mit ein: „Was der Güte verweigert wird, hat eben die Faust sich zu

<hr>

[5] Auszeichnung vom Verf.

[6] Der Terminus wird in *Mein Kampf* noch nicht verwendet, aber der Begriff ist bereits voll ausgebildet.

nehmen" (S. 152). Schließlich, so meint er, sei auch die Erwerbung von Siedlungsland
in den Kolonien oder die Wiederherstellung der Grenzen von 1914 nur „mit Blut"
zu erreichen, und dann sei es schon besser, gleich „ein dessen würdiges Ziel" aufzustellen (S. 153; S. 738).

Der Grundgedanke der Hitlerschen Wirtschaftspolitik — Lösung der Wirtschaftsprobleme durch Ost-Expansion — kam Anfang 1932 noch einmal in dem Vortrag Hitlers im Düsseldorfer Industrie-Klub zum Ausdruck.[7] Zeit, Ort und Publikum zwangen
Hitler, seine wirtschaftspolitischen Karten auf den Tisch zu legen. Betrachtet man sie
näher, so ergibt sich als Quintessenz der Gedanke, daß die augenblickliche Wirtschaftskrise, wie alle Wirtschaftsprobleme überhaupt, nur mit außenpolitischen Mitteln zu
lösen sei. Zwar müsse zunächst, so erklärte er, der Primat des innenpolitischen gegenüber dem außenpolitischen „Wiederaufstieg" gelten. Denn nicht die Weltwirtschaftskrise und nicht einmal der Versailler Vertrag hätten die gegenwärtige Notlage geschaffen, sie sei vielmehr aus innenpolitischen Fehlern entstanden. Folglich könne man ihre
Beseitigung auch nicht, wie es die Regierung Brüning versuche, von dem *deus ex machina*
außenpolitischer Erfolge erwarten, auch nicht von rein wirtschaftlichen Maßnahmen,
sondern nur von einer Beseitigung dieser inneren Fehler, d. h. also vor allem der ver-
derblichen Demokratie, die nicht fähig sei, die Kraft der Nation zu sammeln (S. 25).
Man hat sehr richtig bemerkt, daß damit das taktische Prinzip der nationalsozialistischen Außenpolitik in der Periode der Machtergreifung verkündet wird.[8] Denn wozu
die Sammlung der Nation? Wie sollte die Krise dadurch überwunden werden? Verständlicherweise drückte Hitler sich hier vorsichtig aus. Die von ihm geforderte „politische Willensbildung der gesamten Nation", so erklärte er, sei der Ausgangspunkt für
„politische Aktionen"; erst auf dieser Basis könne eine Regierung „die Wege wählen,
die eines Tages zum Erfolg führen können" (S. 25). An welche Wege er dabei denkt,
wird deutlich, wenn er im Anschluß an seine eingangs gegebene sozialdarwinistische
Definition der Politik — sie sei „die Wahrnehmung der Lebensinteressen eines Volkes
und die praktische Durchführung seines Lebenskampfes mit allen Mitteln" (S. 6) — die
Forderung stellt, „ein Volk [müsse], um bestehen zu können, seine Kraft nach außen
wenden"! Nur deshalb sei auch die innere Neuordnung erforderlich: All die großen
Probleme, die Unterbringung der „6 oder 7 Millionen Erwerbslosen", die Aufrechterhaltung der Exportwirtschaft, der Aufbau eines neuen Binnenmarktes, die Lösung der
„Raumfrage" (!), die Herstellung unserer Bündnisfähigkeit — all das sei nicht lösbar,
wenn man nicht die innere Kraft findet, „die allein uns nach außen wieder Wirksamkeit
zu schaffen vermag". Sie sei angesichts der augenblicklichen „Zerrissenheit klassenmäßiger
Natur" nicht vorhanden, und deshalb nütze es gar nichts, wenn „man im Reichstag den
Antrag einbringt, auf dem Verhandlungswege ein paar schwere Batterien, acht oder
zehn Tanks, zwölf Flugzeuge oder meinetwegen ein paar Geschwader zu beschaffen. . .", denn was nützten die Waffen, wenn hinter ihnen nicht der entschlossene
Kampfwille der ganzen Nation stehe (S. 25). So wird der Primat der Außenpolitik,
nachdem er zur Vordertür hinausgeworfen worden ist, durch die Hintertür wieder
hereingelassen, und zwar in viel umfassenderer Form. Während die von Hitler bekämpfte Brüningsche Politik nur die innenpolitischen Spannungen durch begrenzte
außenpolitische Erfolge dämpfen wollte, will Hitler gleich die ganze Wirtschaftskrise
durch „Wirksamkeit nach außen" überwinden. Daß er damit seine in *Mein Kampf*
aufgestellten expansionistischen Ziele meint, kann nicht zweifelhaft sein, obgleich er

---

[7] *Vortrag Adolf Hitlers...* (Anm. I/60). Eingeklammerte Seitenzahlen im Text beziehen sich auf diese Schrift. —
Bereits 1928 hatte Hitler seine außenpolitischen Ideen in einem erst jetzt veröffentlichten Manuskript niedergelegt:
Hitlers zweites Buch. Ein Dokument aus dem Jahre 1928, eingel. und komm. von Gerhard L. Weinberg, mit einem
Geleitwort von Hans Rothfels (*Quellen und Darstellungen zur Zeitgeschichte*, Bd. 7), Stuttgart 1961. Es bestätigt
und unterstreicht die hier gegebene Interpretation.

[8] Bracher, „Das Anfangsstadium. . ." (Anm. I/60), S. 65.

sie an dieser Stelle, mit Ausnahme des kurzen Hinweises auf die „Raumfrage", nicht ausdrücklich erwähnt.

Man hat oft den Dilettantismus und die Ignoranz Hitlers auf wirtschaftlichem Gebiet bemerkt und kritisiert. Hier deutet sich an, daß das nicht zufällig war, sondern daß darin System lag, nämlich das System der Eliminierung von Tatsachen zugunsten einer einzigen fixen Idee, die schließlich, ausgesprochen oder nicht, immer wieder auf den Krieg hindeutet. In völliger Klarheit erscheinen dieser Prozeß und seine Resultate in jener Rede Hitlers vor den Reichswehrbefehlshabern Anfang Februar 1933, deren äußere Umstände und unmittelbare politische Bedeutung schon beschrieben wurden. Sie stellt ein wichtiges Glied in der Entwicklungsreihe seiner Gedanken dar und muß deshalb hier noch näher untersucht werden.[9] Hitler begann mit der damals bei ihm beliebten zweckbedingten Schwarzmalerei: Seine Regierung stünde vor ungeheuren, fast unlösbaren Aufgaben und müsse infolgedessen eine völlige Umwälzung der innenpolitischen Zustände herbeiführen. Er ging dann ausführlich auf das Arbeitslosenproblem und die Wirtschaftskrise ein und entwickelte – nach einem mißlungenen Versuch, beides zu analysieren – seine Lösung dafür, wobei er nun jene Schleier, die er noch in der Industrie-Klub-Rede darüber gebreitet hatte, bedenkenlos fallenließ. Die Scheinblüte in den Jahren vor 1930 sei, so meinte er, auf die Reparationsaufträge zurückzuführen gewesen; danach habe es keine Absatzmöglichkeiten mehr gegeben, und daraus sei dann die gegenwärtige Krise entstanden.[10] Die Möglichkeit, sie durch erhöhten Export zu überwinden, schloß er aus, denn die Aufnahmefähigkeit der Welt sei begrenzt und die Produktion überall übersteigert, nicht zuletzt, weil sich in den Absatzländern eigene Industrien entwickelt hätten – ein neues, in *Mein Kampf* noch nicht verwendetes Argument, in dem man wohl ein freilich klägliches Resultat seiner Auseinandersetzung mit dem Problem der Wirtschaftskrise zu sehen hat. Deshalb, so folgert er, bleibe nur die Möglichkeit der Siedlungspolitik, um das Arbeitslosenheer wieder einzuspannen, aber das sei nur ein Aushilfsmittel, denn der Lebensraum sei dazu zu klein. Erst wenn dieser genügend erweitert sei, könne man mit einer durchgreifenden Lösung rechnen. Das könne in zwei Richtungen geschehen: entweder in der Erkämpfung neuer Absatzmärkte oder – was besser sei – durch Eroberung neuen Lebensraums im Osten und dessen rücksichtslose Germanisierung.[11] Sicher aber sei, daß die jetzigen wirtschaftlichen Zustände nur durch Kampf geändert werden könnten.

Das ist, wie man sieht, nichts als die Anwendung des Programms von *Mein Kampf* auf den konkreten Fall. Bisher hatte sich Hitler, notgedrungen, auf die Theorie be-

---

[9] Ihr Wortlaut ist nicht überliefert, aber es existieren mehrere, z. T. sehr ausführliche Berichte von Teilnehmern, die zusammen ein ausreichend scharfes Bild des Inhalts geben. So die Aufzeichnung von General Horst v. Mellenthin, damals 2. Adjutant von Hammerstein (auf Grund von Stichworten am Tage nach der Rede niedergeschrieben): *Zeugenschrifttum* (Anm. I/53), Nr. 105, S. 1 ff.; dann die Notizen des Generals Liebmann (während der Rede mitgeschrieben): „Reichswehrdokumente" (Anm. I/40), S. 434 f.; Bemerkungen dazu von Botschafter a. D. Ott (damals Abt.-Chef im Reichswehrministerium): *Zeugenschrifttum, a. a. O.*, Nr. 279, I, S. 18 f.; schließlich die Wiedergabe Raeders (Anm. I/107), I, S. 280 f.; II, S. 106 f., und seine Aussage in Nürnberg: *IMT* (Anm. I/55), XIV, S. 28. Die folgende Darstellung ist eine Kompilation aus diesen sich gegenseitig ergänzenden Zeugnissen. – Zur Beurteilung vgl. Foertsch, *Schuld...* (Anm. I/25), S. 33 (zu optimistisch); Krausnick (Anm. I/26), S. 203; Bracher, *a. a. O.*, S. 67 f.; Leuschner (Anm. II/2), S. 61 f.; Meinck (Anm. II/2), S. 17 ff. Alle diese Autoren kennen aber die Aufzeichnungen Mellenthins noch nicht.

[10] Es braucht nicht darauf hingewiesen zu werden, daß dies barer Unsinn ist. Weder sind die Reparationsaufträge Ursache des Wirtschaftsaufschwungs vor 1930 gewesen, noch hat ihr Rückgang die Wirtschaftskrise hervorgerufen. Deren wahrer Anlaß lag bekanntlich in dem durch die Weltwirtschaftskrise ausgelösten Abzug kurzfristiger Auslandskredite.

[11] Was das hieß, hatte Hitler schon in *Mein Kampf* (Anm. I/5) unzweideutig klargestellt: „Germanisation" könne „nur an Boden vorgenommen werden ... und niemals an *Menschen*". Nicht die Sprache sei Ausdruck der Germanisierung, sondern das Blut (S. 428 ff.; Auszeichnung i. Orig.). Das bedeutete also mindestens Vertreibung, wenn nicht Ausrottung der Autochthonen zugunsten einer Besiedlung des „Bodens" mit deutschen Bauern.

schränkt, jetzt geht er dazu über, seine Ideen in der Praxis zu verwirklichen. Zugleich läßt sich an dieser Rede gut verfolgen, wie er alle neuen Erfahrungen, die er macht, alle neuen Tatbestände, die ihm entgegentreten, in seine bereits fertig ausgearbeitete „Weltanschauung" hineinzwängt. So muß seine fixe Idee vom mangelnden Lebensraum, die er schon in *Mein Kampf* arg strapaziert hatte, auch als Erklärung für das neue Phänomen der Wirtschaftskrise und zugleich als eine bequeme Lösung des Problems herhalten, die ihn des weiteren Nachdenkens überhebt und die eigentliche Bewältigung der Gewalt überläßt – der Gewalt und der Zukunft. Denn auch das taktische Rezept der nationalsozialistischen Außenpolitik, in der Industrie-Klub-Rede schon angedeutet, tritt jetzt ganz unverhüllt hervor: erst Errichtung der absoluten Herrschaft im Innern und Aufbau eines ausreichenden militärischen Kampfapparats, abgeschirmt durch eine defensive, vorsichtig lavierende Außenpolitik, dann gewaltsame Expansion mit gesammelter Kraft.[12] Daß Hitler sich dabei im Gegensatz zu seiner Haltung in *Mein Kampf* jetzt den Anschein gibt, als erwäge er ernsthaft mehrere mögliche Expansionsrichtungen, wird man nicht zu ernst nehmen dürfen; für die hier gestellte Frage genügt die Feststellung, daß er sich bereits jetzt, in völliger Übereinstimmung mit seinen Gedanken von 1924, darauf festlegt, daß eine Expansion stattfinden muß und daß sie nur gewaltsam durchzuführen ist.

Das Gewicht dieser, man darf wohl sagen, programmatischen Rede, deren überraschende Offenheit vermutlich auf einer irrigen Einschätzung der Vorstellungen und Wünsche des Offizierkorps beruhte,[13] wird noch unterstrichen durch eine weitere Ansprache Hitlers, die er ungefähr ein Jahr später, am 28. Februar 1934, vor einem dem gleichen Kreis von Offizieren, vermehrt um eine Gruppe hoher SA- und SS-Führer einschließlich Görings und Röhms, im Reichswehrministerium gehalten hat.[14] Die politische Situation, in der das geschah – es wird noch darauf zurückzukommen sein –, läßt darauf schließen, daß er sich jetzt hauptsächlich an die SA-Führer wandte, um ihnen klarzumachen, warum er ihren militärischen Aspirationen zugunsten der Reichswehr entgegentreten müsse. Wieder begann er mit Zweckpessimismus: „Das deutsche Volk geht einem furchtbaren Elend entgegen." Zwar habe die NSDAP die Arbeitslosigkeit beseitigt (eine, milde ausgedrückt, sehr kühne Behauptung), doch werde nach Erfüllung der Staatsaufträge in etwa acht Jahren ein ernster wirtschaftlicher Rückschlag eintreten – eine Prophezeiung, hinter der offenbar wieder sein Dogma von den fehlenden Absatzgebieten für die deutsche „Überproduktion" stand. Diesem Übel, so fuhr Hitler fort, könne man aber nur dadurch abhelfen, daß man für den Bevölkerungsüberschuß neuen Lebensraum schaffe, und da die Westmächte dem nicht untätig zusehen würden, könnten „kurze, entscheidende Schläge erst nach Westen, dann nach Osten notwendig werden". Diesen sehr abgekürzt wiedergegebenen Gedankengang hat man – wie spätere Reden zeigen – offenbar so zu verstehen, daß die

---

[12] Vgl. Bracher, „Das Anfangsstadium. . ." (Anm. I/60), S. 67 f.

[13] Urteil Mellenthins: „Die Rede war wohl keine übliche Walze, sie war genauso auf die Zuhörer abgestimmt wie seine [späteren] Äußerungen im kleinen Kreise. . ."; *Zeugenschrifttum* (Anm. I/53), Nr. 105, S. 1. – Paul Kluke, „Nationalsozialistische Europaideologie", in: *Vierteljahrshefte für Zeitgeschichte* 5 (1957), S. 244, vermutet außerdem den Einfluß des Triumphgefühls nach der Machtergreifung.

[14] Der Inhalt ist überliefert durch die Mitteilungen der Feldmarschälle Maximilian Frhr. v. Weichs, *Zeugenschrifttum*, a. a. O., Nr. 182, S. 8 ff., und v. Manstein (Anm. I/174), S. 185 f. Es ist bemerkenswert, daß alle übrigen Berichte über diese Rede, seien es zeitgenössische oder rückschauende, Hitlers kriegerische Ausführungen nicht erwähnen, sondern nur auf seine Bemerkungen zum Verhältnis Wehrmacht–SA Bezug nehmen; vgl. Kommandeurbesprechung Liebmanns am 9./15. März 1934, *Liebmann-Notizen* (Anm. I/112), Bl. 79; Ansprache Blombergs zur Röhmaffäre am 5. Juli 1934; a. a. O., Bl. 96; Notizen Heinrici, *Zeugenschrifttum* (Anm. I/53), Nr. 66, II, S. 166; Niederschrift Mellenthin, a. a. O., Nr. 105, S. 34; Bericht des Gen. a. D. Stapf, a. a. O., Nr. 152, S. 7 und S. 15. Das muß aber wohl als Folge von Vergeßlichkeit bzw. Geringschätzung gegenüber diesen Passagen in Hitlers Rede gelten und kann die Glaubwürdigkeit Mansteins und Weichs' nicht erschüttern; letzterer stützt sich auf eine stenographische Nachschrift und hat sich deren Inhalt nach 1945 von Blomberg noch ausdrücklich bestätigen lassen.

„Schläge" nach Westen der Niederhaltung der Westmächte, insbesondere Frankreichs, die nach Osten aber der eigentlichen Expansion dienen sollten.[15]

Diese Ausführungen bestätigten Hitlers bisherige Äußerungen und zeigen zugleich, daß er es gegenüber den Generalen auch nach seiner Antrittsrede vom Februar 1933 nicht an Offenheit hat fehlen lassen.[16] Darüber hinaus wird unterstrichen, daß Hitler die Wirtschaftsprobleme keineswegs ignorierte, wie man häufig gemeint hat, sondern sich offenbar nachhaltig mit ihnen auseinandersetzte. Und wenn die Resultate dieses Nachdenkens überaus kümmerlich waren, so hatten sie doch eine primitive und unbarmherzige Konsequenz, die im Verein mit Hitlers enormer Willenskraft höchst gefährlich erscheinen mußte. Offenbar war die Frage der Wirtschaftspolitik für ihn ein äußerst beunruhigendes Problem. Es lag ihm nicht, sich damit zu beschäftigen, aber sein sicherer Instinkt für Massenreaktionen sagte ihm, daß er hier nicht ausweichen durfte. Wenn er in anderem Zusammenhang von der Masse als einem „Tier" sprach,[17] so wird er auch die psychologischen Rückwirkungen, die von ihren materiellen Bedürfnissen auszugehen vermochten, nicht gering eingeschätzt haben. Er mußte also, so mag er gefolgert haben, den Menschen zu essen geben, wenn er wollte, daß sie eine willige Kulisse für seine Schaustücke und einen empfänglichen Resonanzboden für seine rhetorischen Ausbrüche abgaben. In dieser Zwangslage ergriff er den für ihn charakteristischen Ausweg: Da er dem Problem nicht durch Ignorierung ausweichen konnte, wich er in die Gewalt aus und proklamierte die Eroberung von „Lebensraum". Freilich standen 1933/34 andere Probleme im Vordergrund; auch war zu übersehen, daß ihm zunächst noch eine Galgenfrist verblieb, bis das Problem unerbittlich auf ihn zukam. Aber eines Tages mußte er sich ihm stellen, eines Tages, das sah er schon 1933 voraus, mußte er dafür eine wirkliche, keine bloße Scheinlösung finden.

Es ist durchaus möglich, daß Hitler in den folgenden Jahren in dieser Frage geschwankt hat; aber wie in allen anderen Fällen von Gewicht, ist er auch in diesem seinem Instinkt gefolgt, der ihm sagte, daß es für ihn auf dem einmal eingeschlagenen Wege kein Zurück gab. Wie noch zu zeigen sein wird, trieb er die Aufrüstung mit allen Mitteln voran und versperrte sich, indem er sie mit der Bekämpfung der Wirtschaftskrise verband, jeden Rückweg. Als dann im Jahre 1936 der kritische Punkt eintrat, hat er die Konsequenzen rücksichtslos gezogen. Das Zeugnis dafür ist seine bekannte Denkschrift zum *Vierjahresplan* vom August 1936.[18] Die 1933 von ihm geforderte Voraussetzung der „Wiedergewinnung der politischen Macht" war zu diesem Zeitpunkt nahezu vollständig erfüllt: Hitler war unumschränkter Herr in Deutschland. Aber mit der zunehmenden Aufrüstung hatten sich auch die ersten Schwierigkeiten eingestellt, vor allem auf wirtschaftlichem Gebiet, wo Rohstoff- und Devisenmangel die weitere Rüstungsausweitung in dem von Hitler gewünschten Tempo und Umfang zu hemmen drohten. Hier sollte der Vierjahresplan Abhilfe schaffen, und die

---

[15] Vgl. z. B. Sitzung vom 5. November 1937; Hoßbach, *Zwischen Wehrmacht. . .* (Anm. I/25), S. 207 ff. Auch in *Mein Kampf* hatte Hitler deutlich erkennen lassen, daß er es zur Realisierung seines Lebensraum-Planes für notwendig hielt, erst Frankreich auszuschalten (Anm. I/5, S. 684 ff.; S. 726 ff.).

[16] Vgl. das Urteil von v. Weichs: „Nicht erst am 5. 11. 37 hat Hitler in kleinem Kreise von seinen Angriffsabsichten gesprochen. Schon am 28. 2. 34 finden wir in der Rede Hitlers Andeutungen in dieser Hinsicht. Rückschauend kann man daraus folgern, daß er bereits seit der ‚Machtergreifung' 33 sich mit Angriffsabsichten getragen hat, während das deutsche Volk sich durch seine häufigen Friedensbeteuerungen hat bluffen lassen"; *Zeugenschrifttum* (Anm. I/53), Nr. 182, S. 13. Vgl. auch das Urteil von Wilhelm Treue, „Hitlers Denkschrift zum Vierjahresplan 1936", in: *Vierteljahrshefte für Zeitgeschichte* 3 (1955), S. 197. – Keitel (Anm. I/17a), S. 80 f., gibt ein Beispiel aus dem Jahre 1935: Rede Hitlers vor dem Offizierkorps des VI. AK bei Abschluß der Herbstübungen mit der Andeutung, Deutschland könne einmal in eine ähnliche Lage kommen wie Italien im Abessinienkrieg.

[17] Rauschning, *Gespräche. . .* (Anm. I/5), S. 197. Ähnlich Hitler (Anm. I/5), S. 371.

[18] Treue (Anm. II/16), S. 184–210 (eingeklammerte Seitenzahlen im Text beziehen sich auf diese Edition).

von Hitler verfaßte Denkschrift sollte ihn begründen und gegen Einwände der Fachkritik verteidigen.[19]

Selbst für denjenigen, der die früheren Auslassungen Hitlers über seine Kriegsabsichten nicht kennt, springt in die Augen, daß es sich bei dieser Denkschrift um ein Programm nicht für friedliche Entwicklung einer Autarkiewirtschaft, sondern zur Kriegsvorbereitung handelt. Die Denkschrift, so urteilt der Herausgeber,[20] die den Vierjahresplan begründen sollte, „galt wie jener selbst der Rüstung, und zwar nicht zur Wiederherstellung einer Rüstungsgleichheit mit anderen Mächten, sondern zum Kriege". Tatsächlich ist die ganze Argumentation Hitlers auf den Kriegsfall abgestellt. „Wenn es nicht gelingt, in kürzester Frist die deutsche Wehrmacht . . . zur ersten Armee der Welt zu entwickeln, wird Deutschland verloren sein!" (S. 205); die Auffassung, daß die Aufrüstung zurückgestellt werden müsse, um Devisen zur Hortung von Rohstoffen freizubekommen, „beruht auf einem gänzlichen Verkennen – um mich nicht schärfer auszudrücken – der vor uns liegenden Aufgaben und militärischen Erfordernisse" (S. 207); es sei jetzt notwendig, „der Friedensernährung und vor allem der Kriegsführung die [erforderlichen] Mittel zu sichern" (S. 208); von einer Lösung des Treibstoffproblems hänge – nicht etwa der Fortschritt von Motorisierung und Industrialisierung im Frieden, sondern – „die kommende Kriegführung" ab (S. 208); und schließlich bezüglich der Schwierigkeiten des Erzimports: „Die Existenz der nationalen Wirtschaft und vor allem der Kriegsführung darf davon jedoch nicht abhängig sein" (S. 209).

Aber könnten alle diese Sätze nicht auch im Sinne einer Bemühung um bloße Verteidigungsbereitschaft, also ohne aggressive Tendenz, interpretiert werden? Untersucht man daraufhin die Denkschrift, so scheint sich das Problem auf den ersten Blick in der Tat zu komplizieren, denn Hitler gibt dort für seine wirtschaftlichen und militärischen Forderungen überraschenderweise zwei einander widersprechende Begründungen: Anknüpfend an einleitende Bemerkungen über den Lebenskampf der Völker erklärt er zunächst, daß dieser Kampf für das deutsche Volk heute durch die Drohung des Bolschewismus heraufbeschworen werde (S. 204 f.). Das könnte also auf eine Verteidigungskonzeption schließen lassen. Dann aber bringt er im Verfolg seiner wirtschaftlichen Darlegungen wieder das aggressive Lebensraum-Argument vor: Eine „endgültige Lösung" der wirtschaftlichen Schwierigkeiten sei nur von einer Verbreiterung der Ernährungs- und Rohstoffbasis in Form der Ausweitung des Lebensraums zu erwarten (S. 206). Eine ähnliche Koppelung der Argumente findet man auch in den vorhergehenden Zeugnissen,[21] aber hier wie dort stehen sie beide unverbunden nebeneinander, hier wie dort – abgesehen von *Mein Kampf* – gilt Hitlers Augenmerk hauptsächlich der Entwicklung und Begründung der Lebensraumthese, während seine Polemik gegen den Bolschewismus überall als ein nicht dazugehörendes und den Hauptgedankengang durchkreuzendes Anhängsel erscheint.[22] In der Vierjahresplan-Denkschrift steigert sich das bis zum offenen Widerspruch, aber dort liefert Hitler auch zugleich eine Erklärung für diese Zweigleisigkeit seines Denkens: „Auch die

---

[19] Besonders gegen die Mahnungen Schachts und Goerdelers. Für diesen s. Ritter, *Carl Goerdeler*. . . (Anm. I/54), S. 76 ff. (über Denkschrift Goerdelers für Hitler; 1. Fassung Ende August 1936); Treue, *a. a. O.*, S. 192, bezweifelt wohl mit Recht, daß Hitlers Argumentation sich so ausschließlich gegen Goerdeler gerichtet hätte, wie Ritter vermutet (vgl. S. 188 f.). – Zu den Warnungen Schachts s. u. S. 789 f.

[20] Treue, *a. a. O.*, S. 203; vgl. auch S. 198, Anm. 29.

[21] Vortrag *Adolf Hitlers*. . . (Anm. I/60), S. 15 f. und *passim*; *Zeugenschrifttum* (Anm. I/53), Nr. 105 (Mellenthin), S. 3 (für die Generalsrede vom 3. Februar 1933).

[22] Im Unterschied zu Mellenthin, *a. a. O.*, hat Liebmann Hitlers antibolschewistische Stellungnahme anscheinend überhört; „Reichswehrdokumente" (Anm. I/40), S. 434 f. Auch Weichs, *Zeugenschrifttum, a. a. O.*, Nr. 182, S. 8 f., und Hoßbach, *Zwischen Wehrmacht*. . . (Anm. I/25), S. 207 ff., haben für die Reden vom 28. Februar 1934 bzw. 5. November 1937 nichts derartiges notiert. In allen drei Fällen erscheint der Gedankengang Hitlers trotzdem völlig geschlossen.

idealistischen Weltanschauungskämpfe", so sagt er in der Einleitung, „besitzen ihre
letzten Ursachen und tiefsten Antriebe in dem Daseinskampf der Völker" (S. 204). Wie
ein Schlaglicht erhellt dieser Satz die totale Instrumentalisierung, der im Rahmen von
Hitlers kämpferischem Dynamismus selbst die Ideen und Weltanschauungen unterworfen werden; sie haben, wie er schon in *Mein Kampf* ausgeführt hat (z. B. S. 596 f.),
lediglich die Aufgabe, seiner politischen Bewegung die notwendige Durchschlagskraft
zu verleihen, und können bedenkenlos beiseite geschoben werden, wenn der „Lebenskampf des Volkes" es erfordern sollte – was Hitler dann ja auch im Falle des sowjetischen Bündnisses im August 1939 wahr machte. Und so darf man auch die antibolschewistische Polemik in den hier zitierten Reden und in der Denkschrift von 1936
als ein bloß zusätzliches Mittel Hitlerscher Schwarzmalerei und Scharfmacherei werten; was ihm bei seiner Kriegsplanung vor Augen schwebt, ist ein gewaltsames Ausgreifen nach Osten, nicht die Drohung eines bolschewistischen Angriffs.

Aber Hitlers Vierjahresplan-Denkschrift bietet noch mehr Überraschungen. So hat
man auch in diesem Fall auf die Inkompetenz und Ignoranz Hitlers in wirtschaftlichen Fragen hingewiesen.[23] Sie zeigen sich hier verständlicherweise besonders deutlich, und zwar hauptsächlich in zweierlei Hinsicht: Einmal enthält die Denkschrift
Forderungen, von denen von vornherein feststand, daß sie nicht erfüllbar waren,
und zum anderen ging Hitler bei seinen Vorstellungen von Kriegswirtschaft scheinbar von irrigen Voraussetzungen aus. Die Analyse seiner Ausführungen führt jedoch
zu dem unerwarteten Ergebnis, daß diese Kritik den Kern des Problems nicht trifft.
Hitler kannte die Einwände der Fachleute sehr wohl, und er war auch nicht unfähig,
ihren Gedankengängen zu folgen. Wenn er sie sich dessenungeachtet nicht zu eigen
machte, so, weil sie ihm nicht die Lösungen boten, die er wollte. Auch das ist, von der
Industrie-Klub-Rede 1932 angefangen, ein ständig wiederkehrendes Motiv seines
Denkens.[24] Die Vorschläge der Fachleute zur Lösung der Wirtschaftsprobleme greifen
ihm nicht tief genug, sie liefern allesamt nur Lösungen auf Zeit und garantieren ihm
nicht die vollständige Sicherheit gegen wirtschaftliche Krisen, die totale Autarkie, die
er anstrebt. Und sie machen ihn vor allen Dingen abhängig, abhängig von den Gesetzen des freien Marktes, insbesondere auch des Weltmarktes, und der Währung,
von den Bindungen an Handelspartner und von der Berücksichtigung der Konkurrenten. Aber Hitler will nicht handeln, schon gar nicht verhandeln, er will befehlen. Deshalb fordert er „für die Zukunft eine endgültige Lösung", die Deutschlands Wirtschaftsprobleme durch Erweiterung des Lebensraums ein für allemal beseitigen und
„dereinst" durch die „politische Führung" herbeigeführt werden soll. Die Zwischenzeit soll durch eine Übergangslösung überbrückt werden, die sowohl ein Minimum
an Ernährungs- und Konsumbedarf befriedigt als auch ein Maximum an Kampf-
mitteln zur Verwirklichung der „endgültigen Lösung" bereitstellt (S. 206 f.). Diesem
Zweck – und nicht der Errichtung einer Autarkiewirtschaft, über deren Undurchführ-
barkeit im gegenwärtigen Zeitpunkt (1936) sich Hitler durchaus klar ist[25] – soll der
Vierjahresplan dienen, ihn soll die Denkschrift klarmachen und begründen.

Der entscheidende und vielfach nicht genügend gewürdigte Gesichtspunkt Hitlers
für diese Übergangslösung ist der *bewußte* Verzicht auf alle Rücksichten gegenüber
der Eigengesetzlichkeit der Volkswirtschaft. Bisher hatten die wirtschaftlichen Kräfte
Deutschlands den Anforderungen, die das nationalsozialistische System und besonders die Rüstungpolitik an sie stellte, noch einigermaßen genügen können, ohne daß

[23] Treue (Anm. II/16), S. 196 ff.; S. 202.

[24] *Vortrag Adolf Hitlers...* (Anm. I/60), S. 16 ff., bes. S. 18 f.; *Zeugenschrifttum* (Anm. I/53), Nr. 105,
S. 3 ff. (Mellenthin über die Rede vom 3. Februar 1933); „Reichswehrdokumente" (Anm. I/40), S. 435 (Liebmann
über die gleiche Rede).

[25] Vgl. seine Argumente bei Treue (Anm. II/16), S. 206 f.

man die sachbezogenen Operationsregeln und Strukturformen der Volkswirtschaft hatte aufgeben müssen. Aber die deutsche Wirtschaft war dabei an die Grenze ihrer Leistungsfähigkeit gelangt. Jetzt, im Jahre 1936, war eine Steigerung nur noch möglich, wenn man entweder zu einer normalen, sich in den weltwirtschaftlichen Gesamtprozeß eingliedernden Wirtschaftspolitik zurückkehrte, oder sich einer rücksichtslosen, alle Prinzipien der Wirtschaftlichkeit und Rentabilität verleugnenden Ausbeutungs- und Raubbauwirtschaft verschrieb. Im ersten Fall war freilich nur mit sehr langfristigen Fortschritten zu rechnen, ja Hitler fürchtete nicht zu Unrecht, daß er auf diesem Wege nie den gewünschten Kräftevorsprung vor seinen Gegnern erreichen werde. Nach den Maßstäben normaler politischer Kalkulation zwang das zu dem Schluß, daß Expansionspläne der Hitlerschen Art also überhaupt undurchführbar waren. Aber Hitler war weit davon entfernt, sich zu solchen Schlüssen zwingen zu lassen. Im Vertrauen auf seine „Intuition" und voll Verachtung gegenüber der Vernunft in jeder Gestalt rechnete er sich für seine Lebensraum-Pläne Erfolgschancen aus, wenn er unter Ausnutzung des Rüstungsrückstands, in den die Westmächte infolge ihrer Abneigung gegen Krieg und Aufrüstung geraten waren, und unter äußerster Anspannung aller in Deutschland verfügbaren Mittel wenigstens anfänglich eine Rüstungsüberlegenheit gewann und diese dann in Form der schon 1934 ins Auge gefaßten, überraschenden „kurzen Schläge" gegen seine vorher sorgfältig isolierten Gegner zur Geltung brachte, um sie nacheinander „auszuschalten".

Daher wandte er sich, in seinem Sinn durchaus folgerichtig, der zweiten Lösung, also der Raubbau-Wirtschaft zu, die ihm eine kurzfristige und relativ erhebliche Kräftekonzentration versprach. So erklärt es sich, daß das ganze in der Vierjahresplan-Denkschrift entwickelte „Programm" Hitlers (S. 208 ff.) im wesentlichen nur aus apodiktischen Forderungen besteht, deren Realisierungsmöglichkeiten kaum erörtert, sondern die einfach und kategorisch aus dem übergeordneten Ziel der „Selbstbehauptung" und der „kommenden Kriegsführung" abgeleitet werden. Mit dem Hinweis darauf werden alle auf Einschätzung von Fakten und realen Grenzen beruhenden Einwände der Experten zurückgewiesen bzw. als böswillig verdächtigt und die kaum verhüllte Drohung ausgesprochen, die Privatwirtschaft zu verstaatlichen, falls sie die gesteckten Ziele nicht erreicht: „Die deutsche Wirtschaft aber wird die neuen Wirtschaftsaufgaben begreifen, oder sie wird sich eben unfähig erweisen, in dieser modernen Zeit, in der ein Sowjet-Staat einen Riesenplan aufrichtet, noch weiter zu bestehen!" [26]

Wenn Hitler so eine weitgehende Überspannung der wirtschaftlichen Kräfte Deutschlands schon im Frieden bewußt in Rechnung stellte, so erhebt sich freilich die Frage, wie er sich dann die Wirtschaftsführung im Kriege vorstellte. Hier hat denn auch die – zeitgenössische wie rückschauende – Kritik eingesetzt und darauf hingewiesen, daß man mit einem weitgehend ausgebluteten Wirtschaftsorganismus keinen Krieg führen kann, am allerwenigsten einen so ausschweifenden, wie Hitler ihn plante.[27] Aber auch in diesem Falle unterschätzt die Kritik Hitlers Intelligenz und – Bedenkenlosigkeit; er war auch diesem Problem gegenüber nicht blind, aber er glaubte andere Mittel für seine Lösung zu haben und auf die sachlichen Ratschläge der Fachleute verzichten zu können. Er hat sich später in einem der Tischgespräche im Führerhauptquartier gelegentlich darüber ausgesprochen, und seine Ausführungen sind in ihrer zynischen Offenheit und hochmütigen Verachtung der elementarsten Regeln politischer

[26] Vgl. ähnliche Drohungen *ebda.* und S. 209: Wenn die Privatwirtschaft die vom Staat gestellten nationalwirtschaftlichen Aufgaben nicht erfüllen zu können glaube, „dann wird der nationalsozialistische Staat aus sich heraus diese Aufgabe zu lösen wissen".

[27] So wies Oberst Thomas, Chef des Wehrwirtschaftsamtes, am 1. November 1937 in einem Vortrag vor der Wehrmachtakademie gegenüber Hitlers Darlegungen vom Geldbedarf im Kriege darauf hin, daß man im Kriege selbstverständlich noch mehr Geld brauche als im Frieden; *IMT* (Anm. I/55), XXXVI, S. 110 f. (Dok. EC–14); vgl. Treue. *a. a. O.*, S. 202.

Vernunft so kennzeichnend, daß sie verdienen, hier vollständig wiedergegeben zu werden. An der Abendtafel vom 4. Mai 1942 führte Hitler aus,

> „daß die Bezahlung der durch den Krieg verursachten Reichsschulden kein Problem sei:
> 1. Die durch das deutsche Schwert getätigten Landgewinne brächten eine so bedeutende Vermehrung des Nationalvermögens, daß sie die Kriegskosten um ein Vielfaches aufwögen.
> 2. Die Einschaltung von 20 Millionen billiger ausländischer Arbeitskräfte in den deutschen Wirtschaftsprozeß bringe einen Gewinn, der die durch den Krieg entstandenen Reichsschulden bei weitem übertreffe.
> Man müsse nur einmal errechnen, wieviel dadurch gewonnen werde, daß der ausländische Arbeiter statt – sagen wir – 2000 Mark, wie der Inlandsarbeiter, nur 1000 Mark jährlich verdiene. Es sei jedoch bemerkenswert, daß das den wenigsten Wirtschaftsführern bisher aufgefallen sei. Selbst dem Reichswirtschaftsminister Funk habe er gelegentlich einer Berechnung des Nationalvermögens erst einmal auseinandersetzen müssen, wie wesentlich der Lebensstandard des deutschen Volkes durch die zahlreichen ausländischen Arbeitskräfte und die durch ihre Einschaltung bedingte Verbilligung der Handarbeitskraft (vergleiche die Kostenspanne zwischen der inlandsdeutschen und der auslandsdeutschen Arbeitskraft) gehoben werde. . .
> Man könne daher auch unserer Wirtschaft nur empfehlen, bei den Rüstungsausgaben, die der Krieg mit sich bringe, sich in finanzieller Hinsicht zu 100 % optimistisch einzustellen." [28]

Das bezieht sich speziell auf die Kosten der Kriegführung selbst. Daß Hitler in gleicher Weise die Kosten der ruinösen wirtschaftlichen Mobilmachung im Frieden zu „decken" gedachte, zeigt ein Aktenvermerk Bormanns über eine Äußerung Hitlers vom 25. März 1942:

> „Seit Wiedereinführung der Wehrpflicht hat unsere ungeheure Rüstung bisher völlig ungedeckte Beträge verschlungen. Es gibt nun lediglich zwei Wege: Entweder wird diese Steuerschuld doch im Laufe der Zeit auf die deutschen Volksgenossen im Reich abgewälzt, oder aber sie wird aus den möglichen Gewinnen der besetzten Ostgebiete bezahlt. Das letztere müßte selbstverständlich sein. Der Führer ist daher auch der Auffassung, die Preise und Löhne müßten in den besetzten Ostgebieten unbedingt festgehalten werden, selbstverständlich damit auch der Lebensstandard der Bewohner in den besetzten Ostgebieten. Die Gewinne aus den Preisunterschieden zwischen Ostgebieten und Reichsgebieten müßten ausschließlich dem Reich zufließen.
> Der Führer betonte ferner, auch die Monopole und damit die Monopolgewinne müßte das Reich in der Hand behalten. Unverständlicherweise sei bereits daran gedacht worden, Herrn Reemtsma das Tabakmonopol in den besetzten Ostgebieten zu überlassen. Der Führer hat das rundweg verboten und betont, das Tabakmonopol könne von vornherein nur für das Reich selbst in Frage kommen. Auch im Reich müßte übrigens, wie der Führer schon lange gefordert hat, baldigst die Tabakmonopolwirtschaft kommen!
> Aus gleichen Gründen müßte drüben auch der größte Teil des landwirtschaftlichen Besitzes wie bisher Staatsbesitz bleiben, damit auch die Gewinne aus den landwirtschaftlichen Erträgen dieses riesigen Staatsbesitzes ausschließlich dem Staate zugute kämen und zur Deckung der Kriegsschulden verwandt werden können. Ganz abgesehen davon würden die notwendigen Überschüsse an landwirtschaftlichen Produkten lediglich aus dem Großgrundbesitz erzielt." [29]

Knapp einen Monat später, am 12. April 1942, griff Hitler das Thema noch einmal auf, um seine Ansichten dazu grundsätzlich festzulegen. Anknüpfend an das Beispiel vom Bau des Berliner Olympiastadions, zu dem ihm die Fachleute in Verkennung des Prestige-Aspekts viel zu niedrige Voranschläge gemacht hatten, stellte er fest:

[28] Picker (Anm. I/16), S. 237.
[29] A. a. O., S. 136.

„Gerade dieses Beispiel zeige, daß wir Deutsche lernen müßten, uns von Halbheiten freizumachen und stets an dem größtmöglichen Erfolg orientierte ganze Lösungen zu suchen. Wallenstein habe recht gehabt, als er die aufgegebene Bildung eines Heeres von 5000 Mann mit der Bemerkung abgelehnt habe, er könne nur ein Heer von 50 000 Mann aufstellen. Es sei heller Wahnsinn, nur einen einzigen Pfennig für ein Heer auszugeben, das nicht stark genug sei, gegebenenfalls auch zu kämpfen und zu siegen.

Gerade für die Führung eines Krieges sei es entscheidend, daß man bereits die Friedensrüstung ausschließlich auf die erforderlichen Kriegsleistungen und den anzustrebenden militärischen Erfolg abstelle. Das habe leider ein Mann wie Schacht verkannt . . . Schacht sei immer wieder zu ihm gekommen mit der Behauptung, daß sich aus der deutschen Wirtschaft höchstens Beträge von jährlich eineinhalb Milliarden für Aufrüstungszwecke herausziehen ließen, wenn die Wirtschaft nicht zusammenbrechen solle.

Heute, nachdem man der Wirtschaft das Hundertfache entzogen habe, arbeite sie nach wie vor auf Hochtourenzahl.

Gerade bei diesem Krieg müsse man sich immer wieder vor Augen halten, daß bei einem Verlust sowieso alles im Buddel sei. Wir müßten deshalb alle unsere Bemühungen rücksichtslos an die Parole ‚Sieg‘ setzen. Wenn wir siegten, spielten die für Wehrmachtszwecke ausgegebenen Milliarden überhaupt keine Rolle. Denn sie würden allein schon durch die Erzvorräte abgegolten, die im russischen Raum im letzten Jahr in unsere Hand gefallen seien." [30]

Mit anderen Worten: Die Besiegten sollten sowohl die deutsche Kriegsvorbereitung als auch die deutsche Kriegführung bezahlen. Hitlers Vierjahresplan-Programm riskierte bewußt den Ruin der deutschen Volkswirtschaft in der Hoffnung, sie durch einen als Beutezug geführten Krieg wieder sanieren zu können. In gleicher Weise sollten auch die im Frieden nicht zu beseitigenden Engpässe der wirtschaftlichen Mobilmachung durch den Krieg selbst überwunden werden. Dieser Gedanke findet sich schon in der Denkschrift von 1936, freilich nur in Form einer dunklen Andeutung, deren Sinn erst durch die späteren Äußerungen Hitlers im Führerhauptquartier ganz erschließbar wird. Nach Erörterung des Erzmangels und der beschränkten Abhilfsmöglichkeiten dafür stellt Hitler unvermittelt die Behauptung auf: „Der Krieg ermöglicht die Mobilisierung auch der letzten Metallvorräte. Denn dies ist dann kein *Wirtschaftsproblem*, sondern ausschließlich eine *Willensfrage*.[31] Und die nationalsozialistische Staatsführung würde den Willen und auch die Entschlußkraft und Härte [!] besitzen, um diese Probleme im Kriegsfalle zu lösen" (S. 207). Das ist, in verschleierter Form und in drei Sätzen, schon das ganze Ausbeutungsprogramm. Da Hitler nicht hoffen konnte, die für seine ausschweifenden Pläne benötigte Rüstungsüberlegenheit aus den natürlichen Hilfsquellen Deutschlands zu gewinnen, begnügte er sich mit einem Zeitvorsprung, der ihm wenigstens Anfangserfolge gestattete. Und dann mußte der Krieg, einmal in Gang gesetzt, sich selbst ernähren: Jeder Schritt vorwärts im Kriege mußte zugleich der Überwindung des Gegners und der Erweiterung der materiellen Basis Deutschlands dienen, damit der nächste Schritt möglich wurde.

Hier enthüllt sich die unerbittliche Zwangsläufigkeit, zugleich aber auch der erschreckende Glücksspielcharakter von Hitlers Politik und Kriegführung. Indem sich Hitler 1936 zu der Raubbau-Wirtschaft des Vierjahresplans entschloß, war er in absehbarer Zeit zur Eröffnung eines Krieges gezwungen, wenn seine Wirtschaftspolitik nicht in einer Katastrophe enden sollte. Und die Eröffnung des Krieges zwang ihn dann auch zur Ausbeutungspolitik in den eroberten Gebieten und nahm ihm alle Möglichkeiten zu einer sinnvollen Besatzungspolitik. „Die jeder politischen Vernunft zuwiderlaufende Ausbeutungspolitik", schreibt Hans Buchheim, war „die logische Folge von Hitlers 1936 gefaßtem Entschluß, in seine Kriegsplanungen das Potential des erst

---

[30] *A. a. O.*, S. 141 f. Vgl. auch die Aktennotiz General Thomas' vom 20. Juni 1941, *IMT* (Anm. I/55), XXVII, S. 220 f.

[31] Auszeichnungen i. Orig.

zu erwerbenden ‚Lebensraumes' schon miteinzusetzen und gewissermaßen im Vorgriff darauf Deutschlands Reserven zu überziehen."[32] Das war die Politik eines Vabanque-Spielers: „Alles oder nichts", „Siegen oder Untergang".

Das militärische und außenpolitische Gegenstück zu dem wirtschaftlichen Programm der Denkschrift von 1936 findet man in Hitlers bekannten Ausführungen auf der Sitzung vom 5. November 1937.[33] In jener hatte er die wirtschaftliche Mobilmachung befohlen und den Verantwortlichen die Aufgabe gestellt: „I. Die deutsche Armee muß in 4 Jahren einsatzfähig sein. II. Die deutsche Wirtschaft muß in 4 Jahren kriegsfähig sein;"[34] jetzt, ein Jahr danach, begann er folgerichtig konkrete Überlegungen darüber anzustellen, wie man den angestrebten Expansionskrieg politisch eröffnen und durchführen könnte. Wie immer leitete er seinen Vortrag mit einer Darlegung seiner sozialdarwinistischen Ideen ein: Das gegenwärtige Staatsgebiet sei für das deutsche Volk zu klein und müsse ausgeweitet werden, wenn keine „Sterilität" und in deren Folge soziale Spannungen eintreten sollten; auch politische und weltanschauliche Ideen könnten diesen Verfall nicht aufhalten, weil sie „nur so lange von Bestand seien, als sie [wieder die Instrumentalisierung der Ideen zum Zwecke des „Lebenskampfes"!] die Grundlage zur Verwirklichung der realen Lebensansprüche eines Volkes abzugeben vermöchten". Die „deutsche Zukunft" sei daher „ausschließlich durch die Lösung der Raumnot bedingt" (S. 208). Dann folgt ein Katalog der Argumente gegen friedliche und nichtexpansionistische Auswege: Die Autarkie sei unter den bestehenden Verhältnissen nicht durchführbar (S. 208 f.),[35] und eine „Beteiligung an der Weltwirtschaft" enthalte zu große Risiken: Konjunkturschwankungen, Unzuverlässigkeit von Handelsverträgen, Industrialisierung der Ernährungsausfuhrländer, Unsicherheit der Seeverbindungen usw. (S. 209). Daraus zieht Hitler wiederum seinen Schluß, daß „die einzige, uns vielleicht traumhaft erscheinende Abhilfe in der Gewinnung eines größeren Lebensraums" in Europa läge (S. 209 f.). Freilich müsse dabei mit dem Widerstand der beiden „Haßgegner", England und Frankreich, gerechnet werden. Also hatte er jetzt die Hoffnung auf ein Bündnis mit England – ursprünglich das Fundament seines Expansionsplans – aufgegeben. Den Widerstand der östlichen Staaten erwähnt er überhaupt nicht; das war offenbar kein Problem für ihn. Nachdem er dann die machtpolitische Situation Englands und Frankreichs noch eingehender analysiert hat, kommt er schließlich zu dem Ergebnis: „Zur Lösung der deutschen Frage könne es nur den Weg der Gewalt geben, dieser niemals risikolos sein" – nicht ohne dabei historische Vorbilder wie Friedrich den Großen und Bismarck zu bemühen (S. 212).

Bestätigen diese Gedanken die unveränderte Fortwirkung seiner Lebensraum-Manie, so spiegeln seine folgenden Ausführungen den Druck, in den er seit 1936 durch seine exzessive militärische und wirtschaftliche Rüstungspolitik zu geraten begann. Für eine

---

[32] Hans Buchheim, *Das Dritte Reich. Grundlagen und politische Entwicklung*, München 1958, S. 79 f. Zu dem Teilproblem der wirtschaftlichen und militärischen Rüstung vgl. S. 25 ff. und S. 77 ff.

[33] Abgedr. bei Hoßbach, *Zwischen Wehrmacht...* (Anm. I/25), S. 207–217. Dazu die Bemerkungen Hoßbachs über die Entstehung seiner Niederschrift und über weitere Details der Besprechung; *a. a. O.*, S. 217–220. Eingeklammerte Zahlen im Text beziehen sich auf diese Ausgabe.

[34] Treue (Anm. II/16), S. 210.

[35] Die Auffassung Treues (*a. a. O.*, S. 203), daß Hitler damit im Gegensatz zur Denkschrift von 1936 seine Autarkie-Hoffnungen aufgegeben habe, beruht auf einem Mißverständnis. Von seinem Buch *Mein Kampf* an hat Hitler in allen hier zitierten Äußerungen unentwegt den Gedanken vertreten, daß alle Versuche zur Überwindung der wirtschaftlichen Mängel und Krisen nur, wie er am 3. Februar 1933 formulierte, „Aushilfsmittel" seien und daß ausschließlich eine Ausweitung des Lebensraums Besserung bringen könne. Und in der Vierjahresplan-Denkschrift hat er dieselben Argumente gegen eine Autarkie vorgebracht wie in der Besprechung vom 5. November 1937 und eben deshalb sein Wirtschaftsprogramm von 1936 als eine Übergangslösung klassifiziert, die die „endgültige Lösung" in der „Zukunft" möglich machen solle (*a. a. O.*, S. 206 ff.).

gewaltsame Lösung gebe es drei Möglichkeiten: Die erste bestehe darin, daß Deutschland spätestens in den Jahren 1943–1945 zum Losschlagen gezwungen würde, während die anderen beiden sich in denjenigen Fällen ergäben, in denen ein früheres Losschlagen möglich sei. Warum ist aber nach Hitlers Meinung der Zeitpunkt 1943–1945 die äußerste Zeitgrenze? Weil, so antwortet er selbst, „nach dieser Zeit . . . nur noch eine Veränderung zu unseren Ungunsten zu erwarten" sei. Denn erstens lasse sich die Aufrüstung nicht mehr wesentlich steigern, Waffen und Gerät veralteten, „Sonderwaffen" ließen sich nicht unbeschränkt geheimhalten, Menschenzuwachs aus älteren Jahrgängen sei nicht mehr zu erwarten, und angesichts der zunehmenden Aufrüstung der „Umwelt" nähmen wir „an relativer Stärke" ab. Außerdem müsse ab 1943/45 infolge Devisenmangels von Jahr zu Jahr mehr mit einer Ernährungskrise gerechnet werden, was zur Senkung des Lebensstandards und zur Geburtenbeschränkung führe. Hierin sei ein „Schwächungsmoment des Regimes" zu erblicken. Und schließlich sei auch das „Älterwerden der Partei und ihrer Führer" zu bedenken (S. 212 f.). Mit anderen Worten: Der unter ruinöser Belastung der deutschen Volkswirtschaft erzwungene Rüstungsvorsprung droht verlorenzugehen, die Wirtschaftskatastrophe zeichnet sich am Horizont ab, und das zunehmende Alter Hitlers vermindert ständig die Chance, seine Feldherrnkunst „vor der Geschichte" unter Beweis zu stellen.

Von den weiteren Ausführungen Hitlers interessieren hier nur wenige Punkte: daß er, befangen im kontinentalen Denken, England für schwächer und weniger gefährlich hielt als Frankreich und fest an seine Nichtbeteiligung am Krieg glaubte; daß er infolgedessen Frankreich zunächst als Hauptgegner betrachtete; daß er in diesem Zusammenhang eine „blitzschnelle" Überwältigung nicht nur der Tschechoslowakei, sondern auch Österreichs plante, nicht, um die dortigen Deutschen heimzuführen, sondern um sich den Rücken gegen Frankreich freizukämpfen, und schließlich: daß er ankündigte, das menschliche und wirtschaftliche Potential *beider* Staaten, also auch Österreichs, sofort nach der Besetzung für seine Zwecke auszubeuten und sich dabei einen Nahrungsmittel-Zuwachs für „5 bis 6 Millionen Menschen" ausrechnete, „unter Zugrundelegung, daß eine zwangsweise Emigration aus der Tschechei von zwei, aus Österreich von einer Million Menschen zur Durchführung gelange" (S. 214).

Der Zeitdruck, den Hitler schon jetzt fühlte, kam kurz darauf noch einmal zum Ausdruck. Neurath, der von Hitlers Ausführungen „aufs äußerste erschüttert" war, stellte ihn im Januar 1938 zur Rede und legte ihm dar, „daß seine Politik zum Weltkrieg führen müsse" und daß er das nicht mitmache. „Viele seiner Pläne könne man auf friedlichem Wege, allerdings etwas langsamer, lösen. Er erklärte mir darauf, er habe keine Zeit mehr." [36] Das war genau der springende Punkt: Hitler konnte nicht mehr warten, er hatte sein Spiel begonnen und mußte es nun weiterspielen. So zeigen ihn diese Äußerungen im Begriff, seinen wahnwitzigen Plan auszuführen, und sie bestätigen die Auffassung, daß das Münchener Abkommen von 1938 in den Augen Hitlers nur ein halber Sieg war, versperrte es ihm doch zunächst den Weg zum Kriege als dem einzigen Ausweg, der ihm in seiner selbstgeschaffenen Zwangslage offen blieb. Und das war nicht einmal seine einzige Sorge; denn im Verlauf der tschechischen Krise hatte sich nur zu deutlich offenbart, daß die Bevölkerung keineswegs jene Kriegsbegeisterung zeigte, die Hitler für seine Pläne brauchte. Seine Reaktion darauf spiegelte sich in einer jüngst bekanntgewordenen Rede vor der Presse am 10. November

---

[36] Neuraths Aussage in Nürnberg: *IMT* (Anm. I/55), XVI, S. 701. Zu Hitlers Stellungnahme vgl. auch die neue Fassung vom 30. Mai 1938 der Weisung für die einheitliche Kriegsvorbereitung der Wehrmacht vom 24. Juni 1937: „Es ist mein unabänderlicher Entschluß, die Tschechoslowakei in absehbarer Zeit durch eine militärische Aktion zu zerschlagen. . .“; a. a. O., XXV, S. 434 f. (PS – 388). Vgl. auch die Andeutung gegenüber Keitel (Anm. I/17a), S. 182 (20. April 1938). Zum Problem des Zeitdrucks s. jetzt auch Trevor-Roper (Anm. II/2), S. 129.

1938 im Braunen Haus in München.[37] Es war kaum 48 Stunden nach der berüchtigten Reichs-Kristallnacht, der ersten zentral geleiteten Massenterror-Aktion des national-sozialistischen Regimes, und naive Geister könnten meinen, Hitler habe diese Pressekonferenz einberufen, um sich zu rechtfertigen. Aber er war weit entfernt davon, er erwähnte die Vorgänge des 8./9. November nicht einmal. Er mag sie zu jenen „Kleinigkeiten" gerechnet haben, die er in seiner Rede den „großen Aufgaben" und „traumhaften Erfolgen" seines Regimes gegenüberstellte und die nach seiner Meinung „in eben dem Maße, in dem ich diese gewaltigen Aufgaben löse, ... zu einer unbe-deutenden Lächerlichkeit" zusammensinken. „Kein Mensch redet mehr davon, da-mit überwinde ich das auch. Man beachtet es eben gar nicht mehr, man sieht es nicht" (S. 187). Wenn man glauben könnte, daß Hitler ein Gewissen gehabt habe, müßte man annehmen, daß diese wiederholten Affirmationen ein Versuch waren, es zu betäuben. Aber vielleicht ist das schon eine zu gewagte Annahme. Jedenfalls be-schäftigten Hitler in dieser Rede ganz andere Dinge. Nicht der – wenn auch noch so fadenscheinigen – Rechtfertigung eines Gewaltaktes, sondern der Vorbereitung eines neuen, alle bisherigen weit übertreffenden galten seine oratorischen Bemühungen.

Seine Zuhörer waren Pressevertreter, und das mag erklären, daß er seine Kriegs-pläne nicht mit jener kaltschnäuzigen Unverblümtheit darlegte wie ein Jahr zuvor gegenüber den Oberbefehlshabern. Er leitete seine Rede sogar ganz unverfänglich mit einem Dank für die Unterstützung ein, die die Presse ihm bei den Leistungen des vergangenen Jahres geboten habe. Doch dann ließ er die Maske fallen, und von nun an hat seine Rede nur noch zwei Themen: die schlecht verhehlte Enttäuschung, Ver-ärgerung und Sorge über die „defaitistische" Stimmung in der Bevölkerung und, daran anknüpfend, die nachdrückliche Anweisung an die Presse, die Öffentlichkeit zur Kriegsbegeisterung zu erziehen. Seine Erbitterung über die schweigende Oppo-sition der Bevölkerung gegen seine Kriegspolitik kannte keine Grenzen und steigerte sich gegenüber der Kritik aus den Kreisen der „oberen Zehntausend" und der Fach-leute zu leidenschaftlichem Haß, wenn er sie als „diese überzüchtete, intellektuelle und hysterische Schichte" [sic!] beschimpfte (S. 186; S. 184), ihr die Schuld an dem weit-verbreiteten Defaitismus in die Schuhe schob und ihr in einem Augenblick, in dem er die Gefahren dieses Defaitismus besonders lebhaft empfunden zu haben scheint, die Drohung entgegenschleuderte: „Wenn ich so die intellektuellen Schichten bei uns ansehe, leider, man braucht sie ja; sonst könnte man sie eines Tages, ja, ich weiß nicht, ausrotten, oder so was. Aber man braucht sie leider...!" (S. 188). Die Transkription der Schallplatte verzeichnet an dieser Stelle „Bewegung" im Auditorium. Freilich, auf dem Hintergrund der eben beendeten Judenjagd mag dieser Haßausbruch selbst für abgebrühte Nationalsozialisten etwas zu drastisch geklungen haben.

Groteskerweise fühlte Hitler sich nicht frei von Schuld an dieser Situation. Er glaubte zu wissen, daß die Aufgabe, das Volk kriegswillig zu machen, „nicht ... in einem oder zwei Jahren erfüllt werden" könne (S. 186), und folglich hätte man früher damit anfangen müssen (daß es für die Beeinflußbarkeit selbst des gläubigen „breiten Volks" Grenzen geben könnte, kommt Hitler bezeichnenderweise nicht in den Sinn); aber leider sei das nicht möglich gewesen, denn: „Die Umstände haben mich gezwungen, jahrzehntelang [sic!] fast nur vom Frieden zu reden." [38] Nur da-

---

[37] Wilhelm Treue, „Rede Hitlers vor der deutschen Presse (10. November 1938)", in: Vierteljahrshefte für Zeit-geschichte 6 (1958), S. 175–191. Der Text geht auf eine Schallplatte zurück. Reichsrundfunkgesellschaft zurück, die sich seit 1945 im Archiv der BBC London befindet; die vorliegende Transkription wurde nach einer Tonband-kopie im Lautarchiv des Deutschen Rundfunks in Frankfurt (Nr. C 1136) gefertigt. Eingeklammerte Seitenzahlen im Text beziehen sich auf diese Transkription. – Zur Beurteilung s. den Kommentar von Treue; außerdem Erich Kordt, Wahn und Wirklichkeit. Die Außenpolitik des Dritten Reiches, 2. Aufl., Stuttgart 1948, S. 135 (m. Anm.); Meißner (Anm. I/72), S. 470; Otto Dietrich, 12 Jahre mit Hitler, München 1955, S. 250 f.

[38] Auszeichnung in der Transkription.

durch sei es möglich gewesen, „dem deutschen Volk ... die Rüstung zu geben, die immer wieder für den nächsten Schritt als Voraussetzung notwendig war". Dieser „Zwang war die Ursache, warum ich jahrelang nur vom Frieden redete" (S. 182 f.) – ein bemerkenswertes Eingeständnis der Zielstrebigkeit sowohl als auch der Doppelbödigkeit seiner Politik.

Aber diese Zurückhaltung sei jetzt nicht mehr am Platze. Auf der einen Seite habe die Maske der Friedfertigkeit im Verlaufe der tschechischen Krise, in der die propagandistisch-psychologischen Vorbereitungen „zum erstenmal auch auf die letzte Konsequenz hin durchgeführt und getroffen werden mußten", ohnehin ihre Wirksamkeit eingebüßt, sowohl dem eigenen Volk als auch dem Ausland gegenüber. „Irgendwie, glaube ich, hat sich diese Platte, die pazifistische Platte, bei uns abgespielt" (S. 183 f.). Auf der anderen Seite aber habe diese *jahrzehntelang [sic!]* betriebene Friedenspropaganda" auch grundsätzlich ihre „bedenklichen Seiten". Denn sie stärke die Friedseligkeit der Bevölkerung und täusche sie über die wahren Absichten der Führung. Mit Hitlers eigenen Worten (zugleich als Stilprobe): es entstehe dadurch die Gefahr, „daß die deutsche Nation, statt den Ereignissen gegenüber gewappnet zu sein, mit einem Geist erfüllt wird, der auf die Dauer als Defaitismus gerade die Erfolge des heutigen Regimes nehmen würde und nehmen müßte" (S. 182).

Die Aufgabe, dieses Hindernis für seine Kriegspläne aus dem Wege zu räumen, fällt der Presse zu. Damit kommt Hitler zu seinem zweiten Hauptthema, das zugleich den Zweck der ganzen Veranstaltung enthüllt: Befehlsausgabe an die Presse zur verstärkten psychologischen Kriegsvorbereitung. Immer wieder und mit steigendem Nachdruck schärft er der Presse ein, daß sie die heute noch zögernde Bevölkerung auf den kommenden Krieg vorbereiten müsse. Harmlosen Gemütern, die seine Rattenfänger-Tricks nicht zu erraten vermögen, erklärt er dabei noch ausdrücklich, daß es sich selbstverständlich nicht darum handeln könne, die Gewalt „als solche" zu propagieren, sondern es sei notwendig, „dem deutschen Volk bestimmte außenpolitische Vorgänge so zu beleuchten, daß die *innere Stimme* des Volkes selbst langsam nach der Gewalt zu schreien" beginnt (S. 182)! Dazu müsse „mit allen Mitteln *Schritt für Schritt* das Selbstbewußtsein des deutschen Volkes" gestärkt werden (S. 186), es müsse lernen, „fanatisch an den Endsieg zu glauben" (S. 189), und müsse bereit sein, „geradezustehen, auch wenn es zu blitzen und zu donnern beginnt" (S. 183), kurz, *„die ganze Nation* [muß] wie eine geschlossene Truppe"[39] hinter die Führung treten (S. 189).

Man darf annehmen, daß er verstanden worden ist, und eine Analyse der deutschen Presse in den folgenden Monaten könnte zeigen, daß seine Befehle ausgeführt worden sind.[40] Um so kläglicher war das Ergebnis: Man weiß, daß die Bevölkerung im September 1939 mit der gleichen „defaitistischen" Stimmung in den Krieg ging, die sie ein Jahr zuvor gezeigt hatte, höchstens war sie noch um einen Grad resignierter und apathischer. Damit mußte Hitler diese Voraussetzung für sein Spiel endgültig abschreiben, und es war gerade diejenige, die er immer für besonders wichtig gehalten hatte: die „fanatische" Entschlossenheit seiner Gefolgschaft. Aber das hat ihn nun nicht mehr irritieren können. Er war bereits viel zu tief in sein halsbrecherisches, alle Grenzen der Vernunft und Moral mißachtendes Spiel verstrickt und hatte keine andere Wahl als Krieg oder Untergang. Auf diesen Ton sind denn auch jene drei Reden gestimmt, in denen er im Jahre 1939 seinen Kriegsentschluß vor den militärischen Befehlshabern begründete.[41]

---

[39] Auszeichnung in der Transkription.

[40] Hinweise bei Treue, *a. a. O.*, S. 179 f.

[41] Rede vor den Befehlshabern am 23. Mai 1939, *IMT* (Anm. I/55), XXXVII, S. 546-556 (Dok. L-79); Ansprache vor den Befehlshabern am 22. August 1939; *a. a.* O., XXVI, S. 327-336 (Dok. PS-789); S. 523 f. (Dok. PS-1014);

Im übrigen ähneln sie alle den früheren Militär-Reden Hitlers. In ermüdender Monotonie kehren die Hauptgedanken wieder: der Sozialdarwinismus, die Lebensraum-Idee, die fatalen historischen Vergleiche und die als „nüchtern" posierenden, in Wirklichkeit aber auf bloßem Wunschdenken beruhenden politisch-militärischen Kalkulationen. An konkreten Elementen findet man nur drei: Hitler muß zugestehen, daß sein ursprünglicher Plan, seine eingebildeten oder wirklichen Gegner zu isolieren und nacheinander einzeln zu schlagen, kaum noch reelle Chancen hat und daß folglich die Gefahr eines europäischen, ja Weltkrieges droht; Hitler zeigt sich trotzdem entschlossen, den lange erstrebten Krieg jetzt unwiderruflich vom Zaun zu brechen; und er hat sich entschieden, entgegen seiner ursprünglichen Absicht den ersten Schlag gegen Polen zu führen. Alle drei Gedanken sind schon in der ersten Rede vom 23. Mai 1939 voll entwickelt, nur der genaue Termin des Beginns wird noch offengelassen. Am 22. August wird er dann als unmittelbar bevorstehend bekanntgegeben, mit der Begründung, es lägen jetzt besonders günstige Umstände vor.[42] Und am 23. November, nach dem Siege über Polen, gibt Hitler rückblickend noch einmal eine Rechtfertigung seiner Entschlüsse und versucht seine zögernden Generale mit dem Vorwurf der Feigheit und Nervenschwäche zum Angriff gegen Westen zu ermuntern.

Dabei tritt, besonders in seinen ersten beiden Reden, ganz klar der Widerspruch hervor, daß Hitler den Krieg entfesseln will, obwohl die von ihm ursprünglich selbst geforderten außenpolitischen Voraussetzungen nicht gegeben sind. Schon in *Mein Kampf* hatte er den Grundsatz aufgestellt, daß die von ihm geplante Ostexpansion nur im Bündnis mit England und nach Niederwerfung Frankreichs durchführbar sei, und noch am 5. November 1937, als ein Bündnis mit England längst außerhalb jeder Reichweite lag, hatte er doch wenigstens dessen Neutralisierung gefordert; jetzt, im Mai 1939, verkündet er seine Bereitschaft, den Krieg selbst dann zu eröffnen, wenn er ihn gegen Polen, England und Frankreich zugleich führen muß: „*Grundsatz* Auseinandersetzung mit Polen – beginnend mit Angriff gegen Polen – ist nur dann von Erfolg, wenn der Westen aus dem Spiel bleibt. Ist das nicht möglich, dann ist es besser, den Westen anzufallen und dabei Polen zugleich zu erledigen."[43] So haben sich also nach den psychologischen jetzt auch die außenpolitischen Voraussetzungen seines „genialen" Planes als illusorisch herausgestellt. Um so stärker treten aus dem Dschungel der Hitlerschen Argumente die wahren Gründe hervor, die ihn vorwärtstreiben. Er erklärt unumwunden, daß sich die Blufftaktik totgelaufen habe: „Weitere Erfolge können ohne Blutvergießen nicht mehr errungen werden ... An eine Wiederholung der Tschechei ist nicht zu glauben."[44] Welche Erfolge aber braucht er denn noch, er, der Schöpfer „Großdeutschlands", der „erfolgreichste deutsche Staatsmann seit Bismarck"? Er gibt selbst die Antwort: „Die 80 Millionen Masse [der

a. a. O., XLI, S. 16–25 (Dok. Raeder 27). Ansprache an die Befehlshaber am 23. November 1939; *a. a.* O., XXVI, S. 338–344 (Dok. PS–798). – Die Niederschrift L–79 stammt von Oberstlt. Schmundt, damals Wehrmachtsadj. d. Führers, ist aber nicht datiert; die Niederschriften PS–798, PS–1014 und PS–788 sind undatiert und unsigniert; aber die Beteiligten haben ihren Inhalt im Nürnberger Prozeß mehr oder weniger bestätigen müssen; vgl. zu L–79: *IMT, a. a.* O., IX, S. 47; S. 57 f.; S. 133 ff.; S. 345 ff.; S. 664 f.; X, S. 577; zu PS–798: IX, S. 48; S. 65; S. 664; XIV, S. 206; XXXII, S. 468; zu PS–788: IX, S. 348 ff.; X, S. 585 f.; XIV, S. 80; S. 204 ff.; XV, S. 118; Dok. Raeder 27 ist eine von Admiral Hermann Boehm am 22. August 1939 verfaßte Niederschrift, die die Verteidigung vorlegte, um PS–798 bzw. PS–1014 zu entkräften. Sie enthält aber keine wesentlichen Abweichungen; vgl. *IMT, a. a.* O., XIV, S. 53 f.; S. 76 ff.; S. 57 ff.

[42] Dok. PS–1014 ist betitelt „Zweite Ansprache des Führers am 22. Aug. 1939". Aber schon im Nürnberger Prozeß wurde bestritten, daß Hitler an diesem Tage zwei Ansprachen gehalten hat. Ein Vergleich der Dokumente PS–1014 und PS–798 mit der Fassung Boehm (Dok. Raeder 27) zeigt, daß PS–1014 der in PS–798 fehlende Schluß der Rede ist. Da aber PS–798 mit dem obligaten „Heil" Görings auf den „Führer" schließt, kann PS–1014 nicht ein zufällig abgetrennter Teil von PS–798 sein, sondern ist wahrscheinlich das Bruchstück einer dritten Fassung.

[43] *IMT* (Anm. I/55), XXXVII, S. 550 und *passim* (Dok. L–79).

[44] *A. a.* O., S. 548 f. Ähnlich am 22. August; *a. a.* O., XXVI, S. 340 ff. (Dok. PS–798), und XLI, S. 19 ff. (Fassung Boehm).

Deutschen] hat die ideellen Probleme gelöst. Die wirtschaftlichen Probleme müssen auch gelöst werden. Um die Schaffung der wirtschaftlichen Voraussetzungen hierzu kommt kein Deutscher herum . . . Ohne Einbruch in fremde Staaten oder Angreifen fremden Eigentums [!] ist dies nicht möglich . . . Eine Zeitlang kann man Verzicht leisten, dann aber kommt die Lösung der Probleme so oder so. Es bleibt die Wahl zwischen Aufstieg oder Abstieg. In 15 oder 20 Jahren wird für uns die Lösung zwangsweise notwendig. Länger kann sich kein deutscher Staat um die Frage herumdrücken."[45] Und noch dringender im August: „Unsere wirtschaftliche Lage ist infolge unserer Einschränkungen so, daß wir nur noch wenige Jahre durchhalten können. Göring kann das bestätigen. Uns bleibt nichts anderes übrig, wir müssen handeln."[46] Wenn also die Lage auch noch nicht unmittelbar bedrohlich ist, so läßt sich doch nach Hitlers zweifellos zutreffender Meinung voraussehen, daß sie es in absehbarer Zeit werden wird, wenn er sein Regime nicht durch einen Griff in „fremdes Eigentum" sanieren kann. Der Krieg als Raubzug, erst eine aus einem angeblichen „Gesetz der Geschichte" abgeleitete, scheinbar unverbindliche Phantasie, wird nun im kritischen Stadium des leichtsinnig begonnenen Spiels zur letzten Rettung.

Es ist eine Rettung, die Deutschland und die Welt in jedem Falle Millionen von Toten und Krüppeln kosten und deren materielle Einbuße kaum hinter den Folgen eines bloß wirtschaftlichen Zusammenbruchs zurückstehen wird. Aber sie hat einen Vorteil: Sie bietet Hitler die einzige Chance, seine Herrschaft zu erhalten, und lockt obendrein noch mit der Aussicht, als „größter Feldherr aller Zeiten" in die Geschichte einzugehen. Unter Umständen wird es Hitler nicht schwer, die Entscheidung zu fällen: „Das Fassen von Entschlüssen, bei denen Blut fließen muß, ist schwer, aber für uns verhältnismäßig leicht, indem es für uns nur die Wahl gibt: Hindurch oder verlieren."[47] Jetzt, im Jahre 1939, hat er noch einen Rüstungsvorsprung gegenüber seinen Gegnern, und er ist entschlossen, ihn zu nutzen: „Jetzt ist der Zeitpunkt günstiger als in 2—3 Jahren", erklärt er im August,[48] und im November: „Die Zeit arbeitet für die Gegner. Jetzt ist ein Kräfteverhältnis, das sich für uns nicht mehr verbessern, sondern nur verschlechtern kann . . . Heute haben wir noch Überlegenheit, wie wir sie nie gehabt haben."[49] Und so gewinnt sein Pathos des „Alles oder nichts", so oft als theatralische Pose belächelt, nun eine furchtbare Wirklichkeit. Schon im Mai erklärt er unmißverständlich: „Die Ansicht, sich billig loskaufen zu können, ist gefährlich; diese Möglichkeit gibt es nicht", es „geht auf Leben und Tod".[50] Im August heißt es: „Für uns bestünde aber nur die Alternative, zu handeln oder auf die Dauer vernichtet zu werden."[51] Und schließlich im November: „Jede Hoffnung auf Kompromisse ist kindisch: Sieg oder Niederlage! . . . Ich habe zu wählen zwischen Sieg oder Vernichtung. Ich wähle den Sieg."[52] Was aber würde geschehen, falls das Schicksal doch gegen ihn stände? Mußte man nicht damit rechnen, daß dann nicht nur er, sondern daß das ganze deutsche Volk in die von ihm prophezeite „Vernichtung" hineingezogen würde? Hitler hatte auf diese Frage zwei Antworten. Die eine hat er schon 1938 in der erwähnten Presse-Rede gegeben, als er seine Zuhörer mit dem zynischen „Scherz" belustigte: Das deutsche Volk habe seit den Zeiten der Römer so viele Kriege und Katastrophen überstanden, „es hat sogar einen Weltkrieg über-

[45] *A. a. O.*, XXXVII, S. 548 (Dok. L–79).
[46] *A. a. O.*, XXVI, S. 340 (Dok. PS–798); XLI, S. 18 (Fassung Boehm).
[47] *A. a. O.*, XLI, S. 18; vgl. XXVI, S. 340 (Dok. PS–798).
[48] *A. a. O.*, XXVI, S. 341; vgl. die Fassung Boehm: XLI, S. 19; S. 21.
[49] *A. a. O.*, XXVI, S. 332 (Dok. PS–789).
[50] *A. a. O.*, XXXVII, S. 551; vgl. S. 550 (Dok. L–79).
[51] *A. a. O.*, XLI, S. 20 (Boehm); vgl. XXVI, S. 341 (Dok. PS–798).
[52] *A. a. O.*, XXVI, S. 334 f. (Dok. PS–789).

standen, sogar eine Revolution [von 1918] – es wird auch mich überstehen"![53] Die andere atmet den gleichen beispiellosen Zynismus, ist aber in Hitlers Sinne konsequenter. Bereits im November 1939 hatte er sie mit den Worten angedeutet, es ginge „nicht um ein nationalsozialistisches Deutschland, sondern darum, wer künftig in Europa dominiert".[54] In völliger Übereinstimmung damit erklärte er sechs Jahre später, im März 1945, auf den Trümmern Deutschlands: „Wenn der Krieg verlorengeht, wird auch das Volk verloren sein. Dieses Schicksal ist unabwendbar ... Denn das Volk hätte sich als das schwächere erwiesen, und dem stärkeren Ostvolk gehöre dann ausschließlich die Zukunft." [55]

Hitler hatte vollkommen recht: Das deutsche Volk war – wenn auch nicht in Hitlers Sinne – zu „schwach" für die Aufgabe, die ihm 1939 aufgebürdet wurde. Aber um das festzustellen, war es nicht nötig, einen der fürchterlichsten Kriege zu führen, die je die Welt erschütterten; das stand, wie aus Hitlers eigenen Worten hervorgeht, schon vorher fest. Wenn diese sinnlose „Probe" trotzdem veranstaltet wurde, so trägt Hitler allein dafür die Verantwortung, und es ist bezeichnend für seinen Charakter, daß er das im Unglück nicht mehr wahrhaben wollte, obwohl er sich im Glück damit gebrüstet hatte. Seine Person sei „unersetzbar", hatte er nach dem Siege über Polen erklärt; „ich bin überzeugt von der Kraft meines Gehirns und von meiner Entschlußkraft... Das Schicksal des Reiches hängt nur von mir ab." [56]

Es bleibt noch übrig, das Ergebnis kurz zusammenzufassen. Setzt man voraus, daß die hier benutzten Quellen wo nicht den Wortlaut, so doch den Sinn von Hitlers Äußerungen im wesentlichen zutreffend wiedergeben – und das wird wohl kaum ernsthaft bestritten –, so ergibt sich aus ihnen, daß es keine *ex-post*-Interpretation war, wenn Hitler am 23. November 1939 erklärte: „Grundsätzlich habe ich die Wehrmacht nicht aufgestellt, um nicht zu schlagen. Der Entschluß zum Schlagen war immer in mir." [57] Und die Analyse seiner Äußerungen zeigt darüber hinaus einen unzweifelhaften Zusammenhang seiner Kriegspläne mit seiner Wirtschaftspolitik. Die bisherige Darstellung zeigte den zunehmenden Druck, der, erzeugt durch Hitlers übersteigerte Rüstungspolitik, ihn in den Krieg trieb, wenn er nicht eine neue Inflation riskieren wollte. Es wäre jedoch ein Irrtum, zu glauben, daß Hitler sich anfänglich über diese Konsequenzen seiner exzessiven Aufrüstungsmaßnahmen getäuscht hätte, daß er, verführt durch wirtschaftspolitische Ignoranz, gleichsam fahrlässig in jene Situation des Jahres 1936 gesteuert sei, in der er dann nur noch die Alternative hatte, entweder Vabanque zu spielen oder einen tödlichen Prestigeverlust hinzunehmen. Angefangen von *Mein Kampf* zeigen seine Äußerungen vielmehr, daß er sich einen wohldurchdachten Plan zurechtgelegt hatte und dessen Konsequenzen, wenn nicht in allen Einzelheiten, so doch im großen überschaute. Es führt im Verständnis des Phänomens Hitler nicht weiter, wenn man sich mit der Analyse der leicht erkennbaren Mängel seiner Geistesarbeit begnügt und von der kümmerlichen Form seiner Äußerungen auf mangelnde Schärfe des Denkens schließt. Der Mann, der die militärischen Fachleute wieder und wieder durch seine Kenntnisse mundtot machte, war nicht unfähig, die wirtschaftlichen Fachprobleme zu verstehen. Wenn er sich nichtsdestoweniger nicht damit abgab, so deshalb, weil er es nicht wollte, weil er mit sicherem Instinkt spürte, daß ihm das Wesen der

---

[53] Treue, „Rede Hitlers..." (Anm. II/37), S. 188.

[54] *IMT* (Anm. I/55), XXVI, S. 334 (Dok. PS-789).

[55] Aussage Speers in Nürnberg; *a. a. O.*, XVI, S. 548. Vgl. Picker (Anm. I/16), S. 202; Rauschning, *Gespräche...* (Anm. I/5), S. 115; Schellenberg (Anm. I/226), S. 99.

[56] *IMT, a. a. O.*, XXVI, S. 332 (Dok. PS-789); ähnlich am 22. August 1939; *a. a. O.*, S. 339 (Dok. PS-798), und XLI, S. 17 (Boehm).

[57] *A. a. O.*, XXVI, S. 330 (Dok. PS-789). – Dieses Resultat bestätigt die Rauschningschen Mitteilungen (Anm. I/5), auf deren Berücksichtigung in diesem Zusammenhang zunächst bewußt verzichtet worden ist. Dazu auch Trevor-Roper (Anm. II/2), S. 124 f.

freien Wirschaft fremd war, daß sie ihm nicht die Entfaltungsmöglichkeiten bot, die er suchte, und daß er diese Welt daher zerstören mußte, wenn er zu seinem Ziel gelangen wollte.

Das theoretische Mittel dazu war seine Lebensraum-Philosophie; sie war sein Ersatz für eine Wirtschaftstheorie. In dem Bestreben, alle Erscheinungen jeweils auf das Primitive zurückzuführen – eine für Hitlers Denken charakteristische Perversion des normalen analytischen Prinzips der Reduktion auf das Einfache –, erklärte er, daß alle Wirtschaftprobleme gelöst seien, wenn man für eine ausreichende Ernährung sorge, und das sei zu erreichen, wenn man zwischen Bevölkerungszahl und „Grund und Boden" ein „günstiges" Verhältnis herstelle. Dieser harmlos klingende Unsinn enthüllt seinen gefährlichen Sinn, wenn man ihn mit Hitlers Grundsatzerklärung in Zusammenhang bringt, daß die Wirtschaft von der Politik abhängig sei, nicht umgekehrt.[58] Für sich genommen, schien auch das nur als eine, und nicht einmal sehr originelle, Stellungnahme in einer alten theoretischen Kontroverse. Was aber Hitler wirklich damit sagen wollte, war, daß die Wirtschaft sich der Politik zu unterwerfen habe und für sie instrumentalisiert werden müsse, derart, daß die Politik von allen Rücksichten auf wirtschaftliche Belange frei werde. Darum mußte „Lebensraum" erkämpft werden: Das politische Herrschaftssystem mußte räumlich so weit ausgedehnt werden, bis das erbeutete Wirtschaftpotential zur Selbstversorgung ausreiche und jeder wirtschaftlichen Krisengefahr gewachsen war.

In zwei Punkten unterschied sich also diese Hitlersche Pseudo-Theorie von dem herrschenden Wirtschaftssystem: Sie setzte der weltwirtschaftlichen Verflechtung der Nationalwirtschaften das Ideal – oder besser die Utopie – der totalen Autarkie entgegen, und sie stellte, mindestens in ihrem Anfangsstadium, dem Prinzip des freien Austauschs in seinen verschiedenen Formen das Prinzip des gewaltsamen Erwerbs, also des Raubs gegenüber. Der Krieg wurde damit zur *conditio sine qua non* für die Verwirklichung des nationalsozialistischen Wirtschaftsprogramms, und wenn Hitler von Beginn an den Krieg proklamierte, so war das nicht bloß die Ausgeburt seiner blutrünstigen Phantasie, sondern die ebenso klarsichtige wie skrupellose Schlußfolgerung aus seiner Ablehnung des bestehenden Wirtschaftssystems. Die Zwangssituation, in der er sich im Jahre 1936 befand, bestand daher potentiell schon vom ersten Tage seiner Regierung an, und seine anfängliche Zusammenarbeit mit Schacht beruhte darauf, daß dessen gewagte Operationen genau in seinen Plan paßten. Schacht sei „ein unerhört intelligenter Mensch im ‚Beschupsen'" gewesen, hat er später erzählt.[59] Hitler hat in seiner ordinären Denkweise Schacht gewiß nicht richtig eingeschätzt, aber um so deutlicher tritt hervor, was er selbst schon vor 1936 im Auge hatte, und daß und inwiefern er Schacht als sein Werkzeug benutzte.

Wenn hier als Grundprinzipien dieser Hitlerschen Wirtschaftspolitik das der totalen Autarkie und das des gewaltsamen Erwerbs geschildert worden sind, so liegt darin in gewissem Sinne ein Widerspruch, denn gesetzt den Fall, die Autarkie-Vision ließe sich verwirklichen, so wäre Raub nicht mehr nötig. Theoretisch sollten daher auch beide Prinzipien nacheinander angewandt werden: erst die gewaltsame Erweiterung des Lebensraums, dann der Aufbau der Autarkie-Wirtschaft. Aber sowohl der utopische Charakter der Autarkie-Idee als auch die immanente Gewaltsamkeit und zerstörerische Dynamik der nationalsozialistischen Theorie und Praxis lassen es als sicher erscheinen, daß es nie zur Ausbildung des zweiten Stadiums gekommen wäre. Der Krieg

---

[58] Auch dieser Grundsatz taucht immer wieder in seinen Äußerungen auf: *Mein Kampf* (Anm. I/5), S. 164 ff.; S. 493; S. 681; *Vortrag Adolf Hitlers...* (Anm. I/60), *passim*; Treue, „Hitlers Denkschrift..." (Anm. II/16), S. 206.

[59] Picker (Anm. I/16), S. 144. – Zum charismatischen Charakter dieses Wirtschaftssystems vgl. Weber (Anm. I/1), S. 142; S. 157 f.; S. 760 f.

wurde im Nationalsozialismus, wie sonst nur in primitiven Gesellschaften, mit Notwendigkeit zur Wirtschaftsform: Man holte sich mit Gewalt als Beute, was man an Wirtschaftsgütern brauchte.

Angesichts dieses Befunds stellt sich die Frage, wie es geschehen konnte, daß die verantwortlichen militärischen Führer Hitlers Bahn im wesentlichen widerstandslos folgten. Dabei konnte von einer Täuschung oder Irreführung keine Rede sein. Wenn die breitere Öffentlichkeit sich verwirren ließ, so mag das noch verständlich sein, obwohl es auch da hellsichtige Warner gab.[60] Aber den führenden Offizieren gegenüber hat Hitler aus seinen Absichten kein Hehl gemacht, und seine exzessive Rüstungspolitik konnte an dem bedrohlichen Ernst seiner martialischen Proklamationen keinen Zweifel lassen. Die bei Offizieren vielleicht naheliegende und von den Nürnberger Anklägern auch prompt gezogene Schlußfolgerung, daß die deutschen Generale Hitlers Kriegskurs mithin gebilligt hätten, ist nichtsdestoweniger falsch. Zwar waren sie keine Pazifisten, und gegen begrenzte kriegerische Unternehmungen unter günstigen Umständen hätten die wenigsten Einwände gehabt;[61] aber selbst Blomberg war nicht verblendet genug, zu verkennen, daß diese Bedingungen damals nicht gegeben waren.[62] Wenn sie Hitler dennoch gewähren ließen, so entsprang das derselben fahrlässigen Selbsttäuschung, die auch die Kollaboration weiter Kreise der zivilen Fachleute, Beamten und Funktionäre kennzeichnete. Ein Extrem stellt in dieser Hinsicht Admiral Raeder dar, der noch heute behauptet, Hitler habe der Wehrmacht am 3. Februar 1933 die Aufgabe der „Verteidigung des Vaterlandes nach außen hin" gestellt — also das genaue Gegenteil von dem, was Hitler wirklich gesagt hatte.[63] Das Gegenstück bildet Eugen Ott, der sich erinnert: „Der Plan, im Osten Lebensraum zu schaffen, erschien mir damals als entscheidende Erklärung."[64] Auch andere Teilnehmer waren alarmiert, aber Hitlers Pläne erschienen doch im ganzen so phantastisch und in der Form so wirr, daß sich niemand bewogen fühlte, ernsthafte Konsequenzen zu ziehen; ein Ungenannter zitierte das Schiller-Wort: „Stets war die Rede kecker als die Tat."[65]

Dabei ist es dann im wesentlichen auch späterhin geblieben. Man war zwar immer wieder alarmiert, erschreckt, bedenklich, aber man entschied sich dann doch jedesmal, Hitlers Ankündigungen „nicht ernst zu nehmen",[66] sei es, daß man sie als bloße tak-

---

[60] Schon vor 1933 waren die Wahlkämpfe gegen Hitler u. a. auch mit der Parole geführt worden: „Hitler – das ist der Krieg". Und schon Ende 1933 erwartete man in den Kreisen der unterirdischen Zentrums-Opposition einen Krieg mit Eingreifen der USA und Rußlands, falls eine Beseitigung der braunen Diktatur nicht bald gelänge. *Zeugenschrifttum* (Anm. I/53), Nr. 534 (Oberstadtdirektor Dr. Walther Hensel), S. 8. Ähnlich ließen sich auch Stimmen der Emigration vernehmen; s. u. a. Max Beer, *Die auswärtige Politik des Dritten Reiches*, Zürich 1934; vgl. Leuschner (Anm. II/2), S. 62.

[61] Die Beseitigung des polnischen Korridors z. B. war schon in der Reichswehr ein viel diskutiertes Wunschziel gewesen; vgl. Affidavit des Generals v. Blaskowitz vom 10. November 1945; *IMT* (Anm. I/55), XXXII, S. 467 ff. (Dok. PS–3706). Für die spätere Zeit vgl. die Denkschrift des OKH vom August 1937: „. . .Und solange die Ziele eines deutschen Sieges nur in Ost-Eroberungen liegen können. . ." usw.; abgedr. bei Keitel (Anm. I/17a), S. 123 ff.; Zitat S. 128.

[62] Zu Blombergs Haltung s. das Zeugnis des Frhrn. Geyr v. Schweppenburg, *Erinnerungen. . .* (Anm. I/231), S. 73. Vgl. auch Foerster (Anm. I/177), S. 32.

[63] Raeder (Anm. I/107), II, S. 106. Vgl. seine Aussage in Nürnberg: „Von irgendwelchen Kriegsabsichten, kriegerischen Absichten, war in gar keiner Weise die Rede." *IMT* (Anm. I/55), XIV, S. 28.

[64] Bemerkungen zu den Notizen des Generals Liebmann, Februar 1952, *Zeugenschrifttum* (Anm. I/53), Nr. 279, I, S. 19.

[65] „Reichswehrdokumente" (Anm. I/40), S. 436; s. auch *Zeugenschrifttum*, a. a. O., Nr. 279, I (Bemerkungen Otts), S. 19 (über Fritsch und Fromm); Kunrat v. Hammerstein (Anm. I/54), S. 173 f. (Brief Bussche-Ippenburgs von 1953 über sich selbst, Adam, Gienanth und Boehm-Tettelbach). Vgl. auch *Liebmann-Notizen* (Anm. I/112), Bl. 39.

[66] So Blomberg über die Reaktion der Anwesenden auf Hitlers Ausführungen vom 5. November 1937, *IMT* (Anm. I/55), XL, S. 406, und Keitel (Anm. I/17a), S. 101, Anm. 171. Vgl. aber Neurath, der nach eigenem Zeugnis entsetzt war und hier den Entschluß zum Rücktritt faßte; a. a. O., XVI, S. 699 ff. Ebenso empfing Beck, der nicht

tische, ausschließlich auf Augenblicksziele gerichtete Manöver bagatellisierte,[67] sei es, daß man sie als Ausgeburten einer „in die Zukunft schweifenden Phantasie" abtat, die „an der Härte der Tatsachen scheitern" würden.[68] Das letztere Argument tat seine Wirkung hauptsächlich in den Anfangsjahren, als man noch im Bewußtsein überlegenen Sachverstands glaubte, die Dinge in der Hand zu haben und über Hitlers vermeintliche Hirngespinste stillschweigend zur Tagesordnung übergehen zu können.[69] Später, als das fachmännische Selbstbewußtsein durch die verblüffende, alle Kassandra-Rufe widerlegende Erfolgsserie Hitlers ins Wanken geraten war, blieb nur noch das Taktik-Argument übrig, und man klammerte sich an die schon fast verzweifelte Hoffnung, daß Hitler, da ihm die ersten Eroberungen auf unkriegerische Weise gelungen waren, auch seine übrigen „Fragen" waffenlos zu lösen vermöchte.[70] Angefangen vom Februar 1933 bis in den August 1939 hinein ergibt sich immer wieder das gleiche Bild: Hitler stellt den Generalen unverblümt seine Kriegspläne vor Augen, aber sie weigern sich, sie zu erkennen. Das ist alles bloß Phantasie, das schafft er doch nicht, „Kommt Zeit, kommt Rat",[71] das meint er gar nicht wirklich, er meint nur die SA, Blomberg, Fritsch, den Generalstab usw., und schließlich: er wird es schon wieder ohne Krieg schaffen.

Für jemanden, der vom Rathaus kommt, ist es freilich immer mißlich, diejenigen zu kritisieren, die erst auf dem Wege dahin waren. Man kann geltend machen, daß namentlich in den Jahren 1933 und 1934 die Diskrepanz zwischen Hitlers vermeintlichen Wunschträumen und der Wirklichkeit so unüberbrückbar schien, daß Achselzucken eine durchaus vernünftige Reaktion war. Aber erstens hat sich das später geändert; in der Tat haben einige wenige, an ihrer Spitze Beck, dann ernsthaft Widerstand zu leisten versucht. Man weiß, daß diese Opposition nicht nur an Hitlers Starrsinn, sondern auch an der mangelnden Unterstützung von seiten der Generalität scheiterte, und hier stellt sich wohl die Frage, ob diesen Generalen nicht möglich war, zu erkennen, was Beck zu sehen vermochte. Und zweitens handelt es sich bei diesem Problem weniger um die Frage, ob man den Hitlerschen Amoklauf hätte voraussehen können oder nicht, sondern um die andere, warum verantwortliche militärische Befehlshaber die unzweideutigen Erklärungen des Regierungs- und Staatschefs nicht ernst nahmen. Was man an der Haltung der Generale vermißt – und das betrifft schon die erste Rede Hitlers vom Februar 1933 – ist das Bewußtsein, daß ein verantwortlicher Politiker in höchster Staatsstellung solche Gedanken wie die Hitlerschen nicht einmal denken, geschweige denn aussprechen darf, und daß, tut er es doch, es die Pflicht der zuständigen Fachleute ist, ihn nachdrücklich in seine Schranken zu verweisen. Dabei spielt es keine Rolle, ob und welche Erfolgsaussichten solche Schritte gehabt hätten; entscheidend ist,

---

teilgenommen, aber durch Hoßbach den Inhalt erfahren hatte, einen „niederschmetternden" Eindruck; Hoßbach, *Zwischen Wehrmacht*. . . (Anm. I/25), S. 218 f.; Foerster (Anm. I/177), S. 80 ff.

[67] Zum 28. Februar 1934 vgl. Weichs, *Zeugenschrifttum* (Anm. I/53), Nr. 182, S. 10; Manstein (Anm. I/174), S. 185. – Zum 5. November 1937 vgl. Raeder, *IMT* (Anm. I/55), XIV, S. 44 ff.; S. 193; und ders., *Mein Leben* (Anm. I/107), II, S. 149 f.; Göring, *IMT, a. a. O.,* IX, S. 343 ff. – Zum 23. Mai 1939 vgl. Raeder, *a. a. O.,* XIV, S. 47 ff.; Göring, *a. a. O.,* IX, S. 345 ff. – Zum 23. November 1939 vgl. Raeder, *IMT, a. a. O.,* XIV, S. 80; Göring, *a. a. O.,* IX, S. 348.

[68] Fromm zu Fritsch am 3. Februar 1933 (nach Erinnerung von Ott, *Zeugenschrifttum, a. a. O.,* Nr. 279, I, S. 19) und Manstein (Anm. I/174), S. 185 (zum 28. Februar 1934); ähnlich Weichs, *Zeugenschrifttum, a. a. O.,* Nr. 182, S. 10 (zum 28. Februar 1934) und Blomberg, *IMT, a. a. O.,* XL, S. 406 (allgemein).

[69] Weichs zum 28. Februar 1934: Er habe nie gehört, daß die beteiligten Offiziere über Hitlers kriegerische Ankündigungen gesprochen hätten; *Zeugenschrifttum, a. a. O.,* Nr. 182, S. 10. Tatsächlich wurden sie z. B. in den Befehlshaberbesprechungen nicht erörtert; *Liebmann-Notizen* (Anm. I/112)), Bl. 79 (9./15. März 1934) und Bl. 96 (5. Juli 1934); Notizen Heinrici, *Zeugenschrifttum, a. a. O.,* Nr. 66, II, S. 166.

[70] So insbesondere Raeder (aber auch mit Bezugnahme auf ähnliche Ansichten bei Jodl); *IMT* (Anm. I/55), XIV, S. 200 ff.; ders., *Mein Leben* (Anm. I/107), II, S. 163; S. 166 f. In diesem Sinne hat Raeder im Juli 1939 auch seine eigenen Untergebenen informiert; *a. a. O.,* S. 164 f.; Dönitz (Anm. I/223), S. 44 f.

[71] So Blomberg zu Hitlers Ausführungen am 5. November 1937, *IMT, a. a. O.,* XL, S. 406.

daß wenigstens der Versuch unternommen werden mußte, und das ist, von dem Einzelfall Beck abgesehen, nicht geschehen. Um dieses Versäumnis verständlich zu machen, wird man wiederum zunächst auf die verlockenden Angebote Hitlers – innere Stabilität und Aufrüstung – hinweisen müssen, die den Offizieren die Befreiung von ihren augenblicklichen Sorgen verhießen. Ihnen gegenüber mochten seine gefährlichen Kriegspläne als Zukunftsmusik erscheinen, deren Klang man zur gegebenen Zeit noch mit eigenen Instrumenten zu beeinflussen hoffte. Aber diese Erklärung reicht allein noch nicht aus. Denn die Frage drängt sich doch auf, warum man den einen Teil von Hitlers Ausführungen für kreditwürdig erachtete, wenn man zugleich den anderen als ungereimt, ja, verhängnisvoll erkennen mußte. Diese Zwiespältigkeit, die Hitler auf der einen Seite ein Vertrauen entgegenbrachte, wie es vor ihm keinem zivilen Politiker außer Bismarck von seiten des Offizierkorps zuteil geworden ist, und ihm auf der anderen Seite in einer so entscheidenden, tief in den militärischen Bereich einschneidenden Frage wie der eines künftigen Krieges Narrenfreiheit gewährte – diese Zwiespältigkeit ist die eigentliche Herausforderung an die Vernunft; sie bedarf einer Erklärung. Einen Hinweis darauf findet man in einer Bemerkung des ehemaligen Feldmarschalls v. Weichs zur Rede Hitlers vom Februar 1934. „Ich gebe zu", schreibt er, „daß ich zunächst, als ich die aggressiven Worte hörte, einen Schrecken bekam, bei weiterer Überlegung aber zu der Auffassung kam, daß Politiker bei der Begründung ihrer Entschlüsse es mit der Wahrheit nicht immer genau nehmen." [72] Wohlgemerkt: nicht von Hitler im besonderen, sondern von Politikern im allgemeinen ist die Rede. Hier klingt jene in Deutschland weitverbreitete abschätzige Beurteilung der Politik als „charakterverderbend", als grundsätzlich amoralischer Bereich an, auf die schon mehrfach hingewiesen wurde und in der zweifellos eine der Hauptursachen für die Unsicherheit der Offiziere gegenüber Hitler und ihre daraus sich herleitenden Versäumnisse gesehen werden muß. Das gilt um so mehr, als derartige Vorstellungen und Überzeugungen im Verlaufe der illegalen Rüstungsbemühungen der Reichswehr bereits vor 1933 in die militärische Praxis eingedrungen waren.

2. Die illegale Aufrüstung vor Hitler

Die Aufrüstung der Wehrmacht ist nicht ausschließlich Hitlers Werk; er setzte nur fort, was schon vor ihm begonnen war. Freilich hat selbst die Nürnberger Anklage zugestanden, daß die geheimen Rüstungsmaßnahmen der Reichswehr vor 1933 sich in ihrer Zielsetzung im Rahmen dessen gehalten hätten, was als militärische Sicherheitsvorkehrung in jedem souveränen Staat üblich ist, und daß ihre politische Motivierung weit von der Expansions-Manie Hitlers entfernt war.[73] Aber diese Maßnahmen verstießen zugleich auch gegen die militärischen Klauseln des Versailler Vertrages, und daraus ergaben sich politische, moralische und rechtliche Probleme, in denen auf ganz andere Weise wichtige Züge des „Dritten Reiches" vorgebildet schienen. Da dieser Problemkreis bisher noch nicht genügend erhellt worden ist, soll hier zunächst ein kurzer Abriß gegeben werden.

Der Versailler Vertrag hatte bekanntlich die militärische Kraft Deutschlands so rigoros beschnitten, daß sie zu irgendeiner Art wirksamer Kriegführung nicht mehr ausreichte. Eine genaue Analyse der Vertragsbestimmungen zeigt, daß die Reichswehr selbst gegen eine drittklassige Militärmacht nicht länger als höchstens acht bis zehn Tage organisierten Widerstand hätte leisten können, sofern sie sich strikt an die Versailler Vorschrift hielt.[74] Das stellte die politische Führung Deutschlands vor eine

[72] *Zeugenschrifttum* (Anm. I/53), Nr. 182, S. 10.
[73] Denkschrift der Anklagebehörde im OKW-Prozeß; *MGN* 12, vom 26. April 1948, S. 126.
[74] Nachweis bei Sauer, „Die Reichswehr" (Anm. I/26), S. 230 f.; vgl. auch Manstein (Anm. I/174), S. 119.

ebenso prekäre wie folgenschwere Entscheidung, denn es ließ ihr nur die Alternative zwischen einer „pazifistischen" Außenpolitik und dem Bruch des Friedensvertrages. Hielt man sich an die Vertragsbedingungen, so mußte man sich darauf beschränken, die Reichswehr als eine Art Polizeistreitmacht aufzubauen [75] und die außenpolitische Sicherung Deutschlands in Anlehnung an größere Militärmächte und unter Ausnutzung aller im Völkerbund gegebenen Möglichkeiten zu suchen. Wollte man das nicht, so mußte man sich bereitfinden, unter Verletzung der völkerrechtlichen Verpflichtungen eine Aufrüstung im Geheimen zu betreiben. Beide Wege waren in der gegebenen Lage gleichermaßen riskant. Für die Anbahnung von Bündnisbeziehungen stand seit dem Rückzug der Amerikaner in die Isolation zunächst nur der für Deutschland kaum gangbare Weg nach Rußland offen; so wenig Versuche in anderen Richtungen grundsätzlich als aussichtslos gelten konnten, so brauchten sie doch Zeit zum Ausreifen, und in dieser Zeit war Deutschland ohne militärischen Schutz. Ähnliches galt für den Völkerbund, zu dem Deutschland zunächst der Zutritt verwehrt war.

Indessen konnte auch eine Aufrüstung unter Umgehung der Versailler Bestimmungen einen solchen Schutz nicht liefern. Denn infolge des außerordentlich wirksamen alliierten Kontrollsystems war es definitiv unmöglich, im Geheimen eine Militärmacht aufzubauen, die Deutschlands Sicherheitsbedürfnisse auch nur in bescheidenem Maße erfüllte. Dazu kam, daß der Weg militärischer Sicherung seinerseits erhebliche Risiken mit sich brachte. Da er nur unter Verletzung des Friedensvertrages beschritten werden konnte, mußte er allen den Kräften in Deutschlands Nachbarstaaten, die eine „Verbesserung" des Versailler Resultates wünschten, einen willkommenen und propagandistisch wirksamen Vorwand zum Eingreifen in Deutschland bieten − konnte also unter Umständen gerade das provozieren, was mit ihm verhindert werden sollte. Darüber hinaus mußte aber auch mit gefährlichen inneren Rückwirkungen gerechnet werden. Sie bestanden nicht nur darin, daß die militärische Führung, um in ihrem Sinne zuverlässige und verschwiegene Helfer zu gewinnen, sich an die rechtsradikalen, republikfeindlichen und z. T. sogar offiziell verbotenen Verbände und Organisationen wenden und sie durch finanzielle Zuwendungen stärken mußte; sie bestanden ferner auch in einer folgenschweren Verwirrung der Rechtsbegriffe. Der Friedensvertrag war nicht nur ein völkerrechtliches Instrument, er war auch deutsches Reichsgesetz. Infolgedessen entbehrten Maßnahmen, die ihn verletzten, jeder Rechtsgrundlage; sie waren nicht nur nach dem Völkerrecht, sondern auch nach deutschem Recht schlechtweg illegal. Wer sie plante, befahl, ausführte oder sich sonst irgendwie an ihnen beteiligte, machte sich in jedem Falle strafbar, wie anderseits derjenige, der sie verriet, nicht anders handelte als derjenige, der Vergehen und Verbrechen anzeigt.[76] Ihre Durchführung mußte daher bei allen Beteiligten unvermeidlich zu einer Moral mit doppeltem Boden führen.

Unter diesen Umständen ist wohl die Frage berechtigt, ob die Politik der illegalen Aufrüstung überhaupt einen Sinn hatte, ob es nicht besser gewesen wäre, eine Sicherheitspolitik ohne militärische Geheimexperimente zu führen. Die Diskussion darüber ist noch im Gange, wobei vor allem die Militärs verständlicherweise an der Zweckmäßigkeit der geheimen Rüstungsmaßnahmen festzuhalten versuchen. So hat jetzt Feldmarschall v. Manstein darauf hingewiesen, daß der Sinn dieser Maßnahmen für

---

[75] Dazu und zur folgenden Problematik Sauer, *a. a. O.*, S. 231 ff.

[76] „Rechtsgutachten über die Frage, ob Mobilmachungsmaßnahmen auf eine gesetzliche Basis gestellt werden können", abgegeben am 7. Januar 1927 von Paul Semler, Justitiar des Reichswehrministeriums (RWM); *MGN* 12, Ankl.-Dok.-B. 10 A, Dok. NIK–12057; Memorandum des Oberstleutnants v. Bonin, Chef der Org.-Abt. im RWM, betr. Rechtslage auf dem Gebiet der Mobilmachungsvorarbeiten vom 18. Januar 1927; *a. a. O.*, Dok. NIK–12023. Beide Dokumente jetzt abgedr. bei Bracher, *Die Auflösung. . .* (Anm. I/26), Anhang. − Die gerichtliche Verfolgung pazifistischer Publizisten, die Geheimrüstungen bekanntmachten, war daher rechtswidrig.

die Reichswehr in erster Linie darin bestanden habe, eine Art Überbrückungsschutz für die deutschen Grenzen bis zum Eingreifen des Völkerbundes zu schaffen.[77] Die Reichswehr, so meint Manstein, habe in voller Erkenntnis ihrer unzureichenden Mittel ihre ganze Verteidigungsplanung auf eine Völkerbundshilfe abstellen müssen. Aber angesichts ihrer Schwäche und der sehr langsamen Prozedur der Genfer Gremien habe die deutsche militärische Führung mit dem Fall rechnen müssen, daß die vom Versailler Vertrag zugestandene militärische Abwehrkraft Deutschlands im Ernstfall erschöpft wäre, bevor in Genf die notwendigen Entscheidungen fielen. Dann hätte der betreffende Gegner Zeit gefunden, durch Besetzung deutschen Territoriums vollendete Tatsachen zu schaffen, und es wäre zu befürchten gewesen, daß der Völkerbund demgegenüber resigniert hätte – eine Überlegung, die sich vor allem auf Polen, seine unbefriedigten Wünsche und seine bisher verfolgte Taktik bezog. Um also dem Völkerbund jeden Vorwand für eine Nichteinmischung zu nehmen, habe man die Reichswehr durch die geheime Aufrüstung befähigen wollen, bis zum Eingreifen des Völkerbundes gegen einen Überfall Widerstand zu leisten.

Dies erscheint auf den ersten Blick plausibel, indes es scheint nur so. Denn da man auf diese Weise wichtige völkerrechtliche Verbindlichkeiten verletzen mußte, lief man Gefahr, dem Völkerbund einen anderen Grund zur Abstinenz zu bieten, und so mündet das Problem in die damals wie heute unentscheidbare Frage, was den Völkerbund im Ernstfall eher zur Untätigkeit veranlaßt hätte: vollendete Tatsachen durch feindlichen Überfall oder Bruch der vertraglichen Verpflichtungen durch deutsche Aufrüstung. Sicher ist nur, daß Mansteins Überbrückungsschutz auch nicht risikolos war, und Manstein sagt dann auch selbst, daß man in der damaligen ausweglosen Lage eben „irgendeinen Preis" hätte zahlen müssen.[78] Das ist vollkommen richtig, zeigt aber nur, daß die Entscheidung darüber nicht von militärischen Überlegungen allein abhängig gemacht werden durfte. Der ausschlaggebende Gesichtspunkt mußte vielmehr sein, daß, wie Mansteins Darstellung eindringlich klarmacht, auch die Strategie der illegalen Aufrüstung auf die Hilfe des Völkerbundes angewiesen, deutsche Außenpolitik mithin ohne ihn überhaupt unmöglich war. Also konnte es nur realistisch sein, sich an seine Prinzipien zu halten und die völkerrechtlichen Grundlagen, auf denen er ruhte, peinlich genau zu respektieren. Im übrigen muß hier vorgreifend festgestellt werden, daß die von Manstein dargelegte außenpolitische Konzeption der Reichswehrführung keineswegs ausschließlich geherrscht und daß der materielle Ertrag der geheimen Aufrüstung Deutschlands Sicherheit bis 1933 nicht vermehrt hat.

So hat denn auch die Kritik von seiten der Historiker auf eine Rechtfertigung der geheimen Aufrüstung verzichtet. Nichtsdestoweniger hält sie aber daran fest, daß die einzige verbleibende Alternative eine „Utopie" und die Weimarer „Politik des Kompromisses" zwischen Vertragserfüllung und Vorbereitung der Aufrüstung unvermeidlich gewesen sei.[79] Andere erkennen zwar den „inneren Widerspruch" einer Außenpolitik an, die „Deutschland wieder zur gleichberechtigten Großmacht machen wollte", obwohl „es seine Macht und sein Eigengewicht verloren hatte", gelangen aber mit einem bemerkenswerten historischen *sacrificium intellectus* dann doch zu der Feststellung: „Weil Deutschland eine potentielle Großmacht geblieben war, mußte es das alte Spiel noch einmal versuchen."[80] Das ist nicht einmal in tatsächlicher Beziehung richtig

[77] Manstein (Anm. I/174), S. 115 ff.

[78] *A. a. O.*, S. 119.

[79] Hans Herzfeld, „Zur neueren Literatur über das Heeresproblem in der deutschen Geschichte", in: *Vierteljahrshefte für Zeitgeschichte* 4 (1956), S. 375 f. (in Auseinandersetzung mit Sauer, „Die Reichswehr", Anm. I/26). Vgl. auch Ludwig Zimmermann, *Deutsche Außenpolitik in der Ära der Weimarer Republik*, Göttingen–Berlin–Frankfurt 1958, S. 80.

[80] Zimmermann, *a. a. O.*, S. 83.

– ganz abgesehen von der Frage, ob der Historiker gezwungen werden kann, die Unterwerfung unter die Geschichte so weit zu treiben, daß er auf selbständiges Urteil verzichtet und das Geschehene bloß deshalb als gerechtfertigt anerkennt, weil es eben geschehen ist. Es hieße die Gerechtigkeit gegenüber der Geschichte *ad absurdum* führen, wollte man ihr zuliebe die Pflichten gegenüber Gegenwart und Zukunft vernachlässigen.

Aber diese Alternative stellt sich hier gar nicht mit solcher Schärfe. Zunächst war Deutschland seit 1918 tatsächlich nicht einmal eine „potentielle Großmacht" mehr; eben das war ja die Lehre des ersten Weltkrieges. Die deutsche Niederlage war zum großen Teil, wenn nicht sogar in erster Linie, durch die englische Wirtschaftskriegführung herbeigeführt worden, die sich die Tatsache zunutze gemacht hatte, daß Deutschlands hochindustrialisierte Wirtschaft in hohem Grade auslandsabhängig und wegen der geographischen Lage zugleich leicht von ihren überseeischen Zufuhren abzuschneiden war. Diese Lage hatte sich seit dem Kriegsende nicht nur nicht verbessert, sondern durch Gebietsverluste noch verschlechtert. Zwar konnte man sie – das Versailler Mobilmachungs-Verbot einmal beiseite gesetzt – bei geeigneter Wirtschaftspolitik mildern, aber nur ökonomischer Wunderglaube konnte hoffen, in Deutschland eine auch nur annähernd vollkommene Autarkie-Wirtschaft aufzubauen – ganz abgesehen von der Frage, ob das kriegswirtschaftlich wünschenswert war. Denn jede Art von Autarkie-Politik, sofern sie ein Höchstmaß an Selbstversorgung zum obersten Wirtschaftsprinzip erhob, mußte in gewissem Umfang zu einer industriellen Schrumpfung und damit zu einer Schwächung jener Produktionskräfte führen, die die Nation zur Führung eines modernen technisierten Krieges ebenso dringend brauchte wie Rohstoffe und Nahrungsmittel. Daraus ergab sich eine einfache, aber weitreichende Schlußfolgerung: Deutschland war im modernen Sinne keine Großmacht mehr und konnte es, solange die genannten Bedingungen bestanden, auch nicht mehr werden. In der industriellen und Bevölkerungsentwicklung hatte Deutschland mit den anderen Großmächten Schritt gehalten, ja sie zum Teil überflügelt, aber infolge seiner geographischen Lage war es gerade dadurch doppelt verwundbar geworden. So hatte es seine Großmachtstellung ohne einen Schwertstreich verloren, noch bevor der erste Weltkrieg dieses Resultat offenbar machte. Daß diese Schlußfolgerungen von einem großen Teil der Nation nicht gezogen wurden, weil man die Augen vor den Problemen der Wirtschaftskriegführung verschloß, ist freilich wahr, aber das darf die Nachfahren nicht veranlassen, in dieselbe optische Täuschung zu verfallen.

Darüber hinaus wäre es eine unbillige Simplifizierung der historischen Tatsachen, wollte man behaupten, daß diese Täuschung allgemein war. Sie war nicht einmal immer herrschend. Gerade weil die Außenpolitik der Weimarer Republik im ganzen eine „Politik des Kompromisses" war, enthielt sie auch die Elemente einer Alternative zu militärischer Sicherheits- und Großmachtpolitik. So wird zu oft vergessen, daß der erste Außenminister, Graf Brockdorff-Rantzau, gestützt auf eine breite Volksstimmung, in einem grundlegenden Entwurf versucht hat, die künftige deutsche Außenpolitik prinzipiell auf Anlehnung an den Völkerbund und Verzicht auf eine militärisch untermauerte Machtpolitik festzulegen. „Eine Außenpolitik", so erklärte er in seiner Programm-Rede in der Weimarer Nationalversammlung, „die sich auf überlegene Waffenmacht stützt, ist zwar eine bequeme, aber meist eine schlechte und unfruchtbare Politik."[81] In diesem Sinne trat er der unrealistischen Groenerschen Wehrpolitik in Polen und im Baltikum entgegen,[82] in diesem Sinne war er auch bereit,

---

[81] Ulrich Graf Brockdorff-Rantzau, *Dokumente und Gedanken um Versailles*, 3. Aufl., Berlin 1925, S. 58; auch S. 166 f. und *passim*. Vgl. Herbert Helbig, *Die Träger der Rapallo-Politik*, Göttingen 1958, S. 12 ff.; Zimmermann, *a. a. O.*, S. 42 f.

[82] Helbig, *a. a. O.*, S. 14 f.; Phelps (Anm. I/36), S. 830 ff.

in der fast hoffnungslosen Lage auf der Pariser Friedenskonferenz militärische Interessen preiszugeben, um wenigstens die schlimmsten wirtschaftlichen und territorialen Einbußen abzuwenden, und er hat diese Zielsetzung gegen den erbitterten Widerstand des militärischen Chefdelegierten, General v. Seeckt, durchgesetzt.[83]

Brockdorffs fruchtbarer Ansatz ist dann allerdings vom Versailler Vertrag erstickt worden, und man kann darin, wenn man will, den Beweis dafür sehen, daß er utopisch war. Die Frage ist nur, was dann die Alternative war. Historisch bestand sie auf seiten der Alliierten in dem Versuch, eine Herrschaft der Sieger über die Besiegten zu errichten, und auf seiten des von unaufhörlichen inneren Krisen heimgesuchten Deutschlands in einer Eintags-Politik, die zwischen loyaler Vertragserfüllung, ohnmächtigen Protesten und verzweifelten Ausbruchs- und Selbsthilfeversuchen (Rapallo 1922 und passiver Widerstand 1923) hin und her schwankte. Das alles war in gewissem Sinne unvermeidlich. Vielleicht hätte eine geschicktere Führung der deutschen Außenpolitik das Übel mildern können, und das wäre für alle Teile sicher von großem Vorteil gewesen. Aber eine grundsätzlich andere Linie war in dieser Lage unmöglich, am wenigsten die einer „Machtpolitik", wie sie die sogenannte nationale Opposition in völliger Verblendung forderte. Schon der bloße Ansatz dazu im passiven Widerstand an der Ruhr hat Deutschland an den Rand des Staatsbankerotts gebracht, und der verzweifelte Versuch Seeckts, den aktiven Widerstand zu organisieren, war vollends ein Schlag ins Wasser; Frankreich hat Seeckt nicht einmal die Ehre angetan, davon Notiz zu nehmen. Das einzig mögliche Rezept war daher, wie Arthur Rosenberg richtig bemerkt hat, abzuwarten, bis „erst einmal die Politik der Ultimaten und Sanktionen sich verbraucht hatte".[84]

Das war nun freilich keine Politik, sondern eine zeitbedingte Notlösung, und so muß denn die Frage nach einer Alternative zu der Brockdorffschen Konzeption negativ beantwortet werden; zwar ist Brockdorff-Rantzau gescheitert, aber alle anderen Möglichkeiten waren unter den gegebenen Umständen auch nicht praktikabel. Deutschland war von 1919 bis 1923 Objekt der internationalen Politik und konnte aus eigener Kraft nichts daran ändern. Folglich kann auch Brockdorffs Mißerfolg nicht als Argument gegen seine Konzeption vorgebracht werden. Erst nachdem Frankreichs kurzsichtige Sicherheitspolitik 1923/24 kulminiert hatte, öffnete sich der deutschen Politik ein wenn auch beschränkter Spielraum, der ihr wieder selbständige Entscheidungen ermöglichte, und es ist die beste Rechtfertigung für Brockdorff, daß der neue Außenminister Stresemann jetzt an die von ihm entwickelten Grundgedanken anknüpfte. Das Urteil Arthur Rosenbergs, Stresemann sei der erste deutsche Staatsmann seit Bismarck gewesen, der einen umfassenden und wohldurchdachten außenpolitischen Plan hatte und diesen mit Konsequenz und taktischem Geschick zu verwirklichen wußte,[85] muß daher durch die Feststellung ergänzt werden, daß dieser Plan in wichtigen Elementen bereits von Brockdorff-Rantzau entworfen worden war.

Sonst aber besteht Rosenbergs Urteil zu Recht. Stresemann hatte aus den Erfahrungen der Jahre bis 1923 den Schluß gezogen, daß dem praktisch völlig entwaffneten und an einer Wiederaufrüstung wirksam gehinderten Deutschland nur ein einziger Weg blieb, seine nationalen Interessen außenpolitisch zu vertreten: Es mußte sich mit denjenigen Mächten, von denen sein Schicksal abhing, so eng verbinden, daß die dadurch entstehende Interessenverflechtung es seinen Partnern unmöglich machte, seine Interessen und insbesondere seine berechtigten Revisionsforderungen zu ignorieren. Die Gerechtigkeit fordert es, festzustellen, daß die in Versailles errichtete europäische Ordnung, die Deutschlands Ohnmacht begründet hatte, zugleich auch in Ge-

[83] Rabenau (Anm. I/31), S. 159 ff.
[84] Arthur Rosenberg, *Geschichte der deutschen Republik*, Karlsbad 1935, S. 128.
[85] *A. a. O.*, S. 187.

stalt des Völkerbundes den wichtigsten Ansatzpunkt für die Stresemannsche Politik geliefert hatte. Wenn es Deutschland gelang, in den Völkerbund aufgenommen zu werden, so mußten die Prinzipien und Grundsätze, auf denen er beruhte, auch ihm zugute kommen, wenn anders man nicht die ganze Institution aufs Spiel setzten wollte. Damit war eine erste Interessenverflechtung gegeben, und wenn die deutsche Politik in dieser Richtung mit Zähigkeit, Mäßigung und politischem Geschick weiterarbeitete und sich ein Kapital an internationalem Vertrauen und Verständnis zu erwerben verstand, so konnte der Erfolg auf die Dauer nicht ausbleiben.

Daß dieser Grundgedanke von Stresemanns Verständigungspolitik richtig war, haben die sehr beträchtlichen, in ihrem Ausmaß noch heute oft unterschätzten Erfolge bewiesen, die Stresemann selbst und nach ihm Brüning auf diesem Wege erzielt haben. Locarno-Pakt (als Grundlage für eine Verständigung mit Frankreich), Eintritt Deutschlands in den Völkerbund (mit einem Sitz im Völkerbundsrat, was Anerkennung als Großmacht bedeutete), Abbau der Militärkontrolle, schrittweise Aufhebung der Rheinlandbesetzung und, vor allem, des gesamten Reparationssystems, schließlich sogar prinzipielle Anerkennung der militärischen Gleichberechtigung Deutschlands – all das ist innerhalb der acht Jahre von 1924 bis 1932 erreicht worden. Mit Ausnahme der Gebietsabtretungen, der Kolonialverluste und verschiedener Spezialbestimmungen war der Versailler Vertrag *de jure* bereits tot, bevor Hitler an die Macht kam. Und diese Fortschritte sind ohne Rückhalt an militärischer Macht, allein durch diplomatische Verhandlung und internationale Verständigung erzielt worden – ja die nebenherlaufende geheime Aufrüstung, militärisch ohne Gewicht, hat Stresemanns Operationen nur behindert, weil sie die unerläßliche Atmosphäre internationalen Vertrauens immer wieder erschütterte.

Betrachtet man die Stresemannsche Verständigungspolitik unter diesem Gesichtspunkt, so erscheint sie als eine wahrhaft stolze nationale Leistung, die um so wertvoller war, als sie Deutschland zugleich mit seinen Nachbarn und anderen europäischen Mächten zusammenschloß, statt es mit ihnen zu entzweien. Das war keineswegs ein bloß moralisch-philanthropischer, machtpolitisch aber unbedeutender Gewinn; denn nicht nur war die europäische Solidarität, die sich auf diese Weise allmählich entwickelte, auch ein Sicherheitsfaktor für Deutschland, die führende Beteiligung an dieser Zusammenarbeit brachte darüber hinaus, wie die Auszeichnung Stresemanns mit dem Friedensnobelpreis (zusammen mit Briand 1926) zeigt, Deutschland ein internationales Prestige ein, das seinerseits in einem Zeitalter, in dem die Entschlüsse der Regierungen von der öffentlichen Meinung nicht unabhängig sind, auf der Waage der Machtpolitik sehr wohl ins Gewicht fiel. Gerade hier setzt freilich die heutige Diskussion ein, indem sie die Frage aufwirft, ob die Stresemannsche Verständigungspolitik nicht lediglich die taktische Vorstufe für die spätere Wiederaufnahme einer militärisch abgestützten Großmacht- und Hegemoniepolitik gewesen sei, wobei man sich auf manche nationalistische Züge in Stresemanns Auftreten, auf seine Politik gegenüber Rußland und die Duldung der geheimen Rüstungsmaßnahmen beruft.[86] Ob solch skeptische Beurteilung gerechtfertigt ist, kann freilich mindestens fraglich erscheinen, denn es lassen sich ihr gewichtige Argumente entgegenstellen. Aber wie auch immer diese Diskussion ausgehen mag, das hier gestellte Problem wird dadurch nicht berührt. Ganz im Gegenteil, die Tatsache, daß die Stresemannsche Politik auch als Ausgangspunkt nationalistischer Machtpolitik begriffen werden kann, unterstreicht nur um so nachdrücklicher, daß es für die Vertretung von Deutschlands nationalen

---

[86] Dazu u. a. Hans W. Gatzke, *Stresemann and the Rearmament of Germany*, Baltimore 1954; ders., „Stresemann und die deutsche Rußlandpolitik", in: *Vierteljahrshefte für Zeitgeschichte* 4 (1956), S. 1 ff.; Anneliese Thimme, *Gustav Stresemann. Eine politische Biographie zur Geschichte der Weimarer Republik*, Hannover–Frankfurt/M. 1957; Zimmermann (Anm. II/79).

Interessen zunächst überhaupt nur diesen einen Weg gab, ganz gleich, welchen Kurs man später zu steuern beabsichtigte.

Dies gilt auch für das Verhältnis zu Polen, was freilich erst dann erkennbar wird, wenn man berücksichtigt, daß die teilweise erheblichen deutsch-polnischen Spannungen nicht allein in polnischen Expansionswünschen ihren Ursprung hatten.[87] Denn auch Deutschland hatte territoriale Ansprüche geltend zu machen, und so verständlich und berechtigt die deutschen Revisionsforderungen namentlich in der Korridorfrage waren, so wenig konnte man von den Polen verlangen, daß sie sie mit lächelnder Ruhe akzeptierten. Diese Sorge um den Korridor war es in erster Linie, die die Polen zu erheblichen eigenen Rüstungen und zu enger militärpolitischer Anlehnung an Frankreich veranlaßten, und wenn die deutsche Militärpolitik ihre Ziele immer wieder, vom illegalen Grenzschutz Ost bis zum Panzerkreuzer A,[88] mit der „polnischen Gefahr" motivierte, so mußte das in Polen angesichts der unleugbaren deutschen Revisionswünsche ebenso beunruhigend wirken wie die deutsche Ablehnung des polnischen Ost-Locarno-Plans, die diese Wünsche indirekt bestätigte. Auf der anderen Seite zeigt gerade dieser Plan, daß es den Polen, von einer radikalen Minderheit abgesehen, nicht so sehr um neue Annexionen als um den *status quo* ging, und das wird durch die polnische Bereitschaft zum Abschluß des Nichtangriffspakts mit Hitler ebenso unterstrichen wie durch die vieldiskutierten Präventivkriegspläne Pilsudskis Anfang der 30er Jahre, die weit mehr durch das drohende Gespenst einer deutschen Aufrüstung, von der man in Polen einen verstärkten Revisionsdruck befürchtete, als durch polnischen Landhunger motiviert waren.[89] Und wenn die Polen ihre Annexionisten hatten, so hatte Deutschland seinen General v. Seeckt, der seit dem russisch-polnischen Krieg von 1920 unablässig auf „aktive Politik" und Beseitigung Polens drang. Daß durch all das eine außerordentlich gespannte Lage entstand, in der auch gefährliche polnische Husarenritte nicht ausgeschlossen waren, ist zwar richtig, aber sie konnte durch geheime deutsche Rüstungsmaßnahmen nur noch verschärft werden, gerade weil diese hauptsächlich Bluff waren. Wollte man in Deutschland nicht formell auf den Korridor verzichten – was tatsächlich unmöglich war – und sich die Tür für irgendeine Kompromißlösung offenhalten, so blieb nur der Weg einer Verständigung mit Frankreich. Denn wie gerade die Geschichte der polnischen Präventivkriegspläne zeigt, hätte man in Polen keine außenpolitischen Eskapaden gewagt, bei denen man nicht auf Rückendeckung durch Frankreich hoffen durfte. Indem Stresemanns Politik diese Verständigung mit Frankreich erreichte, bot sie auch gegenüber Polen die in dieser Lage bestmögliche Sicherheit.

Wenn ungeachtet aller dieser Bedenken die geheime Aufrüstung doch betrieben wurde, so lag das in erster Linie an der chronischen Misere der inneren deutschen Militärpolitik, in der die verschiedenen Regierungen keine klare Linie zu finden und ihren Willen gegenüber der militärischen Führung häufig nicht durchzusetzen vermochten. So schwankte die Haltung der Zivilgewalt gegenüber der Rüstungspolitik der Reichswehr zwischen hilflosem Protest, resignierter Duldung und begrenzter, aber zielloser

---

[87] Zum Folgenden Richard Breyer, *Das deutsche Reich und Polen 1932–1937. Außenpolitik und Volksgruppenfragen (Marburger Ostforschungen, Bd. 3)*, Würzburg 1955; Hans Roos, *Polen und Europa. Studien zur polnischen Außenpolitik 1931–1939 (Tübinger Studien zur Geschichte und Politik, Bd. 7)*, Tübingen 1957; Christian Höltje, *Die Weimarer Republik und das Ostlocarno-Problem 1919–1934. Revision oder Garantie der deutschen Ostgrenze von 1919 (Marburger Ostforschungen, Bd. 8)*, Würzburg 1958.

[88] Dazu jetzt die Studie von Wolfgang Wacker, *Der Bau des Panzerschiffes „A" und der Reichstag (Tübinger Studien zur Geschichte und Politik, Bd. 11)*, Tübingen 1959.

[89] Boris Čelovsky, „Pilsudskis Präventivkrieg gegen das nationalsozialistische Deutschland. Entstehung, Verbreitung und Widerlegung einer Legende", in: *Welt als Geschichte*, 1954, S. 53–70; Hans Roos, „Die ‚Präventivkriegspläne' Pilsudskis von 1933", in: *Vierteljahrshefte für Zeitgeschichte* 3 (1955), S. 344–363.

Förderung, sofern man nicht überhaupt unorientiert war. Ein Musterbeispiel dafür ist Seeckts Rußlandpolitik. Wenn heute so oft behauptet wird, daß die deutschen Regierungen darüber orientiert und mit ihr einverstanden gewesen seien, ja, sie teilweise unterstützt hätten, so ist das nur die halbe Wahrheit. Tatsächlich hat Seeckt, wie alle Zeugnisse übereinstimmend ausweisen,[90] diese Politik auf eigene Faust begonnen und die Regierung erst nachträglich darüber informiert (wobei die Frage der Beschaffung der Geldmittel keine geringe Rolle spielte). Daß die Zivilgewalt dabei keine wirkliche Entscheidungsfreiheit hatte, zeigt der erbitterte, aber ergebnislose Kampf Brockdorff-Rantzaus gegen die Seecktsche Politik. Obwohl er, in weitgehender Übereinstimmung mit dem Auswärtigen Amt, der Ansicht war, daß militärische Kontakte mit den Sowjets nicht im deutschen Interesse lägen und deshalb besser ganz unterblieben, mußte er sie doch dulden, weil sie, einmal begonnen, wegen ihrer Illegalität den Russen ein ständiges Druckmittel böten und deshalb nicht ohne schwerwiegende Rückwirkungen auf Deutschlands Verhältnis zu den Westmächten abgebrochen werden konnten.[91] Und ähnlich erging es Stresemann mit dem Rüstungsproblem überhaupt. Freilich stimmte er mit den Militärs grundsätzlich darin überein, daß eine militärische Revision des Versailler Vertrages und der Wiederaufbau einer Defensiv-Rüstung für Deutschland nötig seien. Aber soweit das heute schon erkennbar ist, scheint er doch illegale Geheimrüstungen grundsätzlich abgelehnt zu haben, weil sie seine auf Verständigung ausgerichtete Revisionspolitik bedrohten.[92] Wenn er sie gleichwohl duldete, so deshalb, weil er sie bei seinem Amtsantritt bereits als Tatsache vorfand und sich angesichts der starken politischen Stellung der Reichswehrführung damit begnügen mußte, deren heftigen Widerstand gegen sein Verständigungsprogramm zu überwinden; auf weitere Kraftproben durfte er es einstweilen nicht ankommen lassen.

Wenn also die Weimarer Außenpolitik eine Politik des Kompromisses war, so weitgehend deswegen, weil die Zivilgewalt sich gegenüber den Militärs nicht durchzusetzen vermochte, nicht, weil man illegale Rüstungen neben der offiziellen Außenpolitik für unerläßlich hielt. So sehr die meisten Staatsmänner der Republik davon überzeugt waren, daß der Versailler Rüstungsstand für Deutschland auf die Dauer ungenügend war, so hielt doch namentlich seit 1925/26 die Mehrzahl von ihnen daran fest, daß effektive Maßnahmen auf diesem Gebiet bis zu einer offiziellen Revision sistiert werden sollten. Der militärischen Führung dagegen kam es gerade auf Sofortmaßnahmen an, und sie hat sie in der Regel selbständig und auf eigene Verantwortung befohlen und in Gang gesetzt und die Genehmigung der Zivilgewalt, wenn überhaupt, so erst nachträglich eingeholt, ja, in vielen Fällen war selbst der Reichswehrminister nicht oder nur ungenügend orientiert.[93] Das hatte zunächst rein professionelle Gründe. Der Versailler Vertrag traf den gesunden Berufsehrgeiz der Offiziere schwer, nicht nur hinsichtlich der technischen Fortschritte des Militärwesens, an denen sie nicht mehr teilnehmen konnten, sondern auch durch die Beschränkung der Aufstiegschancen in der zahlenmäßig sehr kleinen Wehrmacht. Dieser natürliche Übelstand wurde aber künstlich noch dadurch verschärft, daß die traditionelle preußisch-deutsche Militärideologie die Interessen der Armee mit denen der Nation identifizierte. Für dieses

    [90] Helm Speidel, „Reichswehr und Rote Armee", in: *Vierteljahrshefte für Zeitgeschichte* 1 (1953), S. 9–45 (mit der Einleitung von Hans Rothfels); Gustav Hilger, *Wir und der Kreml. Deutsch-sowjetische Beziehungen 1918–1941. Erinnerungen eines deutschen Diplomaten*, 2. Aufl., Frankfurt/M.–Berlin 1956; Gerald Freund, *Unholy Alliance. Russian-German Relations from the Treaty of Brest-Litowsk to the Treaty of Berlin*, London 1957. Jetzt vor allem Gatzke, "Russo-German Military Collaboration. . ." (Anm. I/82), S. 565–597, und Helbig (Anm. II/81), S. 38 ff., die beide wichtiges neues Material erschließen.

    [91] Gatzke, a. a. O., S. 570 f.

    [92] Gatzke, *Stresemann and the Rearmament. . .* (Anm. II/86), bes. S. 107 ff.; Helbig (Anm. II/81), S. 150 ff.

    [93] Das zeigen jetzt vor allem Geßlers Memoiren (Anm. I/31), S. 196 ff. (Rußland-Politik) und S. 443 ff. (Phoebus-Skandal).

Denken war die in Versailles erzwungene Entwaffnung Deutschlands eine Schande;
sie störte nicht nur die Berufsausübung der Soldaten, sondern kränkte ihre Menschen-
würde, ja, verletzte die Ehre der ganzen Nation, indem sie ihr die „Gleichberechtigung" vorenthielt. Sich dem zu widersetzen, galt als moralische Pflicht. Dazu kam
ferner die technische Überlegung, daß der Wiederaufbau einer deutschen Rüstung
nach jahre- oder gar jahrzehntelanger Unterbrechung große Schwierigkeiten machen
würde, wenn man nicht wenigstens Grundlagen und Ansatzpunkte bewahrt hatte.
Seeckts Erklärung von 1926, er sähe angesichts der sich anbahnenden Verständigung
mit Frankreich seine Aufgabe darin, „daß den Lebensnotwendigkeiten des Heeres
daraus kein Schaden" erwachse,[94] deutet an, wie sich diese technischen und professionellen Sorgen der Offiziere in politische Stellungnahme umsetzten.

   Damit wird zugleich deutlich, daß die außenpolitischen Vorstellungen der Reichswehrführung keineswegs immer so weitgehend auf den Regierungskurs abgestimmt
waren, wie Manstein das dargestellt hat. Insbesondere in den ersten Jahren nach dem
Kriege richteten sich die Hoffnungen der meisten Offiziere mehr oder minder offen
auf eine Wiederaufnahme des Kampfes, der nach ihrer Meinung im November 1918
vorzeitig abgebrochen worden war. Die Lehre vom Dolchstoß in den Rücken des
unbesiegten Heeres und Reminiszenzen an die nationale Erhebung von 1813 verbanden sich hier zu dem leidenschaftlichen Glauben an die Notwendigkeit eines neuen
Befreiungskampfes, der die „Ungerechtigkeit" von 1918 korrigieren, Deutschland aus
seiner „Schmach" befreien und dem Offizierkorps seinen Mythos der Unbesiegbar-
keit zurückgeben sollte. Eine Variante dieser Ansichten im Sinne einer skeptischen
Beurteilung der Friedenschancen für die nächste Zukunft findet sich auch bei Seeckt.[95]
Diese Erwartungen erlebten ihren Gipfelpunkt in der Krise des Jahres 1923, in der
selbst der sonst so vorsichtige Seeckt in Versuchung geriet, mit dem Gedanken eines
aktiven Widerstands gegen die Ruhrbesetzung zu spielen.[96] General Otto Hasse, Chef
des Truppenamtes (also des Generalstabs), kündigte den Russen im Februar 1923
zum Entsetzen des Botschafters Brockdorff-Rantzau an, daß „in drei bis fünf Jahren"
der „große Befreiungskrieg" ausbrechen werde,[97] und der damalige Oberstleutnant
Joachim v. Stülpnagel, Chef der 1. (Operations-)Abteilung im Truppenamt, erörterte
im Februar 1924 in einem Vortrag vor Offizieren des Reichswehrministeriums die
politischen, wirtschaftlichen und moralischen Bedingungen des „Befreiungskriegs",
kritisierte die mangelnde kämpferische Einstellung der Regierung und rief sie auf, dem
Volk nach dem Vorbild Preußens von 1813 den „kategorischen Imperativ" des
Kämpfens und Sterbens für das Vaterland einzuimpfen und für den Fall der „Erhebung" den „Einsatz der ganzen Volkskraft von vornherein" vorzubereiten.[98] In der
Marine war man nicht viel bescheidener. Noch im Winter 1925/26, als die wenigen

   [94] Rabenau (Anm. I/31), S. 549.
   [95] Vgl. z. B. Seeckts Denkschrift vom 26. Juli 1920, jetzt abgedr. bei Geßler (Anm. I/31), S. 185 ff.; und
Seeckts Brief an seine Schwester 1921: „Wir sind eben noch im Kriege und bleiben schließlich in ihm"; Rabenau,
a. a. O., S. 261. Vgl. Sauer, „Die Reichswehr" (Anm. I/26), S. 267 f.
   [96] Rabenau, a. a. O., S. 324 ff.
   [97] Gatzke, "Russo-German Military Collaboration. . ." (Anm. I/82), S. 571 (Schreiben Brockdorff-Rantzaus
an den Reichsaußenminister v. Rosenberg vom 1. März 1923).
   [98] Brief Groeners an Stülpnagel vom 2. Februar 1925: Antwort auf einen Brief Stülpnagels vom 16. Februar
1924, dem das Vortrags-Manuskript beilag. Groener hat sich davon einen Auszug gemacht, der sich zusammen
mit seinem Brief in seinem Nachlaß findet; Groener-Nachlaß, Mikrofilm im Friedrich-Meinecke-Institut der
Freien Universität Berlin, Stück 36. – Vgl. auch das Zitat aus der Denkschrift Bonins (u. S. 775), das diese
Tendenzen bestätigt, und „Wortlaut des Hochverratsurteils vom 4. Oktober 1930" (gegen die Ulmer Reichswehr-
Offiziere) in: Die Justiz 6 (1930/31), S. 187–223; S. 193: Lt. Scheringer ergänzt im Unterricht über die Berufspflichten den Art. 1 (Schutz des Vaterlandes und der Verfassung als Aufgabe des Soldaten) dahin, daß es Aufgabe
des Heeres sei, „den Grundstock zu bilden für eine neue Armee, mit der einst der Befreiungskampf durchgeführt
werden soll".

in Versailles zugelassenen Schiffe völlig veraltet und noch kein einziger Neubau in die Flotte eingereiht war, rechnete man sich im Marinekommando-Amt allen Ernstes „gute Erfolgsaussichten" für einen Seekrieg gegen Frankreich aus, „selbstverständlich unter Annahme der Neutralität Englands". Hubatsch bemerkt dazu trocken: „Man wird nicht sagen können, daß diese phantastischen, sich von der politischen und militärischen Wirklichkeit entfernenden Ausführungen ein gutes Zeugnis für den Stand der operativen Überlegungen der Marineleitung abgeben." [99]

Angesichts aller dieser Tatsachen ist die Auffassung, daß die geheimen Rüstungsmaßnahmen der Militärs nur defensiven Zielen dienten, für die Zeit bis 1924/25 nicht zu halten. Sie zielten vielmehr ganz offensichtlich darauf, die Revision des Friedensvertrages unter direktem oder indirektem Einsatz militärischer Mittel zu erzwingen. Noch gegen die ersten Schritte von Stresemanns Verständigungs-Politik – Locarno und Völkerbundseintritt – ist Seeckt erbittert Sturm gelaufen. Dann aber, als sich der Erfolg dieser Politik abzeichnete, sah sich die militärische Führung doch zu einer Überprüfung ihrer Vorstellungen gezwungen. Der Sturz Seeckts im Oktober 1926 und eine Reihe von Skandalen, die die trüben Gewässer der illegalen militärischen Aktivitäten aufrührten und deren innen- und außenpolitische Gefahren der erschreckten Öffentlichkeit klarmachten, [100] taten ein übriges, um die Reichswehrführung zu überzeugen, daß sie sich mit der gegebenen Lage abfinden müsse. Die Frage war nur, in welchem Sinne das geschehen solle, und darüber waren die Meinungen im Reichswehrministerium selbst geteilt. Auf der einen Seite stand Oberstleutnant v. Bonin, Chef der Organisationsabteilung (T 2) im Truppenamt, der unmittelbar nach dem Abgang Seeckts eine umfassende Initiative zur Reduktion der illegalen Rüstungsarbeiten und zur Anpassung an die Wünsche von Regierung, Parteien und Volksstimmung entwickelte. In einer grundlegenden Denkschrift vom 6. November 1926 legte er dar, daß der Glaube an friedliche Lösungen der internationalen Konflikte im Gefolge der Locarnopolitik und des Eintritts in den Völkerbund in der deutschen öffentlichen Meinung die Oberhand gewinne und daß auch dem Heere „auf die Dauer der erfolgte Umschwung nicht verborgen" bleibe; „die Aussicht auf den dicht bevorstehenden Waffengang schwindet." Daher empfahl Bonin, die Reichswehr solle sich zunächst „mit den geschilderten Verhältnissen abfinden", sich auf eine friedliche Revision der unhaltbaren Versailler Wehrverfassung einstellen und die illegalen Rüstungsarbeiten entsprechend vorsichtiger handhaben. [101]

Doch konnten sich die maßgebenden Männer der Reichswehrführung zu einem so weitgehenden Verzicht auf ihre bisherige Politik nicht durchringen. Statt ihre Pläne, wie es Bonin wollte, den Wünschen der zivilen Gewalt und der bestehenden politischen Lage anzupassen, hat vielmehr Groener nach seinem Amtsantritt im Verein mit Schleicher versucht, die Zustimmung der politischen Führung für die militärischen Rüstungsvorhaben zu erreichen. So trat man im Herbst 1928 an die Regierung heran, um sie für die eigenen Pläne zu gewinnen. [102] Nach längeren Verhandlungen kam es zu Vereinbarungen, die vom Kabinett am 26. April 1929 in Form von Weisungen über den Grenz- und Landesschutz niedergelegt wurden und von nun an eine ständige Zusammenarbeit zwischen politischer und militärischer Führung in Sachen geheime

---

[99] Walther Hubatsch, *Der Admiralstab und die obersten Marinebehörden in Deutschland, 1848–1945*, Frankfurt a. M. 1958, S. 188 f. Zum Zustand der Flotte Kurt Aßmann, *Deutsche Seestrategie in zwei Weltkriegen*, Heidelberg 1957, S. 103 f.

[100] Fememordprozesse, Enthüllungen über die Rußlandpolitik, Phoebus-Skandal; vgl. Sauer, „Die Reichswehr" (Anm. I/26), S. 273.

[101] Die Denkschrift (T 2 Nr. 958/26 geh.) ist auszugsweise abgedr. bei Rabenau (Anm. I/31), S. 482 f. – Vgl. die Andeutungen in Privatbriefen Keitels (Anm. I/17a), S. 42 ff.

[102] Brief Schleichers an Groener vom 3. September 1928; Craig, „Briefe Schleichers. . ." (Anm. I/50), S. 126; vgl. Sauer, „Die Reichswehr" (Anm. I/26), S. 273.

Aufrüstung begründeten.[103] Wenn das Kabinett und mit ihm Stresemann [104] so seine offizielle, aber nicht öffentliche Billigung der illegalen Rüstungspolitik aussprach, so war das zunächst nichts als die Legalisierung eines bestehenden Zustandes, stellte aber zugleich auch den Versuch der Zivilgewalt dar, die getarnten Rüstungsmaßnahmen der Reichswehr endlich unter Kontrolle zu bringen und möglichst zu begrenzen.[105] Das hatte insofern auch eine außenpolitische Bedeutung, als die deutsche Rüstungspolitik jetzt mit den beginnenden internationalen Abrüstungsbemühungen abgestimmt werden mußte.

Zwar stand das Projekt einer totalen Abrüstung im Wilsonschen Sinne um 1930 bereits nicht mehr zur Debatte, weil der Völkerbund zunächst nicht jene Macht und Autorität erlangt hatte, die ihm eine Übernahme der entsprechenden Hoheitsfunktionen der Nationalstaaten ermöglicht hätte. Wenn daraus jedoch damals und z. T. noch heute gefolgert wurde, die ehemaligen Siegermächte hätten ihr in Versailles gegebenes Abrüstungsversprechen nicht erfüllt und mithin sei Deutschland berechtigt gewesen, seinerseits aufzurüsten,[106] so war das wiederum eine jener fatalen Halbwahrheiten, die die deutsche Politik so oft belastet haben. Denn tatsächlich waren seit Kriegsende und insbesondere seit dem *de-facto*-Friedensschluß von 1924/25 sehr ernsthafte Bemühungen um eine wirksame Rüstungsbeschränkung in Gang gekommen. Schon 1922 hatten die Seemächte, noch außerhalb des Völkerbundes, einen ersten Erfolg erzielt, als sie im Washingtoner Abkommen eine Begrenzung der Seerüstungen beschlossen.[107] 1925 setzte dann der Völkerbund die vorbereitende Abrüstungskommission ein, beschloß 1931 einen Rüstungsstillstand und eröffnete im Februar 1932 die Abrüstungskonferenz, die die endgültige Rüstungsbeschränkung seiner Mitgliedstaaten festlegen sollte. Bei Berücksichtigung der technischen Schwierigkeiten und der politischen und psychologischen Widerstände, die ein so revolutionäres Unternehmen zu überwinden hatte, darf man darin beachtliche Fortschritte sehen, die keineswegs hoffnungslos waren. Immerhin waren noch keine definitiven Resultate erreicht, das ganze Problem befand sich 1929/30 noch in der Schwebe und bedurfte sorgfältigster Behandlung und loyaler Mitarbeit aller, wenn das Vorhaben nicht scheitern sollte.

Es war für Deutschland von vitalem Interesse, nicht seinerseits den Anlaß dazu zu geben, denn die Abrüstungskonferenz war der ideale Weg, seine eigenen militärpolitischen Revisionswünsche vorzubringen. Mehr als bisher galt es daher jetzt, das mühselige Werk des Völkerbundes nicht durch forcierte Geheimrüstungen zu gefährden. Diesen Kurs hat die deutsche Außenpolitik bis zu Hitler auch im großen und ganzen eingehalten und das deutsche Interesse unter geschicktem Ausspielen des Gleichberechtigungs-Prinzips nachdrücklich vertreten. Die militärische Führung hat sich dem im wesentlichen gebeugt und, wie nicht nur die Darstellung Mansteins zeigt,[108] auf die unrealistische „aktive Politik" Seeckts verzichtet. Aber die verfügbaren Quellen zeigen ebenso, daß sie die Abrüstungspolitik grundsätzlich anders beurteilte als die Regierung. Denn während diese bereit war, sich mit dem im Rahmen der Abrüstungsverhandlungen erreichbaren Rüstungsstandard einstweilen zu begnügen bzw. sich wenigstens dem Gang dieser Verhandlungen anzupassen und ihren etwaigen Abbruch

---

[103] Raeder (Anm. I/107), I, S. 257; Severing (Anm. I/181), II, S. 137 f.; Otto Braun, *Von Weimar zu Hitler*, Hamburg 1959, S. 267 f.; *IMT* (Anm. I/55), XIII, S. 684 f.; XIV, S. 285 f. Die „Weisungen" nahmen das für Preußen gültige sog. Geßler-Severing-Abkommen vom 30. Juni 1923 (Severing, *a. a. O.*, II, S. 129 ff.) zur Grundlage und dehnten es auf das ganze Reichsgebiet mit Ausnahme des entmilitarisierten Rheinlands aus. Außerdem fand eine Regelung der Etatfrage statt; dazu Sauer, *a. a. O.*, S. 274.

[104] Als Außenminister. Über seine Stellungnahme ist bisher nichts bekannt geworden, aber vermutlich erhob er keinen Widerspruch; vgl. Gatzke, *Stresemann. . .* (Anm. II/86), S. 101 f.

[105] Sauer, „Die Reichswehr" (Anm. I/26), S. 274.

[106] Zimmermann (Anm. II/79), S. 441 ff.; Aßmann, *Deutsche Seestrategie. . .* (Anm. II/99), S. 115.

[107] Aßmann, *a. a. O.*, S. 105 f.

[108] Vgl. z. B. die bei Hubatsch (Anm. II/99), S. 193 ff., zitierten Zeugnisse.

nicht von sich aus zu provozieren,[109] folgerten die Militärs aus der wachsenden Konzessionsbereitschaft der ehemaligen Siegermächte die zunehmende Gefahrlosigkeit eines eigenmächtigen deutschen Vorgehens und stellten ihre Planung jetzt ohne Rücksicht auf den Stand der Verhandlungen und ohne Wissen auch der eigenen Regierung bereits auf völlige Rüstungsfreiheit ab. Während Schleicher noch 1932 in den Vorverhandlungen mit dem Auswärtigen Amt zur Abrüstungskonferenz für die Reichswehr nur eine Stärke von 160 000 Mann und eine Miliz mit dreimonatiger Dienstzeit forderte,[110] liefen bereits seit dem Winter 1929/30 die Vorarbeiten für eine Verdreifachung der Reichswehr (300 000 Mann) und einen entsprechenden Grenzschutz.[111] Sie verdichteten sich im Sommer 1932 zu einem konkreten Rüstungsprogramm, das ab 1. April 1933 anlaufen und bis 1938 jährlich einen Aufwand von 97 Millionen RM in Anspruch nehmen sollte.[112] Die Folge war, daß die Reichswehr in eine ernste Zwangslage geraten mußte, wenn die Abrüstungskonferenz doch zu einem Erfolg führen und den von Schleicher offiziell angegebenen Rüstungsstandard sanktionieren sollte – ganz abgesehen von den innenpolitischen Schwierigkeiten, die der militärischen Führung aus ihrem Doppelspiel erwachsen mußten. Daher drängte Schleicher auch auf Abbruch der Verhandlungen seitens Deutschlands – freilich vergeblich –,[113] und man begreift das erleichterte Aufatmen Blombergs, als Hitler ihm unbegrenzte Unterstützung der Aufrüstungsvorhaben zusagte.

Wenn die getarnten Rüstungsanstrengungen auf diese Weise häufig zur Komplizierung der außenpolitischen Situation beitrugen, so waren ihre innenpolitischen Auswirkungen wenn möglich noch problematischer. Die fatalen Folgen, die sich aus der Tatsache ergaben, daß die Reichswehrführung das für ihre illegalen Rüstungsmaßnahmen benötigte zuverlässige und verschwiegene Personal nur in den Kreisen der staatsfeindlichen Organisationen und Wehrverbände fand, sind bekannt und oft erörtert worden.[114] Es ergab sich daraus der unhaltbare Zustand, daß auf dem Wege über die Reichswehr sozusagen der Staat seine eigenen Feinde finanzierte und unterstützte. Warnungen, die mehrfach und in berechtigter Sorge an das Reichswehrministerium herangetragen worden sind, wurden in den Wind geschlagen, und die Folge war, daß die militärische Führung mehr als einmal die Zügel verlor oder gar selbst in umstürzlerische Unternehmungen hineingerissen wurde. Der Anfang von Hitlers politischer Karriere, der im Schatten der illegalen Rüstungspolitik der Reichswehr stattfand, seine Münchener Novemberrevolte und der Küstriner Putsch von 1923 sind nur die augenfälligsten Beispiele dafür. Die im besetzten Rheinland aufgestellte Partisanenorganisation, ein sehr dunkles Unternehmen, war lange Zeit Objekt von Spekulationen um eine Militärdiktatur;[115] die Organisation Consul des Kapitäns Ehrhardt, die Hauptquelle politischer Kapitalverbrechen in der Republik, diente bis etwa 1926 der militärischen Abwehr als Unterbau,[116] und die SA, die seit 1929/30 nament-

[109] Wilhelm Deist, „Brüning, Herriot und die Abrüstungsgespräche von Bessinge 1932", in: *Vierteljahrshefte für Zeitgeschichte* 5 (1957), S. 265–272.

[110] Wilhelm Deist, „Schleicher und die deutsche Abrüstungspolitik im Juni/Juli 1932", in: *Vierteljahrshefte für Zeitgeschichte* 7 (1959), S. 163–176.

[111] Manstein (Anm. I/174), S. 110 f. – Damit löst sich der Widerspruch, den Deist, *a. a. O.*, S. 168, zwischen seinen eigenen Forschungsergebnissen und Castellan (Anm. I/79) findet.

[112] Burkhart Mueller-Hillebrand, *Das Heer 1933–1945. Entwicklung des organisatorischen Aufbaues*, Bd. I, Darmstadt 1954, S. 16 ff., und u. S. 780.

[113] Deist (Anm. II/110), S. 173 f. Vgl. auch Keitel (Anm. I/17a), S. 47 (Schwierigkeiten durch Wirtschaftskrise).

[114] Sauer, „Die Reichswehr" (Anm. I/26), *passim*. Es ist ein Kardinalfehler der Darstellung Gordons (Anm. I/26), daß er das – wie überhaupt den gesamten Komplex der illegalen Rüstungen – nicht berücksichtigt.

[115] B. J. Weißdorn, „Grenzschutz-Miliz!", in: *Militärpolitisches Forum* 3 (1954), S. 46 f.

[116] Hinweise bei Ernst v. Salomon, *Der Fragebogen*, Hamburg 1951, S. 399. Unsicher ist noch, ob zwischen der Auflösung der Ehrhardtschen Organisation im Jahre 1926 (s. u. S. 838) und der Einrichtung der Abwehrstelle im Reichswehrministerium (vgl. *Rangliste des Deutschen Reichsheeres 1927*, Berlin 1927) ein Zusammenhang besteht.

lich im Osten vielfach neben dem Stahlhelm zum Grenzschutz herangezogen wurde, kündigte mehrfach an, sie werde im Kriegsfall die von der Reichswehr gelieferten Waffen nicht gegen den Feind, sondern gegen die Regierung der „Novemberverbrecher" richten.[117] Das ständige lebhafte Mißtrauen der SPD gegenüber der Reichswehr ist daher nur allzu gut verständlich, und man muß es namentlich der preußischen SPD-Regierung hoch anrechnen, daß sie nichts unversucht ließ, um sich trotzdem mit der militärischen Führung zu einigen. Aber wie die Geschichte des Geßler–Severing-Abkommens vom Jahre 1923 beweist, benutzte die Reichswehrführung derartige Vereinbarungen nur als Schirm, um dahinter ihre zweifelhaften Unternehmungen ungestört voranzutreiben.[118] Sie ist daher auch mindestens mitverantwortlich dafür, daß die gemäßigten und militärpolitisch realistisch denkenden SPD-Führer so wenig Erfolg mit der Bändigung ihrer radikal-antimilitaristischen Genossen hatten.

Vor allem aber darf die politische und moralische Unsicherheit nicht unterschätzt werden, die von diesen Aktivitäten auf die Reichswehr selbst zurückstrahlte. Sie wurde noch verschärft durch die bisher noch zu wenig beachtete staatsrechtliche Problematik der geheimen Rüstungsmaßnahmen. Schon im Winter 1920/21 hatte Seeckt durch die Rechtsabteilung des Reichswehrministeriums eine Prüfung der juristischen Lage veranlaßt;[119] sie wurde um die Wende 1926/27 auf die Initiative von Oberstleutnant v. Bonin hin noch einmal wiederholt. Das Resultat lautete in beiden Fällen übereinstimmend, daß es nicht möglich sei, Rüstungsvorhaben, die über den Versailler Standard hinausgingen, auf eine gesetzliche Grundlage zu stellen. Derartige Vorhaben verstießen, wie erwähnt, gegen die Vorschriften des Völkerrechts wie des deutschen Staatsrechts. Das Rechtsgutachten von 1927 stellte unverblümt fest, daß allein die Gefahren, die sich aus Verstößen gegen das Völkerrecht ergäben, „zweifellos sehr groß" seien und „mit dem Vorteil, den die Mobilmachungsmaßnahmen möglicherweise haben könnten, in keinem Verhältnis ständen", und der Gutachter wies darauf hin, daß bei – hier automatisch implizierten – Verstößen gegen das deutsche Reichsrecht den Beteiligten Anklage vor dem Staatsgerichtshof drohe, wenn der Reichstag einen entsprechenden Antrag stelle. (Hier wird einer der verborgenen Gründe für das vitale Interesse der Reichswehr an einer geeigneten Zusammensetzung des Reichstags sichtbar.) Die Konsequenzen, die sich daraus für die Reichswehr ergaben, hat Bonin in seinem Memorandum noch im einzelnen aufgeführt: 1. Jeder an den geheimen Arbeiten beteiligte Soldat oder Beamte verstieß gegen ein Reichsgesetz und damit auch gegen seine Dienstpflichten, bei extensiver Auslegung sogar gegen seinen Fahneneid; 2. jeder Befehl in Sachen geheimer Aufrüstung war ein Mißbrauch der Dienstgewalt, brauchte also von Untergebenen nicht befolgt zu werden. Dieser hätte im Gegenteil sogar die Pflicht gehabt, ungesetzliches Verhalten von Kameraden oder Vorgesetzten zur Meldung zu bringen; und schließlich waren 3. auch militärische Dienst- und Verwaltungsvorschriften auf illegale Rüstungsarbeiten nicht anwendbar.

Um diesen Konsequenzen zu entgehen, half man sich, indem man legale und illegale Arbeiten organisatorisch und personell streng trennte und die letzteren als reine „Privatarbeiten" durchführen ließ. Die an ihnen beteiligten Offiziere galten als „freiwillige Arbeitsgemeinschaft", die ihrerseits juristisch als „Zusammenschluß von Personen zum Zwecke einer gemeinsamen Gesetzesverletzung" definiert werden mußte. Dementsprechend spricht Bonin von einer „auf dem heiligen Eifer und der Gesinnung

[117] Dazu u. a. Erwein Frhr. v. Aretin, *Krone und Ketten. Erinnerungen eines bayerischen Edelmannes*, hrsgg. von Karl Buchheim und Karl Otmar Frhr. v. Aretin, München 1955, S. 135. Vgl. die Haltung der SA zum Schleicherschen Reichskuratorium, o. S. 725.

[118] Severing (Anm. I/181), II, S. 129 ff.

[119] Zum folgenden: Memorandum Bonins vom 18. Januar 1927 und Semler, Rechtsgutachten vom 7. Januar 1927 (Anm II/76).

eines Ordens aufgebauten Gemeinschaft" und nennt die Beteiligten an einer Stelle regelrecht „Mitverschwörer". Wenn man wissen will, wann und wodurch die preußische Tradition zerstört worden ist, so muß man offensichtlich hier die Sonde ansetzen. Dessenungeachtet war das Verfahren nach dem Urteil Bonins „sachlich ... von Anfang an mangelhaft". Zwar wurden mit der Zeit Verbesserungen erzielt, aber im ganzen entsprach „der hiermit erreichte Grad der Mobilmachungsbereitschaft ... dem Aufwand an Zeit und Kraft nicht". Das hatte zur Folge, daß man die strenge Trennung von gesetzlichen und ungesetzlichen Maßnahmen allmählich fallenließ, bis sie schließlich in der täglichen Dienstpraxis der Reichswehr ganz verschwunden war. „Es ist zu bewundern", stellte Bonin 1927 fest, „in welchem Grade es gelungen ist, den vorhandenen fundamentalen Unterschied zwischen den gesetzlich zulässigen Arbeiten des Heeres und den gesetzwidrigen, auf keinem Gebiet auf dem Boden des Gesetzes ruhenden Mobilmachungsvorarbeiten zu verwischen." Aber, so fuhr er fort, die Kluft sei trotzdem da, und man werde sie „in der Zukunft mit Sicherheit empfindlich spüren". Vor allem seien Konflikte mit Regierung und Parlament zu befürchten, und er wies nachdrücklich darauf hin, daß die ständigen Besorgnisse der „Dienststellen des Hauses" vor „Schwierigkeiten auf dem Gebiet der inneren Politik und des Heereshaushalts" hier, in der Illegalität der militärischen Rüstungsvorhaben, ihre Wurzel hätten.

Dieser unerbittlichen Analyse bleibt nichts hinzuzufügen. Sie legt mit erschreckender Deutlichkeit eine der Wurzeln für die Bedenkenlosigkeit frei, mit der das Offizierkorps Hitlers Weg folgte, und es wird leider noch genügend Anlaß sein, auf *diese* Kontinuität hinzuweisen. Doch zuvor soll noch ein Blick auf das militärische Resultat der illegalen Aufrüstung geworfen werden, um zu erfahren, wie denn das Gut beschaffen war, für das ein so hoher Preis gezahlt wurde. Die Antwort darauf kann in den Satz zusammengefaßt werden, daß bis 1933 praktisch nichts einsatzbereit war, was den Versailler Standard wesentlich überschritten hätte. Wenn auch die Lage bei den einzelnen Wehrmachtteilen Heer, Marine, Luftwaffe verschieden war, so ist im ganzen eine ernst zu nehmende systematische Planung und Entwicklung der Rüstung doch erst nach der Ruhrkrise in Gang gekommen, also gleichzeitig und parallel mit dem Beginn der Stresemannschen Verständigungspolitik. Vorher beschränkte sich die gefürchtete geheime Aufrüstung mehr oder weniger auf eine, in ihren praktischen Auswirkungen unbedeutende Mischung aus Sabotage der von der Interalliierten Militär-Kontroll-Kommission (IMKK) überwachten Entwaffnung und verzweifelte eigenmächtige Wiederaufbauversuche untergeordneter Stellen, die mit stillschweigender Duldung ihrer Vorgesetzten arbeiteten und aus weitgehend privaten Mitteln (Landwirtschaft und Industrie) finanziert wurden. Erst ab 1924/25 begann man mit systematischer Zusammenfassung und Förderung der Arbeiten, die nun im Reichswehrministerium zentralisiert und aus illegal beschafften staatlichen Mitteln finanziert wurden.[120]

Beim *Heer* hatte man nach längeren Vorarbeiten Ende 1929 den Plan für ein *A-Heer* (Aufstellungsheer) entwickelt, der die Verdreifachung der 7 Infanterie-Divisionen auf 21 und den Aufbau eines milizartigen Grenzschutzes vorsah.[121] Seine Durchführung, die am 1. April 1930 begann, stieß aber auf bedeutende Schwierigkeiten. Zwar hoffte man, die benötigten Menschen aus alten Weltkriegssoldaten, verabschie-

---

[120] Dazu Memorandum Bonins, *a. a. O.*; Denkschrift des Kapitäns z. S. Schüßler, „Der Kampf der Marine gegen Versailles 1919–1935" (Anm. I/223). Außerdem Gerhard Thomée, *Der Wiederaufstieg des deutschen Heeres 1918–1938*, Berlin 1939, S. 72 ff.

[121] Manstein (Anm. I/174), S. 110 ff.; Mueller-Hillebrand (Anm. II/112), I, S. 16 ff.; jetzt auch Meinck (Anm. II/2), S. 4 ff.

deten Reichswehrangehörigen und jungen Freiwilligen aufbringen zu können, aber die Umstände erschwerten den Aufbau einer leistungsfähigen Organisation und die Beschaffung ausreichender Bewaffnung und Ausrüstung; 1930 reichten die Bestände praktisch nur für eine Verdoppelung des Heeres, also für zwei Drittel des A-Planes, und die Bevorratung mit Munition war noch geringer. Diese Umstände führten 1932 zu einer Überprüfung der Rüstungsgrundlagen, mit dem Ergebnis, daß man im Herbst ein 2. Rüstungsprogramm aufstellte, das vom 1. April 1933 bis 31. März 1938 laufen und das 21-Divisionen-Heer mit einer bescheidenen, behelfsmäßigen Ausrüstung für eine Kampfzeit von sechs bis acht Wochen versehen sollte. Da man zugleich die Zeit für das Anlaufen einer vollen Rüstungsproduktion der Industrie nach Kriegsausbruch auf etwa drei Monate berechnete, mußte man selbst nach Erfüllung dieses Programms, also 1938, im Kriegsfalle noch mit einem Zeitraum von mindestens vier bis sechs Wochen rechnen, innerhalb dessen das Heer mangels Ausrüstung kampfunfähig war. Dabei ist noch nicht berücksichtigt, daß auch dies Programm keine nennenswerte materielle Reservenbildung ermöglichte und überhaupt nur durchführbar war, wenn es gelang, die benötigten Mittel, ca. 96,8 Millionen RM pro Jahr, insgesamt 484 Millionen RM, von Regierung und Reichstag bewilligt zu bekommen.[122]

Wenn hier von Bewaffnung und Ausrüstung gesprochen wurde, so bezog sich das ausschließlich auf die im Versailler Vertrag zugestandenen Kategorien. Verbotene Heereswaffen waren 1933 nur in sehr geringem Umfang einsatzbereit. Der A-Plan sah die Bewaffnung des Heeres mit 96 schweren Geschützen (15 und 21 cm), 276 Flaks (2 cm—8,8 cm), 55 Panzern und 150 Flugzeugen vor.[123] Die Geschütze waren vermutlich vorhanden,[124] aber sie waren veraltet; Neukonstruktionen waren 1933 in den wichtigsten Typen fertig entwickelt, aber noch nicht gebaut.[125] Wie es mit der Flak stand, ist aus den vorliegenden Nachrichten nicht eindeutig zu ersehen, aber wahrscheinlich reichten auch ihre Bestände nicht aus, ganz abgesehen davon, daß sie ebenfalls meist veraltet waren.[126] Noch bescheidener waren die Ergebnisse bei der Panzerwaffe. Zwar bestanden die Anfänge einer Panzertruppe, die in Rußland geschult worden war, und ihr Schöpfer Guderian hatte bereits die grundlegenden Gedanken für ihre Gliederung und Verwendung erarbeitet, aber ein einsatzfähiger Panzerwagen war noch nicht einmal konstruktiv ausgereift, so daß man sich 1932 entschloß, für Ausbildungs- und Übungszwecke zunächst behelfsmäßige, nicht kampffähige Typen als Übergangslösung zu bauen.[127]

Man kann also sagen, daß das A-Heer 1933 noch auf dem Papier stand. Anders verhielt es sich mit dem *Grenzschutz*, der neben dem A-Heer aufgestellt worden war. Er leitete sich in direkter Linie aus den verschiedenen halbmilitärischen Verbänden, Freikorps-Nachfolgeorganisationen, Arbeitsgemeinschaften usw. her, die in den turbu-

[122] Mueller-Hillebrand, a. a. O., I, S. 18 ff. Dieses Rüstungsprogramm ist identisch mit dem von Castellan (Anm. I/79), S. 77 ff., zitierten „Umbauplan".

[123] Mueller-Hillebrand, a. a. O., I, S. 20.

[124] Hinweise in den Listen, die Heer und Marine im Herbst 1933 über Verstöße gegen den Friedensvertrag aufstellten: IMT (Anm. I/55), XXXIV, S. 205 ff., Dok. C–032 (Übersichtsliste der Marineleitung vom 9. September 1933); MGN 12, Ankl.-Dok.-B. 10 A, Dok. NIK–11727 (Übersichtsliste des Heereswaffenamts vom 7. Oktober 1933).

[125] „Die Abteilung Artillerie-Konstruktionen der Friedrich Krupp-A.G. und die Entwicklung von Heeresgeschützen vom November 1918 bis 1933", Denkschrift der Abt. Art.-Konstr. vom 4. Januar 1943, MGN 12, Ankl.-Dok.-B. 10 B (Ergänzungsband), Dok. NIK–9041.

[126] Hinweise in den o. Anm. II/124 erwähnten Listen und bei Horst-Adalbert Koch, Flak. Die Geschichte der deutschen Flakartillerie 1935–1945, Nauheim 1954, S. 16 f.

[127] Heinz Guderian (Anm. I/199), S. 20 ff.; ders., Achtung – Panzer! Die Entwicklung der Panzerwaffe, ihre Kampftaktik und ihre operativen Möglichkeiten, 4. Aufl., Stuttgart [1943?], S. 155 ff.; Erich Schneider, „Technik und Waffenentwicklung im Kriege", in: Bilanz des zweiten Weltkrieges. Erkenntnisse und Verpflichtungen für die Zukunft, Oldenburg i. O.—Hamburg 1953, S. 227 f. – Vgl. auch die Übersichtsliste des Heereswaffenamts (Anm. II/124).

lenten Jahren bis 1923 gewuchert hatten und deren Personal ebenso wie ihre zahlreichen geheimen Waffenlager noch zur Verfügung standen. Insofern hatte er mehr
Realität als das A-Heer, aber sein Kampfwert überstieg nicht den einer Landesmiliz.
Das hatte natürlich zunächst technische Gründe: ungenügendes Training, lockere Organisation, Mangel an schweren Waffen; dazu kamen aber auch die erwähnten poli-
tischen Ursachen. Die Reichswehr hatte sich seit 1924/25 bemüht, beiden Mängeln zu
begegnen, indem sie die gesamte Arbeit im Reichswehrministerium zentralisierte
(Zivilstab Seeckts, Leiter Oberst Frhr. v. Willisen) und an Stelle der bisher üblichen
direkten Zusammenarbeit mit den privaten Verbänden eine eigene Organisation von
Grenzschutzstäben mit unterstellten Rahmenverbänden aufbaute. Sie bestand an der
Ostgrenze aus ungefähr 30 Brigaden, jede etwa in Regimentsstärke mit einer leichten
Artillerie-Abteilung (3 Batterien), insgesamt ca. 45 000 Mann, und sollte einem feindlichen Angriff hinhaltenden Widerstand entgegensetzen, bis die aktiven Reichswehr-
einheiten einsatzbereit waren.[128] An der Westgrenze war dies System nicht durchführbar, und man entschloß sich daher auf Anregung des Befehlshabers im Wehrkreis V, General Reinhardt, zum Aufbau der sogenannten *Feldjäger-Organisation*,
die im Falle eines feindlichen Einmarsches im Rücken der gegnerischen Truppen
Partisanentätigkeit entfalten sollte.[129] Eine technische Verbesserung war mit dieser
Neuordnung indessen nur bedingt verbunden, und wenn die politischen Gefahren
sich zunächst verminderten, so wohl in erster Linie auf Grund der inzwischen eingetretenen inneren Beruhigung. Ab 1930 nahmen die politischen Schwierigkeiten
wieder zu, und 1933/34 drohte die Grenzschutz-Organisation gar zu einem Bumerang
für die Reichswehr zu werden, da Röhm sie in seine Macht zu bekommen und als
Basis für den Aufbau seiner Revolutions-Armee zu benutzen trachtete.

Relativ am weitesten war noch der Aufbau der *Luftwaffe* vorangeschritten, aber
an den Maßstäben des internationalen Entwicklungsstandes gemessen war er ebenfalls unzureichend. Die Vorbereitungen reichten auch hier bis in die Zeit unmittelbar
nach Kriegsende zurück, doch war bis 1923 nur die Unterbringung von 180 Fliegeroffizieren des kaiserlichen Heeres in der Reichswehr und die Einrichtung von Flieger-
referaten im Reichswehrministerium als Keimzelle des künftigen Luftgeneralstabes
zu erreichen gewesen.[130] Bis 1933 gelang es dann, die wesentlichen Elemente einer
solchen Führungsorganisation aufzubauen. In der Krise des Jahres 1923 war auch der
Aufbau der Fliegertruppe in Gang gebracht worden; mit dem damals durch Seeckt
veranlaßten und aus Reichsmitteln finanzierten Ankauf von 50 holländischen
Fokker-Jagdeinsitzern begannen Ausbildung und technische Erprobung, die dann in
Rußland auf dem Flugplatz Lipezk und in Deutschland im Rahmen der zivilen Ver-
kehrsluftfahrt (seit 1926) fortgesetzt wurden. Das im Jahre 1929 aufgestellte, sehr
hohe Plansoll von insgesamt 3043 Flugzeugen (darunter 750 für die Marine) war
aber bei weitem nicht zu erfüllen.[131] Bis zum 31. März 1933 standen der Reichswehr
15 Staffeln zur Verfügung, von denen acht jedoch ihr Soll noch nicht erreicht hatten;

[128] Dazu Hans Ebeling, *The Caste. The Political Role of the German General Staff Between 1918 and 1938*,
London 1945, S. 24 f. (E. war Teilnehmer an den Grenzschutzarbeiten; vgl. *Zeugenschrifttum*, Anm. I/53, Nr. 534,
S. 2; S. 7; S. 20 f.). Manstein (Anm. I/174), S. 121; Meinck (Anm. II/2), S. 8 ff. – Die Stärke ist nach der Angabe
Mansteins berechnet, derzufolge für 1 km Grenze 12 Mann vorhanden gewesen sein sollen.

[129] Dazu Ebeling, a. a. O., S. 24 f.; Weißdorn (Anm. II/115), S. 44 ff.; Generaloberst Heinrici, *Zeugenschrifttum*, a. a. O., Nr. 66, II, S. 179; Oberstadtdirektor Walther Hensel, *a. a. O.*, Nr. 534, S. 2; S. 7; S. 20 f.
Vgl. Meinck, *a. a. O.*, S. 9.

[130] Dazu und zum Folgenden: Völker (Anm. I/148) mit dem amtlichen Material; Speidel (Anm. II/90); Maaß
(Anm. I/147), S. 505 ff. (basiert auf unveröffentlichten Studien ehemaliger Beteiligter).

[131] Maaß, *a. a. O.*, S. 516. – Zum Vergleich einige gleichzeitige Ziffern anderer Luftmächte; Frankreich:
ca. 2500 kampffähige Flugzeuge, mit Einschluß aller übrigen 4500 Maschinen; England: ca. 2000 (einschl. Marine);
Italien: ca. 930 (Plan für 1930: 2000); Polen: ca. 550; Tschechoslowakei: 600; Karl Ludwig v. Oertzen, *Rüstung
und Abrüstung. Eine Umschau über das Heer- und Kriegswesen aller Länder*, Berlin 1929.

insgesamt mögen es kaum mehr als 90 Flugzeuge gewesen sein. Überdies war das Flug-
zeug-Material infolge Abnutzung und Überalterung bereits nicht mehr befriedigend.
Neukonstruktionen waren teilweise entwickelt, aber die Industrie hatte Schwierigkeiten mit dem Serienbau.[132] Vor allem aber fehlte es an Kaderverbänden und ge-
schultem Personal; 1933 standen rund 450 Mann fliegendes Personal, meist Offiziere
(darunter 120 Jagdflieger), nebst einem zahlenmäßig entsprechenden Stamm an
Bodenpersonal zur Verfügung.[133] Bei der Beurteilung dieser Zahlen muß man berücksichtigen, daß die Einsatzbedingungen einer Luftwaffe denen der U-Bootwaffe verwandt sind. Bei dieser rechnet man damit, daß jeweils nur ein Drittel der vorhandenen Boote einsatzfähig ist; bei der Luftwaffe ergeben sich etwas günstigere Bedingungen, aber mit viel mehr als 50 % bis 60 % kampffähigen Flugzeugen wird man
nicht rechnen dürfen. Nach all dem versteht man, daß der Chef der geheimen Luftwaffe, General v. Mittelberger, 1932 feststellte, „eine Einsatzbereitschaft von Flieger-
verbänden [sei] noch nicht gegeben".[134]

Am ungünstigsten lagen die Verhältnisse bei der *Marine*. Hier war bis 1933 noch
nicht einmal der Versailler Rahmen ausgenutzt worden. Das erste der sechs zugestandenen 10 000-t-Panzerschiffe, die *Deutschland*, wurde am 1. April 1933 in Dienst
gestellt, ein zweites, die *Admiral Scheer*, lief am selben Tage vom Stapel. Von den
sechs zugelassenen 6000-t-Kreuzern waren fünf im Dienst, einzig die zwölf 800-t-Zer-
störer waren bereits vollzählig. Es blieb demnach ein Rest von vier Panzerschiffen,
einem Kreuzer und zwölf Torpedobooten, der vorläufig aus z. T. sehr veralteten
Schiffen der ehemaligen kaiserlichen Marine gestellt wurde.[135] Dieser Rückstand hatte
jedoch vorwiegend finanzielle Gründe; sie wurden im Jahre 1931 teilweise dadurch
beseitigt, daß der Reichstag auf Vorschlag der Marineleitung einen Schiffbauersatz-
Plan annahm, der das Schiffbauprogramm für eine Reihe von Jahren festlegte und
den Bau von zunächst vier Panzerschiffen vorsah. Jedoch war auch die Marineleitung nicht gewillt, sich mit dem Versailler Status zu begnügen. Darauf deutete
schon der Bau der 10 000-t-Panzerschiffe hin, die auf Hochseekriegführung zugeschnitten waren und damit über die Grenzen eines bloßen Küstenschutzes, auf den die
Marine sich im Versailler Rahmen beschränken mußte, hinauswiesen.[136] Die Verwirklichung entsprechender Pläne war aber bei der Marine aus einleuchtenden Gründen
noch mehr als bei den anderen Wehrmachtteilen auf reine Vorbereitungs- und Pla-
nungsarbeit beschränkt.

Nach längeren Vorarbeiten stellte man im Jahre 1930 zum erstenmal einen sogenannten *V-Plan* (Verstärkungs-Plan) auf, der alle Batterien und Hilfsschiffe enthielt,
die binnen 72 Stunden einsatzbereit sein konnten.[137] Aber über Planungen für die
behelfsmäßige Bewaffnung von Handels- und Fischereischiffen, die Hortung von Geschützen und Munition und einen sehr bescheidenen Ausbau der Küstenbefestigung
führte das nicht hinaus. Auch die technische Erprobung ließ sich nur in beschränktem
Maße durchführen. Neben den Anfängen einer Marineluftwaffe konnte in den Jah-

---

[132] Völker (Anm. I/148), S. 183 ff.; S. 199. Vgl. auch Heinkel (Anm. I/222), S. 276.

[133] Speidel (Anm. II/90), S. 44; Maaß (Anm. I/147), S. 516 ff.

[134] Völker (Anm. I/148), S. 198.

[135] Übersicht bei Aßmann, *Deutsche Seestrategie . . .* (Anm. II/99), S. 107 ff.; Rolf Bensel, *Die deutsche Flottenpolitik von 1933 bis 1939. Eine Studie über die Rolle des Flottenbaus in Hitlers Außenpolitik* (Beiheft 3 der
Marine-Rundschau, April 1958), S. 8 ff. Einzelheiten bei Raeder (Anm. I/107), I, S. 252 ff.

[136] Aßmann, *a. a. O.*, S. 107 ff.; Bensel, *a. a. O.*, S. 9 f.; vor allem auch Wacker (Anm. II/88), S. 34 ff., und
Hubatsch (Anm. II/99), S. 192 f.

[137] „Geschichte der K. G. [Kriegsgliederung] und des Mobplans", Niederschrift des Oberkommandos der
Marine aus dem Jahre 1938 (A II 850/38 gKdos.), abgedr. in: *IMT* (Anm. I/55), XXXIV, S. 471–477, bes. S. 472 f. —
Außerdem (auch für das Folgende): Denkschrift Schüßler (Anm. I/223) und Vortrag des Flottenintendanten Thiele
über „Die Entwicklung des Marinehaushalts von 1930 bis 1939" vom 12. Juli 1944, abgedr. *a. a. O.*, XXXV,
S. 569–599.

ren vor 1933 lediglich der Grund zur künftigen U-Bootwaffe gelegt werden, aber auch das nur dadurch, daß man die Konstruktions-, Entwicklungs- und Erprobungsarbeiten ins neutrale Ausland (Holland, Finnland, Schweden, Spanien, die Türkei und Japan) verlegte. Immerhin konnten auf diese Weise bis 1933 zwei Standardtypen zu 250 t und 750 t entwickelt werden. Aber erst in den Jahren 1933—1935 wurden die Teile für zwölf U-Boote in Kiel eingelagert, um nach dem Flottenabkommen mit England zusammengesetzt und in Dienst gestellt zu werden. Als man daher am 15. November 1932 einen bis 1938 befristeten *Umbauplan* für die Marine aufstellte, ging auch er nur in den unteren Schiffsklassen über den Rahmen des Friedensvertrages hinaus und sah für 1933 lediglich die Schaffung einer Rahmenorganisation für die U-Boot- und die Marineluftwaffe und die Vermehrung des Personals um 1450 Unteroffiziere und Mannschaften vor.[138]

Der Aufbau einer ausreichenden *Rüstungswirtschaft* ist bis 1933 ebenfalls nicht über Planungen und organisatorische Vorbereitungen hinaus gediehen, konnte hier aber einige Fortschritte buchen. Bereits im November 1925 unternahm Seeckt eine Informationsreise in das Ruhrgebiet, um über die dortige Rüstungsindustrie einen Überblick zu gewinnen.[139] 1926/27 wurde im Heereswaffenamt ein *Wirtschaftsstab* eingerichtet, dem als Vertretung der Industrie eine *Statistische Gesellschaft* an die Seite gestellt wurde. Beide Organisationen sollten gemeinsam eine Bestandsaufnahme der deutschen Rüstungskapazität vornehmen und die Vorbereitungen für ein Anlaufen der Kriegswirtschaft schaffen.[140] Die Marine trat ab 1925 ebenfalls in enge Verbindung zu den entsprechenden Industriefirmen.[141] Auch eine gewisse Produktionsausweitung scheint bis 1933 bereits vorgenommen worden zu sein, doch waren die Möglichkeiten dazu gering, da der Friedensvertrag durch genaue Bezeichnung der zugelassenen Fabriken, Produktionsmengen und -kategorien sehr enge Grenzen gezogen hatte.[142] Daneben arbeitete man seit dem Winter 1929/30 zusammen mit den Zivilbehörden am Aufbau einer Zivilverteidigung, nachdem durch die grundsätzliche Einigung zwischen Reichsregierung und Reichswehrministerium im April 1929 die Bahn dafür freigemacht worden war. Unter Leitung Keitels, damals Oberstleutnant und Chef der Organisationsabteilung, war ein Ausschuß gebildet worden, in den die in Frage kommenden Ressorts ihre Referenten entsandten.[143] Die Resultate waren aber auch in diesem Fall unbedeutend, nicht zuletzt deshalb, weil das Wehrministerium nach der damaligen Rechtslage keinen Zwang auf die Zivilbehörden ausüben konnte, wie denn überhaupt die Ausführung der gesamten Mobilmachungs- und Verstärkungspläne im Ernstfall am Mangel gesetzlicher Vorschriften ein starkes Hindernis gefunden hätte.[144]

Dieser Überblick zeigt, daß die Behauptung, die illegale Aufrüstung hätte irgendeinen konkreten Schutz für die Weimarer Republik geboten, unhaltbar ist. Mit den Mitteln, die die Reichswehr bis 1933 illegal bereitgestellt hatte, konnte die durch den Versailler Vertrag geschaffene aussichtslose Verteidigungslage Deutschlands nicht verbessert werden. Nach den Planungen von Heer und Marine durfte man eine solche Verbesserung frühestens ab 1938 erwarten; das Truppenamt stellte 1932 sogar fest, daß vor 1944 z. B. gegen Polen an keine offensive, und wenn Frankreich noch hin-

[138] Raeder (Anm. I/107), I, S. 273 f.
[139] Geheime Denkschrift über die Reise des Chefs der Heeresleitung in das Ruhrgebiet vom 24. bis 28. November 1925, datiert vom 6. Dezember 1925; *MGN* 12, Ankl.-Dok.-B. 10 A (Ergänzungsband), Dok. NIK – 11715.
[140] Mueller-Hillebrand (Anm. II/112), I, S. 34 f.
[141] Denkschrift Schüßler (Anm. I/223), S. 594 ff.
[142] Vgl. die o. Anm. II/124 zitierten Verstoßlisten der Heeres- und Marineleitung. Außerdem u. S. 797 f.
[143] Gerhard Meinck, „Der Reichsverteidigungsrat", in: *Wehrwissenschaftliche Rundschau* 6 (1956), S. 411 ff.
[144] Mueller-Hillebrand (Anm. II/112), I, S. 18.

zuträte, auch an keine defensive Kriegführung zu denken sei.[145] Da ein isolierter deutsch-polnischer Krieg auf Grund der politischen Lage so gut wie ausgeschlossen war, hieß das, daß ungeachtet der getarnten Aufrüstung eine militärisch sinnvolle Kriegführung für Deutschland bis 1944 überhaupt unmöglich war. Der Chef des Truppenamts, General Adam, stellte denn auch rückblickend fest. er habe „nur den einen Wunsch [gehabt], daß wir nicht in die Lage versetzt ... würden, diese Pläne in die Wirklichkeit umsetzen zu müssen. Meines Erachtens wäre das ein völliger Mißerfolg geworden."[146] Diesem Resultat muß man den Preis gegenüberstellen, der dafür gezahlt worden ist. Was den finanziellen Aufwand angeht, so sind im Augenblick nicht einmal Schätzungen möglich,[147] aber es ist ohne weiteres anzunehmen, daß er in keinem vernünftigen Verhältnis zu den Ergebnissen stand. Selbst in der Heeresleitung regte man z. B. im Herbst 1932 angesichts der bevorstehenden Freigabe der Rüstung die Einstellung der Luftwaffenarbeit in Rußland und ihre Rückverlagerung nach Deutschland an, weil dadurch wesentliche Einsparungen erzielt werden könnten.[148] Die hohen Kosten waren nicht nur in den außerordentlich kostspieligen Geheimhaltungsvorkehrungen, sondern auch darin begründet, daß mindestens bis 1929 die Ausgabenkontrolle ungenügend war.[149] So sind dem Reichsfiskus durch Unerfahrenheit, Nachlässigkeit und z. T. auch Gewinnsucht Millionenverluste entstanden.[150] Nimmt man dazu noch die erwähnten moralischen, rechtlichen und politischen Mängel und Gefahren des ganzen Unternehmens, so stellt sich mit erhöhtem Nachdruck die Frage, ob es nicht im nationalen Interesse gelegen hätte, derartige ebenso nutzlose wie gefährliche Experimente zu sistieren, bis entweder der Völkerbund mehr Autorität gewonnen oder aber eine friedliche Vertragsrevision den Weg zu offener und legaler Rüstungsanpassung geöffnet hätte.

Der einzige diskutierbare Einwand dagegen ist der, daß eine offene Aufrüstung sich verzögert hätte, wenn sie sich nicht auf geheime Vorbereitungen hätte stützen können. Tatsächlich hätte Hitler seinen Krieg nicht schon im Jahre 1939 vom Zaun brechen können, wenn die Reichswehr nicht bis 1933 umfangreiche Vorarbeiten geleistet hätte.[151] Hierin, in den langfristigen Auswirkungen, lag der einzige und zweifellos nicht unbedeutende Nutzeffekt der illegalen Maßnahmen der Reichswehr. Indessen verliert dieser Vorteil sehr an Gewicht, wenn man berücksichtigt, daß erstens die von 1925 bis 1932 geleistete Arbeit unter normalen Bedingungen nicht nur billiger, sondern in vieler Hinsicht auch schneller zu bewältigen war, und daß zweitens und vor allem eine ernst zu nehmende Kriegsgefahr für Deutschland nicht bestand und auch nicht zu erwarten war. Infolgedessen standen deutsche Rüstungsanstrengungen auch nicht unter Zeitdruck, und die allenfalls eintretende Verzögerung von vielleicht fünf bis sechs Jahren wäre ein billiger Preis für die Vermeidung aller jener unglückseligen Neben- und Rückwirkungen der Illegalität gewesen.

---

[145] Hubatsch (Anm. II/99), S. 196.

[146] Meinck, Hitler. . . (Anm. II/2), S. 8; vgl. auch das Urteil des Generals Liebmann, a. a. O., S. 7. Für die Schwierigkeiten, die sich selbst unter friedensmäßigen Bedingungen ab 1934 ergaben, vgl. Keitel (Anm. I/17a), S. 74 ff.

[147] Der Versuch, die Höhe der geheimen Mittel durch Addition der offiziellen Rüstungsausgaben mit „rüstungsverdächtigen" Etatposten ziviler Ministerien festzustellen – so W. M. Knight-Patterson, Germany from Defeat to Conquest 1913-1933, London 1945, S. 404 ff., und im Anschluß an ihn Wheeler-Bennett (Anm. I/24), S. 187 – ist falsch angesetzt, weil eine Zusammenarbeit zwischen zivilen und militärischen Behörden voraussetzt, die mindestens in diesem Umfang nicht bestand. Die Tarnung der geheimen Mittel erfolgte durch Überhöhung der ordentlichen Posten des Reichswehr-Etats; Sauer, „Die Reichswehr" (Anm. I/26), S. 274 (mit der Lit.).

[148] Mueller-Hillebrand (Anm. II/112), 1, S. 17. Geheime Luftrüstungs-Kosten: Völker (Anm. I/148), S. 144 f.; S. 195; S. 200 (1925–1933 ca. 80–100 Mill. RM).

[149] Denkschrift Schüßler (Anm. I/223), S. 598 ff.

[150] Hier ist vor allem auf den Phoebus-Skandal (Kapitän z. S. Lohmann) zu verweisen.

[151] Vgl. z. B. Völker (Anm. I/148), S. 228 (für die Luftwaffe).

3. Aufrüstung und Wirtschaftskrise [152]

Wie auf vielen anderen Gebieten, so schien auch auf dem der Rüstungspolitik der Regierungswechsel vom 30. Januar keine umstürzenden Neuerungen zu bringen. Zwar hatte Hitler in seiner Rede vor den Generalen am 3. Februar 1933 keinen Zweifel über seine exzessiven Ziele gelassen, aber die Generale hatten ihm nicht geglaubt, und die Öffentlichkeit kannte nur seine Regierungserklärung und seine „Friedensrede" vom 17. Mai, in denen er genau das Gegenteil, nämlich die Förderung von Abrüstung und Völkerverständigung, proklamiert hatte. Für das Auswärtige Amt vollends war nicht Hitler, sondern Neurath maßgebend, und das hieß ungebrochene Kontinuität der bisherigen außenpolitischen Linie.[153] Und selbst die wenigen, die sich durch Hitlers Erklärungen vom 3. Februar alarmiert fühlten, mochten glauben, daß es mit der Verwirklichung derart phantastischer Pläne vorläufig noch gute Weile habe. Aber schon wenige Tage später machte Hitler seinen Regierungskollegen klar, daß er nicht daran dachte zu warten und sich auch nicht mit den bisherigen bescheidenen Zielen begnügen würde. Als Reichsverkehrsminister v. Eltz-Rübenach in der Kabinettssitzung vom 8. Februar im Rahmen des Arbeitsbeschaffungsprogramms die Finanzierung eines großen Wasserbauvorhabens in Oberschlesien vorschlug, nahm Hitler Gelegenheit zu erklären, daß alle öffentlichen Maßnahmen zur Arbeitsbeschaffung grundsätzlich von dem Gesichtspunkt auszugehen hätten, wieweit sie der „Wehrhaftmachung", die in fünf Jahren vollendet sein solle, dienlich seien. Den Versuch Eltz-Rübenachs, sein Projekt durch Hinweis auf dessen strategische Bedeutung zu retten, torpedierte dann Blomberg mit der Bemerkung, zunächst müßte erst einmal bei der Wehrmacht selbst ein Mindest-Rüstungsstand erreicht werden, und Hitler betonte noch einmal, daß das oberste Prinzip in den nächsten vier bis fünf Jahren heiße: alles für die Wehrmacht. Dementsprechend beschloß das Kabinett, daß nach Vorlage des Budgets zunächst die Bedürfnisse der Wehrmacht zu befriedigen seien und dann geprüft werden solle, wieviel Mittel für zivile Maßnahmen übrigblieben.[154]

Hitler hatte nichts von Kriegsplänen verlauten lassen, aber es ist offensichtlich, daß er, noch während er dabei war, den ersten Schritt – Eroberung der totalen Macht im Innern – zu tun, zugleich bemüht war, den zweiten vorzubereiten, und seine Äußerungen zeigen, wie geschickt er beides miteinander zu verbinden verstand. Wollte er seine Herrschaft in Deutschland stabilisieren, so war es eine der dringendsten Aufgaben, die Wirtschaftskrise zu überwinden. Noch immer lagen fast 6 Millionen Arbeitslose auf der Straße, und Hitler kann nicht im Zweifel darüber gewesen sein, daß viel, wenn nicht alles für ihn davon abhing, ob er ihre Hoffnungen, denen er nicht zuletzt seinen Sieg verdankte, zu erfüllen vermochte. Das allein war eine Aufgabe, die alle Kräfte in Anspruch nahm; es schien vermessen, daneben noch eine Aufrüstung größeren Umfangs in Gang setzen zu wollen. Aber Hitler hatte entdeckt, daß er die Rüstungsaufträge zur Arbeitsbeschaffung benutzen, Krisenbekämpfung und Kriegsvorbereitung miteinander verknüpfen und so beide Probleme mit einem Schlag lösen konnte.

Damit erklärt sich auch, warum er weder in seiner Regierungserklärung noch in seinen Reden im anschließenden Wahlkampf ein faßbares Wirtschaftsprogramm vor-

---

[152] Für Kritik und Anregungen zu diesem Abschnitt hat der Verfasser Prof. Hans Rosenberg, Berkeley (USA), zu danken.

[153] Vgl. dazu jetzt die in der Sammlung *Documents on German Foreign Policy 1918–1945*, Series C (1933–1937), vol. I, Washington und London 1957 (vol. II und III: 1959), abgedruckten Dokumente.

[154] *A. a. O.*, I, S. 35 ff.; Auszug aus dem Protokoll des Ministerrats vom 8. Februar 1933. Jetzt auch im Bundesarchiv vorhanden (*BA* – R 43 II/1276); s. Absolon (Anm. I/232), S. 72.

gelegt hatte.[155] Das schien damals und scheint noch heute vielen ein Beweis für seine wirtschaftspolitische Unwissenheit und Unsicherheit zu sein.[156] Das Kabinettsprotokoll vom 8. Februar zeigt jedoch den wahren Grund für Hitlers Zurückhaltung. Er hatte sehr wohl ein Wirtschaftsprogramm – oder, besser, einen Ersatz dafür –, nur konnte er es nicht öffentlich verkünden. Er war gewiß in volkswirtschaftlichen Dingen ein Laie, aber offensichtlich setzte ihn sein perverser Instinkt auch auf diesem Gebiet in die Lage, genau die Wege herauszufinden, die ihn aller Vernunft zum Trotz seinen wahnwitzigen Zielen näherbringen konnten.

Um so überraschender ist, daß das Kabinett Hitlers Programm akzeptierte. Zwar waren seine letzten Ziele daraus nicht unmittelbar zu ersehen, aber daß die Methode der Krisenbekämpfung durch Aufrüstung volkswirtschaftlich bedenklich war, mußte Männern wie Hugenberg und Krosigk klar sein. Noch mehr galt das von Schacht, der nun zur Zentralfigur wurde. Denn die entscheidende Frage für die Durchführung des Vorhabens war die der Finanzierung, und Schacht war es, der sie für Hitler beantwortete. Der Kabinettsbeschluß vom 8. Februar hatte noch von einer Finanzierung durch das Budget gesprochen. Aber wenn das nicht von vornherein als eine bloße Teillösung gedacht war,[157] so muß es Hitler spätestens kurz darauf klargeworden sein, daß das Budget nicht ausreichte und daß sein Rüstungsprogramm angesichts beträchtlicher Haushaltsdefizite, sinkender Steuereinnahmen und einem für Anleihen nicht mehr aufnahmefähigen Kapitalmarkt mit der Erschließung neuer Finanzquellen stand und fiel. Für eine Spieler- und Hochstaplernatur wie Hitler war das indessen kein Problem: „Schließlich aber lehre die Geschichte", so hat er sich später mit anerkennenswertem Freimut vernehmen lassen, „daß an Schulden bisher kein Volk der Welt zugrunde gegangen sei." [158] Da er derartige Prinzipien bereits vor 1933 in der Finanzgebarung seiner Partei angewandt hatte, darf man schließen, daß er auch hinsichtlich der staatlichen Aufgaben von vornherein an freilich verschleierte Geldschöpfung gedacht hat,[159] vielleicht schon jetzt mit dem Hintergedanken, sie später durch Kriegs- und andere Beute abzudecken. Mit Einzelheiten hielt er sich nicht auf, er war überzeugt, daß die Finanzfachleute, die seiner Meinung nach „ja doch letzten Endes ... Spitzbuben" waren, die Aufgabe schon lösen würden.[160] So trat er Mitte März an den Reichsbankpräsidenten Luther heran, um die Leistungsfähigkeit der Reichsbank zu erkunden. Luther, dem der neue Stil noch fremd war, erklärte sich bereit, dem Reich 100 Millionen RM vorzuschießen.[161] Damit hatte er sich in den Augen Hitlers als offensichtlich unfähig erwiesen; er wurde auf den Botschafterposten in Washington abgeschoben und am 17. März durch seinen alten Widersacher Schacht abgelöst, der schon vorher auf Hitler gesetzt hatte und ihm nun in gewünschtem Umfange Hilfe versprach.[162]

---

[155] Vgl. seine Rede im Sportpalast am 10. Februar, *Schultheß, 1933*, S. 42 ff., in der er ausdrücklich auf die Vorlage eines Wirtschaftsprogramms verzichtete. – Daß Hitler schon im Herbst 1932 erwogen habe, Arbeitsbeschaffung durch Rüstungsaufträge zu betreiben, behauptet Rauschning, *Gespräche . . .* (Anm. I/5), S. 25 ff.

[156] Vgl. z. B. den Kommentar zu Hitlers Rede vom 10. Februar bei Gerhard Kroll, *Von der Weltwirtschaftskrise zur Staatskonjunktur*, Berlin 1958, S. 457 f.

[157] Daß im Kreise der Regierung Diskussionen um die Finanzfrage stattgefunden haben, bestätigt der im einzelnen freilich wenig glaubwürdige Bericht Hitlers über seinen Disput mit Papen; Picker (Anm. I/16), S. 411.

[158] A. a. O., S. 237.

[159] Vgl. die Andeutung von Göring gegenüber Krosigk am 30. Januar 1933; Krosigk (Anm. I/74), S. 187.

[160] Picker (Anm. I/16), S. 144.

[161] A. a. O., S. 143; vgl. Hjalmar Schacht, *76 Jahre meines Lebens*, Bad Wörishofen 1953, S. 381, der von einem Angebot Luthers in Höhe von 150 Millionen RM spricht. Aber wahrscheinlich ist Hitlers Angabe richtig, da 100 Millionen den Vorschriften des Reichsbankgesetzes von 1924/26 entsprachen; vgl. Heinrich Stuebel, „Die Finanzierung der Aufrüstung im Dritten Reich", in: *Europa-Archiv* 6 (1951), S. 4130.

[162] Schacht, *a. a. O.*, S. 381 ff.; Krosigk (Anm. I/74), S. 187.

Schacht hat in seinen verschiedenen Äußerungen nach dem Kriege den Eindruck zu erwecken versucht, als sei die finanztechnische Methode, mit der die Krise bekämpft wurde, seine Erfindung, und als habe es sich dabei primär um eine friedenswirtschaftlich und konjunkturpolitisch orientierte Arbeitsbeschaffung und erst in zweiter Linie um die Aufrüstung gehandelt.[163] Beides traf in dieser Form nicht zu. Was das erste angeht, so war das Problem der Aufschwungsfinanzierung prinzipiell schon unter Luther gelöst worden.[164] Das Scheitern der Brüningschen Deflationspolitik hatte klargemacht, daß die klassischen Hilfsmittel gegenüber einer Weltwirtschaftskrise von dem Ausmaß der dreißiger Jahre versagten und durch eine staatliche Interventionspolitik ersetzt werden mußten, die mittels Defizitfinanzierung und staatlichen Aufträgen Arbeitsbeschaffung betrieb. In finanzieller Hinsicht dachte man an Geldschöpfung, die als Vorfinanzierung der Produktionsausweitung gehandhabt werden sollte, wobei man darauf rechnete, daß das vermehrte Geld durch vermehrte Güterproduktion gedeckt und die staatliche Schuld durch wachsende Steuereinnahmen abgetragen werden könnte.[165] Als technisches Instrument dafür waren ebenfalls bereits unter Luther die *Arbeitsbeschaffungs-Wechsel* mit einer Prolongationsfrist von fünf Jahren eingeführt worden; die von Schacht geschaffenen *Mefowechsel* unterschieden sich finanztechnisch nicht von ihnen.[166]

Schachts eigene, über diese Pläne hinausgehende Leistung bestand in dem Entschluß, die Geldschöpfung zunächst mengenmäßig nicht zu begrenzen.[167] Während die letzten Weimarer Regierungen jeweils nur begrenzte und festumrissene Arbeitsbeschaffungsprogramme finanziert hatten, gab Schacht den Strom der Geldschöpfung zunächst frei, wenn auch nicht ohne gewisse Vorsichtsmaßnahmen. Er beabsichtigte damit, die Wirtschaftsankurbelung auf breiter Front zu ermöglichen und ihr von vornherein einen Schwung zu verleihen, der die bei geringem Krediteinsatz bestehende Möglichkeit des „Versickerns" der aufgewandten Summen verminderte. Auf der anderen Seite ergab sich daraus das Risiko, daß eine Kreditexpansion solchen Ausmaßes sich schließlich der Kontrolle entzog und in Inflation mündete. Damit ist das Zentralproblem bezeichnet, das Schachts Finanzpolitik zu lösen hatte: die Abwehr der Gefahr der Inflation. Es ist für Schachts Lösung bezeichnend, daß er seine Hauptwaffe in einer geeigneten Kreditpolitik sah. Seiner Meinung nach kam es vor allem darauf an, der Wirtschaft im ganzen nicht mehr Kredite zufließen zu lassen, als sie durch Mobilisierung von Produktionsfaktoren verarbeiten konnte, und daher mußte es zur Abwehr der Inflationsgefahr im wesentlichen genügen, wenn die Kreditschöpfung spätestens bei Erreichen der Vollbeschäftigung wieder eingestellt wurde. Die andere Frage, zu welchem Zweck die Defizitfinanzierung eingesetzt wurde, d. h. also welche Art von Staatsaufträgen erteilt werden sollten, trat demgegenüber in den Hintergrund; ent-

---

[163] Hjalmar Schacht, *a. a. O.*, *passim*, und ders., *Abrechnung mit Hitler*, Hamburg–Stuttgart 1948, *passim*. Außerdem die Aussagen Schachts in Nürnberg, *IMT* (Anm. I/55), XII und XIII.

[164] Brief des ehemaligen Reichsbankpräsidenten Hans Luther an Karl Dietrich Bracher vom 2. Juli 1957 (jetzt abgedr. in: *Die Auflösung. . .*, Anm. I/26, Anhang). Außerdem Krosigk (Anm. I/74), S. 187; vgl. Kroll (Anm. II/156), S. 419.

[165] Zum ganzen Problem s. Kroll, *a. a. O.*, *passim*; außerdem die Arbeiten von Arthur Schweitzer, „Die wirtschaftliche Wiederaufrüstung Deutschlands von 1934–1936", in: *Zeitschrift für die gesamte Staatswissenschaft* 114 (1958), S. 594–637; und René Erbe, *Die nationalsozialistische Wirtschaftspolitik 1933–1939 im Lichte der modernen Theorie*, Zürich 1958.

[166] Erbe, *a. a. O.*, S. 44 ff.; Stuebel (Anm. III/161), S. 4130; Affidavit des Reichsbank-Direktors Emil Puhl vom 2. November 1945, *IMT* (Anm. I/55), XXXVI, S. 513; Aussage des Reichsbank-Direktors Wilhelm Vocke, *a. a. O.*, XII, S. 71.

[167] Dazu Schachts Rede vor dem Wirtschaftsrat der Deutschen Akademie vom 19. November 1938, *IMT*, *a. a. O.*, XXXVI, S. 587; Schacht, *Abrechnung. . .* (Anm. II/163), S. 10, und ders., *76 Jahre. . .* (Anm. II/161), S. 381; S. 399 f. – Der Gedanke war schon von dem Reichskommissar für Arbeitsbeschaffung, Gereke, entwickelt worden; vgl. o. II. Teil, V. Kapitel.

scheidend war nach Schachts Meinung allein, daß man die Kreditexpansion rechtzeitig
einstellte, wobei er als äußerste Frist einen Zeitraum von fünf Jahren annahm, aber
für eine frühere Einstellung freie Hand behalten wollte.[168]

Nichtsdestoweniger war die Auswahl des Finanzierungs-Objekts für Schacht nicht
gleichgültig, und damit wendet sich die Betrachtung dem zweiten Problem, der
Rüstungsfinanzierung zu. Wenn Schacht nach dem Krieg Reinhardt-Programm und
Autobahnen als Objekte seiner Finanzierungspolitik in den Vordergrund zu rücken
versucht hat, so ist das aus den Zeitumständen heraus verständlich; aber es kann kein
Zweifel daran bestehen, daß Hitlers Plan, Aufrüstung und Krisenbekämpfung untereinander zu verbinden, von Schacht von Anfang an übernommen worden ist.[169] Nicht
nur muß das gemäß dem Kabinettsbeschluß vom 8. Februar bereits die Bedingung für
seine Ernennung zum Reichsbankpräsidenten gewesen sein, Schacht hat auch in vertrauten Gesprächen vor dem Kriege mehrfach zugegeben, daß er Hitler die Finanzierung der Aufrüstung versprochen habe.[170] Vor allem aber zeigen – wie hier vorgreifend festgestellt sein mag – die tatsächlichen Maßnahmen, daß die Aufrüstung bereits
im Frühjahr 1933 begann und daß auch das zivile Arbeitsbeschaffungsprogramm
vom Sommer 1933 bereits soweit wie möglich nach Rüstungsgesichtspunkten gesteuert
wurde.[171]

Damit kam nun aber ein tiefgreifender Widerspruch in Schachts Finanz- und Konjunkturpolitik hinein. Schacht war weit entfernt davon, eine Inflation entfesseln zu
wollen, und er hatte auch nicht die Absicht, die staatliche Interventionspolitik zur
Errichtung einer staatlich gelenkten Zwangswirtschaft zu benutzen; sein Ziel war die
Wiederherstellung einer im großen und ganzen marktkonformen, weltwirtschaftlich
orientierten und autonomen Volkswirtschaft. Unter diesem Gesichtspunkt aber hätte
die staatliche Interventionspolitik so geführt werden müssen, daß sie sich selbst überflüssig machte, d. h., sie hätte den Wirtschaftskreislauf vor allem durch Förderung des
privaten Konsums wieder in Gang bringen müssen, und das wäre nur zu erreichen
gewesen, wenn die Masse der staatlichen Investitionen in friedenswirtschaftliche Kanäle
gelenkt wurde.[172] Aber gerade diesen Weg beschritt Schacht nicht, sondern förderte,
indem er nicht nur die Geldschöpfung überwiegend für die Aufrüstung einsetzte,
sondern auch die privaten Überschüsse für diesen Zweck abschöpfte und die Handelspolitik darauf ausrichtete, nahezu ausschließlich den staatlichen Konsum. Dies mag
um so befremdlicher erscheinen, als er sich mindestens über die währungspolitische
Problematik dieses Verfahrens durchaus im klaren war. Wenn sein System der Aufschwungsfinanzierung währungspolitisch funktionieren sollte, so erklärte er 1938 in
einer Rede, kam es „nicht nur darauf an, daß das neugeschaffene Geld durch neugeschaffene Güter an sich gedeckt wurde, sondern es kam auch auf die Art der erzeug-

---

[168] Schacht in Nürnberg: Das Fälligwerden der Mefowechsel nach fünf Jahren mußte die Rüstung „automatisch
bremsen", *IMT, a. a. O.,* XIII, S. 57; ähnlich in: *Abrechnung. . .,* a. a. O., S. 10, und *76 Jahre. . .,* a. a. O.,
S. 458. Für sein Bestreben, freie Hand zu behalten, s. seine Stellungnahme im Ministerrat vom 12. Mai 1936,
IMT, a. a. O., XXVII, S. 137. Vgl. auch Krosigk (Anm. I/74), S. 188.

[169] Möglicherweise stammte die Idee überhaupt von Schacht; jedenfalls hat er schon 1932 Kontakt zu Hitler
gehabt, und daß über eine Reichsbank-Hilfe für Hitler schon am 30. Januar 1933 gesprochen wurde, hat Krosigk,
a. a. O., S. 187, angedeutet und ist von Schacht selbst indirekt bestätigt worden: *IMT, a. a. O.,* XIII, S. 46.

[170] *IMT, a. a. O.,* XLI, S. 270 (Affidavit des ehemaligen Reichsbank-Direktors Otto Schniewind vom 18. März
1946); XIII, S. 79 f. (Aussage Vockes); Ritter, *Carl Goerdeler. . .* (Anm. I/54), S. 81 (Bericht Goerdelers). Unter
diesen Umständen verdient auch die von Schacht bestrittene Darstellung Hitlers Glauben; Picker (Anm. I/16),
S. 144. Vgl. auch die Bestätigung Görings und Blombergs in Nürnberg, *IMT, a. a. O.,* XXXIII, S. 33, und
XXXIX, S. 238.

[171] Vgl. u. S. 798 ff.

[172] Dazu die ausführliche Erörterung bei Erbe (Anm. II/165), S. 161 ff., der die Schachtsche Politik den
Empfehlungen von Keynes gegenüberstellt. Vgl. auch Schweitzer, „Die wirtschaftliche Wiederaufrüstung. . ."
(Anm. II/165), S. 629 ff.

ten Güter an".[173] Das war in der Tat der entscheidende Punkt. Die Verminderung des Geldwertes, die mit der Geldschöpfung drohte, konnte nur durch gesteigerte Produktion von solchen Gütern abgewehrt werden, die ihrerseits volkswirtschaftliche Werte darstellten. Geldwert und Güterwert waren, grob gesprochen, nur dann in ein Gleichgewicht zu bringen, wenn man die produzierten Güter auch kaufen konnte. Das ist aber bei Rüstungsgütern nicht der Fall. Sie sind nicht-umsatzfähige Stapelgüter, die dem Wirtschaftskreislauf entzogen werden und damit auch kein Äquivalent für eine Geldschöpfung darstellen.[174] Deshalb ist es Grundsatz der Finanzpolitik, daß Rüstungsausgaben aus Überschüssen der Volkswirtschaft finanziert werden müssen. Mit Schachts eigenen Worten: „Das bedeutet, daß die Rüstung endgültig nicht durch Geldschöpfung, sondern nur durch Ersparnisbildung finanziert werden kann."[175]

Von diesem Grundsatz gibt es nur eine – in Schachts Zusatz „endgültig" angedeutete – Ausnahme. Da Rüstungsinvestitionen Kaufkraft schaffen, sind sie nicht schlechthin unproduktiv. Sie können daher – allein oder in Kombination mit friedenswirtschaftlichen Investitionen – als *Initialzündung* zur Auslösung einer Aufschwungsbewegung verwendet werden. In der damaligen Lage Deutschlands kam dazu noch ein zusätzlicher Gesichtspunkt: Die völlige Abrüstung und Entwaffnung Deutschlands ließ sich, wie die Dinge lagen, nicht mehr lange aufrechterhalten, und daraus entstand in naher Zukunft ein Nachholbedarf an Rüstungsgütern, dessen Deckung man in gewissen Grenzen mit dem Krisenbekämpfungs-Programm verbinden konnte.[176] Sofern damit eine Belastung der Volkswirtschaft verbunden war, durfte man sie als normal und tragbar bezeichnen. Schacht hat in Nürnberg ausgesagt, daß das Konzept der Initialzündung tatsächlich seiner Politik zugrunde gelegen habe,[177] und sein Entschluß, von vornherein sehr große Beträge in die Kanäle der Wirtschaft zu pumpen, scheint das ebenso zu bestätigen wie seine Angabe, er habe Rüstungsinvestitionen nicht zuletzt wegen ihrer breiten und massiven Wirkung auf den Wirtschaftskreislauf bevorzugt.[178] In dieselbe Richtung weist seine oft wiederholte Behauptung, er habe das Ausmaß der Aufrüstung durch rechtzeitigen Kreditstop beschränken wollen,[179] und tatsächlich hat er sich seit Mitte 1935 in wachsendem Maße gegen eine weitere Ausgabenexpansion gewandt.[180] Dementsprechend hat er nach dem Kriege auch die Schuld für das Fehlschlagen seines Experiments ausschließlich auf Hitler und die Partei geladen, die seine Pläne durch ihre hemmungslose Ausgabenpolitik und vor allem dadurch zunichte gemacht hätten, daß sie die Geldschöpfung gegen seinen Willen auch nach Erreichen der Vollbeschäftigung fortgesetzt hätten.[181]

In dieses Bild paßt jedoch schlecht, daß die Kreditfinanzierung der Rüstung jahrelang fortgesetzt wurde. Nach den ersten, vermutlich 1933 getroffenen Absprachen mit

[173] *IMT* (Anm. I/55), XXXVI, S. 586.

[174] Dazu Schweitzer, „Die wirtschaftliche Wiederaufrüstung..." (Anm. II/165), S. 616; Kroll (Anm. II/156), S. 562 ff.

[175] *IMT* (Anm. I/55), XXXVI, S. 586. Vgl. auch Schachts Rede vom Januar 1937, in: Schacht, *Abrechnung...* (Anm. II/163), S. 18, und den Bericht des Reichsbank-Direktoriums vom 7. Januar 1939, *a. a. O.*, S. 366. Zum Grundsätzlichen auch Felix Boesler in: Johannes Kandler, *Der deutsche Heeresetat vor und nach dem Kriege*, Leipzig 1930, Einleitung.

[176] Darauf hat schon Charles Bettelheim, *L'économie allemande sous le nazisme. Un aspect de la décadence du capitalisme*, Paris 1946, S. 201, hingewiesen.

[177] *IMT* (Anm. I/55), XXXII, S. 596.

[178] Schacht, *76 Jahre...* (Anm. II/161), S. 455. Vgl. auch die Aussage Vockes in Nürnberg, *IMT, a. a. O.*, XIII, S. 67. – Näheres s. u. S. 801 f.

[179] *IMT, a. a. O.*, XIII, S. 57, und XLI, S. 270 (Affidavit Schniewind); Schacht, *a. a. O.*, S. 458.

[180] Memorandum Schachts vom 3. Mai 1935, *IMT, a. a. O.*, XXVII, S. 52; Brief Schachts an Blomberg vom 24. Dezember 1935, *a. a. O.*, XXXVI, S. 291 ff.; Ministerratssitzung vom 12. Mai 1936, *a. a. O.*, XXVII, S. 135 ff.; Brief Schachts an Göring vom 2. April 1937, *a. a. O.*, XXXVI, S. 282 ff. Vgl. auch die Zeugnisse von Reichsbank-Direktor Ernst Hülse, *a. a. O.*, XLI, S. 289, General Thomas, *a. a. O.*, S. 297, und Vocke, *a. a. O.*, XIII, S. 69.

[181] Schacht, *Abrechnung...* (Anm. II/163), S. 10, und ders., *76 Jahre...* (Anm. II/161), S. 456 ff.

Hitler war ein Endtermin zum 31. März 1936 vorgesehen,[182] der dann von Schacht gegen den wachsenden Widerstand des Reichsbank-Direktoriums noch zweimal, erst bis 1937, dann bis 1938 (jeweils zum 31. März) verlängert wurde.[183] Dabei war er freilich nicht mehr ganz Herr seiner Entschlüsse, aber auch der von ihm freiwillig zugestandene Termin von 1936 umschließt einen Zeitraum, der bis nahe an die Grenze der Vollbeschäftigung – und damit weit über die Periode der Initialzündung hinaus – reichte.[184] Dementsprechend hat seine Opposition sich bis 1936 auch nicht so sehr gegen die Fortsetzung der Aufrüstung, als vielmehr gegen die Verzettelung der Kräfte durch zusätzliche Partei- und Staatsbauten usw. gerichtet,[185] zielte also gerade nicht auf schnelle Ablösung der militärischen durch zivile Investitionen, sondern auf Konzentration aller Kräfte auf die Aufrüstung. Dabei zeigte sich schon 1934, daß ein solches Vorhaben nicht allein durch kreditpolitische Maßnahmen zu bewältigen war, und so sah sich Schacht gezwungen, im August 1934 auch noch das Wirtschaftsministerium zu übernehmen und die Wirtschaft schrittweise unter ein immer mehr verdichtetes System von staatlichen Kontrollen zu stellen, das die sich allmählich ansammelnden Überschüsse von Anfang an radikal für den Staatskonsum abschöpfte, statt, wie es dem Konzept der Initialzündung entsprochen hätte, sie zur Schaffung einer selbsttragenden Konjunktur der Privatwirtschaft zuzuführen.

Wenn Schacht also überhaupt an Initialzündung gedacht hat, so hat er solche Ideen schon bald freiwillig oder unfreiwillig aufgegeben; wahrscheinlicher aber ist, daß seine diesbezügliche Aussage in Nürnberg eine *ex-post*-Interpretation auf Grund von inzwischen gewonnenen Einsichten ist, denn tatsächlich reichten die Absichten, die er mit der Rüstungsfinanzierung verfolgte, weit über das Konzept der Initialzündung hinaus. So hat er noch nach dem Kriege mehrfach darauf hingewiesen, daß er von der Unentbehrlichkeit einer angemessenen Rüstung für Deutschlands nationale Sicherheit überzeugt gewesen sei.[186] Daß er diesen wirtschaftspolitisch an sich irrelevanten Gesichtspunkt nichtsdestoweniger für erheblich hielt, beruhte auf seiner Ansicht, daß die Hauptwurzel der Weltwirtschaftskrise in der wirtschaftlichen Deklassierung Deutschlands durch den Versailler Vertrag und das Reparations-System zu suchen sei und daß dieser Zustand nur durch politischen Wiederaufstieg Deutschlands und eine Stärkung seiner internationalen Verhandlungsposition überwunden werden könne.[187] Dazu aber bedürfte es des Aufbaus wenn nicht einer Offensiv-Armee, so doch eines militärischen Instruments, das groß genug war, um in diplomatischen Auseinandersetzungen als wirksames, wenn auch unausgesprochenes Argument Gültigkeit zu haben. Sehr bezeichnend war dabei die Vorstellung, die er von Deutschlands wirtschaftlicher Existenzsicherung in einer neuen weltwirtschaftlichen Ordnung hatte. Denn Schacht war

---

[182] Schacht im Ministerrat vom 12. Mai 1936, *IMT* (Anm. I/55), XXVII, S. 136; Brief an Blomberg vom 24. Dezember 1935, *a. a. O.*, XXXVI, S. 292; Schacht, *Abrechnung...*, a. a. O., S. 37.

[183] Die erste Verlängerung (bis 1937) ist anscheinend formlos und ohne ernsten Widerstand Schachts geschehen, da er darüber nichts berichtet; zur zweiten s. Schacht, *76 Jahre...* (Anm. II/161), S. 457 ff. – Zum Widerstand im Reichsbank-Direktorium s. die Aussagen von Puhl, *IMT, a. a. O.*, XXXVI, S. 519, Hülse, *a. a. O.*, XLI, S. 289 ff., und Schniewind, *a. a. O.*, S. 269 ff.

[184] Der Begriff der Vollbeschäftigung ist natürlich dehnbar, aber die Mehrzahl der Autoren stimmt doch darin überein, daß sie 1936 erreicht war: Erbe (Anm. II/165), S. 37 und *passim*; Kroll (Anm. II/156), S. 604; Burton Harold Klein, *Germany's Economic Preparations for War*, Cambridge (Mass.) 1959, S. 79. Ältere Arbeiten setzen die Grenze später an: Stuebel (Anm. II/161), S. 4134 (März 1938); Rudolf Stucken, *Deutsche Geld- und Kreditpolitik 1914–1953*, 2. Aufl., Tübingen 1953, S. 153 (August 1937).

[185] Vgl. insbesondere sein Memorandum vom 3. Mai 1955, *IMT* (Anm. I/55), XXVII, S. 50 ff., ferner die Aussage Krosigks in Nürnberg, *a. a. O.*, XXXIII, S. 41 ff.

[186] Schacht, *Abrechnung...* (Anm. II/163), S. 9, und ders., *76 Jahre...* (Anm. II/161), S. 456; vgl. auch Aussage Vockes, *IMT, a. a. O.*, XIII, S. 66.

[187] Schachts Königsberger Rede (18. August 1935) *a. a. O.*, XXXVI, S. 509; Rede vom 29. November 1938 *a. a. O.*, S. 584.

mit Hitler darin einig, daß Deutschlands mitteleuropäischer Lebensraum ungenügend sei und einer Ausweitung bedurfte, die Deutschlands wirtschaftliche Abhängigkeit wenigstens im Frieden milderte. Diese Einschränkung unterschied ihn von Hitler, und dementsprechend dachte er auch nicht an Gebietserwerb in Europa, sondern an den Rückerwerb der ehemals deutschen Kolonien, den er bei den Siegermächten durchsetzen wollte und den er als Basis für die Schaffung einer, wie er es einem amerikanischen Unterhändler gegenüber ausdrückte, "German world of the mark" benutzen wollte [188] – Gedanken, die offensichtlich aus der Welt vor 1914 stammten und aufs seltsamste mit den revolutionären Methoden kontrastieren, die seine Finanzpolitik auszeichneten. [189]

Neben diesen außenpolitisch-weltwirtschaftlichen Überlegungen sprachen aber nach Schachts Ansicht auch innenpolitisch-psychologische Gründe für die Rüstungsfinanzierung. Sollte sein Experiment gelingen, so mußte nicht zuletzt der panischen Inflationsfurcht vorgebeugt werden, von der die deutsche Öffentlichkeit seit der katastrophalen Inflation von 1922/23 besessen war. Die Rücksichtnahme auf diese Empfindlichkeiten war eins der unumstößlichen Prinzipien für die Wirtschaftspolitik der Weimarer Regierungen gewesen,[190] und das Regime Hitler konnte noch weniger darauf verzichten. Aus diesen Gründen sperrte sich Hitler gegen die – handelspolitisch an sich erwünschte – Abwertung der Mark; Schacht unterstützte ihn darin und wurde nicht müde, den vielfachen Inflationsgerüchten mit nachdrücklichen Dementis entgegenzutreten.[191] Deshalb erschien ihm auch die Verschleierung und möglichste Geheimhaltung des von ihm angewendeten Finanzierungsverfahrens als unerläßliche Bedingung für den Erfolg, und die Tatsache, daß dies durch das Öffentlichkeitsprinzip der Demokratie sehr erschwert wurde, war offenbar einer der Gründe, die ihn veranlaßten, das Bündnis mit dem Diktator Hitler dem mit der parlamentarischen Demokratie vorzuziehen.[192] So ist man selbst bei dem öffentlichen Arbeitsbeschaffungsprogramm vom Sommer 1933 sehr bald zur Verschleierung der Wechselfinanzierung übergegangen. Nur im ersten Arbeitsbeschaffungsgesetz vom 1. Juni 1933 wurde sie offengelegt; in dem zweiten Gesetz vom 21. September wurde zwar die Höhe der Mittel, aber nicht die Art ihrer Deckung bekanntgegeben, und in dem Gesetz über die Autobahnen ist selbst die Höhe der Mittel verschwiegen worden.[193] Indessen war diese Tarnung

[188] Unterredungs-Notiz S. R. Fuller jr. vom 23. September 1935, *a. a. O.*, S. 526. – Zu Schachts kolonialpolitischen Ideen: Schacht, *Abrechnung. . .* (Anm. II/163), S. 476 f.

[189] Die „eigenartige Vermischung unorthodoxer Maßnahmen mit orthodoxen Vorstellungen" in der NS-Wirtschaftspolitik ist auch von Erbe (Anm. II/165, S. 83) festgestellt worden.

[190] Klein (Anm. II/184), S. 5 f.; Stucken (Anm. II/184), S. 127 f.

[191] Hitlers Ablehnung der Markabwertung: Puhl, *IMT* (Anm. I/55), XXXVI, S. 516, und Schwerin v. Krosigk in einer Rede am 14. Juni 1934, *Schultheß, 1934*, S. 144. Dazu Schweitzer, „Die wirtschaftliche Wiederaufrüstung. . . " (Anm. II/165), S. 601 f., und die Kritik Goerdelers an der unterlassenen Abwertung: Ritter, *Carl Goerdeler. . .* (Anm. I/54), S. 76 f. – Antiinflationistische Erklärungen und Dementis: Hitler am 21. März 1934, *Schultheß, 1934*, S. 98 f.; Schacht am 7. April und 20. September 1933, 22. Februar und 21. Juni 1934, *a. a. O., 1933*, S. 94; S. 213; *a. a. O., 1934*, S. 75; S. 155. Wirtschaftsminister Schmitt am 2. Mai 1934; Finanzminister Krosigk am 24. März und 14. Juni 1934; Staatssekretär Reinhardt am 13. Februar 1934; *a. a. O.*, S. 125; S. 144; S. 102; S. 65 f. – In der Literatur ist die Bedeutung dieser Inflationsfurcht bisher nur von Klein (Anm. II/184, S. 4 ff.) voll gewürdigt worden; auch Erbe (Anm. II/165) stellt auf Grund der Diskussion unter den zeitgenössischen deutschen Autoren fest (S. 165 f.), daß man die Geldschöpfung in Deutschland gewissermaßen „mit schlechtem Gewissen" betrieben habe, glaubt aber, diesem Bedenken kein allzu großes Gewicht beimessen zu müssen. Hinsichtlich Hitlers und der Nationalsozialisten ist allerdings – was Klein zu übersehen scheint – zwischen der Furcht vor einer Inflation und der Sorge vor ihrem Bekanntwerden zu unterscheiden; nur die letztere spielte bei Hitler eine Rolle; vgl. den Hinweis Stuebels (Anm. II/161) auf die im Vergleich zur nationalsozialistischen Praxis viel schärferen Antiinflationsmaßnahmen beim USA-Aufrüstungsprogramm 1950/52 (S. 4135).

[192] Angedeutet in seinen Reden 1935 und 1938; *IMT* (Anm. I/55), XXXVI, S. 510 und S. 587.

[193] Gesetz vom 1. Juni, §§ 5 und 6: *RGBl.*, I, 1933, S. 323 f.; Gesetz vom 21. September, § 1: *a. a. O.*, S. 651; Gesetz über die Errichtung des Unternehmens „Reichsautobahnen" vom 27. Juni 1933; *a. a. O.*, II, S. 509 f. – Vgl. Kroll (Anm. II/156), S. 464 f.

doch nicht vollständig, und überdies durfte es mit Recht als fraglich erscheinen, ob der von Schacht geplante Großeinsatz von Kreditmitteln überhaupt tarnbar war.[194]

In dieser Lage mußte die Rüstungsfinanzierung geradezu als rettender Ausweg erscheinen. Denn nicht nur war Geheimhaltung dabei auch aus außenpolitischen Gründen geboten, konnte also der Wirtschaft gegenüber unverdächtig motiviert werden – auf Grund der langjährigen illegalen Aufrüstung vor 1933 war hier auch von allen Beteiligten, staatlichen Behörden wie Industriefirmen, ein ausreichend erprobter und eingespielter Geheimhaltungsapparat aufgebaut worden, in den sich ein getarntes Finanzierungsverfahren mühelos einbauen ließ. Das geschah, indem Schacht für die Rüstungsfinanzierung neben den Arbeitsbeschaffungs-Wechseln noch die Spezialkonstruktion der Mefowechsel schuf, die sich von jenen allein dadurch unterschieden, daß sie nach Herkunft, Zweck und Menge tarnbar waren. Sie wurden auf die *Metallurgische Forschungsgesellschaft* gezogen, die mit einem von vier Rüstungsfirmen eingebrachten Kapital von nur 1 Million RM ausgestattet war; ihr Vorstand setzte sich aus Vertretern des Reichswehrministeriums und der Reichsbank zusammen, und ihr Personal bestand aus zuverlässigen Beamten der Reichsbank. Sie war also eine reine Scheinfirma, die lediglich als Akzeptstelle für die Wechsel diente und nach außen als privates Unternehmen erschien, das private Kredite vergab.[195] Das schloß Vermutungen und Gerüchte nicht aus, aber sie richteten sich auf den rüstungspolitischen Zweck und nicht auf die konjunktur- bzw. währungspolitische Funktion der Mefowechsel, und zwar um so mehr, als alle Beteiligten bereit waren, den rüstungspolitischen Zweck als ausreichenden Tarnungsgrund gelten zu lassen. So erklärt sich, daß es tatsächlich gelang, die wirtschaftspolitische Bedeutung der Mefowechsel während der ganzen Dauer des „Dritten Reiches" weitgehend, ihre Höhe praktisch vollständig geheimzuhalten.[196] Daß dies auch dann noch versucht wurde, als die Tarnung der Aufrüstung längst gefallen und auch die Wechselfinanzierung bereits eingestellt war,[197] macht eindeutig klar, daß außenpolitische Tarnung nicht der einzige Zweck der Geheimhaltung war, sondern daß auch die Sorge vor der Inflationsangst der Bevölkerung mitspielte,

---

[194] Die Arbeitsbeschaffungsmittel wurden von den an den Programmen beteiligten Institutionen in ihren Berichten ausgewiesen und sind daher auch von der zeitgenössischen Literatur bereits im großen und ganzen zutreffend berechnet worden; s. z. B. Ernst Wagemann, *Zwischenbilanz der Krisenpolitik. Eine international vergleichende konjunkturpolitische Studie*, Berlin 1935, S. 101. Vgl. Erbe (Anm. II/165), S. 38 f. Insofern irrt Erbe, wenn er (S. 56) auch den Arbeitsbeschaffungs-Wechseln eine Tarnungsfunktion zuspricht. Im Vergleich zum unverhüllten Notendruck haben sie sie zweifellos gehabt, aber das hat Schacht offenbar nicht genügt. – Zum Problem der Höhe der Mittel: Die Arbeitsbeschaffungswechsel wurden allgemein auf 5,5 Mrd. RM berechnet, davon ca. 3 bis 3,5 Mrd. RM von der Regierung Hitler ausgegeben. Demgegenüber beliefen sich die Rüstungswechsel auf 12 Mrd. RM.

[195] Kroll (Anm. II/156), S. 585; Stuebel (Anm. II/161), S. 4130; Erbe (Anm. II/165), S. 46 f.; Stucken (Anm. II/184), S. 149 f. – Schacht, *Abrechnung...* (Anm. II/163), S. 10, und ders., *76 Jahre...* (Anm. II/161), S. 399 ff.; Krosigk (Anm. I/74), S. 187; Kesselring (Anm. I/222), S. 36 (Zusammenarbeit zwischen Mefo-GmbH und RLM). – Schacht hat diese Zusammenhänge nach dem Kriege selbst ausgesprochen: Angesichts des Mangels an Geld sei die Hilfe der Notenbank notwendig geworden. „Die Mittel aber einfach aus vermehrtem Notendruck hervorzuzaubern, hätte nichts anderes bedeutet als Inflation und hätte die bereits vorhandene psychische Depression im Volke damit noch verschärft durch die Furcht vor einem Absinken des Geldwertes. Es mußte etwas anderes gefunden werden. Ich ersann das System der ‚Mefowechsel'"; Schacht, *Abrechnung...*, a. a. O., S. 10. Vgl. auch Schachts Rede 1938: *IMT* (Anm. I/55), XXXVI, S. 583.

[196] Vgl. z. B. die Arbeit von Wagemann (Anm. II/194). Die erste zeitgenössische Untersuchung, die die Mefowechsel erwähnt – noch ohne ihren Namen zu nennen –, ist die von Willi Prion, *Das Finanzwunder. Die Geldbeschaffung für den deutschen Wirtschaftsaufschwung*, Berlin-Wilmersdorf 1938. Sie erschien bewußt erst nach dem Ende der Wechselfinanzierung (Vorwort). Bezeichnend ist der Bericht von Schniewind: *IMT* (Anm. I/55), XLI, S. 269 f., wonach die Existenz der Mefowechsel erst 1936 im Reichswirtschaftsministerium bekannt wurde. Vgl. Erbe (Anm. II/165), S. 38 f.

[197] Noch in seiner Rede vom November 1938 bemühte sich Schacht, das Mefowechsel-System zu verschleiern; *IMT* (Anm. I/55), XXXVI, S. 588 f.

der man so lange vorbeugen wollte, bis zumindest der überwiegende Teil der Mefo-
wechsel aus dem Verkehr gezogen war.

Es ist natürlich heute nicht mehr möglich, zu entscheiden, ob diese außerordentlich
weitgehende Geheimhaltung objektiv gerechtfertigt war.[198] Aber wie dem auch sei,
allein die Tatsache, daß die Kreditschöpfung verschleiert wurde, beraubt das Schachtsche Experiment jedenfalls jeden paradigmatischen Charakters.[199] Eben weil man die
Möglichkeit nicht ausschließen kann, daß Schachts Befürchtungen berechtigt waren,
kann man auch nicht entscheiden, ob die unter den Bedingungen der Demokratie und
der Marktwirtschaft allein mögliche offene Kreditexpansion zum Erfolg geführt hätte
bzw. führen würde. Insofern war das Schachtsche Experiment unlöslich mit den politischen Bedingungen der Diktatur verbunden, unter denen allein eine so rigorose Geheimhaltung möglich war. Aus den gleichen Gründen ist auch die gelegentlich vertretene These, die Schachtsche Konjunkturpolitik sei „an sich" richtig gewesen, nur
hätten die Rüstungsinvestitionen durch produktive öffentliche Investitionen ersetzt
werden müssen,[200] nicht haltbar. Wenn allein die Rüstungsinvestitionen das von Schacht
für erforderlich gehaltene Maß an Geheimhaltung verbürgten, so waren sie ein integraler Bestandteil seiner Konjunkturpolitik. Schacht glaubte, nur die Wahl zwischen
zwei Risiken zu haben: der Inflationspanik und den währungspolitischen Gefahren
der Rüstungsfinanzierung. Er entschied sich für die letzteren, weil er diese noch am
ehesten zu bannen hoffte.

Es zeigte sich jedoch sehr schnell, daß diese Hoffnung nicht berechtigt war. Hätte
sie sich erfüllen sollen, so wäre erforderlich gewesen, daß Schacht die Entwicklung
unter Kontrolle behielt, und dazu hätte in erster Linie gehört, daß Umfang und Tempo
der Aufrüstung von vornherein sorgfältig geplant und den wirtschaftlichen Kräften
Deutschlands angepaßt wurden. Aber innen- und außenpolitische Umstände wirkten
zusammen, um das zu verhindern; so unglaublich es klingen mag: die nationalsozialistische Aufrüstung beruhte auf keinem umfassenden Zeit- und Aufbauplan, sondern
ist ungeachtet vieler Ansätze und Teilplanungen im ganzen recht eigentlich planlos
verlaufen. Zwar beschloß das Kabinett – wohl auf Anregung des Reichswehrministers – am 4. April 1933 die Bildung eines *Reichsverteidigungsrates,* der, zusammengesetzt aus den Häuptern der zuständigen Ministerien, unter Vorsitz des Reichskanzlers die oberste Entscheidungsgewalt über alle Verteidigungs- und Rüstungsfragen in
Frieden und Krieg ausüben sollte.[201] Aber obwohl dieses neugeborene Organ ausgezeichnet geeignet schien, das Planungsproblem zu lösen, ist es praktisch nie zum
Leben erwacht, sondern alsbald von einer Entwicklung überrollt worden, die den sinnvollen Organismus alter Kompetenzen zerstörte, ohne ihn durch etwas Neues zu ersetzen, und die damit ein wachsendes Chaos von mehr oder minder „zuständigen"
politischen, administrativen und Parteistellen erzeugte. So war dem Reichswehrminister
die Verantwortung für die Fragen der Landesverteidigung, die er bisher allein aus-

---

[198] Bestritten von Erbe (Anm. II/165), S. 166, der – im Gegensatz zu Klein (Anm. II/184) – auch die subjektive
Ehrlichkeit der offiziellen Inflationswarnungen in Frage stellt, dabei aber doch wohl die Stärke der noch heute
nachwirkenden Erschütterungen von 1922/23 unterschätzt.

[199] Vgl. die Äußerung Adolf Webers im Spruchkammer-Verfahren gegen Schacht, daß „in der ganzen langen Zeit
zwischen beiden Weltkriegen nirgendwo in der Welt eine so konstruktive Wirtschaftspolitik getrieben worden
sei wie bei uns in den Jahren 1933 bis 1935"; zit. bei Stuebel (Anm. II/161), S. 4136.

[200] So vor allem Kroll (Anm. II/156), *passim,* bes. S. 612 ff.; S. 638. Erbes Versuch (Anm. II/165, S. 177 ff.),
eine Alternative zur Schachtschen Wirtschaftspolitik zu konstruieren, zeigt wenigstens soviel, daß ein Verzicht auf
Rüstungsinvestitionen jedenfalls weitergehende Konsequenzen auch für andere Bereiche der Wirtschaftspolitik gehabt hätte.

[201] Bekanntgabe in der 2. Sitzung des Reichsverteidigungsausschusses vom 22. Mai 1933; *IMT* (Anm. I/55),
XXXVI, S. 221. Einzelheiten bei Meinck, „Der Reichsverteidigungsrat" (Anm. II/143), S. 411 ff. (der die Sitzung
irrtümlich auf den 26. April datiert; S. 411, Anm. 2).

geübt hatte, mit der Bildung des Reichsverteidigungsrates entzogen worden. Aber da dieser nicht wirksam wurde und da zugleich auch das Kabinett in zunehmendem Maße als verantwortliches Gremium ausfiel, gab es groteskerweise kein gesetzliches Organ mehr, das die Gesamtverantwortung für die Rüstung tatsächlich trug. Da dieser Zustand der dynamischen Art Hitlers freie Entfaltung erlaubte, darf man in ihm auch den mehr oder minder absichtlichen Urheber des Vorgangs erblicken, und es ist nur verwunderlich, daß seine nicht-nationalsozialistischen Mitarbeiter sich eine derartige „Dynamik" aufzwingen ließen. Aber auch Görings Ehrgeiz forderte sein Opfer. So wurde die theoretisch so imponierende Spitzengliederung der Wehrmacht, wie erwähnt, durch das Luftfahrtministerium durchbrochen, und ähnlich ging es mit Blombergs Versuch, die wirtschaftliche Kriegsvorbereitung in militärischer Hand zu zentralisieren. [202]

Sogar die finanzielle Kontrolle der Aufrüstung, in allen geordneten Staatswesen ein zentrales Steuerungsinstrument, wurde unter dem nationalsozialistischen Regime beseitigt. Nicht nur wurde der Reichstag aus den Etatverhandlungen ausgeschaltet, es wurde auch das Bewilligungsrecht des Finanzministers erst eingeschränkt und dann völlig aufgehoben. Das eine geschah dadurch, daß der jährlich auszuwerfende Betrag an Mefowechseln allein zwischen Blomberg und Schacht in seiner Eigenschaft als Reichsbankpräsident ausgehandelt wurde; der Finanzminister erhielt davon Kenntnis, hatte aber keinen Einfluß darauf. [203] Das andere ergab sich, als das überstürzte Tempo der Aufrüstung zu ständigen, teilweise täglichen Änderungen in Bedarf und Verteilung der Geldmittel führte. Da der umständliche Apparat des Finanzministeriums, der nur auf jährlich einmaliges Durcharbeiten des Etats eingestellt war, dem nicht folgen konnte, wurde die Wehrmacht im April 1934 durch einen Kabinettsbeschluß von der Bewilligung der Geldmittel durch den Finanzminister befreit; die Oberbefehlshaber der Wehrmachtteile erhielten die Ermächtigung, fortan in Etatfragen von den einschlägigen gesetzlichen Vorschriften abzuweichen, sofern besondere Umstände dies erforderten. [204] Und da auch Göring sich ab 1935 ein gleiches Recht für sein Luftfahrtministerium erkämpfte, wurde sogar die Kontrolle des Reichswehr- bzw. Reichskriegsministeriums noch durchbrochen. [205] Dazu kam weiter, daß die Wehrmachtteile aus Gründen der Geheimhaltung und wegen der verschiedenen Finanzierungsmethoden gezwungen waren, mehrere Etats aufzustellen. Die Marine z. B. hatte drei Haushalte: den „offenen", der den Versailler Rüstungsstand und dazu die Instandhaltungskosten für große, nicht tarnbare Schiffsneubauten enthielt; den „Umbau"- oder B-Haushalt (als Nachfolger des ehemaligen „schwarzen" Etats der Reichswehrzeit), in dem alle den Versailler Status übersteigenden fortdauernden Ausgaben geführt wurden (soweit sie tarnbar waren); und schließlich die sogenannten „Maiprogramme", die alle einmaligen Ausgaben, d. h. die Aufrüstungskosten im engeren Sinne, enthielten. Offener und B-Haushalt wurden aus ordentlichen Etatmitteln (Steuern und Anleihen), die Maiprogramme aus Mefowechseln finanziert. [206] Da die Verhältnisse bei Heer und

---

[202] Vgl. o. S. 727 f. und u. S. 814 f. In gewissem Sinne trat an die Stelle des RVR der *Arbeitsausschuß der Referenten für die Reichsverteidigung* (künftig: RVA); s. Meinck, *a. a. O.*, S. 413 f. Aber das war bezeichnenderweise kein politisches, sondern ein lediglich technisches Planungs- und Koordinierungsorgan. – Für die durch Göring verursachten Schwierigkeiten s. u. a. Keitel (Anm. I/17a), S. 85.

[203] Dazu Aussage Blombergs in Nürnberg: *IMT* (Anm. I/55), XXXIX, S. 283 f. Vgl. Schachts Stellungnahme *a. a. O.*, XII, S. 630; S. 655; und Krosigk (Anm. I/74), S. 188 f.

[204] Dazu vor allem der Vortrag über „Die Entwicklung des Marinehaushalts von 1930 bis 1939" von Flottenintendant Thiele (Anm. II/137), eine bisher zu Unrecht übersehene wichtige Quelle für die Aufrüstung; hier bes. S. 581 ff. Außerdem Raeder (Anm. I/107), I, S. 286. Vgl. Stuebel (Anm. II/161), S. 4131.

[205] Stuebel, *ebda.*

[206] Thiele (Anm. II/137), S. 589 f. – Der Ausdruck „Maiprogramme" rührt daher, daß ihr erstes im Mai 1933 anlief.

Luftwaffe kaum anders gelegen haben dürften, war die Folge, daß nicht einmal die einzelnen Wehrmachtteile rechtzeitig einen jährlichen Gesamtetat herausbringen konnten; die Marine versuchte ihn durch periodische Allgemein-Verfügungen über Grundsätze der Geldwirtschaft in der Aufbauzeit zu ersetzen.[207]

Hier wird deutlich, wie Planlosigkeit und Hast schon im Anfangsstadium der Aufrüstung den Staatsapparat zu erschüttern begannen. Nicht nur die Weimarer Verfassung wurde durchbrochen; die Fundamente eines geordneten Staatswesens schlechthin gerieten in Gefahr – ein beredtes Zeugnis für den Fassadencharakter des bombastischen nationalsozialistischen Organisationsgetriebes. Unter diesen Umständen half es auch nicht viel, daß sich die Einsichtigen mehr oder minder nachhaltig um korrektes Verfahren und Sparsamkeit bemühten;[208] da andere Kreise wesentlich weniger schüchtern waren und niemand mehr eine Gesamtübersicht hatte, mußte auch die sozusagen freiwillige Korrektheit einiger „Reaktionäre" wirkungslos bleiben.[209] Damit war eine der unerläßlichen Bedingungen für den Erfolg von Schachts Finanzpolitik hinfällig geworden. Schacht hat das bald selbst einsehen müssen. „Genau so", erklärte er in seiner Denkschrift vom 3. Mai 1935,[210] „wie auf dem Gebiete der Politik die allzu weitreichende Delegation gesetzgeberischer Vollmachten auf Einzelpersonen in Deutschland den Zustand von lauter Staaten im Staate herbeigeführt hat, genau so wirkt sich dieser Zustand des Nebeneinanders und Gegeneinanders zahlloser Staats- und Parteistellen für die Finanzierungsmöglichkeit der Rüstung geradezu verheerend aus." Das war, in wenigen Worten, eine sehr treffende Analyse der Lage, aber sie vermochte den einzigen Mann, der eine Änderung hätte bewirken können, nicht zu beeindrucken. Schacht war damals auf dem Gebiete der Finanz- und Wirtschaftspolitik ein fast allmächtiger Mann, aber die Entschlüsse Hitlers konnte er nur so weit beeinflussen, wie das mit Hitlers Wünschen übereinstimmte.

Es bedarf keiner Phantasie, um zu ermessen, welches Maß an „Freiheit" dadurch zunächst eröffnet wurde, und die Entwicklung in den Jahren 1933 und 1934 zeigt, wie nun die verschiedensten Vorgänge und Ereignisse, sei es der Innen-, sei es der Außenpolitik, zusammenwirkten, um, von Hitler geschickt ausgenutzt, Tempo und Umfang der Aufrüstung ständig zu beschleunigen. Dabei lassen sich für den hier behandelten Zeitraum zwei Phasen unterscheiden. Die erste, die etwa bis zum Oktober/November 1933 reichte, stand noch im Zeichen innen- wie außenpolitisch ungeklärter Verhältnisse und zeigt deshalb eine relativ vorsichtige und z. T. auch unentschiedene Behandlung des Rüstungsproblems. Noch war die stille Auseinandersetzung zwischen Reichswehr und SA nicht entschieden, was insbesondere die Lösung des Problems der künftigen Wehrverfassung behinderte, und auch in außenpolitischer Hinsicht war man sich über den einzuschlagenden Weg noch nicht klar. Da man aber auf der anderen Seite zu sofortigem Beginn der Aufrüstung entschlossen war, mußte man sich zunächst mit provisorischen Planungen begnügen, wobei die Entscheidungen infolge Ausfalles des Reichsverteidigungsrates zwischen Hitler und der Reichswehrführung ausgehandelt wurden. Hitler hatte bereits unmittelbar nach seinem Regierungsantritt die Normaletats der Wehrmachtteile für das Haushaltsjahr 1933/34 vorzeitig in Kraft gesetzt.[211] Anfang April erging dann Hitlers noch sehr unbestimmte Weisung, es solle innerhalb

---

[207] *A. a. O.*, S. 589; vgl. Raeder (Anm. I/107), I, S. 286 ff.

[208] Raeder, *ebda.* Vgl. auch Befehlshaberbesprechung vom 9. Oktober 1934, *Liebmann-Notizen* (Anm. I/112), Bl. 104.

[209] Besonders die Ausgabefreudigkeit der Luftwaffe durchkreuzte die Sparsamkeitsbemühungen. Vgl. z. B. Protokoll über die Besprechung von Vertretern des Heeres-Waffenamts und des Luftfahrtministeriums am 15. September 1933; *MGN* 6, Ankl.-Dok.-B. 5, Dok. NI–7123. Allgemein auch Heinkel (Anm. I/222), S. 293 ff.; S. 316 ff.

[210] *IMT* (Anm. I/55), XXVII, S. 52.

[211] Thiele (Anm. II/137), S. 590. Für die Luftwaffe beschloß das Reichskabinett am 9. Februar 1933 die vorfristige Aufstellung; Völker (Anm. I/148), S. 211.

von fünf Jahren eine Wehrmacht aufgestellt werden, die er als politisches Machtinstrument auf die Waagschale legen könne, und damit begann die eigentliche Aufrüstung.[212] Als Grundlage nahm man zunächst das Schleichersche Rüstungsprogramm
vom Herbst 1932, das ohnehin am 1. April 1933 anlaufen sollte und, wie erwähnt,
bis zum 31. März 1938 die Bereitstellung der personellen und materiellen Mittel für
eine Verdreifachung des 100 000-Mann-Heeres, eine entsprechende Vermehrung der
Marine und den Aufbau einer bescheidenen Luftwaffe vorsah.[213]

Dieser Plan wurde jetzt nach verschiedenen Richtungen erweitert. Während Schleicher lediglich ein Bereitschaftsprogramm vorgesehen hatte, das erst im Kriegsfall oder
im Fall einer diplomatischen Vertragsrevision vollzogen werden sollte, wurde nun
beschlossen, mit dem Vollzug sofort zu beginnen.[214] Außerdem wurde jetzt offensichtlich eine erheblich großzügigere Ausstattung für das 21-Divisionen-Heer und ein
stärkerer Ausbau der Luftwaffe vorgesehen. Die verfügbaren Zahlen deuten daraufhin, daß die Mittel für das Schleichersche Programm bereits im Frühjahr 1933 auf
rund das Vierfache erhöht wurden,[215] was u. a. auf die Absicht zu einem bedeutenden
Ausbau der schweren Artillerie und der Panzerwaffe schließen läßt.[216] Im übrigen
sollte dieses auf fünf Jahre berechnete Programm jetzt nur als erste Stufe der Aufrüstung gelten; aber über die Größenordnung des weiteren Aufbaus ab 1938 bestanden offenbar keine klaren Vorstellungen.[217] Einen Vorgeschmack dessen, was noch
kommen sollte, lieferte die Entwicklung der Planungen bei der Luftwaffe. Hier hatte
das Reichswehrministerium noch im März die Aufstellung von fliegenden Verbänden
für Heer und Marine in Stärke von 13 Staffeln mit im ganzen etwa 160 Flugzeugen
bis zum 1. Oktober 1934 befohlen; bis zum 1. Oktober 1935 bzw. 1936 sollten Auf-

---

[212] „Geschichte der K.G. und des Mobplans" (Anm. II/137), S. 473. – Man darf annehmen, daß sowohl diese
Weisung als auch der Beschluß über das im Folgenden zu behandelnde Rüstungsprogramm in derselben Kabinettssitzung vom 4. April, in der auch die Gründung des Reichsverteidigungsrates beschlossen wurde, ergangen ist (oder
mindestens an demselben Tage). Diese Annahme wird unterstützt auch durch den Bericht von Goebbels (Anm. I/92),
S. 293, nach dem am Abend dieses Tages ein geselliges Beisammensein zwischen Hitler und „den führenden Herren
der Reichswehr" stattfand.

[213] Vgl. o. S. 780. Meißners Angabe (Anm. I/72, S. 336), Hitler habe vor seiner Reichstagsrede vom 17. Mai
dem Reichspräsidenten vorgeschlagen, in den Genfer Abrüstungsverhandlungen für Deutschland einen Standard von
300 000 Mann zu verlangen, betraf offenbar dieses Rüstungsprogramm. Vgl. auch Reichenaus Angaben u.
Anm. II/216.

[214] Mueller-Hillebrand (Anm. II/112), I, S. 23. Vgl. die Angabe Keitels im RVA vom 22. Mai 1933, wonach
„der bisher für den Kriegsfall vorbereitete RVR [Reichsverteidigungsrat] mit sofortiger Wirkung in Kraft" trete;
IMT (Anm. I/55), XXXVI, S. 222.

[215] Errechnet aus der Angabe von Thiele (Anm. II/137), S. 591, wonach die Marine im April 1933 die Zusicherung von je 80 Millionen RM *zusätzlicher* Mittel für die nächsten fünf Jahre, also für 400 Mill. insgesamt,
erhielt (es handelte sich um die o. S. 794 erwähnten Maiprogramme). Das bedeutete eine Vervierfachung der bisher
für geheime Zwecke der Marine ausgegebenen Mittel (*a. a. O.*, S. 577). Wenn, woran nicht zu zweifeln ist, das
Heer gleichzeitig ähnliche Zusicherungen erhielt und wenn dabei das damals im offenen Etat übliche Aufteilungs-
verhältnis zwischen Marine- und Heeresausgaben von ca. 1 : 4 zugrunde gelegt wurde, so ergibt sich für das Heer
ein Ansatz von 4 × 400 = 1600 Millionen RM für fünf Jahre. Schleichers zweites Rüstungsprogramm hatte für die
gleiche Zeit 314 Mill. (also 1/5) an Heeresausgaben vorgesehen (Mueller-Hillebrand, *a.a. O.*, I, S. 19). Nach dieser
Berechnung wären also die geheimen, einmaligen Ausgaben für Heer und Marine 1933 auf ca. 2 Mrd. RM veranschlagt gewesen. Rechnet man dazu noch die Ausgaben für die Luftwaffe, die natürlich relativ höher liegen
mußten, so gewinnt Hitlers spätere Mitteilung, er habe 1933 für die Aufrüstung 3 Mrd. RM gefordert, an Glaubwürdigkeit; Picker (Anm. I/16), S. 411.

[216] Reichenau plante 1933 den Aufbau von 20 bis 21 modernen Panzer- und mot. Divisionen, dazu entsprechende Kräfte für Marine und Luftwaffe, im ganzen 450 000 Mann (also wohl 150 000 Mann für Marine und
Luftwaffe); *Zeugenschrifttum* (Anm. I/53), Nr. 44 (Gaertner), S. 3 f. Zum Ausbau der Panzer- und Luftwaffe
s. auch Blomberg in der Befehlshaberbesprechung vom 1. Juni 1933; *Liebmann-Notizen* (Anm. I/112), Bl. 53.

[217] 21-Divisionen-Heer als erste Etappe: Mueller-Hillebrand (Anm. II/112), I, S. 23. Die Militärs rechneten
mit einer Gesamt-Aufbauzeit von acht bis zehn Jahren (*a. a. O.*, S. 22). Bezüglich der Luftwaffe erklärte der Chef
des Rüstungsamtes im RLM, Oberstlt. Wimmer, im September 1933, „das Ziel der anzustrebenden endgültigen Aufrüstung stehe noch nicht fest", vorläufig bestünde nur eine überschlagsmäßige Kalkulation; Dok. NI–7123 (Anm.
II/209).

stellungen in zwei Raten von etwa gleicher Stärke folgen.[218] Aber schon im Juni, gleich nach der Unterstellung der Luftwaffe unter Göring, befahl dieser, die erste Aufstellungsrate auf 26 Staffeln mit ca. 312 Maschinen zu erweitern und sie auf den 1. Juli 1934 vorzudatieren.[219] Insgesamt rechnete die Luftwaffen-Führung zunächst nur mit einer ersten Rüstungsetappe vom 1. Oktober 1933 bis 1. Oktober 1935; weitere Planungen standen noch nicht fest, aber man hoffte auf eine Verdreifachung des Standes von 1935 in fünf Jahren.[220]

Eine wichtige Ergänzung fanden diese Pläne durch den von Reichenau entworfenen Einbau der SA in die Landesverteidigung. Danach sollte die auf 450 000 Mann erweiterte Reichswehr entsprechend den Ideen Seeckts als Elitearmee auf freiwilliger Basis aufgebaut werden, während die Wehrpflichtigen ihre Dienstzeit in einer Miliz nach Schweizer Vorbild abzuleisten hatten, die aus einer Verschmelzung der SA mit der bisherigen Grenzschutzorganisation gebildet werden sollte.[221] Röhm hatte zunächst seine Zustimmung gegeben, und am 1. Juli 1933 erließ Hitler *Weisungen für die Vorbereitung der Reichsverteidigung*, in der er diesen Plan sanktionierte, Richtlinien für die Ergänzung des Grenzschutzes Ost durch eine Grenzsicherung West und Süd gab und der SA die Aufgabe stellte, 250 000 Mannschaften und Führer innerhalb eines Jahres so auszubilden, daß sie der Reichswehr im Ernstfall zur Verfügung ständen.[222]

Die Durchführung all dieser Planungen setzte z. T. noch während der Ausarbeitung der Programme ein, wobei zunächst die Schaffung der organisatorischen, juristischen und wirtschaftlichen Grundlagen im Vordergrund stand. Dazu gehörte die erwähnte Gründung des unfruchtbaren Reichsverteidigungsrats im April und vor allem die Ernennung des Reichswehrministers zum Oberbefehlshaber aller drei Wehrmachtteile.[223] Im *Heer* begannen am 1. April bei einer Anzahl von Feldtruppenteilen Versuche mit Kurzausbildung, die am 30. Juni 1933 erfolgreich abgeschlossen wurden.[224] Auch begann im Mai die Auf- bzw. Umstellung der ersten neuen Heereseinheiten,[225] und die Industrie erhielt die ersten zusätzlichen Bauaufträge, dies freilich in beschränktem

---

[218] Aufstellungs-Programm vom 17. März 1933 (Nr. 380/33 gKdos.); Georg Tessin, *Formationsgeschichte der Wehrmacht 1933–1939. Stäbe und Truppenteile des Heeres und der Luftwaffe* (Schriften des Bundesarchivs, Bd. 7), Boppard a. Rh. 1959, S. 78. Tessin gibt nur die Zahl der Staffeln; die Zahl der Flugzeuge errechnet sich aus dem etatmäßigen Bestand von 12 Flugzeugen pro Staffel. Ausführlicher jetzt Völker (Anm. I/148), S. 210 ff.

[219] Befehl des RLM vom 29. Juni 1933 (L. A. Nr. 1305/33 gKdos.); *ebda.*, und Tessin, *a. a. O.*, S. 218.

[220] Angaben Oberstlt. Wimmers in der Besprechung vom 15. September 1933; Dok. NI–7123 (Anm. II/209). Am 1. Januar 1934 wurde ein neues Programm aufgestellt, das die Produktion von 4021 Flugzeugen bis zum 30. September 1935 vorsah; *Documents. . .* (Anm. II/153), III, S. 1125 f. Einzelheiten und Stimmungsbilder bei Heinkel (Anm. I/222), S. 275 ff.; S. 307 ff.

[221] *Zeugenschrifttum* (Anm. I/53), Nr. 44 (Gaertner), S. 3 f.; Castellan (Anm. I/79), S. 402. Weitere Einzelheiten, auch für das Folgende, s. u. S. 885 ff.

[222] Das Dokument selbst ist nicht erhalten; Castellan, *a. a. O.*, S. 400, teilt seinen Hauptinhalt aus dem Material des französischen Generalstabs mit. Es wird bezüglich der SA bestätigt durch eine Bemerkung des SA-Obergruppenführers Krüger in einer Aktennotiz vom 5. Juli 1933; *IMT* (Anm. I/55), XXIX, S. 3. – Der von Castellan, *a. a. O.*, S. 395, wörtlich zitierte Befehl Hitlers für die Reichsverteidigung, angeblich auch vom 1. Juli 1933, darf mit den obengenannten *Weisungen* nicht verwechselt werden. Da er inhaltlich weitgehend mit den Angaben übereinstimmt, die Keitel in der 2. Sitzung des RVA über den Kabinetts-Beschluß vom 4. April 1933 gemacht hat (*IMT, a. a. O.*, XXXVI, S. 222), ist er vielleicht mit diesem identisch.

[223] Befehlshaberbesprechung vom 1. Juni 1933, *Liebmann-Notizen* (Anm. I/112), Bl. 53. Die Ernennung Blombergs zum Oberbefehlshaber war möglicherweise ein Äquivalent gegen die Auslieferung der Luftwaffe an Göring, die am 15. Mai erfolgte.

[224] Hoßbach, *Die Entwicklung. . .* (Anm. I/25), S. 98.

[225] Tessin (Anm. II/218), S. 48; S. 54; S. 65 f.: Ab 1. Mai 1933 Umwandlung von Fahr-Abteilungen in Beob.-Abteilungen der Artillerie und in Flak-Einheiten; Umwandlung der bisherigen Kraftfahr-Abteilungen in Kraftf.-Kampf-Abteilungen (als Grundstock der Panzer- und Panzerabwehrwaffe). – Die Vermehrung der Kopfstärke der Reichswehr war zunächst noch gering; sie betrug durch Einstellungen am 1. Mai und 1. Oktober 1933 rd. 14 000 bis 24 000 Mann; Meinck, *Hitler. . .* (Anm. II/2), S. 86 f. (mit Tabelle auf S. 89).

Umfang.[226] Bei der *Luftwaffe* erfolgte, wie erwähnt, im April die Bildung des Luftamtes,[227] der im Juni „mit Wirkung vom 1. April" die Einrichtung einer geheimen „Kasse L" für Rüstungsausgaben im Luftfahrtministerium folgte. Sie nahm ihre Tätigkeit zwar erst im Juli auf, erstattete aber die bis dahin aufgelaufenen Ausgaben dem Reichswehrministerium zurück.[228] Was die *Marine* betrifft, so wurde ihr Schiffbauersatz-Plan für 1933, der bereits wichtige Erweiterungen vorsah, im März 1933 aufgestellt und im April/Mai in Kraft gesetzt.[229] Alsbald begann der Bau an diesen Schiffen, unter denen sich auch ein Schlachtkreuzer der 27 000 t-Klasse, die spätere *Scharnhorst,* befand, und bei der Schichau-Werft in Danzig wurde ein Marine-Schwimmdock in Bau gegeben.[230] Bereits im April wurden auch einleitende Maßnahmen zur *wirtschaftlichen* Kriegsvorbereitung getroffen;[231] das entsprechende Referat im Reichswirtschaftsministerium wurde allerdings erst im Oktober errichtet.[232] Und schließlich wurde im Mai 1933 auch die Rüstungsfinanzierung organisiert. Die „Metallforschungsgesellschaft" wurde gegründet und zugleich durch Kabinettsbeschluß ein Kontrollausschuß für den Geld- und Kapitalmarkt gebildet, der unter Leitung Schachts inflationistischen Auswirkungen der Mefowechsel-Finanzierung vorbeugen sollte.[233] Auch erhielten die Wehrmachtteile im Mai die ersten Raten in Mefowechseln zugewiesen.[234]

Wenn man nun dieser rüstungspolitischen Aktivität die Tatsache gegenüberstellt, daß das Kabinett Hitler bis zu diesem Zeitpunkt (Ende Mai) praktisch noch keine zivilen Arbeitsbeschaffungs-Maßnahmen getroffen hatte,[235] so ergibt sich die Vermutung, daß Hitlers Direktive vom 8. Februar über den Vorrang der Aufrüstung bei der Arbeitsbeschaffung den Ablauf der Ereignisse bereits 1933 in weit höherem Maße bestimmte, als das bisher angenommen wurde.[236] Sie wird zur Gewißheit, wenn man

---

[226] Vgl. die Aufstellung des Heeres-Waffen-Amts Nr. 1279/33 (III Ab) g.K.Wa.Wi. vom 7. Oktober 1933 über Verstöße gegen den Versailler Vertrag (Produktions-Ausweitung verschiedener Rüstungsfirmen, Bau von 15-cm-Haubitzen, von 150 Panzerwagen nach englischen Modellen usw.); *MGN* 12, Ankl.-Dok.-B. 10 A, Dok. NIK–11727.

Schreiben des Reichswehrministeriums Nr. 577/34 Wa B1 Ie vom 8. Februar 1934 an Krupp A.G. mit Bezugnahme auf Aufträge für Panzerkuppeln vom 14. Juni 1933; *ebda.* Übersichtsliste der Marineleitung (Neu A II v 4212/33 GKdos.) vom 9. September 1933 über Verstöße gegen den Versailler Vertrag (Produktionsausweitung), *IMT* (Anm. I/55), XXXIV, S. 205 ff., bes. S. 212 ff

[227] S. o. S. 727.

[228] Gemeinsamer Geheim-Erlaß des Reichsluftfahrtministers (III. 5.) und des Reichsfinanzministers (A 2000–193 I) vom 10. Juni 1933; und Schreiben der Kanzlei des RLM (Abt. D II 2) vom 12. Juli 1933; beides in: *MGN* 11, Ankl.-Dok.-B. 212, Dok. NG–4143.

[229] Thiele (Anm. II/137), S. 591.

[230] *A. a. O.,* S. 583; S. 591.

[231] Gesetz über die Durchführung einer Volks-, Berufs- und Betriebszählung vom 12. April 1933; *RGBl.,* I, 1933, S. 199. Mit ihr sollten „Wirtschafts-, insbesondere produktionsstatistische Erhebungen" verbunden werden (§ 6). Das Gesetz ermöglichte die Sammlung der statistischen Daten für Musterung und wirtschaftliche Mobilmachung (s. u. S. 823 f.). Vgl. Bericht des Min.-Rats Godlewski, Referent des Reichswirtschaftsministeriums im RVA, in der 6. Sitzung des RVA vom 23./24. Januar 1934, *IMT* (Anm. I/55), XXXVI, S. 387, und Bericht des Reichswirtschaftsministeriums vom 30. September 1934 über die wirtschaftliche Kriegsvorbereitung; *a. a.* O., S. 205.

[232] *A. a. O.,* S. 169.

[233] Kabinetts-Beschluß vom 31. Mai 1933; *Schultheß, 1933,* S. 151. Daß es sich dabei nicht nur, wie in der offiziellen Mitteilung angegeben, um die Finanzierung der Arbeitsbeschaffung, sondern in erster Linie um die der Aufrüstung handelte, geht hervor aus dem Memorandum des Reichsbank-Direktoriums vom 7. Januar 1939, *IMT* (Anm. I/55), XXXVI, S. 367. Die Angabe bei Kroll (Anm. II/156), S. 465, ist dementsprechend zu korrigieren. – Zur Gründung der Mefo-GmbH s. o. S. 792.

[234] Thiele (Anm. II/137), S. 591 (für die Marine).

[235] Ausnahmen: Gesetz über Änderung des Kraftfahrsteuer-Gesetzes vom 10. April 1933, *RGBl.,* I, 1933, S. 192 (indirekte Maßnahme, s. u. S. 801); und 3. Durchführungs-Verordnung zur Verordnung des Reichspräsidenten vom 15. Dezember 1932, *a. a.* O., S. 282 (Beschleunigung durch Erleichterung der Enteignung für den Bau von Verkehrswegen). Vgl. Kroll (Anm. II/56), S. 462.

[236] Die bisherige Literatur, namentlich auch von wirtschaftswissenschaftlicher Seite, hält im allgemeinen noch an einer Aufteilung der nationalsozialistischen Wirtschaftspolitik in eine Arbeitsbeschaffungs- und eine Aufrüstungsperiode fest; lediglich der Zeitpunkt des Kurswechsels ist inzwischen von dem offiziellen Datum März

die offizielle Arbeitsbeschaffungs-Politik der Nationalsozialisten analysiert, die am 1. Juni mit der Verkündung des ersten Gesetzes zur Verminderung der Arbeitslosigkeit begann.[237] Es bedarf dazu keiner umfassenden Untersuchung;[238] hier genügen drei Feststellungen: erstens, daß diese Maßnahmen sich gegenüber dem Arbeitsbeschaffungs-Programm der letzten Weimarer Regierungen durch eine starke Betonung des arbeitspolitisch-propagandistischen Zwecks auszeichneten; zweitens, daß das militärische Interesse dabei nachweisbar in überraschend hohem Umfange berücksichtigt worden ist; und schließlich drittens, daß das Aufrüstungsprogramm nicht nur daneben unvermindert weiterlief, sondern nach dem Austritt aus dem Völkerbund im Oktober in eine Phase weiterer Beschleunigung und Ausweitung überging.

Was das erste angeht, so ist offensichtlich und auch ganz unbestritten, daß Hitlers Arbeitsbeschaffungs-Maßnahmen im großen und ganzen keine prinzipielle Neuerung gegenüber denjenigen Papens und Schleichers gebracht haben und deren konjunkturpolitische Linie im wesentlichen fortsetzten.[239] Nur zwei neue Maßnahmen finden sich in ihnen: zunächst der Autobahnbau, der den bei weitem größten Posten des Gesamtprogramms darstellte. Aber da er sich über sechs Jahre erstrecken sollte, war er nicht als Initialzündung gedacht, und da sein Beginn sich obendrein lange verzögerte – erster Spatenstich am 23. September 1933 –, trat seine volle Wirkung auf den Arbeitsmarkt erst ab 1934 ein; dafür aber bot er ein außerordentlich wirksames Propagandaobjekt. Das zweite Novum, die Förderung der Einstellung von Hausgehilfinnen und von Eheschließungen, hatte, ebenso wie einige andere Maßnahmen des zweiten Arbeitsbeschaffungs-Gesetzes,[240] konjunkturpolitisch nur eine Nebenbedeutung. Sie zielte vornehmlich auf Entlastung des Arbeitsmarktes von weiblichen Arbeitskräften, diente also nur bedingt der Ankurbelung der Wirtschaft.[241] Diese Tendenz wird noch dadurch unterstrichen, daß auch bei den anderen Maßnahmen die Bevorzugung der menschlichen Arbeitskraft gegenüber der Maschinenarbeit angestrebt, also der arbeitspolitische Zweck dem konjunkturpolitischen vorgezogen wurde.[242] Hier wie in dem Autobahn-Projekt wird der propagandistische Aspekt des Programms greifbar; es zielte hauptsächlich darauf, Arbeitslose von der Straße wegzubringen, weniger darauf, die Produktion in Gang zu setzen.

Soweit aber produktionsfördernde Maßnahmen getroffen wurden, berücksichtigte man dabei in erheblichem Umfang die militärischen Interessen. Damit setzte man eine schon vorher eingeleitete Praxis fort. Bereits im Februar und März 1933 hatte Hitler den Wehrmachtteilen außerordentliche Mittel in Höhe von etwa 150 Millionen RM aus den Arbeitsbeschaffungs-Programmen Papens und Schleichers zugeteilt, wo sie buchstabengetreu zu bisher liegengebliebenen Instandsetzungsarbeiten usw. verwendet

---

1935 auf das Frühjahr 1934 vorverlegt worden; Kroll, *a. a. O.*, S. 562 ff. und S. 467 ff. Vgl. auch Stuebel (Anm. II/161), S. 4134; Stucken (Anm. II/184), S. 147 ff.; Erbe (Anm. II/165), S. 25; Schweitzer, „Die wirtschaftliche Wiederaufrüstung. . ." (Anm. II/165), S. 594 f. Schweitzer hat jedoch den Sinn des Arbeitsbeschaffungs-Programms schon richtig erfaßt, wenn er (S. 625) schreibt, es habe zwei Aufgaben erfüllen sollen, „die Wiederaufrüstung einzuleiten und einen ideologischen Deckmantel zur Vertuschung der Wiederaufrüstungspolitik der Regierung zu bilden".

[237] *RGBl.*, I, 1933, S. 323. Sie wurde fortgesetzt durch das Gesetz über die Errichtung des Unternehmens „Reichsautobahnen" vom 27. Juni und das Gesetz über Steuererleichterungen vom 15. Juli; den Abschluß bildete das 2. Arbeitsbeschaffungs-Gesetz vom 21. September; *a. a. O.*, II, S. 509; I, S. 491; S. 651.

[238] Vgl. o. II. Teil.

[239] Kroll (Anm. II/156), S. 464 ff.

[240] *A. a. O.*, S. 471 f.

[241] Da die Ehestandsdarlehen in Form von Bedarfsdeckungsscheinen gewährt wurden, förderten sie den Konsum; *a. a. O.*, S. 466.

[242] Vgl. § 2 Ziff. 3 des Gesetzes vom 1. Juni; § 2 Ziff. 9 der Durchführungsverordnung zu diesem Gesetz vom 28. Juni (*RGBl.*, I, 1933, S. 425); Zweite Durchführungsverordnung zu diesem Gesetz vom 13. Dezember 1933 (*a. a. O.*, S. 1071); ferner das Gesetz über die Einschränkung der Verwendung von Maschinen in der Zigarrenindustrie vom 15. Juli 1933; *a. a. O.*, S. 493. – Vgl. Kroll, *a. a. O.*, S. 465 f.

wurden.[243] Auch erhielt z. B. die Marine im April oder Mai 2 Millionen RM aus der „Spende zur Förderung der nationalen Arbeit" zugewiesen.[244] Mit dem im Juni anlaufenden Arbeitsbeschaffungs-Programm wurde diese Praxis zum System. In der 6. Sitzung des Reichsverteidigungs-Ausschusses Ende Januar 1934 wies der Referent des Reichsfinanzministeriums auf Anfrage von General Beck darauf hin,[245] daß der Forderung der Wehrmacht nach „Erstarkung und Erhaltung kriegswichtiger Betriebe" durch steuerpolitische Maßnahmen entsprochen worden sei: Das Arbeitsbeschaffungs-Gesetz vom 1. Juni 1933 sehe Steuererleichterungen für Ersatzbeschaffungen (von Maschinen usw.), das Gesetz vom 15. Juli 1933 (§ 1) dasselbe für Instandsetzungen und Ergänzungen an Betriebsgebäuden vor, und § 3 desselben Gesetzes ermächtige den Reichsfinanzminister zur Gewährung von Steuerbefreiungen und Ermäßigungen für die Neugründung von Unternehmungen, für deren Produktion ein „überragendes Bedürfnis der gesamten deutschen Volkswirtschaft" vorliege. Diese Bestimmungen, die in ihrer Gesamtheit lückenlos ineinandergriffen und sowohl die Überholung von Betriebsausrüstungen und -Gebäuden als auch die Einrichtung neuer Betriebe und die Umstellung vorhandener auf Rüstungsproduktion ermöglichten, darf man ohne Übertreibung als die Grundlage für den Aufbau der „kriegswichtigen" bzw. Rüstungsindustrie betrachten, ja das Gesetz vom 15. Juli, das außer den beiden genannten nur noch einen weiteren, belanglosen Paragraphen enthielt,[246] stellte für sich so etwas wie ein Spezialgesetz für die Rüstungsindustrie dar. Zweifellos erstreckte sich die Geltung dieser Gesetze offiziell auf die gesamte Industrie und wird ihr auch zugute gekommen sein, aber da es sich um steuerpolitische Maßnahmen handelte, hatte der Finanzminister die Möglichkeit zu entsprechender Auswahl und Lenkung. In diesem Sinne wurde nach Mitteilung des Referenten sogar zusätzlich der § 131 der Reichsabgabenordnung herangezogen.[247]

Damit aber nicht genug. Auch im 2. Arbeitsbeschaffungsgesetz vom 21. September 1933 waren militärische Zwecke berücksichtigt, und zwar in Gestalt von Zuschüssen für Ausbauten von Wohn- und Betriebsgebäuden zu Zwecken des *zivilen Luftschutzes,* wobei man hauptsächlich an den Umbau von Kellern zu Luftschutzräumen dachte.[248] Auch stellte das Reichsfinanzministerium den zivilen Ressorts in den Jahren 1933 und 1934 geringe Beträge aus Arbeitsbeschaffungs-Mitteln für Zwecke der Reichsverteidigung zur Verfügung,[249] und die Arbeitsbeschaffungs-Programme von Reichsbahn und Reichspost berücksichtigten sehr wahrscheinlich ebenfalls militärische Gesichtspunkte.[250]

---

[243] Thiele (Anm. II/137), S. 590 f. Danach erhielt die Marine im Februar und März 1933 zusammen 35,7 Mill. RM, was bei Umrechnung nach dem o. Anm. II/215 angewandten Schlüssel ca. 150 Mill. für die ganze Wehrmacht ergibt.

[244] A. a. O., S. 591. Zur Verfügung gestellt vom ostpreußischen Gauleiter Koch zum Bau des o. S. 798 erwähnten Schwimmdocks.

[245] *IMT* (Anm. I/55), XXXVI, S. 386.

[246] § 2: Steuerfreiheit für einmalige Zuwendungen von Arbeitgebern an Arbeitnehmer in Form von Bedarfsdeckungs-Scheinen.

[247] *IMT* (Anm. I/55), XXXVI, S. 386. Im übrigen wies der Referent auf die Möglichkeit von Darlehen, Subventionen usw. als finanzpolitische Maßnahmen hin; *ebda.*

[248] Staatssekretär Fritz Reinhardt, *Generalplan gegen die Arbeitslosigkeit. Vortrag, gehalten im Klub zu Bremen,* Oldenburg 1933, S. 12 ff. – Auch diese Zweckbindung war im Gesetz nicht angegeben.

[249] Stuebel (Anm. II/161), S. 4131. Die Gesamthöhe ist nicht bekannt, doch geben die Anforderungen der Referenten in der 6. Sitzung des RVA im Januar 1934 (*IMT*, Anm. I/55, XXXVI, S. 388; S. 390; S. 402; S. 404) und der Bericht des Wirtschaftsministeriums vom September 1934 (*a. a. O.,* S. 165; S. 178 f.) einen Anhalt. Vgl. insbesondere die Angabe S. 402, wonach Arbeiten zur Erhöhung der Leistungsfähigkeit der Wasserstraßen nach strategischen Gesichtspunkten „im Rahmen des Reinhardt-Programms" finanziert wurden.

[250] Nach Kroll (Anm. II/156), S. 472, enthielt das Arbeitsbeschaffungs-Programm der Reichspost in einer Gesamthöhe von 76,6 Mill. RM (August 1933) 55 Mill. RM für technische Verbesserungen des Fernmeldewesens. An diesen Arbeiten war die Wehrmacht hervorragend interessiert; die Mitteilungen des Post-Referenten in der 6. Sitzung des RVA am 23./24. Januar 1934 lassen sogar den Schluß zu, daß sie auf militärische Anforderung betrieben wurden; *IMT, a. a. O.,* XXXVI, S. 407.

Schließlich darf in diesem Zusammenhang der strategische Wert der Autobahnen ebensowenig außer acht gelassen werden wie die militärische Nebenbedeutung der am 10. April 1933 verfügten Steuerfreiheit für solche Kraftfahrzeuge, die nach dem 31. März 1933 zugelassen wurden [251] – eine Maßnahme, auf die die Industrie überraschend schnell mit Zunahme der Produktion und der Beschäftigtenzahl reagierte.[252] An der Kräftigung der Kraftfahrzeug-Industrie war die Wehrmacht hervorragend interessiert, ebenso aber auch an der Vermehrung der zivilen Kraftfahrzeuge, denn nach den damaligen Plänen sollte die Mobilmachung der zu 90 % motorisierten Nachschubverbände der Wehrmacht im Kriegsfall durch Beschlagnahme von Privatwagen erfolgen.[253] Das frühe Datum des Gesetzes, das es zeitlich in Zusammenhang mit dem Beginn der Aufrüstung bringt und deutlich gegen das Arbeitsbeschaffungs-Programm vom Sommer absetzt, könnte ebenfalls darauf hindeuten, daß hier Motorisierung und Aufrüstung, nicht Arbeitsbeschaffung und Krisenbekämpfung im Vordergrund gestanden haben.

Schließlich muß auch berücksichtigt werden, daß das Gesetz vom 21. September 1933 das letzte Arbeitsbeschaffungs-Gesetz war; danach wurden keine neuen zivilen Programme mehr in Gang gesetzt. Das ist insofern bemerkenswert, als mit Ausnahme des Autobahnbaus alle zivilen Arbeitsbeschaffungs-Maßnahmen bis spätestens Ende 1934 befristet waren; die beiden sogenannten Reinhardtschen Instandsetzungs-Programme in den Gesetzen vom 1. Juni und 21. September waren sogar nur bis zum 1. Juli bzw. 31. März 1934 befristet, und am 14. Juni 1934 erklärte der Reichsfinanzminister ausdrücklich, „zusätzliche Arbeitsbeschaffungs-Maßnahmen in der Form des vorigen Jahres kämen künftig nicht mehr in Frage".[254] Es kann nicht zweifelhaft sein, daß diese Fristen zu einer Vollendung der Krisenüberwindung nicht ausreichten. Daß anderseits das Autobahn-Programm mit seinen jährlich 500 Millionen RM als alleinige Stütze des weiteren Konjunkturaufschwungs nicht genügte, dürfte nach den amerikanischen Erfahrungen sicher sein.[255] Entweder hatte man sich in dem Ausmaß der notwendigen Stützungsmaßnahmen gründlich verschätzt, oder man hatte, was sehr viel wahrscheinlicher ist, von vornherein andere Absichten. Das letztere wird insbesondere durch die Stellungnahme bestätigt, die Schacht kurz nach seinem Amtsantritt am 7. April 1933 in einer Rede auf der Generalversammlung der Reichsbank abgab. Nachdem er sich zunächst über die damals viel diskutierten Pläne für „Notstandsarbeiten wie Gräbenziehen, Sandkarren und Wegebeschottern" mokiert und sie als ungeeignete Aushilfen abgelehnt hatte, erklärte er, die Wirtschaft könne nur durch große industrielle Aufträge der öffentlichen Hand, durch die der Produktionsapparat wieder besser ausgenutzt werde, angekurbelt werden.[256] Das entsprach seiner auf Großeinsatz von Kreditmitteln zielenden Finanzierungspolitik. Vergleicht man damit die getroffenen Maßnahmen, so ist klar, daß nicht das zivile Arbeitsbeschaffungs-Programm vom Sommer 1933, wohl aber die militärischen Großinvestitionen den Forderungen Schachts gemäß waren, was er im übrigen auch selbst bestätigt hat.[257]

[251] Vgl. o. S. 798.

[252] Im RVA wurde Ende Januar 1934 bekanntgegeben, daß sich 1933 der Absatz an Personenwagen im Verhältnis zu 1932 verdoppelt, der an Lastwagen um 68 % erhöht habe; *IMT* (Anm. I/55), XXXVI, S. 405. Vgl. Kroll (Anm. II/156), S. 462.

[253] Mitteilung Guderians im RVA Ende Januar 1934, *IMT, a. a. O.*, S. 404.

[254] *Schultheß, 1934*, S. 144. – Kroll (Anm. II/156), S. 466; S. 471; S. 473; Reinhardt (Anm. II/248), S. 25.

[255] Anders Kroll, *a. a. O.*, S. 474, der die Autobahnprogramme als weitere Aufschwungshilfe für möglicherweise ausreichend hält.

[256] *Schultheß, 1933*, S. 94 f. Ebenso in Schacht, *Abrechnung. . .* (Anm. II/163), S. 38.

[257] Schacht, *76 Jahre. . .* (Anm. II/161), S. 455: Bevorzugung der Aufrüstung, weil die Aufträge für sie „an die große Zahl bestehender Fabriken verteilt werden konnten, die über das ganze Land verbreitet waren, und sich deshalb an allen Stellen des Reiches gleichmäßig auswirkten". Für „Wegebauten, Autobahnen, Eindeichungen und dergleichen" entständen zusätzliche Kosten und Erschwernisse wegen der Trennung der Arbeitskräfte von ihrem Wohn-

Und er hat, im Widerspruch zu anderen seiner Äußerungen, gelegentlich auch zugegeben, daß es politische Gründe waren, aus denen die volle Entfaltung der Aufrüstung zunächst verschoben wurde. Diese Gründe waren nicht nur, wie Schacht es
darstellt, außenpolitischer, sondern auch innenpolitischer Natur; eines der größten
Hindernisse war hier die noch ungeklärte SA-Frage, ein anderes der Widerstand, dem
Schachts Pläne im Wirtschaftsministerium und bei einigen nationalsozialistischen Wirt-
schafts- und Agrarideologen begegneten.[258] Schacht hatte sich im Sommer 1933 noch
keineswegs voll durchsetzen können, und das Arbeitsbeschaffungsprogramm spiegelt
das in seiner Weise wider.

Der Überblick über die Politik der Arbeitsbeschaffung zwingt also zu dem Schluß,
daß sie jedenfalls nicht als Versuch einer originalen nationalsozialistischen Krisen-
bekämpfungspolitik, der erst im Frühjahr 1934 oder später durch die Rüstungskon-
junktur abgelöst worden wäre, gelten kann. Sie war vielmehr eine typische Über-
gangsmaßnahme, die, auf kurze Frist berechnet, mehrere Zwecke geschickt vereinte:
Propagandawirkung, innen- und außenpolitische Abschirmung der beginnenden Aufrüstung, Bereitstellung der industriellen Kapazitäten zur Aufnahme der Rüstungsinvestitionen und natürlich auch Konjunkturbelebung – im ganzen also eher eine
Vorstufe als eine Alternative zur Aufrüstung. Damit soll, um einem naheliegenden
Mißverständnis vorzubeugen, nicht gesagt werden, daß alle an Planung, Ausarbeitung
und Durchführung des Programms Beteiligten sich über diese Zusammenhänge und
Zielsetzungen klar waren. Das wird allein schon durch die rigorose Geheimhaltung
ausgeschlossen, der alle Aufrüstungsvorhaben bis weit in die Jahre 1935/36 hinein
noch unterworfen waren und die die militärischen Ziele planmäßig und mit großem
Geschick durch unverdächtige Vorwände tarnte.[259] Bei einem Programm wie dem der
Arbeitsbeschaffung, das von vornherein auch zivilen Zwecken diente, funktionierte
das Tarnsystem natürlich um so besser; unterhalb der Minister- und vielleicht noch
der Staatssekretärs-Ebene wird kaum ein Beteiligter gewußt haben, daß er an einem
Teil des Aufrüstungsprogramms mitarbeitete. Im übrigen war diese Geheimhaltungs-
praxis, ähnlich wie im Falle der Rüstungsfinanzierung, nicht nur aus außenpolitischen
Gründen geboten; denn offensichtlich hing die propagandistische Wirkung der Arbeitsbeschaffungs-Politik, ihr Wert als demonstrative Anstrengung des neuen Regimes
und die legitimierende Rückwirkung ihres Erfolges entscheidend davon ab, daß sie
in den Augen der Öffentlichkeit als originaler Versuch der Nationalsozialisten zur
Krisenüberwindung und ihr Erfolg als Ausweis der Überlegenheit des nationalsozialistischen über das demokratische Regime erschien.[260] Wie wirksam diese Tar-
nungspraxis war, zeigt sich an ihren Fernwirkungen, die sich bis in die wissenschaftliche Literatur der Gegenwart erstrecken.

ort usw. – Auf diese Weise erklären sich auch die von Kroll (Anm. II/156, S. 469 f.) aus Schachts Rede vom
7. April herausgelesenen Widersprüche. Krolls Schlußfolgerung, Schacht habe damals kein klares Arbeitsbeschaffungs-
Programm gehabt, ist damit hinfällig.

[258] Schacht, *Abrechnung.*.. (Anm. II/163), S. 38: Man habe nicht gleich an die Aufrüstung herangehen können,
weil Hitler zunächst das Resultat der Abrüstungsverhandlungen abwarten wollte. Zu den innenpolitischen Hindernissen s. u. S. 818 ff.; S. 880; S. 934 und o. II. Teil, V. Kapitel.

[259] So wurde z. B. das Autobrief-System, das eine karteimäßige Erfassung der Privatwagen für den Kriegsfall
ermöglichen sollte, der Öffentlichkeit gegenüber als Mittel der „Eigentumssicherung" motiviert; 6. Sitzung des
RVA, *IMT* (Anm. I/55), XXXVI, S. 404. – Noch im Juni 1935 (10. Sitzung) bat Jodl die Referenten um möglichste Geheimhaltung der Mob.-Maßnahmen; soweit sie nicht getarnt werden könnten, seien sie „aus Friedens-
notwendigkeiten heraus zu begründen"; a. a. O., S. 433 f.

[260] „Aus dem Gelingen der Arbeitsbeschaffung", so erklärte Hitler am 6. Juli 1933 den Reichsstatthaltern,
„werden wir die stärkste Autorität erhalten" (*Schultheß, 1933*, S. 170). – Die Presse wurde ständig zur Zurückhaltung gegenüber allen militärischen Nachrichten, dafür aber um so mehr zur Herausstellung der Arbeitsbeschaffungsmaßnahmen angehalten; s. die Bestellungen aus der Reichspressekonferenz, *Sammlung Brammer (BA)*.

Wenn es noch eines Beweises für die Richtigkeit dieser Deutung der nationalsozialistischen Arbeitsbeschaffung bedürfte, so würde er durch die Tatsache erbracht,
daß die Rüstungspolitik daneben unvermindert weiterlief, ja, knapp einen Monat
nach Abschluß des Gesetzgebungswerks für die Arbeitsbeschaffung sogar eine neue
Intensivierung erfuhr, durch die die anfänglichen Planungen zum ersten Mal umge-
stoßen wurden. Noch im Juli hatte der Aufbau der militärischen Ausbildungsorganisation für die SA begonnen; sie nahm am 1. Oktober ihre Tätigkeit auf,[261] und mit
dem gleichen Datum begann die Aufstellung der Luftwaffe.[262] Wenn ungeachtet dieser
und der eben erwähnten Maßnahmen heute noch vielfach die Auffassung vertreten
wird, daß das Jahr 1933 im Zeichen der rüstungspolitischen Zurückhaltung Hitlers
gestanden und die Aufrüstung erst 1934 oder gar 1935 begonnen habe, so beruht
das auf einer doppelten optischen Täuschung. Man mißt erstens Hitlers Rüstungsmaßnahmen im Jahre 1933 am Maßstab seiner späteren aggressiven Rüstungspolitik,
übersieht dabei aber, daß auch die Maßnahmen des Jahres 1933 die in der Republik
gewohnten Maßstäbe an Tempo und Umfang weit übertrafen; und man orientiert
sich zweitens an der Höhe der aufgewendeten Mittel, ohne zu berücksichtigen, daß
die Maßnahmen im Jahre 1933 in ihrer überwiegenden Mehrzahl aus organisatorischen Änderungen und Umgruppierungen bestanden und daher meist wenig zusätzliche Kosten verursachten.[263]

Im übrigen setzte bereits mit dem Austritt aus dem Völkerbund am 14. Oktober
die erste Temposteigerung ein. Mit ihm begann der Abbau des außenpolitischen Tar-
nungssystems, und damit entfiel einer der Hauptgründe dafür, daß Hitler 1933 noch
vorsichtig operiert hatte. Wie seine Rede vom 3. Februar zeigt, war er sich von Anfang
an klar darüber, daß die Aufrüstung in ihrem Anlaufstadium zugleich eine außenpolitische Schwächeperiode mit sich bringen müsse.[264] Daher führte er zunächst nicht
nur die Abrüstungsverhandlungen weiter und unterstützte sie durch lautstarke Proklamationen wie die seiner berühmten „Friedensrede" vom 17. Mai 1933;[265] er scheint
auch anfangs selbst geschwankt zu haben, ob es besser sei, die Aufrüstung möglichst
schnell voranzutreiben, um die Periode der Verwundbarkeit rasch zu durchlaufen,
oder ob nicht in diesem Fall Vorsicht der bessere Teil der Tapferkeit sei, um nicht
Gegenaktionen der Versailler Signatarmächte bzw. des Völkerbunds herauszufor-
dern.[266] Auch dies war übrigens ein Grund für die Unsicherheiten und Schwankungen in der Rüstungsplanung. Bei der Marine z. B. war die Aufstellung eines langfristigen U-Bootbauprogramms zunächst dadurch erschwert, daß man auf Verhandlungen
mit England rechnete und deren Resultate abwarten wollte, um sie bestmöglich auszunutzen.[267] Aber über Nacht entschloß sich Hitler dann doch zum „Handeln" und

[261] Vgl. o. S. 797 und u. S. 888 ff.

[262] Tessin (Anm. II/218), S. 7 (Gründung des Luftwaffen-Offizierkorps).

[263] Dies vor allem hat häufig das Urteil der Nationalökonomen in die Irre geführt, die ihre Schlüsse hauptsächlich aus dem statistischen Niederschlag der Ereignisse gezogen und darüber die Quellen politischer Provenienz
vernachlässigt haben.

[264] „Reichswehrdokumente" (Anm. I/40), S. 435.

[265] Ausführliche Darstellung der Haltung Hitlers in der Abrüstungsfrage jetzt bei Meinck, *Hitler*... (Anm.
II/2), S. 20 ff.

[266] Rauschning, *Gespräche*... (Anm. I/5), S. 145 f., und ders., *Die Revolution*... (Anm. I/12), S. 234. – Ähnliche Überlegungen bewegten auch die Militärs; s. die Denkschrift des Chefs des Truppenamts, General Adam, über
die militärische Lage vom März 1933, *MGN* 10, Vert.-Dok.-B. Krupp 2 b, Dok. Krupp 105.

[267] Aufzeichnungen aus den Akten des OKM, 1943 (oder später), *IMT* (Anm. I/55), XXXV, S. 558. Admiral
Aßmann hat die Autorschaft an diesem Dokument, die ihm im Nürnberger Prozeß zugeschrieben wurde (a. a. O.,
XIV, S. 169 ff.; S. 256 ff.) später abgestritten (Aßmann, *Deutsche Schicksalsjahre*, Anm. I/25, S. 37). Der englische Ankläger hat jedoch bei der Vorlage des Dokuments nur davon gesprochen, es sei „in den Akten der Vize-
admirale Aßmann und Gladisch gefunden worden" (*IMT*, a. a. O., XIV, S. 169); erst im Verlauf der Verhöre hat
es sich eingebürgert, von A. als dem Autor zu sprechen. Wie aus dem Inhalt des Dokuments hervorgeht, handelt
es sich dabei um den Versuch des OKM, sich gegen den Vorwurf der Vernachlässigung des U-Bootbaus durch Über-

verkündete am 14. Oktober den Austritt Deutschlands aus dem Völkerbund und der Abrüstungskonferenz. Damit gewann er jetzt auch nach außen jene Handlungsfreiheit, die ihm ein so elementares Bedürfnis war, erreichte aber zugleich auch eine Reihe innenpolitischer Zwecke. Er distanzierte seine Herrschaft auch auf außenpolitischem Gebiet durch eine symbolträchtige Handlung von dem „überwundenen System", entfachte die allmählich erlahmende Begeisterung neu, hielt die Gemüter in Bewegung und zwang, indem er alle Brücken hinter sich abbrach, sich selbst, auf seinem Wege weiterzuschreiten, und die Nation, sich in der zwar willkürlich provozierten, aber doch nun einmal gegebenen Gefahrensituation hinter seiner, Hitlers, Fahne zu sammeln und nicht nur alle „Zwietracht" – und damit auch eventuelle Opposition gegen ihn — aufzugeben, sondern auch willig neue Anstrengungen zu ihrer Sicherheit zu machen.[268]

Das Ergebnis war eine Forcierung der Rüstungspolitik, die nun immer mehr auf jenen Kurs einschwenkte, den Blomberg auf einer Befehlshaberbesprechung im Januar 1935 mit den Worten kennzeichnete: „Gerippe der Wehrmacht *wird absichtl[ich] hochgetrieben*, damit günstige Verhandlungsgrundlage [erreicht wird]!"[269] Im Oktober 1933 stand freilich zunächst die Sorge vor Eingriffen der Völkerbundsmächte im Vordergrund.[270] Blomberg entwarf eine „Weisung für die Wehrmacht im Falle von Sanktionen", die zwar im ganzen noch sehr vorsichtig gehalten war und besonders die Unantastbarkeit des entmilitarisierten Rheinlands betonte, aber auch schon einen neuen Ton anschlug, wenn sie feststellte: „Die Reichsregierung ist gewillt, jedem feindlichen Vorgehen der . . . bezeichneten Art [militärische Sanktionen] *ohne Rücksicht auf militärische Erfolgsaussicht* bewaffneten Widerstand entgegenzusetzen."[271] Im Reichsverteidigungs-Ausschuß gab der neue Chef des Truppenamts, General Beck, ein düsteres Bild der außen- und militärpolitischen Lage und drängte die Zivilressorts zur Fertigstellung der allerdringendsten Mobilmachungs-Vorarbeiten bis zum 1. April 1934.[272] Schließlich griff Hitler selbst ein, forderte ab Anfang 1934 die Beschleunigung der Heeresvermehrung und befahl dem General v. Fritsch am 1. Februar 1934 bei seinem Amtsantritt als Chef der Heeresleitung: „Schaffen Sie ein Heer in größtmöglicher Stärke und innerer Geschlossenheit und Einheitlichkeit auf dem denkbar besten Ausbildungsstand",[273] und Ende Februar präzisierte er das noch dahin, die Wehrmacht müsse „nach 5 Jahren für jede Verteidigung, nach 8 Jahren für jeden Angriffskrieg geeignet sein".[274]

Damit begann die zweite Phase der Aufrüstung, die außer durch Tempobeschleunigung und Ausweitung des Programms vor allem auch durch eine Neuorientierung auf dem Gebiete der Wehrverfassung gekennzeichnet war. Der Machtkampf zwischen Wehrmacht und SA, der sich seit Sommer 1933 zunehmend zuspitzte, entzog dem

betonung der dafür gemachten Anstrengungen zu verteidigen; daher die Irrtümer der Nürnberger Anklage und die Schwierigkeiten der Verteidigung Raeders, der sich hier gleichsam in der eigenen Schlinge gefangen sah.

[268] Einzelheiten zur Vorgeschichte und Geschichte des Austritts aus dem Völkerbund o. I. Teil, IV. Kapitel, und Meinck, *Hitler. . .* (Anm. II/2), S. 34 ff. – Zu Hitlers Motiven Rauschning, *Gespräche. . .* (Anm. I/5), S. 102 ff.; ders., *Die Revolution. . .* (Anm. I/12), S. 421 ff. Möglicherweise setzte aber die Temposteigerung der Aufrüstung schon vorher ein; vgl. Absolon (Anm. I/232), S. 75: Der „eigentliche Aufbau der Wehrmacht" habe am 1. Oktober 1933 begonnen. Dann wäre er mehr Grund als Folge des Austritts aus dem Völkerbund.

[269] *Liebmann-Notizen* (Anm. I/112), Bl. 116 (Auszeichnung i. Orig.). Vgl. *Documents. . .* (Anm. II/153), III, S. 744.

[270] Rauschning, *Die Revolution. . .* (Anm. I/12), S. 311 f.

[271] Weisung vom 25. Oktober 1933, *IMT* (Anm. I/55), XXXIV, S. 487 ff. (Auszeichnung vom Verf.). Zur Ministerratssitzung vom 17. Oktober 1933 (weitere Vorsichtsmaßnahmen) s. u. S. 932.

[272] A. a. O., XXXVI, S. 384 ff.

[273] Aufzeichnung Fritschs vom 1. Februar 1938; Hoßbach, *Zwischen Wehrmacht. . .* (Anm. I/25), S. 70.

[274] *Zeugenschrifttum* (Anm. I/53), Nr. 182 (Weichs), S. 9 (Ansprache Hitlers im Reichswehrministerium, 28. Februar).

Reichenauschen Plan, die Reichswehr-Elitearmee mit einer SA-Miliz zu kombinieren, den Boden; an seine Stelle trat das Projekt eines nationalsozialistischen Wehrpflicht-heeres unter Führung des Reichswehr-Offizierkorps. Doch bevor es soweit war, mußten Regierung und Reichswehrführung noch mehrere Monate voll Unsicherheit und Spannung durchstehen. Darüber wird noch im einzelnen zu berichten sein, an dieser Stelle interessiert nur die Rückwirkung dieser Auseinandersetzung auf die Auf-rüstung. Sie bestand im wesentlichen darin, daß die Ausführung der Rüstungsvorhaben weiterhin erschwert und behindert, Hitlers Pläne aber zugleich gefördert und die im Offizierkorps noch vorhandenen Widerstände gegen eine überhastete Aufrüstung verringert wurden. Denn im Zuge des Machtkampfes zwischen militärischer und SA-Führung erhoben sich in der Heeresleitung nun Stimmen, die auf eine beschleunigte Vermehrung der Reichswehr drängten, um die zahlenmäßig drückende Überlegenheit der SA zu mildern und der Reichswehr im Konkurrenzkampf ein größeres Gewicht zu geben. So entwickelte insbesondere das Allgemeine Heeresamt (bisher Wehramt) den Plan, den Aufbau des 300 000-Mann-Heeres, der nach den bisherigen Plänen erst 1937/38 abgeschlossen sein sollte, bereits zum 1. Oktober 1934, wenn auch mit Einschränkungen, zu vollenden.[275] Das Truppenamt mißbilligte diesen Gedanken, weil Beck außenpolitische Rückwirkungen befürchtete und auch ein schnell aufgeblähtes 300 000-Mann-Heer innenpolitisch für weniger brauchbar hielt als die kleinere, aber festgefügte Reichswehr.[276] Aber da die neue Idee Hitlers Absichten entgegenkam, setzte sie sich nach einigem Hin und Her durch. Bereits am 1. April 1934 trat die Wehrreform in Kraft, die als neue Wehrverfassung die allgemeine Wehrpflicht vor-sah.[277] Als Grundlage für die projektierten 21 Divisionsstäbe wurden 21 *Wehrgau-leitungen* geschaffen, deren Territorialbereiche sich mit denen der bisherigen Infan-terieregimenter deckten. Die bisherige Inspektion der Kavallerie wurde in ein *Kaval-lerie-Korps-Kommando* umgewandelt, dem drei Kavallerie-Brigaden und zwei „Ka-vallerie-Kommandos" unterstellt wurden.[278] Zugleich wurde das bei der SA tätige Ausbildungspersonal bis auf geringe Reste zurückgezogen und der Mannschafts-bestand durch umfangreiche Neueinstellungen von nur noch auf ein Dienstjahr ver-pflichteten Freiwilligen vermehrt.[279] Die Luftwaffe richtete zum gleichen Datum sechs *Luftkreiskommandos* (getarnt als „Höhere Luftämter" mit einem „Präsidenten" an der Spitze) ein und ernannte einen „Kommandeur der 1. Fliegerdivision", dem die ersten drei Fliegergruppen, zu je drei Staffeln, unterstellt wurden.[280]

 Von da an vollzog sich der Aufbau der neuen Wehrmacht fortlaufend und nur noch wenig behindert durch die erst im Juni beendete Auseinandersetzung mit der

[275] Foerster (Anm. I/177), S. 32. Ähnliche Ideen erwog der Leiter der Org. Abt. im Truppenamt; Meinck, *Hitler*. . . (Anm. II/2), S. 87. Vgl. Blomberg am 2. Februar 1934: „Alle Kraft ist . . . dem Umbau und der Er-weiterung des Heeres zuzuwenden!"; *Liebmann-Notizen* (Anm. I/112), Bl. 68. Vgl. auch u. S. 948. Eine ähnliche Konkurrenz entwickelte sich zwischen Heeresleitung und RLM; Völker (Anm. I/148), S. 217 f.

[276] Foerster, *a. a. O.*, S. 32. Vgl. Meinck, *a. a. O.*, S. 87.

[277] Bekanntgabe in der Kdr.-Besprechung im Wehrkreis V am 15. und 18. Januar 1934; *Liebmann-Notizen* (Anm. I/112), Bl. 61. Die Entscheidung darüber muß aber vorher, Anfang Januar 1934 oder Ende 1933, gefallen sein, und noch vorher muß die Diskussion zwischen AHA und Truppenamt stattgefunden haben. Der von Foerster, *a. a. O.*, zitierte Schriftsatz Becks trägt jedoch das Datum vom 20. Mai 1934. Offenbar hat Beck auch noch nach gefallener Entscheidung Widerstand zu leisten versucht. In ähnlichem Sinne ist vielleicht auch das Dementi der für 1. Oktober 1934 geplanten Neueinstellungen durch Fritsch in der Befehlshaberbesprechung vom 3. Februar 1934 zu verstehen; *Liebmann-Notizen, a. a. O.*, Bl. 72 f. Vgl. Meinck, *a. a. O.*, S. 212, Anm. 20. – Vgl. *Documents*. . . (Anm. II/153), III, S. 208 f.; S. 257 f.

[278] Tessin (Anm. II/218) S. 7; S. 21 (Wehrgauleitungen); S. 19; S. 24. Vgl. Keitel (Anm. I/17a), S. 62.

[279] Kdr.-Besprechung am 15./18. Januar und Befehlshaberbesprechung am 2./3. Februar 1934; *Liebmann-Notizen* (Anm. I/112), Bl. 59 ff.; Bl. 68 ff. Die Zahl der Rekruten betrug 50 000 bis 60 000 Mann, der am 1. Oktober 1934 weitere ca. 70 000 folgten. Die Dienstzeit wurde durch geheimes Gesetz auf ein Jahr herabgesetzt. Vgl. Mueller-Hillebrand (Anm. II/112), I, S. 23, und Meinck, *Hitler*. . . (Anm. II/2), S. 88.

[280] Tessin (Anm. II/218) S. 8; S. 72; S. 75; S. 79.

SA. Am 1. Oktober stand der Rahmen für 9 Armeekorps und 21 Divisionen; die Infanterie war verdoppelt, die Artillerie verdreifacht (allerdings mit geringerer Ausstattung der Regimenter an Geschützen), die technischen Truppen, Pioniere, Nachrichteneinheiten usw., entsprechend vermehrt und die Grundlage für die neue Panzerwaffe gelegt.[281] Bei der Luftwaffe erfolgte zum gleichen Datum die Aufstellung von fünf neuen Aufklärungsstaffeln.[282] Damit waren die im Herbst 1932 aufgestellten Planziele im ganzen erfüllt; aber schon auf Grund der Planungen vom Frühjahr 1933 war klar, daß es dabei nicht bleiben werde, und die Auslassungen Hitlers vom Februar 1934 griffen selbst darüber noch weit hinaus. Tatsächlich brachte schon die Erklärung der Wehrhoheit im März 1935 eine Vermehrung des Heeres auf 12 Armeekorps und 36 Divisionen, und seitdem erlebte die Wehrmacht eine ständige Expansion, die das Heer bei Kriegsausbruch 1939 auf 6 Heeresgruppen, 22 Armeekorps und 51 Divisionen, die Luftwaffe auf 4 Luftflotten und 36 Geschwader gebracht und auch die Marine erheblich vermehrt hatte.[283] Dessenungeachtet war die Aufrüstung damit keineswegs abgeschlossen; der Kriegsausbruch unterbrach vielmehr eine Entwicklung, die beim Heer auf die Aufstellung von 3 weiteren Armeekorps, 6 Infanterie-, 4 Panzer- und 1 Gebirgsdivision bis 1942, bei der Luftwaffe nahezu auf eine Verdoppelung (Rüstungsziel: 66 Geschwader, was einem etatsmäßigen Bestand von fast 8000 Flugzeugen entsprochen hätte) zielte,[284] und für die Marine war im Januar 1939 der *Zielplan* (Z-Plan) in Kraft getreten, der die Flotte einschließlich der vorhandenen Schiffe bis spätestens 1948 auf 10 Großkampfschiffe, 15 Panzerschiffe, 4 Flugzeugträger, 49 Kreuzer verschiedener Typen, 158 Zerstörer und Torpedo-Boote und 249 U-Boote vergrößern sollte.[285]

Selbst wenn man von dieser späteren Entwicklung absieht, erhellt doch aus dem Vergleich zwischen den illegalen Rüstungsmaßnahmen zur Zeit der Weimarer Republik und dem ersten Aufrüstungsprogramm der Regierung Hitler, daß bereits in den Jahren 1933/34 eine erhebliche Steigerung der Anstrengungen auf diesem Gebiet stattfand. Die außergewöhnliche Beschleunigung, der die Durchführung des Programms ständig unterlag, und die Verknüpfung mit der Mobilisierung der wirtschaftlichen Kräfte im Zeichen der Krisenbekämpfung lassen den Vorgang, gemessen an dem bisherigen Zustand, als eine relative Mobilmachung erscheinen. Dieser Eindruck wird noch verstärkt durch die Tatsache, daß sich die Kriegsvorbereitung nicht nur auf die Ausweitung des militärischen Apparats erstreckte, sondern von Anfang an zur totalen Erfassung der nationalen Kräfte strebte, wobei das Tempo und die Zwangsläufigkeit des Prozesses nicht nur durch die Verbindung von Aufrüstung und Konjunkturpolitik, sondern auch durch den Kampf um die Vorherrschaft in Deutschland bestimmt wurde.

4. Auf dem Wege zur totalen Mobilmachung

Die Erkenntnis, daß mit dem ersten Weltkrieg ein neues Zeitalter auch für die Kriegführung angebrochen war, hatte bereits lange vor Hitlers Machtergreifung eine eingehende Diskussion ausgelöst. Es war klargeworden, daß bewaffnete Konflikte

---

[281] *A. a. O., passim*; Mueller-Hillebrand (Anm. II/112), I, S. 26. Die Effektivstärke betrug jetzt 240 000 Mann. Vgl. auch Meinck, *Hitler. . .* (Anm. II/2), S. 89.

[282] Tessin (Anm. II/218), S. 79.

[283] *A. a. O., passim* (insbes. Tabelle S. 14 f.), und Mueller-Hillebrand (Anm. II/112), I, S. 60 f. – Schon am 26. Oktober 1934 erfuhr das Auswärtige Amt, daß zusätzlich zu den 21 Divisionen noch weitere „Ergänzungs-Einheiten" aufgestellt wurden; *Documents. . .* (Anm. II/153), III, S. 535.

[284] Tessin (Anm. II/218), S. 12; Mueller-Hillebrand, *a. a. O.*, S. 13; S. 46.

[285] Friedrich Ruge, *Der Seekrieg 1939–1945*, Stuttgart 1954, S. 26 ff.; Raeder (Anm. I/107), II, S. 158 ff.; Hubatsch (Anm. II/99), S. 209 f. Vgl. Bensel (Anm. II/135), S. 55 ff.

zwischen den Nationen im 20. Jahrhundert zur Totalität, d. h. zur Mobilisierung der gesamten personellen, wirtschaftlichen und moralischen Kräfte führten. Die Grenze zwischen Kombattanten und Nicht-Kombattanten war zwar noch erhalten geblieben, aber die Aufbietung der gesamten kampffähigen Mannschaft der Nation hatte in einem Zeitalter beispielloser Bevölkerungsvermehrung Millionenheere geschaffen, zu deren Versorgung das Potential der vorhandenen Arbeitskräfte weitgehend ausgeschöpft und alle nichtkriegswichtige zivile Tätigkeit mehr und mehr gedrosselt werden mußte. Außerdem hatte die Entstehung einer zunehmend arbeitsteiligen Weltwirtschaft die hochindustrialisierten Staaten außerordentlich verwundbar gegen wirtschaftliche Kriegführung – Blockade, U-Bootkrieg – gemacht und sie zu einschneidenden wirtschaftlichen Rationierungsmaßnahmen gezwungen. Dazu trat als Drittes die Notwendigkeit einer sorgfältig geplanten psychologischen Kriegführung, die den Kampfwillen der eigenen Nation wachhalten und den der Gegner schwächen sollte. Alles zusammen führte zu immer stärkerer Planung, Lenkung und Reglementierung des gesamten Lebens unter dem alleinigen Gesichtspunkt der Erhaltung und Steigerung der Kampfkraft: Der totale Krieg hatte die totale Mobilmachung geboren. Dadurch wurde nun das Problem der Vorbereitung auf den Kriegsfall neu gestellt: War es möglich, die Sicherheit der Nation im Zeitalter des totalen Krieges zu erhalten, wenn nicht ihr ganzes Leben schon im Frieden darauf eingestellt wurde? Die Beantwortung dieser Frage mußte weitreichende Konsequenzen haben, konnten doch von ihr, namentlich in demokratischen Verfassungsstaaten, geradezu revolutionäre Wirkungen ausgehen: Die totale Kriegsvorbereitung mußte zwangsläufig zum totalen Staat führen.

Für das unterlegene und von inneren und äußeren Krisen geschüttelte Deutschland der Weimarer Republik waren alle diese Fragen besonders schwerwiegend. Die englische Wirtschaftsblockade und die alliierte Kriegspropaganda hatten einen wesentlichen Beitrag zu Deutschlands Niederlage geliefert; es schien nur natürlich, daß man sich bemühte, für die Zukunft bessere Vorsorge zu treffen. Aber die tatsächlichen Verhältnisse legten dem große Hindernisse in den Weg, deren bedeutendstes zunächst die militärischen Bestimmungen des Versailler Vertrags waren, die Mobilmachungsvorarbeiten jeglicher Art für Deutschland verboten. Und doch war nicht das das eigentlich entscheidende Problem, denn Vertragsbedingungen lassen sich ändern; nicht zu ändern aber war Deutschlands wirtschaftsstrategische Lage mit ihrer Abhängigkeit von ausländischen Zufuhren an Rohstoffen und Nahrungsmitteln. Sie war, wie oben bereits dargelegt worden ist,[286] so entscheidend, daß Deutschland dadurch seine Großmachtstellung verloren hatte und sich in jedem Falle, d. h. auch ohne die Rüstungsbeschränkungen des Versailler Vertrages, gezwungen sah, seine Sicherheit in Anlehnung an andere Großmächte zu suchen.

Die deutsche Geschichte von 1918 bis 1945 ist in ihrem katastrophalen Verlauf wesentlich dadurch mitbedingt worden, daß einflußreiche Schichten der Nation sich dieser Einsicht weitgehend verschlossen haben. In der militärischen Führung versuchte man zwar, die wirtschaftsstrategischen Tatsachen wenigstens ins Auge zu fassen. Man studierte die Weltkriegserfahrungen und die Versuche des Auslands[287] und bemühte sich auch, so gut es ging, um die Organisation der wirtschaftlichen Kampfkraft.[288]

---

[286] Vgl. o. S. 769.

[287] Ein großangelegtes Unternehmen war der Versuch einer Gesamtdarstellung der Weltkriegserfahrungen durch das Reichsarchiv: *Der Weltkrieg 1914–1918. Kriegsrüstung und Kriegswirtschaft*, Bd. I: *Die militärische, wirtschaftliche und finanzielle Rüstung Deutschlands von der Reichsgründung bis zum Ausbruch des Weltkrieges*, Berlin 1930 (mehr ist allerdings nicht erschienen). – Zum Studium der Auslandserfahrungen wurden u. a. im Jahr 1929 Offiziere des Heereswaffenamts nach den USA gesandt; vgl. Affidavit des Generals Walter Warlimont vom 20. Dezember 1945, *MGN* 6, Vert.-Dok.-B. Kr.–II/799, Dok. Krauch 62.

[288] Vgl. o. S. 783.

Das waren zweifellos legitime (wenn auch unter dem Versailler Vertrag illegale) Bemühungen, die als vorausschauende Maßnahmen unentbehrlich waren. Das Studium der wirtschaftsstrategischen Lage war sogar überaus nützlich, konnte es doch zu illusionsloser Einsicht in den wahren Umfang von Deutschlands Machtverlust verhelfen. Leider fanden die Arbeiten des Heereswaffenamts im Reichswehrministerium nicht die Beachtung, die sie verdienten. Die wirtschaftsstrategischen Schwächen Deutschlands wurden unterbewertet, während die Probleme der Organisation der nationalen Kampfkraft und der psychologischen Kriegführung im Denken der Militärs die Vorhand behielten. Der natürliche und unter anderen Umständen auch vernünftige Wille, das Problem der nationalen Sicherheit aus eigener Kraft zu lösen, führte im Zeitalter des totalen Krieges zu der gefährlichen Versuchung, das, was auf wirtschaftlichem Gebiet fehlte, durch straffe Wehrverfassung und psychologische Stimulierung, also durch Anstrengung und Energie zu kompensieren. Da dem – abgesehen von den Versailler Bestimmungen – aber die parlamentarisch-demokratische Verfassung und die Kriegsmüdigkeit bzw. das wehrpolitische Desinteressement weiter Bevölkerungskreise entgegenstanden, erhielt die politische Haltung der Reichswehrführung auch von hier, vom Problem der totalen Mobilmachung aus, zusätzliche Impulse gegen das demokratische Regime, das mehr und mehr als Haupthindernis für den Aufbau einer geeigneten Landesverteidigung erschien.

Dieselbe Tendenz beherrschte in noch vergröberter Form auch die öffentliche Diskussion des Themas, und es gehört mit zu den folgenschwersten Versäumnissen der Reichswehrführung, daß sie den hier sich bildenden Illusionen nicht durch geeignete publizistische Einwirkung – die sie sonst sehr gut zu handhaben verstand – entgegentrat. Wie man die bittere Tatsache der Niederlage mit der Dolchstoß-Legende verdrängte, so verschloß man die Augen vor den wirtschaftlichen Schwächen Deutschlands und verfälschte die Lehre des deutschen Idealismus von der Herrschaft des Geistes über die Materie zu dem Irrwahn vom Triumph der Einbildung über die Tatsachen.[289] Angefangen von Kurt Hesse, der als Reichswehroberleutnant schon 1922 nach dem *Feldherr Psychologos* rief und von ihm eine „neue große Mobilmachung aller Willen und Kräfte" verlangte,[290] bis hin zu Ewald Banse, der Ende 1932, kurz vor Erscheinen des neuen magischen Feldherrn, die Wehrwissenschaft in den Rang einer „Nationalphilosophie" erheben und dadurch „einen einheitlichen Krieges- und Siegeswillen" und „die seelische Bereitschaft zum Opfer" erzeugen wollte,[291] ergoß sich eine Flut von mehr oder minder ernst zu nehmenden Schriften, in denen Militärs und Zivilisten um den Nachweis wetteiferten, daß es nur einer psychologisch richtig angesetzten Mobilisierung des nationalen Willens bedürfe, um die Nation unbesiegbar zu machen und eine Neuauflage des „Dolchstoßes" zu verhindern. Ihre eigentliche und wirkungsvollste Programmschrift war Ernst Jüngers Essay *Die totale Mobilmachung*, in dem bezeichnenderweise von den Problemen der Kriegswirtschaft überhaupt nicht die Rede war, die Totalität mithin ausschließlich als Intensität, als vollständige „Umsetzung des Lebens in Energie" verstanden, eine „Rüstung bis ins innerste Mark, bis in den feinsten Lebensnerv" gefordert und der Kampf zum Selbstzweck erhoben wurde, was – Jünger war sich vollkommen darüber klar – zur Folge

---

[289] Vgl. das Urteil Rauschnings, *Die Revolution*. . . (Anm. I/12), S. 257: „Um die Wehrwilligkeit zu erhöhen, ist mit Hilfe falscher Vorstellungen über das eigene Risiko und die wahren Ursachen unserer Niederlage, unter Niederhaltung aller kritischen Stimmen, ein System geschaffen worden, das man als öffentliche Bewirtschaftung der seelischen Widerstandskräfte mit untauglichen Mitteln bezeichnen könnte."

[290] Kurt Hesse, *Der Feldherr Psychologos. Ein Suchen nach dem Führer der deutschen Zukunft*, Berlin 1922, bes. S. 206 ff.; S. 215.

[291] Ewald Banse, *Wehrwissenschaft. Einführung in eine neue nationale Wissenschaft*, Leipzig 1933, S. 3 ff. Vgl. dazu Rauschning, *Die Revolution*. . . (Anm. I/12), S. 266 ff.

hatte, daß „das Bild des kriegerischen Vorganges schon in die Ordnung des friedlichen Zustandes vorgezeichnet" werden mußte.[292]

Damit waren die revolutionären Konsequenzen der Lehre von der totalen Mobilmachung unverblümt ausgesprochen. Es bezeichnete geradezu das Ziel Jüngerschen Denkens, die Grenze zwischen Revolution und Krieg zu beseitigen und beides zu einem einzigen, allumfassenden Prozeß kämpferischer Dynamisierung zu verschmelzen. Dann aber mußte die totale Mobilmachung auch von einem revolutionären Ausgangspunkt her möglich sein, und das war der Weg Adolf Hitlers, der von Anfang an mit rücksichtsloser Energie praktiziert hatte, was Jünger später in der Pose kühler Distanz beschrieb. Reduziert man die Ideen Jüngers auf ihren konkreten Kern, so liefen sie auf die These hinaus, daß Deutschland den Krieg verloren habe, weil es der demokratischen Freiheits- und Fortschrittsideologie, die seine Gegner als scharfe Waffe handhaben, keine eigene, „deutsche" Ideologie entgegenzustellen hatte, woraus dann gefolgert wurde, daß man jetzt eine solche Ideologie entwickeln müsse. Genau das gleiche sagte Hitler in *Mein Kampf:* „Der Mangel einer großen neugestalteten Idee bedeutet zu allen Zeiten eine Beschränkung der Kampfkraft." [293] Der Unterschied zwischen beiden bestand im wesentlichen darin, daß Jünger – abgesehen von ein paar praktisch nicht verwendbaren Andeutungen – darauf verzichtet hatte, eine solche Ideologie zu entwerfen, während Hitler gerade dies leistete. Zwar hat Jünger die nationalsozialistische „Weltanschauung" nie als ein legitimes Kind seiner Mobilisierungs-Ideen anerkannt; sie entsprach zweifellos nicht seinen intellektuellen und ästhetizistischen Ansprüchen. Aber das bedeutete nur, daß er vor den Konsequenzen zurückschreckte, zu denen die Ausführung seiner Gedanken führen mußte. Hitler hatte solche Hemmungen nicht; er hatte erkannt, daß das Programm der totalen Mobilmachung unvollständig bleiben mußte, wenn es nicht zugleich auch ein Programm der Re-Barbarisierung war. Auf der anderen Seite wußte er freilich auch, daß man den Menschen mindestens den Schein positiver Werte zeigen muß, wenn man sie in Bewegung bringen will, und so entsprach denn die Ideologie, die er entwickelte, genau diesen beiden Forderungen: Die nationalsozialistische Weltanschauung war eine Mixtur aus echten Barbarismen und scheinbaren Idealen.

Die rücksichtslos nihilistische Konsequenz seines Denkens unterscheidet Hitler von all seinen Konkurrenten; sie war einer der Schlüssel für seinen Erfolg. Er hatte den Gedanken der totalen Mobilmachung zu Ende gedacht, noch bevor Jünger den Namen erfand. Das zeigte sich nicht zuletzt darin, daß er mit der Ideologie zugleich auch eine entsprechende politische Organisationsform entwickelte. Zwar hatte auch Jünger – zusammen mit Carl Schmitt und anderen – versucht, wenigstens eine theoretische Lösung dafür zu finden, aber diese Versuche waren daran gescheitert, daß sie letztlich nicht von dem statischen Modell einer rationalen Ordnung loskamen.[294] Hitler

---

[292] Ernst Jünger, „Die totale Mobilmachung" (Anm. I/12), S. 9 ff. Vgl. dazu auch die anderen in *Krieg und Krieger* (Anm. I/12) abgedruckten Aufsätze, vor allem von Friedrich Georg Jünger „Krieg und Krieger", S. 51 ff.; Albrecht Erich Günther, „Die Intelligenz und der Krieg", S. 69 ff.; Werner Best, „Der Krieg und das Recht", S. 135 ff. – Zur Kritik E. Jüngers vgl. jetzt Christian Graf v. Krockow, *Die Entscheidung. Eine Untersuchung über Ernst Jünger, Carl Schmitt, Martin Heidegger* (*Göttinger Abhandlungen zur Soziologie*, Bd. 3), Stuttgart 1958, und Walter Bußmann, „Politische Ideologien zwischen Monarchie und Weimarer Republik. Ein Beitrag zur Ideengeschichte der Weimarer Republik", in: *Historische Zeitschrift* 190 (1960), S. 55 ff.

[293] Hitler (Anm. I/5), S. 596.

[294] Ernst Jünger, *Der Arbeiter. Herrschaft und Gestalt*, 3. Aufl., Hamburg 1932; Carl Schmitt, *Der Hüter der Verfassung*, Tübingen 1931 (vgl. insbes. S. 79, wo der Begriff des totalen Staates aus Jüngers Begriff der totalen Mobilmachung abgeleitet wird). Zur Kritik vgl. Krockow (Anm. II/292), S. 44 ff.; S. 54 ff. und *passim;* für Carl Schmitt jetzt: Peter Schneider, *Ausnahmezustand und Norm. Eine Studie zur Rechtslehre von Carl Schmitt* (*Quellen und Darstellungen zur Zeitgeschichte*, Bd. 1), Stuttgart 1957, und Jürgen Fijalkowski, *Die Wendung zum Führerstaat. Ideologische Komponenten in der politischen Philosophie Carl Schmitts* (*Schriften des Instituts für politische Wissenschaft*, Bd. 12), Köln-Opladen 1958.

dagegen erkannte, daß sich die Idee der totalen Mobilmachung damit nicht vertrug, daß ihr nur eine Organisationsform von totaler Elastizität entsprach, in der rationale Normen durch irrationale Bindung an einen obersten Führer ersetzt wurden. Anknüpfend an ältere Ideen der Jugendbewegung, die sich nach dem Kriege im gesamten Rechtsradikalismus weit verbreitet hatten,[295] entwickelte er das Strukturmodell der *Bewegung* und stellte es als eine neue, irrational-dynamische und weltanschaulich überhöhte Gemeinschaftsform wertbetont gegen „erstarrte" Formen wie Organisation, Partei, ja, sogar Staat,[296] ein Gegensatz, den man sich als eine Ausweitung und Politisierung des damals viel mißbrauchten Tönniesschen Begriffspaares von *Gemeinschaft und Gesellschaft* verständlich machen kann.[297] Bewegung wäre demnach die aktivierte Gemeinschaft, die Gemeinschaft in Aktion, und totale Mobilmachung das Verfahren, mit dem man diese Aktivierung und Dynamisierung bewerkstelligen kann.[298] Indem sie das bloße „In-Bewegung-Sein" zum Ziel an sich, ja zum „sittlichen Wert" erhebt,[299] löst sie alle bisherigen Gesellschaftsformen und -ordnungen auf, um die atomisierten Teile in einem einzigen großen Mobilisierungsprozeß zu verschmelzen.

Hitler kalkulierte sehr richtig die enorme Kraftentfaltung, die auf diese Weise möglich war, aber es ist überaus bezeichnend, daß er sich nicht um den Entwurf neuer fester Formen bemühte, in denen diese Kraft gebändigt werden konnte. Die Lehre des Krieges, daß höchste Kraftentfaltung auch der Disziplinierung bedarf, verstand er nicht, denn er kannte selbst keine Disziplin, und die Lehre der Revolutionen, daß die Demagogen nur allzuleicht in die Rolle des Zauberlehrlings geraten und von Herren zu Sklaven der Masse werden, erkannte er für seine Person nicht an, denn er traute sich zu, das Raubtier zu lenken. Der Gefahr, daß die totale Mobilmachung in der totalen Anarchie endete, sollte dadurch begegnet werden, daß die Aktivierung der Massen mit einer unlöslichen Bindung an ihn, den überragenden Führer, verknüpft wurde. Die nationalsozialistische Lehre von der Bewegung bekommt daher erst ihren Sinn, wenn man sie mit der Idee von einem obersten allmächtigen Führer verknüpft, wie sie sich in dem häufig mißverstandenen nationalsozialistischen *Führerprinzip* ausgedrückt findet. Wenn dessen Inhalt nach Hitler in der „unbedingten Verbindung von absoluter Verantwortlichkeit mit absoluter Autorität" bestehen sollte,[300] so konnte das nur heißen, daß der oberste Führer absolute Autorität genießen und alle Unterführer ihm absolut verantwortlich sein sollten. Anders war diese „unbedingte Verbindung" gar nicht denkbar, da absolute Autorität und absolute Verantwortlichkeit sich nicht auf gleicher Stufe vereinigen lassen. Es handelt sich also dabei keineswegs

---

[295] Armin Mohler, *Die konservative Revolution in Deutschland 1918–1932. Grundriß ihrer Weltanschauungen,* Stuttgart 1950, S. 179 f.; Ernst Niekisch, *Das Reich der niederen Dämonen,* Hamburg 1953, S. 68 f.

[296] Dazu Hitler (Anm. I/5), S. 422 f.; S. 509; S. 652 ff. und *passim.*

[297] Ferdinand Tönnies, *Gemeinschaft und Gesellschaft. Grundbegriffe der reinen Soziologie,* 6. und 7. Aufl., Berlin 1926. Die Nationalsozialisten versuchten, die von Tönnies beobachtete zivilisatorische Entwicklung von der Gemeinschaft zu der Gesellschaft im Zeichen ihres Re-Barbarisierungs-Programms gleichsam umzukehren. Vgl. Bußmann (Anm. II/292), S. 71.

[298] Besonders deutlich in der Jugendbewegung, die sich durch das Wandern auch äußerlich als die junge Gemeinschaft in Bewegung kennzeichnete und in dieser körperlichen Motorik die seelische und geistige Beweglichkeit, die schöpferische Unruhe ihrer Träger demonstrierte. Mit dem Ausbruch des Krieges erhielt diese Bewegung einen aktivistisch-kämpferischen Akzent; vgl. das Urteil Lederers 1915: „Wir können sagen, daß sich am Tage der Mobilisierung die Gesellschaft, die bis dahin bestand, in eine Gemeinschaft umformte"; zit. bei Carl Schmitt, *Positionen und Begriffe im Kampf mit Weimar–Genf–Versailles 1923–1939,* Hamburg 1940, S. 69. – Allgemein auch Heberle (Anm. I/11), der das Problem zum erstenmal stellte und umfassend behandelte. Er definierte die Bewegung als eine lockere Gruppierung um einen festen Kern (z. B. eine organisierte politische Partei), die auf Veränderung der bestehenden Ordnung zielt. Die hier gegebene Definition als aktivierte Gemeinschaft beseitigt den Unterschied zwischen lockeren und organisierten Gruppen, bezieht sich aber zunächst nur auf die deutschen Beispiele von der Jugendbewegung bis zur NSDAP.

[299] Friedrich Sieburg, *Es werde Deutschland,* Frankfurt/M. 1933, S. 74 f.

[300] Hitler (Anm. I/5), S. 502; vgl. S. 378 f.

um eine Nachbildung des Aufbauprinzips der militärischen Hierarchie, sondern um das Grundgesetz der Despotie. Freilich standen Hitler, solange er Parteiführer war, keine physischen Machtmittel zur Verfügung, mit denen er die totale Unterwerfung seiner Anhänger hätte erzwingen können. Er ersetzte sie daher durch psychische, durch den Rausch und die Ekstase, in die seine oratorische Suggestionskraft die Massen versetzte. Und hier wird auch die Unentbehrlichkeit der nationalsozialistischen Weltanschauung einsichtig: Sie gab den Stoff für Hitlers Reden her und verlieh zugleich der Massenekstase einen quasireligiösen Charakter.

Aber auch umgekehrt war die Beziehung zwischen Bewegungsstruktur und Führerprinzip unauflöslich: gerade die Befürchtung, daß seine Allmacht durch organisatorische Verfestigungen Einbuße erleiden könnte, veranlaßte Hitler, die lockere Form der Bewegung allen anderen Organisationsmodellen vorzuziehen. „Die mechanischen Formen einer Organisation“, schrieb er in *Mein Kampf,* dürften „nur in eben dem Maße ausgebaut werden, in dem die geistige ideelle Autorität einer Zentrale bedingungslos gewahrt erscheint“.[301] Daher war es eine seiner grundlegenden Maximen, die Macht der Zwischeninstanzen durch ausgiebige Anwendung des Prinzips *divide et impera* auf ein Minimum einzuschränken und nie den unmittelbaren Kontakt zu seiner Massengefolgschaft zu verlieren; die unbeschränkte Herrschaft des einen Führers sollte möglichst durch keine intermediären Organe, gleich welcher Art, gestört werden. Der kommunistischen Utopie der unmittelbaren Demokratie – als welche man das Ideal der klassenlosen Gesellschaft definieren kann[302] – trat so im Nationalsozialismus die Utopie der unmittelbaren Monarchie gegenüber. Daraus erhellt zugleich, daß das kein bloßer, auf die Kampfzeit der NSDAP beschränkter Notbehelf war. Die von einem omnipotenten Führer geführte Bewegung war vielmehr auch das Modell für den künftigen Aufbau des nationalsozialistischen „Dritten Reiches“.

Die Reichswehrführung betrachtete die militant-revolutionäre Unruhe des rechtsradikalen Aktivismus verständlicherweise mit gemischten Gefühlen. So sehr man den kämpferischen Geist und die nationalistische Drapierung dieser Bewegungen begrüßte, so fühlte man doch auch sehr richtig, daß in all dieser nationalrevolutionären Dynamik Kräfte wirksam waren, die der Natur des militärischen Instruments fremd waren. Tatsächlich gingen Hitlers Ideen weit über den militärischen und sogar über den revolutionären Ansatz hinaus. Auch das militärische Denken erhebt zwar den Krieg zum Zweck, aber doch zu einem Zweck zweiter Ordnung; übergeordnet bleibt mit Clausewitz der politische Zweck, für den der Krieg nur ein Mittel ist. Für das Generalstabsdenken müssen daher totaler Krieg und totale Mobilmachung immer relative Begriffe bleiben, die den Bestand einer verteidigungswerten Ordnung voraussetzen, sollen sie nicht allen Sinn verlieren. Ebenso ist die Revolution nach klassischen Begriffen kein Zweck in sich; sie stürzt zwar Werte und Ordnungen, aber doch nur, um sie durch neue zu ersetzen. Der militant-revolutionäre Irrationalismus jedoch, der, eingebettet in eine von Pareto und Sorel geistig geführte und im italienischen Faschismus erstmalig siegreiche kontinental-europäische Strömung,[303] sich auch im deutschen Rechtsextremismus der Zwischenkriegszeit herausbildete, transzendierte diese historischen Positionen und beschritt jenen Weg der *permanenten Revolution,* an dessen Ende nur Nihilismus und Anarchie stehen konnten. Derartige Ideen und Programme

---

[301] *A. a. O.,* S. 382; vgl. S. 380 f.: Die unmittelbare Übertragung von „Ideen“ auf die „andere Mitwelt“ sei der „idealste und natürlichste Vorgang“ (im Unterschied zur mittelbaren Übertragung). Hier orientiert sich Hitler offenbar an seinen Erfahrungen als Redner.

[302] In der klassenlosen Gesellschaft sollen Staat und Herrschaft schlechthin beseitigt sein, was man ebensogut als den Zustand der Herrschaft aller bezeichnen kann.

[303] Pareto (Anm. I/4); Georges Sorel, *Reflexions sur la violence,* 6. Aufl., Paris 1925. Zu Sorel jetzt die Studie von Jack J. Roth, „Sorel und die totalitären Systeme“, in: *Vierteljahrshefte für Zeitgeschichte* 6 (1958), S. 45 ff.

waren allerdings geeignet, die Militärs zu beunruhigen, denn die zerstörerischen
Kräfte, die hier mobil gemacht wurden, drohten in ihrem Lauf mit den Grundlagen
menschlicher Gesellschaft und Gesittung auch alle verteidigenswerten Objekte zu vernichten. Aber die Offiziere der Reichwehr waren durch ihre illegalen Rüstungsbemühungen selbst zu sehr politisch demoralisiert, als daß sie gegen die Versuchungen
des revolutionären Aktivismus immun gewesen wären. Von einer klaren Erkenntnis
der Gefahren war man weit entfernt oder suchte sie an der falschen Stelle, wie im
Fall von Hesses *Feldherr Psychologos*, gegen dessen wohlmeinende Schwarmgeisterei
man schwerstes Geschütz auffuhr,[304] während Jüngers Bücher im *Heeresverordnungs-
blatt* empfohlen wurden.[305] Und wo man eine Gefahr ahnte, versuchte man, wie
wiederum der Fall Hesse zeigt, sich mit dem Rückzug auf die Tradition zu helfen,
und das war angesichts der elementaren Kraft des revolutionären Dynamismus kaum
genug.

Mit der Machtergreifung Hitlers trat diese Auseinandersetzung in ihr entscheidendes Stadium, denn nun hatte die weitaus stärkste und gefährlichste der aktivistischen
Bewegungen die Hand am Hebel der staatlichen Macht, und die Reichswehrführung
hatte keine Möglichkeit mehr, sich, wie in der Republik, in die Zitadelle der Überparteilichkeit zurückzuziehen, falls der revolutionäre Dynamismus ihre Vorfeldstel-
lungen überrennen sollte. Reichenau hatte das richtig erkannt, aber er und Blomberg
glaubten, daß das Offizierkorps sich durch politische Unterwerfung unter das Regime
Hitlers nichtsdestoweniger seine soziale und fachliche Selbständigkeit erkaufen und
zugleich den Aufbau eines militärisch soliden Mobilmachungssystems fördern könne.
Sie vertrauten dabei nicht nur auf die Versprechungen Hitlers, sondern rechneten auch
auf die Unentbehrlichkeit des militärischen Sachverstands und die machtpolitischen Auswirkungen der Aufrüstung. Gerade weil Hitler so ausgreifende Aufrüstungspläne
hegte, mußten ihm, so kalkulierten sie, die militärischen Experten unentbehrlich sein,
und diesen wiederum mußte im Laufe der Rüstungsausweitung eine Macht zuwachsen,
die ihre Stellung auch fernerhin unangreifbar machen werde. Nicht nur werde die
Wehrmacht selbst an Gewicht zunehmen, der Aufbau einer umfassenden staatlichen
Kontroll- und Lenkungsapparatur für die totale Kriegsvorbereitung werde der militärischen Führung obendrein einen Einflußbereich im zivilen Leben eröffnen, wie sie
ihn bis dahin selbst in Deutschland nicht besessen hatte. Die Rechnung schien um so
sicherer, als dabei zugleich die SA geschluckt und Hitler auf diese Weise gleichsam
entwaffnet werden sollte.[306]

So lief also Reichenaus Plan – im Gegensatz zu dem Groeners im November 1918 –
darauf hinaus, die revolutionäre Bewegung zu unterstützen, um ihren Schwung zur
Beförderung der militärischen Anliegen auszunutzen und sie nach Erreichen der militärischen Ziele durch das inzwischen angewachsene Gewicht der Wehrmacht auszu-
balancieren – eine Kalkulation, in der sich ein jahrhundertalter Irrtum der Soldaten
einmal mehr verhängnisvoll wiederholte: daß nämlich die militärischen Machtmittel
den politischen überlegen seien. Wenn die Rechnung der Militärs aufgehen sollte, so

---

[304] Vgl. die Gegenschrift von Friedrich v. Rabenau, *Die alte Armee und die junge Generation. Kritische Betrachtungen*, Berlin 1925, und Hans v. Seeckt, *Gedanken eines Soldaten*, Leipzig 1929, S. 174.

[305] *HVBl.*, 1921, S, 482 (Empfehlung von *In Stahlgewittern*). Vgl. auch den Aufsatz „Staat und totale Bereit-
schaft" in dem offiziösen *Militär-Wochenblatt* vom 18. März 1934, Sp. 1152 f., der die unverminderte Fortwirkung
Jüngerscher Ideen zeigt, so, wenn der ungenannte Verfasser unter ausdrücklichem Hinweis auf Jünger fordert:
„Alle Werte der Vergangenheit, die den Kampfeinsatz hemmen, müssen geopfert werden. . ."

[306] Vgl. das o. S. 718 zitierte Gespräch Reichenaus mit Gaertner; auch Krosigk (Anm. I/74), S. 281 (Fritsch
will den traditionellen Soldatengeist auf dem Wege über die Aufrüstung erhalten). Zum Gesamtproblem
Rauschning, *Die Revolution. . .* (Anm. I/12), S. 213 ff.

mußte die Wehrmacht durch ihre bloße Existenz schon ein politisches Äquivalent gegen die revolutionäre Bewegung bilden können. Das aber war um so weniger der Fall, als Hitler nicht nur die politische Macht nach Zerstörung des demokratischen Staates fest in den Händen hielt und die Wehrmacht durch seine Risikopolitik nach außen obendrein fest an sich band, sondern auch dem generalstabsmäßigen Kalkül sein eigenes Rezept der totalen Mobilmachung entgegensetzte, das nicht nur den gesamten zivilen Bereich militarisieren, sondern auch die Wehrmacht selbst der Revolutionierung unterwerfen sollte. Daher konnte er auch notfalls auf die SA verzichten, so sehr ihre Eingliederung in die Wehrmacht seine Pläne erleichtert hätte. Röhm hatte zwar völlig recht, wenn er Hitler warnte, das Fundament der neuen Armee müsse revolutionär sein, „aufpfropfen läßt sich das hernach nicht"; [307] nur dachte Hitler nicht an ein Aufpfropfen – dessen Problematik war ihm klar [308] –, er dachte an die Anwendung des Prinzips der revolutionären Mobilmachung auf die Wehrmacht. Auch dies war freilich kein „Plan" im Sinne sorgfältiger Berechnungen, es war vielmehr die einzige Art, in der Hitler überhaupt handeln konnte. Wie er seine Allmacht in seiner Partei errungen und gesichert hatte, indem er die Massen in Bewegung gebracht und Machtkonzentrationen bei den Zwischeninstanzen verhindert hatte, so behandelte er auch den Staat und die Wehrmacht. Seine Hauptwaffe auf militärischem Gebiet war, wie die bisherige Untersuchung schon andeutete, die fortgesetzte Tempobeschleunigung der Aufrüstung, die das Gefüge des militärischen Apparates im gleichen Maße lockerte, in dem er sich ausweitete, und die Hitler zahlreiche Möglichkeiten bot, durch Aufteilung von Machtpositionen, Schaffung von Doppelkompetenzen, Abbau von Kontrollen und Beseitigung regulärer Prozeduren eine durch den Geheimhaltungszwang noch zusätzlich geförderte Verwirrung zu stiften, in der alle Fachleute die Übersicht verloren und sich mehr und mehr auf seine, Hitlers, Entscheidungen angewiesen sahen. Zugleich versetzte er die Offiziere mit eben dem Kunstgriff der Tempobeschleunigung in einen Rausch „sachlicher" Tätigkeit, der sie sowohl von allen tiefergehenden geistigen Auseinandersetzungen als auch von inneren Machtkämpfen ablenkte und ihm und seinen Trabanten freie Hand ließ. Und schließlich gehörte zu dem Rezept der totalen Mobilmachung entsprechend Hitlers Methode der Zangenoperation auch die Revolution von unten, nur daß in der Lage von 1933 noch nicht entschieden war, ob sie in einem Anlauf durch Auffüllung der Reichswehr mit der SA oder in dem langwierigeren Verfahren nationalsozialistischer Infektion durch entsprechend indoktrinierte Wehrpflichtige und Offizieranwärter geführt werden würde.

Und wenn und solange diese Mittel nicht durchgriffen, konnte Hitler sich auch der Unterstützung durch die Partei bedienen – so sehr er in diesem Zusammenhang gegenüber den Generalen auch zu verbergen suchte. Nicht nur die SA-Führer, auch Hierl, Epp, Hühnlein und viele andere entwickelten, wo nicht militärischen Ehrgeiz, so doch militärische Reformideen, und in der Person Görings saß einer der gefährlichsten Exponenten des „neuen Geistes" in einer der Schlüsselstellungen der Wehrmachtführung. [309] Überdies hatten auch diejenigen unter den „kleinen Hitlers", die selbst keine militärischen Neigungen verspürten, die Lehren ihres Meisters inzwischen gut genug begriffen, um zu fühlen, wie wenig sie ihrer Herrschaft sicher sein durften, solange sie sie mit einer „reaktionären" Generalität teilen mußten, die über einen festgefügten eigenen Machtapparat gebot. Als Rauschning um die Wende 1933/34 in

[307] Rauschning, *Gespräche...* (Anm. I/5), S. 144.

[308] Hitler (Anm. I/5), S. 673 f.

[309] Konstantin Hierl, *Grundlagen einer deutschen Wehrpolitik. Rede, gehalten am Nürnberger Parteitag 1929*, München 1929. Vgl. auch Blomberg in der Befehlshaberbesprechung vom 2. Februar 1934: „Auch Arb[eits]dienst hat starke mil[itärische] Neigungen"; *Liebmann-Notizen* (Anm. I/112), Bl. 69. – Ritter v. Epp war Leiter des Wehrpolitischen Amtes der NSDAP.

einem internen Parteikonflikt einmal militärische Hilfe in Anspruch nahm, wurde ihm vorgeworfen, er habe „dem verhaßtesten und gefährlichsten Feind des Nationalsozialismus Waffen in die Hand" gegeben.[310] Es war daher nur natürlich, daß sich auch die zivilen Parteiführer an der unterirdischen Spreng- und Minierarbeit ihrer ehrgeizigeren Genossen eifrig beteiligten.[311] Ihre Hauptwaffe war eine Intrigantaktik, die selbst die übelsten Tricks und Kniffe nicht verschmähte; ihr unübertroffenes Muster war die Blomberg–Fritsch-Affäre im Jahre 1938. Soweit darüber hinaus faßbare Ideen als Kampfmittel eingesetzt wurden, handelte es sich um die eines *Politischen Soldatentums,* das seine militärischen Wurzeln in dem Frontsoldaten-Mythos und dem Landsknechts- und Desperadowesen der Weimarer Bürgerkriegsjahre hatte und sich politisch an der Pseudoreligiosität der nationalsozialistischen Bewegungs-Ideologie orientierte. Da dieser „neue Geist" seine Hauptwurzeln in der SA hatte, wird darauf noch bei deren Darstellung im einzelnen einzugehen sein;[312] hier genügt es festzustellen, daß seine wesentlichen Elemente militärisch in der Übertragung eines professionellen Kämpfer- und Landsknechtstums auf das Volksheer und politisch in einer unbegrenzten Risikobereitschaft und Illusionsfähigkeit bestanden, wobei Geist durch Stimmung ersetzt und die Frage nach einem konkreten Wofür und Wogegen von Opfer und Kampf durch Schlagworte wie „für Deutschland", „für den Führer", „für die Idee" mundtot gemacht wurden.[313]

Dem hatte die Reichswehr auch jetzt wenig mehr entgegenzusetzen als ihre Traditionen und ihr Expertentum. Sie bemühte sich, diese Trümpfe kräftig auszuspielen; aber dabei zeigte sich, je länger, desto mehr, daß es gar keine Trümpfe mehr waren. Der Kampf entbrannte vornehmlich auf drei Schlachtfeldern: dem des zentralen Kontrollapparats, dem der psychologischen Mobilmachung und dem der wirtschaftlichen Kriegsvorbereitung. Was das erste betrifft, so war es der militärischen Führung gelungen, mit der Ernennung des Reichswehrministers zum Oberbefehlshaber aller drei Wehrmachtteile eine scheinbar ideale, politische und militärische Funktionen vereinigende Lösung zu erreichen.[314] Aber mit der Ernennung des Parteiführers und Luftfahrtministers Göring zum Oberbefehlshaber der Luftwaffe wurde der militärische Kontrollapparat bereits an entscheidender Stelle durchbrochen. Darüber hinaus gelang es Blomberg auch nicht, seine Prärogativen als Oberbefehlshaber gegenüber den anderen Wehrmachtteilen voll durchzusetzen. Er und Reichenau versuchten zwar, das bestehende Ministeramt zu einem Wehrmachtgeneralstab auszubauen, um so dem Oberbefehlshaber das unentbehrliche Führungsorgan zu schaffen.[315] Aber teils aus Gründen der Ressortpolitik, teils aus verständlichem Widerstreben gegen den unbedenklichen Blombergschen Gleichschaltungskurs setzten sich die Befehlshaber von Heer und Marine dagegen zur Wehr – mit dem Erfolg, daß es statt zu einer übersichtlichen Teilung der Funktionen zu einer verwirrenden und hemmenden Teilung der Macht kam; neben Blombergs embryonalem Wehrmachtgeneralstab (in Gestalt der Abteilung Landesverteidigung im Wehrmachtamt) blieben die Generalstäbe der Wehrmachtteile prak-

[310] Rauschning, *Die Revolution.* . . (Anm. I/12), S. 297 f. Zur Datierung vgl. ders., *Gespräche.* . . (Anm. I/5), S. 145.

[311] Rauschning, *Die Revolution.* . ., *a. a. O.,* S. 307 ff.

[312] Vgl. u. III. Kapitel.

[313] Anregende Bemerkungen dazu bei Rauschning, *Die Revolution.* . . (Anm. I/12), S. 256 ff.; S. 261 ff.

[314] Zum Folgenden ausführlich Meinck, *Hitler.* . . (Anm. II/2), und Völker (Anm. I/148), S. 201 ff.

[315] Am 1. Februar 1934 wurde das Ministeramt zu einem „Wehrmachtamt" umgestaltet. Es erhielt zusätzlich zu seinen bisherigen politischen Kompetenzen auch die Aufgabe der „Koordination der drei Wehrmachtteile", was organisatorisch in der Aufspaltung der bisherigen Wehrmachtabteilung in die zwei Abteilungen „Innenpolitik" und „Landesverteidigung" Ausdruck fand; *Liebmann-Notizen* (Anm. I/112), Bl. 69 (Befehlshaberbesprechung vom 2. Februar 1934). Im Laufe der nächsten Zeit wurden dem Amt ständig weitere Abteilungen und Organe angegliedert; Übersicht bei Mueller-Hillebrand (Anm. II/112), I, S. 103 ff. Allgemein auch Hoßbach, *Zwischen Wehrmacht.* . . (Anm. I/25), S. 90 und *passim.* Wichtig zur Problematik: Keitel (Anm. I/17a), S. 82 Ff.; S. 88 ff.

tisch im alten Umfang erhalten, und die dornige Frage der Kompetenzverteilung wurde vertagt.[316] Bezeichnend war dabei die Taktik Hitlers: Er hielt sich zurück und vermied sorgfältig, eine Entscheidung zu fällen, bis sich für ihn die Gelegenheit ergab, selbst den Wehrmachtgeneralstab in die Hand zu bekommen. Erst als ihm das 1938 nach der Verabschiedung Blombergs gelungen war, begann er, die Kompetenzen der Wehrmachtteile und vor allem die traditionelle Vorrangstellung des Generalstabs des Heeres Schritt für Schritt abzubauen.

Ähnlich entwickelten sich die Verhältnisse bei jenen Organen, die zur einheitlichen Lenkung der Mobilmachungsvorarbeiten im zivilen, vor allem im wirtschaftlichen Bereich aufgebaut wurden; davon wird im Zusammenhang der wirtschaftlichen Mobilmachung noch im einzelnen zu sprechen sein. Der Versuch, eine effektive militärische Kontrollapparatur für die Totalmobilmachung der Nation aufzubauen, war damit bereits im Ansatz gescheitert. Zwar mochte die Lage 1933/34 noch zu unübersichtlich scheinen, um jetzt schon alle Hoffnungen aufzugeben, aber allein die Tatsache, daß sich in der Zusammenarbeit mit der scheinbar so wehrfreudigen nationalsozialistischen Regierung gänzlich unerwartet so schwerwiegende Hindernisse und Friktionen ergeben hatten, daß die Militärs ihre Hoffnungen wieder, wie unter der Republik, auf die Zukunft richten mußten, war ein nicht zu übersehendes Warnungszeichen.

Es blieb jedoch nicht das einzige, denn auch auf dem Gebiet der psychologischen Mobilmachung vermochte die militärische Führung nur Anfangserfolge zu erzielen, ja im Grunde erreichte sie hier, in der ureigensten Domäne der nationalsozialistischen Massenagitatoren, noch weniger. Ihrem Versuch, die Öffentlichkeit mit solider militärischer Fachbildung zu versehen und die Wehrbereitschaft der Nation in traditionellem Geiste zu stimulieren, waren insofern von Anfang an sehr enge Grenzen gezogen, als die militärische Einflußnahme auf Presse und Publizistik sowie auf die Schulung in den nationalsozialistischen Massenorganisationen, insbesondere HJ und SA, nur beschränkt bleiben konnte; sie hielt sich im wesentlichen im Rahmen militärischer „Beratung" ohne durchgreifende Kontrollmöglichkeiten von seiten des Reichswehrministeriums.[317] So blieb nur die Einwirkung auf die staatlichen Lehranstalten, Schulen, Hochschulen und Universitäten sowie auf die allgemeine militärwissenschaftliche Publizistik, und diesem Ziel sollte die „Deutsche Gesellschaft für Wehrpolitik und Wehrwissenschaften" dienen, die mit Unterstützung des Reichsinnen- und Reichswehrministeriums am 28. Juni 1933 gegründet und aus privaten Spenden – darunter von den Firmen AEG, Deutsche Gasolin AG., Lignose AG., Vereinigte Stahlwerke u. a. – und wahrscheinlich auch aus öffentlichen Mitteln finanziert wurde.[318] Sie war ausdrücklich nach dem „Führerprinzip" aufgebaut; ihr Präsident – Generalleutnant a. D. v. Cochenhausen – entschied über Aufnahme und „Entlassung" von Mitgliedern und, vor allem,

[316] Vgl. die Kritik bei Erfurth (Anm. I/70), S. 176 f., Mueller-Hillebrand, *a. a. O.*, I, S. 93 ff., und Foertsch, *Schuld*... (Anm. I/25), S. 162. Indirekt auch Halder in: Bor (Anm. I/84), S. 88. Manstein (Anm. I/174) weist zwar mit Recht darauf hin (S. 284), daß eine einzige Persönlichkeit unmöglich Kriegsvorbereitung und Kriegführung verantwortlich leiten konnte (Blomberg als Minister und Oberbefehlshaber), aber das ist natürlich kein Argument gegen einen Wehrmachtgeneralstab. Er hat denn auch 1938 Jodl gegenüber zugegeben, daß, wenn Fritsch und Beck anstelle von Blomberg und Reichenau ständen, sie ihrerseits „die Führung beanspruchen würden" (S. 291 f.). Die Ansicht des OKH bei Hoßbach, *a. a. O.*, und ders., *Die Entwicklung*... (Anm. I/25). Wichtig jetzt Keitel (Anm. I/17a) mit den Denkschriften des OKH und OKW 1937/38 (S. 123 ff.).

[317] Vgl. z. B. die Beilage „Volk und Landesverteidigung", die ab 16. September 1933 im *SA-Mann* (Nr. 37) erschien und zahlreiche Aufsätze aus der Feder verabschiedeter Offiziere wie Karl Ludwig v. Oertzen, Ernst Kabisch, v. Taysen usw. brachte. Weitere Einzelheiten s. u. S. 931.

[318] *Durch Wehrhaftigkeit zum Frieden. Jahrbuch der „Deutschen Gesellschaft für Wehrpolitik und Wehrwissenschaften" 1934*, Hamburg 1934. Die dort S. 99 abgedr. Spendenliste nennt nur private Geldgeber. Zur Gründung vgl. auch die gedruckte Werbeschrift vom 7. Oktober 1933: Die Gesellschaft sei aus der seit 1931 bestehenden „Wehrwissenschaftlichen Arbeitsgemeinschaft" hervorgegangen; *Seeckt-Nachlaß*, Mikrofilm im Friedrich-Meinecke-Institut der Freien Universität Berlin, Stück 81.

über die Publikation der von den Mitgliedern eingereichten Arbeiten.[319] Zum Zeitpunkt der Eröffnungstagung, 6./7. Oktober 1933, zählte sie 600 Mitglieder, darunter „die meisten deutschen Hochschulen und zahlreiche wissenschaftliche Gesellschaften";[320] in der Liste der mitwirkenden Autoren finden sich neben aktiven Offizieren und bekannten Militärschriftstellern zahlreiche zivile Fachleute und Politiker, so Hierl, Haushofer, Alfred Bäumler, Carl Schmitt; die Historiker Wilhelm Weber, Robert Holtzmann, Walter Elze und sogar der ehemalige Reichswehrminister Otto Geßler.[321] Ihren Tribut an die neue Zeit zahlte sie durch Ernennung des Reichsstatthalters Ritter v. Epp zum Ehrenpräsidenten und durch Ausschluß von Juden und Freimaurern.[322] Die in Aufsätzen und Vorträgen behandelten Themen deckten den ganzen Bereich des damaligen militärischen Wissens einschließlich der psychologischen und wirtschaftlichen Kriegführung und versuchten die Grundlegung der „Wehrwissenschaft" als eigenständiger Fachdisziplin.[323]

Anspruch und Zielsetzung der Institution richteten sich ohne Zweifel auf eine solide fachliche Arbeit, und wenn sich der Präsident ausdrücklich gegen die „ungeschulten Laien" wandte, die sich „der Wehrwissenschaften annehmen und dabei abwegige Ansichten zutage fördern",[324] so war das deutlich genug. Auf der anderen Seite zeigt schon die Zusammensetzung der Mitglieder bedenkliche Schönheitsfehler, und es konnte nicht ausbleiben, daß sie sich in den Publikationen wiederholten. So schreckte man nicht davor zurück, in dem ersten *Jahrbuch,* das offensichtlich nur repräsentativen Namen vorbehalten war,[325] auch den Beitrag eines Professors und Majors a. D., v. Arnim, zu veröffentlichen, dessen Tenor mit folgendem Zitat belegt sein mag:

> „Wenn nun die Germanen bei ihrer Seßhaftwerdung im heutigen deutschen Raume die Urvölker nicht ausrotteten, sondern ihr Blut mit dem jener vermischten, dann drang bei dieser allmählichen Volkwerdung auch magisches Blut in die germanischen Körper ein. Wo wir heute den Pazifismus antreffen, wo wir politische Gleichgültigkeit und mangelnde Wehrbereitschaft finden, wo wir Männer treffen, die Rom mehr lieben als ihr Vaterland, da pulsiert das magische Blut der vornordischen Menschheit." [326]

Wo solch hanebüchener und keineswegs harmloser Unsinn – man beachte die im ersten Satz implizierte Aufforderung zur Ausrottung der Bevölkerung annektierter Gebiete – ernst genommen wurde, war es um die Sache der Wissenschaft schlecht bestellt, und man gewinnt den Eindruck, daß Cochenhausen selber nicht recht wußte, gegen welche „ungeschulten Laien" und „abwegigen Ansichten" er eigentlich kämpfen wollte. Mit solchen Kampfgenossen jedenfalls konnte er die militärwissenschaftliche Tradition Preußen-Deutschlands, die er in seinem einleitenden Aufsatz als unentbehrlich proklamiert hatte,[327] nicht gegen den Ansturm des revolutionären Nihilismus retten.

---

[319] Vgl. die Satzungen der Gesellschaft vom 28. Juni 1933, *Seeckt-Nachlaß, a. a. O.,* Stück 81.

[320] Vgl. die Werbeschrift vom 7. Oktober 1933, *ebda.* Im Sommer 1934: 750 Mitglieder; Bericht des Präsidenten in: *Durch Wehrhaftigkeit. . .* (Anm. II/318), S. 94.

[321] A. a. O., S. 95 ff.

[322] Satzungen, *Seeckt-Nachlaß* (Anm. II/318). Seeckt, der durch Brief Cochenhausens vom 9. November 1933 zum Beitritt eingeladen wurde, lehnte ab; Randbemerkung auf Schreiben Cochenhausens, *ebda.*

[323] Vgl. den im Bericht des Präsidenten für 1933/34 erwähnten Plan, ein wehrwissenschaftliches Handbuch herauszugeben; *Durch Wehrhaftigkeit. . .* (Anm. II/318), S. 93 f. – Zu den Versuchen, über die Hochschulen und Universitäten auch auf die Schulen Einfluß zu nehmen, s. das von der Gesellschaft herausgegebene Sammelwerk *Wehrgeist und Schule im Ausland,* Hamburg 1935, mit dem die Erfahrungen des Auslands erarbeitet werden sollten.

[324] Cochenhausen im Vorwort zu *Durch Wehrhaftigkeit. . ., a. a. O.;* vgl. auch seinen Vortrag auf der Hauptversammlung der Gesellschaft vom 28. Mai 1934, *a. a. O.,* S. 11 ff.

[325] Außer Cochenhausen Prof. Walter Elze, Generallt. a. D. Horst v. Metzsch, Prof. Karl Haushofer, Oberstlt. a. D. Justrow und Admiral a. D. Prentzel.

[326] *Durch Wehrhaftigkeit. . .* (Anm. II/318), S. 20. Der Begriff des „Magischen" ist vermutlich von Oswald Spengler entlehnt, der damit die vorderasiatisch-arabischen Kulturen bezeichnete: *Der Untergang des Abendlandes. Umrisse einer Morphologie der Weltgeschichte,* 2 Bde., München 1950, S. 235 ff.

[327] *Durch Wehrhaftigkeit. . ., a. a. O.,* S. 11 ff.

Überdies gingen Inhalt und Tendenzen auch der von militärischen Fachleuten gelieferten Beiträge häufig in eine Richtung, die sich dem Ungeist des „politischen Soldatentums" bedenklich näherte und die Grenzen zu verwischen drohte. Anstelle einer eingehenden Analyse der Publizistik der Gesellschaft, für die hier der Raum fehlt, möge als illustratives Beispiel ein Aufsatz von Cochenhausen dienen, in dem das Problem des „Kämpfertums gegen Übermacht" anhand des Schlieffenschen Buches über Friedrich den Großen behandelt wurde.[328] Wenn darin u. a. „unbeugsame Willensstärke", „Wille zur kühnen Tat", „Standhaftigkeit" und die Fähigkeit, „aus den Untergebenen die höchsten Leistungen herauszuholen", als psychologische Bedingungen des Erfolgs gerühmt wurden, so war das richtig, aber da Cochenhausen den Hinweis unterließ, daß Friedrichs Erfolg nicht zum wenigsten durch den einmaligen Glücksfall mitbedingt war, daß sich der frühe Tod der Zarin Elisabeth im Zeitalter der Kabinettspolitik tiefgreifend auswirken konnte, entstand der Eindruck, als seien die genannten Seelenkräfte zusammen mit entsprechender militärischer Rüstung Garantien für den Erfolg und als sei der Kampf gegen Übermacht ein mit normalen Mitteln lösbares Problem und nicht, wie es doch wirklich ist, ein Vabanquespiel, auf das man sich nur im äußersten Notfall einläßt. Die Erfahrungen des ersten Weltkrieges hatten das deutlich unterstrichen, aber von ihnen sprach Cochenhausen nicht. Statt dessen behauptete er der Wahrheit zum Trotz, daß Deutschland auch 1933 vor der Notwendigkeit stehe, einen Kampf gegen Übermacht zu führen, wenn auch nur in der Form eines „versteckten Kampfes der diplomatischen und Völkerbundversammlungen", und er fügte hinzu: „Wie im Siebenjährigen und im Weltkriege geht es um unseren Fortbestand als selbständiger, unabhängiger Staat, geht es um die Erhaltung unseres deutschen Volkstums, unserer deutschen Kultur." Diese Panikmache gipfelte dann in der Forderung, man dürfe sich unter diesen Umständen nicht auf das „rein passive Verhalten des Schwächeren" beschränken, sondern müsse „mit dem scharfen Schwert der Wahrheit dem stärksten und gefährlichsten Gegner offen entgegentreten".[329] Es bedarf keines Hinweises, daß mit solchen Zweideutigkeiten dem Eindringen der selbstmörderischen Hitlerschen Wahnideen vom *Kampf um Lebensraum* alle Türen offenstanden.

Das Beispiel Cochenhausens ist deshalb so besonders eindrucksvoll, weil er noch zu den betont nüchternen und gemäßigten Offizieren gehörte; andere kannten weniger Hemmungen.[330] Zwar wurde der rauschhafte Überschwang, den die nationalsozialistische Propagandamaschine fortan laufend produzierte, den vernünftigeren Militärs bald suspekt, ja unheimlich; selbst Reichenau hat später gegen allzu ausschweifende Pläne des Propagandaministeriums Stellung genommen.[331] Aber die Grenzen von Vernunft und Unvernunft, von Sachlichkeit und „Intuition" waren im Offizierkorps selbst so fließend und verwischt, daß eine wirksame Abwehr nicht möglich war, von einer disziplinierenden Einwirkung auf die nationalsozialistischen Massen ganz abgesehen. Zwar gelang 1934 die machtpolitische Ausschaltung der SA, aber die wehrpolitischen Tendenzen und Ideologien des Nationalsozialismus vermochte die militärische Führung nicht zu beeinflussen, im Gegenteil, sie drangen, erst auf dem Wege der „An-

---

[328] Abgedr. in: *Wehrgedanken. Eine Sammlung wehrpolitischer Aufsätze*, hrsgg. von Friedrich v. Cochenhausen, Hamburg 1933, S. 4 ff. Der Aufsatz war der Abdruck eines Vortrags, der bezeichnenderweise am 24. Januar 1933, also noch vor der Machtergreifung Hitlers gehalten wurde.

[329] *A. a. O.*, S. 16 f.

[330] Sehr aufschlußreich dafür ist ein Studium der Aufsätze des *Militär-Wochenblatts;* vgl. z. B. Nr. 11 vom 18. September 1933, Sp. 337 f.; Nr. 14 vom 11. Oktober 1933, Sp. 448 f.; Nr. 17 vom 4. November 1933, Sp. 552 f.; Nr. 23 vom 18. Dezember 1933, Sp. 739 ff.; Nr. 24 vom 25. Dezember 1933, Sp. 777 f.; Nr. 39 vom 18. April 1934, Sp. 1299 f. (Artikel zu Hitlers Geburtstag), u. a. – Vgl. auch den in seiner Primitivität überraschenden Aufsatz von Werner v. Blomberg, „Wehrhaftigkeit oder Pazifismus", in: *Almanach der nationalsozialistischen Revolution,* hrsgg. von Wilhelm Kube, Berlin 1934, S. 43 ff.

[331] 10. Sitzung des RVA vom 26. Juni 1935; *IMT* (Anm. I/55), XXXVI, S. 431.

steckung", dann seit der Einführung der allgemeinen Wehrpflicht auch durch ihre Träger, in die Wehrmacht selbst ein. Wie fragwürdig der aus diesen Quellen fließende „Kampfgeist" im übrigen war, zeigt die allgemeine Kriegsfurcht und der „Defaitismus" der Bevölkerung in den Jahren 1938/39. Zwar hat sie dann einen sechsjährigen Krieg ohne größere Widerstandsregungen durchgehalten, und daran hatte möglicherweise die übermächtige und virtuos gehandhabte nationalsozialistische Propaganda-Maschine auch einen gewissen Anteil. Aber wer darin einen Erfolg und ein Muster für die Zukunft sehen wollte,[332] der sollte berücksichtigen, daß die „Ohne-mich-Stimmung" der Zeit nach 1945 der hoffentlich heilsame Katzenjammer war, der auf den Rausch der Wehrbegeisterung folgte. Wirkliche Wehrbereitschaft äußert sich in nüchterner Entschlossenheit und Festigkeit, nicht in pathetischen Worten und rauschhaftem Überschwang.

Erfolgreicher schienen sich die Dinge auf dem Gebiet der *wirtschaftlichen Mobilmachung* zu gestalten, deren doppelter praktischer Aspekt – Kriegsvorbereitung und Überwindung der Wirtschaftskrise – selbst dann noch fachliche Solidität zu erfordern schien, als auf geistig-psychologischem Gebiet schon längst die kritische Urteilskraft durch die Wirrnis der „schöpferischen Intuition" ersetzt war. Zwar erhoben sich auch hier vielfache Widerstände – unpolitische von seiten der Industrie, politische von seiten der Autarkie-Ideologen, die jetzt im Zeichen der neuen Zeit ihre Stunde gekommen glaubten –, aber hier erwuchs der Wehrmacht in den von Schacht geführten Teilen der Wirtschaft ein Bundesgenosse, mit dessen Hilfe sie sich zunächst besser durchzusetzen vermochte.

In der *Industrie* fehlten Unsicherheit und Mißtrauen gegenüber der anscheinend so unklaren nationalsozialistischen Wirtschaftspolitik keineswegs; vor allem fürchtete man „sozialistische" Neigungen der neuen Machthaber.[333] Aber wie die Widerstandskraft der Gewerkschaften durch das Millionenheer der Arbeitslosen, so war die der Arbeitgeber durch die Stagnation von Produktion und Absatz geschwächt, und die Autorität Schachts, der mit Übernahme auch des Reichswirtschaftsministeriums im Herbst 1934 anscheinend zum Wirtschaftsdiktator in Deutschland aufstieg, schien um so mehr eine Gewähr gegen gewagte Experimente zu bieten, als das volle Ausmaß selbst der beschränkten Aufrüstungspläne Schachts infolge der aus außenpolitischen Gründen beibehaltenen rigorosen Tarnung und Geheimhaltung von den meisten nicht überblickt wurde. Dazu kam ferner, daß die scheinbar so unabhängige Stellung der Wehrmacht in Wirtschaftskreisen ermutigend wirkte. Einflußreiche Firmen und Firmengruppen wie die Vereinigten Stahlwerke, die I. G. Farben und die Banken, die jede in der einen oder anderen Weise in Hitler ihr Werkzeug, ihren Rettungsanker oder Helfer zu sehen glaubten, gingen voran,[334] und in dem Maße, in

---

[332] Das ist die unausgesprochene Quintessenz des Aufsatzes von Gerhard L. Binz, „Analyse der Wehrbereitschaft", in: *Wehrwissenschaftliche Rundschau* 4 (1954), S. 412 ff.; vgl. besonders die – in ihren methodischen Grundlagen völlig unzureichende – Tabelle „positiver und negativer Wehrfaktoren", S. 418.

[333] Das Thema ist noch wenig erforscht; was vor allem nottut, ist eine kritische Durchsicht des Materials der Nürnberger Nachfolge-Prozesse (Krupp, I.G. Farben, Flick). Wichtiges Material bietet: George Wolfgang F. Hallgarten, *Hitler, Reichswehr und Industrie. Zur Geschichte der Jahre 1918–1933*, Frankfurt/M. 1955; ungenügend Louis Paul Lochner, *Die Mächtigen und der Tyrann. Die deutsche Industrie von Hitler bis Adenauer*, Darmstadt 1955; vorwiegend organisatorische Probleme behandelt Friedrich Facius, *Wirtschaft und Staat. Die Entwicklung der staatlichen Wirtschaftsverwaltung in Deutschland vom 17. Jahrhundert bis 1945* (Schriften des Bundesarchivs, Bd. 6), Boppard a. Rh. 1959. – Vgl. o. II. Teil.

[334] Hallgarten, *a. a. O.*, S. 113 ff.; für die I.G. Farben das Material aus dem Nürnberger Prozeß, z. B. Affidavit Max Ilgner vom 25. und 30. April 1947, *MGN* 6, Ankl.-Dok.-B. 14 und 17, Dok. NI – 6699 und NI–6544; Affidavit Ernst Rudolf Fischer vom 3. Januar 1948, Vert.-B. für Heinrich Bütefisch, Dok. 196. – Für die Banken vgl. auch Schacht, *76 Jahre...* (Anm. II/161), und ders., *Abrechnung...* (Anm. II/163). – Ein Spezialfall war die deutsche Luftfahrtindustrie, die schon vor 1933 in starke Abhängigkeit von staatlichen Sub-

dem sich der Konjunkturaufschwung bemerkbar machte, folgten die übrigen nach. Auch Krupp ergriff die Gelegenheit, seine Rüstungskapazität, die er nach 1919 mühselig durch zivile Produktion und mit Regierungshilfe aufrechterhalten hatte,[335] wieder ihrer eigentlichen Bestimmung zuzuführen, wobei er seine Bedenken gegen das Hitlersche Regime im Vertrauen auf die Wehrmacht zurückstellte.[336] Nichtsdestoweniger ergaben sich auch fernerhin Hemmungen, aber sie resultierten hauptsächlich aus den Schwierigkeiten der Umstellung auf die Aufrüstung. Insbesondere der seit Sommer 1933 amtierende Wirtschaftsminister Kurt Schmitt scheint nicht erkannt gehabt zu haben, daß die Wehrmacht vorläufig am längeren Hebelarme saß. Jedenfalls begann das Reichswehrministerium schon im Oktober nachdrücklich auf energischere Maßnahmen von seiten des Wirtschaftsministeriums zu drängen.[337]

Größere Spannungen ergaben sich in der Frage der Autarkie, denn hier stießen die Bestrebungen Schachts und der Wehrmacht mit den Autarkietendenzen zusammen, die von verschiedenen Kreisen innerhalb und außerhalb der NSDAP ausgingen, und die Niederlage der letzteren wurde erst entschieden, als Schacht nach Übernahme des Reichswirtschaftsministeriums seinen „Neuen Plan" durchsetzte, in dem er die Forderungen der Militärs zusammen mit den Erfordernissen der Krisenbekämpfung berücksichtigte.[338] Dabei handelte es sich nicht schlechthin um einen Kampf zwischen Gegnern und Befürwortern der Autarkie, denn sowohl die Vorbereitung einer wirtschaftlichen Mobilmachung als auch die Überwindung der Krise bedingten beide eine Lösung aus der Abhängigkeit vom Weltmarkt; aber Schacht und Blomberg stimmten trotz einigen nicht unerheblichen Differenzen wohl grundsätzlich darin überein, daß das nur eine zeit- bzw. zweckbedingte Maßnahme bleiben sollte. Mit einer solchen, bloß militärischen bzw. Antikrisen-Autarkie wollten sich die Autarkie-Ideologen natürlich nicht begnügen, aber wegen der Ähnlichkeit der Anfangsziele kam es doch zu gelegentlicher Zusammenarbeit.

Ein Beispiel dafür ist das Feder–Bosch-Abkommen über die Benzin-Synthese. Ideen über die Anwendung synthetischer Verfahren zur Treibstoffgewinnung und ihre wirtschaftliche Verwendung lagen damals sozusagen in der Luft. Angesichts der Wirtschaftskrise mit ihren Arbeitsbeschaffungs- und Importproblemen, des sprunghaft steigenden Kraftverkehrs und nicht zuletzt der Tatsache, daß die I. G. Farben das Problem der Synthese technisch bereits gelöst hatte, entzündete sich die Phantasie der Fachleute wie der Scharlatane an den hier vermuteten wirklichen oder vermeintlichen Möglichkeiten. Aber vor 1933 waren alle Pläne noch an der Unwirtschaftlichkeit der bisherigen Verfahren gescheitert, und die Weimarer Regierungen hatten sich ihrerseits zur Subventionierung einer Großproduktion nicht entschließen können.[339] Mit dem Machtantritt der risikofreudigen Nationalsozialisten änderte sich dann die Lage.

---

ventionen geraten war; Rieckhoff (Anm. I/152), S. 166. Vgl. Kesselring (Anm. I/222), S. 35 f.; und Heinkel (Anm. I/222), S. 278 ff.; S. 314.

[335] Bericht des Direktoriums der Krupp AG., Essen, für 1937/38; *MGN* 12, Ankl.-Dok.-B. 10 B, Dok. NI – 1284; Alfried Krupp v. Bohlen und Halbach, „Betriebsführer und Rüstungsarbeiter", Artikel in der *Kruppschen Werkszeitung* vom März 1942; *MGN*, a. a. O., Dok. D – 94.

[336] Bernhard Menne, *Krupp. Deutschlands Kanonenkönige*, Zürich 1937, S. 367 ff. Vgl. Wilhelm Berdrow, *Alfred Krupp und sein Geschlecht. Die Familie Krupp und ihr Werk 1787–1940*, Berlin 1934, S. 236 ff. Jetzt auch Norbert Mühlen, *Die Krupps*, Frankfurt/M. 1960, S. 147 ff.

[337] Schweitzer, „Organisierter Kapitalismus. . ." (Anm. I/20), S. 45 (Brief des Reichswehrministers vom 20. Oktober 1933 an den Reichswirtschaftsminister: Forderung auf Einführung von Pflichtorganisationen für wirtschaftliche Kriegsvorbereitung).

[338] Überblick bei Schweitzer, „Die wirtschaftliche Wiederaufrüstung. . ." (Anm. II/165); vgl. Schacht, *Abrechnung. . .* (Anm. II/163).

[339] Vgl. das Material im I.G. Farben-Prozeß: Affidavit Botho Mulert vom 14. Juli 1947, *MGN* 6, Vert.-Dok.-B. Bue 4, Dok. Bue 31; Affidavit Mulert, *a. a. O.*, Ankl.-Dok.-B. 26, Dok. NI – 9477; Affidavit Hermann Petri vom 30. Januar 1948, *a. a. O.*, Vert.-Dok.-B. Bue 4, Dok. Bue 75; Vernehmungsprotokoll Carl Krauch vom 16. April 1947, *a. a. O.*, Ankl.-Dok.-B. 38, Dok. NI – 6767.

Schon im Sommer 1933 kam es zu Kontakten zwischen dem zum Staatssekretär im Reichswirtschaftsministerium avancierten nationalsozialistischen Wirtschafts-„Fachmann" Gottfried Feder und verschiedenen Treibstoffexperten. Aber erst als sich im Spätsommer auch das Luftfahrtministerium und, auf dessen Anregung, das Reichswehrministerium einschalteten, nahm das Projekt konkrete Gestalt an.[340] Am 14. Dezember 1933 kam es zum Abschluß eines Vertrages zwischen dem Reich und der I. G. Farben, in dem sich die Firma zu einer jährlichen Produktion von 300 000 bis 350 000 t synthetischen Benzins verpflichtete, wofür das Reich die Einlösung der Gestehungskosten und die Aufnahme der auf dem freien Markt nicht absetzbaren Mengen garantierte.[341] Ein ähnliches Zusammenwirken von militärischen, autarkiewirtschaftlichen und Krisenbekämpfungs-Motiven zeigte sich auch anderwärts, so bei der Einrichtung der Rohstoff- und Devisen-Überwachungsstellen im Frühjahr 1934, an der bereits das Kriegswirtschafts-Referat des Reichswirtschaftsministeriums beteiligt war.[342]

Aber neben den industriell orientierten Autarkiepolitikern, die wie Feder in der Rohstoff-Frage von der Chemie Wundertaten erhofften, gab es auch noch die Siedlungsfanatiker, die sich vornehmlich aus Kreisen der nationalsozialistischen Landwirtschaft (Darré) rekrutierten, zu denen aber auch Kräfte aus anderen Lagern, so z. B. der Wirtschaftstheoretiker des Zehrerschen „Tat"-Kreises, Ferdinand Fried, gestoßen waren. Sie hatten eine Art Re-Agrarisierung Deutschlands mittels Siedlungspolitik und agrarischer Reformen im Auge, wovon man sich eine landwirtschaftliche Ertragssteigerung und die Sicherung von Deutschlands Selbstversorgung mit Nahrungsmitteln versprach.[343] Daß dies in vollem Maße erst durch Eroberung zusätzlichen Lebensraums möglich sein würde, war auch in diesem Kreise unbestritten,[344] aber man wollte die Gelegenheit der krisenbedingten Schrumpfung der Industrie ausnutzen und schon jetzt die Weichen auf Re-Agrarisierung stellen. Mit den Schöpfern derartiger Absurditäten — die fast als Vorwegnahme des Morgenthau-Planes erscheinen könnten — waren für Schacht und Blomberg natürlich keine Kompromisse möglich, und so kam es im Frühjahr 1934 zu heftigen Kämpfen um die Verteilung der Arbeitskräfte und die Währungs- und Außenhandelspolitik.[345] Solange das Interesse Hitlers und der Wehrmacht auf die SA-Frage gerichtet war, wurde die Entscheidung vertagt; aber nach der Röhm-Affäre drangen Blomberg und Schacht mit ihrer Forderung nach einem Wirtschaftsdiktator durch; der bisherige Wirtschaftsminister Schmitt trat zurück, und Hitler übertrug Schacht zusätzlich zu seinem Amt als Reichsbankpräsident auch die kommissarische Leitung des Wirtschaftsministeriums.[346]

[340] Affidavit Staatssekretär Erhard Milch vom 3. Oktober 1947; a. a. O., Vert.-Dok. B. Krauch 1, Dok. Krauch 18; Brief Albert Vöglers an Krauch, Dortmund, vom 10. August 1933; a. a. O., Ankl.-Dok.-B. 24, Dok. NI – 5930; Niederschrift über Besprechung zwischen Reichsluftfahrtministerium und Heereswaffenamt am 15. September 1933; a. a. O., Ankl.-Dok.-B. 5, Dok. NI – 7123.

[341] Text a. a. O., Ankl.-Dok.-B. 5, Dok. NI – 881; dazu Affidavit Kurt Klinge vom 2. Februar 1948; a. a. O., Vert.-Dok.-B. Bue 4, Dok. Bue 10.

[342] „Bericht über den Stand der Arbeiten für eine wirtschaftliche Mobilmachung am 30. September 1934 einschließlich kurzer Begründung des beigefügten Verordnungswerks", erstattet vom Reichswirtschaftsministerium, Berlin, 30. September 1934 (im folgenden zitiert: *RWiM-Bericht*), *IMT* (Anm. I/55), XXXVI, S. 158 ff.; bes. S. 166; S. 170 f.

[343] Schweitzer, „Die wirtschaftliche Wiederaufrüstung. . ." (Anm. II/165), S. 598 ff.; Schacht, *76 Jahre. . .* (Anm. II/161), S. 414.

[344] R. Walther Darré, „Entwurf zu einem Plan für das Arbeitsgebiet einer agrarpolitischen Abteilung bei der NSDAP", vom 15. August 1930 (zur Vorlage bei Hitler), *MGN* 11, Ankl.-Dok.-B. 101, Dok. NG – 448. Hier wurde die Hitlersche Lebensraum-These ausführlich begründet und zur Grundlage der nationalsozialistischen Agrarpolitik gemacht.

[345] Schweitzer, „Die wirtschaftliche Wiederaufrüstung. . ." (Anm. II/165), S. 598 ff.

[346] Dazu jetzt Schweitzer, „Organisierter Kapitalismus. . ." (Anm. I/20), S. 41 ff. (mit wichtigem neuen Material, aus dem die hervorragende Rolle der vereinten Bemühungen von Blomberg und Schacht beim Sturz Schmitts deutlich wird). Vgl. damit Schacht, *76 Jahre. . .* (Anm. II/161), S. 403 f.

Damit war für Schacht und Blomberg der Weg zu einer Lösung in ihrem Sinne frei. Doch bald entstanden neue Hindernisse, die bemerkenswerterweise jetzt nicht von Hitler oder der Partei ausgingen. Dabei handelte es sich zunächst um die Frage der Kompetenzverteilung zwischen Reichswehr- und Reichswirtschaftsministerium. Das Reichswehrministerium ging von der Auffassung aus, „daß im Kriege nur einer führen kann, . . . daß diesem auch die gesamte Vorbereitung des Krieges im Frieden unterstehen muß u[nd] dafür nur das R[eichs] Vert[eidigungs] Min[isterium] in Frage kommt".[347] Dementsprechend machte es ab Herbst 1934 Anstrengungen, die Keimzelle einer wehrwirtschaftlichen Lenkungsorganisation, die es seit 1926/27 geschaffen hatte, zu einem die gesamte Wehrwirtschaft umfassenden Kontrollapparat auszubauen. Ihr Kopf, die „Wirtschaftsgruppe" im Heereswaffenamt, wurde am 1. November 1934 in das Wehrmachtamt, d. h. aus dem Befehlsbereich des Chefs der Heeresleitung in den des Reichswehrministers überführt[348] – eine Regelung, die ganz auf der Linie von Blombergs Bestrebungen zur Bildung eines Wehrmacht-Generalstabes lag. Damit verbunden war eine Ausweitung ihrer Zuständigkeit über die Rüstungsindustrie hinaus auf die wirtschaftliche Kriegsvorbereitung überhaupt. Sie erhielt einen neuen Namen – „Abteilung für Wehrwirtschaft und Waffenwesen", später „Wehrwirtschaftsstab" –, wurde entsprechend umgegliedert, und ihr Chef, Oberst Thomas, bemühte sich um eine theoretische Grundlegung dieses neuen militärischen Tätigkeitsgebietes. Außerdem wurde die dazugehörige Außenorganisation dadurch erweitert und ausgebaut, daß die bisherigen 14 Wirtschaftsoffiziere bei den Wehrkreiskommandos durch Wehrwirtschafts-Inspektionen ersetzt wurden.[349]

Mit dieser Organisation schuf sich der Reichswehrminister ein Instrument, das ihm beträchtliche Einfluß- und Kontrollmöglichkeiten in der Wirtschaft eröffnen und damit auch seine politische Machtposition erheblich stärken konnte. Allerdings ist es nie in der geplanten Weise in Tätigkeit getreten. Zunächst hatte das Wirtschaftsministerium seinerseits begonnen, eine Parallelorganisation zu entwickeln – ab Herbst 1933 ein Zentralreferat im Ministerium unter dem Tarnnamen „Abwehr wirtschaftlicher Kampfmaßnahmen" und, entsprechend den Wirtschaftsoffizieren, 14 „Sonderbeauftragte" als Außenstellen.[350] Es war unvermeidlich, daß daraus Kompetenzkonflikte entsprangen, und Spuren davon sind noch erkennbar. In einer Denkschrift vom 30. September 1934 bestimmte das Reichswirtschaftsministerium die „gewerbliche Wirtschaft" als seinen Zuständigkeitsbereich für die Mobilmachungsvorarbeiten; nur die Rüstungsindustrie sollte davon ausgenommen werden. Das ließ, verglichen mit den Ansprüchen der Wehrmacht, mindestens noch Unklarheiten oder Mißverständnisse zu, und ein – sehr wahrscheinlich militärischer – Leser vermerkte denn auch prompt am Rand: „Abgrenzung!"[351] Hier war also eine klare Regelung der Zuständigkeitsbereiche erforderlich. Sie erfolgte im Frühjahr 1935, und zwar zugunsten des Wirtschaftsministeriums. Am 21. Mai beschloß das Reichskabinett, daß der von Hitler inzwischen für den Mobilmachungsfall ernannte „Generalbevollmächtigte für die

---

[347] Blomberg in der Befehlshaberbesprechung vom 2. Februar 1934, *Liebmann-Notizen* (Anm. I/112), Bl. 67. Blombergs Worte richteten sich hier zunächst gegen Röhm, waren aber keineswegs bloß taktisch bedingt. Daß die Wehrmachtführung eine innenpolitische Vorrangstellung überhaupt, also auch gegenüber der Wirtschaft anstrebte, zeigt die „Zwei-Säulen-Doktrin"; dazu s. u. S. 965.

[348] Mueller-Hillebrand (Anm. II/112), I, S. 105; zur Organisation vgl. Affidavit des Generals Erich Stud vom 9. Dezember 1946; *MGN* 12, Ankl.-Dok.-B. 1, Dok. NOKW–437.

[349] General Thomas in der 10. Sitzung des RVA vom 26. Juni 1935; *IMT* (Anm. I/55), XXXVI, S. 417 ff.; ders., „Wehrwirtschaft", in: *Die deutsche Wehrmacht 1914–1939: Rückblick und Ausblick*, hrsgg. von Georg Wetzell, Berlin [1939], S. 148–165, bes. S. 159 ff.

[350] *RWiM-Bericht* (Anm. II/342), S. 206 (vgl. die Liste S. 211 f.); 6. Sitzung des RVA vom 23./24. Januar 1934, *IMT*, a. a. O., S. 388; Thomas, „Wehrwirtschaft", a. a. O., S. 159 ff.

[351] *RWiM-Bericht*, a. a. O., S. 161; zur Person des Verf. des Randvermerks vgl. die anderen Randvermerke, die mit derselben Paraphe („h") gezeichnet sind.

Kriegswirtschaft", d. h. Schacht in seiner Eigenschaft als Wirtschaftsminister, seine Arbeit „bereits im Frieden" aufnehmen und daß ihm die Leitung der gesamten wirtschaftlichen und finanziellen Kriegsvorbereitung obliegen solle, mit Ausnahme der Rüstungsindustrie, die wie bisher beim Reichswehr- bzw. Reichskriegsministerium verblieb.[352] Aus welchen Gründen diese Regelung getroffen wurde und welches dabei die treibenden Kräfte waren, ergibt sich aus der Frage nach den Interessenten. Da die neue Verteilung der Zuständigkeiten etwa auf der Linie lag, die das Wirtschaftsministerium im Herbst 1934 bereits vorgeschlagen hatte, ist anzunehmen, daß Schacht beteiligt war. Hitler aber mußte eine Machterweiterung Schachts erträglicher erscheinen als eine solche der Wehrmacht. Jedenfalls war das Resultat, daß die Kompetenzen der militärischen Führung, die bisher *de facto* ungeteilt das gesamte Gebiet der Kriegsvorbereitung umfaßt hatten, zum erstenmal beträchtlich beschnitten wurden.[353]

Obendrein wurde der Wehrwirtschaftsstab auch von unten her eingeschränkt. Schon seit Herbst 1933 hatte Göring im Luftfahrtministerium einen eigenen Rüstungsstab, das „C-Amt", aufzubauen begonnen, der sich allmählich der Kontrolle des Reichswehrministeriums entzog und seine eigene wirtschaftliche Mobilmachung zu betreiben versuchte.[354] Das Beispiel wirkte ansteckend auf die übrigen Wehrmachtteile. Das Heereswaffenamt, bis 1933 die einzige mit kriegswirtschaftlichen und Rüstungsfragen befaßte Stelle, vermochte seine traditionellen Verbindungen zur Rüstungsindustrie aufrechtzuerhalten, und die Marine baute jetzt noch nachträglich ein eigenes Marinewaffenamt auf.[355] Nachdem der Wehrwirtschaftsstab durch die Einrichtung des Generalbevollmächtigten für die Kriegswirtschaft in seiner Zuständigkeit auf die Rüstungsindustrie beschränkt worden war, wurde er durch die Verselbständigung der Waffenämter, über die er keine Befehlsgewalt hatte, selbst an der Wahrnehmung dieser Restkompetenz gehindert und sank zu einer bloßen Koordinierungsstelle herab, die ihre Anregungen lediglich „im Einvernehmen" mit den Waffenämtern wie mit den Zivilstellen durchsetzen konnte[356] – ein Teilaspekt der allgemeinen Aushöhlung der Ministerialinstanz durch die Ressortpolitik der Wehrmachtteile.

Für die Kompetenzteilung zwischen Wirtschafts- und Wehrministerium lassen sich dabei durchaus sachliche Gründe vorbringen, und Blomberg mag sie im Vertrauen auf die gute Zusammenarbeit mit Schacht auch ohne große Kämpfe hingenommen haben.[357] Will man den Vorgang aber in der richtigen Perspektive sehen, so muß man berücksichtigen, daß dieser Aufspaltung der Kompetenzbereiche zwischen den Fachministerien ein Abbau der Koordinierungsgremien parallel ging. Über die zunehmende Ausschaltung des Reichskabinetts und die Kaltstellung des Reichsverteidigungsrates ist schon berichtet worden. Aber auch dessen provisorischer Ersatz, der aus Ministerialreferenten gebildete Reichsverteidigungsausschuß, trat zusehends in den Hinter-

[352] 10. Sitzung des RVA, *IMT* (Anm. I/55), XXXVI, S. 415 f.; XXX, S. 63 ff.; Meinck, „Der Reichsverteidigungsrat" (Anm. II/143), S. 415, spricht irrtümlich von einer *Ernennung* Schachts am 21. Mai 1935; diese muß bereits zu einem früheren Datum erfolgt sein.

[353] Endgültige Regelung Herbst 1935: Keitel (Anm. I/17a), S. 82. Zur Problematik auch Baum, „Vollziehende Gewalt. . ." (Anm. I/99), S. 476 ff. (basiert auf einer Denkschrift Halders vom April 1945).

[354] Thomas in der 10. Sitzung des RVA; *IMT* (Anm. I/55), XXXVI, S. 418 f.; Rieckhoff (Anm. I/152), S. 39; Mueller-Hillebrand (Anm. II/112), I, S. 36. Vgl. auch Heinkel (Anm. I/222), S. 275.

[355] Für das Heereswaffenamt: Mueller-Hillebrand; für die Zeit ab 1938 auch Emil Leeb, *Aus der Rüstung des Dritten Reiches (Das Heereswaffenamt 1938–1945)*, Beiheft 4 der *Wehrtechnischen Monatshefte*, Mai 1958. – Für die Marine: Fritz Ernst Giese, *Die deutsche Marine 1920–1945. Aufbau und Untergang*, Frankfurt/M. 1956, S. 35. – Die Folge dieser Dezentralisierung war die Bevorzugung der Luftwaffe durch Göring unter dem Vierjahresplan seit 1936; Mueller-Hillebrand, *a. a. O.*, I, S. 37.

[356] Thomas, „Wehrwirtschaft" (Anm. II/349), S. 159 ff. Zu dem Verfahren in der Praxis vgl. die geheime Denkschrift des Wirtschafts- und Rüstungsamts im OKW: „Kautschuk und die Versorgungslage im Kriege" (bearb. von Oberstlt. Heder) vom März 1941; *MGN* 6, Ankl.-Dok.-B. 5, Dok. NI – 6194.

[357] Dazu auch Baum (Anm. I/99), S. 477.

grund.[358] Dafür waren zunächst technische Motive maßgebend: Die direkte Zusammenarbeit zwischen den Ministerien – insbesondere zwischen Wirtschafts- und Wehrministerium – hatte sich zusehends eingespielt, und die ständige Beschleunigung der Aufrüstung hatte inzwischen schon ein Maß erreicht, daß die Praxis der Plenarsitzungen umständlich und zeitraubend erscheinen ließ.[359] Aber daneben wirkten auch ressortpolitische Gesichtspunkte mit. So war das Reichswehrministerium auch hier bestrebt, seine Handlungsfreiheit zu erweitern und die zivilen Ressorts in den Fragen der Landesverteidigung und Mobilmachungsvorbereitung zu mehr oder minder ausführenden Organen hinabzudrücken,[360] was ja dann durch die Einsetzung des Generalbevollmächtigten für die Kriegswirtschaft z. T. erreicht wurde – nur daß die Kompetenz jetzt dem Wirtschaftsminister zufiel. Aber falls die Fachressorts gehofft hatten, mit diesem Abbau politischer Führungs- bzw. Koordinierungsorgane ihre eigene Machtstellung zu stärken, so war das eine Fehlrechnung; nicht sie, sondern Hitler zog daraus Nutzen, und seine Stellung war bald stark genug, um auch in die Fachressorts selbst einzugreifen und ihre mühsam errungene Handlungsfreiheit wieder zu beschneiden. Auf dem Gebiet der Rüstungspolitik war die schon 1936 erfolgte Einsetzung Görings zum „Bevollmächtigten für den Vierjahresplan" der erste und gleich sehr folgenreiche Schritt, und damit begann ein Prozeß, der schließlich zur Verdrängung Schachts und zur *de-facto*-Übernahme der Leitung der wirtschaftlichen Mobilmachung und Kriegsvorbereitung durch Göring führte – mit den bekannten katastrophalen Ergebnissen.

Der Ausgang des Konflikts um die Leitung der wirtschaftlichen Kriegsvorbereitung war einer der schwersten Rückschläge für die innenpolitische Strategie der Wehrmachtführung und ist zu Unrecht bisher kaum beachtet worden. Aber er ist zugleich nur das äußere Zeichen für einen weit umfassenderen Fehlschlag der militärischen Politik: nämlich das Scheitern des traditionellen militärischen Denkens gegenüber dem Problem des modernen totalen Krieges. Wenn das Reichswehrministerium für sich die alleinige Führung sowohl eines etwaigen Krieges wie der Vorbereitung dazu gefordert hatte, so waren die innenpolitischen Überlegungen mit Bezug auf die Hitlersche Diktatur dafür nicht allein ausschlaggebend gewesen, vielmehr stand dahinter vor allem die mehr oder minder klare, aber jedenfalls traditionell fest verwurzelte Auffassung, daß Kriegführung letztlich noch immer eine militärische Aufgabe sei. Diese Auffassung hatte schon bei dem Trugschluß Pate gestanden, als sei mit dem Sieg einer so militanten und außenpolitisch risikobereiten Volksbewegung wie dem Nationalsozialismus die Grundlage für den Aufbau einer modernen Landesverteidigung in Deutschland gelegt, und sie lenkte jetzt auch die auf solcher Basis eingeleitete Rüstungspolitik in eine Sackgasse.

Allerdings war sich die Wehrmachtführung grundsätzlich darüber klar, daß ein moderner Krieg nicht ohne entsprechende wirtschaftliche Rückendeckung und Kraftreserven geführt werden konnte. Sie hat dementsprechend schon im Frühjahr 1933

---

[358] Seine ersten fünf Sitzungen fanden innerhalb von neun Monaten statt (26. April 1933 bis 23. Januar 1934), die nächsten fünf innerhalb von nicht ganz zwei Jahren (bis 6. Dezember 1935); vgl. Meinck, „Der Reichsverteidigungsrat" (Anm. II/143), S. 413 f.

[359] *RWiM-Bericht* (Anm. II/342), S. 162.

[360] Meinck, „Der Reichsverteidigungsrat" (Anm. II/143), S. 414. Vgl. z. B. die Argumentation Reichenaus in der 10. Sitzung des RVA, *IMT* (Anm. I/55), XXXVI, S. 414 f.: „Die von einigen Ressorts gewünschte Unterrichtung über die militärische Lage wurde von der Tagesordnung abgesetzt, weil der rasch fortschreitende Aufbau der Wehrmacht und die in schnellem Fluß befindliche politische Entwicklung [!] eine Erörterung dieser Frage zur Zeit unzweckmäßig erscheinen ließ. Soweit eine Unterrichtung der Mitglieder des Arbeitsausschusses über die militärische Lage zur Durchführung der ihnen obliegenden Aufgaben erforderlich wird, erfolgt sie in der laufenden Zusammenarbeit der Ressorts mit den einzelnen Wehrmachtdienststellen." Das unterschied sich von Hitlers *divide-et-impera*-Taktik nur graduell.

im Reichsverteidigungsausschuß Arbeiten eingeleitet, die darauf schließen lassen, daß
man das Problem auf umfassende Weise zu lösen gedachte.[361] Da man jedoch hier in
noch weit höherem Grade von einer *tabula rasa* ausgehen mußte als bei der militärischen Aufrüstung, konzentrierten sich die Arbeiten zunächst darauf, das organisatorische Gerippe und die juristischen Instrumente für eine zukünftige Kriegswirtschaft
zu schaffen und, vor allem, statistische Erhebungen über den Bedarf an Rohstoffen und
Fertigwaren und dessen Deckungsmöglichkeiten, über die vorhandenen Produktionskapazitäten und über die voraussichtliche Verteilung von Wehrmachts- und Zivil-
bedarf anzustellen.[362] Das waren relativ leicht zu bewältigende, wenig Kosten ver-
ursachende, aber unentbehrliche Arbeiten; insbesondere konnte mit der eigentlichen
kriegswirtschaftlichen Vorplanung nicht begonnen werden, bevor nicht die Ergebnisse
der statistischen Erhebungen vorlagen, und gerade sie nahmen teilweise erhebliche Zeit
in Anspruch. Wo sich wichtige Schwerpunkte oder Engpässe schon früher herausstell-
ten, begann man auch sofort mit Abhilfsmaßnahmen, so in der Treibstoff-Frage mit
dem schon erwähnten Benzin-Vertrag vom Dezember 1933; mit der Einleitung der
Produktion von künstlichem Kautschuk (Buna) im Herbst 1934; mit der Produktionsausweitung bei kriegswichtigen, aber in der Friedenswirtschaft wenig verwendeten
Nichteisen-Metallen; mit der freilich noch sehr bescheidenen Bevorratung mit wichtigen Rohstoffen usw. Teilweise in Verbindung damit, teilweise auch unabhängig
davon begann man auch bereits mit der Verlagerung kriegswichtiger Industriezweige
in das Innere Deutschlands, und schließlich nahm man ebenfalls jetzt schon den Bau
von Bereitschaftsfabriken, d. h. von Produktionskapazitäten, die erst im Kriegsfall
gebraucht wurden, in Angriff.

Aber all das war nur ein Vorgeplänkel; es gehört in den Rahmen jenes frisch-fröh-
lichen Pläneschmiedens und freizügigen Schaffens, das die ersten Jahre der nationalsozialistischen Ära kennzeichnet und von dem alle Beamten und Fachleute so begeistert waren.[363] Der Ernst des Lebens begann erst bei der Frage der Abstimmung der
großzügigen Pläne auf die verfügbaren Mittel und Möglichkeiten, und sie rückte den
Verantwortlichen erst um die Wende 1935/36 auf den Leib.[364] Oder besser: bis dahin
war es möglich, sie aufzuschieben. Denn natürlich stand sie auch schon über den Planungen des Jahres 1933, und weitschauende Beamte wie der Ministerialrat Godlewski,
Leiter des Kriegswirtschafts-Referats im Wirtschaftsministerium, haben schon frühzeitig mit Nachdruck darauf hingewiesen.[365] Dabei handelte es sich in der besonderen
rüstungspolitischen Lage Deutschlands 1933/34 eigentlich um zwei Fragen, nämlich
erstens um die Anwendung des hier schon erörterten allgemeinen Kriegsautarkie-
Problems [366] auf den speziellen deutschen Fall: In welchem Maße würde es möglich
sein, eine kriegsmäßige Selbstversorgung Deutschlands im Frieden vorzubereiten, ohne
die wirtschaftlichen Kräfte schon vor Beginn des Krieges zu erschöpfen? Und daran
anschließend stellte sich die situationsbedingte Frage, in welchem Maße es möglich
sein werde, mit den durch die weltwirtschaftliche Krisensituation geschwächten Kräften
neben der militärischen Aufrüstung gleichzeitig auch noch das theoretisch an sich Erreichbare an wirtschaftlicher Kriegsvorbereitung zu leisten. Diese Fragen sind in den
Anfangsjahren von den Verantwortlichen im Rahmen der allgemeinen Planlosigkeit
nicht oder nicht entschieden genug beantwortet worden, und daraus ergab sich eine

[361] 2. Sitzung des RVA am 26. April 1933; *IMT, a. a.* O., S. 220 ff.
[362] Vgl. dazu und zum Folgenden vor allem die 6. Sitzung des RVA, 22./23. Januar 1934, *a. a.* O., S. 387 ff.,
und *RWiM-Bericht* (Anm. II/342).
[363] Schacht, *76 Jahre...* (Anm. II/161), S. 385; Kesselring (Anm. I/222), S. 26.
[364] Bezeichnend dafür ist der Beginn von Schachts Warnungen und Obstruktionsversuchen; s. o. S. 789.
[365] Zur Person Godlewskis: 6. Sitzung des RVA, *IMT* (Anm. I/55), XXXVI, S. 387 f., in Verbindung mit dem
RWiM-Bericht (Anm. II/342), S. 167. Zur Sache: 6. Sitzung des RVA, *a. a.* O., S. 394.
[366] Vgl. o. S. 769.

Fehlsteuerung der Rüstungspolitik, die für die ab 1936 eintretende Krisenlage mitverantwortlich ist und Hitlers Eingreifen mit dem Vierjahresplan herausgefordert hat.

Was die erste Frage betrifft, so stimmten zwar die militärischen Wirtschaftsfachleute wie Thomas, Warlimont und (als einflußreicher Schriftsteller) Koeth mit den Beamten des Wirtschaftsministeriums grundsätzlich darin überein, daß eine Überspannung der Kräfte vermieden und eine eigenständige Friedenswirtschaft bis zum Ausbruch eines Krieges aufrechterhalten werden müsse.[367] Und auch über Deutschlands wirtschaftliche Lage in der damaligen Zeit war man sich auf beiden Seiten einig. Deutschlands „wirtschaftliche Situation", so hieß es in der Denkschrift des Wirtschaftsministeriums vom 30. September 1934, „erscheint so verzweifelt, daß der Einwand naheliegt, eine Ausrichtung kriegswirtschaftlicher Vorarbeiten auf diese Lage sei zwecklos".[368] Und General Liese, Chef des Heereswaffenamts, erklärte zehn Tage später den Befehlshabern, Deutschlands Möglichkeiten, einen Verteidigungskrieg zu führen, seien „noch auf Jahre hinaus auf Wochen beschränkt".[369] Aber in der Frage, wie diese Lage zu bessern sei, ohne die Prinzipien der Friedenswirtschaft vorzeitig aufzugeben, schieden sich die Geister. Zwar war man auch im Wirtschaftsministerium bereit, nach Kräften zur Besserung der Lage beizutragen; es sei schon viel gewonnen, hieß es in der erwähnten Denkschrift, wenn die wirtschaftliche Durchhaltefähigkeit Deutschlands um einige Wochen verlängert werden könnte. Aber man wies auch zugleich darauf hin, daß Außen- und Bündnispolitik ihre Folgerungen aus der Situation ziehen müßten.[370] Das hieß also, daß die wirtschaftliche Schwäche Deutschlands sich nur durch eine entsprechende Außenpolitik würde ausgleichen lassen. Damit war der entscheidende Differenzpunkt berührt, denn sei es, daß die Militärs die Entwicklungsfähigkeit der deutschen Kräfte überschätzten, sei es, daß sie gegenüber Hitlers Außenpolitik resignierten, jedenfalls stellten sich selbst die Fachleute des Wehrwirtschaftsstabes mehr und mehr auf den „Kampf gegen Übermacht" ein, von anderen wie Blomberg und Reichenau ganz zu schweigen. Unter den ersteren vertraten einige in übereinstimmender Berufung auf Clausewitz den Grundsatz, daß sich die wirtschaftliche Kriegsvorbereitung nach dem jeweils äußersten Fall zu richten habe,[371] und Thomas wie Warlimont bewerteten ebenso übereinstimmend das Hindenburg-Programm von 1916 als zulässigen Maßstab, während der Berichterstatter des Wirtschaftsministeriums es einer harten Kritik unterzog: Es habe verhindert, daß das an sich mögliche Optimum an wirtschaftlicher Kraftleistung erzielt werden konnte.[372]

Diese Differenzen wirkten sich unvermeidlich auf die Praxis aus, wobei die Militärs meist am längeren Hebelarm saßen. Ein Beispiel ist der Nachdruck, mit dem sich der Wehrwirtschaftsstab für die Entwicklung des synthetischen Kautschuks einsetzte. Ähn-

---

[367] Thomas, „Wehrwirtschaft" (Anm. II/349), S. 160; Oberst a. D. Koeth (z. Z. der Novemberrevolution Leiter des Demobilmachungs-Amts der Reichsregierung), „Von der Wehrwirtschaft", in: *Wehrfreiheit. Jahrbuch der „Deutschen Gesellschaft für Wehrpolitik und Wehrwissenschaften" 1935*, Hamburg 1935, S. 66 ff.; Otto Korfes (Hptm. und OReg.R. in der Forschungsanstalt für Kriegs- und Heeresgeschichte), *Grundsätze der Wehrwirtschaftslehre. Allgemeine Grundlagen der Wehrwirtschaft und Kriegswirtschaft*, Hamburg 1936. Radikalere Ansichten wurden vertreten in: „Friedenswirtschaft und Kriegswirtschaft" in: *Militär-Wochenblatt*, Nr. 14 vom 11. Oktober 1933, Sp. 444 ff., und „Staat und totale Bereitschaft" (Anm. II/305).

[368] *RWiM-Bericht* (Anm. II/342), S. 161.

[369] Befehlshaberbesprechung vom 10. Oktober 1934, *Liebmann-Notizen* (Anm. I/112), Bl. 108; vgl. Bl. 84; Bl. 104 ff.; Bl. 115. Außerdem Notizen des Generalobersten Heinrici, *Zeugenschrifttum* (Anm. I/53), Nr. 66, II, S. 170. – Im Reichswirtschaftsministerium schätzte man die Durchhaltedauer auf ca. drei bis sieben Monate; *RWiM-Bericht, a. a. O.*, S. 161; S. 176 und *passim*.

[370] *RWiM-Bericht, a. a. O.*, S. 161.

[371] Koeth (Anm. II/367), S. 74; Korfes (Anm. II/367), S. 17.

[372] Thomas, „Wehrwirtschaft" (Anm. II/349), S. 154; Walter Warlimont, „Volk und Wehrwirtschaft", in: *Volk und Wehrkraft. Jahrbuch der „Deutschen Gesellschaft für Wehrpolitik und Wehrwissenschaften" 1936*, Hamburg 1936, S. 34. – Vgl. dagegen *RWiM-Bericht* (Anm. II/342), S. 160.

lich wie bei der Benzin-Synthese waren auch hier neben den militärischen zunächst
wirtschaftspolitische Autarkie-Interessen beteiligt, als Mitte 1933 die Verhandlungen
über eine forcierte Entwicklung und die Aufnahme der Großproduktion begannen.[373]
Aber bald liefen sich die Verhandlungen fest, weil die Industrie wenig Interesse an
einem Projekt zeigte, das (im Gegensatz zu der Benzin-Synthese) technisch noch nicht
ausgereift und in jedem Fall unwirtschaftlich war. Vor allem lehnte man die Übernahme der Großproduktion ab, so daß im Oktober 1934 nur ein Vertrag über ein
Werk mit 200 t Monatsleistung zustande kam.[374] Erst das unentwegte Drängen des
Wehrwirtschaftsstabes und die Bereitschaft der Wehrmacht, sich in großem Umfang
an der Erprobung zu beteiligen und auch für den Absatz der Produktion Sorge zu
tragen, förderten das Projekt weiter und führten schließlich im Zeichen des Vierjahresplans auch zur Eröffnung der Großproduktion.[375] So war die Buna-Produktion
im Unterschied zur Benzin-Synthese ein ausschließlich auf die Kriegswirtschaft zuge-
schnittenes Unternehmen, das für die Volkswirtschaft voll auf das Verlustkonto zu
setzen war.[376]

Aber das eigentliche Debakel entstand nicht aus dem militärisch-bürokratischen
Perfektionismus des Wehrwirtschaftsstabes, sondern aus der Bevorzugung, die Blomberg und Reichenau der militärischen Aufrüstung gegenüber der wirtschaftlichen
Kriegsvorbereitung angedeihen ließen. Denn so klar die Wehrmachtführung die Notwendigkeit wirtschaftlicher Kriegsvorbereitung erkannt hatte, so vertrat sie doch die
Ansicht, daß zuerst einmal die Wehrmacht selbst einen Mindestrüstungsstand erreicht
haben müsse, ehe andere Aufgaben in Angriff genommen würden. In diesem Sinne hatte
sich schon Blomberg in der Kabinettssitzung vom 8. Februar 1933 vernehmen lassen,[377]
und Reichenau bestätigte diesen Standpunkt im Juni 1935 noch einmal: „Solange es
noch nicht einmal möglich ist, die Finanzierung der geplanten 36 Divisionen des
Heeres und die angestrebten Stärken der übrigen Wehrmachtteile in vollem Umfange
sicherzustellen, müssen auch dringende Forderungen der zivilen Verwaltungen zurückstehen." [378] Infolgedessen gerieten die großangelegten Mobilmachungsvorarbeiten
nun ins Stocken. Als die Zivilressorts im Haushalt 1935/36 für diese Zwecke 884,7
Millionen RM anforderten (von der Wehrmacht in die Dringlichkeitsstufen Ia–IV
eingeteilt, Ia mit 123,9 Millionen RM) und der Finanzminister diese Forderungen
mit dem Hinweis ablehnte, das Reichskriegsministerium möge sie aus seinem eigenen
Etat decken, erklärte dieses sich nur zur Freigabe von 100 Millionen – also rund 80 %
der Dringlichkeitsstufe Ia – bereit.[379]

Problematisch an dieser Situation war nun nicht so sehr die Tatsache, daß die
militärische der wirtschaftlichen Aufrüstung zeitlich vorgezogen, sondern daß die

---

[373] Briefwechsel zwischen der I.G. Farben, dem Heereswaffenamt und dem Reichswirtschaftsministerium,
August bis November 1933; *MGN* 6, Ankl.-Dok.-B. 28, Dok. NI–6930. Außerdem und zum Folgenden: „Die
Mitwirkung der Wehrmacht bei der Entwicklung und Erprobung des synthetischen Kautschuks", Geheimdenk-
schrift, zusammengestellt Herbst 1938; *a. a. O.*, Ankl.-Dok.-B. 29, Dok. NI–7472; Geheimdenkschrift „Kautschuk. . ." (Anm. II/356); Notizen der I.G. Farben über Besprechungen mit Regierungsstellen betr. Buna 1933 ff.
(auszugsweise Zusammenstellung aus dem Originalakt vom 11. April 1947) *MGN, a. a. O.*, Ankl.-Dok.-B. 5,
Dok. NI–306; Erläuterungen dazu von Dr. Ernst Struss vom 12. Juni 1947, *a. a. O.*, Ankl.-Dok.-B. 28, Dok.
NI–7241; vgl. auch Affidavit Erich Konrad, *a. a. O.*, Vert.-Dok.-B. Ter Meer 4, Dok. TM 187; Verhör Ter Meer
vom 23. April 1947, *a. a. O.*, Ankl.-Dok.-B. 29, Dok. NI–7668; Affidavit Keppler vom 22. Oktober 1947,
a. a. O., Vert.-Dok.-B. Ter Meer 4, Dok. TM 174. – Vgl. Wilhelm Treue, „Gummi in Deutschland zwischen 1933
und 1945", in: *Wehrwissenschaftliche Rundschau* 5 (1955), S. 169 ff.

[374] „Die Mitwirkung der Wehrmacht. . .", *a. a. O.* (Dok. NI–7472).

[375] Bau des ersten Werks (Schkopau) 1935, Anlaufen der Produktion 1936, Großproduktion 1939.

[376] Kroll (Anm. II/156), S. 510.

[377] Vgl. o. S. 785.

[378] 10. Sitzung des RVA, *IMT* (Anm. I/55), XXXVI, S. 433. – Für die Haltung Görings s. Geyr v. Schweppenburg, *Erinnerungen*. . . (Anm. I/231), S. 53.

[379] 10. Sitzung des RVA, *a. a. O.*, S. 431 f.

Grenzen beider nicht vorher an Hand einer gesamtwirtschaftlichen Kräfterechnung ermittelt und die Planungen danach eingerichtet wurden. Statt dessen schöpfte die militärische Führung die wirtschaftlichen Kräfte zunächst vollständig für die militärische Rüstung aus. Es sei eine alte Erfahrung, hat Oberst Thomas dazu in rückblickender Kritik – und mit einem leichten Seitenhieb auf das traditionalistische Denken – geäußert, daß man in Friedenszeiten die militärische Rüstung bevorzuge und nur ungern große Geldmittel in die wirtschaftliche Kriegsvorbereitung stecke; trotz grundsätzlicher Anerkennung der wehrwirtschaftlichen Notwendigkeiten sei „auch bei der deutschen Aufrüstung die eben angedeutete Auffassung zum Durchbruch" gekommen.[380] Daß die militärische Wehrwirtschafts-Organisation erst ab Herbst 1934 aufgebaut wurde, als die Aufrüstung schon anderthalb Jahre lief und auch die wirtschaftliche Kriegsvorbereitung bereits in Gang gekommen war, ist seinerseits bezeichnend für diese Einstellung. Damit war nun freilich abzusehen, daß der Nachholbedarf, der hier im Entstehen war, zu irgendeinem nicht zu späten Zeitpunkt würde gestillt werden müssen, wenn man nicht riskieren wollte, daß die deutsche Wehrmacht jahrelang gleichsam in der Luft hing und trotz zahlenmäßiger Verstärkung und bester Bewaffnung und Ausbildung praktisch verteidigungsunfähig bleiben sollte.

Es ist nicht zu verkennen, daß hier eine der Hauptwurzeln des Vierjahresplans lag – und zugleich eine der wichtigsten Ursachen für das Scheitern von Schachts Experiment der Kreditfinanzierung. Setzt man einmal voraus, daß die damalige forcierte Rüstungspolitik den Interessen Deutschlands entsprochen hätte, so ist nicht erkennbar, wie man das Problem der wirtschaftlichen Rückenstärkung der Wehrmacht anders hätte lösen können als durch einen ebenso forcierten Aufbauplan für die wirtschaftliche Rüstung. So hat denn auch der Chef des Wehrwirtschaftsstabes, Oberst Thomas, immer wieder darauf gedrängt, neben der „Breite" der Rüstung – womit er die Gesamtheit der sofort einsetzbaren Kräfte bezeichnete – nicht deren „Tiefe", d. h. die Durchhaltefähigkeit der Kriegswirtschaft zu vernachlässigen,[381] und er hat diesen seinen Bemühungen nicht zu unrecht einen wesentlichen Anteil am Zustandekommen des Vierjahresplans zugeschrieben.[382] Natürlich haben die Wehrmachtstellen und insbesondere Thomas nicht beabsichtigt, dieses wirtschaftliche Rüstungsprogramm zu einer derartigen Raubbau-Wirtschaft ausarten zu lassen, wie es Hitler und Göring dann tatsächlich getan haben. Aber immerhin bot die anfängliche Disproportionierung der Rüstung Hitler doch einen sachlichen Anlaß zum Eingreifen, und überdies ist nicht zu erkennen, wie die militärische Führung das Problem anders als durch ein drastisches Abstoppen der militärischen Aufrüstung hätte lösen können. Dazu aber war mindestens bei Göring keine Bereitschaft vorhanden, und obendrein waren die Planungen für die wirtschaftliche Kriegsvorbereitung, wie erwähnt, doch so umfangreich, daß die dadurch entstehenden zusätzlichen Belastungen den Übergang zur Kriegswirtschaft schon im Frieden und damit den Verzicht auf die auch vom Wehrwirtschaftsstab grundsätzlich befürwortete Aufrechterhaltung der Friedenswirtschaft

---

[380] Thomas, „Wehrwirtschaft" (Anm. II/349), S. 161. – Dazu kamen die negativen Auswirkungen der mangelhaften Kontrolle, die Schacht schon 1935 rügte (s. o. S. 795) und die Treue, „Gummi. . ." (Anm. II/373), S. 174, zu dem rückblickenden Urteil veranlassen, daß auf dem Kautschukgebiet „mit unbegreiflicher Leichtfertigkeit disponiert, umdisponiert, neu geplant, der Plan erweitert und über Hunderte von Millionen mit leichter Hand verfügt wurde – genau wie das in anderen Bereichen der ‚öffentlichen' Wirtschaft zur gleichen Zeit mehr und mehr einriß".

[381] General Thomas, Vortrag über den Stand der Aufrüstung, gehalten im Auswärtigen Amt am 24. Mai 1939; *IMT* (Anm. I/55), XXXVI, S. 113 ff. Vgl. ders., „Gedanken über die deutsche Wehrwirtschaft", in: *Bericht über die Mitgliederversammlung der Wirtschaftsgruppe Eisen schaffende Industrie in Berlin am 9. Juni 1936*, als Manuskr. gedr., Berlin 1936; ders., „Breite und Tiefe der Rüstung", in: *Militärwissenschaftliche Rundschau* 2 (1937), S. 189 ff.; ders., „Wehrwirtschaft" (Anm. II/349), S. 161.

[382] Geheimdenkschrift „Kautschuk. . ." (Anm. II/356), S. 17.

erzwingen mußten. Und das um so mehr, als die Schachtsche Methode der Krisenbekämpfung bereits wichtige organisatorische und handelspolitische Grundlagen dafür
gelegt hatte. Wenn im Reichswehrministerium schon im Frühjahr 1934 die Auffassung
vertreten wurde, „wirtschaftlich [befände Deutschland sich] schon im Zustand des
Krieges",[383] so war das gewiß übertrieben, aber es zeigt doch die Richtung, die die
Entwicklung nahm. Im Oktober erklärte der Chef des Heereswaffenamts, General
Liese, vor den Befehlshabern, angesichts der Rohstofflage bedinge die Aufrüstung
den „Ausverkauf", und Blomberg fügte hinzu, es sei „gut, d[ie] Truppe aufzuklären,
daß Entbehr[ung] u[nd] Verknappung nötig u[nd] Sparsamkeit".[384] Tatsächlich
hat ja Schachts „Neuer Plan" nicht nur eine Kontrolle des Geld- und Kapitalmarkts
und der Lohn-, Preis- und Devisenentwicklung gebracht, sondern auch eine Rohstoff-
bewirtschaftung, die den zivilen Verbrauch zugunsten des militärischen drosselte. Das
und der entsprechende Kontrollapparat waren Ansätze, die sich zur vollständigen
Kriegswirtschaft ausweiten mußten, wenn noch die wirtschaftliche zu der militärischen
Rüstung hinzutrat, selbst dann, wenn man nicht den Weg der Hitlerschen Raubbau-
Wirtschaft beschritt, und auch dann, wenn man die exzessiven Repräsentativausgaben
von Staat und Partei, auf die Schacht und Thomas vornehmlich die Schuld schoben,
einstellte.[385] Die folgenden Jahre waren angefüllt mit Kontroversen über die Verteilung der Rohstoffe, aber dabei handelte es sich kaum noch um die Aufteilung zwischen
Zivil- und Rüstungsbedarf, sondern um diejenige innerhalb des Rüstungssektors, also
zwischen militärischem Aufbau und wirtschaftlicher Mobilmachungsvorbereitung.

Überblickt man die totale Mobilmachung bzw. die Vorarbeiten dazu in ihrem
Anlaufstadium, so läßt sich erkennen, daß sie der Wehrmacht-Führung schon zeitig
aus der Hand zu gleiten begannen. Im selben Maße, in dem die Aufrüstung auf allen
Gebieten voranschritt, lockerte sich auch das Gefüge der militärischen Apparatur, und
die dadurch entstehenden Brüche und Risse boten nicht nur Hitler und seinen Trabanten die ersten Ansatzpunkte für ihre revolutionäre Mobilisierungstaktik, sie stellten auch die technische Effektivität des entstehenden militärischen Instruments in
Frage. Wenn die Führer der Wehrmacht die hier drohenden Gefahren, wo nicht überhaupt ignorierten, so doch wesentlich unterschätzten, so vor allem deshalb, weil die
Entmachtung der SA im Jahre 1934 bei ihnen den Irrtum veranlaßte, die revolutionäre
Dynamik sei damit zum Stillstand gebracht worden. Dieser Irrtum beruhte nicht
zuletzt darauf, daß man die SA ausschließlich als potentielles militärisches Instru-
ment ansah. Es wird die Aufgabe der folgenden Darstellung sein, zu zeigen, daß die
SA mehr als das – oder etwas ganz anderes – war und daß mit ihrer machtpolitischen
Ausschaltung nicht die Revolution, sondern nur eines ihrer Instrumente beseitigt war.

---

[383] Notizen des Generalobersten Heinrici, *Zeugenschrifttum* (Anm. I/53), Nr. 66, II, S. 170.

[384] *Liebmann-Notizen* (Anm. I/112), Bl. 108 und Bl. 104.

[385] Schacht, „Finanzierung der Rüstung", Memorandum vom 3. Mai 1935, *IMT* (Anm. I/55), XXVII, S. 51 f.;
Thomas, Vortrag vom 24. Mai 1939 (Anm. II/381), S. 128 ff. – Vgl. Erbe (Anm. II/165), S. 4; S. 177, der das
nationalsozialistische Wirtschaftssystem als eine „Kriegswirtschaft in Friedenszeiten" definiert.

Drittes Kapitel

DIE SA – TERRORINSTRUMENT ODER REVOLUTIONSARMEE?

In der bisherigen Forschung über den Nationalsozialismus hat die SA nur wenig Aufmerksamkeit gefunden.[1] Das mag seinen Grund darin haben, daß das wissenschaftliche Interesse sich bislang hauptsächlich auf die nationalsozialistische Herrschaftsordnung im „Dritten Reich" richtete. Dem scheint die Annahme zugrunde zu liegen, daß sich Natur und Wesen des Nationalsozialismus in dieser Epoche, in der er durch keinerlei Legalitätsrücksichten mehr gehemmt war und sich daher frei nach seinen eigenen Gesetzen entfalten konnte, auch am besten studieren lassen müsse, während die Periode der sogenannten „Kampfzeit" bis 1933 als bloße Vorstufe weniger Beachtung verdiene. Unter diesem Gesichtspunkt muß die SA allerdings als eine Art überwundener Frühform der nationalsozialistischen Bewegung erscheinen – eine Ansicht, die durch die Ereignisse des 30. Juni 1934, in denen die SA ihrer bisherigen Führung beraubt und auf eine unbedeutende Stellung herabgedrückt wurde, bestätigt zu werden scheint.[2] Indessen besteht Anlaß, an der Richtigkeit dieser Deutung zu zweifeln. So könnte man z. B. auf die eigenartige Doppelstruktur des nationalsozialistischen Staatswesens verweisen, die in dem Neben- und Gegeneinander von Partei und Staat nur eine ihrer Ausdrucksformen hatte[3] und auf Grund deren man gerade umgekehrt zu der Vermutung kommen könnte, daß der Nationalsozialismus sich nach der Eroberung der Macht zumindest anfangs in einer wesentlich schwierigeren Position befunden und seine eigentliche Natur gerade nicht so „rein" entfaltet habe wie vorher. Wenn man sich hier auch vor Überspitzungen hüten muß, so bleibt doch immerhin soviel bestehen, daß die Nationalsozialisten selbst die Zeit ihres Aufstiegs zur Herrschaft auch auf der Höhe ihrer Macht keineswegs als „überwunden" betrachtet haben, ganz im Gegenteil. In Hitlers Vorstellung galt diese sogenannte „Kampfzeit" geradezu als konstitutiv für das „Dritte Reich", ihre Erfahrungen und Lehren waren ihm Richtschnur fernerer politischen Handelns; immer wieder hat er, namentlich auch während des Krieges, auf sie verwiesen und sie als Modell für die Prognose der weiteren Entwicklung des nationalsozialistischen Reiches und als Muster für das Verhalten seiner selbst, seiner Gefolgsleute und des ganzen Volkes kanonisiert.[4] Aber auch die übrigen Parteiführer haben ihren Glauben an die pseudoreligiöse Berufung Hitlers und seine unwiderstehliche und alles bezwingende Führungsgabe wiederholt am Bilde dieser „Kampfzeit" aufgefrischt, und die alljährlich veranstalteten Feiern zum 9. November, dem Jahrestag des Münchener Putsches, mit dem

---

[1] Eine erste Übersicht bei Walther Hofer, *Die Diktatur Hitlers bis zum Beginn des Zweiten Weltkrieges*, I. Teil (*Handbuch der deutschen Geschichte*, Band IV, Abschnitt 4), Konstanz [1959], S. 28 ff. Außerdem Mau (Anm. I/67), S. 119 ff.

[2] Vgl. Karl O. Paetel in: *Neue Politische Literatur* 3 (1958), Sp. 263 ff.: Die SA habe keine eigene Physiognomie entwickelt und könne mühelos in einer Gesamtdarstellung des Nationalsozialismus abgehandelt werden.

[3] Ernst Fraenkel, *The Dual State. A Contribution to the Theory of Dictatorship*, New York–London–Toronto 1941, S. XV.

[4] Vgl. z. B. Picker (Anm. I/16), S. 251 f. (Kampfzeit war ideale Situation für Führerauslese); auch S. 187; S. 280 f.; S. 438.

anschließenden Treffen der „alten Garde" unterstrichen diese Tendenzen noch nachdrücklich. Unter diesem Gesichtspunkt stellt sich auch das Problem des 30. Juni 1934 neu: Wurde der Schlag gegen die SA, die Vorkämpferin des nationalsozialistischen „Heldenzeitalters", wirklich nur geführt, um sie daran zu hindern, das revolutionäre Programm fortzusetzen und zu vollenden? Indiziert der 30. Juni eine tiefgreifende prinzipielle oder nur eine taktische Wendung im politischen Kurs des nationalsozialistischen Regimes? [5] Stellt man die Frage so, wird eine nähere Analyse der Entwicklung der SA vor 1933 und ihrer damaligen Bedeutung für die nationalsozialistische Bewegung unvermeidlich, ja sie verspricht wichtige Aufschlüsse über das Wesen dieser Bewegung selbst.

1. Die SA zwischen Hitler und Röhm

Die Schwierigkeit für ein Studium der SA liegt darin, sie als politische Erscheinung in unser System historischer und soziologischer Kategorien einzuordnen. Die Klassifikation als Partei-Armee, die für den Eventualfall eines revolutionären Bürgerkrieges und als Keimzelle für die Wehrmacht eines zukünftigen nationalsozialistischen Staates bereitgestellt worden sei, ist jedenfalls nicht ausreichend, so sehr sie durch die halbmilitärische Fassade der braunen Truppe und durch ehrgeizige Bestrebungen ihrer Führer unterstützt worden sein mag. Denn sie ignoriert gerade die Konzeption Hitlers, die den Schwerpunkt der SA-Aktivität nicht nur aus Tarnungsgründen, sondern in bewußter Absicht auf eine in dieser Form einzigartige Verbindung von Propaganda und Terror legte. Damit sollte ein Bürgerkriegs-Einsatz grundsätzlich ebensowenig ausgeschlossen werden wie eine spätere Übernahme militärischer Funktionen, aber beides waren nur Teilaspekte der Hitlerschen Konzeption. Im Grunde handelte es sich bei der Schaffung der SA um den Versuch zur Ausbildung eines gänzlich neuartigen Machtinstruments, in dem sowohl die normative Beschränkung als auch die Spezialisierung und Differenzierung der Funktionen, wie sie sich im modernen zivilisierten Staat in Gestalt von Militär und Polizei herausgebildet hatte, wieder zugunsten einer umfassenden, unterschiedslosen und unbeschränkten Gewaltanwendung aufgehoben war. Die SA sollte, so scheint es, eine *totale Gewalt- und Zwangsorganisation* sein, die psychischen Zwang wie physische Gewalt, inneren Terror und militärische Schlagkraft gleichermaßen (wenn nicht gleichzeitig, so doch nacheinander) entfalten konnte. Diese Konzeption ist freilich bis 1933 weder theoretisch noch praktisch völlig ausgereift, aber sie war doch genügend weit ausgebildet, um die Tendenz erkennbar werden zu lassen.

Daß man diese Tendenz so lange verkannt hat, liegt freilich auch daran, daß die SA nicht der einzige Bestandteil der nationalsozialistischen Bewegung war; neben ihr bestand von Anfang an auch die Organisation der Partei im engeren Sinne. Dieses Nebeneinander zweier auf den ersten Blick deutlich unterschiedener Organisationen verführte verständlicherweise zu dem Schluß, daß beiden mithin auch gesonderte, klar definierbare Funktionen zugedacht seien, und von hier war es nur noch ein Schritt bis zu der Annahme, daß die Partei die eigentlich politische, die SA aber die kämpferisch-militärische Aufgabe zu erfüllen habe. Solche Deutungen wurden zwar durch die offiziellen Verlautbarungen der NSDAP unterstützt, und sie sind auch keineswegs direkt falsch; aber sie treffen nicht das eigentlich Wesentliche. Wenn auch die Partei von den Nationalsozialisten selbst immer als die „politische Organisation" klassifiziert wurde, so hat sie doch – wenigstens bis 1934 – nie das Primat der Politik gegenüber der SA ausgeübt, so sehr ihre ehrgeizigen Führer das erstrebten. Auf der

⁵ Vgl. Mau (Anm. I/67), S. 137: Mit dem 30. Juni habe das ganze System „seine Natur" verändert. Das eben erscheint fraglich.

anderen Seite wurde zumindest offiziell immer geleugnet, daß die SA eine militärische Organisation sei, und überdies wurde von den Parteigenossen prinzipiell der gleiche kämpferische Aktivismus verlangt wie von den SA-Leuten, wie denn überhaupt der Unterschied zwischen beiden Organisationen z. T. dadurch hinfällig wird, daß sie häufig – vor allem in Kleinstädten und agrarischen Gebieten – identisch waren. Und wo sie es nicht waren, war ihre Differenz mehr graduell als prinzipiell bestimmt: Die SA-Leute waren noch lebhaftere Aktivisten als die Parteigenossen (oder sollten es doch wenigstens sein) – eine Unterscheidung, die auf der praktischen Überlegung beruhte, daß nicht alle Menschen gleichmäßig mobilisierbar sind. Statt unterschiedlicher Funktionen hätte man es also mehr mit einer Art Rangordnung zu tun, und gerade das läßt von einem Studium der SA wichtige Aufschlüsse über die Gesamtbewegung erwarten. Aber die Irrationalität der Strukturprinzipien der nationalsozialistischen Bewegung zwingt auch hier wieder zu Einschränkungen: Die Teilung in Partei und SA kam Hitlers *divide-et-impera*-Taktik so sehr entgegen, daß sie kaum allein aus Gründen der Rangordnung entstanden und aufrechterhalten worden ist. Hitler mußte vielmehr daran interessiert sein, daß das hierarchische Prinzip sich nicht als Norm durchsetzte, sondern durch das Gleichberechtigungsprinzip ausbalanciert wurde, und das um so mehr, als die SA im Gegensatz zur Partei immer einen eigenen Führer hatte, dessen Ehrgeiz in Schranken gehalten werden mußte. Dieses praktische Nebeneinander zweier theoretisch unvereinbarer Prinzipien machte dann freilich jeden Versuch rationaler Formulierung unmöglich, und so wich man auf die geläufige Unterscheidung militärischer und politischer Funktionen aus, obwohl eine solche Kompetenzteilung nur sehr bedingt gegeben war; höchstens kann man sagen, daß die SA mehr das Instrument der Gewalt, die Partei mehr das der List verkörperte.

Der Aufstieg der nationalsozialistischen Partei seit 1919/20 stützte sich in hervorragendem Maße auf Hitlers rednerisch-agitatorische Massenwirkung, die er, nachdem er seiner oratorisch-suggestiven Mittel erst einmal sicher geworden war, ungehemmt und mit Geschick ausnutzte. Aber er hat damit von Anfang an noch ein zweites Propagandamittel verbunden: Terror und physische Gewalt. Hitler hatte, sagt sein Biograph, entdeckt, „daß Gewalt und Terror ihren eigenen Propagandawert haben und daß die Demonstration physischer Kraft ebensoviele anzieht wie abstößt".[6] Oder mit Hitlers eigenen Worten: „So wie ein mutiger Mann Frauenherzen leichter erobern wird als ein Feigling, so gewinnt eine heldenhafte Bewegung auch eher das Herz eines Volkes als eine feige..."[7] Und er dachte dabei nicht nur an das „Volk", sondern auch an die Presse, deren Macht er sehr wohl einzuschätzen verstand. „Er habe", so berichtete er später in den Tischgesprächen, „politische Gegner durch Saalschutz stets so unsanft hinausbefördern lassen, daß die gegnerische Presse – die die Versammlungen sonst totgeschwiegen hätte – über die Körperverletzungen bei NSDAP-Versammlungen berichtete und dadurch auf die Versammlungen der NSDAP aufmerksam machte".[8]

Das war die Keimzelle der SA: eine Bande von Raufbolden und Schlagetots, die möglichst wie „waschechte Proletarier" aussehen[9] und durch ihre Radau- und Prügel-

---

[6] Bullock (Anm. I/90), S. 65. Vgl. Karlheinz Schmeer, *Die Regie des öffentlichen Lebens im Dritten Reich*, München 1956, bes. S. 7 ff. (Koppelung von Propaganda und Gewalt richtig gesehen, aber Irrtum, daß sie erst ab 1933 praktiziert wurde. Der Grund dafür liegt wohl darin, daß Sch. die Ausnützung des Propaganda-Effekts auch beim Terror übersieht).

[7] Hitler (Anm. I/5), S. 546; ähnlich S. 598. Vgl. auch Eugen Hadamovsky, *Propaganda und nationale Macht. Die Organisation der öffentlichen Meinung für die nationale Politik*, Oldenburg i. O. 1933, S. 21 ff.

[8] Picker (Anm. I/16), S. 422.

[9] *Ebda.* und *a. a. O.*, S. 425; vgl. Konrad Heiden, *Geschichte des Nationalsozialismus. Die Karriere einer Idee*, Berlin 1932, S. 28 ff.: „Kampf gegen die Bügelfalte".

szenen das Versammlungspublikum beeindrucken und den Blätterwald zum Rauschen bringen sollten. Da Leute solchen Schlages in der ursprünglichen DAP, die ja nur einer unter hunderten harmloser bajuwarischer Stammtisch-Debattierklubs war, nicht zu finden waren, holte Hitler sie sich von außen, z. T. aus dem Kreise seiner Kameraden in der Reichswehr, der er noch bis zum 31. März 1920 angehört hat.[10] Der Führer dieser ersten Hitlerschen Knüppelgarde war Emil Maurice, nach Heiden „ein begnadeter Raufbold". Es existiert sogar noch eine Liste der ersten 25 Mitglieder,[11] aber außer Maurice finden sich keine der bekannteren Nazigrößen darunter; dagegen dürfte interessieren, daß nur acht von ihnen Kriegsteilnehmer waren; alle anderen waren junge Burschen, die bei Kriegsende noch nicht wehrdienstfähig waren[12] – eine Bestätigung mehr für die Beobachtung, daß die Freikorps und Wehrverbände der Nachkriegszeit sich zu einem erheblichen Teil aus Nichtsoldaten zusammensetzten, Kadetten wie Ernst v. Salomon, Schülern wie Heydrich und anderen „Halbstarken",[13] deren kriegerischer Ehrgeiz und Abenteuerlust durch das vorzeitige Ende des Krieges enttäuscht worden waren. Auf dieser Basis ist die SA dann von Hitler und den ersten SA-Führern konsequent weiterentwickelt worden. Sie erhielt allmählich eine organisatorische Form, zunächst als „Ordnerdienst" der Partei, äußerlich also entsprechend ähnlichen Einrichtungen bestehender Parteien;[14] sie erhielt Armbinden mit dem Hakenkreuz – die Bedürfnisse des Ordnerdienstes haben, wie Hitler selbst berichtete, den Anstoß zur Schaffung der Parteisymbolik gegeben –, und sie bekam eine erste „Schulung": Die Mitglieder, schrieb Hitler, wurden „von allem Anbeginn darüber belehrt und daraufhin erzogen . . ., daß Terror nur durch Terror zu brechen sei, . . . daß wir für eine gewaltige Idee fechten, . . . daß . . . die beste Waffe der Verteidigung im Angriff liege, und daß unserer Ordnertruppe der Ruf schon vorangehen müsse, kein Debattierklub, sondern eine zum äußersten entschlossene Kampfgemeinschaft zu sein"

Im August 1921 erfolgte eine Umorganisation unter dem neuen Titel „Turn- und Sportabteilung" und unter einem neuen Führer, Hans Ulrich Klintzsch, einem ehemaligen Marineleutnant, den der damals in München untergetauchte Kapitän Ehrhardt der NSDAP aus dem Reservoir seiner Attentats- und Putschspezialisten zur Verfügung gestellt hatte.[15] Gründe und Hintergründe dieses Vorgangs sind heute noch nicht voll geklärt. In erster Linie darf man hier wohl den Versuch Hitlers vermuten, den bisherigen Ordnerdienst auf Massenbasis umzustellen und zu einem festen Gerippe der Partei auszubauen. Nach heftigen Intrigenkämpfen innerhalb der Parteileitung hatte Hitler, der bisher nur Propagandaleiter gewesen war, Ende Juli 1921 die absolute Herrschaft über die Partei errungen; er war jetzt erster Vorsitzender mit unbeschränkten Vollmachten.[16] Um seiner Herrschaft fortan eine feste Basis zu geben, wollte er den Ordnerdienst, bisher nur ein relativ kleines Rollkommando, in eine straffe Organisation verwandeln und ihn zugleich erheblich erweitern, damit er als

---

[10] Hitlers Zugehörigkeit zur Reichswehr: Deuerlein, „Hitlers Eintritt. . . " (Anm. I/37), Dok. 1 a (Fotokopie neben S. 190); Sammlung von Kämpfern: Hitler (Anm. I/5), S. 391 f.; S. 549. Dazu auch Heiden, *Geschichte. . .*, a. a. O., S. 40 ff.; ders., *Adolf Hitler* (Anm. I/81), S. 148 ff.

[11] „Deutschlands erste SA ‚Turn- und Sportabteilung' 1921, ab November 1921 ‚Sturmabteilung'", Liste im Berliner *Document Center,* Faszikel Braun 43/I (im Folgenden zitiert: *Doc. C.* mit Faszikel-Nummer).

[12] Die Hälfte war 18 Jahre und jünger (u. a. ein 15jähriger, drei 16jährige). Vgl. Hitler (Anm. I/5), S. 549; Heiden, *Geschichte. . .* (Anm. III/9), S. 89.

[13] Heydrich, geboren 1904, gehörte 1919/20 zu den Freikorps Maercker und Halle; *Das deutsche Führerlexikon 1934/1935,* Berlin 1934.

[14] Dazu und zum Folgenden Hitler (Anm. I/5), S. 549 ff.

[15] Schreiben des Stabsführers der SA-Gruppe Hansa, Hamburg, vom 9. Juli 1936 (mit Bezug auf eine Mitteilung der Obersten SA-Führung über Entstehung der SA); *Doc. C.,* 43/I.

[16] Heiden, *Geschichte. . .* (Anm. III/9), S. 53 ff.; S. 57. Hans Volz, *Daten der Geschichte der NSDAP,* 9. Aufl., Berlin–Leipzig 1939, S. 6.

Gegengewicht der zivilen Partei dienen konnte.[17] Bezeichnenderweise holte er sich dazu in dem Ehrhardt-Mann Klintzsch einen Parteifremden als Führer und Organisator. Aber damit scheinen zugleich auch die militärischen Tendenzen der damaligen Wehrverbände auf die Ordnertruppe übergegriffen zu haben. Als wenige Wochen später Erzberger ermordet und dadurch Ehrhardts O. C. (Organisation Consul) mindestens vorübergehend erschüttert wurde, folgten viele der heimatlos gewordenen Mitglieder den Spuren Klintzschs und suchten Unterschlupf in der SA,[18] die von ihren militärischen Vorstellungen gewiß nicht unbeeinflußt geblieben ist.

Kurz darauf erlebte die Truppe ihre erste „Feuertaufe", jene Saalschlacht vom 4. November 1921, in der angeblich 46 SA-Leute 700 bis 800 „Marxisten" in die Flucht schlugen – ein Vorfall, der in der nationalsozialistischen Parteilegende als Geburtsstunde der SA fortlebte. Das trifft insofern zu, als Hitler seinen Rowdys jetzt den Ehrennamen „Sturmabteilung" verlieh[19] und die Parteileitung überdies, wie Hitler berichtet, nun „diese ganzen Fragen, ich darf schon sagen, mit wissenschaftlicher Methodik studiert" habe; die Resultate seien „in der Folgezeit für die organisatorische und taktische Leitung unserer Sturmabteilungen von grundlegender Bedeutung geworden".[20] Man begnügte sich nicht mit dem „Schutz" der eigenen Versammlungen, sondern bemühte sich auch um „Ruhestiftung" in denen der Gegner: „Er habe", so erzählte Hitler 1942 im Führerhauptquartier, „Versammlungen anderer Parteien in der Weise sprengen lassen, daß Parteiangehörige sich dort als Ruhestifter betätigt und in dieser Maske Raufereien angezettelt hätten."[21] Die Äußerung zeigt zugleich, daß Hitler sich nicht mit offener Gewaltanwendung begnügte, sondern sie mit allerhand Tricks und Kniffen verband, die ihre Wirkung verstärkten. Im Laufe der Zeit entwickelte er ein ganzes Arsenal solcher Finten und Techniken, mit denen er gegnerische Versammlungen stören und, vor allem, das äußere Bild und den Verlauf der eigenen in dem von ihm gewünschten Sinne beeinflussen und jenes demagogische Wechselspiel von rhetorischer Ekstase und frenetischem Beifall entfalten konnte, das die nationalsozialistischen „Kundgebungen" von dem bisherigen „bürgerlichen" Versammlungsstil unterschied.[22]

Der nächste Schritt führte aus den Versammlungen hinaus auf die Straße. Aus dem Studium seiner Gegner, der „Marxisten", wußte Hitler, welche Werbewirkung sich aus der „Beherrschung der Straße" ergeben kann, und das Bedürfnis, sich von den politisch wirkungslosen „bürgerlichen" Konventikeln der Völkischen zu distanzieren und „höheren Orts", also vornehmlich bei der Reichswehr, als ernsthafter Rivale der sozialistischen Parteien anerkannt zu werden, drängte ihn zur Nachahmung der roten Demonstrationsmärsche und öffentlichen Massenkundgebungen, wobei er den Reklamewert der neuen Parteisymbolik und der Terrortechnik nun in freier Luft erproben konnte. Die Straffung und Vermehrung der SA seit August 1921 bot dazu die Voraussetzung. Hitler selbst bezeichnete als konstituierendes Ereignis die Massendemonstration nationaler Verbände auf dem Königsplatz in München im Spätsommer 1922, bei der die Nationalsozialisten durch ihr Auftreten in Marschordnung mit Fahnen und Musik und durch Prügelszenen, in denen sie „den roten Terror brachen", zum ersten

---

[17] Vgl. den Gründungsaufruf, abgedr. bei Heiden, *a. a.* O., S. 81 f.; vgl. auch S. 88.

[18] *A. a.* O., S. 81; S. 87 (aber mit falscher Datierung: Zustrom aus O. C. kann nicht schon bei der Gründung am 3. August erfolgt sein, da Erzberger erst am 26. August ermordet wurde).

[19] Mitteilung der Obersten SA-Führung, *Doc. C.*, 43/I (s. o. Anm. III/15); vgl. auch Satzungen der SA von 1926, *GRUSA (Grundsätzliche Anordnung)* II vom 31. Mai 1927 (Ziffer 1–4 zur Parteilegende), *ebda.*

[20] Hitler (Anm. I/5), S. 564.

[21] Picker (Anm. I/16), S. 422.

[22] *A. a.* O., S. 421 f. (Liste der Techniken und Kniffe). Außerdem Hitler (Anm. I/5), S. 538 ff.; S. 549, Heiden, *Adolf Hitler* (Anm. I/81), S. 148.

Mal auffielen.[23] Eine konsequente Fortentwicklung dieser Reklametechniken war
dann der Zug nach Coburg zum „Deutschen Tag" im Oktober 1922: Fahrt im fahnen-
geschmückten Sonderzug, Marsch durch die Stadt in geschlossener Formation mit
Fahnen und Musik und anschließend große Straßenschlacht gegen die „Marxisten".[24]
Letztere entstand bezeichnenderweise, weil Hitler sich nicht an eine Vereinbarung
zwischen der Festleitung des „Deutschen Tages" und den sozialistischen Parteien hielt,
nach der die nationalen Verbände die Stadt nicht mit entrollten Fahnen, Musik und
in geschlossenem Zuge betreten sollten. Das waren für Hitler verständlicherweise
„schmähliche Bedingungen", denn ihre Einhaltung hätte ihn seiner entscheidenden
Wirkungsmittel beraubt. Aber sie erwiesen sich insofern als vorteilhaft, als sie den
Anlaß zur Übertretung und damit zu einer Massenprügelei boten, in der die Hitlerschen Raufbolde Erfahrungen sammeln, sich „bewähren" und im übrigen auch außerhalb Münchens demonstrieren konnten, daß sie kein „Debattierklub" waren. Der Erfolg
war, daß die NSDAP mit einem Schlage über München hinaus in ganz Bayern bekannt wurde und die SA großen Zulauf erhielt. Und auch hier wertete Hitler die
Erfahrungen gleich zur weiteren Ausbreitung der nationalsozialistischen Bewegung
in Bayern aus. In allen Orten, so berichtet er, in denen die Nationalsozialisten noch
nicht Fuß gefaßt hatten, wurde die SA zusammengezogen und unter ihrem Druck „die
Versammlungsfreiheit wiederhergestellt". So fiel „allmählich ... in Bayern eine rote
Hochburg nach der anderen der nationalsozialistischen Propaganda *[sic!]* zum
Opfer".[25]

Damit war die Entwicklung der Hitlerschen Konzeption der SA zunächst abgeschlossen. Sie hatte, wie man sieht, mit militärischen Vorstellungen nichts zu tun, sondern zielte auf die Schaffung einer demagogischen Provokations- und Einschüchte-
rungsgarde, etwa analog den amerikanischen Gewerkschafts- und Wahlrackets,[26] mit
denen sie neben der machtpolitischen Funktion auch die Kombination von Gewalt und
Tricks in ihrer Taktik teilte, von denen sie sich aber auch in einigen wesentlichen
Punkten unterschied. Dazu gehörte vor allem, daß sie hauptsächlich offen auftrat;
Geheimorganisationen hat Hitler immer und konsequent abgelehnt – verständlicherweise, denn er erstrebte ja Propagandawirkung. Dazu gehörte weiter, daß sie primär
keine Erwerbsorganisation war, so wenig materielle Interessen gefehlt haben. Und
dazu gehörte schließlich, daß sie in ihrer zweiten Entwicklungsphase, also seit 1921,
zur Massenorganisation tendierte, die zugleich als fester Kern der „Bewegung" und als
Gegengewicht gegenüber der Partei dienen konnte.

Diese Tendenz hatte Nebenwirkungen, die sich bald als gefährlich für Hitlers ursprüngliche Konzeption erweisen sollten. Die Erfahrung von Coburg hatte Hitler
gelehrt, daß zu Erkennungszwecken bei Straßenschlachten Uniformierung nötig sei,
worauf er Skimütze und Windjacke als erste SA-Uniform einführte.[27] Die neue Zielsetzung der SA als relativ eigenständiger Massenorganisation und „Sturmbock" der
„Gesamtbewegung"[28] in Verbindung mit der zahlenmäßigen Vermehrung erzwang
außerdem eine neue, militärähnliche Organisationsstruktur. Hitler wußte wohl, daß

[23] Hitler, *a. a. O.*, S. 613. Vgl. Volz (Anm. III/16), S. 93.

[24] Hitler, *a. a. O.*, S. 614 ff,; vgl. *Dokumente der Zeitgeschichte (Dokumente der Sammlung Rehse aus der Kampfzeit*, Bd. 1), hrsgg. von Adolf Dresler und Fritz Maier-Hartmann, 3. Aufl., München 1941, S. 159 f. (im Folgenden zitiert: *Sammlung Rehse*). – Zum Folgenden vgl. Albert Krebs, *Tendenzen und Gestalten der NSDAP. Erinnerungen an die Frühzeit der Partei (Quellen und Darstellungen zur Zeitgeschichte*, Bd. 6), Stuttgart 1959, S. 120, der noch heute die nationalsozialistische Version aufrechterhält.

[25] Hitler, *a. a. O.*, S. 618.

[26] Hans v. Hentig, *Der Gangster. Eine kriminalpsychologische Studie*, Berlin–Göttingen–Heidelberg 1959, S. 128 ff.

[27] Hitler (Anm. I/5), S. 618. Vgl. *Sammlung Rehse* (Anm. III/24), S. 162 (mit Bild S. 160).

[28] Gründungsaufruf vom August 1921; Heiden, *Geschichte*. . . (Anm. III/9), S. 81.

militärische Disziplin in einer nichtstaatlichen politischen Organisation unmöglich ist, weil die Disziplinarstrafgewalt fehlt, und er hat nicht zuletzt deshalb die Umwandlung der SA in einen Wehrverband abgelehnt. [29] Zugleich scheint er aber genau berechnet zu haben, daß die Übernahme militärischer Formen bei den militärfrommen Deutschen disziplinähnliche Reflexhaltungen auslösen konnte, und das mußte seine Kontrolle über die SA und damit über die Partei erheblich unterstützen. Hinzu kommt, daß diese Tendenz noch von unten her, durch die jetzt zahlreicher einströmenden ehemaligen Soldaten und die Ehrhardtschen Offiziere, gefördert wurde. Nichtsdestoweniger hat Hitler sich bemüht, diese Militarisierung in engen Grenzen zu halten, so durch die Titulierung als „Turn- und Sportabteilung", durch die Benennung der Untergliederungen als „Hundertschaften" und durch die unmilitärische Bekleidung. Aber die Umbenennung in „Sturmabteilung", die sich schon vor dem 4. November 1921 durchzusetzen begonnen hatte, [30] zeigt auch den Druck von unten her, den die Soldaten in der SA in Richtung auf zunehmende Militarisierung ausübten, nicht nur, weil sie gern weiter Soldat spielen wollten, sondern weil sie vermutlich auch den Sinn von Hitlers Konzeption nicht begriffen.

Damit begann der Kampf zwischen der Hitlerschen totalen und der „militärischen" Konzeption der SA, und die letztere erhielt bald so mächtige Unterstützung von außen her, daß sie den Sieg erringen konnte. Hitler war inzwischen schon eine Macht in Bayern geworden, wenn auch nur eine unter vielen. Aber er war im Grunde noch immer abhängig von der Reichswehr, genauer, vom Münchener Divisionskommando, in dem der Generalstabshauptmann Ernst Röhm so etwas wie der Organisator der geheimen Reservearmee der Reichswehr in Bayern war. [31] Mit stillschweigender Duldung des Divisionskommandos und im Einverständnis mit seinem unmittelbaren Vorgesetzten, dem Infanterieführer General v. Epp, [32] versuchte Röhm die Versailler Restriktionen durch Aufbau halbmilitärischer Organisationen außerhalb der regulären Armee zu umgehen, ähnlich wie es auch in anderen Teilen Deutschlands geschah. Hier wie dort erwuchs daraus der Versuch, das Weimarer Regime, das sich an den Versailler Vertrag gebunden hatte, in irgendeiner Form zu beseitigen. Auch Röhm, der ein roher und primitiver Mann war, aber immerhin ein gerader und aufrechter Charakter, ein Haudegen und „Frontschwein", war nicht nur ein sehr fähiger Organisator, sondern hatte selbst beträchtlichen politischen Ehrgeiz. „Politik", sagt Heiden von ihm, „treibt er mit Leidenschaft und mißversteht er mit Leidenschaft." [33] Wie zur Bestätigung dessen schrieb Röhm in seinen Memoiren, er könne sich nicht denken, „daß sich drei Dinge nicht vereinigen lassen sollten": seine Anhänglichkeit an die Dynastie Wittelsbach, seine Verehrung für Ludendorff und seine Verbundenheit „mit dem Herold und Träger des politischen Kampfes, Adolf Hitler". [34] Die revolutionäre Richtung seines politischen Denkens kommt in seiner Idee eines „Wehrstaates" zum Ausdruck, in dem „der Soldat die erste Stelle einnehmen" und „das Primat des Soldaten vor dem Politiker" gelten sollte, [35] womit sich – in scharfer Frontstellung gegen

[29] Hitler (Anm. I/5), S. 603 ff.

[30] Mitteilung der Obersten SA-Führung (Anm. III/15). Vgl. Heiden, *Geschichte*. . . (Anm. III/9), S. 82. – Zur Stärke der SA s. Gerd Rühle, *Das Dritte Reich. Dokumentarische Darstellung des Aufbaues der Nation,* Bd.: *Die Kampfjahre 1918–1933,* Berlin [1936], S. 76: im September 1922 = 8 Hundertschaften.

[31] Ernst Röhm, *Die Geschichte eines Hochverräters,* 4., neubearb. Aufl., München 1933. Zu Röhms Stellung und den Anschauungen der bayerischen Reichswehr allgemein s. General v. Prager in: *Zeugenschrifttum* (Anm. I/53), Nr. 117, S. 3.

[32] Der Infanterieführer war in der Gliederung der Reichswehr eine taktische Zwischeninstanz zwischen Regiments- und Divisionskommandeur; sein Stab gehörte zum Divisionsstab. Zur Rolle Epps jetzt Harold J. Gordon, „Ritter v. Epp und Berlin 1919–1923", in: *Wehrwissenschaftliche Rundschau* 9 (1959), S. 329 ff.

[33] Heiden, *Geschichte*. . . (Anm. III/9), S. 13.

[34] Röhm (Anm. III/31), S. 348 (noch in der Ausgabe von 1934!).

[35] *A. a. O.,* S. 172; S. 349; vgl. S. 110 ff.; S. 175 ff.

die „bürgerliche" Welt des Kaiserreiches vor 1914 – vage Vorstellungen einer männer-
bundartigen, am Vorbild der „klassenlosen" Frontkameradschaft orientierten, „sozialistischen" Gemeinschaft verbanden. [36]

Diese doppelte Frontstellung gegen Republik und Kaiserreich, gegen „Marxismus"
und „Reaktion" bildete die politische Brücke, auf der sich Röhm mit Hitler traf, aber
abgesehen davon, daß Hitler damals nur eine von mehreren Figuren in Röhms Spiel
war, [37] unterschieden sich beide auch in militärpolitischer Hinsicht. Denn während
Röhm die Revolution durch seine illegale Armee ausführen lassen wollte und darum
deren Aufbau und die Eingliederung der SA in sie für vordringlich hielt, wollte
Hitler in der klaren Erkenntnis, daß dann seine Alleinherrschaft gefährdet sei, nichts
davon hören und sträubte sich dagegen mit dem Argument, erst müsse die politische
Revolution stattgefunden haben, ehe man das neue Nationalheer aufstellen könne.
Da er über die Geldmittel der Reichswehr verfügte, saß Röhm damals am längeren
Hebel, doch fiel ihm erst mit der Besetzung des Ruhrgebiets durch die Franzosen der
volle Sieg zu. [38] Denn nun erhob sich eine Welle des nationalen Widerstandswillens;
die radikalen Kräfte drängten zum aktiven Widerstand, und die Reichswehr begann
mobilzumachen. Da half es Hitler nichts, daß er die landesverräterische Parole ausgab, Widerstand gegen Frankreich sei in dieser Lage zwecklos, denn er käme nur dem
„jüdisch-marxistischen Regime der Novemberverbrecher" zugute; er mußte sich widerstrebend dem doppelten Druck der Reichswehr von oben und seiner SA-Leute von
unten beugen. [39] Seit dem Januar/Februar 1923 wurde die SA endgültig in eine para-
militärische Formation umgewandelt, erhielt ein eigenes, von der Parteileitung ge-
trenntes „Oberkommando" mit dem abenteuernden Fliegerhauptmann Göring als
Führer [40] und dem Kapitänleutnant a. D. Hoffmann von der Ehrhardtschen O. C. als
„Chef des Stabes" und hielt zusammen mit den anderen Kampfverbänden Röhms
militärische Übungen ab. [41]

Damit war Hitler die SA und mit ihr das eigentliche Machtinstrument seiner Herrschaft in der Partei aus der Hand gewunden; er war jetzt praktisch nicht viel mehr
als ein sehr erfolgreicher Agitator im Dienste der Reichswehr. Heiden vermutet wohl
mit Recht, daß Röhm gar nicht ahnte, was er seinem Freunde damit antat, [42] und man
darf hinzufügen, daß dieser Vorgang von weitreichender Bedeutung für die Zukunft
geworden ist: für Hitler, weil er ihn zu dem Entschluß veranlaßte, sich nie wieder
so weit mit der Reichswehr einzulassen und seinen Aufstieg hinfort ausschließlich auf
eigene Kraft zu gründen, und für die Reichswehr, weil er bei ihr den Irrtum begünstigt zu haben scheint, als könne man beliebig oft wiederholen, was schon einmal

---

[36] *A. a. O.*, S. 307 und *passim*.

[37] *A. a. O.*, S. 115; S. 123 f. (Beitritt zur NSDAP bzw. Verbindung mit Hitler); S. 125 f. (Gründung der
Münchener Ortsgruppe der *Reichsflagge* und des *Nationalverbands Deutscher Offiziere*).

[38] Heiden, *Geschichte. . .* (Anm. III/9), S. 87, und ders., *Adolf Hitler* (Anm. I/81), S. 149 ff. Heiden vertritt
die Auffassung, daß die Gründung der SA ausschließlich das Werk Röhms gewesen sei, der die Ehrhardt-Leute in
die SA dirigiert habe. Ähnlich Mau (Anm. I/67), S. 121. Beide übersehen, daß die oben beschriebene „Ordnertruppe" zunächst eine nach Hitlers Ideen aufgebaute Vorstufe war und daß sich die Entwicklung zum Wehrverband
in mehreren Schritten vollzog; die SA in der Phase vom 3. August 1921 bis zum Frühjahr 1923 war anscheinend
zunächst eine Art Kompromißlösung zwischen Hitler und Röhm.

[39] Hitler (Anm. I/5), S. 619; Röhm (Anm. III/31), S. 167 ff. – Schon vorher hatte Hitler gegenüber den Oberschlesienkämpfen eine ähnliche Haltung eingenommen; Krebs (Anm. III/24), S. 121.

[40] Im März 1923; Rühle (Anm. III/30), S. 79. Vgl. Volz (Anm. III/16), S. 15 f. (Klintzsch ging zu Ehrhardt
zurück).

[41] „Allgemeine Richtlinien bei Gründung einer SA" vom 11. Juli 1923, gez. Hoffmann, Chef des Stabes des
OberKds. der SA, *Doc. C.*, 43/I: Die SA „soll der militärische Niederschlag [*sic!*] der Partei sein". Vgl. Röhm
(Anm. III/31), S. 173; S. 183; S. 193 f.; Heiden, *Geschichte. . .* (Anm. III/9), S. 124 f.; Volz, *a. a. O.*, S. 14 ff.;
Rühle, *a. a. O.*, S. 78. Zur Datierung *Sammlung Rehse* (Anm. III/24), S. 169 (Bericht über Parteitag vom
28. Januar 1923), und Heiden, *a. a. O.*, S. 197 (Hitlers Aufruf zur Neugründung der SA 1925).

[42] Heiden, *a. a. O.*, S. 124.

so gut gelungen war. Für Hitlers Ziele und Absichten war es kennzeichnend, daß er 1923 sofort versuchte, den Entzug der SA wenigstens z. T. wettzumachen, indem er sich im März 1923 eine persönliche, von Klintzsch geführte Garde einrichtete, die ihm bedingungslos ergeben sein sollte. [43] Im Mai 1923 wurde diese sogenannte „Stabswache" unter Führung eines anderen dieser Prügelhelden, Josef Berchthold, zum „Stoßtrupp Hitler" erweitert. Weitere Mitglieder waren Julius Schreck, Erhard Heiden, Ulrich Graf, Karl Fiehler und der unvermeidliche Emil Maurice. Es war bezeichnenderweise dieser „Stoßtrupp", mit dem Hitler am Abend des 8. November 1923 seinen Bierkeller-Putsch ausführte, und es war zugleich der Kern, aus dem sich nach 1925 die SS entwickelte. [44]

Nach dem Mißerfolg des November-Putsches versuchte zunächst Röhm, der nach dem Hitler-Prozeß mit Bewährungsfrist entlassen worden und inzwischen aus der Reichswehr ausgeschieden war, das Werk in seinem Sinne fortzuführen. Das Resultat war die Gründung des „Frontbanns", in dem Röhm die nach dem 9. November zerstreuten und teilweise ihrer Führer beraubten völkischen Wehrverbände wieder unter einer „überparteilichen" Dachorganisation zusammenzufassen strebte. Tatsächlich gelang ihm die Sammlung vieler Kräfte, darunter auch der in Bayern verbotenen SA, die auf diese Weise überwinterte. Insbesondere wurde der Frontbann dadurch von Bedeutung, daß er im Gegensatz zu der alten SA über die Grenzen Bayerns hinausgriff und infolgedessen bei der späteren Neugründung der SA außerhalb Bayerns weitgehend zu deren Basis wurde. Als politischen Führer wählte sich Röhm den General Ludendorff, den er, getreu seiner Devise, mit dem vorläufig noch gefangenen Hitler zu versöhnen hoffte. Hitler seinerseits spielte den Unentschlossenen, d. h. er hielt sich alle Wege offen. [45]

Als er dann entlassen war und zur Neugründung der Partei und SA schritt, kam es zum Bruch mit Röhm. Hitler war entschlossen, seine Konzeption der SA jetzt energisch durchzusetzen und, wie er in den Richtlinien vom 26. Februar 1925 sagte, zu den Grundlagen zurückzukehren, „die bis zum Februar 1923 maßgebend waren": ausschließliche Unterstellung unter die Parteileitung; keine Bewaffnung; als Aufgabe die „Stählung des Körpers unserer Jugend, Erziehung zur Disziplin und Hingabe an das gemeinsame große Ideal, Ausbildung im Ordner- und Aufklärungsdienst der Bewegung", [46] also wieder die Idee des politischen Massenrackets. Für einen alten Soldaten wie Röhm war das schwer verständlich und überdies, da er ja „das Primat des Soldaten vor dem Politiker" forderte, unannehmbar; nach seiner Vorstellung sollte die SA in den Frontbann eingegliedert und dieser mit der NSDAP nur durch gemeinsames Bekenntnis zur „Idee Adolf Hitlers" verbunden werden. Aber Röhm war jetzt keine Macht mehr; er war nicht mehr der Vertreter der Reichswehr, sondern nur noch ein Privatmann, und so konnte Hitler sich den Bruch mit ihm leisten; am 17. April 1925 trat Röhm von der Leitung des Frontbanns zurück und gab Hitler auch den Auftrag zur Neugründung der SA zurück. [47] Freilich mußte Hitler damit zunächst

---

[43] Hans Volz, *Die Geschichte der SA von den Anfängen bis zur Gegenwart*, bearbeitet im Auftrage der Pressestelle der SA-Obergruppe III (Berlin-Brandenburg), Berlin 1934 (Fotokopie eines unvollständigen Exemplars im Institut für Zeitgeschichte, München; mit handschriftl. Bemerkungen und Kommentaren des SA-Führers v. Pfeffer), S. 19. Ders., *Daten*. . . (Anm. III/16), S. 94.

[44] Volz, *Die Geschichte*. . ., a. a. O., S. 19; Heiden, *Geschichte*. . . (Anm. III/9), S. 125; Neusüß-Hunkel (Anm. I/3), S. 7. – Zu Hitlers Motiven am 8./9. November 1923 s. seine Rede auf der Führertagung der NSDAP in Berchtesgaden am 5. August 1933: Wenn er nicht losgeschlagen hätte, wäre das Gesetz des Handelns auf die andere Seite übergegangen; *Schulthe߸, 1933*, S. 189.

[45] Röhm (Anm. III/31), S. 325 ff.; Volz, a. a. O., S. 28; Heiden, a. a. O., S. 182 f.; Engelbrechten (Anm. I/134), S. 88 ff.; Karl W. H. Koch (SA-Sturmhauptführer), *Das Ehrenbuch der SA*, Düsseldorf 1934, S. 45; S. 48.

[46] Volz, a. a. O., S. 33; Heiden, a. a. O., S. 197; Aktennotiz des SA-Oberführers Carlshausen, Abteilungschef OSAF, München, 7. Oktober 1935 (zur Geschichte der SA); *Doc. C.*, 43/I.

[47] Röhm (Anm. III/31), S. 337 ff.; Volz, a. a. O., S. 30; Heiden, a. a. O., S. 198 ff.

auch mangels eines anderen charismatisch qualifizierten Führers auf einen Wiederaufbau der SA verzichten; zwar bildeten sich vielenorts lokale SA-Einheiten, aber sie waren lediglich Organe der örtlichen Parteiführer und von diesen völlig abhängig.[48] Dafür baute Hitler nun ab November 1925 die SS *(Schutzstaffeln)* auf, wobei er konsequent nach dem Elite-Prinzip verfuhr: kleine Zahl, strenge Auslese, bedingungslose Ergebenheit für ihn. Neben dem persönlichen Schutz Hitlers übernahm sie zunächst auch die SA-Aufgaben vom Versammlungs-„Schutz" bis zur Mitgliederwerbung für die Partei und zur Bezieherwerbung für den *Völkischen Beobachter.* Ihre ersten Führer wechselten schnell: Schreck, Berchthold (ab 15. April 1926), Erhard Heiden (ab März 1927) und schließlich Heinrich Himmler (seit 6. Januar 1929); ihre Zahl betrug etwa 200 Mann, gegliedert in „Zehnerstaffeln".[49]

Im Herbst 1926 erfolgte dann die Neugründung der SA, bezeichnenderweise wiederum, wie 1921, erst nachdem Hitler im Mai die Alleinherrschaft über die NSDAP zurückerobert hatte.[50] Dazu kam, daß im Laufe des Jahres 1926 das Heer der Wehrverbände unter dem Druck der innenpolitischen Stabilisierung und der Umstellung der Reichswehrpolitik zu zerbröckeln begann; einige wie der Stahlhelm und der Jungdeutsche Orden vermochten die Schwenkung der Reichswehr zum Staat hin mitzumachen, aber viele, und gerade die radikal-revolutionären wie der völkische „Frontbann", die Organisation Rossbachs und die O. C. Ehrhardts, die sich jetzt „Wiking-Bund" nannte, lösten sich auf, und ihre unentwegten Aktivisten suchten nun eine neue Heimat, in der sie weiter „kämpfen" konnten.[51] Da bot ihnen Hitler in der NSDAP eine Zufluchtsstätte an.[52] Seine damalige Argumentation mit ihrer Kritik an den „unpolitischen" Wehrverbänden und der Geheimbündelei traf hauptsächlich Röhms Frontbann-Ideen und Ehrhardts Untergrundaktivität und zeigt damit, aus welchen Kreisen er den Zustrom für seine SA erwartete. Den Frontbann- und Freikorps-Leuten machte er klar, daß sie zwar die militärische Macht und die Herrschaft über die Straße besessen, aber einer politischen Idee und eines politischen Ziels ermangelt hätten; darauf beruhe ihr Mißerfolg. Wie die französische, die russische und die faschistische Revolution gezeigt hätten, besäßen politische Ideen einen unschätzbaren Offensivwert. In Deutschland habe erst der Nationalsozialismus das erkannt, erst in ihm sei

[48] „Richtlinien für die SA im Gau Schleswig-Holstein", gez. Lohse (undatiert; wahrscheinlich 1925); Schreiben des Reichsgeschäftsführers der NSDAP an den SA-Führer Lutze in Elberfeld vom 11. August 1925; Brief des SA-Führers von Breslau vom 12. Juni 1925 an Lutze; alle in: Doc. C., 43/I; Engelbrechten (Anm. I/134), S. 33 f. (für Berlin); Hermann Okraß, „*Hamburg bleibt rot*". *Das Ende einer Parole,* Hamburg 1934, S. 121 f.; S. 125. Dazu jetzt auch Krebs (Anm. III/24), S. 42 ff.

[49] Heiden, *Geschichte...* (Anm. III/9), S. 210 f.; S. 224; Karl W. H. Koch (Anm. III/45), S. 53 ff.; Gunther d'Alquen, „Die SS. Geschichte, Aufgabe und Organisation der Schutzstaffeln der NSDAP", in: *Das Dritte Reich im Aufbau. Der organisatorische Aufbau,* hrsgg. von Paul Meier-Benneckenstein, Teil II: *Wehrhaftes Volk,* Berlin 1939, S. 201 ff. Vgl. Hans Buchheim, „Die SS in der Verfassung des Dritten Reiches", in: *Vierteljahrshefte für Zeitgeschichte* 3 (1955), S. 127 ff.; Neusüß-Hunkel (Anm. I/3), S. 7 f., und Gerald Reitlinger, *Die SS. Tragödie einer deutschen Epoche,* Wien–München–Basel 1957, S. 9 ff. (Titel des engl. Originals: *The SS. Alibi of a Nation 1922–1945*).

[50] Heiden, *a. a. O.,* S. 239; Volz, *Die Geschichte...* (Anm. III/43), S. 37; *Sammlung Rehse* (Anm. III/24), S. 238 ff. (S. 248 f. Bekanntmachung Hitlers vom 29. Oktober 1926 über Neugründung der SA).

[51] Volz, *a. a. O.,* S. 35 f.; Engelbrechten (Anm. I/134), S. 33 f. – Zur Auflösung der Brigade Ehrhardt: Erwin Reitmann, *Horst Wessel. Leben und Sterben,* Berlin 1933, S. 15, und Ingeborg Wessel, *Mein Bruder Horst. Ein Vermächtnis,* 8. Aufl., München 1939, S. 49 ff. – Zum Stahlhelm u. a.: *Stahlhelm-Handbuch,* hrsgg. von Heinrich Hildebrandt und Walter Kettner, 4. verb. Aufl., Berlin 1931, und Heinz Brauweiler, „Der Anteil des Stahlhelm", in: *Deutscher Aufstand. Die Revolution des Nachkriegs,* hrsgg. von Curt Hotzel, Stuttgart 1934, S. 218 ff. – Zum Jungdeutschen Orden jetzt: Klaus Hornung, *Der Jungdeutsche Orden (Beiträge zur Geschichte des Parlamentarismus und der politischen Parteien,* Bd. 14), Düsseldorf 1958.

[52] Heiden, *Geschichte...* (Anm. III/9), S. 239. – Der Generationswechsel erstreckte sich nicht nur auf die SA, sondern auf die Gesamtbewegung; s. Krebs (Anm. III/24), S. 27 f., über die „Wachablösung" im Herbst 1926: „reaktionäre" Kleinbürger werden durch „Frontgeneration" ersetzt; vgl. auch S. 47 f.

jenes „Zusammenspiel von politischem Wollen und aktivistischer Brutalität" geschaffen worden, das allein den ähnlich operierenden Marxismus mit Erfolg bekämpfen könne.[53] Und Ehrhardts Attentatsspezialisten wies er nach, daß der Versuch, das herrschende Regime durch Verschwöreraktivität und Mordattentate zu stürzen, aussichtslos sei. Derartiges habe nur Sinn, wo ein Regime allein durch eine einzige Persönlichkeit, einen Tyrannen, repräsentiert werde; der „Marxismus" aber stütze sich gerade nicht auf Persönlichkeiten, sondern auf anonyme Kräfte.[54] *„Der Kampf gegen den heutigen Staat"*, so rief er ihnen zu, muß „aus der Atmosphäre kleiner Rache- und Verschwörungsaktionen herausgehoben [werden] zur *Größe eines weltanschaulichen Vernichtungskrieges* gegen den Marxismus, seine Gebilde und seine Drahtzieher".[55]

Aus denselben Kreisen holte er sich dann auch den neuen Führer der SA: Franz Pfeffer v. Salomon, Hauptmann a. D., Freikorpsführer in Westfalen und im Baltikum (Urheber des Libauer Putschs), Teilnehmer am Kapp-Putsch, an den Oberschlesien-Kämpfen und dem Sabotagekrieg an der Ruhr, seit 1924 Führer der NSDAP in Westfalen und im Ruhrgebiet.[56] Mit ihm zusammen entwarf Hitler die neuen Richtlinien für die SA, in denen nun der Versuch gemacht wurde, die Umwandlung kleiner Rollkommandos und Knüppelgarden in eine Organisation des Massenterrors, die 1922/23 mißlungen war, mit besserem Erfolg zu wiederholen. Das Resultat war eine Verbindung von Hitlers Konzeption der SA als einer Organisation zur Umsetzung von Ideen in Kampfkraft mit organisatorischen und taktischen Erfahrungen des Freikorpswesens, die Pfeffer beisteuerte.[57] In einer Reihe von „SA-Befehlen" und „Grundsätzlichen Anordnungen", abgekürzt „SABE" und „GRUSA",[58] hat Pfeffer die gemeinsamen Anschauungen niedergelegt.[59] Die Hauptschwierigkeit sah er mit Recht darin, den SA-Führern den Unterschied zwischen der Konzeption der SA und dem in Deutschland so mächtigen militärischen Vorbild deutlich zu machen und sie vor ständigen Rückfällen ins „Militärische" zu bewahren. „Wir sind", so erklärte er ihnen, „etwas Neues, durchaus Eigenartiges, wie auch unsere Gesamtbewegung und unsere Ziele neu und eigenartig sind."[60] Dieser Einsicht in die Neuartigkeit des Unternehmens stand eine bemerkenswerte Unfähigkeit gegenüber, dessen Sinn und Zweck klar und einleuchtend zu bestimmen. Die Aufgabe des Heeres, so erklärte Pfeffer, sei die Kriegführung gewesen, die der SA sei dagegen der „innenpolitische Kampf".[61] Der

[53] Hitler (Anm. I/5), S. 596.

[54] *A. a. O.*, S. 193. Ebenso bei Picker (Anm. I/16), S. 225.

[55] SABE (SA-Befehl) 1 vom 1. November 1926 (Brief Hitlers an Hauptmann v. Pfeffer), *Doc. C.*, 43/I (Auszeichnungen i. Orig.). Fast gleichlautend mit Hitler, *a. a. O.*, S. 612. Zur Wirkung dieser Argumente und Appelle s. das Bekenntnis Horst Wessels; Wessel (Anm. III/51), S. 63.

[56] *Reichstag-Handbuch*, VIII. Wahlperiode 1933, Berlin 1933, S. 221; Edgar v. Schmidt-Pauli, *Geschichte der Freikorps 1918–1924*, Stuttgart 1936, S. 361; Rüdiger Graf v. d. Goltz, *Meine Sendung in Finnland und im Baltikum*, Leipzig 1920, S. 179 ff. (Libauer Putsch); Gordon, *The Reichswehr*... (Anm. I/26), S. 435 (bezieht den Doppelnamen Pfeffer v. Salomon irrtümlich auf zwei Personen). – Volz, *Die Geschichte*... (Anm. III/43), S. 37; S. 39 ff.; Heiden, *Geschichte*... (Anm. III/9), S. 220; jetzt auch Krebs (Anm. III/24), S. 218 ff.

[57] Hitler (Anm. I/5), Kapitel „Grundgedanken über Sinn und Organisation der SA", z. T. von Pfeffer verfaßt; vgl. Randbemerkung Pfeffers in Volz, *a. a. O.*, S. 40; außerdem S. 39.

[58] Pfeffer war offenbar ein Genie im Erfinden aussprechbarer Abkürzungen. Für die kabarettreife Stottersprache, die dadurch entstand, ist der Reiseplan des Obersten SA-Führers vom Juli 1930 charakteristisch; *Doc. C.*, 43/I. Vgl. Volz, *a. a. O.*, S. 37.

[59] Unvollständige Sammlung in *Doc. C.*, 43/I. Ergänzungen bei Volz, *a. a. O.*, S. 41 ff.; Walther Oehme und Kurt Caro, *Kommt das „Dritte Reich"?*, Berlin 1930, S. 33 ff.; S. 42 f.; S. 45; Engelbrechten (Anm. I/134), S. 62 ff.

[60] SABE 15 vom 10. Februar 1927, *Doc. C.*, 43/I. – Heidens Annahme, daß die SA durch Pfeffer militarisiert worden sei (*Geschichte*..., Anm. III/9, S. 223 f.; S. 270 f.), ist daher mißverständlich.

[61] SABE 15, *a. a. O.* Vgl. auch Manfred Killinger, *Die SA. In Wort und Bild*, Leipzig 1933 (abgeschl. Herbst 1932; s. S. 94 f.). Hier wird zwar die „alte Armee" als Vorbild zitiert (S. 8 f.), aber gleich darauf werden „deren Fehler" kritisiert (S. 10 ff.).

innenpolitische Kampf kennt viele Formen; Hitler und Pfeffer kam es aber nur auf eine an: gewaltsames Unterdrucksetzen der politischen Gegner im Saal und auf der Straße. Wenn Pfeffer also in diesem Zusammenhang vom „Kampf ohne Waffen" sprach, so meinte er nicht den Verzicht auf Gewalt, sondern den auf militärische Waffen und Kampfformen. [62]

Darüber hinaus kalkulierte man wiederum sehr genau die propagandistische Wirkung der bloßen Zurschaustellung von Gewalt, und die Überlegungen, die Pfeffer hier anstellte, waren so bezeichnend, daß sie verdienen, im Wortlaut zitiert zu werden. In einem Befehl vom 3. November 1926 über „SA und Öffentlichkeit (Propaganda)" erklärte er: [63]

> „1. Die einzige Form, in der sich die SA an die Öffentlichkeit wendet, ist das geschlossene Auftreten. Dieses ist zugleich eine der stärksten Propagandaformen. Der Anblick einer starken Zahl innerlich und äußerlich gleichmäßiger, disziplinierter Männer, deren restloser Kampfwille unzweideutig zu sehen oder zu ahnen ist, macht auf jeden Deutschen den tiefsten Eindruck und spricht zu seinem Herzen eine überzeugendere und mitreißendere Sprache als Schrift und Rede und Logik je vermag.
> Ruhiges Gefaßtsein und Selbstverständlichkeit unterstreicht den Eindruck der Kraft, – der Kraft der marschierenden Kolonnen und der Kraft der Sache, für die sie marschieren. Die innere Kraft der Sache läßt den Deutschen gefühlsmäßig auf deren Richtigkeit schließen; ‚denn nur Richtiges, Ehrliches, Gutes kann ja wahre Kraft auslösen'. Wo ganze Scharen planmäßig (nicht in der Aufwallung plötzlicher Massensuggestion) Leib, Leben, Existenz für eine Sache einsetzen, da *muß* die Sache groß und wahr sein!"

Das war ein für das damalige Denken der Militärs wie für die militarisierten Vorstellungen weiter Bevölkerungskreise bezeichnendes Mißverständnis – aber eben deshalb auch eine sehr erfolgreiche Spekulation, die noch durch folgende Bemerkung unterstrichen wird:

> „2. Der gefühlsmäßige ‚Wahrheitsbeweis' wird durch gleichzeitige Beigabe von logischen Beweisen und Werbemitteln nicht unterstrichen, sondern gestört und abgelenkt. Es hat zu unterbleiben: Hoch- und Niederrufe, Plakate über Tagesstreit, Schmähungen, begleitende Reden, Flugzettel, Feste, Volksbelustigung."

Aus denselben Gründen verbot Pfeffer auch die propagandistische Einzelbetätigung der SA-Leute:

> „3. ... Der SA-Mann ist der heilige Freiheitskämpfer. Der Pg ist der kluge Aufklärer und gerissene Agitator. Die politische Propaganda sucht den Gegner aufzuklären, mit ihm zu disputieren, seinen Standpunkt zu begreifen, auf seine Gedanken einzugehen, ihm bis zu gewissem Grade Recht zu geben. – Wenn aber die SA auf dem Plane erscheint, hört das auf. Sie kennt keine Konzession. Sie geht aufs ganze. Sie kennt nur das Motto (bildlich): Slah dot! du oder ich!"

Auch die Rückwirkungen und Nebeneffekte auf die eigenen Anhänger wurden berücksichtigt. So bekam der „Kampf ohne Waffen" über seine offensiven Zwecke hinaus in der damaligen Lage, in der die NSDAP von einem erneuten Griff nach der staatlichen Macht noch weit entfernt schien, noch zusätzlich die Aufgabe, den aktivistisch-revolutionären Elan der Freikorps- und Bürgerkriegszeit zu konservieren, bis der „Endkampf auf Leben und Tod" begann [64] – also eine Parallele etwa zu Karl Liebknechts „revolutionärer Gymnastik" in den Jahren 1918/19. Auf der anderen Seite erhoffte man von der SA-Organisation auch wieder die „disziplinierende Wirkung" auf die Mitglieder. Die SA soll, erklärte Pfeffer, „die Form bilden ..., in der

[62] GRUSA II, 31. Mai 1927 (Satzung der SA), § 3, *Doc. C.*, 43/I; vgl. Volz, *Die Geschichte*... (Anm. III/43), S. 40 ff.; Heiden, *Geschichte*... (Anm. III/9), S. 242.
[63] SABE 3, *Doc. C.*, 43/I (Auszeichnung i. Orig.).
[64] Volz, *Die Geschichte*... (Anm. III/43), S. 40.

selbst sehr große in der Öffentlichkeit auftretende Mitgliedermassen noch lenkbar sind und in Ordnung gehalten werden können". [65] Das gelte insbesondere für Umdispositionen, für den Fall „störender Eingriffe" von außen und bei sonstigen erschwerenden Umständen. [66] Das darf man als eine Art Ergänzung zu Hitlers Grundsatz ansehen, daß nur die fanatisierte Masse lenkbar sei. Der „Fanatismus" sollte in der SA gewissermaßen exerziermäßig geübt und demonstriert werden. Bezeichnend dafür ist Pfeffers „Allgemeiner SABE" vom 13. Juli 1929 für den bevorstehenden Parteitag in Nürnberg, der sich stellenweise wie eine Regieanweisung für eine Massenszene im Film liest und alle Details der SA-Veranstaltungen bis zum Armaufheben und Heilrufen auf Trompetensignal regelte. [67]

Zur Verwirklichung dieses Programms mußte Pfeffer zunächst einen scharfen Trennungsstrich zwischen der SA und allen von außen an sie herantretenden militärischen Versuchungen ziehen, und so wurden bereits bestehende Verbote Hitlers betreffend Waffentragen, Teilnahme an militärischen Übungen, Verbindung zur Reichswehr und Mitgliedschaft in Wehrverbänden jetzt nachdrücklich wiederholt. Vor allem wurde die Ausbildung der SA ganz auf den „Kampf ohne Waffen" abgestellt. Sie sollte aus einer Kombination von „weltanschaulicher" Schulung mit „körperlicher Ertüchtigung" bestehen. Für die ideologische Schulung ist es bezeichnend, daß man sich über ihre Formen und Inhalte nur ein Bild machen kann, wenn man die fast ausschließlich von unteren SA-Führern oder gar einfachen SA-Leuten geschriebenen Erinnerungsbücher heranzieht. In den verfügbaren Zeugnissen der Obersten SA-Führung oder der höheren Führer wird zwar des öfteren gefordert, daß die SA „in die große Idee der Bewegung vollständig eingeweiht" werden müsse, [63] aber nirgendwo finden sich Anweisungen über Form und Inhalt solcher Schulung, es bleibt bei der ständigen Wiederholung stereotyper Wendungen von der „nationalsozialistischen Weltanschauung"; meist wird überhaupt bloß von „der Idee" gesprochen, die es zu verwirklichen gelte, und man ist versucht, die Autoren dieser SABEs, GRUSAs und „Dienstvorschriften" mit jenem Mann in Ionescos „Stühlen" zu vergleichen, der sich einbildet, er habe irgendeine große, weltbeglückende Idee erfunden und dem der Begriff „meine Idee" zu einer mystischen Formel mit autosuggestiver Wirkung wird. [69]

So waren die unteren SA-Führer, die die Schulung verantwortlich zu leiten hatten, auf ihre eigene Weisheit angewiesen. Liest man ihre Berichte, so zeigt sich, daß für sie der Inhalt der nationalsozialistischen „Idee" im wesentlichen in der – häufig nicht einmal besonders scharf antisemitisch akzentuierten – Synthese von Nationalismus und Sozialismus bestand, durch die alle Klassenschranken überwunden und die „wahre Volksgemeinschaft" hergestellt werden würde. [70] Irgendwelche klaren Vorstellungen über das Wie einer solchen Synthese kamen dabei nicht zum Ausdruck; man beschränkte sich anscheinend auf die mehr oder minder chiliastische Hoffnung und den

---

[65] SABE 15 (Anm. III/60). Ähnlich, nur umständlicher formuliert in den Satzungen, § 2 (GRUSA II, Anm. III/62).

[66] Vgl. auch Heiden, *Geschichte...* (Anm. III/9), S. 270 (Hitler auf der Generalversammlung im September 1928).

[67] Oehme/Caro (Anm. III/59), S. 33 ff. (bes. Ziff. 18 ff.: Feier im Luitpoldhain).

[68] SABE 1, *Doc. C.*, 43/I; ähnlich Hitler (Anm. I/5), S. 612; für Berlin-Brandenburg: Engelbrechten (Anm. I/134), S. 63 („Zweck der Sportabteilungen", Ziff. 5).

[69] Bezeichnend für das Denken in SA-Kreisen ist der Gedankengang von Killinger (Anm. III/61): Das erste Kapitel „Sinn und Zweck der SA" beginnt mit dem Abschnitt „Die Gegner", um erst dann zur SA selbst überzugehen. Das entspricht der militärischen Lagebeurteilung, die nach dem Schema: Feind, eigene Lage, Entschluß, Befehl usw. aufgebaut ist. – Zur nationalsozialistischen Weltanschauung vgl. auch Krebs (Anm. III/24), S. 42 ff.; S. 194 f.

[70] So fiel Horst Wessel bei einem Aufenthalt in Wien die stärker antisemitische Richtung der dortigen NSDAP (im Gegensatz zu der „sozialistischen" Berliner Richtung) auf; Wessel (Anm. III/51), S. 86; s. auch Killinger (Anm. III/61), S. 16 ff. Vgl. Broszat (Anm. I/17), S. 91.

Glauben, daß der große Führer Adolf Hitler schon das Rezept für die Verwirklichung „der Idee" wissen werde – ja, in gewissem Sinne bestand das, was die breite Masse der Nationalsozialisten und vor allem der SA-Leute ihren „Glauben an die Idee" nannten, gerade in diesem gläubigen Vertrauen, daß Hitler das Unmögliche möglich machen könne. [71] Aber selbst die Vorstellungen der SA von Volksgemeinschaft waren, milde ausgedrückt, unvollkommen. Von Horst Wessel heißt es, er habe seine Leute zur „Liebe zum Volksgenossen, zu allem, was deutsch war", angehalten, habe „aber auch den Haß gegen alles Undeutsche, gegen alle Feinde unserer Bewegung und gegen ein verkommenes Untermenschentum [geschürt], welches glaubte, mit viehischen Mordtaten eine Freiheitsbewegung ersticken zu können".[72] Nach den Begriffen dieses herabgekommenen Pfarrersohnes war also Volksgenosse nur, wer ein Braunhemd trug. Die Gegner hatten allenfalls die Anwartschaft auf diesen Ehrentitel, solange sie sich noch nicht als unbelehrbar erwiesen hatten. Dabei hat Horst Wessel die sogenannten „Sturmabende", soweit man hört, noch interessant zu gestalten gewußt; vor seinem Auftreten waren sie „langweilig", und sobald er nicht anwesend war, „verloren [sie] an Reiz", und das wird im großen und ganzen von der SA-Schulung überhaupt zu gelten haben. [73]

Dem stand die „körperliche Ertüchtigung" gegenüber, die in Wiederaufnahme der Hitlerschen Idee einer „Turn- und Sportabteilung" von 1921 die militärischen Exerzitien durch sportliche Übungen, insbesondere Boxen und Jiu-Jitsu, zu ersetzen strebte.[74] Das war nicht bloß, wie man gemeint hat, Tarnung aus innenpolitischen Gründen; 1927 wurde in der Obersten SA-Führung eine besondere Abteilung für Sport eingerichtet, [75] und tatsächlich scheint sich mindestens in einigen SA-Verbänden ein reges sportliches Leben entwickelt zu haben; auf dem Parteitag 1929 fanden SA-Meisterschaften im Boxen, Ringen und Jiu-Jitsu statt. [76] Nichtsdestoweniger verstand man sich auch in puncto Waffen zu helfen: Totschläger, Schlagringe, Gummischläuche und Spazierstöcke – altbekannte Verbrecherwaffen – stellte die Polizei als Bewaffnung der SA fest, wozu noch die üblichen improvisierten Waffen der Saalschlachten wie Biergläser, Flaschen, Stuhlbeine usw. kamen. [77] Und für die Pistolen wurden – ebenfalls nach bewährtem Verbrechervorbild – die „Mädels" als im Notfall stets hilfsbereite „Waffenträger" eingesetzt. [78] Hier wird der Einbruch krimineller Tendenzen greifbar, der sich als Konsequenz der permanent revolutionären Haltung und der terroristischen Praxis vollzog.

In der Kampf- und Propagandatechnik wurden die von Hitler vor 1923 entwickelten Ansätze konsequent weitergeführt. Mit ermüdender Monotonie wiederholt sich in den SA-Berichten [79] immer wieder das gleiche Bild: In den Versammlungen läßt

---

[71] Vgl. z. B. Wessel, a. a. O., S. 61.

[72] Reitmann (Anm. III/51), S. 63; vgl. S. 55: Spott und Haß gegen das „Bürgertum".

[73] A. a. O., S. 26 f.; vgl. auch S. 21; S. 49 ff. Ein Beispiel für Horst Wessels „Schulungs"-Methode gibt Wessel (Anm. III/51), S. 127 ff.; vgl. auch S. 105 f. In anderen Berichten werden die „Sturmabende" überhaupt nicht erwähnt, z. B. *Sturm 33 Hans Maikowski*, geschrieben von Kameraden des Toten, Berlin-Schöneberg 1934.

[74] Hitler (Anm. I/5), S. 611; GRUSA II, § 4, *Doc. C.*, 43/I. – Diese Sportarten wurden übrigens auch in anderen Wehrverbänden betrieben; Wessel, a. a. O., S. 43 (für Ehrhardts Wiking-Bund).

[75] „Einteilung des OSAF-Stabes" (nach einer handschriftl. Notiz auf dem Kopf vom Juli 1930), *Doc. C.*, 43/I; Volz, *Die Geschichte.* . . (Anm. III/43), S. 55 f.

[76] Allg. SABE vom 13. Juli 1929, Ziff. 27; *Doc. C.*, 43/I. Oehme/Caro (Anm. III/59), S. 35; Engelbrechten (Anm. I/134), S. 95 f.

[77] Affidavit Polizeipräsident Heimannsberg vom 14. November 1945, *MGN* 5, Nr. 175, Dok. PS–2955, S. 3. – Zur Bewaffnung auch Okraß (Anm. III/48), S. 159 (apologetisch).

[78] Engelbrechten (Anm. I/134), S. 152; S. 227; *Sturm 33.* . . (Anm. III/73), S. 31 f.

[79] Eine Auswahl: Wilfrid Bade, *Die SA erobert Berlin. Ein Tatsachenbericht*, 8. Aufl., München 1943; Engelbrechten, a. a. O.; *Sturm 33.* . ., a. a. O.; Reitmann (Anm. III/51); Wessel (Anm. III/51); *Zehn Jahre unbekannter SA-Mann*, Oldenburg i. O. 1933 (betr. Erlebnisse in Frankfurt/M. und Berlin); Okraß (Anm. III/48; für Hamburg);

man es meist gar nicht erst zu langen Reden oder gar Diskussionen kommen, vielmehr fühlt sich die SA sehr bald durch Zwischenrufe oder sonstige Lebensäußerungen des Publikums „provoziert" und „greift durch", und je nach dem Erfolg, den sie dabei hat, endet das Ganze entweder in einer wüsten Saalschlacht, oder es gelingt, die Versammlung zu „reinigen" und in eine „Kundgebung" zu verwandeln. [80] Oder man besucht gegnerische Versammlungen mit „Rollkommandos" in Zivil, die dann durch Zwischenrufe und Erzeugung von Lärm Unruhe stiften oder in überfallartigem Einsatz die Versammlung sprengen. [81] Auf den Straßen werden Propagandamärsche abgehalten, die zu Prügeleien führen, teilweise hervorgerufen durch SA-Leute in Zivil, die die marschierende Kolonne auf dem Bürgersteig begleiten. [82] Oder es werden Juden terrorisiert, teils durch Anpöbelungen auf der Straße, teils durch Demolierung von Geschäften. [83] Häufig ereigneten sich auch Schießereien und Überfälle im Anschluß an Versammlungen; speziell in den Großstädten entwickelte sich förmlich ein permanenter Unterweltskrieg zwischen SA und Rotfrontkämpferbund, in dem auf beiden Seiten Kneipen und Spelunken als Stützpunkte dienten – das politische Gegenstück zu dem gleichzeitigen Gangsterkrieg in den USA.[84] Und schließlich fehlten auch die schon vor 1923 geübten Propagandafahrten in die agrarische Umgebung der Städte nicht; als sich die NSDAP seit 1929/30 um die bisher vernachlässigte Bauernschaft zu bemühen begann, wurden diese Fahrten zum Rückgrat der Kampagne.[85]

All dies geschah möglichst in pausenlosem Nacheinander und nicht abreißender Kette, und es war neben der Fiktion einer weltanschaulichen Idee vor allem diese Erfindung eines unentwegten „Kampfes ohne Waffen" mitten in der innenpolitischen Entspannungsperiode von 1925 bis 1929, eine Art permanenten Wahlkampfes mit terroristischen Mitteln,[86] die die ehemaligen Freikorpsleute und Putschisten der Fahne Adolf Hitlers folgen ließ. Beim Wikingbund Ehrhardts habe man sich ständig in Alarmstimmung befunden, berichtete Horst Wessel; [87] „eigentlich erwartete man jeden Tag einen Putsch". Da aber niemals derartiges eintrat, verbreiteten sich allmählich Ermüdung und Enttäuschung. Ganz anders dagegen bei der SA. „Die Schwungkraft der jungen Bewegung", so schrieb er, „war ungeheuer ... Eine Versammlung jagte

---

Kurt Schmalz, *Nationalsozialisten ringen um Braunschweig*, Braunschweig–Berlin–Hamburg 1934; Hans Henningsen, *Niedersachsenland, du wurdest unser! Zehn Jahre Nationalsozialismus im Gau Ost-Hannover. Streiflichter aus der Kampfzeit*, Harburg–Wilhelmsburg 1935; Heinz Lohmann, *SA räumt auf! Aus der Kampfzeit der Bewegung. Aufzeichnungen*, Hamburg 1933 (Bericht aus Pommern); Franz Buchner, *Kamerad! Halt aus! Aus der Geschichte des Kreises Starnberg der NSDAP*, München 1938 (betr. Starnberger SS).

[80] Beispiele für nichtige Anlässe: Okraß, *a. a. O.*, S. 138 f.; S. 203 f.; S. 222.

[81] Heimannsberg (Anm. III/77), S. 3.

[82] Bade (Anm. III/79), S. 87 ff.

[83] Heimannsberg (Anm. III/77), S. 4. Der bekannteste Fall war der Helldorf-Krawall auf dem Kurfürstendamm in Berlin am 13. September 1931; Engelbrechten (Anm. I/134), S. 183 (NS-Version). Vgl. auch Okraß (Anm. III/48), S. 236.

[84] Reitmann (Anm. III/51), *passim*; Engelbrechten, *a. a. O.*, S. 85 (mit Liste der „Sturmlokale"): „Sturmlokal, das ist einmal sozusagen die befestigte Stellung in der Kampfzone"; zum anderen auch Erlebnis von „Heimat und Lebensfreude". Vgl. auch Julius Karl v. Engelbrechten und Hans Volz, *Wir wandern durch das nationalsozialistische Berlin. Ein Führer durch die Gedenkstätten des Kampfes um die Reichshauptstadt*, München 1937. Für Hamburg: Okraß, *a. a. O.*, S. 252 f. – Zu den Verhältnissen in den USA: Hentig (Anm. III/26), bes. 2. und 3. Kapitel.

[85] Henningsen (Anm. III/79), *passim*; Schmalz (Anm. III/79), *passim*; Okraß (Anm. III/48), S. 195; Engelbrechten (Anm. I/134), *passim*.

[86] Charakteristisch Okraß, *a. a. O.*, S. 142 f. über die Aktivität der SA: „Kauft der Bürger ihre Zeitungen und Broschüren nicht am Zeitungsstand, dann gehen sie damit in seine Wohnung. Und kauft er sie dort nicht, dann schenken sie ihm die Blätter. Will der Bauer nicht zum Sprechabend kommen, dann gehen sie auf die sonnabendlichen Skatabend der Bauern und reden plötzlich in den Skatabend hinein und machen eine politische Versammlung daraus. Ob der Bauer will oder nicht. Und kommt der Arbeiter nicht in ihre Versammlungen, dann locken sie ihn hinein. Mit schönen Worten und groben Beleidigungen. Wie, das ist gleich. Hauptsache: Er kommt."

[87] Wessel (Anm. III/51), S. 42 (Tagebuchauszug).

die andere, eine immer toller und stürmischer als die andere. Rot-Front versuchte dutzende Male zu sprengen: Immer vergeblich. Straßenumzüge, Pressewerbeaktionen, Propagandafahrten in die Provinz schufen eine Atmosphäre des Aktivismus und der Hochspannung, die der Bewegung nur dienlich sein konnte. Zusammenstöße gab es unzählige. Verwundete, sogar Tote blieben auf dem Platze." [88]

Auch in Aufbau und Gliederung der SA-Einheiten bemühte man sich, vom militärischen Vorbild loszukommen. Die Organisation der SA sollte nach dem Willen Pfeffers kein schematischer Rahmen mit leicht auswechselbaren oder ersetzbaren Teilen wie beim Militär sein, sondern sich von unten nach oben als eine Hierarchie von bandenartigen Kampfgemeinschaften aufbauen.[89] Unterste Einheit und das „Fundament der SA" sollte die „Gruppe" sein. Ihr Führer sollte in allen Fragen der Organisation, Stärke und Zusammensetzung freie Hand haben und ihre Mitglieder aus Leuten zusammensetzen, „die in Not und Handgemenge am besten zueinander passen und am liebsten miteinander kämpfen wollen". Um den Zusammenhalt dieser kleinen Kampfbanden auch äußerlich zu demonstrieren, befahl Pfeffer, daß sie durch keinerlei Art von Einteilung oder Bewegungsform zerrissen werden durften und daß Aufstellung und Marschordnung sich nach ihrer verschiedenen Stärke richten sollten. Alle Aufgaben mußten so gestellt werden, daß mindestens immer eine solche „Gruppe" auftrete. Damit verband Pfeffer zugleich die Lösung des für eine freiwillige Kampforganisation so schwierigen Disziplin-Problems. Nach dem Vorbild der Freikorps der Revolutionsjahre, in denen die charismatische Legitimation des Führertums – Bewährung als überlegener und erfolgreicher Führer im Kampf – infolge der unsicheren Legalitätsbasis und des Mangels institutioneller Zwangsmittel stark in den Vordergrund getreten war,[90] sollte auch die SA und insbesondere ihre kleinste Einheit auf das Führer-Gefolgschaftsprinzip gegründet werden: Die SA-Führer sollten mehr als bloße Befehlshaber, sie sollten persönliche Führer ihrer Leute sein, das institutionalisierte Führertum der Armee sollte durch die charismatische Führerschaft der Landsknechte, Revolutionäre und kriminellen Banden ersetzt und die auch in der SA vorgesehenen, aber wirkungsschwachen Disziplinarstrafen durch die emotionale Bindung der Untergebenen an den Führer ergänzt werden. Tatsächlich entwickelte sich, wie die Gestalten eines Horst Wessel oder Hans Maikowski, aber auch der hannoversche „Rucksackmajor" Dincklage zeigen, in der SA sehr bald jenes „neue Führertum", das sich „Tag für Tag seine Autorität durch Leistung erkämpfen" mußte, durch wildes Draufgängertum brillierte und dadurch wie ein „Magnet" „rauhe Burschen" anzog, durch Anpassung an den proletarischen Lebensstandard (oder das, was man darunter verstand) und kameradschaftliche Verbrüderung mit den Untergebenen „Nationalsozialismus" vorlebte, durch pausenlose Unternehmungen seine Gefolgschaft ständig in Atem hielt und so einen „Männerbund fanatischster Kämpfer" heranzog, zugleich aber auch alle Schwächen dieser Führungsart demonstrierte: „Wer einmal versagt hatte, war für immer erledigt", und wenn der Führer ausfiel, war seine Gefolgschaft wie „ein Wrack, das steuerlos dahintrieb".[91]

[88] *Der Schulungsbrief* 2 (1935), Heft 2, S. 46 f. (Faksimile-Abdruck der entsprechenden Tagebuch-Passage); vgl. Wessel, *a. a. O.*, S. 66 (mit Abweichungen). – Vgl. auch Okraß (Anm. III/48), S. 136; S. 160; S. 223 (Zitat aus dem *Hamburger Anzeiger*); S. 233.

[89] Dazu und zum Folgenden: Volz, *Die Geschichte...* (Anm. III/43), S. 42 ff.; Killinger (Anm. III/61), S. 10 ff. Außerdem SABE 15 (Anm. III/60).

[90] Dies war der Hauptgrund für ihren Ausschluß aus der Reichswehr; vgl. Artikel Seeckts in der *Deutschen Tageszeitung*, auszugsweise abgedr. bei Rabenau, *Seeckt* (Anm. I/31), S. 458 ff. Darstellung u. a. bei Friedrich Wilhelm v. Oertzen, *Die deutschen Freikorps 1918–1923*, 6. Aufl., München 1939. Charakteristische Typen sind geschildert bei Ludwig Gengler, *Rudolf Berthold*, 2. Aufl., Berlin 1934; Erich Balla, *Landsknechte wurden wir...* *Abenteuer aus dem Baltikum*, Berlin 1932, S. 34 (Porträt des Majors Bischoff).

[91] *Sturm 33...* (Anm. III/73), S. 73 ff. (hier der Begriff „neues Führertum"); Reitmann (Anm. II/51); Wessel (Anm. III/51). Über Dincklage s. Schirach (Anm. I/33), S. 44 ff. Vgl. Broszat (Anm. I/17).

Aber selbst wo das System des neuen Führertums funktionierte, bedurfte man doch gelegentlicher Strafen, die stärker durchgriffen als bloße Verweise und alle möglichen „Entziehungskuren", und für diese Fälle empfahl Pfeffer – wenn auch nur indirekt – die Selbstjustiz der Kampfgemeinschaft: Verprügelung der „Missetäter" durch die eigenen Kameraden.[92] Mit solchem Feme-Strafvollzug, der schon im Kadettenkorps stillschweigend geduldet, in den Freikorps regulär eingeführt und in der Schwarzen Reichswehr bis zum Mord an wirklichen oder vermeintlichen Verrätern gesteigert worden war,[93] übernahm die SA eines der Hauptelemente jeder Bandenmoral,[94] und die sich hierin andeutende Tendenz wird noch deutlicher in Pfeffers Empfehlung eines „doppelten Maßstabes" für die Selbstbeurteilung der SA: Es sei Pflicht der SA, bestehende Fehler oder Schwächen der „Außenwelt" gegenüber „rücksichtslos" abzuleugnen; aber die SA selbst und insbesondere ihre Führer dürften sich nicht „wie ‚dummes' Publikum" behandeln, sondern müßten sich über alle Unzulänglichkeiten klarwerden.[95] Zur Vervollständigung dieses Bildes fehlte nur noch die Forderung nach unbedingtem Gehorsam, doch diesen Schritt tat Pfeffer in seltsamer Inkonsequenz nicht, sondern fiel selber ins „Militärische" zurück, als er in bemerkenswertem Gegensatz zu Röhms Richtlinien für den Frontbann [96] Befehle zu gesetzwidrigen Handlungen von der Gehorsamspflicht in der SA ausnahm.[97]

Schließlich ist noch eine Reihe von Pfeffers Unternehmungen zu betrachten, die sowohl den Männerbund-„Sozialismus" der SA und ihre Finanzierungsmethoden als auch die mittelständische Interessenpolitik der NSDAP in dieser Periode beleuchten. Da der „Kampf ohne Waffen" Verletzte und Tote forderte, wurde es notwendig, die SA-Männer zu versichern. Eine anfängliche Zusammenarbeit mit einer Privatversicherung bewährte sich nicht, und so baute man ab 1929 ein Parteiunternehmen auf.[98] Um Bekleidung und Ausrüstung der SA zu vereinheitlichen und vor allem zu verbilligen, wurde am 1. April 1929 in München die „Reichszeugmeisterei" mit mehreren Außenstellen geschaffen.[99] Zur Sicherung der Verpflegung bei Massenaufmärschen und Parteitagen führte man im Sommer 1929 selbständige SA-Küchen ein; sie sollten außerdem in „Alarmfällen", d. h. im Falle von Revolution und Bürgerkrieg, die Verschleierung von Mobilmachungsarbeiten ermöglichen und die SA von fremder Hilfe unabhängig machen; sie bildeten später die Grundlage für die Arbeitslosen-Verpflegung der SA in der Krisenzeit.[100] In enger Verbindung damit entstanden die ersten „SA-Heime", die dem doppelten Zweck der Unterbringung obdachloser Arbeitsloser

---

[92] SABE 7 vom 7. November 1926, *Doc. C.*, 43/I, Ziff. 2: Aufzählung von „dienstlichen" Strafen. Dann heißt es: „Wenn über diese Strafen hinaus Kameraden persönliche Rache an einem Missetäter nehmen, so hat das mit dienstlichen Maßnahmen nichts zu tun. Dienstlich darf weder dazu aufgefordert noch nahegelegt werden. Jede Einmischung eines Vorgesetzten (auch Verbot) ist vielmehr streng zu vermeiden." Vgl. auch Krebs (Anm. III/24), S. 66.

[93] Für die Freikorps: *Die Kämpfe im Baltikum nach der zweiten Einnahme von Riga, Juni bis Dezember 1919* (Darstellungen aus den Nachkriegskämpfen deutscher Truppen und Freikorps, Bd. III), Berlin 1938, S. 58; Einrichtung von Kompanie-Gerichten: Major a. D. Josef Bischoff, *Die letzte Front 1919. Geschichte der eisernen Division im Baltikum,* Berlin 1934, S. 120 f.; Fr. Wilhelm v. Oertzen (Anm. III/90), S. 102; S. 116 (Hinweis auf Femegerichte als Fortbildung).

[94] Hentig (Anm. III/26), S. 39 ff. und bes. S. 157 ff.

[95] SABE 8 vom 8. November 1926, *Doc. C.*, 43/I.

[96] Heiden, *Geschichte...* (Anm. III/9), S. 183; Engelbrechten (Anm. I/134), S. 38; S. 319.

[97] Satzungen, § 8, GRUSA II, *Doc. C.*, 43/I.

[98] Volz, *Die Geschichte...* (Anm. III/43), S. 58 ff.; Rühle (Anm. III/30), S. 160; seit dem 15. November 1928 von Martin Bormann geleitet: *Nationalsozialistisches Jahrbuch 1931*, 5. Jg., München 1930, S. 160 ff.

[99] Volz, *a. a. O.*, S. 60 f.; und ders., *Daten...* (Anm. III/16), S. 97; Engelbrechten (Anm. I/134), S. 95; *Sammlung Rehse* (Anm. III/24), S. 289 (zur Datierung). Übersicht über die Außenstellen: *Nationalsozialistisches Jahrbuch 1932*, 6. Jg., München 1931, S. 159. – Heiden, *Geschichte...* (Anm. III/9), S. 223, und ders., *Adolf Hitler* (Anm. I/81), S. 237 (Entstehung der RZM aus Hemdengeschäft von Edmund Heines).

[100] Volz, *Die Geschichte...* (Anm. III/43), S. 62; Engelbrechten, *a. a. O.*, S. 172; Okraß (Anm. III/48), S. 167; Oehme/Caro (Anm. III/59), S. 36.

und der Kasernierung von Bereitschaftseinheiten dienten und in den folgenden Jahren eine große Rolle spielten.[101] Schließlich gründete Pfeffer noch die SA-eigene „Sturm"-Zigarettenfabrik in Dresden.[102] Soweit diese Unternehmungen auf Rentabilitätsbasis arbeiteten – und das soll bei der Versicherung, der Zeugmeisterei und der Zigarettenfabrik der Fall gewesen sein –, wurden die sich ansammelnden Überschüsse zur Finanzierung der SA verwendet. Das hat, wie die schon früh ausbrechenden Streitigkeiten um die Geldmittel zwischen SA und Partei lehren, offenbar nicht ausgereicht,[103] aber die Tendenz zur Verselbständigung und Selbstversorgung, ja zur Bildung eines Staates im Staat,[104] die in diesen Einrichtungen zum Ausdruck kam, ist nichtsdestoweniger deutlich und darf als ein bezeichnender Vorläufer der späteren Wirtschaftstätigkeit der SS angesehen werden. Darüber hinaus aber hatte Pfeffer insbesondere der Versicherung und der Zigarettenfabrik noch eine spezielle Aufgabe zugedacht: Sie sollten durch weiteren Ausbau instand gesetzt werden, die Vormachtstellung der „jüdischen Konzerne" zu durchbrechen – eine für die mittelständische Interessenverflechtung der damaligen NSDAP-Politik bezeichnende Ausdehnung des „Kampfes ohne Waffen" auf das Gebiet der Wirtschaftspolitik. [105]

Diese wirtschaftspolitische Zielrichtung ist dann nach Pfeffers Rücktritt Ende August 1930 nicht weitergeführt worden, aber der von ihm gelegte Grundstock der SA-Organisation hatte sich als tragfähig erwiesen und blieb über seinen Sturz hinaus erhalten. Hitlers Idee einer politischen Kampforganisation, die auf Massenbasis Propaganda mit Terror verbinden sollte, hatte durch die Verwertung organisatorischer und struktureller Erfahrungen der Freikorpsbewegung und die planmäßige Fortentwicklung der schon vor 1923 aufgestellten Ausbildungsgrundsätze realisierbare Gestalt gewonnen. Zwar hinderte das nicht, daß auch jetzt noch „Rückfälle ins Militärische" vorkamen; die Versuchung dazu nahm mit wachsender Stärke der SA und den damit verbundenen Organisationsproblemen zu – namentlich bei einigen der höheren Führer, die aktive Offiziere gewesen waren [106] –, und seit 1929 ergaben sich auch neue Kontakte mit der Reichswehr. [107] Aber das blieben jetzt doch Einzelerscheinungen, die die Eigenart des Instruments nicht veränderten. Die zahlreichen Erinnerungsberichte und Geschichtsdarstellungen, die seit 1933 publiziert worden sind, zeigen in bemerkenswerter Übereinstimmung, daß sich die SA im allgemeinen sowohl strukturell wie kampftaktisch nach den von Hitler und Pfeffer aufgestellten Richtlinien entwickelte. „Im Verhältnis mit den früheren Organisationen, denen ich angehörte", schrieb Horst

---

[101] Vgl. Anm. III/84 (Sturmlokale) und *Sturm 33*. . . (Anm. III/73), S. 38; Engelbrechten, *a. a. O.*, S. 172; S. 232 f. (1931 in Berlin 24 SA-Heime und -Küchen); Okraß (Anm. III/48), S. 252 f.

[102] Volz, *Die Geschichte*. . . (Anm. III/43), S. 58 ff.; s. auch Krebs (Anm. III/24), S. 183.

[103] Volz, *a. a. O.*, S. 63 f. – Brief Artur Dinters an Pfeffer, April 1927, *Doc. C.*, 43/I. Vgl. Okraß (Anm. III/48), S. 174.

[104] Brief Pfeffers an einen Unterführer in Köln vom 13. Oktober 1928: SA muß allmählich einen „Staat im Unstaat" herausbilden; abgedr. bei Oehme/Caro (Anm. III/59), S. 40.

[105] Volz, *Die Geschichte*. . . (Anm. III/43), S. 60; S. 62. Besonders bezeichnend war der – nicht mehr ausgeführte – Plan Pfeffers vom Sommer 1930, die SA-Leute in der beginnenden Krisenzeit als Kundenwerber für Inhaber kleiner Geschäfte und Gewerbebetriebe einzusetzen, die ihrerseits dafür eine Abgabe leisten sollten. Diese Gelder sollten in einem Kapitalstock für kurzfristige Darlehen an Kaufleute und Handwerker dienen, um sie „von dem Zinswucher des jüdischen Leihkapitals zu befreien"; *a. a. O.*, S. 63. – Allgemein zur Mittelstandspolitik der NSDAP in der Krise s. Heinrich Uhlig, *Die Warenhäuser im Dritten Reich*, Köln–Opladen 1956, S. 63 ff.

[106] Charles Drage, *The Amiable Prussian*, London 1958 (Biographie des SA-Führers Stennes), S. 72 f. – Vgl. Heiden, *Geschichte*. . . (Anm. III/9), S. 223 ff.; S. 270 f.

[107] Eingeleitet durch Hitlers Rede „Wir und die Reichswehr" vom 15. März 1929; Krausnick (Anm. I/26), S. 186 ff. Weiteres Material bei Heiden, *a. a. O.*, S. 271 ff., und ders., *Adolf Hitler* (Anm. I/81), S. 277 ff. – Zum Problem des Wehrsports: Engelbrechten (Anm. I/134), S. 95; *Sturm 33*. . . (Anm. III/73), S. 25. Die hier genannte „Volkssportschule Wünsdorf" war eine Einrichtung der Reichswehr; vgl. die biographischen Angaben ihres damaligen Leiters Major Kühme in: *Der Großdeutsche Reichstag. 4. Wahlperiode. Beginn am 10. April 1938, verlängert bis zum 30. Januar 1947*, hrsgg. von Ernst Kienast, Berlin 1943.

Wessel, „war die Partei grundverschieden. Das Soldatenspielen fiel weg. Politische Schulung, das war die Losung. Die Sturmabteilungen, S. A., waren Ordnertrupps, waren die Faust der Bewegung gegen Polizei und Marxisten." [108]

Zu der erfolgreichen Umstellung mag auch das Auftreten einer neuen Führergarnitur beigetragen haben. Nicht nur Röhm, Brückner und Göring fehlten jetzt in der SA-Rangliste; auch all die anderen Namen, die bis 1923 und in der Zeit des Interregnums bis 1925 eine Rolle gespielt hatten – Gregor Strasser, Walter Buch, Rudolf Heß, Klintzsch, Hoffmann, Fürst Karl v. Wrede, Beggel, Knauth, Siegfried, Frhr. Marschall v. Bieberstein, Emil Danzeisen – waren jetzt entweder ganz verschwunden oder in die zivile Parteileitung abgewandert; lediglich der üble Heines, 1923 Führer des 2. Bataillons des SA-Regiments München, hatte wieder eine führende Stellung. Statt dessen nahmen nun ehemalige Frontbannführer wie Pfeffer selbst, Ritter v. Krausser, Josef Seydel, Karl Ernst, Graf Helldorff, Hermann Reschny, Frhr. v. Eberstein, Kurt Daluege oder Ruhr- und Freikorpskämpfer wie Viktor Lutze, Paul Dincklage, Walther Stennes, Kurt v. Ullrich, Werner v. Fichte, Manfred v. Killinger, August Schneidhuber die führenden Positionen ein; mit Ausnahme Dincklages, der 1930 starb, und Stennes', der 1931 putschte, finden sie sich auch noch nach 1933 in der SA- oder SS-Führung und haben vielfach sogar den 30. Juni 1934 überdauert. [109]

Und von unten rückten sehr zweifelhafte Elemente nach: gescheiterte Studenten und Schüler wie Horst Wessel, der schon auf dem Gymnasium ein Doppelleben führte und sich schließlich mit seiner Familie überwarf; [110] oder Hans Maikowski, der, aus der Jugendbewegung kommend, Reichswehr-Offizier werden wollte, aber abgelehnt wurde und schließlich im SA-„Dienst" unterging; dazu die Arbeitslosen und, besonders in den Großstädten, auch regelrecht kriminelle Elemente. Die Berliner SA habe, so wird berichtet, einen besonderen Typ des „politischen Soldaten" ausgebildet: den „Rabauken", [111] und die Spitz- und Beinamen, die sich die SA-Leute selbst gaben, lassen keinen Zweifel daran, wie das zu verstehen war: Ein Neuköllner SA-Sturm hieß „Ludensturm", ein anderer am Wedding „Räubersturm"; ein Trupp aus dem Bezirk Mitte nannte sich „Tanzgilde", sein Führer „Gummibein", seine Leute „Mollenkönig", „Revolverschnauze", „U-Boot", „Schießmüller" usw. [112] Der Biograph Horst Wessels berichtet, daß dessen rabiates Draufgängertum gerade die „rauhen Burschen" anzog, und drückt das Resultat solcher Auslese mit der diplomatischen Wendung aus, „intellektuelle Besserwisser" hätten sich „in diesem Kreise nicht allzu zahlreich" gehalten. [113] Hier verwischten sich die Grenzen zwischen politischem Kampf, Terror und Verbrechen, und die Unbekümmertheit, mit der der nationalsozialistische Geschichtsschreiber der Berliner SA das obige Unterwelts-Vokabular noch 1936 vor seinen Lesern ausbreitete, zeigt, daß man nicht daran dachte, sie wenigstens nach dem Kampf wiederherzustellen.

[108] Horst-Wessel-Tagebuch in: *Der Schulungsbrief* (Anm. III/88), S. 46; abweichend: Wessel (Anm. III/51), S. 65 f. und S. 105. Vgl. auch Okraß (Anm. III/48), S. 124 f.

[109] Volz, *Die Geschichte...* (Anm. III/43), S. 21 f.; S. 27; S. 29; S. 46; SA-Führerliste in dem Aufstellungs-Programm für den Festzug der SA auf dem Parteitag Nürnberg, 4. August 1929, *Doc. C.*, 43/I; Engelbrechten (Anm. I/134), S. 33 ff.; S. 41 (Daluege). Killinger (Anm. III/61), S. 62 ff. Über Manfred Killinger selbst vgl. sein Buch *Ernstes und Heiteres aus dem Putschleben*, München 1934 (1. Aufl. 1927), bes. S. 9.

[110] Das ist auch von nationalsozialistischer Seite unbestritten: Reitmann (Anm. III/51), S. 27 f. – Vgl. die romanhafte Darstellung von Hanns Heinz Ewers, *Horst Wessel. Ein deutsches Schicksal*, Stuttgart-Berlin 1933; danach ist die KPD-Version, daß Wessels Ermordung mindestens zusätzlich durch einen Zuhälterstreit motiviert war, nicht völlig auszuschließen.

[111] Engelbrechten (Anm. I/134), S. 40.

[112] *A. a. O.*, S. 102; S. 240; S. 227 und *passim.*

[113] Reitmann (Anm. III/51), S. 19; vgl. auch S. 49; S. 55 f.

Wenn also der Neuaufbau der SA seit 1926 im nationalsozialistischen Sinne als Erfolg gelten kann, so war er doch nicht ohne Probleme für die nationalsozialistische Bewegung als Ganzes. Denn in dem Maße, in dem das Selbstbewußtsein der SA durch ihre wachsende Stärke – im Herbst 1930 soll sie 60 000 bis 75 000 Mann betragen haben [114] – und durch ihre Erfolge im „Kampf" zunahm, entsprangen Rivalitätskonflikte zur Partei-Organisation. Zwar hatte Hitler gleich anfangs gefordert, daß die SA der politischen Leitung der Partei auch in den lokalen Bereichen strikt untergeordnet werden und nur in bezug auf Organisation, Personalpolitik und Einsatzführung Selbständigkeit genießen sollte. [115] Aber auf der anderen Seite hatte er Pfeffer „weitreichende Vollmachten" verliehen und ihm sowohl die SS wie die HJ in jeder Beziehung, einschließlich der Führerernennung, unterstellt. [116] Das ließ sich kaum miteinander vereinbaren, und die Situation wurde noch verschärft durch die Persönlichkeit Pfeffers, über dessen „Feldwebelton" sich die Gauleiter beschwerten [117] und dessen Standesdünkel Hitler später noch mehrfach als abschreckendes Beispiel zitierte.[118]

So war das Verhältnis von Anfang an voll Spannung; man warf sich gegenseitig organisatorische Unfähigkeit vor und stritt sich um die knappen Geldmittel; die Parteiführer stießen sich an der rabiaten Art der SA-Rabauken, die SA-Führer blieben ihnen mit Klagen über die „Gottähnlichkeit" der Gauleiter und ihre Vettern- und Cliquenwirtschaft nichts schuldig; sie pochten darauf, daß die SA die Hauptlast des Kampfes trage und daß die NSDAP allein durch die SA „den straffen disziplinierten Schwung [erhalte], der sie von den anderen Parteien abhebt und zur Bewegung stempelt".[119] Schließlich kamen angesichts der wachsenden Stärke der Partei Auseinandersetzungen über die fernere politische Taktik – revolutionäre oder legale Machtergreifung – hinzu, in denen Pfeffer in Gegensatz zu Hitlers Legalitätskurs getreten zu sein scheint;[120] auch Cliquenkämpfe innerhalb der SA waren damals schon im Gange.[121] Im Hochsommer 1930, kurz vor den Septemberwahlen, spitzte sich die latente Krise zum offenen Konflikt zu; Pfeffer trat Ende August, zunächst nur formell, zurück,[122] und wenige Tage später rebellierte unabhängig davon der SA-Führer für Ostdeutschland, Hauptmann a. D. Walther Stennes, gegen die Berliner Gauleitung, weil er und einige SA-Führer sich von Goebbels zurückgesetzt fühlten. Die Berliner SA verweigerte der Partei den Saalschutz und stürmte gegen den Widerstand einer von Goebbels herbeigerufenen SS-Wache das Büro der Gauleitung.[123]

---

[114] Nach Volz, *Die Geschichte. . .* (Anm. III/43), S. 68; S. 70: 100 000 Mann; Auszug aus dem Lagebericht der Polizeidirektion München vom 4. Dezember 1930, *Doc. C.,* 43/II: 60 000; Oehme/Caro (Anm. III/59), S. 47: 40 000.

[115] SABE 2 vom 2. November 1926, *Doc. C.,* 43/I; GRUSA III vom 3. Juni 1927, *ebda.* – Volz, *a. a. O.,* S. 39.

[116] Volz, *ebda.* Vgl. auch die handschriftl. Bemerkungen Pfeffers, *a. a. O.,* S. 4, und den Aufruf Hitlers zur Neugründung der SA vom 29. Oktober 1926, *Sammlung Rehse* (Anm. III/24), S. 248 f. – Zur Praxis s. Krebs (Anm. III/24), S. 50 f. (Pfeffer unterwirft die Hamburger HJ).

[117] Dinter an Pfeffer, 6. April 1927, *Doc. C.,* 43/I (s. Anm. III/103).

[118] Picker (Anm. I/16), S. 171; S. 204. Allgemein Volz, *Die Geschichte. . .* (Anm. III/43), S. 41. Zum Verhältnis Hitler–Pfeffer vgl. Krebs (Anm. III/24), S. 142; S. 144.

[119] „Stellungnahme zur vorgesehenen Umorganisation der SA-Führung", Denkschrift des OSAF/Stellvertreters-Süd, August Schneidhuber, vom 19. September 1930; Ms. in: *Doc. C.,* 43/II, Bl. 6 und *passim;* außerdem Dinter an Pfeffer, 6. April 1927, *a. a. O.,* 43/I; Engelbrechten (Anm. I/134), S. 45; Okraß (Anm. I/48), S. 133.

[120] Volz, *Die Geschichte. . .* (Anm. III/43), S. 66; Heiden, *Geschichte. . .* (Anm. III/9), S. 270 f.

[121] Randbemerkung Pfeffers in: Volz, *a. a. O.,* S. 36 (Homosexuellen-Clique); Heiden, *Adolf Hitler* (Anm. I/81), S. 236 ff.; S. 276. – Göring als Rivale: *a. a. O.,* S. 259; S. 277; Engelbrechten (Anm. I/134), S. 88.

[122] Vertrauliches Schreiben Pfeffers an die höheren SA-Führer vom 28. August 1930; offizieller Abschieds-Aufruf an die SA vom 29. August 1930; beides in: *Doc. C.,* 43/I. Vgl. auch Lagebericht der Polizeidirektion München vom 24. Oktober 1930; *Doc. C.,* 43/II.

[123] Dazu und zum Folgenden: Schneidhuber, „Stellungnahme. . ." (Anm. III/119); Polizeibericht vom 24. Oktober 1930, *a. a. O.;* Drage (Anm. III/106), S. 74 ff.; Heiden, *Geschichte. . .* (Anm. III/9), S. 284 f.; ders., *Adolf Hitler* (Anm. I/81), S. 276 f.; Engelbrechten (Anm. I/134), S. 138 f. Vgl. Hans-Adolf Jacobsen und Werner Jochmann, Hrsg., *Ausgewählte Dokumente zur Geschichte des Nationalsozialismus,* Bielefeld 1961 (Dok. 2. VIII. 1930; 8. IX. 1930: Briefe v. Pfeffers und Contis).

Die Lage sah, 14 Tage vor der Reichstagswahl, sehr ernst aus, aber es ist für die überragende Stellung Hitlers innerhalb der nationalsozialistischen Bewegung bezeichnend, daß ein kurzes persönliches Auftreten von ihm in Berlin genügte, um den Frieden wiederherzustellen. Dafür zwang er Pfeffer zum sofortigen Ausscheiden aus dem Amt und übernahm – bezeichnende Parallele zu den Vorgängen um die Wehrmacht 1938 und 1941 – jetzt selbst das Amt des obersten SA-Führers. [124] Ebensowenig wie im Falle der Wehrmacht kann dabei an eine faktische Übernahme des Oberbefehls mit seiner alltäglichen Routinearbeit gedacht gewesen sein, und tatsächlich hat Hitler sich kurz darauf in Röhm einen Stellvertreter geholt. Das enthüllt den wesentlich symbolischen Charakter des Vorgangs; Hitler folgte damit der Tendenz der charismatischen Herrschaft, die den *ex definitione* allwissenden und allmächtigen Herrn zwingt, überall dort selbst die Führung zu übernehmen, wo schwerwiegende Mängel und Krisen auftreten. Dem folgte wenig später ein von Hitler autorisierter Befehl des interimistisch die Geschäfte führenden Stabschefs Otto Wagener, [125] in dem von jedem SA-Führer „ein unbedingtes Treuegelöbnis der Person des Partei- und Obersten SA-Führers Adolf Hitler" gegenüber gefordert und die Ernennung von SA-Führern in die Hände Hitlers gelegt wurde. [126] Schließlich wurde das Treuegelöbnis, das mit seiner Zuspitzung auf die Person Hitlers das charismatische Herrschaftsverhältnis ausdrücklich betonte und als Muster für den berüchtigten „Führereid" der Wehrmacht von 1934 gelten darf, durch die Röhmsche SA-Dienstvorschrift auf sämtliche SA-Angehörigen ausgedehnt und nun auch mit der Forderung nach praktisch unbedingtem Gehorsam verbunden; der SA-Mann mußte bei seinem Eintritt versprechen, Adolf Hitler und den „von ihm bestellten" SA-Führern zu gehorchen und „alle Befehle unverdrossen und gewissenhaft zu vollziehen, da ich weiß, daß meine Führer nichts Ungesetzliches von mir fordern". [127]

Die korrumpierende Wirkung dieser ungeheuerlichen Formel ist kaum zu überschätzen, denn ganz gleich, ob sie ernst genommen wurde oder nicht, sie mußte bei den SA-Leuten in jedem Fall ein „Zwiedenken" Orwellscher Prägung erzeugen. Und das um so mehr, als die Bereitschaft zur gläubigen Unterwerfung unter den Befehl Hitlers damals auch ohne bindende Treuegelöbnisse schon groß war. Die SA, so schrieb der süddeutsche SA-Befehlshaber, Major a. D. August Schneidhuber, in einer Denkschrift vom 19. September 1930, [128] habe den Führer ihre ganze Liebe geschenkt und kenne „nur das Eine: Marschieren wie Adolf Hitler befiehlt". Aber Schneidhuber, der sich noch einen Rest von gesundem Menschenverstand bewahrt hatte, empfand auch die Problematik dieses Verhältnisses: Die Freiwilligkeit dieser Hingabe, so schrieb er, sei die Stärke, aber auch die Schwäche der SA. Deshalb verpflichte sie den Führer, seinen Gefolgsleuten mit gleichem Vertrauen zu begegnen. Aber, und damit ging er auf die konkrete Situation ein, in der SA herrsche das Gefühl, daß ihre Hingabe nicht erwidert werde, daß sie dem Führer fremd geworden sei. Solche Klagen sollten nun nicht mehr abreißen – nicht nur in der SA: die Wehrmacht hat sich später in ganz ähnlicher Lage befunden –, aber das störte das gläubige Vertrauen zu Hitler nicht. So sehr auch Idee und Wirklichkeit des Führerkults auseinanderklaffen mochten, un-

[124] *Völkischer Beobachter*, Nr. 202 vom 3. September 1930 mit Aufruf Hitlers vom 2. September 1930.

[125] Bekanntmachung Hitlers und Wageners vom 3. September 1930; *Doc. C.*, 43/I.

[126] Schreiben des Stabschefs an die OSAF-Stellvertreter vom 3. Oktober 1930; *Doc. C.*, 43/II. – Vereidigung war teilweise schon früher üblich: Engelbrechten (Anm. I/134), S. 45.

[127] *Dienstvorschrift für die SA der NSDAP (SADV)* vom 1. Oktober 1932, München 1932, Ziff. 123, S. 82; vgl. den Entwurf dazu vom 30. Mai 1931, Ziff. 110, S. 56; *Doc. C.*, 43/I. – Zur Abschirmung gegen Strafverfolgung (s. Heiden, *Geschichte. . .*, Anm. III/9, S. 183) wurde dann die Verweigerung gesetzwidriger Befehle an anderer Stelle zugelassen: *a. a. O.*, Ziff. 121, S. 61 f., und *Dienstvorschrift. . .*, *a. a. O.*, Ziff. 135, S. 88 (Variante).

[128] Vgl. o. Anm. III/119, Bl. 3. Es ist zu beachten, daß diese Denkschrift vor Wageners Befehl vom 3. Oktober 1930 abgefaßt wurde.

erschüttert blieb der illusionsbereite Glaube, daß Hitler ein reiner Halbgott und Übermensch und alle Vertrauenskrisen nur von seinen unzulänglichen Gehilfen verursacht seien; Schneidhuber selbst hat seine gläubige Hingabe am 30. Juni 1934 mit dem Tode bezahlt.[129] Darin lag die Stärke der nationalsozialistischen Bewegung und ihr eigentlicher Zusammenhalt. Daß die Partei, so stellte Schneidhuber in seiner Denkschrift fest, als Sammelbecken für die Anhängermassen wirkte, „ist nicht etwa das Verdienst von Organisatoren, sondern allein das des Kennwortes ‚Hitler', unter dem alles zusammenhält".[130] Schneidhuber ahnte nicht, wie recht er hatte; denn tatsächlich hatte er damit das innerste Gesetz der nationalsozialistischen Herrschaft ausgesprochen. Daher gelang es Hitler so leicht, durch sein persönliches Auftreten den Berliner SA-Aufruhr zu dämpfen, und daher waren auch alle späteren Rebellionen gegen ihn aussichtslos, solange sein Charisma wirksam blieb, d. h. solange er Erfolg hatte. In diesem Rahmen mußte aber auch jenes phantastische Treuegelöbnis ganz natürlich erscheinen; nur so ist es zu verstehen, daß sich innerhalb der NSDAP und der SA keine Stimme des Protestes oder auch nur des Zweifels erhoben hat.

Die Übernahme der Obersten SA-Führung durch Hitler und die Verpflichtung der gesamten SA auf seine Person waren jedoch nur die ersten Schritte der „SA-Reform", die Hitler jetzt beabsichtigte. Um die weiteren zu beraten, berief er zum 30. November 1930 eine SA-Führertagung nach München ein.[131] Sie wurde eingeleitet durch ein politisches Referat Gregor Strassers, in dem die SA zu „allerschärfster Disziplin und größter Besonnenheit" für die nächste Zeit ermahnt wurde. Dann brachte Hitler sein Hauptanliegen vor: die Ernennung Röhms – den er schon im Oktober hatte zurückrufen lassen[132] und der bereits anwesend war – zum Stabschef der SA. Nach anfänglichem Widerstreben „einzelner norddeutscher Führer" setzte Hitler seinen Willen durch. Des weiteren wurde das Verhältnis zwischen SA und Partei erörtert, ebenso wie das zwischen SA und SS, das sich seit dem Berliner Zusammenstoß der beiden Rivalen zusehends verschärft hatte, – die Fronten für die Auseinandersetzung des 30. Juni 1934 begannen sich abzuzeichnen. Was das Verhältnis zwischen Partei und SA angeht, so wurde zwar eine Reihe neuer Bestimmungen erlassen, die aber trotz ihrer bürokratischen Form die bisherigen Widersprüche nicht beseitigten und keine präzise Kompetenzverteilung erkennen lassen. Auch jetzt blieb die Trennung beider Organisationen mehr von personalpolitisch-taktischen Rücksichten als von prinzipiellen und funktionellen Gesichtspunkten bestimmt.[133] Die SS, seit Januar 1929 von Gregor Strassers ehemaligem Privatsekretär Himmler geführt,[134] wurde ihrerseits aus der engen Verflechtung mit der SA gelöst; zwar blieb ihr „Reichsführer" dem Stabschef der SA unterstellt, aber die Führerernennung erfolgte jetzt nicht mehr, wie zu Zeiten Pfeffers, durch den SA-Führer, sondern durch Hitler auf Vorschlag des Reichsführers der SS.[135] Das war der Lohn für die Treue, die die Berliner SS der dortigen

---

[129] Vgl. die Haltung Schneidhubers mit dem Brief Halders an Beck 1934, o. S. 736.

[130] Schneidhuber, „Stellungnahme. . ." (Anm. III/119), Bl. 1.

[131] Auszug aus dem Lagebericht der Polizeidirektion München vom 4. Dezember 1930 (Anm. III/114); Bericht vom 3. November 1930 über „Aussprache der SAF [SA-Führer] mit Herrn Reichsschatzmeister Schwarz über *Finanzierung der SA"*, gez. Zöberlein; *Doc. C.*, 43/II.

[132] Polizeibericht vom 24. Oktober 1930 (Anm. III/122).

[133] Dazu auch Befehl Wageners vom 3. Oktober 1930 (Anm. III/126); Befehl Hitlers vom 13. November 1930; *Doc. C.*, 43/II; und Entwurf der SA-Dienstvorschrift (Anm. III/127), Ziff. 68 ff., S. 40 f.; *SADV* (Anm. III/127), Ziff. 97 ff., S. 71 ff.

[134] Volz, *Daten. . .* (Anm. III/16), S. 62; Heiden, *Geburt. . .* (Anm. I/120), S. 27; ders., *Adolf Hitler* (Anm. I/81), S. 232.

[135] Befehl Wageners vom 3. Oktober 1930 (Anm. III/126); Befehl Hitlers vom 7. November 1930, *Doc. C.*, 43/II. – Polizeibericht vom 4. Dezember 1930 (Anm. III/114); Entwurf der SA-Dienstvorschrift (Anm. III/127), Ziff. 81 f., S. 44; *SADV* (Anm. III/127), Ziff. 82 ff., S. 60 ff. – Für die Zeit Pfeffers s. dessen SABE 4 vom 4. November 1926, *Doc. C.*, 43/I.

Parteiorganisation anläßlich des SA-Aufruhrs gehalten hatte – und verständlicherweise zugleich der Anlaß für die heftigen Ressentiments in der SA-Führung. Schließlich mußte sich Reichsschatzmeister Schwarz auf der Tagung noch bemühen, den Unwillen der SA über die bisherige Wirkungslosigkeit der finanziellen Zusicherungen Hitlers vom 2. September 1930 zu dämpfen, was ihm nach einigem Hin und Her auch gelungen zu sein scheint. [136]

Eine noch ungeklärte Frage ist es, was der SA für den Fall der Machtergreifung versprochen wurde. Pfeffer soll schon 1928 in einem vertraulichen Schreiben von der SA „als der Trägerin der zukünftigen deutschen Wehrmacht" gesprochen haben, [137] und die zahlreichen ehemaligen Offiziere in ihren Führungsstellen gaben diesen Tendenzen den entsprechenden Nachdruck. Auf der anderen Seite zwang der Legalitätskurs Hitlers zur Zurückhaltung gerade gegenüber der Reichswehr, in deren Augen die militärischen Aspirationen der SA-Führer der gefährlichste revolutionäre Zug der nationalsozialistischen Bewegung war. Daraus ergab sich für Hitler eine günstige taktische Position: Er konnte der SA „vertraulich" weitgehende Versprechungen machen, ohne sich durch öffentliche Erklärungen binden zu müssen. Noch Pfeffer hatte sich in seinem offiziellen Abschiedsaufruf an die SA vom 29. August 1930 auf dunkle Andeutungen über die der SA „im Dritten Reich zugedachte Rolle" beschränken müssen.[138] Wenig später fühlte sich Hitler anscheinend bewogen, die in den Berliner SA-Unruhen zum Ausbruch gekommene Unzufriedenheit durch deutlichere Erklärungen zu dämpfen. „Die SA", so schrieb der interimistische Stabschef Wagener am 3. Oktober im Auftrag Hitlers an die OSAF-Stellvertreter,[139] „... wird ihre Aufgabe in der Zukunft nicht beschränkt sehen in Propagandadienst und Versammlungsschutz, sondern sie muß sich dessen bewußt sein, daß sie das Reservoir darstellt für ein kommendes deutsches Nationalheer ... Dieses hohe Ziel müssen die Führer und Männer der SA vor Augen sehen, wenn sie vorerst noch in harten Tagen und Nächten im Propagandadienst arbeiten..." Das also war der Wechsel auf die Zukunft, aber der Ausdruck „Reservoir" deutet zugleich die Hitlersche *reservatio mentalis* an, und Wagener sprach denn auch ausdrücklich nicht von einem Ersatz der Reichswehr durch die SA, sondern von der in naher Zukunft zu erwartenden „Erhöhung des Bestandes der Reichswehr", bei der die SA bevorzugt beteiligt werden solle, um den „Geist der nationalsozialistischen Bewegung" in das neue Nationalheer zu übertragen.

Die SA-Reform vom Herbst 1930 trägt, überblickt man sie als Ganzes, alle Merkmale nationalsozialistischer Pseudoreformen: unlösliche Bindung an Hitler, Auswechslung von Führern (Röhm statt Pfeffer), weiterhin ungeklärte Beziehung zur Partei (getarnt durch pseudobürokratische Verordnungen), beginnende Abspaltung von Teilorganisationen (SS), psychologische Therapie durch höhere Geldzuwendungen und zweideutige Versprechungen für die Zukunft. Unter diesen Bedingungen trat Röhm am 5. Januar 1931 offiziell sein Amt als Stabschef an.[140] Heiden hat vermutet, daß es Röhms Aufgabe sein sollte, die Reichswehrführung durch den Aufbau eines imponierenden Ersatzheeres gleichsam politisch zu bestechen.[141] Die obigen Richtlinien Wageners lassen das als durchaus treffend erscheinen, um so mehr, als Röhm ihren Inhalt in seiner SA-Dienstvorschrift mit den aus Publizitätsgründen gebotenen Abschwächungen wiederholte, ja in der endgültigen Fassung der Vorschrift wird die Reichs-

[136] Protokoll vom 3. November 1930 (Anm. III/131). Außerdem Jacobsen/Jochmann (Anm. III/123), Dok. 28. II. 1931 (Brief Stennes' an Röhm).

[137] Oehme/Caro (Anm. III/59), S. 40.

[138] Vgl. Anm. III/122.

[139] Vgl. Anm. III/126.

[140] Volz, *Die Geschichte...* (Anm. III/43), S. 70 f. Dort auch Antrittserlaß Röhms.

[141] Heiden, *Adolf Hitler* (Anm. I/81), S. 285; S. 288.

wehr sogar direkt als neben der SA einziger „Träger der Tugenden des alten Heeres"
angesprochen. [142] Im Sinne von Röhm war das eine große Konzession, aber die Verhältnisse hatten sich seit 1923 und 1925 entscheidend gewandelt; war er 1923 der
mächtige Freund, Förderer und Beschützer Hitlers gewesen, und hatte er 1925 mit ihm
auf der gleichen Stufe der Machtlosigkeit gestanden, so war Hitler jetzt, Anfang 1931,
der unumschränkte Herr einer Millionenbewegung, und Röhm, wenn nicht ganz, so
doch weitgehend auf seine Autorität angewiesen. Wie sehr er sich Hitler anpaßte,
erhellt aus Gedanken, die er in einem zur Information französischer Kreise bestimmten
Exposé vom April 1931 niederlegte. Die SA, so erklärte er dort, sei eine reine Parteiorganisation, keine militärische Truppe, „und demnach sind die SA-Abteilungen vielleicht später überflüssig". [143] Sicher war das nicht Röhms wahre Meinung, sicher folgte
er hier nur den taktischen Anweisungen Hitlers. Aber daß er es tat, war bei einem so
starrköpfigen Manne wie Röhm an sich schon bemerkenswert. Von Hitler aber ist
keineswegs sicher, daß er derartige Gedanken nur taktisch verstand; viel wahrscheinlicher ist, daß er auch hier ein Doppelspiel trieb und sich alle Wege offenhielt.

Nachdem sich Röhm mit Hitler verständigt hatte, mußte er sich noch innerhalb der
SA und insbesondere gegenüber einigen ihrer mächtigsten Führer durchsetzen. Daß
er unverzüglich begann, den Stab der Obersten SA-Führung und sonstige Führungs-
positionen mit seinen homosexuellen Freunden zu besetzen, erregte sofort heftige
Opposition, und Hitler mußte sich schon Anfang Februar demonstrativ vor seinen
Stabschef stellen und in einem berühmt gewordenen Befehl erklären, die SA sei „keine
moralische Anstalt zur Erziehung von höheren Töchtern, sondern ein Verband rauher
Kämpfer"; wer sich mit dem Privatleben von SA-Führern befasse, müsse gewärtigen,
aus SA und Partei ausgeschlossen zu werden. [144] Ernstlich gefährlich wurden die Dinge
aber, als der OSAF-Stellvertreter Ost, Stennes, dem alle SA-Verbände östlich der
Elbe unterstanden, erneut aufsässig wurde, diesmal aber mit dem ausgesprochenen
Ziel, die SA seines Befehlsbereichs von Hitler und Röhm zu lösen; auch Goebbels hat
mindestens eine zweideutige Rolle dabei gespielt. Doch Hitler war diesmal auf seiner
Hut; er schlug noch vor Stennes los, ließ am 1. April 1931 die unsicheren SA-Führer
durch die SS absetzen — wobei sich der Berliner SS-Führer Kurt Daluege die Anwartschaft auf eine große Karriere im Dritten Reich verdiente — und schickte den berüchtigten Organisator der Fememorde, Oberleutnant Paul Schulz, der inzwischen zur
NSDAP gestoßen war, mit dem Auftrag nach Berlin, die ostdeutsche SA zu reorganisieren. [145] „Es zeigte sich wieder", kommentierte Heiden den Vorgang, „daß in der
NSDAP keine Autorität Gehorsam findet, die nicht von Hitler abgeleitet ist." [146]

---

[142] Noch im Entwurf der SADV von 1931 (Anm. III/127) hatte es geheißen (Ziff. 21, S. 19): Die SA solle den
Geist des Frontsoldatentums pflegen; je mehr die Wehrverbände überalterten, desto mehr werde die SA „zur alleinigen Trägerin der Tugenden des alten Heeres". In der gedruckten Fassung *SADV*, 1932 (Anm. III/127), Ziff. 26,
S. 25, dagegen wurde die SA „*neben der Reichswehr* zur Trägerin der Tugend des alten Heeres" erklärt (Auszeichnung vom Verf.).

[143] Niederschrift Röhms für Dr. Georg Bell zur Verwendung auf einer Reise nach Paris; vgl. Briefwechsel
Röhm–Bell, 15. April 1931, und Anschreiben von Röhms Adjutanten Graf du Moulin-Eckart vom 22. April 1931;
Doc. C., 43/I. – Zur Person Bells s. jetzt auch Drage (Anm. III/106), S. 86 f.

[144] Erlaß Nr. 1 vom 3. Februar 1931, *Doc. C.*, 43/II; vgl. Heiden, *Adolf Hitler* (Anm. I/81), S. 285 f.; Drage
(Anm. III/106), S. 82 f.: Röhm baut eine „Privatarmee innerhalb der Privatarmee" auf.

[145] Drage, *a. a. O.*, S. 72 ff., bes. S. 82 ff.; Heiden, *Geburt...* (Anm. I/120), S. 29 f. (weitgehende Überein-
stimmung mit dem von Drage wiedergegebenen Bericht Stennes'); Volz, *Die Geschichte...* (Anm. III/43), S. 73;
Engelbrechten (Anm. I/134), S. 165; Okraß (Anm. III/48), S. 230; Krebs (Anm. III/24), S. 162 ff.; S. 166 f. –
Die SS bekam jetzt als Lohn die Devise „SS-Mann, deine Ehre heißt Treue"; Rühle (Anm. III/30), S. 191. – Über
Paul Schulz vgl. Friedrich Felgen *et al.*, *Die Femelüge*, München 1928 (4. Aufl. 1932 u. d. Titel *Femegericht*);
Emil Julius Gumbel, *Verräter verfallen der Feme. Opfer, Mörder, Richter 1919–1929*, Berlin 1929; Krebs, *a. a. O.*,
S. 191; Curt Rosten, *Das ABC des Nationalsozialismus*, 6. Aufl., Berlin 1933, S. 275 f.

[146] Heiden, *a. a. O.*, S. 30.

Genau das war die Meinung der SA. „Die Sturmabteilungen", schrieb ein national-sozialistischer Journalist, „... sind bereit, aufzustehen, Rebellion zu machen gegen jeden und jedes. Nur gegen einen Mann nicht, Hitler." [147] Im übrigen beachte man den Ablauf des Vorgangs: Zweideutige Rolle einiger Parteiführer, vorzeitiges Los-schlagen Hitlers, Einsatz der SS, all das sollte sich am 30. Juni 1934 fast genau wie-derholen. [148]

Röhm war ein leidenschaftlicher Organisator, und das erste, was er tat, war, der SA eine neue, mehr militärähnliche Organisation zu geben. Straffe Leitung und Ein-heitlichkeit in Ausbildung und Gliederung waren jetzt, da der Zustrom der Arbeits-losen die SA immer mehr anschwellen ließ — ein Jahr nach Pfeffers Rücktritt betrug sie schon 170 000 Mann [149] — unentbehrlich, und Röhm war es, der das Gefäß schuf, in dem jener Zustrom aufgefangen werden konnte. Eine neue, reicher gestaffelte Gliederung sollte die Lenkung erleichtern, die Ausgabe einer SA-Dienstvorschrift und die Ein-richtung von Führerschulen der Vereinheitlichung dienen; die „Standarten", SA-Ein-heiten in Regimentsstärke, erhielten die Nummern ehemaliger Regimenter des kaiser-lichen Heeres — was die entsprechenden Traditionsvereine z. T. auch akzeptierten [150] —, und schließlich begann Röhm sein Privatheer mit dem Aufbau von Sondereinheiten zu vollenden: Motor-SA, Reiter-SA, Flieger-SA, Marine-SA, Nachrichten-, Pionier- und Sanitäts-„Stürme" (= Kompanien). Dabei wurden wegen des wachsenden Zu-stroms ständige Umorganisationen erforderlich, bis schließlich Ende 1932 ein Heer von rd. einer halben Million Mann, gegliedert in 5 Obergruppen und 18 Gruppen (ent-sprechend etwa Armeen und Armeekorps) dastand. [151] Die anziehende Wirkung eines solchen Vorgangs auf die ehemaligen Offiziere sowohl wie auf die Reichswehrführung konnte nicht ausbleiben: Verabschiedete Reichswehroffiziere, namentlich ehemalige bayerische Bekannte Röhms wie General Ritter v. Hörauf und Oberst Hans Georg Hofmann, aber auch andere wie Ludin, Knickmann und der Generaloberstabsarzt Dr. Hocheisen und nicht zuletzt ehemalige Freikorpsführer wie Major Kühme und Haupt-mann v. Petersdorff erschienen nun in führenden Stellungen der SA, [152] und auf der anderen Seite versuchte die Reichswehrführung, durch Bildung von Dachorganisa-tionen wie der „General-Voigt-Arbeitsgemeinschaft" und des „Reichskuratoriums für Jugendertüchtigung" die SA für ihre Zwecke einzufangen. [153]

Eine Wiederholung der Entwicklung von 1923, die hiernach möglich erscheinen mochte, wurde jedoch nicht nur durch Hitlers Autorität, sondern auch durch das von Pfeffer gelegte Fundament verhindert. Dazu gehörte einmal der Männerbund-Sozia-lismus, der konsequent weiterentwickelt wurde. Die Einrichtung der SA-Heime und SA-Küchen erlebte jetzt ihre Blütezeit, und sie wurde ergänzt durch das „SA-Hilfs-werk", eine Art Bettelorganisation für Geld, Lebensmittel, Bekleidung usw., und

---

[147] Okraß (Anm. III/48), S. 230. Vgl. auch Jacobsen/Jochmann (Anm. III/123), Dok. 28. II. 1931 (Brief Stennes' an Röhm); 1. IV. 1931 (Bericht Dalueges an Röhm); IV. 1931 (Stennes' Aufruf).

[148] Vgl. auch die bei Krebs (Anm. III/24), S. 65, geschilderte SA-Meuterei in Hamburg.

[149] Bericht der Polizeidirektion München über den Verlauf der SA-Führer-Konferenz vom 15./16. September 1931 in München, Januar 1932, Doc. C., 43/I.

[150] Z. B. erhielt die SA-Standarte 31, Altona, von der Traditions-Vereinigung des ehemaligen Inf.-Regts. Nr. 31 eine Prachtausgabe ihrer Regimentsgeschichte; Okraß (Anm. III/48), S. 261.

[151] Volz, Die Geschichte. . . (Anm. III/43), S. 70 ff.; Engelbrechten (Anm. I/134), S. 159 ff. und passim; Okraß, a. a. O., S. 226 f. (Entstehung der Marine-SA); S. 231 f. – Zu der Errichtung von Führerschulen: Rühle (Anm. III/30), S. 193 (Einweihung der Reichs-Führerschule); Engelbrechten, a. a. O., S. 142; S. 171; S. 241; Volz, a. a. O., S. 76; SADV (Anm. III/127), Ziff. 72 ff., S. 56 ff. – Über die ständige Umorganisation vgl. Engelbrechten, a. a. O., S. 167 ff. und passim, wo diese spezielle Art von Dynamik sehr anschaulich zum Ausdruck kommt.

[152] Polizei-Bericht vom Januar 1932 (Anm. III/149; Hörauf, Hofmann, Kühme); Reichstags-Handbuch, 1933 (Anm. III/56; Dr. Hocheisen, Knickmann, Ludin). – Petersdorff war vom Mai bis Herbst 1931 SA-Führer für Berlin-Brandenburg (Nachfolger: Helldorf); Engelbrechten, a. a. O., S. 166; S. 180.

[153] General-Voigt-Arbeitsgemeinschaft: a. a. O., S. 208 f.; S. 242; über Reichskuratorium s. o. S. 725.

durch verschiedene Arbeitsbeschaffungs-Versuche. [154] Das lag nun zweifellos auch in
der Richtung von Röhms sehr betonten Ideen von Kameradschaft und „Frontsozialismus", [155] aber zugleich zogen doch diese Einrichtungen viele Arbeitslose an, die bloß
einen Unterschlupf suchten und so zwar die Reihen der SA füllten, aber ihren Kampfwert zumindest nicht erhöhten. Hinzu kam, daß auch Röhms neue, mehr militarisierte Gliederung und Organisation das wesentlich personalistische Führer–Gefolg-
schafts-Verhältnis nicht verdrängen konnte. Nicht nur war es wegen des Mangels
institutioneller Zwangsmittel schon rein praktisch unentbehrlich; auch wollte Röhm
selbst es gar nicht beseitigen, sondern glaubte, daß er auch hier die Quadratur des
Zirkels erzwingen könne. Vor allem aber blieb die Aktivität der SA vorläufig fast
ausschließlich auf die Propaganda und den „Kampf ohne Waffen" beschränkt. Denn
nicht die militärische Eroberung des Staates sollte nach Hitlers Willen die Aufgabe
der SA sein, sondern die Einschüchterung der Gegner und die Erzeugung eines permanenten Unsicherheitszustandes, aus dem heraus sich seine Forderung nach der Diktatur
legitimieren ließ. [156] Namentlich im Jahr 1932 wurde die Tätigkeit der SA von den
fast pausenlosen Wahlkämpfen absorbiert, wobei sich – warnendes Vorzeichen für die
Zeit nach der Machtergreifung – ihre Brutalität in dem Maße steigerte, in dem ihre
zahlenmäßige Überlegenheit zunahm, sich aber zugleich auch Ermüdungserscheinungen
zeigten, die der Führung ernstlich Sorge bereiteten. [157] Demgegenüber trat die militärische Ausbildung noch zurück; erst im Herbst 1932 war Röhm so weit, daß er SA-
Verbände mit größeren militärischen Übungen beschäftigen konnte. [158] Wenn daher
die SA ihre Natur auch nicht wandelte – sondern ihren bisherigen Charakterzügen
nur noch den der Soldatenspielerei hinzufügte –, so scheint doch Röhms Selbstbewußtsein durch den unleugbar großen Erfolg seiner Aufbautätigkeit jetzt so gewachsen zu
sein, daß er in seinem Aufruf an die SA zum Jahreswechsel 1932/33 seine Ansprüche
für die Zeit nach der Machtergreifung anmelden zu können meinte: „Wir SA- und
SS-Führer haben keinen Ehrgeiz nach Parlamentssesseln, Ministerposten und einträg-
lichen Staatspfründen. Wir haben den Ehrgeiz, die beste freiwillige und revolutionäre
Truppe dem Führer, dem Volk und Vaterland zu schaffen." [159]
   Hitler wird dazu seine eigenen Gedanken gehabt haben. Tatsächlich ist kurz vorher
der Gedanke an eine Auflösung der SA nach der Machtergreifung wieder aufgetaucht.
In der Kabinettssitzung vom 10. August 1932 erklärte Reichswehrminister v. Schleicher, der soeben, am 5. August, eine vertrauliche Zusammenkunft mit Hitler gehabt
hatte, er halte es bei aller gebotenen Skepsis doch „für sehr wahrscheinlich, daß die
Führer der Nationalsozialisten sich nach dem Eintreten in die Regierung der SS- und
der SA-Abteilungen selbst entledigen würden". [160] Hitler spielte offensichtlich noch
immer mit zwei Bällen, sagte jedem, was er hören wollte, und behielt sich, gestützt
auf seine seit 1930 noch gewaltig gewachsene Autorität, im übrigen seine Entscheidung

[154] Engelbrechten (Anm. I/134), S. 172 f.; S. 204; S. 235; Okraß (Anm. III/48), S. 271 f. Der Entwurf der
SA-Dienstvorschrift von 1931 (Anm. III/127) schrieb die Einrichtung von „Helfern" vor, deren Aufgabe von
Spendensammlungen bis zu Gratulations- und Beileidsbesuchen in den Familien reichen sollten (Ziff. 189, S. 103 f.).
   [155] Als Beispiel aus dieser Zeit s. Röhm in: *Nationalsozialistisches Jahrbuch 1931* (Anm. III/98), S. 157 f.
   [156] Hitler hat das später selbst angedeutet, als er in seiner Reichstagsrede vom 13. Juli 1934 behauptete, Röhm
habe 1934 während des für Juli befohlenen SA-Urlaubs „unfaßbare Tumulte" auslösen wollen „nach Art der
Zustände im August 1932", um dann mit der SA die Ordnung wiederherzustellen und dadurch die vollziehende
Gewalt in die Hände zu bekommen; *Schulthess, 1934*, S. 182.
   [157] Allgemein: Engelbrechten (Anm. I/134), S. 178 f; S. 202 und *passim;* Okraß (Anm. III/48), S. 235 und
passim. – Steigerung des Terrors: *a. a. O.*, S. 241; S. 269. – Ermüdungserscheinungen: *a. a. O.*, S. 259; S. 281;
S. 283; Goebbels (Anm. I/92), S. 74.
   [158] Engelbrechten, *a. a. O.*, S. 243 f.; S. 246. Fortsetzung der Sportausbildung: *a. a. O.*, S. 165 f.; S. 174.
   [159] „Der Oberste SA-Führer, Chef Nr. 3845/32, München, 27. Dezember 1932", *Doc. C.*, 43/II.
   [160] „Zur Politik Schleichers. . . ." (Anm. I/42), S. 97.

vor. Berücksichtigt man dazu noch die anhaltende Eifersucht zwischen SA und SS [161] und die Opposition verschiedener Parteicliquen gegen Röhms Homosexualität, die, verflochten mit übelsten Intrigen, im Sommer und Herbst 1932 ihren Höhepunkt erreichte und in der Parteileitung förmlich eine Gangsteratmosphäre entstehen ließ,[162] so wird deutlich, daß im Augenblick der Machtergreifung die Frage nach Rolle und Funktion der SA in einem nationalsozialistischen Staat noch völlig offen war. Hitler hatte die Sturmabteilungen geschaffen, um die Wirkung seiner Reden durch entsprechende psychisch-physische Druckmittel zu ergänzen; die SA sollte der Terrorisierung einer oppositionellen oder doch wenigstens widerstrebenden Öffentlichkeit dienen. Es war klar, daß sie in dieser Funktion früher oder später überflüssig werden mußte, wenn die NSDAP die Staatsmacht erobert hatte. Welche Aufgabe aber sollte sie dann übernehmen? Angesichts dieser schwierigen Frage mochte der Röhmsche Versuch zur Militarisierung der SA selbst in den Augen Hitlers kein unbedingter Nachteil sein. Wenn es gelang, Reichswehr und SA auf irgendeine Weise zu verbinden, so konnte man gleich zwei Probleme auf einmal lösen: der SA eine neue Aufgabe geben und die eigenwillige Reichswehr von innen heraus revolutionieren. Schwierig wurde die Lage erst dann, wenn das nicht gelang und man die SA anderweitig beschäftigen, neutralisieren oder gar auflösen mußte.

2. Ursprung und erste Formen des NS-Terrors

Die Sorge über das fernere Schicksal der SA trat für die nationalsozialistische Führung nach dem 30. Januar freilich noch zurück, denn noch war sie nicht im Besitz der totalen Macht; sie mußte sie erst erobern, und so fiel der SA jetzt zunächst im Rahmen von Hitlers doppelter, von oben und unten zugleich vorangetriebener revolutionärer Offensive der Part der *Revolution von unten* zu. Der Terrorfeldzug, der damit entfesselt wurde, war eine fast bruchlose Fortsetzung des bisherigen Kampfes ohne Waffen, nur daß jetzt viele Beschränkungen, die man sich 1932 noch hatte auferlegen müssen, fallengelassen werden konnten. Dabei schien es sich auf den ersten Blick um eine typische und verständliche Revolutionserscheinung zu handeln, und in diesem Sinne ist der Vorgang von den Zeitgenossen auch vielfach ausgelegt und gerechtfertigt worden. Sofern damit die Hoffnung verbunden war, daß Revolution und Terror vorübergehende Erscheinungen seien, die in absehbarer Zeit einem zwar neuen, aber wiederum rechtlich gesicherten Zustand Platz machen würden, war das ein böser Irrtum. Zwar hörten die Gleichschaltungsaktionen auf, als es nichts mehr gleichzuschalten gab, aber der Terror blieb. Je länger, desto mehr entwickelte er sich zu einem wesentlichen Bestandteil des Systems und fand erst mit diesem zusammen sein Ende.

Damit taucht im Blickfeld der Untersuchung jene Erscheinung des permanenten Terrors, des *Terrors als Institution* auf, der für alle totalitären Herrschaftssysteme kennzeichnend ist. Sie übersteigt in ihrer die Wurzel jedes menschlichen Zusammenlebens zerstörenden Auswirkung so sehr alle bisherige Erfahrung, daß der menschliche Geist ihr nahezu hilflos gegenübersteht; trotz vielen Versuchen, sie zu bewältigen und zu erklären, wie es möglich war und welchen Sinn es haben sollte, das *homo homini lupus* zum beherrschenden Prinzip eines politischen Systems zu machen, ist eine befriedigende Antwort noch nicht gefunden worden. Auch in dieser Untersuchung kann sie nicht gegeben werden, erstreckt sich doch ihr Blickfeld nicht einmal

---

[161] Polizeibericht vom Januar 1932 (Anm. III/149).

[162] Zu der Opposition gegen die Homosexuellen-Clique s. u. a. die Sammlung von Briefzuschriften (hauptsächlich aus Österreich) in: *Document Center Berlin*, Faszikel braun 42 (*Doc. C.*, 42); Krebs (Anm. III/24), S. 191. – Eine Rechtfertigung versuchte: Walter Luetgebrune-Hannover, *Ein Kampf um Röhm*, Diessen vor München 1933.

auf die ganze Geschichte des nationalsozialistischen Totalitarismus, vom kommunistischen ganz zu schweigen. Im Rahmen des Themas werden sich die folgenden Betrachtungen daher auf zwei Teilfragen beschränken. Einleitend soll ein Überblick über die politische Kriminalität in der Weimarer Republik an einige der Gründe erinnern, die den Nationalsozialisten nach 1933 die Vergewaltigung der Nation erleichterten, und anschließend wird die Frage zu behandeln sein, ob der nationalsozialistische Terrorismus des Jahres 1933 mehr die unvermeidliche Begleiterscheinung einer revolutionären Machtergreifung war, der erst später eine Wendung zur Institutionalisierung des Verbrechens folgte, oder ob man auf die Annahme einer derartigen Wendung verzichten und schon in den Vorgängen von 1933 die Anfänge des späteren Terrorsystems sehen muß.

Einst galten die Deutschen als das Volk der Dichter und Denker. Fast ein Jahrhundert lang war das Bild Deutschlands in der Vorstellung der Welt über alle politischen Gegensätze hinweg mit den großen Leistungen verknüpft, die im Zeitalter des klassischen und romantischen Geistes auf vielen Gebieten der Musik, Literatur und Wissenschaft von Deutschen hervorgebracht worden waren; die deutsche idealistische Philosophie von Kant bis Hegel hatte dem menschlichen Leben Maßstäbe und Ziele gesetzt, die bei aller Problematik anerkanntermaßen zu den höchsten Werten gehören, die menschliches Denken geschaffen hat. [163] Heute dagegen verbindet sich die Vorstellung von Deutschland weithin mit dem Bild von Gaskammern, SS-Henkern und Millionen ermordeter Juden und „Untermenschen". Das mag eine jener schrecklichen Simplifikationen sein – schrecklich hier sogar in doppeltem Sinne –, vor denen schon Jakob Burckhardt warnte; aber leider enthält das Bild genug an Tatsachensubstanz, um die Frage nach den Gründen für eine so traurige Wandlung zu einer der drängendsten Aufgaben der nationalen Selbstbesinnung zu erheben. Einer der Ansatzpunkte, von denen das Studium dieser Frage ausgehen könnte, ist die Tatsache, daß das historische Bild Deutschlands zur Zeit der Weimarer Republik Züge einer ganz außergewöhnlich scharfen Zwiespältigkeit trägt. Auf der einen Seite steht eine ungeahnte Entfaltung schöpferischer Kräfte, die, beginnend schon in den letzten Jahren des Kaiserreichs, unter der Republik ihren Höhepunkt erreichte, auf der anderen Seite entwickelte sich im Untergrund von Staat und Gesellschaft ein politischer Radikalismus von erschreckender Amoralität und Gewalttätigkeit. Betrachtet man, was Deutschland in der Zeit von 1900 bis 1933 zu der modernen Entwicklung in Kunst und Wissenschaft an fruchtbaren und grundlegenden Beiträgen beigesteuert hat, so darf man diese Epoche als ein zweites Zeitalter deutscher Geistesblüte bezeichnen, das dem ersten um 1800 kaum nachsteht. Wenn man an Namen wie Strauß, Hindemith, Schönberg und Webern in der Musik, Stefan George, Thomas und Heinrich Mann, Gerhart Hauptmann, Gottfried Benn, Bertold Brecht und Kurt Tucholsky für die Literatur, Max Reinhardt und Albert Bassermann für das Theater und Max Planck, Albert Einstein, Max Weber, Karl Mannheim, Friedrich Meinecke, Edmund Husserl, Max Scheler, Nicolai Hartmann und Karl Jaspers für Wissenschaft und Philosophie erinnert – nicht zu vergessen die großen Leistungen der literarischen und Theaterkritik (Alfred Kerr), des Ausdruckstanzes (Mary Wigmann) und des expressionistischen Films, so gibt das nur einen schwachen und unvollständigen Eindruck des Reichtums, den die Nation einst stolz ihren Besitz nennen durfte. Im Vergleich mit der Zeit um 1800 fällt insbesondere die glänzende Entfaltung von Architektur und Malerei auf. Walter Gropius und Mies van der Rohe, Lovis Corinth und Max Liebermann, Franz Marc,

---

[163] Vgl. Hans Egon Holthusen, „Deutscher Geist im Urteil der Welt", in: *Merkur* 13 (1959), S. 668 ff.; S. 752 ff.; ein guter Überblick, der aber in der Beurteilung des Meinungswandels ab 1870 eigene Vorurteile nicht verleugnen kann.

August Macke und Paul Klee, Max Beckmann, Ernst Kirchner, Karl Schmidt-Rottluff, Emil Nolde und Erich Heckel, dazu das Bauhaus mit seiner weltweiten Wirkung auf die angewandten Künste und auf das, was als *industrial design* heute aus Amerika zu uns zurückkehrt, – diese ebenfalls unvollständige Liste gibt Zeugnis von einer Schöpferkraft, wie sie sonst nur in der Zeit der Holbein, Dürer und Grünewald zu finden ist. Rechnet man dazu noch, daß Deutschland zur gleichen Zeit eine Verfassung besaß, die wenigstens die Chance zur Überwindung der ererbten politischen Misere eröffnete, so wird man es nicht für völlig ungereimt halten, wenn kürzlich ein Amerikaner die Zeit der Weimarer Republik als Deutschlands „Perikleisches Zeitalter" bezeichnete. [164]

Dieser Lichtseite steht als dunkle Schattenseite die Entfaltung und Konservierung eines rücksichtslosen politischen Gangster- und Desperadowesens gegenüber, [165] wie es Deutschland seit den Zeiten des Dreißigjährigen Krieges nicht wieder erlebt hatte. Der Prozeß der Vermischung von politischem Kampf und Verbrechen, wie er hier bereits am Beispiel der SA geschildert wurde, reichte mit seinen Wurzeln bis in die Bürgerkriegsepoche von 1919–1923 zurück, beschränkte sich jedoch nicht auf die NSDAP, sondern umfaßte alle radikalen Gruppen. Militärische Niederlage, Zusammenbruch und Revolution hatten eine allgemeine, bisher in Deutschland unbekannte Radikalisierung des politischen Lebens mit sich gebracht, als deren äußeres Indiz die Kristallisierung radikaler Flügelgruppen: der KPD und der völkisch-anarchistischen Bewegung, gelten kann. Dabei führte die Enthemmung durch eine vierjährige Kriegspraxis und die Anstachelung der Leidenschaften durch eine Kette mehr oder minder heftiger Bürgerkriegsexplosionen auf beiden Seiten zu blutigen Gewalttaten wie Geiselerschießungen, Gefangenenmorden usw.[166] Die folgende Entwicklung wurde dadurch bestimmt, daß die Bürgerkriegs-Atmosphäre unter der Decke einer äußeren Ordnung jahrelang bestehenblieb, wobei die radikale Aktivität der KPD sich bald starker Verfolgung ausgesetzt sah, während die aus der Freikorps-Bewegung hervorgegangenen rechtsradikalen Bünde und Organisationen einen relativ weiten Spielraum für ihre kriminellen Aktionen fanden. Deren Hauptmerkmal war die Verwendung des Mordes als politisches Kampfmittel: auf der einen Seite Attentate auf gegnerische Führer, unter denen die Fälle der Ermordung Karl Liebknechts und Rosa Luxemburgs, Eisners, Erzbergers und Rathenaus und die Mordversuche an Scheidemann und Maximilian Harden die bekanntesten sind; auf der anderen Seite Fememorde, d. h. Beseitigung von wirklichen oder vermeintlichen Verrätern in den eigenen Reihen, deren bekannteste Fälle sich in der *Schwarzen Reichswehr* im Jahre 1923 ereigneten; weniger bekannt ist, daß sie ebenso gefährliche Vorläufer in den Oberschlesienkämpfen und in Bayern sowie üble Seitenstücke im Ruhrgebiet während der französischen Besetzung gehabt haben.[167] Eine Kombination dieser beiden Typen bildeten die Attentate auf

[164] Henry M. Pachter, "Freedom and Democracy in Germany", in: *World Politics* 11 (1959), S. 300. Vgl. auch Helmut Kuhn, „Das geistige Gesicht der Weimarer Zeit", in: *Zeitschrift für Politik* 8 (1961), S. 1–10. K.s These, die Hauptzeit der geistigen Blüte habe vor 1914 gelegen, die Weimarer Republik „adoptierte sie an Kindes statt" und lebte geistig „von der Zeit, die 1914 zuendegegangen ist", ist so unhaltbar. Der geistige Aufbruch vor 1914 geschah überwiegend in Opposition zu den herrschenden gesellschaftlichen und politischen Mächten des Kaiserreichs, er gehörte, wie das gleichzeitige Anwachsen der demokratischen Kräfte (Reichstag, SPD) zu den die Republik begründenden Prozessen.

[165] Allgemein zum Problem der politischen Kriminalität s. Wilhelm Sauer, *Kriminologie als reine und angewandte Wissenschaft. Ein System juristischer Tatsachenforschung,* Berlin 1950, S. 204 ff.; vgl. auch S. 164; ders., *Kriminalsoziologie,* Berlin 1933. Speziell das Attentat behandelt: Hans Langemann, *Das Attentat. Eine kriminalwissenschaftliche Studie zum politischen Kapitalverbrechen,* Hamburg 1956 (reiches Material, aber unzureichend im Begriffsapparat).

[166] Nichtpolitische Gewaltverbrechen gingen sowohl im Kriege wie nachher zurück, d. h. Krieg und Bürgerkrieg hatten einen Teil der kriminellen Kräfte absorbiert; Wilhelm Sauer, *Kriminologie. . ., a. a. O.,* S. 444 ff.

[167] Eine wissenschaftliche Gesamtdarstellung fehlt noch; Vorarbeiten und Hinweise u. a. bei Emil Julius Gumbel, *Vier Jahre politischer Mord,* Berlin-Fichtenau 1922; ders., *Verschwörer. Beiträge zur Geschichte und Soziologie der deutschen nationalsozialistischen Geheimbünde seit 1918,* Wien 1924; ders., *Verräter. . .* (Anm.

Führer der Separatistenbewegung im besetzten Rheinland: In den Separatistenführern suchte man sowohl die politischen Gegner wie die Verräter an der eigenen Nation zu treffen. Die politische Kriminalität beschränkte sich jedoch nicht nur auf Morde; sie umfaßte auch Sabotageakte, wie sie hauptsächlich im Ruhrgebiet, aber auch in Oberschlesien und später bei den schleswig-holsteinischen Bombenlegern [168] vorkamen; außerdem Gefangenenbefreiungen, vor allem bei ehemaligen, vom Reichsgericht als Kriegsverbrecher verurteilten Offizieren; und schließlich allgemeine Terrorisierung der Bevölkerung durch Wehrverbände, wovon später noch ein typischer Fall mitgeteilt werden soll. [169]

Hierbei handelte es sich nun im allgemeinen nicht mehr um Affekthandlungen, wie sie in den Bürgerkriegsexzessen vorgeherrscht hatten, sondern um spezielle Aktionen, die zwar im ganzen noch planlos, im einzelnen aber schon systematisch und zielbewußt angelegt waren. Dieser Rationalisierung entsprach ein Prozeß der Spezialisierung und Gruppenbildung. Es bildeten sich Banden von Gewalt- und Terrorspezialisten: *Rollkommandos* der völkischen Gruppen, *Oberschlesische Spezialpolizei*, *Organisation Consul* (Brigade Ehrhardt), das *Kommando z. b. V.* der Schwarzen Reichswehr im Wehrkreis III usw. Was diese Banden von normalen Kriminellen unterschied, war das Bedürfnis nach ideologischer Motivierung ihres Handelns. Dabei stützten sie sich auf jenen nationalistisch verbrämten Nihilismus und Anarchismus,[170] der sich innerhalb einer kontinentaleuropäischen Strömung auch in Deutschland entwickelte. In den Kreisen dieser jungen Frontoffiziere, die, von Krieg und Revolution intellektuell überfordert und sozial deklassiert, ihren geistigen und moralischen Halt verloren hatten, wurde jenes Evangelium der *Tat* geboren, das den berühmten Satz des preußischen Felddienst-Reglements, wonach Nichthandeln schlimmer sei als „Fehlgreifen in der Wahl der Mittel", zu einer Weltanschauung erhob und das obendrein einen ausgesprochen antihumanistischen Akzent entwickelte, indem es das kriegerische Freund–Feind-Verhältnis in den Bereich von Politik und Gesellschaft übertrug und sich daher gegen den „Bürger", d. h. gegen denjenigen Menschen richtete, der noch an sittlichen Prinzipien, an Vorstellungen von Recht und Ordnung festhielt. [171] Hier wurzelte auch der Antisemitismus, der in einem seiner frühen Ausbrüche zur Ermordung Rathenaus führte. Die „Taten", die aus diesem Boden erwuchsen, hatten außer ihrem unmittelbaren, meist bloß pseudopolitischen Zweck noch eine untergründige Beziehung zu der Führeridee. Gerade durch die Unruhe, Verwirrung und Unsicherheit, die sie stifteten, sollte der große, charismatisch qualifizierte Führer veranlaßt werden, sich zu zeigen oder, wenn man ihn schon zu kennen glaubte, aus seiner Zurückhaltung herauszutreten und sein Führertum durch Ordnungstiftung zu beweisen. [172]

III/145); Ernst v. Salomon, *Die Geächteten*, Gütersloh 1930; ders., *Der Fragebogen* (Anm. II/116); Friedrich Glombowski, *Organisation Heinz* (O. H.). *Das Schicksal der Kameraden Schlageters*, Berlin 1934; Fr. Wilhelm v. Oertzen (Anm. III/90); Langemann (Anm. III/165), S. 128 ff.; S. 140 ff.; S. 237 ff.

[168] Dazu jetzt auch: Hans Beyer, „Die Landvolkbewegung Schleswig-Holsteins und Niedersachsens 1928–1932", in: *Jahrbuch der Heimatgemeinschaft des Kreises Eckernförde* 15 (1957), S. 173 ff.

[169] Vgl. u. S. 859 f.

[170] Zur Entstehung dieser Ideologie s. die Werke Salomons (Anm. II/116; Anm. III/167); voll entwickelt in den zeitgenössischen Schriften Ernst Jüngers und seines Kreises; außer den o. Anm. I/12 zitierten Werken s. auch Ernst Jünger, *Der Kampf als inneres Erlebnis*, Berlin 1922.

[171] Carl Schmitt, „Der Begriff des Politischen", in: *Positionen und Begriffe. . .* (Anm. II/298), S. 67 ff. – Vgl. auch Krockow (Anm. II/292), S. 46 ff., und Bußmann (Anm. II/292), S. 65 ff.

[172] Unter diesem Aspekt wäre die Analyse Krockows, *a. a. O.*, weiterzuführen. Das Ausweichen vor der eigentlichen Entscheidung, das er (zutreffend) als Quintessenz des Dezisionismus herausarbeitet, hatte einen doppelten Sinn: Es bedeutete die Flucht in die unüberlegte Tat, in den blinden Aktivismus, aber auch den Ruf nach dem rettenden Führer, dem man die Verantwortung übertragen konnte. Insofern sind Hesses *Feldherr Psychologos* (Anm. II/290) und Carl Schmitts *Hüter der Verfassung* (als juristische Variante; Anm. II/294) die konsequentesten

Von besonderer Wichtigkeit ist die Unterstützung, die diese politische Kriminalität von außen, eben aus jenem „bürgerlichen" Bereich erfuhr, gegen den sie sich eigentlich richtete. Das geschah einmal durch Regierungsbehörden. So bediente sich die Reichswehr vielfach der Terror- und Gewaltspezialisten im Rahmen ihrer illegalen Aufrüstung, und es ist bereits geschildert worden, wie das auf die Wehrmacht selbst zurückwirkte.[173] Aber auch die preußische Polizei war darein verwickelt; sowohl in Oberschlesien wie im Ruhrgebiet arbeiteten die Polizeibehörden mit den Attentatsspezialisten vielfach zusammen. Bekannt ist auch die Unterstützung, die Röhms Fememord-Organisation und die Organisation Consul durch die bayerische Polizei unter Pöhner und Frick erhielten. Nicht minder bedeutsam war die Förderung von privater Seite. Die ostelbischen Grundbesitzer hielten sich zum Schutz gegen ihre Landarbeiter und in Zusammenarbeit mit den Grenzschutzdienststellen der Reichswehr häufig kleine Privatarmeen aus den Kreisen ehemaliger Freikorpskämpfer; einige der berüchtigsten Fememorde ereigneten sich in diesem Milieu.[174] Auch der bayerische Agrarpolitiker Georg Heim hielt sich einige junge Leute als Leibwache, unter ihnen die beiden späteren Mörder Erzbergers.[175]

Besonders folgenschwer war aber, daß die politischen Kriminellen im rechtsorientierten Bürgertum weithin als nationale Helden und ihre Opfer als Verbrecher galten, die die verdiente Strafe erreicht hätte. Ein pensionierter Generalmajor kommentierte den Erzberger-Mord mit den Worten: „Da können wir uns ja gratulieren, daß das Schwein tot ist. Ich habe mir meine beste Pulle aus dem Keller geholt, um sie darauf zu trinken", und die bedauernswerte Frau des Opfers erhielt tagtäglich ungezählte Schmähbriefe, in denen ihr Mann beschimpft und die Mörder als Helden verhimmelt wurden.[176] Kein Wunder, daß die Justiz in solcher Atmosphäre und z. T. auch unter dem Druck staatlicher Stellen diese Auffassungen durch milde Urteile oder gar Freisprüche sanktionierte, was angesichts der überaus harten Rechtsprechung gegen die „Landesverräter" von links, deren publizistische Enthüllungen über die illegale Aufrüstung durchaus dem positiven Recht entsprachen, als offene Parteilichkeit wirkte.[177] Aus diesen Gründen war auch die politische Kriminalität der Kommunisten keine allgemeine Gefahr; sie fand in Deutschland nirgendwo außerhalb ihres Urheberkreises Unterstützung, weder moralisch noch finanziell, und wurde von der Justiz unnachsichtig verfolgt und bestraft. So wenig sie fehlte, so blieb sie doch unter Kontrolle, während die Kriminalität von rechts tief in die entsprechenden Gesellschaftsschichten eindrang und deren politische Moral korrumpierte.

Zur Illustration dieser Verhältnisse sei noch ein bisher unbekannter Fall mitgeteilt, der alle hier beschriebenen Elemente wie in einem Hohlspiegel zusammenfaßt, zugleich aber auch zeigt, wie das, was nach 1933 den Staat beherrschte, vorher in seinem Unter-

Entwürfe des Dezisionismus. Das klassische Beispiel aus der Praxis ist die Vorgeschichte des Kapp-Putsches, als die Militärs lange nach einem politischen Führer für das Unternehmen suchten und sich schließlich, mangels eines Besseren, für Kapp entschieden, weil sie ihn für „energisch" hielten. In diesem Sinne jetzt auch Bußmann (Anm. II/292), S. 71 ff.

[173] Vgl. o. S. 766 ff.; S. 811 f.

[174] In einen dieser Fälle waren Martin Bormann (als intellektueller Urheber) und Rudolf Höß (als Ausführender) verwickelt. Für Höß begann damit eine Karriere, die schließlich in der Leitung der Vergasungsindustrie von Auschwitz gipfeln und durch einen polnischen Henker enden sollte; s. Rudolf Höß, *Kommandant in Auschwitz. Autobiographische Aufzeichnungen (Quellen und Darstellungen zur Zeitgeschichte,* Bd. 5), Stuttgart 1958.

[175] „Plaidoyer des Generalstaatsanwalts. in Freiburg im Prozeß gegen Heinrich Tillessen", 27. November 1946, in: *Die Wandlung* 2 (1947), S. 68 ff., bes. S. 76 ff.

[176] *A. a. O.,* S. 80; *Der Erzberger-Mord. Dokumente menschlicher und politischer Verkommenheit,* Bühl (Baden) 1921, mit reichem Material aus der nationalistischen Presse.

[177] Dazu Übersicht über Problematik und Literatur bei Bracher, *Die Auflösung. . .* (Anm. I/26), S. 191 ff. Vgl. auch o. II. Teil.

grund schon vielfach geübt wurde. [178] Die bayerische Regierung Kahr hatte 1923 einen
Teil der Wehrverbände, die sie zu ihrem geplanten „Marsch auf Berlin" einsetzen wollte,
in der *Polizeilichen Nothilfe Bayerns* (PNB) zusammengefaßt und, um ihnen eine
Aufgabe zu geben und sie bei der Stange zu halten, als „Grenzschutz" gegen das
sozialistisch regierte Thüringen eingesetzt. [179] Es war eine üble Abenteurergesellschaft,
der außer ihren von Kahr gelieferten Waffen alles andere – Löhnung, Verpflegung,
Bekleidung – fehlte und die ihrer Langeweile und materiellen Not schließlich mit
antisemitischen Ausschreitungen abzuhelfen suchte. So war u. a. [180] ein Trupp dieser
Raufbolde nach einem Trinkgelage zu einem Zug in einen Nachbarort aufgebrochen,
„um den dortigen Juden eins anzuhängen". Sie drangen in die Häuser zweier jüdischer Brüder ein, raubten und prügelten und bedrohten die Männer mit Erschießen.
Als darauf einer der beiden bat, sich von seiner Frau verabschieden zu dürfen, erhielt
er von dem Führer, einen ehemaligen Fähnrich zur See, zur Antwort: „Das braucht
es nicht, morgen bekommt sie ein Stück von deinem Hintern, da macht sie ein Beef-
steak daraus und frißt es." Zwei Nächte später wurden die Häuser der beiden Brüder,
die leerstanden, da beide Familien aus Angst vor Wiederholung des Überfalls geflüchtet waren, von einem anderen Trupp auf Befehl des „Bataillonsadjutanten"
ausgeräumt.

Vor Gericht verteidigte sich der Führer damit, er sei betrunken gewesen und habe
„aus vaterländischen Motiven" gehandelt! „Die allgemeine Stimmung sei so gewesen,
daß es zu solchen Vorfällen kommen mußte. Oberst a. D. v. Xylander habe auf dem
Deutschen Tag in Bamberg z. B. ausgeführt, Kahr werde die Führung übernehmen, er
werde die Weimarer Verfassung und die Judenherrschaft stürzen. Die allgemeine Ver-
hetzung sei amtlich gebilligt worden." Andere Angeklagte sagten aus, es sei von den
vorgesetzten PNB-Dienststellen in München der Befehl gekommen, daß Grenzzwi-
schenfälle provoziert werden sollten. Man wolle in München gern losschlagen, brauche
aber einen Vorwand. Da das „Regiment" ganz auf unbedingten Gehorsam eingestellt
gewesen sei, habe man geglaubt, dem Befehl nachkommen zu müssen. In einem anderen
Fall hatte der „Regimentskommandeur" seinen Leuten auf ihre Beschwerde wegen
mangelnder materieller Versorgung empfohlen: „Wenn ihr etwas braucht, geht doch
zu den Juden, die werden nächstens sowieso aus Bayern ausgewiesen und dürfen
nichts mitnehmen." Abschließender Kommentar des behördlichen Referenten: „Das,
was die Angeklagten taten, war der Niederschlag dessen, was die Führer lange vorher bei jeder Gelegenheit bei Versammlungen, deutschen Tagen usw. gepredigt hatten ... Wenn solche Vorkommnisse in einem vaterländischen Verbande vorkommen
können, wie soll man sich dann von einem solchen Verband etwas versprechen können?" Er hätte auch fragen können, was das für ein grauenhaftes Vaterland war, dem
diese Leute zu dienen vorgaben.

Es ist bereits berichtet worden, wie Hitler beim Wiederaufbau seiner Partei gerade
aus diesen, infolge der beginnenden inneren Stabilisierung beschäftigungslos werdenden
Kräften Zulauf erhielt und wie es ihm gelang, ihre bisherige plan- und ziellose politische Kriminalität durch Vorspiegelung einer nationalsozialistischen Weltanschauung
zu einem Kämpfer- und Märtyrertum für eine politische Heilslehre aufzuwerten und

---

[178] Das Folgende nach einem Bericht des Bezirksamtmanns Witt, Stadtkommissariat Bamberg, an den Regierungspräsidenten in Bayreuth vom 22. September 1924 über zwei Prozesse vom 10. und 17./18. September 1924, in:
Bayerisches Hauptstaatsarchiv, Handakten Böhm, Sachgebiet Bayerische Landespolizei Bamberg, Bund 12, Abt. 2
(im Folgenden zitiert; *Bericht Witt*).

[179] Das Kommando führte Kapitän Ehrhardt, dem neben Verbänden seiner „Brigade" auch fränkische Einheiten
des Jungdeutschen Ordens (als *jungdeutsche Regimenter*) unterstellt waren. Vgl. auch Hornung (Anm. III/51),
S. 37 ff. (ohne nähere Bezugnahme auf die Vorgänge).

[180] Über andere Übergriffe vgl. *Bericht Witt* (Anm. III/178), S. 1 ff., und den in der Anlage dazu beigefügten
„Regiments"-Befehl vom 2. November 1923.

dadurch zugleich ihren barbarischen Kampfgeist in einer Zeit innenpolitischer Beruhigung zu konservieren. An dieser Konservierungsarbeit beteiligten sich aber auch Kreise außerhalb der NSDAP, unter ihnen vor allem der um Ernst Jünger, der mit seiner unverantwortlichen Nihilismus-Koketterie um 1930 seine Blütezeit erlebte und in dem der Rathenau-Attentäter Ernst v. Salomon die Verbindung zur Vergangenheit, und der Gerichtsassessor und spätere SS- und SD-Führer Werner Best die zur Zukunft repräsentierte.[181] Best war bezeichnenderweise auch Mitverfasser des *Boxheimer Dokuments,* des hochverräterischen Terrorplans der hessischen NSDAP von 1931.[182] Der erste Chef der Gestapo, Rudolf Diels, der, ohne Jüngers Kreis anzugehören, doch einer seiner Geistesverwandten war, hat die Problematik dieser Haltung mit entwaffnendem Freimut zum Ausdruck gebracht, als er rückblickend bekannte, ihm sei „die Freude am Relativismus aller moralischen Werte bei dem Anblick von Goebbels und Freisler vergangen".[183]

Es bedurfte dann nur noch des Sturmwindes der Wirtschaftskrise, um den vorsorglich am Leben gehaltenen Funken erneut zu hellen Flammen auflodern zu lassen. Exemplarisch für das, was sich damals über Deutschland verbreitete, war der berüchtigte Fall von *Potempa,* einer oberschlesischen Ortschaft, in der fünf SA-Männer nach einem ausgiebigen Zechgelage in der Nacht vom 9. zum 10. August 1932 in das Haus eines kommunistischen Bergarbeiters eingedrungen waren und ihn in Gegenwart seiner Mutter mit viehischer Brutalität zu Tode getrampelt hatten.[184] Exemplarisch daran waren vor allem die Reaktionen, die die Bluttat auslöste. Es ist bekannt, daß Hitler sich in einem Telegramm mit den Mördern als „seinen Kameraden" indentifizierte, und es ist kaum verwunderlich, daß Göring, Röhm, Heines und Rosenberg mitsamt den nationalsozialistischen Massen ihm darin folgten. Aber auch viele konservative Gruppen, so der *Stahlhelm* und dessen Frauenorganisation, der *Königin-Luise-Bund,* wandten sich, als die Mörder zum Tode verurteilt wurden, mit Gnadengesuchen an den Reichspräsidenten.[185] Zwar waren Abscheu und Entsetzen über die Tat in anderen Kreisen groß, aber die Initiative lag bei der „nationalen" Opposition, die denn auch eine Begnadigung der Täter durchsetzte.

Wie der Papensche Staatsstreich in Preußen vier Wochen vorher der Prüfstein für die Haltbarkeit der Demokratie, so war Potempa der Testfall für die moralische Abwehrkraft der Nation gegen den Terror, und da beide Kraftproben zugunsten der Diktatur bzw. des Terrors ausgefallen waren, hatte Hitler freie Bahn. Ungeniert stellte Alfred Rosenberg jetzt in ausdrücklicher Wendung gegen die „bürgerliche Justiz" fest, für den Nationalsozialismus „ist nicht Seele gleich Seele, nicht Mensch gleich Mensch; für ihn gibt es kein Recht an sich, sondern sein Ziel ist der *starke* deutsche Mensch, sein Bekenntnis ist der *Schutz* dieser Deutschen, und *alles* Recht und Gesellschaftsleben, Politik und Wirtschaft hat sich nach dieser Zwecksetzung einzustellen".[186] Das war sozusagen die juristische Begründung für das Terrorregime; sie nimmt gedanklich vorweg, was später durch die Legalisierung des Blutbads vom 30. Juni 1934 zur Praxis wurde: die Erhebung des Verbrechens zu einer staatlichen Institution. Das praktische Programm dieses Terrors ließ wenig später Göring er-

---

[181] Über Salomons und Bests Verbindung zu Jünger s. ihre Beiträge in Ernst Jünger, *Krieg und Krieger* (Anm. I/12), S. 101 ff. und S. 135 ff. Auch sonst fanden sich Anhänger Jüngers in der NSDAP; s. Krebs (Anm. III/24), S. 84.

[182] Dazu Bracher, *Die Auflösung. . .* (Anm. I/26), S. 431 ff.

[183] Diels (Anm. I/144), S. 296. – Ähnlich verhielt sich Jünger selbst, als er vor Kompromissen mit dem Nationalsozialismus zurückschreckte. Dazu und zum Gesamtproblem Bußmann (Anm. II/292), S. 74; S. 77.

[184] Dazu jetzt die Dokumentation von Paul Kluke, „Der Fall Potempa", in: *Vierteljahrshefte für Zeitgeschichte* 5 (1957), S. 279 ff.

[185] *A. a. O.,* S. 285.

[186] *Ebda.* (Auszeichnung i. Orig.).

kennen, als er Anfang Dezember 1932 bei den Regierungsverhandlungen nach dem
Sturz Papens dreist die Bedingung stellte, es müsse ihm die Straße zum Kampf gegen
den Marxismus freigegeben werden.[187] Wohlgemerkt, nicht die revolutionäre Eroberung des Staates forderte er (das wäre auch ganz sinnlos gewesen, denn für so etwas
bittet man nicht um Erlaubnis), auch nicht die Unterdrückung eines gewaltsamen
Aufstandes, denn den gab es nicht, sondern einen Freibrief für die SA zu einem im
Grunde ganz unpolitischen Austoben ihrer Haß- und Rachegefühle.

Ein halbes Jahr später, im April 1933, hat einer der SA-Führer diese Motivierung
mit naiver Frechheit in Worte gefaßt. Auf Beschwerden des neuen Chefs des Gestapo-
Amtes, Diels, über Ausschreitungen der SA antwortete der zuständige Referent im
Stabe der SA-Gruppe Berlin-Brandenburg u. a., es müsse „der im 12jährigen Kampf
gegen Terror und Unterdrückung stehenden SA ... rein menschlich betrachtet ein
gewisses Recht eingeräumt werden, Aktionen, die letzten Endes lediglich dem Rechtsempfinden unserer Kameraden entspringen, durchzuführen".[188] Hier hat man nach
Rosenbergs juristischer Begründung des Terrors nun die psychologische: „rein menschlich betrachtet" kann man es der SA nicht verwehren, ihre Mitmenschen niederzu-
knüppeln. Der Zynismus, die Menschlichkeit zur Motivierung des Terrors heranzuziehen, ist nun wirklich nicht mehr zu überbieten. Die Argumentation unterstreicht
zugleich den politikfremden Charakter dieses Terrors: Das eigentlich politische
Argument, die erfolgreiche Unterdrückung der KPD, wird erst an letzter Stelle und
gleichsam nebenbei aufgeführt.[189] Diese Haltung war nicht vereinzelt, sie war typisch.
Es ist bekannt, daß die SA sehr enttäuscht war, als die so sehnlichst erwartete *Nacht
der langen Messer* nach dem 30. Januar „wegen der Legalität" ausfiel.[190] Sie hat die
Hoffnung aber nicht aufgegeben, sie doch noch nachzuholen, und wenigstens für die
SS hat sich diese Hoffnung am 30. Juni 1934 ja noch erfüllt, als sie ihre nun doppelt
betrogenen Spießgesellen von der SA morden durfte.[191] Der Fall zeigt, daß die SA-
und SS-Leute die terroristischen Ausschreitungen, die ihnen in der Zwischenzeit gestattet worden waren, nur als ungenügenden Ersatz betrachteten, und man muß annehmen, daß es überhaupt keinen „Ersatz" gab, der Hitlers Terrorbanden jemals
voll befriedigt hätte.[192]

Ohne Zweifel war Hitler dadurch nach der Machtübernahme in seinen Entschlüssen
objektiv gebunden; er mußte der Wut der SA wenigstens ein Ventil schaffen, wenn
er sich an ihrer Spitze behaupten wollte, und das um so mehr, als er seinen Anhän-

---

[187] Vgl. o. S. 729.

[188] Schreiben des Referenten Bergmann an den Führer der SA-Gruppe Berlin-Brandenburg (Karl Ernst) vom
18. April 1933; *HAB*, Akten Grauert, Rep. 320/31.

[189] Bergmanns Argumente waren: 1. seien die betreffenden Meldungen zu „99 %" entstellt; 2. habe die SA
ein Recht zur Vergeltung (s. o.); 3. hätten Verbote keinen Zweck, und 4. Unterdrückung der KPD.

[190] SA-Sturmbannführer [August Max] Schäfer, *Konzentrationslager Oranienburg. Das Anti-Braunbuch über
das erste deutsche Konzentrationslager*, Berlin [1934], S. 28. Vgl. die Aussage Franz Bocks (1933: SA-Sturmbannführer) in Nürnberg, *IMT* (Anm. I/55), XX, S. 73. Heydrich warf Diels vor, er habe „Sabotage an der Revolution"
getrieben: „Wenn Sie nicht den Elan der SA und SS auf Flaschen gezogen hätten, wären dreißigtausend Untermenschen auf die Decke gelegt worden." Diels (Anm. I/144), S. 350.

[191] Über die Haltung der SS am 30. Juni 1934 s. die Anklageschrift des Generalstaatsanwalts am Landgericht
München I vom 9. Juli 1956 im Prozeß gegen Joseph Dietrich und Michael Lippert — VIII 3324/55 — (hektogr.),
S. 50; Anklageschrift des Oberstaatsanwalts beim Landgericht Osnabrück vom 21. April 1956 gegen Udo
v. Woyrsch und Ernst Müller — 12 Js 18/55 — (hektogr.), S. 33; S. 40 und *passim*; Urteil des Schwurgerichts beim
Landgericht Osnabrück vom 2. August 1957 gegen Udo v. Woyrsch und Ernst Müller — 16 Ks 1/56 (2) — hektogr.),
S. 23; S. 101 f. und *passim*. — Vgl. auch Urteil des Schwurgerichts beim Landgericht München I gegen Joseph
Dietrich und Michael Lippert vom 14. Mai 1957 — 3 Ks 4/57 — (hektogr.).

[192] Vgl. das Urteil von Diels (Anm. I/144, S. 270): Die SA konnte in der „permanenten Revolution" weder
verbraucht werden, noch wollte sie es.

gern schon vor 1933 Versprechungen gemacht hatte.[193] Aber es wäre ein verhängnisvoller Irrtum, wollte man annehmen, daß der Kamerad der Mörder von Potempa solche Bindung subjektiv als irgendeine Art von Zwang empfunden hätte. Zwar bemühte er sich jetzt, die Rolle des maßvollen, verantwortungsbewußten Staatsmanns zu spielen, und hatte in diesem Sinne schon in der Regierungserklärung vom 1. Februar die Nation über „Stände und Klassen hinweg" zur Herstellung der geistigen Einheit, ja zu einem „Akt der Versöhnung" aufgerufen.[194] Aber schon zwei Tage später erklärte er den Generalen, es müsse eine „völlige Umkehrung der gegenwärt[igen] innenpol[itischen] Zustände" in Deutschland erreicht werden, das aber sei „geistig allein ... nicht zu schaffen, sondern nur durch Gewalt. Wer nicht einsehen will, muß gebeugt werden."[195] Kürzer und prägnanter läßt sich die unlösliche Verbindung von totalitärem Ziel und terroristischen Methoden in der nationalsozialistischen Revolution kaum formulieren. Wenn Hitler dabei die Gewaltanwendung als unerläßlich ansah, so nicht nur, weil er die „Bekehrung" aller Andersgesinnten für unmöglich hielt, sondern auch und nicht zuletzt, weil er die Neugestaltung nur im vitalistisch-kämpferischen Sinn verstand und daher eine entsprechende „Stählung" des „Volkes" erstrebte. „Nicht die Lauen und Neutralen", so rief er den Parteiführern zu, „machen die Geschichte, sondern die Menschen, die den Kampf auf sich nehmen",[196] und der Kieler SA erklärte er am 7. Mai, „euer ganzes Leben wird nichts anderes als Kampf sein. Aus dem Kampf seid ihr gekommen, hofft nicht heute oder morgen auf Frieden".[197] Und zu diesem strategischen kam noch ein taktisches Ziel. Nur durch die gewaltsame Aktion ließ sich jenes Tempo der Revolution erzeugen, das Hitler die Initiative sicherte und die Gegner gar nicht erst zur Besinnung kommen ließ: „Dadurch, daß unsere Bewegung im Sturmschritt marschiert ist und marschiert, hat sie die Kraft in sich, sich gegen jeden Feind durchzusetzen und den Sieg zu erringen."[198] Es war das Programm der totalen Mobilmachung, das er verwirklichen wollte, und Terror und gewaltsame Auseinandersetzung im Innern waren integrale Bestandteile davon.

Er und seine Führergarde haben den „Kampf", zu dem die SA nun angesetzt wurde, im übrigen ausgezeichnet organisiert. Zunächst mußte ein Ziel angegeben werden. Schon Göring hatte von „Kampf gegen den Marxismus" gesprochen; Hitler sprach vor den Generalen von der „Ausrottung" von Marxismus, Pazifismus, Demokratie und anderen „Krebsschäden". Das war fast zu deutlich, und so griff man in der Folge wieder auf Görings Formel zurück. „Kampf gegen den Marxismus" wurde jetzt das – wie sich zeigen sollte, ungeahnt dehnbare – Stichwort, unter dem die Terrorkampagne geführt wurde.[199] Sodann bedurfte es zunächst einer Einleitungsperiode, in der der Staatsapparat, bisher das Instrument der Ordnung, auf den Terrorkurs umgestellt wurde. Die Kampfpause, die dadurch entstand, wurde überbrückt durch den Wahlkampf, der, im großen und ganzen noch in altem Stil geführt, in seinem Klima schon eine bedrohliche Veränderung zeigte. Wenn das Reichsbanner

---

[193] So z. B. in seiner bekannten zweideutigen Erklärung vor dem Reichsgericht in Leipzig im Jahre 1930: Nach dem Sieg seiner Bewegung würden „Köpfe rollen" – allerdings nur durch einen Staatsgerichtshof; Eyck (Anm. I/28), II, S. 358 f. Vgl. auch Görings Rede vom 11. März 1933 in Essen: „Wir haben jahrelang die Abrechnung mit den Verrätern angekündigt." *Deutsche Reichsgeschichte in Dokumenten,* hrsgg. von Johannes Hohlfeld, Bd. IV: *Die nationalsozialistische Revolution 1931–1934,* Berlin 1934, S. 597.

[194] *Schultheß, 1933,* S. 35; S. 37.

[195] *Zeugenschrifttum* (Anm. I/53), Nr. 105, S. 8 (Mellenthin); vgl. „Reichswehrdokumente" (Anm. I/40), S. 434 f.

[196] Rede auf der Führertagung der NSDAP am 22. April 1933, *Horkenbach, 1933,* S. 179.

[197] *Schultheß, 1933,* S. 124.

[198] Rede vom 22. April 1933 (Anm. III/196).

[199] Hitler in der Kabinettsitzung vom 1. Februar 1933: Er schlage vor, den Wahlkampf mit der Parole „Kampf dem Marxismus" zu führen; *Documents...* (Anm. II/153), I, S. 15 ff.

einen öffentlichen Umzug veranstaltete, so galt das jetzt als „Frechheit"; wenn die
SPD eine Wahlversammlung abhielt, so konnte das „selbstverständlich ... nicht mehr
geduldet werden",[200] ganz zu schweigen von der KPD, der jede Möglichkeit zur Entfaltung eigener Propaganda in einträchtigem Zusammenwirken von SA-Aktionen und
behördlichen Zeitungs-, Versammlungs- und Redeverboten abgeschnitten wurde. Das
Resultat war, daß bei Abschluß des Wahlkampfes am 5. März nach vorsichtigen
zeitgenössischen Schätzungen 69 Tote gezählt wurden.[201]

Im Schatten des Wahlkampfes vollzog sich inzwischen die *Umstellung des Staatsapparates*. Sie betraf hauptsächlich die Zwangsorgane: Armee und Polizei. Die Armee
bedeutete dabei kein Problem; ihre Führung hatte sich, wie erwähnt, auch dem Terror
gegenüber von vornherein auf Nichteinmischung eingestellt und sorgte durch wiederholte Befehle von sich aus dafür, daß die Truppe über die bevorstehende „Bekämpfung des Marxismus" rechtzeitig orientiert und von Gegenaktionen abgehalten
wurde.[202] Bei der Polizei mußten die Nationalsozialisten selbst die Leitung übernehmen; überdies kam es hier darauf an, den Apparat weniger auf Stillhalten als
auf gleichgerichtetes Funktionieren einzustellen, damit die Polizeiaktionen mit denen
der SA synchronisiert werden konnten.[203] Diese Gleichschaltung der Polizei beschränkte
sich zunächst auf Norddeutschland, insbesondere auf Preußen, wo die Polizeigewalt
seit dem 30. Januar in nationalsozialistischer Hand war; in Sachsen, Hessen und Süddeutschland konnte sie erst auf Grund der Reichstagsbrand-Verordnung durch den
Reichsinnenminister Frick in Gang gesetzt werden. In Preußen aber begann der neue
Innenminister Göring sofort „durchzugreifen", wobei er persönlich eine bemerkenswerte Metamorphose durchmachte. Über Nacht warf er die Maske des „Diplomaten
der Bewegung", die er bisher nicht ohne Erfolg getragen hatte, ab und verwandelte
sich in das Zerrbild eines Renaissanceherrschers, in dem Kultur und Format der historischen Vorbilder fehlten und nur Skrupellosigkeit, Brutalität und barbarische Raffinesse übriggeblieben waren. Das war zugleich das Vorbild, nach dem er jetzt die
Polizei zu verwandeln gedachte. Die papierne Grundlage dafür lieferte ihm die am
4. Februar vom Reichspräsidenten erlassene Verordnung „Zum Schutze des deutschen
Volkes", mit der unter dem Vorwand der Abwehr des bolschewistischen Terrors eine
erste Handhabe für die Entfaltung des nationalsozialistischen geschaffen wurde.[204]
Auf dieses biegsame Instrument gestützt, begann Göring nun, die preußische Polizei
der nationalsozialistischen Bewegung zu unterwerfen.[205] Bereits am 7. Februar er-
klärte er den Polizeibeamten, daß von ihnen „in den nächsten Monaten noch ein
Kampf an der Front" verlangt werde, daß sie in diesem Kampf, wenn „einfache
Mittel" nicht ausreichten, „auch die schwerste Waffe anzuwenden" hätten und daß
sie, wenn sie „im Kampf gegen Verbrechertum und internationales Gesindel [also
KPD und SPD] ihre Waffen gezogen" hätten, von ihm gedeckt werden würden.[206]

Das war schon recht deutlich, aber anscheinend zeigten die Polizeibeamten noch
nicht das Verständnis, das Göring für erforderlich hielt. Denn zehn Tage später ergänzte er seine mündlichen Ausführungen durch einen Runderlaß, der nun an Deutlichkeit nichts mehr zu wünschen übrigließ. Mit spürbarem Unwillen ob der Begriffs-

---

[200] Engelbrechten (Anm. I/134), S. 265 f. Vgl. auch Okraß (Anm. III/48), S. 303. Zur Verfolgung des Zentrums
s. Heiden, *Geburt...* (Anm. I/120), S. 115 f.; *Horkenbach, 1933*, S. 65 f.

[201] Heiden, *a. a. O.*, S. 116 (Heiden zählte — nach Zeitungsmeldungen — 18 Nationalsozialisten und 51 Gegner).

[202] Vgl. o. S. 722; S. 729.

[203] Zum folgenden vgl. auch o. II. Teil.

[204] *RGBl.*, I, 1933, S. 35. — Vgl. dazu die Interpretation Görings: Runderlaß vom 10. Februar 1933, in:
Ministerial-Blatt für die Preußische innere Verwaltung, I, 1933, S. 147 ff.

[205] Hermann Göring, *Aufbau einer Nation*, Berlin 1934, S. 84.

[206] „Die nationalsozialistische Polizei", Rede vor den Offizieren und Wachtmeistern der preußischen Schutzpolizei in Berlin am 7. Februar 1933, in: Hermann Göring, *Reden und Aufsätze*, München 1941, S. 17 ff.

stutzigkeit seiner Untergebenen erklärte er, „daß die Polizei auch nur den Anschein einer feindseligen Haltung oder gar den Eindruck einer Verfolgung gegenüber nationalen Verbänden (SA, SS und Stahlhelm) und nationalen Parteien unter allen Umständen zu vermeiden" habe. Er erwarte vielmehr von der Polizei, daß sie mit diesen Organisationen „bestes Einvernehmen" halte und sie „mit allen Kräften" unterstütze. „Dafür ist dem Treiben staatsfeindlicher Organisationen mit den schärfsten Mitteln entgegenzutreten ... und, wenn nötig, rücksichtslos von der Waffe Gebrauch zu machen." Wer dieser Anweisung entspreche, werde „ohne Rücksicht auf die Folgen des Schußwaffengebrauchs" von ihm gedeckt werden; „wer hingegen in falscher Rücksichtnahme versagt, hat dienststrafrechtliche Folgen zu gewärtigen".[207] Aufhebung der politischen Neutralität der Polizei, Gewährung von Straffreiheit für schießfreudige Polizeibeamte und Strafandrohung für ihre gewissenhaften Kollegen: das war der Inhalt von Görings berüchtigtem Schießerlaß, mit dem die Polizei ihrer rechtsstaatlichen Grundlagen beraubt und in eine Mord- und Terror-Organisation im Dienst der neuen Herren verwandelt werden sollte.

Neben die Ausgabe der entsprechenden Instruktionen trat die personelle Säuberung der Polizei. So wurden von 32 vorhandenen Polizei-Obersten 22 verabschiedet. „Hunderte von Offizieren und Tausende von Wachtmeistern folgten", nach Görings eigenem Zeugnis, „im Laufe der nächsten Monate."[208] An ihre Stelle traten Angehörige der SA und SS, anfangs auch Mitglieder des Stahlhelms, der DNVP und parteilose Konservative. Vor allem besetzte die SA jetzt im großen Umfang die Posten der Polizeipräsidenten,[209] und das war nun ein Vorgang, mit dem Göring nicht in jedem Falle einverstanden sein konnte; denn hier begannen sich die Umrisse eines SA-Dominiums abzuzeichnen, das sich seiner Kontrolle entzog. Doch war dieser Prozeß im Februar erst in seinen Anfängen erkennbar, und Göring mag auch gehofft haben, daß die Besetzung der polizeilichen Spitzenbehörden mit ihm ergebenen Männern ausreichen würde, um die Kontrolle auch über die SA-Polizeipräsidenten zu sichern. So zog schon Anfang Februar der SS-Führer Daluege, Angestellter bei der Berliner Müllabfuhr und bewährter Kämpfer gegen innerparteilichen Schmutz,[210] als Kommissar z. b. V. in die Polizeiabteilung des Innenministeriums ein.[211] Der Staatssekre-

---

[207] Runderlaß über „Förderung der nationalen Bewegung" vom 17. Februar 1933, in: *Ministerial-Blatt für die Preußische innere Verwaltung*, I, 1933, S. 169. Ähnlich Rede an die Polizei vom 20. Februar 1933, Auszug bei Diels (Anm. I/144), S. 101 (vgl. Diels' bagatellisierende Argumentation, S. 180 f., die Görings Forderung nach Parteilichkeit der Polizeibeamten nicht berücksichtigt). – Der bei Raimund Schnabel, *Macht ohne Moral. Eine Dokumentation über die SS*, Frankfurt/M. 1957, S. 55, abgedruckte und als Görings „Schießbefehl" bezeichnete Erlaß vom 4. Oktober richtete sich gegen Flugblatt-Verteiler. Vgl. *Horkenbach, 1933*, S. 104 (Erlasse Görings an die Polizei, in denen den Polizeibeamten zur Belohnung für besonders erfolgreiche Aktionen Sonderurlaub, Geld und bevorzugte Beförderung versprochen wird).

[208] Göring, *Aufbau...* (Anm. III/206), S. 84. – Nach einem „Bericht der Polizei-Abteilung des Preuß. Ministerium des Innern über ihre Arbeiten im Jahre 1933 über den Rahmen der laufenden Tätigkeit hinaus" vom 1. Februar 1934 (*Bundesarchiv*, R 43 I/2290), Ziff. 1, waren bis zum 31. Dezember 1933 bei der Verwaltungspolizei 1,3 %, der Kriminalpolizei 1,5 % der Beamten, bei der Schutzpolizei (bis zum 23. Januar 1934) 7,3 % Offiziere und 1,7 % Wachtmeister, bei der Landjägerei 13,5 % Offiziere und 0,9 % Beamte und bei der Gemeindepolizei 15 % Beamte im Offiziersrang und 1,3 % Wachtmeister, im ganzen 1457 Personen, entlassen worden. Dafür wurden nach dem gleichen Bericht an Beamten der staatlichen Polizei und des Gemeindepolizei-Vollzugsdienstes eingestellt: 891 SA-Männer, 200 SS-Männer, 335 Stahlhelmangehörige, 201 Mitglieder der NSDAP, zusammen 1627. Einschließlich Angestellten und Lohnempfängern ergab sich eine Gesamtzahl von 3669 Neueinstellungen. Zur ideologischen, strukturellen und organisatorischen Umstellung der Polizei vgl. *a. a. O.*, bes. Ziff. 6, 7, 8.

[209] Liste der bis zum 22. September 1933 neuernannten Polizeipräsidenten und Polizeidirektoren in: *Gutachten des Instituts für Zeitgeschichte*, München 1958, S. 307 f. Die Liste umfaßt 31 Namen, davon 10 SA- bzw. SS-Führer. Bis zum 22. Februar 1933 erfolgten 13 Neuernennungen, davon 3 SA-Führer.

[210] Vgl. o. S. 852; s. auch Diels (Anm. I/144), S. 179.

[211] Vgl. Schreiben Dalueges zur Auflösung der *Sonderabteilung Daluege* vom 11. Juli 1933 (Tgb. Nr. SD. 3115. Ha/Li.); *Generalakten des ehemaligen Preußischen Justizministeriums*, jetzt im Bundesarchiv (*BA*), P 135/10066, fol. 134.

tär v. Bismarck, ein Monarchist und ein Ritter ohne Furcht und Tadel, sah sich bald
kaltgestellt und machte am 9. April dem weniger zimperlichen Grauert Platz.[212] Ein
weiterer wichtiger Schritt war die von Göring schon am 11. Februar verfügte Einsetzung eines „Höheren Polizeiführers-West" als Sonderkommissar des Ministers des
Innern für die Provinzen Rheinland und Westfalen, der, mit besonderen Vollmachten
ausgestattet und Göring direkt unterstellt, die Steuerung der Polizeiaktionen über
den Kopf aller Zwischeninstanzen hinweg ermöglichte.[213] Damit zog das System der
Sonderkommissare zum erstenmal in die Polizei ein, wobei wohl die starke sozialistische Arbeiterschaft im Ruhrgebiet das Objekt war, dem Görings Sorge in diesem
Fall galt.[214]

Die Zerstörung einer rechtsstaatlichen Polizei war mit diesen hier nur im Umriß
gezeichneten Maßnahmen so weit vorangetrieben, daß sie die Synchronisation von
Polizei- und SA-Aktionen für die nächste Zukunft garantierte.[215] Mit der Aufstellung
einer *Hilfspolizei* aus SA, SS und Stahlhelm am 22. Februar begann nun die Mobilmachung der revolutionären Kräfte. Die Idee der Hilfspolizei war als eine der Techniken pseudolegaler Machtergreifung in nationalrevolutionären Kreisen altbekannt;
erinnert sei nur an Kahrs Versuch, die Wehrverbände für seinen „Marsch nach Berlin" zu sammeln, indem er sie als polizeiliche Nothilfe gegen die angeblich vom
linksradikalen Thüringen drohende Gefahr organisierte.[216] Auch jetzt sprach Görings
Erlaß davon, daß die Polizeikräfte angesichts der „zunehmenden Ausschreitungen
von linksradikaler, insbesondere kommunistischer Seite" verstärkt werden müßten.[217]
Der wirkliche Zweck war, neben einer Ausbalancierung noch nicht genügend zuverlässiger Teile der Polizei,[218] vor allem die Bereitstellung staatlich legitimierter Sturm-
truppen für die Revolution von oben. Wenn Göring den Einsatz der Hilfspolizei in
dem Erlaß u. a. auch „im Falle von Unruhen und anderen polizeilichen Notständen"[219] vorschrieb, so bewies er – fünf Tage vor dem Reichstagsbrand – eine bewundernswerte Voraussicht; aber das war nur eines von vielen Indizien dafür, daß

[212] Schlabrendorff (Anm. I/204), S. 33. Vgl. o. II. Teil.

[213] Erlaß des Preußischen Ministers des Innern, II C I 41 Nr. 150/33; *BA*, P 135/3736, fol. 1 a. Vgl. die
Ausführungsbestimmungen vom 28. Februar 1933, *a. a. O.*, fol. 11 f. – Am 14. März 1933 wurde auch ein „Höherer
Polizeiführer im Osten" eingesetzt; vgl. den Erlaß Görings II C I 41 Nr. 150 IX/33 vom 31. Mai 1933, der die
Vollmachten beider Kommissare mit Wirkung vom 10. Juni 1933 aufhob, *a. a. O.*, fol. 27.

[214] Glaubwürdig Diels (Anm. I/144), S. 176: Die Einsetzung des höheren Pol. Fü. West habe der kommunistischen Gefahr gegolten.

[215] Beispiele für die Praxis: Hamburger Polizei marschiert am 26. Februar 1933 in einem Demonstrationszug
der SA mit; Okraß (Anm. III/48), S. 306. – Aufsatz des Polizeimajors Lettow (von der Höheren Polizeischule
in Eiche bei Potsdam), „Wie lange noch?", in: *Die Polizei*, Nr. 5 vom 5. März 1933, S. 105: Fordert an Hand einiger
Beispiele – Mord an SA-Führer Maikowski, Beschießung eines Trauerzuges, Straßenkampf in Eisleben, Reichstagsbrand – schärferes Durchgreifen der Polizei gegen „kommunistische Heckenschützenbanden". Über den Zwischen-
fall in Eisleben s. *Horkenbach, 1933*, S. 56. Allgemein auch Diels, *a. a. O.*, S. 243 ff.

[216] Vgl. o. S. 860. – Auch im Sommer 1932 haben die NS-Regierungen in Oldenburg, Mecklenburg-Schwerin
und Braunschweig Hilfspolizei aufgestellt; Hans Buchheim in: *Gutachten*... (Anm. III/209), S. 335.

[217] Unveröffentlichter Erlaß des Preußischen Ministers des Innern, II C I 59 Nr. 40/33, vom 22. Februar 1933;
dazu Anlage mit Durchführungsbestimmungen; *BA*, P 135/3736, fol. 2, 4–7; ergänzende Durchführungsbestimmungen vom 21. April 1933, *a. a. O.*, fol. 26 a–e. Jetzt abgedr. bei Buchheim, *a. a. O.*, S. 336 f.

[218] Buchheim, *a. a. O.*, S. 335 f., vermutet unter Hinweis auf einen anderen Erlaß Görings vom 15. Februar,
der die Einrichtung eines SA- bzw. SS-Streifendienstes ankündigte, daß die eine Woche später aufgestellte
Hilfspolizei auch Kontrollaufgaben gegenüber Übergriffen der SA übernehmen sollte. Dem steht jedoch entgegen, daß (1) der Streifendienst, wie Göring in seinem Erlaß vom 15. Februar ausdrücklich erklärte, *nicht*
der Polizei unterstehen sollte (verständlicherweise!), während bei der Hilfspolizei eben das, wenigstens formell
(Ausnahmen s. u. S. 867) der Fall war. (2) Außerdem sollten in die Hilfspolizei auch Stahlhelm-Mitglieder eingestellt werden. Da mindestens anfangs nur die Einstellung von Einzelpersonen, nicht von geschlossenen Verbänden vorgesehen war, mußte damit gerechnet werden, daß in Hilfspolizei-Einheiten, die gegen SA eingesetzt
worden wären, auch Stahlhelm-Angehörige tätig waren, und es ist unwahrscheinlich, daß Göring und Röhm das
zugelassen hätten.

[219] Außerdem: Entlastung der ordentlichen Polizei, besonders im Wahlkampf.

die nationalsozialistische Führung in dieser Zeit den Aufmarsch zur Revolution vollzog. Am 20. Februar erklärte Hitler in seiner Rede vor den Industriellen, entweder werde „der Gegner durch die kommende Wahl auf dem Boden der Verfassung" besiegt, oder es wird „ein Kampf mit anderen Waffen geführt werden, der vielleicht größere Opfer fordert".[220] Am 1. März hielt Göring eine Rundfunkrede, in der er zur Begründung der Reichstagsbrand-Verordnung eine lange Liste angeblich geplanter kommunistischer Terrorakte aufzählte, die den Behörden bekanntgeworden seien. Unter anderem sollten die Kommunisten SA-Befehle für einen Aufstand in der Nacht nach dem Wahltag gefälscht und an Behörden, bürgerliche Parteien usw. versandt haben.[221] Es fällt schwer, den Verdacht abzuwehren, daß an dieser Nachricht alles richtig ist außer der Tatsache, daß diese SA-Befehle gefälscht waren. Tatsächlich hielten sich Gerüchte über einen für den Wahltag geplanten SA-Aufstand hartnäckig, und der Stahlhelmführer Duesterberg sah die Lage als so bedrohlich an, daß er am 5. März 30 000 Stahlhelmer in Berlin konzentrierte.[222] Sicher ist, daß z. B. die Hamburger SA am Wahltag nicht, wie üblich, auf der Straße war, sondern in ihren Sturmlokalen „in Alarm" lag.[223]

Im Lichte dieser Tatsachen gewinnt es besondere Bedeutung, daß Göring der Hilfspolizei im Falle von Unruhen speziell den Schutz lebenswichtiger Betriebe und öffentlicher Gebäude, Anlagen und Einrichtungen übertragen hatte. Die Besetzung derartiger Schlüsselpunkte ist in revolutionären Situationen ja nicht nur für den Verteidiger, sondern eben auch für den Angreifer von Bedeutung, wobei hier wohl hauptsächlich an die Gebäude und Einrichtungen der von Nichtnationalsozialisten geleiteten Reichsbehörden in Berlin zu denken ist. Solche Vermutungen liegen um so näher, als die Hilfspolizei der Berliner SA, die aus 200 „alten und bewährten SA-Männern" gebildet war, nicht von Polizeioffizieren geführt wurde, sondern unmittelbar dem Führer der SA-Gruppe Berlin-Brandenburg unterstellt war.[224] Der Gedanke drängt sich auf, daß hier Spezialkommandos für die revolutionäre Aktion im Falle eines ungünstigen Wahlausgangs bereitgestellt wurden, wobei die Frage offenbleiben kann, ob Göring oder Röhm der *spiritus rector* des Vorgangs war.[225]

Mit der Reichstagsbrand-Verordnung wurde dann ein wichtiger Teil der Aktion bereits vor der Wahl erledigt, denn sie brachte, wie oben geschildert,[226] die Waffe des Ausnahmezustandes in nationalsozialistische Hand. Was immer jetzt geschehen mochte, die machtpolitische Lage war eindeutig zugunsten der Nationalsozialisten verschoben. Die Wahl vom 5. März brachte dann der NSDAP zwar nicht die erstrebte absolute Mehrheit, aber das Resultat war knapp genug, um der virtuosen nationalsozialistischen Propagandatechnik die Verfälschung zu einem „entscheidenden Sieg" zu erlauben. Göring und Frick drückten sich dabei in ihren Aufrufen zum Wahlausgang noch vorsichtig aus, aber Röhm erklärte seinen Truppen schlicht und einfach, das deutsche Volk habe „unserem Führer die Vollmacht zum Neuaufbau Deutschlands erteilt".[227] Das könnte auf den ersten Blick befremden. War nicht Röhm einer der

[220] *IMT* (Anm. I/55), XXXV, S. 47.

[221] *Dokumente der deutschen Politik*, hrsgg. von Paul Meier-Benneckenstein, Bd. I: *Die nationalsozialistische Revolution*, 5. Aufl., Berlin 1939, S. 25 ff., bes. S. 27.

[222] Duesterberg (Anm. I/138), S. 46 f. Vgl. Heiden, *Geburt...* (Anm. I/120), S. 131 f. (irrtümlich auf den 4. März 1933 verlegt).

[223] Okraß (Anm. III/48), S. 311. – Ein Vorbild dafür war der SA-Alarm im August 1932; Engelbrechten (Anm. I/134), S. 238.

[224] Engelbrechten, *a. a. O.*, S. 267. Vgl. auch Aussage des KZ-Kommandanten Schäfer über Unterstellungsverhältnisse, *IMT* (Anm. I/55), XXI, S. 91; S. 97.

[225] Nach Diels (Anm. I/144), S. 183, habe Röhm die Anregung zur Aufstellung der Hilfspolizei gegeben. Vgl. Buchheim in: *Gutachten...* (Anm. III/209), S. 337.

[226] Vgl. o. S. 720 f.

[227] *Horkenbach, 1933*, S. 99 f.

entschiedensten Anhänger gewaltsamen Umsturzes? Und mußte nicht eine Wahlentscheidung, die das nationalsozialistische Regime eindeutig legitimierte, jedem gewaltsamen Vorgehen den Boden entziehen? Solche Fragen verkennen freilich die nationalsozialistische Logik. Für Röhm und die anderen Parteiführer einschließlich Hitlers
bedeutete ein Wahlsieg die Zustimmung des Volkes zu ihrem „Kampf gegen den
Marxismus" (und alles, was sich mit diesem Namen sonst noch fassen ließ). Die
Revolution wurde damit nicht etwa überflüssig, im Gegenteil, sie wurde dadurch
gerade legitimiert.[228] Auch späterhin haben die 99%igen Ergebnisse der Volksabstimmungen nicht etwa eine Einstellung des untergründigen Terrorregimes zur Folge
gehabt.

Es war nur konsequent, wenn man das „Volk" auch an der Durchführung der
Revolution beteiligte; gerade das war der Sinn der totalen Mobilmachung. Das hatte
Göring schon vor der Wahl mehrfach angekündigt. Seit dem Reichstagsbrand wiederholte er unaufhörlich, daß er nicht nur die Abwehr gegen die kommunistische Gefahr
führen, sondern auch zum Angriff übergehen werde, und speziell für diese Aufgabe
müßten die „Kräfte des nationalen Deutschlands mobil" gemacht werden.[229] Die
staatlichen bzw. polizeilichen Machtmittel allein reichten, so meinte er, nicht aus; zwar
werde er auch sie gegen die Kommunisten einsetzen, „aber den Todeskampf, in dem
ich euch die Faust in den Nacken setze, führe ich mit denen da unten, das sind die
Braunhemden! Ich werde dem Volk klarmachen, daß das Volk sich selbst zu wehren
hat. Ich werde ihm klarmachen, daß die lebendigen Kräfte des Volkes hier mobilisiert werden müssen." [230] Es kam also auf die Weckung des Kampfinstinktes des
Volkes an, und dazu bedurfte es der Erhaltung der Kampfsituation, wie sie nach dem
Reichstagsbrand geschaffen worden war. Aber Göring war hier nur der Schüler, der
Meister war Hitler. Er hat seine Methode auf einer Tagung der Parteiführer im
April selbst mit den Worten dargelegt, die Geschehnisse der letzten Zeit seien ein
einzigartiges, wunderbar elastisches Zusammenspiel zwischen der impulsiven Volksbewegung und der durchdachten Leitung durch die Führung.[231] Die Impulsivität der
Volksbewegung sollte den Legitimitätsgrund für die Revolution abgeben, aber was
es mit ihr auf sich hatte, offenbarte Hitler in derselben Rede nicht weniger freimütig,
als er die „Disziplin" als Fundament der Bewegung bezeichnete und das mit dem
Hinweis auf den Judenboykott vom 1. April erläuterte, der auf Befehl ebenso „schlagartig" begonnen wie abgebrochen worden sei. Impulsivität auf Befehl – das entsprach
dem exerziermäßig demonstrierten Fanatismus der „Kampfzeit", und damals wie
jetzt war hauptsächlich die SA das Instrument, das diese Befehle und Exerzitien auszuführen hatte.

Die auf diese Weise ausgelöste und gelenkte Revolution zeigte zwei Schwerpunkte:
die eigentliche Gleichschaltungsaktion und die terroristische Verfolgung von „Staatsfeinden" jeder Art. Doch muß im Auge behalten werden, daß diese Unterscheidung
nur theoretische Bedeutung hat; beide Aktionen liefen gleichzeitig nebeneinander
her, gingen häufig bis zur Identität ineinander über und vollzogen sich in den gleichen scheinrevolutionären Formen. Schon der „Kampf gegen den Marxismus" im Anschluß an den Reichstagsbrand, in dem die Beseitigung des Parteiensystems eingeleitet
und zugleich eine unnachsichtige Verfolgung von Führern und Mitgliedern der
sozialistischen Parteien entfesselt wurde, zeigt die Verschmelzung beider Elemente zu

[228] Genau diesen Sinn hatte es, wenn Göring und Frick in ihren zitierten Aufrufen nach der Wahl die Beseitigung der nicht-nationalsozialistischen süddeutschen Länderregierungen ankündigten.
[229] Rede am 1. März, *Dokumente*. . . (Anm. III/221), I, S. 26.
[230] Rede in Frankfurt a. M., 3. März 1933; Göring, *Reden*. . . (Anm. III/206), S. 27.
[231] Rede auf der Führertagung der NSDAP in München, 22. April 1933; *Horkenbach, 1933*, S. 178 f.

einem Vorgang. Wenn sie im Folgenden nichtsdestoweniger unterschieden und nacheinander behandelt werden, so mehr zur Erleichterung der Darstellung als wegen ihrer objektiven Unterschiede. Die *Gleichschaltungsaktion* ist im Rahmen dieser Studien bereits von verschiedenen Seiten beleuchtet worden und braucht daher hier nur noch unter dem spezifischen Gesichtspunkt der Gewalt- und Terrortechnik skizziert zu werden. Sie zeichnete sich durch drei Merkmale aus: Erstens war sie total, d. h. sie ergriff nicht nur die staatlichen Schlüsselstellungen wie vor allem die Landesregierungen, beschränkte sich auch nicht auf die Beseitigung politischer Parteien, sondern schloß obendrein den gesamten gesellschaftlichen Bereich mit ein, ja setzte schließlich – nachdem sich der politische Katholizismus mit dem Abschluß des Konkordats einen vorläufigen Waffenstillstand erkauft hatte [232] – zum Angriff auf die protestantische Kirche an, wo sie dann freilich zunächst auf unüberwindlichen Widerstand traf. Bemerkenswert ist dabei, wie der Richtungswechsel der nationalsozialistischen Offensive von den sozialistischen Gegnern zu den bürgerlich-nationalistischen Verbündeten gesteuert wurde. Das Schlagwort vom „Kampf gegen den Marxismus", unter dem die einen niedergeworfen worden waren, ließ sich, so sollte man meinen, beim besten Willen nicht gegen die anderen verwenden. Aber als es zu einer Unterwanderung des Stahlhelms und später auch des Deutschnationalen Kampfrings durch aktivistische Kräfte aus dem sozialistischen Lager, insbesondere aus dem Roten Frontkämpfer-Bund und dem Reichsbanner kam, bot diese in ihrem Sammlungscharakter an sich richtig angesetzte Widerstandsregung der nationalsozialistischen Führung die erwünschte Gelegenheit, den „Kampf gegen den Marxismus" auch auf ihre eigenen Bundesgenossen zu übertragen. Diesem Druck fiel, um beim Beispiel des Stahlhelms zu bleiben, prompt Duesterberg zum Opfer, während Seldte mit der Parole der „Nationalen Einigung" angelockt wurde. Der Fall ist typisch für den Gesamtablauf der Gleichschaltungsaktion; er zeigt, wie die Nationalsozialisten den selbsterzeugten Widerstand zur Fortpflanzung ihrer revolutionären Dynamik auszunützen verstanden.

Ein zweites, mit dem ersten eng verbundenes Merkmal waren das Tempo und das „schlagartige" Einsetzen der einzelnen Aktionen. Das eine verlieh der nationalsozialistischen Herrschaftsexpansion eine besonders im Vergleich zu der faschistischen Entwicklung in Italien hervortretende Rasanz; wozu Mussolini mehrere Jahre benötigte, vollzog Hitler in wenigen Monaten.[233] Aus dem anderen ergab sich das Bild mehrerer „revolutionärer Schübe":[234] Der erste nach der März-Wahl (gegen Landesregierungen und sozialistische Parteien), der zweite Anfang April (Judenboykott), der dritte Anfang Mai (Gewerkschaftsaktion), der vierte im Juni (gegen Wehrverbände und bürgerliche Parteien). Bedingt durch Hitlers Prinzip, seine Gegner zu isolieren und einzeln nacheinander zu schlagen, und in Gang gehalten durch das Wechselspiel von Druck und Gegendruck, erhielt die revolutionäre Bewegung dadurch den Charakter einer Kettenreaktion, die in ihrem Gesamtbild auffallend an die Kette der Blumen- und Blitzkriege erinnerte, durch die seit dem Frühjahr 1938 Europa erschüttert wurde. Dabei war im allgemeinen eine Abnahme der Intensität und der Massenaktionen

---

[232] Dazu Karl Dietrich Bracher, *Nationalsozialistische Machtergreifung und Reichskonkordat. Ein Gutachten zur Frage des geschichtlichen Zusammenhangs und der politischen Verknüpfung von Reichskonkordat und nationalsozialistischer Revolution*, Wiesbaden 1956.

[233] Natürlich sind Periodisierungen, wie überall, so auch hier, bis zu einem gewissen Grade willkürlich; aber Hitlers totale Herrschaft über Deutschland ist doch unzweifelhaft im Sommer 1933 in den Schwerpunkten errungen. Bezüglich des Faschismus schwanken die Angaben für die Erreichung des entsprechenden Entwicklungsabschnitts zwischen 1926 und 1928, was aber den deutlichen Unterschied des Tempos nicht aufhebt; vgl. Dante L. Germino, *The Italian Fascist Party in Power. A Study in Totalitarian Rule*, Minneapolis 1959, S. 11 (für 1926); und Heller (Anm. I/5), S. 3 f. (für 1928).

[234] So Diels (Anm. I/144), S. 277 ff. Ähnlich spricht Raymond H. Geist, ehemaliger USA-Konsul in Berlin, in seinem Bericht vom 28. August 1945 von „Terrorwellen"; *IMT* (Anm. I/55), XXVIII, S. 247.

festzustellen,[235] aber, trotz Hitlers und Fricks bekannten Erklärungen über das Ende der Revolution, kein deutlicher Abbruch.

Das dritte Merkmal schließlich bestand in dem Einsatz der SA, die überall da, wo es nötig oder opportun schien, den sich gewaltsam äußernden „Volkszorn" zu repräsentieren hatte, wobei im einzelnen recht verschiedene Formen des Zusammenspiels zwischen unten und oben zu beobachten sind, aber die „durchdachte Leitung" immer deutlich erkennbar blieb. Natürlich kam es auch zu wirklich spontanen bzw. „wilden" Aktionen der SA, sei es, daß sie von untergeordneten Stellen ausgelöst, sei es, daß sie von der Obersten SA-Führung selbständig befohlen wurden. Dazu gehört vermutlich auch der erste Sturm auf die Gewerkschaftsbüros, der bereits im März einsetzte, aber bald abgestoppt wurde.[236] Hier war die SA anscheinend vorgeprellt; sie wurde zurückgepfiffen und mußte sich noch bis zum 2. Mai gedulden. Ganz unzweideutig war das im Fall der kurz nach der Wahl einsetzenden Aktionen zur Schließung von Warenhäusern, Einheitspreisgeschäften und anderen Firmen, in denen sich offensichtlich die mittelständischen Ressentiments der SA Luft machten, die aber sofort und diesmal endgültig eingestellt wurden.[237] Auch spätere Versuche der SA, in den wirtschaftlichen Bereich einzugreifen, wurden nach Möglichkeit gebremst, wie denn überhaupt die Gleichschaltungsaktion gegenüber den industriellen und agrarischen Interessenverbänden ebenso wie gegenüber den vielerlei Berufsvertretungen von Beamten, Lehrern, Juristen, Ärzten usw. meist ohne SA-Einsatz, wenn auch häufig in SA-Uniform, vor sich ging.[238] Ein weiteres Beispiel sind die SA-Ausschreitungen gegen Gerichte, von denen mehrere Fälle bekannt sind; in Breslau z. B. arbeitete die SA so gründlich, daß die Gerichtsbehörden am 11. März den Rechtsstillstand beschlossen.[239] Aber auch dieser Versuch der SA, ihrem „Rechtsempfinden" unmittelbar Geltung zu verschaffen, wurde zunächst unterbunden.

Was schon die Erlasse, Proklamationen und Befehle der nationalsozialistischen Führer zeigten, das bestätigten diese Beispiele aus der Praxis: Die NS-Führung hatte ihre Garden im ganzen keineswegs aus der Hand verloren. Wo die SA-Aktionen gegen den Feldzugsplan verstießen, war man höheren Orts im allgemeinen durchaus in der Lage, sie zu stoppen, und wo dies nicht geschah, muß man bis zum Beweis des Gegenteils annehmen, daß die Unternehmungen der braunen Banden im großen und ganzen auch den Intentionen ihrer Führer entsprachen. Im übrigen sorgte Hitler selbst dafür, daß die Revolution im Gang gehalten wurde. Am 10. März sah er sich durch heftige Proteste der Öffentlichkeit veranlaßt, seine Banden vor „Provokateuren" zu warnen und zur Disziplin zu mahnen, aber er schloß seinen Appell mit der Aufforderung: „Im übrigen laßt euch keine Sekunde von unserer Parole wegbringen. Sie heißt: ‚Vernichtung des Marxismus!'" Am 22. April erklärte er den Parteiführern:

---

[235] Geist, *IMT*, *ebda.*, und Diels, *a. a. O.*, S. 273; S. 293.

[236] So hatte der westfälische SA-Führer Schepmann bis Ende März außer den Partei- und Zeitungsgebäuden der sozialistischen Parteien auch sämtliche Gewerkschaftshäuser in seinem Befehlsbereich besetzt, sie aber im Gegensatz zu den ersteren anschließend wieder freigegeben, angeblich, um die Arbeiterschaft vor persönlichem Schaden zu bewahren; Schreiben Schepmanns an Göring vom 30. März 1933; *HAB*, Rep. 320/32 (Akten Grauert). Außerdem: Beschwerdeschreiben des SPD-Abgeordneten Löbe an Grauert vom 7. April 1933 (über Fälle in Liegnitz/Schles. und Bochum); *a. a. O.*, Rep. 320/31; Bericht des ehemaligen Vorsitzenden des ADGB Nürnberg, Lorenz Hagen, vom 19. Oktober 1945 über Zerstörung des dortigen Gewerkschaftsbüros am 17./18. März 1933; *IMT* (Anm. I/55), XXX, S. 240 ff.; vgl. o. I. Teil.

[237] Vgl. *Horkenbach, 1933*, S. 104 (Stellungnahme Ministerialdirektor Landfrieds vom 8. März 1933); S. 111 (Anweisung Fricks an die Innenminister der Länder und die Reichskommissare vom 13. März 1933); S. 166 (Polit. Zentralkommission der NSDAP verbietet am 7. April 1933 selbständige Eingriffe in das Wirtschaftsleben). *Schultheß, 1933*, S. 122 (halbamtliche Mitteilung an die Wirtschaft vom 5. Mai). Vgl. auch den Erlaß Hitlers vom 10. März 1933, *a. a. O.*, S. 56.

[238] Beispiele: *Schultheß, a. a. O.*, S. 82 f.; S. 89; S. 119.

[239] *Horkenbach, 1933*, S. 109; vgl. *Dienatag-Bericht* vom 7. März 1933, *BA* (erwähnt Meldungen, wonach Helldorf SA-Standgerichte einsetzen wolle).

„Der Kampf gegen den Marxismus" dürfe „keine Abschwächung erfahren". Daher müsse „die Schlagkraft der Bewegung . . . nicht nur erhalten, sondern erhöht werden".[240] Und am 7. Mai forderte er die SA auf, die „Novemberverbrecher . . . zu verfolgen bis in die letzten Schlupfwinkel hinein" und „dieses Gift restlos aus unserem Volkskörper" zu entfernen.[241]

Um die Bedeutung solcher Worte ganz zu ermessen, muß man sich vor Augen halten, daß sich alle diese Aktionen, Ein- und Übergriffe in einer Atmosphäre von Gewaltsamkeit, Rechtlosigkeit und Brutalität vollzogen. Wenn Hitler in seiner Rundfunkrede nach dem Austritt aus dem Völkerbund am 14. Oktober 1933 behauptete, daß die nationalsozialistische Revolution nicht, wie die Französische und Russische, „Hekatomben von Menschen" abgeschlachtet habe, daß in ihr „nicht ein einziges Schaufenster zertrümmert, kein Geschäft geplündert und kein Haus beschädigt wurde" und daß es im Augenblick „kein Land der Welt mit mehr Ruhe und Ordnung gibt als das heutige Deutschland",[242] so war das angesichts der auch ihm bekannten Tatsachen eine bewußte Lüge. Weit eher entsprachen die Verhältnisse in weiten Bereichen des öffentlichen Lebens dem, was die Breslauer Richter schon im März für ihren freilich kleinen Wirkungskreis offiziell hatten verkünden müssen: dem *Rechtsstillstand*.[243]

Schon die Zahl der Toten widerlegt Hitlers Angaben. Nimmt man alle verfügbaren Nachrichten zusammen, so wird man selbst bei vorsichtiger Schätzung bis zum Zeitpunkt von Hitlers Rede mit einer Zahl von 500 bis 600 Toten im ganzen Reichsgebiet rechnen müssen.[224] Dazu kam die völlig rechtlose Inhaftierung politischer Gegner in Konzentrationslagern. Nach amtlichen Angaben gab es Mitte September im Reichsgebiet 26 789 „Polizeigefangene",[245] eine Zahl, die angesichts der vielen „wilden" Konzentrationslager [246] sicher zu niedrig ist. Sie gibt auch insofern keine klare Vorstellung, als die Fluktuation in den Lagern groß war; nur eine Übersicht über die Gesamtzahl der *Freiheitsberaubungen* seit dem Reichstagsbrand könnte ein Bild von den wahren Verhältnissen geben. Nimmt man sie mit ca. 100 000 an, so dürfte das nicht zu hoch gegriffen sein.[247]

Diese Zahlen sprechen für sich. Sie waren das Resultat einer erbarmungslosen Menschenjagd, die, nach ersten Anläufen im Februar, vom 6. März ab in breiter Front über Deutschland dahinging [248] und das Vaterland Goethes und Schillers, Lessings und Kants alsbald in eine Wildbahn für politische und unpolitische Gangster aller Art

---

[240] *Schultheß, 1933*, S. 56.

[241] *A. a. O.*, S. 103; S. 123.

[242] *A. a. O.*, S. 222.

[243] Diels (Anm. I/144), S. 293 (mit Bezug auf Schlesien, Rheinland, Ruhrgebiet).

[244] Heiden, *Geburt.* . . (Anm. I/120), S. 234, schätzt nach Zeitungsmeldungen für die Zeit vom 31. Januar bis 23. August 220 Tote (196 Nazigegner und 24 Nationalsozialisten); Diels, *a. a. O.*, S. 293; S. 267, schätzt aber allein für Preußen und nur im März und April bereits 250 Totschläge und bis Mitte Oktober 200 Tote in den Konzentrationslagern. – Zum Vergleich die von den Nationalsozialisten selbst angegebenen Zahlen für 1932: 389 politische Morde; Kurt Daluege, *Nationalsozialistischer Kampf gegen das Verbrechertum*, München 1936, S. 84.

[245] Rundschreiben des Reichsinnenministers vom 11. September 1933, *MGN* 11, Ankl.-Dok.-B. 57 C, Dok. NG–969. Eine Meldung des Preußischen Pressedienstes am 11. Juli, *Schultheß, 1933*, S. 173, sprach von 18 000 Häftlingen (davon 12 000 in Preußen). Zeitgenössische Schätzungen lagen wesentlich darüber, z. B. *ebda*. (100 000 im Juli); Heiden, *a. a. O.*, S. 236 (80 000 bis 100 000 für Ende Oktober).

[246] Eines von ihnen war das besonders berüchtigte Lager Hohenstein; darüber *IMT* (Anm. I/55), XXVI, S. 300 ff.

[247] Diels (Anm. I/144), S. 273, berichtet einen Fall von dreimaliger Verhaftung durch Verwechslung. Er schätzte die Zahl der Freiheitsberaubungen im preußischen Staatsgebiet im April auf 30 000 (S. 346).

[248] Die meisten Beobachter stimmen überein, daß die eigentliche Terrorwelle erst am Tage nach der Wahl einsetzte: Geist, *IMT* (Anm. I/55), XXVIII, S. 242; Diels, *a. a. O.*, S. 213; S. 222; *Dienatag-Berichte* vom 7. und 11. März (*BA*); Heiden, *Geburt.* . . (Anm. I/120), S. 139. Die sonst nicht immer zuverlässige Liste der Morde im *Braunbuch II: Dimitroff contra Göring. Enthüllungen über die wahren Brandstifter*, Paris 1934, S. 405 ff., zeigt deutlich eine Häufung der Morde im März und April.

verwandelte. Auch hier war der „Kampf gegen den Marxismus" vielfach nur ein Vorwand. Zwar machten Kommunisten und Sozialdemokraten unter den Ermordeten und Gefangenen die größte Zahl aus; außer dem Anarchisten Erich Mühsam fiel auch der bedauernswerte Max Fechenbach, ehemaliger Sekretär Kurt Eisners, mit vielen anderen bekannten und unbekannten Funktionären schon 1933 dem Mordterror zum Opfer.[249] Dazu kamen aber auch jene Fälle, in denen „alte Rechnungen beglichen" oder unbequeme Mitwisser beseitigt wurden: Hierher gehören die Morde an dem Abenteurer und Intimus von Röhm, Dr. Georg Bell,[250] dem Mitverfasser und Verräter des Boxheimer Dokuments, Wilhelm Schäfer,[251] dem Mörder Horst Wessels, Ali Höhler,[252] und vielen anderen. Daneben begann auch schon die Judenjagd, der als prominente Opfer u. a. der Operettenmanager Rotter und seine Frau und der Philosoph Theodor Lessing erlagen.[253] Und damit verbanden sich die Entfesselung niedrigster Instinkte, Austragung von Privatfehden,[254] Sadismus bei Mißhandlungen und vor allem Gewinnsucht. Zahllose Wohnungseinbrüche bei politischen Gegnern und Juden führten zu Raub und Plünderung, und die SA verschmähte nicht, Lösegelder für ihre Gefangenen anzunehmen, ja nach Abebben der Kommunistenjagd verlegten sich die SA-Rollkommandos auf regelrechtes Kidnapping jüdischer Geschäftsleute.[255]

So elementar der Ausbruch von Gewalt-, Mord- und Raubinstinkten im Frühjahr 1933 aber auch war, so fehlten nichtsdestoweniger auch bei ihm Lenkung und Organisation nicht. Er wurde eingeleitet durch eine Reihe blutrünstiger Reden insbesondere von Göring. Wie er sich bemühte, den Polizisten ihre Hemmungen vor dem Schießen zu nehmen, so peitschte er die niedrigen Leidenschaften der SA-Mannschaften zur Siedehitze auf. „Hier habe ich", so rief er ihnen am 3. März zu, „keine Gerechtigkeit zu üben, hier habe ich nur zu vernichten und auszurotten, weiter nichts!"[256] Solche Stichworte fielen bei der SA um so eher auf günstigen Boden, als sie sich bereits gründlich darauf vorbereitet hatte. So hatte die SA-Gruppe Berlin-Brandenburg ihre „Abteilung I C", die mit Rollkommandos von Terrorspezialisten arbeitete, und das Berliner Beispiel machte alsbald in der Provinz Schule, sofern das noch nötig war. Wie Graf Helldorf in Berlin, so inszenierten Heines in Breslau, Weitzel in Düsseldorf, Terboven im Ruhrgebiet, Koch in Ostpreußen und Heydebreck in Pommern ihre nach schwarzen Listen oder auf Grund von Denunziationen gesteuerten Razzien,[257] und außerhalb Preußens sah es nicht anders aus.[258] Die menschliche Beute wurde, wo nicht sogleich erschlagen, in die schnell improvisierten „Bunker", meist die Kellerräume der SA-Sturmlokale und sonstigen SA-Dienststellen, gebracht und dort ebenso sinnlosen wie fürchterlichen Mißhandlungen unterzogen. Allein in Berlin

---

[249] Mühsam: Diels, a. a. O., S. 265 f.; Fechenbach: Horkenbach, 1933, S. 330; vgl. auch Braunbuch II, a. a. O., S. 387 ff.; S. 383 ff.

[250] Anklage München (Anm. III/191), S. 35. Vgl. auch Drage (Anm. III/106), S. 87; Heiden, Geburt... (Anm. I/120), S. 130 f.

[251] Heiden, a. a. O., S. 235.

[252] Diels (Anm. I/144), S. 306 f.

[253] Rotter: Horkenbach, 1933, S. 158; Lessing: Wilhelm Sternfeld, „Ungesühnte Verbrechen: Der Mord an Professor Theodor Lessing", in: Deutsche Rundschau 82 (1956), S. 1181 ff.

[254] Mord an dem Hellseher Hanussen: Diels (Anm. I/144), S. 272; Heiden, Geburt... (Anm. I/120), S. 130 f.; Mord an dem pommerschen SA-Führer Andreas v. Flotow: Görlitz, Hindenburg (Anm. I/72), S. 414; Diels, a. a. O., S. 380.

[255] Diels, a. a. O., S. 311.

[256] Göring, Reden... (Anm. III/206), S. 27. Vgl. auch Görings Rede am 11. März in Essen; Deutsche Reichsgeschichte... (Anm. III/193), S. 596 f.

[257] Diels (Anm. I/144), S. 224 ff.

[258] Für Bayern: Berichte der Staatsanwaltschaft beim Landgericht München II an Generalstaatsanwalt beim OLG München über Ermordungen; IMT (Anm. I/55), XXVI, S. 171 ff.; Beschluß des Amtsgerichts Landshut vom 4. Dezember 1933 über Niederschlagung eines Verfahrens gegen neun SA-Männer, a. a. O., XXXVI, S. 62 ff. – Vgl. auch Affidavit Wilhelm Hoegner vom 12. Juli 1946, a. a. O., S. 58 ff.

soll es etwa 50 dieser Marterstätten gegeben haben, unter denen die SA-Dienststellen in der Hedemannstraße, in der Voßstraße und das von der SS eingerichtete Columbia-haus einen traurigen Ruhm erlangten.[259]

Aber schon nach wenigen Tagen schwoll der Strom der Gefangenen so an, daß man andere Lösungen suchen mußte. Bereits am 8. März kündigte daher Frick die Einrich-tung von Konzentrationslagern an,[260] und die SA ließ sich diese Anregung von oben nicht zweimal geben. Eines der ersten und bekanntesten dieser Lager war das in Oranienburg bei Berlin; seine Gründung am 21. März bildete das handfeste Gegen-stück zu der Spiegelfechterei des „Tages von Potsdam".[261] In schneller Folge entstan-den dann weitere Lager: Dürrgoy bei Breslau, wo Heines sein Unwesen trieb, Sonnen-burg (Festung Küstrin), Bornim bei Potsdam, Königswusterhausen bei Berlin; das SS-Lager auf der Vulkanwerft in Stettin, Kemna bei Wuppertal, die SS-Lager um Papenburg im Emsland; Hohenstein in Sachsen, Heuberg bei Stuttgart, Dachau in Bayern und andere; im ganzen schätzt man die Zahl auf ca. 50. [262] Die Verhältnisse in den Lagern waren fürchterlich, schon allein wegen der rein behelfsmäßigen Unter-bringung, vor allem aber deshalb, weil die Wachmannschaften auch hier ihre Häftlinge physischen und psychischen Torturen aller Art unterzogen. Es war ganz unvermeid-lich, daß sich in diesen Lagern eine sadistische Elite der SA und SS sammelte und daß deren perverser Erfindungsgeist sich hier je länger desto hemmungsloser austobte.[263] Der Reichsjustizminister zählte später in einem Bericht drei Gründe auf, aus denen Mißhandlungen erfolgten: Prügel als „Hausstrafe", „verschärfte Vernehmungen" zur Erpressung von Aussagen und bloßer Mutwillen und Sadismus. Es ist klar, daß diese letzteren Triebkräfte auch in den ersten beiden, scheinbar rational begründeten Fällen mit am Werke und also überhaupt die vorherrschenden waren.[264] Gürtner erklärte denn auch, die Erfahrung der ersten Revolutionsjahre habe gezeigt, daß die mit den

[259] Geist, *IMT, a. a. O.*, XXVIII, S. 241 (Zahl der Bunker); Diels (Anm. I/144), S. 214 ff.; S. 220 ff.; S. 233; S. 256 f. Aussage Schäfer, *IMT, a. a. O.*, XXI, S. 85. – Vielfach lieferte die Polizei politische Häftlinge wegen Überfüllung ihrer Gefängnisse an die SA aus: Engelbrechten (Anm. I/134), S. 267.

[260] *Horkenbach, 1933*, S. 106; vgl. S. 123: Himmler kündigt am 20. März die Einrichtung des Konzentrations-lagers Dachau mit einem Fassungsvermögen von 5000 Personen an. – Die Absicht, nach der Machtübernahme „Konzentrationslager" einzurichten, hat Hitler schon am 8. Dezember 1921 in einer Rede im Nationalen Klub in Berlin geäußert mit der Begründung, die Machtübernahme solle möglichst unblutig durchgeführt werden (Hinweis auf frühe Legalitätsideen?); Engelbrechten/Volz (Anm. III/84), S. 53.

[261] Schäfer (Anm. III/190), S. 22, schildert das Eintreffen der ersten Gefangenen in Oranienburg am Abend des 21. März, gleichzeitig mit einem Fackelzug, der zur Feier des „Anbruchs der neuen Zeit" abgehalten wurde: „Stumm ergriffen von der Größe des erlebten geschichtlichen Augenblicks, blickten Tausende hinüber zu dem Lastwagentransport. Kein Schrei der Empörung, daß dort Menschen vorbeigefahren wurden, die wenige Stunden vorher noch bereit gewesen wären, mitzuhelfen, den Keim der Einigung zu ersticken." Vgl. Schäfers Aus-sage, *IMT* (Anm. I/55), XXI, S. 86 ff.; außerdem: Engelbrechten (Anm. I/134), S. 270; Diels (Anm. I/144), S. 257.

[262] Für Preußen: Diels, *a. a. O.*, S. 257 ff. – Hohenstein: s. o. Anm. III/246. – Heuberg: *Horkenbach, 1933*, S. 123. – Dachau: *ebda.* und Eugen Kogon, *Der SS-Staat. Das System der deutschen Konzentrationslager*, 3. Aufl., Frankfurt a. M. 1948, S. 39. Schätzung der Gesamtzahl: *a. a. O.*, S. 38 (50), und *Braunbuch über Reichstagsbrand und Hitler-Terror*, Vorwort von Lord Marley, Basel 1933 (im folgenden zitiert: *Braunbuch I*), S. 274 (45).

[263] Einige Beispiele: In Mecklenburg erhängte man die unseligen Opfer „zum Schein", was einigen tatsächlich das Leben kostete; in Hohenstein erfand man einen Tropfapparat, unter dem die Häftlinge so lange stehen mußten, bis ihre Kopfhaut schwere eitrige Verletzungen aufwies; in einem Lager bei Hamburg band man Häftlinge mehrere Tage und Nächte lang bei dürftigster Verpflegung in Kreuzesform an ein Gitter, bis sie beinahe ver-hungert waren, usw.; Diels (Anm. I/144), S. 226; Schreiben des Reichsjustizministers an den Reichsinnenminister betr. Mißhandlungen in den Jahren 1933/34 vom 14. Mai 1935, *IMT* (Anm. I/55), XXXIII, S. 57 ff.; Schreiben des Reichsjustizministers an Hitler vom 18. Juni 1935 betr. Strafverfahren gegen Oberregierungsrat Vogel wegen Mißhandlungen, *a. a. O.*, XXVI, S. 322 f.; Eingabe des Reichsjustizministers an Hitler vom 10. September 1935 betr. den Prozeß über Mißhandlungen im Lager Hohenstein, *a. a. O.*, S. 307 ff. – Über Mißhandlungen in Sonnen-burg s. Bericht der Staatsanwaltschaft an Diels (undatiert), *HAB*, Rep. 320/31 (Akten Grauert), und Diels, *a. a. O.*, S. 265 ff. Vgl. auch Gerhart Seger, *Oranienburg. Erster authentischer Bericht eines aus dem Konzentrationslager Geflüchteten*, mit einem Geleitwort von Heinrich Mann, Karlsbad 1934.

[264] Schreiben des Reichsjustizministers an den Reichsinnenminister vom 14. Mai 1935, *a. a. O.* Vgl. Seger, *a. a. O.*, S. 19: Die Vernehmungen in Oranienburg waren nur Vorwand für Mißhandlungen.

Prügeleien beauftragten Leute meist nach kurzer Zeit das Gefühl für Sinn und Zweck der Maßnahmen verlören und persönliche Rachegefühle und sadistische Instinkte austobten.

Aus der Perspektive der SA sah das freilich anders aus. Schon Frick hatte seine Ankündigung vom 8. März damit begründet, daß man die Marxisten „wieder zu nützlichen Mitgliedern der Nation erziehen" müsse,[265] und diese pervertierte „Erziehungsidee" wurde tatsächlich von den SA-Folterknechten als Legitimation benutzt. Der Berliner SA-Gruppenführer Karl Ernst faßte das in folgende stilistisch wie gedanklich haarsträubende Sätze: „Menschen einkerkern und in abgeschlossener Verbitterung verkommen lassen, kann jedes Narrensystem. Der Mut zur unpopulären Maßnahme auf den ersten Blick, zur Rückerziehung zum sittlichen Arbeitsmuß, hat in den Konzentrationslagern für die antinationalsozialistischen Staatsfeinde seine erste Bewährung auf dem Gebiete der übernommenen und uns zugefallenen pädagogischen Großaufgabe erzeigt. Nicht Schinder und Menschenquäler, wie es eine verlogene Greuellüge will, sondern deutsche soldatisch-harte Männer der braunen Sturmabteilungen haben verführte Volksgenossen gegen ihren Willen, zum eigenen Besten, zur politischen Einkehr und zum Arbeitsethos zurückverholfen." [266] Auf diesen Ton ist denn auch das Buch des ersten KZ-Kommandanten von Oranienburg über sein Lager gestimmt; es ist eine einzige Lobpreisung der wertvollen „Erziehungsarbeit", die er und seine Quälgeister an ihren Opfern geleistet hätten.[267]

Natürlich war das, wie Schäfers ganzes Buch, zum großen Teil Schönfärbung und insofern unaufrichtig. Ernst z. B. hat auch ganz andere Töne gefunden. „Ich war bisher der Auffassung", so schrieb er im September 1933 protestierend an den Staatssekretär Grauert, „daß in der Ära der autoritären Preußischen Regierung der Sinn für den sogenannten humanen Strafvollzug glückhafter Weise abhanden gekommen ist und Staatsfeinde wie gemeine Verbrecher erster Ordnung behandelt werden." [268] Außerdem darf nicht übersehen werden, daß die SA auch hier recht reale Motive mit ihrem Vorgehen verband. So machten sowohl Schäfer wie Ernst darauf aufmerksam, daß 180 SA-Leute und SA-Führer im Lager Oranienburg Lohn und Brot erhalten hätten,[269] und wenn man den Berichten der Häftlinge glauben darf, so verstand die SA nicht weniger gut als später die SS, die Wirtschaftskraft ihrer Lager weidlich auszunutzen, nur daß die einzelnen SA-Leute und vor allem die Führer den Gewinn ausschließlich in die eigene Tasche steckten.[270] Nichtsdestoweniger darf man den barbarischen Erziehungsidealismus der SA nicht unterschätzen, war er doch ein Mittel, in den SA-Leuten die letzten Reste von Gewissen abzutöten; nicht zuletzt deshalb waren humane Regungen unter den Wachmannschaften so selten, sowenig sie ganz gefehlt haben.[271] Und diese Funktion hat er auch später noch geübt; auch im voll

[265] *Horkenbach, 1933,* S. 106.

[266] Vorwort (15. Februar 1934) zu Schäfer (Anm. III/190), S. 5.

[267] *A. a. O.,* S. 25; S. 38; S. 41 ff.; S. 63; S. 70 ff. (unter Berufung auf das Beispiel Hitlers); S. 74 usw. – Vgl. auch Wolfgang Langhoff, *Die Moorsoldaten. 13 Monate Konzentrationslager. Unpolitischer Tatsachenbericht,* Zürich 1935, S. 58; S. 67; S. 140; Schnabel (Anm. III/207), S. 186 (Schreiben der Hauptverwaltung des KZ Oranienburg vom 3. Mai 1934 an das Geheime Staatspolizeiamt: Das Absingen der „Internationale" durch die Häftlinge am 1. Mai beweist, daß sie „für eine Entlassung und Eingliederung in den nationalsozialistischen Staat noch nicht reif sind").

[268] Schreiben Ernsts an Grauert vom 8. September 1933 (Protest gegen Pläne zur Auflösung des KZ Oranienburg), *HAB,* Rep. 320/31. Ähnlich Göring in einer Rede auf der Delegiertentagung des Vereins der Polizei-Offiziere am 17. März 1933, *Horkenbach, 1933,* S. 119.

[269] Schreiben Ernsts an Grauert, *a. a. O.*

[270] Seger (Anm. III/263), S. 45; Langhoff (Anm. III/267), S. 288 f.

[271] Humane Regungen: Seger, *a. a. O.,* S. 33; Langhoff, *a. a. O.,* S. 70 f.; S. 76 f.; S. 88 f.; S. 92 f. (Gefängnis Düsseldorf); S. 195 (KZ Börgermoor); S. 292 (KZ Lichtenburg). Vgl. Heiden, *Geburt...* (Anm. I/120), S. 236 (KZ Dürrgoy, Oranienburg, Dachau); Diels (Anm. I/144), S. 325 f. (über einige höhere SA-Führer; Diels' Urteile bedürften freilich noch der Überprüfung).

entwickelten KZ-System der SS wurde er praktiziert – natürlich nicht gegenüber den Juden, die als „Rassefremde" *ex definitione* als unerziehbar galten, wohl aber gegenüber den „arischen" Häftlingen, denen gegenüber die SS sich eine ähnliche „pädagogische Großaufgabe" anmaßte wie die SA.[272] Die Wurzeln dieser perversen Vorstellungswelt sind in der hier schon mehrfach berührten Erziehungsidee des deutschen militärischen Denkens zu suchen. Jeder Unteroffizier und in subtilerer Form auch die Offiziere waren vor 1914 überzeugt, daß die Rekruten im Militärdienst zu Ordnung und Sauberkeit, ja überhaupt erst zu Menschen erzogen wurden, und vom Kasernenhof griffen solche Ideen auch auf den zivilen Bereich über und fanden dort viele Fürsprecher.[273] Nach dem Kriege übernahmen die Wehrverbände dann das militaristische Erbe, unter ihnen auch die SA, die es aus ihrem Pseudosozialismus heraus noch um die Idee der Erziehung zur „Arbeit" bereicherte. In diesem Zusammenhang ist auch zu beachten, daß die SA einen großen Teil der Schikanen und Quälereien in den Lagern in Form von Exerzierdrill ausführte. Was beim Militär eine mehr oder minder unvermeidliche, aber deutlich negative Begleiterscheinung an sich sinnvollen Tuns war, wurde im KZ-System zum Selbstzweck, und die deutschen Konzentrationslager nahmen die Form von ebenso überdimensionalen wie sinnlosen Kasernen an.[274]

Erst wenn die schrankenlose Machtvollkommenheit der Peiniger bedroht wurde, wurden sie kleinlaut und entgegenkommend. Als die SS in den Moorlagern im Emsland von Polizei abgelöst werden sollte, versuchte sie, sich sogar mit den Häftlingen zu verbrüdern, und wollte mit ihnen zusammen eine „zweite Revolution" entfesseln.[275] Der Vorfall wirft ein Schlaglicht nicht nur auf den politischen Relativismus dieser Terrorgarden, denen es im Grunde ganz gleichgültig war, welchem Herrn sie dienten,[276] sondern auch auf eine der Wurzeln ihrer Herrschaft: den Mangel eines wirklichen Widerstandes von unten bzw. einer durchgreifenden Kontrolle von oben. Nun wäre es freilich eine Simplifizierung, wollte man behaupten, daß der nationalsozialistische Terrorfeldzug in Deutschland keinen Widerstand gefunden hätte. Er hat ihn gefunden, nicht nur 1933, sondern auch später, und nach den Erfahrungen der Juden waren es vor allem zwei Gruppen, deren menschliches Solidaritätsgefühl intakt blieb: einesteils Angehörige des Uradels und der Beamtenschaft, andernteils die sozialistische Arbeiterschaft.[277] Außerdem wird man auch noch die Geistlichkeit beider Konfessionen nennen müssen. So erhob sich, als sich der nationalsozialistische Terror nach der Wahl voll entfaltete, vielfach Protest, der um den 10. März einen Gipfelpunkt erreichte[278] und Hitler zur Veröffentlichung seines erwähnten Disziplin-

---

[272] Aus der Lagerordnung für das KZ Esterwegen, erlassen am 1. August 1934 von SS-Gruppenführer Eicke als Chef der Inspektion der Konzentrationslager: „*Zweck:* Es bleibt dem Schutzhaftgefangenen überlassen, darüber nachzudenken, warum er in das Konzentrationslager gekommen ist. Hier wird ihm Gelegenheit geboten, seine innere Einstellung gegen Volk und Vaterland zugunsten einer Volksgemeinschaft auf nationalsozialistischer Grundlage zu ändern, oder, wenn es der einzelne für wertvoller hält, für die schmutzige 2. und 3. Judeninternationale eines Marx oder Lenin zu sterben." Schnabel (Anm. III/207), S. 136. – Für die spätere Zeit s. Kogon (Anm. III/262), S. 36.

[273] Auf hohem Niveau werden die Argumente vorgetragen in dem Sammelwerk *Deutschland und der Weltkrieg*, hrsgg. von Otto Hintze, 2. erw. Aufl., Leipzig–Berlin 1916 (s. vor allem die Beiträge von Ernst Troeltsch, Hans Delbrück und Friedrich Meinecke). Vgl. aber die Rückblicke von Ernst Troeltsch, „Das Ende des Militarismus", in: *Spektator-Briefe. Aufsätze über die deutsche Revolution und die Weltpolitik 1918–1922*, Tübingen 1924, und Meinecke, *Die deutsche Katastrophe* (Anm. I/76), S. 64 ff.

[274] Vgl. z. B. die Lagerordnung Esterwegen vom 1. August 1934; Schnabel (Anm. III/207), S. 136.

[275] Langhoff (Anm. III/267), S. 266 ff.; Diels (Anm. I/144), S. 259 ff.

[276] Zur Psychologie der Terrorspezialisten s. auch: François Bayle, *Psychologie et éthique du nationalsozialisme. Étude anthropologique des dirigeants SS*, Paris 1953, und Höß (Anm. III/174) als Typus des fühllosen Pflichtmenschen.

[277] Zeugnis Leo Baecks in: Léon Poliakov und Josef Wulf, *Das Dritte Reich und die Juden. Dokumente und Aufsätze*, Berlin-Grunewald 1955, S. 439.

[278] *Dienatag-Berichte (BA)*; Heiden, *Geburt. . .* (Anm. I/120), S. 242.

Erlasses zwang;[279] auch Göring mußte abschwächende „Erläuterungen" zu seinem
Schießerlaß herausgeben,[280] und noch im August beklagte sich die Oberste SA-Führung
über eine Lawine von Beschwerden, die sie, wollte sie ihnen allen nachgehen, zu einer
Verzehnfachung ihres Stabes zwänge. Aber diesen Proteststimmen stand, wie schon
im Fall von Potempa, die Indolenz der nicht betroffenen Schichten gegenüber, und
so verlagerte sich die Opposition aus dem öffentlichen bald mehr und mehr in den
privaten Bereich; aus Widerstand wurde Nonkonformismus.[281] Man hat mit Recht
darauf hingewiesen, daß die Verfassungsbrüche und Terrormaßnahmen der Nationalsozialisten, wären sie von Kommunisten unternommen worden, ohne Zweifel als eine
alarmierende Verletzung von Recht und Ordnung empfunden worden wären.[282] Daß
das keine bloße Spekulation ist, zeigt die Reaktion auf den Reichstagsbrand. Hier
reagierte die Öffentlichkeit auf das Verbrechen politischer Brandstiftung äußerst
empfindlich, aber bloß deswegen, weil es den Nationalsozialisten gelang, die Schuld
auf die Kommunisten zu schieben. Das Beispiel zeigt, in welchem Maße die Begriffe
von Recht und Ordnung damals schon zur Funktion von politischen Interessen und
Ideologien geworden waren – eine Tatsache, die angesichts der geschilderten politischen
Demoralisierung weiter bürgerlicher Kreise in der Weimarer Republik kaum verwundern kann.

Das gleiche gilt auch für die Kontrolle von oben. Hitler und seine Gefolgsleute
besaßen im Frühjahr 1933 noch keineswegs die unumschränkte Macht in Deutschland,
und dennoch war es unmöglich, sie in ihre Schranken zu verweisen, weil die meisten
ihrer Mitspieler sich zu keiner entschiedenen Abkehr von ihnen aufraffen konnten.
Bezeichnend war die Reaktion von Blomberg und Reichenau, die sich beide mehr
Sorge über die militärischen Aspirationen der SA als über deren Wüten gegen „Staatsfeinde" machten; beide rieten Diels dringend, auf seinem Posten zu bleiben und die
„Unschönheiten" des Umschwungs nicht tragisch zu nehmen.[283] Auch bei den anderen
staatlichen Behörden herrschte die Tendenz, die nach Blombergs Worten so „großen
Möglichkeiten", die das Regime Hitlers zu bieten schien,[284] nicht aufs Spiel zu setzen
und ihre Abwehr darum nur „von innen heraus", d. h. durch Einwirkung auf Hitler
und seine Parteiführer zu führen. Besonders deutlich kam die Taktik, mit den Wöl-
fen zu heulen, um ihnen ihre Beute zu entreißen, bei dem damaligen Chef der preußischen Gestapo, Diels, zum Ausdruck. „Es ging darum", so schrieb er später, Görings
und Hitlers „Machtstreben mit meinen Absichten in Einklang zu bringen".[285] Tatsächlich konnte er, der den Dschungelkampf selbst nicht schlecht verstand, einige Erfolge buchen; es gelang ihm, mit der Zeit die meisten SA-Bunker auszuheben, viele
Konzentrationslager aufzulösen und die übrigen unter eine freilich sehr oberflächliche
Kontrolle zu bringen, und schließlich setzte er auch gegen Ende 1933 die Entlassung
vieler Häftlinge durch.[286] Aber über eine bloße Bremswirkung kam er dabei nicht

---

[279] *Schultheß, 1933*, S. 56; Rundfunkerklärung Hitlers vom 12. März 1933, *Dokumente...* (Anm. III/221), I,
S. 34; Diels (Anm. I/144), S. 120 (zur Entstehung).

[280] *Horkenbach, 1933*, 2. März, S. 79. Dementsprechend wurde die „schriftliche Weitergabe" (insbesondere an
die Presse) des Schießerlasses vom 4. Oktober 1933 untersagt; Schnabel (Anm. III/207), S. 55.

[281] Zur Psychologie des Durchschnittsmenschen gegenüber dem Nationalsozialismus: Wanda v. Baeyer-Katte,
Das Zerstörende in der Politik. Eine Psychologie der politischen Grundeinstellung, Heidelberg 1958. Vgl. auch
"Where *Gleichschaltung* failed. Nonconformity in the Third Reich" in: *The Wiener Library Bulletin* 8 (1959),
Nr. 1/2, S. 9 f., und Bernhard Vollmer, *Volksopposition im Polizeistaat* (*Quellen und Darstellungen zur Zeit-
geschichte*, Bd. 2), Stuttgart 1957.

[282] Buchheim, *Das Dritte Reich...* (Anm. II/32), S. 8.

[283] Diels (Anm. I/144), S. 303.

[284] Vgl. o. S. 717.

[285] Diels (Anm. I/144), S. 344.

[286] *A. a. O.*, S. 253 ff. und *passim* (Aushebung von Bunkern und Auflösung von KZ); S. 346 ff.; S. 353 ff.
(Entlassungen).

hinaus. Seine Anregung, zu Weihnachten 1933 eine Totalamnestie zu erlassen, beantwortete Hitler mit einem Haßausbruch und dem bezeichnenden Argument, das würde „wie ein Verleugnen unserer Ziele aussehen".[287] Göring seinerseits unterstützte ihn nur insoweit, als er ihn als Mittel im Kampf gegen die Macht der SA benutzen konnte, und ließ ihn bedenkenlos fallen, als er sich mit Himmler verbinden mußte. Was Diels – wie Reichenau und andere – übersah, war die Tatsache, daß die revolutionäre Führerclique entschlossen war, die erbeutete Macht unter sich aufzuteilen; weitere Mitspieler konnte sie nicht dulden. So hat sein Versuch, den KZ-Terror zu überwinden, im Grunde nur den Grundstein zu dessen Systematisierung durch die SS gelegt.[288]

Wenn man Diels glauben darf, so beruhte seine Taktik auf der Annahme, daß der Terror in der ersten Hälfte 1933 die unvermeidliche Begleiterscheinung eines elementaren Ausbruchs revolutionärer Leidenschaft sei – eine Auffassung, die bei Bundesgenossen und Mitläufern der Nationalsozialisten, aber auch bei vielen Gegnern damals verbreitet war. Die nähere Untersuchung hat bereits eine Fülle von Hinweisen dafür erbracht, daß diese Annahme falsch war, daß, so elementar die Antriebskräfte der Ausschreitungen waren, sie nichtsdestoweniger in erheblichem Umfang gelenkt und als tragendes Glied in den Prozeß der revolutionären Mobilmachung eingeordnet wurden. Besonders deutlich trat das bei dem Boykott jüdischer Firmen und Geschäfte am 1. April zutage. Gerade das, was die Öffentlichkeit damals vielfach für ein Zeichen von Mäßigung anzusehen geneigt war, die relative „Ordnung" und „Disziplin" in der Durchführung des Boykotts, war im Grunde höchst beunruhigend, handelte es sich dabei doch um den planmäßigen und zentral gelenkten Versuch, die lästige ausländische Berichterstattung über den nationalsozialistischen Terror zum Schweigen zu bringen, indem man die deutschen Juden als Geiseln unter Druck setzte[289] – eine Methode, die sich in nichts von dem sowjetischen Verfahren unterschied, politische Vorteile durch Zurückhaltung von Kriegsgefangenen zu erpressen. Es war Hitler und Goebbels nicht gelungen, in der Bevölkerung eine Haßpsychose gegen die Juden zu erzeugen,[290] aber das hatte den Ablauf der Aktion nicht gehindert, denn auch ein entschlossener und vor allem einhelliger Protest kam nicht zustande. Niemand ahnte, welch fürchterliche Wirklichkeit einmal die Worte annehmen sollten, die Streicher in seinem Boykott-Aufruf vom 30. März aussprach: „Ein Abwehrkampf hebt an, wie er durch all die Jahrhunderte herauf nie zuvor gewagt worden war."[291]

Was aber jetzt schon deutlich wurde, war die Tatsache, daß die Judenverfolgungen, nicht nur auf den Boykott beschränkt, sich gegen eine Menschengruppe richteten, die überhaupt kein einheitliches politisches Profil trug und bisher auch nicht mit eigenständigem politischen Anspruch hervorgetreten war. Die Kennzeichnung dieser Gruppe als „Juden" entlarvte nicht nur die pseudowissenschaftliche Willkür einer „Rassenlehre", die die „Rassenzugehörigkeit" der Juden nicht nach anthropologischen, sondern letztlich doch nur nach konfessionellen Merkmalen feststellen konnte,[292] sie enthüllte auch ihren eigentlichen Sinn, indem sie außer den Menschen israelitischen Glau-

---

[287] *A. a. O.*, S. 347 f. – Tatsächlich sind die Angaben von Diels über seine Erfolge bei der Bekämpfung der Konzentrationslager mindestens sehr optimistisch. Der o. Anm. III/208 zitierte Bericht Daluéges vom 1. Februar 1934 enthält (S. 4) Angaben über die Neuerrichtung von Konzentrationslagern in Preußen für 6000 Häftlinge und die Planung von Lagern für weitere 2000 Häftlinge.

[288] Zur Systematisierung der Konzentrationslager s. das Material bei Schnabel (Anm. III/207), S. 110 ff.; S. 114; für Sachsen: S. 105, und *IMT* (Anm. I/55), XXXVI, S. 6 ff. (Sonderbestimmungen im Konzentrationslager Dachau, vermutlich vom Mai 1933).

[289] Goebbels (Anm. I/92), S. 288, auch zur Planung. Vgl. auch den Aufruf der Parteileitung vom 28. März 1933 in: *Dokumente...* (Anm. III/221), S. 188 ff., und Rühle (Anm. III/30), I, S. 98 f.

[290] Auch später blieben die Ergebnisse hier dürftig: Baeyer-Katte (Anm. III/281); Vollmer (Anm. III/281).

[291] *IMT* (Anm. I/55), XXIX, S. 264 ff., Zitat S. 266.

[292] Zwar galten nicht nur Israeliten, sondern auch Angehörige der christlichen Konfessionen als Juden; diese aber nur, wenn der Nachweis gelang, daß ihre Vorfahren mosaischen Glaubens waren.

bens bzw. deren Nachkommen auch den „jüdischen Geist" einschloß, so wenn z. B.
– ein Fall unter vielen – der NS-Physiker Lenard seinen Berufskollegen Heisenberg bei Rosenberg wegen seiner „jüdischen Rassenseele" denunzierte.[293] Im Grunde ging
es gar nicht um die Juden, sondern darum, einen Idealfeind, sozusagen den Idealtypus
eines „Volksschädlings" zu schaffen, der permanent verfügbar war, um den Lebenskampf beliebig stimulieren zu können.[294] Daß als Personifikation dieses Idealfeindes
die Juden ausgewählt wurden, war freilich insofern nicht zufällig, als sie aus historisch-soziologischen Gründen das schwächste Glied der deutschen Gesellschaftsordnung
waren.[295] Es bezeichnet die ganze Perfidie, aber auch die machtpolitische Instinktsicherheit Hitlers und seiner Bandenführer, daß sie den Haß der Massen auf diejenige
Gruppe zu lenken trachteten, die wegen ihrer unvollständigen gesellschaftlichen Assimilation bereits zum „Volksfeind" prädisponiert erschien und von der wegen ihrer
mangelnden politischen Geschlossenheit zugleich am wenigsten Widerstand zu erwarten war.

Was aber die These vom Ausbruch revolutionärer Leidenschaften vollends widerlegte, war die Tatsache, daß kein neuer Rechtszustand geschaffen wurde. Das bisherige
Rechtssystem wurde seiner tragenden Elemente beraubt, so daß die quantitativ nicht
unbedeutenden Reste kein sinnvolles Ganzes mehr bildeten. Zwar ergoß sich eine Flut
neuer Gesetze über das Land, aber sie gerann nicht zu einer neuen verbindlichen
Rechtsordnung, so daß der verfassungsrechtliche Zustand des „Dritten Reiches" juristisch lediglich negativ mit dem Begriff des Ausnahmezustandes faßbar ist, wie er
bereits durch die Reichstagsbrand-Verordnung vom 28. Februar geschaffen worden
ist. Das trat gerade auf dem Gebiet der Verfolgung politischer Straftaten deutlich
hervor. Während politische Verbrechen auf der einen Seite besonders diskriminiert
wurden,[296] wurden auf der anderen die „Träger des nationalsozialistischen Staates"
unter ein Ausnahmerecht gestellt, das ihnen einen erhöhten Schutz und zugleich einen
mehr oder minder getarnten Freibrief für eigene Verbrechen gewährte. Letzteres erfolgte nicht nur durch die mehrfachen, großzügig abgefaßten und angewendeten Amnestien, sondern auch durch interne Anweisungen der Obersten SA-Führung, die auf
Grund der gleichzeitigen erfolgreichen Obstruktion der SA-Führung gegen die Strafverfolgung ihrer Untergebenen *de facto* Gesetzescharakter annahmen. So erließ Röhm
im Juli 1933 einen Befehl,[297] der seinen Leuten erlaubte, „daß als Sühne für den
Mord an einem SA-Mann durch den zuständigen SA-Führer bis zu 12 Angehörige
der feindlichen Organisation, von der der Mord vorbereitet wurde, gerichtet werden
dürfen", während er zugleich schärfste Selbstjustiz für die „Befriedigung persönlicher
Rachebedürfnisse, unzulässige Mißhandlungen, Raub, Diebstahl und Plünderung" befahl. Hier wurden also zwei Kategorien von Verbrechen geschaffen: eine, die erlaubt,
und eine zweite, die verboten war, und es ist klar, daß sich in der Praxis nicht einmal
diese Unterscheidung aufrechterhalten ließ.

[293] Brief Lenards vom 20. November 1936, Faksimile in: Poliakov/Wulf (Anm. III/277), S. 313 f.; vgl. auch
S. 315 f. (Aktenvermerk für Rosenberg vom 15. April 1944): Protest gegen Diffamierung von Wissenschaftlern als
„weiße Juden", wenn sie an Einsteins Theorien festhielten.

[294] Hitler (Anm. I/5), S. 129: „Es gehört zur Genialität eines großen Führers, selbst auseinanderliegende Gegner
immer nur als zu einer Kategorie gehörend erscheinen zu lassen, weil die Erkenntnis verschiedener Feinde bei
schwächlichen und unsicheren Charakteren nur zu leicht zum Anfang des Zweifels am eigenen Rechte führt." Vgl.
auch Krebs (Anm. III/24), S. 210: Juden, Freimaurer und Jesuiten als „Phantomvorstellungen".

[295] Zur Frühgeschichte s. Eleonore Sterling, *Er ist wie du. Aus der Frühgeschichte des Antisemitismus in Deutschland 1815–1850*, München 1956, und Eva Gabriele Reichmann, *Die Flucht in den Haß. Die Ursachen der deutschen
Judenkatastrophe*, Frankfurt a. M. [1956]. Vgl. auch Arendt (Anm. I/12).

[296] Neben den einschlägigen Gesetzen und Verordnungen – dazu s. o. II. Teil – s. auch die o. S. 874 zitierten
Äußerungen von Karl Ernst und Göring.

[297] „Der Oberste SA-Führer Ch Nr. 1415/33 vom 31. Juli 1933, Betreff: Disziplin", *Doc. C.*, 43/I. Vgl. *Braunbuch II* (Anm. III/248), S. 371.

Im gleichen Befehl kündigte Röhm an, daß er um eine gesetzliche Regelung für eine SA-Gerichtsbarkeit und für die Ausschaltung der Polizei aus der Strafverfolgung von SA-Mitgliedern bemüht sei. Damit setzte er die Linie fort, die bereits im April 1933 mit dem Gesetz über die Dienststrafgewalt der SA und SS eingeschlagen worden war [298] und die wenig später zu einem ersten Erfolg führte, als ein Erlaß des preußischen Justizministers verfügte, daß SA- und SS-Angehörige – abgesehen von Festnahmen auf frischer Tat – nur im Einvernehmen mit ihrer zuständigen Führung strafrechtlichem Einschreiten ausgesetzt werden dürften und daß auch das zu unterlassen sei, wenn die „Führung selbst die Sicherungsverwahrung der Beschuldigten verfügt". [299] Diese Entwicklung fand ihren Abschluß in dem „Gesetz zur Sicherung der Einheit von Partei und Staat" vom 1. Dezember, [300] mit dem eine besondere Partei- und SA-Gerichtsbarkeit geschaffen (§ 3) wurde, die „Pflichtverletzungen" der Mitglieder dieser Organisationen bestrafen sollte. [301] Wo aber die Justizbehörden trotzdem ein Verfahren eröffneten, erzwangen Röhm und Himmler selbst gegen den Widerstand von Parteistellen, wenn nicht die Niederschlagung des Verfahrens, so doch Begnadigung und Straferlaß für die Verurteilten. [302] Das Resultat war, daß sich die Spitzen der NSDAP als ein Kreis von Privilegierten konstituierten, die sich jedes Verbrechen leisten konnten, ohne daß die Justiz auch nur zu Ermittlungen schreiten konnte, und daß sich um sie eine breite Schicht weiterer bildete, deren Angehörige sich durch die Gunst der ersteren dem Räderwerk der Justiz zu entziehen vermochten, falls sie von ihm erfaßt wurden, während sich zugleich der normale Staatsbürger und insbesondere der Gegner des Regimes den schärfsten Strafen und Zwangsmaßnahmen ausgesetzt sah, selbst dann, wenn er mit keiner positiven Rechtsvorschrift in Konflikt geraten war. [303] Das Herrschaftssystem, das auf diese Weise im Entstehen begriffen war, war kein neuer Staat, sondern entsprach im Grunde einem Besatzungsregime in einem eroberten Staat. [304]

Diejenige Macht, die diese Züge der nationalsozialistischen Herrschaft am klarsten und unzweideutigsten ausbilden sollte, die SS Himmlers, war im Jahre 1933 noch nicht besonders hervorgetreten. Aber sie befand sich im Hintergrund der turbulenten Vorgänge bereits im Vormarsch und arbeitete systematisch an den Grundlagen für den „SS-Staat", den sie dann ab 1934 in Deutschland errichten sollte. Fast un-

---

[298] *RGBl.*, I, 1933, S. 230.

[299] Erlaß des preußischen Justizministers vom 26. August 1933; *BA*, P 135/4542, fol. 88 b.

[300] *RGBl.*, I, 1933, S. 1016. – Damit verbanden sich Bestrebungen, ein „SA-Recht" zu schaffen; s. den Aufsatz von SA-Oberscharführer Hellmuth Türpitz, Abt.-Leiter der Pressestelle der SA, „Der SA-Mann im neuen Recht", in: *Völkischer Beobachter*, Nr. 328 vom 24. Oktober 1933. Dazu ausführlich u. S. 929 f.

[301] *RGBl.*, *a. a. O.*, § 4: „Als Pflichtverletzung gilt jede Handlung oder Unterlassung, die den Bestand, die Organisation, die Tätigkeit oder das Ansehen der Nationalsozialistischen Deutschen Arbeiterpartei angreift oder gefährdet, bei Mitgliedern der SA (einschließlich der ihr unterstellten Gliederungen [betrifft den Stahlhelm]) insbesondere jeder Verstoß gegen Zucht und Ordnung."

[302] Vgl. die hier schon zitierten Schriftwechsel und Justizakten aus dem Nürnberger Prozeßmaterial: Schriftwechsel zwischen Gürtner, Mutschmann, Heß, Hitler und Meißner über den Prozeß gegen Wachmannschaften des Konzentrationslagers Hohenstein, *IMT* (Anm. I/55), XXVI, S. 300 ff.; Schreiben Gürtners an Frick, 14. Mai 1935, *a. a. O.*, XXXIII, S. 56 ff.; Akten über Niederschlagung von Strafverfahren in Bayern, *a. a. O.*, XXXVI, S. 11 ff.; S. 41 ff.; S. 62 ff. Im Hohenstein-Prozeß wurden Richter und Schöffen unter Druck gesetzt; Diels, *a. a. O.*, S. 301 ff. (Gürtner an Heß, 5. Juni 1935). Vgl. auch Diels (Anm. I/144), S. 262 f. (Niederschlagung des Verfahrens gegen Wachmannschaften des Lagers Kemna i. Westf. durch Hitler).

[303] In diesem Sinn soll sich Gürtner gegenüber Diels geäußert haben; Diels, *a. a. O.*, S. 309. – Ob der gleichzeitige Rückgang der allgemeinen Kriminalität damit zusammenhängt, bedarf noch der Untersuchung; vgl. Wilhelm Sauer, *Kriminologie. . .* (Anm. III/165), S. 446; S. 471 (auch zur Problematik der Statistik für diese Zeit).

[304] Vgl. auch die treffenden Beobachtungen von Diels, *a. a. O.*, S. 236; S. 276. Sie gipfeln allerdings in ressentimentbestimmter Begriffsverwirrung, wenn er die Herrschaft der Nationalsozialisten in dieser Beziehung mit dem amerikanischen Besatzungsregime in Deutschland nach 1945 vergleicht. Erstens waren die Nationalsozialisten keine Besatzungsmacht, und zweitens haben die Amerikaner im Gegensatz zu den Nationalsozialisten sich nach einer Übergangszeit bemüht, wieder einen gesicherten Rechtszustand herzustellen.

bemerkt hatte Himmler bis zum Ende des Jahres 1933 die politische Polizei sämtlicher deutscher Länder mit Ausnahme Preußens in seine Hand gebracht,[305] und in den der SS unterstehenden Konzentrationslagern wurden auch schon die ersten Elemente jener Institutionalisierung des KZ-Systems geschaffen,[306] die den SS-Staat von der barbarischen Zügellosigkeit des SA-Terrors unterschied. Nichts bezeichnet besser das Vorgehen Himmlers als die Feststellung von Diels, der Kampf gegen die SA-Briganten sei noch von „jener eigenartigen Loyalität durchtränkt" gewesen, wie sie etwa im Verhältnis zwischen Polizei und Ringvereinen bestand; gegenüber dem ebenso unerbittlichen wie unauffällig methodischen Vormarsch der SS sei derartiges nicht möglich gewesen,[307] und tatsächlich ist Diels diesem Gegner ja auch unterlegen. Im April 1934 wurde er von Himmler und Heydrich aus der Leitung des preußischen Gestapoamtes verdrängt, und nun begann der Aufbau der deutschen Gestapo als eines völlig selbständigen und unkontrollierten Zwangs- und Terrorinstruments. Während die mit großen Aplomb eingeleitete Strafrechtsreform bald sang- und klanglos auf ein totes Gleis geschoben wurde, traten in zunehmendem Maße die verschiedenen Exekutivorgane der SS an die Stelle der ordentlichen Justiz.[308]

3. Röhm organisiert seine Revolutionsarmee

Mit dem Ausklingen der Gleichschaltungsaktion im Juni und Juli 1933 trat die bisher zurückgedrängte Frage, welche Rolle der SA im nationalsozialistischen Herrschaftssystem künftig zugewiesen werden sollte, wieder in den Vordergrund. Zwar behielt die SA weiterhin die Kontrolle über die Konzentrationslager und wurde auch noch gelegentlich zu terroristischen Aktionen eingesetzt,[309] aber das waren Aufgaben, die eine Massenorganisation nicht ausfüllten und überdies auch nicht mehr jenen revolutionären Charakter trugen, den die SA ihren Unternehmungen zu verleihen liebte. Anfang August löste Göring in Preußen die Hilfspolizei auf[310] und dokumentierte damit auch amtlich die Einstellung des terroristisch-revolutionären Einsatzes der SA.

Es zeigte sich sehr bald, daß die Ansichten über das weitere Schicksal der braunen Revolutionsgarde bei den Beteiligten auseinandergingen. Man weiß, daß Röhm die SA nach dem Vorbild der klassischen Revolutionen zur nationalsozialistischen Revolutionsarmee ausbauen wollte. Bereits in seinen 1928 geschriebenen Memoiren hatte er seine militärischen Aspirationen dargelegt, und noch am Vorabend der Machtergreifung hatte er seine Ansprüche in einem Neujahrserlaß an die SA in freilich verhüllter Form angemeldet.[311] Die Konsequenzen, die er daraus nach dem Siege zog, kamen in einem Gespräch zum Ausdruck, das er im Frühjahr 1933 mit Rauschning hatte.[312] Da

---

[305] Buchheim, „Die SS. . ." (Anm. III/49), S. 133. Ergänzungen dazu bei Walter Haensch, *Der organisatorische Weg zur einheitlichen Reichspolizei seit 1933*, Leipziger Diss., Berlin 1939, S. 49.

[306] Vgl. o. S. 877 und u. S. 927 f.

[307] Diels (Anm. I/144), S. 325.

[308] Vgl. o. II. Teil, III. Kapitel, und u. S. 897 ff. Außerdem: Ernest K. Bramstedt, *Dictatorship and Political Police. The Technique of Control by Fear*, New York 1945; Edward Crankshaw, *Die Gestapo*, Berlin 1959 (Titel des engl. Originals: *Gestapo. Instrument of Tyranny*, London 1956).

[309] Beispiele: Razzia gegen KPD in Nürnberg, August 1932, *IMT* (Anm. I/55), XXXVI, S. 11; S. 20 ff.; S. 31 (Akten des bayerischen Justizministeriums); Engelbrechten (Anm. I/134), S. 275 (Aktion der SA-Ärzte gegen jüdische Ärzte in Berlin, 7. Juli 1933).

[310] *Schultheß, 1933*, S. 190 (Meldung unter dem 8. August). Der betreffende Erlaß muß jedoch früher ergangen sein, denn ein Erlaß des preußischen Innenministeriums vom 2. August nimmt schon auf die Auflösung Bezug und ordnet listenmäßige Erfassung für diejenigen Hilfspolizisten an, die sich für spätere Fälle bereitstellen wollen; *BA*, P 135/3736, fol. 39. – Auf Grund dessen formierte die SA-Führung SA-Stürme und -Sturmbanne z. b. V. [zur besonderen Verwendung] als Bereitschaftseinheiten; Aussage Jüttners in Nürnberg, *IMT, a. a. O.*, XXI, S. 219.

[311] Vgl. o. S. 854.

[312] Rauschning, *Gespräche. . .* (Anm. I/5), S. 142 ff. Rauschnings Datierung des Gesprächs ist glaubhaft, da er sich schon Ende 1933 mit Röhm überwarf und da die in diesem Gespräch ausgesprochene Forderung Röhms nach

trat nicht nur das starke Ressentiment und der ungestillte Ehrgeiz des deklassierten Offiziers unverhüllt hervor, wenn er sich in den verächtlichsten Ausdrücken gegen die „alten Schuster" von Reichswehrgeneralen wendete und ihnen seine eigene Person als den „Scharnhorst der neuen Armee" gegenüberstellte; es äußerte sich auch seine politisch bestimmte Überzeugung, daß die nationalsozialistische Revolution unvollendet bleiben werde, wenn sie nicht wie ihre historischen Vorgänger aus sich heraus ein neues revolutionäres Volksheer schaffe. Mit dem „alten preußischen Kommiß" der Reichswehr, so erklärte er Rauschning, lasse sich das nicht machen: „Das Fundament muß revolutionär sein. Aufpfropfen läßt sich das hernach nicht." Man kann diesen Gedanken weder die Konsequenz absprechen, noch sie als schlechthin unrealistisch bezeichnen. Schon vor der Machtergreifung hatte die SA als totale Gewaltorganisation neben dem terroristischen „Kampf ohne Waffen" militärische Züge entwickelt, und jetzt nach dem revolutionären Sieg mußte es vom nationalsozialistischen Standpunkt eigentlich als das gegebene erscheinen, wenn sie sich der militärischen Aufgabe ganz widmete. Auch glaubte Röhm wohl, sich auf die freilich zweideutigen Versprechungen Hitlers berufen zu können, die ihm und der SA 1930/31 bei der Übernahme des Amtes des Stabschefs gemacht worden waren. Daß Hitler jetzt mit der Einlösung dieser Zusagen zu zögern schien und mit den verhaßten Generalen paktierte, enttäuschte ihn tief und weckte seine politische Sorge.

Es war daher sicher kein Zufall, daß er sich gegen Ende der Gleichschaltungsaktion im Juni wieder zu Wort meldete und sowohl seine SA-Armee zur Überwindung der „Stagnation" ermahnte als auch seine Ansprüche in der Öffentlichkeit nachdrücklich in Erinnerung brachte. In einem Befehl vom 1. Juni, der die Umsteuerung der SA-Aktivität vom Terror auf die Militarisierung einleitete, warnte er vor der Gefahr, daß die SA und SS „in die Rolle einer reinen Propagandatruppe gebracht" würden, und forderte dagegen die Betonung des „soldatischen Prinzips". Der Monat Juni solle „zur Ausmerzung von Schwächen und Fehlern" verwendet werden, ab 1. Juli wolle er sich überzeugen, daß überall wieder der „alte SA-Geist" herrsche.[313] Im selben Monat Juni erschien ein Zeitschriften-Aufsatz aus seiner Feder, in dem er seine militärischen und politischen Forderungen darlegte.[314] Die Eroberung der staatlichen Macht, so erklärte er da, sei jetzt zwar abgeschlossen, aber das sei „nur eine Teilstrecke der deutschen Revolution"; ihr müsse sich anschließen die „nationalsozialistische Revolution", deren Ziel „ein neues, in einer geistigen Revolution aus nationalistischem und sozialistischem Geiste wiedergeborenes Deutschland" sei. Dem aber stünden die „Spießerseelen" im Wege, die – ob „Parteigenossen' oder ,gleichgeschaltet' " – sich „hurtig und beflissen in die Sessel des neuen Deutschland gesetzt haben ... und nun meinen, es sei doch alles in schönster Ordnung, und mit der Revolution müsse jetzt endlich einmal Ruhe sein". Das war die Kampfansage gegen die konservativen Verbündeten wie gegen diejenigen Kreise innerhalb der NSDAP, die dieses Bündnis befürworteten. Aus diesen Kreisen, so fuhr Röhm fort, sei auch gelegentlich die Frage zu hören, „was denn die SA und die SS eigentlich immer noch wollen". Doch solche Fragen seien fehl am Platze. Die SA habe die Hauptlast des Kampfes getragen, ihr vor allem sei der Sieg zu danken, und sie werde auch jetzt „unerbittlich darüber wachen, daß nicht Halbe und Gleichgeschaltete sich wie Bleiklötze an des Führers heiliges sozialistisches

---

einer öffentlich-rechtlichen Funktion der SA mit den Gesetzen vom 28. April und 1. Dezember 1933 erfüllt wurde (s. u. S. 886). – Zu Röhms Ideen vgl. auch Admiral a. D. Conrad Patzig, *Zeugenschrifttum* (Anm. I/53), Nr. 540, S. 3.

[313] Undatierter und unsignierter Entwurf: Der Oberste SA-Führer, Chef Nr. 1227; nach Briefbuchstempel ausgegeben am 1. Juni 1933. Daß Röhm der Urheber war, ergibt sich aus der Dienstbezeichnung „Chef des Stabes" am Schluß, außerdem aus Diktion und Gedankengang des Textes; *BA*, Kleine Erwerbungen 0193/5.

[314] Ernst Röhm, „SA und deutsche Revolution", in: *Nationalsozialistische Monatshefte*, Nr. 31 (1933), S. 251 ff.

Wollen zum Ganzen hängen". Die SA und SS seien „die unbestechlichen Garanten, daß die deutsche Revolution sich vollendet".

Damit war das politische Ziel Röhms klar: Vollendung der Revolution durch Beeinflussung Hitlers gegen die „Halben" innerhalb und die „Reaktionäre" außerhalb der Partei. Im Lichte seiner eigenen früheren Erklärungen und der Rauschningschen Mitteilungen kann auch nicht zweifelhaft sein, daß er unter der Vollendung der Revolution die Schaffung des SA-Volksheeres unter seiner Führung verstand und mit seinen Ausfällen gegen die konservativen Bundesgenossen hauptsächlich auf die Generale der Reichswehr zielte. Zwar hatte er das nicht explizite erwähnt, im Gegenteil, er hatte scheinbar unmißverständlich festgestellt, die SA stände „in der deutschen Revolution Seite an Seite mit der bewaffneten Macht. Nicht als ein Teil von ihr." Aber das war lediglich Rücksichtnahme auf das von Röhm auch sonst befolgte außenpolitische Tarnungsgebot, [315] und im übrigen war der letzte Satz auch doppelsinnig; denn Röhm spielte mit ihm auf die gerade damals vor dem Abschluß stehenden Verhandlungen über eine militärische Zusammenarbeit mit der Reichswehr an, von denen gleich noch die Rede sein wird.

Wenn also die militärpolitische Zielrichtung seiner Ausführungen auch nicht zweifelhaft sein kann – und damals von den Eingeweihten auch sicher verstanden worden ist –, so erweckten seine Worte doch namentlich durch die unüberhörbare Betonung „sozialistischer" Ideen den Eindruck einer weiterreichenden politischen Konzeption. Das ist in gewissem Sinne auch richtig, doch muß man sich vor vorschnellen Schlüssen und Assoziationen hüten. Denn mit den landläufigen Vorstellungen von Sozialismus hatten Röhms Gedanken nichts zu tun. Zweifellos fanden sich in seinen sehr ausgesprochenen Kamaraderie-Ideen auch gewisse Ansätze eines urtümlichen Krieger-Kommunismus – Fortbildungen jenes Mythos vom „Frontsozialismus", der damals auch außerhalb der SA in Blüte stand [316] und der bei Röhm selbst und seinem engeren Kreis noch durch den Cliquengeist und die soziale Abwehrhaltung der Homosexuellen akzentuiert worden sein mag. So wurden die SA-Führer bis hinauf zu Röhm selbst von ihren Leuten offiziell geduzt, und die Berliner SA war es auch, die die Anregung zu der Goebbelsschen Erfindung des „Tages der Nationalen Solidarität" gab, als sich ihre sämtlichen Führer am 24. und 25. Februar 1934 auf die Straße stellten, um Geld für neue Fußbekleidung ihrer Leute zu sammeln, was nach Meinung des offiziellen SA-Geschichtsschreibers „eine typisch-revolutionäre Handlung" sein sollte. [317] Wie wenig jedoch von *dieser* Art Revolution zu halten war, kann man daran ermessen, daß Röhm in seinem SA-Führerkorps zugleich eine Rang- und Ehrenabstufung von geradezu byzantinischer Subtilität entwickelte [318] und in unveränderter Treue der monarchischen Idee und insbesondere der Wittelsbacher Dynastie anhing. [319] Auch der private Lebensstil, den er und seine Führer nach der Machtergreifung entwickelten, [320]

---

[315] Vgl. seinen Befehl zur Tarnung der neuaufgestellten technischen Einheiten der SA vom 25. Juli 1933, *IMT* (Anm. I/55), XXXV, S. 6.

[316] Vgl. z. B. *Stahlhelm-Handbuch* (Anm. III/51), S. 65 f.; S. 220 ff.; S. 232 ff.; Aussage Gruß, *IMT, a. a. O.*, XXI, S. 129; Duesterberg (Anm. I/138), S. 9 f.

[317] Engelbrechten (Anm. I/134), S. 287.

[318] Vgl. Entwurf zur SADV 1931 (Anm. III/127), Ziff. 91 ff., S. 47 (Regelung der Führungsprobleme bei gemeinsamem Einsatz von SA, SS, HJ), und Schreiben des Obersten SA-Führers, CH II Nr. 1134/34, München, 27. Januar 1934, betr. Neueinteilung des SA-Führerkorps. Danach wurden folgende „Dienststände" geschaffen: Aktives SA-Führerkorps, SA-Führerkorps der SA-Reserve II, SA-Führerkorps z.V. (zur Verwendung), SA-Ehrenführerkorps, SA-Rangführerkorps; *Doc. C.*, 43/II.

[319] Noch in der Memoiren-Ausgabe von 1934 ist Röhms monarchische Gesinnung unverändert zum Ausdruck gebracht. Vgl. auch *Zeugenschrifttum* (Anm. I/53), Nr. 105, S. 34 f. (Mellenthin); Sendtner (Anm. I/127), S. 643 (Kontakte Röhms mit Wittelsbachern 1933/34).

[320] Bericht des SS-Hauptsturmführers Willich vom 21. August 1935 an Himmler über eine Auseinandersetzung mit SA-Stabschef Lutze; *Doc. C.*, 42.

ließ sich kaum mit jener Forderung nach „ritterlicher Armut" vereinbaren, [321] die mit in diesen Ideenkreis gehörte. So hatte er denn auch für das eigentliche Anliegen der Arbeiter nichts übrig; nicht die Unternehmer, sondern die Mächte von Versailles seien an ihrem Elend schuld, erklärte er ihnen, [322] und vollends die im engeren Sinn sozialistischen Probleme von Privateigentum und Vergesellschaftung, freier oder Planwirtschaft lagen gänzlich außerhalb seines Horizonts; selbst die mittelständisch orientierten wirtschaftspolitischen Kampfmaßnahmen seines Vorgängers v. Pfeffer hat er, wie oben dargelegt wurde, eingestellt, und Pfeffers Stabschef Otto Wagener, einen der nationalsozialistischen Protagonisten für ständischen Wirtschaftsaufbau, hat er, wenn nicht abgeschoben, so doch ohne Widerstand aus seinem Stab entlassen.

Mehr noch, er hat frühzeitig selbst Beziehungen zur Wirtschaft, insbesondere zur Industrie, angeknüpft. Der Anstoß scheint von industriellen Kreisen ausgegangen zu sein. So trat z. B. die I.G. Farben in dem allgemeinen Bestreben, sich mit dem neuen Herrn zu arrangieren, und in der besonderen Absicht, die wilde Sammeltätigkeit der nationalsozialistischen Organisationen durch eine Pauschalzahlung abzulösen, im Frühjahr 1933 an die Oberste SA-Führung heran und gelangte mit ihr auch zu einer diesbezüglichen Absprache. [323] Andere Kreise der Wirtschaft scheinen sich aus den gleichen Gründen an Röhm und die Parteistellen gewendet zu haben, und so wurde im Mai/ Juni reichseinheitlich die *Adolf-Hitler-Spende der deutschen Wirtschaft* als eine Art Sondersteuer aller Zweige der Wirtschaft organisiert, offiziell zugunsten aller Parteiorganisationen, tatsächlich aber in der Hauptsache zugunsten der SA. Auf einer Besprechung beim Reichsverband der Deutschen Industrie wurde ausdrücklich erklärt: „Zweck der Spende ist die Unterstützung der SA", wobei unter Hinweis auf den hohen Arbeitslosenanteil der SA betont wurde, Hauptsinn der Spende sei es, „das in diesen Kreisen herrschende soziale Elend zu lindern". [324] Ihre Höhe war auf 12 Mill. RM veranschlagt, und es wurde besonders auf die Dringlichkeit der Zahlung hingewiesen. [325] Aber dabei blieb es nicht. Im Falle der I.G. Farben z. B. eröffnete das Abkommen für Röhm noch weitere, unabhängig davon fließende Geldquellen; [326] auch ergab sich mit dem Mittelsmann der Firma, Heinrich Gattineau, ein ständiger Kontakt, der Röhm wirtschaftliche Ratschläge und Gattineau Mitte 1933 den Titel eines SA-Sturmbannführers z. b. V. eintrug. [327]

Natürlich darf man aus diesen Vorgängen keine zu weitgehenden Schlüsse ziehen; sicher handelte es sich dabei nicht um ein Bündnis zwischen SA und Industrie. Wohl

[321] Erklärung des Generals der Waffen-SS Karl Wolff vom 3. Mai 1947 zur Finanzierung der SS vor und nach 1933; *MGN* 5, Ankl.-Dok.-B. 14 M, Dok. NI–6047 (F), Ziff. 4.

[322] Röhm (Anm. III/31), S. 350 f.

[323] Dazu die Affidavits von Heinrich Gattineau vom 13. März und 12. Juli 1947, *MGN* 6, Ankl.-Dok.-B. 3, Dok. NI–4833; NI–8788. Zur Korrektur: Closing-Brief für Gattineau von Rechtsanwalt Rudolf Aschenauer, Mai 1948; *ebda.*

[324] Auch dem Stahlhelm sollte die Spende „bis zu einem gewissen Grade" zugute kommen; Niederschrift über die Besprechung bei der Berufsgenossenschaft der chemischen Industrie und beim Reichsverband der Deutschen Industrie vom 16. Juni 1933; *MGN* 6, Ankl.-Dok.-B. 4, Dok. NI–3799. Vgl. die Bemerkung Hitlers in seiner Reichstagsrede vom 13. Juli 1934, es sei Röhm gelungen, unter der „lügenhaften Angabe, soziale Hilfsmaßnahmen für die SA durchführen zu wollen", 12 Millionen RM für seine Putschvorbereitungen zu verwenden. *Schultheß, 1934*, S. 182. – Allgemein zur Adolf-Hitler-Spende: Brief Krupps an Schacht vom 30. Mai 1933, *MGN* 5, Ankl.-Dok.-B. 14 A, Dok. NI–439; Rundschreiben des Reichsverbands der Deutschen Industrie und der Vereinigung der Deutschen Arbeitgeberverbände vom 1. Juni 1933; *a. a. O.*, Ankl.-Dok.-B. 14 B, Dok. NI–1224 (F).

[325] *Ebda.*, und Dok. NI–3799, *a. a. O.* – Die I.G. Farben zahlte 1933/34 924 142 RM; Aktennotiz des Zentralausschuß-Büros der I.G. vom Oktober 1944; *MGN* 6, Ankl.-Dok.-B. 4, Dok. NI–4056.

[326] Höhe der Zahlungen ca. 300 000 RM, besonders für Beschaffung von Mänteln im Winter 1933/34; Dok. NI–4833 und Closing-Brief (Anm. III/323). Nach einer Zusammenstellung des Bürovorstands des Zentralausschuß-Büros der I.G., Hermann Baessler, wurden 1934 für SS/SA und Stahlhelm außer der Adolf-Hitler-Spende noch 137 600 RM gezahlt; *MGN* 6, Ankl.-Dok.-B. 4, Dok. NI–9200. – Allgemein auch Diels (Anm. I/144), S. 299; S. 301.

[327] Dok. NI–4833, Dok. NI–8788, Closing-Brief (Anm. III/323). Ende 1933 wurde Gattineau zum SA-Standartenführer befördert. Nach dem 30. Juni 1934 wurde er auf Grund seiner Beziehungen zu Röhm verfolgt.

aber wird man von einem *gentlemen agreement* sprechen dürfen, mit dem sich die Wirtschaft durch Zahlung eines Lösegeldes einstweilen Ruhe verschaffte, während Röhm außer einer finanziellen Stärkung eine weitere Ausdehnung seines Einflusses einhandelte. Das alles unterschied sich keinen Deut von dem landläufigen national-sozialistischen Schema; die eigentliche Differenz lag anderswo. Schon in seinem oben erwähnten außenpolitischen Exposé von 1931 hatte Röhm mehrfach nachdrücklich betont, daß man die Außenpolitik von der Vermengung mit geschäftlichen und anderen „Interessen" reinigen und sie allein nach „nationalen" Gesichtspunkten führen müsse.[328] Diese reichlich dunkle Idee erläuterte er des näheren in einer großangelegten Rede, die er am 7. Dezember 1933 auf einem Empfang des Außenpolitischen Amtes der NSDAP für das Diplomatische Korps und die Auslandspresse hielt.[329] Er stellte dabei den Nationalsozialismus wie den italienischen Faschismus als Rebellion der Frontsoldaten gegen die anonymen Kräfte dar, die den Krieg entfesselt, den Haß unter den Völkern gesät, die Soldaten um die Früchte ihrer Anstrengungen betrogen und den Haß auch noch nach dem Krieg, vor allem in Gestalt des Versailler Vertrages, weiter geschürt hätten. Diese Leute — Politiker, Börsenfürsten, Industriekapitäne, Öl-magnaten, Kauffahrteiadmirale zählte er auf — „saßen daheim in Parlamenten, in Ministersesseln oder Aufsichtsratsstühlen", sie „zogen die Drähte, schoben die Figuren, rechneten und machten Geschäfte ... Das Sterben aber für ihre politischen und wirt-schaftlichen Interessen ließen sie den Soldaten."[330] Im Grunde seien es auch dieselben Kräfte, die, „im Fahrwasser von Interessen ..., deren Geschäft der Krieg ist", jetzt vom Ausland her gegen das nationalsozialistische Deutschland hetzten, ohne bereit zu sein, „mit der Waffe für das einzutreten, was sie anzetteln".[331] Dagegen mache der Nationalsozialismus Front; er bedeute die „Auflehnung des Soldatentums ... gegen das widersinnige Prinzip", daß die Politik durch Menschen geführt werde, die dabei nicht selbst ihr Leben einsetzen, und stelle dem den „politischen Führungsanspruch des Soldaten" gegenüber, „weil die Gewißheit, für alle Sünden und Fehler seiner Politik an erster und an letzter Stelle selber einstehen zu müssen, die sicherste Gewähr einer verantwortungsbewußten Führung bietet".[332]

Die Quintessenz des Röhmschen „Sozialismus" bestand also in der Lehre, daß alle Übel der Welt von den Menschen herrühren, die sich von eigenen Interessen beherr-schen und andere für sich sterben lassen, und daß daher nur die Soldaten, die von diesen Fehlern frei sind, für die politische Führung in Frage kommen. Es war ein Weltbild von erschütternder Naivität und Beschränktheit, eine Art militaristisches Totalressentiment gegen die zivile Umwelt, zugleich aber eine deutliche Spitze gegen die Parteiführung, ja gegen Hitler. Schon in dem zitierten Aufsatz vom Juni hatte Röhm unter Bezugnahme auf das bei ihm sehr beliebte Beispiel Blüchers, aber auch auf den Dolchstoß vom November 1918, gewarnt, die Feder möge jetzt nach dem Siege nicht wieder verlieren, was das Schwert gewonnen habe,[333] und in seiner Dezember-Rede tritt sein Anspruch noch unverhüllter hervor: Er verlangte für sich und die SA-Führung den politisch überragenden Einfluß auf Hitler und die Degradation der Parteiorganisation zu einer politischen Hilfsorganisation der SA, ja, berücksichtigt man die Tatsache, daß er zu den wenigen Menschen in Hitlers Umgebung gehörte, die für dessen suggestive Kräfte unempfänglich waren, und daß er sich allem Anschein nach seinem Duzfreund überlegen fühlte, so liegt die Vermutung nahe, daß er Hitler

---

[328] *Doc. C.*, 43/I; s. o. S. 852.

[329] Abgedr. u. a. in: *NS-Monatshefte*, Nr. 46 (Januar 1934), S. 14 ff. Vgl. *Horkenbach, 1933*, S. 636 ff.

[330] *NS-Monatshefte, a. a. O.*, S. 14 f.

[331] *A. a. O.*, S. 16.

[332] *Ebda*. Vgl. zum ganzen Problem auch Röhm (Anm. III/31), S. 9 f.; S. 349 ff.; S. 365 f.

[333] *NS-Monatshefte*, Nr. 31, S. 253.

mehr oder minder als ein Werkzeug in seiner Hand ansah. Es war im Grunde noch immer die alte Frontbann-Lösung, die ihm vorschwebte: er als Führer eines riesigen militanten Männerbundes und Hitler neben ihm als politischer Führer und Agitator – eine Lösung, die im übrigen eine überraschende Verwandtschaft mit den Hoffnungen seines militärischen Gegenspielers Reichenau nicht verleugnen kann.

Es versteht sich, daß alle von Röhms Ansprüchen betroffenen Mächte – Reichswehr, Partei und nicht zuletzt Hitler selbst – dadurch alarmiert wurden. Dabei sahen sich Hitler und seine Parteiführer in einer höchst schwierigen Lage. Vom Totalitätsanspruch der nationalsozialistischen Revolution her gesehen mußte es sinnvoll erscheinen, mindestens den militärischen Aspirationen Röhms nachzugeben und mit ihm eine im nationalsozialistischen Sinne zuverlässige Wehrmacht aufzubauen. Aber dem stand das innere Gesetz der nationalsozialistischen Führerclique entgegen, das den unterirdischen Kampf aller gegen alle zur Daseinsform und – nach dem Vorbild ihres Meisters Adolf Hitler – das Mißtrauen zum dominierenden Herrschaftsprinzip erhob. Ein bei aller geistigen Beschränktheit doch im Grunde unabhängiger Charakter wie Röhm, der es in seiner biderben Geradheit und Offenheit verschmähte, sich an die Spielregeln des innerparteilichen Dschungelkampfes zu halten, war in diesem Kreise an sich schon äußerst hinderlich und konnte an der Spitze eines bewaffneten Millionenheeres von SA-Leuten zu einer tödlichen Gefahr werden. Aber vielleicht hätten derlei Besorgnisse nicht ausgereicht, um den Aufbau einer SA-Armee zu verhindern, wenn nicht – vor allem bei Hitler – die Rücksicht auf die Reichswehr entscheidend ins Gewicht gefallen wäre. Wenn Röhm darauf pochte, daß die SA den Sieg der nationalsozialistischen Bewegung erkämpft habe, so konnte die Reichswehrführung ihm entgegenhalten, daß sie durch ihre Nichteinmischungspolitik die negative Voraussetzung dieses Sieges geschaffen habe, und Hitler hatte durch die Eile, in der er die Aufrüstung noch vor der Arbeitsbeschaffung in Gang setzte, allen Beteiligten dargetan, wie sehr er sich darüber klar war, daß die Reichswehr den Preis für ihre Dienste vorläufig noch auf dem Wege der Zwangsvollstreckung beizutreiben vermochte. Daher war er nicht in der Lage, die Ansprüche Röhms zu erfüllen, aber weder er noch einer der sonstigen Parteigrößen wußte einen Ausweg, auf dem man die SA einer anderen sinnvollen Aufgabe hätte zuführen können; denn die einzige verbleibende Alternative, Röhm so wie einst Gregor Strasser und andere davonzujagen und die SA aufzulösen, war, mindestens in diesem Stadium der Entwicklung, unmöglich.[334]

Wenn der hier drohende Konflikt zunächst noch aufgeschoben wurde, so deshalb, weil die Reichswehrführung mit Reichenaus Kompromißplan – durch den, wie erinnerlich, die SA als Miliz unter Aufsicht der Reichswehrführung in das Landesverteidigungs-System eingegliedert werden sollte – einen Ausweg anzubieten hatte, den auch Röhm zunächst akzeptieren konnte. Denn Röhms militärischer Sachverstand war immerhin groß genug, um einzusehen, daß seine braune Armee sich trotz ihrer imponierenden zahlenmäßigen Überlegenheit noch nicht mit der Reichswehr messen konnte.[335] Sollte sie militärisch verwendbar sein, so bedurfte es noch intensiver fachmännischer Schulung, insbesondere der Führer, und auch die Bewaffnung war einstweilen höchst kümmerlich. Dazu kam als weiterer Gesichtspunkt, daß es auch nicht in Röhms Interesse liegen konnte, die Reichswehr einfach aufzulösen und das Kapital an militärischem Sachverstand und Fachkönnen, das sie darstellte, zu verschleudern. Daher strebte auch er nach einer Verbindung mit der Reichswehr, nur eben sollten die Ge-

---

[334] Röhms Protest (*a. a. O.*, S. 252) gegen die Frage: „Weshalb also noch SA und SS?" zeigt, daß die Möglichkeit der Auflösung tatsächlich diskutiert wurde, und es ist nicht ausgeschlossen, daß Parteikreise daran beteiligt waren.

[335] Röhm zu Reichenau; *Zeugenschrifttum* (Anm. I/53), Nr. 44 (Gaertner), S. 4.

wichte umgekehrt verteilt sein als in Reichenaus Plan. Aber angesichts der Haltung Hitlers mußte er sein Fernziel zunächst zurückstellen und sich damit begnügen, der SA eine öffentlich-rechtliche Funktion, sei es als Miliz, sei es als besondere Kader des neuen Heeres, zu verschaffen.[336] Dies war der Hintersinn seiner Erklärung, die SA werde „neben der Reichswehr, nicht als ein Teil von ihr", stehen.

Auf dieser Basis war eine Einigung möglich, und sie ist auch bald zustande gekommen. Schon die Versuche mit Kurzausbildung, die am 1. April 1933 begannen, beruhten vermutlich auf Vereinbarungen mit der SA-Führung, und dementsprechend sind wohl die Anweisungen in den Befehlshaberbesprechungen vom Februar über ein verändertes Verhältnis zu den „Verbänden" als erste Anzeichen der beginnenden Zusammenarbeit anzusehen.[337] Am 17. Mai, dem Tage von Hitlers „Friedensrede" im Reichstag, wurde dann zwischen Reichswehr- und SA-Führung eine Übereinkunft erzielt, wonach die Landesschutz-Angelegenheiten im Prinzip in die Kompetenz der Wehrmacht gehören sollten, und Hitler sanktionierte das durch einen Geheimbefehl, der die „Verbände" (also SA, SS und Stahlhelm) in allen militärischen Fragen dem Reichswehrministerium unterstellte. Auch sollten sie nur mit Gewehren und Pistolen, aber nicht mit schweren Waffen ausgerüstet werden, und das auch nur in der für „Ausbildung" (also wohl die erwähnte Kurzausbildung) und „innere Aufgaben" (also den terroristischen Einsatz) erforderlichen Menge.[338] Zugleich muß zwischen Röhm und Reichenau verabredet worden sein, daß künftig die SA als Sammelbecken aller militärischen Tätigkeit außerhalb der Wehrmacht fungieren solle. Denn schon vor dem 17. Mai hatte – noch im Zuge und unter dem Deckmantel der politischen Gleichschaltung – die Überführung der gesamten privaten „Wehrbewegung", die bisher in viele Gruppen, Wehrverbände, Wehrsportorganisationen usw. zersplittert und vom Reichswehr- bzw. Innenministerium nur locker kontrolliert war, in die SA begonnen.

Der *Stahlhelm*, der schon Ende April durch Unterstellung unter Hitler gleichgeschaltet worden war, wurde am 21. Juni mit Teilen unter den Befehl Röhms und in der Folge schrittweise in die SA eingegliedert.[339] Alle übrigen Wehrverbände wurden, soweit sie noch bestanden, aufgelöst.[340] Bereits am 28. April wurde mit dem Gesetz über die Dienststrafgewalt der SA und SS auch die von Röhm geforderte Übertragung einer öffentlich-rechtlichen Funktion an die SA eingeleitet; sie wurde abgeschlossen mit den Bestimmungen über die SA-Gerichtsbarkeit im Gesetz über die Einheit von Partei und Staat vom 1. Dezember und der gleichzeitigen Ernennung Röhms zum Reichsminister ohne Geschäftsbereich.[341] Der Aufbau der neuen SA-Organisation wurde ergänzt durch die Ernennung des SA-Gruppenführers Hans v. Tschammer und Osten zum *Reichssportkommissar* im Reichsinnenministerium am 28. April und des

[336] Röhm zu Rauschning; Rauschning, *Gespräche*. . . (Anm. I/5), S. 143.

[337] Vgl. o. S. 797 (Kurzausbildung) und S. 726 (Befehlshaberbesprechung); vgl. General a. D. v. Böckmann, *Zeugenschrifttum* (Anm. I/53), Nr. 11, S. 3 f. (Ausbildung von SA-Führern in Döberitz durch Sperrle); s. auch u. S. 892 (Reiterausbildung ab 24. April 1933).

[338] Blomberg vor den Befehlshabern am 1. Juni 1933; *Liebmann-Notizen* (Anm. I/112), Bl. 53. Datum des Hitlerschen Geheimbefehls ist nicht bekannt, aber wahrscheinlich Anfang April im Zusammenhang mit Beginn der Aufrüstung oder am 17. Mai aus Anlaß der oben im Text zitierten Besprechung zwischen RWM und SA-Führung. Zur letzteren auch Keitel (Anm. I/17a), S. 53. – Zum Folgenden Vogelsang, „Der Chef. . ." (Anm. I/133): Beginn der Verhandlungen zur Übernahme des Reichskuratoriums im Mai.

[339] Mitteilung der Reichspressestelle der NSDAP vom 21. Juni 1933: *Dokumente*. . . (Anm. III/221), I, S. 73 f. Dazu Aufruf Hitlers vom 26. Juni 1933, *Horkenbach, 1933*, S. 264. – Zur weiteren Eingliederung u. S. 890 ff.

[340] Das Reichsbanner war schon am 4. März aufgelöst worden, *Horkenbach, a. a. O.*, S. 109; am 21. Juni Wehrwolf und Deutschnationaler Kampfring (zusammen mit der Eingliederung des Jungstahlhelms), *a. a. O.*, S. 258; Jungdo am 2. Juli, *a. a. O.*, S. 237, und Hornung (Anm. III/51). Der Wehrwolf wurde später teilweise auch in die SA übernommen; s. u. S. 892.

[341] *RGBl.*, I, 1933, S. 230; S. 1016. Die militärische Bedeutung des Gesetzes vom 28. April ergibt sich auch daraus, daß es vom Reichskabinett zusammen mit dem Gesetz über die Wiedereinführung der Militärstrafgerichtsbarkeit behandelt und verabschiedet wurde; vgl. *Schultheß, 1933*, S. 108.

unter dem Oberbefehl Röhms stehenden Hitlerjugend-Führers Baldur v. Schirach zum *Reichsjugendführer* am 17. Juni. Der eine sollte die „deutsche Sportbewegung" gleich-schalten, der andere die in zahllose Bünde zersplitterte Jugendbewegung in eine straff militarisierte Jugendorganisation umformen, und beide sollten die vormilitärische Jugendertüchtigung betreiben. [342]

Auch die Erfassung der Studenten war bereits eingeleitet worden, wobei wiederum zunächst mehrere konkurrierende Gruppen auftraten: der *NS-Studentenbund* (NS-DStB) unter Führung von Oskar Stäbel, die *Deutsche Studentenschaft* und die SA. Stäbel schlug sich auf die Seite der SA und befahl bereits am 5. März die Teilnahme aller Mitglieder seines Bundes am SA-Dienst; am 23. März wurde er als „Referent für Studentenlehrstürme und verwandte Gebiete" dem Stab der Obersten SA-Führung zugeteilt. [343] Doch das Rennen machte zunächst nicht er, sondern mit Hilfe des Reichs-innenministeriums der Führer der *Deutschen Studentenschaft,* Gerhard Krüger, dessen Verband in der im ganzen Reich nachgeahmten *Preußischen Studentenrechts-Verord-nung* das alleinige Vertretungsrecht aller deutschen Studenten und damit auch die Kompetenz für die Wehrausbildung zugeteilt erhielt. [344] Die Folge war, daß das *Aka-demische Wissenschaftliche Arbeitsamt* (AWA), das als Gemeinschaftsgründung aller studentischen Verbindungen seit 1931 die Wehrsport-Ausbildung der Studenten aus eigenen Mitteln („Wehrpfennig" der Korporationen) betrieb, [345] aufgelöst und aus seinen Einrichtungen und z. T. auch aus seinem Personal am 1. April das *Amt für Wehrdienst* in der Zentrale der *Deutschen Studentenschaft* aufgebaut wurde. [346]

Die endgültige Regelung aller dieser Fragen ist dann auf der Führertagung der SA und SS erfolgt, die in Anwesenheit Hitlers vom 1. bis 3. Juli in Bad Reichenhall statt-fand und an der eine Abordnung von Stahlhelm-Führern mit Seldte an der Spitze und insgeheim auch General v. Reichenau teilnahmen. [347] Offizieller Anlaß war die Unterstellung des Stahlhelms unter den Befehl Röhms, die durch ein entsprechendes

---

[342] Reichssportkommissar: Rede Fricks auf der Konferenz der Kultusminister der Länder am 9. Mai 1933; *Dokumente.* . . (Anm. III/221), I, S. 334; *Horkenbach, 1933,* S. 191 (Ernennung); Rede v. Tschammer und Ostens auf dem Kongreß des Reichsbundes für Leibesübungen am 27. Juli 1934 über Aufgaben und Ziele in: *Das Archiv. Nachschlagewerk für Politik, Wirtschaft, Kultur,* Jg. 1934/35, August 1934, S. 750 f. – Reichsjugendführer: Ver-fügung Hitlers vom 17. Juni 1933, in: *Dokumente.* . ., *a. a. O.,* S. 73. Anfangs war auch hier das Reichskuratorium für Jugendertüchtigung eingeschaltet worden; vgl. die Rede Fricks auf der Konferenz der Kultusminister am 9. Mai (*a. a. O.*): Die Erziehung zur Wehrhaftigkeit müsse schon in der Schule beginnen; dafür kämen vor allem die Geländesport-Lehrgänge des Reichskuratoriums in Frage; *Dokumente.* . ., *a. a. O.,* S. 334.

[343] Befehl Röhms, Oberste SA-Führung, II, Nr. 745/33 vom 23. März 1933 (in Form eines Schreibens an Baldur v. Schirach); *Doc. C.,* 43/II. Befehl Oskar Stäbels vom 29. November 1933 (mit Bezugnahme auf Befehl vom 5. März 1933), *Völkischer Beobachter,* Nr. 334 vom 30. November 1933; vgl. *Deutsche Corpszeitung* 50 (1933/34), S. 271.

[344] *Deutsche Corpszeitung, a. a. O.,* S. 35 ff., und *Zentralblatt für die gesamte Unterrichtsverwaltung in Preußen,* 1933, S. 117 ff.

[345] Zur Entstehung des AWA: Hans Kops, „Das Akademische Wissenschaftliche Arbeitsamt (AWA), die Wehr-sportorganisation der deutschen Studentenschaft. Seine Entstehung und Organisation", in: *Deutsche Corpszeitung* 49 (1932/33), S. 161 ff., und 48 (1931/32), S. 305 ff. (Wehrsport-Sondernummer). – Das Ausmaß dieser bisher weit-gehend unbekannten studentischen Wehrsporttätigkeit war recht erheblich; der darin führende Verband, die *Deutsche Burschenschaft,* besaß ein eigenes Fliegerlager und eigene Flugzeuge; sie nahm mit einer eigenen Mann-schaft am Deutschland-Flug 1933 teil und erhielt den 2. Preis. In den Sommerferien 1933 war sie in der Lage, bei ihren Übungen zwei selbstgebaute Funkstationen mit Gegenstationen zu verwenden; vgl. *a. a. O.,* 50 (1933/34), S. 156 und S. 131.

[346] *Beiblatt der Deutschen Corpszeitung* 50 (1933/34), Nr. 2, S. 21 (Rundschreiben des AWA Nr. 215 vom 10. April 1933); *Deutsche Corpszeitung* 50 (1933/34), S. 99 (Sitzung des Wehrsportausschusses des Kösener SC am 23. April 1933); *a. a. O.,* S. 39 ff. (Bacmeister, „Werkjahr und Wehrsport"). – Der Leiter der AWA, Dipl.-Ing. Otto Schwab, wurde Leiter des neuen Amtes.

[347] *Schultheß, 1933,* S. 167 f.; vgl. auch *Deutsche Reichsgeschichte.* . . (Anm. III/193), IV, S. 657 ff., und *Horken-bach, 1933,* S. 270. Zur Teilnahme Reichenaus s. dessen Brief an Lt. a. D. Richard Scheringer vom 15. Juli 1933; abgedr. in: Richard Scheringer, *Das große Los unter Soldaten, Bauern und Rebellen,* Hamburg 1959, S. 283; be-stätigt durch Brief Scheringers an Wolfgang Sauer vom 6. Dezember 1959. Ferner Keitel (Anm. I/17a), S. 53.

Treuebekenntnis Seldtes symbolisiert wurde und für die Hitler in einem Befehl vom
4. Juli die näheren Richtlinien gab. [348] Sie war jedoch nur ein Teil der Vereinbarungen,
durch die jetzt die neue Stellung der SA als einer Dach- und Rahmenorganisation zur
militärischen Erfassung der gesamten männlichen Bevölkerung außerhalb der Wehrmacht besiegelt wurde. Das kam vor allem zum Ausdruck in der Ernennung des SA-
Obergruppenführers Friedrich-Wilhelm Krüger zum *Chef des Ausbildungswesens,* der
in Zusammenarbeit mit der Wehrmacht eine Organisation von Schulen zur vormilitärischen Ausbildung aufbauen sollte; er erhielt von Hitler den Auftrag, innerhalb
eines Jahres 250 000 SA-Führer und -Männer so auszubilden, daß sie der Reichswehr
im Ernstfalle zur Verfügung ständen. [349] Darüber hinaus erhielt Krüger auch die Leitung des studentischen Wehrsports übertragen, [350] während die sogenannte *Jugendertüchtigung* nach einer vermutlich ebenfalls in Reichenhall vorbereiteten grundsätzlichen Anordnung Hitlers vom 12. Juli dem Reichsjugendführer und dem Reichssportkommissar gemeinsam übertragen wurde. [351] Neben den Ausbildungsaufgaben wurde
die SA aber auch schon unmittelbar an der Landesverteidigung beteiligt. Am 1. Juli
erließ Hitler die hier schon berührten Weisungen für die Vorbereitung der Reichsverteidigung, [352] in denen offenbar die Eingliederung der SA in die Ende Juni umgebaute
Grenzschutz-Organisation [353] als Vorstufe für den Aufbau einer Miliz geregelt wurde.
Das betraf hauptsächlich die SA-Einheiten an der Ostgrenze, die damit Zugang zu
den Grenzschutz-Waffenlagern erhielten und durch das Grenzschutz-Personal ausgebildet wurden. Die Beteiligung der SA an der Grenzsicherung West im entmilitarisierten Rheinland (zusammen mit Polizei und Zollschutz) wurde anscheinend zunächst
nur prinzipiell entschieden; die Ausführung scheint bedeutend verzögert worden zu
sein. [354]

Mit diesen Maßnahmen waren die Schlüsselpositionen für das System der totalen
Mobilmachung besetzt, wobei deutlich das Ineinandergreifen dreier Prozesse erkennbar
ist: das Bestreben der militärischen Führung zur totalen Wehrhaftmachung der Nation,
die Politik der totalen Gleichschaltung von Staat und Gesellschaft unter nationalsozialistischen Vorzeichen und der Versuch Röhms und der SA-Führung, sich innerhalb
des entstehenden Herrschaftsapparates durch Ansammlung von Machtstellungen und
Einflußzonen die dominierende Position zu erkämpfen. Das hat die Entwicklung der
totalen Mobilmachung zweifellos intensiviert und beschleunigt, aber die damit verbundenen antagonistischen Herrschaftstendenzen verschärften auch die inneren Spannungen. Wenn daher hier von „endgültigen" Regelungen gesprochen worden ist, so
ist das nur *cum grano salis* zu verstehen, und es muß offengelassen werden, wieweit
die Beteiligten selbst an die Haltbarkeit ihrer Vereinbarungen glaubten. Was Hitler
betrifft, so hatte er zwar die Unterstellung der SA unter die militärische Kontrolle

[348] *Deutsche Reichsgeschichte. . .,* a. a. O., IV, S. 659 (zu Seldte); Duesterberg (Anm. I/138), S. 67; Aussage
Gruß, *IMT* (Anm. I/55), XXI, S. 125 (Befehl Hitlers).

[349] Aktennotiz Krügers vom 5. Juli 1933, *IMT,* a. a. O., XXIX, S. 3. Vgl. auch die Darstellung der Chef AW-
Organisation bei Absolon (Anm. I/232), S. 73 f., die aber den Entwurfscharakter vieler der zitierten Dokumente nicht
beachtet und daher ein zu „fertiges" Bild der Verhältnisse zeichnet. Besser Vogelsang, „Der Chef. . ." (Anm. I/133).

[350] Aktennotiz Krügers vom 5. Juli 1933, a. a. O., und Aktenvermerk vom 8. Juli 1933, *IMT,* a. a. O., S. 2;
vgl. S. 8.

[351] Aktennotiz Krügers vom 15. Juli, a. a. O., S. 4; Inhalt nicht bekannt; wie aus der Regelung der Etatfrage
zu schließen ist (darüber s. u. S. 894), war vermutlich Oberaufsicht des Chefs AW vorgesehen; vgl. Absolon (Anm.
I/232), S. 73. – Im Zusammenhang damit scheint auch die Ernennung des Reichssportkommissars zum *Reichssportführer* am 19. Juli 1933 erfolgt zu sein; vgl. *Das deutsche Führerlexikon. . .* (Anm. III/13), S. 498.

[352] Vgl. o. S. 797; Castellan.(Anm. I/79), S. 400.

[353] *A. a. O.,* S. 399.

[354] Befehlshaberbesprechung vom 5. Juli 1934 (Aufzählung der nach der Röhm-Affäre eingestellten Maßnahmen);
dito vom 2. Februar 1934; *Liebmann-Notizen* (Anm. I/112), Bl. 95 ff.; Bl. 72. Ausführlich u. S. 938 ff.

der Reichswehr sanktioniert, aber der Zwang zur Geheimhaltung erlaubte es ihm nach wie vor, die militärische Verwendung der SA öffentlich zu leugnen und sich auf die unverbindliche Erklärung zurückzuziehen, die Wehrmacht solle der „Waffenträger" und die SA der „politische Willensträger der Nation" sein, die eine die militärische, die andere die politische Erziehung des Volkes übernehmen. [355]

Die Reichswehrführung ihrerseits hatte Vertrauen zu Hitler, und sie war im allgemeinen auch hoffnungsvoll hinsichtlich der Zusammenarbeit mit der SA. Freilich zielte sie dabei noch immer auf die alte Schleichersche Idee, die schwarzen von den weißen Schafen zu sondern. [356] Das betraf hauptsächlich das SA-Führerkorps, das, zusammengesetzt aus deklassierten ehemaligen Offizieren und schnell avancierten Parvenus, großenteils korrupt und überwiegend bedenkenlos ehrgeizig war, wobei sich die Ressentiments der ehemaligen Offiziere und die Minderwertigkeitskomplexe der Parvenus zu einer hochexplosiven Mischung verbanden. Wenn die Reichswehr diese Elemente nicht übernehmen wollte, so ist das nur zu verständlich; allein die Einsicht, daß die am schwersten belasteten SA-Führer wegen ihrer weithin bekannten Schwächen bei ihren Leuten wenig Autorität genossen, [357] mußte davon abraten. Aber ein derartiger Reinigungsversuch richtete sich nicht, wie die Offiziere glaubten, gegen irgendwelche „Auswüchse", sondern gegen den Kern des Systems. Nur mit einem solchen Führerkorps war es möglich gewesen, die SA als Terrorinstrument einzusetzen; es zu reinigen hieß, die Entwicklung der SA zu einer totalen Gewaltorganisation, die nach den Ansätzen in der Kampfzeit soeben eine starke Akzentuierung im Sinne des Terrorinstruments erfahren hatte, aufzuhalten und die Integration von terroristischen und militärischen Funktionen wieder aufzulösen. Daß Röhm seit Sommer 1933 eine Schwenkung in Richtung auf seine militärischen Ziele vornahm, während zugleich die SS unauffällig, aber unbeirrbar in den Bereich der Polizeifunktionen eindrang, [358] könnte freilich als beginnender Spezialisierungsprozeß gedeutet werden, der Reichenaus Absichten entgegenkam; doch die Tatsachen zeigen, daß sowohl Röhm wie Himmler nur eine Schwerpunktverlagerung vornahmen, also in beiden Fällen nur eine Teilung der *Macht*, nicht der *Funktionen* erstrebt wurde. Bei der SA tritt das in der Verleihung des öffentlich-rechtlichen Status deutlich hervor, der ja nicht nur die Ausstattung der SA-Führung mit jener Dienststrafgewalt ermöglichen sollte, die sie für ihre militärischen Aufgaben um so weniger entbehren konnte, als diese noch immer unter Geheimhaltungszwang standen; er diente, wie oben dargelegt wurde, zugleich auch der juristischen Abschirmung des SA-Terrors und damit der Institutionalisierung des Terrorsystems. [359] Noch in der Dienststrafordnung, die Röhm der inzwischen zu einer großen Armee ausgebauten SA am 12. Dezember gab, definierte er lapidar: „Als Recht gilt, was der Bewegung nützt; als Unrecht, was ihr schadet." [360] Im übrigen hatte er bereits im Frühjahr 1933 begonnen, sich in Gestalt der *SA-Feldpolizei* ein eigenes Polizeiinstrument aufzubauen, das alsbald unter dem Vorwand, Ausschreitungen von SA-Angehörigen zu bekämpfen, mit den eigenen Leuten nicht weniger

[355] Mehrfach wiederholt: Rede an die SA in Kiel, 7. Mai; Rede im Reichstag, 17. Mai; Rede auf der SA-Führertagung in Reichenhall, 1./3. Juli; Rede im Rundfunk zum Austritt aus dem Völkerbund, 14. Oktober; *Schultheß, 1933*, S. 123; S. 134; S. 168; S. 223 f.

[356] Vgl. o. Anm. I/50 und *Zeugenschrifttum* (Anm. I/53), Nr. 44, S. 4 (Gaertner).

[357] *A. a. O.*, S. 20 ff. (bezüglich Heines).

[358] Das Verhältnis zwischen SA und SS scheint noch nicht deutlich geklärt gewesen zu sein. Nach Gaertner, *a. a. O.*, S. 5, erklärte Reichenau, der Chef AW habe an der SS kein Interesse. Vgl. aber den Vermerk Röhms vom 19. März 1934, in dem dem Chef AW die Aufsicht über die militärische Ausbildung der SS übertragen wurde; *IMT* (Anm. I/55), XXXI, S. 163.

[359] Vgl. o. S. 878 f. Ein Beispiel für die Vermischung der Funktionen ist, daß die Abteilung I C der SA-Gruppe III, Berlin-Brandenburg, die in ihrem Bereich die Terrorkampagne geleitet hatte (s. o. S. 872), zugleich auch die Leitung der Nachrichten-Einheiten der SA-Gruppe III hatte; Engelbrechten (Anm. I/134), S. 273.

[360] *IMT* (Anm. I/55), XXXI, S. 161.

willkürlich und barbarisch verfuhr als diese mit ihren Gegnern.[361] Und was Himmler betrifft, so ist bekannt, daß er 1933 nicht nur die Eroberung der Politischen Polizei betrieb, sondern auch bereits die Keimzelle der späteren Waffen-SS schuf.[362]

Reichenau war weit davon entfernt, diese Zusammenhänge zu durchschauen, aber er war immerhin vorsichtig genug, die Möglichkeit eines Mißerfolges ins Auge zu fassen. Es muß ihm schon bald bewußt geworden sein, daß dann keine Alternative mehr blieb als die gewaltsame Auseinandersetzung, und er scheint entschlossen gewesen zu sein, auch diese Konsequenz rücksichtslos zu ziehen. Sollte die Zusammenarbeit mit der SA scheitern, so erklärte er einem Bekannten vieldeutig, „werden wir noch mit großen Schwierigkeiten zu rechnen haben", und er wies den Betreffenden, der als Ausbilder zur SA gehen sollte, an, auftretende Gefahren sofort zu melden, und fügte hinzu, „die entsprechenden Maßnahmen würden dann schon getroffen werden".[363]

Von Röhm schließlich ist am wenigsten zu erwarten, daß er sein Fernziel aus den Augen verlor, aber freilich konnte er mindestens zunächst kein Interesse an gewaltsamen Schritten haben, hatte er doch durch die Abmachungen mit der Reichswehr eine sehr günstige taktische Position gewonnen. Gelang es ihm, den geplanten Ausbau der SA zu vollenden, so kontrollierte er die gesamte wehrfähige Bevölkerung außerhalb der Reichswehr, übte über den Chef AW und den Reichsjugendführer Einfluß auf die Jugendertüchtigung aus und profitierte von der Ausbildungtätigkeit der Reichswehr, durch die die zahlenmäßige Überlegenheit der SA je länger je mehr ins Gewicht fallen mußte. Zwar hatte Hitler der Reichswehr das Weisungs- und Aufsichtsrecht zuerkannt, aber nur für das Gebiet der Landesverteidigung. Das erlaubte Röhm, sich unter Berufung auf den ranghöheren politischen Gleichschaltungs-Gesichtspunkt der militärischen Kontrolle zu entziehen; auch bot ihm der Geheimhaltungszwang, der ihn auf der einen Seite an der öffentlichen Anmeldung seiner Ansprüche hinderte, auf der anderen die Möglichkeit zu einem Doppelspiel, in dem er seine Unterführer veranlassen konnte, den Geheimbefehlen Hitlers „aus Unkenntnis" zuwiderzuhandeln. So hatte sich denn Blomberg auch gezwungen gesehen, die Befehlshaber im Falle von „Schwierigkeiten bei der Durchführung" auf Selbsthilfe zu verweisen.[364]

Allerdings bestand Röhms Machterweiterung zunächst nur in papierenen Titeln; er selbst mußte sie erst in konkrete Befehlsgewalt umsetzten, mußte versuchen, die Kräfte, die ihm durch Hitlers Befehl und die Konzessionen der militärischen Führung unterstellt worden waren, auch wirklich unter seine Kontrolle zu bringen. Die schwierigsten Aufgaben waren ohne Zweifel die Eingliederung des Stahlhelms und die Sicherung der Kontrolle über den Chef AW. Der *Stahlhelm* überstieg mit einer Million Mitgliedern die Stärke der nur 500 000 Mann zählenden SA um rd. das doppelte[365] und durfte überdies als eine durch Tradition und straffe Organisation festgefügte Gruppe

[361] Diels (Anm. I/144), S. 255 f.; Engelbrechten (Anm. I/134), S. 278; vgl. Buchheim in: *Gutachten.* . . (Anm. III/216), S. 355 ff.

[362] Buchheim, „Die SS. . ." (Anm. III/49), S. 139 f. (mit der Literatur). Diese paramilitärischen Verbände beschränkten sich nicht nur auf die am 17. März 1933 gegründete Berliner „Stabswache" Hitlers, die spätere *Leibstandarte SS Adolf Hitler;* die Oberabschnitts-Führungen der SS stellten 1933 auch in ihrem Bereich ohne staatliche Hilfe sogenannte „Politische Bereitschaften" bzw. „SS-Kommandos z. b. V." auf; vgl. auch Paul Hausser, *Waffen-SS im Einsatz,* Göttingen 1953, S. 9 f.

[363] Gaertner in: *Zeugenschrifttum* (Anm. I/53), Nr. 44, S. 5. Nach Angaben Gaertners soll das Gespräch im November 1933 stattgefunden haben.

[364] Befehlshaberbesprechung vom 1. Juni 1933, *Liebmann-Notizen* (Anm. I/112), Bl. 53. Vgl. *Zeugenschrifttum* (Anm. I/53), Nr. 11, S. 4 (Böckmann).

[365] Zahlenangaben für Stahlhelm: Aussage Gruß, *IMT* (Anm. I/55), XXI, S. 141 f.; Jüttner, *a. a. O.,* S. 145 (übereinstimmend). – Für SA: s. o. S. 853 und Castellan (Anm. I/79), S. 348. Vgl. aber Jüttner, *ebda.,* der die SA 1933 nur auf 300 000 Mann schätzte.

gelten; seine Überführung in die SA konnte deren Charakter und Führung unter Umständen nachhaltig beeinflussen. Im Falle des Chefs AW lag die Gefahr für Röhm in den von der Armee gestellten Aufsichts- und Instruktionsoffizieren; wenn es ihnen gelang, das Heft in die Hand zu bekommen, wurde aus der SA-Ausbildungsorganisation ein Kontrollapparat der Reichswehr über die SA. Wenn, was wahrscheinlich ist, der Plan Reichenaus auf derartigen Kalkulationen beruhte, so erwies er sich indessen als eine Fehlrechnung. In beiden Fällen stellte sich heraus, daß der politische Prozeß der Gleichschaltung stärker war als der militärische der Wehrhaftmachung, wobei Röhms Ehrgeiz und Organisationstalent dem ersteren noch zugute kamen. Die Überführung des Stahlhelms war sogar ein technisches Meisterstück, das einer besseren Sache wert gewesen wäre. Der Sieg der Nationalsozialisten und die äußeren Erfolge der Regierung Hitler hatten, wie auf alle konservativen Kreise, auch auf die Stahlhelm-Mitglieder ihre Anziehungskraft nicht verfehlt und zu den hier schon geschilderten Spannungen geführt, [366] die durch den Zustrom von Reichsbanner- und KPD-Angehörigen zum Stahlhelm in den ersten Monaten 1933 noch verschärft wurden; [367] Mitte 1933 war die so imponierende äußere Geschlossenheit des Bundes bereits stark gelockert.

Diesen Umstand machten sich Hitler und Röhm zunutze, indem sie für die Überführung des Stahlhelms ein schrittweises Verfahren wählten. Der Stahlhelm bestand 1933 aus drei Teilen: dem *Kernstahlhelm*, in dem die ehemaligen Frontkämpfer zusammengeschlossen waren; dem *Jungstahlhelm* mit den *Sporteinheiten*, die den wehrfähigen Nachwuchs umfaßten, und der Jugendorganisation *Scharnhorst*. [368] Die Vereinbarung vom 21. Juni hatte vorgesehen, daß der Kernstahlhelm unter Seldtes Führung selbständig bleiben, der Jungstahlhelm dem Befehl Röhms unterstellt und der Scharnhorst-Bund in die HJ eingegliedert werden sollten. Aber nachdem Seldte und die Stahlhelmführer im festlichen Rahmen der Reichenhaller Tagung seelisch präpariert worden waren, befahl Hitler jetzt, daß „der gesamte Stahlhelm . . . der Obersten SA-Führung" unterstellt werden und Seldte den Gesamtverband neu gliedern sollte. Danach wurde der *Wehrstahlhelm* gebildet; er trat direkt unter den Befehl der SA-Führung und umfaßte alle Stahlhelm-Mitglieder zwischen dem 18. und 35. Lebensjahr; der Rest des Kernstahlhelms dagegen mit den Stahlhelmangehörigen über 35 Jahre blieb zwar unter dem Befehl Seldtes, [369] der aber selbst durch Ernennung zum SA-Obergruppenführer am 26. Juli in die Oberste SA-Führung aufgenommen wurde. [370] Dabei war dem Wehrstahlhelm zugesichert worden, daß er eigene Formationen, Uniformen, Fahnen und Führer behalten dürfe. [371] Aber am 2. August erging ein neuer Befehl Röhms, der die Eingliederung des Wehrstahlhelms in die SA-Gruppen und die Anpassung an die SA-Organisation usw. anordnete. [372]

Der nächste Schlag wurde wiederum festlich eingeleitet. Am 23. und 24. September fand als Ersatz für den jährlichen Stahlhelm-Massenaufmarsch, den man jetzt wohlweislich vermied, eine Stahlhelm-Führer-Tagung in Hannover statt, auf der Seldte erneut ein überschwengliches Treuegelöbnis ablegte und Hitler seine übliche Einigungs-Beschwörung à la „Tag von Potsdam" wiederholte, nicht ohne bei den Hörern Ein-

[366] Vgl. o. I. Teil, S. 206 f., und III. Teil, I. Kap., 3. Abschnitt.

[367] Duesterberg (Anm. I/138), S. 45; S. 62.

[368] A. a. O., S. 67; Gruß, *IMT* (Anm. I/55), XXI, S. 125. Dazu und zum Folgenden auch Buchheim in: *Gutachten. . .* (Anm. III/216), S. 370 ff. (der allerdings nur die politischen, nicht die militärischen Aspekte des Vorgangs berücksichtigt).

[369] Buchheim, *a. a. O.*, S. 371 f.; vgl. Gruß, *a. a. O.*, S. 125; Duesterberg (Anm. I/138), S. 67.

[370] *Schultheß, 1933*, S. 186.

[371] Gruß, *IMT* (Anm. I/55), XXI, S. 125.

[372] Duesterberg (Anm. I/138), S. 67; Engelbrechten (Anm. I/134), S. 277.

druck zu hinterlassen. [373] Die Quittung dafür war zunächst ein Befehl Röhms, wonach
die volle Eingliederung des Wehrstahlhelms bis 31. Oktober abzuschließen sei und
der Name „Stahlhelm" fortan nur noch vom Kernstahlhelm geführt werden dürfe,
der als eigene Gliederung neben SA und SS trete. [374] Dann folgte der Hauptschlag:
Am 6. November erließ Röhm eine Verfügung zur Umgliederung der SA, in der die
Aufstellung einer SA-Reserve I und einer SA-Reserve II neben der „eigentlichen oder
Aktiven SA" angeordnet wurde, wobei die SA-Reserve I aus dem bisher noch halb
selbständigen Kernstahlhelm und die SA-Reserve II aus dem *Kyffhäuserbund* und
einer Reihe sonstiger Verbände, „die sich dem Befehl der Obersten SA-Führung unterstellt haben", gebildet werden sollte. [375] Als künftige Normal-Einteilung befahl Röhm,
daß die aktive SA alle SA-Leute vom 18. bis 35. Lebensjahr, die SA-Reserve I diejenigen vom 36. bis 45. Lebensjahr und die SA-Reserve II alle älteren umfassen sollte;
aber er fügte hinzu, daß einstweilen keine Überweisung aus der aktiven SA in die
Reserve-Einheiten erfolgen sollte. [376] Er wollte also nur den Kernstahlhelm und die
sonstigen paramilitärischen Verbände unter seine Kontrolle bringen, die SA der
Kampfzeit aber vorläufig noch geschlossen beisammen halten. Ende November wurde
dann auch die Angleichung von Gliederung und Uniformierung der Stahlhelm-Einheiten der SA-Reserve I befohlen [377] und Ende Januar 1934 zum Abschluß gebracht; [378] entsprechende Maßnahmen für die SA-Reserve II sind nicht mehr zur Ausführung gekommen. [379] Als Abschluß des gesamten Aufbaus erließ Röhm am 12. Dezember 1933 eine Allgemeine Dienstordnung für die SA. [380]

So war der mächtige Frontsoldaten-Bund von seinem weitaus schwächeren Rivalen
durch ein raffiniertes Zusammenspiel von Hitlers Hypnose-Kunststücken und Röhms
organisatorischer Aufteilungstaktik innerhalb eines halben Jahres überwältigt worden
– eine Leistung, die um so beachtenswerter ist, als die SA gleichzeitig noch eine sehr
erhebliche Zahl an Neuzugängen aus anderen Kreisen in sich aufnahm. Bereits am
24. April waren die 60 000 Mitglieder der ländlichen Reitervereine in die SA übernommen und einem „Inspekteur der SA- und SS-Reiterei" unterstellt worden; [381]
Mitte August folgte z. B. in Berlin noch der dortige *Wehrwolf*, Mitte September die
Luftschutzstaffeln der *Deutschen Luftwacht*, die jetzt SA-Luftschutzstürme bildeten;
Ende des Monats wurde in Berlin die durch starken Zustrom aus Wassersportkreisen

---

[373] *Schultheß, 1933*, S. 213; vgl. *Horkenbach, 1933*, S. 413 f.; Duesterberg, *a. a. O.*, S. 63 (Aufruf Seldtes) und
S. 66 (Eindruck von Hitlers Rede auf die Hörer).

[374] Befehl Röhms vom 24. September; abgedr. bei Duesterberg, *a. a. O.*, S. 67 f. (Duesterberg datiert, vermutlich irrtümlich, den Befehl auf den 28. September; vgl. Rühle, Anm. III/30, S. 201). Vgl. auch Engelbrechten
(Anm. I/134), S. 279 (Umgliederung der Berliner SA im Oktober wegen Aufnahme des Stahlhelms).

[375] *IMT* (Anm. I/55), XLII, S. 214 (Auszug); vgl. Gruß, *a. a. O.*, XXI, S. 125; Buchheim in: *Gutachten. . .*
(Anm. III/216), S. 372 f.; Duesterberg (Anm. I/138), S 68. Bei den sonstigen Verbänden handelte es sich um
Offiziers- und Regiments-Vereine, Waffenringe, Marine- und Kolonialverbände usw.

[376] Die SA hatte bis 1933 bereits eigene Reserve-Einheiten aufgestellt. Sie blieben jetzt zunächst bei der
„aktiven SA". Am 2. Februar 1934 wurden aber auch sie mit der SA-Reserve I vereinigt und unmittelbar der
Obersten SA-Führung unterstellt; der bisherige Führer der SA-Reserve I, der ehemalige Stahlhelmführer v. Stephani,
wurde „zur Verfügung der Obersten SA-Führung gestellt"; *Schultheß, 1934*, S. 60. Durchführung in den unteren
Instanzen aber erst Mai 1934; Engelbrechten (Anm. I/134), S. 292.

[377] *Horkenbach, 1933*, S. 600.

[378] Gruß, *IMT* (Anm. I/55), XXI, S. 125 f. (24. Januar 1934); Duesterberg (Anm. I/138), S. 68 (25. Januar);
Engelbrechten (Anm. I/134), S. 287; vgl. Buchheim in: *Gutachten. . .* (Anm. III/216), S. 373. – Für Seldte richtete
Röhm ein *Quartiermeisteramt* in der Obersten SA-Führung ein: Befehl vom 24. Januar 1934, *Doc. C.*, 43/II.

[379] Duesterberg, *ebda.*; Gruß, *a. a. O.*, S. 125; vgl. auch Buchheim, *a. a. O.*, S. 377 ff. – Als Anfang scheint –
wiederum nach der Methode des festlichen Appells – die Teilnahme Röhms an der Reichsgründungsfeier des Kyff-
häuserbundes am 14. Januar 1934 gedacht gewesen zu sein; *Schultheß, 1934*, S. 14. Vgl. Befehl Oberst a. D. Rein-
hards in: *Völkischer Beobachter*, Nr. 334 vom 30. November 1933.

[380] *IMT* (Anm. I/55), XXXI, S. 160 ff. (Auszug).

[381] Engelbrechten (Anm. I/134), S. 271. Der Inspekteur begann alsbald einen „sehr ausgedehnten Schulungs-
betrieb", und zwar hauptsächlich „im Anschluß an die einzelnen Kavallerie-Regimenter des Reichsheeres".

angewachsene Marine-SA einer *SA-Marinebereichführung Berlin-Brandenburg* unterstellt usw. [382] Wie ein riesiger Moloch fraß die SA alles, was an Wehrverbänden und privaten oder halboffiziellen Wehrsportorganisationen in Deutschland vorhanden und nur halbwegs militärisch brauchbar war, in sich hinein. Röhms Streitmacht war dadurch, rechnet man nur die aktive SA, auf rd. 1 Million Mann angewachsen; mit den Reserve-Verbänden soll sie sogar 4½ Millionen Mann betragen haben. [383] Hier wurde Röhms Nahziel sichtbar; er wollte zeigen, was er könne, wollte namentlich die „alten Schuster" von Reichswehr-Generalen bei Hitler ausstechen, indem er ihm innerhalb kürzester Frist ein nationalsozialistisches Massenheer auf die Beine stellte und ihm bewies, wer der „neue Scharnhorst" sei. Nichtsdestoweniger war der militärische Wert dieser bunt zusammengewürfelten Heerhaufen sehr fraglich, und Röhm selbst wird sich darüber kaum Täuschungen hingegeben haben. Unter normalen Verhältnissen zwar durfte die Kontrolle der SA-Führung über ihre Truppenmassen als gesichert gelten, aber wie es damit in einer innenpolitischen Konfliktsituation bestellt sein würde – um vom Krieg ganz zu schweigen –, war doch sehr ungewiß. [384] Um so dringender war für Röhm die Aufgabe, jeden leitenden Einfluß der Reichswehr auf die SA auszuschalten. Wenn es jetzt dem Reichswehrministerium gelang, durch seine Instruktionsoffiziere die Organisation des Chefs AW in die Hand zu bekommen und Kontakt mit den Stahlhelm-Einheiten herzustellen, so konnte eine Zusammenarbeit der konservativen Kräfte in der SA entstehen, die die alte SA majorisieren mußte. Auf der anderen Seite war dies gerade das strategische Ziel Reichenaus, [385] und so wurde der Kampf um die Krügersche Ausbildungsorganisation jetzt zum Zentrum der Auseinandersetzung zwischen Reichswehr und SA.

Reichenau wollte sein Ziel erreichen, indem er erstens dem SA-Führer Krüger einen aktiven Offizier als Stabschef beigab, zweitens Einfluß auf Krügers Personalchef nahm, um die leitenden Stellen möglichst mit seinen Vertrauensleuten zu besetzen, und drittens den Etat der Organisation unter die Kontrolle des Reichswehrministeriums brachte. Außerdem sollten aktive Offiziere als Verbindungsoffiziere in die höheren Stäbe der SA versetzt werden, um dort als Kontrolleure und Horchposten des Reichswehrministeriums zu dienen. In den Verhandlungen über den Aufbau des AW-Apparats, die Anfang Juli, unmittelbar nach der Reichenhaller Tagung begannen, hat Reichenau sich jedoch nicht voll durchsetzen können. In der Frage des Stabschefs scheint er sich zunächst mit Anfangserfolgen zufrieden gegeben zu haben; der dafür vorgesehene Hauptmann v. Bernuth erhielt nach dem Vorschlag Krügers und mit Einverständnis des Reichswehr-Vertreters zunächst nur die Aufgabe, die Richtlinien für die vormilitärische Ausbildung in den Lagern und Schulen auszuarbeiten und die technischen Vorbereitungen für die Waffenausbildung zu treffen. [386] In der Personalfrage scheint Reichenau mehr Erfolg gehabt zu haben. Jedenfalls gewann er Einfluß auf den Personalchef Krügers und vermochte dadurch seine Vertrauensleute in vielen leitenden Posten unterzubringen; in Schlesien z. B. waren die Leiter der Schulen ehemalige Offiziere des ersten Weltkrieges, und als Stabsleiter der dortigen Organisa-

---

[382] *A. a. O.*, S. 277. – Der Wehrwolf trat am 24. Oktober insgesamt zur SA über; *Völkischer Beobachter*, Nr. 328 vom 24. Oktober 1933.

[383] Aktive SA: 500 000 Mann, Januar 1933, + 314 000 Mann Wehrstahlhelm (Duesterberg, Anm. I/138, S. 68) + ca. 150 000 Mann direkte Zugänge (Schätzung des Verf.; vgl. Jüttner, *IMT*, Anm. I/55, XXI, S. 152), zusammen 964 000 Mann. Die Gesamtzahl, also einschließlich der verschiedenen Reserve-Einheiten, ist errechnet nach *IMT, a. a. O.*, S. 145 f.

[384] Vgl. dazu die Erörterungen über die Rechtslage bei Buchheim in: *Gutachten...* (Anm. III/216), S. 373 ff.

[385] Vgl. Krosigk (Anm. I/74), S. 180 f. über die „Kriegslist" Seldtes, die SA durch den Stahlhelm zu unterwandern. Es ist kaum zweifelhaft, daß Reichenau sich von ähnlichen Gedanken leiten ließ; vielleicht haben sogar Abreden zwischen beiden bestanden.

[386] Aktennotiz Krügers vom 5. Juli 1933, *IMT* (Anm. I/55), XXIX, S. 2.

tion wurde ein Kriegskamerad Reichenaus eingesetzt. Er erhielt den bezeichnenden Auftrag, eng mit dem Abwehroffizier der Heeresdienststelle Breslau (Vorläufer des schlesischen Divisionskommandos) zusammenzuarbeiten, „um ein Abgleiten der SA-Führung in unerwünschte Richtungen rechtzeitig zu melden"; außerdem sollte er Verbindung zu dem Vertrauensmann des Heeres bei der schlesischen SA-Führung (SA-Obergruppe) halten.[387] Falls es Reichenau gelungen sein sollte, in den anderen Ausbildungsbereichen ähnliche Regelungen zu treffen, ist die Organisation des Chefs AW mit einem Netz von Kontrollposten des Reichswehrministeriums durchsetzt worden, das vermutlich ein Jahr später im Ablauf der Röhmkrise einen wichtigen Faktor darstellte.

Dagegen erlebte Reichenau eine volle Niederlage in der Etatfrage. Er hatte hier danach gestrebt, das Reichswehrministerium schon bei der Aufstellung des Etats zu beteiligen; außerdem sollte es den fertigen Etat im Kabinett vertreten. Dadurch wäre der Etat des Chefs AW praktisch ein Teil des Wehretats geworden. Aber schon in der vorbereitenden Besprechung am 5. Juli widersetzte sich Krüger, und der in jeder Beziehung ahnungslose Blomberg erklärte sich schließlich damit einverstanden, daß die Kompetenz für den AW-Etat an das Reichsinnenministerium, d. h. also an Frick überging.[388] Auch in bezug auf die Leitung des studentischen Wehrsports gelang es Krüger, eine intensivere Kontrolle der Reichswehr zu umgehen, wobei ihm diesmal das preußische Kultusministerium Hilfestellung gab.[389] Bezeichnend war dagegen, daß Reichswehrministerium und Chef AW in zwei Fragen schnell Übereinstimmung erzielten: in der Frage der Übernahme des Reichskuratoriums durch den Chef AW und bezüglich des Verhältnisses zum *Wehrpolitischen Amt der NSDAP*. Hinsichtlich der ersteren einigte man sich darauf, daß besondere Abwicklungsverhandlungen, wie sie Seldte vorgeschlagen hatte, nicht nötig seien und die Übernahme sofort erfolgen könnte; bezüglich des Wehrpolitischen Amtes waren beide Stellen der Meinung, daß es überflüssig geworden und seine baldige Auflösung wünschenswert sei.[390] Die ehemalige Überparteilichkeits-Politik war von der Reichswehr längst aufgegeben worden, und gegenüber der Partei zeigten sich Ansätze zu einer gemeinsamen Frontbildung Reichswehr – SA.

Die Partie um den Chef AW zwischen Reichenau und Röhm stand also nach der ersten Runde noch remis, und es scheint, daß beide Seiten sich damit fürs erste begnügt haben. Denn ab 1. Oktober begann Krügers Organisation mit der praktischen Ausbildungsarbeit[391] und hat sie bis zu ihrer Auflösung am 6. März 1935 auch fortgeführt, selbst nach Urteil militärischer Stellen technisch erfolgreich.[392] Dabei kam

---

[387] *Zeugenschrifttum* (Anm. I/53), Nr. 44, S. 5 (Gaertner), (s. auch o. S. 890). Der Vertrauensmann des Heeres bei der schlesischen SA-Gruppe war Mertz v. Quirnheim; s. o. S. 739 (mit den Hinweisen auf andere Offiziere in ähnlicher Position). Vgl. auch den Fall Brämer: durch Schleicher als Generalmajor aus der Reichswehr entlassen, dann Oberführer beim Chef AW, später Waffen-SS; *MGN* 12, Ankl.-Dok.-B. 22, Dok. NOKW-3329.

[388] Aktennotiz Krügers vom 5. Juli, *a. a. O.*, und vom 15. Juli 1933: Blomberg erklärte gegenüber Krüger, er habe von Reichenaus Forderungen keine Kenntnis gehabt; *IMT* (Anm. I/55), XXIX, S. 3 ff.; vgl. auch S. 7: Notiz über Besprechung Krügers mit Staatssekretär Reinhardt vom Reichsfinanzministerium am 18. Juli 1933: Der Etat des Chefs AW sollte sich zusammensetzen aus dem Etat des bisherigen Reichskuratoriums und einem Nachtragsetat von 25 Millionen für das laufende Jahr. Dazu und zum ganzen Problem Vogelsang, „Der Chef. . ." (Anm. I/133).

[389] Aktennotiz vom 5. Juli, *a. a. O.*, S. 2; Aktennotiz vom 17./18. Juli 1933, *a. a. O.*, S. 8.

[390] *A. a. O.*, S. 3 f. – Schon vorher hatte Reichenau bei Röhm angeregt, das Wehrpolitische Amt von den Sitzungen des RVA auszuschließen; Schreiben vom 26. Mai 1933; *IMT, a. a. O.*, XXXI, S. 164.

[391] Die Datierung ergibt sich aus der Angabe Liebmanns in der Kommandeurbesprechung vom 15./18. Januar 1934: Ab 1. Oktober 1933 habe die sogenannte Ausbildung außerhalb des Heeres weitgehend in den Händen der SA gelegen; *Liebmann-Notizen* (Anm. I/112), Bl. 59. Vgl. auch Verfügung Chef AW vom 9. Oktober 1933 mit Lehrplan für Geländesportschulen; *IMT, a. a. O.*, XXIX, S. 585 ff.

[392] Auflösung: Befehlshaberbesprechung vom 12. Januar 1935, *Liebmann-Notizen, a. a. O.*, Bl. 119; Steiner (Anm. I/84), S. 113; *Zeugenschrifttum* (Anm. I/53), Nr. 44 (Gaertner), S. 6; Absolon (Anm. I/232), S. 74. – Zur Effek-

Krüger zugute, daß er die Einrichtungen des Reichskuratoriums und des AWA intakt übernehmen konnte; er brauchte sie nur noch den neuen Erfordernissen entsprechend auszubauen und zu erweitern. Ein Jahr später bestand seine Organisation aus sieben Ausbildungsbereichen mit den entsprechenden Bereichsstäben, ca. 250 Schulen für vor-militärische Infanterie-Ausbildung, 15 Reiter-, 7 Pionier-, einer Nachrichten-, einer Unterführer- und einer Schule für Leibesübungen. [393] Die hier betriebene Ausbildung bekam die Deckbezeichnung „SA-Sport", und Röhm schuf im Dezember 1933 das „SA-Sportabzeichen", das als Leistungsausweis und künftige Voraussetzung für den Eintritt in die Wehrmacht gedacht war. [394] Besonderes Interesse verdient die Entwick-lung der Wehrsportkurse für Studenten. Auf Grund der Vereinbarungen zwischen Reichenau und Krüger vom 5. Juli sollte die Wehrsportausbildung der Studenten allein vom Chef AW betrieben werden. Dementsprechend wurde die studentische Wehrsportorganisation im August der Deutschen Studentenschaft entzogen und der SA unterstellt, und Hitler sanktionierte das am 9. September durch einen entspre-chenden Befehl. [395] Die neue studentische Verfassung, die Frick am 7. Februar 1934 erließ, trug dem ebenfalls Rechnung. [396] Aber während in den Vereinbarungen mit der Reichswehr ursprünglich vorgesehen war, daß die studentische Wehrsportorganisation mit ihrem Leiter Schwab in den Stab des Chefs AW übernommen werden sollte, zog Röhm sie jetzt selbst an sich und bildete aus ihr, wieder mit Schwab an der Spitze, ein Reichshochschulamt der SA im Stab der Obersten SA-Führung mit entsprechenden SA-Hochschulämtern an den einzelnen Universitäten. [397] Damit war der von der Reichswehr „infizierte" Apparat des Chefs AW zu einer bloßen Aufsichtsbehörde degradiert. Nicht er, sondern die SA-Hochschulämter befahlen im Frühjahr 1934 die Erfassung aller Studenten des Abiturienten-Jahrgangs 1933 für den Mai des Jahres, sie kündigten an, daß die Weiterführung des Studiums vom 5. Semester an künftig von der Ableistung eines Dienstjahres beim SA-Hochschulamt abhängig gemacht werde, [398] und sie führten die Kurse in Verbindung mit den Hochschulinstituten für Leibesübungen durch; [399] der Chef AW sollte nur für die „einheitliche Gestaltung" der Ausbildung Sorge tragen. [400] Röhm wußte also ebensogut wie Hitler das Instrument der Doppelkompetenzen zu handhaben, zeigte aber mit diesen Maßnahmen zugleich

tivität u. a. *ebda.* und Notizen Heinricis, *a. a. O.*, Nr. 66, II, S. 170. Vgl. Nr. 248, S. 38 (Holtzendorff): Die besten Ergebnisse seien auf den NSKK-Motorsportschulen erzielt worden (H. war selbst vorübergehend Mitglied des NSKK). – Zu beiden Problemen auch Vogelsang, „Der Chef. . ." (Anm. I/133).

[393] Steiner, *a. a. O.*, S. 113 (Stand vom 1. Oktober 1934). In Schlesien bestanden 3 Schulen für Führer- und 12 für Mannschaftsausbildung; *Zeugenschrifttum, a. a. O.*, Nr. 44, S. 5 (Gaertner).

[394] Engelbrechten (Anm. I/134), S. 291 (Befehl Röhms vom 5. Dezember; Ausführungsbestimmungen im März 1934); vgl. Vermerk Krügers vom 23. Februar 1934, *IMT* (Anm. I/55), XXVIII, S. 584.

[395] *Deutsche Corpszeitung* 50 (1933/34), S. 131 (Anordnung des Führers des Kösener SC vom September 1933); S. 137 (Mitteilung über Einstellung der Wehrsport-Versicherung mit Hinweis auf Datum der Auflösung). – Zum Befehl Hitlers: erwähnt in Verfügung des SA-Hochschulamts Köln vom 14. April 1934; *IMT, a. a. O.*, XXXVI, S. 102 f.; dito München (im wesentlichen gleichlautend), *a. a* O., XLII, S. 422 f.

[396] Die *Deutsche Studentenschaft* habe „vor allem . . . die Studenten durch Verpflichtung zum SA-Dienst und Arbeitsdienst und durch politische Schulung zu *ehrbewußten* und *wehrhaften deutschen Männern* und zum verant-wortungsbereiten selbstlosen Dienst in Volk und Staat zu erziehen. . . Die Erziehung zur Wehrhaftigkeit liegt bei dem SA-Hochschulamt"; Studentische Verfassung, 2. Teil, Stück 4 (Auszeichnung i. Orig.), *Deutsche Corps-zeitung* 50, *a. a. O.*, S. 255. – Schon vorher war der SA-Dienst auch für Dozenten und Assistenten zur Pflicht gemacht worden; Erlaß des preußischen Kultusministeriums in: *Völkischer Beobachter*, Nr. 287 vom 14. Oktober 1933.

[397] *Deutsche Corpszeitung, a. a. O.*, S. 156 (Rundschau); S. 141 ff. (Rede Bluncks vom 7. Oktober 1933; bes. S. 145).

[398] Z. B. Verfügung der SA-Hochschulämter von Köln und München, April 1934, s. o. Anm. III/395.

[399] *Deutsche Corpszeitung* 50 (1933/34), S. 272 (Wiedergabe eines Erlasses des preußischen Kultusministeriums über Abgrenzung der Kompetenzen zwischen den SA-Hochschulämtern und den Hochschulinstituten für Leibes-übungen). Vgl. *Schultheß, 1934*, S. 11 f. (zum 13. Januar).

[400] Vermerk Röhms vom 19. März 1934; *IMT* (Anm. I/55), XXXI, S. 163.

sein wachsendes Interesse an der Einflußnahme auf die Hochschulen überhaupt – ein Punkt, der an anderer Stelle noch näher beleuchtet werden wird.

Um die Jahreswende 1933/34 war Röhm der unbestrittene Herr eines riesigen, straff organisierten, wenn auch in der Zusammensetzung sehr buntscheckigen Heeres; zwar hatte er die Infiltrationsversuche der Reichswehrführung nicht völlig vermeiden können, aber doch auf ein Minimum zu beschränken vermocht, das Reichenau lediglich die Überwachung, nicht aber die Steuerung der SA-Aktivität erlaubte. Dementsprechend wuchs Röhms Selbstbewußtsein, und er versäumte nicht, das durch große SA-Paraden in allen Teilen des Reiches zu demonstrieren. [401] Aber noch war nicht abzusehen, ob und wann sich seine Wünsche erfüllen würden; die Übertragung einer öffentlich-rechtlichen Funktion, die am 1. Dezember vollzogen war, blieb in militärischer Hinsicht zunächst weitgehend Formsache, und selbst Röhms Eintritt ins Kabinett war eine bloße Dekoration; denn als Minister ohne Geschäftsbereich hatte er keine Befehlsgewalt im staatlichen Apparat, und überdies war die Bedeutung des Kabinetts damals schon im Sinken. So wuchs die Spannung, in der Röhm stand, und das um so mehr, als er sich auch einem Druck von unten her ausgesetzt fand. Denn nicht nur sein eigenes Selbstbewußtsein, auch das seiner Führerclique hatte erheblich zugenommen, und was bei ihm noch einigermaßen unter Kontrolle blieb, überstieg bei ihr bald alle Grenzen. Damit aber nahm auch die Ungeduld des unbefriedigten Ehrgeizes zu. Bezeichnend war der Neid, der sich in der SA gegen diejenigen Führer entwickelte, die beim Chef AW eingesetzt waren; denn sie wurden besser bezahlt und schienen, wegen der unverhüllten Vorliebe der Reichswehr für diese Institution, die besseren Aufstiegschancen zu haben.[402] Unter diesen Umständen war der Ausgang des Reichenauschen Experiments noch völlig ungewiß, ja die Befürchtungen, daß es scheitern werde, mußten sich verstärken. Und dies um so mehr, als der drohende Konflikt zwischen Reichswehr und SA sich alsbald als Teil einer allgemeinen Krise des neuen Regimes herausstellte.

---

[401] Sie begannen schon in der zweiten Hälfte 1933: SA-Aufmarsch in Berlin, 6. August (80 000 Mann); Engelbrechten (Anm. I/134), S. 275 f.; *Horkenbach, 1933*, S. 328; Aufmarsch in Breslau (85 000 Mann); *Völkischer Beobachter*, Nr. 283 vom 10. Oktober 1933. Vor allem im Frühjahr 1934; Engelbrechten, *a. a. O.*, S. 288 ff.
[402] *Zeugenschrifttum* (Anm. I/53), Nr. 44 (Gaertner), S. 19.

Viertes Kapitel

RÖHMKRISE UND ZWEITE REVOLUTION

1. Die kritische Phase der Revolution

Ende 1933 schien Hitler Herr in Deutschland zu sein. Die entscheidenden Machtpositionen in Staat und Gesellschaft waren in seiner und seiner Anhänger Hand; der
überraschende Rückgang der Arbeitslosigkeit hatte in den Kreisen der Wirtschaft und
in der arbeitenden Bevölkerung nach langen Jahren der Krise die Hoffnung auf eine
baldige Überwindung der unerträglichen materiellen Existenzbedrohung erweckt und
den Willen zur Zusammenarbeit mit der neuen Regierung gestärkt, und in der Außenpolitik hatte die unerwartete Initiative in Gestalt des Austritts aus dem Völkerbund,
da sie nicht sofort mit einem Gegenschlag beantwortet wurde, eine Verwirrung gestiftet, die Deutschland zunächst eine Atempause verschaffte und Hitler im Innern
Gelegenheit gab, durch das scheindemokratische Plebiszit vom 12. November 1933
neues Prestige zu sammeln. Zwar lebte Hindenburg noch und wahrte einen Rest
seiner präsidentiellen Prärogativen; der nationalsozialistische Angriff auf die evangelische Kirche war zumindest ins Stocken geraten, und auch der Versuch, mit der
Ernennung Reichenaus zum Chef der Heeresleitung eine den Wünschen Hitlers entsprechende Wehrmachtführung durchzusetzen, war gescheitert. Aber die Kirche war
keine politische Macht, um die sich ein aktiver Widerstand kristallisieren konnte, und
Hindenburg sowohl wie die Wehrmacht durften vorläufig als Verbündete gelten,
deren politisches Gewicht und Bewegungsfreiheit durch die Ausschaltung aller anderen
selbständigen politischen Kräfte stark gemindert waren.

Nichtsdestoweniger fand sich das Regime gerade um die Wende 1933/34 in einer
tiefen Krise. Zwar hatten die Nationalsozialisten ihre Gegner in stürmischem Angriff
überrannt und das alte politische System beseitigt, aber noch war die Aufgabe zu
lösen, das neue Herrschaftsverhältnis zu stabilisieren und auf den Trümmern des
alten einen neuen Staat zu errichten. Bei den klassischen Revolutionen vollzog sich
dieser Stabilisierungsprozeß durch Aufbau eines neuen Zwangsapparates in Verbindung mit der Begründung einer neuen verbindlichen Rechtsordnung einschließlich
der Verfassungsgesetzgebung,[1] und in einem Staat auf der Kulturstufe Deutschlands
und in einer so hochzivilisierten Gesellschaft wie der des 20. Jahrhunderts schien
ebenfalls nur dieser Weg zur Konsolidierung des revolutionären Regimes gangbar zu
sein. Es gab auch Anzeichen, daß die Nationalsozialisten tatsächlich diesen Weg einschlagen wollten. Hitler hatte Anfang Juli die Revolution ausdrücklich für abgeschlossen erklärt und das anschließend durch Frick und Goebbels noch bekräftigen lassen.[2]
Kurz darauf war, nach ersten gesetzgeberischen Maßnahmen im Frühjahr, eine Reihe
von weiteren Gesetzen ergangen, die in Staat und Gesellschaft alte Ordnungen be-

---

[1] Dazu Crane Brinton, *The Anatomy of Revolution*, London 1953 (deutsch: *Die Revolution und ihre Gesetze*,
Frankfurt/M. 1959). B. betont mit Recht, daß die neuen Rechtsordnungen revolutionärer Regime meist ebensowenig
Anspruch darauf haben, als gerecht zu gelten, wie die des jeweiligen *Ancien Régime*. Von der nationalsozialisti-
schen Revolution unterschieden sie sich aber dadurch, daß sie Verbindlichkeit erstrebten.

[2] Rede Hitlers vor den Reichsstatthaltern am 6. Juli 1933; Rundschreiben Fricks an die Reichsstatthalter vom
11. Juli 1933; Rundfunkrede von Goebbels am 17. Juli 1933; *Dokumente. . .* (Anm. III/221), I, S. 74 f.; S. 76 f.;
S. 77 ff.

seitigten und auch Ansätze neuer Ordnungen zu schaffen schienen, und mit den Gesetzen über die Einheit von Partei und Staat vom 1. Dezember 1933 und über den Neuaufbau des Reiches vom 30. Januar 1934 [3] schien mindestens der Rahmen für eine nationalsozialistische Verfassungsgesetzgebung abgesteckt zu sein.

Doch der Schein trog. Wie immer man Hitlers Erklärung über den Abschluß der Revolution interpretieren mag, sie sagte jedenfalls nicht das, was man damals und z.T. bis heute darunter verstanden hat. Noch Mitte Juni, auf einer Führertagung der Partei in Berlin, hatte er wiederholt betont, das Gesetz der nationalen Revolution sei noch nicht abgelaufen; sie sei erst dann abgeschlossen, wenn das ganze deutsche Volk völlig neu gestaltet, neu organisiert und neu aufgebaut sei.[4] Es ist kaum anzunehmen, daß er diese anspruchsvolle, im Grunde sogar utopische Aufgabe bereits drei Wochen später für erfüllt hielt. Tatsächlich erklärte er noch Monate später auf einem Treffen der „alten Kämpfer", die Revolution müsse weitergehen, bis das deutsche Volk „tiefinnerlich und wesenhaft umgestaltet" sei.[5] Aber nach dem Blutbad vom 30. Juni hieß es dann wieder, die Revolution sei jetzt abgeschlossen und werde durch einen Evolutionsprozeß abgelöst.[6] Schon aus dieser Zusammenstellung ergibt sich die Vermutung, daß der Begriff der Revolution hier in doppeltem Sinne verwendet wurde: einmal als Ausdruck für einen totalen Umformungsprozeß von Staat, Gesellschaft und Individuum und zum anderen als Bezeichnung für gewaltsame Aktionen zur Eroberung der „äußeren" Macht. Die Erklärung vom Juli 1933 war, ähnlich wie die vom August 1934, nur in letzterem Sinn zu verstehen. Prüft man ihren Inhalt näher und stellt man sie in den Zusammenhang der gleichzeitigen Ereignisse, so ergibt sich klar, daß es sich vor allem darum handelte, weitere Gewaltaktionen gegen die Wirtschaft zu verhindern und die Angriffe der SA gegen die Wehrmacht abzuwehren, um die beiden im Augenblick vordringlichen Prozesse der Arbeitsbeschaffung und Aufrüstung vor Störungen zu bewahren.

Es ist bisher zu wenig beachtet worden, daß die erste dieser Erklärungen nicht in Hitlers Rede vom 6. Juli, sondern bereits in der vom 1. Juli auf der erwähnten SA-Führertagung in Bad Reichenhall zu finden ist.[7] Schon dort erklärte er, das Wesentliche einer Revolution sei nicht die Machtübernahme, sondern die Erziehung der Menschen; seit zweieinhalbtausend Jahren seien nahezu alle Revolutionen daran gescheitert, daß sie das nicht erkannt hätten, und die SA sei berufen, diese Aufgabe durchzuführen. Berücksichtigt man, daß auf dieser Tagung zugleich versucht wurde, ein Bündnis zwischen Reichswehr und SA herzustellen, und daß kurz vorher in einer Verordnung des Reichsfinanzministeriums u. a. verfügt worden war, daß SA, SS und Stahlhelm bei der Arbeitsbeschaffung zu bevorzugen seien,[8] so wird die Absicht deutlich, die revolutionäre Unruhe der SA zu dämpfen und ihren Angriff auf die Wehrmacht abzufangen, indem man ihren Massen Arbeit und Brot und ihren Führern eine Aufgabe gab. Aber auch die Wirtschaft wurde unter Schutz gestellt. Schon in seiner Rede vor den SA-Führern hatte Hitler ausgeführt, alle Kräfte seien jetzt auf die Lösung des Arbeitslosenproblems zu konzentrieren; sie sei „für das Gelingen unserer Revolution schlechthin ausschlaggebend",[9] und in den anschließenden Erklärungen Hitlers, Fricks und Goebbels' vor den Reichsstatthaltern und im Rundfunk

---

[3] *RGBl.*, I, 1933, S. 1016; *a. a. O.*, 1934, S. 78.

[4] Reden vom 13. und 15. Juni 1933; *Horkenbach, 1933*, S. 251; S. 254.

[5] Rede in München am 19. März 1934; *Schultheß, 1934*, S. 91 ff.

[6] Wahlrede in Hamburg, 19. August 1934; *a. a. O.*, S. 216.

[7] *A. a. O.*, S. 167 f.; *Horkenbach, 1933*, S. 270.

[8] Verordnung zur Durchführung der Arbeitsbeschaffungs-Maßnahmen vom 28. Juni 1933, *RGBl.*, I, 1933, S. 425 (§ 3, Abs. 2).

[9] *Schultheß, 1933*, S. 168. Man beachte, daß in diesem Satz die Fortsetzung der Revolution impliziert ist. Vgl. auch die Rede auf der Führertagung der NSDAP am 5. August 1933, *a. a. O.*, S. 189 f.

stand das Problem vollends im Mittelpunkt; überall hieß es, daß das am 1. Juni angelaufene Arbeitsbeschaffungs-Programm jetzt die alles überragende Aufgabe sei und daß daher jede Störung der Wirtschaft vermieden werden müsse. Hitler gab auch freimütig den wahren Grund dafür an: „Aus dem Gelingen der Arbeitsbeschaffung", so rief er am 6. Juli den Reichsstatthaltern zu, „werden wir die stärkste Autorität erhalten." [10]

Dabei muß man im Auge behalten, daß durch die oben beschriebene Verschmelzung von Arbeitsbeschaffung und Aufrüstung ein neuer revolutionärer Mobilisierungsprozeß in Gang gesetzt wurde. Auf diesem Hintergrund wird klar, daß in den hier analysierten Proklamationen nicht die Beendigung der utopischen Revolution, sondern ihre Fortsetzung mit anderen Mitteln, gewissermaßen die Verschiebung des revolutionären Prozesses in eine andere Bahn, beabsichtigt war. Dieser Eindruck wird noch durch die Analyse der gleichzeitigen staatsrechtlichen Gesetzgebung des Kabinetts Hitler bestätigt. Es ist im Laufe dieser Untersuchungen bereits nachgewiesen worden, daß ungeachtet der Fülle neuer Gesetze kein nationalsozialistisches Verfassungsrecht geschaffen wurde.[11] Die Juli-Gesetze durchbrachen teilweise das Ermächtigungsgesetz, andere, wie die Gesetze über den Reichsnährstand und die Reichskulturkammer, die in Richtung auf eine ständische Verfassung zu deuten schienen, blieben Stückwerk, als Hitler wenig später alle Arbeiten zum Aufbau einer ständischen Ordnung unterband. Das Gesetz über die Einheit von Partei und Staat verfügte genau das Gegenteil dessen, was es versprach; denn es verlieh der Partei einen eigenen öffentlich-rechtlichen Status *neben* dem Staat, woraus niemals die Einheit, sondern nur die Konkurrenz beider folgen konnte; indem es so eine unerschöpfliche Quelle für Friktionen eröffnete, widerlegte es die namentlich in Kreisen des Beamtentums genährten Hoffnungen auf den Aufbau eines totalen Verwaltungsstaats. In der gleichen Weise verfuhr schließlich auch das Gesetz über den Neuaufbau des Reiches, denn es brachte nicht, wie der Titel erwarten lassen sollte, die Umrisse einer neuen Verfassung, sondern beseitigte weitere Reste der alten, indem es die Hoheitsrechte der Länder auf die Reichsregierung übertrug, diese Reichsregierung aber zugleich durch Verselbständigung der Ministerien als Institution beseitigte. Darüber hinaus machte gerade dieses Gesetz im Grunde alle Hoffnungen, in absehbarer Zeit zu einem neuen Verfassungszustand zu kommen, zunichte, da es im Artikel 4 verfügte: „Die Reichsregierung kann neues Verfassungsrecht setzen." Das schien zwar Zeugnis davon abzulegen, daß man grundsätzlich an die Schaffung einer neuen Verfassung dachte, aber es degradierte zugleich auch die gesamte bisherige Gesetzgebungstätigkeit der Regierung Hitler auf staatsrechtlichem Gebiet (einschließlich des Neuaufbau-Gesetzes selbst!) zu einem Provisorium, ohne daß auch nur bescheidene Ansätze zu einer Alternative, die als endgültige Verfassung hätte gelten können, sichtbar waren. Auch der Zeitpunkt, an dem etwa eine neue Verfassung erlassen werden sollte, blieb völlig offen, wie denn der betreffende Gesetzesartikel überhaupt keine Verpflichtungen, sondern nur ein Recht der Regierung begründete. Und darin lag, wie Frick durchblicken ließ,[12] der eigentliche Sinn: Reichstag und Reichsrat sollten nun auch von der Mitwirkung an Verfassungsänderungen, die ihnen nach dem Ermächtigungsgesetz noch verblieben war, ausgeschlossen werden. Ähnlich verhielt es sich mit der Rechtsordnung überhaupt. Zwar wurde eine „nationalsozialistische Rechtsreform" mit großem Propaganda-Aufwand in Szene gesetzt, auch gab es tatsächlich viele Ansätze dazu, doch blieben sie früher oder später alle irgend-

---

[10] *Dokumente. . .* (Anm. III/221), I, S. 75.

[11] Zum Folgenden s. o. I. Teil, II. und III. Kapitel, und II. Teil, hauptsächlich IV. Kapitel.

[12] Rundfunkrede vom 31. Januar 1934, *Schultheß, 1934*, S. 54; angekündigt schon in Hitlers Rede vor den Reichsstatthaltern am 6. Juli 1933 (s. o. Anm. IV/2), S. 74.

wie stecken.[13] Aber nicht nur die bisherige Verfassung und Rechtsordnung, sondern auch – was auf den ersten Blick am unbegreiflichsten ist – die bestehende bürokratische, auf fachliche Leistung zugeschnittene Zwangsapparatur verfiel einem bereits 1933/34 in den Anfängen erkennbaren, wenn auch durch Scheingesetze und Organisationsfassaden verschleierten Zersetzungsprozeß.[14]

Ein derartiges, in Deutschland bisher ungebräuchliches Verfahren mußte auf die Zeitgenossen höchst verwirrend wirken. Gegnern und Verbündeten Hitlers, ja selbst weiten Kreisen der nationalsozialistischen Partei erschien das Verhalten der revolutionären Führung als Ausdruck von Unsicherheit und Ratlosigkeit, und insbesondere die konservativen Politiker und Fachleute in der Umgebung Hitlers glaubten ihre alte Überzeugung bestätigt, daß diese Partei von ungebildeten Parvenus und laienhaften Ignoranten zwar Macht erobern könne, sie aber nicht zu handhaben wisse. Aber das war eine falsche Interpretation der Krise, in der sich die revolutionäre Bewegung befand; die Schwierigkeit für sie bestand nicht darin, daß sie die staatliche Apparatur, die ihr in die Hände gefallen war, nicht zu bedienen wußte (was vielfach sicherlich der Fall war); auch nicht darin, daß sie nicht in der Lage gewesen wäre, eine etwa vorhandene Absicht zum Aufbau einer neuen institutionellen und verfassungsmäßigen Ordnung in die Tat umzusetzen; das Problem bestand vielmehr darin, daß eine solche Absicht gar nicht vorhanden war, die anderen, irrationalen Vorstellungen, Mittel und Methoden aber erst aus der Praxis heraus entwickelt werden mußten. Charakteristisch für diese Lage sind gerade die Stellungnahmen zum Verfassungsproblem. So haben Spekulationen über eine künftige Reichsverfassung in nationalsozialistischen Kreisen nie ganz aufgehört. Hitler selbst erklärte z. B. in einer Rede in Hamburg am 17. August 1934, die soeben vollzogene Vereinigung der Ämter des Reichskanzlers und Reichspräsidenten solle eine „einstige und endgültige Gestaltung der Verfassung des Deutschen Reiches" nicht präjudizieren,[15] und noch im Kriege hat er sich in langen Monologen bei Tisch über die „beste deutsche Staatsform" ausgelassen.[16] Doch pflegte er schon in der Kampfzeit in gelegentlichen Gesprächen den Verzicht der Engländer auf eine geschriebene Verfassung als nachahmenswertes Vorbild hinzustellen, wobei er geflissentlich übersah, daß dieser Mangel durch die weit stärker wirkenden ungeschriebenen politischen Konventionen Englands wettgemacht wird. Nach seiner Meinung war das ein Kunstgriff gerissener politischer Schlauköpfe, die sich dadurch die Freiheit wahrten, jederzeit willkürlich nach den Erfordernissen des Augenblicks verfahren zu können.[17] Und darauf kam es ihm selbst vor allem an: Das „organische Leben" sollte nicht in „starre" Formen gepreßt werden. Seine Meditationen über eine künftige „endgültige Verfassung" sind daher teils Partien eines auch sonst bei ihm beliebten Doppelspiels (siehe sein Jonglieren mit den beiden Revolutionsbegriffen), teils Ausdruck einer mindestens gelegentlichen Selbsttäuschung darüber, daß das, was er wollte, sich überhaupt nicht in einer Verfassung fixieren ließ.

Denn was er wollte, war gerade die Auflösung und Verflüssigung der „erstarrten", „mechanischen", also rationalen Ordnungen; der institutionalisierte Staat, den die Nationalsozialisten bei der Machtergreifung vorgefunden hatten, sollte nach dem Vorbild der Bewegungsstruktur der Partei in einen aufs höchste dynamisierten, nur noch vom Willen des allmächtigen charismatischen Führers durchströmten Personenverband zurückverwandelt werden. Hitler hat diesen Gedanken damals immer wie-

13 Vgl. o. II. Teil.
14 Dazu das Beispiel der Aufrüstung, o. S. 793 ff.; S. 814 ff.; außerdem o. II. Teil.
15 *Schultheß, 1934*, S. 213.
16 Picker (Anm. I/16), S. 222; s. auch S. 253 und *passim*.
17 Krebs (Anm. III/24), S. 128. Ähnliches Mißverständnis bezüglich der katholischen Kirche, *a. a. O.*, S. 133; S. 138 f.

der ausgesprochen, am deutlichsten vielleicht in einer Rede auf der Gauleitertagung am 2. Februar 1934. Da stellte er seinen Hörern „die Größe der Aufgabe" vor Augen,

„den nunmehr eroberten Staat nicht nur mit der nationalsozialistischen Weltanschauung völlig zu durchdringen, sondern auch den gesamten Staatsapparat im Geiste der siegreichen Bewegung zu einem geschlossenen lebensvollen Organismus auszubauen. Wenn die nationalsozialistische Revolution gegen den Novemberstaat habe kommen müssen, weil dieser volksfremde Staat gegen das flutende Leben der Nation Dämme aufgerichtet habe, dann werde der nationalsozialistische Staat sich so organisieren, daß seine innere Volksverbundenheit naturnotwendig seinen Bestand garantiere. Als stabiles Gerüst einer solchen Staatsorganisation brauche die Führung eine Garde von zuverlässigen politischen Funktionären, eine Verwaltungsapparatur, die die Führung in die Lage versetze, das nationalsozialistische Gedankengut auf allen Gebieten auch praktisch zu verwirklichen. . . Die Form, in der die Verschmelzung von Weltanschauung und Staat durchgeführt werde, sei die Partei. In der großen vom ganzen Volke getragenen Gemeinschaft des Nationalsozialismus müsse die Partei ein auserlesener Orden des Führertums sein, der den nationalsozialistischen Staat für alle Zukunft zu garantieren bestimmt sei. Was der Staat vom Volke verlange, das werde dieser Orden einer verschworenen Führergemeinschaft in bedingungsloser Unterordnung unter seine eigenen Gesetze in komprimiertester Form bei sich selbst verwirklichen. In dieser auf Gedeih und Verderb verbundenen Gemeinschaft werde, nachdem andere Faktoren staatspolitischer Beständigkeit nicht mehr vorhanden seien [!], die absolute Kontinuität der Entwicklung der deutschen Nation für alle Zukunft niedergelegt sein. Mit der unerschütterlichen Fundamentierung dieser Führungshierarchie sei auch die Frage der Parteiführung an sich gelöst und diese für alle Zeiten gesichert. Denn nachdem diese neue Führerorganisation des deutschen Volkes durch eine einmalige schöpferische Leistung errichtet sei, gewährleiste sie nunmehr in sich die durch nichts zu unterbrechende Folge der höchsten Führerpersönlichkeit."[18]

Von hier aus muß auch Hitlers oft wiederholter Grundsatz verstanden werden, den Aufbau der „mechanischen" Organisation, soweit er notwendig war, immer erst dann vorzunehmen, wenn eine als Führer geeignete Persönlichkeit vorhanden war.[19] Das klingt ganz unverdächtig, stellte aber in Wirklichkeit das Aufbauprinzip des charismatischen Personenverbands dar. In seiner Rede vor den Reichsstatthaltern am 6. Juli hat Hitler diese Zusammenhänge ganz deutlich dargelegt. „Man muß sich davor hüten", so sagte er da, „eine formale Entscheidung von heute auf morgen zu fällen und davon eine endgültige Lösung zu erwarten. Die Menschen vermögen leicht die äußere Form in ihre eigene geistige Ausprägung umzubiegen. Man darf erst umschalten, wenn man die geeigneten Personen für die Umschaltung hat."[20]

Wie aber, mit welchen Mitteln sollte das verwirklicht, sollten die geeigneten Personen gefunden und die Verwandlung in den Personenverband vorgenommen werden? Der fortschreitende Abbau des bestehenden Systems von Institutionen mit seinen Rechtsinstrumenten und bürokratischen Apparaturen war nur die negative Voraussetzung dafür; er schuf zwar durch die entstehende Unsicherheit zunächst einen Zwang,

---

[18] *Schultheß, 1934*, S. 59. Bezeichnend für die Unordnung in Hitlers Denken ist die Verwendung des seiner Vorstellungswelt im Grunde inadäquaten Begriffs „Verwaltungsapparatur". Vgl. auch Hitlers Rede auf der Führertagung der NSDAP am 5. August 1933, in der er deutlich mit dem Problem ringt, der an die Person gebundenen charismatischen Führerherrschaft „unabhängig von Personen" Dauer zu verleihen, ohne freilich diese politische Quadratur des Zirkels meistern zu können; *a. a. O., 1933*, S. 189.

[19] Hitler (Anm. I/5), S. 382; S. 649 und öfter.

[20] *Dokumente. . .* (Anm. III/221), I, S. 74. Ähnlich Goebbels am 19. März 1934: Das Wesentliche der nationalsozialistischen Bewegung liege nicht in Organisationen. „Organisationen seien nichts, wenn man nicht die Menschen besitze. Auch Organisationen seien nicht Selbstzweck. Das gelte auch für die größte Organisation auf politischem Gebiet, für den Staat" (*Schultheß, 1934*, S. 94). Die Konsequenzen klassisch formuliert bei Keitel (Anm. I/17a), S. 168: Die Beseitigung des Reichskriegsministeriums 1938 habe „ein Vakuum entstehen lassen, das dem Führer nur die gewünschte Bewegungsfreiheit schaffte u. mich vor eine unlösbare Aufgabe gestellt hat. Die Probleme u. Aufgaben waren damit nicht gelöst, daß man organisatorisch die Institutionen für ihre Behandlung beseitigt hatte."

sich der persönlichen Herrschaft Hitlers als der einzig verbleibenden Instanz zu unterwerfen, aber er entband zugleich starke zentrifugale Kräfte, selbst innerhalb der revolutionären Bewegung — in der es von divergierenden, ja sich untereinander widersprechenden Ideen, Programmen und Projekten nur so wimmelte und für die jetzt das
große Zeitalter der „kleinen Hitlers" anzubrechen schien –, aber auch außerhalb der
NSDAP und namentlich unter ihren konservativen Verbündeten, die nun endlich
ihrerseits zum Zuge zu kommen hofften. Daher konnte der Zwang zur Unterordnung
unter Hitlers persönliche Herrschaft, so stark er im Augenblick auch war, in seiner
Wirkung doch nur kurzfristig sein, wenn er nicht durch positive Mittel erneuert und
am Leben gehalten wurde. Hier aber begannen die eigentlichen Schwierigkeiten, denn
das, was Hitler wollte, ließ sich nicht in das rationale System einer Verfassung bringen, konnte überhaupt nicht durch irgendwelche bindende Regeln und normierte Ordnungen erreicht werden; das alles waren Mittel, die nach nationalsozialistischer Ansicht
nur „von außen" wirkten und nicht tief genug griffen. Sie mußten ersetzt werden
durch eine Revolutionierung „von innen her", durch die Erzwingung einer Transformation des Wesenskerns der Individuen.[21] „So habe ich" rief Hitler am 8. April 1933
der SA zu, „damals begonnen, in einer kleinen Organisation das zu züchten [sic!],
was des kommenden Reiches Inhalt sein soll: Menschen, die sich loslösen aus ihrer
Umgebung, die alles weit zurückstoßen, alle Kleinlichkeiten des Lebens, die scheinbar
so wichtig sind, die sich wieder besinnen auf eine größere Aufgabe, die den Mut haben,
äußerlich schon zu dokumentieren, daß sie nichts zu tun haben wollen mit all den
ewig trennenden und zersetzenden Vorstellungen, die das Leben unseres Volkes ver-
giften."[22]

Was die hier proklamierten Werte und Inhalte betrifft, so waren das, wie die
„Erziehung" der KZ-Häftlinge zeigt, schönklingende Phrasen; echt aber war der
Wille zu einer totalen Umwandlung des Menschen, ausgedrückt in Hitlers – in dieser
Zeit ebenfalls unentwegt wiederholter – Forderung nach „Erziehung" und „Umer-
ziehung", durch die allein das Ziel der nationalsozialistischen Revolution erreicht
werden könne und gegenüber deren überragender Notwendigkeit „Fragen der äußeren
Staatsform" zurückzutreten hätten.[23] Das schien auf den ersten Blick wiederum Hitlers
Erklärung über das Ende der Revolution zu bestätigen, denn allerdings mochten seine
Worte die Deutung nahelegen, daß die beabsichtigte Umerziehung der Bevölkerung,
so revolutionär sie in ihren Zielen auch immer konzipiert sein mochte, in ihren Formen
doch – im Gegensatz zu den tumultuarischen Vorgängen der ersten Jahreshälfte – sich
als ein relativ ruhiger Prozeß systematischer pädagogischer Arbeit darstellen würde,
ja es ist nicht unwahrscheinlich, daß Hitler selbst solche Vorstellungen nährte, wenn
und solange er von seiner Erziehungskonzeption sprach. Aber das waren, wenn auch
verständliche, so doch nicht minder grundlegende – und im Falle Hitlers sicher auch
nur vorübergehende – Irrtümer. Wie die irrational-dynamische Struktur des nationalsozialistischen Personenverbands keine rationale Verfassungsordnung zuließ, so schloß
sie auch ein rationales Erziehungsprogramm und die entsprechenden systematischen
Unterrichts- und Trainingsmethoden aus. Was unter nationalsozialistischer Erziehung
zu verstehen war, das hatte Hitler in der oben zitierten Rede angedeutet, in der er
davon sprach, er habe diejenigen Menschen, „die des kommenden Reiches Inhalt" sein
sollten, in der SA „gezüchtet". Die „Zucht" der SA aber bestand, wie man sich er-

[21] Dazu Max Weber (Anm. I/1), S. 758 ff.

[22] Die nationalsozialistische Revolution. Tatsachen und Urkunden, Reden und Schilderungen. 1. August 1914
bis 1. Mai 1933, hrsgg. von Walther Gehl, Breslau [1933], S. 55.

[23] Rede auf der Führertagung der SA am 21./22. Januar 1934, Schultheß, 1934, S. 21. – Vgl. auch Hitlers
Reden vom 1. Juli 1933 (Anm. IV/7), 6. Juli 1933, 24. Februar 1934, 19. März 1934 usw.; Dokumente. . . (Anm.
III/221), I, S. 74; Schultheß, 1934, S. 75 ff.; S. 91.

innert, in Fanatismus-Exerzitien, Saalschlachten und Straßenkämpfen.[24] Am besten läßt sich der nationalsozialistische Erziehungsstil am Beispiel der von Hitler selbst ausführlich beschriebenen Verwandlung politischer Versammlungen in „Kundgebungen" studieren: Eine mehr oder minder große Zahl von mehr oder minder kritischen, aber im Versammlungssaal von der Außenwelt isolierten Zuhörern wurde im Zusammenspiel von wohlberechneter psychologischer Regie, rhetorischen Appellen und Gewaltanwendung in eine fest geschlossene Massengefolgschaft umgeformt, wobei das Wesentliche darin lag, daß das Publikum nicht nur psychisch unterworfen und gelenkt, sondern auch zu rastloser Mitarbeit in Gestalt von Singen, Heilrufen, Armaufheben und – nicht zuletzt – Prügeln aktiviert wurde; nicht nur zu einer Willens- und Glaubensgemeinschaft, sondern auch zu einer Tatgemeinschaft wurden die Teilnehmer verschmolzen. „In den Versammlungen Hitlers", sagte Heiden, „gibt es keine Zuhörer mehr, sondern nur noch Mitwirkende."[25] Noch präziser formulierte das Heß, wenn er sagte, man müsse den Führer „wollen".[26]

Ins Große übertragen, bedeutete das die totale Mobilmachung der Nation mit ihrer Verknüpfung von Unterwerfungs- und Aktivierungsprozessen: Wie das Versammlungspublikum, so sollte die ganze Nation zu einer Tatgemeinschaft „erzogen" werden, die zugleich eine unbedingte, den Führerwillen automatisch vollziehende Gefolgschaft Hitlers war. Und auch das Programm der Re-Barbarisierung war damit impliziert, wie denn überhaupt die nationalsozialistische Konzeption vom charismatischen Personenverband kulturhistorisch ein Atavismus war. Nur unter barbarisch-primitiven Verhältnissen bzw. auf Frühstufen der zivilisatorischen Entwicklung ist der reine Personenverband eine situationsgemäße politische Organisationsform;[27] wollte man ihn unter den Bedingungen der hochzivilisierten europäisch-amerikanischen Kultur des 20. Jahrhunderts durchsetzen, mußte man die Menschen und alle ihre Lebensverhältnisse auf die Stufe barbarischer Primitivität hinabdrücken. Soweit das überhaupt möglich war, bedurfte es dazu einer Situation der Spannung, der Not, des Kampfes, kurz, eines Ausnahmezustandes. Wo derartiges nicht ohnehin bestand, mußte es daher künstlich geschaffen und verlängert werden.[28] Unter diesem Gesichtspunkt wird auch die Übertragung der Erziehungsidee auf die Konzentrationslager verständlicher. In ihnen wurde auf engstem Raum und in vollständiger Isolierung, gleichsam in der Retorte, jener totale Ausnahmezustand äußerster Primitivität und Ausgesetztheit erzeugt, unter dessen Druck die Menschen sich in jene halbbarbarischen Lebewesen zurückverwandeln ließen, die nach nationalsozialistischer Auffassung allein für den „Lebenskampf" tauglich waren. Aber natürlich ließ sich nicht die gesamte Bevölkerung ins Konzentrationslager stecken, und so mußte das Konzentrationslager-System ergänzt werden durch einen viel umfassenderen permanenten revolutionären

---

[24] So z. B. Hitler in den *Tischgesprächen;* Picker (Anm. I/16), S. 252. – Dazu Max Weber (Anm. I/1), S. 776 ff., über charismatische Erziehung: Isolierung in einer Erziehungsgemeinschaft, Mut- und Härteproben, körperliche und seelische Exerzitien, psychische Erschütterungen und physische Torturen zum Nachweis der charismatischen Qualifikation.

[25] Heiden, *Adolf Hitler* (Anm. I/81), S. 116 und S. 113 ff. Heiden sagt sehr richtig, diese Methoden und Formen seien von Hitler und den Nationalsozialisten während ihrer Aktionen „durch Zufall" entdeckt worden. Zu dem irrationalen Stil des Nationalsozialismus gehörte es, daß die Mittel und Methoden nicht doktrinär abgeleitet, sondern aus der Praxis, dem „Kampf" heraus entwickelt wurden. – Zur Versammlungstechnik vgl. auch Hitler (Anm. I/5), S. 583 ff. – Ähnliches gilt für die Parteitage; Krebs (Anm. III/24), S. 55; S. 57.

[26] Krebs, *a. a. O.*, S. 170.

[27] Dieser Satz ist jedoch nicht umkehrbar, d. h., es gibt auch unter primitiven Verhältnissen andere bzw. gemischte Organisationsformen; dazu Max Weber (Anm. I/1), S. 756 f. und *passim*.

[28] Vgl. dazu die zahlreichen Fälle, in denen Hitler seine Entscheidungen, Handlungen, Maßnahmen usw. damit motivierte, daß das Volk zur Härte erzogen werden müsse; z. B. in: *Mein Kampf* (Anm. I/5), S. 144 ff. (Prinzip des Lebenskampfes); S. 149 (Expansion nach Osten, um Friedseligkeit zu bekämpfen); S. 680 (allzuviel Rücksicht auf wirtschaftliche Interessen schwächt Kampfkraft) usw.; auch Rede vom 10. November 1938, s. o. S. 759.

Ausnahmezustand. Daher war es im Grunde eine Tautologie, wenn Hitler sagte, das Stadium der Revolution müsse jetzt durch eine Periode der Erziehung abgelöst werden, denn es war ja gerade das Ziel dieser Erziehung, die revolutionäre Mobilisierung kämpferischer Energien, die im Kampf um die Macht vor und nach dem 30. Januar 1933 stattgefunden hatte, fortzusetzen und zu vollenden.[29] Nichtsdestoweniger war die Verwendung des Erziehungsbegriffs dabei nicht ohne Sinn, denn er drückte aus, daß diese revolutionäre Transformation ausschließlich von oben her, allein durch den übermenschlich-omnipotenten Führer in Gang gebracht, gelenkt und durchgesetzt werden sollte. Unter diesem Gesichtspunkt gewinnen dann aber Hitlers Erklärungen über das Ende der Revolution einen neuen und überraschenden Sinn. Was Hitler damit eigentlich sagen wollte, war, daß die Revolution von unten, die er in seinem bisherigen System der doppelten Revolution einstweilen zugelassen hatte, nun eingestellt und nur mehr die Revolution von oben, diejenige also, die *er* befehlen und initiieren würde, fortgeführt werden sollte. Das hat Rudolf Heß mit aller wünschenswerten Deutlichkeit während des Konflikts um Röhm in seiner Warnrede vom 25. Juni 1934 zum Ausdruck gebracht:

> „Vielleicht hält Adolf Hitler es für nötig, eines Tages die Entwicklung wieder mit revolutionären Mitteln weiterzutreiben. Immer aber darf es nur eine durch ihn gesteuerte Revolution sein. . . Adolf Hitler ist Revolutionär größten Stils und bleibt innerlich Revolutionär größten Stils. Er braucht keine Krücken. Adolf Hitler ist der große Stratege der Revolution. Er kennt die Grenzen des mit den jeweiligen Mitteln und unter den jeweiligen Umständen jeweils Erreichbaren. Er handelt nach eiskaltem Abwägen – oft scheinbar nur dem Augenblicke dienend und doch weit vorausschauend im Verfolg der ferneren Ziele der Revolution. Wehe dem, der plump zwischen die feinen Fäden seiner strategischen Pläne hineintrampelt im Wahne, es schneller machen zu können! Er ist ein Feind der Revolution – Nutznießer wären die Feinde der Revolution, sei es im Zeichen der Reaktion, sei es im Zeichen des Kommunismus.“ [30]

Das also waren die positiven Mittel, durch die Hitlers Herrschaft allein stabilisiert werden konnte: permanenter Ausnahmezustand und permanente Mobilisierung. Es ist nicht notwendig, diese Konzeption einer Kritik zu unterziehen; es genügt, sie darzustellen, um ihr das Urteil zu sprechen. Nichtsdestoweniger muß auf einen in ihr enthaltenen fundamentalen Widerspruch hingewiesen werden, denn aus ihm erwuchs der nationalsozialistischen Herrschaft jene tiefere Problematik, aus der auch die Krise des Jahres 1934 entstand. Die totale Mobilmachung, militärisch verstanden, hat die nationale Selbstbehauptung in einem konkreten, einmaligen Kriege zum Ziel. Ist das erreicht und Frieden geschlossen, so ist sie entbehrlich und kann durch den Friedenszustand ersetzt werden. Die Nationalsozialisten durften es dazu nicht kommen lassen, wenn sie ihrer Herrschaft Dauer verleihen wollten; für sie konnte es nur Pausen im Kampf, nur ein Atemholen im Sturmlauf geben, sie mußten die Automation der politischen Dynamik erfinden.[31] Und da das nur möglich war, wenn jeder der Teilkämpfe und -kriege mit einem Siege endete, so war dies Prinzip der politischen Automation zugleich identisch mit einem Prinzip der permanenten Expansion. Daher war

---

[29] Hitler am 5. August 1933: „Die heroische Idee der Bewegung" müsse „das ganze Volk beherrschen"; *Schultheß, 1933*, S. 189. Klassische Formulierung bei Goebbels, Rede vom 24. Juni 1934, in: *Das Archiv*, Juni 1934, S. 319: „Ich kann Ihnen sagen, daß niemals in unserem Leben der Augenblick kommen wird, wo wir von unserem Leben in Schönheit und Würde reden können. Im Gegenteil, ich bin überzeugt, daß *unser ganzes Leben aus Sorge und Kampf und Opfertum* bestehen wird. Und es ist gut so. Denn wir haben uns in unseren jungen Jahren so an den Kampf gewöhnt, daß wir ohne ihn nicht leben können" (Auszeichnung i. Orig.).

[30] *Schultheß, 1934*, S. 159; *Das Archiv*, Juni 1934, S. 320 f.

[31] Charakteristisch dafür ist Hitlers Bemerkung, man dürfe bei Verträgen nicht alle Rechtsfragen lösen, sondern müsse sich ungelöste Probleme für später in Reserve halten; Picker (Anm. I/16), S. 102.

für das nationalsozialistische Regime im Grunde nichts gefährlicher als das, worauf es doch normalerweise hinzustreben schien: der totale Sieg. Hitler war sich dessen wohl bewußt. Schon in *Mein Kampf* hatte er seine Feststellung, daß „die Größe einer Bewegung" nur „durch die ungebundene Entwicklung ihrer inneren Kraft und durch deren andauernde Steigerung bis zum endgültigen Siege über alle Konkurrenten" gesichert werden könne, sofort durch den Zusatz ergänzt: „Ja, man kann sagen, daß ihre Stärke und damit ihre Lebensberechtigung überhaupt nur solange in Zunahme begriffen ist, solange sie den Grundsatz des Kampfes als die Voraussetzung ihres Werdens anerkennt, und daß sie in demselben Augenblick den Höhepunkt ihrer Kraft überschritten hat, in dem sich der vollkommene Sieg auf ihre Seite neigt." [32] Hier ist der Widerspruch zwischen dem Mobilisierungsprinzip und dem Ideal des totalen Sieges deutlich ausgesprochen, und es bezeichnet die geistige Eigenart Hitlers, daß er die darin enthaltene Herausforderung an das Denken ignorierte und den Widerspruch einfach ungelöst ließ. Hier weiterzudenken und die notwendigen Schlüsse zu ziehen, widersprach seinem dezisionistischen Grundsatz, daß allzu vieles Raisonnement die Unbekümmertheit und „Energie" des Handelns beeinträchtige.

Betrachtet man unter diesem Gesichtspunkt die Entwicklung des Jahres 1933, so leuchtet ein, daß und warum die Hauptschwierigkeiten für das Regime nicht mit der Regierungsübernahme am 30. Januar, sondern erst nach der Niederwerfung aller gegnerischen Kräfte im Sommer begannen. Nach dem 30. Januar hatte noch die Möglichkeit zu Kampf und Machtexpansion bestanden, im Sommer aber war – jedenfalls innerhalb Deutschlands – jener von Hitler geforderte „endgültige Sieg über alle Konkurrenten" errungen; ein weiteres Wachstum war jetzt nur durch Ausgreifen über Deutschlands Grenzen hinaus möglich.[33] Sollte das System seinen bisherigen Charakter behalten, so mußte der Eroberung Deutschlands diejenige Europas auf dem Fuße folgen, und so war die Entfesselung eines Krieges schon jetzt die einzig logische Konsequenz der nationalsozialistischen Revolution. Die stürmische Vermehrung der SA, die, eine Mobilmachung für sich, die halbe Million SA-Männer der Kampfzeit innerhalb eines halben Jahres auf 4½ Millionen anwachsen ließ, und der plötzliche, scheinbar unmotivierte Paukenschlag des Austritts aus dem Völkerbund zeigen ebenso wie der ein halbes Jahr später unternommene Versuch zur Eroberung Österreichs durch eine nationalsozialistische Revolution, wie stark die Kräfte waren, die in diese Richtung drängten. Aber es war natürlich undenkbar, diese Richtung wirklich einzuschlagen; auch dem verblendetsten Nationalsozialisten leuchtete ein, daß Deutschland in der damaligen Lage keinen Krieg führen konnte, und Hitler selbst hatte schon in seiner Rede vom 3. Februar 1933 klar genug ausgesprochen, daß er sich während des Aufbaus der Wehrmacht auf eine mehrjährige „Schwächeperiode" gefaßt machte. Er hatte alles in seinen Kräften Stehende getan, um die Aufrüstung schon jetzt in Gang zu bringen, aber bis diese Saat reifte, mußte die Kette der Blitzkriege zunächst unterbrochen und die nationalsozialistische Herrschaft durch Überbrückungshilfen gesichert werden.

Eines der Hauptmittel dafür war die Propaganda. Daher hatte Hitler schon in der Kabinettssitzung vom 7. März 1933 die Errichtung eines Propaganda-Ministeriums mit der bezeichnenden Begründung angekündigt: „Nunmehr müsse eine großzügige Propaganda- und Aufklärungsarbeit einsetzen, damit keine politische Lethargie auf-

---

[32] Hitler (Anm. I/5), S. 385. Man beachte dabei die Verwendung der Termini „Größe", „Stärke" und „Lebensberechtigung" als Synonyma, wobei die Gleichsetzung der ersten beiden Hitler offenbar unbewußt unterläuft, während er „Stärke" und „Lebensberechtigung" bewußt identifiziert.

[33] Freilich wäre auch ein „Wachstum nach innen" denkbar gewesen, nämlich durch Zunahme des Terrors, also fortgesetzten inneren Kampf; aber dieser Konsequenz wichen die Nationalsozialisten verständlicherweise instinktiv aus. Erst als die Expansion im Kriege an ihre Grenze gelangte, griffen sie darauf zurück.

komme."[34] Sein Meisterschüler Goebbels übernahm dann die Ausführung und schuf in dem am 11. März errichteten Reichsministerium für Volksaufklärung und Propaganda das Schaltwerk für jene „Regie des öffentlichen Lebens",[35] in der die Erfahrungen aus den Fanatismus-Exerzitien der Kampfzeit in ein umfassendes System von Stimmungs-Stimulantien gebracht wurden. Wie auch hier das Prinzip der Stabilisierung durch Bewegung zur Anwendung kam, zeigt die Kette der nationalsozialistischen Jahresfeste.[36] Hier wurde die Bevölkerung in festgelegten, einen annähernd gleichmäßigen Rhythmus garantierenden Abständen mobilisiert und in jene Form der „marschierenden Kolonne" gebracht, die Alfred Rosenberg später als den „neuen Lebensstil" der Nation bezeichnete.[37]

Mit einem Erfolg dieser Regie durfte um so eher gerechnet werden, als die bald danach anlaufende Arbeitsbeschaffungs-Aktion sich günstig entwickelte und damit den von Hitler kalkulierten Prestigegewinn zu liefern versprach; die Propaganda-Maschine brauchte nur dafür zu sorgen, daß die Fiktion, als handele es sich um ein friedensmäßiges, produktives Arbeitsbeschaffungs-Programm, aufrechterhalten blieb.[38] Es war der klassische Fall der nationalsozialistischen Verknüpfung von Unterwerfungs- und Mobilisierungsprozessen: Man stillte den Schrei nach Arbeit und Brot, indem man die Bevölkerung für den Krieg arbeiten ließ, d. h. man überwand die eine Krise, indem man die Auslösung einer neuen vorbereitete. Es mußte einige Zeit dauern, bis dieser Zusammenhang von den Opfern durchschaut war, und solange durfte das Regime sich der Massen sicher fühlen. Immerhin war für die unmittelbare Zukunft nicht jede Gefahr ausgeschlossen. Noch war das Vertrauen der Arbeiterschaft in den Erfolg der Arbeitsbeschaffungs-Politik nicht gefestigt, ja gewisse Umstellungsmaßnahmen erregten gerade Anfang 1934 erhöhte Besorgnisse, und in bürgerlichen Kreisen hatte der nationalsozialistische Angriff auf die Kirchen zugleich erhebliche Unruhe ausgelöst.[39] Das Regime reagierte prompt mit umfassendem Propaganda-Einsatz. Am 11. Mai 1934 eröffnete Goebbels im Berliner Sportpalast seinen „Feldzug gegen Miesmacher und Kritikaster", und diesem Startschuß folgte zwei Monate lang ein Trommelfeuer von Massenagitation im ganzen Reichsgebiet.[40] Das reichte allerdings nur aus, solange die verschiedenen, nicht nur außerhalb der NSDAP bestehenden oppositionellen Eliten nicht mit den Massen Kontakt gewannen, und gerade diesen Führungsgruppen gegenüber waren Propaganda und Arbeitsbeschaffung nur sehr bedingt wirksame Mittel. Zwar mochte es relativ leicht sein, ihnen durch Monopolisierung der Massenkommunikationsmittel und rigorose Verbotspolitik den Zugang zur Bevölkerung abzuschneiden; aber selbst dann konnte die Lage gefährlich werden, sofern unter ihnen ein Bündnis zustande kam, das die Verfügungsgewalt über die bewaffnete Macht (oder mindestens Teile von ihr) mit einem sinnvollen und zugleich massenwirksamen politischen Programm zu verbinden vermochte; bei der allgemeinen Labilität des Systems und der Natur der nationalsozialistischen Bewegung, deren Zusammenhalt im wesentlichen nur durch die Person Hitlers garantiert wurde, konnte

[34] Protokoll-Auszug in: *HAB*, Rep. 335/454, S. 9 ff.; in englischer Übersetzung: *Documents*... (Anm. II/153), I, S. 114. Ähnlich die Forderung Freislers, das deutsche Volk müsse auf Jahrzehnte hinaus in einem fieberhaft revolutionären Stadium gehalten werden; *Dienatag-Bericht* vom 12. April 1933, *Sammlung Brammer* (*BA*).

[35] Dazu Schmeer (Anm. III/6).

[36] *A. a. O.*, S. 68 ff.; vgl. o. I. Teil, S. 182.

[37] Rede an die deutsche Wehrmacht, 7. März 1935, in: Alfred Rosenberg, *Gestaltung der Idee. Reden und Aufsätze 1933–1935*, München 1936, S. 284 ff.; Zitat S. 303. Vgl. dazu die Bemerkungen von Rauschning, *Die Revolution*... (Anm. I/12), S. 75.

[38] Vgl. die Rede Hitlers zur Eröffnung der „2. Arbeitsschlacht" am 21. März 1934; *Schultheß, 1934*, S. 95.

[39] Beispiele bei Vollmer (Anm. III/281), S. 27 ff. (Bericht des Regierungspräsidenten Aachen vom 5. März 1934; wichtig vor allem für die trotz Konkordat starken Spannungen zur katholischen Kirche).

[40] *Völkischer Beobachter* vom 12. Mai 1934; *Schultheß, 1934*, S. 131 f.; für die neue Welle ab Juni 1934 s. *Das Archiv*, Juni 1934, S. 316 ff. Zum Zusammenhang mit der Röhm-Affäre s. u. S. 948 ff.

unter Umständen ein Stoß ins Zentrum genügen, um das ganze Regime zum Einsturz zu bringen. Gegen diese Gefahr einer „zweiten Revolution" stand Hitler als Abwehrwaffe nur das uralte Mittel der Despotien zur Verfügung: das Gegeneinanderausspielen der Gegner. Solange es nicht möglich war, die widerstrebenden Kräfte durch Ablenkung nach außen zu binden, konnten sie unter den Bedingungen des Personenverbands nur durch Erzeugung ständiger Rivalität untereinander beherrscht werden. Freilich brachte ein solches Schaukelspiel in der gegebenen revolutionären Situation die andere Gefahr eines allgemeinen Bürgerkriegs mit sich, in dessen Verlauf der Regisseur und *supremus arbiter* ebenfalls hinweggefegt werden konnte. Demgegenüber half nur die Unterwerfung unter das Gesetz der Revolution, das lehrt, daß sich, solange die revolutionäre Bewegung noch nicht kulminiert hat, immer die jeweils radikalsten Kräfte durchsetzen. Wollten Hitler und seine Clique sich an der Herrschaft halten, mußten sie sich radikaler gebärden als alle ihre Gegner und Konkurrenten; sie, nicht die anderen, mußten die „zweite Revolution" machen. Diese zweite Revolution war unvermeidlich; es fragte sich nur, ob sie als Revolution von unten oder als Revolution von oben vor sich gehen würde. Damit zeichnete sich schon im Winter 1933/34 die Gefahr ab, daß Hitler sich auf Grund der von ihm selbst entfesselten Dynamik zu einem Gewaltschlag gezwungen sehen könnte, der eine Welle von Furcht und Schrecken verbreiten, alle oppositionellen Impulse für längere Zeit ersticken und so seiner totalen Herrschaft die ihr gemäße Legitimität geben würde.

Hier drängt sich die Erinnerung an einen ganz ähnlichen Vorgang der französischen Geschichte auf: das Blutbad der Bartholomäus-Nacht und die Entwicklung, die dazu geführt hat. Damals versuchte Katharina von Medici, die Mutter des noch jugendlichen französischen Königs, ihre und des Königtums Stellung gegenüber dem durch Eingriffe des Auslands noch verschärften Gegensatz zwischen Hugenotten und Katholiken, der die sakrale Grundlage der Monarchie zu erschüttern drohte, durch ein Doppelspiel zu befestigen, das die Rivalität beider Parteien lebendig erhielt. Sie scheiterte daran, daß sich die Temperatur der konfessionellen Auseinandersetzung nicht beliebig regulieren ließ; sie konnte erhöht, aber nicht wieder abgekühlt werden, und so sah sich Katharina, wollte sie ihr ursprüngliches Rezept nicht aufgeben, schließlich zu dem verzweifelten Versuch gedrängt, eine der beiden Parteien durch einen Terrorakt zu vernichten, die Abkühlung also gleichsam durch einen ungeheuren Aderlaß zu erreichen. Historische Vergleiche sind nicht ungefährlich, und auch in diesem Fall ist die große Differenz zwischen der religiösen bzw. geistig-ideologischen, sozialen und wirtschaftlichen Situation Frankreichs in der Renaissance und Deutschlands im Zeitalter der industriellen Massengesellschaft nicht zu verkennen. Aber unabhängig davon ist doch eine deutliche Parallelität der machtpolitisch-taktischen Lage zu erkennen: Hier wie dort eine Schaukelpolitik, die ihrem Urheber schließlich selbst ihr Gesetz aufzwingt und ihn zu äußerster Radikalität treibt. Freilich war diese Entwicklung in Deutschland im Winter 1933/34 noch nicht unausweichlich; sie wurde es erst, als Hitlers Gegenspieler sich von ihm das Gesetz des Handelns aufzwingen ließen.

2. Der Übergang zum neuen Pluralismus

Das geläufige Bild des nationalsozialistischen Herrschaftssystems ist das eines ungeheuren monolithischen Blocks, zentralistisch aufgebaut und konsequent von oben bis unten hierarchisch durchorganisiert. Eine der Tatsachen, die dies Bild mit am nachdrücklichsten zu bestätigen scheinen, ist die Beseitigung des demokratisch-parlamentarischen Parteiensystems. Wo noch ein Jahr zuvor mehr als ein Dutzend sich untereinander erbittert bekämpfender Parteien existierte, bestand im Herbst 1933 nur noch eine einzige Partei, die nach offizieller Version die „Volksgemeinschaft" hergestellt

und sich den Staat unterworfen hatte – ein Vorgang, den nicht nur die Nationalsozialisten mit großem Stolz als „einmalige Leistung" feierten; auch weite Kreise
außerhalb der NSDAP waren bereit, ihn als erfreulichen Erfolg zu buchen. Jahrelang
hatte sich die Kritik der Öffentlichkeit gegen die Parteien, ihre „Zersplitterung", ihre
„Interessenpolitik", ihre Wahlkampfmethoden, ihre Einflußnahme auf die Regierung
usw. gerichtet; zuletzt gab es kaum noch eine Stimme, die sie zu verteidigen wagte.[41]
Als Hitler sie beseitigte, hofften selbst viele von denen, die sich durch die offizielle
Schönfärberei nicht blenden ließen, daß damit wenigstens eine *tabula rasa* geschaffen
worden sei, auf der ein Neubau möglich werden würde, der die alten Fehler vermied.
Inzwischen ist längst klar geworden, daß der Neubau so viele neue Fehler hatte, daß
er der alten gar nicht bedurfte, um weitaus unwohnlicher zu sein; nichtsdestoweniger
war er auch von diesen nicht frei. Unter der Decke euphemistischer Propaganda-
Parolen und brauner Uniformierung entwickelte das nationalsozialistische Herrschaftssystem sein eigenes Parteiwesen, das sich von dem vorhergehenden Parteienstaat
nur dadurch unterschied, daß dessen positive Seiten fehlten und die negativen ins
Extrem gesteigert waren. An die Stelle der demokratischen Parteien waren totalitäre
Dominien getreten, d. h. partikulare Herrschaftsbereiche, deren Führer bzw. Spitzen-
gruppen nach der Alleinherrschaft strebten, sei es durch Ausschaltung alles anderen
Einflusses auf Hitler, sei es durch dessen Entthronung: nationalsozialistische Condottieri und Bandenführer mit ihren Satrapien, politisierte Staatsorgane (als Residuen
des alten sinnvollen Staatsorganismus), „ständisch" organisierte wirtschaftliche Machtgruppen usw.; auch die in den Untergrund gedrängte Opposition mußte sich dem
anpassen. Dementsprechend wurde der demokratische Konkurrenzkampf, der bei
aller Heftigkeit und Leidenschaft unter der Kontrolle der Öffentlichkeit doch noch
immer gewisse Grenzen und Spielregeln respektiert hatte, durch ein erbarmungsloses
Freistilringen ersetzt, in dem Sieg oder Niederlage durch Kontrolle über Teile der
bewaffneten Macht oder der Polizei und durch „Führerentscheidungen" bestimmt
wurde; zwar fand es unter Ausschluß der Öffentlichkeit und daher ohne Beteiligung
der Bevölkerung statt – was die Aufrechterhaltung der Fiktion von der großen
„Volksgemeinschaft" erlaubte –, aber dafür zerrüttete der Dschungelkampf mit seinen
konspirativen Methoden und Intrigen den Staatsapparat und zerstörte das Vertrauen
innerhalb der Führung.[42]

Die Entwicklung, die zum Blutbad vom 30. Juni 1934 führte, ist zugleich die
Geschichte der Entstehung dieses totalitären Dominiensystems. Sie wurde charakterisiert durch zwei bestimmende Faktoren: Auf der einen Seite war ein Teil derjenigen
Kräfte, die einer nationalsozialistischen Totalherrschaft widerstrebten, bisher nur
verdrängt und überrannt, aber noch nicht gänzlich aktionsunfähig gemacht worden;
noch besaß die antinationalsozialistische Opposition Reserven, die sie in den Kampf
werfen konnte. Daher bestand, objektiv gesehen, eine wenn auch schwache Chance,
daß der nationalsozialistische Marsch in die nationale Selbstzerstörung noch aufgehalten werden konnte. Auf der anderen Seite fand als Folge der Übertragung des
Systems der inneren Rivalitäten von der NSDAP auf den Gesamtstaat eine Art Aus-
scheidungskampf um die Eingliederung in das entstehende nationalsozialistische Do-
miniensystem statt. Hier entstand die Frage, wer sich durchsetzen, wer auf der
Strecke bleiben würde.

Entscheidende Voraussetzung für einen Erfolg der Gegner Hitlers war, daß sie
untereinander ein Bündnis zustande brachten, womöglich unter Einschluß von Teilen

[41] Bracher, *Die Auflösung*. . . (Anm. I/26), S. 64 ff.

[42] Auf die Pluralität der Machtgruppen im Herrschaftssystem des „Dritten Reiches" hat zuerst Franz Neumann,
Behemoth (Anm. I/14), hingewiesen. – Daß sich aus dieser Pluralität die o. S. 691 f. beschriebene **Doppelstruktur**
entwickelte, beruhte auf der fortgesetzten Anwendung des Rivalitätsprinzips.

der nationalsozialistischen Bewegung selbst; überdies mußten sie versuchen, einen sicheren Halt an der bewaffneten Macht zu finden. Beides erwies sich unter den gegebenen Verhältnissen als ungewöhnlich schwierig. Von den politischen Kräften, die die demokratische Republik getragen hatten, war keine mehr aktionsfähig. Die bürgerliche Linke war schon durch die Wahlen von 1932 bis zur Bedeutungslosigkeit dezimiert worden; das Zentrum hatte, nachdem ein mit zwiespältigen Gefühlen unternommener Versuch, sich mit dem neuen Regime zu arrangieren, fehlgeschlagen war, auf der ganzen Linie resigniert; nur Brünings persönliches Prestige war noch als ein Machtfaktor anzusprechen, aber der Versuch, ihn zu aktivieren, geriet nicht über das Stadium der Beratungen und Kontaktnahmen hinaus.[43] Von den Arbeiterparteien war die einst so mächtige SPD völlig ausgeschaltet; nicht nur waren ihre Organisationen zerschlagen und ihre Führer und Funktionäre verfolgt, verhaftet, getötet; auch war der unleugbare Rückgang der Arbeitslosenziffer ein Argument, dem sie zunächst nichts entgegenzusetzen hatte. Unter dem Druck dieser Tatsachen war es überdies zu einer augenblicklichen Spaltung der SPD-Führung gekommen: Während die einen den Kampf in Deutschland weiterführen wollten, erklärten die anderen das als aussichtslos und versuchten vom Ausland her, auf den Gang der Dinge in Deutschland einzuwirken.[44]

Auch die KPD, die revolutionäre Vorkämpferin des Bolschewismus, war in keiner besseren Lage; sie mußte ihre doktrinäre Fehlspekulation auf einen baldigen Zusammenbruch der nationalsozialistischen Herrschaft jetzt teuer bezahlen. Zwar scheint ihr die seit Jahren vorbereitete Umstellung ihrer Organisation auf illegales Arbeiten zunächst trotz womöglich noch schärferer Verfolgung durch NSDAP und Behörden im allgemeinen gelungen zu sein; aber Untergrundtätigkeit dieser Art war keine Gefahr für das totalitäre System, es konnte nur durch eine große Sammlungsbewegung aller seiner Gegner geschlagen werden.[45] Taktisch gesehen, war daher der Versuch aktivistischer Kräfte der KPD und des Reichsbanners im Frühjahr 1933, im *Stahlhelm* einen neuen Rückhalt zu finden, richtiger angesetzt. Aber die Kluft, die es hier zu überbrücken galt, war in den vergangenen Jahren zu weit aufgerissen, als daß diese Frontbildung haltbar gewesen wäre. Und jetzt, im Winter 1933/34, war sie auch nicht mehr wiederholbar.

Etwas mehr Chancen zum Widerstand schienen sich den bürgerlich-nationalistischen Bundesgenossen des Regimes zu bieten. Zwar waren auch ihre politischen Organisationen aufgelöst; DVP, DNVP, Deutschnationale Front, Deutschnationaler Kampfring existierten nicht mehr; die nationalistischen Wehrverbände waren liquidiert, der Stahlhelm hatte seine Unabhängigkeit verloren. Aber das Bündnis mit der NSDAP hatte diesen Kräften doch eine beträchtliche Anzahl von Schlüsselstellungen im Staatsapparat und z. T. auch in den nationalsozialistischen Organisationen in die Hände geliefert. Noch war Hindenburg Reichspräsident, hielt Papen mit seinen Mit-

[43] Brüning (Anm. I/85), S. 18 f.; Schlabrendorff (Anm. I/204), S. 35. – Zum Untergang des Zentrums s. die Dokumentation von Erich Matthias: „Die Sitzung der Reichstagsfraktion des Zentrums am 23. März 1933" in: *Vierteljahrshefte für Zeitgeschichte* 4 (1956), S. 302 ff. Dazu und zum Folgenden ausführlich o. I. Teil.

[44] Dazu Erich Matthias, „Der Untergang der alten Sozialdemokratie 1933", in: *Vierteljahrshefte für Zeitgeschichte* 4 (1956), S. 250 ff., und die Dokumentation dazu, *a. a. O.*, S. 179 ff. Vgl. auch ders., *Sozialdemokratie und Nation. Ein Beitrag zur Ideengeschichte der sozialdemokratischen Emigration in der Prager Zeit des Parteivorstandes 1933–1938* (Veröffentlichungen des Instituts für Zeitgeschichte), Stuttgart 1952; Lewis J. Edinger, *German Exile Politics. The Social Democratic Executive Committee in the Nazi Era,* Berkeley–Los Angeles 1956.

[45] Dazu von kommunistischer Seite: *Zur Geschichte der deutschen antifaschistischen Widerstandsbewegung 1933–1945. Eine Auswahl von Materialien, Berichten und Dokumenten,* hrsg. vom Verlag des Ministeriums für nationale Verteidigung in Zusammenarbeit mit Käte Haferkorn und Hans Otto, Berlin [Ost] 1957; Otto Winzer, *Zwölf Jahre Kampf gegen Faschismus und Krieg. Ein Beitrag zur Geschichte der Kommunistischen Partei Deutschlands 1933 bis 1945,* 2. Aufl., Berlin [Ost] 1955.

arbeitern das Vizekanzleramt besetzt, befehligte Diels, wenn auch schon nicht mehr
unangefochten, den Apparat der preußischen Gestapo, waren viele leitende Posten
der Staatsverwaltung, namentlich auch der Polizei, in den Händen von Konservativen, und wenn die Eingliederung des Stahlhelms in die SA dessen Selbständigkeit
aufgehoben hatte, so hatte sie doch auch die SA selbst geschwächt, so daß Seldtes
Unterwanderungsrezept theoretisch nicht ganz aussichtslos erscheinen mochte. Auch
ein politisches Programm war hier mindestens ansatzweise vorhanden. Die Konzeption der gemäßigt-autoritären Diktatur freilich war in den Stürmen der nationalsozialistischen Frühjahrsrevolution ebenso untergegangen wie die der Demokratie und
der Sowjetdiktatur; zu ihrer Verwirklichung hätte es des Vorhandenseins eines Führers bedurft, dessen Prestige dem revolutionären Charisma Hitlers hätte die Waage
halten können – wie denn die Sprengung des institutionellen Rahmens auch den
Gegnern Hitlers das Gesetz vorschrieb: Auch sie konnten sich nur durchsetzen, wenn
sie Hitler einen massenwirksamen Führer entgegenzustellen vermochten. Der aber
war nicht vorhanden. Hindenburg, der noch am ehesten dafür in Frage gekommen
wäre, schied aus mehr als einem Grunde und nicht zuletzt wegen seines zunehmenden
Kräfteverfalls aus; er konnte allenfalls wiederum als Treuhänder und Schutzherr einer
Neuordnung fungieren.

Aber die Konservativen waren darauf allein nicht angewiesen, sie hatten noch die
Alternative der monarchistischen Restauration in Reserve. Tatsächlich war das Programm der legitimistischen Monarchie jetzt, objektiv betrachtet, die einzige Macht, die
man noch gegen die nationalsozialistische Revolution ins Feld führen konnte.[46] Sie
entsprach dem Bedürfnis des Augenblicks nach Führung durch Personen, sie vermochte
der revolutionären Dynamik ihren traditionalistischen Legitimismus als Basis einer
neuen Staatsbildung entgegenzusetzen, sie konnte in der gegebenen Situation bei geschicktem Vorgehen in weiten Kreisen der Bevölkerung, wo nicht mit Zustimmung, so
doch mit Duldung rechnen; wirklich entschiedene Gegner hätte sie wohl nur bei den
– machtpolitisch ausgeschalteten – Kommunisten und einem Teil der NSDAP gefunden, während in anderen Teilen der Partei – und gerade das war das Gefährliche
für Hitler – der monarchische Gedanke durchaus lebendig war, vor allem auch bei
Röhm, dessen kindliche Anhänglichkeit an das bayerische Königshaus und die Idee
der Monarchie überhaupt auch jetzt nicht erschüttert wurde.[47] Setzt man einmal die
Problematik jeder Restauration – die Erfahrungen der Geschichte sprechen im allgemeinen nicht für sie – und die Belastung der Hohenzollern durch ihren unrühmlichen
Untergang im November 1918 beiseite, so bleibt doch soviel, daß die Monarchie
Anfang 1934 die einzige Gegenposition gegen das nationalsozialistische Regime war,
die nicht von vornherein unhaltbar erschien.

Tatsächlich wurde die monarchistische Idee von verschiedenen Seiten her vorgetragen. Schon unmittelbar nach der Machtübernahme waren, fußend auf älteren Kontakten und Verhandlungen, hinter den Kulissen Versuche gemacht worden, Hitler
für die Wiedereinführung der Monarchie zu gewinnen; so war vor allem die zweite
Gattin des Exkaisers im Februar 1933 nach Berlin gereist, um bei den neuen Herren

---

[46] Das hat Rauschning im Prinzip richtig gesehen (*Die Revolution. . .*, Anm. I/12, S. 329 f.), wenn er der
Wehrmacht die Mobilisierung der monarchistischen Idee als politische Stütze gegenüber dem NS-Regime empfahl.
Nur war es zur Zeit, als diese Empfehlung ausgesprochen wurde (1938), schon zu spät dazu.

[47] Vgl. o. S. 882. Vgl. auch die Aussage von Dr. Betz (ehemaliger Kriegskamerad Röhms), *Urteil München*
(Anm. III/191), S. 65; auch Mellenthin, *Zeugenschrifttum* (Anm. I/53), Nr. 105, S. 35. In diesem Zusammenhang
ist interessant, daß zu dieser Zeit der General a. D. v. d. Schulenburg, der sich am 9. November 1918 im kaiserlichen Hauptquartier in Spa als einer der treuesten Anhänger Wilhelms II. erwiesen hatte, von Röhm in seinen
engeren Stab aufgenommen wurde; s. Stapf, *a. a. O.*, Nr. 152, S. 1; S. 7; S. 14 f.; Röhricht, *a. a. O.*, Nr. 125,
S. 9. Es bedarf noch der Nachprüfung, ob Schulenburg versucht hat, Röhm im monarchistischen Sinne zu beeinflussen.

Deutschlands das Terrain zu sondieren.[48] In der Öffentlichkeit hatte der preußische Staatssekretär v. Bismarck im März 1933 einen freilich vergeblichen Vorstoß in derselben Richtung unternommen.[49] Anfang Juni gründete der General v. Einem einen *Kampfring der monarchischen Bewegung Deutschlands, Bund der Aufrechten,* der als aktivistische Organisation die monarchistische Restauration fördern sollte,[50] und Ende Juli ließ der Exkronprinz im Londoner *Sunday Dispatch* eine Lobeshymne auf Hitler erscheinen in der Hoffnung, sie honoriert zu bekommen.[51] Um die Jahreswende 1933/34 erreichte die Bewegung einen neuen Gipfelpunkt,[52] löste damit aber zugleich Gegenmaßnahmen der Nationalsozialisten aus. Einer Reihe offenbar bestellter öffentlicher Warnungen durch untergeordnete Parteiführer Mitte Januar folgte wenig später die Sprengung von Kaisergeburtstags-Feiern durch SA-Rollkommandos, was sofort zum Anlaß genommen wurde, um die Opfer des SA-Terrors nach bewährter Methode als Unruhestifter zu verfolgen: Am 2. Februar erließ Frick auf Ansuchen Görings ein Verbot sämtlicher monarchistischer Verbände und Organisationen.[53] Der Versuch, der monarchistischen Bewegung eine Massenbasis zu gewinnen, war damit gescheitert.

Aber die Führer der Bewegung ließen sich dadurch nicht entmutigen. War ihnen der Zugang zur Bevölkerung verwehrt, so hofften sie doch, auf der Führungsebene voranzukommen, wobei sie ihre Berechnungen auf das bevorstehende Ableben Hindenburgs und die dadurch entstehende Nachfolgefrage stützten. Tatsächlich schien die Lage des Regimes durch den Tod Hindenburgs sehr erschwert zu werden; außer Hitler war keine Persönlichkeit als Nachfolger denkbar, es sei denn ein Monarch. Insbesondere im Mitarbeiterstab Papens, in dem die Herren v. Bose und v. Tschirschky die führende Rolle spielten, nahmen die restaurativen Pläne konkrete Gestalt an.[54] Sie unterschieden sich insofern von den zerfahrenen Aktionen des Jahres 1933, als sie jetzt vorsichtiger angelegt waren und unter dem Eindruck der sich verschärfenden Spannung zwischen Reichswehr und SA auch die Ausübung von Zwang auf Hitler vorsahen. Zunächst nahm man die Frage der Präsidenten-Nachfolge zum Anlaß, um im März 1934 direkt an Hitler heranzutreten und ihn zu einer endgültigen Zusage zu bewegen.[55] Hitler war unter dem Vorwand, die gegenwärtige Lage vertrage noch keine Entscheidung über die endgültige Staatsform Deutschlands, bisher jeder öffentlichen Festlegung ausgewichen und hatte mit dem gleichen Argument auch die Dis-

[48] Kontakte vor 1933: Walther H. Kaufmann, *Monarchism in the Weimar Republic,* New York 1953, S. 215 ff.; Paul Herre, *Kronprinz Wilhelm. Seine Rolle in der deutschen Politik,* München 1954, S. 215 f. – Reise der Exkaiserin Hermine im Februar 1933: *a. a. O.,* S. 219, und Kaufmann, *a. a. O.,* S. 224. – Diskussion um die Rückkehr Wilhelms II. als Bürger nach Deutschland im Reichskabinett, März 1933: *ebda.* – Vgl. auch Heiden, *Adolf Hitler* (Anm. I/81), S. 418 (über einen angeblichen „Kronrat" in Potsdam, Februar 1933).

[49] *Dienstag-Berichte,* 27. und 30. März 1933 (*BA*); *Schultheß, 1933,* S. 78; *Horkenbach, 1933,* S. 144.

[50] *Schultheß, 1933,* S. 152 (2. Juni).

[51] Herre (Anm. IV/48), S. 217.

[52] Neue Aktion des Kronprinzen: *a. a. O.,* S. 219 f. – Brief Wilhelms II. an Hindenburg: Heiden, *Der Fuehrer. Hitler's Rise to Power,* Boston 1944, S. 735; Kaufmann (Anm. IV/48), S. 224 f. – Vorstoß anderer Dynasten bei Hitler: Picker (Anm. I/16), S. 256; dazu Herre, *a. a. O.,* S. 220. – Vgl. auch Werner Frhr. v. Rheinbaben, *Viermal Deutschland. Aus dem Erleben eines Seemanns, Diplomaten, Politikers 1895–1954,* Berlin 1954, S. 325 ff. (Bemühungen der Frau v. Dirksen im November 1933).

[53] Warnungen: Rede Staatsrat Görlitzers vor Beamten, 17. Januar 1934, *Schultheß, 1934,* S. 20; Rede Alfred Bäumlers, 18. Januar 1934 (s. o. I. Teil, S. 314); Gauleiter Grohé, Köln, 19. Januar 1934; *Schultheß, 1934,* S. 20; gleichzeitig bekam die Presse wiederholt strenge Anweisungen, zum 75. Geburtstag des Kaisers keine Artikel mit monarchistischer Tendenz zu bringen. Goebbels drohte, andernfalls das Verhalten Wilhelms II. in öffentlicher Diskussion anzuprangern. Anweisungen Nr. 182 vom 16. Januar 1934 und Nr. 200 vom 24. Januar 1934, *Sammlung Brammer 3* (*BA*). – Sprengung von Kaiser-Geburtstags-Feiern am 26./27. Januar: *Schultheß, 1934,* S. 28; Görlitz, *Hindenburg* (Anm. I/72), S. 418. – Verbot: *Schultheß, a. a. O.,* S. 58 f.

[54] Tschirschky, *Zeugenschrifttum* (Anm. I/53), Nr. 568; Papen (Anm. I/69), S. 368 ff.

[55] Papen, *a. a. O.,* S. 369 f.; Tschirschky, *a. a. O.;* Görlitz, *Hindenburg* (Anm. I/72), S. 418 ff.

kussion in Presse, Rundfunk und Publizistik unterbunden.[56] Noch am 30. Januar 1934 hatte er diese Stellungnahme wiederholt, als er im Reichstag erklärte: „Bei aller Würdigung der Werte der Monarchie, bei aller Ehrerbietung vor den wirklich großen Kaisern und Königen unserer deutschen Geschichte, steht die Frage der endgültigen Gestaltung der Staatsform des Deutschen Reiches heute außer jeder Diskussion." Wie auch immer später die Entscheidung fallen würde, eines sei sicher: „Wer Deutschlands letzte Spitze verkörpert, erhält seine Berufung durch das Volk und ist ihm allein ausschließlich verpflichtet."[57] Mindestens aus der Rückschau kann nicht zweifelhaft sein, daß Hitler mit dem letzten Satz das revolutionäre Prinzip, dem er selbst seine Stellung verdankte, dem legitimistischen der Monarchie entgegensetzte. Das war also ehrerbietige Verbeugung, Sistierung des Problems und Ablehnung in einem. Nicht-öffentlich dagegen hatte er bereits früher mehrfach unbedenkliche Zusagen gegeben; jetzt, unter dem Druck der gespannten Lage, gab er Papen sein allgemeines Einverständnis und ließ sich sogar in Erörterungen über die Person des Thronfolgers ein.

Damit war freilich zugleich ein schwacher Punkt in der monarchistischen Position berührt. Wie schon im November 1918 tauchte auch jetzt die Schwierigkeit auf, daß weder der legitime Thronprätendent, der im Doorner Exil lebende Wilhelm II., noch der Nächstberechtigte, der Exkronprinz Wilhelm, als Persönlichkeiten für die Thronbesteigung in Frage kamen. Wie sich die hohenzollernsche Familie dazu stellte, liegt vorläufig noch weitgehend im Dunkeln; Einigkeit scheint aber unter ihren Mitgliedern nicht geherrscht zu haben. Außer persönlichen Aspirationen der einzelnen Kandidaten scheint dabei auch die Unsicherheit darüber mitgewirkt zu haben, welche der Parteien in dem unübersichtlichen Spiel nun die stärkere war. Der Kronprinz hatte offenbar ganz auf Hitler gesetzt, andere hielten sich an Röhm, so vor allem Prinz August Wilhelm, der selbst SA-Führer war.[58] Hier deutete sich eine Spaltung oder doch mindestens Verzettelung der monarchistischen Kräfte an, in der gegebenen Situation eine nicht geringe Gefahr. Bei den Verhandlungen Papens und Hitlers sind jedoch die Ansichten der hohenzollernschen Familie offenbar nicht berücksichtigt, sondern von vornherein nur die Söhne des Exkronprinzen als mögliche Prätendenten in Erwägung gezogen worden. Obwohl er ursprünglich für Louis Ferdinand eintrat, hat Hitler dann doch Papens Vorschlag zugestimmt, den jüngsten Sohn, Friedrich, als berechtigten Thronerben anzuerkennen. Allerdings hat Hitler damit die Forderung verbunden, der Prinz müsse vorher ein Jahr in der Reichskanzlei gearbeitet haben — eine Bedingung, die sachlich schlecht abzulehnen war, aber Hitler in jedem Fall einen Zeitgewinn verschaffte.[59]

Wie Röhm auf derartige Anträge reagierte, ist ebenfalls noch nicht bekannt; feste Zusagen scheint er jedenfalls nicht gegeben zu haben.[60] Tatsächlich galt seine kindliche Liebe in erster Linie den Wittelsbachern, und damit wird zugleich ein zweites Handicap der monarchistischen Pläne berührt: Mit der Restauration der Hohenzollern mußte zugleich die der anderen deutschen Fürsten mindestens zur Debatte gestellt werden, obwohl sie im nationalen Interesse in jedem Falle unerwünscht war. Auch

[56] Vgl. die Rede Hitlers zum Ermächtigungsgesetz, 23. März 1933, *Schultheß, 1933*, S. 69 (dort allerdings mit Hauptrichtung gegen die bayerischen Sonderwünsche). Vgl. auch Rheinbaben (Anm. IV/52), S. 325 ff., und Meißner (Anm. I/72), S. 322.

[57] *Schultheß, 1934*, S. 40. Dazu Kaufmann (Anm. IV/48), S. 221.

[58] Martin H. Sommerfeldt, *Ich war dabei. Die Verschwörung der Dämonen 1933–39. Ein Augenzeugenbericht*, Darmstadt 1949, S. 58 ff. – Zu den Verhältnissen im Hause Hohenzollern s. Kaufmann, *a. a. O.*, S. 224 (Hermine intrigiert gegen den Kronprinzen); Prinz Louis Ferdinand v. Preußen, *Als Kaiserenkel durch die Welt*, Berlin 1952, S. 256, S. 283 f. (der älteste Sohn des Kronprinzen, Prinz Wilhelm, von Erbfolge wegen unstandesgemäßer Heirat ausgeschlossen, will aber nicht verzichten).

[59] Papen (Anm. I/69), S. 369; *Zeugenschrifttum* (Anm. I/53), Nr. 568, S. 6 (Tschirschky); Görlitz, *Hindenburg* (Anm. I/72), S. 416; vgl. Herre (Anm. IV/48), S. 221.

[60] Sommerfeldt (Anm. IV/58), S. 61.

Hitler war dafür natürlich nicht zu haben; das hatte er ebenfalls am 30. Januar 1934 in unmißverständlicher Weise ausgesprochen,[61] und ebenso scheint der Kreis um Papen vernünftigerweise darauf verzichtet zu haben. Aber die Frage war, ob das Problem nicht von den beteiligten Dynastien selber aufgeworfen werden würde. Ernsthaftere Aspirationen mögen freilich nur in Bayern bestanden haben, aber gerade sie konnten wegen der respektablen Persönlichkeit des Exkronprinzen Rupprecht, seiner Beliebtheit in weiten Kreisen der bayerischen Bevölkerung und deren gleichzeitiger Preußenfeindlichkeit (die natürlich auch die Hohenzollern einbezog) zu einem schwierigen Problem werden; das hatte sich schon bei dem kurzsichtigen wittelsbachischen Alleingang im Februar 1933 gezeigt.[62]

Mit dem Vorstoß bei Hitler begnügte sich die Gruppe um Papen jedoch nicht, sie bemühte sich auch um Sicherungen. Um Hitler die Möglichkeit des Ausweichens zu nehmen, wurde Papen veranlaßt, den Reichspräsidenten um die Aufnahme eines Passus in sein Testament zu ersuchen, in dem die Wiedereinführung der Monarchie empfohlen wurde.[63] Nach anfänglichem Widerstreben willigte Hindenburg auch ein, entschloß sich aber, dieser Empfehlung die Form eines Briefes an den Reichskanzler zu geben, der von dem eigentlichen, an das deutsche Volk gerichteten Testament abgetrennt war. Unter der Voraussetzung, daß es überhaupt möglich gewesen wäre, Hitler durch papierne Vermächtnisse zu binden, war diese Aufteilung vom Standpunkt der Monarchisten aus ein schwerer taktischer Fehler, den Hitler später auch prompt ausnutzte, als er Hindenburgs Brief als „persönliches Schreiben" deklarierte und seine Veröffentlichung ablehnte.[64] Die SA-Krise des Frühjahrs 1934 bot aber der Papen-Gruppe noch einen zweiten Ansatzpunkt, um Hitler ihren Willen aufzuzwingen. Man beabsichtigte, den Gegensatz zwischen Reichswehr und SA bis zum Bruch voranzutreiben und die SA zur Meuterei zu verlocken, woraufhin der Reichspräsident dann zur Verhängung des militärischen Ausnahmezustands veranlaßt werden sollte – alles das formell unter Aussparung Hitlers, den man wegen seines Prestiges nicht direkt angreifen wollte, von dem man aber annahm, daß er auch in diesem Falle mit den stärkeren Bataillonen gehen und sich den vollzogenen Tatsachen unterwerfen würde.[65]

Voraussetzung für den Erfolg war freilich die Unterstützung des Unternehmens durch die Reichswehr, und gerade hier erlebten die Monarchisten eine bittere Enttäuschung. Denn jetzt zeigte sich, was bei scharfem Zusehen schon in den letzten Jahren der Weimarer Republik erkennbar war: daß das Offizierkorps nicht mehr geschlossen für die Monarchie eintrat. Zwar hatte sich die politische Haltung der Älteren, die ihre militärische Karriere noch in der Kaiserzeit begonnen hatten, seitdem nicht wesentlich gewandelt; für die Mehrzahl von ihnen war die Monarchie keine politische, sondern nach wie vor eine Gesinnungsfrage. Aber hinter dieser Generation war inzwischen eine neue herangewachsen, die zur Vergangenheit keine lebendige Beziehung mehr hatte. Soweit sie sich zu Monarchie und Tradition bekannte, war das mehr eine Form der Opposition gegen die demokratische Gegenwart als die Proklamierung eines Ideals für die Zukunft gewesen; teilweise hatte diese Jugend sogar schon auf das monarchistische Bekenntnis verzichtet (daß ausgerechnet in

[61] *Schultheß, 1934*, S. 39 f.

[62] Allerdings scheint Rupprecht danach resigniert zu haben; Sendtner (Anm. I/127), S. 643. – Ein Beispiel aus den anderen Dynastien ist Friedrich Christian zu Schaumburg-Lippe, der wie August Wilhelm v. Preußen SA-Führer war; s. seinen Bericht *Zwischen Krone und Kerker*, Wiesbaden 1952, bes. S. 149 (Diskussion mit Goebbels, der ihm freilich die gleichen Argumente entgegenhielt wie Hitler).

[63] *Zeugenschrifttum* (Anm. I/53), Nr. 568, S. 6 f. (Tschirschky); Papen (Anm. I/69), S. 370; vgl. Herre (Anm. IV/48), S. 221 f.

[64] Tschirschky, a. a. O., S. 11; Papen, a. a. O., S. 271.

[65] Tschirschky, a. a. O., S. 4 ff.

der monarchistischen Hochburg Potsdam viele junge Offiziere Anhänger Hitlers
waren, ist hier bereits berichtet worden).[66] Daraus ergab sich freilich noch keine
Opposition gegen die Monarchie; wäre es gelungen, das deutsche Kaisertum wieder
einzuführen, hätte die Armee das ohne Zweifel hingenommen. Aber für eine Unterstützung der konspirativen Pläne Boses und Tschirschkys von seiten der Reichswehr
war deren geschlossener Einsatz durch ihre Führung erforderlich, und das war bei
Blomberg und Reichenau nicht zu erreichen. Reichenau ließ sich auch jetzt wie schon
ein Jahr vorher in erster Linie vom Gesichtspunkt der totalen Mobilmachung leiten,
und Blomberg stimmte ihm darin um so mehr zu, als seine Gefühlsbindung an Hitler
inzwischen voll entwickelt war. Unter der Perspektive der totalen Mobilmachung
aber schien das Regime Hitlers nicht nur der Demokratie, sondern auch der Monarchie
überlegen zu sein. Würde die restaurierte Monarchie, so mögen sich Blomberg und
Reichenau gefragt haben, bei ihrer unvermeidlichen Tendenz zur Herausbildung ari-
stokratisch-feudalistischer Gesellschaftsformen das Problem der modernen Massenmobilisierung auch nur annähernd so gut zu lösen vermögen, wie Hitler das getan zu
haben schien? Die Zusammenarbeit zwischen Reichswehr und Hitler hatte sich inzwischen überraschend gut angelassen; Hitler hatte die Massen und insbesondere die
bisher so widerspenstigen Arbeiter offenbar in einer ans Wunderbare grenzenden
Weise gezähmt und die Aufrüstung in einem ebenso unerwarteten Tempo in Gang
gebracht. Ein politischer Stellungswechsel der Reichswehrführung mußte diesen ver-
heißungsvollen Prozeß ernsthaft stören, ohne daß die Garantie gegeben war, daß die
Monarchie ein derartiges Opfer wirklich wert war.

Allerdings drohte die im Juli 1933 eingeleitete Zusammenarbeit mit der SA jetzt
zu scheitern und die Entwicklung der totalen Mobilmachung ihrerseits empfindlich zu
hindern. Mußte die Monarchie unter diesen Umständen nicht als der gegebene Bundesgenosse der Wehrmacht erscheinen, um ihr gegenüber der revolutionären Parteigarde
einen Rückhalt zu bieten? Durfte die militärische Führung den Zusagen Hitlers wirklich Vertrauen schenken, mußte sie nicht befürchten, daß er sich im entscheidenden
Augenblick doch mit Röhm versöhnte und gegen die „reaktionären" Generale stellte?
Hinsichtlich dieser zweiten Frage glaubten Blomberg und Reichenau sich indessen
sicher; Hitler hatte soeben, um die Wende 1933/34, die Entscheidung für die allgemeine Wehrpflicht und deren Durchführung durch die Wehrmacht gefällt; das ließ
sich nicht ohne weiteres rückgängig machen und band auch ihn.[67] Damit war auch die
erste Frage schon halb zuungunsten der Monarchie beantwortet. Sie wurde es ganz
durch einen zusätzlichen Gesichtspunkt: Mit Hitler im Bunde, so hoffte man im
Reichswehrministerium, werde sich die SA-Frage ohne offene Auseinandersetzung,
mindestens aber ohne offenen Eingriff der Wehrmacht lösen lassen. Bei einem gemeinsamen Vorgehen von Monarchisten und Militärs dagegen mußte sich die Wehrmacht
selbst dann erheblich exponieren, wenn es nicht zu einem offenen Bürgerkrieg kam;
die Pläne der Papen-Gruppe hatten ja selbst die Verhängung des militärischen Ausnahmezustandes vorgesehen, und bei den schwer zu berechnenden Folgen, die eine
den Nationalsozialisten aufgezwungene Restauration haben konnte, mußte mit der
Möglichkeit gerechnet werden, daß eine Militärdiktatur vorübergehend notwendig
wurde. Dem aber war man im gesamten Offizierkorps seit den mißlungenen Experimenten Ludendorffs 1916–1918, des Kapp-Putsches 1920 und Seeckts Ausnahmezustand von 1923 zutiefst abgeneigt – am meisten dann, wenn sich ein derartiger militärischer Einsatz gegen die „nationale Bewegung" hätte richten sollen. Und dazu
gehörte die SA in den Augen der Offiziere auch jetzt noch, trotz allem Ärger, den sie

---

[66] Vgl. o. S. 738.

[67] Notizen Heinrici aus einer Besprechung im Frühjahr 1934; *Zeugenschrifttum* (Anm. I/53), Nr. 66, II, S. 170:
Auftrag zur Heeresvermehrung wird als Beweis für „Vertrauen des Kanzlers" gewertet.

verursachte. Selbst ein keineswegs nationalsozialistischer, nüchtern und ruhig urteilender Fachmilitär wie General Liebmann erklärte seinen Offizieren im Januar: „Ich halte die SA für eine absolute Notwendigkeit des Staates, die guten Elemente, die mit uns zusammenarbeiten wollen, müssen unterstützt werden," [68] und Fritsch hat nach glaubwürdigen Nachrichten ganz ähnlich gedacht.[69] Daher ertrug man auch den augenblicklichen „Schwebezustand" zunächst geduldig, weil, wie Blomberg den Befehlshabern am 2. Februar erklärte, „offener Kampf noch ungünstiger wäre".[70] Und hier lagen auch die Vorteile, die Hitler den Militärs zu bieten hatte: Kam es wirklich zum endgültigen Bruch mit der SA, so war zu hoffen, daß es Hitler gelingen würde, mit der SA allein fertigzuwerden, ohne offene Hilfe durch die Wehrmacht.

Dazu kam noch eine zweite Überlegung. Eine derartige Lösung der SA-Krise würde, so mochte es scheinen, der Reichswehr die schlechthin dominierende Stellung im neuen Staat eintragen. Nicht nur erschien sie dabei ähnlich wie in der Republik als überparteilicher *supremus arbiter* der Auseinandersetzung zwischen Hitler und Röhm; indem sich Hitler mit der SA selbst seiner einzigen militanten Truppe entledigte, lieferte er sich, so glaubte man, zugleich auf Gedeih und Verderb in die Hände der Wehrmacht und mußte ihr hinfort jene hervorragende Beteiligung an der Macht im Staate zugestehen, die sie unter dem Kaiserreich unangefochten besessen, die Groener 1918 gegenüber der Republik gefordert,[71] Seeckt mehr oder weniger glücklich durchgesetzt und die militärische Führung sich auch jetzt zum Ziel gesetzt hatte. „Es ist Aufgabe des Heeres, klar und bestimmt zum Ausdruck zu bringen, daß wir die leitende und ausschlaggebende Macht im Reich sind und bleiben . . . Der Soldat und vornehmlich der Offizier kann der Lehrer und Erzieher des Volkes sein." Dies schrieb nicht etwa der ehrgeizige politische General v. Reichenau, sondern der konservative Berufssoldat Liebmann; es war auch nicht die Meinung eines etwas schrulligen Einzelgängers, diese Ansicht war vielmehr Gemeingut der Armee.[72] Charakteristisch war dabei die Verknüpfung mit der so bedenklichen Idee der militärischen Volkserziehung. Das Militär ist technisch ein Instrument für Gewaltanwendung und Zerstörung; setzt man seine Führer zu Erziehern des Volkes ein, so muß das mindestens seiner Tendenz nach unweigerlich zur Erziehung von Gewaltmenschen und Zerstörern führen, ganz gleich, unter welchen euphemistischen oder idealistischen Titeln und Devisen sich eine derartige Pädagogik immer präsentieren mag.[73] Es ist für die Situation des Offizierkorps unter dem Nationalsozialismus bezeichnend, daß ihm diese Problematik selbst

[68] Kommandeurbesprechung vom 15./18. Januar 1934, *Liebmann-Notizen* (Anm. I/112), Bl. 59.

[69] Mellenthin, *Zeugenschrifttum* (Anm. I/53), Nr. 105, S. 35. Vgl. auch Fritsch in den Befehlshaberbesprechungen vom 2./3. Februar 1934, 27. Februar 1934 und 7. Mai 1934; *Liebmann-Notizen, a. a. O.*, Bl. 72; Bl. 76; Bl. 83 f.

[70] *A. a. O.*, Bl. 67.

[71] Groener (Anm. I/31), S. 468 f.

[72] Kommandeurbesprechung vom 15./18. Januar 1934, *Liebmann-Notizen* (Anm. I/112), Bl. 57. Der zitierte Passus ist im Manuskript Liebmanns gestrichen, also den Kommandeuren wohl auch nicht vorgetragen worden. Politisch ist das aber eine sekundäre Frage; in einer Armee ist maßgebend, was die Generale denken, auch wenn sie es nicht aussprechen. Vgl. auch den Artikel zu Hitlers Geburtstag im *Militär-Wochenblatt*, Nr. 39 vom 18. April 1934, Sp. 1299 f.: Im nationalsozialistischen Deutschland vollziehe sich „die Übertragung der frontsoldatischen Wertung und Sittlichkeit auf das gesamte öffentliche Leben". Die Wehrmacht sei das „entscheidende Machtmittel der nationalsozialistischen Staatsführung und sichtbare Verkörperung der nationalsozialistischen Reichsgewalt". Ähnlich *a. a. O.*, Nr. 23 vom 18. Dezember 1933, Sp. 737 f.; Nr. 46 vom 11. Juni 1934, Sp. 1579 ff. (der Soldat als „Typus und Vorbild für sein Volk"); Nr. 47 vom 18. Juni 1934, Sp. 1619 ff. (Wehrmacht als „Organisation der politischen Lebensform der Nation"). – Die außenpolitische Ergänzung lieferte Reichenau: Die deutsche Wehrmacht erstrebe keine Vorherrschaft, „sondern nur den legitimen Platz, der ihr in der Welt nach der Größe ihrer Vergangenheit zukommt"; Interview vom 6. August 1934 in: *Das Archiv*, August 1934, S. 685.

[73] Zur Vermeidung von Mißverständnissen muß betont werden, daß das selbstverständlich nur dann gilt, wenn die militärische Erziehung, gleichgültig ob gegenüber Berufssoldaten oder Wehrpflichtigen, als *Menschenerziehung* betrieben wird. Solange sie sich in den ihr technisch gesetzten Grenzen hält, sind solche destruktiven Resultate nicht zu erwarten, aber dann wird natürlich auch das Postulat der „Volkserziehung" sinnlos.

jetzt noch nicht bewußt wurde, obwohl sie doch durch die gleichzeitige Pervertierung der militärischen Erziehungsidee in den Konzentrationslagern nur allzu deutlich geworden war.

Dabei stellte die Option der Reichswehrführung zugunsten Hitlers gegen die Monarchie zugleich die Erfüllung des traditionellen Herrschafts- und Erziehungsanspruchs in Frage. Das unerschütterliche Festhalten an Monarchie und Tradition hatte der Reichswehr in der Weimarer Republik jenen festen Stand gegeben, der ihr die jahrelange Distanzierung vom Staat ermöglicht hatte. Wenn sie diese Basis jetzt aufgab, welche Stütze hatte sie dann noch, um sich gegen Hitler zu behaupten, falls dieser sich nicht majorisieren lassen wollte? Gewiß, vom Standpunkt jenes Pseudo-Machiavellismus aus, der nur die Soldaten und Waffen zählt, mußte die Reichswehr nach der Ausschaltung der SA alle Macht und Hitler keine haben. Aber Hitler hatte noch andere Kampfmittel, und ob die Wehrmacht diesen zu widerstehen vermochte, durfte um so fraglicher sein, als die militärische Führung sich schon jetzt als nicht sehr standfest erwiesen hatte. Zwar führte sie ihren Kampf gegen die SA im Namen der Tradition gegen die „Revolution", aber ihr Verzicht auf die Monarchie hatte die Problematik dieser Tradition deutlich gemacht, und ihr Bündnis mit Hitler ließ den Begriff der Revolution, gegen die sie sich wandte, verschwimmen. Denn Hitler verdankte seine Stellung selbst der Revolution, mochte Reichenau ihn auch euphemistisch als „legalen Diktator" klassifizieren.[74] Infolgedessen artete der Versuch, die revolutionäre Bewegung für die militärischen Zwecke einzuspannen, schon jetzt mehr und mehr in ein Wettrennen um die Führung der Revolution aus, wobei die Wehrmacht die traditionalistischen Positionen erst zögernd, dann immer schneller eine nach der anderen räumen mußte, ohne sich doch jemals an die Spitze der dahinstürmenden revolutionären Kräfte setzen zu können.

Mit der Devise der „Entpolitisierung" der Wehrmacht hatte der neue Kurs begonnen, aber schon Ende Februar 1933 wurde, wie erwähnt, die Weiche mehr auf Politisierung gestellt denn je zuvor, und am 1. Juni — also nach dem Anlaufen des Aufrüstungsprogramms — erklärte Blomberg vor den Befehlshabern, der Wehrmacht bleibe jetzt nur eines: „der nat[ionalen] Bewegung mit voller Hingabe zu dienen" [75] — eine Richtlinie, die spätestens im August 1933 auch öffentlich bekanntgemacht wurde, als Blomberg befahl, die Wehrmacht solle im Unterschied zu früher, als sie sich von den *Parteien* distanzieren mußte, „jetzt überall zeigen, daß sie mit der nationalen *Bewegung* mitgeht".[76] Das bedeutete also das entschlossene Einschwenken in den revolutionären Kurs, bis in den Sprachgebrauch hinein, der jetzt die nationalsozialistische Unterscheidung von „Partei" und „Bewegung" übernahm. Sehr bezeichnend ist in diesem Zusammenhang die Entwicklung der militärischen Symbolik: Flagge, Grußart, Hymnen. Ursprünglich hatte die Reichswehr die Hakenkreuzflagge, die in dem Flaggen-Erlaß vom 12. März 1933 zusammen mit der schwarz-weiß-roten Flagge zur vorläufigen Reichsfarbe erhoben worden war,[77] nicht übernommen; nur die schwarz-rotgoldene Gösch war aus der ohnehin schon schwarz-weiß-roten Kriegsflagge entfernt

---

[74] Dieser Irrtum lebt auch bei Manstein (Anm. I/174, S. 183) fort, wenn er erklärt, es bestehe heute eine Neigung, die von Röhm ausgehende Gefahr nicht nur für die Reichswehr, sondern für den Staat überhaupt zu bagatellisieren. Aber war denn Hitler etwa eine geringere Gefahr? Niemand leugnet, daß eine Herrschaft Röhms für Deutschland schlechte Aussichten eröffnet hätte, aber Hitler bot mindestens keine besseren. Der Irrtum, daß es hier eine Alternative gebe, hat das Offizierkorps in eine tödliche Krise geführt, und es ist nur dem Opfertod von Beck und seinen Kameraden zu verdanken, daß es daraus überhaupt noch eine Möglichkeit der Auferstehung gibt.

[75] *Liebmann-Notizen* (Anm. I/112), Bl. 53.

[76] Auszug aus den Richtlinien für das außerdienstliche Verhalten aktiver Soldaten; abgedr. in: *Oertzenscher Taschenkalender...* (Anm. I/130); Auszeichnung i. Orig.

[77] *RGBl.*, I, 1933, S. 103.

worden.[78] Diese Differenz zwischen dem zivilen Zweiflaggensystem und der einen Reichskriegsflagge schien eine deutliche Distanzierung von dem parteigebundenen Hakenkreuzbanner, und in diesem Sinne wurde die Verordnung auch interpretiert. „Unsere Fahne ist schwarz-weiß-rot u[nd] nicht die Hakenkreuzflagge. Unser Gruß ist d[er] militärische u[nd] nicht der Hitler-Gruß", erklärte der Kommandeur der 5. Division seinen Offizieren und fügte hinzu, auch das Horst-Wessel-Lied werde von der Wehrmacht abgelehnt.[79]

Aber diese Distanzierung stand auf sehr schwankendem Boden. Zwar erfüllte die Neuregelung der Flaggenfarben einen alten Wunsch der Offiziere, und Blomberg hatte Hitler auch öffentlich dafür gedankt,[80] aber sie war ein Verfassungsbruch und entbehrte damit jeder Rechtsgrundlage, wenn man diese nicht in der Revolution suchen wollte; das revolutionäre Symbol aber war das Hakenkreuz. Infolgedessen setzte sich das Hakenkreuz und die übrige nationalsozialistische Symbolik Schritt für Schritt und in der gleichen unkontrollierbar-unauffälligen Weise durch. Spätestens im Juli 1933 wurde das Spielen der „vaterländischen Weihelieder", also des Deutschland- *und* des Horst-Wessel-Liedes, für die Musikkorps des Reichsheeres zugelassen.[81] Im August folgte die Einführung des Hitler-Grußes für das Zivilpersonal der Wehrmacht, im September die Erlaubnis zum Tragen der Parteiuniform während des Dienstes für den gleichen Personenkreis,[82] und im Oktober wurden neue Bestimmungen über den militärischen Gruß erlassen, in denen u. a. das Grüßen der Fahnen der nationalen Verbände und in bestimmten Fällen auch die Anwendung des Hitler-Grußes durch Soldaten befohlen wurde.[83] Das war um die Zeit, als Hitler der Wehrmacht sein erstes öffentliches Treueversprechen gab. Im Februar 1934 schließlich befahl Blomberg die Anbringung des sogenannten „Hoheitszeichens" der NSDAP an die Wehrmachtsuniform und damit die Übernahme des revolutionären Hakenkreuzes als offiziellen Wehrmachtssymbols, und Fritsch gab dafür die bezeichnende Begründung, dem „Kanzler" solle damit die „nötige Stoßkraft der SA gegenüber gegeben werden"![84]

Für das Offizierkorps der Reichswehr, das sich 1918/19 leidenschaftlich und mit Erfolg gegen das Ablegen der Schulterstücke gewehrt und dem republikanischen Schwarz-rot-gold nur einen winzigen Raum in seiner Symbolik eingeräumt hatte, waren diese Änderungen keineswegs bloß Äußerlichkeiten;[85] ihre Hinnahme bedeutete die Aufgabe einer lange hart umkämpften Position des traditionalistischen Systems. Aber dabei blieb es nicht. Auch die Überparteilichkeit in der Auswahl des Offizier- und Mannschaftsersatzes, die bisher offiziell streng aufrechterhalten worden war, wurde jetzt aufgegeben. Waren bis 1933 bei den Mannschaften nur verfassungsfeindliche Elemente ausgeschlossen worden — wobei die Vorschriften gelegentlich

---

[78] Verordnung über die Hoheitszeichen der deutschen Wehrmacht; *a. a. O.,* S. 133.

[79] Kommandeurbesprechung vom 26. März 1933; *Liebmann-Notizen* (Anm. I/112), Bl. 42.

[80] Vgl. o. S. 730.

[81] Auszug aus den Bestimmungen für Musik- und Trompeterkorps des Reichsheeres vom 15. Juli 1933; *HDv 32,* abgedr. in: *Oertzenscher Taschenkalender. . .* (Anm. I/130), S. 178 f. Die Bestimmungen regelten die *Anlässe,* bei denen die Hymnen gespielt wurden, setzten also die offizielle Einführung schon voraus.

[82] Auszugsweise bekanntgegeben im *Militär-Wochenblatt,* Nr. 8 vom 25. August 1933, Sp. 267, und Nr. 11 vom 18. September 1933, Sp. 363.

[83] Inhaltsangabe *a. a. O.,* Nr. 13 vom 4. Oktober 1933, Sp. 426. Danach wurde der „Deutsche Gruß" befohlen für Soldaten und Beamte in Uniform ohne Kopfbedeckung (a) beim Singen des Deutschland-Liedes und (b) „im außerdienstlichen Grußverkehr innerhalb und außerhalb der Wehrmacht". Außerdem sollte er „als besondere Ehrung, lediglich für die Person des Reichskanzlers Adolf Hitler" in bestimmten Fällen auch diesem erwiesen werden.

[84] Befehlshaberbesprechung vom 2./3. Februar 1934, *Liebmann-Notizen* (Anm. I/112), Bl. 76; Bl. 79; *Schultheß, 1934,* S. 73. – Vgl. dazu die abweichende öffentliche Begründung in: *Militär-Wochenblatt,* Nr. 32 vom 25. Februar 1934, Sp. 1059 f.

[85] Vgl. die Klage über den Verlust der preußischen Kokarde, *Militär-Wochenblatt,* Nr. 40 vom 25. April 1934, Sp. 1357.

schwankten —,[86] so wurde der betreffende Passus im August 1933 dahingehend geändert, daß nicht zugelassen werden sollte, wer „nicht die Gewähr dafür bietet, daß
er jederzeit rückhaltlos für den nationalen Staat eintreten wird". Außerdem wurden
Juden ausgeschlossen. Bei der Werbung sollten sich die Werbebehörden im Bedarfsfalle nicht, wie bisher, an „nichtpolitische Vereine" usw. wenden, sondern „die nationalen Verbände und Organisationen" bzw. den FAD bevorzugen, und während bisher
für Werbeaufrufe in Zeitungen die „gleichmäßige Berücksichtigung von Blättern aller
Richtungen", mit Ausnahme der verfassungsfeindlichen, befohlen war, sollten jetzt in
erster Linie die Zeitungen, „die hinter der nationalen Regierung stehen", berücksichtigt werden.[87] Der Begriff „nationaler Staat" sollte hier wohl so etwas wie die letzte
Rückzugsstellung der alten Überparteilichkeit sein; aber was hieß das konkret in
einem Staat, der bereits ganz in den Händen der Nationalsozialisten war? Im übrigen
waren diese Bestimmungen lediglich eine Legalisierung der bereits bestehenden Praxis,
denn tatsächlich war der Ersatz nie strikt nach Überparteilichkeits-, sondern nach
„nationalen" Gesichtspunkten ausgewählt worden.[88] Das erleichterte der Reichswehr
die Hinnahme des damit verbundenen Verfassungsbruchs, fixierte aber zugleich eine
Lage, aus der sich die militärische Führung doch seit jeher hatte befreien wollen, weil
sie sich bewußt war, daß sie unter dem Gesichtspunkt der totalen Mobilmachung der
Wehrbereitschaft des *ganzen* Volkes bedurfte.[89] So brachte man das Opfer der Legalität für die Fiktion einer „nationalen Einigung", die in Wirklichkeit weiten Teilen
der Bevölkerung aufgezwungen wurde.

Ins Herz der Tradition traf aber die Behandlung der Offizierspersonalien. Im
Februar 1934 – also wiederum in der Zeit der sich zuspitzenden Auseinandersetzung
mit Röhm – erwog Blomberg die Aufhebung des von Seeckt eingeführten Abitur-
zwangs, und für die Reaktivierung ehemaliger Offiziere wurde zur gleichen Zeit das
„Verständnis für den neuen Staat" zur „entscheidenden" Voraussetzung erhoben; die
„Herkunft aus der alten Offizierskaste", so erklärte Blomberg, genüge als Maßstab
keineswegs.[90] Damit wurde der Eckpfeiler der preußisch-deutschen Offizierstradition,
die soziale Geschlossenheit, im Prinzip aufgegeben, noch bevor das in der Praxis durch
die sprunghafte Vermehrung des Offizierkorps geschah. Blombergs Seitenhieb auf
die „Offizierskaste" wurde dabei selbst von Mitgliedern des Korps als nicht ganz unberechtigt empfunden,[91] aber er traf unzweifelhaft die Tradition, und das „Recht",
das an ihre Stelle treten sollte, war das des Nationalsozialismus. Weit über alle militärische und Traditionsproblematik hinaus führte aber die Behandlung der Judenfrage.
Im Jahre 1932 hatte der Reichsbund jüdischer Frontsoldaten ein Gedenkbuch für die
jüdischen Gefallenen des ersten Weltkrieges veröffentlicht. Am 17. November 1932
wurde es in feierlicher Form dem Reichswehrministerium übergeben. In Vertretung
Schleichers dankte Oberstleutnant Ott mit den Worten: „Meine Herren, ich habe die
Ehre, Ihnen im Auftrag des Herrn Reichswehrministers zum Ausdruck zu bringen,
daß wir dieses Gedenkbuch unserer jüdischen Kameraden, die im Weltkrieg gefallen

---

[86] Verordnung über die Ergänzung des Heeres vom 9. Dezember 1927 (*HDv* 477), § 9, Ziff. 1 f. (mit Zusätzen
von 1932). – Die Nationalsozialisten waren zunächst ausgeschlossen, wurden aber im Januar 1932 durch einen
vielumstrittenen Erlaß Groeners bedingt zugelassen; *Schultheß, 1932*, S. 20. Dazu Schüddekopf (Anm. I/26), S. 313.

[87] Zusätze zur *HDv* 477 vom August 1933; s. auch *Oertzenscher Taschenkalender...* (Anm. I/130), S. 68 f.;
S. 71

[88] Einzelheiten bei Wolfgang Sauer, „Die Reichswehr" (Anm. I/26), S. 259.

[89] Diese Lage wurde noch verschärft durch ein gleichzeitig erlassenes Verbot der Zugehörigkeit zur KPD und
SPD; Erlaß des Reichswehrministers vom 31. August 1933, abgedr. in: *Oertzenscher Taschenkalender...*
(Anm. I/130), S. 136.

[90] *Liebmann-Notizen* (Anm. I/112), Bl. 70. – Im Oktober wurde das auch auf aktive Offiziere ausgedehnt:
Befehlshaberbesprechung vom 9. Oktober 1934, *a. a. O.*, Bl. 108.

[91] Vgl. z. B. den Artikel im *Militär-Wochenblatt*, Nr. 7 vom 18. August 1933, Sp. 209 ff.

sind, in hohen Ehren halten werden zum Gedächtnis dieser treuen und echten Söhne unseres deutschen Volkes." [92] Ein halbes Jahr später waren diese Worte im Reichswehrministerium nur noch Schall und Rauch. In einer Befehlshaberbesprechung am 1. Juni 1933 wies Blomberg darauf hin, der „Arier-Paragraph" des Berufsbeamtengesetzes gelte zwar nicht für Soldaten, aber die Wehrmacht könne nicht „daran vorbeigehen". Deshalb werde er wenigstens den Neuzugang von „Nichtariern" durch Änderung der Bestimmungen über Heiraten und Neueinstellungen unterbinden. [93] Im Februar 1934 aber erschien ihm auch diese Regelung, die er, wie er selbst sagte, „aus eigenem Antrieb verfügt" habe, nicht ausreichend, und so kündigte er jetzt auch die Entlassung bereits eingestellter jüdischer Offiziere an. Zwar sollten Kriegsteilnehmer im allgemeinen davon „nicht betroffen" werden, „sondern nur Junge u[nd] dies werden nicht viele sein" (der bekannte fatale Trost); aber in Kommandeurstellen (also vom Bataillons-Kommandeur an aufwärts) könnten auch Kriegsteilnehmer nicht mehr von der Anwendung des Gesetzes ausgenommen werden. [94] Indem sie so die Entlassung ihrer „nichtarischen" Kameraden hinnehmen mußten, wurden die Offiziere noch vor der Ermordung Schleichers und Bredows daran gewöhnt, völlig schuldlose Menschen aus ihren eigenen Reihen der „Sache" zu opfern.

Aber man öffnete dem neuen Geist auch direkt die Tore der Armee. Im Juli 1933 übernahm das Reichswehrministerium einen Erlaß Fricks auch für den Bereich der Wehrmacht, in dem Aushänge der NSDAP und ihrer parteiamtlichen Unterorganisationen (also auch der SA) ebenso wie Werbeaushänge der parteiamtlichen Zeitungen und Zeitschriften in den Diensträumen zugelassen wurden. [95] Und im Frühjahr 1934 erließ Blomberg eine Anordnung, in der er „Richtlinien für den Unterricht über politische Tagesfragen" ankündigte und schon jetzt die erhöhte Beachtung dieses Unterrichts befahl. „Im zweiten Jahr der nationalsozialistischen Staatsführung", so führte er zur Begründung aus, „muß die Nation mit den Leitgedanken des nationalsozialistischen Staates durchdrungen werden. Die Wehrmacht als Hüter des nationalsozialistischen Deutschland und seines Lebensraumes bedarf daher einer entsprechenden Schulung." [96] Hatte man noch im Herbst mit den Begriffen von „nationalem Staat" und „nationaler Bewegung" einen schwachen Versuch zur Distanzierung gemacht, so verzichtete man jetzt unter dem Druck der SA-Krise auch darauf und bequemte sich zu der bisher so verfemten parteipolitischen Schulung. Dem folgten am 20. April ein hymnischer Geburtstagsartikel für Hitler im *Militärwochenblatt* [97] und am 25. Mai

[92] *Die jüdischen Gefallenen des deutschen Heeres, der deutschen Marine und der deutschen Schutztruppen 1914–1918. Ein Gedenkbuch*, hrsgg. vom Reichsbund jüdischer Frontsoldaten, 2. Aufl., Berlin 1932, S. 5. Das Buch enthält eine Liste von 10 154 Gefallenen und wird durch ein Schreiben Hindenburgs vom 3. Oktober 1932 eingeleitet. Es war ein Produkt des verzweifelten Kampfes der Juden um nationale Anerkennung, denn es sollte der infamen Kampagne über mangelnde Einsatzbereitschaft der deutschen Juden im ersten Weltkrieg entgegenwirken; vgl. das Nachwort, S. 419 ff. Man kann darüber streiten, ob die Juden gut beraten waren, wenn sie den Kampf in dieser Form aufnahmen, und sie haben ihn denn auch verloren. Im Frühjahr 1934 berechnete das Reichsarchiv mit der bei ihm üblichen Akribie, daß der Prozentsatz jüdischer Gefallener geringer sei als der der „arischen" Bevölkerung, und das *Militär-Wochenblatt* entblödete sich nicht, diese Methode, nationale Gesinnung durch Errechnung von Todesprozenten „nachzuweisen", mit den Worten zu übernehmen, „im Verhältnis der Juden zur Gesamtbevölkerung bleibt das jüdische Blutopfer also auf jeden Fall um etwas mehr oder weniger als die Hälfte ihres pflichtmäßigen Anteils [!] zurück"; Nr. 40 vom 25. April 1934, Sp. 1371.

[93] *Liebmann-Notizen* (Anm. I/112), Bl. 53.

[94] *A. a. O.*, Bl. 69 (Befehlshaberbesprechung am 2. Februar 1934). Die Durchführung sollte bis zum 31. Mai beendet sein; *Militär-Wochenblatt*, Nr. 35 vom 18. März 1934, Sp. 1172. – Bereits unter dem 21. April 1934 meldete *Das Archiv*, S. 42, die Ausführung. Zahlen s. o. Anm. I/232.

[95] *Oertzenscher Taschenkalender...* (Anm. I/130), S. 135 f.

[96] *Das Archiv*, April 1934, S. 30.

[97] Vgl. o. Anm. IV/72. Auf Anweisung Blombergs wurde am selben Tage auch die Kaserne des I. Btls. des Inf.-Regts. 19 in München (das die Tradition des bayerischen Regiments führte, dem Hitler im Kriege angehört hatte) in „Adolf-Hitler-Kaserne" umbenannt; *Das Archiv*, April 1934, S. 37.

eine von Hindenburg gezeichnete Neufassung der „Berufspflichten des deutschen Soldaten",[98] in deren erstem Artikel die Wehrmacht als der „Waffenträger des deutschen Volkes" bezeichnet und ihr, anklingend an Blombergs eben zitierte Worte, die Aufgabe gestellt wurde, „das deutsche Reich und Vaterland, das im Nationalsozialismus geeinte Volk und seinen Lebensraum" zu schützen. Wenn dabei auch die „ruhmreiche Vergangenheit" als eine der „Wurzeln ihrer Kraft" bezeichnet wurde, so erhielt das eine bemerkenswerte Akzentuierung, als Fritsch den Befehlshabern empfahl, als „Ausgangspunkt für [das] derzeitige Heer" sollte das „Kriegserlebnis und Kriegsheer" (von 1914 bis 1918) „in den Vordergrund" gestellt werden; die Vorkriegszeit sage der Jugend nichts mehr.[99]

Man wird die Wirkung dieser Maßnahmen nicht falsch einschätzen dürfen; insbesondere wäre die Vorstellung verfehlt, Blombergs Anordnungen hätten die Soldaten der Reichswehr insgesamt im nationalsozialistischen Sinne gleichzuschalten vermocht.[100] Sie bedeuteten zweifellos eine kleine Revolution für sich, und derartiges setzt sich in der Alltagspraxis erfahrungsgemäß immer nur sehr allmählich durch. Bei der Wehrmacht verlief dieser Prozeß so stockend, daß er in der Folge noch mehrmals von oben her nachdrücklich vorangetrieben werden mußte, und doch konnten bis zum 20. Juli 1944 nicht alle Reste „reaktionärer" Haltung ausgetilgt werden. Die historische Bedeutung dieser Maßnahmen liegt daher weniger darin, daß sie die Wehrmacht faktisch gleichgeschaltet hätten, als daß sie ihre innere Schwäche und Haltlosigkeit offenbarten. Das gilt vor allem unter dem Gesichtspunkt der bevorstehenden Heeresvermehrung. Mit einem Nachwuchs aus Menschen seines Geistes durfte das Offizierkorps dabei nur sehr bedingt rechnen; die Masse der jungen Kräfte bestand aus solchen Elementen, für die jene Anpassungs-Verordnung Blombergs nur noch Selbstverständlichkeiten aussprachen und die daher mindestens erst in hartem Kampfe für die „Tradition" gewonnen werden mußten, sofern das überhaupt möglich war.

Die Absage Blombergs und Reichenaus war für die Monarchisten ein harter Schlag, aber er wurde noch übertroffen, als auch Fritsch sich ihnen entzog.[101] Mehrere Vorstöße, die Tschirschky und Papen bei ihm im Laufe des Frühjahrs 1934 unternahmen, begegneten immer nur dem Argument, es handele sich bei ihren Plänen um eine „rein innenpolitische Angelegenheit", die das Heer nicht unmittelbar betreffe – eine Haltung, in der Fritsch auch von seiner Umgebung unter Hinweis auf die Erfahrungen beim SA-Verbot 1932 bestärkt worden ist.[102] Wenn man Fritsch gerecht werden will, muß man freilich berücksichtigen, daß eine selbständige Aktion seinerseits über den Kopf des Reichswehrministers und Oberbefehlshabers Blomberg hinweg sehr schwierig und riskant gewesen wäre; es war durchaus möglich, daß sich dann die Situation des Kapp-Putsches mit einer Spaltung der Armee wiederholt hätte. Was man aber bei Fritsch vermißt, ist das Bewußtsein, daß auch die Loyalität hier sinnlos und damit die Situation überhaupt ausweglos war. Als Papen ihn nach der Marburger Rede um Unterstützung anging, antwortete er: „Ja ja, lieber Papen, Ihre Marburger Rede war ja sehr schön, nur schade, daß Sie sie gehalten haben und nicht Goebbels!"[103] Die Monarchisten haben sich dann an einzelne Generale gewendet und bei ihnen angeblich

---

[98] *Das Archiv*, Juni 1934, S. 349 f.

[99] Besprechung vom 7. Mai 1934; *Liebmann-Notizen* (Anm. I/112), Bl. 84.

[100] Dazu das Material über Opposition gegen den Blombergschen Kurs bei Krausnick (Anm. I/26), S. 214 ff.; S. 222, Vgl. auch die Artikel im *Militär-Wochenblatt*, Nr. 38 vom 11. April 1934, Sp. 1270 f.; Nr. 40 vom 25. April 1934 (s. o. Anm. III/85); Nr. 44 vom 25. Mai 1934, Sp. 1521 f. – Sicher trifft Foertsch (*Schuld. . .*, Anm. I/25, S. 45) die Haltung vieler Offiziere, wenn er schreibt: „Das war vielleicht nicht so ernst zu nehmen und mit Lippenbekenntnissen abzutun in der Zeit der Weimarer Republik."

[101] *Zeugenschrifttum* (Anm. I/53), Nr. 568, S. 5 f. (Tschirschky); Nr. 105, S. 32 f. (Mellenthin).

[102] Mellenthin, *ebda.*

[103] *Ebda.*

mehr Verständnis gefunden; so sollen insbesondere Witzleben, Bock und Rundstedt zum Eingreifen bereit gewesen sein.[104] Selbst für den Fall, daß diese etwas unwahrscheinliche Angabe nicht auf einem Mißverständnis beruht, war damit wenig für die monarchistische Sache gewonnen; wenn schon eine selbständige Aktion Fritschs, der wenigstens noch das ganze Heer und damit den weitaus überwiegenden Teil der Reichswehr befehligte, bedenklich war, so mußte sie von seiten einzelner Generale als aussichtslos gelten.[105]

Insgesamt stand die Sache der monarchistischen Restauration nach dem Versagen der Reichswehr nicht günstig. Noch wesentlich ungünstiger waren aber die Aussichten für alle diejenigen, die, durch den nationalsozialistischen Ansturm 1933 aus dem Sattel geworfen, sich in der allgemeinen Unsicherheit und Spannung des Winters und Frühjahrs 1934 wieder aufrichteten und in der Erwartung baldiger neuer Umwälzungen erneut Anschluß an das politische Geschehen zu finden suchten. Tatsächlich war die Zeit erfüllt von einer beträchtlichen Betriebsamkeit und Aktivität der verschiedensten Zirkel und Personen des alten Regimes, vor allem von dessen rechtem Flügel. Freilich gewann diese Bewegung ihre Bedeutung weniger aus den positiven politischen Aussichten, die sie eröffnet hätte, als aus der zusätzlichen Spannung, die sie erzeugte. Es ist daher auch nicht erforderlich, in diese bisher noch weitgehend unerforschten Verhältnisse hier tiefer einzudringen; es mag genügen, auf zwei Beispiele hinzuweisen, die später eine gewisse Rolle spielen sollten.[106] Das eine ist die Haltung Gregor Strassers. Über sie ist man noch immer im wesentlichen auf Vermutungen angewiesen, aber daß Hitlers nachträgliche Behauptung, Strasser habe bei dem „Komplott" Röhm–Schleicher eine Rolle gespielt, aus der Luft gegriffen war, scheint sich immer mehr zu bestätigen. Ganz im Gegenteil, es wird berichtet, daß er sich um eine Aussöhnung mit Hitler bemüht hat, womit ihm nahestehende Kreise die Hoffnung verbanden, nach Ausschaltung der radikalen SA und der Reaktionäre um Hugenberg doch noch zu in ihrem Sinne einigermaßen vernünftigen Lösungen zu kommen.[107] Spricht das schon gegen eine Verbindung mit Röhm, so deutet eine Anweisung des Propagandaministeriums vom 5. August 1933, die die Aussöhnung mit Hitler als bereits vollzogen erwähnt, überhaupt auf einen Rückzug Strassers aus der Politik hin. Strasser habe, so heißt es da, die Presseabteilung der Reichskanzlei in einem Schreiben gebeten zu veranlassen, daß die Presse keine Spekulationen mehr über seine frühere Haltung innerhalb der NSDAP bringen möge.[108] Allerdings wird behauptet, daß bereits die bevorstehende Aussöhnung Hitlers und Strassers in Parteikreisen Unruhe hervorgerufen und Goebbels und Göring zum Mord an dem potentiellen Rivalen veranlaßt hätte.[109]

Das andere Beispiel ist die Rolle des ehemaligen Reichswehrministers und Reichskanzlers v. Schleicher. Schleicher hatte sich 1933 sehr zurückgehalten; er hatte zwar mit Brüning konferiert und auch bei Hindenburg Proteste gegen SA-Ausschreitungen

[104] *Zeugenschrifttum*, a. a. O., Tschirschky, S. 6.

[105] Überdies erscheint es schwer glaubhaft, daß gerade Rundstedt und Bock sich zu revolutionären Aktionen zur Verfügung gestellt haben sollen; bei Witzleben ist es schon wahrscheinlicher, doch ist darüber bisher nichts bekannt geworden; s. Manstein (Anm. I/174), S. 182 ff., und Böckmann, *Zeugenschrifttum* (Anm. I/53), Nr. 11, S. 5 (beide gehörten damals zu seinem Stab, berichten aber nichts von monarchistischen Verbindungen). – Der Abwehrabteilung waren Kontakte von Reichswehrstellen mit dem Papen-Kreis nicht bekannt; Patzig, *a. a. O.*, Nr. 540, S. 9.

[106] Hinweise für andere Ansätze von Widerstand s. bei Brüning (Anm. I/85), S. 20 f., und Hensel, *Zeugenschrifttum*, a. a. O., Nr. 534, S. 2; S. 6 ff.; S. 19 ff. (über katholische Oppositionskreise im Rheinland, insbesondere aus der katholischen Jugendbewegung und den christlichen Gewerkschaften, mit losem Kontakt zu General Kluge, Wehrkreis VI).

[107] Krebs (Anm. III/24), S. 192 f.

[108] *Sammlung Brammer* 3 (BA).

[109] Krebs (Anm. III/24), S. 193.

vorgebracht,[110] sonst aber keinerlei politische Aktivität entfaltet; an Groener schrieb er am 17. April, er beginne einzusehen, „daß Gartenarbeit bekömmlicher, lohnender und dankbarer ist als Regieren und Politisieren".[111] Er hätte jedoch nicht Schleicher sein müssen, wenn er nicht von der Unruhe und Gefahr der Situation im Winter und Frühjahr 1934 hätte angezogen werden sollen. Seine Kritik an den herrschenden Zuständen nahm zu; sie äußerte sich nicht nur im Freundes- und Bekanntenkreise, sondern schlug sich auch schriftlich nieder.[112] Zurückhaltung in *diesen* Dingen war nie seine Stärke gewesen. Bis kurz vor seinem Tode entfaltete er in seinem Haus in Babelsberg bei Berlin ein reges geselliges Leben, an dem auch viele aktive Offiziere der Wehrmacht teilnahmen.[113] Mitte Mai unternahm er eine Reise nach Westfalen und an den Rhein, um die Heimat seiner Familie (Bielefeld) und ehemalige Kameraden, u. a. den Major Marcks in Münster zu besuchen.[114] Auch dort hat er kein Blatt vor den Mund genommen; vor allem soll er seinen Abscheu über Röhm geäußert und im ganzen den Glauben an einen baldigen Zusammenbruch der nationalsozialistischen Herrschaft zum Ausdruck gebracht haben. Daß er mit dieser Reise politische Absichten verband, ist jedoch nicht nachweisbar.[115]

Wohl aber hat er nachweislich mit dem französischen Botschafter François-Poncet mehrere politische Unterhaltungen gehabt;[116] auch wird von zwei Seiten übereinstimmend berichtet, daß Röhm Ende Juni 1933 an Schleicher mit — ihrem Inhalt nach freilich unbekannten — Anerbieten herangetreten sei.[117] Daß diese Unternehmungen aber bereits das Stadium eines konkret ausgearbeiteten hoch- oder gar landesverräterischen Putschplans erreicht hätten, erscheint nach den vorliegenden Nachrichten unwahrscheinlich.[118] Und am wenigsten ist anzunehmen, daß Schleicher ernsthaft daran gedacht hat, sich über taktische Winkelzüge hinaus mit Röhm zu verbinden. Wenn er, wie erwähnt, einem ehemaligen Mitarbeiter gegenüber gerade um diese Zeit äußerte, man hätte die Nationalsozialisten vor 1933 mit Gewalt statt mit parlamentarischen Mitteln bekämpfen müssen,[119] so gestand er damit zugleich ein, daß er seinen damaligen Plan, die SA zu zähmen, jetzt als verfehlt betrachtete. Wohl aber hat

[110] Brüning (Anm. I/85), S. 18 f.; Görlitz, *Hindenburg* (Anm. I/72), S. 415. Angeblich habe er auch bei Hindenburg gegen die Ernennung Görings zum General protestiert; Rossbach (Anm. I/152), S. 144.

[111] Craig, „Briefe Schleichers. . ." (Anm. I/50), S. 132. Vgl. auch Holtzendorff, *Zeugenschrifttum* (Anm. I/53), Nr. 248, S. 37.

[112] Am 22. Dezember 1932 schickte Schleicher einen Weihnachtsgruß an Groener „aus der alten Soldatenstadt [Potsdam], deren Namen man im letzten Jahr etwas viel gebraucht hat, weil man von ihrem Geiste keinen Hauch verspürt hatte"; Craig, *a. a. O.*, S. 133. — Zum Wiederauftauchen Schleichers in den diplomatischen Zirkeln Anfang 1934 s. jetzt den Bericht des Pariser Botschafters Köster an das Auswärtige Amt vom 27. Juli 1934 über François-Poncet und seine Verbindungen zu den Opfern des 30. Juni; *Documents. . .* (Anm. II/153), III, S. 259 ff.

[113] *Zeugenschrifttum* (Anm. I/53), Nr. 279, I, S. 20 (Ott); Nr. 248, S. 37 (Holtzendorff); Nr. 24, S. 1 (Foertsch); Nr. 569, S. 4 (Dewitz).

[114] *A. a. O.*, Nr. 24, S. 2 ff. (Crüwell). — Die Weiterreise an den Rhein ist bezeugt durch eine Postkarte aus Aßmannshausen an Groener vom 21. Mai 1934; Craig, „Briefe Schleichers. . ." (Anm. I/50), S. 133.

[115] Crüwell, *a. a. O.*, S. 4.

[116] Bericht Kösters, *Documents. . .* (Anm. II/153), III, S. 259 f. Danach hatte François-Poncet zwei Begegnungen mit Schleicher am 29. März und 2. April 1934, die letzte im Landhaus des Bankiers Regendanz. Schleicher soll dabei zwar Kritik an der Regierung geäußert und die Ansicht vertreten haben, die gegenwärtigen Bedingungen könnten nicht von Dauer sein; aber Verschwörungspläne habe er nicht erwähnt.

[117] Krosigk (Anm. I/74), S. 121; dazu Schreiben Krosigks an General a. D. v. d. Bussche-Ippenburg vom 2. April 1952; *Zeugenschrifttum* (Anm. I/53), Nr. 217, S. 30 f. (nach dem Bericht eines „absolut zuverlässigen Mannes"); Holtzendorff, *a. a. O.*, Nr. 248, S. 37 (nach Angaben von Schleichers Adjutant Noeldechen). — Möglicherweise hat dabei auch Regendanz den Vermittler gespielt; er war Anfang Juni bei Schleicher zu Gast (*a. a. O.*, S. 30) und hatte auch Beziehungen zu Röhm, dem er ein Treffen mit François-Poncet vermittelte; Bericht Kösters, *a. a. O.*, S. 262 f.

[118] Zum Überfluß bestätigte Hitler in der Kabinettssitzung vom 3. Juli 1934 selbst, daß Schleicher „die Idee einer neuen Regierungsbildung" sowohl als auch seiner eventuellen Mitgliedschaft zurückgewiesen habe. *Documents. . .* (Anm. II/153), III, S. 120.

[119] Vgl. o. S. 708.

Schleichers Aktivität Aufsehen erregt; seine Reise im Mai 1934 wurde von der Gestapo überwacht; aus dem Reichswehrministerium erhielt er mehrfach Warnungen, sich zurückzuhalten, und Ott, der als Militärattaché nach Japan versetzt worden war, lud ihn dorthin ein, um ihn den Versuchungen des politischen Spiels in der Heimat zu entziehen. Aber Schleicher lehnte mit der Begründung ab, er wolle nicht „landesflüchtig" werden.[120] So verstrickte er sich ahnungslos in das Netz, das sich am 30. Juni über ihm zusammenzog.

Eine wichtige Interessengruppe darf in dieser Zusammenstellung nicht übergangen werden: die Wirtschaft, insbesondere die Industrie. In der Emigrantenliteratur ist behauptet worden, daß Hitler bei seinem Besuch in Essen zur Teilnahme an der Trauung des Gauleiters Terboven am 28. Juni 1933 auch mit Krupp zusammengetroffen sein soll, der ihm durch ernste Vorstellungen über die revolutionären Tendenzen der SA und die daraus entstandene Beunruhigung der Wirtschaft den letzten Anstoß zur Vernichtung Röhms und seiner SA-Führerclique gegeben habe.[121] Hitler hat an diesem Tage tatsächlich die Krupp-Werke besucht, wobei auffällt, daß der Besuch für nationalsozialistische Verhältnisse ungewöhnlich still verlaufen ist.[122] Das deutet darauf hin, daß er wesentlich einem Treffen mit dem Leiter der Werke gegolten hat. Obwohl man über die etwaigen Gesprächsthemen nichts Näheres weiß, ist kaum zweifelhaft, daß Krupp Klagen und Warnungen vorgebracht haben wird, der einigermaßen chaotische Zustand der damaligen Wirtschaftspolitik und Wirtschaftsorganisation und die anhaltenden Kämpfe um die ständische Organisation sowie die Handels- und Agrarpolitik boten genügend Anlaß dafür.[123] Tatsächlich sind, wie erwähnt, gerade in dieser Zeit Blomberg und Schacht bei Hitler nachdrücklich zugunsten der Einsetzung eines Wirtschaftsdiktators vorstellig geworden – ersterer durch einen Brief vom 20. Mai, in dem scharfe Kritik an der Amtsführung des Wirtschaftsministers geübt wurde, und durch ein Memorandum des Generals Thomas vom 20. Juni, das Hitler am 23. Juni vorgelegt wurde und das einen detaillierten Vorschlag zur Organisation der projektierten diktatorischen Behörde enthielt.[124]

Obwohl Anregungen über die Person des Wirtschaftsdiktators in diesen Dokumenten nicht gemacht wurden, kann doch nicht zweifelhaft sein, daß hier an Schacht gedacht wurde. Schacht selbst tat denn auch alles, um den Wirtschaftsminister seinerseits unter Druck zu setzen und sich als Nachfolger zu empfehlen;[125] es wird sogar behauptet, er habe mit dem Gedanken gespielt, sich um die Nachfolge Hindenburgs als Reichspräsident zu bewerben.[126] Berücksichtigt man Schachts starken Ehrgeiz und seine selbstgefällige Überschätzung der eigenen Kräfte, und zieht man weiter in Betracht, daß die Nachfolgefrage im Frühjahr 1934 akut zu werden drohte und daß sich Schacht auf Grund seiner Erfolge bei der Beseitigung der Arbeitslosigkeit große

[120] *Zeugenschrifttum* (Anm. I/53), Nr. 279, I, S. 20. Warnungen: Holtzendorff, *a. a. O.*, Nr. 248, S. 40 (durch Holtzendorff selbst, Vietinghoff, Reichenau, Ott); Krausnick (Anm. I/26), S. 226 (durch Beck). Vgl. auch Mellenthin, *Zeugenschrifttum*, *a. a. O.*, Nr. 105, S. 38. Überwachung durch Gestapo: Crüwell, *a. a. O.*, Nr. 24, S. 5. Auch den Vertrauensmännern Röhms im Offizierkorps war Schleichers politische Aktivität bekannt; s. Brief von Hauptmann Höfle an Röhm vom 12. Juni 1934; *Document Center Berlin*, Bestand Hauptarchiv der NSDAP, Fasz. 328; Foertsch, *Schuld*. . . (Anm. I/25), S. 53 f.

[121] Menne (Anm. II/336), S. 368 ff. (mit falschem Datum: 29. statt 28. Juni 1934).

[122] *Das Archiv*, Juni 1934, S. 325.

[123] Vgl. o. S. 818 ff. und II. Teil.

[124] Schweitzer, „Organisierter Kapitalismus. . ." (Anm. I/20), S. 42 und S. 43 (Erklärung einer Wirtschaftsgruppe an das Reichswehrministerium vom 21. Juni 1934: Protest gegen ständische bzw. Zwangsorganisation; Votum für Selbstverwaltung).

[125] Vgl. Schachts Stellungnahme in der Ministerratssitzung vom 7. Juni 1934: Forderung nach einheitlicher Kontrolle der Wirtschaft durch das Wirtschaftsministerium; *Documents*. . . (Anm. II/153), II, S. 876 ff.

[126] Affidavit des ehemaligen USA-Generalkonsuls in Berlin, George S. Messersmith, vom 15. November 1945; *IMT* (Anm. I/55), XXXVI, S. 530. Ähnlich François-Poncet (Anm. I/119), S. 286.

Popularitätschancen ausrechnen konnte, sofern er die Entschlossenheit Hitlers, dieses Prestige selbst zu kassieren, außer Ansatz ließ, so erscheint diese auf den ersten Blick unglaubwürdige Vermutung weniger abwegig. Aber selbst wenn diese Annahme sich als unzutreffend erweisen sollte, so bleibt doch soviel, daß Schacht beabsichtigte, den von ihm vertretenen Kreisen der Großindustrie und der Banken eine durchgreifende Kontrolle des Regimes Hitlers zu verschaffen, ähnlich wie das gleichzeitig die Wehrmachtführung erstrebte.[127] Wie diese Beispiele zeigen, richteten sich die Angriffe der Wirtschaft weniger gegen die SA als gegen die staatliche Wirtschaftsführung und gegen die anhaltenden Eingriffe nationalsozialistischer Interessengruppen kleinindustrieller und agrarischer Provenienz; die Politik der SA-Führung wird höchstens als zusätzliches Gravamen eine Rolle gespielt haben. Diese Gruppierung der Themen dürfte auch für die Unterredung Krupp–Hitler bestimmend gewesen sein. Nichtsdestoweniger gehören auch diese wirtschaftspolitischen Spannungen und Rivalitäten mit in das Bild des totalitären Dominiensystems, wie es sich im Frühjahr 1934 entwickelte. Wie auf militärischem Gebiet die SA, so fühlten sich auf wirtschaftlichem die mittelständisch-kleinindustriellen Kreise der NSDAP noch unbefriedigt; auch in diesen Kreisen ertönte der Ruf nach der „zweiten Revolution", die den hartnäckigen und zunehmenden Widerstand von Großindustrie und Banken überwinden solle, und man muß annehmen, daß Schachts Machtübernahme in der Wirtschaftspolitik sich im August 1934 nicht so reibungslos vollzogen hätte, wenn nicht der Terrorakt vom 30. Juni auch hier die Renitenz der Parteikreise gebrochen hätte. Zwar waren sie durch den Schlag nicht direkt getroffen; aber von jetzt an mußten sie damit rechnen, getroffen zu werden, wenn sie nicht taten, was ihr Führer wollte.[128]

Schließlich ist noch ein Blick auf die Situation in der nationalsozialistischen Bewegung selbst zu werfen. Es darf als eine allgemeine historische Erfahrung gelten, daß Verbündete, sei es in Koalitionskriegen, sei es in innenpolitischen Kämpfen, nach dem Siege dazu neigen, sich über die Verteilung der Beute zu entzweien. Für die NSDAP galt diese Regel 1933/34 um so mehr, als ihre Ideologie auf Stimulierung des Kampfwillens, nicht auf Interessenintegration angelegt war.[129] Als daher der Kampf gegen die Republik siegreich beendet war, wirkte sich die nationalsozialistische „Weltanschauung", sofern sie überhaupt eine Wirkung hatte, dahin aus, den Interessenkampf der Nationalsozialisten untereinander zu verschärfen. Das reichte bis hinunter zu den mittleren und unteren Führern der Partei und ihrer Gliederungen und angeschlossenen Verbände; politisch wichtig war aber vor allem die Auseinandersetzung in der obersten Führung. Jeder dieser Condottieri hatte sich schon vor 1933 innerhalb des Parteiapparats eine Machtposition geschaffen, die teils mehr, teils weniger nach dem Führer–Gefolgschafts-Schema strukturiert war, je nach dem Maß an charismatischen Qualitäten, das der einzelne zu mobilisieren vermochte. Nachdem Hitler im März 1933 die Revolution ausgelöst und den Sturm auf den Staat freigegeben hatte, wiederholte sich das Spiel im staatlichen Bereich: Jeder seiner Bandenführer suchte sich derjenigen Machtposition zu bemächtigen, die er für günstig oder für die er sich als geeignet hielt, und dehnte von diesem Ansatzpunkt aus seinen Einfluß so lange aus, bis er auf unüberwindlichen Widerstand stieß. In dem chaotischen Durcheinander der

---

[127] Vgl. Schweitzer, „Organisierter Kapitalismus. . ." (Anm. I/20), S. 43.

[128] Ein vollständiges Bild der inneren Spannungen im Frühjahr 1934 müßte hier auch die politischen Rückwirkungen des Kirchenkampfes, vor allem innerhalb der Protestantischen Kirche, berücksichtigen. Darauf wird hier unter Hinweis auf den I. Teil, V. Kapitel, dieser Arbeit verzichtet.

[129] Von der Interessenintegration ist die Sammlungsfunktion zu unterscheiden, die die nationalsozialistische Ideologie zweifellos besaß, die aber den Widerstreit der Interessen nicht aufhob und auch gar nicht aufheben wollte; daher ihre zahlreichen inhaltlichen Widersprüche und Inkongruenzen, daher aber auch die „Flucht in den Kampf" bzw. der Bedarf an Feinden, wodurch dann die versäumte bzw. verschmähte Integration erzwungen wurde.

ersten Revolutionsmonate waren daneben noch mancherlei abweichende Haltungen möglich, Tendenzen zur „Sachlichkeit", Ansätze konstruktiver politischer Lösungen, verschwommene Idealismen; auch mußten selbst die rabiaten unter den Parteiführern sich in der neuen Situation erst zurechtfinden; insbesondere mußten sie lernen, die schwerfällige bürokratische Maschinerie so in „Bewegung" zu bringen, daß sie sich ihren Wünschen fügte, wobei ihnen denn sicher auch viele sachgerechte und vernünftige Entscheidungen gleichsam aus Versehen unterlaufen sind. Aber als herrschende Tendenz war schon bald zu erkennen, daß sich auf die Dauer nicht halten würde, wer sich dem Prinzip des Kampfes um innenpolitischen Lebensraum nicht unterwarf.

Die Folge war, daß der bisherige Staatsapparat teils durchsetzt, teils überlagert wurde von einer Anzahl von Satrapien nationalsozialistischer Parteiführer, die nach dem Prinzip der Hausmachtbildung aufgebaut waren: Anhäufung von Machtpositionen und Einflußzonen schlechthin, gleich welcher Art und um welchen Preis. Infolge des natürlichen Bestrebens, den gewonnenen Besitz zu arrondieren und zu vervollständigen, und gefördert durch die Übertragung öffentlich-rechtlicher Funktionen an die Partei und ihre Gliederungen durch das Gesetz vom 1. Dezember 1933, führte diese Entwicklung tendenziell zur Bildung von Staaten im Staate – ein Vorgang, der bisher hauptsächlich aus der Geschichte der SS bekannt ist; mit Bezug auf sie spricht man schon lange vom „SS-Staat". Aber ähnliches gilt auch von anderen Unterorganisationen der Partei. Auch Baldur v. Schirach hat vor dem Nürnberger Gericht ausgesagt, sein Bestreben sei die Bildung eines „Jugendstaates im Staat" gewesen,[130] und im Frühjahr 1934 hörte der General v. Weichs den Thüringer SA-Gruppenführer Lasch in einer Rede sagen, die nationalsozialistische Revolution werde erst dann beendet sein, wenn der „SA-Staat" gebildet sei.[131]

Ein Blick auf die tatsächlichen Verhältnisse zeigt, daß das keine unverbindlichen Redensarten waren. Goebbels, der sein Amt als Gauleiter von Berlin nominell beibehielt, strebte von dem eigens für ihn geschaffenen Propagandaministerium und der Reichskulturkammer aus nach der Kontrolle aller ideologisch bzw. weltanschaulich relevanten Lebensäußerungen, kam dadurch freilich u. a. mit Alfred Rosenberg, dem Apostel des Neuheidentums und „Beauftragten des Führers für die gesamte weltanschauliche Schulung der NSDAP", in Konflikt, der seinerseits zugleich Leiter des Außenpolitischen Amtes der NSDAP war und sich als solcher in Konkurrenz mit Ribbentrop zum Sturm auf das noch „reaktionär" verwaltete Außenministerium anschickte.[132] Damit hatte er freilich kein Glück, wie er denn überhaupt im nationalsozialistischen Lebenskampf keine allzu gute Figur gemacht hat; an ihm bewahrheitete sich die Einsicht Hitlers, daß Ideen sich nicht durchsetzen könnten, wenn sie nicht auch von der „brachialen Gewalt" unterstützt würden. Ähnliches gilt für Frick, der nur anfangs glücklicher war, als er mit dem Reichsinnenministerium eine Machtposition in die Hand bekam, von der man hätte annehmen sollen, daß sie gerade im nationalsozialistischen Herrschaftssystem sehr ausbaufähig sein würde. In der so komplexen Situation des Jahres 1933 vermochte er auch zunächst eine größere Rolle zu spielen, aber zu deren Fortsetzung fehlte ihm wohl eine Hausmacht im Organisationsgefüge der Partei; außerdem war er doch zu sehr Beamter, um sich gegen seine rücksichtsloseren Genossen durchsetzen zu können. Auf der einen Seite wurde er der Gauleiter nicht Herr, von denen sich viele ihrerseits wie kleine Könige aufspielten; als abschreckende Beispiele seien Koch in Ostpreußen, Mutschmann in Sachsen, Sauckel in Thüringen, Streicher in Franken, Wagner in Bayern, Bürckel in der Pfalz, Terboven im

---

[130] *IMT* (Anm. I/55), XIV, S. 412.
[131] *Zeugenschrifttum* (Anm. I/53), Nr. 182, S. 11.
[132] Dazu Hans-Günther Seraphim, Hrsg., *Das politische Tagebuch Alfred Rosenbergs aus den Jahren 1934/35 und 1939/40*, Göttingen–Berlin–Frankfurt/M. 1956 (im Folgenden zitiert Rosenberg, *Tagebuch*).

Rheinland und Kaufmann in Hamburg genannt. Auf der anderen Seite sah er sich in seinem Bemühen, eine einheitliche Reichspolizei und sich selbst damit eine Exekutive zu schaffen, von Göring gestört,[133] bis dann schließlich Himmler als lachender Dritter beide ausstach.[134] Noch mehr enttäuscht wurde Hans Frank, der Anspruch auf das Justizministerium zu haben glaubte, sich aber damit nicht durchsetzen konnte. Größeres Glück hatte da Robert Ley, der als „Stabsleiter" der Parteiorganisation, später „Reichsorganisationsleiter" (unter Heß), immerhin einen gewissen Einfluß in der Partei und als „Führer" der DAF eine lukrative Sinekure besaß. Darré gelang es, nach der Ausbootung Hugenbergs Minister für Landwirtschaft und Ernährung zu werden, wo er freilich scharf mit Schacht zusammenstieß; dafür kommandierte er ungehindert den „Reichsnährstand", nachdem er ein Bündnis mit Himmler geschlossen und sich diesem als Chef des „Rasse- und Siedlungshauptamtes" in der Reichsführung SS unterstellt hatte.

Der erfolgreichste von allen schien zunächst *Göring* zu sein; er ist zugleich auch das klassische Beispiel für die Anreicherung unzusammenhängender Machtpositionen. Als preußischer Innenminister und späterer Ministerpräsident gebot er fast über ganz Norddeutschland und konnte sich in der Gestapo eine wichtige Waffe schaffen; als Luftfahrtminister kontrollierte er den gesamten Bereich der Luftfahrt einschließlich der dazugehörigen Industrie, und zugleich war ihm als Oberbefehlshaber der Luftwaffe ein wichtiger Einbruch in die Zitadelle der Wehrmachtführung gelungen, wenn auch die damit verbundene effektive Macht angesichts des noch embryonalen Entwicklungsstandes der Luftwaffe einstweilen gering war. Freilich geriet er dadurch auch auf allen Seiten in Konflikte: mit Goebbels über die Kontrolle der preußischen Kultureinrichtungen, insbesondere der Theater,[135] mit Frick über die Landespolizei, mit Himmler über die politische Polizei, mit Röhm über die Durchbrechung der Staatsverwaltung durch die Terrorherrschaft der SA usw. Wie Frick ohne Machtbasis in der Parteiorganisation, hat er sich mit Hilfe des parteifremden Diels und des Gestapo-Apparats eine Weile gegen SS und SA zugleich verteidigen können; Himmler wurde die Inbesitznahme der preußischen politischen Polizei verwehrt, den Polizeiangehörigen, also auch den SA-Polizeipräsidenten, wurde im Mai 1933 die Zugehörigkeit zu „nationalen Verbänden" verboten,[136] und auch den Deutschen Luftsport-Verband (DLV), eine der Vorstufen der Luftwaffe, hat er, ebenso wie den Reichsluftschutzbund, Röhms Zugriff zu entziehen vermocht.

Aber dann gelang es Röhm, den preußischen Behördenapparat mit seinen SA-Sonderbeauftragten zu durchsetzen,[137] und auch Himmlers Druck wurde nach Eroberung der politischen Polizei in allen anderen Ländern schließlich übermächtig. Nun versuchte Göring, den scheinbar gefährlicheren Röhm durch ein Bündnis mit Himmler abzuwehren, und lieferte der SS im April 1934 die Gestapo aus; auch scheint er gehofft zu haben, sich durch die Wendung gegen Röhm die Dankbarkeit Hitlers zu erwerben und so Fricks Offensive gegen die Sonderstaatlichkeit der Länder, die mit dem Neuaufbau-Gesetz vom 30. Januar 1934 durchzudringen begann, von Preußen

---

[133] Ein bezeichnendes Teilstück aus diesem Kampf war der Streit um die Landespolizei, in dem Göring im März 1934 noch einmal über Frick siegte; Tessin (Anm. II/218), S. 248 (Anhang III: Die Landespolizei). Im übrigen s. o. II. Teil.

[134] Daß die formelle Unterstellung Himmlers unter Frick keine praktische Bedeutung hatte, hat Buchheim, „Die SS..." (Anm. III/49), S. 134 ff., nachgewiesen.

[135] Zu dem am 18. Januar 1934 erlassenen Gesetz über die Neuordnung der Verwaltung der Staatstheater in Preußen (*Schultheß, 1934*, S. 20) verfaßte Göring einen Artikel „Neuer Geist in den Preußischen Staatstheatern", der vom Propagandaministerium prompt von der Veröffentlichung ausgeschlossen wurde; Anweisung Nr. 183, Wolff-Rundspruch vom 17. Januar 1934; *Sammlung Brammer* 3 (*BA*).

[136] *Horkenbach, 1933*, S. 209.

[137] Dazu s. u. S. 930.

fernzuhalten.[138] Aber der Sieg über Röhm, den er auf diese Weise erfocht – und im Stile eines barbarischen Triumphators in Berlin auskostete –, war ein Pyrrhus-Sieg. Himmler ließ sich nicht zähmen, und die Kalkulation auf Hitlers Dankbarkeit war wie immer verfehlt. Sie war in diesem Fall allerdings auch besonders naiv, denn Görings Versuch, den preußischen Staatsapparat zu seiner Hausmacht auszubauen, richtete sich direkt gegen Hitlers unitarisch-zentralistische Grundeinstellung, die überdies durch die Erfahrungen aus den Konflikten Reich–Preußen in der Weimarer Republik noch bestärkt worden sein wird. Die Tatsache, daß Göring, der doch all diese Dinge jahrelang in nächster Nähe Hitlers miterlebte, dessen Einstellung so fundamental falsch eingeschätzt haben soll, ist einigermaßen befremdend und legt die Frage nahe, ob dies wirklich nur Naivität war, oder ob seine Pläne nicht überhaupt weiter zielten. Wie dem auch sei, jedenfalls sah er sich Mitte 1934 der einen Hälfte seines rasch zusammengerafften Revolutionsgewinns beraubt. Infolgedessen wandte er seine geräuschvolle, aber unfruchtbare Betriebsamkeit nun der anderen zu und schuf aus der Luftwaffe jenes aufgeblasene Paradestück nationalsozialistischer Aufrüstung, das in der ersten ernsthaften Probe beim Kampf um England 1940 prompt versagte und seine tapferen Soldaten in der Folge zu selbstmörderischem Kampfeinsatz verdammte. Damit nicht zufrieden, riß er ab 1936 auf dem Wege über den Vierjahresplan die Kontrolle über die deutsche Wirtschaft an sich und brachte hier ein ähnlich ruinöses Resultat zustande.

Fast das genaue Gegenstück dazu war *Himmler*. Im Unterschied zu vielen anderen hat er im Jahre 1933 wenig von sich reden gemacht. Die vorstehende Übersichtsskizze aber deutet bereits an, daß er sich nichtsdestoweniger schon sehr fühlbar machte. Bereits in dieser Zeit begann die SS nicht nur, wie erwähnt, neben ihrem Eindringen in die Polizei auch die Anfänge der späteren SS-Verfügungstruppe bzw. Waffen-SS aufzubauen, sondern legte auch den Grundstein sowohl zu dem späteren SS-Wirtschafts- und Verwaltungshauptamt als auch zu der Systematisierung und Bürokratisierung der Konzentrationslager. Am 1. Februar 1934 erhielt das SS-Verwaltungsamt im SS-Hauptamt der Reichsführung SS in dem von der Marine zur SS übergetretenen Oswald Pohl einen neuen Chef, der sofort eine Neuorganisation der SS-Verwaltung vornahm [139] – erste Stufe eines Expansionsprozesses, der schließlich im Wirtschaftsimperium der KZ-Industrie endete. Im Herbst desselben Jahres, nach der Ausschaltung der SA, folgte die Gründung der Inspektion der Konzentrationslager unter dem SS-Führer und Mörder Röhms, Theodor Eicke, die die einheitliche Lenkung und Kontrolle aller Konzentrationslager übernahm. Die Regeln und Methoden, die dabei angewendet wurden, hatte Eicke vorher als Kommandant des Konzentrationslagers Dachau entwickelt.[140] Im Lauf des Frühjahrs 1934 begann auch der Aufbau des von Heydrich geleiteten SS-Sicherheitsdienstes (SD); die Organisation war jedoch bis zum 30. Juni 1934 noch nicht weit genug entwickelt, so daß die Gestapo noch die Hauptlast der Aktionen trug. Gleichzeitig bahnte sich über das SS-Rasse- und Siedlungshauptamt die Expansion der SS in den agrarischen Bereich und in das Gesundheitswesen an.[141] Und schließlich schuf Himmler sich, ähnlich wie Röhm, auch in der Industrie seine Stützpunkte. Schon Mitte 1933 sind die ersten

[138] Vgl. die Rede Görings im Preußischen Staatsrat vom 18. Juni 1934 über die „Aufgaben Preußens im Dritten Reich", in der er sich bemühte, die Existenz Preußens wenigstens noch für eine Übergangsfrist zu rechtfertigen. Hitler habe ihm, so behauptete er, die Aufgabe gestellt, Preußen innerhalb eines Jahrzehnts in das Reich zu überführen. „In diesem Jahrzehnt, das der Führer vorgesehen hat, ist nun Preußen vorhanden und bleibt ein Staatsbegriff und muß verwaltet werden. . ." *Das Archiv*, Juni 1934, S. 348.

[139] Plaidoyer des Rechtsanwalts Alfred Seidl für Oswald Pohl, *MGN* 4; vgl. Neusüß-Hunkel (Anm. I/3), S. 26.

[140] Plaidoyer Seidl, *a. a. O.* Vgl. o. S. 877.

[141] Neusüß-Hunkel (Anm. I/3), S. 72 ff.

Kontakte greifbar,[142] und im Spätsommer 1934 drang die SS in den sogenannten „Freundeskreis" von Hitlers Wirtschaftsberater Keppler ein, einen losen, gesellschaftlich verbrämten Zusammenschluß kapitalkräftiger Unternehmer, den Keppler zur Unterstützung der NSDAP zusammengebracht hatte, der aber nun mehr und mehr in Himmlers Hände überging.[143]

All das vollzog sich im Rahmen des Aufbaus der „Reichsführung SS" zu einer umfassenden Führungsorganisation der gesamten SS, die, obwohl formell noch Röhm als Stabschef der SA unterstellt, sich faktisch bereits weitgehend seiner Kontrolle entzog. Röhm, dessen Interesse im Augenblick ganz auf die Auseinandersetzung mit der Reichswehr gerichtet war, scheint der Emanzipation Himmlers zunächst keinen Widerstand entgegengesetzt zu haben; jedenfalls sind Spannungen zwischen beiden für diese Zeit nicht nachweisbar, während der Kampf zwischen Himmler und Göring um die preußische Gestapo deutlich erkennbar war. Am 28. November 1933, Röhms Geburtstag, überbrachte Himmler die Glückwünsche der SS mit den Worten: „Ich wünsche dir als Soldat und Freund alles, was man in treuer Gefolgschaft versprechen kann. Es war und ist unser größter Stolz, immer zu deinen Treuesten zu gehören."[144] Wenige Wochen vorher, bei den Feierlichkeiten zum 9. November, hatte die SS aber auch jemand anderem Treue versprochen: „Wir schwören dir, Adolf Hitler, Treue und Tapferkeit. Wir geloben dir und den von dir bestimmten Vorgesetzten Gehorsam bis in den Tod. So wahr uns Gott helfe", so lautete der Eid, den sie damals ablegte.[145] Was würde sie tun, wenn hier ein Konflikt der Loyalitäten entstand? Himmler, der zu warten verstand, hatte zu dieser Zeit gewiß kein dringendes Interesse an einer Vernichtung Röhms,[146] aber es war kein Zweifel, daß er im Falle eines Konflikts zwischen diesem und Hitler seine Treue zu Röhm vergessen – und dafür auch die entsprechenden Gründe finden würde. Im Jahre 1921, als er sich einmal im studentischen Asta betätigt hatte, schrieb er in sein Tagebuch: „Tatsächlich habe ich es ursprünglich nicht aus idealistischen Gründen getan. Jetzt, da ich es getan habe, werde ich es idealistisch tun."[147] Im Jahre 1933 galt sein „Idealismus" Hitler, denn der war der oberste Vorgesetzte und im übrigen auch im Vergleich zu Röhm der Stärkere. Im Januar 1934 erschien eine SA-Sondernummer der *Nationalsozialistischen Monatshefte,* in der auch Himmler zu Worte kam. In wenigen, nur knapp eine halbe Seite umfassenden Sätzen verkündete er da als Aufgabe der SS, „sämtliche offenen und geheimen Feinde des Führers, der nationalsozialistischen Bewegung und unserer völkischen Auferstehung zu finden, zu bekämpfen und zu vernichten. Bei diesem Werk sind wir willens, weder eigenes noch fremdes Blut zu schonen, wenn es das Vaterland fordert." Von Röhm und der SA war darin nur in dem Sinne die Rede, daß die „Gesamt-SA", zu der auch die SS gehöre, „unter unserem Stabschef die verlässigste und treueste Stütze der Macht des Führers" sei.[148] Andernfalls, so darf man ergänzen, wird die SS auch das Blut der SA nicht schonen.

Ähnlich wie Himmler war auch *Rudolf Heß* unerschütterlich in seiner Treue zum „Führer", aber dem Dschungelkampf scheint er nicht in gleicher Weise gewachsen gewesen zu sein. Heß hatte als „Stellvertreter des Führers" und Reichsminister ohne Geschäftsbereich die Leitung der Politischen Organisation der Partei (P. O.) in der

---

[142] *MGN* 5, Dok. NI–8279 (Kontakt mit Flick-Konzern durch Verleihung von SS-Ehrenführer-Titeln).

[143] Dazu ausführlich o. II. Teil, I. Kapitel.

[144] *Völkischer Beobachter,* Nr. 334 vom 30. November 1933.

[145] *Nationalsozialistische Monatshefte* 5 (1934), S. 10.

[146] Später hat Himmler auch die Unterstellung unter Frick hingenommen. Ihm kam es mehr auf Macht als auf Stellung an.

[147] Werner T. Angress und Bradley F. Smith, "Diaries of Heinrich Himmler's Early Years", in: *The Journal of Modern History* 31 (1959), S. 206 ff.; Zitat S. 223 (Rückübersetzung).

[148] *Nationalsozialistische Monatshefte* 5 (1934), S. 10.

Hand. Welche Möglichkeiten das eröffnen konnte, hat erst Bormann zeigen müssen; Heß hat sie bei weitem nicht so gut auszunutzen verstanden. Aber soviel verstand er doch, daß seine Stellung durch Röhms Forderung nach der Herrschaft der Soldaten über die Politiker aufs äußerste bedroht war. Er hat denn auch an der gleichen Stelle wie Himmler mit ungewöhnlicher Deutlichkeit gewarnt.[149] Zwar seien, so erklärte er da, Partei und SA organisatorisch getrennt, aber für beide, wie für alle anderen Teilorganisationen der nationalsozialistischen Bewegung, gebe es nur das „Gesamtinteresse der Partei ... Unterführer und Geführte, die das vergessen, werden zur Ordnung gerufen." Zwar könne es „um der Erreichung des Endzieles willen" notwendig werden, „vorübergehend vom grundsätzlich vorgeschriebenen Wege abzuweichen". Aber das dürfe nur „mit Wissen und Willen des darüberstehenden Führers" geschehen. Und dann wandte er sich direkt an die SA: „Für die SA oder sonstige Teilorganisationen der Partei besteht heute und für künftige Zeiten nicht die geringste Notwendigkeit, ein Eigendasein zu führen. Es besteht keine Notwendigkeit, – mehr noch, es wäre ein Schaden für die Gesamtheit, wenn sie ihren Eigennutz vor den Gemeinnutz der Partei stellten. Und die Billigung des Führers fänden sie niemals. Ebenso wenig würden je die alten Kämpfer – gleichgültig in welcher Untergliederung sie sich befinden – Verständnis hierfür aufbringen."

Man begreift die Schärfe dieser Warnung erst ganz, wenn man sich ein Bild von dem im Entstehen begriffenen SA-Staat *Röhms* macht. Es ist hier schon eingehend geschildert worden, wie Röhm sein Revolutionsheer innerhalb kürzester Frist zu einem Koloß von 4½ Millionen Mann anschwellen ließ, wie er sich in der SA-Feldpolizei eine eigene polizeiliche Exekutive schuf und wie er in der Industrie Stützpunkte und Geldquellen zu gewinnen suchte; auch seine Bemühungen um den Aufbau einer SA-Gerichtsbarkeit wurden schon erwähnt. Bereits diese kurze Aufzählung deutet an, daß es sich bei Röhms Bestrebungen um weit mehr als bloß um den Aufbau einer neuen Armee handelte, und ein Überblick über seine anderen Aktivitäten wird klar machen, wie ernst es ihm mit seiner Forderung nach der Herrschaft der „Soldaten" über die Politiker war. Besonders auffallend ist, daß der Wunsch nach einer SA-Gerichtsbarkeit offenbar nicht bloß praktischen Rücksichten entsprang. Denn damit verbunden zeigten sich Tendenzen zur Entwicklung eines regelrechten „SA-Rechts". Wie im neuen Staat, so ließ sich die Pressestelle Röhms Ende November 1933 vernehmen, allenthalben neue Rechtsnormen entstanden seien, so habe auch die SA als „wesentlicher Bestandteil des nationalsozialistischen Reiches" ihrerseits besondere Rechtsnormen entwickelt.[150] Sie sollten sich aus drei Kategorien zusammensetzen: SA-Schutzrechte, SA-Dienstrechte, SA-Mitwirkungsrechte. Zu den ersteren wurden die verschiedenen Schutzverordnungen und -Gesetze gerechnet, die nach dem 30. Januar 1933 erlassen worden waren, insbesondere die Notverordnung vom 21. März (gegen heimtückische Angriffe) und das berüchtigte Gesetz zur „Gewährleistung des Rechtsfriedens" vom 13. Oktober 1933.[151] Der Anfang für ein SA-Dienstrecht wurde in dem Gesetz vom 28. April 1933 (SA-Disziplinarstrafgewalt) gesehen; sonst, so wurde erklärt, bestünden bisher nur Einzelbefehle der Obersten SA-Führung;[152] eine abgeschlossene SA-Gerichts- und Disziplinarordnung sei zur Zeit noch nicht vorhanden.[153] Was schließlich unter den SA-Mitwirkungsrechten zu verstehen war, zeigte der Hin-

---

[149] *A. a. O.*, S. 4 f. – Der Artikel von Heß erschien am 22. Januar 1934 auch im *Völkischen Beobachter*.

[150] Türpitz (Anm. III/300).

[151] *RGBl.*, I, 1933, S. 135; S. 723.

[152] Türpitz (Anm. III/300) erwähnte eine Verfügung Röhms, die SA-Männern verbot, vor Gericht in Uniform zu erscheinen. Vermutlich ist auch der o. S. 878 zitierte Befehl über erlaubte und unerlaubte Verbrechen in diese Kategorie zu rechnen.

[153] Am 12. Dezember erging die SA-Dienststraforordnung; s. o. S. 889; S. 892.

weis auf die vom preußischen Ministerpräsidenten im Einvernehmen mit der Obersten
SA-Führung und der Reichsleitung der NSDAP erlassene Anordnung, wonach SA-
Führer als Sonderbeauftragte bei den preußischen Behörden eingesetzt werden sollten.[154] Im ganzen, so wurde zum Schluß betont, sei das „Recht des SA-Mannes"
noch nicht abgeschlossen; es befinde sich noch „in der Entwicklung". Falls die SA-
Führung wirklich glaubte, diese Entwicklung jemals zu einem Ende bringen zu können, war das eine Selbsttäuschung. Denn auf der Basis des von Röhm gleichzeitig
proklamierten Grundsatzes „Recht ist, was der Bewegung nützt, Unrecht, was ihr
schadet",[155] ließ sich überhaupt kein Recht errichten, da es kein denkbares Rechtssystem gibt, das nicht gelegentlich um der Rechtssicherheit willen auch eine Schädigung
der zu schützenden Menschengruppe zulassen muß.

Die erwähnte Anordnung Görings über die Einsetzung von SA-Sonderbeauftragten
schlägt die Brücke vom SA-Recht zu einem weiteren Gebiet von Röhms Tätigkeit,
das man die „SA-Staatsverwaltung" nennen könnte. Der SA wurden damit ein Sonderbevollmächtigter für ganz Preußen bei der preußischen Staatsregierung, SA-Son-
derbevollmächtigte bei den Provinzialregierungen und SA-Sonderbeauftragte bei den
übrigen preußischen Behörden zugestanden. Ihnen allen wurde zwar ein Eingreifen
in die Verwaltung untersagt; auch hatten sie keine Befehlsbefugnisse gegenüber den
Beamten. Statt dessen sollten sie mit dem Leiter der jeweiligen Behörde bei folgenden
Aufgaben zusammenarbeiten: Aufrechterhaltung der öffentlichen Sicherheit und Ordnung, Abwehr staatsfeindlicher Umtriebe, Überwachung der Tätigkeit der Beamten
auf Übereinstimmung mit den nationalsozialistischen Forderungen, Schlichtung von
Konflikten zwischen Behörden und SA-Dienststellen, Abstellung von Übergriffen und
Sonderaktionen. Auf diese Weise sah sich die preußische Staatsverwaltung über-
zogen von einem Netz von SA-Posten, die einerseits als Verbindungsstellen, gleichsam wie Missionen auswärtiger Mächte, fungierten, denen anderseits aber doch soviel
informelle Eingriffsmöglichkeiten offenstanden, daß sie wie eine Umkehrung des
Kommissarsystems der russischen Roten Armee wirkten: Wie hier die Armee durch
politische, so sollte dort der Staat durch „soldatische" Kommissare kontrolliert werden. Faßt man beide Merkmale zusammen, so kommt man zu dem Vergleich mit Kon-
trolloffizieren einer Besatzungsmacht, ein Vergleich, der sich ähnlich schon bei der Untersuchung der terroristischen Rolle der SA aufdrängte. Das System erhielt Anfang
Februar 1934 noch einen Unterbau, als Röhm befahl, daß die auf Grund des Ge-
meindeverfassungs-Gesetzes zu bestellenden SA-Mitglieder für die Gemeinderäte in
Preußen durch den „zuständigen Sonderbevollmächtigten" (also wohl: der Provinz)
auf Vorschlag des „einschlägigen Sonderbeauftragten" zu ernennen seien und eng
mit diesen zusammenzuarbeiten hätten, um „die Interessen der gesamten SA bei jeder
sich bietenden Gelegenheit im Gemeinderat wahrzunehmen".[156]

Es ist hier bereits berichtet worden, wie Röhm durch die Organisation der SA-
Hochschulämter auch im akademischen Bereich Fuß zu fassen suchte. Dies geschah zunächst auf dem Weg über die Wehrsportausbildung, die die SA-Hochschulämter übernehmen sollten. Aber schon die Abgrenzung der Kompetenzen dieser Ämter gegenüber den Hochschulinstituten für Leibesübungen, wie sie mit dem Erlaß Rusts vom
13. Januar 1934 vorgenommen wurde, zeigt, daß dabei über den Bereich der rein

---

[154] Runderlaß des preußischen Ministerpräsidenten vom 30. Oktober 1933; *Ministerial-Blatt für die Preußische
innere Verwaltung*, I, 1933, Sp. 1303 ff.

[155] SA-Dienststrafordnung, Auszug in: *IMT* (Anm. I/55), XXXI, S. 161 f.

[156] Befehl des Obersten SA-Führers I Nr. 129/34 vom 6. Februar 1934; *BA*, P 135/879, fol. 264. – Anscheinend
haben in anderen Ländern ähnliche Einrichtungen bestanden. In der Pressekonferenz vom 19. Juli 1934 wurde bekanntgegeben, daß die „Verbindungsstellen" zwischen der SA und den Verwaltungsbehörden „in den Ländern" aufgehoben wurden; *Sammlung Brammer* 4 (*BA*).

körperlich-militärischen Ausbildung hinausgegriffen wurde.[157] Danach sollten die SA-Hochschulämter auch zuständig sein für die „Vertretung und Wahrung der Interessen der wissenschaftlichen Forschungseinrichtungen, die sich auf den SA-Dienst beziehen oder daraus ableiten lassen" – eine Gummiklausel, die jeden Eingriff der SA in den Hochschulbetrieb möglich machte. Daneben wurde auch Röhm selbst sehr aktiv. Am 29. September 1933 fand in Friedrichshafen am Bodensee eine Huldigung der Führer der Burschenschaften und der studentischen Turnerschaften für Röhm statt, wobei die beteiligten Verbindungen offenbar noch „Verbindungspolitik" zu treiben und die Korps auszustechen suchten.[158] Außerdem ließ Röhm sich zum Präsidenten der deutschen Akademischen Austauschstelle und des Studentenwerks wählen und hielt in dieser Eigenschaft bei der Eröffnung des Wintersemesters 1933/34 im Deutsch-ausländischen Studentenclub in München eine Rede, in der er betonte, daß von jetzt an die Jugend die Trägerin der staatlichen Geschicke sein werde.[159]

Auch auf die Presse suchte die SA Einfluß zu nehmen, zunächst in Form einer straffen Organisation und Lenkung der Informationen von und über die SA. Entsprechend der Pressestelle in der Obersten SA-Führung errichteten die SA-Obergruppen und -Gruppen eigene Pressestellen mit Pressereferenten bei den ihnen unterstellten Einheiten bis hinab zu den „Standarten" (= Regiment). Sie gaben jeweils für ihr Gebiet eine „SA-Korrespondenz" heraus, die die örtliche Presse „unter strenger Ausschaltung politisch oder SA-mäßig falscher Formulierungen und Darstellungen" informieren sollte.[160] Interessant ist in diesem Zusammenhang eine Analyse des Inhalts der offiziellen SA-Wochenzeitung *Der SA-Mann*. Im Gegensatz zu der hymnischen Verherrlichung Adolf Hitlers in der sonstigen Parteipresse hielt sich die Zeitung ihm gegenüber deutlich zurück; sein Name erschien im *SA-Mann* von 1933/34 in der Regel nur bei seinen Geburtstagen und wenn er selbst auf SA-Veranstaltungen sprach, während „unser Stabschef Röhm" bei jeder passenden und unpassenden Gelegenheit in dem gleichen Stil gefeiert wurde wie Hitler in der Parteipresse. Von den anderen Parteigrößen wurde im *SA-Mann* außer Himmler überhaupt keiner erwähnt. In der Verteilung der Themen fällt die überdimensionale Berücksichtigung der Wehrpolitik auf: Aufsätze über militärische Ausbildung, Wehrsport, Handhabung von Waffen und Munition, militärische Technik (Luftfahrt und Kraftfahrwesen, Nachrichtenwesen, Gelände- und Kartenkunde usw.); dazu Weltkriegsberichte und wehrpolitische Aufsätze im engeren Sinne: Heere und Flotten des Auslands, wehrwirtschaftliche und militärpolitische Probleme. Vom 16. September 1933 an erschien eine regelmäßige Spezialbeilage „Volk und Landesverteidigung", die u. a. zahlreiche Aufsätze aus der Feder verabschiedeter Offiziere brachte. Demgegenüber trat die Behandlung von Themen aus dem nationalsozialistischen „Ideengut" stark zurück. Antisemitische Tendenzen waren nur gering; Aufsätze über kulturelle und „Rasse"-Fragen fehlten ganz. Nach dem 30. Juni 1934 trat darin eine durchgreifende Änderung ein: starke Betonung Hitlers, Zurücktreten der wehrpolitischen Themen, Aufsätze über „SA-Arbeit", allmähliches Zunehmen der ideologischen Themen.

Hier wird noch einmal die Fragwürdigkeit des Röhmschen „Sozialismus" deutlich. Soweit man überhaupt von ideologischen Differenzen zwischen SA und Partei sprechen kann, handelte es sich lediglich um eine stärker militaristische Tendenz bei der SA. Sie aber war eine Funktion der eigentlichen Differenz: des Herrschaftsanspruchs

---

[157] *Deutsche Corpszeitung* 50 (1933/34), S. 272; *Schultheß, 1934*, S. 11.

[158] *Deutsche Corpszeitung* 50 (1933/34), S. 154: Ausdruck des Bedauerns, daß „die große Mehrzahl der studentischen Verbände nicht von dieser doch sicher vorbereiteten Huldigung erfahren hat, um daran teilzunehmen".

[159] *A. a. O.*, S. 211.

[160] Engelbrechten (Anm. I/134), S. 273.

des „Soldaten" Röhm über die „politische" Partei, ausgedrückt in Röhms Forderung nach vorherrschendem Einfluß auf Hitler bzw. Ausschaltung des Einflusses der „Halben" und „Gleichgeschalteten". Soweit dabei von seiten der SA mit „sozialistischen" Begriffen und Vorstellungen gearbeitet wurde, war das nur eine ideologische Hilfskonstruktion, die lediglich zum Ausdruck bringen sollte, daß man Hitlers Bevorzugung der „Parteibonzen" und vor allem sein Bündnis mit den „reaktionären" Generalen verabscheute. Daß das nicht nur die Reichswehr, sondern auch alle Parteigrößen gegen Röhm mobilisieren mußte, bedarf keiner näheren Ausführung. Die Folge war, daß Röhm schon bald in eine innenpolitische Isolierung geriet, aus der er bezeichnenderweise durch Kontaktnahme mit ausländischen Mächten auszubrechen versuchte. Daß diese Unternehmungen aber, wie Hitler später behauptete, bis zu landesverräterischen Anschlägen gediehen seien, ist nicht nachweisbar, und die verfügbaren Nachrichten, nimmt man sie zusammen, lassen es auch als unwahrscheinlich erscheinen. Wohl aber ist ohne weiteres verständlich, daß derartige Versuche in den Augen Hitlers, der sich schon seit langem als allmächtiger und unfehlbarer Herr aller Nationalsozialisten fühlte,[161] als todeswürdiger Verrat erscheinen mußten.

Dabei scheint der erste Anstoß dazu überhaupt von Hitler ausgegangen zu sein. Es ist schon berichtet worden, wie Hitler sich bis in den Sommer 1933 hinein auch des Arguments der außenpolitischen Tarnung bediente, um Röhms Ehrgeiz in Schranken zu halten. Röhm hatte sich dem bis dahin auch unterworfen, aber im Oktober scheint es darüber zu einem ernsten Zusammenstoß gekommen zu sein. In einer nicht wörtlich überlieferten Rede vor den SA-Führern am 17. Oktober hat Hitler auf die Gefahr der Spionage bei der militärischen Ausbildung der SA hingewiesen und die Haltung der SA-Führung in dieser Frage offenbar scharf gerügt.[162] Vermutlich stand das in Verbindung mit einer in der Ministerratssitzung vom gleichen Tage ergangenen Entscheidung Hitlers, die in Anbetracht des Austritts aus dem Völkerbund spezielle Sicherheitsmaßnahmen forderte und dem Reichswehrminister die Verantwortung für die Abstimmung der Verteidigungsinteressen mit den Erfordernissen der Außenpolitik übertrug.[163] Röhm scheint sich dadurch verletzt gefühlt und die Einstellung der SA-Ausbildung, vielleicht sogar die der Grenzschutz-Tätigkeit der SA, angedroht zu haben; jedenfalls ließ er den Chef AW in einer Besprechung mit Reichenau zwei Tage später erklären, die SA-Ausbildung in der Reichswehr könne nur fortgeführt werden, wenn das Reichswehrministerium die volle Verantwortung dafür übernehme. Reichenau replizierte, dann werde die Zusammenarbeit zwischen Reichswehr und SA überhaupt unmöglich.[164] Auch richtete Blomberg am 1. November ein Schreiben an den Reichsaußenminister, das abschriftlich u. a. auch der Obersten SA-Führung zuging, in dem er unter Bezugnahme auf Hitlers Entscheidung vom 17. Oktober bekanntgab, daß alle Maßnahmen, die den Versailler Vertrag verletzten, von jetzt an der vorherigen Zustimmung des Reichswehrministeriums bedürften.[165]

---

[161] Krebs (Anm. III/24), S. 139, behauptet, Hitler habe schon in einer Rede vor der NS-Presse im *Braunen Haus* in München im Juni 1930 für sich „und seine Nachfolger in der Führung der Nationalsozialistischen Deutschen Arbeiterpartei den Anspruch auf politische Unfehlbarkeit" erhoben.

[162] Vgl. Aktenvermerk Krügers vom 19. Oktober 1933, *IMT* (Anm. I/55), XXIX, S. 10 f. Am gleichen Tage begann eine Tagung von Partei- und SA-Führern in Berlin zur Vorbereitung der Volksabstimmung vom 12. November; *Völkischer Beobachter*, Nr. 292 vom 19. Oktober 1933 (mit der Rede Hitlers). Es ist anzunehmen, daß in diesem Rahmen auch eine nichtöffentliche Konferenz der SA-Führer abgehalten wurde, auf der Hitler die zitierte Maßregelung aussprach.

[163] *Documents. . .* (Anm. II/153), II, S. 61 ff. (Brief Blombergs an Neurath vom 1. November 1933, in dem auf Hitlers Entscheidung verwiesen wurde). In dem *a. a. O.*, S. 11 f., abgedruckten Protokoll der Ministerratssitzung vom 17. Oktober 1933 ist Hitlers Entscheidung nicht enthalten.

[164] Aktenvermerk Krügers vom 19. Oktober 1933; s. o. Anm. IV/162.

[165] *Documents. . .* (Anm. II/153), II, S. 61 ff.

Das war ein harter Schlag für Röhm, denn es schränkte seine Bewegungsfreiheit hinfort aufs äußerste ein. Dabei ist nicht zu verkennen, daß hier ein schwieriges sachliches Problem vorlag. Die Geheimhaltung der SA-Ausbildung in dem vorgesehenen Umfang war an sich schon schwierig,[166] aber die ungenügenden Zwangsmittel, die die SA-Führer gegenüber ihren Mannschaften zur Verfügung hatten, machte sie fast undurchführbar; so rücksichtslos die SA-Führer im allgemeinen auch waren, in einer Massenorganisation wie der SA konnte man das Verräterproblem nicht, wie in der Schwarzen Reichswehr von 1923, durch Fememord lösen. Zwar erließ Röhm auf Grund des Gesetzes über die Einheit von Partei und Staat am 12. Dezember seine Dienststrafordnung für die SA, aber das beseitigte das Problem in dem zusammengewürfelten Millionenheer nicht. Unter diesen Umständen faßte er offenbar den freilich naiven Entschluß, die ausländischen Besorgnisse über die SA durch direkte Verhandlungen auszuräumen; gelang es ihm, so mochte er glauben, für seine Pläne die Zustimmung der interessierten Mächte zu gewinnen, so konnte er den so hinderlichen Geheimhaltungszwang abstreifen.[167] So begannen Anfang Dezember jene Unternehmungen Röhms, die man als „SA-Außenpolitik" bezeichnen könnte. Sie wurden eingeleitet durch die erwähnte großangelegte Rede Röhms vor der Auslandspresse und dem Diplomatischen Korps vom 7. Dezember,[168] in der er darzulegen suchte, daß die SA etwas ganz anderes als ein militärisches Instrument sei. Sie sei nicht bewaffnet, ihre braune Uniform sei als Felduniform völlig ungeeignet, der militärische Drill, den sie betreibe, sei nur das Mittel, große Massen zu „Zucht und Ordnung" zu erziehen usw. Wenn er dabei erklärte, der SA-Mann sei „der Bekenner der nationalsozialistischen Weltanschauung und ihr Sendbote, der das geistige Gut des Nationalsozialismus bis in die entlegenste Hütte, bis zum letzten Volksgenossen" trage,[169] so konnte er allerdings auf Hitlers Doppelkonzeption zurückgreifen und deren eine Seite, die nicht-militärische terroristische Propagandatruppe, in den Vordergrund stellen; aber es ist fraglich, ob das für seine kritischen Zuhörer überzeugend war.

Sodann strebte Röhm Einzelverhandlungen an; vor allem versuchte er mit dem Botschafter Frankreichs, François-Poncet, in Kontakt zu kommen, was ihm aber offenbar erst Ende Februar 1934 gelungen ist.[170] Anfang März verstärkte er seine außenpolitische Offensive; er richtete im Stab der Obersten SA-Führung ein *Ministeramt* ein, als dessen Aufgabe offiziell die Verbindung zu den ausländischen Missionschefs bezeichnet wurde, um Mißverständnisse über die SA auszuräumen – wogegen das Auswärtige Amt sogleich Einspruch erhob –;[171] er gab in Berlin große Essen für die Diplomaten, insbesondere für den italienischen Botschafter, wiederholte seine Unterredungen mit François-Poncet [172] und soll auch in Unterhandlungen mit ver-

---

[166] Wie gut z. B. der französische Generalstab unterrichtet war, zeigt die Darstellung von Castellan (Anm. I/79), die allein auf dem französischen Nachrichtenmaterial fußt.

[167] Röhm hatte angekündigt, er wolle die durch Hitlers Rüge aufgeworfene Frage in einer SA-Gruppenführer-Besprechung am 23. Oktober 1933 klären (Aktenvermerk Krügers vom 19. Oktober 1933; Anm. IV/162). Möglicherweise ist hier der Entschluß zur „SA-Außenpolitik" gefaßt worden.

[168] *Nationalsozialistische Monatshefte* 5 (1934), S. 11 ff.; s. o. S. 884.

[169] *A. a. O.*, S. 17.

[170] Vermerk Staatssekretärs v. Bülow vom 5. Dezember 1933: François-Poncet teilt ihm mit, Röhm habe ihn zu einer Unterredung eingeladen; er, F.-P., habe zwar zunächst abgesagt, möchte Röhm jedoch bei Gelegenheit sprechen. – Vermerk Bülows vom 16. Januar 1934: Bülow habe Röhm empfohlen, Einladung zum argentinischen Gesandten anzunehmen, da F.-P. dort anwesend und daher Gelegenheit sein würde, das erste Treffen auf neutralem Boden zu arrangieren. (Ob dieses Treffen stattgefunden hat, ist jedoch zweifelhaft.) Der deutsche Botschafter in Paris, Köster, berichtete am 27. Juli 1934 an das Auswärtige Amt, nach offiziellen französischen Angaben habe F.-P. sein erstes Zusammentreffen mit Röhm am 21. Februar 1934 beim Chef des Protokolls in Berlin gehabt; *Documents*. . . (Anm. II/153), II, S. 174 ff.; S. 422; III, S. 262.

[171] Vermerk Bülow-Schwantes vom 8. März 1934; *a. a. O.*, II, S. 571.

[172] Bericht Kösters vom 27. Juli 1934, *a. a. O.*, S. 263: Zweites Treffen mit Röhm im Landhaus des Bankiers Regendanz auf dessen Vermittlung hin am 24. März 1934. Eine weitere Einladung Röhms lehnte François-Poncet ab.

schiedenen Militärattachés eingetreten sein.[173] Im ganzen scheinen seine Bemühungen den zu erwartenden Mißerfolg gehabt zu haben, aber es ist erklärlich, daß sie nicht nur den Widerstand des Außenministeriums herausforderten, sondern auch anderwärts und nicht zuletzt bei Hitler argwöhnisches Mißtrauen erregten.

3. Der Sieg der Revolution von oben

Es ist am Schluß des vorletzten Abschnitts dargelegt worden, daß es für Hitler, wollte er angesichts der von allen Seiten herandrängenden Gegenkräfte seine unbestrittene Herrschaft erhalten; nur den einen Ausweg gab, sich durch einen zerschmetternden Terrorschlag gegen seine Hauptgegner für eine Weile Respekt zu verschaffen. Wirklich hat er die Vorgänge nachträglich selbst in diesem Sinne interpretiert. „Solange die Staatsgewalt zupacke", erklärte er bei einem der Tischgespräche im Führerhauptquartier,[174] „sei sie stärker als jeder Störenfried. Denn sie habe einen fest organisierten Körper hinter sich." Als Beispiel für diesen allgemeinen Grundsatz zitierte er die Röhm-Affäre: „Der Putschversuch habe sich austreten lassen wie ein kleines Flämmchen, weil die Putschisten noch nicht einmal die SA fest in der Hand gehabt hätten." Das Prinzip, das damit aufgestellt wurde, entsprach so sehr Hitlers auch sonst oft proklamiertem und praktiziertem Grundsatz, immer der schnellere zu sein und immer mit ganzer Kraft zuzuschlagen, daß man die Anwendung auf die Röhm-Krise nicht als eine *ex-post*-Konstruktion ansehen kann. Tatsächlich hat er diese Praxis am 30. Juni 1934 nicht zum ersten Male geübt; auch bei den verschiedenen SA-Revolten während der Kampfzeit, insbesondere bei dem Stennes-Putsch vom Frühjahr 1931, schlug er, wie oben beschrieben wurde, „blitzschnell" zu und suchte den Rebellen möglichst zuvorzukommen.[175] Auch ist wahrscheinlich, daß er den legitimierenden Effekt eines solchen Vorgehens von vornherein kalkuliert hat. Schon unmittelbar nach dem Mord an der SA-Führung, in der Ministerratssitzung vom 3. Juli, begründete er die Legalität seines Verfahrens u. a. auch damit, es habe ein Exempel statuiert werden müssen; was geschehen sei, werde als heilsame Lektion für immer gelten.[176] Am präzisesten aber hat Göring die Lage gekennzeichnet, als er am Nachmittag des 30. Juni, noch unter dem Eindruck der Vorgänge selbst, vor den Vertretern der Auslandspresse erklärte: „Es wurde eine zweite Revolution vorbereitet, aber gemacht wurde sie durch uns gegen diejenigen, die sie heraufbeschworen haben." [177]

Freilich hat Hitler seine SA-Führer bei früheren Gelegenheiten nicht ermorden lassen, denn einmal mußte er damals noch mit einer unabhängigen Justiz rechnen, zum andern genügte ein einfacher Ausschluß aus der Partei, um sich der Störenfriede zu entledigen. Jetzt, im Jahre 1934, war die Situation in beiden Punkten anders; überdies war Röhm nicht irgendein Unterführer, sondern der nach, ja, im Grunde neben Hitler oberste Führer der SA. Gerade wenn man sich die Frage vorlegt, welche anderen Möglichkeiten Hitler gegenüber Röhms Opposition zu Gebote standen, wird klar, daß er auch von dieser Seite her nur das Mittel des Mordes zur Verfügung hatte. Eine bloße Absetzung und Ausstoßung aus der Partei genügte nicht; Röhm

---

[173] Aussage Jüttner, *IMT* (Anm. I/55), XXI, S. 248, und *Urteil München* (Anm. III/191), S. 70. Vgl. Mau (Anm. I/67), S. 125. In den bei Castellan (Anm. I/79) zitierten Berichten des französischen Militär-Attachés General Renondeau findet sich indessen nichts über Gespräche mit Röhm.

[174] Picker (Anm. I/16), S. 166.

[175] In seiner Rechtfertigungsrede vor dem Reichstag am 13. Juli 1934 spielte Hitler selbst auf den Stennes-Putsch an; *Schultheß, 1934*, S. 186.

[176] *Documents...* (Anm. II/153), III, S. 120. Als zweiten Grund für die Legalität seiner Maßnahmen führte er seine Behauptung an, es habe sich dabei um die Abwehr einer militärischen Meuterei gehandelt; vgl. auch seine Argumente vom 13. Juli 1934, *Schultheß, a. a. O.*, S. 186 f.

[177] *Das Archiv*, Juni 1934, S. 359. Ähnlich Goebbels am 1. Juli, *a. a. O.*, Juli 1934, S. 491.

hatte zu viele Verbindungen und Freunde innerhalb und außerhalb der SA und wäre auch als „Stabschef a. D." immer eine Macht und potentielle Gefahr geblieben – ganz abgesehen davon, daß nicht sicher war, ob dies Verfahren überhaupt gelingen und Röhm nicht erst recht zum offenen Aufstand reizen würde. Ähnliches gilt von dem Weg der Verhaftung und Verurteilung durch ein Gericht. Noch war Hitlers Ärger über das nach seiner Meinung viel zu objektive Verfahren des Reichsgerichts im Reichstagsbrandprozeß kaum verraucht; ein neuer Versuch dieser Art war für ihn ausgeschlossen, und das um so mehr, als nach Diels' Angaben, außer im Fall des Mordes an Ali Höhler, kein Material aufzutreiben war, das zur Anklageerhebung gegen Röhm ausgereicht hätte.[178] Und selbst wenn das unzutreffend war und es zu einer Verurteilung Röhms kam, mußte vorausgesehen werden, daß Röhm sich vorher kräftig seiner Haut wehren und mit seinem zweifellos profunden Wissen nicht hinter dem Berge halten würde. Röhm vor Gericht, das bedeutete das Waschen schmutziger Wäsche, bedeutete einen womöglich wochenlangen Skandal – das war für das Regime untragbar. Was aber blieb Hitler sonst für eine Möglichkeit? Es blieb nur der Mord, der Fememord großen Stils auf Geheiß des Regierungschefs.

Überblickt man alle Möglichkeiten und Eventualitäten, zieht man in Betracht, was über Hitlers Charakter und seine politischen Prinzipien und Methoden bekannt ist, was er selbst schon früher praktiziert und was er nachträglich zum Thema geäußert hat, so darf man mit an Sicherheit grenzender Wahrscheinlichkeit annehmen, daß er von dem Augenblick an, da er eine Einigung mit Röhm als aussichtslos erkannte, auch zu seinem terroristischen Verfahren entschlossen war.[179] Daher kann auch der Frage, ob er mehr der Treibende oder der Getriebene war, nur sekundäre Bedeutung zugemessen werden, denn sie entspringt im Grunde einer falschen Problemstellung.[180] Gewiß war Hitler in vieler Hinsicht der Getriebene, aber was ihn trieb, entsprang einer Situation, die er mit vollem Bedacht geschaffen hatte und deren Konsequenzen er mindestens im Prinzip durchaus überschaute, mag er auch bei der Konfrontation mit der konkreten Situation häufig Anfälle von „Defaitismus" gehabt haben, über die ihm dann seine standfestere Umgebung hinweghelfen mußte.[181] So bleibt nur die freilich schwer zu beantwortende Frage, zu welchem Zeitpunkt Hitler eine Einigung mit Röhm für aussichtslos hielt. Will man hier einer Antwort näherkommen, so muß man drei Punkte im Augen behalten. Erstens handelte es sich für ihn nicht nur um das Problem der SA, sondern auch um das der konservativ-monarchistischen Opposition; er mußte nicht nur den „einzigen wirklichen Rivalen" ausschalten, den er nach dem Ausscheiden Gregor Strassers in der Partei noch hatte,[182] er mußte sich auch den Weg zur Nachfolge des Reichspräsidenten freikämpfen. Die Schwerpunktverteilung bei den blutigen Vorgängen des 30. Juni läßt diesen Gesichtspunkt scheinbar etwas zurücktreten, aber es kann kein Zweifel sein, daß er für Hitler von nicht geringerer Bedeutung war. Es ist daher für die Terminfrage wichtig festzustellen, wann Hitler von dieser Seite her eine Bedrohung empfand. Zweitens muß man berücksichtigen,

---

[178] Diels (Anm. I/144), S. 386.

[179] Ebenso Krausnick (Anm. I/26), S. 220. Anders Mau (Anm. I/67), S. 131, der glaubt, daß selbst nach Hitlers grundsätzlicher Entscheidung gegen Röhm die Frage der praktischen Folgerungen und Mittel noch offenblieb. Dem ist aber die Frage entgegenzuhalten, ob Hitler in einer so tiefgreifenden Auseinandersetzung überhaupt die Möglichkeit hatte, zwischen Theorie und Praxis, Zwecken und Mitteln zu unterscheiden. Wenn ein Mann neben Hitler so stark geworden war wie Röhm, dann bedeutete der Entschluß: er muß weg, zugleich das Mittel Mord. Die Urteilsbildung ist freilich in diesem Fall besonders schwierig, weil es dafür keine Vergleichsmöglichkeiten gibt; nie vor- und nie nachher ist ein Mann neben Hitler zu solcher Bedeutung emporgestiegen wie Röhm.

[180] Vgl. Mau, a. a. O., S. 127.

[181] Hier sei nur an die charakteristischen Fälle der Besetzung des Rheinlandes 1936 und der Narvik-Krise während der Eroberung Norwegens 1940 erinnert.

[182] Mau (Anm. I/67), S. 127.

daß das angeblich lange „Zögern" Hitlers auch praktische Gründe haben könnte. Wenn er den Entschluß zu einer Terroraktion in einer Lage faßte, aus der sich für die Ausführung keine ausreichende Rechtfertigung ableiten ließ, mußte er warten, bis die Entwicklung — oder eine entsprechende Regie — ihm solche Gründe lieferte.

Und schließlich muß man drittens auch beachten, daß Entscheidungen dieser Art schon ganz allgemein, vor allem aber bei Hitler, doppelschichtig zu sein pflegen: Einem grundsätzlichen, aber noch nicht durchführbaren Entschluß folgt eine Zeit des Wartens, die auch zugleich eine Zeit des Schwankens sein mag, bis die Umstände dann dem ersten Entschluß zum Durchbruch verhelfen. Dabei wird man im Falle Hitlers weniger an Hemmungen aus Gefühlsgründen, Bindungen an seinen Duzfreund Röhm, an die SA usw. zu denken haben; soweit derartiges bei Hitler überhaupt bestand, wurde es sicher durch die Furcht vor einer Majorisierung durch den innerlich unabhängigen Röhm aufgewogen. Wohl aber mag Hitler gelegentlich gezögert haben, die für seine Herrschaft so vorteilhafte Teilung der bewaffneten Macht in Reichswehr und SA zu beseitigen. Demgegenüber half ihm nur die Einsicht, daß die Natur seines Regimes in nicht allzu ferner Zeit die Entfesselung eines Krieges unumgänglich machte und daß, sollte bis dahin die erforderliche Rüstung bereitgestellt werden, die ruinöse Konkurrenz Reichswehr—SA beseitigt werden mußte. Dieselbe Überlegung weist auch auf einen der Gründe hin, warum Hitler sich für die Reichswehr und nicht für die SA entschied. Eine Betrauung Röhms und der SA mit der Aufrüstung mußte zu einer tiefgreifenden organisatorischen Umstellung und damit zu einer Rüstungspause führen; der eingespielte Apparat der Reichswehr dagegen konnte, erhielt man ihn, sofort weiterarbeiten. Nicht so sehr der Sachverstand der Offiziere war es, den Hitler nicht entbehren wollte — Sachverstand hat er im allgemeinen und, wie später seine Haltung im Kriege gezeigt hat, auch auf militärischem Gebiet geringgeschätzt [183] —, was er fürchtete, war die Verzögerung, die durch eine Eingliederung der Reichswehr in die SA entstehen mußte.[184] Außerdem sprach für die Reichswehr, daß ihre Unterstützung unentbehrlich war, wenn die Frage der Nachfolge im Amt des Reichspräsidenten in Hitlers Sinne gelöst werden sollte. Die revolutionäre Eroberung Deutschlands hatte nur mit der indirekten Hilfe der Reichswehr begonnen werden können, und sie konnte ohne sie auch nicht beendet werden. Und schließlich war Hitlers Option für die Reichswehr zugleich eine Option für Blomberg. Röhm war Hitlers hypnotischer Einwirkung nicht zugänglich; er war Hitler treu, aber nicht von ihm abhängig. Blomberg dagegen war das in hohem Maße, er war genau der Mann, den Hitler an der Spitze der Armee brauchte und der ihm vermöge des exakt funktionierenden Mechanismus des militärischen Gehorsams die Gefolgschaft der Armee garantierte.[185]

Die ersten Vereinbarungen zwischen dem Reichswehrministerium und der SA-Führung im Sommer 1933 sind, wie erwähnt, vermutlich von allen Beteiligten nur mit Vorbehalt abgeschlossen worden. Es war von vornherein klar, daß es sich dabei nur um eine Art Rahmenabkommen handeln konnte, das noch in vielen Fragen der Präzisierung bedurfte, und es war vorauszusehen, daß dabei mindestens die Möglichkeit ernster Auseinandersetzungen gegeben war. Soweit heute bekannt, hat dies kritische Stadium mit dem geschilderten Konflikt um die militärische Geheimhaltung im Anschluß an den Austritt aus dem Völkerbund begonnen. Es ist zugleich der erste bekannte Fall, in dem Hitler zugunsten der Reichswehr gegen die SA Stellung nahm.

[183] Dafür gibt Franz Halder, *Hitler als Feldherr*, München 1949, treffende Beispiele (insbesondere S. 45; S. 53). Vgl. Keitel (Anm. I/17a), S. 205: Hitler glaubte, „man könne durch die nationalsozialistische Weltanschauung ersetzen, was an Technik, d. h. an militärischem Können fehlte. . ."

[184] Ähnlich auch Mau (Anm. I/67), S. 130.

[185] Dazu auch Rosenberg, *Tagebuch* (Anm. IV/132), S. 18 (Gespräch mit Hitler am 4. Mai), und General a. D. Doerr, *Zeugenschrifttum* (Anm. I/53), Nr. 28, S. 5.

Noch im September hatte er seine gewohnte Doppelrolle gespielt, als er auf der einen Seite der SA-Führung bei der Inkorporierung des Stahlhelms Hilfestellung leistete, auf der anderen Seite aber auch zum ersten Male das öffentliche Versprechen abgab, die Haltung der Reichswehr bei der Machtergreifung „nie vergessen" zu wollen.[186] Im Oktober/November scheint sich darin eine Änderung angebahnt zu haben; er ermahnte die SA-Führer wegen der Spionagegefahr, übertrug dem Reichswehrminister weitere Vollmachten [187] und stellte bei der Zehnjahresfeier des 9. November 1923 das Verhältnis Wehrmacht–NSDAP in einer Weise in den Mittelpunkt seiner Gedächtnisrede, wie es keinem anderen seiner konservativen Verbündeten je widerfahren ist. Der „Riß", so erklärte er, der 1923 zwischen den beiden „feindlichen Brüdern" Heer und „Volk" eingetreten sei, hätte die Nationalsozialisten „am meisten geschmerzt". Es sei daher für ihn heute „das höchste Glück, daß nunmehr die Hoffnung von einst in Erfüllung gegangen ist, daß wir nun zusammenstehen: die Repräsentanten des Heeres und die Vertreter unseres Volkes, daß wir wieder eins geworden sind und daß diese Einheit niemals mehr in Deutschland zerbrochen wird. Damit hat erst dieses Blutopfer seinen Sinn erhalten, und es ist nicht vergeblich gewesen, denn wofür wir schon damals marschierten, das war das, was jetzt Wirklichkeit geworden ist." [188] So sehr man die Aufrichtigkeit der hier zum Ausdruck gebrachten Empfindungen bezweifeln muß, so wenig kann man die offensichtliche Absicht ignorieren. Die „Wiedervereinigung" mit der Reichswehr als Sinn des Todes der Gefallenen vom 9. November 1923 – das muß für Röhm ein schwer verdaulicher Bissen gewesen sein.

Wie bei Hitler, so finden sich gleichzeitig auch bei der Reichswehrführung Anzeichen einer beginnenden Schwenkung in der SA-Frage. Denn die erwähnten Andeutungen Reichenaus über die „großen Schwierigkeiten", die im Falle eines Scheiterns der Zusammenarbeit mit der SA bevorstünden, fielen ebenfalls in den November. Hier zeigten sich die Auswirkungen des Austritts aus dem Völkerbund; er hatte die Dringlichkeit einer beschleunigten Aufrüstung erhöht, und unter diesem Druck begannen Hitler und die Wehrmachtführung sich einander zu nähern.[189] Zugleich aber – und hier lagen die tieferen Gründe für Reichenaus Sorgen – hatte die von Röhm eingeleitete divergierende Entwicklung der SA ein Stadium erreicht, das kaum noch eine Umkehr zuließ und Röhm obendrein zum Gefangenen der Kräfte werden ließ, die er selbst gerufen und in Bewegung gesetzt hatte. Im Dezember war der Aufbau seines SA-Heeres bis auf einige Restarbeiten organisatorisch abgeschlossen; nun mußte er ihm eine Aufgabe geben. Bisher hatte er seine Leute noch beschäftigen können, erst mit der Terrorisierung Deutschlands, dann mit den vielfältigen organisatorischen Arbeiten bei der Eingliederung der Wehrverbände, jetzt mußten andere Lösungen gefunden, mußte eine Entscheidung für die Zukunft gefällt werden. Zwar war er am 1. Dezember zum Reichsminister ohne Geschäftsbereich ernannt worden, aber dieser machtpolitisch wertlose Titel half seiner Lage nicht ab. Daß er im Frühjahr 1934 seine vielberufenen großen Paraden und „Kriegsspiele" abhielt, muß mindestens partiell auch auf diese seine Zwangslage zurückgeführt werden: Es war im Augenblick die einzige Möglichkeit für ihn, den Leerlauf im „SA-Dienst" zu verschleiern. Eng damit verbunden war ein zweites Problem: die Finanzierung der SA-

---

[186] Vgl. o. S. 891 und S. 731.

[187] Vgl. o. S. 932; s. auch Krosigk (Anm. I/74), S. 205.

[188] *Schultheß, 1933,* S. 235 f.

[189] Diels (Anm. I/144), S. 340, will aus seiner Rückberufung in das Amt des Gestapo-Chefs im Dezember 1933 den Schluß gezogen haben, daß Hitler um diese Zeit seinen Frieden mit der Reichswehr gemacht und Göring sich darauf eingestellt habe. Vgl. auch S. 376: Hitler zu Kerrl, der ihm Klagen über SA-Ausschreitungen vorlegt: „Daran stirbt kein Volk, das muß ausreifen!" (Anfang Dezember 1933).

Kaderorganisation und insbesondere die Besoldung der SA-Führer. Zwar war der SA eine öffentlich-rechtliche Funktion übertragen worden, aber sie war damit noch nicht in den Staatshaushalt übernommen worden; lediglich die Organisation des Chefs AW stand seit Juli im Etat des Reichsinnenministeriums, und es ist charakteristisch, daß gerade das zu Anfeindungen der beim Chef AW tätigen SA-Führer durch ihre weniger glücklichen Kameraden geführt hatte.[190] Röhm hatte sich bisher durch Spenden der Industrie, durch Parteigelder und durch kleinere Zuschüsse aus dem Reichsetat über Wasser gehalten,[191] aber nun wollte er eine Dauerlösung erreichen, und das um so eher, als er sich gerade in dieser Frage einem erheblichen Druck aus den Reihen der SA-Führer ausgesetzt sah.[192] Dabei wird man ohne weiteres annehmen dürfen, daß er sich seinen Leuten gegenüber auch moralisch gebunden fühlte; wie Hitler ihm Versprechungen gemacht hat, so wird Röhm sie ebenso mindestens seinen Vertrauten unter den SA-Führern gemacht und sich nun zu deren Einlösung verpflichtet gefühlt haben.

Über die Vorstellungen, die Röhm von der Lösung des Problems hatte, gibt es zwei einander widersprechende Versionen: Nach der einen wollte Röhm die SA als Miliz neben die Reichswehr stellen, wobei er konkret an die Übernahme des bisher von der Wehrmacht organisierten Grenzschutzes in alleinige Regie der SA dachte; zugleich sollten die Ränge der SA-Führer denen der Wehrmacht angeglichen und sie und ihre Stäbe entsprechend etatisiert werden.[193] Nach der anderen Version wollte Röhm „den grauen Fels in der braunen Flut" untergehen lassen,[194] d. h., die SA sollte das eigentliche Heer bilden und die Reichswehr (wohl nach dem Vorbild des Stahlhelms) in sie überführt werden. Das ganze sollte dann eine Miliz nach Schweizer Muster geben, die, wenn auch kein imponierendes Kriegsinstrument, so doch immerhin ein erhebliches außenpolitisches Gewicht darstellen würde.[195] Auf jeden Fall aber wollte Röhm Reichskriegsminister werden, während über die Stellung Blombergs anscheinend keine sehr klaren Vorstellungen herrschten.[196] Die gleich noch zu schildernde weitere Entwicklung legt die Annahme nahe, daß der erste Plan als eine Art „Übergangslösung" bzw. taktische Zwischenstufe, der andere aber als das eigentliche Ziel Röhms anzusehen ist.

Es ist bereits dargelegt worden, wie Röhm vom Dezember an seine Position durch eine Art außenpolitischer Offensive zu verbessern suchte. Daneben wurde er aber auch innenpolitisch aktiv. Die SA, so erklärte er in einer Stellungnahme zu seiner Ernennung zum Reichsminister, sei nun in seiner Person „in den Staatsapparat eingebaut" worden, und fügte hinzu, welcher „weitere Aufgabenkreis" ihr allenfalls noch übertragen werde, bleibe „späterer Entwicklung" vorbehalten.[197] Daß das als eine verhüllte Kampfansage an die Reichswehr anzusehen war, zeigte eine Reihe gleichzeitiger Maßnahmen der SA-Führung, die von seiten der Reichswehr als „Sabotage am Grenz-

[190] *Zeugenschrifttum* (Anm. I/53), Nr. 44, S. 19 (Gaertner).

[191] Zur Finanzierung durch die Industrie s. o. S. 883 f. Finanzierung aus Reichsetat: Krosigk (Anm. I/74), S. 205 f.; Meißner (Anm. I/72), S. 364: Parteigelder und Reichszuschüsse, letztere in Höhe von 3 Mill. RM monatlich.

[192] *Zeugenschrifttum* (Anm. I/53), Nr. 44, S. 19 f. (Gaertner).

[193] A. a. O., S. 20; Mellenthin, *Zeugenschrifttum*, a. a. O., Nr. 105, S. 33 f.; Stapf, *a. a. O.*, Nr. 152, S. 14 f.; Aussage Dr. Betz (ehemaliger Kriegskamerad Röhms) in: *Urteil München* (Anm. III/191), S. 65.

[194] Stapf, *a. a. O.*, S. 7.

[195] *Liebmann-Notizen* (Anm. I/112), Bl. 67 (Befehlshaberbesprechung vom 2. Februar 1934); Weichs, *Zeugenschrifttum* (Anm. I/53), Nr. 182, S. 8; Rossbach (Anm. I/152), S. 149. — Auch Gaertners und Betz' Angaben ließen sich so interpretieren (vgl. Anm. IV/193).

[196] Gaertner, *Zeugenschrifttum*, *a. a. O.*, Nr. 44, S. 20 (Blomberg als Oberbefehlshaber); Stapf, *a. a. O.*, Nr. 152, S. 2.

[197] *Völkischer Beobachter* vom 3. Dezember 1933.

schutz" bezeichnet wurden.[198] Der Ausgangspunkt war offenbar eine Differenz in der Führerfrage. Die SA hatte ihre Organisation auf Grund der Reichenhaller Abmachungen der des Grenzschutzes angeglichen und teilweise besondere „Feldstürme" speziell für den Grenzschutz gebildet. Nun forderten die Führer dieser Einheiten, daß ihnen auch die entsprechenden Führerstellen im Grenzschutz übertragen werden sollten – verständlicherweise, denn jede andere Lösung hätte die Zerschlagung der SA-Organisation zur Folge gehabt. Die zuständigen militärischen Kommandostellen wollten das aber nicht zugeben, denn die SA-Führer waren militärisch häufig unausgebildet, wo nicht zum Führer untauglich oder gar charakterlich suspekt; vor allem aber hatte die Reichswehr die Führerstellen der Grenzschutz-Rahmenorganisation bereits mit ihren eigenen Leuten – meist verabschiedeten Offizieren – besetzt. Als Antwort darauf versuchten viele SA-Führer, ihre Leute von der Grenzschutz-Ausbildung fernzuhalten und dadurch den Grenzschutz lahmzulegen. Noch gefährlicher war es für die Reichswehr, daß die SA versuchte, sich der für den Grenzschutz angelegten Waffenlager zu bemächtigen. Auch das war von Röhms Standpunkt aus verständlich; denn wenn sein SA-Heer militärischen Wert haben sollte, mußte es bewaffnet sein, und das war es bisher im großen und ganzen nicht.

Hier war der kritische Punkt erreicht, wo beide Seiten ihre Karten auf den Tisch legen mußten und wo zugleich die Gefährlichkeit des Spiels offenbar wurde, in das sich Reichenau eingelassen hatte. Das Problem der Führerstellen macht klar, daß es nur ein Entweder-oder gab: entweder Zusammenarbeit zwischen der Reichswehr und der SA, so wie sie Röhm aufgebaut hatte, oder Auflösung der SA und Übernahme ihres militärisch brauchbaren Personals in Reichswehr und Grenzschutz. Im ersteren Fall war Röhms Forderung nach Übergabe des Grenzschutzes an die SA sachlich schwer abzulehnen, denn das allein hätte der SA eine sinnvolle militärische Aufgabe gesichert. Es ist aber auch verständlich, daß die militärische Führung dem widerstrebte, denn abgesehen von der Frage, ob die SA einen militärisch brauchbaren Grenzschutz schaffen könnte, entstand auch die andere, ob Röhm, einmal im Besitz der Kaderorganisation und der Waffen des Grenzschutzes, nicht weitergehende Forderungen stellen würde. Da die Reichenhaller Vereinbarungen vom Sommer aber das Problem des Grenzschutzes im Grunde im Unklaren gelassen hatten, befand sich die SA jetzt schon teilweise durchaus „legal" im Besitz der Waffenlager bzw. hatte offiziellen Zugang zu ihnen. Daher ist heute kaum noch zu entscheiden, wieweit die Nachrichten über den Griff der SA nach den Grenzschutzwaffen einer Art schlechten Gewissens der Reichswehrführung, wieweit sie tatsächlichen Illoyalitäten der örtlichen SA-Führer entsprangen.[199] Aber wie dem auch sei, jedenfalls sah die Reichswehr hier mit Recht ihr bisher eifersüchtig gehütetes Waffenmonopol bedroht. Für das Verständnis der folgenden Spannungen und der Aktionen am 30. Juni ist dabei wichtig, daß die geschilderten Schwierigkeiten hauptsächlich den Grenzschutz Ost gegen Polen (mit Ausnahme Ostpreußens) betrafen,[200] also wesentlich die Provinzen Schlesien, Brandenburg und die Grenzmark Posen-Westpreußen, die auf seiten der Reichswehr zum Befehlsbereich des Wehrkreiskommandos III, Berlin, und auf seiten der SA zum Bereich der von Heines geführten SA-Obergruppe Breslau (mit den Gruppenführern Heines

---

[198] Für das Folgende s. Stapf, *Zeugenschrifttum* (Anm. I/53), Nr. 152, S. 15; Mellenthin, Nr. 105, S. 35 ff.; Böckmann, Nr. 11, S. 4; Gaertner, Nr. 44, S. 18 ff.; *Urteil Osnabrück* (Anm. III/191), S. 12 f. – Der genaue Beginn dieser Obstruktionspolitik ist nicht bekannt; Datum *post quem* ist der 1. Juli 1933 (Reichenhaller Vereinbarungen). Danach ist zunächst mit einer gewissen Anlauffrist zu rechnen, so daß es nicht unwahrscheinlich ist, daß der o. S. 932 geschilderte Konflikt in der zweiten Hälfte Oktober auch den Beginn der Grenzschutz-Sabotage indiziert.

[199] Vgl. die Aussagen der ehemaligen SA-Führer Schultz-Pilgram, Jüttner, Siber, Proske und des Generals a. D. Faber du Faur in: *Urteil Osnabrück, a. a. O.*, S. 44; S. 68. Ferner Keitel (Anm. I/17a), S. 67 f.

[200] So Blomberg in Befehlshaberbesprechung vom 2. Februar 1934, *Liebmann-Notizen* (Anm. I/112), Bl. 67 f.

selbst für Schlesien, Ernst für Berlin-Brandenburg, Kasche für die Grenzmark und
Heydebreck für Pommern) gehörten.[201] Der Grenzschutz im Westen und Süden war
praktisch noch nicht vorhanden;[202] an der tschechischen Grenze hatte er wegen mangelnder politischer Spannung zur Tschechoslowakei seit jeher nur eine untergeordnete
Rolle gespielt, und in Ostpreußen war die Zusammenarbeit zwischen Reichswehr
und SA, wohl auf Grund der exponierten Lage der Provinz, schon vor 1933 reibungslos verlaufen.[203] Noch kurz vor dem 30. Juni meldeten alle Wehrkreise ein gutes bis
erträgliches Verhältnis zur SA, mit Ausnahme der Wehrkreise III und IV (Sachsen).[204]

Hier, in dem Konflikt um den Grenzschutz, lag der äußere Anlaß für Reichenaus
Sorgen; es muß ihm in dieser Zeit klargeworden sein, daß sein Plan nicht durchführbar war, ja daß er die Gefahr in sich barg, daß die Reichswehr der SA durch die
militärische Ausbildung im Rahmen der Krüger-Organisation und die Öffnung der
Grenzschutz-Waffenlager selbst die Mittel lieferte, um sich zu einem ernsthaften
Rivalen zu entwickeln. Gleichzeitig wurde Reichenaus Position auch aus der Reichswehr heraus in Frage gestellt. Seine Absicht, nach dem Rücktritt Hammersteins selbst
Chef der Heeresleitung zu werden, scheiterte, und mit dem General v. Fritsch rückte
statt dessen ausgerechnet der Protagonist derjenigen Kreise des Offizierkorps in diese
zentrale Befehlsstelle, die Blombergs und Reichenaus allzu scharfen Gleichschaltungskurs auch hinsichtlich der SA mißbilligten. Das war um so bedeutsamer, als diese
Mißbilligung inzwischen zugenommen und auf weitere Kreise übergegriffen hatte.
Reichenau war sich, als er sein Experiment einer Zusammenarbeit mit der SA begann,
wohl bewußt, daß die zwiespältigen Gefühle, die auf beiden Seiten herrschten, ein
ernsthafter Störungsfaktor werden konnten. Er hatte daher seine schon Hitler gegenüber praktizierte Methode der persönlichen Kontakte und der Anpassung an den
„revolutionären" Lebensstil der Nationalsozialisten auch hier anzuwenden und die
höheren Führer beider Seiten auf einer Art „Gipfelkonferenz" am 19. August 1933
in Godesberg zusammenzuführen versucht. Doch hatte das Unternehmen mit einem
peinlichen Fehlschlag geendet. Die von Hitler und Röhm gehaltenen Ansprachen
hinterließen, so sehr Hitler auch hier wieder zu blenden verstand, bei den Offizieren
doch den Eindruck, daß die eigentlichen Probleme umgangen worden seien, und die
anschließenden gesellschaftlichen Veranstaltungen verstärkten auf beiden Seiten das
Gefühl, daß eine gemeinsame Basis fehle.[205] War das schon ein schlechtes Vorzeichen
gewesen, so zeigte sich im Laufe der Alltagspraxis, daß selbst die jungen Offiziere,
die sich anfänglich mit großer Begeisterung der SA-Ausbildung angenommen hatten,
auf die Konfrontation mit der Wirklichkeit des „revolutionären Volksheeres" vielfach
mit Ernüchterung reagierten; was sie da vorfanden, war weit von den Idealen entfernt, die sie erwartet hatten.[206]

---

[201] Manstein (Anm. I/174), S. 182 ff.; Böckmann, *Zeugenschrifttum* (Anm. I/53), Nr. 11, S. 5; *Urteil Osnabrück*
(Anm. III/191), S. 14.

[202] Für den Westen: Fritsch in Befehlshaberbesprechung vom 2. Februar 1934; *Liebmann-Notizen* (Anm. I/112),
Bl. 72; Stapf, *Zeugenschrifttum*, a. a. O., Nr. 152, S. 11 (mit Hinweis auf Aussage Jüttners). – Für den Süden war
erst ab 1. Juli 1933 der Aufbau eines Grenzschutzes befohlen worden; s. o. S. 797.

[203] Bor (Anm. I/84), S. 105, mit Hinweis auf die Wurzel des optimistischen Einschätzung der SA bei Reichenau
und Blomberg, die die Lage unter dem Blickwinkel der ostpreußischen Verhältnisse betrachteten.

[204] Notizen Heinrici aus Besprechung im RWM, etwa 24./25. Juni 1934, S. 165 f. (zur Datierung s. u. S. 956),
teilweise abgedr. bei Foertsch, *Schuld. . .* (Anm. I/25), S. 51 f. – Auch das positive Urteil Liebmanns (s. o. S. 915)
ist z. T. daraus zu erklären, daß er im Wehrkreis V (Stuttgart und Kassel) weniger Schwierigkeiten mit der SA
hatte. Vgl. Befehlshaberbesprechung vom 2. Februar 1934; *Liebmann-Notizen* (Anm. I/112), Bl. 72.

[205] Zum Vorstehenden s. Heinrici, *Zeugenschrifttum* (Anm. I/53), Nr. 66, II, S. 163; Stapf, Nr. 152, S. 7;
S. 14; Guderian, *Erinnerungen. . .* (Anm. I/199), S. 24. Zur Datierung: *Schultheß, 1933*, S. 193.

[206] Castellan (Anm. I/79), S. 433; S. 435 ff.; S. 442 (1933 seien 60 % des Offizierkorps für den Nationalsozialismus eingetreten; vor dem 30. Juni 1934 nur 25 %, danach aber wieder 95 %); s. auch o. S. 739 (Beispiel Mertz
v. Quirnheim), und Böckmann, *Zeugenschrifttum*, a. a. O., Nr. 11, S. 5; vgl. Krausnick (Anm. I/26), S. 216.

Die Sackgasse, in die Reichenaus Politik auf diese Weise um die Jahreswende geraten war, scheint im Reichswehrministerium einige Verwirrung gestiftet zu haben. Während der illusionsbereite Blomberg einem Entgegenkommen gegenüber der SA anscheinend auch jetzt nicht abgeneigt war und auch Reichenau noch geschwankt haben mag, ob er das Fiasko seines Experiments jetzt schon eingestehen müsse, nahm Beck von vornherein entschieden gegen die SA-Grenzschutzpläne Stellung und sah sich darin bald von dem neuen Chef der Heeresleitung Fritsch unterstützt.[207] Diese Richtung setzte sich schließlich durch, aber es war ein böses Omen für die Zukunft, daß dazu außer dem Druck der außenpolitischen Lage offenbar auch die Unterstützung Hitlers notwendig war.[208] Im Dezember, spätestens Anfang Januar fiel die Entscheidung für die Wiedereinführung der allgemeinen Wehrpflicht im Rahmen der Reichswehr.[209] Röhms Milizplänen war damit der Todesstoß versetzt, und es fragte sich jetzt nur, ob es möglich sein werde, ihn zu einer gütlichen Anerkennung dieser Tatsache zu veranlassen oder nicht. In dem Bemühen, diese Frage zu klären, setzte die Reichswehrführung nun zu neuen Verhandlungen mit Röhm an.[210]

Wenn Hitler sich so energisch für die Reichswehr einsetzte und die Interessen seines Freundes Röhm unbeachtet ließ, so hatte das seinen Grund offenbar auch darin, daß neben der militärischen nun auch die politische Problematik der SA akut wurde. Jedenfalls ist um diese Zeit auch eine erste politische Offensive der Partei gegen Röhm festzustellen. Im Januar erschien der oben zitierte warnende Artikel von Heß über „Partei und SA", der zugleich im *Völkischen Beobachter* und in den *Nationalsozialistischen Monatsheften* publiziert wurde, ersterer am 22. Januar, gleichzeitig mit einer SA-Führertagung am 21./22. Januar in Friedrichroda i. Thür., auf der Hitler „den immer stärkeren Ausbau der Stellung der Partei zum absoluten Repräsentanten und Garanten der neuen politischen Ordnung in Deutschland" forderte. Das war eine deutliche Zurückweisung der Ansprüche der SA auf politische Führung innerhalb der nationalsozialistischen Bewegung, der eine Woche später eine neue Lobpreisung der Reichswehr in Hitlers Reichstagrede vom 30. Januar folgte.[211] Hier müssen die ersten Zweifel an Hitlers Loyalität gegenüber Röhm aufsteigen. Er wendete sich gegen Röhms militärische Ansprüche, er trat seinem politischen Machtstreben entgegen; welche Rolle und Aufgabe aber wollte er Röhm künftig zuweisen? Er hatte zwar immer von der Aufgabe der „politischen Erziehung" gesprochen, die der SA obliegen sollte. Aber wenn das nicht bloß zur außenpolitischen Tarnung geschehen war, wenn er das ernst meinte, was stellte er sich darunter vor? Konnte er im Zweifel darüber sein, daß die SA und insbesondere ihr Führer Röhm mit einer derartigen Aufgabe nichts anzufangen wußten? Konnte er noch ernsthaft glauben, daß er mit Röhm zu einer Einigung gelangen werde, wenn er ihm nur die Alternative ließ, entweder ganz abzutreten oder sich auf das Nebengleis der „politischen Erziehung" schieben zu lassen? Unter diesen Umständen klingt Diels' Bericht nicht unwahrscheinlich,[212] wonach Hitler ihm und Göring schon Anfang Januar 1934 die Anfertigung einer Denkschrift über die Ausschreitungen

---

[207] Stapf, *Zeugenschrifttum, a. a. O.*, Nr. 152, S. 1; S. 14 f.; vgl. Mellenthin, *a. a. O.*, Nr. 105, S. 33 ff., und die Äußerungen von Fritsch selbst, Befehlshaberbesprechung vom 2. Februar 1934; *Liebmann-Notizen* (Anm. I/112), Bl. 68.

[208] Stapf, *a. a. O.*, S. 1; S. 15.

[209] Vgl. o. S. 805; außerdem Kommandeurbesprechung im Wehrkreis V, 15./18. Januar 1934, *Liebmann-Notizen* (Anm. I/112), Bl. 59 ff. Vgl. Meinck, *Hitler. . .* (Anm. II/2), S. 89 ff.

[210] Stapf, *Zeugenschrifttum* (Anm. I/53), Nr. 152, S. 1; S. 14 f. (als Beteiligter; damals Oberstleutnant und stellv. Chef der Organisationsabteilung).

[211] *Schultheß, 1934*, S. 21 (SA-Tagung); S. 44 (Reichstagsrede; vgl. o. S. 693).

[212] Diels (Anm. I/144), S. 378 ff. Dem soll Mitte Januar 1934 ein indirekter Auftrag zur Ermordung von Schleicher, Strasser und Oberleutnant Schulz gefolgt sein; *a. a. O.*, S. 384 f.

der SA aufgetragen habe. Berücksichtigt man dazu noch, daß in demselben Monat
Januar der erste Schlag gegen die monarchistische Bewegung geführt und ihr die Möglichkeiten organisatorischer Verfestigung und publizistischer Werbung abgeschnitten
wurden,[213] so ergibt das ein Gesamtbild, das Hitler bereits auf dem Weg zur zweiten
Revolution zeigt.

So sah sich Röhm gerade in der kritischen Phase seiner Politik wachsenden Wider-
ständen gegenüber, aber noch wollte er nicht glauben, daß ihr Urheber Hitler war,
sondern suchte sie bei dessen Ratgebern und Verbündeten. Einfach, gerade und grob,
wie er war, reagierte er mit heftigen Ausfällen, trotzig-eigenmächtiger Fortsetzung
seiner Militarisierungspolitik und unverblümter Darlegung seiner Forderungen. Die
Wehrmacht sah sich einer zunehmenden Verleumdungs- und Diffamierungskampagne
ausgesetzt;[214] die SA-Obergruppen- und Gruppenstäbe begannen mit der Aufstellung
bewaffneter „Stabswachen",[215] Röhm selbst erklärte in vertraulichen Gesprächen,
Hitler befinde sich in den Händen von „dummen und gefährlichen Subjekten", aber
er, Röhm, werde „ihn aus diesen Fesseln befreien",[216] und Anfang Februar ließ er
dem Reichswehrministerium eine Denkschrift zugehen, in der nach Blombergs Angaben „das gesamte Gebiet der Landesverteidigung" zur „Domäne der SA" erklärt
wurde, während die Wehrmacht auf die Aufgabe beschränkt werden sollte, „Mannschaften u[nd] Führer auszubilden u[nd] sie als fertiges Material der SA zu überweisen", ihre Offiziere aber den SA-Führern als „Berater" zur Verfügung zu stellen.[217] Das war nach der versteckten Kampfansage vom 1. Dezember jetzt die offene,
und Blomberg stellte denn auch in der Befehlshaberbesprechung vom 2. Februar fest,
der Einigungsversuch mit der SA sei damit gescheitert; nun müsse Hitler entscheiden.
Aber er war sich ebenso wie Fritsch klar darüber, daß eine schnelle Entscheidung,
so wünschenswert sie aus technischen Gründen sein mochte, in der gegebenen politischen Lage zum „offenen Kampf" führen müsse und daher ein „Schwebezustand"
vorläufig noch vorzuziehen sei.[218] Infolgedessen wurde die doppelgleisige Politik einstweilen fortgesetzt. Während die Vorbereitungen zu der auf den 1. April festgesetzten
„Wehrreform", bestärkt auch durch Hitlers weitreichenden Auftrag an Fritsch bei
dessen Amtsübernahme,[219] weitergeführt wurden, trat man in neue Verhandlungen
mit der SA-Führung ein, die nun freilich kaum noch auf Einigung, sondern nur mehr
auf Unterwerfung Röhms zielen konnten. Das aber war ohne direkte und unzwei-
deutige Unterstützung durch Hitler nicht zu erreichen, und so verfügte Blomberg die
Einführung des Hoheitszeichens der NSDAP als offiziellen Wehrmachtssymbols und
die Übernahme des „Arierparagraphen" für das Offizierkorps, um Hitler diesen schweren Schritt zu erleichtern.[220]

[213] Das Verbot monarchistischer Verbände erfolgte am 2. Februar; s. o. S. 911.

[214] Mellenthin, *Zeugenschrifttum* (Anm. I/53), Nr. 105, S. 35; Patzig, *a. a. O.*, Nr. 540, S. 2; S. 9.

[215] Stellungnahme Röhms vom 6. März 1934 mit Hinweis auf Verfügung des OSAF vom 8. Januar 1934, die
bewaffnetes Auftreten von Stabswachen in der Öffentlichkeit verbot; *IMT* (Anm. I/55), XXXVI, S. 72.

[216] Rossbach (Anm. I/152), S. 150 (betr. Unterredung mit Röhm kurz nach Görings Geburtstag am 12. Januar
1934). Vergleiche mit gleichzeitigen Zeugnissen lassen Rossbachs Angaben als glaubwürdig erscheinen. – Vgl. auch
Diels' Aussage, *Anklage München* (Anm. III/191), S. 42: Röhm habe ihm schon im Dezember 1933 erklärt, er habe
sich bisher vieles gefallen lassen, habe aber nicht vor, sich völlig an die Wand drücken zu lassen; er befehle heute
über 30 Divisionen.

[217] Befehlshaberbesprechung vom 2. Februar 1934; *Liebmann-Notizen* (Anm. I/112), Bl. 67; ähnlich Weichs,
Zeugenschrifttum (Anm. I/53), Nr. 182, S. 8 (für dieselbe Besprechung), und Rossbach, *a. a. O.*, S. 149 f. (Gespräch
im Januar). Wheeler-Bennett (Anm. I/24), S. 309, behauptet, Röhm habe diesen seinen Plan Mitte Februar auch
im Kabinett vorgetragen.

[218] Blomberg am 2. Februar 1934; Fritsch am 2./3. Februar 1934; *Liebmann-Notizen, a. a. O.*, Bl. 67; Bl. 72.

[219] Vgl. o. S. 804.

[220] Die Übernahme des „Arierparagraphen" wurde von Blomberg bereits am 2. Februar 1934 angekündigt;
Liebmann-Notizen (Anm. I/112), Bl. 69.

Hitler ließ nicht lange mit der Gegenleistung auf sich warten, denn zweifellos sah er auch ohne Blombergs eilfertige Opfergaben, daß er jetzt Farbe bekennen mußte. Am 28. Februar wurden die Befehlshaber der Reichswehr und die höheren SA- und SS-Führer mit Röhm und Himmler an der Spitze im Reichswehrministerium versammelt, um eine Erklärung Hitlers entgegenzunehmen; auch Göring war erschienen, und zwar in der Uniform seines erschlichenen Ranges als General der Infanterie – was im Offizierkorps sogleich und vermutlich zu Recht als Demonstration für die Wehrmacht gegen Röhm gedeutet wurde.[221] Hitler legte eingangs seine hier schon besprochenen kriegerischen Zukunftspläne dar, wies dann an Hand kriegsgeschichtlicher Beispiele – u. a. unter Hinweis auf seine eigenen Erfahrungen bei Langemark 1914 – nach, daß eine Miliz, wie sie Röhm im Sinne habe, für seine Pläne ungeeignet sei und daher nur ein auf der Reichswehr aufgebautes Volksheer mit allgemeiner Wehrpflicht als künftige Wehrform für das nationalsozialistische Deutschland in Frage komme, und ermahnte die SA-Führer dringend, ihm in der gegenwärtigen Krisenzeit keine Schwierigkeiten zu machen. Die SA müsse eine politische Organisation bleiben; die Wehrmacht sei der alleinige Waffenträger der Nation. Für eine „Übergangszeit" genehmige er den Vorschlag des Reichswehrministers, die SA für Grenzschutzaufgaben und zur vormilitärischen Ausbildung heranzuziehen. Nachdem Hitler geendet hatte, unterzeichneten Blomberg und Röhm auf dieser Basis ein Abkommen. In ihm wurde festgelegt, daß das Reichsverteidigungsministerium[222] die alleinige Verantwortung für die Reichsverteidigung trage und daß der Wehrmacht die Aufgabe sowohl der Kriegsvorbereitung als auch der Kriegführung ungeteilt zufalle. Die SA solle im Rahmen der Reichsverteidigung 1. die vormilitärische Ausbildung vom 18. bis 21. Lebensjahr übernehmen (deklariert als „SA-Sport"), 2. die von der Wehrmacht nicht erfaßten Wehrpflichtigen vom 21. bis 26. Lebensjahr im „SA-Sport" ausbilden und 3. diese und die aus dem Wehrdienst entlassenen Reservisten in ihrer Wehrfähigkeit erhalten – all das nach den Richtlinien und unter der Aufsicht des Reichsverteidigungsministeriums. Außerdem sollte sie unter dem Befehl der militärischen Kommandostellen zur Unterstützung des Grenzschutzes Ost und anderweitiger Mobilmachungs-Vorarbeiten herangezogen werden.[223]

Hitlers Rede fand bei den Offizieren den zu erwartenden Beifall,[224] bei einigen hinterließ sie starken Eindruck. Den SA- und SS-Führern aber versetzte sie einen Schock, der Himmler sogar zu unauffälligen Beruhigungsversuchen veranlaßt haben soll.[225] Freilich wird man gerade von Himmler bezweifeln müssen, daß er die Bedeutung der Stunde nicht verstanden und seine Schlüsse daraus gezogen hätte; wenn er es nicht schon, wie Göring, vorher gewußt hat, so muß ihm doch jetzt klar geworden sein, daß er seinen „Idealismus" nun gegen Röhm zu richten habe.[226] Aber auch einige SA-Führer mögen sich gefragt haben, ob sie nicht für sich persönlich zu retten vermochten, was für die SA als Ganzes offenbar verloren war, und es sollte sich noch am selben Tage zeigen, daß derartige Überlegungen für Röhm außerordentlich ge-

[221] Stapf, *Zeugenschrifttum* (Anm. I/53), Nr. 152, S. 2; S. 7; S. 15. Zum Folgenden außer den o. S. 749 zitierten Quellen auch Blomberg in Befehlshaberbesprechung vom 5. Juli 1934; *Liebmann-Notizen, a. a. O.*, Bl. 96.

[222] Der Ausdruck wird in dieser Zeit abwechselnd mit „Reichswehrministerium" verwendet.

[223] Bekanntgabe von Fritsch in Befehlshaberbesprechung vom 27. Februar 1934 [gesonderte Vorbesprechung oder Datums-Irrtum Liebmanns]; *Liebmann-Notizen* (Anm. I/112), Bl. 76. Ergänzt aus Aufzeichnungen Krügers über Bedingungen des RWM vom 23. Februar 1934; *IMT* (Anm. I/55), XXVIII, S. 583 f.

[224] Vgl. aber Liebmann in Kommandeurbesprechung vom 9./15. März 1934; *Liebmann-Notizen, a. a. O.*, Bl. 79: Der militärische Wert des Abkommens sei gleich Null; glatte Trennung zwischen SA und Reichswehr sei aber nicht möglich wegen „Schwäche des Heeres" und „Bluff" (außenpolitisch?).

[225] Aussage des ehemaligen SS-Gruppenführers Rodenbücher; *Urteil München* (Anm. III/191), S. 67.

[226] Stapf, *Zeugenschrifttum* (Anm. I/53), Nr. 152, S. 16: Seit dem 28. Februar habe Himmler sich immer mehr von Röhm distanziert.

fährlich werden konnten. Röhm seinerseits trug seine Niederlage mit Fassung; er lud die Anwesenden zu einem „Versöhnungsfrühstück" ein, bei dem die Stimmung indessen frostig blieb. Aber nachdem sich die Generale verabschiedet hatten, ließ er seiner Verärgerung freien Lauf; er soll von einem neuen „Diktat von Versailles" gesprochen und sich über Hitler als den „ignoranten Gefreiten des Weltkrieges" entrüstet haben. Darüber hinaus soll er aber auch erklärt haben, er erkenne das Abkommen nicht an; wenn nicht mit, werde er die Sache ohne Hitler machen usw.[227] Doch ist gerade in diesem Punkt nicht eindeutig klar, wie das gemeint war; ein Teilnehmer berichtet, Röhm habe nichtsdestoweniger von den SA-Führern strikte Befolgung der Vereinbarungen verlangt.[228] Wie immer dem gewesen sein mag, jedenfalls waren derartige Äußerungen mindestens sehr unklug. Dem Obergruppenführer Lutze z. B. erschienen sie so schwerwiegend, daß er sie Rudolf Heß mitteilte; da dieser aber eine Einmischung ablehnte, entschloß sich Lutze zu dem folgenschweren Schritt, Hitler zu informieren. Auf dem Obersalzberg kam es zu einer langen Unterredung unter vier Augen, die Hitler mit den Worten beschloß: „Wir müssen die Sache ausreifen lassen."[229]

Der 28. Februar darf als einer der Wendepunkte auf dem Wege zum 30. Juni angesehen werden.[230] Die Fronten waren nun klar, und auch das fernere Verhalten der Kontrahenten zeichnete sich ab. Röhm gab seine Sache noch nicht verloren, denn mit seinem braunen Millionenheer hinter sich mochte er glauben, noch Trümpfe im Spiel zu haben. Es lag für ihn nahe, sich zunächst noch einmal direkt an Hitler zu wenden. In der Tat soll es Anfang März zu einer Aussprache gekommen sein, in der Röhm die Übernahme von mehreren tausend SA-Führern bzw. -Unterführern auf Etatstellen der Reichswehr verlangt habe.[231] Ließe sich das bestätigen, so hätte man es hier möglicherweise mit dem Versuch einer „kleinen Lösung" zu tun, durch die Röhm seine Verpflichtungen gegenüber seinen Gefolgsleuten wenigstens teilweise hätte erfüllen und die Hauptquelle für die Beschwerden im SA-Führerkorps: die mangelnde staatliche Versorgung, hätte verstopfen können.[232] Freilich hätte die SA damit zugleich die Wehrmacht infiltriert, und so war das Projekt für Hindenburg, an den sich Hitler auf Röhms Drängen hin gewandt haben soll, unannehmbar. Infolgedessen sah sich Röhm wieder auf den Weg der Selbsthilfe verwiesen, der seinem Ehrgeiz ohnehin näherlag. Was aber wollte, was konnte er unternehmen? Von seiner ungebärdigungeduldigen Gefolgschaft gedrängt und voll eigenen unbefriedigten Ehrgeizes, aber von allen Seiten abgewiesen und gehemmt, schien ihm im Grund nur der gewaltsame Ausbruch, die Revolution, übrigzubleiben. Tatsächlich ist von seinen Gegnern nachträglich behauptet worden, er habe diesen Weg beschreiten wollen, und sie scheinen darin durch mehrfache Äußerungen Röhms und seiner Clique bestätigt zu werden. Bereits im Monat März ist offenbar in Kreisen der SA-Führung von einer „zweiten Revolution" gesprochen worden, was Hitler veranlaßte, auf einer SA-Führertagung zu erklären, er werde sich einer zweiten revolutionären Welle energisch widersetzen. Röhm nahm das zunächst hin, antwortete dann aber in einem Aufruf, in dem er betonte, die SA sei die „einzige Sicherung gegen die Reaktion"; sie hätte sich „vom

---

[227] Mellenthin, *a. a. O.*, Nr. 105, S. 34; Weichs, *a. a. O.*, Nr. 182, S. 10; Foertsch, *Schuld*... (Anm. I/25), S. 48; Aussage des ehemaligen SA-Führers Stölzle in: *Anklage München* (Anm. III/191), S. 40.

[228] Stölzle, *ebda.*

[229] Bericht Lutzes im Sommer 1934 zu Weichs, *Zeugenschrifttum* (Anm. I/53), Nr. 182, S. 10 f.; vgl. Foertsch, *Schuld*... (Anm. I/25), S. 48; Aussage Diels' in: *Anklage München* (Anm. III/191), S. 40 f.

[230] Vgl. auch Helmut Krausnick, „Der 30. Juni 1934. Bedeutung, Hintergründe, Verlauf", in: *Das Parlament*, Beilage: „Aus Politik und Zeitgeschichte", B XXV/54, S. 319.

[231] Tschirschky, *Zeugenschrifttum* (Anm. I/53), Nr. 568, S. 5 (als Vorzimmer-Zeuge; das Gespräch soll am 3. März stattgefunden haben).

[232] Krosigk (Anm. I/74), S. 206, berichtet von den ständigen Geldforderungen Röhms in dieser Zeit.

ersten Tage an dem revolutionären Weg" verpflichtet und würde „um keine Haaresbreite davon abgehen, bis unser Endziel erreicht ist".[233]

Dessenungeachtet muß entschieden bezweifelt werden, daß es Röhm mit solchen Worten unerbittlich ernst war. Nimmt man alle Nachrichten zusammen, so ergibt sich nicht das Bild eines zu allem entschlossenen Revolutionärs. Es wird von gelegentlichen Anfällen von Resignation berichtet,[234] an Einladungen zu Übungsreisen des Generalstabs zeigte er wenig Interesse,[235] in einer von ihm selbst herbeigeführten Unterredung mit dem französischen Botschafter schien er nicht ganz bei der Sache und erklärte ihm, er sei krank.[236] Tatsächlich hat er Anfang Juni einen Krankheitsurlaub angetreten, der am 30. Juni noch nicht beendet war. Dazu kommt, daß ein bewaffneter Aufstand von seiten der SA technisch völlig aussichtslos gewesen wäre. Nicht nur war sie aus allzu heterogenen Bestandteilen zusammengesetzt – insbesondere durfte bezweifelt werden, ob die ehemaligen Stahlhelm-Einheiten etwaigen Aufstandsbefehlen Röhms folgen würden –, auch genossen ihre teilweise korrupten Führer keine Autorität bei ihren Untergebenen; Kenner behaupteten, daß Leuten wie Heines nur gehorcht werde, weil Hitler sie halte.[237] Unter diesen Umständen war ein bewaffneter Putsch ausgeschlossen, und es ist anzunehmen, daß Röhm und seine Vertrauten – überwiegend ehemalige Berufsoffiziere – sich darüber keinen Täuschungen hingegeben haben. Insbesondere Röhm mußte vom 9. November 1923 her aus eigener Erfahrung wissen, daß die sonst so schwankenden Reichswehrgenerale in solchen Fällen eine überraschende Entschlossenheit zeigen konnten, und der Stennes-Putsch hatte dasselbe für Hitler gezeigt.

Doch gab es für Röhm nicht nur diesen Weg. Nach dem 30. Juni behaupteten Hitler und Blomberg, die SA habe während ihres Urlaubs im Juli Unruhen anzetteln wollen, die ihre Unentbehrlichkeit beweisen und Röhm über die Verhängung des Ausnahmezustands den Weg zur Macht bahnen sollten.[238] Das war – wie Hitler mit seinem Hinweis auf das Vorbild der „Zustände im August 1932" selbst andeutete – ein alter Trick der Nationalsozialisten, und es ist nicht ausgeschlossen, daß derartige Pläne in der Umgebung Röhms erörtert worden sind; wohl aber spricht alles dagegen, daß sie jemals feste Gestalt angenommen haben. Erstens findet sich diese Version *nur* bei Hitler und Blomberg; selbst Blombergs Ministerkollegen Meißner und Krosigk kennen sie nicht (oder haben sie sich nicht zu eigen gemacht), von den Zeugen aus der SA ganz zu schweigen, die überhaupt Putschabsichten leugnen;[239] zweitens widersprechen die Versionen Hitlers und Blombergs sich untereinander;[240] und drittens widerspre-

[233] Meißner (Anm. I/72), S. 363; Krosigk, *a. a. O.*, S. 206. Vgl. Hitler, 13. Juli 1934; *Schultheß, 1934*, S. 177 f. – Ähnlich äußerte sich Röhm in einer Rede vor dem Diplomatischen Korps am 18. April 1934; vgl. Krausnick, „Der 30. Juni 1934" (Anm. IV/230), S. 318.

[234] Nach Angaben seines Adjutanten Bergmann habe Röhm sogar im Mai die Rückkehr nach Bolivien ins Auge gefaßt; Krausnick, *a. a. O.*, S. 320.

[235] Weichs, *Zeugenschrifttum* (Anm. I/53), Nr. 182, S. 11 (Übungsreise nach Bad Liebenstein).

[236] Bericht Kösters vom 27. Juli 1934; *Documents*... (Anm. II/153), III, S. 263 (Gespräch am 23. März 1934).

[237] Gaertner, *Zeugenschrifttum* (Anm. I/53), Nr. 44, S. 22 f.

[238] Blomberg in Befehlshaberbesprechung am 5. Juli, *Liebmann-Notizen* (Anm. I/112), Bl. 97 ff.; Hitler im Reichstag am 13. Juli, *Schultheß, 1934*, S. 182 f.

[239] Krosigk (Anm. I/74), S. 206; Meißner (Anm. I/72), S. 365 f. – Göring vermied Details: Rede vor der Auslandspresse, 30. Juni, in: *Das Archiv*, Juni 1934, S. 358 f. – Aussagen Bunge, Jüttner, Betz in: *Anklage München* (Anm. III/191), S. 42. Lutze in: *Bericht Willich* (Anm. III/320).

[240] *Hitler* behauptete, es hätten *zwei* Pläne bestanden. Nachdem Röhm erkannt habe, daß er, Hitler, ihm nicht nachgeben werde, sei der Unruhen-Plan verworfen und durch den eines bewaffneten Putschs zur Umbildung einer Regierung unter Einschluß Schleichers, Strassers u. a. ersetzt worden; dabei hätte er, Hitler, ermordet werden sollen. Bei *Blomberg* erscheint nur *ein* Plan: Die erwähnte Regierungsbildung hätte unter Einschluß Hitlers (also auch kein Mordplan) im Anschluß an die provozierten Unruhen stattfinden sollen. Außerdem widersprach Blomberg sich noch selbst: Einerseits behauptete er, die Putschneigung der SA sei geringer geworden, als die SA-Führung von den Gegenmaßnahmen der Reichswehr erfahren habe; andererseits motivierte er die Art von Hitlers Zugriff damit, die SA habe früher als beabsichtigt losgeschlagen, nachdem sie von Gegenmaßnahmen unterrichtet worden

chen sie auch in wesentlichen Punkten der ersten offiziellen Darstellung der Reichspressestelle der NSDAP vom 30. Juni.[241] Daraus kann man nur schließen, daß diese
Darstellungen nachträglich zurechtgemacht worden sind, wobei anscheinend noch ziemlich flüchtig und sorglos verfahren worden ist. Wenn die Regierungsstellen 14 Tage
nach der Vernichtung der SA-Führung, die ihnen den Zugang nicht nur zu den Regi-
straturen aller SA-Dienststellen, sondern auch zu den Privatschreibtischen der Opfer
öffnete, keine besseren Informationen über Röhms revolutionäre Pläne hatten, dann
haben sie überhaupt keine gehabt. In diesem Zusammenhang ist es sehr bemerkenswert, daß die erwähnte Verlautbarung der Reichspressestelle noch nichts von einem
SA-Putsch berichtet, ja sie bezeichnet Röhm nicht einmal als den Urheber. Wörtlich
heißt es da: „Seit vielen Monaten wurde von einzelnen Elementen versucht, zwischen
SA und Partei sowohl wie zwischen SA und Staat Keile zu treiben und Gegensätze zu
erzeugen. Der Verdacht, daß diese Versuche einer beschränkten, bestimmt eingestellten
Clique zuzuschreiben sind, wurde mehr und mehr bestätigt. Stabschef Röhm, der vom
Führer mit seltenem Vertrauen ausgestattet war, trat diesen Erscheinungen nicht nur
nicht entgegen, sondern förderte sie unzweifelhaft." Dann folgen die Angaben über
Röhms Homosexualität und seine Fühlungnahmen mit Schleicher und „einer auswärtigen Macht". Dies letztere hätte dann ein „Einschreiten" notwendig gemacht, und
„planmäßig provozierte Zwischenfälle" hätten den Beginn der Aktion ausgelöst.[242]

Diese Darstellung dürfte in dem Hauptpunkt der Wahrheit sehr nahekommen.
Nicht nur hat Röhm – wie noch zu zeigen sein wird – im Juni keinen Staatsstreich
geplant, er hat *bestimmte* revolutionäre Aktionspläne auch für später nicht gehabt. Er
und seine Bandenführer haben mit Kraftworten nicht gespart; sie haben aufsässige
und z. T. sogar recht blutrünstige Reden geführt,[243] und ohne Zweifel haben sie auch
Putschpläne der verschiedensten Art erwogen und diskutiert, aber nirgends findet
sich ein glaubwürdiger Hinweis darauf – geschweige denn ein Beweis dafür –, daß
sich diese Erwägungen bis zum 30. Juni zu konkreten Beschlüssen und Terminen verdichtet hätten.[243a] Wenn dessenungeachtet nicht geleugnet werden kann, daß von der
SA-Führung im Frühjahr 1934 eine ernste Gefahr ausging, so deshalb, weil es Röhm
nicht bei Worten bewenden ließ, sondern auch zu Taten schritt, deren zweideutiger
Charakter seine Reden zu bestätigen schien. Dazu gehörte die neue Welle seiner diplomatischen Bemühungen, die, wie erwähnt, bezeichnenderweise im März einsetzte,
dazu gehörte seine Kontaktsuche bei Schleicher und vielleicht auch anderen oppositionellen Kreisen, dazu gehörte ferner die Kampagne der pausenlosen Aufmärsche,
Paraden und Übungen, mit der Röhm seine Leute zu beschäftigen und zugleich sich
und der Welt die Stärke der SA zu demonstrieren suchte,[244] und dazu gehörte schließlich das Gefährlichste von allem: die Versuche zur Bewaffnung der SA. Im Laufe der
Frühjahrsmonate verschaffte sich die SA in offenbar nicht geringem Umfang Waffen,
teilweise sogar durch Ankäufe aus dem Ausland (u. a. Danzig und Belgien), und rüstete
die Stabswachen und z. T. auch die Insassen der sogenannten *Hilfswerklager,* in denen
man arbeitslose SA-Leute beruflich schulte, aber auch militärisch ausbildete, damit

war. Auffallend ist ferner, daß Hitler in der Kabinettssitzung vom 3. Juli ebenfalls nur den Unruhen-Plan erwähnte; *Documents. . .* (Anm. II/153), III, S. 119 ff. Offenbar ist er sich bis zu seiner Reichstagsrede darüber klargeworden, daß diese Version zu schwach war.

[241] Vgl. das im Folgenden abgedr. Zitat.

[242] *Das Archiv,* Juni 1934, S. 326; *Schultheß, 1934,* S. 164. – Eine Art Residuum dieser Version findet sich in
Hitlers Reichstagsrede; *a. a. O.,* S. 177.

[243] Vgl. die Rede des fränkischen SA-Führers v. Obernitz am 23. Juni; *Urteil München* (Anm. III/191), S. 71.

[243a] Ich behaupte also *nicht,* daß Röhm „auch für spätere Zeiten keine Putsch-Pläne gehegt" habe – so irreführend
Görlitz, *Keitel. . .* (Anm. I/17a), S. 69, Anm. 49 –, sondern lediglich, daß solche Erwägungen vor seinem Tode
keine feste Gestalt gewonnen haben; vgl. u. S. 947 bei Anm. 250.

[244] Die SA-Gruppe Berlin-Brandenburg z. B. ließ ihre Formationen zwischen dem 25. Februar und dem 17. Juni
fünfzehn Sonntage lang in und um Berlin paradieren; Engelbrechten (Anm. I/134), S. 288 ff.

aus – alles das in reichlich unvorsichtiger Weise.[245] Bei der Entwaffnung der SA im Sommer 1934 wurden schließlich 177 000 Gewehre, 651 schwere und 1250 leichte Maschinengewehre eingezogen,[246] was etwa der Ausrüstung von 10 Reichswehr-Infanterie-Divisionen Versailler Musters entsprach.[247] Allerdings ist anzunehmen, daß in diesen Zahlen auch diejenigen Waffen enthalten waren, die die Reichswehr der SA für Grenzschutz- und Ausbildungszwecke anvertraut hatte, und vermutlich war das sogar der überwiegende Teil gewesen sein. Was die eigenmächtigen Waffenbeschaffungen angeht, so mag da in manchen Fällen auch Übereifer für die Verstärkung des Grenzschutzes mitgespielt haben;[248] im übrigen handelte es sich bei den angekauften Waffen überwiegend um veraltete Modelle.[249] Auf der anderen Seite wäre es falsch, hier zu bagatellisieren, denn wie immer man die Sache auch betrachten mag, in den Händen einer so rüden und undisziplinierten Gesellschaft, wie es die SA war, waren Waffen zweifellos eine unmittelbare Gefahr.

Wenn man nicht annehmen will, daß alle diese Unternehmungen Röhms lediglich seinen Tatendrang befriedigen und Leerlauf in der SA vermeiden sollten, also ein Zeichen bloßer Rat- und Hilflosigkeit waren, so bleibt nur der Schluß, daß damit eine Art Erpressungsversuch an Hitler und der Wehrmachtführung beabsichtigt war. Da der Versuch, seine Forderungen auf dem Verhandlungswege durchzusetzen, gescheitert, eine offene Auseinandersetzung aber mindestens vorläufig für die SA noch aussichtslos war, mag Röhm gehofft haben, durch eine Art kalten Krieges zum Ziele zu kommen. Hitler hatte zwar große Worte gemacht, aber vor Taten schien er zurückzuschrecken, und daß die Reichswehrführung offenen Kampf scheute, solange sie nicht angegriffen wurde, war ihm aus eigener Erfahrung ebenfalls bekannt. Wenn er jetzt, so scheint er gerechnet zu haben, sein 4¹/₂-Millionen-Heer zusammenhielt, es innerlich weiter festigte und militarisierte, so mußte es, je länger je mehr, unmöglich werden, es wieder aufzulösen und seines Führers zu berauben. Sollte dann die schnelle und ungehinderte Fortsetzung der Aufrüstung, die Hitler und der Wehrmacht zur Überwindung der außenpolitischen Schwächeperiode dringend erwünscht war, nicht gefährdet werden, so mußten sie schließlich seine, Röhms, Forderungen wohl oder übel bewilligen. Und taten sie es nicht, so blieb der SA dann, nach vollendeter Bewaffnung, noch immer der Weg der Gewalt offen.[250] Röhm glaubte offenbar, daß es angesichts der Stärke der SA zu seinen Vorschlägen keine Alternative gebe und daß das die Stärke seiner Position ausmache. Das war ein verhängnisvoller Irrtum, denn für Hitler gab es allerdings eine Alternative: die Ermordung der opponierenden SA-Führer.

Während Röhm so ein höchst riskantes Spiel mit dem Feuer einleitete, begannen seine Gegner eine Einkreisungsaktion, die sie freilich gleichzeitig gegen die monarchistische Opposition abschirmen mußten, die jetzt ihre Stunde gekommen glaubte. Im

---

[245] Patzig, *Zeugenschrifttum* (Anm. I/53), Nr. 540, S. 3; S. 9; Tschirschky, *a. a. O.*, Nr. 568, S. 7; Papen (Anm. I/69), S. 352; *Urteil Osnabrück* (Anm. III/191), S. 12.

[246] Befehlshaberbesprechung durch Fritsch, 25. Juli; Notizen Heinrici, *Zeugenschrifttum, a. a. O.*, Nr. 66, II, S. 168. – Danach erscheint die Angabe Diels' in: *Anklage München* (Anm. III/191), S. 41, wonach in Oranienburg bei Berlin allein Waffen für eine Division gelagert worden sein sollen, als immerhin möglich.

[247] *Der Friedensvertrag von Versailles nebst Schlußprotokoll und Rheinlandstatut. Neue durchgesehene Ausgabe in der durch das Londoner Protokoll vom 30. August 1924 revidierten Fassung*, Berlin 1925. Danach durfte eine RW-Division 12 000 Gewehre, 108 sMG und 162 lMG besitzen.

[248] Aussagen Siber und Jüttner in: *Urteil Osnabrück* (Anm. III/191), S. 68.

[249] Patzig, *Zeugenschrifttum* (Anm. I/53), Nr. 540, S. 9; Aussage Jüttner in: *Urteil München* (Anm. III/191), S. 68.

[250] Diese Deutung wird in gewissem Grade durch die Angabe Blombergs bestätigt, wonach Röhm in einem Bewaffnungsbefehl als Grund angegeben habe, die SA solle dadurch in die Lage versetzt werden, „der Wehrmacht gegenüber d[ie] Belange der SA erfolgreich zu vertreten u[nd] den Eintritt geschlossener SA-Einheiten in das Heer zu ermöglichen"; Befehlshaberbesprechung vom 5. Juli 1934; *Liebmann-Notizen* (Anm. I/112), Bl. 97. Ähnlich Hitler im Kabinett am 3. Juli; *Documents. . .* (Anm. II/153), III, S. 119 ff.

März begannen mit Papens Vorstoß bei Hitler die Verhandlungen über die Wiedereinführung der Monarchie, die dann bis zu Hindenburgs Abreise Anfang Juni neben
den anderen Ereignissen herliefen. Getreu dem Plan, die Spannungen um die SA ihrerseits hochzutreiben, bemühten sich Papens Mitarbeiter außerdem um Aufdeckung der
Waffenkäufe der SA.[251] Demgegenüber scheinen Hitler und die Wehrmachtführung
noch enger zusammengerückt zu sein. Blomberg und Reichenau zeigten sich den
Monarchisten unzugänglich; Hitler versuchte, sich durch einstweilige Konzessionen
den Rücken freizuhalten. Es ist anzunehmen, daß etwa um diese Zeit zwischen beiden Seiten auch die Abstimmung über die Nachfolgefrage erfolgt ist.[252] Gegenüber
Röhm nahm die Wehrmacht als Sieger vom 28. Februar im Bewußtsein ihrer überlegenen Position zunächst eine abwartende Haltung ein; man bemühte sich um
korrekte oder gar herzliche Beziehungen zur SA, betonte seinen guten Willen zur
Zusammenarbeit,[253] wies aber gleichzeitig die Truppe an, sich „Unverschämtheiten
nicht gefallen" zu lassen.[254] Daneben suchte man durch wohldosierte Gleichschaltungsmaßnahmen das Band zu Hitler enger zu knüpfen und sorgte gleichzeitig dafür, daß
er durch entsprechende Berichterstattung über Röhm unter Druck gehalten wurde.[255]
In der Grenzschutzfrage ergab sich, wie Blomberg schon Anfang Februar erklärt hatte,
seit dem deutsch-polnischen Nichtangriffspakt die Möglichkeit, „kurz zu treten"; statt
dessen sollte nun die Heeresvermehrung mit aller Kraft vorangetrieben werden,[256]
um ein Gegengewicht gegen die SA zu bilden: Röhms Aufrüstung trieb auch die der
Wehrmacht voran.

　　Für Hitler konnte spätestens nach den Eröffnungen Lutzes kein Zweifel mehr
bestehen, daß es noch heftiger Kämpfe bedürfe, wenn er seinen Willen gegenüber
Röhm durchsetzen wollte. Widersetzlichkeit gegen seine Befehle hat er nie vertragen
und nie vergessen und immer unnachsichtig geahndet. Wenn er jetzt von „ausreifen
lassen" sprach,[257] so bedeutete das nicht Tatenlosigkeit. Freilich sah er sich angesichts
der Macht, die Röhm verkörperte, einstweilen zum Abwarten gezwungen, und so zog
er sich, nachdem er ihm am 28. Februar offen entgegengetreten war, jetzt wieder zurück, schob gegenüber Röhms Forderungen den Widerstand Hindenburgs oder des
Finanzministers vor[258] und ließ sich scheinbar auch durch Röhms Eigenmächtigkeiten
und Widersetzlichkeiten nicht zum Handeln bewegen – ähnlich, wie er sich auch den
Monarchisten gegenüber konzessionsbereit gezeigt hatte. Während diese seine Hauptgegner dadurch ermutigt wurden, ist Hitler jedoch offenbar nicht untätig geblieben.
In seiner Rechtfertigungsrede am 13. Juli hat er angegeben, er habe bereits Mitte
März den Befehl zur Vorbereitung einer neuen Propagandawelle gegeben, um „das
deutsche Volk gegen den Versuch einer neuen Vergiftung zu immunisieren"; gleich-

---

[251] Tschirschky, *Zeugenschrifttum* (Anm. I/53), Nr. 568, S. 7; Papen (Anm. I/69), S. 352.

[252] Vermutlich vor Hitlers Auftreten gegen Röhm am 28. Februar. Die Behauptung Wheeler-Bennetts (Anm. I/24),
S. 311 f., von einem „Pakt" Hitler-Blomberg, abgeschlossen auf dem Panzerschiff *Deutschland* im April 1934, ist
bisher unbestätigt geblieben; s. auch Krausnick, „Vorgeschichte..." (Anm. I/26), S. 223. Ohne schlüssigen Beweis
wiederholt bei Shirer (Anm. I/29a), S. 212.

[253] Kommandeurbesprechung im Wehrkreis V, 9./15. März 1934; *Liebmann-Notizen* (Anm. I/112), Bl. 79;
Mellenthin, *Zeugenschrifttum* (Anm. I/53), Nr. 105, S. 34; Weichs, *a. a. O.*, Nr. 182, S. 11.

[254] Kommandeurbesprechung vom 9./15. März 1934, *a. a. O.*, Bl. 79.

[255] Die Truppe wurde angewiesen, Material über die Verstöße der SA zu sammeln: Fritsch am 2. Februar
und 7. Mai 1934, *Liebmann-Notizen* (Anm. I/112), Bl. 68; Bl. 83. Vgl. auch den Bericht Blombergs an Hitler über
die Bewaffnung der SA-Stabswachen vom 2. März 1934, *IMT* (Anm. I/55), XXXVI, S. 73, und Notizen Heinrici,
Zeugenschrifttum (Anm. I/53), Nr. 66, II, S. 170.

[256] Befehlshaberbesprechung vom 2. Februar 1934, *Liebmann-Notizen, a. a. O.*, Bl. 68. – Vgl. auch den Brief
des Hauptmanns und SA-Führers Höfle an Röhm vom 12. Juni 1934 (Anm. IV/120): Das Heer strebe zielbewußt
danach, durch seine Vermehrung sein Gewicht im Staate auf Kosten der SA zu erhöhen.

[257] So schon zu Kerrl, s. o. S. 937; s. auch Notizen Heinrici, *Zeugenschrifttum* (Anm. I/53), Nr. 66, II, S. 170:
Hitler „sieht die Dinge genau. Will Dinge sich auskochen lassen."

[258] Krosigk (Anm. I/74), S. 206 (sehr bezeichnend für Hitlers Taktik).

zeitig habe er „einzelne der Parteidienststellen" angewiesen, den Gerüchten über eine zweite Revolution „nachzugehen" und ihre „Quellen ... aufzufinden".[259] Das erste bezieht sich zweifellos auf den späteren „Feldzug gegen Miesmacher und Kritikaster"; tatsächlich hat Goebbels dies Thema schon am 19. März angeschlagen, als er die politischen Leiter in Berlin zur Bekämpfung der „Klubs von Miesmachern" aufforderte mit dem bemerkenswerten Zusatz, der Nationalsozialismus kenne nicht „zwei verschiedene Ansichten über ein und denselben Gegenstand". Das konnte sich nur gegen Röhms Proklamationen einer zweiten Revolution richten.[260] Hitlers andere Behauptung ist ebenfalls glaubwürdig.[261] Schon im Januar hatte er, wie erwähnt, Göring und Diels beauftragt, Belastungsmaterial über die SA zu sammeln; jetzt hat er diesen Auftrag offenbar in weiterem Umfange erteilt. In dieser Zeit erfolgte der Aufbau des SD,[262] am 19. April übernahm Himmler die preußische Gestapo,[263] und es ist kaum zweifelhaft, daß die Aktivität dieser Stellen sich nun der SA zuwandte.[264] In diesen Zusammenhang gehört vermutlich auch die Tatsache, daß den Bemühungen der Justizbehörden um Verfolgung der Verbrechen in den Konzentrationslagern nun einige Erfolge beschieden waren.[265]

Insgesamt ergibt sich hier das Bild einer systematischen Vorbereitungsarbeit, die in ihrer Konzentration auf Propaganda und Sammlung von Belastungsmaterial die typische nationalsozialistische Kombination erkennen läßt. Insbesondere ist auf die Einschaltung der Propaganda hinzuweisen, die von der Forschung bisher zu Unrecht vernachlässigt worden ist; nicht nur hat man sich dabei eines wichtigen Erkenntnismittels beraubt, man hat auch den eigentlichen Charakter des Vorgangs nicht voll zu erfassen vermocht. Natürlich sind die konkreten Aussagen der nationalsozialistischen Propagandareden nur mit großer Vorsicht zu behandeln, obwohl auch sie manchmal brauchbare Hinweise enthalten. Noch wichtiger aber ist eine Analyse des Verlaufes und des Klimas der Gesamtaktion, die wie alle nationalsozialistische Propaganda auch in diesem Falle in erster Linie psychologische Stimulierung erstrebte: Indem sie die oppositionellen Tendenzen anprangerte, verstärkte sie die Spannung – wo sie sie nicht überhaupt erzeugte – und mobilisierte die Gegenkräfte, und zwar nicht nur die der Massen, sondern offenbar auch die der Redner, die ja zugleich die Hauptakteure waren; man gewinnt den Eindruck, als hätten sich die Parteiführer bewußt der erhitzten Atmosphäre der Massenversammlungen ausgesetzt, um sich daran selbst zu berauschen und daraus die Kraft zu ziehen, die geheiligten Schranken von Recht und Moral zu durchbrechen. Insbesondere für Hitler wird das zu gelten haben, und wenn er im März vorsorglich die Vorbereitung einer Propaganda-Aktion befahl, so darf man das als ein wichtiges Indiz seiner Entschlossenheit ansehen.

[259] *Schultheß, 1934,* S. 176.

[260] *A. a. O.,* S. 94.

[261] Auch Göring hat später berichtet, Gestapo und Partei hätten die Oberste SA-Führung „seit Wochen und Monaten" beobachtet; Rede vor der Auslandspresse am 30. Juni 1934, *Das Archiv,* Juni 1934, S. 358.

[262] So wurde z. B. am 20. März 1934 der Posten des SD-Abschnittsführers in Schlesien erstmals besetzt, zunächst noch mit einem SS-Mann ohne Dienstgrad; *Anklage Osnabrück* (Anm. III/191), S. 19; S. 34.

[263] *Schultheß, 1934,* S. 109; vgl. Buchheim, „Die SS. . ." (Anm. III/49), S. 133 f.

[264] Aussage Diels' in: *Anklage München* (Anm. III/191), S. 41; S. 47. Rosenberg, *Tagebuch* (Anm. IV/132), S. 33. Das hauptsächliche Belastungsmaterial gegen Röhm soll allerdings konstruiert worden sein; s. Walter Hagen [d. i. Wilhelm Höttl, SS-Sturmbannführer], *Die geheime Front. Organisation, Personen und Aktionen des deutschen Geheimdienstes,* Linz–Wien 1950, S. 22 f. – Der Kommandant von Dachau, Eicke, soll schon im April Auftrag erhalten haben, eine „Reichsliste" von „unerwünschten Personen" anzufertigen; *Anklage München, a. a. O.,* S. 50. Daß Röhm bereits im Januar 1934 überwacht worden sein soll, behauptet Rossbach (Anm. I/152), S. 161 (in Verbindung mit S. 148 ff.).

[265] Diels (Anm. I/144), S. 349 ff. (Verfolgung der Verbrechen in den Konzentrationslagern Bredow bei Stettin und Krefeld); S. 263 (Prozeß um Konzentrationslager Kemna bei Wuppertal). Das Urteil im Bredow-Prozeß wurde am 4. April 1934 gesprochen und „zur Abschreckung" in der gesamten deutschen Presse veröffentlicht; Gürtner an Hitler in einer undatierten Eingabe in: *IMT* (Anm. I/55), XXVI, S. 307 ff.

Ende April setzte dann eine neue Phase ein. Nach Mitteilung Hitlers am 13. Juli seien sich die Parteiführer sowohl als auch „eine Anzahl davon berührter staatlicher Einrichtungen" zu dieser Zeit darüber klargeworden, daß eine Clique von SA-Führern bewußt auf „Entfremdung" zwischen der SA einerseits und der Partei „sowie den anderen staatlichen Institutionen" anderseits hinarbeitete.[266] Die Entfremdung zur SA war nun freilich nicht so neu, daß sie Hitler nicht schon vorher hätte auffallen müssen; wohl aber erfuhr er zu dieser Zeit, daß Hindenburg krank geworden war [267] – eine Tatsache, durch die sich für ihn das Problem der monarchistischen Restauration mit der SA-Frage und dem Problem des geeigneten Zeitpunkts für eine Aktion verknüpfte. Zu Alfred Rosenberg äußerte Hitler Mitte Mai, er wolle „mit dem Alten keinen Kampf, um ihm nicht die letzten Tage zu verbittern. Dann aber muß mit einem Schlage die ganze Kamarilla ausgefegt werden." [268] Das zeigt mindestens, daß er die Terminfrage zu dieser Zeit erwog, und wenn er in diesem Zusammenhang die SA nicht erwähnte, so mag er Rosenberg gegenüber seine Gründe gehabt haben; [269] daß er sie gleichwohl nicht aus den Augen verlor, dürfte selbst dann als sicher gelten, wenn er es nicht am 13. Juli ausdrücklich bestätigt hätte. Mit der Erkrankung Hindenburgs begann eine Frist zu laufen, an deren Ende spätestens beide Probleme in Angriff genommen werden mußten, und daher begann jetzt auch die Durchführung: Am 11. Mai lief der vorbereitete Propagandafeldzug gegen die „Miesmacher" an – nachdem Hitler in seiner Rede zum „Feiertag der Arbeit" am 1. Mai dazu das Stichwort gegeben hatte.[270] Außerdem fand auch das gesammelte Belastungsmaterial eine erste Verwendung, zunächst in Form der altbewährten nationalsozialistischen Taktik, den Gegner zu provozieren. Wie Hitler am 13. Juli berichtete, begannen Parteistellen und Länderbehörden jetzt stärker gegen SA-Ausschreitungen vorzugehen. Röhm habe darauf, so gab Hitler an, sehr gereizt reagiert und gegen die Verantwortlichen, bei denen es sich um alte Kämpfer der Partei gehandelt habe, SA-Ehrengerichtsverfahren eingeleitet – was überraschenderweise unabhängig davon durch eine Mitteilung aus Wehrmachtskreisen für einen Fall in Thüringen bestätigt wird.[271] Röhms Ärger war verständlich; denn die SA wurde jetzt für etwas verfolgt, was bis dahin als ihr revolutionäres Verdienst gegolten hatte, und mithin fühlte er sich – totale Verwirrung aller moralischen Maßstäbe – zu Unrecht angegriffen. Auf Hitlers wiederholte Vorhaltungen antwortete er, es handele sich bei den Vorwürfen um „versteckte Angriffe auf die SA",[272] und am 16. Mai befahl er, daß alle SA-Dienststellen Akten über „Feindseligkeiten gegen die SA" anlegen sollten.[273]

Und schließlich ist zu beachten, daß Hitler in seiner Reichstagsrede für März nur von Befehlen an „Parteidienststellen" gesprochen hat, während er für Ende April erstmals auch die Beteiligung einer „Anzahl davon berührter staatlicher Einrichtungen" erwähnte. Das wird sich vermutlich vornehmlich auf die Wehrmacht beziehen,

[266] *Schultheß, 1934,* S. 177.

[267] Wheeler-Bennett (Anm. I/24), S. 311 (Kommuniqué vom 27. April); Görlitz, *Hindenburg* (Anm. I/72), S. 420. Nach Meißner (Anm. I/72), S. 375, erst Anfang Mai.

[268] Rosenberg, *Tagebuch* (Anm. IV/132), S. 20 (Eintragung vom 15. Mai; da Rosenberg nicht regelmäßig Eintragungen machte und daher viele Ereignisse erst zu einem späteren Zeitpunkt vermerkte – dazu Einleitung Seraphims, S. 14 –, ist das als Datum *ante quem* zu betrachten).

[269] Wie Rosenbergs Tagebuch zeigt, war er über den sich zuspitzenden SA-Konflikt nicht orientiert; er ist offenbar nicht für würdig befunden worden, an dem „Männerunternehmen" vom 30. Juni teilzunehmen (er war deshalb allen Ernstes auf Goebbels eifersüchtig; s. a. a. O., S. 33).

[270] *Schultheß, 1934,* S. 120 ff.; S. 131 f.

[271] Hitler, 13. Juli, *a. a. O.,* S. 178. Vgl. Weichs, *Zeugenschrifttum* (Anm. I/53), Nr. 182, S. 11 f.: Gauleiter Sauckel hatte einen randalierenden SA-Brigadeführer durch Polizei festnehmen lassen. Daraufhin leitete Röhm ein Ehrengerichtsverfahren gegen ihn ein mit dem Ziel, ihm seinen Rang als SA-Ehrenführer abzuerkennen.

[272] *Schultheß, 1934,* S. 177.

[273] Der Oberste SA-Führer, P 1455, vom 16. Mai 1934; *Doc. C.,* 43/II.

die offenbar jetzt stärker eingeschaltet worden ist. Freilich hat sich inzwischen herausgestellt, daß das nicht die Heeresleitung betraf,[274] und selbst das Wehrmachtamt scheint nicht direkt beteiligt worden zu sein; der Chef der Abwehrabteilung, von dem man doch annehmen sollte, daß gerade er eine der Zentralfiguren in dem Spiel gewesen wäre, war offenbar nicht eingeweiht,[275] was freilich angesichts der integren Persönlichkeit des Kapitäns Patzig verständlich ist. Wie schon Fritsch richtig vermutet hat,[276] ist auf seiten der Reichswehr Reichenau der einzige Akteur gewesen, der, allerdings mit Kenntnis und Zustimmung Blombergs, die Aktion in Verbindung mit Himmler gesteuert hat. Das war ihm freilich nur möglich, weil Röhms fortgesetzte und durch die Provokationen von seiten der Partei noch intensivierte Militarisierungs- und Obstruktionspolitik die militärischen Kommandostellen ganz von selbst unruhig zu machen begann. Zwar waren militärische Beobachter in Schlesien, einem der Hauptunruheherde, noch Anfang Mai der Überzeugung, daß ein bewaffneter Aufstand der SA unwahrscheinlich sei; aber sie urteilten auch, daß ein Kompromiß mit dem derzeitigen SA-Führerkorps ausgeschlossen, eine Reinigung dieses „Augiasstalles" aber nicht nur wegen der fortgesetzten Sabotage der SA am Grenzschutz immer dringender werde.[277] Zur selben Zeit fanden in Bad Nauheim eine oder mehrere Konferenzen mit höheren Offizieren statt, die das Propaganda-Ministerium immerhin für so wichtig hielt, daß es die Berichterstattung der Presse darüber beschränkte.[278] In einer von ihnen, der Befehlshaberbesprechung vom 7. Mai, befahl Fritsch, grobe Verstöße der SA gegen die „Vereinbarungen", also wohl das Abkommen vom 28. Februar, unter Vorlage „positiven Materials" zu melden; außerdem wiederholte er die Anweisung, sich nichts gefallen zu lassen; tatkräftige Abwehr von SA-Übergriffen werde auch dann gedeckt werden, wenn sie nicht ganz korrekt geführt worden sei.[279] Das war die defensive Form der Taktik, die die Partei gegenüber der SA anwandte, und so fügte sich Fritsch ganz von selbst in Reichenaus Spiel ein. Ebenso funktionierte der Apparat der Abwehr reibungslos; er sammelte die Nachrichten von Reichenaus Vertrauensmännern in der Krügerschen Ausbildungsorganisation und gab sie ebenso an Reichenau weiter wie die Meldungen über Waffentransporte der SA usw.[280] Offen ist noch die Frage, ob schon im Mai eine Zusammenarbeit zwischen Reichswehr und SS stattfand; Besprechungen zwischen Reichenau und Himmler haben jedenfalls in den Wochen vor dem 30. Juni mehrfach stattgefunden.[281]

---

[274] Mau (Anm. I/67), S. 133; Krausnick, „Vorgeschichte..." (Anm. I/26), S. 223.

[275] *Urteil Osnabrück* (Anm. III/191), S. 68 f. So kannte Patzig z. B. die Besprechungen zwischen Reichenau und Himmler nicht.

[276] Aufzeichnung vom 1. Februar 1938; Hoßbach, *Zwischen Wehrmacht...* (Anm. I/25), S. 70.

[277] Gaertner, *Zeugenschrifttum* (Anm. I/53), Nr. 44, S. 22 (Urteil des damaligen Obersten v. Rabenau, Kommandanten in Breslau).

[278] Anweisung Nr. 490, DNB-Rundruf vom 5. Mai, *Sammlung Brammer* 3 (*BA*): Bindung an die offizielle DNB-Meldung. Das Datum 5. Mai ist zugleich Hinweis auf mehrere Besprechungen, denn am 7. Mai fand ebenfalls in Bad Nauheim eine Befehlshaberbesprechung statt; *Liebmann-Notizen* (Anm. I/112), Bl. 83 ff. (der 5. Mai war ein Samstag). Ein Brief Neuraths an Blomberg vom 16. Mai erwähnt eine Konferenz leitender Beamter in Bad Nauheim (freilich ohne Datumsangabe), in der die Probleme des Grenzschutzes West behandelt wurden; *Documents...* (Anm. II/153), II, S. 821 f. (vielleicht handelte es sich dabei um eine Sitzung des RVA?). Auch Keitel (Anm. I/17a), S. 66, nahm an der Besprechung teil. — Die Angabe Wheeler-Bennetts (Anm. I/24), S. 313, daß am 16. Mai eine Generalkonferenz in Bad Nauheim stattgefunden habe, wird danach teilweise bestätigt, nicht aber seine Behauptung, daß dort eine Option des Offizierkorps für Hitler als Nachfolger Hindenburgs erfolgt sei. Allerdings ist nicht auszuschließen, daß das Thema diskutiert worden ist.

[279] *Liebmann-Notizen, a. a. O.*, Bl. 83. Fritsch fügte hinzu, es solle jedoch kein „Holzkomment" einreißen — eine Einschränkung, die das Verhalten der Truppe vom Temperament des jeweiligen Kommandeurs abhängig machte.

[280] Gaertner, *Zeugenschrifttum* (Anm. I/53), Nr. 44, S. 23; Patzig, *a. a. O.*, Nr. 540, S. 3; S. 7; ders., Aussage in: *Urteil München* (Anm. III/191), S. 68.

[281] Aussage von Himmlers Adjutanten Wolff; Mau (Anm. I/67), S. 133; *Urteil Osnabrück* (Anm. III/191), S. 17; S. 68 f. Vgl. auch die Aufzeichnung Fritschs, s. o. zu Anm. IV/276.

Anfang Juni häuften sich dann die Krisenzeichen; der entscheidende Wendepunkt stand bevor. Am 4. Juni reiste Hindenburg vorzeitig nach Neudeck ab; [282] zwei Tage später – also wiederum unmittelbar nach einer Veränderung in Hindenburgs Leben – setzte eine verstärkte Propagandawelle gegen Miesmacher und Nörgler ein, und noch einen Tag später reiste Röhm zur Kur nach Bad Wiessee ab, nachdem er vorher eine lange Aussprache mit Hitler gehabt hatte. Damit hatte sich innerhalb weniger Tage die Lage wesentlich zugespitzt. Hindenburgs Abreise muß für Hitler das Signal für freie Fahrt gewesen sein – wie es für die Monarchisten eine ernste Störung ihrer Pläne bedeutete. [283] Denn nun war Hindenburg von den zentralen Schaltstellen des Staatsapparats weit entfernt; durch die Krankheit in seiner Aktionsfähigkeit bereits behindert, konnte er in Ostpreußen relativ leicht isoliert werden. Ebenfalls Anfang Juni, möglicherweise am Tage nach Hindenburgs Abreise, hat Hitler Röhm zu einer letzten Unterredung zu sich zitiert. Über den Inhalt der nahezu fünfstündigen Aussprache ist nur bekannt, was Hitler selbst berichtet hat, [284] aber nicht einmal er hat behauptet, daß es dabei zu einem Zerwürfnis gekommen sei; Röhm habe vielmehr Hitlers erneute Klagen über die SA für teils übertrieben, teils unwahr erklärt, im übrigen aber wieder Abhilfe versprochen. Was aber bezweckte Hitler mit diesem Schritt, wozu dieser „letzte Versuch"? Hitler konnte Röhm nur noch bieten, was er nachher Lutze geboten hat: ein Schattendasein; er mußte wissen, daß Röhm das nicht akzeptieren würde. Aber was wollte er sonst von Röhm? Wollte er ihn in Sicherheit wiegen? [285] Oder ihn durch eine endgültige Absage zum offenen Widerstand herausfordern? [286] War das Hitlers Absicht, so ist ihm dies nicht gelungen. Nicht nur hat Röhm sich in der Unterredung nicht unzugänglich gezeigt, er hat, indem er wenig später, am 7. Juni, einen Krankheitsurlaub antrat und gleichzeitig für den Monat Juli einen SA-Urlaub befahl, demonstriert, daß er mindestens im Augenblick nicht an gewaltsamen Widerstand dachte. Zwar hat er in diesem Befehl Hitler nicht erwähnt und obendrein den „Feinden der SA" gedroht, sie möchten aus dem SA-Urlaub nicht falsche Schlüsse ziehen; sie würden im geeigneten Zeitpunkt die gebührende Antwort erhalten; [287] aber als Hitler am 28. Juni die SA-Führertagung für den 30. Juni einzuberufen befahl und seine Teilnahme ankündigte, zeigte sich Röhm erfreut und äußerte die Absicht, bei dieser Gelegenheit Goebbels zu entlarven, [288] den er wohl zu Unrecht für den Urheber der gerade in der letzten Juniwoche besonders heftigen Propagandahetze hielt.

Wie Hindenburgs Abreise Hitler den Rücken freimachte, so schwächte Röhms Urlaub die Schlagkraft der SA; bald folgten andere hohe SA-Führer ihrem Chef in die Ferien, und die SA begann sich Ende Juni auf den bevorstehenden Gesamturlaub einzustellen. [289] Daraus ergab sich für Hitler eine neue Lage; spätestens jetzt muß er

---

[282] Meißner (Anm. I/72), S. 375; Görlitz, Hindenburg... (Anm. I/72), S. 421.

[283] Tschirschky, Zeugenschrifttum (Anm. I/53), Nr. 568, S. 6.

[284] Ministerrats-Protokoll vom 3. Juli 1934; Documents... (Anm. II/153), III, S. 119 f., und Rede vom 13. Juli, Schultheß, 1934, S. 181; Sammlung Rehse (Anm. III/24), II, S. 156. Die Tatsache der Unterredung wird bestätigt durch Aussage Jüttners; Urteil München (Anm. III/191), S. 70. Vgl. Mau (Anm. I/67), S. 131.

[285] Hitler will energisch die „Lüge" dementiert haben, er wolle die SA auflösen oder habe die Absicht, „gegen die SA vorzugehen"; Schultheß, a. a. O., S. 181.

[286] Dafür würde Hitlers Behauptung sprechen (ebda), Röhm habe sich anschließend zum gewaltsamen Vorgehen und zur Beseitigung Hitlers entschlossen, da er jetzt die Unmöglichkeit eingesehen habe, Hitler für seine Sache zu gewinnen. Vielleicht war es Hitlers Absicht, eine derartige Reaktion Röhms zu provozieren.

[287] Tagesbefehl an die SA vom 8. Juni; Völkischer Beobachter vom 9. Juni 1934. Daß Hitler am 14./15. Juni nach Venedig reiste, um sich mit Mussolini zu treffen, beweist, daß er selbst die Lage für nicht unmittelbar bedrohlich ansah; vgl. Shirer (Anm. I/29a), S. 214.

[288] Mau (Anm. I/67), S. 128; dazu Urteil München (Anm. III/191), S. 75.

[289] Außer Röhm ging z. B. Mitte Juni auch v. Detten, Chef des Politischen Amtes der Obersten SA-Führung, nach Wildungen; Winfried Martini in: Der Monat, Heft 105 (1957), S. 82. Ende Juni wollte Karl Ernst, Führer der SA-Obergruppe III, Berlin, nach Madeira reisen. Vgl. auch u. S. 960.

erkannt haben, daß er seinen „Schlag" auch schon vor Hindenburgs Tod führen konnte. Tatsächlich begann am 6. Juni eine Intensivierung des schon seit Mai laufenden Propaganda-Feldzuges. Goebbels, Rosenberg, Frick, Ley, Heß, Göring und schließlich auch Hitler selbst sprachen in verschiedenen, über das ganze Reichsgebiet verteilten Städten. Ein erster Höhepunkt war der Gauparteitag der thüringischen NSDAP in Gera am 16./17. Juni – merkwürdigerweise gleichzeitig mit Papens Marburger Rede –, und von da an verging kaum ein Tag, an dem nicht mindestens einer der prominenten Parteiführer sich zu Wort meldete.[290] Die Angriffe richteten sich gegen alle noch vorhandenen unabhängigen Kräfte: gegen die Kirchen, den Adel, die Konservativen (als „vornehme Herren" oder „Reaktion" apostrophiert), ja, gegen die Wissenschaft. In Gera schnitt Goebbels auch zum ersten Male das Thema der Spannungen in der NSDAP an, einen Tag später warnte Göring im Preußischen Staatsrat offen vor dem Gerede von einer zweiten Revolution,[291] und nicht mehr zu überhören war dann die Warnung von Heß am 24. Juni, die nachträglich auch von der offiziellen Parteiliteratur auf Röhm bezogen wurde: „Wehe dem, der die Treue bricht im Glauben, durch eine Revolte der Revolution dienen zu können."[292] Obendrein spielte Heß auf Röhms Verbindung zu François-Poncet an, wenn er erklärte, wie schon so oft in der deutschen Geschichte versuche das Ausland auch heute, Deutsche durch Deutsche zu bekämpfen. Es möge sich aber keiner Täuschung hingeben: „Ein Abtreten des Nationalsozialismus von der politischen Bühne des deutschen Volkes würde nicht etwa Deutschland in erneute Abhängigkeit von allen Wünschen der betreffenden Regierung bringen, sondern am Ende dieser Entwicklung stände ein europäisches Chaos."[293] Es ist nicht bekannt, daß Heß jemals wieder so präzise prophezeit hat. Den Beschluß machte dann Göring am 25. Juni mit einer unverhüllten Ablehnung der monarchistischen Restauration.

Ebenso bemerkenswert wie die allmähliche Zentrierung der Angriffe auf Röhm und die „Reaktion" bzw. Monarchie war die Steigerung der Tonart. Goebbels am 6. Juni: „Wer ... das Leben und Gedeihen des deutschen Volkes antastet, der wird uns kennenlernen." Hitler am 17. Juni: Wer versuchen sollte, „zu einer neuen Meineidstat zu schreiten", der möge überzeugt sein, daß ihm heute nicht mehr „das feige und korrupte Bürgertum des Jahres 1918" gegenübersteht, sondern „die Faust der Nation, die geballt ist [!] und jeden niederschmettern wird, der es wagt, auch nur den leisesten Versuch einer Sabotage zu unternehmen". Goebbels am 21. Juni: „Dieser Sorte imponiert nur Kraft, Selbstbewußtsein und Stärke. Die sollen sie haben. Sie haben unsere Großmut nicht verstanden, jetzt sollen sie unsere Entschlossenheit verstehen lernen!" Heß am 24. Juni: Wenn die NSDAP sich erst einmal zum Kampf gegen Kritikaster und Nörgler entschlossen habe, dann führe sie ihn nach dem nationalsozialistischen Grundsatz: „Wenn du schlägst, dann schlage hart!" Göring am 25. Juni: Die Basis des nationalsozialistischen Regimes sei das Vertrauen des Volkes. „Wer an diesem Vertrauen nagt, ... begeht Landes- und Hochverrat. Wer dieses Vertrauen zerstören will, der zerstört Deutschland. Wer gegen dieses Vertrauen sündigt, der hat sich um seinen Kopf gebracht."[294]

---

[290] *Das Archiv*, Juni 1934, S. 316 ff.: Am 6. sprach Goebbels in Gleiwitz, am 8. in Bremen; am 10. Rosenberg in Breslau; am 12. Staebe (HJ-Führer) in Braunschweig; am 15. Frick in Breslau; am 16. Goebbels in Freiburg und Rosenberg in Gera; am 17. Ley, Hitler und Goebbels in Gera; am 21. Goebbels in Berlin; am 24. Heß in Köln und Göring am Hesselberg; am 25. Goebbels in Essen, Göring in Hamburg; am 27. Goebbels in Kiel. Vgl. außerdem die Rede Görings vor dem Preußischen Staatsrat am 18. Juni, *Schultheß, 1934*, S. 153 f.

[291] *Schultheß*, a. a. O., S. 154. Dieser Passus ist in: *Das Archiv*, a. a. O., S. 347 f., nicht enthalten.

[292] *Das Archiv*, a. a. O., S. 321; *Schultheß*, a. a. O., S. 159. – Vgl. *Sammlung Rehse* (Anm. III/24), II, S. 156; S. 158. Auch Görings Rede im Preußischen Staatsrat wurde hier ähnlich gewertet.

[293] *Das Archiv*, a. a. O., S. 321; in: *Schultheß* nicht abgedruckt.

[294] *Das Archiv*, a. a. O., S. 316; S. 318; S. 319; S. 320; S. 322.

Wie die propagandistische, so scheint auch die technische Vorbereitung der Terror-
aktion Anfang Juni angelaufen zu sein. Gestapo und SD erhielten Aufträge zur verschärften Überwachung der SA; bei den bayerischen SS- und SD-Einheiten wurden
Einsatzvorbereitungen getroffen; der Kommandant des Konzentrationslagers Dachau,
Eicke, veranstaltete mit den dortigen SS-Führern Planspiele über einen Einsatz im
Raum München, Lechfeld, Türkenkaserne, Bad Wiessee; die für die Teilnahme vorgesehenen SS-Verbände erhielten von der Reichsführung SS Alarmvorschriften unter
Verschluß mit der Weisung, sie auf das Stichwort „Versammlung" zu öffnen.[295] Bemerkenswert ist, daß ähnliche Nachrichten für diese Zeit weder aus Schlesien, dem
zweiten Hauptzentrum der SS-Aktion, noch aus den anderen Teilen des Reichsgebiets
vorliegen. Offenbar war man, seitdem Röhm seine Kur in Wiessee begonnen hatte,
entschlossen, den Hauptschlag gegen die SA-Führung dort zu führen. Auch begann
man Listen der Opfer anzulegen, möglicherweise auf der Basis der von Hitler in
seiner Reichstagsrede erwähnten „Durchprüfung" der Beförderungen in der SA, die
schon im Mai vorgenommen worden war.[296] Dabei gab es Unstimmigkeiten. Der
Führer des SD-Oberabschnitts Süd, Werner Best, stritt sich mit Heydrich über die
Person des Münchener SA-Obergruppenführers Schneidhuber, den er für „anständig
und treu", Heydrich aber für „genauso gefährlich wie die anderen" hielt.[297] Der
designierte Nachfolger Röhms, Lutze, diskutierte mit Hitler, ob man nur „die Spitze",
also wohl Röhm, oder auch die „Hauptschuldigen" erschießen solle, und beklagte
sich später in kleinem Kreise bitter über die Gehässigkeit der SS, die den ursprünglichen Kreis von 7 Opfern willkürlich und z. T. aus persönlichen Rachemotiven erst
auf 17, dann auf 82 Personen erweitert und Hitler gezwungen habe, auch diese Morde
„nachträglich anzuerkennen".[298]

Mitte Juni war die allgemeine Spannung dem Höhepunkt nahe. Jetzt entschloß sich
die Gruppe um Papen, nun ihrerseits einzugreifen und den offenen Ausbruch des
scheinbar spontanen Konflikts herbeizuführen. Der Vizekanzler wurde veranlaßt, am
17. Juni in der Universität Marburg die von Edgar Jung entworfene Rede zu halten,
in der scharfe Kritik an dem bestehenden Regime geübt und Hitler aufgefordert
wurde, sich von seinen schlechten Ratgebern aus der Partei zu trennen und — hier
wurde eine Anspielung auf die Monarchie gewagt — ein besseres Regime einzuführen.[299] Aber was ein souveräner Eingriff in ein noch offenes Spiel sein sollte, wurde
zur Auslösung einer längst geplanten Gegenaktion. Noch während Papen sprach,
hatte mit der Parteitagung in Gera und den wilden Drohungen, die Hitler und seine
fast vollzählig versammelte Führergarde dort ausstießen, die letzte Steigerung des
Propagandafeldzuges eingesetzt. Es bedarf noch der Klärung, ob das ein zufälliges
Zusammentreffen war oder bereits auf einer durch Indiskretionen ermöglichten Regie
beruhte. Wie dem auch sei, jedenfalls zeigte es die Parteiführung im Besitz der Initiative. Einer ihrer Gegner hatte sich aus seiner Reserve herauslocken lassen; jetzt
schlug sie zu, zunächst in Form des Verbreitungsverbots, mit dem der Minister Goebbels die Rede seines formellen Vorgesetzten Papen belegte. Der darauf fällige Rücktritt des Vizekanzlers, der vielleicht noch einige Störung hätte verursachen können,
blieb aus. Es war Papens Mitarbeitern gelungen, ihren Chef über die Hürde des
gefährlichen Marburger Auftritts zu bringen; jetzt waren die Überredungskünste

[295] *Urteil Osnabrück* (Anm. III/191), S. 17; Aussagen Max Müller, Michael Lippert (auch zur Zusammenarbeit
mit der Reichswehr), Dirnagel in: *Anklage München* (Anm. III/191), S. 49; Aussage Rodenbücher in: *Urteil
München* (Anm. III/191), S. 84.
[296] *Schultheß, 1934*, S. 179. Vgl. auch Krausnick, „Der 30. Juni 1934" (Anm. IV/230), S. 321.
[297] Aussage Best in: *Anklage München* (Anm. III/191), S. 52.
[298] *Bericht Willich* (Anm. III/320).
[299] Papen (Anm. I/69), S. 345 ff.; Tschirschky, *Zeugenschrifttum* (Anm. I/53), Nr. 568, S. 4 ff. Abdruck in:
IMT (Anm. I/55), XL, S. 543 ff.

Hitlers stärker als sie, und Papen ließ sich in voreiliger und gänzlich unbegründeter Siegesgewißheit bewegen, seine Demission bis zu einem gemeinsamen Besuch beim Reichspräsidenten in Neudeck aufzuschieben.[300] Dieser Besuch fand selbstverständlich nicht statt, jedenfalls nicht gemeinsam mit Papen;[301] Hitler hatte nur Zeit gewinnen wollen. Denn das mußte ihm nun klar sein: Lange durfte er nicht mehr zögern, wenn er nicht Gefahr laufen wollte, daß die Monarchisten nicht doch noch zu Hindenburg durchdrangen. Am 26. Juni wurde dann Edgar Jung auf Befehl Hitlers verhaftet; einen Tag später zeigte Hitler im Garten der Reichskanzlei zum Gebäude des Vizekanzleramts hinüber und sagte zu Rosenberg: „Ja, da kommt alles her, ich werde das *ganze* Büro einmal ausheben lassen."[302]

Am 21. Juni besuchte Hitler Hindenburg in Neudeck, offiziell um über seine Begegnung mit Mussolini am 14./15. Juni Bericht zu erstatten; aber sein Hauptzweck war zweifellos, störende Rückwirkungen des Papenschen Husarenritts abzufangen und zugleich die Aktionsfähigkeit des kranken Präsidenten zu prüfen.[303] Im ersten Punkt war Hitlers Besuch sehr wahrscheinlich, im zweiten sicher erfolgreich; Fritsch fand eine Woche später bei einem dienstlichen Vortrag Hindenburgs körperlichen Zustand sehr schlecht, und selbst geistig schien er nicht mehr auf der Höhe.[304] Wenige Tage nach Hitlers Rückkehr aus Neudeck begannen sich die verbündeten Kräfte zum Angriff auf die SA-Führung bereitzustellen, begleitet von einer letzten Steigerung des propagandistischen Trommelfeuers. Am 24. Juni hielt Heß seine Kölner Warnrede; Göring und Goebbels schlossen sich am gleichen und dem folgenden Tage an, und am 30. Juni schaltete sich auch Blomberg in den Chorus ein, indem er im *Völkischen Beobachter* seinen bekannten Artikel erscheinen ließ, der Hitler der unwandelbaren Treue und Gefolgschaft der Wehrmacht versicherte.[305] Ebenfalls um den 24./25. Juni wurden die Oberabschnittsführer der SS und des SD nach Berlin berufen, wo ihnen Himmler und Heydrich eröffneten, daß eine Revolte der SA bevorstehe, zu deren Niederwerfung die SS eingesetzt werde. Es wurde Alarmbereitschaft befohlen, die SD-Führer erhielten Beobachtungsaufträge, und die Führer der allgemeinen SS wurden angewiesen, mit den örtlichen Befehlshabern der Reichswehr Verbindung aufzunehmen, die ihnen im Ernstfall Waffen und Truppenunterkünfte zur Verfügung stellen würden.[306] Bezeichnend war, daß die Niederschlagung des angeblichen Putschs durch ein Stichwort ausgelöst werden sollte. Nach den Erfahrungen der Geschichte ist es der Angriff der Aufständischen, der die Abwehr auslöst, eines Stichworts bedarf es da nicht. Die SS-Führer gaben ihre Informationen dann in den nächsten

---

[300] Papen, *a. a. O.*, S. 349. Dabei bezeichnete Hitler Goebbels' Verbot als „Mißgriff". Aber Goebbels ließ gleichzeitig erklären, Hitler und Papen hätten sich geeinigt, daß keine weitere Verbreitung der Rede stattfinden solle; der Fall sei damit erledigt; *Dienatag-Bericht (BA)*: „Streng vertrauliche Mitteilung" an die Redaktion vom 18. Juni, *Sammlung Brammer (BA)*.

[301] Am 21. Juni fuhr Hitler allein nach Neudeck; dazu s. u.

[302] Rosenberg, *Tagebuch* (Anm. IV/132), S. 31, Eintragung vom 28. Juni (Auszeichnung i. Text). Danach habe Hitler sich verleugnen lassen, als Papen wegen der Verhaftung Jungs bei ihm vorsprechen wollte. Vgl. Papen (Anm. I/69), S. 351 f.; Tschirschky, *Zeugenschrifttum* (Anm. I/53), Nr. 568, S. 7.

[303] *Schultheß, 1934*, S. 155; Meißner (Anm. I/72), S. 363 f.; Rosenberg, *a. a. O.*, S. 21 f. – Papen, *a. a. O.*, S. 351, berichtet über eine angebliche Sendung Funks nach Neudeck, der Hindenburg erklären sollte, daß Hitler mit Papen wegen dessen Marburger „Entgleisungen" nicht mehr zusammenarbeiten könne. So wird auch Hitler selbst gegenüber Hindenburg argumentiert haben.

[304] Mellenthin, *Zeugenschrifttum* (Anm. I/53), Nr. 105, S. 36.

[305] Vgl. Foertsch, *Schuld...* (Anm. I/25), S. 54 f. Danach hätte der Artikel ursprünglich schon einige Tage früher erscheinen sollen.

[306] Aussagen v. d. Bach-Zelewski, Frhr. v. Eberstein, v. Woyrsch (damals Führer der SS-Oberabschnitte Nordost, Mitte und Südost) in: *Urteil Osnabrück* (Anm. III/191), S. 17 ff., S. 72; *Anklage Osnabrück* (Anm. III/191), S. 29 f.; Aussage Best (SD-Oberabschnittsführer Süd) in: *Anklage München* (Anm. III/191), S. 52 (mit dem wahrscheinlich irrtümlichen Datum 28. Juni); Aussage Eberstein, *IMT* (Anm. I/55), XX, S. 317 f. Vgl. Mau (Anm. I/67), S. 133 (mit Anm. 16).

Tagen an ihre unterstellten Einheiten weiter, wobei z. B. in Schlesien nachweisbar auch der Befehl zur Erschießung von Angehörigen „gegnerischer Gruppen" erteilt und entsprechende Listen aufgestellt wurden.[307]

Wie die SS, so wurde auch die Reichswehr in der gleichen Zeit auf das Kommende vorbereitet. Den Offizieren des Reichswehrministeriums wurde erklärt, daß Nachrichten über einen SA-Aufstand vorlägen; es sei nicht ausgeschlossen, daß die SA entweder – eine bemerkenswerte Differenz zu den SS-Anweisungen – in nächster Zeit oder erst im Herbst losschlüge. Es seien daher erhöhte Vorsichtsmaßnahmen zu treffen. Die SS stünde auf seiten der Reichswehr; mit ihr sei ebenso wie mit der Polizei (wiederum eine bezeichnende Abweichung von Himmlers Weisungen) zusammenzuarbeiten; im Bedarfsfall solle gegenseitige Unterstützung stattfinden. Der SS seien Waffen auszuhändigen, falls sie sie verlange. In diesem Fall sollten die Grenzschutz-Waffen benutzt werden, um dadurch gleichzeitig die SA zu entwaffnen. Das Infanterieregiment Nr. 5 werde einstweilen vorsichtshalber in Döberitz bleiben, eine Kompanie des Wachregiments Berlin ins Ministerium gelegt werden. Alle vorbereitenden Maßnahmen sollten möglichst unauffällig getroffen werden; auch die SA-Ausbildungskurse sollten weiterlaufen.[308] Für den Fall von Zusammenstößen wurde wieder die Weisung erteilt: „Kein Defensivverhalten", aber es hieß auch: „Aggressive Maßnahmen vermeiden." [309] Ähnliche Befehle ergingen gleichzeitig an die Truppe. Etwa am 24. Juni gab Fritsch an den Reichswehr-Befehlshaber in Schlesien, General v. Kleist, die Warnung vor einem SA-Putsch durch und wies ihn an, seine Truppen möglichst unauffällig bereitzuhalten,[310] und es ist anzunehmen, daß auch die anderen Befehlshaber im Reichsgebiet derartige Weisungen bekommen haben.[311] Als dritte beteiligte Macht wurde schließlich auch die preußische Polizei in Alarmzustand versetzt, doch liegen hierüber bisher nur indirekte Nachrichten vor.[312]

Die Unterschiede in den Befehlen zeigen deutlich, daß die SS im Gegensatz zur Reichswehr von vornherein aufs ganze ging und sich zum Angriff bereitstellte. In der Reichswehr dagegen war man zwar höchst beunruhigt, hielt aber die Putschgerüchte noch nicht für erwiesen und vor allem die Terminierung noch für unbestimmt; dementsprechend traf man auch nur Abwehrmaßnahmen, wobei man auf loyale Zusammenarbeit mit SS und Polizei rechnete, während die SS offenbar die Polizei überspielen wollte – ein Reflex der Eifersucht zwischen Himmler und Göring, aber auch des Mißtrauens der Partei gegen den Staat. Darüber hinaus ist festzustellen, daß man

---

[307] *Urteil Osnabrück, a. a. O.,* S. 53; *Anklage Osnabrück, a. a. O.,* S. 31 ff. Die Listen enthielten Namen von Angehörigen der KPD, des Stahlhelms, des Deutschen Offizier-Bundes, der Wirtschaft, Geistlichkeit usw.

[308] Da die Angehörigen der Krügerschen Ausbildungsorganisation gleichzeitig auch von den SA-Führerkonferenzen ferngehalten wurden, wurden sie durch die Ereignisse des 30. Juni völlig überrascht; Gaertner, *Zeugenschrifttum* (Anm. I/53), Nr. 44, S. 6; S. 20.

[309] Besprechung des Chefs des Allgemeinen Heeres-Amts, General Fromm; Notizen Heinrici, *Zeugenschrifttum, a. a. O.,* Nr. 66, II, S. 166. Die Notizen sind undatiert. Die Gleichzeitigkeit mit der SS-Konferenz ergibt sich (1) aus der inhaltlichen Übereinstimmung der Befehle und (2) aus der von Fromm wiedergegebenen Meldung des Wehrkreises VII über SA-Führerkonferenzen vom 21. und 23. Juni in Bad Wiessee und Reichenhall. Auch daß der gleich noch zu erwähnende Bereitschaftsbefehl Fritschs an Kleist „etwa am 24. Juni" durchgegeben wurde, stützt diese Annahme. – Vgl. auch Aussage Kuntzen in: *Urteil München* (Anm. III/191), S. 74; Mellenthin, *Zeugenschrifttum, a. a. O.,* Nr. 105, S. 36 (Alarmbereitschaft im RWM, 25. Juni).

[310] Affidavit Generalfeldmarschall Ewald v. Kleist, Nürnberg 1946; vgl. Mau (Anm. I/67), S. 131; *Anklage Osnabrück* (Anm. III/191), S. 27.

[311] Die Benachrichtigung über die Zusammenarbeit mit der SS scheint teilweise erst später erfolgt zu sein; *Anklage Osnabrück, a. a. O.,* S. 31. Dadurch führte die erste Fühlungnahme der SS in Schlesien zunächst zu keinem Ergebnis; *Urteil Osnabrück* (Anm. III/191), S. 18. – Zu den Verhältnissen im Wehrkreis III s. Manstein (Anm. I/174), S. 186 f.

[312] Nach Angabe General Fromms befand sich die „Preußische Polizei in gewissem Alarmzustand"; Notizen Heinrici, *Zeugenschrifttum* (Anm. I/53), Nr. 66, II, S. 166. Auch die Anweisung zur Zusammenarbeit Reichswehr-Polizei, *ebda.,* kann nur nach vorheriger Absprache gegeben worden sein.

um diese Zeit trotz aller Nervosität und Spannung doch vielenorts wohl an die Möglichkeit einer zufälligen Explosion – eben aus der gespannten Lage heraus –, aber
nicht an eine ernsthafte Putschgefahr glaubte; selbst in der SS, aber vor allem in
Polizei und Wehrmacht regten sich Zweifel.[313] Der Wehrkreis VII meldete um den
24. Juni herum sogar eine „Entspannung", und der Chef der Abwehrabteilung fuhr am
26. Juni auf drei Tage dienstlich nach Hamburg,[314] war also gerade in den entscheidenden Tagen der Vorbereitung nicht auf seinem Posten.

Reichenau spielte noch immer sein altes Spiel; er ließ Heeresleitung und Truppen-
befehlshaber im unklaren und behielt alle Fäden in der Hand; nur mit Himmler
arbeitete er zusammen und hatte seit Mitte Juni auch mit Lutze Kontakt, seitdem
dieser auf einer Übungsreise, an der er zusammen mit anderen SA-Führern teilgenommen hatte, an ihn herangetreten war.[315] Diese Methode schien auch jetzt auszureichen.
In Schlesien z. B. bewirkten die Vorsichtsmaßnahmen der Reichswehr entsprechende
Gegenmaßnahmen der SA; darauf begannen die Nachrichtendienste zu spielen, SD
und Abwehr schoben sich ihr Material gegenseitig zu und gaben es in die jeweiligen
Zentralen, wo es dann als Alarmnachricht entsprechend ausgewertet wurde.[316] Tatsächlich läßt eine Durchsicht der Quellen den Eindruck entstehen, daß wirklich
ernsthafte Putschgerüchte erst *nach* dem 23./24. Juni auftauchten.[317] Auch das deutet
darauf hin, daß ihre Quelle nicht in der SA-Führung, sondern bei dem Trio Himmler—
Reichenau—Lutze bzw. bei den von ihnen befohlenen „Vorsichtsmaßnahmen" zu suchen
ist.[318] Aber dieses Spiel war doch zu fein angelegt, um reibungslos zu funktionieren.
Noch waren die direkten Beziehungen zwischen Reichswehr- und SA-Führung nicht
abgebrochen, und so kam es z. B. in Schlesien zu Aussprachen zwischen Heines und
Kleist, in denen die geheime Regie, deren Figuren sie beide waren, um ein Haar aufgedeckt worden wäre.[319] Auch besaß die SA nicht nur diese Informationsquellen; noch
gab es im Heer Offiziere, die zu Röhm hielten und durch die er mindestens über
vieles, wenn nicht über das meiste, auf dem laufenden gehalten wurde;[320] nur von
den Maßnahmen der SS scheint man in der SA völlig überrascht worden zu sein. Wie
Heines in Schlesien auf beruhigende Erklärungen Görings hin die Hälfte seiner Stabs-

---

[313] Aussage Eberstein in: *Urteil Osnabrück* (Anm. III/191), S. 72; Aussage des ehemaligen Polizei-Hauptmanns
Staudinger (1934 im Polizeipräsidium München) in: *Urteil München* (Anm. III/191), S. 72; General Fromm er-
klärte: „In SA nicht genügend Entschlußkraft"; Notizen Heinrici, a. a. O., S. 166; vgl. Aussage Heinrici in:
Urteil München, a. a. O., S. 74: Niemand habe an den Ernst der Putschgerüchte geglaubt.

[314] Besprechung General Fromm, Notizen Heinrici, a. a. O., S. 166; Patzig, *Zeugenschrifttum* (Anm. I/53),
Nr. 540, S. 9 f.

[315] Foertsch, *Schuld. . .* (Anm. I/25), S. 48.

[316] Affidavit Kleist (Anm. IV/310); Aussage Müller-Altenau in: *Anklage Osnabrück* (Anm. III/191), S. 34,
und *Urteil Osnabrück* (Anm. III/191), S. 16; S. 74; vgl. Mau (Anm. I/67), S. 131.

[317] Affidavit Kleist, a. a. O.: nach Eingang des Befehls der Heeresleitung vom 24. Juni sei eine Fülle von
Meldungen aus der Truppe, der SA und SS, dem alten Stahlhelm und von Behörden eingegangen, die ein Bild
fieberhafter Vorbereitungstätigkeit der SA ergaben; vgl. Mau, a. a. O., S. 131. – Bezeichnend ist auch, daß die
SA-Führer erst nach diesem Datum auf die Putschgerüchte aufmerksam wurden und es erst jetzt für nötig hielten,
sie zu dementieren; s. die beiden unten genannten Fälle Heines und Ernst.

[318] Lutze war freilich wohl mehr Werkzeug als Regisseur. Die verfügbaren Nachrichten deuten darauf hin, daß
er kaum an Putschabsichten Röhms glaubte, sondern nur dessen Opposition gegen Hitler als „zu weitgehend"
empfunden und sich daher über die Tragweite seiner Denunziationen nicht klar war; Aussage Diels in: *Urteil
München* (Anm. III/191), S. 85; Foertsch, *Schuld. . .* (Anm. I/25), S. 48; vgl. dazu *Bericht Willich* (Anm. III/320),
in dem die Reue des Judas zum Ausdruck kommt.

[319] Affidavit Kleist (Anm. IV/310); vgl. Mau (Anm. I/67), S. 131. – Es ist bezeichnend, daß Kleist nur an
Himmler als Regisseur dachte, nicht an Reichenau.

[320] Einer von diesen war Hauptmann Höfle von der Kriegsakademie; s. seinen Brief vom 12. Juni an Röhm
(Anm. IV/120). Dazu auch Blumentritt, *Zeugenschrifttum* (Anm. I/53), Nr. 208, S. 85 ff.; S. 103 f.; und Blomberg
in der Befehlshaberbesprechung vom 5. Juli, *Liebmann-Notizen* (Anm. I/112), Bl. 103. Nach dem 30. Juni sollte
nach Angaben Blombergs, *ebda.*, auch gegen zwei andere Offiziere Anklage wegen Hochverrats erhoben werden,
weil sie über die Alarmmaßnahmen der Reichswehr ständig Mitteilung an Röhm gemacht hatten.

wache und des Hilfswerklagers ab 29. Juni in Urlaub schickte, so scheinen andere
auf Grund von Alarmnachrichten ihre Formationen entgegen den Erwartungen der
Regisseure zur Zurückhaltung gemahnt zu haben.[321]

Darum setzten Reichenau und Himmler nun auch die Mittel der direkten Täuschung und Lüge ein, um die Zweifelnden allerorten bei der Stange zu halten. Eines
dieser Mittel war die Kolportage von Gerüchten über Erschießungslisten der SA,
auf denen bezeichnenderweise immer gerade der Name des jeweiligen Skeptikers an
hervorragender Stelle vermerkt gewesen sein soll; gelegentlich wurden auch entsprechende Stücke vorgewiesen.[322] In den unteren Regionen verdichtete sich das dann zu
Behauptungen wie etwa der, die SA habe gedroht, die gesamten älteren Offiziere
„umzulegen".[323] Eine ganz infame Finte anderer Art war die folgende. Am 27. Juni
erschien der „Ministerialdirektor für Polizeifragen im Reichsministerium des Innern"
im Wehrmachtamt und teilte mit, in Berlin habe eine Besprechung höherer SA-Führer
stattgefunden, in der Richtlinien für einen demnächst geplanten Putsch festgelegt worden seien. Einer der SA-Führer habe Bedenken bekommen und wolle Reichenau warnen.
Der Beamte lehnte jedoch seinerseits eine Benachrichtigung Hitlers und Fricks ab, da
er dorthin nicht durchdringen könne.[324] Erscheint dies schon befremdend, so wird die
Sache vollends verdächtig, wenn man erfährt, daß der genannte Ministerialdirektor
niemand anderes als Kurt Daluege war.[325] Tatsächlich hat er sich auch in diesem Fall
seines Rufes würdig erwiesen. Wie Gisevius in Nürnberg mitgeteilt hat, ist der Berliner
SA-Gruppenführer Ernst am 26. Juni zu Daluege gekommen, um ihm von den um-
laufenden Gerüchten über einen SA-Putsch zu berichten und ihn um Vermittlung einer
Unterredung mit Frick zu bitten, damit er diese Gerüchte dementieren könne.[326] Mit
diesem „Material" war also Daluege spornstreichs zum Wehrmachtamt geeilt und hatte
dort unter völliger Verdrehung der Wahrheit Sturm zu säen versucht. Wo mit solchen
Mitteln gearbeitet wurde, durfte man alles erwarten. Sehr verdächtig ist auch der
bekannte Fall von Röhms angeblichem Bewaffnungsbefehl, von dem eine Kopie am
26. Juni dem Chef der Abwehrabteilung in die Hände kam, und bei dessen Anblick
Reichenau ausgerufen haben soll, nun werde es aber höchste Zeit. Es besteht der
dringende Verdacht, daß dieses Schriftstück fingiert war und der Abwehr von interessierter Seite zugespielt worden ist.[327]

---

[321] Zu Heines s. Mau (Anm. I/67), S. 131 f. (Anm. 12). Auch Ernst in Berlin war bemüht, die Putschgerüchte
zu dementieren; s. unten. — Allgemein Tschirschky, Zeugenschrifttum, a. a. O., Nr. 568, S. 7. Papen (Anm. I/69),
S. 352; Blomberg in der Befehlshaberbesprechung vom 5. Juli, Liebmann-Notizen, a. a. O., Bl. 98.

[322] Aussage Kuntzen in: Urteil München (Anm. III/191), S. 74; General a. D. v. Sodenstern, Zeugenschrifttum,
a. a. O., Nr. 149, S. 1; Manstein (Anm. I/174), S. 187; Aussage v. Woyrsch in: Urteil Osnabrück (Anm. III/191),
S. 30. Vgl. die Beurteilung a. a. O., S. 70 f.

[323] Stapf, Zeugenschrifttum, a a. O., Nr. 152, S. 16.

[324] Foertsch, Schuld. . . (Anm. I/25), S. 48 f.

[325] Das Archiv, Mai 1934, S. 329: Übernahme D.'s am 11. Mai ins Reichsinnenministerium als Leiter der noch
zu errichtenden Abteilung für Polizeifragen.

[326] IMT (Anm. I/55), XII, S. 193. Shirers — unbelegte — Angabe (Anm. I/29a), S. 217, Ernst habe die Berliner SA
alarmiert, da er einen „Rechtsputsch" befürchtete, steht im Widerspruch zu der zweifelsfreien Tatsache von Ernsts
Hochzeitsreise. Sie läßt auch den — in der Datierung übrigens unsicheren — Bericht Keitels (Anm. I/17a), S. 67 ff.,
über Ernsts Putschabsichten in anderem Licht erscheinen.

[327] Patzig, Zeugenschrifttum (Anm. I/53), Nr. 540, S. 3; S. 9; auch ders., Aussage in: Urteil München (Anm.
III/191), S. 69. Hitler zitierte in der Kabinettssitzung am 3. Juli ebenfalls diesen Befehl; Documents. . . (Anm.
II/153), III, S. 121; ebenso Blomberg am 5. Juli; Liebmann-Notizen (Anm. I/112), Bl. 97. — Patzig berichtet, daß im
Verteiler des Befehls auch Himmler, Heß und Goebbels genannt waren. Er findet es selbst befremdend, daß die
Betreffenden den Befehl nicht ihrerseits weitergegeben hätten, und erklärt das daraus, daß sie nicht gewußt
hätten, wer aus dem Konflikt Reichswehr-SA als Sieger hervorgehen würde. Aber alle drei standen seit langem
in vorderster Front im Kampf gegen Röhm; wenn sie das Schriftstück nicht weitergegeben haben, so offenbar deshalb, weil sie es nicht erhalten haben. Diese Annahme wird bestärkt durch die Tatsache, daß die Herkunft des
Stückes dunkel ist. Patzig erklärt, er habe es auf seinem Schreibtisch vorgefunden und könne nicht mehr sagen,

Mit solchen Mitteln gelang es den Regisseuren, die Alarmstimmung in der Reichswehr aufs höchste zu steigern und zugleich die längst vollzogene Parteinahme Hitlers und der Parteistellen zu verschleiern. Beck befahl seinen Offizieren im Ministerium am 29. Juni, die Pistolen griffbereit zu halten, Jodl hat rückblickend erklärt, im Reichswehrministerium sei man damals bis an die Zähne bewaffnet gewesen,[328] und im Wehrkreiskommando VII in München befand man sich noch am 28. Juni in peinlichster Ungewißheit darüber, ob Hitler sich nun für die SA oder die Reichswehr entscheiden werde.[329] Es ist vermutet worden, daß Reichenau diesen psychologischen Druck bewußt habe entstehen lassen, um dem Offizierkorps die Hinnahme der terroristischen Form der Aktion zu erleichtern.[330] Das würde voraussetzen, daß er über die geplanten Mord- und Terrormaßnahmen von vornherein orientiert war. Da er bereits im Februar 1933 die Duldung des Terrors befohlen hatte, ist nicht auszuschließen, daß er auch im Juni 1934 damit einverstanden war, solange die Reichswehr sich nicht selbst offen zu beteiligen brauchte. Dann aber ist auch die obige Annahme nicht unberechtigt, denn dann hatte Reichenau allen Grund vorsichtig zu sein.

Am 28. Juni war alles bereit, um die Aktion einzuleiten. Die SS hatte ihre Befehle, die Reichswehr war psychologisch in der richtigen Verfassung, die SA war, obwohl mißtrauisch geworden, im ganzen doch ahnungslos, das Grüppchen der Monarchisten stand allein, und der Reichspräsident war im fernen Neudeck isoliert. Ein letzter Versuch der Mitarbeiter Papens, Hindenburg über dessen Sohn zu erreichen und ihn zur Verhängung des Ausnahmezustandes zu veranlassen, scheiterte am 28. Juni an der Schwäche und Beschränktheit Oskar v. Hindenburgs.[331] Nun entschloß sich Hitler seinerseits zum Handeln.[332] Am 28. Juni trat er in Begleitung von Göring, Goebbels, Lutze, Brückner, Schaub u. a. eine Reise nach Essen an, offiziell zur Teilnahme an der Hochzeit des dortigen Gauleiters, tatsächlich aber, um, wie die *Nationalsozialistische Korrespondenz* später verriet, „nach außen den Ausdruck [*sic!*] absoluter Ruhe zu erwecken und die Verräter nicht zu warnen".[333] Am Abend desselben Tages befahl er Röhm telefonisch, für den 30. Juni 9 Uhr eine SA-Führerbesprechung nach Bad Wiessee einzuberufen – was in der SA-Führung neue Hoffnungen auf einen Friedensschluß erweckte,[334] in Wirklichkeit aber der leichteren Liquidierung der ausgewählten Opfer und der Trennung der SA von ihren Führern diente. Am gleichen Tage ergingen die ersten Alarmbefehle,[335] und Göring flog von Essen nach Berlin zurück, wie er später erklärte, mit dem Befehl Hitlers in der Tasche, „auf Stichwort hier zuzuschlagen".[336] Aber wenn er sich zugleich damit brüstete, er habe seine „Aufgabe erweitert, indem er auch gegen diese Unzufriedenen [Schleicher und die Monarchisten] einen Schlag

---

wer es ihm gegeben habe. Seine Aussagen erwecken den Eindruck, daß die Echtheit des Befehls in der Abwehrabteilung nicht genügend geprüft worden ist, weil man ohnehin glaubte, daß Röhm derartige Befehle erlassen habe. Unter diesen Umständen muß vermutet werden, daß die Abwehr-Abteilung hier einer Mystifikation zum Opfer gefallen ist.

[328] Krausnick, „Der 30. Juni 1934" (Anm. IV/230), S. 322; *IMT* (Anm. I/55), XV, S. 336.

[329] Doerr, *Zeugenschrifttum* (Anm. I/53), Nr. 28, S. 3. Der Irrtum Patzigs über die Haltung von Himmler, Goebbels und Heß ist dafür ebenfalls bezeichnend. Auch bei Manstein (Anm. I/174), S. 187 ff., wirken Reichenaus Täuschungsmanöver heute noch nach.

[330] Sodenstern, *Zeugenschrifttum*, a. a. O., Nr. 149, S. 2 f. Vgl. Krausnick, „Der 30. Juni 1934" (Anm. IV/230), S. 321.

[331] Tschirschky, *Zeugenschrifttum*, a. a. O., Nr. 568, S. 8.

[332] Blomberg am 5. Juli: Der „entscheidende Plan" Hitlers sei „Mitte voriger Woche" gefaßt worden; *Liebmann-Notizen* (Anm. I/112), Bl. 99; das wäre also Mittwoch, der 27. Juni.

[333] *Das Archiv*, Juni 1934, S. 327.

[334] Vgl. die Zeugnisse bei Mau (Anm. I/67), S. 128. Auch der Adjutant Dettens soll sich bei seiner Abfahrt nach Wiessee am 29. Juni hoffnungsvoll geäußert haben; Martini (Anm. IV/289), S. 82; vgl. auch *Urteil München* (Anm. III/191), S. 75, und *Anklage München* (Anm. III/191), S. 56.

[335] Doerr, *Zeugenschrifttum* (Anm. I/53), Nr. 28, S. 3; General a. D. Winter, a. a. O., Nr. 149, S. 1.

[336] Rede Görings vor der Auslandspresse am 30. Juni; *Das Archiv*, Juni 1934, S. 358 f.

führte", so wurde er noch am selben Tage durch die Verlautbarung der Reichspressestelle der NSDAP widerlegt, in der es hieß, Hitler habe Göring befohlen, in Berlin
„insbesondere die reaktionären Verbündeten dieses politischen Komplotts auszuheben".[337] Am Tage darauf, dem 29. Juni, wurde, während Hitler Arbeitsdienstlager
in Westfalen besichtigte, im ganzen Reichsgebiet die Wehrmacht alarmiert, und die
SD-Führer erhielten versiegelte Einsatzbefehle zur Weitergabe an die Alarmeinheiten
der SS.[338] Auch Göring erhielt sein „Stichwort", aber es ist bezeichnend für die Lage,
daß seine Exekutive, die Landespolizei, schon nicht mehr recht funktionierte; in
Schlesien z. B. wurde ihr Kommandeur am 30. Juni auf einer Dienstreise in Oppeln
von den Vorgängen überrascht.[339] Nur in Berlin selbst war Göring noch Herr, in den
Provinzen herrschte schon Himmlers SS.

Damit war der Aufmarsch zum Angriff beendet, jetzt fehlte noch der Feind. Denn
die SA hatte sich auch jetzt nicht provozieren lassen. In Schlesien waren die SA-
Dienststellen am 30. Juni, einem Sonnabend, wegen des am nächsten Tage beginnenden
Urlaubs z. T. schon auf Ferienbetrieb umgestellt und nur schwach besetzt,[340] und ähnlich
scheint es im ganzen Reichsgebiet gewesen zu sein. Der „revoltierende" Führer der
SA-Gruppe Berlin-Brandenburg, Karl Ernst, wollte sich am 30. Juni gerade zu seiner
Hochzeitsreise einschiffen, und in München zeitigten die „Beobachtungsaufträge" des
SD kein Ergebnis.[341] Aber am 29. Juni erschien die SA in München plötzlich „auf der
Straße", und das offenbar in nicht geringem Umfang.[342] Seltsamerweise waren die
höheren SA-Führer Münchens, die doch angeblich die Verantwortlichen waren, nicht
darüber orientiert und veranlaßten ihre Formationen sofort zum Einrücken, als ihnen
die Tatsache des „Alarms" bekannt wurde. Immerhin erschien ihnen die Lage so ernst,
daß Obergruppenführer Schneidhuber und Gruppenführer Schmid noch in der Nacht
den Gauleiter und bayerischen Innenminister Wagner aufsuchten, um ihm ihre Loyalität zu versichern.[343] Doch gerade zu ihm (und zu einigen SS-Stellen) führen die Fäden,
wenn man nach den wahren Urhebern des Münchener „SA-Putschs" sucht. Sicheres
läßt sich in diesem Fall noch nicht behaupten, aber der Verdacht, schon damals geäußert, hat sich heute noch verstärkt. Befremdend erscheint schon, daß ein Putsch, der
die Reichsregierung stürzen sollte, nur in München ausbrach, wo er gar nichts aus-
richten konnte, während in Berlin alles ruhig blieb. Und wenn man sich der besonderen Art erinnert, in der Göring im Fall der SA-Aufstandsbefehle für den 5. März
1933 die Wahrheit angedeutet hatte, wird man auch seine Darstellung des 30. Juni
interessant finden, in der es mit zynischem Bedauern hieß: „Die armen SA-Männer
sind verführt worden". Warum sagte er nicht, *von wem* sie verführt worden sind?[344]

[337] *A. a. O.*, S. 320.
[338] Reichswehr in München: Stapf, *Zeugenschrifttum* (Anm. I/53), Nr. 152, S. 16; Doerr, *a. a. O.*, Nr. 28, S. 3;
in Thüringen: Weichs, *a. a. O.*, Nr. 182, S. 12; Schlesien und allgemein: Affidavit Kleist (Anm. IV/310); vgl. Mau
(Anm. I/67), S. 131. – Alarmierung der SS: Aussage Lippert (für Wachkommando Dachau); Rodenbücher (für
Sonderkommando Dachau) in: *Urteil München* (Anm. III/191), S. 18; S. 84; Aussage Dietrich in: *Anklage München*
(Anm. III/191), S. 60, und Doerr, *Zeugenschrifttum, a. a. O.*, S. 3 f. (für SS-Wachbataillon Berlin). – Alarmierung des SD: Aussage Müller-Altenau (für Schlesien) in: *Anklage Osnabrück* (Anm. III/191), S. 34 f.; Best (für
Bayern), Beutel (für Sachsen), Schultz (für Pommern) in: *Urteil Osnabrück* (Anm. III/191), S. 86.
[339] *Urteil Osnabrück, a. a. O.*, S. 29.
[340] *A. a. O.*, S. 26 ff.; S. 69 f.; S. 127. Über Heines s. o. Anm. IV/321.
[341] Aussage Best in: *Anklage München* (Anm. III/191), S. 52.
[342] Aussagen Doerr, Martina Schmid und der ehemaligen SA-Führer Winderl und Kiessling in: *Urteil München*
(Anm. III/191), S. 80 f.; S. 83 f.; Doerr, *Zeugenschrifttum* (Anm. I/53), Nr. 28, S. 4; und die Zeugnisse bei Mau
(Anm. I/67), S. 132.
[343] Aussage Martina Schmid, *a. a. O.*, S. 83; vgl. *Anklage München* (Anm. III/191), S. 58 f.; Mau, *a. a. O.*,
S. 132.
[344] Rede am 30. Juni, *Das Archiv*, Juni 1934, S. 359. Ähnlich in Nürnberg, *IMT* (Anm. I/55), IX, S. 303, und
die Erklärung der Reichspressestelle vom 30. Juni, *Das Archiv, a. a. O.*, S. 326 („Planmäßig provozierte Zwischen-

Fast noch überraschender ist Hitlers Angabe in seiner Reichstagsrede, in der er – als einziger aller offiziellen Berichterstatter! – behauptete, daß außer in München auch in Berlin um 16 Uhr Alarm gegeben, die Requisition von Lastkraftwagen „zum Transport der eigentlichen Stoßformationen" befohlen worden und für 5 Uhr früh die „überfallmäßige" Besetzung der Regierungsgebäude vorgesehen gewesen sei.[345] Auch er sagte nicht, wer diese Befehle gegeben habe, aber es ist bekannt, daß die SS-Führung bei der württembergischen Reichswehr Lastkraftwagen „requirierte", um ihre „eigentliche Stoßformation", nämlich Teile der späteren Leibstandarte in Berlin, von ihrem Eisenbahn-Ausladeort Kaufering in Bayern nach Bad Wiessee zu transportieren, wo dann „überfallmäßig" die „Regierungsgebäude" besetzt werden sollten.[346] Das erinnert sehr an die Methode, nach der Daluege seine „Informationen" verwendete.

Wie dem auch sei, jedenfalls war mit den alarmierten Münchener SA-Formationen jetzt die „Putschlage" gegeben; die Aktion konnte beginnen. Ihr Ablauf in Wiessee und München ist im wesentlichen bekannt. Um 1 Uhr nachts brach Hitler seine Tarnreise in Bad Godesberg ab, erschien um 4 Uhr früh in München und begab sich, nachdem er zuvor mit den Münchener SA-Führern „abgerechnet" hatte, nach Wiessee. Nachdem er dort Röhm und andere SA-Führer aus den Betten geholt und sich dabei über deren Homosexualität entrüstet hatte, die er doch seit Jahren kannte und der auch einer der Leiter der Terror-Aktion, der Chef des SS-Amtes Gruppenführer Kurt Wittje, ergeben war,[347] transportierte er die Opfer nach München und ließ sechs von ihnen noch am selben Tage ungeachtet der Bemühungen des Reichsstatthalters Epp und des bayerischen Justizministers Frank gnadenlos, aber vor allem auch rechtlos, erschießen. Röhm war noch eine Gnadenfrist gegönnt, aber am Tage darauf fiel auch er unter den Kugeln der beiden Dachauer KZ-Kommandanten Eicke und Lippert; denn, so zog Eicke selbst später die Konsequenz aus dem nationalsozialistischen Führerprinzip: „Prominente, die ihren Hals riskieren, müssen durch Prominente exekutiert werden".[348] Inzwischen hatte sich die SS in und um München weitere Opfer geholt, darunter den Widersacher Hitlers vom 9. November 1923, Dr. v. Kahr, und den gänzlich unbeteiligten Musikkritiker Schmid, der einer Namensverwechslung mit dem gleichnamigen SA-Führer zum Opfer fiel.[349] Ebenso bekannt ist, wie Göring, nachdem er ebenfalls eine Anzahl SA-Führer zur Strecke gebracht hatte, seine „erweiterte Aufgabe" in Berlin löste, indem er den Vizekanzler des Deutschen Reiches, v. Papen, mit Hausarrest belegte, dessen Mitarbeiter v. Bose und Edgar Jung, den Ministerialdirektor Klausener und nicht zuletzt die Generale v. Schleicher und v. Bredow erschießen ließ, wobei auch Schleichers tapfere Frau, die sich den Mördern vor die Pistolen warf, nicht geschont wurde.[350] Auch Gregor Strasser fiel hier der Mordwut zum Opfer, und es ist nicht ausgeschlossen, daß Göring oder ein anderer in diesem Falle wirklich seine „Aufgabe erweitert" hat.[351] Damit hatte, wie Rosenberg in seinem

---

fälle führten dazu. . ." usw.). Angesichts dieser Übereinstimmung befremden die z. T. erheblichen Widersprüche über die Rolle dieser „Putschaktion"; vgl. *ebda.*; NS-Korrespondenz vom 30. Juni, *a. a. O.*, S. 327; Blomberg am 5. Juli, *Liebmann-Notizen* (Anm. I/112), Bl. 99.

[345] *Schultheß, 1934*, S. 183.

[346] Doerr, *Zeugenschrifttum* (Anm. I/53), Nr. 28, S. 3 f. (Bahntransport durch die Heeresleitung); *Urteil München* (Anm. III/191), S. 9 ff.

[347] *Bericht Willich* (Anm. III/320).

[348] *Urteil München* (Anm. III/191), S. 56. Rosenberg behauptete, Amann und Heß hätten gewetteifert, von Hitler den Erschießungsauftrag zu erhalten; Rosenberg, *Tagebuch* (Anm. IV/132), S. 34.

[349] Dazu Otto v. Taube, „Gedenken an Willi Schmid, ermordet von der SS am 30. Juni 1934", in: *Deutsche Rundschau* 79 (1953), S. 717. Außerdem: Affidavit seiner ehemaligen Ehefrau, Käte Eva Hörlin, vom 7. Juli 1945, *IMT* (Anm. I/55), XXXVII, S. 581 ff.

[350] Dazu die Dokumentation in: *Vierteljahrshefte für Zeitgeschichte* 1 (1953), S. 71 ff.

[351] Nach Rosenberg, *Tagebuch* (Anm. IV/132), S. 36, habe kein Befehl zum Mord an Strasser vorgelegen.

Tagebuch notierte, „wie der erste militärische, so der ehemals erste politische Berater des Führers den Tod gefunden". Wie aber reagiert ein Nationalsozialist darauf? Rosenbergs nächster Satz lautet: „Gregor Strasser hat sich als *Halber* erwiesen" – d. h., er hat nicht das gleiche Maß an Unterwürfigkeit gegenüber Hitler zu erreichen vermocht wie Rosenberg.[352]

Im übrigen Reichsgebiet verlief die Aktion im ganzen ebenso glatt.[353] Wenn es noch eines Beweises bedurft hätte, daß die SA keinen Putsch geplant hatte, so liegt er in der Art, wie sie auf den Angriff der SS reagierte. Nirgendwo regte sich Widerstand, auch nicht bei den gefürchteten Stabswachen und in den Hilfswerklagern, die z. T. sogar selbst mit der Einziehung ihrer Waffen begannen. Am bemerkenswertesten ist das Verhalten der designierten Opfer, die sich vielfach in völliger Arglosigkeit freiwillig stellten und auch nach ihrer Gefangennahme auf ihren „Führer" vertrauten und auf Aufklärung des „Irrtums" hofften.[354] Nur in Schlesien hat die SA-Wache eines Waffenlagers zur Waffe gegriffen, als sich ihr Polizei und SS in der Nacht näherten;[355] sonst waren die Schüsse der Exekutionskommandos die einzigen, die damals in Deutschland zu hören waren. Diese aber dafür um so deutlicher. Zwar gab es überall auch Akte der Vernunft und Mäßigung,[356] aber sie gingen unter in dem Blutrausch, der die SS-Schergen ergriffen hatte. Am wildesten scheint der Mord in Schlesien gewütet zu haben, wo dem SS-Führer v. Woyrsch die Dinge aus der Hand geglitten waren und die SS nun ihre Privatfehden austragen konnte.[357] Die Gesamtzahl der Opfer ist nichtsdestoweniger später wohl überschätzt worden. Hitlers Angabe von nur 77 Toten ist allerdings ganz indiskutabel; Lutze nannte später 82 Tote allein für die SA,[358] und die heutigen Schätzungen bewegen sich zwischen 150 und 200 Toten.[359]

Gemessen an den Opfern, die die französische Bartholomäus-Nacht gekostet hat, nimmt sich die deutsche bescheiden aus. Aber abgesehen davon, daß das kein Maßstab ist – *ein* Mord ist ebenso verwerflich wie tausende –, besteht auch hinsichtlich der Folgen ein bedeutender Unterschied. In Frankreich war das Blutbad ein Wendepunkt, von dem jene Bewegung der „Politiker" ihren Ausgang nahm, in der sich Hugenotten und Katholiken über alle konfessionellen Grenzen hinweg in der Erkenntnis zusammenschlossen, daß, da keine Partei die andere überwinden konnte, sie einen *modus vivendi* finden müßten, wenn sich die Nation nicht selbst zerstören sollte. In Deutschland dagegen vollendete das Blutbad vom 30. Juni 1934 das System der totalen Einmann-Herrschaft, insofern der „Führer" jetzt auch unverhüllt zum Fememord an Menschen seines Machtbereichs – seien es Gegner oder Gefolgsleute – ermächtigt wurde. Bis zu diesem Tage war allenfalls noch die Täuschung möglich gewesen, als seien die Ausschreitungen und Gewaltverbrechen, die die nationalsozialistische Eroberung Deutschlands begleitet hatten, die üblichen Auswirkungen einer elementaren Revolution von unten, die man trotz dem damit verbundenen Unrecht und Schrecken im ganzen hinnehmen mußte wie eine Naturkatastrophe, von denen man jedoch eben deshalb erwarten durfte, daß sie sich nach einiger Zeit erschöpfen würden. Mit dem 30. Juni war diese Täuschung endgültig vorüber. Was an diesem und den folgenden

[352] *Ebda.* (Auszeichnung i. Orig.).

[353] Für Ostpreußen, Pommern, Sachsen s. *Urteil Osnabrück* (Anm. III/191), S. 130; für Thüringen Weichs, *Zeugenschrifttum* (Anm. I/53), Nr. 182, S. 12.

[354] *Urteil Osnabrück, a. a. O.,* S. 26 ff.

[355] *Anklage Osnabrück* (Anm. III/191), S. 78.

[356] Gelegentlich wurde die von Heydrich befohlene Überstellung der Verhafteten nach Berlin solange verzögert, bis die Gefahr vorüber war; *Urteil Osnabrück* (Anm. III/191), S. 130.

[357] *Anklage Osnabrück* (Anm. III/191), S. 56 ff.; *Urteil. . ., a. a. O.,* S. 44 ff.; S. 79 f.; S. 110; S. 140.

[358] *Bericht Willich* (Anm. III/320).

[359] *Anklage München* (Anm. III/191), S. 63 (ca. 200); Mau (Anm. I/67), S. 134 (150–230).

Tagen in Deutschland geschah, unterschied sich von den Ausschreitungen der SA nur dadurch, daß es jetzt ganz unzweifelhaft und offen auf Befehl des deutschen Reichskanzlers und unter Beihilfe von Staatsorganen – Gestapo, Polizei, Reichswehr – ausgeführt wurde; im übrigen war es genauso rechtswidrig und verbrecherisch wie das, was SA und SS in der „Frühjahrsrevolution" von 1933 und später verübt hatten.[359a] Denn keiner der Toten des 30. Juni 1934 ist mit der Waffe in der Hand gefallen; sie haben nicht einmal dem Angriff der SS Widerstand geleistet, geschweige denn, daß sie selbst angegriffen und SS und Staatsorgane zur „Notwehr" gezwungen hätten.

Aber Hitler und seine Komplizen handelten nicht nur verbrecherisch, sie ließen ihre Verbrechen auch noch durch das monströse Gesetz vom 3. Juli legalisieren. „Die zur Niederschlagung hoch- und landesverräterischer Angriffe", so lautete dessen einziger Artikel, „am 30. Juni, 1. und 2. Juli vollzogenen Maßnahmen sind als.Staatsnotwehr rechtens."[360] Daß Notwehr „rechtens" ist, braucht nicht durch Gesetz bestätigt zu werden; sie ist *eo ipso* legal. Wo ein Gewaltakt aber keine Notwehr ist, kann er auch durch Gesetz nicht dazu gemacht werden. Sollte überhaupt eine juristische Behandlung der Vorgänge stattfinden, mußten die Maßnahmen der Regierung durch ein unabhängiges Gericht daraufhin geprüft werden, ob sie unter den Begriff der Notwehr fielen oder nicht. Die Regierung hatte freilich allen Grund, einer solchen Prüfung auszuweichen, doch ist nicht ohne weiteres verständlich, warum sie sich dazu der pseudojuristischen Form eines Scheingesetzes bediente und ihren Rechtsbruch in Recht umzufälschen suchte. Verbrechen sind von den Machthabern in der Geschichte oft begangen worden, aber ihre Urheber haben in der Regel wohlweislich darauf verzichtet, die damit verbundene Erschütterung der Rechtsordnung noch weiter zu vertiefen, indem sie ihre Untaten auch noch legalisieren ließen. Wenn Hitler diesen Vorbildern nicht folgte, so weil seine machtpolitische Lage es nicht erlaubte. Er hatte die absolute Herrschaft über die staatliche wie über die Parteiexekutive errungen, aber er beherrschte noch nicht die Justiz. Solange noch in Deutschland ein zivilisiertes Gesellschaftssystem mit einer wenigstens halbwegs funktionierenden Rechtsordnung bestand, mußte er von seiten der Justiz mit Gegenwirkungen rechnen, die ihrerseits machtpolitisches Gewicht gewinnen konnten. Noch gab es Richter und Staatsanwälte in Deutschland, die wenigstens in ihrem Denken unabhängig waren[361] und von denen daher erwartet werden mußte, daß sie gegen die Mörder und ihre Auftraggeber – und d. h. gegen die Regierung – in Aktion treten würden, wenn man sie nicht daran hinderte. Dieses Hindernis sollte das Staatsnotwehr-Gesetz schaffen: Um die Justiz zum Stillhalten zu veranlassen, erhob sich die Regierung zum Richter in eigener Sache, dekretierte die Rechtmäßigkeit ihres Vorgehens und verlieh diesem Machtspruch die Würde eines gesetzgeberischen Aktes. So war derselbe Grund, der Hitler bewog, Röhm der ordentlichen Gerichtsbarkeit zu entziehen und ihn ermorden zu lassen, auch dafür maßgebend, daß er diesen Rechtsbruch nachträglich zu legalisieren versuchte. Damit erwies sich das Gesetz zugleich als integraler Bestandteil dieser zweiten Revolution: Wie der Mord an Röhm und den SA-Führern die letzte von Hitler unabhängige Macht in der nationalsozialistischen Bewegung und die übrigen Morde die letzten unabhängigen politischen Kräfte außerhalb der NSDAP beseitigten, so durchbrach das Staatsnotwehr-Gesetz die Unabhängigkeit der Justiz und sicherte Hitler die politische Beute des 30. Juni vor dem Zugriff der irdischen Gerechtigkeit.

[359a] Shirer (Anm. I/29a), S. 200, weist mit Recht darauf hin, daß der nationalsozialistische Terror nicht, wie z. B. der in der französischen Revolution, die Folge des Zusammenbruchs der staatlichen Autorität war, sondern im Gegenteil mit Duldung und z. T. auch auf Befehl des Staates geschah.

[360] *RGBl.*, I, 1934, S. 529.

[361] Dazu: „Promemoria eines bayerischen Richters zu den Juni-Morden 1934" in: *Vierteljahrshefte für Zeitgeschichte* 5 (1957), S. 102 ff.

Aber über den machtpolitischen Aspekt hinaus hatte der Vorgang noch eine tiefere und weiterreichende Bedeutung. Er sicherte nicht nur die Resultate der zweiten Revolution, er vollendete auch das System der Revolution von oben, indem er die Regierung offiziell zur Begehung von Verbrechen ermächtigte und ihr damit jene äußerste und letzte Ermächtigung erteilte, die ihr bisher noch gefehlt hatte. Zwar sollte das Gesetz vom 3. Juli seinem Wortlaut nach nur für den einmaligen Fall des 30. Juni 1934 gelten. Aber angesichts der ganzen Umstände war das eine sehr schwache und gegenüber dem Mißbrauch der Würde des Gesetzes auch widerspruchsvolle Beschränkung. Allein die Möglichkeit, daß das Verbrechen einmal zum legalen Staatsakt erhoben werden konnte, vernichtete die Rechtsordnung für die ganze Dauer des Regimes, und das um so eher, als die Bedingungen, mit denen die „einmalige Ausnahme" begründet worden war, von der Regierung bzw. von Hitler allein willkürlich bestimmt worden waren. So war das Gesetz vom 3. Juli in Wahrheit ein weiteres Ermächtigungsgesetz, das die mit dem Ermächtigungsgesetz vom 23. März 1933 begonnene Linie der „legalen Revolution" fortsetzte und in gewissem Sinne zu Ende führte. Wie damals die Verfassung von Weimar auf „legalem Wege" formell suspendiert, *de facto* aber beseitigt worden war, so wurde jetzt sogar die Rechtsordnung überhaupt „durch Gesetz" *verbaliter* nur für den einmaligen Fall durchbrochen, tatsächlich aber schlechthin vernichtet. Mochten im Alltagsleben noch die verschiedenartigsten Reste und Bruchstücke der alten Ordnung fortexistieren, die rechtspolitische Situation wurde doch dadurch beherrscht, daß ein Mann in Deutschland regierte, der für sich in Anspruch nahm, selbst seine Verbrechen noch zum Gesetz zu erheben. Damit wird zugleich die Identität von legaler Revolution und Revolution von oben deutlich: Die legale Revolution bestand eben darin, daß die Regierung die Gesetzgebungsfunktion usurpierte und mit deren Hilfe ihren revolutionären Akten legalen Charakter verlieh.

Das Gesetz vom 3. Juli vollendete diesen Prozeß, indem es die Regierung obendrein instand setzte, in eigener Sache auch die Rechtsprechung zu übernehmen. Hitler handelte daher nur konsequent, wenn er sich jetzt selbst zum „obersten Gerichtsherrn des deutschen Volkes" ernannte[362] und in der Folge alle seine Komplizen nicht nur der strafrechtlichen Verfolgung entzog,[363] sondern sie auch noch belohnte (oder belohnen ließ), angefangen von Himmler, dem jetzt die Selbständigkeit seiner SS-Organisation zugesprochen und zugleich die Genehmigung zur Aufstellung bewaffneter Streitkräfte neben der Wehrmacht in Stärke von einer Division erteilt wurde, bis hinab zu den einfachen SS-Henkern, die von Himmler am 4. Juli in Berlin zusammengerufen und durch „Ehrendolche" ausgezeichnet wurden.[364] Damit waren Maßstäbe gesetzt und Prinzipien aufgestellt, die von nun an das nationalsozialistische Regime bis zu seinem Ende charakterisiert haben. Nicht nur hat Hitler sich später, im Kriege, wiederum selbst zum obersten Gerichtsherrn ernannt, sein treuer Gefolgsmann Himmler hat auch die Kontinuität der mit dem 30. Juni eingeführten Praxis klargestellt, als er 1943 in seiner berüchtigten Posener Rede die Haltung der SS am 30. Juni 1934 als richtungweisend für ihre Haltung gegenüber der Ausrottung der Juden bezeichnete. „Die befohlene Pflicht zu tun und Kameraden, die sich verfehlt haben, an die Wand zu stellen und zu erschießen . . ., [das] hat jeden geschaudert, und

---

[362] So in seiner Reichstagsrede am 13. Juli 1934; *Schultheß, 1934,* S. 184.

[363] Dazu *Urteil Osnabrück* (Anm. III/191), S. 57 f.; vgl. auch *Anklage Osnabrück* (Anm. III/191), S. 62; S. 65; S. 69 f.; S. 74; S. 77; S. 83 ff.

[364] *Anklage. . ., a. a. O.,* S. 86. Im übrigen ging ein reicher Beförderungssegen über den SD und andere SS-Führer nieder; so wurden Sepp Dietrich zum Obergruppenführer und die SS-Schergen Christian Weber und Emil Maurice zum Oberführer bzw. Standartenführer befördert; *Das Archiv,* Juli 1934, S. 470. – Erhebung der SS zur selbständigen Organisation: Verfügung Hitlers vom 20. Juli 1934; *Schultheß, 1934,* S. 187. Zur Gründung der Waffen-SS: Befehlshaberbesprechungen vom 5. Juli und 9. Oktober 1934, *Liebmann-Notizen* (Anm. I/112), Bl. 101; Bl. 110. Vgl. auch Doerr, *Zeugenschrifttum* (Anm. I/53), Nr. 28, S. 6 f.; Mellenthin, *a. a. O.,* Nr. 105, S. 38.

doch war sich jeder klar darüber, daß er es das nächste Mal wieder tun würde, wenn es befohlen wird und wenn es notwendig ist." [365]

Wenn man so Hitler und nach ihm Himmler als die wahren Sieger des 30. Juni bezeichnen darf, so war der wahre Unterlegene die deutsche Nation, denn sie hatte als Staatsnation von jetzt an aufgehört zu existieren; übriggeblieben war nur noch eine Gruppe von Menschen, die durch gemeinsame deutsche Sprache verbunden waren, also die Kulturnation, und selbst sie war schwer gefährdet. Mit der politischen und z. T. auch physischen Vernichtung der konservativ-monarchistischen Opposition war die letzte eigenständige politische Kraft zerstört, die wenigstens theoretisch als Repräsentantin der Nation denkbar gewesen wäre, und mit der Vernichtung der Rechtsordnung in Deutschland fehlte auch jenes Regulativ, ohne das politisches Leben in einer zivilisierten Gesellschaft nicht denkbar ist. Seitdem war auch die eigenständige politische Macht der Staatsorgane und anderer Machtträger im Prinzip vernichtet: Beamtentum, Wehrmacht, Wirtschaft, Geistlichkeit usw., sie alle haben nur abgeleitete politische Bedeutung, und wovon sollten sie sie jetzt noch ableiten? Es blieb nur der „nationalsozialistische Staat", und in ihm führten alle Wege, mochten sie auch noch so verschlungen sein, zuletzt doch immer wieder zu Hitler. Die Wehrmachtführung unter Blomberg und Reichenau hat daraus rücksichtslos die Konsequenzen gezogen – bis zum Eid auf Hitler am 2. August 1934, und das Offizierkorps ist ihr darin mehr oder minder widerstrebend, mehr oder minder gutwillig und z. T. auch in irregeleiteter Begeisterung gefolgt. Mindestens Blomberg und Reichenau hielten sich dabei offenbar für die Sieger und glaubten, den Prozeß der totalen Gleichschaltung, den sie vor dem 30. Juni ausgelöst hatten, jetzt bremsen und sich fortan auf den der militärischen Mobilmachung beschränken zu können. Ausdruck dieser Hoffnungen war die Zwei-Säulen-Doktrin, die das Reichswehrministerium jetzt verkündete und die Hitler bereitwillig sanktionierte. Nach ihr sollten Partei und Wehrmacht die zwei Säulen sein, auf denen der nationalsozialistische Staat ruhte, die Wehrmacht also neben der Partei einen Vorrang vor allen anderen Kräften und Einrichtungen genießen.[366] Aber indem die Führer der Wehrmacht um der Vernichtung Röhms willen die Vernichtung der Nation in Kauf nahmen, beraubten sie sich selbst der Basis, die allein ihnen Halt gegenüber Hitler hätte geben können; wollten sie ihn ohne dies beherrschen, so mußten sie sich noch radikaler gebärden als er, d. h. die „dritte Revolution" entfesseln.

Aber das war natürlich unmöglich, und daher war Hitler auch hier der Stärkere. Seit dem 30. Juni wußte er, was er dem Offizierkorps zumuten durfte, wenn er nur dafür sorgte, daß dabei kein öffentlicher Skandal entstand. Nicht nur hatte das in Ehrenfragen sonst so mimosenhaft empfindliche Offizierkorps die Ermordung zweier ehemaliger Generale hingenommen, es war zugleich auch zum Komplicen der SS geworden. Gewiß, die Reichswehr hatte selbst nicht geschossen, aber sie hatte die Gewehre geliefert, mit denen geschossen wurde. Für Heeresleitung und Truppenführer mochte dabei die Entschuldigung gelten, daß sie die Zusammenhänge vor dem 30. Juni nicht durchschaut hatten, sondern arglistig getäuscht worden sind. Um so unverständlicher und verwirrender ist ihr Verhalten nach dem Terrorakt. Denn dann bestand mindestens für Offiziere im Range von Generalen die Möglichkeit, sich über den wahren Sachverhalt zu informieren, und nach erhaltener Aufklärung ergab sich die gebieteri-

---

[365] Rede am 4. Oktober 1943 auf der SS-Gruppenführertagung in Posen; IMT (Anm. I/55), XXIX, S. 110 ff.; Zitat S. 145.

[366] Dazu vor allem Blomberg in der Befehlshaberbesprechung vom 9. Oktober 1934: Die Folgen des 30. Juni seien (1) eine Festigung der Stellung der Wehrmacht, (2) Abgrenzung der Zuständigkeiten zwischen Partei und Wehrmacht, (3) Gleichwertigkeit der beiden großen staatlichen Machtinstrumente; Liebmann-Notizen (Anm. I/112), Bl. 104. Vgl. Hitlers Reichstagsrede vom 13. Juli 1934; Schultheß, 1934, S. 180, und (als offiziösen Kommentar) Foertsch, Die Wehrmacht... (Anm. I/109), S. 36 ff.

sche Pflicht, wenn nicht zum Widerstand, so doch mindestens zum Rücktritt. Diese
Pflicht nicht erkannt und statt dessen den Eid auf Hitler geleistet zu haben, ist das
schwerste Versäumnis des Offizierkorps gewesen. Den Terror der Revolution von
unten im Jahre 1933 hatte es noch durch „Nichteinmischung" ignorieren können, an
dem der Revolution von oben am 30. Juni 1934 war es schon durch Beihilfe beteiligt. Es ist seit alters her die Methode der Gangster, Genossen an sich zu fesseln, indem man sie zu einer ersten Straftat verleitet. So ähnlich war auch Hitler verfahren.
Daher konnte er es sich schon jetzt leisten, Himmler in einer Form zu belohnen, die
der Wehrmacht ihren eigenen Siegespreis, das schwer erkämpfte Waffenmonopol im
Staate, bereits im Prinzip wieder entwand. Er hat nur vier Jahre benötigt, um Fritsch
fälschlich des gleichen Vergehens der Homosexualität anzuklagen, dessen man Röhm
zu Recht bezichtigt hatte, und ihn trotzdem abzusetzen. In den Reihen der SA tri-
umphierte man damals: Das sei die „Rache für den 30. Juni".[367]

So wie die Wehrmacht waren auch die anderen halbpolitischen Mächte gegenüber
Hitler hilflos, solange nicht eine politische Bewegung entstand, die auf zwei Erkennt-
nissen beruhte: 1. daß es nicht Hitlers Gefolgsleute waren, die Deutschland in den
Abgrund stürzten, sondern daß die Quelle aller Übel bei Hitler selbst lag und daß
man daher ihn entmachten mußte, wenn man Deutschland retten wollte. Und 2. daß
Deutschland einer Rettung vor den Nationalsozialisten so dringend bedürftig war,
daß über dieser Aufgabe alle anderen politischen Differenzen zurückzustehen hatten.[368]
Es sind diese beiden Erkenntnisse, auf denen im Grunde die Widerstandsbewegung
beruhte. Mit ihr fängt daher die Wiedergeburt der Nation an.

---

[367] Bor (Anm. I/84), S. 116 f.

[368] Dazu Shirer (Anm. I/29a), S. 181: „Der Kardinalfehler der deutschen Gegner des Nationalsozialismus war
das Versäumnis, sich gegen ihn zusammengeschlossen zu haben." Dem bleibt nur hinzuzufügen, daß auch die ausländischen Gegner Hitlers bis 1939 diesen Fehler machten.

NACHWORT UND AUSBLICK

Von Karl Dietrich Bracher

Mit der Sanktionierung der blutigen Gewalttaten der „zweiten Revolution" war der Prozeß der nationalsozialistischen Machtergreifung abgeschlossen. Die totalitäre Diktatur in Gestalt des unumschränkten Führerstaates hat im Sommer 1934 ihre unwiderrufliche institutionelle Besiegelung gefunden. In Papens Abtreten von der Regierungsbühne, die der gefallene Vizekanzler eineinhalb Jahre zuvor so selbstbewußt mit Hitler zusammen erklommen hatte, manifestierte sich der endgültige Zusammenbruch der Illusion von der „nationalen Revolution", von der Einrahmung und Zähmung des nationalsozialistischen Herrschaftswillens. Papens Antwort auf die Ermordung der nächsten Freunde war die Bereitschaft, als Sonderbotschafter Hitlers die österreichischen Wogen zu glätten und dem „Anschluß" eine bessere Basis zu schaffen.

Auch die übrigen Restsicherungen gegen die totalitäre Diktatur brachen rasch zusammen. Der 86jährige Hindenburg, tragende Hoffnung eines Widerstandes in letzter Stunde, hatte sich schon Anfang Juni vorzeitig von Berlin auf sein ostpreußisches Gut Neudeck zurückgezogen: ein todkranker Greis, längst abgeschnitten von der politischen Wirklichkeit und von Hitler ergebenen Beratern umstellt. Auf seinem ostpreußischen Sterbelager, fern den Berliner Vorgängen, wurde er noch ein letztes Mal zur höchsten Sanktionierung des Geschehenen mißbraucht. Schon am 2. Juli gingen, wohl von Meißner und Hindenburgs Sohn bereitwillig gefertigt, Hindenburgs Glückwunschtelegramme an Hitler und Göring. Wieder funktionierte der oft geübte Legalisierungsmechanismus: Wenig später erging der Befehl zur Verbrennung „sämtlicher mit der Aktion der letzten Tage zusammenhängenden Akten".[1] Die rechtliche Behandlung der Mordserie wurde damit auch sachlich unterbunden, nachdem das Gesetz vom 3. Juli sie schon juristisch legalisiert hatte – offenbar reizte der mißglückte Schauprozeß um den Reichstagsbrand nicht zur Wiederholung —, und am 13. Juli vollendete Hitler die Legalisierungskomödie mit seinem zweistündigen „Rechenschaftsbericht" vor dem gleichgeschalteten Reichstag, der für das „ganze Volk" der Erklärung seines Präsidenten Göring brausende Zustimmung zollte: „Wir alle billigen immer das, was der Führer tut."[2] Dem führenden Staatsrechtler Carl Schmitt, durch die geistvolle Zerstörung des Weimarer Rechtsstaatsgedankens berühmt geworden, blieb es vorbehalten, die rechtspolitische Konsequenz des totalitären Führerstaates zu ziehen. Am 1. August 1934 erschien in der *Deutschen Juristenzeitung*[3] jener Aufsatz Schmitts, der Hitler („Der Führer schützt das Recht") gemäß seiner Reichstagsrede vom 13. Juli zur Quelle allen Rechts erhob und in den dithyrambischen Sätzen gipfelte:

„ ... Der Führer schützt das Recht vor dem schlimmsten Mißbrauch, wenn er im Augenblick der Gefahr kraft seines Führertums als oberster Gerichtsherr unmittelbar Recht schafft: ‚In dieser Stunde war ich verantwortlich für das Schicksal der deutschen Nation und damit

---

[1] Otto Meißner, *Staatssekretär unter Ebert–Hindenburg–Hitler. Der Schicksalsweg des deutschen Volkes von 1918–1945, wie ich ihn erlebte*, Hamburg 1950, S. 370.

[2] *Verhandlungen des Reichstags*, Bd. 458, 13. Juli 1934, S. 32.

[3] *Deutsche Juristenzeitung* 39 (1934), S. 945–950.

des deutschen Volkes oberster Gerichtsherr'. Der wahre Führer ist immer auch Richter. Aus dem Führertum fließt das Richtertum ... In Wahrheit war die Tat des Führers echte Gerichtsbarkeit. Sie untersteht nicht der Justiz, sondern war selbst höchste Justiz. Es war nicht die Aktion eines republikanischen Diktators, der in einem rechtsleeren Raum, während das Gesetz für einen Augenblick die Augen schließt, vollzogene Tatsachen schafft, damit dann, auf dem so geschaffenen Boden der neuen Tatsachen, die Fiktionen der lückenlosen Legalität wieder Platz greifen können. Das Richtertum des Führers entspringt derselben Rechtsquelle, der alles Recht jedes Volkes entspringt. In der höchsten Not bewährt sich das höchste Recht und erscheint der höchste Grad richterlich rächender Verwirklichung dieses Rechts. Alles Recht stammt aus dem Lebensrecht des Volkes. Jedes staatliche Gesetz, jedes richterliche Urteil enthält nur soviel Recht, als ihm aus dieser Quelle zufließt ... Inhalt und Umfang seines Vorgehens bestimmt der Führer selbst. . .“

Es mag symbolisch erscheinen, daß dies äußerste Zeugnis rechtlicher und geistiger Selbstzerstörung am selben Tage erschien, an dem Hitler zum letzten Akt der Machtergreifung und Machtbefestigung ausholte und mit der Verschmelzung der höchsten Ämter des Staates in seiner Person und in seinem jeder Kontrolle enthobenen Willen den unumschränkten Führerstaat auch formal besiegelte. In einem einzigen Ablauf ineinander übergehender Ereignisse vollzog sich binnen weniger Tage der letzte Umbau des Regimes, der Hitlers totale Herrschaft vollendet hat. Noch bevor Hindenburg am Morgen des 2. August die Augen schloß, hatte das Kabinett jenes „Gesetz über das Staatsoberhaupt des deutschen Reiches“ [4] beschlossen, durch das Präsidenten- und Reichskanzleramt in der Person des „Führers und Reichskanzlers“ vereinigt wurden. Auch letzten Hoffnungen auf Widerstand oder monarchische Restauration, die sich an Hindenburgs umstrittenen letzten Willen knüpfen mochten, war damit brüsk der Boden entzogen. Man hatte den Tod des „alten Herrn“ kaum erwarten können, man hatte auch auf des abwesenden Papen Unterschrift nicht verzichtet. Der Akt konnte sich zwar formal auf die am 30. Januar 1934 beschlossene Ermächtigung für Verfassungsänderungen stützen; er war aber staatsstreichförmig, insofern er nach dem Reichsrat mit dem Reichspräsidentenamt eine weitere Schranke jenes Ermächtigungsgesetzes beseitigte, auf dem auch weiterhin, ohne Änderung des Textes, alle Regierungsgesetzgebung beruhte.

So war die Legalitätsthese aufs neue durchbrochen: Sich widersprechende Verfassungsänderungen bestanden nebeneinander fort. Zugleich unterbauten noch am selben 2. August, von der Flut überschwenglicher Trauernachrufe und Staatsveranstaltungen für den toten Hindenburg verwirrend übertönt, weitere Gesetze und Verordnungen die veränderte Staatskonstruktion. Durch Erlaß wurde Frick von Hitler mit der Vorbereitung einer Volksabstimmung beauftragt, die der „verfassungsrechtlich gültigen“ Neuregelung noch die „ausdrückliche Sanktion des deutschen Volkes“ sichern sollte. Diesen platonischen Zustimmungsakt begründete Hitler mit der dreisten Formel, er sei „fest durchdrungen von der Überzeugung, daß jede Staatsgewalt vom Volke ausgehen und von ihm in freier und geheimer Wahl bestätigt sein muß“; der Verschleierung der verfassungsrechtlichen Zusammenhänge sollte auch Hitlers Beteuerung dienen, er wolle künftig deshalb nur als „Führer und Reichskanzler“ bezeichnet werden, weil Hindenburg „dem Titel Reichspräsident einmalige Bedeutung“ gegeben habe. [5] In diesen Rahmen gehörte auch die Neuvereidigung der Wehrmacht, die ebenfalls noch am Todestag Hindenburgs in allen Garnisonen erfolgte. Die für die Zukunft grundlegende Bedeutung der neuen Eidesformel lag nicht allein im persönlichen Zuschnitt auf Hitler und im Verzicht auf jede Bindung an Verfassung, „gesetzmäßige Einrich-

---

[4] *RGBl.*, I, 1934, S. 747. Geschmackvoller Kommentar der NS-Propagandisten: „Die Regierung hatte die *völkische* Pflicht, alle erforderlichen Maßnahmen rechtzeitig zu treffen.“ Gerd Rühle, *Das Dritte Reich. Dokumentarische Darstellung des Aufbaues der Nation*, Bd. II, Berlin 1935, S. 265 (Auszeichnung i. Orig.).

[5] *RGBl.*, I, 1934, S. 751.

tungen" und sonstige Vorgesetzte, sondern in der religiös sanktionierten Verknüpfung des bei Gott geschworenen „heiligen Eids" mit dem Begriff des *„unbedingten* Gehorsams", die den Akt ins Absolute steigerte.

Es war ein doppelter Staatsstreich, auch formal gesehen. Die Vereidigung war in der Eile nicht einmal durch Regierungsgesetz, sondern lediglich durch Befehl Blombergs erfolgt, wozu der Reichswehrminister keineswegs befugt war; erst nach dem Plebiszit wurde sie mit Wirkung vom 20. August auch gesetzlich verkündet und der Beamtenschaft selbst ein ähnlicher Eid auf Hitler persönlich auferlegt.[6] Sie war aber auch deshalb irregulär, weil sie nach geltendem Verfahren und Gesetz keinesfalls die gesamte Wehrmacht, sondern nur neu Eintretende erfassen durfte, solange – was nicht der Fall war – eine weitere Verfassungsänderung dies nicht ermöglichte. Alle späteren Vorwürfe gegen die „Eidbrecher" der Widerstandsbewegung gehen zudem an der Tatsache vorbei, daß der persönliche Eid ein zweiseitiges Treueverhältnis begründet hat, zu dem sich Hitler selbst ausdrücklich in einem Dankschreiben an Blomberg bekannte.[7] Er hatte die Verpflichtung, „für den Bestand und die Unantastbarkeit der Wehrmacht einzutreten" und „die Armee als einzigen Waffenträger in der Nation zu verankern", selbst vielfach gebrochen, den Anspruch auf Treue und Gehorsam längst verwirkt, bevor der Aufstand vom 20. Juli 1944 die mißbrauchte Bindung zu lösen suchte.

Das Plebiszit vom 19. August 1934 bedeutete den äußeren Abschluß dieser bestürzenden „zweiten Revolution", die den Prozeß der Machtergreifung vollendet hat. Als nachträglicher Legalisierungsakt hat es seinen Zweck erfüllt, auch wenn es dem folgenden Ausbau des totalitären Akklamationssystems überlassen blieb, den Schönheitsfehler erstaunlich zahlreicher Nein-Stimmen (in Hamburg 21 %) zu korrigieren.[8] Der gleichgeschaltete Einparteienstaat unter einem auf Lebenszeit unumschränkten Führer hatte die endgültige Form erreicht. Es bedeutete nur die Abrundung dieser Institutionalisierung der Diktatur, daß durch Gesetz vom 16. Oktober 1934 auch die freilich längst fiktive Kollegialität der Regierung zerstört und die Eidesformel für Reichsminister dahingehend geändert wurde, daß sie – wie auch Länderminister und Reichsstatthalter – jetzt nicht mehr der Verfassung, sondern allein Hitler persönlich Treue und Gehorsam zu schwören hatten.[9] Selbst Papen, Geburtshelfer und Garant der einst so selbstbewußt eingerahmten „nationalen Revolution", der sich noch immer beharrlich auf die Legende beruft, Hitler sei erst im Laufe der Jahre auf Abwege geraten, gelangt im Widerspruch zu seinen Rechtfertigungsthesen zu der treffenden Feststellung: „Aber in den ersten neunzehn Monaten wurde der unkorrigierbare Rahmen geschaffen, in dem sich die spätere Entwicklung vollzog."[10]

Ergebnis und Folgen der nationalsozialistischen Machtergreifung sind so vielfältig und tiefgreifend wie der Prozeß, den die Analysen dieses Buches nachzuzeichnen und zu charakterisieren versucht haben. Hitler selbst hat es schon in seinem „Aufruf an das deutsche Volk" am 20. August auf die Formel gebracht, der 15jährige Kampf um die Macht in Deutschland habe nun seinen Abschluß gefunden: „Angefangen von der obersten Spitze des Reiches über die gesamte Verwaltung bis zur Führung des letzten Ortes befindet sich das Deutsche Reich heute in der Hand der Nationalsozialistischen Partei ... Der Kampf um die Staatsgewalt ist mit dem heutigen Tage beendet. Der Kampf um unser teures Volk aber nimmt seinen Fortgang. . ."[11] Zwei Wochen später

---

[6] *A. a. O.*, S. 785.
[7] *VB*, Nr. 233 vom 21. August 1934, S. 1.
[8] Vgl. die Statistiken o. I. Teil, S. 358 f.
[9] *RGBl.*, I, 1934, S. 973.
[10] Franz v. Papen, *Der Wahrheit eine Gasse*, München 1952, S. 295.
[11] Rühle (Anm. Nachw./4), II, S. 278.

eröffnete Heß den Reichsparteitag 1934 mit dem Diktum, oberstes nationalsozialistisches Prinzip sei „das Gesetz der Totalität",[12] und Hitler selbst proklamierte in feierlicher Rückschau[13] das vergangene Jahr als Epoche der „endgültigen Festigung der nationalsozialistischen Macht in Deutschland": Der Parteitag von 1933 sei „der Beginn eines Verfolgungskampfes [gewesen], in dessen Verlauf von uns eine feindliche Stellung nach der anderen aufgebrochen und eingenommen wurde". Jetzt aber sei „die nationalsozialistische Revolution ... als revolutionärer, machtmäßiger Vorgang abgeschlossen", es beginne die Evolution, nachdem die Führung „heute in Deutschland die Macht zu allem" habe: Ihr Handeln könne künftig „durch nichts gehemmt werden, außer durch Momente taktischer, persönlicher und damit zeitlicher Natur". Der „endgültigen" Eroberung Deutschlands folge die „von oben geführte Verwirklichung des nationalsozialistischen Programms", und ihr Ergebnis werde sein: „In den nächsten tausend Jahren findet in Deutschland keine Revolution mehr statt."

Die Geschichte hat sich nicht an das Diktum des Diktators gehalten. Zunächst jedoch schien alles nach den Intentionen und Verheißungen der nationalsozialistischen Machthaber zu laufen. Anders als der Faschismus hatte die siegreiche NSDAP binnen Jahresfrist ihre Machtergreifungs- und Gleichschaltungsziele erreicht. Sie verdankte dies der skrupellosen Energie, mit der Hitler die innenpolitische Umwandlung des Staates forciert hatte. Die strategischen Ziele einer gewaltsamen Expansion nach außen hat er jedoch über diesem vorübergehenden Primat der Innenpolitik nie aus den Augen verloren. Sie bestimmten die weitere Entwicklung des Herrschaftssystems, das nun seine innere Grundlage besaß. Unverrückbar war die Stufenfolge von Anfang an festgelegt gewesen: innere Gleichschaltung – Aufrüstung im weitesten Sinne des Wortes – Eroberung des „Lebensraums". Durch Täuschung, Terror und Verfolgung hatte die siegreiche Partei das vorgeschobene Programm der „nationalen Erhebung" in den Prozeß einer einseitig nationalsozialistischen Machtergreifung verwandelt. In den Notverordnungen des Februar 1933 waren die Reglementierung des öffentlichen Lebens und die Lähmung der Opposition angebahnt, durch Staatsstreich die Resistenzkraft der Länder gebrochen, durch Drohung und Lüge der Reichstag ausgeschaltet und die paradoxe, doch trügerisch beruhigende Taktik der „legalen Revolution" sanktioniert worden. Staatsapparat und Armee, soziales und geistiges Leben insgesamt waren dem Herrschaftswillen einer kleinen, unkontrollierbaren Führerclique unterworfen. Nicht bloßer Zwang und Terror, sondern „Erfassung" und Verführung der Bevölkerung in allen Lebenssphären durch riesige Unterorganisationen der Staatspartei waren die Stützen des totalitären Führerstaates, der durch rasche Scheinerfolge einer reorganisierten Innen- und Wirtschaftspolitik die Zustimmung der Bevölkerungsmehrheit gewonnen hat.

Der zutiefst destruktive Gehalt dieser Politik ist heute unwiderlegbar bloßgestellt; Hitler selbst hat unermüdlich betont, er wolle sein Tun einzig am Erfolg gemessen wissen. Aber der große Eindruck, den die Disziplinierung des politischen Lebens und die großzügige Ankurbelung der Wirtschaft selbst auf viele ausländische Zeitgenossen gemacht hat, erwies sich als eine bedeutsame Potenz des Regimes, die in Gestalt der Legende vom „Guten im Nationalsozialismus" noch heute in weiten Bevölkerungskreisen fortdauert. Verschwiegen blieben die Hintergründe: die Vorbereitungsarbeit, die die diffamierte Republik für die Arbeitsbeschaffungspolitik geleistet hatte; die Gunst des weltweiten Konjunkturaufschwungs, der der nationalsozialistischen Wirtschaftspolitik entgegenkam; die Bedeutung einer forcierten Aufrüstung als ihr wich-

---

[12] *Der Kongreß zu Nürnberg vom 5. bis 10. September 1934. Offizieller Bericht über den Verlauf des Reichsparteitages mit sämtlichen Reden,* München 1934, S. 18.
[13] *A. a. O.,* S. 22–32.

tigster Auftraggeber; die Kehrseite der Arbeitsdienstpflicht, einer schließlich bedenkenlosen Kreditausweitung, einer klassischen Politik des *panem et circenses* mit Massenschaustellungen und „Kraft durch Freude"; schließlich der zweifelhafte Wert einer neuen Ordnung, die an die Stelle des vielgeschmähten „Parteienhaders" die Ruhe des Kasernenhofs und der Konzentrationslager gesetzt, politische Verantwortung durch eine wahre Inflation des Führerprinzips zerstört und den natürlichen Konflikten des Arbeitslebens, dem freien Pluralismus in Staat und Gesellschaft durch Dirigismus und Zwang ein Ende bereitet hat. Totalitäre Diktatur kann nicht positive Ordnung im Sinne allgemeiner Sicherheit sein, weil sie wesensmäßig jede wirksame Kontrolle ausschließt; ihre „Ordnung" ist nichts als die absolute Durchsetzung des eigenen Willens. So populär Hitlers Kampf gegen den Bolschewismus war, sosehr war auch der nationalsozialistische „Antibolschewismus" dem Endziel der totalen Alleinherrschaft untergeordnet; nach dem destruktiven Zusammenwirken mit den Kommunisten zum Sturz der Demokratie hat der Nationalsozialismus neben der KPD auch alle nicht-kommunistischen Parteien ausgelöscht, um zu gegebener Zeit vor einer Wiederholung der Kooperation mit dem Kommunismus, nun zur Zerstörung der europäischen Ordnung, nicht zurückzuscheuen.

Die Täuschung und Selbsttäuschung aller Schichten der deutschen Bevölkerung, die in der Appeasementpolitik der folgenden Jahre ihr Gegenstück fand, ist in der Taktik des Machtergreifungsprozesses mit unleugbarem Geschick benutzt und gefördert worden. Beamtenschaft, Spezialisten, Intelligenz sind in kaum zu erwartendem Maße davon überwältigt worden: Ein Apparat an Fachleuten stand der selbst so wenig sachkundigen „Bewegung" zur Verfügung. Die rechtszerstörende Fiktion der „legalen Revolution" hat das Bedürfnis nach formaler Richtigkeit zu befriedigen, der fortdauernde Dualismus des Systems den Glauben an weitere Einflußmöglichkeiten von „Amts" wegen zu nähren vermocht. Erst die Entwicklung zum SS-Staat hat solche Illusionen zerstört. Durch perfekte Einheitsplebiszite vor dem Hintergrund einer durch Zwang und Täuschung manipulierten Zustimmung ließ sich das Regime als „wahre Demokratie" bestätigen. Nicht nur in der stetig noch wachsenden Ämterkumulation, sondern mehr noch in dem pseudometaphysisch stilisierten Anspruch auf Allmacht als „Führer", in der pseudodemokratischen Legitimierung als alleiniger persönlicher Repräsentant der Souveränität des Volkes sah Hitler seine totale Herrschaft begründet. Wie er in der Schlußrede des Parteitages von 1935 „die Autorität der Partei als letzte überwachende und entscheidende Instanz und als letzte Richterin" des deutschen Volkes anerkannt wissen wollte, so betonte er zugleich: „Der Führer ist die Partei, und die Partei ist der Führer. So wie ich mich nur als Teil dieser Partei fühle, so fühlt sich die Partei nur als ein Teil von mir." [14]

Dilemma und Tragik einer künftigen Opposition war es, daß sie sich der Hilfe ehemaliger Verbündeter Hitlers bedienen mußte, um eine politisch wirksame Bresche in diese Mauer von Furcht und Opportunismus, von Gedankenlosigkeit und irregeleitetem Ordnungsbedürfnis zu schlagen: nur von den Machtpositionen des „Dritten Reiches" selbst oder durch Gewalt von außen war der totale Staat aufzubrechen, nachdem er jede Möglichkeit konkurrierender Meinungs- und Gruppenbildung in der Bevölkerung erstickt hatte. Wohl hat die Anschauung der fortgehenden Herrschaftspolitik Bedenken geweckt: Verfolgung und Terror, geistige und religiöse Intoleranz, KZ- und Judenpolitik waren wenigstens im Bekanntenkreise jedem spürbar, auch wenn ihre extremsten Konsequenzen der Massenvernichtungspraxis in geheimster Vertraulichkeit vollzogen, Krieg und „Endsieg" die Voraussetzung ihrer Vollendung waren. Das galt auch für die christlichen Kirchen, den einzigen inneren Gegner, der

[14] *Der Parteitag der Freiheit vom 10.–16. September 1935. Offizieller Bericht*, 2. Aufl., München 1935, S. 286 f.

nach anfänglichen Illusionen weder zerschlagen noch völlig gleichgeschaltet werden konnte.

Die imponierende Schlagkraft des Regimes ist durch die inneren Widerstände kaum merklich geschwächt worden, nachdem einmal Grundlage und Rahmen der totalitären Herrschaft geschaffen waren. Auf die brutale Durchsetzung des nationalsozialistischen Monopolanspruchs im inneren Machtergreifungsprozeß folgte ihr ungestörter Ausbau im Herzen des zivilisierten Europa, in das nun Monat für Monat Tausende politisch und rassisch Verfolgter unter Drohung gegen Geist und Leben flohen. Vor allem aber hat Hitler nach Vollendung der Machtergreifung alle Kräfte seiner sozialimperialistischen, expansionistischen Grundkonzeption gewidmet. Auch die folgende Wendung zur Aufrüstung, Außenpolitik, kriegerischen Expansion, die sich auf die Anti-Versailles- und Gleichberechtigungspropaganda stützen konnte, war sich der Zustimmung weiter Bevölkerungskreise gewiß. Hinter ihnen stand nun eine Diktatur, die mit dem permanenten Ausnahmezustand alle Kräfte unter ihren Willen zwang und zum Krieg mobilisierte. Der gewaltsame Ausgriff des nationalsozialistischen Herrschaftsanspruches, der wenige Jahre später die Welt in einen Krieg von unabsehbaren Folgen gestürzt hat, ist unlöslich mit dem Erfolg der nationalsozialistischen Machtergreifung verknüpft. In ihrer doppelten Bedeutung als Beispiel eines totalitären Revolutionsprozesses moderner Prägung wie als Basis und Ursache einer globalen Kriegs- und Vernichtungspolitik ist sie ein wahrhaft weltgeschichtliches Ereignis, dessen Erfahrungen und Lehren auch der Politik unserer Epoche stets gegenwärtig sind – oder sein sollten.

A. Gedruckte Quellen und Literatur

Abshagen, Karl Heinz, *Canaris. Patriot und Weltbürger*, Stuttgart 1949.

Absolon, Rudolf, *Wehrgesetz und Wehrdienst 1935–1945. Das Personalwesen in der Wehrmacht (Schriften des Bundesarchivs*, Bd. 5), Boppard/Rh. 1960.

Adler-Rudel, S., *Ostjuden in Deutschland 1880–1940*, Tübingen 1959.

Alexander, Edgar, "Church and Society in Germany", in: *Church and Society. Catholic Social and Political Thought and Movements 1789–1950*, ed. by Joseph N. Moody, New York 1953.

Alexander, Franz, *Irrationale Kräfte unserer Zeit. Eine Studie über das Unbewußte in Politik und Geschichte*, Stuttgart 1946.

Aloisi, Baron (Pompeo), *Journal*, Paris 1957.

d'Alquen, Gunther, "Die SS. Geschichte, Aufgabe und Organisation der Schutzstaffeln der NSDAP", in: *Das Dritte Reich im Aufbau. Der organisatorische Aufbau*, hrsgg. von Paul Meier-Benneckenstein, Teil II: *Wehrhaftes Volk*, Berlin 1939.

Althaus, Paul, *Die deutsche Stunde der Kirche*, Göttingen 1933.

Angress, Werner T., und Bradley F. Smith, "Diaries of Heinrich Himmler's Early Years", in: *The Journal of Modern History* 31 (1959).

Anschütz, Gerhard, *Die Verfassung des Deutschen Reichs vom 11. August 1919*, 12. Aufl., Berlin 1930.

Apelt, Willibald, *Geschichte der Weimarer Verfassung*, München 1946.

„Das nationalsozialistische Arbeitsbeschaffungsprogramm und seine Finanzierung" in: *Die deutsche Volkswirtschaft. Zeitschrift für nationalsozialistische Wirtschaftsgestaltung* (Hrsg. Reichstagsabgeordneter Hunke-Heinrichsen), 1. Sonderheft 1932.

Arendt, Hannah, *Elemente und Ursprünge totaler Herrschaft*, Frankfurt/M. 1955.

Aretin, Erwein v., *Krone und Ketten. Erinnerungen eines bayerischen Edelmannes*, hrsgg. von Karl Buchheim und Karl Otmar v. Aretin, München 1955.

Aretin, Karl Otmar Frhr. v., „Die deutschen Generale und Hitlers Kriegspolitik", in: *Politische Studien* 10, H. 113 (1959).

Arndt, Adolf, „Eine Dokumentation zur gewaltsamen Unterdrückung der SPD im Jahre 1933", in: *SPD-Pressedienst* P/XII/256 (8. November 1957).

Aßmann, Kurt, *Deutsche Schicksalsjahre. Historische Bilder aus dem zweiten Weltkrieg und seiner Vorgeschichte*, Wiesbaden 1950.

—, *Deutsche Seestrategie in zwei Weltkriegen*, Heidelberg 1957.

Nationalsozialistische Aufbauarbeit in Ostpreußen. Ein Arbeitsbericht, auf Grund amtlicher Quellen hrsgg. im Auftrage des Oberpräsidiums, Königsberg 1934.

Der Februar-Aufruhr 1934. Das Eingreifen des österreichischen Bundesheeres zu seiner Niederwerfung (als Manuskr. gedr.), Wien 1935.

Bade, Wilfried, *Die SA erobert Berlin. Ein Tatsachenbericht*, 8. Aufl., München 1943.

Baeck, Leo, "In Memory of Two of our Dead", in: *Publications of the Leo Baeck Institute, Year Book I*, London 1956.

Bäumler, Alfred, *Männerbund und Wissenschaft*, Berlin 1934.

—, „Nietzsche und der Nationalsozialismus", in: *NS-Monatshefte* 5, H. 49 (April 1934).

—, „Der politische Volksbegriff", in: *Recht und Jugend* (1934).

—, „Rosenberg der Ghibelline", in: *Politische Erziehung* (hrsgg. vom NS-Lehrerbund Sachsen), 1935.

—, „Der Kampf um den Humanismus", in: *Internationale Zeitschrift für Erziehung* (1936).

—, *Politik und Erziehung*, Berlin 1937.

---

* In die zweite Auflage ergänzend aufgenommene Titel finden sich u. S. 1009 f.

Baeyer-Katte, Wanda v., *Das Zerstörende in der Politik. Eine Psychologie der politischen Grundeinstellung,* Heidelberg 1958.

Ball, M. Margaret, *Post War German Austrian Relations. The Anschluss-Movement, 1918–1936,* Stanford (Calif.) 1937.

Balla, Erich, *Landsknechte wurden wir. . . Abenteuer aus dem Baltikum,* Berlin 1932.

Banse, Ewald, *Lehrbuch der organischen Geographie,* Berlin 1937.

—, *Wehrwissenschaft. Einführung in eine neue nationale Wissenschaft,* Leipzig 1933.

Bartel, Walter, „Probleme des antifaschistischen Widerstandskampfes in Deutschland", in: *Zeitschrift für Geschichtswissenschaft* 6 (1958).

Barth, Karl, *Theologische Existenz heute!* München 1933.

Baum, Walter, „Reichsreform im Dritten Reich", in: *Vierteljahrshefte für Zeitgeschichte* 3 (1955).

—, „Vollziehende Gewalt und Kriegsverwaltung im ‚Dritten Reich'", in: *Wehrwissenschaftliche Rundschau* 6 (1956).

Baumecker, Otto, *Handbuch des gesamten Reichserbhofrechts,* 2. Aufl., Köln 1934.

Bausch, Hans, *Der Rundfunk im politischen Kräftespiel der Weimarer Republik 1923–1933* (Tübinger Studien zur Geschichte und Politik, Nr. 6), Tübingen 1956.

Bayle, François, *Psychologie et éthique du nationalsozialisme. Étude anthropologique des dirigeants SS,* Paris 1953.

Der Beamte im Geschehen der Zeit. Worte von Hermann Neeß, Berlin 1936.

Beer, Max, *Die auswärtige Politik des Dritten Reiches,* Zürich 1934.

Behrend, Hans-Karl, „Zur Personalpolitik des preußischen Ministeriums des Innern. Die Besetzung der Landratsstellen in den östlichen Provinzen 1919–1933", in: *Jahrbücher für die Geschichte Mittel- und Ostdeutschlands* 6 (1957).

Die zweite Bekenntnissynode der Deutschen Evangelischen Kirche zu Dahlem. Text, Dokumente, Berichte (Arbeiten zur Geschichte des Kirchenkampfes, hrsgg. von K. D. Schmidt, Band III), Göttingen 1958.

Benedict, Ruth, *Race: Science and Politics,* New York 1940.

Benn, Gottfried, *Der neue Staat und die Intellektuellen,* Stuttgart–Berlin 1933.

Bensel, Rolf, *Die deutsche Flottenpolitik von 1933 bis 1939. Eine Studie über die Rolle des Flottenbaus in Hitlers Außenpolitik* (Beiheft 3 der *Marine-Rundschau,* April 1958).

Berdrow, Wilhelm, *Alfred Krupp und sein Geschlecht. Die Familie Krupp und ihr Werk 1787–1940,* Berlin 1943.

Bergmann, Ernst, *Deutschland. Das Bildungsland der neuen Menschheit. Eine nationalsozialistische Kulturphilosophie,* Breslau 1933.

Bergmann, Robert, „Die Reichswehr", in: *Das Buch der Hitlerjugend. Die Jugend im Dritten Reich,* hrsgg. von Ulf Uweson und Walther Ziersch, München 1934.

Berndorff, Hans Rudolf, *General zwischen Ost und West. Aus den Geheimnissen der deutschen Republik,* Hamburg 1951.

Bernhard, Ludwig, „Der Diktator und die Wirtschaft", in: *Prozeß der Diktatur,* hrsgg. von Otto Forst de Battaglia, Zürich–Leipzig–Wien 1930.

—, *Der Staatsgedanke des Faschismus,* Berlin 1931.

Berning, Cornelia, *Die Sprache des Nationalsozialismus,* Bonn 1958 (ungedr. Diss.).

Besson, Waldemar, *Württemberg und die deutsche Staatskrise, 1928–1933. Eine Studie zur Auflösung der Weimarer Republik,* Stuttgart 1959.

Best, Werner, *Die deutsche Polizei (Forschungen zum Staats- und Verwaltungsrecht,* hrsgg. von Reinhard Höhn, Reihe A, Bd. V), 2. Aufl., Darmstadt 1941.

Bettelheim, Charles, *L'Économie allemande sous le nazisme. Un aspect de la décadence du capitalisme,* Paris 1946.

Betz, Werner, "The National-Socialist Vocabulary", in: *The Third Reich,* London 1955.

Beveridge, William Henry, Lord, *A Defence of Free Learning,* London 1959.

Bewley, Charles, *Hermann Göring,* Göttingen 1956.

Beyer, Hans, „Die Landvolkbewegung Schleswig-Holsteins und Niedersachsens 1928–1932", in: *Jahrbuch der Heimatgemeinschaft des Kreises Eckernförde* 15 (1957).

Beyer, Justus, *Die Ständeideologien der Systemzeit und ihre Überwindung (Forschungen zum Staats- und Verwaltungsrecht,* hrsgg. von Reinhard Höhn, Reihe A, Bd. VIII), Darmstadt 1941.

Bibliographie zur Zeitgeschichte und zum Zweiten Weltkrieg für die Jahre 1945–1950, München 1955.

Humanistische Bildung im nationalsozialistischen Staate, Leipzig–Berlin 1933.

Binz, Gerhard L., „Analyse der Wehrbereitschaft", in: *Wehrwissenschaftliche Rundschau* 4 (1954).

Bischoff, Josef, *Die letzte Front 1919. Geschichte der eisernen Division im Baltikum*, Berlin 1934.

Blau, Bruno, *Das Ausnahmerecht für die Juden in den europäischen Ländern 1933–1945*, New York 1952.

Blomberg, Werner v., „Wehrhaftigkeit oder Pazifismus", in: *Almanach der nationalsozialistischen Revolution*, hrsgg. von Wilhelm Kube, Berlin 1934.

Blunck, Hans Friedrich, *Unwegsame Zeiten* (Lebensbericht, Bd. II), Mannheim 1952.

Boehm, Max Hildebert, *Das eigenständige Volk. Volkstheoretische Grundlagen der Ethnopolitik und Geisteswissenschaften*, Göttingen 1932.

—, *Volkstheorie als politische Wissenschaft*, Jena 1934.

Böhmer, Karl, *Das Dritte Reich im Spiegel der Weltpresse. Historische Dokumente über den Kampf des Nationalsozialismus gegen die ausländische Lügenhetze*, Leipzig 1934.

—, *Die Freiheit der Presse im nationalsozialistischen Staat. Ein Wort an das Ausland*, Oldenburg–Berlin 1933.

Böttcher, Oskar, „Die kommunalen Reichsspitzenverbände", in: *Zeitschrift für Kommunalwirtschaft und Kommunale Politik* 22 (1932).

Bonhoeffer, Dietrich, *Gesammelte Schriften*, hrsgg. von Eberhard Bethge, Bd. II, München 1959.

—, *Widerstand und Ergebung. Briefe und Aufzeichnungen aus der Haft*, München 1951.

Bonhoeffer, Karl, und Jürg Zutt, „Über den Geisteszustand des Reichstagsbrandstifters Marinus van der Lubbe", in: *Monatsschrift für Psychiatrie und Neurologie* 89 (1934).

Books on Persecution. Terror and Resistance in Nazi Germany, hrsgg. von The Wiener Library, Catalogue Series No. 1, 2. Aufl., London 1953.

Bor, Peter [d. i. Paul Lüth], *Gespräche mit Halder*, Wiesbaden 1950.

Borch, Herbert v., *Obrigkeit und Widerstand. Zur politischen Soziologie des Beamtentums*, Tübingen 1954.

—, „Obrigkeit und Widerstand", in: *Vierteljahrshefte für Zeitgeschichte* 3 (1955).

Borries, Kurt, „Deutschland und Polen zwischen Diktaur und Verständigung", in: *Die Welt als Geschichte* 18 (1958).

Bracher, Karl Dietrich, *Verfall und Fortschritt im Denken der frühen römischen Kaiserzeit. Studien zum Zeitgefühl und Geschichtsbewußtsein des Jahrhunderts nach Augustus*, Diss. Tübingen 1948 (ungedr.).

—, „Die Weimarer Republik im Spiegel der Memoiren-Literatur", in: *Politische Literatur* 2 (1953), H. 9.

—, *Nationalsozialistische Machtergreifung und Reichskonkordat. Ein Gutachten zur Frage des geschichtlichen Zusammenhangs und der politischen Verknüpfung von Reichskonkordat und nationalsozialistischer Revolution*, Wiesbaden 1956.

—, „Der 20. Juli 1932", in: *Zeitschrift für Politik* 3 (1956).

—, *Die Auflösung der Weimarer Republik. Eine Studie zum Problem des Machtverfalls in der Demokratie* (Schriften des Instituts für politische Wissenschaft, Bd. 4), 3. Aufl., Stuttgart–Düsseldorf 1960.

—, „Weimar, Erfahrung und Gefahr", in: *Die Politische Meinung* 2, H. 15 (August 1957).

—, „Das Anfangsstadium der Hitlerschen Außenpolitik", in: *Vierteljahrshefte für Zeitgeschichte* 5 (1957).

—, *Der Aufstieg des Nationalsozialismus als Problem der Zeitgeschichte*, 1958 (als Manuskr. gedr.).

—, Faschismus-Artikel in: *Die Religion in Geschichte und Gegenwart*, 3. Aufl., Tübingen 1958.

—, „Die lehrreiche Geschichte des Artikels 48", in: *Deutsche Zeitung* 15, Nr. 43 (20./21. Februar 1960).

—, „Zusammenbruch des Versailler Systems und zweiter Weltkrieg", in: *Propyläen-Weltgeschichte*, hrsgg. von Golo Mann, Bd. 9, Berlin 1960.

Braeutigam, Harald, *Wirtschaftssystem des Nationalsozialismus*, Berlin 1932.

Bramstedt, Ernest K., *Dictatorship and Political Police. The Technique of Control by Fear,* New York 1945.

Brand, Artur, *Das Beamtenrecht. Die Rechtsverhältnisse der preußischen Staats- und Kommunalbeamten (Handbücher des Preußischen Verwaltungsrechts,* Bd. V), 3. Aufl., Berlin 1928.

Braubach, Max, „Politisch-diplomatische Vorgeschichte des zweiten Weltkriegs", in: *Schicksalsfragen der Gegenwart. Handbuch politisch historischer Bildung,* hrsgg. vom Bundesministerium für Verteidigung, Innere Führung, Bd. I, Tübingen 1957.

Braun, Otto, *Von Weimar zu Hitler,* Hamburg 1949.

Braunbuch über Reichstagsbrand und Hitler-Terror, Vorwort von Lord Marley, Basel 1933.

[Braunbuch II]: *Dimitroff contra Göring. Enthüllungen über die wahren Brandstifter,* Paris 1934.

Brauweiler, Heinz, „Der Anteil des Stahlhelm", in: *Deutscher Aufstand. Die Revolution des Nachkriegs,* hrsgg. von Curt Hotzel, Stuttgart 1934.

Brecht, Arnold, „Bureaucratic Sabotage", in: *Annals of the American Academy of Political and Social Science* 189 (Jan. 1937).

—, *Vorspiel zum Schweigen. Das Ende der deutschen Republik,* Wien 1948.

—, *Das deutsche Beamtentum von heute* (vervielf. Manuskript der Deutschen Gesellschaft für Personalwesen e. V. in Frankfurt a. M.), 1951.

—, "How Bureaucracies Develop and Function", in: *The Annals of the American Academy of Political and Social Science* 292 (March 1954).

—, „Die Auflösung der Weimarer Republik und die politische Wissenschaft", in: *Zeitschrift für Politik* 2 (1955).

Breyer, Richard, *Das deutsche Reich und Polen 1932–1937. Außenpolitik und Volksgruppenfragen (Marburger Ostforschungen,* Bd. 3), Würzburg 1955.

Brinkmann, Carl, *Soziologische Theorie der Revolution,* Göttingen 1948.

Brinton, Crane, *The Anatomy of Revolution,* London 1953.

Brockdorff-Rantzau, Ulrich Graf, *Dokumente und Gedanken um Versailles,* 3. Aufl., Berlin 1925.

Broszat, Martin, „Zur Perversion der Strafjustiz im Dritten Reich", in: *Vierteljahrshefte für Zeitgeschichte* 6 (1958).

—, „Die Anfänge der Berliner NSDAP 1926/27", in: *Vierteljahrshefte für Zeitgeschichte* 8 (1960).

—, *Der Nationalsozialismus,* Stuttgart 1960.

Brüning, Heinrich, „Ein Brief", in: *Deutsche Rundschau* 70 (1947), H. 7.

Brunner, Andreas, *Rechtsstaat gegen Totalstaat,* 2 Teile, Zürich 1948.

Brunner, Otto, *„Feudalismus". Ein Beitrag zur Begriffsgeschichte,* Wiesbaden 1959.

Bruns, Paul, *Vom Wesen und der Bedeutung der DAF. Ein Beitrag zu ihrer Würdigung als Wegbereiterin einer neuen deutschen Sozialordnung,* Diss. Leipzig 1937.

Buchheim, Hans, *Glaubenskrise im Dritten Reich. Drei Kapitel nationalsozialistischer Religionspolitik (Veröffentlichungen des Instituts für Zeitgeschichte München),* Stuttgart 1953.

—, „Die SS in der Verfassung des Dritten Reiches", in: *Vierteljahrshefte für Zeitgeschichte* 3 (1955).

—, „Grundlagen und politische Entwicklung des Dritten Reiches", in: *Schicksalsfragen der Gegenwart. Handbuch politisch-historischer Bildung,* hrsgg. vom Bundesministerium für Verteidigung, Bd. II, Tübingen 1957.

—, *Das Dritte Reich,* München 1958.

—, „Die Liquidation des Deutschen Reichstags", in: *Politische Studien* 9 (1958), H. 95.

—, „Die organisatorische Entwicklung der politischen Polizei in Deutschland in den Jahren 1933 und 1934", in: *Gutachten des Instituts für Zeitgeschichte,* München 1958.

Buchheim, Karl, *Geschichte der christlichen Parteien in Deutschland,* München 1953.

—, „Totalitarismus", in: *Dokumente* 12 (1956), H. 4.

Buchheit, Gert, *Hitler, der Feldherr. Die Zerstörung einer Legende,* Rastatt 1958.

Buchner, Franz, *Kamerad! Halt aus! Aus der Geschichte des Kreises Starnberg der NSDAP,* München 1938.

Buchner, Hans, *Die goldene Internationale. Vom Finanzkapital, seinem System und seinen Trägern* (Nationalsozialistische Bibliothek, H. 3), München 1928.

—, *Grundriß einer nationalsozialistischen Volkswirtschaftstheorie* (Nationalsozialistische Bibliothek, H. 16), 4. Aufl., München 1932.

—, *Warenhauspolitik und Nationalsozialismus* (Nationalsozialistische Bibliothek, H. 13), 3. Aufl., München 1931.

Buchner, Max, *Auf dem Wege nach Weimar und von Weimar nach Potsdam. Ein geschichtlicher Rückblick auf die Wandlung des Bismarckreiches zum Parteienstaat und das Wieder-Erwachen des nationalen Deutschlands*, München o. J. [1933].

Bülow, Friedrich, *Der deutsche Ständestaat. Nationalsozialistische Gemeinschaftspolitik durch Wirtschaftsorganisation*, Leipzig 1934.

Bullock, Alan, *Hitler. A Study in Tyranny*, Long Acre–London 1952.

Burg, Paul (Hrsg.), *Neue Geschichte des Deutschen Reiches für jedermann. Von König Heinrich dem Vogelsteller bis zum Volkskanzler Adolf Hitler*, Leipzig 1934.

Burin, Frederic S., "Bureaucracy and National Socialism. A Reconsideration of Weberian Theory", in: *Reader in Bureaucracy*, hrsgg. von Robert K. Merton *et al.*, Glencoe (Ill.) 1952.

Bußmann, Walter, „Politische Ideologien zwischen Monarchie und Weimarer Republik", in: *Historische Zeitschrift* 190 (1960).

Butler, Rohan, *The Roots of National Socialism 1783–1933*, London 1941.

Buttinger, Joseph, *Am Beispiel Österreichs. Ein geschichtlicher Beitrag zur Krise der sozialistischen Bewegung*, Köln 1953.

Carossa, Hans, *Ungleiche Welten*, Wiesbaden 1951.

Castellan, Georges, *Le réarmement clandestin du Reich 1930–1935*, Paris 1954.

Čelovský, Boris, *Das Münchener Abkommen, 1938* (Quellen und Darstellungen zur Zeitgeschichte, Bd. 3), Stuttgart 1958.

—, „Pilsudskis Präventivkrieg gegen das nationalsozialistische Deutschland. Vorbereitung und Widerlegung einer Legende", in: *Die Welt als Geschichte* 14 (1954).

Chamberlain, Houston Stewart, *Die Grundlagen des 19. Jahrhunderts*, 2 Bde., München 1899.

—, *Mensch und Gott*, München 1922.

Choltitz, Dietrich v., *Soldat unter Soldaten*, Konstanz–Zürich–Wien 1951.

Claß, Hans, *Die gelenkte Selbstverwaltung. Das Verhältnis des Deutschen Reiches zur materiellen (echten) Selbstverwaltung* (Abhandlungen aus dem Staats- und Verwaltungsrecht mit Einschluß des Völkerrechts, 62. Heft), Breslau 1941.

Conrad, Walter, *Der Kampf um die Kanzeln. Erinnerungen und Dokumente aus der Hitlerzeit*, Berlin 1957.

Conrad-Martius, Hedwig, *Utopien der Menschenzüchtung*, München 1955.

Conze, Werner, „Nationalstaat oder Mitteleuropa?", in: *Deutschland und Europa. Historische Studien zur Völker- und Staatenordnung des Abendlandes. Festschrift für Hans Rothfels*, Düsseldorf 1951.

—, „Zum Sturz Brünings", in: *Vierteljahrshefte für Zeitgeschichte* 1 (1953).

—, „Die Krise des Parteienstaats in Deutschland 1929/30", in: *HZ* 178 (1954).

Craig, Gordon A., „Briefe Schleichers an Groener", in: *Die Welt als Geschichte* 11 (1951).

—, *The Politics of the Prussian Army 1640–1945*, Oxford 1955.

Crankshaw, Edward, *Die Gestapo*, Berlin 1959.

A Crisis in the University World, London 1935.

Cunio, Hermann, *Führerprinzip und Willensbildung im Aktienrecht*, Leipzig 1935.

Czech-Jochberg, Erich, *Deutsche Geschichte nationalsozialistisch gesehen*, Leipzig 1933.

Daeschner, Leon, *Die Deutsche Arbeitsfront*, München 1934.

Dahm, Georg, und Friedrich Schaffstein, *Methode und System des neuen Strafrechts*, Berlin 1937.

Daim, Wilfried, *Der Mann, der Hitler die Ideen gab*, München 1958.

Dale, Harold Edward, *The Higher Civil Service of Great Britain*, Oxford 1941.

Dallin, Alexander, *Deutsche Herrschaft in Rußland 1941–1945. Eine Studie über Besatzungspolitik*, Düsseldorf 1958.

Daluege, Kurt, *Nationalsozialistischer Kampf gegen das Verbrechertum*, München 1936.

Danner, Lothar, *Ordnungspolizei Hamburg. Betrachtungen zu ihrer Geschichte 1918–1933*, Hamburg 1958.

Darré, R. Walther, *Das Bauerntum als Lebensquell der nordischen Rasse,* München 1929.

—, *Das Schwein als Kriterium für nordische Völker und Semiten,* München 1933.

—, *Neuadel aus Blut und Boden,* München 1934.

—, *Erkenntnisse und Werden. Aufsätze aus der Zeit vor der Machtergreifung,* hrsgg. von Marie Adelheid Prinzessin Reuß-zur Lippe, Goslar 1940.

Decker, Will, *Der deutsche Arbeitsdienst. Ziele, Leistungen und Organisation des Reichsarbeitsdienstes (Schriften zum Staatsaufbau,* Heft 14/14 a), 3. Aufl., Berlin 1941.

—, *Der deutsche Weg. Ein Leitfaden zur nationalpolitischen Erziehung der deutschen Jugend im Arbeitsdienst. Aufgaben, Organisation und Aufbau,* 5. Aufl., Berlin 1933.

Deimel, Theodor, *Carlyle und der Nationalsozialismus. Eine Würdigung des englischen Denkers im Lichte der deutschen Gegenwart,* Würzburg 1937.

Deist, Wilhelm, „Brüning, Herriot und die Abrüstungsgespräche von Bessinge 1932", in: *Vierteljahrshefte für Zeitgeschichte* 5 (1957).

—, „Schleicher und die deutsche Abrüstungspolitik im Juni/Juli 1932", in: *Vierteljahrshefte für Zeitgeschichte* 7 (1959).

Dell, Robert, *The Geneva Racket,* London 1940.

[Delp, Alfred], *Alfred Delp. Kämpfer, Beter, Zeuge. Letzte Briefe und Beiträge von Freunden,* Berlin 1954.

—, *Im Angesicht des Todes. Geschrieben zwischen Verhaftung und Hinrichtung. 1944–1945,* Frankfurt/M. 1947.

Denne, Ludwig, *Das Danzig-Problem in der deutschen Außenpolitik 1934–1939,* Bonn o. J. [1959].

Dennewitz, Bodo, *Das nationale Deutschland ein Rechtsstaat. Die Rechtsgrundlagen des neuen deutschen Staates,* Berlin 1933.

Dernedde, Carl, „Kommissare", in: *Reichs- und Preußisches Verwaltungsblatt* 55 (1934).

Deuerlein, Ernst, *Das Reichskonkordat. Beiträge zu Vorgeschichte, Abschluß und Vollzug des Konkordates zwischen dem Heiligen Stuhl und dem Deutschen Reich vom 20. Juli 1933,* Düsseldorf 1956.

—, „Wehrordnung und Föderalismus in Deutschland, Teil II: 1919–1935", in: *Wehrwissenschaftliche Rundschau* 6 (1956).

—, „Hitlers Eintritt in die Politik und die Reichswehr", in: *Vierteljahrshefte für Zeitgeschichte* 7 (1959).

Deutschland und der Weltkrieg, hrsgg. von Otto Hintze, 2. erw. Aufl., Leipzig–Berlin 1916.

Dieben, Wilhelm, „Die innere Reichsschuld seit 1933", in: *Finanzarchiv,* N. F. 11 (1949).

Dieckmann, Carl, *Die Selbstverwaltung im neuen Staat,* Berlin 1933.

Dieckmann, Hildemarie, *Johannes Popitz. Entwicklung und Wirksamkeit in der Zeit der Weimarer Republik bis 1933 (Studien zur europäischen Geschichte aus dem Friedrich-Meinecke-Institut der Freien Universität Berlin,* Bd. IV), Berlin 1960.

Diels, Rudolf, *Lucifer ante Portas ... es spricht der erste Chef der Gestapo ...,* Stuttgart 1950.

Dienstkenntnis. Leitfaden für den Unterricht an der Marineschule, bearb. von der Marineschule Mürwick, Teil III: *Verfassungsrecht,* Berlin 1938.

Dietrich, Otto, „Adolf Hitler als künstlerischer Mensch", in: *NS-Monatshefte* 4, H. 43 (Oktober 1933).

—, *Mit Hitler in die Macht. Persönliche Erlebnisse mit meinem Führer,* 4. Aufl., München 1934.

—, *12 Jahre mit Hitler,* München 1955.

Diller, Albert, *Die Legalität der nationalsozialistischen Revolution,* Erlangen 1935.

Dimitroff contra Göring s. [Braunbuch II].

The Diplomats 1919–1939, hrsgg. von Gordon A. Craig und Felix Gilbert, Princeton 1953.

Dirksen, Herbert v., *Moskau, Tokio, London. Erinnerungen und Betrachtungen zu 20 Jahren deutscher Außenpolitik 1919–1939,* Stuttgart 1949.

Documents on German Foreign Policy 1918–1945, Series C *(The Third Reich: First Phase),* vol. I, Washington 1957.

Soviet Documents on Foreign Policy, selected and edited by Jane Degras, Bd. III (1933–1941), London–New York–Toronto 1953.

Dönitz, Karl, *Zehn Jahre und zwanzig Tage,* Bonn 1958.

Dokumente der Deutschen Politik, hrsgg. von Paul Meier-Benneckenstein, Bd. I: *Die national-sozialistische Revolution 1933,* Berlin 1939.

Dokumente der Zeitgeschichte (Dokumente der Sammlung Rehse aus der Kampfzeit, Bd. 1), hrsgg. von Adolf Dresler und Fritz Maier-Hartmann, 3. Aufl., München 1941.

Dorn, Walter, "The Prussian Bureaucracy in the Eighteenth Century", in: *Political Science Quarterly* 46 (1931); 47 (1932).

Dorpahlen, Andreas, *The World of General Haushofer,* New York 1942.

Dovifat, Emil, "Die Presse im neuen Staat. Bemerkungen zum Schriftleitergesetz", in: *Märkische Volkszeitung,* Nr. 275 (6. Oktober 1933).

Dräger, Heinrich, *Arbeitsbeschaffung durch produktive Kreditschöpfung. Ein Beitrag zur Frage der Wirtschaftsbelebung durch das sogenannte Federgeld (Nationalsozialistische Bibliothek,* H. 41), München 1932.

Dräger, Werner, *Primat des Volkes? Ein Beitrag zur Grundfrage einer völkischen Staatslehre,* Berlin 1935.

Drage, Charles, *The Amiable Prussian,* London 1958.

Duderstadt, Henning, *Vom Reichsbanner zum Hakenkreuz. Wie es kommen mußte. Ein Bekenntnis,* Stuttgart 1933.

Duesterberg, Theodor, *Der Stahlhelm und Hitler,* Wolfenbüttel–Hannover 1949.

Ebeling, Hans, *The Caste. The Political Role of the German General Staff Between 1918 and 1938,* London 1945.

Ebenstein, William, *The Nazi State,* New York 1942.

Edelmann-Muehsam, Margaret T., "The Jewish Press in Germany", in: *Publications of the Leo Baeck Institute, Year Book I,* London 1956.

Edinger, Lewis J., *German Exile Politics. The Social Democratic Executive Committee in the Nazi Era,* Berkeley–Los Angeles 1956.

—, "German Social Democracy and Hitler's 'National Revolution' of 1933: A Study in Democratic Leadership", in: *World Politics* 5 (1953).

Ehmke, Horst, *Grenzen der Verfassungsänderung,* Berlin 1953.

Ehrich, Emil, *Die Auslands-Organisation der NSDAP,* Berlin 1937.

Eichenauer, Richard, *Musik und Rasse,* München 1932.

Eichstädt, Ulrich, *Von Dollfuß zu Hitler. Geschichte des Anschlusses Österreichs 1933–1938,* Wiesbaden 1955.

Elster (Pol. Maj.), "Der ,militärische' Charakter der deutschen Polizei", in: *Die Polizei* 30 (1933).

Das Ende der Parteien 1933 (Veröffentlichung der Kommission für Geschichte des Parlamentarismus und der politischen Parteien), hrsgg. von Erich Matthias und Rudolf Morsey, Düsseldorf 1960.

Engelbrechten, Julius Karl v., *Eine braune Armee entsteht. Die Geschichte der Berlin–Brandenburger SA,* München–Berlin 1937.

Engelbrechten, Julius Karl v., und Hans Volz, *Wir wandern durch das nationalsozialistische Berlin. Ein Führer durch die Gedenkstätten des Kampfes um die Reichshauptstadt,* München 1937.

Entwicklung und Reform des Beamtenrechts (Veröffentlichungen der Vereinigung der Deutschen Staatsrechtslehrer, H. 7), Berlin–Leipzig 1932.

Der katholische Episkopat in der nationalen Revolution Deutschlands 1933, hrsgg. von Emil Franz Josef Müller, Freiburg (Schweiz) 1934.

Erbe, René, *Die nationalsozialistische Wirtschaftspolitik 1933–1939 im Lichte der modernen Theorie,* Zürich 1958.

Erbt, Wilhelm, *Weltgeschichte auf rassischer Grundlage. Urzeit, Morgenland, Mittelmeer, Abendland und Nordland,* 2. Aufl., Leipzig 1934.

Erdmann, Karl Dietrich, "Das Problem der Ost- oder Westorientierung in der Locarnopolitik Stresemanns", in: *Geschichte in Wissenschaft und Unterricht* 6 (1955).

—, *Die Zeit der Weltkriege (Handbuch der deutschen Geschichte,* Bd. IV), Stuttgart 1959.

Erdmann, Lothar, "Die Wege des Satans", in: *Die Hilfe* 40 (1934).

Erfurth, Waldemar, *Die Geschichte des deutschen Generalstabes von 1918 bis 1945 (Studien zur Geschichte des zweiten Weltkrieges,* Bd. 1), Göttingen–Berlin–Frankfurt 1957.

Ermarth, Fritz, *Theorie und Praxis des faschistisch-korporativen Staates* (*Heidelberger Rechtswissenschaftliche Abhandlungen*, Nr. 14), Heidelberg 1932.

Ernst, Fritz, „Aus dem Nachlaß des Generals Walther Reinhardt", in: *Die Welt als Geschichte* 18 (1958).

Der Erzberger-Mord. Dokumente menschlicher und politischer Verkommenheit, Bühl (Baden) 1921.

Deutsche Erziehung im neuen Staat, hrsgg. von Friedrich Hiller, Langensalza–Berlin–Leipzig 1934.

Eschenburg, Theodor, *Der Beamte in Partei und Parlament* (*Kleine Schriften für den Staatsbürger*, H. 15), Frankfurt/M. 1952.

—, *Die improvisierte Demokratie der Weimarer Republik* (*Geschichte und Politik*, H. 10), Laupheim 1954.

—, *Staat und Gesellschaft in Deutschland*, Stuttgart 1956.

Esser, Hermann, *Die jüdische Weltpest. Judendämmerung auf dem Erdball*, 6. Aufl., München 1943.

Eulenburg, Franz, *Großraumwirtschaft und Autarkie* (*Kieler Vorträge*. . ., Nr. 37), Jena 1932.

Everling, Friedrich, *Organischer Aufbau des Dritten Reichs*, München 1931.

Ewers, Hanns Heinz, *Horst Wessel. Ein deutsches Schicksal*, Stuttgart–Berlin 1933.

Eyck, Erich, *Geschichte der Weimarer Republik*, 2 Bde., Erlenbach–Zürich–Stuttgart 1954–1956.

Faber du Faur, Moriz v., *Macht und Ohnmacht. Erinnerungen eines alten Offiziers*, Stuttgart 1953.

Facius, Friedrich, *Wirtschaft und Staat. Die Entwicklung der staatlichen Wirtschaftsverwaltung in Deutschland vom 17. Jahrhundert bis 1945* (*Schriften des Bundesarchivs*, Bd. 6), Boppard a. Rh. 1959.

Faul, Erwin, „Hitlers Über-Machiavellismus", in: *Vierteljahrshefte für Zeitgeschichte* 2 (1954).

Faulhaber, Michael, *Judentum, Christentum, Germanentum*, München [1934].

Feder, Gottfried, *Das Manifest zur Brechung der Zinsknechtschaft des Geldes*, München 1919.

—, *Das Programm der NSDAP und seine weltanschaulichen Grundgedanken* (*Nationalsozialistische Bibliothek*, H. 1), 41.–50. Aufl., München 1931.

—, *Der deutsche Staat auf nationaler und sozialer Grundlage. Neue Wege in Staat, Finanz und Wirtschaft*, 5. Aufl., München 1932.

—, *Kampf gegen die Hochfinanz*, 6. Aufl., München 1935.

Feickert, Andreas, *Studenten greifen an. Nationalsozialistische Hochschulreform*, Hamburg 1934.

Feiling, Keith, *The Life of Neville Chamberlain*, London 1946.

Feinberg, Nathan, "The Activities of Central Jewish Organisations Following Hitler's Rise to Power", in: *Yad Washem Studies on the European Jewish Catastrophe and Resistance*, I, Jerusalem 1957.

Felgen, Friedrich, *et al.*, *Die Femelüge*, München 1928 (4. Aufl. 1932 u. d. T.: *Femgericht*).

Fiehler, Karl, „Die Aufgabe des Deutschen Gemeindetages", in: *Der Gemeindetag* 27 (1933).

Fijalkowski, Jürgen, *Die Wendung zum Führerstaat. Ideologische Komponenten in der politischen Philosophie Carl Schmitts* (*Schriften des Instituts für politische Wissenschaft*, Bd. 12), Köln–Opladen 1958.

Fischer, Kurt E., *Dokumente zur Geschichte des deutschen Rundfunks und Fernsehens* (*Quellensammlung zur Kulturgeschichte*, Bd. 11), Göttingen–Berlin–Frankfurt 1957.

Fischer, Rudolf, *Schleicher. Mythos und Wirklichkeit*, Hamburg 1932.

Flechtheim, Ossip K., *Die Kommunistische Partei Deutschlands in der Weimarer Republik*, Offenbach 1948.

Föhr, Ernst, *Geschichte des badischen Konkordats*, Freiburg 1958.

Foerster, Wolfgang, *Generaloberst Ludwig Beck. Sein Kampf gegen den Krieg. Aus den nachgelassenen Papieren des Generalstabschefs*, München 1953.

Foertsch, Hermann, *Die Wehrmacht im nationalsozialistischen Staat*, Hamburg 1935.

—, *Schuld und Verhängnis. Die Fritschkrise im Frühjahr 1938 als Wendepunkt in der Geschichte der nationalsozialistischen Zeit* (*Veröffentlichungen des Deutschen Instituts für Geschichte der nationalsozialistischen Zeit* [jetzt: *Institut für Zeitgeschichte*], Nr. 1), Stuttgart 1951.

Forell, Birger, "National-Socialism and the Protestant Churches in Germany", in: *The Third Reich*, London 1955.

Forsthoff, Ernst, *Die Krise der Gemeindeverwaltung im heutigen Staat,* Berlin 1932.
—, *Der totale Staat,* Hamburg 1933.
Fraenkel, Ernst, *Zur Soziologie der Klassenjustiz (Jungsozialistische Schriftenreihe),* Berlin 1927.
—, *The Dual State. A Contribution to the Theory of Dictatorship,* London–New York–Toronto 1941.
—, „Freiheit und politisches Betätigungsrecht der Beamten in Deutschland und USA", in: *Veritas, Justitia, Libertas. Festschrift zur 200-Jahrfeier der Columbia University New York,* Berlin o. J. [1953].
—, *Die repräsentative und die plebiszitäre Komponente im demokratischen Verfassungsstaat,* Tübingen 1958.
François-Poncet, André, *Als Botschafter in Berlin. 1931–1938,* 2. Aufl., Mainz 1949.
Frank, Hans, *Recht und Verwaltung,* München 1939.
—, *Die Technik des Staates (Schriftenreihe des Institutes für die Technik des Staates an der Technischen Hochschule München),* Berlin–Leipzig–Wien 1942.
—, *Im Angesicht des Galgens. Deutung Hitlers und seiner Zeit auf Grund eigener Erlebnisse und Erkenntnisse,* München-Gräfelfing 1953.
Frank, Hans, Heinrich Himmler, Werner Best, Reinhard Höhn, *Grundfragen der deutschen Polizei. Bericht über die konstituierende Sitzung des Ausschusses für Polizeirecht der Akademie für Deutsches Recht am 11. Oktober 1936,* Hamburg 1937.
Frank, Walter, *Hofprediger Adolf Stoecker und die christlichsoziale Bewegung,* Berlin 1928.
—, *Die deutschen Geisteswissenschaften im Kriege* (Rede am 18. Mai 1940 an der Universität Berlin), Hamburg 1940.
—, „Die Erforschung der Judenfrage. Rückblick und Ausblick", in: *Forschungen zur Judenfrage (Schriften des Reichsinstituts für Geschichte des neuen Deutschlands,* Bd. 5), Hamburg 1941.
—, „Deutsche Wissenschaft und Judenfrage", in: *Forschungen zur Judenfrage,* Hamburg 1941.
Franz, Leopold, *Die Gewerkschaften in der Demokratie und in der Diktatur,* Karlsbad 1935.
Frauendorfer, Max, *Der ständische Gedanke im Nationalsozialismus (Nationalsozialistische Bibliothek,* H. 40), München 1932 (3. Aufl. 1933).
—, *Was ist ständischer Aufbau?,* Berlin 1934.
Freisler, Roland, Walter Luetgebrune et al., *Denkschrift des Zentralausschusses der Strafrechtsabteilung der Akademie für Deutsches Recht über die Grundzüge eines Allgemeinen Deutschen Strafrechts (Schriften der Akademie für Deutsches Recht,* H. 1), Berlin 1934.
Freksa, Friedrich, Hrsg., *Kapitän Ehrhardt. Abenteuer und Schicksale,* Berlin 1924.
Freudenberger, Heinrich, „Bauernkraft – Wehrkraft", in: *Der Bauer im Umbruch der Zeit,* hrsgg. von Wolfgang Clauß, Berlin 1935.
Freund, Gerald, *Unholy Alliance. Russian-German Relations from the Treaty of Brest-Litowsk to the Treaty of Berlin,* London 1957.
Freund, Michael, *Deutsche Geschichte,* Gütersloh 1960.
Freyer, Hans, *Das politische Semester. Ein Vorschlag zur Universitätsreform,* Jena 1933.
Frick, Wilhelm, *Der Neuaufbau des Dritten Reiches. Vortrag, gehalten vor Offizieren der Reichswehr am 15. November 1934,* Berlin o. J.
—, „Student im Volk. Völkische Aufgaben der Hochschulreform", in: *Mann's Pädagogisches Magazin,* Langensalza 1934.
[—,] *Dr. Wilhelm Frick und sein Ministerium. Aus Anlaß des 60. Geburtstages des Reichs- und Preußischen Ministers des Innern Dr. Wilhelm Frick am 12. März 1937,* hrsgg. von Hans Pfundtner, München 1937.
Fried, Ferdinand [Friedrich Zimmermann], *Das Ende des Kapitalismus,* Jena 1931.
Friedensburg, Ferdinand, *Die Weimarer Republik,* (Neuaufl.) Hannover–Frankfurt 1957.
Der Friedensvertrag von Versailles nebst Schlußprotokoll und Rheinlandstatut, durchgesehene Ausgabe in der durch das Londoner Protokoll vom 30. August 1924 revidierten Fassung, Berlin 1925.
Friedrich, Carl Joachim, „Das Ende der Kabinettspolitik", in: *Außenpolitik* 1 (1950).
—, *Der Verfassungsstaat der Neuzeit (Enzyklopädie der Rechts- und Staatswissenschaft, Abt. Staatswissenschaft),* Berlin–Göttingen–Heidelberg 1953.

—, *Totalitarian Dictatorship and Autocracy*, Cambridge (Mass.) 1956.

Fritsch, Hans v., *Die Gewaltherrschaft in Österreich 1933 bis 1938. Eine staatsrechtliche Untersuchung*, Leipzig–Wien 1938.

Frobenius, Else, *Die Frau im Dritten Reich*, Berlin 1933.

Das deutsche Führerlexikon 1934/1935, Berlin 1934.

Funk, Walther, *Befreiung von Kriegstributen durch wirtschaftliche und soziale Erneuerungen* (Vortrag. . ., hrsgg. von der Gesellschaft für deutsche Wirtschafts- und Sozialpolitik), Berlin 1929.

Furtwängler, Josef, ÖTV. *Die Geschichte einer Gewerkschaft*, Stuttgart 1955.

Gaertner, Hans, "Problems of Jewish Schools in Germany During the Hitler Regime", in: *Publications of the Leo Baeck Institute, Year Book I*, London 1956.

Ganzer, Karl Richard, *Aufstand und Reich. Lebenskräfte deutscher Geschichte. Reden und Aufsätze*, München–Berlin 1940.

Gatzke, Hans W., *Stresemann and the Rearmament of Germany*, Baltimore 1954.

—, „Stresemann und die deutsche Rußlandpolitik", in: *Vierteljahrshefte für Zeitgeschichte* 4 (1956).

—, "Russo-German Military Collaboration During the Weimar Republic", in: *American Historical Review* 63 (1958).

Gauger, Joachim, *Chronik der Kirchenwirren*, Elberfeld 1934.

Die jüdischen Gefallenen des deutschen Heeres, der deutschen Marine und der deutschen Schutztruppen 1914–1918. Ein Gedenkbuch, hrsgg. vom Reichsbund jüdischer Frontsoldaten, 2. Aufl., Berlin 1932.

Gehl, Walther, *Die Jahre I–IV des nationalsozialistischen Staates*, Breslau 1937.

Geigenmüller, Otto, *Die politische Schutzhaft im nationalsozialistischen Deutschland*, 2. Aufl., Würzburg 1937.

Geiger, Theodor, *Die soziale Schichtung des deutschen Volkes. Soziographischer Versuch auf statistischer Grundlage*, Stuttgart 1932.

Geissmar, Berta, *Musik im Schatten der Politik*, 3. Aufl., Zürich–Freiburg/Br. 1951.

Deutscher Geist zwischen gestern und morgen. Bilanz der kulturellen Entwicklung seit 1945, hrsgg. von Joachim Moras und Hans Paeschke, Stuttgart 1954.

SA-Geist im Betrieb. Vom Ringen um die Durchsetzung des deutschen Sozialismus, hrsgg. von der Obersten SA-Führung, München 1938.

Die Deutsche Gemeindeordnung vom 30. Januar 1935. Textausgabe, bearb. von Harry Goetz, 8. Aufl., Berlin 1940.

Gengler, Ludwig, *Rudolf Berthold*, 2. Aufl., Berlin 1934.

Gerber, Hans, „Vom Begriff und Wesen des Beamtentums", in: *Archiv des öffentlichen Rechts*, N. F. 18 (1930).

—, *Politische Erziehung des Berufsbeamtentums im Nationalsozialistischen Staat. Eröffnungsvortrag . . . am 30. Oktober 1933*, Tübingen 1933.

Gercke, Achim, *Die Aufgaben des Sachverständigen für Rasseforschung beim Reichsministerium des Innern (Flugschriften für Familiengeschichte, H. 23)*, Leipzig 1933.

Germany in the Third Reich. As Seen by Anglo-Saxon Writers, selected and annotated by Gustav Schad, Frankfurt/M. 1936.

Germino, Dante L., *The Italien Fascist Party in Power. A Study in Totalitarian Rule*, Minneapolis 1959.

Gerth, Hans, "The Nazi Party: Its Leadership and Composition", in: *American Journal of Sociology* 14 (Jan. 1940).

Geschichte der Republik Österreich, hrsgg. von Heinrich Benedikt, München 1954.

Zur Geschichte der deutschen antifaschistischen Widerstandsbewegung, 1933–1945. Eine Auswahl von Materialien, Berichten und Dokumenten, Berlin 1957.

Die Gesetzgebung des Kabinetts Hitler, hrsgg. von Werner Hoche, H. 1, Berlin 1933.

Geßler, Otto, *Reichswehrpolitik in der Weimarer Zeit*, hrsgg. von Kurt Sendtner, Stuttgart 1958.

Das nationalsozialistische Gewissen in Danzig. Aus sechs Jahren Kampf für Hitler. Nach Reden und Niederschriften des Gauleiters von Danzig, Albert Forster, hrsgg. von Wilhelm Löbsack, Danzig 1936.

Das Gewissen steht auf. 64 Lebensbilder aus dem deutschen Widerstand 1933–1945, ges. von Annedore Leber, hrsgg. in Zusammenarbeit mit Willy Brandt und Karl Dietrich Bracher, Berlin–Frankfurt/M. 1954.

Das Gewissen entscheidet. Bereiche des deutschen Widerstandes von 1933–1945 in Lebensbildern, hrsgg. von Annedore Leber in Zusammenarbeit mit Willy Brandt und Karl Dietrich Bracher, Berlin–Frankfurt/M. 1957.

Geyr v. Schweppenburg, Leo Frhr., *Erinnerungen eines Militärattachés. London 1933–1937*, Stuttgart 1949.

—, *Gebrochenes Schwert*, Berlin 1952.

Giese, Friedrich, *Das Berufsbeamtentum im deutschen Volksstaat*, 2. Aufl., Berlin 1930.

Giese, Fritz Ernst, *Die deutsche Marine 1920–1945. Aufbau und Untergang*, Frankfurt/M. 1956.

Giese, Gerhardt, *Staat und Erziehung. Grundzüge einer politischen Pädagogik und Schulpolitik*, Hamburg 1933.

Gilbert, Felix, "Mitteleuropa – The Final Stage", in: *Journal of Central European Affairs* 7 (1947).

Glombowski, Friedrich, *Organisation Heinz (O. H.). Das Schicksal der Kameraden Schlageters*, Berlin 1934.

Glungler, Wilhelm, *Die Lehre vom neuen Staat*, Darmstadt 1934.

—, *Vorlesung über Volk und Staat*, München–Leipzig 1936.

—, *Theorie der Politik. Grundlehren einer Wissenschaft von Volk und Staat*, München–Leipzig 1939.

Goebbels, Joseph, *Der Nazi-Sozi. Fragen und Antworten für den Nationalsozialisten*, Elberfeld o. J. [1927].

—, *Vom Kaiserhof zur Reichskanzlei. Eine historische Darstellung in Tagebuchblättern*, Berlin 1933.

—, *Revolution der Deutschen*, Oldenburg 1933.

—, *Signale der neuen Zeit*, 2. Aufl., München 1934.

—, *Der Angriff. Aufsätze aus der Kampfzeit*, München 1935.

Goerdeler, Carl, „Die Gemeinde als Teil des Reichsganzen", in: *Der Städtetag* 27 (1933).

Göring, Hermann, *Aufbau einer Nation*, Berlin 1934.

—, *Reden und Aufsätze*, München 1941.

Görlitz, Walter, *Der deutsche Generalstab. Geschichte und Gestalt. 1657–1945*, Frankfurt/M. [1950].

—, *Hindenburg. Ein Lebensbild*, Bonn 1953.

Görlitz Walter, und Herbert A. Quint, *Adolf Hitler. Eine Biographie*, Stuttgart 1952.

Götte, Karl-Heinz, *Die Propaganda der Glaubensbewegung „Deutsche Christen" und ihre Beurteilung in der deutschen Tagespresse*, Diss. Münster 1957.

Goetz, Walter, *Historiker in meiner Zeit. Gesammelte Aufsätze*, hrsgg. von Herbert Grundmann, Köln–Graz 1957.

Goldberg, Otto, *Die politischen Beamten im deutschen Rechte*, Diss. Leipzig 1932.

Goltz, Friedrich Frhr. von der, und Theodor Stiefenhofer, *Unsterbliches Deutschland. Völkischer Durchbruch in der Geschichte*, Hamburg 1936.

Goltz, Rüdiger Graf von der, *Meine Sendung in Finnland und im Baltikum*, Leipzig 1920.

Goltz, Rüdiger Graf von der, *Tribut-Justiz. Ein Buch um die deutsche Freiheit*, Berlin 1932.

Gordon, Harold Jackson, „Ritter v. Epp und Berlin 1919–1923", in: *Wehrwissenschaftliche Rundschau* 9 (1959).

—, *The Reichswehr and the German Republic 1919–1926*, Princeton (N. Y.) 1957 *(Die Reichswehr und die Weimarer Republik 1919–1926*, Frankfurt a. M. 1959).

Graml, Hermann, *Der 9. November 1938, „Reichskristallnacht"* (Schriftenreihe der Bundeszentrale für Heimatdienst, H. 2), Bonn 1953.

—, „Mischlinge und Mischehen", in: *Gutachten des Instituts für Zeitgeschichte*, München 1958.

Grauert, Wilhelm, „Die Entwicklung des Polizeirechts im nationalsozialistischen Staat", in: *Deutsche Juristenzeitung* 39 (1934).

Grebing, Helga, *Der Nationalsozialismus*, München 1959.

Grensemann, Heinrich, *Leitfaden für den Geschäftsbetrieb der Reichskulturkammer*, Berlin 1937.

Grimm, Friedrich, *Hitlers deutsche Sendung*, Berlin 1934.

—, *Politische Justiz, die Krankheit unserer Zeit. 40 Jahre Dienst am Recht*, Bonn o. J. [1953].

Grimm, Hans, *Volk ohne Raum*, 1. Aufl., München 1928.

Gritzbach, Erich, *Hermann Göring, Werk und Mensch*, München 1941.

Groener, Wilhelm, *Lebenserinnerungen. Jugend, Generalstab, Weltkrieg*, hrsgg. von Friedrich Frhr. Hiller v. Gaertringen, Göttingen 1957.

Groener-Geyer, Dorothea, *General Groener. Soldat und Staatsmann*, Frankfurt/M. 1955.

Groppe, Theodor, *Ein Kampf um Recht und Sitte. Erlebnisse um Wehrmacht, Partei, Gestapo*, 2. Aufl., Trier 1959.

Grosser, Alfred, *Hitler, la presse et la naissance d'une dictature*, Paris 1959.

Großmann, Wassilij, *Die Hölle von Treblinka*, Moskau 1946.

Grotkopp, Wilhelm, *Die große Krise. Lehren aus der Überwindung der Wirtschaftskrise 1929–1932*, Düsseldorf 1954.

Gruenewald, Max, "The Beginning of the 'Reichsvertretung'", in: *Publications of the Leo Baeck Institute, Year Book I*, London 1956.

Grunsky, Hans Alfred, *Seele und Staat. Die psychologischen Grundlagen des nationalsozialistischen Siegs über den bürgerlichen und bolschewistischen Menschen*, Berlin 1935.

Grzesinski, Albert, *Das Beamtentum im neuen Staat. Zwei Vorträge von Grzesinski und Hans Völter auf dem Mitteldeutschen Beamtentag in Magdeburg am 1. Dezember 1929*, Berlin 1930.

—, *Inside Germany*, New York 1939.

Guderian, Heinz, *Achtung – Panzer! Die Entwicklung der Panzerwaffe, ihre Kampftaktik und ihre operativen Möglichkeiten*, 4. Aufl., Stuttgart [1943?].

—, *Erinnerungen eines Soldaten*, Heidelberg 1951.

Günther, Albrecht Erich, „Die Aufgabe der Wehrwissenschaften an der Hochschule", in: *Zeitschrift für die gesamte Staatswissenschaft* 95 (1935).

Günther, Gerhard, *Das Reich* (*Das Reich im Werden. Arbeitshefte im Dienste politischer Erziehung*, Heft 3), Frankfurt/M. 1934.

Günther, Hans F. K., *Platon als Hüter des Lebens. Platons Zucht- und Erziehungsgedanken und ihre Bedeutung für die Gegenwart*, München 1928.

—, *Rassenkunde des deutschen Volkes*, 1. Aufl. München 1922.

Gürtler, Paul, *Nationalsozialismus und evangelische Kirchen im Warthegau* (*Arbeiten zur Geschichte des Kirchenkampfs*, Bd. 2), Göttingen 1958.

Gütt, Arthur, Ernst Rüdin und Falk Ruttke, *Gesetz zur Verhütung erbkranken Nachwuchses vom 14. Juli 1933*, München 1934.

Gütt, Arthur, Herbert Linden und Franz Maßfeller, *Blutschutz und Ehegesundheitsgesetz*, München 1936.

Gumbel, Emil Julius, *Vier Jahre politischer Mord*, Berlin–Fichtenau 1922.

—, *Verschwörer. Beiträge zur Geschichte und Soziologie der deutschen nationalistischen Geheimbünde seit 1918*, Wien 1924.

—, *Denkschrift des Reichsjustizministers zu „Vier Jahre politischer Mord"*, Berlin 1924.

—, *Acht Jahre politische Justiz. Das Zuchthaus – die politische Waffe*, Berlin 1927.

—, *Verräter verfallen der Feme. Opfer, Mörder, Richter 1919–1929*, Berlin 1929.

Gurian, Waldemar, *Der Kampf um die Kirche im Dritten Reich*, Luzern 1936.

Gutachten des Instituts für Zeitgeschichte, München 1958.

Guth, Karl, *Die Reichsgruppe Industrie. Standort und Aufgabe der industriellen Organisation* (*Schriften zum Staatsaufbau*), Berlin 1941.

Hadamovsky, Eugen, *Propaganda und nationale Macht. Die Organisation der öffentlichen Meinung für die nationale Politik*, Oldenburg i. O. 1933.

Häberlein, Ludwig, *Das Verhältnis von Staat und Wirtschaft mit besonderer Hervorhebung der Selbstverwaltung des Reichsnährstandes und der landwirtschaftlichen Marktordnung*, Bd. I: *Staat und Wirtschaft*; Bd. II: *Bauerntum, Reichsnährstand und landwirtschaftliche Marktordnung*, beide Berlin 1938.

Haensch, Walter, *Der organisatorische Weg zur einheitlichen Reichspolizei seit 1933*, Leipziger Diss., Berlin 1939.

Haensel, Carl, und Richard Strahl, *Politisches ABC des neuen Reichs. Schlag- und Stich-wörterbuch für den deutschen Volksgenossen,* Stuttgart 1933.

Härtle, Heinrich, *Nietzsche und der Nationalsozialismus,* 3. Aufl., München 1942.

Hagemann, Walter, *Publizistik im Dritten Reich. Ein Beitrag zur Methodik der Massenführung,* Hamburg 1948.

—, *Vom Mythos der Masse. Ein Beitrag zur Psychologie der Öffentlichkeit,* Heidelberg 1951.

Hagen, Walther, *Die geheime Front. Organisation, Personen und Aktionen des deutschen Geheimdienstes,* Linz–Wien 1950.

Hagmann, Meinrad, *Der Weg ins Verhängnis. Reichstagswahlergebnisse 1919 bis 1933, besonders aus Bayern,* München 1946.

Halder, Franz, *Hitler als Feldherr,* München 1949.

Hallgarten, George Wolfgang F., *Hitler, Reichswehr und Industrie. Zur Geschichte der Jahre 1918–1933,* Frankfurt/M. 1955.

—, *Dämonen oder Retter. Eine Geschichte der Diktatur,* Frankfurt/M. 1957.

Hameit, Paul, *Die Entwicklung des ständischen Problems,* Diss. Hamburg 1937.

Hamel, Walter, „Die Polizei im neuen Reich", in: *Deutsches Recht* 5 (1935).

Hammer, Hermann, „Die deutschen Ausgaben von Hitlers ‚Mein Kampf'", in: *Vierteljahrshefte für Zeitgeschichte* 4 (1956).

Hammerstein, Kunrat Frhr. v., „Schleicher, Hammerstein und die Machtübernahme 1933", in: *Frankfurter Hefte* 11 (1956).

Hancke, Kurt, *Deutscher Aufstand gegen den Westen,* 2. Aufl., Berlin 1941.

Statistisches Handbuch von Deutschland 1929–1949, hrsgg. vom Länderrat des Amerikanischen Besatzungsgebiets, München 1949.

Nationalsozialistisches Handbuch für Recht und Gesetzgebung, hrsgg. von Hans Frank, München 1935.

Handbuch des deutschen Staatsrechts, Bd. II, Tübingen 1932.

Hanfstaengl, Ernst, *Hitler. The Missing Years,* London 1957.

d'Harcourt, Robert, "National Socialism and the Catholic Church in Germany", in: *The Third Reich,* London 1955.

Hart, Basil Henry, Liddell, *Jetzt dürfen sie reden. Hitlers Generale berichten,* Stuttgart–Hamburg 1950.

Hartshorne, Edward Y., *The German Universities and National Socialism,* Cambridge (Mass.) 1937.

Hase, Günther, *Der Werdegang des Arbeitsdienstes,* Berlin–Leipzig 1940.

Haugg, Werner, *Das Reichsministerium für die kirchlichen Angelegenheiten,* Berlin 1940.

Haupt, Joachim, *Neuordnung im Schulwesen und Hochschulwesen (Das Recht der nationalen Revolution,* hrsgg. von Georg Kaisenberg und Franz Albrecht Medicus, H. 5), Berlin 1933.

Haus, Wolfgang, „Staatskommissare und Selbstverwaltung 1930–1933", in: *Der Städtetag,* N. F. 9 (1956).

Hausser, Paul, *Waffen-SS im Einsatz,* Göttingen 1953.

Heberle, Rudolf, *From Democracy to Nazism. A Regional Case Study on Political Parties in Germany,* Baton Rouge (Louisiana) 1945.

—, *Social Movements. An Introduction to Political Sociology,* New York 1951.

Heer, Friedrich, *Koexistenz, Zusammenarbeit, Widerstand. Grundfragen europäischer und christlicher Einigung,* Zürich 1956.

Heffter, Heinrich, *Die deutsche Selbstverwaltung im 19. Jahrhundert. Geschichte der Ideen und Institutionen,* Stuttgart 1950.

Heiber, Helmut, „Zur Justiz im Dritten Reich. Der Fall Elias", in: *Vierteljahrshefte für Zeitgeschichte* 3 (1955).

—, „Der Fall Grünspan", in: *Vierteljahrshefte für Zeitgeschichte* 5 (1957).

Heidegger, Hermann, *Die deutsche Sozialdemokratie und der nationale Staat 1870–1920. Unter besonderer Berücksichtigung der Kriegs- und Revolutionsjahre,* Göttingen–Berlin–Frankfurt 1956.

Heidegger, Martin, *Die Selbstbehauptung der deutschen Universität,* Breslau 1934.

Heiden, Konrad, *Geschichte des Nationalsozialismus. Die Karriere einer Idee,* Berlin 1932.

—, *Der Fuehrer. Hitler's Rise to Power,* Boston 1944.

—, *Geburt des Dritten Reiches. Die Geschichte des Nationalsozialismus bis Herbst 1933,* 2. Aufl., Zürich 1934.

—, *Adolf Hitler. Das Zeitalter der Verantwortungslosigkeit. Eine Biographie,* Bd. I, Zürich 1936.

Heigert, Hans, „Der Selbstmord der deutschen Studentenschaft", in: *Frankfurter Allgemeine Zeitung,* Nr. 80 (5. April 1958).

Heinkel, Ernst, *Stürmisches Leben,* hrsgg. von Jürgen Thorwald, 3. Aufl., Stuttgart 1953.

Heinrich, Walter, *Das Ständewesen mit besonderer Berücksichtigung der Selbstverwaltung der Wirtschaft,* Jena 1932 (2. Aufl. 1934).

—, „Überwindung der Krise durch ständische Neuordnung der Wirtschaft", in: *Braune Wirtschaftspost,* H. 1 (Juli 1932).

Heinrichsbauer, August, *Schwerindustrie und Politik,* Essen-Kettwig 1948.

Heinrichsen, H. [= Hunke, Heinrich], „Nationalsozialismus und Weltwirtschaft", in: *Die deutsche Volkswirtschaft* 1 (1932).

Helbig, Herbert, *Die Träger der Rapollo-Politik,* Göttingen 1958.

Helbing, Lothar, *Der dritte Humanismus,* 3. Aufl., Berlin 1935.

Heller, Hermann, *Europa und der Fascismus,* 2. Aufl., Berlin–Leipzig 1931.

Henningsen, Hans, *Niedersachsenland, du wurdest unser! Zehn Jahre Nationalsozialismus im Gau Ost-Hannover. Streiflichter aus der Kampfzeit,* Harburg-Wilhelmsburg 1935.

Hentig, Hans v., *Der Gangster. Eine kriminalpsychologische Studie,* Berlin–Göttingen-Heidelberg 1959.

Herlin, Hans, *Udet – eines Mannes Leben und die Geschichte seiner Zeit,* Hamburg 1958.

Hermelink, Heinrich, *Kirche im Kampf. Dokumente des Widerstands und des Aufbaus der evangelischen Kirche in Deutschland von 1933–1945,* Stuttgart 1950.

Herre, Paul, *Kronprinz Wilhelm. Seine Rolle in der deutschen Politik,* München 1954.

Hertz, Paul, „Das Ende der deutschen Konsumgenossenschaftsbewegung", in: *Zeitschrift für Sozialismus,* Karlsbad 1936.

Herzfeld, Hans, „Zur neueren Literatur über das Heeresproblem in der deutschen Geschichte", in: *Vierteljahrshefte für Zeitgeschichte* 4 (1956).

—, *Demokratie und Selbstverwaltung in der Weimarer Epoche (Schriftenreihe des Vereins zur Pflege kommunalwissenschaftlicher Aufgaben,* Bd. 2), Stuttgart 1957.

—, *Die moderne Welt 1789–1945,* Teil II, 2. Aufl., Braunschweig 1957.

—, „Johannes Popitz. Ein Beitrag zur Geschichte des deutschen Beamtentums", in: *Forschungen zu Staat und Verfassung. Festgabe für Fritz Hartung,* Berlin 1958.

[—,] *Zur Geschichte und Problematik der Demokratie. Festgabe für Hans Herzfeld,* Berlin 1958.

Hesse, Kurt, *Der Feldherr Psychologos. Ein Suchen nach dem Führer der deutschen Zukunft,* Berlin 1922.

—, *Miliz,* Hamburg 1933.

Heusinger, Adolf, *Befehl im Widerstreit. Schicksalsstunden der deutschen Armee 1923–1945,* Tübingen–Stuttgart 1950.

Heuss, Theodor, *Hitlers Weg. Eine historisch-politische Studie über den Nationalsozialismus,* 9. Aufl., Stuttgart–Berlin–Leipzig 1932.

—, „Der Kampf um das deutsche Geschichtsbild", in: *Die Hilfe* 40 (1934).

—, *Friedrich Naumann. Der Mann, das Werk, die Zeit,* 2. Aufl., Stuttgart–Tübingen 1949.

Heyden, Günter, *Kritik der deutschen Geopolitik. Wesen und soziale Funktion einer reaktionären soziologischen Schule,* Berlin 1958.

Heydrich, Reinhard, „Die Bekämpfung der Staatsfeinde", in: *Deutsches Recht* 6 (1936).

[—,] *Reinhard Heydrich. Ein Leben der Tat,* hrsgg. von Erich Schneider, Prag 1944.

Heye, Hellmuth, *Die deutsche Kriegsmarine. Aufgaben und Aufbau,* Berlin 1939.

Hierl, Konstantin, *Grundlagen einer deutschen Wehrpolitik. Rede, gehalten am Nürnberger Parteitag 1929,* München 1929.

Hieronimi, Hermann, *Berufsbeamtentum und Politik,* Würzburg 1933.

Hilferding, Rudolf, „Das historische Problem" (aus dem Nachlaß hrsgg. von Benedikt Kautsky), in: *Zeitschrift für Politik,* N. F. 1 (1954).

Hilger, Gustav, *Wir und der Kreml. Deutsch-sowjetische Beziehungen 1918–1941. Erinnerungen eines deutschen Diplomaten,* 2. Aufl., Frankfurt/M.–Berlin 1956.

Hinkel, Hans, und Wulf Bley, *Kabinett Hitler*, 2. Aufl., Berlin 1933.

Hintze, Otto, *Staat und Verfassung. Gesammelte Abhandlungen zur allgemeinen Verfassungs-geschichte (Gesammelte Abhandlungen*, Bd. I, hrsgg. von Fritz Hartung), Leipzig 1941.

—, *Geist und Epochen der preußischen Geschichte (Gesammelte Abhandlungen*, hrsgg. von Fritz Hartung, Bd. III), Leipzig 1943.

Hippel, Fritz v., *Die nationalsozialistische Herrschaftsordnung als Warnung und Lehre. Eine juristische Betrachtung*, 2. Aufl., Tübingen 1947.

—, *Die Perversion von Rechtsordnungen*, Tübingen 1955.

Hirsch, Emanuel, *Das kirchliche Wollen der Deutschen Christen*, Berlin 1933.

Hirsch, Helmut, *Die Saar von Genf. Die Saarfrage während des Völkerbundregimes von 1920–1935 (Rheinisches Archiv* 42), Bonn 1954.

Hirsch, Paul, *Der Weg der Sozialdemokratie zur Macht in Preußen*, Berlin 1929.

Hirsch-Weber, Wolfgang, *Gewerkschaften in der Politik. Von der Massenstreikdebatte zum Kampf um das Mitbestimmungsrecht (Schriften des Instituts für politische Wissenschaft*, Bd. 13), Köln–Opladen 1959.

[Hitler, Adolf], *Vortrag Adolf Hitlers vor westdeutschen Wirtschaftlern im Industrie-Klub zu Düsseldorf am 27. Januar 1932*, München 1932.

—, *Mein Kampf, Volksausgabe*, 18. Aufl., München 1933.

[—,] *Die Reden Hitlers für Gleichberechtigung und Frieden*, München 1934.

[—,] *Die Reden Hitlers als Kanzler. Das junge Deutschland will Arbeit und Frieden*, 4. Aufl., München 1934.

[—,] *Sozialismus wie ihn der Führer sieht. Worte des Führers zu sozialen Fragen*, zusammen-gestellt von Fritz Meystre, München 1935.

[—,] *Adolf Hitler an seine Jugend*, München 1936.

—, *Volk und Erziehung. Abschnitte aus „Mein Kampf“ und den Reden des Führers*, Breslau 1937.

[—,] *Der Führer antwortet Roosevelt. Reichstagsrede vom 28. April 1939*, München 1939.

[—,] *Aufrufe, Tagesbefehle und Reden des Führers im Krieg 1939/41*, Karlsruhe 1941.

Hitler in der Karikatur der Welt. Tat gegen Tinte, Berlin 1938.

Hitlers Tischgespräche s. Picker, Henry.

Hoare, Sir Samuel, *Neun bewegte Jahre. Englands Weg nach München*, Düsseldorf 1955.

Hochmann, Walther, „Zur nationalpolitischen Erziehung“, in: *Die Erziehung* 8 (1933).

Hochschule für Politik der NSDAP. Ein Leitfaden, hrsgg. von Josef Wagner und Alfred Beck, München 1933.

Neue Hochschule. Vorschläge für eine totale Hochschulreform (Corpsstudentische Schriften-reihe 3), Frankfurt/M. 1935.

Hochstetter, Franz, *Leihkapital und Goldwährung als Grundlagen der Geldversklavung in Deutschland (Nationalsozialistische Bibliothek*, H. 26), München 1931.

Hoegner, Wilhelm, *Die verratene Republik. Geschichte der deutschen Gegenrevolution*, Mün-chen 1958.

—, *Der schwierige Außenseiter. Erinnerungen eines Abgeordneten, Emigranten und Minister-präsidenten*, München 1959.

Höltje, Christian, *Die Weimarer Republik und das Ostlocarno-Problem 1919–1934. Revision oder Garantie der deutschen Ostgrenze von 1919 (Marburger Ostforschungen*, Bd. 8), Würzburg 1958.

Höpker-Aschoff, Hermann, „Demokratie und Führertum“, in: *Die Hilfe* 40 (1934).

—, „Die Lehre vom Rechtsstaat“, in: *Die Hilfe* 40 (1934).

—, „Zu den Waffen des deutschen Geistes!“, in: *Die Hilfe* 40 (1934).

—, „Währungsmanipulationen seit 1914“, in: *Finanzarchiv*, N. F. 11 (1949).

Höß, Rudolf, *Kommandant in Auschwitz. Autobiographische Aufzeichnungen*. Eingeleitet und kommentiert von Martin Broszat (*Quellen und Darstellungen zur Zeitgeschichte*, Bd. 5), Stuttgart 1958.

Hofer, Walther, *Der Nationalsozialismus. Dokumente 1933–1945 (Fischer-Bücherei*, Bd. 172), Frankfurt/M.–Hamburg 1958.

—, *Die Diktatur Hitlers bis zum Beginn des zweiten Weltkrieges*, I. Teil (*Handbuch der deutschen Geschichte*, Bd. IV, Abschn. 4), Konstanz [1959].

Hohlfeld, Johannes, Hrsg., *Deutsche Reichsgeschichte in Dokumenten. Urkunden und Aktenstücke zur inneren und äußeren Politik des Deutschen Reiches*, Bd. IV: *Die nationalsozialistische Revolution. 1931–1934*, 2. Aufl., Berlin 1934.

Holthusen, Hans Egon, „Deutscher Geist im Urteil der Welt", in: *Merkur* 13 (1959).

Hommes, Jakob, *Lebens- und Bildungsphilosophie als völkische und katholische Aufgabe*, Freiburg/Br. 1934.

Hoppe, Willy, *Die Führerpersönlichkeit in der deutschen Geschichte (Schriften der Deutschen Hochschule für Politik, H. 2)*, Berlin 1934.

Hordt, Philipp, *Ernst Krieck. Volk als Schicksal und Aufgabe*, Heidelberg 1932.

Horneffer, Ernst, *Demokratie und Selbstverwaltung. Ein Entwurf zum deutschen Staate*, Essen 1927.

Horneffer, Reinhold, „Das Problem der Rechtsgeltung und der Restbestand der Weimarer Verfassung", in: *Zeitschrift für die gesamte Staatswissenschaft* 99 (1938).

Hornung, Klaus, *Der Jungdeutsche Orden (Beiträge zur Geschichte des Parlamentarismus und der politischen Parteien, Bd. 14)*, Düsseldorf 1958.

Horwitz, Hans Werner, *Der Staatskommissar als Mittel der Staatsaufsicht über die Gemeinden. Eine geschichtliche, dogmatische und in Bezug auf deutsche Länder rechtsvergleichende Darstellung*, Diss. Heidelberg 1933.

Horstmann, Kurt, *Der Ottplan und der Sturz von Papen* (ungedr. Prüfungsarbeit an der Pädagogischen Akademie Bielefeld).

Hoske, Hans, *Die menschliche Leistung als Grundlage des totalen Staates*, Leipzig 1936.

Hoßbach, Friedrich, *Zwischen Wehrmacht und Hitler 1934–1938*, Wolfenbüttel–Hannover 1949.

—, *Die Entwicklung des Oberbefehls über das Heer in Brandenburg, Preußen und im Deutschen Reich von 1655–1945*, Würzburg 1957.

Hubatsch, Walther, *Der Admiralstab und die obersten Marinebehörden in Deutschland, 1845–1945*, Frankfurt/M. 1958.

Huber, Engelbert, *Das ist Nationalsozialismus. Organisation und Weltanschauung der NSDAP*, 7. Aufl., Stuttgart–Berlin–Leipzig o. J.

Huber, Ernst Rudolf, „Bedeutungswandel der Grundrechte", in: *Archiv des öffentlichen Rechts* 23 (1932).

—, Hrsg., *Quellen zum Staatsrecht der Neuzeit*, Bd. 2: *Deutsche Verfassungsdokumente der Gegenwart (1919–1951)*, Tübingen 1951.

Hueck, Alfred, Hans Carl Nipperdey und Rolf Dietz, *Gesetz zur Ordnung der nationalen Arbeit mit sämtlichen Durchführungsverordnungen. . .*, München–Berlin 1934.

Hue de Grais, Robert Graf, *Handbuch der Verfassung und Verwaltung in Preußen und dem Deutschen Reiche*, 23. Aufl., Berlin 1926.

[Hugenberg, Alfred], *Hugenbergs Ringen in deutschen Schicksalsstunden. Tatsachen und Entscheidungen in den Verfahren zu Detmold und Düsseldorf 1949/50* (hrsgg. von Josef Borchmeyer), Detmold [1951].

Hunger, Kurt, „Die Bildungsidee des Humanismus in ihrem Verhältnis zu der politischen Bildungsidee der Gegenwart", in: *Zeitschrift für Geschichte der Erziehung und des Unterrichts* 23 (1933).

Hunke, Heinrich, „Die Eingliederung des Kampfbunds des gewerblichen Mittelstandes in die DAF", in: *Arbeitertum* 3 (1933/34).

Hutten, Kurt, *Seher, Grübler, Enthusiasten. Sekten und religiöse Sondergemeinschaften der Gegenwart*, 4. Aufl., Stuttgart 1954.

Ihde, Wilhelm, *Wegscheide 1789*, 4. Aufl., Leipzig–Berlin 1940.

Ipsen, Hans Peter, *Hamburgs Verfassung von Weimar bis Bonn*, Hamburg 1956.

Nationalsozialistisches Jahrbuch 1931, 5. Jg., hrsgg. unter Mitwirkung der Reichsleitung der NSDAP, München 1930.

Nationalsozialistisches Jahrbuch 1932, 6. Jg., hrsgg. unter Mitwirkung der Reichsleitung der NSDAP, München o. J. [1931].

Kirchliches Jahrbuch für die evangelische Kirche in Deutschland 1933–1944, hrsgg. von Johannes Beckmann, Gütersloh 1948.

Statistisches Jahrbuch für das Deutsche Reich, hrsgg. vom Statistischen Reichsamt, 49. Jg. (1930).

Statistisches Jahrbuch deutscher Städte. Amtliche Veröffentlichung des Deutschen Städtetages, bearb. vom Verband der deutschen Städtestatistiker, begr. von M. Neefe, 27. Jg. (N. F. 6. Jg.), Jena 1932.

Jahrbuch für nationalsozialistische Wirtschaft, hrsgg. von Otto Mönckmeier, Stuttgart–Berlin 1935.

200 Jahre Dienst am Recht. Gedenkschrift aus Anlaß des 200jährigen Gründungstages des Preußischen Justizministeriums, hrsgg. vom Reichsminister der Justiz Franz Gürtner, Berlin o. J.

Zehn Jahre unbekannter SA-Mann, Oldenburg i. O. 1933.

Jarman, Thomas Leckie, *The Rise and Fall of Nazi Germany,* London 1955.

Jellinek, Walter, „Verfassungsneubau", in: *Reich und Länder. Vorschläge, Begründung, Gesetzentwürfe,* Bd. X (1932–33).

—, *Verwaltungsrecht,* 3. Aufl., Berlin–Göttingen–Heidelberg 1931, Neudruck Offenburg 1948.

Jeserich, Kurt, „Die Gemeinde im nationalsozialistischen Staat", in: *Der Städtetag* 27 (1933).

German Jewry. Its History (The Wiener Library Catalogue, Series no. 3), London 1958.

Jünger, Ernst, *Der Kampf als inneres Erlebnis,* Berlin 1922.

—, *Der Arbeiter. Herrschaft und Gestalt,* 3. Aufl., Hamburg 1932.

—, Hrsg., *Krieg und Krieger,* Berlin 1930.

Deutscher Juristentag 1933. 4. Reichstagung des Bundes Nationalsozialistischer Deutscher Juristen. Ansprachen und Fachvorträge, zusammengest. und bearb. von Rudolf Schraut, Berlin 1933.

Jux, Hubert, *Der Zeitschriftenverleger und die Anordnungen der Reichspressekammer,* Berlin 1934.

Die Kämpfe im Baltikum nach der zweiten Einnahme von Riga, Juni bis Dezember 1919 (Darstellungen aus den Nachkriegskämpfen deutscher Truppen und Freikorps, Bd. III), Berlin 1938.

Kaisenberg, Georg, „Das Ermächtigungsgesetz", in: *Deutsche Juristenzeitung* 38 (1933).

Kaiser, Joseph.Heinrich, *Die Repräsentation organisierter Interessen,* Berlin 1956.

Kandler, Johannes, *Der deutsche Heeresetat vor und nach dem Kriege,* Leipzig 1930.

Kanter, Hugo, *Staat und berufsständischer Aufbau,* Wolfenbüttel 1932.

Kaufmann, Erich, *Das Wesen des Völkerrechts und die Clausula Rebus sic Stantibus. Rechtsphilosophische Studie zum Rechts-, Staats- und Vertragsbegriffe,* Tübingen 1911.

Kaufmann, Walther.H., *Monarchism in the Weimar Republic,* New York 1953.

Kaul, Friedrich Karl, *Justiz und Verbrechen. Der Pitaval der Weimarer Republik,* Berlin 1953.

Keil, Georg, *Vormarsch der Arbeitslagerbewegung. Geschichte und Erfahrung der Arbeitslagerbewegung für Arbeiter, Bauern und Studenten 1925–1932,* Berlin–Leipzig 1932.

Keil, Wilhelm, *Erlebnisse eines Sozialdemokraten,* Bd. II, Stuttgart 1948.

Kelsen, Hans, „Die staatsrechtliche Durchführung des Anschlusses Österreichs an das Deutsche Reich", in: *Zeitschrift für öffentliches Recht* 6, H. 3 (1926), (Sonderdruck Wien 1927).

Kern, Ernst, *Die Institution des Berufsbeamtentums im kontinentaleuropäischen Staat. Eine rechts- und verwaltungsvergleichende Studie (Verwaltung und Wirtschaft. Schriftenreihe der westfälischen Verwaltungs- und Wirtschaftsakademien,* Heft 5), Dortmund 1952.

Kesselring, Albert, *Soldat bis zum letzten Tag,* Bonn 1953.

Kielmannsegg, Johann Adolf Graf v., *Der Fritsch-Prozeß 1938. Ablauf und Hintergründe,* Hamburg 1949.

Killinger, Manfred, *Ernstes und Heiteres aus dem Putschleben,* München 1934 (1. Aufl. 1927).

—, *Die SA. In Wort und Bild,* Leipzig 1933.

Klagges, Dietrich, *Geschichtsunterricht als nationalpolitische Erziehung,* Frankfurt/M. 1936.

Klein, Burton Harold, *Germany's Economic Preparations for War,* Cambridge (Mass.) 1959.

Klein, Fritz, „Zur Vorbereitung der faschistischen Diktatur durch die deutsche Großbourgeoisie (1929–1932)", in: *Zeitschrift für Geschichtswissenschaft* 1 (1953).

Kleist-Schmenzin, Ewald v., „Die letzte Möglichkeit. Zur Ernennung Hitlers zum Reichskanzler am 30. Januar 1933", in: *Politische Studien* 10 (1959).

Klemperer, Klemens v., *Germany's New Conservativism,* Princeton 1957.

Klemperer, Viktor, *LTI [lingua tertii imperii]. Notizbuch eines Philologen,* 2. Aufl., Berlin 1949.

Klepper, Jochen, *Unter dem Schatten Deiner Flügel*, hrsgg. von Hildegard Klepper, Stuttgart 1956.

Klineberg, Otto, "Racialism in Nazi Germany", in: *The Third Reich*, London 1955.

Klönne, Arno, *Hitlerjugend. Die Jugend und ihre Organisation im Dritten Reich*, Hannover–Frankfurt/M. 1955.

—, *Gegen den Strom. Bericht über den Jugendwiderstand im Dritten Reich*, Hannover–Frankfurt/M. 1957.

Klütz, Alfred, „Die Arbeit der Justizbehörden in der Darstellung durch Theater, Film und Rundfunk", in: *Deutsche Justiz* 96 (1934).

—, „Die Aufgaben der Justizpressestellen", in: *Deutsche Justiz* 95 (1933).

—, „Die deutsche Justiz und das Filmschaffen", in: *Licht – Bild – Bühne*, Nr. 79 (5. April 1934).

Kluke, Paul, „Der Fall Potempa", in: *Vierteljahrshefte für Zeitgeschichte* 5 (1957).

—, „Nationalsozialistische Europaideologie", in: *Vierteljahrshefte für Zeitgeschichte* 5 (1957).

Knight-Patterson, W. M., *Germany from Defeat to Conquest 1913–1933*, London 1945.

Koch, Erich, „Sind wir Faschisten?", in: *Arbeitertum* 1, H. 9 (1. Juli 1931).

Koch, Horst-Adalbert, *Flak. Die Geschichte der deutschen Flakartillerie 1935–1945*, Nauheim 1954.

Koch, Karl W. H., *Das Ehrenbuch der SA*, Düsseldorf 1934.

Kochan, Lionel, *Pogrom. 10 November 1938*, London 1957.

Koellreutter, Otto, *Grundriß der Allgemeinen Staatslehre*, Tübingen 1933.

—, „Der nationale Rechtsstaat", in: *Deutsche Juristenzeitung* 38 (1933).

—, *Vom Sinn und Wesen der nationalen Revolution (Recht und Staat in Geschichte und Gegenwart*, H. 101), Tübingen 1933.

—, *Der deutsche Führerstaat*, Tübingen 1934.

—, *Volk und Staat in der Weltanschauung des Nationalsozialismus*, Berlin 1935.

Koerner, Ralf Richard, *So haben sie es damals gemacht. Die Propagandavorbereitung zum Österreich-Anschluß durch das Hitlerregime 1933 bis 1938*, Wien 1958.

Koeth, Josef, „Von der Wehrwirtschaft", in: *Wehrfreiheit. Jahrbuch der „Deutschen Gesellschaft für Wehrpolitik und Wehrwissenschaften" 1935*, Hamburg 1935.

Köttgen, Arnold, *Beamtenrecht (Jedermanns Bücherei)*, Breslau 1929.

—, *Das deutsche Berufsbeamtentum und die parlamentarische Demokratie*, Berlin–Leipzig 1928.

—, *Die Krise der kommunalen Selbstverwaltung*, Tübingen 1931.

—, „Die Neuordnung der kommunalen Selbstverwaltung", in: *Der Städtetag* 27 (1933).

Kogon, Eugen, *Der SS-Staat. Das System der deutschen Konzentrationslager*, 3. Aufl., Frankfurt/M. 1948.

Kolnai, Aurel, *The War Against the West*, London 1938.

Der Konkordatsprozeß (Veröffentlichungen des Instituts für Staatslehre und Politik, Bd. VII), München 1957.

Kops, Hans, „Das Akademische Wissenschaftliche Arbeitsamt (AWA), die Wehrsportorganisation der deutschen Studentenschaft. Seine Entstehung und Organisation", in: *Deutsche Corpszeitung* 49 (1932/33).

Kordt, Erich, *Wahn und Wirklichkeit. Die Außenpolitik des Dritten Reiches*, 2. Aufl., Stuttgart 1948.

—, *Nicht aus den Akten. Die Wilhelmstraße in Frieden und Krieg. Erlebnisse, Begegnungen und Eindrücke 1928–1945*, Stuttgart 1950.

Korfes, Otto, *Grundsätze der Wehrwirtschaftslehre. Allgemeine Grundlagen der Wehrwirtschaft und Kriegswirtschaft*, Hamburg 1936.

Koszyk, Kurt, *Zwischen Kaiserreich und Diktatur. Die sozialdemokratische Presse von 1914 bis 1933*, Heidelberg 1958.

Kral, Josef, *Deutsche Katholiken und Nationalsozialismus. Versuch einer Synthese*, Abensberg 1934.

Krausnick, Helmut, „Der 30. Juni 1934. Bedeutung, Hintergründe, Verlauf", in: *Das Parlament*, Beilage: *Aus Politik und Zeitgeschichte*, B XXV/54.

—, „Vorgeschichte und Beginn des militärischen Widerstandes gegen Hitler", in: *Die Vollmacht des Gewissens*, hrsgg. von der Europäischen Publikation e. V., [München] 1956.

Krebs, Albert, *Tendenzen und Gestalten der NSDAP. Erinnerungen an die Frühzeit der Partei* (Quellen und Darstellungen zur Zeitgeschichte, Bd. 6), Stuttgart 1959.

Krieck, Ernst, „Der Neubau der Universität", in: *Die deutsche Hochschule* 1, Marburg 1933.

—, *Nationalpolitische Erziehung*, 8. Aufl., Leipzig 1933.

Krieger, Leonhard, *The German Idea of Freedom. History of a Political Tradition*, Boston 1957.

Krockow, Christian Graf v., *Die Entscheidung. Eine Untersuchung über Ernst Jünger, Carl Schmitt, Martin Heidegger* (Göttinger Abhandlungen zur Soziologie, Bd. 3), Stuttgart 1958.

Kroll, Erwin, „Verbotene Musik", in: *Vierteljahrshefte für Zeitgeschichte* 7 (1959).

Kroll, Gerhard, *Von der Weltwirtschaftskrise zur Staatskonjunktur*, Berlin 1958.

Külz, Wilhelm, „Die Parteien und die Kommunalpolitik", in: *Selbstverwaltung und Demokratie. Monatsschrift für demokratische Kommunalpolitik* 6, Nr. 2 (15. Februar 1933).

Künneth, Walther, *Der große Abfall. Eine geschichtstheologische Untersuchung der Begegnung zwischen Nationalsozialismus und Christentum*, Hamburg 1947.

Deutsche Kultur im Neuen Reich. Wesen, Aufgabe und Ziel der Reichskulturkammer, Berlin 1934.

Kunz, Willi, *Ernst Krieck. Leben und Werk*, Leipzig 1942.

Kupisch, Karl, *Zwischen Idealismus und Massendemokratie. Eine Geschichte der evangelischen Kirche in Deutschland von 1815–1945*, Berlin 1955.

Deutschlands wirtschaftliche Lage an der Jahreswende 1933/34 (Berichte der Reichs-Kredit-Gesellschaft, als Manuskript gedr.). Dass. für *1934/35*.

Lamm, Hans, *Die innere und äußere Entwicklung des deutschen Judentums im Dritten Reich*, Diss. Erlangen 1951.

Lammers, Clemens, *Autarkie, Planwirtschaft und berufsständischer Staat?*, Berlin 1932.

Lammers, Hans Heinrich, „Die Staatsführung im Dritten Reich", in: *Deutsche Justiz* 96 (1934).

Langemann, Hans, *Das Attentat. Eine kriminalwissenschaftliche Studie zum politischen Kapitalverbrechen*, Hamburg 1956.

Langenbucher, Hellmuth, *Nationalsozialistische Dichtung. Einführung und Übersicht*, Berlin 1935.

Langhoff, Wolfgang, *Die Moorsoldaten. 13 Monate Konzentrationslager. Unpolitischer Tatsachenbericht*, Zürich 1935.

Lasswell, Harold Dwight, "The Psychology of Hitlerism", in: *Political Quarterly* 4 (1933).

Lauer, Klaus, *Die Polizei im nationalsozialistischen Staat*, Hamburg 1935.

Lautenbach, Wilhelm, *Zins, Kredit und Produktion*, Tübingen 1952.

Leber, Julius, *Ein Mann geht seinen Weg. Schriften, Reden und Briefe*, hrsgg. von seinen Freunden, Berlin-Schöneberg–Frankfurt/M. 1952.

Lederer, J. J., « La sidérurgie européenne et les cartels avant le plan Schuman », in: *Politique Etrangère* 16 (1951).

Leeb, Emil, *Aus der Rüstung des Dritten Reiches (Das Heereswaffenamt 1938–1945)*, in: *Wehrtechnische Monatshefte*, Beiheft 4 (Mai 1958).

Leibbrandt, Gottlieb, *Stand, Staat, Volk* (Gesellschaftswissenschaftliche Abhandlungen, hrsgg. von Othmar Spann, Bd. V), Leipzig–Wien 1935.

Leibholz, Gerhard, „Ideologie und Macht in den zwischenstaatlichen Beziehungen des 20. Jahrhunderts", in: *Göttinger Vorträge und Schriften* 4 (1949).

—, „Das Phänomen des totalen Staates", in: *Mensch und Staat in Recht und Geschichte* (Festschrift für Herbert Kraus), Kitzingen/Main 1954.

—, *Strukturprobleme der modernen Demokratie*, Karlsruhe 1958.

Leiß, Ludwig, *Großdeutsches Abstammungsrecht. Gesamtdarstellung mit einschlägigen Gesetzesbestimmungen*, Berlin–Leipzig–Wien 1943.

Leistritz, Karl, *Staatshandbuch des Volksgenossen*, 11. Aufl., Berlin-Südende 1936.

Leitfaden der Geschichte der Kommunistischen Internationale, Moskau–Leningrad 1934.

Lepawski, Albert, "The Nazis Reform the Reich", in: *American Political Science Review* 30 (1936).

Lerner, Daniel, *The Nazi Elite*, Stanford 1951.

Leschnitzer, Adolf, *The Magic Background of Modern Anti-Semitism. An Analysis of the German-Jewish Relationship*, New York 1956.

Leuschner, Joachim, *Volk und Raum. Zum Stil der nationalsozialistischen Außenpolitik*, Göttingen 1958.

Ley, Robert, *Deutschland ist schöner geworden*, hrsgg. von Hans Dauer und Walter Kiehl, Berlin 1936.

Lingg, Anton, *Die Verwaltung der Nationalsozialistischen Deutschen Arbeiterpartei*, 4. Aufl., München 1941.

Lipset, Seymour Martin, „Der ‚Faschismus‘ – die Linke, die Rechte und die Mitte", in: *Kölner Zeitschrift für Soziologie und Sozialpsychologie* 11 (1959).

Litt, Theodor, "The National-Socialist Use of Moral Tendencies in Germany", in: *The Third Reich*, London 1955.

Lochner, Louis Paul, *Die Mächtigen und der Tyrann. Die deutsche Industrie von Hitler bis Adenauer*, Darmstadt 1955.

Löbe, Paul, *Der Weg war lang. Lebenserinnerungen*, 2 Aufl., Berlin 1954.

Loerke, Oskar, *Tagebücher 1903–1939*, hrsgg. von Hermann Kasack, Heidelberg–Darmstadt 1955.

Lösener, Bernhard, und Friedrich August Knost, *Die Nürnberger Gesetze*, 3. Aufl., Berlin 1939.

Löwenstein, Karl, „Zum Machtverfall der Weimarer Republik", in: *Zeitschrift für Politik* 4 (1957).

Löwith, Karl, „M. Heidegger, Denker in dürftiger Zeit", in: *Neue Rundschau* 63 (1952).

Lohmann, Gertrud, *Friedrich Naumanns deutscher Sozialismus*, Berlin 1935.

Lohmann, Heinz, *SA räumt auf! Aus der Kampfzeit der Bewegung. Aufzeichnungen*, Hamburg 1933.

Lohmann, Karl, *Hitlers Staatsauffassung*, Berlin 1933.

Lorenz, Reinhold, *Der Staat wider Willen. Österreich 1918–1938*, 2. Aufl., Berlin 1941.

Lortz, Joseph, *Katholischer Zugang zum Nationalsozialismus kirchengeschichtlich gesehen*, Münster 1933.

Lüke, Rolf E., *Von der Stabilisierung zur Krise*, Zürich 1958.

Luetgebrune, Walter, *Neu-Preußens Bauernkrieg. Entstehung und Kampf der Landvolkbewegung*, Hamburg–Berlin–Leipzig 1931.

—, *Ein Kampf um Röhm*, Diessen vor München 1933.

Lukács, Georg, *Die Zerstörung der Vernunft*, Berlin 1954.

Lunau, Heinz, *Die geistige Situation der Deutschen. Untersuchung über den Zustand der politischen Wissenschaften in Deutschland, einschließlich des Völkerrechts*, Brüssel 1936.

Lutz, Hermann, „Fälschungen zur Auslandsfinanzierung Hitlers", in: *Vierteljahrshefte für Zeitgeschichte* 2 (1954).

—, *German-French Unity. Basis for European Peace. Historical Facts for a Constructive Policy, 1870–1933*, Chicago 1957.

Maaß, Bruno, „Vorgeschichte der Spitzengliederung der früheren deutschen Luftwaffe (1920–1933)", in: *Wehrwissenschaftliche Rundschau* 7 (1957).

Die neuen Männer. Verzeichnis der Dienststellenbesetzungen in Reichs- und Länderministerien, Berlin 1933.

Malaparte, Curzio [d. i. Karl Suckert], *Der Staatsstreich*, Leipzig–Wien 1932.

Malinowski, Wolfgang, „Das deutsch-englische Flottenabkommen vom 18. Juni 1935 als Ausgangspunkt für Hitlers doktrinäre Bündnispolitik", in: *Wehrwissenschaftliche Rundschau* 5 (1955).

SS-Mann und Blutsfrage. Die biologischen Grundlagen und ihre sinngemäße Anwendung für die Erhaltung und Mehrung des nordischen Blutes, hrsgg. vom SS-Hauptamt-Schulungsamt, Berlin o. J.

Manstein, Erich v., *Aus einem Soldatenleben. 1887–1939*, Bonn 1958.

Marcks, Erich, „Das Reichsheer von 1919 bis 1935", in: *Deutsche Heeresgeschichte*, hrsgg. von Karl Linnebach, Hamburg 1935 (2. Aufl. 1943).

Martini, Winfried, *Das Ende aller Sicherheit. Eine Kritik des Westens*, Stuttgart 1954.

Marx, Fritz Morstein, "Civil Service in Germany", in: *Civil Service Personnel*, New York–London 1935.

—, *Government in the Third Reich*, 2. Aufl., New York–London 1937.

Mattern, Johannes, *Geopolitik: Doctrine of National Self-Sufficiency and Empire*, Baltimore 1942.

Matthias, Erich, *Sozialdemokratie und Nation. Ein Beitrag zur Ideengeschichte der sozialdemokratischen Emigration in der Prager Zeit des Parteivorstandes 1933–1938 (Veröffentlichungen des Instituts für Zeitgeschichte München)*, Stuttgart 1952.

—, „Der Untergang der Sozialdemokratie", in: *Vierteljahrshefte für Zeitgeschichte* 4 (1956).

—, „Die Sitzung der Reichstagsfraktion des Zentrums am 23. März 1933", in: *Vierteljahrshefte für Zeitgeschichte* 4 (1956).

Mau, Hermann, „Die ‚zweite Revolution' – der 30. Juni 1934", in: *Vierteljahrshefte für Zeitgeschichte* 1 (1953).

Mau, Hermann, und Helmut Krausnick, *Deutsche Geschichte der jüngsten Vergangenheit 1933–1945*, Tübingen–Stuttgart 1956.

Medicus, Franz Albrecht, *Programm der Reichsregierung und Ermächtigungsgesetz (Das Recht der nationalen Revolution, H. 1)*, Berlin 1933.

—, *Das Reichsministerium des Innern. Geschichte und Aufbau*, Berlin 1940.

Mehrens, Bernhard, *Die Marktordnung des Reichsnährstandes (Schriften der Internationalen Konferenz für Agrarwissenschaft)*, Berlin 1938.

Mehringer, Helmut, *Die NSDAP als politische Ausleseorganisation*, München 1938.

Meinck, Gerhard, „Der Reichsverteidigungsrat", in: *Wehrwissenschaftliche Rundschau* 6 (1956).

—, *Hitler und die deutsche Aufrüstung 1933–1937*, Wiesbaden 1959.

Meinecke, Friedrich, *Die deutsche Katastrophe. Betrachtungen und Erinnerungen*, 4. Aufl., Wiesbaden 1949.

—, *Politische Schriften und Reden*, hrsgg. und eingel. von Georg Kotowski (*Werke*, Bd. 2), Darmstadt 1958.

Meißner, Hans Otto, und Harry Wilde, *Die Machtergreifung. Ein Bericht über die Technik des nationalsozialistischen Staatsstreichs*, Stuttgart 1958.

Meißner, Otto, *Staatssekretär unter Ebert–Hindenburg–Hitler. Der Schicksalsweg des deutschen Volkes von 1918–1945, wie ich ihn erlebte*, Hamburg 1950.

Menne, Bernhard, *Krupp. Deutschlands Kanonenkönige*, Zürich 1937.

Merk, Walther, *Der Gedanke des gemeinen Besten in der deutschen Staats- und Rechtsentwicklung*, Weimar 1934.

Merkel, Hans, „Recht und Rechtsschöpfung im Reichsnährstand", in: *Zeitschrift der Akademie für Deutsches Recht* 2 (1935).

Merker, Paul, *Deutschland. Sein oder nicht sein?* Bd. I, Mexico 1944.

Merkl, Adolf, *Die ständisch-autoritäre Verfassung Österreichs. Ein kritisch-systematischer Grundriß*, Wien 1935.

Merton, Richard, *Erinnernswertes aus meinem Leben, das über das Persönliche hinausgeht*, Frankfurt/M. 1955.

Metnitz, Gustav Adolf v., *Die deutsche Nationalbewegung. 1871–1933*, Berlin 1939.

Meyer, Gerhard, *Neue ständische Formen*, Köln 1935.

Meyer, Henry Cord, *Mitteleuropa in German Thought and Action 1815–1945*, The Hague 1955.

Michaelis, Cassie, Heinz Michaelis, W. O. Somin, *Die braune Kultur. Ein Dokumentenspiegel*, Zürich 1934.

Miller, Max, *Eugen Bolz. Staatsmann und Bekenner*, Stuttgart 1951.

Milosz, Czeslaw, *Verführtes Denken*, Köln–Berlin 1953.

Mirgeler, Albert, „Der Faschismus in der Geschichte des modernen Staates", in: *Saeculum* 6 (1955).

Moeller, Hero, „Schacht als Geld- und Finanzpolitiker. Bemerkungen zu seiner Selbstdarstellung", in: *Finanzarchiv*, N. F. 11 (1949).

Moeller van den Bruck, Arthur, *Das Dritte Reich*, 4. Aufl., Hamburg 1931.

Mößmer, Ferdinand, „Rassenmischehe und geltendes Recht", in: *Zeitschrift der Akademie für Deutsches Recht* 1 (1934).

Mohler, Armin, *Die konservative Revolution in Deutschland 1918–1932. Grundriß ihrer Weltanschauungen*. Stuttgart 1950.

Mommsen, Wilhelm, *Politische Geschichte von Bismarck bis zur Gegenwart. 1850–1933*, Frankfurt/M. 1935.

Morsey, Rudolf, „Aus westfälischer Wissenschaft und Politik", in: *Westfälische Forschungen* 10 (1957).

Mowat, Charles Loch, *Britain Between the Wars 1918–1940*, London 1955.

Mühlen, Norbert, *Die Krupps*, Frankfurt/M. 1960.

Müller, Alfred, *Die neugermanischen Religionsbildungen der Gegenwart*, Bonn 1934.

Müller, Georg-Wilhelm, *Das Reichsministerium für Volksaufklärung und Propaganda (Schriften zum Staatsaufbau*, H. 43), Berlin 1940.

Müller, Heinz, „Die Reichsgruppe Industrie", in: *Der Weg zum industriellen Spitzenverband*, hrsgg. vom Bundesverband der Deutschen Industrie, Darmstadt 1956.

Müller, Josef, *Die Entwicklung des Rassenantisemitismus in den letzten Jahrzehnten des 19. Jahrhunderts (Historische Studien*, H. 372), Berlin 1940.

Müller, Karl Alexander v., *Vom alten zum neuen Deutschland (1914–1938)*, Stuttgart–Berlin 1938.

Müller, Karl Valentin, *Aufstieg des Arbeiters durch Rasse und Meisterschaft*, München 1935.

Müller, Willy, *Das soziale Leben im neuen Deutschland unter besonderer Berücksichtigung der Deutschen Arbeitsfront*, Berlin 1938.

Müller-Blattau, Josef, *Germanisches Erbe in deutscher Tonkunst*, Berlin 1938.

Müller-Hegemann, Dietfried, *Zur Psychologie des deutschen Faschisten*, Rudolstadt 1955.

Mueller-Hillebrand, Burkhart, *Das Heer 1933–1945. Entwicklung des organisatorischen Aufbaues*, Bd. I, Darmstadt 1954.

Münch, Kurt, *Wirtschaftliche Selbstverwaltung*, Hamburg 1936.

Münzenberg, Willi, *Propaganda als Waffe*, Basel [1937].

Mulatty, Frederick, *Fascism Inside England*, London 1946.

Muschg, Walter, *Die Zerstörung der deutschen Literatur*, Bern 1956.

Muschler, Reinhold Conrad, *Das deutsche Führerbuch. Sieger aus eigener Kraft*, Berlin 1933.

—, *Ein deutscher Weg*, Leipzig 1933.

Nadler, Josef, *Literaturgeschichte der deutschen Stämme und Landschaften*, 1. Aufl., 3 Bde., Regensburg 1912–1918.

(4. Aufl., 4 Bde., Berlin 1938–1941: *Literaturgeschichte des deutschen Volkes*).

—, *Das stammhafte Gefüge des deutschen Volkes*, München 1934.

—, *Nation, Staat, Dichtung*, München 1934.

Nadolny, Rudolf, *Germanisierung oder Slawisierung*, Berlin 1928.

—, *Mein Beitrag*, Wiesbaden 1955.

Namier, Sir Lewis, *In the Nazi Era*, London 1952.

Was wir vom Nationalsozialismus erwarten. Zwanzig Antworten, hrsgg. von Albrecht Erich Günther, Heilbronn 1932.

Die Nationalversammlung von Potsdam. Deutschlands große Tage 21. bis 23. März 1933, mit verbindendem Text von Hans Wendt, Berlin 1933.

Naumann, Hans, *Deutsche Nation in Gefahr*, Stuttgart 1932.

—, *Wandlung und Erfüllung*, Stuttgart 1934.

Nawiasky, Hans, *Die Stellung des Berufsbeamtentums im parlamentarischen Staat*, München 1926.

Nazis Against the World. The Counter-Boycott is the Only Defensive Weapon Against Hitlerism's World-Threat to Civilization. Selected Speeches from World Leaders of Public Opinion, issued by the Non-Sectarian Anti-Nazi League to Champion Human Rights, New York o. J. [1934].

Neeß, Hermann, *Der Beamte im Geschehen der Zeit*, Berlin 1936.

Neeße, Gottfried, *Partei und Staat*, Hamburg 1936.

Nell-Breuning, Oswald v., „Ständischer Gesellschaftsaufbau", in: *Handwörterbuch der Sozialwissenschaften*, Bd. XII, Stuttgart–Tübingen–Göttingen 1956.

Neufeldt, Hans-Joachim, Jürgen Huck und Georg Tessin, *Zur Geschichte der Ordnungspolizei 1936–1945 (Schriften des Bundesarchivs*, Bd. 3), als Manuskr. gedr., Koblenz 1957.

Neuhäusler, Johann, *Kreuz und Hakenkreuz. Der Kampf des Nationalsozialismus gegen die katholische Kirche und den kirchlichen Widerstand*, Bd. I, 2. Aufl., München 1946.

Neumann, Franz Leopold, *Behemoth. The Structure and Practice of National Socialism*, 2. Aufl., New York 1944.

—, „Intellektuelle und politische Freiheit", in: *Sociologica. Aufsätze Max Horkheimer zum sechzigsten Geburtstag gewidmet (Frankfurter Beiträge zur Soziologie*, Bd. 1), Frankfurt/M. 1955.

—, *The Democratic and the Authoritarian State. Essays in Political and Legal Theory*, ed. by Herbert Marcuse, Glencoe (Ill.) 1957.

Neumann, Sigmund, „Englische Wandlungen", in: *Die Hilfe* 40 (1934).

—, *Permanent Revolution. The Total State in a World at War*, New York–London 1942.

Neurohr, Jean, *Der Mythos vom Dritten Reich. Zur Geistesgeschichte des Nationalsozialismus*, Stuttgart 1957.

Neusüß-Hunkel, Ermenhild, *Die SS (Schriftenreihe des Instituts für wissenschaftliche Politik*, Bd. 2), Hannover–Frankfurt/M. 1956.

Nicolai, Helmut, *Der Staat im nationalsozialistischen Weltbild (Neugestaltung von Recht und Wirtschaft*, hrsgg. von C. Schaeffer, H. 1), Leipzig 1933.

—, *Die rassengesetzliche Rechtslehre. Grundzüge einer nationalsozialistischen Rechtsphilosophie (Nationalsozialistische Bibliothek*, H. 39), 3. Aufl., München 1934.

—, *Grundlagen der kommenden Verfassung. Über den staatsrechtlichen Aufbau des Dritten Reiches*, Berlin 1933.

—, *Staat, Behörden und Beamte in Waldeck 1814–1868 (Geschichtsblätter für Waldeck*, 48. Bd.), Waldeck 1956.

Niederer, Werner, *Der Ständestaat des Faschismus. Der italienische Berufsverein und seine rechtliche Struktur*, München–Leipzig 1932.

Niekisch, Ernst, *Das Reich der niederen Dämonen*, Hamburg 1953.

—, *Gewagtes Leben*, Köln–Berlin 1958.

Niemöller, Wilhelm, *Kampf und Zeugnis der Bekennenden Kirche*, Bielefeld 1948.

—, *Bekennende Kirche in Westfalen*, Bielefeld 1952.

—, *Die Evangelische Kirche im Dritten Reich. Handbuch des Kirchenkampfes*, Bielefeld 1956.

Nilson, Sten S., „Wahlsoziologische Probleme des Nationalsozialismus", in: *Zeitschrift für die gesamte Staatswissenschaft* 110 (1954).

Norden, Albert, *Lehren deutscher Geschichte. Zur politischen Rolle des Finanzkapitals und der Junker*, Berlin 1947.

Noske, Gustav, *Erlebtes aus Aufstieg und Niedergang einer Demokratie*, Offenbach/M. 1947.

Obermann, Emil, *Soldaten, Bürger, Militaristen. Militär und Demokratie in Deutschland*, Stuttgart 1958.

Oehme, Walther, und Kurt Caro, *Kommt das „Dritte Reich"?* Berlin 1930.

Oertzen, Friedrich Wilhelm v., *Die deutschen Freikorps 1918–1923*, 6. Aufl., München 1939.

Oertzen, Karl Ludwig v., *Rüstung und Abrüstung. Eine Umschau über das Heer- und Kriegswesen aller Länder*, Berlin 1929.

Okraß, Hermann, „*Hamburg bleibt rot". Das Ende einer Parole*, Hamburg 1934.

Olden, Rudolf, *Hitler*, Amsterdam 1936.

Organisation der Deutschen Arbeitsfront und der NS-Gemeinschaft Kraft durch Freude, Berlin–Leipzig o. J. [1934].

Organisationsbuch der NSDAP, hrsgg. vom Reichsorganisationsleiter der NSDAP, 2. Aufl., München 1937.

Pachter, Henry M., "Freedom and Democracy in Germany", in: *World Politics* 11 (1959).

Paetel, Karl O., „Der Schwarze Orden. Zur Literatur über die ‚SS' ", in: *Neue Politische Literatur* 3 (1958).

Papen, Franz v., *Der Wahrheit eine Gasse*, München 1952.

—, *Memoirs*, London 1952.

Pareto, Vilfredo, *The Mind and Society*, ed. by Arthur Livingston, 4 Bde., 3. Aufl., New York 1942.

Parteien in der Bundesrepublik. Studien zur Entwicklung der deutschen Parteien bis zur Bundestagswahl 1953 (Schriften des Instituts für politische Wissenschaft, Bd. 6), Stuttgart–Düsseldorf 1955.

Parteitage der NSDAP:
: *Der Kongreß zu Nürnberg vom 5. bis 10. September 1934. Offizieller Bericht über den Verlauf des Reichsparteitages mit sämtlichen Reden,* München 1934.
: *Der große Reichsparteitag der NSDAP in Nürnberg vom 1. bis 3. September 1933. Der Kongreß des Sieges,* Dresden 1934.
: *Der Parteitag der Freiheit vom 10. bis 16. September 1935. Offizieller Bericht,* 2. Aufl., München 1935.

Pascal, Roy, *The Nazi Dictatorship,* London 1934.

Peace and War. US Foreign Policy 1931–1934, Washington 1943.

Pechel, Rudolf, *Deutscher Widerstand,* Erlenbach–Zürich 1947.

—, *Zwischen den Zeilen. Der Kampf einer Zeitschrift für Freiheit und Recht. 1932–1942. Aufsätze,* Wiesentheid 1948.

Pelloux, Robert, *Le parti national-socialiste et ses rapports avec l'état,* Paris 1936.

Perroux, François, *Des mythes hitlériens à l'Europe allemande,* 2. Aufl., Paris 1940.

The Authoritarian Personality (Studies in Prejudice Series, vol. 3), New York 1950.

Peters, Hans, *Grenzen der kommunalen Selbstverwaltung,* Berlin 1926.

—, *Lehrbuch der Verwaltung,* Berlin–Göttingen–Heidelberg 1949.

—, „Der Kampf um den Verwaltungsstaat", in: *Verfassung und Verwaltung in Theorie und Wirklichkeit. Festschrift für Wilhelm Laforet (Veröffentlichungen des Instituts für Staatslehre und Politik in Mainz,* Bd. 3), München 1952.

Petersen, Julius, *Die Sehnsucht nach dem Dritten Reich in deutscher Sage und Dichtung,* Stuttgart 1934.

Petersen, Kurt, „Zur großwirtschaftlichen Neugestaltung", in: *Braune Wirtschafts-Post* 2 (1933).

Petwaidic, Walter, *Die autoritäre Anarchie. Streiflichter des deutschen Zusammenbruchs,* Hamburg 1946.

Pfaff, Alfred, *Wege zur Brechung der Zinsknechtschaft,* München 1932.

Phelps, Reginald H., „Aus den Groener-Dokumenten", in: *Deutsche Rundschau* 76 (1950).

—, „Aus den Groener-Dokumenten", in: *Deutsche Rundschau* 77 (1951).

Picker, Henry, *Hitlers Tischgespräche im Führerhauptquartier 1941–1942,* Bonn 1951.

Pikart, Eberhard, „Preußische Beamtenpolitik 1918–1933", in: *Vierteljahrshefte für Zeitgeschichte* 6 (1958).

Pitsch, Ilse, *Das Theater als politisch-publizistisches Führungsmittel im Dritten Reich,* Diss. Münster 1952.

„Plaidoyer des Generalstaatsanwalts in Freiburg im Prozeß gegen Heinrich Tillessen" (27. November 1946), in: *Die Wandlung* 2 (1947).

Plessner, Helmuth, *Das Schicksal des deutschen Geistes im Ausgang seiner bürgerlichen Epoche,* Zürich–Leipzig 1935, Neuaufl. u. d. T.: *Die verspätete Nation. Über die politische Verführbarkeit bürgerlichen Geistes,* Stuttgart 1959.

Pleyer, Klemens, *Die Vermögens- und Personalverwaltung der deutschen Universitäten. Ein Beitrag zum Problemkreis Universität und Staat,* Marburg 1955.

Poetzsch-Heffter, Fritz, „Vom Staatsleben unter der Weimarer Verfassung, III. Teil (vom 1. Januar 1929 bis 31. Januar 1933)", in: *Jahrbuch des öffentlichen Rechts der Gegenwart* 21 (1934).

—, „Vom Deutschen Staatsleben (vom 30. Januar bis 31. Dezember 1933)", in: *Jahrbuch des öffentlichen Rechts der Gegenwart* 22 (1935).

Pohle, Heinz, *Der Rundfunk als Instrument der Politik. Zur Geschichte des deutschen Rundfunks von 1923–1938 (Wissenschaftliche Schriftenreihe für Rundfunk und Fernsehen,* Bd. 1), Hamburg 1955.

Poliakow, Léon, "The Weapon of Antisemitism", in: *The Third Reich,* London 1955.

Poliakov, Léon, und Josef Wulf, *Das Dritte Reich und die Juden. Dokumente und Aufsätze,* Berlin-Grunewald 1955.

—, *Das Dritte Reich und seine Denker. Dokumente,* Berlin-Grunewald 1959.

Pollock, James Kerr, und Homer Thomas, *Germany in Power and Eclipse. The Background of German Development,* New York–Toronto–London 1952.

Popitz, Johannes, „Zentralismus und Selbstverwaltung", in: *Volk und Reich der Deutschen. Vorlesungen, gehalten in der Deutschen Vereinigung für Staatswissenschaftliche Fortbildung,* hrsgg. von Bernhard Harms, Bd. II, Berlin 1929.

[—], *Johannes Popitz zum Gedächtnis,* Sondernummer der *Finanzrundschau* 5 (1954).

Portmann, Heinrich, *Kardinal von Galen,* 2. Aufl., Münster 1950.

Presse in Fesseln. Eine Schilderung des NS-Pressetrusts, Berlin 1948.

Preußen, Prinz Louis Ferdinand v., *Als Kaiserenkel durch die Welt,* Berlin 1952.

Prion, Willi, *Das Finanzwunder. Die Geldbeschaffung für den deutschen Wirtschaftsaufschwung,* Berlin-Wilmersdorf 1938.

Prittwitz und Gaffron, Friedrich v., *Zwischen Petersburg und Washington. Ein Diplomatenleben,* München 1952.

Das Problem des Reichsrats. Leitsätze mit Begründung, Gesetzentwürfe mit Begründung, Vergleiche mit anderen Staaten, hrsgg. vom Bund zur Erneuerung des Reiches, Berlin 1930.

Über die Probleme der deutschen Außenwirtschaft, Gutachten des Instituts für Konjunkturforschung, Berlin 1936.

Probleme des deutschen Wirtschaftslebens. Erstrebtes und Erreichtes. Eine Sammlung von Abhandlungen, hrsgg. vom Deutschen Institut für Bankwissenschaft und Bankwesen, Berlin–Leipzig 1937.

„Promemoria eines bayerischen Richters zu den Junimorden 1934", in: *Vierteljahrshefte für Zeitgeschichte* 5 (1957).

Prophetien wider das Dritte Reich. Aus den Schriften des Dr. Fritz Gerlich und des Pastors Ingbert Naab, ges. von Johannes Steiner, München 1946.

Quentin, Emil, *Die Deutschen als Volk für andere,* Berlin–Leipzig 1938.

Rabenau, Friedrich v., *Die alte Armee und die junge Generation. Kritische Betrachtungen,* Berlin 1925.

—, *Seeckt. Aus seinem Leben 1918–1936,* Leipzig 1940.

Radbruch, Gustav, *Der innere Weg. Aufriß meines Lebens,* Stuttgart 1951.

Raeder, Erich, *Mein Leben,* Bd. I, Tübingen 1956.

Rämisch, Raimund, „Der berufsständische Gedanke als Episode in der nationalsozialistischen Politik", in: *Zeitschrift für Politik,* N. F. 4 (1957).

Ramcke, Bernhard, *Vom Schiffsjungen zum Fallschirmjäger-General,* Berlin 1943.

Rantzau, Johann Albrecht v., "The Glorification of the State in German Historical Writing", in: *German History. Some New German Views,* ed. by Hans Kohn, London 1954.

Ratzel, Friedrich, *Erdenmacht und Völkerschicksal. Eine Auswahl aus seinen Werken,* Stuttgart 1940.

Rauschning, Hermann, *Die Revolution des Nihilismus. Kulisse und Wirklichkeit im Dritten Reich,* 4. Aufl., Zürich–New York 1938.

—, *Gespräche mit Hitler,* 4. Aufl., Zürich–Wien–New York 1940.

Rave, Paul Ortwin, *Kunstdiktatur im Dritten Reich,* Hamburg 1949.

Réal, Jean, "The Religious Conception of Race: Houston Stewart Chamberlain and German Christianity", in: *The Third Reich,* London 1955.

Reche, Otto, „Das Problem der Auslese für das Hochschulstudium", in: *Volk und Rasse* 9 (1934).

Die Rechtsentwicklung der Jahre 1933 bis 1935/36, hrsgg. von Erich Volkmann, Alexander Elster, Günther Küchenhoff (*Handwörterbuch der Rechtswissenschaft,* Bd. VIII), Berlin–Leipzig 1937.

Rehm, Max, „Carl Goerdeler", in: *Staats- und Kommunal-Verwaltung,* H. 2 (Februar 1956).

Das Dritte Reich und Europa. Bericht über die Tagung des Instituts für Zeitgeschichte in Tutzing, Mai 1956, München 1957.

The Third Reich, London 1955.

Reichmann, Eva Gabriele, *Die Flucht in den Haß. Die Ursachen der deutschen Judenkatastrophe,* Frankfurt/M. [1956].

Der Reichsführer SS. Der Chef des Sicherheitshauptamtes, Zersetzung der nationalsozialistischen Grundwerte im deutschsprachigen Schrifttum seit 1933, Sonderbericht, Nr. 245 (Juni 1936; hektogr.).

Reichstagsbrandprozeß. Dokumente, Briefe, Aufzeichnungen, Berlin 1946.

Reichstags-Handbuch, VIII. Wahlperiode 1933, Berlin 1933.

Der Großdeutsche Reichstag. 4. Wahlperiode. Beginn am 10. April 1938, verlängert bis zum 30. Januar 1947, hrsgg. von Ernst Kienast, Berlin 1943.

Reinhardt, Fritz, *Die Herrschaft der Börse (Nationalsozialistische Bibliothek, H. 2)*, München 1927.

—, *Generalplan gegen die Arbeitslosigkeit. Vortrag, gehalten im Klub zu Bremen*, Oldenburg 1933.

Reischle, Hermann, „Nationalsozialistische Rechtsgestaltung im Reichsnährstand", in: *Zeitschrift der Akademie für Deutsches Recht* 2 (1935).

Reithinger, Anton, *Am Wendepunkt der Konjunktur*, Berlin 1932.

—, *Stand und Ursachen der Arbeitslosigkeit in Deutschland (Vierteljahrshefte zur Konjunkturforschung, Sonderheft 29)*, Berlin 1932.

Reitlinger, Gerald, *Die Endlösung. Hitlers Versuch der Ausrottung der Juden Europas 1939 bis 1945*, Berlin 1956.

—, *Die SS. Tragödie einer deutschen Epoche*, Wien–München–Basel 1957.

Reitmann, Erwin, *Horst Wessel. Leben und Sterben*, Berlin 1933.

Reitz, Wilhelm, "German Higher Education and National Socialism", in: *Journal of Higher Education* 5 (1934).

Nazi-Soviet Relations, 1939–1941. Documents from the Archives of the German Foreign Office, ed. by Raymond James Sontag and James Stuart Beddie, Washington 1948.

Religionsfreiheit. Amtliche Dokumente. Worte führender Männer, 5. Aufl., Zwickau 1936.

Renner, Karl, *Österreich von der ersten zur zweiten Republik*, Wien 1953.

Reupke, Hans, *Das Wirtschaftssystem des Faschismus*, Berlin 1930.

—, *Der Nationalsozialismus und die Wirtschaft. Erläuterung der wirtschaftlichen Programmpunkte und Ideenlehre der nationalsozialistischen Bewegung*, Berlin 1931.

—, *Unternehmer und Arbeiter in der faschistischen Wirtschaftsidee*, Berlin 1931.

Reventlow, Ernst Graf, *Deutscher Sozialismus. Civitas Dei Germanica*, Weimar 1930.

Rheinbaben, Werner Frhr. v., *Viermal Deutschland. Aus dem Erleben eines Seemanns, Diplomaten, Politikers 1895–1954*, Berlin 1954.

Ribbentrop, Joachim v., *Zwischen London und Moskau. Erinnerungen und letzte Aufzeichnungen*, Leoni 1953.

Richtlinien für die Parteigeschichte der NSDAP in der Fassung vom 17. Februar 1934, hrsgg. von der Reichsleitung der NSDAP, München 1934.

Rieck, Heinz, *Volkstum und Wissenschaft (Gesellschaftswissenschaftliche Abhandlungen, hrsgg. von Othmar Spann, Bd. VII)*, Leipzig–Wien 1937.

Rieckhoff, Herbert Joachim, *Trumpf oder Bluff? 12 Jahre deutsche Luftwaffe*, Genf 1945.

Riemer, Hans, *Volk und Wirtschaft. Herkunft und Ziele ständischer Wirtschaftsverfassung*, Bonn 1933.

Rieß, Curt, *Joseph Goebbels. Eine Biographie*, Baden-Baden 1950.

Rimscha, Hans v., „Zur Gleichschaltung der deutschen Volksgruppen durch das Dritte Reich", in: *Historische Zeitschrift* 182 (1956).

Ritter, Emil, *Der Weg des politischen Katholizismus in Deutschland*, Breslau 1934.

Ritter, Gerhard, „Die Fälschung des deutschen Geschichtsbildes im Hitlerreich", in: *Deutsche Rundschau* 70 (April 1947).

—, *Europa und die deutsche Frage. Betrachtungen über die geschichtliche Eigenart des deutschen Staatsdenkens*, München 1948.

—, *Carl Goerdeler und die deutsche Widerstandsbewegung*, Stuttgart 1954.

—, *Staatskunst und Kriegshandwerk. Das Problem des Militarismus in Deutschland*, Bd. I (1740–1890), München 1954.

—, "The Historical Foundations of the Rise of National-Socialism", in: *The Third Reich*, London 1955.

Ritterbusch, Paul, *Idee und Aufgabe der Reichsuniversität (Der deutsche Staat der Gegenwart, H. 8)*, Hamburg 1935.

Ritthaler, Anton, „Eine Etappe auf Hitlers Weg zur ungeteilten Macht", in: *Vierteljahrshefte für Zeitgeschichte* 8 (1960).

Rock, Christa Maria, und Hans Brückner, *Das musikalische Juden-ABC*, München 1935.

Röhm, Ernst, *Die Geschichte eines Hochverräters*, 4. neubearb. Aufl., München 1933.

—, „SA und deutsche Revolution", in: *Nationalsozialistische Monatshefte*, Nr. 31 (1933).

Rößle, Wilhelm, *Ständestaat und politischer Staat (Recht und Staat in Geschichte und Gegenwart*, H. 113), Tübingen 1934.

Rogge, Heinrich, *Hitlers Versuche zur Verständigung mit England*, Berlin 1940.

Roh, Franz, *Geschichte der deutschen Kunst von 1900 bis zur Gegenwart*, München 1958.

Rohr, Hans Olof v., Hrsg., *Großgrundbesitz im Umbruch der Zeit*, Berlin 1935.

Roos, Hans, „Die ,Präventivkriegspläne' Pilsudskis von 1933", in: *Vierteljahrshefte für Zeitgeschichte* 3 (1955).

—, *Polen und Europa. Studien zur polnischen Außenpolitik 1931–1939 (Tübinger Studien zur Geschichte und Politik*, Bd. 7), Tübingen 1957.

Rosenberg, Alfred, *Wesen, Grundsätze und Ziele der Nationalsozialistischen Deutschen Arbeiterpartei. Das Programm der Bewegung*, München 1930.

—, *Das Wesensgefüge des Nationalsozialismus. Grundlagen der deutschen Wiedergeburt*, München 1932 (10. Aufl. 1934).

—, *Der Mythus des 20. Jahrhunderts. Eine Wertung der seelisch-geistigen Gestaltenkämpfe unserer Zeit*, 67.—70. Aufl., München 1935.

—, *Gestaltung der Idee. Reden und Aufsätze von 1933–1935*, München 1936.

—, *Weltanschauung und Wissenschaft (Nationalsozialistische Wissenschaft*, Schriftenreihe der NS-Monatshefte, H. 6), München 1936.

—, *Weltanschauung und Glaubenslehre (Schriften der Hallischen Wissenschaftlichen Gesellschaft*, Bd. 4), Halle/S. 1939.

—, Tagebuch s. Seraphim, Hans-Günther.

Rosenberg, Arthur, *Geschichte der deutschen Republik*, Karlsbad 1935.

—, *Entstehung und Geschichte der Weimarer Republik*, Frankfurt/M. 1955.

Rosenberg, Hans, *Bureaucracy, Aristocracy and Autocracy. The Prussian Experience, 1660 bis 1815*, Cambridge 1958.

Rosenstock, Werner, "Jewish Emigration from Germany", in: *Publications of the Leo Baeck Institute, Year Book I*, London 1956.

Rossbach, Gerhard, *Mein Weg durch die Zeit. Erinnerungen und Bekenntnisse*, Weilburg/Lahn 1950.

Rossitter, Clinton L., *Constitutional Dictatorship. Crisis Government in the Modern Democracies*, Princeton 1948.

Rosten, Curt, *Das ABC des Nationalsozialismus*, 6. Aufl., Berlin 1933.

Roth, Jack J., „Sorel und die totalitären Systeme", in: *Vierteljahrshefte für Zeitgeschichte* 6 (1958).

Rothfels, Hans, „Sinn und Grenzen des Primats der Außenpolitik", in: *Außenpolitik* 6 (1955).

—, „Vom Primat der Außenpolitik", in: *Außenpolitik* 1 (1950).

—, *Gesellschaftsform und auswärtige Politik (Geschichte und Politik*, H. 5), Laupheim 1951.

—, *Die deutsche Opposition gegen Hitler. Eine Würdigung (Fischer-Bücherei*, Bd. 198), Frankfurt/M.–Hamburg 1958.

Rothstein, Andrew, *The Munich Conspiracy*, London 1958.

Rüdiger, Wilhelm, „Grundlagen deutscher Kunst", in: *NS-Monatshefte* 4, H. 43 (Oktober 1933).

Rühle, Gerd, *Das Dritte Reich. Dokumentarische Darstellung des Aufbaues der Nation.* Ergänzungsband: *Die Kampfjahre 1918–1933*, Berlin [1936].

—, *Rasse und Sozialismus im Recht (Deutsche Rechtsbücherei*, hrsgg. von Hans Frank), Berlin [1935].

Rüstow, Alexander, *Ortsbestimmung der Gegenwart. Eine universalgeschichtliche Kulturkritik*, 3 Bde., Erlenbach–Zürich 1950–1957.

Ruge, Friedrich, *Der Seekrieg 1939–1945*, Stuttgart 1954.

Ruhland, Gustav, *System der politischen Ökonomie*, bearb. von Günther Pacyna, Goslar 1939.

Russell, Bertrand, "The Revolt Against Reason", in: *Atlantic Monthly*, Febr. 1935.

Rychner, Max, „Bemerkungen zum deutschen Schriftleitergesetz", in: *Neue Zürcher Zeitung*, Nr. 1830 (10. Oktober 1933).

Sack, Alfons, *Der Reichstagsbrand-Prozeß*, Berlin 1934.

Salomon, Ernst v., *Die Geächteten*, Gütersloh 1930.

—, *Der Fragebogen*, Hamburg 1951.

Sauer, Wilhelm, *Kriminalsoziologie*, Berlin 1933.

—, *Kriminologie als reine und angewandte Wissenschaft. Ein System juristischer Tatsachenforschung*, Berlin 1950.

Sauer, Wolfgang, „Armee und Politik in Deutschland", in: *Neue Politische Literatur* 4 (1959).

—, „Die Reichswehr", in: Karl Dietrich Bracher, *Die Auflösung der Weimarer Republik. Eine Studie zum Problem des Machtverfalls in der Demokratie (Schriften des Instituts für politische Wissenschaft*, Bd. 4), Teil I, IX. Kapitel, 3. Aufl., Stuttgart–Düsseldorf 1960.

Schacht, Hjalmar, *Nicht reden, handeln! Deutschland, nimm dein Schicksal selbst in die Hand* (Rede … am 3. Dezember 1930), Berlin o. J. [1931?].

[—,] *Schacht in seinen Äußerungen*, im Auftrag des Reichsbankdirektoriums zusammengestellt in der Statistischen Abteilung der Reichsbank, Berlin 1937.

—, *Abrechnung mit Hitler*, Hamburg–Stuttgart 1948.

—, *76 Jahre meines Lebens*, Bad Wörishofen 1953.

Schäfer, August Max, *Konzentrationslager Oranienburg. Das Anti-Braunbuch über das erste deutsche Konzentrationslager*, Berlin [1934].

Schäfer, Leopold, Hans Richter und Josef Schafheutle, *Die Strafgesetznovellen von 1933 mit Ausführungsvorschriften*, Berlin 1934.

—, *Die Novellen zum Strafrecht und Strafverfahren von 1935. . .*, Berlin 1936.

S., R. [Schäfer, Rudolf], „Die Vorgänge um das Ermächtigungsgesetz von 1933", in: *Frankfurter Hefte* 2 (1947).

Schäfer, Wolfgang, *NSDAP. Entwicklung und Struktur der Staatspartei des Dritten Reiches (Schriftenreihe des Instituts für wissenschaftliche Politik*, Marburg/Lahn, Nr. 3), Hannover–Frankfurt/M. 1956.

Schaffstein, Friedrich, *Politische Strafrechtswissenschaft (Der deutsche Staat der Gegenwart*, Heft 4), Hamburg 1934.

Schallaufnahmen politischen Inhalts des Deutschen Rundfunks. 31. Januar 1933 bis 15. Januar 1935, Berlin 1935.

Schaller, Hermann, *Die Schule im Staate Adolf Hitlers. Eine völkische Grundlegung*, Breslau 1935.

Schaumburg-Lippe, Friedrich Christian zu, *Zwischen Krone und Kerker*, Wiesbaden 1952.

Schellenberg, Walter, *The Labyrinth. Memoirs*, New York 1956.

Schemann, Ludwig, *Die Rasse in den Geisteswissenschaften. Studie zur Geschichte des Rassengedankens*, 3 Bde., München–Berlin 1928.

[Schemm, Hans], *Hans Schemm spricht*, bearb. von Gertrud Kahl-Furthmann, Bayreuth 1935.

Scheringer, Richard, *Das große Los unter Soldaten, Bauern und Rebellen*, Hamburg 1959.

Scheunemann, Walther, *Der Nationalsozialismus. Quellenkritische Studie einer Staats- und Wirtschaftsauffassung*, Berlin 1931.

Scheuner, Ulrich, „Das Verordnungsrecht der Länder nach dem Gesetz über den Neuaufbau des Reiches", in: *Reichsverwaltungsblatt und Preußisches Verwaltungsblatt* 55 (1934).

—, „Die nationale Revolution. Eine staatsrechtliche Untersuchung", in: *Archiv des öffentlichen Rechts* (1933/34).

Schieder, Theodor, *Die Probleme des Rapallo-Vertrags. Eine Studie über die deutsch-russischen Beziehungen 1922–1926*, Köln–Opladen 1956.

Schiffer, Eugen, *Die deutsche Justiz. Grundzüge einer durchgreifenden Reform*, Berlin 1928.

Schiller, Karl, *Arbeitsbeschaffung und Finanzordnung in Deutschland (Zum wirtschaftlichen Schicksal Europas*, II. Teil, 4. H.), Berlin 1936.

Schilling, Hans, „Richard Wagners ethischer Nationalsozialismus", in: *NS-Monatshefte* 4, H. 40 (Juli 1933).

Schirach, Baldur v., *Die Pioniere des Dritten Reiches*, Essen [1933].

—, *Revolution der Erziehung*, München 1938 (4. Aufl. 1943).

Schlabrendorff, Fabian v., *Offiziere gegen Hitler*, 2. Aufl., Zürich–Wien–Konstanz [1950].

Schlegelberger, Franz, *Was erwarten das deutsche Volk und der deutsche Jurist von der Vereinheitlichung der deutschen Justiz. Vortrag. . .*, Berlin 1934.

Schlemmer, Oskar, *Briefe und Tagebücher*, München 1958.

Schlossarek, Max, *Nationalsozialistische Revolution in der humanistischen Bildung*, Breslau 1933.

Schmahl, Eugen, und Wilhelm Seipel, *Entwicklung der völkischen Bewegung*, Gießen 1933.

Schmalz, Kurt, *Nationalsozialisten ringen um Braunschweig*, Braunschweig–Berlin–Hamburg 1934.

Schmaus, Michael, *Begegnungen zwischen katholischem Christentum und nationalsozialistischer Weltanschauung*, Regensburg 1933.

Schmeer, Karlheinz, *Die Regie des öffentlichen Lebens im Dritten Reich*, München 1956.

Schmidt, Kurt Dietrich, *Die Bekenntnisse und grundsätzlichen Äußerungen zur Kirchenfrage 1933–1935*, 3 Bde., Göttingen 1934–1936.

—, *Grundriß der Kirchengeschichte*, Bd. IV, Göttingen 1954.

Schmidt, Paul, *Statist auf diplomatischer Bühne 1923–1945. Erlebnisse eines Chefdolmetschers im Auswärtigen Amt mit den Staatsmännern Europas*, Bonn 1950.

Schmidt-Hannover, Otto, *Umdenken oder Anarchie*, Göttingen 1959.

Schmidt-Leonhardt, Hans, und Peter Gast, *Das Schriftleitergesetz vom 4. Oktober 1933 nebst den einschlägigen Bestimmungen (Taschen-Gesetzsammlung 157)*, Berlin 1934.

Schmidt-Pauli, Edgar v., *Geschichte der Freikorps 1918–1924*, Stuttgart 1936.

Schmieder, Gottfried, *Die Beschränkung der Regierungsgewalt durch eigenständische Organisationen in Österreich*, Diss. Leipzig, Innsbruck 1935.

Schmitt, Carl, *Die geistesgeschichtliche Lage des heutigen Parlamentarismus*, 1. Aufl., München–Leipzig 1923.

—, *Die Diktatur. Von den Anfängen des modernen Souveränitätsgedankens bis zum proletarischen Klassenkampf*, 2. Aufl., München–Leipzig 1928.

—, *Legalität und Legitimität*, München–Leipzig 1932.

—, „Das Gesetz zur Behebung der Not von Volk und Reich", in: *Deutsche Juristenzeitung* 38 (1933).

—, *Staat, Bewegung, Volk. Eine Dreigliederung der politischen Einheit*, Hamburg 1933.

—, „Ein Jahr nationalsozialistischer Verfassungsstaat", in: *Deutsches Recht* 4 (1934).

—, „Das neue Verfassungsgesetz", in: *Völkischer Beobachter* (1. Februar 1934).

—, *Der Leviathan in der Staatslehre des Thomas Hobbes. Sinn und Fehlschlag eines politischen Symbols*, Hamburg 1938.

—, *Positionen und Begriffe im Kampf mit Weimar–Genf–Versailles. 1923–1939*, Hamburg 1940.

—, *Verfassungslehre*, unver. Neudr. Berlin 1954.

—, *Verfassungsrechtliche Aufsätze aus den Jahren 1924–1954. Materialien zu einer Verfassungslehre*, Berlin 1958.

Schnabel, Raimund, *Macht ohne Moral. Eine Dokumentation über die SS*, Frankfurt/M. 1957.

Schnee, Heinrich, *Geschichtsunterricht im völkischen Nationalstaat. Ein Handbuch für Lehrende*, Bochum 1933 (4. Aufl. 1936).

Schneider, Erich, „Technik und Waffenentwicklung im Kriege", in: *Bilanz des zweiten Weltkrieges. Erkenntnisse und Verpflichtungen für die Zukunft*, Oldenburg i. O. – Hamburg 1953.

Schneider, Hans, „Das Ermächtigungsgesetz vom 24. März 1933. Bericht über das Zustandekommen und die Anwendung des Gesetzes", in: *Vierteljahrshefte für Zeitgeschichte* 1 (1953).

Schneider, Peter, *Ausnahmezustand und Norm. Eine Studie zur Rechtslehre von Carl Schmitt (Quellen und Darstellungen zur Zeitgeschichte, Bd. 1)*, Stuttgart 1957.

Schober, Reinhold, *Politische Jurisprudenz. Eine Würdigung ihres Wegbereiters Ihering*, Berlin 1933.

Schoeps, Hans Joachim, *Die letzten dreißig Jahre. Rückblicke*, Stuttgart 1956.

Schorn, Hubert, *Der Richter im Dritten Reich. Geschichte und Dokumente*, Frankfurt/M. 1959.

Schrade, Hubert, „Der Sinn der künstlerischen Aufgabe und politische Architektur", in: *NS-Monatshefte* 5, H. 51 (Juni 1934).

Schreckenbach, Hans-Joachim, „Innerdeutsche Gesandtschaften 1867–1945", in: *Archivar und Historiker. Studien zur Archiv- und Geschichtswissenschaft zum 65. Geburtstag von Heinrich Otto Meisner*, Berlin 1956.

Schrieber, Karl-Friedrich, *Das Recht der Reichskulturkammer. Sammlung der für den Kultur-stand geltenden Gesetze und Verordnungen, der amtlichen Anordnungen und Bekannt-machungen der Reichskulturkammer und ihrer Einzelkammern*, Berlin 1935.

—, *Die Reichskulturkammer. Organisation und Ziele der deutschen Kulturpolitik*, Berlin 1934.

Das grenzdeutsche Schrifttum. Ein bibliographisches Verzeichnis, Berlin 1933.

Schröder, Gerhard, „Aus den Schriften politischer Buchverlage", in: *Der Deutsche Student. Amtliches Organ der Deutschen Studentenschaft* (Juni 1935).

Schroer, Hermann, *Mord – Judentum – Todesstrafe (Judentum und Recht*, Heft 2), Mün-chen o. J.

Schüddekopf, Otto-Ernst, *Das Heer und die Republik. Quellen zur Politik der Reichswehr-führung 1918 bis 1933*, Hannover–Frankfurt/M. 1955.

Schüßler, Wilhelm, *Deutsche Einheit und gesamtdeutsche Geschichtsbetrachtung*, Stuttgart 1937.

Schütz, Wilhelm Wolfgang, *Organische Außenpolitik. Vom Einzelstaat zum Überstaat*, Stutt-gart 1951.

Schultes, Karl, *Die Jurisprudenz zur Diktatur des Reichspräsidenten nach Art. 48 Abs. II der Weimarer Verfassung. Ein kritischer Rückblick (Bonner Rechtswissenschaftliche Abhand-lungen*, H. 30), Bonn 1934.

Schultz, Wolfgang, *Grundgedanken nationalsozialistischer Kulturpolitik*, München 1939.

Schultze-Naumburg, Paul, *Kunst und Rasse*, München 1927.

—, „Das neue Reich und die Kunst", in: *NS-Monatshefte* 4, H. 43 (Oktober 1933).

—, *Rassegebundene Kunst*, Berlin 1934.

—, *Kunst aus Blut und Boden*, Leipzig 1934.

Schultze-Pfaelzer, Gerhard, *Hindenburg und Hitler zur Führung vereint*, Berlin 1933.

Schulz, Gerhard, „Die CDU – Merkmale ihres Aufbaus", in: *Parteien in der Bundesrepublik. Studien zur Entwicklung der deutschen Parteien bis zur Bundestagswahl 1953 (Schrif-ten des Instituts für politische Wissenschaft*, Bd. 6), Stuttgart–Düsseldorf 1955.

—, „Der Stil der Historie und der Stand der Erfahrungen", in: *Zur Geschichte und Proble-matik der Demokratie. Festgabe für Hans Herzfeld*, Berlin 1958.

—, „Die ‚große Krise' in der Zeitgeschichte", in: *Neue Politische Literatur* 4 (1959).

—, „Die kommunale Selbstverwaltung in Deutschland vor 1933 – Ideen, Institutionen und Interessen", in: *Franz-Lieber-Hefte. Zeitschrift für politische Wissenschaft*, H. 3, 1959.

Schulze-Soelde, Walther, *Weltanschauung und Politik*, Leipzig 1937.

Schumann, Hans-Gerd, *Nationalsozialismus und Gewerkschaftsbewegung. Die Vernichtung der deutschen Gewerkschaften und der Aufbau der „Deutschen Arbeitsfront"*, Hannover–Frankfurt/M. 1958.

Schwarz, Albert, *Die Weimarer Republik*, Konstanz 1958.

Schwarz, Hermann, *Nationalsozialistische Weltanschauung. Freie Beiträge zur Philosophie des Nationalsozialismus aus den Jahren 1919–1933*, Berlin 1933.

Schwarz, Otto, *Die Entwicklung der Ausgaben und Einnahmen Deutschlands, Englands, Frank-reichs und Italiens vor und nach dem Weltkrieg*, Magdeburg 1921.

Schwarzenberger, Georg, *Power Politics. A Study of International Society*, 2. Aufl., New York 1951.

Schweitzer, Arthur, „Die wirtschaftliche Wiederaufrüstung Deutschlands von 1934–1936", in: *Zeitschrift für die gesamte Staatswissenschaft* 114 (1958).

—, „Organisierter Kapitalismus und Parteidiktatur 1933 bis 1936", in: *Schmollers Jahrbuch für Gesetzgebung, Verwaltung und Volkswirtschaft* 79 (1959).

Schwend, Karl, *Bayern zwischen Monarchie und Diktatur. Beiträge zur bayerischen Frage in der Zeit von 1928 bis 1933*, München 1954.

Schwerin v. Krosigk, Lutz Graf, *Es geschah in Deutschland. Menschenbilder unseres Jahr-hunderts*, Tübingen–Stuttgart 1951.

—, „Wie wurde der zweite Weltkrieg finanziert?", in: *Bilanz des zweiten Weltkrieges. Er-kenntnisse und Verpflichtungen für die Zukunft*, Oldenburg–Berlin 1953.

—, *Die große Zeit des Feuers. Der Weg der deutschen Industrie*, Bd. II, Tübingen 1958.

Schwertfeger, Bernhard, *Rätsel um Deutschland*, Heidelberg 1948.

Seabury, Paul, *The Wilhelmstrasse. A Study of German Diplomats Under the Nazi Regime*, Berkeley–Los Angeles 1954.

Sedlmayr, Hans, *Verlust der Mitte. Die bildende Kunst des 19. und 20. Jahrhunderts als System und Symbol der Zeit*, Salzburg 1948.

Seeckt, Hans v., *Gedanken eines Soldaten*, Leipzig 1929.

Seelbach, Hermann, *Das Ende der Gewerkschaften. Aufzeichnungen über den geistigen Zusammenbruch eines Systems*, Berlin 1934.

Seger, Gerhart, *Oranienburg. Erster authentischer Bericht eines aus dem Konzentrationslager Geflüchteten*, Karlsbad 1934.

Seiz, Wolfgang, „Zum Ursprung einiger Seeckt-,Zitate'", in: *Wehrwissenschaftliche Rundschau* 8 (1958).

Sell, Friedrich C., *Die Tragödie des deutschen Liberalismus*, Stuttgart 1953.

Selzner, Claus, *Die Deutsche Arbeitsfront. Idee und Gestalt. Kurzer Abriß*, Berlin 1935.

Sendtner, Kurt, *Rupprecht von Wittelsbach Kronprinz von Bayern*, München 1954.

Senger, Alexander v., „Der Baubolschewismus und seine Verkoppelung mit Wirtschaft und Politik", in: *NS-Monatshefte* 5, H. 51 (Juni 1934).

Seraphim, Hans-Günther, *Das politische Tagebuch Alfred Rosenbergs aus den Jahren 1934/35 und 1939/40*, Göttingen–Berlin–Frankfurt/M. 1956.

—, „SS-Verfügungstruppe und Wehrmacht", in: *Wehrwissenschaftliche Rundschau* 5 (1955).

Severing, Carl, *Mein Lebensweg*, Bd. II, Köln 1950.

Shuster, George N., *Like a Mighty Army. Hitler Versus Established Religion*, New York 1935.

Siebarth, Werner, *Hitlers Wollen. Nach Kernsätzen aus seinen Schriften und Reden*, 8. Aufl., München 1940.

Sieburg, Friedrich, *Es werde Deutschland*, Frankfurt/M. 1933.

—, *Polen – Legende und Wirklichkeit*, Frankfurt/M. 1934.

Simmel, Georg, *Soziologie. Untersuchungen über die Formen der Vergesellschaftung*, 2. Aufl., München–Leipzig 1922.

Simon, Ernst, "Jewish Adult Education in the Nazi Germany as Spiritual Resistance", in: *Publications of the Leo Baeck Institute, Year Book I*, London 1956.

—, *Aufbau im Untergang. Jüdische Erwachsenenbildung im nationalsozialistischen Deutschland als geistiger Widerstand*, Tübingen 1959.

Six, Alfred, „Nachwuchs und Auslese an den deutschen Hochschulen", in: *Der deutsche Student*, März 1935.

Skilling, H. G., "Austrian Origins of National Socialism", in: *University of Toronto Quarterly* 10 (1940–41).

Skizze über den deutschen Außenhandel (Gutachten des Instituts für Konjunkturforschung), Berlin 1935.

Smend, Rudolf, *Verfassung und Verfassungsrecht*, München–Leipzig 1928.

Snyder, Louis L., *German Nationalism. The Tragedy of a People. Extremism Contra Liberalism in Modern German History*, Harrisburg (Penn.) 1952.

Wirtschaftliches Sofortprogramm der NSDAP, ausgearb. von der Hauptabteilung IV (Wirtschaft) der Reichsorganisationsleitung der NSDAP, München 1932.

Sombart, Werner, *Deutscher Sozialismus*, Berlin 1934.

[—,] *Werner Sombart: Deutscher Sozialismus im Urteil der Presse. Ein Zeitbild, zusammengestellt von den Verlegern. . .*, Berlin 1935.

Sommer, Paul, *Deutschlands Erwachen. 120 Aufsatzthemen und -entwürfe über die jüngste nationale Erhebung zum Gebrauch für die deutsche Schule und die Hitler-Jugend*, 2. Aufl., Leipzig 1933.

Sommerfeld, Martin H., *Ich war dabei. Die Verschwörung der Dämonen 1933–39. Ein Augenzeugenbericht*, Darmstadt 1949.

Sontheimer, Kurt, „Antidemokratisches Denken in der Weimarer Republik", in: *Vierteljahrshefte für Zeitgeschichte* 5 (1957).

—, „Der Tatkreis", in: *Vierteljahrshefte für Zeitgeschichte* 7 (1959).

Sorel, Georges, *Reflexions sur la violence*, 6. Aufl., Paris 1925.

Spahn, Martin, *Für den Reichsgedanken. Historisch-politische Aufsätze 1915–1934*, Berlin–Bonn 1936.

Spann, Othmar, *Der wahre Staat. Vorlesungen über Abbruch und Neubau der Gesellschaft*, Leipzig 1921.

—, *Irrungen des Marxismus. Eine Darstellung und Prüfung seiner Wirtschaftslehre* (*Die Bücherei des Ständestaates*, 1. H.), 1. Aufl., Berlin 1929.

—, *Hauptpunkte der universalistischen Staatsauffassung* (*Die Bücherei des Ständestaates*, 3. H.), 1. Aufl., Berlin 1930.

Speidel, Helm, „Reichswehr und Rote Armee", *in: Vierteljahrshefte für Zeitgeschichte* 1 (1953).

Spengler, Oswald, *Der Untergang des Abendlandes. Umrisse einer Morphologie der Weltgeschichte*, 2 Bde., 1. Aufl. 1918–1922.

Spohr, Werner, „Das Recht der Schutzhaft", in: *Deutsche Justiz* 96 (1934).

Sport und Staat, Berlin 1934.

Spranger, Eduard, *Mein Konflikt mit der Hitlerregierung 1933* (als Manuskr. gedr.), Tübingen 1955.

Sprengel, Johann Georg, *Der Staatsgedanke in der deutschen Dichtung vom Mittelalter bis zur Gegenwart*, Berlin 1933.

Srbik, Heinrich Ritter v., *Geist und Geschichte vom deutschen Humanismus bis zur Gegenwart*, Bd. II, München 1951.

Stadelmann, Rudolf, „Deutschland und England am Vorabend des zweiten Weltkriegs", in: *Festschrift für Gerhard Ritter zu seinem 60. Geburtstag*, hrsgg. von Richard Nürnberger, Tübingen 1950.

Der Deutsche Städtetag. 25 Jahre Gemeinschaftsarbeit deutscher Städte (*Schriftenreihe des Deutschen Städtetages*, H. 12), 3. Aufl., Berlin 1930.

Stahlhelm-Handbuch, hrsgg. von Heinrich Hildebrand und Walter Kettner, 4. verb. Aufl., Berlin 1931.

Stammer, Otto, „Politische Soziologie", in: *Soziologie. Ein Lehr- und Handbuch zur modernen Gesellschaftskunde*, hrsgg. von Arnold Gehlen und Helmut Schelsky, Düsseldorf–Köln 1955.

Stampfer, Friedrich, *Die ersten 14 Jahre der Deutschen Republik*, 2. Aufl., Offenbach 1947.

—, *Erfahrungen und Erkenntnisse*, Köln 1957.

Starcke, Gerhard, *NSBO und Deutsche Arbeitsfront*, Berlin 1934.

Staritz, Ekkehart, *Die West-Ostbewegung in der deutschen Geschichte. Ein Versuch zur Geopolitik Deutschlands*, Breslau 1935.

Stasiewski, Werner, „Die Kirchenpolitik der Nationalsozialisten im Warthegau 1939–1945", in: *Vierteljahrshefte für Zeitgeschichte* 7 (1959).

Statistik des Deutschen Reiches, bearb. im Statistischen Reichsamt, Bd. 434, Berlin 1935.

Steed, Wickham, "From Frederick the Great to Hitler. The Consistency of German Aims", in: *International Affairs* 17 (1938).

Stegemann, Hermann, *Weltwende*, Berlin 1934.

Steinbrink, Konrad, *Die Revolution Adolf Hitlers. Eine staatsrechtliche und politische Betrachtung der Machtergreifung des Nationalsozialismus*, Berlin 1934.

Steiner, Felix, *Von Clausewitz bis Bulganin. Erkenntnisse und Lehren einer Wehrepoche*, Bielefeld 1956.

Stellrecht, Helmut, *Der deutsche Arbeitsdienst. Aufgaben, Organisation und Aufbau*, 5. Aufl., Berlin 1933.

Stengel, Theo, und Herbert Gerigk (u. a.), *Lexikon der Juden in der Musik*, Berlin 1940.

Sterling, Eleonore, *Er ist wie du. Aus der Frühgeschichte des Antisemitismus in Deutschland 1815–1850*, München 1956.

Sternfeld, Wilhelm, „Ungesühnte Verbrechen: Der Mord an Professor Theodor Lessing", in: *Deutsche Rundschau* 82 (1956).

Stippel, Fritz, *Die Zerstörung der Person. Kritische Studie zur nationalsozialistischen Pädagogik*, Donauwörth 1957.

Stirk, Samuel Dickinson, *The Prussian Spirit. A Survey of German Literature and Politics 1914–1940*, London 1941.

Stone, Shepard, "Twilight of the German University", in: *Current History* 40 (April 1934).

Das kommende deutsche Strafrecht. Allgemeiner Teil, Bericht über die Arbeit der amtlichen Strafrechtskommission, hrsgg. von Franz Gürtner, Berlin 1934.

—, *Besonderer Teil*, Berlin 1935.

Nationalsozialistisches Strafrecht. Denkschrift des preußischen Justizministers, Berlin 1933.

Strasser, Otto, *Hitler und ich*, Konstanz 1948.

Straß, Willi, *Die Konzentrationsbewegung im deutschen Bankgewerbe. Ein Beitrag zur Organisationsentwicklung der Wirtschaft unter dem Einfluß der Konzentration des Kapitals mit besonderer Berücksichtigung der Nachkriegszeit (Sozialwissenschaftliche Forschungen*, Abt. IV–4, 6), Berlin–Leipzig 1928.

Strausz-Hupé, Robert, *Geopolitics: The Struggle for Space and Power*, New York 1942.

Strölin, Karl, „Gemeinde und Mittelstand", in: *Der Städtetag* 27 (1933).

Stuckart, Wilhelm, und Hans Globke, *Reichsbürgergesetz, Blutschutzgesetz und Ehegesundheitsgesetz (Kommentare zur deutschen Rassengesetzgebung*, Bd. I), München–Berlin 1936.

Stucken, Rudolf, *Deutsche Geld- und Kreditpolitik 1914–1953*, 2. Aufl., Tübingen 1953.

Stuebel, Heinrich, „Die Finanzierung der Aufrüstung im Dritten Reich", in: *Europa-Archiv* 6 (1951).

Stumme, Wolfgang, Hrsg., *Musik im Volk. Grundfragen der Musikerziehung*, Berlin 1939.

Sturm 33 Hans Maikowski, geschrieben von Kameraden des Toten, Berlin-Schöneberg 1934.

Stutterheim, Hermann v., *Die Reichskanzlei (Schriften zum Staatsaufbau*, H. 45), Berlin 1940.

Surén, Friedrich-Karl, und Wilhelm Loschelder, *Die Deutsche Gemeindeordnung vom 30. Januar 1935. Kommentar*, 2 Bde., Berlin 1940.

Sweet, P., "Recent German Literature on Mitteleuropa", in: *Journal of Central European Affairs* 3 (1943).

Täschner, Franz, *Der Totalitätsanspruch des Nationalsozialismus und der deutsche Katholizismus*, Münster 1934.

Tagung der Vorstände des Deutschen Gemeindetages und seiner Landes- und Provinzialdienststellen am 6. Juni 1936, Sonderdruck des Deutschen Gemeindetages.

Talmon, J. L., *The Origins of Totalitarian Democracy*, London 1952.

Oertzenscher Taschenkalender für die Offiziere des deutschen Reichsheeres, hrsgg. von E.-J. Graf v. Westarp, 55. Jg. (1934/1935), Grimmen 1934.

Taube, Otto v., „Gedanken an Willi Schmid, ermordet von der SS am 30. Juni 1934", in: *Deutsche Rundschau* 79 (1953).

Taylor, Horace, "German Education in the Republic and in the Third Reich", in: *Redirecting Education*, Bd. II, New York 1935.

Taylor, Telford, *Sword and Swastika. The Wehrmacht in the Third Reich*, London 1953.

Teichmann, Ulrich, *Die Politik der Agrarpreisstützung. Marktbeeinflussung als Teil des Agrarinterventionismus in Deutschland*, Köln-Deutz 1955.

Tenenbaum, Joseph, *Race and Reich. The Story of an Epoch*, New York 1956.

Teske, Hermann, *Die silbernen Spiegel. Generalstabsdienst unter der Lupe*, Heidelberg 1952.

Tessin, Georg, *Formationsgeschichte der Wehrmacht 1933–1939. Stäbe und Truppenteile des Heeres und der Luftwaffe (Schriften des Bundesarchivs*, Bd. 7), Boppard/Rh. 1959.

Texte zur Geschichte des Pfarrernotbundes, hrsgg. von Wilhelm Niemöller, Berlin 1958.

Theisen, Helmut, *Die Entwicklung zum nihilistischen Nationalismus in Deutschland 1918–1933. Eine historisch-soziologische Studie*, München 1955.

Thier, Erich, *Wegbereiter des deutscher Sozialismus*, Stuttgart 1940.

Thimme, Anneliese, *Gustav Stresemann. Eine politische Biographie zur Geschichte der Weimarer Republik*, Hannover–Frankfurt/M. 1957.

Thomas, Georg, „Gedanken über die deutsche Wehrwirtschaft", in: *Bericht über die Mitgliederversammlung der Wirtschaftsgruppe Eisen schaffende Industrie in Berlin am 9. Juni 1936* (als Manuskr. gedr.), Berlin 1936.

—, „Breite und Tiefe der Rüstung", in: *Militärwissenschaftliche Rundschau* 2 (1937).

—, „Wehrwirtschaft", in: *Die deutsche Wehrmacht 1914–1939: Rückblick und Ausblick*, hrsgg. von Georg Wetzell, Berlin [1939].

Thomée, Gerhard, *Der Wiederaufstieg des deutschen Heeres 1918–1938*, Berlin 1939.

Thyssen, Fritz, *I Paid Hitler*, New York–Toronto 1941.

Tillich, Paul, "The Totalitarian State and the Claims of the Church", in: *Social Research* 1 (November 1934).

Toeche Mittler, Theodor, *Kommissare. Eine staats- und verwaltungsrechtliche Studie*, Berlin 1934.

Tönnies, Ferdinand, *Gemeinschaft und Gesellschaft. Grundbegriffe der reinen Soziologie*, 6. u. 7. Aufl., Berlin 1926.

Treue, Wilhelm, „Gummi in Deutschland zwischen 1933 und 1945", in: *Wehrwissenschaftliche Rundschau* 5 (1955).

—, „Hitlers Denkschrift zum Vierjahresplan 1936", in: *Vierteljahrshefte für Zeitgeschichte* 3 (1955).

—, „Rede Hitlers vor der deutschen Presse (10. November 1938)", in: *Vierteljahrshefte für Zeitgeschichte* 6 (1958).

Trevor-Roper, Hugh Rewald, *Hitlers letzte Tage*, Zürich 1948.

—, „Hitlers Kriegsziele", in: *Vierteljahrshefte für Zeitgeschichte* 8 (1960).

Troeltsch, Ernst, *Spektator-Briefe. Aufsätze über die deutsche Revolution und die Weltpolitik 1918–1922*, Tübingen 1924.

Uhlig, Heinrich, *Die Warenhäuser im Dritten Reich*, Köln–Opladen 1956.

Ullmann, Hermann, *Durchbruch zur Nation. Geschichte des deutschen Volkes, 1919–1933*, Jena 1933.

Vagts, Alfred, *A History of Militarism. Civilian and Military*, 2., überarb. Aufl., London 1959.

Vallotton, Henry, *Bismarck et Hitler*, Paris 1954.

Vansittard, Lord Robert, *Black Record. Germans Past and Present*, London 1941.

Veit, Otto, *Die Flucht vor der Freiheit*, Frankfurt/M. 1947, neubearb. u. d. Titel: *Soziologie der Freiheit*, Frankfurt/M. 1957.

Verboten und verbrannt. Deutsche Literatur, 12 Jahre unterdrückt, hrsgg. von Richard Drews und Alfred Kantorowicz, Berlin–München 1947.

Vermeil, Edmond, «Le national-socialisme et la culture allemande», in: *Centre d'études germaniques de l'université de Strasbourg*, cahier. no. 1 (1950).

—, "The Origin, Nature, and Development of German Nationalist Ideology in the 19th and 20th Centuries", in: *The Third Reich*, London 1955.

Deutsches Verwaltungsrecht, hrsgg. von Hans Frank, München 1937.

Voegelin, Erich, *Rasse und Staat*, Tübingen 1933.

Vogelsang, Thilo, „Neue Dokumente zur Geschichte der Reichswehr", in: *Vierteljahrshefte für Zeitgeschichte* 2 (1954).

—, „Die Reichswehr in Bayern und der Münchener Putsch 1923", in: *Vierteljahrshefte für Zeitgeschichte* 5 (1957).

—, „Zur Politik Schleichers gegenüber der NSDAP 1932", in: *Vierteljahrshefte für Zeitgeschichte* 6 (1958).

Vollmer, Bernhard, *Volksopposition im Polizeistaat (Quellen und Darstellungen zur Zeitgeschichte, Bd. 2)*, Stuttgart 1957.

Volz, Hans, *Die Geschichte der SA von den Anfängen bis zur Gegenwart*, bearb. im Auftrage der Pressestelle der SA-Obergruppe III (Berlin-Brandenburg), Berlin 1934.

—, *Daten der Geschichte der NSDAP*, 9. Aufl., Berlin–Leipzig 1939.

Wacker, Wolfgang, *Der Bau des Panzerschiffes „A" und der Reichstag (Tübinger Studien zur Geschichte und Politik, Bd. 11)*, Tübingen 1959.

Wagemann, Ernst, *Zwischenbilanz der Krisenpolitik. Eine international vergleichende konjunkturpolitische Studie*, Berlin 1935.

Waite, Robert G. L., *Vanguard of Nazism. The Free Corps Movement in Postwar Germany 1918–1923*, Cambridge (Mass.) 1952.

Waldmann, Guido, *Rasse und Musik*, Berlin 1939.

Wallowitz, Werner, *Deutschland, nur Deutschland, nichts als Deutschland. Grundriß einer deutschen Staatsbürgerkunde*, Leipzig 1933.

Walter, Friedrich, *Schicksal einer deutschen Stadt. Geschichte Mannheims 1907–1945*, Bd. II, Frankfurt/M. 1950.

Walz, Gustav Adolf, *Das Ende der Zwischenverfassung. Betrachtungen zur Entstehung des nationalsozialistischen States*, Stuttgart 1933.

Warlimont, Walter, „Volk und Wehrwirtschaft", in: *Volk und Wehrkraft. Jahrbuch der „Deutschen Gesellschaft für Wehrpolitik und Wehrwissenschaften" 1936*, Hamburg 1936.

Watt, D. C., "The Anglo-German Naval Agreement of 1935: An Interim Judgment", in: *The Journal of Modern History* 28 (1956).

Weber, Max, *Gesammelte politische Schriften*, München 1921.

—, *Politik als Beruf*, München–Leipzig 1926.

—, *Wirtschaft und Gesellschaft (Grundriß der Sozialökonomik,* III. Abt.), 3. Aufl., 2. Halbbd., Tübingen 1947.

Weber, Werner, „Die kleinen Religionsgemeinschaften im Staatskirchenrecht des nationalsozialistischen Regimes", in: *Gedächtnisschrift für Walter Jellinek,* München 1955.

—, „Die staatskirchenrechtliche Entwicklung des nationalsozialistischen Regimes in zeitgenössischer Betrachtung", in: *Festgabe für Rudolf Smend,* Göttingen 1952.

Weberstedt, Hans, und Kurt Langer, *Gedenkhalle für die Gefallenen des Dritten Reiches,* München 1935.

Wehrgedanken. Eine Sammlung wehrpolitischer Aufsätze, hrsgg. von Friedrich v. Cochenhausen, Hamburg 1933.

Wehrgeist und Schule im Ausland, Hamburg 1935.

Durch Wehrhaftigkeit zum Frieden. Jahrbuch der „Deutschen Gesellschaft für Wehrpolitik und Wehrwissenschaften" 1934, Hamburg 1934.

Weidemann, Johannes, „Zur Entstehungsgeschichte der Deutschen Gemeindeordnung", in: *Jahrbuch der Akademie für Deutsches Recht* 2 (1935).

Weigmann, Hans, *Politische Raumordnung. Gedanken zur Neugestaltung des deutschen Lebensraumes,* Hamburg 1935.

From Weimar to Hitler. Germany 1918–1933, hrsgg. von The Wiener Library, Catalogue Series no. 2, London 1951.

Weinstock, Heinrich, „Die Grenzen der formalen Bildung", in: *Politik und Erziehung,* Berlin 1937.

Weippert, Georg, *Das Reich als deutscher Auftrag (Philosophie und Geschichte,* H. 51), Tübingen 1934.

Weiß, Bernhard, *Polizei und Politik,* Berlin 1928.

Weißdorn, B. J., „Grenzschutz-Miliz!", in: *Militärpolitisches Forum* 3 (1954).

Weizsäcker, Ernst v., *Erinnerungen,* München–Leipzig–Freiburg 1950.

Wells, Roger H., "The Liquidation of the German Länder", in: *American Political Science Review* 30 (1936).

Weltgeschichte der Gegenwart in Dokumenten, Bd. I (1934–1935), bearb. von Michael Freund, Teil I, Essen 1944.

Wendt, Hans, *Die Märzrevolution von 1933,* Olbenburg 1933.

—, *Hitler regiert,* 4. Aufl., Berlin 1933.

Wessel, Ingeborg, *Mein Bruder Horst. Ein Vermächtnis,* 8. Aufl., München 1939.

Westphal, Siegfried, *Heer in Fesseln. Aus den Papieren des Stabschefs von Rommel, Kesselring und Rundstedt,* 2. Aufl., Bonn 1952.

Wheeler-Bennett, John W., *Munich. Prologue to Tragedy,* London 1948.

—, *The Nemesis of Power. The German Army in Politics 1918–1945,* London 1953.

"Where Gleichschaltung Failed. Nonconformity in the Third Reich", in: *The Wiener Library Bulletin* 8 (1959).

Whiteside, Andrew G., "The Nature and Origins of National Socialism", in: *Journal of Central European Affairs* 17 (1957).

Whittlesey, Derwent, *German Strategy of World Conquest,* New York 1942.

Wilden, Josef, *Die berufsständische Organisation der Wirtschaft,* Köln 1932.

Wilhelm, Theodor, *Die Idee des Berufsbeamtentums. Ein Beitrag zur Staatslehre des deutschen Frühkonstitutionalismus,* Tübingen 1933.

Winkler, Franz, *Die Diktatur in Österreich,* Zürich–Leipzig 1935.

Winzer, Otto, *Zwölf Jahre Kampf gegen Faschismus und Krieg. Ein Beitrag zur Geschichte der Kommunistischen Partei Deutschlands 1933 bis 1945,* 2. Aufl., Berlin 1955.

Wiskemann, Elizabeth, *The Rome–Berlin Axis. A History of the Relations Between Hitler and Mussolini,* London–New York 1949.

Wittfogel, Karl August, *Oriental Despotism. A Comparative Study of Total Power,* New Haven 1957.

Wittmayer, Leo, *Die Weimarer Reichsverfassung,* Tübingen 1923.

Wittram, Reinhard, „Geschichtsauffassung und Außendeutschtum", in: *Volk und Hochschule im Umbruch,* hrsgg. von Artur Schürmann, Oldenburg–Berlin 1937.

Wolf, Heinrich, *Wie wir Deutschen uns selbst entdeckten,* Leipzig 1933.

Wolff, Richard, *Der Reichstagsbrand 1933. Ein Forschungsbericht (Aus Politik und Zeit-geschichte*, Beilage zu: *Das Parlament*, B. III), Bonn 1956.

Wundt, Max, *Aufstieg und Niedergang der Völker. Gedanken über Weltgeschichte auf rassi-scher Grundlage*, München 1940.

Wurm, Theophil, *Erinnerungen aus meinem Leben. Ein Beitrag zur neuesten Kirchengeschichte*, Stuttgart 1953.

Young, George Malcolm, *Stanley Baldwin*, London 1952.

Zarnow, Gottfried, *Gefesselte Justiz. Politische Bilder aus deutscher Gegenwart*, 2 Bde., München 1931/32.

Zeitler, Ralf, „125 Jahre kommunale Selbstverwaltung", in: *Der Städtetag* 27 (1933).

Zeller, Eberhard, *Geist der Freiheit. Der zwanzigste Juli*, 2. Aufl., München 1954.

Vor der Zertrümmerung des waffenstudentischen Ehrbegriffes durch „Revolutionierung"? Wehrschrift der anerkannten ADW-Verbände, Berlin 1935.

Ziebill, Otto, *Geschichte des Deutschen Städtetages. Fünfzig Jahre deutscher Kommunal-politik*, hrsgg. vom Deutschen Städtetag, Stuttgart–Köln 1955.

Zimmermann, Karl, *Deutsche Geschichte als Rassenschicksal*, Leipzig 1933.

Zimmermann, Ludwig, *Deutsche Außenpolitik in der Ära der Weimarer Republik*, Göttingen–Berlin–Frankfurt 1958.

Zinner-Biberach, F. [d. i. Maria Winter], *Führer, Volk und Tat. Geschichte und Gestalt der Nation*, München 1934.

Zweig, Stefan, *Die Welt von gestern. Erinnerungen eines Europäers*, Frankfurt/M. 1947.

Zwoch, Gerhard, *Die Erfüllungs- und Verständigungspolitik der Weimarer Republik und die deutsche öffentliche Meinung*, ungedr. Diss., Kiel 1950.

B. Ungedruckte Quellen

Die Verfasser haben auf folgende, derzeit verfügbare Aktenbestände und ungedruckte Materialien zurückgreifen und diese systematisch benutzen können:

1. Aus dem Bundesarchiv zu Koblenz:

Akten der ehemaligen Reichskanzlei betreffend Reichsreform.

Akten des ehemaligen Reichs- und Preußischen Ministeriums des Innern betreffend die Reichsreform 1934/35.

Runderlaßsammlung und Handakten von Beamten des ehemaligen Reichs- und Preußischen Ministeriums für Wissenschaft, Erziehung und Volksbildung.

Generalakten des ehemaligen Preußischen Ministeriums der Justiz.

Akten des ehemaligen Deutschen Gemeindetages (Teilbestand; vgl. auch Ziff. 4).

Akten der ehemaligen Reichswirtschaftskammer (Akten des ehemaligen Deutschen Industrie- und Handelstages betreffend den berufsständischen Aufbau der deutschen Wirtschaft). Handakten des Geschäftsführers der Reichstagsfraktion der NSDAP.

Sammlung Karl Brammer (Informationsberichte des „Dienstes nationaler Tageszeitungen" [Dienatag]: Anweisungen des ehemaligen Reichsministeriums für Volksaufklärung und Propaganda, Bestellungen und Rundrufe aus der Reichspressekonferenz).

2. Aus dem Hauptarchiv Berlin:

Akten des Staatssekretärs im ehemaligen Reichsinnenministerium Pfundtner.

Restakten des ehemaligen Reichsarbeitsministeriums (Akten der Abteilungen Ia und IVb). Restakten der Abteilung Energiewirtschaft beim ehemaligen Reichsinspektor für Wirtschaft und Energie.

Akten des ehemaligen Preußischen Staatsministeriums.

Akten des Staatssekretärs im ehemaligen Preußischen Ministerium des Innern Grauert.

3. Aus dem Bayerischen Hauptstaatsarchiv:
Akten der bayerischen Landespolizei Bamberg.

4. Aus dem Archiv des Vereins zur Pflege Kommunalwissenschaftlicher Aufgaben e. V. im Ernst-Reuter-Haus zu Berlin:
Akten der ehemaligen kommunalen Spitzenverbände und des Deutschen Gemeindetages.

5. Aus dem Archiv des Deutschen Industrieinstituts in Köln:
Einzelne Aktenstücke des ehemaligen Reichsverbandes der Deutschen Industrie.

6. Aus dem Institut für Zeitgeschichte München:
Befehlshaberbesprechungen des Reichswehrministeriums (Originalnotizen des Generals Liebmann).
Zeugenschrifttum.
Fotokopien von Akten aus dem Document Centre Berlin (Akten zur Geschichte der SA; Bestand Hauptarchiv der NSDAP).

7: Nachlässe und persönliche Aufzeichnungen:
Nachlaß des ehemaligen Reichswehrministers General Groener (Mikrofilm im Friedrich-Meinecke-Institut der Freien Universität Berlin).
Nachlaß des Generalobersten v. Seeckt (Mikrofilm ebendort).
Aufzeichnungen des ehemaligen Reichsfinanzministers Lutz Graf Schwerin von Krosigk in der Rathmannsdorfer Hauschronik (Original in den National Archives, Washington D. C., Captured German Documents: World War II).

8. Akten der Prozesse vor dem US-Militärgerichtshof zu Nürnberg:
Fall 3 (Juristen-Prozeß),
Fall 4 (Einsatzgruppen-Prozeß),
Fall 5 (Flick-Prozeß),
Fall 6 (I.G. Farben-Prozeß),
Fall 10 (Krupp-Prozeß),
Fall 11 (Wilhelmstraßen-Prozeß),
Fall 12 (OKW-Prozeß).

9. Aus dem Prozeß gegen Joseph Dietrich und Michael Lippert (sog. Röhm-Putsch-Prozeß):
Anklageschrift des Generalstaatsanwalts beim Landgericht München I vom 9. Juli 1956.
Urteil des Schwurgerichts beim Landgericht München I vom 14. Mai 1957.

10. Aus dem Prozeß gegen Udo Woyrsch und Ernst Müller:
Anklageschrift des Oberstaatsanwalts beim Landgericht Osnabrück vom 21. April 1956.
Urteil des Schwurgerichts beim Landgericht Osnabrück vom 2. August 1957.
Benutzte Einzelstücke und kleinere Aktensplitter sind in dieser Aufzählung nicht enthalten.

Ergänzungen in der zweiten Auflage

Becker, Josef, „Zentrum und Ermächtigungsgesetz 1933", in: *Vierteljahrshefte für Zeitgeschichte* 9 (1961).
Bracher, Karl Dietrich, „Anfänge der deutschen Widerstandsbewegung", in: *Zur Geschichte und Problematik der Demokratie. Festgabe für Hans Herzfeld...,* hrsgg. von Wilhelm Berges und Carl Hinrichs, Berlin 1958.
Broszat, Martin, *Der Nationalsozialismus. Weltanschauung, Programm und Wirklichkeit,* Stuttgart 1960.
Generalfeldmarschall Keitel. Verbrecher oder Offizier?, hrsgg. von Walter Görlitz, Göttingen–Berlin–Frankfurt/M. 1961.

*Die Generalstäbe in Deutschland von 1871–1945. Aufgaben in der Armee und Stellung im
Staate* [von Wiegand Schmidt-Richberg]. – *Die Entwicklung der militärischen Luftfahrt in
Deutschland von 1920–1933. Planung und Maßnahmen zur Schaffung einer Fliegertruppe
in der Reichswehr* [von Karl Heinz Völker], in 1 Bd. *(Beiträge zur Militär- und Kriegsgeschichte, Bd. 3)*, Stuttgart 1962.

Görlitz, Walter, Hrsg., *Paulus „Ich stehe hier auf Befehl!" Lebensweg des Generalfeldmarschalls
Friedrich Paulus,* Frankfurt/M. 1960.

Hartung, Fritz, *Staatsbildende Kräfte der Neuzeit. Gesammelte Aufsätze,* Berlin 1961.

Hitlers zweites Buch. Ein Dokument aus dem Jahr 1928, eingel. und komm. von Gerhard L.
Weinberg *(Quellen und Darstellungen zur Zeitgeschichte, Bd. 7)*, Stuttgart 1961.

Hock, Wolfgang, *Deutscher Antikapitalismus. Der ideologische Kampf gegen die freie Wirtschaft im Zeichen der großen Krise (Veröffentlichungen des Instituts für Bankwirtschaft und
Bankrecht an der Universität Köln),* Frankfurt/M. 1960.

Hoggan, David L., *Der erzwungene Krieg. Die Ursachen und Urheber des 2. Weltkrieges,*
Tübingen 1961.

Im Kampf um die Macht. Hitlers Rede [vom 28. Februar] *vor dem Hamburger Nationalklub
von 1919 (Veröffentlichungen der Forschungsstelle für die Geschichte des Nationalsozialismus in Hamburg, Bd. 1)*, Frankfurt/M. 1960.

Jacobsen, Hans-Adolf, und Werner Jochmann, Hrsg., *Ausgewählte Dokumente zur Geschichte
des Nationalsozialismus,* Bielefeld 1961.

Kuhn, Helmut, „Das geistige Gesicht der Weimarer Zeit", in: *Zeitschrift für Politik* 8 (1961).

Morsey, Rudolf, „Hitlers Verhandlungen mit der Zentrumsführung am 31. Januar 1933", in:
Vierteljahrshefte für Zeitgeschichte 9 (1961).

Mühsam, Kurt, *Wie wir belogen wurden. Die amtliche Irreführung des deutschen Volkes,* München 1918.

Sauerzweig, Dieter, „Die Kapitulation der deutschen Universitäten", in: *Die Zeit* 16 (1961),
Nr. 11 ff.

Die Schleife. Dokumente zum Weg von Ernst Jünger, zusammengestellt von Armin Mohler,
Zürich 1955.

Schneider, Hans, *Das Ermächtigungsgesetz vom 24. März 1933. Bericht über das Zustandekommen und die Anwendung des Gesetzes (Schriftenreihe der Bundeszentrale für Heimatdienst,* Heft 10), 2. erw. Aufl., Bonn 1961.

Shirer, William L., *Aufstieg und Fall des Dritten Reiches,* Köln–Berlin 1961 (Titel des amerik.
Orig.: *The Rise and Fall of the Third Reich,* London 1960).

Der Strafvollzug im III. Reich. Denkschrift und Materialsammlung, hrsg. von der Union für
Recht und Freiheit, Prag [1936].

Das Tagebuch von Joseph Goebbels 1925/26, mit weiteren Dokumenten hrsgg. von Helmut
Heiber *(Schriftenreihe der Vierteljahrshefte für Zeitgeschichte, Nr. 1)*, Stuttgart [1960].

Taylor, Alan John Percival, *The Origins of the Second World War,* London 1961 (dtsch. u. d.
Titel: *Die Ursprünge des zweiten Weltkrieges,* Gütersloh 1962).

Tobias, Fritz, *Der Reichstagsbrand. Legende und Wirklichkeit,* Rastatt 1962.

Völker, Karl Heinz, *Die Entwicklung der militärischen Luftfahrt... s. Die Generalstäbe...*

PERSONENREGISTER*

* Der Name Hitler ist nicht aufgenommen worden.

SCHRIFTEN DES INSTITUTS FÜR POLITISCHE WISSENSCHAFT

Herausgegeben vom wissenschaftlichen Leiter, Prof. Dr. Otto Stammer, Berlin

Folgende Bände der Schriftenreihe sind lieferbar:

WESTDEUTSCHER VERLAG · KÖLN UND OPLADEN